中国投资年鉴

CHINA INVESTMENT YEARBOOK

2006

《中国投资年鉴》编辑委员会　编

中国水利水电出版社
www.waterpub.com.cn

中 国 投 资 年 鉴
2006

《中国投资年鉴》编辑委员会　编

（北京市西城区木樨地北里甲 11 号国宏大厦 B 座投资研究所 806 室
电话：010－63908808　88365072）

图书在版编目（CIP）数据

中国投资年鉴．2006/《中国投资年鉴》编辑委员会编．—北京：中国水利水电出版社，2007
ISBN 978－7－5084－4524－3

Ⅰ．中… Ⅱ．中… Ⅲ．投资—中国—2006—年鉴 Ⅳ．F832.48－54

中国版本图书馆 CIP 数据核字（2007）第 044805 号

书　　名	**中国投资年鉴　2006**
作　　者	《中国投资年鉴》编辑委员会　编
出版　发行	中国水利水电出版社（北京市三里河路 6 号　100044） 网址：www.waterpub.com.cn E-mail：sales@waterpub.com.cn 电话：（010）63202266（总机）、68331835（营销中心）
经　　售	北京科水图书销售中心（零售） 电话：（010）88383994、63202643 全国各地新华书店和相关出版物销售网点
排　　版	中国水利水电出版社微机排版中心
印　　刷	廊坊市飞腾彩印制版有限公司
规　　格	889 mm×1194 mm　16 开本　63.25 印张　2226 千字
版　　次	2007 年 5 月第 1 版　2007 年 5 月第 1 次印刷
印　　数	0001—1050 册
定　　价	**398.00** 元

凡购买我社图书，如有缺页、倒页、脱页的，本社营销中心负责调换

《中国投资年鉴》编辑委员会

编 辑 说 明

《中国投资年鉴》是反映中国投资建设领域主要成就与政策走向的大型工具书。自1993年开始编纂以来，我们一直认真听取社会各界的意见，收集国内投资领域的相关信息和资料，不断调整编纂体例，使其内容更加完善，更加贴近中国投资建设实际，力争使其成为各有关方面读者满意的工具书。

《中国投资年鉴》2006年卷由中国投资学会、财政部财政科学研究所、国家发展和改革委员会投资研究所联合编纂，继续坚持述评分析与资料选编相结合的编辑方针，并对编纂体例以及选编内容略有调整。由于2004年卷与2005年卷因故停刊，为了保持内容连续性，本卷除了选编上年度为主的内容外，还将2004年国家出台的相关政策、法规以及重要文献也选录了进来。为了增加年鉴的时效性，从2006年卷开始，选编稿件的内容截止时间推迟到当年的10月，2007年卷的内容将反映从2006年10月开始到2007年10月截止的投资领域情况，以此类推。

由于近两年国家各部门和地区领导职务变换比较频繁，2006年卷《中国投资年鉴》除继续列出总顾问的名单外，暂不列特邀顾问、编委会主任、副主任与编委名单。为使《中国投资年鉴》在内容上不断完善和充实，在质量上不断提高，我们诚恳地欢迎广大读者提出宝贵意见和建议。

《中国投资年鉴》编辑委员会

2006年12月

目　　录

省、自治区、直辖市投资

国家投资法规

项目管理法规

涉外投资法规

金融、外汇法规

特 载

携手建设持久和平　共同繁荣的和谐世界

2006年新年贺词

中华人民共和国主席　胡锦涛

（2005年12月31日）

女士们，先生们，同志们，朋友们：

2006年的新年钟声即将敲响。在这辞旧迎新的美好时刻，我很高兴通过中国国际广播电台、中央人民广播电台和中央电视台，向全国各族人民，向香港特别行政区同胞和澳门特别行政区同胞，向台湾同胞和海外侨胞，向世界各国的朋友们，致以新年的祝贺！

在过去的一年里，中国各族人民同心同德、开拓进取，全面推进社会主义经济建设、政治建设、文化建设、和谐社会建设，国民经济呈现增长较快、效益较好、价格平稳、活力增强的态势，各项社会事业不断发展，人民生活继续改善。中国积极发展同世界各国的友好合作关系，推动有关重大国际及地区问题的解决，为维护世界和平、促进共同发展发挥了建设性作用。

2006年，是中国实施“十一五”规划的开局之年。最近，中国共产党召开了十六届五中全会，提出了中国今后5年经济社会发展的总体目标、指导方针和重大部署。中国各族人民正在意气风发地推进全面建设小康社会进程，为创造更加美好的未来继续努力。

我们将坚持以科学发展观统领经济社会发展全局，着力加快改革开放，着力增强自主创新能力，着力推进经济结构调整和经济增长方式转变，着力提高经济增长的质量和效益，努力推动经济社会又快又好发展，使全体人民共享改革发展的成果。我们将坚持“一国两制”、“港人治港”、“澳人治澳”、高度自治的方针，支持香港、澳门特别行政区政府和行政长官依法施政，扩大内地同香港、澳门的交流合作，坚定地维护香港、澳门长期繁荣稳定。我们将坚持“和平统一、一国两制”的基本方针，坚持一个中国原则决不动摇，争取和平统一的努力决不放弃，贯彻寄希望于台湾人民的方针决不改变，反对“台独”分裂活动决不妥协，积极促进两岸的交流合作，维护台海和平稳定，推进中国和平统一大业。

当前，国际形势继续深刻变化。和平、发展、合作成为时代的潮流。世界经济保持增长势头，科技进步日新月异，各国的相互依存和合作日益加深，人类社会发展面临着新的机遇。同时，影响和平与发展的不稳定不确定因素增多，局部战争和冲突时起时伏，南北差距进一步拉大，恐怖主义、跨国犯罪、环境污染、严重传染性疾病等全球性问题突出，人类社会发展也面临着严峻挑战。

中国人民爱好和平，向往美好生活，真诚愿意做维护世界和平、推动全球经济平衡有序发展的坚定力量。中国人民殷切希望同世界各国人民一道，加强团结，密切合作，携手建设一个持久和平、共同繁荣的和谐世界。

在这里，我愿重申，中国的发展，是和平的发展、开放的发展、合作的发展、和谐的发展。中国人民既通过争取和平的国际环境来发展自己，又通过自己的发展来促进世界和平。中国人民愿同世界各国人民一道促进多边主义，促进经济全球化朝着有利于实现共同繁荣的方向发展，提倡国际关系民主化，尊重世界多样性，推动建立公正合理的国际政治经济新秩序。中国将坚持对外开放的基本国策，不断优化投资环境、开放市场，广泛开展国际合作，特别是将尽己所能支持发展中国家加快发展，同世界各国实现互利共赢。

当今世界，一些国家的民众依然遭受着战火、贫困、疾病、自然灾害等的煎熬，中国人民对他们始终怀着深切的同情，愿意为他们提供力所能及的帮助，衷心祝愿他们能够早日生活在和平与发展的阳光之下。

最后，我从北京祝大家在新的一年里幸福安康！

谢谢大家。

政府工作报告

——2006年3月5日在第十届全国人民代表大会第四次会议上

国务院总理　温家宝

各位代表：

现在，我代表国务院，向大会作政府工作报告，请予审议，并请全国政协各位委员提出意见。

一、去年工作回顾

2005年，我国社会主义现代化事业取得显著成就。

——经济平稳较快发展。全年国内生产总值达到18.23万亿元，比上年增长9.9%；财政收入突破3万亿元，增加5232亿元；居民消费价格总水平上涨1.8%。国民经济呈现增长较快、效益较好、价格较稳的良好局面。

——改革开放迈出重大步伐。一些重点领域和关键环节的改革取得新突破；进出口贸易总额达到1.42万亿美元，增长23.2%；实际利用外商直接投资603亿美元；年末国家外汇储备达到8189亿美元。

——社会事业取得新进步。科技、教育、文化、卫生、体育等事业全面发展。神舟六号载人航天飞行圆满成功，标志着我国在一些重要科技领域达到世界先进水平。

——人民生活进一步改善。城镇新增就业970万人；城镇居民人均可支配收入达到10493元，农村居民人均纯收入达到3255元，扣除价格因素，分别增长9.6%和6.2%。

我国在全面建设小康社会道路上迈出了新的坚实步伐。

一年来，我们以科学发展观统领经济社会发展全局，主要做了以下几方面工作：

（一）着力解决经济运行中的突出问题。继续搞好宏观调控，坚持区别对待、有保有压的原则，综合运用财税、货币、土地等手段，控制固定资产投资过快增长，遏制房地产投资过快增长和房价过快上涨的势头。进一步增加农业、能源、交通、社会事业等薄弱环节投入，促进协调发展，增强发展后劲。加强经济运行调节，继续缓解煤电油运紧张状况，保障了经济平稳较快增长。

（二）积极推进经济结构调整和增长方式转变。继续加强“三农”工作。28个省（区、市）全部免征了农业税，全国取消了牧业税。增加对种粮农民的补贴和对产粮大县及财政困难县的转移支付，对部分粮食主产区的重点粮食品种实行最低收购价政策，多渠道增加农民收入。全年中央财政用于“三农”的支出达到2975亿元，比上年增加349亿元。粮食总产量在上年大幅度增长的基础上，又增产1454万吨，达到48401万吨。农业综合生产能力得到加强，粮食稳定增产和农民持续增收，为经济平稳较快发展和社会稳定奠定了基础。

在产业结构调整方面，制定和实施了能源、重要原材料和装备制造等行业发展规划和产业政策，提出了促进流通业发展的政策措施，引导和支持重点行业健康发展；淘汰了一批高耗能、高污染和不符合安全生产条件的落后生产能力。

为推进经济增长方式转变，突出抓了能源资源节约和环境保护，提出了建设资源节约型社会、发展循环经济的任务和政策措施，启动了178项节能、节水和资源综合利用等重大项目。加强了矿产开发、土地利用和城乡规划管理。去年投入国债资金152亿元，主要用于淮河、太湖等重点流域污染防治和天然林保护、退耕还林还草、防沙治沙等重点生态工程。深入开展环保专项治理，解决了一些危害群众健康的环境问题。

（三）深化体制改革和推进对外开放。农村综合改革试点继续推进。国有商业银行股份制改革和农村信用社改革取得重要进展，上市公司股权分置改革稳步推进，完善人民币汇率形成机制改革顺利实施。国有企业建立现代企业制度步伐加快。中央财政安排219亿元支持116户国有企业实施政策性关闭破产，企业分离办社会职能工作继续进行。财税、投资、价格改革继续深化。

邮政体制改革开始启动。铁路、民航体制改革取得新进展。制定并实施了鼓励、支持和引导非公有制经济发展的政策措施。一些重点领域和关键环节的改革，取得了突破性进展。

我们积极应对对外开放中出现的新情况新问题。调整出口退税、关税和加工贸易政策，优化对外贸易结构。完善出口退税机制。稳步推进服务业对外开放。全面部署了加入世界贸易组织后过渡期的各项工作。

（四）加快发展各项社会事业。2005 年中央财政用于科技、教育、卫生、文化等方面的支出 1168 亿元，比上年增长 18.3%；投入国债建设资金 95.4 亿元。

在科技方面，加强了国家创新体系、基础研究和基础设施建设。集成电路芯片设计开发、第三代移动通信、高性能复合材料、高档数控机床研制等重大科技专项取得重要进展。在国务院领导下，组织和动员各方面力量，经过两年多的深入研究和广泛论证，制定了《国家中长期科学和技术发展规划纲要》。

在教育方面，重点加强了义务教育特别是农村义务教育。中央和地方财政安排专项资金 70 多亿元，对 592 个重点贫困县 1700 万名贫困家庭学生免除学杂费、免费提供教科书和补助寄宿生生活费，还为中西部地区 1700 多万名贫困家庭学生免费提供教科书，许多辍学儿童重新回到学校。继续实施西部地区“两基”攻坚计划。两年来新建、改建、扩建农村寄宿制学校 2400 多所，为 16 万个农村中小学校和教学点配备了远程教育设施。职业教育得到进一步加强。高等教育持续发展。

在卫生方面，着力加强公共卫生体系建设和农村卫生工作。近三年，中央和地方投入 105 亿元，基本建成了覆盖省市县三级的疾病预防控制体系；总投资为 164 亿元的突发公共卫生事件医疗救治体系建设进展顺利。中央安排 30 亿元国债资金支持中西部乡镇卫生院建设，改善农村医疗卫生条件。新型农村合作医疗制度试点已扩大到 671 个县，惠及 1.77 亿农民。加强艾滋病等重大疾病防治。高度重视高致病性禽流感疫情防控工作，有效遏制了疫情蔓延和对人的传播。人口和计划生育工作取得新进展。

在文化方面，积极开展文化体制改革试点工作，公共文化基础设施建设进一步加强，文化信息资源共享工程顺利实施。对外文化交流日益活跃。体育事业取得新成绩。社会主义精神文明建设得到加强。

（五）努力做好就业和社会保障工作。加大对就业再就业的政策支持和资金投入。去年中央财政安排国有企业下岗职工基本生活保障专项补助、再就业补助 209 亿元，比上年增加 29 亿元。统筹做好城镇新增劳动力、高校毕业生、复员退伍军人等就业工作。中央财政还安排专项资金支持农村劳动力转移培训和城镇退役士兵自谋职业。

社会保障体系不断完善，覆盖面进一步扩大。已有 17 个省（区、市）完成国有企业下岗职工基本生活保障向失业保险并轨。城市低保对象基本实现应保尽保。重点优抚对象抚恤补助标准明显提高，中央财政安排优抚事业费 74.6 亿元，比上年增长 90%。28 个省（区、市）、2300 个县（市）已初步建立社会救助体系的基本框架。救灾和扶贫工作力度加大。全年中央财政用于抗灾救灾的资金 89 亿元，救助受灾群众 9000 多万人次。中央和地方财政安排扶贫资金 162 亿元，农村贫困人口比上年减少 245 万人。

（六）切实加强民主法制建设。基层民主政治建设继续推进，21 个省（区、市）完成了村委会换届选举。政务公开、厂务公开和村务公开不断扩大。加强了政府决策科学化、民主化工作，对涉及群众利益的重大事项实行公示、听证等制度。重视政府法制建设，国务院提出了劳动合同法、妇女权益保障法和个人所得税法修正案（草案）等 7 部法律议案，制定并颁布了《重大动物疫情应急条例》、《关于预防煤矿生产安全事故的特别规定》等 22 部行政法规。制定和实施了《国家突发公共事件总体应急预案》和专项预案，应对突发事件的能力不断提高。审计、监察监督进一步强化。认真做好实施《中华人民共和国公务员法》的准备工作。实施新的《信访条例》，畅通了信访渠道，规范了信访秩序。稳步推进司法体制改革。深入开展规范执法行为、促进执法公正的专项整改活动，保障公民合法权益。继续加强社会治安综合治理，依法严厉打击各种违法犯罪活动，刑事发案数有所下降，社会保持稳定。

民族、宗教、侨务和对台工作进一步加强。国防和军队现代化建设取得新进展。外交工作成果显著。

一年来的成就，是以胡锦涛同志为总书记的党中央驾驭全局、正确领导的结果，是广大干部群众共同奋斗、辛勤劳动的结果。在这里，我代表国务院，向全国各族人民，向各民主党派、各人民团体和各界人士，表示诚挚的感谢！向香港特别行政区同胞、澳门特别行政区同胞和台湾同胞以及广大侨胞，表示诚挚的感谢！向一切关心和支持中国现代化建设的各国朋友，表示诚挚的感谢！

在看到成绩的同时，我们也清醒地认识到，经济社会生活中的困难和问题还不少。一些长期积累的和深层次的矛盾尚未根本解决，又出现了一些不容忽视的新问题。一是粮食增产和农民增收难度加大。当前粮价走低和农业生产资料价格上涨的压力都不小，影响农民增加收入和种粮积极性。耕地不断减少，农业综合生产能力不强，粮食安全存在隐患。二是固定资产投资增幅仍然偏高。有些行业投资增长过快，新开工项目偏多，投资结构不合理，投资反弹的压力比较大。三是部分行业过度投资的不良后果开始显现。产能过剩问题日趋突出，相关产品价格下跌，库存上升，企业利润减少，亏损增加，潜在的金融风险加大。四是涉及群众切身利益的不少问题还没有得到很好解决。看病难、看病贵和上学难、上学贵等问题突出，群众反映比较强烈；在土地征用、房屋拆迁、库区移民、企业改制、环境保护等方面，还存在一些违反法规和政策而损害群众利益的问题。五是安全生产形势严峻。煤矿、交通等重特大事故频繁发生，给人民群众生命财产造成严重损失。

我们还认识到，各级政府工作中存在不少缺点和不足。政府职能转变滞后，一些工作落实不够，办事效率不高，形式主义、做表面文章的现象还比较突出，一些政府工作人员弄虚作假、奢侈浪费，甚至贪污腐败。

我们要进一步增强使命感和紧迫感，发扬成绩，改进工作，以更加昂扬的斗志，更加奋发有为的精神状态，更加扎实的工作作风，努力把政府各项工作做得更好，绝不辜负人民的厚望和国家的重托。

二、今年主要任务

2006 年是实施“十一五”规划的第一年，改革发展稳定的任务十分繁重。做好政府工作的基本思路是：以邓小平理论和“三个代表”重要思想为指导，认真贯彻党的十六大和十六届三中、四中、五中全会精神，全面落实科学发展观，坚持加快改革开放和自主创新，坚持推进经济结构调整和增长方式转变，坚持把解决涉及人民群众切身利益问题放在突出位置，全面加强社会主义经济建设、政治建设、文化建设与和谐社会建设，为“十一五”开好局、起好步。

综合考虑各种因素，2006 年国民经济和社会发展的主要预期目标是：国内生产总值增长 8%左右，单位国内生产总值能耗降低 4%左右；居民消费价格总水平涨幅控制在 3%；城镇新增就业 900 万人，城镇登记失业率控制在 4.6%；国际收支基本平衡。

通观全局，做好今年政府工作必须把握好以下原则：一是稳定政策，适度微调。继续搞好宏观调控，保持宏观经济政策的连续性和稳定性，正确把握宏观调控的方向和力度，注重区别对待、分类指导，有针对性地解决经济发展中的突出矛盾。二是把握大局，抓好重点。正确处理改革发展稳定的关系，以改革开放为动力推动各项工作，着力解决事关全局的重大问题，促进经济社会全面发展。三是统筹兼顾，关注民生。坚持以人为本，搞好“五个统筹”，更加注重城乡、区域协调发展，更加注重社会事业建设，更加注重社会公平和社会稳定，让全体人民共享改革发展成果。四是立足当前，着眼长远。把做好今年工作和实现“十一五”规划目标结合起来，积极进取，量力而行，注重实效。

今年要着力做好以下几方面的工作。

（一）继续保持经济平稳较快发展

从当前国际环境和国内形势看，今年经济发展的有利条件很多，但制约发展的矛盾也不少，还有一些不确定因素，需要采取正确的应对之策，防止经济出现大的起落。

稳定宏观经济政策，主要是继续实施稳健的财政政策和稳健的货币政策。鉴于当前经济增长势头较好，社会投资活跃，今年要继续适当减少长期建设国债发行规模和财政赤字。拟发行长期建设国债 600 亿元，比上年减少 200 亿元，同时增加中央预算内经常性建设投资 100 亿元；拟安排中央财政赤字 2950 亿元，比上年预算减少 50 亿元。长期建设国债资金和预算内投资，主要用于农林水利、科教文卫、生态建设、环境保护和西部开发等方面，保证重点续建项目，适当开工建设关系发展全局的重大项目。从今年开始，参照国际通行做法，采取国债余额管理方式管理国债发行。大力推进依法治税，切实加强税收征管，规范非税收入管理。财政支出要统筹兼顾、量入为出、确保重点、厉行节约。加强财政监管，控制行政经费增长。要保持货币信贷适度增长，优化信贷结构，创新金融产品，加大对“三农”、中小企业、就业、助学的信贷支持，合理控制中长期贷款。健全利率形成和传导机制。完善有管理的浮动汇率制度，保持人民币汇率在合理、均衡水平上的基本稳定。

坚持扩大内需的战略方针，重点是扩大消费需求，增强消费对经济发展的拉动作用。一是努力增加城乡居民收入。要调整收入分配关系，规范收入分配秩序，增加中低收入者的收入。坚持“多予少取放活”，特别要在“多予”上采取更多措施，增加农民收入。各地都要合理调整和严格执行最低工资制度，制定和推行最低小时工资标准。逐步解决农民工工资偏低的问题。建立并完善防止工资拖欠的法规和机制。认真实施修改后的个人所得税法，减轻中低收入者的税负。今年国家将适当提高企业离退休人员基本养老金标准、优抚对象抚恤补助标准、城市居民最低生活保障补助标准。改革公务员工资制度，在清理规范津贴补贴的基础上，建立国家统一的职务与级别相结合的工资制度和工资正常增长机制，完善艰苦边远地区津贴制度。同时，推进事业单位收入分配制度改革。二是稳定居民支出预期，扩大即期消费。通过加快完善社会保障体系和解决教育、医疗卫生、住房等领域的突出问题，减轻居民增加消费的后顾之忧。三是大力开拓农村消费市场。加强农村流通体系和市场建设，充分发挥农村现有流通网络的作用，支持城市流通企业经营网络向农村延伸，为农民增加消费提供便利。四是完善消费环境和政策。改善居民住、行条件，积极发展旅游、文化、健身等服务性消费。切实保障消费者合法权益。合理调整消费税，规范和发展消费信贷，抓紧清理、修订现行抑制消费的不合理规定和政策，促进居民消费结构升级。

保持固定资产投资适当规模，坚持有保有压，优化投资结构，防止投资过快增长。继续把好土地、信贷两个闸门，坚持实行最严格的土地管理制度，坚持按照贷款条件和市场准入标准发放贷款。从严控制新开工项目。同时，进一步加强经济社会发展薄弱环节和重点领域的建设。继续解决部分城市房地产投资规模过大和房价上涨过快的问题。要着力调整住房供应结构，严格控制高档房地产开发，重点发展普通商品房和经济适用房。建立健全廉租房制度和住房租赁制度。整顿规范房地产和建筑市场秩序，基本完成建设领域清理拖欠工程款任务，促进房地产业和建筑业健康发展。

（二）扎实推进社会主义新农村建设

建设社会主义新农村，是党的十六届五中全会提出的重大历史任务，事关全面建设小康社会和现代化建设全局。要贯彻工业反哺农业、城市支持农村的方针，加大对“三农”的支持力度，推进农村体制改革和制度创新，尽快使广大农村面貌有比较明显的变化。

建设社会主义新农村，首先要发展现代农业，促进粮食生产稳定发展和农民持续增收。稳定、完善和强化对农业的扶持政策。进一步增加对农民的种粮直接补贴、良种补贴、农机具补贴，增加对产粮大县和财政困难县的转移支付。坚持和完善重点粮食品种最低收购价政策，抑制农业生产资料价格上涨。今年中央财政用于“三农”的支出达到3397亿元，比上年增加422亿元。要切实保护耕地特别是基本农田，稳定粮食播种面积，不断提高粮食综合生产能力。增强农业科技创新和转化能力，加强农业技术推广和服务。加快兽医管理体制改革和动物疫病防控体系建设。继续调整农业结构，积极发展畜牧业，推进农业产业化，大力发展农村二、三产业特别是农产品加工业，壮大县域经济，推进农村劳动力向非农产业和城镇有序转移，多渠道增加农民收入。

建设社会主义新农村，必须加强农村基础设施建设。要下决心调整投资方向，把国家对基础设施建设投入的重点转向农村，这是一个重大转变。主要是加强以小型水利设施为重点的农田基本建设，加强防汛抗旱和减灾体系建设，加强农村道路、饮水、沼气、电网、通信等基础设施和人居环境建设，加强教育、卫生、文化等农村公共事业建设。主要措施是：逐年加大国家财政投资和信贷资金对农业、农村的投入；整合各种渠道的支农资金，提高资金使用效益；积极引导农民对直接受益的公益设施建设投资投劳；鼓励和引导社会各类资金投向农村建设，逐步建立合理、稳定和有效的资金投入机制。通过坚持不懈努力，使农村基础设施有一个大的改善。

建设社会主义新农村，必须全面推进农村综合改革。今年在全国彻底取消农业税，标志着在我国实行了长达2600年的这个古老税种从此退出历史舞台，这是具有划时代意义的重大变革。农村税费改革不仅取消了原先336亿元的农业税赋，而且取消了700多亿元的“三提五统”和农村教育集资等，还取消了各种不合理收费，农民得到了很大的实惠。为保证基层政权正常运转和农村义务教育的需要，从今年起，国家财政将每年安排支出1030多亿元，其中中央财政转移支付每年将达到780多亿元，地方财政每年将安排支出250多亿元。需要指出，全部取消农业税后，巩固和发展农村税费改革成果的任务仍然十分艰巨，关键是要全面推进农村综合改革，包括深化乡镇机构、农村义务教育和县乡财政管理体制等改革。这些改革，既涉及农村生产关系调整，也直接触及农村上层建筑变革，意义更深刻，工作更艰难，一定要坚定不移地推进。

建设社会主义新农村是一项长期而艰巨的任务。要坚持从实际出发，因地制宜，分类指导，搞好规划；要尊重农民意愿，不能搞形式主义和强迫命令，防止一哄而起；要发扬自力更生、艰苦奋斗精神，求真务实，真抓实干。

（三）加大产业结构调整、资源节约和环境保护力度

推进产业结构调整和优化升级，是转变经济增长方式、提高经济增长质量的重要途径和迫切任务。一要着力提升产业层次和技术水平。要加快发展先进制造业、高新技术产业和现代服务业，继续加强交通、能源、水利等基础产业和基础设施建设，推进国民经济和社会信息化。提高产业技术水平，关键是要全面增强自主创新能力。要在一些重要产业尽快掌握核心技术和提高系统集成能力，形成一批拥有自主知识产权的技术、产品和标准。主要措施是：强化企业在自主创新中的主体地位，建立以市场为导向、产学研相结合的技术创新体系；大力实施品牌战略，鼓励开发具有自主知识产权的知名品牌；健全知识产权保护体系，加大知识产权保护的执法力度；完善自主创新的激励机制，实行支持企业创新的财税、金融和政府采购等政策；改善市场环境，发展创业风险投资，支持中小企业提升自主创新能力。二要推进部分产能过剩行业调整。进行这项调整，要综合运用经济、法律和必要的行政手段，充分发挥市场机制的作用。主要措施是：认真贯彻国家产业政策，严格市场准入标准，控制新增产能；推动企业并购、重组、联合，支持优势企业做强做大，提高产业集中度；依法关闭那些破坏资源、污染环境和不符合安全生产条件的企业，淘汰落后生产能力；通过调整投资结构、扩大消费需求等措施，合理利用和消化一些已经形成的生产能力。这项工作涉及面广，政策性强，要积极而有序地进行。

抓好资源节约工作。一要综合运用各种手段，特别是价格、税收等经济手段，促进资源合理开发和节约使用。二要抓紧制定和完善各行业节能、节水、节地、节材标准，推进节能降耗重点项目建设，促进土地集约利用。鼓励发展节能降耗产品和节能省地型建筑。三要大力推动以节能降耗为重点的设备更新和技术改造，加快淘汰高耗能、高耗水、高耗材的工艺、设备和产品。四要大力发展循环经济。在重点行业、产业园区、城市和农村实施一批循环经济试点。完善资源综合利用和再生资源回收的税收优惠政策，推进废物综合利用和废旧资源回收利用。五要全面加强管理，把节能降耗纳入经济社会发展的统计、评价考核体系，建立信息发布制度。从今年开始，每年都要公布各地区和主要行业的单位产值能源消耗情况。六要在全社会广泛持久地开展资源节约活动，使建设资源节约型社会深入人心，蔚成风气。

加快建设环境友好型社会。加强对水源、土地、森林、草原、海洋等自然资源的生态保护。重点搞好“三河三湖”（淮河海河辽河、太湖巢湖滇池）、南水北调水源及沿线、三峡库区、松花江等流域污染防治。大力推行清洁生产，加强工业废水治理工程建设。抓好大气污染防治和重点城市污水处理、生活垃圾无害化处理。综合防治农业面源污染和畜禽养殖污染。继续实施自然生态保护工程。抓紧建立生态补偿机制。强化环境和生态保护执法检查，健全环境保护的监测体系、评价考核和责任追究制度。

（四）继续推动区域协调发展

进一步推进西部大开发。着力支持重点地带、重点城市和重点产业加快发展。确保青藏铁路、三峡三期工程等一批重点工程建成投产，新开工一批重大建设项目。巩固和发展退耕还林、退牧还草成果，抓紧研究制定后续相关政策。继续实施天然林保护、风沙源和石漠化治理等生态工程。支持发展优势产业和建设特色资源加工基地。加快科技、教育发展。加大政策扶持和财政转移支付力度，加快建立长期稳定的西部开发资金渠道。

继续实施东北地区等老工业基地振兴战略。重点加强大型粮食基地建设，推进重点行业改革重组和技术改造。搞好资源枯竭型城市经济转型和采煤沉陷区治理、棚户区改造，抓紧研究建立资源开发补偿机制、衰退产业援助机制。做好部分城市和国有企业厂办大集体改革试点工作。认真落实扩大对外开放的政策措施，在加快改革开放中走出振兴的新路子。

积极促进中部地区崛起。充分发挥中部区位、资源、产业和人才优势，重点加强现代农业特别是粮食主产区商品粮基地建设，加强能源和重要原材料基地建设，加强现代综合交通运输体系、现代流通体系和现代市场体系建设。支持老工业基地振兴和资源型城市转型，建设现代装备制造基地和高技术产业基地。增强中心城市辐射功能，带动周边地区发展。

鼓励东部地区率先发展。着力增强自主创新能力，推进产业结构优化升级，增强国际竞争力和可持续发展能力，更加注重节约利用土地、水、能源等资源和环境保护，实现既快又好发展，在科学发展道路上走在全国前面。继续发挥经济特区、上海浦东新区的作用，推进天津滨海新区开发开放。

进一步支持革命老区、少数民族地区、边疆地区和贫困地区加快经济社会发展。加大对人口较少民族的扶持力度，推进兴边富民行动。发达地区要采取多种方式帮助和带动欠发达地区。

（五）实施科教兴国战略和人才强国战略，加强文化建设

我国已进入必须更多地依靠科技进步和创新推动经济社会发展的历史阶段，要把加快科技发展放在更加突出的战略地位。要以建设创新型国家为目标，全面实施《国家中长期科学和技术发展规划纲要》。抓紧启动一批重大科技专项和重点项目，集中力量在重点领域和关键环节取得突破。继续加强基础研究、前沿技术研究和社会公益性科技研究。建设国家重大科技基础设施和一批产业技术研发试验设施。加强国家创新体系建设。深化科技体制改革，有效整合全社会科技资源，促进科技成果向现实生产力转化。建立财政性科技投入稳定增长机制。今年中央财政安排科技投入716亿元，比上年增长19.2%，地方和企业也都要增加科技投入。要进一步繁荣和发展哲学社会科学，推动理论创新。

要大力普及和巩固九年义务教育。从今年起用两年时间，全部免除农村义务教育阶段学生学杂费，今年在西部地区实施，明年扩大到中部和东部地区；继续对贫困家庭学生免费提供教科书并补助寄宿生生活费。将农村义务教育全面纳入国家财政保障范围，建立中央和地方分担的农村义务教育经费保障机制。主要是：提高农村义务教育阶段中小学公用经费保障水平，建立农村中小学校舍维修改造投入机制，完善农村中小学教师工资经费保障机制。为此，今后五年国家财政新增义务教育经费累计将达2182亿元。在全国农村普遍实行免除学杂费的义务教育，这是我国教育发展史上的一个重要里程碑，必将对全面提高国民素质产生重大而深远的影响。要解决城市低收入家庭和农民工子女义务教育阶段上学困难问题，让每个孩子都有平等接受义务教育的机会。继续扎实推进西部地区“两基”攻坚计划，确保到2007年如期实现计划目标。发展职业教育是一项重要而紧迫的任务，今后五年中央财政将投入 100 亿元支持职业教育发展。高等教育要创新教育教学模式和方法，着力提高教育质量，推进高水平大学和重点学科建设。各级各类学校都要全面推进素质教育。要培养一支德才兼备的教师队伍，造就一批杰出的教育家。

实施人才强国战略，加强人才队伍建设。要多渠道增加对人力资源开发的投入，推进市场配置人才资源，规范人才市场管理。

加强社会主义文化建设。抓好理想信念教育，特别是青少年的思想道德教育。深入开展群众性精神文明创建活动。深化文化体制改革，发展文化事业和文化产业。加强文化基础设施建设尤其是农村基层文化建设，完善公共文化服务体系。繁荣文学艺术、广播影视、新闻出版事业。加强文化遗产和自然遗产保护。大力扶持民族文化艺术，扩大国际文化交流。加强文化市场管理，坚持开展“扫黄打非”。广泛开展全民健身运动，提高竞技体育水平。继续做好北京奥运会和上海世博会筹办工作。

（六）进一步推进改革开放

改革开放是决定中国命运的重大决策。当前改革正处于攻坚阶段，必须以更大的决心加快推进各项改革。今年一些关系全局的重大体制改革要取得新进展。

要认真贯彻《中华人民共和国公司法》，加快国有大型企业股份制改革。着力完善产权结构、公司治理结构和激励约束机制，加快形成一批具有国际竞争力的大公司大企业集团。加大国有独资企业和垄断行业的改革力度，放宽市场准入，推进投资主体和产权多元化。完善国有资产监管体制，健全国有资本经营预算制度、经营业绩考核体系和国有资产重大损失责任追究制度。规范国有企业改制和产权转让行为，防止国有资产流失，维护职工合法权益。推进集体企业改革和发展。认真落实鼓励、支持和引导非公有制经济发展的政策措施，进一步为各类所有制企业创造公平竞争的法治环境、政策环境和市场环境。

要加快金融体制改革。一是坚定不移地推进国有商业银行股份制改革。坚持国家绝对控股，改善产权结构，引进借鉴国外先进管理经验，规范公司治理结构，完善内控机制与管理制度，推进制度创新。二是大力发展资本市场。认真贯彻《中华人民共和国证券法》，切实加强证券市场基础性制度建设。要着力提高上市公司质量，继续搞好证券公司综合治理，依法强化市场监管，努力营造公开、公正、公平、透明的市场环境。继续推进上市公司股权分置改革。积极稳妥地发展债券市场和期货市场。三是深化农村金融改革。完善农村信用社体制，推进农业银行、农业发展银行改革，加快农村金融创新，健全农村金融体系，改进农村金融服务。同时，要深化保险业改革，拓宽服务领域；推进政策性银行、邮政储蓄机构等其他金融机构改革。加强和改进金融监管，强化银行资本充足率约束。依法严厉打击金融领域的违法犯罪行为，防范系统性金融风险，维护金融稳定和安全。

要深化财税、投资、价格改革。财政体制改革的重点，是健全公共财政体系，完善转移支付制度，实施政府收支分类改革，完善预算管理制度。积极推进增值税转型改革。调整和完善资源税。研究统一各类企业税收制度。投资体制改革的重点，是落实投资主体的自主权和风险承担机制，改进项目核准和备案制度，加强产业投资信息发布，完善并认真执行市场准入制度，健全投资宏观调控体系。价格改革的重点，是逐步理顺和完善资源性产品和要素价格形成机制，改革要兼顾各方面的利益，尤其要考虑低收入群众的基本生活。

继续深入整顿和规范市场秩序。要强化市场法治，加快社会信用体系建设。依法严惩制假售假、商业欺诈、走私贩私、偷逃骗税、金融证券犯罪和侵犯知识产权等行为。坚决打击传销和变相传销活动。集中力量开展食品安全专项整治，严把市场准入关，加强生产和流通全过程的监管，让人民群众吃上安全、放心的食品。

进一步扩大对外开放，更好地利用国内国外两个市场、两种资源。要转变贸易增长方式，注重优化进出口结构，努力改善进出口不平衡状况。支持具有自主知识产权、自主品牌、高附加值的产品和服务产品出口，继续控制高耗能、高污染和资源性产品出口。推动加工贸易转型升级和合理布局。适当扩大进口，增加先进技术、关键设备和国内短缺资源进口。继续积极有效利用外资，着力提高利用外资质量。扩大服务领域对外开放。支持有条件的企业“走出去”，按照国际通行规则对外投资和跨国经营，在境外建立加工基地、营销服务网络和研发机构。建立政策支持和服务体系，完善境外投资协调机制和风险控制机制。

今年，我国加入世贸组织过渡期将基本结束，要增强做好各项应对工作的紧迫感。进一步完善涉外经济管理体制和机制，提高贸易和投资便利化水平。运用世贸组织规则，支持重点产业提高抗风险能力和国际竞争力。健全应对贸易争端的有效机制，妥善处理贸易摩擦。有步骤、有重点地推进区域经济合作和自由贸易区谈判。在世贸组织新一轮谈判中发挥建设性作用。

（七）高度重视解决涉及群众切身利益的问题

我们要牢记执政为民的宗旨，坚持一切为了人民。要抓紧解决广大群众最关心、最直接、最现实的利益问题，尤其要切实做好就业、社保、医疗、安全生产等工作。

继续实施积极的就业政策，千方百计扩大就业。进一步解决体制转轨遗留的下岗失业人员再就业问题和重组改制、关闭破产企业的职工安置问题。国有企业下岗失业人员再就业扶持政策再延长三年，并根据各地实际将适用范围逐步扩大到城镇集体企业下岗职工。加大对军工、森工等困难行业下岗职工再就业的支持力度。中央财政今年安排再就业补助资金251亿元，比上年增加42亿元。地方财政也要增加这方面的投入。重视做好高等学校毕业生就业、退役军人的安置工作，搞好城镇新增劳动力和进城农民工就业工作。加强职业培训和就业服务体系建设。切实维护劳动者的合法权益。

加快推进社会保障体系建设。切实保证各项社会保险金的及时支付。完善城镇职工基本养老保险制度，搞好做实个人账户试点工作，扩大试点范围；改革养老金计发办法，建立参保缴费的激励约束机制。提高各类所有制企业的参保率，统一城镇个体工商户和灵活就业人员的参保办法，扩大社会保险覆盖范围。加大社会保险费征缴和基金监管力度，多渠道筹集社会保障基金。同时，加强城镇职工基本医疗保险和失业、工伤、生育保险制度建设。继续完善城市低保制度。研究制定机关事业单位养老保险制度改革方案。研究适合农民工特点的社会保障办法。完善农村“五保户”供养、特困户救助、灾民救济等制度，增加资金支持并适当提高救助标准。有条件的地方要探索建立农村居民最低生活保障制度。各地都要加快城乡特殊困难群众社会救助体系建设。加强防灾减灾救灾工作。加大扶贫投入和工作力度，进一步减少贫困人口。落实军烈属优抚政策。积极发展社会福利事业和慈善事业，开展多种形式的捐助和帮扶活动。要使失去父母的儿童、没有生活来源的老人和残疾人，得到更多的关爱和帮助，让他们感受到社会主义大家庭的温暖。

突出抓好医疗卫生工作。着眼于逐步解决群众看病难、看病贵问题，主要抓好三个方面：一是加快农村医疗卫生服务体系建设。启动《农村卫生服务体系建设与发展规划》，健全县、乡、村三级医疗卫生服务体系和网络；五年内国家财政将投入200多亿元，对乡镇卫生院和部分县医院房屋和设备进行改造。加快推进新型农村合作医疗制度建设，今年把试点范围扩大到全国40%的县，中央和地方财政对参加合作医疗农民的补助标准由20元提高到40元，中央财政为此将增加支出42亿元。到2008年，要在全国农村基本建立新型合作医疗制度和医疗救助制度。实行城市医疗卫生人员定期到农村服务的制度。二是大力发展城市社区卫生服务。要通过调整城市医疗卫生资源、加大政府投入、加强人才培养、完善服务功能、推进机制创新等措施，加快构建以社区为基础的新型城市医疗卫生服务体系。将符合条件的社区卫生服务机构纳入城镇基本医疗保险定点范围，实行社区首诊制度试点，逐步实现小病不出社区、大病才上医院。探索建立城市医疗救助制度。三是深化医疗卫生体制改革，深入整顿和规范医疗服务、药品生产流通秩序。加强对药品、医疗服务的价格监管。规范医院、医生的医疗和用药行为，加强医德医风建设，提高医疗服务质量，控制医药费用。要支持中医药事业发展，充分发挥中医药在防病治病中的重要作用。加强严重危害人民群众健康的重大疾病预防工作，认真落实艾滋病、结核病、血吸虫病等重大传染病防治措施。高度重视防控人感染高致病性禽流感工作。

稳定现行生育政策和低生育水平，提高出生人口质量，有效治理出生人口性别比偏高的问题。扩大农村计划生育家庭奖励扶助制度的覆盖面和西部地区“少生快富工程”的实施范围。重视做好老龄工作。保障妇女儿童权益。积极发展残疾人事业。

切实加强安全生产工作。安全生产责任重于泰山，经济发展必须建立在安全生产的基础上。近几年，我们在安全生产方面采取了一系列措施，取得了一定成效。但是，问题还很突出。主要原因是：安全措施没有真正落实，企业安全主体责任不到位，生产安全设施设备落后；煤炭需求过旺，生产和运输绷得过紧；企业基础工作薄弱，管理松弛，有的严重违法违规生产。一些地方领导干部和工作人员严重失职渎职，甚至徇私舞弊。

加强安全生产必须标本兼治、重在治本。第一，各级政府要把安全生产摆在更加重要的位置，主要领导亲自抓、负总责，强化企业安全生产主体责任，层层落实安全生产责任制。第二，实行有利于安全生产的经济政策。健全激励和约束机制，促进企业重视安全生产。第三，加快煤炭等行业改革重组步伐。加强大型煤炭基地建设，鼓励大型煤炭企业集团兼并改造中小煤矿。第四，加大安全生产投入。国家今年再安排30亿元国债资金，重点支持煤矿瓦斯综合治理和利用的科技攻关试点工程。地方和企业也要加大这方面的投入。第五，深入开展安全生产专项整治。继续打好煤矿瓦斯治理和矿山整顿两个攻坚战。同时，要抓好其他矿山、危险化学品、烟花爆竹、道路和水上交通、建筑施工、消防安全等专项整治。第六，强化企业管理。加强企业安全生产基础工作，完善安全生产技术规范和质量工作标准。加强安全技术人才培养和职工安全技能培训。充分发挥职工群众对安全生产的参与和监督作用。第七，加强安全生产法制建设。尤其要严格执法和监管。加大安全生产事故责任追究和处罚力度。严肃查处安全生产领域的失职渎职和腐败问题。通过采取综合措施，坚决遏制重特大事故频发的势头。

（八）加强民主政治建设和维护社会稳定

我们要巩固和发展民主团结、生动活泼、安定和谐的政治局面。健全民主制度，丰富民主形式，扩大公民有序的政治参与，保证人民依法实行民主选举、民主决策、民主管理、民主监督。全面推进依法行政，加强和改进政府立法工作，重点加强节约资源、保护生态环境、就业和社会保障、应对和处置突发公共事件、促进社会稳定、维护市场秩序等方面的立法。完善公众参与立法的机制、程序和方法。积极开展法律法规实施的跟踪检查。继续强化审计、监察等专项监督。深入开展普法教育。做好法律服务和法律援助工作，为困难群众打官司提供有效帮助。落实司法体制改革各项措施，进一步规范执法行为，促进司法公正，维护司法权威，实现严格、公正、文明执法。

高度重视社会稳定工作，广泛深入推进平安建设。正确处理新时期社会矛盾，认真落实涉及群众利益的各项政策。重视解决群众反映的问题，及时化解矛盾。做好信访工作。加强和巩固基层政权，推进和谐社区、和谐村镇建设。完善社会稳定预警体系和应急处理机制。搞好社会治安综合治理，加快建设社会治安防控体系，依法严厉打击严重暴力性犯罪、经济犯罪和盗窃、抢劫等多发性侵财犯罪。加强国家安全工作。

加强民族团结、维护祖国统一和社会稳定，是全国各族人民的共同愿望。要全面贯彻民族政策和有关法律法规，认真落实国务院颁布的实施民族区域自治法若干规定，促进各民族共同团结奋斗、共同繁荣发展。大力培养少数民族干部和各方面人才。贯彻党的宗教工作基本方针，提高依法管理宗教事务的能力。进一步做好新形势下的侨务工作。

各位代表！

加强国防和军队建设，是社会主义现代化建设的重要战略任务。坚持以毛泽东军事思想、邓小平新时期军队建设思想、江泽民国防和军队建设思想为指导，坚持把科学发展观作为加强国防和军队建设的重要指导方针，坚持党对军队绝对领导的根本原则和制度，着眼于有效履行新世纪新阶段军队的历史使命，加速推进中国特色军事变革，提高军队信息化条件下的整体防卫作战能力。狠抓军事训练，培养高素质军事人才。深化后勤建设和改革。加强国防科研和高新技术武器装备研制。坚持从严治军，依法治军，提高军队正规化水平。全面加强人民武装警察部队建设，增强执勤和处置突发事件的能力。完善国防动员体制机制，注重民兵预备役部队质量建设。深入开展“双拥”活动，巩固和发展军政军民团结。

各位代表！

我们要继续贯彻“一国两制”、“港人治港”、“澳人治澳”、高度自治的方针，严格按照特别行政区基本法办事，全力支持香港、澳门两个特别行政区行政长官和政府依法施政。继续实施内地与香港、澳门更紧密经贸关系安排，进一步加强和推动内地同港澳在经贸、科教、文化、卫生、体育等领域的交流和合作。我们坚信，香港、澳门一定能够保持长期繁荣稳定。

我们坚持“和平统一、一国两制”的基本方针和现阶段发展两岸关系、推动祖国和平统一进程的八项主张，坚持一个中国原则决不动摇、争取和平统一的努力决不放弃、贯彻寄希望于台湾人民的方针决不改变、反对“台独”分裂活动决不妥协。我们将继续和台湾同胞一道，促进两岸人员往来和经济、科技、文化交流与合作，构建和平稳定的两岸关系。我们将努力争取在一个中国原则基础上恢复两岸对话与谈判；推动全面、直接、双向“三通”进程；支持海峡西岸和其他台商投资相对集中地区的经济发展；依法保障台湾同胞正当权益，竭诚为台湾同胞服务。两岸关系朝着和平稳定、互利共赢方向发展是人心所向，任何人妄图破坏这种大趋势是注定要失败的。最终完成祖国统一大业是全体中国人的共同愿望，是任何人都阻挡不了的。

各位代表！

一年来，我们高举和平、发展、合作的旗帜，坚持奉行独立自主的和平外交政策，维护国家和人民的根本利益，发展同世界各国的友好与互利合作关系，为维护世界和平、促进共同发展作出了贡献。

新的一年，我们将继续坚定不移地走和平发展道路。在国际事务中，坚持民主公正，推进协调合作；坚持和睦互信，维护共同安全；坚持平等互利，促进共同繁荣；坚持开放包容，推动文明对话，积极促进国际秩序向公正合理方向发展。

我们要在和平共处五项原则基础上加强全方位外交。巩固和加强同广大发展中国家的友好合作。坚持与邻为善、以邻为伴的周边外交方针，推动区域合作机制建设，把务实合作上升到新水平。扩大同发达国家的共同利益，妥善处理分歧，推进交流与合作。积极参与和开展多边外交，在国际和地区事务中发挥建设性作用。扩大和深化对外文化交流，增进同世界各国人民之间的了解与友谊。保护我国公民和法人在海外的合法权益。中国政府和人民愿与世界各国人民一道，为建立和平、公正、和谐的新世界而不懈奋斗！

三、关于《国民经济和社会发展第十一个五年规划纲要（草案）》的说明

党的十六届五中全会通过的《中共中央关于制定国民经济和社会发展第十一个五年规划的建议》，提出了未来五年国民经济和社会发展的奋斗目标、指导方针和主要任务。根据《建议》精神，国务院制定了《国民经济和社会发展第十一个五年规划纲要（草案）》，已提请大会审查。下面，我就几个问题作简要说明。

（一）“十一五”规划《纲要（草案）》的编制过程和主要特点

党中央、国务院对制定“十一五”规划工作高度重视。早在2003年7月，国务院就开始部署相关准备工作。组织有关部门、地方、研究机构和各方面专家，对经济社会发展面临的若干重大问题开展专题研究，为编制《纲要（草案）》提供了基础。党的十六届五中全会后，国务院根据中央《建议》精神，深入研究和编制“十一五”规划，成立了由各领域专家组成的专家委员会进行咨询论证，在全国范围内开展多种形式的为“十一五”规划建言献策活动，人大代表、政协委员和各界人士提出了许多建议。《纲要（草案）》的编制过程，是发扬民主、集思广益、科学决策的过程。

《纲要（草案）》力求反映社会主义市场经济发展和改革开放新形势的要求，体现宏观性、战略性和政策性，并明确政府的工作重点和责任。从内容到形式都有所创新。在规划内容上，贯穿了落实科学发展观和构建社会主义和谐社会的战略思想，突出了“五个统筹”，突出了加强经济社会发展薄弱环节，突出了解决人民群众关注的切身利益问题，注意处理好市场机制与宏观调控的关系。在规划指标上，分为预期性和约束性两大类。预期性指标，是预计和期望达到的目标，主要通过引导市场主体行为来实现；约束性指标，是必须实现的目标，主要通过依法加强管理和提供服务来实现。在规划形式上，《纲要（草案）》采取正文加专栏的形式，在专栏中列举了有关发展指标和重点工程，使规划内容更加直观、清晰。

《纲要（草案）》的制定以第一次全国经济普查数据为基础。历时两年多的经济普查工作，进一步摸清了我国经济社会发展的基本情况，查实了国内生产总值总量和三次产业的比重，更加全面、准确地反映了国情国力。

依据新的经济普查数据制定“十一五”规划，更符合实际情况，更具有科学性。

（二）“十五”时期国民经济和社会发展主要情况

过去五年，是我国发展进程中很不平凡的五年，是继往开来、与时俱进的五年。我们摆脱了亚洲金融危机带来的冲击，战胜了非典疫情和重大自然灾害，不失时机地推进改革开放，进一步发挥市场配置资源的基础性作用，加强和改善宏观调控，保持了经济平稳较快发展。我国工业化、城镇化、市场化、国际化进程明显加快，社会生产力、综合国力和人民生活水平都跃上一个新台阶，城乡面貌发生了很大变化。

五年来，我国经济实力显著增强。2005 年与 2000 年相比，国内生产总值增长 57.3%，年均增长 9.5%；财政收入增长 1.36 倍，年均增加 3647 亿元。农业特别是粮食生产出现重要转机，主要工业产品产量大幅度增长，高技术产业快速发展，基础产业和基础设施建设成就斐然，在水利、能源、交通、通信等领域建成或新开工一大批重大工程。经济社会信息化程度迅速提高。

五年来，改革开放成果丰硕。农村、国有企业、金融、财税、投资等改革和市场体系、社会保障体系建设都取得重大进展。我国加入世界贸易组织，对外开放进入新的阶段。五年间，进出口贸易总额增长两倍，实际利用外商直接投资累计 2740.8 亿美元。一批有竞争力的企业走向世界。

五年来，人民生活明显改善。城镇居民人均可支配收入和农村居民人均纯收入，分别实际增长 58.3%和 29.2%。城镇新增就业 4200 万人。住房、通信、汽车和服务消费大幅度增加。科技、教育、文化、卫生、体育等社会事业加快发展。

五年来，社会主义政治建设、文化建设、社会建设取得新进展。

这些辉煌成就，极大地增强了全国各族人民沿着中国特色社会主义道路奋勇前进的信心。

“十五”时期经济社会发展中也存在不少矛盾和问题。主要是：经济结构不合理，自主创新能力不强，经济增长方式转变缓慢，能源资源消耗过大，环境污染加剧；就业矛盾比较突出；投资和消费的关系不协调；城乡、区域发展差距和部分社会成员之间收入差距继续扩大；社会事业发展仍然滞后。这些问题都需要我们努力加以解决。

（三）“十一五”时期经济社会发展的指导原则和主要目标

“十一五”时期是全面建设小康社会的关键时期。综合分析各种因素，未来五年国际环境总体上对我国发展有利，但不稳定不确定因素比较多；国内有许多有利条件，同时存在不少制约因素和困难。我们要抓住机遇，趋利避害，增强忧患意识，做好克服各种困难、应对各种风险和挑战的充分准备，奋力把改革开放和现代化事业推向前进。

《纲要（草案）》全面贯彻落实科学发展观，体现了中央《建议》提出的重要原则，这就是：必须保持经济平稳较快发展，必须加快转变经济增长方式，必须提高自主创新能力，必须促进城乡区域协调发展，必须加强和谐社会建设，必须不断深化改革开放。贯彻这些原则，就要转变发展观念、创新发展模式、提高发展质量，切实把经济社会发展转入以人为本、全面协调可持续发展的轨道。

根据中央《建议》确定的指导思想和原则，《纲要（草案）》提出了“十一五”时期经济社会发展的主要目标。这些目标既与全面建设小康社会的目标相衔接，又反映了经济社会发展的阶段性特征和客观要求。这里，我仅就其中两个方面的重要目标作简要说明。

一是关于经济增长速度问题。《纲要（草案）》提出，今后五年国内生产总值年均增长 7.5%，这是综合考虑各方面因素，根据需要和可能提出的。按照新近公布的第一次全国经济普查数据和 2005 年经济增长实际结果，“十五”期间国内生产总值增长速度比原来预计的高一些，“十一五”年均增长 7.5%，将会超过中央《建议》提出的 2010 年人均国内生产总值比 2000 年翻一番的要求。这个目标是积极的，经过努力是可以实现的。还需要指出，这个目标是建立在优化结构、提高效益和降低消耗基础上的。在实际执行中，各地要处理好速度和结构、效益的关系，不要片面追求和盲目攀比速度。历史经验和现实情况表明，保持经济平稳较快发展至关重要。

二是关于节能和环保问题。《纲要（草案）》提出了“十一五”期间单位国内生产总值能源消耗降低 20%左右、主要污染物排放总量减少 10%等目标。这是针对资源环境压力日益加大的突出问题提出来的，体现了建设资源节约型、环境友好型社会的要求，是现实和长远利益的需要，具有明确的政策导向。尽管实现这一目标的难度很大，但我们有信心、有决心完成。

（四）“十一五”时期的战略重点和主要任务

《纲要（草案）》对“十一五”时期的经济建设、社会发展、改革开放等方面，都作出了全面部署，提出了明确的任务和政策措施。

一是建设社会主义新农村。《纲要（草案）》把解决“三农”问题放在各项战略任务的首位。强调坚持统筹城乡经济社会发展，按照生产发展、生活宽裕、乡风文明、村容整洁、管理民主的要求，扎实稳步地推进社会主义新农村建设。要进一步提高农业综合生产能力，推进农业结构调整，加强农村基础设施建设，增加农民收入。着力抓好大型粮棉油生产基地、优质粮食产业、农田水利、饮水安全、公路、沼气和农村教育、文化、卫生建设等重点工程。全面推进农村综合改革，基本完成乡镇机构、农村义务教育和县乡财政管理体制等改革任务。培养造就有文化、懂技术、会经营的新型农民。各地方、各部门必须在经济工作思路和重点上有一个大的转变。建设资金要更多地向“三农”倾斜，公共服务要更大范围地覆盖农村，全社会都要大力支持农村发展。

二是加快推进经济结构调整和增长方式转变。我国当前经济发展中诸多问题的症结，在于结构不合理和增长方式粗放。必须按照走新型工业化道路的要求，从优化产业结构中求发展，从节约资源、保护环境中求发展。《纲要（草案）》提出，要推进工业结构优化升级，促进工业由大变强。这是针对我国工业规模已经不小，但总体素质不高、竞争力不强的现状，而提出的一个重大任务。《纲要（草案）》对推进信息化、发展高技术产业、振兴装备制造业、发展能源原材料工业等方面的主要任务和建设布局作了部署，规划了一批重大建设项目。提出要加快发展服务业特别是信息、金融、保险、物流、旅游和社区服务业，不断提高服务业的比重和水平。

《纲要（草案）》把建设资源节约型、环境友好型社会摆在突出位置，提出了明确任务和措施，规划了一批节能重点工程、循环经济示范试点工程、生态保护和环境治理重点工程。认真落实这些任务和措施，将会明显提高资源利用效率，基本遏制生态环境恶化的趋势。我们一定要坚持不懈地努力，为人民群众创造清洁、良好的生活和工作环境，为子孙后代留下蓝天绿地、碧水青山。

三是促进区域协调发展。《纲要（草案）》分别提出了不同区域发展的重点任务，要求健全协调互动的市场机制、合作机制、互助机制和扶持机制。《纲要（草案）》根据各个区域资源、环境承载能力和发展潜力，将国土空间划分为优化开发、重点开发、限制开发和禁止开发四类主体功能区，实施不同的区域政策。同时，强调积极稳妥地推进城镇化，发挥城市群的带动和辐射作用。

四是着力增强自主创新能力。这是《纲要（草案）》的一个特点。要按照自主创新、重点跨越、支撑发展、引领未来的方针，加快建设创新型国家，全面提高原始创新能力、集成创新能力和引进消化吸收再创新能力。《纲要（草案）》提出，适应国家战略需求，启动一批重大科技专项，涉及信息、生物等战略产业领域，能源、资源、环境和人民健康等重大紧迫问题，以及军民两用技术。实施好这些重大专项，对于整合有限的科技资源、加快攻克事关全局和长远的科技难关，带动相关领域技术水平的整体提升，具有重大的现实意义和深远的战略意义。提高自主创新能力，最根本的是加快科技教育发展和人才队伍建设，《纲要（草案）》对此也作了全面部署。

五是深化改革和扩大开放。过去二十多年，我国经济社会发展取得的一切成就，都是同坚定地推进改革开放分不开的。要完成新阶段的发展任务，也必须坚定不移地全面深化改革和扩大开放。《纲要（草案）》提出，要加快完善社会主义市场经济体制，形成有利于转变经济增长方式、促进全面协调可持续发展的体制机制。要加强对改革的总体指导和统筹协调，在推进经济体制改革的同时，继续推进政治体制改革、文化体制改革和社会管理体制改革。正确处理改革发展稳定的关系。要按照统筹国内发展和对外开放的要求，实施互利共赢的开放战略，以开放促改革促发展。在扩大开放中重视维护国家经济安全。

六是努力建设和谐社会。这是推进经济社会发展的重要目标和保障。《纲要（草案）》提出，要做好人口工作，扩大就业，健全社会保障体系，不断提高人民生活水平和健康水平，加强公共安全建设，加强社会主义民主政治建设和文化建设，完善社会管理体制。经过今后五年的努力，使我们的社会更加和谐，让人民群众生活得更加美好！

各位代表！

全面完成今年和“十一五”期间的任务，对各级政府提出了更高的要求。必须大力加强政府自身改革和建设。

我们要加快推进行政管理体制改革，进一步转变政府职能。继续推进政企分开，减少和规范行政许可和行政审批。坚决把不该由政府管理的事交给市场、企业、社会组织和中介机构。切实转变政府管理经济方式，加强社会管理和公共服务职能。大力推行政务公开，完善政府新闻发布制度和信息公布制度，提高工作透明度和办事效率。建立健全行政问责制，提高政府执行力和公信力。

我们要深入开展廉政建设和反腐败斗争。认真落实惩治和预防腐败的各项任务和措施。今年要集中开展治理商业贿赂专项工作，重点治理工程建设、土地出让、产权交易、医药购销和政府采购等领域的商业贿赂问题，坚决纠正不正当交易行为，依法查处商业贿赂案件。要继续纠正损害群众利益的不正之风，着力解决教育乱收费、医疗高收费等突出问题。

我们要认真贯彻实施公务员法，加强对公务员的教育、管理和监督。坚持从严治政，赏罚分明。各级政府工作人员特别是领导干部要忠于职守，勤勉尽责，全心全意为人民服务；要顾全大局，加强纪律性，做到令行禁止，不折不扣地执行国家的法律法规、方针政策；要艰苦奋斗，勤俭节约，反对铺张浪费；要求真务实，力戒空谈，克服官僚主义、形式主义、弄虚作假和浮夸作风，把各项任务和部署真正落到实处。

各位代表！

我们国家正站在新的历史起点上，朝着全面建设小康社会的目标阔步前进。我们要更加紧密地团结在以胡锦涛同志为总书记的党中央周围，高举邓小平理论和“三个代表”重要思想伟大旗帜，凝聚13亿人民的智慧和力量，坚定信心，奋发图强，努力把“十一五”规划的宏伟蓝图变为美好现实，谱写社会主义现代化事业的新篇章。任何艰难险阻都挡不住我们前进的步伐。我们的目标一定要达到！我们的目标一定能够达到！

中华人民共和国国民经济和社会发展第十一个五年规划纲要

2006年3月14日第十届全国人民代表大会第四次会议批准

中华人民共和国国民经济和社会发展第十一个五年(2006—2010年)规划纲要根据《中共中央关于制定国民经济和社会发展第十一个五年规划的建议》编制，主要阐明国家战略意图，明确政府工作重点，引导市场主体行为，是未来五年我国经济社会发展的宏伟蓝图，是全国各族人民共同的行动纲领，是政府履行经济调节、市场监管、社会管理和公共服务职责的重要依据。

第一篇　指导原则和发展目标

第一章　全面建设小康社会的关键时期

“十五”时期是不平凡的五年，我国综合国力明显增强，人民生活明显改善，国际地位明显提高。面对复杂多变的国内外形势，在全国各族人民共同努力下，我们有效抑制经济运行中出现的不稳定不健康因素，成功战胜非典疫情和重大自然灾害的挑战，从容应对加入世界贸易组织后的新变化，国民经济持续较快发展，“十五”计划确定的主要发展目标提前实现。工业化、城镇化、市场化、国际化步伐加快，经济体制改革不断深化，对外贸易迈上新台阶，国家财政收入大幅度增加，价格总水平保持基本稳定，城乡面貌和人民生活进一步改善，民族团结不断巩固，各项社会事业取得新进步，国防和军队建设取得新进展，社会主义民主政治和精神文明建设继续加强。更为重要的是，党中央提出了树立科学发展观和构建社会主义和谐社会的重大战略思想。这些都为“十一五”时期的发展奠定了良好基础。面向未来，我们站在一个新的历史起点上。

“十一五”时期是全面建设小康社会的关键时期，具有承前启后的历史地位，既面临难得机遇，也存在严峻挑战。

我国具备保持经济平稳较快发展和社会和谐进步的有利条件。城乡居民消费结构加速升级，将带动产业结构加快调整和城镇化加快发展，市场潜力巨大。劳动力资源丰富，国民储蓄率较高，基础设施不断改善，产业配套能力较强，科技教育具有较好基础，社会政治保持长期稳定。改革向纵深推进，社会主义市场经济体制逐步完善，将进一步激发社会活力和发展动力。和平、发展、合作成为当今时代的潮流，世界政治力量对比有利于保持国际环境的总体稳定，经济全球化趋势深入发展，科技进步日新月异，生产要素流动和产业转移加快，我国与世界经济的相互联系和影响日益加深，国内国际两个市场、两种资源相互补充，外部环境总体上对我国发展有利。

专栏1　“十五”计划主要指标实现情况

指　标	2000年	“十五”计划目标	2005年	“十五”年均增长
国内生产总值年均增长（%）		7		9.5
五年城镇新增就业（万人）		[4000]		[4200]
五年转移农业劳动力（万人）		[4000]		[4000]
城镇登记失业率（%）	3.1	5	4.2	
价格总水平		基本稳定		1.4
货物进出口总额（亿美元）	4743	6800	14221	24.6
研究与试验发展经费支出占国内生产总值比重（%）	0.9	1.5	1.3	
高等教育毛入学率（%）	11.5	15	21	
高中阶段教育毛入学率（%）	42.8	60	53	
初中毛入学率（%）	88.6	90	95	
全国总人口（万人）	126743	133000	130756	6.3‰
主要污染物排放总量减少（%）		[10]		<[10]
城镇居民人均可支配收入年均增长（%）		5		9.6
农村居民人均纯收入年均增长（%）		5		5.3
城镇居民人均住宅建筑面积（平方米）	20.3	22	26	5.1

注：研究与试验发展经费支出占国内生产总值比重按经济普查前数据2005年为1.55%；带[　]的为五年累计数。

在前进道路上还存在不少困难和问题。我国正处于并将长期处于社会主义初级阶段，生产力还不发达，制约发展的一些长期性深层次矛盾依然存在：耕地、淡水、能源和重要矿产资源相对不足，生态环境比较脆弱，经济结构不合理，解决“三农”问题任务相当艰巨，就业压力较大，科技自主创新能力不强，影响发展的体制机制障碍亟待解决。“十五”时期在快速发展中又出现了一些突出问题：投资和消费关系不协调，部分行业盲目扩张、产能过剩，经济增长方式转变缓慢，能源资源消耗过大，环境污染加剧，城乡、区域发展差距和部分社会成员之间收入差距继续扩大，社会事业发展仍然滞后，影响社会稳定的因素还较多。国际环境复杂多变，影响和平与发展的不稳定不确定因素增多，发达国家在经济科技上占优势的压力将长期存在，世界经济发展不平衡状况加剧，围绕资源、市场、技术、人才的竞争更加激烈，贸易保护主义有新的表现，对我国经济社会发展和安全提出了新的挑战。

在战略机遇与矛盾凸显并存的关键时期，要有高度的历史责任感、强烈的忧患意识和宽广的世界眼光，准确把握我国发展的阶段性特征，立足科学发展，着力自主创新，完善体制机制，促进社会和谐，全面提高我国的综合国力、国际竞争力和抗风险能力，开创社会主义经济建设、政治建设、文化建设、社会建设的新局面，为后十年顺利发展打下坚实基础，奋力把中国特色社会主义事业推向前进。

第二章　全面贯彻落实科学发展观

“十一五”时期促进国民经济持续快速协调健康发展和社会全面进步，要以邓小平理论和“三个代表”重要思想为指导，以科学发展观统领经济社会发展全局。坚持发展是硬道理，坚持抓好发展这个党执政兴国的第一要务，坚持以经济建设为中心，坚持用发展和改革的办法解决前进中的问题。发展必须是科学发展，要坚持以人为本，转变发展观念、创新发展模式、提高发展质量，落实“五个统筹”，把经济社会发展切实转入全面协调可持续发展的轨道。要坚持以下原则：

——必须保持经济平稳较快发展。要进一步扩大国内需求，调整投资和消费的关系，合理控制投资规模，增强消费对经济增长的拉动作用。正确把握经济发展趋势的变化，保持社会供求总量基本平衡，避免经济大起大落，实现又快又好发展。

——必须加快转变经济增长方式。要把节约资源作为基本国策，发展循环经济，保护生态环境，加快建设资源节约型、环境友好型社会，促进经济发展与人口、资源、环境相协调。推进国民经济和社会信息化，切实走新型工业化道路，坚持节约发展、清洁发展、安全发展，实现可持续发展。

——必须提高自主创新能力。要深入实施科教兴国战略和人才强国战略，把增强自主创新能力作为科学技术发展的战略基点和调整产业结构、转变增长方式的中心环节，大力提高原始创新能力、集成创新能力和引进消化吸收再创新能力。

——必须促进城乡区域协调发展。要从社会主义现代化建设全局出发，统筹城乡区域发展。坚持把解决好“三农”问题作为重中之重，实行工业反哺农业、城市支持农村，推进社会主义新农村建设，促进城镇化健康发展。落实区域发展总体战略，形成东中西优势互补、良性互动的区域协调发展机制。

——必须加强和谐社会建设。要按照以人为本的要求，从解决关系人民群众切身利益的现实问题入手，更加注重经济社会协调发展，千方百计扩大就业，加快发展社会事业，促进人的全面发展；更加注重社会公平，使全体人民共享改革发展成果；更加注重民主法制建设，正确处理改革发展稳定的关系，保持社会安定团结。

——必须不断深化改革开放。要坚持社会主义市场经济的改革方向，完善现代企业制度和现代产权制度，建立反映市场供求状况和资源稀缺程度的价格形成机制，更大程度地发挥市场在资源配置中的基础性作用，提高资源配置效率，切实转变政府职能，健全国家宏观调控体系。统筹国内发展和对外开放，不断提高对外开放水平，增强在扩大开放条件下促进发展的能力。

根据上述指导思想和原则，针对发展中的突出矛盾和问题，要进一步调整推动发展的思路，转变推动发展的方式，明确推动发展的政策导向。

——立足扩大国内需求推动发展，把扩大国内需求特别是消费需求作为基本立足点，促使经济增长由主要依靠投资和出口拉动向消费与投资、内需与外需协调拉动转变。

——立足优化产业结构推动发展，把调整经济结构作为主线，促使经济增长由主要依靠工业带动和数量扩张带动向三次产业协同带动和结构优化升级带动转变。

——立足节约资源保护环境推动发展，把促进经济增长方式根本转变作为着力点，促使经济增长由主要依靠增加资源投入带动向主要依靠提高资源利用效率带动转变。

——立足增强自主创新能力推动发展，把增强自主创新能力作为国家战略，促使经济增长由主要依靠资金和物质要素投入带动向主要依靠科技进步和人力资本带动转变。

——立足深化改革开放推动发展，把改革开放作为动力，促使经济增长由某些领域相当程度上依靠行政干预推动向在国家宏观调控下更大程度发挥市场配置资源基础性作用转变。

——立足以人为本推动发展，把提高人民生活水平作为根本出发点和落脚点，促使发展由偏重于增加物质财富向更加注重促进人的全面发展和经济社会的协调发展转变。

第三章　经济社会发展的主要目标

根据全面建设小康社会的总体要求，“十一五”时期要努力实现以下经济社会发展的主要目标：

——宏观经济平稳运行。国内生产总值年均增长7.5%，实现人均国内生产总值比2000年翻一番。城镇新增就业和转移农业劳动力各4500万人，城镇登记失业率控制在5%。价格总水平基本稳定。国际收支基本平衡。

——产业结构优化升级。产业、产品和企业组织结构更趋合理，服务业增加值占国内生产总值比重和就业人员占全社会就业人员比重分别提高3个百分点和4个百分点。自主创新能力增强，研究与试验发展经费支出占国内生产总值比重增加到2%，形成一批拥有自主知识产权和知名品牌、国际竞争力较强的优势企业。

——资源利用效率显著提高。单位国内生产总值能源消耗降低20%左右，单位工业增加值用水量降低30%，农业灌溉用水有效利用系数提高到0.5，工业固体废物综合利用率提高到60%。

——城乡区域发展趋向协调。社会主义新农村建设取得明显成效，城镇化率提高到47%。各具特色的区域发展格局初步形成，城乡、区域间公共服务、人均收入和生活水平差距扩大的趋势得到遏制。

——基本公共服务明显加强。国民平均受教育年限增加到9年。公共卫生和医疗服务体系比较健全。社会保障覆盖面扩大，城镇基本养老保险覆盖人数达到2.23亿人，新型农村合作医疗覆盖率提高到80%以上。贫困人口继续减少。防灾减灾能力增强，社会治安和安全生产状况进一步好转。

——可持续发展能力增强。全国总人口控制在136000万人。耕地保有量保持1.2亿公顷，淡水、能源和重要矿产资源保障水平提高。生态环境恶化趋势基本遏制，主要污染物排放总量减少10%，森林覆盖率达到20%，控制温室气体排放取得成效。

——市场经济体制比较完善。行政管理、国有企业、财税、金融、科技、教育、文化、卫生等领域的改革和制度建设取得突破，市场监管能力和社会管理水平明显提高。对外开放与国内发展更加协调，开放型经济达到新水平。

——人民生活水平继续提高。城镇居民人均可支配收入和农村居民人均纯收入分别年均增长5%，城乡居民生活质量普遍提高，居住、交通、教育、文化、卫生和环境等方面的条件有较大改善。

——民主法制建设和精神文明建设取得新进展。法制建设全面推进，形成中国特色社会主义法律体系。思想道德建设进一步加强，构建和谐社会取得新进步。

专栏2　“十一五”时期经济社会发展的主要指标

类别	指　　标	2005年	2010年	年均增长（%）	属性
经济增长	国内生产总值（万亿元）	18.2	26.1	7.5	预期性
	人均国内生产总值（元）	13985	19270	6.6	预期性

续表

类别	指　标	2005年	2010年	年均增长（%）	属性
经济结构	服务业增加值比重（%）	40.3	43.3	[3]	预期性
	服务业就业比重（%）	31.3	35.3	[4]	预期性
	研究与试验发展经费支出占国内生产总值比重（%）	1.3	2	[0.7]	预期性
	城镇化率（%）	43	47	[4]	预期性
人口资源环境	全国总人口（万人）	130756	136000	<8‰	约束性
	单位国内生产总值能源消耗降低（%）			[20]	约束性
	单位工业增加值用水量降低（%）			[30]	约束性
	农业灌溉用水有效利用系数	0.45	0.5	[0.05]	预期性
	工业固体废物综合利用率（%）	55.8	60	[4.2]	预期性
	耕地保有量（亿公顷）	1.22	1.2	−0.3	约束性
	主要污染物排放总量减少（%）			[10]	约束性
	森林覆盖率（%）	18.2	20	[1.8]	约束性
公共服务人民生活	国民平均受教育年限（年）	8.5	9	[0.5]	预期性
	城镇基本养老保险覆盖人数（亿人）	1.74	2.23	5.1	约束性
	新型农村合作医疗覆盖率（%）	23.5	>80	>[56.5]	约束性
	五年城镇新增就业（万人）			[4500]	预期性
	五年转移农业劳动力（万人）			[4500]	预期性
	城镇登记失业率（%）	4.2	5		预期性
	城镇居民人均可支配收入（元）	10493	13390	5	预期性
	农村居民人均纯收入（元）	3255	4150	5	预期性

注：国内生产总值和城乡居民收入为2005年价格；带[ ]的为五年累计数；主要污染物指二氧化硫和化学需氧量。

专栏3　　　规划指标的属性

本规划确定的发展目标体现了人民的根本利益和长远利益，是凝聚人民意愿的国家战略意图，其中的量化指标分为预期性和约束性两类。

预期性指标是国家期望的发展目标，主要依靠市场主体的自主行为实现。政府要创造良好的宏观环境、制度环境和市场环境，并适时调整宏观调控方向和力度，综合运用各种政策引导社会资源配置，努力争取实现。

约束性指标是在预期性基础上进一步明确并强化了政府责任的指标，是中央政府在公共服务和涉及公众利益领域对地方政府和中央政府有关部门提出的工作要求。政府要通过合理配置公共资源和有效运用行政力量，确保实现。

第二篇　建设社会主义新农村

坚持统筹城乡经济社会发展的基本方略，在积极稳妥地推进城镇化的同时，按照生产发展、生活宽裕、乡风文明、村容整洁、管理民主的要求，扎实稳步推进新农村建设。

第四章　发展现代农业

坚持把发展农业生产力作为建设社会主义新农村的首要任务，推进农业结构战略性调整，转变农业增长方式，提高农业综合生产能力和增值能力，巩固和加强农业基础地位。

第一节　提高农业综合生产能力

坚持粮食基本自给，稳定发展粮食生产，确保国家粮食安全，粮食综合生产能力达到5亿吨左右。加强粮食主产区生产能力建设，提高粮食单产、品质和生产效益。建立粮食主产区与主销区间利益协调机制。抓好其他区域粮食生产能力建设。

坚持最严格的耕地保护制度，确保基本农田总量不减少、质量不下降。加强以小型水利设施为重点的农田基本建设，改造大型灌区，加快中低产田改造，提高耕地质量和农业防灾减灾能力。

提高农业科技创新和转化能力。加快建设国家农业科技创新基地和区域性农业科研中心。加快农作物和畜禽水产良种繁育、饲料饲养、疫病防治、资源节约、污染治理等技术的研发和推广。培育和推广超级杂交水稻等优良品种。加强物种资源保护和合理开发利用。

改革传统耕作方式，推行农业标准化，发展节约型农业。科学使用化肥、农药和农膜，推广测土配方施肥、平衡施肥、缓释氮肥、生物防治病虫害等适用技术。推广先进适用农机具，提高农业机械化水平。

第二节　推进农业结构调整

优化农业产业结构。在保证粮棉油稳定增产的同时，提高养殖业比重。加快发展畜牧业和奶业，保护天然草场，建设饲草料基地，改进畜禽饲养方式，提高规模化、集约化和标准化水平。因地制宜发展经济林和花卉产业。发展水产养殖和水产品加工，实施休渔、禁渔制度，控制捕捞强度。

优化农业产品结构。发展高产、优质、高效、生态、安全农产品。重点发展优质专用粮食品种、经济效益高的经济作物、节粮型畜产品和名特优新水产品。

优化农业区域布局。提高黄淮海平原、长江中下游平原和东北平原的粮食综合生产能力。在气候条件适宜区域建设经济作物产业带和名特优新稀热带作物产业带。发展农区、农牧交错区畜牧业，在南方草山草坡和西南岩溶地区发展草地畜牧业，恢复和培育传统牧区可持续发展能力。在缺水地区发展旱作节水农业。

第三节　加强农业服务体系建设

健全农业技术推广、农产品质量安全和标准、动物防疫和植物保护、认证认可等服务体系。整合涉农信息资源，加强农村经济信息应用系统建设。推进农业服务组织和机制创新，鼓励和引导农民发展各类专业合作经济组织，提高农业的组织化程度。

第四节　完善农村流通体系

推进农产品批发市场建设和改造，促进农产品质量等级化、包装规格化。继续实施“万村千乡市场工程”，加快供销合作社经营网络改造和城市商业网点向农村延伸。完善鲜活农产品“绿色通道”网络。发展农资连锁经营，规范农资市场秩序。

第五章　增加农民收入

第一节　挖掘农业增收潜力

积极发展品种优良、特色明显、附加值高的优势农产品。延长农业产业链条，使农民在农业功能拓展中获得更多收益。发展农产品加工、保鲜、储运和其他服务。支持发展农业产业化经营，培育带动力强的龙头企业，健全企业与农户利益共享、风险共担的机制。扩大养殖、园艺等劳动密集型产品和绿色食品生产。鼓励优势农产品出口。发展休闲观光农业。

第二节　增加非农产业收入

推动乡镇企业机制创新和结构调整，引导乡镇企业向有条件的小城镇和县城集中。扶持县域经济发展，注重发展就业容量大的劳动密集型产业和服务业，壮大县域经济。健全就业信息服务体系，引导富余劳动力向非农产业和城镇有序转移，保障进城务工人员合法权益，增加农民务工收入。

第三节　完善增收减负政策

继续实行对农民的直接补贴政策，加大补贴力度，完善补贴方式。促进农产品价格保持在合理水平，稳定农业生产资料价格，建立农业支持保护制度。严格涉农收费管理，禁止向农民乱收费、乱摊派。

第六章　改善农村面貌

统筹规划、分步实施，政府引导、群众自愿，因地制宜、注重实效，改善农民生产生活条件。

第一节　加强农村基础设施建设

着力加强农民最急需的生产生活设施建设。加快实施农村饮水安全工程。加强农村公路建设，基本实现全国所有乡镇通油（水泥）路，东中部地区所有具备条件的建制村通油（水泥）路，西部地区具备条件的建制村通公路，健全农村公路管护体系。积极发展农村沼气、秸秆发电、小水电、太阳能、风能等可再生能源，完善农村电网。建立电信普遍服务基金，加强农村信息网络建设，发展农村邮政和电信，基本实现村村通电话、乡乡能上网。按照节约土地、设施配套、节能环保、突出特色的原则，做好乡村建设规划，引导农民合理建设住宅，保护有特色的农村建筑风貌。

第二节　加强农村环境保护

开展全国土壤污染现状调查，综合治理土壤污染。防治农药、化肥和农膜等面源污染，加强规模化养殖场污染治理。推进农村生活垃圾和污水处理，改善环境卫生和村容村貌。禁止工业固体废物、危险废物、城镇垃圾及其他污染物向农村转移。

第三节　积极发展农村卫生事业

加强以乡镇卫生院为重点的农村卫生基础设施建设，健全农村三级卫生服务和医疗救助体系。培训乡村卫生人员，开展城市医师支援农村活动。建设农村药品供应网和监督网。加强禽流感等人畜共患疾病防治。完善农村计划生育服务体系，实施农村计划生育家庭奖励扶助制度和“少生快富”工程。

第四节　发展农村社会保障

探索建立与农村经济发展水平相适应、与其他保障措施相配套的农村养老保险制度。基本建立新型农村合作医疗制度。有条件的地方要建立农村最低生活保障制度。完善农村“五保户”供养、特困户生活补助、灾民救助等社会救助体系。

第七章　培养新型农民

加快发展农村教育、技能培训和文化事业，培养造就有文化、懂技术、会经营的新型农民。

第一节　加快发展农村义务教育

着力普及和巩固农村九年制义务教育。对农村义务教育阶段学生免收学杂费，对其中的贫困家庭学生免费提供课本和补助寄宿生生活费。按照明确各级责任、中央地方共担、加大财政投入、提高保障水平、分步组织实施的原则，将农村义务教育全面纳入公共财政保障范围，构建农村义务教育经费保障机制。实施农村教师培训计划，使中西部地区50%的农村教师得到一次专业培训。鼓励城市各单位开展智力支农，加大城镇教师支援农村教育的力度。全面实施农村中小学远程教育。

第二节　加强劳动力技能培训

支持新型农民科技培训，提高农民务农技能和科技素质。实施农村劳动力转移培训工程，增强农村劳动力的就业能力。实施农村实用人才培训工程，培养一大批生产能手、能工巧匠、经营能人和科技人员。

第三节　发展农村文化事业

加强农村文化设施建设，扩大广播电视和电影覆盖面。引导文化工作者深入乡村，满足农民群众精神文化需求。扶持农村业余文化队伍，鼓励农民兴办文化产业。推动实施农民体育健身工程。开展“文明村镇”和“文明户”活动，引导农民形成科学文明健康的生活方式。

第八章　增加农业和农村投入

坚持“多予少取放活”的方针，加快建立以工促农、以城带乡的长效机制。调整国民收入分配格局，国家财政支出和预算内固定资产投资，要按照存量适度调整、增量重点倾斜的原则，不断增加对农业和农村的投入。扩大公共财政覆盖农村的范围，确保财政用于“三农”投入的增量高于上年，新增教育、卫生、文化财政支出主要用于农村，中央和地方各级政府基础设施建设投资的重点要放在农业和农村。改革政府支农投资管理方式，整合支农投资，提高资金使用效率。鼓励、支持金融组织增加对农业和农村的投入，积极发展小额信贷，引导社会资金投向农业和农村。

第九章　深化农村改革

稳定并完善以家庭承包经营为基础、统分结合的双层经营体制，有条件的地方可根据自愿、有偿的原则依法流转土地承包经营权，发展多种形式的适度规模经营，搞好土地承包流转中的仲裁服务。巩固农村税费改革成果，全面推进农村综合改革，基本完成乡镇机构、农村义务教育和县乡财政管理体制等改革任务。深化农村金融体制改革，规范发展适合农村特点的金融组织，发挥农村信用社的支农作用，建立健全农村金融体系。稳步推进集体林权改革。加快征地制度改革，健全对被征地农民的合理补偿机制。增强村级集体经济组织的服务功能。

大力推进农村基层组织建设。着重抓好村党组织建设，同步推进村民自治组织和其他村级组织配套建设。积极推进村级组织活动场所建设。加强农村基层干部队伍建设。推进政务公开和民主管理，健全村党组织领导的充满活力的村民自治机制。

专栏4　　新农村建设重点工程

大型粮棉油生产基地和优质粮食产业工程→在粮食主产区集中连片建设高产稳产大型商品粮生产基地，继续建设优质棉基地、优质油料带。在13个粮食主产区的484个粮食主产县（场），建设万亩连片标准粮田，实施良种繁育、病虫害防控和农机装备推进等项目。

沃土工程→对增产潜力大的中低产田加大耕地质量建设力度，配套建设不同类型的土肥新技术集成转化示范基地，使项目实施区的中低产田耕地基础地力提高一个等级。

植保工程→完善县（市）级基层站点和省级分中心，建设一批生态和生物控灾示范基地、农药安全测试评价中心和生物技术测试区域中心。

大型灌区续建配套改造和中部四省大型排涝泵站改造→大型灌区续建配套和节水改造。更新改造湖南、湖北、江西、安徽四省已有大型排涝泵站。

种养业良种工程→建设农作物种质资源库、农作物改良中心、良种繁育基地，畜禽水产原良种场、水产遗传育种中心、种质资源场及检测中心等。

动物防疫体系→建设和完善动物疫病监测预警、预防控制、检疫监督、兽药质量监察及残留监控、防疫技术支撑、防疫物质保障六大系统。

农产品质量安全检验检测体系→建设国家级农产品质量标准与检测技术研究中心、农产品质检中心、区域性质检中心，省级综合性农产品质检中心和县级农产品检测站。

农村饮水安全→解决1亿农村居民饮用高氟水、高砷水、苦咸水、污染水和血吸虫病区、微生物超标等水质不达标及局部地区严重缺水问题。

农村公路→新建和改造农村公路120万公里，实现所有具备条件的乡镇和行政村通公路。

农村沼气→建设以沼气池、改圈、改厕、改厨为基本内容的农村户用沼气，以及部分规模化畜禽养殖场和养殖小区大中型沼气工程。

送电到村和绿色能源县工程→建成50个绿色能源示范县，利用电网延伸、风力发电、小水电、太阳能光伏发电等，解决350

万户无电人口用电问题。

农村医疗卫生服务体系→以中西部地区乡镇卫生院为重点，同步建设县医院、妇幼保健机构、县中医院(民族医院)。

农村计划生育服务体系→以中西部地区县、乡计划生育技术服务站为重点，建设县级服务站、中心乡镇服务站、流动服务车等。

农村劳动力转移就业→加强农村劳动力技能培训、就业服务和维权服务能力建设，为外出务工农民免费提供法律政策咨询、就业信息、就业指导和职业介绍。

第三篇　推进工业结构优化升级

按照走新型工业化道路要求，坚持以市场为导向、企业为主体，把增强自主创新能力作为中心环节，继续发挥劳动密集型产业的竞争优势，调整优化产品结构、企业组织结构和产业布局，提升整体技术水平和综合竞争力，促进工业由大变强。

第十章　加快发展高技术产业

按照产业集聚、规模发展和扩大国际合作的要求，加快促进高技术产业从加工装配为主向自主研发制造延伸，推进自主创新成果产业化，引导形成一批具有核心竞争力的先导产业、一批集聚效应突出的产业基地、一批跨国高技术企业和一批具有自主知识产权的知名品牌。

第一节　提升电子信息制造业

根据数字化、网络化、智能化总体趋势，大力发展集成电路、软件和新型元器件等核心产业，重点培育光电通信、无线通信、高性能计算及网络设备等信息产业群，建设软件、微电子、光电子等产业基地，推动形成光电子产业链。开发信息产业关键技术，增强创新能力和竞争力，延伸产业链。

第二节　培育生物产业

发挥我国特有的生物资源优势和技术优势，面向健康、农业、环保、能源和材料等领域的重大需求，重点发展生物医药、生物农业、生物能源、生物制造。实施生物产业专项工程，努力实现生物产业关键技术和重要产品研制的新突破。健全市场准入制度，保护特有生物资源，保障生物安全。

第三节　推进航空航天产业

坚持远近结合、军民结合、自主开发与国际合作结合，发展新支线飞机、大型飞机、直升机和先进发动机、机载设备，扩大转包生产，推进产业化；推进航天产业由试验应用型向业务服务型转变，发展通信、导航、遥感等卫星及其应用，形成空间、地面与终端产品制造、运营服务的航天产业链。

专栏 5　高技术产业工程重大专项

集成电路和软件→建设集成电路研发中心，实现 90 纳米及以下集成电路工艺技术产业化。发展基础软件、中间件、大型关键应用软件和集成系统。

新一代网络→建设下一代互联网示范工程、覆盖全国的数字电视网和具有自主知识产权的移动通信示范网。实现新一代网络关键技术、关键设备和关键软件产业化，建成新一代信息网络基础设施。实施数字音视频产品产业化专项。

先进计算→突破千万亿次高性能计算机系统技术，建设基于网格的先进计算平台，实现万亿次高性能计算机产业化。

生物医药→建设一批重大疾病防治疫苗和基因工程药物产业化示范工程，完善现代中药体系，提高新药创制能力。

民用飞机→发展干线、支线、通用飞机和直升机。开发先进发动机。

卫星应用→研制新型气象、海洋、资源、通信等卫星，开发无毒无污染大推力运载火箭。建设对地观测和导航定位卫星系统、民用卫星地面系统设施及应用示范工程。

新材料→建设信息、生物、航空航天等行业急需的各类高性能新型材料产业化示范工程。

第四节　发展新材料产业

围绕信息、生物、航空航天、重大装备、新能源等产业发展的需求，重点发展特种功能材料、高性能结构材料、纳米材料、复合材料、环保节能材料等产业群，建立和完善新材料创新体系。

第十一章　振兴装备制造业

第一节　振兴重大技术装备

努力突破核心技术，提高重大技术装备研发设计、核心元器件配套、加工制造和系统集成的整体水平。加强组织协调，强化政策支持，依托重点工程，完善技术标准，在高档数控机床与基础制造装备、高效清洁发电与输变电等领域研制一批对国家经济安全、技术进步、产业升级有重大影响和带动作用的重大技术装备，引导形成一批集研发设计制造于一体、竞争力强的企业。

第二节　提升汽车工业水平

增强汽车工业自主创新能力，加快发展拥有自主知识产权的汽车发动机、汽车电子、关键总成及零部件。发挥骨干企业作用，提高自主品牌乘用车市场占有率。

鼓励开发使用节能环保和新型燃料汽车。引导企业在竞争中兼并重组，形成若干产能百万辆的企业。

第三节 壮大船舶工业实力

加强船舶自主设计能力、船用装备配套能力和大型造船设施建设，优化散货船、油船、集装箱船三大主力船型，重点发展高技术、高附加值的新型船舶和海洋工程装备。在环渤海、长江口和珠江口等区域建设造船基地，引导其他地区造船企业合理布局和集聚发展。

专栏6 装备制造业振兴的重点

大型高效清洁发电装备→百万千瓦级核电机组、超超临界火电机组、燃气—蒸汽联合循环机组、整体煤气化燃气—蒸汽联合循环机组、大型循环流化床锅炉、大型水电机组及抽水蓄能机组、大型空冷机组、大功率风力发电机组等。

超高压输变电设备→掌握±500千伏直流和750千伏交流输变电关键设备制造技术，开发1000千伏特高压交流和±800千伏直流输变电成套设备。

大型乙烯成套设备→推进百万吨级大型乙烯成套设备和对二甲苯、对苯二甲酸成套设备的国产化。

大型煤化工成套设备→煤炭液化和气化、煤制烯烃等设备。

大型冶金设备→大型薄板冷热连轧成套设备及涂镀层加工成套设备等。

煤矿综合采掘设备→大型煤炭井下综合采掘、运输提升和洗选设备以及大型露天矿设备。

大型船舶装备→大型海洋石油工程设备、30万吨矿石和原油运输船、万标箱以上集装箱船、液化天然气运输船等大型、高技术、高附加值船舶及大功率柴油机等配套装备。

轨道交通装备→掌握时速200公里及以上高速铁路列车、新型地铁车辆等装备核心技术，实现产业化。

环保及资源综合利用装备→大气污染治理、城市及工业污水处理、固体废物处理等大型环保设备，海水利用、报废汽车处理等资源综合利用设备。

数控机床→提高大型、精密、高速数控装备和数控系统及功能部件的水平。

第十二章 优化发展能源工业

坚持节约优先、立足国内、煤为基础、多元发展，优化生产和消费结构，构筑稳定、经济、清洁、安全的能源供应体系。

第一节 有序发展煤炭

加强煤炭资源勘探，统筹规划，合理开发，提高回采率，减少煤炭开采对生态环境的影响。建设大型煤炭基地，鼓励煤炭企业联合重组，引导形成若干产能亿吨级的企业。鼓励有优势的煤炭企业实行煤电联营或煤电运一体化经营。调整改造重组中小煤矿，依法关闭不具备安全生产条件、破坏资源和环境的煤矿。

加强煤矿瓦斯综合治理，加快煤层气开发利用。加强煤炭清洁生产和利用，鼓励发展煤炭洗选及低热值煤、煤矸石发电等综合利用，开发推广高效洁净燃烧、烟气脱硫等技术。发展煤化工，开发煤基液体燃料，有序推进煤炭液化示范工程建设，促进煤炭深度加工转化。

第二节 积极发展电力

以大型高效环保机组为重点优化发展火电。建设大型超超临界电站和大型空冷电站。推进洁净煤发电，建设单机60万千瓦级循环流化床电站，启动整体煤气化燃气—蒸汽联合循环电站工程。鼓励发展坑口电站，建设大型煤电基地。适度发展天然气发电。加快淘汰落后的小火电机组。

在保护生态基础上有序开发水电。统筹做好移民安置、环境治理、防洪和航运。建设金沙江、雅砻江、澜沧江、黄河上游等水电基地和溪洛渡、向家坝等大型水电站。适当建设抽水蓄能电站。

积极推进核电建设。重点建设百万千瓦级核电站，逐步实现先进压水堆核电站的设计、制造、建设和运营自主化。加强核燃料资源勘查、开采、加工工艺改造以及核电关键技术开发和核电人才培养。

加强电网建设。建设西电东送三大输电通道和跨区域输变电工程，扩大西电东送规模，继续推进西电东送、南北互济、全国联网。加强区域、省级电网建设，同步发展输配电网络，加强城乡电网建设和改造，完善城乡配电网络，扩大供电范围，确保供电安全。

第三节 加快发展石油天然气

加大石油天然气资源勘探力度。加强油气资源调查评价，扩大勘探范围，重点开拓海域、主要油气盆地和陆地油气新区，开展煤层气、油页岩、油砂、天然气水合物等非常规油气资源调查勘探。推进油气勘探开发主体多元化。

实行油气并举，稳定增加原油产量，提高天然气产量。加强老油田稳产改造，延缓老油田产量递减。加快深海海域和塔里木、准噶尔、鄂尔多斯、柴达木、四川盆地等地区的油气资源开发。坚持平等合作、互利共赢，扩大境外油气资源合作开发。在沿海地区适度建设进口液化天然气项目。扩建和新建国家石油储备基地。

加快油气干线管网和配套设施的规划建设，逐步完善全国油气管线网络。建成西油东送、北油南运成品油管道。适时建设第二条西气东输管道及陆路进口油气管道。

第四节 大力发展可再生能源

实行优惠的财税、投资政策和强制性市场份额政策，鼓励生产与消费可再生能源，提高在一次能源消费中的比重。大力开发风能，建成30个10万千瓦级以上的大型风电项目，在内蒙古、河北、江苏、甘肃等地区形成百万千瓦风电基地。加快开发生物质能，支持发展秸秆、垃圾焚烧和垃圾填埋气发电，建设一批秸秆和林木质电站，扩大生物质固体成型燃料、燃料乙醇和生物柴油生产能力。并网风电装机、生物质发电装机分别达到500万千瓦和550万千瓦。积极开发利用太阳能、地热能和海洋能。

第十三章 调整原材料工业结构和布局

按照控制总量、淘汰落后、加快重组、提升水平的原则，加快调整原材料工业结构和布局，降低消耗，减少污染，提高产品档次、技术含量和产业集中度。

第一节 优化发展冶金工业

坚持内需主导，着力解决产能过剩问题，严格控制新增钢铁生产能力，加速淘汰落后工艺、装备和产品；提高钢铁产品档次和质量。推进钢铁工业发展循环经济，发挥钢铁企业产品制造、能源转换和废物消纳处理功能。鼓励企业跨地区集团化重组，形成若干具有国际竞争力的企业。结合首钢等城市钢铁企业搬迁和淘汰落后生产能力，建设曹妃甸等钢铁基地。积极利用低品位铁矿资源。

控制电解铝总量，适度发展氧化铝，鼓励发展铝深加工和新型合金材料，提高铝工业资源综合利用水平。加大铜铅锌锰矿资源勘查力度，增加后备资源，稳定矿山生产。控制铜铅锌冶炼建设规模，发展深加工产品和新型合金材料。加强稀土和钨锡锑资源保护，推动稀土在高技术产业的应用。

第二节 调整化学工业布局

按照基地化、大型化、一体化方向，调整石化工业布局。在油品消费集中区域以扩建为主适度扩大炼油生产能力，在无炼油工业的油品消费集中区域合理布局新项目，在生产能力相对过剩区域控制炼油规模。关停并转小型低效炼油装置。合理布局大型乙烯项目，形成若干炼化一体化基地，防止一哄而上。

调整化肥、农药、农膜工业布局和结构。在能源产地和粮棉主产区建设百万吨级尿素基地，建设云南、贵州、湖北磷复肥基地和青海、新疆钾肥基地。控制农药总量，提高农药质量，发展高效、低毒、低残留农药。发展和推广可降解农膜。

优化发展基础化工原料，积极发展精细化工，淘汰高污染化工企业。

提高药品自主开发能力，巩固传统化学原料药，开发特色原料药。加强中药资源普查、保护、开发和可持续利用，建设中药资源基地，大力发展中药产业。

第三节 促进建材建筑业健康发展

以节约能源资源、保护生态环境和提高产品质量档次为重点，促进建材工业结构调整和产业升级。在有条件的地区发展日产5000吨及以上的新型干法水泥，逐步淘汰立窑等落后生产能力。提高玻璃等建筑材料质量及加工深度。大力发展节能环保的新型建筑材料、保温材料以及绿色装饰装修材料。

推进建筑业技术进步，完善工程建设标准体系和质量安全监管机制，发展建筑标准件，推进施工机械化，提高建筑质量。

第十四章 提升轻纺工业水平

着力打造自主品牌，提高质量，增加品种，满足多样化需求，扩大高端市场份额，巩固和提高轻纺工业竞争力。

第一节 鼓励轻工业提高制造水平

运用信息、生物、环保等新技术改造轻工业。调整造纸工业原料结构，降低水资源消耗和污染物排放，淘汰落后草浆生产线，在有条件的地区实施林纸一体化工程。大力发展食品工业，提高精深加工水平，保障食品安全。鼓励家用电器、塑料制品和皮革及其他轻工行业开发新产品，提高技术含量和质量。

第二节 鼓励纺织工业增加附加值

提高纺织工业技术含量和自主品牌比重。发展高技术、高性能、差别化、绿色环保纤维和再生纤维，扩大产业用纺织品、丝绸和非棉天然纤维开发利用。推进纺织工业梯度转移。

第十五章 积极推进信息化

坚持以信息化带动工业化，以工业化促进信息化，提高经济社会信息化水平。

第一节　加快制造业信息化

以信息化改造制造业，推进生产设备数字化、生产过程智能化和企业管理信息化，促进制造业研发设计、生产制造、物流库存和市场营销变革。提高机电装备信息化水平，实现精准、高效生产。推广集散控制、现场总线控制、敏捷制造等技术，强化生产过程的在线监测、预警和控制。

第二节　深度开发信息资源

加快国家基础信息库建设，促进基础信息共享。优化信息资源结构。加强生产、流通、科技、人口、资源、生态环境等领域的信息采集，加强信息资源深度开发、及时处理、传播共享和有效利用。

第三节　完善信息基础设施

积极推进“三网融合”。建设和完善宽带通信网，加快发展宽带用户接入网，稳步推进新一代移动通信网络建设。建设集有线、地面、卫星传输于一体的数字电视网络。构建下一代互联网，加快商业化应用。制定和完善网络标准，促进互联互通和资源共享。

第四节　强化信息安全保障

积极防御、综合防范，提高信息安全保障能力。强化安全监控、应急响应、密钥管理、网络信任等信息安全基础设施建设。加强基础信息网络和国家重要信息系统的安全防护。推进信息安全产品产业化。发展咨询、测评、灾备等专业化信息安全服务。健全安全等级保护、风险评估和安全准入制度。

第四篇　加快发展服务业

坚持市场化、产业化、社会化方向，拓宽领域、扩大规模、优化结构、增强功能、规范市场，提高服务业的比重和水平。

第十六章　拓展生产性服务业

大力发展主要面向生产者的服务业，细化深化专业化分工，降低社会交易成本，提高资源配置效率。

第一节　优先发展交通运输业

统筹规划、合理布局交通基础设施，做好各种运输方式相互衔接，发挥组合效率和整体优势，建设便捷、通畅、高效、安全的综合运输体系。

加快发展铁路运输。重点建设客运专线、城际轨道交通、煤运通道，初步形成快速客运和煤炭运输网络。扩展西部地区路网，强化中部地区路网，完善东部地区路网。加强集装箱运输系统和主要客货枢纽建设。建设铁路新线 1.7 万公里，其中客运专线 7000 公里。

进一步完善公路网络。重点建设国家高速公路网，基本形成国家高速公路网骨架。继续完善国道、省道干线公路网络，打通省际间通道，发挥路网整体效率。公路总里程达到 230 万公里，其中高速公路 6.5 万公里。

积极发展水路运输。完善沿海沿江港口布局，重点建设集装箱、煤炭、进口油气和铁矿石中转运输系统，扩大港口吞吐能力。改善出海口航道，提高内河通航条件，建设长江黄金水道和长江三角洲、珠江三角洲高等级航道网。推进江海联运。

优化民用机场布局。扩充大型机场，完善中型机场，增加小型机场，提高中西部地区和东北地区机场密度。完善航线网络。建设现代化空中交通管理系统。

专栏 7　　交通基础设施重点工程

铁路→建设北京至上海、北京至广州至深圳、哈尔滨至大连、郑州至西安、上海至宁波至深圳、南京至武汉至成都等客运专线，北京至天津、上海至南京、上海至杭州、南京至杭州、广州至珠海等城际轨道交通，向塘至湄州湾、兰州至重庆、太原至中卫（银川）铁路和青藏铁路延伸线，大同至秦皇岛、朔州至黄骅铁路扩能改造。

公路→建设北京至上海、北京至福州、北京至香港（澳门）、北京至昆明、北京至哈尔滨、沈阳至海口、包头至茂名、青岛至银川、南京至洛阳、上海至西安、上海至重庆、上海至昆明、福州至银川、广州至昆明等高速公路。

港口→建设大连、唐山、天津、青岛、上海、宁波—舟山、福州、厦门、深圳、广州、湛江及防城等沿海港口的煤炭、进口油气、进口铁矿石中转运输系统和集装箱运输系统。适时建设华东、华南地区煤炭中转储存基地。

水运→建设长江口深水航道治理三期工程、珠江口出海航道工程，长江水系、珠江水系和京杭运河航道整治工程，加快重庆、武汉、南京等内河港口建设。

机场→扩建北京、上海、广州、杭州、成都、深圳、西安、乌鲁木齐、郑州、武汉等机场，迁建昆明、合肥等机场，在中西部地区和东北地区新建支线机场。

优化运输资源配置。强化枢纽衔接和集疏运配套，促进运输一体化。开发应用高速重载、大型专业化运载、新一代航行系统等高新技术，推广集装箱多式联运和快递服务。应用信息技术提升运输管理水平，推广智能交通运输体系。发展货运代理、客货营销等运输中介服务。建设上海、天津、大连等国际航运中心。

第二节　大力发展现代物流业

推广现代物流管理技术，促进企业内部物流社会化，实现企业物资采购、生产组织、产品销售和再生资源回收的系列化运作。培育专业化物流企业，积极发展第三方物流。建立物流标准化体系，加强物流新技术开发利用，推进物流信息化。加强物流基础设施整合，建设大型物流枢纽，发展区域性物流中心。

第三节　有序发展金融服务业

健全金融体系，完善服务功能，创新服务品种，提高服务质量。规范发展多种所有制形式的中小银行以及证券公司、财务公司、融资租赁公司、基金管理公司等非银行金融机构。鼓励金融创新，稳步发展综合类金融服务，支持发展网上金融服务。积极发展面向中小企业的融资和小额信贷。完善支付结算体系，提高支付清算效率。健全金融市场的登记、托管、交易、清算系统。发展境外金融服务和外汇风险管理、综合理财等，为企业跨境经营提供便利服务和外汇避险工具。

拓宽保险服务领域，发展养老、医疗保险，发挥商业保险在健全社会保障体系中的重要作用。发展农业保险、责任保险，建立国家支持的农业和巨灾再保险体系。拓宽保险资金运用渠道。发展网上保险等新的服务方式。

第四节　积极发展信息服务业

改善邮政和电信基础业务，发展增值业务，开发新兴业务，促进普遍服务。调整电信业务结构，发展互联网产业。

积极发展电子商务。建立健全电子商务基础设施、法律环境、信用和安全认证体系，建设安全、便捷的在线支付服务平台。发展企业间电子商务，推广面向中小企业、重点行业和区域的第三方电子商务交易与服务。

推进电子政务。整合网络资源，建设统一的电子政务网络，构建政务信息网络平台、数据交换中心、数字认证中心，推动部门间信息共享和业务协同。开发基础数据资源和办公资源，完善重点业务系统。健全政府与企业、公众互动的门户网站体系，依法开放政务信息，促进办事程序规范。培育公益性信息服务机构，开发利用公益性信息资源。

加强测绘基础设施建设，丰富和开发利用基础地理信息资源，发展地理信息产业。鼓励教育、文化、出版、广播影视等领域的数字内容产业发展，丰富中文数字内容资源，发展动漫产业。

第五节　规范发展商务服务业

拓展和规范律师、公证、法律援助、司法鉴定、经济仲裁等法律服务。发展项目策划、财务顾问、并购重组、上市等投资与资产管理服务。规范发展会计、审计、税务、资产评估、校准、检测、验货等经济鉴证类服务。支持发展市场调查、工程咨询、管理咨询、资信服务等咨询服务。鼓励发展专业化的工业设计。推动广告业发展。合理规划展馆布局，发展会展业。

第十七章　丰富消费性服务业

适应居民消费结构升级趋势，继续发展主要面向消费者的服务业，扩大短缺服务产品供给，满足多样化的服务需求。

第一节　提升商贸服务业

鼓励发展所有制形式和经营业态多样化、诚信便民的零售、餐饮等商贸服务。积极发展连锁经营、特许经营、物流配送等现代流通方式和组织形式。按照优化城市功能、疏解交通的要求，合理调整城市商业网点结构和布局。

第二节　发展房地产业

调整住房供应结构，重点发展普通商品住房和经济适用住房，严格控制大户型高档商品房。按照保障供给、稳定房价的原则，加强对房地产一、二级市场和租赁市场的调控，促进住房梯次消费。完善房地产开发融资方式，加强资本金管理，规范发展住房消费信贷和保险。规范物业管理行为，提高市场化程度。

第三节　大力发展旅游业

全面发展国内旅游，积极发展入境旅游，规范发展出境旅游。合理开发和保护旅游资源，改善基础设施，推进重点旅游区、旅游线路建设，规范旅游市场秩序。继续发展观光旅游，开发休闲度假以及科普、农业、工业、海洋等专题旅游，完善自助游服务体系。继续推进红色旅游。加快旅游企业整合重组。鼓励开发特色旅游商品。

第四节　加强市政公用事业

优先发展公共交通，完善城市路网结构和公共交通场站，有条件的大城市和城市群地区要把轨道交通作为优先领域，超前规划，适时建设。积极发展出租车业。加强城市供排水、中水管网改造和建设，增强安全供水能力，扩大再生水使用范围。合理规划建设和改造城市集中供热、燃气设施。

第五节　加快发展社区服务业

围绕便民服务，重点发展社区卫生、家政服务、社区保安、养老托幼、食品配送、修理服务和废旧物品回收等。理顺社区管理体制，推进社区服务规范化和网络化建设。

第六节　发展体育事业和体育产业

加强城乡基层和各类学校体育设施建设，开展全民健身活动，提高全民特别是青少年的身体素质。保护发展民族民间体育。深化体育改革，鼓励社会力量兴办体育事业和投资体育产业。规范发展体育健身、竞赛表演、体育彩票、体育用品，以及多种形式的体育组织和经营实体。提高竞技运动水平，办好北京奥运会和广州亚运会。

第十八章　促进服务业发展的政策

打破垄断，放宽准入领域，建立公开、平等、规范的行业准入制度。鼓励社会资金投入服务业，提高非公有制经济比重。公共服务以外的领域，要按照营利性与非营利性分开的原则加快产业化改组。营利性事业单位要改制为企业，并尽快建立现代企业制度。继续推进政府机关和事业单位后勤服务社会化改革。采取积极的财税、土地、价格等政策，支持服务业关键领域、薄弱环节、新兴产业和新型业态的发展。健全服务业标准体系，推进服务业标准化。大城市要把发展服务业放在优先位置，有条件的要逐步形成服务经济为主的产业结构。

第五篇　促进区域协调发展

根据资源环境承载能力、发展基础和潜力，按照发挥比较优势、加强薄弱环节、享受均等化基本公共服务的要求，逐步形成主体功能定位清晰，东中西良性互动，公共服务和人民生活水平差距趋向缩小的区域协调发展格局。

第十九章　实施区域发展总体战略

坚持实施推进西部大开发，振兴东北地区等老工业基地，促进中部地区崛起，鼓励东部地区率先发展的区域发展总体战略，健全区域协调互动机制，形成合理的区域发展格局。

第一节　推进西部大开发

西部地区要加快改革开放步伐，通过国家支持、自身努力和区域合作，增强自我发展能力。坚持以线串点，以点带面，依托中心城市和交通干线，实行重点开发。加强基础设施建设，建设出境、跨区铁路和西煤东运新通道，建成“五纵七横”西部路段和八条省际公路，建设电源基地和西电东送工程。巩固和发展退耕还林成果，继续推进退牧还草、天然林保护等生态工程，加强植被保护，加大荒漠化和石漠化治理力度，加强重点区域水污染防治。加强青藏高原生态安全屏障保护和建设。支持资源优势转化为产业优势，大力发展特色产业，加强清洁能源、优势矿产资源开发及加工，支持发展先进制造业、高技术产业及其他有优势的产业。加强和改善公共服务，优先发展义务教育和职业教育，改善农村医疗卫生条件，推进人才开发和科技创新。建设和完善边境口岸设施，加强与毗邻国家的经济技术合作，发展边境贸易。落实和深化西部大开发政策，加大政策扶持和财政转移支付力度，推动建立长期稳定的西部开发资金渠道。

第二节　振兴东北地区等老工业基地

东北地区要加快产业结构调整和国有企业改革改组改造，在改革开放中实现振兴。发展现代农业，强化粮食基地建设，推进农业规模化、标准化、机械化和产业化经营，提高商品率和附加值。建设先进装备、精品钢材、石化、汽车、船舶和农副产品深加工基地，发展高技术产业。建立资源开发补偿机制和衰退产业援助机制，抓好阜新、大庆、伊春和辽源等资源枯竭型城市经济转型试点，搞好棚户区改造和采煤沉陷区治理。加强东北东部铁路通道和跨省区公路运输通道等基础设施建设，加快市场体系建设，促进区域经济一体化。扩大与毗邻国家的经济技术合作。加强黑土地水土流失和东北西部荒漠化综合治理。支持其他地区老工业基地的振兴。

第三节　促进中部地区崛起

中部地区要依托现有基础，提升产业层次，推进工业化和城镇化，在发挥承东启西和产业发展优势中崛起。加强现代农业特别是粮食主产区建设，加大农业基础设施建设投入，增强粮食等大宗农产品生产能力，促进农产品加工转化增值。支持山西、河南、安徽加强大型煤炭基地建设，发展坑口电站和煤电联营。加快钢铁、化工、有色、建材等优势产业的结构调整，形成精品原材料基地。支持发展矿山机械、汽车、农业机械、机车车辆、输变电设备等装备制造业以及软件、光电子、新材料、生物工程等高技术产业。构建综合交通运输体系，重点建设干线铁路和公路、内河港口、区域性机场。加强物流中心等基础设施建设，完善市场体系。

第四节　鼓励东部地区率先发展

东部地区要率先提高自主创新能力，率先实现经济结构优化升级和增长方式转变，率先完善社会主义市场经济体制，在率先发展和改革中带动帮助中西部地区发展。加快形成一批自主知识产权、核心技术和知名品牌，提高产业素质和竞争力。优先发展先进制造业、高技术产业和服务业，着力发展精加工和高端产品。促进加工贸易升级，积极承接高技术产业和现代服务业转移，提高外向型经济水平，增强国际竞争力。加强耕地保护，发展现代农业。提高资源特别是土地、能源利用效率，加强生态环境保护，增强可持续发展能力。继续发挥经济特区、上海浦东新区的作用，推进天津滨海新区开发开放，支持海峡西岸和其他台商投资相对集中地区的经济发展，带动区域经济发展。

第五节　支持革命老区、民族地区和边疆地区发展

加大财政转移支付力度和财政性投资力度，支持革命老区、民族地区和边疆地区加快发展。保护自然生态，改善基础设施条件。发展学前教育，加快普及义务教育，办好中心城市的民族初中班和高中班，加强民族大学建设和民族地区高等教育。建设少数民族民间传统文化社区，扶持少数民族出版事业，建立双语教学示范区。加强少数民族人才队伍建设，稳定民族地区人才队伍。支持发展民族特色产业、民族特需商品、民族医药产业和其他有优势的产业。优先解决特困少数民族贫困问题，扶持人口较少民族的经济社会发展，推进兴边富民行动。继续实行支持西藏、新疆及新疆生产建设兵团发展的政策。

第六节　健全区域协调互动机制

健全市场机制，打破行政区划的局限，促进生产要素在区域间自由流动，引导产业转移。健全合作机制，鼓励和支持各地区开展多种形式的区域经济协作和技术、人才合作，形成以东带西、东中西共同发展的格局。健全互助机制，发达地区要采取对口支援、社会捐助等方式帮扶欠发达地区。健全扶持机制，按照公共服务均等化原则，加大国家对欠发达地区的支持力度。国家继续在经济政策、资金投入和产业发展等方面，加大对中西部地区的支持。

第二十章　推进形成主体功能区

根据资源环境承载能力、现有开发密度和发展潜力，统筹考虑未来我国人口分布、经济布局、国土利用和城镇化格局，将国土空间划分为优化开发、重点开发、限制开发和禁止开发四类主体功能区，按照主体功能定位调整完善区域政策和绩效评价，规范空间开发秩序，形成合理的空间开发结构。

第一节　优化开发区域的发展方向

优化开发区域是指国土开发密度已经较高、资源环境承载能力开始减弱的区域。要改变依靠大量占用土地、大量消耗资源和大量排放污染实现经济较快增长的模式，把提高增长质量和效益放在首位，提升参与全球分工与竞争的层次，继续成为带动全国经济社会发展的龙头和我国参与经济全球化的主体区域。

第二节　重点开发区域的发展方向

重点开发区域是指资源环境承载能力较强、经济和人口集聚条件较好的区域。要充实基础设施，改善投资创业环境，促进产业集群发展，壮大经济规模，加快工业化和城镇化，承接优化开发区域的产业转移，承接限制开发区域和禁止开发区域的人口转移，逐步成为支撑全国经济发展和人口集聚的重要载体。

第三节　限制开发区域的发展方向

限制开发区域是指资源环境承载能力较弱、大规模集聚经济和人口条件不够好并关系到全国或较大区域范围生态安全的区域。要坚持保护优先、适度开发、点状发展，因地制宜发展资源环境可承载的特色产业，加强生态修复和环境保护，引导超载人口逐步有序转移，逐步成为全国或区域性的重要生态功能区。

专栏 8　部分限制开发区域功能定位及发展方向

大小兴安岭森林生态功能区→禁止非保护性采伐，植树造林，涵养水源，保护野生动物。

长白山森林生态功能区→禁止林木采伐，植树造林，涵养水源，防止水土流失。

川滇森林生态及生物多样性功能区→在已明确的保护区域保护生物多样性和多种珍稀动物基因库。

秦巴生物多样性功能区→适度开发水能，减少林木采伐，保护野生物种。

藏东南高原边缘森林生态功能区→保护自然生态系统。

新疆阿尔泰山地森林生态功能区→禁止非保护性采伐，合理更新林地。

青海三江源草原草甸湿地生态功能区→封育草地，减少载畜量，扩大湿地，涵养水源，防治草原退化，实行生态移民。

新疆塔里木河荒漠生态功能区→合理利用地表水和地下水，调整农牧业结构，加强药材开发管理。

新疆阿尔金草原荒漠生态功能区→控制放牧和旅游区域范围，防范盗猎，减少人类活动干扰。

藏西北羌塘高原荒漠生态功能区→保护荒漠生态系统，防范盗猎，保护野生动物。

东北三江平原湿地生态功能区→扩大保护范围，降低农业开发和城市建设强度，改善湿地环境。

苏北沿海湿地生态功能区→停止围垦，扩大湿地保护范围，保护鸟类南北迁徙通道。

四川若尔盖高原湿地生态功能区→停止开垦，减少过度开发，保持湿地面积，保护珍稀动物。

甘南黄河重要水源补给生态功能区→加强天然林、湿地和高原野生动植物保护，实行退耕还林还草、牧民定居和生态移民。

川滇干热河谷生态功能区→退耕还林、还灌、还草，综合整治，防止水土流失，降低人口密度。

内蒙古呼伦贝尔草原沙漠化防治区→禁止过度开垦、不适当樵采和超载放牧，退牧还草，防治草场退化沙化。

内蒙古科尔沁沙漠化防治区→根据沙化程度采取针对性强的治理措施。

内蒙古浑善达克沙漠化防治区→采取植物和工程措施，加强综合治理。

毛乌素沙漠化防治区→恢复天然植被，防止沙丘活化和沙漠面积扩大。

黄土高原丘陵沟壑水土流失防治区→控制开发强度，以小流域为单元综合治理水土流失，建设淤地坝。

大别山土壤侵蚀防治区→实行生态移民，降低人口密度，恢复植被。

桂黔滇等喀斯特石漠化防治区→封山育林育草，种草养畜，实行生态移民，改变耕作方式，发展生态产业和优势非农产业。

第四节 禁止开发区域的发展方向

禁止开发区域是指依法设立的各类自然保护区域。要依据法律法规规定和相关规划实行强制性保护，控制人为因素对自然生态的干扰，严禁不符合主体功能定位的开发活动。

专栏9　　禁止开发区域

国家级自然保护区→共243个，面积8944万公顷。

世界文化自然遗产→共31处。

国家重点风景名胜区→共187个，面积927万公顷。

国家森林公园→共565个，面积1100万公顷。

国家地质公园→共138个，面积48万公顷。

第五节 实行分类管理的区域政策

财政政策，要增加对限制开发区域、禁止开发区域用于公共服务和生态环境补偿的财政转移支付，逐步使当地居民享有均等化的基本公共服务。投资政策，要重点支持限制开发区域、禁止开发区域公共服务设施建设和生态环境保护，支持重点开发区域基础设施建设。产业政策，要引导优化开发区域转移占地多、消耗高的加工业和劳动密集型产业，提升产业结构层次；引导重点开发区域加强产业配套能力建设；引导限制开发区域发展特色产业，限制不符合主体功能定位的产业扩张。土地政策，要对优化开发区域实行更严格的建设用地增量控制，在保证基本农田不减少的前提下适当扩大重点开发区域建设用地供给，对限制开发区域和禁止开发区域实行严格的土地用途管制，严禁生态用地改变用途。人口管理政策，要鼓励在优化开发区域、重点开发区域有稳定就业和住所的外来人口定居落户，引导限制开发区域和禁止开发区域的人口逐步自愿平稳有序转移。绩效评价和政绩考核，对优化开发区域，要强化经济结构、资源消耗、自主创新等的评价，弱化经济增长的评价；对重点开发区域，要综合评价经济增长、质量效益、工业化和城镇化水平等；对限制开发区域，要突出生态环境保护等的评价，弱化经济增长、工业化和城镇化水平的评价；对禁止开发区域，主要评价生态环境保护。

第二十一章 促进城镇化健康发展

坚持大中小城市和小城镇协调发展，提高城镇综合承载能力，按照循序渐进、节约土地、集约发展、合理布局的原则，积极稳妥地推进城镇化，逐步改变城乡二元结构。

第一节 分类引导人口城镇化

对临时进城务工人员，继续实行亦工亦农、城乡双向流动的政策，在劳动报酬、劳动时间、法定假日和安全保护等方面依法保障其合法权益；对在城市已有稳定职业和住所的进城务工人员，要创造条件使之逐步转为城市居民，依法享有当地居民应有的权利，承担应尽的义务；对因城市建设承包地被征用、完全失去土地的农村人口，要转为城市居民，城市政府要负责提供就业援助、技能培训、失业保险和最低生活保障等。鼓励农村人口进入中小城市和小城镇定居，特大城市要从调整产业结构的源头入手，形成用经济办法等控制人口过快增长的机制。

第二节　形成合理的城镇化空间格局

要把城市群作为推进城镇化的主体形态，逐步形成以沿海及京广京哈线为纵轴，长江及陇海线为横轴，若干城市群为主体，其他城市和小城镇点状分布，永久耕地和生态功能区相间隔，高效协调可持续的城镇化空间格局。

已形成城市群发展格局的京津冀、长江三角洲和珠江三角洲等区域，要继续发挥带动和辐射作用，加强城市群内各城市的分工协作和优势互补，增强城市群的整体竞争力。

具备城市群发展条件的区域，要加强统筹规划，以特大城市和大城市为龙头，发挥中心城市作用，形成若干用地少、就业多、要素集聚能力强、人口分布合理的新城市群。

人口分散、资源条件较差、不具备城市群发展条件的区域，要重点发展现有城市、县城及有条件的建制镇，成为本地区集聚经济、人口和提供公共服务的中心。

第三节　加强城市规划建设管理

规划城市规模与布局，要符合当地水土资源、环境容量、地质构造等自然承载力，并与当地经济发展、就业空间、基础设施和公共服务供给能力相适应。

加强城市水源地保护和供水设施建设。缺水城市要适度控制城市规模，禁止发展高耗水产业和建设高耗水景观。地下水超采城市要控制地下水开采，防止地面沉降。城市道路以及供排水、能源、环保、电信、有线电视等的建设，要破除部门和地方分割，在统一规划基础上协同建设，减少盲目填挖和拆建。加强城市综合防灾减灾和应急管理能力建设。稳步推进城市危旧住房和“城中村”改造，保障拆迁户合法权益。城市规划和建筑设计要延续历史，传承文化，突出特色，保护民族、文化遗产和风景名胜资源。强化城市规划实施的监管，推进城市综合管理，提高城市管理水平。

第四节　健全城镇化发展的体制机制

加快破除城乡分割的体制障碍，建立健全与城镇化健康发展相适应的财税、征地、行政管理和公共服务等制度。完善行政区划设置和管理模式。改革城乡分割的就业管理制度，深化户籍制度改革，逐步建立城乡统一的人口登记制度。

第六篇　建设资源节约型、环境友好型社会

落实节约资源和保护环境基本国策，建设低投入、高产出，低消耗、少排放，能循环、可持续的国民经济体系和资源节约型、环境友好型社会。

第二十二章　发展循环经济

坚持开发节约并重、节约优先，按照减量化、再利用、资源化的原则，在资源开采、生产消耗、废物产生、消费等环节，逐步建立全社会的资源循环利用体系。

第一节　节约能源

强化能源节约和高效利用的政策导向，加大节能力度。通过优化产业结构特别是降低高耗能产业比重，实现结构节能；通过开发推广节能技术，实现技术节能；通过加强能源生产、运输、消费各环节的制度建设和监管，实现管理节能。突出抓好钢铁、有色、煤炭、电力、化工、建材等行业和耗能大户的节能工作。加大汽车燃油经济性标准实施力度，加快淘汰老旧运输设备。制定替代液体燃料标准，积极发展石油替代产品。鼓励生产使用高效节能产品。

专栏10　　节能重点工程

低效燃煤工业锅炉（窑炉）改造→采用循环流化床、粉煤燃烧等技术改造或替代现有中小燃煤锅炉(窑炉)。

区域热电联产→发展采用热电联产和热电冷联产，将分散式供热小锅炉改造为集中供热。

余热余压利用→在钢铁、建材等行业开展余热余压利用。

节约和替代石油→在电力、交通运输等行业实施节油措施，发展煤炭液化、醇醚类燃料等石油替代产品。

电机系统节能→在煤炭等行业进行电动机拖动风机、水泵系统优化改造。

能量系统优化→在石化、钢铁等行业实施系统能量优化，使企业综合能耗达到或接近世界先进水平。

建筑节能→严格执行建筑节能设计标准，推动既有建筑节能改造，推广新型墙体材料和节能产品等。

绿色照明→在公用设施、宾馆、商厦、写字楼以及住宅中推广高效节电照明系统等。

政府机构节能→政府机构建筑按照建筑节能标准进行改造，在政府机构推广使用节能产品等。

节能监测和技术服务体系建设→更新监测设备，加强人员培训等。

第二节　节约用水

发展农业节水，推进雨水集蓄，建设节水灌溉饲草基地，提高水的利用效率，基本实现灌溉用水总量零增长。重点推进火电、冶金等高耗水行业节水技术改造。抓好城市节水工作，强制推广使用节水设备和器具，扩大再生水利用。加强公共建筑和住宅节水设施建设。积极开展海水淡化、海水直接利用和矿井水利用。

第三节　节约土地

落实保护耕地基本国策。管住总量、严控增量、盘活存量，控制农用地转为建设用地的规模。建立健全用地定额标准，推行多层标准厂房。开展农村土地整理，调整居民点布局，控制农村居民点占地，推进废弃土地复垦。控制城市大广场建设，发展节能省地型公共建筑和住宅。到2010年实现所有城市禁用实心黏土砖。

第四节　节约材料

推行产品生态设计，推广节约材料的技术工艺，鼓励采用小型、轻型和再生材料。提高建筑物质量，延长使用寿命，提倡简约实用的建筑装修。推进木材、金属材料、水泥等的节约代用。禁止过度包装。规范并减少一次性用品生产和使用。

第五节　加强资源综合利用

抓好煤炭、黑色和有色金属共伴生矿产资源综合利用。推进粉煤灰、煤矸石、冶金和化工废渣及尾矿等工业废物利用。推进秸秆、农膜、禽畜粪便等循环利用。建立生产者责任延伸制度，推进废纸、废旧金属、废旧轮胎和废弃电子产品等回收利用。加强生活垃圾和污泥资源化利用。

推动钢铁、有色、煤炭、电力、化工、建材、制糖等行业实施循环经济改造，形成一批循环经济示范企业。在重点行业、领域、产业园区和城市开展循环经济试点。发展黄河三角洲、三峡库区等高效生态经济。

专栏11　　循环经济示范试点工程

重点行业→建设济钢、宝钢、鞍本钢、攀钢、中铝、金川公司、江西铜业、鲁北化工等一批循环经济示范企业。

产业园区→建设资源循环利用产业链及园区集中供热和废物处理中心，建设河北曹妃甸、青海柴达木等若干循环经济产业示范区。

再生资源回收利用→建设湖南汨罗等再生资源回收利用市场和加工示范基地。

再生金属利用→建设若干30万吨以上的再生铜、再生铝、再生铅示范企业。

废旧家电回收处理→建设若干废旧家电回收利用示范基地。

再制造→建设若干汽车发动机、变速箱、电机和轮胎翻新等再制造示范企业。

第六节　强化促进节约的政策措施

加快循环经济立法。实行单位能耗目标责任和考核制度。完善重点行业能耗和水耗准入标准、主要用能产品和建筑物能效标准、重点行业节能设计规范和取水定额标准。严格执行设计、施工、生产等技术标准和材料消耗核算制度。实行强制淘汰高耗能高耗水落后工艺、技术和设备的制度。推行强制性能效标识制度和节能产品认证制度。加强电力需求侧管理、政府节能采购、合同能源管理。实行有利于资源节约、综合利用和石油替代产品开发的财税、价格、投资政策。增强全社会的资源忧患意识和节约意识。

第二十三章　保护修复自然生态

生态保护和建设的重点要从事后治理向事前保护转变，从人工建设为主向自然恢复为主转变，从源头上扭转生态恶化趋势。

专栏12　　生态保护重点工程

天然林资源保护→对工程区内9418万公顷天然林和其他森林实行全面有效管护，在长江上游、黄河上中游工程区造林579万公顷。

退耕还林还草→在长江、黄河流域水土流失以及北方风沙地区等继续实施退耕还林还草。

退牧还草→在内蒙古东部、内蒙古甘肃宁夏西部、青藏高原东部、新疆北部四大片区治理严重退化草地。

京津风沙源治理→退耕还林34万公顷，在宜林荒山荒沙地区造林29万公顷，人工造林127万公顷，飞播造林145万公顷，封沙育林育草95万公顷，草地治理291万公顷。

防护林体系→建设“三北”防护林体系四期工程，长江、珠江防护林和太行山绿化、平原绿化及沿海防护林体系工程。推进三峡库区绿化带建设。

湿地保护与修复→建设222个湿地保护区，其中国家级湿地保护区49个，通过对水资源的合理调配和管理等措施恢复重要湿地。

青海三江源自然保护区生态保护和建设→退牧还草644万公顷，退耕还林还草0.65万公顷，封山育林、沙漠化土地防治、湿地保护、黑土滩治理80万公顷，鼠害治理209万公顷，水土流失治理5万公顷。

水土保持工程→新增水土流失治理面积1900万公顷。实施石羊河流域综合治理。

野生动植物保护及自然保护区建设→建设和完善一批自然保护区，继续实施对极度濒危野生动植物物种的拯救工程。

石漠化地区综合治理→通过植被保护、退耕还林、封山育林育草、种草养畜、合理开发利用水资源、土地整治和水土保持、改变耕作制度、建设农村沼气、易地扶贫等措施，加大石漠化地区治理力度。

在天然林保护区、重要水源涵养区等限制开发区域建立重要生态功能区，促进自然生态恢复。健全法制、落实主体、分清责任，加强对自然保护区的监管。有效保护生物多样性，防止外来有害物种对我国生态系统的侵害。按照“谁开发谁保护、谁受益谁补偿”的原则，建立生态补偿机制。

第二十四章　加大环境保护力度

坚持预防为主、综合治理，强化从源头防治污染，坚决改变先污染后治理、边治理边污染的状况。以解决影响经济社会发展特别是严重危害人民健康的突出问题为重点，有效控制污染物排放，尽快改善重点流域、重点区域和重点城市的环境质量。

第一节　加强水污染防治

加大“三河三湖”等重点流域和区域水污染防治力度。科学划定饮用水源保护区，强化对主要河流和湖泊排污的管制，坚决取缔饮用水源地的直接排污口，严禁向江河湖海排放超标污水。加强城市污水处理设施建设，全面开征污水处理费，到2010年城市污水处理率不低于70%。

第二节　加强大气污染防治

加大重点城市大气污染防治力度。加快现有燃煤电厂脱硫设施建设，新建燃煤电厂必须根据排放标准安装脱硫装置，推进钢铁、有色、化工、建材等行业二氧化硫综合治理。在大中城市及其近郊，严格控制新(扩)建除热电联产外的燃煤电厂，禁止新(扩)建钢铁、冶炼等高耗能企业。加大城市烟尘、粉尘、细颗粒物和汽车尾气治理力度。

第三节　加强固体废物污染防治

加快危险废物处理设施建设，妥善处置危险废物和医疗废物。强化对危险化学品的监管，加强重金属污染治理，推进堆存铬渣无害化处置。加强核设施和放射源安全监管，确保核与辐射环境安全。加强城市垃圾处理设施建设，加大城市垃圾处理费征收力度，到2010年城市生活垃圾无害化处理率不低于60%。

专栏13　　环境治理重点工程

重点流域水污染治理→“三河三湖”、三峡库区、长江上游、黄河中上游、松花江、南水北调水源及沿线的水污染治理工程。

燃煤电厂烟气脱硫→增加现有燃煤电厂脱硫能力，使90%的现有电厂达标排放。

医疗废物及危险废物处置→建设医疗废物及危险废物集中处置设施，基本实现医疗废物及危险废物的安全处置。

核与辐射安全工程→加快中低放射性废物处置场建设，解决高放射性废物永久处置问题。

铬渣污染治理→对堆存铬渣及受污染土壤进行综合治理，实现所有堆存铬渣无害化处置。

第四节　实行强有力的环保措施

各地区要切实承担对所辖地区环境质量的责任，实行严格的环保绩效考核、环境执法责任制和责任追究制。各级政府要将环保投入作为本级财政支出的重点并逐年增加。健全环境监管体制，提高监管能力，加大环保执法力度。实施排放总量控制、排放许可和环境影响评价制度。实行清洁生产审核、环境标识和环境认证制度，严格执行强制淘汰和限期治理制度，建立跨省界河流断面水质考核制度。实行环境质量公告和企业环保信息公开制度，鼓励社会公众参与并监督环保。大力发展环保产业，建立社会化多元化环保投融资机制，运用经济手段加快污染治理市场化进程。积极参与全球环境与发展事务，认真履行环境国际公约。

第二十五章　强化资源管理

实行有限开发、有序开发、有偿开发，加强对各种自然资源的保护和管理。

第一节　加强水资源管理

顺应自然规律，调整治水思路，从单纯的洪水控制向洪水管理、雨洪资源科学利用转变，从注重水资源开发利用向水资源节约、保护和优化配置转变。加强水资源统一管理，统筹生活、生产、生态用水，做好上下游、地表地下水调配，控制地下水开采。完善取水许可和水资源有偿使用制度，实行用水总量控制与定额管理相结合的制度，健全流域管理与区域管理相结合的水资源管理体制，建立国家初始水权分配制度和水权转让制度。完成南水北调东线和中线一期工程，合理规划建设其他水资源调配工程。

第二节　加强土地资源管理

实行最严格的土地管理制度。严格执行法定权限审批土地和占用耕地补偿制度，禁止非法压低地价招商。严格土地利用总体规划、城市总体规划、村庄和集镇规划修编的管理。加强土地利用计划管理、用途管制和项目用地预审管理。加强村镇建设用地管理，改革和完善宅基地审批制度。完善耕地保护责任考核体系，实行土地管理责任追究制。加强土地产权登记和土地资产管理。

第三节　加强矿产资源管理

加强矿产资源勘查开发统一规划管理，严格矿产资源开发准入条件，强化资格认证和许可管理，严格按照法律法规和规划开发。完善矿产资源开发管理体制，依法设置探矿权、采矿权，建立矿业权交易制度，健全矿产资源有偿占用制度和矿山环境恢复补偿机制。完善重要资源储备制度，加强国家重要矿产品储备，调整储备结构和布局。实行国家储备与用户储备相结合，对资源消耗大户实行强制性储备。

第二十六章　合理利用海洋和气候资源

第一节　保护和开发海洋资源

强化海洋意识，维护海洋权益，保护海洋生态，开发海洋资源，实施海洋综合管理，促进海洋经济发展。综合治理重点海域环境，遏制渤海、长江口和珠江口等近岸海域生态恶化趋势。恢复近海海洋生态功能，保护红树林、海滨湿地和珊瑚礁等海洋、海岸带生态系统，加强海岛保护和海洋自然保护区管理。完善海洋功能区划，规范海域使用秩序，严格限制开采海砂。有重点地勘探开发专属经济区、大陆架和国际海底资源。

第二节　开发利用气候资源

加强空中水资源、太阳能、风能等的合理开发利用。发展气象事业，加强气象卫星应用、天气雷达等综合监测，建立先进的气象服务业务系统。增强灾害性天气预警预报能力，提高预报准确率和时效性。增强气象为农业等行业服务的能力。加强人工影响天气、大气成分和气候变化监测、预测、评估工作。

第七篇　实施科教兴国战略和人才强国战略

把科技进步和创新作为经济社会发展的重要推动力，把发展教育和培养德才兼备的高素质人才摆在更加突出的战略位置，深化体制改革，加大投入，加快科技教育发展，努力建设创新型国家和人力资本强国。

第二十七章　加快科学技术创新和跨越

实施国家中长期科学和技术发展规划，按照自主创新、重点跨越、支撑发展、引领未来的方针，加快建设国家创新体系，不断增强企业创新能力，加强科技与经济、教育的紧密结合，全面提高科技整体实力和产业技术水平。

第一节　大力推进自主创新

加强基础研究、前沿技术研究和社会公益性技术研究，在信息、生命、空间、海洋、纳米及新材料等领域超前部署，集中优势力量，加大投入力度，力争取得重要突破。适应国家重大战略需求，启动一批重大科技专项，在能源、资源、环境、农业、信息、健康等领域加强关键技术攻关，实现核心技术集成创新与跨越。实施重大产业技术开发专项，促进引进技术消化吸收再创新。

专栏 14　重大科技专项与重大科技基础设施

核心电子器件、高端通用芯片及基础软件→开发高端电子通用器件和高可信网络化基础软件，信息安全所需芯片和器件等关键技术。

极大规模集成电路制造技术及成套工艺→开发 60 纳米至 45 纳米高速、低功耗芯片和新型硅基集成电路的制造工艺技术，核心集成电路装备技术。

新一代宽带无线移动通信→开发新一代宽带无线移动通信网络、终端与应用技术。

高档数控机床与基础制造技术→开发高档数控机床与基础制造成套技术，研究数字化与智能化控制单元。

大型油气田及煤层气开发→开发特殊地质条件下油气资源工业化开采成套技术。

大型先进压水堆及高温气冷堆核电站→开发百万千瓦级大型先进压水堆核电设计技术和20万千瓦级模块式高温气冷堆商业化技术。

水体污染控制与治理→研究典型流域水污染控制、湖泊富营养化防治和水环境生态修复等关键技术。

转基因生物新品种培育→开发功能基因克隆与验证、规模化转基因操作等核心技术，建立和完善优异种质创新、新品种培育和规模化制种三大技术平台。

重大新药创制→研制一批具有自主知识产权和市场竞争力的新药，建立具有国际先进水平的研发平台。

艾滋病和病毒性肝炎等重大传染病防治→构建艾滋病、病毒性肝炎等重大传染病的有效防控技术体系，研制高效特异性诊断试剂、疫苗和药物及检测技术。**大型飞机**→开发大型飞机设计与制造成套技术。

高分辨率对地观测系统→开发基于卫星、飞机和平流层飞艇的高分辨率先进观测技术，建立对地观测数据中心及重点应用系统。

载人航天与探月工程→突破航天员出舱活动以及空间飞行器交会对接重大技术，建立具有一定应用规模的短期有人照料、长期在轨自主飞行的空间实验室。开发月球探测关键技术，建立月球探测工程系统。

重大科技基础设施→建设散裂中子源、强磁场装置、大型天文望远镜、海洋科学综合考察船、航空遥感系统、结冰风洞、大陆构造环境监测网络、重大工程材料服役安全研究评价设施、蛋白质科学研究设施、子午工程、地下资源与地震预测极低频电磁探测网、农业生物安全研究设施等。

坚持哲学社会科学与自然科学并重，繁荣和发展哲学社会科学。实施马克思主义理论研究和建设工程，构建哲学社会科学创新体系，积极推动理论创新，进一步发挥对经济社会发展的重要促进作用。促进自然科学与哲学社会科学的结合。

第二节　加强自主创新能力建设

建设科技支撑体系，全面提升科技自主创新能力。建设国家重大科技基础设施，实施知识创新工程，整合研究实验体系，建设若干世界一流水平的科研机构和研究型大学，构筑高水平科学研究和人才培养基地。实施重大科学工程，加强国家重点实验室建设，构建国家科技基础条件平台，促进科技资源共享。建设一批产业技术研发试验设施，提高产业技术创新能力。加强科普能力建设，实施全民科学素质行动计划。

第三节　强化企业技术创新主体地位

加快建立以企业为主体、市场为导向、产学研相结合的技术创新体系，形成自主创新的基本体制架构。加强国家工程实验室、国家工程中心和企业技术中心建设，建立企业自主创新的基础支撑平台。发展技术咨询、技术转让等技术创新中介服务，形成社会化服务体系。实行支持自主创新的财税、金融和政府采购政策，引导企业增加研发投入。发挥各类企业特别是中小企业的创新活力，鼓励技术革新和发明创造。

第四节　加大知识产权保护力度

加强公民知识产权意识，健全知识产权保护体系，建立知识产权预警机制，依法严厉打击侵犯知识产权行为。加强计量基础研究，完善国家标准体系，及时淘汰落后标准。优先采用具有自主知识产权的技术标准，积极参与制定国际标准。发展专利、商标、版权转让与代理、无形资产评估等知识产权服务。

第五节　深化科技体制改革

整合科技资源，合理配置基础研究、前沿技术研究和社会公益性研究力量，促进科研机构、大学、企业间科研人员的合理流动与合作，构建科技资源共享机制。深化技术开发类院所企业化转制改革和社会公益类科研机构改革，完善现代科研院所制度，形成开放合作的研究开发体系。完善科技管理体制和运行机制，改革科技评审评估和成果评价奖励等制度。建立多元化、多渠道的科技投入体系，保证科技经费的增长幅度明显高于财政经常性收入的增长幅度，逐步提高国家财政性科技投入占国内生产总值的比例。

第二十八章　优先发展教育

全面实施素质教育，着力完成“普及、发展、提高”三大任务，加快教育结构调整，促进教育全面协调发展，建设学习型社会。

第一节　普及和巩固义务教育

重点加强农村义务教育，努力降低义务教育阶段农村学生特别是女性学生、少数民族学生和贫困家庭学生的辍学率，全国初中三年保留率达到95%。推进城乡、地区间义务教育均衡发展。各地政府要保证进城务工人员子女与当地学生平等接受义务教育。

第二节　大力发展职业教育

重点发展中等职业教育，年招生规模扩大到800万人。发展多种形式的职业技能培训。改革职业教育教学方式，更新教学内容，推行工学结合、校企合作的培养模式，建立弹性学习制度。促进职业教育和普通高中教育协调发展，提高办学水平和质量。

第三节　提高高等教育质量

把高等教育发展的重点放在提高质量和优化结构上，加强研究与实践，培养学生的创新精神和实践能力。稳步提高高等教育大众化水平，稳步发展普通本专科和研究生教育，提高高层次人才培养质量。有重点地加强高水平大学和重点学科建设，推动各类高等院校协调发展。继续发展各类成人教育。

第四节　加大教育投入

保证财政性教育经费的增长幅度明显高于财政经常

性收入的增长幅度，逐步使财政性教育经费占国内生产总值的比例达到4%。强化政府对义务教育的保障责任，加大中央和省级政府对财政困难县义务教育经费的转移支付力度。促进教育公平，公共教育资源要向农村、中西部地区、贫困地区、民族地区以及薄弱学校、贫困家庭学生倾斜。各级政府要增加职业教育投入，重点支持面向农村学生的中等职业学校。支持设立资助贫困家庭学生就学的民间慈善基金组织，鼓励社会各界捐资助教。继续实行助学贷款，健全面向各阶段学生的资助制度，完善贫困家庭学生助学体系。扩大彩票公益金收益用于特殊教育的份额。

第五节 深化教育体制改革

明确各级政府提供公共教育职责，制定和完善学校的设置标准，支持民办教育发展，形成公办教育与民办教育共同发展的办学格局。形成多元化的教育投入体制，义务教育由政府负全责，高中阶段教育以政府投入为主，职业教育和高等教育实行政府投入与社会投入相互补充。规范教育收费，建立严格的教育收费公示制度。形成适应素质教育要求的教学体制，改革招生考试制度，推进教学课程改革，减轻中小学生过重的课业负担，健全评价制度。形成权责明确的教育管理体制，在学科、专业和课程设置以及招生规模、人才聘用等方面给学校更多自主权，培育并发挥学校的优势和特色。进一步加强教师队伍建设。

专栏15　　教育发展重点工程

西部地区农村寄宿制学校建设→2004～2007年国家安排资金100亿元，重点支持尚未实现"两基"的西部农村地区，新建和改扩建7700所农村寄宿制学校。

农村中小学现代远程教育→2003～2007年中央和地方政府共同安排资金100亿元，为中西部地区3.75万所农村初中建设计算机教室、为38.4万所农村小学配备卫星教学接收设备、为11万个小学教学点配备教学光盘播放设备和成套教学光盘。

中西部农村初中改造→推动未纳入"两基"攻坚计划实施范围的中西部地区农村初中校舍改造，改善办学条件，提高学生巩固率和寄宿率。

职业教育基础能力建设→支持1000所县级职教中心、1000所中等职业学校和100所示范性高等职业学院改善办学条件，形成一批职业教育骨干基地。

高等教育"211"和"985"工程→继续加强高水平大学和重点学科建设，形成一批处于学术前沿的新兴和交叉学科，部分学科接近或达到国际先进水平。

第二十九章 推进人才强国战略

坚持党管人才原则，牢固树立科学人才观，壮大人才队伍，提高人才素质，优化人才结构，完善用人机制，发挥人才作用，促进人口大国向人力资本强国转变。

第一节 建设高素质人才队伍

实施党政人才培养工程，完善培训制度，加强理论教育、专业培训和实践锻炼，提高党政人才思想政治素质和执政能力，建设高素质党政领导人才队伍。实施企业家培养工程，培养造就一批富有创新意识和能力、适应经济全球化要求的企业家，推进企业经营管理人才职业化、市场化。实施专业技术人才知识更新工程和战略高技术人才培养工程，重点培养造就一批科技领军人才、学科带头人和战略科学家。实施高技能人才培养工程，建立一批高技能人才培训基地和公共实训基地，建设高技能人才队伍。加强农村实用人才培养。加强中西部地区和东北地区人才资源开发和人才队伍建设。鼓励和引导海外留学人员回国工作、为国服务。积极吸引海外高层次人才。

第二节 创新人才工作机制

推进市场配置人才资源，消除人才市场发展的体制性障碍，规范人才市场管理，营造人才辈出、人尽其才的社会环境。深化干部人事制度改革，完善机关、企业和事业单位干部人事分类管理体制，健全以品德、能力和业绩为重点的人才评价、选拔任用和激励保障机制。建立符合科学发展观要求的干部综合考核评价体系，注重在实践中锻炼培养人才。深化职称制度改革。贯彻实施公务员法，完善公务员制度。各级政府和企事业单位要加大人才资源开发投入，加强人才资源能力建设，形成多元化投入机制。

第八篇 深化体制改革

以转变政府职能和深化企业、财税、金融等改革为重点，加快完善社会主义市场经济体制，形成有利于转变经济增长方式、促进全面协调可持续发展的机制。

第三十章 着力推进行政管理体制改革

按照精简、统一、效能的原则和决策、执行、监督相协调的要求，建立决策科学、权责对等、分工合理、执行顺畅、监督有力的行政管理体制，加快建设服务政府、责任政府、法治政府。

第一节　推进政府职能转变

按照政企分开、政资分开、政事分开以及政府与市场中介组织分开的原则，合理界定政府职责范围，加强各级政府的社会管理和公共服务职能。进一步推进行政审批制度改革，减少和规范行政审批。深化政府机构改革，优化组织结构，减少行政层级，理顺职责分工，提高行政效率，降低行政成本，实现政府职责、机构和编制的科学化、规范化、法定化。合理划分中央与地方及地方各级政府间在经济调节、市场监管、社会管理和公共服务方面的权责。加快推进事业单位分类改革。

第二节　健全政府决策机制

健全科学民主决策机制，完善重大事项集体决策、专家咨询、社会公示和听证以及决策失误责任追究制度。推行政务公开并逐步实现制度化，完善政府新闻发布制度，提高政府工作透明度，保障公民对政府工作的知情权、参与权、表达权和监督权。全面推进依法行政，行政机关及其工作人员要严格按照法定权限和程序履行职责。实行综合执法，加强对行政执法的监督，建立执法责任追究制。推行政府问责制，完善行政赔偿制度。

第三节　深化投资体制改革

落实企业投资自主权，逐步缩小政府对投资项目的核准范围，健全企业投资项目核准制和备案制。合理界定政府投资范围和中央与地方的投资事权，改进和完善决策规则和程序，提高资金使用效率，建立政府投资项目决策责任追究制。建立和完善投资调控体系。

第三十一章　坚持和完善基本经济制度

坚持公有制为主体、多种所有制经济共同发展的基本经济制度。毫不动摇地巩固和发展公有制经济，毫不动摇地鼓励、支持和引导个体、私营等非公有制经济发展。

第一节　深化国有企业改革

推动国有资本向关系国家安全和国民经济命脉的重要行业和关键领域集中，优化国有经济布局，增强国有经济控制力、影响力和带动力，发挥主导作用。完善国有资本有进有退、合理流动的机制，加快国有大型企业股份制改革，除极少数必须由国家独资经营的企业外，绝大多数国有大型企业改制为多元股东的公司。改善国有企业股本结构，发展混合所有制经济，实现投资主体和产权多元化，建立和完善现代企业制度，形成有效的公司法人治理结构，增强企业活力。发展具有较强竞争力的大公司大企业集团。全心全意依靠职工群众，探索现代企业制度下职工民主管理的有效途径。继续深化集体企业改革，发展多种形式的集体经济。

第二节　健全国有资产监管体制

制定完善经营性国有资产监管体制的法律及配套行政法规，建立健全国有资本经营预算、企业经营业绩考核和企业重大决策失误追究等制度，落实监管责任，实现国有资产保值增值。建立健全国有金融资产、非经营性资产和自然资源资产等监管体制，防止国有资产流失。

第三节　深化垄断行业改革

坚持政企分开、放宽准入、引入竞争、依法监管，推进垄断行业管理体制和产权制度改革。按照形成综合运输体系的要求，推进交通运输业管理体制改革。积极稳妥地推进铁路体制改革，加快铁路投融资体制改革。深化电力体制改革，巩固厂网分开，加快主辅分开，稳步推进输配分开和区域电力市场建设。深化石油、电信、民航、邮政、烟草、盐业和市政公用事业改革，推进国有资产重组，形成竞争性市场格局，建立现代企业制度。

第四节　鼓励非公有制经济发展

大力发展个体、私营等非公有制经济。进一步消除制约非公有制经济发展的体制性障碍和政策性因素，进一步落实鼓励、支持和引导非公有制经济发展的政策措施。允许非公有制经济进入法律法规未禁止的行业和领域，鼓励和支持非公有制经济参与国有企业改革，进入金融服务、公用事业、基础设施等领域。完善金融、税收、信用担保、技术创新等方面的政策，改善行政执法和司法环境，加强和改进对非公有制企业的服务和监管。

第三十二章　推进财政税收体制改革

调整和规范中央与地方、地方各级政府间的收支关系，建立健全与事权相匹配的财税体制。实行有利于促进科技进步、转变增长方式、优化经济结构的财税制度。

第一节　完善财政体制

加快公共财政体系建设，明确界定各级政府的财政支出责任，合理调整政府间财政收入划分。完善中央和省级政府的财政转移支付制度，理顺省级以下财政管理体制，有条件的地方可实行省级直接对县的管理体制，逐步推进基本公共服务均等化。改革预算编制制度，提高预算的规范性和透明度。继续深化部门预算、国库集中收付、政府采购和收支两条线管理制度改革。建立国库现金管理和国债余额管理制度，推进政府会计改革。加强预算执行审计，提高预算执行的严肃性。建立财政预算绩效评价体系，提高财政资金使用效率。加强政府债务管理，防范政府债务风险。完善非税收入管理制度，规范对土地和探矿权、采矿权出让收入的管理。

第二节　完善税收制度

在全国范围内实现增值税由生产型转为消费型。适当调整消费税征收范围，合理调整部分应税品目税负水平和征缴办法。适时开征燃油税。合理调整营业税征税范围和税目。完善出口退税制度。统一各类企业税收制度。实行综合和分类相结合的个人所得税制度。改革房地产税收制度，稳步推行物业税并相应取消有关收费。改革资源税制度。完善城市维护建设税、耕地占用税、印花税。

第三十三章　加快金融体制改革

第一节　深化金融企业改革

积极推进国有商业银行综合改革，通过加快处置不良资产、充实资本金、股份制改造和上市等途径，完善公司治理结构，健全内控机制，建设具有国际竞争力的现代股份制银行。合理确定政策性银行职能定位，健全自我约束机制、风险调控机制和风险补偿机制。加快其他商业银行、邮政储蓄机构等金融机构改革。稳步发展多种所有制金融企业，鼓励社会资金参与中小金融机构的设立、重组与改造。完善金融机构规范运作的基本制度，稳步推进金融业综合经营试点。推进金融资产管理公司改革。完善保险公司治理结构，深化保险资金运用管理体制改革。

第二节　加快发展直接融资

积极发展股票、债券等资本市场，稳步发展期货市场。推进证券发行、交易、并购等基础性制度建设，促进上市公司、证券经营机构规范运作，建立多层次市场体系，完善市场功能，拓宽资金入市渠道，提高直接融资比重。发展创业投资，做好产业投资基金试点工作。

第三节　健全金融调控机制

加强货币政策与其他宏观政策的相互协调配合，完善金融调控体系。建立健全货币市场、资本市场、保险市场有机结合、协调发展的机制，维护金融稳定和金融安全。稳步发展货币市场，理顺货币政策传导机制，推进利率市场化改革。完善有管理的浮动汇率制度，逐步实现人民币资本项目可兑换。

第四节　完善金融监管体制

建立金融风险识别、预警和控制体系，防范和化解系统性金融风险。规范金融机构市场退出机制，建立相应的存款保险、投资者保护和保险保障制度。提高金融监管水平，加强风险监管和资本充足率约束，建立健全银行、证券、保险监管机构间以及同宏观调控部门的协调机制。

第三十四章　完善现代市场体系

第一节　健全全国统一开放市场

进一步打破行政性垄断和地区封锁，完善商品市场，健全资本、土地、技术和劳动力等要素市场。严格界定公益性用地和经营性用地，经营性基础设施用地实行有偿使用，完善经营性用地招标拍卖挂牌出让和非经营性用地公开供地制度。规范发展产权交易市场。积极发展技术市场。逐步建立城乡统一的劳动力市场。

第二节　完善价格形成机制

积极稳妥地推进资源性产品价格改革。合理调整水利工程供水、城市供水和再生水价格。推进电价改革，逐步建立发电、售电价格由市场竞争形成，输电、配电价格由政府定价的机制。适时推进石油价格改革，建立与替代能源价格挂钩的天然气价格形成机制。扩大市场形成土地价格的范围。

第三节 规范市场秩序

打击各种违法经营活动，规范市场主体行为和市场竞争秩序。清理整顿对企业的乱收费、乱罚款和各种摊派。加强价格监管，禁止价格欺诈、价格操纵等行为。以完善信贷、纳税、合同履约、产品质量的信用记录为重点，加快建设社会信用体系，健全失信惩戒制度。

第九篇 实施互利共赢的开放战略

坚持对外开放基本国策，在更大范围、更广领域、更高层次上参与国际经济技术合作和竞争，更好地促进国内发展与改革，切实维护国家经济安全。

第三十五章 加快转变对外贸易增长方式

按照发挥比较优势、弥补资源不足、扩大发展空间、提高附加价值的要求，积极发展对外贸易，促进对外贸易由数量增加为主向质量提高为主转变。到2010年货物贸易、服务贸易进出口总额分别达到 2.3 万亿美元和4000亿美元。

第一节 优化出口结构

以自有品牌、自主知识产权和自主营销为重点，引导企业增强综合竞争力。支持自主性高技术产品、机电产品和高附加值劳动密集型产品出口。严格执行劳动、安全、环保标准，规范出口成本构成，控制高耗能、高污染和资源性产品出口。完善加工贸易政策，继续发展加工贸易，着重提高产业层次和加工深度，增强国内配套能力，促进国内产业升级。引导企业构建境外营销网络，增强自主营销能力。积极开拓非传统出口市场，推进市场多元化。加强对出口商品价格、质量、数量的动态监测，构建质量效益导向的外贸促进和调控体系。

第二节 积极扩大进口

实行进出口基本平衡的政策，发挥进口在促进我国经济发展中的作用。完善进口税收政策，扩大先进技术、关键设备及零部件和国内短缺的能源、原材料进口，促进资源进口多元化。

第三节 发展服务贸易

扩大工程承包、设计咨询、技术转让、金融保险、国际运输、教育培训、信息技术、民族文化等服务贸易出口。鼓励外资参与软件开发、跨境外包、物流服务等。建设若干服务业外包基地，有序承接国际服务业转移。积极稳妥扩大服务业开放，建立服务贸易监管体制和促进体系。

第四节 完善公平贸易政策

健全贸易运行监测预警体系和摩擦应对机制，合理运用反倾销、反补贴、保障措施，增强应对贸易争端能力，维护企业合法权益和国家利益。加强国际贸易的多双边对话与合作，实现共同发展。完善贸易法律制度，建立大宗商品进出口协调机制，加强行业自律，规范贸易秩序。有效运用技术性贸易措施，加强进出口检验检疫和疫情监控。

第三十六章 提高利用外资质量

抓住国际产业转移机遇，继续积极有效利用外资，重点通过利用外资引进国外先进技术、管理经验和高素质人才，把利用外资同提升国内产业结构、技术水平结合起来。

第一节 引导外商投资方向

完善法律法规和政策，形成稳定、透明的管理体制和公平、可预见的政策环境。引导外资更多地投向高技术产业、现代服务业、高端制造环节、基础设施和生态环境保护，投向中西部地区和东北地区等老工业基地。鼓励跨国公司在我国设立地区总部、研发中心、采购中心、培训中心。鼓励外资企业技术创新，增强配套能力，延伸产业链。吸引外资能力较强的地区和开发区，要注重提高生产制造层次，并积极向研究开发、现代流通等领域拓展，充分发挥集聚和带动效应。

第二节 促进利用外资方式多样化

引导国内企业同跨国公司开展多种形式的合作，

发挥外资的技术溢出效应。在保护国内自主品牌基础上，引导和规范外商参与国内企业改组改造。有效利用境外资本市场，支持国内企业境外上市。完善风险投资退出机制，鼓励外商风险投资公司和风险投资基金来华投资。鼓励具备条件的境外机构参股国内证券公司和基金管理公司。

继续用好国际金融组织和外国政府贷款，重点投向中西部地区和东北地区等老工业基地，用于资源节约、环境保护和基础设施建设。合理、审慎使用国际商业贷款，允许具备条件的金融机构和企业在境外融资。加强对外债的宏观监测和管理，优化债务结构，保持适度的外债规模。

第三十七章 积极开展国际经济合作

完善促进生产要素跨境流动和优化配置的体制和政策，积极发展与周边国家及其他国家的经济技术合作，实现互利共赢。

第一节 实施“走出去”战略

支持有条件的企业对外直接投资和跨国经营。以优势产业为重点，引导企业开展境外加工贸易，促进产品原产地多元化。通过跨国并购、参股、上市、重组联合等方式，培育和发展我国的跨国公司。按照优势互补、平等互利的原则扩大境外资源合作开发。鼓励企业参与境外基础设施建设，提高工程承包水平，稳步发展劳务合作。完善境外投资促进和保障体系，加强对境外投资的统筹协调、风险管理和海外国有资产监管。

第二节 推进国际区域经济合作

统筹规划并稳步推进贸易、投资、交通运输的便利化，积极参与国际区域经济合作机制，加强对话与协商，发展与各国的双边、多边经贸合作。积极参与多边贸易、投资规则制定，推动建立国际经济新秩序。增加我国对其他发展中国家的援助，进一步加强与发展中国家的经济技术合作。

第十篇 推进社会主义和谐社会建设

按照民主法治、公平正义、诚信友爱、充满活力、安定有序、人与自然和谐相处的要求，从解决人民群众最关心、最直接、最现实的切身利益问题入手，扎实推进和谐社会建设。

第三十八章 全面做好人口工作

第一节 稳定人口低生育水平

坚持计划生育基本国策，稳定和完善现行生育政策，落实人口和计划生育工作目标责任制。建立独生子女死亡、伤残家庭扶助制度，完善基本服务项目免费制度。加强计划生育服务管理能力建设。完善以现居住地管理为主的流动人口计划生育服务管理体系。

第二节 改善出生人口素质和结构

普及优生优育知识，实施计划生育生殖健康促进计划，加大出生缺陷干预力度，鼓励婚前和孕前医学检查，预防和控制先天性感染、遗传性因素对出生人口健康的影响。采取综合措施有效治理出生人口性别比升高的问题。

第三节 积极应对人口老龄化

弘扬敬老风尚，营造老有所养、老有所乐、老有所为的社会氛围。积极发展老龄产业，增强全社会的养老服务功能，提高老年人生活质量，保障老年人权益。

实施爱心护理工程，加强养老服务、医疗救助、家庭病床等面向老年人的服务设施建设。

第四节 保障妇女儿童权益

落实男女平等基本国策，实施妇女发展纲要，保障妇女平等获得就学、就业、社会保障、婚姻财产和参与社会事务的权利，加强妇女卫生保健、扶贫减贫、劳动保护、法律援助等工作。坚持儿童优先原则，实施儿童发展纲要，依法保障儿童生存权、发展权、受保护权和参与权。改善儿童成长环境，促进儿童身心健康发展。完善孤残儿童手术康复、家庭寄养经费投入和艾滋孤儿救助机制。

第五节 保障残疾人权益

倡导和鼓励社会各界关心、支持和参与残疾人事业。推进无障碍设施建设，加强残疾人康复、贫困残疾人脱贫、残疾少年儿童义务教育、残疾人就业服务和社会保障等工作，创造残疾人平等参与社会生活的条件。

第三十九章　提高人民生活水平

第一节　千方百计扩大就业

把扩大就业摆在经济社会发展更突出的位置，实行积极的就业政策，统筹城乡就业，努力控制失业规模。继续实施和完善鼓励企业增加就业岗位、加强就业培训的财税、信贷等优惠政策。健全就业服务体系，加快建立政府扶助、社会参与的职业技能培训机制。完善对困难地区、困难行业和困难群体的就业援助制度。积极发展就业容量大的劳动密集型产业、服务业和各类所有制的中小企业。鼓励劳动者自主创业和自谋职业，促进多种形式就业。支持并规范发展就业中介服务。全面实行劳动合同制度，积极推行集体合同制度，健全协调劳动关系三方机制，完善劳动争议处理体制。全面建立用人单位守法诚信制度。完善企业裁员机制，避免把富余人员集中推向社会。国有企业要尽可能通过主辅分离、辅业改制等措施安置富余人员。加强劳动力市场监管、劳动保护和劳动执法监察，规范用工行为，切实维护劳动者合法权益。

第二节　加大收入分配调节力度

完善按劳分配为主体、多种分配方式并存的分配制度，坚持各种生产要素按贡献参与分配。加快推进收入分配制度改革，规范个人收入分配秩序，强化对分配结果的监管，努力缓解行业、地区和社会成员间收入分配差距扩大的趋势。更加注重社会公平，特别要关注就学、就业机会和分配过程的公平。着力提高低收入者收入水平，逐步扩大中等收入者比重，有效调节过高收入。严格执行最低工资制度，逐步提高最低工资标准。建立规范的公务员工资制度，规范职务消费，完善国有企事业单位收入分配规则和监管机制。控制和调节垄断性行业的收入，建立健全个人收入申报制，强化个人所得税征管。坚决取缔各种非法收入。

第三节　健全社会保障体系

增加财政社会保障投入，多渠道筹措社会保障基金，合理确定保障标准和方式，建立健全与经济发展水平相适应的分层次、广覆盖的社会保障体系。

扩大城镇基本养老保险覆盖范围，逐步做实个人账户，逐步提高社会统筹层次，增强统筹调剂的能力。推进机关事业单位养老保险制度改革。建立失业保险与促进就业联动机制，完善失业保险制度。扩大基本医疗保险覆盖范围，健全多层次的医疗保障体系。完善和落实工伤保险政策和标准，推进各类用人单位依法参加工伤保险。鼓励有条件的企业建立补充保险。建立健全生育保险制度。认真解决进城务工人员社会保障问题。规范社会保险基金征缴和监管。加强社会保障服务管理能力建设。

完善城市居民最低生活保障制度，逐步提高保障标准。建立城乡医疗救助制度，将城市居民最低生活保障对象、农村特困户和五保供养对象纳入救助范围。完善城市生活无着流浪乞讨人员特别是流浪未成年人的救助制度。鼓励开展社会慈善、社会捐赠、群众互助等社会扶助活动，支持志愿服务活动并实现制度化。

第四节　加大扶贫工作力度

强化各级政府扶贫职责，加大扶贫投入，完善扶贫开发机制，提高扶贫效率。对具备基本生存条件的贫困地区，继续实行就地扶贫，改善基本生产生活条件，开辟增收途径；对生存条件恶劣的贫困地区，实行易地扶贫。对有劳动能力的贫困人口，实行技能培训、技术扶贫和劳务输出扶贫，增强其增收能力；对不具备劳动能力的贫困人口，实行救济和救助。更加注重对贫困家庭子女的扶助，通过寄宿学习、家庭寄养、社会托养、免费职业教育等，改善其成长环境，防止贫困代际传递。采取社会救助和设立专项贷款等措施，防止因灾因病返贫。加大对集中连片贫困地区扶持力度，因地制宜地实行整村推进的扶贫开发方式。继续开展定点帮扶工作，鼓励社会各界积极参与扶贫工作。

第五节　扩大城乡居民消费

提高城乡居民收入水平，增强居民特别是农村居民和城镇低收入者的消费能力。培育消费热点，推进公众营养改善行动，健全普通商品住房与经济适用住房、廉租住房相结合的城镇住房供应体系，继续提高电话、计算机等的普及率，促进文化、健身、旅游、休闲等服务性消费。引导居民消费预期，扩大即期消费。改善消费环境，规范和发展消费信贷。

第四十章　提高人民健康水平

高度关注人民健康，加大政府投入力度，加快发展医疗卫生事业，认真解决群众看病难看病贵问题。

第一节 完善公共卫生和医疗服务体系

建立健全突发公共卫生事件应急机制，提高疾病预防控制和医疗救治能力。改善医疗卫生机构条件，加强专业队伍建设。大力发展社区卫生，加快构建以社区卫生服务为基础，社区卫生服务机构与医院分工协作、双向转诊的城市医疗服务体系。

第二节 加强疾病防治和预防保健

严格控制艾滋病、结核病、乙型肝炎等重大传染病的传播，有效预防和控制血吸虫病等寄生虫病和地方病，加强新发传染病防治和免疫工作，综合防治心脑血管疾病、恶性肿瘤等慢性病和职业病。加强心理健康教育和保健，重视精神卫生及疾病防治。加强妇幼卫生保健，儿童计划免疫接种率达到 90%以上，婴儿死亡率降至 17‰，孕产妇死亡率降至 40/10 万。

第三节 加强中医药和医学科研工作

保护和发展中医药，加强中医临床研究基地和中医医院建设，推进中医药标准化、规范化。整合优势医学科研资源，加强对重大疾病的研究。

第四节 深化医疗卫生体制改革

按照政事分开、管办分开、医药分开、营利性与非营利性分开的方向，坚持政府主导、社会参与、转换机制、加强监管的原则，建立符合国情的医疗卫生体制，为广大群众提供安全方便有效合理的公共卫生和基本医疗服务。按属地化和全行业管理的原则完善分类管理。强化政府在提供公共卫生和基本医疗服务中的责任，建立各级政府间规范的责任分担与资金投入机制，逐步建立投资主体多元化、投资方式多样化的办医体制。完善公立医疗机构运行机制、激励机制和补偿政策。整合医疗卫生资源，大力提高农村、中西部地区和基层公共卫生资源的比重。加强对医疗卫生服务行为、服务质量和药品市场的监管，降低药品虚高价格，控制医疗费用过快上涨。

第四十一章 加强公共安全建设

完成改革和发展的任务，必须保持长期稳定的社会环境。要强化全社会公共安全意识，加强公共安全保障能力建设，提高公共安全保障水平，维护人民生命财产安全，确保社会稳定。

第一节 增强防灾减灾能力

加强防洪减灾薄弱环节建设，重点加强大江大河综合治理、病险水库除险加固、蓄滞洪区建设和城市防洪，增强沿海地区防台风、风暴潮、海啸的能力。加强对滑坡、泥石流和森林、草原火灾的防治。提高防洪减灾预警和指挥能力，建立洪水等灾害风险管理制度和防洪减灾保障制度。加强对三峡库区等重点地区地质灾害的防治。完善大中型水库移民后期扶持政策。加强城市群和大城市地震安全基础工作，加强数字地震台网、震情、灾情信息快速传输系统建设，实行预测、预防、救助综合管理，提高地震综合防御能力。

第二节 提高安全生产水平

坚持安全第一、预防为主、综合治理，落实安全生产责任制，强化企业安全生产主体责任，健全安全生产监管体制，严格执行重大安全生产事故责任追究制度。加强安全生产科研开发、监管监察和支撑体系建设。实施重大危险源普查和监测监控，加大安全设施投入，搞好隐患治理和安全技术改造。严格执行安全生产许可制度，加强煤炭等高危行业和重点领域的安全生产，抓好非煤矿山、特种设备、危险化学品、烟花爆竹、建筑施工、道路交通和人员密集场所消防安全等的专项整治。强化交通、消防基础设施建设和安全监管。培育和规范安全生产中介机构。加强安全生产宣传教育培训。建立安全生产指标考核体系，到 2010 年单位国内生产总值生产安全事故死亡率下降 35%，工矿商贸就业人员生产安全事故死亡率下降 25%。

第三节 保障饮食和用药安全

加强食品、药品监管设施建设，完善技术标准体系，创新监管机制，规范监管行为，提升监管能力和水平，依法强化对食品、药品、餐饮卫生等的监管，保障人民群众健康安全。

专栏 16　　公共服务重点工程

社会救助→建设救助管理设施、流浪未成年人保护中心、“慈善超市”和社会捐助接收点等。

社会福利→建设综合福利中心、社区福利设施、农村敬老院、儿童福利机构、残疾人综合服务设施等。

公共卫生→继续完善疾病预防控制和医疗救治体系，加强中医临床研究基地和重点中医医院建设。

社区服务→新建和改造社区服务中心、社区服务站，加强和完善社区卫生、社会保险服务。

防洪减灾→建设治淮骨干工程，加强大江大河及中小河流治理。实施主要江河蓄滞洪区安全建设工程。

安全生产应急救援→建设国家、省、市三级安全生产应急救援指挥中心和国家、区域、骨干专业应急救援体系。

重大事故隐患治理→治理尾矿库危库、险库和危险性较大的病库，搬迁城区内安全距离不达标的危险化学品生产和储存企业。

国家灾害应急救援→建设四级灾害应急救助指挥体系。

基层政法基础设施→新建和改造基层派出所、司法所、人民法庭。

第四节　维护国家安全和社会稳定

依法严厉打击各种犯罪活动，保障人民群众安居乐业。加强社会治安综合治理，推进社会治安防控体系建设，深入开展平安创建活动。改善司法保障条件，加强基层政法机构、案件侦查、禁毒、缉私、边境检查等的基础设施建设。积极应对传统和非传统安全问题。加强公安政法队伍建设。

第五节　强化应急体系建设

建立健全应急管理体系，加强指挥信息系统、应急物资保障、专业救灾抢险队伍、应急标准体系以及运输、现场通讯保障等重点领域和重点项目的建设，健全重特大自然灾害发生后的社会动员机制，提高处置突发公共事件能力。

第四十二章　完善社会管理体制

健全党委领导、政府负责、社会协同、公众参与的社会管理格局，推进社会管理体制创新。

第一节　加强基层自治组织建设

推进管理有序、治安良好的和谐社区、和谐村镇建设，倡导人与人和睦相处，增强社会和谐基础。探索新时期城乡基层自治组织建设和管理的有效模式，发挥城乡基层自治组织协调利益、排忧解难的作用。

第二节　规范引导民间组织有序发展

培育发展行业协会、学会、公益慈善和基层服务性民间组织，发挥提供服务、反映诉求、规范行为的作用。完善民间组织自律机制，加强改进对民间组织的监管。

第三节　正确处理人民内部矛盾

高度重视并维护人民群众根本利益，妥善协调各方面利益关系，从源头上预防和化解人民内部矛盾。改进和完善信访工作，畅通诉求渠道，综合运用教育、协商、调解、法律等方式，依法及时合理地处理群众反映的问题。健全人民调解制度，完善社会矛盾纠纷调处机制。深入做好新时期的群众工作，引导群众以理性合法的形式表达诉求。建立和完善矛盾排查机制、信息预警机制、应急处置机制和责任追究机制，预防和妥善处置群体性、突发性事件，切实解决群众的合理诉求，依法维护社会稳定。

第十一篇　加强社会主义民主政治建设

坚持政治文明和物质文明全面发展，扩大社会主义民主，健全社会主义法制，为现代化建设提供政治保证。

第四十三章　加强社会主义民主政治建设

第一节　发展社会主义民主

坚持和完善人民代表大会制度、中国共产党领导的多党合作和政治协商制度、民族区域自治制度。积极稳妥地继续推进政治体制改革，巩固和发展民主团结、生动活泼、安定和谐的政治局面。

健全民主制度，丰富民主形式，扩大公民有序的政治参与，保证公民依法实行民主选举、民主决策、民主管理、民主监督。加强基层民主建设，坚持和完善政务公开、厂务公开、村务公开，保证公民依法行使选举权、知情权、参与权、监督权。尊重和保障人权，促进人权事业全面发展。

巩固和壮大最广泛的爱国统一战线，健全重大问题决策前协商的制度。发挥人民政协的作用，支持人民政协履行政治协商、民主监督、参政议政的职能。坚持和完善职工代表大会和其他形式的企事业民主管理制度。发挥工会、共青团、妇联等人民团体的桥梁纽带作用。保证民族自治地方依法行使自治权，巩固和发展平等团结互助的社会主义民族关系，促进各民族共同繁荣进步。全面贯彻宗教信仰自由政策，依法管理宗教事务，坚持独立自主自办的原则，引导宗教与社会主义社会相适应。贯彻落实侨务方针政策，做好侨务工作。

第二节　全面推进法制建设

贯彻依法治国基本方略，推进科学立法、民主立法，形成中国特色社会主义法律体系。完善市场主体、市场交易、市场监管、社会管理、可持续发展等方面的法律法规。推进司法体制和工作机制改革，规范司法行为，加强司法监督，促进司法公正，维护社会正义和司法权威。实施“五五”普法规划，开展法制宣传教育，提高全民法律素质，形成遵法守法、依法办事的社会风气。

第三节　加强廉政建设

坚持标本兼治、综合治理、惩防并举、注重预防的方针，建立健全教育、制度、监督并重的惩治和预防腐败体系。加大从源头上预防和治理腐败的力度。推进反腐倡廉体制、机制和制度创新，加强对权力运行的制约和监督，强化政府专门机构和社会监督，保障公民的检举权、控告权、申诉权。严肃查处违纪违法案件，坚决纠正损害群众利益的不正之风。

第十二篇　加强社会主义文化建设

牢牢把握先进文化的前进方向，坚持为人民服务、为社会主义服务的方向和百花齐放、百家争鸣的方针，繁荣社会主义文化，不断满足人民群众日益增长的精神文化需求。

第四十四章　加强社会主义文化建设

第一节　加强思想道德建设

全面落实邓小平理论和“三个代表”重要思想，深入学习贯彻科学发展观，加强马克思主义理论研究和建设，坚持马克思主义在意识形态领域的指导地位，进一步巩固全国各族人民团结奋斗的共同思想基础。坚持正确的舆论导向。加强理想信念教育和思想政治工作，大力弘扬以爱国主义为核心的民族精神和以改革创新为核心的时代精神，加强社会主义思想道德建设，扎实开展群众性精神文明创建活动，在全社会倡导爱国守法、明礼诚信、团结友善、勤俭自强、敬业奉献的基本道德规范，发扬艰苦奋斗的优良传统，进一步增强中华民族的凝聚力和创造力，使全体人民始终保持昂扬向上的精神状态，为全面建设小康社会提供强大的思想保证和精神动力。

第二节　丰富人民群众精神文化生活

积极发展文化事业和文化产业，创造更多更好适应人民群众需求的优秀文化产品。加大政府对文化事业的投入，逐步形成覆盖全社会的比较完备的公共文化服务体系。推进文化创新，实施精品战略，繁荣艺术创作，提高文化艺术产品质量。加强文化自然遗产和民族民间文化保护。扩大广播影视覆盖范围，发展数字广播影视，确保播出安全。繁荣新闻事业。发展现代出版发行业，积极发展数字出版，重视网络媒体建设。大力推广普通话。扩大国际文化交流，积极开拓国际文化市场，推动中华文化走向世界。办好上海世博会。

专栏 17　公共文化建设重点工程

村村通广播电视→全面实现 20 户以上已通电自然村通广播电视。

农村电影放映→基本实现全国农村一村一月放映一场电影。

乡镇综合文化站建设→基本实现全国乡镇均建有综合文化站。

文化信息资源共享→推进文化资源数字化，以农村为重点促进文化信息资源共享。

重大文化自然遗产保护→加强世界遗产、国家重点文物保护单位、国家重点风景名胜区、国家历史文化名城（镇、村）等保护和利用设施建设，建设抢救性文物保护设施。

“西新工程”→加强西藏、新疆等地区广播电视设施建设，扩大覆盖范围，提高收听收看质量，增强播出传输安全保障能力。

重大文化设施建设→推进国家博物馆、中国美术馆（二期）、国家话剧院等和地方重点文化设施建设。

第三节　深化文化体制改革

建立党委领导、政府管理、行业自律、企事业单位依法运营的文化管理体制和富有活力的文化产品生产经营机制。改进对公共文化单位的扶持方式，促其增强活力、改善服务。推进经营性文化事业单位转制，努力形成一批坚持社会主义先进文化方向，有较强自主创新能力、市场竞争能力的文化企业和企业集团。完善文化产业政策，促进民族文化产业发展，引导和规范非公有制经济进入文化产业，形成以公有制为主体、多种所有制共同发展的文化产业格局和民族文化为主体、吸收外来有益文化的文化市场格局。加强文化市场综合执法和对互联网的管理，坚持扫黄打非，营造扶持健康文化、改造落后文化、抵制腐朽文化的社会环境。积极倡导企业文化建设。

第十三篇　加强国防和军队建设

根据维护国家安全统一和发展利益的要求，加强国防和军队现代化建设，形成国防建设与经济建设协调发展的良好局面。

第四十五章　加强国防和军队建设

第一节　全面加强军队建设

坚持以毛泽东军事思想、邓小平新时期军队建设思想、江泽民国防和军队建设思想为指导，坚持把科学发展观作为加强国防和军队建设的重要指导方针，坚持党对军队的绝对领导，贯彻积极防御的军事战略方针，着眼有效履行新世纪新阶段军队的历史使命，全面加强军队革命化现代化正规化建设，积极推进中国特色军事变革，努力提高部队信息化条件下整体防卫作战能力。始终把思想政治建设摆在各项建设的首位，保持军队建设建设的正确方向。实施科技强军战略，推进机械化和信息化复合发展。深化体制编制和政策制度调整改革，优化力量结构和部队编成，增强军队建设的活力。创新军事理论，加强部队训练和院校教育，培养新型军事人才，提高官兵素质。发展现代化武器装备，优化体系结构，提高配套水平。推进后勤建设和改革，增强综合保障能力，提高官兵生活水平。加强基层建设，打牢部队建设基础。贯彻依法治军、从严治军方针，强化作风纪律建设，严格部队管理教育，确保部队高度稳定和集中统一。加强武装警察部队建设，着力提高执勤处突反恐的能力。深入开展“双拥”活动，军队要积极参加抢险救灾和支援国家经济建设，国家和社会要做好优抚安置工作，巩固和发展军政军民团结。

第二节　调整优化国防科技工业

坚持军民结合、寓军于民、强化基础、自主创新的方针，加快国防科技工业转型升级，提高科技创新能力，开发军民两用技术和产品。推进数字化军工建设，提高武器装备研发和制造水平，确保武器装备供应。调整优化军品科研生产能力结构，提升总体设计、总装测试和系统集成等核心能力，精干科研生产主体，推进专业化重组和社会化协作。积极稳妥地实施军工科研院所改革。建立面向社会的军品科研生产准入和退出制度，健全军民互动合作的协调机制。以产权制度改革为突破口，分类实施军工企业股份制改造。深化军工投资体制改革，推进投资主体多元化。

第三节　增强国防动员能力

深化国防动员体制和运行机制改革，坚持在经济建设中贯彻国防的要求，逐步建立集中统一、结构合理、反应迅速、权威高效的现代国防动员体系。加强民兵预备役部队质量建设，抓好国民经济动员、人民防空和交通战备等建设，推进国防动员信息化，开展全民国防教育，提高平战转换、快速动员、持续保障和综合防护能力。加强国防基础设施建设，依法保护国防设施。

第十四篇　建立健全规划实施机制

在社会主义市场经济体制初步建立的条件下，实现本规划的目标和任务，主要依靠发挥市场配置资源的基础性作用。同时，政府要正确履行职责，调控引导社会资源，合理配置公共资源，保障规划顺利实施。

第四十六章　建立分类指导的实施机制

本规划提出的农业、工业、服务业等的发展方向，利用外资、对外贸易等的发展重点，是对市场主体的导向，主要依靠市场主体的自主行为实施。各级政府要维护公平竞争，严禁地方分割和部门保护，不得直接干预企业经营活动，不得干预市场机制正常运行。

本规划确定的保持经济平稳较快发展、转变经济增长方式、调整优化经济结构、增强自主创新能力、建设社会主义新农村、促进区域协调发展、促进城镇化健康发展、建设资源节约型和环境友好型社会等重点任务，主要通过完善市场机制和利益导向机制努力实现。政府要通过体制机制创新和完善政策，为激发市场主体的积极性、创造性营造良好的制度和政策环境。国有企事业单位要发挥带头和示范作用。

本规划确定的义务教育、公共卫生、社会保障、社会救助、促进就业、减少贫困、防灾减灾、公共安全、公共文化、基础科学与前沿技术以及社会公益性技术研究、国防等公共服务领域的任务，是政府的承诺，各级政府要切实履行职能，运用公共资源全力完成。

本规划提出的主体功能区划、保护生态环境、资源管理、保护知识产权、调节收入分配、维护市场经济秩序、保障人民合法权益、社会建设和管理等的要求，主要通过健全法律法规、加大执法力度等法律手段，并辅之以经济手段加以落实。

本规划确定的改革任务，是政府的重要职责，必须放在政府工作的重要位置。要加强对改革的总体指导和统筹协调，将改革任务分解落实到有关部门，不失时机地推进，并注重及时把行之有效的改革措施用法律、规章和制度的形式确立下来。

第四十七章　调整和完善经济政策

根据公共财政服从和服务于公共政策的原则，按照公共财政配置的重点要转到为全体人民提供均等化基本公共服务的方向，合理划分政府间事权，合理界定财政支出范围。公共财政预算安排的优先领域是：农村义务教育和公共卫生、农业科技推广、职业教育、农村劳动力培训、促进就业、社会保障、减少贫困、计划生育、防灾减灾、公共安全、公共文化、基础科学与前沿技术以及社会公益性技术研究、能源和重要矿产资源地质勘查、污染防治、生态保护、资源管理和国家安全等。重点支持的区域是：限制开发区域和禁止开发区域，中西部地区特别是革命老区、民族地区、边疆地区、贫困地区，三峡库区，资源枯竭型城市等。

充分发挥税收的调节作用，完善和制定鼓励资源节约型和环境友好型社会建设、促进就业和再就业、促进科技发展和增强自主创新能力、促进文化体制改革，以及振兴装备制造业和其他产业健康发展的税收政策。

按照社会主义集中力量办大事原则，在经济发展和财力增加基础上逐步增加中央政府投资规模。完善政府投资管理体制，整合政府投资，改进投资方式，加强项目监管。

加强和改进产业政策工作，增强对国内产业发展、对外贸易和利用外资的统筹，加强信贷、土地、环保、安全、科技等政策和产业政策的配合，采用经济手段促进产业发展。加强对高技术产业和装备制造业薄弱环节的扶持，重点支持研究开发，培育核心竞争力。按照适度偏紧原则调控高耗能产业规模，控制生产能力盲目扩张。按照引导产业集群发展、减少资源跨区域大规模调动的原则优化产业布局，促进主要使用海路进口资源的产业在沿海地区布局，主要使用国内资源和陆路进口资源的产业在中西部重点开发区域布局。实施品牌战略，支持拥有自主知识产权和知名品牌、竞争力强的大企业发展成为跨国公司。实施中小企业成长工程。依法淘汰落后工艺技术，关闭破坏资源、污染环境和不具备安全生产条件的企业。

专栏 18　中央政府投资支持的重点领域

新农村建设→普及和巩固农村义务教育，农村劳动力转移就业，公共卫生和基本医疗服务体系，饮水安全，农村公路，沼气等可再生能源，农村电网，农村公共文化，优质粮食产业工程，沃土工程，植保工程，灌区建设，动物防疫体系及种养业良种工程等。

公共服务→义务教育、中等职业教育和劳动力技能培训，重大疾病防治体系，基层公共卫生、社会福利、公共文化和体育设施，公检法司基础设施，就业服务，社区服务，食品药品安全监管设施，安全生产监管、煤矿安全监察设施及支撑体系，防洪、气象、地震等防灾减灾，采煤沉陷区治理，贫困地区以工代赈和易地扶贫，生态移民，民族地区和边疆地区发展等。

资源环境→能源和重要矿产资源地质勘查，生态环境保护与修复，环境污染治理，节能节水节地，循环经济示范等。

自主创新→知识创新工程、重大科学工程及科技基础设施，高技术产业化，重大技术装备自主研发及国产化，资源节约技术研发和推广等的示范。

基础设施→国家铁路、国家高速公路、重要港口和航道、枢纽机场和重要支线机场、空管设施，南水北调、大江大河治理等重大水利工程，信息化和信息安全基础设施，战略物资储备，可再生能源，城市供水管网、燃气和集中供热设施，城镇污水和垃圾处理设施等。

第四十八章　健全规划管理体制

加强统筹协调。继续做好总需求与总供给的平衡，特别要加强制度协调、规划协调和政策协调。统筹协调政策目标和政策手段，搞好财政政策、货币政策、产业政策、区域政策、社会政策和政绩考核间的配合，防止国家政策部门化。统筹协调长期发展与短期发展，近期措施要有利于解决长期性发展难题，改革体制、制定政策、安排投资、确定发展速度，都要充分考虑可持续性，防止急于求成。

改革规划管理体制，健全科学化、民主化的编制程序，形成以国民经济和社会发展规划为统领，各类规划定位清晰、功能互补、统一衔接的规划体系。做深做实城市规划、土地利用规划、环境保护规划和粮食、能源、交通等专项规划。编制全国主体功能区划规划，明确主体功能区的范围、功能定位、发展方向和区域政策。强化区域规划工作，编制部分主体功能区的区域规划。改革完善地方规划，深化市县规划体制改革。

本规划确定的约束性指标，具有法律效力，要纳入各地区、各部门经济社会发展综合评价和绩效考核。约束性指标要分解落实到有关部门，其中耕地保有量、单位国内生产总值能源消耗降低、主要污染物排放总量减少等指标要分解落实到各省、自治区、直辖市。

国务院有关部门要加强对本规划实施情况的跟踪分

析，接受全国人民代表大会及其常务委员会对规划实施情况的监督检查。

在本规划实施的中期阶段，要对规划实施情况进行中期评估。中期评估报告提交全国人民代表大会常务委员会审议。经中期评估需要修订本规划时，报全国人民代表大会常务委员会批准。

保持香港、澳门长期繁荣稳定。坚持“一国两制”、“港人治港”、“澳人治澳”、高度自治的方针，严格按照特别行政区基本法办事，加强和推动内地同港澳在经贸、科教、文化、卫生、体育等领域的交流和合作，继续实施内地与香港、澳门更紧密的经贸关系安排，加强内地和港澳在基础设施建设、产业发展、资源利用、环境保护等方面的合作。支持香港发展金融、物流、旅游、资讯等服务业，保持香港国际金融、贸易、航运等中心的地位。支持澳门发展旅蝣等服务业，促进澳门经济适度多元发展。

台湾是中华人民共和国不可分割的神圣领上。推进两岸关系发展和祖国统一大业，扩大海峡两岸经济、文化、科技、教育交流与人员往来，维护台湾同胞的正当权益，推动全面、直接、双向“三通”，促进建立稳定的两岸经贸合作机制，促进两岸关系发展，维护台海和平稳定。

“十一五”规划是全面建设小康社会进程中的重要规划。全国各族人民要在中国共产党的领导下，紧密团结在以胡锦涛同志为总书记的党中央周围，高举邓小平理论和“三个代表”重要思想伟大旗帜，全面贯彻落实科学发展观，振奋精神，扎实工作，锐意进取，开拓创新，为实现“十一五”规划和全面建设小康社会的宏伟目标而努力奋斗。

关于落实《中华人民共和国国民经济和社会发展第十一个五年规划纲要》主要目标和任务工作分工的通知

国发〔2006〕29号

各省、自治区、直辖市人民政府，国务院各部委、各直属机构：

十届全国人大四次会议批准的《中华人民共和国国民经济和社会发展第十一个五年规划纲要》(以下简称《纲要》)，以邓小平理论和“三个代表”重要思想为指导，全面贯彻了科学发展观和构建社会主义和谐社会的战略思想，反映了中华民族的共同愿望和根本利益，是“十一五”时期我国经济社会发展的宏伟蓝图，是全国各族人民共同的行动纲领，是政府履行经济调节、市场监管、社会管理和公共服务职责的重要依据。确保《纲要》顺利实施，完成《纲要》提出的主要目标和任务，对今后五年我国经济社会发展转入科学发展轨道、走上社会和谐之路，进而实现全面建设小康社会的宏伟目标具有十分重要的意义。为切实做好《纲要》实施工作，国务院决定按照职责分工将《纲要》提出的主要目标和任务分解落实到各地区、各部门。现就有关事项通知如下：

一、分工原则

实现《纲要》确定的目标和任务，应主要依靠发挥市场配置资源的基础性作用；同时，政府要正确履行职责，调控引导社会资源，合理配置公共资源，保障《纲要》顺利实施。

(一)明确政府职责和市场功能。充分体现政府与市场在《纲要》实施中的不同功能，对涉及需要政府履行职责的目标和任务进行分解；对依靠市场主体自主行为实现的目标和任务，不作分解。

(二)落实责任主体。依据各部门的职责分工，将《纲要》主要目标和任务分解落实到相关部门；同时，将耕地保有量、单位国内生产总值能源消耗降低、主要污染物排放总量减少三个约束性指标直接分解落实到各省、自治区、直辖市。

（三）突出主要目标和重点任务。围绕科学发展和建设社会主义和谐社会的主题，紧扣《纲要》提出的发展目标和战略任务，明确具体措施和工作要求，并从规划、指标、法律、政策、项目、改革等方面进行落实，切实保障《纲要》主要目标和任务顺利完成。

二、责任主体及工作分工

按照上述原则，明确落实《纲要》约束性指标、重大工程和项目、重大改革、重大政策、重要规划以及相关法律法规的责任主体及其工作分工，具体如下：

（一）约束性指标

《纲要》确定的约束性指标，具有法律效力，各地区和各有关部门必须确保完成。

1. 约束性指标的责任部门

全国总人口控制在136000万人。（人口计生委牵头）

单位国内生产总值能源消耗降低20%。（发展改革委牵头）

单位工业增加值用水量降低30%。（发展改革委、水利部牵头）

耕地保有量保持1.2亿公顷。（国土资源部牵头）

主要污染物排放总量减少10%。（环保总局牵头）

森林覆盖率达到20%。（林业局牵头）

城镇基本养老保险覆盖人数达到2.23亿人。（劳动保障部牵头）

新型农村合作医疗覆盖率提高到80%以上。（卫生部、财政部牵头）

抓好其他重要指标的落实。（各有关部门按职责分工负责）

2. 约束性指标的地区分解

各省、自治区、直辖市要确保完成国家下达的耕地保有量、单位国内生产总值能源消耗降低和主要污染物排放总量减少的指标，具体指标任务另行下达。（发展改革委、国土资源部、环保总局按职责分工负责）

3. 建立约束性指标的公报制度

每年定期公布全国和各地区耕地保有量情况。（国土资源部、统计局负责）

每年定期公布全国和各地区单位国内生产总值能源消耗降低情况。（统计局、发展改革委、能源办负责）

每年定期公布全国和各地区主要污染物排放总量减少情况。（环保总局、统计局、发展改革委负责）

4. 建立约束性指标考核制度

将约束性指标纳入各地区、各部门经济社会发展综合评价和绩效考核，并将耕地保有量、单位国内生产总值能源消耗降低、主要污染物排放总量减少指标纳入对各地区领导干部的政绩考核。（人事部配合中央有关部门落实）

（二）重大工程和项目

对《纲要》确定的重大工程和项目，发展改革委要做好规划编制和统筹协调工作，其他相关部门要根据项目性质，区分投资主体，抓好组织实施和监督评估工作。

1. 新农村建设重点工程

优质粮食产业工程和大型粮棉油生产基地。（农业部、发展改革委、财政部、水利部按职责分工负责）

农村沼气工程、沃土工程、植保工程、种养业良种工程、农产品质量安全检验检测体系。（农业部牵头）

大型灌区续建配套改造和中部四省大型排涝泵站改造工程、农村饮水安全工程。（发展改革委、水利部牵头）

农村公路工程。（交通部牵头）

送电到村和绿色能源县工程。（发展改革委牵头）

“万村千乡市场工程”。（商务部牵头）

农民体育健身工程。（体育总局牵头）

动物防疫体系。（发展改革委、农业部、林业局、质检总局负责）

农村医疗卫生服务体系。（卫生部牵头）

农村计划生育服务体系，“少生快富”工程。（人口计生委牵头）

农村劳动力转移就业服务体系。（劳动保障部牵头）

建立电信普遍服务基金。（信息产业部、财政部负责）

加强农村气象服务。（气象局负责）

2. 高技术产业工程重大专项

集成电路和软件、新一代网络、先进计算、生物医药、民用飞机、卫星应用、新材料等重大专项。（发展改革委、国防科工委、信息产业部等部门按职责分工负责）

3. 装备制造业振兴的重点

大型高效清洁发电装备、超高压输变电设备、大型乙烯成套设备、大型煤化工成套设备、大型冶金设备、煤矿综合采掘设备、大型船舶装备、轨道交通装备、环

保及资源综合利用装备、数控机床等自主研发和国产化。(发展改革委牵头)

4. 能源工业重点工程

大型煤炭基地，煤炭液化示范工程，大型超超临界电站和大型空冷电站，单机 60 万千瓦级循环流化床电站，整体煤气化燃气—蒸汽联合循环电站工程，大型煤电基地，金沙江、雅砻江、澜沧江、黄河上游等水电基地和溪洛渡、向家坝等大型水电站，百万千瓦级核电站，西电东送三大输电通道和跨区域输变电工程，进口液化天然气，国家石油储备基地，西油东送、北油南运成品油管道，第二条西气东输管道及陆路进口油气管道，30 个 10 万千瓦级以上的大型风电项目，秸秆和林木质电站。(发展改革委牵头)

5. 原材料工业重点项目

曹妃甸等钢铁基地，炼化一体化基地，百万吨级尿素基地，云南、贵州、湖北磷复肥基地，青海、新疆钾肥基地，中药资源基地，林纸一体化工程。(发展改革委牵头)

6. 交通基础设施重点工程

统筹规划、合理布局交通基础设施，做好各种运输方式相互衔接。(发展改革委牵头)

重点客运专线、城际轨道交通和煤运通道。(铁道部负责)

国家高速公路网，沿海港口中转运输系统和集装箱运输系统，长江、珠江口出海航道工程，重要内河航道治理和港口建设工程。(交通部负责)

扩建、迁建和新建一批机场。(民航总局负责)

7. 节能重点工程

低效燃煤工业锅炉(窑炉)改造工程，区域热电联产工程，余热余压利用工程，节约和替代石油工程，电机系统节能工程，能量系统优化工程，建筑节能工程，绿色照明工程，政府机构节能工程，建设节能监测和技术服务体系。(发展改革委牵头)

8. 循环经济示范试点工程

循环经济示范企业和产业园区，再生资源回收利用市场和加工示范基地，再生金属利用示范企业，废旧家电回收利用示范基地以及再制造示范企业。(发展改革委会同环保总局等部门负责)

9. 生态保护重点工程

天然林资源保护工程，防护林体系建设工程。(林业局负责)

湿地保护与修复工程。(林业局、水利部、农业部、海洋局按职责分工负责)

退耕还林还草工程。(西部开发办、林业局、农业部按职责分工负责)

退牧还草工程。(西部开发办、农业部负责)

野生动植物保护及自然保护区建设工程。(林业局、环保总局等部门按职责分工负责)

京津风沙源治理工程，青海三江源自然保护区生态保护和建设工程，水土保持工程，石漠化地区综合治理工程。(发展改革委牵头)

10. 环境治理重点工程

重点流域水污染治理工程，燃煤电厂烟气脱硫工程，医疗废物及危险废物处置工程，核与辐射安全工程，铬渣污染治理工程。(环保总局牵头)

11. 水资源调配工程

南水北调东线和中线一期工程。(南水北调办牵头)

12. 重大科技专项与重大科技基础设施

核心电子器件和高端通用芯片及基础软件、极大规模集成电路制造技术及成套工艺、新一代宽带无线移动通信、高档数控机床与基础制造技术、大型油气田及煤层气开发、大型先进压水堆及高温气冷堆核电站、水体污染控制与治理、转基因生物新品种培育、重大新药创制、艾滋病和病毒性肝炎等重大传染病防治、大型飞机、高分辨率对地观测系统、载人航天与探月工程等重大科技专项。(科技部等有关方面按国务院文件确定的职责分工负责)

重大科技基础设施。(发展改革委牵头)

知识创新工程。(中科院负责)

继续实施“863”和“973”科技计划。(科技部牵头)

13. 教育发展重点工程

西部地区农村寄宿制学校建设工程，农村中小学现代远程教育工程，中西部农村初中改造工程，职业教育基础能力建设工程，高等教育“211”和“985”工程。(教育部、发展改革委、财政部负责)

14. 人才培养重点工程(人事部等部门配合中央有关部门落实)

15. 公共服务重点工程

社会救助工程，社会福利工程，社区服务工程，爱心护理工程。(民政部牵头)

公共卫生工程。(卫生部牵头)

防洪减灾工程。(水利部牵头)

安全生产应急救援工程，重大事故隐患治理工程。

（安全监管总局负责）

国家灾害应急救援工程。（民政部牵头）

基层政法基础设施工程。（发展改革委牵头）

16. 公共文化建设重点工程

广播电视村村通工程，“西新工程”，农村电影放映工程。（广电总局牵头）

文化信息资源共享工程，乡镇综合文化站建设工程。（文化部牵头）

重大文化自然遗产保护工程。（发展改革委、文物局、建设部等部门按职责分工负责）

重大文化设施工程。（文化部牵头）

（三）重大改革任务

发展改革委要加强对有关改革任务的总体指导和统筹协调，各有关部门要明确各项改革的进度安排，制定切实可行的工作计划，不失时机地加以推进。

1. 行政管理体制改革

推进行政审批制度改革，减少和规范行政审批。（国务院审改办牵头）

深化政府机构改革，优化组织结构，减少行政层级，理顺职责分工；加快推进事业单位分类改革。（中央编办牵头）

加强对行政执法的监督，建立执法责任追究制；推行政府问责制，完善行政赔偿制度。（法制办、监察部、人事部负责）

健全企业投资项目核准制和备案制，建立政府投资项目决策责任追究制。（发展改革委牵头）

2. 完善基本经济制度

优化国有经济布局；完善国有资本有进有退、合理流动的机制；建立健全国有资本经营预算；建立健全企业经营业绩考核和企业重大决策失误追究等制度。（国资委牵头）

建立健全国有金融资产、非经营性资产和自然资源资产监管体制。（财政部牵头）

按照形成综合运输体系的要求，推进交通运输业管理体制改革。（发展改革委牵头）

积极稳妥地推进铁路体制改革，加快铁路投融资体制改革。（发展改革委牵头）

深化电力体制改革。（电力体制改革工作小组负责）

深化石油、邮政、烟草、盐业体制改革。（发展改革委牵头）

深化电信体制改革。（信息产业部牵头）

深化民航体制改革。（民航总局牵头）

深化市政公用事业改革。（建设部牵头）

进一步消除制约非公有制经济发展的体制性障碍和政策性因素；进一步落实鼓励、支持和引导非公有制经济发展的政策，鼓励和支持非公有制经济参与国有企业改革，进入金融服务、公用事业、基础设施等领域；实施中小企业成长工程；改进和加强对非公有制企业的服务和监管。（发展改革委牵头）

3. 财政税收体制改革

调整和规范中央与地方、地方各级政府间的收支关系，建立健全与事权相匹配的财税体制。（财政部牵头）

加快公共财政体系建设；完善中央和省级人民政府的财政转移支付制度，理顺省级以下财政管理体制；改革预算编制制度，提高预算的规范性和透明度。（财政部牵头）

继续深化部门预算、国库集中收付、政府采购和收支两条线管理制度改革；建立国库现金管理和国债余额管理制度，推进政府会计改革；完善非税收入管理制度，规范对土地和探矿权、采矿权出让收入的管理。（财政部牵头）

加强预算执行审计，提高预算执行的严肃性。（审计署牵头）

在全国范围内实现增值税由生产型转为消费型；调整消费税征收范围；适时开征燃油税；调整营业税征税范围和税目；完善出口退税制度；统一各类企业税收制度；实行综合和分类相结合的个人所得税制度；改革房地产税收制度；改革资源税制度；完善城市维护建设税、耕地占用税、印花税。（财政部、税务总局牵头）

4. 金融体制改革

推进国有商业银行综合改革；推进其他商业银行改革；完善金融宏观调控体系，稳步发展货币市场，理顺货币政策传导机制，推进利率市场化改革；完善有管理的浮动汇率制度。（人民银行牵头）

稳步推进金融业综合经营试点。（人民银行、银监会、证监会、保监会负责）

合理确定政策性银行职能定位。（人民银行牵头）

推进金融资产管理公司改革。（财政部牵头）

推进邮政储蓄机构改革。（银监会牵头）

积极发展股票、债券等资本市场，稳步发展期货市

场。（证监会、人民银行、发展改革委、财政部等部门按职责分工负责）

推进证券发行、交易、并购等基础性制度建设。（证监会牵头）

发展创业投资，做好产业投资基金试点工作。（发展改革委牵头）

建立健全存款保险、投资者保护和保险保障制度。（人民银行、银监会、证监会、保监会负责）

完善保险公司治理结构，深化保险资金运用管理体制改革。（保监会牵头）

建立金融风险识别、预警和控制体系；规范金融机构市场退出机制。（人民银行、银监会、证监会、保监会负责）

5. 完善现代市场体系

打破行政性垄断和地区封锁。（商务部牵头）

严格界定公益性用地和经营性用地，完善经营性用地招标拍卖挂牌出让和非经营性用地公开供地制度。（国土资源部牵头）

规范发展产权交易市场。（国资委、发展改革委、财政部负责）

积极发展技术市场。（科技部牵头）

逐步建立城乡统一的劳动力市场。（劳动保障部牵头）

推进资源性产品价格改革；合理调整水利工程供水、城市供水和再生水价格；建立发电、售电价格由市场竞争形成，输电、配电价格由政府定价的机制；建立与替代能源价格挂钩的天然气价格形成机制。（发展改革委牵头）

规范市场主体行为和市场竞争秩序。（全国整规办、工商总局负责）

建设社会信用体系，健全失信惩戒制度。（国办牵头）

6. 科技体制改革

整合科技资源，构建科技资源共享机制；深化技术开发类院所企业转制改革和社会公益类科研机构改革，完善现代科研院所制度；完善科技管理体制和运行机制，改革科技评审评估和成果评价奖励等制度。（科技部牵头）

建立多元化、多渠道的科技投入体系，保证科技经费的增长幅度明显高于财政经常性收入的增长幅度，逐步提高国家财政性科技投入占国内生产总值的比例。（科技部、财政部负责）

7. 教育体制改革

明确各级政府提供公共教育的职责，制定和完善学校的设置标准，支持民办教育发展，形成公办教育与民办教育共同发展的办学格局。（教育部牵头）

形成多元化的教育投入体制，义务教育由政府负全责。（教育部、财政部负责）

保证财政性教育经费的增长幅度明显高于财政经常性收入的增长幅度，逐步使财政性教育经费占国内生产总值的比例达到4%。（财政部、教育部负责）

规范教育收费，建立严格的教育收费公示制度。（教育部、国务院纠风办、发展改革委、财政部负责）

继续实行助学贷款，健全面向各阶段学生的资助制度，完善贫困家庭学生助学体系。（教育部、财政部、人民银行、银监会负责）

形成适应素质教育要求的教学体制，改革考试制度，健全评价制度；形成权责明确的教育管理体制，给学校更多自主权。（教育部牵头）

8. 医药卫生体制改革

按照政事分开、管办分开、医药分开、营利性与非营利性分开的方向，深化医疗卫生管理体制和运行机制改革；强化政府在提供公共卫生和基本医疗服务中的责任，建立各级政府间规范的责任分担与资金投入机制，逐步建立投资主体多元化、投资方式多样化的办医体制；完善公立医疗机构运行机制、激励机制和补偿政策。（发展改革委、卫生部牵头）

整合医疗卫生资源，提高农村、中西部地区和基层公共卫生资源的比重。（卫生部牵头）

9. 文化体制改革

逐步形成覆盖全社会的比较完备的公共文化服务体系；推进经营性文化事业单位转制；引导和规范非公有制经济进入文化产业。（文化部等部门配合中央有关部门落实）

10. 收入分配制度改革

严格执行最低工资制度，逐步提高最低工资标准。（劳动保障部牵头）

建立健全个人收入申报制。（税务总局牵头）

建立规范的公务员工资制度。（人事部、财政部负责）

完善国有企事业单位收入分配规则和监管机制。（国资委、人事部、劳动保障部按职责分工负责）

控制和调节垄断性行业的收入。（财政部、国资委、

劳动保障部负责）

11. 完善社会保障制度

扩大城镇基本养老保险覆盖范围，逐步做实个人账户，逐步提高社会统筹层次；推进机关事业单位养老保险制度改革；探索建立农村养老保险制度。（劳动保障部、财政部、人事部负责）

建立失业保险与促进就业联动机制；扩大基本医疗保险覆盖范围，健全多层次的医疗保障体系；认真解决进城务工人员社会保障问题；规范社会保险基金征缴和监管。（劳动保障部、财政部负责）

完善城市居民最低生活保障制度；有条件的地方要建立农村最低生活保障制度；完善农村“五保户”供养、特困户生活补助、灾民救助等社会救助体系。（民政部、财政部负责）

建立城乡医疗救助制度，将城市居民最低生活保障对象、农村特困户和五保供养对象纳入救助范围；完善城市生活无着流浪乞讨人员特别是流浪未成年人的救助制度。（民政部、财政部负责）

强化各级政府扶贫职责，加大扶贫投入，完善扶贫开发机制，提高扶贫效率。（扶贫办牵头）

12. 农村改革

巩固农村税费改革成果，全面推进农村综合改革，基本完成乡镇机构、农村义务教育和县乡财政管理体制等改革任务。（国务院农村综合改革工作小组负责）

深化农村金融体制改革，规范发展适合农村特点的金融组织，建立健全农村金融体系。（人民银行牵头）

稳步推进集体林权制度改革。（林业局牵头）

加快征地制度改革，健全对被征地农民的合理补偿机制。（国土资源部牵头）

（四）重大政策任务

围绕《纲要》提出的主要目标和战略任务，调整和完善有关政策。

1. 根据公共财政服从和服务于公共政策的原则，按照公共财政配置重点要转到为全体人民提供均等化基本公共服务的方向，制定公共财政预算安排的优先领域和重点区域的配套政策。（财政部牵头）

2. 按照鼓励资源节约型和环境友好型社会建设、促进就业和再就业、加快科技发展和增强自主创新能力、推进文化体制改革，以及振兴装备制造业和促进其他产业健康发展的要求，制定和完善税收政策。（财政部、税务总局牵头）

3. 按照集中力量办大事的原则，制定和完善中央政府投资支持的重点领域、重点区域的投资政策。（发展改革委牵头）

4. 按照统筹国内产业发展、对外贸易和利用外资的原则，加强和改进产业政策工作，制定重点领域的产业政策和重点区域的区域政策。（发展改革委牵头）

5. 按照市场化、产业化、社会化方向，制定促进服务业发展的政策。（发展改革委牵头）

6. 按照加快转变对外贸易增长方式的要求，制定和完善货物贸易、服务贸易政策。（商务部牵头）

7. 按照提高利用外资质量的要求，制定和完善利用外资的导向政策和管理政策。（发展改革委、商务部负责）

8. 根据“走出去”战略的要求，制定和完善支持有条件的企业对外投资的政策。（发展改革委、商务部负责）

（五）重要规划任务

按照《纲要》确定的战略重点，各有关部门要组织编制（修编）并实施相应的专项规划和区域规划。

1. 做深做实城市规划、土地利用规划、环境保护规划和粮食、能源、交通等专项规划。（建设部、国土资源部、环保总局等部门按职责分工负责）

2. 编制全国主体功能区划规划，编制部分主体功能区的区域规划。（发展改革委牵头）

3. 改革完善地方规划体系，深化市县规划体制改革。（发展改革委牵头）

（六）相关法律任务

各有关部门要积极配合全国人大有关机构开展工作，加快建立健全法律法规体系，为《纲要》实施构建完备的法制保障平台。

1. 修订完善反不正当竞争法、银行业监督管理办法、保险法、科技进步法、电力法、节约能源法、煤炭法、统计法、环保法、劳动法等。（法制办等部门按职责分工配合全国人大常委会有关机构落实）

2. 研究起草循环经济法、能源法、石油天然气法、电信法、促进就业法、社会保险法等。（法制办等部门按职责分工负责）

三、工作要求

（一）加强领导，狠抓落实

各地区、各部门要以《纲要》为指导，全面贯彻和落实科学发展观，精心部署，周密安排，层层抓好落实，确保认识到位、责任到位、措施到位。各有关部门要按照职责分工，制订工作计划，明确任务和完成时限，研究提出切实可行的实施意见，于9月30日前报送国务院并抄送发展改革委。

（二）密切配合，通力协作

各地区、各部门要增强全局观念，认真履行职责，真抓实干，形成合力，共同推进《纲要》实施。涉及多个部门的工作任务，牵头部门要切实负起责任，其他部门要积极参与，支持和配合牵头部门做好相关工作，确保各项工作任务圆满完成。

（三）加强跟踪分析，适时进行中期评估

各地区、各部门要对《纲要》落实情况进行跟踪分析，加强督促检查，注意研究新情况，解决新问题，及时报告落实《纲要》的进展情况。在《纲要》实施的中期阶段，发展改革委要会同有关部门，组织开展中期评估，提出评估报告报国务院。

国务院

2006年8月24日

第一部分

宏观经济

关于2005年国民经济和社会发展计划执行情况与2006年国民经济和社会发展计划草案的报告

——2006年3月5日在第十届全国人民代表大会第四次会议上

国家发展和改革委员会

各位代表：

受国务院委托，现将2005年国民经济和社会发展计划执行情况与2006年国民经济和社会发展计划草案提请十届全国人大四次会议审议，并请全国政协各位委员提出意见。

一、2005年国民经济和社会发展计划执行情况

2005年，全国各族人民在中国共产党的领导下，树立和落实科学发展观，加强和改善宏观调控，团结奋进，锐意进取，国民经济呈现增长比较快、效益比较好、价格比较稳的良好局面，完成了十届全国人大三次会议审议通过的国民经济和社会发展计划。

（一）经济继续保持平稳较快增长。经济运行的稳定性有所提高。全年国内生产总值达到182321亿元，增长9.9%，四个季度分别增长9.9%、10.1%、9.8%和9.9%。规模以上工业增加值全年增长16.4%，四个季度分别增长16.2%、16.5%、16.2%和16.4%。（见图表一）

经济发展的协调性有所改善。呈现增速较高、物价平稳的格局，全年居民消费价格总水平涨幅为1.8%。效益与速度同步提高，全年财政收入增长19.8%，增收5231.5亿元，规模以上工业企业实现利润增长22.6%。经济增长支撑条件绷得过紧的状况有所缓解，煤炭产量21.9亿吨，增长9.9%；发电量2.47万亿千瓦小时，增长12.3%，迎峰度夏期间国家电网系统拉限电条次和损失电量同比分别减少61%和66%；重点物资运输得到较好保障。（见图表二）

（二）产业结构调整取得新进展。农业得到进一步加强。中央财政用于“三农”的支出达到2975亿元，比上年增加349亿元。粮食播种面积比上年增加267万公顷，粮食产量达4840亿公斤，增加145.4亿公斤。农业优质化、区域化、产业化和标准化程度继续提高，全国优质专用小麦种植面积占全部小麦种植面积的比重达48%，优质稻种植面积比重为64%，分别提高4个百分点和3个百分点。畜牧水产业发展势头良好。（见图表三）

工业结构升级步伐加快。高技术产业快速发展，规模以上工业中，高技术产业增加值增长19.8%。一批重大科技专项和产业化专项顺利实施。重大关键技术和装备国产化取得新进展。重型燃气轮机、城市轨道交通运输装备、大型水电和抽水蓄能机组的引进消化吸收工作顺利推进，百万吨级乙烯装备国产化依托工程开始启动，建成750千伏交流输变电示范工程。企业兼并重组步伐加快，淘汰了一批高耗能、高污染和不符合安全生产条件的落后生产能力，部分过度扩张行业投资增幅继续回落。（见图表四）

基础设施建设继续加强。西电东送、南水北调等重点工程建设进展顺利。青藏铁路提前一年全线铺通。县际公路改造工程基本完成。新建公路13万公里，其中高速公路6457公里。新建铁路投产里程1203公里，新增电气化铁路863公里，新增铁路复线486公里。

服务业继续稳定发展。政府和企业信息化应用水平进一步提高。邮电通信、现代物流、社区服务、旅游、会展等新兴服务业发展加快，商贸、餐饮等传统服务业保持良好发展势头。

（三）区域发展总体战略积极推进。西部大开发进展顺利，新开工重点工程10项，投资总规模1360亿元。遂宁—重庆—怀化铁路建成投产，“五纵七横”国道主干线西部路段全部开工，重庆、西宁、满洲里等10个西部机场新建、改扩建工程先后完工，百色、紫坪铺等水

利工程相继下闸蓄水。东北地区等老工业基地振兴战略扎实推进。以重大装备国产化和提升企业自主创新能力为重点，支持石化、钢铁、重大装备、造船、汽车和零部件等优势产业发展壮大。资源型城市经济转型试点取得阶段性成果，棚户区改造开始实施。研究制定了促进中部崛起的政策措施，中部地区农业基础进一步巩固，优势产业发展壮大，城市群的辐射带动作用增强。东部地区继续保持率先发展的良好态势，经济结构调整、增长方式转变取得新的成效。

（四）经济体制改革实现新突破。农村综合改革试点积极推进，取消了牧业税，全部免征农业税的省份扩大到 28 个。国有企业改革继续深化，国有资产监管力度加大。铁路、民航、烟草等行业管理体制改革迈出新步伐，邮政体制改革开始启动。制定并实施了鼓励支持和引导非公有制经济发展的政策措施。人民币汇率形成机制改革顺利实施。上市公司股权分置改革稳步推进。国有商业银行股份制改革迈出重要步伐。深化农村信用社改革试点全面展开。调整完善了出口退税机制。东北老工业基地增值税转型改革试点进展顺利。投资体制改革继续推进，企业投资项目核准制和备案制全面实施。天然气出厂价格改革方案顺利出台，煤电、煤热价格联动机制初步建立，水价改革稳步实施。

（五）对外开放迈出新步伐。外贸进出口总额 14221 亿美元，增长 23.2%。其中，出口 7620 亿美元，增长 28.4%；进口 6601 亿美元，增长 17.6%。机电产品和高新技术产品出口分别增长 32%和 31.8%。服务业对外开放进一步扩大。控制高耗能、高污染和资源性产品出口取得成效。利用外资继续保持较大规模，水平进一步提高，全年实际利用外商直接投资 603 亿美元。年末外汇储备 8189 亿美元。企业“走出去”取得积极进展，全年对外直接投资（非金融部分）达 69 亿美元。（见图表五）

（六）资源节约和环境保护取得新成效。节能、节水、节材、节地、资源综合利用和发展循环经济工作力度加大。在重点行业、重点领域、产业园区和部分地区启动了国家第一批循环经济试点。对部分高耗电行业实行了差别电价政策，对部分高耗水行业制定了取水定额国家标准，对部分产品发布了强制性能效标准。万元国内生产总值用水量下降 8.7%。节能建筑推广、墙体材料革新及木材节约和代用取得新进展。全社会资源忧患意识与节约意识进一步增强。

“三河三湖”、三峡库区、南水北调工程沿线等重点流域区域水污染防治工作步伐加快，城镇污水、工业废水、危险废物、火电厂二氧化硫污染治理进一步加强。城市污水处理率和工业固体废物综合利用率继续提高。部分空气污染严重城市的空气质量有所改善。退耕还林完成 111.1 万公顷，荒山荒地造林及封山育林 266.7 万公顷，退牧还草 666.7 万公顷。天然林资源保护、京津风沙源治理等重点生态建设工程进展顺利。“三化”草地治理、水土流失治理和矿山生态恢复面积分别为 838 万公顷、420 万公顷和 7.2 万公顷。野生动植物资源保护得到加强。（见图表六）

（七）科技、教育、文化、卫生等社会事业全面发展。制定并公布实施《国家中长期科学和技术发展规划纲要（2006～2020 年）》。国家创新体系、基础研究和科技基础设施建设进一步加强。神舟六号载人航天飞行取得圆满成功。龙芯 2 号高性能通用计算机芯片、禽用禽流感基因工程灭活疫苗研制成功。抗虫棉推广面积达 300 万公顷。全年共签订技术合同 26.5 万项；技术合同成交额 1510 亿元，比上年增长 13.2%。

全国义务教育人口覆盖率超过 95%。西部地区“两基”攻坚计划取得新进展。新建、改扩建农村寄宿制学校 2400 多所，为 16 万个农村中小学和教学点配备了远程教育设施。中央和地方财政安排专项资金 70 多亿元，对 592 个重点贫困县 1700 万名贫困家庭学生免除学杂费、免费提供教科书和补助寄宿生生活费，还为中西部地区 1700 多万名贫困家庭学生免费提供教科书。中等职业学校和县级职教中心的校舍和实训设施建设步伐加快。高等教育“211 工程”、“985 工程”稳步推进。（见图表七）

公共文化体系建设进一步加强。重大文化项目建设和自然文化遗产保护力度加大，基本实现县县有文化馆和图书馆。广播电视村村通工程取得新进展，新增覆盖人口 2700 万。《全国红色旅游发展规划纲要》开始实施。全民健身运动深入开展，奥运场馆建设进展顺利。

疾病预防控制体系基本建成。医疗救治体系建设进展顺利。农村卫生服务体系建设继续推进，以中西部乡镇卫生院为重点的农村卫生基础设施建设得到加强。新型农村合作医疗制度试点范围扩大到 671 个县，有 1.77 亿农民参加合作医疗。城市社区卫生服务发展加快。高致病性禽流感疫情防控取得初步成效。农村计划生育服务体系建设开始实施，全国人口自然增长率 5.89‰。

（八）人民生活进一步改善。城镇居民人均可支配收入和农村居民人均纯收入分别实际增长 9.6%和 6.2%。社会消费品零售总额增长 12.9%。城镇新增就业 970 万人，城镇登记失业率 4.2%。社会保障覆盖范围继续扩大，“两个确保”进一步巩固，城乡困难群众基本生活得到保障。全国绝大多数地方已基本实现国有企业下岗职工基本生活保障向失业保险并轨，东北三省完善城镇社会保障体系试点顺利实施。（见图表八、图表九）

经济社会发展在取得成绩的同时，也面临不少困难和挑战。制约我国经济健康发展的长期性、深层次问题仍然是：自主创新能力弱，经济结构不合理；增长方式粗放，资源环境约束加剧；城乡经济二元结构矛盾突出，经济社会发展不协调；体制机制不完善，法制环境不健全等。当前比较突出的是：（1）粮食增产和农民增收难度加大。农业基础薄弱的状况没有根本改变，依靠扩大种植面积增加粮食产量的余地不大。农业总体效益低，粮食价格下行压力较大，能源、原材料价格上涨导致农资生产成本提高，农民增加务工收入的制约因素较多。（2）固定资产投资增幅仍然偏高。2005 年全社会固定资产投资增长 25.7%，增速虽比上年有所回落，但仍在高位运行。在建规模偏大，新开工项目偏多，有些行业投资增长过快，投资结构不合理，投资反弹压力较大。（3）部分行业产能过剩的不良后果开始显现。导致相关产品价格下跌，库存上升，企业利润增幅下降、亏损增加，金融潜在风险加大。（4）涉及群众切身利益的不少问题还没有得到很好解决。就业再就业压力加大，社会保障体系不健全，部分社会成员之间收入差距仍有继续拉大趋势，教育乱收费、群众看病难和看病贵问题没有明显改观。在环境保护、企业改制、土地征用、房屋拆迁、库区移民等方面还存在不少群众反映强烈的问题。高致病性禽流感和重大动植物疫病防控任务较重。（5）安全生产形势相当严峻。煤矿、交通等重特大事故频繁发生，给人民群众生命财产造成严重损失。对上述问题，要高度重视，积极采取措施，认真加以解决。

二、2006 年经济社会发展的总体要求和主要目标

今年是“十一五”的开局之年，是我们在新的历史起点上继续前进的一年。做好今年的各项工作，对于巩固和发展经济平稳较快发展的好势头，顺利实施“十一五”规划至关重要。2006 年经济社会发展工作，要以邓小平理论和“三个代表”重要思想为指导，认真贯彻党的十六大和十六届五中全会精神，坚持以科学发展观统领经济社会发展全局，保持宏观经济政策的连续性和稳定性，着力加快改革开放，着力增强自主创新能力，着力推进经济结构调整和经济增长方式转变，着力提高经济增长的质量和效益，坚持把解决涉及人民群众切身利益问题放在突出位置，正确处理改革发展稳定的关系，全面加强社会主义经济建设、政治建设、文化建设与和谐社会建设，为“十一五”开好局、起好步。

按照上述要求，做好今年经济社会发展工作，必须坚持“稳定政策、适度微调，把握大局、抓好重点，统筹兼顾、关注民生，立足当前、着眼长远”的原则。综合考虑经济社会发展的需要和可能以及上年实际执行情况，并与“十一五”规划纲要（草案）相衔接，2006 年经济社会发展的主要目标是：

——国内生产总值增长 8%左右。主要考虑是：我国资源环境压力加大，经济运行总体上仍绷得较紧，发展中还存在一些不稳定、不确定因素，增长速度不宜定得过高；从有利于增强综合国力、扩大就业和缓解各种社会矛盾的需要，以及近几年增长速度较快的情况出发，增长速度又不宜定得过低。8%左右是全国经济增长的预期目标，各地要从实际出发，合理、适度地确定本地增长速度，防止盲目追求和攀比速度，切实把主要精力放到提高经济增长质量和效益上来。

——城镇新增就业 900 万人，城镇登记失业率控制在 4.6%。今年就业压力仍然较大，推进企业改革和结构调整，会在短期内影响就业岗位的增加。按照经济增长与提供就业岗位的关系测算，通过完善和落实积极的就业政策，这一目标是可以实现的，但必须付出艰苦努力。

——居民消费价格总水平上涨 3%。这一指标比上年实际略高一些，主要考虑是：国际油价高位运行会对国内相关产品价格产生一定影响；理顺资源性产品价格关系，疏导价格矛盾，调整部分服务类价格，也会在一定程度上推动价格总水平上升。

——外贸进出口总额增长 15%。要继续保持外贸进出口稳定增长。鉴于目前出口规模已经较大，且相当多的出口商品附加值较低，外贸增长目标不宜定得过高，以有利于引导各方面着力转变外贸增长方式，加快调整进出口商品结构，促进国际收支基本平衡。

——单位国内生产总值能耗降低 4%左右。我国目前仍处在资源消费强度较高的时期，强化节能降耗措施见效需要一个过程，实现这一目标的难度较大。但我国能源效率低下的状况已难以为继，同时节能降耗的潜力很大，只要加大调整经济结构力度、加快转变粗放型增长方式，这一指标必须也能够实现。

——城乡居民收入稳定增长。城镇居民人均可支配收入和农村居民人均纯收入分别实际增长 6%和 5%。主要考虑是：随着经济较快增长，企业效益继续提高，国家促进农民增收、加强社会保障和扶贫工作等各项措施逐步落实，城乡居民收入将持续增加；但提高居民特别是农民收入水平也面临许多困难和制约因素。在城乡居民收入稳定增长的基础上，消费需求保持平稳较快增长，全社会消费品零售总额预期增长 12%。

——科技、教育等各项社会事业加快发展。研究与试验发展经费支出占国内生产总值的比重力争达到 1.45%。

高中阶段教育毛入学率达到57%，普通高校计划招生530万人，研究生40万人。公共文化服务体系建设进一步加强。新型农村合作医疗试点范围扩大到全国40%左右的县（市、区）。人口自然增长率控制在7.5‰以内。

——生态环境状况继续改善。主要污染物排放总量减少2%。工业固体废物综合利用率提高到56.2%。城市污水处理率达到50%。

三、2006年经济社会发展的主要任务和措施

实现今年国民经济和社会发展目标，要统筹安排、突出重点，务必保持经济平稳较快增长的良好势头，务必在推进社会主义新农村建设上有良好开端，务必在增强自主创新能力、推进结构调整上取得明显进展，务必在节能降耗、转变增长方式上取得显著成效，务必在重点领域和关键环节的改革上取得新突破，务必在构建社会主义和谐社会上迈出新步伐。为此，要着力抓好以下十方面工作。

（一）稳定宏观经济政策，保持经济平稳较快发展。 继续实施稳健的财政政策和稳健的货币政策。（1）适当减少中央财政赤字，继续调整财政支出结构。2006年，全国财政预算收入35423亿元，支出38373亿元，中央财政赤字拟安排2950亿元，比上年预算减少50亿元，财政赤字占国内生产总值的比重进一步降低。大力开展增收节支，依法加强收入征管，严格控制一般性支出增长，保障重点支出需要。（2）缩减长期建设国债发行规模，合理确定投资方向。2006年拟发行长期建设国债600亿元，比上年减少200亿元；中央预算内经常性建设资金554亿元，增加100亿元。按照突出重点、压缩一般的原则，进一步调整国债资金和预算内投资结构，优先安排重点续建项目，适当开工建设事关“十一五”发展全局的重大项目。中央政府投资的主要方向是：改善农村生产生活条件，推进社会主义新农村建设；促进基础教育、公共卫生等社会事业发展；支持西部大开发等区域协调发展；加强环境保护与生态建设、水利、交通、能源等重大基础设施建设，以及涉及人民群众生命财产安全和切身利益的建设项目等。加强稽察监管，提高投资效益。（3）保持货币信贷适度增长，着力优化信贷结构。2006年，广义货币供应量（M_2）和狭义货币供应量（M_1）分别预期增长16%和14%，新增人民币贷款2.5万亿元。合理控制中长期贷款规模。积极引导金融机构增加对有效益、有市场企业的流动资金贷款，着力解决农户、中小企业等贷款难问题，加大对经济社会发展薄弱环节和西部大开发、东北地区等老工业基地调整改造、中部崛起的信贷支持。发展直接融资，扩大企业债券发行规模。继续推进利率市场化改革，健全货币政策传导机制。完善有管理的浮动汇率制度，保持人民币汇率在合理、均衡水平上的基本稳定。进一步改进外汇管理，优化储备结构，加强对跨境资本流动的监控。（4）保持价格总水平基本稳定。继续加强对价格总水平和粮食、棉花、石油、煤炭、钢材、商品房等重要商品和服务价格走势的监测分析。做好市场价格巡查工作。

加强固定资产投资调控。2006年全社会固定资产投资总规模预期增长18%。继续严把土地、信贷两个闸门，从严控制新开工项目，抑制固定资产投资过快增长，防止投资反弹。（1）坚持实行最严格的土地管理制度，从紧控制农用地特别是耕地转为建设用地。2006年，农用地转为建设用地的规模控制在26.67万公顷。（2）坚持区别对待、有保有压的原则，严格控制过度扩张行业的土地和资金供应，保障国家重点建设项目、有利于结构调整重大项目的建设用地和资金需要。（3）加强城市规划，合理控制拆迁规模，规范城建项目打捆贷款。巩固清理整顿开发区成果，进一步完善政策。（4）着力调整住房供应结构，增加普通商品房和经济适用房供给，健全商品房与经济适用房、廉租住房相结合的城镇住房供应体系，控制高档房地产开发，基本完成建设领域清理拖欠工程款任务，引导建筑业与房地产市场健康发展。

着力扩大消费需求。（1）努力增加城乡居民尤其是中低收入者的收入，适当提高企业离退休人员基本养老金标准、残疾军人等各类优抚对象抚恤补助标准、城市居民最低生活保障补助标准。合理调整并严格执行企业最低工资标准，制定和推行最低小时工资标准。根据《中华人民共和国公务员法》，改革公务员工资制度。推进事业单位收入分配制度改革。（2）改善消费心理预期，通过加快完善社会保障体系和解决教育、医疗、住房等领域的突出问题，稳定居民支出预期，扩大即期消费。（3）积极开拓农村市场，加快农村商业流通体系建设，加大对农村商业网点连锁经营、农资物流配送等项目的支持力度，继续实施“万村千乡”市场工程。发展城市社区商业和服务业。（4）培育新的消费热点，扩大文化、健身、旅游等服务性消费，规范和发展住房、汽车交易市场。（5）改善消费环境，合理调整现行消费税，加快个人征信体系建设，完善消费信贷政策。积极发展电子商务。继续开展教育、医药价格收费专项检查，严厉查处商业欺诈行为，切实保障消费者合法权益。

促进煤电油运供需有效衔接。在保证安全的前提下，稳定煤炭生产和供应，推进大型煤炭基地建设。加快水电、核电、可再生能源等清洁能源建设，优化发展火电，

完善电网结构。努力增加石油天然气供给，推进煤炭液化示范、煤层气开发利用工程，加快建立石油储备体系。继续加强煤运通道、下水港口和其他重大交通基础设施建设。建立电力需求侧管理的长效机制。搞好煤电油运综合协调，着力解决与群众生活密切相关的供水、供气、供电、供暖和供油等问题。

（二）推进社会主义新农村建设，促进农业发展和农民增收。坚持“多予少取放活”的方针，加快建立以工促农、以城带乡的长效机制。（1）稳定发展粮食生产。继续加强农业综合生产能力建设，努力使粮食总产量保持在上年水平。搞好土地管理和基本农田保护，稳定粮食播种面积。加强大型商品粮基地建设，继续实施优质粮食产业工程、种子工程和植保工程。增加对产粮大县和财政困难县的转移支付。继续对短缺的重点粮食品种在主产区实行最低收购价政策，稳定粮食市场价格。健全中央和省级粮食储备调节制度和调控机制，进一步充实地方储备。（2）发展现代农业。按照“高产、优质、高效、生态、安全”的要求，积极推进优势农产品的区域化布局、专业化生产和产业化经营。加快农业科技进步，大力推广农业先进适用技术。建设新疆优质棉基地和长江流域“双低”油菜产业带。继续实施畜禽水产良种工程，支持有条件的地区发展养殖小区。加快实施动物防疫体系建设规划，落实好扶持家禽业发展的各项措施。（3）着力改善农村生产生活条件。把国家对基础设施建设投入的重点放在农村，继续加强以小型水利建设为重点的农田基本建设，支持大型灌区节水改造和中部地区排涝泵站改造，突出抓好农村“水、气、路、电”等基础设施和人居环境建设。2006年，用于农村饮水安全工程的中央投资拟比上年增加1倍，再解决2000万高氟、高砷、苦咸水、污染水和季节性缺水地区农村人口的饮用水安全问题。用于农村沼气建设的中央投资拟比上年增加1.5倍，新增农村沼气用户250万户，带动农户改圈、改厕、改厨。启动“十一五”农村公路改造工程，加强东部、中部地区的通村沥青（水泥）路和西部地区的通乡沥青（水泥）路建设。加快无电村电力建设，实施部分省份农网完善工程。（4）加快发展农村公共事业。今年要在西部地区全部免除农村义务教育阶段学生学杂费。继续对农村义务教育阶段贫困家庭学生免费提供教科书并补助寄宿生生活费。提高农村义务教育阶段中小学公用经费保障水平，建立和完善农村中小学校舍维修改造投入机制、教师工资经费保障机制。基本完成农村寄宿制学校改造任务和农村中小学现代远程教育工程。实施《农村卫生服务体系建设与发展规划》，以中西部为重点继续推进农村卫生基础设施建设，再改建和新建4200个乡镇卫生院，达到规划目标的68%。扩大新型农村卫生合作医疗制度的试点范围，推行农村医疗救助制度。启动20户以上通电自然村的广播电视村村通工程，继续实施农村电影放映工程，推动乡镇文化站建设。（5）多渠道增加农民收入。稳步推进农业产业化经营，积极发展贸工农一体化和农副产品加工龙头企业及各类专业合作经济组织，挖掘农业内部增收潜力。增加对农民的种粮直接补贴、良种补贴、农机具补贴，对种粮农民逐步实行化肥、柴油等农资直接补贴制度。加强化肥价格和涉农收费的监管，抑制农业生产资料价格上涨，切实减轻农民负担。强化农民工就业培训，继续清理对农民工的歧视性政策，落实农民工工资支付措施，促进农村劳动力向城镇和非农产业转移就业。发展壮大县域经济。

（三）大力增强自主创新能力，扎实推进创新型国家建设。认真实施《国家中长期科学和技术发展规划纲要（2006～2020年）》，大力推进原始创新、集成创新和引进消化吸收再创新。（1）加强重大科技攻关。在条件成熟的基础上，启动实施重大新药创制、转基因生物新品种培育等若干重大科技专项。实施蛋白质研究、纳米研究等重大科学研究计划。在能源、资源、信息、装备等领域，集中力量组织一批重大产业核心技术攻关。加强生态环境、人口与健康、公共安全等领域的公益性技术研究。继续繁荣和发展哲学社会科学。（2）加快国家创新体系建设。强化企业在自主创新中的主体地位，培育3000家左右行业骨干企业技术中心。新建煤矿瓦斯治理、新型疫苗、船舶制造等一批国家工程中心。启动建设下一代互联网应用、生物冶金等若干国家工程实验室。积极推动海洋科学综合考察船、新一代大型天文望远镜等九大科技基础设施建设。建设中科院知识创新三期工程。调整和完善国家科技计划体系，优化科技资源配置，促进科技成果转化。继续推进技术开发类院所企业化转制和社会公益类科研机构改革。完善科技评审评估和成果评价奖励等制度。大力培育和发展科技中介服务机构。加强科学普及工作，实施全民科学素质行动计划。（3）进一步细化鼓励自主创新的财税、金融、政府采购等政策措施，鼓励企业加大研发投入。支持使用、制造和设计单位联合招标引进重大技术。建立财政性科技投入稳定增长机制。设立创业风险投资引导基金。对选用国产首台、首套装备给予政策扶持。加强对重大技术和装备引进的管理，防止盲目重复引进。支持中小企业提升自主创新能力，鼓励外资企业研发活动本地化。加大对知识产权的保护力度。（4）加强科技人才队伍建设。建立健全人才评价机制。依托国家重点项目、重点学科和重点科研基地，造就一批科技领军人才、学科带头人和战略科学家。

（四）加快推进产业结构优化升级，大力提升产业技术水平和整体竞争力。（1）着力推进部分产能过剩行业的结构调整。综合运用经济、法律和必要的行政手段，充分发挥市场机制作用，促进优胜劣汰。加强产业政策引导、信贷政策调节、财政政策支持，继续完善行业规划，贯彻落实《促进产业结构调整暂行规定》，提高并严格执行环保、安全、技术、土地和资源综合利用等市场准入标准，严格控制新增产能。继续清理整顿在建和拟建项目，对不符合市场准入条件的项目，依法停止建设。依法关闭一批破坏资源、污染环境和不具备安全生产条件的企业。围绕提升技术水平、改善品种、保护环境、降低消耗、保障安全等，对传统产业实施改造提高。按照市场原则，鼓励钢铁、水泥、电解铝、煤炭等行业兼并重组，支持优势企业做强做大，提高整体技术水平和行业集中度。（2）加快发展高技术产业。改善高技术企业的信贷服务和融资环境。重点支持集成电路、软件和新型元器件等核心产业，培育数字化音视频、下一代互联网、新一代移动通信、高性能计算机及网络设备等信息产业群。积极发展生物产业。加快推进广播电视直播卫星、新支线飞机工程。坚持以信息化带动工业化，广泛应用高新技术和先进适用技术改造提升传统产业。（3）大力振兴装备制造业。完善支持重大装备发展的政策和配套措施。依托重点工程，继续推进燃气轮机、超临界和超超临界燃煤发电机组、百万千瓦核电机组、高速列车、大型煤化工成套设备等16个重点领域的重大装备国产化，带动基础产品和零部件的发展。（4）促进服务业全面发展。选择若干城市开展服务业体制改革与创新试点。加快发展交通运输、金融、信息、现代物流、各种中介服务组织等生产性服务业和社区服务、旅游等新兴消费性服务业。提高商贸、餐饮、邮政等传统服务业的水平和质量。

（五）加强资源节约和环境保护，促进经济增长方式转变。（1）积极推进节能降耗。抓紧制定和完善各行业节能、节水、节材、节地标准，建立各地区和重点行业能耗目标考核体系和单位国内生产总值能耗公报制度。实施十大重点节能工程，突出抓好1000家高耗能企业的节能工作。扩大节能产品认证范围，推行强制性能效标准，加强重点用能产品能效标识管理。继续推进政府部门采购和使用节能产品。发展农业节水灌溉。支持高耗水行业节水技术改造，加快再生水利用设施建设，支持海水淡化和直接利用，加大节水设备和器具的推广力度。加强重点行业原材料消耗管理。鼓励开发高强度和耐腐蚀金属材料，促进木材节约和代用。强化节约和集约利用土地，建立和完善建设用地定额标准，发展节能省地型建筑。推动第二批城市限时禁用实心黏土砖。（2）大力发展循环经济。完善发展循环经济、促进资源节约和综合利用的财税、价格政策。组织实施国家循环经济试点。支持循环经济关键和共性技术研发及产业化示范。推进共伴生矿产资源和工业废物综合利用，做好再生资源回收利用。广泛开展宣传教育，倡导健康文明、节约资源的消费模式和生活方式。（3）搞好生态建设和环境保护。继续实施天然林资源保护、水土保持、京津风沙源治理、三江源自然保护区生态保护和建设、三峡库区周边绿化带建设等重点生态工程。抓紧建立生态补偿机制。加大“三河三湖”、环渤海、三峡库区、南水北调沿线等重点流域区域水污染防治力度。严格保护城镇饮用水源地水质。加强现有燃煤电厂烟气二氧化硫排放治理。做好城市大气污染综合防治工作。推行清洁生产。加强核安全和辐射环境的监管。认真履行《联合国气候变化框架公约》。大力发展环保产业。

（六）充分发挥比较优势，推动区域协调发展。（1）着力促进西部地区重点地带、重点城市和重点产业开发，努力增强自身发展能力。新开工一批重大基础设施工程。巩固和发展退耕还林、退牧还草成果。继续加强长江、黄河上游水污染治理。加大矿产资源勘探开发力度，支持建设石油、稀土、钾磷肥等特色资源加工基地。进一步加强西部地区科技教育、人才开发和法制建设。加快建立长期稳定的西部开发资金渠道。（2）加强东北大型粮食基地建设，促进重点行业结构调整和国有企业改革重组，抓好资源型城市经济转型、采煤沉陷区治理和棚户区改造工作，实施以松花江、辽河流域为重点的生态环境整治工程。抓紧研究建立资源开发补偿机制、衰退产业援助机制。做好东北地区厂办大集体改革试点工作。认真落实扩大对内对外开放的政策措施。（3）出台并组织实施促进中部崛起的指导意见，在产业发展、重大基础设施建设、资金投入、推进改革开放等方面加大支持力度。重点加强现代农业特别是粮食主产区商品粮基地、能源重要原材料基地、现代装备制造和高技术产业基地以及综合交通运输体系建设。发展现代流通业。支持老工业城市加快企业改组改造和资源型城市转型。增强中心城市辐射功能。（4）东部地区要率先增强自主创新能力、国际竞争力和可持续发展能力，更加注重节约利用土地、水、能源、矿产资源，加快发展高技术产业和现代服务业。继续发挥经济特区、上海浦东新区的作用，推进天津滨海新区开发开放，支持海峡西岸和其他台商投资相对集中地区的经济发展。积极发展海洋经济。（5）进一步支持革命老区、少数民族地区、边疆地区和贫困地区的经济社会发展。加大对人口较少民族的扶持力度，推进兴边富民行动。健全发达地区帮扶欠发达地区发展的机制，继续做好区域合作对口支援工作。(6)开展主体功能区划研究，合理确定优化开发、重点开发、限制开发、禁止开发四类功能区的范围，根据各区域的主体功能定位，确定发展方向和配套政策。

(七)继续深化改革，营造科学发展的体制环境。加强对改革的总体指导、统筹协调和综合配套，力争在一些重要领域和关键环节继续取得新突破。(1)全面推进以深化乡镇机构、农村义务教育和县乡财政管理体制改革为主要内容的农村综合改革。规范农村土地流转政策，加快征地制度改革。深化粮棉流通体制改革。完善农村信用社体制，做好农业银行、农业发展银行改革和政策性农业保险试点工作，改进农村金融服务。(2)深化企业改革。以贯彻修订后的公司法为契机，推进国有大型企业股份制改造，着力完善产权结构、法人治理结构和激励约束机制，加快形成一批拥有自主知识产权、知名品牌和国际竞争力的大公司、大企业集团。继续做好企业政策性关闭破产、分离办社会职能和主辅分离工作。规范国有企业改制和国有产权转让行为，防止国有资产流失，维护职工合法权益。加快建立国有资本经营预算制度，建立健全非经营性资产、自然资源资产等监管体制。进一步深化电信、电力、民航、邮政、烟草管理体制改革。推进铁路投融资体制改革，研究提出铁路体制改革方案。进一步引入市场机制，完善市场监管，深化供水、供气、供热等市政公用事业改革。积极推动集体企业改革和发展。完善鼓励支持和引导非公有制经济发展的配套政策措施，推动实施中小企业成长工程。(3)加快推进金融体制改革。继续做好国有商业银行股份制改革工作，坚持国家绝对控股，完善公司治理结构和内控机制。积极稳妥地推进资本市场改革和发展，着力提高上市公司质量，搞好证券公司的综合治理，继续开展股权分置改革和产业投资基金试点。深化保险业改革，推进政策性银行、邮政储蓄机构等其他金融机构改革。规范金融市场，强化金融监管，维护金融稳定和安全，防范和化解金融风险。(4)深化财税体制改革。健全公共财政体系，完善转移支付制度，实施政府收支分类改革，完善预算管理制度。积极推进增值税转型改革，调整和完善资源税，研究统一各类企业税收制度。(5)深化投资体制改革。进一步完善投资项目核准制和备案制。尽快制定中央预算内直接投资管理和中央政府投资项目决策责任追究等办法。健全投资宏观调控体系。(6)积极稳妥推进资源性产品价格改革。继续实行峰谷、丰枯分时电价制度，稳步推进电力竞价上网，实行鼓励可再生能源发展的电价机制。完善石油价格形成机制。调整天然气出厂价格。加大水资源费征收力度，合理调整城市供水和水利工程供水价格，全面开征污水处理费，在有条件的地方加快实施阶梯式水价和超计划超定额用水加价制度。建立规范的基准地价制度。价格改革要兼顾各方面利益，尤其是要采取措施，保证低收入群众基本生活不受影响。(7)继续推进行政管理体制改革。深入贯彻行政许可法，进一步转变政府职能，减少和规范行政许可。健全对涉及经济社会发展全局重大事项决策的协商和协调机制，完善专家论证、技术咨询、决策评估制度和公示、听证制度，提高决策的科学化、民主化水平。积极推进事业单位改革。

(八)积极实施互利共赢开放战略，进一步提高对外开放质量和水平。(1)加快转变外贸增长方式，优化进出口商品结构。大力实施科技兴贸战略。完善出口退税、金融支持和品牌认证等措施，提高出口产品的质量、档次和附加值。支持企业扩大具有自主知识产权、自主品牌的高新技术和机电产品出口。推动加工贸易转型升级，提高产业层次和加工深度。控制高耗能、高污染和资源性产品出口。着重增加先进技术、关键设备和国内短缺资源进口，努力改善贸易不平衡状况。做好加入世贸组织后过渡期工作。加强区域和多双边经贸合作。进一步落实内地与港澳更紧密经贸关系安排的各项措施。(2)继续积极利用外资，优化结构、提高质量。注重引导跨国公司向我国转移附加值高、技术含量高的加工制造环节、服务外包业务和建立技术研发机构。加强对外资投向的产业和区域引导，完善规范企业并购的相关政策，严格限制低水平、高消耗、高污染的外资项目进入，维护产业安全。(3)积极稳妥地实施“走出去”战略。继续支持和引导有条件的企业对外投资，完善境外投资的相关政策、法律法规以及促进和保障体系，健全协调和监管机制。

(九)坚持把教育放在优先发展的战略位置，促进各项社会事业全面进步。(1)优先发展教育事业。全面实施素质教育。普及和巩固九年义务教育，强化政府对义务教育的保障责任，改善农村办学条件，解决好城市低收入家庭和进城务工农民的子女上学问题。启动实施职业教育基础能力建设工程，专项支持县职教中心、中等职业学校和示范性高等职业院校建设。推进高中阶段教育协调发展。继续实施“211工程”和“985工程”，提高高等教育质量。积极发展民办教育。(2)完善公共卫生和基本医疗服务体系。全面完成医疗救治体系建设任务。调整和优化城市医疗资源布局，构建以社区为基础的新型城市医疗卫生服务体系。继续做好艾滋病、结核病、血吸虫病等重大疾病的防治及高致病性禽流感的防控工作。推动医疗卫生体制和药品生产流通体制改革。继续降低药品价格，整顿医疗器械市场价格秩序，加强医德医风建设，规范医疗服务中的诊疗和用药行为，抓紧解决群众看病难、看病贵问题。支持中医药事业发展。（3）大力发展文化、广播影视、新闻出版、旅游、体育等事业。深化文化体制改革。积极推进文化设施建设，加强重大自然文化遗产、民间文化保护。做好新闻出版工作。围绕全国重点红色旅游区和精品路线，加强经典景区和相关景区的基础设施建设。积极推进全民健身运动，提高竞技体育水平。继续抓好北京奥运会和上海世博会筹办工作。（4）稳定现行生育政策和低生育水平，提高出生人口素质。以中西部地区县级和中心乡计划生育服务站建设为重点，健全基层计划生育服务网络，完善流动人口计划生育管理和服务。扩大农村计划生育家庭奖励扶助制度的覆盖面和西部地区“少生快富工程”的实施范围。大力发展老龄事业。

（十）认真解决关系人民群众切身利益的问题，高度重视和维护社会稳定。以扩大就业、完善社会保障体系、理顺分配关系、维护社会稳定为着力点，扎实推进和谐社会建设。（1）继续实施积极的就业政策。进一步解决体制转轨遗留的下岗失业人员再就业问题和重组改制关闭破产企业的职工安置问题。大力发展服务业、劳动密集型产业和中小企业，拓宽就业渠道。做好新增劳动力特别是高校毕业生、退役军人和就业困难人员的就业指导和服务工作。大力开展职业培训和就业服务体系建设。完善对特殊困难群众的就业援助制度。鼓励自谋职业和自主创业，支持多种形式灵活就业。加强劳动者权益保护工作。（2）加快完善社会保障体系。切实保证各项社会保险待遇及时支付。继续扩大城镇社会保险覆盖面。完善城镇基本养老和基本医疗保险制度，提高统筹层次。做好城市低保工作。在有条件的地方，建立农村居民最低生活保障制度。加强失业、工伤、生育保险制度建设。积极稳妥地解决农民工和被征地农民的社会保障问题。加快建立城乡特殊困难群众社会救助体系。进一步发展残疾人、社会福利和社会慈善事业。（3）合理调节收入分配。抓紧建立居民收入分配监测和预警体系。规范居民收入分配秩序，调节过高收入，完善国有企事业单位收入分配规则和监管体制。强化个人所得税征管，取缔各种非法收入。（4）积极帮助城乡困难群众解决生产生活问题。加大扶贫开发力度，稳步推进以工代赈和易地扶贫试点。做好灾区群众生活救济、生产恢复和灾后重建工作。完善农村“五保户”供养、特困户救助、灾民救济等制度，增加资金支持并适当提高救助标准。（5）进一步加强安全生产管理。严格落实安全生产责任制，依法关闭取缔不具备安全生产条件的厂矿企业，加大矿山、交通运输、危险化学品、烟花爆竹等重点领域安全生产的治理力度，强化对食品、药品和餐饮卫生等的监管。特别是要按照“企业负责、政府支持”的原则，加大煤矿安全技改和瓦斯治理的投入，企业要提足用好安全生产费用，中央政府要继续安排资金，地方政府也要加大投入，完善通风、防尘、防火、排水、运输等安全生产系统，强化瓦斯抽采和综合利用，坚决遏制重特大事故频发的势头。（6）维护和促进社会稳定。高度重视并认真解决征地拆迁、企业改制、库区移民和环境污染等方面存在的损害群众利益的问题。加快完善社会稳定预警体系和应急处理机制，妥善应对自然灾害、事故灾难、公共卫生以及社会安全等突发事件。健全社会治安防控体系，加强和谐社区、和谐村镇建设，创造城乡居民安居乐业的社会环境。

2006年，我国改革发展稳定的任务艰巨而繁重。我们要在以胡锦涛同志为总书记的党中央领导下，高举邓小平理论和“三个代表”重要思想伟大旗帜，全面落实科学发展观，齐心协力，扎实工作，为实现经济社会发展目标和“十一五”的良好开局而努力奋斗！

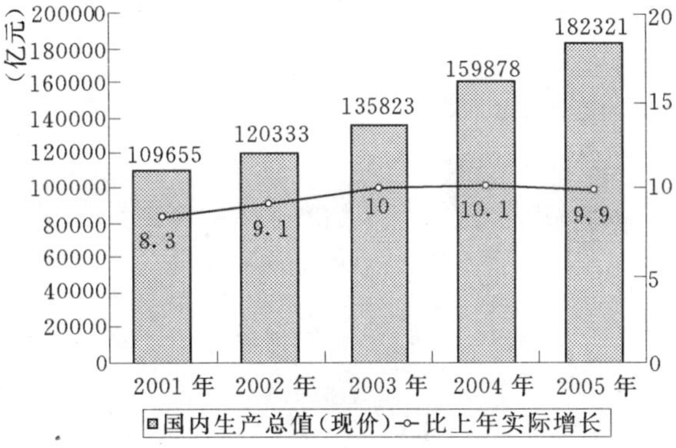

图表一　“十五”期间国内生产总值及其增长率

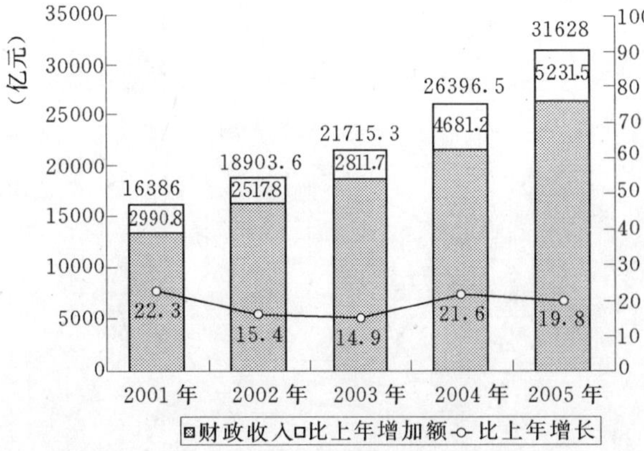

图表二　“十五”期间全国财政收入及其增长情况

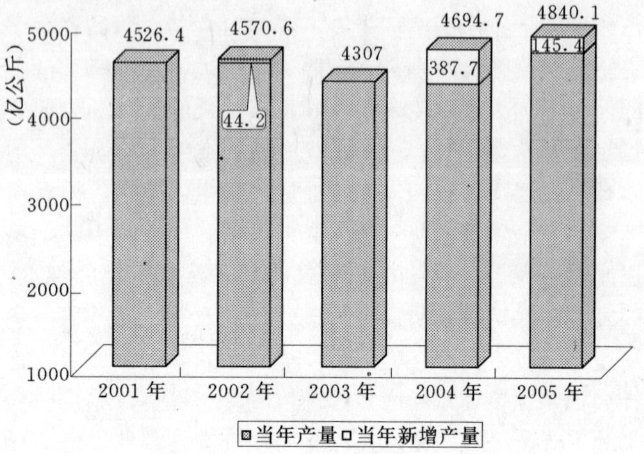

图表三　“十五”期间粮食产量及增产情况

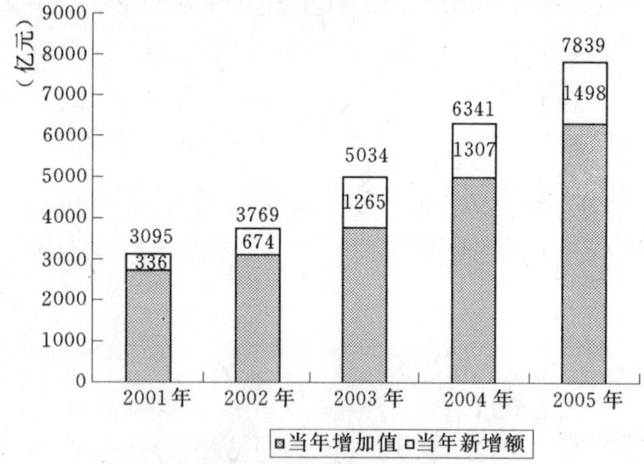

图表四　“十五”期间规模以上高技术产业增加值情况

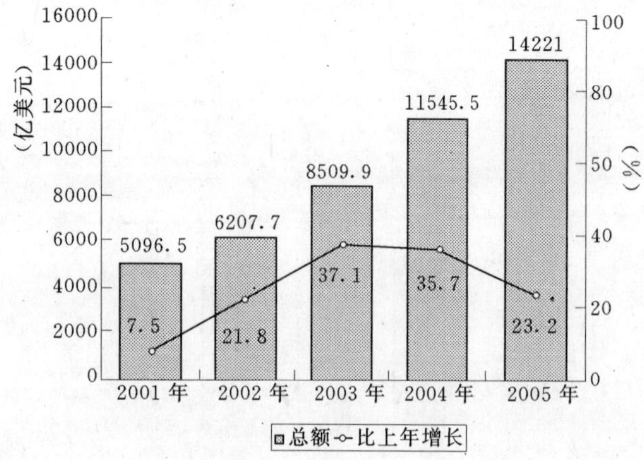

图表五　“十五”期间外贸进出口总额及其增长情况

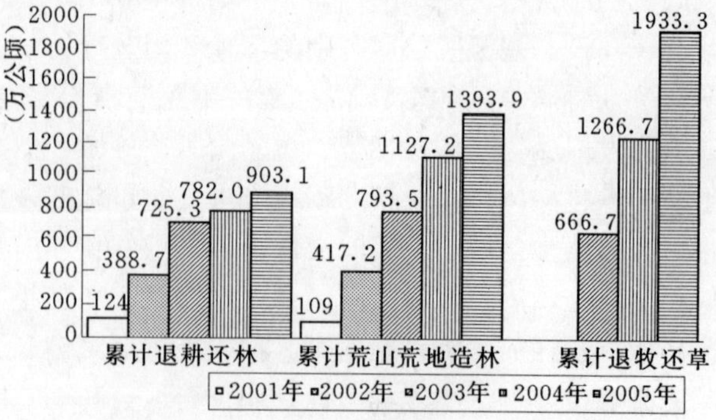

图表六　“十五”期间退耕还林、荒山荒地造林和退牧还草情况

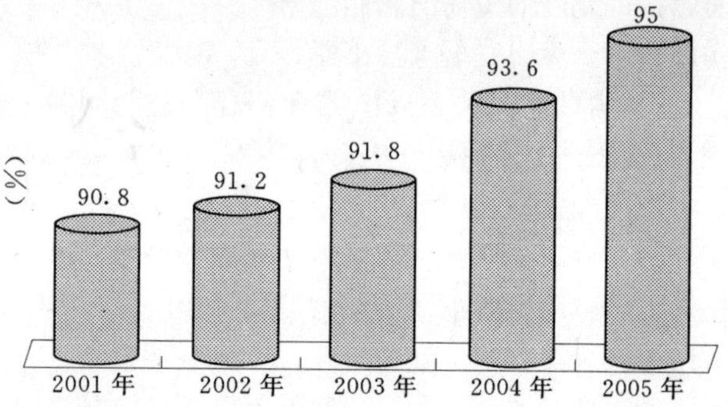

图表七　“十五”期间全国义务教育人口覆盖率

年份		2001	2002	2003	2004	2005
城镇居民人均可支配收入（元）		6859.6	7702.8	8472.2	9421.6	10493
实际增长（%）		8.5	13.4	9.0	7.7	9.6
农村居民人均纯收入（元）		2366.4	2475.6	2622.2	2936.4	3255
实际增长（%）		4.2	4.8	4.3	6.8	6.2
恩格尔系数	城镇居民家庭（%）	38.2	37.7	37.1	37.7	36.7
	农村居民家庭（%）	47.7	46.2	45.6	47.2	45.5

图表八　“十五”期间城乡居民收入及恩格尔系数变化情况

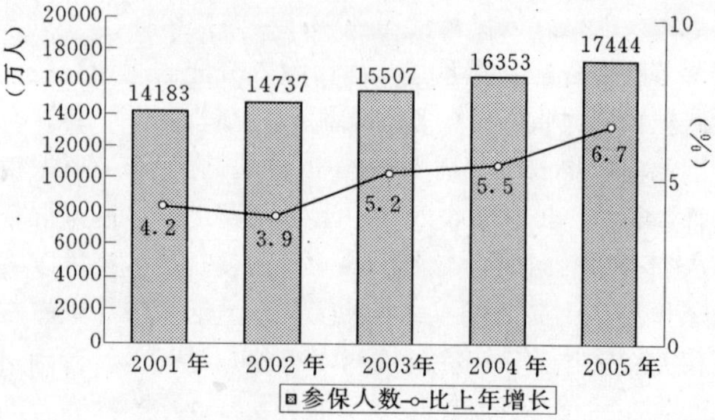

图表九　“十五”期间基本养老保险参保人数及其增长情况

关于2005年中央和地方预算执行情况与2006年中央和地方预算草案的报告

——2006年3月5日在第十届全国人民代表大会第四次会议上

中华人民共和国财政部

各位代表：

受国务院委托，现将2005年中央和地方预算执行情况与2006年中央和地方预算草案的报告提请十届全国人大四次会议审议，并请全国政协各位委员提出意见。

一、2005年中央和地方预算执行情况

2005年，在党中央、国务院的坚强领导下，各地区、各部门以科学发展观为统领，认真贯彻中央各项方针政策和十届全国人大三次会议的有关决定、决议，经济建设和各项社会事业发展取得了新的成绩，人民生活进一步改善。各级财政、税务、海关等部门严格依法理财，加强财政监督管理，狠抓增收节支，中央和地方都圆满完成了预算。

全国财政收入突破三万亿元，达到31627.98亿元（不含债务收入，下同），再上了一个新台阶，比2004年增加5231.51亿元，增长19.8%，完成预算的108.1%；全国财政支出33708.12亿元，比2004年增加5221.23亿元，增长18.3%，完成预算的104.5%。收支相抵，支出大于收入2080.14亿元。

分中央与地方来看：中央财政总收入17249.79亿元，按可比口径比2004年增加2581.02亿元（已扣除新增出口退税指标584.11亿元），增长17.6%，完成预算的106.4%。其中，中央本级收入16535.94亿元，比2004年增加2580.6亿元，增长18.5%，完成预算的108.5%。中央财政总支出20249.41亿元，比2004年增加2388.87亿元，增长13.4%，完成预算的105.4%。其中，中央本级支出8775.73亿元，比2004年增加881.65亿元，增长11.2%，完成预算的104%；对地方税收返还和补助支出11473.68亿元，比2004年增加1507.22亿元，增长15.1%，完成预算的106.5%。中央财政赤字2999.62亿元，比十届全国人大三次会议批准的3000亿元减少0.38亿元，财政赤字占GDP的比重为1.6%。2005年中央财政归还到期国内外债务本金3923.25亿元，加上弥补当年赤字，中央财政国债发行总规模为6922.87亿元。另外，代地方政府发行国债100亿元。中央政府性基金收入1399.1亿元，中央政府性基金支出1399.1亿元。地方财政总收入26565.72亿元（含中央税收返还和补助收入），按可比口径比2004年增加4158.13亿元，增长18.6%，完成预算的107.2%。其中，地方本级收入15092.04亿元，比2004年增加2650.91亿元，增长21.3%，完成预算的107.7%。地方财政总支出25646.24亿元，比2004年增加4340亿元，增长20.4%，完成预算的103.5%。其中，地方本级支出24932.39亿元，比2004年增加4339.58亿元，增长21.1%，完成预算的104.7%；上解中央支出713.85亿元，与2004年基本持平。地方财政收支相抵，结余或结转919.48亿元。上述预算执行数字，在决算编制汇总后，还会有些小的变化。

2005年中央预算执行及财政工作的主要情况是：

（一）实施稳健财政政策，预算执行情况较好。2005年初，根据国民经济和社会发展面临的新形势，中央及时调整财政政策取向，实施了以“控制赤字、调整结构、推进改革、增收节支”为主要内容的稳健财政政策。中央财政赤字预算3000亿元，比2004年减少192亿元；压缩国债项目资金规模300亿元，增加中央预算内经常性建设投资100亿元。在政策落实过程中，切实按照“五个统筹”的要求，既注重运用税收、补贴、转移支付等多种政策手段，又适当调整国债项目资金的使用结构和投向，加强农业等经济社会发展的薄弱环节，重点保证重大在建项目、农林水利、教科文卫、能源等方面的资金需要。

在经济平稳较快发展的基础上，依法加强收入征管，积极实施科学化管理，全面清理和规范税收优惠政策，严格控制减免税，努力做到应收尽收，全国财政收入实现较大幅度增长。2005年，全国财政收入比上年增收

5231.51亿元，增长19.8%。（见图一）

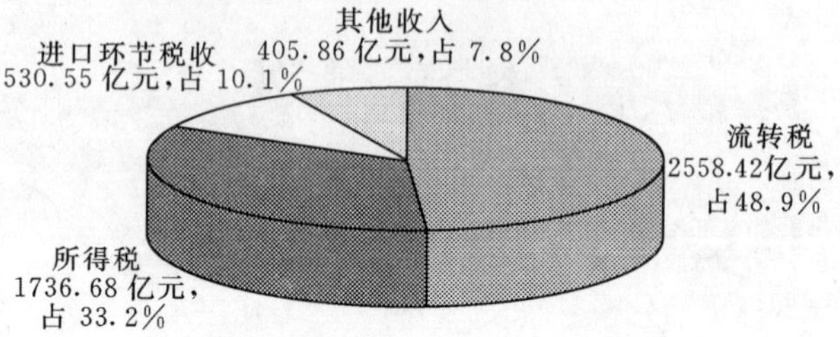

图一 2005年全国财政收入增收（5231.51亿元）构成

需要说明的是，全国财政收入实现较大幅度增长，除了国民经济平稳较快增长的基本因素外，也存在一些非经常性和税务部门加强征管因素。主要有：一是受煤炭、原油、有色金属等基础能源、原材料生产增长和价格大幅上涨，以及房地产行业增长较快等因素的影响，来自这些行业的增值税、营业税等税收大幅度高于其他行业，约有600多亿元增收是超常规的。二是2005年全国企业所得税增长38.9%，高于同期规模以上工业企业利润增长22.6%的水平，其主要原因是2004年企业利润大幅度增长，2005年企业所得税汇算清缴收入比上年增加500多亿元。其中，2005年中国银行、中国建设银行和中国工商银行实施了股份制改造，剥离了不良资产，资产质量提高，盈利能力增强，账面利润增加，三大商业银行上缴企业所得税比2004年增加200多亿元。三是税务部门加强税收征管稽查，大力清缴欠税，也增加了较多收入。综合上述因素，2005年的增收中有1200亿元左右是非经常性因素带来的。如果剔除非经常性因素收入，全国财税增收与经济增长和物价水平是基本一致的。

2005年，中央财政比预算超收1619亿元（未扣除新增出口退税指标）。按照党中央、国务院关于认真落实科学发展观的指示精神，根据《全国人大常委会关于加强中央预算审查监督的决定》及十届全国人大三次会议有关决议的要求，中央财政超收收入除按有关法律、法规和财政体制规定，增加对地方税收返还、一般性转移支付、民族地区转移支付共328亿元外，主要用于加强经济社会发展薄弱环节的支出和解决历史欠账。具体是：增加社会保障支出244亿元（其中拨付全国社保基金194亿元，增加国有企业破产关闭补助资金50亿元）；增加教育科学支出26亿元；新增出口退税指标584亿元，用于增加当年出口退税指标以及解决部分历史陈欠资金需要；消化供销社经营棉花政策性财务挂账90亿元；其余347亿元用于预留公务员工资制度改革及配套政策支出。中央财政预计超收收入安排使用的情况，国务院已向全国人大常委会报告。

（二）大力支持解决“三农”问题，促进城乡协调发展。2005年财政支持“三农”继续保持了力度大、政策实、措施强的特点。全年仅中央财政用于“三农”的支出就达2975亿元，比2004年实际执行数增加349亿元，增长13.3%。一是不断深化农村税费改革。中央财政为此转移支付662亿元，比2004年增长26.3%。2005年，牧业税和除烟叶外的农业特产税已全部免征；免征农业税的省份达到28个，8亿农民受益。二是认真落实“三补贴”等政策。全国30个省份用于粮食直补的资金达到132亿元，比2004年增长13.8%。兑付良种补贴资金38.7亿元，比2004年增长35.8%。中央财政兑付农机具购置补贴资金3亿元，是2004年的4倍多。另外，落实专项资金55亿元，对产粮大县予以财力补助；对企业生产销售的尿素免征增值税，运用关税政策鼓励进口国内短缺的农业生产资料。调动了地方政府重农抓粮的积极性，维护了粮食安全。三是支持农业和农民长远发展。2005年中央财政用于农业农村基础设施建设的预算内基本建设投资和国债项目资金达812.78亿元，进一步改善了农村生产生活条件。中央财政用于农业综合开发资金98.55亿元，新增资金中76.6%用于粮食主产区中低产田改造的农业基础设施建设。同时，积极探索采用投资参股、专项贴息等形式，更加有效地发挥农业综合开发资金的引导、示范和带动效应。中央财政支持280万农村劳动力转移培训，补助资金4亿元，比2004年增长60%。不断增加用于扶贫开发方面的投入，2005年达到130亿元。中央财政安排资金251.7亿元，直接补贴退耕还林的农民。继续大力支持农业科技推广、农业产业化、农民专业合作组织发展、小型农田水利建设和测土配方施肥等。（见图二）

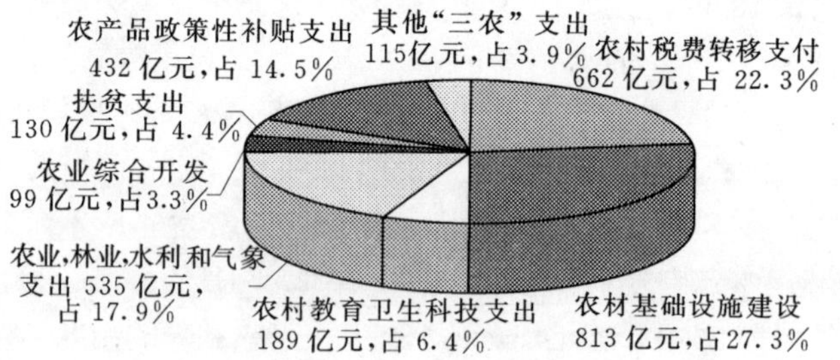

图二 2005年中央财政用于“三农”支出
（2975亿元）构成

（三）进一步加大财政投入，促进社会各项事业发展。一是支持就业再就业和社会保障工作。2005年全国财政就业和社会保障支出3649.27亿元，增长17.1%。其中，中央财政社会保障支出1623.59亿元，增长10%。积极支持东北三省开展完善城镇社会保障体系试点，完善企业职工基本养老保险制度，研究制定了扩大做实基本养老保险个人账户试点方案。积极参与制定并认真落实中央关于就业和再就业的财税优惠政策。多数省份已基本完成了国有企业下岗职工基本生活保障向失业保险并轨工作，城市低保基本实现应保尽保。支持做好企业军转干部和复退军人解困工作，并大力支持抗灾救灾，同时进一步清理和取消了针对农民进城就业的不合理收费，并采取积极措施解决农民工子女教育和农民工管理服务的经费问题。二是支持加快教科文事业发展。2005年全国教育支出3951.59亿元，增长17.4%。中央财政负担的教育支出384.38亿元，增长15.9%。其中，中央本级教育事业费338.64亿元，增长17.2%，高于中央财政经常性收入增长。中央和地方各级财政安排专项资金70多亿元，进一步扩大“两免一补”政策实施范围，使中西部地区农村义务教育阶段3400万名贫困家庭学生受益。中央财政还安排资金55亿元，继续支持实施全国中小学危房改造工程、国家西部地区“两基”攻坚计划、农村中小学现代远程教育工程、农村中小学布局调整等项目。中央财政安排专项资金7.7亿元，用于职业教育实验培训基地建设，进一步支持职业教育改革与发展。安排专项资金32.6亿元，继续支持实施“211工程”、“985工程”等重点工程，增强高校科技创新和社会服务能力。中央财政安排专项资金36.4亿元，继续支持深化高校管理体制改革。特别是从2005年起，中央财政每年安排国家助学奖学金10亿元，进一步加强对高校经济困难学生的资助工作。2005年，全国科技支出991.56亿元，增长20.9%。其中，中央财政科技支出600.78亿元，增长21.8%。重点支持了国家科技基础条件平台建设和中国科学院“知识创新工程试点”等工作。2005年，全国文体广播事业费支出692.88亿元，增长18%。其中，中央财政文体广播事业费支出99.27亿元，增长17%。加强基层文化建设，继续支持全国文化信息资源共享工程、广播电视村村通工程、送书下乡工程等。安排专项经费2.5亿元，用于大遗址等重要文物保护。三是促进医疗卫生体系建设和制度创新。2005年，全国财政医疗卫生支出1026.99亿元，增长20.2%。中央财政安排资金42亿元，支持建立和完善突发公共卫生事件医疗救治体系、疾病信息网络体系、卫生执法监督体系。安排补助资金5.42亿元，支持新型农村合作医疗制度试点，试点范围由2004年全国县（市、区）的11.6%扩大到2005年的23.5%。同时，积极推进城乡医疗救助制度建设。安排农村计划生育奖励扶助资金3.35亿元，比2004年增长68%。特别是中央财政设立20亿元禽流感防控基金，并实施了阶段性减免税政策，切实保障了高致病性禽流感防治工作的需要，促进了家禽业恢复发展。四是保障国家政权建设。2005年中央财政安排政法专款48.1亿元，有效改善了基层政法机关的执法办案条件，并通过改进管理方法，不断提高资金的使用效益；安排专项经费4亿元，继续支持“大通关”建设，初步实现“提速、减负、增效、严密监管”的目标；安排专款9.24亿元，继续支持有关省（区、市）进行监狱体制改革试点。积极支持全国及各地区、各部门建立突发公共事件应急预案。

（四）加大转移支付力度，促进基本公共服务均等化。在认真落实西部大开发和振兴东北地区等老工业基地等各项财税优惠政策的同时，不断创新支持方式，加大支持力度。一是积极创新缓解县乡财政困难的机制。从2005年起，按照“明确责任、综合治理、激励约束、分类指导”的总体思路，中央财政安排150亿元资金，实施了以“三奖一补”为核心的政策措施，调动了地方各级政府财力安排向下倾斜、发展县域经济、精简机构和人员、完善省以下财政体制的积极性。各省（区）在保持原有对县乡财力性转移支付规模的基础上，新增安排奖励补助资金108亿元，县乡财政困难加剧的势头得以遏制并开始向好的方向转化。二是大幅度增加转移支付。2005年除税收返还和体制性补助4143.71亿元外，中央财政安排各类转移支付补助达到7329.97亿元，比2004年增长21.6%。其中财力性转移支付达到3812.72亿元，比2004年增长46.4%，用于中西部地区的比例达到90%以上。不仅推动了基本公共服务均等化，也有效缓解了县乡财政困难，促进了区域协调发展。

（五）深化财税等改革，促进完善社会主义市场经济体制。一是税收制度改革成效明显。进一步完善增值税转型改革试点方案，研究明确了东北地区工业企业固定资产折旧的税收政策，为下一步全面推开增值税转型改革积累了经验。认真研究个人所得税调整方案，经全国人大常委会批准，自2006年1月1日起，个人所得税工薪收入费用扣除额由每月800元提高至每月1600元，同时扩大纳税人自行申报范围，加强对高收入者的征管。进一步研究完善了新的企业所得税法草案和消费税政策的调整方案。此外，根据改革中出现的新情况，进一步完善出口退税负担机制。自2005年1月1日起，各地出口退税超基数部分中央、地方负担比例由75∶25改为92.5∶7.5，减轻了地方负担，促进了外贸发展。二是预算管理制度改革向纵深拓展。在中央和地方全面推进部门预算改革的基础上，稳步推进了中央部门实物费用定额改革试点，实施了项目预算滚动管理，增强了预算编制的统一性、完整性和公平性。加强财政拨款结余资金管理，稳步推进绩效考评试点工作，提高财政资金使用效益。强化非税收入管理，深化“收支两条线”管理改革取得了新进展。2005年国库集中支付制度改革扩大到所有中央部门，将3300多个基层预算单位、3700多亿元财政资金全部纳入改革实施范围，有非税收入的中央部门也全部纳入了收入收缴管理改革实施范围；36个省（自治区、直辖市）和计划单列市本级，以及200多个地级市和500多个县实行了国库集中收付制度改革。政府采购制度改革在全国范围内取得了明显成效，中央和省级政府已经完成了政府采购管理与操作机构分设、职能分离的任务；全国政府采购规模达到2500亿元，比2004年增加了364亿元，资金节约率达11%。经全国人大常委会委员长会议同意，从2006年起，采取国债余额管理方式，提高国债管理的透明度，防范财政风险。政府收支分类改革已开始在6个中央部门以及5个省市模拟试点，效果较好。“金财工程”建设步伐加快，财政核心业务系统开发应用力度加大，并初步形成了纵向连接中央、省、市（地）三级，横向连接同级相关职能部门和预算单位的网络体系，为财政管理实现信息化奠定了基础。三是大力支持国有企业改革和金融体制改革。2005年，中央财政安排资金219亿元，支持116户国有企业实施政策性关闭破产，安置职工55万人。第二批74户中央企业分离办社会职能工作顺利推进。大力支持国有企业改组改制和债转股改革，推动电力、电信、铁路、民航、邮政等行业改革，出台了支持企业改组改制、分离办社会、债转股等系列税收优惠政策。出台了调整纺织品出口结构、化解贸易摩擦的出口关税措施，支持纺织企业实施“走出去”战略。大力支持金融体制改革创新，重点支持了中国工商银行、中国银行、中国建设银行、交通银行进行财务重组和改制上市，加强对四大资产管理公司的财务管理，制定并落实了保险、证券以及资本市场发展的税收优惠政策。中央财政安排保值储蓄利息补贴29.31亿元，推动和支持29个省（区、市）深化农村信用社改革。四是积极推进住房制度改革。进一步完善住房公积金管理制度，积极运用税收政策遏止投机性炒房，促进了住房价格的基本稳定和房地产业的健康发展。

（六）积极推进依法理财，加强财政监督管理。一方面把依法理财、规范管理、严格监督和建设法治财政贯穿到财政工作的各个方面和环节，不断强化财政自身监督；另一方面，落实全国人大有关决议和审计意见，认真分析研究，采取措施整改。一是财政法律法规体系不断完善。积极贯彻落实国务院《全面推进依法行政实施纲要》，全面实施《财政违法行为处罚处分条例》，制定《财政部门全面推进依法行政依法理财实施意见》。积极推进《预算法》、《财政转移支付法》、《税收基本法》、《政府采购法实施条例》等主要财政法律法规的调研起草和修改工作。结合贯彻实施《行政许可法》，对财政行政审批事项进行了全面清理，共取消行政审批项目39项、调整审批项目6项。二是会计基础工作不断强化。积极推进会计准则、审计准则国际接轨和会计领军人才培养，加强了注册会计师行业管理和诚信建设，统一组织实施了会计师事务所执业质量和企业会计信息质量检查。三是财政监督不断深化。突出社会关注的重点资金监督，积极推进有效性监督，财政监督机制不断健全，财政监督效率不断提高。2005年共查处有问题资金606亿元，核减和收回财政资金159亿元，征收监缴中央非税收入266亿元。四是整改工作不断加强。国务院对于全国人大有关决议和审计报告所提意见和问题高度重视，要求各部门和有关单位自觉接受审计监督，认真落实审计决定，坚决纠正存在的问题。目前，各部门和有关单位已认真进行了整改。审计发现的中央预算执行中存在的问题，大部分已得到整改纠正并追究有关人员的责任。截至2005年10月底，已上缴财政各项资金11.83亿元，完善各项制度规定472项，有121人受到党纪政纪处分。有关整改情况国务院已报全国人大常委会。

2005年是“十五”计划的最后一年。回顾过去的五年，国家财政面貌发生了新的变化，主要是：国家财政实力不断壮大。全国财政收入连续突破2万亿元、2.5万亿元和3万亿元大关。“十五”时期全国财政收入为11.5万亿元，比“九五”时期增加6.4万亿元，增长126.5%，其中中央财政本级收入增长141.5%，地方财政本级收入增长111.3%。“十五”末2005年全国财政收入占GDP比重为17.3%，比“九五”末2000年的13.5%上升了3.8个百分点。全国财政支出为12.8万亿元，比“九五”时期增加7.1万亿元，增长124%，其中中央财政本级支出增长109.5%，地方财政本级支出增长130.5%。财政收入增长的稳定性和协调性进一步增强，财政发展的步伐不断加快。财政宏观调控作用不断增强。根据经济发展的客观需要，相机调整并顺利实现了积极财政政策向稳健财政政策的转变，促进了经济保持平稳较快发展。在认真总结财政政策实践的基础上，建立健全了基本适应通货膨胀、通货紧缩、供求总量基本平衡但结构不均衡等不同经济运行形态需要的，包括目标定位、政策组合、时机选择、组织实施等一系列要素在内的财政宏观调控体系。以人为本的公共支出体系不断完善。按照科学发展观和社会主义市场经济发展的要求，大力调整和优化支出结构，不断减少并逐步退出对一般竞争性、经营性领域的财政投入；大力支持义务教育、就业和社会保障、公共卫生等公益性社会事业的改革和发展；向困难地区、行业和群众倾斜，注意解决事关人民群众切身利益的突出矛盾和问题，把实现好、维护好、发展好最广大人民群众的根本利益作为财政支出的出发点和落脚点。公共财政管理体制改革不断深化。积极推进出口退税机制改革、增值税转型、个人所得税及所得税收入分享改革，深化预算管理制度改革，支持其他方面经济体制改革；推动财政法制建设、加强会计基础工作、转变财政监督方式，进一步健全了公共财政管理框架。（见图三）

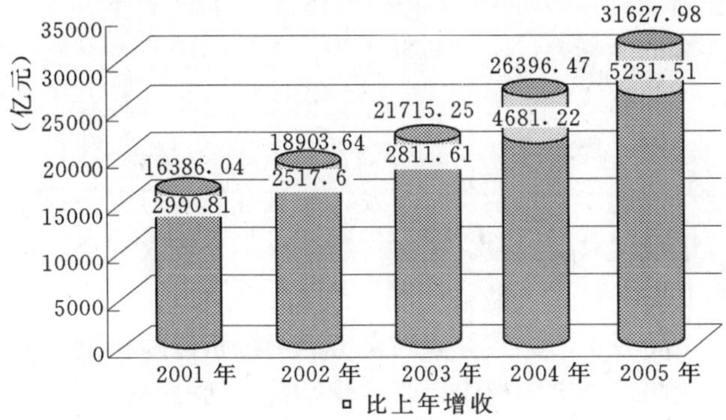

图三　“十五”期间全国财政收入大幅增加

同时，我们也清醒地认识到，财政运行和预算执行中还存在不少亟待解决的问题。一是随着我国经济社会发展进入新阶段，促进经济社会全面协调可持续发展的财政保障能力仍需提高。如对“三农”、义务教育、公共卫生、环境保护等经济社会发展薄弱环节的投入力度仍需加强。二是对提高自主创新能力、促进科技进步、转变经济增长方式的支持力度仍需加大。三是基本公共服务均等化建设步伐仍需加快。部分地区基层财政还比较困难，基层政权保障和公共服务能力有待增强。四是经济运行中仍有不少来自其他领域的显性和隐性负债，防范和化解财政风险的任务仍十分艰巨。五是预算制度和财政管理制度改革仍需深化，财政管理的规范化、科学化和透明度仍需不断提高。国务院高度重视这些矛盾和问题，要求财政部和有关部门采取切实措施加以解决。我们将增强紧迫感、使命感，加快公共财政体制建设，健全科学决策机制，着力深化改革，优化支出结构，不断提高财政管理能力和服务水平。

二、2006 年中央和地方预算草案

根据中央对经济工作的有关部署和要求，结合财政工作面临的新形势，2006 年预算编制和财政工作的总体思路是：在邓小平理论和“三个代表”重要思想指导下，认真贯彻党的十六大和十六届三中、四中、五中全会及中央经济工作会议精神，以科学发展观为统领，继续实施稳健的财政政策；狠抓增收节支，优化支出结构，切实保障重点支出需要；着力深化改革，推动经济结构调整和增长方式转变，促进经济持续快速协调健康发展和社会全面进步，为顺利实现“十一五”规划目标开好局、起好步。

根据上述总体思路，2006 年预算的主要指标安排如下：中央财政总收入 19272.04 亿元，比 2005 年增加 2022.25 亿元，增长 11.7%。其中，中央本级收入 18520.3 亿元，比 2005 年增加 1984.36 亿元，增长 12%。中央财政总支出 22222.04 亿元，比 2005 年增加 1972.63 亿元，增长 9.7%。其中，中央本级支出 9525 亿元，比 2005 年增加 749.27 亿元，增长 8.5%；对地方税收返还和补助支出 12697.04 亿元，比 2005 年增加 1223.36 亿元，增长 10.7%。中央财政收支相抵，赤字 2950 亿元，比 2005 年预算减少 50 亿元，财政赤字占 GDP 的比重预计进一步下降到 1.5%。2006 年，中央财政安排国债项目资金 600 亿元，比 2005 年减少 200 亿元（其中取消代地方政府发行国债 100 亿元），同时增加中央预算内经常性建设投资 100 亿元。中央财政国债余额 35568 亿元，比 2005 年同口径增加 2954 亿元。汇总中央和地方财政收支安排，2006 年全国财政收入 35423.38 亿元，增加 3795.4 亿元，增长 12%；全国财政支出 38373.38 亿元，增加 4665.36 亿元，增长 13.8%。（见图四）

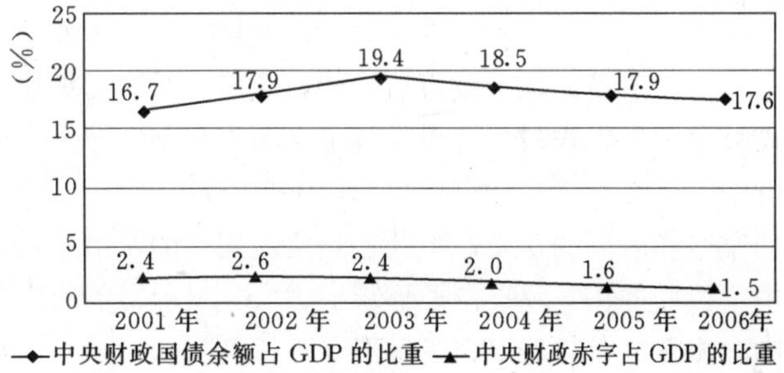

图四　中央财政国债余额、赤字占 GDP 的比重

2006 年，全国财政收入增幅安排 12%，一方面是考虑了中央确定的宏观经济预期指标，另一方面充分考虑了各种减收因素。比如，全面取消农业税、推进增值税转型改革试点、继续调整关税税率、提高个人所得税工薪所得减除费用标准等政策变化，以及足额安排出口退税和部分行业企业效益可能下滑等。这样的安排是积极稳妥的。

按照“统筹兼顾、量入为出、确保重点”的方针和实施稳健财政政策的要求，2006 年中央财政支出安排将

着力调整支出结构，有保有压，保障公共支出需要，压缩一般性开支，向农业、教育、就业和社会保障、公共卫生等经济社会发展薄弱环节倾斜；向困难地区和群体倾斜；向科技创新和转变经济增长方式倾斜。

（一）着力加强财政宏观调控，促进经济又快又好发展。根据中央经济工作会议精神和经济发展的客观需要，2006年要保持宏观经济政策的连续性和稳定性，继续实施稳健财政政策，着力推进投资、消费和出口健康发展。一是调整和优化政府投资结构。2006年中央财政预算内基建投资总规模1154亿元，包括国债项目资金600亿元和预算内投资554亿元，与2005年一致。进一步调整优化国债项目资金和中央预算内投资使用结构，发挥政府投资对落实“五个统筹”、加强薄弱环节和促进协调发展的作用，优先支持农村建设、科教文卫、资源节约、生态环境保护、西部大开发和关系“十一五”规划顺利实施的重点项目建设。二是整顿和规范收入分配秩序。适时推行公务员职级工资制改革，建立国家统一的职务与级别相结合的公务员工资制度；清理整顿津贴补贴，建立规范有序的津贴补贴发放制度和监督制约机制；推进事业单位收入分配制度改革，完善艰苦边远地区津贴制度，促进公平收入分配，更好地发挥消费对经济的拉动作用。三是巩固和发展出口退税负担机制改革成果。2006年中央财政安排出口退税指标4264亿元，用于保障对出口企业及时足额退税所需资金。各地特别是省级财政也要按体制规定足额保障出口退税所需资金。同时，进一步发挥关税等税收政策作用，支持推进外贸代理制，转变外贸发展方式，促进外贸健康发展。

（二）着力加大政策扶持和资金投入力度，加快建设社会主义新农村。建设社会主义新农村是党的十六届五中全会提出的一项宏伟目标，不仅有利于农业、农村的发展和农民的富裕，更关系到实现国家的长治久安和中华民族的伟大复兴。要逐步扩大公共财政覆盖农村范围，建立健全财政支农资金稳定增长机制。2006年，将继续保持新增教育、文化、卫生支出主要用于农村等政策的连续性、稳定性，并加大投入力度，突出在“多予”和“放活”上做文章，引导和调动社会各方面增加“三农”投入的积极性。全年中央财政预算安排用于“三农”的支出将达3397亿元，比2005年实际执行数增加422亿元，增长14.2%，高于中央财政总收入、总支出的增长水平，占中央财政总支出增量的21.4%。一是在全国范围内全面取消农业税。延续了2600多年的农业税走进了“历史博物馆”。农村税费改革使8亿农民每年减轻负担约1250亿元。2006年将积极研究提出烟叶特产税替代方案，实施国有农场税费改革，全面推进农村综合改革。为此，中央财政每年将安排转移支付资金782亿元，地方财政也将安排相应支出。二是完善并加强“三补贴”政策。扩大粮食直补资金规模，安排13个粮食主产省（区）的粮食直补资金125亿元，比2005年增加10亿元，全部达到本省（区）粮食风险基金总规模的50%；中央财政安排良种补贴资金40.7亿元，比2005年增加2亿元；安排农机具购置补贴资金6亿元，比2005年增加一倍，并扩大补贴范围，调整补贴重点；积极研究探索建立对农民种粮收益综合补贴制度。三是支持扩大新型农村合作医疗试点。将试点范围扩大到全国40%的县（市、区），中央和地方财政补助标准均由10元提高到20元，中央财政相应安排资金47.3亿元，增长7倍多。加强农村医疗救助工作，缓解特困群众“因病致贫、因病返贫”的问题。四是积极支持农业综合生产能力建设。增加农业和农村基础设施建设、生态建设、农业科技进步、农业综合开发、扶贫开发等方面的投入，促进现代农业建设。同时，进一步整合支农资金，提高支农资金使用效益。

（三）着力建立农村义务教育经费保障机制，全部免除西部地区农村中小学生学杂费。加强农村义务教育，是关系经济社会发展全局的一项战略任务，是实现“十一五”规划战略目标和全面建设小康社会的重大举措。从2006年至2010年，将按照“明确各级责任、中央地方共担、加大财政投入、提高保障水平、分步组织实施”的原则，逐步将农村义务教育全面纳入公共财政保障范围，建立中央和地方分项目、按比例分担的农村义务教育经费保障机制。改革的主要内容是：对农村义务教育阶段学生免收学杂费，对贫困家庭学生提供免费课本和寄宿生活费补助；提高农村中小学公用经费保障水平；建立农村中小学校舍维修改造的长效机制；进一步巩固完善现行教师工资保障机制。同时全面建立农村中小学预算编制制度，积极推进教育综合改革。为确保改革的顺利实施，中央财政将对中西部地区农村义务教育经费保障机制改革承担主要的投入责任，对东部困难地区也给予支持。按照“两年实现，三年完善”的进度安排，分年度、分地区推进。2006年西部地区12个省（区、市）首先全面推行农村义务教育经费保障机制改革，并在全国范围内启动和实施农村中小学校舍维修改造机制。2007年全国农村将全面实行免费义务教育。不包括教师调资的因素，预计全国财政2006年至2010年累计新增农村义务教育经费将达2182亿元。大力支持职业教育，加大对职业教育实验培训基地建设的支持力度，进一步完善职业院校经济困难学生资助政策。为此，中央财政安排实验培训基地建设资金7.4亿元、职业教育助学奖学金 8 亿元，合计比 2005 年增加 7.7 亿元。同时，进一步支持提高高等教育质量。

（四）着力支持就业再就业和社会保障工作，促进构建和谐社会。加强就业再就业和社会保障工作，是维护群众利益、促进社会公平、构建社会主义和谐社会的重要措施。2006 年，中央财政安排社会保障补助支出和就业再就业支出 1859.82 亿元，比 2005 年增加 236.23 亿元，增长 14.5%。一是继续做好就业再就业工作。落实新的就业再就业扶持政策，妥善解决国有企业下岗职工有关历史遗留问题。二是完善企业职工基本养老保险制度。抓好做实基本养老保险个人账户试点工作；研究制定事业单位养老保险制度改革方案。三是结合推行公务员职级工资改革，相应提高部分困难群众的待遇。四是认真帮助解决困难群众基本生活问题。加快城市社区卫生事业发展和城乡医疗救助制度建设步伐，逐步解决群众“看病难、看病贵”的问题；推进社会救助体系建设，进一步巩固城市低保应保尽保成果；深入研究解决被征地农民的社会保障工作。支持实行城乡平等的就业制度，抓紧研究并逐步解决进城务工农民社会保障问题，依法将务工农民全部纳入工伤保险范围，探索适合务工农民特点的大病医疗保障和养老保障办法。有条件的地方要积极探索建立农村最低生活保障制度；继续做好优抚安置和军转干部解困工作，大力支持安全生产和抗灾救灾。五是全力支持防控高致病性禽流感工作。进一步加大投入，支持公共卫生体系建设，提高重大疾病预防控制能力。确保防控经费和相关基础设施建设需要，同时采取有效财税政策措施扶持家禽业发展，研究支持建立统筹人、畜、禽疫病防治、城乡一体的公共卫生体系。

（五）着力促进自主创新，推动经济增长方式转变。提高自主创新能力是提升科技水平和国家核心竞争力的关键，是调整产业结构，转变经济增长方式的中心环节，也是促进经济持续平稳较快增长，实现经济可持续发展的必由之路。一是大力增加财政科技投入。根据《国家中长期科学和技术发展规划纲要（2006～2020 年）》和“十一五”科技发展规划的要求，2006 年中央财政科技支出安排 716.04 亿元，比 2005 年增加 115.26 亿元，增长 19.2%，地方财政也相应增加投入。通过这一政策信号更好引导全社会重视科技创新和增加科技投入。加大对基础研究、前沿技术研究、社会公益研究以及科技基础条件和科学技术普及的支持力度。合理安排科研机构（基地）正常运转经费、科研项目经费、科研基础条件经费的比例，稳定、持续地支持基础研究和社会公益类研究机构。切实改进资金管理，提高科技资金使用效益，逐步建立财政科技资金的绩效评价体系。二是充分发挥税收政策促进科技进步的作用。充分利用税收扶持措施，鼓励和引导企业增加科技投入，开发具有自主知识产权的关键技术；研究制定扶持企业技术创新活动以及鼓励创业投资企业发展的税收政策；完善进出口税收政策，鼓励能源和资源性产品、先进技术设备及其零部件的进口，限制高能耗、高污染以及资源性产品的出口；进口税收优惠政策要逐步从对进口整机设备的优惠，转变到对国内企业开发具有自主知识产权产品、装备所需重要原材料、关键零部件的优惠上来。三是完善企业财务和分配制度。加快企业财务制度改革，建立符合现代企业制度、有利于企业自主创新的财务管理制度体系；改革和完善企业分配制度，允许企业对有突出贡献的科技骨干实行股权激励等政策，鼓励企业引进科技人才；拓展政府采购政策的扶持功能，支持国内具有自主知识产权的重要高新技术装备及产品的生产。四是积极制定并实施支持循环经济发展的财税政策。推动理顺资源价格，建立合理反映资源稀缺程度的价格形成机制；逐步实行矿业权有偿取得制度，促进矿产资源的合理利用和综合开发；逐步加大对清洁生产、可再生资源和新能源开发等项目的支持力度，并整合资金，重点用于支持与发展循环经济有关的科技研发、技术推广和重大项目建设示范；运用有关财税政策措施，引导形成有利于节约资源、减少污染的生产和消费模式。大力支持建立健全生态建设和环境保护政策机制。按照“污染者付费”原则，充分考虑资源的稀缺性和环境成本，逐步提高排污收费水平，将环境要素成本化；按照“谁开发谁保护、谁利用谁补偿”的原则，逐步建立健全我国生态补偿机制；以支持推进城市污水、垃圾处理产业化为突破口，推进污染治理市场化；加大对污染防治、生态建设、环境保护试点示范及其监管能力建设的资金投入。

（六）着力加大转移支付力度，促进区域协调发展。实现基本公共服务均等化，促进地区协调发展，是公共财政的目标，更是构建和谐社会的要求。一是加大对欠发达地区的财政支持力度，促进革命老区、民族地区、边疆地区和贫困地区加快发展。2006 年，中央财政对地方主要是中西部地区一般性转移支付资金将达到 1359 亿元，比 2005 年增加 238 亿元，增长 21.2%；对民族地区转移支付资金将达到 200 亿元，比 2005 年增加 40.77 亿元，增长 25.6%。二是增加扶贫开发投入。2006 年，中央财政安排扶贫开发资金 137 亿元，比 2005 年增加 7 亿元。重点支持以改善贫困人口生产生活条件为主要目标的贫困村基础设施建设，支持以改进农业生产组织方式、提高贫困群众生产能力和收入水平为主要目标的贫困地区农业产业化发展，支持农村贫困劳动力转移培训等。三是认真落实区域发展总体战略的各项财税政策措施。重点落实西部大开发、振兴东北地区等老工业基地的财税优惠政策。积极研究制定促进中部地区崛起的财税政策；支持东部率先发展。

（七）着力支持改革，完善社会主义市场经济体制。改革是发展的动力，也是实现科学发展的重要保证。一是大力支持国有企业改革。中央财政安排资金 338 亿元，继续推进国有企业政策性关闭破产和中央企业分离办社会工作。组织开展解决东北地区厂办大集体问题试点。二是支持深化金融体制改革。重点研究改革国有金融资产管理体制，促进建立政策性银行自我约束及可持续发展机制。支持深化农村金融体制改革，增强服务功能。三是进一步完善税收制度。尽快在全国范围内实施将企业新增机器设备所含税款纳入增值税抵扣范围的改革方案。出台实施个人所得税工薪所得费用扣除标准的调整方案。择机实施消费税改革，对部分资源性产品和高档消费品征收消费税。积极推进部分地区实施物业税模拟评税试点工作，积极推进资源税、车船税、耕地占用税等改革。积极推进企业所得税“两法”合并改革。继续大力支持粮食流通、事业单位、外贸、邮政、住房等体制改革创新。

（八）着力加大财政保障力度，加强政权建设。为巩固和扩大缓解县乡财政困难成果，继续完善“三奖一补”政策，2006 年中央财政安排奖补资金 210 亿元，比 2005 年增加 60 亿元。同时，积极研究各级政府间支出责任、收入划分，重点完善省以下财政管理体制。为加强基层政法机关建设，安排贫困地区公检法司专项支出 59.3 亿元，比 2005 年增加 11.2 亿元，增长 23.3%；为提高我军在高技术条件下的防卫作战和应对突发事件的能力，维护国家主权和领土完整，适当提高军人待遇，安排国防支出 2807.29 亿元，比 2005 年增加 360.25 亿元，增长 14.7%；为加强国际间交流与合作，安排对外援助支出 85 亿元，比 2005 年增加 10.3 亿元，增长 13.8%；为提高国家应急保障能力，中央财政预备费安排 150 亿元，比 2005 年增加 50 亿元，地方也相应增加。中央财政还将积极保障落实科学发展观、服务改革发展稳定大局的其他重点支出需要。

三、扎实工作，确保圆满完成 2006 年预算

根据 2006 年政府工作的总体要求，将重点抓好以下财政工作：

（一）狠抓税收、非税收入征管，促进财政收入稳定增长。在大力支持经济发展、做大经济“蛋糕”的基础上，依法加强收入征管，做到应收尽收，防止跑冒滴漏；严格控制减免税，抓紧清理到期的税收优惠政策，坚决制止和纠正擅自出台“先征后返”等变相减免税政策；大力整顿和规范税收秩序，严厉打击各种偷骗税等违法活动。进一步加强非税收入管理，继续深挖非税收入的增收潜力。研究制定规范的非税收入管理办法，进一步拓展非税收入管理范围，逐步将国有资产有偿使用收入、国有资本经营收益、特许经营收入、罚没收入、捐赠收入纳入非税收入管理范围；进一步严格“收支两条线”管理，特别是做好教育、农民、企业负担等各项减负治乱的专项治理工作。加强收入动态监管，不断提高收入监管分析质量，堵塞各种漏洞，确保财政收入稳定增长，逐步实现税收收入和非税收入的统筹安排，提高各级政府的调控能力。编制执行好财政发展第十一个五年规划，积极探索处理乡村债务的有效措施和办法，防范和化解财政风险，促进财政可持续发展。

（二）确保落实“五个统筹”需要，坚决反对铺张浪费。尽管近年来经济总量越来越大、财政收入快速增长，但我们仍需保持清醒头脑，增强忧患意识。我国还处在社会主义初级阶段，维护稳定、促进发展、支持改革、落实“五个统筹”等各方面都需要财政支持和保障，增支压力很大，绝不能因为财政收入形势相对好一些就可以敞开口子花钱。要严格按预算确保农村义务教育经费保障机制改革、扩大新型农村合作医疗制度改革试点、促进科技创新等各项重点支出需要。不仅中央财政将足额保证，地方也要足额安排所需资金，绝不能留硬缺口。同时，切实按照“两个务必”的要求，严格支出管理，狠抓勤俭节约，重点压缩会议费、招待费、公务用车等支出，切实采取措施控制不务实的论坛、节庆和国际会议，坚决防止形象工程、政绩工程，反对盲目建设和重复建设。积极推进绩效考评工作，坚决制止铺张浪费、挥霍资金的行为，提高财政资金使用的规范性、安全性和有效性，推动构建节约型社会。

（三）实施新的政府收支科目，进一步深化预算管理制度改革。政府收支科目分类改革是预算管理制度的一次创新，对提高政府预算的透明度，加强预算管理和监督，从源头上治理腐败，促进社会主义民主政治建设都具有重要意义。认真总结 2005 年政府收支科目分类改革模拟试点经验，完善相关办法，逐步建立科学规范的政府收支分类体系，正式启用新科目编制 2007 年政府预算。进一步深化部门预算和财政国库管理制度改革。中央和省两级将国库集中支付制度改革范围扩大到所有基层预算单位，逐步将其全部财政性资金纳入改革范围；地市级也都将实施这一改革，同时积极向县一级推进。大力推进财税库横向联网和非税收入收缴管理制度改

革，建立健全收入收缴监管机制。规范政府采购管理，运用政府采购政策功能，加强政府采购政策的国际协调与合作，政府采购规模力争突破3000亿元。推动实施国债余额管理工作，建立科学、灵活的国债管理机制。积极推进"金财工程"建设，完善财政信息管理的网络平台和安全体系。切实加强行政事业单位国有资产管理，完善行政事业单位国有资产管理的规章制度，全面开展行政事业单位清产核资。积极研究建立国有资本经营预算制度的有关问题。

（四）狠抓依法理财，加强财政监督管理和会计基础工作。认真贯彻国务院《全面推进依法行政实施纲要》，积极推进修订《预算法》和《企业所得税法》立法进程，进一步完善财政法律体系。按照党中央、国务院的统一部署，积极推动政务公开工作，制定并出台有关具体实施办法，自觉接受社会监督。建立健全财政监督机制，把财政监督贯穿于财政运行的各个环节，实现对财政资金运行事前、事中和事后的全过程监控，充分发挥财政监督在推进完善市场经济体制、整顿和规范市场经济秩序、确保财政宏观政策执行、提高财政资金效益等方面的积极作用。制定发布新的会计准则和审计准则，形成适应社会主义市场经济发展要求、与国际接轨的会计准则和审计准则体系。加强诚信建设和职业道德教育，健全企业和会计师事务所内部控制制度和文化体系，搞好注册会计师、注册评估师行业管理和建设，严格行业监管，提高信息质量，增强社会公信力。在加强财政管理制度创新的同时，自觉接受全国人大和审计部门的监督，增强使命感、紧迫感，提高为民理财的责任意识，加强对财政资金使用的监督管理，完善内控机制，不断推进财政管理工作的规范化，预防各类违反财经法规的问题。

2006年是"十一五"的开局起步之年。圆满完成预算和各项财政工作任务意义重大。我们要在以胡锦涛同志为总书记的党中央领导下，高举邓小平理论和"三个代表"重要思想伟大旗帜，牢固树立和认真贯彻科学发展观，按照十届全国人大四次会议对经济财政工作提出的各项要求，自觉接受人民代表大会对财政工作的监督和指导，认真听取人民政协的意见和建议，切实转变工作作风，深入开展调查研究，努力服务大局、做大经济财政蛋糕、以人为本、开拓创新、主动服务，为促进国民经济持续快速协调健康发展和"十一五"规划目标的顺利实现作出积极贡献！

中华人民共和国2005年国民经济和社会发展统计公报

中华人民共和国国家统计局

（2006年2月28日）

2005年，全国各族人民在党中央、国务院的领导下，以邓小平理论和"三个代表"重要思想为指导，以科学发展观统领经济社会发展全局，认真贯彻落实加强和改善宏观调控的各项政策措施，国民经济和社会发展取得明显成效。经济保持平稳较快增长，重要领域和关键环节的改革有所突破，就业和社会保障工作进一步加强，城乡居民生活不断改善，对外开放继续扩大，各项社会事业得到加强，实现了年初确定的国民经济和社会发展的预期目标，较好地完成了"十五"时期的主要任务，为"十一五"时期经济社会发展奠定了良好基础。但经济结构不合理、增长方式粗放等问题仍比较突出。

一、综　　合

初步核算，全年国内生产总值182321亿元，比上年增长9.9%（见图1）。其中，第一产业增加值22718亿元，增长5.2%；第二产业增加值86208亿元，增长11.4%；第三产业增加值73395亿元，增长9.6%。第一、第二和第三产业增加值占国内生产总值的比重分别为12.4%、47.3%和40.3%。

全国居民消费价格总水平比上年上涨1.8%（见表1），其中服务价格上涨3.3%。商品零售价格上涨0.8%。工业品出厂价格上涨4.9%。原材料、燃料、动力购进价格上涨8.3%。固定资产投资价格上涨1.6%。农产品生产价格上涨1.4%。70个大中城市房屋销售价格上涨7.6%。

年末全国就业人员75825万人，比上年末增加625万人。其中城镇就业人员27331万人，新增加970万人，净增加855万人。年末城镇登记失业率为4.2%，与上年末持平。

年末国家外汇储备达到8189亿美元，比上年末增加2089亿美元。2005年7月21日，对人民币汇率形成机制进行了改革，年末人民币对美元汇率为8.0702，比上年末升值2.56%。

全年各项税收收入30866亿元（不包括关税和农业税），比上年增加5148亿元，增长20.0%。全国规模以上工业企业实现利润14362亿元，比上年增长22.6%；销售利润率为5.9%，比上年降低0.1个百分点。

二、农　　业

全年粮食种植面积10427万公顷，比上年增加267万公顷；棉花种植面积506万公顷，减少63万公顷；油料种植面积1431万公顷，减少12万公顷；糖料种植面积156万公顷，减少1万公顷；蔬菜种植面积1774万公顷，增加18万公顷。

全年粮食产量48401万吨，比上年增加1454万吨，增产3.1%（见图2）；棉花产量570万吨，减产9.8%；油料产量3078万吨，增产0.4%；糖料产量9551万吨，减产0.2%。蔬菜、水果在品种优化的基础上平稳发展(见表2）。

全年肉类总产量7700万吨，比上年增长6.3%。其中，牛、羊肉分别增长5.6%和9.3%。全年水产品产量5100万吨，增长4.0%。全年木材产量4746万立方米，比上年减少8.7%。

全年新增有效灌溉面积102万公顷，新增节水灌溉面积123万公顷。

三、工业和建筑业

全年全部工业增加值76190亿元，比上年增长11.4%（见图3)。规模以上工业增加值66425亿元，增长16.4%（见表3）；产品销售率98.1%，与上年持平。

全年一次能源生产总量20.6亿吨标准煤，比上年增长9.5%；发电量24747亿千瓦小时，增长12.3%；原煤21.9亿吨，增长9.9%；原油1.81亿吨，增长2.8%。

主要原材料产品中，粗钢产量3.52亿吨，比上年增长24.6%；钢材3.97亿吨，增长24.1%；水泥10.6亿吨，增长10.0%；十种有色金属增长13.2%；硫酸、纯碱、烧碱、乙烯等主要化工产品增长9.9%～21.4%。

汽车产量570万辆，比上年增长12.1%，其中轿车277万辆，增长19.7%。

程控交换机、移动通信手持机、微型电子计算机等高技术产品产量分别比上年增长1.3%～35.3%（主要工业产品产量见表4）。全年规模以上工业中，高技术产业增加值7839亿元，比上年增长19.8%。

全年规模以上工业企业中，国有及国有控股企业实现利润6447亿元，比上年增长17.4%；集体企业实现利润551亿元，增长32.0%；股份制企业实现利润7420亿元，增长28.7%；外商及港澳台投资企业实现利润3967亿元，增长6.9%；私营企业实现利润1975亿元，增长47.3%。

全年全社会建筑业实现增加值10018亿元，比上年增长11.9%。全国具有资质等级的总承包和专业承包建筑业企业实现利润818亿元，增长13.8%；上缴税金1099亿元，增长17.4%。

四、固定资产投资

全年全社会固定资产投资88604亿元，比上年增长25.7%（见图4）。其中，城镇投资75096亿元，增长27.2%；农村投资13508亿元，增长18.0%。

在城镇投资中，国有及国有控股投资40047亿元，比上年增长17.5%。第一产业投资823亿元，增长27.5%；第二产业投资31598亿元，增长38.4%；第三产业投资42675亿元，增长20.0%。分行业看，煤炭开采及洗选业投资比上年增长65.6%；电力、热力的生产与供应业投资增长33.7%；石油和天然气开采业投资增长29.7%；铁路运输业投资增长45.7%；交通运输设备制造业投资增长51.1%；纺织业投资增长38.0%；教育投资增长8.4%；卫生投资增长28.9%。

全年房地产开发投资15759亿元，比上年增长19.8%。商品房竣工面积48793万平方米，增长14.9%。商品房销售额18080亿元。其中，现房销售额占35.5%，期房占64.5%。

三峡电站工程已投产运行14台发电机组，累计发电940亿千瓦时；西电东送北通道、中通道、南通道共形成输送能力超过3250万千瓦；青藏铁路全线铺通，结束了西藏地区不通铁路的历史；南水北调东、中线一期工程累计完成投资38亿元；治淮骨干工程累计完成投资250亿元。

五、国内贸易

全年社会消费品零售总额达到67177亿元，比上年增长12.9%，扣除价格上涨因素，实际增长12.0%（见图5）。分城乡看，城市消费品零售额45095亿元，增长13.6%；县及县以下消费品零售额22082亿元，增长11.5%。分行业看，批发零售业零售额56589亿元，增长12.6%；餐饮业零售额8887亿元，增长17.7%；其他行业零售额1701亿元，增长0.4%。

在限额以上批发零售业零售额中，汽车类零售额比上年增长 16.6%，石油及制品类增长 34.4%，文化办公用品类增长 11.4%，通讯器材类增长 19.9%，家用电器和音像器材类增长 14.8%，建筑及装潢材料类增长 22.1%，日用品类增长 11.9%，家具类增长 13.3%，食品、饮料、烟酒类增长 13.6%，服装类增长 19.6%，化妆品类增长 19.1%，金银珠宝类增长 13.9%。

六、对外经济

全年进出口总额 14221 亿美元，比上年增长 23.2%（见图 6）。其中，出口 7620 亿美元，增长 28.4%；进口 6601 亿美元，增长 17.6%。出口大于进口 1019 亿美元（见表 6）。在全国进出口总额中，外商投资企业的进出口额为 8317 亿美元，比上年增长 25.4%。其中，出口额 4442 亿美元，增长 31.2%；进口额 3875 亿美元，增长 19.4%。

全年批准外商直接投资项目 44001 个，比上年增长 0.8%（见图 7）；实际使用金额 603 亿美元，下降 0.5%（见表 8）。在实际使用外商直接投资金额中，制造业和房地产业所占比重分别为 70.4%和 9%，分别比上年下降 0.6 和 0.8 个百分点；租赁和商务服务业、交通运输仓储和邮政业所占比重分别为 6.2%和 3%，分别上升 1.6 个百分点和 0.9 个百分点。

全年对外直接投资额（非金融部分）69 亿美元，比上年增长 25.8%。

全年对外承包工程完成营业额 218 亿美元，比上年增长 24.6%；对外劳务合作完成营业额 48 亿美元，增长 27.5%。

七、交通、邮电和旅游

全年交通运输、仓储及邮电通信业增加值 13805 亿元，比上年增长 12.4%（见表 9、表 10）。

全年港口完成货物吞吐量 49 亿吨，比上年增长 17.7%，其中外贸货物吞吐量 13.6 亿吨，增长 18.0%。

年末全国民用汽车保有量达到 4329 万辆（包括三轮汽车和低速货车 1149 万辆），比上年末增长 20.6%。年末私人汽车保有量 2365 万辆，增长 22.0%。

全年完成邮电业务总量 12199 亿元，比上年增长 24.6%。其中，邮政业务总量 624 亿元，增长 10.1%；电信业务总量 11575 亿元，增长 25.4%。全年新增局用交换机 4608 万门，总容量达到 4.7 亿门。新增固定电话用户 3868 万户，年末达到 35043 万户。其中，城市电话用户 23977 万户，农村电话用户 11066 万户。新增移动电话用户 5860 万户，年末达到 39343 万户。年末全国固定及移动电话用户总数达到 74386 万户，比上年末增加 9728 万户。电话普及率达到 57 部/百人（见图 8）。

全年入境人数 12029 万人次，比上年增长 10.3%。其中，外国人 2026 万人次，增长 19.6%；香港、澳门和台湾同胞 10003 万人次，增长 8.6%。在入境旅游者中，过夜人数 4681 万人次，增长 12.1%。国际旅游外汇收入 293 亿美元，增长 13.8%。全年国内出境人数达 3103 万人次，增长 7.5%。其中因私出境 2514 万人次，增长 9.4%，占出境人数的 81.0%。全年国内出游人数达 12 亿人次，增长 10.0%；国内旅游总收入 5286 亿元，增长 12.2%。国际国内旅游总收入 7686 亿元，增长 12.4%。

八、金融、证券和保险

年末广义货币供应量（M_2）余额为 29.9 万亿元，比上年末增长 17.6%；狭义货币供应量（M_1）余额为 10.7 万亿元，增长 11.8%；流通中现金（M_0）余额为 2.4 万亿元；增长 11.9%。年末全部金融机构本外币各项存款余额 30.0 万亿元，增长 18.2%；全部金融机构本外币各项贷款余额 20.7 万亿元，增长 12.8%（见表 11、图 9）。

全年农村金融合作机构（农村信用社、农村合作银行、农村商业银行）人民币贷款余额 2.2 万亿元，比上年末增加 3451 亿元。全部金融机构人民币消费贷款余额 2.2 万亿元，增加 1996 亿元。其中个人住房贷款余额 1.84 万亿元，增加 2444 亿元。

全年企业通过证券市场发行、配售股票共筹集资金 1883 亿元，比上年增加 363 亿元。其中，发行 A 股（包括增发及可转债）20 只，配股 2 只，筹集资金 338 亿元，减少 498 亿元；发行 H 股 24 只，筹集资金 1545 亿元，增加 887 亿元。年末境内上市公司（A、B 股）数量由上年末的 1377 家增加到 1381 家，市价总值 32430 亿元，比上年末减少 12.5%。全年发行一年期以上企业债券 654 亿元，比上年增加 332 亿元。

全年保险公司保费收入 4927 亿元，比上年增长 14.0%，其中寿险业务保费收入 3244 亿元；健康险和意外伤害险业务保费收入 453 亿元；财产险业务保费收入 1230 亿元。支付各类赔款及给付 1130 亿元，其中寿险业务给付 307 亿元；健康险和意外伤害险赔款及给付 151 亿元；财产险业务赔款 672 亿元。

九、教育和科学技术

全年普通高等教育招生 505 万人，在校生 1562 万人，毕业生 307 万人。普通高中招生 878 万人，在校生 2409 万人，毕业生 662 万人。普通小学招生 1672 万人，在校生 10864 万人，毕业生 2020 万人（见表 12）。

全年研究与试验发展（R&D）经费支出2367亿元，比上年增长20.4%，占国内生产总值的1.30%，其中基础研究经费135亿元。年末国有企事业单位共有各类专业技术人员2720万人。全年国家安排了288项科技攻关计划课题和911项“863”计划课题。新建国家工程研究中心19个。新安排国家重点实验室改造项目16项，累计达到143项。国家认定企业技术中心达到361家。全年共取得省部级以上科技成果3.6万项。全年受理国内外专利申请47.6万件，其中国内申请38.3万件，占80.5%；受理国内外发明专利申请17.3万件，其中国内申请9.3万件，占53.8%。全年共签订技术合同26.5万项，技术合同成交金额1510亿元，比上年增长13.2%。全年成功发射卫星5次。神舟六号载人航天飞行取得圆满成功，标志着我国在一些重要科技领域达到世界先进水平。

年末全国共有产品检测实验室18932个，其中国家检测中心293个。全国现有产品质量、体系认证机构177个，已累计完成对4.7万个企业的产品认证。全国共有法定计量技术机构4037个，全年强制检定计量器具3491万台（件）。全年制定、修订国家标准1304项，其中新制定673项。全国共有各类气象台站9881个，其中自动观测站7246个；天气雷达观测站点258个，卫星云图接收站点440个。全国共有地震台站1253个，地震遥测台网31个。全国共有8376个海洋观测站、监测站位。测绘部门公开出版地图1667种，测绘图书497种。

十、文化、卫生和体育

年末全国共有艺术表演团体2577个，文化馆2868个，公共图书馆2736个，博物馆1556个。广播电台273座，电视台302座，教育台50个。全国有线电视用户12569万户，有线数字电视用户413万户。年末广播综合人口覆盖率为94.5%；电视综合人口覆盖率为95.8%。全年生产故事影片260部，科教、纪录、美术片42部；生产特种影片14部。出版各类报纸404亿份，各类期刊27.5亿册，图书64亿册（张）。年末全国共有档案馆4012个，已开放各类档案6016万卷（件）。

年末全国共有卫生机构30万个，其中医院、卫生院6万个，妇幼保健院（所、站）2964个，专科疾病防治院（所、站）1470个。医院和卫生院床位307.0万张。卫生技术人员445.6万人，其中执业医师和执业助理医师193.8万人，注册护士134.0万人。全国疾病预防控制中心（防疫站）3592个，卫生技术人员16.1万人；卫生监督所1925个，卫生技术人员3.8万人；乡镇卫生院4.0万个，床位65.3万张，卫生技术人员84.8万人。截至2005年9月底，全国共有671个县（市）开展了新型农村合作医疗试点工作，有1.77亿农民参加了合作医疗。全年共有13个省区发生高致病性禽流感疫情；人感染高致病性禽流感累计发病7人，死亡5人。

全年我国运动员在世界锦标赛、世界杯赛的22个项目中获得106个世界冠军。全年共有8人2队21次创15项世界纪录。全民健身运动更加活跃。

十一、人口、人民生活和社会保障

年末全国总人口为130756万人，比上年末增加768万人（见表13）。全年出生人口1617万人，出生率为12.40‰；死亡人口849万人，死亡率为6.51‰；自然增长率为5.89‰。

全年农村居民人均纯收入3255元，扣除价格上涨因素，比上年实际增长6.2%；城镇居民人均可支配收入10493元，实际增长9.6%。农村居民家庭恩格尔系数（即居民家庭食品消费支出占家庭消费总支出的比重）为45.5%，城镇居民家庭恩格尔系数为36.7%（见表14）。按年人均纯收入低于683元的标准，年末农村贫困人口为2365万人，比上年末减少245万人；按年人均纯收入684～944元的标准，年末农村低收入人口为4067万人，比上年末减少910万人。

年末全国参加城镇基本养老保险人数为17444万人，比上年末增加1091万人。其中参保职工13082万人，参保的离退休人员4362万人。全国参加城镇基本医疗保险的人数为13709万人，增加1305万人。其中参保职工9959万人，参保退休人员3750万人。全国参加失业保险的人数为10648万人，增加64万人。全国参加工伤保险的人数为8390万人，增加1545万人。

年末全国企业参加基本养老保险离退休人员4002万人，实现了基本养老金全部按时足额发放；全年进入再就业服务中心的下岗职工全部按时足额领到了基本生活费，并由中心代缴了社会保险费；年末全国领取失业保险金人数为362万人。全年共有2233万城镇居民得到政府最低生活保障，比上年增加27.8万人。

年末全国各类收养性社会福利单位床位150万张，收养各类人员116万人。城镇建立各种社区服务设施17万个，其中综合性社区服务中心9705个。全年销售社会福利彩票411亿元，筹集社会福利资金144亿元，直接接收社会捐赠款29亿元。

十二、资源、环境和安全生产

全年实际建设占用耕地13.9万公顷，比上年减少4.1%。灾毁耕地5.4万公顷。生态退耕39万公顷，因农业结构调整减少耕地 1.2 万公顷。查出往年建设未变更上报的建设占用耕地 7.3 万公顷。土地整理复垦开发补充耕地 30.7 万公顷。当年净减少耕地 36.2 万公顷。

全年水资源总量 27430 亿立方米，比上年增长 13.7%；人均水资源 2098 立方米，增长 13.0%。全年平均降水量 628 毫米，增长 4.6%。年末全国 454 座大型水库蓄水总量2227亿立方米，比上年末增加283亿立方米。全年总用水量5578亿立方米，比上年增长 0.5%。其中，生活用水增长 6.9%，工业用水增长 3.7%，农业用水减少 1.6%。万元 GDP 用水量 357 立方米，下降 8.7%。全国人均用水量为427立方米，与上年持平。全年曾有2163万人口、1969 万头大牲畜发生临时性饮水困难。

国土资源调查及地质勘查新发现大中型矿产地 169 处，其中，能源矿产地 40 处，金属矿产地 58 处，非金属矿产地 64 处，水气矿产地 7 处。有 72 种矿产新增查明资源储量，其中，石油 9.43 亿吨，天然气 5263 亿立方米，原煤 698 亿吨。

全年完成营造林面积 637 万公顷。六大林业重点工程营造林面积 543 万公顷，占全年营造林面积的 85.2%。全国共批准国家级生态示范区 166 个，自然保护区达到 2349 个，其中国家级自然保护区 243 个，自然保护区面积 14995 万公顷，占国土面积的 15%。国家地质公园达 138 个，其中新批准 53 个。新增综合治理水土流失面积 4.4 万平方公里，新增实施水土流失地区封育保护面积 6.3 万平方公里。

初步测算，全年能源消费总量 22.2 亿吨标准煤，比上年增长 9.5%（见图 10）。其中，煤炭消费量 21.4 亿吨，增长 10.6%；原油 3.0 亿吨，增长 2.1%；天然气 500 亿立方米，增长 20.6%；水电 4010 亿千瓦小时，增长 13.4%；核电 523 亿千瓦小时，增长 3.7%。主要原材料消费中，钢材 4.0 亿吨，增长 20.1%；氧化铝 1561 万吨，增长 21.7%；水泥 10.5 亿吨，增长 9.0%。万元 GDP 能耗 1.43 吨标准煤，与上年持平。

七大水系的 411 个水质监测断面中，有 41%的断面满足国家地表水 3 类标准，比上年下降 1 个百分点；32%的断面为 4～5 类水质，上升 2 个百分点；超过 5 类水质的断面比例占 27%，下降 1 个百分点。

全国近岸海域 293 个海水水质监测点中，达到国家一类、二类海水水质标准的监测点占 67.3%，比上年上升 17.7 个百分点；三类海水占 8.9%，下降 6.5 个百分点；四类、劣四类海水占 23.8%，下降 11.0 个百分点。全国海域未达到清洁海域水质标准的面积为 13.9 万平方公里，比上年减少 17.8%，其中，严重污染海域面积约为 2.9 万平方公里。对 18 个海洋生态监控区监测表明，主要海湾、河口及滨海湿地生态系统均处于不健康或亚健康状态。

在监测的 523 个城市中，有 344 个城市空气质量达到二级以上（含二级）标准，占监测城市数的 65.8%；有 133 个城市为三级，占 25.4%；有 46 个城市为劣三级，占 8.8%。在监测的 350 个城市中，城市区域声环境质量为重度污染的占 0.9%，中度污染的占 1.7%，轻度污染的占 33.1%。

全年城市污水日处理能力达 8091 万立方米，比上年增长 9.5%；城市污水处理率达到 48.4%，提高 2.8 个百分点；集中供热面积 22 亿平方米，增长 3.2%；建成区绿化覆盖率达到 33.0%，提高 1.4 个百分点。

全年各类自然灾害造成直接经济损失 2042 亿元，比上年上升 27.4%。全年农作物受灾面积 3882 万公顷，上升 4.6%。其中，绝收 460 万公顷，上升 5.4%。全年发生特大森林火灾 3 起，因森林火灾造成受害森林面积 7.3 万公顷，下降 48.4%。全年因海洋灾害造成直接经济损失约 332 亿元，增加 5.1 倍。全年发生赤潮 82 次，减少 14 次；累计赤潮面积约 27070 平方公里，上升 1.7%。全年共发生造成人员伤亡或直接经济损失 50 万元以上的地质灾害 854 起，共造成直接经济损失 36.5 亿元。全年共发生 5 级以上地震 13 次，受灾人口 208 万人，受灾面积 15040 平方公里，造成直接经济损失 26 亿元。

全年生产安全事故死亡 12.7 万人，比上年下降 7.1%。亿元 GDP 生产安全事故死亡人数为 0.70 人，下降 18.5%；工矿商贸企业从业人员生产安全事故 10 万人死亡人数为 3.85 人，下降 6.8%；煤矿百万吨死亡人数为 2.81 人，下降 8.7%。全年共发生道路交通事故 450254 起，造成 9.9 万人死亡、47.0 万人受伤，直接财产损失 18.8 亿元；道路交通万车死亡人数为 7.60 人，下降 23.7%。

注：

1. 本公报为初步统计数。

2. 各项统计数据均未包括香港特别行政区、澳门特别行政区和台湾省。

3. 国内生产总值、各产业增加值绝对数按现价计算，增长速度按可比价计算。

4. 表 2 中的水果产量含果用瓜。

5. 钢材产量及消费量数据中均含部分使用钢材加工成其他钢材的重复计算因素。

6. 表 6 中，进出口按贸易方式分，除了一般贸易和加工贸易外，还有保税区仓储转口货物、边境小额贸易、外商投资企业作为投资进口的设备物品等贸易方式。

7. 邮电业务总量完成额按 2000 年不变价格计算。

8. 电话普及率的计算含接入用户交换机的话机数。

9. 六大林业重点工程是指天然林资源保护工程、退耕还林工程、京津风沙源治理工程、三北及长江中下游地区等重点防护林工程、野生动植物保护及自然保护区建设工程、重点地区速生丰产用材林基地建设工程。

10. 万元GDP用水量、万元GDP能耗按2000年不变价格计算。

11. 七大水系是指长江、黄河、珠江、松花江、淮河、海河、辽河水系。

表1　2005年居民消费价格比上年上涨情况

单位：%

指　标	全国	城市	农村
全国居民消费价格总水平	1.8	1.6	2.2
食品	2.9	3.1	2.5
其中：粮食	1.4	1.5	1.3
烟酒及用品	0.4	0.3	0.5
衣着	-1.7	-2.0	-0.9
家庭设备用品及服务	-0.1	-0.3	0.3
医疗保健及个人用品	-0.1	-0.4	0.5
交通和通信	-1.0	-1.6	0.3
娱乐教育文化用品及服务	2.2	1.3	3.8
居住	5.4	5.6	5.2

表2　2005年主要农产品产量　单位：万吨

产品名称	产　量	比上年增长（%）
粮　食	48401	3.1
夏粮	10627	5.1
早稻	3179	-1.3
秋粮	34595	2.9
油　料	3078	0.4
花生	1434	0.0
油菜子	1305	-1.0
棉花	570	-9.8
糖　料	9551	-0.2
甘蔗	8760	-2.5
甜菜	791	35.2
烤　烟	241	11.5
茶　叶	92	9.8
水　果	16076	4.8
蔬　菜	56284	2.2

表3　2005年规模以上工业增加值主要分类情况

单位：亿元

指　标	增加值	比上年增长（%）
规模以上工业	66425	16.4
其中：国有及国有控股企业	26063	10.7
其中：集体企业	2581	12.4
股份制企业	32173	17.8
外商及港澳台投资企业	18977	16.6
其中：私营企业	11807	25.3
其中：轻工业	20585	15.2
重工业	45840	17.0

表4　2005年主要工业产品产量

产品名称	单位	产量	比上年增长（%）
纱	万吨	1440	11.5
布	亿米	470	11.9
化学纤维	万吨	1618	13.6
成品糖	万吨	903	-12.6
卷烟	亿支	19560	4.4
彩色电视机	万台	8283	11.5
家用电冰箱	万台	2986	-0.7
房间空气调节器	万台	6765	5.9
一次能源生产总量	亿吨标准煤	20.6	9.5
原煤	亿吨	21.9	9.9
原油	亿吨	1.81	2.8
天然气	亿立方米	500	20.6
发电量	亿千瓦小时	24747	12.3
其中：火电	亿千瓦小时	20180	12.4
水电	亿千瓦小时	4010	13.4
粗钢	万吨	35239	24.6
钢材	万吨	39692	24.1
十种有色金属	万吨	1635	13.2
其中：精炼铜（铜）	万吨	260	18.1
电解铝	万吨	779	16.4
氧化铝	万吨	851	21.9
水泥	亿吨	10.6	10.0
硫酸	万吨	4529	15.3
纯碱	万吨	1467	9.9
烧碱	万吨	1264	21.4
乙烯	万吨	756	20.0
化肥（折100%）	万吨	5220	8.6
发电设备	万千瓦	9200	28.9
汽车	万辆	570	12.1
其中：轿车	万辆	277	19.7
大中型拖拉机	万台	16.2	42.7
集成电路	亿块	266	12.9
程控交换机	万线	7721	1.3
移动通信手持机（手机）	万台	30354	6.4
微型电子计算机	万台	8084	35.3

表5　“十五”时期固定资产投资新增主要生产能力

指　标	单位	2001～2005年累计	
			其中：2005年
新增发电机组容量	万千瓦	17655	6326
11万伏及以上变电设备	万千伏安	40666	15306
新建铁路投产里程	公里	7063	1203
增建铁路复线投产里程	公里	3556	486
电气化铁路投产里程	公里	5494	863
新建公路	公里	351173	129748
其中：高速公路	公里	23964	6457
港口万吨级码头泊位新增吞吐能力	万吨	45232	18989
新增局用交换机容量	万门	23254	4608
新增光缆线路长度	万公里	214	53
新增数字蜂窝移动电话交换机容量	万户	35148	8598

表 6　2005 年进出口主要分类情况

单位：亿美元

指　标	绝对数	比上年增长（%）
进出口总额	14221	23.2
出口额	7620	28.4
其中：一般贸易	3151	29.3
加工贸易	4165	27.0
其中：机电产品	4267	32.0
进口额	6601	17.6
其中：一般贸易	2797	12.7
加工贸易	2740	23.6
其中：机电产品	3504	16.0
出口大于进口	1019	
其中：一般贸易	354	
加工贸易	1425	

表 7　2005 年对主要国家和地区进出口情况

单位：亿美元

国家和地区	出口额	比上年增长（%）	进口额	比上年增长（%）
美国	1629	30.4	487	9.1
欧盟	1437	34.1	736	5.0
中国香港	1245	23.4	122	3.6
日本	840	14.3	1005	6.5
东盟	554	29.1	750	19.1
韩国	351	26.2	768	23.4
中国台湾	165	22.2	747	15.3
俄罗斯	132	45.2	159	31.0

表 8　2005 年外商直接投资分行业情况

金额单位：亿美元

行业名称	合同项目（个）	比上年增长（%）	实际使用金额	比上年增长（%）
总　计	44001	0.8	603.2	-0.5
农、林、牧、渔业	1058	-6.4	7.2	-35.5
采矿业	252	-9.7	3.5	-34.0
制造业	28928	-4.8	424.5	-1.3
电力、燃气及水的生产和供应业	390	-14.3	13.9	22.7
建筑业	457	11.2	4.9	-36.5
交通运输、仓储和邮政业	734	15.1	18.1	42.4
信息传输、计算机服务和软件业	1493	-8.0	10.1	10.7
批发和零售业	2602	53.1	10.4	40.4
住宿和餐饮业	1207	2.8	5.6	-33.4
金融业	40	-7.0	2.2	-13.0
房地产业	2120	20.0	54.2	-8.9
租赁和商务服务业	2981	12.0	37.5	32.6
科学研究、技术服务和地质勘查业	926	47.2	3.4	15.8
水利、环境和公共设施管理业	139	-15.2	1.4	-39.3
居民服务和其他服务业	329	31.1	2.6	64.6
教育	51	-13.6	0.2	-53.8
卫生、社会保障和社会福利业	22	4.8	0.4	-55.1
文化、体育和娱乐业	272	0	3.1	-31.8
公共管理和社会组织			0.04	105.6

表 9　2005 年各种运输方式完成货物运输量

指　标	单位	绝对数	比上年增长（%）
货物运输总量	亿吨	183.7	7.7
铁路	亿吨	27.0	8.2
公路	亿吨	132.9	6.7
水运	亿吨	21.1	12.8
民航	万吨	306.7	10.8
管道	亿吨	2.7	10.6
货物运输周转量	亿吨公里	78329.8	12.8
铁路	亿吨公里	20730.5	7.5
公路	亿吨公里	8573.8	9.3
水运	亿吨公里	48057.6	16.0
民航	亿吨公里	78.9	9.9
管道	亿吨公里	889.0	12.4

表 10　2005 年各种运输方式完成旅客运输量

指　标	单位	绝对数	比上年增长（%）
旅客运输总量	亿人	184.2	4.2
铁路	亿人	11.6	3.4
公路	亿人	169.2	4.2
水运	亿人	2.0	3.6
民航	万人	13827.0	14.1
旅客运输周转量	亿人公里	17473.0	7.1
铁路	亿人公里	6061.8	6.1
公路	亿人公里	9299.1	6.3
水运	亿人公里	67.1	1.3
民航	亿人公里	2044.9	14.7

表 11　2005 年全部金融机构本外币存贷款情况

单位：亿元

指　标	年末数	比上年末增长（%）
各项存款余额	300209	18.2
其中：企业存款	101751	13.8
城乡居民储蓄存款	147054	16.5
其中：人民币	141051	18.0
各项贷款余额	206838	12.8
其中：短期贷款	91157	6.5
中长期贷款	92941	16.2

表 12　“十五”时期各类教育发展情况

单位：万人

指标	2005 年招生	2005 年在校生	2001～2005 年累计毕业生	
				其中 2005 年
研究生	37	98	60	19
普通高等教育	505	1562	971	307
中等职业教育	647	1559	1919	403
普通高中	878	2409	2391	662
初中	1988	6215	9864	2123
普通小学	1672	10864	11171	2020
特殊教育	4.9	36	23	4.3
学前教育	1356	2179	5470	1025

表 13　　2005 年人口主要构成情况

单位：万人

指　标	年末数	比重（%）
全国总人口	130756	100.0
其中：城镇	56212	43.0
乡村	74544	57.0
其中：男性	67375	51.5
女性	63381	48.5
其中：0～14 岁	26504	20.3
15～64 岁	94197	72.0
65 岁及以上	10055	7.7

表 14　"十五"时期城乡居民生活改善情况

指标	单位	2001	2002	2003	2004	2005
城镇居民人均可支配收入	元	6860	7703	8472	9422	10493
农村居民人均纯收入	元	2366	2476	2622	2936	3255
城镇居民家庭恩格尔系数	%	38.2	37.7	37.1	37.7	36.7
农村居民家庭恩格尔系数	%	47.7	46.2	45.6	47.2	45.5

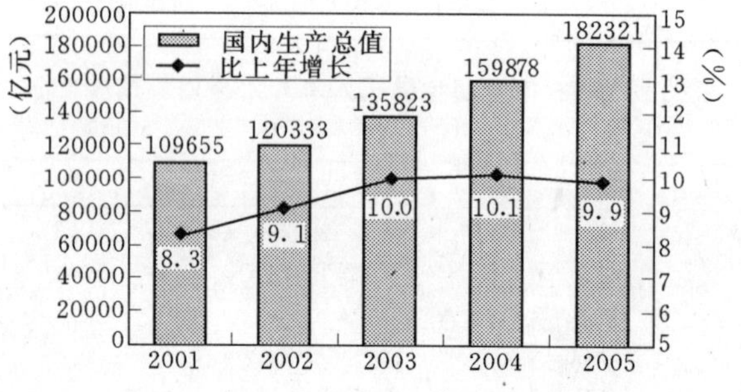

图 1　"十五"时期国内生产总值与增长速度

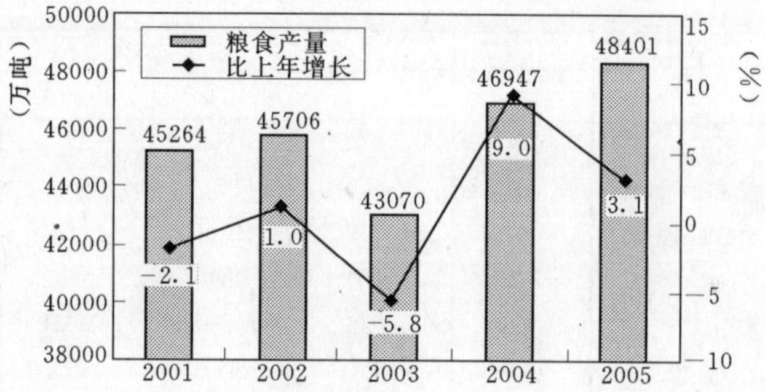

图 2　"十五"时期粮食产量与增长速度

图 3　"十五"时期工业增加值与增长速度

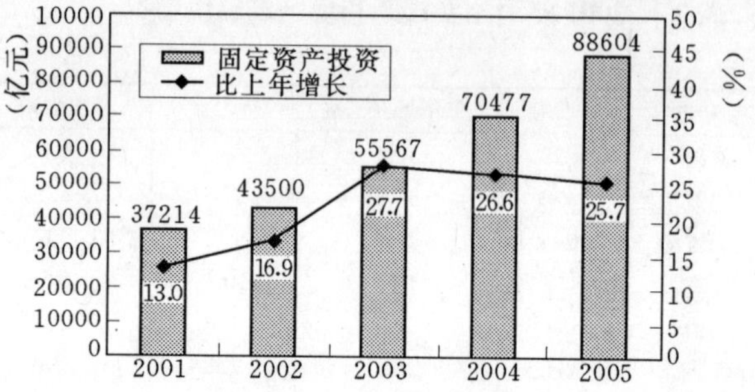

图 4　"十五"时期固定资产投资与增长速度

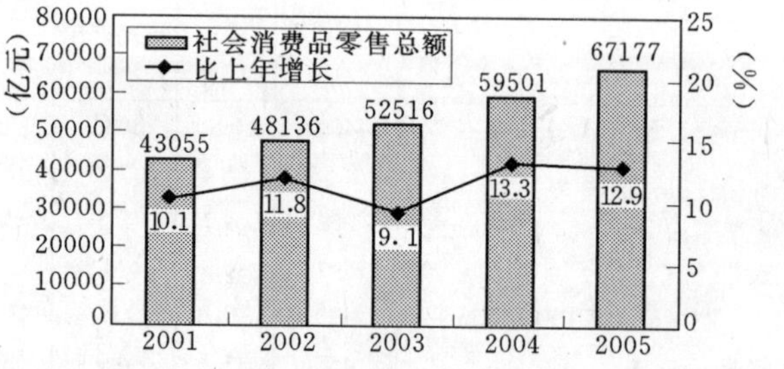

图 5　"十五"时期社会消费品零售总额与增长速度

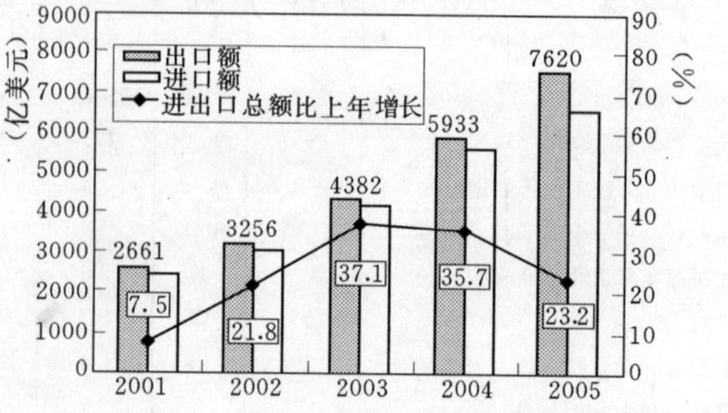

图 6　"十五"时期进出口情况

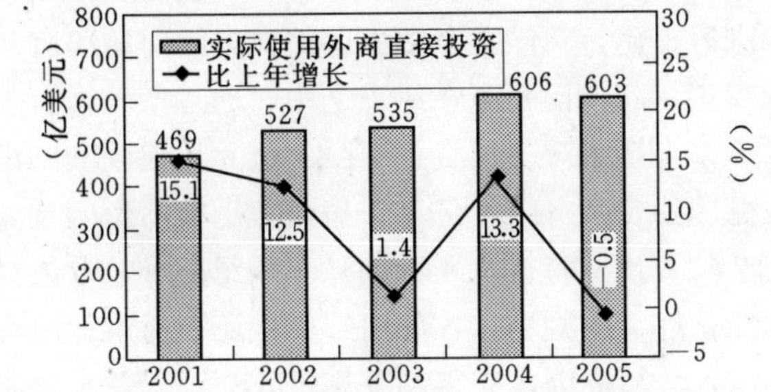

图 7　“十五”时期实际使用外商直接投资与增长速度

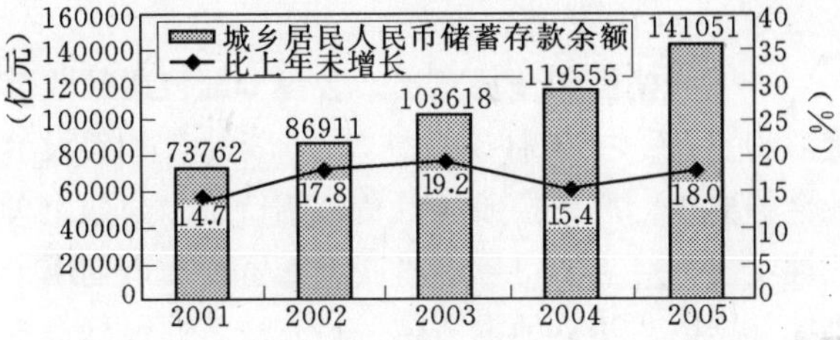

图 9　“十五”时期城乡居民人民币储蓄存款余额与增长速度

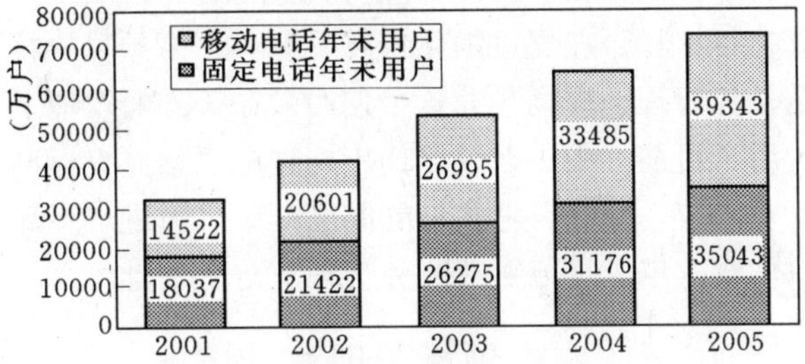

图 8　“十五”时期各年年末电话用户数

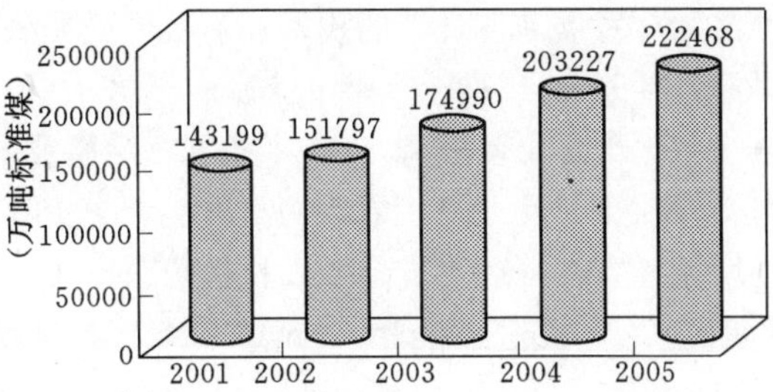

图 10　“十五”时期能源消费总量

关于 2005 年度中央预算执行的审计工作报告

——2006 年 6 月 27 日在第十届全国人民代表大会常务委员会第二十二次会议上

审计署审计长　李金华

委员长、各位副委员长、秘书长、各位委员：

我受国务院委托，向全国人大常委会报告 2005 年度中央预算执行的审计情况，请予审议。

根据《中华人民共和国审计法》和《中央预算执行情况审计监督暂行办法》的规定，审计署对 2005 年度中央预算执行情况进行了审计。按照十六大和十六届三中、四中、五中全会精神及中央关于经济工作的部署，今年的预算执行审计坚持以科学发展观为统领，紧紧围绕加强宏观调控、推进依法行政、维护群众利益、促进提高财政资金使用效益开展工作，注意分析把握预算执行的总体情况，揭露财政财务管理中存在的一些不严格、不规范、不合法，影响经济社会发展的突出问题，从体制机制上分析原因、提出建议，促进完善管理。主要审计了财政部具体组织中央预算执行情况，发展改革委和中央其他部门预算执行情况，青藏铁路环境保护、中小学危房改造、农村合作医疗、高等级公路建设管理情况，以及开发区财政税收政策执行情况等。

2005 年，在党中央、国务院的正确领导下，各地区、各部门认真贯彻国家各项方针政策，经济建设和社会事业发展取得新的成绩，人民生活进一步改善。从审计结果看，2005 年中央预算执行情况总体较好。

——国民经济持续快速发展，保证了中央财政收入稳定增长。2005 年，国内生产总值增长 9.9%，为财政增收创造了良好条件。在此基础上，财税部门依法加强税收征管，积极实施科学化管理，全面清理和规范税收优惠政策，严格控制减免税，保持了财政收入持续稳定增长。2005年中央本级实现收入16 548.53亿元，比2004年增加2593.19亿元，增长18.6%。

——严格控制预算支出，合理分配使用超收节支资金。2005年，中央财政按照“两个务必”和建设节约型社会的要求，严格控制会议费、招待费、公务用车等一般性支出，对当年可以不再安排的资金，调剂用于消化供销社挂账、建立地勘资金、补充政策性银行资本金等项支出。对当年实现的超收收入1637亿元，除按照有关规定增加对地方的税收返还、一般性转移支付、民族地区转移支付、教育科学支出共353亿元外，主要用于加强对经济社会发展薄弱环节的投入和解决历史欠账，没有安排经常性开支。

——合理配置财政资源，促进了各项社会事业发展。2005年，中央财政用于“三农”的支出达到2975亿元，比上年增长13.3%，有力支持了农村税费改革和“三补贴”政策的落实，促进了粮食稳定增产和农民持续增收，加强了农业综合生产能力；用于科技、教育、卫生等方面的支出1067.29亿元，比上年增长18.3%，重点加强了对国家科技创新体系、基础研究和基础设施建设，农村义务教育，公共卫生体系建设和农村卫生工作的投入；用于社会保障方面的支出达到1635.82亿元，比上年增长10.8%，积极支持了东北三省开展城镇社会保障试点，进一步完善了企业职工基本养老保险制度。

——加大转移支付力度，促进了区域经济协调发展。2005年，中央财政安排对地方税收返还和补助支出11484.02亿元，其中主要用于中西部地区的财力性转移支付达到3812.07亿元，比上年增长46.4%。在加大转移支付力度的同时，中央财政积极创新缓解县乡财政困难的机制，实施了以“三奖一补”为核心的政策措施，对缓解县乡财政困难、推动基本公共服务均等化、促进区域协调发展发挥了积极作用。

——坚持依法行政，圆满完成十届全国人大三次会议批准的中央预算。财政部及国务院其他部门认真贯彻依法行政的各项部署，坚持依法理财，完善规章制度，增强自我约束，进一步提高了预算和财务管理水平，圆满完成了十届全国人大三次会议批准的中央预算。2005年，中央财政总收入17 260.49亿元，完成预算的106.4%；总支出20 259.99亿元，完成预算的105.4%；赤字2999.5亿元，控制在全国人大批准的3000亿元赤字范围内。

各部门、单位在做好2005年度预算执行的同时，按照全国人大常委会和国务院的要求，认真整改去年审计发现的问题，取得明显效果。财政部、发展改革委针对中央预算管理中存在的人均基本支出差距较大、部分基本建设项目安排不完全符合相关政策目标等问题，研究提出了完善定员定额管理体系、进一步明确专项投资使用范围等措施。审计38个中央部门查出的问题已有95%得到纠正，其他问题正在纠正之中。通过整改，有关部门、单位上缴财政各项资金11.83亿元，追回和归还被挤占挪用的资金41.64亿元，拨付使用被滞留闲置的资金117.62亿元；有213人受到党纪政纪处分，76人被依法逮捕、起诉或判刑。各部门、单位还针对审计发现的问题深入分析原因，完善制度规定472项。关于去年审计查出问题的具体纠正情况，国务院已向全国人大常委会作了专题报告，审计署也已向社会公告。

自审计法实施以来，审计署已连续11年开展了中央预算执行审计，在促进细化预算编制、严格预算执行、规范预算管理、提高预算资金使用效益等方面发挥了重要作用。目前，中央财政已初步构建起“预算有标准、执行有约束、决算有考核”的制度框架，为进一步深化财政体制改革，规范财政财务管理奠定了基础。

一、中央预算管理审计情况

（一）财政部具体组织2005年度中央本级预算执行审计情况。

审计结果表明，2005年，财政部认真贯彻实施以“控制赤字、调整结构、推进改革、增收节支”为主要内容的稳健的财政政策，充分发挥财政的宏观调控作用，减少赤字，压缩国债项目资金规模，调整国债项目资金的使用结构和投向，综合运用税收、补贴、转移支付等多种政策手段，加强对农业等经济社会发展薄弱环节的投入，保证了重点领域的资金需求。在积极支持经济和社会事业发展的同时，继续深化财政管理体制改革，成效明显。

一是深化“收支两条线”改革，推进综合预算管理。到2005年底，国务院批准的收费项目有90%已纳入预算管理；集中支付改革的中央部门从2002年的38个扩大到全部中央部门；有非税收入的中央部门均纳入了收入收缴管理改革实施范围。

二是稳步推进中央部门实物费用定额改革试点。试点部门由2004年的5个增加到18个。

三是规范结余资金管理。为解决中央部门财政拨款结余资金规模不断扩大的问题，提高财政资金的使用效率，财政部研究制定了《中央部门财政拨款结余资金管理暂行规定》，对部门结余资金的报送、确认、安排、使用等作出了明确规定。同时，还制定了《中央部门财政拨款结余资金管理部内工作规程》，明确了财政部各司局在结余资金管理中的职责。这些规定，为加强结余资金管理提供了制度依据。

四是开展了政府收支分类改革试点。为解决原政府收支分类存在的收支涵盖范围偏窄、体系设置不全、分类标准繁杂、口径不一致等问题，财政部在6个中央部门和5个省（市）开展了政府收支分类改革模拟试点。通过试点，进一步完善了《政府收支分类改革方案》，为政府收支分类改革奠定了基础。

总的看，财政部在具体组织2005年度中央预算执行过程中较好地履行了职责，中央预算编制的质量、执行的效果和预算管理水平进一步提高。但审计也发现一些问题。

1. 财政部2006年3月受国务院委托向十届全国人大四次会议报告2005年度中央预算执行情况时，少报一项政府性基金2004年底结余21.12亿元，2005年收入5.06亿元、支出2.57亿元，年底结余23.61亿元。不符合预算法实施条例关于“经国务院批准设立的专用基金应当实行预算管理”的规定。

2. 2005年，财政部在政府性基金自身的收入能够满足支出需要的情况下，仍从预算内安排15亿元。这一做法不利于提高基金的使用效益。

3. 2005年，中国信达资产管理公司在处置一笔不良贷款时，财政部在其实际发生费用4552万元的情况下，同意其按回收现金8.54亿元的18%提取委托手续费1.54亿元。这一提取比例是信达公司实际费用率5.29%的3.4倍，是2005年财政部下达该公司考核费用率6.21%的2.89倍。

4. 2005年，财政部批准中国中信集团公司按上年税后可供分配利润17.54亿元的39%，提取公益金6.84亿元，不符合公司法关于法定公益金按税后利润的5%至10%提取的规定，导致该公司多提公益金5.09亿元。

5. 2005年，财政部从中国石油天然气集团公司上缴的所得税中退库100亿元，弥补中国石油化工集团公司炼油项目亏损。这种暗抵收入的做法违反了“收支两条线”原则，缩小了中央财政收支规模。财政部应通过财政支出的方式安排这部分资金。

（二）中央补助地方支出审计调查情况。

2005年，中央财政综合运用多种手段，加大对地方特别是中西部地区的支持力度，进一步加强了转移支付资金管理，改善了转移支付结构。与上年相比，财力性转移支付和专项转移支付都有较大增长，且财力性转移支付的增幅高于专项转移支付增幅，财力性转移支付占到对地方转移支付的一半以上。审计调查发现的主要问题是：

1. 地方财政对中央税收返还和补助收入预算编报不完整。按照预算法的规定，省级政府应将中央财政对该地区的税收返还和补助收入全部编入本级预算。但据对20个省（区、市）的审计调查，2005年，这些省（区、市）本级预算共编报中央税收返还和补助收入3444.27亿元，仅为中央实际补助7733.65亿元的44.5%。究其原因，一是中央预算年初没有将中央补助地方支出分解到地区和项目，而且省本级预算编报的时间早于全国人大审查批准中央预算的时间，地方政府在编制预算时难以对中央补助资金特别是专项补助的数额作出预计。二是一些地方政府及其财政部门自觉接受人大监督的意识不强。虽然财政部2005年提出了“按上一年执行数或上级下达的预计数编报”的原则要求，但各地在实际执行中仍不规范。从调查的20个省（区、市）看，2005年本级预算编报的中央税收返还和补助收入仅为上年执行数的47.7%，2006年也才达到52.5%。年初预算编报不完整，致使预算执行结果与年初预算出入较大；未编入预算的这部分资金实际上脱离了省级人大的审查监督。

2. 部分专项转移支付项目设置交叉重复、分配制度不够完善、资金投向较为分散。目前参与中央转移支付资金分配的部门多达37个。据不完全统计，2005年中央财政分配的239项专项转移支付项目中，有41项存在内容交叉重复的问题，涉及资金156.37亿元；有65项没有管理办法或管理办法未公开，涉及资金705.89亿元，占专项转移支付资金总额的20%。按项目分配的专项转移支付有71项（不包括预算内基本建设和国债投资项目），涉及资金545.55亿元，具体分配到44 149个项目，其中10万元以下的项目8825个，平均每个项目4.36万元。

3. 2005年，15个中央部门在部门预算中共安排中央补助地方支出383.69亿元。这种由中央主管部门对口下达补助地方资金的做法，打乱了正常的预算管理级次和资金分配渠道，造成中央财政本级预算支出和补助地方预算支出不真实，不利于地方政府的管理和人大的监督。一些资金名义上是专项转移支付，实际用作部门经费或系统内经费补助。

（三）发展改革委组织分配2005年度中央政府投资审计情况。

2005年，发展改革委积极组织实施十届全国人大三次会议审议通过的国民经济和社会发展计划，组织分配5项共1574.76亿元中央政府财政性建设资金。至年底，除国债投资58.25亿元结转下年外，其他资金计划已下达完毕。在组织分配上述政府性投资过程中，发展改革委坚持“五个统筹”，加强薄弱环节，充分发挥中央政府投资对促进经济社会全面协调可持续发展的作用。

一是调整和优化投资结构。继续加大对农业及农业基础设施建设、公共卫生、基础教育、生态环境建设、西部大开发、东北老工业基地调整和改造等方面的投资力度，优先安排续建项目，控制新开工项目，保证重点支出。

二是强化了投资计划管理。2005年中央预算内投资年初下达到具体项目的比例从2004年的57%提高到68%；加快国债投资计划下达进度，年末国债投资结转规模由上年的18%下降到5%。

三是加强了投资制度体系建设。2005年发展改革委共制定政府性投资管理制度10项，对提高投资项目决策和管理水平发挥了重要作用。

这次审计发现中央政府投资管理中存在的主要问题是：

1. 至2005年底，尚有国债资金234.54亿元没有安排下达或投入使用，占当年可安排国债投资的20.1%。其中，发展改革委未下达投资计划，结转下年58.25亿元；因投资计划下达较晚，以及地方财政部门对部分国债转贷资金未按规定向财政部作出还贷承诺等，财政部对发展改革委已安排的投资计划153.48亿元未拨付资金；已拨付的国债投资有22.81亿元结存在南水北调工程项目，未投入使用。上述做法影响国债投资的预期效益，也增加了国家的债务成本。

2. 对354.4亿元中央预算内投资，发展改革委年初下达计划267.37亿元，扣除其中含有的可行性研究报告尚未批复和“打捆”项目22.98亿元，以及未细化的投资1.67亿元，实际落实到项目242.72亿元，占当年中央预算内投资的68%，未达到“有预算二次分配权的单位年初下达预算要达到当年预算75%以上”的要求。

3. 在“淮北大堤除险加固工程”等5个项目的可行性研究报告、“淮河干流上中游河道整治及堤防加固工程”等5个项目的初步设计尚未得到批复的情况下，发展改革委下达中央预算内投资计划10.9亿元，不符合国家关于基本建设程序的规定。

4. 2005年10月，发展改革委在下达煤矿安全改造项目投资计划时，对财政部已拨付关闭破产补助38.33亿元的10个资源枯竭型关闭破产煤矿，安排安全改造资金2741万元。对政策性关闭破产煤矿，不应再安排安全改造资金。

5. 部分补助地方投资项目还存在额度较小，不利于更好地发挥中央政府投资效益的问题。审计抽查122.52亿元的10项国债投资计划，共安排13 488个项目，其中100万元以下的项目11 479个，占总数的85.1%（20万元以下的项目2628个，占总数的19.4%）。

6. 部分专项投资存在内容交叉，资金多头审批安排的现象。2005年，发展改革委、交通部分别使用“中央预算内投资”、“国债投资”、“车购税”和“以工代赈”等资金263.3亿元，安排“县际和农村公路改造”、“通达工程”、“乡村公路”等6项专项投资，这些专项均涉及农村公路建设，内容相近，资金多头下达。发展改革委内部有些业务司在专项投资设置上也存在不整合、内容交叉，甚至重复安排投资计划的现象。如2005年，发展改革委社会司分别安排了4项涉及农村医疗的专项投资计划。对齐齐哈尔二机床集团公司的“大重型数控铣镗床”项目，发展改革委两个业务司重复安排国债资金补助。

7. 去年中央预算执行审计中曾发现，发展改革委到2004年底才下达“优质粮产业工程”、“动物防疫体系工程”当年国债投资计划。从今年审计情况看，这一问题仍未得到解决。因发展改革委与农业部对这两个项目应以谁为主下达投资计划的意见仍不一致，致使这两个项目2005年度的投资计划直到当年11月27日和12月30日才下达。

中央预算管理中存在上述问题的原因是多方面的，既有财政体制、投资体制改革不到位的影响，也有管理不严格、制度不落实的因素。从管理层面看，有些资金分配缺乏科学、合理的标准和依据，还存在一些不够公正、公平的问题；预算编制和计划安排比较粗放，公开透明度比较低，导致执行过程中随意性比较大，不利于增强自我约束、加强外部监督。从体制层面看，中央和地方政府事权划分还不够明晰，转移支付和投资项目设置目标还不够明确，部门之间职能交叉、安排的项目内容重复，加上中央财政统得过细，在预算管理级次多、资金链条长、信息不对称的情况下，不利于加强项目管理，影响中央预算资金的科学使用。

二、中央部门预算执行审计情况

此次共审计48个中央部门，同时延伸审计274个二级预算单位，占这些部门1063个二级预算单位的26%。2005年，这48个部门共收到财政拨款2286亿元，支出2314亿元。这次审计检查了财政拨款793亿元，占这些部门当年财政拨款的35%，其中，部门本级582亿元，二级预算单位211亿元。

审计结果表明，中央各部门紧紧围绕贯彻落实科学发展观和构建社会主义和谐社会的要求，重视和加强部门预算管理，不断完善财务管理制度，2005年度预算执行总体情况是好的，预算和财务管理水平进一步提高。

一是基本做到及时足额批复预算。2005年，48个中央部门基本能够按照预算法的规定向所属单位批复财政拨款预算，及时批复预算的比率为 98%，其中 38 个部门达到 100%。

二是较好地执行了各项财经法规。各部门、单位认真执行预算法、会计法等财经法律法规和国务院《全面推进依法行政实施纲要》，坚持依法理财，认真执行预算。这次审计查出的 2005 年度新发生的违法违规问题金额 8.65 亿元，仅占审计当年资金量的 0.6%。

三是内部管理进一步加强。据统计，48 个中央部门近两年制定和修订财务管理制度 139 项。2005 年，有 9 个中央部门组织对本系统财务管理情况开展了自查自纠。

此次审计发现违法违规问题 55.1 亿元，其中 2005 年新发生的 8.65 亿元，占 15.7%；发现预算编制不细化、批复不及时等预算及财务管理不规范的问题 658.58 亿元，其中 2005 年新发生的 345.39 亿元，占 52.4%。审计还查出违法案件线索 12 件（涉案人员 25 人），已移送司法机关和纪检、监察等部门进一步查处。

在审计发现的 55.1 亿元违法违规问题中，属于部门本级的有 12.66 亿元；发现的 658.58 亿元预算及财务管理不规范问题中，属于部门本级的有 360.59 亿元。主要情况是：

1. 9 个部门多报多领财政资金 1.76 亿元。其中：通过多报本单位人员数量，多领财政资金 2431 万元，主要用于发放政策外补贴等；以已完工项目的名义，或者采取编造虚假项目、在不同项目中重复申报同一内容等方式，多获取财政专项资金 1.52 亿元。

2. 18 个部门挤占挪用财政资金和其他有专项用途的资金 7.02 亿元。其中：用于本单位办公楼等基建项目建设 1.39 亿元，用于日常经费开支和其他项目支出 5.63 亿元。

3. 7 个部门采取隐瞒收入、虚列支出等手段转移资金，私存私放 3.6 亿元。其中：在本单位私存私放、未纳入法定账册 2.05 亿元；将资金转移到所属单位或其他单位存放、供本单位使用 1.55 亿元。

4. 12 个部门年初预算未细化到具体项目和单位 285.31 亿元，造成 10.37 亿元预算资金当年无法使用。

审计发现部门所属单位违法违规问题 42.44 亿元，其中 2005 年新发生的 2.47 亿元，占 5.8%；发现预算及财务管理不规范的问题 297.99 亿元，其中 2005 年新发生的 36.2 亿元，占 12.1%。主要情况是：

1. 6 个部门所属的 10 个单位通过多报项目工作量、提高支出标准，或在不同项目中重复申报同一内容等，多获取财政专项资金 1.06 亿元。

2. 20 个部门所属的 46 个单位挤占挪用财政资金和其他有专项用途的资金 11.91 亿元。其中：用于对外拆借、投资等 7.32 亿元，用于日常经费开支和其他项目支出 3.66 亿元，用于发放政策外补贴等 9 396 万元。

3. 14 个部门所属的 24 个单位因管理不善等原因，造成国有资产损失和潜在损失 19.73 亿元。其中：委托中介机构从事证券交易造成损失和潜在损失 9.23 亿元；违反规定对外出借资金，或为获取高息在非银行金融机构存款，形成损失和潜在损失 9.31 亿元。此外，审计抽查 9 个部门所属的 27 个单位开办的 46 户企业发现，因监管不严，经营不善，到 2005 年底已有 7 户停业，20 户亏损。

4. 13 个部门所属的 20 个单位采取隐瞒收入、虚列支出等手段转移资金，私存私放 2.25 亿元，主要用于单位日常经费开支等。

5. 8 个部门所属的 48 个单位违规收费和未严格执行“收支两条线”26.54 亿元。其中：未经批准自定项目收费或超标准收费 1.15 亿元；收取的行政事业性收费、国有资本经营收益等未按规定上缴财政 25.39 亿元。

此外，审计还发现，3 个部门所属的 10 个单位违规购建办公楼或培训中心，造成铺张浪费。

产生这些问题的主要原因：一是部门预算改革没有完全到位。一些中央部门尚未按要求建立起项目库实行滚动管理，使得年初预算难以细化到具体项目和单位，执行过程中随意性较大。二是预算编审机制不够健全。尚未建立起科学的支出标准和预算定额，一些资金的分配标准不统一、不透明，执行过程中监督检查不力。财政部对各部门和各主管部门对所属单位上报的预算审核不够全面、严格，缺乏深入调查和跟踪问责机制。三是内部财务管理有待进一步加强。有些单位依法理财意识不强，制度不健全、内控不严格。一些部门对所属单位疏于监管。

根据全国人大常委会和国务院的要求，审计署还对 24 个中央部门 2005 年度决算（草案）进行了审计，延伸审计了 70 个所属单位。对部门本级财政资金审计面达到 97.7%，延伸审计所属单位决算报表反映的财政资金量占这些部门所属单位财政拨款的 20.7%。审计结果表明，这些部门的决算（草案）基本真实地反映了年度财政财务收支状况。审计共查出收支不实、汇总数据不准确等影响决算（草案）真实性、完整性的问题 14.76 亿元，占审计决算资金量的 4.7%。对这些问题，审计长将签署意见，要求予以纠正。

三、财政资金专项审计和审计调查情况

2005 年，审计署统一组织对青藏铁路环境保护资

金、中小学危房改造资金、新型农村合作医疗基金，以及高等级公路建设项目开展了专项审计和审计调查。

1. 青藏铁路环境保护资金审计调查情况。对青藏铁路建设的环保问题，党中央、国务院及国内外各方面高度关注。这次审计调查的青藏铁路格尔木至拉萨段于2001年6月开工，全长1142公里，总投资330.9亿元，其中环境保护投资15.4亿元，占总投资的4.6%。从审计调查情况看，青藏铁路环境保护工作达到了环境影响评价报告的要求，为我国重大项目的工程建设与环境保护协调开展积累了宝贵经验。青藏铁路环境保护投资基本落实到位。青藏铁路建设总指挥部和拉萨指挥部按照“先验工后计价”的原则，及时拨付环境保护资金，资金管理使用情况是好的，审计调查未发现严重违规使用资金的问题。截至2005年6月底，已完成环境保护投资14.5亿元，完成率为94.1%，比整个工程投资完成率高出29个百分点，做到了环境保护设施与主体工程同时设计、同时施工、同时投产使用。各项环保措施得到全面落实，施工期环境保护目标基本实现。青藏铁路全线建立了环境保护管理组织体系，实行了环境管理责任制和生态环境保护考核制，对各级管理人员和施工人员进行了分层次环保培训，保证了各项环保措施的有效落实。33处野生动物通道已全部建成，审计实地调查的4处通道全部达到了有关技术要求。已完工的保护沿线地表植被和自然景观的护坡、挡土墙、冲刷防护、风沙防护、隧道弃渣挡护等设施，基本达到环境影响评价报告要求长度的两倍以上，弃渣挡护率达到100%。环境影响评价报告要求采取的冻土和湿地保护措施已全部完成。

青藏铁路建设是在特殊自然条件下进行的，环境保护工作在一些方面还有不够完善之处。主要是环境监测还存在一些薄弱环节、环境影响评价报告提出的环保措施投资还缺乏科学的界定和计算依据。审计署已将审计调查结果向社会公告，并建议铁道部和建设单位、当地政府深入研究青藏铁路运营期可能出现的环境问题，及时制定和完善相应措施。

2. 中小学危房改造资金审计调查情况。2001至2005年，国家分两期实施了中小学危房改造工程，要求到2005年底各地基本消除纳入改造规划的D级危房。这次共审计调查了河北、辽宁等8个省（区、市）的213个县（市），抽查D级危房改造项目学校4781所，占这些省（区、市）纳入改造规划学校总数的7.7%。从审计调查情况看，中小学危房改造工作取得了明显成效。截至2005年9月底，8个省（区、市）的中小学D级危房率比危改前下降了两个百分点，教学环境得到改善，2000多万农村中小学师生搬离了危房。这项工程得到了全社会的普遍关注和认同，各方面反映良好。尤其是在一些经济落后地方，最好的房子往往是危改后新建成的教学楼。资金管理和工程管理比较严格，审计调查未发现重大违法违规问题。但这项工作中也存在一些比较突出的矛盾和问题。

一是危房改造任务仍然十分艰巨。8个省（区、市）纳入规划应改造的D级危房面积3133万平方米，截至2005年9月底，尚未完成改造748万平方米；加上未纳入改造规划的D级危房，8个省（区、市）还有D级危房面积2070万平方米，占现有校舍总面积的5%。而且现有校舍每年还会有一定比例自然成为危房。

二是一些危房未按规定拆除。国家明确规定，纳入危房改造规划的D级危房必须停止使用，予以拆除。但审计调查的213个县（市）中，有78个县未拆除的D级危房面积达23万平方米，占审计抽查应拆除面积的6%，涉及中小学校371所，占审计抽查学校的8%。这些未拆除的危房有一半以上还在使用，存在较大安全隐患。

三是危房改造投入负担向基层转移。国家规定，中小学危房改造的资金以政府投入为主，地方政府的投入主要由省级政府承担。但从审计调查情况看，8个省（区、市）190亿元中小学危房改造总投入中，中央财政占25%，省级财政占22%，市级财政占4.5%，县级财政占17%，乡镇及村组织、项目学校占31.5%。这种投入结构不符合政策要求，加重了基层单位的负担，一些乡镇、村组织和项目学校为此背负大量债务。审计抽查1631个乡镇、2355个村、4781个项目学校，有20%的乡、14%的村和12%的项目学校由此形成债务，负债总额3.14亿元，平均每个乡镇30万元、村10万元、学校30万元。其中，拖欠施工单位工程款2.1亿元，占67%；向教师、村民集资或借款1亿元，占32%。

3. 新型农村合作医疗基金审计调查情况。审计调查了15个省（市）的20个县（市、区）合作医疗基金筹集、管理和使用情况，占全国333个新型农村合作医疗试点县的6%。截至2004年底，20个县（市、区）共有592.65万人参加了合作医疗，占其农业人口的71.7%；共筹集合作医疗基金5.09亿元，已报销门诊和大病住院医疗费3.01亿元，按参加合作医疗的农民计算，人均报销50.84元。审计调查结果表明，试点工作总体进展顺利，取得初步成效，一定程度上减轻了试点地区农民因看病形成的经济负担，缓解了农民看病难的状况。新型农村合作医疗制度作为我国完善农村公共卫生体制的一项新举措，对于推进社会主义新农村建设具有重要作用。

同时，审计调查也发现，试点中还存在一些问题，一定程度上影响新型农村合作医疗制度的健康发展。

一是一些地方医疗费报销比例偏低，影响农民受益程度。审计调查的20个县（市、区）中，中西部15个县（市、区）农民医疗费报销比例平均为29.2%，低于东部5个县（市、区）14个百分点。而截至2004年底，这15个县（市、区）合作医疗基金结余1.19亿元，占基金收入的50.6%。造成这一现象的主要原因是，国家对合作医疗报销比例没有具体规定，中西部地区合作医疗基金规模较小，一些地方担心基金超支。一些地方对外出农民工医疗费报销限制较多，导致农民工参加合作医疗比例较低。

二是乡村卫生机构医疗条件普遍较差，农民就医质量得不到保障。截至2004年底，中西部15个县（市、区）乡村两级医疗卫生机构拥有的医疗设备总值仅占这些县（市、区）全部医疗设备总值的17.7%，且多数设备陈旧老化。如抽查27个乡镇卫生院，其270台医疗设备中，75%超过规定使用年限；抽查8个乡镇卫生院，其房屋73%是危房。医护人员也严重不足。如抽查19所乡镇卫生院，医护人员编制265人，实际仅有179人，其中8所卫生院没有妇产科大夫，两所没有内科大夫，7所没有外科手术大夫，15所没有专职护理人员，12所没有药剂师，8所没有化验检验员。这种状况使一些患病农民不得不远赴城市求医，加重了负担。同时，一些地方尚未推行医疗卫生机构药品集中采购，导致一些合作医疗定点机构药品购销价格偏高。

4．高等级公路建设管理和投资效益审计情况。这次审计的34条高等级公路，建设总规模5324公里，概算总投资1662亿元。到2005年底完成投资1276亿元，有28条公路已投入运营。从审计情况看，项目管理得到加强，工程质量总体较好。审计抽查已建成的9个公路项目，未发现重大质量问题。与审计署2000年对部分重点公路项目的审计情况相比，违规集资、拖欠工程款问题已初步得到遏制，挪用建设资金等问题也明显减少。但审计也发现，在建设管理、土地征用及投资效益方面还存在一些比较突出的问题。

在项目建设管理方面，一是有20个项目存在执行招投标制度不严格的问题，有些涉嫌幕后交易和商业贿赂，影响了工程质量。20个项目中，业主直接发包和指定分包17.96亿元，施工单位转分包72.39亿元，两者合计占合同金额的36%。抽查其中8.01亿元转分包合同，中标单位从中收取费用9220万元。不少工程被分包给不具备相应资质的施工企业甚至个体包工头，其中3个项目因偷工减料造成质量缺陷。少数主管部门领导违规插手工程招投标，谋取私利。如青岛市交通局原局长等人在同江至三亚高速公路青岛段建设过程中，强行将部分工程项目从已签订的施工合同中抽出，指定一名临时工假冒其他公司名义承包，并按高于市场价40%至200%的价格结算，造成公路建设资金损失2000万元。二是有26个项目的主管部门和建设单位挤占挪用或通过关联交易套取建设资金21.58亿元，主要用于招待、会议开支、发放奖金、对外投资或其他项目建设等。三是有16个项目因勘察设计失误、违反建设程序等，造成损失浪费或增加投资27.18亿元；10个项目因弄虚作假和把关不严等原因，多付工程款5.29亿元，占合同价款的9%。

在土地征用方面，34个项目中有15个项目未经审批占用土地或违规多征土地10.29万亩，未按规定复垦或改变土地使用性质1370多亩。在21个项目建设中，当地政府及征地拆迁部门截留挪用、拖欠和扣减应支付给农民的征地补偿费16.39亿元，约占应支付金额的三分之一，大部分被用于弥补行政经费、发放奖金或搞其他项目建设。如武汉绕城高速公路东北段征地1.03万亩，补偿标准为每亩1.89万元，但最后落实的补偿标准仅为每亩4800元，共少补偿给农民1.45亿元，降幅达75%。

在投资效益方面，审计抽查已竣工通车一年以上的20个项目，有14个项目平均实际运营量只有可行性研究报告预测值的60%。造成这一问题的主要原因是，一些地方为争取立项，在可行性研究阶段有意高估车流量，夸大预期效益。如哈尔滨绕城高速公路西段2004年9月通车以来，日平均车流量为1761辆，仅占可行性研究报告预测值的13.8%，年收入扣除运营和维护费用后，仅够归还一个季度的贷款利息。此外，审计发现一些项目资本金到位率低，导致银行贷款大幅增加，也影响投资效益。34个项目中，有26个项目近三分之二的资本金没有到位，其中3个项目的资本金分文未到。未到位的资本金主要是地方配套资金。

四、开发区财政税收政策审计调查情况

审计调查上海、天津、江苏、浙江、江西和四川6个省（市）所属87个开发区2003至2005年6月财政税收政策执行情况，调查面占这些省（市）提出拟保留开发区总数的16.2%。审计结果表明，在开发区内实行特殊的财税优惠政策取得了明显成效。

一是加速了资本集中，拉动了开发区经济增长。以这次调查的开发区为例，2004年国内生产总值增幅29%、实际利用外资增幅25.7%，分别高于全国平均增幅19和12个百分点。

二是吸引和培养了高素质人才，推动了科技创新和产

业集聚。形成了一批高技术产业群和研发基地，部分开发区日渐成为国际产业分工和国际市场循环的重要环节。

三是发挥了辐射带动功能，促进了区域经济快速发展。特别是东部沿海地区，通过实行差别的财税政策，经过20多年的建设发展，已经成为我国经济发展速度最快的区域。

从审计调查情况看，随着改革的深入和经济社会发展形势的变化，在开发区内继续实行这些优惠政策也面临一些需要研究和解决的问题：

1. 国家关于开发区的税收政策面临的问题。国家对开发区的税收优惠主要体现在两个方面：一是在企业所得税税率上给予优惠；二是在税收起征条件上给予优惠。这些政策对扶持企业发展和刺激开发区经济增长具有重要作用，但从构建公平竞争的市场环境和统筹区域经济协调发展的角度看，也存在一些问题。在国家级开发区中，东部地区的开发区占了绝大多数，而且设立时间早、发展程度高；中西部地区的开发区起步晚、基础差、底子薄。这使得在享受基本相同的税收优惠政策情况下，东部地区得到的政策扶持力度远远大于中西部地区，不利于区域经济协调发展。审计调查的6个省（市）开发区，2003年以来共减免税款183.56亿元，其中东部4个省（市）减免178.14亿元，平均每个省（市）44.54亿元，最多的达75.27亿元，而中西部两个省共减免5.42亿元。税收优惠政策还导致开发区内企业与区外企业的税负水平相差很大，不利于体现公平税负的原则。据对611户企业2004年度所得税负担情况分析，区内企业和区外企业的平均所得税负担率分别为11%和27.9%，相差16.9个百分点。此外，各地在实际执行中普遍存在扩大优惠政策范围的问题，如擅自扩大开发区面积、违规认定高新技术企业、批准区内注册区外经营企业享受税收优惠等，由此导致国家税款流失66.47亿元。

2. 地方政府关于开发区的财政政策中存在的问题。国务院曾于2000年对地方政府自行制定的税收减免和先征后返政策进行了清理。从这次调查的情况看，各地违规直接返还税款的问题已大为减少，但依然存在以补贴、奖励等名义，通过财政支出变相向企业返还税款的现象。审计调查的87个开发区中，有65个制定了明确的财政返还政策，共622条；有79个开发区向企业返还120.15亿元。这一做法加剧了地区间“招商引资”的恶性竞争，由此形成的虚收虚支也严重影响开发区的财政质量。

3. 地方政府关于开发区的土地出让政策中存在的问题。调查发现，为“招商引资”，2003至2005年6月，87个开发区中有60个违规低价出让土地7873万平方米，少收土地出让金55.65亿元。一些地方甚至在国务院明令禁止低价出让土地的情况下，采取先按国家规定签订土地出让合同，再返还土地出让金或者给予财政补贴等手段，变相低价出让土地。这一问题导致一些企业恶意圈占、倒卖土地，扰乱了正常的经济秩序。

针对目前区域性财政税收优惠政策执行中面临的新情况、新问题，按照科学发展观的要求，下一步有必要在逐步规范各类开发区名目繁多的税收优惠政策、统一内外资企业所得税率的基础上，将现行的区域性税收优惠政策，转变为以“产业优惠为主，区域优惠为辅”的税收优惠政策。

此外，审计署还对中国农业银行2004年度资产负债损益情况、11户中央管理企业领导人员任期经济责任履行情况等进行了审计。

对2005年度中央预算执行审计中发现的问题，审计署已依法征求了被审计单位意见，并采纳了他们提出的合理意见。在此基础上审计署已经出具审计报告、下达审计决定。应当收缴财政的违规资金依法予以收缴；需要追究有关人员责任的，依法移交司法机关、纪检监察部门和有关主管部门处理；对涉及到政策、法规方面的重要问题，审计署向国务院作出专题报告和请示。

从目前掌握的情况看，审计发现的许多问题正在得到积极整改。这次审计发现的106起重大违法违纪案件线索，有关部门正在认真查处，已有176人受到处理。在审计过程中，各部门根据审计署建议，自行纠正问题金额201亿元。对这些问题审计报告不再反映。交通部、人事部、信息产业部、中央对外联络部、全国妇联、气象局、测绘局、中国侨联等部门针对审计发现的问题，成立专门工作组，研究措施，落实责任，积极整改。卫生部、财政部对新型农村合作医疗基金审计调查发现的问题高度重视，今年1月联合下发了《关于加强新型农村合作医疗管理工作的通知》，提出了进一步加强合作医疗管理工作的6条措施，并要求有关省（区、市）针对存在的问题尽快制定整改措施；广东、山东、云南、陕西等省（市）进一步完善了合作医疗相关制度和办法。总的看，今年中央预算执行审计发现问题的整改工作已初见成效。下一步，国务院将继续督促有关部门、单位认真整改。全面整改情况，国务院将在今年年底前向全国人大常委会作出专题报告。

对各部门、单位的审计结果和整改情况，审计署将依法予以公告。

针对本次中央预算执行审计发现的问题，为进一步加强财政管理，提出以下意见：

（一）**改进中央补助地方支出预算编报方式，清理整合专项转移支付项目**。

目前中央补助地方支出已占中央财政总支出的57%，占地方财政支出的45%。加强对这部分资金的管理，对于规范预算分配行为，增强中央调控能力，促进地方经济和社会协调发展具有重要意义。但由于目前中央补助地方支出预算编制还比较粗放，透明度还不高，既不利于中央财政科学有效地管理和分配这部分资金，也不利于地方人大和政府加强监督管理。因此，要尽快细化中央补助地方支出预算，编制分地区、分项目的详细预算，并督促地方财政完整地编报本级预算。

在补助地方支出中，专项转移支付资金使用分散、部门职能及项目内容交叉重复的问题还比较突出，影响资金的使用效益和国家相关政策目标的实现。今后，要严格控制专项转移支付项目的设置，新增项目须报经国务院批准；对到期的专项转移支付项目要及时清理，逐步整合现有专项转移支付项目，统筹安排转移支付资金；改进资金分配机制，对明显属于地方事权范围内的事项，具体项目的确定交由省级政府办理，中央主管部门主要通过政策、规划和必要的监督检查，指导地方管好用好专项转移支付资金，促进经济和各项社会事业发展。

（二）**进一步深化部门预算改革，增强预算的刚性约束**。

自2000年实行部门预算以来，部门预算管理得到明显改善和加强。但预算分配标准等一些配套改革措施还没有完全建立起来，项目库制度等改革政策执行还不够严格，不仅影响预算分配的公平、透明，也影响部门预算执行效果。下一步，各部门要围绕“十一五”规划战略目标，通过制定科学的发展规划和年度计划，建立和完善滚动项目库，切实细化部门预算；财政部要在试点的基础上尽快建立科学合理的支出标准和预算定额，增强预算分配和执行的透明度；要加大中央部门预算执行责任，实行必要的问责制和项目预算绩效评价制度，强化预算约束，提高预算执行效果。

（三）**健全中央政府性投资管理制度**。

目前，部分中央政府专项投资没有制定具体的管理办法，或管理办法未公开、缺乏明确的资金分配标准，这是造成一些项目确定及资金安排不够规范、不够科学的主要原因。为此，要根据投资体制改革的要求和实际需要，尽快研究规范各专项投资管理办法，尽可能做到资金分配标准公开透明，项目安排程序规范。

同时，从近年来审计署对高等级公路等一些国家重点建设项目的审计情况看，虽然大多数项目组建了项目法人，但基本上还没有改变投资、建设、管理、运营“四位一体”的管理模式。一些主管部门在项目建设中既是决策者，又是管理者和建设者，项目法人治理结构不完善，监督制衡机制不健全，这是项目建设过程中许多违法违规问题甚至商业贿赂等经济犯罪频发的根源之一。今后，要进一步深化投资体制改革，完善国家重点建设项目投资管理体制，切实做到主管部门与项目法人政企分开。主管部门重点抓好行业投资发展规划，对项目法人实行行业管理，加强项目建设、工程质量、安全运营的监督；各项目法人要完善法人治理结构，健全内部控制制度，提高管理水平，确保工程质量和投资效益；要建立健全责任追究制度，对各类违法违规问题依法严肃处理，追究责任。

中央经济工作会议

胡锦涛同志在会上发表重要讲话，全面分析了当前的国际国内形势，全面总结了2005年的经济工作，深入分析了“十五”时期经济社会发展工作的成就及取得的重要认识和经验，明确提出了2006年经济工作的指导思想、总体要求和主要任务。温家宝在讲话中着重全面分析了当前我国经济形势，阐述了2006年经济社会发展主要预期目标和需要解决的重点问题，具体部署了2006年的经济工作。

一、2005年的经济工作

会议指出，2005年是“十五”时期的最后一年，我们坚持以邓小平理论和“三个代表”重要思想为指导，深入贯彻党的十六大和十六届三中、四中、五中全会精神，牢固树立和认真落实科学发展观，紧紧抓住发展这个党执政兴国的第一要务，不断推进改革开放，继续加强和改善宏观调控，经济建设、政治建设、文化建设、社会建设和党的建设都取得新的进展，国防和军队现代化建设继续推进。国民经济呈现增长较快、效益较好、价格平稳、活力增强的态势，特别是经济运行的稳定性有所提高、发展的协调性有所改善、重要领域和关键环节的改革有所突破，“十五”计划提出的经济社会发展的主要指标可以顺利实现。

会议强调，“十五”时期是我国历史进程中不平凡的五年。这五年的经济社会发展工作，尤其是最近两年多来加强和改善宏观调控的成功实践，使我们加深了对社会主义市场经济规律的认识，增强了驾驭经济社会发展大局的本领。加强和改善宏观调控的过程，实质是加深理解和全面落实科学发展观的过程，我们在充分运用以往宝贵经验的基础上，又得到一些对经济社会发展具有指导意义的经验和启示，主要是：坚持把又快又好发展作为搞好宏观调控、促进科学发展的根本要求；坚持把区别对待、分类指导作为搞好宏观调控、促进科学发展的重要原则；坚持把着重运用经济和法律手段作为搞好宏观调控、促进科学发展的主要方式；坚持把推进结构调整和转变增长方式实现总量平衡作为搞好宏观调控、促进科学发展的重要着力点；坚持把深化改革、完善体制机制作为搞好宏观调控、促进科学发展的重要保障；坚持把维护群众利益、提高人民生活水平作为搞好宏观调控、促进科学发展的出发点和落脚点。

会议指出，在充分肯定经济社会发展取得巨大成绩的同时，我们必须清醒地看到，经济发展中长期积累的矛盾和问题还很多，同时又出现一些新情况新问题。我们一定要增强忧患意识和责任感，居安思危，未雨绸缪，采取更有力措施加以解决。

会议指出，2006年是实施“十一五”规划的开局之年。做好明年国民经济和社会发展工作，意义十分重大。明年经济工作的总体要求是：以邓小平理论和“三个代表”重要思想为指导，认真贯彻党的十六大和十六届五中全会精神，坚持以科学发展观统领经济社会发展全局，保持宏观经济政策的连续性和稳定性，着力加快改革开放，着力增强自主创新能力，着力推进经济结构调整和经济增长方式转变，着力提高经济增长的质量和效益，实现又快又好发展，促进和谐社会建设，为顺利实施“十一五”规划开好局、起好步。

二、2006年经济工作的主要任务

一、稳定宏观经济政策，保持经济平稳较快增长的良好势头。要实现经济平稳较快增长，关键是要努力扩大国内需求，坚持实施稳健的财政政策和货币政策，继续加强和改善宏观调控。要努力调整投资消费关系，把增加居民消费特别是农民消费作为扩大消费需求的重点，不断拓宽消费领域和改善消费环境。要继续加强财政政策、货币政策、产业政策等的协调配合，用好税收、利率、价格等经济杠杆和法律手段，引导资源优化配置。

二、扎实推进社会主义新农村建设，进一步做好“三农”工作。建设社会主义新农村，总的要求是生产发展、生活宽裕、乡风文明、村容整洁、管理民主。建设社会主义新农村，必须搞好总体规划和具体部署，坚持规划先行，抓好试点示范，有步骤、有计划、有重点地逐步推进。要坚持以发展农村经济为中心任务，同时协调推进农村经济建设、政治建设、文化建设、社会建设和党的建设，着力解决广大农民生产生活中最迫切的实际问题，让农民真正受益；坚持农村基本经营制度，在实践中推进农村各方面制度的创新发展，为社会主义新农村建设提供有力的制度保障；坚持从实际出发，尊重农民意愿，加强民主决策、民主管理，因地制宜，分类指导，不强求一律，不盲目攀比，不搞强迫命令，更不能搞形式主义；要充分发挥各方面的积极性，使社会主义新农村建设成为全党全国的共同行动。

三、全面增强自主创新能力，不断推进产业结构调整。要致力于建设创新型国家，正确把握引进技术和自主创新的关系，充分利用现有基础，大力推进原始创新、集成创新和消化吸收再创新，努力掌握拥有自主知识产权的核心技术和关键技术，并加快科技成果向现实生产力转化。要发挥市场的作用，又要发挥社会主义制度能够集中力量办大事的优势，有效调动国内优势科技资源，在一些重要领域实现自主创新能力的跨越式发展。当前，要加快产业结构调整，大力开发利用先进适用技术改造提升传统产业，提高产业技术水平和规模经济效益。

四、大力节约能源资源，加快建设资源节约型、环境友好型社会。推进能源资源节约，明年务必取得明显成效。要大力推进以节能降耗为主要目标的技术改造，抓好钢铁、有色、电力、建材等高耗能行业和企业的技术改造，降低这些行业的资源消耗水平；在重点行业、领域、产业园区和城市积极开展循环经济试点。同时，要加强污染治理和生态保护，推进重点流域区域污染防治工作，切实保护好自然生态。

五、继续推动东中西良性互动，促进区域经济协调发展。要抓住当前区域间生产要素和产业流动、转移加快的有利时机，促进区域经济优势互补、协调发展。要加快形成分工合理、重点突出、比较优势得以发挥的区域产业结构；加快建设全国统一市场，进一步推动生产要素在区域间自由流动和优化配置；进一步扩大区域间经济、技术、人才合作，加强发达地区对欠发达地区的援助和支持，完善扶持革命老区、民族地区、边疆地区和贫困地区经济社会发展的政策措施。

六、加快推进体制改革，完善落实科学发展观的体制保障。明年要在一些重要领域和关键环节实现新的突破。要以转变政府职能为重点，着力推进行政管理体制改革；以理顺产权关系为重点，进一步深化企业改革；以推进公共财政体制建设为重点，继续深化财税体制改革；以完善法人治理结构、强化内控机制为重点，深化金融体制改革；以完善市场功能为重点，积极推进现代市场体系建设。

七、积极实施互利共赢的开放战略，进一步提高对外开放水平。要加快转变外贸增长方式，优化进出口商品结构，努力改善贸易不平衡状况。要继续扩大利用外资，优化利用外资结构，提高利用外资质量，促进国内产业升级。要积极稳妥地实施“走出去”战略，实现互利互惠和共同发展。

八、着力解决人民群众最关心、最直接、最现实的利益问题，推动和谐社会建设。坚持把扩大就业摆在经济社会发展更加突出的位置，建立健全与经济发展水平相适应的社会保障体系，维护进城务工人员的合法权益，逐步理顺收入分配关系。要加大对农村义务教育的投入，认真落实“两免一补”政策。要大力推进城市社区卫生服务为基础的城市医疗服务体系建设，积极推广新型农村合作医疗制度，深化药品生产流通体制改革。要严格落实安全生产责任制，强化对食品、药品、饮食卫生、危险化学品和交通安全等的监管，坚决遏制重特大事故的发生。要高度重视高致病性禽流感防控工作，进一步加强动物疫病防控体系建设。

会议强调，贯彻落实党的十六届五中全会精神，做好 2006 年的经济工作，推进我国经济社会又快又好发展，必须加强和改进党对经济社会发展工作的领导。要按照中央关于加强党的执政能力建设和先进性建设的总体要求和工作部署，全面推进党的建设新的伟大工程，把正在全党开展的保持共产党员先进性教育活动认真搞好，为贯彻落实科学发展观提供有力的思想、组织、作风和制度保障。

会议强调，2006 年经济工作任务相当繁重。我们要在以胡锦涛同志为总书记的党中央领导下，高举邓小平理论和“三个代表”重要思想伟大旗帜，全面贯彻落实科学发展观，振奋精神，锐意进取，扎实做好明年各方面工作，为开创“十一五”时期经济社会发展新局面而奋斗。

国务院 2006 年工作要点

根据党中央关于 2006 年工作部署和十届全国人大四次会议精神，今年国务院工作总的要求是：以邓小平理论和“三个代表”重要思想为指导，认真贯彻党的十六大和十六届三中、四中、五中全会精神，全面落实科学发展观，坚持加快改革开放和自主创新，坚持推进经济结构调整和增长方式转变，坚持把解决涉及人民群众切身利益问题放在突出位置，全面加强社会主义经济建设、政治建设、文化建设与和谐社会建设，为“十一五”开好局、起好步。

一、继续保持经济平稳较快发展

（一）做好“十一五”规划纲要的落实工作。纲要确定的目标任务要落实到年度工作。建立健全年度计划与实施纲要衔接的机制，明确纲要重点任务的时间安排和顺序，制定相应配套政策措施。将主要约束性指标分解到各地区和各有关部门，并将完成情况纳入各地区和各有关部门经济社会发展综合评价和绩效考核。组织开展全国功能区划规划研究。编制重点领域专项规划，规范规划编制审批程序。健全规划实施监督评估制度。（发展改革委牵头）

（二）继续实施稳健的财政政策。适当减少长期建设国债发行规模和财政赤字，增加中央预算内经常性建设投资。长期建设国债资金和预算内投资主要用于农林水利、科教文卫、生态建设、环境保护和西部开发等方面，保证重点续建项目，适当开工建设关系发展全局的重大项目。大力推进依法治税，加强税收征管，规范非税收入管理。财政支出要统筹兼顾、量入为出、确保重点、厉行节约。加强财政监管，控制行政经费增长。（财政部、发展改革委、税务总局负责）

（三）继续实施稳健的货币政策。保持货币信贷平稳适度增长，优化信贷结构，创新金融产品，加大对“三农”、中小企业、就业、助学的信贷支持，合理控制中长期贷款。健全利率形成和传导机制。完善有管理的浮动汇率制度，保持人民币汇率在合理、均衡水平上的基本稳定，促进国际收支平衡。（人民银行、金融监管机构负责）

（四）积极扩大消费需求。调整收入分配关系，规范收入分配秩序，增加中低收入者的收入。认真实施修改后的个人所得税法，减轻中低收入者的税负。稳定居民支出预期，扩大即期消费。大力开拓农村消费市场。加强农村流通体系和市场建设，充分发挥农村现有流通网络的作用，支持城市流通企业经营网络向农村延伸，为农民增加消费提供便利。完善消费环境和政策，改善居民住、行条件，积极发展旅游、文化、健身等服务性消费。切实保障消费者合法权益。合理调整消费税，规范和发展消费信贷，清理、修订抑制消费的不合理规定和政策，促进居民消费结构升级。（发展改革委、财政部、商务部、人民银行、税务总局、旅游局负责）

（五）加强经济运行调节。搞好煤电油运的平衡工作，协调解决经济运行中的紧急情况，推动市场化方向的改革。促进煤电油运供需衔接，统筹协调石油、天然气、煤炭、电力、核能的发展，加快水电、核电、可再生能源建设，优化发展火电，完善电网结构，建立电力需求侧管理的长效机制。着力解决与群众生活密切相关的供水、供气、供电、供暖和供油问题。（发展改革委牵头）

（六）努力保持价格总水平基本稳定。准确把握价格调控的政策取向，认真做好粮食、棉花、化肥、药品、副食品、石油、煤炭、钢材、房地产等重要商品价格监测工作，适时发布价格信息。继续对短缺的重点粮食品种实行最低收购价政策，保持粮食价格在合理水平上的基本稳定。整顿和规范价格秩序。（发展改革委牵头）

（七）改革公务员工资制度和规范公务员收入分配秩序。根据公务员法的要求，改革公务员职级工资制，建立国家统一的职务与级别相结合的公务员工资制度。进一步加大清理规范津贴补贴的力度，研究地区附加津贴制度；完善艰苦边远地区津贴制度，提高艰苦边远地区津贴标准，适当扩大实施范围。同时，相应调整离退休人员待遇和最低工资、最低生活保障标准以及各类优抚对象的相关待遇。（人事部、财政部、民政部、劳动保障部负责）

（八）保持固定资产投资适当规模。坚持有保有压，优化投资结构，防止投资过快增长。继续把好土地、信贷两个闸门，坚持实行最严格的土地管理制度，坚持按照贷款条件和市场准入标准发放贷款。加强经济社会发展薄弱环节和重点领域的建设，从严控制新开工项目。继续解决部分城市房地产投资规模过大和房价上涨过快的问题。调整住房供应结构，严格控制高档房地产开发，重点发展普通商品房和经济适用房，建立健全廉租房制度和住房租赁制度。整顿规范房地产和建筑市场秩序，基本完成建设领域清理拖欠工程款任务。（发展改革委、国土资源部、建设部、人民银行、税务总局负责）

二、扎实推进社会主义新农村建设

（九）稳定、完善和强化对农业的扶持政策。继续增加对农民的种粮直接补贴、良种补贴、农机具补贴，抓紧研究建立农民种粮收益综合补贴制度。增加对产粮大县和财政困难县的转移支付。坚持和完善主产区重点粮食品种最低收购价政策，抑制农业生产资料价格上涨。加强农业综合开发和农村扶贫开发工作。（财政部、发展改革委、农业部、扶贫办负责）

（十）继续推进农业和农村经济结构调整。切实保护耕地特别是基本农田，稳定粮食播种面积，继续实施优质粮食产业工程，加快大型商品粮生产基地建设，不断提高粮食综合生产能力。优化农业生产布局，推行农业标准化，强化农产品质量安全监管，提高农产品质量安全水平。推进农业产业化经营，积极发展畜牧水产业和特色林产业，大力发展农村二、三产业特别是农林产品加工业，壮大县域经济，促进农民收入增加。加快兽医管理体制改革和动物疫病防控体系建设。继续做好防控高致病性禽流感工作。（农业部、发展改革委、国土资源部、林业局负责）

（十一）加强农村基础设施建设。加强以小型水利设施为重点的农田基本建设和防汛抗旱、减灾体系建设，加强农村道路、饮水、节水灌溉、沼气、电网、通信、污水处理等基础设施和人居环境建设，加强教育、卫生、文化等农村公共事业建设。逐年加大国家财政投资和信贷资金对农业、农村的投入，整合各种渠道的支农资金，提高资金使用效益。积极引导农民对直接受益的公益设施建设投资投劳。鼓励和引导社会各类资金投向农村建设，逐步建立合理、稳定和有效的资金投入机制。（发展改革委、财政部、水利部、农业部负责）

（十二）全面推进农村综合改革。巩固和发展农村税费改革成果，保证基层政权正常运转和农村义务教育需要，防止增加新的农民负担。推进以乡镇机构、农村义务教育和县乡财政管理体制等改革为主要内容的农村综合改革。深化国有农场税费改革，开展化解乡村债务试点工作，探索处理乡村债务的措施和办法。（国务院农村税费改革工作小组牵头）

三、加大产业结构调整、资源节约和环境保护力度

（十三）着力提升产业层次和技术水平。加快发展先进制造业、高新技术产业和现代服务业，依托重点工程抓好重大技术装备研制开发。提高产业技术水平，全面增强自主创新能力。积极推进军民两用高技术产业化，健全军民互动合作的协调机制。尽快掌握一些重要产业的核心技术和提高系统集成能力，形成一批拥有自主知识产权的技术、产品和标准。大力实施品牌战略，鼓励开发具有自主知识产权的知名品牌。完善自主创新的激励机制，实行支持企业创新的财税、金融和政府采购等政策。改善市场环境，发展创业风险投资，支持中

小企业提升自主创新能力。（发展改革委、国防科工委、铁道部、交通部、信息产业部、民航总局等负责）

（十四）推进部分产能过剩行业结构调整。认真贯彻国家产业政策，严格市场准入标准，控制新增产能。推动企业并购、重组、联合，支持优势企业做强做大。依法关闭破坏资源、污染环境和不符合安全生产条件的企业，淘汰落后生产能力。通过调整投资结构、扩大消费需求等措施，促进产业升级，合理利用和消化一些已经形成的生产能力。加快调整重要原材料工业的结构和布局。（发展改革委牵头）

（十五）突出抓好资源节约工作。综合运用价格、税收等各种手段，促进资源合理开发和节约使用，实现单位国内生产总值能耗降低4%左右的预期目标。抓紧制定和完善各行业节能、节水、节地、节材标准，推进节能降耗重点项目建设，促进土地集约利用，鼓励发展节能降耗产品和节能省地型建筑，推进第二批城市限时禁止使用实心黏土砖，发展海水淡化。大力推动以节能降耗为重点的设备更新和技术改造，加快淘汰高耗能、高耗水、高耗材的工艺、设备和产品。大力发展循环经济，在重点行业、产业园区、城市和农村实施一批循环经济试点。完善资源综合利用和再生资源回收的税收优惠政策，推进废物综合利用和废旧资源回收利用。把节能降耗纳入经济社会发展的统计、评价考核体系，建立信息发布制度，公布各地区和主要行业单位产值的能源消耗情况，广泛持久地开展资源节约活动。（发展改革委牵头）

（十六）加快建设环境友好型社会。加强对水源、土地、森林、草原、海洋等自然资源的生态保护，重点搞好“三河三湖”、南水北调水源及沿线、三峡库区、松花江等流域污染防治，加强饮用水水源地的保护。推行清洁生产，加快工业废水、废气、废渣的治理。抓好大气污染防治和重点城市污水处理、生活垃圾无害化处理等国家重点环保工程。综合防治土壤污染、农村面源污染和畜禽养殖污染。加强生物多样性保护和生物遗传资源的管理，防治外来物种的侵害。加强地下水监测、地质灾害等自然灾害防治。继续实施自然生态保护工程，强化环境和生态保护执法检查。抓紧建立生态补偿机制。加强核与辐射安全监管，健全环境保护的监测体系、评价考核和责任追究制度。（环保总局、发展改革委、监察部、国土资源部、建设部、水利部、农业部负责）

四、继续推动区域协调发展

（十七）进一步推进西部大开发。支持重点地带、重点城市和重点产业加快发展。确保青藏铁路、三峡三期工程等一批重点工程建成投产。巩固和发展退耕还林、退牧还草成果，研究制定后续相关政策。继续实施天然林保护、风沙源和石漠化治理等生态工程。支持发展优势产业和建设特色资源加工基地。加大政策扶持和财政转移支付力度，加快建立长期稳定的西部开发资金渠道。进一步支持革命老区、少数民族地区、边疆地区和贫困地区加快经济社会发展。（西部开发办牵头）

（十八）继续实施东北地区等老工业基地振兴战略。重点加强大型粮食基地建设，推进重点行业改革重组和技术改造。搞好资源枯竭型城市经济转型和采煤沉陷区治理、棚户区改造，抓紧研究建立资源开发补偿机制、衰退产业援助机制。做好部分城市和国有企业厂办大集体改革试点工作。认真落实扩大对外开放的政策措施。（振兴东北办牵头）

（十九）积极促进中部地区崛起。发挥中部区位、资源、产业和人才优势，重点加强现代农业特别是粮食主产区商品粮基地建设，加强能源和重要原材料基地建设，加强现代综合交通运输体系、现代流通体系和现代市场体系建设。支持老工业基地振兴和资源型城市转型，建设现代装备制造基地和高技术产业基地。增强中心城市辐射功能，带动周边地区发展。（发展改革委牵头）

（二十）鼓励东部地区率先发展。着力增强东部地区自主创新能力，推进产业结构优化升级，增强国际竞争力和可持续发展能力，更加注重节约利用土地、水、能源等资源和环境保护。继续发挥经济特区、上海浦东新区的作用，推进天津滨海新区开发开放。（发展改革委牵头）

五、实施科教兴国战略和人才强国战略，加强文化建设

（二十一）实施《国家中长期科学和技术发展规划纲要（2006—2020年）》。贯彻实施《国家中长期科学和技术发展规划纲要（2006—2020年）》和各项配套政策，落实《中共中央、国务院关于实施科技规划纲要增强自主创新能力的决定》。年内要相继出台各部门有关配套政策的实施细则。建立有效的组织领导机制，启动一批重大科技专项和重点项目，集中力量在重点领域和关键环节取得突破。加强基础研究、前沿技术研究和社会公益性科技研究。深化科技体制改革，有效整合全社会科技资源，建立财政性科技投入稳定增长机制。（科技部、发展改革委、财政部、教育部、国防科工委、中科院、工程院、自然科学基金会、科教办及相关部委负责）

（二十二）推进科技管理体制的改革和创新。加快国家创新体系建设，建立以企业为主体、市场为导向、

产学研结合的技术创新体系。优化科技资源配置，调整和完善国家科技计划体系，强化科技基础条件平台建设。促进科技成果转化和应用，发挥国家高新技术产业开发区作用，促进区域协调发展。发展科技中介服务机构，做好技术咨询、技术转让等社会化服务。增强农业科技创新和转化能力，加强农业技术推广和服务。推进地震科技创新，不断提高防震减灾能力。（科技部、发展改革委、财政部、国资委、农业部、地震局等负责）

（二十三）大力普及和巩固九年义务教育。在西部地区全部免除农村义务教育阶段学生学杂费，继续对贫困家庭学生免费提供教科书并补助寄宿生生活费。将农村义务教育全面纳入国家财政保障范围，建立中央和地方分担的农村义务教育经费保障机制。推进西部地区“两基”攻坚计划。解决城市低收入家庭和农民工子女义务教育阶段上学困难的问题。（教育部、财政部、发展改革委负责）

（二十四）大力发展职业教育。加大中央财政对职业教育的投入力度。合理调整结构，重点发展中等职业教育。以就业为导向，推进办学机制创新，形成多元化办学格局。深化改革，提高职业学校办学水平和质量。大力发展面向农村的职业教育，提高广大农民的职业技能和转移就业能力。建立中等职业学校贫困家庭学生助学制度。（教育部牵头）

（二十五）着力提高高等教育质量。改革创新高等教育教学模式和方法。继续实施“211 工程”和“985 工程”，推进高水平大学和重点学科建设。着力培养具有创新精神、创新能力和实践能力的人才。采取切实措施，保证急需和艰苦行业的人才培养数量和质量。加强高校科技工作，加大自主创新能力建设，坚持产学研结合。积极推进高校哲学社会科学的繁荣与发展。（教育部牵头）

（二十六）全面推进素质教育。深化教育教学改革，突出创新精神和实践能力的培养。改革教育教学评估和考试制度，完善推进素质教育的体制，营造推进素质教育的良好环境。着力培养一支德才兼备的教师队伍，造就一批杰出的教育家。研究制订《中国教育发展纲要（2006—2020 年）》。（教育部牵头）

（二十七）加强人才队伍建设。多渠道增加对人力资源开发的投入，研究建立政府、社会、用人单位和个人多元人才投入机制。进一步发挥市场在配置人才资源中的作用，规范人才市场管理，建立和完善区域性人才交流合作机制，营造人才辈出、人尽其才的社会氛围。（人事部牵头）

（二十八）加快发展文化事业和文化产业。继续深化文化体制改革和机制创新。大力发展文学艺术、广播影视、新闻出版事业，进一步完善公共文化服务体系，增强文化事业单位活力。加强文化基础设施建设，特别是农村基层文化建设。加强自然和文化遗产保护。发展文化产业，完善文化产业政策，提高文化企业竞争力。进一步健全文化市场体系，促进新兴文化市场的发展。深入开展“扫黄打非”工作，加大版权保护工作力度。加快推进文化资源、文化服务和广播影视、新闻出版数字化进程，进一步提高全国文化信息资源共享工程和广播电视“村村通”水平。扶持民族文化艺术，拓展对外文化交流渠道，提高对外文化交流质量和水平，进一步推动中华文化走向世界，加强汉语国际推广工作。（文化部、广电总局、新闻出版总署、教育部、侨办负责）

（二十九）积极筹办北京奥运会和上海世博会。继续做好北京奥运会筹备、备战工作，切实做好多哈第十五届亚运会等国际体育赛事参赛工作。广泛开展全民健身活动，推动群众性体育工作深入开展。继续做好上海世博会筹备工作，重点做好主题演绎、园区建设、宣传推介和招商招展等工作。（北京奥组委、上海世博会组委会、体育总局负责）

六、进一步推进改革开放

（三十）深化行政管理体制改革。抓住转变政府职能这个关键，进一步明确政府履行“经济调节、市场监管、社会管理、公共服务”职能的内涵，深化行政审批制度改革，研究解决部门职能交叉、权责脱节、责任不清、行政成本过高等突出问题。积极稳妥地推进事业单位分类改革试点工作。大力推进政务公开，建立健全行政问责制和政府绩效评估制度。提高政府执行力和公信力。（国务院办公厅牵头，有关部门按职责分工负责）

（三十一）深化国有企业改革。加快国有大型企业股份制改革，着力完善产权结构、公司治理结构和激励约束机制，加快形成一批具有国际竞争力的大公司大企业集团。加大国有独资企业和垄断行业的改革力度，放宽市场准入，推进投资主体和产权多元化。积极推进铁路投融资体制改革。认真落实邮政体制改革方案。进一步理顺烟草行业管理体制。推动供水、供气、供热等市政公用事业单位改革。完善国有资产监管体制，建立健全国有资产经营预算制度、经营业绩考核体系和国有资产重大损失责任追究制度。规范和发展产权交易市场，继续做好国有企业政策性关闭破产、分离办社会职能和主辅分离等工作，规范国有企业改制和产权转让行为。推进集体企业改革和发展。认真落实鼓励、支持和引导非公有制经济发展的政策措施，加快清理限制非公有

制经济发展的规定，推动实施“中小企业成长工程”。（国资委、发展改革委、财政部负责）

（三十二）加快金融体制改革。进一步推进国有商业银行股份制改革，规范公司治理结构，完善内控机制与管理制度。贯彻落实《中华人民共和国证券法》，加快证券市场基础性制度建设，依法强化市场监管，着力提高上市公司质量，继续搞好证券公司综合治理，促进市场创新和发展。基本完成上市公司股权分置改革。积极稳妥地发展债券市场和期货市场。深化农村金融改革，完善农村信用社体制，推进农业银行、农业发展银行改革。加快农村金融创新，健全农村金融体系，改进农村金融服务。推进政策性银行、邮政储蓄机构等其他银行业金融机构改革。深化保险业改革，规范保险市场秩序，完善保险市场体系。加强和改进金融监管。依法严厉打击金融违法犯罪行为，防范系统性金融风险，维护金融稳定和安全。研究建立存款保险制度等风险补偿和市场退出机制。认真做好金融业对外开放的应对工作。（人民银行、金融监管机构、财政部等负责）

（三十三）深化财税、投资、价格改革。健全公共财政体系，完善转移支付制度，实施政府收支分类改革，完善预算管理制度。采取国债余额管理方式管理国债发行。积极推进增值税转型改革，调整和完善资源税，研究统一各类企业税收制度。落实投资主体的自主权和风险承担机制，改进项目核准和备案制度，加强产业投资信息发布，完善并认真执行市场准入制度，健全投资宏观调控体系。深化价格体制改革，逐步理顺和完善资源性产品和要素价格形成机制。（财政部、发展改革委、税务总局负责）

（三十四）深入整顿和规范市场经济秩序。开展食品安全的专项整治行动，强化保护知识产权工作，坚决打击各种商业欺诈行为、传销和变相传销活动。继续抓好其他专项整治工作。严惩制假售假、商业欺诈、走私贩私、偷逃骗税、金融证券犯罪和侵犯知识产权行为。（全国整顿和规范市场经济秩序领导小组办公室牵头，成员单位按职能负责）

（三十五）加快社会信用体系建设。制订《社会信用体系建设指导意见》，明确目标、原则和任务，加强组织领导和统筹协调。加快企业和个人征信体系建设。研究社会信用体系监督管理体制和行业自律机制，维护国家信息安全。研究社会信用体系建设的配套政策措施，积极推进信用服务行业标准化建设，开展社会信用宣传和教育活动。（国务院办公厅牵头）

（三十六）进一步扩大对外开放。利用国内国外两个市场、两种资源，着力转变贸易增长方式，注重优化进出口结构。大力实施科技兴贸战略，支持具有自主知识产权、自主品牌、高附加值的产品和服务产品出口，继续控制高耗能、高污染和资源性产品出口。扩大农产品出口，推动加工贸易转型升级和合理布局。适当扩大进口，加大引进高新技术和先进设备的力度，改善进出口不平衡状况。继续积极有效利用外资，着力提高利用外资的质量和效益。重视对外资投向的产业和区域引导。健全国家级经济技术开发区持续健康发展的有效机制。扩大服务领域对外开放。（商务部牵头）

（三十七）继续实施“走出去”战略。支持有条件的企业“走出去”，按照国际通行规则对外投资和跨国经营，在境外建立加工基地、营销服务网络和研发机构。建立健全政策支持和服务体系，完善境外投资协调机制和风险控制机制。积极发展对外承包工程与劳务合作。（发展改革委、商务部负责）

（三十八）做好加入WTO后过渡期各项工作。进一步完善涉外经济管理体制和机制，提高贸易和投资便利化水平。运用世界贸易组织规则，支持重点产业提高抗风险能力和国际竞争能力。健全应对贸易争端的有效机制，建立健全国家经济安全预警系统和产业损害预警系统。有步骤、有重点地推进区域经济合作，积极稳妥地推进自由贸易区建设。积极参与世界贸易组织新一轮谈判并发挥建设性作用。（商务部牵头）

七、高度重视解决涉及群众切身利益的问题

（三十九）继续实施积极的就业政策。落实就业再就业各项扶持政策，继续增加资金投入，确保完成城镇新增就业900万人、城镇登记失业率控制在4.6%等就业再就业目标任务。进一步解决体制转轨遗留的下岗失业人员再就业问题和重组改制、关闭破产企业的职工安置问题。加大对军工、森工等困难行业下岗职工再就业的支持力度。统筹做好高校毕业生、城镇新增劳动力和进城农民工就业工作。加强职业培训和就业服务体系建设，加强高技能人才队伍建设。继续推进劳动关系三方协调机制建设，做好劳动争议调解和仲裁工作。（劳动保障部、财政部等负责）

（四十）加快推进社会保障体系建设。切实保证各项社会保险金的及时支付。完善城镇企业职工基本养老保险制度，继续做好做实个人账户试点工作，扩大试点范围；改革基本养老金计发办法，建立参保缴费的激励

约束机制；积极发展企业年金。提高各类所有制企业的参保率，统一城镇个体工商户和灵活就业人员的参保办法，扩大社会保险覆盖范围。加大社会保险费征缴和基金监管力度，多渠道筹集社会保障基金。加强城镇职工基本医疗保险和失业、工伤、生育保险制度建设。推进社会化管理服务工作。研究制订机关事业单位养老保险制度改革方案。（劳动保障部、财政部、人事部、税务总局负责）

（四十一）切实做好农民工有关工作。认真贯彻落实《国务院关于解决农民工问题的若干意见》。建立并完善防止工资拖欠的法规和机制，探索解决拖欠农民工工资问题的办法。指导地方合理调整和严格执行最低工资制度，制定实施最低小时工资标准，逐步解决农民工工资偏低问题。以非公有制企业和农民工为重点，全面检查劳动合同制度执行情况。研究适合农民工特点的社会保障办法。依法做好农民工工伤保险和职业病防治工作。为农民工提供就业培训、子女上学和计划生育等相关公共服务，改善农民工居住环境。加大劳动保障监察执法力度，健全维护农民工权益的保障机制。促进城乡统筹就业和农村劳动力就地就近转移就业。（劳动保障部牵头）

（四十二）进一步解决困难群众基本生活问题。加快城乡特殊困难群众社会救助体系建设。继续完善城市低保制度，有条件的地方积极探索建立农村居民最低生活保障制度。进一步完善农村“五保户”供养、特困户救助、灾民救济、临时救助等制度，增加资金支持。逐步建立和完善城乡医疗救助制度。实行流浪乞讨人员分类救助和管理，加强流浪儿童救助保护。加强防灾减灾救灾工作。落实优抚政策，适当提高抚恤补助标准。进一步发展社会福利事业和慈善事业，开展多种形式的捐助和帮扶活动。重视做好老龄工作。加强妇女儿童权益保障。积极发展残疾人事业。（民政部牵头）

（四十三）加快农村医疗卫生服务体系建设。实施《农村卫生服务体系建设与发展规划》，以乡镇卫生院为重点，同步推进县医院、县中医院（民族医院）和县级妇幼保健机构房屋、设备改造和建设，推进县、乡、村三级医疗卫生服务体系和网络建设。加快推进新型农村合作医疗制度建设，将新型农村合作医疗试点范围扩大到全国 40%以上的县（市）。完善城市医疗卫生人员定期到农村服务的制度，提高农村医疗卫生服务能力和水平。（卫生部牵头）

（四十四）积极发展城市社区卫生服务。继续深化城市医疗服务体制改革。调整城市医疗卫生资源，加大政府对社区卫生的投入，创新投入机制，加强社区卫生服务人才培养，完善社区卫生服务功能，努力构建以社区为基础的新型城市医疗卫生服务体系。贯彻落实《国务院关于发展城市社区卫生服务的指导意见》精神，研究制定相关配套文件，完善各项政策措施。落实全国城市社区卫生工作会议精神，全面开展城市社区卫生服务工作。（卫生部牵头）

（四十五）继续加强重大疾病预防控制工作。完善城乡公共卫生服务体系，基本完成突发公共卫生事件应急救治体系建设和化学中毒、核辐射救治基地建设任务。加强对严重危害人民群众健康重大疾病的预防控制工作，认真落实艾滋病、结核病、血吸虫病和乙肝等重大传染病防治措施，切实做好防控人感染高致病性禽流感工作。完善卫生监督体系，加大卫生监督执法力度，深入开展打击非法行医的专项治理。深入整顿和规范医疗服务、药品购销秩序，加强对药品医疗服务的价格监管，规范医院、医生的医疗和用药行为，加强医德医风建设。支持中医药事业发展，加快推进中医药现代化、国际化，促进中医药的适宜性和在农村和社区卫生服务中的应用，积极发挥中医药在疾病治疗和预防控制方面的作用。（卫生部、发展改革委、食品药品监管局负责）

（四十六）进一步做好人口和计划生育工作。研究制订新时期加强人口和计划生育工作的意见，稳定现行生育政策和低生育水平，提高出生人口素质，认真组织实施《关于广泛开展关爱女孩行动综合治理出生人口性别比偏高问题的行动计划》。扩大农村部分计划生育家庭奖励扶助制度的覆盖面和西部地区“少生快富”扶贫工程实施范围，继续建立健全计划生育利益导向机制。加强农村计划生育服务体系建设，稳定基层计划生育机构和队伍，推进人口信息化建设。（人口计生委牵头）

（四十七）切实加强安全生产工作。全面落实安全生产责任制，实行有利于安全生产的经济政策。继续完善监管体制，夯实企业安全生产基础工作。加强安全技术人才培养和职工安全技能培训。加快煤炭等行业改革重组，加强大型煤炭基地建设，鼓励大型煤炭企业集团兼并改造中小煤矿。多渠道加大安全生产投入，增加安排国债资金，重点支持煤矿瓦斯综合治理和利用的科技攻关试点工程。深入开展重点行业和领域安全生产专项整治，继续抓好煤矿瓦斯治理和矿山整顿。强化企业安全生产管理，加强安全生产法制建设，严格执法和监管。（安全监管总局、发展改革委负责）

（四十八）全面加强应急管理工作。建立健全应急管理体制、机制和法制，研究制定加强应急管理工作的政策措施，编制国家突发公共事件应急体系建设规划。加强预防工作，建立社会预警体系，健全信息报告制度，开展各类危险源排查与监控。完善和落实各类预案，重点推进企业、社区、农村、学校等基层应急管理工作，增强应对突发公共事件的能力。加快国家应急平台建设，推动公共安全技术研究与应用。深入开展应急管理培训和面向全社会的科普宣教工作。（国务院办公厅牵头）

八、加强民主政治建设和维护社会稳定

（四十九）加强民主法制建设。进一步发展基层民主，完善基层民主管理制度。加强和改进政府立法工作，重点加强节约能源资源、保护生态环境、扩大就业和完善社会保障体系、应对和处置突发公共事件、维护社会稳定和市场秩序等方面的立法。完善公众参与立法的机制、程序和方法，进一步提高立法质量。（民政部、法制办负责）

（五十）进一步推进依法行政。认真贯彻实施公务员法。大力推动《全面推进依法行政实施纲要》的贯彻落实，加快建设法治政府。继续对行政许可法的贯彻落实情况开展监督检查。全面推行行政执法责任制，完善行政执法程序，规范行政执法行为，实行行政执法依据公开、执法过错责任追究和执法行为评议考核制度。进一步提高行政机关工作人员依法行政的意识和能力。深入开展民主评议政风行风工作。依法接受公民、社会和新闻舆论对行政行为的监督。（法制办、监察部、中央编办、人事部、审计署等负责）

（五十一）加强廉政建设和反腐败工作。加强对中央重大政策和改革措施落实情况的监督检查。继续把解决群众上学难、看病难作为纠风专项治理工作的重点，坚决治理教育乱收费，大力整顿医疗服务秩序和药品、医疗器械流通秩序。开展对社团、行业组织和社会中介组织的清理和规范工作。加强对土地转让和矿产等重要资源开发审批的监督。严肃查处安全生产领域的失职、渎职和腐败问题，严肃查办领导干部滥用权力、贪污贿赂的案件，认真查办严重侵害群众利益的案件。（监察部牵头）

（五十二）认真开展治理商业贿赂专项工作。组织开展不正当交易行为的自查自纠，针对发现的问题研究提出整改措施。依法严肃查处商业贿赂案件，重点查处政府工作人员利用职权参与或干预企业事业单位经营活动，谋取非法利益、索贿受贿行为。完善管理制度，强化日常监管，建立健全防治商业贿赂的有效机制。（监察部牵头）

（五十三）努力维护社会稳定。高度重视和维护社会稳定，广泛深入推进平安建设。正确处理新时期社会矛盾，认真落实涉及群众利益的各项政策。重视解决群众反映的问题，及时化解矛盾。加强基层政权建设，加强和谐社区、和谐村镇建设。完善社会稳定预警体系和应急处理机制。加强社会治安综合治理，加快建设社会治安防控体系，依法严厉打击各种刑事犯罪活动。落实司法体制改革的各项措施，进一步规范执法行为，促进司法公正，维护司法权威，实现严格、公正、文明执法。加强法制宣传教育，做好法律服务、法律援助工作，为困难群众打官司提供有效帮助。维护国家安全。（公安部、司法部、安全部负责）

（五十四）加强民族、宗教、侨务工作。认真落实《国务院实施〈中华人民共和国民族区域自治法〉若干规定》。进一步支持少数民族地区加快经济社会发展，认真实施扶持人口较少民族发展规划，大力推进兴边富民行动，大力培养少数民族干部和各方面人才，切实保障少数民族合法权益，促进各民族共同团结奋斗、共同繁荣发展。贯彻党的宗教工作基本方针，提高依法管理宗教事务的能力。完成化解华侨农场债务的工作，增强其可持续发展能力。加强侨务对台工作，维护海外侨胞在境内的正当合法权益，切实做好归侨侨眷等工作。（国家民委、宗教局、财政部、侨办负责）

九、支持国防和军队建设，推进祖国统一，做好外交工作

（五十五）积极支持国防和军队建设。加强国防科研和武器装备建设，推进国防科技工业改革和发展。深化退伍军人安置改革，做好军队转业干部和退役士兵安置工作。深入开展“双拥”活动，巩固和发展军政军民团结。支持加强国防和军队法制建设。（国防科工委、民政部、人事部负责）

（五十六）加强港澳工作。坚持“一国两制”、“港人治港”、“澳人治澳”、高度自治的方针，严格按照特别行政区基本法办事，全力支持香港、澳门两个特别行政区行政长官和政府依法施政。继续实施内地与香港、澳门更紧密经贸关系安排，进一步加强和推动内地同港澳在经贸、科教、文化、卫生、体育等领域的交流和合作，保持香港、澳门长期繁荣稳定。（港澳办牵头）

（五十七）推进祖国和平统一进程。坚持“和平统一、一国两制”的基本方针和现阶段发展两岸关系、推进祖国和平统一进程的八项主张，贯彻胡锦涛主席关于新形势下发展两岸关系的四点意见。坚决反对和遏制“台独”分裂势力通过“宪改”进行“台湾法理独立”活动。广泛团结台湾同胞，扩大两岸经济、文化交流和人员往来，推动全面、直接、双向“三通”进程。支持海峡西

岸和其他台商投资相对集中地区的经济发展，促进两岸经济技术交流和合作。加强与反对“台独”、主张发展两岸关系的台湾各党派、团体和各界人士的对话与交流。继续争取在一个中国原则基础上恢复两岸对话与谈判。维护台海和平与稳定。（台办牵头）

（五十八）积极开展全方位外交。继续高举和平、发展、合作的旗帜，奉行独立自主的和平外交政策，坚定不移地走和平发展道路，在和平共处五项原则基础上加强全方位外交。巩固和加强同广大发展中国家的团结与合作。坚持与邻为善、以邻为伴的周边外交方针，推动区域合作机制建设，把务实合作提升到新水平。扩大同发达国家的共同利益，妥善处理分歧，推进交流和合作。积极参与和开展多边外交，在国际和地区事务中发挥建设性作用。大力开展经济外交，妥善处理经贸摩擦，维护国家经济安全。认真做好外宣和公众外交工作。保护我国公民和法人在海外的合法权益。（外交部牵头）

2006年是实施“十一五”规划的第一年，改革发展稳定的任务十分繁重。国务院各部门和各单位要进一步增强使命感和紧迫感，认真履行职责，求真务实，励精图治，不懈进取，努力完成好全年的各项任务。

上述各项工作任务由国务院副秘书长按分工督促落实。国务院各部门和单位要根据本要点抓紧制订本部门和本单位的2006年工作要点，并报国务院备案。

认真实施科技发展规划纲要开创我国科技发展的新局面

——在全国科学技术大会上的讲话（摘要）

温家宝

（2006年1月9日）

这次全国科学技术大会，是党中央、国务院召开的一次十分重要的会议，主要是部署实施《国家中长期科学和技术发展规划纲要》。

一、深刻认识制定《规划纲要》的重大意义

制定国家中长期科技发展规划，是党的十六大提出的一项重大任务，是我们党深刻分析新世纪新阶段的形势和任务作出的重大决策。国务院从2003年6月开始，组织各方面专家学者和有关部门力量，在深入进行战略研究的基础上制定了《规划纲要》。中央提出并制定国家中长期科技发展规划，主要基于以下几方面考虑。

一是实现我国新阶段发展目标的需要。十六大提出，要在本世纪头20年，集中力量建设惠及十几亿人口的更高水平的小康社会。实现这一宏伟目标靠什么？最根本是依靠两大动力，一要靠坚定不移地推进改革开放，二要靠科技进步和创新的有力支撑。改革开放以来，我国经济增长平均保持在9%以上，未来15年，能否继续保持经济平稳较快和可持续增长，这是国内外都十分关注的一个重大问题。我国已经跨上了人均国内生产总值1000美元这个台阶，到2020年要达到3000美元，这是我国经济社会发展的关键时期。面向未来，我们站在一个新的历史起点上。应该清醒地看到，我国经济社会发展面临许多突出问题，经济结构不合理，质量和效益不高，特别是能源资源和环境的制约日益严重。解决这些问题，实现经济社会全面协调可持续发展，必须依靠科技进步和创新找出路、找办法。没有科技的发展和创新，就不可能真正走上科学发展的道路。要如期实现全面建设小康社会的目标，就必须研究科学技术怎么支撑、怎么引领的问题。

二是应对世界科技革命和提高我国竞争力的需要。当今世界，新科技革命迅猛发展，不断引发新的创新浪潮，科技成果转化和产业更新换代的周期越来越短，科技作为第一生产力的地位和作用越来越突出。新的科技革命既给我们带来了难得的发展机遇，也使我们面临着更加严峻的挑战。国际竞争从根本上说是科技的竞争，是自主创新能力的竞争。我国面临着发达国家在经济科

技上占优势的压力。我们要掌握发展的主动权，就必须紧紧把握世界科技发展的趋势，抢抓机遇，迎接挑战，奋发有为，加快科技发展，提高我国经济的国际竞争力。

三是加快我国科技发展的需要。建国50多年特别是改革开放以来，经过几代人的持续奋斗，我国科技事业取得了令人鼓舞的巨大成就，取得了一大批具有世界一流水平的科技成果，对我国经济社会发展和国防建设作出了重大贡献；建立了比较完备的学科体系，拥有了丰富的科技人力资源，具备了一定的自主创新能力，为建设创新型国家奠定了重要基础。但也要看到，目前我国的科学技术水平还不能满足经济社会发展和维护国家安全的需要，关键技术自主研发比例低，发明专利少，科技成果转化滞后，尖子人才比较缺乏，同发达国家相比还存在较大差距。促进我国科技事业的更大发展，需要我们从国情出发，认清我国科技发展的优势、不足和潜力，对未来15年作出一个总体安排。

回顾历史，我们也可以看到，根据国家一定发展阶段的要求制定科技规划，是指导科技工作、促进科技发展的一条重要经验。新中国成立以来，我们制定过7次科技发展规划，其中1956年开始实施的"12年科技规划"的影响最为深远。当时新中国成立不久，百废待兴，老一辈党和国家领导人高瞻远瞩，提出制定科技发展远景规划，周恩来总理、聂荣臻元帅等老一辈革命家亲自领导和参与。"12年科技规划"的实施，产生了以"两弹一星"为标志的一系列重大成果，创造了我国科技发展史上辉煌灿烂的篇章，极大地振奋了民族精神，提高了我国的国际地位，同时也为我国凝聚和培养了大批一流科学家。直到今天，我们仍然能够感受到这次规划的深远影响。

本世纪头20年，是我国经济社会发展的重要战略机遇期，也是我国科技发展的重要战略机遇期。中央根据国家现实发展和长远利益的需要，把握世界科技革命的趋势，对我国科技发展作出战略性、全局性、前瞻性的规划和部署，就是要坚定不移地贯彻落实科学发展观，就是要坚定不移地实施科教兴国战略和人才强国战略，就是要坚定不移地推进科技进步和创新，充分发挥科技第一生产力的作用，把我国经济社会发展切实转入科学发展的轨道。

这次规划是我国进入新世纪新阶段对科学技术发展进行的第一次全面规划，也是在社会主义市场经济条件下制定的第一个中长期科技发展规划。《规划纲要》体现了科学发展观的要求，体现了社会主义市场经济的要求，体现了建设创新型国家的要求。《规划纲要》确定了我国科技发展的大政方针，描绘了我国科技发展的宏伟蓝图，是指导未来15年我国科技发展的纲领性文件。实施好这个《规划纲要》，对于鼓舞人心、凝聚力量、调动各方面的积极性和创造性，全面提高我国科技发展水平，加快小康社会和现代化建设，必将发挥重大作用。

二、准确把握科技发展的指导方针和目标

未来15年，我国科技发展要确定一个怎样的指导方针？目标是什么？这是关系科技发展方向的重大问题，也是制定《规划纲要》必须首先解决的根本问题。《规划纲要》坚持以邓小平理论和"三个代表"重要思想为指导，全面贯彻落实科学发展观，从全面建设小康社会全局出发，确定了"自主创新、重点跨越、支撑发展、引领未来"的指导方针，提出了建设创新型国家的总体目标。这十六字方针，既是对以往科技方针的继承和发展，又体现了新时期新阶段对科技发展的新要求，是科学发展观在科技工作中的具体体现。

自主创新，是十六字方针的核心，是贯穿《规划纲要》的一条主线。自主创新，就是从增强国家创新能力出发，加强原始创新、集成创新和在引进先进技术基础上的消化吸收再创新。加强自主创新是我国科学技术发展的战略基点。我们必须高度重视提高原始创新能力，要有更多的科学发现和技术发明，在关键领域掌握更多的自主知识产权，在科学前沿和战略高技术领域占有一席之地。集成创新能力是一个国家创新能力的重要标志。我们必须注重提高国家集成创新能力，使各种相关技术有机融合，形成具有市场竞争力的产品和产业。在引进技术的基础上消化吸收再创新也是创新。要继续把对引进技术的消化吸收再创新，作为增强国家创新能力的重要方面。

自主创新是科技发展的灵魂，是一个民族发展的不竭动力，是支撑国家崛起的筋骨。没有自主创新，我们就难以在国际上争取平等地位，就难以获得应有的国家尊严，甚至难以自立于世界民族之林。在激烈的国际竞争中，真正的核心技术是市场换不来的，是花钱买不到的，引进技术设备并不等于引进创新能力。我们的发展必须主要依靠自己的力量，必须把自主创新作为调整经济结构、转变增长方式的中心环节，贯彻到各个产业、行业和地区，贯彻到现代化建设的各个方面，努力把我国建设成为创新型国家。

重点跨越，就是坚持有所为、有所不为，选择具有一定基础和优势、关系国计民生和国家安全的关键领域，集中力量，重点突破，实现跨越式发展。通过关键领域的突破实现技术跨越，一直是后进国家赶超先进国家的

重要方式。重点跨越是加快我国科技发展的重要途径。我们既要看到现在的经济基础和科技实力同过去相比有很大增强，又要看到我国仍然是一个发展中国家，必须把有限的资源用在刀刃上。实施重点跨越，就要紧紧把握当代科技革命的历史机遇，从需要和可能两个方面考虑，围绕经济社会和科技发展目标，选准突破口和主攻方向，走出一条有中国特色的创新之路。

支撑发展，就是从现实的紧迫需求出发，着力突破重大关键技术、共性技术，支撑经济社会全面协调可持续发展。支撑发展是我国科技进步的根本任务。我国经济发展，面临着保持平稳较快增长和提高质量效益的双重任务，面临着提升传统产业和发展新兴产业的双重使命，面临着扩大国内需求和开拓国际市场的双重要求。同时，改变社会发展相对滞后的状况，突破能源资源和环境对可持续发展的制约，也都要依靠科技进步和创新。科学技术必须解决经济社会发展和人民生活面临的突出问题，为全面建设小康社会和推进现代化提供保障。

引领未来，就是着眼长远，超前部署基础研究和前沿技术，创造新的市场需求，培育新型产业，引领未来经济社会发展。引领未来是科技工作的神圣使命。当代科学技术的一个突出特点，是不断为人们的生产和生活指出新方向、开辟新领域。特别是科学理论越来越走在技术和生产的前面，为技术和生产发展引领新的道路。我们应当前瞻未来发展和长远利益，在基础科学和前沿技术研究若干领域超前部署，不断探索新的发展方向，提高持续创新能力，使科学技术成为经济社会发展的主导力量。

以十六字方针为指导，《规划纲要》提出了未来15年我国科技发展的总体目标。概括地说，就是通过坚持不懈的努力，使我国自主创新能力显著增强，科学技术综合实力显著增强，对经济社会发展和国家安全的保障能力显著增强，进入创新型国家行列。《规划纲要》还从装备制造业和信息产业、农业、能源资源、环境、疾病防治、国防科技、人才队伍、科研体系等八个方面提出了具体发展目标，涵盖了经济、社会、人的发展和科技自身发展等各个方面。实现这些目标，不仅会使我国科技发展水平跃上一个新的台阶，也会使我国经济社会发展水平跃上一个新的台阶。

三、明确我国中长期科技发展的重点任务

《规划纲要》对未来15年我国科技发展作出了总体部署，从重点领域及其优先主题、重大专项、前沿技术和基础研究等方面确定了重点任务，明确了今后我国科技工作的着力点和主攻方向。

《规划纲要》提出了5个战略重点：

一是把发展能源资源和环境保护技术放在优先位置。我国能源资源人均占有量低，生态环境脆弱，资源浪费和环境污染严重，对经济社会发展的承载能力不足。现在，我国在发展过程中面临两大基本矛盾：一个是社会生产力发展与人民日益增长的物质文化需求之间的矛盾，这个矛盾还将长期存在；另一个是经济社会快速发展和人口增长与资源环境约束的矛盾，这个矛盾随着工业化和城镇化的推进，还会更加突出。那种依靠高投入、高消耗、高污染的老路是不可持续的，绝不能再走下去了。我们必须通过科技进步和创新，转变增长方式，解决资源环境等制约经济社会发展的瓶颈问题，建设资源节约型、环境友好型社会。

二是把掌握装备制造业和信息产业核心技术的自主知识产权，作为提高我国产业竞争力的突破口。从世界范围看，信息技术正处于加快发展的关键时期，新材料技术发展十分迅猛，蕴含着巨大的发展机遇。我们要以信息、装备制造和新材料的集成创新为核心，开发一批重大成套装备、高技术装备，尽快改变我国在这方面缺乏核心技术、关键成套装备基本依靠进口的局面，促进信息化与工业化良性互动，全面提升我国制造业的技术创新能力和国际竞争能力。

三是把生物技术作为未来高技术产业迎头赶上的重点。当前，生命科学和生物技术不断取得重大突破，正在形成充满活力的生物技术产业群。我国生物技术前沿研究与国际差距较小，并且拥有生物资源丰富、市场潜力巨大的优势。我们要奋力抢占生物技术制高点，加强生物技术在农业、工业、人口与健康等领域的应用，特别是加强粮食与食物安全、重大传染病防控、创新药物等方面的研究开发，提升相关产业创新能力和发展水平，保障人民群众健康。

四是加快发展空天和海洋技术。空天和海洋技术是综合国力的重要表现。我们要以载人航天、轨道空间站、天地往返运输系统等先进空天技术开发为重点，加强空间资源开发利用。我国海洋科技与国际差距较大，我们要以发展海洋生物资源可持续利用技术、海底资源勘探和深海技术等为重点，促进海洋经济发展，维护国家利益。

五是加强基础科学和前沿技术研究。加强基础研究是提升国家创新能力、积累智力资本的重要途径，是跻身世界科技强国的必要条件。前沿技术是国家科技创新能力的集中体现，是新产业革命和新军事变革的重要技

术基础，也是世界各国经济和科技竞争的制高点。我们要在对国家长远发展具有带动作用，同时又具有良好基础和发展优势的领域，对基础科学和前沿技术研究进行前瞻性部署，力争取得突破。

重大专项是为了实现国家目标，通过核心技术突破和资源集成，在一定时限内完成的重大战略产品、关键共性技术和重大工程，是我国科技发展的重中之重。《规划纲要》确定了核心电子器件、高端通用芯片及基础软件，极大规模集成电路制造技术及成套工艺，新一代宽带无线移动通信，高档数控机床与基础制造技术，大型油气田及煤层气开发，大型先进压水堆及高温气冷堆核电站，水体污染控制与治理，转基因生物新品种培育，重大新药创制，艾滋病和病毒性肝炎等重大传染病防治，大型飞机，高分辨率对地观测系统，载人航天与探月工程等16个重大专项，涉及信息、生物等战略产业领域，能源资源环境和人民健康等重大紧迫问题，以及军民两用技术和国防技术。

采取重大专项这种方式推动和加快科技发展，是许多国家的共同做法，也是我国的一条成功经验。这种方式能够整合有限的科技资源，发挥社会主义制度集中力量办大事的优势，充分调动企业和社会各方面的积极性；能够加快攻克事关全局和长远的科技难关，以科技发展的局部跃升和突破，带动相关领域技术水平的整体提升和生产力的跨越式发展，具有重大的现实意义和深远的战略意义。

我们要通过实施一批重大专项，培育一批具有自主知识产权的高技术产业群，抢占未来竞争的制高点，带动产业结构优化升级；攻克一批具有全局性、带动性的关键共性技术，并通过工程示范和推广应用，保障经济社会可持续发展；掌握一批关系国计民生和国防的核心技术，提升相关领域整体技术水平，保障国家安全；建成几项标志性工程，提高我国的国际地位，增强民族自信心和自豪感。

科学技术发展是全社会的事业。我们同样要关注各个领域、各个层次的科学研究和技术开发，鼓励各种类型的发明创造，支持社会各个方面包括集体的和个人的、政府的和民间的、国家立项的和独立进行的研究与开发，充分调动全体科技人员投身自主创新和科技发展的积极性、创造性，多出成果，快出成果，在全社会形成浓厚的创新氛围，共同繁荣我们的伟大事业。

四、落实推进科技发展的政策措施

为保证《规划纲要》的顺利实施，需要从深化体制改革、完善配套政策、加强人才队伍建设、营造激励创新的社会环境等方面，加大工作力度，采取切实措施。

（一）大力推进科技体制改革。科技体制改革是科技事业发展和推进自主创新的动力。要继续深化科技体制改革，加快建立与社会主义市场经济体制相适应、符合科技发展规律的科技体制，更大程度地发挥市场配置科技资源的基础性作用，最大限度地激发广大科技工作者和全社会的创新活力，不断解放和发展科学技术生产力。

科技体制改革的关键，是建立以企业为主体、市场为导向、产学研相结合的技术创新体系。这是我国科技发展战略的一个重大调整，是推进中国特色国家创新体系建设的突破口。在市场经济条件下，企业在技术创新中具有无可替代的地位和作用。只有以企业为主体，才能坚持技术创新的市场导向，有效整合产学研的力量，加快技术创新成果的产业化。使企业真正成为技术创新的主体，关键是要进一步深化改革，使企业成为技术创新的投资主体、研究开发的主体和科技成果应用的主体。一要进一步消除各种体制机制性障碍，打破行业和市场垄断，创造各类企业公平竞争的环境。二要整合科技资源为企业技术创新服务。国家科技计划和重大工程项目要向国内企业开放，特别是在具有市场应用前景的领域，要建立由企业牵头实施国家重大科技项目的机制。国家重点实验室、国家工程中心和公共科技成果，要向企业开放。健全科技中介服务体系，为各类企业的创新活动提供社会化、市场化服务。三要支持企业建立研发机构，鼓励企业与科研部门、高校联合共建工程实验室、共性技术研发和工程化平台。鼓励外资企业在我国设立研发中心。四要注重发挥中小企业在技术创新中的独特作用。中小企业特别是科技型中小企业，是最具创新活力的企业群体，是科技创新的生力军。国家要在科技政策和经济政策上给予更大支持。

要继续推进科研院所管理体制、国防科技体制和科技宏观管理体制等方面改革。科研院所管理体制改革，主要是对于面向市场的应用技术研究开发类科研机构，要支持它们进入企业或向企业化、市场化转制；对于从事基础研究、前沿技术研究和社会公益研究的科研机构，加快建立现代院所制度。国防科技体制改革，最重要的是建立军民结合、寓军于民的新机制，这也是我国科技发展的一条重要方针。科技宏观管理体制改革，关键是加快政府职能转变，促进科技资源优化配置和高效利用，健全科技资源社会共享机制，提高国家动员和整合科技资源的能力。

（二）制定和实施鼓励自主创新的政策措施。政府引导和推动科技发展，关键是要营造良好的政策和制度环境。国务院已经提出了《实施〈国家中长期科学和技术发展规划纲要》的若干配套政策》，主要内容有四个方面。

一是财税和金融政策。通过税收优惠政策，激励企业加大研究开发投入。实行促进自主创新的政府采购制度，优先购买国内具有自主知识产权的高新技术装备和产品。完善相关金融政策，引导各类金融机构支持自主创新与产业化。

二是产业政策。继续完善促进科技成果转化和高新技术产业化的政策，制定和完善促进引进技术消化吸收再创新的政策，强化技术引进与消化吸收的有效衔接，提高技术配套和自主开发能力。加强对重大技术和装备引进的管理，防止盲目重复引进。

三是高新技术产业开发区政策。当前，国家高新技术开发区建设正步入一个新的阶段，面临着以增强自主创新能力为重点的第二次创业。高新区要进一步发挥高新技术产业化重要基地的优势，努力成为促进技术进步和增强自主创新能力的重要载体，成为带动经济结构调整和经济增长方式转变的强大引擎，成为高技术企业走出去参与国际竞争的服务平台，成为抢占世界高技术产业制高点的前沿阵地。要继续完善支持高新区发展的有关政策，培育一批拥有自主知识产权、具有国际竞争力的高新技术企业。

四是知识产权保护政策。没有知识产权保护，就不可能有自主创新。保护知识产权，不仅是树立我国国际信用、扩大国际合作的需要，更是激励国内自主创新的需要。保护知识产权，就是尊重劳动、尊重知识、尊重人才、尊重创造，就是鼓励科技创新。全社会都要提高知识产权保护意识和观念，特别是各级领导干部更要高度重视。要加快完善有关法律法规，加大知识产权保护执法力度，坚决查处和打击各种违法侵权行为。

（三）进一步加大科技投入。科技投资是战略性投资。为保证《规划纲要》的顺利实施，必须进一步增加科技投入。要建立财政性科技投入稳定增长的机制。今年中央财政要大幅度增加科技投入，“十一五”期间财政科技投入增幅要明显高于财政经常性收入增幅。要调整财政性科技投入的结构，重点支持基础研究、前沿技术研究和社会公益研究，支持重大战略产品和重大科技工程，加强国家重点实验室、国家工程中心等科技基础设施建设。要切实加强科技经费监管，提高资金使用效益。要引导企业和社会增加科技投入，形成政府、企业、社会多元化、多渠道的科技投入格局。

（四）加强科技人才队伍建设。人才是最宝贵、最重要的战略资源。自主创新，人才为本。这些年来，我国科技和经济社会发展的一系列重大成就，无不凝聚着广大科技工作者的聪明才智和无私奉献。要努力营造人才辈出、人尽其才、才尽其用的体制环境。要重视发现和培养一流科学家和学科带头人。要大力培养青年科技人才，打破论资排辈的陈规陋习，鼓励年轻人敢于探索、敢于创新、敢于超越，让更多优秀青年科技人才脱颖而出。要不拘一格选人才，加大高层次科技创新人才和管理人才公开招聘力度，重点科研机构的学术带头人、重点实验室主任和其他高级科研岗位，要逐步面向海内外公开招聘。发展创新文化，培育创新意识，营造创新环境，提倡百家争鸣。倡导追求真理、宽容失败的科学精神，摒弃心浮气躁、急功近利的不良风气。深化教育教学改革，推进素质教育，着力培养学生的独立思考能力和动手能力。加强科学普及工作，广泛传播科学思想，形成崇尚科学、尊重人才的社会风尚，提高全民族的科学文化素质。

五、实施《规划纲要》需要把握的几个重大关系

实施《规划纲要》，加强自主创新，建设创新型国家，是一项长期、艰巨的伟大事业，也是一项复杂、庞大的社会系统工程。我们必须坚持以科学发展观统领经济社会和科技发展的全局，特别要把握好以下几个重大关系。

一是经济与科技的关系。经济与科技相互渗透和融合，是当代经济和科技发展的重要特征。科技作为第一生产力，是经济发展的内在要素和主导力量。经济发展既为科技发展提供物质保证和支持，又为科技发展提供永不枯竭的巨大需求。正确处理经济与科技的关系，就是要把我国经济发展切实转到依靠科技进步和创新上来，科技发展要自觉地为经济建设服务，要以企业为载体实现经济与科技的有机结合。

二是政府与市场的关系。我们是在社会主义市场经济体制下推进科技进步和创新，必须把政府行为与市场机制很好地结合起来，发挥市场配置科技资源的基础性作用。政府的主要职责，是加强科技宏观管理，营造有利于科技创新和人才成长的政策环境，同时对事关国计民生、国家安全和长远利益的基础研究、前沿技术研究和社会公益研究，给予重点支持。市场竞争是技术创新的重要动力。要坚持以市场为导向，有效整合科技资源，激发企业和全社会的创新活力。

三是自主创新与引进技术的关系。把自主创新作为我国科技发展的战略基点和指导方针，这是不能动摇的。解决我国经济社会发展面临的突出矛盾和问题，提高我国的国际竞争能力，必须坚持自主创新。但是，坚持自主创新并不排斥引进先进技术。在经济全球化和扩大开

放的背景下，我们要充分利用国内外两种资源，积极吸收和借鉴国外先进科技成果，扩大和深化国际科技交流与合作。

四是基础研究与应用开发的关系。基础研究是技术发明的先导，是应用开发的源泉。要重视科学的基础作用和长远价值，稳定支持和超前部署基础研究，争取在未来科技竞争中赢得主动。基础研究也要围绕经济社会发展和国家安全的主要领域，为技术创新和应用开发服务。要从学科发展、科学前沿、面向国家重大战略需要等方面，对基础研究作出安排。同时，要从市场出发，加强应用开发研究，提高科技成果转化率和科技进步贡献率，形成具有市场竞争力的产品和产业，促进基础研究和应用开发协调发展。

五是统筹兼顾与保证重点的关系。作为发展中的大国，我们一方面要努力形成比较完整的学科布局，满足经济社会发展对科技的多方面需求；另一方面也要从实际出发，坚持有所为有所不为，集中力量在一些关键领域取得重点突破。我们要把这两方面有机统一起来，树立全局观念，确保战略重点，全面实现规划提出的各项目标和任务。

六是近期与长远的关系。今年是《规划纲要》启动实施的第一年，也是实施“十一五”经济社会发展规划的开局之年。要立足当前，着眼长远，抓紧部署《规划纲要》确定的各项重点任务。要围绕经济社会发展的紧迫需求，率先启动一批重大专项和重点项目；根据科技发展整体布局，抓紧建设一批重点科技基础设施。同时，也要充分考虑经济社会长远发展需要和科技发展趋势，对《规划纲要》提出的各项任务，作出总体考虑和安排，有些需要提前部署，为以后发展打好基础。

推进自主创新，建设创新型国家，是全党全国人民的一项重大战略任务。我们要在以胡锦涛同志为总书记的党中央领导下，高举邓小平理论和“三个代表”重要思想伟大旗帜，贯彻落实科学发展观，以高度的责任感和紧迫感，解放思想，开拓创新，脚踏实地，勇攀高峰，开创我国科学技术发展的新局面，为实现中华民族的伟大复兴而努力奋斗！

全面贯彻落实科学发展观
创环境保护工作新局面

国务院副总理曾培炎

（2006 年 2 月 22 日）

保护环境是强国富民安天下的大事，功在当代、利在千秋。党中央、国务院高度重视环境保护工作，把环境保护作为全面建设小康社会、加快推进社会主义现代化的重大历史任务，摆在十分重要的战略位置。为加快发展环保事业，国务院颁发了《关于落实科学发展观加强环境保护的决定》。《决定》在认真总结国内外环境保护经验教训、深刻认识环境与发展规律的基础上，对今后五年和十五年我国环境保护的目标、方针和任务进行了规划，体现了时代的要求，反映了人民的愿望，是新时期环保工作的重要指南，标志着环境保护进入了新的发展阶段。

一、环境保护事关现代化建设全局

改革开放以来，我国经济社会发展取得了举世瞩目的成就，环境保护事业取得积极进展。同时应当清醒地看到，经济建设和环境保护还存在不少困难和问题。我们所面临的主要矛盾，仍然是人民日益增长的物质文化需要与落后的社会生产之间的矛盾。与此同时，经济社会不断发展与资源环境约束加大的矛盾也日益突出。在全面建设小康社会和实现现代化的过程中，必须正确处理经济建设与环境保护的关系，切实把可持续发展作为长期实施的重大战略，把环境保护作为国家发展的基本政策，把实现人与自然和谐相处作为现代化建设的重要目标。加强环境保护，遏制生态环境恶化的趋势，对于缓解资源环境对发展的瓶颈制约，促进全面协调可持续发展，具有重要意义。

加强环境保护，是全面建设小康社会的内在要求。全面建设惠及十几亿人口的更高水平的小康社会，要在促进经济发展、加快社会进步的同时，不断增强可持续发展能力，明显改善生态环境，显著提高资源利用效率，推动整个社会走上生产发展、生活富裕、生态良好的文明发展道路。随着我国人均国内生产总值超过 1000 美元，居民消费结构快速升级，工业化、城镇化进程明显加快，经济社会发展对资源的需求迅速增加，环境压力越来越大。目前，我国环境形势十分严峻，主要污染物排放量超过环境承载能力，一些地方水、空气、土壤和固体废弃物等污染相当严重，生态恶化的趋势尚未得到扭转。而环境一旦遭到破坏，往往难以治理，甚至不可逆转，给社会发展和人民生活带来严重后果。因此，必须大力加强环境保护，切实解决好生态环境这一关系全面发展的重大问题。

加强环境保护，是全面落实科学发展观的重要举措。科学发展观强调以人为本、统筹兼顾和人与自然和谐发展，反映了经济社会发展的客观规律，是解决当前经济社会生活中突出矛盾的重要指导思想。长期以来，我国经济增长方式相当粗放，在环境方面付出了很大的代价。目前，流经城市的河段 90%左右受到污染，二氧化硫排放量居世界首位，近 1/3 的国土面临水土流失，环境问题已经到了必须下决心解决的时候了。贯彻落实科学发展观，要加快转变经济增长方式，积极调整经济结构，进一步实施可持续发展战略，落实节约资源、保护环境的基本国策，实现经济效益、社会效益、环境效益相统一。

加强环境保护，是构建社会主义和谐社会的重要内容。人与自然保持和谐，是和谐社会的重要特征之一。对自然资源的过度索取，对生态环境的过分影响，必然导致人与自然之间关系的紧张，带来环境的污染、生态的退化，并引发人与社会、人与人之间的矛盾。近年来，环境已经成为社会各方面关注的问题和影响群众健康、损害群众利益的重要因素，一些地方发生的重大污染事件给我们敲响了警钟。随着人民生活水平的提高，老百姓的环境意识越来越强，对环境质量的要求越来越高。环境问题如果处理不好，就会影响经济可持续发展，影响社会稳定。构建社会主义和谐社会，必须大力加强环境保护，依法保障人民群众的利益，妥善化解环境问题带来的社会矛盾，以环境友好促进社会和谐。

加强环境保护，是促进全球可持续发展的重要任务。保护全球环境，已经成为人类社会的共识。中国是世界上最大的发展中国家，解决好中国的环境和发展问题，既符合中国的自身利益，是 13 亿人民的福祉所在；也符合人类的共同利益，是对全球可持续发展的重大贡献。我们将认真借鉴环境保护的国际经验，切实改变“先污染后治理”的状况，努力走出一条资源消耗低、环境污染少的新型工业化道路。实现全球可持续发展，需要世界各国共同努力。中国是一个负责任的大国，已经成为国际环境合作中的一支重要力量。我们将一如既往地积极参与国际环境事务，履行国际环境公约，扩大国际环境合作与交流，为解决人类共同面临的环境与发展问题做出更大的贡献。

二、我国环保事业进入了加快发展的新阶段

当前和今后一段时期，是全面建设小康社会的关键时期，也是加强环境保护的重要时期。在新的形势下，推进环保事业发展，要以邓小平理论和“三个代表”重要思想为指导，认真贯彻党的十六届五中全会精神，以科学发展观统领环境保护工作，积极推进经济结构调整和经济增长方式转变，依靠科技进步，发展循环经济，倡导生态文明，强化环境法治，完善监管体制，建立长效机制，加快建设资源节约型和环境友好型社会，努力让人民群众喝上干净的水、呼吸清洁的空气、吃上放心的食品，在良好的环境中生产生活。

做好新时期的环保工作，要按照落实科学发展观和构建社会主义和谐社会的要求，把握好以下四个要点：一是坚持以人为本。把维护人民群众根本利益作为工作出发点，把解决关系人民群众切身利益的环境问题作为治理的重点，依靠人民群众加快发展环保事业，确保国家环境安全。二是坚持统筹兼顾。将环保工作融入经济社会发展全局，统筹经济社会发展与环境保护，统筹城乡和区域环境保护，努力实现经济、社会、环境的协调发展。三是坚持实事求是。综合考虑各方面因素，合理确定环境保护的目标和任务，兼顾需要与可能，尽力而为、量力而行，长短结合、标本兼治，务求取得实效。四是坚持改革创新。把握新时期环境保护工作的特点，注重从体制上化解环境矛盾，注重运用市场机制治理污染，注重把环境保护纳入宏观调控的目标和任务，注重依靠科技创新促进环境保护，在发展中解决环境问题。要进一步明确环境保护的方针，从以下几个方面推进环保工作。

坚持经济建设与环境建设相互协调、相互促进，以科学发展推进环境保护。我国正处于并将长期处于社会主义初级阶段，环境保护应当与经济社会发展水平相适应。国内外经验都表明，环保工作早起步，早主动。优良的环境正在成为新的竞争优势，保护环境就是保护生产力，改善环境就是发展生产力。环境保护不仅对发达地区十分重要，对欠发达地区也不可或缺。无论是什么地区，保住绿水青山，就有了“金山银山”。在经济社

会发展中，要将环境容量作为经济建设的重要依据，将环境准入作为经济调节的重要手段，将环境管理作为经济增长方式转变的重要措施，将环境保护作为经济结构调整的重要任务。在产业结构调整和优化中，要依法淘汰落后的工艺技术和生产能力，关闭污染严重的企业。在新农村建设中，要治理农业面源污染，防止工业污染转移，实现村容整洁。在科技发展中，要大力推动环境技术自主创新，积极促进环保产业发展。在区域布局中，要充分考虑资源环境承载能力，明确不同区域的功能定位，形成各具特色的发展格局。

坚持生产、流通、消费、建设相结合，构建资源节约和环境友好的经济社会体系。环境保护涉及经济社会生活的方方面面，需要通盘考虑，从各个环节加大工作力度。要推进产业结构优化升级，大力发展服务业和高新技术产业，加快改造传统产业，广泛推行清洁生产，鼓励节能降耗，防范和应对污染事故，构建低消耗、少污染的现代生产体系。要实行有利于环境保护的流通方式，积极治理铁路、水运等运输污染，保障危险化学品运输和储存安全，限制高污染产品贸易，完善资源再生回收利用，建立清洁、安全的现代物流体系。要大力倡导环境友好的消费方式，实行环境标识、环境认证、绿色采购和生产者责任延伸等制度，推行垃圾分类和消费品回收，建立绿色、节约的消费体系。还要加强投资和建设领域的环境保护。

坚持预防为主、综合治理，努力做到不欠新账、多还旧账。预防是前提，只有建立起覆盖经济社会发展的防控体系，才能控制住环境恶化的趋势；治理是关键，只有加大污染治理和生态建设的力度，才能逐步改善环境质量。预防为主，不欠新账，要严格执行建设项目环评制度，依法开展规划环评工作，积极探索重大决策环评方法，所有建设项目必须符合环保要求，做到增产不增污，努力实现增产减污。综合治理，多还旧账，要采取工程、生态、技术等多种措施，加快实施危险废物处置、污水处理、垃圾无害化处理、燃煤电厂脱硫等国家环保重点工程，积极解决历史遗留的环境问题。在实际工作中，要把污染物排放总量控制的任务落实到各个主要方面。包括：在重点行业发展中，依靠淘汰落后生产能力腾出总量；在重点区域治理中，依靠环保工程减排总量；在重点城市管理中，依靠优化发展降低总量；在重点企业经营中，依靠清洁生产削减总量；在重点项目建设中，依靠“以新带老”消化总量。

坚持全面推进、重点突破，切实解决危害人民群众利益的突出环境问题。我国正处于环境污染压力较大的时期，要扭转环境恶化的趋势，需要全面推进环保工作。“十一五”时期，要积极实施水污染防治、大气污染防治、城市环境保护、农村环境保护、生态保护、核与辐射环境安全、国家环保工程等任务。同时要看到，我国环境问题是长期积累形成的，具有复合型、压缩型、结构型的特点，解决起来要有一个过程，必须抓住主要矛盾，努力实现重点突破。当前，要发挥社会主义集中力量办大事的优越性，突出解决人民群众最关心、最直接、最现实的环境问题。要把水、空气、土壤污染防治作为环境治理的重中之重。落实重点流域区域污染防治任务，加快治理进度；提高城市污水、垃圾处理能力，控制汽车尾气排放，着力解决扰民严重的噪声、餐饮业污染问题，严格控制危害群众健康的颗粒物污染；严格执行新建电厂脱硫设施建设的规定，加快老电厂脱硫改造步伐。要把保障饮水安全作为环境治理的首要任务。坚决取缔水源保护区内的直接排污口，禁止有毒有害物质进入饮用水源保护区，强化水污染事故的预防和应急处理。

坚持强化法治、深化改革，建立健全环境保护的长效机制。加强环境法制建设，是做好环境保护工作的基本依据。要加快环境立法步伐，健全环境法规和标准体系，加大对违法行为的处罚力度，重点解决“违法成本低、守法成本高”的问题。要强化环境执法，继续开展整治违法排污企业、保障群众健康环保的专项行动，加强对环境高危企业的安全检查，严肃查处环境违法行为。同时，要充分利用司法手段，支持和加强环保工作。改革是环境治理的重要保障。要推进体制创新，健全环境管理体制，加强环境监管制度，完善环境保护投入机制，推行有利于环境保护的经济政策，运用市场机制推进污染治理，健全社会监督机制。要建立能够反映资源稀缺程度和环境治理成本的价格形成机制，全面实施城市污水、垃圾处理收费政策。要通过建立长效机制，促进社会各方面采取有利于环境保护的决策和行动。

三、环境保护是全民族的宏伟事业

把祖国建设成经济繁荣、环境优美、生态良好的美好家园，是亿万人民的共同愿望，也是每一个公民义不容辞的责任。我们的目标是，到2010年，人均国内生产总值比2000年翻一番时，全国基本遏制生态环境恶化趋势；到2020年，国内生产总值比2000年翻两番时，生态环境状况明显改善。实现这个目标，时间紧迫，任务艰巨。我们必须以更大的决心，下更大的力气，坚持不懈地推进环境保护事业。

人民群众是环保事业的力量源泉。保护环境是为了保障人民群众的根本利益，人民群众的参与和支持是环保事业发展壮大的重要前提。要充分发挥广大人民群众关心环境、珍惜环境、保护环境的积极性主动性创造性。每个公民、每个家庭、每个社区、每个单位都要从一点一滴做起，从身边力所能及的事做起，推广使用环保产品，积极开展环保公益活动，自觉培养健康文明的消费方式，将保护环境的热情转化为保护环境的实际行动。广大环境工作者、宣传工作者、文艺工作者要积极行动起来，弘扬环境文化，倡导生态文明，加强环境教育，在全社会形成保护环境的良好氛围。

环境友好是现代企业的发展方向。企业特别是生产企业既创造了大量的社会财富，也产生了一定的环境污染。随着时代的进步，绿色生产已成为企业竞争力的一个重要标志。每一个企业，都应当本着对人类和环境高度负责的精神，加大环保投入，完善环保设施，生产绿色产品。要积极开发应用有利于环境保护、循环经济发展的技术和产品，加快节能降耗技术改造，严格执行环境法律法规和污染排放标准，完善和落实突发环境事件的应急预案，努力建设资源节约型和环境友好型企业。

政府管理是环保事业的重要保证。综观世界各国，政府如果不运用强有力的法律手段、经济手段、行政手段，就难以建立良好的环境秩序。在我国，各级政府是辖区环境质量的责任者，也是环境保护工作的组织者。各级领导干部要不断提高环境安全意识，切实做到责任到位、措施到位、投入到位，实实在在地解决环保工作面临的问题和困难。各级人民政府要实行环境保护目标责任制，狠抓环保任务的落实。各级环保部门要建立先进的环境监测预警体系和完备的执法监督体系，提高环境管理的能力。有关部门要密切配合，相互协调，形成合力，共同推进环境保护事业。

加强环境保护，建设资源节约型、环境友好型社会，意义重大，使命光荣。我们要紧密团结在以胡锦涛同志为总书记的党中央周围，以邓小平理论和“三个代表”重要思想为指导，全面落实科学发展观，抓住机遇，开拓创新，扎实工作，努力开创环境保护的新局面。

全面建设小康社会进程中的重要规划

国家发展和改革委员会主任　马　凯

十届全国人大四次会议批准的《中华人民共和国国民经济和社会发展第十一个五年规划纲要》（以下简称《纲要》），以邓小平理论和“三个代表”重要思想为指导，以科学发展观为统领，以《中共中央关于制定国民经济和社会发展第十一个五年规划的建议》为依据，贯彻落实党的十六大和十六届五中全会精神，准确把握国内外形势，提出了符合我国国情、顺应时代要求、凝聚人民意志的发展目标、指导原则和战略任务。完成《纲要》提出的目标和任务，对今后五年我国经济社会发展转入科学发展轨道、走上社会和谐之路，进而实现全面建设小康社会的宏伟目标，具有十分重大的意义。

一、《纲要》的编制过程和定位

党中央、国务院高度重视《纲要》的编制，明确要求编制出一个适应改革开放新形势、使人耳目一新的《纲要》。2003 年 7 月，《纲要》编制工作正式启动，先后主要开展了以下活动：一是对“十五”计划实施情况进行了中期评估，这是我国规划编制和实施历史上的第一次。二是采取委托、招标、合作研究等方式，对 160 多个重大课题进行了研究，形成了 500 多万字的研究报告。采取公开招标方式研究《纲要》涉及的重大课题，在我国规划编制历史上是第一次。三是组织编制了 58 个专项规划，对《纲要》的形成起到了重要支撑作用。四是开展请全国人民为“十一五”规划建言献策活动，在为期 60 天的活动中，有 5000 多人提出了上万条意见建议。五是成立了由 37 位知名专家组成的专家委员会，对《纲要》进行了 4 次论证，形成了论证报告并随同《纲要》一起报送全国人大参考，这在我国规划编制历史上也是第一次。六是在十届全国人大四次会议召开之前，人大代表就对《纲要》进行了审议，提出修改意见，这也是我国规划编制历史上的第一次。

其间，胡锦涛总书记主持召开中央政治局常委会议和政治局会议，讨论审议了《纲要》，作了重要指示；温家宝总理也先后主持召开国务院常务会议和全体会议进行了讨论修改，还主持召开了 4 个座谈会，听取社会各界的意见。

总之，《纲要》的编制过程，是一个发扬民主、集思广益、科学决策的过程，是一个集中民智、反映民意、凝聚民力的过程。

从《纲要》与《建议》的关系看，《纲要》以《建议》为依据，是《建议》的具体化和展开。从功能看，《纲要》主要阐明国家战略意图，明确政府工作重点，引导市场主体行为；是经济社会发展的宏伟蓝图，全国各族人民共同的行动纲领；是政府履行经济调节、市场监管、社会管理和公共服务职责的重要依据。从属性看，《纲要》总体上是宏观性、战略性和政策性的，但在公共服务等政府履行职责的领域，提出的目标和任务又具有约束性。

二、指导原则和发展目标

（一）指导原则。《纲要》依据《建议》的概括，强调要以邓小平理论和“三个代表”重要思想为指导，贯穿“一条红线”的指导思想，坚持“六个必须”的指导原则。

“一条红线”就是要以科学发展观统领经济社会发展全局，把科学发展观的内涵和要求，全面贯彻落实到发展目标、发展重点、政策措施和重大工程等各个方面。

“六个必须”是《建议》针对经济社会发展中的突出矛盾和问题提出的全面落实科学发展观的重要原则：要切实使经济社会发展转入科学发展的轨道，必须保持经济平稳较快发展，必须加快转变经济增长方式，必须提高自主创新能力，必须促进城乡区域协调发展，必须加强和谐社会建设，必须不断深化改革开放。

为了切实落实科学发展观和真正做到“六个必须”，《纲要》提出了“六个立足”，进一步回答要什么样的增长、靠什么增长和怎样增长的问题，以进一步调整推动发展的思路，转变推动发展的方式，明确推动发展的政策导向。

一是立足扩大国内需求推动发展。这是针对我国经济增长过于依赖投资和出口带动，国内消费需求对经济增长拉动作用不强的问题提出的。“十五”期间，国内资本形成率由36%上升到44.8%，而消费率由61.5%下降到50.7%；对外贸易依存度由39.6%提高到63.9%。这种增长格局，虽然可以取得短时期的快速增长，但会助长增长方式更加粗放，也会加大经济增长的不稳定性。

二是立足优化产业结构推动发展。这是针对我国产业结构不合理的状况提出的。我国农业基础薄弱、农民增收困难、农村发展落后的问题仍然突出；第二产业比重持续上升，高达47.3%，但大而不强；服务业发展滞后，比重降至40.3%。这种结构，不仅加大了资源环境的压力，影响经济整体素质和效益的提高，也不利于缓解就业压力，影响经济的稳定性。

三是立足节约资源保护环境推动发展。这是针对我国资源短缺、生态环境脆弱，经济增长与资源环境制约的矛盾日益突出的问题提出的。“十五”时期，我国取得了较快的增长速度，但也为此付出了较大的资源环境代价，这种过于依赖资源消耗带动增长的模式难以为继。

四是立足增强自主创新能力推动发展。这是针对我国经济社会发展中科技瓶颈和人才瓶颈制约的问题提出的。我国经济增长在很大程度上靠拼物质要素的投入，竞争优势在相当程度上是依靠廉价劳动力、廉价的水和土地资源、高昂的环境代价取得的，这种竞争优势将随着生产要素价格上涨和环境保护的加强而弱化。

五是立足深化改革开放推动发展。这是针对体制机制瓶颈依然存在的问题提出的。我国社会主义市场经济体制已基本建立，但体制机制障碍依然不同程度地制约着发展。这是我国经济生活中不健康不稳定因素反复出现、增长方式转变缓慢、经济结构不合理的深层次原因。

六是立足以人为本推动发展。这是针对发展中过于看重经济总量扩张以及区域、城乡和经济与社会发展不协调的问题提出的。要在保持经济持续增长，把“蛋糕”做大的同时，更加注重社会公平，把“蛋糕”切好，解决好关系人民群众切身利益的问题。

（二）发展目标。根据中央《建议》，并与全面建设小康社会目标相衔接，《纲要》提出了九个方面的目标及39个量化指标。选择指标的主要考虑是：

一是紧扣主题。发展目标一章的22个主要指标中，反映经济增长的只有2个，反映经济结构的4个，反映人口资源环境的8个，反映公共服务和人民生活的8个。强化了人文和社会的指标、城乡和区域协调发展的指标、结构优化和投入效益的指标、保护资源和生态环境的指标、公共事业和公共服务的指标。

二是导向清晰。《纲要》提出今后五年国内生产总值年均增长7.5%，这是反映产出的指标。7.5%的目标值是在综合考虑各方面因素，根据需要与可能确定的，体现了又快又好发展的要求。单位国内生产总值能源消耗降低20%、耕地保有量保持在1.2亿公顷、主要污染物排放总量减少10%等目标，是针对资源环境压力日益加大的突出问题提出的，是现实和长远利益的需要，具有明确的政策导向。

三是区分属性。《纲要》将规划指标分为预期性和约束性两种不同的属性，既充分体现了社会主义市场经济条件下规划的特点，又强化了政府在公共服务领域和涉及公共利益领域的职责。约束性指标要纳入各地区、各部门经济社会发展综合评价和绩效考核，其中耕地保有量、单位国内生产总值能源消耗降低、主要污染物排放总量减少等指标，还要分解落实到各省、自治区、直辖市。这符合社会主义市场经济条件下的规划定位，是对规划认识的升华；有利于分清政府与市场各自的职责，使政府切实加强公共服务、社会管理的职责；有助于建立符合科学发展观要求的绩效评价和政绩考核机制，也增强了规划的操作性，便于监督检查和评估。

三、战略重点和主要任务

《纲要》第二篇到第十三篇是今后五年经济社会发展的主要任务和战略重点。每一篇的导语，阐述了该领域发展的总体要求，指明了该领域发展要坚持的基本方针以及新思想、新思路、新举措，是每一篇的“魂”。

（一）建设社会主义新农村。解决“三农”问题是全面建设小康社会和现代化建设最艰巨、最繁重的任务。《纲要》把解决好“三农”问题放在了各项战略任务的首位。总的要求是：坚持统筹城乡经济社会发展的基本方略，在积极稳妥地推进城镇化的同时，按照生产发展、生活宽裕、乡风文明、村容整洁、管理民主的要求，扎实稳步推进新农村建设。

第一，统筹城乡经济社会发展是新农村建设的基本方略。过多的农村人口与有限的农业生产资源的矛盾是“三农”问题成为难题的根源。在解决温饱问题的阶段，“三农”问题可以在农业和农村的内部解决，在全面建设小康社会的进程中，解决“三农”问题，必须超越农业和农村的层面。坚持统筹城乡经济社会发展基本方略，就是既要积极稳妥地推进城镇化、工业化和产业化，也要扎实稳步推进社会主义新农村建设。

第二，发展农业生产力是新农村建设的首要任务。建设社会主义新农村，不是单纯的新村建设。要坚持把发展农业生产力放在首位，提高农业综合生产能力和增值能力，巩固和加强农业基础地位。建设社会主义新农村是一项长期战略任务，要坚持统筹规划、分步实施，政府引导、群众自愿，因地制宜、注重实效，不能急于求成。

第三，培养新型农民是新农村建设的关键。建设社会主义新农村，改善广大农村的生产生活条件和整体面貌，要靠农民的辛勤劳动和国家的政策扶持。建设社会主义新农村的主体是农民，而不是政府，政府必须给予必要的扶持，但不能包办代替。要加快发展农村教育、技能培训和文化事业，培养造就有文化、懂技术、会经营的新型农民。

第四，加大农业和农村投入是新农村建设的必要条件。增加农民收入、改善农民生活是新农村建设的目的和落脚点。一方面，要发展现代农业，延长农业产业链条，挖掘农业和非农产业增收潜力；另一方面，要逐步建立以工促农、以城带乡的长效机制，加大对农业和农村的投入。加强农村基础设施建设，重点搞好农村水、路、气（沼气）、电等的建设。扩大农村公共服务覆盖范围，逐步使农村居民与城市居民一样，公平地享有均等化的公共服务。

第五，深化农村改革是新农村建设的动力。我国的改革是从农村起步的。农村改革，极大地解放了农村生产力，使亿万农民实现了温饱。建设社会主义新农村，使广大农民过上全面小康社会幸福生活，也必须靠深化农村改革。要巩固农村税费改革成果，全面推进农村综合改革。同时，要推进土地流转、农村金融、集体林权、征地制度和农村基层组织建设等改革。

（二）推进工业结构优化升级。实现工业化仍是我国现代化进程中的历史任务。针对工业大而不强的突出问题，《纲要》提出了“十一五”时期工业发展的基本思路：按照走新型工业化道路要求，坚持以市场为导向、企业为主体，把增强自主创新能力作为中心环节，继续发挥劳动密集型产业的竞争优势，调整优化产品结构、企业组织结构和产业布局，提升整体技术水平和综合竞争力，促进工业由大变强。

第一，坚持走新型工业化道路。推进工业化的重点必须实现根本性转移，要从量的扩张为主，向质的提高和结构优化升级转变。根据资源环境承载能力调整产业结构和贸易结构，在全球产业分工中找准比较优势，准确定位。按照适度偏紧原则调控高耗能产业规模，部分产业必须坚持内需主导，控制生产能力盲目扩张。

第二，依靠市场配置资源实现结构升级。这是针对我国产业结构调整中政府，特别是各级地方政府干预过多的问题提出的。在社会主义市场经济体制已经初步建立的条件下，调整优化产业结构，必须以企业为主体，发挥市场机制的作用，政府主要通过经济手段进行有限、适度的引导，避免政府主导、过度干预和干预方式不当。

第三，把增强自主创新能力作为中心环节。产业结构不合理的根本原因是我国缺乏核心技术、缺乏自主知识产权、缺乏世界知名品牌。这三个“缺乏”集中起来就是自主创新能力不强。《纲要》提出，要着力增强原始创新能力、集成创新能力和消化吸收再创新能力，培育核心竞争力，提高产业技术水平。

第四，调整优化产品结构、企业组织结构和产业布局。产业结构优化升级，既包括产品结构的升级，也包括企业组织结构的改善和产业布局的优化。要支持企业重组，实施品牌战略，支持拥有自主知识产权和知名品牌、竞争力强的大企业发展成为跨国公司。实施中小企业成长工程，发挥中小企业在自主创新、创造就业和满足多样性需求方面的作用。依法淘汰落后工艺技术，关闭破坏资源、污染环境和不具备安全生产条件的企业。按照引导产业集群发展、减少资源跨区域大规模调动的原则，优化产业布局。

（三）加快发展服务业。这既是实现工业化、走新型工业化道路的应有之意，也是降低能源、资源消耗，减少交易成本，提高经济整体素质，扩大内需和就业的迫切需要。针对服务业发展滞后的突出问题，《纲要》把加快发展服务业放在突出位置，独立成篇，这是历次五年规划中的第一次。总的要求是：坚持市场化、产业化、社会化方向，拓宽领域、扩大规模、优化结构、增强功能、规范市场，提高服务业的比重和水平。

第一，要把服务业当作产业对待。长期以来，我们在经济建设中对服务业发展重视不够，没有把服务业摆到应有位置。要认识到，服务业也是生产部门，同样创造价值，增加就业，不是工农业生产的“副产品”；不是工农业发展了，服务业就自然而然发展了；不是所有地区都要有了发达的工业以后才能发展服务业。必须像重视农业、工业一样，重视发展服务业。

第二，优先发展主要面向生产者的服务业。现代制造业与服务业的融合已成为当代经济发展的重要趋势，制造业的水平和利润，更多地体现在人力资源开发、研发和营销等服务领域。针对生产性服务业发展不足的问题，《纲要》强调，要优先发展交通运输、现代物流、金融服务、信息服务、商务服务等生产性服务业，以降低社会交易成本。

第三，坚持市场化、产业化、社会化方向。这是促进服务业加快发展的基本方针和根本动力。市场化，就是要推进部分服务行业的资源配置由政府为主向市场为主转变，打破垄断，放宽准入领域。产业化，就是要推进应该由企业经营的服务领域从政府办为主向企业办为主转变。社会化，就是要推进后勤服务由企事业单位自我服务为主向社会服务为主转变。

（四）促进区域协调发展。区域发展不协调，既是一个不容回避的经济问题，更是一个关系改革发展稳定大局的政治问题和社会问题。《纲要》提出了促进区域协调发展的新观念、新思路和新举措。总的要求是：根据资源环境承载能力、发展基础和潜力，按照发挥比较优势、加强薄弱环节、享受均等化基本公共服务的要求，逐步形成主体功能定位清晰，东中西良性互动，公共服务和人民生活水平差距趋向缩小的区域协调发展格局。

《纲要》完整地阐明了推进西部大开发，振兴东北地区等老工业基地，促进中部地区崛起，鼓励东部地区率先发展的区域发展总体战略和四大区域的发展方向、重点任务，并把支持革命老区、民族地区和边疆地区发展放到了重要位置，提出了健全区域协调互动的四大机制。在此基础上，阐述了优化开发、重点开发、限制开发和禁止开发四类主体功能区的定位、发展方向以及区域政策和绩效评价的基本方向，对规范空间开发秩序，促进区域协调发展，形成合理的空间开发结构具有十分重大的意义。

第一，体现了以人为本谋发展的理念。打破了长期以来把做大一个地区经济总量作为出发点和唯一目标来缩小地区差距的观念。明确了缩小地区差距的导向，主要不是缩小地区间经济总量的差距，不是要求各个地区的经济总量排名提升，而是缩小地区间人民享有的公共服务和生活水平的差距。

第二，体现了尊重自然规律谋发展的理念。打破了所有区域都要加大经济开发力度的思维定式。构建主体功能区，就是在全国960万平方公里的陆地国土上，有些区域要承担发展经济、集聚人口的功能；有些区域要承担保护生态环境的功能。对承担全国或较大范围区域生态安全的地区而言，“发展”的含义主要不是做大经济总量，而是保护好自然生态。这样，才能从源头上扭转生态环境恶化的趋势。

第三，体现了突破行政区谋发展的理念。改变了完全按行政区确定区域政策和绩效评价的做法。提出要实行分类管理的区域政策，按照不同区域的主体功能定位，实行差别化的财政政策、投资政策、产业政策、土地政策、人口管理政策以及绩效评价和政绩考核等。

第四，体现了着眼全局和长远的战略思维。改变了单纯追求局部和短期发展成效的思想方法。前瞻性地谋划我国未来十几亿人口、几十万亿经济在国土空间上的分布，主动引导经济布局、人口分布与资源环境相适应，协调好空间有限性与需求无限性的矛盾，是可持续发展理念在政策层面的具体落实，对中华民族的长远发展与生存极为重要。

促进城镇化健康发展，是破解“三农”问题、化解城乡二元结构的重要途径，也是促进区域协调发展的重要任务。针对实施城镇化战略以来出现的一些问题，《纲要》提出，要坚持大中小城市和小城镇协调发展，提高城镇综合承载能力，按照循序渐进、节约土地、集约发展、合理布局的原则，积极稳妥地推进城镇化，逐步改变城乡二元结构。

第一，以人口城镇化为中心推进城镇化。这是统筹城乡经济社会发展的基本内容，是解决“三农”问题的根本性措施，也有利引导各地区从以土地城镇化为重点推进城镇化转向以人为重点推进城镇化。根据我国经济发展阶段、城镇综合承载能力、城乡体制、进城务工人员就业能力，《纲要》提出要分类引导人口城镇化。

第二，把城市群作为推进城镇化的主体形态。要统筹考虑经济布局、就业岗位、人口居住、资源环境特别是水资源，通过规划引导等措施，逐步形成以沿海及京广京哈线为纵轴，长江及陇海线为横轴，若干城市群为主体，其他城市和小城镇点状分布，永久耕地和生态功能区相间隔，高效协调可持续的城镇化空间格局。

第三，加强对城市规划和建设的管理。我国的城镇化是在960万平方公里的陆地国土上，在十几年的时间内，为几亿农村人口开辟发展空间，这在世界发展史上是史无前例的。在这种空间结构急剧变化的时期，科学有力的城镇化导向极为重要。因此，推进城镇化，首先要符合当地水土资源、环境容量、地质构造等自然承载力；其次要与当地经济发展、就业空间、基础设施和公共服务供给能力相适应。

第四，健全城镇化健康发展的体制机制。要改变靠行政手段、急功近利地推进城镇化的做法。政府在推进城镇化中的主要职责是营造有利于城镇化健康发展的体制环境、政策环境和规划环境，必须积极稳妥地推进城乡管理体制改革。

（五）建设资源节约型、环境友好型社会。从资源环境与经济发展的矛盾已成为现阶段我国现代化建设的主要矛盾之一的现实出发，《纲要》提出要落实节约资源和保护环境基本国策，建设低投入、高产出，低消耗、少排放，能循环、可持续的国民经济体系和资源节约型、环境友好型社会。同时，对资源节约和管理、生态保护和环境治理，都提出了新的思路，反映了在发展经济与尊重自然规律方面认识上的深化。

第一，在资源利用与资源节约上，要更加注重资源节约。坚持开发节约并重、节约优先，按照减量化、再利用、资源化的原则，在资源开采、生产消耗、废物产生、消费等环节，逐步建立全社会的资源循环利用体系。发展循环经济，是建设资源节约型社会、环境友好型社会的重要途径，也是一个长期的战略任务，当前，要从节能、节水、节地、节材入手，逐步建立起循环经济体系。

第二，在生态事前保护与事后建设上，要更加注重事前保护。《纲要》体现的一个重要思想就是在发展经济中要尊重自然规律，充分考虑资源环境承载能力。生态保护和建设的重点要从事后治理向事前保护转变，从人工建设为主向自然恢复为主转变，从源头上扭转生态恶化趋势。构建主体功能区，明确对限制开发区和禁止开发区来讲“发展”主要不是增加经济总量，而是保护好生态的政策导向，也是这一思想的体现。

第三，在污染治理与污染预防上，要更加注重预防。坚持预防为主、综合治理，强化从源头防治污染，坚决改变先污染后治理、边治理边污染的状况。这一要求体现了“两手抓”的思路，一方面，要加大防治水污染、大气污染和固体废物污染的力度；另一方面要从源头防治污染，主要污染物减排10%并分解落实、控制原材料工业总量、构建主体功能区等，都是力求在源头上防治污染。

（六）实施科教兴国战略和人才强国战略。转变经济增长方式，调整优化产业结构，在日益激烈的国际竞争中立于不败之地，都必须破解科技和人才瓶颈。《纲要》提出，要把科技进步和创新作为经济社会发展的重要推动力，把发展教育和培养德才兼备的高素质人才摆在更加突出的战略位置，深化体制改革，加大投入，加快科技教育发展，努力建设创新型国家和人力资本强国。

第一，必须提高自主创新能力。要加强基础研究、前沿技术研究和社会公益性技术研究，在有优势的领域力争取得重要突破；在能源、资源、环境、农业、信息、健康等领域启动一批重大科技专项，实现核心技术集成创新与跨越；实施知识创新工程，建设若干世界一流水平的科研机构和研究型大学，构筑高水平科学研究和人才培养基地；实施重大科学工程，加强国家重点实验室建设，构建国家科技基础条件平台，促进科技资源共享。

第二，必须加快人力资源开发。要优先发展教育，全面实施素质教育，着力完成“普及和巩固义务教育、大力发展职业教育、提高高等教育质量”三大任务，加快教育结构调整，促进教育全面协调发展，建设学习型社会。推进人才强国战略，壮大人才队伍，提高人才素质，优化人才结构，完善用人机制，发挥人才作用，促进人口大国向人力资本强国转变。

第三，必须深化科技教育体制改革。破解科技、人才瓶颈，必须深化科技、教育和干部人事制度改革。要加快建立以企业为主体、市场为导向、产学研相结合的技术创新体系。形成公办教育与民办教育共同发展的办学格局，形成多元化的教育投入体制，形成适应素质教育要求的教学体制，形成权责明确的教育管理体制等。创新人才工作机制，深化干部人事制度改革，建立符合科学发展观要求的干部综合考核评价体系等。

第四，必须加大财政和社会投入。科技、教育发展滞后，与投入不足有很大关系。要保证科技经费的增长幅度明显高于财政经常性收入的增长幅度，保证财政性教育经费的增长幅度明显高于财政经常性收入的增长幅度；逐步提高国家财政性科技投入占国内生产总值的比例，逐步使财政性教育经费占国内生产总值的比例达到4%。同时，要引导全社会增加投入。

（七）深化改革和扩大开放。我国各领域的改革都取得了重大进展，社会主义市场经济体制初步建立，但体制机制依然不同程度地制约着发展。《纲要》提出，要以转变政府职能和深化企业、财税、金融等改革为重点，加快完善社会主义市场经济体制，形成有利于转变经济增长方式、促进全面协调可持续发展的机制。

第一，形成有利于落实科学发展观和构建和谐社会的体制机制。这是“十一五”期间改革的重要目标。体制改革的目标是建立社会主义市场经济，更大程度发挥市场配置资源的基础性作用。科学发展观与构建和谐社会两大战略思想的提出，为深化改革提供了新理念，提出了新要求，也提供了新思路。不仅要把科学发展观和构建和谐社会作为促进发展的指导思想，也要作为推动改革的指导思想。

第二，改革的重点要与时俱进。针对当前经济社会发展中出现的深层次矛盾，《纲要》与时俱进地调整了改革的重点，提出要以转变政府职能和深化企业、财税、金融等改革为重点，把与政府体制相关的改革放在了突出重要的位置。这也是改革进入攻坚阶段的一个新特征，行政管理体制改革不深入，企业改革也难以再深入。

第三，全面配套推进各项改革。这也是改革进入攻坚阶段的新特点。要建立落实科学发展观的体制机制，必须着力推进行政管理体制改革，加快政府职能转变；推进财税体制改革，实行有利于促进科技进步、转变增长方式、优化经济结构的财税制度；健全全国统一开放市场，完善价格形成机制，积极稳妥地推进资源性产品价格改革。同时，要深化企业、金融体制改革，推进科技、教育、文化、社会管理体制改革，积极稳妥地继续推进政治体制改革等。

适应对外开放的新形势和统筹国内发展和对外开放的新要求，《纲要》立足于全球视野，把实施互利共赢开放战略上升到统领对外开放的高度。提出要坚持对外开放基本国策，在更大范围、更广领域、更高层次上参与国际经济技术合作和竞争，更好地促进国内发展与改革，切实维护国家经济安全。

第一，促进互利共赢。随着经济全球化趋势的增强，我国的发展已到了必须用全球战略眼光来谋划的阶段。要顺应世界政治经济格局新变化，适应国内发展新要求，调整开放策略，创新开放方式，牢牢掌握对外开放主动权，在对外开放中切实维护国家经济安全。

第二，提高对外开放的质量。对外开放的着力点要从注重量的扩大向注重质的提高转变，从注重政策优惠向注重公平竞争转变，从注重“引进来”向注重“引进来”与“走出去”相结合转变，从注重技术引进向更加注重消化吸收进而提高自主创新能力转变。为此，必须加快转变对外贸易增长方式，提高利用外资质量。

第三，支持有条件的企业“走出去”。按照优势互补、互利共赢的原则，积极开展国际经济合作，完善促进生产要素跨境流动和优化配置的体制和政策，积极发展与周边国家及其他国家的经济技术合作。

（八）加强社会主义和谐社会建设。针对影响社会和谐的突出问题，《纲要》强调要按照民主法治、公平正义、诚信友爱、充满活力、安定有序、人与自然和谐相处的要求，从解决人民群众最关心、最直接、最现实的切身利益问题入手，扎实推进和谐社会建设。并用较大篇幅阐述了全面做好人口工作、千方百计扩大就业、加大收入分配调节力度、健全社会保障体系、加大扶贫工作力度、扩大城乡居民消费、提高人民健康水平、加强公共安全建设以及完善社会管理体制的重点任务和措施。

第一，更加注重社会发展。要妥善处理经济发展与社会发展的关系，妥善协调各方面的利益关系，把构建和谐社会的具体要求纳入发展的内涵，在坚持以经济建设为中心的同时，完善和创新社会管理体制，正确处理各种社会矛盾和问题，大力加强社会发展的薄弱环节，加快教育、卫生、文化的发展。

第二，更加注重社会公平。社会公平是社会和谐的基石。只有切实维护和实现社会公平，才能充分发挥人们的积极性、主动性和创造性。《纲要》把更加注重社会公平作为一条重要原则贯穿始终。在发展教育、扩大就业、完善社会保障、调节收入分配，以及建立健全促进公平的体制机制等方面，都提出了明确的要求。

第三，更加注重公共服务。健全并公平地分配公共服务，是维护社会公平、促进社会和谐的重要内容，也是做到“起点公平”的先决条件。要按照公共服务均等化的原则，强化各级政府提供公共服务的职能，特别要强化对农村的公共服务。在规划实施篇，首次明确定义了现阶段我国公共服务的范围。

（九）加强社会主义民主政治和社会主义文化建设。在对我国经济社会发展作出全面部署的同时，《纲要》按照经济建设、政治建设、文化建设、社会建设四位一体的总体布局，把社会主义民主政治建设和社会主义文化建设分别独立成篇，阐述了加强政治建设、文化建设的基本要求和重点任务。

加强社会主义民主政治建设总的要求是：坚持政治文明和物质文明全面发展，扩大社会主义民主，健全社会主义法制，为现代化建设提供政治保证。《纲要》从坚持和完善基本政治制度、健全民主制度、巩固和壮大最广泛的爱国统一战线三个方面阐述了发展社会主义民主的要求。按照贯彻依法治国基本方略和到2010年形成中国特色社会主义法律体系的目标，明确了需要重点完善的法律法规以及司法体制和工作机制改革的方向等。针对反腐倡廉面临的新情况和新问题，阐述了加强廉政建设的方针和工作重点。

加强社会主义文化建设总的要求是：牢牢把握先进文化的前进方向，坚持为人民服务、为社会主义服务的方向和百花齐放、百家争鸣的方针，繁荣社会主义文化，不断满足人民群众日益增长的精神文化需求。要加强思想道德建设，进一步巩固全国各族人民团结奋斗的共同思想基础。积极发展文化事业和文化产业，丰富人民群众精神文化生活。深化文化体制改革，建立党委领导、政府管理、行业自律、企事业单位依法运营的文化管理体制和富有活力的文化产品生产经营机制。

（十）加强国防和军队建设。根据新世纪新阶段我国国防和军队建设的历史使命，《纲要》对今后五年国防和军队建设作出了全面部署，提出了具体目标、指导方针和原则，明确了主要任务和具体措施。总的要求是：根据维护国家安全统一和发展利益的要求，加强国防和军队现代化建设，形成国防建设与经济建设协调发展的良好局面。《纲要》明确了全面加强军队革命化现代化正规化建设的重点任务，提出了调整优化国防科技工业的方向，阐述了增强国防动员能力的措施。

《纲要》还阐述了保持香港、澳门长期繁荣稳定、推进两岸关系发展和祖国统一大业的内容。

在社会主义市场经济体制条件下，规划的实施机制发生了很大变化。完成规划确定的目标和任务，主要依靠发挥市场配置资源的基础性作用，同时，政府要正确履行职责，调控引导社会资源，合理配置公共资源。建立分类指导的规划实施机制，调整和完善经济政策，健全规划管理体制，保障规划顺利实施。

《纲要》强调，“十一五”规划是全面建设小康社会进程中的重要规划。全国各族人民要在中国共产党的领导下，紧密团结在以胡锦涛同志为总书记的党中央周围，高举邓小平理论和“三个代表”重要思想伟大旗帜，全面贯彻落实科学发展观，振奋精神，扎实工作，锐意进取，开拓创新，为实现“十一五”规划和全面建设小康社会的宏伟目标而努力奋斗。

深化改革　促进国民经济平稳较快发展

国家发展和改革委员会主任　马　凯

2006年7月4日

党的十一届三中全会以来，经过不断探索，我国逐步确立了社会主义市场经济体制的改革目标，并不断向前推进，取得了显著成就。社会主义市场经济体制的本质，是使市场在社会主义国家宏观调控下对资源配置起基础性作用，它包括了两个不可分割的方面：“市场对资源配置的基础性作用”与“国家对经济的宏观调控”，二者相辅相成、互相促进、缺一不可。这种经济体制，既可以使国民经济充满活力、富有效率地运行，又可以弥补市场机制的“空缺”，克服市场调节的偏差，在提高效率、激发活力的同时，体现公平、注重协调，促进国民经济平稳较快发展。我国改革开放和现代化建设的实践充分证明，这一改革目标是科学的、全面的、正确的。

一、改革取得突破性进展，有力地促进了生产力的发展和人民生活水平的提高

28年来，我国体制改革不断向纵深推进，基本实现了由高度集中的计划经济体制向社会主义市场经济体制的根本性转变。

从市场机制充分发挥作用的微观基础来看，公有制为主体、多种所有制经济共同发展的基本经济制度已经确立。50%以上的国有重点企业实行了股份制改革，绝大部分国有中小企业进行了多种形式的改制。国有和国有控股企业户数从23.8万户减少到15万户，减少了40%，但国有企业总资产和净资产都在稳步增长。在关系国家安全和国民经济命脉的重要行业与关键领域，国有经济继续保持控制力。与此同时，个体、私营等非公有制经济迅速发展，已成为促进增长、扩大就业、繁荣市场的重要力量。目前，1/3的国内生产总值和4/5的新增就业岗位都是由非公有制经济提供的。

从市场机制广泛发挥作用的载体来看，多种层次、

比较完备的市场体系初步形成。商品和服务价格基本上由市场决定。目前，在社会商品零售总额、农副产品收购总额和生产资料销售总额中，市场调节价所占比重已分别达到95%、96%和87.8%。资本、土地、劳动力、技术等要素市场加快发展。特别是股票市场，从无到有，2006年4月底，我国境内证券市场有上市公司1372家，流通市值达13600多亿元。

从市场机制健康发挥作用的条件来看，以间接手段为主的宏观调控体系趋向成熟。基本取消了指令性计划，国务院取消和调整了50%以上的行政审批事项，政府职能转向经济调节、市场监管、社会管理和公共服务，国家计划、财政政策和货币政策相互配合的机制初步形成。

从市场机制正常发挥作用的保障来看，以城镇职工基本养老、医疗、失业保险为主要内容的社会保障制度逐步健全。2005年底，全国参加基本养老、医疗、失业、工伤和生育保险的人数分别达到1.74亿人、1.37亿人、1.07亿人、8390万人和5100万人，为维护社会稳定发挥了重要作用。

与此同时，全方位、宽领域、多层次的对外开放格局基本形成，实现了从封闭型经济体系向开放型经济体系的转变。

经济体制的根本性转变极大地解放和发展了社会生产力。市场化改革的深入，调动了广大人民群众的积极性、主动性和创造性，焕发了经济社会发展的活力，增强了我国的综合国力以及应对各种挑战的自我调节能力。1978年到2005年，我国国内生产总值从3624亿元增长到18.23万亿元，年均增速9.6%；财政收入从1132亿元增长到3.16万亿元；外贸进出口总额从206亿美元增长到1.42万亿美元；外汇储备从1.67亿美元增长到8189亿美元；铁路、交通、电力、电信等基础设施极大改善。目前，我国国内生产总值位居世界前列，外贸进出口总额居世界第三位，外商直接投资居世界第二位，谷类、肉类、棉花等主要农产品，钢铁、煤炭以及电视机、电脑等主要工业品产量均居世界第一位。

生产力的发展使人民生活水平显著提高。改革开放以来的20多年是居民收入增长最快、群众得到实惠最多的时期。从1978年到2005年，城镇居民人均可支配收入由343元增加到10493元，年均实际增长6.9%；农村居民人均纯收入由134元增加到3255元，年均实际增长7%；城市人均住宅建筑面积和农村人均住房面积分别从6.7平方米和8.1平方米，增加到26平方米和29.7平方米；城乡居民家庭的恩格尔系数，分别从57.5%和67.7%，降低到36.7%和45.5%。居民消费结构不断升级，总体上从以“吃穿”为重点向以“住行”为主体，教育、文化、旅游、娱乐等多层次消费转变。13亿人民的生活水平总体上实现了从温饱到小康的历史性跨越。

实践证明，社会主义市场经济的改革方向完全正确，改革开放是强国富民之路。正是因为改革开放，我国经济社会发展才取得了如此大的历史性成就，才实现了当代世界各国少有的高增长，并成为全球经济增长的重要拉动力量。

二、消除制约经济社会健康发展的体制机制障碍，亟待进一步深化改革

我国改革虽取得了突破性进展，但社会主义市场经济体制还不完善，尤其是促进科学发展、和谐发展的体制保障尚未建立起来，集中表现在以下四个方面。

一是企业制度不健全。一些企业经营管理比较粗放、不注重内部挖潜改造，过分依赖数量扩张，热衷于铺摊子、上项目；产品结构层次低，高附加值产品少，技术水平低，创新能力不足；规模小而散，整体竞争力不强等。产生这些问题的深层次原因，与企业改革特别是产权制度改革不彻底、自我约束能力和自主创新能力不强有关。

二是市场体系不完善。当前我国发展中存在的严重浪费资源的现象，与土地、水和能源、重要矿产资源的价格形成机制不合理有直接关系。行政性垄断、地区封锁、市场分割，导致商品和要素尚不能在全国范围内完全自由流动，阻碍着生产要素的合理配置。投资规模之所以居高不下甚至一段时期过度膨胀，原因很多，但与国有商业银行尚未建立完善的治理结构和内控机制有很大关系。

三是政府职能转变不到位。一方面，政府“越位”干预企业微观经济活动的现象还很多，致使企业行为和市场运行扭曲。另一方面，政府职能“缺位”现象也很多。片面追求经济增长，就会忽视社会发展，使政府公共服务职能不到位，带来经济发展与社会发展“一条腿长、一条腿短”的问题，导致一些重大民生问题长期得不到解决。此外，城乡发展之所以不协调，与长期以来实行的城乡分治的二元体制密切相关。

四是一些重要社会关系还没有真正理顺。分配不公和不同社会群体收入差距过大，原因很复杂，但很大程度上是因为收入分配制度改革滞后。上学难、负担重的问题之所以比较突出，一个重要原因是义务教育政府“负全责”的保障机制没有建立起来，教育教

学体制改革滞后。群众看病难、看病贵，很大程度上是卫生资源配置机制不合理、医疗保障体系不健全、医疗机构补偿机制不完善、“医药不分”和“以药养医”等原因导致的。此外，市场经济秩序之所以混乱，与社会信用制度不健全，信用服务体系和失信惩戒制度缺失密切相关。

这些问题的产生，有的是认识不到位、措施不配套造成的；有的是经验不足、具体设计不周密造成的；有的是操作过程不规范造成的；还有的是发展和改革在一定阶段不得不付出的代价。总体上看，这些都不是改革方向出了问题，恰恰相反，这些问题在相当程度上是改革不到位、措施不完善造成的。正因为如此，也只有依靠继续深化改革，促进科学发展、和谐发展，才能加以解决。

三、坚持社会主义市场经济的改革方向，努力使关系经济社会发展全局的重大体制改革取得突破性进展

最近，胡锦涛总书记强调，要在新的历史起点上继续推进社会主义现代化建设，说到底要靠深化改革、扩大开放。要毫不动摇地坚持改革方向，进一步坚定改革的决心和信心。温家宝总理也指出，改革开放是决定中国命运的重大决策。在“十一五”规划刚刚起步的时候，中央领导同志再次旗帜鲜明地强调毫不动摇地坚持改革方向、不失时机地推进改革，具有重要的现实意义和深远的影响，我们要深入贯彻落实，按照“十一五”规划《纲要》的全面部署，坚定不移地推进改革。

一是围绕消除不利于发挥市场基础性作用的体制机制障碍深化改革。重点是改革行政管理体制、完善所有制结构、推进现代市场体系建设。要加快政府职能转变，建立体现责任、服务和法治理念的公共服务型政府，科学界定政府职责，全面推进政企、政资、政事、政府与中介组织分开，不断完善政府组织架构，健全科学民主决策机制，全面推进依法行政。深化投资体制改革，落实企业投资自主权，逐步缩小政府对投资项目的核准范围，健全企业投资项目核准制和备案制。继续以国有大企业特别是中央企业、垄断行业企业为重点，以建立规范的现代企业制度为着力点，深化国有经济改革，积极推行公有制的多种有效实现形式，增强公有制经济的活力。与此同时，加快创造各类所有制经济共同发展、平等竞争的市场环境。进一步打破行政性垄断和地区封锁，促进商品和要素在全国范围内自由流动，推动资本、土地、技术和劳动力等要素市场发展。加快建设社会信用体系。

二是围绕消除不利于贯彻落实科学发展观的体制机制障碍深化改革。当前的重点是深化财税、金融、价格等方面的改革。要在继续深化部门预算、国库集中收付、政府采购和收支两条线管理制度改革的基础上，加快建立健全与事权相匹配的财政管理体制，建立有利于全面协调可持续发展的财税制度。加快国有金融企业的股份制改革、健全公司治理结构和内控机制，完善金融市场体系、提高直接融资的比重，强化金融监管。积极稳妥地推进资源性产品价格改革，理顺水、电、煤、油、气和运输等基础产品的价格，合理调整教育、卫生、文化及污水、垃圾处理等公共服务和产品价格，逐步建立反映市场供求状况和资源稀缺程度的价格形成机制。与此同时，要深化涉外经济体制改革，加快转变外贸增长方式。

三是围绕消除不利于构建和谐社会的体制机制障碍深化改革。重点是加快教育、卫生、就业、收入分配和社会保障制度改革，建立有利于改变城乡二元经济结构、实现基本公共服务均等化的体制。改革教育制度和培训制度，强化教育的普遍服务功能，缩小公民受教育的差距，促进发展机会的平等。深化卫生体制改革，强化政府公共卫生管理职能，合理配置医疗卫生资源。完善就业再就业体制，消除各种歧视性政策，努力形成公平竞争、合法致富的就业创业环境，健全对困难地区、困难行业和困难群体的就业援助制度。完善按劳分配为主体、多种分配方式并存的分配制度，坚持各种生产要素按贡献参与分配，在经济发展的基础上更加注重社会公平。加大收入分配调节力度，努力缓解地区之间和部分社会成员之间收入分配差距扩大的趋势。进一步完善社会保障制度，建立健全与经济发展水平相适应的分层次、广覆盖的社会保障体系。改革城乡分割的体制机制，从户籍、社保、工资、定居条件和子女就学等环节入手，努力创造农村劳动力向非农产业转移、农民转为市民的制度条件。巩固农村税费改革成果，全面推进农村综合改革。加快社会管理体制创新，健全党委领导、政府负责、群众参与、社会监督的管理格局，妥善协调各方面利益关系，从源头上预防和化解人民内部矛盾。

当前，改革正处于攻坚阶段，任务艰巨、形势逼人。我们要在以胡锦涛同志为总书记的党中央的坚强领导下，坚持以邓小平理论和“三个代表”重要思想为指导，全面落实科学发展观，矢志不渝地坚持社会主义市场经济的改革方向，突出重点，奋力攻坚，为全面建设小康社会和社会主义现代化提供良好的体制保障！

全面贯彻落实科学发展观 加快生物质能的开发利用

——国家发展改革委副主任陈德铭在全国生物质能开发利用工作会议上的讲话

（2006年8月19日）

十届全国人大第四次会议通过了《国民经济和社会发展第十一个五年规划纲要》，确定了可再生能源的发展目标，并提出要实行优惠的财税、投资政策和强制性市场份额政策，鼓励生产与消费可再生能源，提高可再生能源在一次能源消费中的比重。生物质能是重要的可再生能源，开发利用生物质能是增加能源供应、保护环境、实现可持续发展的重要措施。

在党中央、国务院的正确领导下，经过各有关方面的共同努力，我国生物质能利用取得了很大的成绩。沼气工程建设初见成效，2005年沼气利用量达到80亿立方米；生物质能发电迈出了重要步伐，发电容量达到200万千瓦；生物液体燃料生产取得明显进展，全国燃料乙醇生产能力达到102万吨，已在河南等9个省的车用燃料中推广使用乙醇汽油。但从总体上看，我国生物质能开发利用仍处在发展的初期阶段，当前存在的问题主要是：资源不清楚、技术不成熟、政策和市场不完善等。为此，需要予以高度重视，认真研究解决。

为了推进生物质能开发利用工作，今天，国家发展改革委、农业部、国家林业局共同召开全国生物质能开发利用工作会议。会议的主要目的是贯彻《可再生能源法》，落实“十一五”规划纲要，统一思想，提高认识，明确任务，部署工作，动员各方面的力量，共同推进生物质能开发利用的快速健康发展。

下面，我讲几点意见。

一、要充分认识生物质能开发利用的重要意义

生物质能具有资源种类多、分布范围广的特点，可转化为电力、燃气和液体燃料等多种高品位能源，可广泛替代各种常规能源。开发利用生物质能具有重要意义，主要表现为三个方面。

（一）开发利用生物质能是调整能源结构、保障能源安全的重要措施。近年来，我国经济持续快速发展，能源需求不断增加。2005年，全国一次能源消费量已达到22.2亿吨标准煤，约占世界能源消费总量的15%，是世界第二大能源消费国。“十一五”至2020年，是我国全面建设小康社会的重要时期，在这个时期，我国工业化、城镇化进程不断加速，能源需求持续增长。据初步预测，到2020年，全国能源消费总量将超过30亿吨标煤。加强能源基础设施建设，确保能源的稳定、经济、清洁、安全供应是我国经济社会持续快速健康发展的重要任务。我国常规能源资源短缺，尤其是石油、天然气资源严重不足，已成为影响经济社会发展的重要因素。我国生物质能资源丰富，大力开发利用生物质能源，有利于减少煤炭资源过度开采，对于弥补石油和天然气资源短缺、增加能源总量、调整能源结构、缓解能源供应压力、保障能源安全具有极其重要的作用。

（二）开发利用生物质能是保护环境、实现可持续发展的重要途径。我国能源消费结构以煤为主，是世界第一大煤炭生产和消费国。2005年，我国煤炭消费量为21.4亿吨，占一次能源消费总量的68.7%，大量燃用煤炭造成了严重的环境问题。据统计，全国二氧化硫排放总量的90%是由燃煤造成的，二氧化硫污染已成为主要的大气污染源，有三分之一的国土面积受到酸雨污染，生态环境、大气质量问题突出，已严重影响我国经济社会发展和人民生命健康。生物质能是人类最古老、最广泛的能源之一，长期以来，除主要以低效方式直接燃烧使用外，还有大量资源被废弃，资源浪费严重。随着技术进步和经济社会发展，人们认识到开发利用生物质有利于环境保护，同时还可以变废为宝、变害为利，弥补

能源资源不足。因此，加快生物质能开发利用是有效替代化石能源，减少污染物排放、保护环境、实现可持续发展的重要措施。

（三）开发利用生物质能是促进农村经济发展，建设社会主义新农村的重要举措。目前，农村是我国经济和社会发展最薄弱的地区，一些地方基础设施建设落后，农民收入增长缓慢。生物质能资源主要来源于农业和林业，开发利用生物质能资源与农业、农村发展密切相关，可以为农村开拓新的产业，有效延长农业产业链，使可再生能源成为农村特色产业，可以使农村地区的生物质能资源优势转换为产业和产品优势，提高农业、植树造林和生态建设的经济效益，增加农民收入，改善农村环境，促进社会主义新农村的建设。

胡锦涛总书记在2005年北京国际可再生能源大会的致辞中指出："可再生能源丰富、清洁，可永续利用。加强可再生能源开发利用，是应对日益严重的能源和环境问题的必由之路，也是人类社会实现可持续发展的必由之路。"加快可再生能源的开发利用是解决能源和环境问题的重要措施，也是实现经济和社会可持续发展的必然选择。

近年来，许多专家学者向党中央和国务院领导提出了开发利用生物质能的建议，党中央、国务院高度重视，胡锦涛总书记、温家宝总理等中央领导多次做出重要批示，要求国家发展改革委和有关部门抓紧研究，积极做好生物质能开发利用工作。因此，各有关部门和地方各级政府都要从国家长远发展的高度出发，提高对生物质能开发利用重要性的认识，完善政策，采取措施，把开发利用生物质能作为解决能源和环境问题、实现可持续发展的重大战略举措，大力推进生物质能的开发利用工作，使我国生物质能有一个较快的发展。

二、生物质能开发利用的总体思路和要求

生物质能源开发利用涉及能源、农业、林业等多个行业和多种技术，是一项复杂的系统工程，必须坚持以科学发展观为指导，以建设资源节约型、环境友好型社会为目标，以增加能源供应、改善能源结构、保障能源安全、保护生态环境为重点，发挥生物质能资源分布广、替代功能多、社会效益好的优势，紧密结合社会主义新农村建设，因地制宜，统筹兼顾，突出重点，加快发展。要通过发展农林生物质发电、种植能源作物和能源植物，开发新型农村能源产业，促进农村经济更快发展；通过发展沼气、生物质固体成型燃料和生物质气化，为农村提供高效清洁的生活燃料，改善农民的生活条件；通过发展生物燃料乙醇和生物柴油，为石油替代开辟新的渠道，弥补石油资源不足。通过大规模开发生物质能资源，实现生物质能技术的产业化发展，有效增加能源供应，促进能源可持续发展。

今后15年，我国生物质能发展的重点是生物质发电、沼气工程、生物液体燃料和生物质固体成型燃料，《可再生能源中长期发展规划》确定的主要发展目标是：到2010年，生物质发电达到550万千瓦，生物液体燃料达到200万吨，沼气年利用量达到190亿立方米，生物固体成型燃料达到100万吨，生物质能年利用量占到一次能源消费量的1%；到2020年，生物质发电装机达到3000万千瓦，生物液体燃料达到1000万吨，沼气年利用量达到400亿立方米，生物固体成型燃料达到5000万吨，生物质能年利用量占到一次能源消费量的4%。

生物质能开发利用工作要坚持以下原则：

一要坚持加快发展、合理利用的原则。我国是一个农业大国，生物质资源丰富。随着农村经济的发展，城镇化水平的不断提高，农村能源中煤炭、天然气等商品能源的比重不断增加，许多地方出现了农林生物质资源大量被就地焚烧的情况，不仅浪费资源，而且污染环境。目前，生物质能利用技术发展很快，为有效利用生物质能源资源创造了有利条件。为了节约资源、保护环境，必须运用现代化技术，有效利用现有生物质资源，加快生物质能产业发展，增加能源供应。

二要坚持开发与保护相协调的原则。生物质资源既是生态环境的重要基础和重要条件，也是可再生能源的重要资源，在生物质能的开发中，必须坚持开发与保护相协调，在保护中开发、在开发中保护，生物质资源的开发利用要在利用好现有资源的基础上，主要通过开发利用荒山荒地、盐碱地等劣质土地资源来实现，做到不破坏森林、不破坏湿地、不破坏生态环境。

三要坚持统筹兼顾、因地制宜的原则。我国地域辽阔，气候条件差异很大，生物质品种多样，各有特点，生长所需自然条件不同，同时用途广泛，有的已形成了基本需求，因此，在开发利用时必须坚持因地制宜、统筹兼顾的原则，处理好能源需求与其它用途之间的关系，发挥资源优势，实现生物质能资源的合理有效利用。

三、当前生物质能开发利用要做好的几项工作

目前，我国生物质能开发利用还处于起步阶段，为了完成好《可再生能源中长期发展规划》提出的发展目

标，必须从资源调查、规划制定和项目示范等方面入手，做好资源储备、技术开发、市场开拓等各项工作，积极探索规模化开发生物质能资源的方式和方法。

首先，要做好生物质能资源的调查和评价工作。生物质资源用途广泛，除可用于能源生产外，还是工业生产、牲畜饲料等方面的重要原料。从土地资源来看，大多数农田既可以生产粮食，也可以种植能源作物。因此，生物质能开发利用要处理好生物质能源利用与生物质其他用途的关系，处理好能源作物种植与粮食生产的关系，科学评价可利用的生物质能资源。例如，生物质能源作物的种植必须与农林业发展和生态环境相协调，不毁坏林地、植被和湿地，不占用耕地，不与粮争地，不与民争粮。通过生物质能资源调查和评价工作，搞清各种生物质资源总量、用途及其分布，为做好生物质能开发利用工作奠定良好的基础。

其次，要做好规划、明确目标、有序开发。各地区要按照因地制宜、统筹兼顾、突出重点的原则，做好生物质能开发利用规划工作，根据生物质能资源状况、技术特点、市场需求等条件，研究制定本地区生物质能开发利用规划，提出切实可行的发展目标和要求，充分发挥好资源优势，实现生物质能的合理有序开发。例如，西南地区可利用适宜种植油料植物的特点和地理优势，结合生态林建设，重点规划发展油料植物和生物柴油产品。各地区要将生物质能开发利用作为能源建设及经济社会发展的重要内容，将生物质能开发利用规划纳入能源发展规划和经济社会发展规划。

第三，搞好试点示范，推进生物质能产业化发展。在今年4月20日召开的国家能源领导小组会议上，温家宝总理指出，要重视可再生能源技术开发和示范，可以选择一些地区集中开展风电、生物液体燃料、太阳能示范，通过示范项目建设带动可再生能源的全面发展。生物质能利用是一个新兴产业，许多技术尚处于初期发展阶段。为了促进生物质能的产业化发展，要选择有发展潜力的生物质能技术进行试点和示范。各地区要根据资源条件、技术优势和能源需求特点，在做好生物质能资源评价和开发利用规划工作的同时，积极开展生物质能开发利用试点和示范工作。试点和示范工作重在实现技术产业化和完善产业服务体系，通过试点示范工作，促进生物质能的技术进步，完善管理体制和技术服务体系，加快推进生物质能产业化进程。例如，对生物液体燃料示范项目，不只是建设生物燃料乙醇和生物柴油的加工企业，还要配套建设种子选育基地，落实土地资源，建立能源作物种植及管理体系，形成从原料、供应、产品加工、市场开拓和相关服务体系的完整产业链。

四、齐心协力，密切配合，共同促进生物质能产业的发展

生物质能开发利用是跨行业、跨部门的新兴产业。从政府管理来看，涉及能源、农业、林业、财税、科技、环保等多个部门。从能源产品管理来看，涉及电力、石油等多个常规能源管理机构，为了促进生物质能开发利用，各有关部门和单位要齐心协力，密切协作，共同促进生物质能的发展。

生物质能源是重要的能源资源，各级能源主管部门要把生物质能纳入能源管理范围，组织开展好生物质能资源评价、规划制定、示范项目建设，要制定并完善相关政策，积极推动生物质能的开发利用。同时，生物质能资源主要是农业和林业产品，各级农业和林业部门要统筹做好农业、林业及其生物能源资源管理工作，研究制定农林生物质能资源评价办法，做好农林生物质资源评价、资源开发、技术支持及有关管理工作。

目前，许多生物质能利用技术还不够成熟，加大技术研究开发力度十分必要。科技部门要加大对生物质能技术研究开发的支持力度，加快推进生物质能利用技术进步。另外，与常规能源相比，生物质能开发利用成本较高、市场竞争力较弱。财税部门要制定促进生物质能开发利用的财政和税收政策，大力支持生物质能的开发利用工作。

同时，也要重视生物质能技术和产品的标准体系建设。标准和技术监督部门要做好生物质能技术和产品标准的制定和市场监督工作，发挥标准的技术基础、技术准则、技术指南和技术保障作用，促进生物质能产业的健康发展。特别需要强调的是，电网企业和石油销售企业要承担起收购可再生能源电力和生物质液体燃料的义务，加强基础设施建设，认真做好相应产品的收购和销售工作。

生物质能开发利用是一项利国利民的大事，功在当代，利在千秋。希望通过这次会议，各有关部门和地方各级政府能够充分认识到做好生物质能开发利用工作的重要性，结合各地及各个行业的实际，认真研究生物质能开发利用工作，齐心协力，密切配合，积极开展生物质能资源调查和评价工作，抓紧制订规划，尽快明确目标，认真做好项目示范和试点工作，不断总结经验，完善政策和市场环境，加快生物质能的开发利用工作，为建设资源节约型、环境友好型社会，为全面建设小康社会和实现可持续发展做出新的贡献。

2005 年固定资产投资的主要政策与工作重点

摘自《2005 年固定资产投资白皮书》

2005 年固定资产投资工作的指导思想是：以邓小平理论和“三个代表”重要思想为指导，认真贯彻党的十六大和十六届三中、四中全会精神，坚持发展这个党执政兴国的第一要务，贯彻落实科学发展观，继续深化投资体制改革，加强和改善投资调控，推进投资结构调整优化，贯彻好促进协调发展、加强薄弱环节和实施“五个统筹”的要求。不断提高投资效益，促进投资平稳健康增长。固定资产投资的重点工作是：

1. 继续控制固定资产投资规模。切实落实宏观调控各项措施，严把土地、信贷两个闸门，抑制投资过快增长，防止出现投资反弹。认真贯彻国务院关于深化改革严格土地管理的决定，继续实行从严从紧的土地管理政策，严格控制农用地转为建设用地总量和速度。继续控制中长期贷款过快增长，严格控制对不符合产业政策要求，特别是高耗能、高污染项目的贷款。

2. 继续遏制盲目投资和低水平重复建设。继续从严控制钢铁、电解铝、水泥、电石、铁合金、焦炭等行业投资。加强产业政策和行业规划指导，加快制定、完善并严格实施能耗、物耗、环保、安全等市场准入标准，控制新上消耗高、污染重、技术落后的项目。加强经济适用房的建设和管理，控制高档商品房建设。继续控制城市基础设施建设投资，从严控制城建打捆项目贷款。

3. 加强经济社会发展薄弱环节建设。按照分类指导、区别对待、有保有压的原则，进一步加强农林水利、生态环境、教育医疗卫生等薄弱环节建设，支持有利于缓解煤电油运紧张状况的项目，支持促进资源节约和发展循环经济、能够提高产业技术水平的项目。对这些项目，要加快项目核准进度，并在土地和信贷等方面给予支持。进一步把长期建设国债投资的功能和使用方面转向推动结构调整、加强薄弱环节和促进“五个统筹”。

4. 加强重点领域和重大项目建设。固定资产投资和项目要继续向西部地区倾斜，加强西部地区基础设施和生态环境以及科技、教育等方面建设。继续支持东北地区等老工业基地加快调整、改造、振兴步伐。加强青藏铁路、南水北调、西电东送、治淮骨干工程等重大项目建设，抓好农村“六小”工程、优质粮食产业工程、农村卫生基础设施、西部地区“两基”攻坚计划、淮河流域污染治理、煤矿安全改造、大型煤炭基地、煤运通道和采煤沉陷区治理等重点领域建设。

5. 加快推进投资体制改革。全面落实投资体制改革决定，加快出台相关配套文件。对不符合形势要求的投资法律法规、产业政策和行业准入制度，要及时废止或修订。完善企业投资项目核准和备案制度，切实落实企业投资自主权。跟踪研究投资体制改革中出现的新情况、新变化，不断完善投资调控和管理的方式手段，推进解决投资领域存在的深层次矛盾和问题。

6. 加快建立健全合理规范的政府投资机制。按照促进“五个统筹”的要求，根据国家财力增长情况，合理安排政府投资规模，逐步建立中央政府投资规模随中央财政收入稳定增长的机制。结合“十一五”规划编制工作，深入研究“十一五”期间中央政府投资的重点和政策措施，进一步突出重点，集中力量办大事。

继续加强对政府投资，特别是国债投资和国债项目监管，提高建设质量和投资效益。

关于加强固定资产投资调控从严控制新开工项目的意见

国办发〔2006〕44 号

发展改革委　国土资源部　银监会

今年以来，国民经济继续保持平稳较快增长，经济效益进一步提高，总体形势良好。但是，当前经济运行中的一些矛盾和问题还比较突出，必须引起高度重视。特别是新开工项目数量多、规模大，固定资产投资增长过快，投资反弹压力加大。1～5 月，全国新开工项目 6.7 万个，同比增加 1.1 万个；新开工项目计划总投资 2.6 万亿元，同比增长 23.6%；城镇固定资产投资 2.5 万亿元，同比增长 30.3%，增幅提高 3.9 个百分点。这种状况任其发展下去，势必加剧相关行业的产能过剩，加大金融风险，增加资源环境承载压力，影响经济结构调整和增长方式转变。为保持经济持续平稳增长，提高经济运行的质量和效益，必须采取有力措施，加强固定资产投资调控，从严控制新开工项目，遏制固定资产投资过快增长的势头。为此，提出如下意见：

一、全面清理新开工项目

各地区要从是否符合国家行业规划、产业政策、项目审核程序、用地政策、用地标准、环境保护、安全生产等方面，对今年以来的新开工项目在自查基础上进行全面清理。对不符合上述市场准入条件以及有关法律和政策规定的新开工项目，要认真进行整改，该停止建设的要停止建设。对清理工作搞形式、走过场的地方，一经发现，追究领导和相关人员责任。发展改革委要会同有关部门做好组织实施工作，加强对各地区清理工作的跟踪指导。

二、严格审查各类拟建项目

对各类拟建项目，各级发展改革部门要按照国家产业政策、发展建设规划和市场准入标准严格审查，严格执行项目审批、核准、备案等程序；国土资源、环境保护等部门要按照土地管理、环境影响评价等规定从严把关。对不符合产业政策、发展规划、城乡规划、环境标准和要求等市场准入条件及建设程序的拟建项目，土地管理部门不得批准用地，银行不得提供贷款，发展改革、城市规划、建设、环保和安全监管等部门不得办理相关手续。不符合法律和政策规定、未履行完必要程序的项目，一律不得开工建设。国务院有关部门要加强对各地区执行产业政策、发展规划、市场准入标准和建设程序的监督检查，对执行不力的地区要予以通报批评。

三、进一步改进和完善土地管理

严格执行土地利用总体规划和年度计划，严格新增建设用地审批管理，控制好供地总量，掌握好供地节奏，优先保证重点建设项目以及加强经济和社会发展薄弱环节建设项目用地。对投资和新开工项目增长过快的地区，要适度控制土地审批进度。地方各级土地管理部门要加强对利用滩涂、盐场、荒地等进行投资建设的管理，防止过度、无序开发。国土资源部要加强土地督察，坚决查处违法和违规用地，严禁建设用地“以租代征”；抓紧研究制订开发利用滩涂、废弃晒盐场、荒地、宅基地等土地的管理办法。对超额使用农用地转建设用地年度计划的地区，要采取必要措施予以纠正，并相应扣减下年度农用地转用计划。

四、从严控制基本建设贷款投放

各地区、各有关部门要按照发展改革委、财政部、建设部、人民银行、银监会《关于加强宏观调控整顿和规范各类打捆贷款的通知》（银监发〔2006〕27 号）要求，抓紧做好对银行各类打捆贷款的整顿和规范工作。商业银行和政策性银行审查和发放项目贷款要依法从严审核，注意防范风险。人民银行和银监会要加强指导，督促有关银行控制中长期贷款总量和投放节奏，着力调整贷款结构。银监会要加强风险提示，严肃查处各类违法和违规发放贷款的行为，同时督促商业银行和政策性银行加强贷后管理，防止贷款企业擅自变更贷款用途以及“短债长用”。

五、严格限制产能过剩行业新上项目

各地区、各部门要认真贯彻落实《国务院关于加快推进产能过剩行业结构调整的通知》（国发〔2006〕11 号），从严控制钢铁、电解铝、电石、铁合金、焦炭、汽车、水泥、煤炭、电力、纺织等行业新上项目，提高环保、土地、安全、能耗、水耗、质量、技术、规模等方面准入门槛，淘汰落后生产能力，加快推进产能过剩行业结构调整。国务院有关部门要完善统计、监测制度，做好对产能过剩行业运行动态的跟踪分析，建立定期向社会披露产品供求、产能规模、价格变化等相关信息的制度，引导市场投资。

六、切实规范各类招商引资活动

各地区要采取切实措施，进一步规范各类招商引资活动，不得在投资增长等指标上相互攀比、层层加码，不得层层分解考核招商引资任务，严禁采取或变相采取压低土地价格、实行不符合规定的税收优惠政策、降低环保和安全标准等方式招商引资。

各地区、各部门要把科学发展观真正落实到实际工作中，牢固树立正确的政绩观，充分认识到加强固定资产投资调控、从严控制新上投资项目对于促进经济平稳较快发展，实现“十一五”开好局、起好步的重要意义，切实把工作的着力点转到推进经济结构调整和增长方式转变上来。地方主要负责同志要把加强固定资产投资调控、从严控制新开工项目作为当前一项重要工作亲自过问，明确责任，抓好各项政策措施的落实。发展改革委要会同有关部门加强督促检查，对新上项目和投资增幅排在前几位的地区、行业认真分析原因，加大检查力度，有关工作情况及时报国务院。

控制固定资产投资过快增长 着力优化投资结构

今年以来，我国经济运行总体比较平稳，保持了良好的发展态势。固定资产投资在经济增长中发挥了重要作用，但也出现了投资增长过快等值得高度关注的问题。实践证明，促进经济平稳较快发展，必须保持适度的投资规模与合理的投资结构。但如果投资规模过大、增速太快、结构不合理，就会使经济运行绷得过紧，资源环境压力加大，影响国民经济持续平稳较快增长。当前，必须把控制投资过快增长、优化投资结构作为宏观调控的一项重要任务抓紧抓好。

一、正确认识当前固定资产投资形势

近年来，我国固定资产投资增长加快，这是国民经济和社会发展步入一个新阶段、消费结构升级带动产业结构升级、工业化和城镇化步伐加快的结果，应该说，具有一定的客观合理性和必然性。固定资产投资在落实“五个统筹”，加强经济和社会发展薄弱环节方面发挥了积极作用。但也要看到，今年以来固定资产投资增长过快，新开工项目数量多、规模大，结构性矛盾仍比较突出，投资反弹压力加大。

从投资增速看，上半年全社会固定资产投资42371亿元，增长29.8%，增幅比去年同期提高4.4个百分点。其中，城镇投资36368亿元，增长31.3%，增幅同比提高4.2个百分点。从新开工项目看，上半年全国新开工项目近10万个，同比增加1.8万个；新开工项目计划总投资同比增长22.2%。其中有8个省（区、市）新开工项目计划总投资增幅超过50%。从行业结构看，一些行业投资增速有所加快。如上半年纺织业投资增长40.6%，汽车等交通运输设备制造业投资增长44.5%，增长速度均快于一季度。一些新上项目不符合国家行业规划和产业政策，产品结构趋同现象比较明显。

应当清醒地看到，当前投资过快增长虽然与我国正处于加快推进工业化、城镇化的发展阶段有关，但主要是由于体制机制上存在问题和经济增长方式没有根本转变造成的。主要体现在：

一些地方盲目追求经济增长速度，片面依靠投资拉动经济增长。有的地方在投资增长指标上相互攀比，层层加码。有的仍在变相搞“零地价”、税收返还和收费优惠政策等吸引外来投资。一些地方没有严格执行国家产业政策、环境保护、土地管理、项目审批、安全生产等市场准入法律法规，存在有法不依、执法不严的问题。

违法违规用地现象比较严重。有的项目违规大量占用耕地和基本农田；有的项目采取“以租代征”、“土地入股”等形式，规避土地依法审批；有的项目绕开土地审批程序，利用开发区熟地、旧城改造用地、农村宅基地搞建设；一些新开工项目在用地手续上出现了未批先用、边报边用、不报就用等问题。

投资增长过快又与货币信贷增长偏快、外贸顺差过大相互交织、相互推进，但最突出和关系全局的是固定资产投资增长过快。

当前投资运行中的问题及其深层次根源，如果不及时加以引导和控制，就会使本已凸显的矛盾和问题进一步突出。一是加大资源环境承载压力，扰乱经济秩序，影响经济结构调整和增长方式转变，影响经济平稳较快发展和“十一五”规划目标的顺利实现。二是投资过快增长和银行信贷规模过大，互为因果，相互推动，将增大金融风险。三是过大的投资需求会拉动生产资料价格大幅上涨，导致下游产品成本增加，容易引发物价过快上涨。四是产能过剩行业再度盲目扩张，一旦市场发生变化，势必会造成一批企业倒闭，增加一批失业者，产生一批银行呆坏账。任其发展下去，就会出现大起大落，造成重大损失。

二、切实加强和改善投资宏观调控

解决投资领域存在的突出问题，要统一思想、提高认识，坚定不移地贯彻落实好党中央、国务院关于加强和改善宏观调控的各项政策措施。在保持宏观经济政策连续性和稳定性的前提下，坚持突出重点、区别对待、有保有压、适度微调，切实解决当前投资增长过快、新开工项目过多、结构性矛盾突出等问题。

坚持以科学发展观统领经济社会发展全局。各地区、各部门要把科学发展观真正落实到实际工作中，牢固树立正确的政绩观，把思想和行动统一到中央对当前经济形势的判断和各项部署上来，不折不扣地贯彻落实已经出台的各项宏观调控政策，坚决执行国家的各项法律、法规和制度，改变盲目追求经济增长速度和依靠行政力量扩大投资规模的做法，切实控制固定资产投资过快增长，着力优化投资结构。

从严控制新开工项目。加强对已开工项目的合规性审查，凡是不符合国家产业政策、行业准入标准、项目审核程序、土地使用和环境保护等方面法律法规和政策规定的，要认真进行整改，该停止建设的要坚决停止建设。对各类拟建项目，要依据相关法律法规、政策规定和建设程序进行严格审查，不符合法律法规和政策规定、未履行完必要程序的项目，一律不得开工建设。

进一步加强土地管理。严格执行土地利用总体规划和年度计划，强化新增建设用地审批管理，控制好供地总量，掌握好供地节奏。对超额使用农用地转建设用地年度计划的地区，要采取必要措施予以纠正，并相应扣减下年度农用地转用指标。加强对利用滩涂、盐场、荒地等进行投资建设的管理，防止过度、无序开发。加强土地督察，坚决查处违法和违规用地，严禁建设用地“以租代征”。

继续严把信贷“闸门”。控制信贷资金投放总量和节奏，从严控制基本建设贷款投放。抓紧做好对银行各类打捆贷款的整顿和规范工作。对不符合国家产业政策、行业准入标准、项目审核程序，以及土地使用和环境保护等有关法律法规和政策规定的新开工项目，不得发放贷款。要加强“窗口”指导和风险提示，严肃查处各类违法违规发放和使用贷款行为，严禁“短债长用”。

大力调整优化投资结构。从严控制钢铁、电解铝、电石、铁合金、焦炭、汽车、水泥、煤炭、电力、纺织等行业新上项目，新上项目必须与淘汰落后产能挂钩，严把环保、土地、安全、能耗、水耗、质量、技术、规模等准入门槛，加快产业结构调整。对有利于推动企业技术进步和产业结构升级、促进资源节约和发展循环经济、加强经济和社会薄弱环节建设等方面项目，要加大土地供应和信贷支持力度。

严格规范招商引资活动。各地不得在投资增长等指标上相互攀比、层层加码，不得层层分解考核招商引资任务，严禁采取或变相采取压低土地价格、实行不符合规定的税收优惠政策、降低环保和安全标准等方式招商引资。

（国家发展和改革委员会投资司）

促进增长方式转变　提高财政政策效率

在社会主义市场经济条件下，公共财政如何支持经济建设是一个值得探索的问题。

在过去几年中，财政系统充分发挥公共财政职能，有力支持了国家经济建设，取得的经验可以归纳为以下六个方面：

（一）着眼于为市场主体创造稳定的宏观环境，基本盘活国债项目资金，灵活运用储备物资调控市场，充分发挥了财政对经济运行的宏观调控职能。

1998年以来，我国实施积极的财政政策，有效拉动了经济增长。进入2003年，随着经济增长加速，财政政策必须转型为稳健的财政政策。为此，主动调减国债项目资金规模；按照“五个统筹”要求，优化投资结构，逐步减少对一般竞争性和经营性领域投资，增加用于公共服务和公共产品的投入；通过控制预算下达进度，调控固定资产投资增长速度。从总量、进度、结构三个方面，全面盘活国债资金，为宏观调控做出了很大贡献。

保证粮食、棉花、化肥等国家重要商品物资供求平衡，是宏观经济调控的重要内容。近年来，财政部门注意把握市场时机，主动会同有关部门，及时通过储备商品吞吐轮换调控市场。如采取“增加供给、节约使用、限制出口、淡季储备、稳定粮价”综合措施有效平抑化肥价格，不仅稳定了市场，更重要的是保护了种植者利益。

（二）着眼于保障经济安全，基本盘活粮食风险基金，组织实施石油替代战略，充分发挥了财政对公共产品、公共服务的保障功能。

基本盘活粮食风险基金，创建对农民直接补贴制度，实施产粮大县奖励政策，努力确保国家粮食安全。长期以来，我国粮食补贴主要补在流通环节，农民难以得到实惠，而粮食企业改革滞后，亏损严重。为此，我们推动改革补贴方式，改间接补贴为对农民直接补贴。2004年要求各地拿出40%粮食风险基金直接补贴农民，2006年将这个比例提高至50%，促使粮食企业加快自身改革。这个机制很奏效，两年时间里处理“老粮”1486亿斤，占“老粮”库存的77%。目前大部分省份已可基本实现粮食风险基金收支良性循环。经过几年努力，初步建立起了一条安全、高效的粮食直补渠道。2006年针对成品油调价等因素造成的柴油、化肥等农资涨价，又对种粮农民实施综合直补，国家对种粮农民直接补贴资金达到267亿元。三年来共直接补贴种粮农民515亿元。粮食直补制度的建立，开创了直接补贴农民的先河，摸索出了公共财政保障粮食安全的有效途径。另外，为调动地方政府重农抓粮的积极性，还出台了对产粮大县的奖励政策，2006年奖励资金达到85亿元。

（三）着眼于促进经济增长方式的转变，形成环境与资源有偿使用制度的改革思路，大力支持产业自主创新，充分发挥了财政将经济外部性问题内部化的职能。

一是形成环境与资源有偿使用制度的改革思路。从资源方面看，我国矿业企业在矿业权取得、矿区环境治理和生态恢复、安全投入三个环节存在成本缺失。环境方面同样如此，环境还没有被企业视为生产要素纳入成本当中。大部分资源开采企业及其他污染环境企业是以不完全成本来参与市场竞争的。为此，积极倡导建立环境与资源的有偿使用制度，其核心就是让企业公正合理地负担资源和环境的真实成本。二是大力支持产业技术创新，提高经济竞争力。按公共财政的要求，将扶持重点确定为，市场风险大、企业不愿意投资的重大、关键技术的研发。

（四）着眼于提高财政政策效率，加强对财政资金的追踪问效，善于从机制上解决问题，在制度创新上取得了显著成效。如对一般公路项目建设资金，采取由中央财政拨付至省级财政，更有利于交通建设资金的管理，更有利于支持交通建设事业的发展，也更符合公共财政资金管理的要求。不少地方在政府投资管理方面，推行“代建制”、扩大政府投资的国库集中支付范围，都是从机制入手，有效提高政策效率。

（五）着眼于提高财政政策的公正性，按公开公平公正的原则修订各项财政专项资金管理制度，初步实现了经建工作由直接管理向间接管理、从微观管理向宏观管理的转变。如实施产粮大县奖励政策，在充分调研的基础上，选择了粮食播种面积、产量、商品量三个因素，作为分配资金依据，因为这三个指标可以比较准确地反映出各县在国家粮食安全方面所做的贡献。另外，各种专项资金安排项目都坚持实行专家评审制度，有利于保证资金分配的公平性。

（六）着眼于为宏观经济决策服务，主动研究经济领域热点难点问题，为领导决策发挥了很好的参谋作用。财政经建工作要从全局出发，从宏观着眼，研究重大政策问题，以研究来带动工作。如开展扩大消费研究，开创性地提出建立消费主导的良性经济发展模式；主动调查城市建设的债务问题，基本摸清了目前城市负债情况，提出了化解城市债务风险的基本思路；积极开展新能源的研究，提出建立成本分摊、风险分担与研发投入三个机制，通过以上机制来调动与发挥企业的积极性。

（财政部副部长朱志刚谈公共财政支持经济建设基本经验）

2006年中国经济金融政策走向

2005年，中国宏观经济政策基本上保持了“有保有压、区别对待”的调控特色，各项经济指标总体走势良好。但是，2005年经济运行的三大突出特点需要瞩目。一是固定资产投资反弹势头明显；二是工业利润增速下降，产能过剩苗头凸现；三是货币供应增速持续分化、存款增速快于贷款增速，储蓄率继续上升。根据对2005年宏观经济金融形势的分析和判断，我们预计2006年宏观调控将不是简单的“放松”或者“收紧”，而是通过货币政策、财政政策、产业政策等政策组合，保持宏观调控的连续性和稳定性，注重结构调整和培育自主创新品牌，在保持经济平稳增长的同时，促进经济全面转型。

货币政策：侧重公开市场操作，加强预调和微调

根据人民银行2005年第四季度例会精神以及我们

的判断，2006年货币政策将继续坚持稳健取向，总量上保持连续性和稳定性，注意加强预调和微调。货币政策目标除维护物价稳定之外，也将注重扩大消费需求、改善经济均衡性。

1. 利率市场化与公开市场操作

央行在《2005年第三季度货币政策报告》中强调，下一阶段央行将继续贯彻落实利率市场化的政策，引导商业银行和农村信用社提高风险定价和负债管理的能力。但是，目前利率体系已经基本上实现了市场化，仅限定了金融机构存款上限和贷款下限，为商业银行经营运作保持了一个稳定的利差。由于债券市场“脱媒”对商业银行运作形成了较大冲击，为促进银行业稳定发展，2006年利率市场化进程将不会有大的动作。当然，也不排除央行降低各期限存款基准利率的可能性。

此外，公开市场操作的目标和操作工具将有所变化。2005年，公开市场操作主要的目标是通过发行央行票据以及进行正回购对冲外汇占款。2005年前11个月，央行共发行央行票据117期累计2.55万亿元（面值），票据到期1.41万亿元；正回购回笼资金2400亿元。两项共净回笼资金1.38万亿元。2006年，由于人民币汇率改革将继续推进，人民币升值预期有所下降。因此，公开市场操作的对冲规模将下降，央行除保持对外汇占款的适度对冲之外，将转而重视对市场利率和银行体系流动性水平的调控。

由于短期国债发行有望增速，因此，公开市场操作工具将转向央行票据与短期国债并重的格局。原因主要在于，2006年起，我国将采取国债余额管理方式管理国债发行。推行国债余额管理，将会促进1年期以内的短期国债的发行。短期国债发行规模的扩大，也为央行进行公开市场操作提供了更多选择。央行票据由于缺乏真实贸易背景因此发行不具有可持续性。因此，预计短期国债将在一定程度上起到对央行票据的替代作用。

2. 中长期信贷调控思路有所转变

2004年下半年，央行在《货币政策报告》中指出，要“严格”控制中长期贷款的投放。2005年以来，央行多次强调，要“适当”以及“合理”控制中长期贷款投放。这种用词的变化反映央行对于中长期贷款调控的思路有所转变。央行对于符合国家产业政策和市场准入条件的中长期贷款持支持态度。同时，央行明确表示，“将继续研究增加消费信贷品种，支持合理的住房消费”。说明央行将继续鼓励个人中长期住房贷款的发放。从数据上看，2005年前三季度，个人住房贷款同比少增1152亿元。11月份，个人住房贷款继续同比少增130亿元。

同时，央行始终对贷款期限机构“错配”持谨慎态度。央行在2005年多次强调应加强信贷期限结构错配检测指标体系，利用“窗口指导”提醒商业银行应增强应对经济景气变化的能力。为提高金融机构资产流动性，央行将在2006年继续推动资产证券化工作。同时，为配合“十一五规划”顺利开局，央行开始注重发挥信贷政策在促进经济增长方式转变及在经济结构调整中的作用。继续加大对农业、中小企业、增加就业、助学的信贷支持力度，增加对经济发展薄弱环节和有效益、有市场的企业贷款，同时对商业银行提高信贷资产质量提出了较高的要求。

财政政策：扶持“三农”、推动税改与扩大消费

1998年，为治理通货紧缩及应对亚洲金融危机的冲击，政策层提出扩大内需的方针，实施以增发长期建设国债为主要内容的积极的财政政策。从2000年到2002年，长期建设国债年度发行额均超过1500亿元，2003年也维持在1400亿元的高位。2003～2004年，投资膨胀、投资与消费结构性失衡造成宏观经济局部过热，经济增长波动性增强。财政政策在这一期间，也明显转型。直接体现在长期建设国债发行量逐渐缩减。2004年，财政部发行长期建设国债1100亿元，2005年则进一步缩减到800亿元。财政政策并没有采用“中性化”的取向，但是却侧重对结构调整，着重解决产业结构失衡、区域发展不平衡等重大发展问题。这将是2006年乃至“十一五”期间财政政策的主要着眼点。财政政策将继续实行稳健、松紧适度的政策规则。

1. 扩大消费需求，改善投资与消费的结构性失衡

扩大消费需求的政策从2005年初已经列入了政府的重要工作内容。但是回顾2005年，财政政策对于提高消费并未起到决定性的影响作用。从长期看，最终消费，是经济增长的主要推动力。扩大内需，最重要的拉动因素是提高城乡居民可支配收入，同时提高居民边际消费倾向。政策的落脚点应落在提高中低收入居民收入水平上（目前，我国城市的边际消费倾向大约为0.7，农民的边际消费倾向为0.8，即收入每增加100元，城市居民约有70元用于消费，农民则消费80元左右）。配合以住房、医疗、教育的综合化改革，提高居民边际消费倾向。其次，改善居民消费环境。以个人所得税调整为先导，增强居民消费信心。总体看，2006年投资与净出口拉动经济的增长模式不会有根本变化，但是消费拉动经济的效果将凸现。政府也将继续控制固定资产投

资规模，坚持把好土地、信贷两个闸门，严格控制新开工项目。

2. 扶持“三农”，推动农村基础设施建设

农业工作连续两年都成为财政政策的重要着力点。2005年，政府大幅度地减免了农业税，全部免征牧业税。因减免农牧业税而减少的财政收入，主要由中央财政安排专项转移支付予以补助。种粮农民实行直接补贴，增加良种补贴和农机具购置补贴，对重点粮食品种继续实行最低收购价政策。2006年，13个粮食主产省（区）的粮食直补资金再增加10亿元，全部达到本省粮食风险基金总规模的50%。

由于“十一五”规划提出“建设社会主义新农村”的战略思路。为此，财政政策的转移支付功能将继续加强。2006年，财政政策将增加农业公共财政支出，着力推动农村基础设施建设。包括农村乡镇公路、水利电力、农村基本医疗卫生体系、农村义务教育体系等。

3. 继续推动税制改革

一是推动增值税转型改革，在总结东北地区试点经验的基础上，研究在全国范围内将企业新增机器设备所含税款纳入增值税抵扣范围的实施方案。二是加快推进内外资企业所得税合并立法工作，构建公平合理的市场竞争环境。三是继续研究消费税、燃油税、资源税的调整工作。降低小排量汽车等商品消费税税率，适当扩大对高污染商品征收消费税的征税范围；研究征收资源税？限制资源类产品出口，并提高资源开采和利用效率；择机推出燃油税。

公司债券市场发展继续提速

2005年，债券市场在宏观面、政策面以及资金面都面临着重大利好。宏观经济运行平稳，资金供应充足，债券市场政策创新不断深入。2006年，债券市场最重要的亮点将是公司债券市场的深入发展。

2005年12月19日，中国人民银行发布了《公司债券进入银行间债券市场交易流通的有关事项公告》，推出了规范公司债券交易流通，促进公司债券市场发展的举措。公告内容包括：简化审核程序，将公司债券交易流通审核从事前审批改为核准制，允许所有银行间债券市场投资者投资公司债券，要求发行人进行持续信息披露和跟踪信用评级，鼓励做市商和承销商对公司债券进行双边报价等。

公司债券交易流通审核从事前审批改为核准制后，公司债券进入银行间债券市场交易流通更为便捷，公司债券将大量进入银行间债券市场，促使其交易向以场外市场为主的模式转变；允许所有银行间债券市场成员投资公司债券，债券投资主体范围将大为扩展，辅以公司债券做市制度，将促进公司债券流动性及其市场容量的提高；通过引入强制信息披露和跟踪信用评级等配套制度，强化市场约束，将提升市场透明度和定价能力。

该规定的出台，以及《企业债券管理条例》的修订（预计将在2006年完成），公司债券市场发展将面临“黄金期”。公司债券市场重点突破方向：引进不同期限的信用产品；提高信用评级公信力；完善债券市场收益率基准。

产业政策：控制过剩行业增长，带动产业结构调整

2006年，产业政策所面临的重要背景就是部分行业出现产能过剩。其中，钢铁、电解铝、铁合金、焦炭、电石、汽车和铜冶炼行业产能过剩问题突出，水泥、电力、煤炭和纺织行业也存在着产能过剩的问题。这十一个行业，无一例外，均属于重化工业行业，同时也是各地区政府重点支持的行业。这也是2003年地方政府主导之下的投资扩张所带来的产能集中过剩。2006年，由于2003~2004年兴建的大量固定资产投资项目将集中投产，产能过剩的态势将进一步明显。

这预示着2006年产业政策的重点为控制产能过剩，并以此带动产业结构升级。首先要依靠市场手段，而不是行政手段；其次是政府会有保有压、区别对待。对于有知识产权、新工艺新技术的产业，特别是一些先进制造业有保护；而“压”也将主要通过市场手段，淘汰过剩的产能。之所以出台这类行政性措施，主要原因在于相当多的产能过剩是由行政干预所造成。因此，“对症下药”，则必须用行政性措施解决。

在以上调控思路的指引下，2005年12月7日，国务院颁布了《关于发布实施促进产业结构调整暂行规定的决定》；同日，发改委配套发布了《产业结构调整指导目录》，明确了当前及今后一段时期产业结构调整的目标、原则、方向和重点。涉及农业、水利、煤炭、电力、交通、信息产业、钢铁、有色金属、石油化工、建材、机械、轻纺、服务业、环境和生态保护、资源节约及综合利用等20多个行业，其中鼓励类539条，限制类190条，淘汰类399条。

对鼓励类投资项目，按照国家有关投资管理规定进行审批、核准或备案，各金融机构应按照信贷原则提供信贷支持，并给予有关税收优惠政策支持。对属于限制类的新建项目，禁止投资，投资管理部门不予审批、核

准或备案，各金融机构不得发放贷款，土地管理、城市规划和建设、环境保护、质检、消防、海关、工商等部门不得办理有关手续；对属于限制类的现有生产能力，允许企业在一定期限内采取措施改造升级，金融机构按信贷原则继续给予支持。对淘汰类项目，禁止投资，各金融机构应停止各种形式的授信支持，并采取措施收回已发放的贷款。同时，由于我国重要原材料和能源供需结构性矛盾将长期存在，同时，鉴于装备制造业在新型工业化发展模式中的重要作用，产业政策也将继续扶持这些行业的稳健发展。

（中国工商银行城市金融研究所　赵新杰）

2006年经济和投资形势分析与建议

一、2006年经济和投资发展的形势

2006年是我国执行“十一五"规划的第一年。第十一个五年规划是我国贯彻党的“十六大”提出全面建设小康社会宏伟目标和十六届三中、四中全会提出科学发展观、建设和谐社会之后编制的第一个中长期规划。有一个好的开端将对整个五年规划的顺利执行具有重要的意义。

2006年，我国经济发展面临的形势主要具有以下的特点和问题：

1. 经济仍处于“黄金发展时期”

1998年到“十五”前三年执行的积极财政政策和稳健货币政策，使我国彻底摆脱了1997年亚洲金融危机带来的影响，经济发展进入一个新的上升阶段；2004～2005年的宏观调控，则使我国避免了经济出现迅速进入高涨期而可能出现的物资全面紧张和通货膨胀的状况，为延长我国经济发展的景气期间，保持“高增长、低通胀’’的良好运行状态起到了重要的作用。目前我国经济发展正处在从人均1000美元向人均3000美元的快速发展期，在居民消费结构升级、产业结构加快调整和城市化进程加速等多重动力的推动下，在科学发展观和构建“和谐’’社会方针的指导下，“东部加快发展"、“西部大开发”、“振兴东北等老工业基地”和“中部崛起”等战略的实施，调动了各地区经济发展的积极性，国家和各地都正在制定科学性和可行性较高的“十一五”规划，这些规划的执行将促进我国总体经济保持持续、快速、协调、健康发展。

2. 改革开放带来新的活力

经过几年的努力，我国的经济体制和行政体制改革正进入制度和机制创新的攻坚阶段。《中华人民共和国行政许可法》、《国务院关于投资体制改革的决定》、《国务院关于鼓励支持和引导个体私营等非公有制经济发展的若干意见》等一系列改革措施的贯彻执行，对调动各方面投资和建设的积极性起到了重要的作用，随着各项改革的深入，制约我国经济发展的制度性障碍将被逐步破除，经济发展的社会成本随之降低，效益则会不断提高。2006年，伴随着WTO过渡期的结束，我国将步入全方位对外开放的新时期，经济发展将在更大范围和更深的程度上融入世界经济体系。近几年我国经济总量、招商引资和外贸进出口快速发展的实际表明，我国已适应了加入WTO之后的新变化，能够抓住机遇并改变不利的地位，不断增强国际竞争力，在国际经济交往中取得好的成绩。

3. 经济发展的基础进一步巩固

经过“十五”时期的发展，我国的经济基础更加扎实，经济发展的各种要素都十分充足。

资金：从我国金融系统账面上看，到2005年9月末，人民币各项存款余额为27.99万亿元，各项贷款余额19.09万亿元，存大于贷8.90万亿元，扣除准备金、国债和其他科目的占款4万亿元左右，仍然还有4万多亿元左右空闲，如果再加上金融机构超过1万亿元的资本金，则空闲资金达到5万亿元以上，另外还有7000多亿美元的外汇储备，可以说我国的财力是充足的。

物资：除了石油和一些矿产资源之外，我国各类物资的生产能力在近几年都获得了快速增长，无论是生产资料还是生活资料，都远没有达到供不应求的地步。这是我国物价指数保持较低水平的主要原因。

人力：我国是劳动力富裕的国家，近几年大学生不断扩召，高素质的人才也出现富裕的现象。

基础设施：经过近几年的加快建设，我国的基础设施更加完善，能源、交通、邮电、水利的承载能力都有很大的提高，比较紧张的能源供应预计在2006年将全面缓解。

可以说，经济发展要素的各方面都能够保证我国明

年经济继续以较快的速度发展。

4. 企业的活力增强

经过近几年市场经济的磨炼和加入 WTO 之后的国际竞争，我国各类企业的经营意识和竞争能力都有较大的提高。经过改制和改组，我国国有企业的队伍不断精练，实力更加雄厚，绝大多数的国有企业的盈利能力增强，许多国有和国有控股企业已经走向世界。在国家政策的鼓励下，民营企业在"十五"期间获得了较快的发展，不但基本填补了国有企业改组改制出现的空缺，而且在进军高科技领域和垄断性、准公益性行业等方面取得了很大的进展，一些民营企业不断做大做强，成为地方经济的支柱。

5. 农民生产的积极性获得提高

国家在“十五”期间采取的一系列解决“三农"问题的措施，已取得了较为显著的效果，特别是近几年逐渐取消农业税，大力支持农村基础设施建设，鼓励科技支农，支持农民多种经营和控制农业生产资料的价格等措施，对于提高农民的收入水平，改善农村的生产和生活条件，保护农业生产，提高农民种田的积极性等方面都起到了有效的作用。

6. 需求不足可能再次成为经济发展的主要问题

虽然 2006 年经济发展的整体形势较好，但也存在需要解决的问题，除了资源环境“瓶颈”约束，国际竞争压力加大，中小企业融资困难，农民收入增长缓慢等老问题之外，可能出现的新问题是再次出现较为严重的需求不足。

主要原因是：近 3 年开工的固定资产投资项目大部分在 2006 年前后形成生产能力，但我国的市场需求没有及时跟上，扩展能力有限，绝大部分行业的生产能力将出现过剩，投资难以回收，企业亏损面扩大。同时由于大多数行业的盈利前景不佳，使企业难以寻找新的投资空间，投资品的需求增长受到抑制，固定资产投资增长将继续下滑。

企业从盈利步入亏损，直接影响城市居民的收入增长；农产品价格在 2004 年快速增长之后，已趋向平稳或有所下降，农民收入增长幅度也将下降。城乡居民收入整体增长水平下降将影响消费的增长。

2006 年世界经济的增长将放慢，我国的汇率调整和准备把内外资企业的税收并轨，对我国产品设置贸易壁垒的国家和限制的产品种类有增无减，以及连续几年出口快速增长构成的高基数等一系列原因，将影响世界市场对我国产品的需求，出口需求的增速在 2006 年可能出现较大的下降。

投资、消费和出口的增长同时放缓，必然影响整体经济的增长，并带来就业困难和人民收入增长缓慢等问题。

二、2006 年相关政策的建议

2006 年经济增长放缓的原因是我国较快地进入经济周期的下行阶段。进入经济周期的原因是盲目的投资形成过剩的生产能力，而较快地进入下行阶段是因为在固定资产投资快速增长之后没有为快速增长的生产能力提供有效的市场需求。

为了防止经济出现大起大落的周期波动和在 2006 年之后经济出现快速回落，要在以下两方面采取措施。

（一）防止经济出现大起大落的周期波动的措施建议

在市场经济条件下，导致经济出现波动的一个主要原因是绝大多数投资决策的盲目性。防止投资盲目性的重要办法是提倡科学决策，而科学决策的基础是信息供应及时而准确。国外一些学者认为，近五十年市场经济国家的经济周期频率和波幅逐渐变小，景气时期拉长，没有出现严重萧条的重要原因之一是由于电子信息技术的发展，使投资者获得决策信息的速度和准确性都有极大的改善，使其决策基本摆脱了盲目性。

目前我国经济发展进入了新的阶段，各类投资主体对投资效益的追求已成为投资的重要准则，但由于信息缺乏而经常导致投资决策失误（包括重复建设）的现象发生。这一方面要求投资者在进行投资决策时不要只看眼前的市场供需情况，要在深入调查研究的基础上进行可行性分析；另一方面要求建立为投资决策者提供及时而准确参考信息的社会条件。

为此，建议做好以下工作：

1. 筹建为全社会服务的国家级投资信息系统

该系统应该包括两个方面，一是国家政策库，汇总国家和有关部门发布的各项有关投资的法律、政策和规定；收集国内各种与投资有关的政策法规文件，以及国内外发表的对我国投资问题有见地的观点和文章，供有关的决策和研究人员查询、使用。二是投资统计数据库，供投资者查询；要充分利用统计部门和投资项目“核准”和“备案”所获得的信息，及时汇总，充实数据库。

另外，国家各行业部门的信息中心、情报中心都有很多对投资决策具有重要参考价值的技术发展供给和需求信息，但大多数都闲置无用，造成很大的浪费，应该由国家主管部门出面组织，将这些系统纳入国家投资信息系统或建立联合网络，使各部门的信息都能为全社会服务。

2. 加强信息引导的工作

一是建立健全投资信息发布制度。2004 年国家发展和改革委员会开始对一些行业的投资信息和发展前景进行通报，是一种有效的信息引导办法，应该坚持下去，定时发布并增加信息量。

二是建立健全社会信息中介服务体系。在市场经济国家，专业化的投资信息和决策服务中介不但可以为各类投资者提供决策参考信息，而且可以帮助他们进行科学决策。我国目前从事投资信息和咨询中介服务的单位不但数量少，而且质量差，需要大力发展并提高服务质量。国家应该采取优惠的政策鼓励建立这类中介机构，同时要加强对他们的行为规范、资质认证和考核。

3. 严格限制地方政府的投资行为

一些地方政府为了追求政绩和形象，非常关注投资项目的建设，大量开发区的出现和类似于“铁本项目"的扩大投资规模都是地方政府的“杰作’’。地方政府干预企业投资决策往往不以市场为导向，政府公共品投资不以公众需要为目的，而是取决于领导者的意志和利益取向，导致出现所谓的“首长工程”、“形象工程"。这些投资决策不仅造成生产能力的盲目扩张和资源的浪费，而且败坏了政府形象。要解决这个问题，除了进行教育之外，国家必须采取有效的措施，严格禁止地方政府干预企业的投资，政府投资决策必须遵循规定的程序并加强人大、群众和媒体的监督，对违规的政府主要领导人要给予必要的处罚。建议国家抓几个典型案例，起到“惩一警百”的作用。

（二）防止2006年经济出现大幅回落的措施建议

政府对经济调控的一个重要的职能是保证经济的平稳增长，即对经济进行反周期调节。对于2006年可能出现的经济增长下滑，建议采取以下4个方面的措施。

1. 切实贯彻稳健的财政和货币政策

去年12月召开的中央经济工作会议确定我国2005年要实行稳健的财政政策和货币政策，但给人的感觉却是执行了紧缩的财政和货币政策。财政上没有实现金人庆部长在答记者问时提出要“让市场主体一企业的‘包包’里多一点钱（减税），不断增强企业自我发展的能力，鼓励企业扩大投资，加快技术改造，建立经济自主稳定增长的内在机制”。中国人民银行对货币的控制只是在6月份许多专家预计将出现通货紧缩之后，才稍有放松。希望2006年能够切实执行稳健的财政和货币政策。

2. 继续发行建设国债

利用未来的钱（国债）为今天的建设服务，改善经济发展和人民生活的软件和硬件环境，是各国政府在经济快速发展时期为解决政府建设资金不足而普遍采取的办法，目前即使在经济发达国家，如美国和法国，每年仍发行国债用于政府支出。我国从1998年开始发行长期建设国债，用于基础设施和社会公益事业等方面的建设，对于我国的经济和社会发展，摆脱经济不景气的状况起到了很好的作用。近几年经济快速增长和财政收入的大幅度提高，表明发国债用于政府需要承担的建设是正确的。在我国仍然主要是“吃饭财政’’和赤字很大的现阶段，继续发行长期国债用于基础设施和社会发展等方面的建设是必要的。在财政收入大幅度增加的基础上，“整合预算内基本建设投资，适当调减国债项目投资规模”要落到实处。在目前我国基础设施建设、环境保护、各项公益事业、西部大开发和东北等老工业基地建设仍然需要国家大规模投入的情况下，中央政府用于建设的资金（包括财政性资金和国债）总规模要逐年增加，而不是减少。希望2006年建设国债的发行数量仍然能够保持在800亿元以上。

3. 真正解决中小企业融资难的问题

防止经济快速下滑，必须加快以中小企业为主的民营经济的发展。目前影响中小企业发展的主要问题仍然是融资难。近两年的货币紧缩政策使中小企业在正规金融机构获得贷款更加困难，导致资金“体外循环”和民间借贷迅速发展。

当前我国金融业发展的一个重要问题是缺乏一个合理的体系。主要表现是大的太大，中小的太少，民营银行还有几个，没有私人银行。从世界各国来看，企业有大中小，银行也有大中小，各国的金融体制差不多也都是大银行为大企业提供服务，小银行为小企业提供服务。

目前我国民间有很多资金，各地的民间投资大部分都是靠民间集资，有许多是不合法的集资和放贷，而且利息很高，月息一般在1%～2%，按年息算达到12%～24%，虽然银行的贷款年息要低得多，但是民间投资者借不到银行的钱，只能使用高利贷。

如果国家在民间金融发展方面采取一些积极的措施，是可以改变这种状况并解决中小企业融资难的问题。为此提出两点建议：

一是允许并鼓励建立和发展中小银行，由地方政府出面组织（不是入股），或由资本雄厚、信誉良好的企业发起和组建，或由现有的中小银行建立分支机构，鼓励民间资本入股这些银行。这些银行应该是地域性的银行，将营业范围限制在一个县或几个乡镇，为本地的中小企业服务。因为是限制在本地，银行对企业的情况信息掌握比较容易，可以不需要担保并简化贷款手续，减少贷款风险，出问题也好处理。

二是允许比较规范的地下金融组织合法化和公开化。近几年在我国县及县以下地区，特别是东南沿海地区出现了许多地下钱庄或类似的民间集资和融资机构。除了有一些是从事坑蒙拐骗和洗钱业务，应该取缔之外，大多数机构的内部都建立了相对公平和守信的交易准则，取得了存款人和借贷者的信任和支持，承担起资本市场的职责，对当地民营经济的发展起到了重要的促进作用。最典型的是浙江温州，据说当地经济发展的60%以上的资金都是靠民间集资提供的，其他地区虽然没有温州那么多，但当地民营企业发展的状况可以反映出民间集资的情况。

让民间金融机构公开化和合法化，一是可以填补我国县及县以下金融机构的短缺，为中小企业提供合法的融资渠道，满足其发展的需要；二是有利于规范和监管民间金融机构的运作，防止坑蒙拐骗的现象发生；三是有利于民间金融市场按经济规律运行和开展竞争，防止高利贷的产生；四是有利于国家有关部门了解民间资本的流动；五是可以增加地方政府的税收。

无论是建立中小银行还是让民间金融机构公开化和合法化，都需要主管部门尽快制定好相关的规则，要从市场经济的角度制定适合我国经济发展的有关法规，对组建的基本条件、管理制度、业务范围、运作方式、监管办法等等都要做出明确的规定；要借鉴市场经济国家的经验，在准入和利率等方面给予较大的灵活性。

4. 促进房地产业健康发展

在目前和今后一个较长时期内，住房仍然是我国供不应求的产品。我国取消福利分房后，城市居民的住房主要由房地产业提供。房地产业是产业链上下延伸较长的产业，可以带动多种生产资料生产行业和一系列消费品的需求，各国都把房地产业作为支柱产业发展。近几年房地产业已成为我国的支柱产业，2004年房地产投资占全社会投资的比例为18.78%，在有些地区甚至超过50%，今年国家对房地产投资的整顿和限制，已使房地产业的投资增幅下降，1～9月增长下降为22.2%，比城镇固定资产投资增幅低5.5个百分点，预计第四季度下降的幅度还要加大，必将对全社会的投资和消费产生较大的影响，直接影响2006年的经济增长。

目前我国城市居民的“衣、食、行”已基本不成问题，而“住”的需求仍然远大于供给。由于土地、原材料、人工的价格会一直上涨，居民对更高住房质量的要求等等，想让房价降下来是不现实的。在房价方面，政府的职责是防止哄抬房价获取暴利的行为，而不是控制需求和制止房价上涨。各地政府物价部门应该通过调查和测算，对本地价格远超过成本上升的“垄断性”价格行为予以制止甚至惩罚，而不应该由中央政府出面，采取“一刀切”的办法对住房价格进行调控，不要因个别城市的房价快速增长，而限制所有城市的房地产业发展。

目前政府采取的一些政策，如提高房贷利率和首付比例等等，基本上是针对消费者的，起到抑制较低收入居民住房需求的作用，而对获取暴利的开发商和不需贷款直接购房的高收入者基本没有影响；取消“预售制”会限制财力较为薄弱的中小开发商开发房地产，将影响广大中小城市的房地产业发展，进而影响全国经济的发展；控制土地的政策是对的，但不要成为土地价格上涨的原因，因为土地价格上涨的最终承受者是购买住房的居民。可以说，目前已出台和准备出台的控制房地产的政策只能起到制止需求和供给的作用，不利于解决城市居民的住房问题，受到损害的是需要住房的居民和实力较弱的中小开发商，而对需要规范的获取暴利的具有垄断性质的大开发商不起作用，而且由于抑制了大多数中小开发商，反而会加强大开发商的垄断地位。

目前采取的“经济适用房”政策，已引起各方面的非议。实际上经济适用房是无法解决低收入者的住房问题的，因为我国目前低收入者的经济实力购买不起“经济适用房”，国家的补贴大部分被高收入者享受了。许多国家和地区，如英国、新加坡、香港等等，都是采取政府投资补助建“廉租房”的办法，解决低收入者的住房问题。建议国家把目前的“经济适用房”政策改为“廉租房”政策。廉租房可以建得简陋一些，每套面积在20～50平方米之间，租给真正缺乏住房的城市低收入者、进城打工的农民和刚参加工作的大中专毕业生。由于住房较为简陋，造价低，不会增加政府太多的财政负担；收入稍高的居民也不会去抢租。

（国家发展和改革委员会投资研究所课题组 执笔：张汉亚）

第二部分

行业发展与投资

农、林、水、资源、环境

加快发展现代农业　扎实推进新农村建设

农业部部长　杜青林

（2006年2月13日）

一、“十五”农业和农村经济工作回顾

2005年的好形势，为“十五”农业和农村经济发展画上了圆满的句号。过去的5年，特别是党的十六大以来，党的“三农”工作的理论、方针、政策不断得到创新和完善：确立城乡统筹的发展方略，提出“重中之重”的战略思想，作出“两个趋向”的重要论断，制定“多予、少取、放活”和工业反哺农业、城市支持农村的重要方针，提出建设社会主义新农村的重大历史任务……，在这些理论、方针、政策的鼓舞和指导下，全社会形成了关心农业、关注农村、关爱农民的良好氛围，“三农”工作取得重大进展，农业和农村经济发展出现积极变化。

粮食生产实现超常性的恢复增长。2004年以来粮食连续两年增产，增产总量超过1000亿斤。粮食综合生产能力在较短时间内实现较大程度的恢复，这在历史上并不多见，对经济发展和稳定大局起到了重要作用。特别是粮食单产连续刷新历史纪录，单产提高成为总产增加的主要因素。这表明，我国粮食增产由过去主要依靠扩大面积，转向稳定面积，主要依靠科技进步、提高单产的轨道。

农民增收扭转多年低速徘徊的局面。2004年农民人均纯收入增长6.8%，是1997年以来增长速度最快的一年，2005年在较高起点上又实现6%左右的增长，农民收入多年低速徘徊的局面得以改变。“十五”期间，农民收入年均增幅可达5%。农民增收来源发生新的变化，来自种养业的收入快速增长，转移性收入明显增加，工资性收入大幅度提高，劳务经济成为农民增收新的支柱。粮食主产区农民收入明显提高。

农业和农村经济结构调整向纵深推进。优势农产品区域布局调整步伐加快，主要农产品向优势产区和产业带集中，优质农产品集中度提高。优质粮食产业发展加快，畜牧业不断壮大，园艺产业和水产养殖业快速发展。乡镇企业结构不断优化，增长质量提高。农业产业化健康发展，全国产业化经营组织已达11.4万个。农民就业结构非农化进程加快，非农就业占农村劳动力总数的40%左右，农民外出务工人数达1.082亿。

农业科技进步取得重大进展。超级稻、转基因抗虫棉、矮败小麦、禽流感疫苗等方面的科技成果处于世界领先水平。主导品种、主推技术和主体培训工作深入展开，农技推广机制不断创新。农业先进技术引进工作成效显著，消化吸收和再创新能力逐步提升，农业装备水平显著提高，农业机械化水平达38%。农业信息化快速发展，成为农业科技进步的重要推动力。2005年农业科技进步贡献率可达48%，比“九五”期末提高11个百分点。

农业支撑保障能力明显增强。积极推进农业“七大体系”建设，为现代农业发展提供了有力支撑。启动优质粮食产业工程等一批重点工程，实施良种补贴、农机具购置补贴等重大财政专项，加强了农业综合生产能力建设和农业生态环境建设。农业应急管理机制初步建立。

农产品质量安全水平逐步提高。农业标准体系进一步完善，标准化生产水平稳步提升，实施无公害食品行

动计划效果显著。农资市场监管力度不断加大，农产品药物残留专项整治行动取得明显成效。

农村改革开放全面深化。农村税费改革取得显著成效，农民负担明显减轻。粮棉流通体制改革不断深化，农产品市场体系建设得到了加强。积极推进农村经营体制改革，农民专业合作经济组织继续发展完善。农垦改革取得重要进展。农业对外开放步伐加快，对外交流与合作不断拓展。

在充分肯定成绩的同时，我们也应该看到，制约农业和农村经济发展的深层矛盾还没有从根本上得到解决，同时又出现了不少新情况、新问题。一是粮食稳定增产的基础不牢。耕地面积持续减少，稳定粮食种植面积的难度加大，自然灾害对粮食生产影响加重。二是农业生产方式比较粗放。资源浪费较大，农产品加工程度低，农业整体效益不高。三是保持农民收入持续增长的难度较大。稳定粮价的难度加大，一些主要农产品价格呈下降态势，农资价格居高不下，农业生产成本增加，农民外出就业稳定性较弱，影响农民收入增长。四是重大动物疫病防控形势严峻，禽流感等重大动物疫情在短期内难以根本消除，造成的损失增加，形成的威胁增大。

二、“十五”农业和农村经济工作的新认识

回顾“十五”期间农业和农村经济的发展历程，我们加深了对党的新时期“三农”工作理论、方针和政策的理解，深化了对新时期农业和农村经济发展规律的认识。这些理解和认识集中体现在“五个必须”上。

一是必须用科学发展观统领农业和农村经济工作全局。科学发展观是做好农业和农村经济工作的重要指导思想。近年来，我们按照科学发展观的要求，自觉从全局和战略的高度思考“三农”问题，谋划农业和农村经济工作，把加快农业和农村经济发展作为第一要务，牢固树立以人为本、统筹协调、科技进步、改革创新和可持续发展的观念，创新发展思路，加快发展步伐，提高发展质量，逐步把农业和农村经济发展转入科学发展的轨道，实现了持续健康发展。

二是必须把实现好、维护好和发展好农民利益作为坚持科学发展观的根本点。贯彻落实科学发展观，实现农业和农村经济的科学发展，其根本目的就是要实现好、维护好、发展好广大农民的根本利益。“十五”期间，我们认真落实党的各项支农惠农政策，千方百计增加农民收入，真心诚意为农民办实事，依法维护农民合法权益，农民的积极性和创造性得到有效激发和保护，农民得到的实惠明显增加。

三是必须把粮食增产和农民增收作为落实科学发展观的主要目标。实现农业和农村经济科学发展，必须始终围绕粮食增产和农民增收来开展。为此，必须抓增粮促增收，抓增收保增粮，依靠政策调动农民的种粮积极性，依靠综合措施提高粮食生产能力，通过科技进步、优化结构和加工转化提高产品附加值，实现增粮增收“双赢”。抓住了增粮增收两大目标，我们的工作就赢得了主动权。

四是必须以科学发展观为指导推进农业由弱变强。巩固和加强农业的基础地位，是一项繁重而艰巨的战略任务。为适应形势的发展变化，我们按照科学发展观的要求，从抓好战略性大事入手，强化农业发展的薄弱环节，推动优势农产品区域布局，构建农业“七大体系”，实施优质粮食产业工程，加强动植物防疫体系建设，开展科技入户和测土配方施肥。在科学发展观的指导下，近年来农业的基础地位得到巩固和加强，有力地推动了农业和农村经济的发展。

五是必须加强全面落实科学发展观的能力建设。加强各级农业部门的能力建设，是提高农业和农村经济工作水平的关键。基于这样的认识，我们深入学习和领会科学发展观，提高统筹发展能力；加强对重大问题的调查研究，提高战略思维能力；健全抓政策落实的机制，提高执行政策能力；切实转变工作作风，改进工作方法，提高服务“三农”能力；加强应急机制建设，提高应急反应能力；深入开展先进性教育，提高党组织和党员的凝聚力、战斗力。实践表明，只有全面提高落实科学发展观的能力，才能够从容地应对新挑战、完成新任务、取得新成就。

三、按照建设社会主义新农村的重大部署，推进“十一五”农业和农村经济持续健康发展

“十一五”时期是推进社会主义新农村建设的关键时期，也是加快现代农业建设的重要时期。“十一五”时期农业和农村经济工作的总体要求是：认真贯彻党的十六届五中全会精神，全面落实科学发展观，紧紧围绕建设社会主义新农村的任务和要求，把握发展趋势，明确发展目标，实施新的战略，大力发展现代农业，推进农业和农村经济持续健康发展。贯彻落实这一总体要求，必须对农业和农村经济发展形势和阶段性变化作出科学的判断。第一，从农业农村的发展环境看，我国目前总体上已进入以工促农、以城带乡的新的发展阶段，必须把握新的发展机遇。第二，从农业农村的深刻变化

看，我国农业和农村经济发展正在进入战略转变阶段，必须创新发展模式。第三，从农业农村的重大任务看，我国农业和农村经济发展仍然处于攻坚爬坡阶段，必须积极应对严峻挑战。因此，我们一定要保持清醒认识，抓住历史机遇，化挑战为动力，切实做好农业和农村经济工作。

建设社会主义新农村是长期的历史任务。粮食增产、农业增效、农民增收是建设社会主义新农村的基本目标，是农业和农村经济发展水平的综合体现。“十一五”期间，要按照科学发展观的要求，紧紧围绕“三增”目标，实施“转变、拓展、提升”三大战略，扎实推进社会主义新农村建设。

（一）实施“转变”战略。重点是加快农业和农村经济增长方式转变，推进传统农业向现代农业转变，发展节约型、环保型农业，提高农业经济效益，不断增强农业和农村经济发展的可持续性。一要转变农业发展理念，立足全局思考和谋划农业，用现代工业理念和现代市场经济理念推进农业和农村经济发展。二要推进农业和农村经济结构转型，加快建设优势农产品产业带，推进农业标准化、产业化和机械化，推动农村二三产业发展，构建现代农业和农村产业体系。三要转变农业资源利用方式，积极发展资源节约型和环境友好型农业，大力推广健康养殖、综合利用等实用技术和生产模式，加大治理农业污染力度，加强农业生态环境建设。四要加快农村富余劳动力转移，大力发展农村劳务经济，多渠道多形式转移农村富余劳动力，增加农民工资性收入。五要推进农业和农村经济体制改革，稳定和完善基本经营制度，积极参与农村综合改革，推进农业行政管理体制等改革，逐步消除制约农业和农村经济发展的体制性障碍。六要转变工作机制和方式，完善工作落实制度，健全和完善涉农突发事件应急预案，切实提高运用经济、法律手段调控农业和农村经济运行的水平。

（二）实施“拓展”战略。重点是拓展农业发展领域和途径，构建农业产业链条和产业体系，开拓农产品市场，拓宽农民增收渠道，不断促进农村产业发展和农民增收。一要拓展农业功能，确保粮食等重要农产品供给，充分发挥农业保障经济社会发展、促进农民增收、扩大农民就业、保护自然资源等功能。二要拓展农业产业链条，逐步健全产加销各环节和贸工农各领域相互衔接、协调发展的产业体系，强化产业体系内部联系，促进农业增值增效。三要拓展农产品市场，大力开拓农产品国际市场，加强农产品批发市场建设和农产品市场信息服务体系建设，发展现代流通方式，完善农产品市场体系。四要拓展农村社会化服务领域，狠抓薄弱环节，填补管理空白，为新农村建设创造有利的条件。

（三）实施“提升”战略。重点是提升农业自主创新能力和支撑保障能力，强化农业物质技术基础，健全农业政策法规体系，提高农产品质量安全水平，不断增强农业和农村经济的发展能力和竞争力。一要提升农业科技创新能力，强化农业高技术研究，扩大农业科技成果的储备和供应，加强农业科技的国际合作与交流，提高原始创新能力、集成创新能力和引进消化吸收再创新能力，大力推进农业科技成果转化。二要提升农业安全保障能力，稳定发展粮食生产，推进农业标准化，推广健康的养殖方式，保障食物安全和农业生态安全。三要提升农业政策法规的支持保护能力，争取各级政府加大对“三农”的投入力度，健全政策落实制度和机制，提高政策落实水平，提高依法行政能力。四要提升农业基础设施保障能力，以制定“十一五”规划为契机，设计大工程，谋划大项目，提高农业基础设施建设水平。五要提升农民自我发展能力，积极发展合作组织、行业协会和各种中介服务组织，完善村务公开制度和民主议事制度，不断增强农民依法维护自身权益、实现自我发展的能力。

四、加快推进现代农业建设，为“十一五”农业和农村经济发展提供坚实基础

建设社会主义新农村，是现阶段“三农”工作的总目标。2006年是“十一五”的开局之年，也是社会主义新农村建设的起步年。农业和农村经济工作要用科学发展观统领全局，认真贯彻党的十六届五中全会、中央经济工作会议、中央农村工作会议精神，落实中央“多予、少取、放活”和工业反哺农业、城市支持农村的方针，以“三增”为目标，以实施“三大战略”为重要举措，实施“九大行动”，加快现代农业建设，确保粮食稳定增产、农业效益不断增加、农民收入持续增长，扎实推进社会主义新农村建设。

（一）实施社会主义新农村建设示范行动。建设社会主义新农村，是中央为解决新时期“三农”问题作出的重大战略决策。实施新农村建设示范行动，要按照生产发展、生活宽裕、乡风文明、村容整洁、管理民主的要求，以发展农村经济为中心任务，科学规划，集成资源，省部共建，以点带面，促进经济快速发展，农业结构进一步优化，农业综合生产能力显著提高，农民生产

生活条件明显改善。社会主义新农村建设示范行动的工作重点，在于把各方面建设的内容在示范村综合集成，为不同资源条件、不同发展水平的地区提供新农村建设的典型示范。在行动推进过程中，要及时总结经验，评价建设效果，充分发挥示范带动作用，引导各地扎实推进社会主义新农村建设。

（二）实施粮食综合生产能力增强行动。增强粮食综合生产能力，要加大政策支持力度，保护基本农田，稳定种植面积，提高耕地质量，以实施重大粮食项目工程为手段，以主攻单产为核心，着力提高资源保障、物质装备、科技支撑和抗御风险能力，切实转变粮食增长方式，力争“十一五”粮食平均亩产达到650斤，粮食综合生产能力达到10000亿斤。2006年要努力实现粮食生产稳定发展，力求做到种植面积基本稳定，单产稳步提高，优质率提高5个百分点，节本增效有新进展，为全面提高粮食综合生产能力起好步。同时，要加强粮食加工转化，促进粮食产销衔接，发展粮食产业化经营，加快提升粮食综合生产能力。

（三）实施优势农产品产业带促进行动。建设优势农产品产业带，是加快农业结构调整和发展现代农业的必然选择。优势农产品产业带建设，要以《优势农产品区域布局规划》为依据，遵循优势农产品产业带建设规律，采取综合性措施，全面提高我国农产品竞争力。2006年，选择黄淮海专用小麦、三江平原水稻、新疆棉花、西北黄土高原苹果、浙南闽西粤东柑橘、桂中南双高甘蔗、东北奶牛、黄渤海出口水产品8个产业带进行重点建设。同时，积极开展优势农产品名牌创建活动，培育一批拥有自主知识产权的农产品品牌。

（四）实施农业科技提升行动。要以提升农业科技的支撑和引领能力为核心，以提高农产品竞争力为主要目标，促进科研攻关由跟踪模仿为主向自主创新转变，技术推广由注重单项技术应用向系统集成技术应用转变，农民培训由注重数量向数量和质量并重转变。农业科技创新的重点，要放在农业重大科学技术难题和核心技术上，组织实施重大农业科研项目，集成农业核心技术，形成一批突破性的重大科技成果。同时，要加快推进农业机械化，促进农业信息化，加强农业科技推广，以粮食主产区为重点，对农民开展以科技为主的综合性培训，培养农业生产的技术骨干。

（五）实施畜牧水产业增长方式转变行动。大力推广健康养殖，重点发展畜牧业养殖小区和规模场户，积极推进水域滩涂资源合理利用，加快畜牧水产规模化、集约化、标准化和产业化步伐，使养殖业尽快从单纯追求数量向数量与质量、效益与生态并重的方向转变。转变畜牧水产业增长方式的关键是要提高自主育种能力。要加大补贴力度，提高良种覆盖率，重点建设一批良种繁育场、原种场、资源保护场，培育一批水产良种示范户。同时，大力推进畜牧水产的产业化经营。

（六）实施农业产业化和农产品加工推进行动。发展农业产业化和农产品加工业，对于农业增效和农民增收具有重要推动作用。要支持和引导农民专业合作经济组织的发展，做大做强龙头企业，加快发展农产品加工业，提高农业产业化经营水平，提高农民进入市场的组织化程度，力争龙头企业集群有大发展，农产品加工水平有大提高，农产品品牌建设有大突破，农业产业化带动能力有大提升。关键是要不断创新产业化经营机制，引导农民以土地承包经营权等生产要素入股，探索龙头企业与农户之间更加紧密、合理的利益联结方式，帮助农民规避自然风险和市场风险。

（七）实施农产品质量安全绿色行动。农产品质量安全关系到千家万户，关系到农产品的国际竞争力。实施农产品质量安全绿色行动，要按照质量安全和绿色生态的理念，推进农业标准化，加强例行监测，强化市场监管，建设安全流通渠道，推进农业生产源头的洁净化、生产与经营的标准化、质量安全监管的制度化、市场营销的现代化和经营的品牌化，全面提升农产品质量安全水平。当前，要加快农业标准化，重点制订修订一批农业国家标准和行业标准，建设国家级农业标准化示范县（场）；加强农产品质量安全监管体系建设，建立市场准入制度和质量安全追溯制度，深入开展农药、饲料、兽药和水产品药物残留监控工作；加快农业品牌化建设，积极开展注册商标、名牌产品认定工作，加强无公害农产品、绿色食品和有机食品的标志管理，强化对农业品牌的监管和保护。

（八）实施生态家园富民行动。加强农村生态环境建设，提高农民生活质量，是建设社会主义新农村的重要内容。实施生态家园富民行动，要按照“减量化、再利用、资源化”的循环经济理念，以农村废弃物资源循环利用为切入点，大力推进资源节约型、环境友好型和循环农业的发展，实现家居环境清洁化、农业生产无害化和资源利用高效化。要大力开发农村清洁能源，积极治理农业面源污染，建设乡村物业，推动生态产业发展，构建物质能源高效转化利用的生态产业链，推进相关产业在区域内的聚集和循环式组合。

（九）实施禽流感等重大动物疫病防控行动。防控禽流感等重大动物疫病，各级农业畜牧兽医部门的责任重大，任务艰巨。实施禽流感等重大动物疫病防控行动，要坚持预防为主，严格执行动物防疫法律法规，落实加强领导、密切配合，依靠科学、依法防治，群防群控、果断处置的方针，切实把各项防控措施落到实处，保障畜牧业健康发展，维护公共卫生安全。

坚持以科学发展观统领工作全局 努力把中国林业推向又快又好发展的新阶段

国家林业局局长　贾治邦

（2006年2月21日）

这次全国林业厅局长会议，是在两个“五年计划”交替的重要时刻召开的一次重要会议。会议的主要任务是：深入贯彻落实中央最近召开的一系列重要会议和中央林业决定精神，回顾总结“十五”、研究部署“十一五”特别是2006年的林业工作，将我国林业推向又快又好发展的新阶段。

党中央、国务院非常关心林业工作。今年初，胡锦涛总书记在福建省永安市考察时强调指出，林权制度改革的意义确实很重大。1月4日，温家宝总理主持国务院常务会议，对黑龙江省伊春市国有林区林权制度改革试点工作进行了专题研究。回良玉副总理春节前专程到吉林省看望林业职工，视察林业工作，对林业发展提出明确要求；最近又专门作出批示：“赞同治邦同志的讲话。抓好林业建设，对于改善我国的生态环境，促进经济社会的全面发展，推进新农村建设意义重大。望在过去很好的工作基础上，坚持以科学发展观为指导，以体制创新和科技创新为动力，积极稳妥地推进林业各项改革，继续抓好林业重点工程建设和森林防火工作，进一步转变经营方式，促进林业又快又好发展，充分发挥林业的多种功能和效益，为加快推进社会主义现代化建设作出新的贡献。”这就为我们开好这次会议，安排好林业工作明确了任务，指明了方向，我们要认真扎实地加以贯彻落实。

下面，我讲三个问题，供大家讨论。

一、关于“十五”林业工作的回顾

“十五”时期，是我国林业发展最引人注目的五年。五年来，党中央、国务院高度重视林业工作，颁发了《关于加快林业发展的决定》，召开了全国林业工作会议，确立了以生态建设为主的林业发展战略。全社会对林业的认识不断深化，参与程度显著提高。林业建设取得了令人可喜的成绩。

一是造林绿化事业快速发展。“十五”时期，我国年均营造林面积超过1亿亩，人工林面积增加到8亿亩，森林覆盖率由16.55%提高到18.21%。全国初步形成了以工程造林为主体，社会造林和义务植树共同发展的造林绿化新格局。非公有制造林蓬勃发展，占“十五”新造林面积的40%以上。全国共有27.5亿人次参加义务植树，植树120多亿株，为历个“五年计划”之最。封山育林比重和灌木造林力度加大。营造林质量管理体系初步建立，全国营造林面积核实率和合格率稳定在一个较高的水平上，质量进一步提高。

二是森林资源保护管理走上了法制化轨道。目前，全国森林资源保护管理已基本形成以实现森林可持续经营为目标，林权管理为核心，资源利用管理为重点，综合监测为基础，执法监督为保障的比较规范、稳定、有序的工作格局，林政案件由过去的年均45万件下降为43万件。全国林地确权发证面积超过90%，征占用林地审核率和森林植被恢复费收取率大幅度提高。完成了第六次全国森林资源清查，初步实现了由单一资源调查向森林资源和生态状况综合监测一体化的转变。森林公安、森林武警和林业行政执法队伍建设进一步加强，先后组织开展了10余项专项整治行动，督促查办了一批大案要案，森林火灾受害率控制在1‰以内。林业有害生物防治率由 60%提高到 75%，成灾率下降到 0.5%以下。林业重大灾害应急处理能力有所增强。

三是六大工程建设取得了显著成效。六大工程的启动实施，成为新世纪林业加快发展的主要载体。在六大工程的带动下，五年来，全国共完成造林 4.8 亿亩，其中陡坡耕地和严重沙化耕地退耕还林 1.3 亿亩，封山育林 2 亿亩，14.3 亿亩森林得到有效管护，累计减少森林资源消耗 4.3 亿立方米。全国生态建设状况也进入治理与破坏相持阶段。六大工程的有效实施，对改善我国生态状况、维护国土生态安全，促进农业和农村经济发展、扩大城乡就业、增加农民收入发挥了重要作用。

四是自然生态保护工作得到有力加强。“十五”时期，全国共新建自然保护区 790 处，使林业系统管理的自然保护区达到 1699 个，面积 18 亿亩，占国土面积的 12.49%，超过世界平均水平。大熊猫、兰科植物等 15 大物种被纳入国家重点保护项目，建立野生动物拯救繁育基地 250 多处、野生植物种质资源保育基地 400 多处和规模培植基地 1000 多处，大量珍稀濒危野生动植物形成了稳定的人工种群，物种资源稳中有升。湿地保护成为亮点，目前共建立湿地自然保护区 473 个，45%的自然湿地得到有效保护。野生动物疫源疫病监测防控体系初步建立，在防治“非典”、禽流感等重大公共安全事件中发挥了积极作用。颁发了《全国防沙治沙规划》，国务院作出了《关于进一步加强防沙治沙工作的决定》，在重点工程的带动下，防沙治沙事业进入有史以来推进力度最大的时期。开展了第三次荒漠化和沙化监测，结果表明，我国沙化土地面积由上世纪末年均扩展 3436 平方公里转变为年均减少 1283 平方公里，自新中国成立以来首次实现了逆转，赢得了国际社会的广泛赞誉。

五是林业产业有了新的发展。“十五”时期，我国林业产业总产值以每年两位数的速度递增，去年达到 7269 亿元。木材、人造板、松香、家具、经济林等传统产业继续巩固，竹藤花卉、生态旅游、森林食品、森林药材等非木质产业迅速增长，野生动植物驯养繁殖、生物质能源、生物质材料等一批新兴产业异军突起。产业发展区域化格局日趋明显，产业布局得到优化，一些资源小省变成了产业大省。产业投资主体呈现出多元化趋势，非公有制成分大幅度上升，经营规模越来越大。林业产业已成为我国经济发展中的一个重要组成部分，表现出越来越明显的优势和潜力。

六是林业发展的支撑保障能力明显增强。“十五”期间，林业资金投入大幅度增加，共到位各类建设资金 2120 亿元，是前 50 年投资总和的 1.5 倍。林业科技教育工作不断强化，取得重大科技成果 1100 多项，制定各类标准 500 多项，自主研发新产品、新技术、新工艺 295 项，林业科技贡献率达到 35%，圆满完成了中国可持续发展林业战略研究，1433 万人次的林业从业人员得到培训。林业法制建设取得新进展，颁布了防沙治沙法、农村土地承包法、种子法、森林法实施条例、退耕还林条例等法律法规，制定部门规章 19 件。林业行政审批制度改革取得明显成效，行政许可工作稳步推进，行政执法行为进一步规范。林木种苗建设得到加强，全国已建林木良种基地400多万亩，年种子生产能力达2600万公斤，苗木产量达 300 多亿株，良种使用率达 43%。林业工作站在调整中发展，整体建设水平进一步提高。林业宣传工作得到加强，全民生态意识普遍提高。林业国际合作不断深化，五年共接待近 70 个国家、地区和国际组织的高级代表团，派出培训考察等各类团组 1000 多个，签署政府和部门间协议 16 个，争取无偿援助资金 2.9 亿美元。

这些成绩的取得，是党中央、国务院正确领导的结果，是地方各级党委、政府高度重视的结果，是社会各界和各部门大力支持的结果，是历届领导班子、全国务林人和广大人民群众不懈努力的结果。

我们在看到成绩的同时，也必须正视存在的问题。一是森林资源总量不足、分布不均、质量不高。森林覆盖率低，森林蓄积量少，林分结构不合理，生态功能脆弱，水土流失、土地荒漠化、湿地退化、生物多样性减少等问题依然较为严重，林业在维护国土生态安全中的重要作用尚未充分发挥出来；林地产出率、资源利用率低，木材等林产品供给能力较弱，难以满足经济社会快速发展的需求。二是林业改革滞后。中央林业决定的贯彻落实任重道远，体制不顺、机制不活、责权不清等问题显得愈益突出，现代林业产权制度还没有建立起来，束缚林业发展的体制性障碍还没有消除。三是林业可持续经营缺乏长效机制。重点工程建设主要依靠国家投资，地方投入不足，后续产业发展跟不上，森林经营没有稳定的资金投入，长期巩固工程建设成果缺乏后续政策保证，林业职工和林农群众的收入增长缓慢，生产、生活仍然较为困难。四是林业增长方式比较粗放，林业发展的组织化、产业化程度低，市场配置资源的作用尚未充分发挥，管理手段与管理方式比较落后，依法行政能力和政策执行能力还不够强。这些问题，都需要我们在今后的工作中认真加以解决。

二、关于“十一五”林业工作的基本思路

当前，我国林业发展正处在一个非常重要和关键的时期，既有有利条件，也有不利因素；既有大好机遇，也有严峻挑战；既有好的基础，又有新的困难。如何使

“十一五”林业在过去好的工作基础上，有一个新的更大的发展，必须统一思想，提高认识，审时度势，科学谋划。

森林、湿地和野生动植物资源作为全世界的宝贵财富和人类赖以生存的物质基础，其有效保护和可持续经营已成为国际社会共同关注的重大政治和社会问题，受到各国政府的空前重视。近年来，我国党和政府提出的科学发展观、构建和谐社会和建设社会主义新农村等一系列重大发展战略，是促进林业发展的三大亮点。具有双重属性的林业，在落实科学发展观、建设资源节约型和环境友好型社会中，可以大有作为；森林是陆地生态系统的主体，林业的和谐发展是实现人与自然和谐相处的前提，是弘扬生态文明与构建和谐社会的基础；具有三大效益的林业，在全面建设小康社会、建设社会主义新农村中都可以抓住机遇，充分发展，为实现生产发展、生活富裕、生态良好做出自己特有的贡献。

同时，林业进一步发展的潜力也非常令人鼓舞。一是林地资源潜力大。土地是财富之母，是一切资源中最为宝贵的资源。对我国这样一个人多地少的国家来说，尤其如此。我国有林业用地43亿亩、有林地25亿多亩，但每亩森林的蓄积量仅为5.6立方米，其中人工林为3.1立方米、天然林为6.4立方米，与世界平均水平相比，相差很大。另外，还有可利用沙地8亿多亩。二是物种资源潜力大。我国有木本植物8000多种、陆生野生动物2400多种、野生植物30000多种，还有难以计数的微生物，许多物种都有可能开发出一个大产业，生物能源、生物材料、生物制药等生物产业，最大的发展优势都在林业。三是市场潜力大。我国仅木材供给缺口就达1亿～1.5亿立方米，每年还要用140多亿美元进口木制品和林产品。随着经济社会的快速发展和人们消费观念的不断变化，林业经济发展的市场空间和领域将越来越大。这些潜力充分挖掘出来，不仅将产生巨大的生态、社会效益，而且将创造出巨大的物质财富，为推动新农村建设、增加农民收入、扩大社会就业、富裕地方财政做出更大贡献。

当然，林业进一步发展面临的困难、矛盾和问题也不少。

综合观察和深入分析，我们对当前林业形势的基本判断是：机遇好、潜力大、困难多、任务重、前景佳，我们对林业的未来充满信心。

“十一五”林业工作的总体要求是：以邓小平理论和“三个代表”重要思想为指导，用科学发展观统领林业工作全局，深入贯彻落实中央林业决定，全面实施以生态建设为主的林业发展战略，加速推进传统林业向现代林业转变，着力构建林业生态和产业体系，实施工程带动，深化体制改革，强化科技创新，加强科学管理，转变增长方式，大力提高林业发展的质量和效益，不断开发林业的多种功能，满足社会的多样化需求，努力把我国林业推向又快又好发展的新阶段。

“十一五”林业发展的目标任务是：力争到2010年，全国森林覆盖率达到20%，森林蓄积量达到132亿立方米，林业产业总产值达到12000亿元，新增沙化土地治理面积1.1亿亩，50%的自然湿地和90%的国家重点保护野生动植物种得到有效保护，自然保护区面积达到18.8亿亩，森林公园达到2800处，商品材产量达到9980万立方米，人工林供材率达到70%以上，木材综合利用率达到70%，林分单位面积蓄积量达到6.2立方米/亩，为建设布局合理、结构稳定、功能齐全、效益显著的比较完备的林业生态体系和规模可观、品种丰富、布局优化、优质高效、竞争力强的比较发达的林业产业体系而努力奋斗。

为实现“十一五”林业工作的总体要求和目标任务，我们必须在指导思想上和具体工作中把握好以下几点。

一是坚持把深化改革作为增强林业整体活力，促进林业又快又好发展的根本动力。改革是解放林业生产力的主要途径，是解决林业发展深层次矛盾的根本办法，是挖掘林业自身发展潜力的有效方式，是贯彻落实科学发展观、建立社会主义市场经济体制、促进林业又快又好发展的内在要求。只有通过改革，才能消除制约林业发展的体制机制性障碍，促进各种生产要素向林业聚集；只有通过改革，才能赋予林业以更大的吸引力，调动亿万群众投身林业建设的积极性；只有通过改革，才能更好地发挥林业在建设社会主义新农村等全局性工作中的重要作用。改革，已成为林业必须跨过的一个坎，否则，下步的林业发展就很难再有大的突破。这是在当前形势下充分运用内源性力量推动林业发展的突破口。“十一五”期间，要在进一步完善林业分类经营改革的基础上，重点突破林业产权制度改革。要通过所有权与经营权分离，逐步建立起“产权归属清晰、经营主体落实、责权划分明确、利益保障严格、流转顺畅规范、监管服务到位”的现代林业产权制度，最大限度地适应林业在新形势下加快发展的客观需要。

二是坚持把科技创新作为大幅度提高林业生产力，促进林业又快又好发展的关键措施。在刚刚结束的全国科技大会上，胡锦涛总书记向全国人民发出了建设创新型国家的伟大号召，这是在我国发展的关键时期在国家发展方向上做出的一个重大战略决策，对当前的林业建设具有特别重要的指导意义。这是挖掘、调动内源性力量促进林业发展的又一个重大举措。深化改革，主要解决人的潜力问题，科技创新，主要解决自然资源的潜力问题，两者相辅相成，共同促进林业的发展。要通过加强林业科技原始创新、集成创新、引进消化吸收再创新，重点发挥其在新兴领域、重要方向上的引领作用，在林业发展全过程、全方位中的支撑作用，在核心技术、重点难题上的突破作用，在产业结构调整、新兴产业培育中的带动作用，全面提高林业建设的质量，提高林地生产力，提高林业自然资源的利用效率，提高林业的综合效益和整体功能，做到地尽其力、物尽其效。

三是坚持把产业发展置于重要位置，全面贯彻落实以生态建设为主的林业发展战略。森林有多方面的功能，社会有多样化的需求，两者最充分的结合才是现代林业发展的最佳状态。按照现代林业的理念，森林的生态和社会效益，远比经济效益大，我们对森林的科学利用，必须牢牢把握这个基本事实，正确处理森林三大效益的关系，提出以生态建设为主的林业发展战略，其用意和科学性正在于此。坚持以生态建设为主的林业发展战略，是中央为林业发展确定的基本方向和指导思想，是林业工作必须首要追求的目的，任何时候都不能动摇。单纯地就生态抓生态，单纯地就产业抓产业，都是行不通的，也是有害的。任何将生态建设与产业发展割裂开来、对立起来的认识和做法，都是违背林业自身发展规律的。林业的基本属性和内在规律决定了：只有建立起完备的生态体系，满足了社会和人们的生态公益和精神文化需求，才能腾出更多的空间和更大的余地，发展林业产业；只有建立起发达的产业体系，既满足了社会和人们对林产品的需求，又积累了丰富的物质财富，才能更好地支持、保障公益林业的发展，巩固生态建设成果。我们要的是，协同推进两大体系建设，在生态建设中不忘发挥产业功能，在产业发展中不忘兼顾生态要求，既突出重点，又不以偏概全，把生态建设和产业发展更好地结合起来、统一起来，实现共赢互补。

四是坚持把重点工程作为带动整个林业发展的火车头，努力保持林业快速发展的良好势头。林业建设点多、面广、线长，覆盖整个国土，要治理的生态问题和自然灾害也比较复杂。重点工程是争取国家投资的载体，是吸引社会资金的“抓手”。搞好林业工作，必须始终坚持工程带动战略，带动各种生产要素特别是资本向林业投入，促进林业又快又好发展。要继续着力抓好原有的六大工程，完善配套措施，争取优惠政策，推进工程深入实施。同时，要抓住时机，做好工作，适时启动新的工程，为林业发展注入新的动力，并努力争取进入国家重点工程计划，做到有位置、有投入。要认真研究林业重点工程建设的合理期限，加快制定后续政策，着力构建长效机制。在抓好重点工程的同时，也要兼顾面上和一般，促进林业建设的全面协调发展。

五是坚持数量扩张与质量效益提高并重，努力实现林业又快又好发展。质量和效益是一切工作的生命线。林业建设，既要有一定的速度，更要有高质量、高效益，要十分注意处理好发展速度与质量效益的关系，努力转变林业增长方式。“十一五”时期，必须牢固树立质量第一、效益第一的观念，始终把工作的着眼点放到质量、效益上，追求既有较快的发展速度，又有较高的发展质量和发展效益。要强化科学管理，巩固已有成果；加强科技支撑，提升建设质量；实行集约经营，保证建设效益。必须高度重视良种壮苗这项林业建设的基础工作，使林木种苗建设由数量保障型向质量效益型转变；必须切实加强营造林工作的全过程管理，确保造林质量和成效；必须全面提高森林经营水平，将其规划为一项战略性工程来加以实施；必须全面贯彻森林健康理念，不断提高森林生态系统的抗逆性和稳定性；必须正确处理培育和采伐利用的关系，做到在培育中合理采伐利用、在利用中积极加强培育；必须注意资源的合理配置，提高资源利用率和林地生产力；必须大力强化工程效果监测工作，提高工程建设水平。

六是坚持在积极保护的前提下合理利用，建立健全林业又快又好发展的长效机制。坚持保护优先、开发有序，是十六届五中全会提出的强化自然生态保护的重要原则，是落实以生态建设为主林业发展战略的必然要求。林木生长周期长，林业建设难度大，特别是在西北地区、青藏高原和其他生态脆弱地区，坚持保护第一尤其重要。因此，“十一五”时期，必须把保护工作放在突出位置，采取有力措施，加大执法力度，切实保护好天然林、湿地、野生动植物、沙生植物、红树林、原生植被等宝贵资源，有效保护生物多样性，促进自然生态恢复。要按照谁开发谁保护、谁受益谁补偿的原则，加快建立生态补偿机制。同时，必须辩证看待保护与利用的关系，保护的目的是为了更好地利用，光谈保护，也不符合自然规律尤其是动植物的生命规律。要在保护中合理利用，在利用中积极保护，实现二者相互促进，相互依存。要坚持“严格保护，积极发展，科学经营，持续利用”的方针，认真研究并做好森林、湿地、野生动植物、沙地等自然资源的科学经营和利用工作，真正实现越采越多、越用越好，使林业尽早走上又快又好的良性发展道路。

三、关于今后五年特别是2006年的林业重点工作

“十一五”时期的林业工作，要按照党中央、国务院

的战略部署和这次会议提出的基本思路，全面规划，分步实施，努力把我国林业推向又快又好发展的新阶段。2006年是实施“十一五”规划的关键之年，一定要开好头、起好步，重点是抓好以下八个方面的工作。

（一）切实抓好造林绿化工作，加速国土绿化进程。

一是在扩大社会造林上求突破。大力支持各类社会主体参与林业建设，以政策为引导，以法律作保障，鼓励和扶持社团、企业、外商等开展多种形式的造林，不断扩大非公有制造林的数量和规模。要运用宣传发动、表彰带动、检查促动等手段，采取植纪念树、造生态模范林、开展绿地认养认种、推行“绿色图章”制度等形式，推动全民义务植树运动向纵深发展。要以城市整体规划为依据，大力发展城市森林，不断提高城市的生态功能，改善城市生态状况和人居环境。要在继续搞好“绿化奖章”、“绿化模范城市、模范县和模范单位”、“绿化先进集体、劳动模范和先进工作者”系列评比表彰的基础上，进一步完善国土绿化表彰机制。要结合社会主义新农村建设，大力开展“绿化致富文明村”创建活动，推进国土绿化进程，改善农村面貌。要切实搞好组织、协调和服务工作，充分发挥部门特别是水利、环保、铁路、交通、城建等行业在国土绿化中的重要作用。继续协助团中央推进“保护母亲河行动”，支持妇联推动“三八绿色工程建设”，帮助军队开展“三荒造林”和创建绿色营区活动。

二是在提高造林质量上求突破。加快林木良种繁育体系建设，推行种子来源认证制度。加强林木种苗法制建设，加大种苗市场监管力度，不断提高良种壮苗使用率。加强造林施工的质量监督，工程造林要推行监理制，实行造林设计、施工和监理资质管理。调整造林质量综合核查方式，建立健全造林施工质量管理机制。要尊重自然规律和科学规律，合理选择造林方式、植被搭配方式。大力发展灌木林，积极推广混交林，提高造林的生态功能和生物多样性。

三是在提升林地生产力上求突破。开展森林经营工作是提高林地生产力和森林质量的重要途径。要建设一批森林可持续经营示范点，探索不同条件下的森林经营模式。要采取有力措施，解决营造林工作中的“过密、过疏、过纯”问题。抓紧编制和组织实施《全国森林经营工程规划》，重点是加强中幼龄抚育和低质低效林改造。尽快颁布《森林可持续经营指南》，抓紧制定《生态公益林抚育技术规程》等技术标准。

（二）继续抓好重点工程，积极推动生态建设。

一是继续抓好六大林业工程建设。要按照“巩固成果，提升质量，完善功能，稳步推进”的要求，继续抓好重点工程，加快生态体系建设。天然林保护工程，要调整完善工程规划，严格采伐管理，恢复发展和保护管理好天然林，进一步落实森工企业职工四项保险和森工企业债务免除政策。退耕还林工程，要认真落实国务院提出的“五结合”，加快确权发证，严格政策兑现，搞好工程质量评价，在巩固工程建设成果的基础上稳步推进。京津风沙源治理工程，要大力推广先进实用技术与治理模式，分层、逐级培训工程技术人员，认真组织开展“三禁”和林分抚育管护工作。“三北”及长江等重点防护林工程，要结合社会主义新农村建设，加快推进村屯绿化、四旁植树、平原绿化和农田防护林更新改造步伐，抓好绿色通道工程建设，搞好生物措施治理水土流失试点示范工作，“三北”防护林工程要继续以治沙为主攻方向。野生动植物保护及自然保护区建设工程，要强化珍稀濒危物种拯救，促进自然保护区的科学发展，提升管理水平和保护效率。重点地区速生丰产林基地建设工程，要认真落实现有的政策措施，积极鼓励林产加工等用材企业发展原料林基地，推动林纸一体化、林板一体化建设，同时组织编制省级工程建设规划，完善速丰林技术标准，提高工程建设技术水平。

二是认真组织实施好其他林业重点工程。要以贯彻落实国务院领导同志重要批示精神为契机，切实做好实施沿海防护林工程的各项准备工作，争取国家早日批复工程规划。要抓住国家重视生物质能源发展的机遇，抓紧编制林业生物质能源发展规划，积极争取纳入国家盘子，同时加快建立一批以生产柴油、酒精和发电为目标的生物质能源林基地。认真组织实施好全国湿地保护工程、全国防沙治沙工程。在有条件的地方积极发展珍贵优质森林，培育大径材，增加国家木材战略储备。积极实施南水北调中线工程水源涵养和沿线绿化带建设项目，加强界河防护林建设和矿山复垦林建设。结合林业重点工程实施，继续做好林业援藏、援疆和对口帮扶、山区开发工作。

（三）把深化改革放在重要位置，努力增强林业发展的动力和后劲。

林业改革必须在总体设计的基础上，按照分类别分步骤、先易后难、先试点后实施的原则，积极而又稳妥地加以推进，争取在重点领域和关键环节取得实质性突破。要进一步完善林业分类经营管理体制和产权制度的改革。分类经营改革，要在充分发挥森林多种功能的前提下，按照主要用途的不同，合理确定公益和商品两类林业的比例，完善区划界定工作，加快制定公益林业的管理体制、经营机制和政策措施，促进改革深化。同时，要把这项改革与健全森林生态效益补偿基金制度和天然林保护制度结合起来，统盘考虑，一起推进。产权制度改革，重点是抓好以下三个方面的工作。

一是全面抓好集体林权制度综合配套改革。农村集体林权制度改革是农村改革的继续、深化和完善。林区群众说，这是继解放初的土地改革、改革开放之初的联产承包之后的“第三次土改”，是由耕地向林地的延伸，是农村生产力的又一次大解放，是破解“三农”问题的有效途径，对于实现林业又快又好发展，推进社会主义新农村建设具有重大意义。近年来，福建、江西、辽宁等省区在过去“林业三定”、放权让利等历次改革的基础上，借鉴农村家庭联产承包经营责任制的做法，对深化林权制度改革进行了积极探索。通过采取明晰产权、放活经营、减轻税费、规范流转、综合配套等政策措施，真正使广大林农耕者有其山、耕山有其责、务林有其利、致富有其道，取得了十分明显的成效，受到了林区群众的热烈欢迎。今年中央 1 号文件明确要求，“加快集体林权制度改革，促进林业健康发展”。为此，今年适当时候，要召开全国集体林权制度改革经验交流会，认真总结推广福建、江西等省的做法和经验，将这项改革推向更大范围和更深层次，使农村林业发展的能量得到全面释放。在认真总结各地经验的基础上，要研究制定《关于推进集体林权制度改革的指导意见》，引导和规范集体林权制度改革工作，防止出现乱砍滥伐和损害生态建设的现象发生，确保这项改革取得圆满成功。

二是扎实推进国有林场改革。近年来，我们在深入调研和广泛征求意见的基础上，联合中编办、发改委、财政部等七个部门，研究制定了《关于加快国有林场改革的实施意见》，并于去年底上报国务院。近期，国务院常务会将审议通过这个意见并转发各地执行。这是林业改革的一件大事，是国有林场改革的指导性文件，各地要全面贯彻落实好这个意见，逐步建立起符合市场经济规律、有利于生态建设和产业发展的新型国有林场管理体制和运行机制。今年是这项改革的起步年，各地要争取在以下几个方面取得积极进展：第一，结合各地实际制定出生态公益型林场和商品经营型林场的划分标准，尽快完成两类林场的界定工作。第二，加强与有关部门的沟通与协调，全力做好生态公益型林场核定编制和所需经费纳入同级财政预算的有关政策落实工作。第三，充分利用国家给予的优惠政策，抓好生态公益型林场分流职工的安置工作，并尽力让他们满意。第四，不折不扣地抓好林场职工养老保险的落实工作，解除他们的后顾之忧。

三是积极探索东北内蒙古重点国有林区林业经营管理体制改革。这是一项复杂的系统工程，今年，重点是抓好两个试点。一个是黑龙江省伊春市国有林区林权制度改革试点工作。改革试点已经国务院常务会议审议通过，国家林业局和有关地方要抓紧制定改革方案，报国务院审批后实施。国务院要求黑龙江省委省政府加强对试点工作的领导，对改革负总责。要成立专门领导机构，抓好落实，加强指导，搞好服务，确保试点工作的有序展开。另一个是重点国有林区森林资源管理体制改革试点工作。这项工作已经在 6 个管理分局展开，要在边改革、边总结的基础上，研究制定重点国有林区森林资源管理体制改革总体方案，报国务院批准后实施。

在推进改革的过程中，各地要主动争取党委、政府的重视和支持。要依靠群众，发扬民主，改革方案必须经过干部职工和林农群众充分讨论。要注意处理好各方面的利益关系，确保社会稳定。对几个方面的改革，国家林业局将分别由一位局领导负责，成立指导小组，加强调查总结、协调服务和工作指导。

（四）进一步加大保护工作力度，切实保护好森林等自然生态系统。

保护好森林、野生动植物、湿地资源，做好防沙治沙工作，实际上就保护了我国绝大部分的自然生态，这是国家赋予林业部门的重要职责，是十六届五中全会提出的紧迫任务。

一是加强森林资源保护管理。要认真贯彻国发〔2005〕41 号文件精神，严格执行“十一五”采伐限额。公益林，要坚决杜绝商品性采伐，确保其生态效益稳定高效发挥；商品林特别是速生丰产用材林和工业原料林，要依法放活，优先满足采伐指标，充分发挥经济效益。进一步修订《森林采伐更新管理办法》和相关采伐作业规程，促进森林资源利用管理逐步走上科学化、法制化轨道。继续加大林地管护力度，启动《林地保护利用规划》编制工作，实施林地用途管制。严格执行征占用林地的植被恢复制度，真正做到林地占补平衡。要切实加强森林资源监督工作，进一步健全监督体系。

二是加强野生动植物资源保护管理。进一步强化野生动植物保护和培育工作，重点抓好大熊猫、朱鹮、兰科植物等 15 个物种拯救及典型生态系统保护项目，尤其是仅剩个、十、百、千株（只）的物种。对经济利用度大的物种，推行资源论证和限额制度。加大拯救繁育机制创新，促进由利用野生资源为主转向以利用人工资源为主。做好实施《濒危野生动植物进出口条例》的准备工作，把好进出口关，控制珍稀濒危特有物种流失。加大自然保护区建设力度，提高科研监测、社区共管、宣传教育等水平，组织实施《全国自然保护区发展规划》，加强自然保护区示范区建设，提高建设和管理水平。

三是加强湿地保护管理。要加强自然湿地的保护，促进退化湿地的生态恢复，强化湿地资源的合理利用，提高湿地保护与利用的可持续发展能力。通过组织实施国家湿地保护生态工程，开展湿地保护与合理利用示范项目，带动面上工作。按照国办通知精神，坚决杜绝侵占湿地现象发生。要借助担任湿地公约常委会成员国的有利条件，加大工作力度，力争在湿地保护国际事务中发挥更大作用。同时，要加强立法和相关机构建设，为湿地保护管理提供制度和组织保证。

四是加强土地沙化和荒漠化防治工作。要深入贯彻落实国务院防沙治沙决定精神，全面实施《全国防沙治沙规划》，抓好省级实施规划的编制，抓好综合示范区建设，突出抓好西藏、青海、新疆等沙化严重地区的防沙治沙工作。要抓紧完成石漠化治理工程规划编制工作，总结石漠化防治经验和治理模式，力争今年启动这项工程。要认真做好各项筹备工作，确保以国务院名义召开的全国防沙治沙大会开出成效，同时承办好国际防治荒漠化妇女会议。

五是加强林业自然景观资源的保护管理。进一步加快森林公园发展，把具有一定质量和规模的森林风景资源，纳入森林公园规划和管理范围。加快森林公园立法进程，制定《国家重要森林风景资源保护目录》。推进风景林营造和改造工作，提升景观质量和生态文化内涵。完善森林公园各类基础设施建设，全面提高管理和服务水平，满足社会公众日益增长的户外游憩需要。

（五）以新的思路和方法，促进林业产业发展。

当前和今后一个时期的林业产业发展，要重点在“大、强、新”上做文章。“大”，就是要把林业产业做大，做到星罗棋布、门类齐全、品种丰富、百花齐放。“强”，就是要把林业产业做强，努力扩大规模、提高素质、优化结构、提高效益、增强市场竞争力。“新”，就是要抓住我国产业升级和更新换代的契机，培育出一批新兴林业产业，尤其是林业生物产业。

一要转变产业发展的指导思想。根据形势变化，推进林业产业由以利用林木资源为主向以利用森林资源为主转变，由以利用天然林为主向以利用人工林为主转变，由高投入低效益的粗放型经营向低投入高效益的集约型经营转变，由低科技含量的原料加工型向高科技含量的产品创新型转变。以提高林地生产力为核心，加强以资源培育为基础的第一产业；以提高产品科技含量和附加值为核心，提高森林资源综合利用率，改造和提升第二产业；以改善森林景观、提高文化品位为核心，大力发展森林观光、生态旅游等第三产业。

二要加强对产业发展的引导和扶持。落实《林业产业发展规划纲要》，制定《林业产业发展政策要点》，促进林业产业快速健康协调发展。大力支持林业企业科技创新和管理创新，促进企业生产上规模、上档次，提高规模效益；推进企业管理的现代化、信息化，提高管理效益；引导企业利用好两个市场、两种资源，提高国际化经营水平。加快制定扶持企业生产经营的各项优惠政策，特别是要积极协调有关部门，完善林业企业技改资金、贷款贴息、税费优惠等政策，支持企业发展有市场、有效益、质量好的产品，提升企业竞争力。同时，要通过实施木材经营加工许可制度、完善质量产品标准等措施，建立市场准入制度，阻止资源浪费严重、产品质量低劣、环境污染严重的加工企业的设立。

三要建立健全产业发展的服务体系。进一步加强各级林业部门产业管理机构建设，切实履行好职责。抓紧建立全国林业产业信息服务系统，为企业发展和政府决策提供优质服务。支持和引导林业咨询机构、规划评估和行业协会等中介组织，充分发挥它们在规范市场秩序、维护公平竞争、保护经营者合法权益、沟通政府与企业之间关系等方面的作用。扶持和发展各种专业合作组织，为生产者提供从原料、生产到销售、消费等的全过程服务。

（六）从加强科技和法制工作入手，促进林业增长方式和管理方式转变。

一是把提高林业科技自主创新能力作为推进林业增长方式转变的根本性措施来抓。实施科教兴林、人才强林战略，不断提高林业科技自主创新能力，促进林业增长方式由粗放向集约的转变，提升林业发展的质量和效益，提高造林成活率、保存率和林地产出率，真正把林业建设引入到依靠科技进步和提高劳动者素质的轨道上来。要集中力量组织实施好生态建设与生态安全、林业生物技术与良种培育、森林生物种质资源保护与利用、林业生物产业发展、数字林业、林业科技创新能力建设等六项科技工程，促进林业科技水平的整体提高。要大力推进林业从种苗培育、整地造林、抚育管护到采伐更新、加工利用全过程的标准化生产。抓紧开展各大区域的林种树种搭配模式、生态效益、社会效益与经济效益合理兼顾的栽培方式和采伐方式、森林可持续经营技术、农林复合经营技术等生产急需的技术研究，尽快突破重点工程建设的“技术瓶颈”。要切实抓好绿色GDP、森林生态社会效益价值化核算等重大课题研究，为科学计量林业对经济社会发展的贡献、提高林业地位、进行生态社会效益补偿提供有说服力的证据。要按照“东扩、西治、南用、北休”的总体布局，搞好区域林业发展战略研究，为各地林业建设提供科学指导。要进一步改革完善林业科研体系、科技成果转化及技术推广体系、标准及质量检验检测体系和科技管理体系。要通过调整和优化学科结构，建立健全竞争激励机制，优化科技力量布局与资源配置，激发林业科技队伍的创新活力，培养造就富有创新精神的人才队伍。今年适当时候要召开全国林业科技大会，贯彻落实全国科技大会精神，推进科技兴林再上新台阶。

二是加强林业法制建设，把林业行政管理纳入法制化轨道。要坚持依法规范造林、管林、用林行为，严厉打击破坏森林、湿地、野生动植物资源等违法犯罪活动，逐步把林业行政管理全面纳入法制化轨道。要抓紧做好《森林法》、《野生动物保护法》的修订工作，尽快出台湿地保护、沿海防护林保护、外来物种管理等法规、规章。要继续推进林业综合行政执法改革试点工作，积极探索建立相对集中行使林业行政处罚权的综合行政执法机制，逐步建立起权责明确、运转高效、行为规范、监督有力的林业执法体制；深入贯彻落实《国务院办公厅关于推行行政执法责任制的若干意见》，严格执法，文明执法，不断提高执法质量。进一步规范林业行政许可行为，加强制度建设和能力建设，提高林业行政许可工作的效率和质量。制定林业“五五”普法规划，深入开展普法宣传教育活动，提高全民的林业法律素质。

（七）大力加强林业基础工作和能力建设，为林业又快又好发展提供可靠保障。

要切实加强资金管理和提高使用效益工作，在保证重点工程投资的基础上，力争在基础设施建设、森林生态效益补偿基金投入等方面取得新突破。要不断强化资金管理，通过实行项目的全过程管理、强化年度投资计划管理和严格预算管理，做好资金稽查和审计工作，确保资金安全有效运行，不断提高资金的使用效益。要根据乡镇机构改革的总体要求和中央林业《决定》精神，积极协调有关部门，力争国家出台相关政策，推进林业工作站的改革与建设。根据国务院办公厅关于解决森林公安及林业检法编制和经费问题的通知精神，全面推进森林公安和林业检法队伍正规化建设。要通过整合资源、优化结构，加快建立统一完善、运行高效的综合监测体系。要拓宽林业国际交流与合作渠道，积极引进和吸收国外先进技术、管理经验和援助资金，加强对碳汇、森林认证等热点问题的跟踪和研究。要高度重视宣传工作，把宣传作为推进林业工作的重要手段，贯穿于林业改革发展的全过程。继续办好中国绿色时报等媒体，为实现林业又快又好发展营造良好的舆论氛围。进一步完善网络体系和服务平台，加强林业信息化与电子政务建设。

进一步完善林业应急体系建设，提高应对和处置突发事件的能力。要紧扣宣传教育、预测预报、隐患排查、火源管理四个环节，加强森林火灾防范工作，一旦发生重大火情，确保三级森林防火应急机制灵敏响应，充分发挥武警森林部队和专业扑火队的尖兵作用，做到打早、打小、打了，实现火灾防控现代化、管理工作规范化、队伍建设专业化、扑救工作科学化。要坚持“预防为主、科学防控、依法治理、促进健康”的方针，做好森林病虫害和鼠兔害的防治工作，防止林业有害生物入侵。要本着应对当前、谋划长远的要求，强化野生动物疫源疫病的监测防控体系建设，切实配合有关部门做好禽流感防治工作，促进防控工作由应急性向常规性转变。

（八）进一步加强各级林业主管部门的机关建设和党的建设，不断提高林业干部队伍的执政能力。

机关建设和党的建设一定要以贯彻实施《公务员法》为契机，以先进性教育为重点，深入开展机关的思想、组织、作风、制度、业务建设，努力建设一流队伍，培育一流作风，创造一流业绩，把林业行政部门建设成为学习型、服务型、勤政廉洁型、务实高效型的政府机关。着力抓好邓小平理论、“三个代表”重要思想、科学发展观、构建社会主义和谐社会、建设社会主义新农村等教育活动，使党员干部和职工成为学习邓小平理论和“三个代表”重要思想的模范，贯彻落实科学发展观、构建社会主义和谐社会、建设社会主义新农村的模范，建设绿色家园、促进现代林业发展的模范，遵纪守法、团结和谐的模范，勤政为民、廉洁自律的模范。要大兴调查研究之风，就退耕还林补助政策到期后会不会反弹、国有林区政企分离如何展开等紧要问题，开展深入调研，得出解决问题的可行办法。进一步建立健全保持共产党员先进性的长效机制，抓好先进性教育活动整改措施的落实工作，巩固和发展教育成果。认真落实教育、制度、监督并重的惩治和预防腐败的各项措施，提高廉洁从政水平，严厉查处林业行政许可中的不正当行为。严格执行《党政领导干部选拔任用工作条例》，加强各级林业部门的领导班子和干部队伍建设，建立健全干部选拔、评价、任用、监督制度，切实搞好干部的交流轮岗和竞争上岗，形成团结和谐、积极向上、不断进取的良好氛围。认真实施全国林业人才队伍建设中长期规划和“十一五”规划，着力抓好行政管理人才、专业技术人才、经营管理人才三支队伍的建设，为林业发展提供人才和智力保障。要重视干部职工的教育培训和个人进步，在部署任务的同时给予关怀，在赋予责任的同时给予爱护，使他们得到更快更好的成长。坚持以人为本，不断改善干部职工的生活和工作条件，主动倾听他们的心声，经常挂念他们的冷暖，积极解决他们的困难，让干部职工全身心地投入到现代林业建设中来。

同志们，回顾前五年，历尽艰辛，成就辉煌；展望后五年，充满希望，任重道远。让我们高举邓小平理论和“三个代表”重要思想的伟大旗帜，紧密团结在以胡锦涛同志为总书记的党中央周围，坚持和落实科学发展观，振奋精神，埋头苦干，开拓创新，以高度的责任感和求真务实的精神，为圆满完成“十一五”林业建设的各项任务，实现林业又快又好发展而努力奋斗！

坚持以科学发展观为统领
全面做好“十一五”水利工作

——在全国水利厅局长会议上的讲话

水利部部长　汪恕诚

（2005 年 12 月 17 日）

这次会议的主要任务是：贯彻落实党的十六届五中全会和中央经济工作会议精神，认真总结“十五”水利发展与改革情况，研究部署“十一五”和 2006 年水利工作，统一思想，提高认识，明确目标和任务，坚持以科学发展观为统领，全面做好“十一五”时期的水利工作，进一步推进可持续发展水利。

下面，我讲三个问题。

一、“十五”时期水利取得重大成就

过去的五年，是我国经济实力、综合国力和国际地位显著提高的五年。对水利来说，也是与时俱进、开拓创新和成效显著的五年。中央对水利高度重视，作出了一系列重大部署，我们按照科学发展观的要求，进行了积极深入探索，实现了水利发展思路的深刻转变，水利实践成效显著。我们有效应对较为严重的洪涝干旱等自然灾害，保障了人民生命安全和经济社会发展。水利建设规模空前，水利基础设施上了一个大台阶。强化了水资源节约、配置和保护，高度重视生态问题，节水型社会建设迈出坚实步伐。依法治水深入推进，水利改革不断深化，能力建设得到加强。

（一）中央对水利做出一系列重大战略部署，水利发展思路发生深刻转变

“十五”时期，党中央、国务院把解决水资源问题摆上重要位置，强调水是基础性的自然资源和战略性的经济资源，把建设节水型社会作为解决我国干旱缺水问题最根本的战略举措，把保障饮水安全作为水利工作的首要任务，高度重视水资源的节约、配置和保护。《中华人民共和国水法》修订通过，把中央新时期水利工作方针和政策法律化，依法治水进入新阶段。中央继续保持较高的水利投资，对大江大河治理、南水北调工程建设、病险水库除险加固、农村饮水解困等作出重大部署。出台了节水型社会建设、饮水安全保障、农田水利建设新机制、水价改革、水利工程管理体制改革等方面的政策，为水利事业健康发展提供了政策支持和制度保障。

在党中央、国务院的领导下，我们按照科学发展观的要求，针对水利改革与发展面临的实际问题，进行了卓有成效的探索和实践。

坚持水资源的可持续利用。从保障经济社会可持续发展的高度，把水资源可持续利用作为水利工作的切入点，统筹考虑水资源问题与经济社会发展，统筹考虑生活、生产、生态用水，在水资源开发、利用、治理的同时，突出加强水资源的节约、配置和保护，大力推进节水型社会建设，提高水资源承载力和水环境承载力。

坚持人与自然和谐相处。在防止水对人类侵害的同时，防止人类对水的伤害，强调对人类不合理活动的约束，强调自律式发展。改变长期以来人水争地、无节制地围垦河道、湖泊、湿地的做法，给河流以空间，给洪水以出路。把生态问题放在十分重要的位置，肩负起水

利建设和生态保护两副重担，充分依靠大自然的自我修复能力加快治理水土流失，充分发挥水利工程的生态功能，维护河流健康，当好河流生态代言人。

坚持以人为本。水利工作在提高生产力、促进经济增长的同时，更加重视保障人民群众的根本利益，着力解决好与人民群众利益密切相关的水问题。把解决饮水困难和饮水安全问题作为首要任务，在防汛抗旱中确保人的生命安全和城乡生活用水，切实保障水利工程移民的合法权益。

坚持发挥政府职能与市场机制相结合。适应社会主义市场经济的要求，在水利工程建设和管理、水资源配置、节水型社会建设等领域发挥政府职能的同时，更加注重发挥市场机制的作用。根据水利工程的不同类型，采取相应的建设和管理政策，促进工程的良性运行。发挥水价的杠杆作用，探索水权转换，促进节约用水，提高用水效率和效益。

坚持依法治水。围绕建设法治政府的目标，注重职能转变，突出社会管理和公共服务，推进依法行政。以《水法》修订和实施为契机，建立健全法规体系，强化执法，健全监督机制。推行水利政务公开，改革水利行政审批制度。积极推进水资源管理体制改革。

坚持科学治水。围绕水利改革与发展实践，基础研究与应用研究、自主创新与技术引进、科学研究与转化推广相结合，推动水利科技进步。大力推进水利信息化进程，以水利信息化带动水利现代化，全面提高水利工作的科技含量。

（二）水利为经济社会发展提供了有力保障

1. 最大限度地减轻洪涝灾害损失

“十五”时期，我国洪涝灾害频繁发生。2003 年淮河发生超过 1991 年的流域性大洪水，2005 年珠江流域西江发生超过百年一遇的特大洪水，辽河流域发生近十多年来的最大洪水，2003 年和 2005 年汉江、渭河发生严重秋汛。一些中小河流发生超过历史记录的特大洪水。部分地区发生严重的山洪灾害，东南沿海多次遭受强台风和热带风暴的袭击。我们充分利用多年建立起来的防洪减灾体系，依法防洪，科学防洪，强化社会管理，做到紧张有序，科学调度，竭尽全力保障人民群众的生命安全，最大程度地减轻洪涝灾害损失。“十五”时期，我国平均每年洪涝受灾面积 1.92 亿亩，受灾人口 1.61 亿人，死亡 1510 人，直接经济损失 1006 亿元，均比上世纪 90 年代平均水平有所降低，其中死亡人数降低了 58.9%。

2. 满足了经济社会发展的用水需求

依靠多年建成的供水体系，每年为工业、农业、生活供水 5500 多亿立方米，最大程度地满足了经济社会发展的用水需求。“十五”时期，我国旱情比较严重。北方部分地区连续发生严重春旱，南方地区也连年发生历史罕见的夏伏旱。2001 年发生全国性干旱，一些城市出现了新中国成立以来最为严峻的缺水局面。我们采取多种措施应对旱灾，加强抗旱水源工程建设，搞好水源科学调度，强化用水管理和节约用水，平均每年挽回粮食损失 500 亿公斤，减少经济作物损失 436 亿元。采取修建应急供水设施和拉水送水等措施，每年解决 2700 多万城乡人口的临时饮水困难。对一些重要城市和重点地区出现的用水紧张局面采取应急调水等措施，多次进行引黄济津和从山西、河北向北京集中输水，实施珠江压咸补淡应急调度，保证了天津、北京和珠江三角洲地区的供水安全。

3. 保护和修复水生态系统

强化黄河水资源统一调度，黄河连续 6 年不断流，进行了 4 次调水调沙，将约 3 亿吨泥沙送入大海，提高了河槽过流能力。对黑河、塔里木河等生态脆弱河流实施综合治理并加强水资源的统一管理和调度，促进了下游地区的生态恢复。向南四湖、扎龙、向海、白洋淀等湖泊或湿地实施应急补水，保护和修复生态系统。开展引江济太和淮河闸坝防污调度，改善水体水质，减轻水污染损失。启动了桂林、武汉等城市水生态系统保护与修复试点。

4. 改善了人民群众生产生活条件

解决了 6700 万人的饮水困难问题，提高了农民的生活质量和健康水平，解放了生产力，为农民增收创造了条件。农村水电年均发电量 1120 亿千瓦时，比“九五”平均增加 47%。解决了 1200 万无电人口的用电问题。水利系统农网改造每千瓦时电价平均降低 0.3 元，每年直接减少农民电费支出 40 多亿元。在 7 省区启动水利血防工程建设。加大了水利定点扶贫、援藏、援疆工作。国家重点水利工程移民得到妥善安置。水利多种经营年均收入 1100 亿元，已成为基层水管单位的经济支柱。建成了 192 个国家级水利风景区，改善了生态环境和人居环境。

（三）水利基础设施建设上了一个大台阶

五年累计完成水利固定资产投资 3625 亿元，相当于 1949～2000 年的总量，其中中央水利建设投资 1695 亿元。建成了一大批事关国计民生和发展全局的水利基础设施，既为“十五”时期的经济社会发展提供了有力保障，也为今后的发展打下了坚实基础。

1. 以大江大河堤防为重点的防洪工程建设取得突破性进展

长江中下游干流堤防建设全部达到规划标准，退田还湖、移民建镇恢复水面2900平方公里，增加蓄洪容积130亿立方米，实现了千百年来从围湖造田到退田还湖的历史性转变。黄河下游标准化堤防一期工程已经完成。治淮骨干工程建设全面推进。太湖防洪工程体系基本形成。嫩江、松花江、海河、珠江治理得到加强。海堤建设和城市防洪建设力度加大。

控制性枢纽工程建设取得新的进展，三峡工程实现二期工程蓄水、通航、发电三大目标，小浪底、万家寨、江垭、乌鲁瓦提、飞来峡等工程投产运行，沙坡头、临淮岗等主体工程基本完工，尼尔基、百色、紫坪铺等工程已经下闸蓄水，皂市、西霞院等工程建设进展顺利。对1803座大、中型重点病险水库进行了除险加固。

2. 水资源配置工程建设实现重大跨越

“十五”时期，新增供水能力270亿立方米。南水北调中线、东线一期工程已开工建设。实施了万家寨引黄、大伙房水库输水等区域调水工程。四川武都、云南麻栗坝、重庆鲤鱼塘、山西张峰等一批水源调蓄工程相继开工建设。在西南地区开展“泽渝”、“润滇”等重点水源工程建设，一些水库已经建成并开始发挥效益。

3. 农村水利基础设施建设继续加强

把节水灌溉作为农业增产和农民增收的革命性措施来抓，通过实施灌区节水改造和管理体制改革，提高水资源利用效率，增强了农业综合生产能力。国家对306个大型灌区、99个中型灌区进行续建配套与节水改造，建设了1100多个县级节水增效示范区。全国净增有效灌溉面积2300多万亩，新发展节水灌溉工程面积7400多万亩，农业灌溉水有效利用系数达到0.45。通过发展牧区水利，使2640万亩天然草原实现轮牧休牧，促进了草原生态保护和牧区经济发展。

4. 水土流失防治速度加快

“十五”时期，通过封育保护、预防监督和综合治理，全国综合防治水土流失54万平方公里，其中综合治理24万多平方公里，封育保护面积60万平方公里中有30万平方公里达到初步修复。在25个省（区、市）的950个县实施了封山禁牧，其中北京、河北、陕西、宁夏、青海全境实行封山禁牧，在“三江源”区开展预防保护工程。加强执法监督，审批并实施水土保持方案20多万个，开发建设单位投入水土流失防治经费600多亿元，有效防治了开发建设中的水土流失。抓好长江、黄河等水土流失重点防治工程，开展了东北黑土区、珠江上游南北盘江石灰岩区水土流失综合防治试点，黄土高原地区新建淤地坝4000多座。加强水土保持的监测评价，完成第二次全国水土流失遥感普查，正在开展中国水土流失与生态安全综合科学考察。

5. 农村水电快速发展

“十五”时期，新增农村水电装机1600万千瓦，比“九五”多670万千瓦，水利系统水电总装机达到4860万千瓦，占全国水电总装机38.4%。超额完成“十五”400个电气化县建设任务，电气化县人均年用电量650千瓦时，比2000年增长76.6%。小水电代燃料试点取得成效，20多万农民实现小水电代燃料，巩固退耕还林面积30万亩，保护森林面积160万亩。农村水电促进了农村经济社会发展，为缓解电力供应紧张、改善能源结构、保护生态与环境发挥了重要作用。

（四）节水型社会建设迈出坚实步伐

大力推进节水型社会建设，是“十五”时期中央作出的一项重要决策。这是基于对我国国情、水情的认识和把握，贯彻落实科学发展观的重要举措；是从根本上解决我国干旱缺水问题，保障经济社会可持续发展的必然选择。我们按照中央的要求和部署，积极探索，稳步推进。

逐步明确了建设节水型社会的思路，在一些地方初步建立了节水型社会建设的体制和机制，取得明显成效。黄河、黑河等流域实行了取水总量控制，有17个省、自治区、直辖市发布了用水定额。建立了建设项目水资源论证制度，全面落实取水许可制度和水资源费征收制度，完善水价形成机制，推广节水技术，加强节水宣传，全面推进农业、工业和生活节水，用水效率和效益得到很大提高。甘肃省张掖市初步形成了一整套节水型社会建设的运行机制，实现了下游生态修复与张掖经济社会发展的双赢。宁夏、内蒙古开展了水权在工农业之间的转换，促进了农业节水，解决了工业用水。天津市强化计划用水，多种措施并举，使节水成为人们的自觉行动。山东省优化水资源配置，在经济快速发展的同时，用水总量较大幅度下降。北京近几年每年总用水量减少1亿立方米。

水资源保护工作得到进一步加强。对全国重要江河、湖泊、水库的水域进行了水功能区划，有24个省、自治区、直辖市人民政府批准了本行政区的水功能区划。核定了三峡库区、黄河干流、淮河流域等水域纳污能力，提出限制排污总量意见，依法加强水功能区和入河排污口监督管理。积极采取措施，有效应对水污染事件。强化了对地下水的保护，全国有11个省、自治区、直辖市划定了地下水超采区范围，河南省和山东省济南市地下水保护试点工作取得初步成效。

（五）水利改革深化，能力建设加强

1. 法制建设进程加快

水利立法工作取得历史性进展。《中华人民共和国水法》修订通过并颁布实施，确立了水资源管理的一系列制度，对推进依法治水、依法行政，强化水资源统一管理，实现水资源的可持续利用，促进水利事业发展，具有重要的现实意义和长远意义。出台了《蓄滞洪区运用补偿暂行办法》、《长江三峡工程建设移民条例》、《长江河道采砂管理条例》、《防汛条例（修订）》等4件行政法规，以及《入河排污口管理办法》等一批部规章，水利法规体系不断完善。集中清理了水利行政审批项目，公布了《水利行政审批项目目录》，出台了《水行政许可实施办法》，逐步建立和完善行政许可制度，推进了政务公开。加强了水行政执法，长江河道采砂管理步入法制轨道。采取多种手段预防和调处水事纠纷，冀豫漳河上游、鄂豫丹江荆紫关等重大水事纠纷调处取得重要突破，维护了正常的水事秩序。完成了“四五”普法的各项任务。

2. 规划工作得到全面加强

规划编制思路发生重大调整，编制程序更加科学规范，规划体系不断完善，为水利的长远发展提供依据，为增加水利投资创造必要条件。5年间编制完成了81项水利规划。国务院审议通过了《南水北调工程总体规划》，批转了长江、嫩江松花江、淮河、太湖、海河、珠江、辽河等流域加强近期防洪建设的若干意见和黄河近期重点治理开发规划，批复了首都水资源规划、黑河治理规划、塔里木河治理规划等重要规划。全国和流域防洪规划成果已通过审查。全国水资源综合规划正在开展水资源配置工作。重点水利建设项目前期工作得到明显加强，针对一些热点、难点问题，组织开展了近百项水利重大专题研究。加强了水文、勘测等前期基础工作。

3. 水利改革不断深化

水资源管理体制改革继续推进，确立了流域机构的法律和行政地位，强化了流域水资源的统一管理。约57%的县级以上行政区实施了水务统一管理，为水资源优化配置和高效利用提供了体制保障。水利工程管理体制改革总体进展顺利，水管单位存在的定位不准、人员臃肿、经费短缺、管理粗放等问题正在逐步得到解决。深入贯彻《国务院办公厅关于推进水价改革促进节约用水保护水资源的通知》和《水利工程供水价格管理办法》，水利工程水费实现了由费到价的转变，计价制度、水价调整、水价秩序等方面都取得了一定进展。农村水利改革继续深化，大型灌区管理体制改革取得成效，出台了《关于建立农田水利建设新机制的意见》、《小型农村水利工程管理体制改革实施意见》等一系列政策、制度，全国灌区已建立7000多个农民用水户协会，有700多万处小型农村水利工程实行了承包、租赁、拍卖、股份制等形式的改革。积极探索水能资源有偿使用和市场化配置，清查整顿“四无”电站，推进农村水电企业战略重组。加强水利国有资产监管，研究探索水利国有资产管理体制和运行机制改革。

4. 水利科技取得新进展

“十五”时期，在水资源合理配置、生态用水标准、洪水资源化研究等方面取得了一系列重要成果，灌区管理、水资源和水环境监控、水旱灾情监测评估、水土流失监测等领域广泛应用了现代高新技术，建成了一些业务信息应用系统，水文现代化得到加强，水利信息化基础设施初具规模。江河治理技术、防洪减灾技术、坝工技术等领域取得一批国际领先水平成果。共取得较为重大的水利创新成果200余项，近30项水利水电类科技成果获得国家科技进步奖。科研体制改革取得了实质性进展，科技投入有了较大增长，科技创新能力逐步提高。水利技术标准化和计量认证等工作取得成效。

5. 对外开放与国际合作更加活跃

重视并加强双边和多边水利交流，组织和签署了25个双边水利合作协议、协定或备忘录，以积极的姿态参加重大国际水事活动并发挥作用，成功举办第12届国际水土保持大会、第19届国际灌排大会、黄河论坛、长江论坛等国际会议，中国水利在国际上的影响逐步扩大。在国际小水电领域作用加大。妥善做好国际河流涉外工作，积极做好引进外资和引智工作。

6. 干部队伍和精神文明建设进一步加强

认真学习邓小平理论和“三个代表”重要思想，树立和落实科学发展观，扎实开展保持共产党员先进性教育活动，党的建设和精神文明建设得到进一步加强。深化干部人事制度改革，加强领导班子和干部队伍建设，实施水利人才战略，弘扬“献身、负责、求实”的水利行业精神，水利队伍整体素质明显提高。认真落实党风廉政建设的各项规定，注重从源头预防和治理腐败问题，加大执法监查和查办案件工作力度，认真开展水利内部审计。大力加强水利宣传，深入开展调查研究，认真做好信访工作。充分发挥工青妇、学会、协会等团体和老干部的重要作用。

五年来的工作，受到了中央的肯定和社会的认可，提升了水利的地位和形象，令人鼓舞，使人振奋。五年来的实践，进一步加深了我们对水利工作的认识，积累了十分宝贵的经验。我们的主要体会是：

1. 必须以科学发展观为指导，不断丰富和完善治水思路。科学发展观是指导发展的世界观和方法论的集中体现。进入新世纪新阶段，面临诸多复杂的水资源问题，需要我们坚持中央的水利工作方针，按照以人为本、全面协调可持续发展的要求调整治水思路，把人与自然和谐相处作为水利工作的核心理念，协调好水资源开发、利用、治理、配置、节约和保护，统筹流域、区域水利发展，统筹考虑城乡水资源问题，统筹工程措施与非工程措施，不断探索，不断实践，走现代水利之路。

2. 必须紧密围绕经济社会发展的全局，把握水利工作的重点。经济社会发展的不同阶段对水利的要求不同，水利工作的重点也就不同，水利发展必须与经济社会发展相协调。做好水利工作，必须服从和服务于改革、发展、稳定的大局，紧紧围绕人民群众最迫切的水利需求，紧紧围绕制约经济社会发展最突出的水资源问题，紧紧围绕解决水利最薄弱的环节，把握全局，突出重点。只有这样，水利工作才能取得实效。

3. 必须遵循客观规律，讲求综合效益。水利工作涉及到自然、经济、社会的方方面面，必须实事求是，因地制宜，按自然规律和经济规律办事，把遵循自然规律与发挥人的主观能动性内在统一起来。适应社会主义市场经济体制的要求，政府职能与市场机制有机结合，在各项水利工作中讲求社会效益和经济效益。

4. 必须坚持依法行政，注重社会管理和公共服务。水资源问题，关系国计民生，具有广泛的社会性。水利工作涉及到政府、社会、公众等方方面面，矛盾交织，情况复杂。水利部门必须坚持依法行政，切实转变职能，突出社会管理和公共服务，特别注重法制建设，依法调整水事关系，规范水事行为，不断深化体制、机制改革，提高水行政管理的能力和水平。

二、明确目标，突出重点，切实做好“十一五”水利工作

党的十六届五中全会是一次重要会议。我们党站在新的历史起点上，要求把发展作为解决中国一切问题的关键，发展必须是科学发展。要求坚持以人为本，转变发展观念，创新发展模式，提高发展质量，落实“五个统筹”，切实把经济社会发展转入全面协调可持续发展的轨道。明确了我国下一个五年经济社会发展的指导方针、奋斗目标、主要任务和重大举措。十六届五中全会不仅对“十一五”时期，而且对全面建设小康社会的整个历史进程都将具有极为深远的重大影响。

“十一五”时期，水利仍面临着严峻的挑战。随着经济社会的发展，水资源供需矛盾更加突出，防洪减灾的要求更高，开发与保护的关系更加复杂，破除水利发展的体制性、机制性障碍更为迫切。我们必须紧紧抓住机遇，应对各种挑战。要把水利系统各级领导干部和广大职工的思想行动统一到十六届五中全会精神上来，坚持以科学发展观统领水利工作全局，全面做好“十一五”水利工作。

（一）“十一五”时期水利工作的指导思想

以邓小平理论和“三个代表”重要思想为指导，全面贯彻落实科学发展观，按照构建社会主义和谐社会的要求，围绕全面建设小康社会的目标，坚持以人为本，坚持人与自然和谐相处，坚持全面规划、统筹兼顾、标本兼治、综合治理，坚持走资源节约、环境友好的路子，坚定不移地推进可持续发展水利，努力解决洪涝灾害、干旱缺水、水污染和水土流失等水问题，确保防洪安全、供水安全和生态安全，以水资源的可持续利用保障经济社会的可持续发展。

要把握好以下五个方面的重大问题：

第一，把人民群众的根本利益作为水利工作的出发点和落脚点。发展是硬道理，“十一五”时期，水利还必须加快发展、全面发展。发展中要坚持以人为本，把切实保障人民群众的生命安全和健康作为首要目标，把解决人民群众最关心、最直接、最现实的利益问题作为水利工作的优先领域，通过水资源的合理开发、高效利用、优化配置、全面节约、有效保护和综合治理，不断提高城乡居民的生活质量，改善人居环境和生产条件，提高水的安全保障程度，为广大人民群众的根本利益提供水利支撑和保障。水利涉及千家万户，水利工作必须紧紧依靠人民群众，组织和引导广大人民群众积极参与水利工作，充分发挥人民群众的创造精神，同时要尊重民意，爱惜民力，科学决策。

第二，通过进一步转变水管理模式来满足经济社会发展对水资源的需求。随着人口的持续增长和经济社会的不断发展，对水资源的消耗还在增长，对水环境的影响还将持续，我国人多水少的矛盾更为突出。解决这个问题，不能光靠建设蓄水和调水等工程，必须进一步转变水管理模式，节约为本，治污优先，优化配置，科学管理，建设节水型社会。这是水利发展的根本出路，是促进经济增长方式转变的根本措施，也是对传统水利观念的最大挑战。一方面，协调好生活、生产和生态用水，满足经济社会发展对水资源的需求，另一方面，通过发挥社会管理职能，推动形成节水型的生产和消费模式，促进经济增长方式的根本性转变。

第三，统筹好水利发展与生态保护的关系。我国国情和水情特点决定了我国水利水电大发展的前景。水利水电工程在促进经济社会发展、解决贫困、改善生态与环境等方面具有重要作用。但还要看到，水利水电工程也会对生态产生不利影响，如大量移民、河流形态变化、生物多样性退化等。必须处理好开发与保护的关系，以

可持续发展为目标，在保护中开发，在开发中保护。要根据水资源承载力和水环境承载力，按照优化开发、重点开发、限制开发和禁止开发的不同要求，明确不同河流或不同河段的功能定位，并制定相应的开发和保护措施。具体到每一项开发利用工程，要加强水资源论证和环境评估，加强对移民等社会问题的研究与规划，科学合理开发，强化生态保护。

第四，始终把农村水利作为我们工作的重要领域。十六届五中全会提出了建设社会主义新农村的目标和要求，服务“三农”始终是水利工作必须着力加强的重点。应该看到，农村水利事业虽然取得了很大成绩，但是，与建设社会主义新农村的要求相比，还有很大差距：农村饮水安全的形势还十分严峻，水利基础设施建设还相对滞后，农田水利基本建设有所滑坡，基层水利单位十分困难，制约农村水利发展的深层次矛盾尚未消除。我们要高度重视这些问题，紧紧围绕建设社会主义新农村的战略部署，以保障农民饮水安全、提高农业综合生产能力、提高农村电气化水平、改善农村生态与环境为目标，加强农村水利基础设施建设，深化农村水利改革，充分发挥各级政府、受益农户和其他社会力量的积极性，努力引导和促进农村水利持续健康发展。

第五，坚持以改革创新推动水利发展。我国水利事业发展还受到体制、机制等方面的制约。随着可持续发展水利的不断推进，制约水利发展的体制性机制性障碍日益突出，改革的深层次矛盾逐步暴露，必须用改革的办法解决前进道路上的矛盾、困难和问题，以改革促发展。重点是加快水行政主管部门的职能转变，建立职责明确、运转协调、权威高效的水资源统一管理体制，建立以公共财政体系为主的多元化、多层次、多渠道的水利投资体制，形成科学规范的水价机制。

（二）“十一五”时期水利发展目标

综合考虑水利发展的环境、趋势和条件，“十一五”时期水利发展目标是：

1. 健全和完善大江大河综合防洪减灾体系，建立洪水管理制度，确保大江大河、大型和重点中型水库、大中城市及重要设施的防洪安全，多年平均洪涝灾害损失率降低至1.0%以下。

2. 解决1亿农村人口的饮水安全问题，使农村存在饮水安全问题的人口减少1/3。

3. 新增节水灌溉工程面积1.5亿亩，灌溉水有效利用系数由0.45提高到0.5。万元工业增加值用水量由173立方米降低到120立方米以下。

4. 在充分挖潜的基础上，新增年供水能力400亿立方米，水资源保障能力得到提高。

5. 水功能区水质达标率由56%提高到60%，城市主要供水水源地水质达标率提高到95%以上。水生态系统恶化的趋势得到基本遏制。

6. 净增有效灌溉面积3000万亩。水土流失面积占国土面积的比例由36%降低至34%。新增农村水电装机1500万千瓦，建设400个水电农村电气化县。

7. 基本建立起适合我国国情的比较完备的水法规体系，水行政管理能力和水平显著提高，水利社会管理和公共服务能力明显增强。

8. 完成主要江河水量分配方案，初步建立国家水权制度，水资源管理体制改革取得突破。

9. 科技对水利的贡献率进一步提高，构建与经济社会发展相适应的水利信息化综合体系，初步实现水利信息化。

10. 建设一支高素质的水利人才队伍。

（三）“十一五”时期水利工作的重点任务

实现“十一五”时期水利发展目标，必须统筹兼顾，突出重点。要着重做好以下工作：

第一，加强防洪体系建设，搞好洪水管理，保障防洪安全。

防洪减灾工作是一项长期而重要的任务，必须高度重视，常抓不懈。进一步加强大江大河治理，重点防洪保护区达到规划标准，特别要加快淮河治理工作步伐，按期完成治淮任务。重点加强蓄滞洪区安全建设与管理。加快嫩江尼尔基、广西百色、湖南皂市等防洪控制性枢纽工程建设进度，力争早日发挥效益。继续搞好病险水库除险加固工程建设，逐步消除病险水库的安全隐患。加强小型水库安全管理。重视城市防洪工程建设。实施大江大河重要支流、河口的综合治理，重视中小河流防洪建设，提高流域综合防洪能力。加强海堤建设、界河整治和排涝设施建设。

建立较为完善的防洪管理体系，科学安排洪水出路，有效规避、控制和分散洪水风险，合理利用雨洪资源。加强政府有效的社会管理，依法规范人类社会活动。完善和落实防汛责任制，强化防汛工作统一组织、统一指挥、统一调度的效能。进一步完善防洪预案，提高防洪应急管理能力。加强防御山洪和台风灾害工作。尽早建成国家防汛抗旱指挥系统，进一步加强水文基础设施建设，建立健全水文信息服务体系，初步实现水文现代化。

第二，做好饮水安全保障工作，让群众喝上放心水。

进一步加大解决农村饮水安全问题的工作力度。巩固农村人饮解困成果。按照安全饮水标准，集中供水与分散供水相结合，饮用水安全工程建设与农村卫生环境整治相结合，重点解决高氟、高砷、苦咸、污染水和血吸虫病区的饮水安全问题以及局部地区饮用水严重不足问题，全国70%的高氟水病区村、所有的高砷水病区村要完成改水，东部发达地区率先解决农村饮水安全问题。

建立健全饮用水水源保护区制度，保护好饮用水水源。抓紧制定相关政策法规和技术标准。强化饮用水水源地保护的监督管理。搞好水源区安全防护、生态修复、水土保持及水源涵养等工程建设。完善水源地污染突发事件应急预案，严格水污染事件报告制度，提高应对各种突发性污染事故的能力。

第三，全面推进节水型社会建设，提高水资源的利用效率和效益。

科学编制全国水资源综合规划、流域和区域水利规划，基本完成主要江河，尤其是北方缺水流域的省际水量分配，逐级明晰初始水权；确定单位产品生产或服务的用水量定额，初步建立起总量控制与定额管理相结合的用水管理制度。严格执行建设项目水资源论证、取水许可、水资源费征收等制度，强化对水资源开发利用的管理，促使经济和产业结构优化升级。深化水价改革，形成以经济手段为主的节水机制。制定水权转让办法。引导公众广泛参与，提高全民节水意识。综合应用节水措施，有效提高用水效率和效益。发挥地方积极性，扩大节水型社会建设试点范围，积累经验，全面推进节水型社会建设。

第四，搞好水资源配置，提高水资源保障能力。

加强水资源调蓄和配置工程建设，提高对水资源在时间和空间上的调控能力。按计划建成南水北调东、中线一期工程，缓解北京、天津以及华北地区和胶东半岛大中城市缺水问题。加强南水北调西线一期工程前期工作，争取在“十一五”末开工建设。继续实施并开工建设一些区域性调水和蓄水工程。搞好城市供水水源工程建设，有效缓解重点地区和城市的缺水状况。继续抓好首都水资源、黑河、塔里木河三个专项规划的落实。实施渭河、石羊河等综合治理。加强污水处理和再生水的利用，积极开发利用海水及微咸水。全面主动应对干旱，重视抗旱水源工程建设，完善易旱地区和严重缺水城市抗旱预案，强化水资源统一调度，确保城乡生活用水，努力满足生产和生态用水。

第五，做好水利工作中的生态与环境保护工作。

高度重视水利工程建设对生态与环境的影响。完善水利工程生态与环境影响评价体系，做好环境影响评价工作。开展水利工程运行生态评估工作，建立有利于生态保护的调度运行方式，充分发挥水利工程保护生态的作用。坚持开发性移民方针，做好移民安置工作，落实移民扶持政策，强化行政监督，切实保障移民的合法权益。贯彻《可再生能源法》，加强水能资源管理，逐步完善水能资源开发许可、有偿使用等制度。

进一步加强水资源保护工作。完善水功能区划管理，实施纳污总量控制，依法加强入河排污口监督管理。加强河流生态系统的监测，搞好水生态修复试点工作，研究建立生态用水保障机制。加强地下水的管理，以南水北调东中线受水区为重点，推进全国地下水超采区治理。搞好水利风景区的建设与管理，使之成为人们休闲、娱乐、度假、弘扬水文化的好场所。

第六，加强农村水利建设，为建设社会主义新农村服好务。

建立与社会主义新农村相适应的农村水利保障体系。加大对重点大中型灌区的续建配套和节水改造力度，提高用水效率和粮食生产能力。加强对北方灌区大型抽水泵站、南方易涝易渍灌区大型排水泵站的改造，完善灌排设施，提高灌排效益。发展以灌溉饲草料地为重点的牧区水利，提高载畜能力，实施“小建设”，实现“大保护”。有条件的地区，发展一批集雨节灌工程，保障山丘区群众的基本生活。以东部经济较发达地区为重点，建设一批农村水利现代化示范区。

进一步加强水土保持工作，有效改善水土流失地区的生活生产条件和生态环境。加大封育保护力度，继续抓好长江上游、黄河中游、东北黑土区、珠江石漠化地区水土流失重点防治，加快黄土高原淤地坝建设，切实搞好以坡耕地水土综合整治为重点的小流域综合治理。强化水土保持的社会化管理，在全国水土流失区基本建立水土保持预防监督体系和水土流失监测网络，有效防止开发建设项目引起的水土流失。研究和建立水土保持生态补偿机制。

加快发展农村水电。在农村水电资源丰富的地区，建设水电农村电气化县，扩大小水电代燃料生态保护工程建设规模和实施范围。在贫困山区、少数民族地区、革命老区，实施水电增收解困工程。以云南、广西、内蒙古及西藏等边境地区为重点，解决全国有水无电地区生活和生产用电问题。建设一批中小河流农村水电集中连片开发示范区。

第七，加快职能转变，强化对涉水事务的社会管理和公共服务。

进一步推进政企分开、政资分开、政事分开、政府与市场中介组织分开，规范水行政审批，提高运用经济手段和法律手段的能力。加强水利政策法规体系建设，争取在 2010 年初步完成水法配套法规的制定与修订工作。强化水利规划在规范和约束社会涉水行为方面的作用，依法管理和规范水事活动。加强水利信息发布，强化社会监督，推进水利政务公开。通过完善预案，增强应对各种水事危机和突发事件的能力。建立公众参与、专家论证和政府决定相结合的水行政决策咨询机制，推进决策科学化、民主化。

第八，深化改革，完善水利发展的体制机制。

大力推进水务管理体制改革，力争取得突破性进展，实现城乡水资源、地表水与地下水、主水与客水的统一配置，取水、供水、用水、节水、排水、再生水回用的统筹安排，水量、水质、水能和水域的统一管理。积极探索流域综合管理改革，理顺流域管理和区域管理的关系，逐步建立由相关方面参与的民主、协调、权威、高效的流域管理委员会制度。加快水利投融资体制改革，拓宽水利建设基金的资金来源渠道，建立与国家公共财政框架相适应的水利财政投入机制，积极开拓市场融资渠道，完善农田水利基本建设新机制。深化水利工程建设管理体制改革，完善项目法人责任制、建设监理制、招标投标制，规范水利建筑市场秩序，加强水利内部审计和工程稽察，确保建设项目的质量和安全。深入推进水利工程管理体制改革，全面落实水利工程的运行管理和维修养护经费，积极推动水利工程管养分离，深化内部改革。完善水价配套制度，推进科学的计价方式，建立健全合理的水价形成机制。加强水利国有资产管理体制改革，实行资产分类监管，逐步建立以产权为核心的资产管理体制。

第九，全面推进水利科技创新体系建设，增强创新能力。

深化水利科技体制改革，大力加强科技创新。以提高水资源利用效率和保护水生态为重点，大力开展基础研究和应用研究，提高自主创新能力。搞好成果转化和推广应用，注重先进技术的引进和再创新。完善水利质量技术监督体系和水利技术标准体系。重视水利政策研究和决策咨询工作，加强对水利发展和改革中的重大战略问题、热点难点问题、体制机制问题的研究，提高决策和管理的科学性。全面启动“金水工程”，加强水利信息化建设，建立比较完善的水利信息设施体系，完善水利业务信息化应用系统，规范技术标准，积极开发水利信息资源，初步实现水利信息化。加强水利国际合作与交流。引进和吸收国外先进的技术和经验，积极实施走出去战略。提高利用外资的质量和效益。

第十，加强队伍建设和精神文明建设，为水利改革与发展提供坚强的政治保证和组织保证。

坚持以加强党的执政能力建设和先进性建设为根本，用“三个代表”重要思想武装头脑，自觉践行科学发展观，按照构建和谐社会的要求，全面推进党的建设，健全完善保持共产党员先进性的长效机制。大力实施水利人才战略，进一步加强领导班子、公务员队伍、专业技术和技能人才队伍建设。积极推进干部人事制度改革，完善人才评价、选拔任用和激励保障机制，营造水利优秀人才脱颖而出的环境。加强人才培养和教育培训工作，注重在实践中锻炼培养人才。要特别关注基层水利队伍建设问题，制定切实可行的政策，深化改革，加强指导，加大支持，改善条件，增强队伍活力与发展后劲。加强党风廉政建设和精神文明建设，大力开展“为民、务实、清廉”教育，弘扬“献身、负责、求实”的水利行业精神，转变工作作风，为全面推进可持续发展水利、实现“十一五”水利工作目标，提供强有力的思想政治保证、精神动力和智力支持。

三、努力做好2006年水利工作

2006年是实施“十一五”规划的第一年。要切实做好2006年各项水利工作，为“十一五”开好局、起好步。

（一）做好防汛抗旱工作

今年汛期我国大部分地区降雨分布相对均匀，降雨量接近常年或偏多，但北方部分地区由于前期受旱时间长，干旱程度重，河流来水少，水利工程蓄水不足的状况没有得到根本好转。南方地区春夏季持续性的严重干旱日趋频繁。今冬明春的抗旱形势不容乐观。我国幅员辽阔，地理、气候差异非常大，2006年，大江大河发生流域性大洪水的可能性不能排除，局部暴雨山洪和台风灾害的威胁很大。

要立足于防大汛、抗大旱，进一步落实防汛抗旱责任制，研究建立有效的防汛抗旱责任监督机制。易旱地区特别是北方严重缺水的城市，要制定完善应急预案，采取各种措施，确保城乡生活供水安全，减轻旱灾损失。及早部署，抓紧水毁工程修复，完善防汛预案，做好防汛的各项准备。高度重视水库、堤防等水利工程安全管理。做好水文预报、洪水调度和抢险救灾，确保人民群众生命安全，确保大江大河、大型水库、大中城市和交通干线的防洪安全，最大限度减少财产损失。

（二）抓紧各项水利工程建设

继续抓好重点水利工程建设。2006年是治淮建设的关键一年，必须加大工作力度，推进治淮骨干工程建设。全面完成长江干堤、治太工程、小浪底枢纽等项目的竣工验收。继续加强黄河等其它江河防洪工程建设。完成尼尔基、百色、紫坪铺、皂市等重点工程年度建设任务，稳步实施首都水资源、黑河、塔里木河等专项治理工程，加强病险水库除险加固。加快南水北调工程和其他主要水源工程前期工作。处理好中央直属水库移民遗留问题，做好在建水库工程移民安置。搞好小型、微型水利工程建设，推进水利定点扶贫，加快贫困县脱贫步伐。完善前期工作，搞好水利血防工程建设。

继续把保障饮水安全作为水利工作的首要任务。按照“先急后缓、先重后轻、突出重点、分步实施”的原则，解决2000万农村人口的饮水安全问题。继续推进灌区节水改造，加大末级渠系改造力度，扩大牧区水利试点。在长江中下游地区全面开展大型排涝泵站更新改造工程建设。2006年“两工”将全部取消，要加强调查研究，及时总结今年小型农田水利工程建设“民办公助”试点和民主管理、“一事一议”的经验，编制好规划，因地制宜，分类指导，扎实有效地开展农田水利基本建设。

加强水土保持工作。完成水土流失综合防治面积10万平方公里。继续推进封育保护，抓好七大流域及重点地区水土保持工程建设，推动坡耕地水土综合整治、水源地水土保持等项目的实施，加快黄土高原淤地坝工程建设。加强执法监督，有效控制开发建设活动造成的水土流失。做好《水土保持法》修改的前期工作。完成中国水土流失与生态安全综合科学考察。

做好农村水电工作。新增农村水电装机400万千瓦，启动400个小康水电农村电气化县建设，扩大小水电代燃料工程建设规模和实施范围，加强农村水电供电网的建设与管理，启动农村水电增收解困工程，加快无电人口光明工程建设，加强市场监管，建立竞争有序的农村水电市场。

（三）进一步加强水利管理

抓紧完成重点水利规划。完成全国水利发展“十一五”规划、七大流域防洪规划报批，基本完成全国水资源综合规划编制工作，实现全国可利用水资源量的省际分配。全面启动七大江河流域规划修编工作，抓紧编制蓄滞洪区专项规划。完成全国农村饮水安全规划、城市饮用水源地保护规划和全国节水灌溉发展规划。

加强水资源节约与保护。编制完成“十一五”全国节水型社会建设规划。强化节水基础工作，加快建立全国用水定额管理指标体系。抓好内蒙古、宁夏水权转换和辽宁大凌河流域的初始水权分配，推进水权制度建设。扩大节水型社会建设试点范围。加强节水型社会建设宣传，提高全社会节水意识。做好水资源调度和生态补水工作。抓紧完成全国及各省水功能区的报批，加强入河排污口监督管理。

强化依法治水。配合国务院法制办做好《取水许可和水资源费征收管理条例》、《节约用水管理条例》、《河道采砂管理条例》、《黄河水量统一调度条例》、《水文条例》等法规的起草或审查工作。加大贯彻落实《行政许可法》的力度，进一步清理相关部规章和规范性文件，规范行政许可。推行行政执法责任制，加大水行政执法力度。妥善处理水事纠纷。制定水利普法“五五”规划，加强水法制宣传。

加强水利建设与管理。要深化水利建设管理体制改革，完善项目法人组建方式，规范招标投标行为，理顺监理管理体制，整顿水利建筑市场秩序，加强质量和安全监督管理。水利工程管理体制改革已进入攻坚阶段，绝大多数省已出台了改革实施方案，关键是要落实工程运行维护经费和各项改革措施。重视河道管理，规范建设项目审批，启动河道岸线利用规划工作，推进水利工程确权划界。加强全国河道采砂管理，重点做好长江河道采砂管理工作，维护河势稳定，保障防洪和通航安全。

加快水价改革，加强财经管理。完善水价改革配套政策。各地要加紧制定本地区水价管理办法，大力推动非农业用水价格的调整。积极推进农业供水计量收费，继续抓好农业用水价格改革试点工作。探索建立权责明确的准公益性水管单位资产管理体制和运行机制，启动准公益性水利国有资产绩效评价试点工作。进一步深化财务管理体制改革，加强资金管理，确保资金的安全和效益。高度重视水利多种经营工作，结合水利工程建设和水环境治理，积极开发利用水利风景资源。

增强水利科技创新能力，加强国际合作与交流。出台《关于加强水利科技创新若干意见》。深化水利科技体制改革，完善开放、流动、竞争、协作的科研运行机制，组织好重大水利问题的研究，推进水利科技创新。加强科技成果的管理和推广应用，提高科技成果转化率。加强水利技术监督，做好水利标准化工作。加强水文基础设施建设，调整、充实和发展国家基础水文站网，重点完善省界、水功能区界、重要水源地、地下水超采区水文监测网络，提高监测能力。组织实施好水利电子政务项目建设，推进防汛抗旱、水土保持等业务应用系统建设，提高水利信息化水平。扩大对外合作与交流，积极参加国际重大水事活动，合理、有效地利用外资，妥善处理与国际河流有关的涉外事务。

（四）加强干部队伍建设和精神文明建设

巩固深化先进性教育活动成果，加强领导班子和人才队伍建设。以提高执政能力为重点，加强水利系统各级领导班子建设，积极推进水利领导干部专业能力建设。认真贯彻《公务员法》，强化公务员管理。实施“水利部5151人才工程”，加强高层次专业技术人才和技能人才队伍建设。全面落实大规模培训干部任务，不断提高干部队伍素质。严格执行党风廉政建设责任制，强化廉政考核机制、督查机制和水利内部审计机制，构建惩防体系，严肃查处各类案件，确保“三个安全”。重视和加强水利信访工作，密切联系群众。认真做好离退休干部工作。积极发挥群众组织和社会团体在水利发展中的作用。

同志们，做好“十一五”和2006年水利工作，任务艰巨，责任重大。让我们在以胡锦涛同志为总书记的党中央领导下，坚持以邓小平理论和“三个代表”重要思想为指导，认真贯彻落实党的十六届五中全会精神，以科学发展观统领水利工作全局，扎实工作，开拓进取，坚定不移地推进可持续发展水利，为全面建设小康社会，为构建和谐社会做出贡献。

中国水利2005年固定资产投资与重点水利建设

一、水利固定资产投资

2005年，全社会水利固定资产计划投资827.4亿元。其中，中央政府投资271.6亿元，地方政府投资（包括部门自筹）398.3亿元，利用外资18.4亿元，国内贷款81.5亿元，企业和私人投资43.0亿元，其它投资14.6亿元。在全部投资计划中，防洪工程投资399.6亿元，水资源工程投资247.7亿元，水保及生态工程投资44.2亿元，水电及专项工程投资135.9亿元，分别占总投资的48.3%、30.0%、5.3%、16.4%。

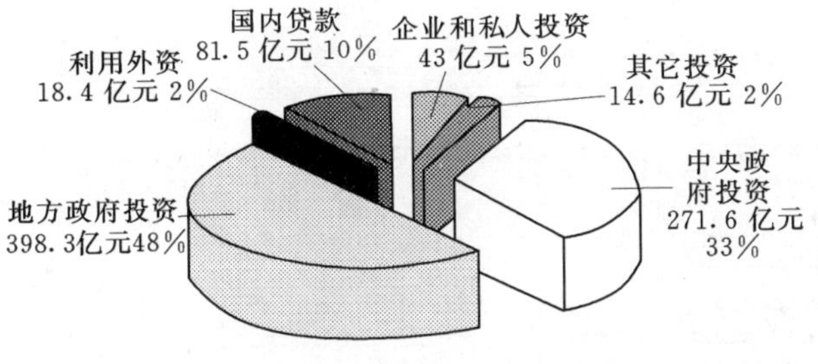

全社会水利固定资产投资计划

全年中央水利建设投资计划共下达271.58亿元，比2004年减少7亿多元。其中：国家预算内拨款72.19亿元，占26.58%；国债专项资金188.36亿元，占69.36%；水利建设基金11.0亿元，占4.05%；利用外资0.02亿元，占0.01%。

全年水利工程建设项目4855个，在建项目投资总规模为5920亿元，较上年增加3.0％。其中，中央参与投资的水利建设项目3753个，在建投资规模为4794亿元。在建项目累计完成投资3145亿元，投资完成率为53.1%。当年部分投产项目1709个，新增固定资产364亿元。当年全部投产项目1407个，新增固定资产204亿元。

全年水利建设完成投资746.8亿元（含南水北调工程16个在建单元工程），较去年减少36.7亿元。其中，建筑工程完成投资530.7亿元，各类安装工程完成投资27.0亿元，机电设备及各类工器具购置完成投资39.8亿元，其它完成投资（包括移民征地补偿等）149.4亿元。

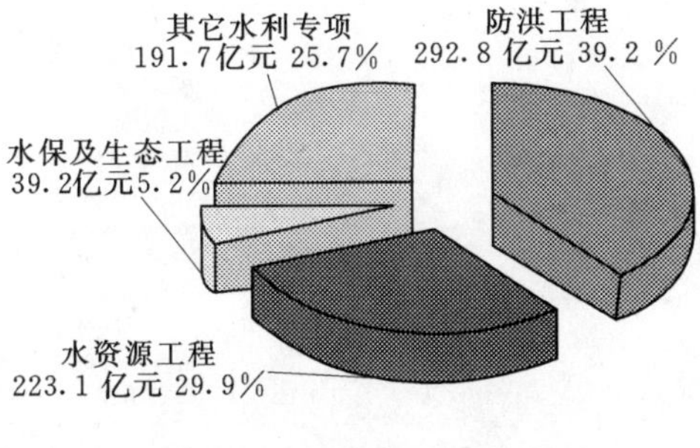

本年分工程类型完成投资

在全部完成投资中，防洪工程建设完成投资292.8亿元，占39.2%；水资源工程建设完成投资223.1亿元，占29.9%；水保及生态工程完成投资39.2亿元，占5.2%；水电、机构能力建设等专项投资完成191.7亿元，占25.7%。

七大江河流域完成投资572.1亿元，东南诸河、西北诸河以及西南诸河等其它流域完成投资174.7亿元。

东部、东北、中部、西部地区完成投资分别为276.8亿元、36.2亿元、169.8亿元、264.0亿元，占全部完成投资的比例分别为37.1%、4.9%、22.7%和35.3%。东部地区水利建设完成投资中地方自筹和民间投资比例较高，西部等其它地区完成投资中以政府投资和银行贷款比例较高。

在全部完成投资中，中央项目完成投资122.7亿元，地方项目完成投资624.1亿元；大中型项目完成投资326.3亿元，小型及其它项目完成投资420.5亿元；各类新建工程完成投资517.6亿元，扩建、改建等项目完成投资229.2亿元。

全年水利在建项目累计形成固定资产2042.7亿元，当年新增固定资产574.1亿元，本年固定资产形成率为76.9%。本年完成土方、石方和砼方分别为13.87亿立方米、2.07亿立方米、0.22亿立方米。

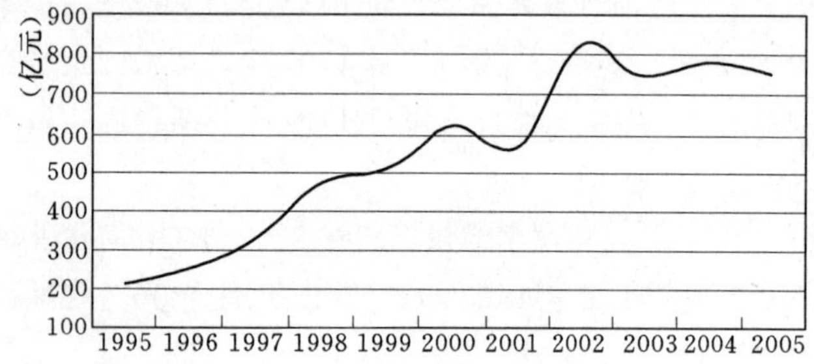

水利固定资产完成投资

二、重点水利建设

大江大河治理。全年在建江河治理工程2457处，累计完成投资1531.1亿元，占工程总投资的55.7%。堤防工程533处，在建堤防长度1.7万公里。当年完成加高加培堤防2200公里，防渗处理208公里，险工险段处理94公里，新建堤顶公路615公里，新建涵闸272处。新增达标堤防长度3870公里，其中，一、二级堤防新增达标长度1426公里。长江重要堤防隐蔽工程整治项目全部通过验收；治淮19项骨干工程已安排投资达288亿元，占工程总投资的64%，累计完成投资239亿元，占已安排投资的83%，其中，已有5项竣工验收，4项基本完成，各项在建工程施工进度加快。

水库工程。当年在建水库工程244座，累计完成投资850.2亿元，占工程总投资的73.2%。其中，大中型水库工程67座，累计完成投资732.4亿元，占水库总投资的63.1%。淮河临淮岗工程基本完工，嫩江尼尔基、广西百色、四川紫坪铺实现下闸蓄水的目标，湖南皂市、四川武都、云南麻栗坝、重庆鲤鱼塘、山西张峰、黄河西霞院等骨干水利枢纽工程建设进展顺利，“泽渝”、“润滇”等一批重要中型水库工程成效显著，部分水库已经建成并发挥效益。当年在建病险水库除险加固工程1010座，累计完成投资161.1亿元，占工程总投资的56.4%，有570座水库基本完成除险加固任务。

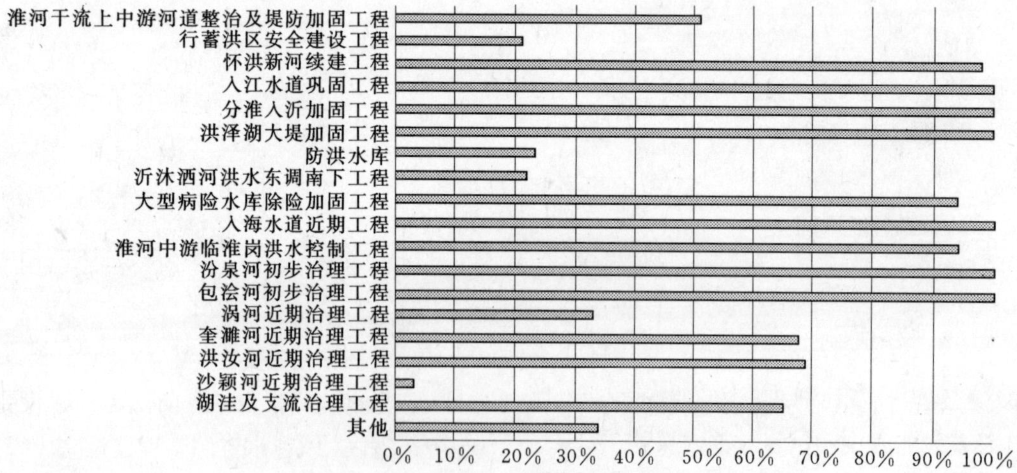

治淮19项骨干工程投资完成进度

水资源配置工程。南水北调东、中线一期工程有8项单项工程的16个设计单元工程开工建设，在建规模132亿元；当年新开工7项，中线丹江口大坝加高工程和穿黄工程两大关键性工程破土动工；辽宁大伙房输水等一批调蓄工程和供水工程正在抓紧建设。

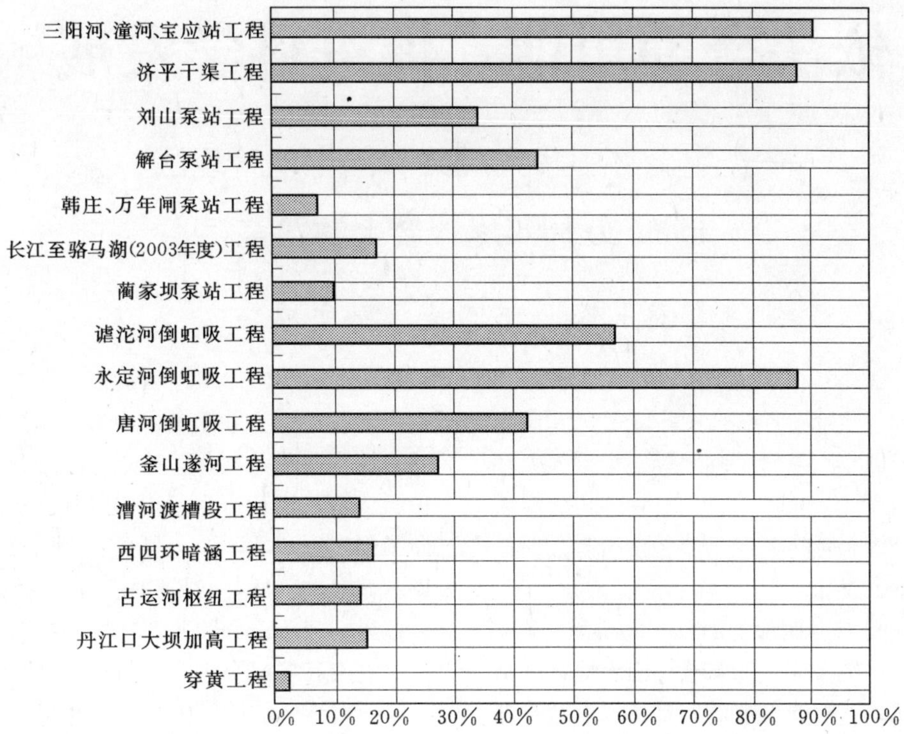

南水北调在建16项单元工程投资完成进度

水土保持及生态。全国新增水土流失综合治理面积4.2万平方公里，其中小流域治理面积新增1.14万平方公里。封育保护面积6.33万平方公里。继续实施长江上中游、黄河上中游、珠江上游、东北黑土区等水土流失重点防治工程，实施3856条小流域水土流失综合治理，改造坡耕地、沟滩地65万亩，营造水土保持林草253万亩，完成投资22亿元。新建骨干淤地坝802座。塔里木河、黑河、首都水资源等专项治理工程进展顺利，共累计完成投资55.4亿元，占规划总投资的54.5%。

农村水利。全年农村饮水安全工程完成投资32.7亿元，基本解决1797.3万人的饮水困难和饮水安全问题。全国已累计解决饮水困难和饮水安全人口3.04亿人，农村饮水安全或基本安全人口已经达到6.18亿人。全国灌区建设及节水改造完成投资67亿元，实施灌区节水改造项目306个，牧区水利试点项目41个。新增有效灌溉面积1519万亩，新增节水灌溉面积1488万亩。实施长江流域水利血防项目61项。

农村水电。全国水利系统新增水电装机541万千瓦。当年在建电站装机容量1773万千瓦。全年水电农村电气化县建设完成投资360.5亿元，新建电站1876座，投产装机407.8万千瓦；新建高压线路5.7万公里，新建35千伏以上变电站容量1141.5万千伏安。全国无电乡村光明工程解决了18个乡镇、346个村、55万户、122万人的生产生活用电问题。

行业能力建设。全年水利行业能力建设完成投资21.7亿元。其中：水利前期投资12.3亿元，防汛通讯设施投资0.9亿元，水文建设投资1.8亿元，科研教育设施投资1.9亿元，其它4.7亿元。水利行业基础设施和管理条件进一步改善。防汛抗旱指挥系统一期工程建设进展顺利，水利电子政务系统建设加快实施。

（摘自《2005年全国水利发展统计公报》）

依法合理用地　促进科学发展

——在纪念《中华人民共和国土地管理法》颁布20周年座谈会上的发言

国土资源部部长　孙文盛

在第十六个全国“土地日”和《中华人民共和国土地管理法》颁布二十周年纪念日来临之际，全国人大环境与资源保护委员会、国土资源部共同举行这个座谈会，共同感悟今年全国土地日的主题“依法合理用地、促进科学发展”，意义重大。

1986年6月25日《土地管理法》的颁布和同年8月1日国家土地管理局的成立，标志着我国土地管理从此步入统一管理的轨道。随着形势的发展，《土地管理法》经历了两次重大的修改。尤其是1998年《土地管理法》修订之后，我国首次以立法形式确定了土地基本国策和严格土地管理的基本法律制度，为实现土地利用方式和管理方式的根本转变提供了法律保障，对我国的经济社会发展产生了重要影响。也就在1998年，由地质矿产部与国家土地管理局等共同组建国土资源部，进一步强化了依法统一管理国土资源的职能。2004年，全国人大常委会又对《土地管理法》做了适宪性修改，就土地征收、征用进一步作出明确规定。同时，与《土地管理法》相配套的法规规章在实践中不断得到完善，落实最严格的耕地保护制度，适应社会主义市场经济发展要求的管理法律体系已初步建立，为我国各级政府和国土资源管理部门依法管理土地，提供了法律依据。

20年来，在改革开放的历史新时期，祖国大地发生了翻天覆地的变化。我国工业化、城镇化、市场化、现代化的快速发展，以及经济社会的全面协调可持续发展，都与土地息息相关。合理用地和依法管地，是我国经济建设和社会发展最重要的基础条件之一。

我国土地管理事业在探索中前进，不断取得新的成绩。土地利用规划计划的作用日益明显，耕地保护工作不断加强，土地使用制度改革不断深化，从无偿无限期无流动到有偿有限期有流动，市场配置土地资源的基础性作用得到有效发挥，节约集约用地受到重视，地籍、信息化等业务基础逐步巩固，管理体制不断完善，队伍素质、执法能力和服务水平有了全面提高。

特别是近年来，运动土地政策参与宏观调控，对维护经济平稳运行产生了积极成效。在此，我代表党组、向国土资源战线上的老领导、老同志和广大干部职工，表示诚挚的问候！向长期关心、支持国土资源工作的社会各界，表示衷心的感谢！特别要提到的是，全国人民代表大会和各级人大立法机构，对土地管理法和法制建设，一直给予的高度关注和有利指导，为这个事业的健康发展提供了根本保障，谨在此致以崇高的敬意。

“十一五”时期，是我国全面建设小康的关键时期，同时也是资源供需矛盾的凸显期，资源利益冲突和诉求的高发期。缓解经济社会发展与土地资源的矛盾将是长期而艰巨的任务。党中央国务院对土地管理工作高度重视，作出了一系列重大决策部署。2004年，国务院发出了《关于深化改革严格土地管理的决定》，这是新时期加强土地管理工作的纲领性文件。实行最严格的土地管理制度，是由我国人多地少的基本国情决定的，也是贯彻落实科学发展观、保证经济社会可持续发展的必然要求。到2005年10月底，我国由于建设占用、生态退耕、农业结构调整和自然灾害损毁，耕地面积已减少为18.31亿亩，人均耕地下降为1.40亩。要保证实现到“十一五”期末我国耕地保有量18亿亩的规划目标，任务极为艰巨。但这是一个约束性指标，是一条不可逾越的“红线”。我国必须以邓小平理论和“三个代表”重要思想为指导，以科学发展观统领国有资源管理工作全局，进一步完善适应社会主义市场经济要求的国土资源管理体制，提高队伍素质，坚持依法行政、努力做到保护资源更加严格规范、保障发展更加持续有力、维护权益更加切实有效，服务社会更加全面优质，不断提高国土资源对经济社会保障的能力。

当前和今后一个时期，要全面落实国务院《决定》，进一步严格土地管理，遏制一些地方违规占用土地，充分发挥土地供应的调控作用，促进国民经济平稳运行。关键是要依法合理用地，促进科学发展。

依法合理用地，促进科学发展，必须认真编制和严格执行土地利用总体规划和年度计划。坚决制止通过修改土地利用总体规划等方式规避占用基本农田报批的违法行为。要定期运用土地利用动态遥感监测等手段，对各地、计划执行情况进行监督检查，并予以通报。在新农村建设中，必须按规划合理用地，不得以置换、挂钩等为名大拆大建，不得将腾退土地全部用于非农建设，能够复耕的土地必须复耕。

依法合理用地，促进科学发展，必须坚持有保有压，从严从紧控制新增建设用地。优先保证国家重点基础设施建设的项目以及加强经济社会发展薄弱环节建设项目用地。严格执行限制、禁止用地目录和重点领域建设用地定额标准。利用滩涂、荒山、荒地等进行非农建设，必须依法报批。要严格执行农用地转用，土地征收和供给备案制度。新增建设用地不得用于土地收购储备。严格征地管理，切实维护被征地农民的合法权益。控制征地范围、拓展安置途径，完善补偿标准，规范征地程序，推进征地制度改革，确保被征地农民生活水平不降低、长远生计有保障。

依法合理用地，促进科学发展，必须积极培育和发展土地市场。要深化土地市场体系建设，充分发挥市场配置资源的基础性作用。扩大国有土地有偿使用范围。商业、旅游、娱乐和商品住宅等各类经营性用地，一律以招标、拍卖、挂牌方式出让。稳步推进工业用地的招标、拍卖、挂牌出让和经营性基础设施用地有偿使用。

依法合理用地，促进科学发展，必须确保房地产调控的土地供应政策落到实处。严格执行国务院制订的相关政策措施，规范国有土地使用权出让合约，加强建设用地供应管理，进一步发挥土地供应的调控作用。要加大对闲置土地的处置力度，应当征收土地闲置费的，要依法从高征收；应当无偿收回土地使用权的，坚决依法无偿收回。加强土地使用权抵押登记管理，防范金融风险。

依法合理用地，促进科学发展，必须全面加强土地管理各项基础工作。要充分发挥科技创新对国土资源工作的支撑作用，大力实施“科技兴地”战略。进一步加强土地调查、登记等工作。加快土地管理信息化建设。加强土地统计分析，建立耕地动态监测系统和分析通报制度。

依法合理用地，促进科学发展，必须严肃查处违法违规用地。重点查处违反规划、突破计划、违法批地用地的典型案件。对重大违法违规用地案件，要公开调查、公开结果，并追究相关人员的责任。各级国土资源管理部门要认真履行执法监察职责，对有案不查的，要依照有关规定追究有关人员的责任。要严格落实土地执法动态巡查责任制，加强事前防范。进一步严格开发区用地管理，依法查处开发区违法违规用地。

依法合理用地，促进科学发展，必须在整个国土资源系统中深入开展“完善体制、提高素质”活动。高度重视干部职工的教育培训，努力提高依法行政、参与宏观调控的能力，协调沟通、推进工作的能力，清正廉洁、自我约束的能力。特别是要不断完善体制、机制和制度，切实加强各级国土资源部门执法监察工作，加强基层国土资源所建设。锻炼造就一支政治好、原则性强、熟悉业务、懂得管理、廉洁自律的国土资源管理干部队伍。

依法合理用地，促进科学发展，是全社会面临的一项长期而艰巨的共同任务。让我们进一步树立和落实科学发展观，全面贯彻落实中央的重大决策部署，坚持依法行政、严格执法，保持气势、把握主导，用心做事、力戒浮躁，夯实基础、拓展成效，在广袤的祖国大地上，干好党和人民赋予我们的艰巨而神圣的事业，为经济社会全面协调可持续发展，作出应有的贡献！

中国国土资源2005年利用情况

（2006年4月28日）

2005年，国土资源工作在党中央、国务院的领导下，坚持以科学发展观统领工作全局，学习贯彻党中央十六届五中全会精神，深入开展“完善体制提高素质”活动，转变观念、转变职能、转变作风取得明显进步，在保护资源、保障发展、维护权益、服务社会等各个方面取得新成效。

全面落实科学发展观，加强和改善参与宏观调控的工作。研究提出国土资源“十一五”规划纲要，编制专项规划。大力推进国土资源节约集约利用，努力构建资源节约型社会。开展土地利用总体规划修编前期工作。

进一步加强耕地特别是基本农田保护工作，明确以建设促保护等一系列新举措。继续严把土地供应闸门，巩固土地市场治理整顿成果。全面整顿和规范矿产资源开发秩序。全面加强地质工作。地质调查和矿产资源勘查取得一批重要成果。地质灾害防治取得明显成效。积极推进地质环境监测工作。不断推进国土资源科技创新和信息化建设。加强国际合作与交流。金土工程一期建设正式启动。不断推进海洋资源管理和环境保护。不断提高测绘管理和服务水平。

一、土 地 资 源

根据土地利用变更调查结果，全国耕地 12208.27 万公顷（18.31 亿亩）；园地 1154.90 万公顷（1.73 亿亩）；林地 23574.11 万公顷（35.36 亿亩）；牧草地 26214.38 万公顷（39.32 亿亩）；其他农用地 2553.09 万公顷（3.83 亿亩）；居民点及独立工矿用地 2601.51 万公顷（3.90 亿亩）；交通运输用地 230.85 万公顷（0.35 亿亩）；水利设施用地 359.87 万公顷（0.54 亿亩）；其余为未利用地。与 2004 年相比，耕地面积减少 0.30%，园地面积增加 2.31%，林地面积增加 0.30%，牧草地面积减少 0.21%，居民点及独立工矿用地面积增加 1.11%，交通运输用地面积增加 3.37%，水利设施用地面积增加 0.26%。

2005 年全国耕地净减少 36.16 万公顷(542.4 万亩)。其中，建设占用耕地 13.87 万公顷（208.1 万亩），另外，查出往年已经建设但未变更上报的建设占用耕地面积 7.34 万公顷（110.1 万亩）；灾毁耕地 5.35 万公顷（80.2 万亩）；生态退耕 39.04 万公顷（585.5 万亩）；因农业结构调整减少耕地 1.23 万公顷（18.5 万亩），土地整理复垦开发补充耕地 30.67 万公顷（460.0 万亩）。土地整理复垦开发补充耕地面积为建设占用耕地的 144.56%。

全年新增建设用地 43.2 万公顷。其中，新增独立工矿（包括各类开发区、园区）建设用地 15.11 万公顷，新增城镇建设用地 9.82 万公顷，新增村庄建设用地 6.66 万公顷，新增交通、水利等基础设施建设用地 10.76 万公顷。

切实加强耕地特别是基本农田保护。国务院办公厅下发《省级政府耕地保护责任目标考核办法》，明确各省（区、市）政府对本行政区域内的耕地保有量和基本农田保护面积负责。会同农业部、发展改革委、财政部、建设部、水利部、国家林业局等六部委制定下发《关于进一步做好基本农田保护有关工作的意见》。下发《关于开展设立基本农田保护示范区工作的通知》，发挥典型示范作用，全面提升基本农田保护工作水平。下发《关于加强和改进土地开发整理工作的通知》和《2005 年国家投资土地开发整理项目指南》。全年共备案国家投资土地开发整理项目 1326 个，项目建设总规模 129.12 万公顷，其中，位于粮食主产区项目个数和建设规模分别占 47% 和 53%。下发《关于开展补充耕地数量质量按等级折算基础工作的通知》，采用更加严格措施改进耕地占补平衡工作。

大力推进节约集约用地。开展全国存量用地调查，查明到 2004 年底，全国城镇规划范围内共有闲置土地 7.20 万公顷（107.93 万亩），空闲土地 5.48 万公顷（82.24 万亩），批而未供土地 13.56 万公顷（203.44 万亩），三类土地总量为 26.24 万公顷（393.61 万亩），占城镇建设用地总量的 7.8%。切实执行建设用地“六个不报批”和“八个必须”要求，核减建设用地 4631.9 公顷。总结和大力推广 100 个节约集约用地典型，制订促进节约集约用地新政策。从严控制土地供应总量，严格审核开发区、出口加工区、保税区等 24 个。

土地管理为经济建设服务。全年审批建设用地 34.68 万公顷，其中国务院批准用地 14.93 万公顷，省级批准用地 19.75 万公顷；工矿仓储、住宅等分批次建设用地 16.00 万公顷，交通运输、水利设施等单独选址建设用地 18.68 万公顷。

土地管理基础业务建设明显加强。《土地利用分类》国家标准已正式报国家标准化管理委员会。制定全国第二次土地调查工作方案。18 个省（区、市）开展土地更新调查，1526 个县（市）建立土地利用现状数据库，城市市区地籍调查完成 82.24%。国有土地使用证发证率达 76.38%，集体土地所有权发证率达 33.19%，集体土地使用证发证率达 70.69%。25 个省（区、市）开展农用地分等定级与估价工作，13 个通过验收。

完善土地市场体系和制度。继续扩大土地有偿使用覆盖面。继续完善国有土地出让制度。全国共出让土地面积 16.32 万公顷，出让价款 5505.15 亿元。其中，招拍挂出让面积和出让价款分别为 5.72 万公顷和 3920.09 亿元，分别占出让总面积和总价款的 35.06%和 71.21%。加强土地储备制度建设。加强土地市场监测和地价管理。根据 1000 多个县（市、区）土地市场动态监测结果，土地供应来源结构 56%属于存量用地，44%属于新增用地；用途结构 43.33%属于工矿仓储用地，30.56%属于房地产开发用地，26.11%属于其他用地；房地产开发用地中，商业服务业用房占 29.2%，普通商品住宅占 48.7%，经济适用房占 9.3%，高档公寓占 0.2%，其他住房占 12.6%。系统提出房地产市场土地供应政策。

二、矿 产 资 源

2005 年，我国地质调查和矿产资源勘查新发现大中型矿产地169处，其中能源矿产40处，黑色金属矿产3处，有色金属矿产44处，贵金属矿产11处，冶金辅助原料矿产7处，化工原料矿产5处，建材非金属矿产52处，水气矿产7处。主要矿产中，石油、天然气、煤、铁、锰、铝土矿、铅和金资源储量增加，铬、铜、锌、硫铁矿、磷和钾资源储量下降。

2005年新的石油天然气储量计算规范行业标准发布实施。资源调查评价工作取得重要成果，大庆油田深部勘探发现大型天然气田。固体矿产资源储量动态监测稳步推进。地质资料社会化服务制度改革取得突破。研究起草《国务院关于加强地质工作的决定》，积极探索构建中央与地方各负其责，政府与企业合理分工，公益性与商业性有机结合的地质工作新体系。全面系统分析我国重要矿产资源潜力，提出重点加强勘查的矿种、地区，进一步明确找矿方向。初步查明全国危机矿山资源危机程度和资源潜力，试点项目取得较好找矿效果。下达了第一批危机矿山接替资源找矿项目计划。

截至2005年底，颁发勘查许可证21824件（新发9282件）。其中石油天然气300件，煤层气60件。颁发采矿许可证92582件（新发16820件）。其中石油天然气采矿权41件。20个省（区、市）开展了探矿权招标拍卖挂牌出让工作，出让探矿权554件，出让价款10.43亿元。28个省（区、市）开展了采矿权招标拍卖挂牌出让工作，出让采矿权13227件，出让价款39.49亿元。2005年有效的涉外勘查许可证206件，其中新发外资采矿许可证187件。

云南、内蒙古、新疆、四川、甘肃、青海等省（区）吸引外商投资勘查取得新的成效。河南洛宁沙沟西银铅锌矿、贵州锦丰金矿等项目外商勘查开发取得重要进展。目前，在我国从事矿产勘查开发的国际矿业企业已经超过80家。同时我国企业在世界上30多个国家从事矿产资源的勘查开发工作。

2005年我国矿产品产量快速上升，原煤产量达到21.9亿吨，原油1.81亿吨，铁矿石4.21亿吨，粗钢3.52亿吨，10种有色金属1635万吨，磷矿石3044万吨，原盐4454万吨，水泥亿吨10.60亿吨。西部石油天然气产量持续增长，煤层气大规模开发利用展开。

2005年我国矿产品贸易总额超过3000亿美元，大宗短缺矿产品的进口量继续增加。其中原油进口12682万吨，铁矿石进口27523万吨，锰矿石进口458万吨，铬铁矿进口302万吨，铜矿石进口406万吨，钾肥进口917万吨。矿产品价格持续上涨，钢材等部分原材料产能相对过剩，矿业企业利润下降。大多数矿产供需渐趋平衡，天然气供应出现短缺状况。

三、海洋资源

全国主要海洋产业总产值达到16987亿元。海洋产业增加值达到7202亿元，按可比价格计算，比上年增长12.2%，相当于同期国内生产总值的3.95%。海洋三次产业比例为17:31:52，其中，第一产业增加值1206亿元，第二产业增加值2232亿元，第三产业增加值3764亿元。

各主要海洋产业保持稳定增长态势，滨海旅游业、海洋渔业及相关产业、海洋交通运输业作为海洋三大支柱产业，占主要海洋产业的比重近四分之三，其中滨海旅游业位居各主要海洋产业之首。新兴海洋产业发展迅速，海洋电力业、海水综合利用业等新兴海洋产业在海洋经济中的地位逐步提高。

我国海洋区域经济持续快速发展。环渤海经济区主要海洋产业总产值5510亿元，占全国主要海洋产业总产值的比重为32.4%；海洋渔业、滨海旅游业和海洋交通运输业三大海洋支柱产业之和占本地区主要海洋产业总产值的69.8%。长江三角洲经济区主要海洋产业总产值5860亿元，占全国主要海洋产业总产值的比重为34.5%；滨海旅游业、海洋交通运输业和海洋渔业三大海洋支柱产业之和占本地区主要海洋产业总产值的74.3%。珠江三角洲经济区主要海洋产业总产值3000亿元，占全国主要海洋产业总产值的比重为17.7%；滨海旅游业、海洋渔业、海洋电力业、海洋油气业和海洋交通运输业五大海洋产业之和占本地区主要海洋产业总产值的93.9%。

海洋管理步入法制化轨道，海域使用管理工作取得新的进展。颁布《海洋特别保护区管理暂行办法》，规范海洋特别保护区申报程序。发放海域使用权证书6887本，确权海域面积27.3万公顷，征收海域使用金10.5亿元。省级海洋功能区划编制与报批工作继续推进。海上执法监察力度不断加大，全年检查各类项目12226个，作出行政处罚决定1869件。

海域勘界工作稳步推进。全国已勘定120条县际间海域行政区域界线，完成县际界线总数的50%。全国省际间海域勘界的外业调查工作已全部完成，相关省级人民政府正式签订了津冀北线、津冀南线和粤桂线的《海域行政区域界线协议书》。

全海域未达到清洁海域水质标准的面积为13.9万平方公里，海域总体污染状况仍未好转。

海洋防灾减灾措施进一步加强，全海域共发现赤潮82次，较上年减少约15%；累计发生面积约27070平方公里，与上年基本持平；因赤潮造成的直接经济损失愈6900万元。

四、国土资源调查

国土资源调查工作取得重要成果。基础地质调查取得重要进展，服务领域不断拓宽和深化。青藏高原空白区 1:25 万区域地质调查工作全面完成，1999～2005 年间，完成空白区 1:25 万区域地质调查共 110 个标准图幅，面积 152 万平方千米，实现了我国陆域中比例尺区域地质调查全覆盖，取得了青藏高原岩石、构造、地层、古生物等方面许多珍贵的新资料，获得了一批科学前沿问题的新认识，同时新发现 10 余条具有相当规模的铁、铜、硼等重要成矿带。2005 年完成 1:25 万区域地质调查 11.0 万平方千米，修测面积 41.9 万平方千米；完成 1:100 万区域重力调查 27.8 万平方千米，完成 1:20 万区域重力调查 3.4 万平方千米；完成 1:20 万区域化探调查 1.1 万平方千米；完成 1:5 万航空遥感调查 2.62 万平方千米；完成海洋地质调查多道地震测量 3776 千米，重力测量 2076 千米，多波束测量 5528 千米。开展多目标地球化学调查，对推动农业结构调整、农业增效、农民增收发挥重要作用。第一个农业地质调查项目——浙江省农业地质调查工作全面完成，共完成调查面积 4.36 万平方公里，覆盖全省 86.5%的耕地面积，采集样品 6.6 万件，获得原始数据 126 万个，基本摸清浙江省农业用地的质量家底。全国省级国土资源遥感综合调查全部完成，覆盖全国陆域面积的国土资源遥感综合调查全面完成，取得覆盖土地资源、矿产资源、水资源、旅游资源、森林资源、地质灾害、地质构造与区域稳定性、生态环境等方面的丰硕成果，建立了省级国土资源遥感综合调查成果管理、服务系统，为国家和区域经济社会规划、国土资源管理与社会可持续发展提供了翔实的基础数据。

海洋地质调查取得新的进展。我国海域天然气水合物资源调查取得新的进展，扩大了我国海域天然气水合物远景资源区，圈定了南海北部陆坡区天然气水合物远景最有利的重点目标区，提出了首批天然气水合物钻探井位。

固体矿产资源勘查取得了重要成果。云南香格里拉县斑岩铜矿富集区目前已发现 35 个矿床（点），区域远景资源量有望超过 500 万吨，普朗铜矿及外围铜矿床（点）的勘查与开发，将大大促进区域经济社会的发展，仅普朗铜矿就引入 15 亿元的勘查开发资金；西藏墨竹工卡县驱龙铜矿实现了矿床勘查的重大进展，已控制铜资源量百万吨以上，外围有较大找矿潜力；西藏多不杂铜矿估算铜资源量 200 万吨，具有特大型矿床远景规模，外围塞角、铁格隆等矿区具有斑岩铜矿找矿前景。湖南锡田地区已发现锡矿脉 30 多条，预测矿田远景资源量锡 50 万吨、钨 30 万吨以上；鄂西地区层控型铅锌矿目前发现铅锌矿点 130 余处，预测铅锌资源量超过 500 万吨；新疆白干湖钨锡矿目前已圈定 3 个钨锡矿段，工程控制矿脉 29 条，估算钨资源量 30 万吨以上。

地下水资源调查评价成效明显。西部严重缺水地区地下水勘查取得显著效益，鄂尔多斯盆地地下水勘查取得了突破性的成果，现已在全盆地内勘查圈定 143 处可供集中供水的远景水源地，为鄂尔多斯能源化工基地建设和生态环境保护提供了水资源保障；四川红层找水示范取得明显社会效益，在 35 个县（市）建成“小口径”供水井 33.5 万余眼，让红层贫水区 117 万农民喝上了洁净的自来水。解决了近半个世纪的人畜饮用水难题，为建设社会主义新农村作出了贡献。

地质调查资料的公益性服务迈出重要步伐。我国首次公布 1:20 万化探数据资料，2005 年 5 月，中国地质调查局发布第一批成果地质资料服务信息，其中包括 2.5 万种公开性成果地质资料、8 种数据库类成果地质资料，6 万种非公开性成果地质资料；2005 年 11 月，中国地质调查局发布第二批成果地质资料服务信息，其中多年来不能共享的 1:20 万化探数据资料公开提供社会使用，为矿业投资者选择找矿靶区提供了重要的信息，受到普遍好评。

城市地价和土地市场动态监测取得新成果。根据全国 51 个重点城市定期定点监测：第一、二、三、四季度全国主要城市地价总体水平每平方米分别为 1212 元、1225 元、1233 元、1251 元，增长率分别为 1.21%、0.92%、0.67%、1.42%。与上年同期相比，城市综合地价增长 4.44%，商业地价增长 3.70%，住宅地价增长 5.67%；工业地价增长 2.37%。土地市场动态监测范围进一步扩大，已达到 1000 多个县（市、区）。信息公开工作稳步推进。土地供应计划、土地出让公告和供地结果公告共 21066 条，土地交易等信息 40999 条。

土地利用动态遥感监测水平进一步提高。完成土地利用动态遥感监测“十五”评估，编制“十一五”规划。配合执法检查，开展 8 个城市的土地利用变化监测。采用同期对比方法，完成北京、杭州两市十个区新增建设用地遥感监测。完成 50 万人口以上城市监测任务，共监测 55 个市的 285 个区（县），监测面积 10.62 万平方千米。建立“全国土地利用动态遥感监测快速查询浏览系统”。创建“50 万人口以上城市遥感影像控制点库”。编辑出版《全国 50 万人口以上城市土地利用动态遥感监测图集》。

五、地质环境与地质灾害防治

国务院颁布实施《国家突发地质灾害应急预案》。制定《国土资源部地质灾害灾情和险情快速处置程序》。

全国已建立4万多个地质灾害群测群防监测点，开发全国地质灾害群测群防网络发布系统。全国首次地质应急远程会商成功试运行。地质灾害监测预警成效明显，成功避让地质灾害500起，安全转移11376人，避免财产损失3.41亿元。

全国共发生造成人员伤亡或直接经济损失50万元以上的地质灾害854起，造成人员伤亡1021人，其中死亡578人，失踪104人，受伤339人。地质灾害造成直接经济损失36.5亿元，安徽、广东、云南、四川、福建、辽宁、湖北7个省的损失占全国总数的91.7%。

三峡库区二期地质灾害防治工程通过国家级竣工最终验收。完成崩塌滑坡治理工程163处、塌岸防护工程71段、高切坡整治147处、深基础处理项目803处，完成部分搬迁避让项目。三期地质灾害应急治理项目已完成论证，治理工作全面启动。

长江三角洲地面沉降监测工作取得重要进展。召开长江三角洲地面沉降监测工作联席会议暨地面沉降防治工作座谈会。发布了《长江三角洲地面沉降及地下水环境状况通报》。监测结果表明，长江三角洲地面沉降总体表现为趋缓的趋势。华北平原地面沉降调查与监测工作取得阶段性成果。

继续开展主要城市和平原区地下水监测，重点推进北京、济南、乌鲁木齐三个国家级地下水监测示范区建设，监测网点质量和自动化监测水平明显提高。中国地下水信息网开始试运行。

全国160个城市的地下水水位监测资料显示，与上年相比，水位总体呈上升趋势的城市有38个；水位保持基本稳定的城市有96个；水位总体呈下降趋势的城市有26个。全国158个城市的地下水水质监测资料显示，与上年相比，污染趋势加重的城市有21个；水质或污染程度基本稳定的城市有123个；污染趋势减轻的城市有14个。

基本完成各省（区、市）矿山地质环境调查，开展省级矿山环境保护与治理规划编制工作。中央财政安排矿山环境治理项目资金75331万元。28个申报国家矿山公园的单位被批准具备国家矿山公园资格。

地质遗迹保护工作得到加强，中央财政安排地质遗迹保护项目资金9600万元。地质公园建设继续稳步前进。浙江雁荡山、福建泰宁、内蒙古克什克腾和四川兴文4个国家地质公园被联合国教科文组织批准为世界地质公园。新批准53个国家地质公园，目前全国共有国家地质公园138个。

古生物化石保护工作取得积极进展。召开全国古生物化石保护管理工作研讨会暨古生物化石类国家地质公园建设管理座谈会。进一步完善了古生物化石的出入境许可制度，规范了出入境审批程序，全年共审批古生物化石出境展出6批次。与澳大利亚政府合作，共同打击古生物化石的跨国走私和非法交易活动。澳大利亚政府首次向我国移交一批珍贵的古生物化石。

地热、矿泉水资源保护工作进一步加强。开展“中国地热城”和“中国温泉之乡”命名活动。审查批准命名海南琼海、北京小汤山、湖南郴州为“中国温泉之乡”。

六、国土资源科技与信息化

不断推进国土资源科技创新。中国内地科学钻探工程圆满完成，获得了创新性成果和重大科学发现。一批国家“十五”计划科技项目取得重大科技突破。973计划项目通过了科技部组织的验收和中期评估，863计划海洋资源开发取得突破进展，国家科技攻关计划项目进展顺利。国土资源部“十五”科技发展计划确定的九大专项项目、四十余项重点项目科研任务基本完成，成果丰硕。在土地资源调查、地质灾害监测、地质矿产调查评价领域推广一批优秀科技成果。

国土资源科学技术奖共评选出一等奖成果10项，二等奖成果61项。加大对成果的集成与整合，《西南“三江”铜、金、多金属成矿系统与勘查评价》和《中国西南高边坡稳定性评价及灾害防治》项目获得了国家科技进步一等奖。

积极参与国家“十一五”科技规划方案编制，组织编制完成了《2006年大调查科研项目立项指南》和数字国土工程立项指南。开展了第二批17个部质量监督检验测试中心的专家评审和现场评估工作。制定了全国土地分类国家标准、一批地质调查、地质环境管理、矿业权档案技术标准等规程规范。

全面推进国土资源信息化建设，金土工程一期建设正式启动。深入贯彻部《十项措施》、《五项禁令》，政务信息网上公开取得新进展。完成国土资源部电子政务基础平台开发，国土资源管理的主要业务初步实现网上运行，部分业务实现全流程无纸化办公。全面推进国家级国土资源数据中心建设，一批基础数据库建成并投入应用。初步建成国土资源主干网，开通运行视频会议系统。进一步完善国土资源部门户网站性能，信息服务内容日趋丰富，对外网站已经成为国土资源政务公开的主渠道之一。科技成果网及时公告国土资源科技成果，通报科技工作动向和进展。国土资源网试运行，网站服务特点日益突出。

加强国际交流与合作。成功召开了2005中国国际矿业大会。推进双边和多边领域合作取得突破，境外地质调查和矿业开发合作取得实质性进展。出国培训和引智工作得到进一步加强。

七、国土资源管理

国土资源规划工作全面推进。完成国土资源“十一五”规划重大战略研究，编制《国土资源“十一五”规划纲要》。扎实推进全国土地利用总体规划纲要修编前期工作，全面部署省级土地利用总体规划修编前期工作，继续推进各级规划修编试点工作。开展矿产资源规划和国土资源大调查“十五”规划实施评估，编制《国土资源大调查“十一五”规划》和《振兴东北老工业基地矿产资源勘查规划纲要（草案）》，组织实施《全国危机矿山接替资源找矿规划纲要》。天津、深圳国土规划试点工作基本完成，辽宁、新疆国土规划有序推进，广东国土规划正式启动，全国国土规划前期研究不断深入，第三期国土规划国际培训班成功举办。

积极改善和参与宏观调控工作。贯彻“有保有压、区别对待”的土地供应原则，严格新增建设用地的审查报批，保障国家重点工程必需用地。国务院批准建设用地项目851件，其中重点急需建设项目用地460件。共批准建设用地14.93万公顷，其中重点急需建设项目用地7.44万公顷。会同建设部、发展改革委、财政部、人民银行、税务总局、银监会等六部门制订《关于做好稳定住房价格工作的意见》。全年土地供应中，存量用地比例达56%，新增用地44%。各行业的配置相对均衡、房地产开发土地供应结构进一步优化，工矿仓储用地43.3%，房地产开发用地30.6%，其他用地26.1%。

土地市场治理整顿成果进一步巩固和扩大。国务院办公厅转发商务部、国土资源部、建设部《关于促进国家级经济技术开发区进一步提高发展水平若干意见的通知》，进一步加强国家级经济技术开发区的用地管理。下发《关于坚决制止“以租代征”违法违规用地行为的紧急通知》。认真落实开发区四至范围，完成开发区规划审核，在2004年清理整顿成果的基础上，核减开发区10个，压缩面积5200平方公里。初步建成国家级开发区预警预测系统，完成全国160个国家级开发区监测分析。2005年全国土地违法案件查处中立案80427件，结案79763件，收回土地6992.87公顷，罚没款21.76亿元。

积极维护群众合法权益。下发《关于开展制订征地统一年产值标准和征地区片综合地价工作的通知》，完善征地补偿标准。在审查报国务院批准建设用地过程中严格把关，增加给农民的征地补偿费2.3亿元。会同监察部、农业部、劳动和社会保障部、审计署等部门联合开展纠正征收征用土地中损害农民利益问题。加强以层级监督和行政救济为重点的国土资源行政复议工作。实行信访一票否决，10%的建设用地申请未通过审查；全年调处土地权属争议案件2.47万件，处理率达88.21%；国有土地权属争议引发上访案件较去年同期下降了50%以上。

全面整顿和规范矿产资源勘查开发秩序。贯彻落实《国务院关于全面整顿和规范矿产资源开发秩序的通知》，全面整顿和规范矿产资源开发秩序。国土资源部、发展改革委会同公安部、监察部、财政部、商务部、工商总局、环保总局、安全监管总局等部门建立组成部际联席会议，指导全国矿产资源开发秩序治理整顿工作，加强联合执法。会同发展改革委等部门联合下发《关于全面启动整顿和规范矿产资源开发秩序工作的通知》，认真开展“三查”工作。依法规范地质勘查行业标准，全面推进全国地质勘查资质注册登记工作。出台《关于规范勘查许可证采矿许可证权限有关问题的通知》。会同发展改革委下发《关于开展全国煤炭资源回采率专项检查工作的通知》，对全国27个产煤省（区、市）开展专项检查。治理整顿石油勘查开采秩序，参加全国油区治安秩序清理整顿。2005年全国矿产违法案件查处中立案17767件，结案17121件，吊销勘查许可证8个，吊销采矿许可证249个，罚没款2.13亿元。

国土资源管理依法行政体系正在形成。以制约权力为核心的现代行政程序不断完善，以高效便民为根本的新型办事制度全面建立，以公众参与为保证的依法决策机制更加健全，以公平、公正为原则的资源市场配置方式全面推行，以管理创新为目标的职能转变取得突破，以维护权益为宗旨的行政救济机制正在形成，以改革创新为动力的依法行政基础工作得到加强，以协作配合为特点的依法行政工作机制基本成熟。

八、测绘管理与保障服务

测绘保障服务取得新成效。测绘系统完成测绘服务总值23.8亿元，向社会提供各类地形图约61.9万张、数字地图约12.6万幅，大地成果8.6万点、航摄成果约57.4万片。编制出版行政区划、教学、旅游等地图、图书2164种，总印数1.7亿册（幅）。组织开发了一批供政府和有关部门科学决策所急需的地图和基于地理信息的管理系统，为国家和地方重大工程建设提供了测绘保障。

测绘法律体系进一步完善。河北、吉林、江苏、浙江、江西、山东、重庆、四川、贵州、云南、青海等省（区、市）修订出台了测绘管理条例（办法）。在2002

年《中华人民共和国测绘法》修订后，完成地方测绘管理条例（办法）修订的省（区、市）达到23个。

基础测绘工作不断加强。数字中国地理空间框架建设取得新进展，1:5 万国家基础地理信息数据库基本建成，建成和更新了一批省级1:1万和市县级大比例尺基础地理信息数据库，测制了大量国家基本比例尺地形图。基于网络的地理信息分发服务系统投入试运行。“西部1:5 万地形图空白区测图工程”经国务院同意已正式立项。对珠穆朗玛峰地区开展了大规模的大地测量和珠峰高程测量工作，经国务院批准并授权，向国内外公布珠穆朗玛峰高程新数据 8844.43 米。国家测绘局与民政部共同编制发布了《中华人民共和国行政区划图集》。一大批“十五”测绘科研项目通过鉴定验收，《空间信息网络服务技术及产业化》、《空间数据自动综合技术及应用工程》分别获国家科技进步二等奖。

测绘市场进一步规范。贯彻落实国务院办公厅《关于加强国家版图意识宣传教育和地图市场监管意见的通知》，国家测绘局会同中宣部、外交部等部门联合开展了国家版图意识宣传教育活动，公民国家版图意识进一步增强。国家测绘局联合新闻出版总署、信息产业部出台了《关于加强网上地图管理的通知》，进一步加强网上地图管理。继续加强地图市场监管工作，各级测绘行政主管部门共查处地图类违法案件 440 多件，查封、收缴违法地图产品 25.7 万件。全国测绘资质复审换证工作基本完成，2005 年底测绘资质单位达到 9100 多家。

测绘战略研究与规划工作稳步开展。继续开展测绘发展战略研究，进一步修改完善了《测绘事业发展战略纲要》。开展了《全国基础测绘中长期发展规划纲要》和《测绘事业发展第十一个五年规划纲要》编制工作。全国绝大部分省（区、市）编制了基础测绘规划和测绘事业发展“十一五”规划。

注：1. 本公报为初步统计数。

2. 公报中涉及的全国性统计数据，除国土面积外，均未包括香港特别行政区、澳门特别行政区和台湾省。

（摘自国土资源部《2005 年中国国土资源公报》）

2005 年建设资源节约型、环境友好型社会进展情况和 2006 年工作重点

2005 年，各地区、各部门认真贯彻党的十六大和十六届三中、四中、五中全会精神，以科学发展观为指导，围绕落实党中央重大战略决策，加快推进建设资源节约型、环境友好型社会，取得明显成效。

一、2005 年工作进展情况

（一）加强宏观指导。国务院发布了做好建设节约型社会近期重点工作和加快发展循环经济若干意见两个文件，加大了宏观指导的力度。国务院召开电视电话会议，温家宝总理出席会议并作重要讲话，对建设节约型社会工作进行部署。

（二）推动结构调整。国务院发布了促进产业结构调整暂行规定。国家发展改革委发布了产业结构调整指导目录，制定了钢铁、铝、水泥、炼油等重点行业发展规划及产业政策，提出能耗、水耗、环保准入条件，抑制高耗能、高污染行业盲目发展。实施了一批重大关键技术和装备国产化项目，淘汰了一批落后生产能力。

（三）推进重点工作。国务院发布了进一步推进墙体材料革新和推广节能建筑、加快推进木材节约和代用、鼓励发展节能环保型小排量汽车的意见。国家发展改革委会同有关部门编制了十大重点节能工程实施方案，部分工程已经启动；发布了海水利用专项规划、中国节水技术政策大纲等。

（四）完善配套政策。积极推进资源性产品价格改革，出台了煤电、煤热价格联动意见，对部分高耗能行业实行差别电价，推进石油定价机制综合配套改革，适当提高了天然气出厂价格，提出了控制高耗能、高污染、资源性产品出口的政策措施。

（五）组织示范试点。经国务院同意，确定了第一批国家循环经济试点单位，召开了钢铁、有色金属行业循环经济现场交流会。发布了重点行业清洁生产评价指标体系。9 省乙醇汽油推广试点工作取得阶段性成果。

（六）加大投资力度。利用国债资金重点支持了一批

资源节约和循环经济项目，以节能降耗为主要内容的结构调整项目，全国灌区续建配套节水改造和节水灌溉示范项目，以及农村沼气建设。

（七）广泛开展宣传。国家发展改革委、中央文明办、中央电视台开展了“全民节约，共同行动”大型主题宣传活动。国家发展改革委等 13 个部门举办了 2005 年建设节约型社会展览会，胡锦涛总书记等党和国家领导人参观展览并做重要指示。

（八）编制环境保护规划。编制了三江源自然保护区生态保护和建设总体规划、2005~2006 年农村饮水安全应急工程规划、2005~2007 年淮河流域重点工业废水治理工程规划、铬渣综合整治方案、丹江口库区及其上游地区水污染防治和水土保持规划等。

（九）加大重点污染源治理。利用国债资金重点支持了农村饮水安全、“三河三湖”、三峡库区及其影响区、南水北调沿线等重点流域区域水污染治理，以及城镇污水处理、现役燃煤电厂烟气脱硫、铬渣综合整治、医疗废物和危险废物处理设施建设。

（十）加快生态保护工程。实施了京津风沙源治理、天然林保护、天然草原退牧还草、退耕还林、首都水资源保护、三江源自然保护区生态保护等重点生态工程建设。

（十一）履行环境国际公约.. 制定了清洁发展机制项目运行管理办法，推进清洁发展机制项目。开展气候变化对策研究，组织气候变化领域国际谈判。

二、2006 年重点工作

以科学发展观为指导，落实节约资源和保护环境的基本国策，紧紧围绕实现“十一五”GDP 能耗降低 20% 左右目标，以节能降耗和解决突出的环境问题为重点，加快推进资源节约型、环境友好型社会建设。

（一）强化节能管理。配合全国人大财经委修订《节约能源法》，实施 GDP 能耗公报制度，建立节能目标责任制，研究建立评价考核制度，实施千家重点耗能企业节能行动，开展节能审计，加大节能监督检查力度，推动政府机构带头节能。

（二）加快结构调整。继续加强宏观调控，遏制盲目投资、低水平重复建设，限制高耗能、高耗水、高污染产业盲目发展。抓住今年推进产能过剩行业结构调整的契机，加快淘汰落后生产能力，用高新技术和先进适用技术改造传统产业。

（三）推进技术进步。利用国债资金支持一批节能、循环经济重点示范项目及农村沼气建设，突出抓好“十大重点节能工程”。修订《中国节能技术政策大纲》。加快节能新技术、新产品推广应用。培育专业化节能技术服务体系。

（四）推动循环经济发展。根据全国人大环资委的要求研究起草《循环经济法》。编制循环经济发展规划，组织实施国家循环经济试点，推进重点行业、重点领域、产业园区和城市、农村循环经济发展。

（五）组织编制规划。编制节水型社会建设“十一五”规划、矿井水利用规划；全国城乡饮用水安全保障规划、重点流域“十一五”水污染防治规划、城市污水处理工程规划。

（六）研究制定政策。推进制定支持资源节约、环境保护的财税政策。研究建立节能专项基金，形成支持节能稳定的资金渠道。继续推进资源性产品价格市场化改革。

（七）加大环保投入。重点支持农村饮水安全应急工程、重点流域水污染治理、铬渣综合整治以及天然草原退牧还草、退耕还林、京津风沙源治理、天然林保护等重点生态保护工程。

（八）加强宣传与国际合作。协调有关媒体进一步加大建设节约型社会宣传力度，组织好 2006’全国节能宣传周活动。积极参与国际环境事务，做好清洁发展机制对外合作项目。

（国家发展和改革委员会环境和资源司）

积极推进中国替代能源发展

（2006 年 2 月 28 日）

管理学上有个知名法则——木桶定律：一只沿口不齐的木桶，盛水的多少，不在于木桶上最长的木板，而在于最短木板。要想提高木桶整体容量，不是去加长最长的木板，而是要下功夫补齐最短的木板。此外，一只木桶能够装多少水，还取决于木板间是否紧密。如果存在缝隙或缝隙很大，同样无法装满水。木桶定律揭示了弱势决定优势、弱势决定生死的道理。它要求我们要认识短板的危害，要知道如何寻找短板，要懂得如何加长短板，要保证木板间紧密结合。如果将能源的可持续发展比喻成一个大木桶，那么煤、电、油及可再生能源等各能源品种则是构成这个木桶的大木板，任何一块木板的短缺和延迟都会影响整个能源安全。

一、寻找短板——发展替代能源是中国能源安全的战略选择

本世纪头20年，是中国全面建设小康社会的重要时期，也是中国发展的重要战略机遇期。抓住历史机遇是时代赋予我们的神圣使命，破解发展难题是抓住历史机遇的关键所在。在经济快速发展的过程中，我们清醒地认识到，资源环境的约束日益突出，已经成为经济社会发展的主要瓶颈，维护中国能源安全是摆在我们面前的紧迫任务。但影响我国能源安全的“短板”是什么？综观中国富煤贫油少气的能源资源状况，以及世界经济政治格局和能源供需形势，随着中国能源需求的快速增长，特别是在国际油价高位振荡的条件下，石油资源和油品供应不足，将是长期影响我国能源安全的重要问题，这是当前我国能源安全这只“大木桶”中最弱的“短板”。

在这块“短板”中，除国内勘探开发力度和利用境外油气资源不足外，替代能源的发展还没有得到足够的重视。替代能源主要是指石油替代，包括煤基、生物质基等替代液体燃料，如煤炭液化、煤基醇醚及生物液体燃料等。这些产品的生产原料主要是煤炭、生物质。有的可以直接替代成品油，有的可按一定比例调配入成品油中应用。既具有良好的燃烧性能，又能满足保护生态环境的要求。发展替代能源不是维护我国能源安全的权宜之计，而是支撑我国未来能源可持续发展的战略选择。它既是维护我国石油安全的重要组成部分，又具有巨大的市场发展潜力；不仅可以直接增加短板长度，而且也是紧密木板关系的重要环节。

二、了解短板——影响中国替代能源发展的主要问题

改革开放以来，随着工业化进程的加快，特别是煤化工和农产品深加工的快速发展，中国替代能源，特别在煤炭液化、醇醚类产品和生物液体燃料方面，都取得了可喜进展。各种替代产品相继产生，煤炭直接液化大型工业化示范工程开工建设，生产工艺具有国际领先水平。醇醚类产品生产规模和利用领域不断扩大，二甲醚已拥有了自主知识产权的先进技术并建成了工试规模示范装置；车用生物燃料消费已达到年70万吨，生产能力和应用范围还在进一步扩大。在国际油价居高不下的形势下，随着科学技术发展的日新月异，各种替代产品的生产成本正在逐步下降，在能源市场中的竞争潜力将会逐渐提高。中国替代能源发展虽有一定基础，但距离经济发展需求，距离国际上发展水平，无论从生产规模还是从技术水平上，都有很大差距。如南非在煤炭液化、巴西和美国在生物燃料乙醇的开发利用方面都处于领先地位，欧洲生物燃料乙醇的需求将进一步扩大，日本已计划对二甲醚进行大规模推广应用，世界许多国家都在积极发展生物液体燃料，“石油农业”正在全球悄然兴起。总体来看，影响中国替代能源发展的主要问题有：

（一）战略定位和发展目标需及时确立。替代能源作为清洁的替代燃料，在维护能源安全中具有重要作用。由于种种认识上的问题，替代能源的发展始终在工业经济的层面里来来讨论，没能从能源安全的高度来认识，没能确立替代能源在能源安全中的重要地位，这是制约我国替代能源发展的主要原因。最明显的表现是，对于替代能源的发展要求散见于能源或工业发展等专项规划中，缺乏统一性、协调性，缺乏科学的发展目标。

（二）发展方向和发展重点需及早明确。尽管有些替代能源产品之间可以相互转化，互为替代，但因资源、技术、效率及成本问题，各有优缺点。需要结合我国国情，借鉴国际成功经验，对各种替代产品进行科学论证，明确发展方向和替代重点。如生物质基二甲醚和煤基二甲醚可以直接相互替代，前者缺少技术实践、但资源可再生；后者技术成熟，但以煤为原料，依然消耗化石能源。如何协调各替代品种之间的关系，如何合理确定各类替代产品的应用领域和地区，均需要在科学研究的基础上加以明确。

（三）替代能源研究开发需集中加强。任何新技术、新产业的发展，都必须建立在可靠的科学试验基础上。只有在科技研发和工业性试验成功的基础上，产业才可能得到平稳快速发展。日本政府在二甲醚开发应用方面取得成效的一个重要原因，就是拥有坚实的科学试验基础。目前，我国各种替代能源的研究开发，主要是部分企业和科研单位的行为，缺乏由政府引导的、系统的技术产品开发，缺乏扎实的试验设施和商业化应用基础。

在看到问题的同时，也要看到中国替代能源发展也存在许多有利条件：一是国际高油价直接推动替代能源快速发展。在国际油价高位运行的形势下，世界许多国家都把发展替代能源作为国家能源战略的重要内容。二是中国经济平稳快速增长和社会进步，需要能源的支撑，也为替代能源发展提供了历史机遇。三是新科技的迅猛发展，能源科技将为解决世界性能源与环境问题开辟新的途径。四是在社会主义制度下，能够把集中力量办大

事的政治优势和发挥市场机制有效配置资源的基础性作用结合起来，为替代能源发展提供制度保证。五是日趋活跃的国际交流，为中国发展替代能源提供了较好的国际空间，使我们能充分利用国际资源，分享世界科技发展成果。我们应抓住机遇，科学推进中国替代能源的发展。

三、加长短板——积极推进我国替代能源的发展战略

第一，确定替代能源在能源发展中的战略地位。中共中央《关于制定国民经济和社会发展“十一五”规划建议》中明确提出，要“稳步发展石油替代产品”、“加快发展可再生能源”。最近，胡锦涛总书记作出重要批示，要求国家发展改革委对替代能源问题进行科学论证，从总体上提出开发方向和重点。为落实领导批示，我们要转变观念，确实从维护能源安全的高度，把替代能源作为能源发展战略的重要组成部分，把替代能源同能源发展纳入到我国国民经济和社会发展“十一五”规划中去，统筹实施。

第二，明确提出适合国情的发展方向和替代重点。要集中组织标准、技术、经济、环保等部门的专家，对替代能源的领域、规模、技术和资源供应等情况，进行充分调研，对替代能源的技术与经济可行性和能源转换效率等诸多方面，进行科学论证。特别要对煤炭液化、醇醚类及生物液体燃料等替代能源，进行更全面、客观、深入的技术经济评价，力争对各种石油替代燃料给出明确的定位，提出未来发展方向和当前工作重点。能源、标准、技术、经济和环境等政府职能部门要加强合作，紧密配合，共同推进我国替代能源的发展。

第三，提高自主创新能力，推进替代能源产业化发展。加强先进适用技术的研究开发是发展替代能源的重要任务，尤其要提高自主创新能力，提升整体技术水平。要建立以企业为主体、市场为导向、产学研相结合的技术创新体系，形成替代能源发展自主创新的基本体制框架。加强企业技术中心建设，实行支持企业自主创新的财税、金融和政府采购政策，鼓励应用技术研发机构进入企业。加强对替代能源引进技术的消化、吸收及再创新，实现关键技术与重大设备的国产化。加强替代能源研究机构建设，建设替代能源产业发展试验示范基地，制定设计规范和产品标准，加强替代能源生产的原料供应以及生产储运设施建设，推进重点替代能源的产业化。

第四，加强国际交流与合作，实现互利共赢与共同发展。能源问题是世界各国经济社会发展面临的共同问题，特别在当前国际高油价和生态环境约束加剧的条件下，替代能源的发展也是各国关注的焦点。我们将继续实施互利共赢的开放战略，着重引进国外的先进技术、管理经验和高素质人才，做好引进技术的消化吸收和创新提高。要把“请进来”和“走出去”相结合，支持有条件的企业，按照国际通行规则到境外发展替代能源，为全球替代能源开发利用做出贡献。

（国家发展和改革委员会能源局）

加快推进历史性转变 努力开创环境保护工作新局面

——国家环保总局局长周生贤在2006年全国环保厅局长会议上的讲话

（2006年4月21日）

党中央、国务院历来高度重视环境保护。胡锦涛总书记在参加今年义务植树活动时强调:“要从全面落实科学发展观的高度，持之以恒地抓好生态环境保护和建设工作，着力解决生态环境保护和建设方面存在的突出问题，切实为人民群众创造良好的生产生活环境。要通过全社会长期不懈的努力，使我们的祖国天更蓝、地更绿、水更清、空气更洁净，人与自然的关系更和谐。”胡总书记的讲话高瞻远瞩，从中华民族长远发展的高度出发，为环境保护事业发展指明了奋斗方向。温家宝总理在第六次全国环保大会上的重要讲话，全面分析了环境保护面临的形势，深刻阐述了加强环境保护的重大意义，强调做好新形势下的环保工作，关键是要加快实现“三个

转变”，明确了“十一五”环境保护的指导思想和目标，部署了今后一个时期的环保工作。曾培炎副总理在总结讲话中，对贯彻落实第六次全国环保大会精神和国务院《决定》，从编制规划、强化措施、完善机制、严格执法、加强领导等方面，作出了明确指示。

第六次全国环保大会刚刚结束，我们紧接着召开全国环保厅局长会议，主要是研究如何更快更好地贯彻落实第六次全国环保大会精神和《国务院关于落实科学发展观加强环境保护的决定》；在认真总结松花江重大水环境污染事件经验教训的基础上，统一思想，明确当前和今后一个时期环保工作的总体思路；总结2005年全国环保工作，部署2006年工作。下面，我讲四点意见。

一、2005年环保工作

2005年是我国环保史上不平凡的一年。党中央、国务院进一步加强对环保工作的领导，为解决环境问题、促进环保事业发展作出了一系列重大决策。胡锦涛总书记主持中央政治局常委会专题研究环保工作；温家宝总理两次主持国务院常务会议，审议“十一五”环保工作思路；国务院发布了关于加强环境保护的决定，确定今后一个时期，特别是“十一五”环保目标、任务和措施；吴官正同志到总局专题调研并发表重要讲话；曾培炎同志为总局党组中心学习组上党课；华建敏同志到总局现场办公。充分体现了党中央、国务院对环境保护的高度重视。

一年来，在党中央、国务院的正确领导下，在各地各部门的大力支持下，经过各级环保部门的共同努力，环保工作取得积极进展。一是重点流域区域城市海域污染防治工作进一步加强，污染治理工程建设进度加快。二是深入开展了整治违法排污企业保障群众健康环保专项行动。查处环境违法案件近3万件，取缔关闭污染企业2600多家，处理责任人300多人。重点整治了晋陕蒙宁交界地区能源“黑三角”污染、湘黔渝交界地区“锰三角”污染。三是开展了建设项目环评和“三同时”制度执行情况大检查。对全国5.5万个在建和拟建项目进行了全面清查，查出不符合环保要求的建设项目1190项。叫停了30项违法开工的大型建设项目；为处理圆明园防渗工程违反环评法问题举行了首次听证会。四是开展了全国环境安全大检查。共出动环境执法人员11.2万人次，检查企业4.3万多家，查出环境安全问题和隐患2万多处。五是开展了国家环境保护“十一五”规划编制工作，完成了全国生态功能区划，编制了《全国重点生态功能保护区建设规划》。六是开展了生态省建设，创建了一批环保模范城市、生态示范区、环境优美乡镇。七是妥善解决了核电设施重大质量问题，保障了核与辐射环境安全。

2005年，全国环保系统经历了一次特殊考验。11月13日发生的松花江重大水环境污染事件，给沿岸人民群众生产生活带来严重影响。在党中央、国务院直接领导下，国务院有关部门、两省政府和驻军、武警部队共同配合，积极开展污染防控工作。总局机关、直属单位以及11个省市环保部门的300多名干部和专家，在40多个日日夜夜中，冒严寒、踏冰雪，战斗在松花江污染防控第一线。我们与有关地方和部门联合行动，及时监测和预测污染迁移变化情况；我们坦诚相见，增信释疑，与俄方专家积极协作，联合开展水质监测，及时向国际社会发布信息，主动加强与有关国际组织的交流，展示了我负责任的大国形象；我们指导沿江各地严格控制污染物排放，重点保护好饮用水源地，制定并实施科学的用水方案。经过扎实有效的工作，确保了松花江沿岸居民的饮用水安全，实现了温家宝总理“绝不让一个人喝不上水，也绝不让一个人喝上污水”的谆谆嘱托；在生态环境影响评估的基础上，印发了“告别污染，快乐过年”宣传年画，以通俗易懂的“安民告示”，让沿岸群众消除了顾虑，过了一个安全祥和的春节。2006年3月29日，国务院常务会议审议并原则通过《松花江流域水污染防治规划》，“十一五”松花江流域水污染防治工作即将全面展开。

这一事件的妥善处置，充分显示了以胡锦涛同志为总书记的党中央驾驭国内外复杂形势的能力，体现了社会主义集中力量办大事的优越性。水利、农业、建设、科技、外交、宣传等部门与环保部门密切配合，地方和中央步调一致，为成功应对突发环境事件创造了先决条件。通过宣传中央决策，正确把握舆论导向，避免了社会震动，坚定了群众对政府处理危机的信心。在规模空前的环保工作者大集结中，展示了“忠于职守、造福人民，科学严谨、求实创新，不畏艰难、无私奉献，团结协作、众志成城”的中国环保精神。松花江水污染防控工作积累的经验，是有效应对突发环境事件的一笔宝贵财富。

前车之覆，后车之鉴；不知戒，后必有。松花江水污染事件是一面镜子，其教训是深刻的。为避免重蹈覆辙，我们必须痛定思痛，深刻汲取教训。

第一，要坚持污染防治这个重点不动摇。我国工业化、城市化正处于快速发展阶段，环境污染的压力持续加大，突发环境事件频发，群体性环境事件呈上升趋势。保障人民群众身体健康，有效防范和及时应对突发环境事件是环保工作的重要职责。因此，必须重点抓好污染防治，有效防范和及时应对工业污染事故，确保环境安全。

第二，要严格履行执法监督基本职责不削弱。执法监督是法律赋予环保部门的神圣职责，是党和人民的重托。我国的环境法律法规虽然不少，但是难以适应形势发展和实际工作需要，难以有效约束环境违法行为，加上地方保护主义的干扰，落实执法监督职责的困难很大。这就更需要我们把主要精力放在加强执法监督上，以更大的决心、下更大的力气破解执法难题，依法强化管理，切实提高执法监督水平。

第三，要抓紧环境保护能力建设不放松。工作任务与工作能力必须相互匹配，否则，再好的愿望也会化为乌有；如果环境监测跟不上，就无法准确判断环境形势，工作方向就难免出现偏差，有限的环保资源就难以用在刀刃上；预警监测严重滞后，就可能丧失控制突发事件的最好时机；应急方案不落实，事故来了就难免手忙脚乱，应对起来就会无的放矢；污染隐患在哪里都搞不清楚，防范和应对突发环境事件必然疲于奔命，防控工作只能穷于应付；基层能力跟不上，环境管理的大厦就不稳固，环境执法监督就失去了根基。因此，越是任务繁重，越要加强能力建设。

第四，要狠抓机关作风不懈怠。政治路线确定之后，干部就是决定因素。环保工作肩负着保障群众健康、促进科学发展、维护社会稳定的重任，如果环保队伍思想不过硬、作风不踏实、业务不精通，工作就会浮在面上，任务就落实不了。“没有规矩无以成方圆”。完成工作任务必须有好的制度作保障。华而不实的制度只能挂在墙上，碰到重大问题就会不攻自破。有了制度关键在落实，只有把制度落到实处，工作起来才能政令畅通，应对难题才能泰然自若，在大风大浪面前才能经得起考验，才能不辜负人民的厚望和国家的重托。

马克思主义认识论告诉我们，只有实践了的东西，才能深刻认识它、熟练掌握它、有效利用它。正是汲取了松花江水污染事件的经验教训，在之后发生的广东北江镉污染等8起重大突发环境事件中，我们周密部署、科学指挥，有效抑制了污染扩散，及时控制了事态发展。

二、加快推进历史性转变

温家宝总理强调：做好新形势下的环保工作，关键是要加快实现三个转变。一是从重经济增长轻环境保护转变为保护环境与经济增长并重，把加强环境保护作为调整经济结构、转变经济增长方式的重要手段，在保护环境中求发展。二是从环境保护滞后于经济发展转变为环境保护和经济发展同步，做到不欠新账，多还旧账，改变先污染后治理、边治理边破坏的状况。三是从主要用行政办法保护环境转变为综合运用法律、经济、技术和必要的行政办法解决环境问题，自觉遵循经济规律和自然规律，提高环境保护工作水平。

温家宝总理强调的“三个转变”，突出了“并重”、“同步”、“综合”，这是针对环境保护已成为经济社会发展中的一个薄弱环节，作出的重大战略判断。温家宝总理在分析“十五”环境保护指标没有完成时指出，一些地方重经济发展、轻环境保护，甚至不惜以牺牲环境为代价换取经济增长；在加快发展的过程中付出了比较大的环境代价。总理强调，靠过量消耗资源和牺牲环境维持经济增长是不可持续的。不加快调整产业结构，不转变经济增长方式，环境污染的问题就难以从根本上解决。曾副总理要求我们尤其要深化对经济发展与环境保护关系的认识，在工业化、城镇化的进程中，我们不能再走一些国家走过的先污染后治理的老路，也不能允许边治理边破坏的状况继续下去。必须加快实现从粗放型增长向集约型增长的转变，摈弃以牺牲环境换取经济增长的做法，坚持以保护环境优化经济增长，促进环境与发展相协调。

从温家宝总理和曾培炎副总理语重心长的谆谆教诲中，我们不难看出，环境保护滞后于经济发展的实质在于以牺牲环境换取经济增长。因此，第一个转变：从重经济增长轻环境保护转变为保护环境与经济增长并重，就是要从指导思想上把环境保护摆上更加突出的战略位置，把加强环境保护作为调整经济结构、转变经济增长方式的重要手段，在提高经济发展的质量和效益中减少污染。第二个转变：从环境保护滞后于经济发展转变为环境保护和经济发展同步，就是要改变被动、事后、补救、消极环保的状况，形成主动、事前、预防、积极环保的格局。第三个转变：从主要用行政办法保护环境转变为综合运用法律、经济、技术和必要的行政办法解决环境问题，就是要适应新形势，加快体制机制创新，用改革的办法解决发展中的环境问题。

从“三个转变”的关系来看，轻环境保护重经济增长，环境与经济的关系必然是以牺牲环境换取经济增长，环保工作必然处于被动、事后、补救、消极的状态，环境保护必然滞后于经济发展；只有保护环境与经济增长并重，环境保护才能成为优化经济增长的手段，环保工作才能形成主动、事前、预防、积极的格局，环境保护与经济发展才能实现同步。环境保护主要借助于行政手段，环境管理的力量就会相对较弱，以环境换取经济增长的状况就难以改变，环境保护必然滞后于经济发展。综合运用法律、经济、技术和必要的行政办法保护环境，环境管理的力量必然得到壮大，保护环境优化经济增长的局面才能形成，环境保护和经济发展同步推进才能真正得以实现。“三个转变”相互依存、相互促进、相得益彰，共同构成战略性、方向性、历史性的转变。实现历史性转变，必须坚决摒弃以牺牲环境换取经济增长的做法，坚持走以保护环境优化经济增长的路子，从根本上解决环境保护与经济发展的矛盾，实现同步推进。

十六大以来，中央提出了树立和落实科学发展观、构建社会主义和谐社会的重大战略思想；提出建设资源节约型、环境友好型社会，加快转变经济增长方式，大力发展循环经济；要求明确不同区域的功能定位，形成各具特色的区域发展格局。中央的一系列战略决策表明，我国环境与发展的关系正在发生重大变化。环境保护成为现代化建设的一项重大任务，环境容量成为区域布局的重要依据，环境管理成为结构调整的重要手段，环境标准成为市场准入的重要条件，环境成本成为价格形成机制的重要因素。这些重大变化，标志着我国环保工作进入了以保护环境优化经济增长的新阶段。随着综合国力的增强和环保事业的发展，实行历史性转变的基本条件已经具备，推进历史性转变已经成为时代进步的迫切要求。同时，历史性转变的提出孕育着一个环保新战略的诞生。

第一，实行历史性转变，是全面落实科学发展观的重大措施。科学发展观是指导发展的世界观和方法论的集中体现。落实科学发展观，必须坚持以人为本，转变发展观念、创新发展模式、提高发展质量。我国人口基数大，人均资源相对不足，生态环境脆弱。粗放型经济增长方式不仅使经济发展质量难以提高，资源环境也不堪重负。我国单位资源产出水平仅相当于美国的1/10、日本的1/20，单位GDP二氧化硫和氮氧化物排放量是发达国家的8～9倍。加快转变经济增长方式已经成为我们面临的重大战略任务。国内外经验表明，加强环境保护，是优化经济结构、转变经济增长方式的重要手段。从20世纪70年代开始，日本通过执行严格的环境政策，促进了经济结构的调整，仅用了十几年时间，就基本解决了产业污染问题，经济质量也迅速提高。我国太湖的五里湖污染治理，投入了25亿元改善环境，带来的土地增值可以产生50亿元以上的直接经济效益，既美化了群众的生活环境，又拉动了经济增长。

第二，实行历史性转变，是全面建设小康社会的根本要求。本世纪头20年，是我国全面建设小康社会的重要时期。要在国民经济保持平稳较快增长的同时，使重点地区和城市环境质量得到改善，生态环境恶化趋势基本遏制。这是难度很大但又必须实现的目标。“十五”计划确定的环保指标没有完成，进一步增加了“十一五”环保工作的难度。《国民经济和社会发展第十一个五年规划纲要》明确要求，到2010年，在GDP年均增长7.5%的同时，单位GDP能源消耗降低20%，主要污染物排放总量减少10%。这是约束性的指标，是必须实现的目标，具有明确的政策导向。如果继续沿袭以牺牲环境换取经济增长的老路，不仅环保目标难以实现，还将影响经济社会发展全局。我们必须加快推动历史性转变，确保全面建设小康社会目标的顺利实现。

第三，实行历史性转变，是构建社会主义和谐社会的重要保障。人与自然和谐发展，是和谐社会的重要组成部分。人与自然的矛盾越尖锐，环境保护在构建和谐社会中的地位越重要。近年来，因环境问题引发的群体性事件以年均29%的速度递增，严重影响社会稳定。2005年，全国发生环境污染纠纷5.1万起。自松花江水污染事件发生以来，全国发生各类突发环境事件76起，平均每两天就发生一起。如果环境保护继续被动适应经济增长，这种状况将难以遏制，甚至有愈演愈烈之势。因此，环保工作必须加快推动历史性转变，下大力气解决涉及人民群众利益的突出环境问题，有效化解各类环境矛盾和纠纷，维护社会和谐稳定。

第四，实行历史性转变，是推动环保事业蓬勃发展的强大动力。经过30多年的努力，我国环保事业取得重要进展。随着经济规模的不断扩大，环境压力持续增加。当前和今后一个时期，我国环境问题日益严重与增长方式转变缓慢的矛盾突出，协调经济与环境关系的难度越来越大；人民群众改善环境的迫切性与环境治理长期性的矛盾突出，环境问题成为引发社会矛盾的“焦点”问题；污染形势日益严峻与国际环保要求越来越高的矛盾突出，环境与发展空间受到挑战。我们必须以更高的层次、更宽的视野看待环境问题，把环境保护放到经济社会发展的全局中准确判断环境形势，放到全面建设小康社会的目标中看待群众环境需求，放到再生产的全过程中全面防控环境污染，加快推动历史性转变。

我们正在推动的历史性转变，是一个具有中国特色、基于中国国情、符合发展实际、融入发展全局的转变，是承上与启下相连、希望与困难同在、机遇与挑战并存时期的转变，是蝉蜕时期的痛苦与希望，是一个嬗变过程。我们必须以更大的决心和勇气，全力推动历史性转变。

三、当前和今后一个时期环保工作总体思路

当前和今后一个时期，全国环保系统要以科学发展观为指导，围绕国务院《决定》确定的七项重点任务，

举全局之力，全面推进重点突破，下决心切实解决突出的环境问题。具体要求是：突出一个重点；办好两件大事；落实三项制度；强化四项工作；加强“五大建设”；处理好六个关系。

确定这样的思路，主要基于三个方面的考虑。一是基于贯彻国务院领导同志的明确指示。温家宝总理在2006年的政府工作报告中，对当前环境形势作出重大判断，强调“环境污染加剧”是“十五”时期经济社会发展中的一个突出问题；在记者招待会上指出:“环境污染已经成为当前中国发展中的一个重大问题，这个问题至今没有得到很好的解决。”强调“特别是对重要的水体、空气和土地的面源污染，要有计划、有步骤的治理。”曾培炎副总理2月23日在人民日报发表的署名文章中指出：要“坚持全面推进、重点突破，切实解决危害人民群众利益的突出环境问题。”“要建立先进的环境监测预警体系和完备的执法监督体系，提高环境管理的能力。”二是基于落实国务院《决定》的各项要求。《决定》确定的各项任务和措施，是各地各部门和全社会的共同任务。环保部门必须从自身的职责出发，理清思路，明确重点。污染防治是环保部门最基本的职能，《决定》确定的七项重点任务有五项是污染防治。污染防治任务不落实，落实《决定》就无从谈起。三是基于各方面的意见和建议。2006年1～3月份，总局召开了一系列座谈会。先后在济南、成都、北京召开了东部、中西部、四个直辖市环保局长座谈会，听取省、市、县三级环保局长对全国环保工作和环保总局的意见和建议；征求了环境领域著名专家、学者的意见和建议；走访了中央、国务院24个部门；同时也分别听取了总局一些老同志、年轻同志、科技人员的意见。大家从总结经验教训出发，结合切身体会，普遍认为，把污染防治摆上突出位置，切实加强执法监督和环境监测，全面增强基层能力建设，是环保事业加快发展的客观要求。

这个思路的具体内容是:

第一，突出一个重点国务院《决定》提出的七项重点任务是：以饮水安全和重点流域治理为重点，加强水污染防治；以强化污染防治为重点，加强城市环境保护；以降低二氧化硫排放总量为重点，推进大气污染防治；以土壤污染防治为重点，加强农村环境保护；以促进人与自然和谐为重点，强化生态保护；以核设施和放射源监管为重点，确保核与辐射环境安全；以实施国家环保工程为重点，推动解决当前突出的环境问题。

这七项重点任务的重中之重是污染防治，而保障饮水安全又是重中之重的首要任务。之所以确定这样的原则，一是污染治理任务相当艰巨。全国流经城市的河段普遍受到污染。“三河三湖”虽然经过多年治理，但除太湖外，其它流域水质至今没有根本好转，长江三峡库区及上游、黄河小浪底水库及上游、松花江又因污染问题突出相继被列为治理重点。在大城市空气环境质量有所好转的同时，一些中小城市污染有加重趋势。以煤为主的能源结构长期难以改变，燃煤量快速增长与脱硫设施建设进展缓慢的矛盾日益突出，二氧化硫治理面临巨大压力。工业污染尚未得到有效控制。还有相当多的工业污染物没有纳入治理范围，因企业管理不善造成的污染依然严重，由生产事故引发的环境污染事件相当突出。二是污染造成的危害大。近年来发生的突发环境事件，基本上是由于环境污染造成的，而且频率逐渐增加，范围不断扩大，有的甚至造成严重后果。据初步统计，2005年发生的环境事故中，有97.1%属于污染事故，其中水污染事故占50.6%，大气污染事故占39.8%，造成的直接经济损失高达1.05亿元。因环境污染引发的群体性事件逐年增多，而且多发于经济发达地区，对抗程度明显高于其他群体性事件。三是社会对污染问题反映强烈。近年来，群众的环境投诉以每年30%的速度上升。群众来信中95%反映的是污染问题，群众来访中93%的诉求是摆脱污染困扰。“两会”期间代表、委员的提案和议案，反映的环境问题绝大多数都是污染问题。四是污染压力持续加大。未来十五年，我国工业化、城市化进程加快，消费转型，汽车、房地产、基础设施的快速发展将对能源原材料工业产生巨大需求，污染产生量也将随之增长。据专家测算，按现在的资源消耗和污染控制水平，2020年污染负荷将比2000年增加4～5倍。因此，污染问题在今后相当长的时期仍然是环保工作的主要矛盾，必须树立长期奋斗的思想。

“民以食为天，民以水为本”。把保障饮水安全作为首要任务，是因为饮水问题关系到人民群众的基本生存需求。胡锦涛总书记多次对群众饮水问题作出重要批示，明确指示“要增强紧迫感，深入调研，科学论证，提出解决方案，认真加以解决，使群众喝上‘放心水’”。当前，全国有近3亿农村人口饮用不合格的水，保障农村饮水安全的任务相当繁重。同时，城市饮用水源也潜伏着危险。目前，我国饮用水源地水质评价标准中有机物指标偏少，一些饮用水源水质状况调查结果表明，有相当一部分水源地检出挥发性和半挥发性有机污染物以及有机氯、有机磷农药。让群众喝上干净的水，是党和政府赋予环保部门维护群众环境权益的重要职责。如果不能有效解决饮水安全问题，我们将愧对人民群众，愧对环保事业。因此，要把饮用水源保护作为民心工程、德政工程，切实抓紧抓好。

强调污染防治绝不是回到“三废”治理的原点，而是环保工作的战略重组，是做强做大环保工作的重大举措，是污染防治工作质的飞跃。同时，抓重点并非只谋重点，不顾全面，而是要以重点带动全局。全面推进重点突破是两点论和重点论的统一。要在全面推进七项重点任务的同时，着力抓好“重中之重”和“首要任务”的攻坚克难。

加强污染防治，必须坚持“预防为主、综合治理”，强化从源头预防污染，以大工程带动快治理。要坚持污染防治与生态保护相结合，把生态治理作为污染防治的战略措施，围绕饮用水源地保护和流域污染防治，做好生态保护工作，以生态修复扩大环境容量，以生态措施治理环境污染；加强自然保护区管理，保护生物多样性。

第二，办好两件大事环保部门的权威来自于执法监督，执法监督的基础在于环境监测。环境监测预警体系和环境执法监督体系是做好环保工作的根本保证，也是各级环保部门的立足之本。如果我们没有科学的手段，决策和管理就没有依据；如果我们的执法队伍软弱无力，我们的监督管理就会严重失控。办好这两件大事，是全国环保工作的当务之急。

1．建设先进的环境监测预警体系要按照数据准确、代表性强、方法科学、传输及时的要求，建设先进的环境监测预警体系，做到全面反映环境质量状况和变化趋势，及时跟踪污染源变化情况，准确预警各类环境突发事件，满足环境管理需要。这个体系主要包括：一要建立和完善全国环境质量监测和污染源监督性监测网络，形成科学的网络运行机制和信息发布机制；二要设置科学的环境监测管理系统，理顺环境监测的机制和体制；三要具备达到标准的常规监测能力和应急监测能力；四要建立和完善科学的环境监测技术系统、先进的技术装备系统、实用的质量管理系统；五是建立高素质的人才队伍和完善的后勤保障系统。需要强调的是，人才问题是实现既定目标的重要保证。只有各类人才全面发展，形成一支具有强大战斗力的监测队伍，才能适应未来环保事业的繁荣和发展。

2．建设完备的环境执法监督体系“立法是依据，执法是关键，监督是保证。”这是我国法制工作的经验总结，也是建设完备的环境执法监督体系的基本要求。完备的环境执法监督体系必须达到权责明确、行为规范、监督有力、高效运转的要求。在执法活动中，首先，要有健全的环境行政执法责任制。将行政执法权力与执法责任有机结合，健全责任追究制度，完善环保系统内部稽查机制。二要依法界定执法职责，科学设定执法岗位，明确执法程序，公布执法结果。三要有健全的执法机构、强有力的执法队伍和先进的执法装备。四要建立内部监督、层级监督和外部监督相结合的监督机制，完善环境违法举报制度。五要建立污染受害者法律援助机制、环境民事和公诉制度，完善环境犯罪案件移送程序。

第三，落实三项制度环境影响评价制度、污染物排放总量控制制度、环境目标责任制，是参与环境与发展综合决策的切入点，是实施环境保护综合管理的重要保障。我们要以环境目标责任制为龙头、以总量控制和环境影响评价为调控手段，全面提升环境管理水平。

1.强化环境影响评价制度环境影响评价是把住环境污染和生态破坏的重要关口、保障科学发展的一把“利剑”，也是环保部门最大的权力。如果我们把不好这道关口，今天的新项目，就是明天的老污染。一定要珍惜人民赋予我们的权力，用好这个“杀手锏”，决不能向未来犯罪。要把规划环评作为环保部门参与综合决策的主渠道，在试点的基础上，全面推行各类规划的环境影响评价，建立完善规划环评专家审查机制，提高实施规划环评和决策环评的能力，从源头上防止环境污染和生态破坏，使保护环境的着力点从微观层面进入宏观层面。通过严格环境准入抑制粗放型经济增长。要用改革的办法解决环评工作中存在的问题，切实提高环评质量，使之真正成为宏观经济管理的“调节器”，防止环境污染和生态破坏的“控制闸”，预警宏观经济发展趋势的“晴雨表”。

当前，强化环评制度重在落实。必须尽快扭转重审批轻监管、未审批就开工、不审批也建设的局面，切实做到环评提出的污染防治、生态保护措施与建设项目主体工程同时设计、同时施工、同时投产使用。

2.推行污染物排放总量控制制度总量控制是环境管理的核心，是环境管理的技术手段，也是减少环境污染的“总闸门”。要通过控制污染“增量”，削减污染“存量”，使污染“总量”保持在环境容量允许的范围内。总量控制的关键是要有科学的污染物总量测算方法和合理的指标分配方法。要根据各地的环境容量、经济社会发展水平、产业结构及排污状况等综合因素，科学确定总量控制指标。要做到“五落实”：把总量控制指标落实到重点行业的结构调整中，依靠淘汰落后生产能力腾出总量；落实到重点流域区域城市海域的污染治理中，依靠环保工程减排总量；落实到城市群的建设规划中，依靠优化发展降低总量；落实到重点企业的发展中，依靠清洁生产削减总量；落实到建设项目环评审批中，依靠“以新带老”消化总量。要通过强化限期治理、排污收费、排污许可证等管理措施削减总量。要科学合理地利用环境容量优化产业布局，在满足环境容量、实现环境目标的同时，为经济建设提供发展空间。

3. 实行环境目标责任制环保目标考核和责任追究制度，是落实政府环保责任的制度保障，是各部门依法履行环保职责的约束机制。要确保各项环保任务落到实处，必须明确责任，通过科学、有效的政绩考核，引导各级领导落实科学发展观，克服急功近利的短期行为，切实加强环境保护。一是将环境质量、污染物排放总量、重点环保工程等各项目标和任务分解到各级政府，一级抓一级，层层抓落实，确保认识到位、责任到位、措施到位、投入到位。二是对主要污染物的削减目标完成情况进行严格考核，做到每半年公布一次，年终检查一次，五年全面验收一次。最近，中组部在体现科学发展观的地方党政领导班子和领导干部综合评价体系中，已将环保指标列入干部实绩分析评价要点。这是干部任用制度的重要改革，也是落实领导干部环保责任的重大举措。要以此为契机，推动环境目标责任制的全面落实。三是实行严格的环境保护问责和奖惩制。2006年初，监察部和总局联合发布了《环境保护违法违纪处分暂行规定》。要结合落实这个规定，对完成任务好的表彰奖励；对没完成任务、环境质量恶化、发生重大污染事故的追究责任。四是要把各省、自治区、直辖市环保目标考核结果向党中央、全国人大、国务院报告，向社会公布。

第四，强化四项工作做好环保工作，关键在法治，基础在宣传，支撑在科技，出路在创新。只有切实加强环境政策法制、宣传教育、科技、国际合作，才能做到基础扎实，保障有力，从根本上提高环保工作的水平。

1. 加强环境法制，完善环境政策体系。加强立法是依法保护环境的根本保障。环境法制建设要注重源头控制、维护群众环境权益、履行国际公约。抓紧修改和完善现行法规标准，填补法律空白。同时，各地要积极争取人大、政府的支持，抓紧完善地方性法规，力争通过5～10 年的努力，形成覆盖环境保护各个领域、门类齐全、功能完备、措施有力的环境法规标准体系，从根本上解决“违法成本低、守法成本高”的问题，切实把环境保护纳入法治化轨道。

要积极配合有关部门完善环境政策体系。外部性、社会性、公共性是环境保护的内在特点。一是从外部性出发，完善有利于环境保护的价格、税收等政策，积极促进污染外部成本内部化；二是从社会性出发，坚持“污染者付费”，推动落实城市污水和垃圾处理收费政策；三是从公共性出发，充分发挥市场机制在污染治理中的作用，努力提高污染治理水平和资金使用效率；四是扩大环境信息公开范围，健全社会监督机制，鼓励公众参与。

2. 加强环境科技创新提高环境管理水平，必须依靠技术进步；解决结构型、复合型和压缩型环境问题，必须依靠自主创新。要从环境战略、环境应用技术和环境标准研究等方面入手，选择具有一定基础优势、关系可持续发展全局和环境安全的关键领域，作为环境科技的突破口。要大力提升原始创新能力，突破长期制约环境保护的技术“瓶颈”；加强环境政策和管理技术的研究，集成现有科研成果和先进管理模式，建立环境技术管理体系，加强科技试点示范，使之真正转化为保护环境的现实生产力；要争取将环境科技项目列入国家和地方攻关课题，依靠社会科研力量，全面推动环境科学事业的发展。

3. 加强环境宣传教育保护环境是全民族的事业。建设环境友好型社会需要每个公民身体力行。只有全社会形成崇尚节约、保护环境的良好氛围，人人为之尽责出力，环保事业才有希望。要协同配合有关部门和新闻媒体，坚持不懈地开展环境政策法规宣传，不断提高全社会的环境法制观念；要加强对领导干部、重点企业负责人的环保培训，提高依法行政和守法经营意识；要争取将环境保护列入素质教育的重要内容，强化学校环境基础教育，开展全民环保科普宣传；要倡导环境文化和生态文明，提升全民环境伦理道德水准，自觉约束自身环境行为；要及时报道和表彰环境保护的先进典型，公开揭露和批评污染环境、破坏生态的违法行为。要树立社会主义“八荣八耻”荣辱观，在全系统形成知荣辱、树新风、促和谐的文明风尚。大力弘扬中国环保精神，提高环保系统的凝聚力和战斗力。

4. 加强国际环境合作与交流保护环境是人类共同的事业。当前，环境问题已经成为国际关系、国际贸易的重要内容和影响国家对外形象的重要因素，也是国际合作中最活跃的领域之一。要积极参与国际环境公约和议定书的谈判，认真履行国际环境公约，树立负责任的大国形象。要加强与周边及广大发展中国家的环境合作，维护我国和其他发展中国家环境权益，努力消除“中国环境威胁论”的不良影响。同时，要积极引进国外先进的管理技术和经验，促进我国环境管理水平的提高。

第五，加强“五大建设”推动环保事业的发展，必须把队伍能力建设摆上更加突出的位置。要按照“工作高效率、服务高质量、对自己高标准”的“三高要求”，全面开展思想、作风、组织、业务、制度“五大建设”。“五大建设”的重点是思想建设。思想建设的重点是严格遵守政治纪律，坚决与党中央保持一致；作风建设的重点是要下功夫抓落实；组织建设的重点是检查《党政领导干部选拔任用工作条例》的执行情况；业务建设主要是端正业务思想，提高业务水平；制度建设就是要在建立和完善先进性教育长效机制的基础上，继续向前推进。

努力形成既有民主又有集中、既有自由又有纪律、既有统一意志又有个人心情舒畅的“六有”局面。

第六，处理好六个关系环境保护涉及方方面面、各个领域。各种矛盾和冲突不可避免。如果处理得好，环保工作就会沿着正确的方向健康发展；处理不好，就会相互掣肘，彼此阻碍。环保部门必须坚持以科学发展观统领全局，在继承中创新，在改革中发展，主动处理好六个关系。

1. 正确处理经济发展、社会进步与环境保护的关系。环境保护说到底是处理环境与发展的关系，处理人类对物质产品需求与环境需求的关系。我国正处于并将长期处于社会主义初级阶段，我们既不能脱离社会主义初级阶段搞环保，也不能以社会主义初级阶段为借口宽容污染。处理好经济发展、社会进步与环境保护的关系，关键是要加快推动历史性转变。

2. 正确处理当前与长远的关系。环境保护的基础性、战略性，环境形势的严峻性、复杂性，环保工作的长期性、艰巨性，要求我们既要集中力量解决与人民群众利益最直接、最现实的环境问题，又要把事关中华民族长远发展的环境问题摆上议程统筹规划；既要抓住一些短期能够见效的环境问题，集中力量攻坚克难，尽快改变现状，又要稳扎稳打，步步为营，逐步解决长期影响群众利益的难点问题；既要尽力而为、积极进取，又要量力而行、稳步推进。环境保护的目标一旦确定，就要一步一个脚印地向着目标迈进，在实际工作中绝不能出现偏移，更不能逆向操作。

3. 正确处理政府主导和市场推进的关系。“市场失灵”是环境保护领域的突出特点，“政府主导”是环境保护的必然要求。政府的作用主要体现在：一是制定环境政策法规，加强环境执法，规范环境行为；二是对具有公共和准公共产品性质的环保领域进行投资；三是完善机制，制定有利于环境保护的经济政策，促进企业和社会投入，建立全国统一的环保产业大市场。政府履行环保职责，必须完善环保部门统一监管与有关部门分工负责的协调机制。要按照相互理解、加强沟通、合作共事、共谋发展的原则，主动与各有关部门密切合作，形成管理环境的合力。市场在污染治理中发挥着配置资源的基础性作用。要通过推行污染治理市场化，吸引社会资金。通过排污交易试点，提高环境治理效益和资金使用效率。在实际工作中，该由市场发挥作用的领域政府不能包办代替，该由政府承担的责任绝不能“缺位”，该由市场配置的资源政府绝不能垄断。

4. 正确处理中央与地方的关系我国实行地方政府对辖区环境质量负责和分级管理的体制。做好环保工作，必须充分发挥中央和地方两个积极性。国家在确定环境目标、制定环境政策法规和环境规划时，既要维护全国环保工作的整体性，又要考虑区域自然环境与经济发展的差异性，为地方环保工作的自主性留下一定空间。在保持全国环保工作统一性的同时，鼓励有条件的地区先行一步。各地必须自觉服从国家环境目标和总体部署，自觉服从国家对区域环境保护的统一协调，自觉加强与周边地区、特别是流域下游地区和下风向地区的协调。要因地制宜地落实政策，创造性地开展工作。地方环保部门既要对当地政府负责，又要对上级环保部门负责，要力戒地方保护主义，坚决杜绝“上有政策，下有对策”的错误倾向，保证环保系统步调一致，令行禁止。

5. 正确处理城市与农村环保工作的关系。长期以来，城市是环保工作的主战场。近年来，城乡环境保护“二元结构”的问题日益突出。要注重城乡发展的系统性、互补性和协同性，按照“以城带乡、以乡促城、城乡联动、总体推进”的原则，引导农民采用有利于环境保护的生产生活方式，增强农村防治污染的能力，扶持生态农业的发展。要采取严格措施，有效防止工业污染向农村转移，城市污染向郊县转移。特别要加大整治乡镇工业和规模化养殖业污染，解决农民饮用水源污染问题。与城市污染相对集中的特点相比，农村污染呈高度分散的状态。要努力把握农村环境保护的规律，积极探索尊重农民意愿、符合农村特点的环境管理模式，协同有关部门共同加强农村环保工作。

6. 正确处理区域之间环境保护的关系。中国地形复杂、生态类型多样、区域发展不平衡，环境管理必须实行分类指导。国家提出要根据资源环境承载能力和发展潜力，对不同区域实行优化开发、重点开发、限制开发和禁止开发。这是实行分类指导的基础。要依此确定不同区域的环境“准入门槛”，设置不同区域的产业淘汰和污染治理政策。要建立区域协调机制，共同采取措施，坚决防止落后生产技术、设备和已经关闭的企业由东部向中西部转移。健全补偿机制，积极协助有关部门完善生态补偿政策，让那些为流域环境安全作出贡献的上游地区，从财政转移支付中得到补助，从受益地区获取补偿；上游省份排污对下游省份造成污染事故的，上游也要承担赔付责任。健全扶持机制，加大国家对欠发达地区环境执法监督和监测预警能力建设的支持力度。健全互助机制，加强东中西部地区的合作交流与对口支援，推动环境管理水平共同提高。

四、2006年主要工作任务

2006年是实施“十一五”规划的开局之年，也是贯彻落实第六次全国环保大会精神和国务院《决定》的起步之年。现在已经过去3个多月了，时间紧，任务重，我们必须牢牢抓住关系“十一五”规划全局的关键环节，突出重点，狠抓落实，务求实效。

（一）全面贯彻落实第六次全国环保大会精神。

第六次全国环保大会是深入贯彻党的十六届五中全会精神和国务院《决定》，全面部署“十一五”环保工作的动员大会，也是一次强化措施、完善机制、改革创新的大会。全国环保系统一定要认真学习温家宝总理、曾培炎副总理的重要讲话，深刻领会会议的精神实质，统一思想，明确任务，坚定信心，扎扎实实地落实好会议提出的各项任务。具体要做到：开一个会议，发一个文件。会后要立即向同级党委和政府作一次全面汇报，争取以政府名义召开一次全省（区、市）环保大会，发布一个关于加强环境保护工作的文件，力争解决一些实际问题。

当前，我国环保工作进入了以保护环境优化经济增长的新阶段，主要目标是建设环境友好型社会，主要任务是加快推动历史性转变，总体思路是全面推进重点突破，主要措施是抓落实、抓实干、抓细节、抓基层。贯彻这次大会精神和国务院《决定》，关键要在抓落实上下功夫。各级环保部门首先要统一思想，把握全局，在目标任务上抓落实。要把认识统一到这次大会精神和《决定》的要求上来，牢固树立和落实科学发展观，思想上一心一意不动摇，工作上锲而不舍不放松，作风上真抓实干不争论。二要集中全力，强化措施，在重点工作上抓落实。加快改革创新，完善政策措施，把力量集中到重点工作上来，务求实效，一抓到底。三要认真调研，精心安排，在工作部署上抓落实。深入基层，深入实际，了解新情况，研究新问题，不断提高工作水平。要关心基层、支持基层、加强基层，切实增强基层环保部门的工作能力。四要从严要求，真抓实干，在转变作风上抓落实。完善管理制度，提高干部素质。在抓落实上看能力，在抓实干上看素质，在抓细节上看水平，努力完成2006年的各项工作任务。

(二)依法强化污染防治各级环保部门要切实加强环境执法，挺直腰杆，敢于碰硬，坚决查处环境违法行为，不管涉及到谁，都要一查到底，决不手软；环保干部要学会用法、科学用法、善于用法，严厉打击违法行为；上级环保部门要理解、关心、支持下级环保部门的工作，为他们严格环境执法撑腰；要通过上上下下的共同努力，在全系统形成勇于执法、敢于执法、善于执法的良好氛围。要下决心啃硬骨头，坚决打好“十一五”环境执法第一仗。2006年，环境执法的重点主要集中在三个方面。

一是切实加强饮用水源保护工作。重点检查集中式饮用水源，对水源保护区内所有排污单位要逐一核查，查找污染隐患，并采取坚决措施予以消除。对水源保护区内的污染企业，该迁的迁，该关的关，绝不姑息迁就。要坚决取缔关闭一批危及农民饮水安全的污染企业。要配合全国人大常委会做好水污染防治法执法检查。要加强与水利、农业、建设、国土资源等部门的协调配合，共同解决一批群众饮水难的问题。要严肃查处一批危害群众饮水安全的违法排污行为，将处理结果向人大、政府报告，并向社会公布。营造“污染水源、人人喊打”的社会氛围，动员广大人民群众自觉行动起来，共同保护我们赖以生存的饮用水源水质安全。

二是抓住解决部分行业产能过剩的有利时机，强化工业污染防治。要以关闭产能过剩的污染企业为重点，继续开展整治违法排污企业保障群众健康环保专项行动，坚决淘汰一批落后的生产工艺和设备，关闭一批污染严重的企业。要以整治开发区环境污染为突破口，严肃查处违反环境影响评价和“三同时”制度的建设项目，坚决控制新污染源，将开发区环境管理纳入正常轨道，防止工业园演变成“污染园”。

三是继续开展环境安全大检查，加强污染事故防范和应急工作。重点排查江河沿岸和人口密集区的石油、化工和冶炼企业，努力消除环境隐患。对违反产业政策、违法建设、超标排污、环保设施不正常运转、存在环境风险的，要分别采取淘汰关停、限期治理、建设事故应急处理设施等措施。要进一步完善全国环境突发事件应急体系，明确应急管理体制、机制，强化事故报告制度，逐步解决必要的装备问题。同时，要抓好重点企业和重点部位的预案建设，让应急管理进入每一个排污单位，将环境风险控制在最低的范围内。

土壤污染问题直接关系到农产品安全，是人民群众关心的热点问题。防治土壤污染是工业和农业污染防治工作的有机结合点，也是环保部门大有作为的领域。要结合社会主义新农村建设，抓紧全国土壤污染现状调查，全面启动土壤污染防治专项工作。实施“农村小康环保行动计划”，推动农业和农村环境保护。

（三）坚决落实环境目标责任制和责任追究制。

要按照培炎副总理的指示，抓紧完成“十一五”各项规划编制工作。各地都要加快编制本地的环保规划。要认真总结“十五”环保计划编制的经验教训，针对实施过程中存在的突出问题，改进编制工作。要做好与国民经济与社会发展规划的衔接，提高规划的可操作性。要强化规划实施的保障措施，做到责任有主体、投入有渠道、任务有保障。

“十一五”期间化学需氧量和二氧化硫削减 10%，是一条不可逾越的红线。2006 年总量控制工作的重点是摸清底数、分解到位、明确责任，力争在开局之年实现削减 2%的任务。要召开水污染防治和大气污染防治两个工作会议，重点研究部署化学需氧量和二氧化硫排放总量控制工作。两个指标的分解是当务之急，我们将尽快下达到各省、自治区、直辖市，各地要力争在六月底以前，通过综合平衡，把指标层层分解到市、县，落实到污染源，采取有力措施努力完成削减任务。

落实总量削减任务的主要责任在各级人民政府。2006 年重点是明确考核要求、制定考核方案、建立社会公布制度，营造落实责任的良好氛围。要把各地完成指标的情况向社会公布，接受全社会的监督。对没有完成任务的要给予通报批评，责令限期整改。要配合组织部门搞准搞实列入干部实绩分析评价要点的环保指标，防止环保政绩考核流于形式。要切实贯彻《环境保护违法违纪处分暂行规定》，坚决查处一批国家行政机关工作人员环境违法违纪行为。要让那些不重视污染防治工作的领导干部，没有完成年度任务地方的领导干部，得不到提拔重用；让那些漠视环境法律法规的领导干部付出应有的代价。

（四）切实加强能力建设，目前，“211 环境保护”支出科目体系已正式建立，标志着环境保护在财政支出中第一次有了“户头”，这是政府环保投入的重大突破，也是环保能力建设的重要保障。各级环保部门要积极与发展改革、财政部门协调，真正使环保资金“有渠有水”，切实保障环境保护事业发展的各项资金需求，为全面提高环境保护能力打下坚实基础。

2006 年，全国五个督查中心的组建工作将全面启动，并初步形成协调和监督能力。要理顺督查中心与地方环保部门的关系，形成执法合力。稳步实施设区城市垂直管理体制，加强环境监察机构标准化建设。

我们正在和国家发改委衔接《国家环境监管能力建设“十一五”规划》。这项规划提出了三项主要任务：一是建设先进的环境监测预警体系；二是建设完备的执法监督体系；三是改善环境基础设施和条件。

在先进的环境监测预警体系建设方面，“十一五”期间要进一步完善国家环境质量监测网络，建成地级以上城市空气质量自动监测网络，基本建成大江大河等重点流域国控和省界水质自动监测网络，基本建成沙尘暴、酸沉降、近岸海域等国家自动环境监测网络，初步建成生态环境监测网络、核与辐射环境安全监测网络。提高污染源监督性监测能力，基本掌握占全国污染负荷 65%以上的近 8000 家重点污染源排污状况。建设国家应急监测网络，各省级环保部门配备水、气环境突发事件应急监测车及仪器设备，地级市配备必要的应急监测设备和防护装备。

在完备的环境执法监督体系建设方面，要以加强中西部和县级执法能力建设为重点，加快建设污染源自动监控系统，将占全国工业污染负荷 65%的废水、废气重点源纳入远程连续监控体系，及时掌握全国重点企业排污变化情况。

在改善环境管理基础设施和条件方面，主要是抓紧环境科研重点实验室和工程技术转化实验室建设、环境宣传教育标准化建设、环境信息化能力建设等。

我们要通过五年的规划实施，基本建成国家环境质量监测网络，初步形成较为完备的执法监督体系，使环境管理支撑能力和核安全监管能力明显加强。2006 年是实施这个规划的第一年，我们一定要努力做好基础工作。能力建设要由中央和地方共同努力，在积极争取中央财政支持的同时，各地要千方百计争取地方财政提供更多的配套资金。

队伍建设是环保事业蓬勃发展的基本保障。要切实把全国环保系统广大干部职工的思想统一到科学发展观上来，统一到历史性转变上来，统一到“全面推进重点突破”的工作思路上来。要进一步巩固先进性教育成果，加强反腐倡廉，推动全系统精神文明建设，提高队伍综合素质。会后，总局将用两个月时间整顿机关作风，加强机关建设，围绕总结松花江事件经验教训，广泛征求各方面的意见，找出薄弱环节，制定整改措施，坚持服务基层，改进工作作风，提高办事效率，努力把环保总局建设成为勤政、廉洁、务实的政府机关，建设成为法制机关、责任机关、服务机关和人民满意的机关，建设成为能够带领新时期全国环保事业快速发展的“火车头”。

最后我要特别强调，核与辐射环境管理是关系人民生命财产安全的重大问题，决不能有丝毫麻痹大意。当前，我国正处在核电快速发展时期，核安全管理面临巨大压力，必须全神贯注地抓好每一个环节的安全措施。进一步健全放射源国家、省、市三级安全监管体系，规范放射源和放射性废物安全管理，确保万无一失。

我国环保工作正进入一个关键时期。让我们紧密团结在以胡锦涛同志为总书记的党中央周围，高举邓小平理论和“三个代表”重要思想的伟大旗帜，以科学发展观统领环保工作，站在新的历史起点上，紧紧抓住大好机遇，以崭新的精神面貌、务实的思想作风、高昂的工作热情投身到环保事业发展中，开拓创新，真抓实干，努力开创环境保护工作新局面。

2005年全国环境治理情况

（2006年6月12日）

2005年是“十五”计划的最后一年。环境保护工作取得新的进展。我国结合产业结构调整，淘汰了一批高耗能、高污染的落后生产工艺和设备。继续开展整治违法排污企业保障群众健康环保专项行动，重区域、城市、海域污染防治工作进一步加强，污染治理进度加快。但由于经济快速增长，增长方式粗放，资源能源消耗大，主要污染物排放总量有所增加，环境形势依然十分严峻。

2005年，全国废水排放总量524.5亿吨，比上年增加8.7%。其中工业废水排放量243.1亿吨，比上年增加10.0%。城镇生活污水排放量281.4亿吨，比上年增加7.7%。废水中化学需氧量排放量1414.2万吨，比上年增加5.6%。废水中氨氮排放量149.8万吨，比上年增加12.6%。工业废水排放达标率和工业用水重复利用率分别为91.2%和75.1%，比上年分别提高0.5个百分点和0.9个百分点。

2005年，全国废气中二氧化硫排放量2549.3万吨，比上年增加13.1%。烟尘排放量1182.5万吨，比上年增加8.0%。工业粉尘排放量911.2万吨，比上年增加0.7%。工业燃料燃烧二氧化硫排放达标率和工业生产工艺二氧化硫排放达标率分别为80.9%和71.0%，比上年分别提高2.3个百分点和11.6个百分点。

2005年，全国工业固体废物产生量13.4亿吨，比上年增加12.0%；工业固体废物综合利用率为56.1%，比上年增加0.4个百分点；工业固体废物排放量1654.7万吨，比上年减少6.1%。

截至2005年底，我国已命名的国家级生态示范区233个、全国环境优美乡镇178个。已建各种类型、不同级别的自然保护区2349个，总面积14994.9万公顷，约占国土面积的15.0%。

2005年排污费征收总额达到123.2亿元，比上年增加30.8%。城市污水处理率达到51.99%，比上年提高6.32个百分点。工业污染源污染治理投资458.2亿元，比上年增加48.7%，其中用于废水治理投资133.7亿元、废气治理投资213.0亿元，比上年分别增加26.6%、49.2%。建设项目“三同时”环保投资640.1亿元，比上年增加39.0%。城市环境基础设施建设投资1289.7亿元，比上年增加13.1%。全国环境污染治理投资2388.0亿元，比上年增加25.1%，占当年GDP的1.31%。

一、废水排放及治理

1．废水排放总量（亿吨）	524.5
其中：工业废水排放量	243.1
城镇生活污水排放量	281.4
2．化学需氧量排放总量（万吨）	1414.2
其中：工业化学需氧量排放量	554.8
城镇生活化学需氧量排放量	859.4
3．氨氮排放总量（万吨）	149.8
其中：工业氨氮排放量	52.5
城镇生活氨氮排放量	97.3
4．工业废水排放达标率（%）	91.2
5．工业用水重复利用率（%）	75.1
6．城市污水处理率（%）	51.99
其中：城市生活污水处理率（%）	37.4

二、废气排放及治理

1．二氧化硫排放总量（万吨）	2549.3
其中：工业二氧化硫排放量	2168.4
生活二氧化硫排放量	380.9
2．烟尘排放总量（万吨）	1182.5
其中：工业烟尘排放量	948.9
生活烟尘排放量	233.6
3．工业粉尘排放量（万吨）	911.2
4．工业燃料燃烧SO_2排放达标率（%）	80.9
5．工业生产工艺SO_2排放达标率（%）	71.0

三、工业固体废物排放及利用

1．工业固体废物产生量（万吨）	134448.9
2．工业固体废物综合利用量（万吨）	76993.3
3．工业固体废物综合利用率（%）	56.1
4．工业固体废物贮存量（万吨）	27876.0
5．工业固体废物处置量（万吨）	31259.1
6．工业固体废物排放量（万吨）	1654.7
7．“三废”综合利用产品产值（亿元）	755.5

四、环境污染治理投资

1．污染治理项目投资总额（亿元）	2388.0
其中：工业污染治理项目投资额	458.2
“三同时”项目环保工程投资额	640.1
城市环境基础设施建设投资额	1289.7
2．环境污染治理投资占当年 GDP（%）	1.31

五、工业污染治理

1．当年施工污染治理项目数（个）	13330
2．污染治理项目当年完成投资额（亿元）	458.2
其中：治理废水	133.7
治理废气	213.0
治理固体废物	27.4
治理噪声	3.1
治理其他	81.0

六、自然生态保护

1．自然保护区数（个）	2349
其中：国家级	243
省级	773
市级	421
县级	912
2．自然保护区面积（万公顷）	14994.9
3．保护区面积占国土面积比（%）	15.0
4．珍稀濒危动物繁殖场数（个）	164
5．珍稀植物引种栽培场数（个）	77
6．生态示范区试点地区和单位数（个）	528
7．已命名国家级生态示范区数（个）	233
8．已命名全国环境优美乡镇数（个）	178

七、环 境 管 理

（一）环境法制

1．当年制定环境保护部门规章数（件）	6
2．当年颁布环境保护地方性法规数（件）	30
3．当年颁布环境保护地方性政府规章数（件）	40
4．当年实施的环境行政处罚案件数（起）	93265
5．当年受理的环境行政复议案件数（起）	211
6．当年结案的环境行政诉讼案件数（起）	399
7．当年发生的环境行政赔偿案件数（起）	10
8．当年结案的环境犯罪案件数（起）	2

（二）排污收费

1．交纳排污费单位数（万个）	74.6
2．排污费征收总额（亿元）	123.2

（三）建设项目环境影响评价

1．当年办理设立的建设项目数（个）	315589
2．向环保部门履行申报手续项目数（个）	314038
3．环境影响评价制度执行率（%）	99.5

（四）“三同时”执行

1．当年应执行“三同时”项目数（个）	71472
2．实际执行“三同时”项目数（个）	70793
3．“三同时”合格项目数（个）	67677
4．“三同时”执行合格率（%）	94.7
5．“三同时”项目投资总额（亿元）	15994.3
其中：环保工程实际投资	640.1

（五）限期治理

1．当年完成限期治理项目数（项）	22126
2．完成限期治理项目投资额（亿元）	178.4
3．关停并转企业数（个）	10777

（六）城市环境治理

1．烟尘控制区数（个/平方公里）	3452/37240.8
2．环境噪声达标区（个/平方公里）	3565/25093.4

（七）环境科技

1．当年设立的科研课题数（项）	3029
2．当年获科学技术奖励数（项）	71
其中：国家级	3
省（部）级一等	6
省（部）级二等	21
省（部）级三等	41
3．国家环保总局当年制定环境保护标准数（项）	104
累积制定各类环境保护标准数（项）	889
4．当年颁布地方环境标准数（项）	12

（八）来信来访

1．本年来信总数（封）	608245
2．当年已处理来信数（封）	541121
3．本年来访批次（批）	88237
4．当年已处理来访批次（批）	68718
5．各级人大、政协环保议案、提案数	12343
6．已办理人大、政协环保议案、提案数	12240

（九）污染与破坏事故

1．环境污染与破坏事故次数（次）	1406
其中：水污染	693
大气污染	538
海洋污染	19
固体废物污染	48
噪声与振动危害	63
其他	45

2. 污染与破坏事故直接经济损失(万元)10515.0(未包括松花江污染事故损失)

八、环保系统能力建设

1. 各级环保系统机构数(个) 11528
   其中:国家级 41
   省级 385
   地市级 2019
   县级 7655
   乡镇 169
2. 各级环境监测站数(个) 2289
   其中:国家级 1
   省级 39
   地市级 400
   县级 1849
3. 各级环境监察机构数(个) 2854
   其中:国家级 1
   省级 33
   地市级 407
   县级 2413
4. 各级环境科研所数(个) 73
   其中:国家级 3
   省级 29
   地市级 241
5. 各级环保系统实有人数(人) 166774
   其中:国家级 2452
   省级 10616
   地市级 42880
   县级 106339
   乡镇 4487
6. 各级环境监测人员数(人) 46984
   其中:国家级 98
   省级 2787
   地市级 16376
   县级 27723
7. 各级环境监察机构人员数(人) 50040
   其中:国家级 41
   省级 727
   地市级 8704
   县级 40568

摘自《2005年全国环境统计公报》

说明:各项统计数据均未包括香港和澳门特别行政区以及台湾省。

交通、信息、科技

站在新的历史起点上 推进“十一五”交通事业又快又好发展

——在2006年全国交通工作会议上的讲话

交通部部长 李盛霖

党中央、国务院对交通工作非常重视。今天，中央政治局常委、国务院副总理黄菊同志亲自出席交通工作会议并作了重要讲话，充分肯定了“十五”交通发展取得的成绩，对“十一五”交通工作提出了明确要求。黄菊副总理的重要讲话，既是对广大交通干部职工的鼓舞和鞭策，也是我们做好今后工作的动力。我们要深入学习领会和认真贯彻落实。

去年年底我从国家发改委来交通部工作。虽然我在地方工作过，也在国务院综合部门工作过，但对我来说，交通还是一个新的领域。当前，我国正处于经济发展的重要战略机遇期，也是交通发展的黄金时期。我深感使命光荣，责任重大。我决心和大家一道，在以胡锦涛同志为总书记的党中央领导下，以科学发展观统领交通工作全局，虚心向广大交通干部职工学习，虚心向老同志学习，求真务实，扎实工作，尽职尽责，努力做到不负重托，不辱使命，为新时期交通事业的发展而不懈努力。

2006年全国交通工作会议的主要任务是：贯彻落实党的十六届五中全会、中央经济工作会议、中央农村工作会议精神，按照黄菊副总理重要讲话的要求，回顾总结“十五”交通工作情况和基本经验，研究部署“十一五”交通发展的目标和主要任务，安排2006年交通工作。下面，讲三个方面的问题：

一、“十五”交通发展回顾和基本经验

“十五”是新世纪的第一个五年期，交通工作认真贯彻落实党中央、国务院一系列重大战略部署，坚持落实科学发展观，团结拼搏，求真务实，交通事业保持了持续快速健康发展的好势头。全社会累计完成交通建设投资21957亿元，年均增长18.7%，超过新中国成立以来51年完成投资总和，是“九五”期间完成投资的1.92倍。其中公路建设完成19505亿元，沿海港口建设完成1313亿元，内河建设完成326亿元，分别是“九五”期间的2倍、2.7倍和1.3倍。

2005年是“十五”计划的最后一年，交通各项工作取得了新成绩。全年新增公路里程4.9万公里，其中高速公路6700公里，全国公路总里程达192万公里；沿海港口新扩建泊位129个，其中万吨级深水泊位76个，新增吞吐能力1.9亿吨；内河港口新增吞吐能力3188万吨，改善内河航道里程1289公里。全年完成公路、水路客运量169亿人次和2亿人次，旅客周转量9300亿人公里和67亿人公里，同比分别增长4.2%、3.6%、6.3%和1.3%；完成货运量133亿吨和21亿吨，货物周转量8574亿吨公里和48058亿吨公里，同比分别增长6.7%、12.8%、9.3%和16%。完成港口吞吐量49.1亿吨，增长17.7%；完成集装箱吞吐量7580万标准箱，增长23%。

回顾“十五”的交通发展，归纳起来，有六个历史性突破和六个重大进展。

六个历史性突破是：

第一，高速公路建设实现历史性突破。

五年建成高速公路2.47万公里，是“八五”和“九五”建成高速公路总和的1.5倍，总里程达到4.1万公里。“两纵两横三个重要路段”全部建成，山东、广东两省高速公路突破3000公里，江苏、河南、河北三省高速公路突破2000公里，有14个省区高速公路突破1000公里。高速公路成为经济社会发展的重要助推器，不仅显著提高了运输能力，降低了运输成本，增强了运输安全性，节约了国土资源，而且在改善投资环境，优化产业布局，促进资源开发利用，提高国家经济的机动性，增强国家竞争力，以及保障国防安全等方面，发挥着越来越重要的作用。高速公路建设成绩斐然，“十五”期间先后跃上了2万公里、3万公里和4万公里三个大台阶。

第二，农村公路建设实现历史性突破。

五年完成农村公路建设投资4178亿元，是“九五”的3倍。2003年以来，启动了新中国成立以来规模最大的农村公路建设，新改建农村沥青（水泥）路30多万公里，农村沥青（水泥）路总里程发展到63万公里，比新中国成立以来53年翻了一番。圆满完成了西部地区通县油路建设任务，建成2.6万公里，惠及17个西部和中部省市区、133个地州市、1100个县市区，西部地区基本实现县县通油路。粮食主产区、革命老区、红色旅游公路建设得到加强。有278个乡镇和3.6万个建制村实现通公路，全国乡镇、建制村通公路率分别达到99.8%和94.5%，10个省实现乡乡通油路，3个省基本实现村村通油路。农村客运同步发展，新建农村等级客运站3232个，停靠站点10.2万个，新增农村客车1.23万辆，乡镇客车通达率达98%，建制村通车率达81%。“十五”农村公路建设投资力度之大、增长里程之快、经济社会效益之好前所未有，成为交通发展的一大亮点，是农民群众得益受惠的民心工程。

第三，公路桥梁建设实现历史性突破。

“十五”期间，建成了润扬长江大桥、南京长江三桥、巫山长江大桥等一批施工难度大、科技含量高的世界级公路桥梁。在建的桥梁中，杭州湾跨海大桥全长36公里，是世界上最长的跨海大桥；苏通长江大桥的主跨跨径、主塔高度、斜拉索长度和群桩基础规模创造了斜拉桥型的四项世界之最；浙江舟山西堠门跨海大桥主跨跨径在悬索桥中居世界第二位。目前，我国有8座斜拉桥、5座悬索桥、5座拱桥和5座梁桥分别在世界同类型桥梁中，按跨径排序居前10位。我国公路桥梁建设技术水平跻身世界先进行列。

第四，港口建设与发展实现历史性突破。

五年相继建成投产集装箱、原油、矿石、煤炭等专业化码头泊位920个，其中万吨级以上泊位188个，新增港口吞吐能力5.4亿吨，分别是“九五”期间的1.3倍、1.7倍和2.1倍。改善内河航道里程4146公里。截至2005年年底，全国港口拥有万吨级以上生产泊位1030个，内河航道通航里程12.3万公里，其中等级航道6.1万公里。长江口深水航道整治二期工程圆满完成，10米水深延伸至南京。上海国际航运中心洋山深水港一期工程建成开港。珠江口和部分主枢纽港深水航道工程建成投入使用。港口建设明显加快，扭转了“九五”以来徘徊不前的被动局面。

“十五”期间，港口货物吞吐量和集装箱吞吐量年均分别增长17.3%和26.4%。2005年港口货物吞吐量、集装箱吞吐量分别是“九五”末的2.2倍和3.2倍。有10个港口进入世界亿吨大港行列。上海港吞吐量由“九五”末的2亿吨达到4.43亿吨，由世界第四跃居世界第一大港。2005年上海港、深圳港完成集装箱吞吐量1800万和1618万标准箱，分别是“九五”末的3.2倍和4.06倍，跃居世界第三和第四位。我国港口货物吞吐量和集装箱吞吐量已连续三年稳居世界第一位。长江干线、京杭运河成为世界上运量最大的通航河流和运河。

第五，交通长远发展规划的编制实现历史性突破。

“十五”期间，制定出台了一批国家级交通长远发展规划。《国家高速公路网规划》、《农村公路建设规划》、《长江三角洲、珠江三角洲、渤海湾三区域沿海港口建设规划》经国务院批准实施；编制完成了《全国沿海港口布局规划》、《全国内河航道与港口布局规划》、《国家水上安全和救助设施建设规划》；还编制了长三角、泛珠三角、东北老工业基地、中部崛起、京津冀暨环渤海等区域交通发展规划，以及交通科技、教育、信息化等专项规划。地方交通部门结合实际制定了相应的发展规划。交通发展长远规划增强了前瞻性、科学性、有序性和指导性，为行业的全面协调和可持续发展创造了有利条件。

第六，交通法制建设实现历史性突破。

“十五”期间，《港口法》、《道路运输条例》、《收费公路管理条例》、《国际海运条例》等法律法规先后颁布实施。其中，《港口法》和《道路运输条例》出台历经20多年，结束了港口、道路运输管理无法可依的历史。适应社会主义市场经济发展的要求，制定和修订了54件部颁规章，精简了48%的行政审批项目，清理废止247件部颁规章。各级交通部门的行政审批事项大幅度减少，行政效率提高。五年来，交通法制建设不断加强，为依法行政、依法治交奠定了坚实基础。

六个重大进展是：

第一，公路水路运输保障有重大进展。

“十五”期间，公路水路客运量、旅客周转量、货运量、货物周转量年均增长4.6%、6.7%、5.8%和13.7%。公路运输承担了全社会新增客运量和货运量的96%和59%。在综合运输体系中，公路和水路运输客运量、旅客周转量、货运量、货物周转量所占比重分别达93%、54%、84%和61%，公路客运量和周转量、公路货运量、水路货物周转量4项主要指标均占第一位。公路水路交通的基础性地位更加巩固，保障了经济社会发展。

2003年以来，交通行业积极落实国家宏观调控政策，缓解煤电油运紧张局面，开通了煤炭公路运输通道，北方七港两年共发运煤炭6.5亿吨。建成了覆盖全国的2.7万公里鲜活农产品运输“绿色通道”。公路水路交通在抢险救灾和应对突发事件中发挥了重要作用。组织实施了国省干线“安保工程”和危桥改造工程，改造存在安全隐患的路段6.1万公里、21万处，改造危桥7665座。与中国气象局联合开通了公路交通气象信息服务。

车船运力加快向大型化、专业化方向发展。截至2005年年底，全国营运汽车发展到760万辆，比“九五”末增长41.8%。目前，中高档客车占全部客车的36%，专用和重型货车数量比五年前翻了一番。运输船舶达22.1万艘，船舶净载重量和集装箱箱位分别比“九五”末增长84.6%和127.8%，超大型油轮、大型散货船和大型集装箱船拥有量显著增加。

第二，交通运输和建设市场监管有重大进展。

我部与七部委联合开展了车辆超限超载治理工作，经过一年半的集中整治，车辆超限超载比例从80%下降到10%左右，交通安全事故和死亡人数降低，道路运输市场秩序好转，公路、桥梁基础设施得到有效保护，多轴大吨位重载汽车工业的发展得到有力推动。治超工作得到了社会各界的广泛理解和积极支持。加强运输市场管理，开展了低质量船舶、水上运输超载、渡口渡船安全管理等专项整治，推行京杭运河船型标准化，加强道路危险化学品运输专项整治。

交通建设市场管理得到进一步规范，先后制定实施公路、水运建设市场管理规范性文件11个，健全完善了项目法人负责制、工程招投标制、合同管理制、施工监理制和质量终身负责制。

第三，海事监管和搜救能力建设有重大进展。

按照突出人命救助和“三精两关键”的要求，加强了海事监管和搜救能力建设。建立了海上搜救部际联席会议制度，制定了国家海上搜救应急预案。加强重点水域、重点船舶、重点时段的安全监管和基础性建设。在长江部分航段和成山头、珠江口实施了船舶航行定线制，水上安全监管能力和航行安全可靠性得到全面提升。初步建立了海陆空搜救网络，实施动态值班待命救助制度，加强搜救演练，救助快速反应能力和搜救成功率显著提高，关键时刻冲得上、救得下。成功组织了一系列重大海难救助和油污染处置行动，保护了人命和国家财产安全，避免了重大环境污染。“十五”期间船舶进出港数量、港口货物吞吐量成倍增长，水上交通事故件数和死亡人数分别下降了32.7%和41.3%。共组织、协调重大搜救行动3780多次，救助遇险人员5万多人，救助成功率达94%。

第四，交通改革开放有重大进展。

历时七年的水上安全监督管理体制改革全面完成，建立了14个部直属海事局和27个省级地方海事局。完成了救捞体制改革，实行救助打捞分开。港口管理体制改革进一步深化，中央直属和双重管理的38个港口下放所在城市政府管理。颁布实施了《农村公路管理养护体制改革方案》，实行以县为主的农村公路养护管理体制，建立了稳定的农村公路养护资金渠道。国省干线公路养护机制改革稳步推进。交通科技、教育、勘察设计体制改革以及长江口航道管理体制改革、交通综合行政执法改革、交通企业改制等，都取得了新成效。

建立了中国—东盟（10+1）和上海合作组织交通部长会议机制；签署了《亚洲公路网政府间协定》、《中国—东盟交通运输合作谅解备忘录》、《大湄公河次区域六国便利运输协定》；完成了中、老、缅、泰四国上湄公河航道改造工程。与美国、欧盟签署了海运协定。双边、多边合作交流取得新成效。鼓励和支持交通企业“走出去”开拓市场。“十五”期间利用世行和亚行贷款46亿美元，占同期全国利用总额的43%。

第五，交通科技创新有新的进展。

积极推进科技创新，特殊地质成套筑路技术、高墩大跨径桥梁和公路长大隧道设计与施工技术、码头建设和航道治理技术等取得重大成果，自主研发了一系列成套技术装备。在工程测量与设计、公路综合管理、集装箱码头管理、船舶助航导航等领域广泛集成应用先进信息技术。组织实施西部科技项目306项，产生直接经济效益290多亿元。加强交通教育和人才培养，全国交通职业技术院校发展到260多所，在校生规模达30余万人。五年引进专门人才100多万人，为交通发展提供了智力支持和人才保障。

第六，行业文明建设和党风廉政建设有新的进展。

“十五”期间，交通系统先后涌现出陈德华、许振超、赵家富、曹广辉等全国重大先进典型，1290个先进集体和先进单位，1147名劳动模范、先进工作者和先进个人受到国家和部的表彰。“振超精神”已成为激励交通职工、鼓舞全国人民的时代精神。学习宣传这些先进典型，激发了广大交通干部职工立足本职、干事创业的积极性，增强了行业凝聚力，也促进社会更加了解交通，理解交通，支持交通。开展了以“热爱祖国、睦邻友好、科学航海”为主题的郑和下西洋600周年纪念活动，设立了“航海日”，在国内外产生了良好反响。

党风廉政建设进一步加强。深入开展保持共产党员先进性教育活动，增强了广大党员干部立党为公、执政为民意识。建立健全具有交通特色的教育、制度、监督并重的惩治和预防腐败体系。把基础设施建设领域作为廉政工作重点，狠抓关键环节的监督制约，推广了润扬大桥、广东开阳高速公路等项目廉政建设的经验。加强交通内部审计和财务管理，规范建设资金管理使用。治理公路“三乱”成效明显，全国绝大部分公路基本实现无“三乱”。加强了政务公开，交通部门政务工作透明度进一步提高。

“十五”交通发展取得的历史性突破和重大进展，是党中央、国务院和地方各级党委、政府高度重视和正确领导的结果，是各有关部门、人民群众热情关心和积极支持的结果，是行业上下团结奋斗和努力拼搏的结果。在此，我代表部党组，向一贯支持交通工作的地方党委、政府和中央各有关部门，向广大交通干部职工和离退休老同志，表示衷心感谢！这里要特别感谢黄镇东同志和张春贤同志，他们在“十五”期间先后担任过交通部部长，为交通事业的发展倾注了大量心血，作出了重要贡献，创造了宝贵的经验，为交通进一步发展打下了良好的基础。我们要在历届党组工作的基础上，继续把交通事业推向前进。

回顾五年来交通发展实践，可以总结出以下六个方面的基本经验：

第一，交通发展必须坚持紧紧围绕党中央、国务院重大战略部署，科学谋划，积极主动，抓好落实。党中央、国务院高度重视和关心支持交通工作，五年来中央领导同志多次视察交通工作，作出了一系列重要指示，使交通工作始终保持正确的前进方向，实现又快又好地发展。这是做好交通工作的根本前提。

第二，交通发展必须坚持以科学发展观为统领，紧紧围绕经济社会发展大局，始终抓住加快发展不放松，拓宽视野，跳出行业看行业，准确把握交通发展的规律性，增强前瞻性和预见性，创造性地开展工作。紧紧依靠各级党委、政府和相关部门的支持，凝聚共识，形成合力，切实体现交通为经济社会发展服务。这是做好交通工作的本质要求。

第三，交通发展必须坚持以人为本，做负责任部门和负责任行业，始终把实现维护发展人民群众的根本利益作为交通工作的出发点和落脚点，着力解决人民群众关心的热点难点问题，使交通发展根植于深厚的群众基础之中。这是做好交通工作的检验标准。

第四，交通发展必须坚持深化改革，扩大开放，用新理念、新思路、新举措推进交通工作，以市场为导向，完善交通体制、机制和多元化投融资等政策，加强建设、运输和管理创新，深化对外合作与交流，实现新进展和新突破。这是做好交通工作的持久动力。

第五，交通发展必须坚持科教兴交和人才强交，加强各级交通部门的能力建设，着力提高适应经济社会发展能力、统筹规划和协调发展能力、公共服务和组织保障能力、运输和建设市场依法监管能力、安全管理和重大突发事件应急处置能力，依靠科技进步，转变增长方式，提高交通发展的质量和效益。这是做好交通工作的内在需要。

第六，交通发展必须坚持不懈地推进行业文明建设和党风廉政建设，抓党风、促政风、带行风，弘扬正气，保持昂扬向上、拼搏奉献、奋发有为的精神风貌。这是做好交通工作的重要保障。

这些经验是多年实践的结晶，要在今后的工作中进一步坚持并不断创造新的经验。

交通发展中也存在一些不容忽视的问题，从总体上说，交通仍然是经济社会发展的薄弱环节：交通基础设施总量不足，发展质量不高；市场秩序有待进一步规范；交通管理的手段、方式和理念还有不适应的地方；运输发展相对滞后。对此，我们要高度重视，采取切实措施认真加以解决。

二、“十一五”交通工作基本思路

“十一五”是全面建设小康社会、构建社会主义和谐社会、推进社会主义现代化的关键阶段。党的十六届五中全会明确了“十一五”经济社会发展的指导思想、主要目标和工作重点。我们要站在新的历史起点，把握机遇，科学谋划，实现“十一五”交通事业又快又好发展。

（一）“十一五”交通工作的总体要求和主要目标

“十一五”交通工作的总体要求是：以邓小平理论和“三个代表”重要思想为指导，以科学发展观统领交通工作全局，不断提高交通发展的全面性、协调性和可持续性，推进交通改革，建设便捷、通畅、高效、安全的公路水路交通运输体系，促进经济社会全面协调可持续发展。

“十一五”要着力办成六件大事：一是完成“五年千亿元”任务，推进农村公路“通达”、“通畅”工程，基本实现全国所有具备条件的乡镇、建制村通公路，95%的乡镇和80%的建制村通沥青（水泥）路；二是基本形成国家高速公路网骨架，“五纵七横”国道主干线和西部开发省际通道全部建成；三是沿海港口新增吞吐能力80%以上，适应度接近1:1；四是大力发展内河水运，加快长江黄金水道建设；五是基本建立起海陆空搜救体系，重点水域安全监管和救助能力明显提高；六是公路水路运输枢纽站场建设取得显著进展。

具体来说：

——公路发展目标：进一步完善公路网络，发挥路网整体效率。全国公路总里程达230万公里，五年增加38万公里。高速公路里程达6.5万公里，五年增加2.4万公里。继续完善国省干线公路网络，提高技术等级，二级及以上公路里程达45万公里，五年增加13万公里。县乡公路达180万公里，五年增加30多万公里，新改建农村公路120万公里。

区域交通一体化进程明显加快。东部地区基本形成高速公路网，长江三角洲、珠江三角洲和京津冀地区形成较完善的城际高速公路网，基本实现所有乡镇和具备条件的建制村通沥青（水泥）路；中部地区基本建成比较完善的干线公路网络，承东启西、连南接北的高速公路通道基本贯通，基本实现所有乡镇和88%以上的建制村通沥青（水泥）路；西部地区公路建设取得突破性进展，实现内引外联、通江达海，90%以上的乡镇和近50%的建制村通沥青（水泥）路。

——沿海港口发展目标：建设上海等国际航运中心；进一步完善沿海港口布局，建设集装箱、煤炭、进口油气和铁矿石中转运输系统，扩大港口吞吐能力；改善港口航道条件；港口集疏运体系建设取得明显进展。陆岛交通进一步改善，1000人以上岛屿全部建有交通码头，力争5000人以上岛屿基本具备滚装运输条件。

——内河水运发展目标：完成长江口深水航道整治三期工程，长江干线航道进入系统治理阶段，航行条件明显改善，黄金水道优势进一步发挥；京杭运河堵航明显缓解；基本建成珠江三角洲高等级航道网；长江三角洲高等级航道网建设全面展开；西江航运干线通过能力明显提高；航电结合、梯级开发建设取得重大进展，湘江、嘉陵江全线渠化，右江梯级渠化全面展开。推进江海联运，内河主要港口基本实现机械化、规模化，部分成为地区性物流中心。内河船型标准化取得突破性进展。

——支持保障系统发展目标：水上安全监管和专业救助现代化水平明显提高，监管和救助力量基本覆盖我国管辖水域和搜救责任区，险情预防和监控能力进一步提高。重点水域6级海况下实施有效救助，9级海况下救助力量能够到达指定位置。

初步建立适应交通现代化要求、符合交通发展规律的科技创新体系和人力资源支撑体系，建设布局合理、资源共享、配置优化的科研基础设施和共享平台。以信息化带动交通产业升级，着力解决重大关键技术，取得一批拥有自主知识产权和具有世界领先水平的科技成果，提高科技持续创新能力。

——行业文明建设目标：深入开展以“学建创”为主要内容的群众性行业文明创建活动，推动交通干部职工学科学理论和先进典型；建负责任的部门和负责任的行业；创一流的队伍、一流的作风、一流的窗口、一流的业绩。交通职工队伍思想政治和文化业务素质明显提高，树立一批具有重大影响的先进典型，建成一批省市县交通部门文明单位，打造一批交通知名服务品牌。

（二）实现“十一五”交通发展目标要注意把握好的几个问题

“十一五”交通发展任务艰巨繁重。我们要站在经济社会发展全局的高度，围绕实现“十一五”交通发展目标，研究分析和认真解决好重大问题，不断推进交通事业全面协调可持续发展。

第一，关于交通发展面临的形势。

正确认识交通发展面临的形势，这是做好“十一五”交通工作的重要前提。交通运输是国民经济和社会发展的重要基础设施和基础产业，是经济运行的命脉，也是改善人民生活的重要条件。“十一五”期间，中央提出要保持经济平稳较快发展，这既是交通事业发展的极好机遇，同时也对交通事业发展提出了新的更高要求。中央强调，要不断促进城乡区域协调发展，形成东中西优势互补、良性互动的协调发展机制，区域协调发展的重要条件是交通协调发展。中央要求加快转变经济增长方式，建设资源节约型、环境友好型社会，这就要求交通部门落实好节约的基本国策，积极制定相关标准和规范，推动交通行业向节约化、集约化方向发展。中央确立科教兴国和人才强国战略，交通行业要加快关键领域重大技术开发和急需的人才培养，为行业发展提供技术和人才的支撑。中央把加强安全生产工作摆在更加突出的位置，要求坚决遏制住重特大事故频发的势头，这方面交通行业负有重要责任，也有许多艰苦细致的工作要做。总之，

“十一五”时期，交通发展机遇和挑战并存。我们一定要认真分析判断交通面临的新形势和新任务，进一步增强加快发展的责任感和紧迫感，认真把握和抓住机遇，坚定信心，积极应对挑战，把思想统一到党的十六届五中全会精神上来，统一到为经济社会发展全局提供更好服务保障上来，统一到推进交通全面协调可持续发展上来，以交通事业的新发展来适应新形势，满足新需求，这是历史赋予我们的重要和光荣使命。

第二，关于以科学发展观统领交通工作全局。

坚持以科学发展观统领交通工作全局，这是做好“十一五”交通工作必须坚持的指导方针。坚持这一指导方针，一是在交通发展的指导思想上，要坚持以人为本，把不断满足人民群众对交通的需求作为交通工作的出发点和落脚点，不断提高服务质量和服务水平；二是在交通发展理念上，要坚持交通与自然相和谐，依靠科技进步，节约土地，保护环境，促进交通的可持续发展；三是在交通发展规划上，要注重合理布局，做好各种运输方式的相互衔接，发挥组合效率和整体优势，推进形成便捷、通畅、高效、安全的综合交通运输体系；四是在交通发展政策和措施上，要坚持从国情出发，充分考虑交通与经济社会发展的协调性、可持续性，实现良性互动，为建设和谐社会作出贡献；五是在交通法制建设上，要坚持依法行政，进一步转变职能，服务市场主体；六是在行业文明建设上，要坚持“两手抓、两手都要硬”，做到两个文明建设同步推进、协调发展，为交通发展提供精神动力。

第三，关于加快农村公路建设。

建设社会主义新农村是中央提出的一项重大战略任务。近年来，交通部门把建设农村公路作为支农惠农的实质性举措，同时积极推进农村客运网络化建设，探索农村客运公交化，取得了明显成绩。不久前，家宝总理、黄菊副总理分别作出批示，给予充分肯定，并要求把加快农村公路建设作为改善农村基础设施的一项重大任务，按照国务院通过的《全国农村公路建设规划》，不断完善政策措施，总结经验，继续抓好农村公路规划、建设、管护，为建设社会主义新农村作出新的贡献。各级交通部门一定要站在全局的高度，把加快农村公路建设作为“十一五”交通工作的重中之重，在坚持以往成功经验的基础上，采取更加有效的措施，修好农村路，服务新农村。一是在资金上要给予更多的倾斜；二是充分依靠和发挥好地方政府、农民群众以及受益企业的积极性，形成建设农村公路的合力；三是“一事一议”，不强行摊派和集资；四是量入为出，实事求是，标准规范以及线形选择等要因地制宜，依法征地拆迁，保护耕地和环境，不滥采滥挖；五是落实《农村公路管理养护体制改革方案》，明确责任，加强养护；六是继续推进农村客运网络化建设，做到路通车通，方便农民群众出行。

第四，关于加强高速公路建设与管理。

加快高速公路建设，疏通大动脉，形成大通道，不仅能带动国省干线和农村公路发展，改善微循环，而且能有效促进高速公路、国省干线和农村公路的有机衔接，为更好地发挥路网整体效能，形成便捷、机动、安全的运输大通道提供条件。《国家高速公路网规划》是国家重要的专项规划之一，我们要坚定不移地组织好、实施好，这是国家发展战略和宏观经济发展的客观需要，也是交通发展的长远大计。目前，我国还没有形成完善的高速公路网，与一些发达国家相比，在发展质量、发挥规模效益等方面存在着差距。借鉴发达国家高速公路建设经验，大规模建设期一般需要20多年的时间，然后是逐步完善阶段。我国高速公路起步于1988年，大规模建设大致从1998年开始，至今还不到10年时间，再经过大约10年左右的建设高峰期，全国高速公路大通道将基本形成。现在，行业内外都充分肯定高速公路对经济社会发展的巨大促进作用，各地建设的积极性高，为高速公路进一步发展创造了良好的环境。可以说，高速公路正处在发展的关键时期。要珍惜和利用这一好的局面，进一步健全完善已经形成的多元化投融资机制，不断推进高速公路发展。同时，要切实研究解决高速公路管理、特许经营、滚动发展等问题，理顺管理体制，促进高速公路健康发展。

第五，关于加快水运发展。

水运是实现交通可持续发展的优势所在，也是建设资源节约型、环境友好型社会的积极举措。“十一五”要把加快水运发展摆在更加重要的位置，把占地省、污染小、运量大的水运优势发挥好。

加快水运发展，要积极促进沿海港口健康发展。要重视编制和协调好港口规划，加强建设项目前期工作。《全国沿海港口布局规划》经国务院批准后，是我国今后一段时期沿海港口建设和发展的指导性文件，各有关省区市要按照这个规划做好省级港口布局规划和主要港口总体规划编制工作，同相关规划做好衔接，切实防止港口低水平重复建设。要重视港口岸线的有效保护与合理开发。港口岸线是国家经济、国防安全的战略资源，也是不可再生的宝贵资源，要按照“深水深用、合理开发”的原则，切实做好港口岸线的管理工作，鼓励港口资源整合，把港口岸线保护好、使用好。要加大港口功能结构调整。在积极开发建设新港区的同时，要采取扶持政策，推进老港区功能的调整、改造、开发和功能置换，全面提升港口整体素质，促进港口可持续发展。

加快水运发展，要突出重视内河建设，采取多项措施扎实推进。要以长江黄金水道建设为重点，加大《长江干线航道发展规划》、《长江三角洲高等级航道网规划》的实施力度。充分利用发展内河水运的有利时机和较好氛围，进一步健全部和沿江省市合作机制，细化和落实方案措施，分阶段稳步推进。规划和建设好其他具有发展潜力的内河航运。部已印发了《珠江三角洲高等级航道网规划》，正在编制《全国内河航道与港口布局规划》，要按照规划确定的方案和项目组织实施。部每年安排一定比例的资金用于内河水运基础设施建设，“十一五”将加大投入力度。地方要结合建设需求，落实资金，使内河水运建设有稳定的资金来源。

第六，关于资源、能源和资金约束。

交通行业是资源占用型和能源消耗型的行业，同时也可以成为节约型行业。在资源、能源和资金约束日趋明显的情况下，必须采取更加有效的措施，节约土地，节能降耗，开源节流，以保证实现“十一五”发展目标。

节约土地就是要落实最严格的耕地保护制度，最大限度地保护环境，按照安全、经济、环保、实用的理念，提升行业管理水平，加强工程项目审批、工程设计和施工管理，从严把关，尽量利用荒地和废弃耕地，避免大填大挖，不片面追求过高的技术标准。

节能降耗就是要努力降低交通建设、运输管理各个领域、各个环节的建设成本和管理成本，抓紧研究车辆、船舶用油，码头装卸设备用电等行业节约型技术、标准和规范，推广先进的标准化车船装备，发展循环交通经济，推进节约型行业建设。

开源节流就是要千方百计落实资金保障。国家对“十一五”交通建设投资比例将比“十五”有一定幅度的提高，但支撑较大的交通发展规模需要发挥多方面的积极性，特别是地方要切实落实好配套资金。要进一步完善投融资机制，进一步拓宽筹资渠道，鼓励和引导社会资本进入基础设施建设领域。同时，要充分利用好现有政策，确保各项规费应征不漏。

第七，关于提高创新能力。

创新是交通行业发展的灵魂、动力和源泉，也是实现“十一五”发展目标的重要条件。要贯彻落实全国科学技术大会精神，始终把提高交通行业的创新能力摆在突出位置。交通行业是一个传统的行业，但当今发展日新月异，新设备、新技术、新工艺、新材料层出不穷。我们要站在世界交通发展趋势、发展规律的角度审视中国交通发展水平，站在我国国民经济发展全局的角度审视交通适应能力，站在人民群众对交通需求的角度审视交通服务水平，站在行业以外的角度审视交通存在的问题，开拓视野、创新理念，在体制机制创新上有新思路，在人才培养和引进上有新进展，在推进科技进步上有新成果，在实现可持续发展上有新突破，努力增强自主创新能力，加快创新型行业建设，推动增长方式的转变，进一步加快交通行业由传统产业迈向现代产业的历史进程。

第八，关于加强队伍建设。

落实并完成好“十一五”发展目标和任务，必须要有一支政治强、业务精、作风好的干部职工队伍作保证。我们要结合交通实际，从思想上、组织上、作风上、制度上入手，着力建设一支自觉奉献、勇于创新、拼搏进取、团结协作的职工队伍；建设一支热情服务、作风严明、素质过硬、严格执法的行政执法队伍；建设一支政治坚定、求真务实、廉洁高效、执政为民的领导干部队伍。

交通行业与人民群众的生产生活密切相关，我们所做一切工作的着眼点都是为人民群众办好事，办实事。各级领导干部要牢记“两个务必”，自觉保持与人民群众的血肉联系，经常深入基层、深入实际、深入群众，了解和掌握群众对交通的需求是什么，我们能为群众做些什么，始终想着群众，心里装着群众，切实把群众最关心、最直接、最现实的事情办实办好。

团结是做好交通各项工作的重要基础。搞好团结、维护团结是各级领导干部必须具备的基本素质。当前，交通行业上下比较团结，整个行业的凝聚力强，要倍加珍惜和维护这来之不易的大好局面。各方面要继续互相支持、互相补台、互相谅解，使大家始终能够聚精会神搞建设，一心一意谋发展。要在实践中加强探索和研究，努力建设具有鲜明行业特点和时代特征的交通文化，用文化和精神的力量凝聚全行业，使交通行业更加充满活力，不断开创交通事业发展的新局面。

三、2006年交通工作主要任务

2006年是“十一五”的第一年，交通工作要承上启下、与时俱进，坚持以科学发展观为统领，贯彻落实中央经济工作会议精神，组织实施“十一五”公路水路交通发展规划，实现开好局、起好步。具体要抓好以下十项工作：

（一）建设全国公路运输大通道

组织实施国家高速公路网规划和加强国省干线改造升级。全年建成高速公路约5000公里。一是加快国家高速公路网建设，开工建设四川雅安—石棉—泸沽段，广西恒昆公路全州—兴安段等重点项目。“五纵七横”国道主干线组织实施好海拉尔—满洲里、户县—洋县—勉县等续建项目。加快早期建成的高速公路扩容改造。继续支持主要港口集装箱港区疏港高速公路建设。二是加大国省干线公路改建力度，提高路网技术等级。三是加强红色旅游公路建设，建成精品旅游线路约700公里，提高经典景区出口路等级标准。四是加强主要方向和重点地区国、边防公路建设，加强部队进出口路建设。五是支持亚洲公路网、上海合作组织、东盟区域合作涉及的口岸公路建设。六是加快完善国家公路水路运输枢纽站场规划方案。

加强和改进公路养护管理工作。在全国10个省市开展公路灾害防治工程试点，研究检测评价新技术和养护维修技术，提高工程抗灾能力。今年召开全国公路养护管理工作会议，研究确定“十一五”公路养护管理工作任务和措施。

（二）继续加快农村公路建设

落实中央1号文件精神，组织实施农村公路“五年千亿元建设工程”，加强社会主义新农村的交通基础设施建设。今年中央规划投资新改建农村公路约18万公里，其中沥青、水泥路约13万公里。加快革命老区、民族地区、边疆地区、贫困地区以及粮食主产区农村公路建设。建立和完善农村公路管理养护体制，制订《农村公路养护管理办法》。加强对中西部和老少边穷地区农村公路建设管理人员培训和技术指导，提高工程质量。完成全国农村公路通达情况和技术状况普查，制定农村公路通达统计标准，尽快将村道纳入统计范围。

加强农村公路渡口渡船改造，对现有汽车渡口实施渡改桥；对其他渡口基本建成人行桥或规范码头，改善通行条件，使农民群众走便利桥、乘放心船、过安全渡。

按照“路、站、运一体化”原则，积极发展农村客运，做到路通车通，优先安排客运量大、班次多、经济效益好、地方积极性高、运营机制较完善的乡镇客运站场建设。大力推广适合农村特点的客车车型。

（三）加快沿海港口发展

加快煤油矿箱四大货种专业化码头建设。煤炭码头重点建设和改造秦皇岛、唐山、天津、黄骅、青岛、日照和连云港煤炭装船码头。原油接卸码头重点加快大连、津冀沿海、青岛、宁波—舟山、泉州、惠州等港20万吨级以上原油接卸码头建设。矿石码头重点加快沿海和长江口内20万吨级以上矿石码头建设。集装箱码头以新建和改造相结合，重点加快建设上海国际航运中心和大连、天津、青岛、厦门、深圳、广州等干线港大型集装箱码头，相应建设支线港和喂给港。

加快进港航道建设。重点是长江口深水航道治理三期工程，实施12.5米水深向上延伸工程。加快广州港二期和防城港、钦州港等出海航道工程建设，提高沿海主要港口和部分地区性重要港口航道等级。进一步完善港口管理体制。

重点安排建设5000人以上岛屿滚装码头，继续完善1000人以上岛屿陆岛交通码头及接线公路建设。

（四）积极推进以长江黄金水道为重点的内河水运建设

认真贯彻“合力建设黄金水道，促进长江经济发展”座谈会精神，健全长江沿江省市水运发展协调机制，细化相关措施，落实相关工作，加大《长江干线航道发展规划》实施力度，切实加快长江黄金水道建设步伐。

加快京杭运河扩能建设，落实排堵应急预案各项措施。推进长江三角洲、珠江三角洲高等级航道网建设，重点是与洋山深水港相衔接的大芦线一期，西江干线扩能工程及西江出海通道整治工程等。加快湘江、嘉陵江、汉江、松花江、右江等重要通航河流航电枢纽建设，确保在建的10个航电枢纽按期建成。积极推进航道管理体制改革，加强航道管理和维护，严格审批跨河、拦河、临河建筑物通航净空尺度，加强航道养护费征收协调工作。

实施《全国内河船型标准化发展纲要》，在京杭运河、川江和三峡库区推广标准船型，加快推进内河船型标准化工作。

（五）提高运输服务保障水平

做好重点物资的运输组织协调，加强路网衔接以及公水运输转换，畅通公水联运通道，提高运输效能。周密安排和精心组织好春运、“黄金周”旅客运输工作，确保旅客出行安全便利。进一步完善“绿色通道”网络，落实整车鲜活农产品运输优惠政策，做到省际互通。

促进运力结构、运输组织结构调整优化，鼓励道路运输企业推行公车公营，鼓励、引导单船公司和个体船舶集约化经营。

提高信息服务水平，建设省市县三级道路运输管理信息系统及数据库，实现异地违章处罚信息共享。开通全国公路交通服务热线电话。推进全国水运行业信息中心建设，初步建立港航动态数据中心和基础数据库。

（六）坚持依法治交，加强市场监管

抓紧《海上交通安全法》、《航道法》、《船员条例》、《防止船舶污染海域管理条例》、《国内水路运输条例》、《公路保护条例》等法律法规的修订、起草和制定工作。继续抓好《道路运输条例》和《收费公路管理条例》宣贯工作，组织开展贯彻《道路运输条例》及配套规章的执法监督检查。建立完善道路运输企业质量信誉考核制度和客运班线经营权服务质量招投标制度，坚决打击无证经营，纠正违章违规，保护合法经营者和旅客、货主的权益。研究提出出租车经营权管理行业指导政策。加强水路运输企业年度核查，淘汰不符合经营资质条件的企业。加强港口经营市场秩序监管，规范经营行为。

继续推进交通综合执法改革试点和交通行政执法责任制，界定执法职责，完善执法程序、执法评议考核机制和执法过错责任追究制，规范和监督行政执法行为。加强社团工作，促进行业自律。

严格建设市场准入，加强动态监管，狠抓各项制度落实，建立公路、水运建设行业市场信用体系。开展建设管理创新活动和以“履约诚信”为主要内容的建设市场执法监察活动，曝光不守法、不诚信单位。对重点工程项目实行信息化、网络化管理，对项目法人、负责人实行培训上岗制度。落实质量事故上报分析和质量责任追究制度，发布违规企业“黑名单”。对进入交通建设领域的重点产品实施认证制度，从源头上加强交通建设用产品质量控制。深化建设管理体制改革，全面推进投资人招标制度，积极推进工程施工合理低价中标制度，深入研究政府投资项目代建制，在试点基础上推行设计施工总承包制度。

继续开展车辆超限超载治理。按照突出源头治理、强化执法力度、完善监控网络、建立长效机制的要求，会同公安部门保持路面联合执法力度。配合工商、发改委等部门制定出台车辆非法改装企业整顿管理以及车辆生产、改装规范化管理的相关办法。加强市场准入、货物装载等源头监管。以北京至大同沿线10个治超站点为示范，开展全国第一批治超站点规范化建设，逐步建立健全全国治超监控网络。建立治超长效机制，明确各部门职责和任务，实行考核评价制度。加大资金投入，改善治超站点的工作条件，做到机构、人员、经费三保障。

（七）加强安全监管和救助能力建设

开展全国海事系统规范管理年活动。继续做好重点船舶、重点水域和重要时段的水上安全管理。深入开展渡口渡船、低质量船舶等专项整治，加强危险化学品运输安全管理，建立水上安全管理长效机制。推进长江干线海事与航道、通信和港航公安联合执法，加快长江干线、渤海湾老铁山水道、琼州海峡船舶定线制步伐。建立完善安全责任制和督察机制，进一步落实乡镇船舶管理责任制。完善水路运输和港口企业经营安全资质评估制度，实行动态管理，完善市场退出机制。理顺港口安全监督管理职责，做好船舶和港口设施保安工作。加快专业救助装备设施建设，进一步提高人命救助效率和救助水平。

继续落实“三关一监督”职责，建立严格的道路运输企业安全生产责任制，强化对营运车辆的监控，加强驾驶员培训和考核工作。继续实施好公路交通“安保工程”和危桥改造工程。切实加强建设项目施工安全监管。

（八）依靠科技创新推进节约型行业建设

交通科技创新要围绕建设节约型行业，深入探索研究土地、岸线、能源和建筑材料等科学合理利用的有效途径，大力发展交通循环经济，实现基础设施耐久化、运输结构合理化、资源利用高效化。

重点开展交通基础设施建设和养护、智能交通系统、交通安全保障等重大专项攻关和重大项目研发，开展交通科技项目绩效评价。继续组织西部交通建设科技项目开发，推广沙漠公路建设、青藏公路改造等西部科技项目成果应用示范工程。加强交通行业科技信息共享平台和重点实验室建设，启动新增交通行业重点实验室认定工作。重点推进交通运输动态信息采集和监控、交通信息资源整合和开发利用、交通综合运行分析辅助决策和交通信息服务、海事业务信息及应急指挥辅助决策等信息化建设。抓好交通电子政务建设。充分发挥部专家委员会和部长政策咨询组、学会、协会、交通科研教育等机构的决策咨询作用。

落实人才强交战略，大力发展交通职业技术教育，建设交通行业人力资源支撑体系，实施交通管理干部、专业技术人才、技能型人才培养工程，完善交通行业专业技术拔尖人才培养选拔机制，创新培养方式。

（九）继续扩大交通对外交流合作

继续推进区域交通合作。落实中国—东盟交通合作谅解备忘录，重点推动签署中国—东盟海运协定和海事领域合作，促进中国—东盟自由贸易区建设。积极参与大湄公河次区域和中亚区域交通合作，落实大湄公河次区域便利运输协定。推动上海合作组织政府间国际公路运输便利化协定制订，加快中吉乌公路运输通道建设进程。进一步发展双边汽车运输合作，开展孟、中、缅、印四国公路过境运输合作，做好加入亚洲公路网的相关后续工作。继续做好国境河流的管理工作。

加强与周边国家和重要发达国家的交通双边合作，加大参与国际海事等组织的相关工作力度，加强有关海上安全、保安和环保公约及规则的履约工作。加强重要海上运输通道多双边合作，保障我国海上运输安全畅通。提高交通涉外突发事件应急处置能力。积极参与世贸组织谈判，为交通企业创造公正公平的海外经营环境。继续推动有条件的企业“走出去”，加快拓展国际市场。

（十）深入开展行业文明建设和党风廉政建设

认真贯彻落实去年年底部召开的全国交通行业精神文明建设工作座谈会精神，开展以“学建创”为主要内容的行业文明创建活动，促进行业文明建设向纵深发展。今年要召开全国交通行业精神文明建设大会。加强信访工作，推进政务公开，组织开展第二个“航海日”活动。要认真贯彻落实胡锦涛总书记在中央纪委六次全会上的重要讲话和对交通行业廉政工作的重要批示，建立完善具有交通特点的惩防体系。有关工作在廉政工作会议上具体部署。

同志们，“十一五”及2006年的各项工作任务已经明确，关键是抓好落实。我们要在以胡锦涛同志为总书记的党中央领导下，继续发扬团结拼搏、开拓进取、默默奉献的光荣传统，保持求真务实的作风和昂扬向上的精神状态，扎实工作，全面完成“十一五”的奋斗目标，为经济社会发展作出新的更大的贡献！

交通运输2005年生产情况及2006年趋势预测

（2006年3月23日）

2005年，各交通运输部门深入贯彻中央经济工作会议精神，落实科学发展观，针对运输紧张的状况，千方百计挖掘运输潜力，加强调度指挥，客货运输生产取得新的成绩，基本适应了经济和社会发展的需要。

一、运输生产平稳增长

（一）铁路运量连创新高。铁路部门针对薄弱环节，加强运输组织。充分利用新线提高运能，同时，不断挖掘现有设施的潜力。2005年，铁路完成货运量27亿吨，货物周转量20730亿吨公里，比上年分别增长8.2%和7.5%；其中，国有铁路完成货物运量23亿吨，周转量19351亿吨公里，分别增长6.6%和6.9%。全国铁路完成旅客运量11.6亿人次，周转量6061亿人公里，分别增长3.4%和6.1%；其中，国有铁路完成旅客运量11亿人次，周转量5807亿公里，分别增长2.9%和5.4%，达到17年来最好水平。

（二）公路运输增长平稳。全年完成客运量169亿人次，周转量9300亿人公里，分别增长4.2%和6.3%，货运量133亿吨，货物周转量8574亿吨公里，分别增长6.7%和9.3%。

（三）水路货运增长较快。全年完成客运量2亿人次，旅客周转量67亿人公里，同比分别增长3.6%和1.3%。货运量增速较快，共完成21亿吨（其中远洋5.1亿吨），货物周转量48058亿吨公里，分别增长12.8%和16%。

（四）港口货物吞吐量高速增长。近年来，港口建设速度加快，深水航道、大型专业化泊位相继竣工投产，吞吐能力有了很大提高。2005年，港口货物吞吐量49亿吨，其中，外贸吞吐量13.6亿吨，分别增长17.7%和18%。10个港口跨入亿吨大港行列，其中上海港货物吞吐量达到4.43亿吨，为全球第一。

（五）民航客货运量稳步增长。2005年，民航旅客运量1.4亿人次，增长13.6%；货物运量304万吨，增长9.7%。随着经济水平的提升，快速、安全的航空运输正逐渐成为国内商务、旅游的主要出行方式之一。

二、重点物资运输得到保证

总体来看，运输紧张的状况总体上有所缓解，特别是下半年多数地区明显改善。但在不同地区、不同时段供不应求的矛盾仍然存在。交通运输各部门为保证煤炭、石油、粮食、化肥等关系国计民生的重点物资运输，保障市场供应平稳有序，集中运力资源，强化调度指挥。一是抽调车辆、船舶在冬季和迎峰度夏期间突击抢运煤炭，使主要电厂的存煤普遍达到15天以上，保证了电煤供应；二是组织东北粮食、新疆棉花、西南磷矿等重点物资调运；三是做好进口铁矿石海进江的转运衔接工作；四是多次圆满完成了防疫物资、救灾物资的紧急调运；五是组织一批大型公路车辆作为应急运力，以备急需等。

2005年，国家铁路共发运煤炭10.7亿吨，增长8%；石油1.3亿吨，增长6.1%；粮食1.1亿吨，增长1.5%；化肥7160万吨，增长12.1%。沿海主要港口煤炭下水完成3.4亿吨，增长10%；接卸进口化肥977万吨，增长

8.6%；进口铁矿石 2.7 亿吨，增长 37.1%；接卸进口粮食类产品 2273 万吨，与上年基本持平。

港口国际集装箱吞吐量继续快速发展，2005 年共完成 7580 万标箱，增长 23%。上海、深圳两港位列世界第三、第四名。

三、运输能力继续增强

（一）铁路。为了快速提高运输能力，铁路部门加大投资力度，加快建设进度，2005 年建成新线 1085 公里，复线 662 公里，电气化 562 公里，煤运通道、西部线路、客运专结等陆续开工建设，大秦线 2 亿吨扩能改造等一批重点工程相继投产，青藏铁路全线铺通。这些线路扩大了网络规模，优化了结构，提升了通道的能力。全国铁路日均装车全年达到 12.24 万车，其中国铁 10.48 万车，增长 5.5%。2005 年末铁路总营业里程达到 7.5 万公里，其中复线 2.5 万公里，电气化线路 2 万公里。

（二）公路。公路建设新增里程 4.9 万公里，其中高速公路 6700 公里。2005 年末公路总里程 192 万公里，高速公路 4.1 万公里，公路的通达度进一步提高，农村公路建设实现了历史性突破。

（三）港口和航道。沿海港口一大批新建、扩建项目相继投产，新增泊位 129 个，其中万吨级泊位 76 个，新增能力 1.9 亿吨。2005 年末沿海港口泊位数达到 2153 个，通过能力 21 亿吨，压船压港现象大大减少。上海国际航运中心洋山深水港一期工程建成开港，珠江口和部分主枢纽港深水航道工程建成投入使用，港口吞吐能力和航道通过能力明显提高。

（四）运输装备。铁路大功率电力、内燃机车投入使用，25 吨轴重的 C80、C76 型运煤专用货车在大秦线投入使用，以及能够满足时速 120 公里要求的货车大量投入使用，迅速提高了铁路运输能力。交通车船运力加快向大型化、专业化方面发展，中高档客车占全部客车的比重达到 36%。专用和重型货车数量不断增加，超大油轮、大型散货船和集装箱船舶陆续建成投用，改善了运力结构，提高了运输质量。

四、运输质量进一步改善

铁路结合第五次大面积提速调图，推出了一站直达列车，大量增加"夕发朝至"列车、城际列车和旅游专列。与 100 家年发货物 100 万吨以上或者运费 1 亿元以上的大客户企业建立了战略合作关系，创造了新的服务模式。铺设直达货物专列运行线 272 条，为港口、煤炭等重点企业提供可靠的服务。

港口、水运企业与大企业结盟，签订长期运输服务合同，联合建设码头、组建船公司。公路货运企业积极转型，从单一的运输企业转向能提供综合服务的现代物流企业，为企业提供全方位的服务。全国开通了 2.7 万公里遍及主要产地和消费地的公路绿色通道，为载运鲜活农副产品车辆提供快速通道和减免通行费的优惠条件，大大降低了农副产品的运输费用。

五、存在的问题

经过"十五"期间的建设，交通运输行业有了长足的进步，能力得到了显著提高，但与国民经济和社会发展需要相比，仍存在着不小差距，在部分区域和时段上，供求矛盾依然突出。

（一）铁路部分区段运力不足矛盾突出。由于铁路通道和车辆的不足，东北地区的黑龙江、西南地区和西北地区铁路运输一直比较困难，请车满足率较低，货物积压现象仍十分严重。

（二）部分港口货物疏运不及时。近年来，港口建设速度较快，吞吐能力显著提高，尽管铁路疏运量大幅度提高，但仍难以满足港口的需要，以铁路为主要疏运方式的港口，有时出现货物压港现象。进口铁矿石在港基本维持在 3000 万吨左右，超过合理的港存水平。

（三）重载卡车运输比例有待提高。目前公路运输主力车型仍以中小型车辆为主，存在浪费能源、污染环境等问题。常有超限超载现象，危及行车安全。

六、2006 年趋势预测

2006 年是"十一五"开局之年，中国经济仍将较快、平稳、健康发展，固定资产投资、对外贸易和国内消费将保持一定增速，运输需求也将继续扩大。与此同时，新投入的交通基础设施将发挥作用，大部分地区铁路运输紧张的矛盾会进一步缓解。但局部地区和不同时段运输困难的状况依然存在，铁路电气化和提速改造工程将影响现有能力的发挥。船舶在港待泊时间有所压缩，船舶、港口和公路客货运输能力可以满足经济社会发展需要。

预计 2006 年：铁路货运量将达到 28 亿吨，其中国家铁路 24 亿吨，煤炭 11.3 亿吨；水上货运量 23.5 亿吨，港口货物吞吐量 56 亿吨，其中外贸货物吞吐量达到 15.8 亿吨。

（国家发展改革委经济运行局）

中国公路水路交通行业 2005 年发展情况

2005 年是“十五”计划的最后一年。公路水路交通行业在党中央、国务院的领导下，以科学发展观统领交通发展全局，认真贯彻落实国家加强和改善宏观调控的各项政策措施，交通事业保持了持续快速健康发展的好势头。交通基础设施建设取得瞩目成就，运输安全得到显著提升，较好地完成了“十五”时期的主要任务，为“十一五”时期公路水路交通发展奠定了坚实基础。

一、交通基础设施

1. 公路

公路总量继续增长。2005 年底，全国公路总里程达到 193.05 万公里，比上年末增加 5.99 万公里，比“九五”期末增加 25.07 万公里。路网结构进一步完善。全国公路总里程中，国道 132674 公里、省道 233783 公里、县道 494276 公里、乡道 981430 公里、专用公路 88380 公里，分别占公路总里程的 6.9%、12.1%、25.6%、50.8% 和 4.6%。

公路技术等级和路面等级不断提高。2005 年底，全国等级公路里程 159.18 万公里，占公路总里程的 82.5%，比上年末提高 1.4 个百分点，比“九五”期末提高 4.2 个百分点。其中二级及二级以上高等级公路里程 32.58 万公里，占公路总里程的 16.9%，比上年末提高 0.9 个百分点，比“九五”期末提高 3.8 个百分点。按公路技术等级分组，各等级公路里程分别为：高速公路 41005 公里、一级公路 38381 公里、二级公路 246442 公里、三级公路 344671 公里、四级公路 921293 公里，等外公路 338752 公里。全国有铺装路面和简易铺装路面公路里程 99.46 万公里，占总里程的 51.5%，比上年末提高 3.6 个百分点。按公路路面类型分组，各类型路面里程分别为：有铺装路面 532697 公里，其中沥青混凝土路面 226075 公里，水泥混凝土路面 306622 公里；简易铺装路面 461901 公里；未铺装路面 935945 公里。

高速公路建设实现历史性突破。“十五”期间建成高速公路 2.47 万公里，是“七五”、“八五”和“九五”建成高速公路总和的 1.5 倍。2005 年，全国新增高速公路通车里程 6717 公里。河南、广东、内蒙古、江苏、河北、浙江、山西和甘肃八省（自治区）全年新增高速公路通车里程均超过 300 公里。截至年底，全国有 29 个省（自治区、直辖市）的高速公路里程均超过 500 公里。高速公路突破千公里的省（区、市）上升到 19 个。分别是：山东（3163 公里）、广东（3140 公里）、江苏（2886 公里）、河南（2678 公里）、河北（2135 公里）、浙江（1866 公里）、辽宁（1773 公里）、四川（1758 公里）、山西（1686 公里）、湖北（1649 公里）、江西（1559 公里）、安徽（1501 公里）、云南（1421 公里）、广西（1411 公里）、湖南（1403 公里）、陕西（1226 公里）、福建（1208 公里）、甘肃（1006 公里）和内蒙古（1001 公里）。

县乡公路里程继续大幅度增长，公路密度不断提高，公路通达情况进一步改善。2005 年底，全国县道、乡道里程达到 147.57 万公里，比上年末增加 5.12 万公里，占全国新增公路里程的 85.4%。全国公路密度为 20.1 公里/百平方公里，比上年末提高 0.6 公里/百平方公里，比“九五”期末提高 2.6 公里/百平方公里。全国通公路的乡（镇）占全国乡（镇）总数的 99.81%，比上年末提高 0.23 个百分点，比“九五”期末提高 1.5 个百分点。通公路的行政村占全国行政村总数的 94.3%，比上年末提高 1.5 个百分点，比“九五”期末提高 4.8 个百分点。全国还有 75 个乡镇和 38426 个行政村不通公路。

各地区公路里程持续增长，公路技术状况进一步提高。2005 年底，东部地区公路里程 63.13 万公里，比上年末增加 2.45 万公里，增长 4.0%；中部地区 65.99 万公里，比上年末增加 1.76 万公里，增长 2.7%；西部地区 63.93 万公里，比上年末增加 1.77 万公里，增长 2.9%。2005 年底，东部地区高速公路 19909 公里，二级及二级以上公路 15.17 万公里，分别比上年增加 2763 和 9600 公里；中部地区高速公路 12978 公里，二级及二级以上公路 11.65 万公里，分别比上年增加 2826 公里和 12166 公里；西部地区高速公路 8118 公里，二级及二级以上公路 5.76 万公里，分别比上年增加了 1127 公里和 4536 公里。

公路桥梁和隧道建设取得新成就。2005 年底，全国公路桥梁达 33.66 万座、1474.75 万延米，比上年末增加

1.50万座、137.11万延米。其中特大桥梁876座、145.96万延米，大桥23290座、512.53万延米，中桥7.17万座、393.74万延米，小桥24.07万座、422.53万延米。全国公路隧道达2889处、152.70万延米，比上年末增加394处、28.15万延米。其中特长隧道43处、16.59万延米，比上年末增加10处、3.96万延米。其他隧道情况分别为：长隧道381处、62.51万延米，中隧道485处、34.18万延米，短隧道1980处、39.43万延米。全国公路渡口有502处，其中机动渡口409处。

公路养护和绿化里程不断增加。2005年底，全国公路养护里程达184.01万公里，占公路总里程的95.3%，比上年末增加5.12万公里。全国公路绿化里程突破一百万公里，达102.63万公里，占公路总里程的53.2%，比上年末增加3.24万公里。

2. 内河航道

2005年底，全国内河航道通航里程12.33万公里。其中等级航道6.10万公里，占总里程的49.5%，比上年末提高0.2个百分点；三级及三级以上航道8631公里，占总里程的7.0%，提高0.3个百分点；五级及五级以上航道23659公里，占总里程的19.2%，提高0.3个百分点。各等级内河航道通航里程分别为：一级航道1404公里、二级航道2513公里、三级航道4714公里、四级航道6697公里、五级航道8331公里、六级航道18771公里、七级航道18584公里。全国内河航道中，天然河流及渠化河段64718公里，限制性航道36158公里，宽浅河流航道6130公里，山区急流河段航道4312公里，湖区航道3462公里，库区航道8483公里。全国内河航道通航里程超过万公里的省份有四个，分别是江苏（24349公里）、广东（11844公里）、湖南（11495公里）、四川（10720公里）。

2005年底，全国内河航道共有4131处枢纽，其中具有通航功能的枢纽2330处。通航建筑物中，有船闸826座、升船机42座。

3. 港口码头泊位

港口码头泊位继续增加。2005年底，全国港口拥有生产用码头泊位35242个，比上年净增134个，其中万吨级及以上泊位1034个，比上年净增90个。

全国沿海港口拥有生产用码头泊位4298个，其中万吨级及以上泊位847个；内河港口拥有生产用码头泊位30944个，其中万吨级及以上泊位187个。内河港口万吨级泊位分布在长江干流、长江支流和珠江水系，分别为179个、4个和4个。

港口码头泊位继续向大型化、专业化方向发展。全国沿海港口万吨级及以上泊位中，1万～3万吨级（不含3万吨级）泊位476个、3万～5万吨级（不含5万吨级）泊位155个、5万～10万吨级（不含10万吨级）泊位167个、10万吨级以上泊位49个，比上年末分别增加11个、12个、22个和12个，比“九五”期末分别增加39个、50个、77个和30个。全国内河港口万吨级及以上泊位中，1万～3万吨级（不含3万吨级）泊位106个、3万～5万吨级（不含5万吨级）泊位51个、5万～10万吨级（不含10万吨级）30个，比上年末分别增加8个、16个和9个。全国万吨级及以上泊位中，通用件杂货泊位276个、通用散货泊位134个、专业化泊位577个。专业化泊位中原油泊位55个、成品油及液化气泊位97个、煤炭泊位119个、粮食泊位31个、集装箱泊位175个。

二、公路、水路运输装备

1. 公路运输车辆

公路运输能力较快增长。2005年底，全国公路营运汽车达733.22万辆，比上年增加43.35万辆，比“九五”期末增加198.15万辆。其中载客汽车128.40万辆、1859.28万客位，分别比上年增加0.72万辆、114.42万客位；载货汽车604.82万辆、2537.75万吨位，分别比上年增加42.63万辆、357.63万吨位。

运力结构进一步优化。2005年底，全国拥有大型营运客车13.81万辆，比上年增加1.28万辆；大型营运货车190.65万辆，比上年增加2.26万辆；专用载货汽车24.54万辆，比上年增加2.78万辆，其中集装箱车5.87万辆，同比增加0.27万辆。

2. 水路运输船舶

水上运力结构不断调整优化。2005年底，全国拥有水上运输船舶20.73万艘，比上年末减少0.34万艘；净载重量10178.64万吨，比上年末增加1561.39万吨；平均净载重量491.02吨，比上年末增加82.04吨；载客量101.13万客位，比上年末增加1.51万客位；集装箱箱位80.72万TEU，比上年末增加14.76万TEU；船舶功率3639.93万千瓦，比上年末增加587.2万千瓦。水上运输船舶中，集装箱船1999艘，集装箱箱位75.31万TEU，分别比上年增加427艘和13.70万TEU。

2005年底，全国拥有内河运输船舶19.58万艘，比上年末减少4126艘，净载重量4481.49万吨，比上年末增加667.01万吨，载客量86.00万客位，比上年末增加1.15万客位，集装箱箱位5.29万TEU，比上年末增加2.02万TEU。全国沿海运输船舶9409艘，比上年末增加709艘，净载重量2047.76万吨，比上年末增加503.97万吨，载客量13.67万客位，比上年末增加0.30万客位，集装箱箱位8.46万TEU，比上年末增加3.74

万 TEU。全国远洋运输船舶 2082 艘，比上年末增加 11 艘，净载重量 3649.40 万吨，比上年末增加 390.41 万吨，载客量 1.47 万客位，比上年末增加 0.07 万客位，集装箱箱位 66.97 万 TEU，比上年末增加 8.99 万 TEU。

三、公路、水路运输量

1. 公路运输

公路客运增长较快。2005 年全社会完成公路客运量 169.74 亿人，旅客周转量 9292.08 亿人公里，分别比上年增加 7.29 亿人和 543.71 亿人公里，分别比 2000 年增加 35.00 亿人和 2634.66 亿人公里。公路货运增势强劲。2005 年全社会完成公路货运量 134.18 亿吨，货物周转量 8693.19 亿吨公里，分别比上年增加 9.68 亿吨和 852.33 亿吨公里，分别比 2000 年增加 30.30 亿吨和 2563.81 亿吨公里。公路客运量、旅客周转量在综合运输体系中所占比重分别为 91.9%和 53.2%；公路货运量、货物周转量在综合运输体系中所占比重分别为 72.3%和 10.9%。

2005 年全国公路客运平均运距为 54.74 公里，比上年提高 0.89 公里；货运平均运距为 64.79 公里，比上年提高 1.81 公里。

2. 水路运输

水路货运总量持续快速增长。2005 年全社会完成水路货运量 21.96 亿吨，货物周转量 49672.28 亿吨公里，分别比上年增加 3.23 亿吨和 8243.59 亿吨公里，分别比 2000 年增加 9.73 亿吨和 25938.10 亿吨公里。水路客运稳步回升。2005 年全社会完成水路客运量 2.02 亿人，旅客周转量 67.77 亿人公里，分别比上年增加 0.12 亿人和 1.52 亿人公里。水路客运量、旅客周转量在综合运输体系中所占比重分别为 1.1%和 0.4%；水路货运量、货物周转量在综合运输中所占比重分别为 11.5%和 61.4%。

在全社会水路货运中，内河运输完成货运量 10.57 亿吨、货物周转量 2626 亿吨公里，分别占全社会水路货运量、货物周转量的 48.1%和 5.3%；沿海运输完成货运量 6.54 亿吨、货物周转量 8495 亿吨公里，分别占 29.8%和 17.1%；远洋运输完成货运量 4.85 亿吨、货物周转量 38552 亿吨公里，分别占 22.1%和 77.6%。

在内河货物运输中，长江水系完成货运量 4.21 亿吨，货物周转量 1484.54 亿吨公里，分别占全国内河货运量和货物周转量的 39.9%和 56.5%；京杭运河完成货运量 2.19 亿吨，货物周转量 502.29 亿吨公里，分别占 20.7%和 19.1%；珠江水系完成货运量 1.47 亿吨，货物周转量 243.55 亿吨公里，分别占 13.9%和 9.3%；黑龙江水系完成货运量 0.13 亿吨，货物周转量 10.18 亿吨公里，分别占 1.2%和 0.4%。

2005 年全国水路客运平均运距 33.51 公里，比上年减少 1.29 公里；货运平均运距 2261.45 公里，比上年提高 50.7 公里。

3. 集装箱运输

公路、水路集装箱运输量持续较快增长。2005 年全社会公路运输集装箱 2465 万 TEU，货运量 27060 万吨，分别比上年增长 18.1%和 14.4%。全社会水路运输集装箱 1940 万 TEU，集装箱货运量 21992 万吨，分别比上年增长 20.9%和 38.0%。其中远洋运输集装箱 1396.15 万 TEU，集装箱货运量 15050 万吨，分别比上年增长 15.6%和 34.6%。

四、国道交通量

国道网交通量和行驶量进一步增长。2005 年全国国道网年平均日交通量达 9673 辆/日（当量标准小客车，下同），比上年增长 3.5%。其中东部地区 17295 辆/日，中部地区 8180 辆/日，西部地区 4906 辆/日，比上年分别增长 2.6%、9.0%和 5.1%。全年国道网车流量较大的地区主要集中在京津地区、上海、浙江、广东，上述地区国道网的年平均日交通量均超过 2 万辆。2005 年全国国道网年平均行驶量为 128337 万车·公里/日（当量标准小客车，下同），比上年增长 5.8%。其中东部地区 69021 万车·公里/日，中部地区 34488 万车·公里/日，西部地区 24828 万车·公里/日，分别增长 4.6%、12.0%和 7.5%。

国道网交通拥挤程度下降。2005 年全国国道网年平均交通拥挤度为 0.44，比上年降低 17.5%。北京、天津、河北、上海、浙江、山东、河南、广东、海南等省（市）国道相对拥挤，上述省市国道年平均拥挤度均超过 0.6，其中北京和天津平均拥挤度超过 0.8，上海超过了 1.0。

2005 年全国国道主干线年平均日交通量达 13938 辆/日，比上年增长 8.1%，年平均行驶量 44411 万车·公里/日，同比增长 9.7%；全国高速公路年平均日交通量为 16388 辆/日，与上年相比基本持平，年平均行驶量为 67197 万车·公里/日，比上年增长 13.8%。

2005 年底，全国拥有国道交通量观测站点 4688 个，其中连续式观测站点 383 个，间隙式及其他观测站点 4305 个，观测里程 10.93 万公里，占国道总里程的 82.3%。

五、港口吞吐量

港口货物吞吐量持续较快增长。2005 年全国港口完成货物吞吐量48.54亿吨，比上年增长16.4%，比“九五”末增长1.2倍。沿海港口完成30.09亿吨，增长18.6%，内河港口完成18.45亿吨，增长12.9%。全国港口完成外贸货物吞吐量13.67亿吨，比上年增长18.3%，比“九五”末增长1.4倍。其中沿海港口完成12.53亿吨，增长18.7%，内河港口完成1.14亿吨，增长14.7%。

综合性大型枢纽港发展进一步加快。2005年货物吞吐量超过亿吨的港口由上年的8个上升到11个，其中吞吐量超过2亿吨的港口为4个。上海港吞吐量突破4亿吨，达4.43亿吨，比上年增长16.9%。其他10个亿吨港的完成情况分别为：宁波港2.69亿吨、广州港2.50亿吨、天津港2.41亿吨、青岛港1.87亿吨、大连港1.71亿吨、秦皇岛港1.69亿吨、深圳港1.54亿吨、苏州港1.19亿吨、上海内河港1.07亿吨、南京港1.07亿吨。

集装箱吞吐量继续快速增长。2005年全国港口完成集装箱吞吐量7564万TEU，比上年增长22.8%，比“九五”末增长2.2倍。其中沿海港口完成7002万TEU，增长23.7%，内河港口完成562万TEU，增长12.9%。

2005年集装箱吞吐量超过100万TEU的港口由上年的8个上升为9个。上海港完成1808万TEU，深圳港完成1620万TEU。青岛港631万TEU、宁波港521万TEU、天津港480万TEU、广州港468万TEU、厦门港334万TEU、大连港269万TEU、连云港101万TEU。

集装箱和干散货吞吐量增幅较大。2005年全国港口完成干散货吞吐量27.56亿吨，比上年增长18.0%；液体散货5.84亿吨，比上年增长8.1%；件杂货6.14亿吨，比上年增长10.0%；集装箱吞吐量（按重量计算）6.94亿吨，比上年增长26.0%；滚装吞吐量2.05亿吨，比上年增长9.7%。干散货、液体散货、件杂货、集装箱和滚装车辆在港口货物吞吐量中所占比重分别为56.8%、12.0%、12.7%、14.3%和4.2%。

煤炭及制品、石油天然气及制品、金属矿石、钢铁和矿建材料在港口货类中占较大比重，其吞吐量保持较快增长。全国规模以上港口完成货物吞吐量39.42亿吨，比上年增长18.6%，比“九五”末增长1.3倍。其中煤炭及制品吞吐量8.07亿吨、石油天然气及制品4.83亿吨、金属矿石5.75亿吨、钢铁1.96亿吨、矿建材料4.95亿吨，比上年分别增长12.1%、6.9%、33.3%、14.9%和46.0%。上述货类分别占全国规模以上港口货物吞吐量的20.5%、12.3%、14.6%、5.0%和12.6%，其中金属矿石、矿建材料所占比重比上年分别提高1.6个和2.4个百分点。

港口旅客吞吐量稳步回升。全年全国港口完成旅客吞吐量2.06亿人，比上年增加0.07亿人，同比增长3.3%。其中沿海港口旅客吞吐量0.78亿人，比上年增加0.01亿人，同比增长1.6%；内河港口旅客吞吐量1.29亿人，比上年增加0.05亿人，同比增长4.3%。

六、交通固定资产投资

交通基础设施建设投资再上新台阶。2005年全国交通固定资产完成投资突破6000亿元，达6445.04亿元，比上年增长21.3%，比“九五”末增长1.5倍。“十五”期间累计完成交通固定资产投资22354.68亿元，是“九五”期间完成投资的2.2倍。

1. 公路建设

公路建设投资规模继续加大。全社会完成公路投资5484.97亿元，比上年增加782.69亿元，同比增长16.6%，比“九五”末增长1.4倍。

重点项目投资快速增长。公路重点项目完成投资2585.86亿元，比上年增加836.29亿元，增长47.8%。县乡公路完成1399.04亿元，比上年增加156.79亿元，增长12.6%。路网改造完成1500.07亿元，为上年的87.7%。

公路建设资金仍以国内贷款和自筹资金为主。全年公路建设到位资金4880.65亿元，同投资完成额相比，资金到位率为89.0%。到位资金中，国家预算内资金占2.4%，车购税占10.3%，国内贷款占38.2%，利用外资占1.3%，自筹及其他资金占43.1%，上年末节余资金占4.7%。

全年公路建设投资突破200亿元的省（自治区）有九个，分别是浙江（541.22亿元）、江苏（420.65亿元）、河南（404.13亿元）、广东（334.41亿元）、山东（332.92亿元）、内蒙古（270.27亿元）、云南（261.91亿元）、湖北（213.86亿元）和河北（209.13亿元）。

全年新建公路12.12万公里，改建公路19.53万公里。

2. 水运建设

水运建设投资持续快速增长。2005年全国沿海及内河建设完成投资688.77亿元，比上年增加280.96亿元，同比增长68.9%，比“九五”末增长4.1倍。其中沿海建设完成投资576.24亿元，比上年增加239.82亿元，同比增长71.3%；内河建设完成投资112.53亿元，比上年增加41.14亿元，同比增长57.6%。

沿海港口新（扩）建码头泊位124个，新增吞吐能力21192万吨，其中万吨级以上泊位83个，新增吞吐能力20471万吨。内河港口新（扩）建码头泊位190个，新增吞吐能力2091万吨。全年新增及改善内河航道里程

1338公里。

3. 其他建设

2005年其他交通建设完成投资271.30亿元，比上年增加67.31亿元，同比增长33.0%，比“九五”末增长1.2倍。其中海事系统完成5.46亿元，救助打捞完成11.64亿元，科研教育完成6.22亿元，信息、通信完成2.61亿元。

七、水上安全和救助打捞

水上运输安全进一步提升。2005年全年发生水上交通事故532起，死亡和失踪人数479人，沉船或全损船舶306艘，直接经济损失4.95亿元，比上年分别下降5.3%、2.0%、7.3%和增加34.2%。

2005年交通救助打捞系统共执行了601次救助任务，出动救助船舶580艘次，出动救助飞机120架次，救助遇险人员3667人，其中外籍人员343人，救助遇险船舶152艘，其中外籍船舶29艘，完成抢险打捞任务57次，其中打捞沉船10艘，打捞落（溺）水人员61人，获救财产价值约48.37亿元。

备注：

1. 本公报为年报正式统计数据。

2. 香港和澳门特别行政区及台湾省统计数据未包括在本公报内。

3. 公路路面、桥梁、隧道统计指标的分类标准按照《公路工程技术标准》（JTGB01—2003）执行。

4. 公路水路运输量占综合运输体系比重依据国家统计局提供的年快报数据计算。

5. 从2005年开始，交通量计算单位使用标准小客车当量数。

6. 规模以上港口是指年货物吞吐能力在100万吨及以上的沿海港口、200万吨及以上的内河港口以及经营外贸、集装箱业务的港口。

7. 水上安全数据摘自《水上交通事故月报》，救助打捞数据摘自《2005救助打捞年报》。

摘自《2005年公路水路交通行业发展统计公报》

中长期铁路网规划

一、发展目标

为适应全面建设小康社会的目标要求，铁路网要扩大规模，完善结构，提高质量，快速扩充运输能力，迅速提高装备水平。到2020年，全国铁路营业里程达到10万公里，主要繁忙干线实现客货分线，复线率和电化率均达到50%，运输能力满足国民经济和社会发展需要，主要技术装备达到或接近国际先进水平。

二、规划原则

（一）统筹考虑与其它运输方式及能源等相关行业的发展，通道布局、运力分配与公路、民航、水运、管道等规划有机衔接；

（二）能力紧张的繁忙干线实现客货分线，经济发达的人口稠密地区发展城际快速客运系统；

（三）加强各大经济区之间的连接，协调点线能力，使客货流主要通道畅通无阻；

（四）增加路网密度，扩大路网覆盖面，为经济持续发展、国土开发和国防建设创造有利条件；

（五）提高铁路装备国产化水平，大力推进装备国产化工作。

三、规划方案

为实现2020年铁路网发展目标，规划方案要在路网总规模扩大的同时，突出繁忙干线实现客货分线，人口稠密地区发展城际客运系统，提高路网质量，扩大运输能力，形成功能完善、点线协调的客货运输网络。

（一）客运专线

为满足快速增长的旅客运输需求，建立省会城市及大中城市间的快速客运通道，规划“四纵四横”铁路快速客运通道以及三个城际快速客运系统。建设客运专线1.2万公里以上，客车速度目标值达到每小时200公里及以上。

1. “四纵”客运专线

（1）北京—上海客运专线，贯通京津至长江三角洲东部沿海经济发达地区；

（2）北京—武汉—广州—深圳客运专线，连接华北和华南地区；

（3）北京—沈阳—哈尔滨（大连）客运专线，连接东北和关内地区；

（4）杭州—宁波—福州—深圳客运专线，连接长江、珠江三角洲和东南沿海地区。

2.“四横”客运专线

（1）徐州—郑州—兰州客运专线，连接西北和华东地区；

（2）杭州—南昌—长沙客运专线，连接华中和华东地区；

（3）青岛—石家庄—太原客运专线，连接华北和华东地区；

（4）南京—武汉—重庆—成都客运专线，连接西南和华东地区。

3．三个城际客运系统

环渤海地区、长江三角洲地区、珠江三角洲地区城际客运系统，覆盖区域内主要城镇。

（二）完善路网布局和西部开发性新线

以扩大西部路网规模为主，形成西部铁路网骨架，完善中东部铁路网结构，提高对地区经济发展的适应能力。规划建设新线约1.6万公里。

1．新建中吉乌铁路喀什—吐尔尕特段，改建中越通道昆明—河口段，新建中老通道昆明—景洪—磨憨段、中缅通道大理—瑞丽段等，形成西北、西南进出境国际铁路通道；

2．新建太原—中卫（银川）线、临河—哈密线，形成西北至华北新通道；

3．新建兰州（或西宁）—重庆（或成都）线，形成西北至西南新通道；

4．新建库尔勒—格尔木线、龙岗—敦煌—格尔木线，形成新疆至青海、西藏的便捷通道；

5．新建精河—伊宁、奎屯—阿勒泰、林芝—拉萨—日喀则、大理—香格里拉、永州—玉林和茂名、合浦—河唇、西安—平凉、柳州—肇庆、桑根达来—张家口、准格尔—呼和浩特、集宁—张家口等西部区内铁路，完善西部地区铁路网络；

6．新建铜陵—九江、九江—景德镇—衢州、赣州—韶关、龙岩—厦门、湖州—嘉兴—乍浦、金华—台州及东北东边道等铁路，完善东中部铁路网络。

（三）路网既有线

加强既有路网技术改造和枢纽建设，提高路网既有通道能力。规划既有线增建二线1.3万公里，既有线电气化1.6万公里。

1．在建设客运专线的基础上，对既有线进行扩能改造，在大同（含蒙西地区）、神府、太原（含晋南地区）、晋东南、陕西、贵州、河南、兖州、两淮、黑龙江东部等十个煤炭外运基地，形成大能力煤运通道。近期要优先考虑大秦线扩能、北同蒲改造、黄骅至大家洼铁路建设和石太线扩能，实现客货分运，加大煤炭外运能力。

2．结合客运专线的建设，对既有京哈、京沪、京九、京广、陆桥、沪汉蓉和沪昆等七条主要干线进行复线建设和电气化改造。

3．以北京、上海、广州、武汉、成都、西安枢纽为重点，调整编组站，改造客运站，建设机车车辆检修基地，完善枢纽结构，使铁路点线能力协调发展。

4．建设集装箱中心站，改造集装箱运输集中的线路，开行双层集装箱列车。

四、实施意见

总体目标：规划从2003年开始，在2020年前逐步建成。实施计划如下：

（一）“十五”建设计划调整

到2005年铁路营业里程达到7.5万公里，其中复线铁路2.5万公里，电气化铁路2万公里以上。具体建设项目调整如下：

建设客运专线，开工建设北京—上海、武汉—广州、西安—郑州、石家庄—太原、宁波—厦门等客运专线。建设城市密集地区城际客运系统，开工建设环渤海地区北京—天津，长江三角洲南京—上海—杭州，珠江三角洲广州—深圳、广州—珠海、广州—佛山城际客运系统。

加快完善路网结构，开工建设宜昌—万州、烟台—大连轮渡、合肥—南京、麻城—六安、太原—中卫（银川）、精河—伊宁、永州—玉林（茂名）、铜陵—九江、大理—丽江、龙岗—敦煌、黄骅—大家洼铁路等新线。

加快既有线扩能改造，实施京沪线、焦柳线、黔桂线、兰新线武威至嘉峪关段、沪杭线、天津—沈阳、石德线电化改造，开工建设沪汉蓉既有段、昆明—六盘水、滨洲线海拉尔至满洲里、湘桂线衡阳至柳州复线，进行大秦线、西延线扩能改造。

加快主要枢纽及集装箱中心站建设，对北京、上海、广州、武汉、成都、西安枢纽进行改造，建设上海、昆明、哈尔滨、广州、兰州、乌鲁木齐、天津、青岛、北京、沈阳、成都、重庆、西安、郑州、武汉、大连、宁波、深圳等18个集装箱中心站。

（二）2010年阶段目标

到2010年，铁路网营业里程达到8.5万公里左右，其中客运专线约5000公里，复线3.5万公里，电气化3.5万公里。

进一步建设客运专线，建成北京—上海、武汉—广州、西安—郑州、石家庄—太原、宁波—厦门等客运专线。开工建设北京—武汉、天津—秦皇岛、厦门—深圳等客运专线。

进一步扩大路网规模，建设云南进出境、中吉乌、合浦至河唇、赣州至韶关、龙岩至厦门、湖州至乍浦、兰州（或西宁）至重庆（或成都）、西安至平凉、隆昌至黄桶、东北东边道等铁路。

进一步提高既有线能力，建设邯济线、宁芜线、西康线、平齐线、大郑线、滨绥线等复线。

从云南入藏的滇藏线仍继续做好地质调查和技术经济分析，是否建设视研究论证结果再定。

中国铁道 2005 年建设情况

（2006 年 2 月 26 日）

2005 年是铁路改革和发展取得巨大成就的一年。在铁道部党组领导下，全路认真落实科学发展观和党中央、国务院部署，以服务经济社会发展大局为己任，以铁路跨越式发展为契机，在积极推进铁路基础性改革的同时，着力加快铁路建设，大力提升装备水平，努力挖潜提效增收，运输安全形势稳定，运输生产经营成果显著，实现了客货运量大幅度增长，为缓解煤电油运紧张状况、保障人民群众正常生活和经济社会发展作出了重要贡献。

一、铁路运输

2005 年，国民经济继续保持较快速度发展，运输需求旺盛，运能持续紧张。面对煤电油运“瓶颈”制约状况，铁路为保证国民经济平稳运行，坚持实施内涵扩大再生产，深入开展“多拉满载、挖潜提效”活动，不断扩充运输能力。通过深入推进内涵扩大再生产，实现了运量大上、收入大增，运输生产主要指标不断刷新历史纪录。

货物运输继续快速增长。全国铁路完成货运总发送量（包括行包运量）269296 万吨，比上年增长 8.1%。其中：国家铁路完成 231839 万吨，比上年增长 6.6%；合资铁路完成 19655 万吨，比上年增长 17.9%；地方铁路完成 17802 万吨，比上年增长 19.3%。全国铁路完成货运总周转量（包括行包周转量）20726.03 亿吨公里，比上年增长 7.5%。其中：国家铁路完成 19533.35 亿吨公里，比上年增长 6.8%；合资铁路完成 1093.47 亿吨公里，比上年增长 19.3%；地方铁路完成 99.20 亿吨公里，比上年增长 11.4%。

全国铁路完成货物发送量 268349 万吨，比上年增加 20219 万吨，增长 8.1%。其中：国家铁路完成 230920 万吨，比上年增长 6.6%；合资铁路完成 19627 万吨，比上年增长 17.9%；地方铁路完成 17802 万吨，比上年增长 19.3%。全国铁路完成货物周转量 20535.87 亿吨公里，比上年增长 7.5%。其中：国家铁路完成 19346.12 亿吨公里，比上年增长 6.8%；合资铁路完成 1090.55 亿吨公里，比上年增长 19.3%；地方铁路完成 99.20 亿吨公里，比上年增长 11.4%。

全国铁路完成行包发送量 947 万吨。其中：国家铁路完成 919 万吨，比上年增长 7.6%；合资铁路完成 28 万吨；地方铁路完成 2200 吨。全国铁路完成行包周转量 190.16 亿吨公里。其中：国家铁路完成 187.24 亿吨公里，比上年增长 6.7%；合资铁路完成 2.92 亿吨公里。

重点物资运输得到有力保证。为缓解煤电油运的紧张状况，全路贯彻胡锦涛总书记和温家宝总理等中央领导关于确保重点物资运输的重要指示和中央有保有压的宏观调控政策，拿出 90%以上的运力保证重点物资运输，关键时期全力以赴突击抢运。重点物资运量在 2004 年较高增幅的基础上，又实现了大幅度增长。全国铁路煤炭运量再创历史最高水平，完成 129038 万吨，比上年增运 12254 万吨，增长 10.5%。全国 368 家直供电厂存煤平均可耗天数一直保持在 15 天以上的较高水平，基本满足了电力迎峰度夏和冬季用煤高峰的需要。完成粮食运量 11839 万吨，比上年增运 241 万吨，增长 2.1%。完成石油运量 15291 万吨，比上年增运 1040 万吨，增长 7.3 %。确保化肥、棉花等农副产品运输，有力地支持了“三农”。完成化肥农药运量 7815 万吨，比上年增运 1011 万吨，增长 14.9%。圆满完成了受灾和贫困地区捐助物资、禽流感防疫物资、特运、军运、专运以及国家重点工程、神舟飞船等运输任务。

进出口货物运量增势强劲。全国铁路口岸共完成进出口货物运量 4550.6 万吨，比上年增运 799.7 万吨，增长 21.3%。其中：完成进口运量 3998.0 万吨，比上年增运 725.0 万吨，增长 22.1%；完成出口运量 552.6 万吨，比上年增运 74.7 万吨，增长 15.6%。满洲里、绥芬河、二连、阿拉山口站进出口货物运量继续保持快速增长，四大口岸共完成进出口货物运量 4310.7 万吨，比上年增运820.5万吨，增长23.5%。进口石油仍大幅度增长，完成982.1万吨，比上年增运174.1万吨，增长21.5%；完成木材进出口运量1574.1万吨，比上年增运372.0万吨，增长30.9%。

旅客运输持续增长。全国铁路完成旅客发送量115583万人，比上年增长3.4%，创出近十七年来的最高水平。其中：国家铁路完成110651万人，比上年增长3.1%；合资铁路完成4613万人，比上年增长13.8%；地方铁路完成319万人，比上年下降15.6%。全国铁路完成旅客周转量6061.96亿人公里，比上年增长6.1%。其中：国家铁路完成5833.20亿人公里，比上年增长5.8%；合资铁路完成225.23亿人公里，比上年增长14.7%，地方铁路完成3.53亿人公里，比上年下降11.3%。

换算周转量持续攀升。全国铁路完成总换算周转量26787.99亿吨公里，比上年增长7.1%。其中：国家铁路完成25366.56亿吨公里，比上年增长6.6%；合资铁路完成1318.70亿吨公里，比上年增长18.5%；地方铁路完成102.73亿吨公里，比上年增长10.4%。

运输收入总量再创历史新高。2005年国家铁路完成运输收入2019.1亿元，比上年增加224.7亿元，增长12.5%；同口径增加169.7亿元，增长9.5%。其中：完成货物运费收入1105.7亿元，比上年增加162亿元，同口径增加107.0亿元，增长11.3%；完成客票收入638.0亿元，比上年增加45.1亿元，增长7.6%；完成其他收入275.4亿元，比上年增加17.6亿元，增长6.8%。

运输效率主要指标刷新纪录。2005年，国家铁路货物列车平均总重达到3038吨，比上年增加104吨；货车周转时间实现4.92天，比上年压缩0.02天，相当于每天节约运用车2300多辆。机车车辆运用效率提高，带动了装车数的大幅提升，全国铁路日均装车继2003年突破10万辆、2004年突破11万辆之后，2005年突破12万辆，达到122448辆新水平。

路网整体能力利用进一步提高。年内利用新长、赣龙等新线能力和宣杭、武九、兰武复线改造新增能力，合理调整京九、南昆、宁西等线车流，有效缓解了西南、华东、华南等地区运力紧张状况。对几大煤运通道实施了重载扩能改造，重载运输取得新突破。原设计能力1亿吨的大秦铁路，经过技术改造，2005年运量达到2.03亿吨，比上年增运5016万吨，增长32.8%。侯月线2005年完成运量1.01亿吨，比2004年翻一番。京广、京沪、京哈、陇海等主要干线普遍开行5000吨重载列车，部分区段达到5500～6500吨，其他部分干线普遍提高列车牵引定数，增加了既有线输送能力。

运输安全持续稳定。全路认真贯彻党中央、国务院关于安全生产的一系列重要指示，全面落实《安全生产法》和《铁路运输安全保护条例》，始终坚持“规范管理、强基达标”不动摇，积极探索新体制下规范安全管理、加强安全基础建设的有效途径，初步建立了适应新体制要求的安全管理体系和检查监督体系，狠抓安全责任的落实，强化现场作业控制，运输安全保持了相对稳定的局面。全年发生行车重大事故5件，同比减少6件，实现了7个全路安全月。

二、固定资产投资

2005年，以《中长期铁路网规划》为蓝图，加快新线建设，扩展路网规模；加速既有线改造，扩大运输能力。精心组织，优质高效地全面完成年度建设任务，为“十一五”铁路建设开局打下良好基础。

铁路基本建设增势旺盛。全国铁路基本建设投资完成889.16亿元，比上年增长67.3%。其中：铁道部投资完成753.18亿元，比上年增长53.9%；地方政府和企业对国家铁路和合资铁路投资完成119.50亿元，是上年3.5倍；地方政府对地方铁路投资完成16.49亿元。新线铺轨919公里，复线铺轨661.9公里；新线投产1146.8公里，复线投产486.3公里，电气化铁路投产862.7公里。

国家铁路和合资铁路路网建设大中型项目投资完成831.50亿元，比上年增长71.7%，其中铁道部投资完成712.0亿元，比上年增长55.6%。营业铁路大中型项目完成436.97亿元，其中复线及扩能219.70亿元、电气化162.90亿元、枢纽及客站54.37亿元；新建铁路大中型项目完成394.53亿元。地方铁路大中型项目投资完成16.79亿元。

国家重点建设项目全面完成任务。2005年列为国家重点建设的铁路项目有24个（国家下达通知时合并为18个），投资完成496.35亿元。完成新线铺轨390.2公里，土石方1.67亿立方米，特大、大中桥18.63万折合米，隧道29.15万折合米，全面完成了年度建设任务。举世瞩目的青藏铁路建设在攻克“多年冻土、高寒缺氧、环境保护”三大世界性难题方面取得重大成果，于2005年10月实现全线提前铺通。

新开工项目成倍增加。2005年新开工项目57个，是上年的2.5倍，投资完成258.72亿元，开工项目之多为铁路建设史之最。

客运专线建设全面启动。2005年开工和进行施工准备的郑西、武广、石太客运专线，京津城际轨道交通，武汉至合肥铁路，合肥至南京铁路，温福铁路，甬台温铁路，广珠城际铁路，福厦铁路，广深港客运专线11

个项目，投资完成170.02亿元，客运专线建设全面启动。

中央财政预算内资金(含国债)建设项目进展顺利。在建的国债项目26个，投资完成220.61亿元，使用中央财政预算内资金（含国债）65.89亿元。完成新线铺轨747.2公里，复线铺轨16.2公里；新线投产719.7公里，电气化铁路投产624.5公里。完成路基土石方9186万立方米，特大、大中桥7.97万折合米，隧道18.37万折合米。其中国家铁路和合资铁路15个项目投资完成205.22亿元，使用中央财政预算内资金（含国债）60亿元。

24个项目收尾销号。2005年安排京九线龙川至东莞东复线、武九线扩能、宣杭复线等24个项目收尾销号，投资完成89.71亿元。完成新线铺轨27公里，复线铺轨193.4公里；新线投产355.3公里，复线投产326.2公里，电气化铁路投产114.1公里。

路网规模继续扩大。截至2005年底，全国铁路营业里程达到75438公里，比上年增加1030公里，增长1.4%。其中：国家铁路62200公里，合资铁路8462公里，地方铁路4775公里。全国铁路复线里程达到25566公里，比上年增加658公里，增长2.6%，复线率达到33.9%；全国铁路电气化里程达到20151公里，比上年增加848公里，增长4.4%，电化率达到26.7%。

更新改造投资继续增长。2005年投资方向以第六次大提速和安全标准线建设为重点，在六大干线进行了曲线改造、四显示自动闭塞改造、平交道口改立交、线路栅栏封闭等主要提速扩能项目，同时进行了采用以车辆安全防范和预警系统（5T）为代表的大量新技术的安全配套设施建设。社会职能移交、铁路局管理体制改革和生产力布局的调整，保证了更充裕的资金投向运输生产一线。国家铁路更新改造投资完成208.01亿元，比上年增长8.6%；其中运输设备更新改造投资完成185.60亿元，比上年增长5.1%。

运输设备更新改造投资中，铁道部管理项目投资完成57.84亿元，比上年增长15.8%。其中跨局重要干线及路网性编组站投资完成23.69亿元，全路指导性行车安全措施投资完成29.97亿元。铁路局管理项目投资完成127.76亿元，比上年增长0.9%。

各铁路局继续严格控制非生产性项目投资，生产性项目投资完成122.43亿元，比上年增长5.2%，占全部投资的比重为95.8%，比上年提高3.9个百分点。

机车车辆购置投资跃上新台阶。2005年，机车车辆购置投资完成263.80亿元，创历史最高水平，比上年增长47.9%。购置机车659台，客车1649辆，货车30000辆。

三、科学技术

技术装备现代化取得重大进展。按照“引进先进技术、联合设计生产、打造中国品牌”的总体要求，成功引进了世界上最先进的时速200公里及以上动车组技术，大功率电力、内燃机车技术。2005年，第一批时速200公里动车组技术项目转入国产化设计并开始生产。青藏线高原机车完成了样车生产，大功率内燃机车采购和技术转让合同已经签署。自主研发的新型车辆正向全路逐步推广，按照时速120公里要求，对既有货车进行技术改造，到2005年底全路有26.5万辆货车满足提速要求，占总保有量的41.6%。自主研发制造的25吨轴重的C80、C76型运煤专用货车在大秦线投入使用。载重70吨的通用货车投入批量生产。在技术引进过程中，紧紧抓住关键技术的消化吸收，确保实现技术的全面转让和国产化目标。掌握时速200公里动车组及大功率交直交机车车辆生产的核心技术和关键技术，使我国机车车辆研制水平跨入世界先进水平行列。目前采购的机辆装备国产化率动车组最高达75%以上、大功率电力机车最高达70%以上、大功率内燃机车最高达85%以上。

科技创新成绩显著。大秦线试验开行2×1万吨重载组合列车，标志着我国铁路首次实现了欧洲的GSM-R技术与美国Locotrol重载技术的系统集成创新，实现我国铁路重载技术的新突破；组织了京秦线提速时速200公里列车交会试验和遂渝线提速时速200公里综合试验，针对《既有线提速200km/h技术条件（试行）》进行了多项试验验证，并组织修订《铁路技术管理规程》，为实施既有线时速200公里提速积极做好相关技术准备工作；紧密结合客运专线建设实际，制定和建立客运专线的技术标准(技术条件)，针对客运专线建设关键技术问题，开展重点研究；在继续抓好冻土等科技攻关的同时，积极开展站后工程试验，试运营规章准备工作取得明显成效，为青藏铁路建设提供了有力支持；通过引进，在成渝线组织完成了百米轨普通平车单车组、小半径的运输试验，取得了良好的试验结果；组织了乌鞘岭隧道、宜万铁路、天兴洲公铁两用长江大桥多项重点工程建设技术攻关；组织开展了23吨轴重通用货车的研制和试验工作。

四、铁路改革

铁路局直接管理站段体制改革取得巨大成功。经国务院同意，2005年3月18日，实施了铁路局直接管理站段体制改革。撤销了41个铁路分局和2个铁路公司(南疆铁路公司、北疆铁路公司)，同时成立太原、武汉、西安铁路局。这项改革解决了我国铁路长期以来存在的铁路局和铁路分局两级法人以同一方式经营同一资产的体制性弊端，为继续深化铁路改革奠定了坚实基础。

运输生产力布局调整取得重大成果。为适应运输生产力发展水平的需要，全路大力开展运输生产力布局调整，运输生产站段数量由调整前的1504个减少到目前的857个，为优化运力资源配置、调整运输生产组织结构、提高运输效率效益、强化安全管理发挥了重要作用。

铁路投融资体制改革取得突破。与地方合资建路的规模和质量实现历史性突破。按照“政府主导、多元化投资、市场化运作”的指导思想，铁道部先后与31个省市自治区签订了铁路建设战略合作协议，涉及铁路建设项目158个。推出武广客运专线等43个重点建设项目公开招商引资。

五、劳动工资

劳动用工减少，劳动报酬增长。2005年末，全路从业人员为206.19万人，比上年末减少2.50万人。其中：运输业从业人员为141.91万人，比上年末减少1.83万人。全路职工人数为213.73万人，比上年末减少2.80万人。其中：运输业职工人数为151.68万人，比上年末减少3.49万人。全路从业人员平均劳动报酬比上年同口径增长15.9%，职工平均工资比上年同口径增长15.8%。

劳动生产率稳步提高。铁路运输业劳动生产率按实物量计算，达到176.0万换算吨公里/人，比上年增长7.2%；按价值量计算，达到144470元/人，比上年增长13.0%。

六、多元经营

多元经营健康持续发展。2005年，全路多经系统认真贯彻落实铁道部党组的重要部署和关于多元经营的重要指示，在铁路局直接管理站段体制改革中，迅速整合原铁路分局多经系统，建立和完善辅业资产管理机构，积极推进资源整合资产重组，大力推动多元经营规范发展，坚持敞口接收运输主业分流人员，取得了创收创利创岗的新成绩。全路多元经营2005年度完成营业收入987亿元，比上年增加152.3亿元，同比增长18.2%；实现利润26.97亿元（不包含处置不良资产影响当期利润的因素），比上年增加3.13亿元，同比增长13.1%。截至2005年末，全路多元经营铁路职工24.87万人，比上年末增加1.56万人。全员劳动生产率增长11.8%。

七、工业生产

工业产品销售良好。完成不变价工业总产值22.3亿元，现价工业总产值37.6亿元，现价工业销售产值38.9亿元。工业企业产品销售率达103.5%，保持较高水平，超全国工业企业产品销售率5.8个百分点。

摘自《2005年铁道统计公报》

努力开创信息产业工作新局面

——信息产业部部长王旭东在全国信息产业工作会议上的讲话

（2005年12月27日）

这次会议是在“十五”结束、“十一五”开局的新形势下召开的。会议的主要任务是，贯彻落实党的十六大和十六届五中全会及中央经济工作会议精神，以科学发展观为指导，总结2005年和“十五”时期的工作，部署2006年任务，认清形势，统一思想，明确目标，加强指导，抓好落实，努力开创信息产业工作新局面。

为开好这次会议，部党组进行了深入的研究和认真的准备，最近还专门向黄菊同志作了工作汇报，黄菊同志对信息产业的工作给予了充分的肯定，对明年工作提出了要求，我们要认真贯彻落实。下面，我讲三个方面的问题。

一、2005年和“十五”时期信息产业发展情况

过去的五年，全国信息产业部门在党中央、国务院的领导下，保持了行业持续快速健康发展，“十五”计划发展目标全面完成，为经济社会发展和信息化建设做出了重要贡献。预计2005年信息产业增加值完成1.13万亿元，其中电子信息产业7100亿元，通信业4172亿元。“十五”期间，我国通信业务总量和业务收入分别年均增

长 27.6%和 13.4%，平均每年新增电话用户 1 亿户，固定电话和移动电话用户数跃居世界第一位，互联网上网人数居世界第二位，通信固定资产投资五年累计完成 1 万亿元，电信企业境外上市融资累计达到 252.5 亿美元。电子信息产业规模以上企业销售收入年均增长 27.3%，五年内产业规模扩大了 2.3 倍，利税总额、软件产业销售收入年均增长 12.4%和 39.9%，电子信息产品出口年均增速高达 35.3%，五年累计吸收外资 1000 亿美元。

五年来，一些方面的工作尤为突出：电信市场竞争格局进一步形成，部省两级电信监管体系基本建立；“村村通电话工程”取得阶段性成果，全国通电话行政村比重达到 97.1%；电信资费市场化改革迈出实质性步伐，广大消费者得到了更多的实惠；第三代移动通信技术研发、产业化和网络技术试验等工作取得突破性进展，为下一步发展奠定了坚实基础；国家出台了 18 号文件等产业政策，产业自主创新能力得到显著提升；电子信息产品出口高速增长，占全国外贸出口总额的比重超过三分之一；“走出去”战略成效明显，企业国际竞争力进一步提高。

2005 年，全行业继续保持快速协调健康发展。

——**通信业服务经济社会的水平显著提高**。预计 2005 年，通信业务总量完成 1.2 万亿元，增长 25%。通信业务收入完成 6380 亿元，增长 11%。通信固定资产投资完成 2100 亿元。电话用户新增 1.03 亿户，达到 7.5 亿户，其中固定电话用户 3.6 亿户，移动电话用户 3.9 亿户。服务水平和普及程度不断提高，固定电话主线普及率、移动电话普及率分别达到 27 线/百人和 30 部/百人。互联网上网人数达到 1 亿。全行业集中力量，突出抓好农村通信发展，“村村通电话”工程实施取得阶段性成果，累计投资 159 亿元，使 5.28 万个行政村新开通电话，有 11 个省市实现所有行政村通电话。在加快发展的同时，电信行业高度重视维护消费者的合法权益，制定了服务标准和规范，较好地解决了一些社会反映强烈的服务热点问题，整体服务水平明显提高。电信业务结构不断调整优化，产业链进一步形成。

——**电子信息产业综合实力显著增强**。预计，2005 年规模以上企业销售收入完成 3.3 万亿元，增长 24.3%，其中软件产业实现销售收入 3000 亿元，增长 23.7%。利税总额完成 1600 亿元，增长 6.7%。产品出口完成 2500 亿美元，增长 20.5%。结构调整取得明显成效，计算机、手机、彩电等产品的产量居世界首位，新一代视听产品、通信网络设备、新型显示器件成为新的经济增长点。大公司战略取得明显进展，销售收入超过 100 亿元的企业达到 22 家。国家电子信息产业基地和产业园建设稳步推进，产业聚集效应不断显现，珠三角、长三角和环渤海地区的销售收入、工业增加值、利润总额和就业人数占全行业的比重均超过 70%。

——**技术创新取得积极进展**。18 号文件等产业政策得到落实，推动出台了集成电路专项研发资金的管理办法，为软件和集成电路产业发展创造了良好的环境。“中国芯工程”取得了显著成效，集成电路设计水平达到 0.13 微米。CPU、中文 Linux、第三代移动通信、集群通信、数字电视等研发和产业化成效明显，涌现出一批具有自主知识产权的技术和产品，与国际先进水平的差距逐步缩小。五年来，共发布国家标准 368 项，行业标准 647 项，专利申请 22.8 万项。信息产业科技发展“十一五”规划和 2020 年中长期规划编制工作基本完成。

——**信息化推进工作向深层次发展**。积极配合有关部门推进信息化重大工程建设，金卡工程、金税工程、海关电子执法系统等取得新进展。五年来共组织信息技术推广应用“倍增计划”项目 2545 个，带动投资 625.7 亿元。数字化瓦斯远程监控系统在煤矿安全生产领域逐步推广。企业信息化成效明显，国家重点企业基本普及了 CAD/CAM。配合有关部门推广二代身份证等 IC 卡的应用取得明显成效。电子政务、电子商务、城市信息化、农业信息化推进步伐加快，信息资源开发利用广泛开展，面向社会的网上服务种类不断增加。电子认证服务管理、信息化培训等基础工作稳步开展。积极配合有关部门开展了农村党员干部现代远程教育扩大试点工作。

——**体制改革和政策法规工作取得积极进展**。根据国务院深化电信体制改革的要求，开展了电信市场竞争结构、通信监管能力建设等方面的政策研究。指导企业加强内部改革，建立和完善现代企业制度。邮政体制改革稳步推进。认真贯彻《行政许可法》和《全面推进依法行政实施纲要》，有力地推动了政府职能转变和依法行政工作。《电信法》立法工作取得积极进展，草案已提交国务院有关部门，推动出台了互联互通“司法解释”。《电子签名法》已进入实施阶段。《邮政法》、《无线电管理条例》修订工作进展顺利。电子信息产业法制建设取得新进展，促进了软件与集成电路等产业的立法进程。开展了 WTO“后过渡期”谈判、审议等相关工作。信息产业“十一五”规划编制工作基本完成。电信强国、电子强国战略研究取得新的成果。积极推进两岸信息产业交流与合作，成功举办了海峡两岸信息产业技术标准论坛。CEPA 协议得到进一步落实。

——市场监管、社会管理和公共服务工作进一步加强。电信监管部门全面贯彻落实国务院办公厅75号文件及部一系列实施意见，整顿和规范市场秩序取得积极成效。采取加强制度建设、调整网间结算关系、建立监测系统等手段，互联互通总体形势明显好转。认真落实204号、408号文件精神，稳步推进电信资费管理方式改革，市场价格竞争秩序明显好转。电信管道和驻地网管理取得积极进展，通信建设市场竞争行为逐步规范。在全行业组织开展了电信计费系统检测工作。与有关部门密切配合，打击淫秽色情网站和声讯台、整治网络赌博违法犯罪、网站集中备案和清理整顿活动取得积极成效，净化了网络环境。党政专用通信管理体制调整工作基本完成。加强了应急、战备通信工作。无线电频率规划、监测及台站管理、技术设施建设稳步推进，民航专用频率整顿取得阶段性成果。加强卫星广播电视接收设备、税控收款机等重点产品的管理，开展了电子信息产品污染防治工作，产业经济运行预警监测等工作成效明显。

——加强国际合作与交流，企业“走出去”成效明显。宽领域、多渠道、深层次开展了国际经济技术合作与交流。积极鼓励和支持有实力的国内企业“走出去”，海外并购、投资建厂、设立研发机构等取得积极进展，积累了有益的经验。努力创建政府间双边、多边交流合作平台，推动了中美、中俄、中日韩、中欧等信息产业领域的合作。举办了中国—东盟电信周等活动，大湄公河次区域信息高速公路等重点项目建设取得了实质性进展。还支持香港特区政府开展了2006年世界电信展的筹备工作。

——队伍整体素质进一步提高。按照中央的统一部署，部机关和直属单位深入开展了保持共产党员先进性教育活动，结合思想、工作、作风实际全面进行整改，有力地推动了执政能力建设，促进了各项工作。领导班子建设、队伍建设进一步加强，开展了人才规划、培训和交流等工作。积极推进行风建设，认真开展了精神文明创建和民主评议行风活动。信息产业有关单位为“神六”载人航天飞行等重大活动，为抗击非典及自然灾害等提供了可靠的信息技术装备和高效优质的通信服务。巡视组制度逐步完善，帮助基层解决了一些实际问题。党风廉政建设得到进一步加强，审计监督和财务管理进一步改进。努力做好老干部工作，部机关后勤工作取得新的成绩。

五年来，我们在发展、改革、监管等方面做了大量工作，进行了积极的探索，对行业发展的认识和把握进一步提高，概括起来有以下几点体会。

第一，党中央、国务院的正确决策是信息产业不断前进的根本保证。中央提出以信息化带动工业化，走新型工业化道路，以及优先发展信息产业等重大战略举措，实施扩大内需、增加出口、加强和改善宏观调控等决策，为产业发展创造了良好的外部环境和条件。国务院出台深化电信体制改革、加快软件和集成电路产业发展、强化电信市场监管等一系列政策措施，有力地促进了信息产业的持续快速健康发展。

第二，实现行业健康发展必须全面贯彻落实科学发展观。面对国际国内形势的变化，我们坚持以科学发展观为指导，立足经济社会发展和信息化全局，正确把握全局性、战略性、方向性的重大问题，加快转变政府职能，以信息化需求为牵引推动运营业和制造业融合互动发展，在第三代移动通信等影响行业发展的重大问题上科学决策、务实推进，保证了行业在全面协调可持续的轨道上运行。

第三，改革开放为行业发展提供了强大动力。五年间，我国电信业发生了巨大的变化，服务水平明显提高，这得益于国家深化电信体制改革的正确决策，引入竞争、破除垄断极大地增强了行业发展的活力。同时，我们抓住加入WTO带来的历史性机遇，充分利用两个市场、两种资源，积极承接发达国家制造能力的转移，努力扩大出口，支持和推动企业“走出去”，加快了自身发展。

第四，推动信息产业做大做强必须着力加强自主创新。自主创新能力是支撑一个国家崛起的筋骨。如果自主创新能力不能得到较大提升，我们就会永远受制于人。只有靠全行业的共同努力，真正走出一条具有中国特色的自主创新之路，才有可能最终实现信息产业做大做强的目标。

第五，行业的快速健康发展离不开有效的宏观管理和市场监管。行业发展必须充分发挥政府的作用，加强宏观调控、政策指导和沟通协调，为行业发展创造良好的政策环境；必须以社会利益最大化为目标，坚持以人为本，维护广大人民群众的根本利益，“退后一步、站高一步”，综合运用法律、经济、技术和必要的行政手段，营造公平公正、有效有序的市场环境。实践证明，如果没有有效的政府管理，就不可能有今天信息产业健康、繁荣的发展局面。

第六，加强执政能力建设和作风建设为行业发展提供了重要保障。在发展改革任务重、外部环境变化大和新情况、新问题不断出现的形势下，我们正确处理好指导行业发展与提高执政能力的关系，推进转变职能和依法行政，加强领导班子和队伍建设，改进工作作风，抓落实、抓协调、抓服务，服务大局、服务行业的自觉性进一步增强。

五年来信息产业发展取得的成绩，是党中央国务院正确领导的结果，是社会各方面大力支持的结果，是全行业广大干部职工辛勤工作的结果。在此，我代表信息产业部党组，向全国信息产业广大干部职工表示崇高的敬意，向离退休老干部、老职工表示亲切的问候，向各级地方党委政府和中央有关部门表示衷心的感谢！

二、当前信息产业面临的形势和任务

"十一五"是我国全面建设小康社会的重要时期，也是信息产业实现由大到强转变的关键时期。党的十六届五中全会将信息产业列为重点发展领域，充分体现了信息产业在国民经济、社会发展中的重要地位和作用。我们要认真分析当前形势，明确今后发展的任务，更好地指导和推动行业发展。

（一）关于当前的形势

从国际形势看，经济全球化趋势深入发展，电子信息产业在全球范围内的结构调整步伐加快，发达国家制造能力加速向发展中国家转移，有利于我国更好地参与国际分工与合作。全球电信业转型步伐加快，技术、网络、业务融合的趋势更加明显，跨国公司纷纷创新发展模式，向更广的信息服务领域拓展，为我国电信业发展提供了发展经验和机遇。国际环境总体上有利于我国信息产业的发展。同时，影响信息产业发展的不确定因素也在增加。一些发展中国家也在改善投资环境、加快吸引外资，跨国公司在全球产业竞争中的主导地位日趋明显，针对我国产业的国际贸易摩擦和知识产权纠纷日益增多，使国内企业出口和"走出去"面临新的挑战；进入 WTO 后过渡期，电信业面临的竞争压力进一步加大。

从国内情况看，全面建设小康社会等发展战略的实施，以及社会主义市场经济体制的不断完善，将为信息产业发展创造良好的外部环境；中央关于扩大内需增加出口、改造传统产业、建设社会主义新农村等宏观经济政策的落实，使得全社会对信息产品和网络服务的需求不断增加，为信息产业提供了更为广阔的发展空间。同时也要看到，"十一五"时期各行各业转变经济增长方式，对信息产业提供服务支撑的方式、手段、能力等方面提出了更高的要求。随着信息技术加快向各个领域渗透，信息产业与各行业的关系日益密切，许多政策的出台往往不是一个部门能做到的，许多重点任务往往不是一个行业能完成的，这就要求我们在新形势下进一步提高协调和互动发展的能力。

从行业自身情况看，信息产业经过多年的发展，整体水平不断提高，具备了进一步发展的条件，但也要清醒地认识到存在的矛盾和问题。一是制造业产业结构不尽合理，软件产业比重偏低，集成电路产业整体水平还有较大差距，基础电子产品发展相对滞后，总体上处于全球产业链的中低端，行业整体效益不高。二是自主创新能力差。核心技术受制于人，产品和应用技术水平不高，以企业为主体的技术创新体系尚未形成。三是运营业业务创新能力还不强，业务结构有待优化，网络资源利用率偏低。四是城乡通信发展不够协调，农村通信发展相对滞后，普遍服务压力较大。五是电信市场竞争结构需要进一步优化，法制建设需要继续加强，监管工作还存在诸多不适应。六是队伍整体素质还不高，高层次、复合型人才严重缺乏，不能满足行业发展的需要。特别是我们在思想观念、行政能力、工作作风等方面还存在差距，还不能完全适应新形势发展的要求，等等，需要在今后的工作中加以改进。

（二）关于对信息产业在国民经济发展全局中地位和作用的认识

随着信息技术革命的不断深入，发展信息产业已成为世界各国提升综合国力、抢占全球经济科技竞争制高点的重点。我国改革开放和现代化建设的不断推进，也要求进一步加快发展信息产业。因此，在"十一五"乃至整个现代化建设过程当中，信息产业都具有十分重要的地位和作用，概括起来，主要体现在以下几个方面：

一是促进国民经济增长。信息产业是国民经济基础产业、先导产业和支柱产业，又属于高新技术产业和现代服务业的范畴，经济效益十分明显。发展信息产业，对于经济增长、扩大内需、增加就业、外贸出口，对于提高国家的科技水平和综合国力，对于全面建设小康社会、实现我国本世纪中叶现代化建设战略目标，具有重要的意义。

二是促进经济增长方式转变。中央明确提出，我国的现代化建设要走新型工业化道路。应用信息技术、信息网络和信息服务，对于各行各业的生产经营、管理流程再造和重组，对于节能降耗、提高效率和管理水平，缓解传统的经济增长方式对环境带来的压力，能够起到明显的促进和倍增作用。信息产业在改造传统产业、调整经济结构、提升国民经济整体素质当中承担着重要的责任。

三是促进经济社会协调发展。信息技术渗透性强、覆盖面广，关系到社会的方方面面。科技、教育、文化、卫生各个领域的发展，建设社会主义新农村、构建和谐社会、提高人民群众生活质量和水平，以及政府的社会管理和公共服务，都对信息产业和信息化建设提出了全方位、多层次的需求。发展信息产业、推进信息化建设，可以有力地促进社会事业的发展，满足人民群众日益增长的物质文化需要。

四是促进先进文化传播。随着信息技术、网络技术发展，网络日益成为弘扬社会主义先进文化的重要阵地。开发信息技术、应用信息服务、普及信息网络，用健康向上、形式多样的数字产品占领网络阵地，对于弘扬优秀传统文化、普及科学技术知识、培养青少年健康成长、加强精神文明建设，具有不可替代的重要作用。

五是保障网络与信息安全。网络与信息安全是国家安全的重要组成部分。加强网络与信息安全管理，开发先进的信息安全技术，发展自主的信息安全产业，建立高效运转的信息安全保障体系，提高信息安全保障能力，对国家的经济安全、社会稳定具有十分重要的意义。

全行业要不断加深对信息产业地位作用的认识，增强使命感、责任感和紧迫感，增强在大局之下做好自身工作的自觉性，这是我们做好各项工作的前提。

（三）关于“十一五”发展问题

一年多来，部里集中力量抓好信息产业“十一五”规划的编制工作。部里明确提出，“十一五”规划必须突出规划的前瞻性、科学性和针对性，并且与完善产业政策结合起来，达到总结发展经验、创新发展思路、明确发展目标、落实发展举措、更好地指导行业发展的目的。目前，“十一五”规划草案已初步编制完成。

“十一五”时期产业发展的主要目标是：到2010年，信息产业增加值完成2.26万亿元，占GDP的比重达到10%，其中电子信息产业1.6万亿元，电信业6040亿元，邮政业560亿元；电子信息产业销售收入7万亿元，其中软件与系统集成销售额1万亿元，电子产品出口占全国外贸出口额的比重保持在 35%左右；电信业务收入9150亿元，年均增长10%，邮政业收入820亿元，年均增长8%；全国电话用户总数达到10亿户，互联网用户达到2亿户，农村实现“村村通电话，乡乡能上网”。同时，在提高创新能力、竞争能力和推动协调发展方面取得新的进展。

“十一五”期间信息产业发展的主要任务包括：继续保持全行业健康快速有序的发展态势；努力提升我国在全球产业格局当中的地位；加快推进以企业为主体的技术创新体系建设；坚持“引进来”与“走出去”相结合，推动更大范围、更广领域、更高层次的国际合作；进一步健全和完善行业管理与市场监管体系；加强法制建设，构建有利于行业发展的产业政策体系；加大通信普遍服务工作力度；加强信息技术应用，推进信息化建设。

实现“十一五”发展目标，需要全行业付出艰苦的努力。我们要着眼行业的长远发展，抓住当前存在的突出矛盾和问题，有针对性地采取对策措施。在这里，我强调几点。

一是要处理好产业自身发展与信息化的关系。信息产业的发展可以为信息化建设提供网络和技术装备的支撑保障平台，是信息化推进的重要组成部分和基础；同时，信息化建设本身就是一个历史性的机遇，为信息产业的发展提供了巨大的市场空间。因此，要立足于国民经济和社会信息化建设全局，实现对产业自身的拉动和提升，更好地为经济社会发展服务。

二是要处理好速度、规模与效益的关系。任何一个行业都有其自身的发展规律，都不可能长期维持高速增长。当然，我们有自己的国情，发展慢了也不行。这就要求我们从行业实际出发，克服片面追求速度和规模的倾向，落实科学发展观，转变经济增长方式，在保持较快速度的同时，把重点放到提高增长的质量和效益上来，在推动做大做强上下功夫，实现又快又好的发展。

三是要处理好发展与管理的关系。这几年在互联网、短信等新业务快速发展的同时，也出现了网上犯罪和不良信息等一些问题，危害社会安定、影响青少年健康成长。我们一方面要积极推动这些业务的发展，更好地满足人民群众的需求；另一方面要高度重视信息安全问题，切实加强管理。如果管理不到位，泥沙俱下，鱼龙混杂，有害信息泛滥，就会产生不良社会影响，最终阻碍其发展。当然，加强管理的目的还是要促进它更好地发展，而不是要把它管死。

四是要处理好经济效益与社会效益的关系。市场经济条件下，企业、行业的发展必须讲经济效益，否则一切都无从谈起。但同时，也一定要讲社会效益，坚持经济效益和社会效益的统一。如果片面追求经济效益，甚至去损害国家和群众的利益，就必然会影响企业和行业的社会形象，阻碍自身的发展。我们要加强对行业发展的指导，引导企业切实履行自己的社会责任和义务，促进行业发展与社会环境的良性互动，实现社会利益最大化。

五是要处理好引进来与走出去的关系。当前形势的发展，要求我们必须在“引进来”的同时，积极地“走出去”，进一步加强国际和区域经济合作，拓展海外市场，更加自觉、主动地融入到全球经济发展当中去。一方面，要继续坚持扩大对外开放，大力吸引外资，引进先进技术；另一方面，要积极创造条件，鼓励、引导有实力的企业“走出去”，充分利用国际国内两个市场、两种资源，熟悉游戏规则，参与国际竞争，增强自身实力，尽快做大做强。

三、关于2006年的工作

2006年是实施“十一五”规划的开局之年，做好信息产业发展、改革、监管各项工作十分重要。信息产业工作的总体要求是：以邓小平理论和“三个代表”重要思想为指导，认真贯彻党的十六大和十六届五中全会及中央经济工作会议精神，全面贯彻落实科学发展观，围绕电信强国、电子强国建设，着力推进结构调整和战略转型，促进经济增长方式转变；着力推进技术业务创新，增强产业核心竞争力；着力推进政府职能转变，为行业发展创造良好环境；着力推进信息化建设，加强信息技术推广应用；坚持以人为本，为人民群众提供满意的产品和服务，促进信息产业持续快速协调健康发展。

2006年信息产业的宏观发展目标是：信息产业增加值1.34万亿元。其中，通信业4700亿元，电子信息产业8700亿元。通信业务总量1.5万亿元，增长24%；通信业务收入7000亿元，增长10%左右；发展固定电话用户3000万户，移动电话用户4800万户，固定电话主线普及率和移动电话普及率分别达到29%和34%；固定资产投资约2000亿元。电子信息产业销售收入4万亿元，增长21%，其中软件与系统集成销售额3700亿元，增长23%；利税总额1700亿元，增长6%；出口总额2800亿美元，增长12%。

下面我就做好2006年和今后的工作讲几个问题。

（一）关于电子信息产业结构调整和优化升级

推进结构调整，要以科学发展观为指导，靠市场机制对资源的基础性配置作用，靠企业以市场为导向的自主作为，政府要加强规划、引导和扶持。

要突出抓好核心基础产业的发展，优化产业结构。软件、集成电路、新型元器件是产业的基础和核心，“十一五”规划把它们确定为核心基础产业。但这些领域还存在较大差距，如，集成电路设计、工艺制造、装备和材料相对落后，与整机结合不够紧密，软件的工程化能力亟待提高，基础产品中关键工艺装备和基础材料很多还需要进口。整个来讲，国家对软件和集成电路的产业政策还不够完善，基础产品尚没有专门的扶持政策，已有的政策还存在进一步落实的问题。要积极配合有关部门，加快研究制定进一步加快软件和集成电路产业发展专项政策，并争取将政策覆盖范围扩展到工艺装备和基础材料领域。要继续抓好信息安全产业的发展。一项政策能惠及一大批企业，要认真抓好政策的贯彻落实工作。同时，要加强对优势企业的指导和服务，在规划、资金、项目、专利申请等方面提供有效的帮助。

以传统产业改造和信息化需求为导向，大力发展各类应用电子产品，优化产品结构。要了解其他行业需求并实现有机结合和互动发展，工作难度很大，但一旦实现突破，发展前景广阔。要围绕老工业基地改造和各行业技术升级，大力发展汽车电子、机床电子、医疗电子等嵌入式应用电子产品各类管理信息系统等，提高国产化水平和为国民经济提供技术装备的能力；加强信息技术和系统的应用，促进工业企业生产经营流程再造和重组，降低物耗、能耗和环境污染，提高资源利用效率和经营管理水平。要通过专项规划、技术标准和信息发布工作，引导企业发展高性能计算机、信息家电、消费类电子等量大面广的产品，全方位、多层次地满足社会需求。

继续实施大公司战略，发展规模经济，优化企业结构。大公司是建设电子强国的载体。这里特别强调，规模只是大公司的一个方面，大公司还必须掌握关键技术、具有知名品牌、资本运作能力、现代化的管理以及积聚大量的优秀人才，具备核心竞争力。一些“单项冠军”企业，虽然规模不很大，但具有国际竞争优势，也是我们政策支持的重点。今后我们推动大公司战略的重点，要引导企业更加注重加强研发、资本运作、品牌建设和开展国际化经营，看苗浇水，扶优扶强，培育出优势企业。跟踪了解企业国际化经营中遇到的困难与问题，与有关部门加强协调，加强对企业重大跨国并购活动的政策扶持，加快培育我们自己的跨国公司。

加强分类指导，进一步优化区域产业结构。东部沿海产业规模大、产业集聚度高的地区，重点是提升产业层次。要继续推进国家电子信息产业基地的建设，完善配套政策措施，充分发挥其集聚和带动效应，进一步带动整个产业实力的壮大。东北地区要进一步加大应用信息技术改造提升传统产业的力度。中西部有条件的地区要抓住产业转移的机遇，发展优势产业，建设有自身特色的产业园。加工制造业基础比较薄弱的地区，要把工作重点放在信息技术应用方面，围绕当地经济社会发展的需要，积极开展信息化推进工作，要从实际出发，因地制宜承接产业转移。

高度重视军工电子的发展和管理工作。（略）

（二）关于树立信息服务业大行业观念、推动电信业转型、切实转变经济增长方式问题

当前，转型已经成为全球电信业发展的潮流。信息服务业是现代服务业的重要基础。我们讲树立信息服务大行业观念，其内涵是推进电信业的业务创新，是从传统的语音服务向数据多媒体及各类信息服务拓展，是从根本上转变电信业的经济增长方式。这既是服务信息化建设，为各行各业转变经济增长方式和提高人民生活质量提供全方位、多层次信息服务的要求，也是电信业拓展新的发展空间、实现持续发展、建设电信强国的需要。

业务创新能力不足，是目前制约电信业发展的一个关键环节。解决这个问题，需要政府、企业共同努力。政府要加强政策引导、管理和规范，运用市场准入、资源配置、标准制定等手段，为业务创新营造良好环境。运营企业是业务创新的主体，要进一步强化创新意识，加大创新投入，切实提高创新能力。目前固网发展面临着一些困难，单靠传统的话音业务，显然已经不可能实现企业的持续增长。解决这个问题，拓宽业务经营范围是一个方面，但关键还是要转变观念，发挥自身优势，大力推进业务创新。

信息化是一个非常大的市场。运营企业要抓住信息化建设的机遇，引导运营企业进一步树立合作共赢的思想，发挥自身的网络、技术、业务优势，与设备制造、应用服务、系统集成等各环节进行全面、深入的合作，不断扩大和延伸产业链，通过深化服务不断开拓新的市场空间，在技术业务创新中实现持续快速发展。要根据技术和市场的发展趋势，积极培育新的增长点，务实地推动第三代移动通信、下一代网络的发展。

要正确看待新技术新业务的发展。当前，信息通信技术的发展与融合日新月异，对行业发展、监管政策产生越来越深刻的影响。在新技术新业务发展的问题上，无论是监管部门还是运营企业，都必须树立这样一个观念：要积极适应新技术新业务的发展，而不能让新技术新业务的发展来适应我们。正确的态度应该是去主动适应它的发展，自觉调整我们的经营模式和监管政策，将其引导到良性发展的轨道上来。

要积极务实地推动第三代移动通信（3G）的发展。经过多年来的努力，我国发展 3G 的条件已经具备。为务实推进我国 3G 的发展，监管部门要进一步落实 36 号文件精神，统筹兼顾、全盘考虑，将发展 3G 与深化电信改革、优化竞争结构、完善监管政策、推动具有自主知识产权技术的产业化、形成新的产业链结合起来，制定出有关发展 3G 的技术、业务、资费、监管、频率指配等政策。运营企业要做好充分准备，坚持以市场为导向，做好网络建设、业务开发、市场培育等方面工作，推动 3G 健康有序发展。

（三）关于提高自主创新能力问题

十六届五中全会提出，要努力提高原始创新、集成创新和引进消化吸收再创新的能力，提升产业整体技术水平。我们要实施适合国情的技术创新战略，实现信息技术的整体性突破。

提高自主创新能力，关键是要使企业真正成为技术创新的主体。近年来，我们多方面采取措施推动国内企业提高创新能力，在一些领域实现了重大突破。为促进科技成果产业化，我们推动和组织了不同形式的产业化联盟。今后要继续突出企业尤其是大企业集团的中坚作用，引导企业加强研发中心建设并加大投入，推动形成以企业为主体、市场为导向、产学研相结合的技术创新体系。要加强组织，以国内骨干企业为龙头建立不同形式技术联盟、产业化联盟，产学研结合，在研发和产业化方面不断取得突破。要推动公共技术开发平台建设。有条件的大企业要建立公共技术开发中心，条件成熟时可从企业剥离，面向社会提供服务，使其成为服务行业、扶持中小企业创新活动的重要手段。

提高自主创新能力，必须加强引导，加大资金投入。要会同有关部门，推动国家有关科研资金向具有自主知识产权的重点技术领域倾斜。根据产业发展的需要，电子发展基金要从引导、示范向引导示范和重点扶持相结合的方向转变，加大对重点企业、关键技术的支持力度，并带动更多社会资金。要加强运营业和制造业的互动发展，充分利用国内的市场需求潜力，以利益为纽带加强联合，共同开发新技术新业务，完善产业链，支持和带动具有自主知识产权技术的发展。运营企业要从提高核心竞争力的角度，加强对新技术新业务的研发投入，形成综合竞争优势。

提高自主创新能力，必须加快实施标准和知识产权战略。创新是实施标准和知识产权战略的前提。要鼓励国内企业积极申请专利，加强知识产权保护与利用，提高自主专利的拥有数量与质量。专利申请是企业行为，政府要搞好服务。要支持国内有实力的企业在掌握核心专利的基础上联合制定技术标准。标准制订出来后，政府还要加强组织和引导，支持相关企业建立利益共享机制的产业联盟，促进产学研结合，加快产业化进程，从而把专利优势、标准优势真正转化为市场竞争优势。企业要善于把钱变为技术，再把技术变为钱。要加强相关知识产权组织和中介机构建设，形成以企业为主体的信息产业标准化体系和知识产权工作体系。

要积极推动建立和完善技术创新的相关政策。一方面，继续加强科技政策研究和技术政策的实施，发挥政府的引导、支持和保障作用。另一方面，要发挥行业主管部门了解行业和技术的优势，向国家和有关综合部门提出政策建议，出台相关政策，形成有利于自主创新的外部环境。在工作中还要处理好自主创新和引进国外先进技术的关系，尽可能地利用全球科技人才、知识资源和技术市场，积极开展多层次的国际技术交流，引进消化吸收和创新相结合，不断提高企业的自主开发能力。

（四）关于推进农村通信发展和农村信息化建设

党和政府高度重视“三农”问题，十六届五中全会提出了“建设社会主义新农村”的要求，中央经济工作会议又把“扎实推进社会主义新农村建设，进一步做好‘三农’工作”作为2006年经济工作的重要任务之一。我们要站在解决“三农”问题、推动城乡协调发展和建设社会主义新农村的高度，充分认识发展农村通信的重大意义，进一步树立大局意识和社会责任感，切实将这项工作抓紧抓好。这两年开展的“村村通电话”工程，取得了阶段性成效。这一成绩的取得来之不易，是运营企业艰苦努力，全行业上下齐心协力、团结奋斗的结果，是各地党委政府关心支持的结果，这项工作得到了国务院领导的充分肯定和社会各界的广泛称赞，受到广大农牧民的热烈欢迎，可以说是做了一件得民心、顺民意的好事。

农村的通信和信息化建设有一个分层推进、逐步实施的过程。首先要巩固目前“村村通电话”工程的成果，保证农民用得起、打得通，坚决做到不反复、不倒退，在此基础上继续加强设施建设，提高电话普及率，逐步增加服务内容和业务种类。要集中力量开发适合农村特点、质量可靠并且农民用得起、用得好的实用终端，鼓励以多种形式开展面向农村和农民的市场、科技、文化、教育、娱乐等方面的信息服务，帮助农民脱贫致富。

要看到农村通信发展和信息化推进工作的长期性、艰巨性和复杂性。“三农”问题的解决将是一个长期的过程，受经济发展水平和地理环境制约，农村通信发展和信息化建设也不可能一蹴而就。要实事求是，因地制宜，结合各地的具体情况务实推进。政府主管部门要充分发挥公共服务职能，切实负起责任，做好规划、协调、组织和督促检查；电信企业要继续发扬“人民邮电为人民”的优良传统，以高度的社会责任感和大局意识，进一步加大农村通信网络建设和业务发展力度。要看到农村是个潜力巨大的市场，也是电信业新的增长点，随着社会主义新农村建设的蓬勃开展，农村经济必然焕发出生机和活力，必将为电信企业开辟广阔的市场空间。对此要有全面的认识。

农村通信的长远发展最终要靠机制来保障。要推动电信普遍服务基金的尽快出台。同时，积极争取有关部门和地方政府给予政策上的倾斜，加大对农村通信发展的支持力度，探索建立一个各方广泛参与、既符合市场经济规律又适应农村特点的长效机制，推动我国农村通信的发展。

（五）关于扩大出口、“走出去”和加强国际合作问题

信息产业是我国对外经济技术合作的重要领域，随着加入 WTO 后过渡期的到来，市场更加开放，竞争愈发激烈，对此我们要有充分的认识和准备。

要继续做好扩大出口和贸易摩擦应对工作。要继续做好出口退税、金融、鼓励技术研发等政策的落实工作，提高出口产品附加值，优化出口产品结构，在努力保持当前出口规模的同时争取有所扩大，为国家外贸继续做出积极贡献。随着我国出口规模的扩大，贸易摩擦、知识产权纠纷增多，应正确认识这个问题，要引导企业坚持按国际通行规则办事。既要看到入世带来的挑战，更要看到它是一种发展的机遇，要充分利用世贸组织赋予我们的权利。这方面我们研究得还不够。应对贸易摩擦很复杂，涉及经济、法律各个方面，要进一步加强学习和研究，提高工作技巧和应对水平。要充分发挥行业协会和企业的作用，做好反倾销应诉工作，提高对外谈判和交涉能力，维护我国的权益。

要继续积极有效利用外资，切实提高利用外资的质量，着重引进先进技术、管理经验和高素质人才，鼓励跨国公司在华设立研发中心，带动国内产业优化升级。同时，要认真研究扶持国内产业发展的政策措施，尽快提高企业研发水平和市场竞争力。应该看到，靠单纯的“保护”是难以使国内企业发展壮大的。要引导企业树立全球意识，积极同国外企业开展竞争合作，在学习国外的经验和做法的基础上，不断提高综合实力。

加强对外经济技术合作，支持有条件的企业“走出去”。做好“走出去”工作，一是要发挥自身优势，完善双边、多边政府合作机制，为企业搭建有利的合作平台。二是探索多种“走出去”的方式。继续推进境外投资建厂、企业并购、工程承包、参与援外项目及制造业、运营业联手“走出去”等方式，逐步扩大“走出去”的领域和范围。三是要健全“走出去”政策和服务体系，加强对国内企业在境外经营的指导，防止恶性竞争，促进有序发展。四是要继续抓好大湄公河次区域信息高速公路等重点项目建设，为企业开拓东南亚市场创造有利条件。相对国内而言，“走出去”确实有风险，要认真研究掌握国际规则，熟悉了解合作方的法律政策等情况，努力规避风险。

这里强调一下2006年世界电信展。这是首次在日内瓦以外的城市举办的电信展，我们要支持香港特区政府，积极做好协调配合及服务工作，确保展会取得圆满成功。

（六）关于法制建设和政府监管

加强依法监管的前提是要进一步转变观念，转变职能。要进一步加深对“退后一步、站高一步”的理解和把握。前两年部里从职能转变的角度提出了这个问题，并进行了积极有益的探索。比如在电信监管方面，积极稳妥地推进电信资费市场化改革，加大各电信集团公司在资费管理方面的责任，对部分资费实行上限管理；在信息安全管理方面，明确信息服务提供者的信息安全保障责任，并充分发挥互联网协会的作用；在行业管理方面，协调有关部门出台出口退税等一系列政策，发布投资指南和行业经济运行信息，等等，所有这些举措都收到了很好的效果。当前的关键是要进一步研究怎样“退后”、怎样“站高”的问题。要梳理还有哪些不该政府管的而我们还在管，哪些该政府管的还没有管到位或管得不好。要“舍得”放权，不该管的要放手，该管的要坚决管住、管好，充分利用“无形之手”和“有形之手”，实现有效监管，既不能错位、越位，也不能缺位、不到位。

要牢固树立监管为民的思想，坚持社会利益最大化。政府管理工作面对社会的方方面面，涉及国家、企业与消费者之间的关系，因此要把实现社会利益的最大化作为政府管理的出发点和落脚点，一切从维护人民群众根本利益出发，以人民群众是否满意作为各项工作的衡量标准，全面履行好经济调节、市场监管、社会管理、公共服务各项职责。

要以贯彻《行政许可法》和《全面推进依法行政实施纲要》为契机，进一步加大工作力度，把依法行政的要求转化为转变政府职能、创新管理方式的具体行动，将职能切实转变到为市场主体服务和创造良好发展环境上来。我们在制定政策、处理问题等方面，要学法、懂法、守法，严格依法办事，形成政府依法监管、企业依法经营、消费者依法维权的氛围。积极配合有关方面开展《电信法》立法调研、论证、修改完善及立法审议工作。认真做好《无线电管理条例》修订相关工作，配合做好《邮政法》修改工作。积极推进《软件与集成电路产业促进条例》和《信息技术应用促进条例》的制定工作。继续做好深化电信体制改革、优化电信市场竞争结构、加强通信监管能力建设等方面的政策研究。

要继续贯彻落实国办 75 号文件及相关配套措施和办法，依法规范企业竞争行为，维护正常的市场秩序。互联互通方面，要加大对矛盾集中、事故多发地区的监管力度，遏制突发事件、恶性事件的发生，尽快完成监测系统扩容，充分发挥技术手段的作用，进一步提高网间通信质量。抓紧做好网间结算研究，适时进行网间结算体系调整。在资费管理问题上，要积极稳妥地推进资费管理方式的改革，逐步建立电信资费的市场化形成机制，强化事后监管，加大对以排挤竞争对手为目的的资费违规行为和损害用户权益事件的查处力度。加强通信建设市场监管，建立健全相关法律法规，严格市场准入管理，维护良好的市场环境。继续做好对在用电信计费系统的检测工作，切实保护消费者合法权益。

要进一步加强网络与信息安全管理，继续做好互联网管理基础性工作。加大信息安全基础设施建设力度，完善网络安全应急技术支撑体系，不断提高技术支撑能力。启动手机实名制管理工作。加强与相关部门的协调配合，完善工作流程，建立长效机制，形成工作合力，打击网上各类违法犯罪活动，净化网络环境。落实网络与信息安全责任制，加强对信息服务提供者的管理。认真做好党政专用通信和战备、应急通信工作，健全应急预案和工作机制，努力提升应对和处置突发事件的能力。

积极推进无线电频率和卫星轨道资源的统一规划、合理利用和科学管理。继续做好地区和国际无线电业务与卫星网络协调。要强化频率台站管理，加强技术设施建设，完善监测网络功能，不断提升整体协调和应对、处置突发事件的能力。加大对水上无线电业务、民航专用频率、业余电台等重点领域的监测力度，为各类无线电业务的开展创造良好的空中电波环境。

（七）关于信息化推进工作

推进国民经济和社会信息化建设，是信息产业非常重要的一项职能。要按照国家信息化发展战略的总体要求和部署，结合行业实际积极做好各项工作。当前，各行各业对信息基础网络、信息技术产品以及信息服务业务的需求急剧增长。从信息化的角度来看待行业的发展，大家会发现实际上我们可以做的事情很多，关键是要开阔视野，更新观念，主动为信息化建设做好服务和支撑，同时促进和带动企业、行业自身的发展。这两年，各地很多企业把自身的经营、发展与利用信息技术改造传统产业、与信息资源开发共享、与农业和农村信息化建设等紧密结合起来，找准市场定位，产生了良好的经济效益和社会效益，创造了许多有益的经验，值得推广和借鉴。

要继续推进国家信息化重大工程建设，配合做好税控收款机、IC 卡推广应用、二代身份证换发等有关工作。引导和推动企业加快信息化建设步伐，结合实际发展电子商务，推动建设面向行业、区域的企业信息化公共支撑服务平台，积极推动中小企业信息化。扎实推进电子政务建设。加快推进城市信息化建设，以社区服务为重点，逐步完善城市信息服务功能。继续做好城市应急联动与综合服务系统试点有关工作。配合有关部门，推动信息技术在农业领域的应用，促进农业生产、流通和管理的信息化，鼓励以多种形式开展面向农村和农民的市场和科技信息服务。继续配合做好全国农村党员干部现代远程教育试点工作。抓好网络信任体系建设，贯彻《电子签名法》。做好电子认证服务、信息系统工程建设管理有关工作。积极开展信息化普及教育和人才培训。

继续下大力气抓好信息技术的推广应用。研究提出发展汽车电子、机床电子、交通电子、医疗电子等应用电子产品的政策建议。研究制定应用信息技术改造提升制造业和传统服务业、应用信息技术促进装备制造业振兴和节约型社会建设的指导意见。在煤矿、钢铁、化工等行业推广应用先进适用的信息技术、产品和装备，推动相关企业应用信息技术进行生产管理流程的再造和重组。

（八）关于加强班子建设、队伍建设和作风建设

进一步加强班子建设和队伍建设。要巩固和扩大保持共产党员先进性教育整改的成果，认真落实部党组整改方案和部建立健全保持共产党员先进性的长效工作机制，不断提高各级党组织和广大党员的先进性能力。加强领导班子的理论学习和业务培训，进一步用科学发展观武装各级领导干部的头脑，提高驾驭市场经济的能力和指导行业发展的水平。全面贯彻执行中央关于选拔任用干部的要求，着力解决组织、思想、作风等方面的问题，提高领导班子的政治素质、思想作风和领导能力。抓好信息产业人才队伍建设“十一五”规划的实施，着力培养人才、吸引人才，为发挥各类人才的作用创造良好环境。以《公务员法》的实施为契机，进一步抓好公务员的教育、培训和管理，建设学习型机关。采取多种有效的方式，继续做好干部交流工作。继续推进党风廉政建设，认真贯彻落实《建立健全教育、制度、监督并重的惩治和预防腐败体系实施纲要》，加大反腐倡廉工作力度。要按照有关要求，加强审计监督，严格财务管理。继续认真做好老干部、机关后勤服务等工作。

进一步改进工作作风。一是要抓好督促落实。对中央的决策部署和部的工作任务要狠抓落实和督促检查，既要抓好政策的制定，更要着力抓好政策的落实工作。二是要抓好协调配合。某种程度上讲，沟通协调已成为转变政府职能的重要方面。要继续强化机关司局之间、部委之间、部和省市之间的协调配合，本着“把事办好”的原则，只要是对国家整体发展和信息产业发展有利的事情，不论是谁牵头，都应积极参与和配合。三是要抓好服务。要牢固树立为基层、为企业服务的意识，深入调查研究，切实帮助基层和企业解决实际问题。切实改进会风和文风，对各种形式的论坛和研讨会要加以控制，不必要的坚决不搞。继续坚持巡视组制度，健全工作机制，督促各项政策措施和工作部署的贯彻落实。扎实推进政务公开工作，进一步加强政府网站建设。

关于各地通信监管工作。近年来，各地通信管理局在服务地方经济社会发展、规范市场竞争秩序、维护消费者合法权益及网络与信息安全管理等方面付出了艰苦的努力，做了大量富有成效的工作，为行业的发展提供了有力保障，得到了各级地方党委政府和社会各方面的肯定。同志们辛勤工作在电信监管第一线，新情况新问题层出不穷，矛盾关系也很复杂，同时人员少，又没有地市分支机构，压力大，任务重。对这些情况，部里是了解的，部里要进一步加强对通管局工作的领导，加强上下沟通，努力创造条件，逐步解决问题。希望大家立足于电信发展和信息化建设，牢固树立监管为民的思想，树立监管就是服务的理念，从监管工作特点出发，积极探索有效的管理方式，克服困难，开拓进取，不断提高监管能力和水平，为进一步形成有中国特色的电信监管体系而努力。

关于各地电子信息产业行业管理和信息化工作。近年来，各地信息产业厅、局、办等产业主管部门在省委、省政府的领导下，围绕当地经济和社会发展大局，认真履行政府职能，在推动产业发展和信息技术应用等方面取得了明显的成效。在新的形势下，要进一步转变观念、统一思想、明确思路。要坚持有所为有所不为。各地产业基础条件差异较大，区域发展不平衡是长期形成的，不能片面强调上项目，追求发展速度和规模，一定要根据本地实际来确定工作定位，把工作着力点放到发展战略、区域规划、经济运行分析监测、推动地方立法和服务企业等方面上来，放到为行业发展创造良好环境上来。信息化推进工作是一个总的抓手，不论东、中、西部都要把信息技术应用和信息化作为重点。要进一步加强对各地区的分类指导，部里研究制订了《加强电子信息产业行业管理工作的指导意见》，不久就要下发。部里在工作中要广泛听取省里同志的意见，更多地发挥地方的作用，形成工作的合力。

同志们，“十一五”时期信息产业发展的任务艰巨而繁重。我们要在以胡锦涛同志为总书记的党中央正确领导下，振奋精神，开拓创新，勤奋努力，扎实工作，实现信息产业“十一五”良好开局，为推动信息化建设，为国民经济和社会发展做出新的贡献！

电子信息产业 2005 年经济运行情况

（2006 年 2 月 27 日）

2005 年，我国电子信息产业坚持以邓小平理论和“三个代表”重要思想为指导，深入贯彻落实党的十六大和十六届三中、四中全会及中央经济工作会议精神，以科学发展观统领全局，围绕建设电子强国目标，坚持以发展为第一要务，着力推进结构调整、自主创新和市场开拓，全行业经济运行保持平稳增长态势，规模继续扩大，效益逐步回升，知名品牌、优势企业和产业基地日渐形成，产业综合实力和国际化程度进一步提高，为国民经济和社会发展做出了重要贡献。

一、基 本 情 况

2005 年，我国电子信息产业经济运行状况良好，全年实现销售收入 38411 亿元，同比增长 24.8%，其中软件及系统集成收入 3900 亿元，同比增长 40.3%；工业增加值 9004 亿元，同比增长 28.2%；利税 1742 亿元，同比增长 6.5%；进出口 4887 亿美元，同比增长 25.8%。

（一）发展速度平稳增长。2005 年，电子信息产业在 2004 年高速增长的基础上继续保持平稳发展，每月增速均达 20%以上。工业增加值占全国工业增加值的 13.6%，增速超出全国工业平均水平 11.8 个百分点，对其增长的贡献率达到 20.8%。

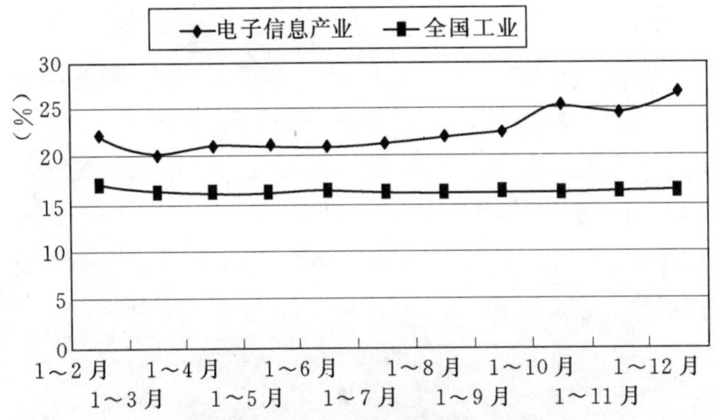

图 1　2005 年每月电子信息产业增速情况

（二）规模继续位居前列。2005 年，电子信息产品制造业销售收入为 3.45 万亿元，规模在各工业行业中排名首位，其他各项经济指标也都名列前茅。

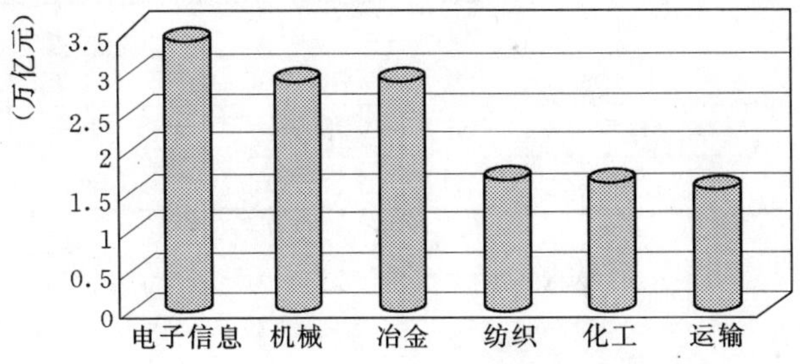

图 2　2005 年各行业销售收入情况比较

（三）综合实力不断增强。2005 年，我国电子信息企业数量快速增长，全行业企业数达 6.7 万个，其中制造业规模以上企业数 16007 个，规模以下企业数为 39816 个；软件企业 11660 个。企业经济规模继续扩大，全年电子百强营业收入达 8800 亿元以上，同比增速超过 15%，其中营业收入 100 亿元以上的企业超过 20 家。

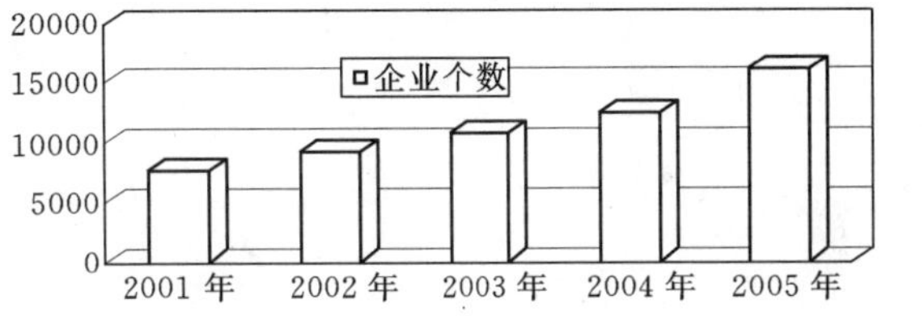

图 3　2001～2005 年规模以上制造企业数量情况

（四）经济效益逐步提高。2005 年，电子信息产业经济效益逐步回升，全年共实现利润 1307 亿元，同比增长 5.2%；完成税金 435 亿元，同比增长 10.5%；全行业亏损额占销售收入的比重为 0.8%，比上半年下降了 0.3 个百分点。

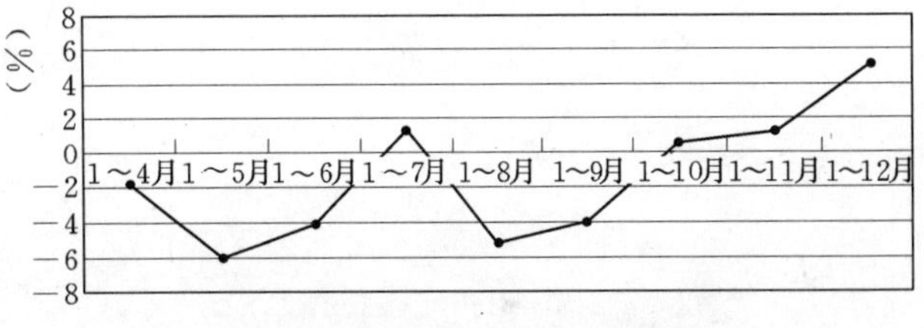

图 4　2005 年电子信息产业利润增长情况

（五）产品产销衔接良好。2005 年，全行业完成产销率为 98%。从我部重点监测的主要产品看，大部分产销率都在行业平均水平以上。产成品库存逐步下降，1～12 月全行业产成品库存 1438 亿元，同比增速为 10.5%，比上半年下降了 1.8 个百分点。

表 1　　2005 年主要产品产量状况

产品名称	单位	生产数量	同比增长（%）
移动通信手持机	万部	30354	30
程控交换机	万线	7720.9	1.3
移动通信基站设备	万信道	724.5	64.9
彩色电视机	万台	8283.2	11.5
微型计算机	万部	8083.8	35.3
服务器	万部	318	88.9
显示器	万部	16057.6	58.2
集成电路	亿块	265.8	12.9

（六）出口继续排名首位。2005 年，电子信息产品对外贸易继续保持快速增长，在全国外贸出口中继续位列第一。全年电子信息产品进出口额达到4887.3亿美元，占全国外贸总额的 34.4%。其中，出口 2681.7 亿美元，占全国出口总额的 35.2%，增速达到 29.2%；进口 2205.6 亿美元，同比增长 21.9%，占全国进口总额的 33.4%。

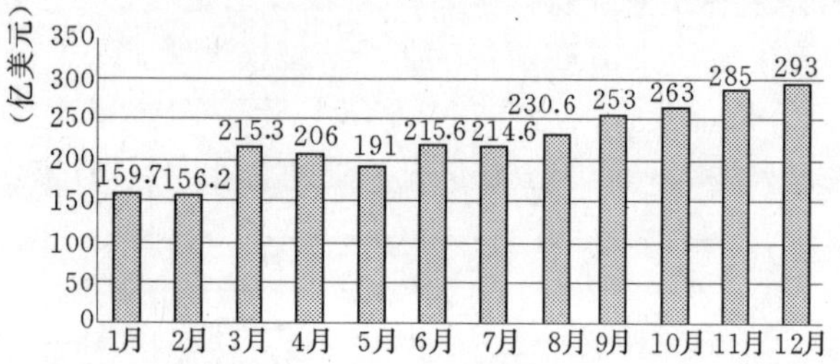

图 5　2005 年每月电子信息产品单月出口额

（七）固定资产投资稳步增长。2005 年，全行业 500 万元以上项目完成投资 1468 亿元，同比增长 21.7%，增速比 2004 年同期下降了 12.4 个百分点。三资企业仍是投资主体，其投资所占比重达 63.4%；内资企业投资增速上升，全年增长了 37.9%，比上年增速高了 15.7 个百分点。投资领域集中于电子元器件行业，占全部投资的 55%，其中元件投资增长较快，速度达到 48.4%；器件投资则比上年下降了 11.6%。东部地区占主导地位，东部 12 个省市完成投资 1230 亿元，占全行业投资总量的 83.8%；中部和西部增长加速，增速均超过 40%。

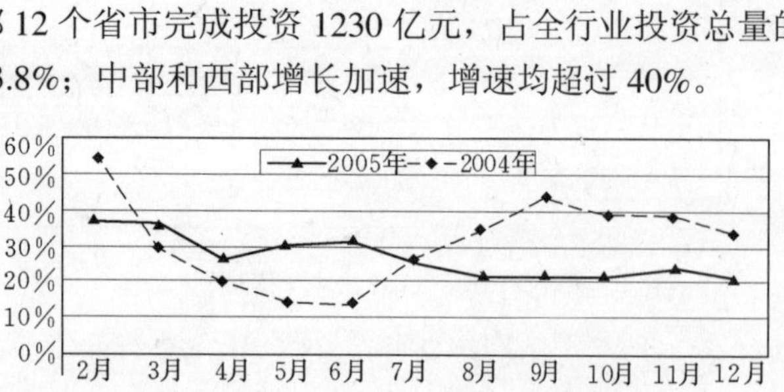

图 6　2005 年全行业每月完成投资增速情况

（八）科技创新日趋深入。新品开发稳步增长，全行业新品产值率为 20.6%，比上年提高了 0.2 个百分点。企业研发投入和拥有专利数不断提高，全行业研发投入超过 800 亿元。电子信息百强企业研发投入占销售收入比重不断提高，有 15 家企业比重达 5%以上。

（九）提供大量新的就业岗位。电子信息产业在快速发展的同时，也创造了大量的就业机会。2005 年，全行业从业人员为 761 万人，其中制造业规模以上 551 万人，规模以下 120 万人；软件业 90 万人。从业人员素质不断提高，2005 年具有大专以上文化程度的占 28%，比上年提高了 2 个百分点。

（十）对 GDP 的贡献进一步增强。2005 年，电子信息产业工业增加值占 GDP 的比重达到 4.94%，比上年提高了 0.55 个百分点；增速超过 GDP 增速 18.3 个百分点，对 GDP 增长的贡献率达到 8.8%。

二、主 要 特 点

（一）产业发展与效益增长呈现前低后高的趋势。从发展速度看，全年呈现稳步提高态势。前三个季度，电子信息产业销售收入和工业增加值每月增幅一直保持在 21%左右；到四季度后，二者增速均超过 24%，平均比前三个季度提高了 3 个百分点以上。从效益看，由于原材料成本上升、部分行业步入周期性低谷以及企业消化多余库存等多方面原因，从二季度起全行业利润开始呈负增长，特别是通信设备和电子器件行业效益下滑较快；进入三季度后，随着市场逐步景气和企业库存减少，全行业经济效益开始逐步回升，到 10 月扭转了负增长的局面。

（二）结构调整步伐加快，高端产品比重提高。2005 年以来，计算机和电子元件行业以高出全行业平均水平的速度增长，成为拉动产业增长的主要力量。全年这两个行业规模以上企业完成销售收入 15123 亿元，同比增长 29%，高出全行业增速 4 个百分点；完成利润 482 亿元，同比增长 21%，比全行业增速高了 16 个百分点。随着企业不断加快新品开发和市场拓展的步伐，产品结构逐步升级，高端产品比重不断提高。液晶和等离子产品日益成为彩电行业的热点和增长点，二者全年生产增速均超过 200%；计算机行业中，笔记本电脑占微型计算机的比重接近 60%，比上年提高了 5 个百分点。

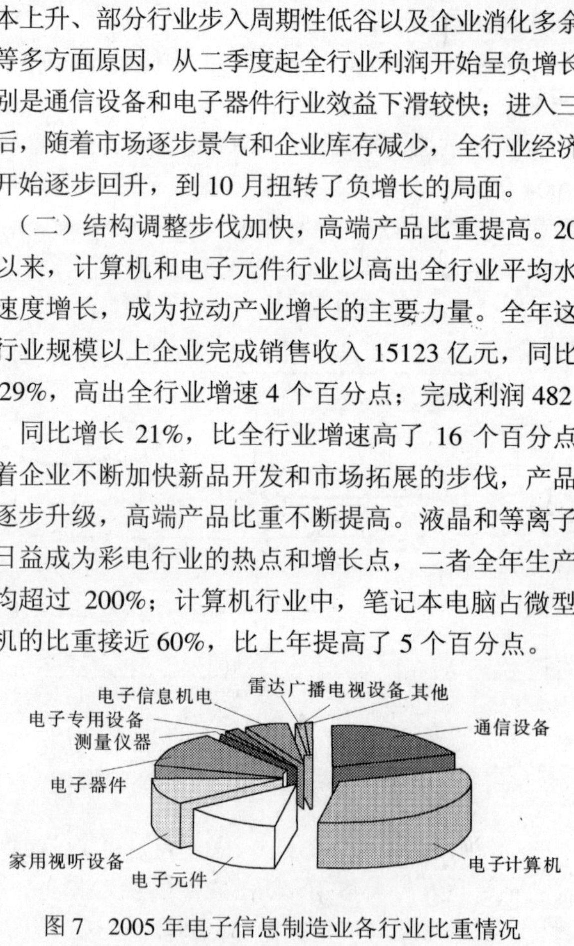

图 7　2005 年电子信息制造业各行业比重情况

（三）软件产业增势明显，出口继续快速发展。2005年，软件产业完成销售收入3900亿元，同比增长40.3%。其中软件产品收入2067亿元，同比增长35.2%，占全部软件产业收入的53%。系统集成收入1329亿元，同比增长40.1%；软件服务收入505亿元，同比增长66.5%。软件出口额达到35.9亿美元，同比增长28.2%。北京、广东、上海、江苏仍是软件产业发展的重点地区，其中北京规模最大，收入达到906亿元，同比增长42%；江苏增长最快，实现收入384亿元，同比增速高达98.9%。软件基地发展迅速，11个国家软件产业基地和6个国家软件出口基地产业发展快速，基地内的软件企业收入占全国软件产业销售收入的比重已达3/4以上。

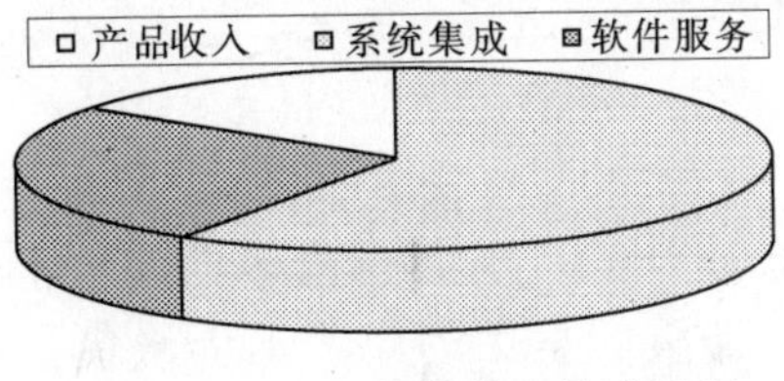

图8 2005年软件收入构成情况

（四）国际化程度进一步提高，三资企业地位日益突出。2005年，全球电子信息产业向中国转移的趋势继续呈现，跨国公司在深化在华战略的基础上加强全球资源整合，其在华企业独资化及建设区域总部和研发中心的势头进一步显现。三资企业在电子信息制造业中的地位不断提升，全年共实现销售收入24021亿元，工业增加值5026亿元，利润822亿元，出口2341亿美元，分别占规模以上工业的77%、77% 、77%和87%，均比上年比重有所提高。与此同时，本土企业也加强了国际化经营的探索，通过跨国并购实现规模扩张，力图从全球范围建立起新的竞争优势。

（五）产业集中度继续提高，区域聚集效应日益显现。东部沿海地区仍是电子信息产业发展的主要区域，规模排名前八位的省市都在东部地区。特别是长江三角洲、珠江三角洲和环渤海三大区域，劳动力、销售收入、工业增加值和利润占全行业比重均达80%以上，比上年比重分别都有所提高。产业基地和园区建设进一步深入，9个已挂牌国家电子信息产业基地的产业规模和利税总额占全行业比重均超过3/4，产业集聚效应及基地优势地位日益显现。

三、值得关注的问题

（一）结构调整升级压力加大，效益增长明显滞后。结构性矛盾依然是制约产业发展的瓶颈，表现为产业结构不尽合理，软件和信息服务业比重偏低，集成电路产业整体水平还有较大差距，基础电子产品发展相对滞后，总体上处于全球产业链的中低端，行业整体效益不高。2005年，部分行业因技术层次低、产能相对过剩、库存积压增多等原因导致效益大幅下滑，在结构升级上面临严峻的形势，特别是彩管行业，因平板显示技术的发展导致全行业萎缩，技术升级和资源整合的压力加大；本土手机行业也因产能相对过剩导致经济效益大幅下滑，也需要在结构升级上加大力度。

（二）自主创新能力薄弱，技术依赖的局面仍未改变。产业在核心领域和关键元器件开发方面仍亟待突破，产品和应用技术水平总体不高，以企业为主体的技术创新体系尚未形成，产学研用的技术合作及科技中介服务发展水平都有待增强。同时企业自主创新的能力和意识仍相对薄弱，依赖国外关键技术和元器件的局面仍未根本改变，知识产权与专利收费的压力不断增加，由此对企业生产经营的负面影响日趋突出。

（三）本土企业发展相对较慢，与外资企业的差距拉大。无论是发展速度还是经济效益，本土企业与外资企业的差距都在加大。特别是国有企业，2005年其规模以上企业销售收入增速仅为3.2%，远远低于三资企业25.8%的水平；利润为47亿元，比上年同期下降了50%以上，仅为三资企业利润的1/20。同时还有一个值得重视的问题，三资企业的收入和利润增长与其对国内经济的贡献一直不成比例，且有加剧趋势。2005年规模以上工业中，三资企业共缴纳税金155亿元，同比下降了8%；国有企业缴纳税金92亿元，同比增长了21%。其中三资企业税金与利润的比率不足20%，低于全行业平均水平14个百分点以上。

（四）“走出去”步伐相对滞后，应对贸易摩擦能力差。本土企业国际竞争优势不强，从全球范围内参与国际竞争的层次和程度都不高，“走出去”的步伐相对产品出口明显滞后。尽管目前很多企业在国际化经营、跨国并购、对外投资方面进行了积极的探索，但也暴露出如国际经营经验不足、资金人才短缺等方面的问题，其中因并购带来的国际债务问题，也影响了产业整体效益的增长。同时，产业面临的贸易摩擦日趋加剧，国内产业整体应对的意识与能力都有待加强，特别是在利用国际规则与惯例保护产业利益方面仍较为薄弱。

四、面临形势

2006年是“十一五”的开局之年，电子信息产业面临一些新的发展形势。

（一）有利条件

1. 党的十六届五中全会通过了《关于制定国民经济和社会发展第十一个五年规划的建议》，要在“十一五”

时期提高自主创新能力，加快转变经济增长方式，促进以电子信息为代表的先进制造业和高新技术产业发展，并建设相应的财税制度、加快增值税转型和内外资税制统一、促进创业投资等，将为产业发展营造良好的外部环境。

2. 国家建设社会主义新农村，推动“三农问题”解决，增加农民收入和农村信息基础设施投入；同时继续采取扩大内需、提升传统产业和促进区域协调发展的措施，都将为电子信息产业带来新的市场机遇。

3. 第三代移动通信建设步伐加快，数字电视相关标准即将陆续颁布，“数字奥运”建设工作不断深入，都将为电子信息产业发展注入新的活力。

4. 技术升级与业务融合的趋势加快，信息技术在各行各业中的运用日趋深入，新的应用电子产品不断涌现；信息服务业快速发展，三网融合趋势日益突出，各种业务创新不断深入，将为电子信息产业发展带来新的增长点。

（二）不利因素

1. 面临的国际竞争加剧。我周边地区及墨西哥、巴西等发展中国家日益重视电子信息产业发展，不断加大招商引资力度，日益对我产业发展形成巨大的竞争压力；而且随着我产业成本优势逐步弱化，国际投资和产业转移可能出现新的分流。

2. 贸易摩擦日趋增多。发达国家运用反倾销、反补贴和保障措施、技术性贸易壁垒及知识产权措施的做法日趋频繁，引用国内法（如反垄断法）等引起的贸易纠纷和产业争端也将呈增加态势，对我产品出口和产业发展造成不利影响。

3. 投资增速放缓可能影响产业发展的后劲。随着国家加强宏观调控，在土地供应和投资信贷审批上日益严格，导致固定资产投资增速出现放缓趋向，将影响下一步产业发展的后劲。

4. 能源和原材料供应紧张制约产业的增长。全国煤电油运供应形势紧张，影响了产业的规模扩张；钢材及其他原材料价格持续上升，加大了电子信息企业的生产成本，从而限制了产业的效益增长。

总体上看，2006 年我国电子信息产业面临的机遇仍大于挑战，但因不确定因素增多导致形势日趋复杂，要加快结构调整和自主创新，加大政策扶持和市场引导力度，才能确保产业继续保持健康、协调、快速发展。

摘自《2005 年电子信息产业经济运行公报》

大力推进科技进步和创新

科技部部长　徐冠华

一、中国科技事业的新进展

进入新世纪的 5 年，既是中国科技发展战略发生转折的历史阶段，也是科技事业在已有的基础上进一步发展，并发生深刻变化的重要阶段。在已经形成比较完整的学科布局基础上，通过 20 多年改革开放，我国科技事业正以新的面貌呈现在世人面前。

近年来，中国科技整体实力有了进一步的越升，特别是在科技人力资源方面，有着一支规模庞大的队伍。我国在基础研究、高技术研究与开发、重大产品开发方面的能力和水平稳步得到提升。在载人航天、纳米技术、量子信息和通信、并行计算技术等高技术研究方面，我国的科技工作者取得了令世界同行瞩目的成就。

同时，科技对促进经济和社会发展的作用更为突出，为促进中国现代化建设事业提供了强有力支撑。通过著名的“杂交水稻之父”袁隆平等众多农业科学家的努力，农作物单产不断提高。在诸如世界最大的水利工程——三峡工程、世界最高的铁路——青藏铁路工程等重大建设项目中，一大批世界性的技术难题得以攻克，为整个工程的顺利进展提供了有力保证。我国高新技术产业近 10 年处于高速增长的阶段，已成为引导经济增长和结构调整的重要力量。此外，在人口与健康方面，充分依靠科技，成功地抑制了非典疫情和禽流感重大传染病的蔓延，还积极组织开发了一批具有自主知识产权的新药，针对严重危害人民健康的重大疾病开展了系统的诊断技术和治疗技术研究。在减灾防灾方面，提出了新的预报方法和模式，提高了对地震、恶劣气候条件等自然灾害的预报水平。

通过不断地推进科技体制改革，一个适应社会主义市场经济体制的国家创新体系正在形成。自 1999 年始，国家推进国家和地方政府所属的应用型科研机构进行企业化转制，并启动了社会公益类科研机构分类改革。国家先后出台了30多项具体政策，内容涉及经费投入、产权制度改革、股权激励、税收减免、社会保障、离退休人员待遇等许多方面。目前这两大改革都取得了很多积极成果。应用型科研机构转制为企业后，科技投入和成果产出大幅度增加，成为推动国家产业科技进步的重要力量。社会公益类科研机构分类改革取得重要突破，管理体制和运行机制正发生重要的转变，人才队伍和学科结构得到进一步优化，科研能力及服务社会的能力都显著增强。特别值得指出的是，通过持续深化改革，过去科技开发主要依靠科研机构的状况有了较大转变，以企业为主体、产学研相结合的技术创新体系开始确立。在全社会研究开发支出中，企业投入已占到2/3；在高新技术研究、重大创新产品设计开发、产学研联合开发等方面，企业正发挥着日益重要和突出的作用。在国际化市场竞争条件下，我国已成长起一批有创新能力和竞争实力的大企业和一大批极具创新活力的科技型中小企业。

科技法规制度、科研基础设施、开放合作是近年来科技创新环境建设的重要内容。1993年颁布了《科技进步法》，标志着我国科技步入了法制化发展的轨道。此后，还就促进科技成果转化、加强科学普及出台了专门的法律，同时，还就国家科技计划体系改革、国家科技计划项目管理、科技成果知识产权管理、科学技术评价和奖励、国家科研计划课题经费使用监督等重要议题适时出台了有关法规来规范政府及科研机构、科学家个人在科研或科技管理方面的所作所为。在科研基础设施建设方面，从2003年开始，国务院启动实施了“科技基础条件平台建设计划”，旨在通过国家引导建立一个平台，使分散的科研数据、材料、信息得到集成，促进科技资源的开放共享和高效利用。到目前为止，国家有关部门共同制定了一系列标准规范，设立了100多个试点项目，搭建了12个科学数据共享中心（网）。在对外科技合作方面，坚持积极参与国际科技合作，特别是重大国际科技工程合作。中国已与152个国家和国际组织建立了科技合作关系，与96个国家签订了政府间科技合作协定，科技合作成为中国对外关系的重要组成部分。我国已相继参加了全球对地观测计划、人类基因组计划、大洋钻探计划、伽利略计划等大科学研究计划，并将加入国际核聚变研究计划，国际科技界对此给予了高度关注和积极评价。这些积极而富有成效的行动，将对我国科技发展产生重要而深远的影响。

但是，我们也清醒地注意到，面对国际竞争和经济社会发展的紧迫需求，我国科学技术总体能力和水平还存在较大差距。在基础研究特别是跨学科研究的很多重要领域，我们还没有做出较多的原创性贡献；虽然近年来中国的专利申请量保持在20%的增长速度，其中发明专利申请量的增幅更大，但总体的发明专利数量的积累还不够多。我国虽然已成为制造业大国，但很多高科技含量的关键装备基本上依赖国际市场。与我国产业科技的快速发展相比，公共科技发展相对滞后，其中条件落后、能力不足及服务缺乏的问题还比较突出。在未来5～15年，要改革和创新，着重解决上述问题，为我国科技、经济、社会的全面发展提供有效保障。

二、中国科技迈向新的历史阶段

未来社会将是科学技术作用更为突出的社会，发达国家及发展中国家都面临新的挑战。在日益加快的科技进步推动下，21世纪的人类社会发展越发呈现出三大主要特征：一是以知识为基础的社会，这将引发人类活动方式和社会组织形态的深刻变革；二是日益全球化的国际环境，这将使国家间在市场、资源、要素等方面更加相互依赖，科技创新的国际化也成为其中的重要力量；三是追求以科技创新为支撑的可持续发展已经成为人类面临的共同任务。面对当今科技经济发展的总体态势，很多国家都谋划出并选择了近乎相同的以创新求发展的战略。

为了适应形势的发展变化，加速科学技术事业发展，国务院研究制定了《国家中长期科学和技术发展规划纲要》（以下简称《规划纲要》）。今年1月9日，全国科学技术大会在北京召开。大会的主要任务就是部署实施《规划纲要》，动员全党全社会坚持走中国特色自主创新道路，为建设创新型国家而努力奋斗。大会的召开将对我国全面建设小康社会、推进现代化进程产生广泛而深远的影响。可以预见，在未来一个时期，我国科技事业将步入一个新的大发展时期。

中国科技的新发展将更加强调以人为本的理念，全面落实科学发展观。一是把满足广大人民不断增长的物质和精神需求作为科技事业出发点，努力使所有社会成员都能分享到科技进步的福祉和新的发展机会。二是把积极发现、培养和凝聚各类科技人才特别是尖子人才作为科技发展的基本前提，把充分调动广大科技人员的积极性和创造性，创造良好环境和条件作为科技管理的根本任务。三是把科学普及放在与科技创新同等重要的位置，提高广大人民群众的科技素质，为建设创新型国家、构建和谐社会奠定广泛、坚实的社会基础。

中国科技新发展要达成的基本目标是，通过15年的努力，以大幅度提高自主创新能力为标志，进入创新型国家之列。这是我们根据自己的国情，根据发展面临的迫切需求做出的战略选择。

十六大提出，要在本世纪头20年，集中力量，全面建设惠及十几亿人口的更高水平的小康社会。

实现这一宏伟目标，一要靠坚定不移地推进改革开放，二要靠科技进步和创新的有力支撑。

中国人均能源、水资源等重要资源占有量严重不足，生态环境脆弱，面临着日益严峻和紧迫的重大瓶颈约束。我国人均能源资源占有量不到世界平均水平的一半，石油仅为1/10，水资源仅为1/4。与此同时，由于技术落后和长期粗放经营，进一步加剧了环境污染和资源损耗。实践表明，传统的“高投入、高消耗、高污染、低效率”的路子已经难以为继，依靠科学技术是突破资源和环境瓶颈约束的根本途径。

加入世贸组织后，我国面临更加开放的国际环境，也面临严峻的国际竞争压力。近年来，我国产业关键技术依赖国外的问题比较突出，知识产权、技术标准等已经成为我国参与国际竞争的巨大障碍。因此，提高自主创新能力，研究开发具有自主知识产权的核心技术，增强产业国际竞争力，成为我国科技发展面临的紧迫任务。

国家加强自主创新，建设创新型国家，关键就是要在现有的基础上大幅度增加科技创新能力和产出，提高科技对经济和社会发展的贡献水平，在支撑和引领经济发展的同时，加快建设资源节约型和环境友好型社会。

根据未来发展的迫切需求，《规划纲要》确定了到2020年中国科技发展的重点和基本部署。一是把发展能源、水资源和环境保护技术放在优先位置，下决心解决制约国民经济发展的重大瓶颈问题。二是抓住未来信息技术更新换代和新材料技术迅猛发展的难得机遇，把掌握装备制造业和信息产业核心技术的自主知识产权，作为提高我国产业竞争力的突破口。三是把生物技术作为未来高技术产业迎头赶上的重点，大幅度增加对生物技术研究开发和应用的支持力度，为保障食物安全、优化农产品结构、提高人民健康水平提供科技支撑。四是以重大成套装备和高技术装备、新一代绿色制造流程和装备、制造业信息化为重点，突破一批产业关键技术，全面提高重大装备和产品制造的自主创新能力。五是超前部署基础科学和前沿技术，努力发展空天技术和海洋技术。

未来5年，还特别注重加强农业、卫生、环境、城市和城镇化等公益性的科技发展，以提高人民的生活质量、保证公共安全。同时还把加强国家和区域创新体系建设，支持地方科技事业的发展，作为重要的发展基础和制度保障。

三、以自主创新为主线，全面落实《规划纲要》各项任务

“十一五”期间，中国经济社会发展进入必须更多依靠科技进步和创新的重要时期。我们要以科学发展观为指导，以自主创新为主线，全面落实《规划纲要》各项任务，加强与国民经济和社会发展规划的衔接，对“十一五”科技工作做出全局性、前瞻性部署。其中，当前要着力做好的几项工作是：

第一，以自主创新为主线，全面部署“十一五”科技工作。一方面，从解决经济社会发展瓶颈制约的紧迫需求出发，扭转社会公益类研究力量相对薄弱的局面。我们将选择能源、资源、环境等重点领域，组织精干科技力量进行攻关；从项目、人才、基地等方面，大幅度增加农业、卫生与健康等社会公益类研究的投入。“十一五”期间，工业领域和农业与社会发展领域的经费比例将由“十五”期间的7:3调整为5:5。另一方面，着眼于增强科技持续发展能力，超前部署基础科学和前沿技术。调整科技投入结构和支持方式，大幅度增加对基础科学、前沿技术和社会公益类研究的支持力度。在继续支持项目的同时，着力加大对基地和队伍的稳定支持。

第二，建立企业为主体、产学研结合的技术创新体系。在市场经济条件下，企业在技术创新中具有无可替代的地位和作用。科技部将与有关部门紧密配合，通过财税、金融、政府采购、科技计划等方面的政策措施，促使企业成为研究开发投入的主体、技术创新活动的主体和创新成果应用的主体。国家科技计划和重大工程项目要向企业开放，重大产业化项目要建立企业为主的组织实施机制。鼓励和引导企业与科研机构、高等院校联合建立研发机构、产业技术联盟等技术创新组织。高度重视中小企业、特别是科技型中小企业在自主创新中的重要作用，促进中小企业创新创业。近期科技部将组织开展创新型企业试点，支持若干重点领域形成产学研战略联盟和产业化基地建设，加强技术创新的公共服务平台建设。

第三，组织实施好重大科技专项。《规划纲要》围绕国家目标，筛选出16个重大战略产品、关键共性技术或重大科技工程作为重大专项。通过这批重大专项的实施，力争攻克一批具有全局性、带动性的关键共性技术，掌握一批关系国计民生和国家安全的核心技术，带动我国相关领域技术水平的整体提升。今年要在总结“十五”期间实施12个重大专项管理运行经验的基础上，设计启

动实施重大专项的工作方案，建立新组织机制，充分发挥各有关部门、地方的积极性，推动重大专项积极稳妥实施。要做好有关重大专项启动实施综合论证工作，按照“成熟一项、启动一项”的原则，分期分批启动实施若干重大专项。

第四，造就一支庞大的优秀科技人才队伍。国内外无数的创新成功及失败的事例表明，人才特别是尖子人才在科技发展中发挥着不可替代的作用。新时期的中国科技发展，要把发现、培养和凝聚各类科技人才作为科技工作的基本要求，充分调动广大科技人员的积极性和创造性，努力造就一支庞大的优秀科技人才队伍。国家将从科技计划、科技奖励、分配政策、知识产权政策等多个方面，营造一个宽松的有利人才成长的政策环境。特别是要采取更开放的人才政策，吸引全球科技人才，特别是尖子人才，参与中国建设创新型国家的伟大事业。

第五，在更高层上利用全球科技资源。近年来，科技全球化正在成为经济全球化的重要表现形式，科技创新资源在全球范围内的整合和有效配置，使得传统的科研组织结构和创新方式发生了重大变化，为发展中国家加快技术进步提供了机会和可能。在新的历史时期，我们提出坚持自主创新，是建立在充分利用全球科技资源战略思想之上的。作为一个发展中国家，今后我们还将积极引进国外先进技术，加强对引进技术的消化吸收和再创新。要进一步加快形成国际化研发体系，全面提升国际科技合作的层次和规模，服务于国家战略目标。要积极支持我国科学家参与大型国际研究计划，并且在我国具有优势的领域积极组织国际性大科技工程。还要鼓励地方发展有比较优势的学科、支持地方开展重大国际科技合作项目。同时，也支持有优势的高新技术企业、科研机构实施“走出去”战略。

中国高技术产业2005年发展情况

2005年是“十五”的最后一年，中国高技术产业规模保持快速增长，在国民经济中支柱性产业地位进一步增强。

一、2005年高技术产业发展的总体情况

（一）高技术产业规模不断扩大，有力拉动国民经济增长

2005年，高技术产业继续保持快速增长，成为推动经济结构调整的重要力量。根据统计局初步统计结果，全年规模以上高技术产业完成增加值7839亿元，比上年增长19.8%，高出工业3.4个百分点，对工业增长的贡献率为12.9%，拉动工业增长约2.7个百分点；增加值占GDP的比重达到4.3%。全年实现工业产值34429亿元，比上年增长22.7%，占工业的11.8%。高技术产业规模不断扩大，呈现以下主要特点：

一是信息产品制造业仍然是拉动高技术产业规模增长的最主要动力。从高技术产业的行业结构看，2005年，电子及通信设备制造业和电子计算机及办公设备制造业增加值比上年分别增长20.8%和20.1%，继续成为高技术产业中增长最快的两个行业。医药制造业和医疗设备及仪器仪表制造业比上年分别增长18.7%和18.9%，增速仅次于信息产品制造业。航空航天制造业增长仅9.8%，明显滞后于高技术产业的总体发展速度。

二是东中西部协调发展取得重要进展。2005年东、中、西部高技术产业产值同比增速分别达到22.9%、20.7%和22.0%，呈现出区域协调快速发展的良好局面。

三是主要高技术产品保持快速增长。2005年主要高技术产品增长较快，产品结构向技术含量高、消费需求大的方向加速优化，产品技术升级趋势明显。

（二）高新技术产品进出口平稳快速增长，推动外贸结构优化升级

2005年，高新技术产品进出口总额累计达到4160亿美元，同比增长27.2%，占全国外贸的比重达到29.2%。其中出口2183亿美元，增长31.8%，占全国外贸出口的比重达到28.7%；进口1977亿美元，增长22.5%。

一是从产品结构看，2005年我国单类产品进口额居前3位的分别是集成电路、以数控机床为代表的计算机集成制造技术产品和移动通信设备。出口额居前3位的分别是以计算机整机为代表的自动数据处理设备、移动通信设备和显示器。

二是从企业性质看，三资企业仍然是我国高新技术产品进出口的主力。2005年，三资企业进口和出口的高新技术产品分别达到1580亿美元和1920亿美元，占我国高新技术产品进口的79.9%，出口的88.0%；国有企业、集体企业和私营企业高新技术产品进口只占14.3%、1.6%和4.2%，出口分别占7.4%、1.8%和2.8%。

三是从进口来源与出口市场看，进口方面，2005年，我国从东盟进口高新技术产品401亿美元，增长31.7%；

从日本进口304亿美元，增长1.8%；从台湾进口293亿美元，增长21.0%；从韩国进口259亿美元，增长45.0%。出口方面，2005年我国对美国高新技术产品出口达到520亿美元，增长29.4%；对香港出口513亿美元，增长40.5%；对欧盟出口499亿美元，增长34.1%。

（三）生产效率不断提高，但盈利能力明显下滑

一是劳动生产率进一步提高。2005年高技术产业劳动生产率（增加值/从业人数）达到11.8万元/人，比工业劳动生产率高2万元/人。

二是部分高技术企业盈利能力下滑。2005年，高技术产业实现销售收入33817亿元，同比增长23.5%。但盈利能力却大幅下滑，盈亏相抵后实现利润总额1429亿元，比上年仅增长9.8%，增幅比上年下降21.7个百分点。高技术产业利润增速下滑主要集中在电子及通信设备制造业，尤其是电子器件制造行业。这些行业利润下滑的根本原因在于目前高技术企业的创新能力不强，产业缺乏核心竞争力。主要表现在：行业结构调整步伐加快，企业技术更新较慢；面临日益激烈的市场竞争，企业缺乏核心竞争力，价格成为竞争的唯一手段。

（四）新增就业大幅增加，缓解了社会就业压力

2005年我国高技术产业全部从业人员达到666万人，同比增长11.2%，比工业增幅高5个百分点；累计新增就业人数近80万人。表明高技术产业已成为我国国民经济中增加就业的重要渠道，同时也为我国在更高层次上发挥人力资源丰富的比较优势，提高国际竞争力创造了条件。

（五）固定资产投资较快增长，但增幅出现下滑

据初步统计测算，不考虑物价因素，2005年全年规模以上高技术产业完成固定资产投资2172亿元，增长21.3%，增速比上年降低4.5个百分点，低于全社会固定资产投资增速4.4个百分点，低于制造业固定资产投资增速13.5个百分点。

从行业结构看，航空航天器制造业投资增长最快，达到37.9%，而电子及通信设备制造业和医药制造业投资增长较慢，仅为15.4%和15.0%。从企业类型看，私营企业完成投资200亿元，增速达89.0%，增长最快；外商（包括港澳台商）完成投资992亿元，增速仅13.4%，增长有所放缓。从地区结构看，中部地区投资增长较快，达到25.2%，东、西部地区分别为20.5%和20.6%。

总体来看，2005年我国高技术产业继续保持了快速、健康、协调发展，对拉动国民经济增长、优化产业结构的作用日益明显。与此同时，高技术产业发展中一些深层次矛盾和问题依然突出，主要表现在产业发展缺乏核心竞争力，产业边缘化趋势加剧，整体利润率持续下滑，产业“大而不强”。

二、影响2006年高技术产业发展的主要因素分析

（一）世界经济贸易总体形势趋好，为高技术产业提供了广阔的国际市场空间

2006年，世界经济将延续目前的平稳增长势头。据国际货币基金组织（IMF）预测，2006年世界经济增速为4.3%，我国高技术产业的国际市场将面临利好局面。

（二）我国宏观经济进入平稳增长期，为高技术产业提供稳定的内需支持

随着“十一五”规划各项政策措施的逐步落实，预计2006年我国宏观经济仍将保持平稳较快增长，为高技术产业内需的进一步扩大提供强有力的动力支撑。

（三）人民币平稳升值，为高技术产业有效利用国际资源创造了条件

2005年，国家对人民币汇率形成机制做出重大改革。目前来看，虽然人们对人民币上升的预期仍然存在，但出现大幅度上升的可能性不大，不会对高技术产品出口造成太大影响。同时人民币的平稳升值有利于高技术产业更好地利用国外资源，提高产业的国际竞争力。

（四）自主创新战略的贯彻落实，为高技术产业带来新的历史机遇

随着国家中长期科技规划纲要的全面贯彻落实，以及财政、税收、金融、人才等配套政策的逐步实施，将带动我国高技术产业进入新的历史发展阶段。

（五）技术升级日新月异，为中国高技术产业实现局部跨越式发展提供了可能

高技术领域不断出现新的突破，使中国高技术产业实现局部领域的跨越式发展成为可能。由于中国在3G领域具备了较好的技术储备，全球3G市场发展加速，为中国信息产品制造业和通信行业实现跨越式发展带来机遇，华为等国内信息产品制造企业的3G产品已开始走向全球市场。生物技术产业化进程的加快，新材料、新能源技术的快速发展都为我国高技术产业实现局部突破创造了条件。

三、2006年高技术产业发展的重点任务

2006年中国高技术产业要按照产业集聚、规模发展和扩大国际合作的要求，加快从加工装配为主向自主研发制造延伸。重点应抓好以下几方面的工作：

（一）创造高技术产业发展的良好宏观环境

2006 年要完成"十一五"高技术产业发展规划编制并发布实施。要抓紧贯彻落实规划确定的指导思想、目标、任务、重点，进一步研究制定推动高技术产业发展各项政策措施。一是加快研究出台一批鼓励和引导高技术产业发展的相关政策，如数字电视产业政策、产业技术政策、生物产业政策等；二是要继续积极推动有关法律的建设，如加快推进《电信法》制定，促进三网融合，规范信息产业的发展环境；三是要进一步深化改革，推动建立电信业的竞争性市场架构，推进邮政业向信息流、资金流、物流三流合一的现代邮政业转变。

（二）进一步加快高技术产业化步伐

加快高技术产业化，培育新兴产业，推动经济结构调整是高技术产业发展的战略性任务。一是要实施产业集聚战略，从延伸特色产业链入手，引导各类生产要素向具备一定产业优势的区域流动，促进微电子、光电子、软件、生物医药等高技术产业的集聚式发展。二是按照国家中长期科技规划纲要配套政策的要求，研究设立国家创业投资引导资金，并通过参股和提供融资担保等方式扶持创业投资企业的设立与发展。三是针对经济、社会、科技发展中出现的新情况、新问题和新特点，适时调整产业化重点，并在信息产业、生物产业、现代农业和新能源等领域继续组织实施第三代移动通信、下一代互联网等一批高技术产业化重大专项，着力提高产业的技术水平和创新能力，培育新的经济增长点。落实西部大开发战略和东北地区等老工业基地振兴的政策措施，继续有针对性地组织西部和东北地区高技术专项。

（三）继续扩大高技术产业的国际化程度

要紧紧抓住全球化的机遇，迅速扩大中国的高技术产业规模，充分利用两种资源、两个市场，在更高层次上融入国际分工和合作体系，逐步使中国成为世界高技术产品的制造和研发基地。2006 年，一是要继续创造良好的政策环境，大规模承接和吸纳国际高技术制造业和研发中心转移。二是要继续加大力度鼓励和支持有条件的高技术企业到海外创业投资，兴办研究开发机构，购并国外高技术企业，有效利用国际资源。三是要积极支持高技术企业参与国际重大前沿技术的研究与开发，加大对参与国际标准制定的支持力度。

（四）采取强有力措施提高自主创新能力

党的十六届五中全会提出，要把提高自主创新能力作为调整产业结构、转变增长方式的中心环节。2006 年，一是要建设好十二大科技基础设施，培育自主创新能力，创新管理机制，促进资源共享。二是要针对当前产业发展中的技术瓶颈问题，强化重大科技成果的工程化和产业化能力，建设一批国家工程研究中心和国家工程实验室。三是要充分发挥企业技术创新的主体作用，继续支持企业技术中心提高创新能力。四是要加快实施已经确定的铁路现代化装备等 10 大成套技术装备的研制工作和安全生产、环保与资源勘探等 10 大产业技术开发工作，大幅度提升传统产业的技术和装备水平。五是要加快全社会技术创新服务体系建设，为中小企业和民营企业发展提供技术支撑。

摘自国家发展改革委高技术司《2005 年中国高技术产业发展报告》

附 1："十五"科技发展的主要成就

科技投入继续保持稳步增长

"十五"期间，中国科技综合实力明显增强，科技投入稳步增长，全国财政科技投入约 4900 亿元，是"九五"时期的两倍多，年均增速为 17.4%。"十五"期间，国家财政科技拨款增长速度为 19.20%，高于"九五"时期年均增长速度 14.09%（均按 1991 年不变价格计算），全国研究与实验发展（R&D）投入已居世界第 6 位。2004 年，全国科学研究与试验发展（R&D）经费支出 1966 亿元，比上年增长 27.7%，占国内生产总值（GDP）的比重达到 1.23%，其中基础研究经费支出 117 亿元，比上年增长 33.7%。科技投入的快速增长，有力地支持了科技事业的发展。2005 年，全国科学研究与试验发展（R&D）经费支出 2367 亿元，比上年增长 20.4%。

重大科技专项取得进展

"十五"期间，在一些关键领域得到重大突破。以中央处理器"众志"系列为代表的集成电路已由技术突破向产业化发展，网络通信、信息安全、信息家电等领域的系统芯片开发和应用取得突破。100 纳米刻蚀机、大倾角离子注入机等研制成功，掌握了 100 纳米光刻机集成技术，使我国在超大规模集成电路装备制造领域占有一席之地。清洁能源汽车、食品安全、水污染治理、功能基因和生物芯片、新药创制等专项研究取得多项技术突破。申请国内外专利和软件著作权近2000项，形成国家标准700多项。围绕资源约束、能源紧张、环境污染和安全生产等方面重点组织实施的重大产业关键技术开发项目，进一步降低了我国能源消耗水平，提高了资源利用率，促进了循环经济发展和安全生产。我国重大技术装备研制取得重大进展，大型输变电设备达到国际先进水平，成功研制出9000米油气田深钻，增强了我国油气田开发能力，高新优船舶、大型核电装备、重型燃气轮机、高速铁路动车组等研制和消化吸收再创新工作进展顺利。

基础研究能力和水平稳步提升

通过实施973计划、国家自然科学基金、国家重大科学工程建设计划、知识创新试点工程、985 工程等，我国基础研究能力得到稳步提高。据统计，从1997年以来，SCI收录我国科学论文以年均19%的速度递增，论文总量已跃居世界第五位，并在国际科学前沿占据一席之地。例如，北京谱仪国际合作组发现了X1835新粒子，造血干细胞分型研究步入国际领先水平；非线性光学晶体、量子信息和通信、超强超短激光研究居国际前列；一批重要化石的发现与研究，为鸟类恐龙起源说、飞行树栖起源说和羽毛起源等提供了新的关键证据；北京正负电子对撞机重大改造工程、上海光源等国家重大科学工程全面实施；完成了知识创新工程二期建设任务，优化了科研环境。“十五”期间，通过平台建设工作，建设和完善国家重点实验室183个，固定人员6700余人。

科技发展水平再上新台阶

“十五”期间，中国科技发展水平有了大幅飞跃。“神六”载人航天器发射成功，成为我国发展载人航天技术的重要里程碑。青藏铁路全线贯通，标志着我国在破解“高寒缺氧、多年冻土、生态脆弱”三大世界性难题方面取得突破。建设了世界上首条示范应用750千伏交流输变电线路，大大提升了输变电技术水平。研制出的龙芯2 号芯片，性能指标优于国外同类芯片。我国在世界上首次实现了单个分子内部的化学反应，揭示了单分子科学研究新的广阔前景。我国研制的“纳米药物分子运输车”，直径只有200纳米，提高了对疾病的有效治疗作用。我国在国际上首次解决了量子密钥分配过程的稳定性问题，开发出迄今为止国际公开报道的最长距离的实用光纤量子密码系统。

“十五”时期，中国专利申请和授权量不断增长，专利总申请量为159万件，是“九五”时期的2.5倍，年均增长 22.8%，充分表明了中国社会公众的专利意识明显提升，研究开发水平不断提高，一些技术领域实现了由“中国制造”向“中国创造”的战略性飞跃。从获奖项目结果看，取得发明专利的越来越多，国家技术发明奖项目和 27.8%的科学技术进步奖项目都有发明专利作为支撑，最多的一个项目获得国家发明专利26项，还有4 项国外专利。知识产权作为评价因子在国家科技奖评审中日益受到重视，因而引导和推动专利战略的实施。如获国家技术发明奖二等奖的“宽带无线网络 WAPI 安全技术”，获得国家发明专利7项，以WAPI安全方案的无线局域网两项国家标准已经颁布，其中一项属于基础性标准，未来扩展子项标准将达数十项，是中国在信息技术领域首次采用自主知识产权安全方案和中国政府配给密码的国家标准，弥补了国际标准中的安全缺陷，标志着中国在该领域处于领先地位。

通过实施人才战略和加快“211 工程”、“985 工程”建设，目前高等学校从事科技活动人员达31.5万人，占全国的8.2%；建有国家重点实验室113个，占全国总数近2/3；归国留学人员以年均13%速度持续增长。

企业技术进步不断推进

“十五”期间，围绕培育新兴高技术产业、提高中国主导产业和战略性产业的国际竞争力和保障经济社会持续发展，启动建设了基因工程药物、新型疫苗、重型技术装备、煤矿瓦斯治理、城市水资源开发利用、制造装备数字化等19个国家工程研究中心。目前，国家认定企业技术中心已达到361家，省级认定技术中心达到3015家。中国企业的科技活动经费有了大幅提高，多数企业的研究与试验发展经费支出占科技活动经费支出额的比重达到了60%以上，相当多的企业还将自己研究开发的新技术、新工艺陆续转化为国家和行业的标准，说明我国企业技术进步进入新的高层次发展阶段。此外，中国加快了技术创新服务体系建设，为企业提供信息、技术、培训等全方位的服务和支持。

科技体制改革取得历史性突破，国家创新体系建设进展顺利

中央和地方技术开发类科研机构实现了企业化转制，促进了科技与经济的紧密结合；中央所属社会公益类科研机构分类改革正在系统推进；中科院知识创新工程取得重要进展；高等院校成为科技创新的有生力量；科技中介服务机构在促进科技创新和产业化方面发挥了积极作用。社会公益类科研机构分类改革取得重要进展。通过分类改革，管理体制和运行机制发生重要转变，人

员结构得到较大调整，学科结构进一步优化，国家科技创新体系和结构开始趋于合理，科研能力显著增强。目前，中央各部门公益类科研机构已形成 100 个左右的重点院所和约 1.5 万人的精干研究队伍。国家逐步加大了科研投入，骨干人员待遇普遍提高，国家提供的人均事业费由改革前每年 1.9 万元增加到 5 万元。推动应用型科研机构企业化转制进一步加快，全国已有 1200 多家应用型科研机构转制为科技型企业。转制后通过市场获得的科研经费和自筹科研经费大幅增加，向行业提供技术开发、技术转让等所获得的收入年均增长在 20%以上。

从反映国家知识生产能力和技术贮备，体现原始创新能力的国家自然科学奖和技术发明奖获奖项目看，第一完成人为高校和研究院所的项目占全部项目的 80%以上；企业的技术创新和开发能力在不断增强，企业创新主体地位得到加强，科技奖励在激励和引导企业自主创新的作用得到进一步发挥，其中特别引人注目的现象是，民营企业参与完成的项目获奖越来越多；改制科研院所获奖项目增多，改制院所的科研和开发进入了良性互动，科研创新能力得到提升。近年来，为进一步发挥市场配置资源的基础作用，促进科学技术与经济建设的紧密结合，通过加大对科研院所的转制改革，特别是通过对技术开发类院所的企业化改制，加快完善了国家技术创新体系。

科技发展的宏观环境进一步改善

国家有关部门先后出台了《国家科技计划项目评估评审行为准则与督察办法》、《关于国家科研计划项目研究成果知识产权管理的若干规定》、《关于深化转制科研机构产权制度改革的若干意见》等近 30 项政策性文件；配合全国人大常委会《科技进步法》执法检查，依法行政取得积极进展，同时，加快了《科技进步法》的修订工作。国家有关部门发布了《国家认定企业技术中心管理办法》，规范了认定工作。发布了《国家重大技术装备研制和重大产业技术开发专项规划》，明确了近期的重点任务和目标。发布《关于高新技术中央企业开展股权激励试点工作的通知》，开展高新技术中央企业的股权激励试点和产权改革试点，加快了企业的重组步伐，激发了企业的创新活力。颁布了《社会公益类科研机构分类改革评估验收工作指导意见》，推动了科技评价的制度化和规范化建设。此外，还积极推行了评审专家信用管理制度，规范和约束了国家科技计划项目管理人员和参加人员的行为。

2005 年 1～12 月高技术产业投资情况（一）

指　　标	计划总投资（万元）	完成投资（万元）	新增固定资产（万元）	施工项目个数（个）	新开工项目个数（个）	投产项目个数（个）
制造业合计	509230043	197585230	115729442	69009	47537	28804
其中：高技术	59693357	21720339	14496838	6430	3754	2315
一、按隶属关系分						
中　央	2677401	809960	520785	326	117	107
地　方	57015956	20910379	13976053	6104	3637	2208
二、按建设性质关系分						
新　建	39483880	12892355	8912092	3748	2257	1253
扩　建	9435011	4088375	2624912	1156	607	450
改　建	6433610	2792309	1723960	1361	812	540
三、按注册类型关系分						
内　资	30515523	11791399	6475496	4889	2832	1741
其中：私营	4243232	1994730	1229016	1110	744	446
港澳台商	10695120	3596191	3340076	613	364	200
外商投资	18468966	6324634	4673821	919	554	371
个体经营	13748	8115	7445	9	4	3
四、按地区分						
北　京	2529504	873757	1048231	74	27	25
天　津	1944481	580454	279060	74	41	26
河　北	1280472	694419	402624	230	161	112

续表

指　　标	计划总投资（万元）	完成投资（万元）	新增固定资产（万元）	施工项目个数（个）	新开工项目个数（个）	投产项目个数（个）
山　西	1435259	339219	129642	111	38	35
内蒙古	681450	304108	194614	67	44	38
辽　宁	2011049	802842	441390	239	155	113
吉　林	1201002	640970	197183	199	147	57
黑龙江	976808	439925	392201	125	80	61
上　海	7002786	1300879	686589	115	49	45
江　苏	8502227	3990971	4341463	732	501	411
浙　江	3082661	993694	397720	417	221	91
安　徽	945664	324635	201988	230	120	61
福　建	1687416	528443	251979	225	95	46
江　西	2343411	723031	473912	288	143	130
山　东	4097763	1986141	934017	593	410	155
河　南	1329839	521961	324896	244	168	115
湖　北	1352283	550842	364786	244	144	91
湖　南	1087509	422392	269608	216	123	70
广　东	7693978	3118299	2016906	824	477	272
广　西	867082	240568	91861	149	86	45
海　南	138573	67064	8583	16	7	1
重　庆	1783496	281345	96822	104	64	33
四　川	2769501	1055015	306710	373	218	91
贵　州	416022	137557	127011	106	42	31
云　南	240294	94488	49440	57	22	19
西　藏	2000	2000	2000	0	0	0
陕　西	1699738	512418	355208	259	102	95
甘　肃	264578	124531	45103	67	47	19
青　海	100673	22844	31190	20	6	14
宁　夏	34700	15430	15460	6	5	6
新　疆	191138	30097	18641	26	11	7

2005年1～12月高技术产业投资情况（二）

指　　标	计划总投资（万元）	完成投资（万元）	新增固定资产（万元）	施工项目个数（个）	新开工项目个数（个）	投产项目个数（个）
六、按行业分						
（一）信息化学品制造	330187	152305	54292	41	17	11
（二）医药制造业	16180543	6834351	3998643	2851	1627	1084
其中：化学药品制造	6937198	2835477	1726241	1066	603	420
中成药制造	3267759	1405965	898648	643	370	269
生物、生化制品制造	2878195	1149548	501808	387	217	106
（三）航空航天器制造	2307866	723404	450044	208	67	67
1. 飞机制造及修理	2067876	665044	413030	186	60	59

续表

指 标	计划总投资（万元）	完成投资（万元）	新增固定资产（万元）	施工项目个数（个）	新开工项目个数（个）	投产项目个数（个）
2．航天器制造	236082	56002	34606	20	7	7
3．其他飞行器制造	3908	2358	2408	2	0	1
（四）电子及通信设备制造业	31856229	10427039	7585458	2186	1350	770
1．通信设备制造	3946671	1377386	665574	361	223	128
其中：通信传输设备制造	459590	197344	70476	93	50	30
通信交换设备制造	663236	137266	62468	46	29	13
通信终端设备制造	254513	150619	94300	45	30	19
移动通信及终端设备制造	1964374	680457	341246	81	55	29
2．雷达及配套设备制造	206936	87154	11713	25	9	6
3．广播电视设备制造	298091	99314	51550	46	28	10
4．电子器件制造	15302432	3900608	3431407	440	251	149
电子真空器件制造	598804	168183	83738	64	32	15
半导体分立器件制造	1998290	567907	189193	48	22	18
集成电路制造	9137972	1907044	1743016	133	67	40
光电子器件及其他电子器件制造	3567366	1257474	1415460	195	130	76
5．电子元件制造	7442519	3466568	2248781	901	594	346
6．家用视听设备制造	2280214	638310	329944	150	87	45
7．其他电子设备制造	2379366	857699	846489	263	158	86
（五）电子计算机及办公设备制造业	4131076	1647957	1330304	271	140	95
1．电子计算机整机制造	976276	483265	319827	63	32	24
2．计算机网络设备制造	251761	100283	36378	37	13	7
3．电子计算机外部设备制造	2475956	917482	831493	129	69	46
4．办公设备制造	427083	146927	142606	42	26	18
（六）医疗设备及仪器仪表制造业	3217430	1405626	849491	739	480	251
1．医疗设备及器械制造	896260	353755	217367	192	127	69
2．仪器仪表制造	2321170	1051871	632124	547	353	182
（七）公共软件服务	1551726	473918	195289	123	66	29
（八）其他	118300	55739	33317	11	7	8

（国家发展和改革委员会高新技术司）

附 2：当前优先发展的高技术产业化重点领域指南

国家发展和改革委员会、科学技术部、商务部公告

2004 年第 26 号

前 言

为了进一步明确当前高技术产业化的重点领域和方向，引导社会资源投向，提高有限资源的利用率，有重点地培育新的经济增长点，促进我国国民经济和社会全面、协调、可持续发展，国家发展和改革委员会、科

学技术部、商务部联合编制了《当前优先发展的高技术产业化重点领域指南(2004年度)》(以下简称"指南")。

1999年度、2001年度"指南"发布后，在社会上引起了较大反响，一方面，国家以突破产业技术瓶颈、形成产业链和高技术产业体系为目标，启动实施了移动通信、数字电视、软件、集成电路、下一代互联网、生物与新医药等几个市场在千亿元的高技术工程，组织安排了新型元器件、工业自动化、新材料、网络、现代中药、卫星导航应用、现代农业、西部高技术等一批对产业结构调整具有重要支撑作用的重大高技术产业化专项；另一方面，全国各地结合当地实际情况，也启动了一系列具有发展潜力的高技术产业化专项，积极扶持新的经济增长点，带动区域经济的发展。

为引导全社会开展高技术产业化工作，提高"指南"的时效性，根据国内外科学技术发展趋势、我国高技术产业化发展的状况、国内外产业和市场状况，我们组织有关部门、地方和专家，本着"指南"应适合我国经济、社会发展的基本国情，满足国民经济和社会发展急需，对经济发展和产业结构优化升级有重大推动作用；符合当前国家重点鼓励发展的产业、产品和技术目录的要求；具有较大的市场前景，有较好的经济效益、社会效益和环境效益，符合可持续发展的要求；有限目标，突出重点，经过努力近期可以在有关产业领域中实施产业化等原则，对2001年度"指南"进行了较大规模的修订，形成了2004年度"指南"。

根据有关部门、地方和专家的意见，2004年度"指南"提出了当前应优先发展的信息、生物及医药、新材料、先进制造、先进能源、环保和资源综合利用、航空航天、农业、现代交通及其他共十个方面的134项高技术产业化重点领域，其中信息25项，生物及医药17项，新材料22项，先进制造11项，先进能源14项，环保和资源综合利用11项，航空航天6项，农业12项，现代交通8项，其他领域8项。与2001年版"指南"相比，新增了30项重点领域，删除了37项重点领域，调整了75项技术变化了的领域，对29项内容作了简要文字修改。

国家发展和改革委员会、科学技术部、商务部将根据2004年度"指南"，分别制定近期促进高技术研究开发、产业化和进出口等项工作的政策措施。同时，将根据国民经济和社会发展的情况、产业技术的发展状况以及国内外市场变化，继续适时地对"指南"进行调整和修订。

一、信　息

1. 网络设备

网络设备是信息基础设施的重要组成部分，主要有网络交换设备、网络管理设备、网间互通设备、网络接入设备、网络终端设备和以卫星技术为基础的网络通信设备等。我国在交换机研究开发和生产方面有很强的实力，中、低端路由器、以太网交换机等网络产品已经占有一定市场，核心路由器和快速以太网交换机等已取得突破。近期产业化的重点是：适应新一代高速宽带信息网的网络产品，基于IPV4/V6的高性能路由器，保证Qos的网络融合和互通设备，软交换设备、网关、高性能数字视频会议系统，网络管理及网络测试设备和软件、智能网设备。

2. 光传输设备

我国的信息化建设正处于大发展时期，对光纤、光缆、高速光电器件及光传输设备的需求量很大，市场前景广阔，已形成了从光纤拉制到设备制造的科研、开发和生产体系，在光通信系统设备和光器件方面取得了一系列科研成果，为高速、大容量、长距离、低损耗光纤通信产品奠定了产业化基础。近期产业化的重点是：10Gbit/s、40Gbit/s SDH设备和DWDM设备，大容量数字交叉连接设备，光分插复用和光交换设备。

3. 接入网系统设备

接入网是联接交换节点与用户的网络，它直接影响网络用户的数量、网络服务的种类和质量。近年来，我国接入网建设逐步向数字化、宽带化过渡，产品市场增长迅速。目前普遍采用的宽带接入技术（如xDSL铜线接入、混合光纤/同轴电缆接入、光纤用户接入和宽带无线接入）都能向用户提供语音、数据、影像等综合业务。接入网技术及其产品已具备一定的产业化基础。近期产业化的重点是：窄带、宽带、有线和无线接入等多种接入技术及系统设备，xDSL铜线接入、混合光纤/同轴电缆接入、千兆以太网（EPON)、光纤用户接入和固定无线接入等多种宽带接入技术。

4. 数字移动通信产品

我国是世界上移动通信网络和用户发展最快的国家之一，市场潜力很大。目前移动通信技术正在向宽带化、多媒体化方向发展。第二代移动通信系统仍在不断改进，大大增强了对移动数据业务和多媒体业务的支持能力；第三代移动通信系统正在兴起，TD-SCDMA、WCDMA及CDMA2000等技术试验正在进行，数字集群通信等专用移动通信技术不断发展。近期产业化的重点是：第三代移动通信系统设备、终端产品、专用芯片及应用软件，移动通信专用集成电路及软件，数字集群通信产品，移动通信设备关键配套件及测试仪器。

5. 卫星通信

卫星通信是卫星技术应用最广泛、商业化程度最高的领域，其业务主要包括：卫星固定通信业务、卫星移动通信业务、电视卫星直播业务（卫星数字音频广播）和互联网宽带接入等四个方面。近期产业化的重点是：C、Ku、Ka及L波段的转发器，与卫星通信四大业务相关的地面终端设备和地面运营服务系统。

6. 数字音视频产品

我国是音视频产品的生产和消费大国。随着编解码压缩技术以及数字图像和声音处理技术的不断进步和标准化，模拟音视频系统正朝着数字音视频系统变革，我国广播电视和家电产业面临着新的发展机遇。随着数字电视的开播，数字音视频设备将逐步进入市场，数字电视机及相关产品将构成家庭综合信息终端。近期产业化的重点是：数字广播与电视节目、数字电影制作设备及系统，数字广播与电视发射、差转、接收设备，数字压缩编解码设备，数字电视及数字音频设备专用芯片和关键部件，机、卡分离的数字有线电视前端、条件接收、中间件、机顶盒和一体化机产品，高密度数字激光视盘机及关键部件，数字摄录一体机以及数码相机，高档数字音响系统等家庭信息终端。

7. 计算机

目前计算机已广泛应用于国民经济和人民生活的各个领域，其市场广阔，技术进步快。我国在微型计算机、便携式计算机、个人数字助理、工作站、服务器以及大、中型计算机的研制、开发和生产方面，已具备一定基础，并占有较大市场份额，但仍未掌握核心技术。近期产业化的重点是：可满足不同需要的计算机系列产品，提高工作站、高性能服务器的性能和技术水平及生产工艺水平，基于网络计算机的应用软件支撑平台及相关核心产品、CPU和操作系统。

8. 计算机外部设备

计算机外部设备是计算机系统的重要组成部分，主要包括喷墨打印机、激光打印机等打印设备，CRT显示器、液晶显示器、多媒体投影机等显示设备，磁盘、光盘等存储设备以及扫描仪、数码相机、模式识别等输入设备。随着计算机的迅速普及和网络的广泛应用，对计算机外部设备的需求迅速增长。近期产业化的重点是：喷墨打印机、激光打印机以及能满足金融、商业、税务等特定需求的微型打印机，光、磁盘驱动器，移动存储器，磁盘阵列，光盘库/塔、网络存储及海量存储设备，无线网卡和模式识别输入设备，喷墨印字头、激光OPC鼓、各类打印机引擎关键部件和相关配套件以及激光鼓粉盒组件、喷墨头（盒）等各种消耗材料。

9. 基于LINUX的操作系统

操作系统是计算机的核心，我国需要尽快研制出自主、安全、可靠、实用的国产操作系统。LINUX是一种可共享并提供源代码的操作系统。与其它操作系统相比，LINUX操作系统具有稳定、开放、网络负载力强、占用内存小以及运行费用低等特点。LINUX提供了一个环境优越、界面友好、支持所有通用Internet协议且开发自主的操作平台。在Internet上已有大量基于LINUX系统的自由软件，可以满足各种应用需求。近期产业化的重点是：LINUX操作系统、数据库管理系统和支撑软件，LINUX应用环境和技术支持体系，并在涉及国家安全的经济与政府各部门推广应用。

10. 嵌入式软件系统

嵌入式软件系统具有集成度高、体积小、反应速度快、智能化且稳定性和可靠性强等特点，被广泛应用于工业控制、家电、办公自动化、移动通信、仪器仪表、医疗电子以及国防等领域，市场十分广阔。近期产业化的重点是：嵌入式操作系统、核心支撑软件及芯片。

11. 网络支撑平台和中间件

随着因特网应用和计算机软硬件技术的发展，网络应用越来越广泛，应用规模、复杂性空前提高。当前，制约网络化信息系统高效开发和有效运行的瓶颈是缺乏系统的网络软件平台的有力支撑。随着国民经济和社会发展信息化进程的逐步深入，迫切需要网络软件支撑平台和中间件。近期产业化的重点是：面向网络公共系统的支撑服务平台、资源管理平台以及面向不同领域的应用平台软件，大型网络管理软件、公共软件构件库系统、软件构件运行平台，电子政务、电子商务、企业信息化、家庭网络平台和应用信息服务（ASP）平台。

12. 中文信息处理

中文（汉文及少数民族语文）是世界上使用人数最多的语言。随着网络的快速发展和广泛应用，加快开发和推广使用中文信息处理软件是十分必要的，对提高整个中文信息流的速度和质量，具有巨大的经济价值和社会价值，开发使用中文信息处理软件关系到我国今后信息产业乃至社会经济的发展和国家安全。近期产业化重点是：语音识别与合成、文字识别、机器翻译、汉文办公套件、少数民族语文信息处理软件。

13. 电子商务

随着网络经济的快速发展，以及为了适应我国加入WTO所面临的挑战，电子商务不仅创造了新的交易消费方式和商务模式，更促进了经济领域管理手段和流程的全面改造，对企业降低成本、提高效率和增强竞争力具有重要意义。近期产业化的重点是：安全认证、在线支付、物流配送、标准规范与信用等电子商务支撑环境建设，电子商务在企业、行业和区域的应用，重点企业信息化建设，电子商务技术服务体系建设。

14. 电子政务

国民经济发展和社会信息化建设对信息技术、信息产品提出了迫切需求。推动电子政务及行业信息应用系统的建设，对促进信息产业和国民经济稳定增长具有重要意义。近期产业化的重点是：政府政务办公和决策支持系统，政府部门的网上办公，行业信息应用系统以及公共支撑、安全认证及保障平台，系统集成软件。

15. 应用软件

应用软件是软件家族中最多的一类产品，它广泛应用于经济和社会生活的各个领域。我国应用软件的市场需求增长很快，市场潜力极大。国内在应用软件的开发和产业化方面已有一定的基础，具备一定的人才优势。近期产业化的重点是：网络、通信、制造业（ERP、CAD/CAM、CIMS、CAI、CMM）、建筑、数字娱乐和游戏等领域的应用软件。

16. 信息安全产品与系统

随着通信、计算机和网络技术的飞速发展，信息安全产品的需求日益迫切。我国信息安全产品已经广泛应用于保密传输、网络安全和身份认证等领域，但在产品种类、技术档次上与国外同类产品尚有一定差距。近期产业化的重点是：适用于特殊领域的计算机安全操作系统，安全服务器，安全路由器，安全网络终端，安全数据库管理系统，防火墙，防病毒和防攻击系统，高性能的数据、语音加解密设备，密码芯片和密钥管理，安全协议，PKI 系统，安全支付系统，电子防伪系统以及网络安全监控系统等。

17. 集成电路

集成电路产业包括设计、制造、封装和测试等环节。我国每年需要大量的集成电路，但我国能自主设计生产的集成电路所占比率较低，这已成为我国信息产业发展的瓶颈。近期产业化的重点是：集成电路的设计及整机开发，整机产品所需的各种专用集成电路和系统级芯片，线宽 0.18 微米以下的深亚微米集成电路及配套的 IP 库。

18. 电子材料

电子材料是微电子、光电子、电力电子等领域中的基础材料，支撑着通信、计算机、信息家电、网络技术等现代电子信息产业的发展。近年来，我国在电子专用材料的开发和生产方面已具备一定基础。近期产业化的重点是：超大规模集成电路用硅/锗硅外延材料，氮化镓等第三代半导体材料和宽带隙半导体材料，高性能软磁铁氧体及所需高纯度原材料、永磁铁氧体、微波铁氧体、纳米晶磁性材料和磁记录材料等磁性材料，集成电路用关键结构材料与工艺辅助材料，液晶显示器和其他平板显示器材料，高比容钽铌粉、细径钽铌丝，高性能电子浆料，大功率压电陶瓷和热释电陶瓷材料等功能陶瓷材料，氧化铟锡大型靶材，高性能液晶材料，高性能大面积导电玻璃基板（1300mm×1100mm 及以上），彩色滤光片、背光源、偏振片等材料，高纯度碲氧化物、合金及多晶材料，超净高纯化学试剂，电子特种气体，3 英寸以上铌酸锂和钽酸锂单晶、光刻多晶胶，多晶硅、8～12 英寸单晶硅及外延片，磷化铟、砷化镓、氮化镓、磷化镓单晶，超高亮度发光二极管用化合物单晶及外延片，无铅焊料，覆铜板材料、无溴、无锑环氧塑封料以及包封料等。

19. 电子专用设备、仪器和工模具

电子专用设备、仪器和工模具是生产电子产品的基础手段，目前正朝着高精度、高可靠性、高速和全自动方向发展。我国电子专用设备、电子仪器和工模具研制的总体水平与发达国家相比存在较大差距，许多关键设备需要进口。近期产业化的重点是：大尺寸硅片生产设备，化合物半导体生产设备，片式元件生产设备、传感器和敏感元器件生产设备，高频率器件生产设备，电力电子器件生产设备，超净设备，环境试验设备，高精度电子专用模具，用于集成电路、数字移动通信产品、计算机网络产品、数字音频产品、新型显示器件开发和生产的电子专用测试仪器。

20. 新型显示器件

随着大屏幕彩电、高清晰度数字电视、计算机等产业的发展，显示器件的生产技术不断更新，市场发展很快，我国已有一定的产业基础。近期产业化的重点是：驱动电路，高清晰度 CRT 和大尺寸薄膜晶体管液晶显示器件（TFT－LCD），42 吋以上彩色 PDP 产品，高清晰度、高亮度彩色投影管和光学系统，超高亮度发光二极管，LCOS 新型显示器件关键部件及系统，有机电致发光技术（OLED）等。

21. 新型元器件

新型元器件是各类电子整机产品的基础，在各种电子产品中有着广泛应用，市场前景广阔。近期产业化的重点是：中高档片式元器件、新型机电元件、光电子器件（光放大器、光开关器件、光微光器件等有/无源器件）、电力电子器件（IGBT 芯片及模块等）、新型硅微器件、敏感元器件和各类传感器、混合集成电路和高频频率器件、高密度印刷电路板（线路板）和柔性电路板（线路板）、小型精密无刷电动机、微型通信电声器件、新型电源/电池（动力型锂离子电池、便携式小型光伏电源系统、400W 以下小型实用燃料电池、新型薄膜太阳能电池）等。

22. 汽车电子产品

汽车电子产品主要包括汽车发动机电子控制系统、

汽车传动和行驶控制系统、汽车安全和故障诊断系统、汽车信息系统、汽车电子元器件、汽车环保类产品以及汽车设计、制造、试验系统及软件等。近期产业化的重点是：燃油喷射电控装置、节油环保型电子点火装置、制动防抱死系统（ABS）、气囊防护系统、卫星导航定位系统接收装置、防撞雷达、车载信息娱乐系统等。

23. 信息增值服务

信息增值运营服务属于基础通信服务的延伸范畴，主要指加工、处理、传送信息并使之增值的网络业务。未来几年内，我国网络技术会有大规模的发展，网络运营服务的市场潜力巨大。近期产业化的重点是：信息资源数据分析、收集、加工等增值服务平台，在线服务，电信网、广播电视网、计算机互联网的三网融合有关业务平台。

24. 民用雷达

随着国民经济及信息化的不断发展，我国诸多发展领域对近地环境监测、对地观测及飞行安全的需求日趋强烈。近期产业化的重点是：半高层大气探测雷达（MST甚高频雷达和激光雷达）、新一代天气雷达（双极化、双多基地和相控阵雷达）、机载测风雷达、海洋状态监测雷达、探地雷达、合成孔径雷达等。

25. 空中管制设备

航空运输业作为国民经济的先导行业，随着我国国民经济持续稳步健康的发展，开始了新的腾飞。民航运输的高速增长，给我国落后的空中管制系统带来了巨大的压力。通过科技攻关，国内已经掌握大量的关键技术，空中管制系统成套设备产业已经初步形成。近期产业化的重点是：包括CNS/ATM管制工作站系统、CNS/ATM网关系统、飞行流量管理系统和自动化管制系统等在内的成套空中管制设备。

二、生物及医药

26. 海洋活性物质

海洋生物在其生长和代谢过程中，产生并积累了大量具有抗癌、抗病毒和免疫促进等作用的天然生物活性物质。我国海区南北纵跨热带、亚热带和温带三个气候带，海洋物种丰富。近期产业化的重点是：海洋生物活性物质的大规模分离、提取、纯化技术，海洋药物、海洋生物分子材料、诊断试剂以及酶制剂产品。

27. 家畜良种胚胎生物工程

采用现代胚胎生物工程技术是使畜牧业向高产、高效、优质和集约化发展的有效途径。我国发展胚胎生物工程技术已有20多年的历史，主要胚胎生物工程技术水平已接近或达到世界先进水平。近期产业化的重点是：胚胎生物工程，分子遗传标记和生化遗传标记等技术。

28. 畜禽水产用生物制品

畜禽水产用生物制品是利用微生物或寄生虫及其代谢产物以及动物盘液、组织等生物材料制备的物质，可用于预防、诊断及治疗动物疾病，是畜牧水产养殖业的基础性保障物资。近期产业化的重点是：细胞悬浮培养技术，对虾病毒性暴发病核酸检测探针，淡水鱼类嗜水气单胞菌分子偶联疫苗，水产养殖动物主要病原菌多价疫苗，禽流感等重大动物疫病的疫苗、免疫增强剂、诊断试剂，人畜共患传染病的预防、诊断和治疗用品。

29. 海水养殖多倍体育苗技术

20世纪80年代以来，随着对虾、扇贝等重要养殖产品人工育苗技术的突破和生产规模的扩大，我国海水养殖业有了较快的发展。但是，仍缺乏高产、优质、抗逆能力强的优良品种，种质退化现象严重，部分养殖种类个体变小，抗病能力差，病害日趋严重。这些问题严重制约了我国海水养殖业的发展。近期产业化的重点是：鲍鱼、对虾、太平洋牡蛎等多倍体的育种、育苗技术，高效饲料和病害防治，多倍体的大规模海水养殖技术。

30. 生物反应及分离技术

生物分离技术及设备是逐步实现相关生物工程产业化的重要基础。我国每年需进口大量用于医药行业、发酵行业、生物制品和基因工程的分离介质以及科研和产业化急需的生物反应器和自控系统。近期产业化的重点是：带有在线检测装置的大型分离柱，基因工程和细胞工程专用分离设备，高效分离介质、生物反应器和自控系统。

31. 发酵工程关键技术及重大产品

发酵工程是生物技术的重要组成部分，其应用遍及轻工、食品、化工、能源、环保、农业和医药等诸多国民经济领域。推进发酵工程关键技术及重点产品的产业化对国民经济的持续发展具有重要意义。近期产业化的重点是：发酵工程关键技术及重大产品，包括生物化工原料及新材料，新型酶制剂与重大酶制剂产品（低聚糖酶制剂、超氧化物歧化酶、凝乳酶、复合酶制剂、高性能洗涤剂酶制剂和化妆品用酶制剂），新型氨基酸和寡糖等。

32. 疫苗和创新药物

预防用生物制品（疫苗）和创新药物在提高人民的健康水平、减少传染病的危害方面发挥着其他药品不可替代的作用。近期产业化的重点是：预防呼吸系统疾病的疫苗、无细胞百日咳疫苗、流感（裂解）疫苗、流感嗜血杆菌疫苗、出血热疫苗、轮状病毒疫苗、冻干口服痢疾疫苗、SARS疫苗等新型疫苗及联合疫苗；疫苗生产用清洁动物（原代细胞源）及传代细胞；疗效突出的新型化学合成药物、新型抗生素药物、手性小分子药物、合成多肽药物、核酸类药物、糖类药物以及作用新靶点的天然药物和贵金属药物等。

33. 基因工程多肽及基因治疗药物

基因工程多肽及基因治疗药物是生物技术产业中最成功的领域之一，也是新药开发的重要发展方向，有广阔的市场前景，在重大疾病防治方面具有重要意义。近期产业化的重点是：促进人血小板生长因子、神经生长因子、肿瘤坏死因子、碱性成纤维细胞生长因子、干细胞因子，人白细胞介素-11、胰岛素、葡激酶和重组人P53腺病毒注射液，蛋白质纯化及后处理技术。

34. 单克隆抗体系列产品

单克隆抗体在疾病诊断和治疗过程中具有重要作用，其制备和规模化生产技术日益受到重视，已成为现代生物制品生产和临床医疗中不可缺少的一大类生物活性物质。近期产业化的重点是：高产杂交瘤细胞株，配套以中空纤维反应器为核心的从细胞保存、培养、扩增到浓缩、纯化、冷冻的全套硬件设施。各种肝炎、艾滋病、SARS 病毒、性病、早早孕、排卵、重大出生缺陷产前诊断、癌症及吸毒等检测用单克隆抗体；造血干细胞移植的分离、纯化和检测所需的单克隆抗体系列产品；血液病尤其是白血病的免疫分型诊断 CD 系列单克隆抗体。医疗诊断用生物芯片、荧光定量 PCR 检测试剂盒、治疗用单克隆抗体和工程抗体及相关融合蛋白等。

35. 重大疾病防治药物

针对重大疾病防治的需要，在积极研制创新药物的同时，要加强对疗效确切、使用量大面广的新产品及国外专利过期药物的开发和产业化。近期产业化的重点是：治疗心脑血管疾病的溶栓药物、生化药物，诊断和治疗用放射性药物，抗艾滋病药物，免疫活素，人血代用品，抗感染药物（包括抗细菌、抗真菌、抗病毒药物），降糖药物，抗肝炎药物，抗恶性肿瘤药物，抗心脑血管疾病药物，神经精神疾病治疗药物，风湿类疾病用药的换代产品，老年性疾病防治药物，镇痛、戒毒类药物等。

36. 新型给药系统技术与装备

我国是医药生产大国，原料药工业发达，但制剂生产相对落后。国际上制剂工业发展很快，一种原料药往往有多种剂型，特别是缓释、控释、靶向和透皮吸收、粘膜吸收等新型给药系统技术已成为国际医药市场发展的热点。新型给药系统技术的提高已成为促进我国医药工业快速发展的重要途径。近期产业化的重点是：高效、速效、长效、靶向给药的新型药物制剂，缓释、控释、透皮吸收制剂以及蛋白或多肽类药物的口服制剂；新型给药系统技术与装备；中药新剂型及其新型辅料。

37. 计划生育药具

计划生育药具是满足人们计划生育需求、落实避孕节育措施的物质基础。随着计划生育知情选择的发展和生活质量的提高，人们需要更加安全、方便和个性化的避孕节育药具新品种和新剂型。近期产业化的重点是：生育调节药具，米非司酮新剂型，第三代甾体激素避孕药的缓释、控释新材料和新剂型，避孕疫苗，用新型医用高分子材料制造的避孕套和避孕制剂。

38. 中药制品

我国天然药物资源十分丰富，运用现代科学技术方法和制药手段，发展传统中医药，开发现代中药新药并实现产业化，是我国中药现代化的重要任务。近期产业化的重点是：用于治疗肿瘤、肝病、心脑血管疾病、免疫功能性疾病、病毒性疾病、糖尿病和老年性疾病等的中药新药，中药复方药及饮片。中药材优良品种的规范化、标准化、规模化种植及繁育，濒危稀缺中药材的人工种源繁育，高效活性物质提取技术。

39. 中药制药工艺及设备

我国中药工业整体水平不高，生产技术和装备相对落后，严重制约着中药产业的现代化发展。因此，应积极引进和采用国内外先进工艺及成套装备，促进传统中药产业的技术升级。近期产业化的重点是：单元制药技术及配套设备，新型中药饮片生产工艺与装备，包括提取、分离、浓缩、纯化、干燥、灭菌、制剂成形、包装及物料传送等生产过程在内的组装式自动化生产线，中药制药工艺参数在线检测和自动化控制系统，中药制药过程质量监控技术。

40. 生物医学材料

生物医学材料和制品已广泛应用于临床医疗，是一个十分有发展潜力的领域。利用目前我国已有的技术基础，加快医用生物材料和制品的开发与生产，对促进我国生物医学工程产业的发展，有着十分重要的意义。近期产业化的重点是：骨（牙）及关节系统用的生物活性修复替换材料和体内植入物，组织工程血管及人工心瓣膜，人工心瓣膜等心血管系统替换材料和制品，软骨、骨、肌腱、皮肤、眼角膜等结构性组织，介入导管和器件，介入性治疗材料，医用硅橡胶制品，琥珀酰明胶血浆代用品，血液净化材料和体外循环装置等。

41. 新型医用精密诊断及治疗仪器

新型医用精密诊断及治疗仪器是当今生命科学与信息、材料、精密机械等学科交叉并高度综合的产物，是将其他学科研究成果应用于临床，将生命体与诊断、医疗、康复等装置视为一个系统，并充分考虑其相互作用的一个知识高度密集的技术领域。近期产业化的重点是：

重大疾病的急救、诊疗、康复装置，新型肿瘤治疗设备，新型多功能眼科、外科激光治疗设备，医用电子直线加速器诊疗设备，全数字化彩色B超设备，全身螺旋CT扫描设备，医疗磁共振成像系统，医学材料表面处理设备，生物微系统检测技术（如床侧生化检测技术和介入式微型检测技术）等。

42. 医学信息技术及远程医疗

医学信息技术产业是卫生事业中新兴的领域，发展医学信息技术十分重要。近期产业化的重点是：用于病人信息采集的集成传感器和集成电生理放大器，适用于社区诊所和家庭的具有联网通信能力的便携式诊断及治疗仪器，病人信息数据库和专家知识库、专家系统，医学信息数据库，医院管理系统，数字中药系统，数字医学影像存储系统，远程医疗诊断、监护和教育系统，社区卫生服务网络系统。

三、新 材 料

43. 特种功能材料

特种功能材料是一大类具有特殊电、磁、光、声、热、力、化学以及生物功能及其相互转化功能，并被用于非结构目的的新型材料。特种功能材料是信息技术、生物技术、能源技术等高技术领域和国防建设的重要基础材料。近期产业化的重点是：超导材料，功能陶瓷、功能薄膜、人工晶体和金刚石等信息材料，气敏、湿敏、磁性液体、巨应力及巨磁阻抗等传感材料，氢的制备及分离、储氢合金和储氢容器、太阳能电池、高性能二次锂电池和新型电容器等能量转换和储能材料，液相分离膜材料，烯烃等聚合物及清洁生产所需催化材料。

44. 环境友好材料

环境友好材料是在原料采集、产品制造、使用或者再生循环利用以及废料处理等环节中对地球环境负荷最小和对人类身体健康无害的材料，具有资源和能源消耗少、对生态和环境污染小、再生利用率高的特点，而且从材料制造、使用、废弃直到再生循环利用的整个寿命过程，都与生态环境相协调。近期产业化的重点是:多功能材料，可循环回收材料，低毒少害材料（如废弃物再资源化制造新材料），环保型可降解塑料，建筑与海洋防护用环保涂料等。

45. 稀土材料

稀土是信息、绿色能源和环境保护等产业的重要支撑材料。我国稀土储量、产量和出口量均占世界首位，已形成较齐全的工业体系。近期产业化的重点是：高纯度稀土氧化物和稀土单质的分离、提取技术，高性能纳米晶软磁合金和稀土永磁合金粉体，高性能稀土永磁材料及其制品、稀土催化材料，稀土贮氢材料，稀土发光材料，稀土转换膜，超大磁致伸缩材料，高性能稀土镁合金材料，稀土硫化物涂料及颜料。

46. 复合材料

由于异质复合材料的性能功能化、较低的成本及应用范围广泛，提高了传统材料的发展潜力。近期产业化的重点是：金属半固态成形技术，铝-钢、钛-钢、铜-钢、铝-钛、铜-铝等双金属材料，金属基非金属复合材料，碳-碳复合材料，陶瓷基金属复合材料等。

47. 工程塑料及新型催化剂

工程塑料以其优良的性能，在航空、航天、汽车、船舶、建筑、电器设备和基础设施建设等行业具有广泛应用，对增强性能、减轻重量及降低能耗等具有重要意义。高性能化改善了通用塑料的机械性能、耐热性能和加工性能，扩大了应用范围。近期产业化的重点是：通用塑料（PP、PE、ABS、PS、PVC 等）的改性技术，氟塑料成形加工技术，聚烯烃催化剂、高效硝基苯加氢催化剂及原位聚合聚烯纳米复合材料催化剂，交联聚乙烯材料和电器用合成树脂材料，万吨级酯交换法PC塑料、千吨级PA11塑料、万吨级通信和电力电缆用及油气输送用聚烯烃管材生产技术及设备。

48. 高性能密封材料

密封件是保证机械装备高效、长期、安全和稳定运行的重要基础件，其技术水平、质量及性能直接影响配套主机产品质量和运行可靠性。我国密封材料及制品经过十多年的发展和技术引进，形成了一定的生产能力和规模，一般产品能满足各类主机的配套要求，但高压、高速、精密、耐高温低温和耐腐蚀的密封件与国际水平有较大差距。近期产业化的重点是：轿车及中高档轻型车动力传动、减振、制动系统用密封材料，大型成套设备高压、液压、气动系统用密封件，电力设备高温、高压机械用密封件，石油化学工业用高速透平压缩机的非接触气膜密封件，金属磁流体动密封件等。

49. 纳米材料

纳米材料因其纳米效应而具有特殊的性能和广泛的用途，是目前新材料发展的热点之一。近期产业化的重点是：纳米粉体材料、纳米膜材料、纳米催化材料和纳米晶金属材料，材料表面纳米化技术，纳米材料规模化应用。

50. 膜材料及组件

膜材料及组件在能源、电子、石化、轻工、医药、环保和有色金属工业等领域起着重要作用。国际上，微膜和透析膜市场最大，气体分离膜已达到工业化规模，渗透汽化膜、无机膜和纳滤膜和用于传感器件的纳米结构敏感膜及复合敏感膜等正在迅速发展。近期产业化的重点是：功能高分子膜材料及成套装置，均相系列荷电膜及装备，聚烯烃类微滤膜及应用，纳米结构敏感膜，液体脱气膜、装置及应用，氯碱用膜材料。

51. 镁、铝、钛合金材料

镁、铝、钛合金材料因其超轻、高比强度等优势而广泛应用于航空、航天、航海、汽车、高速列车及家用电器等领域，特别是作为便携式小型电器的关键结构材料，近年来发展非常迅速。近期产业化的重点是：高性能铝合金、镁合金、钛合金及其复合材料，高强度、高韧性变形铝合金，大断面、中空大型钛合金及铝合金板材，镁及镁合金的液态铸轧技术，镁、铝、钛合金系列化产品（线、板、带、薄板、铸件、断件、异形材等）的加工与焊接技术，后加工成形技术和着色、防腐技术以及相关的配套设备。

52. 高性能、低成本钢铁材料

我国既是钢铁材料世界第一生产大国，同时又是钢铁材料世界第一进口大国，面临进一步扩展的市场需求，必须解决冶金资源匮乏的问题及高附加值和高技术含量钢依赖进口的问题。大力发展低成本高性能钢铁材料取代传统钢铁材料，减少钢铁消耗，提高产品竞争力。近期产业化的重点是：超细组织钢铁材料的热加工、先进微合金化、高均质（全等轴晶）连铸坯、高洁净钢的冶炼工艺，高强度耐热合金钢及铸锻工艺和焊接技术，新一代碳素结构钢、高强度低合金钢、合金结构钢等。

53. 新型选矿设备及药剂

我国选矿设备与国外先进水平相比仍有一定差距，尤其在大型化和自动控制方面差距更大。近年来经过科技攻关，已开发出适合我国矿石性能和生产条件的成套设备和一些高效、低毒的新型药剂。近期产业化的重点是：用于大型金属矿山（铜矿、铁矿）和难处理矿（铝土矿、钨矿、锡矿、钛矿及低品位氧化锌矿等）的成套选矿设备（包括高效节能的粗碎、细碎、浮选、磁选和大型过滤设备），高效低毒的捕收剂、调整剂、起泡剂等选矿药剂。

54. 大中型乙烯裂解和分离装置

乙烯是石化工业的基础原料，目前国内乙烯工业存在的主要问题是：装置规模小，原料偏重，经济效益差。我国已先后成功地开发了系列 CBL 型乙烯裂解炉和乙烯分离工艺。近期产业化的重点是：10 万吨/年大型裂解炉，30～45 万吨/年乙烯装置及新建大型乙烯装置；15 万吨/年大型乙烯裂解炉，大、中型乙烯分离工艺及配套的丁二烯抽提、碳五分离和裂解汽油加氢芳烃抽提、三聚氰胺生产工艺及设备。

55. 重交通道路沥青

随着我国国道主干线的建设和城乡建设的发展，道路建设的等级比以前有明显提高。因此，优质道路沥青的供应问题成为沥青市场的焦点。发展我国重交通道路沥青产业，使重交通沥青立足国内，对促进国民经济发展具有重要意义。近期产业化的重点是：利用环烷基原油资源生产重交通道路沥青，用重油和含硫原油生产高质量的 AH-70、AH-90 等牌号的重交通道路沥青。

56. 油田化学品

油田化学品贯穿石油生产的全过程，对增加产量、提高采油率起着极其重要的作用。三次采油需要超高分子量聚合物驱油剂、耐高温和耐盐聚合物驱油剂以及新型驱油用表面活性剂，我国原油的特点是含蜡量高，中、长输油管线需要高效清防蜡剂和降凝降粘剂；三采出来的油水微乳液也需要大量的原油破乳剂。近期产业化的重点是：万吨级耐高温、耐盐聚合物驱油剂，万吨级钻井液用化学品，万吨级高效清防蜡剂和降凝降粘剂，千吨级高稳原油破乳剂，采油和炼油缓蚀剂等。

57. 造纸化学品

造纸工业是以纤维为原料的化学加工工业，在制浆、漂白、打浆、抄造及成纸加工等整个过程中都离不开化学品，造纸化学品能赋予纸张各种优异性能，对于提高纸张质量、减少环境污染起着决定性作用。近期产业化的重点是：2 万吨/年造纸专用增强剂，万吨级涂布纸用专用化学品，万吨级造纸用树脂障碍控制剂，2 万吨/年高留着型淀粉表面施胶剂，5 千吨级印刷适应性改进剂，万吨级造纸增强填料石膏晶须产品等。

58. 盐湖提锂和提镁技术

我国西部盐湖中具有丰富锂资源和镁资源，主要以锂盐和镁盐的形式存在。锂作为重要的高科技材料，其需求量越来越大。近期产业化重点是：千吨级碳酸锂和高纯氯化锂，高纯锂及相关产品，电解镁、高纯镁砂和氢氧化镁。

59. 金属多孔复合催化材料

工业催化剂通常附着在多孔材料载体上，它继承了多孔材料良好的流体透过能力、大比表面以及流体分布可控等结构特性，与催化剂的功效结合起来可以极大地提高工业过程的反应速度，形成一种特殊的功能复合材料。近期产业化的重点是：能源工业净化燃煤烟气用金属催化过滤材料，金属多孔材料表面预处理技术，载体复合、催化剂活性组分附着等表面技术，金属复合催化材料的制备技术，催化过滤材料的制备技术。

60. 金属粉体材料及粉末冶金技术

金属粉体材料和先进粉末冶金技术广泛应用于涂

料、催化、焊接、表面喷漆等领域。近期的产业化重点是：超高温、高压惰性气体雾化制粉技术，超声振动雾化制粉技术，注射成形、温压成形、喷射成形等先进粉末冶金技术，系列化的粉末冶金产品（如汽车零部件）。

61. 高性能陶瓷结构材料

高性能陶瓷材料具有高强度、高硬度、耐腐蚀、绝缘等优良特性，在石油化工、冶金、机械等各个领域具有广泛的用途。近期产业化重点是：陶瓷-金属复合材料，高温过滤及净化用多孔陶瓷材料，连续陶瓷纤维及其复合材料，高性能、细晶氧化铝产品，低温复相陶瓷产品、碳化硅陶瓷产品，新型陶瓷刀具等。

62. 表面涂、镀层材料

随着高层建筑、交通、汽车、船舶工业的迅速发展，涂镀层材料不断向高耐候性、耐腐蚀、耐高低温、耐磨损及绿色环保的方向发展，相关表面改性技术（如激光表面熔覆与改性、离子束增强辅助沉积镀膜、离子注入等）相继问世。近期产业化的重点是：环保型防腐涂料，环保型高性能工业涂料和建筑涂料，高温陶瓷涂敷材料，钢结构防火、防腐涂料，高档汽车用金属颜料，特殊功能性薄膜及器件，先进高能束表面改性技术。

63. 特种纤维复合材料

特种纤维复合材料以其重量轻、强度高的优势得到日益广泛的应用。近期产业化的重点是：碳纤维、无碱玻璃纤维、氨纶纤维、芳纶纤维、树脂基复合材料，片状模塑料模压工艺，树脂传递模塑工艺，纤维缠绕技术及挤拉技术，低成本、高性能、特种用途的玻璃纤维及其制品，绿色玻璃钢-热塑性复合材料制品，玻璃钢输气管道、轴承、渔船、汽车覆盖件等。

64. 子午线轮胎生产关键原材料

子午线轮胎具有高速、安全、节油、耐磨、长寿命等特点，是轮胎工业发展的方向。目前我国对子午线轮胎的需求量越来越大。近期产业化的重点是：天然橡胶专用胶及其生产技术和成套设备；1 万吨/年以上子午线轮胎用改性尼龙帘子布、高模低收缩聚酯帘线纤维，5000 吨/年丁苯吡胶乳，3 万吨/年硬质新工艺炭黑，1.5 万吨/年软质新工艺炭黑，1.5 万吨/年溶聚丁苯橡胶及丁基橡胶，3000 吨/年助剂新品种等新型原材料的规模化生产。

四、先进制造

65. 工业自动化

工业自动化是综合运用系统科学、认知科学、信息科学、控制科学与工程的理论，形成相应的自动化硬件、软件及系统，对过程实施检测、控制、优化、调度、管理和决策，实现增加产量、提高质量、降低成本、减少资源消耗和环境污染、确保安全的高技术。近期产业化的重点是：大型复杂生产过程和连续生产过程所需综合自动化系统，公用工程大型装备专用智能化控制装置，大型传动装置用高效、节能调速系统，数字化、智能化传感器等。

66. 现代科学仪器设备

高度精密、精确、高通量、便捷、快速的现代科学仪器设备和科学测试方法是科学研究、工业生产和人民生活的需要。近期产业化的重点是：近红外光谱仪、等离子体光谱仪、金属原位分析仪、辉光光谱仪、激光光谱仪等光谱分析仪器，气相色谱仪、液相色谱仪等色谱分析仪器，新型电化学传感器、PH 计、电导仪、离子计、电位滴定仪等电化学分析仪器，动态冲击试验机、微机控制材料试验机、材料图像分析仪、智能化电磁超声探伤仪等材料性能检测仪器，二维色谱、阵列毛细管电泳、表面等离子体共振成像、激光诱导荧光等医学研究仪器。

67. 网络化制造

网络化制造是按照敏捷制造的思想，采用互联网技术，建立灵活有效、互惠互利的动态企业联盟，有效地实现研究、设计、生产和销售各种资源的重组，从而提高企业对市场的快速响应能力和竞争能力的新模式。它对传统制造业的生产和经营方式有重大影响。近期产业化的重点是：企业资源信息网及相应的企业核心信息、产品、图形和技术资源等分布式数据库，支持网络化制造的 Web 运行平台。

68. 全开放分布式控制系统及智能仪表

全开放分布式控制系统及智能仪表是提升传统工业自动化水平的高技术产品，现场总线技术是实现控制系统开放、分布的重要基础。我国在基于现场总线的新一代全分布式控制系统及现场总线智能仪表的开发研究方面已取得一系列重要成果，具备了产业化的基础。近期产业化的重点是：适应于多种现场总线标准和工业以太网并能利用 Internet 的综合自动化控制系统，及其应用现场总线技术的检测与控制仪表，适用于现场总线集成的各种软件及硬件产品，智能化工业控制部件和执行机构。

69. 新型传感器

传感技术是当今世界发展最为迅速的高新技术之一。新型传感器不仅追求高精度、大量程、高可靠性、低功耗、远程分布和微型化，而且正朝着集成化、数字化、多功能化、智能化和网络化方向发展。近期产业化的重点是：性能好、技术先进、功能齐全的位移、力敏、磁敏、光敏、热敏、气敏、湿敏、离子敏和生物敏型传感器以及红外传感器、光纤传感器。

70. 精密高效加工和成形设备

装备制造业的技术进步依赖于先进的关键制造工艺和设备的发展。近年来，我国在精密高效加工和成形工艺及装备方面已经取得了重大进展。近期产业化的重点是：精密零部件（如精密轴承、高速齿轮）的成套加工技术，近终形加工技术（如精密铸造、精密锻造、精密冲压、超塑性成形、回转成形），自动化成形装备及集成系统，快速原型成套技术及装备，相关工艺过程分析、模拟和优化软件，模具加工工艺及设备。

71. 激光加工技术及设备

激光加工技术具有应用范围广、工艺灵活、加工精度高、质量好、生产过程清洁以及便于实现自动化、柔性化和智能化等优点，可以对金属和非金属材料进行切割、焊接、表面处理、打标、打孔及微细加工等。近期产业化的重点是：性能稳定的大功率激光器，大型轧辊表面强化设备，激光精密加工设备，激光切割和薄钢板拼焊用成套设备等。

72. 数字化制造设备

数字化制造设备是提升制造业技术水平的重要手段，是制造业实现信息化的基础，发展各种数字化设备是振兴装备制造业的必由之路。机床是制造业的基础设备。机械加工行业对高质量数控机床的需求量越来越大，迫切要求对我国传统机械加工行业进行数控化改造。近期产业化的重点是：高性能伺服电机及高精度数字化智能控制系统，高质量的车、铣数控机床及加工中心，高精度多轴联动数控机床、可重组柔性数控机床及特种数控机床，光、机、电一体化的胶印机等。

73. 工业机器人

随着我国制造业特别是汽车、摩托车、家电等行业的发展和日趋激烈的竞争，制造业对应用工业机器人提出了迫切需求。采用工业机器人及其自动化生产装备对改进产品质量、降低生产成本、减小劳动强度、提高生产率具有重要的作用。我国工业机器人的生产技术已相对成熟，并具有小批量生产能力。近期产业化的重点是：工业机器人的生产设备及控制系统（包括锻压、喷涂、焊接、搬运、装配和检测），基于工业机器人的自动化生产线。

74. 电力半导体器件及变频整流装置

电力电子技术是实现高效节能、改造传统产业并促进机电一体化的关键技术，而电力电子器件是电力电子技术的核心和基础。近年来，我国在新型电力电子器件及变频整流装置的研究开发中取得了一系列的重要成果。近期产业化的重点是：中、小功率单管、功率模块和智能模块，非穿通型绝缘门极双极晶体管芯片及模块，变频调速装置和变频电源，大容量晶闸管，高速斩控型无功动态补偿/滤波装置，高压、大功率、无谐波污染的变频调速机组，电气化铁路专用电力装置，集成门极换流晶闸管，全数字控制交流调速装置，高压、大功率调速电机及控制系统。

75. 汽车关键零部件

汽车关键零部件是现代汽车工业的重要组成部分，对汽车的经济性、安全性、舒适性以及汽车尾气的达标排放具有重要的影响。通过技术引进，我国在汽车关键零部件的开发上取得了长足的发展。近期产业化的重点是：轿车、微型车和轻型车关键零部件（轿车自动变速箱、高性能刹车部件、安全气囊、电喷系统、新型汽车高效节能空调系统、大型轻合金覆盖件和汽车电子配件）、小排量高性能汽油机，家用轿车柴油机以及中、重型车用柴油机。

五、先 进 能 源

76. 燃料电池

燃料电池以氢或富氢气体为燃料，以空气中的氧为氧化剂，等温地按电化学方式直接将化学能转化为电能，能量转化效率高、环境友好、几乎不排放氮氧化物和硫氧化物。近期产业化的重点是：1000W～100KW级质子交换膜燃料电池产品及电催化剂、电极、Nafion-PTFE复合膜和双极板等电池用材料，质子交换膜燃料电池，直接甲醇电池，融熔碳酸盐电池和固体氧化物电池。

77. 氢的制取和贮运

氢的制取、贮运、加注技术产业化可使氢作为一种资源丰富、无污染的二次能源得到公认。随着氢能应用领域的不断扩大，制氢和贮氢技术的产业化日趋重要。近期产业化的重点是：天然气制氢、甲醇制氢、生物质制氢、微生物制氢技术以及相关的金属贮氢、高压容器贮氢、化合物贮氢技术及氢燃料电池补充加注设备。

78. 新能源和可再生能源

我国拥有较为丰富的可再生能源。因地制宜地开发并推广生物质能、风能、太阳能、氢能和地热能等可再生清洁能源，对减少环境污染、改善我国能源结构具有重要意义。近期产业化的重点是：生物质气化发电和供气技术，生物质液体燃料技术，750kW级风力发电机组及其关键部件的设计制造及生产技术，兆瓦级风力发电机组及其关键部件，高效率、低成本的太阳能光伏电池，中、高温太阳能发电设备、地源热泵与采暖、空调、热水联供系统。

79. 煤炭的高效安全生产

煤炭是我国主要的一次能源，在国民经济中占有重要战略地位。高产、高效、安全、集约化是原煤生产和煤炭洗选、配煤的主要发展方向。近期产业化的重点是：大直径重介旋流器、动筛跳汰机、空气重介和复合式干法选煤机等高效洗选、配煤装备，能适应我国煤矿地质和生产条件的新型成套生产装备（高产高效综采机械、快速掘进机械，机械化支护装置、安全技术装备等），水煤浆专用设备及高性能添加剂，型煤加工及利用设备，大型煤炭气化及煤、化、电多联产装置，煤粉燃烧污染控制技术，中、小型低污染煤气锅炉，煤矿全矿井安全监控系统，煤矿地质灾害勘探技术装备，煤矿瓦斯高效抽放设备，煤矿用高性能抢险救灾装备。

80. *石油勘探技术及设备*

石油作为重要的能源和原材料，在国民经济中占有重要的地位。目前，我国石油工业的整体水平与国民经济快速发展的要求不相适应，主要问题是：勘探对象的地表、地下条件及油藏类型复杂，大多数油田处于开发后期，注水效果变差，希望借助新的技术和装备来提高可采储量和油田采收率。近期产业化的重点是：山地、沙漠、浅海和深海等复杂地区的地球物理勘探技术，多波地震勘探技术，高性能数控、成像测井技术，特殊水平井、欠平衡等钻井综合配套技术，地质导向钻井技术及装备，复杂深井钻井技术及装备，凝析油气田、稠油、超稠油等复合驱工业化应用配套技术及装备，新型半潜式海上钻井平台，新型浮式生产储油轮。

81. *油品加氢技术及设备*

随着国民经济的快速发展和环保意识的增强，对油品的产量和质量都提出了更高的要求，迫切需要采用加氢技术，以改善油品质量，提高轻油收率。近期产业化的重点是：加氢裂化催化剂和相关技术，中压加氢裂化技术，柴油深度脱硫加氢技术，20万吨级润滑油加氢处理装置，20万～40万吨级稠油、渣油悬浮床加氢装置。

82. *煤层气资源的开发利用*

加快煤层气的开发利用，对改善我国能源结构、保证国民经济可持续发展具有重要的战略意义。近期产业化的重点是：高效益、低成本的煤层气勘探技术，煤层气规模开发与采煤一体化技术等。

83. *高效、低污染燃煤发电系统*

煤炭在我国一次能源的生产和消费中所占比例为70%左右，而且这一比重在未来相当长的时期内不会发生明显变化。目前我国煤炭的转化利用率较低，燃煤排放物已成为大气环境的主要污染源。发展高效、低污染燃煤发电技术是实现电力工业可持续发展的重要战略举措。近期产业化的重点是：100MW级循环流化床锅炉及辅助设备，200～300MW等级循环流化床锅炉；低NO_x燃烧器、气体燃烧再燃、超细煤粉再燃等低NO_x燃烧技术，300MW热电联产机组。

84. *大容量超临界/超超临界火电机组和水电机组*

提高发电效率、降低污染、节约资源是今后火电机组的发展方向。发展大容量超临界机组和空冷机组是电力工业结构调整和可持续发展的需要。近期产业化的重点是：600MW超临界火力发电机组，百万千瓦级超超临界火电机组，600MW空冷火力发电机组，700MW级水电机组，300MW抽水蓄能机组。

85. *核电及核燃料设备*

核电是安全、清洁、经济的能源，是目前世界上技术成熟的可大规模提供的电力清洁能源的重要发展方向。发展核电对促进我国能源多元化、电力结构的优化以及保证我国能源的合理开发和供应具有不可忽视的作用。近期产业化的重点是：60万千瓦级核电设备，百万千瓦级压水堆核电站成套设备，气体离心铀浓缩、核燃料后处理、铀钚混合氧化物燃料、高性能核燃料元件。

86. *长距离高压输气设备*

举世瞩目的西气东输工程对加快我国的能源结构调整和发展天然气化工将起到重要的作用。为保证西气东输工程安全、稳定和长期运行，进一步发展更高压力的长距离管道输送技术十分重要。近期产业化的重点是：输送压力12MPa以上的输气设备，钢材、管材及施工机具的制造，管道监测机器人，网络监测系统、控制系统和安全维护装备，天然气脱硫、脱水技术及设备等。

87. *长距离高压输变电设备*

直流输电技术是解决高压、大容量、长距离送电和异步联网的重要手段。西部高海拔、高温、高湿、重污秽、多雷、强紫外线等严酷自然环境对超高、特高压输变电系统电气设备的安全运行有极其重要的影响。近期产业化的重点是：直流输电系统及设备，750kV交流输电系统及设备，高海拔复杂环境地区电网电气安全运行新技术，大型变压器、直流换流变压器、开关设备和电抗器，无工补偿设备，柔性交流输电系统及设备，变电站及电气设备的智能化、在线监测及诊断装置等。

88. *半导体照明器件*

半导体照明是一种基于LED技术的先进照明产业，市场前景十分广阔。我国在LED技术的研究与开发方面已初具规模，尤其是蓝光技术的突破，为实现白光及半导体照明打下了坚实的基础。近期产业化的重点：高亮度外延片，半导体照明装置以及蓝、白光技术。

89. *天然气资源的优化利用*

未来的几十年里，天然气在能源和化学化工原料结构中的比例将大幅度提高，我国具有丰富的天然气资源，如何充分、有效、合理地利用天然气资源，发展天然气化学工业，增加天然气的附加值，是国家把资源优势转化为经济优势、实现可持续发展并解决环境问题的迫切需要。近期产业化的重点是：甲烷和二氧化碳的催化活化，甲烷部分氧化（包括二氧化碳重整）制合成气，甲烷直接氧化制甲醇、甲醛及甲烷脱氢芳构化等高性能催化剂，燃气轮机技术。

六、环保和资源综合利用

90. 饮用水安全保障技术

我国饮用水水源受到不同程度的污染，原水中一些污染物质不能被现有常规制水工艺有效去除，导致自来水部分水质指标不合格，构建城市饮用水安全保障体系已迫在眉睫。近期产业化的重点是：植物生长型水源生态保护技术，原水生物预处理、水厂生物强化过滤及生物活性炭等好氧微生物水处理技术，有效除藻技术，有机物的高级氧化及催化氧化技术，高效膜过滤技术，广谱优化消毒技术，管网水质生物稳定技术以及有机物的高效吸附剂。

91. 海水、苦咸水利用技术

海水、苦咸水利用技术的产业化将提供安全、可靠的淡水供给，是我国解决21世纪淡水资源短缺问题、保障沿海地区和西部苦咸水地区经济可持续发展的重要举措。近期产业化的重点是：海水、苦咸水利用（热法和膜法）技术与装备，海水直接利用及综合利用技术与装备。

92. 工业和城市节水技术

我国水资源贫乏，缺水已成为城市经济发展和人民生活改善的制约因素。因此，加速城市污水及工业废水的再生利用技术研究、发展城市节水技术具有重要意义。近期产业化的重点是：城市污水、工业废水处理后再生水回用技术以及配套水处理化学品，高效生物填料，薄膜负载型光催化材料，膜材料及组件等；工业生产过程中水的重复利用、高效率循环冷却水、高效洗涤技术及装备；城市节水器具和设备，供水管网的防漏技术等。

93. 工业废水处理技术及设备

我国工业废水排放量大，对环境污染严重，虽然已有一定的治理技术，尚需进一步开发新技术、新产品。近期产业化重点为：工业生产排放中有一定毒性和难降解污染物的工业废水处理稳定达标排放技术和设备（农药、染料、医疗造纸、皮革、印染等）；湿式催化氧化技术；高浓度有机废水成熟可靠治理技术和设备（酒精发酵废液等）；各类采油废水回注技术、高效石油炼制废水处理技术；高效水处理药剂的研制与开发（混凝剂、稳定剂、消毒剂、消泡剂、脱色剂等）；工业废水处理中污泥的处理、处置和资源化技术。

94. 危险固体废弃物的处置技术及装备

我国每年产生的各类危险固体废弃物已经造成严重的环境污染，但它又具有较高的回收价值。近期产业化的重点是：危险废物高效、安全、可靠的焚烧技术及设备，焚烧渣、飞灰熔融技术和设备；危险废物安全填埋处置技术及设备；危险废物固化技术、设备和固化药剂；医疗废物收运、高温消毒处理技术与设备；有害化学品处理技术；放射性废物的处理与整备技术和装备；电子产品和家电废物的回收和处理技术及设备，危险废物污染事故的应急处理设备等。

95. 工业固体废弃物的资源综合利用

尾矿、冶炼渣、煤矸石、粉煤灰、油页岩渣、磷矿渣、凝灰岩和赤泥等工业固体废弃物的大量堆存，不但对生态环境带来巨大危害和严重的安全隐患，同时也是对资源的一种浪费。近期产业化的重点是：用废弃物生产复合材料、尾矿微晶玻璃、轻质建材、地膜、水泥替代物、工程结构制品等技术及设备，资源化处理成套设备，矿山尾矿整体利用管理系统。

96. 机动车排气净化装置和降噪技术

随着机动车保有量的增加，机动车产生的污染对城市环境带来极大的危害，有关机动车排放的国家标准日趋严格。推广低能耗、低排放量及低噪音的洁净燃料汽车和混合动力汽车，既是汽车产业的重要发展方向，也是合理利用能源和保护环境的迫切要求。近期产业化的重点是：机动车排气净化器，机动车排气净化用高性能蜂窝载体、柴油车排放碳颗粒物和氮氧化物净化催化剂，油品添加剂检测技术和设备，低噪音处理技术和设备。

97. 生态环境建设技术及装置

生态环境保护与治理技术的开发、应用对实施可持续发展战略和西部大开发战略具有重要意义。近期产业化的重点是：水土流失防治技术，沙漠化防治技术，植被恢复、补植、补造和重建技术，节水灌溉技术，抗风、抗寒、抗旱优良林草品种，林草综合加工技术及配套机械设备，矿山生态恢复、污染土壤修复、污染水体修复及富营养化防治技术。

98. 环境自动监测系统

我国陆地及海洋的环境监测基本上处于现场采样、实验室分析阶段，采样仪器以手动、半自动为主，直读型、在线型、应急检测用仪器的市场大多为国外产品占据。近期产业化的重点是：化学需氧量、氨氮、石油类、挥发酚、总氮、总磷、烟尘（粉尘）、二氧化硫、氮氧化物等在线、自动监测系统以及样品采集、处理和数据的传输技术及设备；环境空气质量和地面水连接自动监测仪器以及系统；污染事故应急监测等便携式现场快速测定仪以及预警、警报仪器；危险废物特性鉴别专用仪器及系统；空气中细微颗粒物、有机污染物等采样分析技术和仪器，水中微量有机污染物的富集装置，二恶英分析技术及设备。

99. 清洁生产工艺技术与装备

推行清洁生产可高效利用自然资源，降低污染排放，是现代工业生产的发展方向，也是可持续发展的重要内容。近期产业化的重点是：产业规模大、资源能耗高及环境污染较为严重的钢铁、电力、建材、有色、化工、造纸、酿造、纺织、石油等行业新工艺和设备的清洁生产技术。

100. 生活垃圾处理技术和设备

生活垃圾存在产生源多、性状复杂且不稳定、污染影响范围大的特点，仅靠单一的处理技术或设备难以达到有效治理污染及减量化、资源化的目的。近期产业化的重点是：垃圾分选技术和设备，大型垃圾焚烧处置设备及热能回收利用系统、设备；垃圾填埋渗滤液处理技术和设备；垃圾填埋气（甲烷气）的回收、利用技术和设备。

七、航空航天

101. 支线客机

目前我国支线航空运输已进入了较快的发展时期，各航空运输企业对安全、经济、舒适和先进的支线客机的需求量加大。发展先进支线飞机这一战略性产业，对于提高我国航空工业的整体水平和发展相关的产业具有重要意义。近期产业化的重点是：30～100 座级新型涡扇支线客机，并对现有型号进行适应性改进、改型。

102. 民用直升机和通用飞机

随着我国国民经济的增长，诸多领域对直升机（包括无人驾驶直升机）、通用飞机（包括小型和超小型、中距和短距无人驾驶飞行器）提出了使用需求。目前我国直升机、通用飞机工业已形成了一定规模的科研、生产体系。近期产业化的重点是：适用于交通运输、紧急救援、电力工程、消防、公安执法、资源考察、城市规划、农林监测、地质勘探、海洋观测、环境监测及防灾减灾、目标搜索、反恐侦察和旅游等领域的民用直升机（包括无人驾驶直升机）和通用飞机（包括小型和超小型、中距和短距无人驾驶飞行器）。

103. 运载火箭

航天技术是衡量一个国家综合国力的重要标志，世界各航天大国都将发展新型航天运载工具视为保持领先地位的关键。为了满足国内不断增长的发射卫星等航天器的需要和提高对外发射服务的市场占有率，必须加快发展新型运载火箭，并对现有运载火箭进行适应性改造。近期产业化的重点是：新一代高可靠性、低成本、无毒和无污染的运载火箭，并形成通用化的系列运载火箭型谱。

104. 民用卫星

卫星技术的掌握、发展和应用程度，是一个国家科技和生产力发展水平的重要标志之一。利用通信、广播、导航、对地观测和返回式卫星技术建立我国天基基础设施，是推进我国经济建设和社会发展的一项重要任务。近期产业化的重点是：第二代导航卫星及地面应用系统，有效载荷技术，大容量的广播（含电视直播）、通信卫星公用平台，卫星遥感系统的综合应用平台等。

105. 卫星导航系统

卫星导航系统正向规范化、产业化、与其他系统逐步融合的方向发展，并已开始进入市场的高速增长期。我国在 GPS 应用方面具有一定的基础，已建立自主的北斗导航试验系统，并在筹建二代导航卫星系统和开展中欧伽利略计划的合作。近期产业化的重点是：卫星导航接收机的芯片组和嵌入式软件，自导航终端设备系列，高精度定位测量系统，基于位置的综合信息服务平台及应用系统，车辆通信导航系统。

106. 卫星遥感应用系统

卫星遥感应用系统在气象预报、环境监测、防灾减灾、资源和海洋考察等方面的应用已取得了明显的成效，随着我国卫星遥感及其应用技术的逐步发展和完善，将产生更大的社会和经济效益。近期产业化的重点是：集中式数据接收、定量化处理、模式化应用的公用共享平台，卫星遥感系统在气象服务、资源考察、城市规划、农林监测、地质勘探、环境监测及防灾减灾等专业领域的应用。

八、农业

107. 动植物新品种

动植物新品种是农业生产的物质和技术载体，是农业增产增效的重要因素。近期产业化的重点是：主要农作物、林草、畜禽、水产的优质、高产、高效及抗逆性强的新品种，特有或稀有珍贵种质资源，雄性不育杂交制种技术体系，分子育种技术平台，森林、草地生态保护及城市绿化用草、花卉种苗，优质肉牛、肉羊、绒羊、家禽等新品种及其快速繁殖技术。

108. 设施栽培技术

设施栽培是现代农业的重要组成部分，设施栽培技术和装备对优质高效农业的发展、农民增收、产业结构调整、人民健康和农产品出口均具有重要影响。近期产业化的重点是：设施环境控制技术，工厂化专用品种培育及配套栽培技术，专用肥料、新型缓控释肥料及平衡施肥技术，以生态和生物防治为主的病虫害综合防治技术，绿色农产品标准化全程控制技术等。

109. 农林节水技术及设备

我国是一个水资源十分短缺的国家，发展性能先进、质量可靠和经济耐用的节水灌溉成套设备，对确保粮食安全、改善生态环境、实现国民经济与社会的可持续发展具有重要意义。近期产业化的重点是：适用于大田、温室大棚和园林生产的低成本、智能型节水灌溉关键技术及设备，多功能、实用型中小型抗旱节水机具，高效环保节水生化制剂（保水剂、抗旱剂、植物蒸腾抑制剂、抗旱种衣剂等），新型环保覆盖材料（液体地膜、渗水地膜、可降解地膜）等。

110. 安全高效畜禽养殖技术

针对我国养殖业中技术和设备水平较低、环境污染严重、产品安全质量较差、经济效益不高等突出问题，应重点发展安全高效畜禽养殖技术。近期产业化的重点是：饲用抗生素替代技术，畜禽精准饲养技术，草食家畜高效舍饲及轮牧技术，水禽和特种畜禽高效养殖技术，养殖环境控制技术，产品质量全程控制技术，环境融合型畜禽疫病综合防治技术，草原亚表层浅松改良机具，草籽和优质牧草收获、加工设备，草原保护设施以及虫鼠害防治技术等。

111. 新型饲料

饲料是养殖业的发展基础，应针对我国饲料（饲料添加剂）品种少、产量低、价格高，幼龄畜禽、水产饲料生产技术落后等迫切需要解决的问题进行产业化示范。近期产业化的重点是：主要氨基酸、酶制剂、微生态制剂、植物提取添加剂、幼龄畜禽饲料生产技术及设备等。

112. 新型农兽药

针对我国目前农药（兽药）品种老化、结构不合理、污染环境、影响人民健康、制约农产品贸易以及不能满足绿色农产品生产、生物安全、生态安全和农业持续发展需要等突出问题，应重点开展产业化示范。近期产业化的重点是：高效、低毒、低残留物、使用安全的绿色化学、微生物、植物源、蛋白质、抗生素新品种和制剂，生化、兽药及渔药新品种，多农药（兽药）残留快速检测技术及设备等。

113. 农业信息技术

农业信息技术贯穿于农业生产、经营及管理的全过程，是现代农业的重要支撑和标志。近期产业化的重点是：用于农业生产、加工、流通等环节的专家智能辅助决策系统、多媒体产品和数字农业技术产品，信息技术在资源监测、资源管理、灾害监测预报、作物估产、粮食安全预警及农业宏观决策等领域的配套应用，农产品质量标准及安全监控系统，农业技术及农产品信息服务系统。

114. 农业机械

随着我国农业的集约化和工业化生产步伐日益加快，林草生态建设不断深入，对省工、省力、省时、节本降耗并能适应林草生态建设的农业机械的需求日趋旺盛。近期产业化的重点是：大马力轮式拖拉机及配套农机具，精细整地、精少量播种、精量施药的农机具，保护性耕作和播种的复式作业机具，水稻工厂化育秧及机械栽插设备，新型采收和烘干机械，大型种子成套加工设备，果蔬产地加工设备，草籽和牧草的采集、收割、加工设备等。

115. 农产品加工设备

农产品加工是现代农业的重要发展环节。目前我国农产品加工技术和设备落后、资源利用率低、难以满足需要。近期产业化的重点是：粮食储存、果蔬贮运和深加工、畜产品（水产品）精深加工中涉及的高效分离、保鲜、杀菌技术和成套设备，食品加工质量全程控制技术及设备，第三代功能性食品的生产技术及设备，新型方便食品的生产技术及设备以及农副产品资源化非农业用途综合利用技术及设备。

116. 水产品标准化养殖技术与装备

水产养殖业是农业的重要组成部分，引导产业升级，解决产品高附加值、优质、安全、营养、健康等问题，是渔业结构调整的关键。近期产业化的重点是：深水养殖用抗风浪网箱设施、配套设备及养殖技术，优良新品种引进及配套繁育技术，陆基工厂化集约式高效养殖技术，池塘、滩涂等高效养殖和资源综合利用。

117. 林业特产资源的高效利用

通过林业特产资源的综合加工可生产一系列高附加值产品，在电子、化工、制革、医药、食品、化妆品和其他精细化学品等领域都有广泛应用。近期产业化的重点是：工业用昆虫原料和特种经济林产品的高效利用，松香和松节油的深加工技术，植物生化产物及其衍生物高附加值精细化工产品的生产技术，植物油料的高附加值利用技术，林木生物制药原料的分离、提取、纯化及利用技术，用树木落叶生产天然饲料和饲料添加剂的技术等。

118. 人工林木材的深加工

进行人工林木材和木质纤维材料的深加工并采用先进的复合、重组及功能性改良等高新技术制造各种高性能木基（或植物纤维基）复合材料、木基重组材料和多功能的木材制品，对于扩大木材的应用领域、开拓植物纤维利用的新途径、减少我国优质木材的进口量等具有重要意义。近期产业化的重点是：木材-塑料复合材料、木纤维-合成纤维复合材料、木材-金属复合材料和木材-玻璃纤维复合材料等新型木基复合材料的生产技术以及实体木材的功能改进和深加工。

九、现代交通

119. 智能运输系统

智能运输系统（ITS）是一种适时、准确、高效、大范围和全方位发挥作用的交通运输管理系统，是充分发挥现有交通基础设施潜力、提高运输效率和效益、改善交通安全以及缓解交通拥挤的有力保障措施。近期产业化的重点是：交通地理信息系统，城市交通综合管理系统，高速公路控制、指挥、管理及联网收费系统，视频检测设备，路侧及广域通信设备，车辆定位及信息采集、发布终端设备，道路自动收费设备，停车设备及停车指挥系统，新型交通信号控制机，交通规划和交通特性分析软件等。

120. 大型交通基础设施

随着高等级公路、铁路、大型桥梁、机场和码头等交通基础设施的大规模建设，大型成套施工设备、工程用车和新材料已成为重要的产业生长点。近期产业化的重点是：大型交通设施施工设备，大型公路养护设备，大型桥梁施工设备，大型隧道施工设备，高性能工程用车，建筑用复合材料和改性材料等。

121. 高速铁路

交通运输是国家经济的命脉，对国民经济发展起着决定性作用。为解决我国日益突出的交通运输通道和大城市间旅客运输能力紧张的矛盾，必须大力发展以高速铁路为代表的城市间快速交通系统。近期产业化的重点是：时速300公里的高速轮轨列车动车组技术，高速铁路安全监控技术，列车运行控制技术及施工设备，高速磁悬浮列车试验线的建设及相关技术研究，时速为200公里的列车用高速动车组和摆式列车组。

122. 城市轨道交通设备

发展城市轨道交通，建立多层次、立体化的综合交通体系，是解决目前我国大城市日益严重的交通拥堵问题的一项有效措施。近期产业化的重点是：轨道车辆、牵引传动装置以及控制系统、信号系统、新型车体材料的设计和制造，防灾报警系统及配套设备等。

123. 物流系统技术及集装箱多式联运系统

生产和改进物流软、硬件技术装备，运用技术手段提升物流系统设计和决策分析能力，对于降低物流全过程的成本、提高物流效率和效益起着至关重要的作用。集装箱运输是开展国内和国际贸易、发展门到门运输、提高运输效率和效益的重要运输方式，是我国货物运输的主要发展方向之一。近期产业化的重点是：物流园和货运枢纽的选址、规划设计用成套软件，超大规模原材料、零部件和商品的信息系统，物流公众信息服务平台，物流配送系统和库存管理系统，集装箱运输信息传输及管理系统，水上运输、铁路运输和公路运输一体化的集装箱多式联运体系，自动识别技术及相关设备，通关检测及监控设备，专用集装箱、铁路/公路集装箱专用车辆以及大型高效集装箱装卸、分拣设备。

124. 高速客船

随着沿江和沿海地区客运需求的日益增长，现有的船舶运力水平已经无法满足需要。采用新型高速船舶、建立现代化水上高速运输系统已成为我国水上客运发展的必然趋势。目前我国运营的高速客船多为进口产品，船型严重老化、能耗大、可靠性差，亟待更新，这为发展我国高速客船提供了广阔的市场空间。近期产业化的重点是：水翼船、气垫船、穿浪双体船和高性能小水面船等各类高速客船的整体设计及制造。

125. 大型高附加值船舶及船用关键机电设备

目前国际市场对高技术含量、高附加值的大型特种船舶的需求猛增，但只有少数几个先进造船国家能够生产。船用设备是我国造船工业的薄弱环节，我国大型船舶的国产设备装船率不到40%。近期产业化的重点是：30万吨级超大型油船，经济环保型散货船，大型液化天然气船，液化石油气船，大型集装箱船，新型化学品船，大型浮式生产储油船，海上车客渡船，海洋工程辅助船，高效滚装船及高效疏浚工程船，环保型船用柴油机、曲轴、废气涡轮增压器、疏浚设备、发电机组、船用环保设备、船用自动设备及电子仪器、仪表、机电设备等，船用导航定位、信息网络及控制系统。

126. 洁净能源汽车

为了减少日益增长的汽车保有量带来的大气污染和对石油资源的过多依赖，必须发展使用多种形式能源的清洁汽车。近期产业化的重点是：压缩天然气汽车，液化天然气汽车，液化石油气汽车，甲醇汽油汽车，乙醇汽油汽车，二甲醚汽车，纯电动汽车，混合动力电动汽车，低硫合成、超低排放清洁汽车及其零部件。

十、其　他

127. 民用非动力核技术

民用非动力核技术涉及各类加速器、核探测器、成像装置、放射线医疗设备、放射性同位素及制品（治疗和显像药物）、辐射改性的材料、辐照的环保应用等，是核技术与其他产业交叉融合而发展起来的新兴高技术产业，应用前景广阔。近期产业化的重点是：核探测和成像系统（工业用CT机和爆炸物探测系统），大功率辐照加速器，辐照改性高分子材料（发泡材料、碳化硅复合材料），新型放射性诊断和治疗装置及创新药物，烟道气辐射脱硫、脱氮技术及设备，饮用水的辐射净化技术，废水辐射处理技术，稳定同位素生产及应用技术。

128. 墙体材料及建筑制品

我国的建筑能耗占全国总能耗的1/4以上，而且能耗总量将进一步增加。近年来我国建筑节能和建筑制品取得了许多有价值的成果，并制定了一批有关建筑节能的技术标准和规范，但使用的高品质建筑制品尚依赖进口，而需求增长很快，因此应大力发展。近期产业化的重点是：非黏土类砖、砌块和板材，高性能轻质混凝土，具有憎水、中强、轻质、防火、无毒、无味等特点的全无机保温隔热材料及制品，具有承重、保温、装饰功能的复合承重墙体制品，自动化和机械化程度较高、能耗较低的新型墙体材料及制品，高品质建筑装饰材料，新型节能门窗及建筑五金配件，中空玻璃、保温隔热玻璃及建筑陶瓷制品，建筑用集中供热系统的分户计量和调节设备，地板采暖节能技术，电采暖节能技术及设备等。

129. 新型建筑体系

随着现代化城市建设的发展，高层、超高层和大跨度的大型公共建筑、大规模住宅建筑以及高架道路、地铁和桥梁隧道的数量不断增加，原有的建筑体系已不能完全满足要求，必须发展新型的建筑体系。近期产业化的重点是：多层钢结构体系，轻型钢结构体系，钢与钢筋混凝土混合结构体系，整体预应力板柱结构体系，预应力混凝土大开间结构体系，超高层建筑结构体系，大中跨度新型空间结构体系，新型隔震和减震结构体系，智能建筑体系等。

130. 绿色建筑技术

我国正处于城市化高速发展的阶段，大规模的城市建设对我国的资源、能源和生态环境造成了巨大的压力。可持续发展已成为我国的基本国策，健康、舒适的居住环境正成为人居追求的目标。因此，在建筑行业推广绿色建筑技术十分迫切。近期产业化的重点是：国家绿色建筑技术标准和评估体系，改善室内环境质量的技术与产品，绿色装饰、装修材料，具有自洁和防菌功能的饰面材料，室内空气质量检测设备及技术规范，民用建筑节能保温、隔音技术及产品，绿色照明技术及设备，民用建筑节水技术及设备，雨水收集和利用技术，渗水地面和道路、材料等技术，屋面和墙面的绿化技术以及人工湿地技术等。

131. 复合超细短纤维及产品

超细短纤维及超细合成革（无纺布）是纺织工业的高技术产品，广泛应用在交通运输、纺织、轻工、化工、环保和塑料等各个领域，应用前景十分广阔。我国已基本上掌握了超细合成革的关键技术。近期产业化的重点是：碱溶性聚酯，超细复合短纤维，高性能超细纤维合成服装革和车辆内饰革，与高强丝等复合而成的超细过滤材料。

132. 重要产业用纺织品

近十几年来，产业用纺织品的品种和种类迅速增加，耗用纤维的比例不断上升，发展前景极为广阔。近期产业化的重点是：汽车配套用纺织材料（汽车轮胎帘子布、气囊、内饰材料、新型篷盖材料、高性能复合材料、车用非织造布和新型涂附磨具材料等），过滤材料（高效过滤材料和阻燃、抗静电、耐高温型高性能过滤材料），医疗卫生用功能性、舒适性防护材料，新型建材（水泥阻裂纤维，结构性加固修复材料），农用纺织品以及与之配套的高性能纤维材料。

133. 新型纺织材料及印染后整理技术

新型的差别化、功能化纤维和高档纺织面料是当前化纤生产的重要方向，应采用先进的共聚、共混、复合纺丝及变形加工方法，以改善产品的柔软、透气、吸湿、抗静电、抗皱等性能。而清洁生产技术、天然纤维织物的防皱整理技术等纺织印染后整理技术以及环保型染化料助剂和新型功能性助剂的采用则有助于提高纺织产品的档次并增加附加值。近期产业化的重点是：新型纺丝技术，少水、少污染的清洁生产技术，微悬浮体染色技术，数字喷射印花技术和自动制网技术，四原色印花技术，等离子体处理技术，小浴比染色技术，生物酶加工技术，多功能染后整理技术，天然纤维织物的防皱整理技术以及环保型、功能性助染剂。

134. 聚酯及纤维加工设备

聚酯作为重要的原材料，在化工、轻工、纺织和建筑等行业有着广泛的用途。目前，我国生产加工聚酯和大规模纤维的成套设备主要依赖进口。近期产业化的重点是：日产500吨级的聚酯生产设备，单线年生产能力5万吨的直接纺涤纶短纤维生产设备，单线年生产能力2万吨的直接纺涤纶长丝成套设备。

2004年7月28日

工业、城建、贸易、旅游

煤炭行业2005年运行分析及2006年趋势预测

（2006年3月17日）

2005年，煤炭行业认真贯彻落实中央加强和改善宏观调控的政策措施，煤炭生产和销售保持稳定增长，库存保持较高水平，市场供求关系基本平稳，煤炭价格总体稳定，经济效益持续改善，煤炭供应紧张局面趋于缓解，煤炭经济运行保持良好发展态势。

一、运行情况

（一）原煤生产。据行业调查统计，2005年，全国原煤产量21.1亿吨，同比增加1.56亿吨，增长8%。其中：国有重点煤矿10.3亿吨，增长10.5%；国有地方煤矿10.8亿吨，增长5.8%；乡镇煤矿7.9亿吨，增长8.3%。这是近三年来增幅较低的一年。

（二）煤炭运销。全年铁路运输煤炭10.7亿吨，同比增加7929万吨，增长8%；主要煤炭中转港口运输煤炭3.7亿吨，增加3333万吨，增长9.9%。全年商品煤销量20.4亿吨，增加1.9亿吨，增长8.1%。

煤炭出口7107万吨，同比减少1460万吨，降低17%；煤炭进口2617万吨，增加747万吨，增长40.1%

（三）煤炭库存。年末全社会煤炭库存1.4亿吨，比年初增加3623万吨。其中：煤矿库存2894万吨，增加157万吨；主要煤炭中转港口库存1423万吨，增加586万吨；直供电厂库存2370万吨，增加1271万吨；重点钢厂库存343万吨，增加118万吨。

（四）煤炭价格。原中央财政煤炭企业商品煤平均价格270.2元，同比提高63.77元/吨，增长30.8%。其中发电用煤平均价格212.75元/吨，提高50.24元/吨，增长30.9%。

（五）利润。规模以上煤炭企业实现利润552亿元，同比增加243亿元，增长78.8%。其中，国有及国有控股煤炭企业实现利润335亿元，增加142亿元，增长73.2%。

（六）职工收入。原中央财政煤炭企业在岗职工年平均工资2.16万元，同比增加4516元，增长26.4%。

（七）固定资产投资。全年煤炭固定资产投资完成1144亿元，同比增加691亿元，增长65.5%。

二、运行特点

综括2005年煤炭经济运行，有以下主要特点：

（一）煤炭产运销稳定增长，保障了国民经济平稳较快发展。在我国经济持续快速增长拉动下，煤炭生产、运输、销售均同比增长8%左右，但受国家实施宏观调控，进一步抑制高耗能行业的过快增长，以及南方来水情况好、水电增发等因素的影响，煤炭产运销增幅比去年明显回落。在各方面共同努力下，无论是迎峰度夏还是冬季用煤高峰季节，煤炭供应均保持了基本稳定，没有出现大的告急现象。

（二）煤炭库存大幅增加，价格保持基本稳定。在煤炭库存普遍增加的同时，受大秦线、侯月线运能大幅增加影响，新增煤炭库存主要集中在中转港口和用户。年中我委曾会同有关方面几次组织煤炭疏港，重点电厂、钢厂的煤炭库存普遍达到或超过了合理水平。

全年煤炭价格总体稳定，分阶段呈现“U”字形。一季度承接2004年供应紧张趋势，煤价处于高位；二、三季度需求增幅趋缓，市场煤价格也有所回落；四季度进入冬季用煤高峰，市场煤价格再趋回升。

（三）国家、企业和职工利益关系比较和谐。2005年，规模以上煤炭企业上交增值税和所得税624亿元，增长53.7%；企业留利370亿元，增长78.8%；企业成本增长45.5%，除材料费、电费增加外，主要是安全生产费用和职工工资增长，其中，原中央财政煤炭企业平均提取安全生产费用16元/吨。

三、存在的主要问题

（一）煤矿建设投资趋热，产能过剩压力增加。在近几年煤炭需求快速增长、煤价大幅上涨的情况下，各方面投资办矿的积极性空前高涨。2002～2005年连续4年分别完成固定资产投资286亿元、414亿元、702亿元和1144亿元，同比分别增长31%、43.3%、60.8%和65.6%。煤矿生产能力迅猛增长，潜在的产能过剩、供大于求的压力增大。

（二）铁路运力紧张局面有所缓解，但部分地区仍然紧张。近年来铁路部门通过对大秦、侯月等线路实施技术改造，运能明显增加，有效缓解了东南沿海地区煤炭供应紧张的压力，但其他铁路直达线路的运能均已饱和，运力增长受限，致使近年来地处中部的湖北、湖南、江西等省煤炭运输仍然比较紧张。

（三）煤矿安全事故不断发生，形势依然严峻。通过开展安全生产专项整治，煤矿安全生产状况总体略有好转，但重特大事故接连发生，死亡人数居高不下。2005年全国煤矿安全事故死亡5938人，居世界各国之首。其中发生一次死亡30人以上的重特大事故11起，死亡961人，同比增加3起、438人。特别是在一年中相继发生四起一次死亡百人以上的特重事故，造成了人民生命财产的巨大损失。

（四）计划内、外电煤价格矛盾比较突出。在全国煤炭价格总体稳定的前提下，电煤价格的结构性矛盾凸显。目前全国计划内电煤价格比市场电煤价格相差30～80元/吨，有的高达100元/吨左右。而计划内电煤一般为优质动力煤，这就造成同质不同价和优质低价的现象，未能形成正确反映市场供求状况和资源稀缺程度的价格形成机制。

四、2006年煤炭产运需形势预测

（一）需求小幅增长。随着国民经济保持平稳较快增长，煤炭需求也继续保持增长势头，但由于宏观调控成效进一步显现，以及大力发展循环经济和推进节约型社会建设，高耗能产品的过快增长继续受到抑制，社会各方面的节能效果愈益明显，煤炭需求的增幅将低于近几年的水平。预测2006年国内煤炭需求21.7亿吨左右，其中发电用煤12.1亿吨，加上出口8000万吨左右，总需求约22.5亿吨。

（二）产能过剩压力逐渐显现。据我委组织各产煤省（自治区、直辖市）统一核定，截止2005年4月，全国持有煤炭生产许可证的煤矿核定能力为22.6亿吨。而且近几年生产能力迅速增长，2005年投产新增能力至少在6000万吨以上，新建和改扩建煤炭项目增多，产能过剩的压力逐步显现。当然也存在一些不确定因素，主要是目前不具备基本安全生产条件的小煤矿，将有约5000处被关闭，这对煤炭产量也会产生一定影响。

（三）总运能继续增加，但局部趋于饱和。大秦线通过改造，2006年运能将达到2.5亿吨，新增5000万吨；侯月线增加500万吨左右。但石太、太焦、陇海等主要干线的运能均已饱和，2006年还将实施第六次大提速技术改造，增加运能困难。秦皇岛港“煤四期”扩能工程已经完工，“煤五期”工程将于2006年一季度完工，总计每年增加6500万吨的吞吐能力。

综上分析，2006年煤炭供需将保持总量基本平衡、比较宽松的格局，短期内不会出现全面供应紧张，也不可能出现严重供大于求，但不排除局部地区、个别时段出现紧缺或积压问题。

五、有关措施建议

2006年煤炭经济运行，必须坚持以党的十六届五中全会精神为指针，以科学发展观为统领，认真贯彻《国务院关于煤炭工业健康发展若干意见》，坚持总量调控、关小上大、有进有退、产能置换的原则，大力推进结构调整，提高产业素质，保障煤炭供需高质量平衡，促进国民经济平稳较快增长。

（一）加强产运需协调，保障煤炭供应。加强运行协调工作，做好生产与销售、产煤地区与消费地区、重点用户与一般用户、内贸与出口、铁路、公路和水路运输等综合平衡。抓紧建立全国煤炭运行监测监控系统，提高运行调节的针对性、时效性。根据近几年运行特点，要高度重视、重点抓好电力迎峰度夏和冬季取暖两个用煤高峰季节，以及元旦、春节等重要节日和重大会议期间的煤炭供应。加强市场动态监测，做好应对台风、洪涝灾害等紧急情况下的煤炭调度，保障稳定供应。

（二）进一步加强和完善煤炭生产监管。抓紧修订发布《煤炭生产许可证管理办法》，从井型规模、资源回收、环境保护、从业人员资质等方面提高准入条件，明确持证煤矿在煤炭生产过程中必须遵循的基本规定，并按照《国务院关于预防煤矿安全事故的特别规定》，加大对违法的处罚力度。抓紧制定完善煤矿生产能力核定办法和核定标准，加强生产能力日常监管，严格控制超能力生产。抓紧制定煤炭资源回收率、环境保护以及煤炭生产许可证年检办法等配套规章。

（三）继续推进煤炭订货制度改革。总结近年来煤炭订货初步改革经验，按照建立符合社会主义市场经济要求的煤炭市场交易机制的目标，进一步发挥市场对资源配置的基础性作用，打破行业垄断，减少政府干预，充分尊重和发挥市场主体的地位和作用，鼓励供需双方自主衔接，签订中长期合同。改革电煤价格形成机制，坚持在政府监管条件下放开电煤价格。组织有关方面开展调研，加快建立以全国煤炭交易中心为主体自主交易和政府宏观调控的现代化煤炭交易体系。

（四）加强煤炭经营监管，整顿煤炭市场秩序。进一步贯彻《煤炭经营监管办法》和我委关于严格规范煤炭经营资格审查监管的通知。组织和指导各地制定煤炭经营企业合理布局和总量调控规划，从注册资金、储运场地、经营设施、专业人员等方面抬高准入门槛。鼓励和支持耗煤量大的大中型工业企业，与煤矿签订煤炭直销合同，建立长期稳定的购销关系。对民用型煤加工经销继续大力推行集中粉碎、定点成型、统一配送、连锁经营的方式，扩大经营规模和供应区域。同时，依法打击在煤炭经营中短斤缺两、掺杂使假、偷税漏税等不法行为。

（国家发展改革委经济运行局煤炭处）

电力行业 2005 年运行分析及 2006 年趋势预测

（2006 年 3 月 17 日）

2005 年，在党中央、国务院领导下，电力行业认真贯彻落实科学发展观，深化改革，加强管理，生产经营保持良好势头。面对原煤价格上涨且高位运行的严峻形势，电力行业树立大局意识，克服困难，基本保证了经济社会发展对电力的需求。

一、运行情况

（一）用电情况

1. 全国用电量仍然保持较快增长，但增速有所回落。2005 年，全国全社会用电量 24689 亿千瓦时，同比增长 13.5%，增速减缓 1.4 个百分点。

2. 第二、三产业用电增速下降，居民生活用电增长较快。2005 年，第二产业用电对全社会用电增长的贡献率为 75.1%，同比下降 5.9 个百分点；居民生活用电增长对全社会用电增长的贡献率达到 12.5%，提高 4.9 个百分点。分析居民生活用电快速增长的主要原因：一是城乡居民收入稳步增加，家用电器拥有率迅速提高；二是城市化加快。居民家庭户均人口减少，新增户数增多较快；三是城乡同网同价和城镇居民峰谷分时电价的施行，大幅降低了居民生活电价水平，居民用电积极性提高。

3. 重工业用电快速增长，用电结构重型化趋势继续加强。2005 年，工业用电月度累计增长速度从二季度开始上升，四季度有所回落，但始终在 13.2%~14.4%之间运行。全年工业用电 18056 亿千瓦时，同比增长 13.4%，增速下降 3 个百分点。轻、重工业用电分别增长 7.9%和 14.9%，增速分别比去年同期下降 5.7 和 2.2 个百分点，重工业用电增速高出轻工业 6.9 个百分点。重工业用电占工业用电的比重继续增加，达到 79.6%，同比提高了 1 个百分点。部分高耗能行业用电增速明显回落，但黑色金属行业用电增长仍然持续强劲。

4. 各地区用电保持增长态势，但多数地区增速有所回落。分省来看，21 个省份用电增速保持两位数增长。其中，海南、云南、内蒙古、江苏和浙江用电增长迅猛，增速分别达到 25.1%、24.1%、20.9%、20.5%和 18.7%；而吉林、贵州、黑龙江用电增速不足 6%，分别仅有 1.7%、3.7%和 5.9%。

5. 负荷情况。2005 年，全国主要电网统调最高用电负荷合计 33220 万千瓦，同比增长 17%，高于统调用电量增速 2.9 个百分点，高峰时段拉限电负荷有所下降，反映电力供需矛盾有所缓解。其中，华东、华北和南方电网用电负荷增长较快，最高用电负荷分别达到 8581、8035 万千瓦和 5220 万千瓦，同比分别增长 24%、22%和 13.3%。

（二）发电情况

1. 发电量持续快速增长，水电情况良好。2005 年，全年累计发电 24747 亿千瓦时，同比增长 12.8%。其中，水电发电量 3952 亿千瓦时，增长 19.4%；火电发电量

20180亿千瓦时，增长11.5%。2005年，多数水库来水偏丰，尤其迎峰度夏期间全国来水较好，对缓解供电紧张局面起到了重要的作用。福建、浙江和广东等地水电发电量同比增幅达到50%以上。

2．发电装机情况。截至2005年底，全国合计装机50841万千瓦，首次跨越5亿千瓦大关，同比增长14.9%。其中，水电11652万千瓦，火电38413万千瓦。当年新增装机6600万千瓦，创历史最高。新增装机主要集中在华东和华北等电力供应较为紧张的地区。截至2005年底，全国电源实际在建规模约2.5亿千瓦。

3．发电设备利用小时数开始回落。2005年，全国发电设备累计平均利用为5411小时，其中水电设备利用为3642小时，同比增加180小时，火电设备平均利用5876小时，下降115小时。全国19个地区发电设备利用小时数出现下降，其中，内蒙古、江苏发电设备利用小时数下降最多，分别下降518和308小时。

4．电网项目建设情况。截止2005年底，全国220千伏及以上输电线路回路长度达到25.19万公里，同比增长9.6%，220千伏及以上变电设备容量达到86680万千伏安，增长15.9%。电网基建项目进展顺利，西北750千伏示范工程正式投产，一大批在建的输变电工程正在按计划积极推进。

（三）电力供需情况

2005年，全国电力供需经历了一个从非常紧张到较为缓和的过程。一季度，受装机不足、枯水、煤炭供应等因素影响，全国共有26个省级电网出现拉闸限电（比2004年同期增加2个），并且1月的限电损失电量占全年损失电量4成以上。迎峰度夏期间减少为20个（同比减少3个），负荷缺口低于2500万千瓦；冬季进一步减少为12个（同比减少10个），拉限电条次和损失电量大为减少。

（四）电力行业经济效益情况

1．资产负债情况。据统计，2005年电力行业资产合计36474亿，同比增长8.5%，负债合计20663亿，增长11.5%。

2．利润增长情况。2005年全行业产品销售收入17310亿，同比增长21.4%，利润总额1038亿，同比增长21.4%。

3．亏损情况。全行业亏损企业1280户，同比下降14%，亏损额127亿元，减少4.8%；其中火力发电亏损企业数增长3.4%，亏损额增长10.1%，电力供应亏损企业下降，亏损企业数下降18.3%，亏损额下降1%。

总体看来，火力发电企业在销售收入增长19%的情况下，利润只增长2%，亏损有所加大，应收账款增加，负债率上升，经营状况有所恶化。

二、2006年电力供需趋势预测

（一）用电需求增幅小幅回落。随着国家继续加强和改善宏观调控，高耗能行业的过快电力需求进一步得到抑制，电力需求增长趋势将进一步趋缓。预计全国用电量约27400亿千瓦时，增幅11%左右，同比下降2.5个百分点。分区域看，华北地区增长12.7%，下降3.8个百分点；华东地区增长12%，下降4个百分点；南方地区增长11.2%，下降1.3个百分点；华中地区增长10%，下降2个百分点；西北地区增长10.9%，下降1个百分点；东北地区增长5%，下降2.5个百分点。

（二）供需矛盾总体有所缓解，但区域性、季节性特别是时段性电力紧张的局面仍将存在。2006年，新增装机约7200万千瓦，比用电增幅预计高3个百分点；年初主要水电厂蓄水同比增加约三成；全年煤炭供求关系基本平衡；运输“瓶颈”进一步缓解。电力供需紧张形势将进一步缓和。预计全国夏季最大电力缺口将低于1000万千瓦。

从区域看，华北和南方地区偏紧，缺口都在600万千瓦左右（发生时间不同），主要在河北、山西、内蒙古、广东、广西和云南；华东地区夏季备用偏低，其他季节基本平衡；华中、东北地区基本平衡，西北地区供大于求。

从季节看，大部分地区用电紧张时段主要集中在夏、冬两季，但福建、云南、广西、湖南、四川、重庆、青海等水电比重大的省区，春季和夏初受水库来水影响较大，因此春季和夏初也将出现局部用电紧张状况；从时段看，电力紧张主要还是反映在夏季空调负荷集中开启时段。

（国家发展改革委经济运行局电力处）

钢铁行业2005年运行分析及2006年趋势预测

（2006年3月1日）

2005年，全国钢产量突破3亿吨，行业整体技术水平大幅提升，产品结构不断优化，企业联合重组取得进展，国际竞争力增强。预计2006年行业增长将有所放缓，同时，企业利润下滑趋势值得关注。

一、运行情况

（一）产量首次突破3亿吨。全年产钢34936万吨（以下数据如无特别说明，均为统计快报数；统计公报数为3.52亿吨），比上年增钢6888万吨（2003年、2004年增钢分别达到3843万吨和5129万吨），增长24.6%；产生铁33040万吨，增加7265万吨，增长28.2 %，产钢材37117万吨（统计公报数为3.97亿吨），增加7214万吨，增长24.1%。

分地区看，产量增幅较大的省有：河北（产钢7386万吨，增长25.3%）、江苏（3285万吨，增长31.6%）、山东（3184万吨，增长61.1%）辽宁（3057万吨，增长18%）等。年产量超过1000万吨的省有：山西、上海、安徽、河南、湖北、四川；华北地区产钢11626万吨，增长23.4%；华东地区产钢11280万吨，增长29.9%，两地区的产量占全国的三分之二。

分企业看，年产量突破1000万吨的有宝钢、武钢、鞍钢、首钢、沙钢、莱钢、济钢、唐钢等8家企业。此外，500万～1000万吨的企业有10家，300万～500万吨的企业有13家。

分类型看，重点企业产钢27884万吨，增长19.03%；产生铁24547万吨，增长22.5%；产钢材25051万吨，增长15.8%。重点企业钢、铁、材的增幅分别低于全国平均增速5.6、5.7和8.3个百分点。占全国产量的比重分别为79.8%、74.3%和67.5%，比上年同期分别下降3.7、3.4和4.8个百分点。

（二）钢铁产品进出口基本平衡。全年累计出口钢材2052万吨，同比增长44.2%；出口钢坯707万吨，增长16.7%。进口钢材2582万吨，下降11.9%；进口钢坯131万吨，下降66.1%。全年累计净进口钢材530万吨，净出口钢坯576万吨，钢铁产品进出口基本平衡。年初，在上年出口惯性作用下，钢铁产品出口增长势头迅猛，在有关限制高耗能、高污染和资源性产品出口的政策出台后，钢铁产品出口下降明显。钢坯、钢材出口在3月达到最高的146万吨和221万吨后稳步下降。从三季度开始扭转了上年9月以来坯材净出口的局面。尽管全年我国钢铁产品进出口数量基本平衡，但值得注意的是出口仍以传统的低附加值产品为主，进口则为高附加值产品，进出口价差300美元/吨左右。

全年累计进口铁矿石27526万吨，同比增加6718万吨，增长32.3%。

（三）钢材价格急剧下挫。2005年钢材市场价格大起大落。年初由于国内钢材新增资源增幅较低，以及受铁矿石价格上涨的预期影响，钢材价格在一季度攀上历史最高位。之后随着国家宏观调控力度加大，钢材需求增幅放缓，加上行业内部产能集中释放，国内新增资源大幅度增加，价格开始下滑，并于四季度大幅度下挫。年末的钢材价格综合指数收于94.18点，比年初下降了31.03点，下降24.78%，钢材综合指数相当于2003年下半年钢材价格刚刚恢复上涨时的水平。

其中普通钢材价格下滑幅度比特钢大，板材比长材大。年末的建筑用线材、螺纹钢等钢材价格与最高价位相差810～870元/吨左右，跌幅在20%以上，板材的价位相差1700～3400元/吨左右，跌幅在40%左右。

（四）利润增幅放缓，投资增幅回落。全年全行业产品销售收入23691亿元，同比增长30.09%；实现利润1274亿元，增长0.96%，增幅比上年回落78个百分点。重点大中型钢铁企业产品销售收入11753亿元，增长16.42%，实现利润769亿元，下降10.62%。

全年完成投资2281亿元，同比增长27.5%，增幅与去年同期大致相同。

年末冶金行业钢材产销率98.39%，比去年同期下降0.98个百分点；重点大中型钢铁企业年末库存钢材498万吨，实物产销率98.9%，保持着较高的水平。

（五）行业产品结构、企业组织结构继续优化。钢材品种中，板材产量14314万吨，同比增产3476万吨，占钢材增量的48.2%，增长32.1%，高于钢材平均增幅8个百分点，板管比45.6%，提高2.2个百分点；钢筋、盘条等建筑钢材产量12828万吨，增产2037万吨，占钢材增量的28.2%，增长18.9%，低于钢材平均增长幅度4.2个百分点。

2005年企业联合重组取得新进展。鞍钢、本钢的联合重组，武钢与鄂钢、柳钢的跨地区联合，首钢入股水钢，河北六家钢铁企业整合为南北两大钢铁集团等等。钢铁行业企业组织结构进一步调整，行业集中度有所提高。

二、存在的主要问题

近几年投资过快增长带来的风险逐步显现，导致钢铁供需形势发生了变化。

（一）产能集中释放，供求关系逆转。2005年钢铁月均日产水平总体呈逐月上升。即使在钢材价格大跌情况下，日产水平上升之势不减。1月平均日产钢80.95

万吨，逐月攀升，12月达到103.4万吨；1月日产生铁75.59万吨，12月97.8万吨；1月日产钢材84.23万吨，11月110.19万吨。

在产能加快释放的同时，针对高耗能、高污染和资源性产品出口限制的政策也开始实施，钢铁行业新增资源大量转向国内市场。截至2005年末，新增钢的资源流向国际市场的比例持续减少到20.3%，也就意味着全年增钢6888万吨中有5500万吨左右的新增资源投向国内市场，比上年增加了近一倍。国内钢材需求增长相对缓慢，使供大于求的状况加剧。

（二）利润空间缩小，亏损企业增加。2005年由于铁矿石大幅度涨价以及煤电油运价格的上涨增加了钢铁企业的生产成本。同时二季度以来钢材价格的深度下跌，一些品种跌进成本区，不少企业当期的生产经营出现亏损。钢铁行业和重点企业实现利润呈逐月下降趋势，3月份当月全行业实现利润151亿元，重点企业93亿元，从9月份开始，全行业利润负增长，亏损企业随之增加。全行业亏损企业个数增长34.58%，亏损额增加1.54倍。重点大中型钢铁企业亏损额增长1.85倍。

（三）板材价格跌幅高于长材，加剧结构调整困难。近几年钢铁行业结构调整有了长足进步，板材的生产能力大幅度增加，增长幅度一直大于长材，板管比不断提高，尤其是宏观调控以来，企业新增能力多为板带材，而长材的生产能力的增长则低于板带材。从发展角度看，由于工业化进程的推进，人民生活水平的提高，板材的消费水平肯定将要提高。但目前我国所处的阶段，对板材的消费需求也呈阶段性特点，今年国内钢材市场板材的跌幅大大高于长材也是这种消费需求的反映。相对于市场调节能力较强的长材，板材市场的竞争将更加激烈，这也为下一步结构调整增加了难度。

三、2006年钢铁行业趋势预测

2006年作为“十一五”开局之年，预计钢材需求将稳定增长。目前，我国正处在工业化、信息化和城市化进程加快的阶段，也是居民消费结构升级并带动产业结构调整步伐加快的阶段，基础设施建设和城市化建设大规模的展开，投资需求将持续扩大，随着城乡居民消费收入的不断增长，将推动住宅、汽车等消费的持续扩大。可以预料国内对钢材需求还有很大的拓展空间，钢材需求将保持稳定增长的态势。同时随着科学发展观的进一步落实，增长方式的转变以及能源、资源、环境的约束，以往粗放型的增长方式不可能持久。实施宏观调控的情况下，国内对钢材的需求将由前两年的高速增长转为平稳较快增长。

同时，历经几年高速发展，钢铁产能快速扩张，供需形势发生变化，产能的增长快于需求的增长，供大于求的压力不断加大，今年钢铁行业将面临更加严峻的考验。

一是产能过剩矛盾将更加突出。近两年我国钢铁产能增长较快，从去年开始产能过剩的压力逐步显现。今年的炼钢能力将进一步扩大。即使考虑需求增长，产能释放也将对钢材市场形成巨大的压力。

二是成本上升的压力依然存在。2005年进口铁矿石价格上涨71.5%，今年将继续在高位徘徊，且进一步上涨的压力依然存在；煤电油运等原燃料价格也呈上升之势，钢铁企业生产成本将进一步加大。

因此2006年的钢材价格将面临两头的挤压，钢铁企业实现利润的空间会进一步缩小，钢铁工业整体将走向微利的局面。

（国家发展改革委经济运行局）

机械行业2005年运行分析及2006年趋势预测

（2006年3月17日）

2005年，机械行业积极应对经济运行中的新情况和新问题，努力消除不稳定、不健康因素，克服因原材料大幅涨价、清理电站项目等带来的不利影响，生产稳步增长，经济效益保持平稳增长。预计2006年机械行业将保持较快发展势头。

一、运行情况

（一）生产、销售稳步增长。2005年，机械行业生产保持较高的增长速度。完成工业总产值 4.14 万亿元，同比增长 21.6%，增幅下降 5 个百分点，占全国工业总产值的 17%。工业产值增速一季度曾小幅回落，二季度以后逐月增长。累计产销率 98%。

农业机械、电工电器、重型机械、石油化工、机床工具、仪器仪表、通用零部件、食品包装机械等行业订单饱满、产销两旺，增长速度均保持在 20%以上。随着市场回暖和国际市场的逐步开拓，工程机械行业增速逐渐回升，全年累计增长 14.1%，增幅提高 6.7 个百分点。尽管市场需求波动较大，汽车行业累计增长仍保持在 9.5%，但增幅较 2004 年降低 8 个百分点。

（二）新产品研发力度有所加强。全行业完成新产品产值 7107 亿元，同比增长 10.8%。仪器仪表、石化通用、重型矿山、机床工具、电工电器和机械基础件等六个分行业新产品产值增速高于总产值增速。其中冶金矿山行业同比增长 40.7%，为全行业之首。新产品附加值较高，增加了企业的效益，也为“十一五”储备了新产品。

成功研制 60 万千瓦超临界和超超临界机组、100 万千瓦超超临界发电机组，20 万、40 万千瓦重型燃气轮机和 37 万千伏安/525 千伏变压器；自行研制的 75 万伏变压器、电抗器、控制保护系统、导线等全部设备在我国首个 75 万伏输变电示范工程中得到采用；成功研制大型联合采煤机、秦皇岛煤码头 8000 吨/时成套装卸设备，大型船舶柴油机曲轴等关键设备和零部件；成功研制主轴速度可达 4000 转/分、刀具主轴最高转速达 6000 转/分、换刀时间仅 2 秒的复合加工中心；成功研制工作台面 2.5 米×8 米、工作面承重 5 吨/米 ^{2}、主轴转速 240～24000 转/分，零件一次装卡可以完成五面和多种空间方向，并可以达到铣、搪、钻加工要求的五轴加工中心。上述新产品新技术为国家重大装备制造的升级换代发挥了关键作用。

（三）出口增幅首次高于进口。全行业累计进出口 2229 亿美元，同比增长 16.7%；其中进口 1184 亿美元，增长 4.8%；出口 1044 亿美元，增长 34.1%，出口增幅高于进口近 30 个百分点；逆差 139 亿美元，比 2004 年下降近 50%。

汽车、工程机械、农业机械、机床等大型机械产品出口大幅增长。汽车、工程机械在国内市场供过于求的情况下，企业积极开拓国际市场，稳定销售渠道，批量、大额出口增加，取得了显著成绩。由于对外石油开发业务的不断开拓，随项目出口的国产石油机械也逐年增多。

二、突 出 问 题

（一）发电设备生产和订货过于集中。2005 年发电设备制造继续高速增长，产量达到 9640 万千瓦，同比增长 30.2%。发电设备生产任务过于集中，远远超过了国内企业生产能力，部分关键零部件只能靠国外企业的协作完成。发电设备订货过于集中不利于机械行业均衡安排生产，由于后两年签订的发电设备订货合同明显下降，预计 2008 年生产能力有可能部分放空，造成资源浪费。

（二）原材料价格涨幅较大。虽然 2005 年机械行业较往年合同饱满，但所需的钢材、有色金属、化工产品等原材料以及电、油、煤、气等动力产品的价格上涨，给机械行业企业的生产经营带来了很大的压力。特别是硅钢片、铜、铝、绝缘材料等，价格同比上涨近一倍。

（三）机械行业凸现产能过剩危险。机械行业是竞争性行业，一定的产能过剩是市场竞争的基础，但是当前已有迹象表明机械行业产能供过于求局面越来越严重。主要表现在，产品趋同，资源供应分散，市场恶性竞争。例如，仅生产电力变压器行业企业就有 1000 家以上，技术水平普遍偏低，互相争抢资源和用户，这也是导致矽钢片供应紧张的重要原因之一。

（四）机电产品出口短期内增幅过快，贸易纠纷增多。2005 年电动机、手动搬运车等大宗机械产品出口数量激增，屡屡招致进口国家反倾销，给外贸出口平稳增长带来隐患。

（五）人民币升值加大了机电成套设备出口成本负担。人民币对美元汇率升值，对合同周期长、金额大、结算周期长的成套机电设备项目造成的损失较大，这部分项目因兑换人民币费用上升，成本负担加重。

三、2006 年发展趋势分析预测

影响机械行业 2006 年发展形势的因素主要表现在以下几个方面：

（一）合同订单充足。发电输变电设备、冶金矿山设备、石油化工设备等生产重大装备的企业 2006 年合同订单较为充足，主要品种产值、产量将比 2005 年高。主机制造任务饱满，将带动辅机和配套零部件产品生产，对全行业保持稳定发展起决定性作用。

（二）机械产品需求出现新的热点。随着对农业各项优惠政策的实施，提高了农民购买农业机械的积极性，有力地促进农业机械持续发展；同时，数字化制造技术的蓬勃发展，带动机床工具行业加快发展。

（三）能源等外部生产条件趋于好转。煤炭、电力供应趋于宽松，为机械生产安排提供了良好条件。但大型发电机组、大型电力变压器、大型冶金矿山设备、石油石化设备等重大装备超限运输任务多于往年，铁路特大型特种车辆少，周转难度大，运输紧张形势进一步加剧。

（四）主要原材料供应紧张的形势有所缓解。普通钢材供应基本缓解，价格不会出现大的波动。合金钢、电工钢、铜铝等有色金属、合金炉料供应相对紧张，价格将居高不下。化工产品价格不会有明显下降。原材料价格波动继续对机械行业的亏盈产生较大的影响。

（五）机械产品出口继续增长。国际市场对汽车、农机、工程机械等大型产品的需求，成为机械产品出口新的增长点。

综合上述情况分析，预计2006年机械行业工业总产值增幅将保持在15%~18%。

四、有关措施建议

（一）平衡安排投产进度，促进机械行业平稳增长。电工电器行业产值占全行业四分之一，与各分行业关联度大。建议安排“十一五”发电、输变电建设项目时，考虑电工电器行业稳定、持续、快速发展需要，适当控制项目建设在各年度分布的节奏。

（二）强化经济运行调节，确保重点工程机电设备项目顺利实施。在发电、输变电等重大装备所需关键原材料出现严重紧缺，价格大幅度上升，严重影响国家重点企业重大装备的生产制造时，建议进一步强化经济运行调节，采取必要措施，确保重点工程关键设备项目顺利实施。

（三）进一步发挥行业协会在外贸出口方面的协调作用，维护外贸出口秩序。通过信息引导和协调，促进企业把握好出口节奏，积极建立稳定的出口渠道和强化售后服务措施，主动做好预防反倾销措施，使损失最小化。

（国家发展改革委经济运行局机电处）

有色金属行业2005年运行分析及2006年趋势预测

（2006年3月1日）

2005年，有色金属行业运行情况良好，生产平稳增长，经济效益创历史最好水平。国家宏观调控政策在电解铝和铜冶炼行业贯彻落实取得成效。

一、运行情况

（一）全行业投资增幅相对稳定，但铜冶炼投资增幅较大。有色金属矿采选业实际完成投资182.6亿元，同比增长56.4%；有色金属冶炼及压延加工业实际完成投资758亿元，增长32.4%。其中:铝冶炼完成投资263亿元，增长6.6%，电解铝盲目发展势头得到了有效遏制；铜冶炼完成投资74.3亿元，增长130.2%；铅锌冶炼完成投资68亿元，增长63.9%。

（二）生产平稳增长，产品结构改善。2005年十种有色金属产量1635万吨（统计公报数，以下铜、电解铝、氧化铝产量和增幅均为统计公报数，其他为快报数），同比增长13.2%。其中铜产量260万吨，增长18.1%；铅产量238万吨，增长31.3%；锌产量271万吨，增长7.6%；电解铝产量779万吨，增长16.4%。氧化铝产量851万吨，增长21.9%。铝加工材产量594万吨，增长29.1%；铜加工材产量489万吨，增长11%。

（三）销售收入及效益均取得历史最好水平。实现销售收入8784亿元，同比增长36.4%；利润总额619亿元，增长53.6%；交纳税金279亿元，增长43.1%。其中有色金属矿采选业实现销售收入1070.6亿元，同比增长48.9%，利润199亿元，同比增长97.7%，矿产品供不应求使矿业利润水平大幅度提高；有色金属冶炼及压延加工业销售收入7713.6亿元，同比增长47.8%，利润420亿元，同比增长38.9%。其中铝冶炼行业实现利润108亿元，增长47%；铜冶炼行业利润总额55.5亿元，增长92.4%；铅锌冶炼行业利润总额23.7亿元，增长72.8%；压延加工业利润总额131.8亿元，增长35.7%。

（四）进出口快速增长，电解铝出口下降。全年进出口总额468亿美元，同比增长28.6%。其中出口165亿美元，增长24.4%。随着禁止电解铝出口加工贸易政策的实施，出口未锻轧铝132万吨，下降21.7%；出口铝加工材71万吨，增长65.1%。进口氧化铝702万吨，增长19.4%；进口铝加工材65万吨，增长6.1%。进口铜矿406万吨（实物量），增长41.4%；废铜（实物量）482万吨，增长21.8%；未锻轧铜142万吨，增长2.5%；粗铜13万吨，增长12.9%；铜材112万吨，减少6.4%。

进口铅精矿（实物量）103 万吨，增长 24%。

（五）有色金属价格居高不下。2005 年伦敦金属交易所现货铜平均价 3678 美元/吨、铝 1898 美元/吨、铅 976 美元/吨、锌 1381 美元/吨、镍 14738 美元/吨，均为近几年的最高平均价。国内市场铜平均价 35254 元/吨、铝 16949 元/吨、铅 9316 元/吨、锌 13945 元/吨、镍 148264 元/吨。国内外市场平均价格均比 2004 年大幅上涨，其中铜价国内市场上涨 26%、国际市场上涨 28.4%；锌价国内市场上涨 29.9%、国际市场上涨 32.1%。

（六）结构调整取得明显成效。铝锭综合交流电耗、氧化铝综合能耗、镍冶炼总回收率等冶炼技术经济指标达到历史最好水平。中国铝业公司整合了万方铝业公司、洛阳铜加工集团公司等一批有色金属行业的骨干企业。能耗高、污染严重的落后自焙槽生产工艺基本全部淘汰。差别电价促进了技术进步和产业结构升级，提高了能源利用效率。各省市按照国办发[2005]54 号文件要求清理铜冶炼建设项目，有效制止了盲目投资行为。

二、主要矛盾和问题

（一）产业结构失衡，重要原料供不应求。矿山原矿品位下降，资源供给严重不足，结构性矛盾突出，多数有色金属品种都面临加工能力大于冶炼能力，冶炼能力又大大超过精矿保障能力的难题。如我国铜储量、基础储量和资源量分别占世界总量的 5.5%、4.6%和 3.8%；2005 年国产铜精矿含铜量 65 万吨，仅可满足生产矿产粗铜的 40.5%，占全部铜产量的 23.5%。冶炼企业长期依赖进口原料维持生产，风险很大。全年进口铜矿平均价格达 913 美元/吨精矿（2004 年平均价格 777 美元/吨精矿）；进口氧化铝平均价 370 美元/吨，12 月国产氧化铝现货价格甚至 5200 元/吨，进口氧化铝现货价格达到 610 美元/吨。锌精矿供应紧张，进口实物量仅 57 万吨，同比下降 7.8%。

（二）氧化铝、铜冶炼、铅锌冶炼行业盲目投资问题突出。不顾资源和外部条件，环境影响评价及土地使用手续不齐备的氧化铝盲目建设项目屡禁不止。在建项目计划建设总能力 1215 万吨，投资总额估算约 550 亿元；拟建项目总能力 320 万吨。预计 2006 年底形成 1130 万吨能力，2007 年底形成 1750 万吨能力，“十一五”末总能力将达到约 2100 万吨，届时资源难以保障的矛盾将更突出。

目前全国有在建、拟建铜冶炼项目 18 个，建设总能力 205 万吨，是 2004 年底能力的 1.3 倍。其中:在建项目 11 个，建设总规模 115 万吨，投资总额 101 亿元；拟建项目 7 个，总冶炼能力 90 万吨。2007 年底将形成近 370 万吨冶炼能力，远远超过当年国内铜精矿预计保障能力和国际市场可能提供的铜精矿量，许多生产企业和新建项目将面临无米之炊的局面。

在建铅锌冶炼投资项目计划投资 140 亿元，合计建设产能 315 万吨以上。如果这些项目全部投产，将新增铅产能 190 万吨、锌 290 万吨。

（三）电解铝企业亏损严重。电解铝生产用电难以按国际通行模式铝电有机联营，或直供电力，影响铝行业持续发展。电解铝产能过大使企业不得不高价购买现货氧化铝，进口价长期处在 4700～6200 元/吨，国产氧化铝现货价也达到 4330～5200 元/吨，氧化铝占电解铝生产成本的比重高达 55%。电解铝产品供过于求、很长一段时间价格低迷，2005 年亏损的 80 个铝冶炼企业大多数是电解铝企业，亏损额 13.1 亿元，同比增长 1.1 倍。

（四）铝加工行业产业集中度低，产品结构不合理。我国 1400 余家铝加工企业平均产量仅 0.42 万吨，超过 20 万吨的企业仅 1 家。铝加工中直接利用电解液铸造锭坯或铸轧板坯代替重熔铝锭，每吨产品可节约 700 千瓦时电力或 70 千克重油，减少金属烧损 2.0%～2.7%，缩短生产周期，降低生产成本 800 元/吨以上。发达国家 70%以上的挤压锭坯、热轧板坯和铸轧板坯由电解铝液或再生铝液直接生产，而我国则 80%是用重熔铝锭生产。国外高附加值板带材与型材比例为 6:4，我国仅为 3:7；国外工业型材与建筑型材比例为 7:3，我国仅为 3:7。高档产品不足，影响铝加工业的持续发展。

（五）电解铜价格过高，铜加工企业经营困难。2005 年全年铜价一直处于相当高的水平，铜冶炼企业虽然有一定的利润，但是铜精矿货紧价扬使冶炼企业的成本大大上升，难以向下游企业让利，致使江浙地区规模较小的铜加工企业纷纷停产，电线电缆生产企业由于成本增加出现亏损。

（六）铅锌冶炼企业污染环境事故频发。2005 年连续出现某铅锌冶炼企业在生产设施检修期间超标排放重金属污染江河影响下游城市生活用水事故，及另一个大型冶炼企业由于环保设施不完善造成锌渣污染湘江的事故。

三、2006 年趋势分析

今年以来，铜价仍维持在相当高的水平，国内市场 1 月平均价格比去年同期增长 43.8%，达到 45067 元/吨，二月初甚至达到 50200 元/吨；电解铝 1 月平均价格比去年同期增长 21.7%，达到 19597 元/吨，二月初达到 21800 元/吨；锌 1 月平均价格比去年同期增长 56%，达到 18987 元/吨，二月初达到 22000 元/吨。

预计2006年有色金属行业总体上仍将保持良好的运行态势。电解铝行业将走出低谷，实现全行业盈利。铜价在一季度末将有一定程度的下降，铅、锌、镍、锡等主要有色金属品种也将保持良好的市场形势。但是部分行业产能过剩的局面仍将持续；矿产资源难以满足冶炼能力增长需要的矛盾将日益严重，矿产品仍将维持较高价位；不顾资源、环境、技术等外部条件氧化铝、铜冶炼、铅锌冶炼的盲目投资问题仍将十分突出，一些新建项目甚至会采用落后生产能力和工艺；电解铝行业也面临投资反弹压力。产业结构调整任务依然艰巨。

（国家发展改革委经济运行局）

纺织行业2005年运行分析及2006年趋势预测

（2006年3月10日）

2005年我国纺织行业面对国际贸易摩擦加剧、人民币汇率机制改革以及国际原油价格持续上涨等诸多挑战，纺织行业深入贯彻科学发展观，走可持续发展道路，生产、销售、出口、效益及投资均实现快速增长。

一、运行情况

（一）生产快速增长。2005年纺织行业规模以上企业完成工业总产值20471亿元，同比增长26%；增加值4999亿元，增长26.5%；产销率97.8%，提高0.1个百分点。根据快报统计，主要产品产量除化纤增幅略低外其他产品均大幅提高，其中纱产量1412万吨，增长23.6%；布378亿米，增长17.5%；服装148亿件，增长16.8%。受原料价格高位振荡影响，化纤产量1629万吨，增长14.8%，较去年增幅下降了5.5个百分点。

（二）出口规模扩大。2005年我国纺织品服装出口1175亿美元，同比增长20.7%，其中纺织品440亿美元，增长22.9%；服装735亿美元，增长19.4%。纺织品服装出口的主要特点：

一是对欧美地区出口增长较快。由于配额制度取消，2005年我国对美国出口196亿美元，同比增长66.1%，对欧盟出口189亿美元，增长55.3%，两地区共计出口385亿美元，占全国出口比重由去年的1/4提高到1/3，对出口增长的贡献率达到72%，美国、欧盟一跃成为我国最大出口国家和地区的前两位，打破了原有的以日本和香港居出口前列的贸易格局。二是一般贸易出口比重继续提高。2005年我国纺织品服装一般贸易出口819亿美元，占全部出口的比重达到69.7%，比上年提高2个百分点。三是民营企业出口快速增长，国有企业比重不断下降。2005年民营企业出口320亿美元，同比增长60.7%，占出口总额的27.3%，提高了7个百分点，对出口增长的贡献率达到60%；而国有企业出口349亿美元，同比仅增长2.2%，所占比重由去年的35%下降到30%。

（三）经济效益稳步提高。2005年纺织行业实现销售收入19794亿元，同比增长26.3%；实现利润690亿元，增长36%。除化纤行业效益明显下滑外，其他行业利润均实现快速增长，其中：棉纺织行业因市场需求旺盛和棉价回落，实现利润160亿元，增长77%；纺织制成品、毛纺、针织、服装行业利润分别增长59%、44%、37%和33%。

（四）固定资产投资增长较快。2005年纺织行业固定资产投资（城镇500万元以上项目）完成额1597亿元，同比增长35%，其中棉纺行业520亿元，占行业投资总额的1/3，增长55%。毛纺织、针织、服装、纺机等行业的投资热情依然不减，分别增长了46%、42%、46%、54%。投资的高速增长一方面说明了市场需求旺盛，企业发展后劲较足，另一方面造成国内原料供求矛盾加剧，进口依存度增加，市场风险加大。如化纤行业近5年投资较为集中，特别是聚酯能力从2000年的490万吨增加到2005年的1800万吨，增长了2.7倍，但其原料PTA60%以上依赖进口，随着国际原油价格的大幅上涨，2005年化纤行业利润下滑20%，平均开工率仅为70%，投资基本停滞，同比仅增长2%。

分地区看，纺织投资区域间差距逐渐缩小。东北三省固定资产投资在2004年增长75%的基础上，2005年完成投资76亿元，同比增长68.8%；中部六省投资完成额256亿元，增长44.9%，增幅提高了11.3个百分点。东部地区投资仍占主体，投资完成额1161亿元，增长

32.1%。西部地区投资减缓，完成投资 104 亿元，增长 32.7%，增幅回落了 15.8 个百分点。

二、存在的突出问题

（一）国际贸易摩擦不断加剧。随着配额取消，纺织品服装出口潜力集中释放，短时间内对欧美地区出口出现高速增长；欧美等国坚持贸易保护主义立场，采取特保、反倾销等多种形式对我纺织品服装出口实施限制；另一方面，出口数量快速增长的同时，价格却不同程度下降，反映追求数量，产品附加值低的特征仍十分明显。另外，企业在劳动用工、社会保障、行业自律等方面缺乏规范运作，在一定程度上也加剧了贸易摩擦。

（二）棉花供求形势不容乐观。据统计，2005 年度全国棉花总消费量达 940 万吨，比上年增加 80 万吨，而国内棉花产量为 570 万吨，缺口达到 370 万吨。由于供需矛盾突出，目前企业用棉价格高出国际市场 20%左右，棉纺行业竞争力明显削弱。

（三）人民币汇率调整。就目前而言，由于我国纺织行业出口顺差大、平均利润率低（行业平均利润率 3%左右），对人民币升值的承受能力十分有限，2005 年下半年，因人民币升值 2%已对纺织行业的当期效益产生了较大影响。2006 年人民币继续升值，仍将对纺织行业的经济运行产生较大压力。因此，尽快增强产业创新能力，提高产品附加值，运用多种手段规避汇率风险对我国纺织行业今后的发展至关重要。

（四）自主创新、品牌建设、市场规范等方面存在明显不足。高端纺织机械如喷气织机、自动络筒等主要依赖进口；纺织服装出口主要是贴牌加工，创新设计不足，自主品牌走上国际市场的寥寥无几，严重影响了我国纺织行业国际竞争力的提升。此外，部分企业在劳动用工、社会保障、环境保护、知识产权保护、税收制度及土地政策等方面执行的不规范，不仅影响优势企业竞争力的发挥，加剧了部分地区低水平产能的扩张，也影响到我国纺织行业在国际上的整体形象。

三、2006 年发展趋势预测

2006 年是“十一五”规划的开局之年，也是纺织行业加快结构调整、促进产业升级的关键之年。据预测，2006 年国内外经济仍将保持增长态势。国内外经济稳步增长将进一步推动对纺织品服装的需求，促进我国纺织行业的发展。同时，中美、中欧纺织品贸易协议的签署为企业出口创造了相对稳定的环境，出口仍将继续增长；国家关于扩大内需、增加就业、完善社会保障等一系列的宏观经济政策均有利于促进衣着消费增长；此外，中部崛起、东北老工业基地的改造、西部大开发等各项重大决策的启动势必带动这些地区纺织行业的发展。

在看到发展机遇的同时，也要充分认识到挑战依然存在。首先，国际贸易摩擦多样化、范围广、全方位态势仍将成为制约我国纺织产业在国际市场上发挥比较优势的重要因素，国际竞争将更为激烈；其次，棉花、化纤原料等资源及环境约束也将对产业发展形成较大制约；再次，行业内部多年积累的结构性矛盾仍将影响纺织行业持续健康发展。

根据以上分析，预计 2006 年纺织行业仍将保持较快发展。纺织行业满足内需的能力将继续扩大；终端消费市场向多元化、差异化、品牌化方向发展；出口形势将趋于稳定，但增速有所回落；纺织投资更为理性，投资结构将进一步优化。主要预期目标是：规模以上企业工业总产值 24000 亿元，增长 20%左右；纱、化纤产量均增长 10%左右；出口 1350 亿美元，增长 15%左右。

总之，纺织行业要紧紧抓住当前的战略机遇期，坚持以科学发展观为指导，把资源环境约束和贸易摩擦转化为促进升级的内在动力，加快结构调整和全面推进技术进步，增强自主创新能力，可以预见，2006 年纺织行业经济运行仍将继续保持平稳快速发展。

（国家发展改革委经济运行局纺织处）

建材行业 2005 年运行分析

（2006 年 2 月 27 日）

2005 年建材行业尽管受到一些不稳定、不健康因素影响，但综观全年，经济运行继续朝着国家宏观调控方向发展。主要呈以下几个特点：

（一）生产和投资增速减缓。据快报，全国累计生产水泥 10.38 亿吨，同比增长 11.6%，增幅下降 4.1 个百分点；累计生产平板玻璃 36574 万重箱，增长 16.8%，增幅下降 3.7 个百分点。规模以上企业累计完成工业总产值（现价）10190 亿元，增长 24.7%，增幅下降近 6 个百分点，低于重工业平均值 3.3 个百分点。

固定资产投资增幅下降明显。累计完成投资 1395 亿元，同比增长 26.6%，回落 15.1 个百分点，比第二产业平均增幅低 23.3 个百分点。水泥行业完成投资 412 亿元，同比减少 22 亿元，降幅达 5.1%。新增固定资产投资基本都集中在大型新型干法水泥生产线，投资结构更趋合理。

（二）销售平稳增长。规模以上建材企业工业销售产值（现价）9931 亿元，同比增长 24.8%。平均产销率为 97.45%，同比提高 0.1 个百分点，产需衔接水平进一步提高。累计实现销售收入 8834 亿元，增长 26.2%。其中，水泥销售增长 13%；平板玻璃增长 16.4%；建筑及卫生陶瓷制品增长 31.6%；非金属矿采选增长 46%。

建材价格总体平稳，但不同地区不同时段价格表现并不相同。非金属矿采选产品价格普遍上涨，水泥在华东地区降幅较大，西南地区略有上涨。平板玻璃价格去年下半年开始逐步走低，全年平均价格和上一年相比下降明显。

（三）出口持续向好。出口交货值 918 亿元，同比增长 27.1%。累计出口创汇总额 97.6 亿美元，同比增长 37.1%，增幅较上一年提高 2.6 个百分点。平板玻璃、深加工玻璃、建筑卫生陶瓷、玻璃纤维纱出口在连续多年高增长基础上去年继续保持超过或接近 40%以上增幅。特别是水泥出口大幅度增长，累计出口水泥及熟料 2215 万吨，增长 215%，出口的绝大部分是新型干法水泥，质量得到全面提升。

（四）行业整体效益不减。受能源、原材料和运输涨价及水泥、平板玻璃行业价格下降的影响，上半年行业效益曾出现大幅度下滑，下半年开始逐步好转，年底全行业盈亏相抵后利润总额 409 亿元，与上一年相比略有提高。其中，非金属矿采选、砖瓦石材及其他建材、水泥制品、玻璃深加工等行业盈亏相抵后，利润增幅分别达到 100.6%、24.7%、14.5%、34.5%。

山东、河南省建材行业利润增幅分别高达 43.1%、91.3%，四川、重庆、云南、湖南、新疆建材行业效益同比也有较大幅度增长。部分大企业集团通过改革创新和强化管理等措施，业绩大幅度提高，如中国建材集团、山东玻璃集团利润分别增长 39.7%和 20%。

（五）技术进步、结构调整取得进展。新型干法水泥生产线主要技术经济指标基本达到了当代国际水平。与上世纪 90 年代初期同规模生产线相比，热耗下降了 5%~10%，电耗下降了 10%~15%，系统运转率由不到 80%提高到 92%；节能降耗效果突出，环保实现达标排放，大幅度降低了环境污染。

机立窑等落后生产工艺淘汰加速，水泥工业结构调整加快。新型干法水泥熟料产量同比增长 47.4%，新型干法水泥比重达到 40%。与此同时，生产集中度得到进一步提高，大企业在国内区域市场调控能力和在国际市场竞争力增强。水泥产量前 10 位大企业总产量超过 1.5 亿吨，市场份额达到 15%。

回顾 2005 年，建材行业经济运行突出的矛盾问题：

一是部分行业产能增长仍然较快。近年来水泥产能保持高速增长，年净增近 1 亿吨。浮法玻璃 2005 年新建成投产 23 条线，新增产能 7200 万重箱/年，存在潜在过剩苗头。

二是生产成本压力巨大。受燃原材料及运输涨价影响，水泥生产单位成本增加支出 15～20 元，平板玻璃单位成本增加 10 元/重量箱以上。初步测算，去年建材行业增加成本费用支出约 300 亿元。

三是相当部分产品量增价跌。随着需求回落，供求矛盾逐渐暴露，市场竞争日趋激烈。全国除西南、西北地区外，多数地区水泥价格较去年同期走低。全国重点水泥企业水泥平均含税出厂价格 281 元/吨，比上年下降了 3.5%。江浙一带水泥出厂价由上一年近 400 元/吨下降到 200 多元/吨。全国重点企业平板玻璃平均出厂价格也下降了 10 元/重量箱多。

四是建材骨干行业和多数地区利润减少亏损增加。水泥实现利润 80.5 亿元，同比下降 38.7%。平板玻璃行业实现利润 8.8 亿元，下降 68.2%。亏损企业亏损额达 91.3 亿元，增长 52.5%，亏损面达 19.8%，增加 2.5 个百分点。全国除山东等 10 个省（市、区）建材行业效益同比有所提高外，其他 21 个省（市、区）都是下降的。特别是浙江省上一年实现利润 43.3 亿元，去年则下降为 20.9 亿元，降幅为 48.3%，亏损企业亏损额也由 2.5 亿元上升到 8.9 亿元，增加了 2.56 倍。

展望 2006 年建材行业运行，机遇与挑战并存。虽然煤电油运形势较 2005 年会有所改善，但一些深层次矛盾和不稳定、不健康因素依然存在。特别是随着一大批建材新线建成投产，产能增加和结构调整步伐加快，不可避免地出现市场竞争加剧、价格下降。因此，2006 年建材行业必须坚定不移继续贯彻宏观调控政策，巩固已经取得的成果。搞好总量控制，大力发展先进生产力，加速淘汰落后生产能力，努力把局部地区短期内新增产能过快带来的负面影响降低到最低限度，促进行业经济运行平稳和健康发展。

（国家发展改革委经济运行局）

轻工行业 2005 年运行分析及 2006 年趋势预测

（2006 年 3 月 23 日）

2005 年，在国内外市场需求拉动下，轻工行业生产、出口、效益继续平稳较快增长，结构得到改善，质量有所提高，经济运行呈现良好态势。

一、运行情况

（一）生产快速增长。规模以上企业累计完成工业总产值（现行价格）46313 亿元，同比增长 26.3%，比上年同期提高 0.5 个百分点；产销率 97.9%，比上年同期提高 0.2 个百分点。出口交货值实现 11236 亿元，增长 21.7%，比上年同期降低 2.2 个百分点。

增长较快的行业有：农副产品加工业、塑料制品业、造纸及纸制品业、家用电器制造业、食品制造业、皮革毛皮制品业。上述 6 个行业的产值总量占轻工行业全部产值的 67%。

主要产品中，乳制品、软饮料、机制纸及纸板、微波炉、吸排油烟机、家用洗衣机、冷柜产量增长幅度在 14.5%～30%。

（二）效益大幅增长。规模以上企业累计实现产品销售收入 44870 亿元，同比增长 26.5%；销售收入利润率 4.6%；利润总额 2061 亿元，增长 31.3%。

利润总额排在前几位的行业是：农副产品加工、饮料、塑料制品、食品制造、造纸及纸制品、日化产品（均在 150 亿元以上）。

全年销售收入增幅同比略有减少，销售收入利润率提高 0.2 个百分点，利润增幅同比提高 7.5 个百分点。行业经济运行质量有所提高。

（三）进出口贸易增长较快。累计实现出口额 1941 亿美元，同比增长 23.5%，增速比上年同期降低 1.6 个百分点；进口额 505 亿美元，增长 6.7%，增速比上年同期降低 18.9 个百分点；实现贸易顺差 1436 亿美元，增长 32.1%。

20 大类轻工产品出口全部实现增长。制浆造纸、轻工机械、家具、塑料制品等类产品出口增速均超过 30%，衡器、家用电器、日用化学品、灯泡、食品饮料、文教体育用品、金属制品、日用杂品、工艺美术品、日用硅酸盐、照明器具、木制品及其他天然植物制品等类产品的出口增速在 20%以上。绝大部分的产品出口额增幅均大于出口量增幅，出口产品的结构有所调整，产品单价上升、附加值提高。

进口的 20 大类产品中，进口额较大的 4 个行业是：食品饮料（100 亿美元）、塑料制品（82.9 亿美元）、制浆造纸（74.9 亿美元）和日用化学产品（59 亿美元）。进口负增长的是：轻工机械（-18.2%）、衡器（-17.9%）、制浆造纸（-1.4%）。

（四）企业积极应对汇率变化。7 月 21 日人民币汇率升值（2%）后，受即时汇兑和升值预期影响，以出口市场为主的家电、皮革、自行车等行业短期内出口盈利水平、出口产品长期订单数量受到一定影响，但升值幅度尚在可承受范围内，不利影响可通过企业适应性调整逐步消化。而人民币汇率调整后，提升了出口产品的“身价”，有利于促进产业结构升级和出口产品结构调整，有利于提高企业核心竞争力。汇率升值存在的空间，对行业发展既是挑战又是机遇。

二、存在的主要问题

（一）部分行业生产成本压力较大。生产用原辅材料、燃料价格仍保持较高的价位，部分地区电力短缺、供油偏紧，家电、自行车、纸浆制造、娱乐用品等行业的生产成本压力较大，效益增幅明显回落。四季度以来，由于食糖价格居高不下，饮料、糖果生产成本上升较快，部分中小企业已处于亏损边缘；上半年受电力紧张影响，浙江、广东部分地区轻工企业仍然存在拉闸限电现象，一些出口企业出口接单和订单的完成受到影响。

（二）“招工难”仍未缓解。受消费结构升级、物价上涨及农业发展比较优势显现等因素影响，2005 年劳动力市场价格普遍提高，一些地区出现“民工荒”。加上生产技术进步带来企业对用工劳动技能要求提高，加剧了轻工企业“招工难”。这种现象在广东、山东、浙江、福建等沿海较发达地区尤为突出。

（三）贸易摩擦加剧。受国际贸易保护主义抬头的影响，轻工产品外贸环境趋紧，2005 年皮革、家电、自行车产品出口遭遇壁垒和贸易摩擦的情况比较突出，产品出口受到一定影响。年初欧盟对中国鞋类产品实行为期一年的“事先进口许可监控”措施；进入二季度，尼日利亚、委内瑞拉、墨西哥、哥伦比亚、土耳其等国家也分别提出对原产于中国的鞋类、旅行用品及可充气球类产品实施反倾销调查或监管措施。欧盟《关于报废电子电气设备指令》及 2006 年 7 月 1 日即将生效的《关于在电气电子设备中限制使用某些有害物质指令》，对冰箱、洗衣机、空调、微波炉等十几类轻工产品出口造成新的壁垒。7 月，欧盟宣布对原产于中国的自行车征收 48.5%的反倾销税，日本也开始对中国出口自行车设限。

（四）食品安全有待进一步改善。2005 年国家加大了对食品质量和卫生安全的制度建设和监督管理，食品质量和卫生安全状况有了较大改善。但由于受到市场诱惑和利益驱动，加上行业自律和监管体系有待完善，食品质量和卫生安全仍不容乐观。2005 年国家食品质量抽查结果表明：果脯蜜饯、茶饮料、白兰地、火腿肠合格率仅为 62.5%~75%左右，果（蔬）饮料、膨化食品合格率为 81.4%~87.2%左右。消费者对乳制品质量反映也比较大。部分食品生产还存在着生产工艺、技术和设备条件较为落后、原料质量存在隐患、过量使用添加剂、未按国家标准规定标签标示、产品检验管理不严等损害消费者利益和有碍行业健康发展的情况。

另外，轻工业尚未从根本上摆脱依赖规模与数量发展的模式，在行业经济规模迅速扩张的同时，高技术产品、环保型产品及创新产品比例偏低；企业产品研发能力较弱，产品缺少自主品牌；家电、造纸等行业在国内高附加值产品市场面临跨国公司的竞争，产业安全面临新的压力；行业内同质化发展带来国内市场价格竞争激烈，对外贸易技术壁垒门槛难越，贸易摩擦频发。迫切需要全行业推进技术创新，提升产业竞争力，加快经济增长方式实现质量效益型的转变。

三、2006 年趋势预测

2006 年是“十一五”计划的开局之年，也是我国经济和社会发展十分关键的一年。从国际环境看，世界经济仍处于增长期，我国经济发展的外部需求不会明显减弱；从国内情况看，扩大内需、增加消费的政策力度进一步加大，随着城乡居民收入稳定增加，消费结构升级加快，农村消费品市场前景广阔。

但也存在着一些不利影响和不确定因素：一是能源、运输和重要生产资料的供求矛盾短期内还将存在。二是基础产品和生产资料价格上涨压力依然很大。三是面临的国际竞争日趋激烈，贸易摩擦增多，给轻工行业发展和扩大产品出口带来日益严峻的挑战。

预计 2006 年，轻工业将继续保持旺盛的发展态势，特别是农副产品加工和食品制造业、造纸业、家用电器制造业、皮革制品业、金属制品业、塑料制品业、文体用品制造业、家具制造业、旅游用品制造业以及室内装饰用品等产业经济将有较大的增长。轻工业产品结构将进一步适应市场的需要，新产品、有市场前景的品牌产品、高附加值产品的比例将有所提高，资源综合利用率进一步提高，资源消耗和环境污染同比减少。

2006 年轻工业生产有望突破 55000 亿元，增长达 20%左右；销售收入增长 20%以上；利润总额 2500 亿元以上；进出口总额 2900 亿美元（其中出口 2300 亿美元，进口 600 亿美元）。

（国家发展改革委经济运行局）

电子行业 2005 年运行分析及 2006 年趋势预测

（2006 年 3 月 17 日）

经历 2003 年、2004 年较快增长后，2005 年电子行业进入调整期，生产和销售收入继续快速增长，但利税增幅明显降低，外贸出口依存度进一步提高。

一、运 行 情 况

（一）生产快速增长。全年完成总产值 26709 亿元，同比增长 21.8%；产销率 97.73%，下降 0.5 个百分点。

全年生产呈平稳增长态势，累计增速基本保持在20%左右。

所统计的七个电子分行业生产均实现了两位数增长。其中，电子计算机制造业完成产值首次超过万亿，达到 10049 亿元，同比增长 26%，居行业首位，为拉动电子工业增长的主要因素。

（二）出口保持高速增长。2000 年以来，我国电子工业产品出口连续多年保持 30%以上的增速，2005 年依然保持高速增长态势。全年出口交货值 17092 亿元，同比增长 29.4%，占全国工业出口交货值的 35.6%，居各工业行业之首。其中，电子计算机制造业完成出口交货值 7887 亿元，增长 27.8%，是我国目前出口交货值最高的单项产品，也是拉动电子行业出口高速增长的重要因素。

（三）销售收入快速增长，利润总额同比下降。2005 年全行业累计实现产品销售收入 26458 亿元，同比增长 23%；实现利润总额 873 亿元，增长 3.2%；税金总额 276 亿元，增长 4.9%。

全年产品销售收入呈平稳增长态势，累计增速基本保持在 20%左右；利润总额除了年初和年末实现增长外，年中一度处于下降状态。

（四）应收账款增长较快，产成品库存有所增加。截至年末，全行业应收账款达 5052 亿元，同比增长 26.3%；产成品库存达到 972 亿元，增长 8.4%。

二、突出矛盾与问题

（一）效益水平下降。全行业利润总额增幅在 2004 年较高的基础上明显下降，其中电子器件制造业、通信设备制造业利润总额同比大幅下降。分析其主要原因：通信设备制造业和电子器件制造业中部分产品面临升级换代期，换代新产品尚难形成较大的盈利空间，致使在销售收入增长的情况下，利润明显下降。2005 年，通信设备制造业实现销售收入同比增长 26.3%，利润总额同比下降 15.3%；电子器件制造业销售收入增长 12.1%，利润总额同比下降 45.9%。

（二）外贸依存度继续上升。2003 年、2004 年行业出口交货值占工业总产值的比重分别为 55%和 60%，2005 年又提高到 64%。其中，电子计算机制造业的出口高达 78.5%；电子元器件上升到 59.2%；通信设备制造业由 2004 年的 37.8%，快速升到 52.6%。

（三）新产品产值比重偏低。2003 年、2004 年电子行业新产品产值占工业总产值比重分别为 23.2%和 19.4%，2005 年仅达到 20.6%，依然低于 2003 年水平。

三、2006 年走势预测

从当前经济运行情况看，受 2004 年高速增长、部分电子产品更新换代及国际市场低迷的影响，2005 年呈现发展速度相对减缓、利税同比下降的态势。2006 年，随着 3G 通信市场发展，平板显示器件的大规模上市以及投资力度加大等因素的影响，预计生产和销售收入将保持 20%左右的增长，全行业利润总额将小幅增长。

（国家发展改革委经济运行局机电处）

皮革工业 2005 年度经济运行及 2006 年工作

（2006 年 3 月 21 日）

一、2005 年工业和皮革行业经济运行情况

2005 年，我国经济保持了平稳较快发展的良好势头。国内生产总值 18.23 万亿元，比上年增长 9.9%；全社会固定资产投资 88604 亿元，比上年增长 25.7%；社会消费品零售总额增长 12.9%；进出口总额 1.42 万亿美元，增长 23.2%；实际利用外资超过 603 亿美元；城镇新增就业超过 900 万人；城镇居民人均可支配收入增长 9.6%；农民人均纯收入达 3255 元。

工业经济继续保持增长态势，表现出经济运行质量稳步提高、煤电油运供求矛盾有所缓解、结构调整步伐加快、产销衔接基本正常、产品价格涨幅回落的特点，各项经济指标超过年初预期目标。

轻工业在发展环境不断改善、国内外市场需求拉动进一步增强的带动下，保持了平稳较快增长、运行质量提高的良好态势。“十五”期间，轻工业在满足人民生活需要、繁荣国内市场、稳定出口增长、积累建设资金、促进经济发展、带动解决“三农”问题、缓

解就业压力、维护社会稳定方面发挥了重要作用。五年中，规模以上轻工业生产总产值增长了2.5倍，利润增长了2.7倍，出口创汇增长了2.6倍，创造新就业岗位累计500万个，年均增加就业100万人，各种所有制和多种形式的轻工企业都得到了发展，一批民营企业迅速成长。2005年规模以上轻工企业完成工业总产值4.6万亿元，同比增长26.3%，比上年提高0.5个百分点；产销率97.7%，比上年提高0.3个百分点。实现产品销售收入4.5万亿元，同比增长26.5%；利润总额2061亿元，增长31.3%。实现进出口额2446亿美元，其中：出口额1941亿美元，增长23.5%，进口额505亿美元，增长6.7%。

皮革工业作为轻工业中的重要产业，在服务三农、出口创汇、扩大就业等方面做出了突出贡献。2005年度皮革行业经济运行呈现出以下特点：

（一）生产效益继续增长，出口保持稳步提高。2005年规模以上企业工业总产值3185亿元，增长26%；产品销售收入3014亿元，增长26%；实现利润126亿元，增长39%；实现出口额327.1亿美元，增长19.3%。其中：皮鞋出口171.1亿美元，旅行用品及箱包出口73.1亿美元，毛皮服装出口18.7亿美元，分别增长24%、17%和40%。进口41.5亿美元，增长7%。

（二）主要产品产量增幅较大，比较优势进一步显现。2005年全国规模以上企业生产轻革5.5亿平方米，皮鞋25.3亿双，皮包（袋）5.5亿只，革皮服装6640万件，分别增长19%、14%、3%和3%。我国原料皮资源、皮革产品产量、出口均名列世界前茅，已成为世界公认的皮革生产大国。随着近年来我国农牧业的较快发展，皮革行业资源丰富、产业链完整、劳动力密集及带动就业的比较优势进一步显现。2005年全行业就业人数500多万人，新增就业40万人（其中规模以上企业新增就业17.7万人）。

（三）产品质量稳步提高，品牌战略成效显著。企业更加注重科技创新和产品质量，品牌意识不断增强。截止2005年底，全行业已有23家制革龙头企业的产品获得“真皮标志生态皮革”使用资格，400个家皮鞋、皮衣、皮具产品获得“真皮标志”证明商标。我国皮革、毛皮及其制品质量普遍达到国际中档以上水平，部分轻革接近国际先进水平。

（四）结构调整步伐加快，区域布局更加协调。皮革行业结构不断调整，产品技术水平不断提升，制成品加工水平有了质的提高。区域发展进一步协调，东部发展继续加强，中部发展保持稳定，西部发展步伐加快。行业布局初步形成了浙江温州制鞋、海宁皮革服装、河北辛集羊皮服装、福建晋江运动鞋、广州制鞋和广州花都区狮岭镇皮具业、浙江桐乡、河北肃宁、河南桑坡毛皮原料加工和四川西部武侯工业园、重庆璧山鞋业等各具特色的生产格局。2005年皮革行业完成投资额188.7亿元，其中：制鞋业投资80.7亿元，皮革服装制造业投资19.6亿元，全年新投产项目318个。

（五）推行清洁化生产，节约与环保状况不断改善。越来越多的皮革企业采用清洁化生产工艺，采取集中制革、统一治污、中水循环使用等措施，节约了水资源，减少了污水和污染物的排放量，提高了末端污染治理的效果。目前，我国规模以上制革企业基本都建有污水处理系统，90%以上污水做到了达标排放；50%以上制革企业已经采用节水工艺，皮革生产中的节约与环保状况不断改善。

二、行业经济运行中的主要问题

一是部分产品产能过剩，产品结构不够合理。个别地区盲目投资，造成重复建设，产品总量有供过于求的趋势；部分产品科技环保质量不高，鞋类产品同质化现象普遍存在，产品结构不尽合理。

二是出口增长方式粗放，对外贸易摩擦频发。近年来，国际贸易保护主义抬头，我国皮革产品出口贸易摩擦呈上升趋势，但同时也反映出出口增长方式粗放，企业核心竞争力不强。2005年皮面皮鞋出口贸易中，一般贸易仅占33%，且以中低档产品为主，虽然出口数量增长较快，但单价增幅缓慢，部分产品价格下降，质量下滑，无序竞争进一步加剧。

三是环境保护和安全生产问题需要高度重视。一些制革企业较为集中的地区，水质污染现象还较为严重，污染治理任务艰巨。一些企业的职工劳动保护和安全生产环境有待进一步改善。

三、2006年重点工作

“十五”期间，我国重化工产业发展比较快，同时也带来投资结构不合理、资源能源消耗大、环境负荷重、部分行业产能过剩日趋突出等问题。中央根据我国经济和社会发展的实际情况，把加快转变经济增长方式，推进产业结构调整和优化升级，实现可持续发展和构建和谐社会，摆在“十一五”宏观调控政策措施的重要位置。把全面落实科学发展观，坚持科技进步、自主创新，加大产业结构调整、资源节约和环境保护力度作为今年经济工作的重要任务。十届人大四次会议通过的《国民经济和社会发展第十一个五年规划纲要》针对轻工业明确提出：“着力打造自主品牌，提高质量，增加品种，满足多样化需要，巩固和提高轻工业竞争力。运用信息、生物、环保等新技术改造轻工业，切实保护消费者权益”。去年底，温家宝总理对轻工行业作出重要批示，要求高度重视对于促进消费和扩大就业有巨大作用的轻工行业的发展。国家“十一五”发展规划对轻工行业的发展以及对加快转变经济增长方式、推进产业结构调整和优化升级、实现可持续发展以及构建和谐社会的重视和相关政策的实施，标志着轻工行业，包括皮革行业面临新的巨大的发展机遇。

2006年，按照中央经济工作会议和十届全国人大四次会议精神和有关要求，继续全面落实科学发展观，促进皮革工业健康发展。重点推进以下几项工作：

（一）坚持创新原则，促进行业持续发展。创新是行业发展的灵魂，要积极倡导科技创新，引导传统皮革产业走创新发展的道路。“十一五”期间，国家发改委将采取一系列措施，加快推进企业自主创新。一是完善激励企业自主创新的政策环境；二是加快建设重大科技基础设施；三是组织实施企业自主创新专项；四是加强重大技术装备研制和重大产业技术研发。

（二）促进结构调整，转变经济增长方式。坚持以科学发展观为统领，进一步更新发展理念。运用市场机制和政策调控、经济调节手段，合理控制产能，促进行业内产业链的科学衔接。大力推进节约生产、环保生产、循环经济，努力使增长方式由数量增长为主转向以质量效益为主。

（三）注重市场开拓和培育，实施“走出去”战略。巩固美国、日本、欧盟等出口传统市场，实现从量向质的转变，提高产品质量，增加附加值。努力开辟非洲、南美洲、东欧等新的国家和地区市场。鼓励国内有条件的企业通过资本输出、技术输出、品牌输出的方式到境外有市场潜力的国家和地区投资办厂。

（四）继续推进品牌战略，打造自主知名品牌。立足国际化竞争，坚持以企业为品牌战略实施的主体，坚持品牌创建、品牌培育和品牌发展相结合，把品牌建设与企业长远发展结合起来。继续支持皮革协会做好“真皮标志”工作，打造具有国内外市场影响力的自主知名品牌，努力提高自主品牌在国内生产和出口产品中的比重。衷心希望新闻媒体加大对自主品牌的宣传、推广工作，扩大我国自主知名品牌的国内外影响。对生产、销售假冒伪劣行为要及时给予曝光，同时要注重正面引导，宣传知名企业和名牌产品。

（五）提高公共服务水平，支持产业集群发展。地方政府和有关部门及行业协会应支持在发展基础较好的产业集群区域建立公共服务平台，在技术创新、标准制定、质量检测、人才培训、信息咨询、信贷服务、电子商务等方面，为广大中小企业和各种所有制企业提供服务；按照聚集化、规模化、国际化的要求，集中力量培育若干皮革特色基地，提高产业集中度和规模效益。

（六）大力发展循环经济，促进环境友好发展。积极探索皮革行业循环经济的运行模式，走节约型经济发展之路。在综合利用、废旧物回收、节约能源和水资源方面，通过技术创新和技术改造，实现发展目标。进一步提高全行业环保意识，加快对技术成熟、成本合理的污水治理技术推广，完善相关的政策措施，加强环保监管力度，坚决关闭污染治理不合格生产企业。

（七）有效应对贸易摩擦，进一步维护产业安全。在加快产品结构调整的同时，提高对外贸易摩擦应对能力，切实维护产业安全。要树立和谐社会理念，增强社会责任意识，营造贸易交往和谐相处和利益共赢的氛围。要加强国际贸易规则的学习、培训，熟悉和遵守国际贸易的有关规则，学会合理规避贸易风险、积极化解贸易摩擦；要注重发挥行业协会的作用，完善行业预警机制，建立信息沟通制度，加强紧急应对组织建设，维护产业安全。

（国家发展改革委经济运行局）

食品工业2005年度经济运行及2006年主要工作

食品工业作为轻工业中的重要产业，在服务三农、出口创汇、扩大就业、满足国内需求等方面做出了突出贡献。2005年规模以上食品工业完成工业总产值2.03万亿元，占全国工业总产值8.2%，同比增长26.9%；产品销售率98.6%，实现利税总额3365亿元，同比增长21.6%；进出口总额449.7亿美元，同比增长13.7%；全行业从业人数达453万人。

2005年度食品工业经济运行呈现出以下特点：

一是生产快速增长，一些主要产品产量居世界前列。2005年规模以上企业完成工业总产值同比增长26.9%，实现利税总额同比增长21.6%；食用植物油、饮料、味精总产量分别达到1612万吨、3380万吨和136万吨，位居世界前列；全国啤酒产量3061万吨，连续十几年位居世界第一。

二是产品结构调整取得进展，市场需求趋旺。各类食品在质量、品种、档次、功能以及包装等方面基本满足了不同消费层次的需求。新兴的方便食品、休闲食品、保健食品、绿色食品等市场份额继续扩大，主副食品、调理食品、速冻食品、熟食制品、调味品、豆制品等花色品种和市场需求迅速提升。

三是优势企业实力增强，产业集中度不断提高。通过企业组织结构调整，涌现出一批具有较强经济实力和市场竞争优势的大中型骨干企业和企业集团。河南双汇集团年销售额逐年增加，已成为亚洲最大的肉食品加工基地；白酒行业前10名骨干企业产量占规模以上白酒企业总产量的15.3%，实现销售收入占规模以上白酒企业销售收入的43.2%；青岛、燕京、华润三家啤酒企业生产量占行业总产量的30%以上。

四是企业改革取得新的进展，科技创新取得可喜成就。许多企业建立了现代企业制度，多种所有制经济形式共同发展，特别是民营食品企业发展较快，在一些地区已成为农产品加工业的主力军；科技创新已成为企业现代化管理的重要内容，目前以大型食品企业为主体的科研中心逐步形成，全国已有500多家大型企业建立食品工业技术研发中心；科研机构、大专院校与企业结合更加紧密，形成广泛合作和相互支持新格局，促进了食品工业自主开发创新能力和水平的提高。

五是高新技术得到广泛应用，促进了行业的技术进步。保鲜、超高温杀菌、冷冻速冻、超临界萃取、膜分离、挤压膨化等应用技术在食品行业得到了进一步的推广应用，有力地促进了食品工业生产技术水平的提高和产品的更新换代。食品工业技术装备水平有了不同程度的提高，乳品、啤酒、方便面等行业装备技术水平已与世界先进水平同步。

六是食品市场秩序进一步好转，重大安全事故减少。2005年有关部门开展了针对重点区域、重点品种的专项整治，着力抓人民群众反映强烈的儿童食品市场混乱、农产品源头污染和食品加工小作坊危害等突出问题，有效遏制了违法使用非食品原料和无证照生产加工食品现象，学校和建筑工地食堂等重点场所的卫生监管得到加强，全国重大食品安全事故明显减少，食品安全状况进一步好转。

七是食品工业的发展，促进了农业产业化经营和农村经济的发展。食品工业生产基地进一步从城市向农业产区转移，食品工业布局日趋合理，以公司带农户为主要形式的农业产业化经营，已成为工业反哺农业、促进农产品加工转化增值的有效途径。特别是在中、西部地区，发展食品工业和农产品深加工，对当地经济发展和农民脱贫致富发挥了重要作用，并已成为吸纳农村剩余劳动力就业的主体。

过去的一年，食品工业取得了显著的成绩，但同时行业发展中结构性矛盾和问题也很突出：

一是产业结构不尽合理。从行业结构上看，原料初、粗加工多，深、精加工少；从产品结构看，部分行业品种少、档次低，产品结构不能完全适应市场需求变化；从组织结构看，目前我国食品行业大多为中小企业，其技术水平低，消耗高，与国际先进水平相比差距较大。

二是农产品加工程度低，企业创新能力薄弱。我国是粮食生产和消费大国，但以粮食为原料的二次加工，用粮不到粮食总量的20%，而发达国家工业化加工用粮比例在70%以上。企业自主创新能力相对薄弱，加工技术水平落后，部分装备依赖国外进口。

三是食品加工与农业原料基地的产业链尚未完全形成。食品加工企业缺乏固定的原料基地，分散农业提供的原料在品种、品质、规格等方面远不能适应食品工业的要求，食品加工与农业之间的联系尚处于简单的初级供需阶段。农产品品种改良和品质的提高与市场消费、食品加工的有机结合还很不够。例如，我国苹果种植面积和产量均为世界第一，但适宜生产高档苹果汁、苹果酒的苹果种植基地较少。

四是地区发展不平衡，重复建设现象依然存在。东中西部地区食品工业发展不平衡，中西部地区的资源未得到充分开发利用，尤其是西部地区食品工业发展相对滞后，但同时存在忽视客观条件盲目发展的现象。如在个别地方，奶业经济已经演变成为典型的政府经济，不切实际的盲目投资、低水平的重复建设，引发了奶业产业链环节的失衡。

五是食品质量安全问题与隐患仍然较多。食品行业部分企业生产不符合卫生安全标准要求、质量管理不严格、检测制度不健全，以及食品原料产地生态环境污染较严重、部分原料产品种养殖过程中过量使用药剂等现象仍然存在；另外食品市场安全监督管理体制、机制不够完善，食品流通运输方式落后，经营行为不规范等还未能得到解决，上述因素已成为制约食品工业发展的严重问题。

2006年是“十一五”规划的开局之年。为加快转变经济增长方式，推进产业结构调整和优化升级，实现可持续发展和构建和谐社会，中央根据我国经济和社会发展的实际情况，把扩大内需、增加消费放在“十一五”宏观调控政策措施的突出位置。温家宝总理在政府工作报告中提出“坚持扩大内需的战略方针，重点是扩大消费需求，增强消费对经济发展的拉动作用”。根据《国民经济和社会发展第十一个五年规划纲要》，轻工行业要：“着力打造自主品牌，提高质量，增加品种，满足多样化需要，扩大高端市场份额，巩固和提高轻纺工业竞争力”。“运用信息、生物、环保等新技术改造轻工业。大力发展食品工业，提高精深加工水平，保障食品安全”。去年底，温家宝总理对轻工行业作出重要批示，要求高度重视对于促进消费和扩大就业有巨大作用的轻工行业的发展。国家“十一五”发展规划对轻工行业的发展以及对扩大内需、增加消费、开拓农村市场、增加城乡居民收入的重视和相关政策的实施，标志着轻工行业，包括食品工业面临新的巨大的发展机遇。

2006年重点推进以下几项工作：

（一）坚持自主创新，促进行业持续发展。“十一五”期间，国家发展改革委将采取一系列措施，加快推进企业自主创新。一是完善激励企业自主创新的政策环境；二是加快建设重大科技基础设施。三是组织实施企业自主创新专项；四是加强重大技术装备研制和重大产业技术研发。

（二）加快结构调整，转变经济增长方式。加快用高新技术和适用技术改造食品工业，提高产品科技含量和核心竞争力，努力使增长方式由数量增长为主转向以质量效益为主；大力推进节约生产、环保生产、循环经济；加强人才培养，重视自主知识产权的保护，提高行业整体素质和企业管理水平。

（三）加强组织协调，推进重点工作。一是针对目前食糖市场价格大幅上涨及对食品、饮料等行业的影响，采取加大国家储备糖投放力度、加强糖料生产销售协调、继续限产限销糖精、规范市场运作等措施，加强协调，稳定食糖市场和价格，切实保护食品企业的切身利益。二是研究和制定《促进酒类行业健康发展的指导意见》，引导行业健康有序发展，继续推进白酒从量消费税等有关税收政策的改革，鼓励和引导大中型骨干企业扩大市场份额，以优质产品满足广大消费者的需求。三是继续加强乳品工业的调查研究，会同有关部门研究提出乳品工业健康发展的意见。

（四）强化食品安全，规范市场秩序。切实提高全社会对食品安全的认识，尽快完善我国有关保障食品安全的法律、法规及其实施办法，建立食品安全信息系统；继续集中力量开展专项整治，严把市场准入关，加强生产、加工、流通和消费全过程监管，突出抓好农村的食品安全，发展农村现代流通网络，为广大消费者提供放心食品。

（五）大力推进品牌战略，打造自主知名品牌。坚持走以企业为主体、市场为导向、自主创新为支撑、政府推动与社会参与相结合的自主品牌的发展道路。鼓励和扶持具有自主知名品牌的大型食品企业建立企业技术中心，进一步完善有关税收等政策，配合有关部门在出口配额、出国参展、市场宣传、设立境外营销机构、跨国投融资、检验检疫等方面给予自主知名品牌企业更多的支持和服务。新闻媒体要加大对自主品牌的宣传，扩大我国自主知名品牌的国内外影响。

（六）提高公共服务水平，支持产业集群发展。各级政府和行业协会要支持在发展基础较好的食品产业集群区域建立公共服务平台，在技术创新、标准制定、质量检测、人才培训、信息咨询、信贷服务、电子商务等方面，为广大中小食品企业提供服务；引导农民科学种植，形成原料基地化、良种化、专用化；扶持和培育具有自主知识产权品牌的大型企业集团，按照聚集化、规模化、国际化的要求提高产业集中度；利用西部开发和振兴东北等老工业基地的政策机遇，充分发挥资源优势和产业比较优势，采取加大投入、建立基地、调整结构、优化品种等措施，在粮食、肉类、乳品、果蔬及西部特色资源的深加工等方面实现新的突破，使中西部和东北地区食品工业跃上一个新台阶。

（七）大力发展循环经济，促进环境友好发展。进一步提高全行业环保意识，加快对技术成熟、成本合理的污水治理技术推广；积极探索食品行业循环经济的运行模式，在综合利用、废旧物回收、节约能源和水资源方面实现发展目标。注重发挥行业协会的作用，学习和借鉴皮革行业“真皮标志和生态皮革”、糖精行业“产品证明商标”和白酒行业“纯粮固态发酵白酒标志”的成功经验，加强自律和维权，逐步在更多领域发展品质证明标志；完善行业预警机制，建立信息沟通制度，加强紧急应对组织建设，维护产业安全。

（国家发展改革委经济运行局）

中国城市 2005 年建设情况

（2005 年 12 月 28 日）

2005 年，按照国家加强和改善投资调控、推进投资结构调整优化的总体部署，根据分类指导、区别对待、有保有压的原则，各地进一步加强了城市基础设施薄弱环节的建设。

一、继续加大城市环保基础设施建设力度，加快重点流域和区域的污染治理

以“三河三湖”、环渤海、南水北调沿线、三峡库区、首都水资源保护以及西部中心城市等流域和区域为重点，加大对污水、垃圾处理等环保基础设施建设的投入力度，加强城市污水管网、燃气管网及供热管网等地下管线的统筹建设，城市污染综合防治能力进一步提高，城市环境继续改善。

二、加快城市供水设施改造和节水设施建设

继续加强对旧城区严重老化和漏损严重供水管网的改造，进一步加大贫困地区缺水县城的供水设施建设投入，居民“吃水难”的问题得到一定缓解。加快了城市净水厂改造及生活污水再生利用设施建设，水资源综合利用率有所提高。

三、以“疏解卡口、保持畅通”为目标，加强城市交通基础设施建设和改造

坚持优先发展公共交通，鼓励发展大运量快速的城市公共汽车运营系统。推动北京、上海等特大城市发展城市快速轨道交通，完善轨道交通线网结构。到 2005 年末，全国的城市快速轨道交通运营线路合计里程达到 395 公里。随着这些城市的快速轨道交通网络逐步完善，中心城区的交通拥堵得到一定缓解。

（国家发展改革委固定资产投资司）

2005 年中国对外贸易情况

一、2005 年中国对外贸易发展状况

2005 年，中国对外贸易保持快速增长，进出口商品结构进一步优化，为国民经济实现平稳较快增长发挥了重要作用。

（一）进出口规模持续增长，贸易顺差继续增加

2005 年，中国对外贸易延续了 2002 年以来快速增长的态势，全年进出口总额达 14221.2 亿美元，比上年增长 23.2%，比“九五”期末的 2000 年增长了 2 倍。由于世界经济稳步增长、国际市场需求旺盛，出口继续保持快速增长，全年出口额 7620 亿美元，增长 28.4%。随着宏观调控措施效果的逐步显现，国内投资增长过快的势头得到抑制，进口增速明显放缓，全年进口额 6601.2 亿美元，增长 17.6%，增幅低于上年 18.4 个百分点。虽然顺差占进出口总额的比重不高，为 7.2%，但顺差规模仍然达到 1018.8 亿美元，比上年增加 698 亿美元。

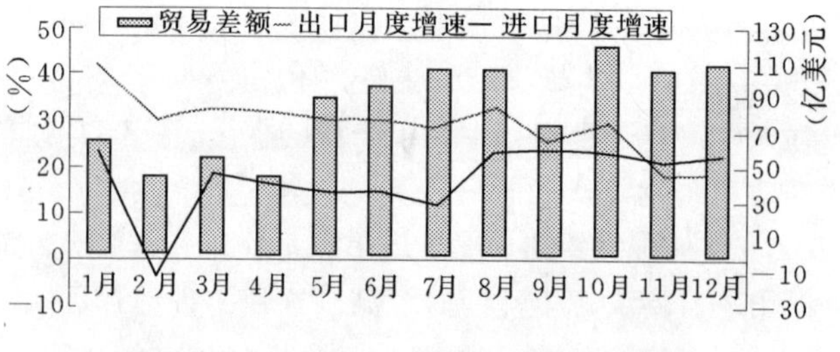

2005 年月度进、出口增速及贸易差额状况

（二）加工贸易增速继续保持强劲，一般贸易进口增速下滑

2005 年，加工贸易进出口总额 6905.1 亿美元，增长 25.6%。其中出口 4164.8 亿美元，增长 27.0%，进口 2740.3

亿美元，增长 23.6%。加工贸易国内增值率达到 52%，比上年提高 4.1 个百分点。一般贸易进出口额 5948.1 亿美元，增长 21%。其中，出口 3150.9 亿美元，增长 29.3%，自 2001 年以来首次高于出口总体增幅；进口 2797.2 亿美元，增长 12.7%，增幅比上年回落 19.5 个百分点。由于进口增长放缓，一般贸易在连续两年的逆差后，出现了 353.7 亿美元的顺差。

（三）民营企业进出口比重继续上升，外资企业进出口平稳增长

2005 年，民营企业进出口总额 2243.9 亿美元，增长 38.9%，占进出口总额的 15.8%。其中出口 1489.8 亿美元，增长 47.3%，占总出口的比重由上年的 17%上升到 19.6%；进口 754.1 亿美元，增长 24.8%。外商投资企业进出口额达到 8317.2 亿美元，增长 25.4%，占进出口总额的 58.5%。其中出口 4442.1 亿美元，增长 31.2%，占出口总额的比重由上年的 57.1%提高到 58.3%；进口 3875.1 亿美元，增长 19.4%，增幅比上年回落 20.6 个百分点。

（四）进出口商品结构有所改善，“两高一资”产品出口回落

2005 年，机电产品和高新技术产品进出口快速增长，机电产品进出口额达到 7771.3 亿美元，高新技术产品进出口额达到 4159.6 亿美元，占进出口总额的比重分别达到 54.6%和 29.2%，比 2000 年分别提高 10.7 和 10.3 个百分点。其中，机电产品出口 4267.5 亿美元，增长 32%，进口 3503.8 亿美元，增长 16%；高新技术产品出口 2182.5 亿美元，增长 31.8%，进口 1977.1 亿美元，增长 22.5%，占进口总额的比重达到 30%。通过采取禁止加工贸易、下调出口退税率、征收出口关税等措施，部分高耗能、高污染和资源性商品出口过快增长的势头得到抑制，其中，未锻轧铝出口量由上半年的增长 21.5%转为下降 21.7%；钢坯及粗锻件出口量增幅由上半年的 2.6 倍回落到 16.7%；钢材出口量增幅由 1.5 倍回落到 44.2%。中欧、中美分别达成纺织品贸易协议，改善了纺织品贸易环境，全年纺织品出口 1150.1 亿美元，增长 20.9%。

2005 年中国进出口贸易方式、企业性质一览表　　金额单位：亿美元

项目		出口		进口	
		金额	同比（%）	金额	同比（%）
总值		7620.0	28.4	6601.2	17.6
贸易方式	一般贸易	3150.9	29.3	2797.2	12.7
	加工贸易	4164.8	27.0	2740.3	23.6
	其他贸易	304.3	39.2	1063.7	16.4
企业性质	国有企业	1688.1	9.9	1972.0	11.8
	外商投资企业	4442.1	31.2	3875.1	19.4
	其他企业	1489.8	47.3	754.1	24.8

2005 年中国进出口商品构成表　　金额单位：亿美元

商品构成（按 SITC 分类）	出口		进口	
	金额	增减（%）	金额	增减（%）
总值	7620.0	28.4	6601.2	17.6
一、初级产品	490.4	20.9	1477.1	26.0
0 类　食品及活动物	224.8	19.2	93.9	2.6
1 类　饮料及烟类	11.8	−2.5	7.8	42.8
2 类　非食用原料（燃料除外）	74.9	28.1	702.1	26.8
3 类　矿物燃料、润滑油及有关原料	176.2	21.7	639.6	33.3
4 类　动植物油、脂及蜡	2.7	80.8	33.7	−20.0
二、工业制品	7129.6	29.0	5124.1	15.4
5 类　化学成品及有关产品	357.7	35.7	777.4	18.7
6 类　按原料分类的制成品	1291.3	28.3	811.6	9.7
7 类　机械及运输设备	3522.6	31.3	2906.3	14.9
8 类　杂项制品	1941.9	24.2	608.7	21.4
9 类　未分类的商品	16.1	44.6	20.1	31.4

（五）与主要贸易伙伴进出口全面增长，中日贸易增幅回落较大

2005年，中欧、中美贸易额双双突破2000亿美元，分别达到2173.1亿美元和2116.3亿美元，分别增长22.6%和24.8%。其中对欧美出口分别增长34.1%和30.4%，自欧美进口分别增长5%和9.1%，对欧美贸易顺差分别达到701.2亿美元和1141.7亿美元。中日贸易额1844.1亿美元，仅增长9.9%，比上年回落了15.8个百分点，与中欧、中美双边贸易的差距拉大。中国与俄罗斯、韩国、东盟等周边地区的贸易额继续保持快速增长，增幅分别达到37.1%、24.3%和23.1%。中国与非洲、拉美贸易发展迅速，中非贸易额增长34.9%，增幅居各大洲之首；中国与拉美贸易额增长26.1%，高于进出口总体增幅2.9个百分点。

2005年中国进、出口贸易伙伴情况

金额单位：亿美元

主要出口贸易伙伴情况				主要进口贸易伙伴情况			
位　次	国家或地区	出口金额	增速（%）	位　次	国家或地区	进口金额	增速（%）
1	美国	1629.0	30.4	1	日本	1004.5	6.5
2	欧盟	1437.1	34.1	2	韩国	768.2	23.4
3	香港	1244.8	23.4	3	东盟	750.0	19.1
4	日本	839.9	14.3	4	台湾	746.8	15.3
5	东盟	553.7	29.1	5	欧盟	736.0	5.0
6	韩国	351.1	26.2	6	美国	487.3	9.1
7	台湾	165.5	22.2	7	澳大利亚	161.9	40.1
8	俄罗斯	132.1	45.2	8	俄罗斯	158.9	31.0
9	加拿大	116.5	42.8	9	沙特阿拉伯	122.5	62.8
10	澳大利亚	110.6	25.2	10	香港	122.3	3.6

二、2006年一季度中国对外贸易运行情况

2006年一季度，中国对外贸易保持了快速发展的态势。进出口总额达到3713亿美元，比去年同期增长25.8%。进出口结构有所改善，机电产品、高新技术产品和主要劳动密集型产品出口均保持较快增长，高耗能、高污染和资源性产品出口进一步下降。

（一）出口增速有所回落，进口增速有所回升

一季度，出口额达到1973亿美元，同比增长26.6%，增幅回落8.3个百分点。其中，一般贸易出口增长24.4%，增幅回落17.9个百分点；加工贸易出口增长27.3%，增幅回落2.3个百分点。进口额1740亿美元，增长24.8%，增幅回升12.6个百分点。其中，一般贸易进口增长22.3%，回升18.5个百分点；加工贸易进口增长26.5%，回升4.5个百分点。

（二）机电和高新技术产品进出口加快，“两高一资”产品出口进一步下降

一季度，机电产品出口1145.8亿美元，高新技术产品出口592.7亿美元，分别增长34.2%和35.8%，占出口总额的比重分别达58.1%和30%，同比提高3.3和2个百分点。集成电路、手持无线电话机、笔记本电脑等产品出口均实现了较快增长。机电产品进口937.3亿美元，高新技术产品进口537.3亿美元，分别增长30.8%和33.2%，分别加快21和12.8个百分点。汽车和飞机进口额分别增长1.1倍和2.1倍。高能耗、高污染、资源性产品出口进一步下降，钢坯及粗锻件出口量下降68.6%，未锻轧铝下降23.9%，焦炭下降23.4%，煤下降16.4%，成品油下降6%。

（三）对日出口回落较大，自欧美日进口全面回升

一季度，中欧、中美、中日双边贸易额分别达到571.1亿美元、556.2亿美元和459.7亿美元，分别增长21.1%、27.6%和11.6%。中国对欧美出口稳定增长，增幅分别达到20.8%和29.5%；对日出口仅增长9.2%，低于去年同期13.6个百分点。中国自欧盟、日本进口分别增长21.5%和13.6%，增幅分别比去年提高18.1和9.6个百分点；中国自美国进口则由去年同期的下降2.1%转为增长21.8%。中国与韩国、东盟、台湾地区、俄罗斯等其他主要贸易伙伴的贸易额增幅均超过20%，增幅分别为20.2%、25.7%、24.2%和29.4%。

（四）国有企业出口增速持续回落，外资和民营企业进出口快速增长

一季度国有企业进出口920.4亿美元，比去年同期

增长15.3%；其中出口增长8.4%，增速低于去年同期13.6个百分点，低于去年全年1.5个百分点。外商投资企业进出口2191.7亿美元，增长28.3%；其中出口增长30.5%，进口增长25.8%。民营企业进出口600.9亿美元，增长35%，其中出口增长37.9%，进口增长29.7%。

三、当前中国对外贸易运行中需要关注的问题

（一）贸易平衡的压力较大

2006年一季度，尽管出口增速回落、进口增速回升，出口增速仍然高于进口增速1.8个百分点，贸易顺差达到233.1亿美元，同比增长41.4%。其中，对美国顺差达286亿美元，对欧盟顺差达181.5亿美元。由于外汇收支仍然保持经常项目和资本项目双顺差的格局，中国的外汇储备继续大幅增加，3月末已达8751亿美元，比去年年底增加562亿美元。中国贸易顺差持续扩大的根本原因在于国际产业转移所形成的“美欧消费、亚洲加工”的全球贸易格局，短期内迅速调整、实现贸易平衡的难度很大。

（二）主要经济体相继提高利率

2006年一季度，主要经济体相继提高利率，全球货币政策趋于收缩。由于美国经济增长强劲，能源和其他商品价格上涨加大了通胀压力，3月28日，美联储连续第15次加息，联邦基金利率提高到4.75%，并暗示会进一步加息。欧洲中央银行在3月2日再次加息，欧元区主导利率由2.25%提高到2.5%。3月9日，日本银行宣布结束超宽松利率政策，引发商业银行存款利率提高。主要经济体提高利率一方面有利于抑制通货膨胀，防止全球经济过热；另一方面也标志着全球资金低成本时代即将结束，国际资本将出现向发达国家回流。美欧等市场对我出口产品的需求可能受利率提高而减弱，我出口增幅可能回落。资金向发达国家回流也可能对我国吸收外资造成一定影响，从而影响我国对外贸易的长远增长。

（三）国际市场石油和资源性产品价格大幅上涨

2006年以来，国际市场油价曾一度趋稳，但最近受伊朗核计划和尼日利亚武装袭击等事件影响，国际油价再次大幅攀升，连创历史新高。据OPEC发布的石油市场指标，2006年一季度，国际市场一篮子石油均价比2005年全年均价高出13.9%。从需求方来看，石油需求增长的势头仍将延续，据国际能源署最新预测，2006年世界石油需求将增长1.7%，高于2005年增幅，将加剧国际原油市场紧张状况。从供给方来看，目前世界石油供给已难以满足需求，OPEC数据表明一季度世界石油供给缺口为每天20万桶，地缘政治和突发事件的冲击可能进一步对市场造成重大影响。尼日利亚的动乱使其石油产量明显下降，伊朗核计划前景不明，这两国原油产量占OPEC总产量的20%左右，若尼日利亚局势和伊朗与美国关系进一步恶化，则难免对世界石油供给形成大冲击。

由于世界经济持续增长强劲，除石油外，其他资源性产品价格也继续上涨。据IMF的初级商品价格指数，一季度非能源初级商品价格指数同比上涨14.4%，其中食物类商品价格指数上涨4.4%，工业投入品价格指数上涨22.2%。据世界银行对商品价格的统计，一季度铝均价同比上涨27.5%，铜均价上涨51.2%，锌均价上涨70.5%。石油和其他资源性产品大幅上涨会加大我国企业进口和生产成本，挤压企业利润，降低部分对能源资源依赖较重行业的国际竞争力，减少对外贸易收益，影响对外贸易发展。

四、2006年中国对外贸易发展前景

展望2006年全年，从国际环境看，尽管存在很多风险和不确定因素，世界经济贸易仍然处于新一轮扩张周期，将延续2005年的较快增长势头。根据国际货币基金组织的最新预测，2006年世界经济增长速度将达到4.9%。美国消费需求旺盛，就业稳定，全年经济有望达到3.3%；欧元区经济有望恢复活力，经济增长率有望从上年的1.3%升至2%；日本企业赢利增加，个人消费上升，经济景气复苏加快，全年增长率有望达到2.8%。跨国公司赢利能力提高将促进跨国并购的发展，全球直接投资有望进一步回升。世界贸易有望继续较快增长，国际货币基金组织预计全年世界贸易量将增长8%，世界贸易组织预计世界贸易量将增长7%，均高于2005年的实际增长水平。从国内环境看，煤电油运供应增加较快、瓶颈约束有所缓解，设备投资和利用外资持续增长，主要产品产能和出口供给能力充裕，出口有望保持稳定增长。国内投资增长较快，消费平稳增长，对能源、原材料、机械设备的进口需求将稳步上升。随着国家创新战略的实施，自主创新和结构调整所需的先进技术和重大装备进口有望继续增加。

综合考虑以上因素，预计2006年我国商品进出口仍将保持较快增长，全年进出口总额将超过16000亿美元，增长速度有望超过15%。加快对外贸易的结构调整和增长方式转变，在发展中努力减少过大的贸易顺差，是今年中国对外贸易的主要任务。

中国进出口增长状况及发展趋势预测

金额单位：亿美元

年份	进出口		出口		进口		差额
	金额	增速（%）	金额	增速（%）	金额	增速（%）	
2001	5096.5	7.5	2661.0	6.8	2435.5	8.2	225.5
2002	6207.7	21.8	3256.0	22.4	2951.7	21.2	304.3
2003	8509.9	37.1	4382.3	34.6	4127.6	39.8	254.7
2004	11545.5	35.7	5933.3	35.4	5612.3	36.0	321.0
2005	14221.2	23.2	7620.0	28.4	6601.2	17.6	1018.8
2006（注）	16000	15					

注：2006年为预测值。

摘自商务部《中国对外贸易形势报告》（2006春季）

中国口岸物流发展现状与趋势

中国物流与采购联合会副会长兼秘书长　何黎明

一、中国口岸物流发展现状与特点

口岸物流是中国现代物流发展的一个重要领域。因此，在介绍口岸物流发展现状的时候，有必要对中国现代物流发展的历程作一个简要的回顾。

“物流”概念早在上世纪70年代末期就引进中国，到世纪之交的这几年，才有了实质性进展，特别是“十五”时期的发展引人注目。2003年，全国政协组织专题调研，国务院领导同志对调研报告作出重要批示。2004年，经国务院批准，国家发展改革委会同商务部等9部门联合印发了《关于促进我国现代物流业发展的意见》。2005年，由国家发展改革委牵头，商务部等13个部门和2个行业协会参加的全国现代物流工作部际联席会议制度正式建立，并组织召开了全国首次现代物流工作会议。2006年3月，在十届人大四次会议通过的“十一五”规划纲要，第四篇“加快发展服务业”，第十六章“拓展生产性服务业”，单列一节“要大力发展现代物流业”的内容。标志着现代物流的产业地位得到确认，也表明国家政策上重视和支持物流业的发展。

正是在政府有关部门大力推动下，中国现代物流无论基础设施、企业运作、区域物流和基础工作等各方面都有很大发展，已经跨越起步期，进入理性、务实、快速发展的新阶段。据中国物流信息中心统计核算，2005年中国社会物流总额达48万亿元，同比增长25.2%；物流业增加值完成1.2万亿元，同比增长12.7%；物流费用占GDP的比率，由2004年的18.8%下降为18.6%。最新统计数据表明，中国现代物流整体规模扩大，发展速度加快，运行效率提高，对经济发展的支撑和促进作用更加明显。现代物流，尤其是口岸物流的发展，与海关通关管理改革密切相关，这几年中国物流发展的成绩同样凝结着各地海关的辛勤汗水。

口岸是国家对外开放的窗口，也是外贸进出口的通道。近年来，中国外贸进出口持续快速增长，已经连续四年保持20%以上的增长速度。2005年，中国外贸进出口总额超过1.4万亿美元，同比增长23.2%。不断增长的外贸总量，促使中国口岸物流快速发展，已成为物流的一个重要组成部分。

第一，口岸物流规模迅速扩大

随着外贸进出口总量的增加，中国口岸物流规模迅速扩大，已经形成沿海、沿江水运、航空和内陆边境全方位开放的立体化口岸体系。从物流的组织现状来看，港口承担着80%以上的口岸物流工作量。2005年，中国港口完成吞吐量49.1亿吨，同比增长17.7%；完成集装箱吞吐量7580万标准箱，增长23%。中国的港口货物吞吐量和集装箱吞吐量已连续三年位居世界第一。其中上海港货物吞吐量达到4.43亿吨，由世界第四跃居世界第一大港；上海港、深圳港集装箱吞吐量分别达到1800万标箱和1618万标箱，跃居世界第三位和第四位。航空口岸虽然在口岸物流中所占比重较小，但随着社会物流的结构性调整，增势迅猛。2005年，我国全行业航空运输总周转量、货邮运输量分别达到261.3亿吨公里和306.7万吨，比2000年增长113.3%和91.2%。内陆边境口岸物流主要以汽车、铁路运输为主，主要以东盟、俄罗斯等近邻国家和地区为主。沿江水运口岸受客观条件的制约，物流潜力还有待挖掘。

第二，口岸物流基础设施跃上新台阶

“十五”期间，是中国物流基础设施建设大发展的时期。交通行业累计完成建设投资2.2万亿元，年均增长18.7%，是“九五”期间完成投资的1.92倍。其中公路建设完成1.9万亿元，公路总里程达192万公里；沿海港口建设完成1313亿元，全国万吨级以上生产泊位达到1030个；内河建设完成326亿元，航道通航里程达到12.3万公里。民用航空行业固定资产总投资947亿元，比“九五”期间增加30亿元。共新增机场21个，到2005年底，全国共有民用运输颁证机场142个。

港口作为口岸物流的重要枢纽，基础设施建设有了突飞猛进的发展。2005年上海洋山深水港一期、唐山港曹妃甸港区相继建成开港，秦皇岛港煤四期扩容工程已经投产，还有青岛港前湾集装箱物流园区项目、日照港25万吨级矿石码头、宁波港北仑港区五期工程、漳州开发区四区项目、广州港南沙港区工程等等。现代化、专业化码头的建设极大地满足了口岸物流发展的需要。口岸物流基础设施投资的加大，改善了口岸物流的运作环境，增强了口岸物流处理能力。一个以港口、航空口岸为中心，以公路、水路、铁路为网络的立体化、枢纽型的口岸物流基础设施体系已经初步形成。

第三，物流园区、中心在口岸地区聚集

随着口岸从原来的海陆空中转集散中心，向综合物流中心的转变，现代口岸物流功能更为广泛，朝着全方位增值服务的方向发展，成为集运输、转运、储存、装拆箱、仓储、加工、信息处理为一体的重要枢纽。适应口岸物流发展的需要，口岸物流园区和物流中心相继出现，形成了多层次的口岸物流节点体系。首先是保税区和区港联动项下的保税物流园区。目前，上海、大连、天津、宁波、张家港、青岛、厦门、深圳等8个保税物流园区都已通过验收，正式封关运作。其次是邻近口岸的各类物流中心，以及在内陆靠近主河道、机场附近设立的A型和B型保税物流中心，大大提高了加工贸易型企业的物流速度。第三是以原有的仓库、保税仓库和出口监管仓库为网点，对于口岸物流的高效流转起到了积极的保障作用。需要指出的是，这些物流园区、中心都是在海关系统的大力支持下建立和发展起来的。

第四，依托口岸的物流企业不断成熟

国际口岸物流业的繁荣在于成熟的口岸物流运营企业。随着中国物流市场的全面开放，国际物流企业纷纷进驻各地口岸。UPS、FedEx、DHL、TNT、近铁等国际物流巨头纷纷在口岸新建或扩建转运中心或物流中心，马士基、美国总统轮船等航运企业纷纷租用口岸物流仓库，作为开展国内物流业务的重要枢纽。我国口岸物流企业以仓储、运输和货代企业为主，大部分是国有或合资企业。国有物流企业通过重组改制和业务转型，向现代物流发展，像中远、中海、中外运、中国货运航空、大连港集团、天津港（集团）、蛇口集装箱码头、招商局物流等全国领先的物流企业都把口岸作为重要的发展基地。民营物流企业在立足国内物流市场的基础上，也开始完善口岸物流环节，走向全球化的供应链体系。如锦程、海丰、大田、南方、宝供、宅急送等第三方物流企业纷纷开始国际化战略的制定和实施。

第五，口岸物流信息化步伐加快

口岸作为与国际市场相连的节点，对信息化水平提出了较高的要求。首先，以港口、码头、堆场为代表的物流枢纽信息平台正在兴建。其次，保税区、出口加工区等口岸监管区的信息平台建设取得初步成效。第三，单个口岸物流平台正在向大区域物流一体化发展。由上海海关牵头制订的《长三角区域通关一体化改革方案》正在实施。第四，大通关的整合力度大大拓展。从2002年开始启动的电子大通关，正在向税务、工商、商检、海事、银行等方面拓展，将逐步形成真正意义上的“无纸化大通关”；从海港拓展到陆港、空港，实现无缝连接；结合采用各种先进技术手段如全球卫星定位系统（GPS）、公共数据网络和信息平台、移动通信短信息通知等，加快通关速度。有关电子口岸和海关信息化进展情况，海关的同志会作详细介绍。

总之，我国口岸物流发展形势很好，正在发挥重要的枢纽作用。但是，我们也要清醒地看到，我国口岸物流发展中存在的问题。比如，体制的制约、市场的不规范、基础设施的衔接性和配套性不强，口岸物流人才匮乏，经营管理理念有待提高等等。这许多问题都需要认真对待，积极加以解决。

二、中国口岸物流发展的趋势

2006年，是实施“十一五”规划的开局之年，是中国物流市场全面开放的第一年，也是贯彻全国现代物流工作会议精神的重要一年。口岸物流作为现代物流的重要组成部分，今后仍将会有较快发展。从总体趋势看：

一是口岸物流总体规模将持续增长

根据“十一五”规划纲要，到2010年中国国内生产总值将达到26.1万亿元，进出口贸易额达到2.3万亿美元，分别比2005年增长43.4%和61.9%。外向型经济的持续发展，必将推动口岸物流总体规模的扩大，口岸特别是沿海大型港口作为进出口贸易枢纽，对区域经济得带动作用越来越明显，开始成为区域经济发展的“引擎”。

二是口岸物流服务范围进一步扩大

随着经济快速发展和大规模交通基础设施建设，现代大型综合性港口和机场以其强大的综合能力和广阔的影响区域，不仅在当今综合运输网络中成为不可或缺的重要组成部分，同时也是现代物流发展的重要资源。枢纽口岸在设施和后方集疏运系统的发展上积极配合，势必会创造更高效率的物流服务环境，并通过生产成本、流通成本的不断降低和信息服务的高效率，使口岸影响下的产业布局的范围得到拓展，口岸的服务和影响范围因此而扩大。“零库存”、“即时生产模式”、“供应商管理库存”等现代物流理念的广泛应用，也对口岸物流以至于海关通关管理提出了新的要求。

三是口岸物流的功能整合出现新的动向

口岸物流涉及集疏运输、仓储配送、流通加工、口岸通关、增值服务等物流过程，是进出口贸易的重要环节。口岸物流的快速发展，可以有效保证进出口贸易“物流、商流、信息流”的有效衔接，增强我国对外经济的竞争力。传统的港口、航空、公路优势与现代物流业相结合，将会出现物流功能依托口岸进行整合的新动向。传统口岸的设施、网络、技术和管理人才的优势，通过现代物流的手段，将中转、集散型口岸向综合服务型口岸转移。一批有现代理念和现代物流设施的物流中心、配送中心或物流专业公司将在口岸地区进一步聚集，并使它们与传统的口岸服务优势互补。从根本上实现由传统口岸物流的“港对港”服务向现代物流要求的“门对门”服务的转变，拓展口岸物流业务，提高口岸物流综合协调能力。

物流企业要提升其市场份额和竞争力，必将拓展与其链接企业的战略联盟。口岸物流企业与相关港口、公路、机场的战略联盟关系将得到发展，并加强与其相关的终端物流和干线物流的联系。同时，口岸物流企业通过市场运作、兼并、并购股权和投资合作等手段，将会做大做强。一批有经济实力、能按照国际惯例运作、网络结构合理的物流企业、物流园区和配送中心，将会在我国口岸地区得到较快发展。

四是口岸物流的专业化分工更加明显

随着口岸物流量的增加，客户对物流服务的要求也会越来越高，越来越细，口岸物流的专业化分工将更加明显。有干散货和集装箱物流，普通货和危险化学品物流，还有常温和低温冷冻等方面的需求，加工、分拣、包装等要求也各不相同。这就要求口岸与口岸，以及口岸内部物流企业根据自身优势，发挥专业特长，通过口岸资源整合、流程重组，推动口岸物流社会化、专业化、一体化运作，增强口岸物流竞争力，顺应市场发展的需要。

五是口岸物流区域一体化步伐加快

口岸是区域物流的枢纽，口岸物流的发展必将推动区域经济一体化。我国口岸物流发展以中心城市为核心，以产业关系为纽带，国际与国内资源迅速向长江三角洲、珠江三角洲与环渤海地区集中。而长江三角洲的上海、宁波，珠江三角洲的香港、深圳，环渤海地区的青岛、天津、大连等口岸城市其聚集效应已十分明显。东南亚自由贸易区与中日韩自由贸易区的积极推进，也给这些地区物流发展增加了新的空间。“十一五”期间，《国家高速公路网规划》、《长江三角洲、珠江三角洲、渤海湾三区域沿海港口建设规划》、《全国沿海港口布局规划》、《全国内河航道与港口布局规划》、《中长期铁路网规划》等一系列全国规划的实施，都是贯彻了区域物流一体化的思想，必将促进口岸物流基础设施体系的进一步完善和协调，为口岸物流的全面发展奠定基础。

“十五”时期中国现代物流业取得较大进展

（2006年5月18日）

全国现代物流工作部际联席会议第二次会议5月11日在北京召开。会议总结了“十五”时期中国现代物流业发展情况，会议认为，“十五”时期，中国现代物流业发展已跨越“起步期”，迈入理性、务实、快速发展的新阶段。

全国现代物流工作部际联席会议召集人、国家发展改革委副主任欧新黔主持了在北京召开的第二次会议，联席会议办公室主任、国家发展改革委经济运行局李扬同志通报了“十五”时期中国现代物流业发展情况。

“十五”时期中国现代物流业发展的主要特点：

第一，现代物流的产业地位得到重视。五年前，现代物流作为一门组织管理技术在中国开始起步，没有明确的产业定位。为适应国际物流发展的趋势，2001 年，原国家经贸委等六部门联合印发了《关于加快我国现代物流发展的若干意见》，提出了中国现代物流发展的指导性意见；2002 年，全国现代物流发展规划的编制工作正式启动；2003 年，国务院领导同志对全国政协提出的《现代物流发展情况的调研报告》作出重要批示，要求国家发展改革委会同商务部等部门“从体制、政策、人才等方面加强研究，提出促进现代物流发展的有效措施”；2004 年，经国务院批准，国家发展改革委会同商务部等九部门联合印发了《关于促进我国现代物流业发展的意见》；2005 年，经国务院同意，全国现代物流工作部际联席会议制度正式建立，并组织召开了首次全国现代物流工作会议；2006 年 3 月，在全国十届人大四次会议通过的《国民经济和社会发展第十一个五年规划纲要》中，第四篇“加快发展服务业”里单列一节“大力发展现代物流业”。这在历史上从未有过，标志着现代物流作为产业的地位在国家层面得到确认。

第二，物流经济运行呈快速发展的态势。据国家发展改革委、国家统计局、中国物流与采购联合会统计，“十五”时期，中国社会物流总额达 158.7 万亿元，比“九五”时期增长近 1.4 倍，年均增长 23%。扣除价格因素，年均增长 15%左右，明显快于“十五”时期 GDP 增长 9.5%的水平。“十五”时期，中国社会物流总费用与 GDP 比率由 2000 年的 19.4%下降到 2005 年的 18.6%，五年下降了 0.8 个百分点。物流业增加值 2005 年超过 1.2 万亿元，同比增长 12.7%，占当年服务业增加值的 16.6%。

第三，物流企业和物流市场成长迅速。专业化的物流企业成长、成熟，是“十五”时期物流产业地位得以初步形成的基础。中远、中海、中外运、中邮、中铁、中储等传统大型国有物流企业，都在“十五”期间进行了改制重组，加快向现代物流转型；宝供、南方、大田、宅急送、远成等民营物流企业，“十五”期间发展势头迅猛；联邦快递（FEDEX）、联合包裹（UPS）、荷兰天地（TNT）、敦豪（DHL）、总统轮船（APL）、马士基（MAERSK）等外资物流企业，利用我国扩大开放的机会，抢滩中国市场。这些企业在竞争中合作，在改革中成长，促进了专业化、社会化物流的发展。提高了物流供给和服务能力，加快了生产制造和商贸流通企业物流业务分离和外包，促进了物流服务市场的形成和发展。汽车物流、家电物流、医药物流、电子物流、会展物流、连锁零售物流等专业物流市场发展迅速。

第四，物流基础设施和信息化建设进度加快。“十五”期间，中国物流相关行业固定资产投资年均增速达 19.7%，比“九五”时期加快 4.2 个百分点。铁路提速，公路联网，专业化泊位相继建成投产，长距离油气管道开通，车船运力加快向大型化、专业化方向发展，交通运输全面紧张的状况开始缓解。到 2005 年，全国铁路营业里程达 7.5 万公里；公路总里程达 192 万公里，其中高速公路 4.1 万公里。物流园区（基地、中心）建设在“十五”期间起步，促进了各种物流功能和要素的集成整合。“十五”时期，中国物流信息化取得突出成就。在企业物流信息化不断整合、优化与提升的基础上，行业物流信息平台建设初见成效。“十五”期间，我国现代物流基础设施和信息化建设取得的成就，极大地改善了现代物流运作的基础条件，物流业可持续发展的能力得到增强。

第五，物流行业基础性工作全面铺开。五年前，中国物流规划、标准、统计核算、人才培训等基础性工作几乎一片空白。“十五”期间，这些工作从无到有，全面铺开。全国物流发展规划已完成初稿，正准备征求意见。物流标准化工作，国家标准化管理委员会相继批准成立了跨部门、跨行业的全国物流标准化技术委员会和全国物流信息管理标准化技术委员会。提出了《物流标准体系表》。编制了《全国物流标准 2005 年～2010 年发展规划》正在组织实施。物流统计核算工作，国家发展改革委和国家统计局联合制定了我国社会物流统计核算制度，对于全面监测分析现代物流业发展情况，有针对性地制定相关政策提供了重要依据。物流教育和培训工作，全国开设物流专业的本科院校已从 2001 年的一所发展到 2005 年底的 165 所。物流师职业资格等在职培训工作进展较快，物流人才严重短缺的局面有所缓解。

“十五”期间，是中国现代物流业从起步期进入发展期的关键时期，在各个方面都取得了突出的成绩，为“十一五”现代物流发展奠定了坚实的基础，但也面临许多矛盾和问题。物流服务的组织化水平与经营的集约化程度不高，物流基础设施薄弱，物流的组织和布局不尽合理，物流发展还缺乏统一、协调的产业政策体系支持等等。这些问题需要我们在“十一五”期间继续采用积极有效的政策措施，充分发挥市场配置资源的基础性作用，加强部门之间的协作配合，共同解决这些矛盾和问题，促进我国现代物流业快速健康协调发展。

2005 年，中国物流业在前几年的基础上，有了新的进展。据统计，中国社会物流总额达 48.1 万亿元，同比增长 25.2%，增幅虽比上年有所回落，但仍显快速增长态势；社会物流费用占 GDP 的比率由 2004 年的 18.8%

降为18.6%，下降0.2个百分点；物流业增加值达1.2万亿元，占同年服务业增加值的16.6%，同比增长12.7%，增幅高于上年，也超过了当年GDP的增幅。特别是一些反映现代物流发展特征和趋势的领域，其收入增长明显快于全国物流总收入平均增速。其中，信息及相关服务收入增长28%；配送收入增长28%；流通加工增长27.2%；包装增长29.9%。

2005年，中国物流业发展呈现以下特点：一是外资并购国内物流企业，国有物流企业间的重组，多种所有制企业的整合，各类物流企业重组整合步伐加快；二是物流市场按照行业、地域、产品不断细分，物流企业和市场竞争更加激烈；三是由于石油价格的上涨和在设施、设备和技术上投入的增加，再加上竞争加剧，物流业平均利润水平普遍下降；四是行业物流出现了销售物流向生产物流、供应物流，下游商品向上游原材料物流延伸的趋势；五是物流业基础条件持续改善，物流行业可持续发展能力得到增强。据统计，2005年国内物流相关行业固定资产投资同比增长22.8%，保持了较高的增长速度。

（国家发展改革委经济运行局）

中国旅游业2005年各项统计

经国家统计局确认的统计结果表明：2005年，中国入境旅游人数达到12029万人次，旅游外汇收入达到292.96亿美元，国内旅游出游人数达到12.12亿人次，国内旅游收入达到5286亿元，国际国内旅游业总收入为7686亿元，公民出国（境）人数达到3103万人次，各项统计指标均创历史新高。具体统计结果如下：

一、入境旅游

——2005年，中国入境旅游人数12029.23万人次，比上年增长10.3%。其中：外国人2025.51万人次，增长19.6%；香港同胞7019.38万人次，增长5.5%；澳门同胞2573.41万人次，增长17.6%；台湾同胞410.92万人次，增长11.5%。

——2005年，全国入境过夜旅游者人数4680.90万人次，比上年增长12.1%。

——2005年，全国旅游外汇收入为292.96亿美元，比上年增长13.8%。

二、国内旅游

——2005年，全国国内旅游人数为12.12亿人次，比上年增长10.0%，其中：城镇居民4.96亿人次，比上年增长8.1%；农村居民7.16亿人次，比上年增长11.4%。

——全国国内旅游收入为5286亿元，比上年增长12.2%，其中：城镇居民旅游支出3656亿元，农村居民旅游支出1630亿元。

——全国国内旅游人均出游花费436.13元。其中：城镇居民出游人均花费737.12元，农村居民出游人均花费227.62元。

三、旅游业总收入

2005年，全国国际国内旅游业总收入7686亿元，比上年增长12.4%。

四、出境旅游

2005年，中国公民出境总人数为3102.63万人次，比上年增长7.5%。其中：因公出境588.63万人次，比上年增长0.2%，占出境总人数的19.0%；因私出境2514.00万人次，比上年增长9.4%，占出境总人数的81.0%。

（国家旅游局）

中国旅游城市2005年十强排名

（2006年4月5日）

2005年，中国10大旅游目的地城市排名与2004年相比，逐渐趋于稳定，2005年前10名城市北京、上海、杭州、深圳、广州、成都、武汉、南京、青岛以及天津，它们与2004年的10强名单完全一致，仅仅是座次略有变化。10强中，大致可以分为四个层次来看，具体来说，前2名即北京与上海的超群地位仍然没有城市可以撼动，属于当之无愧的第一层次；3~5名中，广州逐渐下滑，跌出前3名而位列第5；杭州、深圳稳中有升，各自前进了一位；而6~8名的排位非同寻常。2004年的南京、武汉、成都变成了2005年的成都、武汉、南京；更为巧合的是，2004年的9~10名的排位天津、青岛，2005年也倒了个个，排位为青岛、天津，即青岛在10强名单中排名第9。

上述排名主要是根据2005年1月1日～12月31日各个城市的订房间夜总量统计出的，并参考了相关的度假产品的预订数据。

分析一：青岛旅游业蓄势待发。青岛，人们传统印象中始终用“美丽”二字来形容。蓝天、碧海的纯美画面完全符合人们对一个海滨城市的向往。这里有最好的海滨浴场，有中国最早的海洋馆，有更著名的“海上名山——崂山”。无独有偶，与青岛的海之魅力同样著名的是扎根于此的中国名牌企业群体。在2005年中国自主创新、品牌高层论坛暨中国品牌经济城市峰会上，青岛被授予“中国品牌之都”称号。拥有中国驰名商标11件、中国名牌产品44种(数量仅次于上海，居全国第二)。2个中国世界名牌产品的青岛，无论是在商务方面，还是在旅游方面，都显得底气十足。青岛若能在旅游文化和景点上再下一番功夫，相信其位次自然会水涨船高。青岛以第29届“相约奥运，扬帆青岛”奥帆赛为契机，从城市形象、招商引资和旅游推介等层面展开城市品牌环境推介所取得的成功，极具代表性的彰显了青岛商务、旅游和谐互动的整合能力。

分析二：杭州位居头三强。近几年，随着杭州自身经济实力的不断增强，杭州正逐渐由一个单纯的旅游城市向商务、旅游齐头并进的城市转变。除去“人间天堂”、“文化之邦”、“丝绸之府”、“茶叶之都”、“鱼米之乡”等一大堆名头再来看杭州，很多“硬指标”的良好表现为我们呈现的是一个飞速发展中的杭州：经济总量连续多年居全国省会城市第二位，副省级城市第三位，城市竞争力仅次于上海、深圳、广州、北京，居全国城市第5位。吸引了众多500强企业落户的杭州经济技术开发区对杭州产生的影响正越来越强地显现出来。通信、软件、集成电路、数字电视、动漫、网络游戏6条“产业链”初具规模的杭州正孕育着一个“天堂硅谷”的诞生。而杭州赖以成名的旅游产业，也在经济发展的带动下，驾轻就熟地发挥着系统开发、整体规划的作用，无论是名景点的修葺、维护，还是新景点的引入、开发，都显得自然、协调且成效卓著。

分析三：成都稳扎稳打休闲旅游牌。作为旅游城市的成都向来不缺旅游资源，历代的名胜古迹，周边醉人的自然风光，乃至名扬天下的成都美餐，均让人流连忘返。但近几年来，人们对成都刮目相看的似乎是“休闲之都”的雅号。2005年，成都接待入境过夜游客突破50万人次，同比增长22.36%，旅游外汇收入1.76亿美元，同比增长25.65%；接待国内旅游者3619.63万人次，同比增长12.57%；旅游总收入286.75亿元人民币，同比增长25.53%。如此宠爱一方面得益于“天府之国”的正宗传承，也得益于成都悄然迈进的综合实力。不声不响中，落户成都的500强企业已经达到100家。2005年是落户成都500强最多的一年，而500强企业达到100家，这是一个重要的门槛，标志着成都在跨国企业的战略中拥有越来越重要的位置。

分析四：深圳、广州旅游业难有抢眼的表现。排名在成都之前的深圳、广州，不乏雄厚的实力，但作为老字号的南部城市代表，他们却总让人感觉有点风光不复往日之盛的“低调”，很难说这是被动的无奈还是主观动力的缺失。无论是广州还是深圳，似乎总可以轻而易举地在10强中占据一席之地，但又似乎总没有抢眼的表现成为备受瞩目的旅游明星城市。或许用更加务实和高度关注的心态来对待本市的旅游业，是当务之急。

分析五：其他城市。排名紧随成都的武汉与南京，实力同样不容小觑。以南京为例，无论是十运会的成功举办还是新南京火车站的落成，都为南京的城市魅力增光不少。天津既不缺乏历史的积淀，也不缺乏旺盛的经济活力，天津需要为自己打造的，是一张个性与特点更为鲜明的城市名片。此外，诸如西安、重庆以及厦门等10强之外的旅游城市，正逐渐向10强逼近。大连、苏州的排名则出现了小幅度的下滑。相对于10强中的城市，10强外城市相互间的竞争似乎更为激烈。

纵观2005年度中国10大旅行目的地城市排名，稳定的格局仍呈绝对态势。但杭州、成都、青岛等城市的表现仍不失亮色。经济活力与旅游产业之间的关联度越来越紧密，一个城市的魅力或者说综合实力往往是多方元素的集合，稳中微变的2005旅游产业体现了这一点。

附表：

2004年、2005年中国10强旅游城市名次

2004年（城市）2005年（城市）：1北京北京，2上海上海，3广州杭州，4杭州深圳，5深圳广州，6南京成都，7武汉武汉，8成都南京，9天津青岛，10青岛天津。

（国家发展改革委社会发展司）

附 1：依靠自主创新建设节能型钢铁企业

鞍山钢铁集团公司党委书记、总经理　刘　玠

鞍钢是一个有九十年历史的老企业，在进入市场经济初期，由于设备陈旧、工艺落后、能源消耗高、产品竞争力差，一度陷入困境。为了彻底改变老企业的落后面貌，“九五”以来，我们坚持以邓小平理论、“三个代表”重要思想和科学发展观为指导，依靠自主创新，调整结构，加强管理，老企业实现了跨越式发展，旧貌换新颜。

与 1995 年相比，去年鞍钢的钢产量增加了 377.1 万吨，增长 46.38%；而吨钢综合能耗降低了 255 千克标准煤，下降 22.89%；吨钢可比能耗降低 221 千克标准煤，下降 22.32%；“九五”以来，累计实现节能 251 万吨标准煤，节水 1.64 亿吨。

一、立足自主创新推进技术改造，淘汰落后生产工艺和技术装备

过去鞍钢之所以能耗高、污染重、市场竞争力弱，主要是由于技术装备和生产工艺落后：平炉钢占钢产量的 62%，模铸、初轧占 70%；落后轧机装备高达 70%；初级产品多，板管比不到 40%。可以说不改造鞍钢就不能生存发展。因此，“九五”以来，我们坚持依靠自主创新，用高新技术改造传统产业，走出了一条“高起点、少投入、快产出、高效益”的老企业振兴发展道路。

一是淘汰平炉，实现全转炉炼钢。自主开发建设 6 座现代化转炉，全部淘汰了平炉，能耗大幅度降低，环保状况彻底改善。原炼钢厂平炉每吨钢耗能近 70 千克标准煤，改造后不仅实现了负能炼钢，而且每吨钢成本降低 100 元。

二是淘汰模铸工艺，实现全连铸。在消化引进板坯连铸机技术的基础上，自主设计开发了 6 台连铸机，实现了全连铸。实现全连铸后，降低能耗 67.9%，连铸比模铸每吨成本降低 200 元。

三是淘汰初轧、热叠轧薄板及横列式轧机，建成了拥有自主知识产权的热连轧、冷连轧、冷轧硅钢和万能重轨轧机等现代化生产线。能耗、物耗及各类污染物排放量大幅度降低。其中，由鞍钢自主开发集成的 1700 中薄板坯连铸连轧生产线（ASP），是我国第一条拥有全部自主知识产权的热轧生产线，产品质量达到国际先进水平，燃料消耗比改造前下降 17%，每年可实现节能 1.76 万吨标准煤。建成我国第一条自主集成的 1780 冷连轧机组，获冶金科学技术特等奖，鞍钢在国内率先具备热连轧、冷连轧成套技术输出能力。

四是自主创新建成年产量 500 万吨现代化、短流程、节能环保型的精品板材生产基地。新区占地仅 1.7 平方公里，集炼铁、炼钢、连铸、热、冷连轧为一体，由鞍钢自主设计、自主集成、自己施工，主要设备国内制造，具有自主知识产权，改写了我国建设现代化大型钢铁联合企业长期依靠国外的历史。整个新区从规划设计到建成投产，全过程遵循经济效益与环境效益、社会效益的和谐统一原则，合理的布局，最大限度地减少了生产过程中的热能损耗，热装热送率达到 95%以上。吨钢综合能耗 640 千克标准煤，吨钢耗新水 4.6 吨，为国际同行业先进水平。废水废气废渣 100%处理并利用。在国内首家采用 300MW 低热值高炉煤气联合发电机组（CCPP），可将剩余高炉煤气和焦炉煤气全部回收发电，每小时最大发电量可达 30 万千瓦时。

通过自主创新，不仅技术装备达到世界先进水平，而且大大降低了工程投资，“九五”、“十五”技改平均投资回收期仅为四年左右，其中 500 万吨新区吨钢投资为国内最低，比国际水平低 2000 元以上。

二、调整产品结构，努力为社会提供节能环保钢材

在通过技术改造降低生产过程资源、能源消耗，减少环境污染的同时，我们加大产品创新力度，重点开发生产高附加值节能环保钢材。

冷轧硅钢。与热轧硅钢比，用于电机可节电 8%左右，一万吨冷轧硅钢每年可实现节电 1 亿千瓦时。

耐候钢，包括集装箱板、铁路车厢板等产品。与普通钢相比，可延长使用寿命 2～4 倍。

高强钢，包括高强汽车用钢和高强工程机械用钢。比如，鞍钢生产的 A601L 高强汽车结构钢，用于大型载重汽车，每辆汽车可减少自重两吨左右。

"十五"以来，鞍钢已经向市场提供耐候钢331万吨、冷轧硅钢84.7万吨、高强钢232万吨。目前，已形成了从热轧板、冷轧板到镀锌板、彩涂板、冷轧硅钢的完整产品系列，是国内两个生产轿车面板的企业之一和全球最大的集装箱板供货企业。2005年板管比82.53%，比1994年提高42.53个百分点；产品实物质量达到国际先进水平的比率为74.86%，提高68.56个百分点；高附加值产品比例达到77%。

三、加强管理，深挖节能降耗潜力

在生产实践中，鞍钢注重挖掘冶金过程节能降耗的巨大潜力，进一步发挥企业的能源转换功能。

一是优化原料结构，开展"提铁降硅"攻关。应用新的选矿工艺，综合入炉矿品位提高2.9个百分点。每提高一个百分点，使焦比降低1,5%，高炉矿耗减少45千克/吨铁，渣量减少30～40千克/吨铁，高炉瓦斯泥减少50%。

二是优化燃料结构，提高二次能源使用效率。用回收的煤气替代重油做燃料，每年减少重油消耗79.4万吨，降低成本11.9亿元。建成四套8万立方米转炉煤气柜，实现了转炉煤气全部回收。建成两套全国容积最大、压力最大、柜型最新的30万立方米高炉煤气柜。新建高炉全部配套煤气压差发电（TRT）装置，新焦炉全部配套干熄焦余压发电（CDQ）装置。去年以来，TRT发电量达到2.6亿千瓦时，相当于节能9.34万吨标准煤，创效1.38亿元。

三是完善节能管理体系，根治"跑冒滴漏"。建立健全完整的公司、厂矿、车间三级节能管理责任体系。充分利用信息技术，提高能源加工、使用、转换的效率，自主开发的综合管理信息系统（ERP）成功上线运行，实现了生产管理的在线监控。与1995年比，吨钢耗新水减少15.96吨，水循环利用率由89.97%提高到96.3%。

前不久，鞍钢与辽宁省政府签署了节能目标责任书，并郑重承诺从现在起到2010年，5年节能200万吨标准煤。为了实现这一目标，今后，我们要进一步树立和落实科学发展观，强化"自主创新——可持续发展"一体化思想，大力加强"绿色"制造工艺技术的研究和应用，实现钢铁主体工艺大型化、连续化、现代化，废水、废气、废渣再资源化，成为现代能源转换中心。加快推进重点节能项目建设。加强新一代钢铁材料的研究，努力为社会提供高效益、低损耗、低污染的产品，为把鞍钢建设成为世界一流节能型钢铁企业而努力奋斗。

附2：确保完成"十一五"节能目标 努力创建节约环保型发电企业

中国华能集团公司总经理 李小鹏

根据会议安排，下面我就华能集团公司节能工作及完成"十一五"节能目标的措施，向会议做一个简要汇报。

一、高度重视节能工作，资源节约不断取得新进展

自1985年成立以来，公司十分重视加强节能工作，在发电行业节约资源、提高能源转换效率等方面进行了积极的探索，取得了一定的成效。

（一）强化节能管理，提高节能工作成效。公司注重加强制度建设，制订节能监督管理办法，指导所属电厂的节能工作；配备专职节能人员，加强能耗指标分析；积极开展能耗指标对标管理和机组竞赛活动，促使各电厂查找差距、改进不足；认真落实节能目标责任制，把供电煤耗和厂用电率等能耗指标纳入年度考核内容，严格考核。

为了更好地贯彻落实党的十六届五中全会关于建设资源节约型、环境友好型社会的精神，今年年初，公司下发了《中国华能集团公司创建节约环保型企业规划（2006～2010）》和《节约环保型示范燃煤发电厂标准》，明确了"十一五"节能目标、实施步骤和不同类型机组的技术经济指标。

（二）依靠技术进步，提高燃煤发电效率。在煤电开发中，公司十分注重采用大容量、高参数、高效率的洁净煤发电设备，在国内率先采用超临界60万千瓦机组，第一个建成并运营国产超临界60万千瓦机组，第一个建

设国产超超临界100万千瓦机组。2003年以来，公司累计投入600亿元资金建设技术先进的火电机组；同时，还累计投入7亿元资金利用新技术、新工艺对效率较低的老机组进行节能技术改造，有效地提高了发电效率。

（三）发展循环经济，提高资源综合利用效率。国内第一个大型煤电联营项目—华能伊敏电厂通过露天采煤、坑口发电、灰渣回填、疏干水用作发电循环冷却用水的方式，实现了资源的综合利用。自1998年电厂投产以来，累计发电355亿千瓦时，产煤5967万吨，节水8413万吨，恢复植被4725亩。

通过不断加强节能工作，公司火电厂平均供电煤耗逐年下降，2005年底达到346克/千瓦时，比全国平均供电煤耗374克/千瓦时低28克/千瓦时。按2005年全国火电发电量20180亿千瓦时计算，相当于全年少烧标准煤约5650万吨。

总结过去的工作，我们感到，做好节能工作必须紧紧依靠技术创新、体制创新和管理创新；在建设资源节约型、环境友好型社会的过程中，国有重要骨干企业应该、也必须发挥重要作用。

二、全力以赴，真抓实干，确保完成“十一五”节能目标

今天召开的全国节能工作会议，是全面贯彻落实党的十六届五中全会精神、确保实现“十一五”节能目标的一次重要会议。会上，我们将签订节能目标责任书，这是我们向国家和人民做出的庄严承诺。我们将认真贯彻这次会议精神，提高认识，明确目标，真抓实干，确保完成任务。

（一）狠抓落实，确保完成“十一五”节能目标。我们将对这次纳入“千家企业节能行动”的华能电厂，逐年分解指标，制订措施，落实责任，坚决完成节能目标。同时，我们将以此为契机，切实抓好华能石洞口二厂等5家节约环保型示范燃煤电厂的建设，全面带动和推进公司系统创建节约环保型企业的工作，确保完成公司“十一五”节能目标：到今年末，在公司系统建成3～4个资源节约型示范电厂；到2008年末，公司系统40%的电厂成为资源节约型电厂，平均供电煤耗比2005年末下降10.4克/千瓦时，降低3%；到2010年末，公司系统火电厂都建成节约环保型企业，平均供电煤耗比2005年末下降14.5克/千瓦时，降低4.2%，各项技术经济指标达到国内领先、国际先进水平，为实现“十一五”期末单位国内生产总值能源消耗比“十五”期末降低20%的节能目标做出贡献。

（二）进一步加大技术改造力度，不断降低能耗指标。“十一五”期间，我们将加大资金投入力度，计划投入17亿元进行节能技术改造。继续对老机组通流部分进行改造；对主要辅机进行节能改造；推广使用变频技术降低厂用电率；进行等离子体点火、少油点火等技术改造，减少燃油消耗量。通过采取对标管理、优化运行、检修管理以及机组性能实时在线监测等措施，充分挖掘内部节能潜力，不断降低供电煤耗、厂用电率等能耗指标。

（三）进一步优化电源结构，提高可再生能源比重。新建火电机组将采用效率高、污染低的60万千瓦及以上超（超）临界机组，发展热电联产机组。实施“以大代小”工程，在“十一五”期间关停100万千瓦高能耗、高污染的小发电机组。同时，进一步加快水电、风电、太阳能的开发利用，到2010年，清洁能源发电装机总容量将超过1000万千瓦。

（四）提高自主创新能力，开发新一代化石能源系统。为了实现清洁高效地利用煤炭发电的目标，2004年，我们提出了“绿色煤电”计划，该计划旨在开发以煤气化制氢、氢能发电为主、并对二氧化碳进行分离及处理的新一代化石能源系统。这种新一代化石能源系统将大幅提高煤炭发电效率，并实现包括二氧化碳在内的污染物的近零排放。目前，“绿色煤电”计划的部分关键技术已经完成了工业化实验。在有关部门的支持下，绿色煤电公司正在筹备建设具有自主知识产权的25万千瓦级整体煤气化联合循环（IGCC）发电项目。同时，我们联合有关方面，正在加快我国具有自主知识产权的20万千瓦级模块式高温气冷堆商业化示范核电站的建设。

（五）加强节能目标责任制，建立节能工作的长效机制。加强组织领导，建立节能目标管理责任体系，集团公司本部成立节能工作专责机构，各产业公司明确负责节能工作的机构和人员。进一步加强节能目标责任制，层层分解节能指标，建立健全考核体系，确保任务到位、责任到位、考核到位，形成节能工作的长效机制。

我们将深入贯彻“十一五”发展规划纲要精神，认真落实国务院关于加强节能工作的决定，大力加强节能降耗工作，为全面完成“十一五”节能目标，为建设资源节约型、环境友好型社会做出应有的贡献。

第三部分

地区发展与投资

区 域 发 展

继续推动区域协调发展

国务院总理温家宝在2006年3月5日十届全国人大四次会议上作政府工作报告时指出，继续推动区域协调发展。

——进一步推进西部大开发。着力支持重点地带、重点城市和重点产业加快发展。确保青藏铁路、三峡三期工程等一批重点工程建成投产，新开工一批重大建设项目。巩固和发展退耕还林、退牧还草成果，抓紧研究制定后续相关政策。继续实施天然林保护、风沙源和石漠化治理等生态工程。加大政策扶持和财政转移支付力度，逐步建立长期稳定的西部开发资金渠道。

——继续实施东北地区等老工业基地振兴战略。重点加强大型粮食基地建设，推进重点行业改革重组和技术改造。搞好资源枯竭型城市经济转型和采煤沉陷区治理、棚户区改造，做好部分城市和国有企业厂办大集体改革试点工作。

——积极促进中部地区崛起。重点加强现代农业特别是粮食主产区商品粮基地建设，加强能源和重要原材料基地建设，加强现代综合交通运输体系、现代流通体系和现代市场体系建设。支持老工业基地振兴和资源型城市转型，建设现代装备制造基地和高技术产业基地。

——鼓励东部地区率先发展。着力增强自主创新能力，推进产业结构优化升级，增强国际竞争力和可持续发展能力，更加注重节约利用土地、水、能源等资源和环境保护，实现既快又好发展，在科学发展道路上走在全国前面。继续发挥经济特区、上海浦东新区的作用，推进天津滨海新区开发开放。

温家宝强调，要进一步支持革命老区、少数民族地区、边疆地区和贫困地区加快经济社会发展。发达地区要采取多种方式帮助和带动欠发达地区。

行政区建设与区域协调发展

行政区发展是经济区域发展的基础，经济区域发展是行政区高水平、快速度和可持续发展的重要条件。促进区域协调发展应当着力解决行政区和经济区域一体化发展问题，其关键在于打破行政区的垄断和封锁。

促进区域协调发展，需要加强各行政区的协调互动机制，尤其是推动建立发达地区对欠发达地区的帮助机制，并把帮助的重点建立在利益互补的市场运作基础之上。

一般来说，一个经济区域往往包含着若干个不同层次的行政区。行政区作为依法确立、由国家授权的一定级别政府进行管理的区域，其发展模式和政府管理的方式，直接制约着经济区域的发展。因此，促进区域协调发展，必须正确处理行政区建设与经济区域发展的关系。

通过改革促进行政区和经济区域一体化发展

行政区发展是经济区域发展的基础，经济区域发展是行政区高水平、快速度和可持续发展的重要条件。各个行政区的资源和要素数量是有限的，品质也有很大差别。超越行政区以拓展经济区域，推进区域发展，有利于资源和要素在更大范围流动和重组，实现各行政区的优势互补，促进资源和要素的优化配置，从而促进经济结构的调整与升级，提高经济运行的质量和效益。这就是为什么我们要致力于建立统一开放、竞争有序的全国大市场的根本原因。如果各个行政区政府能够站在全局的高度，用开放的思维和符合市场规律的方式管理经济活动，则行政区的发展和经济区域的发展就会融为一体、相互促进。也只有这样，才能形成区域协调发展的基础。但一些行政区从局部利益出发，运用各种手段实施地区封锁和市场分割，其结果不仅妨碍了区域发展，也直接影响了自身发展，导致产业结构老化、低水平重复建设严重、经济效益低下。

有鉴于此，促进区域协调发展必须着力解决行政区和经济区域一体化发展问题，其关键在于打破行政区的垄断和封锁。这就要求进一步深化改革，使各行政区的政府不再直接干预企事业单位的生产经营和具体事务，不再把企业分为本地的、外地的而区别对待，不再搞行政垄断和地区封锁。一是深化行政管理体制改革。切实转变政府职能，使政府部门与企事业单位的生产经营和具体业务脱离，把工作职能转变到经济调节、市场监管、社会管理和公共服务上来。进一步完善行政管理方式，实施政府调节和改善管理手段应立足于为企事业单位服务、为其能动性运作创造良好环境。深化政府机构改革，加强和完善从事经济调节和社会管理的机构，撤销那些直接从事或干预微观经济活动和社会事务的机构。建立健全科学的政府绩效评价体系，完善公务员特别是领导干部的选拔任用制度。二是推进财政体制改革。合理界定各级政府的事权，并依此调整和规范中央与地方以及地方各级政府间的收支关系，建立健全与事权相匹配的财政体制。按照政企分开、政事分开的原则和政府正确与公正履行各项职能的需要，调整财政支出结构，加快公共财政体制建设。完善中央和省级政府财政转移支付制度，进一步科学界定转移支付的因素，扩大一般性转移支付的规模，加大对欠发达地区或主要由自然性原因造成贫困的地区的财政转移支付力度。三是加快市场制度建设。完善市场法律法规，依法打击妨碍市场公平竞争、设置行政壁垒、排斥外地产品和服务等分割市场的行为。强化市场监管，建立健全行政执法、行业自律、舆论监督、群众参与相结合的市场监管体系。健全市场组织体系，积极发展独立公正、规范运作的专业化市场中介服务机构，按市场化原则规范和发展各类行业协会、商会等自律性组织。同时，加快建设社会信用体系。

加强行政区间的协调互动

促进区域协调发展，除了需要国家在经济政策、资金投入和产业发展等方面加大对落后地区的扶持，从行政区和经济区域的关系看，加强同一经济区域内各行政区间的协调互动机制，尤其是推动建立发达地区对欠发达地区的帮助机制，也是十分重要的。这种帮助可以是纯支援性的，但仅仅靠支援往往不够稳定，也难以持续；而且对于欠发达地区来说，这种数量有限的支援不能解决根本问题。因此，应把帮助的重点建立在利益互补的市场运作基础之上。从发达地区的角度看，至少可以从两个方面做出努力：其一，把握世界科技进步、产业转移和区域经济一体化带来的机遇，推动产业结构升级和自主创新。大力发展信息、生物、新材料、新能源等高新技术产业，广泛应用高新技术和先进适用技术改造提升制造业，形成更多拥有自主知识产权的知名品牌。同时，推动适合欠发达地区需要或主要依靠欠发达地区供给资源的产业向欠发达地区转移。其二，充分利用欠发达地区资源丰富、投资成本低等特点，积极到那里办企业、兴产业，“借地生财”。从欠发达地区的角度看，也应利用发达地区的结构调整、产业转移，“借势开发”。一般来说，欠发达地区容易搞封闭，既担心“肥水流了外人田”，又担心“一放不可收拾”，于是就关起门来搞建设。其实，越封闭越落后。好的要素进不来，市场打不开，最后必然是复制落后，难以为继。开放实际上是一种借势开发，借发达地区的技术、管理、人才、资本来发展自己。欠发达地区应积极实施“引进来”战略，用较低的生产要素价格、投资成本和良好的环境与服务吸引各方投资，实现互利共赢。

（国家发展和改革委员会经济体制综合改革司司长　范恒山）

“十五”时期中国区域四大板块经济发展回顾总结

一、“十五”时期中国区域四大板块经济发展情况

（一）西部大开发开局良好

1. 经济总量快速扩大，自我发展能力不断增强

“十五”期间是国家实施西部大开发后的第一个五年计划，西部地区经济快速增长，总体经济实力不断增强。2000~2005年，西部地区GDP由16655亿元增加到33390亿元，年均增长14.9%（全国12.9%），占全国GDP的比重从17.1%下降到17%；地方财政收入由1127亿元增加到2465亿元，年均增长16.9%（全国18.4%），占全国地方财政收入的比重从17.6%下降到16.6%；人均GDP从4639元提高到9309元，年均增长14.9%（全国12.2%）。由此可见，“十五”期间西部地区经济总量保持快速增长，主要经济指标平均增速高于全国，但是在全国所占比重出现不同程度的下降。

2. 产业结构不断优化，整体竞争力明显提升

西部大开发实施以来，产业规模不断扩大，产业结构逐步优化，产业的整体竞争力得到显著提升。2000~2005年，西部地区第一产业产值由3707亿元增长到5882亿元，年均增长9.7%（全国9.1%），占全国一产产值比重从25%提高到26%；第二产业产值由6913亿元增长到14287亿元，年均增长15.6%（全国13.6%），占全国二产产值比重从15.1%下降为14.8%；第三产业产值由6035亿元增加到13221亿元，年均增长17%（全国13.5%），占全国三产产值比重从16.5%上升到17%。三次产业产值占GDP比重从22.3∶41.5∶36.2转变为17.6∶42.8∶39.6。由此可见，“十五”期间西部地区三次产业增速均高于全国平均增速，第一、第三产业产值占全国比重略微上升，第二产业产值占全国的比重出现下降，表明西部地区工业化进程相比全国其他地区仍然较慢。

3. 固定资产投资保持快速增长势头，有效拉动和支撑经济增长

西部大开发实施以来，西部地区经济的快速增长很大程度上依赖投资的拉动，全社会固定资产投资一直保持相对较高的增长速度，主要体现为基础设施、生态保护等重大工程建设。2000—2005年，西部地区固定资产投资由6111亿元增加到17544亿元，年均增长23.5%（全国21.9%），占全国固定资产投资的比重从19.2%提高到20.1%。可见，“十五”期间西部地区固定资产投资规模扩大较快，不仅增速超过全国平均水平，而且占全国固定资产投资总规模的比重也明显提高，表明投资对于保持西部地区经济快速增长具有重要作用。

4. 全社会消费水平稳步提高，城乡居民生活质量不断改善

西部大开发实施以来，伴随国家重大基础设施、生态保护等一批重大项目的投资建设，当地的企业生产和经营效益不断改善，财政转移支付力度逐步加大，城乡居民收入和全社会消费水平稳步提高。2000~2005年，西部地区全社会消费品零售总额由5997亿元增加到11581亿元，年均增长14.1%（全国11.4%）；占全国的比重从16.8%提高到17%。城镇居民人均可支配收入由5665元增长到8724元，年均增长9.0%（全国10.8%），相当于全国平均水平的比重从90.2%下降到83.1%；农民人均纯收入由1694元增加到2410元，年均增长7.3%（全国7.6%），相当于全国平均水平的比重从75.2%下降到74.0%。从以上分析可以看出，“十五”期间西部地区全社会消费增速超过全国平均水平，占全国的比重也呈现小幅上升的态势。但是，西部地区城镇居民可支配收入和农民人均纯收入两项指标年均增速均低于全国平均增速，相当于全国平均水平的份额均出现下降的势头。

5. 进出口与利用外资规模不断扩大，对外开放面临艰巨任务

随着西部大开发的逐步推进，西部地区对外开放的领域、方式和水平不断拓展和提高。2000~2005年，西部地区进出口总额由172亿美元增长到451亿美元，年均增长21.3%（全国24.6%），占全国的比重从3.6%下降到3.2%；其中，出口总额由99亿美元增长到258亿美元，年均增长21.1%（全国25.0%），占全国的比重从4%下降到3.4%。2000～2004年，实际利用外资由18.5亿美元下降到17.4亿美元，年均增长－1.5%（全国10.4%），

占全国的比重从4.5%下降到2.9%。从以上分析可以看出,“十五”期间尽管西部地区进出口总量保持较快增长,但是增速低于全国平均增速,占全国的比重也出现下降。特别是实际利用外资居然出现负增长,占全国的份额也急剧下降,这表明西部地区在扩大开放和发展外向型经济方面还面临艰巨的任务。

(二)东北地区老工业基地振兴初见成效

1. 人均地区生产总值较高,经济增长速度相对缓慢

东北地区由于国有企业数量多,产业结构偏重于重化工业,而且体制机制改革缓慢,经济增长仍呈现出“吃过去老本”的特征。从2000年到2005年,东北地区生产总值从9743亿元上升到17130亿元,增长了76%,比全国增速低8个百分点;地区生产总值占全国的比重从2000年的10%下降到2005年的8.7%。人均地区生产总值从9176元增长到15972元,高于同期全国平均水平,增长了74%,比全国低4个百分点。

2. 产业结构趋于合理,但产业竞争力较弱

相对全国而言,从2000年到2005年,东北地区产业结构比较稳定,变动幅度较小,产业结构不断趋于合理化。第一产业的比重从12.9%下降到12.5%,第二产业的比重从51.5%下降到49.5%,第三产业比重从35.6%上升到38%。从总体上看,东北地区产业竞争力比较弱,尤其是第二产业的竞争力比较弱。根据份额—偏离分析方法计算,按照全国“十五”期间经济增长速度,东北地区生产总值应该增加8161亿元,但实际上仅增加7387亿元,偏离774亿元,其中产业结构出现正偏离68亿元,产业竞争力出现负偏离842亿元。

3. 固定资产投资增速高于全国平均水平,对地区经济增长起着主导作用

从2000年到2005年,东北地区固定资产投资从32918亿元增长到88604亿元,增加了187%,比全国快18个百分点,固定资产投资占全国的比重从8.5%提高到8.9%,固定资产投资占地区生产总值的比重从28%上升到45%,增长幅度高于全国平均水平。投资对东北地区经济增长起着主导的作用,消费和净出口对经济增长的贡献大幅度降低。投资对东北地区经济增长的贡献率从2000年的24.58%上升到2004年的72.96%,而货物和服务净出口对经济增长的贡献率从21.57%下降到-6.22%,消费对经济增长的贡献率从53.85%下降到33.26%。

4. 城乡居民收入较低,消费快速增长缺乏支撑

从2000年到2005年,东北地区社会消费品零售总额从3753亿元增长到6220亿元,增长了66%,比全国低6个百分点,占全国的比重从10.5%下降到9.2%。同期,东北地区城镇居民人均可支配收入从5061元上升到8706元,低于全国平均水平;城镇居民家庭恩格尔系数从39.5%下降到35.7%,低于同期全国城镇居民家庭恩格尔系数(分别为39.4%和36.7%)。农村居民人均纯收入从2000年的2198元上升到2005年的3416元,增长55%,高于全国11个百分点。农村居民家庭恩格尔系数从45.5%下降到40%,均低于同期全国农村居民家庭恩格尔系数。

5. 进出口增长缓慢,占全国的比重不断降低

从2000年到2005年,东北地区进出口总额从246亿美元上升到571亿美元,增长了132%,比全国低68个百分点,占全国的比重从5.2%下降到4%。其中进口增长了135%,出口增长了128%,占全国的比重分别从5.4%、4.9%下降到4.2%和3.8%。从总体上看,东北地区进出口总额的增长速度低于全国平均水平,占全国的比重在不断降低,经济的外向化程度和产业的国际竞争力不断下降。

(三)促进中部地区崛起的条件基本具备

1. 在全国GDP中的比重不断下降

根据全国GDP汇总数据计算,中部地区2000年的GDP总量为19791亿元,在全国的比重为20.4%,2005年的GDP总量为37046亿元,在全国的比重为18.8%,中部地区GDP在全国的比重呈现不断减少的趋势。其中中部地区2000年第一产业、第二产业、第三产业在全国所占比重分别为27%、19.3%、19%,2005年为27.2%、18%、17.4%,除了第一产业在全国的比重略有上升外,第二产业和第三产业在全国的比重均有不同程度的下降。由于中部地区在全国GDP中的比重不断减少,特别是第二产业和第三产业在全国比重中的下降,致使中部地区“十五”期间经济增长整体上落后于东部、东北、西部地区的发展。

2. 社会消费品零售总额在全国的比重不断下降

从社会消费品零售总额来看,2000年中部地区社会消费品零售总额为7329亿元,占全国的比重为20.6%,2005年中部地区的社会消费品零售总额为13184亿元,占全国的比重为19.4%,呈现不断下降的趋势。长期以来,我国内需市场增长乏力,对于中部地区来说,依靠内需拉动区域增长的难度更大。首先,中部地区的经济发展水平普遍偏低,“十五”期间中部地区的经济总量及经济增长速度在全国都处于落后水平,居民收入水平低。其次,中部地区农业人口比重大,农业人口作为低收入人口,很难拉动有效内需。

3. 固定资产投资在全国的比重不断上升

从固定资产投资来看,2000年中部地区固定资产投资为5597亿元,占全国的比重为17.5%,2005年中部地区固定资产投资为13535亿元,占全国的比重为18.7%,呈现不断上升的趋势。固定资产投资一直以来

是拉动我国经济增长的一个重要力量，“十五”期间，中部地区的固定资产投资呈现不断增长势头，固定资产投资对于拉动中部地区经济的快速发展起到非常重要的作用。随着中部地区固定资产投资的快速增长，中部地区的交通基础设施将会得到不断完善。但同时也应该看到，中部地区的固定资产投资很大一部分投向了能源原材料行业，不仅有可能造成将来的产能过剩，而且也不利于中部地区的产业结构调整和持续健康发展。

4. 进出口总额在全国的比重略有下降

从进出口总额来看，2000 年中部地区进出口总额为 148 亿美元，占全国的比重为 3.1%，2005 年中部地区进出口总额为 415 亿美元，占全国的比重为 2.9%，整体上略有下降。中部地区既不临近海洋，也不沿边，处于我国“不东不西”的位置，这样的区位不利于中部地区发展外向型经济。当前，出口是拉动我国经济发展的一支非常重要的力量，中部地区在这方面正好处于劣势地位，今后大力发展外向型经济仍然面临相当艰巨的任务。

（四）东部地区继续保持领先地位

1. 经济总量占全国的比重继续提高

东部地区凭借优越的区位、先进的体制机制以及业已形成的先发优势，继续保持经济快速增长的态势。特别是长三角、珠三角、京津等地区的部分行业和领域形成国内领先的优势地位，已经具备与国际市场竞争高低的实力和话语权。2005 年，东部地区生产总值达到 108999 亿元，占全国比重为 55.5%，比 2000 年提高 3 个百分点；人均地区生产总值达到 23568 元，相当于全国平均水平的 1.68 倍，比 2000 年提高 0.12 倍。

2. 产业自主创新能力不断增强

东部地区产业结构层次不断提升，整体竞争力和自主创新能力逐步增强。特别是分布在沿海一些大中城市、国家级和省级开发园区内的机械制造、电子信息、生物医药等先进制造业和高技术产业的国际市场竞争力显著提高。2005 年，东部地区三次产业比例为 7.7∶51.6∶40.7 相比 2000 年，其中第一产业比重下降 3.8 个百分点，第二产业比重上升 2.5 个百分点，第三产业比重上升 1.3 个百分点。2005 年与 2000 年相比，东部地区三次产业占全国的比重，第一产业为 37.3%，下降 3.8 个百分点；第二产业比重为 58.4%，上升 3.7 个百分点；第三产业比重为 57.1%，上升 2.1 个百分点。

3. 固定资产投资保持平稳增长态势

“十五”时期，由于国家实施西部大开发、东北地区等老工业基地振兴等重大战略，政府的投资逐步向中西部倾斜，引导和带动各类民间和境外投资也向中西部地区集中，东部地区的固定资产投资保持平稳增长。2005 年，东部地区固定资产投资达到 45569 亿元，占全国比重为 52.3%，比 2000 年下降 2.5 个百分点。这体现了东部地区经济增长对于投资的依赖下降，更多地发挥消费和净出口对于经济增长的贡献作用。

4. 城乡消费和居民生活水平快速提高

随着东部地区城乡居民收入水平的提高，全社会消费规模和水平不断扩大，在全国所占的比重继续提高。2005 年，东部地区社会消费品零售总额达到 36974 亿元，占全国比重为 54.4%，比 2000 年上升 2.3 个百分点。城镇居民可支配收入 12788 元，比全国平均水平高 2295 元，而 2000 年这一数字分别为 7698 元和 1418 元；农民人均纯收入 4859 元，比全国平均水平高 1604 元，而 2000 年这一数字分别为 3364 元和 1111 元。

5. 进出口与利用外资方面继续占有主导地位

“十五”期间随着我国入世后对外开放进程的明显加快，东部地区继续保持对外开放的领先优势，进出口贸易和利用外资的规模和增速均占据全国的主导地位。2005 年，东部地区进出口总额达到 12782 亿元，占全国比重为 89.9%，比 2000 年上升 1.8 个百分点。其中，进口总额达到 6798 亿元，占全国比重为 89.2%，比 2000 年上升 2.5 个百分点；出口总额达到 5984 亿元，占全国比重为 90.7%，比 2000 年上升 1.1 个百分点。实际利用外资向东部沿海地区的集中度进一步提高。

二、“十一五”时期中国区域四大板块经济发展前景展望

（一）西部大开发进程走向深入

1. 继续推进基础设施和生态保护重大工程项目建设

继续推进铁路、公路、水电、机场等已开工项目建设，适时开工上马一批新建设项目。重点包括青藏铁路、宜昌至万州铁路、郑州至西安铁路客运专线、洛阳至湛江铁路、新疆精伊霍铁路、溪洛渡水电站、石羊河流域综合治理等工程。加强城镇供水、供气、污水、垃圾处理等市政基础设施建设项目，增强西部城镇的服务和集聚功能。稳步推进退耕还林、退牧还草、天然林保护、水土流失治理、三江源自然保护区生态保护等重大工程建设，重点规划和分步实施西南地区石漠化地区、甘南黄河水源补给区、青海湖周边地区等重点区域的生态保护和治理工程。继续加强三峡库区、滇池等水环境污染治理和重点城市的废水、废气以及固体垃圾等污染综合防治工程，提高西部地区的资源环境承载能力。

2. 加大教育、卫生等社会事业发展投入力度

加快推动西部地区农村寄宿制学校工程和农村中小学现代远程教育工程建设，确保西部地区“两基”攻坚

目标如期实现。严格执行和落实农村地区全部免除义务教育学杂费，继续对贫困家庭学生免费提供教科书和补助寄宿生活费。加强对职业教育的投入和引导，扩大西部地区“农村劳动力转移培训阳光工程”规模，不断增强农民有序转移和理性就业能力。强化农村医疗卫生体系和救治体系建设，加快新型合作医疗试点的推广到位，切实保证和加大中央及地方财政补贴的力度和范围。扩大西部“少生快富工程”的实施范围，健全县乡村三级医疗卫生服务体系建设，加快构建以社区为基础的新型城市医疗卫生服务体系。继续推进“西新工程”、广播电视“村村通”和农村电影“2131”工程，加大“兴边富民”行动计划的实施力度，重点支持西藏、新疆等少数民族地区、革命老区、边远地区的社会事业发展。

3. 积极培育和壮大特色优势产业

依托西部当地资源优势和产业基础，加快油气、煤炭、水电等能源开发、重要矿产开发及加工、特色农牧业及加工、特色旅游及文化产业等特色优势产业的培育壮大。研究建立促进西部特色优势产业做大做强的利益合理分配机制，适当提高油气等重要能源的就地加工增值比重。加快推进陕西、内蒙古的煤制烯烃、新疆的独山子石化和罗布泊钾肥、包头和攀枝花的钢铁等重点项目开发建设，加大对西部节能、节水、综合利用和循环经济试点的政策和资金支持。加快建设一批棉花、糖料、烟草、蔬菜、果品、花卉、茶叶、中药等特色农产品生产加工基地，促进包装、存储、保鲜、运输、分拨、配送、标准、信息等配套服务体系建设，着力提高农业产业化水平和特色农副产品附加值。合理开发和保护西部地区特色旅游资源，积极打造海内外知名的旅游热线、重点旅游区和旅游景点，促进具有浓郁民族风情的旅游文化产业加快发展。

（二）东北地区等老工业基地振兴渐入佳境

1. “十一五”时期是振兴东北地区老工业基地政策全面发挥作用的时期

我国实施振兴东北地区老工业基地政策主要从2004年开始的(部分政策从2002年、2003年开始实施)，在“十五”时期实施的时间只有两年左右，作用还不十分明显。随着国家给予东北地区增值税转型、社会保障体系建设、国有企业“厂办大集体”改革等试点和优惠政策的实施，尤其是财税政策、金融政策和社会保障政策的实施，东北地区将享受到政策的先行优势，企业的原有负担大量减少，新的综合负担又将低于全国水平，企业的市场竞争力将会得到极大地提高。同时，生态环境治理和基础设施建设的加强，将优化企业发展的外部环境。“十一五”时期这些政策对东北地区的影响将会逐步增强，一些新的政策如资源开发补偿政策和衰退产业援助政策等也可能在东北地区试点，这一系列政策的实施将增强东北地区的政策优势地位，为东北地区经济持续快速增长创造条件。

2. 东北地区工业基础雄厚的优势将会得到进一步发挥

东北地区是我国能源、原材料工业和装备制造业比较发达的地区，随着我国进入工业化中期以后，国民经济发展对能源、原材料工业和装备制造业的需求日益突出，其资源优势和产业优势将会得到进一步发挥。东北地区是我国重要的石油生产地区，2003年工业总产值占全国同行业的23.66%，利润占全国同行业的18.08%。东北地区是我国重要的钢铁生产地区，2003年钢铁产量占全国的10.64%，利润占全国的6.77%。东北地区装备制造业比较发达，2003年汽车、铁路客车、船舶等交通运输设备制造业工业产值约占东北地区工业总产值的8%左右，在全国具有十分重要的地位。“十一五”时期随着国家各类优惠政策的实施和支持，东北地区工业优势行业的竞争力将进一步提升，对于东北地区老工业基地振兴的支撑和带动作用更加显著。

3. 东北地区农业优势将会得到进一步巩固

东北地区土地资源非常丰富，是世界三大黑土地之一，耕地面积为2153万公顷，土地肥沃，农村人口占6%，但耕地面积占全国的16.6%，约为全国的3倍，具有规模化生产的条件。东北地区也是我国重要的粮食产区，号称“北大仓”，粮食生产在全国具有十分重要的地位。2003年，东北地区大米产量占全国的9%，出口占全国的37.21%；玉米产量占全国的29%，出口占全国的86%；豆类产量占全国的41%，出口占全国的85%。随着我国免除农业税以及新农村建设的逐步推进，农产品加工生产能力不断提高，农业产业化链条不断延伸；农产品综合利用的领域不断创新，农产品最低价格的保障制度不断完善，农业技术水平不断提高，东北地区的农业优势地位将会得到进一步巩固和发展。

4. 东北地区人才密集的优势将会得到进一步发挥

东北地区高校和科研院所都比较多，科研实力雄厚，加上我国实施的高新技术产业专项资金支持，东北地区人才密集的优势将会得到进一步发挥，高新技术产业的发展将面临着新的机遇。因此，从总体上看，“十一五”时期东北地区经济增长质量将不断得到提高，产业结构将进一步优化，长期衰退的趋势将会得到有效遏制甚至扭转。当然，在这个结构转换过程中，东北地区的就业压力仍然较大，需要在振兴装备制造业的同时，大力支持中小企业发展，增加就业岗位，培育形成雄厚的人力资本和人力资源优势。

（三）促进中部地区崛起迈出步伐

1. 加强粮食主产区建设

继续加强粮食主产区生产能力建设，以稳定粮食种植面积为基础，提高粮食单产水平为目标，不断增加粮食产量和改善粮食的品质。以社会主义新农村建设为契机，坚持“多予、少取、放活”的原则，重点在“多予”与“放活”两个方面进行有益的探索。探索包括农机具补贴和良种补贴在内的各种有利于提高农业生产效率、调动农民生产积极性和增加农民收入的支农措施，并不断加大支农力度，拓展支农范围。在利益共享的前提下，探索建立粮食主产区与粮食销区之间的良性互动机制，调动中部地区的种粮积极性。

2. 提高能源原材料产业效益

大力提高资源综合开发利用水平，变资源优势为产业优势和经济优势，不断延伸产业链条，提高能源原材料产业的效益。首先，加快解决能源原材料产业的历史遗留问题，减轻企业社会负担，把其逐步纳入企业增值税转型、完善社会保障体制等改革试点的范畴。支持中部地区资源型省份和城市发展新型产业，支持资源枯竭型城市和矿山发展接续产业，尽快实现经济转型。其次，加快发展能源原材料工业的后续产业，加大支持中部地区老工业基地振兴的力度，在东北老工业基地实施的一些政策，应适当延伸到中部老工业基地。

3. 积极培育新兴产业

中部地区具有较好的产业基础和人才支撑，具有发展新兴产业的基础。而且中部地区人口众多，市场潜力很大。加强中部地区大专院校、科研院所与企业的合作力度，建立科研机构与企业之间的良性互动机制，提高科研机构与企业在科技创新方面的积极性。以建设高新技术产业基地为重点，加快发展电子信息、生物工程、现代中药、新材料等新兴产业。大力发展旅游业和商贸流通业，促进中部地区区域合作和对外开放，促进中部地区生态环境保护和资源合理利用与和谐社会建设。通过培育新兴产业和高技术产业，繁荣发展中部地区的旅游业的商贸流通业，不断优化中部地区的产业结构。

4. 打造重点城市群

相对于东部沿海地区来说，中部地区缺少特大城市的拉动，但是，目前中部地区已经形成了若干重点城市群，如中原城市群、武汉城市群、长珠潭城市群、大运城市带、皖江城市带、昌九城市带等。这些城市群的形成，对于集聚生产要素，实现集约式发展起到重要作用。今后，应依托这些资源环境承载能力较强、发展基础较好的城市群，不断做强做大，形成支撑中部地区经济发展和集聚人口的重点发展地区，并带动周边地区发展。

（四）东部地区率先发展的格局进一步优化

1. 着力提升自主创新能力

东部地区人才、技术优势十分明显，“十一五”期间担负着进一步提高我国自主创新整体水平的重任。随着改革开放的深入，企业在技术创新中发挥着越来越重要的作用。应切实增强企业技术创新的动力和活力，使企业成为研究开发投入的主体，引导企业增加研究开发投入，推动企业特别是大企业建立研究开发机构，集成高等院校、科研院所等相关力量，组建更多的国家工程实验室和行业工程中心，促进企业之间、企业与高等院校和科研院所之间的知识流动和技术转移。

2. 促进产业转移和升级

发挥产业配套好和技术水平高的优势，优先发展以电子信息、生物医药、新材料等为代表的高新技术产业和具有比较优势的先进制造业和现代服务业，着力发展精深加工和高端服务和产品，主动引导劳动密集型和一般低附加值产业向中西部地区转移。抓住全球产业重组和企业并购活动的大好时机，全面提升外向型经济水平，把利用外资的重点转向引进国外先进技术和管理经验上，注重提高外资利用的质量和效益，提升在全球产业分工中的层次和地位，增强国际竞争力。

3. 加快转变经济增长方式

针对土地资源相对紧缺和资源环境承载能力开始减弱的不利因素，率先落实科学发展观，更加注重节约利用土地、水、能源等资源和环境保护。发展都市型、城郊型等现代农业，走新型工业化道路，提高资源特别是土地、能源的利用效率。加大执法力度，降低主要污染和能耗指标，从而切实加强生态环境保护，遏制耕地过度消耗和环境污染加剧的趋势，改善人居环境，实现可持续发展。完善环境标准，提高环保和能耗门槛，以及规定单位面积土地产值标准政策，引导转移占地多、消耗高的加工业和劳动密集型产业，提升产业层次和经济增长质量效益。

4. 推进体制改革和创新步伐

继续发挥改革开放先行区的优势，以上海浦东综合配套改革试点和推进天津滨海新区开发开放为契机，率先推进体制改革和机制创新。按照市场机制推进区域经济一体化进程，消除行政区经济的恶性竞争，进一步加强区域在基础设施、市场开拓、产业发展和企业联合等方面的资源整合和优化配置，壮大整体区域经济实力，逐步形成长江三角洲、珠江三角洲、京津冀都市圈、辽中南、山东半岛等在国际和国内有较大影响的城市群，促进东部地区经济一体化进程。

中国西部大开发进展总体成就

世纪之交，党中央、国务院根据小平同志“两个大局”的战略构想，高瞻远瞩，审时度势，果断做出实施西部大开发、加快中西部地区发展的重要战略决策。党的十六大以来，以胡锦涛同志为总书记的党中央多次强调要积极推进西部大开发。国务院把实施西部大开发作为一项重大任务列入重要议事日程多次进行明确部署和安排。

几年来，国家在政策扶持、资金投入、项目安排、人员交流等方面加大了对西部地区的支持力度。西部地区广大干部群众坚持把自力更生、艰苦奋斗与国家政策支持结合起来，不断增强西部地区自我发展能力。六年来，西部大开发有了一个良好开局，取得了重要进展和明显成效。

第一，以加快发展为第一要务，国家不断加大对西部地区的支持力度，西部地区经济社会发展不断加快。截至今年，国家累计新开工西部开发重点工程 70 项，投资总规模约 1 万亿元，中央累计投入财政性建设资金 5500 亿元、财政转移支付 7500 亿元、长期建设国债资金 3100 亿元。国家投入带动了社会投入，促进了西部地区经济快速发展。2000~2004 年，西部地区国内生产总值年均增长 10.2%，与全国同口径经济增长速度的相对差距有所缩小。2004 年西部地区地方财政收入较之 1999 年增长了将近一倍，自身经济实力有了明显提高。西部工业企业实现利润大幅增加，西部地区的经济效益和自我发展能力不断增强，产业结构调整初见成效。

第二，以基础设施、生态环境建设为突破口，西部地区发展的基础性问题开始得到解决。党中央、国务院选择西部地区最薄弱的方面、也是长期以来制约西部发展的瓶颈--基础设施和生态环境建设为突破口，提出力争在西部开发头十年取得突破性进展。目前，西部地区基础设施建设迈出实质性步伐，生态环境保护和建设得到显著加强。西气东输工程提前一年全线贯通并投入商业运营，西电东送工程新增向广东送电 1000 万千瓦的任务提前完成，青藏铁路提前一年全线铺通。截至 2005 年底，西部地区累计退耕还林 8467 万亩，配套荒山荒地造林和封山育林 11579 万亩，退牧还草工程安排治理严重退化草原 2.9 亿亩。经过几年的努力，许多项目已经开始发挥经济效益、社会效益和生态效益。

第三，坚持以人为本的指导思想，西部地区人民生活水平不断提高。在西部大开发中，国家一手抓关系西部全局的重大工程，一手抓关系群众切身利益的中小项目，使各族人民不断得到实惠。油路到县、送电到乡、广播电视到村基本实现，县际公路、农村饮水、农村能源、生态移民等工程积极推进，“两基”攻坚计划稳步实施，公共卫生设施建设得到加强，城乡居民收入和生活水平不断提高。

第四，以改革开放为动力，西部经济社会发展活力不断提高。西部大开发以来，国家把深化改革、扩大开放作为西部大开发的强大动力和重大任务，积极推动国有企业改革，大力发展混合所有制经济。西部各级地方政府积极鼓励、支持、引导个体私营等非公有制经济发展，大力完善市场体系，不断改善投资环境，进一步拓宽东西合作和对外开放领域。

（西部开发办综合规划组）

中国西部大开发战略实施 5 年来进展情况

到 2005 年 1 月，实施西部大开发战略已整整 5 年了。5 年时间虽短，取得的进展和成效也只能说是初步的，但西部地区城乡面貌和广大干部群众的精神面貌发生了很大变化，经济社会呈现出历史上从来没有过的良好发展势头。用科学发展观和中华民族伟大复兴的要求审视 5 年来的实践，我们深深地体会到，党中央、国务院实施西部大开发的战略决策十分英明，指导思想完全正确，政策措施务实得力。西部大开发凝聚了党心、民心，得到西部地区近4亿人民由衷的拥护和支持，将成为深刻影响西部地区发展史的最大的德政工程和民心工程。5年来的事实还表明，西部大开发对促进区域经济协调发展，对全国发展、改革和稳定的大局作出了重大贡献并将继续产生积极而深远的影响。

5年来，特别是党的十六大以后，在党中央、国务院的正确领导下，国家在规划指导、政策扶持、资金投入、项目安排、人才交流等方面加大了对西部地区的支持力度。经过各地区、各部门特别是西部地区广大干部群众的艰苦努力，西部大开发开局良好，取得了明显成效。

（一）中央投入力度逐年增加，西部地区经济社会加快发展。5年来，中央财政性建设资金累计投入西部地区约4600亿元，财政转移支付和专项补助累计安排5000多亿元，长期建设国债有1/3以上用于西部地区，近3年来这一比例超过40%。国家投入带动了社会投入，西部地区全社会固定资产投资年均增长20%。发展的步伐明显加快，西部地区GDP年均增长速度达到10.2%，与全国地方平均增长速度的相对差距由“八五”期间的2.8个百分点和“九五””期间的1.3个百分点缩小到0.8个百分点。

（二）基础设施建设和生态环境保护与建设显著加强，一批重点工程取得实质性进展。5年累计，国家支持西部地区开工建设60项重点工程，投资总规模8500亿元，其中国债投资2700多亿元。交通干线建设方面，5年新增公路通车里程9.1万公里，其中，高速公路5600公里；建设铁路新线2824公里，复线1518公里，电气化铁路1779公里；青藏铁路累计铺轨777公里；建成干线机场和支线机场23个，在建项目13个。西电东送工程，累计开工项目总装机容量3600多万千瓦，输变电线路13300公里，新增向广东送电1000万千瓦建设任务提前一年完工。西气东输工程，仅用不到三年的时间，于2004年12月30日全线建成并且商业供气。水利设施方面，建设了四川紫坪铺、宁夏沙坡头、广西百色、内蒙尼尔基等一批大型水利枢纽工程，对115个灌区进行了改造，建设了535个节水示范工程。退耕还林工程，累计完成退陡坡耕地还林1.18亿亩，荒山荒地造林1.7亿亩。从2003年开始实施的退牧还草工程，已经累计治理严重退化草原1.9亿亩。天然林保护、京津风沙源治理、长江上游水污染防治、西部中心城市环境污染治理等重点工程进展顺利。许多地方把退耕还林、退牧还草等生态建设工程同加强基本农田建设、后续产业发展、农村能源建设、生态移民、封山绿化、舍饲圈养结合起来，不仅改善了生态，有的地方粮食产量还有所增加，并促进了农民增收，使农民当前和长远生计问题得到了较好解决。当然也有一些地方解决得不够好，今后要进一步加强和推进“五结合”工作。

（三）农村基础设施和社会事业建设力度加大，农民生产生活条件初步得到改善。5年来，已经建成贫困县出口公路1.7万公里，通县油路2.6万公里，已经开工建设4.6万公里的县际公路。人畜饮水工程，解决了西部地区3210万人的饮水困难和饮水不安全问题。农村电网改造工程，已全部完成，解决了969个不通电乡的用电问题，使6.8万个行政村通了广播电视。农村能源工程，建设约100万户农用沼气池。生态移民工程，使生活在生态脆弱地区的102多万贫困人口得到易地安置。

（四）更加注重社会事业发展，农村教育、卫生投入大幅增加。继贫困地区义务教育工程、农村中小学危房改造工程后，2004年启动了西部地区“两基”攻坚计划。支持西部地区教育特别是农村义务教育发展，累计投入150亿元。加强西部地区农村公共卫生设施建设投入80亿元。疾病预防控制体系和公共卫生突发事件医疗救治体系基本建成，农村乡镇卫生院基础设施建设已经展开。农村扶贫工作力度进一步加大。

（五）特色优势产业发展步伐明显加快，对外开放和东西部经济合作不断加强。5年来，西部地区的电力、煤炭、石油、天然气、有色金属、棉花、畜牧、旅游等产业，以及部分装备制造和高新技术产业加快发展，在全国市场上已占有越来越重要的位置。西部地区5年累计吸收外商直接投资90多亿美元，加上国际组织和外国政府贷款等，实际利用外资接近150亿美元。东部地区已有1万多家企业到西部地区投资创业，投资总规模超过3000亿元，东西合作方兴未艾。

（六）有效地拉动了国内需求，促进了全国经济发展格局的战略性调整。随着西部大开发的稳步推进，5年来，西部地区为东中部地区提供了大量能源、矿产品、特色农产品等资源，支持了东中部地区经济发展和人民生活的需要。同时，西部地区重点工程建设所需的设备、材料、技术和人才，来自全国各地。西部大开发也给东中部地区企业“西进”提供了大量的投资机会。扩大了东中部地区的市场空间，促进了产业结构调整并增加了就业机会。东中部地区同时也是西气东输、西电东送、交通干线、退耕还林、天然林保护、京津风沙源治理等一大批西部开发重点工程的直接受益者。因此，实施西部大开发，不仅加快了西部地区的经济社会事业发展，而且促进了全国生产力合理布局和产业结构的战略性调整，对整个国民经济的持续、快速、稳定增长发挥了重要的拉动和促进作用。

这些成绩来之不易。充分体现了党中央、国务院用邓小平理论和“三个代表”重要思想指导西部开发实践，处理复杂多变矛盾，调动一切积极因素，从战略高度驾驭全局的能力。因此，对5年来特别是党的十六大以来中央实施西部大开发的指导思想、方针政策和战略部署应该给以高度评价和充分肯定。

在肯定成绩的同时，我们必须保持清醒的头脑。由于历史、自然地理、社会文化等多种原因，进一步推进西部大开发还面临许多困难和问题。主要表现在东西部地区之间发展差距仍在扩大，“三农”问题相当突出，基础设施落后仍然是制约西部地区经济社会发展的薄弱环节，生态环境局部改善但整体恶化的趋势还没有完全扭转，经济增长方式粗放，资源和环境约束日益严重，低水平重复建设现象还在发生，科技教育卫生等社会事业发展滞后，人才不足、人才流失现象严重，投资环境亟待改善等。上述困难和问题，有的是几百年来积累的老问题，也有改革发展中出现的新问题，不可能在5年、10年、20年全部解决。西部大开发是一项长期、艰巨的历史任务，任重而道远，需要几代人长期不懈的艰苦奋斗。

（西部开发办综合规划组）

中国西部地区2005年经济发展情况

2005年，中国西部地区（12个省区市）地区生产总值和固定资产投资继续保持较高速度增长。工业增加值、社会消费品零售总额、进出口总额等主要经济指标增速较之上年均有不同程度的下降。全年居民消费价格指数小幅上涨。

实现地区生产总值33390亿元，占全国各地区加总生产总值17.0%。其中，第一产业增加值5882亿元，第二产业增加值14287亿元，第三产业13221亿元。扣除价格因素，西部地区生产总值增长12.7%。四川实现地区生产总值7385亿元，居全国第9位。其中，内蒙古地区生产总值增长21.6%，增速居全国第1位；云南增长8.4%，增速居全国最后1位。

城镇固定资产投资累计完成16004亿元，占全国各地区加总投资额的21.1%，比重较之上年提高了0.5个百分点。增长速度达到30.6%，高于东部地区（11个省市）24.0%的增速，低于中部地区（8个省）32.7%的增速，较之上年提高了1.3个百分点。其中，内蒙古城镇固定资产投资增长50.1%，增速居全国第2位；青海仅增长14.6%，居全国倒数第4位。

国有及规模以上非国有工业企业完成增加值9501亿元，占全国各地区加总增加值的13.7%，比重较之上年提高了0.7个百分点。增长速度达到19.8%，低于东部地区20.2%的增速，高于中部地区19.5%的增速，较之上年下降了3个百分点。内蒙古工业增加值增长30.9%，居全国第1位；其中，云南工业增加值增长8.4%，增速居全国最低水平。西部地区亏损企业亏损总额328亿元，增加17.9%，明显低于东部地区45.8%和中部地区38.0%的增加速度。其中，甘肃亏损企业亏损总额增加214%，居全国第1位；四川、西藏、青海分别下降52.2%、34.8%和33.2%，降幅居全国前3位。

社会消费品零售总额累计实现11581亿元，占全国各地区加总零售额的17.0%，比重较之上年提高了0.6个百分点。增长速度达到14.0%，低于东部地区14.3%的增速，高于中部地区13.9%的增速，较之上年下降了0.5个百分点。内蒙古社会消费品零售总额增长15.8%，增速居全国第3位；甘肃增长12.9%，居全国倒数第3位。

商品进出口贸易总额完成451.34亿美元，占全国各地区加总进出口额的3.2%，比重较上年基本持平。增长速度达到23.0%，比全国平均水平低0.2个百分点，较之上年下降了3.7个百分点。其中，出口257.53亿美元，增长25.1%，增速比全国平均水平低3.3个百分点；进口193.8亿美元，增长20.3%，增速比全国平均水平高2.7个百分点；实现贸易顺差63.73亿美元，增长43.0%。甘肃进出口贸易总额增长49.4%，增速居全国第1位；青海、贵州进出口贸易总额则出现了28.2%和7.3%的下降。

2005年，西部地区居民消费价格指数为101.4，略低于全国101.8的平均水平，较之上年下降了2.2个点。内蒙古、广西消费价格指数为102.4，居全国第2位；新疆、青海、重庆、贵州分别为100.7、100.8、100.8和101.1，居全国最后4位。

（西部开发办综合规划组）

关于促进西部地区特色优势产业发展的意见

国务院西部开发办 国家发展改革委 财政部 人民银行 银监会 国家开发银行

（2006年5月22日）

加快西部地区特色优势产业发展，促进资源优势向产业优势和经济优势转化，增强西部地区自我发展能力和经济实力，是继续推进西部大开发、实现西部地区又快又好发展的重要任务，对于推进产业结构调整、转变经济增长方式、优化全国资源配置、促进区域协调发展具有重要意义。为贯彻党的十六大、十六届五中全会精神，促进西部地区特色优势产业快速健康发展，提出以下意见：

一、发展西部地区特色优势产业的总体思路

（一）用科学发展观统领西部地区特色优势产业发展。坚持以邓小平理论和“三个代表”重要思想为指导，全面贯彻落实科学发展观，紧紧抓住发展这个党执政兴国的第一要务，立足比较优势，促进结构调整，完善体制机制，优化发展环境，着力自主创新，提升竞争能力，突出重点区域，保护生态环境，走具有西部地区特色的有时产业发展道路。

（二）发展西部地区特色优势产业指导原则。一是坚持市场导向。进一步完善市场机制，充分发挥市场配置资源的基础性作用，以市场为导向，以资本为纽带，以企业为主体，通过外引内联，推进强强结合，发展一批有实力的大型企业和企业集团，有效提高市场竞争力。二是发挥比较优势。从实际出发，因地制宜，扬长避短，根据支撑条件，考虑约束因素，合理确定产业发展方向，尽量延长产业脸，大力发展有资源、有市场、有效益的企业。三是促进合理布局。着力支持重点地带、重点城市和重点产业加快发展，依托基础较好的中心城市和资源富集区，促进产业集中布局、土地集约利用、资源节约使用和环境综合治理，推进产业集群化发展，培育增长极。四是转变增长方式。坚持依靠科技创新，实现科学发展，大力发展循环经济，促进资源综合利用，不断提高产业发展的质量和效益。

（三）西部地区特色优势产业的发展目标。通过“十一五”乃至更长一段时间的努力，西部地区能源及化工、重要矿产开发及加工、特色农牧业及加工、重大装备制造、高技术产业和旅游产业6类特色优势产业得到较快发展。长江上游和关中地区等重点经济带、省会城市及周边地区、资源富集地区和重要口岸城镇4类增长极初步形成。拥有自主知识产权和自主品牌、核心竞争力强、带动作用明显的大型企业和企业集团超过百家。

二、西部地区特色优势产业的发展特点

（四）能源及化学工业。充分利用西部地区水能资源、煤炭资源、石油天然气资源丰富的优势，积极有序开发水电，集约开发煤炭，加快勘探开发石油天然气，大力发展新能源。因地制宜发展石油化工、天然气化工和煤化工。建设黄河上游、金沙江、澜沧江、红睡河、怒江等流域大型水电基地。加大新疆、川渝、陕甘宁、青海、内蒙古等地石油天然气资源勘探开发力度，建设石油天然气开发及相关产业基地。建设广西沿海地区炼油及相关产业基地。建设陕北、宁东、内蒙古西部、贵州毕节、新疆哈密等地煤炭生产、煤电一体化基地，择点建设煤制油等煤化工基地。大力发展新疆、内蒙古、甘肃、宁夏等地风能、太阳能和其他新能源。

（五）重要矿产开发及加工业。集约利用西部地区的矿产资源，积极利用境外矿产资源，建设西部地区特色优势资源加工基地。加大铝土矿开发力度，提高综合利用水平，扩大广西、贵州等地氧化铝生产能力，优化电解铝结构，延长铝加工产业链，建设广西、贵州、重庆、兰州、西宁、包头等铝加工基地。建设云

南铜、铅、锌，四川钒、钛，甘肃镍等有色金属综合开发利用基地。加快推进内蒙古、四川稀土开发、产品深加工基地建设。继续发展磷钾肥工业，建设青海柴达木、新疆罗布泊等大型钾肥基地和云南、贵州大型磷复肥基地。建设四川、新疆、青海等地氯碱化工基地。增强攀钢、包钢、酒钢等钢铁基地的竞争力，重点发展高速铁路用重轨、大口径优质无缝钢管、优质合金钢材和精密合金钢材等特殊钢材。

（六）特色农牧业及加工业。充分发挥西部地区独特的农牧业资源优势，加快发展现代农业，培育和壮大特色农牧业，推进农牧业产品深加工，提高增值能力。提高西部地区重点商品粮基地的综合生产能力，建设“双低”油菜、啤酒大麦、小杂粮、马铃薯等生产基地及玉米、油菜、球茎花卉等种植基地。继续建设新疆优质棉花生产基地，提升新疆、陕西棉纺织加工水平。以内蒙古、新疆、甘肃、青海、宁夏、西藏的羊绒、驼绒、牦牛绒及毛纺加工为依托，建设有特色的毛纺织生产基地。进一步增强云南、贵州、四川等地烟草、酒类、茶叶生产加工基地的品牌竞争力。云南、广西、四川、重庆等有条件的地区大力发展林（竹）浆纸一体化工业。建设内蒙古、新疆等地乳品和四川、重庆、云南、内蒙古、广西、陕西等地肉类生产加工基地。建设陕西、四川、重庆、新疆等地果蔬加工和广西、云南糖业生产基地。提高中药材和藏、蒙等民族药材栽培、养殖和加工水平，发展特色药品和新产品。

（七）重大装备制造业。利用西部地区现有产业基础，依托重点工程，努力突破核心技术，提高西部地区重大装备制造的整体水平。重点发展核电装备制造、重型燃机、大型冶金化工成套设备、重型机械和大型工程施工成套设备、骑车、摩托车、内燃机、环保成套装备、输变电成套装备、大型数控机床、数字智能型仪器仪表、轨道交通设备、工程机械、水利及风力发电成套设备等，形成重庆、成都、西安、兰州、贵阳、包头、柳州、宝鸡、德阳等重大装备制造业基地和国家级研发生产基地。

（八）高技术产业。加强自主创新能力建设，推进科技成果产业化，重点培育和形成若干聚集效应突出、在全国具有技术优势和特色高技术产业基地。加强重庆、四川成都和绵阳、陕西关中等地的集成电路、软件、网络通信、新型电子元器件、信息安全、数字家电等信息产业的核心竞争力，扩大产业规模；大力促进云南生物资源、四川成都与陕西西安医药产业、陕西杨陵现代农业、重庆生物医学工程等生物产业的发展，形成新的经济增长点‘优先推动陕西阎良国家航空产业基地，四川成都民用航空产业的发展，特别是大力促进支线飞机、大型干线飞机、航空发动机、民用飞机零部件生产、民用飞机维修等产业的快速发展；鼓励陕西、贵州、广西、新疆、云南等地结合资源优势，大力发展航空航天、能源、信息、交通等领域急需的铝、钛、超导、复合、稀土等高性能材料。要充分发挥陕西西安、四川成都、重庆等地的科技优势。

（九）旅游产业。发挥西部地区自然风光、民俗风情、历史文化等资源优势，把旅游业做大做强。重点开发长征之旅红色旅游区、香格里拉民俗风情—高原风光旅游区、长江三峡平湖旅游区、丝绸之路旅游区、黔东南—湘鄂西民族风情与生态旅游区、川渝黔“金三角”生态旅游区、珠三角—桂东—桂北黄金旅游区、澜沧江—大湄公河次区域民族风情热带风光跨国旅游区、西北大漠草原旅游区和青藏高原生态旅游区。在继续发展观光旅游的基础上，加快开发休闲度假旅游、生态旅游、探险旅游、边境旅游、科普旅游、农业旅游和工业旅游等专题旅游，形成协调配套、特色鲜明的旅游产品体系。重视发展红色旅游。大力开发有西部特色的文化旅游，通过影视作品、媒体宣传、文艺演出等方式，充分挖掘和展示西部地区特有的文化内涵和多民族特色文化，开发系列特色文化旅游产品，促进旅游业加快发展。

三、促进西部地区特色优势产业发展的政策措施

（十）重大项目布局实行同等条件西部地区优先。合理调整全国产业分工格局，由国家审批或核准的重点产业项目，同等条件下优先安排在西部地区。按照统一规划和产业政策，支持西部地区具备基本条件，有资源、有市场、有效益的资源就地加工转化。中央管理的国有大企业应当积极参与西部地区特色有时产业发展。

（十一）坚持政府投入倾斜。从中央预算内资金和长期建设国债资金中安排一定额度，自好吃西部地区特色优势产业发展。重大装备制造、高技术产业化、农副产品加工等方面投资补助和贴息，对西部地区给予倾斜。对西部地区老工业基地改造、资源枯竭矿山治理在资金投入上给予适当照顾。对棉花等基地建设继续给予投资补助。对经国家认可的农业产业化龙头企业固定资产投资贷款给予贴息。对旅游基础设施建设给予资金扶持。加强西部矿产资源集中区的调查评价、勘查与开发利用。西部地区各级政府也要加大资金投入支持特色优势产业发展。

（十二）加大金融服务力度。个金融机构要做好支持西部地区特色优势产业发展的金融服务工作，政策性

银行要进一步加强对西部地区特色优势产业发展的信贷支持，商业银行应着力优化信贷结构，提高金融服务水平，加大对西部地区符合信贷条件的特色农产品加工企业和特色优势产业项目的有效信贷投入。鼓励保险机构在西部地区开展政策性农业保险业务试点，为农业生产和农民收入提供保障。培育竞争性农村金融市场。鼓励和支持西部地区企业扩大直接融资渠道，支持西部地区符合条件的企业发行企业债券。在西部地区组织产业投资基金试点。支持西部地区加快处置国有企业不良资产。支持西部地区以股权投资方式吸引外资。鼓励民间投资参股、兼并和重组国有企业。

（十三）**支持合理的用地需要**。对西部地区重点支持的6大特色优势产业在4类增长极地区布局的特色优势产业项目，在土地供给方面国家依法保证。鼓励利用山地、荒地进行项目建设。

（十四）**改善发展环境**。继续加强西部地区交通、水利、通信等基础设施建设。对特色优势产业集聚地，要加强供电、给排水供气、道路以及污水、垃圾处理等城市基础设施建设。加强市场体系建设，依托重庆、成都、西安、兰州、乌鲁木齐等交通枢纽和中心城市，整合物流资源，促进现代物流业加快发展。规范和整顿市场秩序，巍各种所有制经济主体创造公平竞争的市场环境。研究制定促进西部地区特色优势产业发展的人才政策。继续转变政府职能，不断加强和改善对企业的服务，努力建设服务型政府。

（十五）**推进东中西互动**。积极探索建立区域良性互动的有效机制和互惠互利的写作形式，进一步加强西部地区与东中部地区之间的经济交流与合作，加快区域间的资源整合，引导东中部地区企业积极参与西部地区资源开发和会餐业发展和产业发展，促进东中部地区资源密集型、劳动密集型和一些技术密集型产业向西部地区转移，实现优势互补、互惠互利、共同发展。

（十六）**扩大对外开放**。加大西部地区对外开放力度，不断提高利用外资的质量和水平，促进特色优势产品出口，支持边境口岸和跨境基础设施建设，把口岸城镇建成重要的来料加工区和出口加工区。加快发展边境贸易，加强与周边国家和地区在能源、科技、基础设施和人力资源等领域的合作。

西部地区特色优势产业发展，事关全国实现全面、协调、可持续发展的大局。各地区、各部门要高度重视，加强领导，抓好落实，推动西部地区特色优势产业加快发展，开创西部大开发的新局面。

发展和壮大特色产业
促进西部工业结构调整

（2006年1月19日）

为加快推进西部地区工业结构调整和产业升级，近年来我司在认真研究西部地区工业发展现状和产业特点的基础上，坚持以市场为导向，把发展特色优势产业和促进西部地区工业结构调整和产业升级结合起来，下大力气抓好石化化工、有色金属、稀土深加工、大型磷钾肥、植物纤维和农副产品加工以及现代装备制造业等六大基地建设，并取得积极进展，有力促进了西部地区经济和社会发展。2005年，围绕发展和壮大西部特色产业基地，扎扎实实开展了工作。

一是在制定规划和产业政策时充分考虑西部地区工业发展的要求。在制定钢铁、电解铝和水泥等重点行业专项规划和产业政策时，生产力的布局安排上遵循“引导重化工业向靠近资源的西部迁移，提高就地加工增值比重，减少高耗能、高污染产业向西部低端转移”这一原则，同时考虑了西部地区产业发展的要求，在门槛设置上给予了适当的放宽。如水泥工业规划中，对西部地区新上水泥项目没有执行日产4000吨以上这一标准，而是适度放宽到2000吨以上。

二是积极推动西部地区重大项目布局和建设。积极开发新疆、四川、陕西、青海石油、天然气资源的工业综合利用，充分利用好进口哈萨克斯坦原油资源，加快建设新疆独山子石化1000万吨炼油改扩建和新建100万吨乙烯工程；为尽快填补西南地区石化工业空白，建设西南石化基地一期的四川80万吨乙烯工程；积极推进陕西和内蒙神华集团采用新技术大型煤制烯烃工程项目建设。利用铝、铅、锌、镍等特色资源，加快贵州和广西铝金属、云南铅锌、甘肃金川镍等工程建设，西部已初步建设成具有特色的有色金属产品出口基地。包钢年产20万吨无缝石油套管和轨梁热轧改造工程、攀钢大口径无缝管和白马铁矿工程、年产18万吨高钛渣以及昆钢大红山铁矿等一批重点项目正在建设中，将对西部钢铁产业的结构升级起到积极的推动作用。加快建设以开发青海柴达木盐湖和云贵磷矿资源为重点的磷钾肥基地，推进新疆罗布泊钾肥、云南磷复肥、中信国安西台吉乃尔盐湖钾锂硼综合开发等项目建设。

三是引导和支持西部地区重点行业企业联合重组。加快西部重点行业骨干企业的改制、改组和改造步伐，打造一批具有核心竞争力的大企业集团。国有大中型骨干企业中国铝业公司通过资产重组、收购整合兰州铝厂、连城铝厂和关铝股份等电解铝企业，促进了电解铝行业的良性健康发展。按照有保有压原则核准了酒钢集团产品结构调整、贵州铝40万吨氧化铝、广西平果铝85万吨氧化铝、四川80万吨乙烯等一批项目，有效促进了西部地区产业结构升级。

四是加大对西部地区重点行业结构调整支持力度。2005年继续利用国债资金支持西部地区结构调整，重点支持农产品深加工、化肥、农药、汽车零部件、企业信息化、有色金属、稀土、黄金等重点行业结构调整和重大装备本地化项目约92个，安排国债资金约15亿元，拉动工业投资约150亿元，有力促进了西部工业发展。

（国家发展改革委工业司）

关于促进东北老工业基地进一步扩大对外开放的实施意见

国务院办公厅

各省、自治区、直辖市人民政府，国务院各部委、各直属机构：

进一步扩大对外开放是实施东北地区等老工业基地振兴战略的重要组成部分，也是实现老工业基地振兴的重要途径。根据《中共中央国务院关于实施东北地区等老工业基地振兴战略的若干意见》（中发[2003]11号）精神，结合东北地区实际情况，经国务院同意，现就进一步扩大东北地区对外开放提出如下实施意见：

一、鼓励外资参与国有企业改组改造，加快体制和机制创新

（一）按照对国有经济实行战略性调整的要求，探索和拓展利用外资新方式，鼓励外资参与国有企业改组改造，促进体制和机制创新，增强老工业基地国有企业适应市场经济的能力。

（二）鼓励外国投资者以并购、参股等多种方式参与国有企业改组改造。外国投资者并购和参股改造国有企业，原国有企业历史形成、确实难以归还的历史欠税，按照规定条件经国务院批准后给予豁免。支持符合条件的外商投资股份制公司在国内外资本市场上市。

（三）积极探索盘活国有资产的有效形式。允许外商投资企业依法购买金融资产管理公司的不良债权和股权，并对其拥有的资产进行重组与处置。

（四）进一步完善促进外商投资企业发展的社会保障环境。外国投资者并购国有企业后设立的外商投资企业，在劳动关系处理、经济性减员和社会保障等方面按照国民待遇执行国家现行法律规定和制度。

（五）进一步规范和促进外国投资者并购重组国内企业的活动。建立健全东北地区产权交易机制，为外国投资者以并购、参股等方式投资提供便利和规范的环境；外国投资者并购国有企业，按照我国有关法律和政策进行资产评估，资产交易价格以经相关部门备案或核准的资产评估结果为基础确定。

二、加强政策引导，推进重点行业和企业的技术进步

（六）立足现有基础，发挥比较优势，以增强产业整

体素质和核心竞争力为重点，积极吸收外资加快重点行业和重点企业的技术改造，加强对引进技术的消化、吸收，大力提高自主创新能力，推进产业升级。

（七）支持外商投资重点行业和企业。积极引导外商投资国家重点发展的现代农业、装备制造业、化工业、高新技术产业和农产品加工业等行业，加快发展配套产业，形成具有较强竞争力的现代产业基地。国家在上述行业重大项目布局安排上向东北地区倾斜，重大关键技术和设备引进给予政策性信贷支持，重大项目经批准可适当降低资本金比例；外商投资已获国家批准的国债重点项目，原批准项目贷款贴息、补助和资本金补助数额不变，按规定批准后，可转增中方国有企业股权。

（八）扩大外商投资优势产业目录的执行范围。《中西部地区外商投资优势产业目录》执行省份增列辽宁省（吉林省、黑龙江省已列入），凡符合该目录的东北地区外商投资项目，可享受鼓励类外商投资项目的进口税收优惠政策。

（九）鼓励外商投资高新技术产业和研究开发中心。鼓励跨国公司在东北地区以独资或与当地企业、科研机构、高等院校合资的形式设立研究开发中心。外商投资研究开发中心除按《国务院关于调整进口设备税收政策的通知》（国发[1997]37 号）和《国务院办公厅转发外经贸部等部门关于当前进一步鼓励外商投资意见的通知》（国办发[1999]73 号）的规定享受有关优惠政策外，对经核准的外商投资企业技术中心，其进口国内不能生产的自用耗材、试剂、样机、样品等可按现有规定免征关税和进口环节增值税。

（十）鼓励外商投资接续、替代产业。国家采取在重大项目生产力布局上优先安排等措施，鼓励、引导外资投向东北地区资源枯竭型城市的精深加工和接续产业等项目，充分发挥和综合利用现有资源、人才、生产能力的优势，积极推进资源枯竭型城市转型。

三、进一步扩大开放领域，着力提升服务业的发展水平

（十一）适应对外开放新形势和老工业基地优势产业发展以及城市功能转换与进一步促进就业的需要，在积极引进外资改组提升传统服务业的同时，以发展现代服务业为重点，推进服务贸易领域对外开放。

（十二）鼓励外商投资城市公共设施建设。在城市政府建立有效监管机制并确保公共利益和安全的条件下，放宽外商投资城市燃气、热力和供排水管网建设、经营项目的股比限制，经批准，允许外方控股。

（十三）扩大金融服务业对外开放。按照我国加入世界贸易组织金融开放有关承诺，进一步扩大银行业的对外开放，加快发展证券、期货、保险等金融服务。对外资银行在东北地区设立机构和开办业务给予优先许可。鼓励外资金融机构参股地方城市商业银行，参与农村信用社改制重组。鼓励在企业年金、农业保险等方面有优势的外资保险公司进入东北地区。对外商在东北地区设立合资证券公司、证券投资基金管理公司、保险经纪公司和外资保险公司经营机构给予优先许可。

（十四）鼓励外商投资交通运输业。对铁路客运和货运、跨境和境内公路运输及定期、不定期国际海上运输业务和国际集装箱多种方式联运业务等，经批准可放宽外资股比限制。鼓励外商投资航空运输业和通用航空业。

（十五）扩大外商投资物流企业试点范围。外商投资物流企业的试点，可扩大到辽宁、吉林、黑龙江三省。

四、发挥区位优势，促进区域经济合作健康发展

（十六）依托地缘优势，通过实施"走出去"战略，进一步深化同周边国家的能源、原材料、矿产资源的开发合作。主动参与区域经济合作，积极开拓国际市场，带动商品、技术和劳务输出。继续支持东北地区构筑同周边国家开展国际贸易、投资、科技、旅游等合作的平台。

（十七）大力发展东北地区边境贸易。研究促进边境贸易发展的政策，在出口退税、进出口商品经营管理、人员往来等方面，在加强管理的同时，简化手续。完善和推广边境贸易人民币结汇办法，促进贸易、投资便利化。研究在东北地区进行边境小额贸易出口货物以人民币结算的出口退税试点。

（十八）加强东北亚地区国际经济技术合作，推进边境地区开发和对外开放。继续扩大图们江区域国际合作开发。积极探索边境地区开发和对外开放的新模式。加快建设边境经济合作区、互市贸易区和出口加工区，并使黑河、绥芬河（东宁）、珲春、丹东等边境地区具有物流贸易集散、进出口加工和国际商贸旅游等功能。

（十九）鼓励以合资、合作、并购等多种方式进行境外开发。进一步积极研究相关政策，完善政策支持体系，加大对东北地区企业境外重点开发项目前期费用补助、国内贷款贴息的支持力度，对其产品优先组织安排进口。

（二十）鼓励具备资格的企业积极参与援外项目竞标和承担对外合作项目。对境外工程承包和境外投资能带动设备出口及劳务输出的生产加工型项目和技术合作项目，国家在现行的国内贷款贴息、优惠贷款及境外办展、广告等市场开拓费用补助等方面进一步加大支持力度。

（二十一）加快发展大连东北亚国际航运中心。加强

港口设施建设，进一步提高大连口岸的开放度，增强吸收外资和聚集航运要素的能力。研究扩大大连区港联动试点的范围。对外商投资的大型港口码头、鼓励类的临港工业和物流项目给予政策支持，并予以优先审批。

五、营造良好的发展环境，为加快对外开放提供保障

（二十二）加大国外优惠贷款支持东北地区基础设施建设，以及环保、教育、公共医疗卫生等社会事业发展的力度。进一步转变政府职能，提高服务意识和服务水平，为外商投资企业经营活动提供便利条件和良好的环境。

（二十三）进一步提高现有开发区发展水平。大力推动以开放条件下的自主创新为特征的东北区域创新体系建设，提高现有开发区的自主创新能力。设在东北地区的国家级开发区，以及发展较好、产业特色明显、带动力较强的省级开发区，可在原批准规划面积已得到充分利用的情况下，依据土地利用总体规划和城市总体规划，按照土地市场治理整顿要求，履行规定程序，合理确定用地规模。支持东北地区借鉴其他地区的成功经验，以欧盟及其成员国或其他发达国家为合作伙伴，在现有开发区中选择基础条件较好的建成新型工业园区，建设现代制造业基地。

（二十四）加强基础设施建设。加大国家对东北地区港口和边境口岸、公路、铁路、桥梁及边境城市、边境农场基础设施建设资金的投入力度，尽快建设东北东部铁路通道工程，促进对俄路、港、口岸和对朝路、港、区一体化建设，推动境外合作项目的实施。国家在实施对外援助上，优先安排连接东北地区边境口岸的交通、港口、机场等基础设施建设项目。

（二十五）鼓励外国投资者投资合作建立职业教育培训机构。外国投资者按照《中华人民共和国中外合作办学条例》的规定与中国高等教育、职业教育机构合作建立培养各类职业技能人才、国际商务人才的高级职业技能教育培训机构，除国家法律法规另有规定外，可享受国内其他职业教育机构同等待遇，同时有关部门要积极研究其进口科研和教育用品享受免征进口税的税收优惠政策问题。符合中央财政支持条件的实验培训基地均可享受统一的扶持政策。

（二十六）鼓励东北地区积极引进海外人才与智力，利用留学项目为东北地区培养紧缺人才。加大对东北地区聘请外国专家和派出国（境）培训的资助额度，支持有条件的部门和单位广泛开展国际人才交流与合作。积极争取并利用世界银行贷款和其他国际合作项目，引进优质教育资源，促进和推动东北地区中外合作办学，支持东北地区发展教育。

（二十七）建立健全中小企业引进境外投资的服务体系。鼓励外国投资者以中外合资方式注资设立担保机构，有针对性地为中小企业提供融资担保、信息咨询和法律支援等服务。

（二十八）认真抓好扩大对外开放的组织落实。扩大东北地区对外开放是一项系统工程，也是一项长期任务，必须加强领导，抓好实施。国务院各有关部门和东北三省人民政府要依据本实施意见制定具体的实施细则。振兴东北办要与国务院有关部门和东北三省建立有效的协调机制，加强协调，切实将各项政策措施落到实处。

（二十九）对港澳台企业、其他经济组织和个人参与东北老工业基地振兴，可参照上述政策执行。

2005 年 6 月 30 日

努力开创振兴老工业基地工作新局面

国务院振兴东北办主任　张国宝

实施东北地区等老工业基地振兴战略，是党中央从全面建设小康社会和加快推进现代化建设全局着眼谋求区域平衡发展作出的重大战略决策。2003 年 10 月，发布了《中共中央、国务院关于实施东北地区等老工业基地振兴战略的若干意见》（中发[2003]11 号）（以下简称《若干意见》），明确提出了实施振兴战略的指导思想、方针任务和政策措施。国家成立了由温家宝总理任组长的振兴东北地区等老工业基地领导小组以及承担日常工作的办公室。按照国务院的统一部署，国家有关部门积极采取措施，支持东北老工业基地振兴。东北三省认真贯彻《若干意见》精神，精心谋划，狠抓落实。两年多来，振兴东北老工业基地工作迈出坚实步伐，实现

了良好开局。经过两年多的实践，我们对振兴老工业基地进一步坚定了信心，同时对振兴的艰巨性和复杂性也有了更清醒的认识。

一、东北老工业基地振兴迈出坚实步伐

实施东北地区等老工业基地振兴战略以来，东北地区经济和社会发展加快，长期禁锢老工业基地发展的一些深层次问题开始破冰，经济发展的活力明显增强，遏制住了前些年经济下滑的势头，呈现出良好的发展态势。

（一）振兴老工业基地政策效应显现，东北地区经济发展加快

一是固定资产投资增长显著。2003 年，东北三省固定资产投资增长率比全国平均水平低 6.9 个百分点。而 2004 年、2005 年增长率分别为 33.5%和 39.3%，分别比全国高 5.9 和 12.1 个百分点；东北三省固定资产投资占全国的比重由 2003 年的 7.6%提高到 2005 年的 9.2%。2005 年吉林省全社会固定资产投资增长 53.6%，增幅居全国首位，在历史上尚属首次。从投资结构来看，东北地区固定资产投资主要集中在国家鼓励发展的产业和基础设施建设，较好地贯彻了国家产业政策。二是经济增长速度加快，与全国差距逐步缩小。2005 年，辽、吉、黑地区生产总值增长速度为 12.3%、12%、11.6%，比 2003 年分别加快 0.8、1.8 和 1.4 个百分点。2003、2004 和 2005 年，东北三省地区生产总值增长速度分别为 10.8%、12.3%和 12%，比当年全国各地区平均增长速度分别低 1.3、1.1 和 0.88 个百分点。尽管目前东北地区经济增长速度仍低于全国平均水平，但增长速度差距逐年缩小，经济实力不断增强。三是居民收入增长较快，就业不断增加。2005 年，黑吉辽三省城镇居民人均可支配收入分别增长 10.7%、10.8%、12.8%，比同期全国城镇居民人均可支配收入平均增长率（9.6%）高出 1.1、1.2 和 3.2 个百分点。农民人均纯收入分别增长 7.2%、8.8%、7.3%，比同期全国农村居民人均纯收入平均增长率（6.2%）高出 1、2.6 和 1.1 个百分点。2005 年，黑吉辽三省城镇登记失业率分别下降了 0.08、0.03、0.9 个百分点，就业形势有所好转。

（二）国有企业改制改组取得重大进展

加快体制和机制创新是实现老工业基地振兴的关键。实施振兴战略以来，东北三省按照《若干意见》精神，加快了国有经济战略性调整和国有企业改制改组步伐。2005 年，吉林省对 816 户地方国有及国有控股工业企业实施改革攻坚并基本完成改制任务，改制企业国有股本比重降至 33.7%。黑龙江省将 106 户国有企业列入改制计划，92 户已经完成改制任务。辽宁省 60%以上的国有大中型工业企业实现股份制改造，80%的国有中小工业企业完成产权制度改革。2005 年，东北地区国有及国有控股工业企业比 2003 年底减少近 500 户，资产总额却增加了 1500 亿元，国有经济在改制中控制力和影响力进一步提高。

企业联合重组步伐加快。2005 年 9 月，鞍钢与本钢成功联合重组为鞍本钢铁集团，具备了年产钢 2000 万吨、销售收入 1000 亿元的水平；大连造船和大连新船两大船舶生产企业合并成立大连船舶重工集团有限公司，造船能力将达到全国的 1/5 以上；沈重集团重组了沈阳低压开关厂、机电研究设计院等优良资产，实施技术改造后告别了近十年的亏损。民营企业积极参与国企改革改组改造，投资主体多元化的股份制经济蓬勃发展。山东晨鸣纸业收购了严重困难的吉纸股份，重新启动了生产；浙江逸盛公司在大连建设 50 万吨 QTA 项目；特变电工与沈变实施战略重组后，企业效益大幅度提高。

经过两年多的努力，东北地区国有经济比重偏高的局面有所改变。2005 年，辽吉黑三省国有及国有控股企业工业增加值占全省工业增加值的比重分别为 53%、74%和 69%，比 2002 年分别下降了 11、4 和 19 个百分点。

（三）对外开放迈出新步伐

进一步扩大开放是振兴老工业基地的重要途径。针对东北三省经济外向度大大落后于全国平均水平的现状，振兴东北办成立伊始，就把促进东北地区进一步扩大对外开放摆在突出重要的位置，着眼于通过扩大开放，促进体制机制创新，促进产业转型，促进东北老工业基地全面振兴。在深入开展调查研究的基础上，经过近一年的努力，振兴东北办会同国家发改委、商务部起草了《关于促进东北老工业基地进一步扩大对外开放的实施意见》，去年 6 月经国务院常务会议审议通过后正式印发，提出了鼓励外资参与国有企业改组改造、推进技术进步、扩大开放领域、促进区域经济合作健康发展和营造良好的发展环境等方面 29 条意见。国务院有关部门积极采取有力措施支持东北老工业基地对外开放。东北三省大力改善投资环境，转变政府职能，改善软硬环境，减少行政审批事项，同时举办了一系列国际性会议和展会，积极宣传振兴东北政策，切实加强了招商引资和“走出去”工作。

2003 年以来，东北地区对外开放步伐明显加快。一是利用外资迅猛增长。2003 年，东北三省实际利用外资比上年下降 16.8%。2005 年三省实际利用外商直接投资 57 亿美元，在 2004 年高速增长 51.7%的基础上又增长 89.5%。外商直接投资额三省合计占全国的

比重由2003年的6.2%上升到2005年的9.5%。二是外资银行在东北发展迅速。截止2005年末，东北地区共有17家外资银行在沈阳和大连设立了10家分行、8家代表处，现在还有5家银行在积极申请。三是成功并购国外拥有先进技术的企业集团。黑龙江哈量集团成功并购了在国际工量具行业中技术水平一流的德国凯狮集团；大连机床收购了美国英格索尔公司的生产制造公司和德国兹默曼公司，与华中数控合资兴建产业化基地；沈阳机床成功并购德国希斯公司。四是对外开放度明显提高。2005年，东北地区进出口总额为571亿美元，同比增长19%，其中出口总额增长32%。东北三省经济外向度达到27%，比2002年提高6.1个百分点。

（四）国家商品粮基地地位进一步巩固，工业结构优化升级取得新进展

东北地区全面免征农业税、扩大粮食生产补贴范围和规模，国家加大对东北地区粮食主产区公路建设和农产品深加工支持力度，有力地促进了东北地区农业综合生产能力的提高。2005年，东北三省粮食总产量达1484亿斤，在2004年大丰收的基础上又增产38亿斤，再创历史新高。

实施东北老工业基地振兴战略以来，一大批工业重大项目顺利实施，有力地促进了企业技术改造、技术进步和竞争力提高。截至2005年底，国家安排的234项东北老工业基地调整改造项目，使鞍钢、东北特钢、一重、沈阳机床、哈电站设备等一批重点老企业的自主创新能力和技术水平有了显著提高。辽宁省装备制造业发展迅速，2005年完成增加值740亿元，同比增长21%，占规模以上工业的25%。黑龙江省装备制造、石油化工、医药、食品、森工、能源六大产业基地实现工业总产值4384亿元，同比增长29.4%，占规模以上工业的94.8%。吉林省积极培育新的主导产业，2005年农产品总产值突破1000亿元，成为第三大支柱产业。

（五）资源型城市经济转型试点稳步推进，可持续发展迈出坚实步伐

资源型城市经济转型是老工业基地调整改造的重点和难点。振兴战略实施以来，加大了资源型城市可持续发展工作力度。一是资源型城市经济转型试点稳步推进。先期启动的阜新资源型城市经济转型试点工作取得初步成效，以农产品加工业作为接续替代产业的态势已基本形成，转型三年来全市实现再就业13.1万人，下岗失业人员净减少11万人，生产总值增速由"九五"时期的年均2.1%上升到近3年的20%以上。辽宁与内蒙古达成经济合作协议，支持阜新矿业集团开发内蒙古白音华4号煤矿，促进阜新市富余矿工和生产能力的有序转移。2005年，国务院批准把资源型城市经济转型试点范围扩大到大庆、伊春、辽源等石油、林业、煤炭类型城市，试点工作已全面有序展开。二是东北三省加快推进了采煤沉陷区治理和成片棚户区改造。国家投资32.78亿元用于15个采煤沉陷区的治理改造，拨款2.2亿元在配套基础设施建设上支持辽宁棚户区改造。目前辽宁省已率先启动了棚户区改造工作，已有10余万居民迁入新居。

为了从根本上破解资源型城市经济转型这个难题，2004年7月份以来，国务院振兴东北办、国家发展改革委会同有关部门多次赴资源型城市开展专题调研，并草拟了关于促进资源型城市可持续发展的若干意见上报国务院。

（六）切实解决关系人民群众切身利益问题，努力构建和谐社会

辽宁省已经初步建立了独立于企业和事业单位之外、资金来源多元化、保障制度规范化、管理服务社会化的社会保障体系，同时全省普遍建立起城乡居民最低生活保障制度。继辽宁之后，吉林、黑龙江省2004年开始全面启动完善城镇社会保障体系试点，在中央政策支持下，三省基本完成了国有企业下岗职工基本生活保障向失业保障并轨工作，已并轨人数分别达到190万、96万和165万；逐年提高做实养老金个人账户水平，增强社会保障能力。吉林从去年5月起，率先实现基本养老保险省级统筹。

坚持把就业和再就业作为推动振兴老工业基地的重点工作来抓，落实政府促进就业主体责任，努力扩大就业，增加居民收入。针对"4050"等大龄就业困难群体和零就业家庭，加大就业扶持力度。2005年东北三省实现新增就业240万人，黑吉两省下岗失业人员再就业104万人。

两年多的实践证明，党中央做出振兴东北地区等老工业基地的重大决策，作为我国进入新的发展阶段的一个重大战略，是十分必要和完全正确的。2005年12月，十届全国人大常委会第十九次会议审议通过了国务院振兴东北办所作的关于振兴东北老工业基地情况的报告，对实施振兴战略以来国务院有关部门和东北三省所做的工作以及取得的成效给予了充分肯定。这些工作成绩的取得，是党中央、国务院、领导小组正确领导和科学决策的结果，是各有关部门大力支持的结果，也是东北人民抢抓机遇、团结奋斗的结果。

二、充分认识振兴老工业基地的艰巨性和复杂性

在充分肯定成绩的同时，我们也清醒地看到，目前

所取得的成绩只是阶段性的，东北地区与发达地区的发展水平还有较大差距，一些影响长远发展、决定振兴成败的根本性、深层次矛盾和问题还没有完全解决，实现《若干意见》提出的把老工业基地建成"我国经济新的重要增长区域"的目标还需要作出长期艰苦的努力，振兴东北地区等老工业基地任重道远。

（一）东北地区经济比重仍在下降

东北三省生产总值虽然增长较快，但仍低于全国平均水平，占全国的比重继续下降，由 2002 年的 11.1% 下降到2003年的9.6%、2004年的9.3%、2005年的8.7%。省际间的增长很不平衡，利用外资的增长主要集中在辽宁。

（二）巨额不良资产严重制约东北国企改革和产业结构调整

截至2005年6月底，东北三省银行及农村信用社的不良贷款、资产管理公司待处理的不良资产余额巨大，比全国平均高出14个百分点。国有及国有控股企业的不良贷款余额近1400亿元，占不良贷款总额的近50%。

巨额不良资产以及亟待改善的信用环境导致东北地区资金大量沉淀或外流，严重制约了国有企业改制和产业结构调整。2005 年东北三省贷款增幅比上年下降 3.7%，存贷差高达 7500 亿元，资金外流严重，对东北地区经济发展的支撑力减弱。黑龙江61%国有大中型企业的信用等级在BBB级或以下，2005年国家支持的100个国债项目中，只有33个项目贷款到位。

2004年以来，中、建、交、工四大银行对不良贷款进行了二次剥离，债权主体已转移到4家资产管理公司，促进了国有商业银行的股份制改造。目前问题是，金融不良资产处置与国企改制未能形成相互衔接的机制。将商业银行的不良资产剥离到资产管理公司，只解决了银行的问题，并没有解决国有企业的债务负担。吉林省816户改制企业尚有180亿元债务没有化解，其中东方资产公司就占了120亿元，处置难度很大。

（三）东北地区资源型城市经济转型任务艰巨

东北亟待转型的资源型城市较多，经济转型面临一些亟待解决的问题。一是资源型城市经济结构单一，基本以资源开发为主，接续产业发展缓慢，发展后劲不足。二是下岗失业人员较多，就业和再就业压力很大。辽宁省失业人员中资源型城市占 39%。三是部分群众生活困难，不稳定因素较多。抚顺、本溪和阜新人均月收入低于低保线的家庭所占比例分别为 28%、21%和 47%。由于贫困人口较多，并且呈现出贫困集聚和代际传递等特点，激化了社会矛盾，群体性上访事件大幅增加，以侵害财产为主的刑事犯罪不断攀升。四是环境污染和生态破坏严重，一些地方存在重大地质灾害隐患。东北三省原国有重点煤矿采煤沉陷区总面积 990 平方公里，受影响居民 29 万户以上。小兴安岭等地的生态功能急剧下降，蓄水固土抗风沙能力明显减弱。大庆市草原退化、盐碱化和沙化的面积已占总面积的 80%。五是尚未建立起促进资源型城市可持续发展的长效机制。

（四）企业自主创新能力亟待加强

东北老工业基地普遍存在传统产业比重大，技术相对落后，产业链条短，精深加工度低，自主创新能力不强的问题。如辽宁的成套装备研发、制造能力居国内领先水平，但装备制造业技术转化能力和技术创新活力不多，生产集约化程度低，产品配套能力、系统集成能力和成套能力不强，企业自主创新能力亟待提高。

（五）就业再就业和社会保障压力仍然很大

东北三省森工、军工、煤炭行业等困难群体有近500万人左右，枯竭矿山和破产重组老企业的富余人员较多，再加上农村出现大量剩余劳动力，东北地区就业再就业压力很大。

这些矛盾和问题，必须引起我们的高度重视，要深刻认识到老工业基地振兴的长期性、艰巨性和复杂性，树立长期努力、坚持不懈的思想，做好长期奋斗的准备，做到支持力度不减，确保政策措施到位，努力实现老工业基地的全面振兴，为全面建设小康社会作出应有的贡献。

三、努力开创振兴老工业基地工作新局面

老工业基地过去为国家现代化建设作出了巨大贡献，未来仍是全面建设小康社会的重要力量。振兴老工业基地的目标、任务、政策和要求都已明确，关键是要适应新形势、采用新办法、走出新路子，不断开创振兴老工业基地工作新局面。

（一）积极推进各项改革和对外开放

继续大力推进国有经济布局与经济结构的战略性调整，形成优势产业和优势企业集团。坚定不移地推动国有企业改革，促进投资主体多元化，建立以产权为核心的现代企业制度。加强对跨国公司参与国有重点骨干企业改制的引导，培育大型国有企业的核心竞争力。积极稳妥地做好东北地区厂办大集体改革试点工作。推广以优势产业和优势企业为龙头的农村集体合作组织形式、农业机械化合作组织。促进中小企业和非公经济发展。加快政府职能转变，努力创建服务型政府。

深入贯彻落实《国务院办公厅关于促进东北老工业基地进一步扩大对外开放的实施意见》，改善投资环境，吸引国外战略投资者参与东北老工业基地调整改造。进一步推动沿海沿边开放和图们江流域国际合作。在国家

已批准的大连港区联动试点基础上，加快建设大连东北亚国际航运中心。

（二）积极稳妥地解决好东北地区金融不良资产问题

一是要推动东北地区信用环境建设，健全信用体系，改善区域信用环境。二是要加大体制机制创新力度，研究制定处置不良金融资产、加快东北地区信用体系建设的实施方案。这方面可借鉴天津、重庆市试点经验，在东北地区进行设立省级资产经营管理公司试点，承接、托管和处置地方国有企业不良资产，实现不良资产处置与促进国有企业转制、产业结构调整的有效衔接。同时可考虑设立区域性资产交易中心，以引进各方资源包括外商和民营企业参与地方国有企业不良资产的处置，促进资产的流动与重组。

（三）扎实推进社会主义新农村建设

科学制定具有东北特点的社会主义新农村建设规划，明确推进新农村建设的思路、目标和工作措施，统筹安排各项建设任务。选择不同区域若干个有代表性的典型，先行试点、示范，探索不同的建设模式。继续抓好优质粮食产业工程、大型商品粮基地、种子工程、植保工程等重大农业项目建设，把东北建成我国最重要的大型国家商品粮基地。大力发展农业产业化经营，继续推进优势农产品产业带建设。支持农垦系统率先建成现代化垦区。加快农业新技术的研发、推广，全面提升农业科技创新能力。

（四）努力提高自主创新能力，振兴装备制造业，推进工业结构优化升级

切实担负起重大技术装备协调办公室的职责，贯彻落实《国务院关于加快振兴装备制造业的若干意见》。抓紧研究制定有关政策措施的实施办法，组织编制十六项重大技术装备发展专项规划并予以实施，拟定重点领域装备技术政策，研究制定将国家重大建设项目纳入政府采购主体范围的实施办法。组织编制禁止和限制引进的重大技术装备和重大产业技术目录并定期发布。研究利用产业基金支持装备制造业的措施。确定若干个重大技术装备自主化依托工程和国产首台（套）重大技术装备技术进步示范工程，组织相关单位研究制定装备自主化实施方案并推进落实。支持企业消化吸收再创新。

加快利用高新技术和先进实用技术改造石化、钢铁、农产品深加工、医药等优势产业，建设大型冶金和石化生产基地。大力推进企业信息化建设，提高产业国际竞争力。发挥高新技术产业开发区的辐射带动作用，促进东北高新技术产业发展。培育发展一批主业突出、具有国际竞争力的企业集团。在装备制造、原材料等优势产业和数控系统、电子信息等高新技术产业领域，组织实施若干重大科技项目。搞好信息、生物和医药、新材料等重点领域的国家高技术产业化示范工程、国家工程研究中心和企业技术中心建设。加快推进东北区域创新体系建设。

（五）大力促进资源型城市可持续发展

制定并实施促进资源型城市可持续发展的政策，逐步建立起资源开发补偿机制和衰退产业援助机制，为资源型城市可持续发展提供制度保障。搞好已批准的阜新、大庆、伊春、辽源4个经济转型城市的试点工作，为我国资源型城市转型探索路子。对资源型城市分类指导，培育壮大接续产业。安排国债和中央预算内资金集中扶持东北地区资源型城市，建设一批发展接续替代产业并能充分吸纳就业和促进资源综合利用的项目。加强环境整治和生态保护，高度重视阜新海州露天矿、抚顺西露天矿、矸石山等重大地质灾害隐患，提早做出预案并组织治理。加大资源勘查力度，加强资源开采宏观调控，充分利用现有矿山企业开采能力。

（六）着力解决涉及群众切身利益的问题

切实解决森工、煤炭、军工等困难行业、困难企业职工的就业和生活问题。努力扩大城镇社会保障制度的覆盖面，建立社会救助体系，完善城市居民最低生活保障制度，做到应保尽保。认真落实党中央、国务院关于加强就业再就业工作的一系列部署和相关扶持政策，努力使"零就业家庭"实现至少一人就业，帮助下岗失业人员再就业。大力开发公益性工作岗位，优先安排大龄困难群体就业。继续实施棚户区改造计划。国家对东北地区原中央下放的煤矿企业的棚户区改造配套基础设施给予适当的资金补助，力争用3年左右的时间完成原中央下放煤矿企业棚户区改造任务。

（七）编制东北老工业基地规划，促进区域经济协调发展

实施东北振兴战略以来，辽宁、吉林、黑龙江三省分别制定了振兴规划。国务院有关部门也编制完成了相应的专项规划。为最大限度地优化资源配置，促进东北地区经济持续协调健康发展，振兴东北办正在组织编制东北地区振兴规划，力图解决东北地区由于体制限制、资源约束而各自难以解决的重大问题，围绕区域性基础设施的共建与共享、投资环境的营造、生态建设与环境保护问题，以及关系到区域可持续发展的重大建设项目等，提出统筹协调发展的思路和布局方案。

（八）积极推进中部地区老工业基地振兴

根据《若干意见》）提出的：中部地区的一些老工业城市要充分发挥自身优势，加快发展，条件成熟时比照“东北老工业基地有关政策给予适当支持的精神和《2005 年振兴东北地区等老工业基地工作要点》”就中部地区老工业城市纳入国家老工业基地调整改造范围并给予相关政策支持问题开展研究，促进中部地区崛起"的要求，国务院振兴东北办将“中部老工业基地政策支持研究”列为 2005 年度办内重点研究课题。经过一年的努力，摸清了中部老工业基地的现状及存在的问题，提出了振兴中部老工业基地的总体思路和国家支持中部老工业基地的原则和标准。在东北老工业基地振兴战略取得良好开局，国家提出中部崛起战略背景下，比照东北老工业基地有关政策对中部老工业基地给予适当支持时机已经成熟。我们拟在总结东北老工业基地振兴工作的基础上，结合中部老工业基地面临的实际问题，研究制定振兴中部老工业基地指导意见，促进中部地区崛起。

振兴东北地区等老工业基地 2006 年工作要点

——温家宝主持国务院振兴东北地区等老工业基地领导小组第三次全体会议

2005 年振兴东北地区等老工业基地的战略实施取得新进展、新突破，东北地区经济社会发展保持良好态势。一是改革开放的步伐加快。免征农业税、完善城镇社会保障体系试点、八个行业增值税转型工作全面落实，国民经济战略性调整和国有企业改革取得新的突破，鞍钢、本钢等企业成功实现联合重组，对外开放迈出新步伐，各类投资主体纷纷进入东北地区参与老工业基地的调整改造。二是产业结构调整取得积极进展。农业综合生产能力进一步提高，基础设施建设得到加强，一批重点老企业的自主创新能力和水平不断提高。三是资源型城市经济转型稳步推进，采煤沉陷区治理和成片棚户区改造加快进行。四是生态建设和环境保护继续推进。重点水土流失区域的治理进一步开展，生态示范工程成效显著，城市供水管网改造，污水处理和管网配套建设力度加大。

但同时也要看到，东北地区与沿海发达地区的发展水平还有较大差距，一些影响长远发展的深层次矛盾没有根本解决，产业结构不尽合理，自主创新能力不够强，金融不良资产多，环境污染有加重趋势，就业再就业压力依然很大，社会稳定和安全生产存在隐患等。这些问题都需要认真加以解决。

2006 年是实施“十一五”规划的第一年，是振兴战略向纵深推进、各项改革实施攻坚的关键之年，也是国家出台振兴装备制造业政策的启动之年，做好推动东北地区等老工业基地振兴工作意义重大，务必取得更大的进展。振兴东北地区等老工业基地工作要以邓小平理论和"三个代表"重要思想为指导，认真实施自主创新战略和科教兴国战略，坚持用科学发展观统领振兴老工业基地的各项工作。坚持以人为本，转变发展观念，创新发展模式，提高发展质量。继续深化改革，努力扩大开放，更加注重经济结构的调整和经济增长方式的转变，更加注重经济发展的质量和效益，更加注重资源节约和环境保护，更加注重经济社会协调发展和提高人民生活水平，着力解决影响老工业基地和装备制造业发展中的突出矛盾和深层次问题，主要依靠自力更生和东北人民的积极性、创造性，推动振兴工作取得新的更大进展，为全面振兴奠定更为坚实的基础。

一、积极推进各项改革和对外开放

（一）在继续抓好免征农业税、增值税转型试点、企业政策性破产、分离企业办社会职能等项政策落实工作的同时，对吉林、黑龙江省完善城镇社会保障试点工作进行总结评估。积极稳妥地做好东北地区厂办大集体改革试点工作，指导各试点城市制定切实可行的试点方案，尽快先行启动具备条件的城市试点工作。及时研究解决试点过程中出现的问题，争取用三年时间解决东北地区厂办大集体问题。

（二）推动东北地区信用环境建设，逐步有效化解历史债务。由人民银行、银监会、财政部、国资委、振兴东北办等单位共同研究提出处置不良金融资产、加快东北地区信用体系建设的意见和实施方案。鼓励外资银行进入东北。推动非公经济特别是中小企业在区域经济和社会发展中发挥更大作用。建立健全中小企业融资担保体系。

（三）坚持发挥优势、有所为有所不为的原则，继续推进国有资本有进有退的战略性调整，增强国有经济的控制力和带动作用，提高国有资本运营效益，形成优势产业和优势企业集团。坚定不移地推动国有企业改革，促进投资主体多元化，完善公司法人治理结构，建立以产权为核心的现代企业制度。加强对跨国公司参与国有重点骨干企业改制的指导，培育大型国有企业的核心竞争力。

（四）完善农村综合配套改革，撤并乡镇，精简机构。结合东北比较适合发展大农业的特点，推广以优势产业和优势企业为龙头的农村集体合作组织形式、农业机械化合作组织，进一步健全农业社会化服务体系，促进农村土地合理有序流转。推进户籍制度改革，加快农村劳动力转移和小城镇建设。逐步完善农村社会保障制度。抓好伊春市的林权改革试点和国有林区森林资源管理体制改革。

（五）推进行政管理体制改革，转变政府职能，加快建设法制型、服务型政府。积极稳妥地推进扩权强县改革，减少各级政府的行政审批事项，简化审批程序，提高行政效率。

（六）深入贯彻落实《国务院办公厅关于促进东北老工业基地进一步扩大对外开放的实施意见》，研究修订《辽宁省外商投资优势产业目录》，推动东北地区开放更多领域，吸引外资特别是吸引国外战略投资者参与东北老工业基地调整改造。努力提高利用外资的质量，在借鉴长江三角洲、珠江三角洲地区利用外资经验的基础上走出东北振兴利用外资的新路。继续支持东北三省引进外国专家和组织人才出国培训。支持东北三省办好有关国家级重要展会。发挥地缘优势，扩大东北地区与东北亚国家以及港澳台地区的经济技术合作。进一步推动沿边开放和图们江流域国际合作。利用"俄罗斯年"的有利时机，扩大与俄罗斯的合作。加强与内蒙古东部盟市的协作和与沿海发达地区经济联系，进一步扩大与港澳台的经贸交流与合作。在国家已批准的大连港区联动试点基础上，加快建设大连国际航运中心，将部分功能延伸到腹地，充分发挥其国际中转配送、采购和转口贸易等功能，建设成东北亚重要的港口城市。

二、规划建设好东北的大农业和新农村

（七）按照建设现代化大农业和社会主义新农村的要求，规划和建设好东北的大农业和新农村。要全面正确地理解中央关于社会主义新农村的部署和要求，着力搞好农村经济发展，着力加强农业和农村基础设施建设，着力增加农民收入。要坚持农村的基本经济制度和基本经济政策，进一步增加农业投入，推进农业规模化、标准化、机械化和产业化进程，逐步提高农业综合生产能力。在新农村建设中，不能一哄而起，不能搞一个模式和形象工程，要防止简单化和急于求成。

（八）继续抓好优质粮食产业工程、大型商品粮基地、种子工程、植保工程等重大农业项目建设，把东北建成我国最重要的大型国家商品粮基地，鼓励和促进省际间的农业综合开发协作和粮食余缺调剂。加快实施"沃土工程"，大力改造中低产田。加强尼尔基下游配套灌区建设，进行黑龙江三江平原、松嫩平原及其它大型灌区续建配套工程节水改造。加快发展现代化畜牧水产养殖。扶持发展农副产品加工业。大力发展农业产业化经营，继续推进优势农产品产业带建设。加快发展农业机械化，全面提高东北地区农业物质装备水平。充分发挥农垦系统的优势和示范带动作用，加大对黑龙江垦区的农田水利建设的投入，搞好"三江平原"的农业综合开发，支持农垦系统更新农用飞机和大型农业机具，率先建成现代化垦区。创新森林防火工作机制，解决农林交错易引发火灾的问题，切实加强林区道路和防火隔离带建设。

（九）进一步增加农业科技投入，加强农业高技术研究。加快重大增产技术、节本增效技术、精深加工技术以及生物技术、信息技术和设施农业技术的研发、推广，深入实施科技入户工程，加强测土配方施肥技术的推广，全面提升农业科技创新能力、储备能力和转化能力。

（十）加快发展农村教育、文化事业，倡导健康文明的新风尚。积极开展农村小型公益设施建设，改善农民饮水、能源、道路、居住、通讯等生活条件。建立电话、电视、电脑"三电合一"的农业信息服务平台。加快发展乡镇企业和农产品加工业，繁荣县域经济，进一步搞好农民转产转岗培训工作，努力增加农民收入。

（十一）健全村党组织领导的充满活力的村民自治机制，进一步完善村务公开和民主议事制度。健全农村民主选举、民主决策、民主管理、民主监督等制度，切实维护农民的知情权、参与权、管理权和监督权。建立农民负担监督管理机制。探索和完善化解村级不良债务的办法。

三、继续推进产业结构升级和技术进步

（十二）坚持依靠科技进步，着力提高自主创新能力，加快创新体系建设，打造东北优势产业基地和知名品牌。鼓励企业兼并重组，组建优势企业集团，重点推进东北地区具有发展优势的钢铁、装备、造船、煤炭、

石化、汽车、森工等重点行业、重点企业的结构调整和产业集聚，打造东北优势产业基地和知名产品品牌。积极推动沈阳—大连城市群、长春—吉林工业带、哈大齐工业走廊的建设，实施产业集聚。支持重组后的东北特钢集团整合内部资源，加大技术改造力度，调整产品结构。进一步推动鞍钢、本钢联合重组进程，协调解决工作中存在的问题。继续利用国债资金支持老工业基地工业结构调整，加强对在建项目的监管，保证建设进度与成效。大力发展现代物流业和服务业，扎实推进东北特色旅游。

（十三）按照“创新支撑、集群发展、轴心辐射、区域联动”的发展思路，在装备制造、原材料等优势产业和数控系统、电子信息等高新技术产业领域，组织实施若干重大科技项目。搞好信息、生物和医药、新材料等重点领域的国家高技术产业化示范工程、国家工程研究中心和企业技术中心建设。以哈大高速公路为主轴，加强国家高新区的辐射带动作用。整合东北区域科技资源，以创新平台、共享协作网络、科技人才和技术产权市场建设为切入点，加快推进东北区域创新体系建设。鼓励企业与高等院校、科研院所合作开发和组建联合研发中心，促进企业成为技术创新主体。鼓励中小型科技企业的创新和成长。通过国家科技计划加大对东北老工业基地的支持。坚持开放式创新，支持企业引进消化再创新国外先进技术，走出去兼并具有产品研发能力的国外企业，并将之纳入我国企业的创新体系。

四、加快振兴装备制造业

（十四）振兴东北办要切实担负起重大技术装备协调办公室的职责，认真贯彻落实《国务院关于加快振兴装备制造业若干意见》，加强组织协调工作。要抓紧研究制定有关政策措施的实施办法，组织编制十六项重大技术装备发展专项规划并予以实施，拟定重点领域装备技术政策，研究制定将国家重大建设项目纳入政府采购主体范围的实施办法，对具有自主知识产权的重大成套技术装备、重要高新技术装备和产品施行政府首购政策和定购制度。组织编制禁止和限制引进的重大技术装备和重大产业技术目录并定期发布，防止盲目重复引进。研究利用产业基金支持装备制造业的措施。

（十五）组织重大技术装备和关键技术的协同攻关和消化吸收再创新，结合重大工程协调新技术装备的应用。

（十六）认真总结“十五”以来我国重大技术装备研制方面取得的成果。筹备召开国务院振兴装备工业工作会议，表彰一批多年来在重大技术装备研制领域和自主化方面做出突出贡献的集体和个人。在第五届沈阳装备制造业国际博览会期间，开辟专区集中展示近年来重大装备国产化成果。组织社会各界人士参观重大装备国产化基地，组织媒体集中报导重大装备国产化成绩。

五、努力搞好以交通能源为重点的基础设施建设

（十七）抓紧开工建设哈大客运专线、东北东部铁路通道、长春-吉林城际铁路等项目，对滨绥、绥佳等铁路实施扩能改造。建设哈尔滨、沈阳、大连集装箱中心站和长春集装箱办理站，逐步构建东北地区双层集装箱运输通道。加快铁岭至朝阳等高速公路建设，抓好通乡镇、通建制村沥青水泥路建设。启动大连、漠河、伊春、鸡西、长白山等机场建设。完成辽宁省沿海港口布局规划的审核，审批大连港、营口港总体规划，发挥辽宁港口群对临港产业、对东北腹地的辐射和带动作用。搞好大连大窑湾港区集装箱码头二期、三期工程和主要航道及防波堤工程建设，营口港深水航道、集装箱码头工程。支持东北地区国有林区道路等基础设施建设和森林防火、病虫害防治等基础设施建设。

（十八）利用内蒙古东部和黑龙江煤电丰富的优势，加快建设坑口电站，促进煤电联营和综合开发，实施“西电东送”和“北电南送”。对内蒙古东部地区及周边其他地区新发现的矿产资源，优先支持东北地区老工业基地原有矿业企业参与开发建设。支持东北三省煤炭城市与内蒙古东部盟市新兴资源基地的合作，加快阜新矿业集团开采锡林郭勒盟白音华 4 号露天矿项目的推进力度。协助做好中俄原油管道工程，从俄罗斯输入电力工程等重点能源合作项目建设，积极推进对俄电力贸易工作。推进辽宁核电站建设的前期工作，推进大庆天然气田和管道建设。

六、大力促进资源型城市可持续发展

（十九）抓紧制定并颁布实施关于促进资源型城市可持续发展的若干意见。建立健全资源型城市可持续发展的长效机制，积极推动体制机制的创新。逐步建立起资源开发补偿机制和衰退产业援助机制，推动资源型城市调整产业结构、转变经济增长方式和资源开发模式。加强资源勘探和开采调控。加强对资源型城市现有矿区周边和深部的矿业权的管理，加强危机矿山的资源保障能力。

（二十）各有关部门要指导并协助东北三省搞好已批准的阜新、大庆、伊春、辽源 4 个经济转型城市的试点工作。东北三省要抓紧完善试点规划和方案上报，并纳入各省经济社会发展“十一五”规划体系，认真组织

实施。将白山市增列为煤炭、森工、矿产综合资源型城市经济转型试点单位。

（二十一）加大国家财政对资源型城市的基础设施建设、技术改造和发展接替产业的支持力度。国家和省在安排重大项目时，要向资源枯竭型城市倾斜，加快培育建立新产业。安排国债和中央预算内资金集中扶持东北地区资源型城市，建设一批发展接续替代产业并能充分吸纳就业和促进资源综合利用的项目。鼓励和引导国家政策性银行为资源型城市和资源型企业提供政策性金融支持。鼓励和引导商业银行、城市信用社、农村信用社为资源型城市的各类企业特别是中小企业提供金融服务。

（二十二）高度重视阜新海州露天矿、抚顺西露天矿、矸石山等重大地质灾害隐患，提早做出预案并组织治理。继续抓好采煤沉陷区治理工作。加强对深部采空区、特大型矿坑等对地质结构、地下水文等造成的危害及治理的基础性研究。引导社会力量参与矿山环境治理，采取以工代赈等方式实施地质灾害修复工程，将采煤沉陷区和废渣堆积地等易发地质灾害的区域改造成休闲和旅游景点，并先在抚顺市试点。在安排土地开发整理项目、林业项目、水利项目时，适当向资源型城市倾斜。

七、切实加强环境保护和生态建设

（二十三）贯彻落实《国务院关于落实科学发展观加强环境保护的决定》，制定东北地区协调统一的环境保护规划和生态补偿政策。建立东北三省环境安全与资源安全监控体系和预警机制。严格控制高耗、高污染行业的数量和规模。加强环境影响评价，严格环境准入。加快环境保护基础设施建设。采取切实措施保护好东北的水资源、土地资源和森林、湿地资源。保护松花江、辽河、黑龙江以及主要水源地的水环境，重点解决松花江、辽河流域的水污染问题。

（二十四）继续推进天然林保护工程、退耕还林还草、三北防护林体系建设、森林生物多样性保护、东北西部科尔沁沙地和松嫩平原沙地的治理、自然保护区建设工程，进一步扩大森林生态效益补偿范围。建立长效生态补偿机制，解决好湿地补水、核心区居民搬迁等问题，防止湿地萎缩和破坏。防止黑土地退化，加大黑土区水土流失防治工作力度，切实保护好珍贵的黑土资源。

（二十五）大力发展循环经济，推进辽宁省循环经济及吉林、黑龙江两省生态省建设。提高资源的综合利用水平，促进废弃物的资源化，加快发展新能源和可再生资源，大力推广绿色节能建筑，改造、淘汰污染严重企业。提高对环境事故和危险废物的应急处置能力。促进生态文明建设，大力发展生态环保型经济，构建资源节约与环境友好型社会。

八、着力解决涉及群众切身利益的问题

（二十六）切实解决森工、煤炭、军工等困难行业、困难企业职工的就业和生活问题。努力扩大城镇社会保障制度的覆盖面，建立社会救助体系，完善城市居民最低生活保障制度，实行动态管理，做到应保尽保。认真落实党中央、国务院关于加强就业再就业工作的一系列部署和相关扶持政策，努力使"零就业家庭"实现至少一人就业，帮助下岗失业人员再就业。地方政府组织的投资项目，尽可能优先吸纳下岗失业人员和农村富余劳动力。大力开发公益性工作岗位，优先安排大龄困难群体就业。

（二十七）继续支持东北地区实施棚户区改造，加快采煤沉陷区的治理。支持辽宁省加快实施棚户区改造计划。吉林、黑龙江省要认真做好前期筹划工作，尽快启动棚户区改造工程。国家对东北地区原中央下放的煤矿企业的棚户区改造配套基础设施给予适当的资金补助，力争用3年左右的时间完成原中央下放煤矿企业棚户区改造任务。

（二十八）普及和巩固九年义务，完善农村义务教育投入保障机制，切实改善农村中小学办学条件，提高师资水平。大力发展中等职业教育，加强就业岗前培训。加强农村卫生基础设施建设，积极推进新型农村合作医疗试点工作。大力发展城市社区卫生服务。加强农村文化建设，大力推进广播影视进村入户，扩大实施文化信息资源共享工程和送书下乡工程。推进非物质文化遗产的保护工作。

九、全力做好对振兴工作的指导和协调

（二十九）结合国家“十一五”规划的编制，组织编制包括内蒙古东部地区在内的东北地区振兴规划，进一步明确“十一五”期间振兴东北老工业基地的总体目标、实施步骤、战略重点和区域布局，解决东北地区各省区由于体制限制、资源约束而各自难以解决的重大问题，研究提出促进区域统筹协调发展的相关政策措施，促进区域间的优势互补、协调发展。

（三十）配合中部崛起政策措施的实施，针对中部地区老工业基地城市存在的问题，参照东北老工业基地有关政策措施，研究提出亟须国家支持的中部老工业基地城市及政策适用范围，积极推进中部地区老工业基地振兴。

（三十一）领导小组各成员单位和东北三省的领导同志要坚持深入实际、深入基层、深入群众，进行艰苦细致的调查研究，寻找有效解决办法，着力突破振兴工

作中的重点和难点问题，把整个振兴工作引向深入。

（三十二）做好东北地区与沿海地区干部对口挂职交流工作，加大对东北地区干部培训的力度。高度重视、充分发挥人才在振兴东北地区等老工业基地中的关键作用，加快培养、引进各级各类人才，为人尽其才创造良好的体制环境。领导小组各成员单位要结合各自的职能，加强对东北三省振兴工作的指导和协调。振兴东北办要按照领导小组的工作部署，协调有关部门和地方落实政策措施，推动各项工作，深入研究振兴工作中的重大问题，适时提出建议。

（三十三）东北地区的干部群众要进一步解放思想，转变观念，破除"等、靠、要"思想和畏难情绪，树立自力更生、自强不息的思想，发扬"铁人精神"艰苦创业，在改革开放和创新中实现振兴。

促进中部地区崛起

3月27日中共中央政治局召开会议，研究促进中部地区崛起工作。中共中央总书记胡锦涛主持会议。

会议指出，促进中部地区崛起，是党中央、国务院继做出鼓励东部地区率先发展、实施西部大开发、振兴东北地区等老工业基地战略后，从我国现代化建设全局出发做出的又一重大决策，是落实促进区域协调发展总体战略的重大任务。

会议认为，中部地区在我国经济社会发展全局中占有重要地位，长期以来为全国经济社会发展做出了重大贡献。实现中部地区经济社会又快又好发展，事关我国经济社会发展全局，事关全面建设小康社会全局。促进中部崛起，有利于提高我国粮食和能源保障能力，缓解资源约束；有利于深化改革开放、不断扩大内需，培育新的经济增长点；有利于促进城乡区域协调发展，构建良性互动的发展新格局。我们要抓住机遇，加快发展，充分发挥中部地区的区位、资源、产业、人才等综合优势，进一步形成东中西互动、优势互补、相互促进、共同发展的新格局。

会议指出，促进中部地区崛起，要以邓小平理论和"三个代表"重要思想为指导，全面贯彻落实科学发展观，坚持把改革开放和科技进步作为动力，着力增强自主创新能力、提升产业结构、转变增长方式、保护生态环境、促进社会和谐，努力建设全国重要的粮食生产基地、能源原材料基地、现代装备制造及高技术产业基地和综合交通运输枢纽，在发挥承东启西和产业发展优势中崛起，实现中部地区经济社会全面协调可持续发展，为全面建设小康社会作出新贡献。

会议强调，中部地区崛起是一项长期的战略任务。要坚持深化改革和扩大对内对外开放，推进体制机制创新，发挥市场配置资源的基础性作用；坚持依靠科技进步和自主创新，走新型工业化道路；坚持突出重点，充分发挥比较优势，巩固提高粮食、能源原材料、制造业等优势产业，稳步推进城市群的发展，增强对全国发展的支撑能力；坚持立足现有基础，自力更生，国家给予必要的支持，着力增强自我发展能力；坚持以人为本，统筹兼顾，努力扩大就业，逐步减少贫困人口，提高城乡公共服务水平，加强生态建设和环境保护，促进城市与农村、经济与社会、人与自然和谐发展。

会议要求中部地区各级党委和政府以及有关部门高度重视，加强领导，更新观念，深化改革，科学规划，精心组织，通力协作，坚持从实际出发，按客观规律办事，全面落实中央确定的促进中部地区崛起的重点任务和政策措施，扎扎实实做好促进中部地区崛起的各项工作。

关于落实中共中央国务院关于促进中部地区崛起若干意见有关政策措施的通知

（国办函〔2006〕38号）

国务院各有关单位并中央编办：

为贯彻落实《中共中央国务院关于促进中部地区崛起的若干意见》（中发〔2006〕10号）提出的一系列政策措施，需要有关部门按照职责分工研究提出具体实施意见并认真组织实施。经国务院领导同志同意，现将有关部门职责分工事项通知如下：

一、加快建设全国重要粮食生产基地，扎实稳步推进社会主义新农村建设

（一）加大对粮食生产的支持力度。完善扶持粮食生产的各项政策。完善对种粮农民直接补贴制度，继续安排资金支持良种补贴和农机具购置补贴。中央财政加大对产粮大县奖励政策的实施力度。（财政部牵头）

（二）逐步解决中部地区粮食主产区粮食流通领域的历史遗留问题。加快制定促进粮食产区与销区建立稳定购销协作机制的政策措施。（发展改革委牵头）

（三）把严格保护耕地放在突出地位，稳定粮食种植面积，提高粮食单产水平和商品率。（国土资源部、农业部等部门负责）

（四）加大对农业综合开发、土地整理、中低产田改造、大型商品粮基地建设、旱作农业的投入。（财政部、发展改革委、国土资源部、农业部等部门负责）

（五）继续实施优质粮食产业工程、畜禽良种工程、超级杂交水稻等种子工程和动植物保护工程。加强动物疫病防治，推进农业科技推广、应用和服务体系建设。（发展改革委、农业部、林业局等部门负责）

（六）加大农业基础设施投入，改善生产生活条件。进一步搞好大型灌区续建配套，抓紧实施中部粮食主产省大型排涝设施更新改造。加强病险水库除险加固，继续开展节水改造、干旱山区雨水集蓄利用项目建设。逐步建立起保障农田水利建设健康发展的长效机制。加大对农村安全饮水工程的支持力度。积极发展农村沼气、秸秆发电、小水电等可再生能源，完善农村电网。（发展改革委牵头）

（七）扩大农村劳动力转移培训阳光工程实施规模，提高补助标准，支持中部地区加大农村劳动力职业技能培训力度，增强农民转产转岗就业的能力。（农业部牵头）

（八）建立完善农民外出就业服务体系和可靠信息渠道，加强对农民外出就业的管理和服务。发挥中部地区农村劳动力资源丰富的优势，引导富余劳动力向沿海发达地区、非农产业和城镇有序流动。（劳动保障部、农业部等部门负责）

（九）以属地化管理为主，加强流动人口的管理与服务网络建设。（公安部、劳动保障部、农业部、人口计生委等部门负责）

（十）大力发展农业产业化经营，推进农业结构调整。加大对农业产业化龙头企业和农民专业合作经济组织的支持力度，落实对内资重点龙头企业从事种植业、养殖业和农林产品初加工业所得暂免征收企业所得税政策。（农业部、发展改革委、财政部、税务总局、林业局等部门负责）

（十一）引导龙头企业、合作组织与农户建立利益联结关系，发展有优势的农产品加工业，重点建设一批优质、专用、规模化和标准化的农产品加工基地，延长产业链，努力增加农民收入。（发展改革委、农业部牵头）

（十二）加大金融支农力度，深化农村信用社改革。政策性金融机构要增加支持农业和农村发展的中长期贷款，引导商业银行加大对农业产业化、农业基础设施、农村公共服务设施等领域的金融服务力度。进一步完善扶贫贴息贷款运作模式。培育和发展农村竞争性金融市场。推行农村小额信贷。支持在中部地区进行政策性农业保险试点，引导商业性保险机构进一步开展“三农”保险业务。引导和支持外资银行、国内股份制金融机构到中部地区设立机构。（人民银行、财政部、农业部、银监会、保监会、扶贫办、民政部等部门负责）

（十三）在国外政府和国际金融组织贷款的使用上继续向中部地区倾斜。（发展改革委、财政部等部门负责）

二、加强能源原材料基地和现代装备制造及高技术产业基地建设，推进工业结构优化升级

（十四）加强能源基地建设。稳步推进山西、河南、安徽等煤炭资源丰富地区的大型煤炭基地建设，搞好矿井设备更新和安全改造，大力发展煤矸石、煤层气、矿井水等资源的综合利用。建设在全国能源规划布局中已确定的火电、水电等电源项目，发展坑口电站，促进煤电联营和综合开发。加快抽水蓄能电站建设。支持骨干电网建设，提高外送能力。因地制宜、积极稳妥地推进生物质能发电和风电建设工作。（发展改革委牵头）

（十五）加强原材料基地建设。发挥中部地区铁矿石、有色金属、黄金、磷和石灰石等矿产资源优势，建设综合开发利用基地。优先支持中部地区重要矿产资源的勘查。鼓励重点矿山加快技术改造，提高资源综合回收率。重点支持钢铁、石化、化肥、有色、建材等优势产业的结构调整，形成精品原材料基地。国家对优势企业的联合、重组给予必要的政策支持。（发展改革委、国土资源部、财政部、国资委等部门负责）

（十六）积极推进国有经济战略性调整，选择部分老工业基地城市，在增值税转型、厂办大集体改革和社会保障等方面，比照振兴东北老工业基地有关政策给予

支持。（发展改革委、财政部、国资委、劳动保障部等部门负责）

（十七）支持资源型城市和资源型企业加快经济转型，培育、发展循环经济和接续产业，研究建立资源开发补偿机制和衰退产业援助机制。对重点资源枯竭型企业关闭破产、分离办社会职能、职工安置、沉陷区居民搬迁给予扶持。（发展改革委、财政部、国资委等部门负责）

（十八）依托骨干企业，重点发展清洁高效发电技术装备、高压输变电设备、大型矿山开采设备、石化装备、大型施工机械、数控机床及关键功能部件、新型农业装备、高速铁路列车、大功率铁路机车、新型地铁车辆、汽车及零部件、高附加值船舶及配套等领域。（发展改革委、科技部、国防科工委、铁道部等部门负责）

（十九）国家加大对重点企业技术改造的支持力度，并通过科研投入、工程设备采购以及税收政策等，支持重大成套装备技术研制和重大产业技术开发。（发展改革委、财政部、科技部、国资委等部门负责）

（二十）国家对电子信息、生物工程、现代中药、新材料等领域的研发和产业化给予重点支持。建立一批特色产业基地，形成产业链和产业体系，逐步实现优势高技术产业集群，形成若干高技术产业增长点。（发展改革委、财政部、信息产业部、科技部等部门负责）

（二十一）加强高等院校、科研院所与企业的技术合作，促进企业成为技术创新的主体。加强技术创新服务体系建设，加快科技成果转化。（科技部、教育部牵头）

（二十二）在有优势的领域建设和完善国家工程中心、国家工程实验室、国家重点实验室和企业技术中心，支持建设若干科技基础平台，实施一批重大科技项目，加大关键技术的攻关力度。（发展改革委、科技部牵头）

三、提升交通运输枢纽地位，促进商贸流通旅游业发展

（二十三）加快综合交通运输体系规划实施。加强铁路、高速公路、干线公路、民航、长江黄金水道、油气管道等建设，优先解决中部地区与沿海地区以及中部地区内部的连通，着力构建连接东西、纵贯南北的综合交通运输体系，全面加强中部地区综合交通运输能力建设。（发展改革委牵头）

（二十四）加快铁路客运专线和开发性新线建设，加强现有铁路的电气化改造及复线建设，强化中部地区煤运通道，推进铁路站场建设和改造，完善铁路枢纽工程。（铁道部牵头）

（二十五）加强公路建设，基本实现具备条件的乡镇、建制村通油（水泥）路。加快高速公路建设及扩容改造，加大省际间公路干线建设和国省道升级改造力度；加强长江中游及淮河中上游地区航道疏浚治理，改善航运条件，实施“航电结合、滚动开发”；加强内河港口设施建设，发展集装箱、大宗散货运输。（交通部牵头）

（二十六）扩建省会城市枢纽机场，增加中小型机场。（民航总局牵头）

（二十七）构建以武汉、郑州等全国性市场为中心，以区域性重点市场为骨干，以具有地方特色的专业市场为补充，现货市场和期货市场相结合的市场体系。（商务部、发展改革委、证监会等部门负责）

（二十八）重点发展粮食及鲜活农产品、重要生产资料和工业品交易市场，加大传统零售业态改造力度，推动农村商业网点建设。鼓励发展所有制形式和经营业态多样化、有利于吸纳就业、诚信便民的零售、餐饮、修理等商贸服务。积极发展连锁经营、电子商务等现代流通方式，加强物流基础设施建设，支持大型流通企业集团发展。（发展改革委、农业部、商务部等部门负责）

（二十九）加强旅游景区的基础设施建设，挖掘、整合各类特色旅游资源，加快建设一批优秀旅游城市、旅游名县、旅游名镇。广泛吸纳社会投资，高水平开发一批有国际影响、带动性强、效益好的旅游项目，发展红色旅游，打造精品旅游景区及线路。加强黄河中游、长江中游等集中连片旅游区的规划，推进跨省区旅游合作。（发展改革委、旅游局、建设部、文化部、林业局等部门负责）

四、增强中心城市辐射功能，促进城市群和县域发展

（三十）构建布局完善、大中小城市和小城镇协调发展的城镇体系。以省会城市和资源环境承载力较强的中心城市为依托，加快发展沿干线铁路经济带和沿长江经济带。以武汉城市圈、中原城市群、长株潭城市群、皖江城市带为重点，形成支撑经济发展和人口集聚的城市群，带动周边地区发展。支持城市间及周边地区基础设施建设，引导资源整合、共建共享，形成共同发展的合作机制。（发展改革委、建设部、国土资源部、民政部等部门负责）

（三十一）大力发展县域经济。根据当地资源优势，培育和发展各具特色的优势产业，形成产业集群，扩大社会就业，增加财政收入。加大对县城、中心镇基础设施建设的支持力度，发挥其集聚和辐射作用。（发展改

革委牵头）

（三十二）科学合理地调整乡镇设置，优化布局，促进人口和产业的适度集聚，开展村庄整治试点，逐步改善生产生活设施，推进社会主义新农村建设。（民政部、建设部、国土资源部、农业部、人口计生委等部门负责）

（三十三）扩大国家“科技富民强县专项行动计划”在中部地区的试点范围，对特色产业项目给予专项支持。（科技部牵头）

（三十四）积极推行“省直管县”财政管理体制和“乡财县管乡用”财政管理方式的改革试点，加大对财政困难县乡的财政转移支付力度。规范县级政府经济社会管理权限，完善公共财政体制，加大对社会事业发展的支持力度，增强县级政府面向农村提供公共服务的能力。（财政部牵头）

（三十五）对贫困人口集中分布地区、革命老区和少数民族地区，实行集中连片开发，增加支援欠发达地区资金和以工代赈资金的投入，在扶贫开发、金融信贷、建设项目安排、教育卫生事业等方面比照西部大开发政策执行。对干旱缺水、水土流失严重、行蓄（滞）洪区等特殊困难地区加大扶持力度。推动村村通电话工程，提高欠发达地区的通信水平。（发展改革委、财政部、教育部、卫生部、农业部、水利部、人民银行、银监会、扶贫办、信息产业部、林业局等部门负责）

五、扩大对内对外开放，加快体制机制创新

（三十六）发挥承东启西的区位优势，促进中部地区与东、西部地区协调互动发展。加强政策引导和组织协调，为中部地区企业与跨国公司、东部企业对接搭建平台，更好地承接东部地区和国际产业的转移。支持中部地区与东、西部地区在粮食、能源、原材料等方面建立长期稳定的合作关系。鼓励中部地区与毗邻的沿海地区推进区域经济一体化建设。（发展改革委、商务部等部门负责）

（三十七）加强进出口协调和服务，加大中央外贸发展基金政策支持力度，转变贸易增长方式，优化贸易结构，开拓国际市场。（商务部牵头）

（三十八）支持一类口岸建设，建好出口加工区，引导加工贸易向中部地区转移。（海关总署、商务部、发展改革委等部门负责）

（三十九）加强指导和服务，鼓励有条件的企业“走出去”，扩大对外劳务输出的规模。（发展改革委、商务部等部门负责）

（四十）支持发展势头好、产业特色明显、带动力较强的国家级开发区和省级开发区加快发展，鼓励工业项目向开发区集中，促进优势产业集聚、土地集约使用、资源综合利用和环境保护，努力提高园区土地利用效率。（发展改革委、商务部、科技部、国土资源部、建设部、环保总局等部门负责）

（四十一）着力改革行政管理体制，转变政府职能，优化组织结构，构建服务政府、责任政府、法治政府。（中央编办、监察部、法制办等部门负责）

（四十二）加快大中型国有企业股份制改革，深化完善相关配套改革，着力解决历史负担。鼓励和支持社会资本和境外投资者以多种方式参与国有企业改组改造。鼓励优秀上市企业开展多种形式的资产收购、合并和重组。支持军工企业加快调整改造步伐。（国资委、发展改革委、财政部、商务部、证监会、国防科工委等部门负责）

（四十三）落实鼓励、支持和引导非公有制经济发展的方针政策，切实清除体制性障碍，允许非公有资本进入法律法规未禁止的行业和领域。放宽从业条件，简化审批手续，鼓励各类人员从事非公有制经济，充分发挥非公有制经济吸纳劳动力就业的功能。各地可根据实际情况，研究制定促进非公有制经济发展的具体政策措施，引导、规范非公有制经济的发展。（发展改革委牵头）

六、加快社会事业发展，提高公共服务水平

（四十四）加快教育事业发展，提高公共服务水平。改善农村中小学办学条件，落实“两免一补”政策，加大对财政困难县义务教育经费的转移支付力度。切实落实普及和巩固九年义务教育的各项政策措施。加大对中等职业教育和培训的支持力度，积极调整高等教育人才培养结构，稳步扩大招生规模。（财政部、教育部、发展改革委等部门负责）

（四十五）加强公共卫生服务体系建设。加强以乡镇卫生院为重点的农村卫生基础设施建设。建立健全疾病预防控制和医疗救治体系。加强艾滋病、血吸虫病、结核病等传染病和地方病的预防控制工作。深化医疗卫生体制改革，加强城市社区卫生服务体系建设。（卫生部、发展改革委、财政部等部门负责）

（四十六）积极稳妥推进文化体制改革，支持基层文化设施建设，推广文化信息资源共享。加强自然和文化遗产的有效保护和合理开发利用。发展有地方特色的文化产业。积极推进城市社区文化建设。发展农村文化事业，大力推进广播电视进村入户。（发展改革委、财

政部、文化部、广电总局、新闻出版总署等部门负责）

（四十七）加强人才队伍建设，进一步扩大与东部发达地区人才交流的规模，吸引各类人才到中部地区创业。在国家级专家选拔、博士后工作、留学人员回国创业等方面，向中部地区的特色和优势产业倾斜。推动中部地区与东、西部地区在人口流动与就业方面加强合作。（人事部牵头）

（四十八）落实并完善城镇就业再就业各项优惠政策，促进下岗失业人员再就业。建立覆盖城乡的就业管理服务体系，将农村劳动力纳入公共就业服务范围。（劳动保障部、财政部等部门负责）

（四十九）增加财政对社会保障的投入，加大中央财政对中部地区的专项转移支付力度。（财政部、劳动保障部等部门负责）

（五十）加强农村计划生育服务体系建设，扩大农村部分计划生育家庭奖励扶助制度试点范围，稳定低生育水平。（人口计生委、财政部等部门负责）

七、加强资源节约、生态建设和环境保护，实现可持续发展

（五十一）继续支持长江中游干支流、黄河中游干支流，特别是海河和淮河上中游、巢湖、丹江口库区及上游、三峡库区、南水北调工程影响区的水污染防治项目建设，支持重点城市的污水与垃圾处理设施建设。（发展改革委、环保总局、财政部、农业部、水利部、建设部、林业局、三峡办、南水北调办等部门负责）

（五十二）加强流域、区域水资源开发利用和水环境保护的统一管理，提高水资源利用综合效益。建立大江大河上下游之间生态环境保护的协调和补偿机制。加强环境保护和水资源保护监管与执法力度，落实污染治理达标责任制。（发展改革委、水利部、环保总局、国土资源部、林业局等部门负责）

（五十三）继续实施长江中游天然林资源保护、长江流域防护林二期等重点防护林体系建设。加强湿地保护与恢复工程和水土保持工程建设。加大野生动植物保护和自然保护区建设力度。（林业局牵头）

（五十四）支持工业污染防治、节能节水改造、资源综合利用，发展循环经济。解决好产业转移过程中的污染转移问题。加强“两控区”大气污染防治，加快“三废”无害化处理和再生利用设施建设。切实做好工矿废弃土地复垦和矿山生态环境恢复。（发展改革委、环保总局、国土资源部、建设部、财政部等部门负责）

（五十五）提高防灾减灾能力。加快对自然灾害频发地区防灾减灾体系建设。重点加强长江中下游、黄河中游、淮河等重要流域的干支流，洞庭湖、鄱阳湖水系和局部山洪频发地区的防洪工程建设。（水利部、发展改革委、国土资源部、民政部等部门负责）

八、加强领导，狠抓落实

（五十六）在国务院领导下，发展改革委设立专门机构负责促进中部地区崛起有关工作的协调和落实。（中央编办、发展改革委负责）

《中共中央国务院关于促进中部地区崛起的若干意见》是党中央、国务院在新时期统筹区域经济协调发展的重要部署，是指导当前和今后一个时期中部地区发展的纲领性文件。各有关部门要针对中部地区区域发展的特点，按照上述分工，研究提出落实相关任务的实施意见和具体工作计划，明确工作任务和完成时限，并认真抓好落实。牵头单位要切实负起责任，参与部门要积极支持和配合牵头部门做好落实工作。有关部门要将实施意见和工作计划报送发展改革委，工作进展情况由发展改革委汇总并报国务院。

国务院办公厅

2006年5月19日

中部地区“崛起”的比较优势

相关专家对中部各省在崛起战略中的比较优势进行了阐述

田成平：山西对于未来的经济发展方向是把优势做“优”，打造中国最大动力煤、焦煤生产基地；把特色做“特”，构建中国最大不锈钢和铝镁业生产基地；把产业做大，培育中国玻璃器皿之都等；把技术做高、把链条做深，打造“中国鲁尔区”与中国生态工业园。

李宪生：武汉是中部地区唯一特大中心城市，理应在中部地区崛起中有所作为，在中部地区实现率先崛起，成为促进中部地区崛起的战略支点。

武汉是中国经济地理中心，地处长三角、珠三角、环渤海等中国三大增长极的中心点上，可谓得中独厚，得中独优。一个时期以来，由于各种原因，武汉落后了。

更有所谓“不东不西”、“不是东西”和“中部塌陷”的舆论压力。

武汉可以在交通枢纽功能、产业牵引功能、要素集散功能、服务中心功能、管理中心功能和创新中心功能六大功能建设中有所作为。

陈叔红：在中部六省中，湖南具有三方面的优势。一是经济有一定的基础，2003年的GDP总量4639亿元，人均7554元，均居中部第三；二是资源比较丰富，多种有色金属和非金属储量居全国首位，水资源总量居中部第一，旅游和生态资源独具特色，森林覆盖率53.7%，居全国第三，中部第二，农业资源丰富，水稻产量居全国首位；三是科教有一定优势，科技活动直接产出综合评价居全国第四，占中部首位。

中部崛起的战略意义与中部整体优势

李善同：中部发展，对于中国总体竞争力的提高非常重要，在东中西三部分发展中，其所起的是承东启西的作用。中部发展了，对于推进国家整体竞争力的提高非常重要，所以，如果仅从“塌陷”、“不是东西”的角度看中部发展，就太消极了。

首先，中部农业潜在的优势非常大，关键是如何将其转化为现实优势。中部农业人口多，资源丰富，去年我回了一次湖北大别山老家，那里山清水秀，出产的板栗质量非常好，但人却较穷。我知道真空包装的板栗在北京乃至美国价格很贵，而且市场销路很好，但在那里就是无法实现产业化。我想类似这样“抱着金盆受穷”的情况在中部比较普遍，如何调整农业产业结构，如何延长农业产业化链条，开拓市场，成为这一地区优势发挥的关键。

其次，除丰富的自然资源外，中部还有一定的工业基础，特别是在一些中等技术含量的产业。如何发挥已有的产业优势，提升产业层级，也是中部地区该认真研究的。

三是要把人才优势发挥出来。刚才讲到过，中部相对于西部，有比较好的人才和劳动力储备，也有较好的人文环境和教育传统，如何留住人才，发挥其优势，也值得认真研究。

林毅夫：总体来看，中部的优势有三：一是农业基础较好；二是有较为集中的工业布局；三是能源丰富。

首先，我认为中部的根本优势还是在农业，中部要发展，必须充分发挥这一比较优势，而要使这一资源的比较优势转化为市场和经济的比较优势，需做好以下三方面的工作：一是抓住东部产业升级后腾出的巨大农产品市场空间，争取建立统一大市场。目前东部的比较优势是轻工制造业，其优势充分发挥后，必然造成农业劳动力短缺，城市化率提高，农业用地减少等情况，这就相当于无形中让出了很大一块农产品市场，对于紧邻东部且以农业生产为主的广大中部地区，这无疑是个巨大的市场机遇。

二是加强农业科技和农田水利等基础设施建设，以增强农产品供给能力。农产品市场空间腾出来了，现在关键的问题是中部能不能保障供给，这在很大程度上取决于中部的农业结构调整、农业技术升级、农田水利及相关的信息化建设水平如何。

三是要在提高农业劳动力素质方面下功夫。要满足市场对农产品从量到质的需求，并能及时根据市场变化调整生产，是新型农产品市场对现代农业的要求。这其中，农业劳动力素质、农业信息化水平、科技水平及产业化水平等都是关键因素。中部是传统农区，农民具备较好的传统农业素质，但如何适应新阶段市场对农产品供给的要求，如何从一个传统农业劳动力迈向现代农业生产者，还要政府在财政和教育资源方面给予扶持。

中部地区的粮食产量，占到全国产量的40%左右，这也从另一个角度告诉我们，中国中部地区的农业问题，不仅是解决中部问题的关键，而且某种程度上也是解决我国三农问题的关键。

其次是中部地区有相对集中的工业布局，在传统工业制造业方面有一定的优势。

要发挥中部地区由“三线”建设时期所打下的传统制造业优势，关键是选准能够发挥自身比较优势的产业区段，为此需把握以下两点：一是劳动力价格低廉仍是这一地区的比较优势，劳动密集型产业或使资本密集产业中劳动力相对密集区段对于这一地区的产业选择来说仍很重要；二是在产品选择上，要选择那些既能发挥自身优势，同时国内又有足够市场需求的产品。

中部地区的另一个优势就是能源。比如山西的煤炭，此外江西、安徽也有一些，在能源紧缺的今天，能源产品价格又已经大多放开的情况下，这一优势将越来越重要。

李善同：我们曾经做过产业结构相似性研究，结果表明，中部地区的产业结构与中国总体的产业结构最为相似，比如农业为主，农业人口比重大等。

因而，中部农业问题的解决，不仅对于解决中部问题十分重要，而且对解决我国的三农问题也十分关键。近两年中央对于农业非常重视，出台了很多直接推动粮食增产农民增收的措施，这对于维护粮食安全和推动三农问题解决很重要，今后的政策还需向更深一步发展，农业研究也要有新突破，而不仅停留在维持和补救上，要着眼于建立一个农业自身良性循环的机制。

农业人口多，耕地少，生产规模小，农业比较劳动生产率低等，既是中部的现实，也是中国的现实。而要解决这一问题，根本出路在于把农业人口转为非农业人口，也即工业化和城市化，这一点大家应该都有共识。现在问题的关键是，采用什么样的工业化和城市化模式，对于中部更为适用？这需要地方政府和有关部门认真研究。

在大城市与小城镇两种模式中，我个人更倾向于目前应关注大城市的发展和升级，因为这样不仅有利于提高总体竞争力，也有利于节约资源和土地，而且能够为进城农民提供更多的就业机会。

促进中部崛起的六大战略重点

近年来，中部地区的经济发展步伐明显慢于其他地区，出现了所谓的“中部塌陷现象”。中央提出促进中部地区崛起，无疑是实现我国区域经济协调发展的重要内容，也是继西部大开发和振兴东北老工业基地之后的又一重大区域发展战略。结合中部九省的具体情况，要促进中部地区的崛起，就必须贯彻落实科学发展观，抓好 如下六大战略重点。

一、调整产业结构，加快工业发展

对中部地区各省来说，实现中部崛起的重要一环，就是要树立工业立省、工业强省的观念，坚持不遗余力地加快工业发展。首先，不断延伸资源深加工产业链，大大提高资源利用效益，变资源优势为工业优势，变工业优势为经济优势。要看到，中部地区具有无与伦比的资源优势，如河南、山西的煤、铝、钢铁，安徽、江西的有色金属等，以前都只是低水平地使用资源，资源的价值增值潜力没有充分发挥。其次，改造现有企业，充分发挥老工业基地作用。中部地区有许多老工业基地，如河南的洛阳、湖北的武汉、山西的太原等，在新中国的历史上曾经有过辉煌的昨天，但由于没有及时进行改造，有的已大大落伍了。应该通过体制改革和技术改造使其重新焕发青春，为本地经济发展做出新的贡献。第三，加大招商引资力度，完善工业园区建设。工业园区是现代工业发展的有效区域组织形式。要把完善工业园区的基础建设与创新管理体制结合起来，不断增强工业园区的吸引力和聚集力。依托现有产业基础，加大招商引资力度，形成一批以优势产业群为主体的特色工业园，并促进园区健康发展。第四，以产业为主线，以大企业为龙头，通过专业化协作与配套服务，大中小型企业并举、共同发展，实现工业的产业集群化，发展块状经济。集群化是现代工业发展的新趋势。区域产业的集群化能够充分发挥区域优势，形成区域产业特色，从而提高区域竞争力。不同地区要根据自身的资源优势、比较优势等选择不同产业进行集群化发展，避免地区产业结构趋同。要形成开放创新的区域形象和文化，以利于产业集群化发展。第五，扩大对外开放，充分利用国内国际两个市场、两种资源。一方面要搞好招商引资工作，实行引进来的策略，引进省区外和国外资金，另一方面要鼓励省内企业走出去，实行国际化经营策略，利用省外和国外的市场，广泛参与国际分工、国际交换和国际竞争。

二、推进农业产业化，有效解决“三农”问题

农业的健康发展本身就是工业化的重要组成部分。中部地区要完成工业化，农业的快速发展是必然要求。从长期来看，没有农业的发展，工业化是无法真正实现的。在我国，中部地区农业发展还有其特殊的意义。中部地区是重要的粮食主产区，占全国 10.7%的国土养活着 28.1%的人口，粮棉油产量占到全国的 30%至 40%。2004 年，全国粮食增产的 56%来自中部，稳定中部粮食生产，就稳住了粮食安全的大头。中部九省乡村人口、农村劳动力资源、耕地面积及生产粮食分别占全国的 44.5%、45.93%、42.16%、45.89%，提供 60%以上的商品粮食，70%以上的农产品。中部九省农村劳动力数量高达 2.8 亿（含超过 60 岁和小于 18 岁的劳动人口）。中部地区是“三农”的主体部分。科学发展观要求工业和农业互为市场、互相促进、协调增长、统筹发展。只有工农、城乡需求互相满足，国民经济才能够做到可持续发展。农业产业化是解决中部地区农业发展的根本出路。

农业产业化就是用工业化的理念来发展农业。为此，首先要建成优质高效的农业结构，这是农业产业化的基础。其次，要建成发达的农产品加工体系，要大力扶持农业产业化的龙头企业，发展农村中介组织，通过农业

产业链的联动作用，带动农户发展种养和加工业。再次，要全面实现农业现代化，全面提高农业科技水平和农民科技素质，提高农业生产效率和效益。最后，要加大农业投入，完善农业基础设施，优化农业政策环境，通过财政转移支付增加对农业的扶持力度。

三、大力发展民营企业，壮大民营经济

民营经济发展落后是制约中部地区经济发展的重要原因。中部地区崛起既要充分利用必要的政府投资，又要通过招商引资充分利用国（境）外资本，但更重要的是应大力发展民营企业，壮大民营经济。为此，要进一步解放思想，转变观念，切实解决民营经济发展中的各种制度性和人为障碍，大力促进民营经济发展。要切实转变轻视民间投资的传统观念，改善软硬投资环境，扩大民间投资的准入范围，降低民营企业的准入门槛，促进民间投资增长。要在普遍增加民营企业数量的基础上，扩大民营企业的规模，增强其实力，提高其核心竞争力。要形成一批实力强大的知名民营企业集团，并通过这些集团带动民营企业的全面发展。要注意形成民营企业群落，发挥集群效应，改变分散的经营状况。要着力解决民营企业融资难问题，加快培养民营企业家队伍，提高民营企业的经营管理水平。

四、加快发展教育事业，充分利用人力资源

中部地区是我国人力资源最丰富的地区。人力资源是第一战略资源。充分利用中部地区的人力资源，必须做好两方面的工作。一方面，中部地区要源源不断地为东部地区、为全国经济发展提供价廉质优的劳动力。通过大量的劳动力输出，既满足其他地区经济发展对劳动力的需求，又解决中部地区的剩余劳动力转移问题。另一方面，要解决中部地区由于大量人才外流所形成的对经济发展的制约问题。随着中部地区自身工业化进程的加快，对人才的需求也日益迫切。但长期人才外流形成的中部地区人才“洼地”现象正严重制约中部地区经济发展。为此 一要处理好发展高新技术产业和传统产业、资金密集型产业和劳动密集型产业的关系，采用先进适用技术改造传统产业，发挥传统产业在吸纳劳动力方面的作用，开发技术与劳动双密集的技术，充分利用人力资源优势。二要改革用人机制、激励机制，研究制定有关的措施和办法吸引国内外、省内外优秀人才来参与创业、科研。对引进的人才要做到事业留人、待遇留人、感情留人，完善收入分配机制，鼓励技术、管理投入收取相应报酬或拥有相应权益。实行企业管理者、技术发明人和职工的持股、控股办法，允许在产权结构中保持一定的创业股、管理股、技术股，使技术和管理转化为资本和股权。三要加快教育事业发展，提高劳动者素质。要加大教育创新的步伐和力度，增加教育投入。要以合理配置教育资源，调整教育结构，强化职业技能培训。特别是要提高广大农村人口的文化水平和职业技能。

五、加快城市化进程，构建现代城市群

农村富余劳动力向非农产业和城镇转移，是工业化和现代化的必然趋势。为此，要逐步提高城镇化水平，坚持大中小城市和小城镇协调发展，走中国特色的城镇化道路。在城市化进程中，既要发展小城市，也要发展大城市。发展小城镇要以现有的县城和有条件的建制镇为基础，科学规划，合理布局，同乡镇企业和农村服务业结合起来。对于50万或100万人口以上的大城市，必须大力发展，与此同时，要构建中部地区的城市群或城市带。发挥中心城市的辐射带动作用，推动区域经济发展，是发展中国家和地区经济发展的重要途径。中部地区必须充分发挥中心城市的辐射带动作用，构建沿京广线的“纵向”城市群，沿长江的“横向”城市群。依靠两大城市群的聚集、辐射和带动作用，以点带面，形成中部新的经济增长带。

六、加快体制改革，增强经济活力

中部地区长期不处于改革开放的前沿，人们思想观念陈旧保守，体制机制不活，经济活力不够是客观事实。时不再来，中部地区要有紧迫感，要在思想解放、改革创新和狠抓落实等方面，鼓足超越东部的勇气，加快体制改革的步伐，充分利用制度变迁促进经济增长。要注重发挥市场需求的导向作用，遵循价值规律和市场竞争法则，增强市场机制对经济发展要素的配置功能和聚合功能，优化经济结构，引导各类资源和要素向商品化和产业化方向发展。加快政府职能由直接管理型向优质服务型转变。进一步推进政企分开，简政放权，把真正属于企业的权力还给企业，把属于市场的功能还给市场，把属于社会的功能还给社会，提高政府工作效率，优化经济发展环境。

中部六省经济社会发展数据对比

山西

2005年，山西实现GDP4100亿元，增长12%；财政总收入757.9亿元，增长39.9%。过去5年GDP年均增长13%。5年间全省进出口总值累计182.7亿美元，年均增长25.75%。2005年，进出口总值55.46亿美元，比2000年增长2.14倍。全省累计实际直接利用外资10.7亿美元，年均增长8.5%。省级以上开发区累计完成生产总值862亿元人民币，平均以每年40%的速度增长。

安徽

全省生产总值5375.8亿元，比上年增长11.8%，人均生产总值超过1000美元；规模以上工业增加值1373.5亿元，增长22.7%。全省实际利用外资16.9亿美元，增长25%；利用省外资金801亿元，增长52.2%；外贸进出口总额91.2亿美元，增长26.4%，其中出口51.9亿美元，增长31.8%。

河南

2005年，全省生产总值达到10535.20亿元，成为继广东、山东、江苏、浙江之后全国第五个经济总量超万亿元的省份；人均生产总值突破万元，达到11236元。全社会固定资产投资4350亿元，增长38%。

江西

“十五”期间，江西全省生产总值年均增长11.6%，为历次五年计划中增长最快，2005年达4056.2亿元，按现价总量五年翻了一番；人均生产总值由2000年的586美元增加到1140美元，五年翻一番。实际利用外资累计达74.59亿美元，超过此前20年的总和，增长速度和人均水平位居中部首位。五年来全省固定资产投资累计达到7078亿元，年均增长33.5%，比“九五”期间年均增幅高18个百分点，相当于改革开放以来前23年固定资产投资总和的1.9倍。

湖南

2005年生产总值达到6500亿元，五年年均增长10.2%；人均生产总值达到10460元，年均增长9.8%。经济效益持续好转，财政总收入在2000年的基础上实现翻番，达到738亿元，年均增长18.1%，超过生产总值增幅；规模工业上缴税金达345亿元，相当于2000年的2倍。投入力度明显加大，五年累计全社会固定资产投资达8500亿元，是“九五”的2倍，年均增长17.6%；2005年末，金融机构各项存贷款余额分别为6590亿元、4590亿元，比2000年末分别增加3584亿元、2500亿元，年均增长17.3%和14.8%。

湖北

2005年，全省完成生产总值6484.5亿元，比上年增长11.4%，是1998年以来增幅最高的一年。人均生产总值超过1万元。规模以上工业实现利润2005年预计可达320亿元，是2000年的3.6倍；实现税收350亿元，比2000年增长69.1%。2005年地域财政收入突破1000亿元，达1063亿元，其中地方一般预算收入374.2亿元，年均增长11.8%。全省财政收入首次突破千亿元大关；粮食总产达到2177.4万吨；农民人均纯收入3099元，比5年前增加831元，年均增长6.4%。

中部六省“十一五”大布局

（2006年3月16日）

安徽：东向发展　创新推动

发展战略：

以推进跨越式发展、实现奋力崛起为主题，大力实施工业强省、东向发展、创新推动、中心城市带动、城乡统筹和可持续发展战略，开展“全民创业行动”，提升“861”行动计划，深化改革开放，推动结构调整，转变增长方式，改善人民生活，建设和谐安徽。

布局：

合肥市经济基础和科技实力将展现突出优势，形成省会经济圈。同时，还将形成以“马芜铜宣”为重点的皖江城市群、以“两淮一埠”为重点的沿淮城市群。

合肥将成为全国最具有活力的科教区域和高新技术产业基地、新型工业化示范基地，同时确立合肥在国家交通网中的枢纽地位。

“马芜铜宣”将以城市群的形式成为安徽崛起的脊梁，实现化工、汽车、电子等支柱产业密集带。“两淮一埠”将成为安徽的重化工走廊，做大做强特色制造业、煤电一体化。

河南：工业兴省　开放带动

发展战略：

把发展作为第一要务、把不断提高人民生活水平作为根本出发点和落脚点，大力实施科教兴豫、开放带动、人才强省和可持续发展战略，加快工业化、城镇化，推进农业现代化，转变增长方式，推动经济转型，强化自主创新，完善体制机制，促进社会和谐，全面增强综合实力、发展活力和区域竞争力。

布局：

农业建成万亩连片标准粮田：重点建设豫北和豫中强筋小麦、豫南强筋小麦、沿黄沿淮优质水稻、黄淮平原优质大豆及专用玉米优势产业带（区）。同时，将建设大型商品粮基地，在70个粮食主产县建设万亩连片标准粮田，形成粮食生产核心区。

工业打造6个高技术产业集群：把电子信息、生物、新材料培育成具有核心竞争力的新兴先导产业，培育壮大郑州、洛阳、新乡、许昌、安阳、鹤壁6个高技术产业集群，逐步形成安阳—许昌沿京广高新技术产业带。

服务业构建物流三大平台：把郑州中原国际物流园区重大物流工程建设作为重点，构建物流基础设施、信息网络、政策法规体系三大平台，初步确立郑州现代物流中心在全国的重要地位。

河南省将重点建设中原城市群，加快其他地区域性中心城市发展，建成一批现代化大城市和特大城市。打造四大产业带：以河南交通干线为纽带，加快郑汴洛城市工业走廊建设，让产业向优势区域聚集，逐步建成以现代制造、高新技术、能源、石化等产业密集区为支撑，以沿线城市为结点的产业发展带。同时打造新乡—郑州—许昌—漯河轻纺、食品和高新技术产业带，新乡—焦作—济源能源、原材料和重化工产业带，以及洛阳—平顶山—漯河原材料和重化工产业带发展，形成四大产业发展带。

江西：自主创新　加快崛起

发展战略：

抓住重要战略机遇期，着眼加快崛起、富民兴赣，立足科学发展，着力自主创新，完善体制机制，促进社会和谐，大力推进农业农村现代化、新型工业化、新型城镇化、经济国际化和市场化，建设创新创业江西、绿色生态江西、和谐平安江西，提升发展质量和层次，增强经济社会综合实力。

布局：

推进产业技术升级、壮大支柱产业、发展重大基础工业、做优做强工业园区、培育骨干龙头企业。规划10大工业基地：铜产业基地、有机硅产业基地、盐化工产业基地、汽车产业基地、新型显示产业基地、钨生产加工产业基地、稀土生产加工产业基地、特色陶瓷研发加工产业基地、中药现代化产业基地、服装鞋帽产业基地。

做强昌九工业走廊，发挥省会南昌人才、科技优势和产业带动作用，利用九江沿江港口辐射作用，联动发展沿线城镇和工业园区，把昌九工业走廊建设成为产业集群式发展、内外资呼应、大中小城市功能互补的产业密集区。加快长江岸线开发，实行统筹规划、整体布局，发展壮大石油化工、汽车机械、冶金建材产业，培育船舶制造、数字家电、现代物流产业，形成沿江产业带。

山西：整合资源　改造提升

发展战略：

抓住国家促进中部地区崛起的战略机遇，继续深入推进经济结构调整。坚持加快科学发展、建设和谐山西、致力求真务实，加快新型工业化、特色城镇化的进程，在培育优势产业、转变增长方式、统筹城乡发展、创新体制机制、扩大对外开放、实施科教兴晋和人才强省战略上实现新突破。提高综合经济实力，提高可持续发展能力，提高和谐社会建设水平，提高人民生活质量，建设国家新型能源和工业基地。

布局：

山西将着力建设八大支柱产业：加快用高新技术和先进适用技术改造提升煤炭、焦炭、冶金、电力等传统支柱产业，并通过整合资源、改革重组、创新管理、调整产品结构等途径方式，优化产业布局，做大产业规模，提高产业集中度，延伸产业链，促进产业间相互融合，提高行业总体技术水平和核心竞争力。大力培育发展煤化工业、装备制造业、材料工业和旅游业，使之成为山西省新的支柱产业。

将按照“关小、改中、上大”的思路整合煤焦资源，提升煤焦产业集中度和产业素质。与此同时，继续实施从去年下半年打响的“三大战役”。

第一战役，坚决依法关闭所有无证非法开采的煤矿，严厉整治所有违法开采的煤矿，整治不合格的坚决予以关闭。第二战役，实行煤炭资源整合和有偿使用。第三战役，加快晋北、晋中、晋东三大煤炭基地建设，鼓励支持煤炭大企业兼并、收购、整合小煤矿资源，扶持发展一批以现代化大型矿井为主业、同时并举非煤产业的大企业。

湖南：结构升级 转变方式

发展战略：

坚持以科学发展观统领经济社会发展全局，坚持发展是硬道理，坚持抓好发展这个党执政兴国的第一要务，坚持以经济建设为中心，坚持以人为本，切实转变发展观念、创新发展模式，落实“五个统筹”，着力加快改革开放，着力增强自主创新能力，着力推进经济结构调整和经济增长方式转变，着力提高经济增长的质量和效益，实现经济社会又快又好的发展。

布局：

推进产业结构升级，一是工业化，集中培育10大优势产业，实施一批投资过亿元的重大项目，构筑以高新技术产业为先导、先进制造业和基础产业等产业集群为支撑、以品牌和竞争力为核心的产业发展新格局。二是农业产业化，集中培育粮油棉麻、畜禽水产、果蔬茶、竹木和烟草等产业链，突出扶持龙头企业、生产基地、农民专业合作组织、服务体系等关键环节，力促上规模、上效益，带动农民增收。三是服务业，适应产业优化升级和社会需求升级的需要，拓宽服务领域，创新服务产品，提升服务能力，做大做强旅游、文化等特色产业，有序推进现代化金融、物流等现代新兴产业，改造提升零售、餐饮等传统产业，逐步形成与工业化、城市化相适应的生产主导型服务业体系。

推进区域协调发展：一是突出加快“一点一线”特别是长株潭地区的发展；二是要突出加快湘西地区的开发。

湖北：发展改革 解决矛盾

发展战略：

以全省经济社会又快又好地发展为目标，以调整优化经济结构和转变经济增长方式为主线，以改革开放和自主创新为动力，以改善城乡人民生活为根本出发点，构建和谐湖北。用发展和改革的办法，认真解决长期积累的深层次矛盾和前进中的突出问题，开创湖北经济建设、政治建设、文化建设、社会建设的新局面，成为促进中部地区崛起的重要战略支点。

布局：

在汽车、钢铁、石化、电子信息、装备制造等产业中，培育形成4至6个销售收入过千亿元的大产业。

重点发展金融保险业、信息业和现代物流业。支持一批大城市加强物流园区和配送系统建设。

将形成以武汉城市圈为龙头，以武汉为主中心、襄樊和宜昌为副中心以及黄石、荆州、十堰等大城市为支撑，以县域经济为基础的区域发展格局。把襄樊建成重要的汽车生产基地和优质农产品生产加工基地，把宜昌建成世界水电旅游名城和重要的磷化工生产基地；支持荆州、荆门、十堰、随州等市发展高新技术、轻纺、石化、汽车零部件等产业群体。

（摘自中部六省“十一五”规划草案国务院发展研究中心信息网）

附：怎样认识区域协调发展总体战略

区域协调发展是全面建设小康社会、加快推进现代化建设的重大战略任务。《中共中央关于制定“十一五”规划建议》（以下简称《建议》）从全面建设小康社会、加快社会主义现代化建设全局出发，完整阐明了促进区域协调发展的总体战略布局，对促进区域协调发展，逐步实现使不同区域的人民共享小康社会幸福生活具有重要指导意义。第一，要把握区域发展不均衡的客观必然性，更科学地促进区域协调发展。区域发展不均衡是自然的、历史的、经济的和政治的各种因素共同作用的结果，其中自然条件或资源环境承载能力，对一个区域发展所起的作用十分重要。第二，充分认识促进区域协调发展的重要性和紧迫性，加快推进区域协调发展。我国各地区经济社会发展都取得巨大成绩，不同地区人民的生活水平都有极大改善。目前比较落后和发展比较困难的主要是发展条件不好的中西部地区、少数民族比较集中的边疆地区，以及历史上曾经为新中国建设作出重大贡献的东北地区等老工业基地。加快这些地区的发展，不仅是保持国民经济平稳较快发展的需要，也是实现安定团结、维护边疆稳定和国家长治久安的必然要求，更是实现全面建设小康社会宏伟目标的重要基础。

促进区域经济协调发展是我们党领导经济工作的一

条重要方针。党的三代领导集体都非常重视区域协调发展问题，早在20世纪50年代，毛泽东在其著名的《论十大关系》中就提出要处理好沿海工业和内地工业的关系。80年代，邓小平提出了“两个大局”的战略构想。世纪之交，以江泽民同志为核心的党中央高瞻远瞩，不失时机地提出了实施西部大开发战略，加快中西部地区发展的战略部署。党的十六大以来，党中央提出了全面建设小康社会的宏伟目标，提出了科学发展观和构建和谐社会的重大战略思想，其中都蕴含着促进区域协调发展的战略部署。党的十六届三中全会明确要求振兴东北地区等老工业基地，十六届四中全会明确要求促进中部地区崛起。胡锦涛同志在2004年经济工作会议上完整阐述了区域发展战略。

《建议》提出，继续推进西部大开发，振兴东北地区等老工业基地，促进中部地区崛起，鼓励东部地区率先发展。这标志着我国促进区域协调发展的总体战略布局全面形成。

《建议》对各区域“十一五”期间的发展方向提出了明确要求。其特点是：第一，战略布局更加完整。首次把东中西和东北地区作为一个整体，完整地阐明了四大区域的战略布局，充分体现了“全国一盘棋”、各地区共同发展和共同富裕的一贯思想。第二，发展定位更加准确。西部地区要增强自我发展能力，东北地区要在改革开放中实现振兴，中部地区要在发挥承东启西和产业发展优势中崛起，东部地区要增强国际竞争力和可持续发展能力。第三，发展重点更加清晰。针对西部地区资源丰富，而生态环境脆弱、基础设施滞后、产业发展不足的突出问题，要求西部地区加强基础设施建设和生态环境保护，充分发挥资源优势，大力发展特色产业，要求东北地区加快产业结构调整和国有企业改革改组改造，发展现代农业，着力振兴装备制造业，要求中部地区抓好粮食主产区建设，发展有比较优势的能源和制造业，加强基础设施建设，加快建立现代市场体系。第四，政策导向更加明确。国家继续在经济政策、资金投入、产业发展等方面，加大对中西部地区的支持。同时，也强调东部地区发展是支持区域协调发展的重要基础。

省、自治区、直辖市投资

北京市2005年投资建设情况

2005年是北京市全面启动奥运工程、实践奥运经济的关键一年。市政府投资工作总的要求是：要按照落实科学发展观、强化党的执政能力的要求，切实做好“五个统筹”，大力发展循环经济，紧扣奥运发展主题，集中力量解决经济社会发展中的突出问题和薄弱环节。要按照“优化市区，发展平原，涵养山区”的原则，结合“两轴、两带、多中心”的城市空间布局，继续集中必要的投资力度，推进“两个转移”、实施“五个倾斜”，突出政府投资对社会投资的引导、放大、调控作用，通过项目支撑和政府投资支持把城市布局规划和产业发展规划落到实处。

2005年北京市全市全社会固定资产投资总规模计划安排2857亿元，比2004年实际完成增长13%。其中市政府投资175亿元，资金来源为：非经营投资51亿元、土地批租111亿元，城市基础设施费8亿元，水利基金4亿元，社会事业费1亿元。

市政府投资管理的中心工作，是继续围绕把握政府投资的严格监管、政府资金的使用效率和引导作用的发挥，采取各种措施，加强机制建设。要重点抓好以下几项工作：

调整政府投资重点，实施政府投资的“五个倾斜”。

一是进一步加强郊区各项基础设施建设。2005年要把政府投资中郊区与城区投资比重从2004年计划的40:60进一步提高到2005年的50:50，重点实施郊区卫星城和中心镇基础设施建设、社会公共服务设施建设、工业开发区基础设施建设，加快郊区城市化进程。二是确保奥运场馆周边道路及相关配套基础设施建设。重点确保奥运场馆周边地区市政道路、管线等配套基础设施建设，加强轨道交通、城市主干道、连接线以及重大堵点疏通工程建设。三是推进城区危房改造和“城中村”整治工作。重点加大城区危旧房改造、文物保护和“城中村”整治工程的配套基础设施建设，排除安全隐患，改善城市形象，完善城市服务功能。

紧密把握当前社会经济发展中的主要矛盾，突出抓好“六个机制”建设。

一是建立土地集约利用机制，二是建立资源利用和能源结构优化机制。三是建立产业评价和筛选机制，四是建立新型的政府投资管理机制，五是建立农业生产布局调整和土地置换整合的机制，六是建立科学便捷的投资项目审批机制。

全面推行代建制管理、政府投资还本贴息项目贷款银行的社会公开招标等政府投资管理制度改革，促进政府投资科学决策和公开透明。

一是全面实施公益性政府投资项目代建制管理。2005年要在人行过街天桥、公交站点、城市道路项目中试行代建制管理，并争取市政府出台代建制规范性文件。二是继续扩大政府投资还本贴息的建设项目贷款银行公开招标试点范围。2005年要在地铁、城市道路、热力等领域的贷款银行招标方面取得突破。三是继续完善政府投资的产业项目社会公开征集操作办法。四是进一步增强行业发展规划的指导作用，完善政府投资项目储备库，真正形成“储备一批、成熟一批、建设一批、谋划一批”的良性项目滚动发展。

加强政府投资监管，提高政府投资效益。

一是要加强市发改委对政府投资的内部监管，除按规定实施代建制管理的项目外，对其他项目，要授权社会中介机构对政府投资项目进行全过程监督和检查，组织稽察部门对政府投资项目进行专项稽察。二是加强政府投资的外部监管，强化监管执法严肃性。财政、审计、行政监察等部门在各自职能范围内对政府投资进行监督检查。三是健全政府投资责任追究机制和中介机构信用评价体系。项目单位和相关咨询、勘察、设计、施工、监理单位要对其服务质量和主要结论承担责任。四是建立政府投资项目后评价制度。

进一步深化投资体制改革，完善各项政策制度。

一是对供水、供气、供热、污水和垃圾处理、收费公路及城市公共交通设施等具备条件的项目，要加快实施特许经营。二是进一步理顺基础设施、水、电、气、热等产品和服务的价格体系，加快推进社会事业投融资体制改革办法的出台。三是尽快依法设立中小企业产业发展资金，完善中小企业发展资金和中小企业投资建设项目的衔接运作机制。四是尽快开展政府投资以资本金方式投入的投放回收机制、出资人代表的确定机制等试点工作。五是进一步推进投融资平台建设，促进产业与资本的双向融合和对接。

第一批计划安排了续建项目、前期工作充分的新开工项目以及已批立项项目的前期费用，共安排政府投资646489万元，其中郊区市政和公共基础设施项目56284万元，城市交通和奥运场馆周边市政配套项目 275625万元，能源节约、生态建设和环境保护项目53830万元，城市社会发展和公共服务设施项目31049万元，产业发展项目29673万元，政权基础设施项目63767万元，其他项目100万元，还本付息及投资回报补偿136161万元。对预留的各专项资金1103511万元，待项目成熟后，另行安排。

（北京市发展和改革委）

北京市2005年重点建设项目

一、北京市2005年重点建设项目安排及项目遴选思路

2005年，北京市重点建设项目安排突出“六个重点”：一是奥运场馆工程及配套设施等相关项目；二是纳入国家重点建设项目的本市地方项目；三是能源、基础设施、支柱产业中的大型项目；四是高科技并能带动行业技术进步的项目；五是跨区县对全市经济和社会发展有重要推动作用的项目；六是重点标志性大型公建项目。具体项目选择的遴选思路是：

（一）重点建设的“重中之重”从基础设施项目扩大到奥运场馆及配套设施项目。

多年来，北京市重点建设项目安排都是将城区基础设施建设放在首位，从今年开始，要全面推进奥运场馆及配套设施建设，重点工程建设的“重中之重”，要及时转移到奥运场馆及配套设施项目上来。

（二）中央项目、地方项目统筹考虑。

将一批中央在京重大工程列入北京市重点建设项目计划，有利于实现首都发展在京、津、冀甚至更大的区域内统筹，有利于更好地体现北京服务中央、服务全国的城市功能完善。

（三）急需年内新开工的项目，列入重点工程进行调度。

新开工项目的选择，一部分是年内能够正常开工建设的，另一部分属于重点急需项目，但按照目前工作节奏年内很难开工，需要打破常规，加大前期工作力度，尽最大努力争取年内开工建设。

（四）调整重点项目结构，压缩一般性房地产项目。

二、北京市2005年重点建设项目安排具体情况

2005年拟确定的60项重点建设项目，含子项137项，项目总投资2516.0亿元，2005年计划投资879.4亿元，占当年全社会计划固定资产投资额 2857 亿元的30.8%。137个子项含续建的66个子项，新开工71个子项。年内计划竣工22个子项。具体情况如下：

（一）奥运场馆及配套设施项目5项，含子项共46项，总投资307亿元，2005年计划投资122.0亿元，占所有重点建设项目的13.9%。包括新建场馆项目、改扩建项目、临时场馆项目及奥运配套设施项目。

（二）能源工程4项，含子项共8项，总投资126.6亿元，2005年计划投资58.4亿元，占所有重点建设项目的6.6%。重点安排燃气管线、热力管线、电力工程等关系百姓生活质量的项目。

（三）城市交通工程13项，含子项共24项，总投资831.2亿元，2005年计划投资184.9亿元，占所有重点建设项目的21.0%。重点解决轨道交通、联络线工程、城市区域主干道、环路快速连接线、城区微循环路和交通结点等困扰本市交通的设施问题。

（四）环境、生态治理及供水工程共12项，含子项共16项，总投资175.3亿元，2005年计划投资108.5亿元，占所有重点建设项目的12.3%。重点安排了生态环境治理、污水处理和城市供水等项目。

（五）现代制造业及高新技术产业项目 4 项，含子项共 9 项，总投资 234.2 亿元，2005 年计划投资 52.7 亿元，占所有重点建设项目的 6.0%。重点安排汽车、信息、光机电一体化、生命科学等高新技术产业项目。

（六）大型公建及社会事业项目 14 项，含子项共 23 项，总投资 736.4 亿元，2005 年计划投资 216.0 亿元，占所有重点建设项目的 24.6%。主要项目涉及首都机场扩建、中央商务区大型公建、卫生医疗设施和文化设施等方面。

（七）市场设施、会展设施及物流设施 4 项，含子项共 7 项，总投资 100.0 亿元，2005 年计划投资 34.3 亿元，占所有重点建设项目的 3.9%。包括北京新发地农产品批发市场升级改造工程、空港物流园区基础设施一期工程、北京京东物流中心基础设施一期工程、新国际展览中心等项目。

（八）公安政法项目 2 项，总投资 5.4 亿元，2005 年计划投资 2.6 亿元，占所有重点建设项目的 0.3%。

（九）文保区、危旧房改造及经济适用房 2 项打捆项目，2005 年计划投资 100.1 亿元，占所有重点建设项目的 11.4%。稳步推进前门东辅路及大栅栏煤市街、玉河、三眼井、烟袋斜街、白塔寺六片文保区试点，解危排险 8000 户；经济适用房项目计划开复工面积 700 万平方米，新开工 300 万平方米，竣工 200 万平方米，主要项目有回龙观、天通苑、三环新城、朝阳新城等。

三、北京市 2006 年重点建设项目

2006年重点建设项目安排了五大类146个重点建设项目，其中：结转项目 90 个，新开项目 56 个。总投资约 2674 亿元，当年计划投资 860 亿元。

（一）奥运场馆及配套设施项目 34 个。其中结转项目 21 个，新开项目 13 个。

（二）城市基础设施项目 87 个。其中结转项目 50 个，新开项目 37 个。

（三）社会事业项目 11 个。其中结转项目 8 个，新开项目 3 个。

（四）城建类项目 5 个。其中结转项目 3 个，新开项目 2 个。

（五）产业项目 9 个。其中结转项目 8 个，新开项目 1 个。

另有四大类 59 个需要重点推进前期工作的项目，总投资约 820 亿元。这些项目尚不成熟难以在 2006 年实现开工条件，因其重要性故安排大力推进，争取尽早完善开工建设。

1. 奥运相关设施项目 3 个。
2. 城市基础设施项目 40 个。
3. 产业项目 7 个。
4. 社会事业项目 9 个。

北京市 2006 年重点推进前期工作项目：

奥运相关设施项目。

城市基础设施项目。

产业项目。

社会事业项目。

（北京市发展和改革委）

天津市 2005 年投资建设情况

一、城市基础设施投资建设情况

市政府发言人指出，2005 年，市政府加大了公共服务设施的建设力度，市政公用基础设施建设全面提速。据了解，2005 年，本市市政公用设施建设总投资达 175 亿元，与上年同期相比增长 20%，占当年全市固定资产投资总额的 11.6%。“十五”期间，天津市预计完成城市基础设施投资 1350 亿元，比“九五”期间增长 1 倍。其中，市政公用基础设施完成投资 736 亿元，是“九五”期间的 1.9 倍，投资比重占全市固定资产投资的 13.8%。

发言人指出，市政公用基础设施建设的快速发展，不仅使城市面貌发生了新的变化，而且取得了良好的经济、社会、环境综合效益。一是，现代综合交通体系建设全面推进，城市的辐射服务功能明显增强。过去的一年，京津塘高速公路二线、京津城际轨道交通、天津滨海国际机场扩建工程于 6、7、8 月相继开工。去年 11 月，本市又与铁道部签订了《关于天津铁路建设有关问题的会议纪要》，标志着铁路建设的 7 个重点项目全面启动。此外，京沪、威乌、津汕、蓟平高速公路天津段等 6 项工程相继建设和建成，全市高速公路总里程达到 603 公里，路网密度达到 5.1 公里/百平方公里。市区快速路系统的构建进度加快，主干道路拓宽改造进展顺利，地铁一号线已进入设备调试和机车运行阶段，现代综合交

通体系的构建，对于密切京津及周边地区的联系，增强天津的服务辐射功能，具有重要的战略意义。二是，海河综合开发步伐加快，服务型经济带、文化带、景观带效应开始显现。围绕海河开发进行了上游区域的拆迁，累计拆迁中型工业企业40多家，共注入资金38亿元，促进了老企业的改造和工业的战略东移。对风貌建筑进行了保护性开发，完成58座、10万平方米风貌建筑的整修。建设了一批金融商贸设施，新文化中心、海河图书馆、近代工业博物馆等公共设施陆续开工，建筑面积达126万平方米。三是，环境基础设施建设成效显著，进一步提高了群众的生活质量。创建国家环境保护模范城市的目标全面实现，并通过国家验收和公示。加大了污水和垃圾处理设施的建设力度，污水和垃圾处理率均有所提高。加强了对二级河道的改造，改善了沿岸环境，使2200个单位，近60万群众直接受益。进一步改造了地下管网，供水供热普及率和雨污水管道服务面积都有较大提高。新建绿地2100万平方米，建成区绿化覆盖率达到36.7%，人均绿地8.8平方米。连续三年综合性整修旧楼区1813万平方米，使68万户居民改善了居住环境。四是，实施了一批便民工程，大大提高了群众生活质量。完成了一批里巷道路的改造，总面积达97.9万平方米。改造了一批低洼片排水设施，铺设管道52.3公里。新建了一批街区小绿地，面积65万平方米。建设了一批人行天桥和公交场站。

二、城市房地产市场发展状况

近年来中国的房地产业出现了投资规模过大、价格上涨幅度过快的问题，特别是商品房价格已成为全社会关注的热点和焦点。天津市及时解决房地产市场存在的突出问题，促进房地产业健康发展，对于巩固和发展宏观调控成果，保持经济社会协调发展，保证市政府“三步走”战略的顺利实施，具有重要意义。

在房地产市场上，商品房屋分为商品房和二手房两大类，商品房又可分为商品住宅和非住宅，商品住宅又细分为经济适用房、普通住宅和高档住宅三类。广大老百姓最关心的是商品住宅的价格，这也是本次发布会的主要内容。另一个是房屋销售价格指数的统计方法。按照国家统计制度规定，房屋销售价格指数采取重点调查与典型调查相结合的样本统计方法来编制。根据同质可比的原则，对各类项目按照建筑结构、地级地段，分别依据规范的权重比例选取样本进行统计。调查样本的确定，是以全市所有在建和销售项目为基础，从中选择房地产投资规模、施工面积较大的具有代表性的项目，项目样本根据实际建设和销售情况做动态调整。目前的样本点项目覆盖了市内六区、新四区、开发区和其他区县。由于样本覆盖范围广，其价格数据能够比较全面地反映我市房屋销售价格变化情况。目前，全国各地发布的商品房销售价格变动情况，都是按照这一统计模式，经过权威部门认定后发布的。

下面，发布两个方面的内容：

第一，关于今年前七个月我市房地产市场运行情况。

今年以来，我市认真落实国务院关于稳定住房价格的八项要求，制定出台了六条具体贯彻措施，推动了房地产市场健康发展。目前，我市整个房地产市场进入了一个调整时期，保持了平稳、理性的发展态势，投资增幅、市场交易量、房地产贷款比重、商品房空置率和房价等评价指标均处于合理范围。

据国家发展改革委、国家统计局调查显示，2005年7月，全国70个大中城市（自7月起，房地产价格统计范围由原35个大中城市扩展为70个城市）房屋销售价格比去年同月上涨6.5%，上涨幅度继续放缓，部分城市涨幅明显回落。其中，7月房屋销售价格同比涨幅超过10%的有7个城市，涨幅分别是：太原11.1%，青岛11.4%，呼和浩特12.3%，包头10%，赣州13.4%，宜昌11.5%，温州10.5%。从我市的情况看，今年1至7月我市房屋销售价格指数为106.2，与上年同期相比，价格水平上涨6.2%，比上半年指数（106.3）回落0.1个百分点，低于全国平均价格增幅（8.8%）2.3个百分点。其中，住宅平均销售价格上涨7.0%，低于上海、重庆的价格增幅，与北京相同。7月我市商品住宅均价为3845元/平方米，比去年底3666元/平方米有所上升。每平方米交易额在5000元以下的中小户型房屋备受青睐，二手房交易非常活跃。抑制房价涨幅过快的措施取得初步效果。主要有六个特点。

一是房地产投资稳定增长，增幅处于全国平均水平。1至7月完成房地产投资171.4亿元，同比增长25.1%，占全市固定资产投资的24%。上半年全国房地产投资增幅为23.5%，我市投资增幅总体上处于全国平均水平。我市2003年和2004年房地产投资增幅分别为20.3%和24.8%，今年1至7月为25.1%，基本上是平衡增长，没有出现大起大落。

二是外地企业投资比重提高，民营企业投资占主导地位。1至7月境外和外地开发企业完成投资63.4亿元，占总投资的37%，比去年同期提高2个百分点。在房地产业中，民营和混合所有制企业已占投资主导地位，1至7月完成投资154.3亿元，占房地产投资总量的90%。全市国有及国有控股房地产开发企业完成投资17.1亿元，占投资总量的10%，比去年同期下降4.3个百分点。我市房地产市场投资多元化程度进一步提高。

三是商业用房、写字楼等公建项目投资增长较快，拉动了全市房地产投资。1至7月全市房地产新开工面积1032万平方米，同比增长14.4%。其中公建项目新开工面积176万平方米，同比增长46.7%，高于同期住宅新开工面积增幅为37个百分点(住宅新开工面积同比增长9.5%)。公建单位面积投资一般高于住宅，公建开工面积提高有利于房地产投资增长，也为第三产业发展提供了基础条件。

四是环外区域开发升温，区县建成区成为房地产开发新的增长点。随着我市三环以外地区经济发展、区域环境改善和城市化水平的提高，吸引了大批开发企业到环外投资。2004年环外地区共出让住宅用地739公顷，占全市住宅供地量的52%。今年1至7月，环外开发面积和投资分别比去年同期提高41.7%和39.4%，其中塘沽区、北辰区、宝坻区、静海县开发量增长较快。

五是普通商品住宅比重大，价格平稳。1至7月我市商品住宅新开工面积856万平方米，竣工面积730万平方米，分别比去年同期增长9.5%和13.2%，新开工面积和竣工面积分别是同期销售面积的1.7倍和1.5倍，市场供应量增加。按照建设部对普通住宅的三条界定标准，上半年竣工商品住宅中普通住宅占73%，比去年提高4个百分点。市委、市政府高度重视经济适用房和廉租房建设，已落实开工241万平方米，占年内住宅新开工量的18.5%，成为安置拆迁居民的重要渠道，同时起到稳定房价作用。

今年5月国家稳定房屋价格的八条措施和我市六条贯彻意见出台后，在一定程度上稳定了居民的购房心理，一部分居民持币待购，观望市场变化，期望房价回落，市场需求趋缓。1至7月商品住宅销售503万平方米，比去年下降25.4%。二手房成交面积514万平方米，同比增长14.5%，商品住宅和二手房交易之比为1:1.02。目前全市房价基本处于稳定状态，我市稳定住房价格的措施取得初步效果。

六是房地产贷款同比多增，增速回落，结构更趋合理。今年以来，各金融机构在继续支持房地产稳步发展的同时，加大了对住房开发贷款、特别是经济适用房开发贷款以及个人购房贷款的支持力度。截至2005年7月末，全市房地产贷款余额840.57亿元，比年初增加97.26亿元，同比多增33.73亿元。与去年同期相比贷款增幅为28.6%，回落了26.9个百分点。2005年7月末，住房开发贷款余额比年初增加36.86亿元，同比多增25.25亿元。其中经济适用房开发贷款同比多增9亿元，经济适用房开发贷款余额占住房开发贷款余额的比重比去年同期提高4.6个百分点。2005年7月末，全市个人购房贷款余额比年初增加58．34亿元，同比多增5.27亿元，个人购房贷款余额、增加额占全市房地产贷款比重首次突破50%，分别达到57.38%和59.98%。

总的看，国务院八条要求和我市六条贯彻意见对房地产市场产生了积极的影响，由于这些宏观措施的逐步落实到位，房价上涨增幅过快的势头得到控制，但房价大幅回落甚至下跌的可能性不大，我市房地产仍有广阔的发展空间。目前存在的问题是，由于上市商品房结构不尽合理等因素，前7个月商品住宅上市不够均衡，平均月上市量低于全年预计水平，这在一定程度上加大了后5个月的工作量。

第二，关于下一步稳定房价的措施。

下一步，市政府及有关部门将继续全面贯彻落实好国务院八项调控措施和我市确定的六条贯彻意见，把各项措施全部落实到位，确保我市房地产业始终持续稳定健康发展。

最近，市政府结合总结上半年工作，对稳定房价、促进房地产健康发展，作了专题研究，明确提出，要抓住稳定住房价格的关键环节，落实普通住房土地供应规模和开工建设规模，继续下力量调整住房供应结构，加大经济适用房的开工面和竣工面，保持房地产业对国民经济拉动作用。

一是加大在建项目建设力度，确保市场供应量。后五个月安排房地产投资154亿元，占全年投资的47%。重点组织好在建工程建设，加快工期进度，保证全年竣工计划。其中，后五个月住宅竣工570万平方米，同比增长54%，全年累计竣工1300万平方米。通过增加市场供应量，维护市场供求平衡。

二是提高普通商品住宅建设比例，切实稳定房价。发挥规划审批和施工图设计审查的把关作用，严格控制低密度、大户型高档住宅开发比例，引导开发企业建设中低价位、中小户型的普通商品住房，普通商品住宅比例要保持70%以上，保持房价基本稳定。做好经济适用住房项目的各项保障工作，满足广大中低收入拆迁居民的购房需求。

三是保障住宅的开发建设规模。做好下半年以及明年的土地供应和开发建设工作，进一步提高土地开发利用的强度。根据房地产市场变化情况，适时调整土地供应结构、供应方式及供应时间。特别是要采取多种措施，维持中心城区土地的开发建设规模，要确保一定的商品住宅施工面积。

四是加快实施新家园建设计划，保持明年投资增长。

市政府经过认真研究，决定在中心城区周边地区规划建设10个新居住区。今年年底完成6个居住区的规划，其中启动4个居住区的征地，争取年底前启动部分居住区项目开工建设，以扩大明后年商品住宅的市场供应量。

五是继续加大房地产市场监管力度。市政府要进一步规范信息发布，加强对市场的引导。所有住房项目的土地审批、项目审批或备案、规划审批、销售许可、入住许可等全部实行上网公示，杜绝开发企业违规炒作行为，实现对开发全过程的监控。完善各有关部门组成的联合研究分析制度，及时检测市场运行，分析市场变动趋势。定期公布政府调控房地产的措施，增强政策透明度，引导开发企业理性投资和居民合理的住宅消费。

三、对外交通投资建设情况

加快对外交通建设、改善交通状况刻不容缓

天津是环渤海地区的经济中心，加快对外交通建设，构建现代交通体系，对于促进天津和环渤海区域经济发展具有重要的战略意义。

在党中央、国务院的重视和关怀下，环渤海及京津冀区域经济发展的势头很猛，在我国经济发展中的地位越来越突出。2004年11月24日，温家宝总理做出重要批示："规划和建设好滨海新区，不仅关系天津的长远发展，而且对于振兴环渤海区域经济有着重要作用。"在今年3月6日的全国人代会上，家宝总理到天津代表团，又对滨海新区的发展指出了6点要求。这充分表明，发展环渤海、京津冀区域经济，加快滨海新区发展，已成为国家总体发展战略的重要组成部分。今年3月以来，国务院常务会议专题研究了《环渤海湾地区港口发展规划（2004－2010年）》和《环渤海京津冀地区轨道交通网规划（2005－2020年）》，并批复下发了正式文件。在国家发改委的帮助下，京津冀都市圈的长远发展规划正在抓紧编制。3月18日，全国政协和天津市共同举办了"振兴环渤海区域与加快天津滨海新区发展论坛"。4月17日，在天津召开了环渤海区域经济振兴与发展座谈会。在这两次会上形成了很多共识，其中很重要的一点，就是发展区域经济必须以构建区域间现代化交通体系为突破口。只有改善交通状况，拉近区域内各城市间的距离，才能密切区域的经济联系，促进区域间优势互补，共同发展。

近年来，随着天津经济的高速发展，进出市的人流物流车流逐年增长。请同志们看一组数字。据统计，2004年进出我市的流动人口、货物和机动车平均高峰小时流量分别比2002年增长50%、20.8%和26.9%。市域内8条高速公路总流量由2000年的2.2万辆/天增加到2004年的14.73万辆/天，6条国道有5条超过设计流量。普通公路流量从2000年的11.6万辆/天增加到2004年的15万辆/天。交通流量的增加，导致交通拥阻，机动车行驶速度明显降低。统计显示，2004年市区平均车速23.49公里/小时，比2003年降低了10.6%。区县主要公路车速61公里/小时，比2003年降低了18.3%。高速公路平均车速85公里/小时，比2003年降低了9.1%，特别是京津塘高速公路平均车速比2003年下降了31.4%，其他7条高速公路平均车速比2003年下降了4.7%。这些都说明，现有交通设施已明显不适应我市经济社会发展的要求。为此，市政府决定采取管理、改造、新建等综合措施，力争经过3年努力，使交通状况有根本性改善。

下面，我重点介绍近期对既有道路的改造与新建的一批重大交通项目。

关于对既有道路进行改造与维修。

目前正在实施的主要有三个项目。

第一，京津公路（103国道）杨村到河北省界37公里路段的拓宽改造。京津公路起于北京，止于我市塘沽，全长149公里。其中，北京至河北段58公里，天津段91公里。近年来，北京至河北段及我市杨村至塘沽的54公里，已陆续进行了改造，达到了4～6车道一级公路标准，只有河北界（大沙河）至杨村段的37公里仍为双向2车道，路面宽仅为10米。特别是在京津塘高速公路封闭时，该路段交通拥堵严重，成了全路的"卡口"。为此，市政府决定对该路段进行拓宽改造，建设标准为双向4车道，路基宽26米，其中穿村段宽41.5米，城区段宽48米；设计车速为100公里/小时。该项目总投资4.8亿元。工程已于2005年1月启动，计划2005年10月1日前竣工通车。截至3月底，该工程拆迁工作基本完成，预计6月20日前可完成路基土方工程。

第二，京津塘高速公路紧急维修。京津塘高速公路1991年开通，使用至今已经14年。按照《公路工程技术标准》，该段高速公路路面设计使用寿命为15年。目前，该路部分路段出现了沉陷、变形、坑槽等情况。尤其是2002年以来，高速公路陆续出现了严重病害，其中杨村到塘沽段的50多公里路面，由于很多下行超载大货车的影响，破损严重，存在巨大的安全隐患。为此，从3月26日至6月15日，对下行5个路段进行紧急维修。具体维修时间和路段为：3月26日至4月20日，对杨村收费站以西16公里下行道路进行维修；4月26日至6月15日，对99公里至103公里即金钟路立交下行桥梁进行封闭施工；4月21日至5月20日，对杨村收费站以东13公里下行道路进行维修；5月20日至6月10日，对109公里至137公里即机场收费站至塘沽收费站下行道路进行维修；6月15日以前，配合京津塘高速延长线的拓宽改造，完成塘沽收费站以东4公里路面维修。

第三，京沪高速公路天津段代用线南段整修。整修范围北起独流减河桥以南，南至河北界，全长42公里。整修工程将对全线路况不良路段进行路面维修，同时对前毕庄、静王路两座桥梁进行维修加固，工程总投资3500万元。目前，招标工作已基本完成，近日即可开工，7月底全线整修完毕。

新建的一批重大交通项目

这是拓展对外交通的重点和亮点。主要是“两路两港”，即铁路、高速公路、机场、港口建设。

第一，铁路部分。

主要是建设京津城际轨道交通、黄万铁路、蓟港铁路。

（一）京津城际轨道交通。该线起自北京南站，终点为天津站，全长118公里，建成后可实现30分钟通达。项目总投资预计123亿元，由铁道部、天津市和北京市共同出资建设，资本金以外资金由银行贷款解决。2003年6月以来，铁道部、北京市、天津市三方就京津城际轨道交通项目建设问题多次进行会谈、协商，达成了一致意见，并签署了会谈纪要。今年3月，成立了由铁道部部长刘志军、北京市市长王岐山、天津市市长戴相龙任组长的京津城际轨道交通系统建设领导小组。2004年12月3日，国家发改委批复了京津城际轨道交通建设项目可研报告。2005年3月28日，国家发改委公布了《环渤海京津冀地区城际轨道交通网规划（2005－2020年）》，明确提出2010年“建成北京－天津－塘沽城际轨道交通线，构建京津冀地区城际轨道交通网的主轴”。

4月9日，铁道部和天津市政府共同召开京津城际铁路建设协调会，研究了天津站区的建设方案、征地拆迁工作及交通疏解等重大问题，并签署了会议纪要。确定今年6月份开工，2007年底全线建成，2008年6月投入商业运营。

目前，铁三院、天津市测绘院正在抓紧进行勘察设计工作，铁路建设公司筹备组正在抓紧做好各项准备工作。通过各方共同努力，确保京津城际铁路实现“一流的工程质量、一流的装备水平、一流的运营管理”的建设目标。

（二）黄万铁路。新建黄万铁路工程由河北黄骅南站至天津万家码头，全长64.8公里，南接朔（朔县）黄（黄骅）铁路，北接天津港，预计投资11.8亿元，由神华集团投资建设。

根据国务院审议通过的《中长期铁路网规划》，朔黄铁路是我国煤炭运输的主要通道之一，规划运输能力在2亿吨以上。黄骅南至天津万家码头铁路作为主要铁路的补充，其建设对扩大运输能力、增加铁路运输的灵活性具有重要意义。该线已于2004年开工，计划2006年底建成。

（三）蓟港铁路。蓟港铁路从蓟县站至东大沽站，全线改造和新建总长196公里，线路等级为Ⅰ级，电力牵引，工程总投资23.6亿元，预计全线新建和扩建工程将于2007年完成。其中，蓟县至三岭子为单线，长134公里，近期货流密度4700万吨；三岭子至东大沽为双线，长62公里，近期货流密度8200万吨。2004年12月17～18日，铁道部组织有关单位对铁道部第三勘察设计院编制的《蓟港铁路扩能工程预可行性研究报告》进行了审查。按照投资省、能力大、运营管理方便的原则，对咸水沽至东大沽间，沿既有线增建第三线和新建取直的双线两个建设方案作了进一步比选。铁三院已据此抓紧可行性研究和上报工作，并开展建设项目用地预审、环境影响评价工作。

第二，高速公路部分。

该部分共包括4项工程：

一是京津高速公路复线天津段工程。京津高速公路复线天津段项目由主线和京沪、京津、津汉三条联络线组成，全长144公里。其中，主线101公里，联络线43公里。设计为6至8车道高速公路标准。项目估算总投资为99亿元。

主线起于武清区高村（京津界），接拟建的北京段京津高速公路，经武清区、北辰区、宁河县、东丽区、塘沽区，止于塘沽区北塘，接杨北公路北塘立交桥。工程计划于2005年下半年开工，2007年全线建成通车。目前，交通部和中咨公司对项目的审查意见、国土资源部的土地预审意见、国家环保总局的环评报告批复、银行贷款承诺等均已完成。国家发改委即将对该项目进行核准。核准后，该项目将正式全面实施。

二是京沪高速公路天津段正线工程。

京沪高速公路天津段正线起于武清区泗村店，经武清区、西青区、静海县，止于静海县大张屯，全长115公里，设计为6至8车道，其中，主线90公里，联络线25公里，概算总投资82.65亿元。

工程分两期建设：

一期（北段）工程起于武清区泗村店，接京津塘高速公路，止于西青区南河镇，接现状京沪高速公路代用线和在建的威乌高速公路天津西段，路线长59公里。此段已于2003年年底开工，计划2006年建成通车。其中，京沪高速公路代用线至津保高速公路24公里作为天津港南通道的组成部分，计划今年建成通车。目前，征地和拆迁工作已基本完成；路基填筑及备土基本完成；大型桥梁下部结构工程已完成80%，上部结构完成30%。

二期（南段）工程起于西青区当城，接京沪高速公路天津段一期工程，止于静海县大张屯，接现状河北省段京沪高速公路，路线长56公里。已于2004年11月开工，计划2007年建成通车。目前，征地、拆迁工作已全面展开，已完成路基填筑及备土130万方，占总量的15%；大型桥梁灌注桩已完成总量的40%。

三是威乌高速公路天津西段工程。

该工程起于津南区咸水沽以西，接现状津晋高速公路天津东段，止于张家窝，接京沪高速公路，全长21公里，设计为6车道，概算总投资14.5亿元。该工程作为天津港南通道的组成部分，计划年内建成通车。目前，全线路基填筑全部完成；大型桥梁下部结构工程已全部完成，上部结构完成70%；现已开始路面施工。

四是津蓟高速公路延长线工程。

津蓟高速公路延长线工程起于蓟县县城以西，与既有的津蓟高速公路相接（相交位置在邦喜公路以南1.5公里），经蓟县西穿过盘山山区后到达北京平谷区道卜峪，与北京京平高速公路相接。路线全长15.48公里，设计4车道，估算投资11.3亿元。计划2005年开工建设，2007年建成通车。市发改委已批准立项及可研报告，前期设计等工作正在抓紧进行。

第三，机场部分。

主要是对天津滨海国际机场进行改扩建。

天津滨海国际机场是国内干线机场、国际定期航班机场和首都机场的主备降机场，目前有航线56条，飞行航班623次/周，其中国际航线18条，飞行航班91班次/周。机场跑道长3200米，候机楼面积2.57万平方米，年旅客吞吐能力200万人次。

2005年机场预计旅客吞吐量230万人次，已不适应天津市经济发展的需要。为整合京津航空资源，满足快速增长的航空运输业务发展需要，迎接北京奥运会，天津市人民政府与民航总局签署了《关于天津机场建设与发展问题会谈纪要》，决定对天津机场实施改扩建工程。为推动前期工作，民航总局、天津市政府、首都机场集团公司组成了天津机场建设与发展协调小组。天津机场改扩建工程被列为民航总局和天津市重点工程。

2004年10月，首都机场集团公司批准成立了天津滨海机场扩建工程项目部，负责天津机场改扩建工程建设实施工作。10月21日，天津机场改扩建工程项目建议书（附预可研报告）由民航总局和天津市政府联合上报国家发改委。28～29日，国家发改委委托中国民航工程咨询公司对改扩建工程预可研报告进行了评估。2005年2月1日，国家发改委对项目建议书进行了批复。天津机场改扩建工程，包括新建6万平方米航站楼，将现有跑道延长400米使长度达到3600米，新建一条平行滑行道，并建设停机坪、停车场及相应配套设施。项目总投资18.6亿元。

中国民航机场建设总公司于2005年3月15日完成《天津机场改扩建工程可行性研究报告》编制工作，可研报告将于近期上报国家发改委。天津市负责机场扩建外围配套工程建设，近期拟实施的工程项目投资约10亿元。由天津市建委牵头，组织市有关部门已初步完成机场外部交通配套、市政能源供应与机场扩建对接方案。在项目可研、初设获得批准、征地到位的前提下，力争6月底开工，2007年建成投入使用，届时天津滨海国际机场旅客吞吐能力可达到600万人。

第四，港口部分。

天津港现有各类泊位140余个，其中万吨级以上深水泊位53个，最大泊位等级为20万吨级泊位，与世界上100多个国家和地区的400多个港口有贸易往来，每月有350多个航班。其中，拥有集装箱班轮航线85条，包括远洋航线18条，近洋航线48条，内支线4条，内贸线15条；拥有集装箱班列6条，可以通过铁路运输直达成都、包头、西安、乌鲁木齐、二连浩特、阿拉山口等内陆主要地区。2004年天津港完成货物吞吐量2.0619亿吨，其中集装箱吞吐量381.6万标箱。

2005年2月，国家发改委印发了经国务院批准的《渤海湾地区港口建设规划（2004～2010年）》，明确天津港将重点建设集装箱、进口原油和煤炭装船中转运输系统，适时建设大型通用散货泊位，进行进口铁矿石的接卸。按照天津市第二次港口工作会议精神，天津港区要由30平方公里扩大到100平方公里，2010年港口吞吐量目标为3亿吨，其中集装箱吞吐量为1000万标准箱，港口等级达到25万吨级。2005～2010年天津港将投资240多亿元。其中，政府投入、自有资金、招商引资、交通部资本金补助占43%，银行贷款占57%。今后，将从两个方面加快建设步伐。

一是加快码头项目建设。2005～2010年天津港将新建万吨级以上泊位17个（包括集装箱泊位11个），新增吞吐能力1.062亿吨/年（包括集装箱490万标准箱/年，汽车10万辆/年）。其中，北港池集装箱码头一期工程计划今年下半年开工，2007年建成5个10万吨级集装箱泊位，设计能力230万标准箱/年。北港池集装箱码头二期工程计划2006年开工，2009年建成6个10万吨级集装箱泊位，设计能力260万标准箱/年。天津港30万吨级原油码头工程计划今年下半年开工，2007年建成1个30万吨级原油泊位，设计能力2000万吨/年。南疆神华煤炭码头工程2个泊位已开工建设，计划2006年建成，设计能力3500万吨/年。南疆12号通用散货泊位计划今年下半年开工，2007年建成，设计能力1000万吨/年。北港池滚装码头工程 2 个泊位已开工建设，计划 2005年9月竣工，设计能力150万吨/年、10万辆/年（相当于50吨/年）。

二是加快航道等基础设施项目建设。主要有2个工程：

一个是天津港25万吨级航道工程。为适应船舶大型化的发展要求，特别是为天津港已建成的大型煤炭、矿石、集装箱、原油泊位提供航道保障，为30万吨级原油码头建设创造条件，天津港将进行25万吨级航道工程建设。工程计划今年下半年开工，2007年完成。另一个是天津港北防波堤东延工程。随着天津港的不断建设发展，港区向东不断延伸，为掩护新形成的码头岸线，北防波堤需要东延6.13公里，计划今年下半年开工，2007年完成。

（摘自天津市政府通报2005年基础设施建设情况的新闻稿）

天津市2006年重点推进滨海新区项目投资建设

滨海新区开发建设，2006年重点推进在建的10个大项目，预计总投资1809亿元，今年完成投资344亿元。同时，还要抓紧做好一批项目的前期工作。

以党的十六届五中全会将天津滨海新区开发开放纳入国家的总体发展战略布局为标志，滨海新区进入了一个新的发展阶段。上年11月，市委召开八届八次全会，制定和出台了《关于加快推进滨海新区开发开放的意见》，进一步明确了滨海新区的指导思想、功能定位、发展目标和主要任务。今年市十四届人大四次会议审议通过的政府工作报告，就加快滨海新区的开发开放提出了一系列重大举措。全市上下通过学习中央领导的一系列重要指示精神，全面落实市委八届八次、九次全会的要求，进一步增强了战略意识、责任意识、创新意识和服务意识，形成了推进滨海新区开发开放的强大合力，许多工作实现了重大突破，滨海新区出现了新一轮开发建设的热潮。其中，一个显著的标志，就是集中力量推进和启动了一批重大的工业和城市基础设施建设项目，形成加快发展的可喜局面。因为新区的大发展，归根结底要通过一批重大的，有带动作用、有投资效益、有发展后劲的大项目来支撑。

为推进滨海新区开发开放，市发改委、滨海委等部门提出了今年滨海新区重点项目安排意见，经市政府第67次常务会议研究确定，今年重点加快建设进度的有10个项目，确保开工的有10个项目，预计总投资1809亿元，今年完成投资344亿元。同时，还要抓紧做好一批项目的前期工作。

一、加快建设进度的10个重大项目

这10个项目，包括5个工业项目，5个基础设施项目，预计总投资861亿元，今年完成投资230亿元。具体是：

（一）天碱搬迁项目。总投资93.5亿元，是临港工业区渤海化工园的核心项目，建成后，年产联碱80万吨、甲醇40万吨，丁辛醇22.5万吨。该项目已于2005年12月18日开工，预计2007年竣工。今年计划完成投资10亿元，年内确保完成场地填垫、真空预压、工程设计、关键设备订货及厂房基础施工等。

（二）丰田新花冠及ZZ发动机项目。总投资63亿元，建成后，年产新花冠汽车20万辆，ZZ型发动机22万台。该项目于去年开工建设。今年安排投资35亿元。新花冠项目年内完成主要设备安装调试，确保2007年5月下线生产；发动机项目年内完成设备安装调试，2007年4月竣工投产。

（三）天铁板材基地项目。总投资86亿元。其中，在空港物流加工区投资37亿元，形成年产150万吨冷轧薄板的能力。该项目热板部分已于去年开工建设。冷板部分今年一季度开工建设，2007年建成投产。今年确保完成七通一平和基础施工，实现投资8亿元。

（四）钢管公司三期扩建工程。总投资39亿元，建成后，年产直径460mm轧管50万吨、大口径厚壁无缝管材10万吨、冷轧不锈钢板16万吨。项目已于去年开工建设，今年安排投资17.3亿元。年内，460mm轧管项目完成设备安装调试；大口径厚壁特殊无缝管项目完成核准程序，进行基础和土建施工；冷轧不锈钢薄板工程3月完成设备安装、调试，6月进入试生产。整个扩建工程2007年建成投产。

（五）天津纺织东移项目。总投资46.6亿元，在空港物流加工区建设九个现代纺织项目及相关配套设施。今年完成投资18亿元，力争全部建成投入试生产。

（六）京津塘高速公路二线（天津段）。总投资98.6亿元，天津段全长144公里。该项目已于去年6月开工建设，2007年建成通车。今年安排投资18亿元，东段基本完工，中、西段完成征地、拆迁并进行路基填筑及桥梁下部结构施工。

（七）京津城际铁路客运专线项目。总投资133.24亿元，线路全长115.2公里，设计时速300公里。该项目已于去年7月开工建设，计划2007年底建成通车。今年安排投资40亿元，完成路基及桥架下部工程，桥梁上部工程进入主体施工。

（八）天津滨海机场扩建工程。总投资26.79亿元，新建候机楼6.8万平方米，将现有跑道延长到3600米，并新建一条3600米平行滑行道。建成后，年旅客吞吐能力达到560万人次，货邮吞吐能力50万吨。该项目已于去年8月开工建设，计划2007年底建成投入使用。今年安排投资11.6亿元，进行候机楼主体施工，飞行区完成土建工程。

（九）天津港扩建工程。总投资202亿元，包括东疆港吹填造陆、北港池集装箱码头一期、北港池集装箱码头三期、南疆神华煤炭码头、南疆通用散货码头等。今年安排投资55.8亿元。年内，东疆港区完成造陆9平方公里，北港池一期基本完成四个泊位主体施工和设备安装，北港池三期进行码头和堆场施工，煤炭码头和散货码头竣工投产。

（十）临港工业区滩涂开发工程。总投资120亿元，计划围海造陆21.66平方公里，并配套建设基础设施工程。今年计划安排投资16亿元。完成造陆10平方公里，累计达到16平方公里；完成区内主干道路13公里、入区铁路铺轨、渤西气管线改线、给排水管网；开工建设变电站、热电厂、挡浪墙、消防站和污水处理项目。当前，正在抓紧落实好蒸汽、供热、供电、供水等配套设施，以满足区内有关项目投产和建设的需要。

二、确保全面开工的10个重大项目

这10个项目，包括2个工业项目，8个基础设施项目，总投资948亿元，今年完成投资114亿元。具体是：

（一）100万吨乙烯项目。总投资219亿元，乙烯部分主要建设年产100万吨乙烯及下游60万吨裂解汽油加氢、60万吨聚乙烯等7套工艺装置；炼油部分主要建设1000万吨/年常减压等9套下游装置，改造4套老装置。该项目今年安排投资29亿元，计划6月26日举行开工仪式，年内确保土建工程全面开工。整个工程2009年上半年竣工投产。

（二）蓝星化工新材料基地。总投资66.3亿元，主要建设5.5万吨丁二醇、2.5万吨聚四氢呋喃、1万吨聚碳酸酯、20万吨有机硅等4个项目。今年一季度开工建设，全年安排投资10亿元，完成设计、土建施工及主要设备订货和部分设备安装。整个项目于2007年建成投产。

（三）津滨大道。总投资64.67亿元，线路始于大沽南路外环线交口，经津南区、塘沽区，沿津沽一线与中央大街相接，止于海滨大道，全长39.9公里，设计标准为双向八车道。上半年进一步细化规划设计，并做好论证，下半年开工建设。今年安排投资4亿元，2008年6月竣工通车。

（四）港城交通分离道路改造工程。总投资68亿元，对海滨大道（疏港线至京津塘高速公路三线）21.2公里段进行改造，新建京津塘二线收费站至疏港二线10公里的联络线，全线设互通式立交桥7座；实现港城交通分离。高速公路直接进港。今年安排投资10亿元，上半年完成前期工作并开工建设。

（五）滨海新区核心区路网工程。总投资191亿元。包括：新区中央大道，全长55公里，双向六车道，北至汉沽区汉北路，南至大港区海景大道，为新区标志性道路；新区西中环及延长城，全长40公里，双向六车道。中央大道今年安排投资5亿元，上半年开工，重点建设4号路至津沽一线8公里道路；西中环及延长线今年安排投资1亿元，上半年完成设计，下半年开工。

（六）蓟港铁路扩能改造工程。总投资14.03亿元，对现有蓟港铁路北塘至东大沽段进行扩能改造，线路全长52公里。今年安排投资2亿元，上半年完成可行性研究报告审批，7月开工建设。

（七）北疆电厂。总投资123.9亿元，建设2台100万千瓦燃煤发电机组；配套建设日产20万吨的海水淡化设施。项目投产后，年新增发电量110亿千瓦时，增加原盐产量45万吨。国家发改委已将北疆发电厂工程列入了2007年开工备选项目，并将其列为国家第一批循环经济试点。该项目总体进展顺利，争取今年启动。

（八）30万吨级原油码头工程。总投资10亿元，建设30万吨级原油卸船码头1座和相应配套设施，设计年吞吐能力2000万吨。今年安排投资3.5亿元，确保一季度开工建设，并与大乙烯项目同步建成。

（九）滨海新区中心商务商业区基础设施。总投资150亿元，面积10多平方公里，一期建设3～4平方公里。主要包于家堡、响锣湾、东西沽、蓝鲸岛等地区的土地整理和基础设施建设。其中，于家堡及东西沽地区3平方公里土地收购及平整，投资18.7亿元，今年2月启动，年底竣工；响锣湾商务区，占地面积30万平方米，优惠出让给外省市开发建设，计划上半年开工；响锣湾开启桥，总投资2.6亿元，今年上半年启动，年底完成桥梁下部结构，2007年底竣工；于家堡地区市政公用基础设施配套工程，总投资24亿元，今年上半年启动，年内完成主干道建设；东西沽地区还迁房，总投资44亿元，今年上半年启动，年底竣工31万平方米，全年完成投资35亿元。

（十）津汕高速公路天津段。项目总投资40亿元。起于外环线，止于大港区太平镇，双向六车道，全长52公里。争取今年启动。

三、需要继续做好前期工作的一批重大项目

经过筹划，一些重大项目前期工作做得比较宽分，具备了近期上马的条件。比如：第二套大乙烯项目，LNG项目，天津大港二站电厂工程，新港船厂搬迁项目等等。

为了推进上述重点项目的实施，市政府要求各委局、各区县和各功能区的主要领导亲自抓、负总责，特别要加大组织工作力度，尽快将所有项目今年的任务和目标分解落实到各主管部门和责任单位。各项目单位要成立专门的工作班子，高标准、高质量地组织好实施，以月保季，以季保年，确保全年任务按期和超额完成。市各综合部门要加强对重点项目的协调服务，在项目审批、建设资金、土地征用、施工组织等方面提供方便，帮助项目单位落实好建设条件。市政府办公厅将加强对项目实施情况的督促检查，及时掌握工作进展，协调解决相关问题，确保项目顺利实施。

（摘自天津市政府“关于推进滨海新区建设”的新闻稿）

河北省“十五”时期国民经济继续保持平稳较快发展

进入新世纪，面对国内外环境的深刻变化和经济社会发展出现的新情况、新问题，全省人民在党中央、国务院和中共河北省委领导下，坚持以邓小平理论和“三个代表”重要思想为指导，树立和落实科学发展观，以经济建设为中心，把发展作为第一要务，弘扬树正气、讲团结、求发展主旋律，围绕“十五”计划确定的奋斗目标和战略重点，积极有效地贯彻落实国家宏观调控政策，深入实施四大主体战略和“一线两厢”区域发展布局，突出结构调整主线，强化重大项目建设和县域经济发展两大支撑，狠抓重大项目、国企改革、民营经济、对外开放四项重点经济工作，培育壮大十大主导产业，积极实施十项民心工程，成功战胜非典疫情和各种自然灾害的挑战，经济社会发展取得显著成绩，提前一年实现“翻两番、三步走”第一步战略目标。综合经济实力明显增强。2005年，初步核算全省生产总值达到10116.6亿元，年均增长11.2%，人均生产总值达到14814元，全部财政收入完成1035.2亿元。结构调整取得重要进展。产品结构和企业组织结构进一步优化，涌现出一批竞争力较强的优势企业，初步形成以十大主导产业为主体的产业发展格局。一批重大建设项目顺利实施，以沿海重化工产业带为代表的区域增长极初见端倪。

农业综合生产能力提高，畜牧、蔬菜、果品业三大农业支柱产业保持较快增长。基础设施支撑能力增强。铁路和高速公路通车里程分别达到4887公里和2135公里，分别居全国第二位和第五位，港口吞吐能力达到2.88亿吨，电力装机容量达到2316万千瓦，电话普及率达到52.8%，互联网用户达到311万户。改革开放步伐加快。以“两增、两减、两分”为重点的国企改革向纵深推进，民营经济快速发展，农村税费、粮食流通、投资、财政、行政管理等项改革取得新进展。利用外资规模扩大，进出口贸易快速增长。社会事业全面进步。科技、教育、文化、卫生、体育、广播电视、新闻出版等事业发展加快，外事、侨务和民族、宗教工作取得新成绩。军民双拥共建全面推进，国防动员工作进一步加强。人民生活

水平普遍提高。城镇居民人均可支配收入达到9107.1元，农村居民人均纯收入达到3481.6元，年均分别增长10%和7%。就业持续扩大，社会保障体系逐步健全，五年减少贫困人口140万。发展环境明显改善。政府职能转变步伐加快，民主法制和精神文明建设继续加强，创业宽松、社会文明、人居安全的良好环境逐渐形成。“十五”计划确定的主要目标提前实现，重点任务如期完成，为“十一五”时期更快更好发展奠定了良好基础。

摘自《河北省国民经济和社会发展第十一个五年规划纲要》

河北省2005年投资建设情况与2006年重点建设项目计划

一、2005年固定资产投资

河北省2005年固定资产投资平稳较快增长。全社会固定资产投资完成4193.5亿元，比上年增长30.4%。其中城镇投资3361.6亿元，增长37.8%；农村投资831.9亿元，增长7.1%。

2005年全社会固定资产投资情况　　单位：亿元

名　　称	绝对值	比上年增长（%）
全社会固定资产投资	4193.5	30.4
城镇投资	3361.6	37.8
建设与改造投资	2900.6	40.5
房地产投资	390.5	23.6
农村投资	831.9	7.1

投资结构调整优化。第一、二产业投资增长加快。第一产业完成投资60.1亿元，增长34.0%，增速同比加快2.3个百分点；第二产业完成投资1690.8亿元，增长50.5%，同比加快4个百分点，其中工业和制造业分别完成投资1611.2亿元和1175.1亿元，分别增长51.5%和42.4%。第三产业投资快速增长，增速为26.7%。其中居民服务和其他服务业、批发和零售业、住宿和餐饮业、交通运输仓储和邮电业、科学研究技术服务和地质、环境管理业等行业投资增速均在40%以上。企业自主投资能力增强。在城镇固定资产投资中，自筹资金2328.5亿元，增长42.8%；利用外资76.3亿元，增长31.5%。

重大项目建设取得突破性进展。亿元以上在建项目1011个，比上年增加220个；投资1565.6亿元，比上年增长48.3%。特别是我省一号工程曹妃甸循环经济示范区建设强力推进，完成投资43.1亿元。加速实施高速公路建设计划，青银高速公路河北段等5条（段）竣工通车。积极推进电源点建设，南水北调中线一期工程河北段按计划推进。唐山曹妃甸钢铁围海造地工程、唐钢130万吨冷轧工程、河北首钢200万吨钢搬迁工程、秦皇岛港煤五期工程、长城汽车股份有限公司一至三期工程、华北技术（廊坊）有限公司华为技术工程、中煤旭阳公司200万吨煤化工项目、河北科技大学新校区建设等重点项目建设进展顺利。

摘自《河北省2005年国民经济和社会发展统计公报》

二、2006年重点建设项目计划

2006年全省计划安排重点建设项目200项，第一批计划已下达61项。第二批重点建设项目计划安排102项，其中谋划项目5项，前期项目17项，续建项目40项，拟新开工项目40项。

1. 谋划项目：谋划项目5项，总投资992亿元。

2. 前期项目：推进前期工作的项目17项，总投资1581亿元。

3. 续建项目：续建项目40项，总投资1523亿元，年计划投资350亿元。其中工业项目20项，年计划投资115亿元，占年计划的32.9%；信息产业和高技术项目2项，年计划投资4亿元，占年投资计划的1.1%；交通项目2项，年计划投资77亿元，占年投资计划22%；城市基础设施项目2项，年计划投资16亿元，占年投资计划的4.6%；能源项目3项，年计划投资100亿元，占年投资计划的28.6%；水利项目1项，年计划投资0.5亿元，占年投资计划的0.2%；服务业和社会事业项目有6项，年计划32亿元，占年投资计划的9.1%，农业产业化项目4项，年计划投资5.9亿元，占年投资计划的1.7%。

4. 拟新开工项目：拟新开工项目40项，总投资533亿元，年计划投资145亿元。其中工业项目21项，年计划投资67亿元，占年计划的46.2%；信息产业和高技术项目6项，年计划投资13.2亿元，占年投资计划的9.1%；交通项目1项，年计划投资14亿元，占年投资计划9.7%；能源项目3项，年计划投资23亿元，占年投资计划的15.9%；服务业和社会事业项目有6项，年计划14亿元，占年投资计划的9.7%，农业产业化项目3项，年计划投资12亿元，占年投资计划的8.3%。

关于做好2006年重点建设工作的措施，按冀重办[2006]5号文的要求认真抓好落实。

（河北省重点建设领导小组办公室）

内蒙古2005年经济运行情况及2006年展望

2005年，内蒙古全区各地全面落实科学发展观，认真贯彻中央和自治区经济工作会议精神，进一步加强和改善宏观调控，积极推进和深化各项改革，努力调整经济结构，总体经济在结构不断优化和发展后劲进一步增强的基础上呈现稳定快速增长的良好态势。农牧业生产获得全面丰收，工业优势特色产业不断壮大，投资结构趋于优化，重点领域建设得到加强，消费市场稳中趋旺，财政收入和城乡居民收入明显增加。"十五"规划所确定的主要预期目标全面完成。展望2006年，全区经济将进入新的发展阶段，只要认真贯彻落实好科学发展观，促进经济增长方式的转变，积极实施宏观调控，经济将继续保持稳健快速发展，实现"十一五"稳步开局。

一、2005年全区经济运行基本特点

2005年，全区经济运行在三次产业共同拉动下，继续保持平稳快速协调发展，速度和效益同步提高，内外需求持续扩大，特别是宏观调控措施取得积极成效。初步核算，全年生产总值达到3822.8亿元，按可比价格计算，比上年增长21.6%。其中，第一产业增加值600.1亿元，增长12.7%，第二产业增加值1685.1亿元，增长29%，第三产业增加值1537.6亿元，增长17.9%。三次产业结构比例为15.7:44.1:40.2。经济运行主要表现为以下七个特点：

（一）惠农政策惠及全局，农牧业获得全面丰收。2005年，全区各地认真贯彻落实中央各项惠农政策，极大地调动了农牧民生产积极性。农作物播种面积不断增加，全年粮食产量达到1662.2万吨，粮食产量创历史最高水平，比上年增长10.4%。畜牧业生产跃上新台阶，畜牧业占第一产业的比重达到47.6%，比上年提高3.6个百分点。牧业年度全区牲畜总头数首次突破1亿头（只）大关，达1.06亿头（只），同比增长14.4%。全年肉类总产量247.5万吨，比上年增长22.5%；牛奶产量727万吨，增长46%。

（二）工业生产持续快速增长，优势特色产业进一步壮大。2005年，投资增长的惯性作用和建成投产一批重点项目有力地拉动了工业经济快速增长，全部工业增加值达到1390.9亿元，比上年增长30.3%。其中规模以上工业企业增加值1135.5亿元，增长30.9%。规模以上工业中，轻、重工业保持同步增长，能源、冶金、农畜产品加工、机械制造和电子设备制造等五大行业成为拉动工业生产快速增长的主要动力，非国有工业企业生产增长快于国有及其控股企业增速。工业经济效益进一步提高。2005年，全区规模以上工业企业经济效益综合指数突破200点，达到203.61，比上年提高38.96点；实现利润总额达到225.93亿元，增长75.7%。

（三）固定资产投资适度增长，投资结构不断优化。2005年，固定资产投资保持适度增长，全社会固定资产投资达2687.8亿元，比上年增长48.6%。全区50万元以上项目固定资产投资达到2656.9亿元，增长48.8%。其中，基本建设投资完成1860.9亿元，增长52.1%；更新改造投资完成385.7亿元，增长46.4%；房地产开发投资完成162.1亿元，增长45.5%。从主要行业投资完成情况看，全区农林牧渔业完成投资120.3亿元，增长10.7%；电力、燃气及水的生产和供应业完成投资630.9亿元，增长55.8%；交通运输、仓储及邮政业完成投资364.1亿元，增长39.8%；水利、环境和公共设施管理业完成投资221.5亿元，增长52.6%。特别是用于工业的投资力度明显增大，全区工业固定资产投资达1472.3亿元，增长61.3%，占全区50万元以上项目固定资产投资的55.4%。一批具有带动作用的能源原材料大项目陆续建成投产，经济发展后劲和综合竞争力明显增强。预计煤炭生产能力将达到2.6亿吨，电力装机容量将达到2100万千瓦。投资的市场机制作用明显增强，企业、地方自筹和民间投资比重显著提高。

（四）社会消费品零售额较快增长，消费结构升级步伐加快。2005年，全区社会消费品零售总额达1344.1

亿元，比上年增长 15.8%。从主要行业看，餐饮业零售额增长 13.2%，批零贸易业增长 16.6%。城乡消费品市场均明显趋旺，其中，市的零售额增长 17%，县的零售额增长 14.7%，县以下零售额增长 11.5%。消费结构呈现积极变化，以住房、汽车、旅游等为代表新一轮消费热点的逐步形成，标志着消费结构升级步伐正在加快，消费对经济的拉动作用不断增强。

（五）对外贸易进一步扩大，利用外资大幅增长。2005 年，海关统计的全区外贸进出口总额达到 51.62 亿美元，比上年增长 30.7%。其中，出口总额 20.65 亿美元，增长 30.6%；进口总额 30.97 亿美元，增长 30.8%。随着内蒙古投资环境的明显改善，吸引外资规模不断扩大。2005 年，全区实际外商直接投资额达到 11.86 亿美元，比上年增长 89%。实际利用外资的资金到位率明显提高，由上年的 23%提高到 2005 年的 85.7%。

（六）财政收入快速增长，金融机构存贷款余额稳定增加。随着经济快速增长和企业经济效益的提高，增值税、营业税和企业所得税等几大税收收入大幅度增加，促进了全区财政收入的快速增长。2005 年，全区财政总收入完成 536.29 亿元，比上年增长 43.6%。其中，地方财政收入 335.1 亿元，增长 39.3%，上划中央税收 201.2 亿元，增长 51.3%。地方财政支出达到 734.71 亿元，增长 21.9%。随着地方财政收入的增加，自治区有一定的财力加大对重点领域的支持力度。其中，财政用于支持企业技改、科技、农业、教育、抚恤和社会救济费支出分别比上年增长 45.9%、24.6%、20.3%、18.9%和 26.5%。2005 年底，全区金融机构各项存款余额 3298.2 亿元，比上年末增长 28%。其中，储蓄存款余额达到 1973.6 亿元，增长 23.1%。金融机构各项贷款余额 2588.6 亿元，比上年末增长 19.2%。

（七）城乡居民收入增长较快，居民消费价格上涨平缓。2005 年，全区经济的快速发展和经济效益的显著提高，支持农牧业发展的惠农政策以及鼓励农民工进城务工相关措施的及时出台，为提高城乡居民收入创造了有利条件。全区城镇居民人均可支配收入达到 9137 元，比上年增加 1014 元，增长 12.5%；全区农牧民人均纯收入达到 2989 元，比上年增加 383 元，增长 14.7%。全区居民消费价格总水平同比上涨 2.4%，涨幅低于上年 0.5 个百分点。

总的看，2005 年内蒙古国民经济保持了稳定快速健康发展的良好态势。从产业看，三次产业均持续快速发展，第二产业支撑经济增长的作用进一步增强。初步测算，第一产业对经济增长的贡献达 2 个百分点，第二产业对经济增长的贡献达 11.8 个百分点，第三产业对经济增长的贡献达 7.8 个百分点。从需求拉动看，呈现内需主导作用不断增强，尤其是投资需求对经济增长的拉动作用比较明显。预计 2005 年投资增长对经济增长的贡献仍在 5 成以上。

二、当前内蒙古经济运行中存在的主要问题

在看到内蒙古经济社会各项事业取得明显成就的同时，我们也要保持清醒头脑，增强忧患意识，注意到在当前内蒙古经济社会发展中还存在着一些矛盾和问题，突出表现在以下几个方面：

（一）从三大需求看，投资拉动大，消费和出口拉动较小。

从当前内蒙古三大需求对经济增长的拉动来看，在“十五”时期生产总值年均增长 16.6%中，投资拉动明显大于消费和出口，经济增长仍属于投资拉动型经济。“十五”时期，内蒙古经济的快速增长，从一定意义上讲是依靠高投入来维系的，固定资产投资年均增长 44%，投资率已超过 70%，比消费率高出 18 个百分点以上。

（二）从产业层次上看，传统产业占据主导，新型产业、现代产业比例偏小。

从工业来看，原材料和基础产业比重大，而深加工和高新技术产业比重小。目前在规模以上工业的 38 个主要工业行业中原材料和基础性产业仍然占绝对多数。而交通运输设备制造业、医药制造业、电气机械及器材制造业、通信设备计算机及其他电子设备制造业等高技术产业则在 38 个主要工业行业中仅占 5.7%。从服务业来看，传统服务比重大，新兴服务业比重小。2005 年，交通运输、仓储及邮电通信、批发和零售贸易、餐饮业占服务的比重为 57.9%，而新兴服务业发展较慢，所占份额较小。特别是金融业发展相对滞后，金融业增加值占全区服务业的比重比全国平均水平低 10 多个百分点。此外，现代物流业在社会化、专业化方面与国内先进地区相比，还存在不小差距，自主品牌的大型跨地区、跨行业龙头物流企业还很缺乏。

（三）从经济的外向度看，有效利用外资规模较小，口岸经济发展不快。

一是出口规模小，表现在出口依存度不高。2005 年，内蒙古外贸出口总额为 20.7 亿美元，出口依存度为 4.36%，比 2000 年降低 1.03 个百分点。二是利用外资少。2005 年，内蒙古外商直接投资额为 11.9 亿美元，外资依存度为 2.5%，低于全国平均水平。三是口岸资源利用率低。目前内蒙古口岸的过货能力和口岸加工增值水平不高，基础设施建设及交通通道建设滞后，口岸在过货通关、加工制造、商贸物流枢纽方面的作用还没有充分发挥出来。

（四）从人民群众的生产与生活看，城乡居民收入水平与经济增长不同步，居民收入差距扩大，就业形势仍

比较严峻。

“十五”时期，内蒙古城镇居民人均可支配收入和农牧民人均纯收入年均实际分别增长10.6%和5%，而同期内蒙古GDP年均增长16.6%，经济增长明显快于城乡居民收入水平的增长。同时，城乡居民收入差距进一步扩大。2005年全区城镇居民人均可支配收入与农牧民人均纯收入之比为1：3.06，比2000年的1：2.52，差距扩大了54个百分点。2005年，内蒙古城镇单位从业人员为242.8万人，比上年减少2.45万人，就业形势仍然比较严峻。

（五）从所有制结构看，非公有制经济和中小企业在经济总量中规模比重偏小，外资企业对经济发展贡献较小。

内蒙古市场化程度还比较低。主要表现在：一是非公有制经济总量不大。2004年，全区非公有制经济增加值占GDP的比重仅有30.8%。由于内蒙古地处内陆，市场经济体制还不完善，观念相对落后，非公有制经济起步较晚，起点较低，与沿海发达省市比非公有制企业规模偏小，市场竞争力差。二是从企业组织结构看，广大中小企业在经济总量中地位较低。目前，内蒙古有10多万户中小工业企业，中小企业工业增加占全部工业的68%，其利税总额占全区的63%。中小企业还提供了大量的城镇就业机会。但由于内蒙古中小企业经济效益低下，企业经营规模不大，技术水平不高，产品更新换代能力较弱，难以应付激烈的市场竞争，经营风险较大，加大了金融机构的贷款风险，造成资金短缺制约中小企业发展，一定程度上影响了中小企业在全区整体经济中发挥更大的作用。目前，在内蒙古规模以上工业企业中，中小企业每户企业平均总产值仅相当于全区规模以上工业企业的61%。

（六）资源的利用率较低。

由于近几年来内蒙古经济增长速度的加快，转变经济增长方式相对滞后，加之绝对人口数的增加，对各种产品的持续增长的需求和对土地的大范围的不恰当的使用，都对耕地和其他自然资源的保护和利用产生了不利的影响。2004年，内蒙古环境污染治理投资总额占GDP的比重为0.16%，而全国为1.4%。内蒙古重点监测的1193户工业企业中，工业废水排放达标率只有61.1%，比同期全国平均水平低29.6个百分点；工业固体废物综合利用率只有31.45%，低于同期全国平均水平24.3个百分点。城市生活污水处理率还比较低，城市绿地被吞食情况仍时有发生。江河水质污染仍未得到有效控制。2004年，内蒙古每万元GDP综合能耗2.16吨标准煤/万元，比全国平均水平高50%以上。内蒙古人均用水量比全国平均水平高出68.5%。

三、2006年全区经济形势展望及宏观调控建议

2006年是内蒙古“十一五”规划的开局之年。与“十五”相比，这个开局面临着更为有利的形势：“十五”开局时，国民经济运行仍在爬坡；而“十一五”开局，内蒙古经济正在进入一个平稳健康增长的阶段。此外，“十五”所开创出的有利条件，如科学发展观的深入人心，宏观调控的日趋成熟、经济的平稳较快增长、消费领域的持续拓宽、惠农政策的全面启动、重要领域的改革突破，使我们站在了一个全新的历史起点上。

（一）关于2006年经济走势的总体判断

根据经济周期波动规律看，2006年内蒙古经济仍然处于经济增长的扩张期，将继续保持平稳较快增长。全区经济在推动农牧业产业化、新型工业化、城镇化进程，加强基础设施建设和加快服务业发展等方面将会有新的突破和新的亮点，产业结构和消费结构优化升级步伐将进一步加快，全区经济在国家宏观调控各项措施和各方面有利因素综合作用下会继续保持较为稳定发展速度。

一是内蒙古积极主动应对调控，经济发展总体形势稳定。尽管目前我们面临着国家加强宏观调控的新形势，但是由于我们积极主动应对，措施得当，把这次宏观调控当作加快调整经济结构，加快经济发展难得的机遇，在工作中比较好的贯彻执行这些措施，有利于促进全区经济增长方式的转变和运行质量的提高，没有出现大的起伏，继续保持平稳较快增长。随着全区经济的持续快速增长，内在活力明显增强。2006年预计全区GDP比上年增长18%左右。各类经济主体进一步活跃，民间资本不断扩大，城乡居民收入快速增长。固定资产投资规模得到合理控制，投资结构不断优化。消费需求稳步增长，市场物价上涨比较平缓。对外贸易增长较快，利用外资不断增加。农牧民生产积极性空前高涨，为2006年全区经济稳定发展奠定了良好基础。

二是全区经济已进入新一轮稳定增长阶段。经过了“十五”的努力奋斗，全区经济已经进入了一个“高增长、低通胀”稳定增长期，为“十一五”时期进一步深化改革、优化经济结构、转变经济增长方式提供了非常重要的外部环境。今年，在密切关注经济运行中存在的一些突出问题，继续实施各项宏观政策，巩固和发展宏观调控成果，经济社会发展良好势头已经不可逆转。同时，当前国内能源需求紧张状况仍不会在短时期内缓解，也有利于更加充分发挥内蒙古的资源优势。同时，国际经济环境也总体上有利于我们加快发展。全球经济和周边国家的经济呈现稳定发展的态势，特别是内蒙古与俄蒙

经济的相互联系和影响日益加深。这些都预示着全区经济仍将保持着较快增长的能力和环境，为2006年的经济发展奠定了良好基础。

三是区域合作渐趋加强，有利于全区经济持续稳定健康发展。近年来，随着西部大开发和振兴东北老工业基地政策的实施，区域合作不断加强，形成了东中西区域间相互促进、优势互补的良性互动的区域协调发展机制。打破了行政区划的局限，促进生产要素在区域间自由流动，引导产业转移，鼓励和支持各地区开展多种形式的区域经济协作和技术、人才合作，形成以东带西、东中西共同发展的格局。这些都将有利于经济持续稳定健康发展。

四是市场活力对经济的推动将会进一步增强。随着全区经济的持续快速增长，经济自主增长能力进一步增强，经济增长从过去的政府主导型发展阶段，逐渐转入市场优化配置资源作用不断增强与政府调节更加积极有效共同推动增长的新阶段，市场活力成分加大。同时，投资环境的改善、投融资体制改革的稳步推进以及行政管理体制改革步伐的加快，民间投资增长速度会进一步加快，社会稳定和经济增长都将会吸引更多的区外投资者。

五是政策环境逐步转向有利于广大中低收入群体。2006年，国家扩大消费的政策取向已经确定，将提高城市居民最低生活保障标准、严格执行企业最低工资制度、开拓农村市场，拓宽消费领域，改善消费环境。诸如减轻普通居民住房及汽车消费的税费负担、停止对小排量汽车使用限制等措施，也有望出台，将使人们敢于消费、刺激消费市场日趋旺盛，消费结构不断升级，将形成充沛的内需动力。同时，在“少取、多予”的政策支撑下，国家惠农政策更加深入人心，新型农村合作医疗试点旗县的逐步扩大，国家将用两年时间在农村全面免除义务教育阶段的学杂费，这些将会使农民多年来收入徘徊不前的状况得以改变。

六是从产业发展看，一、二、三产业能够支撑经济稳定发展。从第一产业看，随着全区各项惠农政策的陆续出台，农业种植结构调整力度加大，农牧业产业化进程加快，畜牧业比重继续上升，总体上仍将保持稳定增长的态势。2006年如果不出现大的自然灾害，全区第一产业可增长10%左右。从第二产业看，第二产业仍是今后一段时期支撑全区经济快速增长的主要力量，随着前5年全区一批重点工业项目的建成投产，2006年还将有一批重点项目要建成投产，投资的乘数效应将进一步显现，对工业增长拉动作用仍然较大。另外，煤电油运仍然处于偏紧状况，这也有利于全区能源、原材料工业的加快发展和经济效益的提高。预计2006年第二产业增长26%左右。从第三产业看，2006年全区第三产业面临着加快发展的难得的机遇。一是自治区关于加快服务业发展的各项优惠政策将会进一步得到贯彻落实，将会加大现代物流、职业培训与就业中介、中小企业综合服务、社区服务、“三农”综合服务等第三产业薄弱环节、关键领域和新兴行业的扶持力度；二是随着一大批基础设施项目陆续建成投入使用，交通运输能力、邮电通信能力、城市综合服务功能和小城镇带动作用将进一步提高；三是随着鼓励城镇下岗职工、高校毕业生自主就业的优惠政策的落实到位，以及取消农民工进城务工的不合理政策，第三产业经济活动人口会明显增加，其就业机会将进一步增大。预计2006年第三产业增加值将增长14%左右。

在充分估计2006年经济社会发展的有利条件时，还要清醒地看到面临的诸多制约因素。经济增长方式仍比较粗放，经济增长对投资和资源的依赖程度还比较高；社会分配相对不公平，城乡居民间收入差距扩大；非公有制经济和第三产业发展相对滞后；科技投入不足，科技创新能力较弱。此外，农业生产资料价格涨幅较大影响农牧业增效和农牧民增收，电力和铁路运力“瓶颈”仍然会制约全区工业增速提效，就业压力依然较大，世界石油价格不断攀升、国外贸易摩擦加剧等都将影响全区经济加快发展。但是，只要我们在一些重大问题上把握好，政策积极，措施得当，全区经济社会将继续保持快速协调健康发展。

（二）宏观调控建议

2006年是内蒙古“十一五”规划的开始之年，实现经济社会又快又好地发展有着重要意义。全区要认真贯彻党的十六届五中全会精神，牢固树立和落实科学发展观，进一步加大西部大开发战略和振兴东北老工业基地战略的实施，在巩固已有发展成果的基础上，继续大力推进新型工业化、农牧业产业化和城镇化进程，落实“五个统筹”，努力构建和谐社会。切实增强忧患意识和机遇意识，认清形势、把握大局，更加主动地把内蒙古的发展纳入国家发展的大局中，做到发展有新思路，改革有新突破，开放有新局面，各项工作有新举措，依靠全党和全区各族人民的团结奋斗，争取全年经济保持一个较快的增长速度。

1. 转变经济增长方式，实现全面协调可持续发展。两年多来，全面、协调、可持续的科学发展观已经深入人心，成为经济发展的指导思想。在科学发展观的引领之下，我们始终把握着经济运行的主动权，针对经济发展中的矛盾和不稳定因素，所采取的宏观调控政策已取得成效显著，经济避免了大的起伏。“十一五”时期我们必须继续坚持用科学的发展观来统领经济社会发展全局，保持经济发展的良好势头，把加强宏观调控与发展自身优势结合起来，坚持从实际出发，协调好各种比例关系，更有效地利用各种生产要素，努力克服单纯追求增长速度的倾向，真正把着力点放到转变增长方式、提高经济效益、调整优化结构、实现全面协调发展上来。要不断克服增长方式粗放和资源环境承受能力不断加剧对经济发展的影响。

2. 大力发展循环经济，加大对资源的利用和保护力度。目前内蒙古经济已经进入了一个新的发展阶段，但资源和环境的空间依然是制约经济发展的重要因素。过去那种传统的不惜代价的那种高投入、高消耗、高污染、不协调、低效率的增长方式已经难以为继。我们必须以提高资源综合开发利用水平和引进非资源型加工业为突破口，促进工业经济优化升级。在节约资源、寻求替代资源、环境保护等方面取得重大突破。从纵向上努力延长产业链条，不断拓展资源加工深度，提高资源综合开发利用水平。重点抓好冶金、石化、建材、造纸的产业升级及行业节能、节水等技术改造。同时促进劳动密集型产业的内部结构的升级，进一步增强劳动密集型产业的比较优势。应切实增加资源开发利用中的技术含量，努力降低资源消耗。要按照“有保有压”的原则，加大对资源消耗高、环境污染重、安全条件差、不符合国家产业政策的落后生产能力的治理力度，关停取缔治污不达标的高载能企业，依法吊销不具备安全生产条件的小煤矿的证照。

3. 进一步加快第三产业和非公有制经济发展，并努力营造良好的发展环境。一是加大第三产业投入。鼓励社会资金投入第三产业项目建设，并在信贷和财政贴息方面支持符合国家产业政策和市场准入条件，有竞争力、经济效益看好的第三产业项目建设资金需求。二是加快非公有制进入第三产业领域。要简化审批手续，进一步放宽非公有制经济的市场准入领域和准入条件，积极鼓励和支持非公有制服务企业参与国有企业改革。三是加快发展第三产业与实施城镇化战略相结合，积极稳妥地推进城镇化进程。继续贯彻落实自治区出台的推动第三产业加快发展的60条优惠政策，改善消费环境，取消各种限制消费的不合理规定，积极引导居民扩大服务性消费。四是从增强经济发展活力的战略高度，充分重视非公有制经济和中小企业的发展问题。把发展非公有制经济发展的重点放在制度政策和营造环境上来，顺应市场规律，充分调动市场主体的积极性。五是要加快中小企业发展，进一步完善企业组织结构，把发展中小企业同培养产业集群结合起来，促进大中小企业良性互动；把发展中小企业同扩大就业结合起来，要充分利用中小企业吸纳劳动力多的优势，不断提高社会就业水平。

4. 加强对外开放宏观引导，树立新的对外开放理念。进一步扩大对外开放程度，通过不断深化外贸体制改革，提高与东北亚区域经济技术合作，特别是扩大对俄蒙贸易，不但要提高国际竞争能力，努力提高招商引资的能力和水平。还应积极开展人才招商、项目招商和环境招商，开辟招商引资新路子；不断拓宽引进外资的新领域，高度重视项目的可行性研究，科学论证项目的市场、技术，赢利的可持续性和投资可持续性。在鼓励和支持外商投资内蒙古高新技术产业、基础工业、基础设施和出口创汇型企业的同时，要大力支持内蒙古企业投资俄蒙建立资源型开发企业，实施走出去战略。

5. 提高科技自主创新能力，形成后发优势加快发展。大力提高原始创新能力，是建立自主创新的重要基础和科技竞争力的主要源泉。加快引进消化吸收再创新，充分利用全球科技存量，形成后发优势加快发展。为了提高自主创新能力，必须确立企业在自主创新中的作用，加快建设产学研相结合的技术创新体系，努力实现新技术的产业化。发挥政府的战略导向、综合协调和服务功能，创造更好的技术创新环境。建立强有力的创新激励体系是增强自主创新能力的根本性制度保障，要深化科技体制改革，加快建立以保护知识产权为核心的激励体制，建立和完善创业风险投资，增强宏观政策对企业自主创新的激励作用，努力吸引集聚高层次企业科技创新人才，为提高自主创新能力提供强大的动力来源。

6. 千方百计提高居民生活水平，着力解决人口就业问题。应进一步提高城乡居民收入水平，使之与经济快速发展相协调，使经济发展的成果惠及人民群众。不断提高农牧民和城镇弱势群体收入，通过经济的和行政的手段努力缓解部分社会成员之间收入分配差距扩大的趋势。各级政府应高度重视再就业工作，推进“零就业家庭”工作，不断完善就业服务体系，建立市场导向的就业机制。在引导劳动者转变就业观念，鼓励自谋职业和自主创业的同时，认真落实和不断完善促进就业创业的各项政策措施。积极发展农村社会事业，增加农民就业机会。加强对农民职业技能和转移就业培训，提高农牧民就业技能，促进农村富余劳动力有序转移。充分发挥市场机制在劳动力资源配置中的基础性调节作用，逐步建起机制健全、运行规范、服务周到、监督有力的劳动力市场体系。大力推行灵活就业方式，制定和完善配套的政策法规。在就业形式上，鼓励实行临时性、阶段性、弹性工作时间等多种灵活的就业制度。同时，重点加强对灵活就业人员在劳动社会保障等方面的服务监督，维护他们的合法权益。

（内蒙古自治区统计局）

内蒙古自治区 2005 年固定资产投资建设情况

固定资产投资保持适度稳定增长。全年全社会固定资产投资总额 2687.84 亿元，比上年增长 48.6%，增幅比上年回落 1 个百分点。其中，全区 50 万元以上项目固定资产投资 2656.9 亿元，增长 48.8%。从投资主体看，国有经济单位投资 1129.40 亿元，增长 41.6%；集体经济单位投资 41.28 亿元，增长 23.3%；城乡个人投资 84.26 亿元，增长 5.8%；其他经济类型单位投资 1432.90 亿元，增长 59.5%。按投资管理渠道划分，基本建设投资 1860.93 亿元，增长 52.1%；更新改造投资 385.68 亿元，增长 46.4%；房地产开发投资 162.10 亿元，增长 46%；其他投资 179.20 亿元，增长 53.9%。按项目隶属关系分，地方项目完成投资 2431.92 亿元，增长 46.7%；中央项目完成投资 255.92 亿元，增长 69.7%。资金来源进一步多元化，自筹和其他资金所占比重逐年上升。

"十五"期间，全社会固定资产投资累计达到 6917.71 亿元，比"九五"时期固定资产投资增长 2.9 倍，年均增长 44.2%。

投资结构不断优化。基础产业和基础设施建设投资增长较快，全区城镇单位固定资产投资中，第一产业（农林牧渔）投资 95 亿元，增长 51.2%；第二产业投资 1461.25 亿元，其中，工业投资 1449.13 亿元，分别增长 1.45 倍和 1.46 倍；第三产业投资 1031.66 亿元，下降 2.2%。西部大开发重点行业投资中农林牧渔业投资 95 亿元，增长 51.2%；电力、燃气及水的生产和供应业投资 630.31 亿元，增长 81.1%；交通运输、仓储及邮政业投资 359.16 亿元，增长 48.6%；水利、环境和公共设施管理业投资 217.41 亿元，增长 55.9%。

重大项目建设进展顺利。全年实施投资亿元以上的重点建设项目 784 个，竣工投产 212 个。全年新开工基本建设项目 4627 个，更新改造项目 1324 个。全年在建项目投资总规模 6984.85 亿元。建成投产了伊利新工业园区、蒙牛五期技改、草原伊盛 100 万只肉羊加工、通辽万顺达玉米淀粉一期等一批农畜产品加工项目。建成投产了岱海电厂、托克托电厂三期等西电东送项目和海渤湾电厂三期、棋盘井电厂等区内用电项目。建成投产了包钢集团冷轧薄板项目、包铝集团扩能改造项目。交通建设方面建成了国道 110 和 210 线我区境内高速公路、省际通道阿荣旗至集宁高等级公路，新开工建设了集张、两伊、临策等 9 个铁路项目，建成了桑篮、嘉策铁路。另外呼和浩特白塔机场扩建工程、鄂尔多斯机场开工建设，阿尔山、二连浩特新建和赤峰机场迁建项目前期工作也取得了重大进展。

投资效果明显。全年城镇以上各种经济类型单位全部建成投产项目 6577 个，项目建成投产率 75.9%；新增固定资产 1627.53 亿元，固定资产交付使用率 62.9%。新增主要生产能力有：原煤 2436.4 万吨，生铁 395.03 万吨，电解铝 12.5 万吨，水泥 662.4 万吨，电力装机容量 372.3 万千瓦。城镇住宅竣工面积 1201.56 万平方米，其中，商品房住宅竣工面积 853.55 万平方米，商品房住宅销售面积 1059.35 万平方米；农村牧区竣工住宅 515 万平方米。

摘自《内蒙古自治区 2005 年国民经济和社会发展统计公报》

辽宁省 2005 年固定资产投资实现历史性突破

2005 年，在省委、省政府的正确领导下，全省上下全力实施老工业基地振兴战略，全社会固定资产投资在上年突破 3000 亿元基础上，跨越了 4000 亿元大关，投资总量和增速在全国的位次又有上升，实现了历史性突破。据统计，2005 年我省全社会固定资产投资完成 4204.4 亿元，比上年增长 40.1%，高于全国平均水平 14.4

个百分点，投资增幅在全国排第四位，总量由上年第八位上升到第六位（超越了河北、上海）。其中城镇完成投资3670.5亿元，增长41.1%，高于全国平均水平13.9个百分点，总量和增速均居全国第五位；农村投资533.9亿元，增长33.7%。2004年、2005年投资增速之快是我省历史上少有的，结束了多年来投资总量排位10名、增速排位20多名的局面。据测算，2005年投资对GDP的贡献率达70%，拉动GDP增长达8.5个百分点。

在投资较快增长的同时，投资结构进一步优化，主要体现以下几个方面：

1. “两大基地、三大产业”项目建设进展加快。工业完成投资1959.1亿元，增长63.2%，高于全省水平23.1个百分点，其中：装备制造业完成399.6亿元，增长1.1倍；原材料工业完成666.4亿元，增长63.6%。农产品加工业完成60.7亿元，增长54.7%。高新技术产业完成78.2亿元，增长18.3%。现代服务业完成73.6亿元，增长20%。

2. 非国有经济投资增长较快。非国有投资完成2964.1亿元，增长43.1%，高于国有投资9.5个百分点，比重由上年69.1%上升到70.5%。其中，民间投资完成2534.2亿元，增长41.4%，比重达60.3%，比上年提高0.6个百分点；外商及港澳台商投资429.9亿元，增长54.2%（港澳台投资增长48%，外商投资增长57.7%）。

3. 各类投资结构愈趋合理。一是在三次产业投资全面增长前提下，第二产业投资比重由上年42.1%上升到47.5%；**二是**内涵性投资比重增大，改建和技术改造投资增长56%，设备工器具购置投资增长43.3%；**三是**地方投资增长41.3%，比中央投资增幅高9.6个百分点，投资比重由上年87.9%上升到88.6%。

4. 房地产开发投资保持平稳发展态势。2005年，我省完成房地产开发投资873.5亿元，比上年增长21.2%，其中商品住宅投资614.1亿元，增长24.2%。商品房竣工面积2365万平方米，其中商品住宅2061万平方米。商品房屋销售面积2113万平方米，增长4.9%。到年底，商品房屋空置面积为1439万平方米，下降2.9%。

5. 建设资金来源呈现多样化。去年我省到位资金达4370亿元，增长39.1%。在建设项目当年资金来源中，单位自筹资金3034.4亿元，增长48%；国内贷款534.2亿元，增长23.3%；利用外资121.4亿元，增长30.3%，三项合计占本年到位资金的84.4%，表明投资自主增长机制进一步增强。

（辽宁省发展改革委）

辽宁省2005年3个100项重点项目进展情况

2005年，全省重点抓了对老工业基地振兴具有牵动作用的100个工业重点项目、100个基础设施项目和100个高技术项目。300个项目总投资4749亿元，到2005年底累计完成1356亿元，2005年当年完成650亿元，占全省建设项目投资的23%。其中：续建项目199个，总投资2060亿元，这些项目年内全部复工，到2005年底累计完成投资1200亿元，当年完成投资495亿元，有35个项目基本建成；计划新开工项目101个，总投资2689亿元，有61个开工建设，完成投资155亿元。具体情况是：

1. 工业100项。总投资1690亿元，到2005年底累计完成494.7亿元，2005年完成295.5亿元。

——**续建项目61项**。总投资836亿元。累计完成投资452亿元，当年完成投资253亿元。

有9个项目建成投产。分别是华晨金杯发动机、沈阳特变电工特大型变压器一期、大连互感器高压电器扩建、鞍钢西区500万吨钢、本钢280万吨薄板材、排山楼金矿露天转井下工程、好护士药业中药提纯改造、本溪三药中药品种改造、成大生物狂犬病疫苗等项目。

其余52个项目建设进展良好。其中投资完成5亿元以上的项目有大连石化进口含硫原油加工改造、辽化80万吨PTA、本钢第二冷轧改造、大柴道依茨柴油机、沈阳机床数控机床整体改造、大连机床数控机床生产基地、大连西太平洋150万吨加氢裂化、本化“3058”化肥等11个项目。

——**计划新开工项目39项**。总投资854亿元。

有19项开工建设。总投资357亿元，完成投资42.5亿元。主要包括鞍钢营口宽厚板轧机、一汽30万台发动机、沈阳化工13万吨丙烯酸及酯、50万吨催化热裂解乙烯和30万吨PVC、抚顺石化60万吨酮苯脱蜡、锦化10万吨TDI、沈阳电机大功率交流电机、凌钢200万吨钢、大重船用曲轴、大重盾构机、朝阳东鑫水泥4000

吨熟料等项目。

其余20项尚未开工的项目前期工作均有进展。具体分两种情况：**一是**未获得国家核准而不能开工的项目4项。具体是：抚顺石化80万吨乙烯，五矿营口中板150万吨宽厚板，东北特钢大连基地搬迁改造和抚顺基地大型挤压机项目。**二是**由于建设资金不到位、技术没落实、工艺路线未确定等企业自身原因而未能开工的项目16项。包括曙光车桥铸造生产线、沈阳冶金修造机械厂隔膜泵、华锦46万吨乙烯改扩建、华锦20万吨二甲醚、大连水泥和工源水泥5000吨水泥熟料、沈阳金新和金城造纸林浆纸一体化等。

2. *基础设施*100项。总投资2975亿元，到2005年底累计完成821亿元，2005年当年完成322亿元。

——**续建项目51项**。总投资1151亿元，累计完成712亿元，当年完成213亿元。

主要项目进展：3个总装机容量167万千瓦的电源项目完成20亿元，其中阜新发电厂“以大代小”工程主厂房建成，辽宁发电厂和大连泰山热电厂分别投产70万千瓦和27万千瓦；沈阳至大连输变电竣工，县城电网改造完成变电所177座；丹庄高速公路累计完成70%工作量，已通车，抚南高速公路累计完成50%工作量，今年可通车；大连大窑湾11#、12#泊位建成，营口鲅鱼圈一港池成品油码头投入使用；大伙房输水工程主洞开挖23.6公里，石佛寺水库主体工程基本完成。

——**计划新开工49项**。总投资1824亿元。

有29项如期开工。总投资826亿元，当年完成投资109亿元。主要包括：沈阳至彰武、铁岭至朝阳、本溪至辽中、大窑湾疏港路、土羊等5条831公里高速公路，完成投资21.3亿元；庄河电厂、华能营口二期、蒲石河抽水蓄能电站、清河电厂、沈海热电厂二期、长甸电站改造、阜新煤矸石发电厂等7个电源项目，总装机517万千瓦，完成投资49.2亿元；营口港四期和15万吨级航道工程完成13.2亿元；沈阳地铁一号线开工，引白水源开工建设水厂和取水口。

有20个项目尚未开工。其中14个项目在2005年前期工作取得较大进展，可望在2006年开工，主要有三湾水利枢纽工程、大伙房输水二期、辽宁核电一期、哈大客运专线、鸭绿江西水道整治、全省医疗垃圾处置设施建设和沈阳红阳三井改造5个煤炭项目等。还有6个项目尚需进一步深化前期工作，落实建设条件，包括锦凌水库、青山水库、引观入本、沈桃高速公路、滨海路改造、南票电厂二期。

3. *高技术*100项。主要包括生物、医药类、农业和精细化工类高技术产业化示范工程，项目总投资84亿元，到2005年底累计完成40亿元，2005年当年完成32.6亿元。

——**续建项目87项**。总投资73亿元，累计完成36亿元，当年完成29亿元。

有6个项目建成投产。包括丹东制药奥扎格雷、沈阳东大生物农药、辽阳天利3000吨海岛纤维、大连艾科光有源器件产业化等。

其他续建项目总投资67.8亿元，2005年完成24亿元，主要有沈阳高精数控公司数控系统成套技术、大连振邦公司加氢法制三氟氯乙烯、沈阳东大选矿过程自动化系统、大连美明公司高亮度发光二极管外延片等。这批项目85%有望在2006年底前建成投产。

——**计划新开工项目13项**。总投资11亿元，全部按计划开工，当年完成投资3.6亿元。主要项目有锦州新世纪公司1000号光纤及半导体用石英玻璃生产线、鞍钢2150热轧机智能优化控制和自动化系统、大连亚维公司白细胞介素-8单克隆抗体乳膏示范工程等。

（辽宁省发展改革委）

吉林省“十五”经济社会发展取得显著成就 振兴老工业基地各项工作全面推进

过去的五年，在省委的正确领导下，我们坚持以邓小平理论和“三个代表”重要思想为指导，树立和落实科学发展观，全面推进小康社会建设和吉林老工业基地振兴。经过全省各族人民的共同努力，“十五”计划确定的主要目标提前实现，经济社会发展取得显著成就。

国民经济持续快速健康发展。全省地区生产总值达到3614.9亿元，年均增长10.6%；人均达到13328元。五年累计完成一般预算全口径财政收入1500亿元，比“九五”时期增长82.7%。农业和农村经济全面发展，粮食综合生产能力迈上新的台阶，畜牧业、农业产业化和农产品加工业较快发展，农业和农村经济结构进一步优化。工业生产快速增长，经济效益明显提高。规模以上工业增加值年均增长 15.9%，工业经济效益综合指数由 107.6%提高到 160%，汽车、石化、农产品加工等支柱优势产业不断发展壮大。高新技术产品产值年均增长 30%以上。社会消费品零售总额年均增长 12.5%。海关进出口总额年均增长 20.6%。国内旅游收入年均增长 33.4%。

振兴吉林老工业基地的各项工作全面推进。制订并组织实施了《振兴吉林老工业基地规划纲要》。通过改制、改组、改造和分离办社会职能等，全面深化国有企业改革，国有经济的战略性调整取得明显成效。完成了完善城镇社会保障体系试点任务，有 130 万名职工实现并轨。在全国率先实施免征农业税改革试点，落实各项扶持政策，推进综合配套改革，深化粮食流通体制改革，有力地促进了粮食增产、农业增效和农民增收。全面加大投入力度，投资增长率从全国后位进入前列，一大批重点项目建成或启动。深入实施开放带动战略，着力改善投资环境，积极引进国际国内大企业和战略投资者，利用外资、引进内资取得显著成绩。对外经贸合作、劳务合作、科技合作不断扩大，与 145 个国家和地区建立了经贸关系。各级各类开发区较快发展。大力培育创业文化，推动全民创业，民营经济增加值年均增长 21%。

各项社会事业协调发展。深入实施科教兴省、人才兴业战略。五年累计取得科技成果 2301 项，获得授权专利 8672 件。科技体制改革取得新进展。与中国农科院共建中国农业科技东北创新中心。农村教育得到加强，“两基”成果不断巩固，职业教育和高中阶段教育较快发展，高等教育规模扩大，毛入学率达到 28%。加强人才队伍建设和人才资源开发。集安高句丽遗迹列为世界文化遗产。完成全省城镇体系规划和中部城市群规划纲要编制工作。公共卫生体系逐步建立，农村新型合作医疗试点进展顺利。人口数量得到控制，人口素质有新的提高。群众性体育活动广泛开展。生态省建设取得阶段性成果。广播电视、新闻出版以及妇女儿童、老龄和残疾人等事业不断发展。民族、宗教和军民共建、优抚安置等工作扎实推进。地震、气象、测绘、人防、史志等工作取得新的成果。

人民生活不断改善。城镇居民人均可支配收入年均增长 12.6%，农民人均纯收入年均增长 10%。城镇新增就业 170 万人。社会保险、社会福利和社会救助覆盖面不断扩大，城市低保实现应保尽保和分类施保，农村有 54 万人纳入低保。深入开展救灾、扶贫和城市解困工作。五年减少贫困人口 30 万人。城乡居民生活质量和水平不断提高。建成一批道路、供电、供水、通信等设施，人居环境得到改善。

民主法制和政府自身建设进一步加强。认真执行人大各项决议，自觉接受人大的法律监督、工作监督和政协的民主监督。认真贯彻实施《行政许可法》，改革行政审批制度，加强行政执法监督。取消行政许可项目 490 项，占我省自行设定行政许可项目总数的 91.9%。提请省人大审议地方性法规草案 38 部，发布政府规章 48 部。认真办理人大代表建议和政协提案，办结率达到 100%，满意率达到 97%。切实加强安全生产工作。深入开展严打整治斗争，认真解决信访突出问题，全省社会形势稳定。完成了“四五”普法任务。平安吉林建设取得成效。实施了政府机构改革。基层民主进一步发展，社区建设得到加强。深入推行政务公开。坚持开展决策咨询，实行科学民主决策。加强行政效能监察，坚决纠正损害群众利益的部门和行业不正之风，廉政建设取得新的成果。

2005 年是在振兴吉林老工业基地取得良好开局基础上实现加快发展的一年。全省上下齐心协力，全面增强发展的活力、动力和能力。全省地区生产总值同比增长 12%，超过年初预期 2 个百分点。完成一般预算全口径财政收入 418.6 亿元，增长 27.2%；财政支出 631.1 亿元，增长 24.3%。农业获得大丰收，粮食总产量达到 2581.2 万吨，创历史最高水平。农产品加工业成为新的支柱产业。转移农村劳动力达到 306.5 万人。积极应对市场变化，加强生产组织，实现工业增加值比上年增长 11%。集中力量实施以产权制度改革为核心的国企改革攻坚，地方国有及国有控股工业企业的改制任务基本完成。大力实施投资拉动，完成全社会固定资产投资 1802 亿元，当年新增投资 630 亿元，其中工业投资增长 63.6%，民间投资增长 67.7%，一批重大项目启动实施。大规模、高层次地开展招商引资，成功举办了第一届中国吉林·东北亚投资贸易博览会，全省实际利用外资和引进内资实现双翻番。实施扩权强县，分两批共向县（市）下放 876 项经济社会管理权限，对上划省的共享收入增量全部返还，有力地推动了县（市）发展。去年县（市）一般预算全口径财政收入增幅高出全省平均 15.6 个百分点，固定资产投资增幅高出全省平均 17 个百分点。理顺了长白山管理体制。集中开展建设服务型政府机关活动，改善发展软环境，减少行政审批，精简会议和文件，大力改进政风，受到群众欢迎。

同时我们也清醒地认识到，我省经济社会发展还有许多亟待解决的矛盾和问题，主要是总量不大、结构不优、活力不足、自主创新能力不强。具体表现在：“三农”

问题仍然突出，产业竞争力弱，体制机制不活，市场化水平低，一些基础设施和要素平台的支撑能力不足，就业再就业压力很大，地区发展不平衡，资源节约、环境保护需要切实加强，一些涉及群众利益的突出问题还没有解决好，安全生产形势严峻，维护社会稳定的任务很重，政府工作还需要改进，等等。我们一定高度重视，采取有力措施，认真加以解决。

摘自《吉林省国民经济和社会发展第十一个五年规划纲要》

吉林省2005年固定资产投资情况

大力实施投资拉动战略，有力地推动了全省固定资产投资的高速增长。全年完成全社会固定资产投资1801.98亿元，比上年增加630.34亿元，增长53.8%，增幅比上年提升了32.9个百分点。其中，城镇投资增长54.7%；农村投资增长45.3%。

全社会固定资产投资　　单位：亿元

指　　标	2005年	比上年增长（%）
全社会固定资产投资	1801.98	53.8
城镇固定资产投资	1642.57	54.7
其中：房地产开发	195.73	22.4
农村固定资产投资	159.41	45.3
在城镇固定资产投资中：		
第一产业	23.13	28.6
第二产业	868.57	64.7
其中：工业	833.67	63.6
第三产业	750.87	45.4
城市基础设施投资	341.38	88.7
住宅投资	186.10	22.6

全省完成房地产开发投资195.73亿元，比上年增长22.4%，增幅比上年提升5.7个百分点。商品房销售面积547.28万平方米，增长36.2%。其中住宅销售面积488.64万平方米，增长41.0%。商品房空置面积371.50万平方米，下降6.9%。商品房销售额107.57亿元，增长42.4%。

全省基础设施投资341.38亿元，比上年增长88.7%，占全社会固定资产投资的比重为18.9%，比上年提升了3.5个百分点。

大力优化资金投向，投资结构调整取得显著成效。契合振兴老工业基地的战略举措，工业投资增势强劲。全年工业性投资增长63.6%，高于全省平均增幅9.8个百分点，其中用于改建和技术改造的投资增幅高达1.3倍。重点项目建设投资带动作用显著。全省投资500万元以上的施工项目有4346个，比上年增加759个，完成投资额1610.40亿元，同比增长55.0%。全省计划总投资在亿元以上的592个重点项目共完成投资858.54亿元，占全部固定资产投资完成额的比重达到47.6%，对全省投资增长的贡献率高达53.9%。

民间投资增量大，增势强。全年完成民间投资929.57亿元，比上年增加375.41亿元，增长67.7%，高于全省城镇以上投资增幅13.9个百分点。在民间投资中，私营经济和个体经济共完成投资184.60亿元，同比增加89.42亿元，增长94.0%。

“十五”期间，全省全社会固定资产投资累计达到5430.29亿元，相当于“九五”时期的2.4倍，年均增长25.9%，比“九五”时期提高11.9个百分点。其中房地产开发投资累计达到707.19亿元，相当于“九五”时期的3.4倍；城市基础设施建设投资累计达到1106.46亿元，相当于“九五”时期的1.9倍。

“十五”期间，全省民间投资累计达到2643.80亿元，占当期全社会固定资产投资的48.7%，五年间年均增长37.2%，高于全社会固定资产投资年均增幅11.3个百分点。

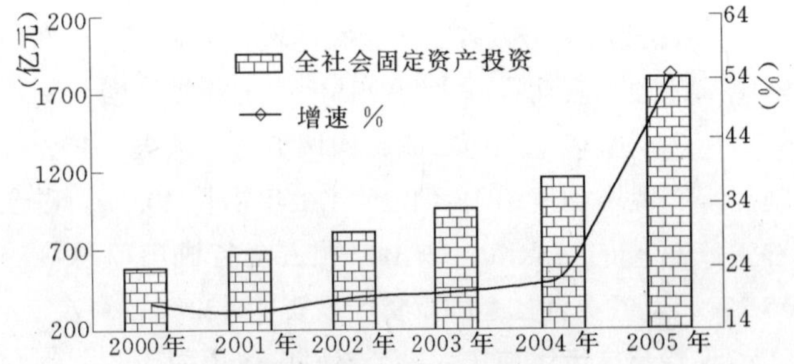

2000年以来全社会固定资产投资

摘自《吉林省2005年国民经济和社会发展统计公报》

黑龙江省2005年工作回顾和“十一五”规划要点

“十五”时期，全省上下高举邓小平理论、“三个代表”重要思想伟大旗帜，以科学发展观为指导，认真贯彻国家宏观调控政策，聚精会神搞建设，一心一意谋发展，和衷共济图振兴，全面完成了“十五”计划的主要目标和任务。2005年全省经济社会发展取得了喜人的成绩。

经济持续快速发展。2005年全省生产总值实现5510亿元，按可比价格计算，比上年增长11.6%。其中，第一产业实现增加值672.5亿元，比上年增长9.2%；第二产业实现增加值2970.8亿元，比上年增长12.6%；第三产业实现增加值1866.7亿元，比上年增长10.7%。人均生产总值达到1762美元，比上年增长17.1%。全社会固定资产投资实现1794.2亿元，比上年增长25.4%。财政一般预算收入实现318.2亿元，比上年增长17.4%。

结构调整成效显著。农业结构调整不断深化，2005年粮食总产720亿斤，再创历史新高；绿色食品种植面积3490万亩，比上年增长44.6%；粮牧“主辅换位”扎实推进，在粮食大幅度增产的情况下，畜牧业产值实现460亿元，占农业总产值的40.0%，进入全国畜牧业大省行列；劳务经济发展势头强劲，转移农村劳动力402万人，实现劳务收入129亿元，分别比上年增长12.6%和21.6%。工业调整改造步伐加快，规模以上工业实现增加值2166.3亿元，利税1467.7亿元，分别比上年增长15.3%和35.9%；哈大齐工业走廊建设开局良好，东部煤电化基地顺利启动；六大产业基地对工业经济增长的贡献率达到95%以上。所有制结构调整力度加大，非公有制经济实现增加值1818亿元，比上年增长20.0%，占全省生产总值的33.0%，进出口额占全省进出口总额的65.2%，投资占全社会固定资产投资的42.0%。

改革开放步伐加快。以产权制度改革为核心的国企改革取得重大进展，2005年又有92户国有大中型企业完成和基本完成改制。重点企业剥离不良贷款308亿元，省属107所企办中小学校移交工作基本结束，大中型企业的506个辅业单位与主体分离。农村税费改革完成阶段性任务。粮食流通体制改革进展顺利，粮食企业“三老”问题基本解决。对外开放水平进一步提升，特别是对俄经贸科技合作战略升级取得明显成效，“四个基地”建设全面启动，形成了一城、两园、五个中心、百家以上单位竞相参与的科技合作大格局。全省实现进出口总额95.7亿美元，比上年增长40.9%，其中，对俄进出口额56.7亿美元，比上年增长48.5%，继续保持全国对俄进出口第一大省地位。实际直接利用外资14.5亿美元，比上年增长17.0%；实际利用省外资金231亿元，比上年增长59.2%。

社会事业全面进步。科技、教育事业发展加快，2005年获得国家级科技进步奖16项，其中H5亚型禽流感疫苗获一等奖。高新技术产业产值实现1300亿元，比上年增长26.7%。一批科技成果在国家重点工程中应用，有10家科研单位参与了“神舟六号”飞船的研制，并提供配套服务。在97.0%人口地区基本普及了九年义务教育，职业教育和城乡劳动力培训力度不断加大，高等教育取得新的进展。疾病预防控制、医疗救治等公共卫生体系建设取得显著成效，13个市（地）疾病防治控制体系工程建设基本完成。爱国卫生运动和农村新型合作医疗试点扎实推进。文化、体育、人口、广播电视、新闻出版、哲学和社会科学等各项事业全面发展。在第十届全运会上，我省实现了金牌数、奖牌数和团体总分的历史性跨越。群众性的精神文明创建活动蓬勃开展。生态省建设取得阶段性成果。食品药品和质量技术监督管理进一步加强，市场秩序不断规范。社会治安秩序良好，安全生产事故下降，群众上访案件减少，保持了全省社会稳定。

人民生活明显改善。2005年农民人均纯收入3221元，城镇居民人均可支配收入8273元，比上年分别增长7.2%和10.7%。群众购买力增强，社会消费品零售总额实现1760亿元，比上年增长13.0%。新增就业69.1万人，城镇登记失业率为4.42%，低于控制指标1.08个百分点。城镇社会保障试点工作基本完成，172万名国有企业下岗职工实现了向失业保险并轨。实施扶贫开发整村推进战略，532个贫困村改善了生产生活条件，28万人实现脱贫，完成了1392个村屯、82万人饮水解困任务。各位代表，过去的五年是不平凡的五年。在省委的正确领导下，我们经受住了诸多重大事件和自然灾害的严峻考验，妥善处理了一系列经济和社会发展问题，创造了改革开放以来又快又好发展的新局面。这期间我们成功阻击了“非典”的侵袭，确保了无一例感染的目标。在周边地区疫情突发、威胁严重的情况下，有效防止了“禽流感”的发生。特别是面对松花江水体污染这一重大突发事件，我们果断决策，沉着应对，连续组织了哈尔滨、佳木斯和抚远三个战役，取得了防控松花江水体污染的全面胜利，凝聚了人心，赢得了群众，充分显示了全省各级政府较强的应急管理能力，突出展现了全省人民在危急关头，精诚团结、顾全大局、不畏艰险、勇于拼搏的优良品质和精神风貌。

我们虽然取得一定成绩，但还面临一些突出的问题和困难。一是体制性、结构性矛盾仍然比较突出。一些国有企业改革不到位，经营管理机制不活，没有完全摆脱困境。所有制结构和产业结构不够合理，非公有制经济和高新技术产业比重偏低，新兴产业发展不快。企业自主创新能力不强，经济增长方式比较粗放。二是经济运行中的制约因素较多。融资困难、运力紧张等问题还没有得到有效缓解。原材料价格上涨较快，一些企业管理粗放，单位消耗较高，部分工业行业、企业效益下滑。农用生产资料价格持续走高，农业生产成本增加，农民增收难度加大。三是社会发展还存在诸多问题。就业压力大，保障能力弱。人民群众看病难看病贵、子女上学难。乱收费现象依然存在。重大社会治安案件时有发生。安全生产基础脆弱，特别是煤炭行业安全生产形势还相当严峻。四是经济发展环境还不够优良。政府职能尚未根本转变，一些部门和工作人员服务意识淡漠，办事效率低下，官僚主义作风比较严重，以权谋私、弄权勒卡等腐败现象还时有发生。企业和社会信用度不高。这些问题直接影响我省改革发展稳定大局，必须高度重视，认真解决。

按照这一总体要求，“十一五”时期我省经济社会发展的主要预期目标是：经济持续快速协调健康发展。在优化结构、提高效益和降低消耗的基础上，全省生产总值年均增长10.0%以上，到2010年力争达到10000亿元，人均生产总值超过3000美元。经济增长方式进一步转变。经济结构不断优化，资源利用效率显著提高，单位生产总值能源消耗比“十五”期末降低20.0%左右；形成一批拥有自主知识产权和知名品牌、国际竞争力较强的优势企业；社会主义市场经济体制比较完善，开放型经济达到新水平，经济综合竞争力明显提高。社会全面进步，民生民计得到较大幅度改善。巩固和提高九年义务教育，城镇就业岗位持续增加，社会保障和救助体系比较健全，贫困人口明显减少；城乡居民收入水平和生活质量普遍提高，居住、交通、教育、文化、卫生和环境等方面的条件有较大改善；民主法制和精神文明建设实现新进展，社会治安和安全生产状况进一步好转，“和谐龙江”建设取得明显成效。

实现上述目标，必须坚持“一个统领”，突出“五个重点”：

坚持“一个统领”，就是以科学发展观统领经济社会发展全局，这是实施“十一五”规划最根本的指导思想。突出“五个重点”：一是创新发展思路，加快发展速度，这是我们执政为民的“第一要务”。经济发展速度相对缓慢是我省的主要矛盾，必须解放思想，大胆创新，做好“提速增效”这篇大文章，大力提高经济增长质量和效益，进一步加快发展速度，努力实现又快又好的发展。二是调整经济结构，促进产业升级，这是我们加快发展的一条主线。我省非公有制经济和高新技术产业对全局经济的拉动作用弱，第三产业特别是现代服务业发展缓慢，基础设施建设滞后，必须强化这些薄弱环节，加大结构调整力度，做大做强优势产业，提高国民经济的整体竞争力。三是坚持自主创新，转变增长方式，这是我们加快发展的中心环节。我省粗放型的经济增长方式仍未从根本上改变，必须大力推进科技进步和创新，提高原始创新能力、集成创新能力和引进消化吸收再创新能力，走节约发展、清洁发展、安全发展和可持续发展之路。四是不断深化改革，扩大对外开放，这是我们加快发展的重要动力。我省经济社会发展中的体制性、机制性等深层次矛盾较多，经济外向度较低，改革开放的任务十分艰巨，我们必须坚定不移推进各项改革，不断提高对外开放水平，增强在扩大开放条件下促进发展的能力。五是改善人民生活，建设和谐社会，这是我们加快发展的根本目的。我省城乡居民收入水平不高，弱势群体比重较大，必须坚持把人民群众利益放在第一位，认真解决涉及人民群众切身利益的突出问题，使全省人民共享改革发展的成果，过上宽裕的小康生活。

摘自《黑龙江省2006年政府工作报告》

黑龙江省2005年固定资产投资情况

固定资产投资增幅连续两年保持在20%以上。全年完成全社会固定资产投资1794.2亿元，比上年增长25.4%，增幅提高3.3个百分点。其中，城镇投资1638.2亿元，增长24.4%；农村投资156亿元，增长37.1%。在城镇投资中，民间投资557.1亿元，增长33.9%；国有及国有控股投资1040.4亿元，增长19.4%；外商及港澳台投资40.7亿元，增长38%。装备、石化、能源、食品、医药、林木加工等六大基地完成投资602.6亿元，增长45%，占全部工业投资的88.6%。亿元以上建设项目共449个，比上年增加74个，完成投资713.1亿元。全年房地产开发投资267.6亿元，比上年增长25%；商品房销售额220.9亿元，增长32.9%，其中销售给个人196.4亿元，增长34.5%，所占比重为88.9%。

固定资产投资效益有所提高。全年建成投产项目4008个，比上年增长24.4%；项目建成投产率69.8%，提高3.7个百分点。新增固定资产1114.8亿元，增长29.9%；固定资产交付使用率68.1%，提高2.9个百分点。各类房屋竣工面积3267.1万平方米，增长20.2%；竣工率53.7%，提高1.8个百分点。

摘自《2005年黑龙江省国民经济和社会发展统计公报》

上海市“十五”经济社会发展取得巨大成就

“十五”以来，上海坚决贯彻国家宏观调控政策，积极应对更加开放的外部环境变化带来的风险，努力解决前进中出现的新问题新矛盾，成功战胜非典疫情等重大灾害的挑战，城市的国际化、市场化、信息化、法治化水平明显提高，“十五”计划确定的主要发展目标提前实现。

（一）经济保持持续较快平稳增长

“十五”期间，全市生产总值年均增长率达到11.5%，实现连续14年保持两位数增长，2005年全市生产总值预计达到9125亿元，按常住人口计算的人均生产总值达到5万元，二、三产业共同推动经济增长的格局进一步巩固，现代服务业和先进制造业加快发展，工业结构和产业基地能级明显提升，农业现代化建设取得初步成效。综合经济效明显改善，2005年地方财政收入预计达到1434亿元，万元生产总值综合能耗从“九五”期末的1.14吨标准煤降至0.93吨标准煤，降幅达18.4%（见图1-1）。

（二）人民生活持续改善

城乡居民收入保持较快增长，2005年城市和农村居民家庭人均可支配收入预计分别达到18640元和8340元，收入增幅差距逐步缩小（见图1-2）。居民生活质量进一步提高，城市居民家庭服务性消费支出比重提高到32.3%，城镇居民人均住房使用面积达到21.3平方米。全面推进以“平改坡”为主要内容的旧住房综合改造，加快改善市民居住质量和环境。城镇登记失业率控制在4.5%以内，基本社会保障体系框架初步形成，人口管理和服务新体制初步确立。

（三）城市建设管理和环境整治取得重大进展

枢纽型、功能性、网络化的基础设施建设实现重要突破，上海国际航运中心建设取得新进展，洋山深水港区一期工程建成开港，上海港连续三年保持全球第三大集装箱港地位，建成浦东国际机场第二跑道，市域高速公路网框架基本建成，轨道交通建设取得新进展（见图1-3）。信息基础设施综合服务能力明显提升。燃气、交通、环卫、水务等行业改革不断推进，城市规划管理体制进一步完善，全市统一的灾害综合管理新模式框架初步确立。环境建设与保护取得阶段性突破，全面完成两轮环保三年行动计划，中心城区河道水质得到改善，人均公共绿地面积达到11平方米，建成国家园林城市，成为国家循环经济试点城市。

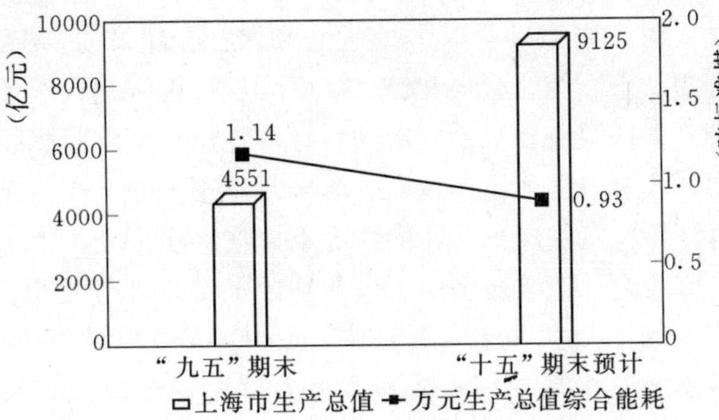

图 1-1 综合经济效益明显提高

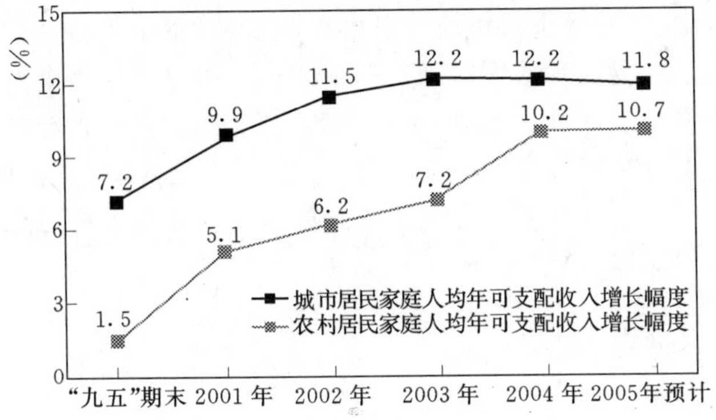

图 1-2 城乡居民收入保持较快增长

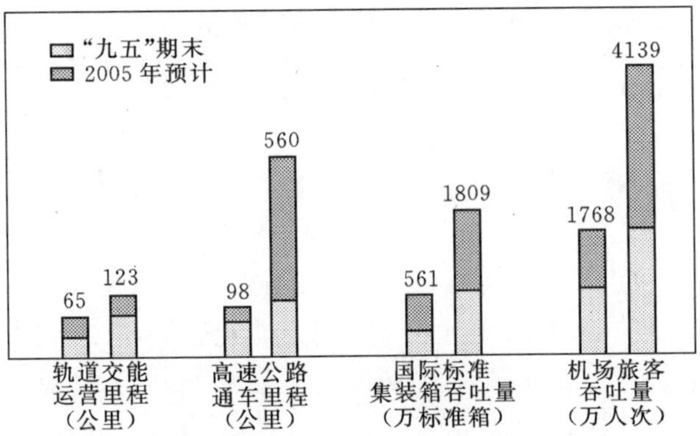

图 1-3 城市建设取得重要突破

（四）科技教育等各项社会事业实现新发展

科教兴市主战略向纵深推进，科技创新动力进一步增强，科技投入和科技成果明显增多，全社会研发经费支出相当于全市生产总值的比例达到 2.34%，高技术产业自主知识产权拥有率达到 27%（见图 1-4）。政府财政性教育投入明显增加，实现“三个增长”的法定要求，中小学校舍建设达标工程基本完成，高校布局结构调整初步完成，新增劳动力平均受教育年限达到 13.5 年。公共卫生体系建设三年行动计划和建设健康城市三年行动计划全面完成，公共卫生应急处置能力进一步提高，医疗机构门急诊条件得到改善。建成上海科技馆、东方艺术中心等一批文化教育设施，成功举办 F1 汽车赛、第 48 届世乒赛、网球大师杯赛等重要赛事和文化节庆活动，在奥运会和全运会上取得良好成绩，涌现出一批世界级的优秀运动员。

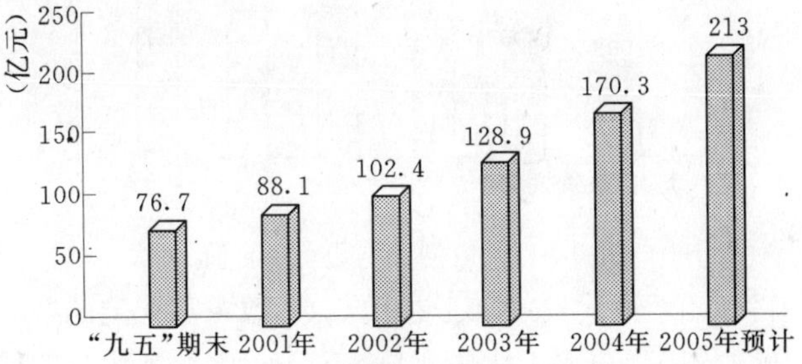

图 1-4 全社会研发投入稳步提高

（五）经济体制改革不断深化

政府、企业、市场、社会综合配套改革深入推进。国有控股公司和大企业集团改革重组取得重要进展，初步形成国有资产管理、营运、监督体系。非公经济发展环境不断改善，在国民经济中的作用不断增强。证券、期货市场稳步发展，外汇、债券、钻石、黄金、产权、土地等要素市场加快发展（见图 1-5）。政府职能进一步转变，市、区（县）政府机构改革和财税管理体制改革基本完成，认真贯彻《行政许可法》，完成行政许可和审批事项规范清理，率先在全国推出政府信息公开制度。初步构建起社会诚信体系框架。行业协会和中介机构加快发展。整顿和规范市场经济秩序取得成效。

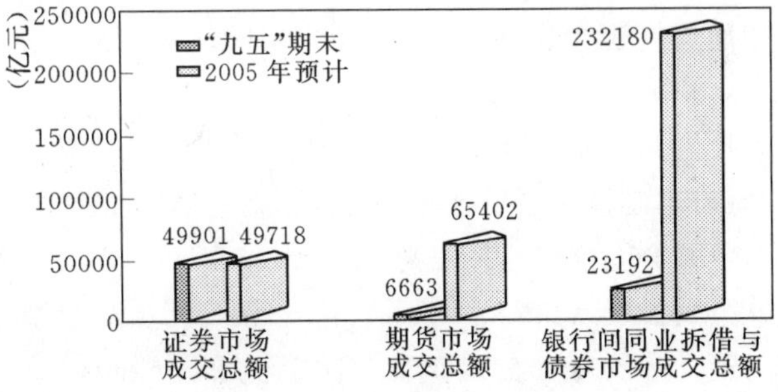

图 1-5 要素市场进一步发展

（六）对外开放和区域合作提高到新水平

APEC 会议、全球扶贫大会、世界工程师大会等重大国际性会议在上海成功举办。对外开放领域不断拓展。推进“大通关”工程，洋山保税港区投入运营，口岸服务功能进一步增强，2005 年上海口岸进出口总额预计达到 3506 亿美元，外商直接投资实到金额累计超过 280 亿美元（见图 1-6）。与长江三角洲及全国其他地区的经济合作领域不断扩大，对口支援工作取得新进展。与香港、澳门和台湾地区的经贸交流与合作进一步深化。

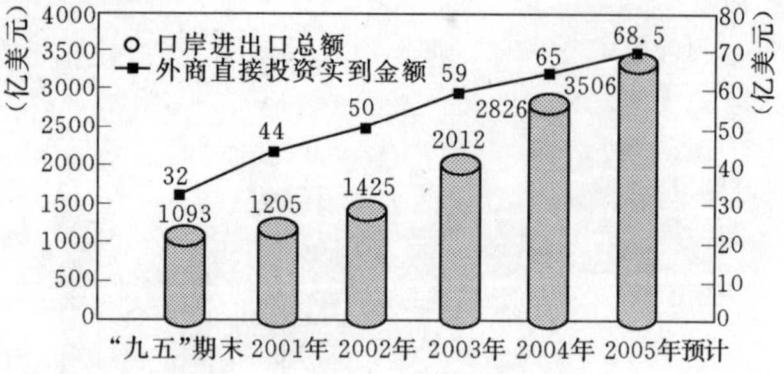

图 1-6　外向型经济迈上新台阶

"十五"期间，在推进全市发展、改革和稳定的各项工作过程中，主要工作体会是：着力提高经济运行的质量和效益，努力保持经济持续较快协调健康发展；坚持"三、二、一"产业发展方针，实现二、三产业共同推动经济发展；坚持建管并举、重在管理，加强城市基础设施和环境建设；着眼于实现好、维护好、发展好最广大人民群众的根本利益，统筹经济社会协调发展；立足于为经济社会发展注入新的动力，坚持深化改革和扩大开放；坚持不断提高城市国际化、市场化、信息化和法治化水平，进一步完善城市综合发展环境；按照协调推进物质文明、政治文明、精神文明与和谐社会建设的要求，努力提高市民综合素质和城市文明程度；围绕建设服务政府、责任政府和法治政府的目标，加快转变政府职能和加强政府自身建设。过去的五年是不平凡的五年，在国内外环境发生深刻变化的情况下，在历届市委、市人大、市政府、市政协坚实工作的基础上，全市人民贯彻落实党的十六大和十六届三中、四中、五中全会精神，贯彻落实党中央、国务院对上海发展的新要求，齐心协力，迎难而上，在继承中创新，在务实中开拓，立足当前，谋划长远，在全国人民大力支持下成功获得中国 2010 年上海世博会承办权，把科教兴市主战略作为上海树立和落实科学发展观的核心举措，作为上海未来实现攀登、提升、超越之路。"十五"计划确定的发展目标和各项任务全面完成，成绩来之不易。思源奋进，继往开来，上海改革开放和现代化建设将迈上新的征程。

摘自《上海市国民经济和社会发展第十一个五年规划纲要》

上海市 2005 年固定资产投资情况

固定资产投资保持适度增长。全年完成全社会固定资产投资总额 3542.55 亿元，比上年增长 14.8%，增幅比上年回落 11 个百分点。

投资结构发生新变化。在全社会固定资产投资总额中，城市基础设施投资 885.74 亿元，比上年增长 31.7%，高出全社会固定资产投资总额增幅 16.9 个百分点；房地产开发投资 1246.86 亿元，增长 6.1%。从产业投向看，第一产业投资 5.58 亿元，比上年增长 5.6%；第二产业投资 1082.1 亿元，增长 7.1%，其中工业投资 1074.76 亿元，增长 7.3%；第三产业投资 2454.87 亿元，增长 18.6%。从投资主体看，国有经济投资 1240.27 亿元，比上年增长 29.9%，占全社会固定资产投资总额的比重为 35%；集体经济投资 131.07 亿元，比上年下降 10.6%，所占比重为 3.7%；股份制经济投资 916.27 亿元，比上年增长 37.3%，所占比重为 25.9%；外商及港澳台投资 640.31 亿元，比上年下降 24.8%，所占比重为 18.1%；其他经济投资 614.63 亿元，比上年增长 32.4%，所占比重为 17.3%。

摘自《2005 年上海市国民经济和社会发展统计公报》

上海市政府确定 2006 年十七项重点工作

（2006 年 2 月 6 日）

一年之计在于春。市政府 2006 年 2 月 6 日召开工作会议，对今年以及"十一五"的开局工作进行部署。市委副书记、市长韩正强调，各级政府要认真落实党的十六届五中全会精神、市委八届八次全会精神和市十二届人大四次会议确定的各项目标任务，以科学发展观为统领，以“落实、聚焦、突破”为基调，求真务实、开拓创新，确保今年各项重点工作有力、有序、有效地推进，确保“十一五”经济社会发展有一个良好开端。

今年是实施“十一五”规划的第一年。围绕本市“十一五”发展总体目标，市政府研究确定了今年要抓的17项重点工作，分别是：着力增强自主创新能力，深入推进“科教兴市”主战略；大力发展循环经济，推进资源节约型、环境友好型城市建设；加大金融集聚和创新力度，扎实推进金融中心建设；实施三年行动计划，推进落实浦东新区综合配套改革试点；加快产业结构调整，加速发展现代服务业和先进制造业；加快配套基础设施建设，扎实推进世博会各项筹备工作；积极推进股权分置改革，深化国资国企改革；继续推进“三个集中”，加快发展现代化新郊区；进一步抓好扩大试点工作，加强社区建设和管理；继续加快枢纽型、功能性、网络化基础设施项目建设，深入推进第三轮环保三年行动计划和旧区改造；继续推进信息化、网格化管理，提升城市现代化管理水平；以鼓励创业为重点促进就业，进一步完善社会保障体系；完善公共卫生体系，进一步改善医疗服务；以内涵发展为重点，深入推进教育综合改革；健全与长三角和长江流域地区合作机制，加大对口帮扶力度，进一步做实服务全国工作；加强配合协调，精心做好上海合作组织峰会协办工作；进一步转变政府职能，深入推进服务政府、责任政府、法治政府建设。

韩正在讲话中指出，这些重点工作突出了“十一五”开局和年度工作特点，突出了破解瓶颈和加强聚焦，突出了当前与长远相结合。做好这些工作，关键是要抓落实，通过分解目标、细化措施、明确责任，使各项方案、政策、措施真正落到实处。

同时，要坚持"分工负责、合力推进"的工作方法，抓统筹、抓协调，牢固树立全市一盘棋的思想。

加强政府自身建设是有力推进各项工作的重要保障。韩正强调，要围绕服务政府、责任政府、法治政府建设，加快政府职能转变，进一步改进工作作风、工作方法。韩正批评了基层和群众时有反映的形式主义问题，如：方案计划一大堆，听过说过不落实；目标要求常翻新，基层干部难应付；工作过程很热闹，实际问题没解决。这些虽然只是少数现象，但必须引起高度重视。他说，克服形式主义，最直接、最有效、最根本的办法就是深入基层、深入群众、深入调查研究。各级领导干部要切实加强基层基础工作，从实际出发解决问题、做出实效。韩正指出，当前改革正处于攻坚阶段，需要我们不断创新，创新既要勇于突破常规，又要遵循客观规律。他肯定了在深化改革过程中先试点、后推广的方法，但他同时指出，试点必须目的明、方向清，要本着发现问题、解决问题的宗旨去试，要和改革的大方向、大框架一致，要加强指导。

韩正说，面对新形势、新任务，各级干部必须进一步强化为人民掌好权、用好权的意识，严格要求，严格管理。特别是那些公权力大、公益性强、公众关注度高的“三公”部门，更要对干部“严”字当头。他强调要加强对公权力运作的引导和监督，坚持教育、制度、监督并重，增加透明度，坚决防止权力被滥用。

江苏省“十五”时期经济社会发展取得重大成就

2005年是“十五”计划的最后一年。在中共江苏省委领导下，全省人民坚持以邓小平理论和“三个代表”重要思想为指导，认真落实科学发展观，同心同德，开拓进取，扎实工作，坚定不移地朝着富民强省、“两个率先”目标迈进。十届人大三次会议确定的2005年各项任务圆满完成，“十五”计划预期目标提前实现，全面小康社会建设按时序要求顺利推进。

一是综合实力跨上新台阶。去年地区生产总值达到1.8万亿元左右，比上年增长14%以上，五年年均增长12.8%，人均生产总值可望达到3000美元。财政总收入达到3125亿元，比上年增长23.8%，年均增长23%；地方一般预算收入1323亿元，比上年增长26.4%，年均增长26.7%。去年底金融机构人民币存款2.2万亿元，其中居民储蓄存款超过万亿元。居民消费价格指数上涨2.1%，五年年均上涨1.4%。经济运行的稳定性明显提高，经济发展的协调性不断改善。

二是经济结构调整取得新成效。“三农”工作得到加强。全面推行“一免三补”等支农惠农政策，全省免征农业税。加大对农业和农村的投入，去年省财政对“三农”投入150.4亿元，五年年均增长30.6%。农业综合生产能力显著提高，近两年粮食持续增产，农业持续增效，农民持续增收。坚持走新型工业化道路。加快发展高新技术产业，去年高新技术产业产值超过7600亿元，占规模以上工业24%，比“九五”期末提高7个百分点。支持企业做大做强，营业收入超百亿元的企业达到43家。现代服务业发展步伐加快，旅游、信息、社区服务业发展迅速。五年全社会固定资产投资2.8万亿元，去年达到8740亿元。进一步调整优化投资结构，能源、水利、交通、信息等基础产业和基础设施建设取得辉煌成果。新增高速公路1800公里，高速公路通车总里程达到2886公里；新增铁路运营里程854公里；新增电力装机容量2360万千瓦，总装机容量达到4230万千瓦；固定电话和移动电话达到5600万户，新增3850万户。淮河入海水道、润扬大桥、南京长江二桥、南京长江三桥、沪宁高速公路扩建、宁启铁路一期、新长铁路、南京地铁1号线、南京奥体中心、南京新火车站、田湾核电站、扬巴一体化等一大批重点工程建成。城市化进程明显加快，城乡面貌发生显著变化，去年全省城市化率达到50%左右，五年提高8.5个百分点。区域共同发展取得重大进展。大力推进沿沪宁线、沿江、沿东陇海线和沿海产业带发展。加大对苏北的支持力度，推进产业、财政、科技、劳动力转移，去年向苏北转移500万元以上项目超过2000个，省财政向苏北转移支付及其他各类补助131.6亿元，比上年增长37.5%。苏北发展的内生动力增强。苏南苏中苏北呈现共同发展的新局面。

三是改革开放实现新突破。农村综合改革深入推进，税费改革取得突破性进展，以县为主的农村义务教育管理体制基本建立，乡镇机构改革有序推进。国有企业改革继续深化，国有资产监管体系基本建立，促进了国有资产保值增值。全省上市企业达到115家。完善政策措施，改善发展环境，民营经济加速发展，全省私营企业达到50.7万户，注册资本7234亿元，比“九五”期末增加6285亿元；个体工商户175.3万户，增加26.3万户。全省基本形成了国资、民资、外资共同发展的格局。行政管理体制改革取得重要进展。大力推进政府职能转变，清理减少行政审批事项，政府依法行政水平和管理效率得到提高。按照“分类定位、分开管理、分别改革”的原则，事业单位改革取得阶段性成果。财政、金融和投资体制以及科技、教育、文化、卫生等领域的改革取得积极成效。开放型经济保持强劲增长势头。去年外贸进出口总额达到2279亿美元，比上年增长33.4%，五年年均增长37.9%；出口1230亿美元，比上年增长40.6%，年均增长36.7%。去年外商直接投资实际到账超过115亿美元，五年新增500亿美元以上，外商投资企业已超过6万家。开发区建设、境外投资、对外承包工程和劳务合作持续较快发展。

四是社会事业取得新进步。深入实施科教兴省战略，“十五”期间，全省财政预算内对科技、教育、文化、卫生、体育事业投入1479亿元，是“九五”时期的2.1倍。坚持教育优先发展，高中阶段教育普及率达到89%，比“九五”期末提高21个百分点；高等教育毛入学率达到33.5%，提高18个百分点。高等院校、在校大学生、职校生数保持全国领先。农村中小学危房改造全面完成，农村中小学教师省标工资发放问题全面解决。加强科技创新体系建设，加快科技成果向现实生产力转化，科技进步对工业、农业增长的贡献率分别达到45.5%和55%。文化事业和文化产业加快发展，文艺创作、文化遗产保护取得丰硕成果，广播影视、新闻出版和哲学社会科学事业取得新成绩。加大公共卫生事业建设力度，全面建成疾病预防控制体系，基本建成突发公共卫生事件医疗救治体系。农村医疗卫生条件有所改善。妇女儿童工作、人口和计划生育工作取得新进步。成功承办了第十届全国运动会，全面实现“环境优美、设施优良、服务优质、成绩优异”的目标，扩大了江苏在海内外的影响。

五是人民生活水平得到新提高。去年城镇居民人均可支配收入12319元，农民人均纯收入5150元，分别比上年增长17.5%和8%以上，比“九五”期末增长81%和43.3%。城镇登记失业率近三年持续下降，去年控制在3.6%。五年新增城镇就业380万人，新增农村劳务输出286万人。经过近三年的努力，惠及千家万户的农村五件实事取得显著成效，新建农村公路4.1万公里，基本实现了行政村通公路，改造草危房15.2万户，新增改水受益人口960万人，农村自来水普及率达到95.7%，农村新型合作医疗覆盖面达到85.5%。社会保障体系进一步完善，城镇基本养老、基本医疗和失业保险覆盖面分别达到96.8%、90.3%和99.4%。部分地区历史遗留的拖欠养老金问题得到解决，破产关闭的国有、集体企业退休人员基本纳入医疗保险范围，被征地农民基本生活保障制度全面建立。全省实现城乡“低保”全覆盖，对符合条件的127.5万困难群众实现应保尽保。

六是和谐社会建设迈出新步伐。重视解决困难群众的实际问题，提高农村征地补偿标准，改进城市拆迁办法，对下岗职工给予合理经济补偿，完善对低收入者的救助措施，确保困难群众有饭吃、有衣穿、有房住。去年对义务教育阶段56万名困难家庭学生实行“两免一补”，对10万名经济困难的职校生、大学生实行资助，努力保证每个困难家庭子女都有受义务教育的机会，每个考上大学的学生不因贫失学。全面实施农村计划生育家庭奖励扶助制度。推进农村五保户“关爱工程”，去年新增敬老院床位3万张。国土资源管理工作得到加强。高度重视环境保护工作，重点流域水污染防治取得新成效，主要河湖水质有所改善。绿色江苏建设加快推进，五年新增造林面积685.7万亩，森林覆盖率提高4.2个百分点。社会主义精神文明建设取得新成果，民主法制建设不断加强。高度重视信访工作，妥善解决人民群众的合理诉求，坚决纠正侵害群众利益的行为。国防动员、人民防空、民兵预备役和“双拥”、优抚安置工作取得新成绩。反腐倡廉工作向纵深推进，法治江苏、平安江苏、诚信江苏建设成效显著，安全生产工作得到加强，社会和谐稳定局面进一步巩固。

“十五”时期的丰富实践，加深了我们对经济社会发展规律的认识，增强了贯彻落实科学发展观的自觉性。工作中，我们在充分运用以往宝贵经验的基础上，又得到了一些对今后发展具有指导意义的经验和启示。一是坚持率先发展、科学发展。全面实践“三个代表”，全力推进“两个率先”，坚定不移地走科学发展之路，自觉把宏观调控作为调整经济结构、转变增长方式、深化改革的重要契机，努力保持经济稳定快速发展。二是坚持解放思想、与时俱进。以深化改革突破体制上的束缚，以创新的思路破解发展中的难题，以扩大开放提升整体竞争力，弘扬创业创新创优精神，不断增创发展新优势。三是坚持以人为本、富民优先。落实执政为民的要求，始终把发展经济与造福百姓统一起来，把促进经济增长与扩大就业协调起来，把发达地区、先富群体和经济薄弱地区、困难群体的利益兼顾起来，把改善人民群众的物质生活与丰富精神文化生活结合起来，努力使改革发展的成果惠及全体人民。四是坚持统筹兼顾、协调发展。更加注重城乡、区域、经济社会统筹发展，促进经济发展与人口、资源、环境相协调，实现经济、政治、文化和社会建设互动并进，全面进步。

回顾过去的五年，我们清醒地看到，在经济社会生活中还存在不少困难和问题。一是经济结构不合理仍然是发展中的突出问题。服务业比重偏低，自主创新能力不强，消费对经济增长拉动力不足，资源制约发展的矛盾突出，环境污染问题仍然严峻，经济增长主要依靠资本投入和资源、能源消耗的状况尚未根本改变。二是农民持续增收难度加大。这两年农民收入增长较快，主要得益于一系列支农惠农政策的积极效应，目前农资价格居高不下，粮食等农产品价格下行压力较大，调整农业结构，提高农业产业化水平任务还很艰巨，继续增加农民收入需要作出更大的努力。三是开放型经济发展面临新的挑战。由于汇率变化，石油价格上升，贸易摩擦增多，外贸出口和利用外资持续增长面临不少不确定因素。四是发展中存在不够平衡、不够协调、不够全面的问题。苏南苏北发展差距仍在扩大，社会事业发展相对滞后，就业压力加大，群众对看病难看病贵、教育乱收费等问题反映较多，社会保障体系还不够完善，安全生产存在薄弱环节，因利益调整而引发的社会矛盾时有发生，维护社会稳定任务艰巨。政府工作还存在一些缺点和不足，政府职能转变没有完全到位，少数政府工作人员还存在形式主义、官僚主义和消极腐败现象。我们对面临的困难和问题一定要有足够的估计，进一步增强忧患意识，主动应对新挑战，积极解决新矛盾新问题，克服工作中的缺点，努力把各项工作做得更好。

摘自《2006年江苏省政府工作报告》

江苏省2005年固定资产投资情况

固定资产投资增长过快势头得到遏制，总体上保持稳定增长。全年完成全社会固定资产投资8739.7亿元，比上年增长28%。其中，城镇固定资产投资完成6211.9亿元，增长24%；农村固定资产投资2527.8亿元，增长38.9%。在全社会投资中，国有及国有控股投资 2547.1亿元，下降7.8 %；外商、港澳台经济投资1552.3亿元，增长26.1%；民间投资4640.3亿元，增长63.7%，其中私营个体经济投资2567.0亿元，增长60.4%。民间投资占全社会投资的比重达53.1%，比上年提高11.6个百分点。城镇投资中钢铁工业完成投资 150.0 亿元，增长14.4%，增幅比上年下降7个百分点；水泥工业投资28.3亿元，增幅由上年增长 77.1%转为下降 28.3%；纺织工业投资 208.9 亿元，增长 47.1%，增幅比上年上升 39.9个百分点。

进一步调整优化投资结构。在城镇固定资产投资中，第一产业投资12.7亿元，比上年增长61.1%；第二产业投资2801.5亿元，增长31.6%；第三产业投资3397.7亿元，增长18.3%。工业投资2765.2亿元，增长31.6%；

其中通信设备、计算机及其他电子设备制造业 308.2 亿元，交通运输设备制造业 140.5 亿元，通用设备制造业投资 163.3 亿元，分别增长 43.6%、78.3%和 79.8%。第三产业投资中，房地产开发投资 1526.9 亿元，增长 20.2%；交通运输仓储和邮政业投资 536.9 亿元，增长 3%；水利、环境和公共设施管理业投资 577.0 亿元，增长 14.1%；卫生、社会保障和社会福利业投资 40.2 亿元，增长 113.8%；文化、体育和娱乐业投资 60.8 亿元，增长 53.6 %。

重点项目建设加快。新增高速公路 463 公里，建成国省干线公路 614 公里，润扬大桥、南京三桥和盐通、宿淮高速公路提前建成通车，沪宁高速公路扩建和 312 国道拓宽改造工程全线贯通，全省"四纵四横四联"高速公路网主骨架基本形成，高速公路通车里程达到 2886 公里。宁启铁路一期、新长铁路新淮段扩能改造、南京地铁一号线、南京奥体中心、扬巴一体化工程等一批重点工程建成。发电总装机容量达到 4230 万千瓦。苏通大桥、南京长江过江隧道、连云港港、太仓港、田湾核电站、淮河治理和南水北调东线一期工程等重点建设项目进展顺利。

固定资产投资成果明显。全年城镇固定资产投资建成投产项目 8093 个，项目建成投产率为 59.9%；新增固定资产 4730.1 亿元，固定资产交付使用率为 76.1%。

摘自《2005 年江苏省国民经济和社会发展统计公报》

江苏省 2006 年新开工重点项目

（2006 年 7 月 12 日）

2006 年新开工建设的省重点项目计 52 个，计划总投资 1765 亿元，年度计划完成投资 460.6 亿元。具体包括：

1. 农业水利项目 4 个

加快海堤重点堤段达标建设、农业资源开发项目、农业资源与生态环境保护体系建设项目和沿海防护林体系建设项目。

2. 交通项目 15 个

南京绕越高速公路东南段、宁通高速公路江都至广陵段、连云港至山东临沂高速公路江苏段、徐州至济宁高速公路、部分高速公路网完善工程、部分干线公路建设工程、"十一五"农村公路建设工程、连云港港扩建工程、部分沿江港口扩建工程、新长铁路改建（三站房改造）、宁启铁路南通至南通东、沪宁城际轨道交通、南京至合肥铁路（江苏段）、京沪铁路电气化改造（江苏段）、南京枢纽（含大胜关桥）。

3. 电力项目 1 个

风力发电工程（大丰、东台）。

4. 城建项目 3 个

南京地铁二号线一期工程、经济适用房工程、城市重大供水项目、城市重大污水处理项目、城市重大垃圾发电项目。

5. 服务业项目 3 个

江苏靖江扬子江现代粮食物流加工中心、金山湖退渔还湖及景观配套工程、无锡灵山三期工程。

6. 社会发展项目 7 个

江苏剧院、江苏美术馆新馆、南京博物馆二期工程、江苏省防灾减灾预警信息系统一期工程、江苏省老年公寓、农民健康工程-农村卫生服务体系建设项目、江苏省中医院扩建工程。

7. 工业项目 16 个

南汽集团自主品牌轿车、江苏新时代造船有限公司造船、淮钢转炉特钢棒材、台湾东联公司扬州化工、泰州埃力生 40 万吨聚苯乙烯、泰州医药高新技术产业园一期工程、南通江山农化厂区整体搬迁、江苏索普集团醋酸造气工艺改造及甲醇联产、苏州骏马 20 万吨己内酰胺、无锡年产 50 万吨精细磷化工生产基地建设、南京汽轮电机大型燃气轮机转子国产化、洪泽银珠硝盐联产综合利用、楚州井神集团区 60 万吨/年盐硝联产、中能光伏多晶硅、王子南通制纸高档纸、南京华伦纸业有限公司新闻纸。

8. 科技项目 1 个

江苏顺大半导体发展有限公司太阳能材料生产线项目。

（江苏省发改委）

浙江省“十五”计划执行情况和2005年政府工作回顾

过去五年，全省人民在党中央、国务院和中共浙江省委的正确领导下，坚持以邓小平理论和“三个代表”重要思想为指导，牢固树立和全面落实科学发展观，坚决贯彻中央宏观调控政策，深入实施“八八战略”，全面建设“平安浙江”，加快建设文化大省，经济社会发展取得显著成绩，“十五”计划纲要提出的主要目标任务全面完成。

经济持续快速发展，结构调整取得积极成效。预计2005年全省生产总值13340亿元，“十五”时期年均增长12.8%。人均生产总值28160元，超过3400美元。财政总收入突破两千亿元，其中地方财政收入突破千亿元，分别达到2115亿元和1067亿元，按可比口径年均增长14.1%和14.7%。一、二、三产业结构由2000年的11:52.7:36.3调整为2005年的6.5:53.5:40。粮食生产保持基本稳定，效益农业取得新进展，农业结构不断优化，产业化经营水平进一步提高。先进制造业基地建设深入推进，规模以上工业增加值和企业实现利润年均分别增长18.8%和21.8%，高技术产业总产值年均增长26.4%。服务业发展加快，旅游、金融、房地产、现代物流、信息服务等产业成为新的经济增长点，服务业增加值年均增长13.4%。统筹城乡发展取得积极成效，农业农村生产条件得到改善，城市集聚辐射能力进一步增强。全省财政支农资金年均增长21.6%，完成480个示范村和5060个整治村建设任务，改造和建设通乡、通村等级公路4.3万公里。非农从业人员比重由64.4%提高到75%以上，城市化水平由48.7%提高到55%左右。欠发达地区发展势头良好，省级财政用于支持欠发达地区及海岛地区的支出五年累计336亿元，年均增长17.7%，25个欠发达县市生产总值年均增长13.5%，下山搬迁农户6.3万户、21.5万人。海洋经济加速发展，2005年实现增加值1000亿元，比2000年增加1.3倍，主要沿海港口货物吞吐量由1.8亿吨增加到4.3亿吨，集装箱吞吐量由102万标箱增加到554万标箱。“五大百亿”工程顺利推进，一批重大项目相继建成。基础设施条件明显改善，高速公路里程由627公里增加到1866公里，沿海港口万吨级以上泊位由49个增加到81个，空港年吞吐能力由1160万人次增加到1490万人次，6000千瓦以上电力装机容量由1557万千瓦增加到2855万千瓦，220千伏以上输电线路由7223公里增加到13392公里。

体制改革进一步深化，开放型经济迈上新台阶。国有企业和国有资产管理体制改革稳步推进。非公有制经济活力进一步增强，其增加值占全省生产总值的比重由47.1%提高到65%。行政管理体制改革积极推进，政府社会管理和公共服务职能得到强化，投资、财政等体制改革取得进展，行政审批制度改革不断深化，行政审批项目大幅度减少。粮食购销市场化改革取得重大突破。文化体制综合改革试点有序推进。资本、人才、技术、土地等要素市场建设步伐加快。对外贸易发展迅速，2005年进出口总额1074亿美元，其中出口总额768亿美元，年均增长31.6%。利用外资取得长足发展，实际直接利用外资五年累计252亿美元，比“九五”时期增加2.4倍。对内对外经济技术交流与合作不断深化。

文化大省建设步伐加快，生态省建设扎实推进。各项社会事业加快发展，全省用于社会事业发展的财政支出五年累计2402亿元，年均增长24.5%。全社会科技投入占生产总值的比重由1.7%提高到2.3%。2005年初中入学率、初中升高中比率和高等教育毛入学率达到99.6%、91%和34%，分别比2000年提高2.9、16和21个百分点。公共卫生体系建设全面加强，86个县（市、区）2460万农村居民参加了新型农村合作医疗。文化、广电、新闻出版等事业更加繁荣，文化产业进一步发展，第七届中国艺术节取得圆满成功。全民健身运动广泛开展，竞技体育创造历史最好成绩。各类精神文明创建活动深入推进，群众的文明素质不断提高。开发区园区和土地市场治理整顿成效明显，耕地得到切实保护，五年建成1300万亩标准农田。节能降耗工作深入推进，万元生产总值综合能耗五年下降19.6%。生态建设和环境保护取得积极成效，“811”环境污染整治行动扎实开展。除二氧化硫外，“十五”期末主要污染物排放总量比“九五”期末有所下降，八大水系、运河、湖库地表水64.9%的监测断面水质达到三类及以上标准，比“九五”期末上升10.6个百分点。森林覆盖率提高到60.5%。继续保持低生育水平，五年平均人口自然增长率4‰。

人民生活水平和质量明显提高，社会保持和谐稳定。2005年全省城镇居民人均可支配收入16294元，农村居民人均纯收入6660元，年均分别实际增长11.3%和

7.4%。2005 年末居民本外币储蓄存款余额 9123 亿元，比 2000 年增加 1.3 倍。城乡居民“恩格尔系数”分别由 39.2%和 43.5%下降到 33.8%和 38.6%，人均居住面积分别由 19.9 和 46.4 平方米提高到 26.1 平方米和 55 平方米。通电话和有线电视的行政村比重达 100%和 85%。覆盖城乡的不同层次、不同水平社会保障体系加快形成。全省用于社会保障的财政资金五年累计 457 亿元，年均增长 23.7%。五年的城镇登记失业率均控制在 4.2%以内。养老、医疗、失业、工伤等社会保险覆盖面进一步扩大，建立了城乡居民最低生活保障、被征地农民基本生活保障、新型农村合作医疗等制度，形成了包括城乡医疗救助、困难家庭学生助学、农村五保和城镇“三无”对象集中供养、经济适用房和廉租房保障、司法援助等在内的社会救助体系。社会主义民主法制建设切实加强，基层民主继续扩大，依法行政全面推进。社会治安防控体系建设得到加强，平安创建活动取得积极成效，处置各类突发公共事件的能力不断提高，群众的安全感普遍增强。

2005 年，省政府在党中央、国务院和中共浙江省委的正确领导下，认真落实省十届人大三次会议确定的目标任务，针对经济社会发展中出现的新情况、新问题，积极采取措施，扎实推进各项工作，经过全省人民的共同努力，年初确定的主要预期目标任务全面完成，办好十个方面实事的目标如期实现。

围绕促进经济平稳较快发展，强化要素和服务保障。严格土地管理，及时下达和落实年度建设用地指标，积极盘活土地存量，保证重点建设用地需要。大力推广标准厂房和多层厂房，提高土地集约利用率。科学合理围垦滩涂，开展低丘缓坡综合开发利用试点。加强电力项目建设和电力运行调度，大力推动节能降耗，全年投产 560 万千瓦发电机组，电力紧张状况明显缓解。推进水资源优化配置，一批水利工程顺利实施，海水淡化应用取得积极进展。交通建设加快推进，温福铁路、甬台温铁路等项目开工建设，全年新增港口吞吐能力 2166 万吨，新增高速公路通车里程 391 公里，改造省道县道砂石路面 6161 公里。开展企业服务年活动，加强对政府部门服务质量和工作效率的督促检查。引导和支持金融机构加强对重点项目和中小企业的金融支持。加强煤电油运综合协调。

围绕促进增长方式转变，加快结构调整和改革开放。落实环杭州湾、温台沿海地区和金衢丽高速公路沿线等产业带规划年度实施计划，推进一批高技术产业化重大项目，积极实施行业龙头企业技术赶超计划，努力做好镇海炼化大乙烯等重大工业项目的推进工作。加快推动发展平台和创新载体建设，完善开发区园区功能，积极建设科技企业孵化器、区域科技创新服务中心等科技公共服务平台，引进中科院等大院名校共建创新载体 40 家，落实专项资金支持省属高校重点学科建设。出台加快服务业发展政策，全面部署推进服务业发展工作。编制实施海洋经济强省建设规划纲要，宁波、舟山港口一体化建设取得突破性进展。部署实施“991”行动计划和“4121”示范工程，推动循环经济加快发展。开展农村综合改革试点，全面推进基层农技推广体系和畜牧兽医体制改革。推动省属国有企业改革重组。完善促进个体私营等非公有制经济发展的政策。制定政府投资项目管理办法和企业投资项目核准备案暂行办法。深化部门预算、国库集中收付、政府采购和财政支出绩效评价等财政管理制度改革，加强地方政府性债务管理。深入实施外贸出口“四个多元化”战略，加强出口品牌建设，努力推动外贸出口结构优化和平稳较快增长。成功组织日韩经贸活动、法国中国浙江周、港澳浙江周等重大活动，加强招商引资工作，努力提高利用外资的质量和水平。稳步推进对外经济技术合作，进一步加强区域经济合作与交流。加快大通关建设，努力提高口岸效率。

围绕促进社会和谐稳定，推动统筹协调发展和人民生活改善。实施统筹城乡发展推进城乡一体化纲要。全面免征农业税，加大对农业特别是粮食生产的支持力度。继续推进“千村示范、万村整治”等工程，改善 132 万农村人口饮用水条件，解决 14 万人饮水困难，完成 208 座病险水库除险加固和 2350 公里清水河道建设，“千镇连锁超市”和“万村放心店”的覆盖面分别达 64.8%和 65%。省财政新增投入 3 亿元，在全省实施农村中小学“四项工程”。制定和落实“农民健康工程”政策，各级财政加大了对新型农村合作医疗、农民健康体检和农村公共卫生服务的支持力度。11 个社区市如期建立了惠民医院。部署推进农村文化建设工作。完善支持欠发达地区加快发展的政策，加大扶持力度，省财政安排专项扶持资金 88 亿元，比上年增加 12.5 亿元。全年下山异地脱贫 6.3 万人。加快建设文化大省，大力推进科技、教育、文化、卫生、体育等社会事业发展。切实做好就业和社会保障工作，新增城镇就业 67 万人，35 万名城镇失业人员实现再就业，61 万人享受城乡最低生活保障，180 万被征地农民纳入社会保障范围，农村五保和城镇“三无”对象集中供养率分别达到 90.9%和 97.3%，50 万名困难家庭中小学生接受免费教育，529 万人次享受新型农村合作医疗费用报销，6.1 万各类困难群众得到医疗救助。稳定房地产市场，开工建设经济适用房 450 万平方米，84%的市县实施了廉租房制度。编制和修订各类应急预案，加强安全生产监管和社会治安综合治理，各类事故发生次数、死亡人数和直接经济损失分别比上年下降 17.5%、11.6%和 28.6%。继续推进人口和计划生育工作，开展人口发展战略研究。全面排查污染源，加大环境污染整治力度，推进生态补偿机制建设，省级财政安排生态建设和环境保护专项资金 18.4 亿元，比上年增长 107.7%。

摘自《关于浙江省国民经济和社会发展第十一个五年规划纲要的报告》

浙江省 2005 年固定资产投资和房地产业

全年全社会固定资产投资 6652 亿元，比上年增长 15.1%，增幅比上年回落 5.1 个百分点，"十五"期间年均增长 26.3%。其中，限额以上固定资产投资 6270 亿元，比上年增长 18.5%，增幅比上年回落 8.5 个百分点。非国有投资 4313 亿元，增长 13.9%，占全社会投资的 64.8%。

在限额以上固定资产投资中，第一产业投资 20.2 亿元，比上年增长 35.4%，第二产业投资 2960.6 亿元，增长 21.2%。其中工业投资 2942.5 亿元，增长 22.4%。在工业投资中，非金属矿物制品业投资比上年下降 23.0%，黑色金属冶炼及压延加工业投资比上年增长 24.0%，分别比上年回落 53.7 和 66.6 个百分点。第三产业投资 3289.3 亿元，增长 16.1%。

全年限额以上投资项目 21317 个，比上年增加 3007 个。其中，新开工项目 12447 个，增加 2272 个。建成了杭千、甬金高速公路部分路段等一批重点项目。

全年房地产开发投资 1454.5 亿元，比上年增长 12.3%，"十五"期间年均增长 36.5%。商品房销售额 1083 亿元，比上年增长 24.7%，其中销售给个人增长 26.3%，所占比重为 95.6%。

摘自《2005 年浙江省国民经济和社会发展统计公报》

浙江省"十一五"规划经济社会发展的主要目标

（2006 年 2 月 15）

1. 在优化结构、提高质量、降低消耗的基础上，经济持续快速协调健康发展，地区生产总值年均增长 9% 左右，到 2010 年达到 20000 亿元左右，人均生产总值达到 40000 元左右；

2. 改革开放深入推进，形成比较完善的社会主义市场经济体制，开放型经济达到新水平；人民生活更加殷实，人们的物质文化生活更加丰富，生活质量和水平进一步提高；

3. 生态省建设取得明显进展，能源利用效率有较大提高，单位生产总值能源消耗争取下降 15%左右；

4. 文化大省建设步伐加快，公民的思想道德素质、科学文化素质和健康素质进一步提高；

5. "法治浙江"建设成效明显，人民的政治、经济和文化权益得到切实尊重和保障，人民安居乐业，社会更加和谐。

安徽省"十五"发展成就和"十一五"面临的形势

"十五"以来，省委、省政府坚持以邓小平理论和"三个代表"重要思想为指导，认真落实科学发展观和构建社会主义和谐社会的重大战略思想，坚持发展这个党执政兴国的第一要务，把正确贯彻国家宏观调控政策和安徽实际相结合，妥善解决各种矛盾和问题。全省人民共同努力，抢抓机遇，乘势而上，成功战胜非典疫情和淮河洪灾等重大自然灾害，经济社会发展保持良好势头，“十五”计划确定的主要发展目标和任务提前完成或超额完成。国民经济持续较快发展，综合省力迈上新台阶，经济结构调整取得重要进展，经济体制改革不断深化，对外贸易大幅度增长，“861”行动计划扎实推进，重点建设全面展开，增长基础日趋稳固，价格总水平保持稳定，各项社会事业全面进步，人民生活水平明显提高，社会主义民主政治和精神文明建设继续加强。“十五”时期取得的巨大成就，为“十一五”时期安徽奋力崛起奠定了良好基础，使我省经济和社会发展站到了一个新的历史起点上。

一、“十五”计划主要发展目标完成情况

序号	指　标	十五计划目标		2005年	“十五”年均增长（%）
		2005年预期值	“十五”平均增速（%）		
1	全省生产总值（当年价，亿元）		8.5左右	5375.8	10.6
	第一产业		4.0		
	第二产业		9.0		
	第三产业		11.0		
2	人均生产总值（当年价，亿元）			8597	9.9
3	地方财政收入（亿元）	268.0	8.5左右	333.8	13.3
4	五年累计完成全社会固定资产投资（亿元）	五年60000	11.0	五年8010	23.8
5	社会消费品零售总额（亿元）	1660.0	9.5	1765	10.1
6	进出口总额（亿美元）	56.0	11.0	91.2	22.2
	其中：出口（亿美元）	35.0	10.0	51.9	19
	其中：机电产品出口比重（%）			33.7	3.4
7	五年累计利用外贸（亿美元）	45.0		53.7	
8	农民人均纯收入（元）	2480.0	5左右	2641	6.4
9	城镇居民人均可支配收入（元）	6790.0	5左右	8470.0	11.6
10	年末总人口（万人）	6600.0	9‰	6516	7‰
11	城镇化率（%）	每年提高1~2个百分点		35.5	年均提高1.5个百分点
12	五年城镇新增就业（万人）	100		200	
13	五年转移农业劳动力（万人）			120	
14	城镇登记失业率（%）	<5		4.4	
15	研究与试验发展经费去出占生产总值比重（%）			0.8	年均提高0.028个百分点
16	铁路营运里程（公里）			2308.5	1.3

二、“十一五”时期面临的形势

“十一五”时期，我省具备加快发展的很多有利条件。国际经济继续保持稳定增长态势，经济全球化趋势深入发展；我国经济继续保持较快发展，生产要素流动和产业转移加快，长江三角洲经济圈与周边地区互利合作、加快融合的趋势增强，有利于我省更加充分地利用两个市场、两种资源。工业化、城镇化进程加快，消费结构、产业结构进一步升级，必将推动我省更快更好发展。中央实施促进中部地区崛起战略，为我省奋力崛起提供了难得的政策机遇。“861”行动计划储蓄的能量持续释放，为加快发展积累了坚实的物质基础。科技进步日新月异，为我省发挥后发优势，推进跨越式发展提供了强大支撑。体制改革不断深入，市场在资源配置中的基础性作用进一步发挥，将为经济社会发展注入新的活力。特别是全省人民争先进位、干事创业的意识日益浓厚，加快发展、奋力崛起的合力正在形成。

“十一五”时期，我省发展也面临不少矛盾和问题。我省工业化水平低、城镇化水平低、公有制经济比重低和经济外向度低的矛盾十分突出；城乡区域发

展不平衡，中心城市带动力不强，县域经济薄弱，特别是解决“三农”问题的任务相当艰巨；自主创新能力和资源环境承载能力不强，经济增长方式粗放；构建和谐社会面临的问题比较复杂，就业压力较大，城乡居民收入较低，且分配中矛盾较多，社会事业发展相对滞后。

保持“十五”良好的发展势头，开创“十一五”经济社会发展新局面，任务光荣而艰巨。在这一重要阶段，必须加速推进工业化、城镇化、市场化和国际化进程，全面提高经济增长的质量和效益，切实提高经济实力和综合省力，为安徽崛起打下坚实基础。

摘自《安徽省国民经济和社会发展第十一个五年规划纲要》

安徽省2005年固定资产投资情况

投资规模稳步扩大。全年全社会固定资产投资2521亿元，比上年增长31.7%。其中，城镇投资2139.1亿元，增长32.7%；农村投资381.9亿元，增长26.4%。“十五”时期，累计全社会固定资产投资8010亿元，年均增长23.8%。

投资结构进一步优化。农业、能源、交通运输、水利、环境和公共设施管理等行业投资得到加强。全年第一产业投资34.2亿元，比上年增长85.6 %；第二产业投资 993 亿元，增长 40.4%，其中煤炭开采业投资增长67.1%，电力、热力投资增长近 1 倍，黑色金属冶炼及压延加工业投资增长 11.4%，非金属矿物制品业投资下降3.6%；第三产业投资1493.7亿元，增长25.7%，其中交通运输、仓储和邮政业投资增长 31.6%，水利、环境和公共设施管理业投资增长78.6%。

全年房地产开发投资 459.4亿元，增长 31.2%；商品房销售额423.4亿元，增长66.2%。

重点项目建设继续加强。全年施工项目10327个，比上年增长46%，其中新开工项目7390个，增长52.2%。共安排“861”行动计划续建、新开工项目583项，总投资规模5433.8亿元，当年完成投资1025.3亿元，其中省政府直接调度的20个重大项目完成投资518.8 亿元。奇瑞第二发动机厂、江汽重卡、安庆电厂、庐江—铜陵高速公路、临淮岗洪水控制工程、宣杭铁路复线等95个项目建成或基本建成。

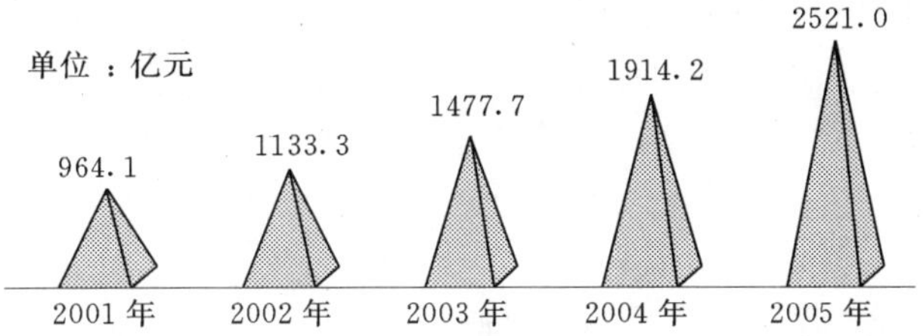

“十五”时期全省固定资产投资

小城镇建设继续加强。全年小城镇建设总投入达100亿元。全省小城镇规划编制调整完善比率为92%。省政府确定的200个中心镇建设步伐加快，当年投入61亿元，镇区道路铺装率提高到81.2%。

摘自《2005年安徽省国民经济和社会发展统计公报》

福建省“十五”发展成就及新一轮发展战略

“十五”期间，在党中央、国务院正确领导下，省委、省政府高举邓小平理论和“三个代表”重要思想伟大旗帜，认真树立和落实科学发展观，构建社会主义和谐社会，扎实推进海峡西岸经济区建设，努力克服前进道路上的艰难险阻，突出发展，突出统筹，突出创新，突出为民，突出尽责，促进经济社会持续较快发展，胜利完成了“十五”计划目标任务。

1. 综合经济实力再上新台阶。“十五”全省地区生产总值年均递增 10.6%，2005 年全省地区生产总值达6487亿元，人均地区生产总值达18343元，折美元超过2000美元；财政总收入年均增长16.2%，达786.8亿元，其中地方级财政收入达431.8亿元；全社会固定资产投资年均增长 16.5%，累计完成投资 8122 亿元，2005 年投资率比 2000 年提高了 7 个多百分点。

2. 经济结构优化调整取得新成效。农业基础地位得到加强，工业化步伐加快，服务业平稳发展，高新技术产业快速成长，三次产业结构由 2000 年的 17.0:43.3:39.7 调整为 2005 年的 12.7:48.6:38.7，其中第二产业比重提高 5.3 个百分点，高新技术产业增加值占地区生产总值的比重达 10%；城镇化率达 47%，比 2000 年提高了 5.5 个百分点。

3. 基础设施建设取得新突破。相继建成福宁、漳诏、三福、漳龙、邵三等高速公路，新增高速公路 865 公里，高速公路里程达 1210 公里，提前一年于 2004 年实现各设区市通高速公路目标，开工建设龙长、浦南、泉三高速公路和长乐机场高速一期；建成赣龙铁路，开辟第四条铁路出省通道，新增铁路 159 公里，铁路正线里程达 1630 公里，开工建设温福、福厦铁路；港口吞吐能力超亿吨，新增 3500 万吨；电源电网建设得到加强，电力装机总量达 1758 万千瓦，新增发电能力 714 万千瓦，新增 500 千伏线路 700 公里。

4. 对外开放得到新拓展。加入世贸组织促进了我省利用外资和对外贸易不断拓展，进出口总额年均增长 20.6%，出口结构进一步优化；五年累计实际利用外资 245 亿美元，大型外资项目明显增加，利用外资质量明显提高；闽台合作进一步加强，海峡两岸农业合作试验区扩大到全省；闽港澳经贸关系更加紧密，闽港八大合作平台建设和闽澳四项合作全面推进。

5. 社会事业实现新发展。科技研究开发和项目成果产业化取得新进展，科技进步综合评价位居全国第 10 位，区域创新能力评价位居全国第 9 位，专利授权量居全国第 8 位。教育事业加快发展，高等教育实现新跨越，调整组建普通高校 47 所，高考录取率达 70.9%，比 2000 年提高了 20 个百分点，新增一级学科博士点 20 个、二级学科博士点共 121 个；高中阶段毛入学率达 61.4%，高于全国平均水平近 10 个百分点；推进农村中小学危房改造和农村寄宿制学校建设，改造危房 180 万平方米；启动实施高校政府助学金和农村义务教育阶段家庭贫困学生“两免一补”。医疗卫生事业发展得到加强，基本建成省、市、县三级疾病预防控制体系和医疗救治体系。文化、体育、新闻出版和广播影视等其他社会事业发展也取得明显成效，社会保持安定稳定。

6. 环境保护与生态建设取得新成果。生态省建设全面启动，“五江两溪”重点流域和重点区域、行业环境整治得到加强，全面推进城市污水、垃圾处理产业化改革，建成投产一批城市污水、垃圾处理重大工程项目，城市污水处理率、垃圾无害化处理率分别从全国的第 18 位、第 6 位上升到第 10 位和第 4 位，森林覆盖率达 62.96%，城市建成区绿化覆盖率达 35%，生态环境质量综合评价指数位居全国前列。

7. 体制改革取得新进展。国有企业和国有资产管理体制改革继续深化，非公有制经济发展体制环境进一步改善。资本、土地、劳动力等要素市场加快发展，多层次的市场体系已经形成。农村税费改革全面推进，取消农业税及其附加和除烟叶外的所有农业特产税，建立订单售粮直补、良种补贴、最低收购价和农机具购置补贴机制。林权制度改革稳步实施，创新农村工作机制取得新突破。行政管理体制改革、投资体制改革、财税体制改革成效明显，宏观调节体系逐步健全。

8. 城乡居民生活水平有新提高。人民群众从发展中得到更多实惠，城乡居民收入不断增加，城镇居民人均可支配收入和农民人均纯收入达 12300 元和 4440 元，年均实际增长 9.7%和 5.1%；消费需求升级换代，旅游、住房、汽车等大宗消费保持旺盛，全省消费品零售总额年均增长 12.1%，价格总水平保持基本稳定；城镇、农村恩格尔系数分别为 41.0%、46.1%；城镇登记失业率控制在 4%以内，基本建立起以社会保险为主，社会救济、社会福利协同发展的社会保障体系，在全国率先实施农村最低生活保障制度。

福建省“十五”计划目标完成情况

指　标	“十五”计划目标	2005 年完成情况
地区生产总值（亿元）	6030	6487
地区生产总值年均增长（%）	9 以上	10.6
人均地区生产总值（元）	16860	18343
财政总收入年均增长	与 GDP 增长相适应	16.2
全社会固定资产投资率（%）	30	35.8
三次产业结构	12:46:42	12.7:48.6:38.7

三产就业结构	39:24:37	38.3:31.4:30.3
城镇化率（%）	48	47
高新产业增加值占地区生产总值比重（%）	8	1 0
高中阶段教育毛入学率（%）	60 以上	61.4
高等教育毛入学率（%）	13 以上	19
人口自然增长率（‰）	9 以内	5.98
总人口（万人）	3600	3535
森林覆盖率（%）	60 以上	62.96
城市建成区绿化覆盖率（%）	35	35
城镇居民人均可支配收入年均增长（%）	5（实际）	9.7（实际）
农民人均纯收入年均增长（%）	5（实际）	5.1（实际）
城镇登记失业率（%）	4.5 以内	4 以内
城镇居民人均建筑面积（平方米）	29	32
进出口总额年均增长（%）	8	20.6
实际利用外资（亿美元、可比口径）	年均 40	49

“十五”发展取得的辉煌成就，是省委、省政府带领全省人民抢抓机遇、团结奋斗、开拓进取的结果。在我省新一轮发展实践中，省委、省政府根据新的形势，立足新的实践，不断探索福建新一轮发展的思路，形成“四个推进”的指导思想、“四个基本”的目标任务和“四个关键”的工作要求，推出实施八项重要举措，全面构建九大支撑体系，全省上下呈现出风正气顺、人和业兴的良好趋势。这些都为“十一五”的发展积累了丰富经验，奠定了良好基础。

福建新一轮发展战略思路

“四个推进”：推进树立和落实科学发展观，推进构建社会主义和谐社会，推进党的执政能力建设，推进海峡西岸经济区建设。

“四个基本”：

——基本构想：建设对外开放、协调发展、全面繁荣的海峡西岸经济区。

——基本思路：“四个三”、“四个二”、“八项举措”、“九大支撑体系”、“一项根本建设”。

“四个三”：构建对外开放、对内联接、山海协作的三条战略通道；按三个层面促进区域经济协调发展；分三个阶段推进全面建设小康社会的进程；争取比全国提前三年实现全面建设小康社会的奋斗目标。

“四个二”：实施人才强省和可持续发展两大战略；实行城市社区建设和农村乡镇工作两个《纲要》；夯实农业发展和社会稳定两个基础；建立选人用人和反腐倡廉两个机制。

“八项举措”：实施项目带动、发展县域经济、加快产业集聚、壮大中心城市、提升民营经济、转变政府职能、推动海洋开发、促进文化振兴。

“九大支撑体系”：产业发展、基础设施、城镇建设、社会事业、对外开放、区域协作、生态环境、防灾减灾、促进和谐。

“一项根本建设”：党的执政能力建设。

——基本态势：延伸两翼、对接两洲，拓展一线、两岸三地，纵深推进、连片发展，和谐平安、服务全局。

——基本格局：准确定位、主动融入，整合优势、合理布局，外延拓展、内涵深化，互动联动、统筹协调。

“四个关键”：关键在“活”、关键在“和”、关键在“实”、关键在人。

摘自《福建省国民经济和社会发展“十一五”规划纲要》

福建省 2005 年固定资产投资情况

全年全社会固定资产投资 2344.73 亿元，比上年增长 23.5%，其中，城镇投资增长 24.1%，农村投资增长 20.1%（见表 1）。

在城镇投资中，第一产业投资增长 47.5%，比上年提高 55.7 个百分点；第二产业投资增长 30.8%，回落 19.4 个百分点；第三产业投资增长 20.1%，提高 0.5 个百分点。

表 1　　2005 年全社会固定资产投资情况

指　　标	绝对数（亿元）	比上年增长（%）
全社会固定资产投资	2344.73	23.5
城镇	1986.31	24.1
国有及国有控股	871.97	39.1
农村	358.42	20.1

全年房地产开发投资 540.39 亿元，比上年增长 13.1%；商品房销售面积 1894.89 万平方米，其中，现房销售面积占 28.9%，期房销售面积占 71.1%，商品房销售额 595.53 亿元。

全省 189 个在建重点项目投资 480 亿元，占全社会投资的 20.5%，比上年提高 4.3 个百分点。80 个项目建成投产或部分投产，预备重点项目 161 个。全年新开工 90 个重点项目。赣龙铁路投入运营，新增铁路营运里程 159 公里。邵三高速公路投入运营，新增高速公路 166 公里，实现福银线福建段全线通车。东渡港区 15、16、18 号泊位、福州港罗源 3 万吨级多用途码头等建成或基本建成投产，新增港口吞吐能力 1739 万吨。新增电力装机容量 170 万千瓦。液化天然气总体项目扎实推进，5 个城市燃气工程初设获批复，莆田、晋江、厦门三个燃气电厂获国家核准。全省主干电网建设投资 30 亿元，县城电网改造基本建成投产。“数字福建”建设取得新进展，完成福州城区 30 万户有线网络的双向改造，远程医疗一期扩展工程新增 61 个站点，基本实现全省医保联网。

摘自《福建省 2005 年国民经济和社会发展统计公报》

江西省“十一五”经济社会发展基础和主要目标发展基础

“十五”计划的有效实施为今后发展奠定了坚实基础。“十五”时期是江西发展史上不平凡的五年。我们以邓小平理论和“三个代表”重要思想为指导，树立和落实科学发展观，解放思想，开拓创新，走加快发展新路。成功战胜突如其来的非典疫情和频繁的自然灾害，着力解决发展中的突出矛盾。全省改革开放和社会主义现代化建设取得显著成就，提前一年完成“十五”计划主要发展目标，全面和超额完成“十五”时期的各项任务。

——经济进入快速发展新阶段。全省生产总值由 2003 亿元上升到 4070 亿元，按可比价年均增长 11.6%，人均生产总值达到 1140 美元。财政总收入增长 1.48 倍。全社会固定资产投资翻两番。

——经济结构明显改善。国民经济三大产业的比例调整为 18.9、47.4、33.7。工业成为推动经济快速增长的主导力量，在国民经济中的比重上升到 33.7%；农业的基础地位更加巩固；服务业繁荣兴旺。所有制结构进一步改善。城市化率上升到 37%。

——改革开放取得显著成效。农村税费改革、行政审批制度改革、财政体制改革、投资体制改革、国有企业改革、国有资产管理体制改革等取得重大进展。开放型经济取得重大突破，五年利用外资 75.7 亿美元，超过此前 20 年总和。外贸出口的产品结构和企业结构得到重大改善，稳定增长机制初步形成。

——发展环境发生巨大变化。城乡建设加快，面貌焕然一新。实现出省主通道和省会到设区市公路高速化。改造农村公路 3.4 万公里，是“九五”时期的 5 倍。生态环境得到有效保护，森林覆盖率达到 60.05%，省级监控的地表水断面中Ⅰ至Ⅲ类水质占 76.4%。政务环境建设深入推进，投资软环境明显改善。

——人民生活水平进一步提高。城镇居民人均可支配收入和农民人均纯收入年均分别增长 11.1%和 8.9%。价格总水平基本稳定。就业、社会保障和扶贫工作取得明显成效。城镇登记失业率控制在 4%以下。

——社会事业全面发展。重点领域科技攻关取得新进展，科技成果转化加快。农村中小学办学条件明显改善，职业教育发展较快，高校在校生扩大到 64.6 万人，人才进出基本平衡。全省疾病预防控制体系和医疗救治体系得到加强。广播电视人口综合覆盖率进一步提高。全民健身运动蓬勃开展，成功举办第五届全国农民运动会。计划生育成效显著，低生育水平保持稳定。

——精神文明和民主法制建设深入推进。深入持续开展了主题鲜明的解放思想学习教育活动，“求新思变、开明开放、诚实守信、善谋实干”成为广大干部群众的自觉追求。基层民主建设不断加强，各级行政机关依法行政水平明显提高。社会治安和安全生产形势平稳，社会保持稳定。

事实表明，江西在中部地区崛起的态势已现端倪，全省经济社会发展处在一个新的历史起点上。

全省在实践中形成了推动发展的重要理念和经验。回顾过去五年，江西发展之所以比较快，在于坚持以邓小平理论为指导，忠实践行“三个代表”重要思想，牢牢把握发展这个第一要务，紧紧依靠4200万江西人民，激发广大干部群众的积极性、主动性、创造性，聚精会神搞建设、一心一意谋发展。在于探索并坚持实践证明正确的发展思路不动摇，以加快工业化为核心、以大开放为主战略，建设“三个基地、一个后花园”，在此基础上“对接长珠闽、融入全球化”。在实践中形成了新的理念：观念就是财富，思路决定出路，环境是最大的品牌，发展是永恒的主题。积累了不少重要经验：把解放思想贯穿于加快发展的全过程是必须长期坚持的发展之道；积极探索符合江西省情的发展新路是开创发展新局面的关键所在；全方位推进改革开放是推动经济发展和社会进步的力量源泉；在加快工业化同时加强农业基础地位是实现经济社会稳定快速发展的必然选择；把人民群众利益放在首位是正确处理好改革、发展、稳定关系的重要前提；优化发展环境是实现崛起必须常抓不懈的基础工程。这些理念和经验有助于推进经济社会又快又好发展，要继续坚持和完善。

发展环境

“十一五”时期具备又快又好发展的战略机遇和有利条件。经济全球化趋势增强，国际生产要素流动和产业转移步伐加快。国内居民消费结构逐步升级，产业结构调整和城镇化进程加快。社会主义市场经济体制不断完善，国家促进中部地区崛起的战略决策正在实施。全省已积累多年投入和发展能量，发展后劲显著增强。软硬环境极大改善，全省干部群众气顺、劲足、心齐、人和。这些都为我省今后发展创造了有利条件。同时，必须清醒认识到，我们所处在的既是“黄金发展期”，也是“矛盾凸显期”。经济基础仍然比较薄弱，粗放型经济增长方式特征明显，结构性矛盾比较突出；国内外市场竞争激烈，资源环境约束加剧，资金、电力、运力供需矛盾较多；解决“三农”问题和就业问题任务艰巨，影响发展的体制机制问题亟待解决，处理好社会利益关系难度加大。总体上看，机遇大于挑战，国内外环境有利于江西又快又好发展。

加快崛起是全省“十一五”时期最紧迫的任务。我省经济社会发展取得了重要成就，但江西欠发达省份的地位尚未根本改变。“十一五”时期是全面建设小康社会的关键时期，也是江西在中部地区崛起的关键时期。在这一时期经济社会能否又快又好发展，对实现江西在中部地区崛起、全面建设小康社会的目标具有决定性意义。全省上下要紧紧抓住可以大有作为的重要战略机遇期，奋发有为，励精图治，积极应对各种挑战，认真解决长期积累的突出矛盾和问题，在新的起点上开创我省社会主义经济建设、政治建设、文化建设、社会建设的新局面。

总体要求

“十一五”时期经济社会发展的总体要求。以邓小平理论和“三个代表”重要思想为指导，全面贯彻落实科学发展观，紧紧抓住重要战略机遇期，着眼加快崛起、富民兴赣，立足科学发展，着力自主创新，完善体制机制，促进社会和谐，大力推进农业农村现代化、新型工业化、新型城镇化、经济国际化和市场化，建设创新创业江西、绿色生态江西、和谐平安江西，提升发展质量和层次，增强全省经济社会综合实力，为实现江西在中部地区崛起和全面建设小康社会宏伟目标打下坚实的基础。

科学发展观是指导发展的世界观和方法论的集中体现。做好“十一五”时期的各项工作，必须以科学发展观统领经济社会发展全局。为此，全省上下必须切实做到：

——坚持发展是硬道理的战略思想。我国正处于并将长期处于社会主义初级阶段，我省经济不发达的特征明显。要满足人们日益增长的物质文化需求，缓解就业的巨大压力，处理好各种社会矛盾，关键在于发展；要实现江西崛起、全面建设小康社会的目标，必须加快发展。要始终坚持发展是硬道理的战略思想不动摇，坚持以经济建设为中心不动摇，坚持抓好发展这个第一要务不动摇，坚持聚精会神搞建设、一心一意谋发展不动摇，坚持实践证明行之有效的正确发展思路不动摇。

——坚持在发展中提高、在提高中发展。发展必须是科学发展。要进一步转变发展观念，创新发展模式，提高发展质量，落实“五个统筹”，把经济社会发展切实转入全面协调可持续发展的轨道，努力形成好中求快、快中求好的良性发展局面。必须加快转变经济增长方式，着力提高资源利用效率，降低物耗能耗，优化产业结构，提高国民经济整体素质；必须着力提高自主创新能力，积极推进原始创新、集成创新和引进消化吸收再创新，提高科技进步对经济增长的贡献率和经济的竞争力；必须大力促进城乡协调发展，把加快工业化、城镇化进程与解决好“三农”问题更紧密地结合起来，在致力于增强农业农村自我发展能力的同时，增强工业反哺农业、城市支持农村的能力；必须切实保护生态环境，坚持“既要金山银山，更要绿水青山”，加快建设资源节约型、环境友好型社会，做到节约发展、清洁发展、安全发展，实现可持续发展。

——坚持用发展和改革的办法解决前进中的问题。发展中的问题要靠进一步发展来解决，改革中的矛盾要靠深化改革去化解。要深入实施大开放主战略，加快经济国际化进程，充分利用国际国内两种资源、两个市场，为经济发展拓展更广阔的空间；深入推进市场化改革，下更大决心、以更大力度清除制约经济社会发展的体制机制障碍，增强发展的活力和动力；深入推进全民创业，充分调动和发挥各方面的创造性，最大限度地激发全民创业的潜能，加快富民兴赣进程。

——坚持把最广大人民的根本利益作为一切工作的出发点和落脚点。贯彻以人为本的要求，坚持发展为了人民、发展依靠人民、发展成果由人民共享，大力加强和谐社会建设。更加注重经济社会协调发展，加快发展社会事业，促进人的全面发展；更加注重社会公平，在经济发展的基础上不断改善人民群众的生活，切实维护群众利益；更加注重民主法制建设，正确处理改革发展稳定的关系，保持社会安定团结。

主 要 目 标

综合考虑我省发展的趋势和条件，“十一五”时期，我省在中部地区崛起进程中要有更大作为，完成全面建设小康社会的阶段性任务。主要目标是：

——经济实力进一步增强。全省生产总值按可比价年均增长 11%，人均生产总值达到 2000 美元以上。财政总收入年均增长 15%。全社会固定资产投资年均增长 16%。社会消费品零售总额年均增长 13%，价格总水平涨幅控制在年均 3%左右。

——经济增长质量明显改善。资源利用效率显著提高，力争单位生产总值能耗降低 20%。自主创新能力增强，全社会研究与试验开发经费支出占全省生产总值的比重达到 1.2%。科研成果向现实生产力转化加快，科技进步对经济增长的贡献率达到 50%以上。

——经济结构继续优化。国民经济三大产业比例调整为 13:52:35。农业综合生产能力进一步提高，工业增加值占全省生产总值的比重达到 40%以上，服务业层次上升。所有制结构进一步改善。产品结构和企业组织结构更趋合理，形成一批拥有自主知识产权和品牌产品、市场竞争力较强的优势企业。

——市场经济体制比较完善。行政管理、国有企业、财税、金融、科技、教育、文化等领域的改革和制度建设取得突破。对外开放进一步扩大，实际利用外资年均增长 10%，外贸出口年均增长 15%，开放型经济达到新水平。

——统筹城乡发展取得重大进展。大中小城市和小城镇布局合理，城市功能全面提升，城市化率提高到 45%以上。消除城乡二元结构的体制性障碍取得新进展，建设社会主义新农村取得明显实效。

——公共服务更加健全。九年义务教育普及和巩固，职业教育大力发展，高等教育质量明显提高。公共卫生和基本医疗服务进一步加强，公共文化服务体系比较健全。五年新增城镇就业 230 万人，城镇登记失业率控制在 5%以内，基本养老保险参保人数扩大到 550 万人，新型农村合作医疗覆盖率达到 80%以上。防灾减灾能力增强，社会应急体系基本健全，公共安全状况进一步好转。

——人民生活水平进一步提高。城镇居民人均可支配收入达到 13000 元，农民人均纯收入达到 4600 元。城乡居民恩格尔系数分别降到 0.4 和 0.5 以下。城镇人均住房使用面积达到 30 平方米，农村人均居住面积达到 35 平方米。城乡居民文化生活更加丰富，民主法制建设和精神文明建设取得新进展。

——可持续发展能力增强。人口自然增长率控制在 8‰以内。耕地总量占补平衡。全省森林覆盖率达到 63%。各类污染物排放得到有效控制和治理，城镇生活污水集中处理率达到 60%，城镇生活垃圾无害化处理率达到 70%，设区城市空气质量达到国家二级标准。江西环境优美、山清水秀，成为我国独具特色魅力的生态强省。

摘自《江西省国民经济和社会发展第十一个五年规划纲要》

附："十五"计划主要发展目标完成情况

指标	"十五"计划目标	实际完成情况
生产总值	3000 亿元 年均增长 8%	4070 亿元 年均增长 11.6%
三大产业比例	20:40:40	18.9:47.4:33.7
工业增加值占生产总值的比重	30%	33.7%
财政总收入	275 亿元 年均增长 10%~11%	425.7 亿元 年均增长 19.9%
全社会固定资产投资	920 亿元 年均增长 10%	2293 亿元 年均增长 33.5%
全社会消费品零售总额	1080 亿元 年均增长 9%	1236.2 亿元 年均增长 11.9%
出口总额	19 亿美元 年均增长 10%	24.4 亿美元 年均增长 15.3%
利用国外、境外、省外资金	五年累计 1000 亿元	国外、境外资金 75.7 亿美元 省外资金 3000 多亿元
城镇居民人均可支配收入	7160 元 年均增长 7%	8620 元 年均增长 11.1%
农民人均纯收入	2930 元 年均增长 6.5%	3266 元 年均增长 8.9%
总人口	控制在 4470 万人 人口自然增长率 9‰	2005 年末 4317 万人 人口自然增长率 8‰
城镇就业	五年新增 120 万人	五年新增 186 万人
城镇登记失业率	年均 5%	年均 3.57%
城市化率	32%	37%
高等教育毛入学率	15%	20.5%
森林覆盖率	60%	60.05%
城镇居民人均住房使用面积	28 平方米	28 平方米

江西省 2005 年固定资产投资情况

固定资产投资平稳较快增长。全社会固定资产投资 2293 亿元，比上年增长 26%，其中城镇固定资产投资 1933.9 亿元，增长 30.9%。三次产业投资全面增长。在城镇投资中，第一产业 24.0 亿元，增长 1.9 倍，增幅居三次产业之首；第二产业 725.8 亿元，增长 41.0%，其中工业投资 721.9 亿元，增长 40.8%；第三产业 1184.1 亿元，增长 24.0%。非国有投资快速增长，比重提高。城镇非国有投资突破 1000 亿元，达到 1067.6 亿元，增长 41.6%，占全省城镇投资的 55.2%，比重提高 4.2 个百分点。

重点项目和基础设施建设继续加强。全省实施重点工程项目 82 项，其中总投资 5 亿元以上的项目 45 项，10 亿元以上的项目 25 项。省重点工程建设完成投资 246.9 亿元，增长 16.3%。以高速公路为重点的交通基础设施建设继续加强。开工建设景德镇一鹰潭、南康一大余高速公路，续建景婺黄高速公路，建成泰井、乐温高速公路，高速公路通车总里程达到 1580 公里，所有出省主通道和省会南昌到各设区市道路实现了高速化，硬化和改造农村公路 3.4 万公里。电源网点建设步伐加快，一批电厂续建扩建。

摘自《江西省 2005 年国民经济和社会发展统计公报》

山东省“十五”国民经济和社会发展回顾

“十五”时期是不平凡的五年。全省人民在党的领导下，高举邓小平理论和“三个代表”重要思想伟大旗帜，认真贯彻党的十六大和十六届三中、四中全会精神，以科学发展观统领全局，全面贯彻省八次党代会精神，落实省委“一二三四五六”的发展目标和工作思路，解放思想，干事创业，加快发展，克服非典疫情、重大自然灾害等各种困难，国民经济持续快速健康发展，社会更加文明进步，人民生活水平明显提高，“十五”主要计划指标提前一年完成。

综合经济实力上了一个新台阶。国民经济呈现逐年加速增长的良好态势，全省生产总值于2002年和2004年连续登上1万亿元和1.5万亿元两个台阶，2005年达到18468.3亿元，年均增长13.2%，人均生产总值达到2447美元。政府财力持续扩大，地方财政收入达到1072.7亿元，同口径年均增长22.5%。

产业竞争力进一步增强。优质、高产、高效农业发展步伐加快，农业产业化和市场化水平不断提高，农业增加值年均增长4.8%。工业化进程明显加快，形成和涌现了一大批优势产业群、核心竞争力强的大企业和国内外知名品牌，第二产业增加值年均增长16%。现代服务业主导带动作用不断增强，传统服务业日益繁荣，成为拉动经济增长和增加就业的重要力量，服务业增加值年均增长12%。

外经外贸、高新技术产业和民营经济实现历史性跨越。2005年实际利用外商直接投资89.7亿美元，出口总值达到462.5亿美元，分别比2000年增长2倍。出口结构进一步优化，机电产品所占比重达到29.3%，居全省出口产品首位。高新技术产业产值占规模以上工业总产值的比重达到24.1%，年均提高2个百分点。民营经济规模、素质、经营水平迈上新台阶，非公有制经济增加值所占比重由2000年的31.6%提高到48%。

经济体制改革取得新的进展。国有企业改革迈出新步伐，90%以上的国有大中型工业企业实现了投资主体多元化。农村税费改革和粮食、棉花流通体制改革深入推进，全省农民累计减负220多亿元，累计对种粮农民直接补贴16.3亿元。政府职能转变步伐加快，新一轮政府机构改革基本完成。经营性用地使用权招标、拍卖和挂牌出让制度普遍推开。各项社会事业改革迈出了新步伐。

重点建设成就显著。固定资产投资年均增长30%，五年累计29816亿元，是“九五”时期的2.93倍。基础设施和基础产业进一步加强，南水北调东线山东段进展顺利，高速公路通车里程达到3163公里，铁路营业里程3257公里，沿海港口货物吞吐量3.8亿吨，电力装机总容量3600万千瓦，分别增长58%、17%、124%和80%。

城乡面貌发生较大变化。城市规模、现代化水平和辐射带动能力不断提高，区域发展呈现互联互动良好态势。城镇化水平由2000年的38%提高到2005年的45%，山东半岛已成为全国最密集的城市和产业聚集区之一。农村公路改造完成8.8万公里，村村通电、通车、通电话基本实现，自来水普及率达到52%。

社会事业繁荣发展。科技进步对经济贡献能力不断提高，五年共取得重要科技成果1.4万项，授权专利4.36万件。普及九年制义务教育成果更加巩固，高等教育高速发展，普通高校在校生达到117.1万人，比2000年增长2.9倍。“文化大省”建设步伐加快，医疗卫生得到加强，抗击“非典”取得全面胜利，竞技体育水平显著提升。低生育水平继续保持稳定，人口自然增长率年均5.2‰。

城乡居民生活水平和质量明显提高。城镇居民人均可支配收入达到10744.8元，农民人均纯收入3930.6元，年均分别增长10.6%和8.1%。城乡居民人均住房面积分别达到21.9平方米和29.6平方米。累计新增城镇就业453.4万人，转移农村劳动力552.7万人。社会保障覆盖面逐步扩大，2863万农民参加新型农村合作医疗，失地农民基本生活保障制度初步建立。

生态省建设取得新成效。环境保护得到大力加强，循环经济有效推进。单位GDP二氧化硫排放强度下降48%；城市污水集中处理率达到50%，生活垃圾无害化处理率达到35%；森林覆盖率达到24%，城乡居民生活环境进一步改善。

五年来经济社会发展取得的巨大成就，是省委、省政府认真贯彻党中央和国务院一系列方针政策，带领全省人民抓住机遇、团结奋斗、开拓进取的结果。省委、省政府求真务实，创新思路，制定并实施了一系列行之有效的战略决策和工作部署。

一是解放思想，推动加快发展。把解放思想、更新观念作为加快发展的首要环节，用发展的办法解决前进中的问题，用市场经济的办法抓经济工作，用创新的精神培植发展新优势，努力开创改革开放和现代化建设的新局面。

二是与时俱进，创新发展思路。全面落实中央宏观调控政策，把握发展趋势，确立了“一二三四五六”的发展目标和工作思路，实施加快半岛城市群发展，打造制造业强省，促进区域经济协调发展，繁荣发展服务业，大力发展循环经济，建设节约型社会等一系列战略部署，促进了经济社会持续快速协调发展。

三是抓住关键，实施重点突破。培育外经外贸、高新技术和民营经济“三个亮点”，培植支柱产业、大型企业、知名品牌“三个一批”，突出青岛龙头带动作用，实施东部突破烟台、中部突破济南、西部突破菏泽，促强扶弱带中间，加快县域经济发展，带动了全省结构优化和整体素质的提高。

四是执政为民，维护群众利益。把以人为本作为一切工作的出发点和落脚点，实施“十大民心工程”，着力为人民群众解决热点难点问题，以路水电医学为重点，不断改善农村生产生活条件，把构建社会主义和谐社会落到实处，使人民群众在改革发展中得到更多实惠。

五是凝聚力量，优化发展环境。加强“平安山东”、“诚信山东”和“文明山东”建设，深入开展保持共产党员先进性教育活动，大力营造团结奋进的人文环境、稳定和谐的社会环境、诚信法治的市场环境、务实高效的服务环境、积极向上的舆论环境，在全省形成风正气顺心齐、团结一致干事业、齐心协力促发展的浓厚氛围。

六是求真务实，提高工作成效。积极推进政府职能转变，坚持依法行政，实施政府工作提速，建立健全决策目标、执行责任、考核监督“三个体系”，环环相扣抓实施，不间断地抓重点促全面，不断完善激励干事创业的机制和制度，坚持从实际出发，创造性开展工作，全省上下思路清、工作细，真抓实干，埋头苦干，确保各项重大决策贯彻落实。

在加快发展的同时，经济社会发展中仍存在一些突出的矛盾和问题，主要是：经济的结构性矛盾仍比较突出，产业层次和素质偏低，自主创新能力不强；体制性障碍依然存在，市场化程度不高，应对经济国际化的能力不够强；发展不全面、不协调的问题日益明显，城乡、区域经济发展不平衡，生态环境仍比较脆弱，社会建设和管理滞后，某些方面还存在不稳定因素。对此，要高度重视，努力加以解决。

摘自《山东省国民经济和社会发展第十一个五年规划纲要》

山东省2005年固定资产投资情况

固定资产投资增长较快。全社会固定资产投资完成10541.5亿元，比上年增长38.9%。其中，城镇规模以上投资完成7274.8亿元，增长34.7%。从投资产业结构看，第一产业完成投资308.4亿元，增长23.5%；第二产业完成投资6653.5亿元，增长45.4%；第三产业完成投资3579.6亿元，增长29.6%。

投资结构进一步优化。国家及省重点支持和鼓励的高新技术产业、先进制造业、社会事业等领域投资实现较快增长。高新技术产业投资完成710.5亿元，比上年增长53.2%；机械电子工业投资完成1500.0亿元，增长63.1%；卫生和社会福利业投资完成52.4亿元，增长78.2%；公共管理和社会组织投资完成614.1亿元，增长44.1%。全年新开工项目3.6万个，其中亿元以上大项目3554个，增长45%。

房地产开发投资平稳增长。房地产开发投资完成974.3亿元，比上年增长27.4%，增幅比上年回落4.6个百分点。其中，商品房建设投资674.7亿元，增长28.0%；土地开发投资45.2亿元，增长44.6%；土地购置投资166.8亿元，增长11.9%。从商品房建设用途看，住宅投资增长27.0%，商业营业用房投资增长19.0%，其他商品房投资增长36.8%。

商品房市场保持热销态势。全年销售商品房3164.5万平方米，比上年增长41.3%，商品房销售面积超过竣工面积2.4万平方米，住宅销售占商品房销售总量的90.5%。在住宅销售总量中，个人购买商品住宅占88.9%。

摘自《山东省2005年国民经济和社会发展统计公报》

河南省 2005 年及“十五”工作回顾

2005 年，省人民政府在党中央、国务院和省委的正确领导下，抓住国家促进中部崛起的机遇，全面落实科学发展观，积极构建和谐社会，团结奋进，扎实工作，圆满完成了省十届人大三次会议确定的各项目标任务。

——经济总量跃上新台阶。初步核算，全省生产总值达到 10535.2 亿元，增长 14.1%。其中，第一产业 1843 亿元，增长 7.5%；第二产业 5539.3 亿元，增长 17.6%；第三产业 3152.8 亿元，增长 12.6%。人均生产总值突破 1 万元。

——工农业生产再创新高。规模以上工业增加值达到 3228 亿元，实现利润 668 亿元，分别增长 23.3%和 64.5%；粮食总产 916.4 亿斤，增长 7.6%，新增产量占全国的四分之一。

——内外贸易快速发展。社会消费品零售总额 3358 亿元，增长 14.3%；进出口总额 77.4 亿美元，增长 17%；实际利用外商直接投资 12.3 亿美元，增长 40.7%。

——固定资产投资增势强劲。全社会固定资产投资 4350 亿元，增长 38%。其中，城镇投资 3500 亿元，增长 41%。

——财政实力明显增强。地方财政一般预算收入 537.5 亿元，增长 30.9%；一般预算支出 1115.5 亿元，增长 26.8%。金融机构各项存款余额突破 1 万亿元。

——就业再就业工作成效显著。全年城镇新增就业 136.5 万人；下岗失业人员实现再就业 64.7 万人，其中“4050”人员 17.9 万人；城镇登记失业率 3.5%。

——人民生活水平进一步提高。城镇居民人均可支配收入 8650 元，实际增长 10%；农民人均纯收入 2870 元，实际增长 7.5%。

2005 年各项目标任务的胜利完成，标志着“十五”期间我省经济社会发展实现了具有重要意义的突破和跨越。综合实力显著增强。国民经济连续五年实现了较高的增长速度和较高的增长质量，生产总值年均增长 11.4%，高出全国 2 个百分点。与 2000 年相比，经济总量增长 70%以上，地方财政一般预算收入和支出均实现翻番。结构调整迈出实质性步伐。二、三产业比重达到 82.5%，比“九五”末提高 4 个百分点以上。2005 年全部工业增加值 4923 亿元，对经济增长的贡献率达 56.7%。五年累计转移农村人口 600 多万人，城镇化率达到 30.7%，提高 7.5 个百分点。基础设施建设成效显著。五年完成固定资产投资 1.3 万亿元，是“九五”时期的 2.1 倍。新增有效灌溉面积 168 万亩、高速公路通车里程 2173 公里、发电装机容量 1349 万千瓦。对外开放取得新进展。五年累计进出口总额 250.6 亿美元，是“九五”期间的 2.6 倍，其中出口 160.9 亿美元。人民群众得到较多实惠。居民消费价格总水平基本稳定，城镇居民人均可支配收入、农民人均纯收入年均实际增长 9.5%和 5%，城乡居民人均居住面积分别达到 16.1 平方米和 27.2 平方米。社会事业全面进步。科技进步对经济增长的贡献率进一步提高；普通高校在校生 85.2 万人，比“九五”末增长 2 倍多；医院病床数 20.9 万张，比“九五”末增长 14.5%；人口自然增长率低于全国平均水平。经过五年的努力，我省经济社会发展站在了新的战略起点上，进入了全面提升产业层次、加快经济转型、促进统筹协调发展的新阶段。

回顾 2005 年及“十五”的工作，主要做法和体会是:

（一）坚持把发展作为第一要务，加快“三化”进程

紧紧围绕全面建设小康社会、奋力实现中原崛起目标，加快工业化、城镇化，推进农业现代化。走新型工业化道路，不断推进产业结构优化升级。五年投入工业结构调整和高新技术产业化专项资金 102 亿元，支持了一批重大工业结构升级项目，拉长了产业链条，提升了产业层次和竞争力。着力支持百户重点企业发展，加快培育大型企业集团。去年对煤化工和石油化工、铝工业、汽车及零部件、食品、纺织等优势产业和高新技术产业进行深入调研，规划了一批重大发展项目。去年全省规模以上工业企业实现利税总额 1202 亿元，产品销售收入 10049 亿元，分别比 2000 年增长 2.5 倍和 2.1 倍；全省销售收入超 100 亿元的工业企业达到 6 家，超 200 亿元企业 3 家。我省已成为新兴的工业大省。同时，加快旅游、文化、现代物流等新兴服务业发展。去年接待海内外游客突破 1 亿人次，旅游总收入突破 800 亿元。实施中心城市带动战略，着力加快中原城市群和县域经济发展。加强城市基础设施建设，加快城市产业发展，制定了中原城市群发展规划，建立了协调机制，郑州、洛阳等城市新区初具形象，去年中原城市群生产总值已占全省的 57%。出台了支持县域经济发展的政策措施，加大财政转移支付力度，两年安排专项资金 6 亿元，扶持了一批县域产业和基础设施项目，县域经济发展活力明显增强。去年财政一般预算收入超亿元的县市有66个，超2亿元的35个，超5亿元的10个，巩义市超10亿元；县均财政支出规模达4.8亿元，比上年增加1.2亿元。加快农业结构调整，推进“两个基地”建设。不断强化惠农政策，仅去年各项支农支出就达263亿元，比上年增加66.1亿元。实施了优质粮食产业工程，集中农业综合开发资金重点支持24个产粮大县。优质粮食和优质畜产品生产加工基地建设成效显著，优质专用小麦面积达4039万亩，占小麦播种面积的一半以上；畜牧业产值占农业总产值的比重达40%；农产品加工转化能力不断增强，粮食、肉类、乳品加工能力达到3200万吨、390万吨和145万吨。大力发展劳务经济，外出务工人员达1557万人，劳务总收入730亿元。

（二）坚持创造性开展工作，在宏观调控中加快发展

积极贯彻国家宏观调控政策，从实际出发，在发展中顺应调控、在调控中谋求发展，区别对待、有保有压，清理了一批不符合国家产业政策的投资项目，压缩淘汰了一批落后的电解铝、水泥等生产能力；适时调整投资重点，加强薄弱环节建设，着力加快国家鼓励发展的农业、水利、交通、能源、社会事业等基础产业和基础设施建设。加大融资工作力度，引导金融机构加大信贷投放，扭转了信贷资金一度出现的大幅度下滑局面，保持了信贷规模适度增长。在严格土地管理的同时，积极扩大增量、盘活存量，大力开展“空心村”、砖瓦窑场、工矿废弃地“三项整治”，三年来盘活存量土地75.9万亩，基本保障了建设用地需要。加强对煤炭、电力、运力以及紧缺资源的调节和调度，努力缓解瓶颈制约。国家实施宏观调控政策以来的三年，我省生产总值年均增长12.8%，高出全国3个百分点，保持了持续快速发展的良好态势。

（三）坚持改革开放，努力增强经济社会发展活力

不断把改革向纵深推进、向广度拓展，一些重点领域和关键环节的改革取得突破。国有企业改革迈出实质性步伐。以产权制度改革为核心，积极引进战略投资者，大力发展混合所有制经济，92%的国有工业企业实现股权多元化，86%的大中型企业完成主辅分离，国有企业下岗职工全部出再就业服务中心。非公有制经济快速发展。制定了促进非公有制经济加快发展的政策措施，不断优化发展环境，非公有制经济占全省的比重已达50%，比“九五”末提高15.5个百分点。农村税费改革取得重要阶段性成果。全面取消了乡统筹、农村教育集资等专门面向农民征收的行政事业性收费和政府性基金，取消了除烟叶以外的农业特产税，提前全部免征农业税，全省农民累计减负增收达270亿元；实施对种粮农民直接补贴、良种补贴和大型农机具购置补贴，调动了农民种粮积极性。机构改革和行政审批制度改革成效明显。通过新一轮省市县机构改革，政府机构、人员编制均精简25%左右。乡镇机构改革顺利完成，减少乡镇153个，减少乡镇行政事业机构3117个，清退临时人员2万多人，分流超编人员17万多人。清理规范行政审批事项，省级行政许可项目保留473项，比2000年减少410项。粮食流通体制改革取得突破性进展。全面放开粮食购销市场和价格，累计分流安置富余人员19.7万人，1718家企业退出国有粮食购销企业序列，粮食购销市场主体多元化格局初步形成。农村信用社改革进展顺利。145家县级联社获得专项央行票据认购权，管理水平明显提高，经济效益整体好转。矿产资源整合完成阶段性任务。两年整合31家地方国有煤矿、15家国有在建矿井，关闭小煤矿857个、小铝土矿92个。与此同时，交通、城建、水利、科技、教育、文化等领域的改革都迈出了新步伐。

适应加入世贸组织后的新形势，积极实施开放带动主战略，大力东引西进，加快发展开放型经济。目前我省已与170多个国家和地区建立了经贸关系。世界500强企业已有35家落户中原。宝钢、蒙牛等一批国内大企业投资我省。近三年引进省外资金千亿元以上，去年超过500亿元。郑州出口加工区封关运行。英国MK、泰国曼谷、阿联酋联合等一批国际航空公司进入我省，开通了6条客货运航线。

（四）坚持优化投资结构，不断增强发展后劲

加大政府投资力度，积极引导社会资金投入，建成和开工了一大批事关经济社会发展全局的重大建设项目，培育了一批新的经济增长点，为经济社会长远发展提供了有力支撑。2005年全社会固定资产投资中，民间投资比重达56%，比2000年提高11个百分点；工业投资1900亿元左右，是2000年的4倍。中原交通大通道建设步伐加快，高速公路路网主框架基本形成，18个省辖市全部通达高速；通车总里程达到2678公里，由“九五”末全国第13位上升到第4位；在建高速公路里程居全国首位。一批高参数、大容量机组投产发电，电力装机总容量达到2881万千瓦，为建设全国重要火电基地奠定了基础。盘石头水库主体工程完工，一批骨干水利工程相继建成投用，防洪除涝能力明显提高。郑大、河大新校区和省体育中心等社会事业项目建成投用。一批城市供水、污水和垃圾处理项目建成或开工，城市基础设施进一步完善，城市面貌明显改观。

（五）坚持以人为本，让广大人民群众得到更多实惠

投入更多精力和财力，切实解决关系群众切身利益的问题。认真做好就业和社会保障工作，五年城镇新增就业 422 万人，下岗失业人员再就业 250 万人，其中“4050”人员 60 万人。企业职工基本养老保险实行市级统筹，国有企业下岗职工基本生活费、失业人员失业保险金、企业离退休人员养老金按时足额发放，139 万城市低保对象基本生活得到保障。全面实施农村特困户救助，105 万特困群众按月按标准享受救济。建立了农村五保供养新机制。62 个县市区开展了农村低保试点。三年筹措资金 154 亿元，新建和改造农村公路 4.6 万公里，提高了“村村通”工程补助标准，解决了 10014 个行政村的通油路问题。筹措 27.9 亿元改造农村中小学校 16666 所，消除 D 级危房 596.9 万平方米。去年解决了重污染地区 965 个村、152.5 万人的饮水安全问题。完成 1107 所乡镇卫生院改造。认真落实农村义务教育“两免一补”政策，去年安排 11.6 亿元资金，资助农村贫困家庭中小学生 619.6 万人。五年共有 400 万农村贫困人口脱贫，帮助受灾群众重建住房 41 万间。改造了农村电网，实现了城乡居民生活用电同价。加大清理建设领域拖欠工程款和农民工工资工作力度，维护了进城务工人员合法权益。

（六）坚持统筹协调，积极推进和谐社会建设

强化政府社会管理和公共服务职能，努力促进社会全面进步。社会事业加快发展。加大科技投入，实施科技富民、制造业信息化等科技工程，获得国家级奖励科技成果 55 项、国家授权专利 15199 项。新当选院士 6 人。巩固提高“两基”成果，扩大高校招生规模，大力推进职业教育，各级各类教育全面协调发展。编制内农村中小学教师工资按时足额发放。高等教育毛入学率达到 17%。夺取抗击“非典”重大胜利后，适时启动疾病预防控制和医疗救治体系建设，建成了省市县 130 个疾病预防控制中心、17 所市级传染病医院、18 所市级紧急救援中心和 108 所县级综合医院传染病区。在 25 个县开展新型农村合作医疗试点，参合农民 1118 万人。实施农村部分计划生育家庭奖励扶助政策，去年 5.6 万人享受到奖励扶助。实施文化精品工程，《程婴救孤》、《风中少林》等文艺精品剧目荣获国家级大奖。竞技体育水平不断提高，五年来在国家级以上比赛中获得金牌 228.5 枚。生态环境进一步改善。先后对省辖海河、黄河、淮河流域和南水北调中线工程水源地水污染进行专项治理，去年对污染严重的洪汝河等 3 个流域和小造纸等 5 个工业区进行重点整治，五年共关闭、取缔污染严重的企业 3860 家。实施天然林保护、退耕还林等工程，五年完成营造林面积 2271 万亩。安全生产形势逐步好转。不断强化安全生产工作，事故起数和死亡人数逐年下降。去年与 2002 年相比，减少事故 28509 起，减少死亡 2158 人，分别下降 47.5%和 29.4%。精神文明和民主法制建设得到加强。广泛开展“道德规范进万家、诚实守信万人行”活动。积极开展向常香玉、任长霞、李学生等先进人物学习活动。深入推进文明城市、文明景区等精神文明创建活动。全省已创建 14 个中国优秀旅游城市、12 个国家卫生城市、3 个国家园林城市。顺利完成第四、第五届村委会换届选举。深入开展民族团结进步教育活动。完成了“四五”普法任务。五年提请省人大及其常委会审议地方性法规 36 件，制定、发布行政规章 35 件。自觉接受人大及其常委会的法律监督、工作监督和政协民主监督，认真办理人大代表建议和政协提案。廉政建设和反腐败斗争取得新成效。深入开展双拥工作，巩固军政军民团结。民兵预备役工作有了新进步。加强社会治安防控体系建设，严厉打击各类违法犯罪活动。依法做好信访工作。建立健全应急机制。社会大局保持稳定。

过去的五年是我省发展历史上不平凡的五年，是全省上下开拓创新、奋发有为的五年，是实现中原崛起迈出坚实步伐的五年。五年来，我们积极探索并走出一条符合河南实际的发展路子，为今后的发展积累了经验。主要体会是:必须牢固树立科学发展观，坚持以人为本，着力解决发展中的突出矛盾和问题，努力推动经济社会、城乡、区域、人与自然协调发展；必须不断解放思想，强化机遇意识，坚持正确的发展战略和目标不动摇，咬定发展不放松；必须坚持一切从实际出发，理清发展思路，发挥自身优势，创造性地开展工作；必须大力弘扬求真务实之风，强化工作责任，狠抓工作落实，确保各项工作取得实效；必须充分调动方方面面的积极性，凝聚广大干部群众的智慧和力量，齐心协力、团结拼搏，努力形成百舸争流、竞相发展的良好局面。

我们也清醒地看到，我省经济社会发展中仍然存在着一些深层次矛盾和问题:经济高速增长主要依赖生产要素的高投入和资源的高消耗，经济发展与人口资源环境的矛盾日趋尖锐；城乡发展不平衡问题比较突出，城乡居民收入差距拉大，少数县困难状况没有根本改变；部分领域改革滞后；经济外向度低等。当前的发展中也出现了一些新情况新问题:粮食增产和农民增收难度加大；部分企业亏损严重，个别行业面临产能过剩压力；一些群众的生产生活还比较困难，关系群众切身利益的上学、就医等问题仍然突出；安全生产形势依然严峻等。对此，我们一定高度重视，在今后的工作中认真加以解决。

摘自《河南省政府工作报告》

河南省2005年固定资产投资情况

固定资产投资继续保持快速增长。全社会完成固定资产投资4378.69亿元，比上年增长41.3%。其中，城镇投资3528.29亿元，增长44.9%；农村投资850.40亿元，增长28.0%。

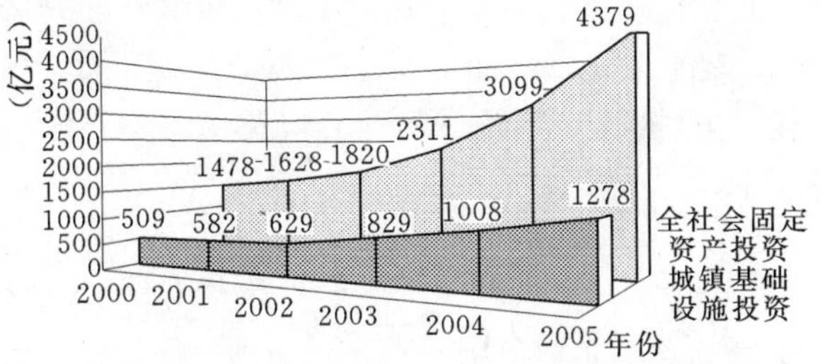

2000～2005年全社会固定资产投资和城镇基础设施投资

投资结构进一步优化，活力不断显现。城镇工业投资保持高速增长，全年工业投资1668.16亿元，比上年增长53.9%。其中，煤炭、化工、机械、食品、纺织等支柱行业投资增速均保持在50%以上。农林牧渔业和第三产业的交通运输、环保、社会事业等薄弱行业投资得到加强，增速均保持在30%以上。民间投资增势强劲，国有及国有控股单位投资比重不断下降。民间投资增长85.8%，对城镇投资增长的贡献率达到69.8%，占城镇投资的比重为46.9%；国有及国有控股单位投资增长18.6%，占城镇投资的比重为46.2%，首次低于50%，比上年下降10.3个百分点。企业自主筹资能力增强。在城镇资金来源中，自筹资金2258.89亿元，增长67.1%；利用外资62.90亿元，增长31.0%。

投资规模进一步扩大，重点项目建设进展顺利。全省城镇施工项目13493个，比上年增加4148个；投资规模7138.40亿元，增长35.9%。158个省重点项目完成投资660亿元，增长23.6%。郑州西南绕城高速公路、少林寺至洛阳高速公路、商亳高速公路、鹤壁电厂二期2×30万千瓦、伊川电力2×30万千瓦、新乡化纤三期年产1万吨粘胶长丝、洛阳炼油厂年产18万吨聚酯等40个重点建设项目全部或部分工程竣工投产；济东高速长垣段、郑煤赵家寨矿、安彩集团年产400万平方米液晶玻璃、郑州到西安客运专线、南水北调穿黄工程等37个重点项目开工建设。

房地产开发运行平稳。全省房地产开发投资388.52亿元，比上年增长50.1%。施工面积进一步扩大。全省在建的商品房屋施工面积4902.98万平方米，增长24.4%，其中商品住宅3895.44万平方米，增长17.9%。市场供需两旺。全省商品房屋竣工面积1370.94万平方米，增长20.8%；商品房销售面积1655.88万平方米，增长56.9%。

全年新增主要生产能力：原煤开采590万吨，天然原油开采69.12万吨，天然气开采1.7亿立方米；新增公路里程1923公里，其中高速公路920公里；新增发电装机容量458.1万千瓦；日污水处理能力3万吨。

摘自《2005年河南省国民经济和社会发展统计公报》

湖北省“十五”时期经济和社会发展取得重大成就

“十五”时期，在党中央、国务院和省委的正确领导下，全省上下坚持以科学发展观统领经济社会发展全局，按照构建和谐湖北的总体部署，卓有成效地推进繁荣湖北、法治湖北、信用湖北、文明湖北和平安湖北建设。全省上下抢抓机遇、奋力拼搏、求是创新、扎实工作，先后成功应对非典疫情和汉江洪水等自然灾害的挑战，有效抑制经济运行和社会发展中出现的不稳定不健康因素，长期困扰我们的农民负担重、国企改革任务重、防汛任务重、财政包袱重等矛盾和问题有较大缓解。全省上下立足于“打基础、管长远”的工作，着力解决“三农”问题、着力培育市场主体和有竞争力的优势产业、着力推进县域经济发展和武汉城市圈建设、着力营造良好的体制机制和发展环境、着力培养各级干部清廉务实的作风，全省改革开放迈出新的步伐，经济发展呈现速度加快、结构改善、效益提高、活力增强的良好态势，各项社会事业全面进步，民主法制建设和精神文明建设继续加强，人民生活水平明显提高。“十五”计划确定的主要发展目标提前完成和超额完成，较好地实现了“三年有明显变化”的总体要求。

一、经济实现平稳较快发展

“十五”时期，全省生产总值年均增长10.1%，人均生产总值突破万元大关。农业综合生产能力增强。主要产品产量增长，优质率提高，粮食总产量达到2177.4%万吨，主要经济作物产量刷新历史纪录，其产值占农业产值比重超过60%，水产品、生猪优质率达到60%，“双低”油菜、淡水产品产量保持全国第一。农业产业化经营带动农户能力明显增强。工业经济持续快速增长。大力推进“三个三工程”、八大行业结构调整和高新技术产业化，实施全省新型工业化规划纲要卓有成效。高新技术产业增加值完成630亿元，年均增长16.2%，建成100多个国家高技术产业发展项目，促进了产业的优化升级。武汉国家光电子产业基地建设及武钢、武烟结构调整显现成效，东汽与日产、本田，冶钢与中信泰富合资合作等一批重大项目建成发挥效益。列入“三个三工程”的100家重点企业实现利润、税金均占全省工业的60%以上。工业经济效益综合指数达到166.2%，创历史新高。服务业迅速发展。以大型综合性超市、仓储式购物中心、连锁经营店为代表的新型流通方式和新型业态快速发展，金融、信息、文化、旅游、房地产等服务业迅速成长，消费结构升级加快，住房、汽车、通信、旅游等成为消费热点，社会消费品零售总额年均增长11%。全口径财政收入突破千亿元大关，其中地方一般预算收入达到374.2%亿元。武汉城市圈建设加快推进，基础设施、区域市场、产业布局、城乡建设四个一体化启动，经济发展速度比全省平均水平高2个百分点。县域经济“一主三化”进程加快，民营经济已成为县域经济的主体，经济实力和活力显著提高。

二、经济发展后劲明显增强

着力推进“改革体制、改善环境、改进作风和培育市场主体”，经济发展活力和发展后劲明显增强。五年全社会固定资产投资总额完成10321.7亿元，比“九五”时期增长71.4%，年均增长14.8%。投资结构进一步优化，农业基础设施、基础产业、先进制造业等领域投资力度大为加强，亿元以上重大项目完成投资占全社会固定资产投资的比重达到40%以上。公路通车里程达到92000公里，其中高速公路1649公里，分别比“九五”期末增加34150公里和1080公里；完成通乡油路8200公里，通村油路22000公里；建成5座长江大桥和6座汉江大桥；整治航道570公里，改扩建港口泊位31个；武九铁路增二线工程、武汉轻轨一期工程和恩施机场扩建工程建成，宜万、武广、武合、武安等铁路和武汉天河机场扩建工程、武汉7条高速出口路开工建设。长江治水实现历史性跨越，整治长江干堤及汉江遥堤达标长度1636公里，病险水库整险加固完成计划目标。新增发电装机1250万千瓦（含三峡电站980万千瓦），增加发电量728亿千瓦时（含三峡电站486亿千瓦时），提前完成农村和城市电网改造工程。一大批重大项目建成投产，为经济和社会快速协调发展提供了重要保障。

三、社会发展水平显著提高

教育快速发展。农村义务教育实现以政府投入为主的历史性转变，一、二期农村中小学D级危房改造工程完成，中小学现代远程教育在全国率先实现校校通；高等教育进入快速发展时期和大众化阶段，毛入学率比全国平均水平高近5个百分点。科技实力增强，科技人员总量和国家重点实验室数量位居全国前列。文化事业、文化产业发展加快，形成了若干知名文化品牌，文化设施建设大为加强，湖北出版文化城、湖北剧场、省博物馆扩建主体工程相继建成，省艺术馆以及第八届中国艺术节场馆等重大项目开工建设。农村广播电视、电话村村通工程加快推进，全省广播、电视人口综合覆盖率均达到96%以上。卫生事业实现前所未有的大发展，建设各级疾病预防控制中心82个、紧急医疗救援中心13个、传染病医院（病区）94个、乡镇传染病门诊984个，全省市州、县（市）疾病预防控制和医疗救治体系基本建立。竞技体育在国际重大比赛中多次为国争光，全民健身活动蓬勃开展。人口总量得到有效控制，年均人口自然增长率控制在2.4‰。旅游业快速发展，基础设施建设显著加强，接待旅游总人数、旅游总收入均创历史最高水平。强化环境综合治理，依法整顿关闭了一批污染严重的企业，三峡库区、武汉市等地一批水污染治理项目建成运行。森林覆盖率达到36%。就业规模扩大，五年全省城镇新增就业人员达到248万人，“十五”期末城镇登记失业率控制在4.3%，市场导向型就业机制基本形成。城镇社会保障体系框架初步建立，社会保险覆盖面扩大，城镇居民最低生活保障基本实现应保尽保，农村特困人口、“五保”供养水平提高。扶贫开发成效显著，五年累计共投入财政扶贫资金25.6亿元、信贷扶贫资金72.2亿元，贫困地区经济面貌大为改观，农村贫困人口减少270万人。城乡居民生活水平提高。城镇居民人均可支配收入、农村居民人均纯收入分别达到8786元、3099元，年均分别增长9.7%、6.4%；五年居民储蓄存款总额净增2600亿元；“十五”期末城乡居民人均居住面积分别比2000年增加14平方米和4平方米。城市公共设施建设力度加大，文化、健身、休闲场所和设施增多。民主法制建设、精神文明建设、支持国防和军队体系建设继续加强。

四、改革开放迈出新步伐

农村改革全面展开，税费改革、乡镇综合配套改革、国有农场管理体制改革进展顺利，土地二轮延包基本完成，提前实现免征农业税。国企改革进一步深化，“三个一批”企业中已有30户大型国有骨干企业改制为混合所有制企业，100户国有骨干企业改制为民营企业，国有中小企业基本实现民营化。省属12户重点企业改革脱困取得重大进展。省级国有资产监督管理体制基本建立。以部门预算、国库集中支付、政府采购、收支两条线为主要内容的财政体制改革逐步深入，实行了省对县的财政直管。科技、教育、文化、卫生体制改革不断深化。行政审批制度改革卓有成效，对32个扩权县（市）下放239项行政审批、审核权限。投资体制改革取得实质性进展，企业投资自主权得到落实，对不使用政府投资的项目一律不再审批，已全面实行备案制和核准制。开发区清理整顿工作成效显著，保持了良好的发展态势。对外开放水平进一步提高，对外经济合作与交流显著增强。五年实现出口总额达到143.8亿美元，年均增长18.2%；吸收外商投资总额达到102.9亿美元，年均增长20.2%，落户湖北的全球500强企业已超过60家。

摘自《湖北省国民经济和社会发展第十一个五年规划纲要》

湖北省2005年固定资产投资情况

全社会完成固定资产投资2834.75亿元，比上年增长20.3%，其中房地产开发投资477.95亿元，增长32.8%。按经济类型划分，国有经济投资1095.71亿元，增长15.1%；集体经济投资79.47亿元，下降24.4%；城乡个体投资554.27亿元，增长27.1%；其他经济投资1105.3亿元，增长28.0%。按产业划分，全省三次产业投资分别为92.88亿元、1088.05亿元和1653.82亿元，分别增长19.8%、19.2%和21.1%。

全省64个重点建设项目完成投资495亿元，占城镇以上项目投资的24.1%。新增的主要生产能力有：热轧钢材50万吨/年、原煤开采119.78万吨/年、发电机组容量276万千瓦、炼钢336万吨/年、新建高速公路296.14公里、程控电话交换机3.43万线/年等。

摘自《2005年湖北省国民经济和社会发展统计公报》

湖南省“十五”成就及“十一五”发展面临的形势

“十五”以来，在党中央、国务院的正确领导下，全省各族人民坚持以邓小平理论和“三个代表”重要思想为指导，全面贯彻落实科学发展观和构建社会主义和谐社会的重大战略思想，紧紧抓住发展这个党执政兴国的第一要务，不断推进改革开放，经济社会发展取得了显著成绩。我们围绕加快发展速度、提高发展水平、增强发展后劲，大力推进工业化、农业产业化和城镇化进程，加强和改善宏观调控，战胜各种自然灾害，努力适应加入世贸组织后的新变化，保持了经济持续较快发展。生产总值五年年均增长10%以上，财政收入在2000年的基础上翻了一番，“十五”时期是经济社会发展最快最好的时期之一。经济结构战略性调整取得重要进展，优势产业规模效应和集聚效应开始显现，农业综合生产能力提高，粮食生产恢复性增长。基础设施建设明显加快，能源、交通、水利、城建等一批基础设施重点项目相继建成。体制改革不断深化，省属国有企业改革全面启动，市县国有企业公司制改造基本完成，农村税费改革取得新的进展，经济发展活力不断增强。对外开放水平不断提高，招商引资成效显著。城乡人民生活进一步改善，民族团结不断巩固，各项社会事业全面进步，社会政治保持稳定。社会主义民主政治建设和精神文明建设不断加强。这些都为“十一五”时期的经济社会发展奠定了良好的基础。

“十一五”是承前启后的重要时期，是全面建设小康社会的关键时期。在新的历史发展阶段，我们既面临有利的国内外环境，也面临新的挑战；既具有“十五”时期奠定的良好基础，也面临不少新的困难和问题；既具有加快发展的有利条件，也存在许多不利因素。未来五年，外部环境总体上对我省发展有利。随着市场经济体制日趋完善，消费结构不断升级；国家实施促进“中部崛起”战略，政策支持力度进一步加大；推进“三化”进程取得明显成效，发展基础更为扎实；区域经济合作稳步推进，发展空间不断拓展。这些都为经济社会持续发展创造了有利条件。同时，也要清醒地认识到，在相当长时期内，我省加快发展、解决“三农”问题、创新体制机制、协调社会利益等任务都相当艰巨。我们必须紧紧抓住国家促进中部地区崛起的机遇，应对各种挑战，认真解决长期积累的突出矛盾和问题，突破发展的瓶颈制约和体制障碍，立足科学发展，着力自主创新，完善体制机制，促进社会和谐，加快全面建设小康社会的步伐。

摘自《湖南省国民经济和社会发展第十一个五年规划纲要》

湖南省2005年固定资产投资情况

固定资产投资继续保持较快增长。2005年，全省全社会固定资产投资2540.06亿元，比上年增长28.2%，增幅比上年快0.9个百分点。其中地方项目投资2334.57亿元，增长27.5%；中央项目投资205.49亿元，增长36.4%。在城镇以上投资中，施工项目12094个，其中本年投产项目5836个，分别增长28.8%和44.6%。

非国有投资加快增长。全省非国有经济投资1570.87亿元，增长38.5%，比上年快5.9个百分点，比同期国有投资增速快24.1个百分点。非国有投资占全社会固定资产投资比重达61.8%，比上年提高4.5个百分点。在非国有投资中，其他有限责任公司投资增长73.8%，私营投资增长59.5%；房地产业、制造业和基础设施投资所占比重分别为36.3%、32.3%和13.6%。

2005年湖南省固定资产投资情况　　单位：亿元

指　　标	绝对数	比上年增长（%）
全社会固定资产投资	2540.06	28.2
其中:国有经济投资	969.19	14.4
非国有经济投资	1570.87	38.5
#其他有限责任公司	541.05	73.8
私营经济	218.95	59.5
城镇以上固定资产投资	2193.64	29.8
其中：更新改造投资	573.41	31.3
房地产开发投资	447.55	33.6

工业投入力度继续加大。在城镇以上投资中，计划总投资在5000万元以上的重大工业投资项目694个，其中当年新开工项目352个，全部或单项建成投产项目113个。全部工业项目完成投资795.39亿元，增长39.3%，比全社会投资增速快11.1个百分点；占全社会投资的比重为31.3%，比上年提高2.5个百分点。其中工业技术改造投资481.12亿元，增长36.6%。按行业分，采矿业投资43.55亿元，增长93.2%；制造业投资524.64亿元，增长26.8%；电力、燃气及水的生产和供应业投资227.19亿元，增长68.6%。

基础设施建设进一步加强。交通、电力、通信、环保、水利等基础设施投资655.73亿元，增长46.5%，占城镇以上投资的比重比上年提高3.4个百分点。其中燃气生产和供应业投资增长99.3%，电力生产和供应业投资增长74.0%，公共设施管理业投资增长64.2%，电信和其他信息传输服务业投资增长33.8%，交通运输业投资增长24.4%，水利管理业投资增长24.2%，污水处理及其再生利用业投资增长22.9%，环境管理业投资增长14.6%。年末全省电力装机容量达1470万千瓦，其中年内新增装机容量50万千瓦；年末高速公路达1403公里，其中年内新增185公里；城市污水日集中处理能力达134.4万吨，其中年内新增处理能力8万吨。

房地产市场得到控制。全省房地产开发投资447.55亿元，增长33.7%，比上年回落11.9个百分点；商品房屋施工面积、竣工面积、销售面积分别增长21.2%、4.2%和14.8%，增幅分别比上年回落9.4个、

23.5 个和 25.3 个百分点；完成土地开发面积比上年下降 18.2%。

重点工程建设进展顺利。全省 61 个在建重点建设项目投资 507 亿元，增长 19.9%。其中产业发展、基础设施和社会发展项目投资比重分别为 22.9%、68.5%和 8.6%。涟钢超薄板、常张高速、衡大高速等项目全部建成投产；岳阳林纸苇浆技术改造、长沙卷烟厂一期工程、湘钢技改、石门电厂二期、株洲航电等项目单项建成投产；株洲清水塘工业区环境综合治理、湖南晟通铝板带箔、浏阳生物医药产业园、皂市水利枢纽、黑糜峰抽水蓄能电站、金竹山电厂扩建等项目和邵怀、怀新、常吉等高速公路工程建设进展顺利。

摘自《2005 年湖南省国民经济和社会发展统计公报》

广东省 2005 年及“十五”时期工作回顾

“十五”时期是不平凡的五年，是我省改革开放和现代化建设取得新的重大成就的五年。省政府在中共中央、国务院和中共广东省委的正确领导下，在省人民代表大会及其常务委员会和省政协的监督支持下，高举邓小平理论和“三个代表”重要思想伟大旗帜，全面落实科学发展观，认真贯彻中共十六大及各次全会和胡锦涛总书记、温家宝总理视察广东重要讲话精神，深入推进改革开放，坚决执行中央宏观调控政策，积极适应我国加入世贸组织后的新变化，办好“十件大事”，实施“十项工程”和“十项民心工程”，有效抑制经济运行中不稳定不健康因素，成功战胜非典型肺炎疫情和严重干旱及超百年一遇洪灾等重大自然灾害，经济社会在新的水平上保持持续快速协调健康发展，在科学发展的道路上迈出坚实步伐。省十届人大三次会议确定的 2005 年各项预期目标顺利实现。省九届人大四次会议通过的“十五”计划各项任务圆满完成。

——总体经济实力跨上历史性新台阶。

2005 年全省生产总值突破两万亿元大关，达到 21701 亿元，占全国的 11.9%，比“九五”期末增加 10960 亿元，比上年增长 12.5%，五年年均增长 13%。一、二、三次产业增加值比重由 2000 年的 9.2:46.5:44.3 发展为 6.3:49.5:44.2。全社会固定资产投资、社会消费品零售总额和外贸进出口总额分别达 6957 亿元、7883 亿元和 4280 亿美元，比上年增长 16.3%、15.0%和 19.8%，五年年均增长 16.6%、14.1%和 20.3%.企业经济效益持续改善，2005 年工业企业经济效益综合指数达 152.0，比 2000 年提高 24.8 点。居民消费价格总水平保持基本稳定。财税收入大幅增加，来源于广东的财政总收入达 4432 亿元，占全国的 1/7，比上年增长 25.2%；地方一般预算收入 1806 亿元，按可比口径比上年增长 18.4%，五年年均增长 14.7%。金融运行平稳，信贷结构优化，年末全省金融机构存款余额达 38119 亿元，其中城乡居民储蓄存款余额比“九五”期末翻一番，突破 2 万亿元。

——农业农村经济加快发展。

县域经济取得新突破，有力促进了农业农村经济发展。2005 年 67 个县规模以上工业增加值、财政一般预算收入达 724 亿元和 120 亿元，分别比上年增长 22.1% 和 20.5%。支农力度明显加大，“十五”时期省级财政用于支农的资金达 467 亿元。执行最严格的耕地保护制度，粮食总产量近两年保持稳定。农业结构调整取得新成效，效益农业和特色农业迅速发展。林业、畜牧业发展加快。海洋经济进一步壮大，产值约占全国的 1/5。农业产业化进程加快，全省农业龙头企业达 1482 家，带动农户 421 万户，户均年增收 1401 元。农民专业合作组织有新发展，农产品深加工势头良好，农业现代化示范区建设顺利。农业先进适用技术得到广泛应用，主要农作物良种覆盖率达 93%。建立了无公害农产品、绿色食品、有机食品认证制度。城镇化稳步推进，中心镇辐射带动作用增强。农村生产生活条件明显改善。农村电价进一步降低，2005 年开始在全省免征农业税，农民负担大幅减轻。农村土地承包经营权流转逐步规范，农村集体资产和财务管理水平提升。五年建成农村硬底化公路 25200 公里，修建、加固江海堤围 6305 公里，完成水库除险加固 3522 宗，营造生物防火林带 3.96 万公里。防控高致病性禽流感等动植物疫病工作得到加强。

——产业结构调整取得重大进展。

产业高级化、适度重型化趋势明显。2005 年工业九大产业、高技术制造业增加值分别为 6108 亿元、2026 亿元，比上年增长 20.3%和 20.6%，占全省规模以上工业增加值比重由“九五”期末的 70.2%、20.1%提高至 73.7%、24.4%。电子信息产业高速增长，2005 年增加值达 1755.5 亿元，稳居全国首位，比上年增长 20.7%。以重大项目为带动，支柱产业、重化工业和装备制造业加快发展，汽车、石化、钢铁等重点产业带动作用增强，轻重工业增加值比例由“九五”期末的 48∶52 转变为 44∶56。产业集群化、特色化步伐加快，形成 15 个国家级特色产业基地、15 个产业集群升级示范区、159 个专业镇。大企业实力不断增强，年营业收入超百亿元的企业已达 49 家。实施名牌带动战略成效显著，创建区域国际品牌工作正式启动，获“中国名牌产品”称号的产品已达 165 个，总数居全国第一；华为牌程控交换机被评为全国三个“中国世界名牌产品”之一。物流、商务、会展、金融等现代服务业蓬勃发展，汽车、住房、教育、旅游、文化、体育等成为新的消费热点。国民经济和社会信息化成效显著，信息技术得到广泛应用。

——**对外开放迈上新水平**。

2005 年外贸出口总额达 2381.6 亿美元，比上年增长 24.3%，是“九五”期末的 2.5 倍，五年年均增长 21.0%。贸易结构得到优化，一般贸易出口 533 亿美元，五年年均增长 25.1%，加工贸易转型升级加快，带动省内配套产值超过 3000 亿元。机电产品和高新技术产品出口占出口总额的比重分别提高至 69.0%和 35.1%。私营企业成为新的出口增长点，获外贸经营权的私营企业累计近 4 万家，出口 299.5 亿美元。进口工作得到加强，组织进口了一批关键技术、重大设备和重要原材料。吸收外资质量提高，2005 年实际吸收外商直接投资 123.6 亿美元，比上年增长 23.5%，五年累计实际吸收外商直接投资 643.5 亿美元。工业九大产业和服务业吸收外资扩大，世界 500 强企业已有 176 家在我省投资设立 581 家企业，外商投资企业设立研发中心达 246 家。口岸通关环境和效率明显改善。我省企业到境外投资设立加工贸易企业、合作开发资源能源步伐加快，对外承包工程和劳务合作扩大。外事、侨务、台务、旅游等工作取得新成绩。成功举办广东经济发展国际咨询会三次年会和 2005 广东国际旅游文化节。

——**基础设施建设实现大跨越**。

交通网络优化升级，编制完成《广东省高速公路网规划（2004－2030）》，与铁道部签订加快广东铁路建设会谈纪要，新落实建设 11 个铁路项目。五年新增高速公路 1954 公里，通车总里程达 3140 公里，所有地级以上市通高速公路，与陆路相邻省区的高速公路通道全部打通。基本实现所有县（市）通二级以上公路、县到镇通三级公路。建成梅坎、粤海等铁路，新增铁路里程 414 公里、地铁 60 公里。武广客运专线、新广州客运站、珠三角城际轨道交通网、广深四线、广深港铁路客运专线广深段、洛湛铁路岑溪至茂名段等项目开工建设。广州新白云国际机场投入使用。内河航道整治工程全面展开，已完成整治 648 公里。沿海港口群发展迅速，广州港继续位居世界十大港口之列，深圳港集装箱吞吐量居世界第四位，湛江港发展实现大跨越。能源建设大步推进。2005 年省内发电装机容量 4800 万千瓦，比“九五”期末增长 50.5%，西电东送 500 千伏输电线路按期建成投产，目前经国家同意立项及在建的电源项目装机总容量达 1648 万千瓦，全省电力供应实现由持续紧张向逐步缓和的重要转折。广东 LNG 接收站建设顺利，岭澳核电站二期工程动工，一大批骨干电源和清洁能源项目加紧建设。环保、水利建设得到加强。珠江综合整治和治污保洁工程扎实推进，城镇生活污水集中处理率由 2000 年的 18%提高至 45%，完成燃煤燃油火电厂脱硫装机容量 586 万千瓦。东深供水改造工程完成，潮州供水枢纽及北江大堤、重点江海堤围除险加固和安全达标工程进展良好。城乡水利防灾减灾工程全面启动。

——**区域协调与合作发展取得新突破**。

山区经济呈现快于全省平均水平的良好发展势头，工业化、城镇化、农业产业化步伐加快。2005 年山区 5 市生产总值和财政一般预算收入分别达 1395.9 亿元、66.2 亿元，比上年增长 15.1%、24.9%；全省山区县规模以上工业增加值达 516.8 亿元，比上年增长 29.3%。成功举办两届珠三角与山区经济技术合作洽谈会，山区和东西两翼与珠三角共建产业转移工业园扎实推进。扶贫工作成效显著，千村扶贫工程、农村安居工程顺利实施。东西两翼经济发展有新突破，2005 年地区生产总值达 3344.5 亿元，比上年增长 12.9%。粤西地区重化工业、临港工业发展提速，粤东地区海洋经济、民营经济、特色经济有新起色。编制完成全省、珠三角环保规划和珠三角城镇群协调发展规划。珠三角作为世界重要的电子信息和家电制造基地的地位进一步巩固，高新技术产业、重化工业和现代服务业迅速发展。广州、深圳中心城市功能不断完善，辐射带动作用更加突出。粤港澳合作按照“前瞻、全局、务实、互利”原则全方位展开，合作机制进一步完善，联合招商引资和推介大珠三角活动成效显著，深港西部通道、珠澳跨境工业区等建设顺利进行，港珠澳大桥前期工作扎实开展。泛珠三角区域合作与发展论坛和区域经贸合作洽谈会两大平台成功搭建，与“9＋2”其他省区在经贸、交通、能源、劳务、旅游等领域的合作全面推进。泛珠三角横琴经济合作区前期工作积极进行。援藏援疆及对口帮扶广西、贵州、重庆和三峡库区工作取得新成效。与东盟地区的合作交流深入开展。

——**各项改革不断深化**。

按照构建公共财政和集中财力办大事的要求进一步完善财政体制，财政支出绩效评价和财务核算集中监管等改革走在全国前列，财政对经济社会发展的科学调控和促进作用显著增强。2005年省级财政支出中，用于发展公共事业、维护公共安全和防范风险等方面支出的比重已达47.9%，用于帮助欠发达地区运转和社会经济发展的支出比重达到23.4%。组建并完善了省市两级国有资产监管机构，90%的国有企业进行了规范的公司制改造，国有经济综合实力增强。企业股份制改造加快推进，混合所有制经济发展迅速。民营经济大发展，2005年实现增加值超过8000亿元，占全省生产总值的近40%；年末个体工商户、私营企业分别达227.4万户和44.9万户，比"九五"期末增加75.2万户和26.5万户。与国家有关部门联合成功举办两届中国中小企业博览会。金融改革与发展取得重要成果，组建了省农村信用社联合社，稳步推进地方性商业银行重组，化解和处置了一系列金融风险，上市公司股权分置改革走在全国前列。国土资源管理体制改革顺利完成，省部合作推进全省国土规划编制工作。粮食购销市场化改革稳步推进。投资体制改革步伐加快，在全国率先实行社会投资项目备案制。省、市、县政府机构改革顺利完成，省政府第二、三轮行政审批制度改革取得实效，取消和调整审批事项989项，占总数的一半以上。事业单位改革稳步开展。科技、教育、文化、卫生、价格和供销社改革深入进行。资本、技术、劳动力、土地、建筑、人才、产权市场健康发展。坚持打击走私贩私、制假售假、传销和变相传销等扰乱市场秩序的违法犯罪活动。高度重视保护知识产权。食品药品专项整治成效明显。各类社会中介组织、行业协会规范发展。企业和个人信用体系建设顺利。

——文化大省建设成果丰硕。

大力弘扬新时期广东人精神，"爱国、守法、诚信、知礼"现代公民教育活动全面开展，大学生思想政治教育和未成年人思想道德建设得到加强。群众性精神文明创建活动取得新成果，深圳、中山获"全国文明城市"称号。哲学、社会科学、新闻出版、广播影视事业繁荣发展。文化体制改革试点范围扩大，文化市场综合执法顺利实施。一批文化精品获国家级奖项，中国（深圳）国际文化产业博览交易会、中国国际音像博览会、中国音乐"金钟奖"扎根广东。新建成一批重点文化工程，省立中山图书馆改扩建、广东海上丝绸之路博物馆等大型文化工程开工建设。由文化部和省政府在佛山共同主办的亚洲文化部长论坛暨第七届亚洲艺术节等一系列高水平重大文化会展活动成功举办。科技综合实力增强，专利申请量和授权量居全国前列，科技进步对经济增长的贡献率提高至49%。建立了一批工程技术研发中心和公共技术创新平台，重点领域关键技术和粤港联合科技攻关取得新成效，高新技术园区建设上新水平。在16个扶贫开发重点县开展义务教育免杂费试点。推动中小学布局调整，完成了对山区、老区3548所小学的改造。高中阶段教育和职业教育迅速发展，技工学校在校学生数翻了一番多。五年新增普通高校50所，全省普通本专科在校生由2000年的29.9万人增加到2005年的87.5万人，高等教育毛入学率由11%提高至22%。顺利完成广州大学城一、二期工程。成人教育、民办教育稳步发展。人才工作成效明显，人才队伍规模迅速扩大。基本建立公共卫生体系，突发公共卫生事件应急机制不断完善，新型农村合作医疗农业人口覆盖率达50.5%，社区卫生服务不断加强。成功举办第九届全运会等重大体育赛事，广州成功申办2010年亚运会，我省运动员在雅典奥运会和第九、十届全运会上成绩显著。积极实施妇女儿童发展规划。民族地区经济社会加快发展，依法管理宗教事务水平提高。国防动员、兵员征集、海边防建设、民兵预备役和双拥优抚安置工作进一步加强。民政、统计、人防、气象、地震、档案、参事、文史、方志等事业取得新成绩。

——和谐广东建设扎实推进。

全省呈现政治稳定、社会安定、发展势头良好的可喜局面。城乡居民生活水平明显提高，2005年城镇居民人均可支配收入、农村居民人均纯收入分别达14770元和4690元，五年年均实际增长8.0%和4.1%。"十项民心工程"实施以来，仅省级财政就安排345亿元用于全民安居、扩大就业、济困助残等民生项目。就业和社会保障工作成绩突出。基本建立了具有广东特色的积极就业政策体系，启动实施"广东省百万农村青年技能培训工程"，五年新增城镇就业岗位459.4万个，转移农村劳动力就业256.1万人，城镇登记失业率控制在3%左右。社会保险覆盖面大幅扩大，养老、失业、工伤、医疗保险参保人数达1565万人、1131万人、1605万人、1235万人，均居全国首位，基本实现养老保险市级统筹。社保基金滚存结余超千亿元，其中2005年征缴收入达633亿元，是2000年的3.3倍。初步解决了农垦和华侨农场职工参加地方养老保险统筹、企业军转干部养老和医疗保险等一批难点问题。城乡居民最低生活保障制度进一步健全，全省符合低保条件的171.9万人实现应保尽保。较好解决了农村180万群众饮水难问题。治理教育乱收费、医药购销和医疗服务中的不正之风等取得成效。劳动监察执法加强，建立了政府和企业家协会、工会三方协调机制，推动了和谐劳动关系建设。清理拖欠工程款工作扎实推进，基本完成政府投资项目清理拖欠工程款任务。信访工作明显加强，群体性事件得到妥善处理。

社会治安综合治理取得成效，依法严厉打击严重暴力犯罪、“两抢”等多发性犯罪以及其他各类犯罪活动，严厉查处“黄赌毒”。有效遏制境内外敌对势力的渗透破坏活动。“四五”普法规划全面完成。监狱劳教工作加强。依法加大安全生产监管力度，以铁的手腕遏制重特大安全事故，突出加强了对煤矿等重点行业、重点领域的安全专项整治。人口与计划生育工作成效明显，人口自然增长率降到7.02‰以下，完成了国家下达的人口控制计划目标。污染防治和生态建设切实加强，全省环境质量基本保持稳定，深圳、珠海、中山、汕头、惠州、江门等城市获“国家环境保护模范城市”称号。林业生态省建设步伐加快，2005年森林覆盖率达57.5%。江门、惠州、茂名、肇庆、湛江、开平等城市获“国家园林城市”称号。循环经济加快发展，节能、节水、节材、节地和资源综合利用工作积极推进。

——民主法制建设继续加强。

认真执行省人大及其常委会各项决议并向其报告工作，坚持向人民政协通报情况，自觉接受监督。密切联系工会、共青团、妇联等群众团体，广泛听取社会各界意见和建议。村民居民自治和企事业单位民主管理制度进一步健全。五年共办理人大代表议案7件、建议2380件，政协提案2444件；向省人大常委会提请审议通过地方性法规52件、修订或废止法规36件；制定省政府规章34件，修改或废止省政府规章88件。认真实施行政许可法和《全面推进依法行政实施纲要》，修订了《广东省人民政府工作规则》。行政执法责任制进一步健全，执法主体和执法行为得到规范，综合行政执法工作稳步推进。强化审计、监察工作，严肃查处违纪违法案件和纠正违规行为。政务公开纳入法制化轨道，电子政务稳步推进。廉政建设不断加强，省政府向社会公开作出并认真履行四项廉政承诺。机关作风建设扎实有效，行政效率和服务水平有新提高。

通过“十五”时期的丰富实践，我们提高了驾驭改革开放和经济社会发展大局的能力，升华了思想认识。我们深深体会到，要不断开创我省改革开放和现代化建设新局面，最重要的是始终坚持以邓小平理论和“三个代表”重要思想为指导，树立和落实科学发展观，解放思想，实事求是，与时俱进，结合实际创造性地开展工作，做到“六个注重”：

第一，注重抢抓机遇加快发展。

我们牢记邓小平、江泽民同志和胡锦涛总书记对广东的期望和重托，始终抓住发展这个第一要务不动摇，树立“追兵就是标兵，对手就是老师”的观念，不断增强当好排头兵的信心，抢抓世界新一轮产业转移、我国加入世贸组织、CEPA全面实施等机遇，抓落实、重提高、促发展。结合实际认真贯彻中央宏观调控政策，加强经济运行调节，坚持有保有压，在优化结构中促进了经济社会平稳较快发展。

第二，注重增强发展后劲和提高发展质量。

我们坚持立足当前，着眼长远，不断加大改革攻坚力度，努力消除制约发展的体制机制性障碍。把推进新型工业化与打造世界制造业基地紧密结合起来，制定并实施工业九大产业、高新技术产业、现代服务业和信息化发展规划，推动产业高级化和适度重型化。在努力加快发展的同时，注意留有余地，集中力量增强自主创新能力，推动经济增长从量的扩张向质的提高转变。统筹内外源型经济发展，在继续做优做强外源型经济的同时，加快发展内源型经济，不断增强国有经济的控制力和竞争力，促进民营经济大发展、大提高。全面建设文化大省，积极实施科教兴粤、人才强省和可持续发展战略，为发展提供智力支持、精神动力和良好环境。

第三，注重分类推进城乡、区域协调发展。

我们坚持全面谋划、统筹协调、分类指导，因时因地制宜地指导珠三角、东西两翼和山区理清发展思路，提出不同要求。通过加快珠三角产业转移，加强对两翼和粤北山区的扶持，加大工业反哺农业、城市支持农村力度，下放经济管理权限，实施激励型财政政策，大力发展县域经济，以工业化、城镇化和农业产业化解决“三农”问题等措施，力促省内不同区域协调共进。全面推进大珠三角和泛珠三角区域合作与发展，不断拓展发展空间。

第四，注重重点突破以点带面推动全局。

我们抓住事关全省发展的重点难点问题，集中精力抓好“十件大事”、“十项工程”，带动整体发展。实施重大项目带动战略，以加快汽车、石化、钢铁、电子信息、装备制造等产业建设为重点，调整优化产业结构和布局；以加强高速公路、铁路、内河航道、水利、环保建设等为着力点，全面提升基础设施建设水平；以保障煤、油、电等能源供应为切入点，积极解决制约发展的瓶颈问题。

第五，注重改善人民群众生活。

我们坚持以人为本，始终注意把维护人民群众利益放在首位，不断提高人民群众的生活水平，使全省人民共享改革开放成果。以实施“十项民心工程”为载体，认真解决与人民群众密切相关的热点难点问题。大力发展各项社会事业，丰富人民群众生活。统筹城乡就业，完善多层次社会保障体系，加强公共卫生体系建设，促进人民安居乐业。

第六，注重维护社会和谐稳定。

我们努力建设文明法治谅解宽容社会，扎实推进精神文明建设，大力倡导团结互助、友爱向善、扶贫济困、和谐相处的良好社会风尚，妥善协调各方面利益关系。切实加强民主法制建设，依法保障人民群众的经济、政治、文化权益。着力解决农村土地征用、城镇房屋拆迁、外来员工权益保护等社会突出问题。建立健全突发公共事件应急处理机制。严厉打击各种违法犯罪活动，维护社会稳定。

但是，我们也清醒地认识到，我省经济社会发展中仍存在不少突出矛盾和问题。主要是：自主创新能力不强，经济增长方式仍存在明显的粗放特征，进一步发展的资源环境压力明显；城乡、区域发展不平衡，粤北山区、东西两翼与珠三角发展差距过大，县域经济还比较薄弱，农村发展、农民增收存在瓶颈，部分群众生活仍比较困难；社会事业发展相对滞后，与人民群众切身利益密切相关的社会治安、医疗卫生、食品安全、安全生产等方面还存在薄弱环节；体制改革有待深化，特别是政府职能转变还没有到位等。对此，我们必须采取更加有力的措施认真解决。

摘自《广东省政府工作报告》

广东省 2005 年固定资产投资形势分析

2005 年，在省委、省政府的正确领导下，全省各地、各部门牢固树立和认真落实科学发展观，全面落实中央宏观调控政策，调整优化投资结构，加大基础设施和重点项目投资力度，全省固定资产投资实现理性增长、稳定增长和适度增长。

一、投资运行基本情况

2005 年全省全社会固定资产投资完成 6957.38 亿元，比上年增长 16.3%，其中基本建设投资 3556.95 亿元，增长 22.7%；更新改造投资 929.46 亿元，增长 11.3%；房地产开发投资 1498.28 亿元，增长 10.5%。

（一）投资增长总体适度，投资运行保持平稳

2005 年全省投资运行呈平稳较快增长态势，除 1-2 月比去年同期增长 25.3%外，其余月份的增速上下波动不超过 3 个百分点，基本上在 15%-17.8%之间。全年固定资产投资增速比生产总值增速高 3.8 个百分点，较好地起到拉动整体经济增长的作用。

（二）工业投资快速增长，九大产业投资增长加快

2005 年全省全社会工业投资 2722.82 亿元，同比增长 32.1%，占全社会固定资产投资比重从上年的 34.7%提高到 39.1%。九大工业产业投资增长加快。2005 年城镇以上投资中九大工业产业共完成投资 1125.75 亿元，占城镇以上工业投资 2182.07 亿元的 51.6%，增长 32.4%，比上年提高 12.1 个百分点。其中三大新兴工业产业完成投资 677.98 亿元，增长 29.7%，电子信息业、电气机械及专用设备业、石油及化学业分别完成投资 258.18 亿元、174.21 亿元和 245.60 亿元，增长 37.2%、19.7%和 29.9%.三大传统工业产业完成投资 248.48 亿元，增长 18.3%，纺织服装、食品饮料和建筑材料完成投资分别增长 13.8%、15.4%和 24.5%.三大潜力工业产业完成投资 199.29 亿元，增长 69.8%，森工造纸业、医药和汽车制造业完成投资 54.82 亿元、29.75 亿元和 114.71 亿元，分别增长 60.0%、39.5%和 85.6%。九大工业产业投资加快，九大工业产业在工业乃至经济增长中的主导力量进一步加强，进一步促进我省产业结构的优化升级，增强产业竞争力。

（三）建设项目规模增大，基础设施建设继续加强

2005 年全省城镇以上建设项目计划总投资共 15950.77 亿元，项目平均投资规模为 11205.31 万元，比上年增加 1550.20 万元。投资规模在 10 亿元以上的大型项目有 246 个，比上年增加 19 个，计划投资共 9330.87 亿元，2005 年完成投资 1585.31 亿元；投资规模在 30 亿元以上的特大型项目 78 个，比上年增加 11 个，计划投资共 6550.62 亿元，2005 年完成投资 899.44 亿元；投资规模在 50 亿元以上的超大型项目 47 个，比上年增加 12 个，计划投资共 5338.74 亿元，2005 年完成投资 586.68 亿元。2005 年完成投资在 10 亿元以上的项目有 52 个，比上年增加 19 个，共完成投资 1023.87 亿元，主要集中在石化、电力、地铁、电信和高速公路；完成投资 30 亿元以上项目有 4 个，分别是广州大学城建设、韶关钢铁集团公司韶钢系列改造项目、中海壳牌石化项目以及省移动通讯有限责任公司移动电话 GSM 扩容工程，4 个项目共完成投资 249.39 亿元。

2005 年全省基础设施完成投资 2309.05 亿元，基础设施投资占全社会投资的 33.2%.全省完成投资 10 亿元以上的大型项目中，约 80%为基础设施项目，以基础设

施为主体的大型项目投资完成情况较好，有力地拉动全社会投资增长。交通运输建设投资持续增长，全省城镇以上交通运输业完成投资572.40亿元，增长15.5%.大型能源项目和电网建设进展顺利，全省城镇以上能源建设投资686.41亿元，同比增长43.8%.其中电力建设投资562.52亿元，增长29.8%.环保水利建设投资速度加快，全省城镇以上环境、水利设施和污水处理项目建设共完成投资95.87亿元，增长47.6%.

（四）房地产投资增长平稳，商品房销售增长较快

2005年全省房地产开发投资保持平稳增长态势，每月增速基本保持在10%左右。住宅完成投资988.56亿元，增长11.1%，占房地产开发完成投资的66%。房地产开发投资资金来源中，银行贷款351.78亿元，增长5.3%，自筹资金642.04亿元，增长26.8%。商品房销售额1383.87亿元，增长30.5%，销售面积3693.85万平方米，增长21.1%，销售均价3746元，增长7.7%，其中住宅销售均价3561元，增长8.1%。商品房空置面积2091.95万平方米，下降2.4%。

（五）两翼和山区投资增长加快，区域发展更趋协调

东西两翼和粤北山区投资增速明显高于珠江三角洲地区。2005年东西两翼7市完成投资857.07亿元，增长27.1%，占全省投资比重由上年的11.3%提高到12.3%；山区5市完成投资674.21亿元，增长27.3%，占全省投资比重由上年8.8%上升为9.7%.珠三角9市完成投资5131.47亿元，增长14.4%，占全省投资比重为73.8%.

（六）非国有经济投资快速增长，国有经济投资增长稳定

国有、民营和外资鼎足而立，共同推动固定资产投资平稳较快增长。2005年全省国有经济完成投资2013.45亿元，增长14.5%；民营经济完成投资2428.88亿元，增长23.6%；外资经济完成投资1742.03亿元，增长28.7%.民营经济的快速增长使民营投资逐渐成为我省投资增长的重要力量，2005年全省全社会固定资产投资中民营经济投资占34.9%，国有经济投资占28.9%，外资经济投资占25%，民营经济投资比重比上年增加了2.1个百分点。

（七）投资资金来源充足，自筹资金大幅增长

2005年全省全社会固定资产投资累计到位资金7737.22亿元，超过同期全社会固定资产投资完成额779.84亿元。资金来源中自筹资金4143.20亿元，占53.5%；银行贷款1326.29亿元，占17.1%；利用外资785.72亿元，占10.2%.

二、投资运行中的主要问题

2005年，我省投资运行中存在的主要问题是：投资结构仍不尽合理，结构调整的步伐有待进一步加快。

（一）科技、教育投资下降

2005年我省科学研究技术服务业完成城镇以上投资17.68亿元，下降52.8%.2005年我省教育完成城镇以上投资172.66亿元，下降10.5%.

（二）更新改造投资增速偏低

2005年全省更新改造投资完成额仅占全社会固定资产投资完成额的13.4%，增速比全社会固定资产投资增速低5个百分点，比2004年更新改造投资增速低8.4个百分点。

（三）房地产开发投资增长偏低

2005年我省房地产开发投资保持低速平稳增长态势，增速比全社会固定资产投资增速低5.8个百分点。

（四）农村投资比重偏低

2005年，我省完成农村投资1110.31亿元，仅占全社会固定资产投资的16%。农村投资中的农村私人投资完成265.08亿元，仅增长7.8%。

三、2006年投资工作重点

2006年是"十一五"规划的开局之年。总体上看，国际国内环境仍然有利于我省投资保持稳定增长。世界经济保持较快增长，制造业加快向发展中国家转移，我省面临进一步加大利用外资的机遇；中央继续加强和改善宏观调控，积极效应逐步显现；我省工业化、城镇化进程加快，产业发展、基础设施建设和区域合作进一步加强，发展动力增强。预计2006年我省投资将继续保持平稳较快增长，全社会固定资产投资增速将达到15%左右。为了促进投资实现理性增长、稳定增长和适度增长，初步考虑以下五个方面的工作重点：

（一）促进固定资产投资平稳较快增长

加强对投资形势预警分析，及时发现、解决投资领域的新情况、新问题；研究采取适应市场经济的调控手段，丰富投资宏观调控的方式方法；加强投资政策与产业政策、信贷政策、土地政策、价格政策等的协调配合，确保投资稳定较快增长。继续保持投资对经济增长的拉动作用。

（二）进一步深化投资体制改革

贯彻实施我省《广东省企业投资项目核准办法》、《广东省政府核准的投资项目目录（2004年本）》和《广东省企业投资项目备案办法》等有关投资体制改革的配套文件。在省属行政公益项目中推行代建制。在政府投资管理专题研究的基础上，制定《广东省政府投资管理办法》。研究省级政府投资项目储备库建设方案，并尽快开展建库工作。加快企业投资项目备案系统和核准系统的建设和完善工作。

（三）进一步调整优化投资结构

根据转变经济增长方式的要求，进一步优化投资产业结构和区域结构。通过重大项目布局调整，搞好产业地区分工，形成产业链和产业集群，增强产业特色和功能互补，增强产业竞争力。加大对科技教育的投资力度，增强自主创新能力。加快推动珠三角地区资源整合，加快发展高新技术、重化工业和现代服务业。以广州、深圳、佛山为重点，促进珠三角地区加快发展装备制造业和高新技术产业。充分发挥临港优势，建设东西两翼钢铁和石油化工基地，促进形成沿海重化产业带。加大扶持力度，支持两翼重大基础设施和重大项目建设，推进两翼经济建设进入快速增长期。以建设公路网、铁路网、海港等为重点，完善东西两翼的交通基础设施。强化工业在两翼发展中的主导地位，充分发挥两翼的临海区位优势和资源优势，大力发展临海型、资源型工业和特色经济。加快两翼海洋资源综合开发，建设现代渔港经济区。大力推进山区及东西两翼与珠三角共建产业转移园区，促进产业向欠发达地区转移，加快山区工业发展。鼓励山区发展特色产业，支持山区有条件的地方建设大型电力等能源和其他重大工业项目，切实改善山区经济社会发展环境。

（四）加快推进重点项目建设

着手实施" 十一五" 规划的重大建设项目。集中力量，围绕重点任务、重点领域、重点区域和重大战略性问题，着力推进一批对促进加快发展、调整经济结构、转变经济增长方式、加强区域合作等具有重大影响的重大项目建设，发挥其对投资的带动作用。积极落实建设条件，确保2004年下半年以来国家新批准的、仍未开工的一批重大项目如期开工建设。加强对重点项目建设的领导和协调服务，确保重点项目建设用地，多渠道筹集重点项目建设资金，加快前期工作进度，提高重点项目监督管理水平。

（五）进一步提高吸收外资质量

在适度扩大利用外资规模的同时，将利用外资与我省的产业结构调整、科技进步与创新、开发人才资源、国有企业改革和扩大就业紧密结合，优化引资的市场结构，大力吸引欧美日韩等发达国家资金；优化引资的产业结构，大力吸引外资投向高新技术产业、支柱产业和服务业；优化引资的企业结构，吸引跨国公司特别是世界500 强企业到我省设立地区总部、研发中心、采购中心。创新招商引资方式，选择比较成熟的重大项目进行国际招商，以重大项目带动产业招商。继续鼓励和引导企业“走出去”，推动有实力的企业到境外投资，发展境外加工贸易业务，带动成套设备、零配件、技术等出口。同时，也要吸引本省和外省的民营企业投资重大项目。

（六）加强对房地产开发的引导和调控

目前我省商品住宅需求畅旺，保持房地产开发投资的稳定增长对维持市场供求平衡具有重要作用。而且，我省房地产开发投资占全社会固定资产投资的1/5强，对保持我省固定资产投资稳定增长具有重要意义。相关部门应通力配合，加强对房地产开发的引导和调控。各地应根据《国务院关于投资体制改革的决定》及省政府《关于印发广东省企业投资项目核准暂行办法的通知》、《关于印发广东省政府核准的投资项目目录（2004年本）的通知》等文件规定，加强对房地产开发投资项目的核准管理，规范房地产开发投资项目管理。

（广东省发展改革委投资处2006年3月10日）

广西“十五”计划实施情况评估

一、“十五”计划实施情况和基本估价

从前四年的实施情况及趋势看，我区“十五”计划所确定的主要目标将全面超额完成。预测2005年全区生产总值将达3800亿元左右，5年平均增长10%以上，人均生产总值8180元（988美元）左右；财政收入452亿元，年均增长 15.5%；全社会固定资产投资累计完成5278亿元，年均增长17.4%。经济结构调整取得积极成效，三次产业比例由26.3:36.5:37.2调整为24.0:39.7:36.3。农业基础地位得到加强，粮食生产基本保持稳定，甘蔗、水果、蔬菜、肉类、水产品、桑蚕茧等主要农产品产量较大幅度增长，农业产业化经营水平不断提高，农民生产生活条件进一步改善。工业化步伐加快，制糖、汽车、铝、机械、电力、烟草等优势工业在竞争中不断

壮大。旅游、商贸、物流等服务业加快发展。区域经济战略全面实施，桂东、桂南、桂西、桂北、桂中五大各具特色的经济区域初步形成。非公经济比重提高，经济活力进一步增强。西部大开发实现良好开局，交通、能源、通信、水利基础设施和城镇、农村等基础设施不断改善，加强了沿海三市和南宁、柳州、桂林、梧州等市工业区的基础建设，为布局大工业创造了条件。经济体制改革继续推进，国有资产管理体制、投资体制等改革和农村税费改革取得新的突破。开放带动战略深入实施，中国-东盟博览会成功举办，建立了与东盟各国合作的平台，泛珠三角区域合作全面启动。扶贫开发取得新的进展，实施了边境地区和东巴凤三县基础设施建设大会战，贫困地区群众生产生活条件明显改善。城乡居民收入持续增长，人民生活水平不断提高。科技、教育、文化、卫生、计生、广电、体育等各项社会事业和公共服务得到加强，就业再就业和企业基本养老保险、失业保险、医疗保险等社会保障不断推进，社会保持稳定。生态建设和环境保护力度加大，可持续发展能力提高。

“十五”期间，面对复杂多变的国内外形势、严重的自然灾害和突发的疫病灾害，在自治区党委、政府的正确领导下，全区各族干部群众以邓小平理论和“三个代表”重要思想为指导，按照“十五”计划确定的方针、目标和任务，认真贯彻落实中央的各项政策措施，沉着应对各种挑战，战胜了重重困难，使“十五”计划成为我区历史上实施得最好的五年计划。回顾总结，自治区党委、政府始终坚持了六个方面：一是坚定不移地贯彻执行中央确定的方针政策，并结合广西实际，不断探索和完善发展思路，果断决策和适时调整工作部署，走出了加快发展的新路子。二是坚定不移地以经济建设为中心，把加快发展作为第一要务，排除一切干扰，千方百计保持较快的经济增长速度。三是坚定不移地以经济结构调整为主线，加快转变经济增长方式，狠抓投资和重大项目建设，以西部大开发为契机，加速工业化、城市化进程。四是坚定不移地推进改革开放，不断更新人的观念，为经济社会发展注入活力和动力。五是坚定不移地改进和提高执政能力，尊重科学，遵循规律，不断提高驾驭社会主义市场经济的水平。六是坚定不移地把维护好实现好发展好广大人民群众的根本利益作为工作的出发点和落脚点，使各族群众真正从发展和改革中获得实惠。

二、经济社会发展的阶段

预测2006年我区人均生产总值超过1000美元，将进入全面建设小康社会的重要阶段。综合各种因素来看，这一阶段是我区加速工业化、城镇化进程，产业结构发生重大变化的重要阶段，也是由低收入地区向中低收入地区迈进的加快发展期。展望今后一个时期，从国际看，经济全球化步伐加快，资源配置市场化趋势进一步加强，世界经济在波动中保持平稳增长，我国的经济外交和睦邻安邻富邻政策将进一步推动中国-东盟自由贸易区加快建设，有利于扩大与东盟国家的经贸往来和相互投资。从国内看，中央宏观调控能力和水平不断提高，国内经济运行中不稳定、不健康因素逐步得到遏制和消除，国家宏观环境总体趋好，国民经济将继续保持快速健康发展。从我区看，国家深入实施西部大开发战略、加快建立中国—东盟自由贸易区、每年在南宁举办中国—东盟博览会、参与中越共同构建“两廊一圈”和大湄公河次区域经济合作、推进泛珠三角区域合作等几大机遇叠加，尤其经过这些年的发展，我区经济实力不断增强，基础设施条件得到改善，出海大通道日益发挥重要作用，优势资源开发和特色产业发展加快，投资环境逐步优化，加快发展的承载力不断提高，使我区在新一轮经济上升周期将保持加快发展的强劲势头。

未来十多年也是我区经济社会发展的矛盾凸显期。广西地处西部地区，经济基础差，贫困人口多、历史包袱重，保持经济持续快速增长的难度比较大；产业结构仍处于较低层次，“三农”问题仍较突出，尤其是工业基础薄弱，全国已进入工业化中期阶段，而广西刚进入初期阶段，城镇化进程缓慢，区域发展不平衡，推进工业化、城镇化，转变经济增长方式，提高经济增长的质量和效益任重道远；市场化程度较低，配置资源的手段和办法不多；沿海的区位优势和发展潜力没有得到充分发挥，对外开放没有大的突破，在新一轮扩大对外开放中，我区面临更大的挑战；制约经济社会发展的体制、机制性障碍仍然存在，深化改革，创新体制、机制面临许多难题；煤电油运供应紧张，能源和运输的瓶颈制约重现；财力薄弱，解决贫困、就业、社会保障和公共服务等问题，改善人民生活，保持社会稳定的难度比全国更大。实现自治区党委提出的到2020年广西要与全国基本同步实现全面建设小康社会的宏伟目标，任务更为艰巨而繁重。因此，面对这样一个战略机遇期，我们一定要有强烈忧患意识，增强使命感和责任感，坚定信心，抓住机遇，埋头苦干，负重奋进，通过加快发展去解决前进中的矛盾和问题。

摘自《广西国民经济和社会发展“十一五”规划及到2020年发展的基本思路》

广西壮族自治区 2005 年固定资产投资情况

固定资产投资总量和增量均创历史新高。初步统计，全年全社会固定资产投资完成 1775.94 亿元，比上年增加 512.28 亿元，增长 40.5%，投资总量和年新增量均创历史最高纪录，投资增幅创 1994 年以来最高水平。投资对经济增长的贡献率超过 70%，创 1994 年以来最高水平。城镇固定资产投资 1595.69 亿元，增长 42.2%，其中基本建设投资 904.54 亿元，增长 44.3%；更新改造投资 275.77 亿元，增长 38.9%；房地产开发投资 287.02 亿元，增长 35.6%。工业技改投资完成 222.82 亿元，增长 53.6%，比上年提高 27.9 个百分点。

非国有投资增长明显加快。全区国有单位投资完成 709.54 亿元，增长 31.5%；非国有单位完成投资额 1066.4 亿元，增长 47.2%，比上年提高 11.9 个百分点。

三次产业投资快速增长。在城镇固定资产投资中，第一产业完成投资 42.99 亿元，增长 98.3%；第二产业完成投资 573.77 亿元，增长 48.6%，其中工业完成投资 568.46 亿元，增长 48.3%；第三产业完成投资 978.93 亿元，增长 37.1%。

重大项目投资带动作用增强。自治区统筹推进的重大项目有 67 项实现新开工，完成投资 510 亿元。沿海基础设施建设大会战进展顺利；龙滩水电站等在建项目加快推进；上汽通用五菱年产 30 万台发动机等重大技改项目开工建设；南友高速公路、北海电厂等一批重点项目建成投产；华银氧化铝一期、平果铝氧化铝三期、金桂浆纸业一期、钦州电厂、防城港电厂等一批重大项目先后获国家核准或审批，并陆续开工建设。

基础性行业投资继续加强。城镇基础设施完成投资 655.56 亿元，增长 35.5%，其中电力、燃气及水的生产供应业完成投资 193.18 亿元，增长 18.6%；交通运输仓储和邮政业完成投资 223.83 亿元，增长 46.4%；水利、环境和公共设施管理业完成投资 188.18 亿元，增长 37.8%。教育完成投资 40.54 亿元，增长 57.3%。

国家宏观调控的重点领域投入回落。钢铁等黑色金属冶炼及压延加工业投资 44.87 亿元，增长 30.4%，增幅比上年回落 7.6 个百分点；水泥行业投资 33.94 亿元，增长 71%，增幅比上年回落 54.8 个百分点；电力投资 176.05 亿元，增长 17.3%，比上年回落 20.1 个百分点。

投资新增生产能力显著。年内新建公路 2437 公里，其中新增高速公路 253 公里，港口万吨级码头泊位新增吞吐能力 140 万吨，新增发电机组容量 145 万千瓦，新增数字蜂窝移动电话交换机容量 270 万户。

摘自《2005 年广西壮族自治区国民经济和社会发展统计公报》

海南省“十五”时期经济社会发展取得巨大成就

过去五年，是海南历史上经济发展和社会进步成果最为丰硕的五年。全省各族人民在中共海南省委的正确领导下，高举邓小平理论和“三个代表”重要思想伟大旗帜，树立和落实科学发展观，坚持“一省两地”产业发展战略，着力打造环境、产业和体制三大特色，实施大企业进入、大项目带动战略，不断夯实发展基础，成功抗击非典、禽流感疫情，战胜干旱、台风等重大自然灾害，胜利实现了“十五”计划的主要预期目标，经济社会发展跨上了一个新台阶。面向未来，我们站在一个新的历史起点上。

——国民经济实现了向平稳较快增长的重大转变，进入了健康稳定较快发展的新时期。

“十五”头两年我省经济稳步攀升，“十五”后三年持续实现两位数增长，经济增长的抗风险能力显著增强。2000 年与 2005 年预计数比较，全省生产总值由 526.82 亿元增加到 903 亿元左右，年均递增 10%。人均生产总值由 6798 元增加到 10995 元左右，首次突破万元大关，年均递增 8.7%。地方财政收入由 44.91 亿元增加到 84.7 亿元左右，年均递增 13.5%，高于同期生产总值的增速，财政实力明显增强。全社会固定资产投资累计完成 1408

亿元左右，年均递增 12.8%，扩大投资实现了由政府投资为主向社会投资为主的转变。

——产业发展实现了向新兴工业生机显露、优势产业成长加快的重大转变，进入了打造产业特色的新时期。

经济结构调整成效显著。一、三产业稳步增长，第二产业增长加速、比重明显提升，产业结构从 2000 年的 36.5:19.7:43.8 调整到 2005 年的 33.3:25.2:41.5。

基础产业和基础设施支撑经济增长的能力进一步增强。电力工业取得长足发展。洋浦电厂、清澜电厂油改气工程竣工投产，海口电厂“以大代小”技改工程顺利推进。220 千伏环岛主网架建成。全省发电量、主网架规模均比 2000 年翻了一番。交通基础设施逐步完善。美兰机场二期扩建工程已投入试运行，凤凰机场二期扩建工程进展顺利，海航集团成长壮大为我国第四大民用航空运输企业。粤海铁路建成营运。洋浦港二期、琼州大桥、世纪大桥顺利建成。改建、续建高速公路 300 公里，完成县际及农村公路改造 2000 公里，全省公路网密度居全国前列。解决全岛工程性缺水问题取得重大进展。五年完成水利建设投资 49 亿元，比“九五”增长 1.77 倍，毛拉洞水库建成，大隆水利枢纽工程将于明年完工，大广坝二期即将开工建设。

新兴工业加快发展。东方 1—1 气田和富岛化肥二期建成投产，60 万吨甲醇项目将于今年竣工，120 万吨甲醇和 12 万吨三聚氰胺项目将于今年开工，天然气与天然气化工产业将初具规模；800 万吨炼油厂将于今年建成投产，石油加工与石油化工产业将实现历史性突破；年产 100 万吨的木浆厂已建成投产，年产 160 万吨造纸项目已获准开工建设，林浆纸一体化工程取得重大突破；海汽二期扩建工程顺利完成，整车生产能力扩大到 8 万辆，15 万台发动机及相关配套项目大部分将于今年建成投产，汽车制造工业正在实现新的跨越；海口“药谷”一期顺利建成，已有 9 家企业入园落户，制药工业稳步发展；年产 200 万吨的华盛水泥和国投 100 万吨水泥项目竣工投产，福耀海南浮法玻璃一期将于今年开工建设，水泥、玻璃制造等建材产业将成为我省新的经济增长点；三星光通信项目顺利投产，高新技术产业发展实现良好开端。预计 2005 年全省工业增加值达到 166 亿元左右，比 2000 年增长 1.15 倍，年均递增 16.5%，超过了“十五”计划增长 12.5%的预期目标。

热带高效农业稳步发展。积极发展科技、订单、绿色农业，瓜果菜出岛量从 2000 年的 182.7 万吨预计增加到 2005 年的 343.9 万吨左右，年均递增 13.5%。海洋渔业和畜牧业快速发展。扩大海洋捕捞和海、淡水养殖规模，水产品加工出口量从 2000 年的 0.82 万吨预计增加到 2005 年的 5 万吨左右，增长 5 倍多。无规定动物疫病区建设顺利推进，畜禽总肉量从 2000 年的 39.73 万吨预计增加到 2005 年的 64 万吨左右，年均递增 9.9%。全省农业增加值从 2000 年的 192 亿元预计增加到 2005 年的 301 亿元左右，年均递增 8.3%。

旅游业保持较快增长势头。作出建设旅游强省的战略部署，《海南省旅游发展总体规划》进入了全面实施阶段。南山文化旅游区二期、博鳌水城一期等一大批景区景点相继建成，万豪度假酒店、红树林度假酒店等 13 家五星级酒店建成营业，旅游产业规模不断扩张，旅游产品结构明显改善，来琼游客持续增加。预计 2005 年全省接待过夜旅游人数 1508 万人次左右，年均递增 8.4%，旅游总收入 123 亿元左右，年均递增 9.4%。处置积压房地产工作成效显著，房地产业进入了健康发展轨道。

——经济社会发展实现了公共财政资源更多地向“三农”、社会事业等薄弱环节倾斜的重大转变，开启了全面协调可持续发展的新时期。

“三农”工作得到切实加强。取消农业特产税，比全国提早一年免征农业税，我省种地农民提前进入“无税时代”，省财政对市县农村税费改革的减收部分实行全额或超额转移支付，2005 年补助资金达到 6.42 亿元。实施良种补贴、渔民造大船补贴和购置农机具直接补贴政策，农民受惠资金达到 1126.2 万元。大力发展打工经济，2005 年全省农民外出务工 8 万多人，成为大灾之年农民收入增加的重要来源。五年投入农业综合开发资金 13.35 亿元，近三年捆绑使用“三集中”扶贫资金 5.2 亿元，集中投向农业综合开发和少数民族地区、贫困地区，农村生产生活条件明显改善。全省贫困人口比“九五”期末减少 4.5 万人。

社会事业发展取得明显进步。“十五”时期，省政府用于科技、教育、文化、卫生、体育事业的基本建设和国债资金达到 7.26 亿元，为“九五”的 2 倍多。作出优先发展教育的决定，全面实施《农村教育十年发展规划》。省政府五年累计安排中小学危房改造专项资金 4.89 亿元，新建和改造校舍面积 90.88 万平方米。在全国率先实行对全省义务教育阶段学生全部免收杂费、对农村学生和城镇困难家庭中小学生免费提供课本、对少数民族寄宿班学生补助生活费，确保了全省城乡贫困家庭子女都能上得起学。基本普及九年义务教育和基本扫除青壮年文盲顺利通过了国家评估验收，全省普通高中在校学生由2000年的5.98万人增加到2005年的12万人，普通高校在校学生由2000年的3.17万人增加到2005年的9.5万人。人才工作和科技创新能力建设进一步加强。五年来全省增加各类专业人才4.3万多人，共建成国家、省部共建和省重点实验室16个，28家省属科研院所改制基本完成，农业科技服务“110”成为农技推广服务新模式。公共卫生体系建设取得新进展，全省建成17个疾病预防控制中心和16个医疗救治体系项目，完成了190个乡镇卫生院的“一无三配套”改造。人口和计划生育工作实现了“三年打基础、五年上水平”的目标，人口再生产进入了低生育水平阶段。文化体育重点设施建设迈出新步伐。省全民健身中心部分场馆投入使用，省图书馆已建成、省博物馆已开工建设，我省与“中国有线”合作建设的海南有线数字电视项目已经启动。社会科学、文学艺术、广播影视、新闻出版等进一步创新和繁荣，旅游卫视成为全国卫星频道的知名品牌，文化精品工程成果丰硕，《达达瑟》、《好兵李向群》等8部文艺、社科作品获“五个一工程”奖。群众体育、竞技体育和体育产业蓬勃发展。

——生态环境保护实现了向积极推进生态省建设的重大转变，进入了打造环境特色的新时期。

始终把生态环境保护与建设放在经济社会发展全局的首位，在经济较快发展的同时，全省生态环境质量总体保持了全国一流水平。2005年与2000年比较，全省自然保护区总面积扩大到280.9万公顷，增长了76%；天然林面积达到65.9万公顷，增长了7.5%；新增造林面积18.5万公顷，森林覆盖率达到了55.5%，提高4.4个百分点。坚持“不污染环境、不破坏资源、不搞低水平重复建设”的原则发展新兴工业，对新上工业项目做到了环保设施与项目同步设计、同步施工、同步投入使用。实施了松涛水库、昌化江沿岸的工业污染源治理，关闭、搬迁了一批污染企业，查处了一批破坏生态环境的案件。

——改革开放实现了向推动海南新一轮发展的重大转变，进入了打造体制特色的新时期。

国有资产管理体制和国有企业改革迈出坚实步伐。新的国有资产监管体系初步建立。引进国有大企业参与我省国企改革重组，有效盘活了存量、放大了增量。引进一汽集团重组海汽，推动了我省汽车工业的发展。海南电网并入南方电网，启动了我省与大陆输电联网工程。转让中海能源、大广坝水电、洋浦电厂、八所港等股权，分别引进了华能、国电、中海油等大企业，扩大了在海南能源、港口等领域的投资。整合省内资源，组建了省港航控股有限公司、省水利电力发展有限责任公司、省文化投资管理公司，成立省发展控股公司，构建政府投资主体，搭建了项目投融资平台。重组洋浦土地开发公司，洋浦开发实现了由外商主导向政府主导的转变。个体、私营等非公有制经济有了长足发展，增加值已占全省生产总值的42%左右。

农村和农垦改革取得新进展。农村税费改革基本到位。农村土地确权和第二轮土地承包的换证工作基本完成。在琼海市开展了全省农村综合改革试点。启动了失地农民养老保险制度建设，新型农村合作医疗受益农民扩大到103.67万人，农村居民最低生活保障制度建设全面展开。成立了海南天然橡胶产业集团股份有限公司，农垦职工基本养老保险纳入全省统筹并实现了养老金按时足额发放，农场代管的乡镇正在移交地方政府管理。

行政管理体制改革不断向深层推进。按照中央部署，完成了省、市县和乡镇的机构改革。深化行政审批制度改革，取消省属机构行政许可事项217项，推行联合审批等快捷有效的审批方式。深化投资体制改革，对企业不使用政府性资金建设的项目实行核准制或备案制。推进财政管理体制改革，建立了比较完善的国库集中支付和非税收入管理、政府采购等制度。加强政府行政能力建设，转变政府职能取得新进展。高度重视和全面加强规划工作，发挥规划在经济社会发展中的龙头作用。省政府先后与国家开发银行签订了授信总额为352亿元的开发性金融合作协议、50亿元的软贷款补充协议，与中国建设银行签订了500亿元的金融战略合作协议，一度困扰海南经济发展的金融风险基本化解，金融环境明显改善。倡导政府执行文化，实行行政首长问责制、部门牵头负责制、重点项目领导联系负责制和省政府决定事项、省政府领导批示事项跟踪督办制，强化了政府机关的执行理念，促进了行政服务效能的提高。

对外开放出现新气象。外贸进出口总额和外商直接投资大幅增长。博鳌亚洲论坛已成为国际著名、有重要影响力的国际性会议品牌。航权开放试点吸引了14家外国航空公司执飞海南国际航班，新开通国际航线28条。贯彻落实《中共海南省委关于加强投资环境建设若干问题的决定》，开展“投资环境建设年”活动，全省一大批久拖不决的重大投资历史遗留问题得到了妥善处理，共清还政府机关拖欠工程款1亿多元，基本解决了侨房历史遗留问题。推进“大通关”工程建设，通关效率和服务质量明显提高。实施“大特区与大都市互动合作计划”，积极参与“泛珠三角”、“长三角”等区域经济合作，开展了大规模的经济交流和招商引资活动，一批国内外知名大企业已经来琼投资，新一轮开发建设热潮正在形成。

——全面建设小康社会总体布局实现了向社会主义经济建设、政治建设、文化建设、社会建设四位一体推进的重大转变，开启了构建和谐海南的新时期。

民主法制建设进一步加强。自觉接受人大的法律监督、工作监督和人民政协、民主党派的民主监督，做到了重大决策事先征求人大、政协的意见。五年来，省政府及各部门共办理人大议案231件，办复人大建议1089件和政协提案1416件，提请省人大审议法规议案50项。认真实施“四五”普法规划，贯彻《行政许可法》，修改和废止省政府规章57件。建立省政府新闻发言人制度，推进政务信息网上公开，政府工作的透明度不断提高。支持舆论监督，启动了政府主导的征信和信用评估体系建设，着力建立社会管理长效机制。发挥省政府咨询顾问委员会、科技顾问委员会的作用，促进了民主、科学决策。加强审计、监察工作，廉政建设和反腐败斗争取得新成效。

和谐海南建设实现良好开局。推进社会主义民主政治建设，不断提高政务、厂务、校务、村务公开的水平，保证了基层群众依法行使选举权、知情权、参与权和监督权。切实维护社会稳定，保持了在全国敏感时期全省无重大政治事件、无重大治安案件和无集体进京上访事件的三个“零记录”。认真抓好社会治安综合治理，深入开展打击“两抢一盗”、赌博、毒品犯罪等专项行动。严密防范和坚决打击邪教组织、境外敌对势力的渗透破坏活动。落实安全生产责任制，深入开展食品、药品专项整治，确保了人民群众生命财产安全。

社会主义精神文明建设取得新成就。开展以实践“三个代表”重要思想为主要内容的保持共产党员先进性教育活动，在解决“突出问题”和“实际问题”上下功夫，基本上达到了“见实效、见长效”的阶段性目标。深入贯彻《公民道德建设实施纲要》，组织开展了未成年人思想道德建设，加强和改进大学生思想政治工作。以文明生态村建设为主要载体的农村社会主义精神文明创建活动蓬勃发展，全省共建成文明生态村5300多个，占自然村总数的22.8%。文明高效机关、文明规范行业、文明诚信企业、文明安全社区等创建活动取得新成效。积极组织开展丰富多彩的群众文化节会活动，丰富了群众精神文化生活。

人民生活继续改善。城镇居民年人均可支配收入和农村居民年人均纯收入分别由2000年的5358元、2231元提高到8090元左右、3006元左右，年均分别递增8.4%和6.1%。加强就业、再就业和社会保障工作，五年来全省累计新增就业30万人，国有企业下岗职工基本生活费和城镇离退休职工养老金按时足额发放，城镇“低保”对象做到了应保尽保，农村“五保户”全部改由地方财政转移支付供养。省委、省政府坚持每年开展为民办实事活动，投资11.13亿元改造农村电网、新增和更新线路4667公里，实施农村饮水解困工程、解决了农村130.83万人的饮水困难，五年完成茅草房改造4.93万户、新建沼气池14.7万户，完成了中部地区村村通广播工程。为市县工资调标转移支付5.14亿元，比预定时间提前一年实现了全省财政供养人员工资调整到“海南统一加浮动70%”的水平。

摘自《海南省国民经济和社会发展第十一个五年规划纲要》

海南省2005年固定资产投资情况

固定资产投资较快增长。2005年，全省全社会完成固定资产投资376.51亿元，比上年增长15.7%，“十五”期间累计完成投资1410.33亿元，平均每年递增12.9%。按投资种类分，城镇固定资产投资351.51亿元，比上年增长20.8%，其中房地产开发投资70.85亿元，比上年增长26.5%，城镇以上私人投资12.27亿元，比上年增长101.5%；农村固定资产投资25.00亿元，比上年下降27.0%。在城镇固定资产投资中，第一产业完成投资10.72亿元，比上年增长42.1%；第二产业完成投资130.12亿元，比上年增长30.1%；第三产业完成投资210.67亿元，比上年增长14.8%。全省5000万元以上投资项目74个，完成投资202.19亿元，占全社会固定资产投资总额的53.7%。全年施工项目1262个（不含房地产投资项目），其中新开工项目达922个。实华炼油厂续建工程、金海浆纸厂配套项目、华能“大代小”电厂、中海油60万吨甲醇项目、大隆水库、海口喜来登温泉度假酒店等重点工程投资进展顺利。

摘自《2005年海南省国民经济和社会发展统计公报》

重庆市“十五”时期发展回顾

过去五年，我们坚持以邓小平理论和“三个代表”重要思想为指导，全面贯彻科学发展观，认真落实中央宏观调控政策，紧紧依靠全市各族人民，锐意创新，奋力拼搏，完成或超额完成“十五”计划确定的主要任务。实施西部大开发、办好“四件大事”、推进“三中心两枢纽一基地”建设取得重大阶段性进展，胜利实现重庆“三步走”发展战略的第一步目标。这五年，是全市人民同心协力、埋头苦干的五年，是紧紧抓住战略机遇期加快发展的五年，是速度与效益、经济与社会、城市与农村都有了长足进步的五年，是人民群众得到较多实惠、城乡面貌发生显著变化的五年。重庆已站在一个新的历史起点上，正在成为一座人气旺盛、活力迸发、创业机会日益增多的城市。

（一）综合经济实力显著增强。初步统计，“十五”期间全市地区生产总值年均增长11%，高于“九五”1.7个百分点，2005年达到3100亿元，其中工业增加值达到1050亿元，均比2000年接近翻一番。按常住人口计算，人均地区生产总值接近1400美元。全社会固定资产投资2005年完成2010亿元，五年累计完成6700亿元，比“九五”增长1.8倍。社会消费品零售总额由2000年的644亿元增加到1100亿元。地方财政收入394.7亿元，比2000年增长2.8倍。金融机构人民币年末存贷款余额均比“九五”期末增加1倍多。

（二）经济结构调整呈现可喜变化。工业经济总量、质量、效益同步提高，规模以上工业企业实现利润总额翻了两番多。北部新区和特色工业园区正在成为新的经济增长极。非公有制经济迅速崛起，实现增加值比重由35%提高到51%。城镇化水平由35.6%提高到45.2%。全市银行不良贷款占比由32%下降到9%左右，重庆成为全国银行业资产质量和金融生态环境较好地区之一。

（三）基础设施建设提速推进。全面完成“8小时重庆”通达工程，基本完成“半小时主城”畅通工程。渝怀铁路、达万铁路、遂渝铁路、轨道交通二号线、江北国际机场扩建、万州五桥机场、寸滩集装箱码头一期等一批重大交通工程建成投入使用。渝涪、渝合、渝黔、长万和环城高速公路建成通车，五年新增高速公路516公里。新建、改建区县高等级公路1748公里。建成长江、嘉陵江大桥16座。信息基础设施处于西部领先水平。五年新增电力装机容量125万千瓦，新增农田灌溉面积58万亩。鲤鱼塘水库建设顺利推进，“泽渝”工程和松溉、铜罐驿两大长江提水工程全面启动。一批新兴商圈、商业步行街、滨江餐饮休闲区成为城市亮丽的风景，一批危旧房得到改造，灯饰工程和绿化美化工程使重庆更加绚丽多彩。

（四）农业农村焕发新的生机。2005年起全部免征农业税及其附加，结束了农民缴粮纳税的历史。农业产业化百万工程、百个经济强镇工程和百万农村劳动力转移就业工程取得可喜进展。粮食总产量恢复到历史较好水平。农村基层服务体系建设得到加强。乡镇企业持续健康发展。五年累计转移农村富余劳动力260万人。进城务工人员的管理和服务工作有所改善。

（五）顺利完成分期移民任务。到2005年末，累计完成移民安置94.1万人，迁建调整工矿企业1371户，复建房屋2853万平方米。实施《三峡库区经济社会发展规划》起步良好，建立产业发展基金和移民后期扶持基金，实施产业发展基金项目150个、移民后期扶持项目457个。“十五”后三年，库区15个淹没区县总体经济增长速度超过全市平均水平。

（六）生态环境质量趋于改善。“十五”共投入318亿元加强环境保护与生态建设。累计完成退耕还林1389万亩，全市森林覆盖率达到30%，比2000年提高7个百分点。建成一批污水处理厂和垃圾处理场，库区水质稳定。持续推进主城“净空工程”，实施易撒漏物质密闭运输，严格控制施工扬尘，实施城市道路改造，结合技改搬迁主城区重污染安全隐患企业19户。2005年末主城区空气质量优良天数比例达到72.9%，比2000年提高21.8个百分点。库区地质灾害二期防治工程初步通过国家验收。

（七）改革开放取得重大进展。国有企业股份制改革大步推进，股份制企业占比已超过70%。加大市属国有企业集团重组整合力度，国有资产总额超过3500亿元，比2000年扩大1倍。五年累计化解市属国有企业不良债务220亿元。完成重庆市商业银行和国际信托投资公司增资扩股、西南证券重组、区县信用联社统一法人改革改制。组建土地储备中心，培育壮大八大建设性投资集团，搭建起基础设施建设投融资平台。路桥收费改革和电力、水利、公交、燃气等垄断行业的改革取得实质性进展。文化体制改革试点顺利推进，组建了重庆广播电视集团（总台）、报业集团和出版集团。企业信用信息联合征信系统基本建立。

把发展开放型经济提升到战略高度。“十五”期间，全市进出口总额年均增长 19.2%，实际利用外商直接投资累计 17.5 亿美元，有 24 家世界 500 强企业来渝投资兴业。福特汽车、惠普、美国利宝、汇丰银行、中美大都会人寿、中法水务、沃尔玛、香港查氏集团、普天、海尔等一批国内外知名企业相继入驻重庆。务实推进渝港“9+1”、渝澳“8+1”经贸合作。分别与四川、贵州、上海、浙江、广东、湖北达成合作发展框架协议。五年累计利用内资 448 亿元。

（八）各项社会事业取得新的进步。取得家蚕功能基因组研究、海扶超声聚焦刀、手机“通芯一号”芯片等一批具有国际先进水平的科技成果。初步具备乘用车自主开发能力。各级各类教育全面发展。2005 年“两基”人口覆盖率达到 97.6%，初中毕业生升入高中阶段学校的比例达到 81.3%，在校大学生人数在 2000 年基础上翻了一番多。五年累计完成中小学危房改造 360 万平方米。大学城建设初具规模。人力资源开发成效显著，五年累计引进各类紧缺人才 5 万多名。文化事业繁荣，三峡博物馆、奥体中心、规划展览馆和国际会展中心等标志性文化体育设施竣工投入使用，湖广会馆修复一新，红岩革命纪念馆景区基础设施建设项目、重庆国际学校正式开工。区县文化体育设施建设有长足进展。广播电视“村村通”工程成效显著。重庆运动员在全国“十运会”上取得了比上届更好的成绩。基本形成市与区县两级卫生监督、疾病控制、传染病救治体系和突发公共卫生事件预警应急机制。儿童免疫规划“四苗”接种率达到 92.3%，乙肝疫苗接种率达到 88.9%。艾滋病、结核病、地氟病等重大疾病防治工作得到加强。开展 7 个区县新型农村合作医疗试点。实施农村计划生育家庭奖励扶助制度和“少生快富”工程，67.9 万人受益。

（九）紧贴民心办了一批实事。城乡居民生活明显改善，2005 年城市居民人均可支配收入达到 10240 元，农村居民人均纯收入达到 2785 元，分别比 2000 年增长 66%和 47%。五年共指导帮助下岗职工和城镇登记失业人员实现就业再就业 80 万人。城市居民人均住房建筑面积由“九五”末的 18.6 平方米增加到 24.3 平方米，农村居民人均住房面积由 29.6 平方米增加到 33 平方米。城镇廉租住房保障面逐年扩大，3600 多户“双困”家庭搬进新居。农村 6300 户高山移民和所有岩洞窝棚户住进了政府资助的新房。基本建立以养老、失业、医疗、工伤、生育保险和社会救助为主要内容的社会保障体系。五年间三次提高城镇低保标准和最低工资标准。建立了农村特困医疗救助制度。农村绝对贫困人口五年累计减少 80 余万。解决了农村 230 万人的饮水困难和饮水安全问题。“平安重庆”建设扎实推进，全市刑事案件自 2002 年以来逐年有所减少，社会治安状况持续好转。强化安全生产监管，安装公路防撞护栏 2000 公里，基本建立了水上交通、长途客运 GPS 监控系统和煤矿瓦斯 GPRS 监控系统。

各级政府心系群众安危，成功抗御了突如其来的“非典”疫情，有效防控了高致病性禽流感和人-猪链球菌，战胜了频繁发生的自然灾害，妥善处置了开县“12·23”特大井喷、天原化工厂氯气泄漏等突发事件，保障了人民群众生命财产安全。

（十）服务型政府建设迈出坚实步伐。各级政府认真执行人大及其常委会决议、决定，自觉接受人大、政协和社会监督。出台了市政府重大决策程序规定，实施了行政首长问责、行政决策听证、政务信息公开和规范性文件审查四项制度。完善重大决策专家咨询、社会公示和听证、人民建议征集制度，建立政务信息发布、社情民意反映、政务工作评议、决策失误责任追究制度。行政审批事项减少 50%以上。乡镇政府服务职能有所加强。更加注重履行社会管理和公共服务职能，建立健全突发公共事件应急处理机制。强化行政监察、审计和经济监督，廉政建设和反腐败工作取得新成效。

过去五年，民主法制建设和精神文明建设深入推进。各级政府开展保持共产党员先进性教育活动收到实效。民族、宗教、侨务、对台工作取得新成绩，民政、防灾救灾、妇女儿童、老龄、残疾人事业取得新进展，人防、消防、档案、修志、保密、口岸、统计、气象、地震、法律援助、人民调解和信访工作取得新成效，“双拥”、“共建”活动、国防教育和国防后备力量建设得到新发展。

2005 年是“十五”最后一年，我们全面完成了市二届人大三次会议确定的各项预期目标，为“十五”计划画上了圆满的句号。初步统计，地区生产总值比上年增长 11.8%，地方财政收入增长 30.5%；全社会固定资产投资增长 23.9%，社会消费品零售总额增长 13.5%，外贸出口增长 22%，实际利用外商直接投资增长 23.5%；城镇新增就业 20 万人，新转移农村富余劳动力 43.7 万人；城市居民消费价格总水平上涨幅度控制在 0.8%；城市居民人均可支配收入增长 11.1%，农村居民人均纯收入增长 10.9%。

摘自《重庆 2006 年政府工作报告》

重庆市 2005 年固定资产投资情况

全社会固定资产投资 2006.32 亿元，比上年增长 23.7%。其中，城镇投资 1838.42 亿元，增长 24.5%；农村投资 167.90 亿元，增长 15.9%。

分地区看，都市发达经济圈完成投资 1002.62 亿元，增长 25.0%；渝西经济走廊完成 437.89 亿元，增长 22.5%；三峡库区生态经济区完成 565.81 亿元，增长 22.4%。

在城镇投资中，一、二、三产业投资分别比上年增长 17.1%、39.0%和 20.8%。全市建设与改造投资 1488.59 亿元，比上年增长 22.3%，其中工业投资 564.69 亿元，增长 41.8%。房地产开发投资 517.73 亿元，比上年增长 27.8%。房屋施工面积 7485.22 万平方米，增长 19.8%，房屋竣工面积 2208.12 万平方米，增长 39.2%；商品房销售面积 1559.76 万平方米，增长 17.3%，销售额达到 312.73 亿元，增长 34.3%，其中住宅销售增长 23.8%，占商品房销售额的比重为 71.9%。

渝怀铁路、渝遂高速公路、双槐电厂、彭水电站、菜园坝长江大桥、嘉华嘉陵江大桥等重点项目建设加速推进，全年重点项目完成投资 479.65 亿元，占全社会固定资产投资总量的 23.9%。基础设施重点项目完成投资 378.14 亿元，占重点项目投资总量的 78.8%，其中交通、城市基础设施和电力投资总量分别为 161.46 亿元、97.42 亿元和 91.00 亿元。

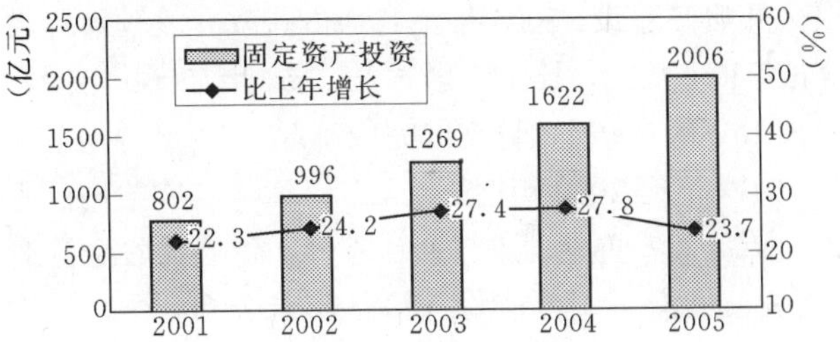

“十五”时期重庆市固定资产投资及增长速度

摘自《2005 年重庆市国民经济和社会发展统计公报》

四川省“十五”工作回顾

过去五年特别是去年以来，按照中共中央、国务院的部署，在省委领导下，在省人大、省政协的监督支持下，省政府动员和组织全省各族人民，高举邓小平理论和“三个代表”重要思想伟大旗帜，认真贯彻党的十六大和十六届三中、四中、五中全会精神，牢固树立和认真落实科学发展观，按照中央宏观调控的要求，紧紧抓住西部大开发机遇，奋力推进“三个转变”，各方面工作都取得了新的进步，圆满完成了十届人大三次会议确定的主要目标任务，超额完成了“十五”计划的主要指标，全面建设小康社会迈出可喜步伐。

一、过去五年是经济快速健康发展的五年

2005 年，全省生产总值达到 7385.1 亿元，比上年增长 12.6%，比 2000 年增长 69.8%，年均增长 11.2%。三次产业结构由 2000 年的 24.1:36.5:39.4 调整为 20.2:41.6:38.2。

认真落实惠农政策措施，严格保护基本农田，加大农业结构调整力度，推进农业产业化经营，提高农业机械化水平，加快农村劳动力转移，确保了粮食安全，促进了农民增收。五年间财政对“三农”的投入达 1246.2 亿元，比“九五”时期增加 1.6 倍。2002 年以来，通过取消涉农收费和免征农业税及附加，减轻农民负担 104 亿元，人均减负 163 元。近两年，兑现粮食、良种和农机具三项补贴 12.4 亿元。在全国率先开通鲜活农产品“绿色通道”。粮食总产量基本稳定在 3400 万吨左右。肉类总产量由 2000 年的 641.3 万吨增加到 2005 年的 949.2 万吨。2005 年农民人均纯收入比上年增加 223 元，比 2000 年增加 899 元。

坚持走新型工业化道路，以信息化带动工业化，培育壮大支柱产业和优势产业，加强工业基地和园区建设，支持企业加大技改和营销力度，搞好运行的综合协调，保持了工业持续较快增长的良好势头。2005 年实现规模以上工业增加值 2034.4 亿元，比上年增长 22.9%，比 2000 年增长 1.4 倍；预计实现净利润 300 亿元以上，比上年增长 30%左右，比 2000 年增长 3.5 倍左右。

围绕自然生态和历史文化两条主线，改善基础设施和进入条件，加强旅游精品建设，连续召开三届旅发大会和首届冬旅会，推动了旅游业快速发展，支柱产业地位正在形成。2005年旅游总收入721.3亿元，比上年增加155.1亿元，比2000年增加463.2亿元，增长1.8倍。着力培育住房、汽车、文化、体育等新的消费热点，改造提升餐饮等传统服务业，积极推广连锁经营、物流配送等现代流通业态，大力开拓城乡市场。2005年社会消费品零售总额2981.4亿元，比上年增长14%，比2000年增长78.4%。物价基本平稳，2005年居民消费价格总水平上涨1.7%。

加大依法治税力度，认真落实国家税收优惠政策，加快公共财政建设。2005年全省地方财政一般预算总收入完成830.4亿元，比上年增长23.6%，比2000年同口径增长1.4倍；一般预算支出完成1082.2亿元，比上年增长20.9%，比2000年增长1.4倍。优化信贷结构，注重风险防范，妥善处理农村合作基金、供销社股金等遗留问题，金融运行基本平稳。2005年末全社会金融机构各项存款余额9905.3亿元，比上年末增长17.1%，比2000年末增长1.2倍；各项贷款余额6743亿元，比上年末增长8.7%，比2000年末增长66.4%。

二、过去五年是改革开放深入推进的五年

大力推进“三个转变”，市场在资源配置中的基础性作用明显增强。“十五”期间，缴入地方金库的国有土地收益比“九五”时期增长19倍，土地市场、矿业开发秩序明显好转；民营经济蓬勃发展，预计非公有制经济占生产总值的比重达到43.5%，比2000年提高13.8个百分点；人才强省战略全面实施，创新创业环境不断改善。集中精力打好国有企业改革攻坚战，现代企业制度建设步伐加快，破产兼并、主辅分离、军工脱困等项改革初见成效。国有资产监管体系逐步完善。农村税费改革取得重大进展，农村综合改革初见成效。粮食流通新体制基本形成。公共财政基本框架建设稳步推进。政府投资行为进一步规范。金融、价格、流通等项改革深入推进。教育、卫生、科技、文化等项改革取得新的进展，实行了以县为主的农村义务教育管理体制，乡镇卫生院上收县管，在21个县开展了新型农村合作医疗试点。

着力优化投资环境，培育发展外经贸主体队伍，加强区域合作交流，全方位对外开放格局基本形成。111家世界500强企业来川落户，比2000年增加48家。五年实际利用外资51.9亿美元，到位国内省外资金1816亿元，比“九五”时期分别增长13.4%和7.5倍。出口161.9亿美元，比“九五”时期增长1.3倍。对外承包工程和外派劳务不断扩大。新增加德、韩、泰、法四国驻蓉领事机构。

三、过去五年是城乡面貌变化巨大的五年

抓住国家发行国债重点支持基础设施建设的机遇，建成了一批重大基础设施项目。2005年全社会固定资产投资3462亿元，比上年增长30.7%；五年共完成11647.7亿元，比“九五”时期增长1.1倍。电力装机容量预计达到2300万千瓦，新增600万千瓦。高速公路里程达到1759公里，新增759公里，完成三州通县油路4276公里。铁路营运里程达到3009公里，新增288公里，干线全部实现电气化。完成成都双流国际机场改扩建工程，2005年旅客吞吐量达1390万人次。民用航空支线机场达到9个，其中新建九黄等4个，改扩建2个。紫坪铺水利枢纽工程下闸蓄水、首批机组投产发电，瀑布沟水电站实现大江截流，溪洛渡、锦屏一级电站正式开工。实施三州移动通信扶贫工程，民族地区通信条件明显改善。电话普及率由2000年的10%提高到38%，实现了全省乡乡通电话。加强城镇规划和管理，加快城镇基础设施建设和旧城改造，城镇净化、绿化、亮化、美化水平明显提高。2005年城镇化率达到33%，比2000年提高5.3个百分点。农村公路里程达到26万公里，新增5.5万公里，投资120亿元用于农村电网建设和改造，农村居住、交通、通信、水利、能源等条件明显改善。

推进长江上游生态屏障建设，2153.3万公顷天然林得到有效管护，累计退耕还林87.9万公顷，其中五年来退耕还林67.9万公顷。退牧还草256万公顷，荒山造林169万公顷，治理水土流失面积1.2万平方公里。自然保护区达到163个，面积占全省幅员的15.7%，森林覆盖率由2000年的24.23%提高到2005年的28.98%。实施以岷江、沱江、嘉陵江流域为重点的水污染综合治理，整治重点排污企业863个，严肃查处沱江水污染事故，出川水质明显改善。城市污水处理率和生活垃圾无害化处理率分别比2000年提高18.6和8.7个百分点。

四、过去五年是社会全面进步的五年

努力推进和谐社会建设，深入实施科教兴川战略，加快发展卫生、文化、体育、新闻出版等各项社会事业。“十五”期间财政对社会事业投入1684.6亿元，比“九五”时期增长1.6倍。取得国家级重大科技成果78项，专利申请36279项。驰名商标达到23件。成都高新区、绵阳科技城、德阳重大装备基地和中药现代化科技产业基地建设步伐加快。各级各类教育快速发展，办学条件明显改善。民族地区教育发展十年行动计划顺利实施。2005年，全省“普九”人口覆盖率达到97.7%，比2000年提高4.7个百分点；中等职业教育在校生78.3万人、高校在校生105.1万人，分别比2000年增加24.4万人、

57.1万人。突发公共卫生事件应急机制初步建立，有效防控了非典、人感染猪链球菌病、高致病性禽流感等重大疫情。五年共安排建设2596个乡镇卫生院。中医药工作有所加强。对327825人次农村扶助对象实行了计划生育家庭奖励扶助，低生育水平持续稳定，2005年人口自然增长率比2000年下降2.2个千分点。建成了沫若艺术院、巴金文学院等一批标志性文化工程。大熊猫被选定为北京奥运吉祥物。文物保护得到加强，“太阳神鸟”被确立为中国文化遗产标志。广播、电视综合人口覆盖率分别达到95.4%和96.7%。新闻出版事业健康发展。群众文体活动蓬勃开展，竞技体育取得好成绩。群众性精神文明创建活动广泛开展，哲学社会科学研究和地方志、档案工作取得新成果。完成了第一次全国经济普查和第五次全国人口普查。妇女、儿童、老龄、残疾人等工作得到加强。加强民主法制建设，正确处理新形势下的人民内部矛盾，切实加强信访工作，妥善处置群体性事件，及时化解不稳定因素。实施社会治安综合治理“整体联动防范工程”，重点打击抢劫、抢夺和盗窃活动，有效遏制刑事犯罪多发势头。坚决打击“法轮功”邪教组织等敌对势力的破坏活动，有效维护了国家安全。党的民族、宗教政策得到认真落实。国防动员和国防后备力量建设加强，双拥、优抚和退役军人安置工作取得新的成绩。

开展食品、药品、农资等专项整治和知识产权保护专项行动，依法打击制售假冒伪劣商品、商业欺诈、中介欺诈等行为，加大“扫黄打非”力度，加强审计和质量技术监督，推进信用体系建设，市场经济秩序进一步好转。

深入开展专项整治和安全生产示范乡镇创建活动，狠抓责任、机构、人员、经费、措施“五落实”，关停不具备安全生产条件的矿山和小煤窑，严肃查处重特大事故，安全生产长效机制初步建立。

五、过去五年是人民生活不断改善的五年

在发展经济的基础上，千方百计增加城乡居民收入。2005年，农民人均纯收入达到2802.8元，比上年增长8.6%，比2000年增长47.2%；城镇居民人均可支配收入达到8386元，比上年增长8.8%，比2000年增长42.3%。坚持每年为群众办好“十件实事”。

全面落实各项扶持政策，抓好就业服务和职业培训，大力促进就业再就业。“十五”期间，新增城镇就业229.7万人，151.2万下岗职工和城镇失业人员实现再就业，2005年末城镇登记失业率4.6%。巩固“两个确保”，搞好“三条保障线”衔接，养老、医疗、失业及工伤、生育保险覆盖面扩大，保障能力增强。各级财政共筹集低保资金39.7亿元，158.5万城市低保对象实现了应保尽保，在134个县实行农村居民最低生活保障，符合条件的五保对象全部纳入供养。城乡医疗救助体系逐步完善。失地农民补偿安置工作得到加强。清理拖欠农民工工资23.1亿元。

加大扶贫帮困力度，实施“万村扶贫”规划，深入推进“五大扶贫工程”。五年中央和省共投入扶贫资金147.1亿元，解决了124万贫困人口的温饱问题。民族地区、革命老区的生产生活条件得到较大改善。安排各类救灾资金26亿元，重建倒塌房屋75万间。实施农村人饮水工程和红层找水打井，解决了583.6万人的饮水问题。

过去的五年是很不平凡的五年。面对国内外市场的激烈竞争，面对突如其来的非典等重大疫情和重大自然灾害的严重冲击，面对经济运行中出现的不稳定不健康因素，我们审时度势，妥善应对，知难而进，迎难而上，牢牢把握主动权，各方面工作都取得了令人振奋的成就。取得这些成绩，确实来之不易，这是全省人民齐心协力、不懈奋斗的结果。在此，我代表省人民政府，向全省各族人民、解放军和武警驻川部队、政法干警、各民主党派、工商联、无党派人士、各人民团体和各界朋友表示衷心的感谢，并致以崇高的敬意！

回顾过去五年的奋斗历程，我们有以下几点深切的体会：一是始终坚持以科学发展观统领经济社会发展全局不动摇，坚持以人为本，解放思想、实事求是、与时俱进，不断创新工作思路和工作方法，正确处理改革发展稳定的关系，努力使政府工作充分体现时代的要求和全省各族人民的愿望，努力促进经济社会的全面协调可持续发展。二是始终坚持跨越式发展不动摇，无论出现什么情况、遇到什么困难，我们都紧紧扭住经济建设这个中心不放松，聚精会神搞建设，一心一意谋发展，经济增长才能一年比一年快，近三年经济总量才能一年上一个千亿元台阶。三是始终坚持市场配置资源不动摇，加大改革开放力度，通过“三个转变”实现资源变资本，全省上下才像今天这样充满生机和活力。四是始终坚持把维护群众切身利益放在首位不动摇，立党为公、执政为民，在群众“最盼”上赢民心，在群众“最急”上见真情，在群众“最怨”上改作风，密切了党和政府同人民群众的血肉联系，人民群众创新创业的积极性才像今天这样不断高涨。五是始终坚持“举旗帜、抓班子、带队伍、促发展”不动摇，不断加强各级领导班子和干部队伍建设，着力搞好政府自身建设，切实增强执行力，才形成了风正人和事业兴的可喜局面。

在肯定成绩的同时，我们也清醒地看到，我省经济还是低水平上的快速增长，发展不足仍然是我们面临的主要矛盾，制约我省经济发展的体制性障碍和结构性矛盾仍然突出，粗放型增长方式亟待转变。一是工业化水平低，自主创新能力不强。二是城镇化水平不高，二元结构特征明显，农民持续增收难度加大，化解乡村债务的任务艰巨。三是经济增长的资源和环境约束加剧，煤电油气运偏紧，土地和资金供需矛盾突出。四是人口和就业压力大，社会保障体系不够完善，部分群众生活面临不少困难。五是安全生产和环境保护形势依然严峻，还存在一些影响社会稳定的因素。六是政府工作方式方法与新形势、新任务的要求还不完全适应，少数干部的官僚主义、形式主义作风比较严重，腐败问题在一些地方和领域较为突出，有的工作抓落实不够。在今后的工作中，省政府将在各位代表的监督支持下，认真解决上述矛盾和问题，把各项工作做得更好。

摘自《四川省2006年政府工作报告》

四川省2005年固定资产投资情况

全年全社会固定资产投资3462.1亿元，比上年增长30.7%。其中，城镇投资3081亿元，增长29.6%。从管理渠道看，基本建设投资1618.2亿元，增长25.5%；更新改造投资713.3亿元，增长35%；房地产开发投资699.3亿元，增长37.1%。

随着投资政策及投资环境的不断完善，四川建设领域民间投资热情高涨，增长迅速。全省民间投资1618亿元，增长35.4%，占全社会投资的46.7%，比2004年上升了1.6个百分点。

2005年，认真贯彻落实国家宏观调控政策，做到有保有压，扶优限劣，能源和农副食品加工业投资快速增长。其中，电力投资380.6亿元，增长49.8%；石油工业投资66亿元，增长29%；煤炭工业投资35亿元，增长29.8%；农副食品加工业投资43.5亿元，增长76.6%；化学原料及化学制品业投资73亿元，增长16.1%。钢铁、水泥、电解铝等控制行业投资120亿元，增长0.1%，增速比2005年初回落15.8个百分点。

全年基本建设和更新改造施工项目12413个，比上年增加2033个；施工项目计划总投资8570.4亿元，增加2092亿元。其中，新开工项目9028个，增加1848个；新开工项目计划总投资3525亿元，增加993.2亿元。全年建成投产项目5889个，项目建成投产率47.4%，新增固定资产984.4亿元，固定资产交付使用率达到42.2%。建成了一批重点骨干项目，如福堂电站、宜宾天原股份有限公司聚氯乙烯及配套项目一期工程、攀钢（集团）成都钢铁有限责任公司340毫米连扎管机组技改项目、四川龙威钢铁公司钢铁冷轧基地等。

“十五”时期，四川固定资产投资总量达到前所未有的规模，全社会固定资产投资总量由2000年的1403.9亿元上升到2005年的3462.1亿元，增长1.5倍。全社会累计完成固定资产投资11647.8亿元，是“九五”时期的2.1倍，年平均增长19.8%，比“九五”时期快4.1个百分点。“十五”时期，全省累计完成民间投资5215.2亿元，年均增长23.8%，增速比同期全社会投资快4个百分点。工业投资由2000年的313.2亿元上升到2005年的1255亿元，年均增长32%。全省房地产开发投资累计达2272.9亿元，年均增长29%，增速比“九五”时期快9.4个百分点。

摘自《2005年四川省国民经济和社会发展统计公报》

贵州省“十五”时期国民经济和社会发展回顾

过去五年，在中共贵州省委的领导下，在省人大和省政协的监督、支持下，我们坚持以邓小平理论和“三个代表”重要思想为指导，全面贯彻科学发展观和构建社会主义和谐社会的重大战略思想，认真落实中央宏观调控的政策措施，牢牢把握抢抓机遇、加快发展这个富民兴黔的第一要务，团结和依靠全省各族人民，聚精会神搞建设，一心一意谋发展，胜利完成了“十五”计划，经济发展呈现出速度比较快、效益比较好、结构逐步改善、协调性逐渐增强的良好态势。各项社会事业全面进步，民族团结不断巩固，社会主义民主法制和精神文明建设取得新成绩。

一、经济增长速度明显加快，质量和效益显著提高，综合经济实力迈上新台阶。初步预计，全省生产总值从2000年的1029.9亿元增加到2005年的1910亿元，年均增长10.2%左右。其中，三次产业年均分别增长3.7%、12.7%和11.7%。财政总收入和地方财政收入分别由153亿元和85.2亿元增加到366.3亿元和182.4亿元，均比2000年翻了一番以上，年均分别增长19.1%和16.4%。2005年规模以上工业企业实现利润总额67.5亿元，是2000年的5.4倍。金融机构存贷款余额分别达到2777.5亿元和2303.9亿元，是“九五”末的2.51倍和2.16倍。

二、固定资产投资大幅度增长，西部大开发“五年打好基础”的目标基本实现，经济社会发展的基础条件发生历史性变化。五年累计完成全社会固定资产投资3800亿元以上，是“九五”时期的2.5倍。西部大开发战略重点全面推进。以交通为重点的基础设施建设取得突破性进展，“一横一纵四联线”公路主骨架加快形成，省会城市与市（州、地）之间基本形成高速或高等级公路联结，实现了县县通油路、乡乡通公路，85%的行政村通公路，五年累计新增公路通车里程1.3万公里以上；新建四条铁路和四个支线机场，建成西南水运出海通道中线起步工程贵州段，综合交通运输体系进一步完善。以“西电东送”为重点的能源建设实现历史性突破，新增电力装机容量842万千瓦，是新中国成立以来前51年总和的1.7倍；“黔电送粤”达400万千瓦；2005年原煤产量1.06亿吨，是“九五”末的3倍。以退耕还林为重点的生态建设取得明显成效，累计完成营造林3750万亩以上，森林覆盖率年均提高1个百分点左右，建成农村沼气池64万口，生态环境局部恶化的趋势得到有效遏制。以解决工程性缺水为重点的水利设施建设取得新的成绩，进一步加大以“三小”为重点的小微型水利设施建设，续建和新开工了一批大中型水利工程，累计新增有效灌溉面积230万亩以上，新增节水灌溉面积154万亩，解决了农村643万人的饮水困难。以“两基”攻坚为重点的教育事业取得显著成就，累计投入“普九”专项资金61.5亿元，建成义教工程项目学校1025所、“普九”工程项目学校1573所、农村寄宿制项目学校358所、农村中小学现代远程教育学校（站、点）22698所，完成了2445所农村中小学危房的改造任务，农村中小学办学条件明显改善，教师队伍素质进一步提高，对农村义务教育阶段贫困家庭学生实施了“两免一补”，“两基”人口覆盖率从35%提高到90%以上，全省基本实现了“两基”。

三、经济结构调整成效显著，重点产业对经济增长的贡献明显加大，新的经济发展格局正在形成。二、三产业在国民经济中的比重进一步提高，生产总值的产业结构由2000年的26.3:38:35.7调整为2005年的18.9:41.6:39.5。农业产业结构调整取得重要进展，五年粮食总产量达5540万吨，比“九五”时期增加125万吨，畜牧业占农业增加值的比重由24.5%上升到33.3%，特色优势经济作物对农业增长的贡献率由8.7%上升到23.7%。工业结构调整迈出实质性步伐，能源工业成为我省第一支柱产业，烟、酒工业的支柱产业地位得到巩固，磷及磷化工、铝及铝加工等优势原材料工业进一步壮大，国防军工和电子信息产业综合实力得到提升，高技术产业发展取得新的突破。一批大企业和企业集团竞争力显著增强，淘汰了一批浪费资源、污染环境、不符合国家产业政策的生产能力，企业组织结构逐步改善。以旅游业为龙头的服务业增势强劲，旅游总收入年均增长30%以上。非公有制经济在国民经济中发挥越来越重要的作用，占生产总值的比重达27.8%，比“九五”末提高2个百分点以上。城镇化水平从24%提高到27%。

四、体制改革取得重大进展，对内对外开放水平进一步提高，经济增长活力不断增强。国有企业改革取得重大突破，股份制改造顺利推进，能源、交通、烟草、钢铁等行业的资产重组迈出实质性步伐，国有大中型企业历史包袱明显减轻；对一批困难企业实施了关闭破产，国有资本基本从一般竞争性领域的中小企业中退出；国有资产监管体制初步建立。农村税费改革试点取得显著成效，全面免除了农业税，启动了以“三改革、一化解”为主要内容的农村综合改革试点；全面放开粮食购销市场，粮食流通体制发生了根本性转变。完成了省、市、县政府机构改革，行政审批制度改革取得阶段性成果，政府职能进一步转变。以部门预算管理、财政国库管理和政府采购制度为重点的财政体制改革取得新的成绩，省对下的财政转移支付制度进一步完善，力度进一步加大。金融改革稳步推进，地方中小金融机构加快发展，基本完成了农村信用社改革试点任务。投资主体多元化的格局逐渐形成，企业投资主体地位基本确立，政府投资行为进一步规范。对外贸易迈上新台阶，五年累计完成进出口贸易总额52.8亿美元，比“九五”时期增长79%。积极参与“泛珠三角”和西南六省区市等区域合作，与对口帮扶四城市和其他兄弟省区市的双边合作取得新的成绩。累计引进省外到位资金和合同利用外资分别达到542.8亿元和7.9亿美元，年均增长44.6%和36.4%。

五、新阶段扶贫开发稳步推进，就业再就业和社会保障工作取得显著成绩，城乡居民生活水平明显提高。五年累计投入各类扶贫资金120亿元以上，净减少绝对贫困人口47万人左右。农村特困群众全部纳入长期救助范围。就业形势基本稳定，累计新增城镇就业人员85.12万人，实现下岗失业人员再就业24.3万人，其中“4050”人员再就业4.48万人，城镇登记失业率控制在4.3%以内。基本养老、基本医疗、失业、工伤、生育等社会保险制度基本建立，“两个确保”100%的成果进一步巩固，“三条保障线”各项政策全面落实，城市低保实现了“应保尽保”。城镇居民人均可支配收入和农民人均纯收入分别由2000年的5122.2元和1374.2元增加到2005年的8147.1元和1877元，年均实际增长7.8%和4.7%，社会消费品零售总额由355.6亿元增加到606.9亿元，年均增长11.3%。

六、各项社会事业全面进步，经济社会发展的协调性明显增强，和谐社会建设取得新的成绩。五年教育投入累计达到474亿元，是“九五”时期的2.67倍。各级各类教育事业加快发展，教育改革全面推进，教育质量稳步提高，贵州大学进入“211工程”建设行列。省财政累计投入科技研发经费3.25亿元，是“九五”时期的2.13倍，科技体制改革进一步深化，省属科研机构体制改革取得重大进展，建成了一批省部共建或省级重点实验室、工程技术研究中心和企业技术中心，科技创新能力得到增强。加强了以县级图书馆、文化馆为重点的基层文化设施建设，广播、电视人口综合覆盖率分别达到83.1%和90.5%，文化产业加快发展，组建了贵州日报报业集团、贵州出版集团公司和多彩贵州文化产业发展中心。档案事业得到加强。卫生事业改革与发展取得长足进步，不断加强疾病预防控制体系、医疗救治体系、卫生监督体系和农村卫生服务体系建设，建立了农村医疗救助制度，开展了城市医疗救助试点和新型农村合作医疗制度试点，突发公共卫生事件应急处理能力进一步提高，成功防止了非典疫情发生，城乡居民健康状况明显改善。人口与计划生育工作力度加大，普遍推行了奖励扶助制度，人口自然增长率由13.06‰降低到7.7‰左右。资源和环境保护工作成效明显，在经济快速增长的情况下，全省环境状况总体趋于良好。努力推进国防建设与经济建设协调发展，国防后备力量建设得到加强。民主法制和精神文明建设取得新的成绩，依法行政能力进一步提高。

2005年，全省经济保持了持续较快增长的良好势头，预计生产总值比上年增长11.5%左右；财政总收入和地方财政收入分别增长23.5%和22.2%；完成全社会固定资产投资1010亿元以上，增长16%以上；城镇居民人均可支配收入和农民人均纯收入分别实际增长10.6%和5.2%；社会消费品零售总额增长13.4%；“十件实事”全面完成。各项社会事业取得新的成绩。

过去五年取得的成绩，标志着我省经济社会进入了加快发展的新阶段。在这五年中，我们紧紧抓住加快发展这一根本主题，始终坚持“只要符合科学发展观的要求，有条件、有效益，就要努力加快发展”不动摇，保持了经济增长速度逐年加快的良好势头；紧紧抓住为长远发展打好基础这一根本任务，不急功近利、不急于求成，扭住事关经济社会发展全局的战略重点不放松，抢抓国家实施西部大开发、新阶段扶贫开发和积极财政政策的难得机遇，集中力量办成了不少多年想办而没有办成的大事和实事；紧紧抓住结构调整这条主线，在突出发挥资源优势的同时更加注重产业结构升级，在加快经济发展的同时更加注重增长方式转变，在加快资源开发的同时更加注重环境资源保护，实现了速度、质量和效益的统一；紧紧抓住改革开放这一根本动力，不断推进体制和机制创新，积极借助外力加快发展，为经济增长注入了新的活力；紧紧抓住以人为本这一施政理念，认真解决人民群众最关心、最直接、最现实的利益问题，让人民群众从改革发展中得到了更多实惠；紧紧抓住“五个统筹”这一科学发展观的根本要求，着力加强“三农”、社会事业、生态建设等薄弱环节，增强了发展的协调性。过去五年，全省经济社会发展目标明确、思路清晰、重点突出、工作扎实，广大干部群众积极性空前高涨，保证了各项奋斗目标的圆满完成，为今后的发展奠定了良好基础。

在肯定成绩的同时，我们也清醒地看到，我省处于并将长期处于社会主义初级阶段，经济社会发展中还存在一些突出的矛盾和问题。主要是:经济总量小，人均水平低；农业基础脆弱，水利建设欠账较多，农村的贫困问题突出，解决“三农”问题任务十分艰巨；工业化、城镇化、市场化水平低，经济结构不合理，粗放型增长方式尚未根本转变，经济社会发展与人口资源环境的矛盾十分突出；教育、科技、文化、卫生、体育等社会事业发展滞后，劳动者素质亟待提高，城乡就业和社会保障仍然面临很大压力；制约发展的体制机制问题亟待解决，社会利益关系的处理难度加大；政府职能、管理方式和工作作风的转变，还不能完全适应经济社会发展的需要。对这些问题，我们将采取更加有力的措施，逐步加以解决。

摘自《贵州省国民经济和社会发展第十一个五年规划纲要》

贵州省 2005 年固定资产投资情况

固定资产投资继续保持快速增长，投资总量实现历史性突破，一批重点项目建成投产。2005 年，全省全社会固定资产投资总额跃上 1000 亿元台阶，达到 1014.63 亿元，比上年增长 17.8%，净增加 145.38 亿元。

2005 年全社会固定资产投资完成情况　单位：亿元

指标名称	绝对数	比上年增长（%）
全社会固定资产投资总额	1014.63	17.8
其中：城镇固定资产投资	916.09	18.0
农村固定资产投资	98.54	15.9
其中：基本建设	530.41	12.3
更新改造	181.14	19.4
房地产开发	153.31	26.0
其中：第一产业	24.10	16.4
第二产业	424.57	22.1
煤炭开采和洗选业	33.13	67.2
电力生产和供应业	233.21	24.8
第三产业	565.96	14.9
交通运输、仓储和邮政业	143.52	11.4

注：城镇固定资产投资为 50 万元及以上项目投资。

以交通为重点的基础设施建设继续加强。2005 年，全省公路建设投资达到 117.44 亿元，比上年增长 18.4%。开工建设了兴仁至顼效高速公路、贵遵公路扎佐至南白段改扩建工程、贵阳过境高速公路、黔桂铁路扩能改造工程贵州段、黄织铁路、贵阳铁路枢纽和龙洞堡机场扩建工程等一批重点项目；开工建设和改造二级公路 500 公里，完成油路建设 3000 公里，完成通村道路建设 10000 公里，通公路的行政村比重由上年的 88.9%提高到 91.6%。遵崇高速公路建成通车，黎平机场建成通航。全省公路通车总里程 4.69 万公里，比上年增长 1.7%，其中高速公路里程 577 公里，比上年增长 39.7%。

以“西电东送”项目为重点的能源建设进展加快。2005 年，全省电力建设投资达到 233.21 亿元，比上年增长 24.8%。第一批“西电东送”电源项目除索风营电站还有一台机组以外，全部建成投产。第二批电源项目中的构皮滩电站、思林电站、光照电站、盘南电厂一期、大方电厂、纳雍二电厂、鸭溪电厂、黔西电厂、大龙电厂等正在抓紧建设。后续电源项目前期工作进展顺利。全年新增发电装机 258.25 万千瓦，贵州电网统调装机总容量突破 1300 万千瓦，达到 1324 万千瓦；新增 11 万伏及以上变电设备能力 252 万千伏安。配套煤矿建设步伐加快，中岭、青龙、大洞口等一批配套煤矿基本建成，已进入验收阶段。全年完成煤炭开采和洗选业投资 33.13 亿元，比上年增长 67.2%，新增原煤开采能力 788.90 万吨/年。

摘自《2005 年贵州省国民经济和社会发展统计公报》

云南省“十五”经济社会发展目标全面实现

新世纪的头五年，是全省各族人民高举邓小平理论和“三个代表”重要思想伟大旗帜，不断推进社会主义现代化建设的五年。在中共云南省委的正确领导下，我们坚决贯彻中央的方针政策，树立和落实科学发展观，紧紧围绕全面建设小康社会的宏伟目标，解放思想、实事求是、团结奋斗、开拓创新，克服严重自然灾害、“非典”和禽流感疫情影响以及煤、电、油、运等紧张的困难，胜利完成了“十五”计划确定的主要目标任务，人民生活实现了由温饱到总体进入小康的历史性跨越。全省经济发展、社会进步、民族团结、边境安宁、山川秀美，云岭大地呈现出勃勃生机。

（一）国民经济实现较快增长，综合经济实力得到增强

全省经济增长先后经历止跌回升、巩固成果、加快发展三个阶段，进入了新一轮快速增长期。初步预计（以下同），2005 年生产总值达到 3400 亿元以上，五年中相继突破2000亿元和3000亿元，年均增长8.9%左右。人均生产总值超过900美元。财政总收入连续登上500亿元、600亿元和700亿元三个台阶，地方财政一般预算收入年均增长11.6%。工业经济效益逐年好转，产品销售收入、实现利税大幅增长，省重点支持的30户大企业全面盈利。银行、保险、证券业有力地支持和促进了云南经济社会的发展。

（二）经济结构不断优化，特色产业成效显著

产业结构进一步优化，呈现出农业稳步发展、工业持续做强、服务业增长强劲的特征。粮食连年稳定增产，产量跨上1500万吨台阶，特色经济作物、畜牧业和乡镇企业、劳务输出等成为农民增收的重要来源。工业增加值突破1000亿元，占全省生产总值的比重达到34.2%。服务业全面发展，增加值年均增长10%。支柱产业成为支撑和带动全省经济增长的重要力量。烟草产业创造新辉煌，累计实现利税近2000亿元。花卉、天然药物、生物化工、绿色保健食品等产业成为新的经济增长点。旅游业总收入突破400亿元，接待海内外旅游者分别超过6700万人次和150万人次。矿产业产值年均增长20%以上，实现利税增长4倍多。电力新增发电装机570万千瓦，是"九五"新增装机的2.5倍。非公有制经济创造的增加值突破1000亿元，实现了"三分天下有其一"的目标。城镇化进入快速发展期，城镇化率提高近6个百分点。

（三）投资规模不断扩大，基础设施明显改善

坚持大项目带动大建设、大建设促进大发展，累计完成全社会固定资产投资5658亿元，是"九五"的1.8倍，年均增长16.5%，其中，完成工业投资1600多亿元，是"九五"的2.3倍。投资结构发生较大变化，民间投资大幅增加。综合交通运输体系建设取得突破，出境出省通道逐步完善。公路建设完成投资750亿元，建成二级以上高等级公路4954公里，其中高速公路超过1400公里，是"九五"末的2.75倍。铁路运营总里程达到2327公里，新增238公里。民航机场达到10个，开通国内外航线160多条。新增内河航运通航里程1184公里，澜沧江成为重要的国际水运通道。建成大中小型水库181座，新增水利水电蓄水库容21.7亿立方米，净增有效灌溉面积208万亩。通信条件明显改善，每百人拥有电话34部，比"九五"末增加22部。

（四）科教兴滇和人才强省战略深入实施，各项社会事业全面进步

切实加大公共财政对社会事业的支持力度，五年累计投入科教文卫事业资金785.5亿元，占财政总支出的26%，保障了社会事业的发展。

科技事业迈出新步伐。累计取得重大科技成果2594项，13项获得国家级科技大奖，其中，我国澄江动物群与寒武纪大爆发成果荣获国家自然科学一等奖，西南"三江"铜、金、多金属成矿系统与勘查评价成果获国家科技进步一等奖。专利授权6000多件。科技成果应用及产业化步伐明显加快。建成一批重点实验室、工程研究中心、企业技术中心和科技创新基地。哲学社会科学取得了一批新的研究成果。

教育发展取得新突破。"普九"县达到112个，增加24个，人口覆盖率86%，提高14.4个百分点；青壮年文盲率下降到5%以下。改造中小学危房369万平方米，200万名农村贫困学生享受到"两免一补"政策。高中阶段教育办学规模不断扩大，毛入学率33.7%，提高8.8个百分点。高等教育毛入学率由4.9%提高到12.7%。人力资源开发力度加大，初步建成一支门类相对齐全的人才队伍。

医疗卫生事业有了新发展。公共卫生和医疗服务体系、疾病预防控制体系、医疗救治体系和食品药品执法监督体系逐步完善，突发公共卫生事件应急机制初步建立。新建700多所乡镇卫生院。20个试点县的600多万农民参加了新型农村合作医疗，参合率80%以上。

文化发展硕果累累。大力实施千里边疆文化长廊二期、贫困县"两馆一站"建设和农村电影放映工程；广泛开展文化下乡和社区文化活动，基层文化建设得到加强。文化体制改革不断深化。新闻出版、广播影视和对外文化交流等取得新成绩，广播、电视人口覆盖率分别提高到92%和93.5%。艺术精品不断涌现，《云南映象》等优秀作品在国内外产生广泛影响，形成了艺术创作的良好氛围。文化产业成为云南经济社会发展的新亮点。

体育事业蓬勃发展。全民健身活动广泛开展，各族人民身体素质有新的提高。竞技体育实现奥运金牌零的突破，并在残疾人奥运会和第十届全国运动会上取得好成绩。

（五）各项改革不断深化，对外开放取得新成绩

农村改革扎实推进。取消除烟叶外的农特税，免征农业税，共减轻农民和涉农企业负担27亿元，累计安排转移支付资金56亿元。农村信用社改革全面启动，粮食流通体制和供销社改革不断深入。三年深化国企改革任务基本完成，以国有大中型企业改革为重点的新一轮改革正向纵深推进。改革行政审批制度，清理取消行政许可事项608项。财税体制改革不断深化，政府间财政分配关系不断规范，缓解县乡财政困难的机制更加完善，欠发工资问题得到有效解决，开展了财政专款切块直接安排到县的试点工作。投资体制改革步伐加快，规范政府投资行为，放宽民营资本投资领域，拓展了投融资平台。积极推行价格听证和公示制度，公共事业收费等价格改革稳步推进。统计方法制度改革取得新进展。实施出口退税机制改革，退免税额增长 1.3 倍，边贸人民币出口退税改革试点取得成效。

努力扩大对外交往，积极推进国际国内区域经济合作，全方位、多层次、宽领域的对外开放格局进一步形成。共完成外贸进出口总额 153 亿美元，比“九五”增长 75%；完成对外经济技术合作营业额 13.8 亿美元，增长 1.4 倍；实际利用外资 5.7 亿美元；引进省外到位资金 525 亿元，增长 3 倍。

（六）人口资源环境工作力度加大，可持续发展能力得到增强

全面推行农业人口独生子女家庭“奖优免补”政策，39 万多户农业人口家庭领取了“独生子女父母光荣证”，是前 24 年的 2.9 倍。2005 年人口自然增长率 8‰，五年下降 3.48 个千分点。加强资源保护和合理利用，确保了重大项目和城镇建设用地，耕地实现占补平衡、补大于占。实行探矿权、采矿权招标拍卖和挂牌出让，资源利用水平稳步提高。实施天然林保护、退耕还林还草、防护林建设等重点生态工程，累计造林 4000 多万亩，森林覆盖率接近 50%，森林资源总量持续增长。治理水土流失面积 1.2 万平方公里。加强环境污染治理，重点工业污染源得到控制，列入监测的主要城市环境质量有所好转，九大高原湖泊水污染综合防治取得阶段性成果。

（七）扶贫开发成效显著，人民生活水平明显提高

制定实施农村扶贫开发纲要，安居温饱、易地开发、劳务输出三项重点工程进展顺利。累计减少贫困人口 294 万人，有 30 多万特困农户告别杈杈房、茅草房，贫困地区建制村通路率和通电率分别达到 75.3%和 91.6%。城镇居民人均可支配收入年均增长 8%，农民人均纯收入年均增长 6.2%。社会消费品零售总额超过 1000 亿元，年均增长 12.1%。城乡居民人均住房面积分别增加 4.3 平方米和 1.8 平方米，人均储蓄存款增长 1 倍。居民消费价格总水平保持基本稳定。

（八）精神文明建设取得新进步，民主法制建设进一步加强

认真贯彻落实公民道德建设实施纲要，在全社会倡导“爱国守法、明礼诚信、团结友善、勤俭自强、敬业奉献”的基本道德规范，各族人民思想道德素质和科学文化素质进一步提高。未成年人思想道德建设得到加强。群众性精神文明创建活动取得新进展。国防教育、双拥共建继续推进。

认真执行省人大及其常委会的决议，自觉接受省人大及其常委会的法律监督、工作监督和省政协的民主监督，重大问题广泛征求省人大代表、省政协委员的意见，听取各民主党派、工商联和无党派人士的建议。认真办复人大代表议案、批评、建议和政协委员提案。加强与工会、共青团、妇联等人民团体的联系。充分采纳人民群众对政府工作的意见和建议，政府民主决策机制进一步完善，科学化、民主化决策水平有了新的提高。

全面推进依法行政，提请省人大常委会审议通过 47 件地方性法规，发布 37 件政府规章，废止 34 件政府规章和规范性文件。认真贯彻行政许可法，认定 90 个省级单位的行政许可实施主体资格，减少 43 个，政府工作逐步走上制度化、规范化和法制化轨道。加强公务员队伍建设，颁布实施了公务员八条禁令，政府廉政建设和反腐败工作深入开展，机关作风得到改进。“四五”普法教育圆满完成，公民法律意识进一步增强。

（九）切实解决人民群众关心的问题，平安云南建设扎实推进

就业和再就业工作力度加大。实施积极的就业政策，初步建成覆盖全省的城镇就业服务网络，积极探索资源枯竭型城市和矿山的就业模式，就业规模进一步扩大，五年新增城镇就业 100 万人。加强农村劳动力转移培训，年均转移农村富余劳动力 100 万人。

社会保障体系进一步完善。全省社会保障投入 640 亿元，是“九五”的 2.5 倍，年均增长 16.5%，占财政总支出的 21%。“两个确保”成果继续巩固，社保覆盖面进一步扩大，基本养老、医疗、失业、生育和工伤保险制度继续完善，社会保险费实现了统一征缴。提高了企业退休人员养老保险金、最低工资、失业保险金、失业人员医疗补助金和城市居民最低生活保障标准，以城市低保和农村特困人口社会救助为基础的新型社会救助体系逐步健全。积极开展抗灾救灾，完成了大姚、鲁甸、德宏等灾区的恢复重建。

连续四年实施“民心工程”，每年为群众办 8~10 件实事。建设了 1500 个温饱村和安居村，重点扶持 2000 个特困村。建成沼气池 87.6 万口、太阳能 8 万平方米，完成农村改灶 23.6 万户，农村电网改造新增 120 万用电人口。解决了 388 万人的饮水困难。改造、建设了 1061 所乡镇卫生院和 1500 个边疆民族村卫生室。为 247 个建制村修通了公路，兴建了 100 个乡镇客运站。取消了一批涉及交通运输、住房建设、教育等方面的不合法、不合理收费项目。实施食品放心工程，加强了食品安全执法监督。70 万城市贫困人口全部纳入最低生活保障范围，实现应保尽保。建设廉租房 9 万多平方米，解决了部分城镇贫困居民的住房困难。确保了国家机关和事业单位人员的工资发放，兑现了重点工程拖欠农民的征地补偿费。“民心工程”的实施，受到广大人民群众的欢迎。

保持了社会稳定局面。认真贯彻执行民族区域自治法和党的民族、宗教政策，巩固发展了平等、团结、互助、和谐的社会主义新型民族关系，民族地区经济增长高于全省水平。认真做好人民群众来信来访工作，加大矛盾纠纷调处力度，切实维护群众合法权益。高度重视安全生产，全省安全生产形势总体平稳。深入开展禁毒和防治艾滋病人民战争，毒品和艾滋病蔓延势头得到初步遏制。加强了国防动员和后备力量建设。各级政法机关执法条件明显改善。切实落实社会治安综合治理措施，依法严厉打击各种刑事犯罪和经济犯罪，坚决取缔“法轮功”等邪教组织，严密防范敌对势力的渗透破坏活动，维护了国家安全和社会政治稳定。

刚刚过去的2005年，全省生产总值比上年增长9.5%左右，固定资产投资增长31%，财政收支增量双双突破100亿元，地方财政一般预算收入增长18.7%，社会消费品零售总额增长13%，进出口总额增长25.7%，城镇居民人均可支配收入增长4.3%，农民人均纯收入增长6%，城镇登记失业率控制在4.3%以内。2005年是云南经济社会保持平稳较快发展的一年，为“十一五”经济社会又快又好发展奠定了良好基础。

总结过去五年的实践，我们深深体会到，实现云南经济社会又快又好发展，必须始终坚持以科学发展观总揽全局，统筹协调和全面推进各项工作；必须始终坚持从云南实际出发，不断创新发展思路；必须始终坚持推进改革开放和科技创新，为经济社会发展提供不竭动力；必须始终坚持以提高人民生活水平为根本出发点，实现好、维护好、发展好人民群众的根本利益；必须始终坚持依法行政、民主行政、科学行政，转变政府职能，完善行政管理体制，不断提高各级政府的行政能力和管理水平。

在充分肯定成绩的同时，我们也清醒地看到前进中面临的严峻挑战和存在的突出问题。随着全国、全省经济与世界经济融合程度不断加深，国际国内竞争压力将进一步加大。发展不够、质量不高、竞争力不强，仍然是云南发展中的突出问题。云南处于社会主义初级阶段低层次，生产力发展水平低，发展活力不足；经济结构不尽合理，加快发展的基础仍不牢固；自主创新能力不强，粗放型增长方式还没有得到根本转变，生态环境比较脆弱，治理污染的任务繁重；城乡二元结构以及区域发展不平衡的矛盾较为突出；农业、能源、交通等基础产业和基础设施还很薄弱，瓶颈制约仍未消除；贫困人口多、范围广、程度深，农民持续增收难度较大；社会事业发展相对滞后，禁毒、艾滋病防治工作任重道远，维护社会稳定的任务比较艰巨；改革开放程度不深，政府职能转变和行政管理体制还不适应市场经济发展的要求，体制和机制的障碍还比较多。我们将认真分析研究这些问题，采取有针对性的措施，切实加以解决。

摘自《云南省2006年政府工作报告》

云南省2005年固定资产投资情况

2005年全省固定资产投资实现了又快又好的发展，全社会固定资产投资规模达到1743.0亿元，比上年增长31.0%。其中：农业投资25.66亿元，增长36.9%；水利投资24.30亿元，增长5.6%；重点行业和重大项目发挥重要支撑作用，尤其是电力工业投资322.6亿元，增长72.8%；公路建设投资293.76亿元，增长60.9%，高速公路新增131公里；全省5000万元以上在建项目858个，完成投资914.76亿元，分别增长14.7%和51.4%，重大项目占全省全社会固定资产投资比重达52.5%，实施以大项目带动大发展战略取得新成效，全省固定资产投资逐步呈现出规模、速度、结构和效益协调发展的良好势头。

2005年全省居民住房消费升级加快，商品房市场活跃。全省房地产业开发投资完成233.8亿元，比上年增长43.3%，呈现持续快速健康发展的势头。全省商品房屋施工面积2717.95万平方米，增长48.6%；商品房屋销售建筑面积694.83万平方米，增长29.1%；商品房屋销售额143.06亿元，增长34.4%。全省房地产开发投资占全省全社会固定资产投资比重达13.4%，已成为全省经济增长和加快城镇化进程的重要支柱产业。

摘自《云南省2005年国民经济和社会发展统计公报》

陕西省“十五”时期经济社会发展回顾

过去五年是不平凡的五年。在省委的坚强领导下，全省人民认真贯彻党中央、国务院的重大战略决策，坚持以邓小平理论和“三个代表”重要思想为指导，全面落实科学发展观，紧紧抓住西部大开发的历史机遇，努力克服非典、特大洪涝灾害和禽流感等一系列突发事件的影响，提前实现了“十五”计划确定的主要预期目标，开创了我省改革开放和现代化建设的新局面。

经济总量迈上新台阶。全省经济发展进入快车道，生产总值年均增长 11.5 %，高出“九五”时期年均增长速度 0.7 个百分点。根据国家统计局公布的经济普查结果，2004 年我省生产总值增加 292 亿元，经济总量在全国的位次由第 22 位移到了第 19 位。2005 年生产总值达到 3673 亿元，比上年增长 12.6%，人均生产总值超过 1210 美元。财政总收入达到 528.6 亿元，其中地方财政收入 274.9 亿元，分别比上年增长 27.2%和 27.9%。

经济结构调整实现新突破。农业综合生产能力不断提高，粮食生产出现重要转机，近两年总产量稳定在 1100 万吨以上。果业和畜牧业成为农村经济的支柱产业，去年苹果总产量和绿色果品基地面积分别达到 560 万吨和 300 万亩，畜牧业占农业的比重由“九五”末的 23.4%提高到 27.4%。工业经济的主导地位进一步显现，规模以上工业企业增加值完成 1267 亿元，能源化工、装备制造、高技术产业总产值年均分别增长 31.2%、20.2%、11.3%。六大特色产业增势强劲，四大基地建设步伐加快，特色鲜明的区域经济发展格局初步形成。

基础设施建设和生态环境保护取得新进展。五年累计完成固定资产投资 6598 亿元，是“九五”时期的 2.4 倍。新建高速公路 877 公里，累计通车里程达到 1225 公里，在建高速公路 1280 公里，“米”字形高速公路主骨架日趋完善。西康铁路、神延铁路、西合铁路建成通车，“两纵五横四个枢纽”铁路网构架建设加快。水利、通信、城乡电网和城市公共设施进一步改善。五年累计退耕还林 1100 万亩，治理水土流失 3.2 万平方公里。秦岭北麓生态环境治理、铜川水泥粉尘污染治理、城市大气环境治理成效明显，生态环境恶化的趋势初步得到遏制。

改革开放步入新阶段。国有大企业的股份制改革稳步推进，一般竞争性领域省属国有企业属地化管理工作顺利实施，国有资产管理体制初步建立。非公有制经济快速发展，成为推动全省经济增长的重要力量。行政管理体制改革加快推进，精简省级行政审批事项 1246 项。调整完善省以下财政体制，公共财政框架逐步确立。投资、价格、金融、粮食流通体制改革不断深化。对外开放水平进一步提高，累计实际引进外省资金超过 1000 亿元，吸收外商直接投资 24 亿美元，旅游业总收入达到 250 亿元，来陕投资和设立分支机构的世界 500 强企业有 50 家。进出口总额年均增长 16.4%，去年达到 45.8 亿美元。

和谐社会建设迈出新步伐。认真实施科教兴陕和人才强省战略，累计取得国家科技奖 51 项，中国专利金奖 4 项，获得了空缺 6 年的国家自然科学一等奖和技术发明一等奖。完成了 25 个未达标县中 21 个县的“普九”任务，“普九”人口覆盖率达到 97%。职业教育、高等教育和民办教育快速发展，农村义务教育“两免一补”政策全面落实。文化事业更加繁荣，文化产业发展势头良好，广播、电视人口覆盖率分别达到 93%和 94%。去年省级财政预算超收的八成以上，用于社会保障和群众生活解困，建立了农村特困户最低生活保障、城乡社会医疗救助和农村部分计划生育家庭奖励扶助等制度。新增就业岗位 96 万个，失业率控制在 4.6%。离退休人员养老金和下岗失业人员基本生活费全部社会化发放，城市“低保”做到应保尽保。疾病预防控制、卫生监督执法、医疗救治体系建设取得重大进展。人口自然增长率控制在 4.7‰。残疾事业健康发展。全民健身活动广泛开展，竞技体育水平有新的提高。更加重视做好安全生产工作。社会主义民主政治和精神文明建设深入推进，反腐败斗争取得新成效，社会治安综合治理取得新进展，军民共建和双拥工作取得新成绩。

城乡居民生活达到新水平。全省免征农业税和除烟叶外的农业特产税，大力发展劳务输出，努力扩大就业，城乡居民收入较快增长。2005 年，城镇居民人均可支配收入 8250 元，农民人均纯收入 2020 元，分别比“九五”末增加 3126 元和 550 元。城镇居民人均住房使用面积新增 2.5 平方米。搬迁贫困人口 45 万，解决了 193 万贫困人口的温饱问题，293 万人实现脱贫。消费结构升级加快，社会消费品零售总额达到 1322 亿元，比上年增长 13.7%。

司法行政、国土资源、工商管理、质量技术监督、食品药品监管、价格管理、民族宗教、外事侨务、对台事务、贸易促进、审计、税务、统计、信访、人防、测绘、气象、地震、盐务、档案、地方志等方面的工作也都取得了新的成绩。

五年来，全省上下始终围绕经济建设这个中心，紧紧抓住团结稳定、加快发展两大主题，第一要务抓发展，第一责任保稳定，形成了团结兴陕的强大合力；始终围绕经济结构调整这一主线，充分发挥自身优势，构建了以四大基地、六大特色产业为依托的区域经济新格局；始终围绕西部大开发，大力实施项目带动战略，打造了支撑经济快速发展的新平台；始终围绕深化改革开放，以国有经济战略性调整为重点创新体制机制，以改善投资环境为重点扩大对外开放，注入了加快发展的新活力；始终围绕统筹经济社会发展，更加重视发展社会事业，努力建设和谐陕西，推动了经济社会和人的全面发展，为“十一五”经济社会又快又好发展奠定了坚实基础。

在充分肯定成绩的同时，我们也清醒地看到存在的矛盾和问题：经济社会发展仍然比较滞后，瓶颈制约、体制障碍、结构束缚这三大难题还没有完全破解，长期形成的粗放型经济增长方式尚未根本改变；城乡、区域和经济社会发展不平衡的矛盾比较突出，农业基础薄弱，国有大企业改革任务艰巨，环境保护和就业形势严峻；各级财政比较困难，不少县依靠转移支付发放工资；城乡贫困面比较大，应对自然灾害的能力不够强；经济运行中企业流动资金短缺问题突出，原材料和农资价格上涨较快，煤电气运供应偏紧；涉及群众利益的不少问题还没有得到很好解决，看病、上学等方面群众反映比较普遍，土地征用、房屋拆迁、企业改制、环境污染等方面还有一些损害群众利益的现象；部分干部还存在思想不解放、责任心不强、工作不扎实等问题，政府自身建设有待进一步加强。对于这些问题，我们将在今后的工作中采取有效措施，切实加以解决。

摘自《陕西省2006年政府工作报告》

陕西省2005年固定资产投资情况

2005年，我省继续贯彻落实宏观调控的政策措施，坚持不懈地实施项目带动战略，在继续抓好基础设施项目的同时，突出抓好产业项目，加大教育、科学、文化、卫生等社会发展项目的建设力度，使全省固定资产投资呈现持续较快增长的良好态势。全省全年全社会固定资产投资完成1980.52亿元，比上年增长28.3%，其中城镇固定资产投资完成1839.2亿元，增长30.1%；农村固定资产投资141.32亿元，增长8.3%。

三次产业投资全面增长，教科文卫等社会发展项目建设力度加大。从三次产业看，2005年，全省第一产业投资完成32.21亿元，比上年增长6.4%；第二产业投资完成649.61亿元，增长35.7%，其中工业投资完成639.61亿元，增长36%。在工业投资中，采矿业、制造业和电力、燃气及水的生产和供应业投资分别完成214.2亿元、276.46亿元和148.95亿元，分别比上年增长66.8%、22.6%和27.8%，工业投资的强劲增长，不仅拉动工业经济快速增长，而且增强了今后工业经济发展的后劲；第三产业投资完成1157.38亿元，增长29.8%。在第三产业投资中，教科文卫等社会发展项目建设力度加大。2005年，教育业投资91.95亿元，比上年增长40%；科学研究、技术服务和地质勘查业投资31.87亿元，增长42.6%；文化、体育和娱乐业投资15.92亿元，增长39.9%；卫生业投资13.74亿元，在上年增长74.7%的基础上增长26.6%。

铁路、公路等交通基础设施建设创新高。2005年，全省交通运输业投资229.17亿元，投资总额首次超过200亿元，比上年增长21.4%，其中公路建设投资188.5亿元，增长11%，占交通运输业投资的82.3%，其中在建高速公路完成投资额10亿元及以上的项目有6个，分别是：禹门口－阎良高速公路完成10.9亿元、延安－黄陵高速公路完成12.14亿元、吴堡－子州高速公路完成13.5亿元、子州－王圈梁高速公路完成13.1亿元、靖边－安塞高速公路完成17.38亿元和户县－洋县－勉县高速公路完成28.54亿元；全省城市公共交通业投资4.03亿元，增长近2倍；随着我省西安－延安铁路扩能改造工程、武汉－安康铁路复线工程、安康－重庆铁路复线工程、西安铁路枢纽北环线工程以及郑州－西安客运专线工程等先后开工建设，我省铁路建设步入快车道，成为拉动全省投资增长的新亮点。2005年，铁路建设投资完成32.58亿元，比上年增长1.7倍，增速远远高于交通运输业投资、城镇固定资产投资和全社会固定资产投资增幅。其中西（安）延（安）铁路扩能改造工程投资完成4.2亿元；武汉－安康铁路复线工程（陕西段）投资完成5亿元；安康－重庆铁路复线工程（陕西段）投资完成3.3亿元；西安铁路枢纽北环线工程投资完成9.5

亿元；郑西高速铁路客运专线投资完成 2.3 亿元。

房地产开发投资稳步增长，商品房销售趋旺。2005 年，全省房地产开发投资 297.94 亿元，比上年增长 28.9%，房地产开发投资分别占全省城镇投资和全社会固定资产投资的 16.2%和 15.0%。住宅投资仍然是房地产开发投资的重点。2005 年全省商品住宅开发投资 211.05 亿元，增长 40.3%，占房地产开发投资的 70.8%；商业营业用房开发投资 44.18 亿元，增长 27.8%；办公楼开发投资 11.84 亿元，下降 38.1%。受市场需求和个人购买住房的刺激，商品房销售快速增长。2005 年，全省商品房销售建筑面积 846.97 万平方米，其中销售给个人 796.15 万平方米，分别比上年增长 66.3%和 69.3%；全省商品房屋销售额 155 亿元，其中销售给个人 143.53 亿元，分别增长 75.8%和 82.7%。

固定资产投资成果显著。全年城镇固定资产投资（不包括房地产开发和城镇工矿区私人建房投资）建成投产项目 4516 个，项目建成投产率为 60.0%；新增固定资产 944.42 亿元，固定资产交付使用率为 62.2%；新增主要生产能力有：原煤开采 727.30 万吨，天然原油开采 459.99 万吨，11 万伏及以上输电线路长度 584.72 公里，11 万伏及以上变电设备能力 518.50 万千伏安，水泥 506 万吨，新建公路 894.17 公里，其中高速公路 244.94 公里，改建公路 2440.80 公里，长途电缆线路长度 655.40 公里，造林面积 247.92 万亩，水库总容量 6.57 亿立方米，有效灌溉面积 29.80 万亩，城市道路扩建长度 75.54 公里、城市道路扩建面积 74.26 万平方米等。

摘自《陕西省 2005 年国民经济和社会发展统计公报》

西藏自治区“十五”发展回顾

狠抓第一要务，经济实力明显增强。坚持以经济建设为中心，聚精会神搞建设，一心一意谋发展，保持了经济的持续快速协调健康发展。西藏生产总值由 2000 年的 117.8 亿元增加到 250.4 亿元，连续 5 年保持 12% 以上的增长速度，高于同期全国平均水平。“十五”末，西藏人均 GDP 已突破 1000 美元，进入了经济社会发展的关键时期；地方财政一般预算收入达到 12 亿元，比“九五”末增长 1 倍多；进出口总额突破 2 亿美元，比“九五”末增长 53.8%；金融机构本外币存贷款余额分别达 445 亿元和 180 亿元，是“九五”末的 3.07 倍和 2.23 倍；社会消费品零售总额达到 72 亿元，比“九五”末增长 67.9%。经济总量迈上了一个新台阶。

突出结构调整，产业发展势头良好。坚持调整优化经济结构，三次产业结构实现了由“三一二”到“三二一”的重大转变，现代产业建设开始起步。农牧业综合生产能力稳步提高，粮食总产量稳定在 95 万吨左右，继续保持了粮食基本自给。青稞、牦牛、白绒山羊等特色农牧业和劳务输出成为农牧民增收的两大亮点。第二产业质量和效益均有新的提高，工业和建筑业增加值年均增长 10.4%、23.8%。到 2005 年，第三产业增加值占 GDP 的比重预计达到 57.0%，比“九五”末提高了 10.8 个百分点。旅游业收入达到 19.3 亿元，游客人数超过 180 万人次。非公有制经济蓬勃发展，个体工商户、私营企业从业人员分别增长了 74.1%和 5.2 倍。积极争取投资，基础建设步伐加快。我们始终坚持加强基础设施建设，积极争取国家投资，努力激活民间投资，建成了一批对经济增长有重大支撑作用的基础设施和基础产业项目。全社会固定资产投资累计完成 689 亿元，是“九五”时期的 3 倍。“117 项目”、40 周年大庆等重点工程项目，绝大多数已建成并发挥效用。西藏公路通车里程达 4.37 万公里，其中黑色路面 3288 公里，比“九五”末增加 1 倍。青藏铁路开工建设并提前全线铺通。航空运输快速发展，林芝机场开工建设。电力装机总容量达到 50 万千瓦，新增 15 万千瓦。基本实现了“县县通光缆、乡乡通电话”。积极引导投资向农牧区倾斜，重点实施了通路、通电、通水和农田草场水利、游牧民定居等建设项目，解决了 8185 户、4 万多游牧民定居和 58.8 万农牧民饮水困难问题，农牧区生产生活条件进一步改善。注重统筹协调，社会文明不断提升。

坚持经济社会协调发展，以农牧区为重点，按照优先发展教育、创新发展科技、急需发展卫生、加强文化建设的要求，加快发展各项社会事业，西藏人民的思想道德素质、科学文化素质和健康素质不断提高。“十五”期间，社会事业累计投资达 40.6 亿元，是“九五”的 7.5 倍。“普六”任务基本完成，40 个县通过“普九”验收，54 个县通过扫盲验收，青壮年文盲率由 39%降至 15%；小学学龄儿童入学率、初中阶段入学率和高中阶段入学率分别提高了 10.1 个、43.3 个和 17.3 个百分点。加大先进适用技术的引进、推广力度，科普宣传和科技培训加强，科技进步对经济增长的贡献率明显提高。新建乡镇卫生院445个，改扩建县级卫生服务中心42个，农牧区卫生基础设施条件得到改善；以免费医疗为基础的农牧区医疗制度覆盖了西藏农牧民。新建县综合文化活动中心33个。以“三大重点文物”为主的文物维修保护工作明显加强。

“西新工程”、“村村通工程”进展顺利，广播电视人口覆盖率达到84.87%和85.97%，分别提高了7.14和9.84个百分点。高度重视人口资源环境工作，生态环境保护得到加强。群众性精神文明创建活动广泛开展，未成年人思想道德建设得到重视。审计、统计、新闻出版、体育、气象、人防、地震、妇女儿童和残障人事业等各项工作都取得新的成绩。强化体制创新，改革开放稳步推进。我们始终坚持“框架一致、体制衔接”的原则，不失时机地推进改革开放，进一步增强了发展活力。“两个长期不变”为主的农牧区基本政策不断完善，草场承包经营责任制进一步落实。农牧区税费改革和综合配套改革进展顺利。初步放开了粮食购销市场。国有企业改革不断向前推进。推行了部门预算、国库集中收付、政府采购等制度。积极推进了行政管理体制改革、政府机构改革和社会领域的改革。整顿和规范市场经济秩序取得阶段性成果。把开放作为加快发展和维护稳定的结合点，以对祖国内地的开放为重点，招商引资累计到位资金45.3亿元，是“九五”时期的7倍。中央和国家机关、对口支援省市、国有大型企业无偿援建项目1081个，投资达44亿元，西藏与内地经济、技术、文化、人才交流与合作日益密切。

立足创业富民，人民生活明显提高。坚持以人为本，围绕农牧民增收这个中心任务，着力改善群众生活，城乡居民收入水平明显提高。城镇居民人均可支配收入和农牧民人均纯收入预计达到8411元和2075元，比“九五”末分别增长了30.4%和55.9%。农牧民人均纯收入连续三年保持两位数的增长。农村恩格尔系数下降了19个百分点。累计投入扶贫资金14.72亿元，完成扶贫搬迁2.5万户、15万人。认真落实就业和再就业优惠政策，国有企业下岗职工全部实现再就业，五年新增城镇就业人数6.4万，城镇登记失业率控制在4.3%以内。社会保障体系逐步完善，实现了“两个确保”，做到了“三条保障线”的衔接。医疗保险制度改革加快。实施了失业保险和工伤保险制度。建立了特困群众的生活和医疗救助制度。加大经济适用房建设、小城镇建设和农房改造力度，城乡居民居住条件进一步改善。共同团结奋斗，民族关系和谐发展。

坚持“共同团结奋斗、共同繁荣发展”的主题，全面贯彻党的民族宗教政策，大力发展平等、团结、互助、和谐的社会主义民族关系，进一步巩固和发展了安定和谐的政治局面。深入开展爱国主义教育和民族团结教育，大力宣传《民族区域自治法》，进一步增强了向心力和凝聚力。少数民族干部、妇女干部培养使用得到重视。藏语言文字工作得到加强。“兴边富民”行动成效明显。认真贯彻《宗教事务条例》，坚持“划清两个界限、尽到一个责任”的政策原则和工作要求，依法加强对宗教事务的管理，积极引导宗教与社会主义社会相适应，进一步巩固和扩大寺庙爱国主义教育成果，维护了正常的宗教秩序。坚决反对分裂，社会局势日益稳定。我们始终坚持中央确定的对达赖集团斗争的基本方针不动摇，牢牢把握反分裂斗争主动权，旗帜鲜明地开展反分裂斗争，严密防范和严厉打击了达赖集团等境外敌对势力的各种渗透破坏活动。加快基层政权和政法基础设施建设，基层基础得到巩固。强化军警民联防机制，有力打击了非法出入境和边境渗透活动。反恐力度不断加大。依法打击了“法轮功”等邪教组织的违法犯罪活动。严格落实社会治安综合治理各项措施，维护了正常的社会秩序。积极开展矛盾纠纷排查调处工作，人民内部矛盾得到及时妥善处理。加快职能转变，行政能力建设加强。

坚持为民、务实、清廉，切实加强政府自身建设，更加注重社会管理和公共服务，政府的管理和服务水平不断提高。深入贯彻实施行政许可法，依法行政能力增强。主动加强与人大、政协的联系，积极办复人大代表和政协委员的议案、提案、建议。基层民主建设进一步推进。深入开展“四五”普法，公民法制观念明显增强。五年来共制定政府规章39件。成立了自治区发展咨询委员会，促进了政府决策的科学化、民主化。勤政廉政建设、源头上预防和治理腐败、执法监察、纠正部门和行业不正之风等工作扎实深入。人才培养、引进、调整、稳定、使用等工作得到加强。推行了公务员公开考试录用、领导干部公开选拔和任前公示制度。大力加强公务员的教育培训，公务员整体素质明显提高。

刚刚过去的2005年，是全面实现“十五”计划目标、衔接“十一五”发展的重要一年，也是自治区成立40周年大庆之年。在这一年里，西藏各族人民团结奋斗，为“十五”计划的顺利完成做了大量卓有成效的工作。我们突出农牧民增收这个首要任务，坚持创业富民，大力发展特色农牧业，组织、引导和扩大劳务输出，有效增加了农牧民收入；突出经济建设这个中心，坚持抓两头促中间，优先发展优势地区、优势产业，大力扶持边境地区、艰苦地区，促进了区域协调发展；突出农牧区这个重点，坚持统筹经济社会发展，增加农牧民免费医疗补助，提高“三包”经费标准，促进了社会事业的快速发展；突出改善群众生活这个根本目的，坚持以人为本，建立特困群众生活和医疗救助制度，完善最低工资保障制度，提高了人民群众的生活水平，西藏继续保持了经济社会跨越式发展的良好势头，继续保持了社会局势日益稳定的大好局面。预计，西藏生产总值达到250.4亿元，比上年增长12%以上；地方财政一般预算收入增长20%；全社会固定资产投资完成191亿元，增长13%以上；社会消费品零售总额增长13%；自产产品出口达到3187万美元，增长15%；居民消费价格总指数为101.4；城镇新增就业1.4万人。

这些成绩的取得，既为“十五”时期划上了一个圆满的句号，又为“十一五”发展打下了良好基础。“十五”时期，我们坚定不移地抓发展，经济社会从加快发展走向跨越式发展；我们旗帜鲜明地抓稳定，社会局势从基本稳定迈向长治久安；我们注重改善农牧民生产生活条件，人民生活从绝大多数贫困群众温饱问题基本解决向整体过上小康生活迈进。目前，西藏正处于历史上发展和稳定的最好时期，我们正站在一个新的历史起点上。

摘自《西藏自治区国民经济和社会发展“十一五”规划纲要》

西藏自治区2005年固定资产投资情况

全年全社会完成固定资产投资196.19亿元，比上年增长16.5%。其中民间投资32.85亿元，增长54.0%。

从经济类型看，国有经济完成投资149.94亿元，比上年增长9.4%；集体经济完成投资6.74亿元，增长4.6倍；其他各种经济类型完成投资25.09亿元，增长12.0%；个人投资14.42亿元，增长86.1%。

分地域层次看，城镇完成投资190.15亿元，比上年增长15.4%，其中：房地产开发投资6.02亿元，下降11.6%；城镇和工矿区私人建房投资6.72亿元，增长75.5%；农村完成投资6.03亿元，增长65.2%。在农村投资中，农户投资5.69亿元，增长69.6%；农村集体投资0.34亿元，增长28.5%。

从资金来源渠道看，全年共到位资金204.15亿元，比上年增长13.3%。其中：国家预算内投资114.64亿元，增长12.7%；国内贷款6.23亿元，下降3.3%；自筹资金38.74亿元，下降7.3%；其他投资43.77亿元，增长79.4%。

摘自《2005年西藏自治区国民经济和社会发展统计公报》

甘肃省“十五”计划完成情况

“十五”时期，在党中央、国务院和省委的正确领导下，全省各族人民坚持以邓小平理论、“三个代表”重要思想和科学发展观为指导，不断深化对省情的认识，提出了发展抓项目、改革抓企业和实施工业强省战略、走新型工业化道路的发展思路，全力推进西部大开发，落实国家宏观调控政策，抢抓机遇，开拓进取，锐意创新，扎实工作，全面完成了“十五”计划主要预期目标任务，经济社会发展迈上了新的台阶，人民生活水平逐年提高，使甘肃经济社会发展进入了一个新的历史时期。主要表现在：

——**综合经济实力显著增强**。生产总值先后突破1000亿元和1500亿元大关，预计2005年达到1894亿元　年均增长10.2%，是历个“五年计划”中发展最快的时期；人均生产总值达到7210元，接近900美元。预计2005年实现大口径财政收入254.6亿元，年均增长18.8%；地方财政收入123.4亿元，年均增长15%。财政支出达到428亿元，年均增长17.9%；累计消化财政赤字达4亿元以上。财政收支均创历史最高水平，增幅高于经济增长幅度。五年累计完成全社会固定资产投资3364亿元，年均增长14.6%，超过了前五十年的总和。预计2005年全社会消费品零售总额完成628亿元，年均增长11.6%。

——**农村面貌发生了较大变化**。认真落实党在农村的各项政策，农村税费改革取得重大成果，全面取消了农牧业税，农民负担大幅度减轻。农业生产基础条件进一步改善，综合生产能力显著提高，结构调整成效明显。

粮食生产稳定发展，实现了省内基本自求平衡。特色优势产业发展壮大，马铃薯、酿造原料、中药材、制种、果蔬等产业基地面积达到2230万亩，占农作物总播种面积的40%以上，有力地推动了农业产业化经营，促进了农民增收。

——**工业经济快速发展**。坚持实施工业强省战略，加大结构调整和技术改造力度，累计投入技改资金750亿元，年均增长18%。培育了一批市场竞争力较强的大企业、大集团，石油化工、冶金有色、能源等优势支柱产业进一步发展壮大。原油加工能力达到1450万吨，十种有色金属生产能力达到105万吨。特别是兰州石化大乙烯工程的开工建设，标志着"十五"时提出的"1161"工程全面实施。预计规模以上工业增加值达到600亿元，年均增长13.7%。实现利润63亿元，年均增长43.4%。综合经济效益指数达到143.4，比"九五"末提高69.5个百分点，创历史新高。万元生产总值能耗由3.1吨标准煤下降到2.4吨标准煤，年均降低4.7%。

——**基础设施和生态建设取得突破性进展**。重点实施了一批交通、能源、水利、农林、城市基础设施等骨干项目。新增高等级公路2649公里，高速公路通车里程由13公里增加到1006公里，成为全国第18个突破1000公里的省份。宝兰铁路二线、武嘉铁路电气化改造、敦煌铁路等工程竣工。建成了涩宁兰天然气和兰成渝成品油管道。通信网络基本覆盖全省。新增发电装机容量345万千瓦，总量突破1000万千瓦。疏勒河流域农业综合开发、黑河流域综合治理一期等重点水利骨干工程基本建成。完成退耕还林工程2118万亩、退牧还草2280万亩、封山禁牧1.1亿亩，6000万亩国有天然林全面禁伐，新建自然保护区21个、面积327.3万公顷。加大对兰州等重点城市的冬季大气污染和工业"三废"综合治理力度，环境保护工作进一步加强。

——**社会事业全面推进**。科技创新能力增强，开发了一批具有市场竞争力的新成果、新技术、新产品。共取得省级科技成果2914项，获得专利授权2447件。68个县区市整体实现了"两基"目标，青壮年文盲率降低1.9个百分点，高中阶段教育规模进一步扩大。普通高校发展到33所，在校生达到38万人。职业教育、成人教育和现代远程教育快速发展。夺取了抗击非典疫情的重大胜利，省市县三级疾病预防控制体系基本建成，新型农村合作医疗试点工作进展顺利。人口与计划生育综合治理新机制初步形成，继续保持了低生育水平。城乡文化设施建设步伐加快，广播、电视覆盖率均达到90%以上，群众体育和竞技体育健康发展。人防、统计、工商、审计、物价、质量技术监督、气象、测绘、新闻出版、参事、文史、档案、地方志、地震预防和残疾人救助等工作都取得了新的成绩。

——**改革开放成绩显著**。75%的国有大中型企业完成产权多元化改革，初步建立了现代企业制度。引进了一批国内外大型骨干企业控股、参股、并购大中型企业。下放了一批省属国有企业，推进国有中小企业退出一般竞争性领域。部分资不抵债、资源枯竭、扭亏无望的企业实施了破产重组。深化行政管理体制改革，完成了省级机构改革，推进市县级机构改革，撤并乡镇332个，精简幅度达到20%。削减、调整省级行政审批事项1531项，减幅达66.2%。粮食、棉花等流通体制改革和财税、金融、住房制度等改革稳步推进。对外开放不断扩大，交往渠道进一步拓宽。2005年外贸进出口总额预计达到26.3亿美元，年均增长35.8%。其中出口11亿美元，年均增长21.3%。非公有制经济持续发展，增加值占生产总值的比重预计达到36.2%。

——**人民生活水平逐年提高**。预计城镇居民人均可支配收入达到8080元，年均增长10.4%；农民人均纯收入1963元，年均增长6.6%。五年累计有48万绝对贫困人口基本解决温饱，202万低收入人口稳定解决温饱。以基本养老、医疗、失业、工伤和生育保险为主要内容的社会保障体系基本建立，实现了"两个确保"，城市低保范围逐年扩大，低保标准逐步提高。

——**民主法制建设进一步加强**。坚持依法治省，推进依法行政进程。提请审议地方性法规41件，发布政府规章42件，废止政府规章154件。认真执行人大各项决议，主动接受人大依法监督和政协的民主监督。积极推行政务公开，提高政府工作的科学化、民主化、法制化水平。围绕营造发展环境，集中抓了一站式服务和限时办结制、首问责任制、行政审批制度改革、非公有制企业评议政府工作、受理企业投诉举报等五件事的落实，行政效率得到提高。认真贯彻执行民族宗教政策，促进民族团结进步。加强和改进信访工作，信访和群体性上访数量明显下降。不断推进廉政建设，查处了一批大案要案。社会主义精神文明建设得到加强，国防教育、民兵预备役和"双拥"工作取得新的成就。着力构建社会治安防控体系，严厉打击各种刑事犯罪，维护了社会稳定。

在刚刚过去的2005年，全省以开展保持共产党员先进性教育活动为动力，从改善制约加快发展的薄弱环节入手，重点抓了项目建设、国有企业改革、劳务输出、发展非公有制经济和县域经济，完成了省十届人大三次会议确定的各项目标任务。与2004年相比，预计生产总值增长11%，全社会固定资产投资增长15.3%，全社会消费品零售总额增长 12.1%，大口径财政收入增长18.1%，地方财政收入增长 18.5%，财政支出增长 19.9%，城镇居民人均可支配收入增长 9.5%，农民人均纯收入增长 6%，人口自然增长率为 6.1‰，城镇登记失业率为3.3%。主要特点：

一是项目建设顺利推进。全社会固定资产投资预计完成 872 亿元，在建项目达到 6382 个，其中新开工投资额 50 万元以上的项目 5035 项。刘寨柯至白银、临泽至清水等 4 条高速公路建成通车，庆阳机场复航改造竣工并投入运营，张掖电厂一号机组、黑河西流水电站投产发电，《四库全书》藏书楼等一批社会发展项目建成投入使用。天水至宝鸡、罗汉洞至定西高速公路，嘉峪关机场改扩建工程开工建设。二是农村经济稳步发展。农业结构调整和产业化经营继续推进。粮食播种面积呈恢复性增长，总产达到 837 万吨，较上年增加 31 万吨，是历史上的第二个丰收年。劳务输出达到 400 多万人次。支持县域经济发展，对省级参与分享的 57 个县的增值税、营业税、企业所得税、个人所得税比上年增量部分实行全额返还。贫困地区、少数民族地区和革命老区经济社会发展取得了新的成就。重视和加强了高致病性禽流感防控工作，有效遏制了疫情的发生。三是工业经济整体竞争力增强。产品结构调整和技术进步取得明显成效，金川公司镍冶炼和铜冶炼节能降耗改造、兰州卷烟厂异地搬迁改造等项目建成投产，酒钢集团发展整体规划获得国家批准，重点项目建设进展顺利。推进工业污染防治和资源综合利用，国家规定的六种主要污染物排放总量比上年削减 2.6%，启动了骨干企业发展循环经济试点，加强了对工业经济的调控和协调服务。工业发展速度和效益同步提高，规模以上工业企业预计完成增加值增长 18%，实现利润扣除石油行业增长 28%。四是社会事业取得新的进步。科研院所与高校的科技合作进一步加强，科技成果转化基地建设步伐加快，启动了省级科技园建设。教育投入达到 461.9 亿元，加强了农村中小学危房改造、寄宿制学校和农村中小学现代远程教育等项目建设。市州疾病预防控制中心已全部建成，新型农村合作医疗试点县扩大到 14 个、参加农民 255 万人。五是财政税收工作成效显著。财税改革进一步加快，依法征管水平明显提高。财政实力和保稳定、保运转、保改革、保重点的能力增强。加大了对市县财政转移支付的力度，基层财政困难状况有所缓解。六是解决关系群众切身利益问题取得新的成绩。千方百计增加就业岗位，新增就业 16 万人左右。灾区和城乡困难群众的生产生活得到妥善安排，城市低保标准提高 10%，加大了财政投入向“三农”、基层、公共服务和困难群体倾斜的力度，普遍增加了乡镇公用事业经费，解决了历史遗留的乡镇招聘干部身份问题。

“十五”时期是我省经济社会发展快、改革开放步伐迈得大、人民群众得到实惠最多的时期之一。在全省各族人民的共同努力下，“十五”计划确定的经济社会发展目标任务全面完成，为实施“十一五”规划和加快推进全面建设小康社会进程奠定了良好的基础。回顾五年来的工作，进一步增强了我们实现加快发展的信心。同时也深刻体会到，要把甘肃社会主义现代化建设事业不断推向前进，需要把握好以下主要原则：

必须坚持以科学发展观统领经济社会发展全局，实现又快又好的发展。发展是全省最大的政治。要全力抓好发展这个党执政兴国的第一要务，以经济建设为中心，转变发展观念，创新发展模式，提高发展质量，落实“五个统筹”，推进经济社会发展切实转入科学发展的轨道。

必须坚持发展抓项目，夯实发展基础。项目是资金、技术、人才等各种要素的重要载体。要紧紧抓住国家实施西部大开发战略的历史机遇，把项目建设摆在更加突出的位置，以基础设施建设项目为重点，强化生态环境保护和特色优势产业项目建设，增强自我发展能力。

必须坚持改革抓企业，推进体制机制创新。改革是加快发展的强大动力。要大力推进以国有企业改革为重点的各项改革，不断扩大对外开放，把改革的力度、发展的速度与社会可承受的程度统一起来，努力消除制约发展的体制机制性障碍，为加快发展提供保障。

必须坚持推进经济结构调整，促进增长方式的转变。调整经济结构是实现又快又好发展的根本保证。要把重点放在促进经济增长方式转变上，注重优化结构、提高效益、降低能源资源消耗，减少污染，提高自主创新能力，实现速度、质量、效益相统一，促进经济发展与资源、环境相协调。

必须坚持转变政府职能，努力营造良好的发展环境。深化行政管理体制改革是完善社会主义市场经济体制的关键。要按照精简、统一、效能的原则，推进政府机构改革，科学规范政府职能。坚持依法行政，加强政风建设，提高服务质量和效率，不断改善招商引资、创业发展环境。

必须坚持以人为本，努力推进社会和谐。以人为本是立党为公、执政为民的本质要求。要牢记全心全意为人民服务的宗旨，实现好、维护好、发展好最广大人民的根本利益。注重社会公平，使人民群众能够共享改革发展成果，不断促进社会和谐。

必须坚持从实际出发，树立长期艰苦奋斗的思想。实事求是是我们党的基本思想路线。要立足省情，发扬艰苦奋斗的优良作风，始终保持昂扬向上的精神状态，不推诿扯皮、不要滑偷懒，知难而进，迎难而上，积极创造条件，努力破解发展难题。

在充分肯定成绩的同时，我们也清醒地认识到，全省经济和社会发展中仍然存在着不少突出的矛盾和问题，政府工作中也有一些缺点和不足：一是城乡二元结构矛盾突出，农业基础脆弱，产业化程度低，城镇化进程缓慢，农村贫困人口量大面宽，农民增收难度大，解决“三农”问题的任务相当艰巨。二是对外开放程度低，吸引外资能力弱，资金来源渠道单一，投入不足，投资规模小、增幅低，大项目储备相对不足。三是经济结构调整任务重，工业化水平低，企业自主创新能力和整体竞争力弱，经济增长方式亟待转变。四是体制机制约束明显，改革攻坚的任务十分繁重，非公有制经济发展缓慢，发展环境仍不宽松，经济发展的内在活力不足。五是社会事业发展滞后，资源、环境约束趋紧，就业压力大，实现经济与社会相协调、人与自然和谐发展任重道远。六是各种社会矛盾较集中，维护社会稳定的任务较重，因城镇拆迁、职工下岗、农民失地、涉法涉诉等原因引发的不稳定因素仍较突出。七是政府职能转变还不到位，一些工作措施不够落实，少数干部事业心、责任心不强，作风不够扎实，勤政廉政建设和反腐败工作有待进一步加强。对于这些问题，我们将继续采取有力措施，认真加以解决。

摘自《2006年甘肃省政府工作报告》

甘肃省2005年固定资产投资情况

固定资产投资稳步增长。全年完成全社会固定资产投资874.53亿元，比上年增长15.68%，“十五”时期年均增长14.66%。按城乡分，城镇固定资产投资完成790.22亿元，增长19.41%；农村固定资产投资完成84.31亿元，增长15.21%。城镇固定资产投资中，第一产业完成投资24.02亿元，增长7.57%；第二产业完成投资342.65亿元，增长21.51%，其中工业完成投资303.38亿元，增长14.71%；第三产业完成投资423.55亿元，增长18.49%。其中国有及国有控股经济投资571.87亿元，增长21.0%。

房地产开发投资增幅回落。城镇固定资产投资中房地产开发投资完成85.75亿元，比上年增长18.97%，增幅比上年下降22.92个百分点。主要生产能力继续增加（见表）。

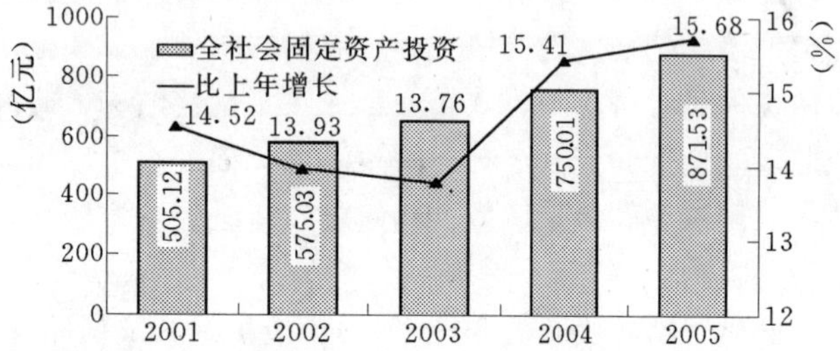

“十五”时期全社会固定资产投资与增长速度

固定资产投资新增主要生产能力

指　标	单　位	2005年
新增发电机组容量	万千瓦	233
11万伏及以上变电设备	万千伏安	150
新建二级以上公路	公里	463
#高速公路	公里	320

摘自《2005年甘肃省国民经济和社会发展统计公报》

宁夏回族自治区“十五”主要工作回顾

2005年是“十五”计划的最后一年。在党中央、国务院和自治区党委的正确领导下，各级政府和全区各族人民团结奋斗，拼搏创新，胜利完成了“十五”计划确定的各项奋斗目标，改革开放和现代化建设取得了重大成就。全年实现地区生产总值599.4亿元，增长10.3%，人均突破1200美元；财政一般预算总收入达到87亿元，其中地方财政一般预算收入47.7亿元，增长27.4%；全社会固定资产投资完成444.7亿元，增长16.8%；城镇居民人均可支配收入8093.6元，增长12.1%；农民人均纯收入2508.9元，增长8.1%。这些成就的取得，标志着我区经济社会发展进入了一个新的历史阶段。主要表现在：

“三化”战略深入推进。工业化势头强劲。我们努力摆脱传统工业化模式的羁绊，坚定不移地走新型工业化道路。通过实施重大项目带动战略，加大技术改造力度，推进企业技术创新，大力调整工业结构，培育壮大优势骨干企业，形成了煤炭、电力、冶金、化工、建材、机械、轻纺、新材料、生物制药等具有现代化水平和区域特色的产业新格局。规模以上工业完成增加值 202.3 亿元，增长 18.5%，实现利润 26.7 亿元，增长 31.3%，完成技改投资 57.5 亿元，增长 22.4%，基本实现了“三个增长 20%”的目标。特别是自治区“一号工程”——宁东能源化工基地建设启动快、起点高、前景好，标志着我区工业化进入了跨越式发展的新阶段。城市化水平全面提升。继续实施中心城市带动战略，不断强化产业支撑，加强市政建设，完善城市功能，丰富文化内涵，营造和谐环境，基本形成了以银川市为中心、四个地级市为骨干、县城和中心集镇为基础，特色鲜明、规模合理、功能互补、环境趋美的城镇体系，全区城市化率达到 42%。旅游业快速发展，房地产、商贸流通、公共交通、餐饮娱乐、金融保险、信息咨询等传统和现代服务业日趋繁荣。城镇人流、物流、资金流、信息流更加顺畅，百姓生活更加方便。城市化进程的加快，促进了农村人口向城市集聚和劳动力向二三产业转移，推进了城乡互促，产业联动，协调发展。农业产业化稳步推进。面对严重旱情、动物疫情多发、农资价格涨幅较大等严峻形势，实施并完善了“五补一免”政策，自治区财政对农民的各种补贴达 1.4 亿元，免征农业税及其附加 7000 万元。实施了“581”等一批农林水重点工程，农业基础设施建设得到加强，综合生产能力明显提高，大旱之年全区粮食总产量仍达 299.8 万吨，是历史上第二个高产年。农业结构调整取得新进展，四大战略性主导产业和六大区域性优势特色产业规模和效益稳定提高，一批农产品加工龙头企业辐射带动力和竞争力不断增强。农村社会化服务体系进一步完善。全年实现农业总产值 138 亿元，增长 6.1%，养殖业产值占农业总产值的比重达到 36.2%。

县域经济蓬勃发展。自治区科学决策、分类指导、强力推进，县域经济呈现出蓬勃发展的良好势头，支撑我区经济发展的内在动力进一步增强，驱动城乡协调发展的基础正在夯实，2005 年实现经济总量占全区的 57.9%。各市县坚持把加快工业园区建设作为发展县域经济的突破口，以项目为载体，加大招商引资和园区建设力度，实现销售收入、工业增加值、上缴税金占全部工业的 30%以上。工业园区已成为我区特色产业的聚集区、招商引资的主平台和县域经济发展的增长极。坚持把发展非公有制经济作为县域经济的主体，放宽政策、依法保护、加强服务、创新机制，促其上规模、上档次、上水平。非公有制工业企业增加值占全区工业增加值的 42%以上。非公有制经济在扩大就业、增加地方财政收入、推动县域经济发展等方面发挥了生力军作用。坚持把扶贫开发作为山区经济社会发展的主要任务，大力实施“整村推进”工程，不断创新和完善扶贫投入机制，改善山区基础设施和生产生活条件，提高劳动者的科技文化素质和劳动技能，山区自我发展能力不断增强。具有区域特色的草畜、马铃薯、劳务经济、旅游等优势主导产业正在形成和壮大。山区 8 个国家扶贫开发重点县经济增长速度加快，地方财政一般预算收入增长 18%，农民人均纯收入达到 1687 元，增长 13.4%。

投资规模适度增长。在国家对部分行业加大宏观调控的形势下，我们紧紧盯住固定资产投资和重点项目建设不放松，千方百计促进投资合理增长，能源、交通、水利等一批重点项目建设进展顺利，基础产业和基础设施得到加强。全年新增发电装机容量 92.8 万千瓦，煤炭产量达到 2590 万吨。我区已被国家确定为 4 个“西电东送”火电基地和 13 个亿吨级煤炭基地之一。继续实施城乡电网改造项目，自然村全部通电，城乡同网同价。全区高速公路主干路网基本建成，农村公路通达通畅工程建设步伐加快，实现了所有市县 1 小时内上高速路、所有乡镇通油路、所有行政村通公路的目标，高速公路通车里程达到 670 公里，公路通车总里程达到 1.3 万公里。河东机场改扩建正在加紧进行。建成了沙坡头水利枢纽等一批重点水利工程，全区新增和改善灌溉面积 145.6 万亩，解决了 19.3 万人的饮水困难。水权转换试点工作取得积极成效。我区被国务院确定为省级节水型社会建设示范区。加快推进生态建设重点工程，巩固禁牧封育、退耕还林、退牧还草成果，加强自然保护区和湖泊湿地保护与建设，全区森林覆盖率达到 10.5%，缺林少绿的状况有了一定程度的改善。

改革开放取得新进展。农村改革不断深化。比国家要求提前一年免征了农业税及其附加。粮食、农垦、林业、供销社体制改革有序进行。引黄灌区农村水费改革取得明显成效。国有企业改革继续深化，法人治理结构进一步完善，分离办社会职能顺利推进。国有资产监管体制的框架基本建立。在全区范围内推行了部门预算、国库集中收付、政府采购、收支两条线管理改革。“乡财县管”改革试点进展顺利，“三奖一补”政策得到落实。对社会投资项目实施了核准制、备案制改革。非经营性政府投资项目“代建制”试点工作开始启动。地方金融机构改革取得进展。资本市场和保险业稳步发展。行政管理体制改革稳步推进，县乡超编人员分流工作有序进行，全区行政机关编制和人员实行了实名制管理。事业单位改革进一步深化。

对内对外开放迈出新步伐。全区外贸进出口总额达到9.67亿美元，其中出口6.87亿美元，增长6.3%。认真落实招商引资优惠政策，举办了一系列重大招商引资活动，共引进实施项目674个，实际到位资金153.6亿元。利用外资1.38亿美元，其中外商直接投资6712万美元。引进国内外知名的大企业集团来我区合作开发势头良好。

和谐社会建设得到加强。一年来，我们在改善人民生活、解决涉及群众切身利益的突出问题等方面，做了大量有成效的工作。就业是民生之本。采取政策引导、资金支持、技能培训、目标考核等多项措施，努力扩大就业和再就业，全年实现城镇新增就业4.1万人，城镇登记失业率控制在4.5%以内。农村劳务输出72.4万人，实现劳务收入30亿元。“两个确保”得到巩固，再次提高了城市居民最低生活保障标准，全区参加基本养老、医疗、失业、工伤、生育保险的人数分别达到67.5万人、64.5万人、37万人、23.5万人、21万人。社会保障体系进一步完善。健全和规范了城乡社会救助体系，全年发放救灾救济资金1.04亿元，有21.3万城镇居民享受了城市低保，享受农村特困灾民最低生活救助和农村低保的农民分别达到19.7万人和3.1万人。社会福利和残疾人事业进一步加强。启动实施了“塞上农民新居”、南部山区危窑危房改造、煤矿沉陷区居民搬迁以及农垦系统职工住房改造工程。经济适用住房竣工面积44.5万平方米。在中部干旱带实施水源工程建设，采取多种措施，努力缓解大旱之年人畜饮水困难。认真做好建筑领域拖欠工程款和农民工工资清欠工作。初步建立了应急突发事件和防灾减灾体系，加强安全生产监督管理，有效保障了人民群众生命财产安全。深入实施食品药品放心工程，整顿规范市场秩序。消费市场日趋活跃，消费品零售总额174.3亿元，增长13.6%。依法开展土地和矿产资源专项整治，土地市场和矿产资源开发秩序明显好转。重点地区、重点行业和重点领域的污染得到有效治理，整体环境质量有所提高。

社会事业全面进步。加快区域科技创新体系建设和科技创新型人才培养。已建成国家和自治区级工程技术研究中心9个、企业技术中心20个，省部共建和自治区级重点实验室7个。“8613”农业科技工程和科技特派员创业行动深入推进，农业新技术覆盖率超过75%。全年取得科技成果136项，申请专利516项。培育了一批具有市场竞争力的高新技术企业和高新技术产品。农村义务教育继续加强，全区有54万贫困家庭学生享受了“两免一补”政策，有16个县市区完成了“两基”攻坚目标，南部山区全面完成了普及初等义务教育的历史性任务，普九人口覆盖率（以县为单位）达到70%，小学适龄儿童入学率和初中入学率均达到99%以上。实施了十大基础教育重点工程，扩大优质教育规模，基础教育有了长足发展。高中课改顺利实施。民族教育不断加强。职业教育快速发展。完成了高等教育联合办学体制改革，高等教育毛入学率达到19%以上，进入了大众化教育阶段。各级各类人才对经济社会发展的保障作用不断增强。深化文化体制改革，文化事业和文化产业不断发展。“四馆三中心”等五十大庆重点项目开工建设，一批城乡文化体育设施建成使用，群众性文化体育活动广泛开展，竞技体育水平有所提高。成功举办了第一届宁夏文化艺术节。继续实施“西新工程”和“村村通”工程，广播电视覆盖率进一步提高，所有行政村全部通上了电话。制定实施了加强农村和城市社区卫生工作的政策措施，基层卫生设施得到改善，城乡卫生工作进一步加强，基本建成了区市县三级疾病预防控制、突发公共卫生事件医疗救治、重大疫情信息网络和卫生执法监督体系。新型农村合作医疗制度试点范围扩大到11个县市区，参合率达70%。初步建立了农村贫困户医疗救助制度。我区被卫生部列为农村和社区卫生建设联系点。进一步完善了“少生快富”扶贫工程长效机制，被国家列入“十一五”规划加以推广。建立了农村部分计划生育家庭奖励扶助制度。全区人口自然增长率控制在10.98‰以内。

民主法制和政府自身建设不断加强。认真贯彻落实《公民道德建设实施纲要》，教育和引导全体公民爱国守法、明礼诚信、团结友善、勤俭自强、敬业奉献。群众性精神文明创建活动蓬勃开展。各级政府自觉接受人大及其常委会的法律监督和人民政协的民主监督。共办理人大代表议案、建议221件、政协委员提案434件。充分发挥群众团体的桥梁和纽带作用。坚持职工代表大会制度，完善村民自治和城市居民自治，保障了人民群众合法权益。广泛开展“四五”普法活动，依法治区深入推进。认真落实党的民族宗教政策，依法加强对宗教事务的管理，“三个离不开”的思想深入人心，各民族共同团结奋斗，共同繁荣发展。深入推进法治政府建设，政府职能不断转变，依法行政能力有了新的提高。全年提请自治区人大审议地方性法规议案8件，制定政府规章11件。在全区各级行政机关全面推行行政执法责任制。集中开展了保持共产党员先进性教育活动，政风建设不断加强。认真落实廉政建设责任制，加强监察和审计专门监督，廉政建设取得了新成绩。强化社会治安综合治理，严厉打击各种犯罪，建立信访联席会议制度，努力消除化解不安定因素，保持了社会稳定。加强国防动员和双拥工作，维护了军政、军民团结。

总结去年，回顾"十五"，这五年是我区经济体制发生重大变革、经济社会管理方式不断创新的五年，是迎接挑战、战胜困难、与时俱进的五年，也是我区历史上发展最快、变化最大、群众得到实惠最多、面貌焕然一新的时期。五年间，地区生产总值年均增长 10.9%；财政一般预算总收入和地方财政一般预算收入年均分别增长 21.2%和 18%；全社会固定资产投资年均增长 22.6%；城镇居民人均可支配收入年均增长 10.5%；农民人均纯收入年均增长 7.8%。"十五" 计划的全面完成，不仅为"十一五"的跨越式发展和实现第三步战略目标奠定了坚实的基础，而且也极大地丰富了我们全面建设小康社会的实践，积累了一些对经济社会发展具有指导意义的经验和启示。主要是：(一) 坚定不移地高举邓小平理论和"三个代表"重要思想的伟大旗帜，认真贯彻执行党中央、国务院的战略决策和自治区党委的重大部署，与时俱进，务实苦干，不断开创了我区现代化建设的崭新局面。(二) 紧紧抓住加快发展第一要务，坚持以科学发展观统领全局，针对我区经济社会发展的薄弱环节，更加重视社会事业的全面进步，更加重视"三农"问题的解决，更加重视山区的开发建设，努力使我区经济社会步入全面协调可持续发展的轨道。(三) 认真遵循社会主义市场经济规律，提高依法行政能力，不断增强驾驭经济社会发展大局的本领，推进观念创新、机制创新和制度创新，加快推进经济结构的战略性调整，促进经济增长方式的转变，经济运行的质量和效益不断提高。(四) 正确处理改革发展稳定的关系，紧紧围绕改革的难点、发展的重点和人民群众关注的热点，统筹兼顾，协调推进，把改革的力度、发展的速度和人民群众的可承受程度有机结合起来，以改革促发展，以发展保稳定，使我区呈现出经济快速发展、社会繁荣进步、人民安居乐业的新景象。(五) 始终把实现好、维护好、发展好人民群众的根本利益作为我们一切工作的出发点和落脚点，坚持不懈地为群众解难事、办实事、做好事，让人民群众最大限度地分享改革发展的成果，促进了和谐社会建设。

历史经验告诉我们，越是在好的形势下，越要保持清醒的头脑，越要高度重视存在的问题。特别是随着改革的深化、体制的转轨和利益格局的调整，经济社会发展中的的深层次矛盾和问题逐步凸显，我们应对的物质条件和措施仍然不够；经济增长的方式还比较粗放，质量和效益还不高；改革攻坚面临的困难较多，体制机制性障碍还没有从根本上消除，政府职能转变相对滞后；驱动城乡、区域、经济社会协调发展的内在动力还不强，自主创新能力较弱；关系群众切身利益的劳动就业、社会保障、医疗卫生、收入分配等方面还有许多问题，构建和谐社会的任务艰巨而繁重，等等。对此，我们一定要本着改革、创新、开拓的精神，不断探索，勇于实践，认真加以解决。

摘自《2006 年宁夏回族自治区政府工作报告》

宁夏回族自治区 2005 年经济发展与固定资产投资

经济总量：全区经济持续快速增长。全年实现地区生产总值 599.40 亿元，比上年增长 10.3%，比 2000 年增长 67.7%，年均增长 10.9%；其中，第一产业完成增加值 69.78 亿元，增长 3.3%；第二产业完成增加值 277.82 亿元，增长 14.3%；第三产业完成增加值 251.80 亿元，增长 8.3%；分别比 2000 年增长 23.8%、95.2%和 57.1%，年均分别增长 4.4%、14.3%和 9.5%。产业结构继续优化，二、三次产业比重达到 88.4%，比上年提高 4.3 个百分点，其中二产比重上升 4.6 个百分点。2005 年全区人均生产总值突破万元大关，达到 1242 美元。

价格水平：市场价格总水平略有上扬。2005 年居民消费价格总水平比上年上涨 1.5%。其中，城市上涨 1.6%，农村上涨 1.2%。食品类价格上涨 1.9 %，衣着价格上涨 3.5%，居住类价格上涨 6.3%，交通和通讯类价格上涨 0.5%，服务项目价格指数上升 3.4%。除此之外，烟酒及用品类价格下降 1.0%，娱乐教育文化用品及服务类价格下降 0.4%，家庭设备用品及维修服务类、医疗保健和个人用品分别下降 0.9%和 1.8%。商品零售价格总水平比上年上涨0.4%。其中，城市上涨0.5%，农村上涨0.1%。

生产领域价格涨幅较大。工业品出厂价格指数比上年上涨6.2%，原材料、燃料及动力价格指数比上年上涨9.7%，农业生产资料价格上涨9.3%。

财政收支：财政收入增势良好。全年完成一般预算总收入87.01亿元，比上年增长29.9%。全年地方一般预算收入47.71亿元，比上年增长27.4%，比2000年增长1.3倍，年均增长18%。其中，增值税8.73亿元，增长39.1 %；营业税15.76亿元，增长17.3 %；个人所得税2.22亿元，增长18.9 %。全年地方财政支出158.71亿元，比上年增长29.2%。其中，基本建设支出38.43亿元，增长87.1 %；城市维护费支出5.90亿元，增长36.1 %，行政管理费支出10.70亿元，增长22.0%。

投资：全社会固定资产投资实现稳定增长。2005年，全区完成固定资产投资444.73亿元，同比增长16.8%。其中，农村投资55.71亿元，同比下降2.9%；城镇投资完成389.02亿元，增长20.3%。从城镇投资分项看：更新改造投资60.71亿元，增长14.2%，其中，工业更新改造投资57.52亿元，增长22.4%；房地产开发投资74.68亿元，增长9.3%。2005年，全区地方项目完成投资383.12亿元，增长15.9%，占全社会投资比重为86.1%。“十五”期间全区累计完成全社会固定资产投资1570亿元，是“九五”时期的2.8倍，年均增长22.6%。

投资结构继续优化。2005年，继续加强基础产业和基础设施投资，大力推进工业企业技术进步，加大工业投资力度。全年工业投资完成200.59亿元，同比增长31.4%，增幅居各行业前列，工业投资占全社会投资比重由上年的40.1%上升为45.1%，对全区投资增长的贡献率为75.0%。农林牧渔业投资保持稳定，完成投资25.17亿元，增长9.0 %。全区用于城市基础设施建设投资166.07亿元，增长33.0%，其中道路建设投资36.27亿元，增长8.2%；电力、热力生产和供应完成投资72.81亿元，增长51.4%。用于邮电通信业的投资7.63亿元，下降14.1%。用于卫生和社会保障的投资3.31亿元，增长22.3%。用于教育的投资9.39亿元，增长15.9%。

（宁夏回族自治区发展改革委）

青海省“十五”时期工作回顾

“十五”时期是我省发展历程中的最好时期。这五年，时逢国家实施西部大开发战略，为我们提供了千载难逢的历史机遇。在党中央、国务院和省委的正确领导下，全省各族人民高举邓小平理论和“三个代表”重要思想的伟大旗帜，树立和落实科学发展观，抓住机遇，开拓进取，全力推进“消除贫困、富民强省”和“深化改革、创新体制”两大历史任务，胜利完成了“十五”计划的主要指标，取得了令人鼓舞的成就。

——国民经济持续快速增长，综合实力明显增强。预计五年间全省生产总值以年均12%的速度持续增长，突破总量500亿元、人均10000元的大关，由2000年的258亿元增加到2005年的 543亿元。财政一般预算收入由2000年的26.1亿元增加到2005年的63.3亿元，年均增长19.4%；地方财政一般预算收入由16.6亿元增加到33.7亿元，年均增长15.2%。

——固定资产投资成倍增长，基础设施和生态环境建设取得突破性进展。五年间全省固定资产投资累计完成1417亿元，是“九五”的2.5倍，基础设施长期落后的面貌明显改善。新增公路通车里程1.1万公里，建成高速公路196公里，省会、州府、县城之间全面通油路，实现乡乡通公路，行政村基本通公路。举世瞩目的青藏铁路全线铺通，兰青铁路、青藏铁路西格段和西宁、格尔木机场扩能改造顺利完成。建成公伯峡水电站、桥电二期和官亭至兰州东750千伏、乌兰至格尔木330千伏输电线路等重点电源电网工程，新增电力装机容量174万千瓦。建成黑泉水库和一批人畜饮水工程，解决了农牧区118万人、400多万头只牲畜的饮水困难。新建光缆1.6万公里，固定电话和移动通信用户分别突破百万户，实现了乡乡通电话。完成一批城市道路、供排水、集中供热和农牧区电网改造、送电到乡等公共设施建设，城镇功能不断增强，镇容镇貌变化显著。退耕还林草、退牧还草、天然林保护、人工增雨、防污治污等一批生态环境治理工程取得较大进展，总投资75亿元的三江源自然保护区生态保护和建设工程启动实施。森林覆盖率比“九五”末提高1.3个百分点。

——结构调整迈出较大步伐，特色经济框架初步形成。三次产业比例由“九五”末的14.9:45.6:39.5调整为11.6:48.7:39.7。尊重规律，顺天应市，农牧业和农牧区经济结构呈现积极变化。2005年，薯、油、豆、药、菜等特色作物种植面积比重由2000年的55%提高到65%。设施农牧业、农区畜牧业、农牧业产业化有了较快发展。劳务输出规模五年翻了两番，2005年达到89万人次。依托优势资源，建成百万吨钾肥、90万吨纯碱、铝电联营、涩宁兰天然气输送管道等重点工业项目。2005年完成工业增加值204亿元，占生产总值的比重比2000年提高4.6个百分点，工业成为带动经济增长的主导力量。盐湖化工、电力、石油天然气、有色金属四大支柱产业进一步壮大，冶金、医药、建材、农畜产品加工四大优势产业持续发展，占工业增加值的比重分别达到56%和29%。高原旅游业蓬勃发展，五年累计接待国内外游客2341万人次，实现旅游业收入88亿元，分别是"九五"时期的2.5倍和3.2倍。服务业稳步发展，2005年实现社会消费品零售总额160.5亿元，年均增长11.9%。

——经济体制改革不断深化，对外开放水平持续提高。全面取消了农牧业税，农牧区税费改革取得重要进展，农牧民负担比"九五"末人均减少78元。坚持"抓大、扶强、活小、退劣、减负"，推进国有企业改革和国有资本战略性重组，国有企业基本实现产权结构和投资主体多元化，国有资产在改革发展中保值增值，整体效益明显提高。2004年省属国有企业和国有控股企业净资产达到120亿元，比"九五"末增长1.38倍。预计2005年工业企业实现利润70亿元，年均增长1.5倍。制定和落实支持非公有制经济加快发展的政策措施，非公有制经济在全省经济总量中的比重由"九五"末的18%提高到23%。财税、住房、流通、投资、金融、粮食、国有土地、矿产使用权等各项改革全面推进，市场配置资源的基础性作用明显增强。"青洽会"、藏毯国际展览会等大型经贸活动的影响逐年扩大，成为青海招商引资、对外交流的重要平台，对外开放的层次和水平不断提高。五年累计完成外贸进出口总额17亿美元，合同利用外资14亿美元，引进省外资金317亿元，分别是"九五"的2.2倍、5.4倍和4倍。出口超千万美元的企业发展到10家。

——注重统筹协调发展，社会事业全面进步。调整教育布局，组织实施寄宿制学校建设、高校基础设施、现代远程教育等项目，城乡办学条件得到改善。全面实施"两免一补"政策，农牧区义务教育阶段贫困生和城镇低保家庭子女上学难问题得到解决。"普九"教育人口覆盖率由2000年的70.7%提高到86.8%，青壮年非文盲率由82%提高到93%。深化科技体制改革，完善科技奖励制度，一批重大科技项目启动实施，农牧区科技富民计划全面推进。科技进步对经济增长的贡献率进一步提高。推动文化事业和文化产业改革与发展，一批重点文化设施相继建成，县县有"两馆"的目标全面实现，部分经营性文化单位转企改制取得初步成效。文物发掘和保护工作取得重要成果。"西新"工程和"村村通"工程进展顺利，广播、电视综合人口覆盖率分别达到86.5%和92.5%，比2000年分别提高23.5和6.5个百分点。环青海湖国际公路自行车赛、郁金香节、民族文化旅游节等文化活动水平逐年提高，藏羚羊"申吉"获得成功。多巴国家级高原体育训练基地基本建成，群众体育活动设施得到改善。卫生项目总投资15亿元，超过前三个五年计划完成的投资总和。疾病预防控制、医疗救治体系基本建立，各族群众主要健康指标显著提高。实施计划生育奖励扶助政策和"少生快富"试点工程，人口年均自然增长率为11‰。审计、监察、工商、统计、质监工作得到加强。精神文明创建、新闻出版、档案、气象、地震、妇女儿童、残疾人、老龄等事业取得新进展。

——城乡居民生活水平明显提高，精神面貌呈现可喜变化。2005年全省城镇居民人均可支配收入8058元，农牧民人均纯收入2165元，扣除价格因素，年均分别实际增长8.4%和5.5%。城镇居民人均住房使用面积由2000年的12.1平方米增加到2005年的18.3平方米，农牧民人均居住面积由15.3平方米增加到18平方米。社会保障体系框架基本建立，城镇养老、失业、医疗、工伤等社会保险不断推进，农牧区新型合作医疗制度覆盖全省。对城市低保对象实行分类施保、医疗救助和冬季取暖救助，城乡特困群众救助体系初步建立。五年城镇新增就业15.2万人，减少农牧区贫困人口77万人。五年来，改变贫穷落后面貌的伟大实践，激励着全省各族人民谋发展、盼富裕、思和谐的热情和斗志，解放思想、振奋精神、干事创业、加快发展日益成为经济社会生活的主旋律。

同时，民主法制建设和政府自身建设得到加强。坚持依法行政，自觉接受省人大及其常委会的法律监督和省政协的民主监督，定期听取各民主党派、工商联和无党派人士的意见和建议，加强与工会、共青团、妇联等人民团体的联系。

五年共办理省人大代表建议2076件、省政协委员提案1411件。提请省人大审议地方性法规27件，制订和修改政府规章32件。省政府取消各类行政审批许可项目584项、行政事业收费项目179项。推进政务公开和政府上网工程建设，畅通民意诉求渠道，完善基层民主管理制度，信访和人民调解工作得到加强和改进。认真开展保持共产党员先进性教育活动，政府公务人员的宗旨意识和服务意识得到增强。投资环境治理年活动取得初步成效。深入开展民族团结进步创建活动，民族宗教工作成效显著。普法教育深入开展，监狱布局调整顺利完成。推进社会治安综合治理，建设治安防控体系，严厉打击各类违法犯罪活动，坚决抵制境内外敌对势力的分裂渗透，创建“平安青海”取得阶段性成果。突发公共事件应急预案和相关机制基本建立。廉政建设、外事侨务、司法、参事、国防动员、民兵预备役等工作进一步加强。

“十五”时期是全省上下团结奋斗、积极进取的五年，是全省经济快速增长、实力显著增强的五年，是各族人民安居乐业、得到实惠最多的五年。经过五年的努力，我省改革开放和经济社会呈现崭新局面，青海的形象和面貌正在发生深刻变化。回顾“十五”的实践，全省工作在许多方面都富有开创性。面向未来，我们站在一个新的历史起点上。在此，我代表省人民政府，向辛勤工作在全省各条战线上的工人、农牧民、知识分子、干部职工，向支持政府工作的人大代表、政协委员、各民主党派、工商联和社会各界人士，向中央驻青各单位、驻军指战员、武警部队官兵和公安民警，向所有关心青海建设和发展的海内外朋友，表示崇高的敬意和衷心的感谢！

“十五”时期的成就将载入史册。在看到成绩的同时，我们也清醒地看到，我省发展水平低，经济总量小，贫穷落后仍然是基本省情，经济社会发展中还存在不少突出困难和问题。主要是：农牧业基础薄弱，农牧区建设滞后，农牧民持续增收难度大；资源综合利用水平低，工业结构单一，增长方式粗放；资金短缺状况加剧，科技支撑能力不强，运输瓶颈制约进一步显现；各项改革仍处于攻坚阶段，体制机制性矛盾还比较突出；社会事业发展不足，城乡、区域发展差距拉大；城乡居民收入总体水平偏低，就业压力增大；新的社会问题和利益矛盾增多，保持社会和谐稳定的任务艰巨。在转变政府职能、管理方式和工作作风方面还存在一定差距。这些矛盾和问题，有些我们要在工作中尽快加以解决，更多的还需要付出长期的艰苦努力。对此，我们要始终保持清醒头脑，采取更加有力的措施，提高解决矛盾和问题、做好政府工作的能力和水平。

摘自《青海省国民经济和社会发展“十一五”规划纲要》

青海省 2005 年固定资产投资情况

全社会投资规模持续扩大。全省完成固定资产投资 367.15 亿元，比上年增长 15.4%。按城乡分：城镇固定资产投资 335.51 亿元，增长 12.8%；农村固定资产投资 31.64 亿元，增长 52.8%。按产业分，第一产业 31.39 亿元、第二产业 175.61 亿元、第三产业 160.15 亿元，比重分别为 8.6%、47.8%、43.6%。全社会固定资产投资中，国有及国有控股投资 240.65 亿元，增长 3.2%；民间投资 117.06 亿元，增长 54.5%，其中私营个体投资 45.14 亿元，增长 18.4%；集体投资 15.18 亿元，增长 46.2%。房地产开发投资 29.11 亿元，比上年增长 10.9%。

投资结构继续调整。全年四大支柱产业和四大优势产业完成固定资产投资 127.16 亿元，比上年增长 2.6%。其中，盐化工业投资 21.53 亿元，增长 63.1%；有色金属工业投资 21.94 亿元，增长 2.7%；黑色金属开采及加工业投资 10.98 亿元，增长 1.3 倍；建材工业投资 5.45 亿元，增长 77.4%。本年 50 万元以上完成固定资产投资项目中，新增天然原油开采能力 26 万吨/年、天然气开采能力 9 亿立方米/年；改建公路 1109 公里，其中改建二级公路 862 公里。

摘自《2005 年青海省国民经济和社会发展统计公报》

新疆维吾尔自治区 2005 年工作回顾

2005 年是“十五”时期的最后一年，也是新疆维吾尔自治区成立 50 周年。一年来，在自治区党委的正确领导下，我们坚定不移地贯彻执行以胡锦涛同志为总书记的党中央的路线、方针、政策，团结带领全区各族干部群众，坚持以邓小平理论和“三个代表”重要思想为指导，认真落实党的十六大、十六届三中、四中、五中全会和自治区党委六届八次全委（扩大）会议精神，以科学发展观统领全局，扎实工作，开拓创新，努力解决发展中出现的新矛盾、新问题，国民经济持续快速健康发展，社会事业全面进步，人民生活不断改善，社会政治大局保持稳定。预计全年生产总值2680亿元，比上年增长10.9%，其中第一产业增长6.5%，第二产业增长15.2%，第三产业增长8.5%。2005年取得的成绩为我们做好2006年的工作，顺利实施“十一五”规划奠定了坚实基础。

一年来，我们主要做了以下几个方面的工作：

一、高度重视“三农”工作，千方百计促进农牧民增收。我们始终坚持把“三农”工作作为重中之重，以农田水利、科技推广和节水灌溉为重点，加强了农业综合生产能力建设。以市场为导向，着力推进农业结构调整，粮食、棉花、特色林果业、畜牧业基地建设取得明显进展。粮棉生产均创历史新高，粮食总产量876万吨，增长5.7%，实现了自治区确保粮食安全“两年三步走”的战略目标，棉花总产量189万吨，增长7.8%。林果业规模继续扩大，新增林果面积100万亩。现代畜牧业稳步发展，肉类产量141万吨，牛奶产量152万吨，分别增长10.2%和14.3%。农业产业化迅速发展，全区农业产业化龙头企业超过1000家，农业产业化经营带动了全区60%以上农户增收。加大财政转移支付力度，确保了乡镇机构和村组织的正常运转。狠抓支农惠农政策的落实，粮食直补、良种补贴和农机具购置补贴达到5.19亿元，增加了2.4亿元。全年农牧民参与劳务创收120万人次，人均劳务增收60元以上。农牧民人均纯收入2475元，比上年增加230元。

二、坚持实施优势资源转换战略，积极推进新型工业化。我们把加快推进新型工业化作为经济建设的主攻方向，进一步发挥优势，突出特色，集中力量抓好石油石化、煤电煤化工、矿产资源开发、纺织、特色农副产品精深加工和高新技术等重点产业，加快建设我国重要的石油天然气化工基地、煤电煤化工基地和重要矿产资源战略接替基地，实现了工业持续快速发展，质量和效益大幅度提高。预计工业增加值完成1010亿元，增长16.5%，超过预期目标5.5个百分点。规模以上工业企业实现利润390亿元，增长72.3%。其中石油开采实现利润380亿元以上，增长97.4%。纺织行业扭亏为盈。加大技改投入，改造和提升了传统工业。大力实施品牌战略，培育出一批科技含量高、创新能力强、具有竞争优势和区域特色的企业和企业集团。工业增长对生产总值的拉动高达5个百分点。

三、优化政策环境，推动第三产业和非公有制经济加快发展。我们坚持把旅游、社区服务、现代商贸流通作为重点加快发展，大力提升第三产业发展水平。预计接待国内游客1465万人次，增长18%，实现旅游收入130亿元，增长19.3%。接待入境游客33万人次，增长4.1%，实现旅游外汇收入1亿美元，增长9.8%。新型流通业态蓬勃发展，实现社会消费品零售总额638亿元，增长13.2%。连锁经营网点达3000个，销售额占社会消费品零售总额的20%。“万村千乡”市场工程试点工作稳步推进。房地产、交通运输、仓储及邮电通信、批发和零售、餐饮业规模继续扩大。金融、保险、信息和法律服务等现代服务业取得新进展，加快了传统物流业向现代物流业的转变。清理和消除非公有制经济发展的体制障碍，有力地推动了非公有制经济的发展。年末，个体工商户达47.71万户，注册资金92.32亿元，从业人员75.89万人，分别增长2.3%、6.3%和2.3%；私营企业达5.17万户，注册资金795.39亿元，从业人员67.09万人，分别增长20%、23.7%和17.2%。非公有制经济已经成为我区国民经济的重要组成部分，在增强经济实力、优化经济结构、吸纳社会就业、繁荣城乡市场、增加居民收入等方面发挥了重要作用。

四、加大投入力度，加强基础设施和生态环境建设。我们狠抓了固定资产投资工作，全社会固定资产投资完成1352亿元，增长16.4%。建成了一批对经济发展和结构调整有深远影响的重大项目。完成重点项目投资442亿元，增长42.6%。奎—赛高等级公路、314国道和硕—库尔勒段、中哈原油管道国内阿拉山口—独山子段等15个重点项目建成投产；“十五”优质棉基地建设、节水灌溉工程、新疆油田勘探开发等13个重点项目实现单投和部分投产。下坂地水利枢纽、沙漠公路阿拉尔—和田段、喀纳斯机场、新疆非油气重点资源勘查、独山子1000万吨炼油100万吨乙烯、阿拉山口供水与生态建设等30个项目开工建设，新开工项目创历年之最。西水东引等一批重点项目的前期工作正抓紧进行。生态环境建设和保护继续加强，塔里木河流域综合治理、天然林保护、“三北”四期防护林等重点生态工程建设稳步推进，退牧还草2000万亩，退耕还林185万亩，局部地区生态环境和人居环境继续得到改善。

五、发挥地缘优势，努力扩大对内对外开放。我们坚持实施全方位对外开放战略，围绕把新疆建成我国陆上重要的资源和商贸大通道，积极发展对外贸易。完成进出口总额79.4亿美元，增长40.9%，其中出口50.4亿美元，进口29亿美元，分别增长65.5%和12.1%。边境小额贸易出口38.6亿美元，占出口总额的76.6%。进一步加大招商引资力度，加快了中哈霍尔果斯国际边境合作中心建设，建立各类园区，吸引了一批内地企业来我区投资开发，推动了面向中亚、西亚、南亚、东欧和俄罗斯市场出口加工基地和国际商贸中心建设，提升了我区参与国内外市场竞争的能力。以“推进中西亚区域经济合作”为主题，成功举办了第14届乌洽会。实际利用外资2.32亿美元，增长12.3%。完成对外承包工程额9124万美元，新签境外投资项目23个，中方协议投资额5280万美元。招商引资410多亿元，增长9.8%。

打破条块分割和行政区域、行业和所有制界限，树立兵地、城乡协调发展的观念，推动了融合经济发展。乌昌经济一体化迈出实质性步伐，实现了优势互补，强强联合，对推动天山北坡经济带加快发展，辐射带动全区起到了重要作用。

六、增强财政调控能力，确保金融平稳运行。我们完善了财政支持经济发展的思路，制定了财政支持新型工业化发展的措施，深化财税体制改革，落实财税收支责任制，强化财政收支运行监督，对重点地区、重点税源加大税收监控，严格税收减免政策管理，大力清缴欠税，强化税收征管措施，确保了财政收入稳定增长。预计全口径财政收入397亿元，增长22.8%，其中地方财政一般预算收入180亿元，增长18.5%。预计地方财政一般预算支出516亿元，增长19.4%。优化了财政支出结构，确保了基本建设、社会保障、农业、教育和为群众办实事等重点支出。金融机构贯彻稳健的货币政策，积极支持特色优势产业、重点企业、基础设施建设，开展了对下岗失业人员小额担保贷款业务，推进农村信用社改革试点，强化了农村金融服务。预计年末全区金融机构人民币存款余额比年初增加417亿元，各项贷款余额比年初增加113亿元。

七、实施科教兴新战略，大力发展各项社会事业。我们坚持实施面向优势资源转换的科技创新战略，围绕支柱产业的发展，重点实施了一批技术攻关和技术改造项目，培育了一批有一定竞争力的龙头企业和高新技术产业。“两基”攻坚、中小学危房改造、民汉合校、“双语”教学、中小学布局调整、农村中小学现代远程教育等工作扎实推进。2004年国家确定的121所农村寄宿制学校全部开工建设，中小学办学条件明显改善。职业教育加快发展。高校专业结构调整和重点学科建设继续加强。公共医疗事业稳步发展，71所疾病预防控制中心和6所紧急救援中心建成使用。84个传染病医院（区）建设项目，大部分建成使用。文化广播影视事业全面发展，“中国新疆维吾尔木卡姆艺术”申报第三批“世界口头和非物质文化遗产代表作”获得成功，18个县级“两馆”项目全部开工建设，新疆民族歌舞学校和240个乡镇文化站建设全面启动，“西新工程”第三阶段第二期任务基本完成，全区广播和电视人口覆盖率分别达到92.9%和92.5%，巩固了新疆广播电视节目在吉尔吉斯斯坦和乌兹别克斯坦落地播出的成果。计划生育工作进一步加强，人口自然增长率降到10.8‰。体育事业蓬勃发展，在全国“十运会”上，我区体育健儿积极拼搏，取得了2枚金牌、3枚银牌和7枚铜牌的好成绩。城市空气质量继续改善，城市污染物排放总量控制在计划指标之内，生态环境总体稳定，城市环境进一步好转。

与此同时，司法、审计、统计、档案、语言文字、新闻出版、外事侨务、质量监督、药品监督、气象水文、地震监测、文物保护、妇女儿童、残疾人事业、老龄事业等各项事业都实现了新发展、取得了新成就。

八、坚持以人为本，切实为各族群众办实事办好事。我们坚持从人民群众最需要解决的困难和问题入手大办实事好事，让人民群众充分享受到改革发展的成果。全面取消农牧业税，免征税额4.5亿元。投资1.21亿元解决了38.86万人和112.67万头牲畜饮水困难问题。安排抗震安居工程补助资金4.3亿元，新建改建抗震安居房41.1万户，188万群众喜迁新居，解决了南疆四地州农村2.9万特困户、13.1万贫困户住房。投资15.2亿元，新建改建农村公路9100公里，改善了60个乡镇、300个行政村、60万农牧民的交通出行条件。安排财政资金2.76亿元，把义务教育“两免一补”范围扩大到84个县、228万人。扩大了内地新疆高中班、区内初中班规模，招生人数分别达3075人和3000人。新增40个农村新型合作医疗试点县市，使试点县市达到53个，覆盖了720万农民，平均参合率86.1%。新建93个乡镇卫生院，投资3亿元启动了30个县级医院、15个县级中医民族医院、20个县级妇幼保健医院和205个乡镇卫生院建设。落实3536万元专项补助资金，完成了1951个“村村通工程”的建设任务。全区行政村通电话率96.8%。加大了对村级组织财政转移支付力度，解决了南疆三地州及其他地州贫困县乡镇因农村税费改革造成的5292万元财政资金缺口。财政拨付3000万元专项资金，提高了农村6.1万多名“三老”人员生活待遇。

我们始终把关心困难群众和加快扶贫开发作为推进和谐社会建设的大事来抓，实现了34万贫困人口稳定脱贫和35万人就业再就业，城镇登记失业率3.7%。顺利实现国有企业下岗职工基本生活保障制度向失业保险制度并轨，继续巩固“两个确保”，搞好“三条保障线”的衔接，扩大了享受城市最低生活保障的人群，基本实现了应保尽保。城镇居民人均可支配收入8100元，增长8%。

九、加强民主法制，维护社会稳定，促进和谐社会建设。我们坚持科学决策、民主决策，认真贯彻《行政许可法》，改革行政审批制度，积极推进依法行政。加强了基层民主建设，健全了村民自治、社区居民自治和企事业单位民主管理制度。各级政府自觉接受同级人大监督，执行人大决议，加强与人民政协、各民主党派、无党派人士、工商联和人民团体的联系。全年提请自治区人大常委会审议的地方性法规草案、议案4件，制定发布政府行政规章7件，办理全国和自治区人大代表议案和建议941件、政协委员提案956件。认真开展行风评议活动，加大了查办腐败案件力度，突发公共事件应急管理工作有序开展。

我们坚持不懈地开展以爱国主义为核心的民族团结教育活动，不断推进民族团结进步事业，使“三个离不开”的思想观念进一步深入人心，巩固了平等、团结、互助、和谐的社会主义新型民族关系。全面贯彻党的宗教信仰自由政策，依法加强对宗教事务的管理，坚持独立自主自办原则，积极引导宗教与社会主义社会相适应。高度重视维护稳定工作，严厉打击“三股势力”以及“法轮功”等邪教组织和其他敌对势力的分裂破坏活动。加强社会治安综合治理。高度重视信访工作，妥善处理人民内部矛盾和社会热点难点问题，为自治区经济社会发展创造了安定和谐的社会环境。

十、兵团经济快速发展，维稳戍边能力明显增强。生产建设兵团认真落实科学发展观，抓住机遇，发挥优势，进一步加大结构调整和改革开放的力度，加快发展现代农业，着力推进新型工业化，加快优势资源转换和增长方式的转变，促进了经济持续快速健康发展。预计兵团生产总值340亿元，增长11.5%。固定资产投资130亿元，增长1%。进出口总额30亿美元，增长52.1%。在岗职工年均工资1.2万元，增长6%。兵团事业的发展为维护自治区改革发展稳定大局作出了积极贡献。

2005年，我区大事多、喜事多，特别是隆重举行了新疆维吾尔自治区成立50周年庆祝活动。党中央、国务院高度重视，共安排23.5亿元资金用于我区抗震安居、教育、医疗卫生等方面的建设，以罗干同志为团长的中央代表团，带着以胡锦涛同志为总书记的党中央和全国人民的深情厚谊来我区参加慰问及庆祝活动，各族干部群众深受鼓舞。大庆期间，我们组织安排了一系列活动，全面展示了半个世纪特别是改革开放和实施西部大开发以来，新疆社会主义现代化建设事业的巨大成就，展示了新疆政治稳定、经济发展、民族团结的大好形势，展示了各族人民热爱祖国、热爱中国共产党，建设美好新疆的精神风貌，进一步激发了各族人民加快全面建设小康社会的巨大热情。同时，成功承办了中国科协2005年学术年会、黄河经济协作区省区负责人第十八次会议，进一步宣传了新疆，增强了各族人民的自信心和凝聚力。

在充分肯定成绩的同时，我们也清醒地看到，经济社会发展中存在一些长期积累的矛盾和问题，又出现了一些新情况新问题。结构性矛盾依然存在，促进经济增长方式转变的任务艰巨；农牧民增收难度大，城乡区域发展不平衡，工业化、城镇化水平不高；财政收支矛盾仍然突出；就业再就业形势严峻；一些关系群众切身利益的问题亟待解决；安全生产形势不容乐观；维护社会稳定的任务依然繁重。对此，我们必须高度重视，采取有效措施，认真加以解决。

摘自《2006年新疆维吾尔自治区政府工作报告》

新疆维吾尔自治区2005年固定资产投资情况

全社会固定资产投资1352.32亿元，比上年增长16.4%。其中，城镇投资1223.27亿元，增长15.3%；农村投资129.05亿元，增长27.4%。在农村投资中，农户投资71.69亿元，增长31.3%；非农户投资57.36亿元，增长22.8%。

从产业投向看，第一产业投资124.85亿元，比上年下降 1.7%；第二产业投资 558.27 亿元，增长 23.8%，其中，工业投资 542.13 亿元，增长 22.6%。在工业投资中，石油和天然气开采业投资 273.26 亿元，增长 26.0%，石油加工业投资 28.95 亿元，增长 17.6%；第三产业投资 669.20 亿元，增长 14.7%，其中，交通运输业投资 192.08 亿元，增长 26.8%。

全年房地产开发投资 101.66 亿元，比上年下降 9.7%。商品房销售面积 526.18 万平方米，下降 17.2%，其中，住宅 460.83 万平方米，下降 14.4%。商品房空置面积 408.98 万平方米，增长 2.1%。商品房销售额 87.23 亿元，下降 21.1%。

"十五"期间，全社会固定资产累计投资达到 5034.99 亿元，相当于"九五"时期的 2 倍，五年间投资年均增长 17.2%，比"九五"时期提高 4.3 个百分点。

摘自《新疆维吾尔自治区 2005 年暨"十五"期间国民经济和社会发展统计公报》

第四部分

新农村建设

新农村建设综述

高 层 论 述

胡锦涛：尊重农民意愿　维护农民利益　增进农民福祉

胡锦涛在中共中央举办的省部级主要领导干部建设社会主义新农村专题研讨班开班式上指出：重视农业、农村、农民问题是我们党的一贯战略思想。“三农”问题始终是关系党和人民事业发展的全局性和根本性问题，农业丰则基础强，农民富则国家盛，农村稳则社会安。

胡锦涛：使建设社会主义新农村成为惠及广大农民群众的民心工程

胡锦涛在中共中央政治局集体学习时强调：全面建设小康社会，最艰巨、最繁重的任务在农村；加快推进现代化，必须妥善处理工农城乡关系。“十一五”时期是我国改革发展的关键时期，也是我国农业和农村发展的一个重要机遇期，我们必须下更大的决心、拿出更多的投入、进行更扎实的努力，推动现代农业建设迈出重大步伐，在构建新型工农城乡关系方面取得突破性进展，为建设社会主义新农村打下坚实基础。

温家宝：关于当前农业和农村工作的几个问题

（温家宝总理在2005年12月29日中央农村工作会议上的讲话摘要）

党的十六届五中全会提出了推进社会主义新农村建设的任务，具有重大的历史意义和现实意义。我国在总体上已经进入以工促农、以城带乡的发展阶段，我们必须适应经济社会发展新阶段的要求，实行工业反哺农业、城市支持农村的方针。在现阶段，只有实行统筹城乡经济社会发展的方略，才能切实优化经济结构，实现全面协调可持续发展，才能使广大人民群众共享经济社会发展的成果，才能如期实现全面建设小康社会和现代化的宏伟目标。因此，建设社会主义新农村，不仅关系到农业、农村的发展和农民的富裕，而且关系到实现国家的长治久安和民族的伟大复兴。必须站在全局的高度，把建设社会主义新农村作为我们在现代化进程中的一项重要历史使命，使之成为全党全社会的共同认识和共同行动。

建设社会主义新农村，必须按照十六届五中全会《建议》提出的“生产发展、生活宽裕、乡风文明、村容整洁、管理民主”的要求，全面推进农村的经济、政治、文化、社会和党的建设。要认真贯彻党在农村的一系列方针政策，坚持农村基本经济制度，坚持“多予少取放活”，特别是要在“多予”上下功夫。经过全党全国坚持不懈的努力，使农业生产力水平有一个较大的提高，使广大农民的生活有比较明显的改善，使农村基础设施建设得到切实加强，使农村各项社会事业全面发展，使农村基层民主建设继续推进。归根到底，要切实保障农民的民主权利，使农民得到实实在在的物质利益。建设社会主义新农村，是一个全面的目标，是一项长期的任务，必须因地制宜，从实际出发，尊重农民意愿，注重实效，着力解决农民生产生活中最迫切的实际问题。只有这样，才能使新农村建设带给农民实惠、受到农民拥护，扎实稳步地推向前进。

下面，我就当前“三农”工作中必须引起高度重视的问题，讲几点意见。

一、关于农村基础设施建设问题

长期以来，我国城乡经济社会发展很不平衡。城市发展很快，农村发展滞后。从经济社会发展全局考虑，必须改变这种状况。这就要求我们从思想认识到工作部署都必须有一个大的转变，要扩大公共财政覆盖农村的范围，调动各方面投入的积极性，大力加强农村基础设施建设。这不仅会改善农村的基础设施条件，提高农业的综合生产能力，而且会增加农民的就业机会和收入，是一举多得的好事情，要作为今后几年基础设施建设的重点。力争通过“十一五”时期的努力，使农村生产生活条件和整体面貌有比较明显的变化。在这方面，2006年要迈出更大的步伐。

首先，财政性建设资金要向农村倾斜。关键是要下决心调整国民收入分配格局，特别是调整国家建设资金的投向和结构，向更多地支持农村建设转变。这是今后几年经济工作的一个战略性举措，直接关系到促进农村经济社会的发展，关系到扩大国内需求，对国家的长期发展也将产生深远的影响。2006年，国家财政支农资金的增量要高于上年，国债和预算内建设资金用于农村建设的比重要高于上年，其中直接用于改善农村生产生活条件的资金总量要高于上年。各地区各部门尤其是基础产业和公共服务部门，要更多地关注和支持农村，把工作重心逐步地转向农村，把掌握的资源更多地投向农村，把基础设施建设重点转向农村。在制订发展规划、安排建设项目、增加资金投入时都要向农村倾斜。有条件的地方，步子要迈得更大一些。各部门要相互配合，加大支农资金协调整合的力度，提高使用效率，集中力量办大事。各类金融机构也要调整信贷投放结构，切实改善金融服务，加强对“三农”的支持。

其次，要重视发挥城市对农村的带动作用。实行市管县体制的初衷，就是为了发挥城市的带动效应，促进城乡协调发展。经过这些年的建设，城市经济实力和财力大为增强，基础设施建设有很大改善，城市面貌日新月异。但也要看到，城乡差距在明显拉大。今后，各大中城市都要切实履行市带县、市帮县的责任，通盘制定城乡发展规划，加大市级财政性建设资金对郊区和所属县乡的投入，加大公共基础设施向农村的延伸，同时组织城市有关单位和企业帮扶农村，增强城市对农村的辐射和带动作用，形成城乡协调发展、共同繁荣的局面。

第三，要充分发挥农民和社会各方面的作用。加强农村基础设施建设，要充分调动广大农民群众的积极性，引导他们发扬自力更生、艰苦奋斗的精神，通过自己的辛勤劳动改善生产生活条件。同时，国家财政要通过直接补助资金、补助原材料或“以奖代补”等方式给予鼓励，引导农民对直接受益的公共设施建设投工投劳。要加快建立全社会参与的激励机制，鼓励各种社会力量参与农村基础设施建设。

二、关于农村综合改革问题

2006年全面取消农业税，农村税费改革走到今天这一步很不容易，但巩固成果的任务更为艰巨。全面推进以乡镇机构、农村义务教育和县乡财政体制改革为主要内容的农村综合改革，既是巩固农村税费改革成果的紧迫任务，又是解决农村一系列深层次矛盾的关键所在。千万不要以为农业税取消后，农民负担问题就从此解决了。如果改革不彻底，我们可能面临两种严重情况：一种是各种乱收费乱摊派乱罚款卷土重来，农民负担出现反弹；一种是基层组织难以正常运转，无法履行应尽的职责。防止这个问题，必须坚定不移地将农村综合改革推向前进。只有大力推进乡镇机构改革，下决心转变职能，精简机构和人员，加快事业单位整合，妥善安排分流人员，从体制机制上解决农村上层建筑的某些环节不适应经济基础的问题，才能最终走出“黄宗羲定律”的怪圈。这与取消农业税本身相比，任务更艰巨，意义更深远。

我着重讲一下乡镇机构改革问题。推进乡镇机构改革的出发点和目的，是为了转变乡镇政府职能，加强社会管理和公共服务，说到底是为了更好地发挥行政效能，更好地为“三农”服务。乡镇机构该履行的职能、该提供的服务，不仅不能削弱，还要逐步加强。乡镇机构改革要按照“统一思想、明确方向，坚定不移、有序推进，积极稳妥、试点先行”的总体要求，做到机构编制只减不增和确保社会稳定。在乡镇机构改革试点中，要着力抓好三方面的工作：

一是抓转变职能，努力建设服务型、法制型政府。要按照有所为、有所不为的原则，适当调整乡镇在经济管理上的职能。切实把工作重点从直接抓招商引资、生产经营、催种催收等具体事务转到对农户和各类经济主体进行示范引导、提供政策服务以及营造发展环境上来。同时要努力提高社会管理和公共服务水平。按照依法行政的原则，宣传、落实好党和国家的政策、法律，规范自身的行为，保障农民的合法权益，维护农村社会稳定，巩固党在农村的执政基础。

二是抓事业单位整合与改革。关键是要合理区分公益性事业和经营性活动，实行分类管理。公益性的，要强化服务功能，经费主要由财政保障；经营性的，要强化自我发展能力，逐步走向市场。要通过整合现有事业站所，提高服务资源的利用效率，做到既减轻农民负担，又增强为农服务能力。

三是妥善安排分流人员。这在乡镇机构改革中既是重要环节，又是难点问题。要在严格定编定岗的基础上，由省级政府统一制定政策、方案和操作程序，根据公开、公平、公正的原则择优选用、竞争上岗，严禁搞暗箱操作。要积极探索多种分流方式，帮助分流人员重新就业，妥善解决他们的实际问题。

各级党委和政府必须高度重视农村综合改革工作，主要领导同志要亲自抓。有关部门要抓紧总结试点经验，不断完善方案，把改革引向深入。同时，还要继续推进农村金融体制、粮食流通体制和征地制度等改革，为农村经济社会发展提供体制保障。

三、关于粮食问题

粮食始终是经济发展、社会稳定和国家自立的基础，任何时候都不能出现闪失。近两年，中央针对前几年粮食生产连年下滑、供求关系趋紧的情况，出台了一系列更直接、更有力的扶持政策措施。主要是实行“三减免、三补贴”，加强对粮食主产区的扶持，同时坚决推进粮食流通体制改革，全面放开粮食收购市场。实践证明，这些改革和政策是正确的，作用是明显的。粮食生产出现了重大转机，对防止通货膨胀、保障人民生活、保持社会稳定发挥了重要作用，为实现宏观调控目标创造了有利条件。

但要清醒地看到，当前粮食生产的基础并不稳固。这两年粮食产需仍然存在一定缺口，每年都要挖几百亿斤库存。从今后长期趋势看，我国人口增长、耕地减少、水资源短缺的矛盾将越来越突出，粮食增产的难度越来越大，保持粮食长期供求平衡的任务十分艰巨。粮食如果出问题，就是全局性的问题，就会影响经济平稳较快发展和社会稳定。在粮食问题上必须把握两点：一是基本立足国内保障粮食供给，这是要始终坚持的方针；二是努力保持粮食供求的紧平衡，这是宏观调控的目标。粮食产量过低，粮食安全就会受到威胁。粮食供大于求，就会造成粮价下跌，影响农民收入和粮食生产稳定发展。使粮食供求保持紧平衡不是一件容易的事情，最根本的是要加强粮食综合生产能力建设，加强国家粮食储备体系建设，做到藏粮于地和藏粮于库相结合。同时还要善于把握吞吐调节和粮食进出口的时机和力度，加强和改进对粮食市场的调控。

2006 年的粮食生产存在一些不利因素。市场价格是刺激农民种粮积极性的最主要因素，但保持粮价平稳或略有回升难度很大。由于农资价格上涨，使粮食生产效益有所下降，直接影响农民种粮积极性。建设用地每年仍以 400 万亩的速度在占用耕地，而且占的多是好地，增加粮食播种面积的余地越来越小。这两年粮食连续增产与气候总体有利有很大关系，2006 年气候条件还难以预测，一遇天灾粮食产量就可能下来。另外，由于连续两年丰收，一些地方不同程度地对粮食生产有所放松。这些问题都值得我们注意。促进粮食生产的稳定和发展，关键有两条：一要认真落实最严格的耕地保护制度，切实保护好基本农田，稳定粮食播种面积，加强农田水利建设，大力推进科技进步，不断提高粮食综合生产能力；二要认真落实扶持粮食生产的各项政策措施，保持合理的粮价水平，保护种粮农民利益，调动农民种粮积极性。

四、关于土地问题

加强土地管理，是改革和发展进程中必须始终把握好的一个关键环节。这既关系到农业的发展和农村的稳定，又关系到工业化、城镇化的可持续推进。在土地问题上，我们决不能犯历史性错误。

要坚持土地基本经营制度不动摇。我国的改革首先从农村开始，而农村的改革又发端于土地承包。土地承包调动了亿万农民的积极性，促进了农村和整个经济的繁荣。承包地不仅是农民重要的生产资料，而且是农民最基本的生活保障。以家庭承包经营为基础、统分结合的双层经营体制，具有广泛的适应性和旺盛的生命力，有利于而不妨碍农业现代化的推进。在家庭承包经营的基础上，可以通过产业化经营等方式引导农民进入市场，可以在土地承包经营权自愿、依法、有偿流转的基础上逐步扩大土地的经营规模。这是一个渐进的过程，不能不顾条件强制推行。稳定农村基本经营制度，保护农民的土地承包权益，是党在农村的基本政策，是国家宪法的规定，是一项必须长期坚持的方针。

要严格控制建设占地。近些年，大量农用地转为非农用地，不仅为工业和城市发展提供了土地资源，而且通过土地征用和出让，为城市建设筹集了大量资金，这是一些地方城市建设之所以能快速发展的一个重要原因。但这也是以对农民补偿偏低、牺牲大批良田为代价的。如果不清醒地看到这一点，就会盲目圈占耕地，使投资规模膨胀和投资结构失衡，并产生大量失地农民，给农村和整个经济社会的可持续发展和稳定带来严重的问题。因此，我们在宏观调控中启用了土地和信贷两个“闸门”，其中土地这个闸门对抑制部分地区、部分行业投资过热具有釜底抽薪的作用，既控制了投资的盲目过快增长，也保护了最珍贵的土地资源，效果是显著的。但我们也必须看到，现在固定资产投资反弹的压力仍然很大，一些地方占用土地的冲动仍然十分强烈，保护耕地特别是保护基本农田的任务仍然十分艰巨。特别需要指出的是，一些地方违法征占农民耕地，不给农民合理的经济补偿和生计安置，引发农村群体性事件，仍然是影响农村乃至社会不稳定的一个突出问题，必须引起各级党委和政府的高度重视。我们要长期坚持最严格的土地管理制度，严格控制建设用地的占用规模。严格执行耕地占补平衡制度，而且决不能搞账面平衡，必须做到面积和产能的双平衡。

要依法加强土地管理。无论是土地承包、流转，还是土地征收征用，我们都已经有了比较完备的法律法规。要充分运用法律手段管好土地，切实保障农民的土地财产权利。

五、关于农民工问题

农民工已成为我国产业工人的重要组成部分，是工业化、城镇化、现代化的重要推动力量。如何对待农民工，不是一件小事，而是关系全局和长远的大事。

近几年来，中央在改善农民进城务工环境、保护农民工权益等方面，出台了一系列政策措施，收到了一定成效。但农民工工资偏低、被克扣和拖欠，劳动条件差，享受公共服务少，缺乏基本社会保障等问题仍然很突出。这些问题，不仅大中城市存在，一些小城市和小城镇乃至在乡村的企业中也很突出。各地区各部门要切实把解决好农民工问题作为事关改革发展稳定全局的一件大事来抓。解决农民工问题要坚持五条原则：一是公平对待，一视同仁；二是强化管理，完善服务；三是统筹规划，合理引导；四是因地制宜，分类指导；五是立足当前，着眼长远。当前要重点抓好以下几项工作：

第一，抓紧解决农民工工资偏低和拖欠问题。这是农民工反映最强烈的问题。要建立农民工工资支付保障制度，确保农民工工资按时足额发放。合理确定和提高农民工工资水平，严格执行最低工资制度。第二，依法规范农民工劳动管理。所有用人单位招用农民工都必须依法订立并履行劳动合同，尊重和维护农民工的合法权益。特别要依法保障农民工职业安全卫生权益。第三，搞好农民工就业服务和培训。要清理和取消各种针对农民工的歧视性规定和不合理限制，真正做到一视同仁。加强农民工职业技能培训，提高农民转移就业能力和外出适应能力。第四，积极稳妥地解决农民工社会保障问题。这个问题比较复杂，要坚持分类指导，稳步推进，优先解决工伤保险和大病医疗保障问题。第五，切实为农民工提供公共服务和社会管理。特别要保障农民工子女平等接受义务教育。第六，健全维护农民工权益的保障机制。劳动保障和有关部门要加大维护农民工权益的执法力度，认真受理农民工举报投诉并及时调查处理。坚持农村基本经营制度，保障农民工土地承包权益。第七，促进农村劳动力就地就近转移就业。实行农村劳动力异地转移与就地转移相结合，既要积极引导农民进城务工，又要大力发展乡镇企业和县域经济，扩大农村劳动力在当地转移就业。要鼓励各地区从实际出发，探索促进农村富余劳动力合理有序流动的办法。

六、关于农村社会事业发展问题

长期以来，我们在经济与社会发展中存在着一条腿长、一条腿短的问题，而农村社会发展这条腿更短。农村教育、卫生等社会事业发展滞后，公共服务严重不足，是农村发展中最薄弱的环节，也是农民反映最强烈的问题。这两年我们在农村教育和卫生方面已采取了不少措施，成效很大，但问题依然突出。加快农村社会事业发展，对于提高广大农民的生活质量和综合素质，对于实现社会公平和正义，十分紧迫和重要。

要从多方面加强农村公共服务，增加对农村教育、卫生等社会事业的投入。各级政府都要认真落实国务院关于将每年新增教育、卫生、文化等事业经费主要用于农村的规定，促进义务教育和基本医疗等服务的平等化。让每个义务教育阶段的农民子女都能上得起学，让每个患病的农民都能得到治疗，这是我们应当努力实现的目标。从2006年起，用两年时间在全国范围内实现农村义务教育阶段学生全部免除学杂费，并继续对贫困家庭学生免费提供课本和补助寄宿生生活费。2006年还将加大对新型农村合作医疗制度试点工作的推进力度，较大幅度提高中央和地方财政对参加合作医疗农民的补助标准，扩大合作医疗试点县范围，争取到2008年在全国农村基本普及。同时，要重视教育、卫生资源在城乡之间的合理配置。完善教师交流制度，制定相关政策和措施，引导和鼓励城市教师及具备教师资格的人员到农村中小学任教。鼓励城市医生到农村服务。

以上这些问题，都是“三农”工作所面临的突出问题，也是关系全局的重大问题。如果解决得好，农业和农村就会实现又快又好的发展，整个经济和社会发展也会有一个良好的基础。目前，中央关于农村工作的大政方针已经明确，政策措施陆续出台。能否取得预期效果，关键在于统一思想、加强领导、狠抓落实。各地区各部门必须充分认识“三农”工作对全局的重大意义，切实把解决好“三农”问题作为全部工作的重中之重，领导干部要经常到农村做全面深入的调查研究，真正掌握农村的真实情况，了解农民的愿望和要求，认真研究制定和落实促进农村发展的具体措施。

解决“三农”问题难度很大、任务艰巨，但也面临着难得的历史机遇。我们要在以胡锦涛同志为总书记的党中央正确领导下，坚持以邓小平理论和“三个代表”重要思想为指导，全面落实科学发展观，以对党和人民高度负责的精神，切实增强责任感和使命感，求真务实，开拓进取，扎实工作，推动城乡经济社会协调发展，为建设社会主义新农村作出更大贡献。

中共中央国务院关于推进社会主义新农村建设的若干意见

（2005 年 12 月 31 日）

党的十六届五中全会通过的《中共中央关于制定国民经济和社会发展第十一个五年规划的建议》，明确了今后 5 年我国经济社会发展的奋斗目标和行动纲领，提出了建设社会主义新农村的重大历史任务，为做好当前和今后一个时期的“三农”工作指明了方向。

近几年，党中央、国务院以科学发展观统领经济社会发展全局，按照统筹城乡发展的要求，采取了一系列支农惠农的重大政策。各地区各部门认真落实中央部署，切实加强“三农”工作，农业和农村发展出现了积极变化，迎来了新的发展机遇。粮食连续两年较大幅度增产，农业结构调整向纵深推进，农民收入较快增长，农村税费改革取得重大成果，社会事业进一步发展，农村基层组织建设得到加强，干群关系明显改善。农业和农村发展的好形势，对保持国民经济平稳较快增长和社会稳定，发挥了重要的支撑作用。但必须看到，当前农业和农村发展仍然处在艰难的爬坡阶段，农业基础设施脆弱、农村社会事业发展滞后、城乡居民收入差距扩大的矛盾依然突出，解决好“三农”问题仍然是工业化、城镇化进程中重大而艰巨的历史任务。各级党委和政府必须按照党的十六届五中全会的战略部署，始终把“三农”工作放在重中之重，切实把建设社会主义新农村的各项任务落到实处，加快农村全面小康和现代化建设步伐。

一、统筹城乡经济社会发展，扎实推进社会主义新农村建设

（1）建设社会主义新农村是我国现代化进程中的重大历史任务。全面建设小康社会，最艰巨最繁重的任务在农村。加速推进现代化，必须妥善处理工农城乡关系。构建社会主义和谐社会，必须促进农村经济社会全面进步。农村人口众多是我国的国情，只有发展好农村经济，建设好农民的家园，让农民过上宽裕的生活，才能保障全体人民共享经济社会发展成果，才能不断扩大内需和促进国民经济持续发展。当前，我国总体上已进入以工促农、以城带乡的发展阶段，初步具备了加大力度扶持“三农”的能力和条件。“十一五”时期，必须抓住机遇，加快改变农村经济社会发展滞后的局面，扎实稳步推进社会主义新农村建设。

（2）围绕社会主义新农村建设做好农业和农村工作。“十一五”时期是社会主义新农村建设打下坚实基础的关键时期，是推进现代农业建设迈出重大步伐的关键时期，是构建新型工农城乡关系取得突破进展的关键时期，也是农村全面建设小康加速推进的关键时期。“十一五”时期要高举邓小平理论和“三个代表”重要思想伟大旗帜，全面贯彻落实科学发展观，统筹城乡经济社会发展，实行工业反哺农业、城市支持农村和“多予少取放活”的方针，按照“生产发展、生活宽裕、乡风文明、村容整洁、管理民主”的要求，协调推进农村经济建设、政治建设、文化建设、社会建设和党的建设。当前，要完善强化支农政策，建设现代农业，稳定发展粮食生产，积极调整农业结构，加强基础设施建设，加强农村民主政治建设和精神文明建设，加快社会事业发展，推进农村综合改革，促进农民持续增收，确保社会主义新农村建设有良好开局。

（3）扎实稳步推进社会主义新农村建设。推进新农村建设是一项长期而繁重的历史任务，必须坚持以发展农村经济为中心，进一步解放和发展农村生产力，促进粮食稳定发展、农民持续增收；必须坚持农村基本经营制度，尊重农民的主体地位，不断创新农村体制机制；必须坚持以人为本，着力解决农民生产生活中最迫切的实际问题，切实让农民得到实惠；必须坚持科学规划，实行因地制宜、分类指导，有计划有步骤有重点地逐步推进；必须坚持发挥各方面积极性，依靠农民辛勤劳动、国家扶持和社会力量的广泛参与，使新农村建设成为全党全社会的共同行动。在推进新农村建设工作中，要注重实效，不搞形式主义；要量力而行，不盲目攀比；要民主商议，不强迫命令；要突出特色，不强求一律；要引导扶持，不包办代替。

（4）加快建立以工促农、以城带乡的长效机制。顺应经济社会发展阶段性变化和建设社会主义新农村的要求，坚持“多予少取放活”的方针，重点在“多予”上下功夫。调整国民收入分配格局，国家财政支出、预算内固定资产投资和信贷投放，要按照存量适度调整、增量重点倾斜的原则，不断增加对农业和农村的投入。扩大公共财政覆盖农村的范围，建立健全财政支农资金稳定增长机制。2006年，国家财政支农资金增量要高于上年，国债和预算内资金用于农村建设的比重要高于上年，其中直接用于改善农村生产生活条件的资金要高于上年，并逐步形成新农村建设稳定的资金来源。要把国家对基础设施建设投入的重点转向农村。提高耕地占用税税率，新增税收应主要用于“三农”。抓紧制定将土地出让金一部分收入用于农业土地开发的管理和监督办法，依法严格收缴土地出让金和新增建设用地有偿使用费，土地出让金用于农业土地开发的部分和新增建设用地有偿使用费安排的土地开发整理项目，都要将小型农田水利设施建设作为重要内容，建设标准农田。进一步加大支农资金整合力度，提高资金使用效率。金融机构要不断改善服务，加强对“三农”的支持。要加快建立有利于逐步改变城乡二元结构的体制，实行城乡劳动者平等就业的制度，建立健全与经济发展水平相适应的多种形式的农村社会保障制度。充分发挥市场配置资源的基础性作用，推进征地、户籍等制度改革，逐步形成城乡统一的要素市场，增强农村经济发展活力。

二、推进现代农业建设，强化社会主义新农村建设的产业支撑

（5）大力提高农业科技创新和转化能力。深化农业科研体制改革，加快建设国家创新基地和区域性农业科研中心，在机构设置、人员聘任和投资建设等方面实行新的运行机制。鼓励企业建立农业科技研发中心，国家在财税、金融和技术改造等方面给予扶持。改善农业技术创新的投资环境，发展农业科技创新风险投资。加强农业高技术研究，继续实施现代农业高技术产业化项目，尽快取得一批具有自主知识产权的重大农业科技成果。针对农业生产的迫切需要，加快农作物和畜禽良种繁育、动植物疫病防控、节约资源和防治污染技术的研发、推广。把农业科研投入放在公共财政支持的优先位置，提高农业科技在国家科技投入中的比重。继续安排农业科技成果转化资金和国外先进农业技术引进资金。加强种质资源和知识产权保护。要加快农业技术推广体系改革和建设，积极探索对公益性职能与经营性服务实行分类管理的办法，完善农技推广的社会化服务机制。深入实施农业科技入户工程，扩大重大农业技术推广项目专项补贴规模。鼓励各类农科教机构和社会力量参与多元化的农技推广服务。加强气象为农业服务，保障农业生产和农民生命财产安全。大力推进农业机械化，提高重要农时、重点作物、关键生产环节和粮食主产区的机械化作业水平。

（6）加强农村现代流通体系建设。积极推进农产品批发市场升级改造，促进入市农产品质量等级化、包装规格化。鼓励商贸企业、邮政系统和其他各类投资主体通过新建、兼并、联合、加盟等方式，在农村发展现代流通业。积极发展农产品、农业生产资料和消费品连锁经营，建立以集中采购、统一配送为核心的新型营销体系，改善农村市场环境。继续实施“万村千乡市场工程”，建设连锁化“农家店”。培育和发展农村经纪人队伍。加快农业标准化工作，健全检验检测体系，强化农业生产资料和饲料质量管理，进一步提高农产品质量安全水平。供销合作社要创新服务方式，广泛开展联合、合作经营，加快现代经营网络建设，为农产品流通和农民生产生活资料供应提供服务。2006年要完善全国鲜活农产品“绿色通道”网络，实现省际互通。

（7）稳定发展粮食生产。确保国家粮食安全是保持国民经济平稳较快增长和社会稳定的重要基础。必须坚持立足国内实现粮食基本自给的方针，稳定发展粮食生产，持续增加种粮收益，不断提高生产能力，适度利用国际市场，积极保持供求平衡。坚决落实最严格的耕地保护制度，切实保护基本农田，保护农民的土地承包经营权。继续实施优质粮食产业工程和粮食丰产科技工程，加快建设大型商品粮生产基地和粮食产业带，稳定粮食播种面积，不断提高粮食单产、品质和生产效益。坚持和完善重点粮食品种最低收购价政策，保持合理的粮价水平，加强农业生产资料价格调控，保护种粮农民利益。继续执行对粮食主产县的奖励政策，增加中央财政对粮食主产县的奖励资金。

（8）积极推进农业结构调整。按照高产、优质、高效、生态、安全的要求，调整优化农业结构。加快建设优势农产品产业带，积极发展特色农业、绿色食品和生态农业，保护农产品知名品牌，培育壮大主导产业。继续实施种子工程。大力发展畜牧业，扩大畜禽良种补贴规模，推广健康养殖方式，安排专项投入支持标准化畜禽养殖小区建设试点。要加强动物疫病特别是禽流感等重大疫病防控的基础设施建设，完善突发疫情应急机制，加快推进兽医管理体制改革，稳定基层兽医队伍。积极发展水产业，扩大优质水产品养殖，发展远洋渔业，保护渔业资源，继续做好渔民转产转业工作。提高农产品

国际竞争力，扩大园艺、畜牧、水产等优势农产品出口，加强农产品对外贸易磋商，提高我国农业应对国际贸易争端的能力。

（9）发展农业产业化经营。要着力培育一批竞争力、带动力强的龙头企业和企业集群示范基地，推广龙头企业、合作组织与农户有机结合的组织形式，让农民从产业化经营中得到更多的实惠。各级财政要增加扶持农业产业化发展资金，支持龙头企业发展，并可通过龙头企业资助农户参加农业保险。发展大宗农产品期货市场和“订单农业”。通过创新信贷担保手段和担保办法，切实解决龙头企业收购农产品资金不足的问题。开展农产品精深加工增值税改革试点。积极引导和支持农民发展各类专业合作经济组织，加快立法进程，加大扶持力度，建立有利于农民合作经济组织发展的信贷、财税和登记等制度。

（10）加快发展循环农业。要大力开发节约资源和保护环境的农业技术，重点推广废弃物综合利用技术、相关产业链接技术和可再生能源开发利用技术。制定相应的财税鼓励政策，组织实施生物质工程，推广秸秆气化、固化成型、发电、养畜等技术，开发生物质能源和生物基材料，培育生物质产业。积极发展节地、节水、节肥、节药、节种的节约型农业，鼓励生产和使用节电、节油农业机械和农产品加工设备，努力提高农业投入品的利用效率。加大力度防治农业面源污染。

三、促进农民持续增收，夯实社会主义新农村建设的经济基础

（11）拓宽农民增收渠道。要充分挖掘农业内部增收潜力，按照国内外市场需求，积极发展品质优良、特色明显、附加值高的优势农产品，推进“一村一品”，实现增值增效。要加快转移农村劳动力，不断增加农民的务工收入。鼓励和支持符合产业政策的乡镇企业发展，特别是劳动密集型企业和服务业。着力发展县城和在建制的重点镇，从财政、金融、税收和公共品投入等方面为小城镇发展创造有利条件，外来人口较多的城镇要从实际出发，完善社会管理职能。要着眼兴县富民，着力培育产业支撑，大力发展民营经济，引导企业和要素集聚，改善金融服务，增强县级管理能力，发展壮大县域经济。

（12）保障务工农民的合法权益。进一步清理和取消各种针对务工农民流动和进城就业的歧视性规定和不合理限制。建立健全城乡就业公共服务网络，为外出务工农民免费提供法律政策咨询、就业信息、就业指导和职业介绍。严格执行最低工资制度，建立工资保障金等制度，切实解决务工农民工资偏低和拖欠问题。完善劳动合同制度，加强务工农民的职业安全卫生保护。逐步建立务工农民社会保障制度，依法将务工农民全部纳入工伤保险范围，探索适合务工农民特点的大病医疗保障和养老保险办法。认真解决务工农民的子女上学问题。

（13）稳定、完善、强化对农业和农民的直接补贴政策。要加强国家对农业和农民的支持保护体系。对农民实行的“三减免、三补贴”和退耕还林补贴等政策，深受欢迎，效果明显，要继续稳定、完善和强化。2006年，粮食主产区要将种粮直接补贴的资金规模提高到粮食风险基金的50%以上，其他地区也要根据实际情况加大对种粮农民的补贴力度。增加良种补贴和农机具购置补贴。适应农业生产和市场变化的需要，建立和完善对种粮农民的支持保护制度。

（14）加强扶贫开发工作。要因地制宜地实行整村推进的扶贫开发方式，加大力度改善贫困地区的生产生活条件，抓好贫困地区劳动力的转移培训，扶持龙头企业带动贫困地区调整结构，拓宽贫困农户增收渠道。对缺乏生存条件地区的贫困人口实行易地扶贫。继续增加扶贫投入，完善管理机制，提高使用效益。继续动员中央和国家机关、沿海发达地区和社会各界参与扶贫开发事业。切实做好贫困缺粮地区的粮食供应工作。

四、加强农村基础设施建设，改善社会主义新农村建设的物质条件

（15）大力加强农田水利、耕地质量和生态建设。在搞好重大水利工程建设的同时，不断加强农田水利建设。加快发展节水灌溉，继续把大型灌区续建配套和节水改造作为农业固定资产投资的重点。加大大型排涝泵站技术改造力度，配套建设田间工程。大力推广节水技术。实行中央和地方共同负责，逐步扩大中央和省级小型农田水利补助专项资金规模。切实抓好以小型灌区节水改造、雨水集蓄利用为重点的小型农田水利工程建设和管理。继续搞好病险水库除险加固，加强中小河流治理。要大力加强耕地质量建设，实施新一轮沃土工程，科学施用化肥，引导增施有机肥，全面提升地力。增加测土配方施肥补贴，继续实施保护性耕作示范工程和土壤有机质提升补贴试点。农业综合开发要重点支持粮食主产区改造中低产田和中型灌区节水改造。按照建设环境友好型社会的要求，继续推进生态建设，切实搞好退耕还林、天然林保护等重点生态工程，稳定完善政策，

培育后续产业，巩固生态建设成果。继续推进退牧还草、山区综合开发。建立和完善生态补偿机制。做好重大病虫害防治工作，采取有效措施防止外来有害生物入侵。加强荒漠化治理，积极实施石漠化地区和东北黑土区等水土流失综合防治工程。建立和完善水电、采矿等企业的环境恢复治理责任机制，从水电、矿产等资源的开发收益中，安排一定的资金用于企业所在地环境的恢复治理，防止水土流失。

（16）加快乡村基础设施建设。要着力加强农民最急需的生活基础设施建设。在巩固人畜饮水解困成果基础上，加快农村饮水安全工程建设，优先解决高氟、高砷、苦咸、污染水及血吸虫病区的饮水安全问题。有条件的地方，可发展集中式供水，提倡饮用水和其他生活用水分质供水。要加快农村能源建设步伐，在适宜地区积极推广沼气、秸秆气化、小水电、太阳能、风力发电等清洁能源技术。从2006年起，大幅度增加农村沼气建设投资规模，有条件的地方，要加快普及户用沼气，支持养殖场建设大中型沼气。以沼气池建设带动农村改圈、改厕、改厨。尽快完成农村电网改造的续建配套工程。加强小水电开发规划和管理，扩大小水电代燃料试点规模。要进一步加强农村公路建设，到“十一五”期末基本实现全国所有乡镇通油（水泥）路，东、中部地区所有具备条件的建制村通油（水泥）路，西部地区基本实现具备条件的建制村通公路。要积极推进农业信息化建设，充分利用和整合涉农信息资源，强化面向农村的广播电视电信等信息服务，重点抓好“金农”工程和农业综合信息服务平台建设工程。引导农民自愿出资出劳，开展农村小型基础设施建设，有条件的地方可采取以奖代补、项目补助等办法给予支持。按照建管并重的原则，逐步把农村公路等公益性基础设施的管护纳入国家支持范围。

（17）加强村庄规划和人居环境治理。随着生活水平提高和全面建设小康社会的推进，农民迫切要求改善农村生活环境和村容村貌。各级政府要切实加强村庄规划工作，安排资金支持编制村庄规划和开展村庄治理试点；可从各地实际出发制定村庄建设和人居环境治理的指导性目录，重点解决农民在饮水、行路、用电和燃料等方面的困难，凡符合目录的项目，可给予资金、实物等方面的引导和扶持。加强宅基地规划和管理，大力节约村庄建设用地，向农民免费提供经济安全适用、节地节能节材的住宅设计图样。引导和帮助农民切实解决住宅与畜禽圈舍混杂问题，搞好农村污水、垃圾治理，改善农村环境卫生。注重村庄安全建设，防止山洪、泥石流等灾害对村庄的危害，加强农村消防工作。村庄治理要突出乡村特色、地方特色和民族特色，保护有历史文化价值的古村落和古民宅。要本着节约原则，充分立足现有基础进行房屋和设施改造，防止大拆大建，防止加重农民负担，扎实稳步地推进村庄治理。

五、加快发展农村社会事业，培养推进社会主义新农村建设的新型农民

（18）加快发展农村义务教育。着力普及和巩固农村九年制义务教育。2006年对西部地区农村义务教育阶段学生全部免除学杂费，对其中的贫困家庭学生免费提供课本和补助寄宿生生活费，2007年在全国农村普遍实行这一政策。继续实施国家西部地区“两基攻坚”工程和农村中小学现代远程教育工程。建立健全农村义务教育经费保障机制，进一步改善农村办学条件，逐步提高农村中小学公用经费的保障水平。加强农村教师队伍建设，加大城镇教师支援农村教育的力度，促进城乡义务教育均衡发展。加大力度监管和规范农村学校收费，进一步减轻农民的教育负担。

（19）大规模开展农村劳动力技能培训。提高农民整体素质，培养造就有文化、懂技术、会经营的新型农民，是建设社会主义新农村的迫切需要。继续支持新型农民科技培训，提高农民务农技能，促进科学种田。扩大农村劳动力转移培训阳光工程实施规模，提高补助标准，增强农民转产转岗就业的能力。加快建立政府扶助、面向市场、多元办学的培训机制。各级财政要将农村劳动力培训经费纳入预算，不断增加投入。整合农村各种教育资源，发展农村职业教育和成人教育。

（20）积极发展农村卫生事业。积极推进新型农村合作医疗制度试点工作，从2006年起，中央和地方财政较大幅度提高补助标准，到2008年在全国农村基本普及新型农村合作医疗制度。各级政府要不断增加投入，加强以乡镇卫生院为重点的农村卫生基础设施建设，健全农村三级医疗卫生服务和医疗救助体系。有条件的地方，可对乡村医生实行补助制度。建立与农民收入水平相适应的农村药品供应和监管体系，规范农村医疗服务。加大农村地方病、传染病和人畜共患疾病的防治力度。增加农村卫生人才培养的经费预算，组织城镇医疗机构和人员对口支持农村，鼓励各种社会力量参与发展农村卫生事业。加强农村计划生育服务设施建设，继续稳定农村低生育水平。

（21）繁荣农村文化事业。各级财政要增加对农村文化发展的投入，加强县文化馆、图书馆和乡镇文化站、村文化室等公共文化设施建设，继续实施广播电视“村村通”和农村电影放映工程，发展文化信息资源共享工

程农村基层服务点，构建农村公共文化服务体系。推动实施农民体育健身工程。积极开展多种形式的群众喜闻乐见、寓教于乐的文体活动，保护和发展有地方和民族特色的优秀传统文化，创新农村文化生活的载体和手段，引导文化工作者深入乡村，满足农民群众多层次、多方面的精神文化需求。扶持农村业余文化队伍，鼓励农民兴办文化产业。加强农村文化市场管理，抵制腐朽落后文化。

（22）逐步建立农村社会保障制度。按照城乡统筹发展的要求，逐步加大公共财政对农村社会保障制度建设的投入。进一步完善农村“五保户”供养、特困户生活救助、灾民补助等社会救助体系。探索建立与农村经济发展水平相适应、与其他保障措施相配套的农村社会养老保险制度。落实军烈属优抚政策。积极扩大对农村部分计划生育家庭实行奖励扶助制度试点和西部地区计划生育“少生快富”扶贫工程实施范围。有条件的地方，要积极探索建立农村最低生活保障制度。

（23）倡导健康文明新风尚。大力弘扬以爱国主义为核心的民族精神和以改革创新为核心的时代精神，激发农民群众发扬艰苦奋斗、自力更生的传统美德，为建设社会主义新农村提供强大的精神动力和思想保证。加强思想政治工作，深入开展农村形势和政策教育，认真实施公民道德建设工程，积极推动群众性精神文明创建活动，开展和谐家庭、和谐村组、和谐村镇创建活动。引导农民崇尚科学，抵制迷信，移风易俗，破除陋习，树立先进的思想观念和良好的道德风尚，提倡科学健康的生活方式，在农村形成文明向上的社会风貌。

六、全面深化农村改革，健全社会主义新农村建设的体制保障

（24）进一步深化以农村税费改革为主要内容的农村综合改革。2006年，在全国范围取消农业税。通过试点、总结经验，积极稳妥地推进乡镇机构改革，切实转变乡镇政府职能，创新乡镇事业站所运行机制，精简机构和人员，5年内乡镇机构编制只减不增。妥善安置分流人员，确保社会稳定。要按照强化公共服务、严格依法办事和提高行政效率的要求，认真解决机构和人员臃肿的问题，切实加强政府社会管理和公共服务的职能。加快农村义务教育体制改革，建立和完善各级政府责任明确、财政分级投入、经费稳定增长、管理以县为主的农村义务教育管理体制，中央和省级政府要更多地承担发展农村义务教育的责任，深化农村学校人事和财务等制度改革。有条件的地方可加快推进“省直管县”财政管理体制和“乡财县管乡用”财政管理方式的改革。各地要对乡村债务进行清理核实，2006年选择部分县（市）开展化解乡村债务试点工作，妥善处理历年农业税尾欠，完善涉农税收优惠方式，确保农民直接受益。深化国有农场税费改革，将农业职工土地承包费中类似农村“乡镇五项统筹”的费用全部减除，农场由此减少的收入由中央和省级财政给予适当补助。国有农场要逐步剥离办社会的职能，转变经营机制，在现代农业建设中发挥示范作用。

（25）加快推进农村金融改革。巩固和发展农村信用社改革试点成果，进一步完善治理结构和运行机制。县域内各金融机构在保证资金安全的前提下，将一定比例的新增存款投放当地，支持农业和农村经济发展，有关部门要抓紧制定管理办法。扩大邮政储蓄资金的自主运用范围，引导邮政储蓄资金返还农村。调整农业发展银行职能定位，拓宽业务范围和资金来源。国家开发银行要支持农村基础设施建设和农业资源开发。继续发挥农业银行支持农业和农村经济发展的作用。在保证资本金充足、严格金融监管和建立合理有效的退出机制的前提下，鼓励在县域内设立多种所有制的社区金融机构，允许私有资本、外资等参股。大力培育由自然人、企业法人或社团法人发起的小额贷款组织，有关部门要抓紧制定管理办法。引导农户发展资金互助组织。规范民间借贷。稳步推进农业政策性保险试点工作，加快发展多种形式、多种渠道的农业保险。各地可通过建立担保基金或担保机构等办法，解决农户和农村中小企业贷款抵押担保难问题，有条件的地方政府可给予适当扶持。

（26）统筹推进农村其他改革。稳定和完善以家庭承包经营为基础、统分结合的双层经营体制，健全在依法、自愿、有偿基础上的土地承包经营权流转机制，有条件的地方可发展多种形式的适度规模经营。加快集体林权制度改革，促进林业健康发展。完善粮食流通体制，深化国有粮食企业改革，建立产销区稳定的购销关系，加强国家对粮食市场的宏观调控。加快征地制度改革步伐，按照缩小征地范围、完善补偿办法、拓展安置途径、规范征地程序的要求，进一步探索改革经验。完善对被征地农民的合理补偿机制，加强对被征地农民的就业培训，拓宽就业安置渠道，健全对被征地农民的社会保障。推进小型农田水利设施产权制度改革。

七、加强农村民主政治建设，完善建设社会主义新农村的乡村治理机制

（27）不断增强农村基层党组织的战斗力、凝聚力和创造力。充分发挥农村基层党组织的领导核心作用，为建设社会主义新农村提供坚强的政治和组织保障。要以建设社会主义新农村为主题，在全国农村深入开展保持共产党员先进性教育活动，引导广大农村党员学习贯彻党章，坚定理想信念，坚持党的宗旨。要结合农村实际，有针对性地开展正面教育，解决党组织和党员队伍中存在的突出问题，解决影响改革发展稳定的主要问题，解决群众最关心的重点问题，务求取得实效。加强农村基层组织的阵地建设，继续搞好农村党员干部现代远程教育，加大政策理论、法律法规和实用技术培训力度，引导农村基层干部发扬求真务实、踏实苦干的工作作风，广泛联系群众，增强带领群众增收致富的能力。关心和爱护农村基层干部，继续开展农村党的建设“三级联创”活动，加强基层党风廉政建设，巩固党在农村的执政基础。充分发挥农村共青团和妇联组织的作用。

（28）切实维护农民的民主权利。健全村党组织领导的充满活力的村民自治机制，进一步完善村务公开和民主议事制度，让农民群众真正享有知情权、参与权、管理权、监督权。完善村民“一事一议”制度，健全农民自主筹资筹劳的机制和办法，引导农民自主开展农村公益性设施建设。开展村务公开民主管理示范活动，推动农村基层志愿服务活动。加强农村法制建设，深入开展农村普法教育，增强农民的法制观念，提高农民依法行使权利和履行义务的自觉性。妥善处理农村各种社会矛盾，加强农村社会治安综合治理，打击“黄赌毒”等社会丑恶现象，建设平安乡村，创造农民安居乐业的社会环境。

（29）培育农村新型社会化服务组织。在继续增强农村集体组织经济实力和服务功能、发挥国家基层经济技术服务部门作用的同时，要鼓励、引导和支持农村发展各种新型的社会化服务组织。推动农产品行业协会发展，引导农业生产者和农产品加工、出口企业加强行业自律，搞好信息服务，维护成员权益。鼓励发展农村法律、财务等中介组织，为农民发展生产经营和维护合法权益提供有效服务。

八、切实加强领导，动员全党全社会关心、支持和参与社会主义新农村建设

（30）加强对社会主义新农村建设工作的领导。推进社会主义新农村建设事关我国农业和农村的长远发展，事关改革开放和现代化建设的大局，各级党委和政府要从战略和全局的高度出发，把建设社会主义新农村作为一件大事，真正列入议事日程，切实加强领导，明确工作重点，每年为农民办几件实事。各级党委和政府的工作部门都要明确自身在新农村建设中的职责和任务，特别是宏观管理、基础产业和公共服务部门，在制定发展规划、安排建设投资和事业经费时，要充分考虑统筹城乡发展的要求，更多地向农村倾斜。各地区各部门要建立推进新农村建设的工作协调机制，加强统一领导，明确职责分工，搞好配合协作。各级领导干部要深入农村调查研究，总结实践经验，加强指导服务，帮助基层解决新农村建设中遇到的各种矛盾和问题。

（31）科学制定社会主义新农村建设规划。新农村建设涉及经济、政治、文化和社会各个方面，是一项十分复杂的系统工程，必须切实加强规划工作。各地要按照统筹城乡经济社会发展的要求，把新农村建设纳入当地经济和社会发展的总体规划。要明确推进新农村建设的思路、目标和工作措施，统筹安排各项建设任务。做好第二次全国农业普查工作，为制定规划提供科学依据。要充分考虑农民的切身利益和发展要求，在促进农村经济发展的基础上，区分轻重缓急，突出建设重点，加强饮水安全、农田水利、乡村道路、农村能源等基础设施建设，加快教育、卫生等公共事业发展。要尊重自然规律、经济规律和社会发展规律，广泛听取基层和农民群众的意见和建议，提高规划的科学性、民主性、可行性，确保新农村建设扎实稳步推进。

（32）动员全社会力量关心、支持和参与社会主义新农村建设。建设社会主义新农村是全社会的事业，需要动员各方面力量广泛参与。各行各业都要关心支持新农村建设，为新农村建设作出贡献。充分发挥城市带动农村发展的作用，加大城市经济对农村的辐射，加大城市人才、智力资源对农村的支持，加大城市科技、教育、医疗等方面对农民的服务。要形成全社会参与新农村建设的激励机制，鼓励各种社会力量投身社会主义新农村建设，引导党政机关、人民团体、企事业单位和社会知名人士、志愿者对乡村进行结对帮扶，加强舆论宣传，努力营造全社会关心、支持、参与建设社会主义新农村的浓厚氛围。

做好2006年和“十一五”时期的农业和农村工作，任务艰巨，意义重大。我们要紧密团结在以胡锦涛同志为总书记的党中央周围，高举邓小平理论和“三个代表”重要思想伟大旗帜，全面贯彻落实科学发展观，解放思想，振奋精神，开拓进取，扎实工作，为建设社会主义新农村而努力奋斗。

国务院关于解决农民工问题的若干意见

（2006年3月27日）

各省、自治区、直辖市人民政府，国务院各部委、各直属机构：

农民工是我国改革开放和工业化、城镇化进程中涌现的一支新型劳动大军。他们户籍仍在农村，主要从事非农产业，有的在农闲季节外出务工、亦工亦农，流动性强，有的长期在城市就业，已成为产业工人的重要组成部分。大量农民进城务工或在乡镇企业就业，对我国现代化建设作出了重大贡献。为统筹城乡发展，保障农民工合法权益，改善农民工就业环境，引导农村富余劳动力合理有序转移，推动全面建设小康社会进程，提出如下意见：

一、充分认识解决好农民工问题的重大意义

（一）农民工问题事关我国经济和社会发展全局。农民工分布在国民经济各个行业，在加工制造业、建筑业、采掘业及环卫、家政、餐饮等服务业中已占从业人员半数以上，是推动我国经济社会发展的重要力量。农民外出务工，为城市创造了财富，为农村增加了收入，为城乡发展注入了活力，成为工业带动农业、城市带动农村、发达地区带动落后地区的有效形式，同时促进了市场导向、自主择业、竞争就业机制的形成，为改变城乡二元结构、解决"三农"问题闯出了一条新路。返乡创业的农民工，带回资金、技术和市场经济观念，直接促进社会主义新农村建设。进一步做好农民工工作，对于改革发展稳定的全局和顺利推进工业化、城镇化、现代化都具有重大意义。

（二）维护农民工权益是需要解决的突出问题。近年来，党中央、国务院高度重视农民工问题，制定了一系列保障农民工权益和改善农民工就业环境的政策措施，各地区、各部门做了大量工作，取得了明显成效。但农民工面临的问题仍然十分突出。主要是：工资偏低，被拖欠现象严重；劳动时间长，安全条件差；缺乏社会保障，职业病和工伤事故多；培训就业、子女上学、生活居住等方面也存在诸多困难，经济、政治、文化权益得不到有效保障。这些问题引发了不少社会矛盾和纠纷。解决好这些问题，直接关系到维护社会公平正义，保持社会和谐稳定。

（三）解决农民工问题是建设中国特色社会主义的战略任务。农业劳动力向非农产业和城镇转移，是世界各国工业化、城镇化的普遍趋势，也是农业现代化的必然要求。我国农村劳动力数量众多，在工业化、城镇化加快发展的阶段，越来越多的富余劳动力将逐渐转移出来，大量农民工在城乡之间流动就业的现象在我国将长期存在。必须从我国国情出发，顺应工业化、城镇化的客观规律，引导农村富余劳动力向非农产业和城镇有序转移。我们要站在建设中国特色社会主义事业全局和战略的高度，充分认识解决好农民工问题的重要性、紧迫性和长期性。

二、做好农民工工作的指导思想和基本原则

（四）指导思想。以邓小平理论和"三个代表"重要思想为指导，按照落实科学发展观和构建社会主义和谐社会的要求，坚持解放思想，实事求是，与时俱进；坚持从我国国情出发，统筹城乡发展；坚持以人为本，认真解决涉及农民工利益的问题。着力完善政策和管理，推进体制改革和制度创新，逐步建立城乡统一的劳动力市场和公平竞争的就业制度，建立保障农民工合法权益的政策体系和执法监督机制，建立惠及农民工的城乡公共服务体制和制度，拓宽农村劳动力转移就业渠道，保护和调动农民工的积极性，促进城乡经济繁荣和社会全面进步，推动社会主义新农村建设和中国特色的工业化、城镇化、现代化健康发展。

（五）基本原则。

——**公平对待，一视同仁**。尊重和维护农民工的合法权益，消除对农民进城务工的歧视性规定和体制性障碍，使他们和城市职工享有同等的权利和义务。

——**强化服务，完善管理**。转变政府职能，加强和改善对农民工的公共服务和社会管理，发挥企业、社区和中介组织作用，为农民工生活与劳动创造良好环境和有利条件。

——**统筹规划，合理引导**。实行农村劳动力异地转移与就地转移相结合。既要积极引导农民进城务工，又要大力发展乡镇企业和县域经济，扩大农村劳动力在当地转移就业。

——**因地制宜，分类指导**。输出地和输入地都要有针对性地解决农民工面临的各种问题。鼓励各地区从实际出发，探索保护农民工权益、促进农村富余劳动力有序流动的办法。

——**立足当前，着眼长远**。既要抓紧解决农民工面临的突出问题，又要依靠改革和发展，逐步解决深层次问题，形成从根本上保障农民工权益的体制和制度。

三、抓紧解决农民工工资偏低和拖欠问题

（六）建立农民工工资支付保障制度。严格规范用人单位工资支付行为，确保农民工工资按时足额发放给本人，做到工资发放月清月结或按劳动合同约定执行。建立工资支付监控制度和工资保证金制度，从根本上解决拖欠、克扣农民工工资问题。劳动保障部门要重点监控农民工集中的用人单位工资发放情况。对发生过拖欠工资的用人单位，强制在开户银行按期预存工资保证金，实行专户管理。切实解决政府投资项目拖欠工程款问题。所有建设单位都要按照合同约定及时拨付工程款项，建设资金不落实的，有关部门不得发放施工许可证，不得批准开工报告。对重点监控的建筑施工企业实行工资保证金制度。加大对拖欠农民工工资用人单位的处罚力度，对恶意拖欠、情节严重的，可依法责令停业整顿、降低或取消资质，直至吊销营业执照，并对有关人员依法予以制裁。各地方、各单位都要继续加大工资清欠力度，并确保不发生新的拖欠。

（七）合理确定和提高农民工工资水平。规范农民工工资管理，切实改变农民工工资偏低、同工不同酬的状况。各地要严格执行最低工资制度，合理确定并适时调整最低工资标准，制定和推行小时最低工资标准。制定相关岗位劳动定额的行业参考标准。用人单位不得以实行计件工资为由拒绝执行最低工资制度，不得利用提高劳动定额变相降低工资水平。严格执行国家关于职工休息休假的规定，延长工时和休息日、法定假日工作的，要依法支付加班工资。农民工和其他职工要实行同工同酬。国务院有关部门要加强对地方制定、调整和执行最低工资标准的指导监督。各地要科学确定工资指导线，建立企业工资集体协商制度，促进农民工工资合理增长。

四、依法规范农民工劳动管理

（八）严格执行劳动合同制度。所有用人单位招用农民工都必须依法订立并履行劳动合同，建立权责明确的劳动关系。严格执行国家关于劳动合同试用期的规定，不得滥用试用期侵犯农民工权益。劳动保障部门要制定和推行规范的劳动合同文本，加强对用人单位订立和履行劳动合同的指导和监督。任何单位都不得违反劳动合同约定损害农民工权益。

（九）依法保障农民工职业安全卫生权益。各地要严格执行国家职业安全和劳动保护规程及标准。企业必须按规定配备安全生产和职业病防护设施。强化用人单位职业安全卫生的主体责任，要向新招用的农民工告知劳动安全、职业危害事项，发放符合要求的劳动防护用品，对从事可能产生职业危害作业的人员定期进行健康检查。加强农民工职业安全、劳动保护教育，增强农民工自我保护能力。从事高危行业和特种作业的农民工要经专门培训、持证上岗。有关部门要切实履行职业安全和劳动保护监管职责。发生重大职业安全事故，除惩处直接责任人和企业负责人外，还要追究政府和有关部门领导的责任。

（十）切实保护女工和未成年工权益，严格禁止使用童工。用人单位要依法保护女工的特殊权益，不得以性别为由拒绝录用女工或提高女工录用标准，不得安排女工从事禁忌劳动范围工作，不得在女工孕期、产期、哺乳期降低其基本工资或单方面解除劳动合同。招用未成年工的用人单位，应当在工种、劳动时间、劳动强度和保护措施等方面严格执行国家有关规定。对介绍和使用童工的违法行为要从严惩处。

五、搞好农民工就业服务和培训

（十一）逐步实行城乡平等的就业制度。统筹城乡就业，改革城乡分割的就业管理体制，建立城乡统一、平等竞争的劳动力市场，逐步形成市场经济条件下促进农村富余劳动力转移就业的机制，为城乡劳动者提供平等的就业机会和服务。各地区、各部门要进一步清理和取消各种针对农民工进城就业的歧视性规定和不合理限制，清理对企业使用农民工的行政审批和行政收费，不得以解决城镇劳动力就业为由清退和排斥农民工。

（十二）进一步做好农民转移就业服务工作。各级人民政府要把促进农村富余劳动力转移就业作为重要任务。要建立健全县乡公共就业服务网络，为农民转移就业提供服务。城市公共职业介绍机构要向农民工开放，免费提供政策咨询、就业信息、就业指导和职业介绍。输出地和输入地要加强协作，开展有组织的就业、创业培训和劳务输出。鼓励发展各类就业服务组织，加强就业服务市场监管。依法规范职业中介、劳务派遣和企业招用工行为。严厉打击以职业介绍或以招工为名坑害农民工的违法犯罪活动。

（十三）加强农民工职业技能培训。各地要适应工业化、城镇化和农村劳动力转移就业的需要，大力开展农

民工职业技能培训和引导性培训，提高农民转移就业能力和外出适应能力。扩大农村劳动力转移培训规模，提高培训质量。继续实施好农村劳动力转移培训阳光工程。完善农民工培训补贴办法，对参加培训的农民工给予适当培训费补贴。推广“培训券”等直接补贴的做法。充分利用广播电视和远程教育等现代手段，向农民传授外出就业基本知识。重视抓好贫困地区农村劳动力转移培训工作。支持用人单位建立稳定的劳务培训基地，发展订单式培训。输入地要把提高农民工岗位技能纳入当地职业培训计划。要研究制定鼓励农民工参加职业技能鉴定、获取国家职业资格证书的政策。

（十四）落实农民工培训责任。完善并认真落实全国农民工培训规划。劳动保障、农业、教育、科技、建设、财政、扶贫等部门要按照各自职能，切实做好农民工培训工作。强化用人单位对农民工的岗位培训责任，对不履行培训义务的用人单位，应按国家规定强制提取职工教育培训费，用于政府组织的培训。充分发挥各类教育、培训机构和工青妇组织的作用，多渠道、多层次、多形式开展农民工职业培训。建立由政府、用人单位和个人共同负担的农民工培训投入机制，中央和地方各级财政要加大支持力度。

（十五）大力发展面向农村的职业教育。农村初、高中毕业生是我国产业工人的后备军，要把提高他们的职业技能作为职业教育的重要任务。支持各类职业技术院校扩大农村招生规模，鼓励农村初、高中毕业生接受正规职业技术教育。通过设立助学金、发放助学贷款等方式，帮助家庭困难学生完成学业。加强县级职业教育中心建设。有条件的普通中学可开设职业教育课程。加强农村职业教育师资、教材和实训基地建设。

六、积极稳妥地解决农民工社会保障问题

（十六）高度重视农民工社会保障工作。根据农民工最紧迫的社会保障需求，坚持分类指导、稳步推进，优先解决工伤保险和大病医疗保障问题，逐步解决养老保障问题。农民工的社会保障，要适应流动性大的特点，保险关系和待遇能够转移接续，使农民工在流动就业中的社会保障权益不受损害；要兼顾农民工工资收入偏低的实际情况，实行低标准进入、渐进式过渡，调动用人单位和农民工参保的积极性。

（十七）依法将农民工纳入工伤保险范围。各地要认真贯彻落实《工伤保险条例》。所有用人单位必须及时为农民工办理参加工伤保险手续，并按时足额缴纳工伤保险费。在农民工发生工伤后，要做好工伤认定、劳动能力鉴定和工伤待遇支付工作。未参加工伤保险的农民工发生工伤，由用人单位按照工伤保险规定的标准支付费用。当前，要加快推进农民工较为集中、工伤风险程度较高的建筑行业、煤炭等采掘行业参加工伤保险。建筑施工企业同时应为从事特定高风险作业的职工办理意外伤害保险。

（十八）抓紧解决农民工大病医疗保障问题。各统筹地区要采取建立大病医疗保险统筹基金的办法，重点解决农民工进城务工期间的住院医疗保障问题。根据当地实际合理确定缴费率，主要由用人单位缴费。完善医疗保险结算办法，为患大病后自愿回原籍治疗的参保农民工提供医疗结算服务。有条件的地方，可直接将稳定就业的农民工纳入城镇职工基本医疗保险。农民工也可自愿参加原籍的新型农村合作医疗。

（十九）探索适合农民工特点的养老保险办法。抓紧研究低费率、广覆盖、可转移，并能够与现行的养老保险制度衔接的农民工养老保险办法。有条件的地方，可直接将稳定就业的农民工纳入城镇职工基本养老保险。已经参加城镇职工基本养老保险的农民工，用人单位要继续为其缴费。劳动保障部门要抓紧制定农民工养老保险关系异地转移与接续的办法。

七、切实为农民工提供相关公共服务

（二十）把农民工纳入城市公共服务体系。输入地政府要转变思想观念和管理方式，对农民工实行属地管理。要在编制城市发展规划、制定公共政策、建设公用设施等方面，统筹考虑长期在城市就业、生活和居住的农民工对公共服务的需要，提高城市综合承载能力。要增加公共财政支出，逐步健全覆盖农民工的城市公共服务体系。

（二十一）保障农民工子女平等接受义务教育。输入地政府要承担起农民工同住子女义务教育的责任，将农民工子女义务教育纳入当地教育发展规划，列入教育经费预算，以全日制公办中小学为主接收农民工子女入学，并按照实际在校人数拨付学校公用经费。城市公办学校对农民工子女接受义务教育要与当地学生在收费、管理等方面同等对待，不得违反国家规定向农民工子女加收借读费及其他任何费用。输入地政府对委托承担农民工子女义务教育的民办学校，要在办学经费、师资培训等方面给予支持和指导，提高办学质量。输出地政府要解决好农民工托留在农村子女的教育问题。

（二十二）加强农民工疾病预防控制和适龄儿童免疫工作。输入地要加强农民工疾病预防控制工作，强化对农民工健康教育和聚居地的疾病监测，落实国家关于特定传染病的免费治疗政策。要把农民工子女纳入当地免

疫规划，采取有效措施提高国家免疫规划疫苗的接种率。

（二十三）进一步搞好农民工计划生育管理和服务。实行以输入地为主、输出地和输入地协调配合的管理服务体制。输入地政府要把农民工计划生育管理和服务经费纳入地方财政预算，提供国家规定的计划生育、生殖健康等免费服务项目和药具。用人单位要依法履行农民工计划生育相关管理服务责任。输出地要做好农民工计划生育宣传、教育和技术服务工作，免费发放《流动人口婚育证明》，及时向输入地提供农民工婚育信息。加强全国流动人口计划生育信息交换平台建设。

（二十四）多渠道改善农民工居住条件。有关部门要加强监管，保证农民工居住场所符合基本的卫生和安全条件。招用农民工数量较多的企业，在符合规划的前提下，可在依法取得的企业用地范围内建设农民工集体宿舍。农民工集中的开发区和工业园区，可建设统一管理、供企业租用的员工宿舍，集约利用土地。加强对城乡结合部农民工聚居地区的规划、建设和管理，提高公共基础设施保障能力。各地要把长期在城市就业与生活的农民工居住问题，纳入城市住宅建设发展规划。有条件的地方，城镇单位聘用农民工，用人单位和个人可缴存住房公积金，用于农民工购买或租赁自住住房。

八、健全维护农民工权益的保障机制

（二十五）保障农民工依法享有的民主政治权利。招用农民工的单位，职工代表大会要有农民工代表，保障农民工参与企业民主管理权利。农民工户籍所在地的村民委员会，在组织换届选举或决定涉及农民工权益的重大事务时，应及时通知农民工，并通过适当方式行使民主权利。有关部门和单位在评定技术职称、晋升职务、评选劳动模范和先进工作者等方面，要将农民工与城镇职工同等看待。依法保障农民工人身自由和人格尊严，严禁打骂、侮辱农民工的非法行为。

（二十六）深化户籍管理制度改革。逐步地、有条件地解决长期在城市就业和居住农民工的户籍问题。中小城市和小城镇要适当放宽农民工落户条件；大城市要积极稳妥地解决符合条件的农民工户籍问题，对农民工中的劳动模范、先进工作者和高级技工、技师以及其他有突出贡献者，应优先准予落户。具体落户条件，由各地根据城市规划和实际情况自行制定。改进农民工居住登记管理办法。

（二十七）保护农民工土地承包权益。土地不仅是农民的生产资料，也是他们的生活保障。要坚持农村基本经营制度，稳定和完善农村土地承包关系，保障农民工土地承包权益。不得以农民进城务工为由收回承包地，纠正违法收回农民工承包地的行为。农民外出务工期间，所承包土地无力耕种的，可委托代耕或通过转包、出租、转让等形式流转土地经营权，但不能撂荒。农民工土地承包经营权流转，要坚持依法、自愿、有偿的原则，任何组织和个人不得强制或限制，也不得截留、扣缴或以其他方式侵占土地流转收益。

（二十八）加大维护农民工权益的执法力度。强化劳动保障监察执法，加强劳动保障监察队伍建设，完善日常巡视检查制度和责任制度，依法严厉查处用人单位侵犯农民工权益的违法行为。健全农民工维权举报投诉制度，有关部门要认真受理农民工举报投诉并及时调查处理。加强和改进劳动争议调解、仲裁工作。对农民工申诉的劳动争议案件，要简化程序、加快审理，涉及劳动报酬、工伤待遇的要优先审理。起草、制定和完善维护农民工权益的法律法规。

（二十九）做好对农民工的法律服务和法律援助工作。要把农民工列为法律援助的重点对象。对农民工申请法律援助，要简化程序，快速办理。对申请支付劳动报酬和工伤赔偿法律援助的，不再审查其经济困难条件。有关行政机关和行业协会应引导法律服务机构和从业人员积极参与涉及农民工的诉讼活动、非诉讼协调及调解活动。鼓励和支持律师和相关法律从业人员接受农民工委托，并对经济确有困难而又达不到法律援助条件的农民工适当减少或免除律师费。政府要根据实际情况安排一定的法律援助资金，为农民工获得法律援助提供必要的经费支持。

（三十）强化工会维护农民工权益的作用。用人单位要依法保障农民工参加工会的权利。各级工会要以劳动合同、劳动工资、劳动条件和职业安全卫生为重点，督促用人单位履行法律法规规定的义务，维护农民工合法权益。充分发挥工会劳动保护监督检查的作用，完善群众性劳动保护监督检查制度，加强对安全生产的群众监督。同时，充分发挥共青团、妇联组织在农民工维权工作中的作用。

九、促进农村劳动力就地就近转移就业

（三十一）大力发展乡镇企业和县域经济，扩大当地转移就业容量。这是农民转移就业的重要途径。各地要依据国家产业政策，积极发展就业容量大的劳动密集型产业和服务业，发展农村二、三产业和特色经济，发展农业产业化经营和农产品加工业；落实发展乡镇企业和非公有制经济的政策措施，吸纳更多的农村富余劳动力在当地转移就业。有关部门要抓紧研究制定扶持县域经济发展的相关政策，增强县域经济活力。

（三十二）引导相关产业向中西部转移，增加农民在当地就业机会。积极引导东部相关产业向中西部转移，有利于促进农村劳动力就地就近转移就业，也有利于形成东中西良性互动、共同发展的格局。要在产业政策上鼓励大中城市、沿海发达地区的劳动密集型产业和资源加工型企业向中西部地区转移。中西部地区要在有利于节约资源和保护环境的前提下，主动承接产业转移，为当地农村劳动力转移就业创造良好环境。

（三十三）大力开展农村基础设施建设，促进农民就业和增收。按照建设社会主义新农村的要求，统筹规划城乡公共设施建设。各级人民政府要切实调整投资结构，把对基础设施建设投入的重点转向农村，改善农村生产生活条件，带动农村经济发展和繁荣。加快形成政府支持引导、社会资金参与、农民劳动积累相结合的农村建设投入机制。农村基础设施建设要重视利用当地原材料和劳动力，注重建设能够增加农民就业机会和促进农民直接增收的中小型项目。

（三十四）积极稳妥地发展小城镇，提高产业集聚和人口吸纳能力。按照循序渐进、节约用地、集约发展、合理布局的原则，搞好小城镇规划和建设。加大对小城镇建设的支持力度，完善公共设施。继续实施小城镇经济综合开发示范项目。发展小城镇经济，引导乡镇企业向小城镇集中。采取优惠政策，鼓励、吸引外出务工农民回到小城镇创业和居住。

十、加强和改进对农民工工作的领导

（三十五）切实把解决农民工问题摆在重要位置。解决好涉及农民工利益的问题，是各级人民政府的重要职责。各级人民政府要切实把妥善解决农民工问题作为一项重要任务，把统筹城乡就业和促进农村劳动力转移纳入国民经济和社会发展中长期规划和年度计划。做好农民工工作的主要责任在地方，各地都要制定明确的工作目标、任务和措施，并认真落实。地方各级人民政府要建立农民工管理和服务工作的经费保障机制，将涉及农民工的劳动就业、计划生育、子女教育、治安管理等有关经费，纳入正常的财政预算支出范围。

（三十六）完善农民工工作协调机制。国务院建立农民工工作联席会议制度，统筹协调和指导全国农民工工作。联席会议由国务院有关部门和工会、共青团、妇联等有关群众团体组成，联席会议办公室设在劳动保障部。各有关部门要各司其职、分工负责，检查督促对农民工的各项政策的落实。地方人民政府也应建立相应的协调机制，切实加强对农民工工作的组织领导。输出地和输入地的基层组织要加强协调沟通，共同做好农民工的教育、引导和管理工作。

（三十七）引导农民工全面提高自身素质。农民工是我国产业大军中的一支重要力量。农民工的政治思想、科学文化和生产技能水平，直接关系到我国产业素质、竞争力和现代化水平，必须把全面提高农民工素质放在重要地位。要引导和组织农民工自觉接受就业和创业培训，接受职业技术教育，提高科学技术文化水平，提高就业、创业能力。要在农民工中开展普法宣传教育，引导他们增强法制观念，知法守法，学会利用法律、通过合法渠道维护自身权益。开展职业道德和社会公德教育，引导他们爱岗敬业、诚实守信，遵守职业行为准则和社会公共道德。开展精神文明创建活动，引导农民工遵守交通规则、爱护公共环境、讲究文明礼貌，培养科学文明健康的生活方式。进城就业的农民工要努力适应城市工作、生活的新要求，遵守城市公共秩序和管理规定，履行应尽义务。

（三十八）发挥社区管理服务的重要作用。要建设开放型、多功能的城市社区，构建以社区为依托的农民工服务和管理平台。鼓励农民工参与社区自治，增强作为社区成员的意识，提高自我管理、自我教育和自我服务能力。发挥社区的社会融合功能，促进农民工融入城市生活，与城市居民和谐相处。完善社区公共服务和文化设施，城市公共文化设施要向农民工开放，有条件的企业要设立农民工活动场所，开展多种形式的业余文化活动，丰富农民工的精神生活。

（三十九）加强和改进农民工统计管理工作。充分利用和整合统计、公安、人口计生等部门的资源，推进农民工信息网络建设，实现信息共享，为加强农民工管理和服务提供准确、及时的信息。输入地和输出地要搞好农民工统计信息交流和工作衔接。

（四十）在全社会形成关心农民工的良好氛围。社会各方面都要树立理解、尊重、保护农民工的意识，开展多种形式的关心帮助农民工的公益活动。新闻单位要大力宣传党和国家关于农民工的方针政策，宣传农民工在改革开放和现代化建设中的突出贡献和先进典型，加强对保障农民工权益情况的舆论监督。对优秀农民工要给予表彰奖励。总结、推广各地和用人单位关心、善待农民工的好做法、好经验，提高对农民工的服务和管理水平。

各地区、各部门要认真贯彻国家关于解决农民工问题的各项法律法规和政策规定，按照本文件的要求，结合实际抓紧制定和完善配套措施及具体办法，积极研究解决工作中遇到的新问题，确保涉及农民工的各项政策措施落到实处。

大力支持社会主义新农村建设

财政部部长 金人庆

（2006年3月3日）

全面取消农业税，是中央统揽全局、与时俱进作出的重大战略性举措，充分体现了党中央、国务院加快解决“三农”问题的坚定决心和长远谋划，具有重大的政治、经济和社会意义。

一、党中央、国务院历来高度重视农民减负工作

农民税费负担是一个古老的话题。历史上凡出现农业税过重的情况，不仅加重农民负担，严重束缚和破坏农业生产力，而且往往是社会危机和政局动荡的导火索。因此，减轻农民负担既是一个经济问题，也是一个政治问题。

新中国成立后，党中央、国务院一直高度重视农民减负工作。在人民公社体制下，农村的土地等基本生产资料归生产队集体所有，农业税由生产队缴纳，农民不直接承担负担。党的十一届三中全会后，广大农村实行家庭联产承包责任制，农村生产力得到了极大解放，虽然农业税负担主体转移到农户，但由于实行增产不增税的政策，农民负担相应得到了较大幅度的减轻。针对80年代中后期以来农村“三乱”问题开始凸显、农民负担大幅加重的问题，党中央、国务院出台了一系列政策措施，不断加大农村治乱减负工作力度。1998年，党的十五届三中全会明确提出要逐步改革农村税费制度。2000年，中央下发了《关于进行农村税费改革试点工作的通知》，制定了“减轻、规范、稳定”六字指导方针，提出了以“三取消、两调整、一改革”为主要内容的总体改革思路。通过清费征税的一系列改革措施，从制度上规范了农村分配关系，确立了农业税在农村分配中的主体地位，有效遏制了农村“三乱”现象。2004年，进一步加大了农村税费改革力度，取消了除烟叶外的农业特产税，逐步降低农业税税率，并明确提出五年内全面取消农业税。到2005年，又宣布取消牧业税，全国免征农业税的省份已有28个，农民负担得到了大幅度减轻。2006年全部取消农业税后，与农村税费改革前的1999年相比，农民每年减负总额将超过1000亿元，人均减负120元左右，8亿农民得到实惠，广大农民衷心拥护和支持这一政策。

为巩固农村税费改革成果，确保农民负担不反弹，各级财政按照中央部署安排，积极调整支出结构，加大了农村税费改革专项转移支付力度。截至2005年，中央财政累计已安排农村税费改革和取消农业税转移支付资金1830亿元。从2006年起，财政每年将安排1030亿元以上的资金用于支持农村税费改革的巩固完善，其中中央财政每年将通过转移支付补助地方财政782亿元，地方财政亦将安排财政支出250亿元。同时，为缓解县乡财政困难，中央财政大力推行“三奖一补”政策，2005年安排“三奖一补”资金150亿元，2006年增至210亿元，有效调动了各地发展县域经济、精简县乡机构人员、控制化解县乡政府债务、创新财政管理体制和管理方式的主动性和积极性。

二、充分认识取消农业税的重大意义

取消农业税这一重大举措，得民心、顺民意，充分体现了以胡锦涛同志为总书记的党中央对广大农民的关爱、对农村繁荣的关心、对农业发展的关注，不仅将有力促进农业、农村的发展和农民的富裕，而且关系到促进经济长期健康发展和构建社会主义和谐社会。

取消农业税是贯彻落实科学发展观的必然要求。科学发展观的本质和核心是以人为本，让全体城乡居民包括占人口大多数的农民群众共享改革发展成果。取消农业税，促进城乡税制统一，让公共财政阳光照耀到广大农村，有利于切实贯彻好“工业反哺农业、城市支持农村”的方针政策，改变农业农村在资源配置中的不利地位，建立起新型的工农关系、城乡关系，保证农民获得平等的发展机会，共享现代化成果，促进城乡、区域、经济社会实现全面、协调、可持续发展。

取消农业税是全面建设小康社会的重大举措。我国是农业大国，农村人口占全国人口的2/3以上。实现全面建设小康社会的宏伟目标，最艰巨、最繁重的任务在农村。如果农业问题解决不好，农村面貌得不到有效改

变，农民生活得不到明显改善，全面建设小康社会就会成为空话。取消农业税，将进一步规范、完善国家、集体与农民的分配关系，彻底消除向农民“搭车”收费的载体，从根本上减轻农民负担，有利于更好地维护广大农民的根本利益，改善农民的生产生活条件，把农业农村发展纳入整个现代化进程，为实现更大范围、更高水平的小康奠定了坚实的基础。

取消农业税是构建社会主义和谐社会的具体体现。农业税征管工作量大，征管成本高，处理不当还会直接影响农村党群、干群关系。取消农业税，把乡村干部从繁琐的收粮派款中解脱出来，减少与农民群众的直接摩擦，将有力促进基层政府改进工作方式和工作作风，加快职能转变，把更多的精力放到履行社会管理、提供更多更好的公共产品和公共服务上来。这有利于进一步改善和密切政府与农民的关系，维护农村社会稳定和长治久安，促进构建社会主义和谐社会。

取消农业税是建设社会主义新农村的重要基础。建设社会主义新农村是我国现阶段经济社会发展的客观要求和迫切任务。取消农业税，可以进一步降低农业生产成本，提高农业经营收益和农产品国际竞争力，促进建设现代农业；可以推动农民生活质量的提高和农村社会的全面进步，激发广大农民的积极性和主动性，促进农村沿着生产发展、生活宽裕、乡风文明、村容整洁、管理民主的轨道发展，保证社会主义新农村建设有力有序有效地推进。

取消农业税是保持国民经济平稳较快发展的促进力量。扩大国内需求是保持我国经济良性发展的长期战略方针和基本立足点。对我们这样一个农村人口仍占大多数的国家来讲，增加农村需求是扩大内需的根本措施，是我国经济增长最可靠、最持久的动力源泉。取消农业税，可以加快农村经济发展，增加农民收入，有利于将亿万农民的潜在购买意愿转化为巨大的现实消费需求，进一步提高农村消费水平，激活庞大的农村市场，进而拉动整个经济持续增长。

取消农业税后，还有大量工作要做。各级财政部门要积极调整支出结构，加大对全面取消农业税改革的支持力度，对基层因取消农业税而形成的减收，中央财政和地方财政要安排转移支付资金予以弥补。农业、财政、教育、编制、税务等部门，要继续发挥职能作用，积极稳妥地推进相关改革，保证取消农业税政策落实到位。

三、履行公共财政职能作用，大力支持社会主义新农村建设

“三农”问题是我国现代化进程中全局性、根本性、长期性的问题。近年来，“三农”工作尽管取得了很大成绩，但总的看，当前农业和农村发展还处在艰难的爬坡过坎阶段，农业、农村仍是我国经济社会发展中最薄弱的环节。未来一段时期，各级财政部门必须坚持以科学发展观为指导，在对农民少取或不取的基础上，把更大的精力放到多予、放活上来，为社会主义新农村建设提供强大动力，创造宽松的政策和体制环境。

（一）扩大公共财政覆盖农村范围，加快建立以工促农、以城带乡的长效机制。要顺应经济社会发展变化和建设社会主义新农村的要求，下决心调整国民收入分配格局，特别是调整国家建设资金的投向和结构，大幅度增加对“三农”投入，建立财政支农资金稳定增长机制。同时，加大支农资金协调整合的力度，突出支出重点，提高使用效率，集中力量办大事。要加强农村基础设施建设，重点支持农田水利、耕地质量和生态建设，改善农民生产生活条件；按照“明确各级责任、中央地方共担、加大财政投入、提高保障水平、分步组织实施”的原则要求，从2006年起将在农村逐步建立责任明确、保障有力的义务教育长效机制，今后两年时间内，全部免除农村义务教育阶段学生学杂费；完善和加强对农民的补贴政策，粮食主产省（区）要将粮食直补资金规模提高到粮食风险基金的50%以上，积极探索建立对农民种粮收益综合补贴制度，着力解决种粮农民比较收益低的问题；扩大新型农村合作医疗制度改革试点，到2008年在全国农村基本普及新型农村合作医疗制度，逐步解决农民看病难、看病贵的问题。

（二）全面推进农村综合改革，切实防止农民负担反弹。全面推进以乡镇机构、农村义务教育和县乡财政管理体制为主要内容的农村综合改革，既是巩固农村税费改革成果的紧迫任务，又是解决农村一系列深层次矛盾的关键所在。要严守乡镇机构编制五年内只减不增和确保社会稳定这两条底线，积极稳妥地推进乡镇机构改革，切实转变乡镇政府职能，切实加强政府社会管理和公共服务的职能，创新乡镇事业站所运行机制，妥善安排分流人员，解决“食之者众，生之者寡”的问题；建立完善各级政府责任明确、财政分级投入、经费稳定增长、管理以县为主的农村义务教育管理体制，积极深化农村中小学人事、财务等制度改革，提高农村教育公共服务质量和资源配置效率，为更多更好地培养有文化、懂技术、会经营的社会主义新农民提供坚实的物质基础和制度保障。加快推进“省直管县”财政管理体制和“乡财县管乡用”财政管理方式改革，提高基层财政自我保障能力，保障基层政权正常运转所需经费。

（三）放活农村体制，为农村经济发展注入强大活力。

解决“三农”问题的根本出路在于增强农村经济自我发展活力，必须下大力气做好“放活”这篇大文章。要充分发挥市场在资源配置中的基础性作用，推进征地、户籍等制度改革，逐步形成城乡统一的要素市场；支持农民发展各类专业合作经济组织，着力培育一批有竞争力、带动力强的龙头企业，推广龙头企业、合作组织与农户有机结合的组织形式，提高农民进入市场的组织化、社会化程度；完善粮食流通体制，实行粮食购销市场化和经营主体多元化；综合运用国债、税收、财政贴息、以奖代补等政策手段，发挥财政资金“四两拨千斤”的作用，鼓励各类工商企业投资农业，引导农民自主开展农村公益性设施建设，形成农业多元化投入格局；完善农村金融体制，发展小额信贷，支持积极探索和发展多种形式并存的农业保险制度，为“三农”发展提供强有力的金融支持。

（四）创新财政支农方式，让广大农民共享经济社会发展成果。要完善提高农业综合生产能力的财税政策，扎实推进农业综合开发、大型商品粮基地建设和优质粮产业工程，重点支持农业科技进步，促进农产品加工业发展和农业产业化，推动建立环保型农业、生态型农业和节约型农业。支持探索建立农村社会保障制度，加快推进新型农村合作医疗制度建设，建立更加规范和有效的农村社会救助制度，逐步解决进城农民工和被征地农民的社会保障问题。支持扶贫制度建设和政策创新，全面推行农村部分计划生育家庭奖励扶助制度，完善支持农村防灾减灾机制，调整土地出让金使用和管理政策，促进农村反贫困。支持搞好村庄建设规划工作和改善村庄公共环境，通过补助资金、补助原材料或“以奖代补”等方式，引导和支持农民美化乡村环境、建设美好家园。

2005 年农村经济体制改革进展与 2006 年主要任务

一、2005 年农村经济体制改革进展情况

2005 年是国务院确定的改革攻坚年，也是深化农村经济体制改革的关键年。按照中发[2005]1 号文件精神和《国务院关于 2005 年深化经济体制改革的意见》的具体部署，农村领域的各项改革稳步推进，一些关键环节取得了新突破，对提高农业综合生产能力，促进农民增收，保持农村经济社会持续健康协调发展，发挥了强有力的推动作用。

（一）农村税费改革进入新阶段，农村综合改革试点取得重大进展。一是农业税减免进程加快。在 592 个国家扶贫开发工作重点县实行免征农业税试点，在全国牧区开展取消牧业税试点，在 2004 年 8 个省份已经免征和基本免征农业税的基础上，2005 年全国农业税免征范围扩大到 28 个省份，其余的河北、山东、云南 3 省的农业税率一律降至 2%，原定 5 年取消农业税的目标可提前两年实现，全年又减轻农民负担 220 亿元。2005 年 12 月 29 日，全国人大常委会通过了关于废止农业税条例的决定，从 2006 年起，我国农民缴纳了 2600 年的皇粮国税彻底退出历史舞台，与此相关的法律、法规的修订工作正在抓紧进行。二是农村综合改革试点正在展开。国务院召开了全国农村税费改革试点工作会议，下发了《国务院关于 2005 年深化农村税费改革试点工作的通知》（国发[2005]24 号），明确了下一阶段农村税费改革的重点和任务，以乡镇机构改革、农村义务教育管理体制改革和县乡财政管理体制为主要内容的农村综合改革试点在 29 个省份展开，其中在黑龙江、吉林、重庆 3 省市全面推开。三是中央财政对粮食主产县和财政困难县给予奖励补助。全年中央财政共专项安排转移支付资金 150 亿元，其中 55 亿元用于对近 800 个粮食大县的奖励，中央财政通过转移支付等政策，缓解县乡财政困难的激励和约束机制正在逐步建立。

（二）粮棉流通体制改革继续深化。2005 年，粮棉流通体制改革又取得新进展，新的粮食流通体制框架基本确立，棉花市场化改革继续推进。一是继续加大对粮食生产的扶持力度，加强对粮食市场的宏观调控。中央财政调整了对粮食风险基金的补助比例，对种粮农民的直接补贴机制进一步完善，补贴规模扩大到 134 亿元；良种补贴和农机具购置补贴规模也大幅度增加。继续对稻谷等短缺粮食品种在主产区实行最低收购价政策，在部分粮食主产省启动了最低收购价预案；实行储备轮换收购，加强中央储备粮管理，充实地方粮食储备，支持玉米出口，稳定市场粮价。二是国有粮食购销企业改革继续深化。加大了解决国有粮食企业历史包袱力度，解决“老账”问题已进入挂账性质认定和剥离阶段，大部分

“老粮”已逐步销售处理。同时，区分骨干企业和非骨干企业，对国有粮食企业进行了多种形式的产权制度改革。三是棉花质量检验体制改革方案试点工作进展顺利。

（三）农村金融改革稳步推进。一是以农村信用社改革迈出实质性步伐。按照“明晰产权关系，强化约束机制，增强服务功能，国家适当扶持，地方政府负责”的改革思路，农村信用社改革试点范围已覆盖全国。全国已组建了一批农村商业银行和农村合作银行，农户小额信贷和农户联保贷款范围进一步扩大。二是农业政策性保险试点范围继续扩大，在黑龙江、四川、宁夏等9个省（区、市）部分地市开展了农业保险试点，保险品种继续增加。同时，成立了“上海安信”等3家专业性农业保险公司，在新疆、江苏等地推进商业保险公司经营政策性农业保险业务试点。三是有关部门已研究制定《农村金融改革总体规划》和农业发展银行改革方案。

（四）农村土地制度改革力度加大。各地认真贯彻落实《农村土地承包经营权流转管理办法》，以加强土地流转合同管理为核心，推进农村土地流转的规范化管理，加快农村土地承包法实施办法等配套法规的制定工作。在河北等4省选择部分市县开展了农村土地承包纠纷仲裁试点工作。通过扩大土地登记发证覆盖面，推进了农村集体土地所有权、农村宅基地确权登记发证工作。进一步加强了基本农田的保护工作，国土资源部、农业部、发展改革委等七部门联合出台了《关于进一步做好基本农田保护有关工作的意见》，对基本农田保护、建设、监管提出了具体的政策措施，国务院办公厅印发了关于省级政府耕地保护责任目标考核办法，就建立健全耕地保护责任体系、加大基本农田保护力度等提出了明确要求。同时，农村土地征占用制度取得新进展，有关部门正在研究制定新的征地补偿标准，进一步完善征地补偿办法。

（五）农林水利行业管理体制改革取得新进展。一是农垦系统体制改革取得阶段性成果。部分整体转制为企业集团的垦区加快了结构调整和建立现代企业制度的步伐，一些垦区承担的办社会职能已全部移交。二是国有林区管理体制改革继续深化，有关部门提出了《关于加快国有林场改革与发展的实施意见》。三是有关部门研究提出了深化改革加强基层农业技术推广体系建设的意见。四是动物卫生防疫检疫体制改革启动，国务院发布《关于推进兽医管理体制改革的若干意见》，新的兽医管理体制开始建立。五是农村水利管理体制和小型水利设施产权制度改革步伐加快。

（六）其它方面的改革稳步推进。一是改革和完善农资价格调控机制。有关部门正在研究制定化肥价格调控机制方案，探索对农民种粮用肥实行补贴的具体办法。二是大力推进水价改革。国务院召开了全国水价改革与节水工作电视电话会议，明确了下一步水价改革的基本目标和改革重点。三是积极推进政府支农投资整合工作。在国务院2004年批准同意国家发展改革委关于整合政府支农投资的意见和建议的基础上，按照中发[2005]1号文件精神，有关部门研究提出推进县级投资整合的指导性意见，各省（区、市）选择了一些整合支农投资试点县，支农投资整合工作稳步推进。四是探索新形势下建立农田水利建设的新机制新办法。国务院办公厅转发了发展改革委等部门关于建立农田水利建设新机制的意见（国办发[2005]50号），明确了新时期农田水利建设的指导思想和工作重点，对逐步建立起保障农田水利建设健康发展的长效机制将起到推动作用。

二、2006年农村经济体制改革主要任务

2006年是“十一五”规划的开局之年，也是农村改革进入攻坚阶段的关键之年。做好农村改革工作，对于“十一五”规划的顺利实施，对于确保社会主义新农村建设有良好开局，对于保持农村经济持续稳定发展，具有十分重要的意义。主要任务是：

（一）进一步深化以农村税费改革为主要内容的农村综合改革。2006年，在全国范围内全面取消农业税。各地要根据取消农业税后的出现的新情况和新问题，按照国发[2005]24号文件要求，积极稳妥地推进以乡镇机构、农村义务教育和县乡财政体制改革为主要内容的农村综合改革，巩固农村税费改革成果，防止各种乱收费乱摊派乱罚款卷土重来，防止农民负担出现反弹，保障基层组织维持正常运转，逐步建立精干高效的基层行政管理体制和覆盖城乡的公共财政制度。要大力推进乡镇机构改革，转变乡镇政府职能，精简机构和人员，整合事业站所，妥善安排分流人员，强化乡镇政府社会管理和公共服务职能，提高服务水平。要加快农村义务教育体制改革，建立和完善各级政府责任明确、财政分级投入、经费稳定增长、管理以县为主的农村义务教育管理体制，中央和省级政府要更多地承担发展农村义务教育的责任。完善省以下财政体制，改革县乡财政管理方式，规范财政转移支付制度。各地要对乡村债务进行全面清理核实，选择部分省（市）开展化解乡村债务试点工作。

（二）整体推进农村金融改革。尽快出台农村金融改革总体规划。巩固和发展农村信用社改革试点成果，不断完善治理结构和运行机制。研究制定县域内各金融机构在保证资金安全的前提下，将一定比例的新增存款投放当地，支持农业和农村经济发展的具体办法。积极推进邮政体制改革，扩大邮政储蓄资金的自主运用范围，

引导邮政储蓄资金返还农村。加大政策性金融支农力度，进一步调整农业发展银行职能，扩大业务范围和资金来源渠道，发挥其支持农业特别是粮棉生产的作用，国家开发银行也要支持农村基础设施建设和农业资源开发。国有商业银行等金融机构，也要进一步加大对农业农村的信贷支持力度。鼓励在县域内设立多种所有制社区金融机构，培育小额信贷组织，发展农户资金互助组织。规范民间借贷。稳步推进农业政策性保险试点工作，鼓励开展农业商业性保险。通过建立担保基金或担保机构等办法，解决农户和农村中小企业贷款抵押难问题，有条件的地方政府可给予适当扶持。

（三）加快农村土地征占用制度改革步伐。坚持土地基本经营制度不动摇，稳定和完善以家庭承包经营为基础、统分结合的双层经营体制，健全在依法、自愿、有偿基础上的土地承包经营权流转机制。认真执行《土地管理法》和《基本农田保护条例》，确保耕地数量不减少、质量不下降、用途不改变。按照缩小征地范围、完善补偿办法、拓展安置途径、规范征地程序等要求，加快征地制度改革，区分公益性和经营性用地，严格控制占地规模，完善对被征地农民的合理补偿机制，提高补偿标准，完善补偿办法，纠正同地不同价现象，保护农民的土地财产权利，妥善安置失地农民。加强对被征地农民的就业培训，拓宽就业安置渠道，健全对被征地农民的社会保障，努力解决好失地农民的长远生计问题。

（四）统筹推进农村其他各项改革。主要包括：一是2006年在继续稳定和完善粮食最低收购价政策的同时，结合对种粮农民的直接补贴，按照简便易行、便于操作的原则，进一步研究和探索建立对农民的综合补贴制度，确保农民种粮收益预期保持在一个合理的水平上。进一步完善现行化肥调控机制，逐步建立对种粮农民用肥的直接补贴制度，抓紧研究和适时出台油价上涨后对农民实行燃油补贴的政策。二是完善粮食流通体制改革，深化国有粮食企业改革，巩固和发展粮食市场化改革成果，建立产销区稳定的购销关系，加强国家对粮食市场的宏观调控。三是深化国有农场税费改革工作。四是加快集体林权制度改革工作，促进林业健康发展。五是推进水资源管理体制改革。六是按照国办发[2005]50号文件要求，加快建立新形势下加强农田水利建设的新机制新办法，推进水利工程管理体制改革步伐，继续推进小型农田水利设施产权制度改革。七是进一步加大政府支农投资整合工作力度，总结试点县的好做法和好经验，结合开展社会主义新农村建设，搭建整合平台，创新整合方式，建立工作机制，理顺部门分工，加强规划指导，着重解决支农投资使用分散、重复交叉等突出问题，努力提高资金使用效率，确保政府支农投资整合工作顺利向前推进。

（国家发展改革委农村经济司）

2005年农村经济形势与2006年展望

一、2005年农村经济形势

2005年，党中央、国务院继续采取更直接、更有力、更明确的政策措施，支持粮食增产和农民增收。各地区、各部门认真贯彻落实中央农村工作会议精神，加大支农政策落实力度，进一步调动广大农民的生产积极性，农业在宏观调控中得到巩固和加强，农村经济继续保持平稳发展势头。

（一）各项支农政策落实情况较好。一是继续加大“两减免、三补贴”政策力度。当年在592个国家扶贫开发工作重点县实行免征农业税试点，在全国牧区开展取消牧业税试点。在2004年8个省份已经免征和基本免征农业税的基础上，当年全国免征范围扩大到28个省份，其余的河北、山东、云南3省中也有约210个县免征农业税，其他县的农业税税率也一律降至2%。全年对种粮农民的直接补贴为134亿元，中央财政安排的良种补贴资金和农机具购置补贴也分别达到37亿元和3亿元。二是中央财政专项安排150亿元用于对产粮大县和财政困难县的转移支付，其中约55亿元用于对近800个粮食大县的奖励。三是继续对短缺的重点粮食品种在主产区实行最低收购价政策，部分省区启动了早稻最低收购价格预案。四是针对化肥等农资价格大幅度上涨的情况，国家陆续出台了一系列促进化肥生产、抑制农资价格上涨、保障市场供应的政策措施，有效保护了农民的生产积极性。五是继续增加农业和农村基础设施投入。在国债投资总规模较大幅度减少的情况下，全年实际用于农林水利气象和扶贫的国债投资大体保持上年水平。据统计，全年用于节水灌溉、人畜饮水、农村道路、农村沼气、农村水电、草场围栏等农村“六小工程”的中央投资超过280亿元，对改善农村生产生活条件，促进农民直接增收发挥了重要作用。

（二）粮食生产继续恢复性增长。全年粮食播种面积约15.6亿亩，比上年增长2.6%，扭转了粮食种植面积连续下滑的势头。全年粮食总产量9680亿斤，比上年增产291亿斤，实现了年初制定的增产目标，两年粮食共计增产1000亿斤以上，一度紧张的粮食供求关系得到明显缓解，为保持国民经济持续稳定较快发展做出了重要贡献。粮食单产在上年创历史最好水平的基础上再创新高。

（三）农业结构调整继续向纵深推进。农业优质化、区域化、产业化、标准化程度继续提高，大宗农产品继续向优势产区集中。全国优质专用小麦面积继续扩大，占小麦总面积的比重达到48%，优质稻种植面积占水稻总面积的比例达到64%，优质专用玉米所占比重达到37%。三大优势棉区棉花种植面积和产量占全国的99%，“双低”油菜子占油菜子总面积的74.3%。高油大豆的面积和产量所占比重均比上年进一步提高。高效经济作物面积继续扩大。特色农业和农业产业化经营继续发展，蔬菜、瓜果生产保持稳步发展势头。畜牧水产业保持稳定增长势头，防治高致病性禽流感工作取得阶段性成果。

（四）农民收入继续保持增长势头。在2004年全国农民人均纯收入走出低位徘徊局面，实现增长6.8%的基础上，2005年农民收入克服粮价下跌、农资涨价、自然灾害较重等不利因素影响，全年预计实际增长6%以上，成为1997年以来的第二个高幅增长年。从增长因素分析，受国家支农力度进一步加大和农民外出就业环境进一步改善等多重因素影响，来自非农收入，特别是工资性收入的大幅增加是实现2005年农民收入较快增长的关键。

二、2006年农村经济展望

2006年，是“十一五”规划的开局之年，也是贯彻落实党的十六届五中全会精神，加快推进社会主义新农村建设的第一年。做好农业和农村工作，对于巩固和发展经济平稳较快发展的好势头，具有十分重要的意义。

总体分析，2006年农村经济发展既有许多有利条件，也面临许多不利因素。一方面，国民经济将继续保持良好发展态势，随着综合国力不断增强，国家支农政策力度进一步加大，为农业和农村经济发展提供了强有力的政策保障。特别是党的十六届五中全会提出了建设社会主义新农村的历史性任务，这是破解“三农”问题的重大战略决策，对落实好以工促农、以城带乡发展战略的实施，对农村各项事业健康发展创造了良好的政策环境和体制保障，为农村经济发展提供了强大的动力。另一方面，必须看到，土地、淡水等稀缺资源对农业发展的约束日益突出，提高农业综合生产能力的要求愈来愈迫切；农村基础设施特别是小型公益设施、农田水利设施严重滞后，农业生产成本加速上升，急需进一步转变农业增长方式；制约农村经济发展的深层次矛盾依然存在，乡村债务对基层政权可能引起不小冲击，农村金融体制、农村土地征占地制度改革依然面临艰巨任务。特别应当看到，当前粮食价格下行的压力加大，农资价格居高不下，耕地面积连年减少，气候条件很难预料，一些地方出现了忽视农业和粮食生产的倾向，2006年粮食持续增产和农民持续增收的难度进一步加大。

2006年的农村经济工作，要认真贯彻党的十六届五中全会精神，全面落实科学发展观，紧紧围绕建设社会主义新农村的各项要求，坚持统筹城乡发展的方略，坚持“多予、少取、放活”的方针，继续在宏观调控中加强农业，强化支农政策，深化农村改革，稳定粮食生产，繁荣农村经济，扩大非农就业，促进农民增收，加强农村生产生活设施建设，推动农村经济社会全面进步。粮食生产的预期目标是，稳定粮食总产，着力提高综合生产能力，继续改善生产布局，着力提高质量和效益。继续采取综合措施，力争全年农民人均纯收入实际增长5%。为此，重点要做好以下工作：

（一）继续加强农业综合生产能力建设。切实落实最严格的耕地保护制度，坚决遏制乱占滥用耕地势头，保护好基本农田，保持粮食种植面积基本稳定。继续实施优质粮食产业工程，加快大型商品粮生产基地建设，促进主产区粮食产量稳步增加。大力提高农业科技创新能力，继续实施种子工程，加大优良品种繁育力度，推广先进适用农业新技术，不断提高农业科技水平，促进农业结构调整。加大大型灌区节水改造工程投入力度，继续在中部4省实施大型排涝泵站更新改造工程。加强西部地区基本口粮田建设，切实抓好小型农田水利建设，积极发展旱作节水农业，大力推进农业机械化，改善农业生产条件，提高农业综合生产能力，打牢粮食持续增产的基础。

（二）加快社会主义新农村建设步伐。按照生产发展、生活宽裕、乡风文明、村容整洁、管理民主的要求，按照民办公助、自下而上、以奖代投、民主监督的思路，坚持从各地实际出发，尊重农民意愿，通过国家政策资金支持，组织和动员广大农民用自己辛勤的双手，改善农村整体落后面貌，稳步推进社会主义新农村建设。抓紧编制新农村建设规划，明确新农村建设的指导思想、主要任务和阶段性奋斗目标，选择有条件的地区先行试点，取得经验后再逐步推广。坚持从广大农民最迫切需要改善的生产生活条件入手，大幅度增加农村饮水安全投入力度，着力解决高氟、高砷、苦咸水、污染水和季节性缺水地区的饮用水安全问题。加快农村能源建设步伐，积极发展适合农村特点的清洁能源，大幅度增加农村沼气建设投资规模，推进农村改厨、改厕、改圈。加大通路、通电投入，启动“十一五”乡村公路改造工程，启动无电地区电力建设，完善部分省份农网改造。加强村庄整治，科学引导农民改善村容村貌。坚持以提高农民素质和生活质量为核心，加大公共财政对农村社会事业的投入，从明年开始，用两年时间实现对农村义务教育免收杂费，扩大对贫困家庭学生免费提供课本和寄宿生活费补助的范围。健全农村医疗卫生服务体系，积极推进新型农村合作医疗制度试点工作，提高农村合作医疗的财政补助标准，加强农村文化设施建设，逐步建立农村社会保障制度，在有条件的地区探索建立农村最低生活保障制度，完善乡村治理结构，加强农村民主政治建设，健全村民自治，完善“一事一议”，发展合作经济组织，妥善处理各种社会矛盾，倡导农村健康文明新风尚，努力建设和谐农村。

（三）稳定、完善和强化各项支农政策。实践证明，近几年党中央、国务院出台的各项支农惠农政策，特别是“两减免、三补贴”政策，对调动农民生产积极性，增加农民收入发挥了重要作用。要保持各项支农政策的连续性和稳定性。2006年全部取消农业税。完善对种粮农民的直接补贴政策，继续加大良种补贴和农机具购置补贴支持力度。继续对短缺的重点粮食品种在主产区实行最低收购价政策。改革和完善现行化肥调控机制，逐步建立对种粮农民的化肥、柴油等农资的直接补贴制度。继续加大中央财政对粮食大县和财政困难县的转移支付力度。

（四）千方百计促进农民收入持续增加。大力发展现代农业，加快推进农业和农村经济结构的战略性调整，扶持特色农业发展，积极发展畜牧水产业，大力推进农业产业化经营，充分挖掘农业内部增收潜力。支持乡镇企业发展，加强小城镇基础设施建设，扶持小城镇、经济发展，壮大县域经济实力，加快农村富余劳动力转移步伐，拓宽农民非农就业和增收渠道。出台鼓励农民外出务工的具体政策，继续清理对进城农民工的歧视性政策，保障进城务工农民的合法权益。加大农民实用技能培训工作力度，继续实施农民培训“阳光工程”。加大扶贫开发力度，进一步做好以工代赈和易地扶贫试点工作，加快贫困地区农民脱贫致富步伐。加强化肥、涉农收费和价格的监管，切实减轻农民负担。

（五）切实加强重大农林水利工程建设。按照统筹城乡发展的新要求，继续调整国民收入分配格局，不断加大财政支农力度，建立健全政府支农投资稳定增长机制。新增财政支农投资坚持向改善农村生产生活条件、推进社会主义新农村建设的项目倾斜，向提高农业综合生产能力的项目倾斜，向广大的中西部地区倾斜。突出抓好重大农林水利工程和项目，加快南水北调、淮河治理、病险水库除险加固工程建设，继续实施天然林资源保护、京津风沙源治理、退牧还草、退耕还林、三江源治理等重大生态项目建设。加快建设新疆优质棉基地和长江流域“双低”油菜产业带，继续实施畜禽水产良种工程，加快动物防疫体系建设，提高重大动物疫病预防控制能力。继续强化工程项目管理，创新体制机制，吸引社会资金投入，建立多元化的农业投融资体制。积极稳妥地推进政府支农投资整合工作，不断提高政府支农投资效益。

（六）继续深化农村经济体制改革。进一步深化农村税费改革，积极稳妥地开展以乡镇机构改革、农村义务教育管理体制改革和县乡财政管理体制改革为重点的农村综合改革试点，建立精干高效的基层行政管理体制和覆盖城乡的公共财政制度，促进农村经济社会全面进步。开展化解乡村债务试点工作。巩固和发展农村信用社改革试点成果，加快推进农村金融总体改革。继续深化粮食流通体制改革，加快土地征占用制度改革步伐，加快小型农田水利设施产权制度改革，推进农垦管理体制和国有农场体制改革。

（国家发展改革委农村经济司）

关于“十一五”农村经济发展规划编制的几个重大问题

国家发展改革委副主任　杜　鹰

一、关于编制“十一五”农村经济发展规划的总体要求

“十一五”规划如何反映时代的背景，如何把握现阶段的主要矛盾，这是我们编好规划的思想基础、出发点和前提。回顾前两个五年计划，都有明确的主题。“八五”计划执行后期，中国一度出现粮食紧张，美国的莱思特·布朗讲“谁来养活中国人”。编制“九五”规划的时

候，我们把注意力放在提高粮食的综合生产能力上，这是“九五”农村经济规划编制的一大中心任务，就是要把粮食总量搞上去，当时提出1995－2000年，全国粮食产量从9000亿斤的水平提高到1万亿斤。最后我们实现了这个目标，办成了这件大事，中国农业生产能力实实在在上了一个大台阶。“十五”计划我们又干了两件大事。1998年大洪水以后，利用增发国债的有利时机，重点加强生态环境建设和重大水利工程建设。水利建设上实施了长江干堤加固，现在又在治理淮河，都取得了重大进展。长江干堤工程给当地老百姓造了福，保障程度大为提高。空前规模的生态建设也对经济社会的可持续发展发挥了重大作用。一个阶段总有一个阶段的突出问题和矛盾，“十一五”农业和农村经济发展面临的突出问题是什么?这个阶段我国农业和农村经济发展的历史定位是什么?这是需要认真研究的。

我认为，新时期农业和农村工作的主题，就是贯彻统筹城乡发展方略，在加快农村劳动力转移的同时，推进社会主义新农村建设。“十一五”时期，要贯彻胡锦涛总书记提出的“两个普遍趋向”的根本要求，调整国民收入分配结构，逐步加大支农力度，切实解决农业基础薄弱、农村面貌落后，农民收入不高的问题，在解决“三农”问题上、在打破城乡二元结构问题上，要有实质性的突破。

所有发展中国家的经济结构都是二元经济结构，即先进的工业和现代的城市与落后的农业和传统的农村并存。中国有自身的特殊国情，中国的二元经济结构是在特殊的历史条件下形成的。建国以后，为了尽快建成工业化体系，不得不采取工农业产品“价格剪刀差”的交换方式，农民承担了工业化原始资金积累的任务，为中国工业化进程做出了莫大的贡献。但是长期以来，他们却被排斥在工业化进程之外，不能充分分享工业化带来的成果。这是一个历史阶段的产物，这种格局应该改变。现在，我们的认识上去了，也有了改变二元结构的基本条件和国力。“十一五”期间，要在统筹城乡发展，改变城乡二元经济结构，真正让亿万农民分享工业化、城镇化成果方面有实质性的变化，取得突破性的进展。这可以不可以作为我们编制“十一五”农业和农村规划的基本立足点，请大家考虑研究。总之，“十一五”规划是党的十六大提出全面建设小康社会后的第一个规划，是本世纪头20年的重要战略机遇期承前启后的规划，必须在解决“三农”问题上有大的动作，取得新的突破。

二、关于“十一五”农村经济发展规划编制的具体要求

（一）遵循五个原则。第一，要体现全面建设小康社会的整体战略部署。第二，要体现科学发展观和建设和谐社会的要求。第三，要体现“两个趋向”重要论断的要求。第四，要体现农业和农村经济发展新阶段、新特点、新变化提出的要求。第五，要体现深化改革、扩大开放的要求。

（二）指标的设定要满足三个要求。一是指标的有限性。“十一五”规划不是年度计划，指标要有，但不能搞那么多，要精挑细选。二是指标要有导向性，既要给人民以希望，凝聚民心民力，又要实事求是，切实可行。三是指标要量化。（1）粮食综合生产能力方面的指标。（2）农民收入和就业转移方面的指标。（3）改善农民生产生活条件方面的指标。（4）节约资源使用方面的指标。（5）生态建设和可持续发展方面的指标。（6）社会发展方面的指标。

三、关于“十一五”需要解决的若干重大问题

“十一五”规划，要前瞻性地考虑一些重大问题。主要有五方面：

（一）关于正确理解胡锦涛总书记在十六届四中全会讲话中提出的“两个趋向”的重要论断

胡锦涛总书记“两个趋向”的论断，对于正确处理工业化阶段的城乡关系和工农关系具有极为重要的指导意义。

第一、总书记的重要论断符合各个国家工业化阶段的实际。“两个趋向”讲的，实际是工业和农业两大产业的关系，是国民收入在两大产业之间再分配的关系。在工业革命以前，农业是国民财富的主要来源。自17世纪英国工业革命以后，在工业化进程中，由于工业的收益率远远高于农业，资源和要素往收益高的产业流动，农业与工业的平衡被打破了，工业成为国民财富的主要来源，成为一个国家财富和实力强盛的标志。加上推进工业化成为政府的目标，政府采取很多政策和体制安排，来促进要素从农业领域向工业领域转移，进一步强化了农业要素向工业转移的趋势。比较典型的如英国的圈地运动、日本明治维新以后对地主课以高额税收，以及前苏联和我国采取的工农业产品交换价格“剪刀差”等，就是通常所讲的农业支持工业的具体体现。到工业化发展到一定阶段，为什么又要求工业反过来支持农业?这是由农业受自然力影响的产业性质决定的，农业劳动生产率不会在市场调配资源的情况下自然地提升到与工业收益率趋同的状态。农业是一个安天下的产业，任何国家都不敢把农业看轻。再加上在工业化的进程中，农民和城市人口的收入差距呈扩大趋势，也需要国家给予特别的关注。所以在工业化发展到一定阶段，很多国家反过

来，或为加强农业这个基础，或为平衡城乡收入差距，把工业所创造的财富切出一块来支持农业。纵观历史，无论是英国、美国、早先的欧共体现在的欧盟，战后的日本、韩国、我国的台湾省，在工业化进程中都有这样两个鲜明的阶段。

第二，需要我们澄清的问题是，中国是否到了从农业支持工业向工业反哺农业转变的阶段?对这个问题是有不同看法的。有人把各国工业化阶段的经验数据加以处理，构建了一组指标体系，以此来匡算中国到没到工业反哺农业的阶段，结果怎么匡算对中国都不适用。原因在于中国的工业化进程是特殊历史条件下的产物，是不能简单地用一般规律来套用的。因此中国到没到工业反哺农业的阶段，既要参考国际经验，但更要具体分析我国的实际情况。

在这个问题上，我们的基本判断是：中国的国民经济开始进入工业反哺农业阶段，或者说，中国的国民经济正处在从农业支持工业向工业反哺农业转折的关键时期。为什么这么说?首先从必要性看，一是，从上世纪90年代中期，中国农业发展进入新阶段后，农业发展的制约因素从单纯的资源约束转变为资源约束与需求约束并存，农业一旦进入需求约束阶段，收益率、劳动生产率进一步提高的空间就缩小了。为此，必须加大政府对农业的支持力度。二是，中国农业正处在从传统农业向现代农业转变的进程中，有两个规律开始起作用，一个是要素投入的边际报酬递减规律，导致了农业物质成本抬升；另一个是资本替代劳动规律，农业要素投入结构变化，资本替代劳动的趋向越来越明显，也导致农产品的物质成本加速上升，弱化了农业的竞争力。三是，加入世贸以后，受冲击最大的应该是农业。与国外大生产相比，我们的小生产处于劣势地位，也需要强化国内支持政策。四是，工农产业的劳动生产率差距在不断扩大。1990年，我国工业和农业产业劳动生产率差距是3.9倍，到2003年扩大到5.3倍，这表明，必须要调整农业和非农产业的关系了。五是，本世纪头20年，我国国民经济会保持一个相当高的增长速度，工业化、城镇化会比较快地向前推进，在此过程中，弱势人群不能不关注。构建和谐社会要求必须让农民更多地分享工业化、城镇化带来的好处。其次，从可能性看，一是综合国力增强了，工业不再需要农业去哺育，而且有条件来反哺农业；二是党中央、国务院已经做出了明确的判断，要求把“三农”问题摆在全党工作重中之重的位置上。事实上，近两年，我们已经逐步加大了工业反哺农业的力度。

第三，要充分认识工业反哺农业过程的长期性。这个过程分两个阶段，在农业存在大量剩余劳动力情况下，工业反哺农业与农业支持工业两大政策倾向会交织在一起、并存一段时间，表现为农业支持工业的趋向由强变弱、工业反哺农业的趋向由弱变强的过程。

现在是否还存在对农业、农村和农民的剥夺?仍然存在。一是低价征用农民的土地，土地增值收益的分配没有充分考虑农民的权利和收益。二是低价使用农民工，不仅表现为同工不同酬上，更多地表现在社会待遇上，包括就业机会、劳动保障和社会保障待遇不同。三是虽然取消了粮食统购统销，但工农业产品贸易条件仍然对农产品不利。这表明，工业和农业两大产业的利益关系的调整，不可能一蹴而就，它是一个与深化改革和转变经济增长方式相伴而行的过程。另一方面，国家确实开启了工业反哺农业的历史进程，最突出表现在，一是取消农业特产税、农业税，二是给农民良种补贴、农机补贴，将流通环节补贴改为直接补贴，还有退耕还林的生态补贴。农民讲，这是开天辟地以来没有的。三是公共财政开始惠及农村，如国家支持农村“六小工程”建设，每年财政新增教育、卫生、文化支出的主要部分用于农村等。

说明未来一段时期两大政策取向是并存、交织在一起的，是必要的。只有真正认识到阻碍工业反哺农业的问题所在，我们才能切实地承担起历史的重任，那就是要通过深化改革和有效的工作，尽量缩短交替时间，加快工业反哺农业的进程。

第四。工业反哺农业的不同阶段有不同的侧重点。大体分两个阶段，在第一阶段，在农村还存在较多剩余劳动力的情况下，工业反哺农业的重点还不是拉平城乡收入差距，不是对农民直接的收入补贴，而是产业支持和改善农村生产生活条件的支持。所谓产业支持，就是打牢农业的基础地位。为什么是这样?因为在劳动剩余的情况下，经济的增长主要靠劳动力从低生产率的农业部门向高生产率的工业部门转移，而一定的收入差，是农村劳动力转移的前提，也因此才有我们20年的战略机遇期，才有国民经济增长源源不断的内在动力。现阶段，经济工作的主线仍然是加快农村剩余劳动力的就业转移。与此同时，要进一步加大对“三农”的财政支持，而支持的重点主要是围绕提升农业综合生产能力和改善农村生产生活条件，防止出现“产业不协调”和“社会不协调”。第二阶段，当我国农村剩余劳动力问题基本解决的时候，就要适时提出均衡城乡收入目标了，那时候工业反哺农业就可以拓展到对农民的收入支持了。

之所以要区别这两个阶段的重点，不仅是因为国家财政的承受能力有一个逐步增强的过程，而且还特别要注意处理好公平与效率的关系。反哺资源的使用，发达国家有很多的负面教训，很多补贴最后是无效的，既没有处理好效率问题，也没有处理好公平问题。工业反哺农业主要是公平问题，经济发展是效率问题，产业结构调整、劳动力转移也是效率问题。两者关系要处理好，应该是效率优先，兼顾公平。公平里面，也有把钱用好、花好的问题。

这些思想和认识，能不能在“十一五”规划里有所体现，关系到是否全面地、准确地理解和贯彻胡锦涛总书记提出的“两个趋向”重要论断，大家应再深入研究。

（二）关于农业增长方式的转型问题

中国是人多地少、人均农业资源匮乏的国家，人均耕地只有世界平均水平的40%，人均淡水资源是世界平均水平的25%，同时还要养活13亿人口。另一方面，在现代化进程中解决众多人口的吃饭问题，我们只能利用国际市场，而不能立足于国际市场。我们的基本方针是立足国内、基本自给，即便是加入了世贸组织，我们的这个基本方针也不会改变的。将来国内的食物自给率，有可能从现在平均98%下降到95%，但不能再下降了。

中国的边界约束条件是清楚的，立足于这么多地和水，养活13亿人，怎么办?过去解决矛盾，让资源和环境付出了很大的代价，破坏了资源、环境，现在也仍然存在这样的问题。我国的荒漠化和沙漠化土地分别占国土面积的28%和18%，水土流失面积占国土面积的37%，可利用草场中90%以上不同程度的退化、沙化和盐碱化，湖泊面积缩小，水旱灾害频繁。我国单位面积化肥施用量，25年来增加了4倍，是西方发达国家1.5~3倍，农药施用量是美国的2.5倍。现在全国重要河流相当部分被污染，其中农业面源污染是重要因素。过度垦殖和投入的不合理使用，导致了对环境的污染和生态破坏。农业的这种外延扩张型的生产方式，固然能得到更高产量，但会使农业效益下降，环境付出越来越大的代价，已难以为继。

温家宝总理、曾培炎副总理多次强调转变经济增长方式的重要性和迫切性，我理解，不光是工业有这个问题，农业同样有这个问题。怎样合理地利用水土资源，合理地使用工业投入品，取得农业产量增加与农业效益、生态环境保护和改善共赢的局面，这是“十一五”期间农业发展必须要面对和解决的一大问题。

在资源约束条件下，产量要增加，又要提高效益、保持生态平衡，根本的出路是推进农业科技进步。农业技术进步有几个重点：一是良种推广。我们在这方面有潜力，也有基础。二是大力推广农业先进适用技术。三是节水灌溉技术。农业用水总的趋势是要减少，要让位给城市用水、工业用水，而农产品的总量又要增加，只有通过节水提高农业用水的有效利用率，从目前的0.45提高到“十一五”规划期末的0.5。四是注重高科技发展。要力争在基因重组技术方面有大的突破。

推进农业增长方式转型，还要靠深化改革和制度创新。

首先是要推进农业要素价格的改革，让土地和水资源价格真实地反映它的稀缺程度，这样才能鼓励人们保护耕地、节约用水。为此，要改革现行的征地制度，低价征地不利于保护耕地。把征占地的公益性用途和商业性用途分开，公益性用地要提高征地标准，商业用地要进入市场，通过招拍挂形成价格。这样，耕地的真实价格才能反映出来，人们才会爱惜耕地、保护耕地。破解农业节约用水的难题，也要启动水价杠杆。要提高农民节水意识，方向是启动终端水价机制，实现计量收费。为此，应在国家的支持下，推进灌区渠系末端改造，为实现终端水价机制创造条件。

其次，是在有条件的地方推进规模经营，提高规模效益。现在全国2.4亿农户，平均每户拥有耕地面积半公顷多一点，限制了现代技术的应用。要转变农业增长方式，建设现代农业，就要在有条件的地方推进适度规模经营。推进土地适度规模，一是要坚持家庭承包经营不动摇，要在家庭承包经营的基础上，随着农业劳动方的就业转移，促进土地的流转和集中，扩大务农农户的经营规模。二是推进农业产业化，通过龙头企业带动基地，基地连接千家万户，来实现跨农户的规模经营。基地实行统一种植，分户管理，就可以实现小群体、大规模。而且，由于有了龙头企业的带动，就可以打破农业生产难以标准化的难题。技术标准和操作规范可以通过龙头企业灌输到农户生产中去。

总之，破解农业资源约束，促进农业增长方式转型，要从技术进步人手，从要素价格改革、经营体制的完善人手。“十一五”期间，要在这方面破题，有针对性地采取相应的对策和措施。

（三）关于建设社会主义新农村问题

新中国成立以来，在党和国家领导人的讲话和文件里，提及建设社会主义新农村有20多处，但多是作为宏伟目标提出的，而这次提出加快社会主义新农村建设，是在新的历史背景下，把它作为推进现代化建设的一个重大历史任务提出的。

未来20年，是我国国民经济和社会发展重要的战略机遇期，同时也是矛盾凸显期。从发展中国家的经验教训看，在推进现代化建设中，有两个问题和矛盾必须引起我们的高度关注。一个是产业关系的不协调，即农业作为弱势产业被忽视，高度弱化，难以支持国民经济的高速增长。另一个是社会关系上的不协调，即城乡差别、农工差别过度放大，广大农村人口不能分享工业化、城市化的好处，处在被边缘化的位置。这两个关系集中起来就是“三农”问题。“三农”问题的重要性，从来没有像现代化加速阶段这么重要，“三农”问题解决不好，就会打断现代化进程。

党中央、国务院历来高度重视“三农”问题。在新的历史条件下，解决“三农”问题要坚持统筹城乡发展战略，坚持工业反哺农业，城市支持农村的方略，坚持对农民“多予、少取、放活”的方针，把“三农”的事情办好。在基本思路上，除了调整国民收入分配结构，向“三农”倾斜以外，还有两件重要的事情要办好。一件是加快农村劳动力的就业转移，不减少农民，就不能富裕农民；另一件就是把农业、农村的事情办好，包括稳定提高农业综合生产能力，加强农村生产生活设施建设，加快农村教育、卫生、文化等社会事业的发展。而这些要办的事情概括起来，就是建设社会主义新农村。这些年来，城市面貌有很大的变化，但是农村面貌依旧，城乡之间收入、消费、基础设施、社会事业和公共服务的差距十分明显，而且有进一步拉大的趋势。城乡每百户家庭拥有的耐用消费品的数量差距很大。有人计算，城乡的消费差距在15年以上。农村道路、饮水、用电等问题非常突出。农村教育非常滞后，义务教育搞不好，就谈不上机会的公平、平等。农村卫生、文化事业的发展，也同城市形成强烈的反差。城乡差距扩大，会影响农业基础的稳固，影响建设全面小康社会目标的实现，影响国民经济良性循环和保持国民经济平稳较快增长，影响政治的稳定和社会的和谐。因此，中央高瞻远瞩，提出加快社会主义新农村建设，是一件具有重大现实意义和历史意义的大事。

要把建设社会主义新农村的内涵和外延搞清楚。完整地说，建设社会主义新农村，应该包括“三个文明”，“四大建设”。三个文明是物质文明、精神文明、政治文明，其中，物质文明是基础，还是要把促进生产力发展放在首位；四大建设是经济建设、文化建设、政治建设和和谐社会建设，还要坚持以经济建设为中心不动摇，几大建设与经济建设同步推进。建设社会主义新农村和全面实现小康是什么关系?我理解，全面建设小康是目标，建设社会主义新农村是路径和手段。建设社会主义新农村，要从农村的实际出发，从广大农民群众迫切需要解决的实际问题出发，统筹规划，突出重点，扎扎实实地办几件实事。一是加强农业综合生产能力建设，打牢农业的基础地位，提升农业结构和效益，增强农业的市场竞争力。二是加强农村基础设施建设，重点是农村道路、安全饮水、农村沼气、农村用电等，切实改善农村的生产生活条件。三是加强农村社会事业建设，重点是农村教育、卫生、文化基础设施建设，为培育新农民创造条件。四是扩大公共财政和公共服务的覆盖面，逐步增加对农村公共品的投入。

推进社会主义新农村建设，要坚持群众自愿、群众受益的原则，不要搞政绩工程和下硬指标。要坚持因地制宜、量力而行的原则，不要搞“一刀切”和不切实际的形象工程，不要加重农民负担。要坚持统筹规划，整合资源的原则，不要打乱仗，不要撒胡椒面。操作方式也要有所变化。要改变过去自上而下发号施令，层层压任务的操作方式，新农村建设的主体是农民，要调动老百姓的积极性，使他们感觉到国家在支持他们，由要我干变为我要干，激发农民的积极性和主动性。还要广泛赢得社会和舆论的支持。建设社会主义新农村，一靠农民自力更生，二靠国家适当补助，三要赢得全社会支持。城市支持农村，要有具体措施。

（四）关于深化农村改革问题

破解农业发展新阶段面临的问题，出路在改革。我们对农村改革形势的基本判断是：现在仍然处在新旧体制交替的阶段，新体制还没有完全建立起来，旧体制还没有完全消亡，因此，改革的任务没有完成。下一步改革的重点是，推进以税费改革为主要内容的农村综合配套改革，涉及到乡镇机构改革、农村教育体制改革、省以下的县乡财政体制改革。近期和明年要着重研究乡镇及以下的机构设置、政权运转、乡村组织变化等方面的情况。

这次税费改革意义深远，不仅减轻了农村负担，而且也会对我们政权的基层运作方式带来一些根本性的变化。目前，这方面还存在矛盾，乡镇干部气还不顺，首先要把乡镇干部的气理顺。农业和农村工作，历来讲两个积极性。首先是农民的积极性，这是根本，任何时候得罪农民，就是得罪生产力；同时，也要讲基层干部的积极性，没有基层干部辛辛苦苦的劳作，我们的社会难得安宁，政权难得稳固。农村税费改革后，乡镇干部这一级，一是心里空空荡荡的，不知道该干什么，二是过去可以搭农业税集资筹款，现在想摊派都不行了，有的地方发工资都困难。这些问题要靠深化机构改革和加大中央财政转移支付力度来解决，同时也要认识到新形势下转变政府职能的重要性。农村基层干部不是没有事情可干了，而是有大量的工作要做了，过去那些催粮派款等一应事不要干了，而如何谋划发展，带动农民致富，协调乡里乡间的各种矛盾，建设和谐社会，举办公益性事项，提供公共服务等，有大量的工作。

深化改革还涉及其他方面，如粮食流通体制改革、棉花流通体制改革、土地制度改革、户籍制度改革、农村金融体制改革等等，我们要会同有关部门做好调查研究、方案制定、出台实施工作。此外，还要深入研究农业补贴问题。为调动农民种粮积极性，中央出台了良种补贴、由流通环节补贴改为对种粮农民直接补贴，以及对粮食品种实行最低收购价的政策，效果是好的。同时，要进一步研究这三者之间的关系，进一步完善补贴办法。还要研究化肥价格放开后，给予种粮农民化肥、燃料等农资价格直补的办法。

（五）关于农业投资问题

1998年增发国债后，有一个农业固定资产投入的高潮，其投入强度，历史空前。现在需要为农业农村办的事越来越多，农业的投资需求刚性上升，恰在此时国债开始减发，农业投入正面临着阶段性变化。2005年的农口投资规模，国债新增部分是320多亿元，加上结转超过380亿元，再加上预算内，共计500多亿元。我委初步汇总2006年的农林水气项目，投资将有一个很大的缺口，近两年可能是农口投资矛盾比较突出和较集中的一段时间。怎样舒缓矛盾，提高投资效率，是摆在我们面前的一个非常现实和迫切需要解决的任务。

第一，关于增加总量。从中央财政层面上讲，在国债减发的同时，要增加预算资金供给，同时逐步建立基本建设投资稳定增长的渠道和机制，并将财政支农投入逐步规范化、法制化。从地方层面来讲，各级政府都有加大“三农”支持力度的责任，要主动增加地方财政对农业基本建设的投入。地方财政收入每年以10%～20%的速度增长，农业基本建设投资也应该同步增长，还是有潜力的。三是，从社会层面来讲，要处理好中央、地方投入和社会资金的关系。要以较少的政府资金投入带动更多社会资金投入，这就有一个投资方式调整问题。比如说，现在是100%的拨款，将来能不能改成有的贴息，有的“以投代补”，或者“以奖代补”，用更少的钱带动更多的社会投资，这也是增加总量的办法。如果发展改革委掌握的农林水气资金能够和政策性贷款资金有一个很好地衔接，就能够拓宽和放大农业投资渠道。

第二，关于整合投资，提高投资效益。整合支农投资的切入点有两个，一是中央一级搞个联席会议制度，互相通气，各自知道对方是往哪投了，投资规模是多少，避免重复投资，共享不均；二是真正整合要从县级着手去做，现在要安排试点，在有代表性的地区选择一些县市作为试点，通过试点，探索办法，明确思路。

第三，明确投入重点，加强投资管理。大家要意识到，可能要过一段时间紧日子，各省发展改革委安排项目和申请中央投资补助时，要分轻重缓急，确保重点，优先解决突出问题，防止出现半拉子工程。要加强项目和资金管理，精打细算，防止大手大脚花钱。要进一步完善项目筹资和管理制度，深化管理体制改革，向改革要效益。

（根据杜鹰同志在全国发展改革系统农村经济工作座谈会上的讲话摘登）

五大措施形成金融合力以支持新农村建设

中国银行业监督管理委员会副主席　唐双宁

建设社会主义新农村，迫切需要银行业金融机构进一步加大资金投入，加快构建“功能完善、分工合理、产权明晰、监管有力”的农村金融服务体系，形成有效支持社会主义新农村建设的金融合力。

“十五”期间，银行业金融机构在支持“三农”中发挥了重要作用。到去年末，农村信用社、农业银行、农业发展银行三类机构涉农贷款余额达4万亿元，占全部金融机构贷款总额的19%，比“十五”初期增加1.6万亿元，平均每年增长11.7%；农村合作金融机构投放农村的贷款总量首次突破2万亿元，用于支持农业的贷款总量首次突破1万亿元，直接到户的贷款占农业贷款的比重达80%。

尽管如此，资金投入不足，仍是目前制约我国农业和农村经济发展的一个重要因素。新农村建设对银行信贷和金融服务提出更高要求。从当前实际情况看，银行业金融机构在体制上、机制上、方式上仍不能完全适应农业和农村经济发展需要，农村金融机构本身存在不少困难和问题，制约着银行业金融机构更好地发挥支农作用。

据了解，中央作出建设新农村重大决策后，银监会结合银行业金融机构支农服务现状，及时研究提出贯彻意见。4 月下旬，银监会邀请 7 个省分管金融工作的同志和国家有关部委负责人召开了“农村信用社支持社会主义新农村建设座谈会”。目前，银行业金融机构支持新农村建设的具体制度和办法正在加紧研究制定中。

银监会的总体思路是：在有效防范风险前提下，积极引导和鼓励银行业金融机构创新支农服务方式，逐步完善金融支农的配套制度建设，努力确保支农力度不断加大，支农质量不断提高，支农功能不断完善，支农效果不断显现。银监会将从 5 方面入手，全力构建新农村建设金融合力：

按照经营现代化方向，深化农村信用社改革，争取 1 年时间实现贷款风险向五级分类的过渡，3 年基本理顺管理体制，用 5 年至 10 年时间把农村合作金融机构分期分批逐步建成产权明晰、经营有特色的社区性农村银行业金融机构。

加快政策性银行改革步伐。中国农业发展银行要扩大业务范围和服务领域，增强支农服务功能。国家开发银行要把基础设施建设资金投放重点转向农村，支持小乡镇建设和农村教育、卫生等社会事业发展。中国进出口银行要大力支持农产品出口创汇，运用信用手段，支持涉农企业“走出去”。

中国农业银行要加快改革步伐，加大对农村的市场化支持力度。紧随新农村建设进程，农业银行要合理布局机构网点，更多关注和满足具有资源优势和产业优势的农产品产业带、主导产业生产基地、农产品专业市场建设的有效需求，提高对优质农业重点龙头企业的综合服务水平。

加快组建邮政储蓄银行，建立完善邮储资金回流农村机制。邮政储蓄在目前业务基础上，根据邮政储蓄银行组建进程和管理能力，逐步放开业务范围，先期可考虑开展邮政储蓄机构办理社区居民与农户和小企业质押贷款业务试点，探索增加新的资金投入渠道，增加农村资金投入总量。

支持发展其他形式的农村金融服务组织和方式。推动现有农村金融机构之间开展竞争，引导其他金融机构加强对农村的金融服务，在农村设有网点的商业银行应将一定比例资金投放农村，鼓励积极开发适合农民和农村经济发展特点的金融产品，大力发展农村保险、租赁、银行卡、理财以及代收代付等业务，积极发展大宗农产品期货交易市场。

相关部门支持新农村建设措施

县委书记、县长参加集中培训

中央决定，从今年 4 月到 2007 年 1 月，全国 5300 多名县（市、区、旗）委书记、县（市、区、旗）长，新疆生产建设兵团的团（场）政委、团（场）长，将分批走进中央党校、国家行政学院、中国浦东干部学院、中国井冈山干部学院、中国延安干部学院的课堂，参加为期 7 天的“建设社会主义新农村”专题培训。对全国的县委书记、县长集中进行专题培训，是改革开放以来的第一次。

商务部：三大措施助推农村流通体系建设

“十一五”期间特别是 2006 年，商务部要采取三大措施，快速推进农村市场与流通体系建设。一是实施“万村千乡市场工程”；二是建立畅通高效的农产品流通体系。引导和鼓励农产品批发市场和零售企业与农产品生产基地建立长期的产销联盟，发展“订单农业”。同时，加大对农产品批发市场建设的投入力度；三是培育新型农村流通组织。发展从事农产品流通活动的各种农业经济合作组织，培育大型农产品流通企业，培养农产品流通带头人。

国土资源部：六项措施支持新农村建设

3 月底，国土资源部出台六项措施支持社会主义新农村建设。1.严格保护耕地特别是基本农田，将农用地转为建设用地的，必须符合规划和计划，必须依法报批，必须搞好补偿安置工作。2.严格征地管理，维护征地农民的合法权益。各省（区、市）年内将制定各市、县征地的统一年产值标准和区片综合地价，实现同地同价。3.力争用 3 年时间全面完成山区、丘陵区县（市）地质灾害普查，健全完善地质灾害群测群防体系。继续加强西部缺水地区供水水文地质勘查，加大农村地区地下水资源评价和污染情况调查监测力度。4.加强农村用地规划和管理。5.积极推进土地整理，土地出让金用于农业土地开发的部分和新增建设用地土地有偿使用费安排的土地开发整理项目，向粮食主产区、基本农田保护区和土地整理重大项目工程倾斜。6.提高支持新农村建设的能力和水平，重点加强乡（镇）国土资源所的建设。

4月，国土资源部表示，根据现行法规和政策，在政府土地收益方面有四部分可以用于支持新农村建设：新增建设用地土地有偿使用费的一部分、国有土地使用权出让金的15%、耕地开垦费及土地复垦费、耕地占用税。今后国土资源部门要严格收缴，按规定用途整合使用，加强效用督查，使之成为政府支持新农村建设的可持续发展的资金源泉。

农业部：2006年启动“九大行动”

为推动“十一五”期间农业和农村经济发展和社会主义新农村建设，农业部从2006年起正式启动“九大行动”：

——社会主义新农村建设示范行动。大力发展现代农业，推进农业重大工程项目和农产品优势区域布局，积极开展农村小型基础设施建设，改善农民饮水、能源、道路、居住、通讯等条件。

——粮食综合生产能力增强行动。2006年力求种植面积基本稳定，单产稳步提高，优质率提高5个百分点，以实施良种补贴和科技入户工程为手段，促进水稻、小麦、玉米、大豆和杂粮优质高产，重点推广水稻免耕插秧等10项增产增效技术。

——优势农产品产业带促进行动。2006年，选择黄淮海专用小麦、三江平原水稻、新疆棉花等8个产业带进行重点建设。加强优势农产品质量安全管理，完善基层检验检测机构；健全动植物病虫害防控体系，重点建设县乡两级基层防疫体系。

——农业科技提升行动。加快农业科技创新，重点攻克农业重大科学技术难题和关键核心技术，形成一批突破性的重大科技成果。

——畜牧水产业增长方式转变行动。加大奶牛良种和草种补贴力度，探讨水产良种补贴途径和方法，提高良种覆盖率。

——农业产业化和农产品加工推进行动。扩大专业合作经济组织示范项目范围，培育一批起点高、规模大、带动力强的龙头企业。

——农产品质量安全绿色行动。加强无公害、绿色、有机农产品的认证工作。重点制修订一批农业国家标准和行业标准，建设国家级农业标准化示范县（场）。

——生态家园富民行动。大力普及农村沼气，推广应用生物质能、太阳能、风能和微水电等可再生能源。大幅度增加沼气建设投资。

——禽流感等重大动物疫病防控行动。实行重大动物疫病强制免疫。加强重大动物疫情预警预报和应急处置能力建设。

4月24日，农业部宣布，2006年将为农民群众做十五件实事，包括为1亿农户提供免费的测土配方施肥服务；组织落实350万农村劳动力转移培训；培养10万名农村实用人才；改善84个藏区县农牧民生产生活的条件，等等。

国家林业局：为建设新农村办十六件实事

4月初，国家林业局表示，为推进社会主义新农村建设，2006年将办好十六件实事，包括：选择100个重点县（市、区、旗）开展生态建设攻坚，在京津风沙源治理工程区将3万以上农牧民迁入移民新村；使粮食主产区农田防护林网控制率提高1%；开展360万人次农村林业实用技术培训；落实对农民的森林生态效益补偿资金，将补偿面积增加到6亿亩，吸纳200万林农参与公益林管护，等等。

让农民也能健身

4月25日，我国“农民体育健身工程”在山西启动。国家2006年安排中央预算内投资1000万元和体育彩票公益金3000万元，用于山东、浙江、河南、江西、湖北、广西、重庆、陕西8个省市的“农民体育健身工程”试点项目。这些试点省市将在每个选定的行政村建设1个简易硬化篮球场，配置1副篮球架和2张室外乒乓球台。我国今后每年将在一批有条件的行政村扶持建设公共体育场地设施。到2010年，争取占全国1/6的行政村建有标准的公共体育场地设施，惠及约1.5亿农民。

新农村建设解读

建设社会主义新农村，第一就是改变了过去的单纯经济观点，第二，改变了过去单纯地、片面地强调加快城市化进程的观念，第三，更需要重视的是，如何调动农民的积极性，如何让广大农民参与进来，如何让农民在建设社会主义新农村的过程中得到实惠、得到好处。

建设社会主义新农村的要求

生产发展——新农村的物质基础；生活宽裕——新农村建设的核心目标；乡风文明——提高农民整体素质；村容整洁——改善农民生存状态；管理民主——健

全村民自治制度。

全面理解新农村建设的“20字目标”

党的十六届五中全会提出建设“生产发展、生活宽裕、乡风文明、村容整洁、管理民主”的社会主义新农村的目标，全面体现了新形势下农村经济、政治、文化和社会发展的要求。实现这五句话提出的要求，就是农村各方面实现协调、全面发展的过程。

中央农村工作领导小组办公室负责人：建设社会主义新农村重要的是观念的转变；建设社会主义新农村是一个全面的目标，不能只取“村容整洁”4个字；必须转变政府职能，加快建立全社会参与的激励机制；转移支付必须确保足额及时到位。

社会主义新农村建设的推进要坚持五个机制：一是投入机制，坚持以工促农，以城带乡，建立一个稳定的政府对农村投入增长的机制。二是工作机制，进行社会主义新农村建设不仅仅是涉农部门的事，党和政府的各部门尤其是基础产业和公共服务部门，都要有“一盘棋”的观念，在制定发展规划、安排建设项目、增加资金投入时都要向农村倾斜。三是引导农民发扬艰苦奋斗、自力更生的精神，建立建设自己美好家园的激励机制。四是加快建立吸引全社会广泛参与的机制。五是逐步建立改变城乡经济二元结构的新体制。

为何要建设社会主义新农村

农业、农村和农民问题，始终是关系我国经济和社会发展全局的重大问题。当前，我国总体上已到了以工促农、以城带乡的发展阶段，初步具备了加大对农业和农村支持保护的条件和能力。借鉴国内外的成功经验，必须加快建设社会主义新农村，实现城乡和农村经济社会的协调发展。

怎样建设社会主义新农村

城乡统筹发展是建设社会主义新农村的关键，建设现代农业是新农村建设的重要内容，深化农村改革是建设新农村的重要措施，发展农村公共设施是新农村建设中必须突出解决的问题，发展农村公共事业是新农村建设中要解决的又一个重点问题，增加农民收入是建设新农村最重要、最关键的目标，培育新农民、提高农民素质是建设新农村的前提和首要环节，加强党的领导是建设新农村的重要保证。

社会主义新农村建设的基本思路

坚持“多予、少取、放活”和“工业反哺农业、城市支持农村”的方针，努力改善农村生产生活条件，提高农民生活质量，促使农村整体面貌出现较大改观，逐步把农村建设成为“生产发展、生活宽裕、乡风文明、村容整洁、管理民主”的社会主义新农村。

新农村建设的四大难题

村级集体经济薄弱、农民增收乏力，村庄建设规划滞后和尚未建立长期投入机制，成为我国当前新农村建设面临的四大难题。

建设新农村钱从哪里来

建设新农村，首要的问题是要合理调整国民收入分配格局和财政支出结构，尽快实现由农业哺育工业向工业反哺农业的转变，具体来说就是要进一步提高农业占财政支出的“两个比重”。同时要改变目前财政支农投入渠道多、资金分散、使用效率低的现状，探索资金整合使用的有效途径。新农村建设还需要从多种渠道向社会筹集资金，形成政府主导、多元投入的局面。

农村最需关注七大问题

农村家庭教育负担沉重；农民看病难、医疗保障程度低；财政支农资金难以统筹使用；城市对农民工“经济接纳，社会排斥”；低价征地损害农民利益；农村金融机构难以满足农民的信贷需求；市场谈判地位低，自我服务组织的发育缓慢。

新农村建设的九大标志

村农民居住集约化，生产方式合作化，生产工具机械化，农民享受公共产品公益化，农民素质知识化，农民流动市场化，农民医疗、教育制度化，农民养老保险普及化，城乡服务一体化。

附：国家出台的惠农新政策

2000年，农民收入问题在党的十五届五中全会上受到高度重视。会议期间，“千方百计增加农民收入”这句话被写进文件。此后，党的十六大第一次提出要统筹城乡经济社会发展。

2003年中央农村工作会议要求对农业实行“多予、少取、放活”的方针。

党的十六届三中全会提出科学发展观，强调以人为本。

党的十六届四中全会，胡锦涛总书记提出“两个趋向”的重要论断，指出我国从总体上已经到了工业反哺农业、城市反哺农村的发展阶段。

五年来，中央高密度兑现“重农”承诺，以城带乡、反哺农业的步伐已经启动，并不断加快。

2005年初，中央发出1号文件——《中共中央国务院关于进一步加强农村工作提高农业综合生产能力若干政策的意见》。

10月，党的十六届五中全会提出的“十一五”规划《建议》，专题叙述了建设社会新农村的目标和任务。

11月28日，国务院常务会议在研究2006年农业和农村工作时指出，2006年要坚持以发展农村经济为中心任务，全面推进社会主义新农村建设。2006年和今后几年要进一步调整投资方向，加大对农业和农村基础设施建设投入。国务院各部门在制定发展规划、提出政策措施、安排建设投资和事业经费时更多地向农村倾斜，把各项任务落到实处，2006年要在建设社会主义新农村方面迈出有力的一步。

12月20日，胡锦涛总书记主持中共中央政治局会议，专题研究了推进社会主义新农村建设工作。根据全国财政工作会议透露的消息，2005年仅中央财政用于“三农”的支出就将超过3000亿元。2006年中央将继续加大财政支农力度，加快建设社会主义新农村。一是在全国范围内全面取消农业税。二是积极推进农村综合改革试点，加大转移支付力度。三是完善并加强“三补贴”政策。13个粮食主产省（区）的粮食直补资金再增加10亿元，全部达到本省粮食风险基金总规模的50%。四是积极支持农业综合生产能力建设，重点支持农村“六小”工程等项目建设。五是将新型农村合作医疗改革试点范围扩大到全国40%的县（区），中央和省级财政补助标准分别由10元提高到20元。六是继续加大对农村公共卫生、义务教育、科技发展、环境设施和文化设施建设项目的支持力度。这些惠农政策表明，2006年国家对“三农”的支持将达到前所未有的力度。

12月23日，国务院常务会议研究加强农村义务教育和深化农村义务教育经费保障机制改革问题。

12月28日至29日，中央农村工作会议在北京举行，对推进社会主义新农村建设和2006年农业农村工作作出全面部署。

全国农业工作会议提出：大力发展现代农业，扎实推进社会主义新农村建设，实施“三大战略”和“九大行动”。

2006年1月，国务院常务会议接连审议通过了《农村五保供养工作条例（修订草案）》、《国务院关于解决农民工问题的若干意见》，并研究部署“十一五”扶贫重点。

1月10日，卫生部等七部委联合下发《关于加快推进新型农村合作医疗试点工作的通知》。

2月14日至20日，中共中央举办为期一周的省部级主要领导干部建设社会主义新农村专题研讨班。

2月21日，新华社受权全文播发《中共中央国务院关于推进社会主义新农村建设的若干意见》。

另外，国务院决定从2006年开始全部免除西部地区农村义务教育阶段学生学杂费，2007年扩大到中部和东部地区；交通部长李盛霖表示，将把农村公路建设作为交通发展的战略重点，未来5年将新改建农村公路120万公里。

新农村建设案例

青岛市社会主义新农村建设的思路

为加快推进青岛市社会主义新农村建设，根据党的十六届五中全会精神和中共中央、国务院《关于推进社会主义新农村建设的若干意见》（中发〔2006〕1号）及省委、省政府有关精神，结合青岛市实际，提出社会主义新农建设思路如下：

一、指导思想、目标任务和基本原则

1. 指导思想。

坚持以邓小平理论和“三个代表”重要思想为指导，以科学发展观统领经济社会发展全局，落实工业反哺农业、城市支持农村和“多予、少取、放活”的方针，进一步加大统筹城乡发展、推进城乡互动的力度，以发展农村经济和增加农民收入为中心，以文明村镇建设为突破口，积极推进社会公共资源向农村倾斜、城市公共设施向农村延伸、城市公共服务向农村覆盖，按照“生产发展、生活宽裕、乡风文明、村容整洁、管理民主”的要求，全面加强农村经济、政治、文化、社会和党的建设，切实把建设社会主义新农村的重大历史任务落到实处。

2. 主要目标任务。

“十一五”时期是社会主义新农村建设打下坚实基础的关键时期，各级党委、政府要抓住农业和农村发展的重要战略机遇期，下更大的决心，拿出更多的投入，进行更扎实的努力，推动新农村建设迈出重大步伐。力争到2010年，全市1/3左右的村庄率先基本建成生产发展、生活宽裕、乡风文明、村容整洁、管理民主的社会主义新农村。

——生产发展。保持经济平稳较快发展，“十一五”期间，郊区生产总值年均增长16%以上，地方财政一般预算收入年均增长20%以上，力争到2010年，各市在全国百强县和全省30个经济强县中的位次大幅前移，镇级可支配财力全部达到1000万元以上。现代农业体系建设日臻完善，农业综合生产能力显著提高。现代制造业和现代服务业加快发展。农村基础设施进一步完善，全面实现村村通柏油（水泥）路、通客运车、通自来水、通电话、通有线电视、通网络。

——生活宽裕。到2010年，农民人均纯收入达到9600元以上，恩格尔系数降至35%左右，人均住房面积达到30平方米以上。农村社会保障体系基本完善，实现老有所养，劳有所工，幼有所教，贫有所助，病有所医。新型农村社会基本养老保险覆盖率达到60%以上，被征地农民适龄人员参保率达到95%以上。有转移就业要求的农村富余劳动力就业率达到90%以上。实现“双高普九”，高水平普及学前三年教育和高中阶段教育。新型农村合作医疗参合率达到95%以上。人人享有初级卫生保健。农村低保人员实现“应保尽保”，每个镇（街）建有一处中心敬老院，农村五保人员集中供养率达到80%以上。

——乡风文明。农民的思想道德、科学文化和健康素质显著提高，民主法制观念明显增强，尊老爱幼传统发扬光大。镇镇（街）建有“五室一场”（图书阅览室、培训室、文体综合活动室、共享工程电子阅览室、数字电影放映室和文化广场）的综合文化站，村村建有“三室（图书阅览室、培训室、文体综合活动室）一体”的文化大院。坚决抵制封建迷信活动和“黄、毒、赌”现象，打击非法宗教活动，社会治安良好，刑事案件发案率不断降低，村民对社会稳定满意度达到90%以上。“文明家庭”、“文明村（居）”和“文明镇（街）”均达到80%以上。

——村容整洁。村庄规划科学合理，农民住房实用、美观、大方，村内主要道路基本实现硬化、绿化、净化、亮化、美化。推进生态村（居）建设，村庄建成区绿化覆盖率达到40%以上。村内环境整洁有序，“三清四改”（清垃圾、清污水、清柴垛，改水、改路、改灶、改厕）

取得明显成效，生活垃圾基本实行集中处理，污水处理率不断提高，60%以上的农户使用清洁能源，无害化卫生厕所普及率达到60%以上，环境优美镇达到80%，文明生态村达到50%。

——管理民主。基层党组织的凝聚力和战斗力明显增强，“五个好”村党组织达到 80%以上。健全村级民主管理和村务公开制度，基层组织依法办事、照章理事的能力明显提高，群众对村级班子的满意度达到90%以上，85%以上的村达到村务公开和民主管理示范村标准。

3. 基本原则。

——规划先行，试点示范。

——实事求是，分类指导。

——以城带乡，城乡互动。

——深化改革，完善机制。

——以人为本，协调发展。

二、工作重点

（一）加快现代农业建设

1. 健全现代农业体系。逐步建立健全农业良种繁育与技术推广、农产品质量安全、农业信息和农产品市场流通、农业产业化经营、农业资源与生态保护、动植物保护、农业机械装备等现代农业服务体系。

2. 优化农业结构与布局。按照高产、优质、高效、生态、安全的要求，调整优化农业结构，在稳定发展粮食生产的基础上，加快发展畜牧、水产、果品、蔬菜等优势产业。实施种植业“四百工程”：积极推进100万亩优质高产高效粮食示范区、100 万亩以设施蔬菜为主的现代农业示范区、100万亩优质出口花生生产基地、100万亩优质果茶和花卉基地建设，形成优势农产品产业区。大力发展畜牧业，突出规模饲养和无规定动物疫病区建设，鼓励发展标准化、规模化、封闭式畜禽养殖小区和养殖场。加快发展水产业，突出发展新型高效渔业，抓好市海珍品健康养殖示范基地建设，搞好水产品精深加工，扩大本地水产品加工出口规模。

3. 提高农业产业化经营水平。着力培育一批竞争力、带动力强的龙头企业和企业集群示范基地，推广龙头企业、合作组织与农户有机结合的组织形式，不断拉长产业链条，提高农民进入市场的组织化程度。

4. 大力加强以农田水利为重点的农业基础设施建设。紧紧围绕防洪安全、水资源保障、改善水生态环境三大目标，进一步加强水利设施建设。继续安排小型农田水利专项补助资金，充分调动各方面对农田水利建设投入的积极性。完善防洪减灾体系，搞好主要河道的综合治理，“十一五”期间全部完成317座小病险水库除险加固工程。大力发展节水灌溉。继续加大农业综合开发力度，积极争取中央财政支持，切实保证地方财政配套。加强耕地质量建设，积极实施新一轮沃土工程。加强气象监测预警预报服务体系建设，提高农业减灾防灾能力。

（二）加快农村现代工业和服务业建设

1. 大力推进农村新型工业化。深入推进城市工业集群化与农村工业化的互动，鼓励各市（区）围绕四大工业基地、六大产业集群，制定产业发展规划和扶持政策，搞好经济园区建设，承接城市大工业梯次转移和退城进园。积极培育中小型民营企业，膨胀壮大品牌骨干企业，引进提升集约型外资企业，鼓励发展创新型科技企业，加速构筑区域特色鲜明的现代产业体系。统筹城乡就业，完善农村劳动力资源、用工信息、教育培训和转移公共服务平台，强化对农民的就业指导和组织，提高工资性收入在农民收入中的比重。

2. 加快发展农村服务业。以服务农业生产、方便农民生活、扩大农村消费为目标，提升商贸、餐饮、交通运输等传统服务业水平，提高现代物流、信息咨询、社区和中介服务、休闲旅游、金融保险等新兴服务业比重。加快建设以山东国际农产品展示交易中心为龙头、以各类专业批发市场为主体、以市（区）、镇（街）、村（居）连锁店为网络的现代市场流通体系。积极推进农产品产地批发市场升级改造，促进入市农产品质量等级化、包装规格化。大力推进实施“万村千乡市场工程”，发展农产品、农业生产资料和生活消费品连锁经营，加快“放心超市进镇（街）、放心店进村（居）”步伐，建立以集中采购、统一配送为核心的新型营销体系，改善农村市场环境。大力发展观光农业、休闲农业和都市农业。鼓励和扶持社会力量兴办各类中介组织，为农民生产生活提供社会化服务。

（三）加强城镇村体系规划和基础设施建设

1. 加快推进农村城镇化。按照“三点布局、一线展开、组团发展”的城市大框架要求，遵循招商引资向园区集中、人口向社区集中、土地向规模经营集中和优势资源向强村集中的原则和城镇化发展规律，搞好新一轮城镇村体系规划编制和修编，加快小城镇建设和农村新社区建设，形成布局合理、特色突出、经济繁荣、功能配套的现代城镇村体系。城中村要加快改造步伐，镇中村要提升建设档次，经济园区村要加大整合力度，中心村要提高发展水平，一般村要增强发展能力，弱小村尤其是库区村和山区村要逐步向城镇和中心村转移。

2. 加强农村基础设施建设。加快城乡一体的交通设施建设，市财政增加对困难镇村尤其是库区移民村通路通水补助，确保“十一五”末，在村村通柏油路的基础上，农村公共道路及村内主要道路基本实现硬化。2006年完成农村自来水化工程。鼓励引导有条件的镇（街）村（居）实行集中供热、供气。统一规划建设有线电视、远程文化教育和互联网等，逐步推行电话、有线电视和电脑网络“三电合一”，提高信息综合利用水平。加快农村能源建设步伐，积极推广沼气、秸秆气化、太阳能、风力发电等清洁能源技术。今年市财政安排专项补助资金，用于推广户用沼气建设，以沼气池建设带动农村环境整治。

3. 搞好农村生态环境建设。抓好宜林“四荒”、25度以上坡退耕还林、道路河流两旁、农田林网、沿海防护林和村镇绿化，逐步构建起完备的林业生态体系和产业体系。进一步加大河道综合整治力度，防控和治理污染。加强以小流域综合整治为重点的水土保持工作，搞好重要水源地周边绿化，努力实现生态环境的良性循环。实施近海渔业资源修复工程，建设可持续发展的渔业生态系统。加大村庄综合整治力度，今年市财政安排专项补助资金，用于“三清四改”试点示范，逐步建立“户集、村收、镇运、市（区）处理”的农村垃圾集中收集处理系统和村庄污水集中处理系统。

（四）加强农村社会事业建设

1. 大力发展农村教育。建立市和市（区）财政合理分担的农村义务教育经费保障机制，2006年争取实现市（区）域内统一义务教育阶段教师工资的发放标准，农村小学、初中预算内生均公用经费达到省定标准上限，建立农村中小学危房改造长效保障机制，全部免除农村义务教育阶段学生杂费，对贫困家庭学生免费提供教科书和补助寄宿生生活费。实施农村中小学教师素质提升工程，加大农村中小学教师轮训和城镇教师支援农村教育的力度。大力发展农村职业教育和成人教育，重点规划建设一批职业教育、公共培训基地，初步形成以技工学校和职业学校为骨干，社会培训机构为补充，多层次、全方位的农民培训网络体系。将农村劳动力培训经费纳入各级财政预算，不断扩大农村劳动力转移培训规模，增强农民转产转岗就业的能力。

2. 加强卫生体系建设。搞好农村区域卫生规划，优化农村卫生资源配置。增加财政投入，加强以镇卫生院为重点的农村卫生基础设施建设，健全农村三级医疗卫生服务体系。实施镇卫生院标准化建设、村卫生室规范达标、镇村医生人才培训和新型卫生服务支农工程，建立和完善覆盖全市农村的疾病预防控制、卫生监督、妇幼保健和公共卫生信息网络体系。今年市财政安排专项医疗设备补助资金，市（区）、镇负责房屋等基础设施建设，重点完成84个镇卫生院和3119个村卫生室的标准化建设。继续严格执行城市医生在晋升主治医师和副主任医师职称前到农村累计服务一年的制度，鼓励城市医疗机构对农村医疗机构开展业务帮扶工作。市财政安排专项资金，对兼职从事农村公共卫生的村医实行补助，建立完善市（区）、镇（街）、村（居）三级公共卫生体系。加强农村计划生育服务设施建设，切实搞好镇（街）计划生育服务站和村（居）计生服务室建设，继续稳定农村低生育水平，提高人口质量。

3. 大力发展农村文化科技体育事业。各级财政要不断增加对农村文化发展的投入，加强市（区）文化馆、图书馆和镇（街）综合文化站、村（居）文化室等公共文化设施建设。今年市财政安排专项资金，重点用于64处镇综合文化站和1200个村文化活动室的文化设施配套，尽快实现中央提出的一镇（街）一站（综合文化站）、一村（居）一室（文化活动室）的目标。加强农村数字化文化信息服务，积极开展文化信息资源共享工程，搞好镇（街）、村（居）基层服务点和数字图书馆建设。加强农村文化市场管理，加强文化执法力量和投入，加大监管力度，进一步净化文化市场，抵制腐朽落后的文化。加强农村科普宣传工作，不断提高农民的科技素质。统筹城乡体育设施建设，继续实施“体育三下乡”活动和“百村健身示范工程”，不断提高农民的健康素质。

4. 建立健全农村社会保障制度。按照统筹城乡发展的要求，逐步加大公共财政对农村社会保障制度建设的投入。今年全面建立起被征地农民养老保险制度，积极推行新型农村社会基本养老保险制度。完善新型农村合作医疗制度，从2006年开始，市和市（区）财政提高以大病医疗统筹为主的新型合作医疗补助标准。完善农村最低生活保障制度，建立科学的农村低保标准增长机制，扩大低保覆盖面，做到应保尽保。按照分类救助的原则，进一步完善农村五保供养、特殊生活补助、灾民补助、医疗救助、子女教育救助及社会互助帮扶等社会救助体系。进一步加强农村镇（街）中心敬老院建设，提高五保对象集中供养率。继续实施贫困残疾人安居工程。加大财政投入，力争“十一五”末基本解决库区移民村生产生活条件差和贫困落后问题。积极探索城乡社会保障制度衔接办法。完善进城务工农民权益保障制度。将进城务工农民纳入城市产业工人进行管理和服务，建立完善党委政府领导、工会组织协调、相关部门联动、用人单位自律、社会力量监督的新型农民工管理和服务工作机制。

（五）加强促进社会主义新农村建设的体制机制建设

1. 深化农村各项改革。稳定和完善以家庭承包经营为基础、统分结合的双层经营体制，健全在依法、自愿、有偿基础上的土地承包经营权流转机制，发展多种形式的适度规模经营。在抓好即墨市试点基础上，积极稳妥地推进以镇（街）机构改革、农村义务教育管理体制改革和市（区）镇（街）财政体制改革为主要内容的农村综合改革。强化镇（街）政府社会管理和公共服务职能，创新事业站所运行机制，5 年内镇（街）机构编制只减不增。加快推进农村义务教育体制改革，建立健全各级政府责任明确、财政分级投入、经费稳定增长、管理以县为主的管理体制，深化农村中小学人事和分配制度改革，精简优化教师队伍，合理配置教学资源。深化农村卫生改革，将镇（街）卫生人员、业务、经费等划归市（区）卫生行政部门管理，实行镇（街）卫生院长竞聘制度。市（区）政府要建立健全镇（街）卫生院医务人员社会保障制度。推进镇（街）村卫生院（室）一体化管理，提高农村医疗服务水平。调整、完善市（区）镇（街）财政管理体制，规范转移支付制度，合理划分镇（街）级收入范围和支出责任，提高市（区）镇（街）财政的自我保障能力。深化农村经营管理体制改革，大力发展多种形式的农村社区股份合作、土地股份合作及各类农民专业合作经济组织。稳步推进农村集体资产产权制度改革，重点推进集体林权和小型农田水利设施、小型鱼码头等产权制度改革，明确所有权，放开经营权，激发农村经济发展活力。通过资产管理、资源开发、资本经营、社区服务等途径，发展壮大村集体经济。开展清理化解村级债务试点，积极稳妥清理化解村级债务，严禁发生新债务。深化户籍管理制度改革，取消农业和非农业人口二元制结构，今年在全市流动暂住人口中实行居住人口登记管理制，逐步实行城乡一体的居住证制度。加快征地制度改革，进一步规范征地程序，缩小征地范围，完善补偿办法，拓宽安置途径，维护农民合法权益。积极推进农村金融改革，改善农村金融服务，实施信用支农工程，确保农村信用社新增信贷资金的40%投向农业。积极探索发展“三农”保险的新路子，充分发挥商业保险在社会主义新农村建设中的作用。

2. 全面落实党在农村的各项政策。严格执行中央规定，确保财政支农资金的增量高于上年，预算内建设资金用于农村建设的比重高于上年，其中直接用于改善农村生产生活条件的资金总量高于上年；确保今后每年新增的教育、文化、卫生等事业经费主要用于农村，基本建设资金增量主要用于农村，政府征用土地出让收益主要用于农村，逐步形成新农村建设稳定的资金来源。全面落实免征农业税和减轻农民负担的各项政策，继续实施对种粮农民实行直接补贴、良种补贴和农机具购置补贴。适应农业生产和市场变化的需要，积极探索建立和完善对种粮农民的支持保护制度。建立涉农价格和收费公示等农村价格政策服务体系，确保中央的各项价格政策在农村得到认真落实。

3. 加强对财政“三农”资金的使用管理和稽查监督。市和市（区）安排的专项扶持资金要及时到位，并确保专款专用。财政专项资金安排的项目要严格按照资金管理有关规定，进一步加强对资金的事前、事中、事后全过程监督管理，坚持“项目跟着规划走、资金跟着项目走、监管跟着资金走”的原则，严禁挤占、挪用。资金管理原则上要细化预算编制，实行国库集中支付、会计集中核算、政府采购和市（区）级报账制；项目管理原则上要建立项目库，实行专家评审、项目招投标、项目公示。政府投资的基本建设项目要严格按照有关规定，切实加强项目管理，提高政府资金使用效益。要建立健全“三农”资金使用的绩效评价制度和跟踪问效制度，建立项目工程的长效管护机制。进一步加大财政“三农”资金整合力度，对“三农”资金统筹安排，集中使用，争取每年办几件具有全局意义的大事。

（六）加强农村精神文明和民主法制建设

1. 倡导健康文明新风尚。弘扬以爱国主义为核心的民族精神和以改革创新为核心的时代精神，培育和践行“诚信、和谐、博大、卓越”的青岛精神，深入开展农村形势政策教育，加强公民道德建设，提高农民整体素质，努力培养有文化、懂技术、会经营的新型农民，为建设社会主义新农村提供强大的精神动力、智力支持和思想保证。深入推进创建文明村镇、文明家庭等群众性创建活动，努力培育一批示范文明村镇。强化城市文明的辐射带动作用，率先在滨海大道沿线、镇驻地和各类园区周围村庄开展城乡共建文明活动，实现城乡文明共同提高。丰富广大农民的精神文化生活，引导农民崇尚科学，抵制迷信，移风易俗，破除陋习，提倡科学健康的生活方式，形成文明向上的社会风貌。建立文化、科技、卫生“三下乡”长效机制，开展婚育新风进万家活动，丰富和提高广大农民的精神文化生活。

2. 加快农村民主法制化进程。认真贯彻落实村级组织管理制度，推进村级民主制度化建设，健全村党组织领导的充满活力的村民自治机制，让农民群众真正享有知情权、参与权、管理权、监督权。完善村民“一事一议”制度，健全农民自主筹资筹劳的机制和办法，引导农民自主开展农村公益性设施建设。深入开展村务公开民主管理示范活动，规范农村财务管理，完善农村财务“委托代理”制度。加强农村法制建设，结合“民主法制示范村（社区）”创建活动，搞好农村普法教育，增强农民的法制观念，提高农民依法行使权利和履行义务的自觉性。

3. 深入推进平安村（居）建设。坚持关口前移，重心下移，不断完善基层综治、司法、信访、民事调解“四位一体”机制，全面推进基层司法所、派出所、法庭工作联动，强化矛盾纠纷排查和基层群防群治网络建设，努力把矛盾化解在村（居）。建立市、市（区）两级平台联动的法律服务专线。完善“三台合一”和“三警联勤”机制以及民警保安驻村（居）、巡勤警务、户访等适合农村特点的警务模式。深入开展农村社会治安综合治理活动，依法严厉打击各种违法犯罪活动、邪教组织活动、黑恶势力和“黄赌毒”等社会丑恶现象，建设平安镇（街）村（居），为农民群众营造和谐稳定的生产生活环境。

三、需要注意的几个问题

新农村建设涵盖了政治、经济、文化、社会四位一体，是一项庞大的、系统的德政工程，是新时期农村发展的又一场革命，是新形势下惠民、富民的重要举措。在新农村建设中要处理好以下几个关系：

一是“主导”与“主体”的关系。在新农村建设初始阶段，必须强调政府的主导作用，通过发挥政府行政力，引导广大群众参与到新农村建设中来。随着新农村建设的不断推进，政府要由主导变成引导，建立完善的长效机制，逐步退出，最终使新农村建设变成农民的自发行为。但自始至终要突出农民在新农村建设中的主体地位，调动农民参与的积极性，不越俎代庖、不大包大揽、不与农民争利。

二是“硬件”与“软件”的关系。硬件主要指农村房屋、河道、道路、供水、排水、垃圾处理设施等基础设施和商业、学校、医院、电信等服务设施建设。软件主要指基层组织建设、治安环境、农民素质教育、民风民俗塑造、村庄管理等内容。社会主义新农村建设是推动农村社会文明进步的工程，具有全面性。不仅仅是一个村镇建设的问题，而是一个村民发展的问题；不仅仅是经济建设问题，而是包括社会、政治、经济、教育、文化、人民生活、社会治安、社会保障等涉及生活方方面面的有机统一体，是社会综合发展的标志。因此，不能重“硬件”，轻“软件”，而要两手抓两手都要硬，建立新农村建设和管理的长效机制。

三是“建设”与“保护”的关系。从发达国家农村看，更强调环境整洁、住宅优美、错落有致。因此，在新农村建设要以村镇建设作为切入点，首先定位在村庄整治和建设，让群众看得见、摸得着。因地制宜，不能一味追求城市发展模式，重点是改变农民生活方式，带动生活水平、精神面貌、社会文明的提高。

四是“重点推进”和“全面提高”的关系。社会主义新农村建设是一项长期而艰巨的任务，不可能一蹴而就，要注重“点”与“面”的结合。在量力而行的前提下，既要加强重点推进，又要注重全面提高；既要加快强镇强村的发展，又不能使弱镇弱村在新农村建设过程中“边缘化”；既要加强基础设施建设，又要加强农民综合素质的提高。

（青岛市发展改革委）

以机制创新为突破口　加快推进社会主义新农村建设

——四川省资阳市农村经济建设情况调查

近年来，资阳市委、市政府按照四川省委、省政府“推进产业化，全面建小康”的总体部署，围绕机制创新进行了一系列大胆有益的探索，以机制集聚资源、整合力量、统筹城乡，走出了一条农业投入多元化、业主开发规模化、劳务产业品牌化、各方效益最大化的农业发展新路子，不断增强社会主义新农村建设动力。

一、创新农业信用担保机制，整合财政、金融、民间各方资金，形成多元投入的农村经济发展新格局

近年来，资阳市重点围绕食品工业“百亿工程”和“农业建基地”的要求，进一步加大了与金融机构的农业担保合作，不断激励金融支持社会主义新农村建设，初步形成了多元投入的农村经济发展新格局。

资阳市于2003年底组建了农业担保公司。截至今年7月底，公司实收资本突破1亿元大关，是成立时的7倍多，其中财政投入4200万元。农业担保公司与农业发展银行、农村信用社和国家开发银行分别签订了新增贷款30亿元、20亿元和1.5亿元的金融支农合作协议，约定担保放大比例为5倍以上，从而破解了农业企业评级授信难和缺乏抵押物两大融资难题，财政资金实现了“以小搏大”。

二、创新“六方合作”机制，集聚生产要素，实现基地建设标准化、产业运行直通化、各方效益最大化

“六方合作”即“担保公司+饲料加工企业+种畜场+金融机构+协会农户+肉食品加工企业”的合作，它是政府引导、企业主体、农民自愿、金融支持、行业监督、合同约束、风险保障、饲料及肉食品加工与动物繁育、养殖的产业互动发展模式。在该模式中，农业发展银行等金融机构向企业发放储备粮贷款；农业担保公司给予信用担保；饲料企业承诺料肉比，并按每吨低于市价100元的价格向农户赊销或配送饲料；种畜场以每斤低于市价3%~5%的价格向农户赊销或配送仔畜；农户按标准化生产要求进行饲养；肉食品加工企业以每吨高于市价600元的价格订单收购，并代扣赊销的饲料款和种畜款。这一模式有利于留守农村的“老、弱、妇”农民低成本、低投入、低风险发展标准化养殖。

在具体操作中，一是要强化合同约束，对收购价格、优惠率、料肉比、药残等关键指标实行公开承诺、合同约束；二是建立风险资金，按照向养猪协会提供的饲料、仔畜和收购的生猪数量，由合作各方缴纳风险资金，用于补贴自然灾害和疫情造成的重大损失、抗御信用风险；三是“六方合作”生猪纳入养殖保险，进一步化解经营风险；四是建立相应的信用村、信用户评选机制。

通过农业“六方合作”投资机制的创新，各种农业资源得到进一步优化配置，农业产业链条得到进一步延伸，农业融资难的问题得到适当缓解；农民不仅在生产环节获得了相当的利润，而且在流通环节也有收益。尽管上半年猪价低迷，按这一模式农民养猪每头仍有70元左右的利润，目前“六方合作”机制已在资阳市100个文明新村和45个扶贫村中率先推行。

三、创新农业业主开发机制，整合土地、技术、劳动力、项目等资源，构建规模化、区域化、标准化现代农业模式

针对农村青壮年劳动力大量外出务工，农村土地撂荒增多的特点，资阳市以种植业为重点，狠抓四个主要环节，努力创新农业业主开发机制。一是狠抓科学规划。按照省委对资阳市提出的农业产业化“十龙起舞”的要求，以“十条龙”（即优质生猪、山羊、粮油、柠檬、调味品、茧丝绸、棉纺、薯类、蔬菜等十大产业）为重点，全面规划，将项目、资金集中投入优势产业和优势区域。二是狠抓业主引进。采取上门招商、鼓励龙头加工企业建立可控基地、财政扶持专用原料基地、科技人员带薪参与业主开发等措施，吸引一大批业主到农村参与产业化经营。三是狠抓利益契合。鼓励业主返聘农民到园区务工，鼓励农民以土地和劳力入股，鼓励业主以免费供种、订单回收、股份分红、二次返利等方式创新利益联结机制。四是狠抓服务扶持。政府搭建信息平台，为业主推荐项目；农技部门结合乡镇综合配套改革的人员分流，为业主配备产业辅导员；发改、财政等部门整合涉农项目资金，在符合项目管理要求的前提下，对道路、提灌、蓄水、沼气循环利用等设施建设给予“以奖代补”，激发业主的投入积极性。不断带动农民增收，促进农村劳动力的解放。

四、创新“四方联动”劳务开发机制，不断完善和延伸劳务产业链条，打造品牌型劳务经济

在劳务开发过程中，资阳市积极探索“培训基地+劳务公司+集团合作+部门维权”的“四方联动”机制。即：由劳务培训基地培训合格的产业工人，劳务公司在政府的支持下与大集团、大企业合作，提高所培训的产业工人的就业质量，政府部门整合维权资源，维护农民工的合法权益。

通过采取多形式培育、培养、培训农民，发挥职业教育在劳务培训、转移上的主体作用，采取多种模式提高农民的组织化程度，多渠道打造劳务品牌，多层次服务劳务输出等一系列措施，2006年上半年，全市劳务培训16.1万人次，输出、转移农村劳动力128万人，同比增长9.4%；实现劳务收入31.6亿元，同比增长12.5%；农民工人均收入达到2469元，同比增长18.4%；农民人均劳务收入实现743.5元，同比增长20%。通过努力探索“四方联动”机制，农民工的素质得到进一步提高，高级技工在输出中的比例进一步增大，资阳劳务产业提质增效的良性互动发展局面初步形成。

五、创新农业保险机制，着力防范化解农业产业化经营中的自然风险和市场风险

农业是弱质产业，受自然风险和市场风险的双重制约，而这种风险性又制约了业主和金融机构的投入信心。资阳市以列入全省农业保险试点市为契机，以生猪养殖保险为突破口，大力发展农业保险。引入竞争机制，吸引中华联合保险公司、中保财产保险公司、法国安盟公司3户企业进入资阳农业保险领域。本着“低费率、低步入轨、保本或微亏起步”的原则，每头生猪缴纳保费5至10元，当生猪发生疫病死亡时，保险公司按合同每头赔付200至400元不等。其保费由“六方合作”风险资金和财政分别给予补贴。通过费率优惠、保费补贴和保险保障，不断激励业主和农民放心、放胆、放手投入新农村建设。

六、创新农村土地开发整理机制，坚持耕地保护与村镇建设结合推进，加快城乡一体化进程

在丘陵地区，一方面农村耕地资源相对紧缺，另一方面，城镇建设占地指标不足，而且征占用耕地每亩需缴纳土地有偿使用费6667元、耕地开垦费6667元。资阳市在学习借鉴外地经验的基础上，本着统筹城乡、耕地保护与村镇建设相结合的思路，努力探索新的农村土地开发整理机制。即组建城乡基础设施建设开发公司，以市场化运作的方式，对农村建设用地进行复垦，配套实施农房迁建和基础设施建设，从而既改善农村生产生活条件，促进新村建设，同时增加城镇建设用地指标，减少征占地的复垦规费；对开发整理新增的土地指标，置换进入城镇土地市场，转换为工业用地或经营性用地，通过以城带乡实现增值，最终盘活农村土地资源。目前，“金土地”工程示范项目已正式启动，全市6个项目区共126公顷的土地已被纳入整理和开发建设规划。

（全国农村经济动态监测点四川省资阳市发改委）

农村富余劳动力转移情况

——广西壮族自治区永福县调查报告

为掌握永福县农村富余劳动力的现状，了解农村劳务输出动态，县委办、县政府办牵头组织县农业局、人事劳动社会保障局、统计局、发展和改革局等单位有关人员，分成4个调查小组，于2006年4月1日至3日进行了一次专项调查。本次调查采取随机抽样的方法，每个乡镇随机抽取2个行政村，每行政村抽取1个村民小组、每个村民小组抽取10名群众作为调查对象。现将调查结果报告如下：

一、劳动力资源与结构

从调查的18样本显示，总人口为3985人，其中劳动力人数为2364人，占总人口的59.32%。从劳动力性别结构看：男劳动力1345人，占56.90%，女劳动力1019人，占43.1%；从劳动力文化程度来看：高中、中专以上文化319人，占13.49%，初中文化1336人，占56.51%，小学以下文化709人，占30%。接受调查的180名劳动力中，30岁以下的青年仅23人，占12.78%。从以上情况看，当前永福县农村劳动力文化水平普遍较低，留在农村的30岁以下的年轻劳动力所占比例很小。

二、农村富余劳动力转移情况

农村富余劳动力相对于农业富余劳动力而言，是超过当地农业现实需要的劳动力。因此，本次调查对农村富余劳动力的计算，具体包括三个方面的人员：一是农村的非农业劳动力，即在当地从事二、三产业和外出从事二、三产业（务工、经商）的劳动力；二是一年中大部分时间不从事农业生产的劳动力，即农闲时外出务工、经商或无所事事的劳动力；三是离村到外地务农的劳动力。农村富余劳动力中实现转移的有：一是农村的非农业劳动力；二是农闲时外出务工、经商的劳动力；三是离村到外地务农的劳动力。

从劳动力所从事产业看：第一产业1804人，占76.31%；第二、三产业560人，占23.69%。在1804名从事第一产业的劳动力中，农闲时务工、经商的有259人；纯务农的有1545人，其中225人农闲时无所事事、29人离村到外地务农。在560名从事第二、三产业的劳动力中，常年到县外务工、经商的有404人；常年在本县离乡务工、经商的有156人。据此计算，2364名农村劳动力中，农村富余劳动力为1073人，富余率为45.39%；农村富余劳动力已实现转移的有848人，转移率为79.03%。

据调查的180名劳动力中，务农的有158人，占87.78%；务工经商的有22人，占12.22%。在158名务农人员中，纯务农的有102人，其中14人农闲时无所事事；农闲时务工、经商的有56人。据此计算，180名农村劳动力中，农村富余劳动力为92人，富余率为51.11%；农村富余劳动力已实现转移的有78人，转移率为84.78%。

综合上所述，农村劳动力就业还是以从事农业生产为主，占80%以上，富余率为48%；农村富余劳动力80%得到了有效转移，转移途径主要是在县内外务工、经商，其人数占已实现转移的农村富余劳动力的96%以上，占农村劳动力总数的35%。总的来看，当前农村富余劳动力转移具有六个显著特征：

*1. 农村富余劳动力转移与当地经济发展状况密切相关。*一个村屯主业突出、经济发展快，可有效化解富余劳动力转移的压力；一个村屯的经济发展滞后，富余劳动力转移的压力就大，外出务工人员就多。比如所调

查的三皇乡文明村板坝屯，总劳动力70人，全屯以种植经济效益高的西红柿为主导产业，大幅度提高了群众的收入，该屯富余劳动力仅为11人，且通过外出务工、经商途径得到了有效转移。又如所调查的永安乡永新村石排屯，总劳动力305人，以种植水稻为主，群众收入低，全屯富余劳动力达125人，全都外出务工。

2. *农村富余劳动力转移主要以就地转移和外出务工为主*。近年来，随着沿海发达地区、大中城市经济的迅速扩张和永福县经济的快速发展、就业岗位的迅速增加，推动了农村富余劳动力的转移。在1073名农村富余劳动力中已得到有效转移的848名，其中：415人在本县从事二、三产业，主要集中在建筑、餐饮服务等行业，月平均收入300~1000元，占总转移人数的48.94%；404人离县到外地务工，主要集中在工业、建筑和装修等行业，月平均收入800~2000元，占总转移人数的47.64%；29人离村到外地务农，占总转移人数的3.42%。

3. *外出务工具有较强的裙带性*。多数人外出务工是经亲朋好友的介绍实现，通过政府或社会中介服务机构组织劳务输出的人数很少。特别是青年劳动力流动周期长，有的农村青年已完全摆脱了农业生产而长期在外就业。

4. *外出务工人员流动区域化*。外出务工人员虽遍及全国各地，但是，流动区域相对集中在珠江三角洲、江浙地区和本地周边城市。

5. *外出务工具有明显的兼业性特点*。农村劳动力中有相当一部分在农忙时种地，农闲时外出务工，属亦工亦农性转移。农村富余劳动力中外出兼业劳动力占外出务工劳动力的比重达31%。

6. *从事纯体力劳动是外出务工的主要途径*。由于绝大部分外出务工人员的文化偏低，技能缺乏，只能从事劳动技能低、劳动强度高、危险性大的行业。

三、农村富余劳动力转移存在的问题

从调查获得的资料看，永福县农村富余劳动力转移中主要存在以下四个突出问题：

1. *农村富余劳动力转移还处于盲目阶段，缺乏有效的引导*。由于基层就业信息网络尚未健全，有关劳务输出的信息收集、传递、中介服务体系没有完全形成，使得农村富余劳动力转移就业缺乏足够的信息渠道和就业指导，导致盲目性很大。一些急于实现就业的青年，不从自身条件或家庭条件出发，也不办理相关证件（如未婚证），仅凭个人意愿盲目外出求职，其结果或“无业”而返，或上当受骗，造成人力、财力、物力的浪费。

2. *农村劳动力素质较低，制约了农村富余劳动力的转移领域*。农村劳动力素质低是制约农村剩余劳动力转移特别是转移层次提高的重要因素，突出表现在低学历的多，高学历的少；体力型的多，经过专业培训的少。受农村劳动力素质、技能低的客观条件影响，农村富余劳动力外出务工难以进入较高层次的产业，而且从各地经济发展的长远看，随着经济发展水平的不断提高和高新技术产业的兴起，低素质劳动力的转移领域必将越来越窄。

3. *农村富余劳动力外出务工的保障机制尚未完善*。由于长期存在的城乡二元经济结构，使农村富余劳动力在向二、三产业转移过程中面临诸多体制性、政策性障碍。如在就业机会上，与城市劳动力相比，农村劳动力在就业机会方面受到更多的限制，且就业也相对不稳定；在社会保障和劳保福利方面，由于缺乏相应的政策和法律保护及有效监督，使得外出务工农民不仅大大低于城市职工，而且没有保障。尽管近几年中央出台了一系列保护农民工权益的政策和法律法规，但有些地方并未完全落实，加上外出务工农民大都呈散兵游勇，各自为阵状态，难以形成合力，农民维权意识淡薄，合法权益往往得不到充分保障。

4. *农村富余劳动力转移就业压力日渐增大*。一是沿海经济发达地区和一些大中城市对流动人口的控制以及生产力水平飞速发展，对素质较低的纯体力型民工做了一些限制，对劳动力整体素质要求越来越高，对外来劳动力需求量有所减少。二是尽管近几年永福县经济发展取得了显著的成绩，较好地促进了农村富余劳动力的转移就业，但随着各项改革的进一步深入，必将会但面临日益增加的安排城镇待业、下岗、失业人员就业与加快农村富余劳动力转移的双重压力。

四、加快永福县农村富余劳动力转移的几点建议

1. *加快“培训园”、“创业园”、“安居园”建设*。据调查的180名农民群众中，46人有外出务工和接受劳动技能培训的意愿；另有16人属于暂时回家的常年外出务工人员，他们都表示今后将尽一切努力落户县城或大中城市，做“城里人”，力争干出一番事业。因此，要通过建设“农民工培训园”，更好地对农民工进行技能培训，不断提升农民工素质和技能，增加农民工获得就业的机会；通过建设“创业园”，给予返乡创业者以更多“看得见、摸得着”的实惠和支持；建设“安居园”，吸引返乡农民工在“安居园”落户。

2. *加大组织输出力度，强化劳动保障意识*。劳动就业部门一方面要加强与外地劳动力市场、用人单位的沟

通联系，向社会发布用工信息，让农村劳动力及时了解信息；另一方面要加快建立相对稳定的劳务基地，积极开展定向培训，优先组织输出有文化、有技能、有特长的劳动力，形成政府输出与能人带动输出并举发展的良好格局，努力提高农村劳动力劳务输出的组织化程度，逐步实现农村剩余劳动力由盲目的自由流动向有组织、成建制的输出转变。同时，积极为农村富余劳动力提供相关法律政策咨询、劳务信息、就业指导等一系列的就业跟踪服务，帮助他们具体解决工作和生活上所遇到的各种实际困难，如劳资纠纷、劳动争议、突发事件处理等等。

3. 加大城乡统筹就业力度。将农村劳动力转移与城镇下岗工人再就业工作并轨，实行城乡劳动力凭素质和技能自主择业、公平竞争，努力形成市场导向的公平就业机制。大力培育发展劳动中介组织，明确中介职责，充分利用其信息网络、技能培训、职业介绍和跟踪服务等方面的作用，为农村富余劳动力转移服务。

4. 加快工业化、城镇化和农业产业化建设步伐，加速县域经济发展，不断增加就业岗位，促进农村富余劳动力在县内转移就业。

（全国农村经济动态监测点广西壮族自治区永福县发改局）

实施食品工业带动战略
加快社会主义新农村建设步伐

——山东省莱阳市农村经济建设情况调查

建设社会主义新农村，必须立足本地实际，发挥自身优势。作为全国著名的农业大市，农产品加工出口是莱阳市的独特优势。为此，该市按照“工业反哺农业、城市支持农村”的目标，确立了富有莱阳特色的新农村建设思路，大力发展农业产业化，靠食品加工带动广大农民致富，最终实现“生产发展、生活宽裕”。到目前，在莱阳的财政收入中，食品行业占到了八成以上，全市四成以上的农户参与食品加工业，农民收入中70%以上来自于农业产业化。

一、高筑龙头，促进行业发展，抓住农民增收致富的关键

龙头企业既是产业集群的支撑，又是产业链条的核心。莱阳市立足当地农副产品丰富的优势，在政策、资金、技术、土地等方面给予重点扶持，不断提升食品加工企业的市场竞争力。通过大力实施“双十”和“小巨人”骨干企业培育工程、开展五个“投入年”等活动，产业发展的龙头效应日益凸现。

（一）建立食品加工产业体系。围绕国内外市场需求，莱阳市着眼对农业的带动和农民的增收，优化组合各种生产要素，延长农产品生产、加工和销售链条，积极构建蔬菜、果品、畜牧、粮油加工业齐头并进的局面，使产业化经营与高效农业发展紧密相连。初步形成了以骨干企业为支撑、大中小企业相配套、产权联结紧密、产品各具特色的食品加工产业体系。到目前，全市共吸纳各方面资金20亿元，引进外资2亿美元，兴办食品加工企业280多家，食品加工企业的固定资产达到40亿元。

（二）膨化食品加工企业发展规模。通过合资合作、引进国外先进技术、设备嫁接改造等形式，重点培育一批食品加工骨干企业。目前，已培育出龙大、鲁花、天府、吉龙等5个国家级企业集团和春雪、三乐等7个省级企业集团。以重点食品加工企业为龙头，全市各类食品加工能力达到200万吨，其中蔬菜加工能力达到70万吨，果品40万吨，畜产品30万吨，花生油加工能力50万吨。食品加工行业实现销售收入和利税均占市乡村工业的60%以上，其中蔬菜加工出口超过全国出口总值的1/6。

（三）提高食品加工企业综合效益。围绕为食品加工企业配套，莱阳市有20多万劳动力参与到产业化经营的种养、加工、运销等环节，均占全市劳动力总数的1/2，农民收入的60%以上来自于产业化经营，年实现直接收益和间接社会效益50多亿元。其中仅花生油加工一项，鲁花、龙大、齐花、吉龙等企业就带动本市及周边省市种植花生200多万亩，为农民带来直接、间接效益超过10亿元。

二、强化措施，推进基地建设，夯实农村各项事业的基础

莱阳市根据食品企业加工需求，确立区域化布局、规模化经营、专业化生产和推广新技术的“三化一推”思路，大力发展各类种养基地，为农村各项事业发展奠定坚实的物质基础。

（一）区域化布局。以骨干企业为依托，引导优势农产品向优势区域集中，形成特色鲜明、市场竞争力强的产业布局。围绕为企业提供足够的加工原料，莱阳市引导食品加工企业附近的村庄积极与企业建立联系，为企业配套建立原料种植基地，开展订单式生产，使这些村庄成为企业的“生产车间”。沐浴店镇的沐浴店村、团旺镇的西石格庄村等100多个村庄根据企业需求，形成了不同规模的区域经济特色。

（二）规模化经营。积极引进国外现代农业模式，带动广大农民逐步改变传统的种养理念，实行规模化经营。一是通过对外商租赁的形式，把外商投资从二产引到一产，建起高标准的现代农业生产示范区2.5万亩。姜疃镇濯村将8100亩土地整体出租给外商种植葡萄、黄金梨等农产品，作为外商企业的原料产地，使劳作在土地上的“农民”变成了“农业工人”，群众由此每年增收800多万元。二是引导企业通过土地承包、租赁等方式，建立各自的“车间式基地”。龙大集团建立起的4万多亩农场式基地，不仅带动当地超过15万农民从事原料种植加工，还辐射河南、河北、江苏等10余个省、70多个县市，有50余万农民参与其中，户均增加8000元以上。

（三）专业化生产。为进一步提高农产品加工出口档次，莱阳市按照国际标准、国家相关行业标准，相继制定了《无公害蔬菜生产技术规程》、《莱芋牌芋头栽培技术规范》、《绿色食品标准》等10多个主导品种的生产技术规范，有效地稳定了农产品质量。同时，实施以减少化学农药用量、保护生态环境、保证蔬菜生产农药残留不超过国家规定标准为主要内容的“一减双保”工程，成立了专门的农药监督管理机构，加大对农药和化肥的管控力度。目前，全市建立起30万亩蔬菜生产基地、45万亩果品生产基地，各种食品生产基地占全市耕地总量的60%以上，涌现出10万个蔬菜、果品、畜牧生产专业户，每年仅出售原料收入一项就达20多亿元，户均2万元以上。

（四）推广新技术。围绕农业新品种、新技术的推广，鼓励企业自主创新，大力推广工厂化育苗、无公害栽培、防虫网覆盖、网上饲料、膜下滴灌、无土栽培、紫外线杀虫等新技术，提高龙头企业和整个产业化经营的科技含量。一方面，企业派出专业科技人员，从土壤成分的分析、种植、田间管理、温度湿度的控制等各个方面，进行科学管理和不间断监测。所有试验区点，全面推行统一环境质量、统一关键技术、统一产品标准、统一检测方法、统一产品标识的“五统一”操作规程；另一方面，注重基地选址，保证生产条件和生态环境优良，确保生产过程不受工业“三废”及生活垃圾污染。如今，全市生产的有机食品、调理食品等30多个系列的400多个品种，已畅销欧、亚、美、非等四大洲的40多个国家，年出口创汇3亿美元以上。

三、兴城富民，提升城市水平，增强经济持续发展的后劲

莱阳的食品加工企业起初大多是在乡镇发展起来的，随着企业规模的不断扩大，企业受交通、信息、人才、资金等方面因素制约日益明显，难以在更大规模、更高层次上发展。为从根本上解决这一难题，莱阳市采取政策扶持措施，将加工企业的发展与加快城市化进程结合起来，鼓励和引导乡镇企业加快向城市和园区聚集步伐，带动产业和农民进城，实现了兴城与富民“双赢”。

一是顺势推进城市发展。随着100多家乡镇食品加工企业进程发展，10万余名农村劳动力向城市转移，成为城市居民，莱阳市的城区面积和人口户分别超过25平方公里和30万人口，较5年前增长了一倍。转移出来的农民，通过在农业外的劳务就业，获得了比原来更高的经济收入。

二是加快膨胀第三产业。除了跟随企业进城外，莱阳有近10万农民进城，多数从事与产业化配套服务有关的第三产业，直接繁荣了城市经济。而这些从事非农产业的人员，年收入平均都高于同村劳动力30%以上。以产业为依托，促进富余劳动力有序转移，也促使了越来越多的工业项目和第三产业向城区集中。

三是着力提高土地产业效益。大量农村劳动力的转移进城，使农村土地规模化经营日渐成熟，形成了主业突出、多业兴旺的繁荣景象。一方面，使农产品优良品种和新技术得以大面积的推广应用，大幅度提升了农民的科技素质，涌现出越来越多的新型农民，农民增收致富的渠道更加广阔。另一方面，土地规模化的形成，在全市涌现出大量的农业产业化型、现代农业型、工业带动型、第三产业主导型、特色产业型等各种不同类型的特色村庄。在照旺庄、沐浴店、龙旺庄、河洛等农村劳动力转化较为充分的镇街，大量的土地被重新承包组合，形成连片经营，单位面积的产出效益明显提高。到目前，全市有50%以上的村庄成为粮油加工、畜牧养殖、蔬菜种植等专业村庄，涌现出承包100亩土地以上的种植大户800多个，每户年收入都在10万元以上。

（全国农村经济动态监测点山东省烟台市发改委）

以小康村创建为载体 全力以赴建设新农村

——山东省平原县建设社会主义新农村经验探析

当前，各地新农村建设如火如荼，如何建设，各有各的办法。德州市平原县以实施小康村创建工程为总抓手，构建平等和谐、良性互动的新型城乡关系，成功地探索出了一条在经济欠发达、农村集体经济相对薄弱的情况下，建设社会主义新农村、促进县域经济更快更好发展的新路子。

一、超前谋划为新农村建设打好基础

（一）跳出“三农”，科学统筹，打造以工促农，以城带乡新平台。平原县44万人口，38万是农民，建设小康社会，农村是基础，也是难点。不从整体上突破“三农”问题，全面小康无从谈起。而平原县的现状是，部分农民观念封闭落后，致富能力不强，剩余劳动力转移缓慢，由温饱向小康跨越的内在动力不足；农业产业化水平和技术落后，产业化、市场化、规模化程度低，农业生产条件和服务体系落后，实现小康的物质积累能力较弱；农村生活环境和发展环境较差，封闭性较强，难以实现城乡互动、统筹发展。

平原县把小康村创建置于整个县域经济发展的战略部署中，以工促农，以城带乡，统筹发展，加大对农村的投入和支持力度，拉近城乡距离，让广大农民分享经济社会发展带来的成果。思维方式的改变，带来全新的思路。工作中，县里一方面提高县城的中心辐射作用，实施了城区道路改造、城区景观绿化等26项工程；另一方面，加快村镇建设步伐，按照“一次规划，分步实施，超前谋划，流动发展”的原则，制定小城镇发展总体规划和876个村庄的发展规划，全面启动村容村貌建设。更重要的是破除城乡分割的体制性障碍，积极改革传统的户籍政策，取消对农民进城的各种不合理规定，对其进城生活、就业、子女上学以及创业办厂给予鼓励和优惠。

县里从农民群众最关心、要求最迫切、最容易得到实惠的事情入手，使公共财政更多地向农村倾斜，公共服务更多地向农村延伸，公共资源更多地向农村覆盖。县财政投入2亿多元，改扩建了县医院和部分乡镇中心卫生院，改善了广大农民的就医条件；扩建了县一中，新建了外国语学校；启动了“初中进城”工程，使全县70%的初中生全部得以进城读书，让农民的孩子享受到了优质的教育资源。3年来，全县财政支农资金达到了3.7亿元。

（二）创建小康村，因村制宜，量力而行。恩城镇五里庄是个基础不错的加工专业村，豆制品加工和木器加工是该村的特色产业。从2003年起，县里扶持这个村新发展个体民营业户78户，人均收入达到了6400元，村里还规划高标准村级民营工业园区一处，有60多个农户改造了自家厕所，全村新上沼气池40多座。目前，已经成为平原县的小康样板村。

而同在恩城镇的大杨村，原先是个比较散乱的村子。小康村创建活动开始后，这个村一年间新上黄瓜大棚100个，去年人均纯收入达到了6000元。

“既要高标准严要求，又要看得见摸得着；既要雄心壮志，又要脚踏实地”，平原县小康村创建不搞一刀切，不平均用力。根据客观实际，全县确立了三步走的战略：从2003年开始，经过起步、示范—扩面—延伸—普及、提高三个阶段，到2015年，比中央要求提前5年实现全面建设小康平原的目标。全县876个村庄，被分成3个梯次：首选40个经济基础较好、班子强的村庄作为小康创建示范村，重点扶持，一年出轮廓，两年成标杆；筛选100个村子作为小康过渡村，重点培育，扩大示范面；其余村庄，全面启动，扎实创建。

这样，每个村都根据自身基础，制定出切实可行的小康创建计划，都“把能做的事先做起来”。

（三）综合施治，立体推进，小康村创建既富裕了农民，又带动了各项社会事业发展。创建之初，一些干部群众心存疑虑：这是不是政绩工程，在搞形式？有的则认为，教育农民、改造农村等工作太“皮厚”，花大力气也很难见到成效。然而，3年的实践使干部群众形成新的共识：小康村创建顺应时代潮流，合乎中央精神，符合群众意愿，过去是欠发达地区的重要目标，现在更成为建设社会主义新农村的载体。

平原县的小康村建设以“发展现代农业，培育新型

农民，建设秀美农村”为主要内容，从村庄经济建设、精神文明建设、基础设施建设、基层组织建设4个方面制定了一套20条的小康基本标准。它涵盖了“三个文明的全面内容，并细化分解成78项工作，分别由县乡村干部和职能部门逐项实施，形成政府引导、乡镇推动、部门帮扶、村庄实施、群众参与、舆论支持的创建机制。民富、村美、风正的小康村次第涌现，壮美的社会主义新农村画卷摆在人们眼前。

——农业结构得到调整，农民收入显著增加。全县培训农民17万人次，转移剩余劳动力2万多人。3年农民人均纯收入增长1000元。

——农民群众生活习俗得到改变。新增村文化大院358处、体育场所280处，八星级以上文明户达到5.4万户。计划生育率100%，村村开展了十星级文明户评选活动。

——农村环境明显改善。新修公路1440公里，植树造林6500多万株，876个行政村全部通上了柏油路，789个村庄街道实现了硬化，358个村庄用上自来水，100%的村庄通上了有线电视，78%的农户安上了电话。

受惠的不仅仅是农民。小康村创建工程激活了社会各项事业。去年，平原县实现GDP68.05亿元，地方财政收入2.23亿元，分别比2002翻一番。今年上半年，全县实现GDP50.3亿元，地方财政收入1.402亿元，同比分别增长31.9%和25%。

二、发动全社会力量参与新农村建设

（一）新农村建设需要大家参与，帮助农民奔小康没有旁观者。建设社会主义新农村是一项长期而艰巨的工作，不仅是党委、政府和涉农部门的事情，也需要全社会的共同参与。

作为直属单位的县国税局，其业务职能和新农村建设好像相距较远，但是他们却用3年时间，帮扶殿后李和孙庄两个村，使两村都成了全县的小康建设示范村。目前，仅有96户村民的殿后李村，运输专业户达到81家，各种运输车辆128部，新发展个体私营业户30家。孙庄村也硬化了街道，安装了路灯，配齐了文体设施，丰富了农民文化生活。

县文化局组织起15人的艺术团，开展“送文明新风，进千家万户”活动，创作出《小康人家》、《管得宽》等上百个反映新农村建设的文艺节目，深受农民喜爱。

此前清闲的妇联也成了小康村创建的主力军之一，围绕“五美进家”、“好媳妇好婆婆评选”等活动，每年集中4次培训乡村妇女20万人次，不仅讲生育问题，还讲疾病防治、卫生习惯，甚至穿衣打扮，提高了农村妇女的生活质量追求。

（二）每一个工作环节都有明确的标准，保证了新农村建设的效果。平原县启动小康村创建之初，很多干部感觉这项工程浩大，千头万绪，不知从何下手。为把这项工作做好，该县县委、县政府围绕如何创建一个有效机制凝聚调动各方面的力量，进行了深入调查研究，制定了一套包括20项创建指标的小康村基本标准，其中包括7条经济建设标准、5条精神文明建设标准、5条基础设施建设标准和3条基层组织建设标准。这些标准又被细化为78项具体任务。12个乡镇、街道办，876个村庄，都按照标准要求，并结合自身实际制定了详细规划，27个涉农部门也拿出与自身职能相符合的落实方案。县里还实行县直部门包村工作制，组织了1200多人的驻村队伍，进村入户开展小康村建设工作。

同时，平原县还实行了“千分制”双向考核。他们把小康村创建四项任务定为1000分，由小康工委牵头，县直部门与乡镇两者之间互相考核、互相监督。县里为乡镇、村庄、涉农部门以及包村部门分别制定了不同的目标考核体系，并列为年终经济工作总结表彰的重中之重。

此外，平原县还对13000多名农村党员、3000多名农村干部实行“星级化管理”，根据任职年限、评议结果和考核得分情况评定星级。对村党支部书记每3年评定一次，对其他干部和党员每年评定一次。“星级化管理”的实施，大大增强了村干部岗位的吸引力，提高了他们带领群众建设社会主义新农村的热情。目前，全县有60%的农村干部、党员成为致富能手，45%的村党支部书记办起了企业。

（三）从“要”到“给”，政府职能在建设新农村中悄然转变。小康村建设促进了农村工作的变革。乡镇干部不再研究如何向群众要钱，而是把主要精力放在如何帮助群众致富上来。恩城镇为改善农民生活环境，加大了基础设施投入，全镇新修油路107公里，实现了村村通油路，68个村街道硬化，43个村通上了自来水，有线电视和电话入户率达到95%，林木覆盖率38%，96%的村实现了村庄绿化，改厕率30%以上。

小康村创建活动让县直部门的职能发生了变化，推动了“服务型政府”的建立。县建设局以前工作主要集中在城市，自小康村创建以来，工作重点向农村转移，积极为村庄规划设计户型、帮助养殖小区选址等，在工作中他们真正为群众着想，如养殖小区选址考虑风向，这些细节不仅给农民带来好的环境，更体现了部门职能的转变。县民营局结合自身职能成立了项目服务小组，专门为农民新上私营项目提供帮助，从项目考察、论证、立项、可行性研究报告、建设方案，一直到项目竣工投产、达产提供全程服务。目前已经帮助80%的村庄确立了主导产业。

据了解，小康村创建3年来，平原县12个乡镇、街道办、80多个县直部门单位的1000多名县乡机关干部驻村，扶持发展运输、木器、豆制品加工和木炭、绢花生产专业村180多个，种植、养殖专业村200多个。农民收入快速增长，去年全县从事特色农业的农民人均纯收入达6000多元，今年上半年，又比上年同期增长30%。

三、让农民成为新农村建设的主角

（一）抓观念转变，抓文明培训，抓环境整治，掀起一场农民的自我革命。平原县的小康村建设从基层抓起，以家庭为单元，以村庄为单位，注重发挥农民的主体作用，让农民自己动手建设美好家园。

小康村创建工程启动之初，平原县委县政府下大气力抓了两件事，一是农民观念的转变，二是农村环境的治理。县里连续两年组织600农民下温州，并组织百名浙商访平原，乡镇组织外出参观的农民也超过1万名。县里对农村环境的治理重点抓了清理农村“三大堆”（粪堆、草堆、柴堆）和“改厕”、“改圈”工作。目前，全县3万农户用上了新式厕所，90%的农村实现了人畜分离，85%的村庄实现了街道硬化和绿化。

在此基础上，平原县着力打造有文化、懂技术、会经营的新型农民。三年来全县共组织“六下乡活动”200多场次，评选八星级以上文明户5.4万户，建设农村文化大院358处、体育场所280处，组建农民文艺队伍384支，培训农民17万人次。通过全面系统的培训，广大农民群众追求美好生活的热情得到进一步催放，讲文明、学科技、树新风、改陋习、谋致富已逐步成为农民的自觉行动。

在新农村建设中，群众自发地组织起来，有钱的出钱，有力的出力，三年来全县新修农村公路1440多公里，几乎所有的土方工程都由农民以出义务工的形式来完成。王庙镇何庄村村民何德军，在村里硬化街道遇到资金难题时，第一个站出来捐款、出义务工，很快带动全村捐款3万元，解决了资金难题。王打卦乡北侯村村民刘金水，几年来主动为乡亲们义务帮工100余次，带领群众去外地参观学习10余次，在他的带领下北侯村成了远近闻名的西瓜种植专业村。

的确，平原县能够在经济欠发达、村集体经济薄弱的情况下取得新农村建设的突出成绩，广大农村干部、党员和农民群众的付出和奉献发挥了巨大的作用。

（二）最大限度激发农民的致富热情。平原县是传统的农业县，种植业和养殖业是农民的致富主业。在认真调查研究的基础上，该县立足实情，找到了一条适合千家万户共同致富的路子。

首先，在种植、养殖业上下功夫，通过发展各类经济合作组织，把分散的农民组织起来走专业化、规模化、产业化的发展路子。目前，全县共扶持组建了蔬菜、畜牧、作物制种、用水等各类经济合作组织670多个，培植发展了蔬菜、蛋鸡、鸽子、养鸭等7个生产基地。三年来，全县新增大棚蔬菜16万亩、作物制种10万亩，新发展各类养殖小区289个、养殖大户2816户，规模种养、集约发展的格局基本形成。

其次，平原县选择进入门槛低、投资不大、适合一家一户搞加工的特色产业，大力发展个体民营经济，向土地之外要效益。三年来，该县突出抓了绢花、木炭、木器、豆制品加工等十几个传统产业，先后培育了200多个民营经济专业村、8000多个特色专业户，并形成了以105国道沿线为主的饮品啤酒小区、豆制品加工小区和餐饮服务小区，以平武路沿线为主的木器加工小区、木炭加工小区，以101省道沿线为主的绢花加工、塑料颗粒加工小区等8大民营经济特色小区。

再次，该县启动了10万农民培训工程。以县科技夜校、职业中专为载体，开展绿色证书培训、新世纪农民科技培训、农村劳动力培训、新型农民创业培训和农村远程教育培训等5项培训，使每户农民至少掌握一项实用技术。各个职能部门和广大驻村干部立足于本职工作，为农民送资金、送信息、送技术，起到了“助推器”的作用。与此同时，县委、县政府还用经营工业的理念发展农村，按照“龙头企业+基地+农户”的发展模式，为农民增收开辟新路子，全县龙头企业发展到50余家，直接带动了大批农户致富。

三年来，全县农民人均增收1000多元，特别是首批40个小康示范村都培植壮大了自己的主导产业，去年农民人均纯收入超过了6000元。

（三）坚持三个文明一起抓，突出以人为本的理念，农民有了更高的精神追求。“衣食足而知礼节”，农民生活安定了、富足了，自然追求更高的精神生活。平原县因势利导在广大农村开展了评选“好媳妇”、“好婆婆”、“十星级文明户”等精神文明创建活动，同时积极开展群众自编自演、喜闻乐见的文体活动，倡树新风，引导农民过上更高质量的生活。现在，在平原县农村，孝敬老人、帮贫扶困、热心公益事业的好人好事层出不穷。

仅有精神生活是不够的，平原县农民享有充分的民主政治权利，新农村怎么规划、路怎么修、钱拿多少等大事都由农民自己说了算。小康村建立健全了村民大会和村民代表会议制度，村级重大事项全部由群众集体讨论决定。规范了村务公开和财务公开制度，宅基分配、计划生育指标、林地拍卖等事项，每个月都在公开栏内向村民公开。纵观平原县新农村建设，最成功的经验就是把政治文明与精神文明、物质文明同步抓，同步推进，依靠基层组织的推动作用和党员的先锋模范带头作用，把广大农民群众领向奔小康之路，形成了干部党员带头、群众踊跃参与的良好局面。之所以能够如此，就是因为平原县真正建立健全了基层民主制度，实施了农村党员干部星级化管理，解决了过去农村干部职责不明、工作动力不足和模范带头作用不突出的问题。以此为抓手，深入推进农村政务和财务公开，保障农民的知情权、参与权和监督权，从而实现了干群一条心、一股劲，合力奔小康的良好局面。

（全国农村经济动态监测点山东省德州市发改委）

湖州市与浙江大学共建省级社会主义新农村试验示范区

——浙江省湖州市新农村试验示范区调查

湖州市根据党中央、国务院和浙江省委、省政府的统一部署和要求，切实抓好“十一五”规划的启动实施，以全面贯彻落实中央和省经济工作与农村工作会议精神、扎实推进社会主义新农村建设为突破口，并以浙江大学提出《校地合作共建社会主义新农村行动计划》建议为契机，与浙江大学共同提出了“合作共建社会主义新农村实验示范区”的设想。

社会主义新农村实验示范区的建设是根据中央提出的“生产发展，生活宽裕，乡风文明，村庄整洁，管理民主”这一新农村建设总体目标和省“三改一化”社会主义新农村建设任务，双方确定在湖州实施的“1381行动计划”。行动计划是建设一个省级社会主义新农村实验示范区；构筑科技创新服务、人才支撑和体制机制创新三大平台；实施产业发展、村镇规划建设、基础设施、生态环境、公共服务、素质提升、社会保障和城乡综合改革八大工程；实施重大项目一百个。通过这个“1381行动计划”的实施，依托浙江大学科技力量和科技成果，开展双方合作，实现优势互补，合作共赢，从而达到制定一批规划，建立一批基地，实施一批项目，总结一批经验，树立一批典型，形成一批成果，以促进全市社会主义新农村建设步伐。

如今，这项工作已正在紧锣密鼓地开展之中，双方分别组建新农村实验示范区建设领导小组及办公室；并根据“1381”行动计划，分解了工作计划和制订了实施方案；做到以县区为板块，以乡镇为重点，以行政村为实验示范区点，集中一定的人、财、物，通过项目这一载体，重点进行扶持，力争在二年内建设一批样板村，逐步加以推广。日前，湖州市与浙江大学合作共建省级社会主义新农村实验示范区的签约仪式经新闻媒体报道后，已经引起国家有关部委、省有关厅局以及社会各界的广泛关注，国家农业部、国家建设部、国家林业局和省发改委、省林业厅、省工商局、省环保局等纷纷已确定在湖州建设新农村实验示范区点，这将为湖州市省级社会主义新农村实验示范区建设的开展提供强大政策支撑。

（全国农村经济动态监测点浙江省湖州市发改委）

烟台“3+1”联手共建新农村奏响城乡合唱新乐章

——山东省烟台市城乡共建新农村调查

烟台市在建设社会主义新农村活动中，开展了“3+1”联手共建新农村活动，即：县以上所有的机关事业单位、各类企业和小康村分别与一个村结对联手共建新农村。按照“机关全参与、企业全动员、强村全行动、所有村庄全部覆盖”的“四全”原则和目标，目前全市组织参与联手共建新农村活动的机关事业单位、各类工商企业和小康村3233个，分别与2800个村庄建立了共建关系，共建覆盖面达到规划以内村庄60%以上，其中有一半以上县市区共建面基本实现“全覆盖”。开展“3+1”联手共建活动，不是简单地帮扶，而是城乡统筹、双向互动、协调发展；不是传统意义上的包村，而是互惠双赢、共同发展；不是单纯帮钱帮物，更注重帮信息、帮人才、帮技术、帮发展思路和素质提高，启动农民自主发展意识，发挥农民的主体作用。“3+1”联手共建，关键在于根据农村需要，突出共建重点；实行分类指导，突出互惠双赢；立足不同实际，强化共建措施，真正办成构建文明和谐社会的一次“城乡大合唱”。

——机关事业单位与农村联手共建，体现的是公仆意识。市县两级所有党政机关、市直科级以上事业单位，包括医院、学校，以及驻烟部队团级以上单位等全部参与共建活动。这些部门和单位主要是发挥政策、信息和沟通协调的优势，把外力扶持与内部挖潜结合起来，改变传统的帮钱、帮物做法，注重理思路、强班子、选能人，在基础设施建设、经济发展、班子建设、信息指导、人才及项目引进等方面实现突破，激发农村内部活力，增强农民致富能力，促进村庄快速发展，着重从三个方面切入。一是以解决群众要求最迫切的问题为切入点，推进农村基础设施建设。针对一些村普遍存在的吃水难、用电难、行路难、灌溉难、上学难、看病难等问题，联村机关事业单位都能尽力而为，及时帮助解决。二是以增强集体经济发展能力为切入点，加快农民增收。机关与农村联手，始终把谋出路、促发展作为工作主线，千方百计帮助农民群众转变思想观念，优化产业结构，在促进农村发展、农民致富上发挥了积极作用。三是以选能人、强班子为切入点，加强基层组织和人才队伍建设。市、县、乡三级到村帮助工作和驻村任职干部绝大多数是单位的业务骨干或后备干部，他们充分发挥机关工作的政治优势，帮助一大批村加强班子建设，提升农村管理水平。

——企业与农村联手共建，体现的是反哺意识。烟台市许多企业起源于农村，扎根于农村，不少企业家也都是从农业和农村成长起来，与农村有着千丝万缕的血缘关系和利益关系。联手共建，既是企业的反哺责任、应尽的义务，也是内在发展需求、实现自我价值的利益所在，烟台市把企业参与共建的落脚点放在双向促进、互惠双赢，村企共同发展上，主要从三个方面找准结合点。一是联手共建注重优势互补。农村有丰富的土地资源、原材料资源和劳动力资源等，有广阔的市场和巨大的发展潜力，开展共建活动不仅能够促进农村的建设和发展，也使参与共建的企业从中受益，实现“优势互补”。龙口市丛林集团积极开展企业与村结对共建活动，发挥企业综合实力强的优势，与附近六个村结成共建对子，与各村签订了长期的石料供货协议，既解决了企业自身水泥生产原料的供应问题，也带动这些村运输业和村集体经济的发展。烟台市区内有上百个餐饮、旅行社参与了共建活动，他们主要是选择山村田园、海岛渔村等自然风光和烟台水果、烟台水产品等特色产业，与村庄一起开辟渔家乐、农家乐等旅游休闲项目，合理开发农村旅游资源，既增加了村集体和农民的收入，也丰富了旅行社的旅游资源。二是联手共建注重双向互动。围绕优质农产品生产与加工，把企业与“三农”紧密结合起来，大力探索和创新“一体化经营，标准化生产，规范化管理”的基地运作模式。烟台中粮长城公司坚持“农企双赢”的发展思路，在南王山谷酒庄项目建设中，综合考虑旧村改造、村民就业等各种因素，决定对周边18个村庄进行异地搬迁、多村整合，集中建设农村新社区。一方面通过旧村改造楼房化，村民全部搬上了宽敞明亮的楼房，一个村就可置换出的上百亩土地，增加了土地产出效益；另一方面，与中粮合作的葡萄种植户，由“农民”变成了“产业工人”，并通过建立葡萄生产合作社，使农户与企业结成利益共同体。同时，通过实行标准化生产，提高了葡萄品质，确保了产品质量和企业效益的提升，实现了“村企双赢”。三是联手共建注重利益联结。引导农业产业化龙头企业与农户建立利益联结机制，采取合同制、股份合作制等多种形式不断巩固企业与村结对共建的合作关系。烟台过亿元的“农字号”龙头企业达60家，国家级和省级重点企业46家，这些企业与农村联系最密切，与农民感情最深厚，并已成为农业和农村经济发展的重要力量。莱阳龙大集团与农村有着长期的密切稳定的合作关系，帮助农户建立标准化果蔬生产基地，与农户签订生产、收购合同，实行保护价收购。在与周围30多个村建立“工农结对”关系的同时，他们还建立了基地风险补偿制度，切实保障农民的利益。龙大这样的企业在烟台有许多家，他们与农村的关系已远远超出一般的帮扶，形成了牢不可破的“鱼水关系”，在带动农业增效和农民增收的同时，也为企业拓展了更大的发展空间。

——小康村与农村联手共建，体现的是融合意识。烟台市小康村大多是中心村，也是规划以内的重点村。这些村不仅自身发展快，还在资源整合、项目引进、吸纳就业等方面与周边共建村庄结合，解决双方发展的瓶颈制约，同时，村村之间与生俱来的“兄弟情结”，使双方在共同发展上浓厚了感情、增进了默契，实现了互补，并在三个环节上实现突破。一是在资源整合上突破。小康村在发展思路、产业培植等方面具有优势，致富门路多、经济基础强，但受土地、资源、地域等因素的影响，经济的发展壮大将会受到制约。为获得更大的发展空间和资源，小康村就要扬其所长，与共建村庄的丰富资源、充足劳动力及农民群众求发展、盼致富的强烈愿望进行整合，放大对周边村的辐射带动作用，带动共建村把有利的资源转化为新的经济增长点，实现快速联动发展。二是在生产发展上突破。烟台市的小康村大多数拥有自己的企业，采取独资或双方合资的形式，在共建村设立分厂，帮助共建村发展工业，改善经济结构，发展集体经济。重点就近选择互补优势明显、有利长远发展的村庄结对共建，有条件的争取在建制上尽快融为一体，形成新的整体优势。三是在体制融合上突破。小康村与周边村联手共建，根本在于通过“强强联合”、“以强带弱”，实现体制上的融合。南山集团是全国闻名的小康村，从1994年到2000年，先后把周边11个经济欠发达村进行整体搬迁，与南山村“融为一体”。归属到南山村的劳动力都被安排到南山集团就业，人均纯收入由不足4000元增到12700元，并在上学、养老、福利等方面享受同等待遇。南山村还投资2亿元，统一为迁移村民建别墅，在彻底改变这些村落后面貌的同时，自身也获得了更加广阔的发展空间和资源，多个村庄合并一体，一步到位实现了农村向城市化转变。

“3+1”联手共建新农村活动的开展，使全市农村的发展形势正在悄然变化：农民有了新帮手——市县两级1285个机关事业单位的国家干部和50多个驻军、院校的官兵、教职工走向农村，与农民携手并肩共谋发展；农业有了新支撑——全市1770家工商企业和民营大户与农业产业结盟联手，双赢共建；弱势村有了新依靠——一大批小康村把周边的弱小村引领起来，与机关企事业单位一起，带动全市农村共奔美好未来，在胶东半岛的魅力港城奏响了新农村建设新乐章。

（全国农村经济动态监测点山东省烟台市发改委）

探索新农村建设的“温州模式”

——全国首家县市级综合性农村合作组织在浙江瑞安进入运行

瑞安农村合作协会自2005年6月开始筹备，于2006年3月正式成立，是全国首家县市级综合性农村合作组织，具有突破意义和深远影响，甚至称之为新农村建设的“温州模式”。

一、瑞安各级各类合作事业的发展与改革

瑞安农村合作协会发现，近些年来，本市农村各种合作组织发展很快，农民组织化程度逐步提高，在促进农业和农村现代化建设方面发挥不可替代的作用。农民专业合作社数量、发展速度在温州名列前茅，农村信用社列入首批改革试点，组建农村合作银行，供销社改制也是走在全省乃至全国前列。但是，农村各级各类合作事业的发展与改革也各自都遇到了一些困难和问题。

瑞安市各级各类合作事业有所发展，但是由于相互之间相对封闭，信息渠道不畅，贷款融资难，政府扶持政策到位难等问题，也出现了整合社会资源力量不足，承接政府某些社会职能不够等问题。特别是在供销社、信用社深化改革过程中，历史遗留的产权问题仍然难以解决。这些都严重地影响了合作组织功能的发挥。在市场竞争日趋激烈的情况下，单个合作组织难以适应竞争的压力，各种合作组织普遍要求走向进一步的联合。同时根据国际惯例和世界贸易组织的要求，今后政府对农业的支持越来越多地要通过中介机构来实现。在这样的双重要求下，构建一个既能优化资源配置，又能传递农民呼声的高层次综合性服务平台，已显得十分必要和迫切。

（一）供销社改革与发展情况

供销合作社是以流通服务为主的合作经济组织，但它不是一般的流通企业，而是一支为“三农”服务的生力军，供销社为农服务的功能与作用是其他任何组织所难以替代的。供销社系统拥有一定规模的商品流通场所与配套基础设施，拥有一支长期从事供销、经营，经验较为丰富的干部职工队伍，在农民群众中有较高的知名度、美誉度及亲和力，特别是供销社拥有遍布城乡的营销网络，网络是供销合作社最重要的宝贵资源，是供销合作社为农服务的载体，也是供销社开展为“三农”服

务工作的最大优势。

近些年来，作为全国县级供销合作社的综合改革试点单位，瑞安市供销合作社按照中华全国供销合作社的要求，紧紧围绕把供销合作社办成真正的农民合作经济组织的目标，强化为农服务的办社宗旨，牢固树立“有为才能有位”、“为农才能兴社”的理念，不断推进体制、机制创新，在参与农业产业化经营、完善农村社会化服务体系以及助农增收等方面进行了有益的探索。

至2001年底，供销社系统18家企业完成了产权制度改革，改制后的瑞安供销社按照全国总社“四项改造”和省社“三社一化”的精神，坚持服务“三农”的宗旨，积极参与农业产业化建设，牵头领办专业合作社和综合服务站，成立瑞安市农信担保公司，参与信用合作社改制，争取国家开发银行的支持，搭建为农服务的融资平台，实行农资连锁经营等。

在2003年，供销联社与农业局联合牵头创办经济实体型的瑞安市农村合作经济联合社，拥有成员单位39家，主要为成员单位提供信息、技物保障、农信担保、拓展购销等服务以及争取政府政策和资金支持，进行了更高层次合作化的有益探索。

但是，当年供销社改制，把老社员股金全部清退，现在超过1亿元的净资产归属成了问题。供销合作社居然没有了社员，也是一种尴尬。供销社的进一步发展，也需要一个网络依托。随着人民公社体制的解体以及联产承包的普遍推行，供销社在基层的网点和渠道在萎缩之中。单靠供销社自身的力量难以建成一个新的网络体系。

诚如白立忱主席所讲，“供销合作社过去改革的重点是解决生存问题，并且已经走出了低谷，进入了联合发展的新阶段。今天，供销合作社的改革与发展正站在新的历史起点”。在建设社会主义新农村的大形势下，供销合作社如何抓住机遇，在现有基础上再把供销合作社改革发展再推进一步，努力打造适应新农村建设要求的新型供销合作社，这是一个紧迫而又重要的课题。作为瑞安农协的主要核心会员之一，瑞安供销合作社联合社可以借助瑞安农协这一平台，紧密结合农业和农村经济发展实际，着眼于发挥供销合作社的比较优势，选准突破口，必将在以下四个方面大有作为，即在改善农民生产生活条件，千方百计增加农民收入方面发挥促进作用；在深化农村流通体制改革，积极开拓农村市场方面发挥主力军作用；在推进农业产业化经营，促进农业可持续发展方面发挥龙头作用；在鼓励引导农民组建各种专业合作经济组织，提高农业组织化程度方面发挥骨干作用。

供销社系统既作为瑞安农协的骨干力量，又作为因势改造的对象。供销社只有积极顺应社会主义新农村建设的历史进程，积极融入合作经济发展的大潮，才能适应时代的要求，才能获得不竭的成长动力。为此，供销社下一步改革与发展的思路是：依托与融入农村合作协会，深化改革，推进创新，着眼于发挥自身的比较优势，在开拓农村市场、推进农业产业化、促进农民增收、促进农业可持续发展等方面发挥更大作用。

一是要进一步完善供销合作、农民专业合作、信用合作“三位一体”的县级综合服务平台，推进基层社民主管理体制与产权制度的完善，对接瑞安农协基层联社打造农村新型合作体系，实现供销社与农民真正融合。

二是要进一步加快农贸城建设步伐，发展农民经纪人队伍，完善农资连锁经营网络，依托浙江供销超市，推进生活资料连锁经营，实现供销社与农民的真正连接。

三是要进一步参与农业产业化进程，提升专业合作社运作效能，联办具有带动力的农业龙头企业，提高农业综合生产能力，实现供销社与农民的真正联合。

四是要进一步扩展服务领域，尤其是扩展合作金融服务内容，促进农村现代流通网络与公共基础设施建设，扩大农民职业教育培训，提高农民的整体素质，实现供销社与农民的真正发展。

今后，供销社可以保持自有品牌和净资产收益权，并且在相当长时期内维持原有编制、经费体制不变，与此同时，抓住有利时机，积极主动化身为综合性农协。如果全国性农协尚且难以成立，则县市级农协未尝不可以先行探索。在瑞安农协的三位一体框架内，合作银行由于业务和监管上的特殊性，是相对独立的；各种专业团体由于组织较为松散，也是相对游离的；基层合作社由于规模偏小，也是相对弱势的；至于科技局、农业局等作为政府部门，又不宜过多参与农协内部事务。凡此种种，为供销社带来大好机遇。

总的来说，供销社融入农协，农协持股合作银行，供销社与合作银行又都可以依托农协拓展营销网络。各级各类合作社，特别是基层合作社，普遍加入农协，农协发挥行业协调、指导、监督和自律作用。农业局、科技局等政府部门可以委托农协行使部分公共服务职能，农协可以协助县、乡政府和村委会的工作。这一过程同时伴随着政府职能的深刻转变以及农村综合改革的不断深入，供销社及其广大员工因此也将赢得自身发展的无限未来。

（二）农村信用社改革和发展情况

瑞安市农村信用社作为浙江省首批改革试点单位，实施组建农村合作银行。2005年4月12日举行了浙江瑞安农村合作银行及辖12家支行、67家分理处（所）的开业仪式，正式对外挂牌开业。

瑞安农村合作银行脱胎于农村信用社。农村信用社本为农民群众集体所有，经过数十年发展，在改制前，其资产增值客观上已经无法一一量化，应视为广大群众的共同积累，地方政府对其安全性、完整性以及继续为民造福负有重要责任。改制后的瑞安农村合作银行，面貌已经焕然一新。

这家银行到2005年总资产已达60多个亿，在由信用社改为农村合作银行后，总股金2亿多。但是，这些股金中的149万，名义上竟然为11万农户所有，绝大多数农户所拥有的股金也就三四块钱。甚至在经过归并之后，仍然有3123个“集体户”，就连正常的工商登记也成了问题。由于股权结构高度分散，无法充分发挥股份制的优势；股东数量过于庞大，也无法充分发挥合作制的优势。而且，“社员”与“股东”的身份在法律上存在内部冲突，在长期上将影响这种所谓股份合作制的内在稳定性，就目前来讲“合作制”的因素已经微乎其微，而股份制的规范又难以健全。

另一方面，就瑞安之类的经济发达县市而言，“三农”的内涵与外延已经有了很大的变化。这里的农业日趋产业化，农村日益城市化，农民也很多已经“洗脚上岸”。所谓合作社为三农服务的形式与内容也要随之有所改变。瑞安农业合作银行发展下一步，第二轮增资扩股势在必行。而且，为了提高银行本身的竞争力，以及适应农产品和农业生产资料大生产、大流通的形势跟踪服务、延伸服务，向外跨区域发展，也将是意料中事。

合作制并非一种落后的经济和金融组织形式，而具有扎根基层、贴近社区、服务三农和中小企业的天然优势。但是合作制的有效半径较短，规模上难以做大做强。股份制，便于做大做强，向外发展，扩股乃至上市，但是又容易被担心为疏远和漠视农户利益。

为了既要保存和发展合作制的因素，又要引入和扩大股份制的影响，相辅相成，相得益彰，探讨一种“银行+合作社”的模式，2005年6月16日，瑞安农村合作银行第一届股东代表大会第二次会议，一致通过了《关于支持筹备成立瑞安农村合作协会的决议》，决定开展合作银行小额股权的相对集中托管，采取“统一入会、集中持股、分散组合、互助联保”的方针，以农村信用社深化改革为契机，要为农村合作银行进一步理顺产权关系、优化治理结构和拓展营销网络创造条件，并为合作金融以及其他合作事业提供组织载体，发展全方位多层次的中介服务体系。

瑞安农村合作协会的会员可以基于彼此信任，按照地缘、业缘、亲缘等社会关系纽带，在协会统一指导下，采取分散组合，实行互助联保。为此可以成立“互助联保合作社”，作为合作协会的集体会员，并接受合作协会的管理。

在联保合作社中，社员对于合作社除实际出资之外，还可以选择认保一定的额度，即无须实际出资，而是对于合作社债务或经合作社担保的社员债务承担一定额度内的连带清偿责任。当合作社或其社员对于合作银行违约，未能如期还本付息，则合作银行有权按照约定从合作社的公积金、集体提留或风险准备金中优先扣还（不一定全额扣还），降低“返贷”比例或减少“返利”优惠，直至追究其他社员的连带清偿责任（限于其认保额度以内），而其他社员也可以主动代偿以维护合作社的整体信用。具体办法由合作银行结合过去小额信用贷款和农户联保贷款的经验加以研究落实。

与以往的信用合作社不同，联保合作社本身内部不必发生实际的资金往来，借贷行为仍然可以在合作银行与合作社社员之间直接进行，但是合作社起到放大信用总量和强化信用约束的双重作用。这对于合作银行和合作社社员两方面都是有利的。

合作银行又可以借助联保合作社这种遍地开花的信用组织形式，形成具有瑞安草根特色的银行营销网络，不断拓展、巩固银行客户业务，维护、增进银行资产安全，深入发掘和培育农村金融市场，为区域经济提供支持。

瑞安农村合作银行将按照股份制原则进行规范，不断完善治理结构，继续增资扩股、做大做强，早日实现跨区域发展，待条件成熟后申请变更为“瑞安合作银行股份有限公司”。其原有的合作制构想将更多通过瑞安农村合作协会的功能加以体现。

瑞安农村合作协会还可以探索试验农村互助保险和小额信贷功能。欠发达乡镇的互助联保试点可以和扶贫工作相结合。

（三）农民专业合作社发展情况

至2005年，全市共有59家农民专业合作社，入社社员2277户，带动农户13200户，有力促进了我市农业产业化的发展。2000年，马屿镇篁社村7名农机、农技人员和种田能手组建了马屿镇篁社农机合作社。2005年3月23日，茅临生副省长在瑞安检查春耕备耕工作时高度评价这一做法，称其为“7个人干了1000个人的活”。同年4月，省政府又将其总结为“篁社经验”，并作为“十大种粮模式”之一在全省推广。

回顾起来，瑞安最早的一批（4家）农民专业合作社是2001年成立的。当时，农业局为了鼓励成立专业合作社，从农业专项资金中拿出20万，每成立一家给予5万元奖励。除梅屿蔬菜合作社由村书记黄则强牵头成立以外，其他三家（顺泰毛芋、高楼杨梅、马屿优质米）都是乡镇农办搞的。2002年，在上一年“每成立一家合作社给5万元奖励”的诱惑下，一下子成立了12家合作社。但是，财政的钱没有安排。2002年下半年，市里出了个“农业四十条”，文件规定从2003年开始财政每年安排50万元专项资金用于扶持农民专业合作社。

现有的“合作社”，大多发挥的是龙头企业的作用。这种作用虽然也是重要的，但并不符合有关政策的本意。不过，毕竟有了五十多家戴着合作社帽子的组织，如果因势利导加以规范，这也是合作事业的一个基础。当然，现在存在的问题还很多。比如有些合作社的存在主要目的是为了从科技、农业、扶贫、农办等部门弄一些钱，或为了免税、方便弄一块地等等，动机不正；许多合作社运行机制不健全、不规范；农民对合作制有误解，以为又是搞五六十年代的合作化，有疑虑又不屑一顾；真正理解合作社并热心合作社事业的带头人不多；合作社内人才缺乏；其它还有资金问题、用地问题、税收问题等等。这些问题并不可怕，其实正因为有问题所以才需要我们的工作。

农民专业合作社的宗旨是为了农民增收、为了农民能共同致富，通过合作社这么一种机制从机会、过程和结果上全方位地保证农民共同致富、保证农民从农业产业化过程中公平地获得利益。农民合作社是要适应中国农民和农村的现状而有中国特色，但是不能为了特色而特色。合作社再有中国特色、再初级阶段，也还是要具有合作社最基本的特征，遵守合作社最基本的原则。

很多农民专业合作社因为没有很好的品牌，很难扩大销路，农户都在观望。在这里可以学习美国新奇士橙协会的做法？就是所有加入瑞安农协的会员可以统一使用“瑞农协”、“温瑞农”、“神农瑞合”等集体商标。同时也可以加强内部的质量控制，如果谁损害了农协的声誉，将不能再获得融资、销售、生产、科技等服务。

正如企业需要属于自己的行业协会一样，专业合作社也需要一个类似组织，作为合作社与政府、社会沟通的桥梁，并行使行业协调、指导功能，通过行业自律取得社会公信，事实上，农业部门近年来已经在着手研究这一问题。

二、瑞安农协：探索新农村建设的“温州模式”

《中共中央国务院关于推进社会主义新农村建设的若干意见》颁布以来，我国、我省的新农村建设进入高潮。浙江省委书记习近平在全省农村工作会议上提出，“积极探索建立农民专业合作、供销合作、信用合作‘三位一体’的农村新型合作体系，努力服务于社会主义新农村建设”。在这一精神的指引下，2006年3月17日瑞安市第十三届人大第四次全体会议通过的《政府工作报告》作出部署：建立健全农村金融、流通和科技推广体系，引导成立“三位一体”的瑞安农村合作协会，积极探索社会主义市场经济条件下的新型合作化道路。

经过了此前将近一年时间的政策研讨、基层试点、组织筹建以及资源整合、群众动员，瑞安农村合作协会第一次会员代表大会于2006年3月25日正式召开。随后更进一步加强了新型合作化综合试点工作。中共瑞安市委2006年4月4日发出瑞委[2006]2号文件，印发《市委、市政府2006年重要工作责任制》，在“齐心抓改革”部分，明确强调：深化信用社、供销社和农村科技推广体制改革，建立健全农村金融、流通和科技推广体系，以“三位一体”、“条块交融”为指导思想，积极探索社会主义市场经济条件下的新型合作化道路。

农民，必须是有适当组织的农民，才能充当新农村建设的真正主体。至于各种涉农部门、单位“条块分割”的现状，需要一个灵活、便捷、有效的整合机制。根据国际经验以及加入世贸组织以后的要求，今后政府对农业的支持，也越来越多地要以具有相当实力、代表性和动员能力的农村合作组织为载体。有鉴于此，瑞安农协在全国率先进行了全面、大胆的探索。

瑞安农协的筹建进行了长期、系统的理论准备。不仅超出三农问题上传统的农村社会学、政治学范式，而且涉及金融学特别是草根金融的研究、市场营销学特别是会员制营销的研究、非政府组织特别是社会团体构造的研究、合作社特别是欧美模式与日韩模式的比较研究，又创造性地把合作社、社会团体与民办非企业单位进行有机嫁接，甚至还引入宪政民主、分权制衡以及联邦主义的某些思想。

瑞安农协的筹建，在操作路径上又非常注重实际。瑞安农协的策略不是另起炉灶，或者推倒重来，而是调动现有供销联社、合作银行的积极性，引入农业局、科技局的支持，又把基层农民专业合作社、村经济合作社等结合进来，有效整合了体制内外、多方面的资源。

协会章程本着尊重现有格局、预留发展空间，求同存异、先易后难、循序渐进、重点突破的原则，创造性地提出了会员分级制度和会员分类制度。所有会员分级为预备会员、联系会员、附属会员、基本会员和核心会员，均应编入不同专业类别和区域类别。第一次会员代表大会确认瑞安信用合作社联合社（农村合作银行）、瑞安供销合作社联合社、瑞安手工业合作联社（二轻联社）、瑞安农村合作经济联合社、瑞安农机作业联社（筹）、瑞安农产品经纪人协会、瑞安农村科技特派员协会（筹）和瑞安农协马屿合作联社（筹）为第一批核心会员。另有近百家农民专业合作社、农机合作社、村经济合作社成为第一批基本会员。协会的组织体制设计，既充分发挥了核心会员的优势和作用，也容纳和平衡了各级各类会员的利益和诉求，不断促进信息共享和资源整合。

协会章程还规定了会员代表、理事、监事交替改选制度，有助于维护协会发展的稳定性和开放性。在会务机关设置上，仿行三权分立的制度，确保协会运作的民主性和制衡性。这对于社团民主也是一种有益的探索。

按照目前的现状，瑞安农协的会员组织以专业性合作组织居大多数，似乎更接近欧美模式，但是随着社区性合作组织的不断培养增多并加入农协，又将向日韩模式方向移动。农协结构本身具有高度的弹性。会员代表名额分配的固定比例制度，又使农协具有稳定性。

瑞安农村合作协会将体制内资源与体制外资源融为一炉，并结合中国实际，对欧美农村专业性合作为主的模式与日韩农村综合性合作为主的模式进行了取长补短。这在全国范围内都是首创性质的，是一种制度意义上、植根中国本土的自主创新，同时也是各级各类合作事业发展与改革的殊途同归，是广大干部群众集体智慧的结晶，是瑞安人民的又一伟大创造。

浙江日报2006年5月12日第一版报道“瑞安组建国内首家农村合作协会”，又于5月15日第一版发表题为“建立强大的农业组织体系”的评论文章，给予鼓励和支持。新华社也发布了消息，人民日报、经济日报正在密切关注和采访之中。此前中国人民银行主办的金融时报业已指出，“浙江瑞安首创综合性农协，农合行改制在深化”。中国银监会《中国农村信用合作》杂志社派出两名记者专程到瑞安农协调研一周。

在2006年5月20日至22日召开的全国供销合作社基层工作会议上，瑞安农村合作协会应邀作专题发言，引起热烈反响，与会领导和专家普遍认为，瑞安农村合作协会及其“三位一体”、“条块交融”的架构，为供销社改革与发展提供了广阔平台。全国供销总社副主任李春生同志、浙江省政府办公厅主任俞仲达同志、中共瑞安市委书记葛益平同志对此给予高度肯定。温州日报2006年5月21日第一版报道：瑞安探索农村新型合作体系，“三位一体”思路吸引全国关注。

瑞安农协的会训是“三位一体服务三农，条块交融统筹城乡”。“三位一体”系指农民专业合作、供销合作和信用合作，乃至整个农村金融、流通和技术推广体系结为一体。“条块交融”系指专业性合作与社区性合作相互交融。在此基础上，服务三农事业，统筹城乡发展。瑞安农协将以新型合作化建设新农村，率先全面探索中国农协模式，建成统一而又多元、全方位多层次综合性的农村合作体系，掀起新农村建设的新篇章，为全国改革积累经验，为温州模式再创辉煌。

（全国农村经济动态监测点浙江省瑞安市发改局）

农业税全面取消后农村面临的突出问题

——河南省虞城县2006年农村经济重大问题的调研报告

1. 乡镇财政运转困难。“财政财政，有财有政，无财无政。”农业税对欠发达地区乡镇以前是主要的财政来源，而取消农业税后，形成了乡镇财源的直接断流，尽管每年有国家的转移支付，但仍满足不了乡镇工作运转的需要。以虞城为例，每乡镇除去干部工资外，县财政负担的办公经费在每月1.5万～2万元之间。由于乡镇工作要应付方方面面，加上电话费、文印费、燃油费等等，无法满足正常开支的需要。

2. 乡镇债务无法解决。虞城目前乡村债务已达2.6亿多元。绝大多数是以往基础设施和社会事业等方面的欠账。原准备靠农业税和农民集资来还的想法被彻底堵死，这部分欠账无法归还。乡镇政府被起诉经常发生。有的还被法院强制执行。

3. 乡镇干部工资待遇过低。由于历史的原因，乡镇人员过多，尽管实行了机构改革，精减了人员，但在编人员也在近百人。而且被精简下来的人员，也要由乡镇负担生活费用。目前，虞城执行的是老工资标准，乡镇书记、镇长的工资在400～600元之间，其它干部的工资待遇可想而知。过低的工资待遇，很难提高干部的工作积极性，养家糊口发生困难。

4. 政府缺乏号召力。对开展的每一项工作，由于对农民的约束力大大减少，因而政府的号召在农民身上形同空设，造成各项工作很难开展。而每项工作只要上面布置，就必须干好，工作落实完全靠乡村两级干部亲自去干。

5. 村级干部很难调动积极性。大河无水小河干，村里同样面临财政困难，尽管有转移支付的村级办公费用，但很难到村，因为每年的报刊征订，和工作没有完成被经济处罚等一些支出就能把这点钱用光。工作能力差的村有的还不够罚。村级干部常年领不到工资是常见的事。因而，工作积极性降低。以往还能吃吃喝喝，“拿钱不拿钱，落个肚儿圆”，现在连“肚儿圆”也没有了。

6. 组织农民困难。由于对农民的约束力大大降低，农民生产生活的自由度更大，因而对政府号召的一些工作，适合自己的就干，不合口味的不干，甚至发生抵触情绪。严重一点的还联合起来到上级部门上访，给地方稳定造成不安定因素，同时增加了乡镇工作的压力。

7. 农村基础设施管护发生困难。农业税取消后，农村沟、河、路、桥等一些基础设施在管护上发生困难。原先由乡村支付的管护人员的工资无法落实，又不能从农民手中集资，形成了基础设施建了无人管、无法管的现象。由于无钱管护，形成了村干部懒得问，乡干部没法问的局面。农民思想觉悟高的村还能自觉管理起来，碰到素质差的眼睁睁地看着破损。

8. 一事一议很难形成统一意见。按照规定，需要农民出钱、出工的，要实行一事一议，而且要报上级批准。现在农民认为，国家连农业税都不收了，一事一议再收钱大都不愿意拿。对自己有益的事赞成，无益的反对。而农村一事一议涉及到各家各户，因此意见很难统一。除非对千家万户都涉及到的好事，如新农村合作医疗、义务教育学费减免等。

9. 新农村建设乡村干部感到为难。对于欠发达地区，一无企业，二无支柱产业，加上农村基础差，乡村财政极度困难，乡村干部对建设新农村感到压力很大。主要原因是建设新农村需要资金，而这部分资金又没有地方出。尽管广大农民对建设新农村热情高涨，但乡村干部却冥思苦想，筹划良策。

10. 产业结构调整和规模化生产面临困难。由于目前农民组织难，因而组织大规模的区域化种植和规模化生产发生困难。农民的增收依赖于自身素质和生产能力及适应市场的能力。

农村“一事一议”执行过程中存在的问题政策建议

一、存在问题

1. 一事一议制度不可能解决农村所有各类问题，一些牵涉到农村村民长远利益的事情，有时是难以用一事一议来通过的，而一些一事一议通过的事情有时与一些法律法规相背离，实际上是在牺牲少数人合法的利益基础上产生的，同时，农村工作纷繁复杂，一事一议必然要投入大量的人力和财力，如果过于频繁地动用一事一议制度，则不仅村民难以承担，而且即便是决定下来后也难以得到切实落实与有效监督。

2. 一事一议制度表面上看似公平民主，但实际上目前在大多数乡村难以实行，存在较多的困难。存在人员难到会、意见难统一、监督难到位、执行难操作、资金难落实等问题。一事一议有可能被一些人用来作为推卸责任的挡箭牌。有些村庄范围较大，达不到法定人数开不了会，做不了决定，一些紧急的需要通过的事项不是被非法决定，就是被拖延，即便是有法定人数到会，但利益不均，事情不一定人人受益，导致许多人不愿意，拒绝参与，参与后拒绝履行义务，交纳钱款，一些急需做出决定的事情往往久拖不决，陷入推诿扯皮的泥潭，难以追究责任。

3. 一些深层次问题未能解决。各级组织宣传角度不一，导致理解出现偏差，如农民负担问题表现在基层，但问题却在各级部门利益的恶性膨胀，又如一些公益事业本应该上级投入，由于层层克扣难以到位，各地争取公益项目需要较大的成本，村帐没有真正公开，一些劳民伤财的面子工程难以禁绝，司法腐败，农业劳动生产率低等，这些问题都导致一事一议问题难以落实执行，名存实亡。

二、“一事一议”在实际工作中需要解决以下几点问题：

1. 推行一事一议必须深化公共财政体制改革，加大国家对农村公益事业的投入，加大向农村的转移支付力度，农村一些行政事务和公益事务必须要给予高度的重视，要资金到位，而不可搞什么几个一点，加大农民负担。

2. 一事一议内容要明确，不该议的不议，该国家管的国家管。彻底完善村务管理机制、解决群众不满意。如对于村里举债问题必须进行村民讨论公布，进行一事一议。对于群众不满或者要求公布的内容，在人数达到一定程度后应该进行公开的一事一议活动，公布最终结果。

3. 一事一议操作要规范，绝对不能走过场，并避免变成少数人聚财敛财的机会。

4. 要加强对“一事一议”资金的管理。实行群众的钱群众管，群众的事群众办，成立农民理财管理协会，达到彻底公开。

5. 对一些拒不执行“一事一议”的农民除进行说服教育，必要的要执行司法程序，千万不能再干牵牛扒房拉粮食的蠢事，造成干群关系紧张。

对解决乡村债务问题的建议

根据统计，虞城县现有乡村债务2.6亿多元。26个乡镇中欠债率为100%，658个行政村欠债率为99%，具体为：乡镇欠债2亿元，村级欠债6千余万元。农村税费改革以后，乡村沉重的不良债务日趋突出，已成为制约集体经济发展和影响农村社会的重要因素，如何化解乡村债务，我们对全县10多个乡镇的党委书记和10个村的村支书记进行实地采访，归纳整理出以下几条建议：

1. 建立公共财政管理体制。实施财务管理的“阳光工程”，乡财县管，村财乡管，严格支出手续，在化解旧债务的同时，坚决杜绝新的不良债务的发生。

2. 加强乡村两级债务的审计工作，分清债务类别，摸清债务底数，为化解债务提供真实依据。由政府统一组织领导，成立专门的领导机构，协调各级各方面的关系；制定严格的清理政策和细致的清理方案。清理债务的合理性和合法性，剔除不应由乡村两级承担的债务。

3. 对因搞基础设施建设、办社会福利事业项目等建设欠下的债务，因为这部分债务都用在农民身上方便了群众，促进了当地经济的发展，解决这部分债务应采用转移支付的办法解决，由国家、省、市、县各级财政分级负担，逐年解决。

4. 乡村两级的债务虽然占主导地位，但仍存在一些债权，象因农民以往欠交的部分税费，个人所欠集体的承包费，其他借款等，不应该在农村形成已缴的缴了，不缴的完事的状况，不能让老实农民吃亏，政府就应加大债务清欠力度，以法律手段限期收回，由此来抵消部分债务。

5. 对在银行、信用社等金融机构的乡、村贷款，确实用于乡村建设的老帐、吊帐、坏帐，国家应出台相应政策，实行本息分离，息不转本，息不计息。

6. 发展壮大集体经济是偿还乡村债务和避免今后再发生新债的长远之计。企业发展了，集体经济积累自然就会多起来，经济实力也随之增强。只要能合理分配积累，也就能有效的化解债务。

7. 充分利用集体资产，增收还债。对一些集体资产，通过租赁、承包、转让等形式对其进行盘活，增加集体收入以抵还部分债务。

8. 最大限度压缩开支，节支还债。树立创业意识和廉洁意识，杜绝奢侈浪费。财政节支就是相对增收，是偿还债务的不可忽视的一条重要途径。

9. 建立化解债务的奖励机制，调动地方化解债务的主动性，要把化解债务的多少做为衡量乡村领导干部政绩的工作。

农业税取消后，农民负担有无反弹可能？

根据对5个乡镇，10名乡镇党委书记和乡镇长，10名村支部书记和20名农民群众的调整，针对农民负担有无可能反弹的情况，乡镇干部认为只要是国家依靠现行的政策进行管理，农民负担在经营土地收入的同时无法反弹。而农民负担反弹将会在另一个领域体现出来，即子女升学和就业、农村住房建设、红白喜事、大病医疗等。同时，这也是农民返贫的因素。绝大多数农民认为农民负担反弹可能出现在“一事一议”上，如果“一事一议”真的用到农民身上（但别数额过大），他们还愿意出工出钱，特别是新农村建设。

（全国农村经济动态监测点河南省虞城县发改局）

全面推进农业产业化　构筑社会主义新农村建设的产业支撑

——浙江省绍兴市农业产业化调查

党的十六届五中全会作出了建设社会主义新农村建设的重大战略部署，这是新时期解决“三农”问题的总纲领、总抓手。社会主义新农村建设的首要问题是“生产发展”，而“生产发展”的重点之一在于推进农业产业化，建设现代农业，构筑产业支撑。改革开放以来尤其是“十五”期间，绍兴市的农业产业化进程不断加快，现代农业建设取得重大进展。粮食生产渐趋稳定，区域性特色优势农产品生产发展迅猛，农业企业发展壮大，农民专业合作社快速发展，农业“走出去”、“引进来”成效明显，农业社会化服务体系逐步健全。2005年，全市农业总产值达到 142.1 亿元，农民人均纯收入达到 7704 元。实践证明，推进农业产业化，有利于引导农民走向市场，提高农业生产的组织化程度，克服农户小规模经营与大市场之间的矛盾，提高农业比较效益，增加农民收入，有利于增加农业劳动力就业机会，促进生产要素在城乡之间的互动，加快城乡一体化的进程。

当前绍兴市的农业产业化进程正处于加快发展的战略机遇期、产业互动的融合期和要素制约的突显期，必须着力在培育核心产业、做强农业企业、拓展产业空间、提升合作组织、建设现代物流、培养新型农民、创新农业机制、推进科技兴农、强化标准生产和改善发展环境上下功夫，全面推进农业产业化，构筑社会主义新农村建设的产业支撑。

一、着力培育核心产业

在长期的历史发展和产业竞争中，绍兴市形成了以茶叶、蔬菜、畜禽、花卉和珍珠等特色主导产业。2005 年，根据产业发展的现状，着眼于提升五大产业，我们研究制订了打造绿色茶都、构建花卉强市、优化畜禽产业、创建蔬菜大市和提升珍珠之乡的实施方案，目的在于使之成为省内、国内具有核心竞争力和不可替代的产业地位。争取到 2010 年，在稳定提高粮食综合生产能力的基础上，全市建立若干条跨区域的特色产业带，建立比较稳固和设施先进的特色优质农产品基地，争创一批具有绍兴特色的全国知名品牌，特色农业产业带的良种覆盖率达到 95%以上，主要农产品基本实现标准化生产，全面达到国家无公害标准。力争使绍兴市成为全国重要的茶叶、珍珠、绍鸭、长毛兔、香榧、小京生花生、木兰、兰花等特色农产品生产基地，全省重要的中华鳖、南美白对虾、优质猪、笋竹、蔬菜等特色农产品基地；并依托特色优势农产品，发展珍珠、茶叶、绍鸭、长毛兔、龟鳖、香榧、特种花卉等特色种子种苗业，使其成为全国、全省重要的繁育基地和供应中心。要把稳定粮食生产的工作着力点放在依靠科技、主攻单产，提高粮食综合生产能力上来，大力推广粮食增产增效技术，选育高产优质品种，扩大测土配方施肥，加快标准农田建设，大力培育新型粮食生产主体，发展粮食产业化经营，全市要确保 175 万吨以上粮食生产能力，常年种植面积稳定在 230 万亩以上，粮食自给率达到 45%以上，确保全市粮食安全。

二、着力做强农业企业

扶持农业产业化就是扶持现代农业，扶持龙头企业就是扶持农民。要在现有基础上，按照打破地域界限、优化资源配置、相对集中发展、形成规模经济的原则，做大做强农业龙头企业。到 2010 年，全市年销售额亿元以上企业达到 50 家以上，农产品加工率达到 60%以上。充分发挥农产品加工园区在整合资源方面的优势，积极争取农产品加工园区的扩容和升级，把园区建设同扶大、扶优、扶强农业龙头企业结合起来，大力引进科技含量高、产业链长、关联度大、环境影响小、可循环利用的农产品加工建设项目，形成特色企业群，使农产品加工园区真正成为农业龙头企业发展的新平台、农业招商引资的主阵地、科技兴农的孵化器。借鉴工业企业在培育大企业、大集团的做法，鼓励有竞争优势的农产品加工企业，通过联合、并购、重组等途径，提高企业规模化经营、专业化生产水平。引导更多的工商企业投资兴办农产品加工业，走发展非农产业扶助农业的路子，培育产加销相衔接、贸工农于一体的农业龙头企业。进一步完善利益联结机制，鼓励和引导农产品加工企业与基地和农户建立产销合作的利益联结机制，建立形成“风险共担、利益均沾”的利益共同体，大力发展订单农业，积极鼓励有条件的农产品加工企业与农户签订规范、具有法律效力收购保护价的产销合同，增强履约观念，提高订单履约率。积极鼓励和引导有条件的农业龙头企业围绕区域优势农产品，争创各类品牌，促进从无牌向有牌、有牌向名牌、引进贴牌向自主创牌的转变。

三、着力拓展产业空间

必须坚持以市场为导向，以提高经济效益为原则，冲破区域限制和条块约束，坚持“四外”并举，大力实施农业“走出去”战略，促使农业生产要素在更大范围内得到优化和组合，走跨区域产业经营之路，拓展产业空间。**一要拓展外建基地**。立足现有外拓基地的基础，充分发挥本地资金、人才、技术、市场等优势，积极鼓励更多的农业企业和农民到市外、省外、国外建立基地，发展特色种养业，形成“两头在外、中间在内”的跨区域产业经营格局。着力在外建基地的提质、增效上下功夫，提高外拓经营水平和对绍兴经济发展的贡献率，实现农业外拓质量双赢。到 2010 年，全市外拓基地稳定在 700 万亩以上。**二要促进外向创汇**。大力实施“出口主体多元化、出口市场多元化、出口产品多元化和出口形式多元化”的战略，培育外向型农产品加工企业，加强出口农产品原料基地建设，积极开拓农产品国际市场，年均出口额增长保持 15%左右，努力扩大农产品出口规模，提高农业发展的外向度。**三要加大外引资金**。通过“会展招商、代理招商、网上招商、以外招外”等多种形式，吸引更多的外商资本、工商资本、民间资本投资开发特色种养业和休闲观光农业，兴办农产品加工企业。在继续扩大引资规模的同时，着力引进带动力强的“大”项目、科技含量高的“新”项目和市场外向度大的“洋”项目。同时，加强与大专院校、科研院所的联合和合作，利用“外智”，借助“外脑”，加快科研成果的引进和转化步伐，加大引进新设备、新技术力度，不断提高农业的科技含量，促进绍兴市农业产业化水平的快速提高。**四要积极外拓市场**。按照“建市场、设窗口、进超市、办展销、强品牌”的工作思路。重点开发一批质量优、附加值高、具有一定规模的名牌农产品，积极探索连锁经营、配送、超市、经纪人、贩销、网上交易等新型流通方式，大力支持集团型农业龙头企业到境外开设销售窗口、创办分公司，着力培育多层次、多类型的市场营销网络，扩大农产品的市场营销空间和领域。

四、着力提升合作组织

农民专业合作社具有“组织农民、带动生产、开拓市场”中的重要作用。按照“坚持条件、遵循原则、市场运作、规范管理”的方针，加快培育和提升发展农民专业合作社，力争在较短时期显著提高农民的组织化程度、农业产业化水平和农产品的市场竞争力。**一要加快培育发展**。坚持以专业农户为主体，积极鼓励农业专业大户、龙头企业、专业市场、基层供销社、农技推广部门等多种组织牵头兴办农民专业合作社。全市重点围绕水产品、蔬菜、畜牧、笋竹、茶叶、干鲜果、花卉、小京生花生、水稻等特色优势农产品，培育发展农业专业合作经济组织。到 2010 年，全市农民专业合作社达到 400 家以上，带动农户 50 万户以上。**二要致力提升创新**。积极鼓励农民专业合作社参加各类农产品展销会、推介会、博览会，与国内外超市、物流或配送中心、农产品加工企业建立销售网络，向外开拓市场。推进合作社标准化生产和服务，积极引导合作社向规模化经营、集团化发展，不断增强专业合作经济组织的带动力。争取到 2010 年，合作社统一销售社员农产品比例达到 80%以上。**三要加强规范指导**。按照《浙江省农民专业合作社条例》的要求，规范农民专业合作社的章程、组织机构、股金设置、工商登记，以及内部管理等各项管理制度，确实保障合作社社员的合法权益。对现有农业专业协会，要加强规范指导，拓展服务范围，逐步改造成为专业合作社，发挥更大的作用。

五、着力建设现代物流

建立物畅其流、快捷准时、经济合理、用户满意的社会化、专业化的现代农业物流服务体系，是推进农业产业化快速发展的需要。重点要抓好四大建设。**一要加强农产品流通的基础设施建设**。把农产品流通的基础设施建设的重点放在农产品批发市场的建设上，通过调整、完善现有农产品集贸市场和产地批发市场，进一步提升批发市场的辐射功能。加快建设一批牵动全省、辐射全国的大型农副产品批发市场，如新昌名茶城、嵊州茶叶城、中国花卉城、中国珍宝城等。积极发展农产品物流配送中心、连锁超市。**二要加强第三方物流企业建设**。鼓励农业龙头企业积极创造条件，逐步将原材料采购、运输、仓储和产成品加工、整理、配送等物流服务业务有效分离出来，并按照现代物流管理模式进行调整和重组，以培育和发展专门为农业产前、产中和产后提供物流服务的社会化、专业化的第三方企业或企业集团。进一步加快培育农村经纪人和农产品贩销大户，积极鼓励经纪人、贩销大户采取多种形式推销当地农产品，努力把农产品贩销队伍和农村经纪人培育成有一定规模在流通领域的农业龙头企业和专业合作经济组织。**三要加快农产品物流的信息化建设**。整合现有与农产品流通相关的信息网络资源，加快建设农产品和农业生产资料流通网络信息体系，建立适应现代农业物流发展的农业市场网络体系。逐步建立和完善农产品物流信息管理系统，积极引进代理、配送、拍卖、期货和网上交易等现代交易方式，逐步改变摊位制对手交易模式，实现农产品“双向直达式平衡物流配送”。进一步加快市场信息化建设，逐步实现市场交易、结算、仓储、运输、配送的智能化管理，拓宽服务领域，深化服务层次，提高现代农业物流业的服务效率和质量。**四要加快农产品流通标准化建设**。要适应国内、国际贸易的要求，推行与国际接轨的物流设施、物流工具的标准化（如托盘、货架、装卸机械、条形码、集装箱等），不断改进物流技术，以实现物流活动的合理化和标准化。

六、着力培养新型农民

培养新型农民，既是推进农业产业化的重要人力资源保障，也是新农村建设不可缺少的基础条件。要以培养一大批职业农民为目标，一方面要抓好面向广大农民的教育培训和科学普及；另一方面要重点实施好现代农业技术培训工程、农村劳动力转移培训工程和农村实用人才培养工程，着力培养五支队伍。培养一大批基层组织负责人，带领农民发展生产，繁荣农村经济；培养一大批农民技术员，带头使用和传播先进农业技术；培养一大批种养能手，率先致富，带动广大农民共同富裕；培养一大批经营能人，办实体，跑市场，搞经纪，促进农产品销售；培养一大批职业农民，持证上岗，领办特色产业。争取到2010年，全市职业农民达到2万人，培养4万名农村实用人才。积极引进和运用先进的教育技术，大力推进农业远程教育。加大农民培训基地建设，选择一批硬件基础好、师资力量强、区位交通便的培训基地，重点投入，重点建设，为农民教育培训提供基础支撑。

七、着力创新农业机制

体制机制创新是推进农业产业化的根本动力。要积极引导进行农业体制机制创新，鼓励试，允许改，加快推进农业产业化。十一五期间要在推进适度规模经营、开展农业保险、完善担保机制、探索资源利用补偿机制上取得突破。**一要积极推进适度规模经营**。稳定和完善以家庭承包经营为基础、统分结合的双层经营体制，按照“依法、自愿、有偿”的原则，促进农村土地承包经营权的流转，采用季节性流转、托管等多种形式，促进土地等资源向大户、农场、专业合作社集中，提高土地集约利用水平。**二要加快推进农业保险**。探索建立政策性与商业性相结合的农业保险制度，对自然风险较大的农业项目进行保险，努力降低农业自然风险损失程度。**三要完善农业担保机制**。绍兴市创建农业信用担保公司走在全省前列，全市已组建了6家农业信用担保公司，注册资金2.06亿元，已提供担保贷款额11.6亿元，取得了良好成效。要进一步完善担保机制建设，提高市场化运作水平，逐步增加注册资金，建立担保风险基金，扩大担保范围，实行滚动发展，为缓解农业龙头企业贷款难的问题，促进农业龙头企业的发展壮大，发挥重要作用。**四要探索资源利用补偿机制**。在水、土地、滩涂等各类资源的利用上，要逐步转变传统观念，探索建立与市场经济相适应的资源利用补偿机制。认真落实国发（2004）8号文件精神，确保将土地出让金纯收益的15%用于农业，加大对基础设施建设、品牌培育、重大技术推广、农产品物流、农业服务体系建设等的引导和扶持。

八、着力推进科技兴农

农业的根本出路在科技。推进农业产业化，要依赖农业科技的不断创新。要以深化基层农技体制改革，推进农业科技入户，加快农业“三新”技术推广，发展民营科技组织，提升种子种苗业，促进科技成果的成化。**一要深化基层农技体制改革**。按照公益性职能与经营性服务分离的原则，全面推进农技体制改革，在全市建立机构完整、人员精干、机制灵活、运转协调、行为规范、形式多样、效能突出的公益性农技推广队伍新体系。加强农技人员继续教育，促进其不断更新知识，拓宽知识面，增强服务本领。**二要推进农业科技入户工作**。在全市开展农业科技入户工作，以县（市、区）为单位，进一步整合农业科研、教学、推广部门的科技资源，以科技示范户能力建设为核心，以农民信箱、现代信息为手段，以推广主导品种、主推实用技术、主攻市场流通和实施主体培训为关键措施，建立服务组织进村入社，科技人员直接到户、良种良法直接到田、技术要领直接到人的科技成果快速转化机制。**三要大力发展民营科技组织**。民营科技组织打破了行政区划限制，依托区域特色产业，凭借经济实力雄厚、生产关联度高和体制上的优势，以产品研究开发为重点，以从业者为推广对象，有效地融合了科研、生产、推广等多种职能。目前全市已有各类民营农业科研组织90家，带动基地200万亩，连接农户25万户。积极鼓励有实力的农业龙头企业创办民营组织，使其逐步成为农业科技的主力军，不断提高科技创新能力。**四要提升种子种苗业**。把种子种苗业作为农业的朝阳产业和黄金产业来抓，加大科技协作攻关，做大做强绍鸭、茶叶、糯稻、水产、长毛兔、优质猪等优势种子种苗业，提升绍兴市种子种苗业水平。

九、着力强化标准生产

农业生产是自然再生产与经济再生产相互交织的过程，没有良好的生态系统，就不可能有农业的持续发展。要以绿色生态的理念发展农业，强化标准化生产，全面提高农产品质量安全水平，推进农业产业化。**一要建立标准体系**。围绕特色优势农产品，在已有国家标准、行业标准和地方标准的基础上，坚持引用、修订与制定相结合，完善主要农产品生产、加工、销售等环节的技术标准和产品质量安全标准；建立起结构合理、层次分明、重点突出、面向国际的农业标准体系。加大农业标准的执行推广应用，市级以上农业龙头企业要率先实现标准化生产，以标准创品牌，靠品牌拓市场，向品牌要效益。**二要推行清洁生产**。把推行清洁生产放在更加突出的位置，实施以农药化肥减量化、畜禽粪便无害化和外塘养殖清洁化为主要内容的农业面源污染治理行动，大力推广秸秆气化、生物质能、太阳能等清洁能源的利用。大力发展以节地、节水、节能、节肥为重点的节约型农业。创新农作制度，大力推行间作套种、水旱轮作、立体种养模式，促进节本增效和资源的持续利用。**三要强化法制监管**。通过学习培训、送法下乡等形式，深入推进普法，增强农业生产经营者的法制意识，提高农民依法办事和保护自身合法权益的自觉性，进一步完善农业行政执法体系，加大违法行为的打击力度，突出源头管理，加快推进以“三网三制”（农资现代经营网、农资监管监督网、农资信用信息网和农资企业生产经营诚信制、农资企业信用评价制、农民利益受损补偿制）为主要内容的农资信用体系建设，实现农资监管全覆盖。

十、着力改善发展环境

扶持农业产业化是各级党委政府支持“三农”政策的重要组成部分。必须进一步从解决实际问题入手，深入调查研究，从税收、技改、科技、品牌、出口、外拓、用地、用电和信贷等方面，不断完善和强化扶持政策。要调整公共财政支出结构，增加农业投资预算，提高投入农业的比重，确保公共财政的阳光普照“三农”，确保增加农业参与财政二次分配的比例并实现法制化管理。重点投向基础性、公益性事业和推动农业产业化、组织化、信息化建设。现阶段，主要突出农田基础设施，突出农业科技创新能力和社会化服务建设，突出农产品质量安全建设，突出农业产业化发展，突出信息网络体系建设和农民的组织化程度、科技文化素质提高。通过集中力量向这些领域倾斜，改善投入结构，使农业基础设施和综合能力得到快速提高。

（全国农村经济动态监测点浙江省绍兴市发改委）

实施“经济薄弱村五年脱贫工程”促进农村经济社会和谐发展

——江西省安吉县实施“经济薄弱村五年脱贫工程”调查

据调查，2002年安吉县248个行政村（社区）村集体经济总收入4432.81万元，较1997年同比下降25.1%；安吉县年集体经济收入低于5万元的有75个行政村（即经济薄弱村），占安吉县行政村总数的30.24%；75个经济薄弱村年收入平均仅为2.69万元；年集体收入不足1万元的空壳村有11个。村级集体经济的萎缩已经影响到农村经济的发展和社会的稳定。

2003年，县委、县政府决定实施“经济薄弱村五年脱贫工程”，力争通过五年的努力，到2007年，实现安吉县村级集体经济总收入达到6000万元；村集体经济年收入在5万元以上的行政村比重上升到90%以上；90%以上的经济薄弱村农民人均纯收入超过全国年均水平；年人均纯收入 2000 元以下人口比率低于所在行政村人口的 5%。按照这一目标任务，我们通过对经济薄弱村如何实现集体经济的发展壮大进行实践与探索，取得了很好的成效。

一、实施“经济薄弱村五年脱贫工程”的主要做法

要做好脱贫工作，关键在于选配一个有战斗力、懂经营、会管理的村级班子，形成党支部领导下的村民自治和村合作经济组织协调一致的运行机制。同时，坚持因村制宜、注重长效的工作原则，选准并实施好“造血型”的脱贫项目，完成由“输血”向自我“造血”的根本转变。基于以上认识，我们的主要做法是：

1. 上下联动，形成合力抓脱贫

齐抓共管、形成合力、整体推进是实施“经济薄弱村五年脱贫工程”的重要保证。首先是成立了以副县长为组长的脱贫项目管理领导小组，确立了以县农办为牵头部门，各成员单位共同参与的工作机制，充分发挥各职能部门在技术、资金、信息、人才等方面的优势。其次是建立了县四副班子领导每人每年联系一个薄弱村制度。县主要领导作出表率，深入联系点，协调解决脱贫工作中的实际问题。三是实行县直机关部门（单位）与薄弱村结对帮扶制度。要求部门主要领导每年不少于一次，分管领导不少于三次到自己的结对村，帮助村里出思路、办实事，并在资金、技术、信息上提供支持，做到未脱贫、不脱钩。四是乡镇党委、政府相应成立脱贫工作领导小组。从领导力量上、资金扶持上向薄弱村倾斜。五是坚持以村自扶为主的原则，列入年度脱贫的村必须制订具体的措施，并落实专人负责。六是加强宣传报道。将脱贫工作中总结出的一些行之有效的经验及典型事迹等在电视、报刊等媒体上进行宣传报道。同时，每年农村工作会议上，对年度脱贫工作中涌现出的先进集体和个人进行表彰。

2. 整转班子，形成核心抓脱贫

“农村富不富，关键看支部；班子强不强，关键看班长”，推进薄弱村集体经济发展，促进农民增收的关键

在于村级组织建设。为此，县委县府把整顿转化薄弱村班子作为抓脱贫的一项重要措施来落实。一是由县委组织部牵头，面向社会公开选拔一批事业心强，懂经营会管理，具有较强发展意识的优秀致富能手，经组织程序选配到薄弱村任职；二是选派县、乡镇机关优秀年轻干部，担任薄弱村的第一书记或担任农村工作指导员。对任职期间改变薄弱村面貌明显的，同等条件下优先提拔使用。三是强化教育培训。对75个经济薄弱村的“一把手”，除了组织他们在县委党校参加有关的专门理论培训和参加不定期的薄弱村脱贫工作现场会以外，还组织他们到苏南进行考察与学习，增长见识，开拓思路，强化了他们的发展意识。通过整顿转化经济薄弱村村班子，为发展壮大集体经济提供组织保证。

3. 落实政策，扶持引导抓脱贫

全面实施“五年脱贫工程”，不仅要坚持贯彻自力更生、艰苦奋斗，以乡镇、村自扶为主的原则。而且还要积极制订并落实相关政策，在资金、技术、人才等方面加以扶持与引导。县政府将拿出1000万元财政资金，专门用于“造血型”脱贫项目的以奖代补，乡镇财政将按1:1配套到位。2003—2005年三年县财政已到位资金612万元。县乡两级财政每年还拿出100万元用于薄弱村村干部工资补助。对薄弱村公益事业项目实行政策倾斜。如，康庄工程每公里增加2万元的补助；村庄环境整治和生态村建设项目补助比其它村高出30%。此外，鼓励和支持经济强村在自愿互利的基础上兼并薄弱村，鼓励和支持薄弱村之间在自愿的基础上进行合并，整合资源，降低管理成本。目前已有3个薄弱村进行了撤并。

4. 因村制宜，做实项目抓脱贫

脱贫工程的主要内容是：因村制宜选准脱贫项目，脚踏实地做实脱贫项目，立足增强“造血”功能，不断发展壮大集体经济，促进农民增收。我们在做实项目抓脱贫工作的实践中主要实行“四制”。一是项目选定实行科学论证制。严格按照专家论证，村民代表会议通过，所在乡镇政府统一申报，县主管部门专项审批的程序进行，体现项目选定的科学性和严肃性，减少盲目性和随意性。二是项目的实施实行招投标制。把招投标贯穿于脱贫项目实施和经营管理的整个过程，以降低实施成本，提高工作透明度。三是项目的经营实行民主监督制。坚决杜绝实施完成的脱贫项目“低价转包”或“一次性买断经营权”等做法。为此，推行政务、财务公开，发挥村民主理财小组对脱贫项目经营管理的监督作用，将脱贫项目在实施、经营活动中的所有支出和收益都纳入乡镇财务中心进行核算，并张榜公布，实行民主监督和审计监督。四是项目的考核实行以奖代补制。对脱贫项目已实施完成且产权明晰的经济薄弱村，由县脱贫项目领导小组组织相关职能部门进行考核验收，重点对该村脱贫项目的收益率，脱贫项目实施的财务状况，脱贫项目的后期管理等内容综合评分，根据得分结果评出一、二、三等奖，一等奖10万元，二等奖8万元，三等奖6万元。同时在考核中对村集体经济年收入已稳定在5万元以上或人均可支配收入50元以上的行政村宣布脱贫。

二、实施“经济薄弱村五年脱贫工程”的主要成效

两年多的脱贫工作实践，取得的成效主要体现在以下三个方面。

1. 实现了农村经济的新发展

安吉县重点帮扶的75个经济薄弱村，到2005年12月底，共有57个村因地制宜地实施了各类脱贫项目111个，完成投资1868万元。已通过考核验收的49个村共实施了 107 个各类脱贫项目，实现村集体经济净收入269.99万元，比2002年增收 160万元；49个村平均每村净收入为5.51万元，比2002年的2.24万元有了较大的提高；预计到2007年这49个村集体经济净收入将达到437.65万元，比2002年增收328万元，村集体经济收入平均将达 8.9 万元。在集体经济不断发展的同时，通过实施脱贫项目，带动农户一起实现增收。比如利用宅基整治等盘活集体土地造标准厂房进行招商引资，帮助当地农村劳动力就地转移。递铺镇兰田村，造了1000平方米标准厂房，招进一家企业，就地转移当地农村劳动力达70余人，每年农民从工厂里工资性收入就达60余万元。梅溪高桥村、上墅大竹村等9个村依托资源发展高效生态农业、种植白茶、观赏竹等1500余亩，对当地农业增效农民增收起到很好的示范带动作用。

2. 实现了农村面貌的新变化

经济薄弱村脱贫工程与安吉县开展的村庄环境整治、生态村、小康示范村等创建工程有机结合，相互促进，共同发展，使经济薄弱村的面貌发生了新的变化。一是建设服务用房。在中心村的村庄环境整治过程中盘活一部分土地，由村集体统一规划建设营业用房，将农村合作医疗、农资商店、农村小超市、理发店、小菜场等服务行业向中心村集聚，既方便了农民的生产、生活需要，又美化了农村环境，同时又壮大了村级集体经济。二是建设工业厂房。将村中分散的个私小企业集中到一处，既为个私企业的发展创造了一定的环境，又减少工厂对环境的污染。三是建设民工之家。有的村工业企业较发达，外来民工较多，且大都分散居住在各处，既影响社会稳定，又因乱搭乱建而影响村容村貌。由村集体规划建设民工之家，是一项一举

多得的民心工程。四是成立了农家乐服务中心。安吉县有二个薄弱村成立了农家乐服务中心，既探索了“农家乐”良性发展的途径，又使村集体开拓了一条收入渠道。

3. 实现了村级组织的新提高

通过整顿转化村班子和规范实施脱贫项目，使薄弱村村级组织的凝聚力、战斗力普遍提高。一是实现思想观念上的转变。由原来的“等、靠、要”的思想和畏难情绪，转变为工作积极性提高，主动性增强。二是提高了工作水平。在实施脱贫项目中，严格按“四制”要求规范工作程序，杜绝以前工作中存在的“凭老套路”、“想当然”、“毛估估差不多”等现象，使村级组织工作步入程序化、正规化。

（全国农村经济动态监测点江西省安吉县发改委）

新农村给农民建　听听农民啥意见

——山西省运城市新农村建设“百村千户”大调研情况报告

3月17日至26日，山西省运城市发改委10名党组成员带队，全员参与，利用10天时间，采取进村入户、座谈、问卷等形式，就全市13个县（市、区）新农村建设情况进行了认真调研。

一、调研的基本情况

（一）调研乡村总体情况。此次调研共涉及全市13个县（市、区）70个乡镇133个行政村1063户，共召开基层干部群众座谈会百余次，发放回收调查问卷1476份，其中基层干部调查问卷413份，农户调查问卷1063份。

（二）农户问卷调查情况。所调查农户的家庭成员平均为5人，年农业收入2935元，工资性收入6043元，家庭年均总收入13514.3元，人均2702元。2005年消费支出排前五位的是：教育支出占31.4%，生活费用支出占27.8%，生产支出占18%，其他支出占15.5%，医疗卫生支出占7.1%。2006年如何增加现金收入：准备外出打工占31.6%，进一步发展农业生产占22%，发展养殖业占17.5%，经商占10%。农民急需政府帮助解决的问题：要求给予资金帮助占31%，兴修水利占23%，生产资料供给占21.1%，减免上学费用占10%，解决农产品销售难占7%。在农产品进入市场方面重点反映了农产品销售难、信息不畅、缺乏中介机构和经纪人三个难题。

（三）基层干部问卷调查情况。调查问卷共设计了8个问题。①社会主义新农村应该从哪些方面抓起：抓农民科技文化素质占27.3%，抓农村经济建设占25.8%，抓环境、抓规划占22.7%。②对新农村建设的建议：加大政府投资占18.2%，政府统一规划占15.2%，发展企业、支柱产业占13.6%，因地制宜、分类指导占13.6%，搞试点占10%。③在发展生产方面，建议政府应采取的措施：解决资金问题占56.1%，提供市场信息、引导农民进入市场占22.7%，及时落实农村各项政策占16.7%。④政府如何帮助农民增加收入：建议科技下乡占34.8%，要求提供信息占34.8%，要求提供贷款占16.7%，要求稳定农资价格、提高农产品价格占16.7%，调整产业结构占15.2%。⑤如何加强乡风文明建设：要求建设文体活动中心占69.7%，要求抓环境卫生、道路硬化占65.2%，增加环境设施投入占30.3%，建老年协会占21.2%，建农民夜校占16.7%。⑥村容整洁政府应如何抓好规划建设：要求统一规划占34.8%，建立各项管理制度占31.8%。⑦村务民主管理政府如何做：建议定期审计、建立监管制度占78.8%，让群众参与民主管理占19.7%，提高村干部素质占10%。⑧政府如何引导农民进入市场：要求建立信息网络占56.1%，科技指导占33.3%，规范中介服务、资金扶持占21.2%。

二、新农村建设面临的主要问题

总的来看，我市社会主义新农村建设具备了一定的群众基础、物质基础和实践基础。但也存在一些深层次的矛盾和问题，制约着新农村建设，概括起来主要有七个方面：

（一）思想认识不到位。顺利推进新农村建设取决于三个因素：政府支持引导，基层政权有效组织，农民群众自觉自愿。但在一些农村，农民对新农村建设认识不到位，有偏差，存在误区。一是对中央提出的新农村建设二十字方针的内涵、实质等认识不深刻，不全面，存在偏差。二是对新农村建设很茫然，不知如何下手。有的把新农村建设，等同于建新村，盖新房，修新路，就是要把现有自然村拆迁，进行统一建设。忽视了全面发展。三是普遍存在等、靠、要、包的思想。认为新农村建设是中央提出的，我们经济困难，应该由上面拿钱解决，而认识不到自身的主体地位，只把自己当作新农村建设的被动接受者，而不是积极参与者。在盐湖区调研时，问及“你认为新农村应该怎么建”，相当一部分农民脱口而出：“就看国家给多少钱”，要么“政府咋建就咋建，咱哪能管了那么宽？”

（二）农业基础设施差。水利是农业的命脉。温家宝总理在运城调研时指出，山西之短在于水。我市大部分地区属于雨养农业区。近几年，我们对农村修路、建校比较重视，但对农业水利设施重视不够，投入严重不足，致使大多数水利设施老化甚至报废，极大地制约了农业生产的发展和农民的增收。农民说，村里的灌溉设施“冬天没水，夏天缺水，雨天才有水”。调研的133个行政村耕地总面积39.88万亩，其中保浇地12.64万亩，仅占耕地总面积的31%。如，闻喜全县境内的吕庄、杨家园、三河口、小涧河、关村、柏林六座水库都是上世纪五、六十年代所建，1500余眼机井有一半以上是上世纪七、八十年代凿挖的大口井，现已无法使用，电灌站、塘坝、引水等小型水利工程也都是上世纪七、八十年代所建，由于资金短缺、老化失修、运行效益差，导致全县20万亩水浇地实际能保浇的不足15万亩，仅占全县耕地面积的19%。我们还了解到，由于天旱，去年盐湖区南城办西姚村一农户六亩小麦总共只打了15斤麦子。

（三）农民增收难。一是农业产业化程度不高，产业化龙头小而不强，难以带动农民增收。2005年新绛县蔬菜面积发展到30万亩，总产量达到12亿公斤，总产值突破10亿元，是全县农业生产的第一主导产业，但缺乏龙头企业的销售带动和订单，农民生产比较被动，心里没底，生产出来的产品往往是送到市场上碰运气。闻喜县“南菜北药”的农业生产格局初步形成，以“粮、果、菜、药”为主的主导产业基地面积达到40万亩，而起带动、辐射作用的农产品加工企业相对滞后，全县120家各类农产品加工企业，真正能起到带动、辐射作用的仅有维泰集团、杨一斋香辛料、绿源食品、峨嵋食品等少数企业。垣曲县年经营额100万元以上的龙头企业仅4家，其余多为家庭作坊式生产，产业带动效应不明显。二是农业科技、服务体系滞后，远远不能满足农业生产的需要。农民在农业生产的产前、产中、产后得不到应有的技术支撑和信息服务，农产品质量不高，销售不畅。农民形容现在的农业科技、服务机构是“线断了、网破了、人散了”。调查问卷中他们希望建立信息网络，引导农民进入市场的建议占56.1%。希望增加科技指导，科技下乡的建议占67%以上。三是农业生产成本上升。在调研中谈到这个问题，绛县冷口乡的乡干部以小麦和化肥价格作比较：小麦每斤价格2000年为0.68元，2005年为0.75元，五年才涨了7分钱，而同期每袋尿素、磷肥价格分别增加了20元、10元，农资价格上涨幅度远高于农产品价格增幅。绛县大交镇程景村的农民算了一笔账：种1亩小麦仅施肥一项亩成本就增加近20元；由于油价上涨，机耕机播机收又增加成本24元；上述两项合计增加投入成本44元。而国家减免农业税（小麦每亩25元）、种粮补贴（每亩10元），农民种小麦得到的政策实惠共35元。农资价格上涨所增加的支出高于惠农政策带来的收益9元。

（四）资金筹措难。在问卷调查中，要求解决资金问题的建议高达87.1%。但目前支农资金筹措渠道不宽，比较困难。主要表现在三个方面：一是政府财力有限。据有关部门预测，全国新农村建设仅基础设施、“四改四化”等方面就需投资5万亿元。尽管近年来政府支农资金投入的绝对量明显增加，但与新农村建设的需求相比，支农资金的投入量仍然是低水平的。二是乡村债务负担沉重，农村集体经济基本属于“空壳”。一方面，好多农村不仅没有集体积累，而且把仅剩的一些土地、林木等集体资产也卖光了，村级集体经济名存实亡，成为“空壳”。另一方面，乡村债务负担沉重。调查资料显示，全市村级集体经济债务总额近4亿元，农民人均负债170元左右。以闻喜县为例，全县2005年底乡村两级负债总额达到1.36亿元，其中乡镇负债7636万元，乡均负债485万元；农村负债6300万元，村均负债21万元。三是资金管理体制不完善，使用效率不高。目前，各部门支农资金渠道较多，由于缺乏统筹协调，政出多门，造成资金投放分散，重复投资，甚至无效投资。以永济市为例，2005年上级转移支付和本级财政安排支农资金共计4182万元，但由于投向分散在生产、流通、基础设施、社会事业发展等各个领域，造成使用效率和效益不高。

（五）上学看病难。在农户的主要消费支出中，教育支出列第一位，占总支出的31.4%。有子女上大中专的农户，有相当部分需要负债来维持。几乎所有被调研的村都反映和提出了教育难问题。一方面，国家进行中小学布局调整，有利于提高教学质量，但一些村的学校被撤并，去其他学校上学不仅要交借读费，而且年纪小的孩子还需家长租房陪读。平陆县坡底乡郭原村一个村就有100余名小学生在外上学，给家长造成很大的经济负担。另一方面，师资力量普遍匮乏。以平陆县为例，该县目前农村教育普遍存在“有学生没教室，有学校缺教师”的现象。由于教学条件差，致使教师流失严重，农村师范毕业生也不愿在本地任教。该县曹川镇有一名英语教师带四所学校学生的课，经常是骑着摩托车，上午在这个学校上课，下午就要赶到相距数十里外的另一所学校，群众称之为“摩托化教师”。

在我们所调研的大多数村中，医疗卫生状况令人担忧。

大多数卫生所都设在农户家中。“这边是医药针剂，那边是锅碗瓢盆”，诊断、处置、治疗、药房不分，而且药品品种少，卫生人员技术不全面，设备也极其简陋，他们的医疗器械“三大件”就是听诊器、血压计、体温计，难以满足农民的就医需要。同时，由于大医院医疗费连年攀高，许多农民只能望医兴叹，农民普遍是小病自己买药治，中病在村镇医院拖着治，大病无钱难就治。农民生一场大病往往意味着全家返贫或欠债。农民无奈地说：“东西贵了可以不买，看病上学用钱没得商量！”农民问：“医院收费咋定的？70年代治感冒只要几毛钱，80年代几块钱，现在就得几十块上百块。猪病了还要抓紧治，指望卖几个钱供娃上学，人病了就得顶着、拖着，这人还不如一头猪！”

（六）乡土人才缺。一是农民受教育程度普遍较低。小学及以下文化程度约占25%左右，初中文化程度占50%左右，高中文化程度约占 25%。由于目前农民所受的基础教育相对较差，造成了他们对新技术、新知识的接受能力普遍较低。二是农村懂管理、懂科技、能致富、会经营、敢创业的人才缺乏。现在的农民，大体可分为老板型、能人型、传统型、温饱型、贫困型五种类型，在所调查的农户中绝大多数属于传统型和温饱型。长期的“小农意识”还禁锢着大部分农民的思想，农民创业经营意识较差，手头闲散资金多用于盖新房、娶媳妇、存银行、备养老。三是农村人才流失严重。从农村走出来的高素质大中专毕业生回乡创业者微乎其微；外出务工虽然增加农民收入，但也造成乡土人才的流失。现在向城市转移的劳动力，并不一定都是农村剩余的，有相当部分是农村建设急需的。稷山县翟店镇峨嵋村村主任告诉我们，全村400多户，在翟店买房居住的就有100多户，年轻人都外出去打工，村里只剩下“三八六一九九部队”，也就是妇女、儿童和老人。没有人，谁来建设新农村，新农村又给谁建。正所谓：劳务输出成绩单何尝不是人才流失忧心帐？

（七）基层组织弱。一是管理上缺手段。许多村没有积累只有债务，使村基层组织失去了经济基础，其职能相应萎缩，支村委“有想法，没办法”，严重影响了村干部的工作积极性。二是组织建设后继乏人。由于村干部待遇偏低，对农村能人，特别是年轻人缺乏吸引力，许多村党员年龄老化，后继乏人。盐湖区金井乡西王村支部书记反映：该村现有近百名党员，平均年龄50岁，每次召开党员大会，有五分之一生病来不了，五分之一耳笨听不见，五分之一开完回家就睡觉。农村基层组织建设不力，严重影响了支村委班子建设，影响了党员在新农村建设中的战斗堡垒和先锋模范作用。三是监督不完善。一些干部选举之时讲民主，选举之后不民主。对“四个民主”，只在“民主选举”时动脑子，而把“民主管理、民主决策、民主监督”置于脑后，严重影响了村干部的公信力。问卷调查中，建议加强村务民主管理，定期审计，建立监管制度的意见高达78.8%。

同时，农村还存在着精神文明建设落后，社会保障事业滞后，封建迷信思想重，婚丧嫁娶陋习多，社会治安差等问题，制约着农村的正常生产秩序和社会稳定。如我们调研走访的农村中，大部分存在着社会治安问题，对农村的正常生产秩序和社会稳定造成了较大影响。平陆县调研的10个行政村中，就有5个行政村在近两年内丢失过变压器、电线、电杆等电力设施，给农民的生产生活造成了不同程度的损失。像在杜马乡贤良村，为了改善水利条件，2004年16户村民集资打了一口井，解决了300亩耕地的灌溉问题，但去年变压器被盗，造成近3万元的直接经济损失，16户村民的打井投资至今没有收回。

三、五点对策建议

为了确保我市新农村建设在起步之年有良好开端，走在全省的前列，在大调研的基础上，我们初步形成了推进全市新农村建设的工作思路：坚持统筹城乡发展，以建设社会主义新农村统领“三农”工作，按照生产发展、生活宽裕、乡风文明、村容整洁、管理民主的总体要求，坚持科学规划，因地制宜，分类指导，注重实效原则，以农民为主体，以加强农村基层组织建设为保证，以解决农民最迫切、最关心、最直接的问题为切入点，以新农村试点工作为突破口，以建立政府支持、集体注入、金融介入和农民投入相结合的稳定增长的投入机制为支撑，通过政府推动，项目带动，社会互动，群众主动，扎实积极稳妥地推进新农村建设。

建议之一：以大规划为总抓手，统筹城乡发展，在新农村建设规划的理念上求新，求突破

新农村建设的首要任务是研究制定全面协调可持续发展的新农村总体规划。新农村建设重在求“新”。**一是要有新目标**。新农村建设覆盖农村经济、社会、文化、政治建设各个方面，其目标的量化，既要有农民人均纯收入等经济发展目标，更要有文化、教育、环境等促进人的全面发展和经济社会协调发展的目标；既要有“四改”、“四化”普及率等基础设施目标，更要有基层组织建设、社会服务体系、社会法治等目标；既要有长远目标，也要有阶段性目标。要力求做到全面具体并具有操作性。**二是要有新体系**。当前，各涉农部门、综合部门和各县（市、区）都在围绕新农村建设抓紧制定相关专项规划，如果上下不协调，左右不联动，各唱各的调，各弹各的曲，就难以形成合力。因此，特色产业、村镇建设、乡村道路、教育资源整合、社会服务保障体系建设等重点专项规划和县（市、区）规划要跨部门、跨行业、跨区域进行相互衔接，相互协调，在点、线、面和年度实施安排上，保持一定的重合度和协同度，从而形成一个完整的新农村建设规划体系。**三是要有新特色**。乡村经济基础、自然条件各不相同，乡村的规划应结合各乡村产业、资源、环境、自然条件，突出特色，按照工贸型、园林型、生态型、田园型等不同的定位来进行规划。规划的制订要尊重民意、讲求实效、科学论证、着眼长远，规划一旦形成，要长期遵照进行建设，切忌班子换、规划变，一人一套想着干。

建议之二：以建机制为总保障，增强推进动力，在建立完善工作机制上求活，求突破

建设新农村是新课题，必须创新工作机制。**一是要建立和完善党委领导，政府负责，部门齐抓共管，群众积极参与的工作机制**。加大政府扶持力度，动员社会力量广泛参加，引导农民自力更生、艰苦奋斗，形成推进新农村建设的合力。**二是要建立稳定增长的投入机制**。我市广大农村地区经济社会基础设施比较薄弱，集体经济积累不够，农民投入能力有限，其他社会主体的投入远远不足。在这种情况下，及早着手建立稳定增长的投入机制就显得尤为重要和必要。建议在稳定现有各项农村建设资金的基础上，扩大财政支农支出规模，整合土地出让费、建设用地有偿使用费资金使用，设立全市社会主义新农村建设专项资金，不断增加各级政府对新农村建设的投资力度，特别要在资金整合上下功夫，提高各项资金安排使用的集中度，以发挥政策性资金的聚集效应，集中力量办实事、办大事、解难事。并以新农村建设专项基金的投入为引导，吸引扩大金融信贷投入、社会投入和外资投入，逐步形成政府支持、集体注入、金融介入和农民投入相结合稳定增长的投入机制。**三是要建立新农村建设的激励机制**。对农村的土地出让，应提倡“多租少卖”，鼓励支持农村集体经济、农民以土地资本入股，使集体经济发展有实体，农民增收有新来源，以增强农村集体经济实力，让农民长期受益。要积极稳妥地解决农村历史债务，对因国家政策性变化形成的债务，予以核销，减轻农村发展的包袱。

建议之三：以抓项目为总载体，突出项目带动，在抓民心工程上求实，求突破

新农村建设涉及到方方面面，但许多都要落实到具体项目上。以项目为载体，通过实施项目带动，既有利于整合各项政策资金，有利于吸引金融贷款和社会资金，也有利于提高资金的使用效率。因此，在新农村建设中，要紧紧围绕国家“十一五”规划中确定的粮棉油生产基地工程、沃土工程、植保工程、大型灌区续建配套、种养加良种工程、农村饮水安全、农村公路、农村沼气、农村医疗卫生服务体系等14项重点工程，以解决农民生产生活中最关心、最直接、最迫切的实际问题为着力点，认真组织实施一系列民心工程，多方增加农业和农村投入，发展经济，增加收入，改善村容，切实让农民得到看得见、摸得着的实惠。

建议之四：以强班子为总支点，实施提质强基工程，在农村支村委组织建设上求强，求突破

上面千条线，下面一根针。新农村建设农民是主体，农村基层党支部、村委会是组织者、实施者。因此，必须把建设强有力的农村基层组织作为总支点，抓紧抓好抓出成效。**一要抓培训提高素质**。切实加强支村委班子建设，提高村干部的综合素质和公信力，培养造就一批“能人书记”、“能人主任”和“能人班子”。解决党员年龄偏大、党员结构“断层”问题。同时，要加大对村干部的监督管理力度，探索建立对村干部的教育、考核、评议、奖惩制度。**二要抓“输血”充实力量**。要加大选派优秀大中专毕业到农村任职的力度，按照干部公开选拔有关规定，每年选派一定数量的大中专毕业生到农村担任支委、村委副职或委员，特别优秀的可直接担任正职。要制订出台有关政策，让人才愿意到农村去，使农村能够留住人才。特别要鼓励支持离退休老干部到农村任职，进一步充实加强农村基层组织力量，提高凝聚力、战斗力、号召力。**三要抓紧培养新型农民**。新农村建设需要培养千千万万有文化、懂技术、会经营的新型农民。要通过科技下乡、办农民夜校、多媒体教育等多种形式，发展针对农民的职业教育和成人教育，坚持不懈地抓好新型农民的培养，提高农民的综合素质，为新农村建设提供人才和智力支持。

建议之五：以试点为总起步，示范引导创新路，在新农村建设的良好开端上求效，求突破

新农村建设涉及面广，内涵丰富，是一项长期性的工作。要以全省开展“千村试点，万村治理”活动为契机，有计划、有重点的选择一批基础条件好、群众积极性高的农村进行试点，对试点村在规划布局、项目安排、资金支持等方面予以倾斜支持，重点突破，以点带面，确保试点工作取得良好开端，为新农村建设提供有益经验。

在新农村建设中，要特别注意防止三种错误倾向。一是防止把新农村建设当成一个筐，把有关农村发展的各方面事情都包罗进去，导致目标不明确，重点不突出，背离了开展新农村建设的初衷和目的。二是防止不分轻重缓急，胡子眉毛一把抓，没有从农民群众最迫切解决的问题入手去开展工作，影响群众参与的积极性，阻碍新农村建设的顺利开展。三是防止重走过去的老路，把新农村建设当成一场政治运动，采取层层压指标、搞考核，防止单一化、防止一刀切、防止一阵风，防止不切实际，搞形式主义，盲目攀比，劳民伤财。

四、找准发改工作定位，突出“五抓”全力推进新农村建设

围绕全市新农村建设，结合此次调研，市发改委要进一步调整完善工作思路，找准工作定位，把新农村建设作为发改工作的重中之重，全力抓好五方面工作：**即一抓规划，做好三个落实；二抓项目，突出三个倾斜；三抓资金，拓宽四个渠道；四抓实事，办好三件大事；五抓引深，搞好三项活动。**

第一，抓规划，做好三个落实。一是要紧紧围绕市委、市政府对全市新农村建设的总体要求和确定的目标任务，组织力量对全市“十一五”规划纲要进行修改充实完善，对全市新农村建设在“十一五”规划目标体系、生产力布局、发展重点和任务上进行认真落实，切实使“十一五”规划在推进新农村建设中发挥指导作用。二是要统筹协调，积极做好全市新农村建设总体规划和农业、水利、交通、电力、邮电、教育、卫生、劳动、社保等专项规划的落实，逐步建立和完善以专项规划为基，以总体规划为纲的新农村建设规划体系，使各项规划在推进新农村建设进程中相互协调，同步推进，形成合力。三是要发挥市县两级发改部门的宏观谋划作用，进一步开拓工作视野，拓宽工作领域，延伸工作触角，加强对乡、村建设规划的指导和服务，以试点村为重点，积极主动地落实好新农村建设试点规划。

第二，抓项目，突出三个倾斜。要紧紧围绕新农村建设的六大任务和国家“十一五”规划中确定的14项重点工程，一手抓调研，一手抓项目，进一步夯实新农村建设的项目支撑。一是要在项目储备上倾斜。抓紧建立和完善全市“十一五”新农村建设项目库，在充分论证、认真筛选的基础上，对全市“十一五”新农村建设项目库进行充实完善，通过这次调研，我们初步筛选了55个项目进入项目储备库，上报了130个示范试点村。二是要在项目前期工作上倾斜。要组建专门班子，抽调人员，加快完善新农村建设项目的前期工作，积极组织申报，千方百计争取更多的项目进入全省“十一五”备选项目，为争取国省政策支持创造有利条件，使新农村建设项目保持“实施一批、推进一批、储备一批”的良好发展势头。三是要在招商引资项目上倾斜。坚持不懈地把新农村建设项目作为招商引资的一大重点，围绕农业产业化、特色农业、资源开发、循环经济、农副产品加工等领域，筛选确定一批规模大、效益好、带动强的招商引资项目，精心策划包装，积极对外推介。通过“三个倾斜”，抓项目支撑和项目带动，全力打造我市新农村建设新的产业格局和物质基础。

第三，抓资金，拓宽四个渠道。一是要积极争取国省资金投入。抢抓国家加大支农投入的政策机遇，以农业、水利、农电改造、乡村道路、饮水解困、沼气、农业服务体系、小城镇、以工代赈、农村市场、中小学危房改造、乡镇医院、基层公检法司、旅游等为重点，积极向上争取，力争在国省政策资金扶持上有一个较大幅度的增长。同时，要加强资金的管理监督，确保各项资金的安全高效使用。二是要努力增加农业信贷投入。紧紧抓住国家开发银行和建设银行对我省实施“双千亿”贷款支持的发展良机，加大工作力度，筛选申报落实一批“双千亿”项目，千方百计增加新农村建设的信贷投入。三是要努力扩大招商引资投入。认真组织、推介新农村建设招商引资项目，扩大宣传，吸引外地资金、社会资金投资农产品加工、特色农业、资源开发建设，不断拓宽新农村建设的投入渠道。四是要鼓励支持农村农民以土地入股投资，积极扶持以农民土地入股的农业、工业、加工业项目，只要符合国家政策，在项目审批、核准、备案等有关环节上不卡、不推、不拖，在申报国省补助、政策待遇等落实上平等对待，让农民能多获得长期、稳定的收益，不断增加农村自身投资和发展的内生能力。

第四，抓实事，办好三件大事。一是要在信息服务上办好实事。要发挥市经济信息中心的技术、网络优势，整合全市现有的农业信息资源，组建全市农业信息资源门户网，稳步推进新农村信息化建设，为农业生产、技术培训、市场信息、项目发布等提供优质、高效服务。二是要在争取落实政策上办好实事。针对调研中农村群众反映集中的棉加工企业认证、农用三轮车征收养路费、烟草收购行政区化定价、农田灌溉用电收费、农村中小学减免学杂费等热点、难点问题，责成本委相关科室和专人，组织有关部门、县市开展深入细致的调研，拿出有深度的专题调研报告和政策建议，积极向国家、省有关部门反映，争取落实政策，尽职、尽责、尽心把好事办好，办实，办出成效。三是要在“结对子”帮扶上办好实事。以科室为单位，以调研乡村为对象，实施“结对子”帮扶办实事。发挥机关人员懂政策、信息多、关系广的优势，捕捉信息，牵线搭桥，在农民劳务打工、技能培训、种植养殖、产品销售等方面为农民提供无偿服务。

第五，抓引深，搞好三项活动。一是要在搞好《运城日报》市发改委新农村建设“百村千户万人”大调研有奖问卷调查的基础上，开辟新农村建设讨论专栏，对新农村建设大调研、大讨论进行系列深度报道。二是要与运城电视台联合举办新农村建设专题节目，组织邀请农民代表、基层干部和有关职能部门、专家学者就新农村建设进行面对面对话、交流探索。三是要在全委举行一次大调研专题演讲活动，把此次调研活动与全面提高发改系统干部队伍素质结合起来，进一步锻炼队伍，提升全委人员为新农村建设服务的工作能力和水平。

（山西省运城市发改委）

第五部分

财政与金融

财政金融政策

顺时应势　实行稳健财政政策

财政部部长　金人庆

（2005年2月22日）

在经济总量基本平衡时期，由于物价相对稳定，经济运行总体平稳，应当实行中性财政政策，凸显稳健特征，注重解决结构优化问题，减弱政府直接干预，充分发挥市场机制的调节作用。党中央、国务院决定2005年实行稳健财政政策，这是顺时应势、及时果断、高瞻远瞩的重大决策。

稳健财政政策的主要内容，可以概括为“控制赤字、调整结构、推进改革、增收节支”。随着财政政策由“积极”向“稳健”的转变，财政在经济社会协调发展中的职能作用将发挥得更为积极。

实行稳健的财政政策和货币政策，是党中央、国务院根据当前经济形势发展变化和宏观调控客观需要作出的重要决策，也是在宏观调控中贯彻科学发展观的重要体现，必将更好地促进我国经济社会全面协调可持续发展，加快构建社会主义和谐社会的步伐。

正确运用财政政策是实现科学调控的基本要求

在现代市场经济条件下，经济运行主要依靠两大工具或“两只手”来调节：一是市场机制，即所谓“无形的手”；二是政府宏观调控，亦称“有形的手”。政府宏观调控应该在市场机制失灵的领域发挥作用，并为市场机制发挥基础性作用营造良好环境。当前，正确运用财政政策，不仅是加强和改善宏观调控的必然选择，也是落实科学发展观、完善社会主义市场经济体制的客观需要，更是不断健全财政职能的重要内容。

特定的财政政策与具体的宏观经济状态紧密相联。一般来说，宏观经济运行存在三种基本状态：第一种是社会总供给大于总需求，有效需求不足，出现通货紧缩和经济衰退等问题；第二种是社会总需求大于总供给，需求过度膨胀，出现通货膨胀和经济过热等问题；第三种是社会供求总量基本平衡，但经济发展不平衡，对应的主要是结构性问题。面对这三种不同的宏观经济状态，应分别实行扩张性、紧缩性和中性财政政策。否则，财政政策取向与宏观经济运行就会发生错位，形成逆向调节，加剧经济波动，甚至导致经济大起大落。

在经济衰退时期，国民收入低于充分就业均衡水平，表现出总需求不足，政府应实行扩张性财政政策，主要采取增加财政支出和减少政府税收等手段，扩大总需求；在经济过热时期，国民收入高于充分就业均衡水平，表现出总需求膨胀，政府应实行紧缩性财政政策，主要采取减少财政支出和增加政府税收等手段，控制总需求；在经济总量基本平衡时期，由于物价相对稳定，经济运行总体平稳，则应实行中性财政政策，凸显稳健特征，注重解决结构优化问题，减弱政府直接干预，充分发挥市场机制的调节作用。根据经典理论，中性财政政策或财政中性、中性预算都是指财政政策对总需求既不扩张也不收缩的情形，是介于扩张性财政政策和紧缩性财政政策之间的一种中间状态。需要指出的是，中性财政政策并不简单以收支完全平衡作为衡量标准。国际上往往将财政收支中剔除经济周期影响后的部分保持平衡定义为中性财政政策，或者认为保持财政收入占GDP比重和非利息支出占潜在GDP比重不变是中性财政政策。这说明，财政收支总量平衡和增量平衡都可能是中性的，财政收支完全平衡并不是“中性”的充分必要条件，对总需求的现实影响既不扩张也不紧缩才是衡量财政“中性”的关键。譬如，2000 年国际货币基金组织在与欧元区国家磋商时，就认为欧元区大部分国家 1999 年执行了中性财政政策，而当时很多国家仍有绝对数不小的财政赤字。另据有关文献分析，泰国 1992、1997 年、韩国 1994、1997 年也实行了中性财政政策，但这些国家消除赤字同样走了一个渐进的过程。经验表明：实行中性财政政策要以经济增长相对平稳、物价总体稳定为背景；以合理把握财政调控力度、对总需求既不刺激也不抑制为核心；以强调发挥市场机制作用、趋于削减或逐步消除财政赤字为实质。

财政政策及时转向是政府宏观调控水平的重要体现

根据经济形势的发展变化，财政政策及时转向，是贯彻科学调控观和加强财政宏观调控的重要表现。从我国建立社会主义市场经济体制以来的两次宏观调控重要实践看，1993—1997 年，为抑制通货膨胀，实施了适度从紧的财政政策；1998—2004 年，为刺激有效需求和治理通货紧缩趋势，实施了扩张性的积极财政政策，这两次财政政策的适时适度调整均取得了预期效果。2005 年，根据经济形势的新变化和宏观调控的新需要，党中央、国务院又适时决定实行稳健财政政策，这主要是由于与 1998 年实施积极财政政策时的情况相比，目前我国宏观经济形势已发生重大变化，财政政策运行又到了一个转折点。

经济自主增长机制初步形成。一是市场机制作用明显增强。目前我国民营经济迅速发展，供求机制、价格机制和竞争机制在资源配置中发挥着越来越重要的作用，是推动经济增长的基本力量。二是城镇化进程明显加快。近年来我国城镇人口比重年均上升 1.4 个百分点，2003 年城镇化率达 40.5%，表明我国正处于城镇化加快发展的重要时期，对需求的拉动作用直接而明显。三是消费结构加速升级。2003 年我国人均 GDP 已达 1090 美元，消费结构正处于由“吃穿用”加快向“住行游”为主转变的时期，并带来重化工业化趋势，成为推动经济持续增长的内生变量。四是开放型经济进一步发展。2004 年我国外贸依存度达 70%左右，可望跃升为世界第三大贸易国；同时，作为外商直接投资的主要流入国，我国对外直接投资也开始较快增加，说明开放因素已成为经济发展的重要推动力。

经济增长进入新一轮周期的上升阶段。一是经济增长接近潜在水平。2003 年 GDP 增长 9.3%，2004 年增长 9.5%，部分行业瓶颈约束或资源约束的出现，表明 GDP 增幅已接近潜在产出水平。二是物价趋于上升。2003 年居民消费价格和商品零售价格指数分别上涨 1.2%和 0.1%，2004 年则分别上涨 3.9%和 2.8%。三是失业率升势趋缓。2003 年全国城镇就业增加 859 万人，城镇登记失业率为 4.3%；2004 年城镇新增就业人员 980 万人，城镇登记失业率为 4.2%，比上年下降 0.1 个百分点。四是国际收支保持盈余。2003 年实现外贸顺差 255 亿美元，年末国家外汇储备达 4033 亿美元；2004 年贸易顺差 320 亿美元，国家外汇储备增加到 6099 亿美元。

经济运行中的深层次问题凸现。一是“五个统筹”成为结构调整的基本目标。财政政策作为政府配置资源和宏观调控的主要手段，要在优化结构方面发挥重要作用，这将是今后一个时期财政政策的主要任务。二是经济增长方式与资源、环境约束的矛盾更加尖锐。目前我国石油、天然气、煤炭、铁矿石、铜和铝等重要矿产资源人均储量分别相当于世界人均水平的 11%、4.5%、79%、42%、18%和 7.3%，特别是 2003 年我国 GDP 占世界的 4%，但消耗占世界的比重：石油为 7.4%，原煤为 31%，铁矿石为 30%，钢铁为 27%，氧化铝为 25%，水泥为 40%，说明促进经济增长方式转变已成为宏观调控的一项紧迫任务。三是体制改革滞后已成为影响科学发展观落实的根本性掣肘因素。主要表现在：政府职能转变不到位，仍过多地介入竞争性领域的资源配置；要素市场价格机制不完善，使投资的私人成本严重低估，成为经济增长粗放的重要因素；企业改革相对滞后，预算约束软化，经营行为存在扭曲。因此，支持改革，消除体制性障碍，将是财政政策优先考虑的重点。

在这种背景下，党中央、国务院决定 2005 年实行稳健财政政策。这是顺时应势、及时果断、高瞻远瞩的重大决策。回顾 10 多年来财政政策由紧缩到扩张再到中性，实现了“一个轮回”和“三次转向”的历程，我们有以下体会：第一，财政政策是中央实施宏观调控的重要政策工具和经济手段，对熨平经济周期有着重要作用，财政政策在宏观调控中应该也能够发挥重要作用。第二，财政政策必须随着作用环境与对象的变化而适时适度进行调整，根据经济形势发展变化及时相机抉择，这是财政宏观调控的灵魂和关键。第三，在积累治理通货膨胀和应对通货紧缩经验的基础上，当前又实行中性取向的稳健财政政策，表明党中央、国务院宏观调控的艺术更加成熟，宏观调控的经验更加丰富，驾驭社会主义市场经济的能力更加高超。

稳健财政政策是趋于中性与支持发展的辩证统一

中央经济工作会议决定实行稳健的财政政策和货币政策。在实施“双稳健”政策时，财政政策要注意坚持以下四个取向：一是既不扩张也不紧缩、“松紧适度”的增量平衡取向，表明由扩张性的积极财政政策开始转向既要保持一定的财政赤字规模支持改革、发展和稳定，又要按照财政可持续性要求积极防范和化解财政及经济风险。这就要求目前中央财政赤字规模既不能继续扩大，也不能一步消除，绝对数保持在3000亿元左右，但随着经济的发展和GDP的增加，财政赤字占GDP的比重将呈不断下降趋势。这种在传递松紧适度政策信号的同时求得渐趋中性的做法，不仅符合中国国情，而且也是欧盟等国家在由扩张性财政政策转向中性财政政策时的经验选择。二是“有保有控”、“有进有退”的结构优化取向，表明本轮财政政策调整要注重在结构上做文章，即稳健财政政策将更加注重加强经济社会发展中的薄弱环节，更加注重扩大消费需求。要按照“五个统筹”的要求，以“补短”为重点，实现全面协调可持续发展。三是大力推进改革、实现制度创新的市场化取向，表明财政将致力于以改革促体制和制度创新，创造公平竞争环境，让市场机制更大程度地发挥调节作用。要大力推进增值税转型、内外资企业所得税合并和出口退税等方面的机制完善，注重支持收入分配、教育、社会保障、公共卫生等制度改革，积极支持国有企业和金融体制改革，为市场主体和经济发展创造一个良好的、公平的制度环境；对与经济过热有关的、直接用于一般竞争性领域的“越位”投入，要退出来、压下来，注重解决低水平重复建设和“形象工程”等方面的体制性问题。四是完善财政增收节支机制的效率取向，表明财政要注重做大经济和财政收入蛋糕，增强宏观调控能力，提高财政资金的使用效率，打造节约型政府。要继续加强增收节支工作，严格依法征税，确保财政收入稳定增长；严格管理，坚决制止铺张浪费的行为，合理控制财政支出增长，继续深化预算管理制度改革，建立财政资金绩效评价制度，切实提高财政资金使用的规范性、安全性和有效性。

稳健财政政策的主要内容，可以概括为“控制赤字、调整结构、推进改革、增收节支”。随着财政政策由“积极”向“稳健”的转变，财政在经济社会协调发展中的职能作用将发挥得更为积极。主要表现在：根据经济形势的发展变化和宏观调控的客观需要，及时主动调整财政政策，财政调控转向时机是积极的；财政政策由总量调控为主转向结构调控为主，注重解决经济社会不协调、城乡不协调、区域不协调等深层次结构问题，促进全面协调可持续发展是积极的；财政政策由主要拉动经济增长转向促进经济增长方式转变，提高经济质量和效益是积极的；财政政策通过大力支持体制改革，健全和完善市场机制，减少体制复归倾向，提高资源配置效率是积极的；财政政策坚持增量平衡，相对稳定赤字规模，注重解决历史遗留问题，主动防范公共风险也是积极的。具体来说：一是支持经济社会可持续发展。虽然今年中央财政预计安排国债项目资金800亿元，但加上上年结转的近500亿元，2005年实际可安排使用的规模为1300亿元左右，同时拟增加中央预算内经常性建设投资100亿元，基本保持了中央的投资调控力度，能够确保重点、重要、重大项目建设的资金需要。二是支持地区均衡发展。中央财政将通过积极运用税收优惠政策、调整财政支出和国债资金投向结构、增加转移支付等措施，支持西部大开发、东北等老工业基地振兴和中部地区崛起，实现东中西互动和区域协调发展。三是支持农业农村发展。不仅通过深化农村税费改革，加快取消农业税进程，而且还要稳定、完善和强化对农业的扶持政策，各项支农措施的力度将继续加大；特别是从2005年起，中央财政将实施“三奖一补”政策，有效缓解县乡财政困难，维护国家粮食安全，从而有效促进基层政权和社会稳定，加快全面建设小康社会进程，构建社会主义和谐社会。四是支持民营企业发展。财政投资逐步退出一般竞争性领域，转向公共领域，给社会资金提供更大的发展空间；财政保持税制公平统一，为不同所有制企业创造公平竞争和一视同仁的政策环境，支持和引导非公有制经济发展。

新形势下财政经建工作思路

朱之刚副部长在2006年全国财政经济建设会议上《以科学发展观，为统领努力推动财政经建工作再上新台阶》的讲话摘要

新形势下财政经建工作思路：以邓小平理论和“三个代表”重要思想为指导，认真贯彻十六大和十六届五中全会、中央经济工作会议和全国财政工作会议精神，以科学发展观为统领，围绕做大财政经济蛋糕，按公共

财政的要求，创新体制制度机制，建立健全有效的财政经建工作政策体系，促进经济社会全面协调可持续发展。为便于大家理解这一思路，我下面从当前财政经建工作面临的形势、财政经建工作需要坚持的原则两方面来做些说明。

一、当前财政经建工作面临的新形势

总体上看，当前财政经建工作面临的形势，既有有利的方面，也存在一些突出的问题，当前对困难要估计得更充分一些。

1. 当前包括我国在内的世界经济整体趋好，我国社会主义市场经济体制日趋完善，公共财政框架基本建立，为社会经济持续发展创造了有利条件

一是目前世界经济运行总体趋势良好，经济全球化趋势深入发展。美日两大经济体复苏势头强劲，美国去年 GDP 增长 3.6%，今年预计增长 3.3%。日本经济去年增长 2.6%，今年预计增长 3.0%。欧元区经济也从低谷逐步走出，欧元区去年 GDP 增长 1.4%，今年预计增长 2.1%。另外，预计东亚新兴经济体今年整体经济增长 6.6%，与去年基本持平。同时，经济全球化趋势深入发展，生产要素流动和产业转移加快，我国与世界经济相互联系和影响日益加深。2005 年我国进出口总额达到 14221 亿美元，经济对外依存度超过 75%。

二是国内经济继续保持高增长、低膨胀态势。改革开放后，我国经济保持了 27 年的快速增长。尤其是“十五”期间，GDP 年均增长达到 9.5%。今年一季度增速更高，达到 10.3%。物价温和上涨，去年全年 CPI 增长 1.9%，今年一季度 CPI 增长 1.2%。科技教育卫生文化等社会事业加快发展。

三是改革开放继续迈出重大步伐。社会主义市场经济体制日趋完善。价格市场化改革进一步深化，绝大多数商品和服务价格基本实现了市场定价，目前由中央政府定价的商品和服务价格已减少到 13 种，房地产、劳动力、技术等要素价格也有相当部分由市场调节。市场主体更加多元化，国有经济稳步发展，非国有经济成分快速增长，多种所有制主体共同竞争的格局已基本形成。市场体系的运行规则和相关法律制度，正在逐步确立并趋于完善。公共财政体框架基本建立，财政实力日益增强。按公共财政的要求财政支出结构进一步优化，加大了对农业、教育、科技、卫生、社会保障等方面的投入；各项财税体制改革顺利推进，初步建立了公共财政体制框架。财政实力明显增强，两年时间财政增收超过 1 万亿元，2005 年财政收入达到 31628 亿元。

2. 国内经济运行存在一些突出问题，在一定程度上制约着我国经济社会稳定协调可持续发展

一是固定资产投资增长过快，消费长期不足，影响我国经济增长的稳定性。投资是我国经济增长最主要的动力源，或者说我国经济呈现明显的投资主导性的增长特征。2001～2004 年间，投资对 GDP 增长的贡献率平均高达 50%。2004 年初我国投资增长一度达到 40%以上，在国家严格宏观调控下，2005 年略有回落，达到 25.7%，但今年一季度又回到了 27.7%的高位。按这样的速度发展下去，全年将超过 10 万亿元，投资率达到 50%以上。这样高的投资率与增长，在国内外工业化史上是从未有过的。高投资带来了产能过剩、国际收支失衡等一系列问题。目前钢铁、水泥等一些上游产业以及汽车、纺织等传统产业产能严重过剩，在国内难以消化的情况下，只有出口到国外市场。今年一季度外贸顺差为 233 亿美元，预计全年顺差将达到 950 亿美元以上，年底外汇储备将达到 1 万亿美元。因此，对固定资产投资增长过快的危害与风险，要有足够清醒的认识。与固定资产投资增长过快并存的是消费长期不足。2004 年我国消费率仅为 53%，大大低于世界平均水平。高投资、低消费模式已成为影响我国经济稳定的主要问题。

二是粗放型经济增长模式亟待改变，环境资源压力进一步加大，石油安全问题凸现，对社会经济可持续发展制约作用明显增强。长期以来，我国资源环境被粗放型使用，效率低下。这种粗放经营方式近几年没有多少改变。我国煤炭资源平均回采率仅为 30%，共生、伴生矿的利用率只有 20%左右，国外先进水平都在 50%以上。正是依靠这种“高投入、高消耗、高污染、低效率”的粗放模式，我们赢得了经济的高速增长，但与此同时经济增长也越来越接近资源环境的约束边界。在环境方面，2004 年我国二氧化硫排放量约 2200 万吨，居世界首位，七大江河水系中劣五类水质占 41%，沿海赤潮的年发生次数比 20 年前增加了 3 倍。在资源方面，2004 年我国资源消费中约 55%的铁矿石、50%的锰矿石、和 90%的铬铁矿依赖进口。

石油和天然气是重要战略资源，也涉及我国能源安全的核心问题。我国油气供需矛盾突出。据国土资源部预计，我国石油开采年限为 15 年，远远低于世界 51 年的平均水平。石油对外依存度不断提高，2005 年达到 43%。特别是受主要石油输出国政局动荡等多方面因素影响，国际石油价格居高不下，目前价格仍在 70 美元/桶以上，需要做好石油供应偏紧和高油价的长期准备。

三是农业农村发展滞后状况仍没有根本改变，尤其是粮食增产与农民增收难度加大，城乡区域协调发展的任务还非常艰巨。近年国家出台了一系列支农惠农政策，

农业农村发展出现了积极变化。但必须看到，我国农业农村发展仍处于艰难的爬坡阶段，农业基础设施脆弱，农业社会事业发展严重滞后。经建司（财政部经济建设司）算了笔账，保守估计今后五年改善农民生产生活条件与发展农村社会事业政府投资需求超过2000亿元，这也从一个角度说明以前我们欠账太多。同时，城乡居民收入差距扩大的矛盾仍然突出。2005年城乡收入差距进一步扩大，达到3.22:1。总体上看，目前农村居民消费水平只相当于上世纪90年代初城市居民消费水平，整整落后10年。在整个农业农村工作中，粮食问题表现得尤其突出。在粮食生产方面，据国土资源部调查，2005年我国耕地人均面积从上年的1.43亩减少到1.41亩。靠扩大面积来实现粮食增产难度很大。在种粮收入方面，进入2006年以来，除玉米外，小麦、稻谷、大豆市场价格走势低迷。小麦价格跌幅最大，比去年同期下跌近1角/斤，早稻、晚稻价格比去年低5～6分/斤。农业生产资料则在高位基础上继续上涨。2005年尿素价格比2004年上涨13%，农用柴油上涨14%。3月份农用柴油平均批发价格同比上涨19.3%，农用地膜上涨9.5%，尿素上涨1.2%。2006年农民增收再度受到粮价下跌、农业生产资料价格上升的双重“挤压”。

二、新形势下财政经建工作需要坚持的几个原则

1. *支持科学发展，做大财政经济蛋糕。*新形势下，财政经建工作要支持什么？经济决定财政，财政反作用经济。当前我国经济特征决定了财政工作根本任务是支持科学发展，做大财政经济蛋糕。近年来，我国经济建设取得了显著成就，但发展仍是第一要务。从就业角度看，改变城乡二元经济结构的根本出路在于城市化，每年都有大量的农村富余劳动力转移到城市，再考虑新增失业和下岗人员，每年需政府创造2200万个就业岗位，目前GDP每增长1个百分点可创造100万个就业岗位，即使保持住目前9%左右的增长速度，每年仍有1300万失业人口。另外，我们还需要通过发展来消除贫困。为此，我们必须坚持发展是硬道理的战略思想，集中力量搞建设。但同时，正如刚才所讲到的经济形势，我国经济社会发展进入新阶段，经济增长缺乏足够的稳定性，粗放型经济增长模式难以为继，“三农”问题逐渐成为制约我国发展的根本问题，这就要坚定不移地走科学发展的道路。为此金人庆部长提出，“十一五”期间公共财政工作的目标任务要从“一要吃饭、二要建设”两位一体，逐步走向“一要吃饭、二要建设、三要科学发展”三位一体，指明了公共财政支持经济社会科学发展的任务。财政经建工作是财政支持经建设的主战场，在支持科学发展方面重任在肩。

2. *按公共财政要求定位，纠正“越位”和补足“缺位”。*财政支持科学发展是毫无疑问的，但如何支持？此前，我们已做了一些探索，取得了一些经验，我刚才也做了一个总结。但我们必须要看到，目前的形势与三、五年前又发生了变化，不但经济形势发生了变化，社会主义市场经济体制日趋完善，公共财政体制框架已基本形成，对我们工作的要求更高了。这需要我们进一步深入地思考这个问题，或者说需要拓宽我们的视角。我认为，要按公共财政的要求重新审视我们的经建工作。首先，市场能办好的，公共财政要坚决退出，纠正“越位”。如在投资体制改革上，必须按“谁投资、谁承担风险”的要求，确立企业投资主体地位。政府不能再直接或变相审批项目投资。政府必须退出一般性竞争领域，减少直至停止对一般企业的亏损补贴。其次，市场失灵的地方，财政一定要保障到位，补足“缺位”。应该说，过去由于财力的限制，一些本应由政府承担、需要由财政保障的事情，我们并没有完全做好。在能源问题上，由于能源属基础性公共产品，几乎所有国家都有比较完善的财税支持政策，以促进大家节能，鼓励开发新能源。如德国、日本、美国等国家，对个人购买太阳能热水器制订了免税或现金抵扣等激励政策。我国是人口大国、能源消耗大国、又是能源匮乏国家，能源问题已很突出，本应比其他国家更重视能源问题，但事实却并非如此。另外，像生态环境问题，我国的生态已相当脆弱，酸雨面积已占国土面积的三分之一，四分之一人口在饮用不合格的水，三分之一的城市人口呼吸着严重污染的空气，但财政在这方面的投入还很难满足环境保护的需要。再有，像对种粮农民的补贴，美国农场主80%的收入来源于政府补贴，欧盟农场主收入70%来源于政府，我国在增加综合直补后，全国每亩平均补贴17.23元，粮食主产区也才仅20.88元。这都说明了公共财政在经建领域“缺位”问题还比较严重。对此，我们一定有清醒的认识，要逐步补到位。这也说明，经过几年努力，我们还只是建立了公共财政经建工作的初步框架。今后，任务还十分艰巨，任重而道远！

3. *坚持财政政策的公正性，使各类经济主体平等地享受国家支持。*财政经建工作支持对象如何界定？以往财政政策支持对象主要是国有企业，特别集中在交通、电力等基础性垄断行业。目前形势发生变化了，个体、私营等非公有制经济快速发展，已成为我国经济的重要组成部分。同时，随着经济全球化的发展，外资企业在我国也迅速发展，日益形成我中有你、你中有我的格局。目前包括外资经济在内的非公有制经济已占我国经济总

量三分之一以上。尤其应指出的是，公有制实现形式日益多样化，截止2004年底，近3000家国有及国有控股大型骨干企业中，已有一半成为多元股东持股的公司制企业。因此，今后财政支持经济建设，政策要具有普惠性，不能再以所有制来区分。谁的效率高、成本低、技术先进，财政就支持谁。财政经建系统管理的产业研发等资金的安排，都要体现这个原则。这样做符合市场经济公开、公平、公正的原则，有利于提高财政政策效率。当然，在某一时间阶段，出于国家战略要求考虑，可能要重点支持某些领域，这是财政政策的特殊性，但也要按区域或行业来实施，不能再沿袭所有制划分的老办法。

4. 勤俭节约、大力倡导增收节支。这条原则是要解决钱要怎样花的问题。近年，财政增收形势较好，蛋糕做大了，但目前财政减收增支因素不少，财政收支矛盾依旧比较突出。财政减收因素包括，全部取消农业税，增值税转型试点，调整个人所得税工薪所得费用扣除标准等；财政增支压力较大，完善社会保障体系和支持再就业，支持粮食生产，支持“三农”和科技教育卫生事业发展，保障国家安全和维护社会稳定等，都需要增加支出。因此，还远未到敞开口子花钱的时候。而且加强预算管理，提高资金使用效益始终是财政部门的重要任务。财政经建系统管理的建设类资金，单个项目的资金数额较大、也不同于一般公用经费，在加强管理，提高效益方向的空间很大。因此，一定要坚持勤俭节约，始终要按有利于促进增收节支的原则来开展工作。

三、“十一五”期间财政经建工作的主要任务

在前面我已讲到，新形势下财政经建工作的中心任务是支持科学发展，或者说，是促进以人为本、全面协调可持续的发展。这是一个大题目，具体来讲，按照“十一五”规划的要求，基本上可以细化为以下五方面任务。

（一）充分利用政府投资与储备商品杠杆，加强和改善财政宏观调控，努力实现经济社会的稳定发展。

首先，我们对政府投资在整个社会固定资产投资中的地位与作用要有正确的认识。平常我们说起的政府投资，一般指财政直接管理的预算内投资、国债投资及政府性基金投资，实际上政府所掌握的投资资源远远不止这些，还包括地方通过土地收入直接安排的城建投资，还有最主要的部分就是地方通过各种优惠政策以及政府债务引导创造的投资，这部分投资量很大，是我国固定资产投资扩张冲动的根源。因此，下一步做好政府投资的宏观调控应把握以下几点：一是深化投资体制改革，真正做到“谁投资，谁承担风险”，割断政府与企业投资之间的联系，确立企业的市场投资主体地位。以改革来促进调控。这既有利于抑制投资膨胀，又可以提高投资效率；二是规范地方政府债务行为，从债务管理角度，防范债务风险；三是充分发挥政府投资的信号导向作用，通过控制预算下达的节奏来均衡投资速度，通过调整政府投资方向来优化投资结构。

同样，国家储备商品对市场的影响力也很大。粮棉糖等重要农产品储备调控，不仅有利于市场平稳运行，还直接关系到种植者利益保护。下一步利用国家储备商品调控市场，一是要密切关注市场行情，把握好调控时机，提高调控的质量和效果；二是创新调控机制，以市场化的方式灵活操作；三是深化储备体制改革，坚持储备与经营相分离，保证国家储备资金安全性、有效性。

（二）构建约束与激励并重的机制，促进经济增长方式的改变，努力保障我国社会经济的可持续发展。

转变经济增长方式，直接关系到我国社会经济可持续发展问题。关键是要提高科技进步对经济增长的贡献率，减少经济增长对资源投入的依赖。下一阶段，将在已有工作的基础上，进一步建立并完善激励与约束并重的财税机制。

1. 深化环境和资源有偿使用制度改革，构建生产要素投入的约束机制。我们的两项改革建议均已被国务院采纳。近年来，资源产品价格不断上升，将资源和环境成本打进企业成本，企业能够负担得起；另一方面，建立珍惜资源和环境的长效机制已经成为全社会的共识。因此，当前是改革最佳时机。应抓紧推进改革。我认为，改革要坚持以下三点：

一是全面实现环境和资源有偿使用。这是企业应尽的责任。对这一点财政部的决心很大。在资源上，不管是国有企业，还是其他企业，不管是新矿，还是老矿，都要为取得矿业权付费。考虑到国有老煤矿实际困难，可采取延期缴纳、折股上缴等方式。但一定要建立起有偿使用的机制。同时，强制建立起生态修复保证金制度和安全投入制度。在环境方面，要确立并坚决贯彻“先支付费用，后取得排污权”的原则，实现初始排污权有偿取得并建立排污权交易二级市场。二是政府承担起环境和资源方面的公共职责。在企业承担应有成本的同时，政府承担相应的公共职责。政府确立对资源和环境的宏观调控能力。对资源而言，政府必须控制矿业权一级市场。对环境而言，政府要根据环境容量科学核定污染排放总量指标，并建立初始排污权有偿取得制度。这是建立排污权市场的前提。其次，政府要加大对环境保护的投入。按公共财政的要求，中央和地方都要加大对污染防治、生态保护和环保监管能力建设的资金投入，履行政府对公民的承诺。三是要采取配套措施，积极稳妥推进改革。

2. 支持企业提高自主创新能力，构建产业技术创新的激励机制。“十一五”规划提出，必须提高自主创新能力。这是转变经济增长方式的中心环节。“十一五”期间，财政经建工作在支持产业技术创新方面的主要任务：一是转变支持方式。根据高新技术的特点，摸索新的支持方式，既要符合公共财政的要求，能够提高资金支持效率，又要给地方财政部门一定的权利和责任。二是集中力量，重点支持。改变过去点多面广、分散支持的作法，适当集中资金支持我国产业技术创新的薄弱环节。三是推进知识产权工作。保护好知识产权是促进企业自主创新的基本保障。财政将支持国家知识产权局强化政府服务功能、构建专利信息查询平台、推动自主知识产权科技成果产业化等，促进我国知识产权保护工作。

（三）加大财政支持力度，着力推动社会主义新农村建设，促进城乡协调发展。

推动社会主义新农村建设是改变城乡二元经济，促进城乡协调发展的重要战略举措。新农村建设有一个鲜明的新特点，就是要在统筹城乡经济社会发展前提下推进新农村建设。我理解，有两层含义，一是要调整国民收入分配格局，扩大公共财政覆盖农村的范围，国家财政要加大对农村的投入；另一方面，要能调动广大农民的积极性，国家重在为农业、农村发展提供好的环境，促其发展。在社会主义新农村建设方面，财政经建系统有许多工作，可归纳为以下三个方面：

1. 建立农民种粮收益综合补贴制度，完善产粮大县奖励政策，强化国家对农业与农民的保护体系，确保国家粮食安全。无粮不稳，粮食安全是建设新农村的基础。当前我国粮食增产与农民增收难度大。国务院领导反复强调，在任何时候都不能忽视粮食安全问题。此前财政部门已在保障国家粮食安全方面做了大量的工作。“十一五”时期，国家将重点建立并完善对农业农民的保护体系，这是财政经建系统的一项重要任务。在对农民保护方面，将进一步进行制度创新，建立对种粮农民综合补贴制度。目前我们已形成了一个初步思路，并已报经总理同意。今年我们对种粮农民实施的综合直补，只是建立综合补贴制度的第一步。明年我们将以稳定种粮收益为核心，建立起比较完善的种粮农民综合补贴制度。在此基础上，我们还将进一步探索，不断调整与完善，争取在“十一五”期间建立起符合我国国情的科学的农民补贴制度，建立起保护农民种粮积极性的长效机制，将国家粮食安全建立在稳固的基础之上。这项制度的建立，将会对我国的粮食安全、乃至整个农业、农村经济的发展产生深远的影响。另一方面，在农业的保护方面，我们还需要完善并加强产粮大县奖励政策。今年在原有基础上，增加奖励资金30亿元。要在总结经验的基础上，继续完善奖励资金分配管理办法，严格资金管理，提高资金使用效益，把好事办好。

2. 建立建设资金稳定增长机制，加强农村基础设施建设，改善农村生产生活条件。当前改善农村生产生活条件、加强农村基础设施建设的任务很重。新农村建设投资需求量很大。这需要建立起新农村建设稳定的资金来源。为此，我们着手从两方面来解决，一方面，调整政府投资结构，政府投资优先用于新农村建设。当年新增预算内投资主要用于新农村建设。国债和预算内资金用于农村建设的比重要高于上年，其中直接用于改善农村生产生活条件的资金要高于上年。另一方面，调整车购税等专项资金投资结构，优先满足农村公路建设资金需求。在增加投入的同时，关键还要加强管理，注重规划，重点提供农民需求最为迫切的公共产品，把钱管好用好，提高资金使用效益。

3. 支持农村现代流通体系建设，以大流通带动农村发展。农业发展的一个关键问题，是使千家万户分散生产与大市场相对接。目前我国农村市场发育还很不完善，农产品进城、工业品下乡渠道不畅，农民卖难买难问题相当突出。为促进农民生产适销对路产品，搞活农村流通市场，需积极研究支持农村现代流通体系建设财税政策，充分发挥供销社系统现有经营网络资源优势，为农产品流通和农民生产生活资料供应提供服务。

（四）建立有利于能源“开源节流”的财税政策，破解能源紧张对我国社会经济发展的制约。

我国能源问题，无论从经济上、政治上，还是在外交上，都具有重大意义，必须从这个高度看待这个问题。必须将缓解能源紧张作为财政经建工作的重要任务。世界上许多国家都在积极发展新能源，巴西、印度都走在了我们前面，发展新能源形势逼人，时不我待。总体看，解决我国的能源问题，要两手抓，“开源与节流”并举。

1. 重点推动油价调整配套综合改革，建立有利于“节约”的财税政策。节能优先是我国新时期能源战略的重要指导思想。在石油问题上，要引导消费者节约用油，首先要发布正确的价格信号。长期以来，由于我国石油价格机制不合理，政府管制的结果是油价与国际市场倒挂，弊端很多，一是成品油价格低于国际市场，导致消费没有约束，近年我国石油消费量超速增长；二是国内外成品油价格倒挂，成品油通过走私倒流到境外，造成国内成品油供应紧张；三是成品油价格与原油价格倒挂，炼厂亏损，加工积极性不高。为此，财政部一直力主理顺油价。但为了避免油价调整对弱势群体和公益性行业造成过大冲击，需要对部分弱势群体和公益性行业进行油价补贴，这是油价改革顺利进行的前提。除对种粮农民柴油及化肥等农资涨价因素给予补贴外，对渔业、林业、出租车、城市公交、农村客运部分弱势群体与公益性行业也进行了补贴。考虑到出租车行业目前不稳定因素仍然存在，第二次调价时我们还加大了对出租车补贴力度。这件事我们采取了省长负责制的办法来操作，具体由省里负责将补贴资金兑付到每个补贴对象。油价补贴涉及面广、很复杂、很敏感，前段工作做得很好，下一步工作中，希望大家对困难要有足够的估计，将这件直接涉及人民群众利益的事情办好。

2. 积极发展新能源，有效“开源”。发展生物质能源有利于替代我国最紧缺的石油，有利于农民增收，有利于环保，是一举数得的好事，应大力发展。我们分析，发展生物质能源在我国有资源，特别是非粮原料资源大有潜力可挖；技术日趋成熟，目前一些关键技术，如用秸秆制酒精的生物酶等技术已有突破。随着油价上涨，经济也基本可行。因此，大力发展的时机也在日趋成熟。我们的想法是，不能老在实验室里谋划，而是要加快产业化推进步伐。从长远看，发展生物质能源的资金要来自于生态税或开征基金。在此之前，我们要拿出一部分资金支持示范企业。通过企业示范来进一步突破一些关键技术，并带动整个产业的发展。这样，这项工作就开展起来了。另外，在向国务院的建议中，我们提出要发展煤制油，这有利于解决石油供应短缺问题。按目前的油价，煤制油是有利润的，企业发展的积极性较高。我们的任务主要是加强规划引导，避免投资过热，同时建立起风险分担机制，以保证这类企业可持续发展。

积极发展太阳能、浅层地能、风能等可再生能源。太阳能、浅层地能等可再生能源热值不高，属低品位能源，如应用于工业等其他领域，需要增加很大的成本进行转化。但这类能源特别适合生活用能的需要，经过简单转化，就可在建筑领域推广使用，可以节省大量的传统能源。而且我们调查了解，地方政府也有积极性，工作有基础。为此，我们准备与建设部两家一起联合推广太阳能、浅层地能。也希望各地要密切关注此项工作。

进一步加大对矿产资源勘查的支持。今年中央财政预算安排20亿元启动中央地勘基金，而且今后中央收取的矿产资源有偿使用收入将主要用于补充中央地勘基金，从而实现资金投入、使用的良性循环，更好地支持资源勘查开发工作。

在“开源节流”的同时，财政要积极研究建立能源战略储备。首先从石油储备做起。经建司正在积极研究石油储备体制和财政负担机制。对石油储备制度，初步想法是，要统筹考虑国家战略储备与企业商业储备，分清企业与政府的责任，有利于发挥国家战略储备对国家石油安全的保障作用，也有利于减轻财政支出压力。总之，要力争使石油储备从一开始就走上规范化轨道。

（五）实行精细化预算管理，大力倡导勤俭节约。

为加强预算管理，提高资金使用效益，在财政经建系统，大力倡导精细化预算管理。其实质含义就是精打细算，向企业管理财务一样管理政府预算，大力倡导勤俭节约，力争实现预算支出“成本最低、效益最大”。具体内容包括以下三点：

一是按“成本最低、效益最大”的原则管理各项支出。对每一笔支出，每一个项目，都要考虑在保障水平不降低的前提下，能否通过政策设计降低成本，节省财政支出。其实里面有很多文章可做。比如，政策性粮食财务挂账，明确由地方政府偿还，农发行没有还本付息风险，也没有管理成本，但各级财政在按5.58%的高利率向农发行支付利息，给中央和地方财政增加了很大的利息负担。如果我们在稳定挂账政策的前提下，即挂账本金仍由地方消化，能以低利率的邮储资金或其他方式筹资来替代农发行资金，财政将可以节省大量的利息支出。像这样的例子，会有很多，关键是大家要有勤俭节约的观念。

二是深入推动预算管理各项改革。实质上近年我部实施的各项预算管理改革，包括政府收支分类改革、部门预算，国库集中支付等，实质在于细化预算，提高财政资金使用效益，与精细化管理的目标相一致。财政经建系统要加强对有关部门的指导，积极推动预算管理各项改革。

三是进一步强化资金追踪问效机制。要以检查促管理，保证预算资金的安全、规范、有效。继续扩大投资项目的评审范围，充分发挥政府投资管理“倒逼”机制作用；围绕投资的重点与热点开展专项检查工作，进一步完善资金管理办法。

四、几点要求

（一）要本着对广大人民群众利益高度负责的态度，做好财政经建工作。情为民所系，财为民所理是我们工作的出发点。财政经建系统管理着数量较大的财政资源，这使我们有条件为国家、为人民做更多的事情。我时常感觉这既是我们比别人幸运的地方，也更感到是一种责任与压力。经建司的业务很多，都是与人民群众的利益密切相关的。我与经建司的同志在粮食调查，思考粮食问题时，是怀着对老百姓深深的感情的，看到主产区老百姓家里的困难，心中是很难受的。同样，当我们看到资源滥用乱采，矿难事故频频发生，我们母亲河被严重污染，心中会焦虑万分。我想在座的同志都会有这样的感觉。正是这种责任感给了我们工作的动力，坚定了我们改革的决心。因此，本着对广大群众利益高度负责的态度开展工作，是对财政经建工作战线每个同志的基本要求。下一阶段，经建司的很多业务都与人民群众的切身利益紧密相关。如油价补贴，种粮农民综合直补，安全生产，海事救捞等等。对此我的要求，一要提高认识，二要勇于负责，三要过细工作，四要追踪问效。一定要把这些涉及群众切身利益的问题解决好，把涉及群众切身利益的政策落实好。

（二）适应新形势的要求，转变理财观念。做好财政经建工作，树立正确的理财观念是基础。根据新的形势和任务，财政经建系统的同志要实现以下几个转变：一是由单一的经建业务工作观向财政经济工作观转变。树立财政经济工作观，一方面要有高度，要从整体经济运行角度来考虑问题，比如说能源的问题，如果财政部不考虑这些问题，将来最终会导致我们财政的压力更大；比如矿产资源的不完全成本，如果不能研究这些问题，将来都是财政的窟窿。因此我希望我们整个经建系统同志都既能立足于本职，同时又要在整体上看这些问题；另一方面要把握好角度，即政策落脚点要在财税政策，要考虑财政如何支持经济发展。二是由单一的部门预算资金管理向行业产业宏观调控转变，向有效提供公共产品和公共服务转变。比如分管环保局与国土资源部部门预算，应该研究相应的环境与资源财税政策，怎样用一个良好的机制，才能保证减少污染、节约资源，一定不能仅研究部门预算资金而不研究政策。三是由传统的财务管理理念向适应市场经济的新体制新制度新机制新理念转变。以往财政支持经济建设更多的是使用财政收支、财务管理等直接手段，目前财政经建工作对象已由企业转向行业产业、转向国民经济的整体运行，这就需要转换观念、更多采用间接手段。要特别重视发挥市场机制的作用，通过机制创新，引导市场主体。四是由被动服务向主动埋单、主动服务的转变。财政部门作为宏观政策制定者，主动研究解决问题，政策效果会更好，只要能够真正提供最优质的公共产品和公共服务，就要勇于主动埋单，但前提是要对政策有深入地了解，提出的方案切实可行，达到少花钱、多办事的效果。不该花的钱要说明道理，有的可以出一个好主意。

（三）结合自身情况，制定本地财政经建工作规划，明确下阶段工作任务、工作目标。前面我从全国层面总结了三年来财政经建工作经验、讲了“十一五”期间财政经建工作思路和主要任务等。希望大家回去也要好好思考一下，认真总结本省市区经验，制定本省市区工作规划，指导今后一段时间财政经建工作。制定这个规划，我想大家要把握好以下几点：一是要因地制宜。各地情况差别很大，相应工作思路、工作任务都会有不同。所以一定要强调因地制宜。大家要对本省的整体经济状况有深入的了解，对当前经济形势进行密切跟踪。这是制定下一步规划的基础。二是要紧紧围绕地方党委、政府工作重点。我们常常讲抓大事，地方大事怎样抓，很重要的一点要主动研究地方党委、政府领导关心的事，因为这都往往直接关系当地社会经济发展的大局，财政部门要积极献策，做好党委、政府的参谋。三是规划要有一定前瞻性。不能仅局限于目前我们取得的经验与开展的工作，理论要有创新，要勇于开拓。

（四）全国财政经建系统要同心同德、团结协作，共同做好财政经建工作。新形势下财政经建的工作任务相当繁重，需要大家齐心协力、共同努力。我们的许多经验来源于地方，如粮食直补“一卡通”等；各项工作要靠地方同志来组织实施，如粮食直补、油价补贴等；许多改革思路也来自地方，如环境资源政策改革等等。前几年，财政经建系统同志们在团结协作方面做得很不错。下一步需要再接再厉，进一步加强交流，大家有什么好的作法、好的经验，请及时告诉我和经建司的同志，并加强各省之间的相互交流。经建司要做好服务，畅通渠道；同时，部里也要加强对地方的指导，可以多组织一些培训或座谈。真正把我们这个队伍的力量凝聚起来！

（五）加强队伍建设，建设一支过硬的财政经建干部队伍。万事以人为本，这几年财政经建工作之所以能够做得有声有色，关键在于有一支好的干部队伍。经建司的司领导班子很年轻，也很能干，他们有很强的前瞻和创新意识，善于从宏观角度思考问题，司内同志素质也很高，尤为可贵的是经建司一直保持着吃苦耐劳、能打硬仗的传统作风。2005 年经建司党支部还被评为财政部唯一的中央国家机关先进基层党组织。地方财政经建部门也是如此，在克服了人手少，任务重的情况下，卓有成效地完成了各项工作。下一步，要从以下几个方面进一步加强干部队伍建设：一是加强政治理论学习，认真学习邓小平理论和“三个代表”重要思想，及时学习，深刻领会中央制定的各项方针、政策。通过学习，提高自己的政治理论水平，在工作中正确贯彻落实。二是加强业务学习。财政经建工作涉及面广，工作会遇到大量新生事物，必须要加强学习。既要学习市场经济理论、财政理论等基础性知识，也要结合分管业务研究专业问题、实际问题，争取成为分管行业领域的专家。如分管粮食的，要对国内外粮食生产基本情况，对粮食政策的沿革等都要有比较深入的了解。只有这样，我们说话才有分量，把握好工作主动权，三是要加强廉政建设。这是一条高压线，财政经建系统的干部始终要提高警惕，我们要善于从制度机制上防腐，注重加强制度建设，保护、爱护好我们的干部。四是要健全机构，充实人员。我了解，目前地方财政经建部门人手确实很紧张，有的地方一名同志身兼数职，既管粮食，又管商业、供销，甚至管得更多，在这种情况下，恐怕我们的同志再辛苦也难以完成好工作。因此，希望在座的各位厅局长重视这个事情，尽可能给经建工作相关处室充实力量，为他们工作创造好的条件。

同志们，我们国家目前面临难得的历史发展机遇，财政经建系统站在财政支持经济发展的第一线，责任重大，使命光荣。我非常希望通过这次会议，大家能够在观念上有一个转变，为推进各项改革，为转变经济增长方式增加一分动力，为真正贯彻科学发展观、真正促进以人为本全面协调可持续发展作出贡献，推进财政经建工作再上新台阶！

财政部关于实施“金财工程”的介绍

按照党中央、国务院关于深化财政体制改革，建立社会主义市场经济体制下公共财政体系框架的总体要求，财政部在推进部门预算、国库集中支付改革的同时，自1999年下半年开始着手规划建立“政府财政管理信息系统”，并于2000年成立了专门工作小组。工作小组在考察了主要发达市场经济国家和东欧转型国家政府财政管理信息系统运行模式和建设经验的基础上，于2001年初完成初步设计，下半年开始试点。2002年初，国务院决定将财政部规划建立的“政府财政管理信息系统”定名为“金财工程”，并把“金财工程”列为国家电子政务十二个重点工程之一。

一、“金财工程”建设目标及规划

“金财工程”是利用先进的信息网络技术，支撑预算管理、国库集中收付和财政经济景气预测等核心业务的政府财政综合管理信息系统。“金财工程”以财政系统纵横向三级网络为支撑，以细化的部门预算为基础，以所有财政收支全部进入国库单一账户为基本模式，以预算指标、用款计划和采购订单为预算执行的主要控制机制，以出纳环节高度集中并实现国库资金的有效调度为特征，以实现财政收支全过程监管、提高财政资金使用效益为目标。

按照系统工程规划设计，“金财工程”建设共分为业务应用系统、信息网络系统和安全保障体系三个方面，即以应用为中心，以网络为支撑，以安全为保障。一是建立财政业务应用系统，包括预算管理系统、国库集中支付管理系统、总账管理系统等12个业务应用系统；二是建立纵横向三级网络系统，包括本级局域网、纵向连接各级财政部门的广域网和横向连接同级各预算单位、国库、银行、税收等相关职能部门的城域网；三是建立安全保障体系，即建立以认证中心、数据加密为核心的统一安全保障体系，确保“金财工程”应用系统高效、稳定运行。

（一）财政业务应用系统

财政业务应用系统主要指预算管理系统、国库支付管理系统、总账管理系统、现金管理系统、工资发放管理系统、国债管理系统、政府采购管理系统、固定资产管理系统、收入管理系统、财政经济景气分析系统、标准代码系统和外部接口系统共12个业务管理系统。如下图所示：

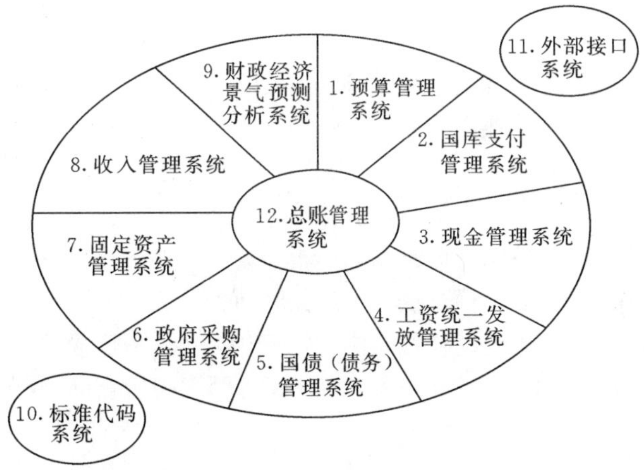

1. 预算管理系统

该系统实现各级财政资金使用部门和各级财政管理部门的预算编制、预算审核、预算调整的规范化和科学化的管理，支持基本预算支出和项目预算支出的部门预算编制，能完成预算控制数编制及预算批复，支持预算科目新体系，系统通过数据库实现与国库支付管理、现金管理、收入管理、政府采购、宏观经济预测等系统的数据共享。其子系统有：

（1）部门预算管理系统；

（2）预算指标管理系统；

（3）定员定额管理系统；

（4）中央对地方专项拨款管理系统；

（5）地方预算汇总管理系统；

（6）转移支付测算管理系统；

（7）全国预算汇总管理系统；

（8）非贸易非经营性外汇管理系统。

2. 国库支付管理系统

该系统主要按照财政国库集中收付管理制度改革的要求，完成财政资金使用过程中的分月用款计划管理、支付管理、采购订单管理、账务管理和预算执行分析管理等，并实现与现金管理、预算管理、收入管理、国债管理、政府采购、宏观经济预测等系统的数据共享。其子系统有：

（1）国库集中支付管理系统；

（2）总账管理系统；

（3）分月用款计划管理系统；

（4）预算单位财政资金支付管理系统。

3. 现金管理系统

该系统对国库现金账进行实时管理，并实现与国库支付管理、收入管理、国债管理、政府采购等系统的数据共享。主要功能模块包括与人民银行国库局和与商业银行连接的支付对账系统、现金流预测系统，可实现在现金流总体控制条件下的支付授权。

4. 工资统一发放管理系统

工资统一发放管理系统存储财政供养人员的基本信息、工资结构，并通过国库单一账户来管理和发放每个人的工资。通过系统的内部控制机制和财政、人事部门、编制机构的三方核对，能有效防止个人工资虚增冒领的现象。具备工资调整测算功能，具有与银行的接口，能够通过代理银行直接将工资发放到个人账户。该系统还将拓展用于住房补贴、住房公积金、个人医疗费的直接支付，并提供对外个人工资信息的网上授权查询功能。

5. 国债管理系统

具有对国债发行计划、国债发行及清偿进行管理，国债风险评估，国债经济效益分析等功能。并实现与预算管理、国库支付管理、现金管理、宏观经济预测等系统的数据共享。该系统包括四个子系统：

（1）国债发行计划系统；

（2）国债发行及清偿管理系统；

（3）国债风险评估系统；

（4）国债经济效益分析系统。

6. 政府采购管理系统

以网络化和电子商务的先进技术手段支持政府采购业务流程，并实现与预算管理中的政府采购预算、国库支付中的采购订单相连接，与固定资产管理等系统实现数据共享。政府采购管理系统的核心由四部分组成：

（1）采购项目管理系统；

（2）政府采购信息发布系统；

（3）政府采购订单管理系统；

（4）政府采购审计监督系统。

7. 固定资产管理系统

建立固定资产总分类账，支持固定资产添置、折旧、重估、报废等管理工作，实时更新和维护固定资产数据库，并实现与国库总分类账、政府采购等系统的数据共享。

8. 收入管理系统

主要管理预算内收入和预算外非税收入，并实现与预算编制、国库支付管理、现金管理、宏观经济预测等系统的数据共享。该系统的预算内收入系统将与税务、海关连接，具有退税管理功能。预算外非税收入系统是执行“收支两条线”，实现综合预算的关键，也是收入管理系统的主体部分。

9. 财政经济景气分析系统

该系统以财政数据库的数据为基础，综合国内外宏观经济数据，建立财政收支分析预测模型、财政监测预警模型、政策分析模型、宏观经济预测模型、宏观经济景气与监测模型，科学、全面地掌握宏观经济和财政收支增减因素，合理控制债务规模，为政府财政预算编制、财政支出管理、财政政策调整提供辅助决策依据。

10. 标准代码系统

为实现“金财工程”各系统间的信息共享，必须首先建立规范、统一的数据标准。进一步扩充完善《财政信息分类与代码》，统一规范基础数据指标体系，建立财政业务各环节的主题数据表，对财政应用基础数据按主题进行科学定义和分解（元数据化），在此基础上建立“金财工程”核心数据模型。

11. 外部接口系统

“金财工程”需要与税务、海关、人民银行国库、代理商业银行进行信息交换和业务连接，需要与发改委、卫生、民政、统计等综合经济部门和管理部门相连接，通过对外接口向国务院、人大财经委、各综合经济管理部门提供相关信息。

12. 总账管理系统

总账管理系统是“金财工程”数据存储及管理的核心。既管理收入账，又管理支出账。利用该系统，可分解出每个部门、每个预算单位的明细账目。总分类账系统将完整记录国库单一账户收入、支付的每一笔资金的详细信息，真正实现一级财政一本账管理。

（二）网络系统

建立一个覆盖全国各级财政部门和财政资金使用部门的纵横向三级网络系统。纵向上，建设财政部连接各省（区、市）财政厅（局）的一级骨干网，省级财政连接各市（地、州）级财政的二级骨干网，市（地、州）级财政连接县级财政的三级骨干网；横向上，实现各级财政部门与同级预算单位、人民银行、代理银行等部门的连接。建立政府财政管理信息系统的运行基础，以支撑财政核心业务应用。网络结构如下图所示。

为确保“金财工程”高效、稳定、可靠运行，需要提供对网络、系统、数据进行有效管理和监控的手段，实现财政部网络中心、省级网络中心的计算机系统硬件、操作系统、数据库平台的两级集中管理。

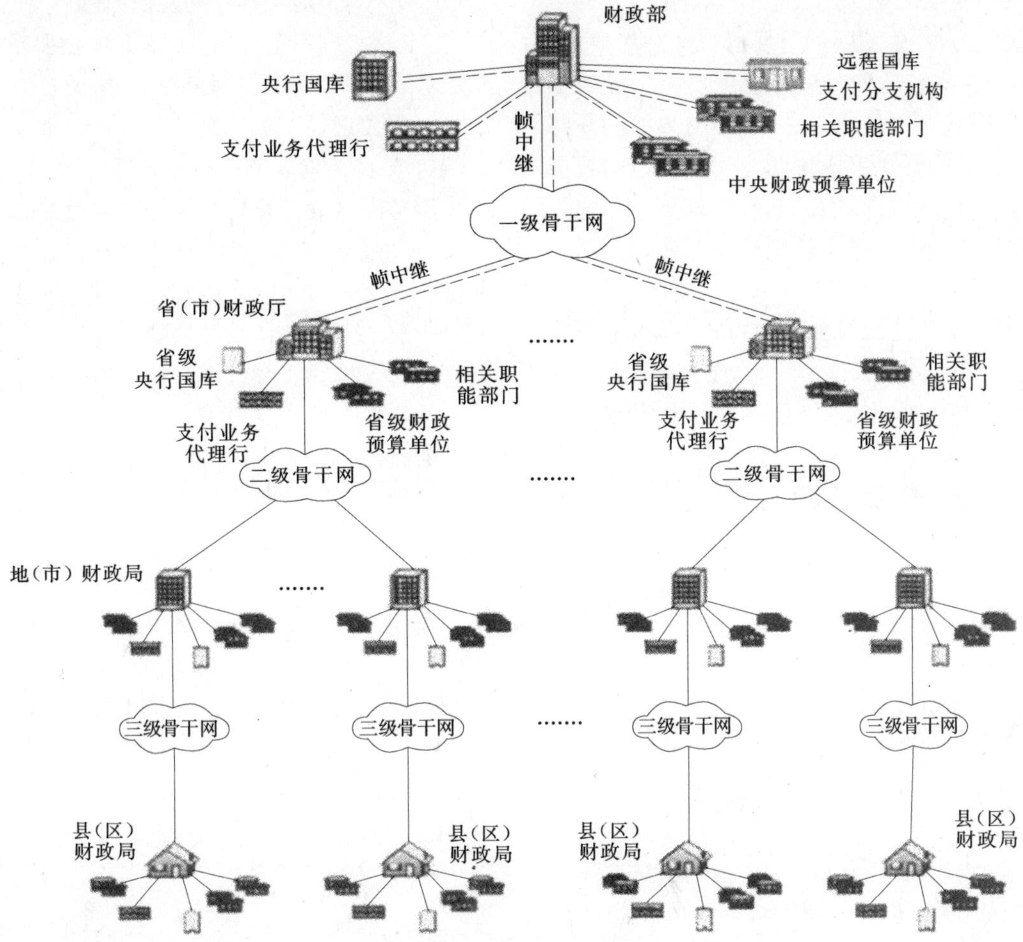

（三）安全保障体系

建立统一的安全体系是“金财工程”建设的一个重要方面，要实现全系统的应用安全、系统安全、网络安全和物理安全的统一管理，重点建设以认证中心、数据加密为核心的应用安全平台，制定相应的安全管理制度，为“金财工程”提供有效的安全保障。

按照高可靠性和高标准的故障恢复能力，建立完善的备份与恢复系统。做好现场备份、同城备份及异地备份。待“电子签名”等具备法律依据，可以采用无纸化的网上支付及收缴时，采用实时模式灾难恢复技术，建立一个高度可靠和高度可用的系统。

（四）进度安排

“金财工程”规划建设期为 2003 年至 2008 年，按照“试点先行、稳步推进”的原则，分两期建设。2003 年至 2006 年为第一期，主要依据财政改革进度确定，完成预算管理系统、国库支付管理系统、收入系统中非税收入管理系统、工资统一发放管理系统及部分财政经济景气预测与分析系统的开发和运营，并部分完成财政业务应用支撑平台的开发工作，同时建设系统运营所必需的网络、安全、运营维护等保障环境；2007 年至 2008 年为第二期，完成“金财工程”全部建设内容。

二、“金财工程”建设意义和原则

（一）“金财工程”的重大意义

“金财工程”是财政工作信息化和财政管理现代化的

必然要求。它的建立与实施将管理超过全国GDP20%的资金流动，对于加快社会主义市场经济体制的建立和促进国民经济管理的现代化，规范财政预算管理，提高国库资金使用效率，增强财政决策的科学性和财政工作的透明度，加强廉政建设实现依法理财等都具有十分重要的意义。

1. 建立与实施“金财工程”是我国财政管理工作与时俱进和高效运行的要求

信息化是现代化社会发展的重要特征与必然要求。政府财政管理信息系统是目前世界上主要市场经济国家政府信息管理系统中的核心之一。美国财政部的联邦政府国库支付系统2000年度除国防支出外，包括社会保障基金和退税在内的全部 9 亿笔政府开支，总值为1.2万亿美元的财政资金都是由管理信息系统通过单一账户支付（其中70%是以电子支付方式）实现。因此，建立与实施政府财政管理信息系统，符合我国按市场经济发展和加入世界贸易组织要求，在财政管理方式方法上有利于尽快与国际接轨。“金财工程”的建立与实施适应了这一发展趋势，在全国范围内建立起各地方、各部门之间的电子信息化系统，实现电子信息的传输和所有信息的共享，从而大大提高整个财政工作的效率。

2. 建立与实施“金财工程”，有利于规范财政收支管理，增加预算编制与执行工作的透明度

预算作为政府的财政收支计划，是政府筹集和使用集中性财政资金的重要分配杠杆，体现政府集中性的财政分配关系，是政府实现其职能的重要工具。按照市场经济体制的规律和建立公共财政体系的要求，预算编制与执行必须真实、统一与公开。建立与实施“金财工程”，将详细记录每个用款单位每一笔财政资金收支的运行状态，大大减少了预算执行的随意性，因此，它不是传统意义上只能做“事后”记账处理的一般财务系统，而是带有“事前”控制机制的政府财政“资源型”管理系统，也是自动化程度较高，依法理财的系统。它的建立与实施可以从根本上防止财政资金的体外运行和沉淀。既能对财政部门的管理工作进行规范，又能对支出部门的预算执行行为进行有效监督，从源头上预防腐败现象的发生。

3. 建立与实施“金财工程”，是提高国家宏观经济决策水平的需要

宏观经济分析与决策是对国民经济整体运行状况所进行的分析和相应采取的财政、货币政策，是整个宏观经济政策制定的基础，也是进行宏观经济管理的前提。财政是国家职能的重要组成部分，财政政策是国家宏观调控的一个重要工具。“金财工程”的建立与实施可以完整地保存宏观经济分析和预算执行各方面的数据，为整个财政管理工作提供准确、适时的财务信息，从而促进宏观经济预警模型、收支测算模型、现金预测模型分析等模型的建立，既为决策的科学化提供数据保障，又为各种财政管理工作提供科学的分析依据。

（二）“金财工程”的建设原则

“金财工程”建设规模庞大、安全要求高、实施周期长、涉及面广。需要精心组织、协调各方。在实施的过程中，需要遵循以下原则：

1. 坚持为财政业务服务的原则

服务财政业务特别是服务财政改革是信息化建设的出发点和归宿。财政信息化建设只有服务和服从于财政业务，才有生命力，才能发挥作用，才有存在的必要。同时，财政业务工作只有借助于现代化手段才能得到更强有力的支撑和实现管理方式上的重大改变。“金财工程”只能根据财政业务需求来开发建设，把信息技术真正融入财政工作之中，从而实现科学理财、规范理财。应立足于现行财政政策和管理体制，同时为将来财政改革和业务发展留有余地。

2. 坚持“五统一”原则

“金财工程”是一项复杂的、技术性很强的系统工程，涉及到财政改革与管理工作的方方面面，只有严格遵循“统一领导、统一规划、统一技术标准、统一系统平台和统一组织实施”即“五统一”原则，才能发挥预期作用，避免重复建设，减少损失浪费。

3. 坚持先进性与实用性相结合的原则

财政业务改革有一个循序渐进、逐步深化到位的过程。“金财工程”建设要充分考虑这个现实，科学合理地制定实施步骤与进度，正确处理好先进与实用的关系。既要考虑现实财政业务工作的情况，又要放眼长远，坚持高标准，留有接口，为日后根据信息技术发展的最新动态和财政业务发展的需要进行软件升级打下基础。

4. 坚持建设与应用并举的原则

网络建设和网络应用是财政信息化建设相辅相成、紧密相关的两个方面。四通八达的计算机网络，可为网络应用奠定良好的基础，为实现信息资源共享和管理手段的科学化创造条件。搞好网络应用，可使网络资源得到充分利用，尽快发挥网络的效益。在建设“金财工程”的过程中要牢牢把握“应用”这个核心，全面提高各业务信息系统和计算机网络的运用效率，使“金财工程”尽快发挥作用。

发挥财税政策导向作用　增强自主创新能力

北京市财政局

近年来，北京市政府相关部门按照科学发展观的总体要求，以提高自主创新能力为总体目标，积极研究制定扶持政策，采取切实措施，整合政府和社会资源，初步构建了一个有利于进行自主创新的较好外部环境，支持了一大批重点产业、重点项目、重点环节和外部环境建设项目的顺利实施，有效提升了自主创新能力，将技术优势转化为经济优势，带动了首都经济的优化、调整和健康发展。现将主要做法汇报如下：

一、转变政府角色，突出工作重点，努力营造提高自主创新能力的外部环境

北京市科研院所比较集中，还有400多个跨国机构在京设立了技术研发中心，拥有丰富的科技资源和创新成果，在全国具有明显优势地位。为突破体制上、机制上、制度上的障碍，北京市在全国率先进行了以企业为主体的自主创新机制、以需求为导向的科技管理体制改革探索。

（一）认真落实中央政策，为提升自主创新能力创造良好的财税政策环境

政府的政策、资金扶持对提高自主创新能力、推动企业发展发挥着重要作用。近年来，中央在政策、资金上对北京市给予了大力支持，有力地促进了北京市高新技术产业提升自主创新能力。“十五”期间，财政部安排6.34亿元电子信息产业发展基金，支持了集成电路生产线、芯片设计开发、软件系统开发等近300个项目的顺利实施；同时安排产业技术研究与开发资金，支持了一批产业技术成果转化项目。此外，财政部还安排中小企业平台式服务体系建设专项资金，对中关村丰台科技园、德胜科技园等中小企业服务平台建设项目给予了倾斜性扶持。

为吸引高新技术企业、重大高新技术产业成果转化项目落户北京，积极支持中关村科技园区内高新技术产业发展，北京市政府认真落实中央各项税收优惠政策，给予企业上缴所得税减免、允许企业按技术开发费用的150%抵扣所得税、企业研发设备可摊入管理费等优惠政策。在地方政策上，北京市制定了一系列的扶持政策，如对重大高新技术成果转化项目上缴营业税、所得税、增值税地方收入部分，财政安排专项资金给予扶持等。包括清华同方威视、北大维信、大唐电信等一批具有自主知识产权的企业自主创新和成果转化项目，除得到财政专项资金支持外，还享受到了土地购置费用减免、贷款贴息、抵扣应纳税所得额等多方面优惠政策支持，显著提升了自主创新能力和核心竞争力，初步形成了自己的核心技术体系及技术标准。

中央和北京市政府的财政资金扶持政策，为高新技术产业在京发展创造了一个既公平又相对优惠的财税政策环境。

（二）加大开发区建设扶持力度，为提升自主创新能力营造良好的区域环境

中关村科技园区是国务院批准的第一家高科技园区，多年来中央和北京市政府对园区的建设发展给予了大力支持。中关村科技园区集中了资本、技术、人才、专业服务等丰富资源，自主创新和高新技术成果转化已成为推动中关村发展的源动力。市财政每年安排中关村科技园区发展专项资金21亿元，用于园区软、硬环境建设，为入区高新技术企业提供更好的条件、设施和服务。园区的创业创新氛围日趋浓郁，每年有2000多家创业企业入驻园区，2005年园区高新技术产业实现销售收入超过4000亿元，比2000年翻了一番。此外，市政府通过拨款、入股、贴息等多种方式，支持开发区标准厂房建设，加快了开发区的整体建设步伐；在节约开发区土地资源的基础上，为入区高新技术企业提供了更好、更及时的生产、经营环境。

（三）培养吸引高级人才，为提升自主创新能力培育良好的人才资源环境

培养人才、吸引人才、留住人才，是高新技术企业尤为重要的一项工作；对政府而言，培育和营造良好的社会环境，对将人才留在北京、留在企业也起着重要作用。为此，市财政、人事等部门制定了一系列奖励和优惠政策，如对软件、集成电路企业高级人才上缴个人所得税的地方留成部分，政府安排资金用于

个人奖励；对高新技术企业需要的外来高级人才，可办理本市户口；对在高新技术成果转化中做出重大贡献的人才给予奖励，所获奖金免征个人所得税等。这些政策对培养当地人才、凝聚全国人才、吸引海外人才起到了积极作用，也为进行自主创新营造了良好的人才资源环境。

（四）扶持公共服务平台建设，为提升自主创新能力构建良好的中介服务环境

为满足企业的公共服务需求，市财政安排专项资金，先后支持搭建了北京工业技术支撑与产业促进平台、北京工业发展智力支撑平台、北京市中小企业网、石景山区中小企业服务体系、密云工业开发区中小企业融资担保平台、顺义区中小企业公共服务平台等一系列综合公共服务平台、专业平台、区域服务平台。针对企业生产经营中技术难题和行业发展中共性技术及关键性技术难题，通过各个平台组织各方力量进行研发攻关，促进成熟技术成果产业化。技术平台的建立打通了企业与科研院所、北京高校之间的联系通道，区域服务平台促进了区域内中小企业的信息、技术、产品等服务交流。目前来看，各类平台运行情况理想，取得了一定的成效，促成了企业、科研院所和高校之间一批技术合作与技术创新项目的成功实施，增强了企业之间的技术合作与交流，一定程度上满足了企业的公共服务需求。

（五）支持中小企业担保事业发展，为提升自主创新能力创造良好的融资环境

支持担保行业发展，是政府通过市场机制间接调控经济、促进企业发展的有效模式，特别是对中小企业、高新技术企业提供政策性担保，是放大政府扶持作用的一种有效模式。近两年，市政府累计投资6.69亿元，主要用于支持首创和中关村两家以政府出资为主的担保机构的发展。同时引导这两家从事中小企业、高新技术企业政策性担保业务的担保公司，逐步建立起全市担保网络。中关村担保公司在中关村各园区分别成立了担保机构，首创担保公司在全市建立了12家分公司或合作机构，基本形成了遍布全市的担保网络。2005年，两家担保机构新增担保项目1130个，为中小企业、高新技术项目提供担保额62亿元。

为支持担保机构的良性发展，市财政对政府投资的担保机构给予了代偿补偿政策，并积极做好市区两级政府对担保机构的增资和代偿补偿工作。同时，研究发展北京市再担保体制，力求能够进一步放大担保机构的担保能力，为提升自主创新能力做好融资服务工作。

二、理清扶持思路，把握支持重点，支持企业自主创新和科技成果转化

从财政资金投入力度来看，2004年北京市用于支持工业、商业的挖潜改造资金由9亿元增至13亿元，2005年财政又安排设立支持中小企业发展专项资金5亿元，市级财政资金投入力度逐年加大。同时，在市级财政部门的积极引导下，各区县政府、财政部门陆续设立了相应的扶持企业发展专项资金，市区两级形成合力，扶持企业发展的综合财力明显增强，支持力度明显加大。

对高新技术企业和自主创新企业的扶持是财政资金安排使用的重点和方向，市财政在2003年制定的工业发展资金管理办法和2005年制定的中小企业专项资金管理暂行办法中，都规定了把扶持高新技术企业具有自主知识产权的技术创新和产业技术成果转化项目实施作为资金使用和管理重点的基本原则。

在资金投入力度加大、使用方向进一步明晰后，财政部门开始考虑如何安排用好财政资金，从哪些领域选择项目，从哪些环节对项目进行扶持等一系列问题。市财政会同工业主管部门，研究确定了总体扶持思路，重点突出以下几个基本原则：一是既要抓好重大项目的引入，又要扶持好中小创新项目，做到点面兼顾；二是既要做好对企业研发阶段的扶持，又要做好对产业成果转化阶段的扶持，贯穿包括原始创新、二次创新和集成创新的整个创新过程，也就是把握从技术研发到成果产业化的两端扶持，做到有始有终。

（一）点线面兼顾，倾力做好重点项目、重点产业及中小自主创新项目的政策资金支持工作

1. “点”上：支持重点项目自主创新。政府对重大高新技术项目的支持，在前期主要抓好技术引进、项目培育等工作，在项目实施中给予资金政策扶持。近两年，北京市先后培育和扶持了中芯国际12英寸大规模集成电路生产线项目、京东方TFT—LCD项目等一批重大项目，基本上实现了每年培育一批、支持一批、成熟一批。

为做好对重点项目自主创新的扶持工作，市政府研究制定了一系列的倾斜性扶持政策。例如：对符合条件的集成电路项目，政府按企业注册资本的15%跟进投资，政府不参与企业的管理和分红，同时对批准建设的集成电路项目建设期间实际发生的贷款给予贴息政策。

从资金投入量来看，市财政对中芯国际集成电路和京东方TFT—LCD两个项目投入的政府跟进投资和贴息扶持资金在16亿元左右（含2007年贴息资金）。目前，中芯国际集成电路项目已正式投产，月产12英寸晶圆1.5万片以上。该公司已开始建立自己的研发团队，正在

进行90纳米逻辑电路的试生产工作，产品达产后，年销售收入可达72亿美元。京东方液晶显示器项目部分产品已达到满产，产品主要外销，现有多家配套企业就近建厂。一批重大项目的投产运行，正在逐步改变并优化首都经济结构，必将为首都经济发展做出突出贡献。

2. "线"上：扶持重点产业自主创新。近几年，市财政将符合首都经济发展方向的电子信息、汽车、生物医药、基础、都市、机电等六大产业作为自主创新的扶持重点，支持了一批重点项目，提升了企业的核心竞争力，推动了产业结构优化升级。

据初步统计，2004～2005两年，市财政先后使用工业发展资金共支持各类项目307项，资金16.66亿元，其中支持创新类项目184项，资金12.41亿元，占总资金的74.5%，扶持和培育了一批重大自主创新项目。如：北京中星微电子有限公司的数字图像集成电路与系统工程技术研究中心创新能力建设项目、联想（北京）有限公司的闪联标准和产业化应用研究项目等。预计这批项目建成达产后，将新增销售收入4026亿元，新增利润1787亿元，新增税收345亿元。

3. "面"上：支持中小自主创新项目。只有中小企业健康发展，才可能逐渐成长培育出大批的大企业集团。2005年市财政安排设立了中小企业发展专项资金，重点支持自主创新型企业技术改造项目和企业公共服务平台以及企业运营的外部环境项目。当年市财政扶持的310个项目中，主要以企业技术创新及改善企业发展环境项目为主，对有发展潜力和示范作用项目的扶持，对引导和培育优质企业更快发展起到很好的推动作用。

（二）有始有终，"始"于支持技术研发，"终"于扶持创新成果产业化，支持重点环节自主创新

1. 支持技术研发环节。提高企业核心竞争力要依靠企业自己的技术中心，建立企业技术中心是推动工业技术创新体系的重要内容和基础工作，对提高企业技术开发与创造能力、增强企业竞争力、促使企业成为技术创新主体具有重要作用。截止目前，全市共认定八批合计103家企业技术中心，其中获国家认定的企业技术中心为24家。近两年，市财政在工业发展资金中安排切块资金，用于软件开发、SOC及集成电路开发等专项补助资金，支持企业抓好研发试制等自主创新活动。今年，市财政准备再切块安排一定额度的企业技术中心建设资金，凡认定为国家级和市级企业技术中心的，对其企业技术中心建设及研发项目给予专项扶持，鼓励企业开展自主创新活动，推动技术进步，提升自主创新能力。

2. 扶持成果转化环节。近年来，财政安排专项资金对高新技术成果转化项目进行扶持。在项目选择定位及资金安排上，财政坚持以优先支持适合首都经济发展定位的高端产业为原则，围绕高新技术产业和高端、高效和高辐射力的现代制造业等高端产业，积极推进原始创新、二次创新和集成创新，全面提高工业整体创新能力和水平。包括支持电子信息产业的集成电路设计、制造、材料三大领域占领技术制高点；支持汽车产业以研制二代军车为契机，提升整车自主创新能力；支持光机电一体化产业加速推进现代流程自动控制与数控机床技术的吸收、消化和创新；支持生物工程与医药产业药物筛选关键技术应用等领域的研发和产业化等。截至2005年，北京市累计认定成果转化项目达700多项。仅2005年当年，市财政就拨付了2.46亿元的专项资金，支持了391个成果转化项目、5家风险投资机构、2家科技中介机构、57家孵化基地和694家在孵企业。391个成果转化项目产品实现销售收入267.5亿元，税收14.5亿元。

（三）开拓新思路，丰富资金扶持方式，加大对自主创新的支持力度

在资金支持重点上，逐步向为企业营造外部发展环境的项目上倾斜。按照公共财政的总体要求，向有助于企业进行自主创新、区域内高新技术企业均能受益的外部环境建设项目上加大财政资金投入力度，如：公共服务平台、专业技术支撑平台等项目，提高财政资金安排使用的公平、效率程度。

在资金支持方式上，进一步丰富扶持方式，扩大政府的宏观调控能力。在目前的拨款、贴息和入股三种支持方式基础上，抓紧研究建立入股资金的撤出机制，盘活政府扶持资金。同时探索基金直接投资或与其他风险投资机构、银行机构合作的模式，研究建立自主创新风险投资基金，对自主创新项目采取按比例同进同退的方式进行扶持，保证资金的安全性、流动性，更好地发挥对自主创新项目的支持作用。

三、按照公共财政原则，规范财政扶持资金管理，公平、公开、规范地做好对自主创新项目的扶持工作

（一）打破所有制隶属关系框框，对国有企业、股份制、民营高新技术企业一视同仁

从2002年起，工业发展资金打破只支持国有企业或国有控股企业的框框，不分所有制性质，不分隶属关系，对符合条件的企业一视同仁给予财政资金支持。2005年市财政安排设立了中小企业发展专项资金，其支持对象是所有在北京行政区域内从事经营生产活动的企业。市财政在安排扶持资金过程中，从根本上改变了对国有企业倾斜扶持的现象。近年来，财政安排的支持企业技术

进步、自主创新或技术改造等项目，80%以上属于非公有制企业。

（二）项目申报管理公开化，面向社会公开征集项目，保证财政资金扶持项目预算安排公开透明

在项目申报过程中，凡能通过社会公开征集项目的，都已通过网络面向社会公开征集。自2003年工业发展资金面向社会公开申报后，商业结构调整资金、中小企业发展专项资金等专项资金项目陆续在网上向社会公开征集。面向社会公开征集项目，提高了财政资金安排的公开、透明度，拓宽了项目来源渠道，保证了政府扶持项目的质量，确保了资金的使用效益。

（三）项目审批监管规范化，确保财政资金使用效益

中介机构项目评审机制是杜绝领导项目、关系项目的有效管理模式，凡是经第三方中介机构评审未能通过的项目，市财政一律不予安排扶持资金。为进一步规范资金管理，财政制发了《财政投资备选项目评审管理办法》，组建了专家库，委托专家或聘请专业中介机构对公开征集项目中的重点项目进行事前评审论证和事后跟踪管理，此外还借助审计部门和财政监督检查部门的力量，加强对项目资金安排使用的监管，提升资金使用和管理的公开、公平、公正和透明度。多管齐下的监管跟踪检查措施，保证了财政资金的安全、高效使用。

加强政府投资管理　积极推进基建财务管理工作上新台阶

广东省财政厅

近年来，在财政部和广东省委、省政府的正确领导和大力支持下，我厅积极贯彻中央有关政策，努力加强基本建设资金管理，不断推进基本建设财政财务工作稳步健康向前发展。现将我省财政部门在做好政府投资管理方面的一些做法汇报如下：

一、参与财政投资项目审批，发挥财政部门在基本建设领域的职能作用

2001年，我省以省府办公厅的名义印发了《广东省省级财政性资金投资民用建筑项目管理暂行办法》（粤府办〔2001〕4号）。该办法为财政部门参与政府投资项目的全过程财务监督管理奠定了基础，主要体现在以下三个方面：一是申请使用省级财政性资金的基本建设项目，项目建议书在呈报省政府审定前，必须征求省财政厅的意见；二是省财政厅参加项目总概算的审核，省发展改革委等部门对省级财政性资金建设的基本建设项目可行性研究报告和概算的审批须会商省财政厅；三是使用部分省级财政性资金的拼盘项目原则上先使用自筹资金开支项目征地、勘察、设计等前期工作费用，再使用财政性资金支付项目建设安装投资和主要设备投资。该办法的实施，在规范省级财政性资金投资项目管理、有效地发挥财政投资的作用、控制工程造价、提高投资效益等方面发挥了积极作用。

财政部门参与项目建议书和项目概算的审核，主要是对项目建设的必要性和概算投资进行把关，为加强基本建设项目财务监督管理和节约政府投资，做到了关口前移。拼盘项目先使用自筹资金，再使用财政性资金，可以避免基建项目“钓鱼工程”和“半拉子工程”等现象的发生，有利于推进政府投资项目顺利完成建设目标。近年来，我厅积极参与政府投资项目的财务监督管理，对申请使用财政资金的基本建设项目投资估算、概算进行了审核，对项目建设的必要性和项目具体建设方案等提出许多有建设性的意见，且大部分被采纳，既参与了决策，提高了财政部门在基本建设项目建设管理领域中的地位，又压缩了财政支出。

二、完善基本建设预算管理和财政性资金集中支付制度，努力提高财政投资资金的使用效益

基本建设项目按照基本建设程序批准立项后，省财政厅根据项目工程的进度安排基本建设支出预算，不是等到省发展改革委的年度投资计划下达后才安排基本建设支出预算。为了及时支付建设项目工程款，特别是春节期间保证农民工及时拿到工资回家过年，近年来我省采取了积极措施，在省人大会议未通过年度预算草案前，我们对部分急需支付的基建结转资金采取预安排的办

法，解决了每年人大会议前没有预算资金支付基建工程款的问题，保证了政府投资工程项目不拖欠工程款。

2000年，我省以省政府的名义印发了《省级基本建设项目财政性资金集中支付暂行办法》（粤府〔2000〕41号），从2000年10月1日起开始实行较为彻底的基本建设资金集中支付制度。办法中规定纳入省级预算管理或财政专户管理，并用于基本建设项目投资的资金实行集中支付，具体是建筑安装工程投资、设备投资由省财政厅分别直接支付给项目承建单位或设备供应商、代理商；待摊投资和其他投资由省财政厅拨给建设单位，再由建设单位按规定支付。在实际工作过程中，我们对一些大笔的待摊投资开支如征地款、设计费用等也采取了集中支付，尽量做到建设资金不通过建设单位账户。

实践证明，基建资金实行集中支付，改变了传统基建资金拨付方式中间环节多、滞留时间长的弊端，加大了财政监管力度，杜绝了项目主管部门或建设单位挪用、滞留财政资金的违法违规行为，保证了财政性资金安全、及时和有效使用。特别是改变了以前大量建设资金沉淀在建设单位账户的现象，财政部门可对一些达不到进度，但已同意安排预算资金的基建项目不急于安排基建支出预算和办理资金拨付手续，财政部门根据轻重缓急和财政收支矛盾调配使用项目预算资金，将财政资金优先安排到急需用钱的地方去，充分发挥财政资金的最大效益。

三、做好审核机构和人员队伍建设，加大工程概、预（结）决算的审核

近年来，我省各级财政投资评审机构专业队伍逐步壮大，财政投资评审工作取得了很大成绩，在财政支出管理中发挥了重要作用。到2005年底，全省地市级财政部门成立评审机构18个，实有人数330人，县（区）级财政部门成立评审机构85个，实有人数441人。通过建立良好的人才引进机制，招聘各类人才充实评审队伍，加强了评审力量，初步建立评审专家人才库。至2005年底，全省已有专业技术人员475人，评审专家人才库30人。据统计，我省省财政厅投资审核中心自2000年10月成立至2005年底，共完成各类审核项目1706项，评审金额231亿元，审定为210亿元，核减金额21亿元，核减率为9%。2001年至2005年，全省各市县（区）财政部门审核机构（不包括省级）共完成各类审核项目48392项，评审金额1286亿元，审定金额1147亿元，核减139亿元，核减率为10.8%。

我们充分借助投资审核中心的技术力量，对省发展改革委或建设单位等部门报来的投资估算、项目工程概算进行审核，从源头上控制基建项目高冒的现象，通过对项目工程预（结）算和竣工财务决算的审核，有效地节约了财政支出。

四、建立项目财务总监制度，对重点工程建设项目组织实施过程实行财政财务监督管理

2001年，省政府办公厅印发了《广东省省级财政性资金投资基本建设重点项目财务总监管理暂行办法》，办法要求对省重点建设项目派驻项目财务总监。派驻财务总监的项目名单由省财政厅商建设项目主管部门提出，报省政府批准，项目财务总监人选由省财政决定。项目财务总监履行财务监督职责：监督建设单位执行基本建设财务管理制度；帮助建设单位建立和完善建设项目内部财务管理制度；定期检查建设单位账册和财务开支情况；监督建设工程合同的签订和执行；监督建设项目的概算、预算执行，初步审查工程结算和竣工财务决算。

近年来，我省财政厅分别对省委新一号工程项目、松园宾馆改造项目、广东科学中心、北江大堤加固达标工程、珠江口门整治、省博物馆新馆、省立中山图书馆改扩建、粤剧大楼和广东疾病控制中心异地新建等项目委派了项目财务总监，大大加强了财政部门对省重点建设项目财务监督管理，规范了建设单位财务管理制度，在节省政府投资方面发挥了重要的作用，取得了显著效果，并受到省政府领导的高度重视，赢得省直相关部门的称赞。

五、积极推行政府投资项目"代建制"，提高政府投资效益

2006年2月，省政府印发了《广东省政府投资省属非经营性项目代建管理办法（试行）》（粤府〔2006〕12号），从2006年3月1日起正式实施，具体做法是：对政府投资省属非经营性项目，改变现行由使用者自建自管的做法，由专门设立的代建项目管理机构通过招标等方式，选择专业化的项目管理单位（代建单位）负责建设实施，由代建单位通过招标等方式选择设计、施工、监理等单位承担工程的设计、施工、监理等工作，竣工验收合格后移交给使用单位。为规范代建项目基本建设投资行为，加强代建项目基本建设财务管理和监督，提高代建项目资金的使用效率，省财政厅草拟了《广东省政府投资省属非经营性代建项目财务管理暂行办法》，明确了资金的申请拨付程序，规定了代建项目财务管理办法，拟在省女子监狱、省社科中心等代建项目中试行。

根据《国务院关于投资体制改革的决定》的精神，近年来我省部分地市相继开展了政府投资工程实施方式

的改革，对政府投资项目实行了“代建制”。譬如，深圳市设立工务局，作为负责政府投资工程和其他重要公共工程建设管理的专门机构，取消政府投资工程“一次性业主”的建设管理模式；珠海市政府成立珠海市政府投资建设工程管理中心，代表市政府行使业主职能和项目管理职能，具体负责政府投资建设的非营利性工程项目建设过程的管理和施工组织工作等；中山市政府成立了市政工程建设中心和政府工程项目管理中心，代表政府行使业主职责和项目管理职责，分类管理政府投资项目，承建由财政拨款的政府投资工程，负责对工程项目前期工作、设计委托、施工及监理的确定、工程竣工验收等。

代建制度的建立和实施，可有效地避免建设单位从部门利益出发，片面争上项目、超规模建设的情况，充分利用社会化专业化组织的技术和管理力量，提高项目的建设管理水平和政府投资的效益，加强廉政建设。

六、努力盘活行政事业单位固定资产，多渠道筹措基建资金

为严格执行党中央、国务院关于继续从严控制党政机关办公楼项目建设的规定，坚决纠正我省党政机关存在的滥建办公楼、追求奢华办公条件的不正之风，我厅印发了《关于进一步加强党政机关办公楼建设资金管理的通知》，要求各地财政部门从加强党政机关办公楼项目建设资金管理入手，从严控制党政机关办公楼项目建设。一是坚持调剂解决原则。通过我省行政事业单位资产清理办的工作，基本上摸清了省直各行政事业单位的“家底”，并上网登记备查，对行政事业单位剩余资产实行强行上缴。财政部门在审核同级有关职能部门申请建设办公楼时，首先查看申请单位的“家底”，对切实需要新建或购置的单位，先从政府现有办公用房中调剂解决；二是实行建新楼和处置旧办公楼同步审批，对申请新建办公楼的单位，在项目申请报批和报告备案时必须对其原有办公楼明确处置意见，属于应交由政府收回统筹处置的，一经批准，在新办公楼建成投入使用后，即将旧办公楼交回政府处置。

为盘活国有资产（资源），我省韶关市引进城市经营理念，按照“资产统管、融资运作、经营生财、滚动发展”的战略，盘活了城市存量固定资产，多渠道筹措基本建设资金，加快了城市建设步伐，不断改善投资环境，增强综合竞争力，为城市建设进一步发展打下良好的基础。其主要做法有六种：

（一）开发和盘活城市土地增值资金，获取土地增值资金。一是开发荒滩土地使之转换为城市用地，使生地成为熟地后升值增值，转换出更多资金用于城市基础设施建设，二是收购破产企业已贬值的国拨土地和低效利用土地、闲置土地，实行土地功能转换，使存量土地资产升值增值，拍卖后筹集城市建设资金。

（二）运用城市经营理念，引入民间资本，对公共建筑、城市基础设施和市政设施以及旅游基础设施等有形资产进行市场运作。

（三）通过拍卖市区户外广告经营权、出租汽车经营权、出让管道煤气经营权等，推行无形资产的“有形化”运作，筹集城市建设资金。

（四）对全市机关、国有企事业单位的国有资产进行统管，建立对资产的统一经营、盘活、处置的有效机制。

（五）采用BOT等国际上较为通行的融资方式，对城市大型的基础设施项目进行融资建设。

（六）对授权经营的资产进行抵押、担保向金融机构融资，实现城市建设投资进入“筹集、使用、偿还”的良性循环，逐步建立科学的滚动发展机制。

七、积极拓宽融资渠道，加大对重大基础设施项目建设的投资

近年来，我省财政不断加大对基础设施建设的投资力度，并坚持走多渠道筹集基础设施建设资金的路子，通过采取政府注入项目资本金、财政贴息、项目业主招标等途径，以政府投资带动社会投资，促进我省经济的持续、健康、快速发展。

（一）采用财政贴息的方式支持重点基础设施项目建设。为推动我省高等教育事业的发展，“十五”期间，省财政安排180亿元教育基建和教学设备贴息贷款，使我省高校可在短期内筹集大量的建设资金，解决了高等教育发展的燃眉之急，财政资金起到了“四两拨千斤”的作用。为支持我省液晶平板显示器项目建设，省财政通过贷款贴息方式给予支持和引导，对建设项目的固定资产投资部分给予50亿元贴息贷款，充分调动了社会和企业的积极性。

（二）积极推行项目资本金制度和项目业主招标等方式，拓宽融资渠道，提高投资效益。我省的珠江三角洲城际快速轨道交通项目总投资上千亿元，我省山区高速公路项目的建设投资几百亿元，为解决建设资金不足的问题，我省引入市场机制，积极探索基础设施项目建设的新路子：一是实行资本金制度，政府采取注入部分项目资本金的形式，支持项目的建设；二是按照现代企业制度组建股份公司，具体负责项目筹资、建设和经营管理。譬如，我省成立了铁路建设投资集团有限公司，主要负责我省铁路和轨道交通项目建设资金的筹措和融资工作；三是试行项目业主公开招标办法，吸引社会资金

的投入，将市场竞争机制引入政府的公共投资领域。譬如，我省粤赣高速公路广东段和潮揭高速公路通过项目业主招标，筹集建设资金。通过市场化运作，不但使政府节省了投资，而且将直接降低建设成本和运营成本。

中国银行业持续稳健发展的必由之路

中国银监会主席　刘明康

随着改革开放的逐步深化和扩大，中国银行业的整体素质和核心竞争力明显增强，但发展中的深层次矛盾也不断显现，公司治理结构亟待规范和完善，经营模式和经营方向亟须切实转变，竞争能力、盈利能力和风险防范能力亟待提高，而解决这些问题的根本途径就是金融创新。可以说，金融创新是当今中国银行业改革发展的客观要求，是银行业规避风险，有效提高国际竞争力，促进银行业科学发展的必然选择。

一、当前中国银行业面临的形势

中国经济体制改革正处于攻坚阶段。20多年来，中国国民经济持续快速发展，综合国力不断增强，人民生活水平不断提高。随着改革的逐步深入，经济运行中的深层次问题逐渐显现，改革进入了攻坚阶段。调整产业结构，转变经济增长方式，扩大城乡居民消费需求，建设社会主义新农村等宏观经济政策的贯彻实施都需要强有力的金融支持。传统的金融产品和服务手段，越来越无法适应发展的新要求，金融创新势在必行。

中国银行业面临着完全开放的竞争环境。今年底，中国经济金融将结束加入WTO过渡期，全面融入国际体系。外资银行在等待多年之后，可以全方位地将其历经数十年甚至上百年锤炼的经营理念、服务产品呈现在中国消费者面前，与中资银行展开全面竞争。面对越来越严峻的挑战，我国银行业只有奋起直追，不断改革和创新，才能在新的竞争环境中生存、发展和壮大。

中国银行业亟须提高核心竞争力。目前，国内商业银行综合竞争力较弱，金融产品比较单一，营销手段比较简单，市场竞争同质化现象严重，缺乏品牌效应。解决这些问题的根本途径就是金融创新。要通过不断创新，占领银行业创造利润的制高点，提高可持续盈利能力，巩固银行业改革成果。

城乡居民金融意识和金融需求不断增强。随着国民经济的快速发展，城乡居民收入水平不断提高，金融意识、风险意识也随之增强。他们不再满足于传统的储蓄业务和简单的投资形式，而是要求银行提供多样化的金融产品供其选择，创造出多元化的投资产品和投资方式满足其投资、避险和保值增值的需求。为适应日益增长的金融需求，银行业必须适时进行改革和创新。

二、中国银行业面临难得的发展机遇

银行资产质量明显改善。中国银监会成立以来，狠抓不良贷款余额和不良贷款比例“双降”，商业银行的资产质量有了明显改善。2005年末，中国商业银行在提高资产质量方面实现了历史性突破，整体不良贷款率首次下降到一位数。不良贷款比例下降，为商业银行进行深层次改革提供了较为宽松的环境，使得银行能够有时间、有精力研究业务创新等重大问题。

商业银行资金充足。截至2005年底，中国主要银行业金融机构存贷差超过9万亿元，全部银行业金融机构超额储备率达到4.17%，远远超过中央银行制度标准。这为商业银行优化信贷结构、改善资产负债管理提供了条件，但同时也给商业银行带来了经营压力，迫使商业银行认真研究和探索过剩资金的投资渠道，挖掘金融创新潜力。

公司治理改革初见成效。在国家政策的支持下，中国银行、中国建设银行、中国工商银行相继进行了股份制改造，初步构建了较为规范的现代公司治理框架，体制、机制和竞争手段较从前更加灵活。2005年，交通银行和建设银行先后在海外成功发行股票与上市交易，这标志着我国国有商业银行改革取得了实质性进展。股份制改革实际上是中国国有银行管理体制和经营机制的一次“凤凰涅槃”般的制度创新，通过改革重塑的四大国有银行将成为全新的现代金融企业。

内控机制开始发挥作用。近年来，商业银行的各级管理层对加强内控已形成了共识，法规制度体系建设和内部控制的基本框架已初步形成。一个有效的内部控制系统，有利于业务发展和管理水平的提高，同时也为金融创新提供了机制保障，保证银行业创新进入到良性循环的轨道。

三、金融创新监管工作导向

中国银监会坚持用科学发展观统领金融创新建设和相应的风险监管工作，先后出台了一系列促进金融创新及加强相关风险监管的指引和办法，形成了一系列内部研究报告和工作规划，并设立了业务创新监管协作部，增进了监管者与被监管者双方对金融创新及其相关风险的理解。

一是明确创新监管的总体原则和思路。总体原则是：规范与发展并重，培育与防险并举，在防范风险的前提下支持和鼓励银行业金融机构创新发展。工作思路是：以防范风险为前提，以规范管理为基础，科学规划、统一布局，有效加强与政府管理部门和其他监管部门的交流与协作，努力营造有利于金融创新的外部环境，积极支持和引导银行业金融机构从体制、机制和流程再造等多方面入手，加强制度创新、体制创新和业务创新，推动创新型行业建设，不断提高银行业为广大社会公众提供服务的水平，全面增强盈利能力和综合竞争实力。

二是不断完善创新监管制度建设。中国银监会在支持商业银行等金融机构加快业务创新的同时，密切关注业务创新风险和创新活动对银行风险管理的影响，坚持风险为本的监管原则，及时出台相应规章制度和准入标准，保证市场健康有序发展。近两年来，中国银监会先后出台了金融衍生交易业务、商业银行个人理财业务、电子银行业务等管理办法，规范银行业创新活动，并与相关部门共同发布了《商业银行投资设立基金管理公司试点管理办法》、《信贷资产证券化试点办法》。以后，还要出台有关银行卡、商业银行基金公司、资产证券化、信托业务的管理办法和监管指引，全方位地加强创新监管制度建设。

三是深化商业银行对金融创新的认识。受体制、观念、思维方式和实践经验的制约，国内一些银行对金融市场全面开放后面临的生存和发展压力的认识不足，金融创新的主动性、紧迫性不强。中国银监会通过召开研讨会、组织商业银行高管层培训、对外宣传等形式，引导商业银行从银行业可持续发展的战略高度来对待金融创新，使大家真正认识到金融创新是今后商业银行提高盈利水平、改善客户结构、增强核心竞争力的重要途径。

四是督促商业银行完善内控制度，提高风险防范能力。目前，国内大多数商业银行没有专门机构对创新产品的开发、运作以及长远规划进行系统管理，更多地注重推出新产品，而对新产品所带来的风险则缺乏足够的认识，更缺乏系统的有针对性的防范措施和内控制度。2005年操作风险的集中暴露，就充分说明了这一点。针对这种情况，中国银监会及时出台了“关于加强操作风险管理的13条措施”，八次召开案件专项治理工作会议，督促商业银行落实治理措施，定期通报案件情况。我们还特别加强对银行内部控制的监管，帮助商业银行创新内部管理体制和业务流程再造，加快实现业务的垂直化管理和扁平化管理。

五是注重人才培养，提高专业人员素质。与国外一些大银行相比，中国商业银行在专业人才及科技手段方面对业务创新的支撑力度不够，自主创新能力不足。一些银行完全照搬照抄国外商业银行和国内其他银行的创新产品，产品开发中模仿式创新多、自主式创新少，业务创新的技术含量和服务含量偏低。针对这种情况，中国银监会利用自己的专业优势和信息优势，加强对商业银行创新工作的指导，在市场风险、操作风险等新的业务和风险领域广泛开展多层次培训。在理财业务管理办法颁布后，为商业银行培训了1000余名专业管理和业务人员，从而为银行业创新活动的有序推进和有效监管提供了及时的专业支持和人才保证。

六是加强横向沟通与协作，共同促进金融创新发展。金融消费者的消费行为是多元化的。在收入既定的条件下，消费者有多少收入用于储蓄、保险，多少收入用于买房、投资资本市场，都需要通盘考虑。因此，金融创新不是单个部门、单个产品的事情，它涉及行业多、领域广，是一项系统工程，需要金融市场联合推动。中国银监会充分认识到新业务跨行业经营的特点，同时也充分理解商业银行在业务创新过程中所面临的跨部门监管问题。为此，我们主动加强和中国人民银行、中国证监会、中国保监会等部门的沟通，共同研究跨市场金融创新活动，积极为商业银行的业务创新提供“窗口指导”。

四、积极稳步推进金融创新业务健康发展

第一，支持商业银行创新服务方式，提高服务水平。积极鼓励商业银行针对不同层次客户提供各具特色的服务，以满足各类消费者的金融需求。一是支持面向一般客户的消费类产品和服务创新，推动商业银行在消费领域内推出更多的银行卡和个人消费贷款之间、各种个人账户之间的混合性、复合性产品，支持在住房信贷领域扩大非传统性住房抵押贷款，特别是还本付息灵活的服务，以满足广大公众的需求。二是鼓励商业银行向客户提供专业化的投资顾问和个人理财服务，为金融消费者提供更丰富的投资工具。三是引导银行业金融机构认真落实《银行开展小企业贷款业务指导意见》，积极改善小企业金融服务，引导银行在小企业贷款管理组织、营

销策略、贷款程序、风险定价、考核激励、信贷队伍建设等方面加快机制创新，改进监管，促进小企业贷款业务健康发展，为非国有经济发展创造良好的金融环境。

第二，鼓励商业银行拓宽业务领域，开展综合化经营试点。近年来，国际金融领域银行、证券、保险等各种金融业务一体化趋势明显。事实上，银行综合经营在我国已经存在，目前主要表现为银证、银保等业务领域的交叉销售。为此，中国银监会积极支持商业银行拓展业务领域，及时研究商业银行开展综合化经营的总体思路，选择有条件的银行开展综合经营试点。同时，不断加强与中国保监会、中国证监会、中国人民银行等部门的联系，探索深化银行综合经营的相关问题。

第三，支持商业银行深入开展银保合作。一方面，支持银行直接投资设立保险公司；另一方面，支持国内保险资金投资入股商业银行，建立更深层次的交叉销售和代理合作关系。在支持商业银行深入开展银保合作的同时，对可能产生的利益冲突和风险传递要极为重视，制定关联交易控制制度，有效控制和防范风险。

第四，稳妥推进商业银行投资设立基金管理公司。经国务院批准，中国工商银行、中国建设银行和交通银行开展通过直接投资方式设立基金管理公司试点工作。目前，三家基金管理公司都发行了基金，每家首只基金资金募集规模都超过了40亿元，平均募集规模达到51.14亿元。在试点过程中，我们督促商业银行按照“法人分业”的原则，建立健全与其所设基金管理公司之间的风险隔离、关联交易制度，防范风险在金融市场不同领域的传递。同时，加强与证券监管等有关部门的监管协作和信息沟通，防止出现监管缺位、错位和越位。

第五，加强对资产证券化试点工作的专业化监管。经国务院批准，国家开发银行和中国建设银行开展资产证券化试点工作。2005年12月，国家开发银行和中国建设银行作为发起人分别发行了两笔资产支持证券。我们十分重视加强对国家开发银行和中国建设银行信贷资产证券化试点工作的监管，以监管手段引导行业规范发展、促进和完善专业市场行为：提高对发起方信息披露主动性的要求，减少市场信息不对称，以促进市场的规范健康发展；加强对投资者群体的投资风险监管检查，以提高投资者对资产证券化产品的认识水平和管理手段，通过培育专业化的投资者群体间接地促进资产证券化市场规范发展。

第六，鼓励商业银行自主开展人民币衍生产品业务。衍生产品是银行中间业务的重要组成部分。为提高人民币增值业务比重，中国银监会鼓励商业银行自主开展人民币衍生产品业务。当前，外资银行参与人民币衍生产品市场交易的深度和广度逐步提高，交易规模呈放大趋势，但中资银行对这些基本产品的知识和操作还不够熟悉。因此，中国银监会积极鼓励商业银行走出去虚心向外资银行学习并且加强实践，逐步提高自主开展人民币衍生产品业务的能力。

当前，西方发达国家银行日益全能化，银行、证券、保险综合经营已经成为国际金融业的一大发展趋势。对我国银行业而言，加入WTO必然要求我们在有限的时间内完成与国际银行业的全面对接，中国银行业开展与其他金融领域之间的综合经营是一个必然的趋势。时代呼唤着银行业综合经营，时代激励着银行业综合经营。我们要大胆创新、大胆实践，以饱满的热情和昂扬的姿态迎接中国银行业综合经营时代的到来。

在改革中推进中国银行业健康发展

——中国银监会副主席蔡鄂生在2006中国金融高峰会上的演讲摘要

（2006年5月23日）

长期以来，中国银行业改革的每一个阶段和举措都受到社会各界的广泛关注。这是银行业在国民经济中的核心作用，以及银行业改革在整个经济体制改革中的重要地位所决定的。加入世贸组织后，中国银行业改革的重要性和紧迫性越来越广泛而全面地得到业界内外的共识。事实也正如大家所看到的，这些年来中国政府不失时机地加大了银行改革的力度，先后启动了中国银行、建设银行、交通银行和工商银行等国有商业银行的股份制改革，全面开展了深化农村信用社改革试点，其他银行业金融机构改革也同时深入推进。总体上看，当前中国银行业改革发展的态势很好，对银行业金融机构的监管大大加强，国内外媒体和评级机构对此普遍给予了积极评价。截至2006年4月末，中国共有银行业金融机构2.8万余家，银行业总资产接近40万亿元，占全部金融机构总资产的95%以上。资本充足率达标银行从2003年底的8家增加到2005年底的53家，资本充足率达标银行的资产占比相应从2003年的0.6%增加到2005的75.1%；主要商业银行（5家国有+12家股份制商业银行）不良贷款率从2003年底的17.9%，下降到2005年底的8.9%，持续实现了不良贷款余额和比例双下降；反映银行风险自我弥补能力的损失拨备缺口由2002年的1.6万亿元下降到2005年的6274亿元。当前，银行业改革正在全方位、多层次稳步推进。

一是国有商业银行股份制改革进展顺利。通过实施股份制改造，在保证国家绝对控制下引进境外战略投资者，国有商业银行实现了股权多元化和产权明晰化，逐步建立了现代公司治理的基本框架，公司治理机制开始发挥作用。在战略投资者的参与和帮助下，工、中、建、交行都加快了内部改革步伐，经营理念、内控机制和增长方式正在转变，“以客户为中心”的服务理念不断强化，业务流程和绩效考核体系日趋科学。财务状况明显改善，去年上述四家银行的资本充足率都在8%以上，不良贷款率均控制在5%以内，这较改制前均有显著进步。标准普尔、惠誉、穆迪等国际著名评级机构相继提升了对这些银行的评级。

二是农村信用社改革试点工作取得阶段性的重要成果。我们提出要在巩固前两年改革成果的基础上，按照经营现代化的方向深化改革，加强监管，改善服务，争取1年左右时间实现农村信用社贷款风险五级分类，3年基本理顺管理体制，用5～10年时间把农村合作金融机构分期分批逐步建成产权明晰、经营有特色的社区性农村银行业机构。

三是其他金融机构改革步伐加快。结合邮政体制改革，邮政储蓄改革稳步推进，筹建中国邮政储蓄银行已得到国务院批准。新组建的中国邮政储蓄银行，将在保留利用邮政网络吸储功能的基础上，充分发挥其网络优势，完善城乡金融服务功能，以零售业务和中间业务为主，面向普通大众，特别是为城市社区和广大农村地区居民提供基础性金融服务，与其他商业银行形成良好的互补关系，支持社会主义新农村建设。此外，包括政策性银行、资产管理公司、股份制商业银行和城市商业银行，以及非银行金融机构的改革重组步伐也明显加快。

但是我们也清醒地看到，目前国有商业银行改革的成效还只是初步的，很大的程度上是一种“物理变化”而非“化学变化”。中国银行业竞争力同国际先进银行的标杆还有差距。比如，公司治理机制还不健全，一些银行整体发展战略以及围绕战略目标的良好文化仍然缺失，竞争的比较优势不甚明显；风险内控体系尚不完善，还没有形成风险管控的长效机制，道德风险和各类案件屡有发生；内审制度的独立性和有效性相当有限；激励约束机制不很科学；科技信息手段还比较滞后；专业化的管理团队，特别是掌握现代金融管理的专门人才缺乏，有效的人才培训体系还没有建立，吸引人才的环境仍不健全，这在很大程度上制约了金融创新能力。这些问题的存在，反映了我国银行业改革成效的阶段性，揭示了改革本身的艰巨性和复杂性。中国银行业要发生脱胎换骨的变化，必须经历一个持续的制度变迁过程，绝不可能一蹴而就。要客观看待目前银行业改革的成绩和困难，既要防止因过高估价成绩而影响加快推进改革的决心，又要避免以尚不充分的阶段性成效而动摇对有关现行改革安排的信心。随着今年12月国内银行业市场全面开放和中外资银行全方位竞争时代的到来，中国银行业改革已经走上了一条充满希望同时也充满坎坷的不归途。针对过渡期结束后，中国银行业改革开放面临的新形势和新任务，我们认真研究准备了入世过渡期结束后中国银行业对外开放政策，正着手准备有关法规规定并根据世贸规则和审慎原则研究制定中国银行业对外开放具体措施。下一阶段，银行业改革要在以下几个方面加大力度：

第一，继续完善公司治理，强化内部控制和风险防范机制。要从根本上增强银行活力，必须完善公司治理和内部风险控制，从内部改变银行的运作机制。这是一个持续、动态的过程，也是一项艰巨的、长期的任务。银行业金融机构不仅要建立健全公司治理结构，更要在日常经营中发挥作用，增强决策的科学性。要始终抓住转换经营机制、强化内部控制、防范风险这条主线，严防不良资产反弹和经营效益下滑，全面落实审慎经营制度和责任追究制度，严肃查处违规失职案件，确保稳健经营和巩固发展改革成果。

第二，坚持创新与引进相结合，提高银行业竞争力和服务水平。外资银行在市场经济环境中经营多年，有良好的公司治理、严密的内控制度和丰富的风险管理经验，在金融创新、服务品牌以及争夺优质客户和优秀人才等方面具有明显优势。中国银行体系是随着我们改革开放和社会主义市场体系不断完善而不断发展和完善的。1995年《商业银行法》才正式实施，中国银行的市场经历还很短，在一些方面存有很大缺陷和差距。要迅速改善这些薄弱环节，在短时间内缩小与外国同行的差距，既要依靠中资银行自身努力，又要吸收和借鉴外部的经验、力量和资源。中资银行在改革重组过程中通过出售部分股权，与境外战略投资者建立利益共享、风险分担的机制，将促使境外战略投资者投入或传授相应的资本、技术、管理及产品，为学习借鉴国际先进的经营理念和文化，有针对性地改善自身薄弱环节提供了机会和平台。要积极推进中外资银行的合作，善于从国际市场引进富有经验的金融专才参与经营管理。结合引进境内外合格的战略投资者，加强与国际先进银行的技术合作，引进先进而又适应的管理技术与业务品种。在合作成果转化、消化、吸收的基础上，增强银行自主创新能力，包括金融产品、管理模式、组织架构等方面的创新，采取多种措施提高我国银行业的市场竞争力和服务能力。

第三，推进农村金融整体改革，加快非银行金融机构重组改造。中国农村金融银行类机构包括农业银行、农业发展银行、农村合作金融机构和邮政储蓄机构，由于体制机制和政策等多方面原因，目前这些机构普遍存在资产质量差、财务包袱重、风险补偿能力低、法人治理不完善等问题，制约了服务"三农"作用的充分发挥。要结合社会主义新农村建设，加快构建有效的农村金融服务体系，充分发挥商业银行、政策性银行以及农村合作金融机构的合力，按照企业化方向改革邮政储蓄机构，积极引导其他金融机构增加支农投入，适当鼓励支农融资方式创新，逐步完善支农的配套制度建设，促进农村金融服务水平不断提高。此外，要全面总结信托投资公司、财务公司和金融租赁公司在发展过程中的经验教训，加快非银行金融机构改革进程，适应市场多元化的金融服务需求。

第四，积极改善外部环境，促进银行业健康发展。银行业健康发展，依托于良好的宏观经济基础，有赖于健全的外部环境。在深化银行业自身改革的同时，要求不断促进转变经济增长方式，提升银行客户素质，积极改善外部环境，以形成全面协调的发展局面。要大力发展多层次的资本市场，包括进一步完善现有主板市场，积极发展为中小企业融资提供便利的二板市场，大力发展债券市场等，扩大直接融资比重，逐步改变金融风险过度集中银行业的融资格局。要培育全社会良好的信用文化，依法严厉打击各种金融犯罪，打击非法集资、"地下钱庄"等非法金融活动，依法惩处逃废债务的行为。要推行审慎、公平的财税政策，合理减轻银行业金融机构税费负担，尽快统一内外资银行的税负，为银行业金融机构参与竞争创造公平税务环境。要加快建立高效解决有问题银行和银行退出市场的机制，在最大限度防止道德风险和避免损害市场约束机制的条件下，建立完善的金融安全网。加快金融改革的立法进程，特别是《物权法》和《破产法》的工作进程，加大依法推进改革的力度。

稳健的银行体系是一个现代经济体保持稳定和健康发展的重要基石。改革开放为中国银行业带来了全新的面貌，也为经济社会发展提供了良好服务。推进银行业改革是一项持久而即期的重要使命，我们将牢固树立科学发展观，坚持银行业改革开放不动摇，坚定决心和信心，与全社会一道，努力攻坚克难，共同开创中国银行业更加美好的明天。

2005年金融宏观调控取得明显成效

2005年，中国人民银行在党中央、国务院的正确领导和统一部署下，继续执行稳健的货币政策，切实加强金融宏观调控，综合运用多种货币政策工具，合理调节货币供应，取得明显成效。全年金融运行平稳，促进了国民经济持续、快速、协调、健康发展。

一、货币供应量增长速度加快

2005年12月末，广义货币供应量（M2）余额为29.88万亿元，同比增长17.57%，增幅比上年末高2.94个百分点；狭义货币供应量（M1）余额为10.73万亿元，同比增长11.78%，增幅比上年末低1.8个百分点；市场货币流通量（M0）余额为2.4万亿元，同比增长11.94%。全年累计净投放现金2563亿元，同比多投放841亿元。货币总量增长与经济增长和物价上涨相适应。

二、金融机构各项存款快速增长

12月末，金融机构本外币各项存款余额为30.02万亿元，同比增长18.15%。金融机构人民币各项存款余额为28.72万亿元，同比增长18.95%。全年人民币各项存款增加4.39万亿元，同比多增1.05万亿元。其中：居民户存款增加2.21万亿元，非金融性公司存款增加1.99万亿元，财政存款增加1752亿元。12月份人民币各项存款增加1658亿元，同比多增23亿元。

金融机构外汇各项存款余额1616亿美元，同比增长

5.58%。全年外汇各项存款增加68亿美元，同比多增29亿美元。

12月末全部金融机构超额储备率4.17%，比上月高1.18个百分点，比去年末低1.07个百分点。

三、金融机构各项贷款平稳增长

12月末，金融机构本外币各项贷款余额为20.7万亿元，同比增长12.75%。金融机构人民币各项贷款余额19.5万亿元，同比增长12.98%，增幅比上年末低1.52个百分点。全年人民币贷款增加2.35万亿元，同比多增871亿元，控制在年初预期调控目标范围内。分部门情况看：居民户贷款增加3323亿元，其中，短期贷款增加1253亿元，中长期贷款增加2069亿元；非金融性公司及其他部门贷款增加2.02万亿元，其中，短期贷款及票据融资增加9952亿元，中长期贷款增加9897亿元。

金融机构外汇贷款余额为1505亿美元，同比增长11.99%。全年外汇各项贷款增加171亿美元，同比多增4亿美元。

四、银行间市场利率基本平稳

12月份银行间市场同业拆借月加权平均利率1.72%，比去年同期低0.35个百分点，质押式债券回购月加权平均利率1.54%，比去年同期低0.34个百分点。

五、国家外汇储备增加

截至2005年12月末，国家外汇储备余额为8189亿美元，同比增长34.3%，增幅比上年下降17个百分点。全年外汇储备增加2089亿美元，同比多增加22亿美元。12月末，人民币汇率为1美元兑8.0702元人民币。

（中国人民银行）

中国金融改革取得突破性进展

（2006年10月30日）

2005年，中国经济保持持续健康发展，金融改革和风险处置取得突破性进展，金融业发展迈出重大步伐。人民币汇率形成机制改革顺利实施，国有商业银行股份制改革成效显著，农村信用社改革进展顺利，证券公司重组全面展开，股权分置改革稳步推进，保险业综合经营取得新进展，银行业和证券业暴露出来的风险基本得到妥善处置，规范化的金融风险处置长效机制逐步建立，金融业对外开放水平不断提高，金融体系的稳定性明显增强。

一、金融改革取得突破性进展，金融风险得到妥善处置，中国金融总体稳定

2005年，党中央、国务院要求以科学发展观统领全局，正确处理好改革、发展和稳定的关系，坚持以经济建设为中心，转变发展观念、创新发展模式、提高发展质量，用发展和改革的办法解决前进中的问题，保持经济的可持续发展。这些方针政策为金融稳定营造了良好的政治、经济和社会环境。中国金融改革和风险处置取得突破性进展，金融基础设施建设得到加强，金融生态环境进一步改善，金融业对外开放水平不断提高，中国金融总体稳定。

（一）国民经济平稳较快发展，为维护金融稳定奠定了良好的基础

国民经济呈现增长较快、效益较好、价格平稳、活力增强的良好发展态势，经济总量问题得到重视，结构性矛盾得到缓解，经济运行的稳定性明显增强，经济发展的协调性有所提高。一些重点领域和关键环节的改革取得新突破，宏观调控能力显著增强。宏观经济的健康平稳运行为金融稳定奠定了良好的基础。

（二）金融改革取得突破性进展，金融业竞争力有所增强

完善人民币汇率形成机制改革顺利实施，以市场供求为基础、参考一篮子货币进行调节、有管理的浮动汇率制度基本建立。按照主动性、可控性、渐进性的原则，发挥市场供求在汇率形成中的作用，汇率弹性有所增强，人民币汇率在合理、均衡水平上保持基本稳定。

国有商业银行改革进展顺利。中国银行、中国建设银行（简称建设银行）和中国工商银行（简称工商银行）稳步推进股份制改革。中国银行、建设银行在完成财务重组和设立股份公司之后，继续完善公司治理、强化内部控制和风险管理、稳步推进战略引资和上市。建设银行于2005年10月在香港成功上市。工商银行股份制改

革于2005年4月正式启动，并于当年10月整体改制为股份有限公司，目前正按上市银行的要求不断完善公司治理，抓紧做好上市准备工作。中国农业银行的改革正在结合社会主义新农村建设和农村金融体制改革总体规划加紧论证。经过改革，改制银行的资本充足率、资产质量显著提高，盈利能力和财务可持续能力明显增强，改革成效显著。

农村信用社改革试点范围扩大到29个省（自治区、直辖市），改革试点工作取得重要进展。一是各项扶持政策逐步落实，在化解历史包袱方面取得积极进展。截至2005年底，中国人民银行共对2263个县（市）安排发行8期专项票据，额度为1599亿元，用于置换农村信用社的不良贷款和历年挂账。二是产权制度改革稳步推进，在转换经营机制上迈出积极步伐。截至2005年底，共组建农村银行类机构72家，以县（市）为单位的统一法人机构519家。三是积极探索管理体制改革，将农村信用社管理责任移交省级政府，初步明确地方政府对农村信用社的管理职责。四是支农信贷投放不断增加，为支持“三农”发展作出了积极贡献。

股权分置改革的积极效应初步显现。在国务院的统一部署下，按照“统一组织、分散决策”的工作思路和“试点先行、协调推进、分步解决”的操作步骤，股权分置改革积极稳妥推进。改制公司根据实际情况，采取了以送股为主，包括派现、权证、资产重组、缩股等多种形式的股改对价支付方案，基本达到了公司流通股股东和非流通股股东双赢的局面。股权分置改革解决了长期以来制约我国资本市场功能全面有效发挥的一个制度瓶颈，有利于保护投资者特别是社会公众投资者的合法权益、切实维护证券市场稳定。

证券公司重组取得积极进展。中国人民银行会同有关部门，以中央汇金投资有限责任公司、中国建银投资有限责任公司为重组平台，采取股东注资、提供流动性支持以及引进战略投资者等多种方式，先后对银河证券、申银万国、国泰君安、华夏证券、北京证券、天同证券、西南证券、新疆证券等8家证券公司实施了重组。证券公司重组的顺利推进促进了证券行业资源整合，为提高证券公司的国际竞争力打下了良好的基础，有利于证券市场的稳定发展。同时，在重组中，大力推进证券公司制度建设，率先在重组类证券公司中推行客户证券交易结算资金第三方存管制度。

保险业改革取得积极成效。保险公司建立了规范的公司治理结构。40家中资保险公司进行了股份制改革，国有保险公司全面推动用人制度改革，初步建立了高管人员的经济责任审计与离任审计制度。保险业服务“三农”、保障社会取得新成效。保险业积极发展农业保险，参与农村医疗保险及农民养老保险，扭转了近年来农业保险萎缩的局面。保险公司共研究开发了200多个责任保险产品，为维护社会稳定发挥了积极作用。同时，保险业在拓宽资金运用渠道、探索综合经营方面取得了突破。截至2005年底，保险公司直接股票投资达到158.88亿元，成为债券市场的第二大机构投资者。随着资金运用渠道的拓宽，国内一些大型保险公司利用资本市场的连接，将银保合作由松散的业务合作方式推向股权合作方式。

（三）金融风险得到妥善处置，规范化的风险处置长效机制逐步建立

在国务院领导下，各部门密切协作，加快了对银行类金融机构及证券公司的风险处置和重组改革，有效化解了金融风险。一是国有商业银行原有的财务风险得到有效化解。中国银行、建设银行和工商银行等国有商业银行通过注资、市场化处置不良资产等财务重组，实现不良资产比例大幅下降，资本充足率达到国际标准，财务基础明显改善。二是中小银行类机构的风险正在得到初步处置。中国光大银行、广东发展银行的重组和改革工作有序推进，82家城市信用社平稳退出市场，农村信用社通过中央银行票据置换不良资产等方式快速提高资本充足率，经营状况明显好转。三是证券公司积累的风险得到初步化解。2005年，共处置了13家高危证券公司。

在处置风险的过程中，金融风险处置长效机制逐步建立。颁布和实施了《个人债权及客户证券交易结算资金收购意见》和《关于个人债权收购意见有关问题的补充通知》，规定了个人债权收购范围和收购标准，进一步明确了风险补偿的市场化原则。证券投资者保护基金设立并开始发挥作用，保险保障制度初步建立，存款保险制度正在积极酝酿之中。

（四）金融基础设施建设得到加强，金融生态环境继续改善

支付体系是金融体系的核心基础设施，其安全高效运行对金融稳定具有重要意义。2005年以来，中国现代化支付系统建设迈出重要步伐，大额支付系统和小额支付系统在全国推广应用圆满完成，中国支付服务网络体系基本形成并日趋完善。支付清算系统的应急机制初步建立，并于2005年9月成功实施了大额支付系统国家处理中心与应急备份中心之间的应急切换演练，支付系统的灾难备份系统建设正在积极研究和实施，支付系统对突发事件的快速应对能力得到提高。

其他金融基础设施建设得到重视，金融生态环境继续改善。金融法制建设取得重大进展，《公司法》和《证券法》两部重要法律得到修订，金融执法力度得到加强；

会计标准建设取得新的成果，企业会计准则体系进一步完善；征信体系建设取得重大进展，企业和个人信用信息基础数据库全国联网正式运行；反洗钱法制建设稳步推进，反洗钱协调机制建设全面展开。

（五）金融业对外开放水平进一步提高

加入世界贸易组织以来，中国政府坚定不移地坚持对外开放，按照加入世界贸易组织的条款，分步骤、分阶段积极主动履行金融业对外开放的有关承诺，全面推动中国金融业的对外开放和发展。截至2005年底，银行业有外资银行营业性机构254家，资产总额876.57亿美元，占全部银行业资产总额的1.89%。154家外资银行机构获准在25个城市经营人民币业务，25家外资金融机构参股了20家中资银行类金融机构。证券业有外资参股的证券公司7家，外资参股和合资（中方控股）的基金管理公司20家，合格境外投资者（QFII）32家。保险业涉及外资的保险营业性机构共40家，其中中外合资23家，外商独资17家。中外合资保险公司资产为401.8亿元，外商独资保险公司资产为266.06亿元，分别占全国保险业总资产的2.64%和1.75%。

二、维护金融稳定工作关注的重点

中国经济持续健康发展，经济运行的稳定性明显增强，经济发展的协调性有所提高，这些为中国金融稳定创造了较好的外部环境。但仍需要关注全球经济失衡和石油等资源价格波动、国内经济金融结构性矛盾、金融业竞争加剧以及金融创新中的潜在风险等对中国金融稳定的影响。

一是全球经济失衡和石油等资源价格波动。全球经济失衡是世界各国普遍关注的问题，它导致全球流动性过多、长期利率水平较低、资源和资产价格上涨。全球经济失衡的调整（尤其是无序调整）可能会加大国际主要货币汇率的波动，造成美国经济增长放缓和资产价格调整，进而对中国出口和经济增长产生一定影响。此外，石油等资源供求和价格波动，会给中国带来进口成本和潜在通货膨胀上升的压力，使经济增长的资源约束加大，影响中国经济持续健康发展。

二是经济结构性矛盾。中国经济的突出问题是经济结构性矛盾，主要表现为固定资产投资增长过快、消费不足和国际收支不平衡。经济结构性矛盾不利于经济持续较快增长，导致流动性过多，潜在通货膨胀压力增大，资产价格上涨，银行信贷风险增大，经济金融体系的系统性风险增加。

三是金融结构性矛盾。直接融资发展较慢且结构不合理，主要直接融资工具是股票，企业债发行规模小。直接融资与间接融资比例失调，间接融资比重过高，企业融资高度依赖于银行，企业高负债运营。此外，保险业规模过小和保险覆盖面不宽也使金融结构性矛盾加剧。金融结构性矛盾的存在，使得银行承担了一些本应由金融市场承担的风险，金融风险集中于银行业，不利于银行稳健经营和持续发展，不利于防范系统性金融风险。

四是加入世界贸易组织过渡期结束后中国金融业面临的竞争加剧。加入世界贸易组织过渡期结束后，中国金融业将面对开放的竞争环境和全新的竞争格局。金融业竞争加剧对现有金融监管理念、模式和有效性提出了挑战，客观上要求深化金融改革。从金融机构内部看，需要缩小金融机构在公司治理、经营机制、内部控制、风险管理、人员素质和服务水平等方面与国际水准的差距，金融机构应对利率和汇率变化的能力有待提高，中小金融机构风险需进一步化解。从外部环境看，需要进一步完善金融生态环境，推进与金融机构密切相关的国有企业转换机制，完善金融企业税收制度，健全社会诚信体系建设，加大金融执法力度。

五是金融创新和风险防范并重。要实现金融业持续健康发展，必须全面推进金融创新。金融创新可以推动资本市场发展和直接融资比重的提高，分散过度集中于银行业的风险，增加市场主体的风险管理工具，为商业银行提高信贷、利率和汇率风险管理能力创造条件。目前，中国金融机构创新能力不强，金融产品同质化现象比较普遍，金融产品创新体制不健全。中国金融机构必须不断改革和创新，拓宽业务领域，开展综合化经营试点，开发金融衍生产品，改进服务手段和方式，增强可持续发展能力。在金融创新的同时，对于防范和监控难度较大的跨行业、跨市场、跨国界的系统性风险要给予高度关注。金融机构要大力加强风险管理，金融监管部门要提高风险监测和分析水平，促进信息披露，加强金融监管协调，规范金融市场秩序。

三、以改革、开放和创新总揽全局，推动金融业持续健康发展，维护金融稳定

2006年是“十一五”的开局之年，也是中国加入世界贸易组织过渡期的最后一年，充分认识改革开放的重要性和紧迫性，积极适应新形势，应对新挑战，对于全面提高中国金融业整体水平和竞争能力、实现“十一五”良好开局至关重要。按照党中央、国务院的统一部署，中国人民银行将继续与其他部门密切配合，全面贯彻和落实科学发展观，以改革、开放和创新总揽全局，促进金融业持续健康发展，维护金融稳定。

一是继续完善宏观调控，增强宏观调控的前瞻性、

科学性和有效性，保证经济金融安全、高效、稳健运行。坚持政策的稳定性和连续性，继续实施稳健的财政政策和货币政策，加强和改善宏观调控，以促进经济金融持续健康稳定发展。坚持控制总量、优化结构，有针对性地解决经济运行中的突出矛盾和问题。坚持突出重点、有保有压，根据不同地区、不同行业的具体情况，加强分类指导。坚持以改革为动力推进各项工作，从体制和机制上消除经济发展中的不稳定、不健康因素。继续推动利率市场化改革，健全利率形成机制。进一步完善汇率形成机制改革，发挥市场供求在人民币汇率形成机制中的作用。

二是加快存款保险制度建设，建立健全金融风险处置长效机制。加快建设金融安全网，保护存款人、投资者和被保险人的合法权益。完善证券投资者保护基金和保险保障制度，防范道德风险。加快建立覆盖所有存款类金融机构的存款保险制度，加强对存款人的保护，并形成对金融监管的有效补充。进一步加强金融审慎监管，完善中央银行的最后贷款人职能。

三是深化金融改革，全面提升金融机构的竞争力。坚定不移地推进国有商业银行股份制改革，坚持国家绝对控股，改善产权结构，规范公司治理，完善内控机制与管理制度。继续推进股份制商业银行改革，加快政策性银行的职能调整和转型，进一步完善金融资产管理公司运行机制。深化农村金融改革，完善农村信用社体制，推进农业银行、农业发展银行改革，加快农村金融创新，改进农村金融服务。大力发展资本市场，着力恢复资本市场的投融资基本功能，提高上市公司质量，继续完善证券公司综合治理，依法强化市场监管，努力营造公开、公正、公平、透明的市场环境。

四是继续加强金融监管，完善监管协调机制，为金融创新打造良好的监管环境。创新是金融机构在竞争中生存发展的必然选择，也是金融改革发展的客观要求。在金融业综合经营趋势日益明显的形势下，要进一步加强金融监管，完善监管协调机制，实现信息共享，改善金融发展和创新的监管环境。

五是进一步提高对外开放水平，保障金融安全。继续扩大对外开放，更好地利用国内国外两个市场、两种资源。积极稳妥地推进金融业对外开放，适度放宽外资进入金融服务业的股权比例、业务范围和投资来源地限制。引导外资金融机构加大对中国产业优化升级和区域协调发展的金融支持力度，促进金融对外开放从总量扩张向结构优化的转变。加强金融信息安全管理，保证金融信息安全。加强对主要金融机构的控制力，确保国家金融安全。

摘自《中国金融稳定报告》

中国人民银行确定2006年货币政策预期调控目标

中国人民银行召开的2006年工作会议确定了本年度货币政策预期调控目标：广义货币供应量M2和狭义货币供应量M1分别增长16%和14%，全部金融机构新增人民币贷款2.5万亿元。

按照工作总体要求，人民银行将保持货币政策的连续性和稳定性，继续实行稳健的货币政策，稳步推进金融改革开放，着力加快国有商业银行股份制改革，大力发展金融市场，维护金融体系稳定，进一步改进外汇管理，提高金融服务水平，促进国民经济持续协调、快速、健康发展，为顺利实施“十一五”规划开好局、起好步。

为实现货币政策的预期调控目标，人民银行要加强对经济、金融运行情况的监测研究，增强货币政策的前瞻性、科学性和有效性。综合运用货币政策工具，保持货币信贷合理增长。稳步推进利率市场化，完善利率形成机制。加强政策引导和“窗口指导”，促进金融机构优化信贷结构，继续推动金融生态建设，引导金融机构创新信贷产品。

按照部署，人民银行还将做好以下工作：

——推进外汇管理体制改革，完善人民币汇率形成机制。从我国经济金融发展和稳定的需要出发，按照主动性、可控性和渐进性原则，完善有管理的浮动汇率制度，发挥市场供求在人民币汇率形成中的基础性作用，保持人民币汇率在合理、均衡水平上的基本稳定。

——推动金融产品创新，促进金融市场健康发展。进一步加大新产品研发力度，加强对资产支持证券的研究与开发，进一步发挥黄金市场的规避风险和投融资功能。

——深化金融企业改革，着力推进国有商业银行改革发展。目前，国有商业银行股份制改革处在关键阶段，要按照中央的要求和部署，在巩固成效的基础上继续稳步推进改革。按“一行一策”原则，分步制定、实施政策性银行改革方案；推动金融控股公司的规范发展。

——防范和化解金融风险，维护金融体系稳定。密切关注银行业、证券业、保险业、金融控股公司和交叉性金融工具发展状况，防范跨行业、跨市场的系统性风险。加快推进存款保险制度建设，建立符合市场经济要求的风险补偿机制。

——进一步加快支付体系建设，完善支付体系监管机制。完成小额支付系统建设在全国的推广，改进和完善人民币银行结算账户管理系统。做好货币发行与管理工作，提高经理国库工作水平。加快推进全国财、税、库横向联网，全面完成国库接入支付系统运行工作。

——加强信贷征信管理，推进社会信用体系建设；加强反洗钱制度建设，积极争取成为国际反洗钱金融行动特别工作组（FATF）正式成员；继续加强与国际金融组织和各国的金融对外交流与合作。

中国货币政策趋势

宏观经济展望

从消费需求看，随着城乡居民收入水平的提高、社会保障制度改革的推进和消费环境的改善，消费需求将稳定增长。从投资需求看，随着“十一五”项目建设和社会主义新农村建设的启动，各地加快发展的积极性依然较强，当前在建施工规模扩大、新开工项目增多反映出短期内社会总需求仍有继续扩张的态势，存在着固定资产投资过快增长的压力。从进出口看，目前全球经济发展态势良好，有利于我国出口保持一定增幅，但全球经济失衡的加剧导致一些国家贸易保护主义抬头，出口的不确定因素增多。

从价格走势上看，未来我国价格走势虽然存在很多不确定因素，但上行风险大于下行风险。从下行风险看，主要是部分产能过剩行业的产品和一般消费品价格存在一定的下行压力。从上行风险看，一是投资快速增长和工业生产加快会拉动上游原材料、燃料、动力购进价格上涨，并在一定程度上推动工业品出厂价格的上涨；二是水、电、石油、天然气和土地等资源性产品价格改革会带动资源价格及公用事业产品价格上涨；三是劳动工资水平上升和社会保障制度改革会直接推动价格总水平上升；四是国际上石油、有色金属等大宗商品价格高位波动会对国内价格产生影响；五是当前社会资金流动性持续过剩，货币市场利率低位运行，形成房地产等资产价格持续膨胀压力。考虑到我国经济增长持续处在10%左右的高位，再加上全球经济增长前景看好，一定时期内价格总水平出现下跌的可能性相对较小，而服务价格、资产价格膨胀压力加大，整体通胀潜在风险需要关注。

货币政策取向与趋势

人民银行将继续执行稳健的货币政策，保持政策的连续性和稳定性，合理调控货币信贷总量，加强本外币政策协调，提高调控的主动性，防止货币信贷过快增长，为经济结构调整和经济增长方式的转变提供稳定的货币金融环境。

- **综合运用各种货币政策工具，提高货币政策主动性**

针对当前银行体系累积流动性较多的情况，加大公开市场操作力度，加强公开市场操作与其他货币政策工具的协调配合，增强公开市场引导信贷和利率的调控能力，有效调节银行体系流动性，促进货币市场利率平稳运行，发挥对市场预期的引导作用。

- **继续贯彻落实利率市场化的政策**

在巩固放开贷款利率上限和存款利率下限政策的基础上，适当简化贷款的基准利率期限档次，推进长期大额存款利率市场化。培育市场基准利率体系，完善利率形成机制，提高中央银行对市场利率引导的能力。完善中央银行利率体系，建立适时动态调整再贴现率等中央银行利率形成机制。提高商业银行、农村信用社利率定价能力，落实利率市场化改革政策措施。进一步完善票据市场利率以及市场化产品的定价机制，合理反映期限和信用风险。完善市场利率监测体系，提高利率政策的调控效果。

- **加强政策引导，提示金融机构合理均衡放款，着力优化贷款结构**

及时提示金融机构根据实体经济部门的信贷需求在年度内合理均衡放款，防止贷款出现过大波动，支持经济平稳较快增长。引导金融机构合理控制基建等中长期贷款，优化信贷结构。加强金融生态环境建设，积极做好对西部大开发、振兴东北老工业基地和中部崛起的相关金融服务工作，促进区域经济协调发展。

● 加强对“三农”和社会主义新农村建设的金融服务

按照国务院的统一部署，在稳定、完善和强化各项农村金融服务政策的基础上，加快推进农村金融改革和创新。进一步引导农村信用社、农业银行等金融机构稳步加大对“三农”的信贷资金投入，扩大涉农贷款业务。发挥农村信用社农村金融服务的主力军作用，指导农村信用社提高贷款利率定价能力，增强农村信用社发放“三农”贷款的内在动力。加强对农村高风险金融机构的监测，做好金融风险防范与处置工作。加强农村金融基础服务设施建设，提供安全、便捷、高效的支付结算服务。

● 大力培育和发展金融市场

建立多层次市场体系，加快发展直接融资，推动债券市场发展，依靠市场主体的积极性和创造性，以金融产品创新为重点，加强市场基础建设，完善市场功能。大力培育和发展机构投资者，进一步完善做市商和经纪商制度。推动金融衍生产品创新，满足市场多样化需求。

● 继续深化金融企业改革

继续推进国有商业银行股份制改革，进一步规范公司治理，建立起有效的绩效激励、风险控制和资本约束机制，充分发挥资本市场对国有商业银行的监督、约束、促进作用。深化政策性银行改革，建立现代企业制度，按照“一行一策”的原则，针对各行的不同情况，分别制定改革方案，有目的、有步骤地分阶段实施。全面推进农村金融体制改革，进一步完善农村金融服务体系，深化农村信用社改革，真正建立起产权清晰、财务健康、监管到位、有可持续发展能力、主要为农村服务的金融企业。进一步完善股份制商业银行的运行机制，稳步推进中小金融企业改革和重组改造。积极推进金融资产管理公司改革，深化邮政储蓄体制改革。

● 继续深化外汇管理体制改革，完善人民币汇率形成机制

从我国经济金融发展和稳定的需要出发，继续按照主动性、可控性、渐进性的原则，完善有管理的浮动汇率制度，发挥市场供求在人民币汇率形成中的基础性作用，增加人民币汇率的浮动弹性，保持人民币汇率在合理、均衡水平上的基本稳定。继续深化外汇管理体制改革，转变思路、创新手段，促进国际收支基本平衡。完善经常项目核销制度，健全非现场核查体系，进一步便利企业和个人用汇。稳步推进资本项目可兑换，加大对境外投资企业融资支持，稳步拓宽资本流出渠道。规范外汇资金流入和结汇管理，加大对非法外汇交易的打击力度。加快外汇市场发展，进一步理顺外汇供求关系。

（摘自中国人民银行货币政策分析小组/中国货币政策标准报告2006年5月31日）

附：2005年中国货币政策大事记

1月21日，组织召开国有商业银行、股份制商业银行、政策性银行和中国人民银行分行、省会城市中心支行参加的窗口指导会议，贯彻落实中央农村工作会议精神、国务院常务会议通过的《国务院关于鼓励支持和引导非公有制经济发展的若干意见》有关精神，指导金融机构进一步做好支持“三农”、非公有制经济和中小企业工作。

1月21日，颁布《银行业金融机构进入全国银行间同业拆借市场审核规则》（中国人民银行公告[2005]第3号），规范银行业金融机构进入全国银行间同业拆借市场的审批程序。

2月5日，向全国人大财经委汇报2004年货币政策执行情况。

2月18日，发布实施《国际开发机构人民币债券发行管理暂行办法》（中国人民银行、财政部、国家发展和改革委员会、中国证券监督管理委员会公告[2005]第5号），允许符合条件的国际开发机构在国内发行人民币债券，引进国际债券发行的先进经验和管理技术，推进国内债券市场开放与发展。

2月20日，发布《商业银行设立基金管理公司试点管理办法》（中国人民银行、中国银行业监督管理委员会、中国证券监督管理委员会公告[2005]第4号），明确商业银行设立基金管理公司试点工作的相关申请审批程序、风险控制规则以及监督管理职责分工，保证商业银行设立基金管理公司试点工作的顺利进行。

2月26日，本着客观公平、基本稳定、优胜劣汰的原则对公开市场业务一级交易商及银行间市场成员进行了综合考评，并以此为依据确定了2005年度公开市场业务一级交易商名单，共有交易商52家，其中，商业银行42家，证券公司4家，保险公司4家，农村信用合作社2家。

2月27日，与中国银行业监督管理委员会联合下发

《关于加快落实国家助学贷款新政策有关事宜的通知》（银发[2005]47 号），要求各地抓紧落实国家助学贷款新政策，加快完成所有省属高校的国家助学贷款经办行招投标工作，保证中标银行与高校签订协议的国家助学贷款及时发放到位。

2 月 28 日，发表 2004 年《中国货币政策执行报告》。

3 月 17 日，经国务院批准，金融机构在人民银行的超额准备金存款利率由现行年利率 1.62%下调到 0.99%，法定准备金存款利率维持 1.89%不变。

3 月 17 日，经国务院批准，调整商业银行自营性个人住房贷款政策：一是将现行的住房贷款优惠利率回归到同期贷款利率水平，实行下限管理，下限利率水平为相应期限档次贷款基准利率的 0.9 倍，商业银行法人可根据具体情况自主确定利率水平和内部定价规则；二是对房地产价格上涨过快城市或地区，个人住房贷款最低首付款比例可由现行的 20%提高到 30%；具体调整的城市或地区，可由商业银行法人根据国家有关部门公布的各地房地产价格涨幅自行确定，不搞一刀切。

3 月 21 日，信贷资产证券化试点工作正式启动。经国务院批准，国家开发银行和中国建设银行作为试点单位，将分别进行信贷资产证券化和住房抵押贷款证券化的试点。

3 月 24 日，中国人民银行货币政策委员会召开 2005 年第一季度例会。会议深入分析了当前宏观经济金融形势，认为加强和改善宏观调控已取得明显成效，下一阶段应继续执行稳健的货币政策，进一步提高金融调控的前瞻性、科学性和有效性，适时适度调控金融体系流动性，优化信贷结构，稳步推进利率市场化改革，进一步完善人民币汇率形成机制，大力培育和发展金融市场，加快推进金融改革，推动直接融资和间接融资的协调发展，提高货币政策传导效率。

3 月 31 日，首次对纳入扩大试点范围的 21 个省（区、市）的 291 个县（市）发行农村信用社改革试点专项中央银行票据 234 亿元。

4 月 6 日，商业银行投资设立基金管理公司试点工作正式启动。经国务院批准，中国人民银行、中国银监会和中国证监会共同确定中国工商银行、中国建设银行和交通银行为首批直接投资设立基金管理公司的试点银行。

4 月 14 日，向全国人大财经委汇报 2005 年第一季度货币政策执行情况。

4 月 20 日，颁布《信贷资产证券化试点管理办法》（中国人民银行中国银行业监督管理委员会公告[2005]第 7 号），规范信贷资产证券化试点工作，保护投资人及相关当事人的合法权益，提高信贷资产流动性，丰富证券品种。

4 月 30 日，中国人民银行批准泛亚债券指数基金（泛亚基金，PAIF）进入银行间债券市场，使其成为银行间债券市场引入的第一家境外机构投资者。

5 月 8 日，与中国银行业监督管理委员会联合下发《关于进一步加强农村信用社改革试点专项中央银行票据发行兑付考核工作的通知》（银发[2005]112 号），加强对信用社改革进程、效果及其经营财务状况的动态监测与考核，督促信用社从加强内部管理入手、完善法人治理结构、强化约束机制，在申请兑付票据时取得实质性进展。

5 月 11 日，发布《全国银行间债券市场金融债券发行管理办法》（中国人民银行令[2005]第 1 号），旨在规范金融债券发行行为，促进债券市场发展，拓宽金融机构直接融资渠道，优化金融资产结构，该《管理办法》自 6 月 1 日起施行。

5 月 16 日，发布了《全国银行间债券市场债券远期交易管理规定》（中国人民银行公告[2005]第 9 号），规范债券远期交易，维护市场参与者合法权益，促进债券市场健康发展，有利于完善市场价格发现，提高市场流动性。该《管理规定》自 6 月 15 日起施行。

5 月 18 日，批准银行间外汇市场正式开办外币买卖业务。同日，中国外汇交易中心推出八对外币买卖业务。八对交易货币分别是美元兑欧元、日元、港元、英镑、瑞郎、澳元和加元，以及欧元兑日元。该项业务的推出将有利于完善我国外汇市场体系，满足市场的投融资需求和避险需求，提高金融机构的风险管理能力，建立起联接国际金融市场的通道。

5 月 20 日，经国务院批准，上调境内商业银行美元、港币小额外币存款利率上限。其中，一年期美元存款利率上限提高 0.25 个百分点，一年期港币存款利率上限提高 0.1875 个百分点，调整后利率上限分别为 1.125%和 1%。

5 月 24 日，发布实施《短期融资券管理办法》（中国人民银行令[2005]第 2 号），旨在进一步发展货币市场，拓宽企业直接融资渠道，规范短期融资券的发行和交易。

5 月 25 日，发布《中国货币政策执行报告》增刊——《2004 年中国区域金融运行报告》。

5 月 26 日，发布 2005 年第一季度《中国货币政策执行报告》。

6 月 2 日，根据中国人民银行农村信用社改革试点专项中央银行票据发行兑付考核评审委员会第一次例会决定，对河北安国等 552 个县（市）发行第六期农村信用社改革试点专项中央银行票据 390 亿元。

6 月 16 日，公布《资产支持证券信息披露规则》（中国人民银行公告[2005]第 14 号），规范资产支持证券信息披露行为，维护投资者合法权益，保证资产支持证券试点的顺利进行，促进银行间债券市场的健康发展。

6 月 26 日，温家宝总理在第六届亚欧财长会议开幕式上指出，人民币汇率改革要坚持主动性、可控性和渐进性三项原则。

6 月 28 日，国务院扶贫开发领导小组办公室、财政部、中国人民银行、中国银行业监督管理委员会联合下发《关于开展建立“奖补资金”推进小额贷款到户试点工作的通知》（国开办发[2005]60 号），开展建立“奖补资金”推进小额贷款到户的试点，继续探索扶贫贷款到户的有效机制，进一步扩大扶贫贷款到户的规模。

6 月 29 日，中国人民银行货币政策委员会召开 2005 年第二季度例会。会议深入分析了当前宏观经济金融形势，认为经济继续保持平稳较快增长，金融运行平稳，下一阶段要全面贯彻中央经济工作会议精神，牢固树立科学发展观，继续加强和改善金融宏观调控，促进经济平稳发展和物价基本稳定，继续执行稳健的货币政策，适时、适度调控货币信贷总量，引导商业银行优化信贷结构，扩大国内需求，逐步实现投资与消费比例关系合理化，进一步完善人民币汇率形成机制，促进国际收支平衡，积极推进金融改革，提高货币政策传导效率。

6 月 30 日，经国务院批准，中国人民银行与四家资产管理公司和工行分别签订专项再贷款和专项中央银行票据协议书，向四家资产管理公司共发放专项再贷款 4587.9 亿元，用于认购工行的可疑类贷款，工行以其出售可疑类贷款所得，归还 283.25 亿元再贷款，余额 4304.65 亿元认购专项中央银行票据。

7 月 14 日，向全国人大财经委汇报 2005 年上半年货币政策执行情况。

7 月 21 日，经国务院批准，发布《关于完善人民币汇率形成机制改革的公告》（中国人民银行公告[2005]第 16 号）。一是自 2005 年 7 月 21 日起，我国开始实行以市场供求为基础、参考一篮子货币进行调节、有管理的浮动汇率制度。人民币汇率不再盯住单一美元。二是中国人民银行于每个工作日闭市后公布当日银行间外汇市场美元等交易货币对人民币汇率的收盘价，作为下一个工作日该货币对人民币交易的中间价格。三是 2005 年 7 月 21 日 19：00 时，美元对人民币交易价格调整为 1 美元兑 8.1100 元人民币，作为次日银行间外汇市场上外汇指定银行之间交易的中间价。四是每日银行间外汇市场美元对人民币的交易价仍在人民银行公布的美元交易中间价上下千分之三的幅度内浮动，非美元货币对人民币的交易价在人民银行公布的该货币交易中间价上下一定幅度内浮动。

7 月 22 日，中国人民银行宣布，将于每个工作日闭市后在中国人民银行网站发布《人民币汇率交易收盘价公告》，公布当日银行间外汇市场美元等交易货币对人民币汇率的收盘价。

7 月 22 日，经国务院批准，上调境内商业银行美元、港币小额外币存款利率上限。其中，一年期美元、港币存款利率上限均提高 0.5 个百分点，调整后利率上限分别为 1.625%和 1.5%。

7 月 26 日，中国人民银行对人民币汇率改革有关问题发表声明。中国人民银行郑重发表声明：一是人民币汇率初始调整水平升值 2%，是指在人民币汇率形成机制改革的初始时刻就作一调整，调整水平为 2%。并不是指人民币汇率第一步调整 2%，事后还会有进一步的调整。二是人民币汇率水平升值 2%是根据汇率合理均衡水平测算出来的。这一调整幅度主要是从我国贸易顺差程度和结构调整的需要来确定的，同时也考虑了国内企业的承受能力和结构调整的适应能力。这个幅度基本上趋近于实现商品和服务项目大体平衡。三是渐进性是人民币汇率形成机制改革的一个重要原则。渐进性是指人民币汇率形成机制改革的渐进性，而不是指人民币汇率水平调整的渐进性。人民币汇率制度改革重在人民币汇率形成机制的改革，而非人民币汇率水平在数量上的增减。

8 月 2 日，发布实施《关于扩大外汇指定银行对客户远期结售汇业务和开办人民币与外币掉期业务有关问题的通知》（银发[2005]201 号），有利于国内经济主体进行汇率风险管理，并对扩大银行的服务范围，培育国内人民币对外币衍生产品市场等具有重要意义。

8 月 2 日，国家外汇管理局发布实施《关于放宽境内机构保留经常项目外汇收入有关问题的通知》（汇发[2005]58 号），根据境内机构经常项目外汇收支实际情况，将境内机构经常项目外汇账户保留现汇的比例，由原来的 30%和 50%调高至 50%和 80%。

8 月 3 日，国家外汇管理局发布实施《关于调整境内居民个人经常项目下因私购汇限额及简化相关手续的通知》（汇发[2005]60 号），进一步调整居民个人经常项目购汇政策，提高了境内居民个人经常项目下因私购汇指导性限额，简化相关购汇手续。对于持因私护照的境内居民个人出境旅游、探亲、考察等有实际出境行为的购汇指导性限额，由原来的等值 3000 美元和 5000 美元提高至 5000 美元和 8000 美元。

8月4日，发布2005年第二季度《中国货币政策执行报告》。

8月4日，下发《关于上海市志愿服务西部地区的国家助学贷款借款学生延期还贷问题的批复》（银办函[2005]349号），同意中国人民银行上海分行的请示，对上海市应届高校毕业生到西部地区贫困乡镇从事志愿服务工作中有国家助学贷款的学生，可以根据实际服务西部年限，相应延长其国家助学贷款还款期限1至2年。

8月8日，发布实施《关于加快发展外汇市场有关问题的通知》（银发[2005]202号），扩大市场参与主体，增加市场交易模式，丰富市场交易品种，进一步推进银行间外汇市场发展，为完善人民币汇率形成机制提供基础支持。

8月8日，国家民委、国家发展改革委、财政部、中国人民银行、国务院扶贫办联合编制《扶持人口较少民族发展规划（2005—2010年）》（民委发[2005]150号），对人口在10万人以下的22个少数民族，通过采取扶贫贴息贷款、优惠利率等特殊政策措施，集中力量帮助这些民族加快发展。

8月15日，中国外汇交易中心正式推出银行间远期外汇交易品种，外汇交易系统同时自动升级。当日，中国工商银行和中国建设银行共成交2笔美元对人民币远期交易，期限分别为1个月和1年。

8月16日，国家外汇管理局发布《关于调整境内银行为境外投资企业提供融资性对外担保管理方式的通知》（汇发[2005]61号），进一步加大对境外投资的支持力度。将境内外汇指定银行为中国境外投资企业融资提供对外担保的管理方式，由逐笔审批调整为年度余额管理。同时将实施对外担保余额管理的银行范围由个别银行扩大到所有符合条件的境内外汇指定银行，将可接受境内担保的政策受益范围由境外中资企业扩大到所有境内机构的境外投资企业。该《通知》自2005年9月1日起施行。

8月23日，经国务院批准，上调境内商业银行美元、港币小额外币存款利率上限。其中，一年期美元存款利率上限提高0.375个百分点至2%，一年期港币存款利率上限提高0.375个百分点至1.875%。

8月30日，国务院批复《中国人民银行 银监会 保监会关于商业银行和保险机构投资者投资资产支持证券问题的请示》（银发[2005]169号），允许商业银行、保险机构投资者投资资产支持证券。

9月1日，中国人民银行农村信用社改革试点专项中央银行票据发行兑付考核评审委员会第二次例会决定，对553个县（市）发行第七期农村信用社改革试点专项中央银行票据393亿元。

9月15日，与中国银行业监督管理委员会联合印发了《农村信用社改革试点专项中央银行票据兑付考核操作程序》（银发[2005]247号），提高了农村信用社改革试点专项中央银行票据兑付考核工作效率和质量。

9月16日，中国人民银行货币政策委员会召开2005年第三季度例会。会议深入分析了当前国内外经济金融形势，认为经济继续保持平稳较快增长，金融运行良好，汇率形成机制改革平稳实施，人民币汇率实现双向浮动，远期市场升值预期幅度有缩小的迹象。会议研究了下一阶段货币政策取向和措施，认为应继续执行稳健的货币政策，进一步提高金融宏观调控的前瞻性、科学性和有效性。

9月22日，国家外汇管理局发布实施《关于调整银行结售汇头寸管理办法的通知》（汇发[2005]69号），将现行结售汇周转头寸涵盖范围扩展为外汇指定银行持有的因人民币与外币间交易而形成的外汇头寸，并实行结售汇综合头寸管理。

9月23日，发布实施《关于进一步改善银行间外汇市场交易汇价和外汇指定银行挂牌汇价管理的通知》（银发[2005]250号）。扩大了银行间即期外汇市场非美元货币对人民币交易价的浮动幅度，从原来的上下1.5%扩大到上下 3%；调整了银行对客户美元挂牌汇价的管理方式，实行价差幅度管理，美元现汇卖出价与买入价之差不得超过交易中间价的 1%；现钞卖出价与买入价之差不得超过交易中间价的 4%，银行可在规定价差幅度内自行调整当日美元挂牌价格。另外，还取消了银行对客户挂牌的非美元货币的价差幅度限制，银行可自行制定非美元对人民币价格，可与客户议定所有挂牌货币的现汇和现钞买卖价格。

10月9日，批准国际金融公司和亚洲开发银行在全国银行间债券市场分别发行人民币债券 11.3 亿元和 10亿元，这是中国债券市场首次引入外资机构发行主体。

10月15日，经国务院批准，上调境内商业银行美元、港币小额外币存款利率上限。其中，一年期美元、港币存款利率上限均提高 0.5 个百分点，调整后利率上限分别为2.5%和2.375%。

10月17日，向全国人大财经委汇报2005年前三季度货币政策执行情况。

11月1日，为进一步满足香港人民币业务发展需要，经国务院批准，决定扩大为香港银行办理人民币业务提供平盘及清算安排的范围。扩大香港居民人民币业务，并提高个人现钞兑换上限。

11月9日，发布2005年第三季度《中国货币政策执行报告》。

11月24日，国家外汇管理局发布实施《银行间外汇市场做市商指引（暂行）》（汇发[2005]86号）及《关于在银行间外汇市场推出即期询价交易有关问题的通知》（汇发[2005]87号），在银行间外汇市场引入做市商制度，并决定于2006年第一个交易日（1月4日）在银行间即期外汇市场引入询价交易方式，同时把交易时间从每日15：30时延长至17：30时。

11月25日，调整执行差别存款准备金率（8%）的金融机构，发挥差别存款准备金率的正向激励作用，促进金融机构稳健经营。

12月1日，中国人民银行农村信用社改革试点专项中央银行票据发行兑付考核评审委员会第三次例会决定，对242个县（市）农村信用社发行专项中央银行票据，总额度为220亿元。

12月8日，批准国家开发银行、中国建设银行两家试点银行在银行间债券市场分别发行首批资产支持证券。资产证券化试点业务的推出，将为扩大直接融资比重，提高金融机构信贷资产流动性，改善其资产负债结构起到积极作用。

12月13日，发布《公司债券进入银行间债券市场交易流通的有关事项公告》（中国人民银行公告[2005]第30号）。简化了市场审核程序，扩展了投资主体范围，提升了市场透明度和定价能力，促进了公司债券市场的规范、快速发展。

12月16日，中国人民银行货币政策委员会召开2005年第四季度例会。会议深入分析了当前国内外经济金融形势，认为国民经济继续保持平稳较快增长，呈现增长较快、效益较好、价格平稳、活力增强的态势，金融运行良好，新的人民币汇率形成机制运行平稳，人民币汇率弹性逐渐增强。会议研究了下一阶段货币政策取向和措施，认为应继续执行稳健的货币政策，在总量上保持连续性和稳定性的同时，注意加强预调和微调。

12月22日，制订并下发《中国人民银行关于印发〈对中国证券投资者保护基金有限责任公司再贷款操作规程〉的通知》（银发[2005]392号），规范了中国人民银行对中国证券投资者保护基金有限责任公司再贷款的管理与操作，明确了监督管理和偿还责任。

12月28日，经国务院批准，上调境内商业银行美元、港币小额外币存款利率上限。其中，一年期美元、港币存款利率上限分别提高0.5和0.25个百分点，调整后利率上限分别为3%和2.625%。

资 本 市 场

关于推进资本市场改革开放和稳定发展的若干意见

中华人民共和国国务院

各省、自治区、直辖市人民政府，国务院各部委、各直属机构：

《国务院关于进一步加强证券市场宏观管理的通知》（国发〔1992〕68 号）下发以来，我国资本市场发展迅速，取得了举世瞩目的成就。资本市场初具规模，市场基础设施不断改善，法律法规体系逐步健全，市场规范化程度进一步提高，已经成为社会主义市场经济体系的重要组成部分，为国有企业、金融市场改革和发展，优化资源配置，促进经济结构调整和经济发展，作出了重要贡献。为贯彻落实党的十六大和十六届三中全会精神，围绕全面建设小康社会的战略目标，积极推进资本市场改革开放和稳定发展，现提出如下意见。

一、充分认识大力发展资本市场的重要意义

大力发展资本市场是一项重要的战略任务，对我国实现本世纪头 20 年国民经济翻两番的战略目标具有重要意义。一是有利于完善社会主义市场经济体制，更大程度地发挥资本市场优化资源配置的功能，将社会资金有效转化为长期投资。二是有利于国有经济的结构调整和战略性改组，加快非国有经济发展。三是有利于提高直接融资比例，完善金融市场结构，提高金融市场效率，维护金融安全。

我国资本市场是伴随着经济体制改革的进程逐步发展起来的。由于建立初期改革不配套和制度设计上的局限，资本市场还存在一些深层次问题和结构性矛盾，制约了市场功能的有效发挥。这些问题是资本市场发展中遇到的问题，也只有在发展中逐步加以解决。党的十六大提出了全面建设小康社会的战略目标，十六届三中全会通过了:《中共中央关于完善社会主义市场经济体制若干问题的决定》，对资本市场发展作出了部署，为我国资本市场改革开放和稳定发展指明了方向。要认清形势，抓住机遇，转变观念，大力发展资本市场，提高直接融资比例，创造和培育良好的投资环境，充分发挥资本市场在促进资本形成、优化资源配置、推动经济结构调整、完善公司治理结构等方面的作用，为国民经济持续快速协调健康发展和全面建设小康社会作出新的贡献。

二、推进资本市场改革开放和稳定发展的指导思想和任务

推进资本市场改革开放和稳定发展的指导思想是：以邓小平理论和“三个代表”重要思想为指导，全面落实党的十六大和十六届三中全会精神，遵循“公开、公平、公正”原则和“法制、监管、自律、规范”的方针，坚持服务于国民经济全局，实现与国民经济协调发展；坚持依法治市，保护投资者特别是社会公众投资者的合法权益；坚持资本市场改革的市场化取向，充分发挥市场机制的作用；坚持改革的力度、发展的速度与市场可承受程度的统一，处理好改革、发展、稳定的关系；坚持用发展的办法解决前进中的问题，处理好加快资本市场发展与防范市场风险的关系；坚持循序渐进，不断提高对外开放水平。

推进资本市场改革开放和稳定发展的任务是：以扩大直接融资、完善现代市场体系、更大程度地发挥市场在资源配置中的基础性作用为目标，建设透明高效、结构合理、机制健全、功能完善、运行安全的资本市场。

要围绕这一目标，建立有利于各类企业筹集资金、满足多种投资需求和富有效率的资本市场体系；完善以市场为主导的产品创新机制，形成价格发现和风险管理并举、股票融资与债券融资相协调的资本市场产品结构；培育诚实守信、运作规范、治理机制健全的上市公司和市场中介群体，强化市场主体约束和优胜劣汰机制；健全职责定位明确、风险控制有效、协调配合到位的市场监管体制，切实保护投资者合法权益。

三、进一步完善相关政策，促进资本市场稳定发展

资本市场的稳定发展需要相应的政策引导和支持。各部门要进一步完善相关政策，为资本市场稳定发展营造良好环境。

完善证券发行上市核准制度。健全有利于各类优质企业平等利用资本市场的机制，提高资源配置效率。

重视资本市场的投资回报。要采取切实措施，改变部分上市公司重上市、轻转制、重筹资、轻回报的状况，提高上市公司的整体质量，为投资者提供分享经济增长成果、增加财富的机会。

鼓励合规资金入市。继续大力发展证券投资基金。支持保险资金以多种方式直接投资资本市场，逐步提高社会保障基金、企业补充养老基金、商业保险资金等投入资本市场的资金比例。要培养一批诚信、守法、专业的机构投资者，使基金管理公司和保险公司为主的机构投资者成为资本市场的主导力量。

拓宽证券公司融资渠道。继续支持符合条件的证券公司公开发行股票或发行债券筹集长期资金。完善证券公司质押贷款及进入银行间同业市场管理办法，制定证券公司收购兼并和证券承销业务贷款的审核标准，在健全风险控制机制的前提下，为证券公司使用贷款融通资金创造有利条件。稳步开展基金管理公司融资试点。

积极稳妥解决股权分置问题。规范上市公司非流通股份的转让行为，防止国有资产流失。稳步解决目前上市公司股份中尚不能上市流通股份的流通问题。在解决这一问题时要尊重市场规律，有利于市场的稳定和发展，切实保护投资者特别是公众投资者的合法权益。

完善资本市场税收政策。研究制定鼓励社会公众投资的税收政策，完善证券、期货公司的流转税和所得税征收管理办法，对具备条件的证券、期货公司实行所得税集中征管。

四、健全资本市场体系，丰富证券投资品种

建立多层次股票市场体系。在统筹考虑资本市场合理布局和功能定位的基础上，逐步建立满足不同类型企业融资需求的多层次资本市场体系，研究提出相应的证券发行上市条件并建立配套的公司选择机制。继续规范和发展主板市场，逐步改善主板市场上市公司结构。分步推进创业板市场建设，完善风险投资机制，拓展中小企业融资渠道。积极探索和完善统一监管下的股份转让制度。

积极稳妥发展债券市场。在严格控制风险的基础上，鼓励符合条件的企业通过发行公司债券筹集资金，改变债券融资发展相对滞后的状况，丰富债券市场品种，促进资本市场协调发展。制定和完善公司债券发行、交易、信息披露、信用评级等规章制度，建立健全资产抵押、信用担保等偿债保障机制。逐步建立集中监管、统一互联的债券市场。

稳步发展期货市场。在严格控制风险的前提下，逐步推出为大宗商品生产者和消费者提供发现价格和套期保值功能的商品期货品种。

建立以市场为主导的品种创新机制。研究开发与股票和债券相关的新品种及其衍生产品。加大风险较低的固定收益类证券产品的开发力度，为投资者提供储蓄替代型证券投资品种。积极探索并开发资产证券化品种。

五、进一步提高上市公司质量，推进上市公司规范运作

提高上市公司质量。上市公司的质量是证券市场投资价值的源泉。上市公司董事和高级管理人员要把股东利益最大化和不断提高盈利水平作为工作的出发点和落脚点。要进一步完善股票发行管理体制，推行证券发行上市保荐制度，支持竞争力强、运作规范、效益良好的公司发行上市，从源头上提高上市公司质量。鼓励已上市公司进行以市场为主导的、有利于公司持续发展的并购重组。进一步完善再融资政策，支持优质上市公司利用资本市场加快发展，做优做强。

规范上市公司运作。完善上市公司法人治理结构，按照现代企业制度要求，真正形成权力机构、决策机构、监督机构和经营管理者之间的制衡机制。强化董事和高管人员的诚信责任，进一步完善独立董事制度。规范控股股东行为，对损害上市公司和中小股东利益的控股股东进行责任追究。强化上市公司及其他信息披露义务人的责任，切实保证信息披露的真实性、准确性、完整性和及时性。建立健全上市公司高管人员的激励约束机制。

完善市场退出机制。要采取有效措施，结合多层次市场体系建设，进一步完善市场退出机制。在实现上市

公司优胜劣汰的同时，建立对退市公司高管人员失职的责任追究机制，切实保护投资者的合法权益。

六、促进资本市场中介服务机构规范发展，提高执业水平

把证券、期货公司建设成为具有竞争力的现代金融企业。根据审慎监管原则，健全证券、期货公司的市场准入制度。督促证券、期货公司完善治理结构，规范其股东行为，强化董事会和经理人员的诚信责任。改革证券、期货客户交易结算资金管理制度，研究健全客户交易结算资金存管机制。严禁挪用客户资产，切实维护投资者合法权益。证券、期货公司要完善内控机制，加强对分支机构的集中统一管理。完善以净资本为核心的风险监控指标体系，督促证券、期货公司实施稳健的财务政策。鼓励证券、期货公司通过兼并重组、优化整合做优做强。建立健全证券、期货公司市场退出机制。

加强对其他中介服务机构的管理。规范发展证券期货投资咨询机构、证券资信评级机构，加强对会计师事务所、律师事务所和资产评估机构的管理，提高中介机构的专业化服务水平。

七、加强法制和诚信建设，提高资本市场监管水平

健全资本市场法规体系，加强诚信建设。按照大力发展资本市场的总体部署，健全有利于资本市场稳定发展和投资者权益保护的法规体系。要清理阻碍市场发展的行政法规、地方性法规、部门规章以及政策性文件，为大力发展资本市场创建良好的法制环境。要按照健全现代市场经济社会信用体系的要求，制定资本市场诚信准则，维护诚信秩序，对严重违法违规、严重失信的机构和个人坚决实施市场禁入措施。

推进依法行政，加强资本市场监管。按照深化行政审批制度改革和贯彻实施《行政许可法》的要求，提高执法人员的自身素质和执法水平。树立与时俱进的监管理念，建立健全与资本市场发展阶段相适应的监管方式，完善监管手段，提高监管效率。进一步充实监管力量，整合监管资源，培养一支政治素质和专业素质过硬的监管队伍。通过实施有效的市场监管，努力提高市场的公正性、透明度和效率，降低市场系统风险，保障市场参与者的合法权益。

发挥行业自律和舆论监督作用。要发挥证券期货交易所、登记结算公司、证券期货业协会、律师、会计师、资产评估等行业协会的自律管理作用。要引导和加强新闻媒体对证券期货市场的宣传和监督。

八、加强协调配合，防范和化解市场风险

营造良好的资本市场发展环境。资本市场的风险防范关系到国家的金融安全和国民经济的健康发展。各地区、各部门都要关心和支持资本市场的规范发展，在出台涉及资本市场的政策措施时，要充分考虑资本市场的敏感性、复杂性和特殊性，并建立信息共享、沟通便捷、职责明确的协调配合机制，为市场稳定发展创造良好的环境和条件。

共同防范和化解市场风险。各地区、各部门要切实履行《公司法》等有关法律法规规定的职责，采取有效措施防止和及时纠正发起人虚假出资、大股东或实际控制人侵占上市公司资产的行为；各地区和有关主管部门要依法加强对退市公司的管理，确保退市工作平稳顺利。对有重大经营风险必须退出资本市场或采取其他行政处置措施的证券、期货公司，地方人民政府、金融监管部门以及公安、司法等部门，要加强协调配合，按照法律法规和有关政策规定，采取积极有效措施做好风险处置工作。各地区、各部门必须建立应对资本市场突发事件的快速反应机制和防范化解风险的长效机制。

严厉打击证券期货市场违法活动。各地区要贯彻落实国务院关于整顿和规范市场经济秩序的有关精神，严格禁止本地区非法发行证券、非法设立证券期货经营机构、非法代理证券期货买卖、非法或变相设立证券期货交易场所及其他证券期货违法活动。财政、公安、审计、工商等政府部门和国有资产监督管理机构要加强协调配合，加大打击力度，维护资本市场秩序。

九、认真总结经验，积极稳妥地推进对外开放

严格履行我国加入世贸组织关于证券服务业对外开放的承诺。鼓励具备条件的境外证券机构参股证券公司和基金管理公司，继续试行合格的境外机构投资者制度。

积极利用境外资本市场。遵循市场规律和国际惯例，支持符合条件的内地企业到境外发行证券并上市。支持符合条件的内地机构和人员到境外从事与资本市场投资相关的服务业务和期货套期保值业务。认真研究合格的境内机构投资者制度。

加强交流与合作。落实与香港、澳门更紧密经贸合作安排。进一步加强与相关国际组织及境外证券监管机构的联系与合作。

大力发展资本市场是党中央、国务院从全局和战略出发作出的重要决策，各地区、各部门务必高度重视，

树立全局观念，充分认识发展资本市场的重要性，坚定信心、抓住机遇、开拓创新，共同为资本市场发展创造条件，积极推动我国资本市场的改革开放和稳定发展，为实现全面建设小康社会的宏伟目标作出贡献。

2004年1月31日

坚持科学发展观 推进资本市场稳健发展

中国证监会主席 尚福林

大力发展资本市场是党中央、国务院作出的一项重大战略部署。是完善社会主义市场经济体制的需要，是调整经济结构、优化产业结构的需要，是深化金融改革、维护金融安全的需要，是促进建立现代企业制度、提高企业管理水平的需要，是我们积极参与国际金融市场竞争的重要战略选择，也是满足社会公众和各类机构的投资需求、分享经济增长成果的重要渠道。

2005年，通过推动股权分置改革，资本市场发展的“瓶颈”正逐步得到有效解决，资本市场正逐渐恢复其“本来面目”，其他诸多难点也借此开始“破题”。但股权分置问题的解决，并不意味着资本市场的其他问题自然会迎刃而解。资本市场的改革发展是一项系统工程，需要调动各方面积极因素，付出长期艰苦的努力。

“十一五”期间，要不断完善资本市场的相关法律法规体系，形成良好的市场环境；要进一步提高上市公司质量，夯实资本市场发展的基石；继续推进股票发行制度的市场化改革，建立发行规模和发行价格的市场约束机制，推动大型优质企业在境内发行上市；进一步推进证券公司综合治理，不断完善证券经营机构规范运作的基础性制度；坚持大力发展机构投资者，拓宽合规资金入市渠道。

党的十六届五中全会指出，要坚定不移地以科学发展观统领经济社会发展全局，坚持以人为本，转变发展观念、创新发展模式、提高发展质量，把经济社会发展切实转入全面协调可持续发展的轨道。随着社会各方面对发展我国资本市场重要性认识的不断加深和资本市场改革发展的持续推进，切实树立和落实科学发展观，以各项基础性制度建设促进资本市场全面协调发展，已成为我们在“十一五”期间的一项重要战略任务。

一、充分认识发展资本市场的重大战略意义

大力发展资本市场是党中央、国务院作出的一项重大战略部署。以上海、深圳证券交易所的建立为起点，15年来，中国资本市场从无到有、从小到大，在促进经济改革和发展、完善金融资源配置方面发挥着日益重要的作用。党的十六届五中全会通过的《中共中央关于制定国民经济和社会发展第十一个五年规划的建议》（简称《建议》）强调：要“积极发展股票、债券等资本市场，加强基础性制度建设，建立多层次市场体系，完善市场功能，提高直接融资比重”。当前，我国资本市场的改革和发展正面临着难得的发展机遇，大力发展资本市场具有重大的战略意义。

第一，发展资本市场是完善社会主义市场经济体制的需要。资本市场为投融资双方自主交易提供了一个高效的平台，它不仅有利于扩大直接融资，而且能在市场竞争的条件下提高资金的利用效率。因此，在完善社会主义市场经济体制的过程中，资本市场在资源配置中起着基础性的作用。根据《建议》，“十一五”时期我国经济社会发展的主要目标是：在优化结构、提高效率和降低消耗的基础上，实现2010年人均国内生产总值比2000年翻一番。这就意味着需要更大程度地发挥资本市场优化资源配置的功能，不断提高资源利用效率和资金使用效率，将社会资金有效转化为长期投资。因此，大力发展资本市场是推动经济增长方式向集约型转变、提高发展质量、促进全面协调可持续发展的重要任务。

第二，发展资本市场是调整经济结构、优化产业结构的需要。当前，我国国民经济发展正经历着深刻的变革。一方面，我们要保持经济的平稳较快发展；另一方面，又要调整经济结构，实现经济增长方式的转变。在经济结构调整的过程中，行业资本格局在不断变化，客观上需要资本市场为各类资金提供更为顺畅的流转渠道。在资本市场上，公司的投资价值主导资本流向，优质公司和具有较好发展前景的产业可以获得充裕的发展资金，相反，则会由于资金约束而受到限制。通过资金的这种合理流动，国民经济结构得到调整并逐步实现优化。“十一五”期间，我国国民经济的战略性调整将进一步加快，资本市场在促进经济结构调整、优化产业结构

等方面，仍具有不可替代的优势。

第三，发展资本市场是深化金融改革、维护金融安全的需要。早在2003年经济工作会议上的讲话中，胡锦涛总书记就强调指出，要“扩大直接融资，减少银行贷款风险”。目前，我国金融市场还不十分健全，资本市场发展严重滞后，间接融资比重超过90%，直接融资尚不足10%，过分依赖于银行融资的现象仍然严重。借鉴国际经验，大力发展资本市场，提高直接融资比重，运用资本市场分散风险和风险补偿机制，在市场基础的层面上防止银行风险过度积累，不仅可以为促进企业的资本形成提供更加有效的渠道，防范社会融资的结构性缺陷，而且促使整个经济和金融体系的运行更富有弹性和活力，资源的配置更有效率。

第四，发展资本市场是促进建立现代企业制度、提高企业管理水平的需要。我国从1993年开始提出建立现代企业制度并取得了很大成效，但目前仍未能彻底解决企业产权改革不到位、公司治理结构不合理、缺乏有效监督机制等问题。发展资本市场，充分发挥市场机制的作用，不仅有利于建立真正意义上的产权制度，实现投资主体多元化，形成重大决策的科学化、民主化和有效的监督机制，而且有利于完善公司治理结构，形成公司控制权转移市场和经理人市场，建立有效的自我约束机制和激励机制。同时，企业通过在资本市场发行股票并上市交易，依法履行公开信息披露义务，有利于增强企业透明度，使公司经营管理者接受全体股东和媒体的监督；有利于公司和管理人员形成诚信自律意识，建立高效的企业管理制度。

此外，发展资本市场，还是我们积极参与国际金融市场竞争的重要战略选择，也是满足社会公众和各类机构的投资需求、分享经济增长成果的重要渠道。

二、以科学发展观为指导，客观认识当前我国资本市场的改革发展实际

作为一个新兴市场，我国资本市场经过短短15年的建设，为推动经济体制改革，促进国民经济发展和结构调整作出了重要贡献，取得了令人瞩目的成绩。一是发挥市场配置资源的作用，为经济建设筹集了大量资金。从1991年至2004年底，我国企业通过境内、境外资本市场累计筹资总额达到15076亿元。二是支持了一批企业利用资本市场做大、做强，促进了企业深化改革。截至2005年9月底，境内上市公司由资本市场初创时的10家增加到1381家，现代企业制度进程得以加快推动。三是改变了我国居民传统的投资意识，促进了金融服务业的发展。四是随着资本市场对外开放的逐步扩大和对外交流的加强，境外金融机构参与我国市场的要求日益强烈，这在一定程度上提升了我国经济在国际上的影响力，开辟了我国引进外资的新渠道。

同时，我国的资本市场既有其他市场发展中存在的一般性问题，也有我国市场特有的问题。这些问题集中表现为：一是市场约束强化与市场主体运作规范化程度不高的冲突进一步显现。近几年，随着资本市场的制度和机制的变化，市场化约束日益加强。而一些上市公司、证券公司的情况却是治理水平低、运作不规范，侵害社会公众投资者权益的现象时有所见，这已成为影响市场稳定运行和进一步发展的重要制约因素。二是充分发挥市场机制作用与市场主体频繁出现失信行为的冲突日益加剧。资本市场只有通过真实有效的信息，才能充分发挥市场调节机制的作用，实现社会资源的合理配置。而信息披露不规范、不真实、不及时的现象以及各种失信行为，造成了市场信号失真，产生了“劣币驱逐良币”的效应，降低了市场机制的作用。三是解决历史遗留问题的复杂性与保持市场预期稳定的冲突日益困扰市场的进一步发展。由于历史和现实的因素，股权分置等历史遗留问题近几年来一直影响着市场预期，并对资本市场的健康运行产生越来越突出的消极影响，解决这一问题需要有关各方的共同努力。四是市场稳定发展与外部环境因素不适应的矛盾日益突出。由于法制环境不配套，立法和司法环境不完善，监管力量和监管威慑力还十分薄弱，我国资本市场发展受到较大的束缚。此外，社会征信体系滞后、上市公司结构分化、资金供求失衡等因素也在一定程度上制约了市场机制的有效运行。

认清上述特点，是我们做好资本市场改革发展工作的前提。一方面，要按照市场规律办事，不断建立健全各项市场化的制度安排和基础性制度；另一方面，这些制度安排要密切结合中国资本市场发展的实际。近年来我们确定了“标本兼治、远近结合、内外并重”的工作思路，推进股票发行制度改革，进一步强化了市场约束机制；全面实施辖区监管责任制，强化了对上市公司的监管力度；加大证券公司综合治理力度，推动公司改善治理结构和完善内控机制；顺利推出了中小企业板块，市场品种创新取得较快进展。2005年，我们通过积极稳妥地推动股权分置改革，市场发展的“瓶颈”正逐步得到有效解决，资本市场正逐渐恢复其“本来面目”，而资本市场的其他诸多难点也借此开始“破题”。

三、以股权分置改革为契机，促进资本市场健康稳定发展

股权分置是在我国经济改革过程中产生的特殊问

题，主要根源于早期对股份制的认识不统一，对资本市场的功能和定位的认识不统一，以及国有资产管理体制的改革还处在早期阶段，国有资本运营的观念还没有完全确立等原因。股权分置作为历史遗留下来的我国资本市场的一项重大基础制度缺失，长期以来扭曲证券市场定价机制，使公司治理缺乏共同的利益机制，不利于国有资产的顺畅流转和国有资产管理体制改革的深化，不利于投资者对市场的完整判断，影响证券市场预期的稳定，制约我国资本市场国际化进程和产品创新。2005年4月底以来，围绕积极稳妥解决我国资本市场的股权分置问题，促进资本市场功能的正常、全面发挥，在国务院的统一部署下，上市公司股权分置改革工作按照“试点先行，协调推进，分步解决”的总体思路和工作原则有序展开。截至2005年8月底，试点工作顺利结束，目前已经进入了积极稳妥推进阶段。股权分置改革作为我国资本市场的一项重大的基础性制度变革，其本质在于消除影响资本市场功能的制度性障碍，推动资本市场运行机制的转换。

从市场改革发展的角度看，股权分置改革是要通过完善资本市场的价格形成机制，稳定市场预期，促进资本市场各项配套制度改革和市场创新，全面推动资本市场的整体改革和发展。首先，股权分置改革有利于国有企业的改造重组和国有资产管理体制改革的深化，有助于国有经济布局的战略调整，促进国有资产的顺畅流转和保值增值。其次，股权分置改革有利于推进资本市场的产品创新，为投资者提供有效的投资产品，提升资本市场的投资价值。第三，通过股权分置改革，在实践中探索、发现问题，有利于进一步增强资本市场法制建设的针对性和有效性，改进执法手段，推动相关法律、法规的制订和完善，为资本市场改革发展营造良好的法制环境。第四，股权分置改革对证券公司的创新和规范运作提出了新的要求，有利于推动证券公司提高竞争力，实现内涵式增长。

从上市公司层面上来讲，股权分置改革就是要完善上市公司治理结构和运作机制，提高上市公司质量。上市公司质量是资本市场投资价值的源泉。提高上市公司质量，是促进资本市场健康稳定发展的根本，是充分发挥资本市场优化资源配置功能的关键所在。一是通过股权分置改革，促进上市公司各类股东形成共同的利益基础，改善上市公司治理结构，规范上市公司运作，促进上市公司并购重组，进一步提高上市公司质量。二是通过股权分置改革，增强资本市场吸引力和活力，促进社会资金有效地转化为企业投资，优化资源配置。三是通过解决上市公司股权分置问题，消除上市公司市场价值表现中的非常规因素，健全上市公司的定价机制，促使资本价格更加透明和理性。

股权分置改革作为我国资本市场的一项重大的基础性制度变革，促进了市场功能的发挥，完善了定价机制，带来了市场参与主体在理念和行为上的变化，并最终促进整个资本市场盈利模式的改变。但股权分置问题的解决，并不意味着资本市场的其他问题自然会迎刃而解。我国资本市场的改革发展是一项系统工程，需要调动各方面积极因素，付出长期艰苦的努力。

四、贯彻落实科学发展观，以基础性制度建设促进我国资本市场改革发展

当前，我国资本市场的发展正处在一个关键的转折时期。随着各方面对发展资本市场重要性认识的深化，支持资本市场发展的政策环境正处在历史上最好的时期。国民经济的持续快速增长为资本市场进一步发展创造了比较有利的条件，资本市场改革成为深化金融改革、维护金融安全的重要环节。从资本市场自身建设来看，经过多年的改革和发展，特别是从2004年1月国务院发布《关于推进资本市场改革开放和稳定发展的若干意见》以来，中国证监会采取了一系列措施，提高上市公司质量，规范证券公司经营，积极稳妥推进股权分置改革，大力发展机构投资者，完善证券市场法律制度等，市场各方面建设取得了长足进步，市场健康运行的基础不断加固。同时，在我国资本市场的发展中也不断呈现出基础性制度尚不完善的问题，制约了资本市场的进一步发展和功能的充分发挥。因此，以科学发展观为统领，深入分析我国资本市场发展的实际，切实加强市场基础性制度建设，解决市场的深层次矛盾和结构性问题，夯实市场稳定运行的内在基础，是保证我国资本市场长期健康发展的根本大计。根据《若干意见》的各项要求和十六届五中全会《建议》中发展资本市场的有关精神，“十一五”期间要重点推进的资本市场基础性制度建设包括以下几个方面。

一是不断完善资本市场的相关法律法规体系，形成良好的市场环境。要抓住《证券法》和《公司法》修订带来的重大历史机遇，进一步完善市场监管，促进市场创新，推进各项改革。为此，要以起草、修订“两法”配套文件为重点，继续完善相关证券法规，为资本市场改革发展提供必要的制度保障；以保护投资者合法权益为核心，建立有利于投资者特别是社会公众投资者维护自身合法权益的相关制度。在这个基础上，坚持依法治市，改善监管手段，提高执法效力，努力创造“公开、公平、公正、透明”的良好市场环境。

二是进一步提高上市公司质量，夯实资本市场发展的基石。要切实贯彻落实国务院转批的《关于提高上市公司质量的意见》的要求，进一步加强与各地方、各部门的协作配合，大力健全上市公司规范运作的各项基础性制度，促进上市公司进一步提高透明度，完善治理结构，全面提升经营管理水平。要以股权分置改革为契机，扶持上市公司做优做强，使其真正成为资本市场投资价值的源泉。

三是继续推进股票发行制度的市场化改革，建立发行规模和发行价格的市场约束机制。以提高透明度为重点，完善发行审核机制，改进审核方法，提高审核效率，推进发行制度的市场化进程。推动大型优质企业在境内发行上市，改善上市公司结构，为多层次资本市场建设提供一个坚实的基础。

四是进一步推进证券公司综合治理，不断完善证券经营机构规范运作的基础性制度。要按照《证券公司综合治理方案》的要求，完善以净资本为核心的证券公司风险控制制度，全力推进保证金第三方存管等基础性制度改革，大力推动行业资源整合，支持证券公司重组工作，及时处置高风险证券公司。继续完善分类监管制度，完善证券经营机构公司治理结构。通过持续努力，扩大综合治理成果，推进证券业不断创新发展，做大做强。

五是坚持大力发展机构投资者，拓宽合规资金入市渠道。要继续支持保险资金、社保基金、企业年金、合格境外机构投资者（QFII）等长期资金以多种方式投资资本市场，研究其他各类合规资金投资资本市场的制度安排，形成多元化、专业程度高、具有竞争性和互补性的合格机构投资者格局。

今后一段时期是推进资本市场改革攻坚的重要阶段。在科学发展观的指导下，只要市场各有关方面共同努力，切实贯彻落实《若干意见》提出的各项要求和十六届五中全会《建议》的精神，立足当前、着眼长远，坚定不移地推进资本市场的改革发展，逐步从根本上解决影响我国资本市场发展的深层次问题和结构性矛盾，中国的资本市场必将迎来一个崭新的发展时期。

（原载《求是》2006 年第 1 期）

全面提高我国银行业的市场风险管控能力

中国银监会主席　刘明康

风险管理是现代银行业经营的核心内容。银行经营面临信用、操作、市场、法律、声誉等众多风险，其中市场风险是这些风险中最重要的风险之一。由于银行经营的产品众多，涉及范围广，国际上银行风险的量度、测算和模型化处理方式必然要用到很多复杂的金融、数学和计算机方面的专业知识，因此现代银行风险管理是一项相当复杂的工程。

20 世纪 90 年代国际市场上发生的重大风险损失事件，特别是英国巴林银行倒闭、美国加州橙县财政破产、东南亚金融风暴、美国长期资本管理公司（LTCM）投资失利等，大大提高了金融机构市场风险管理的意识，加快了风险管理手段的更新和管理措施的落实。这些事件明确告诉金融界：如果不重视市场风险管理且采取有效措施对风险进行有效管理，即使是百年老店也可能遭受灭顶之灾。近年来，随着金融机构风险管理意识的增强和风险管理模型的采用，特别是监管当局对市场风险管理监管措施的逐步实施，国际市场上重大风险损失事件的发生概率相对于扩大的金融领域和金融交易总量而言明显减小，管理和控制风险的手段进一步规范和成熟。

随着我国利率市场化的推进，资本项目的逐步开放，特别是完善人民币汇率形成机制的启动和实施，我国银行业市场风险明显增大。加强市场风险管理在我国已变得十分重要，加强市场风险监管也随之变得更加重要。

市场风险的概念

市场风险实际上是由于利率、汇率、股票、商品等价格变化导致银行损失的风险。顾名思义，市场风险实际包括利率风险、汇率风险、股市风险和商品价格风险四大部分。由于我国目前银行从事股票和商品业务有限，因此其市场风险主要表现为利率风险和汇率风险。

利率风险是整个金融市场中最重要的风险。由于利率是资金的机会成本，汇率、股票和商品的价格皆离不开利率；同时由于信贷关系是银行与其客户之间最重要的关系，因此利率风险是银行经营活动中面临的最主要风险。在我国，由于经济转型尚未完成，市场化程度仍有待提高，利率市场化进程也刚刚起步，利率风险问题方才显露。虽然以存贷利率为标志的利率市场化进程已经推进，但是目前我国基准利率市场化还没有开始，影响利率的市场因素仍不明朗，而且市场仍然没有有效的收益率曲线，利率风险将逐步成为我国金融业最主要的市场风险。

汇率风险是市场风险的重要组成部分。随着我国经济持续增长，越来越多的国内企业将走出国门投资海外，汇率风险也随之增加。同时，自2005年7月人民币汇率形成机制改革实施以来，人民币兑外汇的风险明显上升。从2005年7月到2006年5月中旬人民币兑美元升值已突破8元心理价位。随着人民币汇率形成机制的进一步完善，市场因素在汇率形成机制中的作用会进一步加大，我国银行业的汇率风险也将进一步提升，加强汇率风险管理和监管变得越来越重要。

衍生产品交易与市场风险管理和监管

为了鼓励我国金融机构规避市场风险，发展中间业务，银监会成立之初就出台了《金融机构衍生产品交易业务管理暂行办法》。该办法实施两年多来，我国银行业衍生产品业务发展迅速，目前已经有18家中资银行和39家外资银行经批准取得了衍生产品交易资格。由于金融衍生产品的杠杆作用，它对利率和汇率的敏感度要比其相应的债券和货币资产对利率和汇率的敏感度强得多。所以，加强衍生产品的市场风险管理和监管也日趋重要。

前面列举的英国巴林银行倒闭等重大事件，大多与衍生产品有关，表明了类似重大风险损失即便在市场机制相对健全、风险管理和监管相对严格的发达国家也会发生。那么，在其他风险管理和监管相对不到位的国家和地区发生风险事件就不足为奇了。震惊中外的“中航油”事件虽然发生在能源市场，但是其发生的机制、风险管理和监管方面的问题对金融领域有着重要的警示意义。

国际清算银行对市场风险监管的要求

1988年的《巴塞尔资本协议》只考虑了信用风险，而忽视了市场风险，尤其是对许多新的和复杂的场外衍生产品市场风险未能给予足够的重视。但20世纪90年代一系列的重大风险事件使巴塞尔委员会意识到了市场风险的重要性，随后加快了将市场风险纳入资本监管要求范围的步伐。1996年1月，巴塞尔委员会及时推出了“《资本协议》关于市场风险的修订案”。该修订案改变了1988年《巴塞尔资本协议》中将表外业务比照表内资产确定风险权重并相应计提资本金的简单做法，提出了两种计量风险的方法：标准法和内部模型法。

巴塞尔委员会在1997年推出了《有效银行监管的核心原则》。至此，市场风险与信用风险、操作风险一并成为银行监管部门关注的重点。1999年巴塞尔委员会又开始着手修改1988年的《巴塞尔资本协议》。2004年1月26日巴塞尔委员会发布了用于替代1988年《巴塞尔资本协议》的《巴塞尔新资本协议》框架。新协议吸纳了1996年“修订案”和1997年“核心原则”中包括市场风险在内的全面风险管理的原则，将风险的定义扩大为信用风险、市场风险和操作风险的各种因素，基本涵盖了现阶段银行业经营所面临的风险，以保证银行资本充足性能对银行业务发展和资产负债结构变化引起的风险程度变化具有足够的敏感性。此时，市场风险因素充分反映在《巴塞尔新资本协议》的各项监管规定中。2005年11月巴塞尔委员会再次对1996年版“《资本协议》关于市场风险的修订案”进行了重新修订，更加明确和细化了市场风险的资本监管要求。

自1996年“修订案”实施以来，大多数国家和地区的银行已经对市场风险管理给予了足够的重视，经过10年的发展，已具备了较为完善的市场风险管理体系。

市场风险管理的制度及要求

除市场风险识别、计量、检测、控制和模型等技术问题外，市场风险的有效管理需要有管理政策和程序等制度上的保障。银行董事会对银行的市场风险管理承担最终责任，所以董事会确定银行可以承受的最高市场风险水平，制定银行市场风险管理框架并批准重大市场风险政策和策略。董事会应该有专门成员或明确授权下属风险管理委员会或市场风险管理委员会制定市场风险管理政策和程序，审查市场风险管理水平和状况，对各业务部门分配限额，并监督市场风险的管理运作。

完善的市场风险管理政策和程序是银行董事会市场风险管理理念的具体落实，同时也是保证银行市场风险有效管理的基本要素之一。银行市场风险管理政策和程序应该包括产品审批、交易对方信用要求、交易方式、报告事项、流程等方面内容。市场风险管理政策也应包括银行前中后台的分工和责任划分等重要内容。

市场风险管理政策和程序的建立是健全风险管理和监管的重要组成部分，更为重要的是这些政策和制度的严格执行和实施。如前面提到的巴林银行和“中航油”事件，这两个机构在出现风险事件前相应的制度皆存在而且也相当“完备”，然而它们均未能做到政策和程序的严格执行，导致了重大损失。

对产品定价、风险参数和对冲的风险管控

所有金融产品的合理定价是其活跃交易的基础，特别是金融衍生产品，其价格受其相应基础市场价格、波动率、到期时间等因素影响。没有具体有效的定价模型，金融衍生产品的价格很难会被合理地确定从而很难活跃交易；没有具体的定价模型，就不可能准确地计算出衍生产品价格对各种市场因素变化的敏感性；没有衍生产品价格对市场因素的敏感性，就不可能对相应的衍生产品进行有效的风险对冲；没有有效的风险对冲，在利率或汇率发生巨大波动时导致损失乃至重大风险事件的可能性大大增加，这在“中航油”等有关风险事件中皆可得到验证。

衍生产品定价是一个比传统产品定价更为复杂的技术性工作，产品越复杂，定价的复杂程度就越高。除对基础市场要有相当把握的知识外，衍生产品的定价需要合适的数学模型同时还需要有计算机程序来执行。国外衍生产品的定价模型经过了几十年的摸索和实践已经趋于成熟，我国衍生产品市场发展尚处初期阶段。我国很多金融机构对普通常用的金融衍生产品虽已有了一些定价模型，但是对较为复杂的产品大多数机构尚无自己的定价模型，交易的价格目前仍需要通过外资机构提供，在交易衍生产品时仍然采用“货比三家”的方法。加速提升金融机构产品定价能力是我国发展衍生产品市场的必然要求。通过市场检查了解我国金融机构及国外金融机构在我国的产品定价的状况，从而找出逐渐加强金融机构产品定价能力和风险对冲的具体措施。

风险管理内部模型和资本充足率要求

巴塞尔委员会对基于市场风险的资本充足率的计算方法提出了具体明确的要求。标准计算方法对债券、股票、外汇、商品等基础资产的交易头寸均有具体的规定和计算方法；另外对这些基础资产之上的远期、掉期、期货和期权等衍生产品也有明确的方法要求。根据这些方法可以合理计算基础产品交易头寸及其衍生产品的资本要求。除标准计算方法外，巴塞尔委员会还鼓励金融机构建立适应自身资产结构、产品结构和交易头寸的内部风险模型。金融机构建立自身内部风险模型的动力在于适宜的内部风险模型可以适度降低其市场资本要求。举一个简单的例子，如果某银行根据标准计算方法计算出的市场资本要求为100亿人民币，而根据其内部风险模型只需要90亿人民币，那么该银行就可节省10亿人民币的市场资本金要求。

当然，内部模型本身和相关参数必须满足监管部门对内部模型的基本要求，不然内部模型对市场风险监管的作用将下降。内部模型的建立和参数选定具有很强的专业性和技术性，金融机构必须有专门的专业人士从事该项工作，监管部门也必须有相应的专业人士对这些模型进行审批和持续监测。由于我国利率市场化才刚刚起步，人民币汇率形成机制也才实施不到一年，银行建立自身的风险管理模型所需的历史数据及市场数据目前仍然相对缺乏，建立有效的市场风险模型还需要一定的时间去探索。要通过市场风险检查，认真深入地摸清我国银行业市场风险管理模型的现状，从而为逐步完善市场风险管理模型及其相应的市场风险监管做好准备。

改善我国市场风险管理和监管的环境

建立有效的市场风险模型需要有很多市场基础条件。如上所言，利率风险是金融市场中最重要的市场风险。要准确度量利率风险，利率市场化和利率曲线是必不可少的条件。然而，由于我国利率市场化才刚刚起步，基准利率仍然缺位，影响利率的主要市场因素尚不明朗，市场参与者不易对利率走势进行分析，从而难以采取风险管理的相应措施。除利率市场化之外，如果没有可靠的利率曲线，也很难对各种金融资产进行合理定价，很难对债券、外汇、股票等传统资产交易的市场风险进行度量，更难对这些资产及其指数之上的远期、期货、掉期、期权等衍生产品的风险进行合理度量，从而也难以对这些产品的资本充足率进行合理计算。我国目前利率曲线仍不健全，这对利率风险和汇率风险的合理度量也带来难以避免的困难。

场内衍生产品缺位也是我国金融机构建立和健全市场风险管理模型的另外一个主要障碍。国际场内衍生产品市场几十年的发展和活跃交易不但为银行间衍生产品提供了规避风险的工具和场所，同时也为银行间衍生产品定价和风险管理提供了透明度高、可靠性强的必需的参数和盯市目标。我国商品期货已经有了十几年的发展而且积累了一定的经验，但截至目前，债券、股票和外汇期货等场内金融衍生产品仍然缺位，使银行间产品定价、盯市、对冲，特别是风险管理模型不易落实。所以加速建立并快速发展我国场内衍生产品市场，对银行间产品创新和风险管理非常重要。

除利率和场内产品缺位外，银行要建立合理的内部市场风险模型必须要有至少一年的日损益历史数据。这些数据的积累也需要一定的时间。此外，对于其他合理市场风险模型所必备的宏观金融环境，在此不作细述。

银监会在加强市场风险监管方面的工作

银监会在成立不久就开始对市场风险监管进行研究，成立不到一年就制定了《商业银行资本充足率管理办法》，并于2004年底公布了《商业银行市场风险管理指引》，对市场风险管理的各个主要环节进行了系统、详细的规定。2005年2月公布并实施的《商业银行内部控制评价试行办法》，对银行风险管理进行了补充。为了细化并提高操作性，银监会在《商业银行市场风险管理指引》的基础上，于2005年10月正式公布了《市场风险监管现场检查手册》，对市场风险监管的各个主要方面进行了详细的规定。

为了应对新增加的市场风险，加大市场检查的力度，提高银行市场风险意识和市场风险管理的力度，银监会近年来对不同类型银行的市场风险已经进行了不同程度的检查。2006年3月中旬，银监会向取得衍生产品交易资格的57家中外资银行印发了市场风险检查问卷和表格，对这些银行的风险管理政策、程序及其执行情况和各类衍生产品的交易量进行摸底。在此基础上，准备用几个月时间对部分大型银行、股份制银行和外资银行市场风险管理进行现场检查。

“事非经过不知难”。国外金融机构在经历了20世纪90年代众多风险事件的“阵痛”后，提高了风险管理意识，加强了风险管理，风险事件随之逐渐减少。而我国金融机构和企业没有真正经历这个“阵痛”过程，风险意识没有得到具体提升，风险管理措施不到位，风险事件接连发生。比较“中航油”事件和巴林银行事件，我们可以容易地发现，10年前巴林银行风险管理的主要弊病在“中航油”事件中重演，这对我国金融机构风险管理和监管也提出了警示，只有加强风险管理和监管才能保证我国衍生产品市场在健康持续的道路上发展。

与信用风险和操作风险管理类似，市场风险管理体系的健全和完善需要一个过程，尤其在我国目前利率曲线尚不完备、汇率形成机制仍需进一步完善、场内产品缺位等环境下，建立和健全市场风险管理体系更不是一蹴而就的事。银监会将通过市场风险检查，对我国银行业市场风险制度及其落实情况、交易账号和衍生产品的交易情况、产品定价、风险管理模型的落实等进行全面了解，深入细致地研究和分析，从而制定加强和完善我国金融机构市场风险管理的具体方案。

以上介绍和分析表明，要建立和健全市场风险管理和监管体系，需要良好的金融环境。银监会将加强与相关部门的合作，提高我国金融机构对市场风险管理和监管相关的知识和技术的了解程度，制定具体可行的市场风险管理和监管的培训标准，对银行业相关从业人员进行培训和资格认证，努力提升我国银行业市场风险管理水平。

关于民营资本进入银行业问题

中国银监会副主席唐双宁在北京大学民营企业投资与发展论坛上的演讲提纲

（2006年4月9日）

近些年来，关于民营资本进入银行业的议论较多。作为中国银行业的最高监管当局，中国银监会有必要做一个负责任的回应，总的态度是：区分两种准入，欢迎民营资本，防止关联交易，审慎设立机构。

一、民营资本进入中国银行业不存在法律障碍

目前，在中国银监会依法监管的金融机构中，对商业银行，《商业银行法》并没有禁止民营资本参与商业银行的设立。对农村合作金融机构，民营资本历来都是该类机构资本金的重要来源：《农村商业银行管理暂行规定》明确，农民、农村工商户、企业法人和其他经济组织都可以作为农村商业银行的发起人；《关于规范向农村合作金融机构入股的若干意见》提出，自然人、企业法人和其他经济组织符合向金融机构入股条件的均可申请向其户口所在地或注册地的农村合作金融机构入股。对非银行金融机构，《信托投资公司管理办法》、《金融租赁公司管理办法》、《企业集团财务公司管理办法》、《汽车金融公司管理办法》、《货币经纪公司管理办法》等均没有限制民营资本参与金融机构的规定。

二、民营资本已成为我国银行业金融机构资本金的重要组成部分

目前，民营资本已经进入到中国银行业的各个领域。

截止2005年末，据对11家全国性股份制商业银行股权结构统计，国家股、国有控股企业法人股、外资股及民营股分别占比23.95%、30.79%、14.33%、12.07%。2002年到2005年三年间，民营股增加了65.54亿股，增长率为144.9%，民营股占比增长了1.24%，而同期国家股、国有控股企业法人股占比分别下降了 0.76%、17.19%。比较典型的浙商银行作为成立时间不长的一家全国性股份制商业银行，民营资本已占其总股本的85.71%；民生银行作为一家成功上市的股份制商业银行，民营资本已占其总股本的55.04%。

据对我国115家城市商业银行的股权结构统计，国有控股企业法人股、地方财政股、外资股、民营资本股分别占比41.66%、17.34%、4.17%、29.42%，民营资本占比仅次于国有控股企业法人股；2002年到2005年三年间，民营股占比增长了10.19%，同期国有控股企业法人股、地方财政股的占比分别下降了4.33%和7.65%。

据对城市信用社的股权结构统计，国有控股企业法人股、民营股分别占比29.17%、40.41%，民营资本占比最高。2002年到2005年三年间，民营股增长了8.24亿股，占比增长了15.62%，而同期国有控股企业法人股占比下降了12.66%。

我国农村银行机构一般由辖内中小企业、农村工商户、农户及其他经济组织入股组建，从资本归属来看，基本为民营资本。截至2005年末，全国12家农村商业银行中民营股占70.5亿股，占比56.3 %；全国60家农村合作银行中，民营股份达32.92亿元，占比32%。这两类机构的其他股份为自然人股，包括社会自然人股和内部职工股。

三、民营资本进入银行业需要分清资本准入和机构准入两个不同的概念

银行机构的资本准入和机构准入是两个不同的概念。在资本准入上，如前所述，民营资本进入银行业不存在法律障碍，而且目前已经出现了一大批民营资本参股甚至控股的商业银行。银监会鼓励符合条件的民营资本积极参与有关银行业机构的重组改造。至于有的银行目前没有民营资本，那是市场的选择，而不是法律上的障碍。在这个问题上，监管当局注重两条原则：第一，相关民营资本不能借入股银行业机构从事关联交易；第二，坚持所有权经营权分离，严格高级管理人员任职资格管理，只有精通银行经营管理的专业人士才能担任银行业机构的高级管理人员，而不是民营资本的所有者当然的成为高级管理人员。

在机构准入上，监管当局一直持审慎态度，但这并不是针对民营资本，而是考虑到我国银行业机构数量基本饱和（当然结构上——包括机构结构和地域结构，还需要调整）、目前银行业潜在风险仍然较大、懂业务会管理的专门人才仍然十分紧缺，等等。从维护存款人利益和防范金融风险的角度出发，监管当局对银行业机构的市场准入必须慎重。

资本市场创新要从制度创新入手

自主创新战略的实施将为资本市场带来不可多得的发展机遇，而资本市场发展也将有助于自主创新战略的顺利推进。我们认为，在推进自主创新的过程中，资本市场需要进行更多的制度创新和变革，同时建立多层次的资本市场以实现资源配置向创新型企业集中，实现资本与创新之间的良性循环互动发展。

第一，建立一套适合创新型中小企业的发审制度和再融资制度。

上市资源在我国的资本市场上是一种稀缺资源，企业上市周期较长、IPO一般需要二到三年的时间，是否能成功上市还存在很大的不确定性，企业上市后再融资必须间隔一年，其审核程序基本等同于IPO。由于高科技产品生命周期短、技术更新快的特点，科技型中小企业在实施技术创新、产品更新换代中对资金都有较为急切的需求，现有的发审程序和再融资程序难以满足。

同时，现行发审标准强调企业过去的经营业绩和盈利能力等硬性指标，较少注重企业的研究开发能力、科技含量和成长潜力等软性指标，较适用于成熟型企业。而很多创新型企业在初创期难以产生稳定的业绩和现金流，但这个阶段恰恰是最需要资本投入的环节，近几年新浪、百度等企业的发展就是明显的例子。按照现行发审标准，当年的新浪和现在的百度都无法达到。

为更好地满足中小创新企业的融资需求，应当简化发审程序、提高发审效率以缩短IPO和再融资时间，同时建立一套适合中小企业的发审标准和再融资标准，对于有较强研究能力和高新技术的创新型企业，可适当放宽IPO和再融资的硬性指标限制。

第二，建立以中小企业板为核心的创业板体系。

目前A股市场中小企业板运行一年多来，发展速度和市场规模较为有限，而且当前的中小企业板基本拷贝了主板的模式，还不是真正意义上的创业板，难以满足不同类型、不同发展阶段企业的融资需求。

在这种背景下，我国大量的创新型中小企业只能寻求海外上市，比如三大门户网站新浪、搜狐和网易以及百度、盛大。据统计，自2003年以来，中国企业海外IPO的融资额已连续三年远远超出境内IPO的融资额。2005年海外新上市的公司数量是国内的4倍多，筹资额约是国内的31倍。这种现象反映国内资本市场的制度缺陷已经影响了我国企业特别是高新技术企业的进一步发展壮大。为改变这种状况，应尽快建立以中小企业板为核心的创业板市场体系，为更多的创新型中小企业打开上市之门。

第三，更快地发展权证市场、推进创新型企业的期权激励制度。

高新技术企业具有高风险、高收益的特征，其成功与否特别依赖于公司技术人员与管理人员的创新，但是，创新也容易被其他企业跟进模仿，从而使原来创新的获利机会减少甚至消失，企业便需要不断地创新以发掘新的赢利机会。高技术企业的成功与否，很大程度上取决于企业内部创新的动力，而创新动力的大小又取决于企业的分配制度。

由于高技术企业存在高风险，在前景不定的条件下，公司管理或技术人员因受自己对风险的承担能力限制，以内部认购股权方式进行激励往往是不现实的，但如果以认股权证作为公司对管理技术人员的奖励，管理技术人员就不至于面临将个人的精力与钱财都“放在一个篮子里面”的风险。他们在只支付精力的条件下就能对企业进行股权投资，并在企业快速发展时能享受这种发展给他们带来的收益。这是期权激励有效性的理论基础。

期权激励制度在美国高技术企业已经几乎百分之百的推行，而2004年世界五百强公司中对高层人员有期权制度激励的公司达到89%，证明了这种制度是一种非常有价值的激励手段。目前中国企业以期权方式对管理层实施激励的上市公司还非常少。对于我国资本市场来说，根据企业改革与资本市场发展状况，适时推进股票期权制度的普及、扩大并活跃期权交易市场是改善创新型企业公司治理结构、对其管理人员和技术人员进行激励，从而推动企业自主创新的重要措施。

第四，完善多层次、多渠道的创业风险资本退出机制。

创业风险资本除了以在创业板上市的渠道退出之外，股权转让或收购兼并也是重要的退出渠道之一。据美国有关资料表明，只有大约30%的风险资本采用IPO方式从风险投资领域退出，对于大多数创新企业来说，企业经营业绩很难达到上市的要求，并且无力支付大量的上市费用，这时被其他公司收购就成了一种可选择的方式。

中国创投退出机制的不健全是制约行业发展的重要原因之一。风险投资退出机制的缺位、风险投资的退出不流畅已经形成了中国风险投资行业一个最大的风险因素。创业投资退出受困影响的不止于创投本身，还直接影响到对中小企业、尤其是高成长企业的支持和对资本市场的贡献。没有退出的创业资本无法顺利循环，从而也就无法持续地为优秀的企业提供支持。

因此，除建立创业板体系，为创业风险资本提供IPO的退出方式外，我国资本市场还应建立和完善多层次、多渠道的创业风险资本退出机制，这其中包括建立非上市公司股权转让系统试点、区域性企业股权交易平台等，进一步推动风险资本与创新型企业之间的良性循环互动。

除了上述资本市场制度建设和创新外，我们认为还应采取一系列举措来发挥资本市场中的其他主体——中介机构和其他市场参与者对创新型企业的多方面支持作用。

推动创新类券商对创新型企业的管理咨询服务。在激烈的市场竞争中，现代企业的发展不但需要核心的技术，还需要一流的管理才能从容的面对市场的挑战。许多中小创新企业的经营者出身于技术人员，管理水平、对市场变化的应对能力稍显不足。管理咨询服务能较好地弥补这种技术能力与管理能力的不对称现象。

鼓励、帮助创新型企业引入战略投资者。战略投资者与普通投资者的区别在于战略投资者指的是与发行公司业务联系紧密且欲长期持有发行公司股票的法人，相对于普通投资者来说，战略投资者更致力于通过产业整合的手段，改善产业结构，增强产业的竞争力以获取长期的利益回报。通常情况下，战略投资者带给企业的不仅仅是资金，而更多的是先进的管理经验、科学技术及企业文化。当前中国国有银行纷纷引进战略投资者也即为此。

在推进自主创新建设的过程中，应该建立企业与潜在战略投资者的信息平台和交流平台，实现企业与战略投资者之间的有效沟通。从而通过引入好的战略投资者，帮助创新型企业实现可持续发展，把企业真正做大做强。

鼓励创新企业和创新活动的披露和宣传，提高市场有效性。资本市场在企业创新活动中发挥重要作用，其前提是市场是有效的，即股价能够基本反映对公司创新活动的评价，而市场的有效性在很大程度上依赖信息的披露。因此，为了提高市场的有效性，一方面必须不断对相关法律所规定的强制信息披露制度进行完善，如充实公司治理结构和管理层讨论等重要信息的披露，进一步增加信息披露的频度、广度和深度，提高时效性和有效性；另一方面，鉴于创新活动的特殊性，还要鼓励企业在不会导致泄密的原则下，自愿披露一些创新活动的内容。

对企业的创新活动和创新资产进行估值并没有一套公认的方法，事实上，有时甚至连企业的经营者也无法知道其创新资产真实的价值。一个比较合适的选择就是企业主动披露一些与创新活动相关、但不涉及创新活动机密的信息，让市场对公司的创新战略、创新活动有一个更好的了解，进而给那些创新能力强、创新活动开展顺利的公司以更高的估值。这些自愿披露的信息可以包括公司的创新知识资本、创新活动的进展以及期望收益等。

（海通证券研究所　汪异明）

货币市场基金牵动整个金融体系

货币市场基金在人们的千呼万唤声中，终于在12月9日获得中国证监会的批文，标志着货币市场基金正式进入我国资本市场。此次获批的三家分别是华安、招商和博时基金，分别将于12月14、15日和16日起发行。此三家基金都回避了国际通用的叫法，并不叫作“货币市场基金”，受政策限制，只能以“现金”为名。

货币市场基金特性

货币市场基金与证券投资基金存在差异性，二者在风险、收益、流动性上存在很大不同。具体体现在：第一，货币市场基金专门投资于货币市场上具有较高流动性的短期有价证券，如国库券、大额可转让定期存单、商业票据回购等等对象，不能进行高风险的投资。第二，货币市场基金只能采取开放式，按照面值购买或赎回，从而保证其流动性。第三，货币市场基金的分红方式一般不采取证券投资基金的方式，即年终现金分红的方式，而是按月计息，随时以增加基金单位的方式计入投资人账户，投资人按基金单位面额赎回时得到投资的本金和利息。第四，货币市场基金规模不能小，否则无法获得较低管理成本的优势。第五，货币市场基金有更为严格的资产评估和资金清算的要求，它对短期利率的反映非常灵敏，对于流动性的要求也非常高，需要对投资者基金账户与资金账户间保持一种非常便捷迅速的资金清算关系。

基金券商受益最大

从我国资本市场的现状看，较低的银行居民储蓄利率、较高的市场资金利率以及充足的银行储蓄，尤其是随着国际化进程的逐步加快，票据、大额存单转让、利率衍生品等面临巨大发展机遇，这些均为货币市场基金的发展壮大提供了必要条件。货币市场基金的推出对于资本市场的发展总体上是有益的。一方面，短期资金市场的培育、成熟，金融市场体系的完善，有利于整个社会资源的良性配置，从而对资本市场的发展起到间接的作用。另一方面，货币市场基金是货币市场与资本市场之间联系的纽带，货币市场的资金可通过货币市场基金转到资本市场，从而增加资本市场的资金供给。

对基金公司来说，货币市场基金的推出，一方面，可以改变目前基金投资单一的状况，在丰富业务品种的同时有利于基金管理公司的多元经营，分散风险，提高风险承受能力；另一方面，建立货币市场基金不仅为基金业开辟了一个新的利润增长点，更重要的是它为开放式基金提供了一个可选择的工具；对券商而言，货币市场基金的推出可以缓解券商目前的经营困境。在目前市场状况下，生存是券商的首要目标，风险较大的传统资产管理模式显然已不适合券商的处境。相比之下，投资于货币市场工具不但能够抵御风险，还能为券商带来稳定收益；对商业银行而言，一方面，由于商业银行短期内无法自己发起和管理货币市场基金，必然导致相当部分储蓄资金流出银行系统；另一方面，货币市场基金的推出又有利于商业银行逐渐开拓财富管理和资本市场相关的中间业务，实现商业银行收入来源的多元化，改变商业银行收入过分依赖存贷差的局面，增加商业银行业务的深度和弹性；对一些中小机构和个人投资者而言，设立货币市场基金以前，直接参与银行间市场和交易所市场进行投资时，交易成本巨大，进入壁垒高，货币市场基金的发行不仅突破了中小投资者的进入壁垒，还可以使中小投资者享受到前所未有的大规模资金运作的收益水平。

有利降低金融风险

近年来，我国资金向银行系统的过度集中的现实，使国家金融体系的整体风险变得很大；而我国银行系统在资金配置方面的低效率以及巨额不良贷款的存在，使我国整体银行系统既承担了自身的经营风险，也承担起整体经济改革的最终成本，这是一种风险系数很高的结构性金融机体失衡的金融风险。因此，发展低风险、高流动性的货币市场基金，使普通居民和一般企业通过购买此类基金方式间接进入货币市场，一方面可以为居民和企业提供除银行存款外新的低风险投资品种和流动资金管理工具，缓解银行系统的存款增加压力，化解整体金融风险；另一方面也为货币市场的发展提供了更多的资金支持和创新动力。

货币政策执行面临挑战

货币政策制定机构和金融市场监管机构推动货币市场基金的发展，并不是一个简单的金融产品开发问题，而是一个关系到提高货币政策有效性的重大问题。货币市场的功能之一是短期资金的融通；功能之二是为中央银行提供货币政策操作的场所。货币市场基金一方面加快了货币市场的发展，另一方面也扩大了货币市场对实体经济的辐射面，从而有利于货币政策传导机制的正常运转，提高货币政策的有效性。在货币政策传导过程中，货币市场基金作为货币市场上重要的资金供应者，将发挥其独特的作用。但是，货币市场基金的发展必然会增加人民银行宏观调控的难度，管理层不得不采取十分谨慎的态度。随着银行储蓄转为货币市场基金，货币供应量的增长速度会逐渐下降。货币供应量内部的各个指标的关系会出现变化，货币供应量与其他宏观经济变量之间的关系会变得不稳定。货币市场基金具有银行活期存款一样的流动性，但又没有纳入货币供应量统计之中。随着储蓄存款转为货币市场基金，货币供应量统计指标的意义必然会受到影响。新的指标与历史数据之间的关系也不具有可比性，这必然增加央行宏观调控的难度。

（渤海证券研究所　陈　骥　马静如　张　光）

如何看待中国国际投资头寸状况（问答）

外汇管理局

问：什么是国际投资头寸表？

答：国际投资头寸表（International Investment Position，简称 IIP）是反映特定时点上（如年末）一个国家或地区对世界其他国家或地区的金融资产和负债存量（余额）的统计报表。国际投资头寸的变动由特定时期内的国际收支交易、价格变化、汇率变化等引起。该表中对外金融资产和负债的差额就是净头寸，表明此国家或地区是对外净债权国还是净债务国。

中国的国际投资头寸表根据国际货币基金组织《国际收支手册》（第五版）的标准编制并公布，记录的是特定时点上中国（不含中国香港、澳门和台湾，下同）对世界其他国家或地区的金融资产和负债存量状况。对外金融资产包括对外直接投资、证券投资、其他投资（主要是进口预付款、出口应收款、贷款、货币和存款等）和储备资产四部分；对外金融负债包括来华直接投资、证券投资和其他投资（主要是进口应付款、出口预收款、贷款、货币和存款等）三部分。

问：国际投资头寸表与国际收支平衡表有何关系？

答：国际投资头寸表与国际收支平衡表（Balance of Payments，简称 BOP）一起，构成一个国家或地区完整的国际账户体系。国际收支平衡表反映的是在特定时期内一个国家或地区与世界其他国家或地区发生的一切经济交易。国际投资头寸表反映的是特定时点上一个国家或地区对世界其他国家或地区的金融资产和负债存量状况。国际投资头寸表在计价、记账单位和折算等核算原则上均与国际收支平衡表一致。打个比方，国际收支平衡表相当于企业的财务状况变动表，反映的是交易流量情况；而国际投资头寸表相当于企业的资产负债表，反映的是资产负债存量状况。

问：为什么要编制和公布国际投资头寸表？

答：编制和公布国际投资头寸表，可以为一个国家或地区衡量自身的涉外经济风险状况提供基础信息，对中国宏观经济分析和政策决策具有重要意义。首先，国际投资头寸表的编制和公布标志着中国对外部门统计信息的完整发布，有利于进一步完善包括国民账户、财政统计、货币金融统计和国际收支统计在内的四大宏观账户统计；其次，国际投资头寸表所反映的涉外经济状况是产业政策、贸易政策、经济发展协调性等各种经济因素共同作用的结果，可以为中国制定涉外经济发展政策和调整对外资产负债结构提供基础性信息；第三，掌握中国涉外经济存量及其结构，便于更加系统全面地反映中国涉外经济发展和风险状况。此外，随着中国对外开放的不断扩大和世界经济地位的日益提高，中国对外资产负债状况对于分析全球金融资本状况也愈加重要。

问：中国目前的国际投资头寸状况如何？

答：2005 年，中国对外金融资产负债主要有以下特点：

（一）中国对外金融资产负债均保持增长态势，资产增幅快于负债。2005 年末，中国对外金融资产存量 12182 亿美元，同比增长 32%；对外金融负债存量 9307 亿美元，同比增长 16%。

（二）中国国际投资头寸呈现对外净资产态势，且对外净资产大幅增加。2005 年末，中国对外金融净资产 2875 亿美元，比上年末增长 1 倍多。

（三）对外金融资产和负债的结构分布较为集中。中国对外金融资产中，储备资产占比 68%，其增量占中国对外金融资产增量的 71%；中国对外金融负债中，来华直接投资占比 66%，其增量占中国对外金融负债增量的 59%。

问：如何看待和分析中国的国际投资头寸状况？

答：首先，中国的国际投资头寸状况反映了中国近三十年来改革开放和经济发展的成果，表明中国对外开放逐步扩大，与世界经济的联系日益紧密，经济实力不断增强。2004 年，中国对外金融资产负债总规模 1.73 万亿美元，排在已公布数据国家的第 14 位；对外净资产 1203 亿美元，排在第 6 位。2005 年，中国的对外金融资产负债总规模 2.15 万亿美元，增长 24%；对外净资产 2875 亿美元，增长了 1 倍多，排名将会进一步上升。

其次，中国拥有较多的对外净资产，表明目前中国具备较强的国际清偿能力。中国的对外资产以外汇储备为主，流动性和可控性较强；负债以来华直接投资为主，稳定性较强。这种结构有利于防范金融风险，对我国的金融稳定具有积极作用。

再次，对外净资产或净负债并不代表金融实力的强弱。一个国家的金融实力更多取决于金融市场的发育程度、金融部门的国际竞争能力及其主权货币的国际化程度等多种因素。比如，美国目前是世界最大的金融债务国，但美国的金融实力在全球金融市场占有重要地位。

第四，从国际经验看，一个国家的对外金融资产负债存量状况也是会发生变化的，某个时点上可能是净资产国，但某个时点上也可能转为净负债国。例如：美国 1988 年是对外净资产国；1989 年之后就成为对外净负债国。

第五，中国拥有较多的对外金融净资产也表明我们贯彻党中央国务院的战略方针政策，在进一步调整经济结构、转变经济增长方式、发展国内金融市场、提高对外开放水平等方面有较大的空间。

全国社保基金 2005 年度投资分析

全国社保基金是广大人民群众的“养命钱”，是国民经济发展和社会稳定的重要保证。社保基金投资运作的基本原则是在保证安全性的基础上，实现增值；投资运作的理念是安全、诚信、规范、效益、创新。

分析社保基金 2005 年年报可以发现，社保基金在稳健运作的基础上积极争取其它方面的投资收益，总体绩效水平良好。

资产总量稳步增加

社保基金的资产总额近几年来一直处于稳步增加的状态，截至 2005 年末，社保基金的资产总额为 2117.87 亿元，其中：社保基金会直接投资的资产为 1387.57 亿元，占比 65.52%；委托投资资产 730.30 亿元，占比 34.48%。如图所示，近两年，社保基金每年都可以增加 400 亿元左右。

各类资产投资有增有减

社保基金的投资范围包括：银行存款、买卖国债和其他具有良好流动性的金融工具，包括上市流通的证券投资基金、股票、信用等级在投资级以上的企业债、金融债等有价证券，以及经国务院、财政部与劳动和社会保障部批准的其他投资业务等。

2005 年度，虽然社保基金可以运作的基金资产总额在继续增加，但各类资产的增减情况却有较大的差异，具体情况如下：

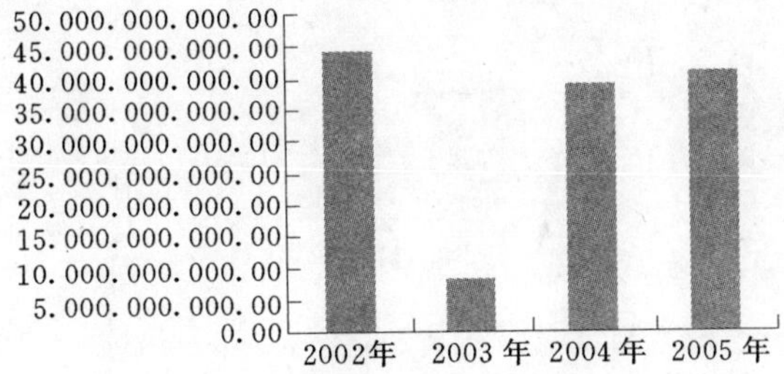

社保基金近四年增加情况图

银行存款大幅度增加，继续保持重要的地位，占社保基金总资产的比例为48.22%，年度净增加额为366.1亿元，增加比例为55.88%；委托投资在社保基金中的占比虽然有较大幅度的下降，但总的投资金额仍然在增加，并牢牢居于第二大类资产的位置；另外，股权投资额也有一定幅度的增长。

债券投资是社保基金中唯一大幅度减少的投资项目，长、中、短各个期限段上的债券投资额在迅速减少，尤其是长期债券投资减少了139.42亿元，减幅高达52.26%。

出现了新增的投资资产，即指数投资，虽然期末的数额只有36.62亿元，总额不高，占社保基金的比例也仅仅只有1.73%，但它毕竟为社保基金开辟了一个新的投资领域，且未来有较大的发展空间。

各类资产收益情况良好。社保基金近几年来一直运作平稳，收益处于稳步增加的状态，截至2005年末，"社保基金已实现收益52.90亿元，已实现收益率3.12%。本报告期浮动盈利减亏增盈18.32亿元，经营业绩71.22亿元，以此计算的经营收益率为4.16%。"

全国社保基金2005年度各类资产收益情况一览表显示，存款利息收益继续是社保基金的主要收益来源，占社保基金运营收入的比重达到了57.88%；委托投资收益是一项重要的收益来源，虽然2005年度的基础市场行情不够理想，但社保基金还是获得了不菲的收益，无论是绝对收益量还是收益额增加量都保持着良好的上升势头，继续为社保基金提供了近五分之一的收益来源；债券利息收入本期减少了1.22亿元，减幅为13.56%，是社保基金中唯一一个收益减少的项目，其主要原因在于社保基金对于债券的投资规模减少很多；股权投资的增加幅度很大，在所有有增加的项目中列第二位，表明社保基金又找到了一个新的利润增长点。

全国社保基金2005年度各类主要资产收益率情况一览表对社保基金五大类主要投资的收益率情况做了一个排名，各主要类别的社保资产收益情况如下：

股权投资的比重虽然不大，但收益情况最好。从目前已知的信息来看，社保基金正在积极寻找这个方面的投资机会，以期为全国人民创造更多的收益。

债券投资的收益其次。虽然债券投资的收益情况比较好，但社保基金还是大幅度降低了债券投资的规模，这可能是基于某种深入研究分析之后的战略性调整行为。从目前的基础市场情况来看，他们的决策似乎没有不妥之处。

银行存款的收益稳居中坚。这类资产无论是从自身总量、增量上看，还是从收益的总量和增量上看，都对于社保基金的最终收益率情况起到了决定性的作用。鉴于社保基金的特殊性质，其必须要有稳健的管理策略。

指数投资虽然是新增的内容，但收益情况却比较好。因为指数投资的操作可以具有很大的灵活性，而且未来随着股票市场在这个方面可投资品种的不断增加、基础市场行情的机会增多，这项投资的收益还将会有很大的增长空间。

委托投资构成了社保基金的第二大类资产，但收益情况却是五大类资产里最低的，只有1.55%，不过这个收益已经是来之不易的了。因为2005年，股票市场各主要指数呈现出全面下跌的状态，沪市综指的跌幅为8.33%；深市综指的跌幅为11.74%；股票市场行情只在2005年终有一个较为强劲的翘尾行情，给了市场一定的创造收益的机会，这当然也包括社保基金。由于委托投资的收益情况与基础市场的关联度十分高，因此，在基础市场行情全面走好的2006年，委托投资的最终收益情况一定会有很大的改观。

从上述分析不难看出，社保基金在2005年的投资运作是有效的，能够按照预先制定的原则和理念进行组合投资操作，既有效控制住了风险，又在一定程度上获得了积极运作的超额收益，确保了社保资产的稳定增值。

可以相信，随着社保基金会对于社保基金管理经验的不断增加，随着国家"十一五"规划的全面实施，以及各种基础市场投资与赢利机会的增多，社保基金一定还会取得更好的成绩。

（中国银河证券研究中心 王群航）

保 险 市 场

全面落实科学发展观 努力建设创新型行业 促进保险业又快又好地发展

吴定富主席在2006年全国保险工作会议上的讲话摘要

（2006年1月13日）

这次会议的主要任务是：以邓小平理论和“三个代表”重要思想为指导，深入学习贯彻十六届五中全会和中央经济工作会议精神，全面落实科学发展观，回顾去年工作，分析面临的形势，研究部署今年任务，进一步统一思想，提高认识，促进保险业又快又好地发展。

下面，我代表保监会，就总结去年工作，做好今年工作，讲三点意见，供大家讨论。

一、2005年保险业基本情况

2005年，在党中央国务院的正确领导下，保险业以邓小平理论和“三个代表”重要思想为指导，坚持以科学发展观为统领，努力适应经济社会发展的新要求，积极应对全面对外开放的新挑战，不断深化改革、扩大开放、加快发展、防范风险，各项工作取得新进展。

（一）贯彻落实科学发展观迈出坚实步伐

去年以来，保险业以优化发展结构、转换经营机制和转变增长方式为切入点，深入贯彻落实科学发展观，保险改革不断深化，发展质量逐步提高，效益观念明显增强。主要体现在以下四个方面。

市场平稳健康运行。一是业务平稳增长。全年保费收入4927.3亿元，同比增长14%。产险保费收入1229.9亿元，同比增长12.9%；寿险保费收入3244.3亿元，同比增长14%；健康和意外险保费收入453.1亿元，同比增长16.6%。截至2005年底，保险公司总资产15225.9亿元，比年初增加3240.1亿元。二是市场主体稳步增加。2005年共有22家新公司开业，给市场增添了新的活力。目前，全国共有保险机构93家，其中保险集团和控股公司6家，财产险公司35家，人身险公司42家，再保险公司5家，保险资产管理公司5家。三是保险中介较快发展。目前，共有保险专业中介机构1800家，保险兼业务代理机构12万家，保险营销员147万人。通过中介实现的保费收入3596亿元，占总保费收入的73%。

结构逐步优化。一是薄弱环节得到加强。农业保险扭转了多年来连续萎缩的趋势，责任保险产品不断丰富，出现了快速发展的势头。养老保险和健康保险保持较快发展，成为新的业务增长点。有8家保险机构获得10项参与企业年金业务的资格。为了促进结构优化，对保险监管费实行差别费率，适当降低了健康保险、责任保险和农业保险的收费标准。二是业务结构调整步伐加快。财产险公司积极发展非车险业务，非车险占财产险公司保费收入的比重比上年提高2.3个百分点。寿险公司更加注重内含价值和长期稳健发展，寿险新单期缴和续期业务比例逐步提高，寿险标准保费比规模保费增幅高4.6个百分点。三是区域发展更加协调。中部地区发展普遍较快，一些西部省市也出现较快发展的势头。贵州、四川、湖北、陕西、山西五省的增长速度分别达到19.7%、18%、17.9%、17.8%和17.2%。四是资产结构实现战略转变。债券投资占整个保险资产投资的比例首次超过银行存款的比例，达到52.3%，比年初提高16.7个百分点。保险机构已成为债券市场的第二大机构投资者。

保险公司改革向更深层次推进。保险公司境外上市和引进外资参股，使国际资本市场与战略投资者的外在压力逐步转化为公司深化改革的内在动力，从组织形式和管理体制的改革深入到经营机制的转换。国有保险公司用人制度改革稳步推进，高管人员考核机制逐步完善，初步建立了高管人员的经济责任审计和离任审计制度。中国人保、中国人寿、中国再保险三家国有公司分别制定了专业化基础上的集团化发展战略，国有独资控股（集团）公司与股份公司的关系逐步理顺。对三家国有保险公司主要负责人进行了调整，充实了领导班子。

保险资产管理得到加强。一是专业化管理体制逐步完善。目前，保险资产管理公司管理的资金占保险资金运用总量的77.7%，保险资金专业化管理的框架初步形成。二是保险资金运用收益稳健增长，全年投资收益率达到3.6%，比上年提高0.7个百分点，对促进保险产品创新、提高保险公司竞争力发挥了积极作用。三是投资渠道进一步拓宽。允许保险资金直接投资股票市场，允许保险外汇资金境外投资，增加商业银行金融债券、短期融资债券、国际开发机构债券等新的投资工具，增加了资金管理的弹性和空间。

最近，国务院相继批准保险资金间接投资基础设施项目和渤海产业投资基金。这是保险资金投资渠道的又一重大突破，充分体现了党中央、国务院对保险业改革发展的关心和重视，有利于推动保险资产结构调整和盈利模式转换，对于充分发挥保险的资金融通功能，支持国家经济建设，提升保险在国民经济中的地位和影响，具有十分重要的意义。但这次政策的落实，必须以有效控制风险为前提。基础设施投资规模大、操作复杂，保险业对这个领域的投资又比较生疏，缺乏专业经验。因此，要坚持制度先行，稳步推进，决不能一哄而上。

（二）保险监管不断加强

根据保险市场发展的新形势，按照建立现代保险监管体系的要求，不断健全监管制度，加大监管力度。

偿付能力监管的约束力明显增强。不断加强和改善偿付能力监管，充分发挥偿付能力监管在引导健康发展和防范化解风险方面的核心作用。对偿付能力严重不足的公司发出监管意见书，并采取限制股东分红、限制设立分支机构等监管措施，督促限期整改。继续加强偿付能力监管制度建设，出台了4项偿付能力报告编报规则。

市场行为监管不断加强。各保监局不断加大现场检查力度，全面开展整顿规范保险市场秩序工作。督促各财产险公司开展共保业务自查，防止因违规共保造成风险。对团险和万能保险进行检查，及时对投保人进行风险警示，严肃查处欺诈误导行为。开展保险公司数据质量问题调查，规范数据标准，提高数据质量。对保险中介服务统一发票的实施情况开展专项检查。联合有关部委以及境外监管机构，严厉查处“地下保单”。在金融行业其他领域风险不断暴露的情况下，及时组织各公司自查投资管理风险，对部分国有公司资产管理进行了行政效能检查。认真细致做好信访投诉工作，共处理信访投诉5144件，及时消除了行业发展中的一些不稳定、不和谐因素。定期向全行业披露违规处罚信息。全年共处罚违法违规保险机构和保险中介机构415家，处理相关责任人216人，罚款1436万元。国有保险公司监事会认真履行职责，深入基层开展业务、财务监督检查，在促进国有保险公司规范经营和加强内部管理方面发挥了积极作用。

保险监管制度逐步完善。一是加强保险法制建设。修改《保险法》的各项准备工作稳步推进，已向国务院上报了修改草案送审稿。出台了《财产保险公司保险条款和保险费率管理办法》、《再保险业务管理规定》和《人身保险保单标准化工作指引》等一系列部门规章和规范性文件。二是加强精算制度建设。实施新的财产保险准备金提取标准，逐步完善非寿险精算制度，引入寿险公司内含价值指标体系，编制了更加精确的新生命表。三是健全信息与统计制度。完善监管信息系统，推进以数据集中和运营系统平台整合为中心的保险信息化建设。初步建立了统一的保险统计数据体系和保险市场监测指标体系。顺利完成保险业第一次经济普查工作，保监会被评为第一次全国经济普查先进集体。四是建立风险责任追究制度。研究制定《国有保险机构重大案件领导责任追究规定》和《中国保监会保险监管问责制试行办法》，对造成重大经营风险以及因监管不到位而造成严重后果的，严肃追究相关人员责任。五是完善保险保障基金制度。规范保险保障基金的缴纳、管理和使用，确保保险保障基金及时足额上缴。目前，保险保障基金达到50亿元。

（三）支持经济发展的能力不断提高

保险业充分发挥各项功能，积极参与经济建设，较好地发挥了经济“助推器”的作用，表现在三个方面。

保障经济稳定运行。2005年，保险业共支付赔款与给付1129.7亿元，同比增长11.9%。特别是沿海部分地区连续遭受七次强台风及热带风暴袭击后，保险业主动参与防灾、救灾和灾后重建工作。各保险公司共受理台风报损案件14.4万件，支付赔款13.3亿元。此外，保险业还为“神州六号”载人飞船发射等重大项目提供了保险服务。

支持投资和金融改革。截至2005年底，保险资金运用余额14315.8亿元，比年初增加3357.2亿元。其中，保险公司持有国债3588.3亿元、金融债1785.1亿元、企业债1207.6亿元，分别占其发行余额的12.6%、13.4%和67%。保险公司持有银行次级债804.9亿元，占发行余额的44.6%，有力地支持了商业银行改革。在资本市场改革的关键时期，保险机构作为重要机构投资者，通过增加基金投资和直接投资股票，对维护资本市场稳定发挥了重要作用。截至2005年底，保险公司直接和间接投资股票市场845.6亿元。

促进对外贸易发展。出口信用保险充分发挥在鼓励出口和投资、支持产业结构调整、推动贸易增长方式转变等方面的积极作用。三年来，共为426亿美元的出口和投资提供了收汇保障，为217个企业中长期外贸及投资项目提供了保险支持，为企业提供了1166亿元人民币的融资便利，累计支持农产品出口近30亿美元，支持高科技产品出口211亿美元。在部分国家和地区爆发禽流感疫情的情况下，共承保近2亿美元的禽类产品出口，有效保障了高风险农产品出口企业的利益。初步统计，去年出口信用保险支持的出口额占我国一般贸易出口总额的6.4%。发布了《国家风险分析报告》，对与我国经贸联系比较密切的60多个国家的国家风险进行了全面分析和评级，为企业和金融机构在对外贸易和投资方面提供了重要参考依据。

（四）服务和谐社会的作用进一步发挥

保险业紧紧围绕构建社会主义和谐社会的战略目标，努力拓宽服务领域，不断提高服务能力和水平，较好地发挥了社会“稳定器”的作用，表现在三个方面。

服务和支持“三农”。充分发挥商业保险在风险防范、资金管理和网络服务方面的优势，积极为“三农”服务。吉林、黑龙江、江苏、四川、新疆、宁夏、内蒙古、河北、上海等地的政策性农业保险试点工作取得初步成效，全国农业保险保费收入同比增长84.3%，农业保险赔款同比增长94.8%，农业保险在稳定农民基本生活水平、提高灾后恢复再生产能力和农业防灾减灾方面的作用逐步发挥。阳光农业相互保险公司构建了人工增雨防雹网络体系，仅2005年就成功实施人工增雨168场次，覆盖土地6732平方公里，使15万多户农民受益，减少经济损失约4亿元。大力开展农村医疗保险工作，有6家保险公司在8个省（自治区）的68个县（市、区）提供了农民合作医疗保险服务，涉及农民1765万人，累计提供医疗补偿服务519万人次，提高了新型农村合作医疗的运行效率，得到了国务院领导同志和地方党委政府的充分肯定。河南新乡试点经验还在国务院召开的全国新型农村合作医疗试点工作会议上作了典型交流。广西等地农村人身保险业务得到较快发展。积极开拓为“三农”服务的新领域，主动参与征地农民的养老保障建设，在18个省（直辖市）的53个地（市、区）开展了征地农民的养老保险服务。不仅减轻了政府管理强度和费用压力，较好防止了养老基金亏空问题，而且使征地农民得到了持续性的生活和养老保障。

提高社会保障水平。截至2005年底，长期寿险责任准备金达到1.2万亿元，成为我国养老保险体系的重要组成部分，相当于全国社保基金的6倍和全国各级社会保障体系资金积累总额的1.7倍。共为近4亿人次提供了商业健康保险保障，赔款与给付支出107.9亿元。

辅助社会管理。针对我国经济社会发展和人民生活中的新情况，保监会与国家安全生产监督管理总局、公安部、卫生部、建设部和交通部等部门共同推进责任保险的研究和试点工作。各保险公司开发了210多个责任保险产品，包括火灾公众责任保险、高危行业雇主责任保险、医疗责任保险、建筑工程质量保险、长途客运承运人责任保险、道路危险货物承运人责任保险、校园责任保险、家政服务责任保险等。北京、重庆、山东、江苏、江西等地责任保险试点工作取得初步成效，在化解民事纠纷、缓解社会矛盾、维护社会稳定方面发挥了积极作用，提高了全社会的风险意识和风险防控水平，充分体现了保险这一市场机制辅助社会管理的功能。

（五）行业自身建设得到加强

坚持两手抓的工作方针，一手抓业务发展，一手抓行业自身建设。保险系统党组织的凝聚力和战斗力进一步增强，干部队伍的精神面貌发生了明显变化。

深入开展保持共产党员先进性教育活动。按照中央的统一部署，从2005年1月25日到12月底，保监会机关、35个保监局和5家国有保险公司，共916个党委、7321个基层党组织和77117名党员参加了先进性教育活动。各股份制公司也参加了所在地党委组织的先进性教育活动。各级党组织坚持把先进性教育活动作为加强思想政治建设和先进性建设的重要载体，进一步增强了贯彻落实科学发展观的自觉性，着力解决效益、诚信和规范经营等突出问题，有力地推动了各项工作，得到了中央先进性教育活动领导小组办公室、中央督导组和中央巡回检查组的充分肯定。各级工会和共青团组织围绕中心工作，开展丰富多彩的活动，增强了凝聚力和向心力。

党风廉政建设和纪检监察工作稳步推进。认真贯彻落实中央《建立健全惩治和预防腐败体系实施纲要》，按照教育、制度、监督并重的原则，以保险业改革发展和风险防范的重点领域和关键环节为切入点，深入开展保险系统党风廉政建设和反腐败斗争，稳步推进保险系统惩治和预防腐败体系建设。

这些成绩来之不易，主要得益于党中央国务院的正确领导，得益于经济社会发展的大好形势，得益于各部门、各级党委政府对保险工作的重视和支持，同时，也离不开保险业广大干部职工的辛勤努力和艰苦奋斗。在此，我代表保监会向保险业全体干部职工表示亲切的慰问，对长期关心和支持保险业发展的同志们和朋友们表示衷心的感谢！

2005年保险业的成绩，是在“十五”时期特别是十六大以来保险业发展的基础上取得的。十六大以来的三年，是我国保险业改革发展的关键时期，是保险业发展形势较好、改革力度较大、开放步伐较快、整体实力显著增强的时期，保险业在四个方面发生了深刻变化。一是思想观念发生深刻变化。科学发展的理念深入人心，逐步放弃传统铺摊子、上规模的粗放式经营方式，走上注重提高业务质量、增加业务内含价值的集约式发展道路。二是体制和机制发生深刻变化。在金融业率先完成了国有公司股份制改造，三家最大的保险公司成功在境外上市，为国有金融企业改革和境外上市提供了有益借鉴。三是保险监管发生深刻变化。形成了以偿付能力监管、市场行为监管和公司治理结构监管为三大支柱的监管体系框架，实现了从传统的、分散的保险监管向现代化、系统化的保险监管转变。四是整体实力发生深刻变化。保险业总资产是2002年的2.4倍，在金融体系中的地位和作用日益重要。我国保费收入2004年世界排名第11位，比2000年上升了5位。这些变化，标志着保险业站在一个新的发展起点上。这个新起点，是一个基础牢固的新起点，是一个充满活力的新起点，是一个前途光明的新起点。

十六大以来保险业改革发展的实践，使我们加深了对保险业发展规律的认识，提高了加快发展的能力、防范风险的能力、驾驭保险市场的能力和服务经济社会发展全局的能力，也为做好今后的保险工作提供了有益启示。

一是必须坚持把为经济社会发展服务作为保险业发展的方向。只有紧紧围绕党和国家的中心任务，立足经济社会发展的全局谋划保险工作，才能找准保险业在构建社会主义和谐社会中的定位，才能不断拓展保险业的发展空间，才能确保保险业始终沿着正确的方向发展。保险业必须不断增强大局意识和服务意识，努力做到想全局、干本行，干好本行、服务全局。

二是必须坚持把广大人民群众对保险的需求作为保险业发展的根本动力。只有针对不同收入水平人民群众多层次的保险需求，提供多样化的产品和服务，保险业发展才能得到人民群众的信任和支持，发展的基础才会越来越牢固。保险业必须坚持以人为本，坚持发展为了人民、发展依靠人民，让最广大人民群众都能分享保险业改革发展的成果。

三是必须坚持把做大做强作为保险业发展的主要任务。只有把发展作为保险业的第一要务，尽快把保险业做大做强，才能从根本上解决保险业在初级阶段存在的与经济社会和人民生活需求不相适应的主要矛盾。只有坚持科学发展，正确处理加快发展与防范风险的关系，速度与结构、质量、效益的关系，经济效益与社会效益的关系，才能实现保险业全面协调可持续发展。

四是必须坚持把创造性地贯彻落实中央精神作为做好保险工作的重要保证。只有紧密结合保险业实际，深入学习领会国家的各项重大方针政策精神，认真贯彻国家关于金融保险业的一系列重大部署，创造性地开展保险工作，才能准确把握保险业发展面临的新形势和新情况，不断克服前进道路上遇到的各种困难和问题。

五是必须把增强责任感作为做好保险工作的重要前提。只有深刻认识到保险业在经济社会发展中承担的责任，深刻认识到每一位保险从业人员促进保险业发展的应有职责，才能切实增强做好保险工作的内在动力，才能充分调动各方面的积极性、主动性和创造性，才能凝聚全行业的力量，抓住当前极为难得的发展机遇做大做强保险业。

我们也必须清醒地认识到，保险业在发展中既有长期积累的矛盾和问题，同时又出现一些新情况新问题。概括起来主要有：产品结构不合理的问题比较突出，供给和需求存在脱节的现象；服务质量不高，重销售、轻服务，服务水平不能满足消费者的需求；经营不规范的现象比较普遍，市场秩序尚未根本好转；风险防范的任务仍然较重，风险隐患不容忽视；持续发展的能力不强，发展的基础还需要进一步加强。对这些问题，我们必须高度重视，采取切实措施认真加以解决。

二、认清形势，统一思想，又快又好做大做强保险业

科学判断形势，历来是我们制定正确路线方针政策的前提。十六届五中全会站在历史的新高度，从战略全局出发，提出了《关于制定国民经济和社会发展第十一个五年规划的建议》，描绘了我国在新世纪第二个五年经济社会发展的宏伟蓝图。中央经济工作会议又对2006年的经济工作作出了具体部署。两次会议的主题，都是要坚定不移地以科学发展观统领经济社会发展全局，把经济社会发展切实转入全面协调可持续发展的轨道。

科学发展观是对邓小平理论和“三个代表”重要思想关于发展思想的继承和创新，是对社会主义现代化建

设指导思想的重大发展，是与时俱进的马克思主义发展观。科学发展观反映了世界各国发展的经验教训，是对经济社会发展一般规律认识的深化，是全面建设小康社会和推进社会主义现代化建设必须长期坚持的指导思想。

科学发展观的精神实质，就是又快又好地发展。又快又好地发展是贯彻落实科学发展观的基本要求，也完全符合保险业实际，在本质上与做大做强是完全一致的。又快又好主要体现对发展过程的要求，做大做强主要体现对发展结果的要求。要实现做大做强的战略目标，必须对保险业为什么要又快又好地发展，能不能又快又好地发展，怎样实现又快又好地发展这三个问题作出明确回答。

（一）国际国内形势的发展变化要求保险业必须又快又好地发展

当前，国际国内形势的发展变化对保险业又快又好地发展提出了迫切要求，保险业发展耽误不得、失误不得，形势逼人、不进则退。

实现保险业又快又好地发展是适应国民经济快速发展形势的需要。“十五”时期特别是十六大以来，我国经济建设取得重大成就，总体上呈现出速度比较快、增长比较平稳、效益比较好的态势，综合国力不断增强。五年来国内生产总值年均增长 8.8%，2005 年财政收入突破 3 万亿元，进出口总额达到 1.4 万亿美元。现在，各个地区、各个行业都在努力创造发展条件，抢抓发展机遇，挖掘发展潜力，干事创业的积极性很高。在这种形势下，保险业如果不能抓住机遇实现又快又好地发展，不仅无法在经济社会发展进程中承担应有的责任，甚至还会拖经济社会发展的后腿，距离社会的要求和人民的希望越来越远。

实现保险业又快又好地发展是适应全面对外开放形势的需要。从国际环境看，和平、发展、合作仍然是当今时代的潮流，经济全球化趋势深入发展，综合国力竞争日趋激烈。我国保险业在金融行业中开放最早、开放力度最大，国际著名的金融保险集团普遍将我国视为世界最有潜力的保险市场，纷纷加大投入力度。在保险业全面对外开放的环境下，外资保险公司业务快速增长，市场影响不断扩大，竞争优势逐步体现，给保险业发展不断注入新的活力和压力。保险业只有实现又快又好地发展，才能适应全面对外开放的新形势，做到国内市场和对外开放协调发展。

实现保险业又快又好地发展是适应金融改革发展形势的需要。当前，金融业改革发展的步伐很快。从银行业看，国有商业银行股份制改革顺利推进，交通银行和建设银行在香港成功上市，中国银行和工商银行股份制改革工作正在紧锣密鼓地进行。从证券业看，股权分置改革在试点的基础上逐步推进，国家采取一系列措施解决了证券业多年遗留的历史包袱。同时，金融综合经营趋势日益明显，银行、证券、保险的合作与竞争向深层次发展。金融创新层出不穷，为金融业发展注入了源源不断的活力。当前，我国保险总资产占金融资产的比例仅在 3%左右，远远低于发达国家 20%的平均水平。保险业如果不能尽快发展壮大，在金融业中的比重就会越来越低，在金融体系中的作用就会越来越小。这迫切要求保险业正视差距，迎头赶上，充分发挥保险在优化金融资产结构、提高金融市场资源配置效率和分散金融风险等方面的积极作用。

（二）经济社会发展为保险业又快又好地发展提供了广阔空间

保险业不仅必须要实现又快又好地发展，而且具备了又快又好地发展的条件。一些国际著名咨询机构认为，“十一五”时期，我国的进一步发展面临来自经济和社会的双重挑战，一方面，需要满足基础设施建设对资金的巨大需求，促进经济可持续发展，另一方面，随着老龄化趋势的发展，社会保障体系供给不足、资金短缺的问题越来越突出。保险业在解决这些问题方面具有不可替代的重要作用，经济社会全面发展将对保险产生广泛需求。

国民经济快速发展需要保险业的支持。“十一五”时期，我国经济社会发展进入新阶段，国民经济将继续保持较快增长，2010 年人均国内生产总值将比 2000 年翻一番；居民消费结构逐步升级，产业结构调整和城镇化进程加快；社会主义市场经济体制逐步完善，社会政治保持长期稳定。这些新的变化都与保险密切相关，既需要保险业的支持，也为保险业开拓新的业务领域创造了条件。

建设社会主义新农村需要保险业的积极参与。建设社会主义新农村，是统筹城乡发展的重大战略决策。保险的本质和功能，决定了保险业应该而且可以在服务“三农”方面发挥更大的作用。随着建设社会主义新农村战略的推进，现代农业建设步伐加快，农村改革不断深化，农民收入不断提高，农民对保险的认识将逐步加深，对保险的有效需求也将逐步增强。大力发展“三农”保险，在服务“三农”的同时合理开发农村巨大的保险市场，对保险业来说既是一个机遇，也是一个挑战。

加快完善社会保障体系需要保险业发挥更大的作用。随着城镇化进程的加快，以及人口老龄化和家庭小型化趋势的发展，依靠土地和家庭的传统养老方式逐步弱化，建立与经济发展水平相适应的社会保障体系，需要保险业从多方面发挥作用。通过为社会公众提供商业养老与健康保险，可以提高整个社会保障体系的覆盖面和保障水平。运用商业保险将市场机制引入社会保障管理，可以提高社会保障体系的运行效率。

党和政府对保险工作的高度重视为保险业又快又好地发展提供了有力保证。十六大以来，党中央国务院对保险业越来越重视，特别是在十六届三中、五中全会决定以及中央一系列重要文件中，从完善社会保障体系、健全农业支持保护体系、推动产业结构调整、促进对外贸易和投资等多个方面肯定了保险的功能和作用，明确了保险业在经济社会发展中的定位。

同时，地方各级党委政府越来越认识到保险的重要性，普遍将保险业纳入地方经济社会发展的全局统一谋划。据不完全统计，近三年来，有28个省市政府专门下发了促进当地保险业发展的指导性文件。有34个省市的主要负责同志，共356人次专门就当地保险业发展作出了批示。这些批示，既肯定了近年来我国保险业发展取得的成绩和对地方经济发展所作出的贡献，也对保险业服务地方经济社会发展提出了更高的要求。安徽、广东等地还在营销员税收等方面出台了促进保险业发展的优惠政策，这些都为我们加快发展创造了良好的环境。

（三）增强贯彻落实科学发展观的自觉性和坚定性，提高又快又好发展的能力

科学发展观是指导发展的世界观和方法论的集中体现，实现保险业又快又好地发展，关键是要加强理论学习，进一步用科学发展观武装头脑。要适应经济社会发展的新形势，不断加强对世界观的改造，正确处理保险行业发展与经济社会发展的关系，保险公司发展与保险行业发展的关系，个人发展与保险公司发展、保险事业发展的关系，努力建设一个为中国社会主义现代化服务的保险业，努力打造一批具有核心竞争力的现代保险企业，努力造就一支为做大做强中国保险业而无私奉献的创业者队伍。

第一，处理好保险行业发展与经济社会发展的关系

作为金融服务行业，保险业存在的价值在于能够为经济发展、社会进步和人民生活水平提高服务。社会的认可和支持是保险业赖以生存的基础，社会的保险需求是保险业发展的直接动力。如果保险业不能为社会创造价值，社会对保险的需求就会逐渐萎缩，保险业的发展就会成为无源之水、无本之木。

近年来特别是十六大以来，保险业大局意识不断增强，在服务经济社会发展方面发挥了积极作用。但是，现在行业内仍存在就保险论保险的倾向，仍然有一些同志没有深刻认识到行业的发展依赖于社会的进步和国家的富强，没有深刻认识到经济效益和社会效益内在的辩证统一关系。只强调在发达地区、中心城市、优势产业和富裕人群开展业务，而忽视开拓新的业务领域和服务对象；只注重经济效益，而忽视社会责任。这些观念既影响了保险业在经济社会中发挥应有的作用，也限制了保险业自身的发展空间。

我们必须深刻认识到，保险业是在为经济社会发展服务的过程中发展壮大的，经济效益是在满足人民群众多层次保险需求的过程中取得的，不能单纯就某一项业务孤立地看问题。比如，一些保险公司参与新型农村合作医疗，本身可能没什么利润，但公司通过这些业务，扩大了社会影响，提高了品牌知名度，得到了老百姓的认同，为公司拓展其他业务打下了良好的基础。保险业必须牢固树立为全面建设小康社会和构建社会主义和谐社会而发展的理念，着眼于经济社会发展不同领域的需要，不断拓展发展空间；必须牢固树立为最广大人民群众而发展的理念，着眼于保障人的生存需要、提高人的生活品质、促进人的全面发展，不断拓宽服务领域。只有把服务经济社会作为行业发展的出发点和落脚点，才能真正体现保险存在的价值，才能建设一个为中国社会主义现代化服务的保险业。

第二，处理好保险公司发展与保险行业发展的关系

保险公司的发展是保险行业发展的基础，保险业的稳定健康发展又为保险公司提供了更好的成长机会。实践证明，行业的整体发展形势好，有一个竞争规范、运行稳定的市场环境，市场配置资源的效率就高，所有的公司都会从中受益。反之，如果市场秩序混乱，行业整体形象不佳，市场拓展难度加大，所有的公司都会受损。

当前，有的保险公司不珍惜保险业发展给公司带来的良好发展机遇，为了达到公司的短期经营目标，不惜牺牲规范的市场秩序进行恶性竞争，不惜牺牲行业整体形象搞欺诈误导，不惜牺牲行业的可持续发展对保险资源进行掠夺式开发，不仅破坏了行业共同发展的环境，损害了行业的整体利益，而且也不利于公司的长远健康发展。

良好的行业发展环境需要大家共同创造，共同维护。各保险公司要牢固树立行业整体发展的观念，切实增强依法合规经营的意识，不断提高维护行业整体利益的自觉性，从自身做起，努力为营造良好的发展环境贡献自己的力量。行业协会要充分发挥自律作用，维护良好的行业声誉。监管部门要加大制度建设和市场监管的力度，使违规经营、损害行业利益、破坏保险资源的公司受到应有的惩处。只有市场秩序不乱，市场环境良好，保险资源得到合理有效开发，整个行业才能有大的发展，才能真正形成一批具有核心竞争力的现代保险企业。

第三，处理好个人发展与保险公司发展、保险事业发展的关系

随着保险业的较快发展和市场主体的不断增加，对各类人才的需求越来越大，为广大保险从业人员提供了施展才华的广阔舞台。一批优秀人才脱颖而出，陆续走上各级领导岗位。如果没有保险业的快速发展，有些同志可能没有机会走上领导岗位。

但是，一些公司的高级管理人员和监管部门干部，不珍惜事业发展给个人带来的发展机会，思想观念、精神状态、业务能力和工作作风不适应新形势、新任务、新岗位和新职责的要求，在实际工作中表现为三种状态。**一是**不作为。有的同志没有远大理想和目标，身为领导干部和高级管理人员，不思考问题，不关心工作，考虑事业少，考虑自己多，小富即安，不思进取，瞻前顾后，患得患失。**二是**乱作为。有的同志在工作中不遵循客观规律，有法不依，有章不循，有令不行，有禁不止，不仅没有做到促进发展，还给公司和行业造成了不应有的损失；有的同志不能正确对待手中的权力，不坚持科学民主决策，只讲报酬，不讲贡献，只讲待遇，不负责任，为了个人和小团体利益，不惜损害投保人利益和保险业形象。**三是**不知道怎么作为。有的同志不注意加强学习，不注意研究新情况、新问题，不了解整个形势的新变化，不能做到与时俱进，站得不高，看得不远，方向不明，思路不清，在困难面前裹足不前，解决问题的办法不多。

这三种状态，虽然不是主流，只表现在少数同志身上，但是对保险业发展的负面影响很大，不仅损害了公司的利益，使公司丧失发展机遇，而且破坏了行业风气，损害了行业形象，影响了行业发展的活力。这三种状态虽然表现各不相同，但根源都是一致的。说到底，是没有用邓小平理论、“三个代表”重要思想和科学发展观武装自己的头脑，没有树立正确的人生观、世界观和价值观，没有一种对国家、社会和人民高度负责的责任感和事业心。

干事业关键在人，能否干成事业，关键在人的精神状态。领导干部处于关键岗位，起着重要作用，领导干部的精神状态至关重要。我们这一两代人，有幸处在保险业快速发展的时代，促进保险业又快又好地发展，做大做强保险业的历史责任落在我们身上。事业的发展把我们推上了各级领导岗位，大家应该倍加珍惜。保险业各级领导干部，要加强学习，准确把握保险业发展面临的大好形势和难得机遇，增强做大做强中国保险业的信心与责任感。要始终保持与时俱进、开拓进取、有所作为的精神状态，牢记办法从实践中来，点子从群众中来，深入实际、深入基层、深入一线，不断加强调查研究，了解保险业改革、发展和监管的新情况、新经验，解决新矛盾、新问题。要在发展中弘扬时代精神，在创业中实现人生价值。要有一股干劲，艰苦创业，无私奉献；要有一股闯劲，勇于创新，开拓进取；要有一股韧劲，百折不挠，知难而进。要志存高远，自我加压，严格要求，毫不懈怠，在实践中不断经受锻炼，增长才干，建功立业，使自己成为中国现代保险业优秀的经营管理者和监管者，努力造就一支为做大做强中国保险业而无私奉献的创业者队伍。

三、2006年的保险工作

2006年是“十一五”时期的第一年，做好今年的工作，为“十一五”开好局、起好步，至关重要。今年保险工作的总体要求是：以邓小平理论和“三个代表”重要思想为指导，认真贯彻落实十六届五中全会和中央经济工作会议精神，用科学发展观统领保险业发展全局，着力解决好速度、效益、诚信和规范经营问题，切实增强自主创新能力，积极防范化解风险，努力加强行业基础建设，促进保险业稳定持续健康快速发展，更好地为全面建设小康社会和构建社会主义和谐社会服务。

这个总体要求的精神实质，就是要推动我国保险业切实转入科学发展的轨道，努力实现又快又好地发展。具体目标是：

——业务较快增长。适应国民经济稳定较快增长的形势，保险业必须保持较快的发展速度，尽快缩小与经济社会发展和人民生活需要之间的差距。

——结构科学协调。形成与保险业科学发展相适应的区域结构、主体结构和产品结构，不断满足社会多层次、多样化的保险需求。

——效益稳步提高。成本费用水平逐步下降，业务质量稳步上升，经营效益明显提高；在经济社会发展中的影响力和渗透力不断增强，努力实现经济效益与社会效益的统一。

——竞争规范有序。严重违规的恶性竞争行为得到有效遏制，重点领域和重点业务的市场秩序明显好转，市场竞争逐步从简单的价格竞争向以产品、服务、管理为主要内容的综合实力竞争转变。

——风险有效控制。存量风险逐步得到化解，对发展中出现的新的风险隐患，做到早预警、早发现、早化解，确保保险市场不出大的问题和系统性风险。

——诚信显著改善。诚信建设取得积极进展，人民群众反映集中的、影响保险诚信的突出问题得到有效解决，保险业的社会形象明显好转。

——管控不断增强。保险业的政策法规在全行业得到有效贯彻落实，保险公司内控水平逐步提高，对分支机构和从业人员的管控能力不断加强。

——队伍坚强有力。加强保险队伍建设，加大思想教育和业务培训力度，使行业整体素质逐步提高，为保险业快速发展提供人才支持和智力保证。

这八个目标是一个相互联系、相互促进的有机整体，既包括量的方面，又有质的方面，是又快又好发展要求的具体体现。为实现上述目标，今年要重点抓好以下几项工作：

（一）努力提高自主创新能力，促进创新发展

加强自主创新，建设创新型国家，是我国综合分析世界发展大势和我国所处历史阶段提出的面向未来的重大战略。1月9日，党中央、国务院召开的全国科学技术大会，就是一次加强自主创新、建设创新型国家的动员大会。提高自主创新能力，建设创新型行业，也是当前保险业面临的一项战略任务。创新是解决保险业突出问题的金钥匙，保险业存在的许多矛盾和问题，都是在传统的体制和思维模式下产生的，必须用创新的办法才能解决。无论是解决产品结构不合理、保险覆盖面不宽的问题，还是适应国际竞争和金融综合经营的新形势，都要求保险业以创新的发展思维，用创新的发展模式，走创新的发展道路。要把今年作为保险业的“创新年”，力争在创新发展上迈出实质性步伐。

第一，强化创新意识。改革开放二十多年来保险业的发展实践，就是不断创新的实践。保险业每一次大的创新，都带来了发展的飞跃。特别是以个人代理为标志的营销体制创新、以投资分红产品为标志的新型寿险产品创新、以银行保险为标志的销售渠道创新、以车险条款费率管理制度改革为标志的监管方式创新、以设立保险资产管理公司为标志的资金管理体制创新，促进了保险业的跨越式发展。如果没有创新，保险业就不可能取得今天的发展成就。实践没有止境，创新也没有止境。尤其是整个国家和社会处在日新月异发展的新阶段，对保险业创新提出了更高的要求。我们必须充分认识创新对保险业发展的重要意义，坚持与时俱进，不断突破传统思维方式和发展模式的束缚，加快创新步伐，用创新来推动各项工作。同时，要积极为建设创新型国家服务，按照《国家中长期科学和技术发展规划纲要》的要求，为科技创新提供全面的风险保障。

第二，完善创新体制。在创新目标上，致力于建设创新型行业、创新型企业，把增强自主创新能力作为行业战略，注重将国际先进经验技术与我国保险业的具体情况相结合，逐步把立足点从引进国外产品和技术转移到主要依靠自主创新上来。在创新方式上，对具有国际通行标准的，国内外差距较大的技术和规则，如精算技术、资产负债匹配管理技术等，要在引进的基础上加大消化吸收再创新的力度；对国内具有较大需求、国外有成熟经验和做法的领域，如产品开发、风险控制和理赔服务等，要有效整合国内外资源，重点推进集成创新；对国内急需、具有鲜明中国特色的领域，如“三农”保险和低收入群体保险，要大力推进原始创新。在创新主体上，要强化企业在自主创新中的主体地位，建立以企业为主体、市场为导向、理论与实践相结合的保险创新体系。监管部门要加强组织引导，对一些重点领域，要整合行业资源，形成创新合力。

第三，培育鼓励创新的市场环境和政策体系。一是建立创新激励机制。各公司要将创新作为重点内容纳入考核体系，充分调动各个方面创新的积极性和主动性，特别是要注意发挥基层公司贴近市场、熟悉业务、了解群众需求的优势，提高创新效果。**二是**为创新提供政策支持。对公司在组织形式创新、经营模式创新、投资渠道创新等方面，给予更大的空间。对保险创新，只要符合国家法律、法规，符合市场经济发展方向和金融稳定的原则，保监会都予以支持。**三是**研究建立创新保护机制。针对保险产品易于被复制、被模仿从而导致企业产品创新积极性不高的问题，要组织专门力量进行研究，寻找合适的保护边界，保护创新者的积极性和创新利益。

这里，我要重点强调一下产品创新的问题。当前，大家反映比较突出的问题主要有：产品开发部门不了解市场需求，开发的产品卖不出去，老百姓需要的产品买不着；产品开发没有充分考虑区域和城乡差距，“一张保单卖全国”；照抄照搬国外产品，不考虑中国国情，存在“水土不服”的现象；片面理解创新的内涵，产品开发中概念炒作和文字翻新的成分较大，新产品数量虽然很多，但适销对路的很少。比如有的保监局在调查中发现，全省各保险公司一年投放市场的新产品有70多个，其中40多个产品没有保费收入。这些问题在各公司、各地区都不同程度地存在，是制约保险业发展的重要因素，要在建设创新型行业和创新型企业的过程中，重点加以解决。

（二）继续深化体制改革，为发展增添新活力

改革是发展的动力，也是实现科学发展的重要保证。深化改革必然会触及更加复杂的利益关系，要以更大的决心、更大的气力坚定不移地推进保险改革。

第一，深化国有保险公司改革。完善对国有保险集团（控股）公司高管人员的业绩评价标准和考核机制。深化国有保险集团（控股）公司改革，加大资源整合力度，进一步理顺集团（控股）公司与下属公司的关系，明确集团的发展模式。注重发挥国有保险公司监事会的职能和作用，促进国有保险公司资产保值增值。

第二，完善保险公司治理结构。近年来，各公司普遍把完善公司治理结构作为进一步提高企业素质的突破口，在优化股权结构、加强董事会建设等方面进行积极尝试，取得了初步成效。保监会刚刚出台的《关于规范保险公司治理结构的指导意见》，提出了完善保险公司治理结构的具体要求，各保险公司和资产管理公司要结合实际，积极推进治理结构建设。要通过引进战略投资者和境内外上市等方式，不断优化股权结构。要加强董事会建设，强化董事会和董事的职责，董事会要对保险公司的内部控制、风险防范和经营合规性负责。完善独立董事制度，加强董事会专门委员会建设。要规范管理层运作，强化总精算师等关键岗位职责。

（三）大力加强薄弱环节，促进协调发展

针对保险业发展中存在的薄弱环节和突出问题，今年要突出重点，整体推进，逐步消除影响保险业又快又好发展的制约因素。

关于财产保险方面。一是提高经营效益。推进手续费纳税标准制度改革，规范车险经营，治理和整顿大型商业保险项目的非理性价格竞争。指导保险公司加强内控，特别是加强理赔环节管理，堵塞“跑、冒、滴、漏”，降低经营成本，促进财产保险盈利水平明显提高。二是深入推进农业保险发展。认真总结政策性农业保险试点经验，巩固试点成果，推动支持农业保险试点政策的落实。积极探索以农业产业化为纽带、以龙头企业为依托的农业保险发展模式。鼓励和指导保险公司积极发展“三农”财产保险，以市场需求为导向，积极开发销售相关涉农保险产品。三是大力发展责任保险。继续加强与相关部门的协调合作，为责任保险发展创造良好的法律环境和市场空间。总结责任保险试点经验，稳步推广。积极推进火灾公众责任险、煤矿雇主责任险、医疗责任险、建设工程质量责任险、旅行社责任险和环保责任险等产品服务创新，提高服务质量和管理水平，充分发挥责任保险在辅助社会管理方面的积极作用。

关于人身保险方面。要针对不同消费阶层、不同区域特别是城市和农村的现实情况，因地制宜地开发和销售适销对路的产品。一是大力发展人民群众迫切需要的风险保障型产品和长期储蓄型产品，研究开发保障适度、交费低廉、投保简便的农村简易人身保险。稳步推进保险业参与新型农村合作医疗，积极为提高农民的保障水平服务。二是大力发展养老保险和健康保险。推动个人养老保险产品开发，积极争取将团体养老保险纳入各地养老保险优惠政策，拓展企业年金市场。积极推动健康险第三方管理业务的发展。出台《养老保险管理办法》和《健康保险管理办法》。三是不断创新销售渠道，积极探索电话销售、职场行销、网络销售等新的销售模式。出台《银行保险管理办法》，规范发展银行保险。四是着力解决利差损问题。明确工作目标和措施，通过盘活存量资产、股份分红、纳税返还等渠道，逐步控制和有效化解利差损。

关于保险资产管理方面。加快保险资产管理体制改革步伐，加强资产管理公司制度和基础建设。一是强化保险资产的集中化和专业化管理。推行资产负债匹配管理，加强产品开发与资金运用的有效对接。逐步开展保险资产管理产品创新试点和保险资产第三方委托试点。二是积极拓宽保险资金运用渠道。研究保险资金投资股权、物权、产权和资产证券化产品的政策。推进保险机构设立基金公司等专业资产管理机构，提高保险资金参与金融市场的深度和广度。积极研究探索保险资产证券化。三是实行全面风险管理，完善多层次的保险资金风险防范体系。稳步推进保险资金托管改革，强化投资决策、交易和托管三分离的防火墙机制。制定投资工具和交易对手信用风险控制措施，建立保险机构资产管理内部信用评级系统，逐步加强资金运用监管信息系统建设，实施持续动态的风险管理。

关于保险市场调控。在保险业发展的初级阶段，既要充分发挥市场配置资源的基础性作用，又要注意加强市场调控，克服市场缺陷，防止出现大起大落，保持市场稳定运行。一是坚持把又快又好地发展作为保险市场调控的主要目标和根本要求，重点抓住规模和效益两个方面。在保持较快增长速度的同时，不断扩大保险覆盖面，实现经济效益和社会效益的协调统一。二是要按照“规模险种出效益、效益险种上规模”的思路，在发展中优化结构。对于有一定市场风险，但经济社会和人民群众非常关注、迫切需要的险种，要积极试点；对于试点成功的，要不断总结经验，逐步推广。三是积极探索保险市场调控的有效手段。要综合运用经济手段、法律手段和必要的行政手段，形成调控合力，增强调控效果。

（四）坚持把防范风险作为保险业的生命线，完善防范化解风险的长效机制

十六大以来，保监会高度重视保险业风险防范工作，提出了把防范风险作为保险业生命线的监管理念，确立了把改革作为防范化解风险的有效措施、把发展作为提高抵御风险能力的根本途径、把加强改善监管作为防范风险重要保障的工作思路，建立了以公司内控为基础、以偿付能力监管为核心、以现场检查为重要手段、以资金运用监管为关键环节、以保险保障基金为屏障的防范风险的五道防线，在解决存量风险和风险隐患的同时，注重从制度上完善防范风险的长效机制。去年，针对保险业存在的主要风险和风险隐患，坚持个案突破和完善制度相结合，就防范化解存量利差损风险、车贷险风险、资金运用风险等问题，保监会成立了13个专题小组，逐一研究制定了工作方案，各项具体措施正在逐步得到落实。实践证明，保险业防范化解风险的思路是正确的，工作措施是得力的，效果是明显的。目前，保险业不存在大的系统性风险，而且抵御风险的实力得到显著增强。三年来，通过公开上市、增资扩股、发行次级债、引进外资等多种方式筹集资本683亿元，保险业资本金总量达到1097亿元，是三年前的2.6倍。

形势越好，我们越要保持清醒的头脑。随着保险业的快速发展，市场主体不断增加，资金运用渠道不断拓宽，新情况和新问题不断产生，存在的风险隐患不容忽视。必须在加快发展的同时，切实防范风险，确保不出大的问题。

在防范风险的思路上，要实现三个转变。逐步实现从以业务规模为基础的静态监管向以风险为基础的动态监管转变，从以监管外力为动因的监管向以保险公司自身风险管理为内在需求的监管转变，从结果性的事后监管向过程性的事前事中连续监管转变。

在防范风险的措施上，要进一步加强制度建设。加强偿付能力分析，充分发挥偿付能力分析的动态预警作用，建立适应我国国情的动态偿付能力监管体系。继续加强偿付能力监管制度建设，健全偿付能力编报规则，完善精算制度和偿付能力报告制度，提高偿付能力监管的科学性。坚持用发展和改革的办法解决偿付能力不足问题。加强非现场监管，实现非现场监管与现场监管的有效结合。完善保险保障基金制度，成立保险保障基金理事会。完善保险市场退出机制。

在完善防范风险的机制上，重点推进公司治理结构监管，切实加强对保险公司法人的监管。今年是全面实施公司治理结构监管的第一年，要重点抓好四项工作。一是建立保险公司董事和高管人员培训制度，提高依法合规经营的自觉性。二是加强对信息披露的管理。完善保险公司信息披露制度，确保被保险人、股东对公司经营的知情权。三是规范保险公司关联交易，完善对保险公司关联交易的审查和批准程序。四是进一步提高保险公司内控建设水平，增强保险公司加强管理和防范风险的内在动力。建立内控评价机制，探索建立内部审计责任人制度，构建内部审计与外部监管的互动机制。要强化制度的执行力，做到政令畅通，令行禁止，确保各项规章制度落实到经营管理的全过程和各个环节，落实到基层。

（五）推动市场体系建设，规范市场秩序，不断提升行业形象

健全的市场体系是保险市场健康持续发展的重要保证。保险市场体系建设的最终目标是要建立一个统一开放、竞争有序、良性运转、充满活力的保险市场。今年重点要做好以下几个方面的工作。

第一，加强市场主体建设。鼓励、支持和引导国有大中型企业及各类社会资金投资保险业，探索和研究银行、邮政投资保险业，不断增强保险业的资本实力。鼓励符合条件的保险公司设立资产管理公司。完善营销员管理体制，切实保障营销员的合法权益，认真解决他们在收入待遇、工作环境、社会保障等方面的问题。探索营销员分级考试、分类管理模式，扩大农村营销员分类管理试点范围，稳定营销队伍。加大营销员持证上岗管理力度，在全国普遍推行营销员挂牌展业制度。鼓励和促进专业保险中介机构创新经营模式，允许符合条件的中介机构进行产品条款报备试点。鼓励国内优先分保，培育再保险市场。

第二，规范市场秩序，遏制恶性竞争。恶性竞争是造成企业效益下降、市场风险增加、行业形象受损、人员队伍不稳的重要原因，必须下决心整治。一是加大查处力度。对保险经营中不计成本、不讲效益、不顾长远发展、破坏保险资源的恶性竞争行为，一定要依法严肃处理，决不姑息迁就。二是对保险公司实施分类监管。对存在重大风险隐患、严重扰乱市场秩序以及损害保险消费者利益的保险公司，实施重点监管。三是探索监管的有效途径。今年保监会将整合监管力量，针对重点公司、重点地区、重点业务推行全国交叉专项现场检查，推广使用现场稽核系统，提高现场检查的针对性和有效性。对保监局机构延伸问题进行研究，在部分地区进行试点。

第三，扎实推进诚信建设。近年来，全行业逐步认识到诚信对保险业生存和发展的极端重要性，不断加强保险诚信建设。去年，全国45家保险公司共同签署《机动车辆保险服务承诺》和《个人意外伤害保险、健康保险服务承诺》，在建立行业服务标准、强化社会舆论监督、改善保险业诚信形象方面发挥了积极作用。深圳、大连等地以提高理赔效率和服务质量为重点，积极开展保险服务创新试点。上海保监局编写了《保险信访案例评价》，在提高消费者维权意识方面起到了较好效果。今年，要继续扎实推进保险诚信建设。一是综合治理不诚信行为。针对当前保险市场上出现的误导欺诈、拖赔欠赔、弄虚作假等不讲诚信、破坏行业信誉的突出问题，按照法律法规严肃处理，加大失信惩戒力度。二是推广诚信测评工作。去年以来，云南保监局采取问卷调查和召开座谈会等多种方式，对保险展业、服务和理赔等环节的诚信状况进行评议，摸清了保险诚信存在的突出问题，在建立保险服务评价指标体系和诚信建设机制等方面进行了有益探索。今年，要认真总结云南等地开展诚信测评试点工作经验，扩大试点范围。三是稳步推进保单标准化建设。对产品形态比较成熟、市场规模较大、客户现实需求较强的个人寿险和第三者责任险等产品，组织行业协会制定标准条款，有效消除产品误导。继续探索保险合同纠纷快速处理机制。四是加强保险文化建设。把"三个代表"重要思想和科学发展观作为保险文化建设的指导思想，构建突出社会责任的保险文化。加强保险从业人员诚信教育和职业道德教育，增强保险业的社会公信力。

（六）提高对外开放水平，统筹保险业对外开放和国内发展

去年是保险业实行全面对外开放的第一年，保险业坚持统筹国内发展和对外开放，实现了对外开放的平稳过渡。外资保险机构数量稳步增加，批准 3 家外国保险公司进入我国保险市场，批准 25 个外资保险公司营业机构开业。外资保险公司业务保持了快速发展的势头，市场份额逐步扩大，保费收入 341.2 亿元，占总保费收入的 6.9%。国际监管合作取得重大进展，作为发起国，组织亚洲 14 个国家和地区的保险监管部门共同发表了《亚洲区域保险监管合作北京宣言》。经国务院批准，保监会正式加入国际养老金监督官协会，并当选为执行委员会委员。

经过三年过渡期和一年全面开放，我们有以下四点经验。一是推动中外保险公司的合作共赢。在外资公司快速发展的过程中，中资公司也得到了较好发展。《财富》杂志评选的 2005 年世界 500 强企业中，中国人寿排名 212 位，比 2003 年上升了 78 位。最近，中国人寿还入选标准普尔大中华区精选股票组合。中国平安被全球著名的财经杂志《欧洲货币》评为 2005 年全球新兴市场最佳保险公司治理第三名。二是促进中外保险公司的优势互补。充分发挥外资保险公司在责任保险、健康保险、农业保险和养老保险等方面的经验和技术优势，引导外资保险公司向我国保险业的薄弱环节和领域发展，形成做大做强中国保险业的内外合力。三是做到"走出去"和"引进来"的相辅相成。注重引进国外保险业的经营管理制度，支持中资保险公司走向国际资本市场，在境外上市筹集资本。四是搞好对外开放和风险控制的统筹协调。在扩大对外开放的同时，切实防范可能产生的风险，防止对国内保险市场造成大的冲击。

根据我国加入世贸组织承诺，保险业是最先全面开放的金融行业。2006 年底，我国金融业入世过渡期将全部结束。下一步，保险业要不断提高对外开放的质量和水平，重点做好三个方面的工作。一是继续推进保险业对外开放。完善对外开放的制度，形成稳定、透明的管理体制和公平、可预见的政策环境。二是优化保险市场开放结构。引导外资保险公司积极参与我国保险业重点发展的领域，支持外资保险公司在中西部地区设立机构，开展业务。三是提高监管的国际化水平。加强与外资保险公司总部所在地监管机构的监管协调，加强对跨境保险的监管。积极参与国际保险规则和监管原则的制定，加强与周边国家和地区的区域性保险交流合作，建立与国际保险组织和监管机构间人员交流的长效机制。认真做好国际保险监督官协会第 13 届年会在我国举办的各项准备工作，力争把该届年会办成国际保险业的"奥林匹克运动会"。

（七）加强行业基础建设，提高可持续发展能力

十六大以来，保险业十分强调行业基础建设的重要性，并把它作为提高行业可持续发展能力的关键环节扎实推进。今年重点要抓好五个方面的工作。

第一，颁布实施保险业"十一五"规划。2004 年以来，保监会启动了发展规划的制定工作，经过全行业的共同努力，起草了《中国保险业发展"十一五"规划纲要》。《规划纲要》广泛征求了各保险公司、各保监局和部分专家学者的意见，比较好地凝聚了各方面的智慧，集中体现了保险业贯彻落实十六大、十六届三中、四中、五中全会精神和科学发展观的基本要求。同时，做到与国家"十一五"规划相衔接，较好地体现了保险业的发展要求和在国民经济中的地位。这次会议将《规划纲要》印发给大家讨论，会后根据大家的意见进一步修改完善后，正式颁布实施。各保险公司和各保监局要深入领会保险业"十一五"规划的基本要求，结合自身实际，制定实施本单位和本地区"十一五"规划。

第二，加强保险法制建设。全面做好修订《保险法》的各项准备工作。配合有关部门制定机动车辆第三者责任强制保险实施细则。研究推动农业保险的立法工作，为全面推进农业保险创造条件。根据新修订《公司法》的立法精神，对照检查市场准入、机构管理和业务监管等方面的规章制度，对与新《公司法》不相符的，要尽快修改完善。深化行政审批制度改革，坚持依法行政，建立行政执法责任制。开展依法行政教育和培训，进一步提高监管干部依法行政的意识和水平，不断增强依法监管能力。

第三，稳步推进保险信息化建设和统计工作。继续加快数据中心和网络等基础环境建设，加快保险公司的数据大集中，提高数据质量，挖掘数据资产的价值。切实加强保险信息安全保障工作，完善网络与信息安全通报机制，研究制定保险信息系统灾难恢复工作规范。加快保险标准化建设，从制定保险基础数据信息标准着手，完善保险统计数据接口标准，促进保险业信息共享和资源整合。研究反映保险创新、保险公司内含价值和保险公司核心竞争力的统计指标、监管财务指标和保险公司业绩评价指标体系。研究建立保险外汇、保险资产管理、再保险、养老保险、健康保险、责任保险、农业保险等业务统计制度。保监会要加强对全行业统计工作的管理、监督和检查，逐步建立"全口径、分币种"的保险统计制度和标准统一的统计数据体系，努力做到不重不漏，科学高效。各保险公司要高度重视统计工作，推动财务、业务数据整合，在制度安排、人员配备、工作协调方面给予积极支持。

第四，加强保险系统人才队伍建设。与快速发展的形势和承担的任务相比，保险业人才总量不足、结构不合理的矛盾越来越突出。必须高度重视人才工作，大力实施人才兴业战略。一是着力加强监管机关和保险公司领导班子建设，提高领导班子政治素质和管理水平，改进工作作风。进一步充实调整国有保险公司和保监局领导班子。二是牢固树立人才资源是第一资源的观念，建设好以监管人才、经营管理人才、专业技术人才和保险营销人才为主体的四支人才队伍。着眼于保险业快速发展的需要，大胆使用一批人才；着眼于优化保险人才队伍结构，大力引进一批人才；着眼于保险业的可持续发展，大力培养一批人才。三是加强培训工作。以落实科学发展观为重点，加大教育培训力度，成立保监会培训中心，加强对保险系统干部培训工作的指导和管理。四是改革完善用人制度。要拓宽用人视野，善于从各个层次、各个方面发现人才。要打破各种条条框框的束缚，打破学历、资历、身份等的限制，做到不拘一格、惟才是举，最大限度地把优秀人才吸引和聚集到保险业改革发展的事业中来。把各类优秀人才放在保险业急需和相宜的岗位上，做到人岗相适、各得其所，人尽其才、才尽其用。五是加大干部交流力度。建立保监会机关和派出机构、监管部门和保险公司之间的人才交流制度，探索和建立干部轮岗和轮换制度，充分整合人才资源。六是加强思想教育，提高保险业干部反腐倡廉和抵御风险的能力。按照中央纪委第六次全体会议精神，始终把学习党章、遵守党章、贯彻党章、维护党章作为一项重大任务抓紧抓好。通过学习贯彻党章，推进党风廉政建设，进一步加大防治腐败的力度。

第五，营造良好的发展环境。一是加大政策协调力度，创造宽松的政策环境。政府重视和政策支持，是保险业发展的重要条件。要着力于解决制约保险业发展的瓶颈和关键环节，进一步加强与有关部门的沟通和协调，争取政策支持。二是抓好保险宣传工作，创造良好的舆论环境。整合保险宣传资源，发挥行业整体力量，注重宣传保险业改革发展的丰富实践和最新成果，让更多的人认识保险、了解保险、支持保险。三是繁荣保险理论研究。系统总结近年来保险理论创新的最新成果，提高保险理论在哲学社会科学以及经济金融理论中的影响。要充分发挥保险学会的作用，使之成为推进保险理论创新的重要阵地。大力加强保险知识普及，加快推动保险知识进学校教材的工作，促进保险知识普及与国民教育体系的有效结合。组织编写《保险知识普及读本》，方便普通群众学习和了解保险知识。

站在新的发展起点上，保险业改革发展的任务艰巨而光荣。让我们更加紧密地团结在以胡锦涛同志为总书记的党中央周围，高举邓小平理论和"三个代表"重要思想伟大旗帜，深入贯彻十六大、十六届五中全会精神，全面贯彻落实科学发展观，锐意进取，开拓创新，奋发有为，扎实工作，努力开创保险工作新局面，为全面建设小康社会和构建社会主义和谐社会作出新的更大的贡献。

以科学发展观为统领　全面贯彻落实全保会精神努力实现财产保险业又快又好发展

周延礼副主席在2006年全国财产保险工作会议上的讲话摘要

（2006年2月28日）

这次会议的主要任务是：以温家宝总理重要指示和吴定富主席的重要讲话在全行业统一思想，振奋精神，全面贯彻落实全保会的工作部署，明确财产保险业发展和财产保险监管工作的目标和任务，努力实现财产保险业又快又好地发展。

下面，我就财产险业如何实现又快又好地发展和做好2006年财产险工作讲几点意见。

一、正确判断和把握当前保险业发展形势，抓住机遇实现财产险业又快又好地发展

十六大以来，我国保险业发生了深刻变化。和行业自身比，保险业规模、整体实力和发展质量迈上一个新台阶。保费收入接近5000亿，总资产超过15000亿。和金融行业横向比，保险业在改革、开放和建立风险保障机制方面走在了前面，例如人保、平安、中国人寿等公司在海外成功上市，充分在国际资本市场上展现了中国金融企业的风采。和国际保险业比，在发展水平、竞争能力和监管水平等方面差距逐渐缩小，各家公司在借鉴国际先进经验的同时都摸索出了适合自己的发展模式，竞争能力明显提高，保险业在保障经济、完善社会保障体系、提高社会保障水平、服务“三农”、参与社会管理等方面进行了积极探索，取得显著成绩。特别是在发展“三农”保险方面，得到了国务院有关领导的高度评价。

总的来看，财产保险业实现了稳定健康持续快速发展主要表现在：

——**财产保险业务持续增长，业务规模迈上了新台阶**。2005年财产险保费收入1282亿元，比2000年的610亿元增长1.1倍，五年平均增长16%。特别是2004年以来，责任保险、农业保险、人身意外伤害保险和投资储蓄型保险等非车险业务呈现出快速增长的良好势头，正逐步成为财产险业务新的增长点。

——**服务领域不断拓宽，保险功能逐步发挥**。近年来，财产保险在业务稳步增长的同时，经济补偿和社会管理功能也逐步得到发挥。据不完全统计，2001年至2005年，财产险业支付赔款2486亿元。其中，2004年，浙江“云娜”台风发生后，保险业迅速启动应急处理程序，组织人员赴灾害现场参与抢险救灾，开展对受伤人员和受损财产的查勘理赔，共及时支付保险赔偿16.6亿元。此外，农业保险保障范围不断扩大，在农村经济社会发展中“稳定器”和“助推器”作用日益显现，扭转了1994年以来农业保险逐步萎缩的局面。责任保险的覆盖面逐步扩大，服务领域得到拓宽，社会辅助管理功能初步显现。

——**市场主体增加，市场体系建设逐步完善**。“十五”期间，财产保险公司主体和分支机构都得到了快速发展。截至2005年底，共有财产保险公司39家（含再保险公司），其中：中资公司24家、外资公司15家。各保险公司分支机构近两万家。初步形成了综合性保险公司、专业性保险公司（车险公司、农险公司、责任险公司）、专业再保险公司、股份制公司和相互制公司并存的市场竞争格局。

——**产品、服务不断创新**。近年来，保监会逐步建立了与社会主义市场经济体制相适应的现代保险产品管理制度，简化审批程序，鼓励和引导保险公司积极进行产品创新。保险公司产品创新的主动性和积极性明显增强，创新能力不断提高。保险产品的种类和数量更加丰富，个性化保险产品不断涌现，更好地适应了不同消费者的实际需求。2003年“非典”期间，财产险公司迅速推出了13个“非典”保险产品，有力地支持了抗击“非典”工作，起到了良好的社会效益。

——**非寿险精算体系建设取得阶段性成果**。为促进财产保险公司产品定价、准备金评估和偿付能力监管等方面的科学化和规范化，保监会从2003年开始，在财产险公司实施非寿险精算责任人制度，初步建立了非寿险精算报告制度，稳步推进非寿险精算师资格考试制度。非寿险精算工作显现出“起步晚，起点高、发展快”的特点。

——**再保险市场深化改革，快速发展**。WTO过渡期结束后，我国保险市场全面开放。直保市场的快速发展要求我国再保险市场通过专业化的监管、培育迅速赶上。2005年保监会颁布了《再保险业务管理规定》，不但在监管制度上取得突破，也填补了我国再保险监管制度上的空白。近年来，保监会先后批准4家外国再保险公司进入中国市场，中国再保险公司成功完成了股份制改革，国内再保险市场主体单一的局面被打破，市场结构得到优化。到2005年三季度，国内再保险公司的商业分保业务首次超过法定分保业务，达到64.5%。

中国保险业能形成今天这样一个充满活力蓬勃发展的新局面，根本原因就在于保监会坚持以科学发展观统领保险业的改革与发展，发扬与时俱进的精神和求真务实的态度开创符合国情的保险监管之路。回顾十六大以来保险业改革发展的实践，我们可以得出这样的经验：

（一）坚持发展是硬道理的战略思想不动摇，将优化保险业发展环境作为制定政策措施和解决问题的立足点。

十六大以来，保监会坚定不移地以加快发展作为保险监管的指导思想和工作方针。号召全行业充分认识发展是执政兴国第一要务这一重要思想，树立强烈的发展意识，解放思想，深化改革，大胆创新，抓住难得的历史机遇期，把保险业做大做强。

在引领行业发展中，强调正确处理好发展与加强监管、发展与防范风险的关系，改革和创新是发展的动力。发展中会遇到各种各样的新情况、新问题、新矛盾，要

用创新的思维和创新的办法去解决。发展中必然会有风险，不能因为怕风险就不敢发展，而是要通过加强监管防范风险，通过发展化解风险。反之，通过加强监管防范风险可以更好地促进发展。近年来，各家公司积极探索自身的发展之路，对怎样发展、如何发展都有了新的认识，我们对此表示支持。

在改革发展实践中，保监会进行了一系列现代保险理论创新。从中国保险业发展处于初级阶段的科学论断，到提出并完善了做大做强理论，到完善保险三项功能，到保险业新时期理论，到保险公司核心竞争力标准，到防范风险5道防线等等。在这些正确理论的指引下，保险业实现了稳定持续健康快速发展。

（二）坚持市场配置资源和宏观调控两手抓，不断提高驾驭保险市场的能力。

通过宏观调控提高对市场的驾驭能力，实现又快又好发展的目的。当前，我国保险业还处于发展的初级阶段，与发达国家保险市场相比还有较大的差距，相对存在着“四个不成熟”。一是市场不成熟。表现为公司治理结构不健全，经营机制转换不到位，企业内控执行力弱，增长方式转变滞后等。二是经营者不成熟。表现为公司经营者宏观意识和大局意识不强，市场经营者经验不足，创新意识有待提高，促进发展的办法有待增强，导致公司经营粗放、产品结构单一、增长方式落后等。三是消费者不成熟。表现为群众的投保参保意识不强，对保险的功能、作用及其对企业生产和居民生活的稳定作用认识了解不深。四是监管者不成熟。表现为现代保险监管理论、监管体系建设、监管工作技巧和水平有待进一步完善和提高。

在这样的阶段，过于依赖市场的作用，一切都市场化，让市场自我调节，自由发展是不切实际的，容易产生大起大落，更不利于又快又好发展。

保监会通过车险条款费率监管制度改革、制定财产保险公司条款和费率管理办法，实行财产险公司高级管理人员监管情况通报制度，建立以公司内控为基础、以偿付能力监管为核心、以现场检查为重要手段、以资金运用为监管关键环节、以保险保障基金为屏障的五道风险防线，建立以偿付能力、公司治理结构和市场行为监管为三大支柱的现代保险监管体系，在高度重视保险市场配置资源的基础性作用同时，充分发挥监管机关对保险市场发展进行宏观调控的推动和引导作用，促进保险业又快又好地发展。

（三）坚持服务大局和以人为本，立足国情，走有中国特色的保险业发展道路。

我国是一个发展中国家，人口多是基本国情，发展不平衡是现实情况。探索具有中国特色的保险业发展道路，要坚持围绕中心，服务大局。要将保险业的发展放到国家宏观经济发展的大环境中思考。不要就保险论保险，要有宏观意识和大局意识。要坚持以人为本，针对困难群众、发展中的群体和富裕起来的群体，提供不同的保险服务。要让保险产品和保险服务渗透到社会经济运行的各环节和人民生活的各方面。只有如此，保险业才能更好地发挥促进改革、保障经济、稳定社会、造福人民的作用。保险业只有坚持走具有中国特色的发展道路，才能正确找准保险业在国民经济中的位置，才能拓展广阔的市场空间，才能持续长久地发展。

二、加强思想建设和能力建设，保障财产险业又快又好发展

（一）坚持科学发展观不动摇

科学发展观是我们党以邓小平理论和“三个代表”重要思想为指导，对我国现代化建设长期发展实践的经验总结和理论升华，是指导我们抓住机遇、加快发展的世界观和方法论。科学发展观的核心就是又快又好地发展。

财产保险业贯彻落实科学发展观就是要着力解决好速度、效益、诚信、规范问题，按照这“八字方针”努力推动财产险业实现业务较快增长、结构科学协调、效益稳步提高、竞争规范有序、风险有效控制、诚信显著改善、管控不断增强和队伍坚强有力的发展目标。具体地讲，包括：

1. 财产险业要保持平稳快速的发展态势，要充分运用市场机制和宏观调控手段，防止业务发展出现大起大落。保险业“十一五”规划（草案）提出的业务发展总目标是，到2010年，全国保险业务收入争取比2005年翻一番，突破1万亿元。保险深度4%，保险密度750元。保险业管理的总资产达到5万亿元以上。要实现这一发展战略目标，就必须保持较快的业务发展速度。未来的3至5年是财产险业发展的关键时期，财产险业要抓住当前大好难得的发展机遇期，力争年平均增速保持在15%左右，确保保险业总目标的实现。

2. 要妥善处理好规模、速度和效益以及企业效益和社会效益的和谐统一。各保险公司要按照“规模险种出效益、效益险种上规模”的原则，在发展中优化结构。对于有一定市场风险，但经济社会和人民群众非常关注、迫切需要的险种，要积极试点；对于试点成功的，要不断总结经验，逐步推广。

一方面，保险公司必须注重社会效益。没有社会效益，保险业发展就失去了社会基础，经济效益也就不可能实现。另一方面，强调社会效益并不是不讲经济效益。

作为商业保险公司，不讲经济效益是违背市场规律的。在规模与效益问题上，规模太小，为经济社会发展服务就只能是一句空话，保险的社会效益难以发挥；规模太小，企业可持续发展能力就不能得到保障，防范风险的能力必然弱小，企业的长远经济效益难以实现。要尽快达到较大规模，就必须保持较快的发展速度。

（二）坚持改革创新为先导

创新是发展的不竭动力。改革开放二十多年来保险业发展实践证明，保险业的每一次大的创新，都带来保险业发展飞跃。党中央、国务院非常重视创新工作，提出建设创新型国家的号召。保险业要从保障和促进又快又好发展的战略高度牢固树立创新意识。吴定富主席在全保会上指出，创新是解决保险业突出问题的金钥匙，保险业存在的许多矛盾和问题，都是在传统的体制和思维模式下产生的，必须用创新的办法才能解决；提高自主创新能力，建设创新型行业，也是当前保险业面临的一项战略任务，并提出把2006年作为保险业的“创新年”。

提高保险业自主创新能力是建设创新型行业的核心。通过产品创新拓展服务领域，通过服务创新满足不同消费群体的多样化的需求，通过销售创新扩大保险的渗透度和覆盖面。在创新中要结合财产保险发展实际，以原始创新、集成创新和消化吸收再创新相结合的原则，在强化创新意识、推进创新制度建设的同时，特别要大力做好原始创新的推广工作。今后一段时期，财产险业创新工作的重点是：

——**积极开展产品创新**。当前保险业存在的主要矛盾之一就是产品结构不合理，供给和需求存在严重的脱节现象，保险服务不能满足经济社会和人民生活对保险的需要。这个问题在财产险领域也比较突出。在这个问题上，一些公司的创新意愿不强，满足于现有的几个产品，一张保单卖全国，不愿承担创新风险和责任，不建立行之有效的公司创新机制，不下放创新权限，甚至设置层层障碍，最终造成公司持续发展能力减弱，核心竞争能力不强；也有些公司不认真研究市场，不了解社会需求，或是照搬照抄国外产品，存在严重“水土不符”现象；或是闭门造车，随意组拼，产品不被市场认可，没有销路；一些公司不知道如何创新，这样的公司多是“跟、学、抄”，或是进行文字概念炒作，条款文字晦涩难懂。

下一步，保监会将加强产品创新的组织引导力度。对一些重点领域、重点产品、重点项目将整合财产险行业资源，形成财产险产品创新合力。各公司要大力加强自主创新的市场主体地位，建立以公司为主体、市场为导向、理论与实践相结合的产品创新体系。

——**不断进行服务创新**。要实现服务创新，首先是要解决保险业为谁服务、怎样服务和提高服务水平的问题。当前，财产险业要实现做大做强的战略目标，又快又好地发展，必须从保险业服务经济社会大局，适应全面对外开放形势，适应经济金融改革需要出发，必须从服务建设社会主义新农村和加快完善社会保障体系需要的角度出发，不断进行服务领域创新和服务质量创新，不断满足社会各个阶层、各个领域、各类人群对保险的不同需求。一是在服务对象上，要树立为广大人民群众提供保险服务的理念。二是在服务领域上，要积极开展农业保险，为农村经济发展和建设社会主义新农村服务；要大力发展责任保险，充分发挥责任保险在辅助社会管理、化解社会矛盾和建设社会主义和谐社会中的积极作用。三是在服务质量上，要更新服务理念，增强服务意识，提升服务效率，提高服务水平，以服务质量的提高促财产险业发展。

——**大力加强诚信建设创新**。十六大以来，财产险业在诚信建设上做了大量的工作，也取得了一些成效。目前，财产险市场在诚信上存在的问题主要集中在保险理赔质量和效率上。具体表现在承诺不兑现、理赔质量差、理赔效率低、拖赔、惜赔问题时有发生等方面。下一步，保监会将坚持把提高车险理赔服务水平作为财产险业加强诚信建设的切入点。在总结2005年试点经验的基础上，逐步在行业内推广。改善并提高财产险业的社会形象。各财产险公司要根据保监会的统一部署，大力推进诚信创新工作，要将诚信创新作为企业可持续发展的生命线，以诚信创新促进业务发展，以诚信创新提升企业品牌，以诚信创新树立良好财产险行业形象。当前，各财产险公司应紧紧抓住车险理赔难这个突出问题，求真务实，扎实工作，将诚信建设落到实处。

（三）要增强历史责任感、使命感和紧迫感

总体上看，“十一五”期间，无论从内部环境还是外部环境，无论是社会环境还是经济环境，都为保险业提供了难得的发展机遇期。机遇就是动力。机遇就是生产力。机遇就是挑战。财产险业要牢牢抓住当前的大好发展机遇期，按照全面建设小康社会和构建社会主义和谐社会的要求，顺应形势，加快发展。

我们现在的保险从业人员可以说是我国现代保险业的开拓者。回顾保险业历史，展望未来，当前保险业每一步发展都在创造历史。在现代市场经济的大潮中，机遇瞬间即逝，不进则退。随着金融业综合经营进程的加快，新的业务领域和发展空间也面临潜在激烈的竞争。

我们的从业人员，特别是各级高管人员，务必要树立历史责任感。有了责任感就有了动力，一种拼搏向上的动力，就会提高效率和工作水平；要有神圣的使命感，看到使命光荣，任务艰巨；要有强烈的紧迫感，要知难而进。在这样一个前所未有的发展机遇面前，财产险业不能坐失良机。

（四）增强运筹力、协调力和执行力

增强运筹、协调和执行能力建设，是增强企业驾驭市场能力、应对市场变化、提高决策水平和管理能力的重要保证。

实现财产险业又快又好地发展，要求各级高管人员具有高超的运筹力。就是要针对经济社会发展和财产险市场发展中出现的新情况、新问题做到早发现、早谋划、早应对。要保持与时俱进、开拓进取的精神状态。

实现财产险业又快又好地发展，要求各级高管人员具有较强的协调力。各级高管人员要树立宏观意识和大局意识。要有协调处理好行业与社会、公司与行业、个人与公司行业之间关系，推动和谐发展的能力。要有宽阔的视野，不要就保险论保险，就行业论行业，就区域论区域。只有站在宏观经济发展的全局分析和解决问题，才能找到新的发展领域和空间，才能保持行业可持续性发展。

实现财产险业又快又好地发展，要求保险企业和各级高管人员具有较强的执行力。就整个行业来说，监管机关的法规制度在各个公司要得到有力地执行；就一个公司来说，总公司的规章制度在各级分支机构要得到有力地执行，公司的内控制度要得到有力地执行，真正做到一级管得住一级。就 2006 年财产险监管工作而言，各财产险公司要着重加强对理赔环节管理，堵塞“跑、冒、滴、漏”，降低经营成本，促进财产险业盈利水平明显提高。

（五）坚持把防范风险作为财产险业发展的生命线

越是加快发展，越要注意防范风险。只有处理好加快发展和防范风险的关系，切实防范化解风险，才能促进财产险业又快又好发展。

十六大以来，保监会高度重视保险业风险防范工作，提出了把防范风险作为保险业生命线的监管理念，确立了把改革作为防范化解风险的有效措施、把发展作为提高抵御风险能力的根本途径、把加强改善监管作为防范风险重要保障的工作思路。形势越好，我们越要保持清醒的头脑。随着财产险业的快速发展，市场主体不断增加，新的业务领域不断开拓，新情况和新问题不断产生，存在的风险隐患同样不容忽视。我们必须在加快发展的同时，切实防范风险，确保不出大问题。保险业耽误不得、失误不得。

近年来，针对财产险业务发展当中出现的车贷险风险、保险公司风险累积过高、强制三者险制度风险等主要风险隐患，保监会采取个案突破和完善制度相结合，采取有效措施进行化解。目前，财产险业不存在大的系统性风险，而且抵御风险的实力得到显著增强。

三、对做好 2006 年财产险工作的三点要求

2006 年财产险监管工作总的原则是紧密围绕全保会部署的工作任务和要求，用科学发展观统领财产险业发展全局，围绕速度、效益、诚信、规范，按照完善规章促规范，争取政策促发展，抓好典型搞示范，严格检查抓落实的原则开展工作，努力使财产险业在业务、结构、效益、竞争、诚信、管控和风险控制、队伍建设等方面取得新进展，努力开创财产保险发展新局面，更好地为全面建设小康社会和构建社会主义和谐社会服务。

为较好地完成 2006 年全保会部署的各项工作任务，实现财产险业又快又好地发展，我提三点要求：

（一）各财产险公司要紧密围绕全保会部署的财产保险工作任务和保监会财产险部制定的监管工作重点，创造性地开展工作。要注重原始创新，抓好集成创新，推广成果。只有创新，才有闪光点，才有发展。

（二）要振奋精神，以良好的精神状态和积极向上的进取精神，以求真务实的工作作风，把各项工作落到实处，抓出实效。

（三）各公司要共同营造财产险业和谐发展环境，建设和谐行业，和谐公司。当前，规范市场秩序、规范价格竞争是加快财产险业发展速度、提高效益的根本保证，是财产险业实现又快又好发展的前提，也是财产险业实现跨越式发展的必备条件。各财产险公司要进一步完善内控机制，强化各分支机构的执行力度，努力提高管理水平、创新能力和服务质量，出台具体措施，以服务促发展、以创新促发展、以管理促发展。

同志们，2006 年是“十一五”规划的第一年，也是与时俱进、继往开来的一年。当前我国正处于重要的战略发展机遇期，财产险业也站在一个新的历史起点上。党的十六届五中全会和中央经济工作会议对今后几年国民经济和社会发展做出了全面规划和战略部署，给我们指明了方向，明确了任务。让我们以邓小平理论和“三个代表”重要思想为指导，坚持以科学发展观为统领，统一思想、振奋精神、开拓进取、扎实工作，为全面建设小康社会和构建社会主义和谐社会做出新的贡献，为顺利实现“十一五”规划开好局、起好步，努力实现财产险业又快又好地发展。

关于加强保险资金风险管理的意见

中国保险监督管理委员会

（2006年10月31日）

各保险公司、保险资产管理公司：

为贯彻落实《国务院关于保险业改革发展的若干意见》（以下简称《若干意见》），建立健全保险资金风险管理体系和运行机制，切实防范保险资金管理风险，促进保险业又快又好发展，提出以下意见：

一、统一思想，提高认识，加强全面风险管理

近几年来，保险业认真贯彻落实党中央、国务院的方针政策，积极参与实施国家的重大战略，不断加快保险业务发展，扩大保险资金规模，推动保险资金管理进入新的发展阶段。经过全行业艰苦努力，保险资金管理发生了深刻变化，体制改革取得重大突破，制度建设不断完善，运行机制逐步健全，投资渠道日渐拓宽，投资收益稳步提高，有力地支持了金融改革，促进了经济发展，有效地提高了保险业在国民经济和社会发展中的地位。

随着金融改革的深化，保险资金管理的风险因素正在不断增多，跨市场和跨行业的风险，开始向保险业渗透和传递，有些风险可能会形成系统性风险，必须引起保险机构的高度重视。我国保险资金管理起步较晚，基础制度建设滞后，内部控制机制薄弱，普遍存在重投资、轻内控，重收益、轻风险的现象，违规运作行为时有发生，已经成为保险资金安全的重大隐患，必须切实加以解决。

保险资金管理是保险业防范风险的生命线，也是全行业加强风险管理的重要内容和关键环节。保险机构要认真贯彻落实《若干意见》，从全局和战略的高度，统一思想认识，强化风险意识，增强改善保险资金风险管理的责任感和紧迫感。要健全制度，完善机制，规范运作，强化披露，采取新的方式，运用新的手段，科学评估保险资金管理风险，逐步构建全面覆盖、全程管理、全员参与的新型风险管理体系。

二、明确目标，落实任务，建立新的管理体系

今后一个时期，保险机构要把建立健全保险资金风险管理体系，防范保险资金管理运营风险，摆上经营管理工作的重要位置，使之成为促进保险业快速发展的“助推器”和“安全网”。

改进保险资金风险管理的指导思想：按照《若干意见》要求，全面贯彻落实科学发展观，以维护保险当事人切身利益为根本，以服务经济发展和社会全局为出发点，以加强保险资金风险管理能力建设为重点，继续加强基础制度建设，推进管理体制改革，建立资产与负债、风险与收益相匹配的管理机制，推进风险管理由被动防范向主动控制转化，稳步实现保险资金管理方式的根本转变。

加强保险资金风险管理的工作目标：树立科学的全面风险管理理念，构筑严密的风险管理组织体系，完善风险管理运行机制，进一步改进风险管理技术，逐步化解累积风险，有效遏制重大风险，建立具有保险特色的资金风险管理文化，确立保险资金风险管理的品牌优势，使保险资金运用风险管理成为保险机构重要的利润来源，不断增强保险业核心竞争能力。

推进保险资金风险管理的主要任务：加强公司治理和内控制度建设，建立职责明确、分工合理、相互制衡的风险管理组织架构，全面规范保险资金管理操作流程，完善保险资金管理重大突发事件应急处理机制。稳步实施保险资金托管制度，确定保险资金委托人、受托人、托管人及其他当事人的基本职责和法律关系。进一步推行资产负债匹配管理，改进风险管理方式，优化信息技术系统，强化风险监测手段，提高保险资金风险管理能力。健全责任追究机制，严格治理商业贿赂，提高管理人员素质，防范管理和运营风险。

三、改革体制，健全机制，构建风险管理架构

完善组织架构是加强保险资金风险管理的重要基础。保险机构要根据自身发展战略，按照专业化和系统化原则，进一步理顺保险资金管理关系，优化公司治理结构，建立保险资金风险管理的长效机制。

加快资产管理体制改革。保险公司要继续推进专业化管理，改进运作模式，建立统一调度、集中运用、全程监控的资金归集管理制度，切实履行资产的战略配置、投资监控和绩效评估等职责。要按照国家有关规定，与有关商业银行签订托管协议，明确双方职责，委托银行办理托管资产存管、清算交割、资产估值、投资监督等事务，稳步实施保险资产的第三方托管。保险资产管理公司要借鉴国际管理经验，积极引进境内外战略投资者，改善公司治理，加强内控建设，规范运作行为，防范管理风险，按照法律法规及合同约定管理受托资产，提高管理效率。

建立风险管理组织架构。保险机构要按照《关于规范保险公司治理的指导意见》要求，进一步明确董事会、监事会和经营管理层的职责，严格规范管理程序，建立和完善保险资金管理决策权、运营权、监督权相互分离和相互制衡的机制；要加强董事会建设，确立董事会对投资政策、风险控制、合规管理负有最终的责任。要建立独立董事制度，强化独立董事职责，增强董事会独立性，提高决策的科学性；董事会要内设投资决策委员会和风险管理委员会，投资决策委员会主要负责审定资产战略配置和投资策略，决定重大投资事项，风险管理委员会主要负责审定风险管理制度和基本战略，监督评估风险管理执行情况。监事会要根据法律、行政法规和保监会有关规定，监督董事会和经营管理层的资金管理行为。

保险公司要建立专业管理支持体系，设置专门的资产管理部门，负责拟定资产管理政策，调整资产战略配置，制定投资管理指引，按照市场原则选择专业管理机构，建立专业管理机构绩效考核机制。保险资金管理公司要设置独立的风险管理部门，负责拟定风险管理制度，识别、评估、控制和管理各类风险，定期报告风险管理状况。

保险资产管理公司要设立首席风险管理执行官，定期向董事会报告有关情况，及时防范和化解重大风险。发现重大风险隐患应及时向保险监管机构报告。首席风险管理执行官不得兼任首席投资管理执行官或主管投资管理的高级管理人员。首席风险管理执行官的聘任、更换应向中国保监会报告。

四、加强内控，细化流程，规范风险管理行为

强化公司内部控制是加强保险资金风险管理的重要措施。各级保险机构要牢固树立“内控优先”的指导思想，制定铁的规则，依法合规运作，严格财经纪律，防范资金管理风险。

加强内控制度建设。保险机构要按照“分工明确、独立制衡”的原则，从负债匹配、投资决策、指令执行、交易操作、风险管控、信息披露等方面入手，全面修订和完善内部规章制度，强化事前防范、事中监控和事后管理，定期检查、评估内控制度执行情况，发挥内部稽核和外部审计的监督作用，确保稽核审计工作的独立性、有效性和连续性。

细化投资操作流程。保险机构要制定资金管理操作流程，明确流程各个环节、有关岗位的衔接方式及操作标准，使之覆盖研究、决策、交易、清算、风险控制和绩效评估等全部过程。要梳理和揭示资产管理的主要风险，严格分离投资业务前台、中台、后台的岗位责任，制定有效防范和控制风险的措施，做到风险评估在前，投资交易在后。所有工作人员必须合规运作，不得违反程序。

建立应急管理机制。保险机构要认真落实《保险业重大突发事件应急处理规定》，建立保险资金管理重大突发事件应急处置预案制度。发现可能导致资金损失的风险苗头或重大事件，要立即启动应急机制，控制事态发展，及时向经营管理层报告，督促相关部门迅速整改，并向中国保监会报告，具体说明事件背景、处置状况和可能产生的后果。

五、改进技术，完善系统，增强风险管理能力

改进风险管理技术是提高保险资金风险管理的重要举措。保险机构要结合自身实际，加快引进成熟市场的风险管理技术和经验，实施资产负债匹配管理，完善技术支持系统，推动风险管理由定性管理向定性与定量管理相结合方向转变。

推行资产负债管理。保险公司要建立资产负债匹配管理机制，完善保险产品资产专户管理制度，根据不同保险产品负债特性，确定资产管理的最佳组合。保险公司和保险资产管理公司要加强投资产品与保险产品的衔接，建立产品设计、市场销售和投资管理协调运作的机制。保险资产管理公司要主动参与保险产品前期设计，发挥资产管理专长和了解其他市场的优势，协助保险公司开发新型保险产品，进一步防范保险产品的定价风险。要严格按照保险资产战略配置要求，以战术配置和组合管理为重点，精心管理受托资产，切实防范资产错配风险。

改进风险管理技术。保险机构要积极采用有效的风险管理方法，设置科学的风险监控指标，运用风险价值、情景分析、压力测试等工具，评价、预警和监控投资管理的政策风险、市场风险、信用风险和流动性风险，做到早发现、早报告、早控制、早解决。要严格执行有关法律和保险资金管理规定，建立资金管理风险预算，合

理确定投资方向和比例，按照风险限额运作，避免涉足风险较大、超出自身管理和风险控制能力的投资业务。

完善信息管理系统。保险机构要逐步建立完善的信息管理系统，加强信息技术支持体系建设，规范系统开发、运行和管理，提高资产风险管理水平。要建立全面风险管理数据库，收集和整合保险市场和其他市场的基础资料，记录保险资金管理和投资交易的原始数据，将风险监控的各项要素固化到相关信息技术系统之中，最大限度地减少人为因素，降低操作风险。

六、明确职责，强化管理，严格责任追究机制

严格执行问责制度是加强保险资金风险管理的重要保障。各级保险机构要高度重视员工教育和职业培训，树立依法合规管理观念，不断提高各级管理人员的业务素质和职业道德修养。

明确风险管理责任。保险机构要按照自主投资、自担风险的原则，承担资金管理、风险控制和投资运作等各项责任。监管机构要加强基础制度建设，抓紧制定有关规则，严格市场准入，规范运作行为，切实履行监管职责，营造责任明晰和公平、公正、公开的市场环境，建立积极、稳健、有序的市场秩序。

切实防范道德风险。保险机构要建立投资管理人员考察、评价、监督、激励等管理机制，完善述职制度，考核任期经营业绩、管理能力、职业操守和履职情况。要严格执行资产管理高级管理人员、重要岗位人员离任审计制度，实行反商业贿赂承诺制度，严禁私设账外账，不得以任何名义和现金方式接受或支付佣金。有关资金管理合法收取的费用，要坚持公开、透明、规范的原则，通过银行账户划转，切实维护保险机构诚信规范的社会形象。

建立责任追究机制。保险机构要定期开展保险资金风险管理的监督检查，及时排查薄弱环节、要害部位、主要业务和重要人员的风险，加大违法违规事件的检查力度，及时解决存在问题，并向中国保监会报告。

保险机构要依照有关法律法规，认真执行保险资金管理政策，严肃处罚违法违规行为。任何违法违规事项，无论是否造成损失，要彻底查明原因，严格追究有关人员和相关领导的责任。保险机构高级管理人员从事内幕交易等违规投资的要坚决撤换，不得易地同级任职，违法犯罪的要依法移交司法机关，追究其刑事责任。

创新发展再保险业　促进保险业又快又好发展

中国保监会主席吴定富在《金融改革创新与再保险业发展论坛暨中国再保险（集团）公司博士后科研工作站揭牌仪式》上的讲话摘要

中国保监会主席吴定富在金融改革创新与再保险业发展论坛暨中国再保险（集团）公司博士后科研工作站揭牌仪式上指出：

当前我国再保险业创新发展面临极为难得的发展机遇，要高度重视创新对再保险业发展的重要意义，自觉用《若干意见》精神指导再保险业改革发展的实践，坚持加快发展、自主创新、贴近市场、协调发展，科学规划再保险业发展布局，推动再保险市场业务结构调整，加快形成具有中国特色和区域性竞争优势的再保险发展格局，高度重视专业技术人才队伍的培养和使用，努力实现我国再保险业又快又好发展。

再保险具有技术密集和人才密集的特点，创新对再保险业发展尤为重要。他强调，再保险业创新发展面临极为难得的历史机遇。《国务院关于保险业改革发展的若干意见》的颁布，为再保险业创新发展提供了极为有利的宏观政策环境。十六大以来我国保险业的快速发展，对再保险业创新发展提出了越来越迫切的要求，需要再保险业大力创新思想理念、技术手段和业务模式，满足直接保险市场不断扩大和不断丰富的再保险需求。我国再保险业创新发展的潜力十分巨大，关键是要把创新作为再保险业发展的根本动力，把提高创新能力作为促进再保险业发展的重要战略，切实抓紧抓好。

创新发展再保险业是保险业又快又好做大做强的重要支撑。一是再保险业创新发展对促进保险业又快又好发展意义重大。保障保险市场安全，再保险发挥分散赔付风险、扩大承保能力和巨灾保障功能，使得保险大数法则跨越风险单位的限制，在更广泛的区域内分散保险业的风险，可减少重大突发事件对保险行业的冲击。辅助保险市场调控，再保险公司拥有行业风险经营数据，通过对各类风险数据的整合分析，能够对整个保险市场

的风险状况做出较为客观的评估。监管机构可以根据相关信息制定价格调节措施，既可以保障直接保险公司经营的稳定和安全，同时还可以对直接保险公司审慎经营、市场行为进行全面深入的监督，引领直接保险市场有效地防范风险。同时，再保险可引导产品科学定价，支持保险公司业务流程和发展模式的创新；可以提供更加全面的技术和信息支持，帮助直接保险公司规避创新产品的风险，从而为促进保险市场创新，建设创新型行业提供有力支持。强化行业风险管理，再保险以其特有的机制优势，能够发挥连接风险管理五道防线的纽带作用。再保险公司对直接保险公司风险管理质量和水平非常敏感，可以通过价格杠杆促进直接保险公司完善治理结构和内控制度。再保险公司通过风险管理和风险评估，可以有效地防范和分散保险业的经营风险和巨灾风险。同时，再保险公司能够以准备金形式积累起大量资金，为直接保险公司防范风险、稳定经营构建起有力屏障。二是不断创新是再保险业发展的必然选择。推动再保险业跨越式发展，建设中国特色现代保险业以及更好地服务经济社会，要求再保险业在思想理念、体制机制、人才队伍、组织保障等方面不断加大创新力度，紧密结合中国经济社会和保险业发展特点，创新再保险发展模式，促进直接保险市场拓展业务领域、加强风险管理和提高承保能力。三是创新再保险业发展时不我待。随着我国保险业平稳较快的发展，必须进一步增强促进发展再保险的责任感和紧迫感，用创新的思维和创新的方法推动再保险业实现跨越式发展，更好地为保险业又快又好做大做强战略服务。

要深入贯彻国务院《若干意见》，为再保险创新发展提供不竭动力。再保险业必须把深入学习贯彻《若干意见》作为当前和今后一个时期的首要任务，用《若干意见》精神指导再保险业改革发展的实践。一是必须坚持加快发展。当前我国再保险业发展存在差距，必须坚持加快发展的指导思想，坚决消除束缚再保险业发展的体制和机制障碍，实现跨越式发展。二是必须坚持自主创新。再保险业的改革发展模式没有现成的经验和规律可循，只有不断提高自主创新能力，在创新中发展，研究新情况，开拓新领域，开发新产品，满足新需求，为经济社会和保险市场发展提供更大规模和优质的再保险服务，在吸收和消化国外先进技术和管理方式中，探索有中国特色的再保险业发展之路。三是必须贴近市场需求。再保险业要牢固树立市场观念和服务观念，跟着市场走，跟着需求走，不断满足经济社会和保险市场发展对再保险的客观需求。要研究和适应市场新变化，主动调整发展思路，由满足直接保险公司偿付能力需求向风险分散需求转变，由服务公司现有业务领域需求向公司开拓新业务领域需求转变，由提供单一保障需求向多元保障需求转变，提高抵御行业经营风险的能力。在防范风险的基础上，国内再保险公司要积极参与市场竞争，提高核心竞争力。四是必须坚持协调发展。要注重统筹财产再保险与人寿再保险的发展，统筹发达地区与欠发达地区的发展，统筹城市业务与农村业务的发展，统筹传统业务与创新业务的发展，统筹国内市场与国外市场的发展。要注重业务结构的调整，提高再保险业的渗透度和覆盖面，在农业保险、责任保险、健康保险、养老保险等重点领域，在交强险、医疗事故责任保险和贷款保证保险等重要业务方面，充分发挥再保险的保障作用，推进再保险市场服务领域的拓展，促进再保险市场与直接保险市场协调发展。

再保险业要抓住有利时机，全面贯彻落实科学发展观，进一步端正发展思路，科学规划再保险业发展布局，促进国内再保险资源优化配置，推动再保险市场业务结构调整，加快形成具有中国特色和区域性竞争优势的再保险发展格局，重点要处理好三个方面的关系：一是处理好再保险市场发展和直接保险市场发展的关系。要全面认识建立完善的再保险市场体系的极端重要性，科学谋划加快再保险发展的方略和思路，在更高的层次上推进直接保险市场和再保险市场的共同繁荣、共同发展。二是处理好优先国内分保和全面对外开放的关系。要认真执行保险法的有关规定，积极借鉴学习国际再保险业发展先进经验和成果，通过开放尽快提高我国再保险业的发展水平。三是处理好优先用足国内再保承保能力和有效利用国际再保险市场的关系。要发挥国内再保险的市场优势、制度优势、比较优势，集中力量办大事，将这些优势与有中国特色的市场经济体制优势紧密结合起来，创建农业再保险支持体系和巨灾再保险保障体系。要探索建立国内再保险转分保市场，通过承保联合体和共保联合体等市场手段，最大限度挖掘国内承保能力，用足用好国内再保险承保能力，满足航空航天、核能保险、生物医药、重大基础设施的保险需求，保证国内保险市场和再保险市场的持续稳定发展。要增强再保险业的资本技术实力，利用好国内外两个市场、两种资源，广泛参与地区间和国际间再保险业务，使中国逐步发展成为有国际影响力的再保险中心。

实施人才兴业战略，为再保险创新发展提供智力支持和人才保证。实施人才兴业战略是创新发展再保险业的本质要求，要特别重视专业技术人才队伍的培养和使用，必须把专业技术人才队伍建设放在促进再保险业产品服务和管理创新，推动我国再保险业逐步向现代金融服务业转型，保证再保险人才兴业战略实施的高度上加以推进。

中再集团坚持把人才资源作为促进又快又好发展的第一资源，坚持把人才队伍建设作为推动再保险发展的重要动力，把握了保险业人才兴业战略的本质要求，顺应了国际再保险业的发展趋势，必将对促进中国再保险事业发展，服务保险业做大做强战略起到积极推动作用。

“十五”期间中国保险业对外开放情况

（2006年2月28日）

加入世界贸易组织以来，中国政府认真履行入世承诺，逐步取消了对外资保险公司的限制。外资保险公司数量从入世前的18家公司44家总分支公司，增加到2005年底的40家公司99家总分支公司。保险业已对外资保险公司放开了全部地域和除有关法定保险以外的全部业务。截至2005年底，外资保险公司的市场份额已经达到6.92%。

结合中国加入世界贸易组织承诺，保险业及时清理了与世贸组织规则和入世承诺不符的保险法律法规，加快完善保险业法律体系。新颁布的《中华人民共和国外资保险公司管理条例》，为满足入世后保险市场发展及监管奠定了法律基础。此外，按照国务院行政审批制度改革、《行政许可法》的有关要求以及世贸组织规则，积极完善保险监管和行政审批制度，提高了监管的效率和透明度。

（中国保监会）

第六部分

涉外投资

综　合　论　述

谋大局　抓大事切实提高利用外资和境外投资工作的水平

国家发展改革委副主任张晓强同志在“2005年全国发展改革系统外资工作会议”上的讲话（摘要）

全国发展改革系统外资工作会议的主题是认真贯彻落实党的十六大、十六届五中全会和中央经济工作会议精神，以科学发展观为指导，统筹国内发展和对外开放，切实做好新时期的利用外资和境外投资工作。国家发展改革委副主任张晓强同志做了题为《谋大局，抓大事，切实提高利用外资和境外投资工作的水平》的讲话。张晓强同志指出：

“十五”时期是我国利用外资和境外投资长足发展的重要时期，我国实际利用外资总额共计约3800亿美元，是“九五”的1.3倍。其中，外商直接投资超过2700亿美元，在经营的外资企业达到28万户，直接吸纳就业约2400万人。我国把握住新一轮国际制造业产业转移的机遇，大量引进资金密集型和技术密集型产业的外商投资，推动了我国产业结构调整和国际竞争力的提升。境外投资进入较快发展阶段，在投资规模、领域、主体、方式等多个方面都达到了新的水平。“十五”期间，涉外经济体制改革进一步深化。加入世贸组织后，我国加快制定和完善相关法规和政策体系，修订、清理和废止了一系列不符合世贸规则的相关法律法规，两次修订了外商投资产业指导目录。国有独资商业银行股份制改革和海外上市工作有序进行，资本市场逐步对外开放。外商投资和境外投资项目由审批制转为核准制、国外贷款项目管理方式改革的配套文件相继出台。

以科学发展观来检验“十五”利用外资和境外投资工作，仍然存在五个方面的问题：一是统筹对外开放与国内发展的水平有待进一步提高。二是促进区域经济协调发展的效果还不明显。三是外商投资增长与资源环境承载力下降的矛盾突出。四是在扩大开放中保障国家经济安全的问题日益凸显。五是在实施“走出去”战略、开展境外投资方面，仍存在相关法规不完善、服务与金融等支持力度不够、前期工作不足等差距。

本世纪头二十年是我国发展必须紧紧抓住并且大有可为的重要战略机遇期，也是各种矛盾集中显现的“矛盾凸显期”。利用外资和境外投资在“十一五”期间要切实按照十六届五中全会确定的总体目标、指导方针和重大战略，紧紧围绕四项主要任务开展工作：一要针对我国经济增长较快与自主创新能力不强、经济结构不合理、粗放型增长方式急待转变的矛盾，在继续扩大利用外资的同时，更加注重优化结构、提高质量，把利用外资的重点放在引进国外先进技术、管理经验和高素质人才上来。二要针对我国经济持续快速发展与资源、环境约束进一步加剧的矛盾，积极主动地运用国内国际两个市场、两种资源，切实增强我们在全球范围内配置资源的能力，保障国内的重要资源供给，减少对环境的破坏和压力。三要针对国际经济竞争日趋激烈和我国国际竞争力不强的矛盾，通过“引进来”和“走出去”密切结合，充分发挥后发优势，不断培养、巩固和提高我国参与国际经济技术竞争的比较优势，增强我国企业国际化经营的能力。四要针对我国对外开放不断扩大和经济安全隐患日益显露的矛盾，大力提高统筹国内发展和对外开放的水平，在扩大开放中不断增强抵御和化解风险的能力，切实保障国家经济安全。

"十一五"利用外资和境外投资工作，要突出三个重点：**一是推动建立更加开放的自主创新体系**。要以我为主，充分使用国际国内两个市场、两种资源，通过合资合作、引进技术后的消化吸收和实施"走出去"战略，大力提高我国的原始创新能力、集成创新能力和引进消化吸收再创新能力，不断提升产业技术水平。要继续紧紧把握产业国际转移的机遇，大规模吸收国际高技术产业向我国投资；鼓励外资通过组建合资企业、合作生产、联合制造等方式向我国转移先进技术，促进外资企业和国内企业的技术交流；支持有条件的企业采取灵活方式在境外设立或并购研究开发机构、设计中心和高新技术领域生产型企业。**二是更注重促进区域协调发展**。要从不同行业、不同地区发展的实际出发，因地制宜制定利用外资的战略；直接引资和吸引在华外资梯度转移方面要"双管齐下"，继续有效利用国外优惠贷款和其它贷款，重点支持中西部地区的基础设施、环保、清洁能源、农业、教育、卫生发展，使区域经济在"十一五"期间协调发展迈上新台阶。**三是为促进经济增长方式转变、经济结构优化发挥更积极的作用**。要加快转变政府职能，规范行政行为，不断推进利用外资和境外投资管理体制改革，切实把工作重点转移到为市场主体服务和创造良好的发展环境上来；要切实按照投资体制改革的要求，进一步减少和规范行政审批，提高投资的便利化程度。要统一规范内外资企业在设立、注册登记和日常运营方面的行为，进一步完善现行利用外资的政策，将政府管理外资的重点转移到对外资准入的审核和促进准入后内外资企业政策统一和公平竞争。要在"以市场换技术、换发展"方面下更大功夫，使利用外资更好地为调整、优化结构发挥促进作用。要鼓励外商投资通过并购等方式参与国有企业改组改造，继续推进国有经济布局和结构的战略性调整。要结合深化垄断行业改革，进一步放宽对外资的市场准入，在扩大开放中打破行业垄断和地区封锁；要引导和支持非公有制经济通过利用外资和境外投资获得资金、管理、技术和拓展市场空间，实现更好、更快的发展。要切实推动境外投资主体完善治理结构、加强内部管理和风险控制，减少盲目性，提高投资效益。要加大实施"走出去"战略的工作力度，为我国的工业化发展提供更可靠的资源供应保障；要通过在境外投资建厂，促进原产地多元化，既为国内解决产能过剩和结构性矛盾服务，也为减少贸易摩擦，深化与各国特别是广大发展中国家的互利经济合作开创好的局面。

关于2006年的工作，张晓强同志要求各级发展改革部门，抓紧开展外商投资产业指导目录的修订工作，加快建立合理的评估和预警体系，合理统筹扩大开放的步骤和速度；要充分借鉴国际成熟经验，加强对重大外资并购项目的审查核准，做好对外资并购管理的法律法规制定工作，使外资并购活动更加符合国家产业结构调整和企业改革的需要。要进一步研究人民币资本项目逐步开放中出现的新问题，会同有关部门制定和完善相关管理规定，审慎有序地推进人民币资本项目开放进程。领导地慷活力的发展，取灵活方式在境外设立和要在充分发挥现有信贷、保险等政策作用的基础上，进一步研究制定和完善财税、外汇等其他配套政策，充分调动各方资源和力量，协调有序地支持和引导境外投资工作开展。要抓紧完成省级及以下开发区的清理整顿，研究制定促进开发区规范健康发展的相关政策。要加强国外贷款的统筹安排，坚持向中西部地区和东北地区倾斜，改善中西部地区投资环境，为中西部地区利用各类国外贷款创造更好的条件，使中西部地区和东北地区占利用国外优惠贷款的比重争取有进一步提高。

继续实施CEPA　促进港澳与内地经济共同发展

——商业部部长薄熙来在内地与港澳经贸合作发展论坛上的发言摘要

（2006年6月30日）

"一国两制"是邓小平的伟大创举，CEPA的签署和实施使其内涵更加丰富，走出了一条加强三地经贸合作的新路子，是区域合作领域的一个典范。

自2004年1月1日CEPA在香港和澳门同步实施以

来，已对输往内地的1370种香港产品、601种澳门产品实行了零关税；已对港澳进一步开放了27个服务领域；已有44个内地城市对港澳开办了“个人游”业务，内地与香港已在建筑、会计、医疗等领域实现了1400多人的专业资格互认。这些措施，加快了内地与港澳经济的融合。

上年，内地与香港的贸易总额达1367亿美元，比2003年增长了56%；内地通过香港转口的货值1700亿美元，占香港出口贸易的58%。三年来，香港企业累计对内地直接投资546亿美元。而在香港上市的内地企业已达217家，市值37.000亿港元，占了香港股市总市值的39%。中银香港、华润创业、中远太平洋、招商国际、中国移动、中国联通、中国海洋石油、中信泰富等中资公司成为恒生指数的成分股。香港的分销、金融、旅游及运输等服务业，加快在内地发展。香港银行已在内地开设了50家分行、28家支行，分别占全部外资银行在内地开设分行、支行的27%和54%。在CEPA的推动下，到今年3月底，个人赴港旅游累计达1227万人，平均每人消费近5000港元，为香港带来600多亿港元的收入，预计今年当年将超过1000万人次。个人赴澳门旅游累计也超过了1000万人次。

我们高兴地看到，与2003年相比，2005年香港和澳门的GDP总量分别增长了16.5%和36.9%；零售额分别增加了18.3%和40.1%。香港股市由当时的8300多点上升到目前的15000多点。现在，三地的经贸合作已站上了更高的平台。在新形势下，继续实施CEPA的目标有两个，一是保持港澳经济的繁荣稳定，巩固和加强香港国际金融、贸易、航运和旅游中心的地位；二是更好地发挥港澳的优势，促进内地的发展。这两个目标不仅是必要的，也是可能的，因为内地与港澳经济都在健康发展，而且有着很强的互补性。

第一，内地有巨大的市场和货运需求，港澳有极具效率的国际口岸。全球经济界都认同，未来10年，世界市场新增的最大份额是在中国。去年中国内地进口了6600亿美元的货物，今年前5个月仍保持22%的强劲增长。目前，内地消费品和生产资料的市场规模已超过2.6万亿美元，未来5年还将以12%的速度增长。香港集装箱吞吐量多年位居世界第一；机场理货速度也居世界第一。不仅如此，港澳极其发达的金融商贸体系和全球首屈一指的营商环境，更使其口岸功能软硬兼备，其国际航运地位无可替代。

第二，内地经济有发展服务业的迫切需要，而港澳在这方面有世界级的优势。过去20多年，内地的制造业有了长足的进步，但服务业的发展显然大大低于制造业的进步等级。内地需要继续调整产业结构，加快服务业的发展，而香港在金融、保险、物流、商业、旅游等方面已经形成了良好的机制，积累了丰富的经验，储备了大量的人才，可以在内地发展服务业的过程中大显身手。

第三，内地企业有“走出去”的愿望，而港澳恰可以起到桥梁和中介作用。在过去27年的改革开放中，内地企业基本上是“引进来”，其间实际利用外资超过了6000亿美元，但对外直接投资仅有600亿美元。随着世界经济的全球化，中国企业也需要积极地“走出去”，以更加科学、合理地利用各种经济要素。港澳地区市场信息灵敏，国际化人才众多，熟悉国际规则，很多人能讲英语或葡语，这正是内地企业所需要的。如果说港澳企业在过去20多年是走到内地去投资，那么今后20年恰可以帮助内地企业走向世界去创业。

第四，内地居民有日益提高的文化、教育和旅游需求，而港澳恰能提供良好的服务。去年内地人均GDP超过1700美元，东部几省超过3000美元。文化艺术、子女留学、出国旅游正成为内地居民新的消费热点。去年内地出境游的人数已超过3100万人次，2010年将超过5600万。香港是世界著名的旅游胜地和购物天堂，澳门则被誉为东方的威尼斯。在历史的变迁中，港澳又在文化、教育和建筑风格、生活习惯上兼容并蓄，成为东西文化的交汇处。由于相同的语言和文脉，港澳自然会成为内地居民旅游的首选和走向世界的门户。国家旅游局邵琪伟局长兴奋地告诉我，去年内地赴港“个人游”高达555万人次，今后几年还会持续增长。

正因为有这四个“互补”，或更多的“互补”，使我深信内地和港澳可以实现共赢，而CEPA正是我们实现共赢的助推器。这两年，不论在欧洲还是美洲，亚洲还是非洲，人们都在谈论中国，并感叹中国快速的发展和改革开放的成功。但我想强调，在过去27年的改革开放中，香港和澳门功不可没，在内地吸引的资金中港澳占了40%多，它们大大加速了中国的进步。过去，深圳、珠海等特区因毗邻港澳而由渔村发展为现代城市；今后，港澳则会因背靠日益兴盛的祖国而长盛不衰。有朋友担心港澳被“边缘化”，我想，如果说“边缘”，港澳在中国地图上的确处在边角，但那是伟大祖国的银边金角，其优越的经济地理位置已令很多外国朋友羡慕不已，求之不得。

这次贾主席为港澳同胞带来了内容丰富的CEPA补充协议三，商务部受命于中央人民政府，将继续坚持科学发展，会同各有关部门，落实各项政策，积极推进CEPA的实施，并不断注入新的内容，使其更有活力，更能促进三地的互动和港澳的繁荣。

（商务部新闻办公室）

利用外资情况

"十五"时期中国利用外资情况与"十一五"利用外资总体目标

一、"十五"时期我国利用外资的基本情况

"十五"期间，以加入世界贸易组织为标志，我国对外开放进入全面参与国际经济合作与竞争的崭新阶段，利用外资也迈上了新台阶。"十五"期间，我国实际利用外资总额共计约3830亿美元，其中外商直接投资约2860亿美元，境外发行股票筹资约380亿美元，借用国外贷款约460亿美元，大大超过了"九五"的实际完成额。主要特点是：

（一）外商投资规模进一步扩大，投资方式更为多元化。在外商直接投资方面，"十五"期间，利用外商直接投资比"九五"增长超过34%。我国已成为国际资本和跨国公司投资的主要目的国之一。以境外股票融资为主的外商其它投资取得较大进展。截至2005年底，内地到香港以及其它境外证券交易所挂牌的公司有122家，累计筹资555.44亿美元（不包括红筹企业）。共有34家境外机构获得境外合格机构投资者（QFII）资格。

（二）承接新一轮国际制造业转移取得显著成效。"十五"期间，我国成功抓住全球制造业结构调整和转移的机遇，吸收大量制造业外商直接投资，使我国初步成为世界重要生产基地之一。资金技术密集型行业吸收外资明显增加，许多酝酿多年的大型外商投资项目在"十五"期间实施。外商投资企业在技术、管理以及经营理念等方面起到了良好的示范效应，推动了我国经济和企业的市场化和国际化，促进了电子信息、集成电路、轻工纺织、家用电器及普通机电产品等一批初具国际竞争力产业的形成。

（三）服务业全面履行入世承诺，对外开放取得明显进展。截至2005年底，共有20个国家和地区的71家外国银行在中国设立了238家营业性机构。建行、中行、工行等十几家中资商业银行引入境外战略投资，建行、交行成功实现了境外上市。共有4家合资证券公司和20家合资基金管理公司获准设立。保险业已按入世承诺对外资保险公司放开了全部地域和除有关法定保险以外的全部业务，2005年底外资保险公司数量已增加到40家公司93家总分支公司。外商投资企业已成为物流、商贸领域的重要组成部分。2005年，我国服务业利用外资超过当年外商投资总额的五分之一。

（四）借用国外贷款平稳增长，有力地支持了国家重点项目的建设。"十五"期间，全国实际使用国外优惠贷款约207亿美元，支持了150多个重大项目，包括长江、黄河的干堤加固项目，四川等省干线公路，湖北至重庆等一些干线铁路，山西省煤层气项目，淮河等流域污染治理，中西部地区农业综合开发项目等。国外优惠贷款安排坚持以中西部地区为主，70%以上优惠贷款投向中西部地区。借用国际商业贷款的融资渠道及方式呈现多样化特征，"十五"期间我国实际借用国际商业贷款（外商投资企业除外）约258亿美元，重点支持了一些国民经济发展急需的能源、交通项目以及部分建设周期短、经济效益好、有出口创汇能力的工业项目，如三峡水电站、广东岭澳、田湾、秦山等核电站、航空公司购置飞机等，引进了国内不能生产的重大先进技术装备和关键设备，缓解了国内金融机构外汇资金来源结构不匹配的情况，提高了国内机构优化配置资金的能力。

（五）外债管理能力进一步增强，外债规模与国民经济发展水平和国际收支状况相适应。针对近年来我国外债呈现流量成倍增加、总规模迅速增长、短期外债所占比例较高的趋势，外债管理部门陆续出台了有关规定，

及时有效控制外债增长并调整外债结构，我国外债偿债率、负债率、债务率均保持在国际公认的安全线以内。

（六）利用外资的法规政策不断完善，管理水平逐步提高。按照发展社会主义市场经济的要求和我国的入世承诺，对利用外资的有关法律、法规和各部门、各地方的规章、规范性文件进行了全面清理修订。两次修订了《外商投资产业指导目录》，修订了《中西部地区外商投资优势产业目录》，发布了关于促进东北老工业基地进一步扩大对外开放的实施意见。按照国务院投资体制改革精神，利用外资的管理体制进行了配套改革，规范了国外贷款项目的审批程序，对外商投资项目由审批制改为核准制，减少了审核环节，提高了工作效率。

“十五”期间我国利用外资仍存在一些值得关注的问题：一是长期存在的引进外资“重数量轻质量”的问题仍然比较突出，一些地方政府和部门不计成本盲目招商引资，片面追求引进外资的数量，违反国家产业政策的现象时有发生。二是部分行业龙头企业被外资并购情况增加，个别领域出现外资垄断或垄断迅速扩大的苗头，可能对国家经济安全特别是产业安全形成威胁。三是中西部地区吸引外商直接投资规模和水平总体比较低，与东部地区利用外商直接投资差距进一步扩大。四是外商投资企业带来的技术外溢作用不够突出，部分外商投资企业滥用知识产权保护，不利于我国企业自主创新。五是现有的利用外资管理体制亟待完善，部分现行政策不利于创造内外资企业公平竞争的环境。六是少数利用国外贷款项目管理不严、资金利用效率低、偿债困难。七是短期外债比例增长较快，潜在的外债风险增加。

二、“十一五”我国利用外资的指导思想和总体战略目标

“十一五”时期，我国利用外资面临的国内外环境总体上仍然趋好，为我国提高利用外资质量和水平、继续保持利用外资较大规模创造了条件。同时“十一五”时期也是我国经济发展的外部环境制约、内部风险较为集中的时期。一方面，世界经济增长仍存在不确定因素，全球经济发展不平衡，国际金融市场发生剧烈动荡的可能性依然存在，贸易保护主义倾向明显，各国对国际资本的争夺日趋激烈。另一方面，我国能源和重要矿产资源相对不足，生态环境比较脆弱，经济增长方式转变缓慢，劳动力成本的比较优势有所减弱等问题比较突出。

综合国内外形势初步判断，“十一五”时期，我国利用外资将出现新的变化：从区域结构看，随着东部地区生产要素成本的上升，中西部地区将迎来利用外资的良好机遇，顺利实现外商投资的梯次转移将成为中西部地区利用外资面临的重要任务。从产业结构看，“十一五”时期将是中国服务业改革与发展的重要时期，服务业尤其是现代服务业将成为外资加速进入的行业。从投资规模看，由于国内传统制造业投资已出现饱和趋势，国内要素成本的上升和能源资源的制约，将加大外商投资的成本并对“十一五”时期外商投资的增速产生较大影响。从利用外资方式看，国家和企业信用水平不断提高，人民币汇率形成机制以及其他相关体制的改革不断推进，较大规模的外汇储备和国内投资银行业的日益发展，为我国以多种方式利用外资、降低金融风险提供了条件。国内传统产业布局已基本完成，新建投资与企业并购均成为外商直接投资的重要方式。

“十一五”期间，我国利用外资的指导思想是：以邓小平理论和“三个代表”重要思想为指导，全面贯彻落实科学发展观，积极有效利用外资；统筹国内发展和对外开放，妥善处理好利用外资与国际收支平衡、利用外资与用好国内资金之间的关系，促进国内产业结构、区域经济结构的调整优化，切实提高利用外资的质量；推动建立更加开放的自主创新体系，增强集成创新能力和引进消化吸收再创新能力；在扩大开放中积极主动抵御和化解各类风险，切实保障国家经济安全；进一步巩固、发挥和创造我国的比较优势，实施互利共赢的开放战略，在更大范围、更广领域和更高层次上积极参与国际经济科技合作与竞争。

“十一五”期间，我国利用外资的总体战略目标是：进一步推动利用外资从“量”到“质”的根本转变，使利用外资的重点从弥补资金、外汇不足切实转到引进先进技术、管理经验和高素质人才上，更加注重生态建设、环境保护、资源能源节约与综合利用。通过引进国外先进技术和管理，发挥外资企业对国内企业的引导、辐射作用，促进我国集成创新能力和引进消化吸收再创新能力的提高；努力实现外商投资从简单的加工、装配和低水平生产制造层次进一步向研究开发、高端设计、现代流通等新领域拓展，推动我国成为世界高附加值产品的制造基地之一；较大程度提高服务业对外开放水平；显著提高中西部地区和东北地区等老工业基地利用外资的规模、质量和水平，进一步增强东部地区经济国际化程度和国际竞争力；积极、合理、高效地使用国外优惠贷款，更加注重贷款使用的质量与效益；加强对外债结构和使用方向的调控，严格防范外债风险；利用外资总规模要在“十五”基础上保持平稳增长；到2010年，利用外资的管理体制更加合理有效，利用外资与国内经济社会发展更加协调。

摘自《中国利用外资“十一五”规划》

中国政府利用外资新政策

一、产 业 政 策

《指导外商投资方向规定》(2004年修订)具体体现了中国政府对于外商投资的产业政策，将外商投资项目分为鼓励、允许、限制和禁止四类：鼓励类、限制类和禁止类的外商投资项目，列入《外商投资产业指导目录》。不属于鼓励类、限制类和禁止类的外商投资项目，为允许类外商投资项目。未列入《外商投资产业指导目录》的项目为允许类外商投资项目。

对符合《外商投资产业指导目录》鼓励类和限制乙类，并转让技术的外商投资项目，在投资总额内进口的自用设备，除《外商投资项目不予免税的进口商品目录》所列商品外，免征关税和进口环节增值税。鼓励类外商投资项目，除依照有关法律、行政法规的规定享受优惠待遇外，从事投资额大、回收期长的能源、交通、城市基础设施（煤炭、石油、天然气、电力、铁路、公路、港口、机场、城市道路、污水处理、垃圾处理等）建设、经营的，经批准，可以扩大与其相关的经营范围。1999年，中国实施西部大开发战略，鼓励内外资企业前往投资，政府有关部门颁布了《中西部地区外商投资优势产业目录》。2004年颁布了新修订的《中西部地区外商投资优势产业目录》，列入目录的投资项目可享受鼓励类外商投资项目政策。上述两个目录见本指南第五部分。

对设在西部地区国家鼓励类产业的外商投资企业，在一定期限内，减按15%的税率征收企业所得税。民族自治地方的企业经省级人民政府批准，可以定期减征或免征企业所得税。对在西部地区新办交通、电力、水利、邮政、广播电视等企业，企业所得税实行两年免征，三年减半征收。对为保护生态环境，退耕还生态林、草产出的农业特产品收入，在10年内免征农业特产税。对西部地区公路国道、省道建设用地比照铁路、民航用地免征耕地占用税，其他公路建设用地是否免征耕地占用税，由省、自治区和直辖市人民政府决定。对西部地区内资鼓励类产业、外商投资鼓励类产业及优势产业的项目在投资总额内进口自用先进技术设备，除国家规定不予免税的商品外，免征关税和进口环节增值税。

（1）根据《指导外商投资方向规定》，属于下列情形之一的，为鼓励类外商投资项目：

- 农业新技术、农业综合开发和能源、交通、重要原材料工业的；
- 高新技术、先进适用技术，能够改进产品性能、提高企业技术经济效益或者生产国内生产能力不足的新设备、新材料的；
- 适应市场需求，能够提高产品档次、开拓新兴市场或者增加产品国际竞争能力的；
- 新技术、新设备，能够节约能源和原材料、综合利用资源和再生资源以及防治环境污染的；
- 能够发挥中西部地区的人力和资源优势，并符合国家产业政策的；
- 法律、行政法规规定的其他情形。

（2）属于下列情形之一的，为限制类外商投资项目：

- 技术水平落后的；
- 不利于节约资源和改善生态环境的；
- 从事国家规定实行保护性开采的特定矿种勘探、开采的；
- 属于国家逐步开放的产业的；
- 法律、行政法规规定的其他情形。

（3）属于下列情形之一的，为禁止类外商投资项目：

- 危害国家安全或者损害社会公共利益的；
- 对环境造成污染损害，破坏自然资源或者损害人体健康的；
- 占用大量耕地，不利于保护、开发土地资源的；
- 危害军事设施安全和使用效能的；
- 运用我国特有工艺或者技术生产产品的；
- 法律、行政法规规定的其他情形。

（4）上述三种项目之外的其它项目为允许类外商投资项目。

（5）产品全部直接出口的允许类外商投资项目，视为鼓励类外商投资项目；产品出口销售额占其产品销售总额70%以上的限制类外商投资项目，经省、自治区、直辖市及计划单列市人民政府或者国务院主管部门批准，可以视为允许类外商投资项目。

（6）对于确能发挥中西部地区优势的允许类和限制类外商投资项目，可以适当放宽条件；其中，列入《中西部地区外商投资优势产业目录》的，可以享受鼓励类外商投资项目优惠政策。

为鼓励外商投资企业引进先进技术、设备，促进产业结构调整和技术进步，保持国民经济持续快速健康发展，近几年中国政府出台了鼓励外商投资高新技术领域的优惠政策，主要包括：

● 对已设立的鼓励类外商投资企业、外商投资研究开发中心、先进技术型和产品出口型外商投资企业技术改造，在原批准的生产经营范围内进口国内不能生产或性能不能满足需要的自用设备及其配套的技术、配件、备件，可按有关规定免征进口关税和进口环节增值税。

● 对外商投资企业为生产《国家高新技术产品目录》的产品而进口所需的自用设备及按照合同随设备进口的技术及配套件、备件，可按有关规定免征进口关税和进口环节增值税。

● 对外商投资企业引进属于《国家高新技术产品目录》所列的先进技术，按合同规定向境外支付的软件费，免征关税和进口环节增值税。

● 外商投资设立的研究开发中心，在投资总额内进口国内不能生产或性能不能满足需要的自用设备及其配套的技术、配件、备件，可按有关规定免征进口关税和进口环节增值税。

● 对列入《中国高新技术产品出口目录》的产品，凡出口退税率未达到征税率的，经国家税务总局核准，产品出口后，可按征税率及现行出口退税管理规定办理退税。

● 对属于鼓励类的外商投资企业在投资总额内采购国产设备，如该类进口设备属免征进口税收范围，可全额退还国产设备增值税。

● 外商投资企业进行符合国家产业政策的技术改造以及生产高新技术产品，其采购的国产设备按有关规定抵免企业所得税。

● 对外商投资企业、外商投资研发中心、外国企业和外籍个人从事技术转让、技术开发业务和与之相关的技术咨询、技术服务业务取得的收入，免征营业税。

● 外商投资企业技术开发费比上年增长10%及以上的，经税务机关批准，允许再按技术开发费实际发生额的**50%**，抵扣当年度的应纳税所得额。

● 外商投资企业和外国企业资助非关联科研机构和高等学校研究开发经费，参照《中华人民共和国外商投资企业和外国企业所得税法》中有关捐赠的税务处理办法，可以在资助企业计算企业应纳税所得额时全额扣除。

二、地区政策

改革开放以来，中国采取了从沿海到内陆循序渐进的整体战略，目前各类经济性特殊区域有：

● 经济特区：深圳、珠海、厦门、汕头、海南及上海浦东新区。

● 沿海开放城市：上海、天津、大连、秦皇岛、烟台（含威海）、青岛、连云港、南通、宁波、温州、福州、广州、湛江、北海共14个。

● 国家级经济技术开发区49个及5个享受国家级经济技术开发区政策的工业园区，遍布于各省、市、自治区。

● 国家高新技术产业开发区53个，遍布于各省、市、自治区。

根据西部大开发战略，鼓励包括外资在内的投资到中西部内陆地区。有关的外商投资政策措施包括：

（1）《中西部地区外商投资优势产业目录》内的项目，享受鼓励类外商投资项目政策。

（2）对外商投资西部地区基础设施和优势产业项目，适当放宽外商投资的股比限制。

（3）鼓励外商投资于西部地区的农业、水利、生态、交通、能源、市政、环保、矿产、旅游等基础设施建设和资源开发，以及建立技术研究开发中心。

（4）扩大西部地区服务贸易领域对外开放：将外商对银行的试点扩大到直辖市、省会和自治区首府城市；允许西部地区外资银行逐步经营人民币业务；允许外商在西部地区依照有关规定投资电信、保险、旅游业，兴办中外合资会计师事务所、律师事务所、市政公用企业和其他已承诺开放领域的企业；对一些领域的对外开放，允许在西部地区先行试点。

（5）拓宽外资渠道：允许外商在西部地区进行BOT、TOT方式试点；允许外商投资项目开展包括人民币在内的项目融资；支持符合条件的西部地区外商投资企业在境内外股票市场上市；支持西部地区属于国家鼓励和允许类产业的企业通过转让经营权、出让股权、兼并重组等方式吸引外商投资；积极探索以中外合资产业基金、风险投资基金方式引入外资。

（6）鼓励已设立的外商投资企业到西部地区进行再投资，其再投资项目外资比例超过25%的，享受外商投资企业待遇。

三、税收政策

（一）主要税种

外商投资企业、外国企业及外籍个人（包括港、澳、台胞）在中国适用的主要税种包括：企业所得税、个人所得税、流转环节税（包括增值税、消费税、营业税）、土地增值税、印花税、车船使用牌照税、城市房地产税等。进出口货物按海关关税条例及相关规定缴纳关税和进口环节增值税。

企业所得税：

外商投资企业以及在中国境内设立机构、场所从事生产、经营的外国企业所得税，按应纳税所得额计算，税率为30%，地方所得税税率为3%。

外国企业在中国境内未设立机构、场所而有来源于中国境内的利润（股息）、利息、租金、特许权使用费和其他所得，应当缴纳20%的所得税。

增值税：

在中国境内销售货物或者提供加工、修理、修配、劳务以及进口货物的单位和个人，是增值税纳税人。增值税的基本税率为17%（粮食、食用植物油、自来水、图书、报纸、杂志、饲料、化肥、农药、农机等税率为13%）。

营业税：

在中国境内提供交通运输、邮电通信、金融保险、建筑、文化体育、娱乐、服务业、转让无形资产或者销售不动产的单位和个人，是营业税的纳税人。营业税共设3档税率，从最低3%（如交通运输费）到最高20%（如娱乐业）。

印花税：

在中国境内进行购销、加工、承包、财产租赁、货物运输、仓储保管、借款、财产保险、技术合同以及产权转移票据、营业账簿、权利许可证照，均应按照规定缴纳印花税。印花税税率最低为万分之零点五，最高为千分之一。权利许可证照和营业账簿（不包括记载资金的账簿）按件贴花，每件5元。

进出口关税：

目前中国进口关税平均税率为12%。除对几项重要资源性商品征收出口关税外，中国对其他商品出口不征收出口关税。

消费税：

在中国境内生产、委托加工和进口烟、酒、酒精、化妆品、护肤护发品、贵重首饰及珠宝玉石、鞭炮、焰火、汽油、柴油、汽车轮胎、摩托车、小汽车等消费品的单位和个人，是消费税的纳税人。消费税共设11个税目14档税率，从最低税率3%至最高税率45%。消费税采取从量定额征收和从价定率征收两种办法。

契税：

在中国境内转移土地、房屋权属，承受的单位和个人为契税的纳税人。所称转移土地、房屋权属是指：(1)国有土地使用权出让，不包括农村集体土地承包经营权的转移；(2)土地使用权转让，包括出售、赠与和交换；(3)房屋买卖；(4)房屋赠与；(5)房屋交换。契税税率为3%～5%。

城市房地产税：

外商投资企业和外籍人士所拥有的房屋产权须交纳城市房地产税。计算方法为，按房产原值一次减除10%～30%后的余额计算纳税，年税率为1.2%；或者按房产出租的租金收入计征，税率为12%。房产税按年计算，分期缴纳。

车船使用牌照税：

外商投资企业拥有和使用的车辆、船舶，均应按照《中华人民共和国车船使用牌照税暂行条例》的规定缴纳车船使用牌照税。载重汽车、机动船和非机动船依其载重或净吨位数量计税，其他机动车和非机动车依车辆数量计税。

个人所得税：

在中国境内有住所，或者无住所而在境内居住满一年的个人，从中国境内和境外取得的所得，应依照《中华人民共和国个人所得税法》及其实施条例的规定缴纳个人所得税。根据《中华人民共和国个人所得税法实施条例》的规定，在中国境内有住所的个人，是指因户籍、家庭、经济利益关系而在中国境内习惯性居住的个人。在中国境内无住所，但是居住一年以上五年以下的个人，其来源于中国境外的所得，经主管税务机关批准，可以只就由中国境内公司、企业以及其他经济组织或者个人支付的部分缴纳个人所得税；居住超过五年的个人，从第六年起，应当就其来源于中国境外的全部所得缴纳个人所得税。

在中国境内无住所又不居住或者无住所而在境内居住不满一年的个人，从中国境内取得的所得，依照本法规定缴纳个人所得税。

在中国境内无住所，但是在一个纳税年度中在中国境内连续或者累计居住不超过90日的个人，其来源于中国境内的所得，由境外雇主支付并且不由该雇主在中国境内的机构、场所负担的部分，免予缴纳个人所得税。

从中国境内取得的工资、薪金所得须缴纳个人所得税。个人所得税税率采取累进制计算，共分9级，最低为5%，最高为45%。工资、薪金所得，以每月收入额减除费用1600元后的余额，为应纳税所得额。对在中国境内无住所而在中国境内取得工资、薪金所得的纳税义务人和在中国境内有住所而在中国境外取得工资、薪金所得的纳税义务人，可以附加减除费用3200元。

个人在中国境内从事劳务所得报酬、稿酬所得、特许权使用费所得、利息、股息、红利所得等也应缴纳个人所得税。稿酬所得，适用比例税率，税率为百分之二十，并按应纳税额减征百分之三十。

劳务报酬所得，适用比例税率，税率为百分之二十。个人一次取得劳务报酬应纳税所得额超过20000元的，属于劳务报酬所得一次收入畸高。对于应纳税所得额超过20000～50000元的部分，依照税法规定计算应纳税额后，再按照应纳税额加征五成；超过 50000 元的部分，加征十成。

特许权使用费所得，利息、股息、红利所得，财产租赁所得，财产转让所得，偶然所得和其他所得，适用比例税率，税率为百分之二十。

劳务报酬所得、稿酬所得、特许权使用费所得、财产租赁所得，每次收入不超过四千元的，减除费用八百元；四千元以上的，减除百分之二十的费用，其余额为应纳税所得额。

纳税义务人从中国境外取得的所得，准予其在应纳税额中扣除已在境外缴纳的个人所得税税额。但扣除额不得超过该纳税义务人境外所得依照本法规定计算的应纳税额。

个人所得税税率表（工资、薪金所得）

级数	全月应纳税所得额（人民币）	税率（%）
1	不超过 500 元的部分	5
2	超过 500 元至 2000 元的部分	10
3	超过 2000 元至 5000 元的部分	15
4	超过 5000 元至 20000 元的部分	20
5	超过 20000 元至 40000 元的部分	25
6	超过 40000 元至 60000 元的部分	30
7	超过 60000 元至 80000 元的部分	35
8	超过 80000 元至 100000 元的部分	40
9	超过 100000 元的部分	45
注：本表所称全月应纳税所得额是指依照本法第六条的规定，以每月收入额减除费用一千六百元后的余额或者减除附加减除费用的余额。		

（二）税收优惠

中国政府对外商投资企业实行税收优惠政策的主要措施包括：实行优惠的企业所得税率、减免企业所得税以及对进口设备免征关税和进口环节增值税。

企业所得税优惠税率：外商投资企业所得税率通常为 33%，但对以下行业、地区实行优惠税率，其中：15% 优惠税率适用于：

- 设立在经济特区的外商投资企业。
- 设立在浦东新区的生产性外商投资企业。
- 设立在国家级经济技术开发区的生产性外商投资企业。
- 设立在国家高新技术产业区且被认定为高新技术企业的外商投资企业。
- 能源、交通、港口、码头等基础设施领域的外商投资企业。

24%优惠税率适用于：

- 设立在沿海经济开放区、沿海、沿江、沿边开放城市、省会城市的生产性外商投资企业。
- 设立在经济特区和国家级经济技术开发区所在城市的老市区的生产性外商投资企业。

企业所得税的减免：

- 经营期在 10 年以上的生产性外商投资企业从获利年度起 2 年免缴、3 年减半缴纳企业所得税。
- 先进技术型外商投资企业 2 年免税、6 年减半缴纳企业所得税。
- 出口型外商投资企业，在上述“两免三减”优惠外，企业当年出口额占企业总销售额的 70%以上，可继续减半缴纳企业所得税（但无论如何企业所得税税率不得低于 10%）。
- 从事农业、林业、牧业的外商投资企业和设在经济不发达的边远地区的外商投资企业，在 5 年减免税期满后，经国家税务总局批准，在以后的 10 年内可继续按 15%至 30%缴纳企业所得税。
- 设在中西部地区的国家鼓励的外商投资企业，在 5 年减免税期满后的 3 年内，可以减按 15%的税率缴纳企业所得税，西部地区可延至 2010 年。

<table>
<tr><th colspan="4">外商投资企业应纳所得税率表</th></tr>
<tr><th colspan="2" rowspan="2">税　种</th><th colspan="2">税　率</th></tr>
<tr><th>沿海开放城市、省会城市、经济技术开发区所在城市的老市区</th><th>经济特区、国家级经济技术开发区、国家级高新技术产业区</th></tr>
<tr><td rowspan="9">企业所得税</td><td></td><td></td><td></td></tr>
<tr><td>获利后第一、二年</td><td colspan="2">经营期在 10 年以上的生产性企业免征</td></tr>
<tr><td>获利后第三至第五年</td><td>24%×0.5=12%</td><td>10%</td></tr>
<tr><td rowspan="2">继续减税期</td><td colspan="2">适用于先进技术企业获利后第六至第八年</td></tr>
<tr><td>24%×0.5=12%</td><td>10%</td></tr>
<tr><td rowspan="2">当年减税</td><td colspan="2">产品出口企业当年产品出口额占企业总销售额的 70%以上的企业所得税</td></tr>
<tr><td>24%×0.5=12%</td><td>10%</td></tr>
<tr><td>正常年份</td><td>24%</td><td>15%</td></tr>
<tr><td></td><td></td><td></td></tr>
<tr><td rowspan="3">地方所得税</td><td>获利后第一、二年</td><td colspan="2">免征</td></tr>
<tr><td>当年减税</td><td colspan="2">产品出口企业当年产品出口额占企业总销售额的 70%以上的企业所得税</td></tr>
<tr><td>正常年份</td><td>3</td><td>3%</td></tr>
<tr><td colspan="2">所得利润汇出</td><td colspan="2">免征外国企业所得税</td></tr>
</table>

- 再投资退税。外商投资企业的外国投资者以所投资企业取得的利润进行再投资的，经营期不少于 **5** 年，经税务机关批准，退还其再投资部分已缴纳所得税 **40%** 的税款。再投资举办产品出口企业的，全额退还其再投资部分已缴纳所得税税款。
- 外国投资者从外商投资企业取得的利润，免征所得税。
- 地方所得税的减免。对鼓励外商投资的行业、项目，需要免征、减征地方所得税的，由省、自治区、直辖市人民政府根据实际情况决定。

四、金融与外汇管理

目前中国的金融组织以国有商业银行为主体，多种金融机构并存，政府对银行、证券、保险和信托实行分业经营、分业监管。国家的金融监管，通过央行的货币控制管理手段来调节金融市场。中国的汇率实行以市场供求为基础的、参考一篮子货币进行调节、有管理的、浮动的人民币汇率。人民币经常项下自由兑换，资本项下外汇仍实行严格管理。对外汇收支实行银行结售汇制度，对进出口收付汇实行核销制度。

外汇登记：外商投资企业自营业执照颁发之日起30日内，应持外商投资企业批准证书和营业执照副本复印件，到外汇管理部门领取《外商投资企业外汇登记证》，并填写《 外商投资企业基本情况表》，凭证向企业注册地外汇指定银行办理开户手续。异地或境外开户须另向当地外汇管理部门报批。

银行结售汇制度：企业的各类外汇收入必须按照规定在外汇指定银行开立外汇账户或卖给外汇指定银行，企业的各类对外支付用汇，必须持有效凭证或经外汇管理部门批准后，从其外汇账户支付或到外汇指定银行办理兑付。在国家规定的场所外买卖外汇为非法。

人民币经常项下可自由兑换：境内机构（包括外商投资企业）经常项下用汇，可凭有效凭证以人民币向外汇指定银行购汇或从其外汇账户上对外支付。预付货款、佣金等超过一定比例或数额，经外汇管理部门进行真实性审核后，可在银行办理兑付。

政府对资本项下外汇收支的管理：一是除国务院另有规定外，资本项下外汇收入均需调回境内；二是企业的资本项下外汇收入均应在银行开立外汇专用账户，经外汇管理部门批准后才能卖给外汇指定银行；三是资本项下的购汇和对外支付，均需经外汇管理部门核准，持核准件方可在银行办理售付汇。

外债管理：中国政府对外债实行登记管理。外商投资企业可以直接向境外银行或企业借用外汇资金，但对外借用中长期外债的累计金额不得超过合同或章程中规定的投资总额与注册资本差额。企业签订借款合同后，均需及时到外汇管理部门定期或逐笔办理外债登记，经批准后方可使用外汇资金，实际使用外汇资金后，应按规定向外汇管理部门反馈。所有外债的还本付息都需经外汇管理部门核准（银行除外）。

外汇收支报告表：该表是半年报表，每年7月10日之前向有关部门报送本年度上半年的报表，每年3月10日之前报送上年度全年的报表，并随附文字说明。

年终财务报表：要求每年3月31日之前向有关部门报送上年度的年终财务报表，并附中华人民共和国登记注册的会计师的查账报告。

五、土地使用权的有偿获得

在中国，城市土地属于国家所有，农村和城市郊区的土地除由法律规定属于国家所有以外，属集体所有。除国家在法律规定的范围内划拨国有土地使用权外，国家依法对国有土地实行有偿使用制度。外商投资企业可以通过有偿和有期限使用方式获得土地使用权。

依据《中华人民共和国土地管理法》、《中华人民共和国城镇国有土地使用权出让和转让暂行条例》，土地使用权有偿出让是指地方政府将国家所有的土地，以指定的地块、年限、用途和其他条件，由土地使用权受让人支付土地使用权出让金和使用金后，供土地使用权受让人开发经营。土地使用权转让是指土地使用权出让后，土地使用权受让人将土地使用权再转移的行为。土地使用权有偿转让期间，所有权仍属国家，地下各类自然资源，以及埋藏物、隐藏物等不属有偿转让范围内。

外商投资企业依照有关程序申请，并按规定缴纳有关土地费用，便可获得土地使用权。土地使用权有偿出让可以采取协议、招标、拍卖三种方式。凡通过有偿出让取得土地使用权的土地，按照土地出让合同的约定，可以依法转让、出租、抵押，但须依法向有关主管部门办理申请、批准、工商登记和纳税登记等手续。

按照现行法规规定，土地使用权的最高使用年限：居住用地70年；工业、教育、科技、文化、卫生、体育用地50年；商业、旅游、娱乐用地40年；综合或其他用地50年。出让期满，除出让合同另有规定或城市规划不允许外，受让人可申请续期。

外商投资企业也可以依法通过转让、租赁等方式取得土地使用权。

六、人员招聘、职工工资、保险福利、工时制度

人员招聘：依据《中华人民共和国劳动法》等规定，外商投资企业可以根据生产经营的需要，自行确定机构设置和人员编制，并自行进行人员招聘。外商投资企业可通过多种渠道招聘人才，例如委托当地劳动部门确认的人才市场中介机构；通过各类人才交流会直接招聘；在各类新闻媒介上刊播人才招聘广告（启事）等。如需招聘外籍及台湾、香港、澳门地区人员的，须按照国家有关规定，经当地劳动部门批准，并办理就业证等有关手续。

职工工资：依据《中华人民共和国劳动法》的规定，工资分配应当遵循按劳分配原则，实行同工同酬。外商投资企业执行国家和当地最低工资规定。职工平均工资水平应在企业经济发展的基础上逐步提高。根据本企业的经济效益、劳动生产率并参考当地城镇居民消费价格指数和工资指导线等，由董事会确定或通过企业集体协商确定。

保险及福利：外商投资企业应当按照有关规定参加养老、失业、医疗、工伤、生育等社会保险，按照地方政府规定的标准，向社会保险机构按时、足额缴纳社会保险费。保险费应按照国家规定列支。职工个人也应按照有关规定缴纳养老保险费、医疗保险费和失业保险费。除上述社会保险之外，另有住房基金、职工教育培训、津贴补贴、法定休假等福利待遇。

工时制度：外商投资企业实行中国政府现行的工时制度，即：每日工作时间不超过8小时，每周平均工作时间不超过40小时。企业因生产特点不能实行标准工作时间的，经劳动部门审批，可实行非标准工作时间，即：不定时工作制和综合计算工时工作制。

（商务部）

外商投资形式

中外合资经营企业、中外合作经营企业、外资企业是外商投资在中国最主要的方式，其他投资方式包括设立外商投资股份有限公司、投资性公司，中外合作开发、BOT等。

一、中外合资经营企业

中外合资经营企业亦称股权式合营企业。它是由外国公司、企业和其他经济组织或个人与中国的公司、企业或其他经济组织按照《中华人民共和国中外合资经营企业法》及其实施条例的规定在中国境内共同投资举办的企业。其特点是合营各方共同投资、共同经营、按各自的出资比例共担风险、共负盈亏。

中外合资经营企业的组织形式为有限责任公司，具有中国法人地位。

外国投资者所占注册资本的投资比例一般不得少于25%。合营者可用现金出资，也可用建筑物、厂房、机器设备及其他物料、工业产权、专有技术、场地使用权等作价出资。外国投资者分得的利润和其他合法权益，可以汇出境外，也可以在境内再投资。

二、中外合作经营企业

中外合作经营企业亦称契约式合营企业。它是由外国公司、企业和其他经济组织或个人同中国的公司、企业或其他经济组织在中国境内按照《中华人民共和国中外合作经营企业法》及其实施细则的规定，根据中外方提供的合作条件共同举办的企业。

中外合作经营企业应由合作各方就各自提供的条件、权利、义务、收益分配或风险、债务的承担、企业的管理方式、期满后的财产处理等共同协商，在企业合同中明确约定。举办中外合作经营企业一般由外国合作者提供全部或大部分资金、技术、关键设备等，中方通常负责提供土地使用权、现有厂房设施或部分资金等。

中外合作者在合作企业合同中约定合作期限届满时，合作企业的全部固定资产无偿归中国合作者所有的，外国合作者在合作期限内可以申请按照下列方式先行回收其投资：

（一）在按照投资或者提供合作条件进行分配的基础上，在合作企业合同中约定扩大外国合作者的收益分配比例；

（二）经财政税务机关按照国家有关税收的规定审查批准，外国合作者在合作企业缴纳所得税前回收投资；

（三）经财政税务机关和审查批准机关批准的其他回收投资方式。

外国合作者依照上述规定在合作期限内先行回收投资的，中外合作者应当依照有关法律的规定和合作企业合同的约定，对合作企业的债务承担责任。

合作经营企业可以是具有法人资格的，也可以是不具有法人资格的。合作企业依法取得中国法人资格的，为有限责任公司。除合作企业合同另有约定外，合作各方以其投资或者提供的合作条件为限对合作企业承担责任。合作企业以其全部资产对合作企业的债务承担责任。

三、外资企业

外资企业指外国的公司、企业和其他经济组织或者个人，依照《中华人民共和国外资企业法》及其实施细则在中国境内设立的全部资本由外国投资者投资的企业，不包括外国的企业和其他经济组织在中国境内的分支机构。外资企业符合中国法律关于法人条件的规定的，依法取得中国法人资格。外资企业的组织形式为有限责任公司，经批准也可以为其他责任形式。外资企业为有限责任公司的，外国投资者对企业的责任以其认缴的出资额为限。外资企业为其他责任形式的，外国投资者对企业的责任适用中国法律、法规的规定。

四、外商投资股份有限公司

外商投资股份有限公司是指外国的公司、企业和其他经济组织或个人与中国的公司、企业或其他经济组织，按照平等互利的原则，通过认购一定比例的股份，在中国境内共同举办的公司。外国投资者也可依照有关法规对中国的A股上市公司进行中长期战略性并购投资，取得该公司A股股份。

外商投资股份有限公司全部资本由等额股份构成，各股东以其所认购的股份对公司承担责任，公司以全部财产对公司债务承担责任。它是外商投资企业的一种形式，适用国家法律、法规对于外商投资企业的有关规定。

五、投资性公司

投资性公司是指外国投资者在中国境内以独资或与中国投资者合资的形式设立的从事直接投资的公司，其组织形式为有限责任公司。申请设立投资性公司的外国投资者必须资信良好，拥有举办投资性公司所必需的经济实力，申请前一年该投资者的资产总额不低于四亿美元，且该投资者在中国境内已设立了外商投资企业，其实际缴付的注册资本的出资额超过一千万美元；或者，外国投资者资信良好，拥有举办投资性公司所必需的经济实力，该投资者在中国境内已设立了十个以上外商投资企业，其实际缴付的注册资本的出资额超过三千万美元。

经中国政府批准设立的投资性公司被赋予较一般外商投资企业更为广泛的经营范围，以鼓励跨国公司开展系列投资活动。目前，投资性公司可在国家鼓励和允许外商投资的工业、农业、基础设施、能源等领域进行投资。

六、创业投资企业

创业投资是指主要向未上市高新技术企业（以下简称所投资企业）进行股权投资，并为之提供创业管理服务，以期获取资本增值收益的投资方式。外商投资创业投资企业（以下简称创投企业）是指外国投资者或外国投资者与根据中国法律注册成立的公司、企业或其他经济组织（以下简称中国投资者），根据《外商投资创业投资企业管理规定本规定》在中国境内设立的以创业投资为经营活动的外商投资企业。创投企业可以采取非法人制组织形式，也可以采取公司制组织形式。采取非法人制组织形式的创投企业（以下简称非法人制创投企业）的投资者对创投企业的债务承担连带责任。非法人制创投企业的投资者也可以在创投企业合同中约定在非法人制创投企业资产不足以清偿该债务时，由以创业投资为主营业务的必备投资者承担连带责任，其他投资者以其认缴的出资额为限承担责任。设立创企业，投资者人数在2人以上50以下；且应至少拥有一个以创业投资为主营业务的且符合其它条件的必备投资者；非法人制创投企业投资者认缴出资总额的最低限额为1000万美元；公司制创投企业投资者认缴资本总额的最低限额为500万美元。除必备投资者外，其他每个投资者的最低认缴出资额不得低于100万美元。外国投资者以可自由兑换的货币出资，中国投资者以人民币出资；

七、中外合作开发

中外合作开发是指中国公司与外国公司通过订立风险合同，对海上和陆上石油、矿产资源进行合作勘探开发。它是目前国际上在自然资源领域广泛使用的一种经济合作方式，其最大的特点是高风险、高投入、高收益。合作开发一般分为三个阶段，即勘探、开发和生产阶段。

八、BOT

BOT 方式是指投资者在投资国承担一个既定的工业项目或基础设施项目，负责项目的建造、营运、维修和转让。投资者在固定期限内营运设施并且被允许在该期限内收回对该项目的投资、营运、维修费及其他费用，在规定的期限满后，将该项目转让给项目方的政府。在中国 BOT 方式以设立项目公司形式，被试用在高速公路、电厂、污水处理等领域。

项目核准和设立审批程序

一、核准和审批权限

根据国家现行法律规定，外商投资企业的设立实行政府逐项核准和审批登记制度。投资总额大小和《外商投资产业指导目录》的项目分类是划分中央政府和地方政府核准和审批外商投资企业权限的主要依据。

● 投资总额在1亿美元（含1亿美元）以上的鼓励类、允许类外商投资项目及投资总额在5000万美元（含5000万美元）以上的限制类外商投资项目，由国家发展与改革委负责项目核准，由商务部负责审批。其中总投资5亿美元及以上的鼓励类、允许类项目和总投资1亿美元及以上的限制类项目由国家发展改革委和商务部审核后报国务院核准。

● 省、自治区、直辖市及计划单列市人民政府的相应主管部门负责审批：

1. 投资总额在1亿美元以下的鼓励类、允许类外商投资项目；

2. 投资总额在5000万美元以下的限制类外商投资项目，并报国务院主管部门和行业主管部门备案；涉及配额、许可证的外商投资项目，须先向商务部门申请配额、许可证。

● 为履行我国加入世贸组织承诺，依据外商投资三个法律及其实施条例（细则），我国已陆续制订并公布实施金融、商业、交通运输、电影电视制作等40多项服务贸易领域外商投资的法律、规章，在服务贸易领域的外商投资项目的审批按相应法律规定办理。

二、外商投资企业设立程序

（一）申请设立中外合资经营企业、中外合作经营企业的基本程序

1. 项目核准。中方或外方投资者可以通过各种途径选择合资（合作）者，在了解合资（合作）者的业务范围和资信状况，确定合作意向后，由中方投资者编写项目申请报告，报审批部门（国家发展改革委员会或地方主管部门）审批。获得核准后，中外投资者应向工商行政管理部门申请企业名称登记，以保护名称专用权和防止重名。

2. 合同、章程的申报审批及申领外商投资企业批准证书。获得项目核准后，由中方投资者将合同、章程等法律文件报送审批部门（商务管理部门）审批。审批部门在收到可行性研究报告和合同、章程等文件之日起，90日内决定批准或不批准。申请设立合作企业，应在45日内决定批准或不批准。经批准后，由商务部门颁发外商投资企业批准证书。

3. 营业执照的申领。中外投资者在领取外商投资企业批准证书之日起，30日内向工商行政管理部门办理登记注册手续，并领取营业执照。营业执照签署日期为合资（合作）企业的成立日期。

（二）设立外商独资经营企业的基本程序

外国投资者设立独资企业，可委托具有相应资格的咨询代理机构办理申请和报批等事项。在取得发展与改革部门的项目核准后，只需填写《在中国设立外资企业申请表》、编制可行性研究报告、编写公司章程等有关文件，向商务管理部门申请报批。根据外资企业法的规定，商务部门应当在收到申请之日起90天内决定批准或不批准。经批准后，由商务管理部门颁发外商投资企业批准证书，凭批准证书办理相关登记注册手续。

外商投资企业在领取营业执照起30日内还需向有关部门办理相关登记手续，如到银行开立外汇及人民币账户；到税务部门办理税务登记；办理海关登记；到外汇管理部门办理外汇管理登记；到商检局办理商检登记；到劳动局办理招工、招聘手续，境外人员就业手续等。

申请设立中外合资、合作企业和外资企业程序及所需文件的流程图

步　骤	批准部门	应提交的文件	证书
1. 项目核准	国家发展与改革委员会	项目申请报告：中外投资各方的企业注册证（营业执照）、商务登记证及经审计的最新企业财务报表（包括资产负债表、损益表和现金流量表）、开户银行出具的资金信用证明：投资意向书。增资、购并项目的公司董事会决议：银行出具的融资意向书：省级或国家环境保护行政主管部门出具的环境影响评价意见书：省级规划部门出具的规划选址意见书：省级或国家国土资源管理部门出具的项目地预审意见书：以国有资产或土地使用权出资的，需由有关主管部门出具的确认文件	核准文件
2. 合同、章程	商务部门	项目核准文件：中外双方的工商登记注册及资信证明：合同、章程：各方董事任命名单等。外资企业无需提供合资合同	批准证书
3. 注册登记	工商行政部门	有关审批机构的批文：合同、章程、董事会名单等。	营业执照
4. 税务、海关、外汇、银行登记	税务、海关、外汇、银行	获得批准证书后，30日内到所在地区工商行政管理部门领取营业执照并办理企业代码、税务、财务、海关、外汇等相关手续。	各种登记

说明：1. 上述审批程序既适用于生产性企业的设立，也适用于各服务性企业的设立。

2. 目前一些省市对外商投资项目建议书、可行性研究报告及合同、章程进行合并审批。

3. 为履行我国加入世贸组织承诺，依据外商投资三个法律及其实施条例（细则），我国已陆续制订并公布实施金融、商业、交通运输、电影电视制作等40多项服务贸易领域外商投资的单行法律、规章，在服务贸易领域的外商投资项目的审批按相应单行法律、法规规定办理

（三）“一站式审批”和“一条龙服务”

为方便中外投资者办理审批手续，提高政府工作效率，目前，许多地方政府可提供“一站式审批”，商务部

门和相关政府部门采取联合办公形式，对外商投资事项进行集中受理。

各省、自治区、直辖市和计划单列市均成立了外商投资服务中心，为外国投资者提供全过程的服务，即“一条龙服务”。例如在前期帮助寻找合作伙伴；协助选择厂址；编制项目建议书并代理上报；代办企业名称登记；编制可行性研究报告，代拟合同、章程，代办申请营业执照；中期可代办规划设计、工程建设和用地、环保、消防以及公用事业等有关建设手续和协调工作；后期可代聘员工，提供相关信息等服务。此外，咨询顾问公司、律师事务所、会计师事务所等中介服务机构也可为投资者提供高效优质的服务。

2005 年外商直接投资新动向

全年实际利用外资基本持平

2005 年全国新设立外商投资企业 44001 家，同比增长 0.77%；实际使用外资金额 603.25 亿美元，同比下降 0.5%。从 2005 年 4 月份开始，我国单月实际使用外资金额同比均呈下降趋势（9 月除外），二季度三个单月实际使用外资金额下降幅度均超过 10%，降幅之大，为近年来少有。原因基本有三：

● 美资回流影响

首先，作为投资第一来源地的美国，由于颁布了《本土投资法》，鼓励其企业海外投资利润回流，导致今年上半年美国对外投资锐减 45%，这在一定程度上影响了我国引资增速。统计数字显示，4 月份以来，美国对华投资降幅均在 20%以上，个别月份同比降幅接近 30%。2005 年美国对华投资新设立企业数和实际投资金额分别下降 4.69%和 22.32%；亚洲十国（地区）对华投资新设立企业数增长 0.69%，而实际利用外资金额下降 5.19%；部分自由港对华投资新设立企业数也下降 3.21%；原欧盟十五国对华投资新设立企业数和实际投入金额分别比 2004 年增长 17.46%和 22.52%。

● 周边国家经济增速影响

2005 年，俄罗斯吸收外部直接投资 167 亿美元，约占国内生产总值的 2.2%。近年来，俄能源市场对外国公司的投资吸引力在不断增强，无论是美英等西方大国，还是经济迅速发展的中国、印度等国，都纷纷把资金投向俄能源领域。

2005 年 1～7 月日本对越投资老项目增资明显上升。1～7 月日本对越南企业增资 3.79 亿美元，占其它国家企业对越投资增资总额的 1/3 以上。此外，越南新批日资项目 45 个 1.76 亿美元，同比增长 4 倍。

同时，英国科尔尼管理咨询公司公布的一项年度报告显示，印度已成为仅次于中国、美国之后全球第三大最具吸引力的投资目的地国。

● 国内影响

国家宏观调控对于土地等一些方面的收紧以及清理政策，对 2005 年的吸引外资也形成一定的影响。例如沿海地区由于土地计划控制，已签项目悬在空中无法落地。

服务业成为外商投资的重点

2005 年我国利用外资的重点，已经从引进全球加工制造阶段向研发、投融资、综合物流、运营总部、专业服务、售后服务、国际采购周转、转口等服务业转变。

入世后过渡期进一步降低了中国市场的门槛，服务贸易市场增长最快的潜质是中国成为吸引外商投资的一个比较优势，这些因素增强了中国的竞争力。预计，在以后相当长的一段时间内，服务业依旧是外商在华投资所青睐的领域。

首先，2005 年商业吸引外资的最大因素是中国经济发展的前景，中国每年 8～9%的经济增长速度，13 亿消费人口构成大市场，消费者日益增长的收入、需求和消费水准是吸引其投资的重要原因。

其次，保险市场开放，外国公司逐步进入。2005 年是我国保险业实行全面对外开放的第一年，外资保险公司所占市场份额增至近 7%。目前外资保险公司数量已由 2000 年的 14 家增至 2005 年的 40 家。在进入“《财富》杂志世界 500 强”的 46 家保险公司中，已有 27 家在华设立了营业机构。

第三，银行业开放进一步加大。作为服务业开放中最引人瞩目的银行业，12 月 6 日起中国进一步扩大银行业对外开放，外资金融机构经营人民币业务扩大到汕头和宁波，并提前开放哈尔滨、长春、兰州、银川、南宁 5 个城市。最新统计资料表明，外资银行在华业务近年来发展非常迅速，资产、存款和贷款的年增速均在

30%以上。

能源及能源相关领域成为外商投资热点

2005年9月世界上最大的私营煤炭公司美国博地能源公司中国公司北京代表处开业。而在此以前，美国亚美大陆煤炭公司在山西成立了山西亚美大宁能源公司，并取得56%的控股权，另外美国摩根银行购买了兖矿H股1.7亿股股份。澳大利亚、韩国、日本等国公司也陆续到中国的山西、陕西、内蒙等产媒大省区寻求参股开放当地煤矿。同时，跨国公司看好中国巨大的发电设备市场，加快了在华投资步伐。2005年10月，日本三菱重工在广州投资的合资公司竣工，开始生产燃气轮机的核心部件，预计在2010年销售额约为80亿日元。

外资目光投向中国“第二梯队”城市

我国内陆城市的工资成本比沿海城市低20%到50%，薪金上浮的速度也比大都市和沿海城市慢，而且近几年的投资环境逐步完善。为此，一些外商投资者不再向上海、北京和广州这些大都市投资，而是把目光投向南京、武汉、重庆、宁波、大连和沈阳等不太引人注目的第二梯队的城市。

2005年9月底，德国巴斯夫公司总投资达30亿美元的扬子巴斯夫一体化合资项目在南京投入运营，优势在于，南京的地价和劳动力价格比上海便宜。

中国美国商会主席卫兴华表示，2006年美国对华投资不仅将持续增长，而且约一半的美国公司将寻求到西安、成都、大连等西部和东北的二三线城市投资。他认为，目前有很多行业都在转移，像电子装配业，本来在广东的，现在可以到呼和浩特去生产。另外，中西部历史上本来就有一些传统优势产业，如农业、大型机械、能源、化工等。内陆城市开始展示它们的魅力，这将为外国企业到那里投资创造条件。

这一认识反映了外商投资者的市场投资理念在变化，同时也说明我们的第二梯队城市具有与大都市无法比拟的特点和优势。

附2005年1～12月利用外资统计

金额单位：亿美元

利用外资方式	本年批准外资情况 项目数			本年实际使用外资		
	本年累计	去年同期	比去年%	本年累计	去年同期	比去年%
总计	44001	43664	0.77	638.05	640.72	-0.42
一、外商直接投资	44001	43664	0.77	603.25	606.3	-0.5
中外合资企业	10480	11570	-9.42	146.14	163.86	-10.81
中外合作企业	1166	1343	-13.18	18.31	31.12	-41.15
外资企业	32308	30708	5.21	429.61	402.22	6.81
外商投资股份制	47	43	9.3	9.18	7.77	18.21
合作开发	0	0		0	1.09	-100
其它	0	0		0	0.24	-100
二、外商其它投资	0	0		34.8	34.43	1.1
对外发行股票	0	0		1.6	6.95	-76.98
国际租赁	0	0		1.08	0.38	185.71
补偿贸易	0	0		0.16	0.05	255.85
加工装配	0	0		31.96	27.05	18.15

2005年12月底，全国共批准外商投资企业552942家。

摘自2006年3期《研究报告》

利用国外资金情况

外国政府贷款概况

（一）中国借用外国政府贷款基本情况

外国政府贷款是指一国政府向另一国政府提供的，具有一定赠与性质的优惠贷款。根据经济合作和发展组织（OECD）的有关规定，政府贷款主要用于城市基础设施、环境保护等非盈利项目，若用于工业等盈利性项目，则贷款总额不得超过200万特别提款权。贷款额在

200 万特别提款权以上或赠与成分在 80%以下的项目，则由贷款国提交 OECD 审核。我国利用外国政府贷款始于 1979 年，先后同日本、德国、法国、西班牙、意大利、加拿大、英国、奥地利、澳大利亚、瑞典、科威特、荷兰、芬兰、丹麦、挪威、瑞士、比利时、韩国、以色列、俄罗斯、卢森堡、波兰及北欧投资银行、北欧发展基金、法国开发署共 25 个国家及机构建立了政府（双边）贷款关系。目前英国、俄罗斯、加拿大、澳大利亚、卢森堡和北欧发展基金等六个国家和组织已经停止向我国提供政府贷款。

1979～2000 年. 我国借用外国政府贷款（不包括日本政府贷款，下同）累计签约额 183.72 亿美元。其中德国、法国、西班牙分别以 39.4 亿美元、24.5 亿美元和 21.8 亿美元位居前三位。截至 2000 年底，借用外国政府贷款总计执行 1746 个项目，其中建成项目 1654 个，在建项目 92 个。从投向领域看，交通占 27%、能源占 17%、原材料占 14%、城市基础设施占 10.3%、轻纺占 9.4%、环保及其他占 22.3%。从地区分布看，68%投向中西部地区，其中 47.6%投向中部地区，20.4%投向西部地区，东部地区占 32%。

外国政府贷款一般有纯软贷款和混合贷款、特种贷款、促进性贷款四种方式，其中混合贷款为主要方式。随着国际经济形式的变化和我国经济实力的不断增强，纯软贷款的比例将会逐渐下降。

（二）外国政府贷款的特点

1. 属主权外债，强调贷款的偿还。利用外国政府贷款首先是一种外债，是我国政府对外借用的一种债务。除经国家发展改革委、财政部审查确认，并经国务院批准由国家统还者外，其余由项目业主偿还且多数由地方财政担保。

2. 贷款条件相对优惠。外国政府贷款其赠与成分一般在 35%以上，最高达 80%。贷款的利率一般为 0.2%～3%，个别贷款为无息。贷款偿还期限通常在 10～40 年之间，并含有 2～15 年的宽限期，是我国目前所借国外贷款种条件比较优惠的贷款。

3. 有限制性采购的要求。除科威特、沙特、法国开发署、德国促进贷款为国际招标采购外，多数国家政府贷款为限制性采购，通常第三国采购比例为 15%～50%，即贷款总额的 50%～85%用于购买贷款国的设备和技术。贷款货币币种由贷款国指定，汇率风险较大。

4. 使用投向具有一定限制，主要用于政府主导型项目建设，领域集中在基础设施、社会发展和环境保护等。

5. 带有一定的政府间接援助性质，易受贷款国外交、财政政策的影响。

（三）外国政府贷款管理方式简介

根据《国际金融组织贷款和外国政府贷款暂行管理办法》（国家发改委 28 号令），国家发展改革委按照国民经济和社会发展规划、产业政策、外债管理及国外贷款使用原则和要求，编制并下达年度国外贷款备选项目规划。未纳入国外贷款备选规划的项目，国务院各有关部门、地方各级政府和项目用款单位不得向国际金融组织或外国政府等国外贷款机构正式提出贷款申请。在纳入国外贷款备选项目规划之后，再行项目审批、核准或备案。待外方承诺贷款、国内银行承诺转贷、设备正式招标前，项目单位通过地方发改委向国家发展改革部门提交项目资金申请报告，项目与国内银行正式签署转贷款金融协议后，根据有关规定到有关发展改革部门办理国家鼓励发展的内外资项目确认书手续。

国际商业贷款概况

（一）中国借用国际商业贷款基本情况

国际商业贷款是指境内机构以商业性条件在国家金融市场筹措，并以外国货币承担契约性偿还义务的资金。主要包括：外国银行（机构）贷款，出口信贷，发行外币债券、可转换债券及大额可转让存单和中期票据等股票以外的有价证券，国际融资租赁，以现汇方式返还的补偿贸易，项目融资，境外居民在境内的存款及其他形式的商业性筹融资。

1979～2000 年，我国累计使用国际商业贷款 829 亿美元，主要用于国家重点项目和部分地方限下项目引进国外先进设备，以及飞机融资租赁等。其中能源占 14%、交通 13%、原材料 11%、机电轻纺 42%，其他 20%。利用国际商业贷款建设的国家重点项目有：长江三峡水利枢纽工程，广东大亚湾、岭澳及浙江秦山、江苏田湾核电站，大连、丹东、南通等电厂，大庆、齐鲁、扬子等 30 万吨乙烯，宝钢三期、邯钢、珠钢、包钢薄板坯连铸连轧、攀钢扩建，海洋石油的惠州、陆丰等油田开发。

借用国际商业贷款，弥补了国内建设资金的不足，引进了国外先进技术和设备，提高了我国工业装备水平，增强了企业的国际竞争能力。

国际商业贷款具有筹融资方式多，资金使用落实灵活方便，贷款较快，自主性强，贷款附加条件较少等优点，但其贷款成本较政府贷款为高，同时存在较高的利率风险。

（二）国际商业贷款管理方式

为吸取一些国家债务危机的经验教训，进一步提高国际商业贷款的使用效益，防止外债失控，避免发生外债危机，中国对借用国际商业贷款实行较为严格的管理，其管理原则为：

1. 适度。主要是控制借用规模，特别是短期资金。

2. 严格控制投向，坚持用于生产开发型项目。中长期商业贷款，主要用于固定资产投资项目建设，以有出口创汇能力的建设项目为主，主要用于购买国内不能生产制造的，必须从国外引进的设备与技术。不能用国际商业贷款进口消费品。一年以下（含一年）的短期商业贷款，主要作为流动资金。

3. 未经国家批准，不得结汇。

4. 风险管理。强调借用还、责权利相统一，注意借款项目自身的风险主体地位，确保债务的如期偿还。

5. 地方政府不得对外举债。借用国际商业贷款主要依照《国务院关于进一步加强借用国际商业贷款宏观管理的通知》（国发[1995]30 号）、国务院办公厅转发国家计委、人民银行《关于进一步加强对外发债管理意见》的通知和国家计委《关于借用国外贷款实行全口径计划管理的通知》（计外资[1996]751 号）、《关于加强借用国际商业贷款项目计划管理的通知》（计外资[1993]2555 号）的规定执行。

与世、亚行合作的基本情况

（一）合作背景

中国自 1980 年恢复了在世行的合法席位以来，与世行的合作已有 25 年的历史。截至 2005 年 6 月底（世行 2005 财年末），中国共获得世行承诺贷款项目 260 余个，贷款额约 390 亿美元，其中软贷款约 102 亿美元。

中国于 1986 年加入亚行，至今与亚行合作已有 19 年的历史。截至 2004 年底，共获得亚行承诺贷款项目 112 个，贷款签约额约为 149 亿美元。其中无需政府担保的亚行私营部门贷款项目 4 个，贷款额约为 1.2 亿美元。

（二）贷款领域

中国利用世、亚行贷款主要投向农业、林业、水利、交通、能源、城建环保、教育、卫生及金融等行业。其中以农业、交通和城建环保领域为主。在区域贷款安排上，以中西部地区为主。

世、亚行贷款基本上覆盖了中国所有的省、市、自治区，为中国经济建设提供了必要的优惠资金，引进了先进技术，促进了管理水平的提高，培养了一批各领域的人才。此外，还利用世、亚行技援资金和其丰富的人力资源在政策领域开展了广泛的合作研究，提出了一批具有较高参考价值的政策建议。

（三）贷款条件

世行自 2000 财年开始，不再向中国提供软贷款，全部提供硬贷款。世行贷款以单一货币美元贷款为主，偿还期为 20 年，其中含 5 年宽限期。亚行对我国提供的贷款，偿还期一般为 24～26 年，其中含 4～6 年宽限期。世、亚行贷款年利率以六个月伦敦同业拆借利率（LIBOR）为基准，外加各自的筹资成本。此外，还在贷款协定生效后，一次性按贷款总额的 1%收取项目先征费，并对贷款未提取部分，按 0.75%的年利率收取承诺费。

附：外国政府贷款国别信息

荷方提供出口信贷，使用 OE 荷兰

1. 贷款条件：项目贷款总额的 35%为政府赠款；另 65%为用户自筹资金解决，解决方式有：

（1）财政性资金；（2）国内银行贷款；（3）CD 统一利率，贷款期 7～10 年；（4）自有资金。

2. 币种：欧元。

3. 使用领域：水处理、医疗卫生、环保、天然气输配管线、交通控制、节水灌溉（喷灌、滴灌等）等非盈利领域。

4. 采购要求：

（1）项目合同总额的 50%以上须采购荷兰技术、设备或服务，非荷兰成分的供货须由荷兰供货商总包，并获得荷兰出口信用保险公司的保险；

（2）支持土建，但须荷方总包；

（3）特殊情况下，如荷方无法提供项目需要的设备和服务或提供的设备和服务价格显著高于国际市场水平，荷方供货比例可以降低至项目合同总额的 30%。

5. 技术援助：如项目中技术援助符合下列条件，荷方将承担技术援助费用的 75%，否则荷方将承担该费用的 35%：

（1）技术援助实施在质保期后持续六个月至五年；

（2）技术援助包括业务指导、培训和促进项目单位综合管理能力的提高；

（3）技术援助的安排、预期效果和费用明细需要提交给荷方 NIO 银行；

（4）该技术援助应为引进荷方设备、服务等完整项目中的技术援助。

6. 转贷银行：中国进出口银行、中国银行、中国建设银行、中国工商银行、交通银行。

7. 其他说明：根据荷兰政府审批要求，中方需按OECD要求提交英文项目可行性研究报告，外方据此进行项目评估及贷款审批。

以色列

1. 贷款条件：贷款分为15%的预付款和85%的长期贷款部分。预付款在每个金融协议生效后12个月偿还，固定利率为1.5%。长期贷款部分分为三类：**A**：贷款期为7年，在金融协议生效18个月后，分12次每半年等额偿还，固定年利率为3.2%。**B**：贷款期为10年，长期贷款部分的70%在金融协议生效18个月起，分10次每半年等额偿还；长期贷款部分的30%在金融协议生效66个月起，分10次每半年等额偿还，固定年利率为2.5%。**C**：贷款期为12年，在金融协议生效18个月后，分22次每半年等额偿还，固定年利率为3.5%。以上方式的贷款利息均按6个月支付。

项目合同金额（含预付款，下同）不超过100万美元的项目适用“A”，合同金额在100万～500万美元的适用“A”或“B”，合同金额大于500万美元的适用“A”或“B”或“C”。适用“C”的项目，合同累计金额不得超过5000万美元。

2. 币种：美元。

3. 使用领域：医疗、农业、电信、能源和电力、工业、水处理及社会和经济基础设施等领域。

挪威

1. 贷款条件：无息，贷款期10年，宽限期为建设期。一般政府贷款占合同金额的85%，另外15%由项目单位自筹；中方可根据项目情况申请合同金额100%的贷款，但需提交挪方主管部门批准。

2. 币种：欧元、美元。

3. 使用领域：污水处理、垃圾处理、空气污染控制、医疗卫生、文化遗产保护等。

4. 采购要求：国际招标。

5. 转贷银行：中国进出口银行、中国银行、中国工商银行。

6.其它要求：须提供英文项目可行性研究报告，外方据此进行项目评估及贷款审批。

比利时

1. 贷款条件：

（1）政府软贷款，无息，贷款期30年（含10年宽限期），约占合同金额的48.53%；其余部分为出口信贷，使用OECD统一利率，贷款期6～10年。

（2）超级补贴贷款，即比利时政府将赠与成分在80%以上的软贷款与商业贷款混合，使混合后的贷款利率降至2%或以下，贷款期延长到15年（含5年以上的宽限期）或以上。

2. 币种：欧元、美元。

3. 使用领域：城市供水、污水处理、垃圾处理、广播电视采编设备、制药等领域。

4.转贷银行：政策性银行和主要国有商业银行。

西班牙

1. 贷款条件：50%为政府软贷款，年利率0.2%～0.8%，贷款期30年（含10年宽限期）；另50%为出口信贷，使用OECD统一利率，贷款期5～10年。

2. 币种：欧元。

3. 使用领域：铁路、城市轨道交通、交通控制、风电、太阳能、水处理、垃圾处理、环保、医疗、教学培训、通信、农业（包括农产品深加工、灌溉、玻璃温室等）和贷款额在200万特别提款权以下的各类小型工业项目。

4. 贷款费用：西班牙方对出口信贷部分收取信贷保险费，其中50%可用贷款支付；无承诺费和手续费。

5. 转贷银行：中国银行、中国建设银行、中国工商银行、中国进出口银行、中国农业银行、交通银行和国家开发银行。

意大利

1. 贷款条件：纯软贷款，无息，贷款期25年（含5年宽限期）。

2. 币种：欧元。

3. 使用领域：环保类、医疗、文化遗产保护。

4. 转贷银行：国家开发银行、中国进出口银行、中国工商银行、中国建设银行、中国农业银行、中国银行、交通银行等。

5. 其他要求：环保类项目，中方须提供英文可行性研究报告，外方据此进行项目评估及贷款审批.

法国发展援助贷款

贷款援助目前仅限用于云南、广西、贵州、四川、重庆，以及湖南、湖北地区。

1. 贷款条件：贷款期为12～17年（含3～5年宽限期），采用浮动利率，以6个月期欧洲银行间同业拆借市场利率（EURIBOR）减1%确定（按当前市场条件为1.1%）；为避免出现负利率，设定利率浮动的下限为0.25%；在提款期结束后，或已经提取较大数额款项后，浮动利率将转换为固定利率。

2. 采购条件：本贷款为不附带条件贷款，采用国际竞争性招标方式采购，也可用于中国本地采购。

3. 贷款领域：

能源。包括清洁能源：热电联产、清洁煤、脱硫技术，可再生能源，及在工业上优化能源消耗；

铁路：铁路项目，电气化铁路；

城市交通：城市规划，交通管理，城市交通系统；

城市发展：供暖、废物处理。

4. 项目规模：单个项目申请的金额原则上不应低于2000万欧元，特殊情况下，经中、法双方协商，也可考虑申请贷款金额在1000万～2000万欧元之间的项目。

韩国政府贷款

1. 贷款条件：100%政府软贷款。贷款条件有以下三类：贷款期最长为30年（含宽限期最长为10年），年利率1.5%；贷款期最长为25年（含宽限期最长为10年），年利率1.3%；贷款期最长为25年（含宽限期最长为5年），年利率1.1%。

一般中小型项目均可，但单个项目最高贷款额不得超过2500万美元

2. 币种：韩元。

3. 使用领域：中西部地区环境保护等领域。

4. 采购要求：在合格的韩国供货商中采用有限竞争招标方式。原则上，项目所需设备和服务的70%须在韩国境内采购，其余30%可在中国国内或第三国采购。

5. 转贷银行：政策性银行和主要商业银行。

6. 其它要求：项目将按批对外提出。须提供英文项目可行性研究报告，外方据此进行项目评估及贷款审批。

沙特政府贷款

1. 贷款条件：贷款期20年，含4～5年宽限期，年利率3.0%～3.5%。贷款支付采用归垫形式，即：按评估确定的采购清单，经沙特发展基金（简称“SDF”，管理沙特政府贷款的官方机构）批准评标报告和商务合同后，项目单位实施并用国内资金先行支付，然后SDF予以报账。

单个项目贷款额一般不低于1500万美元，最高不超过2500万美元。

2. 币种：里亚尔。

3. 使用领域：社会发展或基础设施领域。

4. 采购要求：项目所需技术、设备及服务等须采用国际招标方式采购。贷款资金可支付项目工程土建及劳务费用。

科威特政府贷款

1. 贷款条件：贷款期限为16～22年，含4年宽限期。年利率在2.5%～5%之间，其中基础设施项目通常为3.5%或以下，工业项目在4%或以上，另外科基金会每年按贷款余额收取0.5%的管理费；自1999年第六批对华贷款起，科基金会明确表示不再支持工业类项目。

每年视项目贷款金额支持1～2个项目，单个项目贷款额一般不低于2000万美元，最高不超过3500万美元。

2. 币种：第纳尔。

3. 使用领域：社会发展或基础设施领域。

4. 采购要求：项目所需技术、设备及服务等须采用国际招标方式采购。中科双方确认的项目可以通过招标方式在中国国内采购，部分贷款资金也可以支付项目工程土建及劳务费用，已实施项目的后续工程经双方确认也可追溯报账。

波兰政府贷款

1. 贷款条件：年利率0.52%，贷款期16年（含宽限期2年），贷款不收取银行费用（如承诺费、担保费等）。

2. 币种：美元。

3. 使用领域：环保、污水处理、基础设施、消防、农用飞机、采矿、农产品加工和乳品加工等领域。

4. 采购要求：波兰供货比例不低于60%。

5. 转贷银行：中国进出口银行、中国银行。

芬兰政府贷款

1. 贷款条件：无息，贷款期10年，含2年宽限期。

2. 币种：欧元。

3. 使用领域：制浆造纸、木材加工、集中供热、通讯、电缆制造、能源、环保、牛奶加工和医疗设备等领域。

4. 采购要求：芬兰供货比例不低于51%。

5. 转贷银行：中国进出口银行、中国银行、中国工商银行、中国建设银行。

6. 其它要求：须提供英文项目可行性研究报告，外方据此进行项目评估及贷款审批。

瑞典政府贷款

1. 贷款条件：无息，贷款期10年，宽限期为建设期。一般政府贷款占合同金额的85%，另外15%由项目单位自筹；中方可根据项目情况申请合同金额100%的贷款，但需提交瑞方主管部门批准。单个项目的最小申请金额应不低于200万美元。

2. 币种：欧元、美元。

3. 使用领域：支持环保、节能和医疗保健等非赢利性项目。

4. 采购要求：通常情况下，瑞典供货比例不低于75%。贷款可支持土建：对交钥匙项目，瑞方同意贷款资助10%～20%的土建费用；对于土建合同独立的项目，瑞方将根据中方的申请视情况决定。

5. 转贷银行：中国进出口银行、中国银行、中国建设银行。

6. 其它要求：须提供英文项目可行性研究报告，外方据此进行项目评估及贷款审批。瑞方对受援国采购及评标程序进行审核和逐步确认。

丹麦政府贷款

1. 贷款条件：

（1）贷款额 1500 万欧元以下的项目，试投产后分10年还款，无息，建设期为宽限期。

（2）贷款额 1500 万欧元以上的项目，试投产后分15年还款，建设期为宽限期。当贷款货币为美元时，贷款年利率为 1.2%；当贷款货币为欧元时，贷款年利率为0.3%。

（3）贷款额为 200 万特别提款权以下的小型工业项目，可资助 100%的商务合同金额。经中丹双方协商同意，部分项目的采购不必采用招标方式，可直接通过谈判的方式与丹麦公司签署商务合同。项目试投产后分 8年还款，无息。

（4）可行性研究的赠款：丹麦政府可向丹麦供货商提供赠款，支持项目单位编制可行性研究报告，赠款金额可达到可研编制费用的 75%。

2. 币种：欧元、美元。

3. 使用领域：水处理、集中供热、垃圾焚烧、教育、医疗和小工业。

4. 采购要求：丹麦供货比例不低于 25%，其余 75%可采购中国或第三国货物和服务，总包商需为丹麦公司。在项目采购充分的设备和技术含量的前提下，上述中国或第三国成分也可支持土建。

5. 其它要求：须提供英文项目可行性研究报告，外方据此进行项目评估及贷款审批。

奥地利政府贷款

（目前只受理西部地区非消防领域的项目申请）

1. 金额：不预先承诺额度，就双方同意的项目先签订商务合同，待奥政府批准合同后再签订银行间金融协议。

2. 贷款条件：奥政贷分 A 类和 B 类贷款，其中，A 类：贷款期限：25 年，宽限期：5 年，年利率：2.25%；B 类：贷款期限 20 年，宽限期：5 年，年利率：1.8%，宽限期从最后一批交货后开始计算；项目最小金额为150 万欧元；商务合同金额 100%可由政府贷款支付；奥方将根据项目的不同类型每年收取 0.6%～1%的信贷保险费。

3. 币种：欧元。

4. 使用领域：医疗、教育、消防、农业、环保及广电等领域。

5. 采购要求：项目合同金额的 70%须采购奥地利设备，30%可用于中国及第三国采购。

6. 转贷银行：主要商业银行和政策性银行

法国开发署贷款

1. 贷款条件：贷款期为 12～17 年（含 3～5 年宽限期），采用浮动利率，以 6 个月期欧洲银行间同业拆借市场利率（EURIBOR）减 1%确定；为避免出现负利率，设定利率浮动的下限为 0.25%；在提款期结束后，或已经提取较大数额款项后，浮动利率将转换为固定利率。

2. 采购条件：本贷款为不附带条件贷款，采用国际竞争性招标方式采购，也可用于中国本地采购。

3. 贷款领域：

专项用于降低温室气体排放的高效节能领域，具体为热电联产、铁路电气等领域，以及清洁可再生能源的项目。

目前仅限于云南、广西、贵州、四川、重庆，以及湖南、湖北地区。

4. 项目规模：单个项目申请的金额原则上不应低于2000 万欧元，特殊情况下，经中、法双方协商，也可考虑申请贷款金额在 1000 万欧元至 2000 万欧元之间的项目。

5. 项目需提交的材料：

——项目说明，其中包括项目概算；

——项目对中国经济发展影响的分析；

——项目对社会和环境影响的分析；

——项目收益人和实施机构的有关信息；

——拟在该贷款项下采购的商品、货物和服务的信息；

——项目可行性或预可行性研究。

法国政府贷款

1. 贷款条件：法国政府贷款由国库贷款和出口信贷组成，比例通常各占 50%。其中，国库贷款的条件每年都略有变化，但两种贷款混合后的赠与成分一般都在35%以上。具体贷款条件如下：国库贷款占 50%，年利率为 0.4%，贷款期 30 年（含宽限期 10 年）；其余 50%为出口信贷，使用 OECD 统一利率，贷款期 10 年，宽限期通常为项目建设期。对部分法国企业特别感兴趣、并对其技术设备出口中国市场具有特殊意义的大项目，法方愿意考虑提供条件更优惠的特别贷款。

2. 币种：欧元。

3. 使用领域：

（1）贷款额在 600 万欧元以上项目适用领域：

交通领域：

——铁路项目，特别是在提速、提高铁路基础设施方面项目；

——城市交通系统项目，特别是在减少尾气污染和温室气体排放，提高城区环境方面项目。

环保领域：

——供水项目、西部和东北部地区基层医疗项目；

——固体废物处理，特别是联合融资项目。

（2）贷款额在 200 万～600 万欧元项目适用领域：

——医疗设备；

——农业及食品加工，特别是促进农作物防控病虫害和公共卫生的领域；

——清洁能源，特别是再生能源；

——技术培训设备，特别是能源和环保方面。

4. 采购要求：原则上项目合同金额的70%须采购法国技术设备，30%可用于第三国采购。

5. 转贷银行：国家开发银行、中国进出口银行、中国工商银行、中国农业银行、中国建设银行、中国银行、交通银行。

德国促进性贷款

1. 贷款条件：贷款期最长 12 年，在适宜的情况下可延长贷款期限。期限在 5～12 年的贷款，在 KFW 再融资成本基础上参考上浮范围为 45～65 个点，上浮点数最终取决于 KFW 的评估（KFW 再融资成本：浮动利率下：6 个月 EURIBOR/LIBOR；固定利率下：KFW 不同贷款期限的再融资成本）。

2. 贷款偿还：半年一次等值、连续的分期偿还，宽限期根据单个项目决定。

提前偿还：浮动利率下，可在任何利息支付日无成本提前偿还应付未付贷款，但须提前 30 天通知贷款方；固定利率下，借款人如承担所有因提前偿还引起的中断成本，可提前偿还应付未付贷款。

3. 币种：欧元或美元。

4. 项目规模：单个项目最低贷款金额为 1500 万欧元，经双方协商同意后可适当降低该标准。

5. 使用领域：基础设施、环境保护（供水、污水、垃圾处理和能源等）、生产安全、医疗、金融及其他具有促进发展性质的领域。

6. 贷款费用：承诺费按未提款余额的 0.25%收取，管理费按贷款额一次性收取 0.5%。

7. 采购要求：国际招标。

8. 其他要求：通过银行转贷。

德国政府混合贷款

1. 贷款条件：

（1）软贷款：年利率 0.75%，贷款期 40 年（含宽限期 10 年）。

（2）商业贷款：商业贷款市场利率，贷款期 10 年（含 3 年宽限期）。

2. 币种：欧元。

3. 使用领域和使用条件：

德国政府混合贷款可支持轨道交通、环境和自然资源保护、污水处理、金融机构建设以及医疗领域。

（1）风力发电：软硬贷款比为 1:1；

（2）清洁能源（如集中供热）：软硬贷款比约为 1:0.9；

（3）污水处理：纯软贷款；

（4）医疗卫生：软硬贷款比为 1:1。

医疗卫生专项贷款从签订两国间贷款协议之日起 3 个月后，KFW 开始对混合贷款按未提款余额每年向项目单位收取 0.25%的承诺费。贷款主要用于中西部省份的医院项目和医疗垃圾处理项目。医院项目重点资助省会以下（不包括省会城市）市县达到 2a 或 2b 等级医院的基础医疗事业，贷款不资助贵重、高级精密的医疗设备（如高压氧舱、核磁共振等），但经德方评估同意后可资助用于代替或更新已有设备的其他贵重、高级精密医疗设备（如 CT 扫描机、直线加速器等）。

（5）轨道交通：软硬贷款比为 1:1.7，转贷时条件适当调整。

（6）节能环保：软硬贷款比为 1:1，转贷时转贷期限按设备预期使用寿命适当调整。

4. 采购要求：一般情况下采用有限竞争招标，50%以上的供货和服务需来自德国。风力发电和清洁能源领域采用国际竞争招标。交通领域采用国际竞争招标，但 50%以上的供货和服务须来自中国以外。

5. 转贷银行：

（1）主要国有商业银行和政策性银行。

（2）中国农业银行、华夏银行、中国光大银行、中国民生银行、深圳发展银行可转贷中小企业信贷。项目单位可直接向银行申请项目，无需财政担保，由银行独立开展评估转贷工作并自行承担转贷风险。

6. 其它要求：中方须提供英文项目建议书或可行性研究报告，德方据此进行项目评估及贷款审批。

北欧特资银行

1. 贷款条件：年利率为 LIBOR 加 0.65%，贷款期 10～20 年，宽限期为建设期。

2. 币种：欧元、美元。

3. 使用领域：制浆造纸、通信、能源、环境保护、机械制造和加工、医疗设备、食品加工、农牧产品加工等。

4. 转贷银行：中国进出口银行、国家开发银行、中国银行、中国工商银行、中国农业银行、交通银行。

另：北投同意与其他北欧国家的政府贷款联合融资环保项目。在满足北欧贷款国公司作为总包商且北投供货比例符合其要求的前提下，可将北投贷款用于支付项目的当地费用（包括土建费用）。在上报新项目时，项目单位可一并申请某一北欧国家和北投的贷款。

北投与其他北欧国家联合融资贷款要求：

申请北投贷款上限＝某一北欧国家贷款额度×此国供货比例

北投供货比例

各国供货百分比：北投≥70%丹麦≥50%芬兰≥50%瑞典≥75%

例：某项目申请丹麦政府贷款500万美元，由于丹麦供货比例为不低于50%，北投供货比例为不低于70%，代入公式可得：

500×50%≤357×70%

即此项目申请500万美元丹麦政府贷款，可同时申请不超过357万美元北投贷款用于支付当地费用（包括土建费用）。

国家发展改革委下达中国利用亚洲开发银行贷款2006～2008年备选项目规划

2005年底，国家发展改革委会同财政部就我国利用亚洲开发银行（以下简称“亚行”）贷款2006～2008年备选项目规划同亚行进行了磋商。近期，国务院批准了2006～2008年新的三年滚动规划，国家发展改革委已经正式通知地方发展改革委和有关部门，开展备选项目的前期准备工作。

2006～2008年，我国利用亚行贷款年度规模为10～15亿美元，三年贷款总规模约在30亿～45亿美元。贷款重点要提高使用质量和效益，同时注重以贷款项目为载体引进国际经验、提高管理水平、促进体制改革和制度创新等。

亚行对我国提供的贷款，偿还期一般为24～26年，其中含4～6年宽限期。贷款利率以六个月伦敦同业拆借利率（LIBOR）为基准，外加亚行利差60个基点收取利息。目前亚行贷款利率约为5.29%。

根据我国“十一五”规划重点、西部大开发战略、振兴东北老工业基地战略以及国家的产业政策，同时考虑亚行的要求，规划内重点安排了交通、城建环保、农业、节能及可再生能源等领域的项目，以及有利于推动中亚、湄公河次区域合作的投资项目。

本期规划中，交通、城建环保和农业领域项目贷款为重点，其贷款之和约占贷款总额的90%；在地域安排上，继续向中西部地区倾斜，积极支持东北地区等老工业基地的建设，中西部地区项目贷款占贷款总额的90%以上。

亚行贷款的偿还由地方政府和有关部门负责。

下一阶段，对于列入规划的项目，国家发展改革委将会同有关部门和地方政府进一步落实项目建设内容和建设条件，按照有关规定和投资体制改革的要求履行审批手续；指导有关单位积极做好项目前期准备，促进规划的顺利实施。

附表：亚洲开发银行贷款2006年谈判签约计划

序号	项目名称	主要建设内容
1	湖南城市防洪项目	资、沅、澧四水中上游城市及县城防洪工程
2	四川公路第五期	达州至万源铁匠垭高速公路146公里（包头—北海西部大通道）
3	甘肃公路发展第二期	临洮至罐子沟高速公路464公里（国道212线），其中一段用外资
4	黑龙江公路发展	按照省级公路建设规划，建设依兰—讷河段省级公路450公里
5	铁路发展（铁道部）	宁夏中卫至山西太原铁路924公里
6	山东海河流域污染治理	市县污水及垃圾处理
7	内蒙环境改善	乌海—巴盟天然气管道及部分城市集中供热（热电联供）
8	广西南宁城市基础设施建设	防洪堤、垃圾处理及青秀山保护

后备项目

1	贵州省水资源开发和水土保持	建设中小型蓄水、灌溉和水土保持工程，结合DFID扶贫赠款
2	宁夏生态与农业综合开发	贺兰山东麓生态造林（草）、拦洪坝工程、农业种养殖等，GEF赠款
3	武汉城市排污工程	汉口西部排污、汉江武汉段上游污水治理

亚洲开发银行贷款 2007～2008 年规划

序 号	项 目 名 称	主 要 建 设 内 容
1	北方旱作农业（农业部）	中西部省份旱作农业
2	陕西秦岭生态和生物资源保护	生态造林、生物多样性保护、植物园基础设施建设，结合 GEF 赠款
3	宁夏生态与农业综合开发	贺兰山东麓生态造林（草）、拦洪坝工程、农业种养殖等，GEF 赠款
4	贵州省水资源综合开发和水土保持	建设中小型蓄水、灌溉和水土保持工程，结合 DFID 扶贫赠款
5	铁路发展（铁道部）	涪陵—利川铁路及铁路安全技术装备项目，铁路长 200 公里
6	云南高速公路发展	武定—昆明高速公路 80 公里（西部干线兰州—磨憨公路）
7	新疆公路	库尔勒—库车，长 296 公里，连霍主干线联络线吐鲁番—伊尔克斯坦公路
8	节能与资源再利用	内容待定
9	武汉城市排污工程	汉口西部排污、汉江武汉段上游污水治理
10	安徽省城市环境改善	合肥等城市污水、垃圾处理和市区道路建设
11	白洋淀生态建设与环境综合治理	河北省白洋淀生态建设及环境综合治理，污水厂建设
12	南京秦淮河环境综合治理	秦淮河污水收集处理、堤岸建设、底泥疏浚等综合整治
13	山西省河川流域农业综合开发	滩涂开发、中低产田改造，特色农业基地及农业科技和服务体系建设等
14	青岛市水资源利用及湿地保护	青岛市崂山区水资源利用，胶州湾湿地保护及配套防洪工程，争取 GEF 赠款
15	中西部地区生态及濒危药材种植	医药集团总公司在中西部种植濒危药材及治理沙漠化，争取 GEF 赠款
16	河南高效农业综合开发	三门峡市生态林、经济林建设、果树种植
17	铁路发展	兰渝铁路（甘肃兰州河口南至重庆），线路全长 1012 公里，新建 961 公里
18	广西隆林至百色公路	广西隆林至百色段，长 177 公里
19	甘肃黑河水电发展	甘肃黑河二龙山、大孤山梯级电站开发，总装机容量 110.5 兆瓦
20	农村电气化发展	内容待定
21	新能源	内容待定，结合 GEF 赠款
22	云南昆明供水工程	清水海、板桥河水库等水源工程建设，输水工程配水管道等
23	新疆城市基础设施和环境改善	新疆城市、自然保护区、口岸道路和环保基础设施建设，生态保护及恢复
24	吉林省城市基础设施建设	长春市、延吉市、镇赉县供水、集中供热及污水设施建设，水环境治理
25	甘肃白银城市发展	城市集中供热、路网及供排水等城市基础设施建设

（国家发展改革委国外资金利用司）

国家发展改革委关于利用世界银行贷款 2006～2008 财年备选项目规划情况

2005 年，国家发改委会同财政部就 2006～2008 财年贷款规划与世界银行进行了磋商。我国利用世行贷款主要是为配合国内深化改革的要求，除弥补某些行业发展的资金不足外，其重点将放在引进国际经验以及发挥贷款在体制改革和创新作用等方面，并注重提高贷款的质量与效益。三年贷款规模约 30 亿～45 亿美元。

世行向我国提供的贷款，偿还期为 20 年，其中含 5 年宽限期。贷款年利率以六个月伦敦同业拆借利率（LIBOR）为基准，外加固定利差 50 个基点或浮动利差 40 个基点收取利息。目前世行固定利差贷款利率约为

4.12%（含固定利差 50 个基点）；浮动利差贷款利率约为 4.02%（含 40 个基点）。此外，世行还在贷款协定生效后，一次性按贷款总额的 1%收取项目先征费（目前优惠至 0.25%），并对贷款未提取部分，按 0.75%的年利率收取承诺费。

我国利用世行贷款 2006～2008 财年备选项目规划，是根据我国西部大开发、振兴东北地区等老工业基地、中部崛起战略以及国家的产业政策，同时，也考虑了世界银行的一些政策性要求。本期贷款规划以中西部地区的基础设施建设为重点，城建环保和交通领域的项目和贷款较为集中，二者之和，约占贷款总规模的 73%。贷款领域包括：农林水、交通、城建环保、能源、教育、卫生及金融。其中以农业、交通和城建环保领域为主。在本期规划中，增加了金融领域项目，国家开发银行拟借助国际经验，在一些省内试点建立小企业贷款机制及业务拓展。

在区域贷款安排上，以中西部地区为主，适当考虑东部地区。

所有规划内项目将按照国内投资体制改革的要求履行审批手续。

附：外商投资产业指导目录

（2004 年修订）

鼓励外商投资产业目录

一、农、林、牧、渔业

1. 中低产农田改造

2. 蔬菜（含食用菌、西甜瓜）、水果、茶叶无公害栽培技术及产品系列化开发、生产

3. 糖料、果树、花卉、牧草等农作物优质高产新技术、新品种（转基因品种除外）开发、生产

4. 花卉生产与苗圃基地的建设、经营

5. 农作物秸秆还田及综合利用、有机肥料资源的开发生产

6. 中药材种植、养殖（限于合资、合作）

7. 林木（竹）营造及良种培育

8. 天然橡胶、剑麻、咖啡种植

9. 优良种畜种禽、水产苗种繁育（不含我国特有的珍贵优良品种）

10. 名特优水产品养殖、深水网箱养殖

11. 防治荒漠化及水土流失的植树种草等生态环境保护工程建设、经营

二、采掘业

*1. 石油、天然气的风险勘探、开发

*2. 低渗透油气藏（田）的开发

*3. 提高原油采收率的新技术开发与应用

*4. 物探、钻井、测井、井下作业等石油勘探开发新技术的开发与应用

5. 煤炭及伴生资源勘探、开发

6. 煤层气勘探、开发

7. 低品位、难选冶金矿开采、选矿（限于合资、合作）

8. 铁矿、锰矿勘探、开采及选矿

9. 铜、铅、锌矿勘探、开采（限于合资、合作，在西部地区外商可独资）

10. 铝矿勘探、开采（限于合资、合作，在西部地区外商可独资）

11. 硫、磷、钾等化学矿开采、选矿

三、制造业

（一）食品加工业

1. 粮食、蔬菜、水果、禽畜产品的储藏及加工

2. 水产品加工、贝类净化及加工、海藻功能食品开发

3. 果蔬饮料、蛋白饮料、茶饮料、咖啡饮料的开发、生产

4. 婴儿、老年食品及功能食品的开发、生产

5. 乳制品生产

6. 生物饲料、蛋白饲料的开发、生产

（二）烟草加工业

1. 二醋酸纤维素及丝束加工

2. 造纸法烟草薄片生产

（三）纺织业

1. 工程用特种纺织品生产

2. 高档织物面料的织染及后整理加工

（四）皮革、皮毛制品业

1. 猪、牛、羊蓝湿皮新技术加工

2. 皮革后整饰新技术加工

（五）木材加工及竹、藤、棕、草制品业

1. 林区“次、小、薪”材和竹材的综合利用新技术、新产品开发与生产

（六）造纸及纸制品业

1. 按林纸一体化模式建设的年产 30 万吨及以上规模化学木浆和年产 10 万吨及以上规模化学机械木浆(限于合资、合作)

2. 高档纸及纸板生产（限于合资、合作）

（七）石油加工及炼焦业

1. 针状焦、煤焦油深加工

2. 重交通道路沥青生产

（八）化学原料及化学品制造业

1. 重油催化裂化制烯烃生产

2. 年产 60 万吨及以上规模乙烯生产（中方相对控股）

3. 乙烯副产品 C5～C9 产品的综合利用

4. 大型聚氯乙烯树脂生产（乙烯法）

5. 有机氯系列化工产品生产（高残留有机氯产品除外）

6. 苯、甲苯、二甲苯、乙二醇等基本有机化工原料及其衍生物生产

7. 合成材料的配套原料：双酚 A、4.4′ 二苯基甲烷二异氰酸酯、甲苯二异氰酸酯生产

8. 合成纤维原料：精对苯二甲酸、丙烯腈、己内酰胺、尼龙 66 盐生产

9. 合成橡胶：溶液丁苯橡胶、丁基橡胶、异戊橡胶、丁二烯法氯丁橡胶、聚氨酯橡胶、丙烯酸橡胶、氯醇橡胶生产

10. 工程塑料及塑料合金生产

11. 精细化工：催化剂、助剂及石油添加剂新产品、新技术，染（颜）料商品化加工技术，电子、造纸用高科技化学品，食品添加剂、饲料添加剂，皮革化学品、油田助剂，表面活性剂，水处理剂，胶粘剂，无机纤维、无机粉体填料生产

12. 纺织及化纤抽丝用助剂、油剂、染化料生产

13. 汽车尾气净化剂、催化剂及其他助剂生产

14. 天然香料、合成香料、单离香料生产

15. 高性能涂料生产

16. 氯化法钛白粉生产

17. 氟氯烃替代物生产

18. 大型煤化工产品生产

19. 林业化学产品新技术、新产品开发与生产

20. 烧碱用离子膜生产

21. 生物肥料、高浓度化肥（钾肥、磷肥）、复合肥料生产

22. 高效、低毒和低残留的化学农药原药新品种开发与生产

23. 生物农药开发与生产

24. 环保用无机、有机和生物膜开发与生产

25. 废气、废液、废渣综合利用和处理、处置

（九）医药制造业

1. 我国专利或行政保护的原料药及需进口的化学原料药生产

2. 维生素类：烟酸生产

3. 氨基酸类：丝氨酸、色氨酸、组氨酸等生产

4. 采用新技术设备生产解热镇痛药

5. 新型抗癌药物及新型心脑血管药生产

6. 新型、高效、经济的避孕药具生产

7. 采用生物工程技术生产的新型药物生产

8. 基因工程疫苗生产（艾滋病疫苗、丙肝疫苗、避孕疫苗等）

9. 海洋药物开发与生产

10. 艾滋病及放射免疫类等诊断试剂生产

11. 药品制剂：采用缓释、控释、靶向、透皮吸收等新技术的新剂型、新产品生产

12. 新型药用佐剂的开发应用

13. 中药材、中药提取物、中成药加工及生产（中药饮片传统炮制工艺技术除外）

14. 生物医学材料及制品生产

15. 兽用抗菌原料药生产（包括抗生素、化学合成类）

16. 兽用抗菌药、驱虫药、杀虫药、抗球虫药新产品及新剂型开发与生产

（十）化学纤维制造业

1. 差别化化学纤维及芳纶、年产 5000 吨及以上功能化环保型氨纶、碳纤维、高强高模聚乙烯等高新技术化纤生产

2. 粘胶无毒纺等环保型化纤的生产

3. 日产 500 吨及以上非纤维用聚酯生产，纤维及非纤维用新型聚酯（聚对苯二甲酸丙二醇酯、聚葵二酸乙二醇酯、聚对苯二甲酸丁二醇酯等）生产

（十一）塑料制品业

1. 聚酰胺保鲜薄膜生产

2. 农膜新技术及新产品（光解膜、多功能膜及原料等）开发与生产

3. 废旧塑料的消解和再利用

（十二）非金属矿物制品业

1. 日熔化 500 吨级及以上优质浮法玻璃生产（限于中西部地区）

2. 日产 2000 吨及以上水泥熟料新型干法水泥生产

（限于中西部地区）

3. 年产1万吨及以上玻璃纤维（池窑拉丝工艺生产线）及玻璃钢制品生产

4. 年产50万件及以上高档卫生瓷生产

5. 陶瓷原料的标准化精制、陶瓷用高档装饰材料生产

6. 玻璃、陶瓷、玻璃纤维窑炉用高档耐火材料生产

7. 无机非金属材料及制品生产（人工晶体、高性能复合材料、特种玻璃、特种陶瓷、特种密封材料、特种胶凝材料）

8. 新型建筑材料生产（轻质高强多功能墙体材料、高档环保型装饰装修材料、优质防水密封材料、高效保温材料）

9. 非金属矿深加工（超细粉碎、高纯、精制、改性）

（十三）黑色金属冶炼及压延加工业

1. 直接还原铁和熔融还原铁生产

（十四）有色金属冶炼及压延加工业

1. 低品位、难选冶金矿冶炼（限于合资、合作，在西部地区外商可独资）

2. 硬质合金、锡化合物、锑化合物生产

3. 有色金属复合材料、新型合金材料生产

4. 稀土应用

（十五）金属制品业

1. 非金属制品模具设计、制造

2. 汽车、摩托车模具（含冲模、注塑模、模压模等）、夹具（焊装夹具、检验夹具等）设计、制造

3. 高档建筑五金件、水暖器材及五金件开发、生产

（十六）普通机械制造业

1. 三轴以上联动的数控机床、数控系统及伺服装置制造

2. 高性能焊接机器人和高效焊装生产设备制造

3. 耐高温绝缘材料（绝缘等级为F、H级）及绝缘成型件生产

4. 比例、伺服液压技术，低功率气动控制阀，填料静密封生产

5. 精冲模、精密型腔模、模具标准件生产

6. 精密轴承及各种主机专用轴承制造

7. 汽车、摩托车用铸锻毛坯件制造

（十七）专用设备制造业

1. 粮食、棉花、油料、蔬菜、水果、花卉、牧草、肉食品、水产品的贮藏、保鲜、分级、包装、干燥、运输、加工的新技术、新设备开发与制造

2. 设施农业设备制造

3. 农业、林业机具新技术设备制造

4. 拖拉机、联合收割机等农用发动机设计与制造

5. 农作物秸秆还田及综合利用设备制造

6. 农用废物的综合利用及规模化畜禽养殖废物的综合利用设备制造

7. 节水灌溉新技术设备制造

8. 湿地土方及清淤机械制造

9. 水生生态系统的环境保护技术、设备制造

10. 长距离调水工程的调度系统设备制造

11. 特种防汛抢险机械和设备制造

12. 食品行业的高速、无菌灌装设备、贴标机等关键设备制造

13. 氨基酸、酶制剂、食品添加剂等生产技术及关键设备制造

14. 10吨/小时及以上的饲料加工成套设备、关键部件生产

15. 卷筒纸和对开以上单纸张多色胶印机制造

16. 皮革后整饰新技术设备制造

17. 高技术含量的特种工业缝纫机制造

18. 新型纺织机械、新型造纸机械（含纸浆）等成套设备制造

19. 公路、港口新型机械设备设计与制造

20. 公路桥梁养护、自动检测设备制造

21. 公路隧道营运监控、通风、防灾和救助系统设备制造

22. 铁路大型施工及养护设备设计与制造

23. 园林机械、机具新技术设备制造

24. 城市环卫特种设备制造

25. 路面铣平、翻修机械设备制造

26. 隧道挖掘机、城市地铁暗挖设备制造

27. 8万吨/日及以上城市污水处理设备，工业废水膜处理设备，上流式厌氧流化床设备和其他生物处理废水设备，废塑料再生处理设备，工业锅炉脱硫脱硝设备，大型耐高温、耐酸袋式除尘器制造，垃圾焚烧处理设备制造

28. 年产30万吨及以上合成氨、48万吨及以上尿素、45万吨及以上乙烯成套设备中的透平压缩机、混合造粒机制造

29. 火电站脱硫技术及设备制造

30. 薄板连铸机制造

31. 平板玻璃深加工技术及设备制造

32. 井下无轨采、装、运设备，100吨及以上机械传动矿用自卸车，移动式破碎机，3000立方米/小时及以上斗轮挖掘机，5立方米及以上矿用装载机，全断面巷道掘进机制造

33. 石油勘探开发新型仪器设备设计与制造

34. 机电井清洗设备制造和药物生产

35. 电子内窥镜制造

36. 具有高频技术、直接数字图像处理技术、辐射剂量小的 80 千瓦及以上医用 X 线机组制造

37. 高场强超导型磁共振成像装置（MRI）的制造

38. 单采血浆机制造

39. 全自动酶免系统（含加样、酶标、洗板、孵育、数据后处理等部分功能）设备制造

40. 药产品质量控制新技术、新设备制造

41. 中药有效物质分析的新技术、提取的新工艺、新设备开发与制造

42. 新型药品包装材料、容器及先进的制药设备制造

（十八）交通运输设备制造业

*1. 汽车整车制造（包括研发）

2. 汽车发动机制造（包括研发）

3. 汽车关键零部件制造：盘式制动器总成、驱动桥总成、自动变速箱、柴油机燃油泵、发动机进气增压器、发动机排放控制装置、电动助力转向系统、黏性连轴器（四轮驱动用）、充气减震器、空气悬架、液压挺杆、组合仪表

4. 汽车电子装置制造（含发动机控制系统、底盘控制系统、车身电子控制系统）

5. 石油工业专用沙漠车等特种专用车制造

6. 铁路运输技术设备：机车车辆及主要部件设计与制造，线路、桥梁设备设计与制造，高速铁路有关技术与设备制造，通信信号和运输安全监测设备制造，电气化铁路设备和器材制造

7. 城市快速轨道交通运输设备：地铁、城市轻轨的动车组及主要部件设计与制造

8. 民用飞机设计与制造（中方控股）

9. 民用飞机零部件制造

10. 民用直升机设计与制造（中方控股）

11. 航空发动机设计与制造（中方控股）

12. 民用航空机载设备设计与制造（中方控股）

13. 轻型燃气轮机制造

14. 船舶低速柴油机的曲轴设计与制造

15. 特种船、高性能船舶的修理、设计与制造（中方相对控股）

16. 船舶中高速柴油机、辅机、无线通信、导航设备及配件设计与制造（中方相对控股）

17. 玻璃钢渔船、游艇制造

（十九）电气机械及器材制造业

1. 火电设备：60 万千瓦及以上超临界机组、大型燃气轮机、10 万千瓦及以上燃气—蒸汽联合循环发电设备、煤气化联合循环技术及装备（IGCC）、增压循环流化床（PFBC）、60 万千瓦及以上大型空冷机组、30 万千瓦大型循环流化床（CFB）锅炉（限于合资、合作）

2. 水电设备：15 万千瓦及以上大型抽水蓄能机组、15 万千瓦及以上大型贯流式机组制造（限于合资、合作）

3. 核电机组：60 万千瓦及以上机组制造（限于合资、合作）

4. 输变电设备：500 千伏及以上超高压直流输变电设备制造（限于合资、合作）

（二十）电子及通信设备制造业

1. 数字电视机、数字摄录机、数字录放机、数字放声设备制造

2. 新型平板显示器件、中高分辨率彩色显像管/显示管及玻壳生产

3. 大屏幕彩色投影显示器用光学引擎、光源、投影屏、高清晰度投影管和 LCOS 模块等关键件制造

4. 数字音、视频编解码设备，数字广播电视演播室设备，数字有线电视系统设备，数字音频广播发射设备制造

5. 集成电路设计与线宽 0.35 微米及以下大规模集成电路生产

6. 大中型电子计算机、便携式微型计算机、高档服务器制造

7. 大容量光、磁盘驱动器及其部件开发与制造

8. 计算机辅助设计（三维 CAD）、辅助测试（CAT）、辅助制造（CAM）、辅助工程（CAE）系统及其他计算机应用系统制造

9. 软件产品开发、生产

10. 半导体、元器件专用材料开发、生产

11. 电子专用设备、测试仪器、工模具制造

12. 新型电子元器件（片式元器件、敏感元器件及传感器、频率控制与选择元件、混合集成电路、电力电子器件、光电子器件、新型机电元件）生产

13. 无汞碱锰电池、动力镍氢电池、锂离子电池、高容量全密封免维护铅酸蓄电池、燃料电池、圆柱形锌空气电池等高技术绿色电池生产

14. 高密度数字光盘机用关键件开发与生产

15. 只读类光盘复制和可录类光盘生产

16. 民用卫星设计与制造（中方控股）

17. 民用卫星有效载荷制造（中方控股）

18. 民用卫星零部件制造

19. 民用运载火箭设计与制造（中方控股）

20. 卫星通信系统设备制造

21. 卫星导航定位接收设备及关键部件制造（限于合资、合作）

22. 光纤预制棒制造

23. 622 兆比/秒及以上数字微波同步系列传输设备

制造

24. 10千兆比/秒以上光同步系列传输设备制造

25. 宽带接入网通信系统设备制造

26. 光交叉连接设备（OXC）制造

27. 异步转移模式（ATM）及IP数据通信系统制造

28. 移动通信系统（含GSM、CDMA、DCS1800、DECT、IMT2000等）手机、基站、交换设备及数字集群系统设备制造

29. 高端路由器、千兆比以上网络交换机开发、制造

30. 空中交通管制系统设备制造（限于合资、合作）

（二十一）仪器仪表及文化、办公用机械制造业

1. 数字照相机及关键件开发与生产

2. 精密在线测量仪器开发与制造

3. 安全生产及环保检测仪器新技术设备制造

4. 水质及烟气在线监测仪器的新技术设备制造

5. 水文数据采集、处理与传输和防洪预警仪器及设备制造

6. 新型仪表元器件和材料（主要指智能型仪用传感器、仪用接插件、柔性线路板、光电开关、接近开关等新型仪用开关、仪用功能材料等）生产

7. 新型打印装置（激光、喷墨打印机）制造

8. 精密仪器、设备维修与售后服务

（二十二）其他制造业

1. 洁净煤技术产品的开发利用（煤炭气化、液化、水煤浆、工业型煤）

2. 煤炭洗选及粉煤灰（包括脱硫石膏）、煤矸石等综合利用

四、电力、煤气及水的生产及供应业

1. 单机容量30万千瓦及以上火电站的建设、经营

2. 煤洁净燃烧技术电站的建设、经营

3. 热电联产电站的建设、经营

4. 天然气发电站的建设、经营

5. 发电为主水电站的建设、经营

6. 核电站的建设、经营（中方控股）

7. 新能源电站的建设、经营（包括太阳能、风能、磁能、地热能、潮汐能、生物质能等）

8. 城市供水厂建设、经营

五、水利管理业

1. 综合水利枢纽的建设、经营（中方相对控股）

六、交通运输、仓储及邮电通信业

1. 铁路干线路网的建设、经营（中方控股）

2. 支线铁路、地方铁路及其桥梁、隧道、轮渡设施的建设、经营（限于合资、合作）

3. 公路、独立桥梁和隧道的建设、经营

4. 港口公用码头设施的建设、经营

5. 民用机场的建设、经营（中方相对控股）

6. 航空运输公司（中方控股）

7. 农、林、渔业通用航空公司（限于合资、合作）

*8. 定期、不定期国际海上运输业务

*9. 国际集装箱多式联运业务

*10. 公路货物运输公司

11. 输油（气）管道、油（气）库及石油专用码头的建设、经营

12. 煤炭管道运输设施的建设、经营

13. 运输业务相关的仓储设施建设、经营

七、批发和零售贸易业

*1. 一般商品的批发、零售、物流配送

八、房地产业

1. 普通住宅的开发建设

九、社会服务业

（一）公共设施服务业

1. 城市封闭型道路建设、经营

2. 城市地铁及轻轨的建设、经营（中方控股）

3. 污水、垃圾处理厂，危险废物处理处置厂（焚烧厂、填埋场）及环境污染治理设施的建设、经营

（二）信息、咨询服务业

1. 国际经济、科技、环保信息咨询服务

*2. 会计、审计

十、卫生、体育和社会福利业

1. 老年人、残疾人服务

十一、教育、文化艺术及广播电影电视业

1. 高等教育机构（限于合资、合作）

十二、科学研究和综合技术服务业

1. 生物工程与生物医学工程技术

2. 同位素、辐射及激光技术

3. 海洋开发及海洋能开发技术

4. 海水淡化及利用技术

5. 海洋监测技术

6. 节约能源开发技术

7. 资源再生及综合利用技术

8. 环境污染治理及监测技术

9. 防沙漠化及沙漠治理技术

10. 民用卫星应用技术

11. 研究开发中心

12. 高新技术、新产品开发与企业孵化中心

十三、产品全部直接出口的允许类外商投资项目

限制外商投资产业目录

一、农、林、牧、渔业

1. 粮食（包括马铃薯）、棉花、油料种子开发生产（中方控股）

2. 珍贵树种原木加工（限于合资、合作）

二、采掘业

1. 钨、锡、锑、钼、重晶石、萤石等矿产勘查、开采（限于合资、合作）

2. 贵金属（金、银、铂族）勘查、开采

3. 金刚石等贵重非金属矿的勘查、开采

4. 特种、稀有煤种勘查、开发（中方控股）

5. 硼镁石及硼镁铁矿石开采

6. 天青石开采

三、制造业

（一）食品加工业

1. 黄酒、名优白酒生产

2. 外国牌号碳酸饮料生产

3. 糖精等合成甜味剂生产

4. 油脂加工

（二）烟草加工业

1. 卷烟、过滤嘴棒生产

（三）纺织业

1. 毛纺、棉纺

2. 缫丝

（四）印刷及复制业

1. 出版物印刷（中方控股，包装装潢印刷除外）

（五）石油加工及炼焦业

1. 炼油厂建设、经营

（六）化学原料及化学制品制造业

1. 离子膜烧碱生产

2. 感光材料生产

3. 联苯胺生产

4. 易制毒化学品生产（麻黄素、3，4-亚基二氧苯基-2-丙酮、苯乙酸、1-苯基-2-丙酮、胡椒醛、黄樟脑、异黄樟脑、醋酸酐）

5. 硫酸法钛白粉生产

6. 硼镁铁矿石加工

7. 钡盐生产

（七）医药制造业

1. 氯霉素、青霉素G、洁霉素、庆大霉素、双氢链霉素、丁胺卡那霉素、盐酸四环素、土霉素、麦迪霉素、柱晶白霉素、环丙氟哌酸、氟哌酸、氟嗪酸生产

2. 安乃近、扑热息痛、维生素B1、维生素B2、维生素C、维生素E生产

3. 国家计划免疫的疫苗、菌苗类及抗毒素、类毒素类（卡介苗、脊髓灰质炎、白百破、麻疹、乙脑、流脑疫苗等）生产

4. 成瘾性麻醉药品及精神药品原料药生产（中方控股）

5. 血液制品的生产

6. 非自毁式一次性注射器、输液器、输血器及血袋生产

（八）化学纤维制造业

1. 常规切片纺的化纤抽丝生产

2. 单线能力在2万吨/年以下粘胶短纤维生产

3. 日产400吨以下纤维及非纤维用聚酯生产，氨纶生产

（九）橡胶制品业

1. 斜交轮胎、旧轮胎翻新（子午线轮胎除外）及低性能工业橡胶配件生产

（十）有色金属冶炼及压延加工业

1. 稀土冶炼、分离（限于合资、合作）

（十一）普通机械制造业

1. 集装箱生产

2. 中小型普通轴承制造

3. 50吨以下汽车起重机制造（限于合资、合作）

（十二）专用设备制造业

1. 中低档B型超声显像仪制造

2. 一般涤纶长丝、短纤维设备制造

3. 320马力以下履带式推土机、3立方米以下轮式装载机制造（限于合资、合作）

（十三）电子及通信设备制造业

1. 卫星电视接收机及关键件生产

四、电力、煤气及水的生产和供应业

1. 单机容量30万千瓦以下以发电为主的常规燃煤火电厂的建设、经营（小电网除外）

五、交通运输、仓储及邮电通信业

1. 公路旅客运输公司

*2. 出入境汽车运输公司

*3. 水上运输公司

*4. 铁路货物运输公司

5. 铁路旅客运输公司（中方控股）

6. 摄影、探矿、工业等通用航空公司（中方控股）

*7. 电信公司

六、批发和零售贸易业

*1. 商品交易、直销、邮购、网上销售、特许经营、委托经营、销售代理、商业管理等各类商业公司，以及粮、棉、植物油、食糖、药品、烟草、汽车、原油、农业生产资料的批发、零售、物流配送

*2. 图书、报纸、期刊的批发、零售业务

*3. 音像制品（除电影外）的分销

4. 商品拍卖

*5. 货物租赁公司

*6. 代理公司（船舶、货运、外轮理货、广告等）

*7. 成品油批发及加油站建设、经营

8. 对外贸易公司

七、金融、保险业

1. 银行、财务公司、信托投资公司

*2. 保险公司

*3. 证券公司、证券投资基金管理公司

4. 金融租赁公司

5. 外汇经纪

*6. 保险经纪公司

八、房地产业

1. 土地成片开发（限于合资、合作）

2. 高档宾馆、别墅、高档写字楼和国际会展中心的建设、经营

3. 大型主题公园的建设、经营

九、社会服务业

（一）公共设施服务业

1. 大中城市燃气、热力和供排水管网的建设、经营（中方控股）

（二）信息、咨询服务业

1. 法律咨询

2. 市场调查（限于合资、合作）

十、卫生、体育和社会福利业

1. 医疗机构（限于合资、合作）

2. 高尔夫球场的建设、经营

十一、教育、文化艺术及广播电影电视业

1. 高中阶段教育机构（限于合资、合作）

2. 电影院的建设、经营（中方控股）

3. 广播电视节目制作、发行，电影制作（中方控股）

十二、科学研究和综合技术服务

1. 测绘公司（中方控股）

*2. 进出口商品检验、鉴定、认证公司

十三、国家和我国缔结或者参加的国际条约规定限制的其他产业

禁止外商投资产业目录

一、农、林、牧、渔业

1. 我国稀有的珍贵优良品种的养殖、种植（包括种植业、畜牧业、水产业的优良基因）

2. 转基因植物种子生产、开发

3. 我国管辖海域及内陆水域水产品捕捞

二、采掘业

1. 放射性矿产的勘查、开采、选矿

2. 稀土勘查、开采、选矿

三、制造业

（一）食品加工业

1. 我国传统工艺的绿茶及特种茶加工（名茶、黑茶等）

（二）医药制造业

1. 列入国家保护资源的中药材加工（麝香、甘草、黄麻草等）

2. 传统中药饮片炮制技术的应用及中成药秘方产品的生产

（三）有色金属冶炼及压延加工业

1. 放射性矿产的冶炼、加工

（四）武器弹药制造业

（五）其他制造业

1. 象牙雕刻

2. 虎骨加工

3. 脱胎漆器生产

4. 珐琅制品生产

5. 宣纸、墨锭生产

6. 致癌、致畸、致突变产品和持久性有机污染物产品生产

四、电力、煤气及水的生产和供应业

1. 电网的建设、经营

五、交通运输、仓储及邮电通信业

1. 空中交通管制公司

2. 邮政公司

六、金融、保险业

1. 期货公司

七、社会服务业

1. 国家保护的野生动植物资源开发

2. 动植物自然保护区的建设、经营

3. 社会调查

4. 博彩业（含赌博类跑马场）

5. 色情业

八、教育、文化艺术及广播电影电视业

1. 基础教育（义务教育）机构

2. 图书、报纸、期刊的出版、总发行和进口业务

3. 音像制品和电子出版物的出版、制作、总发行和进口业务

4. 新闻机构

5. 各级广播电台（站）、电视台（站）、广播电视传输覆盖网（发射台、转播台、广播电视卫星、卫星上行站、

卫星收转站、微波站、监测台、有线广播电视传输覆盖网）

6. 广播电视节目出版及播放公司

7. 电影发行公司

8. 录像放映公司

九、其他行业

1. 危害军事设施安全和使用效能的项目

十、国家和我国缔结或者参加的国际条约规定禁止的其他产业

注：1.《内地与香港关于建立更紧密经贸关系的安排》及其补充协议和《内地与澳门关于建立更紧密经贸关系的安排》及其补充协议另有规定的，从其规定。

2. 标*的条目与我国加入世界贸易组织的承诺有关，具体内容见附件。

《外商投资产业指导目录》附件

一、鼓励类

1. 石油、天然气的风险勘探、开发：限于合作

2. 低渗透油气藏（田）的开发：限于合作

3. 提高原油采收率的新技术开发与应用：限于合作

4. 物探、钻井、测井、井下作业等石油勘探开发新技术的开发与应用：限于合作

5. 汽车、摩托车整车制造：外资比例不超过 50%

6. 定期、不定期国际海上运输业务：外资比例不超过 49%

7. 国际集装箱多式联运：外资比例不超过 50%；不迟于 2002 年 12 月 11 日允许外方控股；不迟于 2005 年 12 月 11 日允许外方独资

8. 公路货物运输公司：不迟于 2002 年 12 月 11 日允许外方控股；不迟于 2004 年 12 月 11 日允许外方独资

9. 一般商品的批发、零售、物流配送：限定条件见限制类第（五）

10. 会计、审计：限于合作、合伙

二、限制类

（一）出入境汽车运输公司：不迟于 2002 年 12 月 11 日允许外方控股，不迟于 2004 年 12 月 11 日允许外方独资

（二）水上运输公司：外资比例不超过 49%

（三）铁路货物运输公司：外资比例不超过 49%；不迟于 2004 年 12 月 11 日允许外方控股；不迟于 2007 年 12 月 11 日允许外方独资

（四）电信公司

1. 增值电信、基础电信中的寻呼服务：自 2001 年 12 月 11 日起允许外商投资，外资比例不超过 30%；不迟于 2002 年 12 月 11 日允许外资比例不超过 49%；不迟于 2003 年 12 月 11 日允许外资比例达 50%

2. 基础电信中的移动话音和数据服务：自 2001 年 12 月 11 日起允许外商投资，外资比例不超过 25%；不迟于 2002 年 12 月 11 日外资比例不超过 35%；不迟于 2004 年 12 月 11 日允许外资比例达 49%

3. 基础电信中的国内业务、国际业务：不迟于 2004 年 12 月 11 日允许外商投资，外资比例不超过 25%；不迟于 2006 年 12 月 11 日允许外资比例达 35%；不迟于 2007 年 12 月 11 日允许外资比例达 49%

（五）商品交易、直销、邮购、网上销售、特许经营、委托经营、销售代理、商业管理等各类商业公司，以及粮、棉、植物油、食糖、药品、烟草、汽车、原油、农业生产资料的批发、零售、物流配送；图书、报纸、期刊的批发、零售业务；成品油批发及加油站建设、经营

1. 佣金代理、批发（不包括盐、烟草）：不迟于 2002 年 12 月 11 日允许外商投资，外资比例可达 50%，但不允许经营书报杂志、药品、农药、农膜、化肥、成品油、原油；不迟于 2003 年 12 月 11 日允许外方控股；不迟于 2004 年 12 月 11 日允许外方独资，允许经营书报杂志、药品、农药、农膜；不迟于 2006 年 12 月 11 日允许经营化肥、成品油、原油

2. 零售（不包括烟草）：允许外商投资，但不允许经营书报杂志、药品、农药、农膜、化肥、成品油；不迟于 2002 年 12 月 11 日允许外资比例可达 50%，允许经营书报杂志；不迟于 2003 年 12 月 11 日允许外方控股；不迟于 2004 年 12 月 11 日允许外方独资，允许经营药品、农药、农膜、成品油；不迟于 2006 年 12 月 11 日允许经营化肥。经营产品包括汽车（不迟于 2006 年 12 月 11 日取消限制）、书报杂志、药品、农药、农膜、成品油、化肥、粮食、植物油、食糖、烟草、棉花的超过 30 家分店的连锁店不允许外方控股

3. 特许经营和无固定地点的批发、零售：不迟于 2004 年 12 月 11 日允许外商投资

（六）音像制品（除电影外）的分销：限于合作，中方控股

（七）货物租赁公司：不迟于 2002 年 12 月 11 日允许外方控股，不迟于 2004 年 12 月 11 日允许外方独资

（八）代理公司

1. 船舶：外资比例不超过 49%

2. 货运（不包括邮政部门专营服务的业务）：外资比例不超过 50%（速递服务不超过 49%）；不迟于 2002 年 12 月 11 日允许外方控股；不迟于 2005 年 12 月 11 日允许外方独资

3. 外轮理货：限于合资、合作

4. 广告：外资比例不超过 49%；不迟于 2003 年 12

月 11 日允许外方控股；不迟于 2005 年 12 月 11 日允许外方独资

（九）保险公司

1. 非寿险保险公司：外资比例不超过 51%；不迟于 2003 年 12 月 11 日允许外方独资

2. 寿险保险公司：外资比例不超过 50%

（十）证券公司、证券投资基金管理公司

1. 证券公司：不迟于 2004 年 12 月 11 日允许外商投资，外资比例不超过 1/3

2. 证券投资基金管理公司：允许外商投资，外资比例不超过 33%；不迟于 2004 年 12 月 11 日允许外资比例达 49%

（十一）保险经纪公司：外资比例不超过 50%；不迟于 2004 年 12 月 11 日允许外资比例达 51%；不迟于 2006 年 12 月 11 日允许外方独资

（十二）进出口商品检验、鉴定、认证公司：不迟于 2003 年 12 月 11 日允许外方控股；不迟于 2005 年 12 月 11 日允许外方独资

中西部地区外商投资优势产业目录

国家发展和改革委员会、商务部令第 13 号

根据 2002 年 2 月发布的《指导外商投资方向规定》（国务院令第 346 号），为实施国家西部大开发战略，鼓励中西部地区利用外资，引进先进技术、设备，发展中西部地区比较优势产业和技术先进的企业，促进产业结构的优化升级，带动中西部地区经济整体素质的提高，依据国家产业政策，对 2000 年 6 月公布的《中西部地区外商投资优势产业目录》进行修订。

属于本目录的外商投资项目，享受《指导外商投资方向规定》的鼓励类项目的相关政策及《国务院办公厅转发外经贸部等部门关于当前进一步鼓励外商投资意见的通知》（国办发〔1999〕73 号）中的有关优惠政策。

本目录生效前按原目录批准的项目，仍按原目录规定享受有关政策。符合本目录规定的在建项目，可按照本目录的有关政策执行。

各有关方面依据本目录审批外商向中西部地区投资的项目时，要全面贯彻国家产业政策，严格执行国家有关法律、法规，按照现行的审批权限和程序进行审核，要注重生产技术水平的提高和产品结构的改善，注重资源的合理利用和对生态环境的保护，防止重复建设和盲目扩大生产能力。

国家将根据经济发展和国内外市场环境变化的需要，适时对此目录进行调整、修订。

山 西 省

1 牧草饲料作物种植及深加工

2 退耕还林还草、天然林保护等国家重点生态工程后续产业开发

3 节水灌溉技术开发及应用

4 煤炭加工应用技术开发和产品生产

5 高岭土勘查、开发及综合利用

6 钡盐生产（中方控股）

7 大麻、亚麻纺织品生产

8 液压技术系统及模具生产

9 旱地、山地中小农业机械及配套机具制造

10 大型建筑钢结构件技术开发及生产

11 煤矸石、洗中煤、焦炉煤气余热发电、供热等综合利用

12 城市供气、供热、供排水管网建设、经营（大中城市中方控股）

13 旅游景区（点）开发及其配套设施建设、保护和经营

14 公路旅客运输

吉 林 省

1 长白山生态可食资源的开发、培育养殖和加工

2 退耕还林还草、天然林保护等国家重点生态工程后续产业开发

3 节水灌溉技术开发及应用

4 镍矿勘探开发

5 动植物药材资源开发生产（列入国家保护的资源除外）

6 油页岩资源开发及综合利用

7 汽车零部件制造

8 大规格超高功率石墨电极及特种石墨开发生产

9 城市供气、供热、供排水管网建设、经营（大中城市中方控股）

10 冰雪旅游资源开发及滑雪场建设、经营

11 旅游景区（点）开发及其配套设施建设、保护和经营

12 公路旅客运输

黑龙江省

1 亚麻纺织品及制品生产

2 退耕还林还草、天然林保护等国家重点生态工程后续产业开发

3 节水灌溉技术开发及应用

4 煤炭加工应用技术开发和产品生产

5 石墨产品深加工

6 中药冻干粉针制剂生产

7 电工仪表及电网智能管理控制系统设备制造

8 城市供气、供热、供排水管网建设、经营（大中城市中方控股）

9 冰雪旅游资源及森林旅游资源开发

10 旅游景区（点）开发及其配套设施建设、保护和经营

11 公路旅客运输

安徽省

1 粮食、马铃薯、棉花、油料种子开发生产（中方控股）

2 退耕还林还草等国家重点生态工程后续产业开发

3 茶叶综合加工(不含我国传统工艺的绿茶和特种茶)

4 节水灌溉技术开发及应用

5 煤炭加工应用技术开发和产品生产

6 电工薄膜生产

7 塑料复合包装材料生产

8 新工艺软质湿法造粒碳黑生产

9 大型散装水泥装备制造

10 平板玻璃深加工

11 农用塑料节水器材制造

12 叉车等工程机械、自动化立库及其仓储物流系统开发与制造

13 城市供气、供热、供排水管网建设、经营（大中城市中方控股）

14 旅游景区（点）开发及其配套设施建设、保护和经营

15 公路旅客运输

江西省

1 退耕还林还草等国家重点生态工程后续产业开发

2 节水灌溉技术开发及应用

3 稀土深加工及应用产品生产

4 钨、钼矿深加工

5 高档日用陶瓷生产

6 粉石英、硅灰石、海泡石、黑滑石、化工用白云石等非金属矿选冶

7 有机硅开发与应用

8 氯化亚砜生产及应用、AC 发泡剂生产

9 赤霉素生产

10 城市供气、供热、供排水管网建设、经营（大中城市中方控股）

11 旅游景区（点）开发及其配套设施建设、保护和经营

12 公路旅客运输

河南省

1 退耕还林还草、天然林保护等国家重点生态工程后续产业开发

2 节水灌溉技术开发及应用

3 天然碱矿开采、加工

4 煤炭加工应用技术开发和产品生产

5 平板玻璃深加工

6 钨、钼矿深加工

7 洁霉素

8 电能综合管理自动化及电工仪表制造

9 城市供气、供热、供排水管网建设、经营（大中城市中方控股）

10 旅游景区（点）开发及其配套设施建设、保护和经营

11 公路旅客运输

湖北省

1 退耕还林还草、天然林保护等国家重点生态工程后续产业开发

2 节水灌溉技术开发及应用

3 动植物药材资源的开发生产（列入国家保护的资源除外）

4 麻纺织及高档服装面料生产

5 石英玻璃深加工

6 激光工业加工设备、激光医用设备开发与制造

7 光电子技术和产品开发

8 数控机床关键零部件（高速主轴、刀库、动力卡盘）

9 热灌装 PET 瓶及瓶坯生产

10 汽车零部件制造

11 城市供气、供热、供排水管网建设、经营（大中城市中方控股）

12 旅游景区（点）开发及其配套设施建设、保护和经营

13 公路旅客运输

湖 南 省

1 退耕还林还草等国家重点生态工程后续产业开发

2 节水灌溉技术开发及应用

3 苎麻纺织品及制品生产

4 钨、钼矿深加工

5 铋化合物生产

6 钡盐生产（中方控股）

7 激素类药物深度开发

8 新型橡胶机械成套设备制造

9 城市供气、供热及供排水管网建设、经营（大中城市中方控股）

10 旅游景区（点）开发及其配套设施建设、保护和经营

11 公路旅客运输

重 庆 市

1 天然香料的种植和加工

2 退耕还林还草、天然林保护等国家重点生态工程后续产业开发

3 高产优质蚕桑基地建设

4 节水灌溉技术开发及应用

5 苎麻纺织品及制品生产

6 天然气下游化工产品生产和开发

7 动植物药材资源开发生产（列入国家保护资源的除外）

8 新型医疗器械产品开发及生产

9 汽车零部件制造

10 城市供气、供热、供排水管网建设、经营（大中城市中方控股）

11 旅游景区（点）开发及其配套设施建设、保护和经营

12 公路旅客运输

四 川 省

1 退耕还林还草、天然林保护等国家重点生态工程后续产业开发

2 节水灌溉技术开发及应用

3 稀土深加工及应用产品生产

4 高产优质蚕桑基地建设及丝绸产品加工

5 苎麻纺织品及制品生产

6 动植物药材资源开发生产（列入国家保护资源的除外）

7 天然气下游化工产品生产和开发

8 电工薄膜生产

9 城市供气、供热、供排水管网建设、经营（大中城市中方控股）

10 旅游景区（点）开发及其配套设施建设、保护和经营

11 公路旅客运输

贵 州 省

1 退耕还林还草、天然林保护等国家重点生态工程后续产业开发

2 节水灌溉技术开发及应用

3 煤炭加工应用技术开发和产品生产

4 马铃薯、魔芋等产品深加工

5 特色食用资源开发

6 磨料磨具产品生产

7 钛冶炼

8 钡盐生产（中方控股）

9 苎麻产品深加工

10 动植物药材资源开发生产(列入国家保护资源的除外）

11 磷化工产品生产

12 城市供气、供热、供排水管网建设、经营（大中城市中方控股）

13 旅游景区（点）开发及其配套设施建设、保护和经营

14 公路旅客运输

云 南 省

1 优质桑、蚕的种植、养殖及产品的开发生产

2 退耕还林还草、天然林保护等国家重点生态工程后续产业开发

3 节水灌溉技术开发及应用

4 煤炭加工应用技术开发和产品生产

5 特色食用资源开发

6 马铃薯产品深加工

7 天然橡胶、亚麻的加工及开发

8 动植物药材资源开发生产（列入国家保护资源的除外）

9 铜、铅、锌、镍有色金属矿的勘探及开发

10 磷化工产品生产

11 轻型车用柴油发动机及零部件制造

12 城市供气、供热、供排水管网建设、经营（大中城市中方控股）

13 旅游景区（点）开发及其配套设施建设、保护和经营

14 公路旅客运输

西藏自治区

1 高原生态特色农牧业产业化经营、蔬菜基地、商品粮油基地、禽类养殖基地及草场建设

2 退耕还林还草、天然林保护等国家重点生态工程后续产业开发

3 农畜产品加工

4 节水灌溉技术开发及应用

5 硼砂、硼镁石开采，加工（限于合资、合作）

6 铬矿的开采与加工（中方控股）

7 毛纺产品加工制造

8 盐湖资源的开发利用

9 藏药新品种、新剂型产品生产

10 民族特需产品、工艺美术品、包装容器材料及日用玻璃制品生产

11 城市供气、供热、供排水管网建设、经营（大中城市中方控股）

12 旅游景区（点）开发及其配套设施建设、保护和经营

13 公路旅客运输

陕西省

1 粮食、马铃薯、棉花、油料种子开发生产（中方控股）

2 退耕还林还草、天然林保护等国家重点生态工程后续产业开发

3 节水灌溉技术开发及应用

4 煤炭加工应用技术开发和产品生产

5 优质酿酒葡萄基地建设及优质葡萄酒酿制

6 钼、钛等金属矿产开发及深加工

7 金属功能材料生产

8 动植物药材资源开发生产（列入国家保护资源的除外）

9 天然气下游化工产品生产和开发

10 现场总线智能仪表制造

11 数控机床、数控刀具及关键零部件设计与制造

12 高炉煤气能量回收透平装置设计制造

13 城市供气、供热和供排水管网的建设、经营（大中城市中方控股）

14 旅游景区（点）开发及其配套设施建设、保护和经营

15 公路旅客运输

甘肃省

1 退耕还林还草、天然林保护等国家重点生态工程后续产业开发

2 节水灌溉技术开发及应用

3 马铃薯产品深加工

4 优质酿酒葡萄基地建设及优质葡萄酒酿制

5 优质啤酒原料种植、加工

6 稀土深加工及应用产品生产

7 天然气化工、管道

8 集成电路封装

9 港口及船舶用毫米波导航设备

10 钻机及油田设备制造

11 城市供气、供热、供排水管网建设、经营（大中城市中方控股）

12 旅游景区（点）开发及其配套设施建设、保护和经营

13 公路旅客运输

青海省

1 有机天然农畜产品基地建设和产品精深加工

2 高原动植物资源保护、种养与加工利用（列入国家保护的资源除外）

3 退耕还林还草、天然林保护等国家重点生态工程后续产业开发

4 节水灌溉技术开发及应用

5 碳酸锶、金属锶等锶盐生产（限于合资、合作）

6 盐湖资源开发和综合利用

7 天然气下游化工产品生产和开发

8 牛羊绒产品深加工及藏毯生产

9 中、藏药新品种、新剂型产品生产

10 城市供气、供热、供排水管网建设、经营（大中城市中方控股）

11 旅游景区（点）开发及其配套设施建设、保护和经营

12 公路旅客运输

宁夏自治区

1 枸杞种植及其深加工

2 退耕还林还草、天然林保护等国家重点生态工程后续产业开发

3 节水灌溉技术开发及应用

4 煤炭加工应用技术开发和产品生产

5 碳基材料生产

6 优质酿酒葡萄基地建设及优质葡萄酒酿制

7 马铃薯产品深加工

8 天然气下游化工产品生产和开发

9 聚氯乙烯树脂生产

10 子午线轮胎生产

11 片式固体钽电解电容器生产

12 城市供气、供热、供排水管网建设、经营（大中城市中方控股）

13 旅游景区（点）开发及其配套设施建设、保护和经营

14 公路旅客运输

新疆自治区（含新疆生产建设兵团）

1 优质番茄、枸杞种植及深加工

2 退耕还林还草、天然林保护等国家重点生态工程后续产业开发

3 节水灌溉技术开发及应用

4 甜菜糖加工及副产品综合利用

5 天然香料、食用菌的种植、加工

6 优质酿酒葡萄基地建设及优质葡萄酒酿制

7 棉籽、葵花、红花油脂深加工

8 亚麻种植及其制品生产

9 高档棉毛产品升级改造

10 铜、铅、锌、镍有色金属矿的勘探及开发

11 蛭石、钠硝石、云母、石棉、膨润土等非金属矿产的综合利用

12 煤炭加工应用技术开发和产品生产

13 高档皮革产品制造

14 乙烯下游深加工产品及精细化工产品生产

15 天然气下游化工产品生产和开发

16 维吾尔族特色药用植物种植、加工和制药新工艺开发

17 以牛羊内脏为原料的生物制药产品的开发利用

18 民族特需产品、工艺美术品、包装容器材料及日用玻璃制品生产

19 城市供气、供热、供排水管网建设、经营（大中城市中方控股）

20 旅游景区（点）开发及其配套设施建设、保护和经营

21 公路旅客运输

内蒙古自治区

1 煤炭加工应用技术开发和产品生产

2 退耕还林还草、天然林保护等国家重点生态工程后续产业开发

3 草原生态旅游资源开发、建设和经营

4 节水灌溉技术开发及应用

5 毛纺织、针织品高新技术产品开发

6 饲料加工业

7 天然气下游化工产品开发和利用

8 蒙药材加工

9 以牛羊内脏为原料的生物制药产品的开发利用

10 稀土深加工及应用产品生产

11 民族特需产品、工艺美术品、包装容器材料及日用玻璃制品生产

12 煤矸石、洗中煤、焦炉煤气余热发电、供热等综合利用

13 城市供气、供热、供排水管网建设、经营（大中城市中方控股）

14 旅游景区（点）开发及其配套设施建设、保护和经营

15 公路旅客运输

广西自治区

1 木薯综合开发利用

2 天然香料种植和加工

3 退耕还林还草等国家重点生态工程后续产业开发

4 节水灌溉技术开发及应用

5 蔗糖加工及副产品综合利用

6 动植物药材资源开发生产（列入国家保护资源的除外）

7 铟、铅、锌的深加工及应用

8 锰的深加工

9 滑石和重晶石采选和深加工

10 松香深加工

11 氟化盐生产

12 城市供气、供热、供排水管网建设、经营（大中城市中方控股）

13 旅游景区（点）开发及其配套设施建设、保护和经营

14 公路旅客运输

（2004 年修订）

境 外 投 资

中国境外投资的基本情况和政策

（2005年7月14日）

一、基本情况

实施“走出去”战略是中国对外开放新阶段的重大举措。中国政府鼓励和支持有比较优势的各种所有制企业对外投资。经过改革开放二十多年的快速发展，中国综合国力明显增强，形成了一些具有比较优势的产业，境外投资取得一定的成效。截至2004年底，中国已累计对外投资387亿美元，分布在140多个国家和地区。

目前中国境外投资的项目涉及农林牧渔、能源、轻工、通信、电子、交通运输、房地产、旅游、金融、咨询服务等诸多行业。投资方式也灵活多样，除“绿地”投资（即新建项目）外，境外并购类已占投资项目（指限上项目）总数的1/4。投资主体也趋多元化，除国有企业外，民营控股企业的项目已占投资项目总数的1/5。

二、发展方向

中国尚属发展中国家，国内经济建设还需要大量资金，与“引进来”利用外资相比，中国企业“走出去”还属起步阶段。为此，中国政府主要在以下几方面引导企业开展对外投资：

（一）扩大境外资源开发利用。中国资源相对短缺，中国政府鼓励和支持企业对外投资，开发利用境外油气、金属和非金属矿产资源、林木资源以及经济作物种植、远洋渔业等资源，加强互利互惠的投资合作，促进中国与其他国家和地区优势互补、共同发展。

（二）发展具有比较优势产业对外投资。发挥中国企业在轻工、纺织、家电等制造业方面相对优势，到有条件的国家和地区建立生产基地和营销网络，积极参与各种形式的国际经济技术合作，促进当地的经济发展。同时，也探索跨国并购等多种投资方式，有效参与世界产业结构的调整。

（三）积极推动服务业“走出去”。鼓励具有比较优势企业到境外从事贸易分销、银行、保险、电讯信息、物流航运和中介服务，提高中国企业的服务水平和质量，同时也可为投资所在国创造一定的就业机会。

（四）吸收境外先进技术、管理水平和优秀人才。引导有实力的企业在境外科技资源较为发达的地区设立研发中心，有效利用境外科技和智力资源，提高中国企业的创新能力和技术水平，为国际市场提供更好的中国产品。

三、政策措施

国家发展改革委是中国宏观经济调控及投资管理的综合部门，负责中国对外投资的宏观管理和项目核准工作。

（一）加强宏观指导。通过宏观调控，制定境外投资总体规划和产业指导政策，发挥指导和协调作用，积极促进企业境外投资健康有序的发展。

（二）健全制度保障。根据我国进一步改革开放的要求，通过体制改革和法律建设，以及具体组织、协调工作，积极转变政府管理职能，创造有利于企业“走出去”的制度环境。

（三）完善鼓励政策。根据国际惯例，完善在财政、信贷、金融、外汇、保险等方面政策，促进企业“走出去”依法开展境外投资。

（四）培育市场主体。鼓励具有比较优势的各类企业“走出去”参与国际竞争，积累跨国经营的实力与经验，支持大型企业境外投资，也促进有条件的中、小企业“走出去”。

（五）加强国际合作。通过建立双边、多边投资合作促进机制，与有关国家签订投资保护、避免双重征税、司法协助、经济合作、社会保险、检验检疫等政府间协定，为企业“走出去”创造便利条件。

（信息来源：国外资金利用司）

2005年中国对外直接投资统计

（2006年2月16日）

2005年，中国非金融类对外直接投资69.2亿美元，较上年同期增长25.8%；其中：股本投资40.7亿美元，占58.8%，比上年同期增长53.6%；利润再投资28.5亿美元（利润再投资为预估数，以2004年年报数据为基础数据估算），占41.2%，与上年持平。

2005年，经商务部核准和备案的境外中资企业1067家，中方协议投资额69.54亿美元，较上年增长87.3%。

根据2005年中国非金融类对外直接投资的股本投资情况分析：

2005年，中国对外直接投资额在1000万美元以上的国家（地区）有30个，累计投资额39.1亿美元，占股本投资总额的96%；其中投资额上亿美元的国家（地区）有6个，分别是中国香港、韩国、开曼群岛、加拿大、澳大利亚、美国。

从地区分布情况看，2005年中国对外直接投资主要集中在亚洲24.53亿美元，占60.3%，主要流向中国香港、韩国、泰国、柬埔寨、日本、蒙古、越南、也门、印度尼西亚等国家（地区）；拉丁美洲6.59亿美元；占16.2%，主要流向开曼群岛、英属维尔京群岛、委内瑞拉等国家（地区）；非洲2.8亿美元，占6.9%，主要流向苏丹、阿尔及利亚、尼日利亚、南非、赞比亚等国家；北美洲2.7亿美元，占6.7%，主要流向美国和加拿大；欧洲2.57亿美元，占6.3%，主要流向俄罗斯联邦、德国、英国、哈萨克斯坦等国家；大洋洲1.48亿美元，占3.6%，主要流向澳大利亚和新西兰。

从行业分布情况看，2005年中国对外直接投资主要流向制造业11.78亿美元，占29%；采矿业11.69亿美元，占28.7%；信息传输和计算机服务和软件业10.71亿美元，占26.3%；商务服务业2.12亿美元，占5.2%；批发和零售业1.32亿美元，占3.2%；交通运输业0.88亿美元，占2.2%；农林牧渔业0.73亿美元，占1.8%；建筑业0.71亿美元，占1.7%；其他行业0.76亿美元，占1.9%。

从投资类型上看，2005年通过投资办厂（即绿地投资）方式实现的直接投资17.7亿美元，占股本投资的43.5%；通过收购兼并实现的直接投资23亿美元，占56.5%。

（商务部新闻办公室）

中国企业对外投资：现状、问题与策略

国家发展和改革委员会投资研究所　张汉亚

到境外投资办企业，直接面对产品的境外销售市场，可以减少跨国销售的多种环节，避免外国的关税和非关税壁垒及“反倾销”等麻烦，有利于扩大企业产品的销售市场；并可以利用当地的资源、人才和技术，提高企业的管理和经营水平；还可以利用所在国家和地区的名义，开辟第三国市场。因此，到境外投资已成为世界各国企业发展的重要途径。

经过20多年的改革开放，我国与国际经济的联系越来越密切，我国企业的整体实力越来越强，许多企业具备了进入国际市场的能力。特别是在加入

WTO 之后，我国在经济方面加强了与世界各国的交往，为我国企业到境外投资，直接参与国际竞争提供了机遇。现在许多国家和地区，不仅是发展中国家和地区，一些发达国家和地区也都欢迎中国企业去该地投资。我国有能力的企业应该抓住这个机会，对境外去发展，直接参与国际竞争，成为有竞争力的跨国公司。

中国企业到境外投资始于 20 世纪末。在 1997 年召开的党的第十五次代表大会上，提出要充分利用国际国内两个市场、两种资源之后，我国企业开始进入国际市场；2000 年，中央确立实施“走出去”战略，坚持“引进来”和“走出去”同时并举、相互促进的方针，并开始制定鼓励企业到境外投资的政策；2002 年党的“十六大”报告中再次提出“坚持‘引进来’和‘走出去’相结合，全面提高对外开放水平”，推动我国实施“走出去”战略进入了新的发展阶段。在国家鼓励“走出去”的政策指引下，到外国投资建厂已成为我国一些企业扩大经营规模和范围，增强国际竞争能力的重要战略措施。经过几年的发展，对外投资的步伐明显加快，形式日趋多样，在国际市场上产生了越来越大的影响。

一、近几年中国企业对外投资情况

近几年中国企业的境外投资不断增长。2004 年，国家颁布了《国务院关于投资体制改革的决定》，把企业对外直接投资的审批制改为“核准制”，并扩大了地方政府对企业对外投资的核准权限，随《决定》发布的《政府核准的投资项目目录（2004 年本）》把原来对外投资 100 万美元以上由国家有关部门审批改为投资用汇额 3000 万美元以下的资源开发类境外投资项目和用汇额 1000 万美元以下的非资源类境外投资项目由地方政府部门核准；并随之制定了一系列鼓励企业对外投资的政策和措施，促进了我国企业对外直接投资快速增长；当年我国非金融类对外直接投资总额 55.3 亿美元，扣除对外直接投资企业对境内的反向投资，投资净额为 55 亿美元；2005 年，我国非金融类对外直接投资 69.2 亿美元；2003 年经商务部批准设立的境外投资企业有 510 家，2004 年核准和备案 829 家，2005 年，经商务部核准和备案的境外中资企业 1067 家。

在加入 WTO 后的 2002～2005 年，我国企业对外直接投资实现跨越式增长（见表 1），四年累计投资净额 180 亿美元，年均增长 36%；截至“十五”期末，我国企业对外直接投资额超过 500 亿美元；境外中资企业超过一万家。

表 1　2002~2005 年中国企业对外直接投资情况

年　份	2002	2003	2004	2005
对外直接投资（亿美元）	27	29	55	69
比上年增长（%）		7.4	89.6	25.8
商务部核准和备案企业数（家）		510	829	1067

注：1. 表中数据的数据来源取自商务部和国家统计局 2005 和 2006 年公布的数据；增长率按公布的投资数推算。
2. 2003 年的企业数是商务部当年批准的家数。

2005 年中国企业对外投资中股本投资 40.7 亿美元，占 58.8%，比 2004 年同期增长 53.6%；利润再投资 28.5 亿美元（利润再投资为预估数，以 2004 年年报数据为基础数据估算），占 41.2%，与 2004 年持平。

从地区分布情况看，到 2004 年，中国境外投资企业分布在全球 149 个国家和地区，占全球国家（地区）的 71%。其中亚洲地区投资覆盖率最高，91%的亚洲国家（地区）有中国直接投资企业，存量占我国对外投资存量的 70%以上，香港地区是存量最集中的地区；从境外投资企业的国别分布来看，香港、美国、俄罗斯、日本、德国、澳大利亚的聚集程度最高，集中了境外企业数量的 43%；其中香港为 17%。

2005 年我国对外直接投资（股本投资）分布在世界六大洲（见表 2、图一），亚洲主要流向香港、韩国、泰国、柬埔寨、日本、蒙古、越南、也门、印度尼西亚等；拉丁美洲主要流向开曼群岛、英属维尔京群岛、委内瑞位等；非洲主要流向苏丹、阿尔及利亚、尼日利亚、南非、赞比亚等；北美洲主要流向美国和加拿大；欧洲主要流向俄罗斯联邦、德国、英国、哈萨克斯坦等国家；大洋洲主要流向澳大利亚和新西兰。对外直接投资额在 1000 万美元以上的国家（地区）有 30 个，累计投资额 39.1 亿美元，占股本投资总额的 96%；其中投资额上亿美元的国家（地区）有 6 个，分别是香港、韩国、开曼群岛、加拿大、澳大利亚、美国。

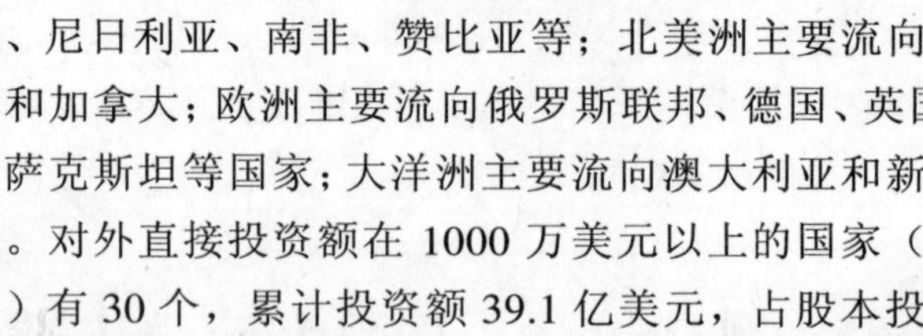

图一　2005 年我国企业对外股本投资在各大洲的分布（%）

表 2　2005 年在中国企业对外股本投资地区分布情况

地　区	亚洲	拉美	北美	非洲	欧洲	大洋洲	合计
投资额（亿美元）	24.53	6.59	2.70	2.80	2.57	1.48	40.7
所占比例（%）	60.3	16.2	6.7	6.9	6.3	3.6	100.0

从行业分布情况看，2005 年中国对外直接投资（股本投资）占主要集中在制造业、采矿业、信息传输和计算机服务和软件业，所占比例均在 26%以上，合计达到 84%（见表 3、图二）。

表 3　2005 年中国企业对外股本投资行业分布情况

行　业	投资额（亿美元）	所占比例（%）
制造业	11.78	29.0
采矿业	11.69	28.7
信息、计算机服务和软件业	10.71	26.3
商务服务业	2.12	5.2
批发和零售业	1.32	3.2
交通运输业	0.88	2.2
农林牧渔业	0.73	1.8
建筑业	0.71	1.7
其他行业	0.76	1.9
合计	40.70	100.0

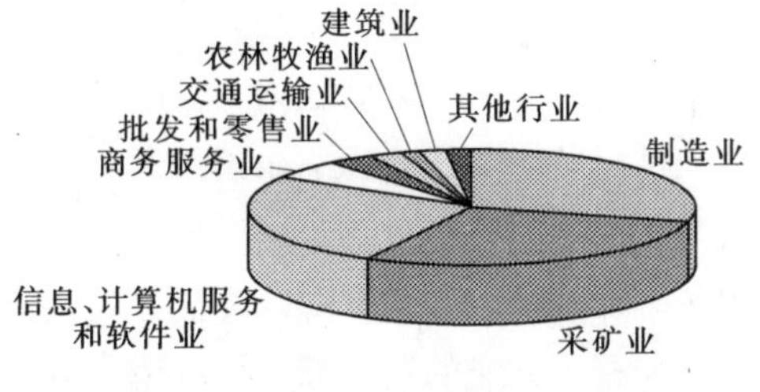

图二　2005 年我国企业对外股本投资的行业分布

据商务部和国家统计局的统计，到 2004 年底，经商务部批准和备案设立的境外中资企业共有 5163 家。按企业登记注册类型划分，国有企业和有限责任公司的比例最大，合计占 65%（见表 4）。2004 年与 2003 年相比，国有企业占整个投资主体的比重由上年的下降了 8 个百分点，而有限责任公司及私营企业的比重分别上升了 8 个百分点和 2 个百分点。境外投资的企业中，中央管理的企业占 4.2%，地方企业占 95.8%；分布在 36 个省、自治区、直辖市及计划单列市，新疆生产建设兵团；浙江省、广东省、山东省、福建省、江苏省、上海市的对外投资企业数量占整个境外投资企业总数的 60%；浙江省的企业数量居首位，共 682 家，占总数的 13.2%；70%的私营企业来自浙江、福建两省。境外企业的设立方式以国内企业的子公司及分支机构为主，占境外企业数量的 96.6%，与境外联营的公司仅占 3.4%。对外直接投资净额以投资控股为主的商务服务业最多，占存量的三分之一以上；对外直接投资存量前 30 位的中国跨国公司拥有投资存量的 80.4%；中央管理的企业投资占存量的 85.5%。

表 4　2004 年以前中国对外投资企业类型划分

企业登记注册类型	所占比例（%）
国有企业	35
有限责任公司	30
股份有限公司	10
私营企业	12
股份合作企业	3
集体企业	2
外商投资企业	5
港澳台投资企业	2
其他	1

资料来源：商务部、国家统计局:联合发布《2004 年度中国（不包括香港、澳门特区和台湾省）对外直接投资统计公报》（非金融部分），2005 年 9 月 1 日。

从投资类型上看，2005 年通过投资办厂（即绿地投资）方式实现的直接投资 17.7 亿美元，占股本投资的 43.5%；通过收购兼并实现的直接投资 23 亿美元，占 56.5%。

二、中国企业对外投资发展的主要特点

除了投资的数量和地区不断扩大之外，近几年中国企业对外直接对外呈现出以下一些特点。

1. 投资领域和形式不断扩展

企业对外投资的主要形式：一是到国外直接投资，独资或与当地企业合资办厂；二是合作开展境外加工贸易；三是在境外进行资源合作开发；四是进行企业并购。

近几年中国企业对外投资方式已从初期的以制造业为主的直接投资建厂向资源开发投资、并购以及战略联盟等国际通行的形式发展。跨国并购成为对外直接投资的重要方式。2000～2004 年间，已公布的对外收购总额从 18 亿美元攀升至 48 亿美元。

在国内三大石油企业中，中石油集团是“走出去”的先行军，到 2004 年底，累计在海外生产原油近 6000 万吨，累计获得权益原油 3000 万吨，获权益天然气近 30 亿立方米。其海外投资项目涵盖了油气勘探开发、地面建设、长输管道、石油炼制、石油化工和油品销售等领域。2005 年 10 月，又以总价格 41.8 亿美元的报价，击败了来自印度和俄罗斯的竞争对手，获得了哈萨克斯坦石油公司的收购权；该公司为哈萨克斯坦第三大公司，原油日产量为 15 万桶，旗下炼油厂每天可加工 8 万桶原油。中石化集团在近几年在年进军中东地区获得显著成

绩，在参与竞标开发伊朗16个新油田，获邀参与开发伊朗第二大油田阿扎德干德项目的竞标。2004年与沙特阿拉伯石油和矿产资源部签署了沙特阿拉伯联合开发面积为 3.88 万平方公里的天然气田项目合同该公司争取到2005年在海外获得200万～300万吨份额油。中国第三大石油企业中国海洋石油总公司近几年频频在国际市场实现成功收购，成功地对澳大利亚高顿天然气项目、印度尼西亚东固项目和 Muturi 项目等三宗大的跨国油气田部分股权并购，逐渐成为国际一流的综合型能源公司。

位于广东惠州的TCL集团从上世纪90年代中期开始向东南亚发展，已在越南建起年产50万台的彩电生产线、30万台数码照相机和电工产品生产线，总投资超过1亿美元；目前TCL摩托品牌在越南是家喻户晓，市场占有率不断扩大；近几年又进军欧美，2002年以820万欧元收购了德国施耐德公司；2003年9月，通过在美国的控股公司莲花太平洋全资收购了美国高威达公司，2003年11月又同法国的汤姆逊合并彩电等业务，一下将产能提升到1800万台，为全球第一，已占有世界市场10% 的份额，成为世界上最大的彩电生产商。

2004 年底，中国最大的电脑公司联想集团与 IBM 达成协议，以6.5亿美元现金及价值6亿美元股票（总价值约100亿人民币）取得了IBM包括Think品牌在内的PC业务(个人电脑事业部)。2005年协议执行后，IBM持有 18.5%的联想集团股份，而联想控股将在联想集团中占有45%左右的股份。联想顺利完成收购后，成为世界上仅次于戴尔、惠普之后第三大PC厂商。

其他比较大的并购还有：京东方集团在2003年收购了韩国现代集团生产 TFT—LCD 显示屏的全资子公司现代显示技术株式会社，成为了世界第9大TFT—LCD显示屏生产商；河南安玻彩管收购位居世界500强的彩管业巨头美国道一一康宁彩管分部；上海海欣集团、上海制皂分别收购美国格利奴、美国莫泰克；2004年上海汽车工业公司以近5亿美元的价格收购了韩国卡车生产商双龙48.9%的股份，成为双龙汽车公司的第一大股东；格林柯尔收购了世界著名汽车配件生产商汤姆肯斯的子公司——盖兹国际在法国莱维斯的汽车管件工厂，同时收购了欧洲著名汽车设计公司雷莱德产品发展公司，这两起收购均为全资收购。

除了在境外投资建立和收购生产企业，许多“走出去”的企业还注重在境外强化本国企业对产品价值链两端的控制力，同时投资建立研发机构和销售网络。充分利用境外的技术力量和市场体系已成为一些企业的重要战略。在境外建设研发机构，企业能够追踪产品开发的世界前沿并开展具有国际竞争力的科技创新；在境外建设联合营销网络，企业可以主动控制产品价格形成环节并培育自身品牌商号的国际影响力。如京东方集团按战略规划开展一系列海外机构建设和合作行动。至 2004年，分别在台北、美国旧金山、韩国京畿道利川建立了研发中心，并在韩国京畿道利川设立了制造基地，还先后与外方多家企业建立技术与贸易合作伙伴关系，促使京东方集团实力不断提升和国际收入大幅增长；2004年上半年，集团拥有2000多项专利技术，通过建立的销售网络实现主营业务收入62.3亿元，其中非中国内地客户收入58.0%。联想集团对IBM的收购也同时涵盖到研发部门、产品品牌和销售网络。海尔集团则一直把构建海外研发机构和销售网络作为企业发展战略重要环节；特别是销售策略，将与境外同业竞争重点放在质量和服务上，基本摒弃通过削价拓展市场的经营策略。

2. 投资战略不断丰富

经过几年的努力，中国企业在对外投资方面不断总结投资的经验和教训，并借鉴外商投资的经验，摸索出一套有行之有效的投资战略。

一是资源战略。根据中国一些资源紧缺的状况，一些大企业把投资重点放在国外资源开发上，采取在靠近高端战略矿产资源储备的地区布置自己的生产制造基地，收购或入股资源生产企业等方式，获得了国外资源的开采权和产品分配权，如宝钢和世界最大的钢铁矿石公司巴西国有铝厂成立了合资公司；中国有色金属集团公司将购买外国一些铜矿企业的股份；三大石油公司在苏丹、哈萨克斯坦、印度尼西亚等地投资入股或与当地企业共同开采石油和天然气等等，为国内发展开辟重要资源的供应，相关行业的发展减少资源成本等做出了重要贡献。

二是技术战略。针对中国企业整体技术水平薄弱的情况，一些企业把投资的重点发展利用国外的技术和人才的投资上，采取收购整合外国的高科技企业，收购外国高科技品牌、研发机构或在国外设立研发机构等方式为企业提供先进和适用技术。如：广东美的集团购买了日本三洋电器公司的微波炉业务，并将这部分业务的相关工作人员和设备转移到了公司的中国生产基地；上海电气收购并控股日本著名的印刷机械厂商 AkiyamaInternationalCo.（AIC）和其全部的彩色打印设备与技术；广东华为科技在印度的班加罗尔市建立了雇用当地1500名员工的研发中心；以及前面提到的京东方集团收购韩国现代显示株式会社并在国外建立研发机构，联想集团收购IBM的PC业务等等。

三是市场战略。收购境外公司之后，利用被收购公司的销售渠道，销售产品或把国内的产品推向境外市场。

如华意集团收购总部位于美国佛罗里达州生产蓄电池的Moltech公司之后，利用该公司在美国、英国和墨西哥等市场上的销售渠道开展运营。上海的东方通信公司收购了在纳斯达克上市的加州Inter-wave公司19%的股份，作为合约的一部分，Inter-wave每年将向东信采购价值2500万美元的设备。浙江万向集团公司收购了总部位于美国芝加哥的UAI公司大部分股份之后，与UAI的董事会组成了联合主席团，建立了万向美国基金，基金主要为UAI的客户和其他美国汽车配件公司在中国寻找原材料和零配件，同时也为中国企业在美国寻找兼并和收购的机会。华联集团在罗马尼亚建造了一座大型的购物中心，里面包括百货商店和超市等，销售的80%的商品都是中国制造的。浙江“雅戈尔”在巴西、非洲贝宁分别建了宁波国际商城，浙江省有78家轻工企业在那里设摊销售。海信集团收购了韩国大宇集团在南非的厂房，购买了先进的生产设备，建成了生产流水线，使自己的产品打进了非洲市场。TCL集团收购德国惟一的电视机制造商施耐德电器公司，主要是为了进入欧洲的电视机和家用电器市场，收购美国DVD播放机制造商Govedio公司，是为利用它的品牌和销售渠道网络。浙江维科集团瞄准国际化经营的前沿欧美及日本市场，收购了在日本有相当市场规模的KSK公司和日本钟纺纤维，使维科集团产品直接进入了日本市场；通过收购美国24—7公司，为维科产品直接进入美国市场铺平了道路，另外维科与美国五大纺织营销公司建立紧密的战略合作关系，多方面开发在美国的纺织品销售渠道。华源集团在墨西哥设立一个北美最大的单体投资项目，用加拿大和美国的原料到墨西哥生产、到美国销售。由于它们是北美自由贸易区，不但没有配额限制，还能享受美国棉花补贴，此外还有奖励，在那里生产1吨产品能卖3万多元，可以多赚1万元，这在国内是不可想象的。

四是品牌战略。通过收购境外公司生产和销售自己的品牌，逐步扩大本企业品牌在国际市场的份额，或利用境外的品牌开拓市场。如海尔集团与美国家电经销商MikeJemal合作，成立了海尔美国公司，专门在美国销售海尔冰箱、空调和其他家电，并在南卡罗莱纳州建立了制造工厂，保证产品的零售供应。广州珠江钢琴厂在美国加利福尼亚州建立办事处和设计中心，雇用了美国管理团队和技术支持人员，针对不同的细分市场运用了多品牌组合的战略，在保留了珠江商标的同时，新增了具有美国现代家具设计风格的Her-manMiller品牌，并收购了德国露迪斯海玛（Rudisheimer）品牌主攻美国高档钢琴市场。中国最大的长毛绒玩具制造商上海海欣集团，收购了美国家用织物制造商Glenoit公司的纺织品工厂和商标专利，在美国市场上拥有了自己的家居品牌，公司的绒毛织物年产量增加了近三分之一。

3. 境外投资主体队伍不断发展壮大

在中国对外投资的企业队伍中，大型企业作用明显。“走出去”的大型和特大型项目不断增多，技术含量提高。单个项目的平均对外投资额由2002年的281万美元增加到2004年的448万美元。2005年1～11月，投资金额超过1000万美元的项目投资额总计43.1亿美元，占投资总额的76.3%

除了国有大型企业继续发挥主导作用之外，非公有制企业逐步成为“走出去”的生力军。一些民营优势企业正在发展成为集境内外研发、生产、销售、服务于一体的跨国企业。目前国内规模较大的民营企业如四通集团、万向集团、新希望、华为、科龙、东方集团等，都已不同程度走向国际市场。浙江万向集团近几年已先后在美国、英国、德国、加拿大等欧美国家设立、并购、控股30家公司，拥有海外员工920多名，构建起涵盖全球50多个国家和地区的国际营销网络。

据初步统计，浙江省民营企业已在国外创办经营公司780多家，设立各类营销网点2600多个，形成了一支具有较强竞争力的“海外兵团”，一年挣得120多亿美元。

4. 促进了国民经济和对外关系发展

随着中国企业对外投资规模的不断扩大，对中国的经济发展的作用日趋显著。目前中国企业在境外已建立若干个原油和矿产资源生产基地，获得了国民经济和社会发展所需的油气、矿产、木材和渔业资源，对缓解国内资源短缺发挥了重要作用。

中国企业在境外投资从事家电、机电、纺织、服装、轻工等行业的加工贸易项目的90%以上是投向亚洲、非洲和原苏联、东欧等地区，其中实物投资占70%以上。投资企业大部分是东部发达地区自身产业素质相对较好的企业，通过把低端制造业外向转移，一方面带动我国机电中间产品出口；另一方面企业能够将原所在地的土地、劳动力等要素使用到相对高端的制造业和服务业中。这种转移对改善我国国际分工地位，国内产业结构优化调整，扩大出口，增加就业都起到了一定的作用。

通过在海外投资建立研发机构和开展营销网络建设，一方面使我国企业得以追踪产品开发的世界前沿并开展具有国际竞争力的科技创新；另一方面能够主动控制产品价格形成环节，掌握产品销售市场并培育自身品牌商号的国际影响力。这些强化我国企业对产品价值链两端控制力的投资战略，对增强我国企业在国际市场的竞争能力和提高我国在世界经济中的地位都具有重要的推动作用。

中国企业在近150个国家和地区投资办企业，开展经济合作，有利于东道国发展经济、创造就业、增加税收等，实现互利共赢，促进共同发展，受到世界各国特别是广大发展中国家的普遍欢迎，增进了我国对外友好合作关系。

三、企业对外投资的政策环境更加完善

“十五”期间，为实施“走出去”战略，推动对外经济合作，国家在投资管理、财税、信贷、保险、外汇、国别导向等方面制定了一系列鼓励对外投资发展的政策措施，特别是在2004年《国务院关于投资体制改革的决定》颁布之后，扩大了地方政府对企业对外投资的管理权限，国家和地方政府都制定和完善了一系列鼓励和规范企业对外投资的政策和措施，对2004年和2005年我国企业对外投资的快速发展起到了重要的推动作用。

在对外投资的管理方面，负责投资项目核准的国家发展和改革委员会发布了《境外投资项目核准暂行管理办法》，对境外投资项目的核准机关及权限、核准程序和批复时间、项目申请报告及其相关文件、核准的条件及效力等方面做出了明文规定。不但把过去的多次审批改为一次核准，而且简化了程序，限制了核准的时间，明确规定：国家发展改革委在受理项目申请报告之日起20个工作日内，完成对项目申请报告的核准，或向国务院提出审核意见。如20个工作日不能作出核准决定或提出审核意见，由国家发展改革委负责人批准延长10个工作日，并将延长期限的理由告知项目申请人。对境外竞标或收购项目，国家发展改革委在收到书面信息报告之日起7个工作日内要出具有关确认函件。

负责境外投资开办企业核准的商务部发布的《关于境外投资开办企业核准事项的规定》明确指出：“国家支持和鼓励有比较优势的各种所有制企业赴境外投资开办企业”，保证各种所有制企业在境外投资开办企业过程中享受同等待遇；而且“国内企业境外投资开办企业在经济、技术上是否可行，由企业自行负责”，有关核准机关主要从国别（地区）投资环境、国别（地区）安全状况、投资所在国（地区）与我国的政治经济关系、境外投资导向政策、国别（地区）合理布局、履行有关国际协定的义务、保障企业合法权益等方面进行把握与核准，并取消了对可行性研究报告的审核。这样规定，符合“谁投资、谁决策、谁收益、谁承担风险”的原则，切实落实了企业投资自主权，是转变政府职能的具体体现。

商务部还下放核准权限，把地方企业在135个国家投资开办企业的核准事项，委托地方省级商务主管部门实施；并将企业申报材料由10项减至5项；明确将推行电子政务，实行网上申报和批准证书的发放。

根据国务院关于“加强对境外投资的协调和指导”的指示，商务部、外交部联合制订了《对外投资国别产业导向目录》，分别在国别（地区）和产业方面对企业境外投资加以指导。从国别来看，第一批共包括67个国家。其中亚洲23个国家，包括日本、韩国、蒙古和东盟10国等；非洲13个国家，包括埃及、南非、埃塞俄比亚等；欧洲15个国家，包括俄罗斯、英国、法国、德国、匈牙利等；美洲11个国家，包括美国、加拿大、墨西哥、巴西、阿根廷等；大洋洲5个国家，包括澳大利亚、新西兰和斐济等。产业涉及农林牧渔业、采矿业、制造业、服务业及其他产业等。在每个产业中，又进行了细化，其中农林牧渔业中包含谷物种植、森林开发、渔业捕捞等；采矿业中包含石油天然气、铁矿、铜矿、煤炭等；制造业中包含机械、电子、家电、轻工、纺织等；服务业包含贸易分销、交通运输、软件开发、基础设施建设等；其他产业主要包括电力的生产和供应等。

国家发展和改革委员会和中国进出口银行联合颁布的《关于对国家鼓励的境外投资重点项目给予信贷支持政策》，明确国家在信贷、担保、金融服务等方面对企业境外投资给予支持。中国进出口银行在每年的出口信贷计划中，专门安排一定规模享受中国进出口银行出口信贷优惠利率的境外投资专项贷款；专项贷款支持的境外投资项目主要包括：一是能弥补国内资源相对不足的境外资源开发类项目；二是能带动国内技术、产品、设备等出口和劳务输出的境外生产型项目和基础设施项目；三是能利用国际先进技术、管理经验和专业人才的境外研发中心项目；四是能提高企业国际竞争力、加快开拓国际市场的境外企业收购和兼并项目。

中国进出口银行对境外投资专项贷款依照有关规定加快贷款审查速度，并视具体情况提供便利：一是根据贷款企业信用等级和境外投资项目的经济效益情况授予一定的信用放款额度；二是对风险小、投资收益稳定且效益较好的项目，可考虑直接对境外项目公司提供贷款，由项目的境内投资主体提供担保或以项目形成的资产及其他权益作为抵押；三是对一些投资期较长的战略性项目，可视情况适当延长贷款期限。

中国进出口银行还将对拟使用境外投资专项贷款的项目，提供与项目相关的投标保函、履约保函、预付款保函、质量保函以及国际结算等方面的金融服务，并根据境内投资主体和项目情况在反担保和保证金方面给予一定优惠。

为了帮助企业了解国外的投资环境，商务部和外交部建立了《国别投资经营障碍报告制度》，要求我驻外使

（领）馆经商机构、境外中资企业等，以年度报告和不定期报告的形式，集中反映境外中资企业在东道国（地区）投资经营中遇到的各类问题、障碍和壁垒，供国内各有关部门和企业参考，以便有关部门在全面跟踪了解我国企业境外投资经营遇到的各类问题基础上，通过多双边机制，维护我国企业合法权益。同时，商务部每年发布《国别贸易投资环境报告》，对我国与有关国家（地区）双边投资概况、对方的投资管理体制和投资壁垒及其变化情况、我国企业在境外遇到投资壁垒、我国对这些壁垒的关注及为消除这些壁垒所做的努力等等，进行通报。

在加强境外投资管理工作方面，商务部与有关部门配合相继建立并实施了《对外直接投资统计制度》、《境外投资联合年审制度和综合绩效评价制度》、《境外矿产资源开发网上备案制度》和《企业境外并购事项前期报告制度》等管理制度。

四、近几年中国企业境外投资存在的问题

中国企业境外投资在“十五”时期获得了快速发展，成效显著，但由于还处于初期的探索阶段，有成功的经验，也有失败的教训，还有一些需要注意和改进的问题。

1. 缺乏对投资目的地的深入了解

企业到境外投资，面对的是与我国政治、法律、文化、风俗等等有很大差异甚至完全不同的环境，涉及所在国法律问题很多，处理不慎、会给经营带来不少麻烦，必须进行深入细致的研究，制定相应的措施，才能使企业的投资顺利进行并获得预期的效益。由于在这些问题上的工作不到位，使我国一些境外投资企业受到很大的损失，甚至不得不半途退出。例如TCL收购法国的汤姆逊彩电业务后，在对公司进行整顿时需要辞退1000多名员工，但受到当地政府的干预，因为违反了雇员方面的法律，这是在收购时没有考虑到的事情，TCL为此付出了沉重的代价，不得不将其在中国大陆市场的电视机利润补贴到汤姆逊的业务中。又如首钢收购秘鲁马尔科纳铁矿时，承诺在3年内每年再投入5000万美元用于矿山发展，合同生效矿山运营后，首钢也投入了一定的资金，但秘鲁方面却认为中方失约，未履行承诺，表示要回收马尔科纳铁矿。其原因是：秘鲁方面所指每年投入5000万美元必须是由秘鲁境外投入，由境外汇入其境内，而在其境内赢利再投入则无效，既使企业盈利也必须先汇出秘鲁，然后再由境外汇入才算有效，因为外汇由秘鲁汇出，秘鲁可获得红利税。而首钢当时没有注意这个问题。

2. 对投资方向缺乏认真的分析

很多企业到境外投资缺乏对市场与经商环境缺乏学习与研究，对境外的商机，自身的优势、劣势及竞争风险缺少客观的分析，特别是缺少对未来发展的分析，急于求成，什么赚钱干什么；或者出于多元化扩张的需要，背离自身核心专长而盲目到境外投资。结果导致各类企业对“热点”地区或“热门”产业趋之若鹜，形成所谓“寻热效应”，这是“走出去”的最大陷阱。因为“寻热”式对外投资不仅容易造成众多企业对同一行业或地区的饱和甚至过量投资，而且最易背离企业自身的核心能力，缺乏竞争能力，很多企业投资后亏损的原因就在于此。

3. 不注意舆论和宣传工作

我国大企业到境外大规模投资建厂或并购，对于当地的经济具有重大的影响，往往会受到当地政府和民众的较大关注，宣传和公关工作不可轻视。对外连络和宣传不到位极有可能形成外界对我国企业的误解和偏见，从而使企业形象大打折扣，在建厂和并购过程中可能会遇到意想不到的困难。2005年海尔收购美国第三家电巨头美泰和中海油并购尢尼克的失败，很大程度上就是因为这个原因。在美泰总部所在地曾传言海尔在并购完成后，将把产品制造转移到低成本的中国国内进行，结果遭到美泰员工的反对。这一传言恰恰是当地一家媒体发布的，而起因是海尔此前曾冷落过该媒体。再如中海油，本来曾经一度与尢尼克接近达成并购协议，但后来还是失之交臂，原因是尢尼克拒绝为中海油积极游说美国国会，而雪佛龙的游说却成功地激起了国会对中海油的反对情绪，以至于考虑动用一系列法律条款来推迟甚至破坏中海油完成交易，削弱中海油收购要约对尢尼克股东的吸引力。

4. 急于求成

我国很多企业一说到境外投资，就想直接到境外投资建厂，缺乏前期的准备程序，在对境外许多情况不了解，各种关系和渠道没有疏通的情况下就进行投资，往往遇到很多的困难，拉长了谈判的时间，耗费了许多精力和资金，还不一定获得令人满意的效果。如果按先设联络处，后设办事处，再设分公司的办法循序前进，在对投资目标国家（地区）有充分了解，疏通各种渠道之后，再投资建厂或合作建厂，可避免一些风险，减少损失。不按工作程序循序渐进，想一步到位，则往往欲速不达。这是很多企业投资失误的原因之一。

5. 合作渠道狭窄

如果有得力的境外合作伙伴或介绍人，企业到境外投资不但成功率高，而且可能取得事半功倍的效果。由于国内企业大多数是初次走出国门，缺乏对投资目的地的了解很难找到在当地有影响力的合作伙伴或介绍人，往往是不进行调查分析，谁送上门就与谁合作或者依赖

境外缺乏投资经验的中国同乡会、华人社区的同学等等。由于合作者或介绍人在当地没有影响力或信誉不佳，在投资建厂或并购时遇到的阻力很大，难以成功，甚至上当受骗。我国一些有实力的大企业，就是因为境外合作伙伴缺乏实力，或者为了图方便，老是围绕在华人社区里打交道，而难以获得预想的发展。

6. 对困难估计不足

近几年中国企业的国外并购越来越多，但是一些企业在并购之后就陷入困境，出现长期亏损的局面，主要原因是对并购后的困难估计不足，出现许多意想不到的事情，使企业难以应付。并购决非一桩简单的买卖，买进来的不是一件商品，而是一个组织，有时甚至是一个很复杂的组织，决定并购是否最终获得成功，关键要看企业有没有能力使这个组织继续保持活力，甚至产生更大的活力。这涉及对被收购企业的组织结构调整，原有人员的调配、使用和辞退，产品和生产的调整，市场营销渠道的维持和扩大，经营外部环境的和谐、与当地政府关系的协调等等；有经济问题、法律问题、社会问题，甚至还有政治问题，哪一点处理不当，都可能给企业经营带来困难。因此，可以说完成收购相对容易，真正的问题在于并购之后的整合和管理，联想、TCL 等在境外并购规模较大的企业都碰到这样的问题。

7. 缺少专业人才

企业到境外投资能否成功，首要的条件是要有一批熟悉境外投资业务的法律、财会、资产管理、市场分析和营销、公关、生产运营管理等方面的专业人员。目前国内有国际投资经验的专材人才奇缺，不但中小企业，就是一些在境外投资取得很大成就的大企业也感到人才的缺乏。不得不过多地依靠境外的人才，包括留学人员及港台人士资源。有些企业急于求成，缺乏或无法对境外人员进行深入考察，就委以重任，难免出现上当受骗的事件。

五、改进中国企业境外投资的对策建议

虽然近几年中国企业境外投资发展很快，但从数量上看，占世界对外投资的比例还很小，按联合国贸发会议（UNCTAD）发布的 2004 年世界投资报告中 2003 年全球各国对外直接投资的流量和存量测算，我国对外直接投资分别相当于全球各国对外直接投资总流量和存量的 0.9%和 0.55%。2004 和 2005 年我国企业的境外投资虽然有较大的增长，但占全球对外直接投资总流量和存量的比例都还在 1%以下，如 2005 年全球国际直接投资总量达到 8970 美元，中国境外直接投资只有 69 亿美元，仍然不到 1%。著名咨询机构波士顿咨询公司在其题为《向世界舞台迈进：中国企业的对外并购》的报告中指出，在世界 13 个快速发展经济体（RDE）中，中国的 GDP 占了 29.4%，但海外并购数量却只占 10.6%，属于“不够积极的收购方”，与我国的经济大国地位不相称。在党的十六届五中全会通过的《中共中央关于制定国民经济和社会发展第十一个五年规划的建议》中继续提出要“支持有条件的企业‘走出去’，按照国际通行规则到境外投资”。为了促进我国企业境外投资的健康发展并获得好的效益，需要境外投资企业和政府在以下一些方面做出努力。

1. 中国企业境外投资应注意的问题

到境外投资，面对的是与国内不同的环境，风险很大。要想成功，必须要有充分的准备。总结一些企业成功的经验和失败的教训，我们认为主要应注意以下几个方面的问题。

一是对将要投资的国家和地区的对外商的投资政策和各种有关的法律、法规、风俗习惯、市场状况、消费特点、产业竞争力等进行深入的了解。企业到境外投资为了利用对方的资源和技术发展自己。因此，要知道对方的想法与利益所在，要清楚对方政府和民众对中国投资企业的态度和要求，要对他们的法律环境有充分的了解，要研究他们的产业和市场现状及发展趋势，本企业在那些产业上占有比较优势，怎样介绍自己才能对对方政府和消费者有吸引力等等。这是在对方投资能否成功的根本问题。特别是对法律法规的了解，一般国家对大规模的并购都有警惕的心理，主要是利用反垄断方面的立法对并购加以限制；而对外资投资建厂则采取欢迎的态度，甚至有优惠的政策。例如美国对境外投资建立中小企业就有鼓励政策。中国企业要在美国注册设立公司很容易，可以委托会计师或律师办理，一般 1000 美元，两个星期就可完成。在美国注册公司无需注册资本额，对经营范围也没什么限制，只有专业服务如律师、会计师、房地产经纪需要有资格执照。在美国设立公司后，中国企业高层主管就可办理赴美工作的 L1 签证，并可获得美国政府部门的各种帮助与服务。美国政府设有小商业局（SBA），对小企业提供资金货款、职业培训、与市场资讯帮助，而且十分主动。企业的商业计划书是获取 SBA 支持的基础，中国企业在这方面非常需要加强学习，SBA 也会帮助拟制。美国主要是以企业员工数来划分企业规模，但也考虑营业额（如有的高科技企业员工虽少，但营业额甚大）。美国规定 100 人以下为小企业，它约占全美 1000 万个企业的 98%，其中 5 个员工以下的小企业比例更高达 60%以上。美国政府认为社会就业率主要靠众多的小企业，小企业对社会稳定至关重要，

所以专门设立小企业局并制订诸多扶植政策。美国对少数族裔商业也有扶植，美国少数族裔有西裔、非裔、亚裔等，因此华商小企业就有双重优惠，若为妇女企业则能有三重优惠。

二是要选准投资的产业定位。不同的国家和地区对境外不同产业的投资持有不同的态度。中国企业应选取中国有优势而对方相对薄弱或地方欢迎投资的产业。如东盟和一些非洲、拉丁美洲国家、前苏联和东欧的部分国家在需要投资量较大的石油天然气、金属矿产、森林和渔业等领域的开发力量比较薄弱，我国企业容易进入，如果对该国（地区）能给予合理的回报，他们对中国企业去投资与他们共同开发资源一般是持欢迎态度的。目前，中国在家电、机械、纺织、轻工、电子通信等行业在上述国家和地区都具有比较优势，支持和推动有条件的企业到这些国家投资办厂，开展境外加工装配，一般会取得较好的效果。我国农机行业先行的一批企业投资东南亚的实践经验表明，中国有比较适合东南亚的农业产品、技术和管理经验，而东南亚有丰富的资源和广阔的市场，双方互补性很强。中国企业可围绕农业经济活动，包括种植、养殖、加工、生产资料、农业机械生产等，增加对东盟国家的农业投资。为此，中国企业应该重视对这些新兴市场的调研，及时了解这些市场的需求规模和结构，加大投资力度。发达国家在信息、电子、生物工程等朝阳产业方面具有优势，中国企业在这些国家投资或合资建立和收购产研结合的企业，利用当地的技术和专业人员共同开发和制造高科技产品，对提高中国企业的技术水平，增强竞争力，扩大市场都具有重要的意义。这些国家对这些行业的外国投资一般没有限制，关键是中国企业要有资金实力。发达国家对容纳就业较多的中小企业一般是鼓励发展的，中国企业到这些国家投资建立生产当地进口较多的轻工、服装、玩具、家用电器等产品的中小企业，遇到的阻力也比较小。

三是要确定首先进入的主导产品。到境外投资选择的产品一般应该在国内已具竞争力，名列省市或全国同业前茅。而且产品已有向该国和地区出口的基础。实践也反复证明了核心能力对企业走出去的成败起决定性作用。国内外投资者境外投资成功的经验和失败的教训表明：失败的异地或境外投资，或者是投资者自身就无核心专长，或者是其投资行为背离了自身的核心专长；反之，凡境外投资获得成功者，不仅自身的核心专长及行业优势突出，而且其境外投资与经营都无不紧扣自己的核心专长。

四是选择合适的合作伙伴。目前我国企业境外独资建厂或收购百分之百股份，遇到的困难很大，最好不要采取这种方式；而合资和收购部分股份（包括控股）则比较容易一些。如果采用合资方式建厂，必须做好可行性论证并精心选择好合作伙伴。如果不做好可行性论证，就很容易掉入合资陷阱。如果合作伙伴选择错了，则容易上当受骗；而选择到了好的合作伙伴，则不仅可以得到他们帮助，防范各种风险，甚至还可能获得他们提供的权益资本，帮助中国在境外投资的企业从当地获取资金与技术，提高该企业在当地的声誉。收购部分股份或选取好的合作伙伴共同并购可以帮助中国的收购企业弥补整合能力方面的差距。在过渡期内，要与被收购方的管理层合作，仍保持企业运营，使被收购方的资产逐渐从运作中剥离，有助于收购方平稳接管有关业务，最终获得控制权。部分收购时要搞好与被收购方的合作，可以订立一些额外条款保证联合资产如销售渠道的使用以及专利、品牌等知识产权资产的合理分配。合作伙伴形式能够建立一个双赢的交易，如联想收购 IBM 个人电脑业务部门就属于这种情况

五是要找熟悉国际金融、法律、会计等专业服务机构及有能力的专业人士，作为自己的委托机构和相关业务的代理人。任何一个国家或地区都有自己独特的金融、法律、财会体系，由于目前我国企业境外投资还处于初创阶段，企业人员的局限性和各国经济、社会各方面的差异，我国企业（包括一些特大型企业）一般还不可能拥有熟悉投资目标国家或地区各种有关知识和经验的人才，借用外力是解决问题的最好办法。国内外都有一些专业的机构和人才可供企业选用，关键是在委托之前要对被委托机构和代理人的资质、能力和信誉情况进行深入的调查，才能避免出现用人（机构）不当或上当受骗的后果。同时企业也要注意自己人才的培养，因为依靠他人总不如自己人方便，而且成本往往较高。

六是注意投资地点的选择。企业到境外一个国家或地区投资还会碰到在该国家或地区的地域选择问题，地点的选择同样要依据企业自身核心业务发展对外部资源和市场利用的需要。如果走出去主要旨在利用外部资源，那当然是看到哪儿获得所需资源成本最低最方便。如果走出去的主要目的是利用外部市场，那自然就要看本企业的产品或服务在哪儿最有市场及进入市场成本最低。一般应先选择交通便利，通信发达，信息灵通，商机较多，生活方便的大城市。

七是要注意吸取经验和教训。无论是已在境外投资或准备到境外投资的企业都应该认真研究先行者的经验和教训，既包括我国企业境外投资的，也包括外商到我国投资的经验和教训。前车之鉴是后车之师，借鉴这些经验和教训可以使企业少走弯路，预先研究可能遇到的

阻力和问题，制定相应的应对措施，有备无患，防止一些问题的发生，使自己的境外投资能够顺利进行并取得预想的效果。

八是应有风险防范意识。企业到外国（地区）投资，其经营要受到该国各种因素的影响和限制，除了要在投资前进行深入的调查研究之外，还要预先对可能遇到的各种风险制定相应的防范措施。企业可能遇到的风险包括政治风险、经营环境风险等等，这些风险可能来自当地的政府部门、企业、金融机构和民众，也可能来自合作伙伴。防范风险的方法很多，其中最主要的办法是办理投资保险与担保，将一部分可能出现的风险转移给其他机构。如对可能出现的国有化、战争、资产转移的限制等政治风险，一些发达国家，如美国、英国、日本、德国、法国等，都设有专门官方机构对私人的境外投资提供政治风险的保险，如美国私人投资公司（0PIC），英国的出口信贷保证部（ECGD），日本通商产业省的海外投资保险班等。一般的做法是：投资者保险机构提出保险申请，保险机构经调查认可后接受申请并与之签订保险单。投资者有义务不断报告其投资的变更状况、损失发生状况，且每年定期支付费用。当风险发生并给投资者造成经济损失后，保险机构按合同支付保险赔偿金。对于可能出现的经营环境风险，在投资前可与投资所在国（地区）政府签订的有关投资的特许协定加以防范。典型的特许协定包括以下一些方面的内容：利润和各种收入资金汇出的形式；各种有关价格的制订；向第三国出口；设立社会与经济管理费及付费方式；税率的制订以及税前利润与财产的评估方法；参与所在国资本市场，尤其是长期借款的条件；当地参股的条款产品在所在国销售的价格管理；原料与零部件来源的限制；雇员国籍的限制；在与所在国发生矛盾时避免要求母国政府进行干预；各种争端的仲裁法和仲裁地点等等。由于投资环境可能改变，某些环境因素可能没有体现在协定中，在境外投资的公司就必须采取与此相适应的经营战略与策略来适应不断变动的国际投资环境。在生产与经营方面：可通过生产与经营方面的安排，如关键技术岗位由我国的人员进行管理，控制原材料与零配件的供应、专利与技术诀窍、产品的出口市场、运输及分销机构等办法，使得东道国政府实施征用、国有化或没收政策后，无法维持原公司的正常运转，从而避免被征用的风险。如秘鲁政府征用首钢马尔科纳公司后，发现自己反而失去了进入国际铁矿市场的渠道，结果不得不与马尔科纳公司重新谈判。

2. 政府要加强对企业境外投资的扶持和引导

如前所述，近几年国家制定了一系列规范和鼓励企业境外投资的政策和措施，起到了很好的促进作用。今后还应该根据发展的需要，完善各项政策，同时可以采取以下一些措施对到境外投资的企业加以规范和引导。

一是为企业到境外投资营造一个良好的国际氛围。良好的国际氛围，可以为企业在境外投资创造良好的投资环境，避免境外政府和有关机构为我国企业制造麻烦。就目前而言，我国的国际关系整体上是好的，但可以说既面临着“黄金发展期”，又面临着矛盾凸显期，我国经济的快速发展和产品国际竞争力的不断提高，可能引起一些国家的疑虑和不满。如某些国家提出的“中国威胁论”就对我国政府与企业境外投资提出了严峻的挑战，中海油收购尤尼克失利就是一个典型的案例。随着我国企业走出去步伐的加快，权益保护的问题将愈来愈突出，必须引起我国政府的高度重视。发达国家为保护国民在境外的生命财产安全常常运用法律、外交等手段，主要通过双边或多边国际协定来解决。我国政府应该从中吸取经验，加强和各国政府的联系，利用 WTO 条款和各种国际组织反壁垒的规则，与有关国家谈判和签订促进鼓励相互投资的协定等等，为企业走出去创造良好的国际氛围，减少企业境外投资的壁垒，保护境外投资企业的权益。

二是采取各种行之有效的方式，对中国准备到境外投资的企业进行培训。如我中对企业到境外投资的政策规定，鼓励措施，以及企业如何做好境外投资的可行性研究，各国的投资环境，投资应注意的问题，回避风险和应对壁垒的办法，企业境外投资的经验和教训，在境外投资的企业如何融入当地社会、实施当地化经营，与东道国如何交涉，与当地企业如何合作等等。针对诸如此类的问题，可由政府有关部门出面，请专家和一些在境外投资多年的公司企业进行辅导，也可有针对性地举办一些短期培训班。可针对目前国内许多企业对于培训与自身素质提高不够重视的现象，规定初次进行境外投资的企业在获得核准前，其在境外投资的负责人和骨干人员都要接受相关的培训。同时，我国企业在走向境外以前，应该充分利用国内市场的机遇好好练兵，学习跨国公司在中国并购的办法，训练与国外企业交锋的经验，提高与境外企业竞争的能力

三是在中国企业数量较多的境外地区鼓励和帮助建立中国企业的地区和行业商会。商会的作用主要是保护本国企业的利益，包括：代表会员企业与所在国（地区）政府和有关机构进行谈判和协商，使企业不受到境外企业不公平竞争手段和政府政策的伤害；维护会员企业之间公平竞争的秩序，防止无序竞争给企业带来的危害；督促会员企业不断提高产品技术和质量档次，提高企业

国际竞争力；严格要求会员企业守法、自律，防止哄抬物价和生产假冒伪劣产品，维护产品用户和消费者的利益，保障合法企业的权益。商会的服务功能要强，对企业要有号召力。在中国企业较少的境外地区，可鼓励企业参加境外华商在当地建立的地区商会及行业商会，使企业受到一定的保护。

注解1：本文所说的中国企业是指在大陆注册的企业，不包括在香港、澳门特区和台湾省注册的中国企业；企业对外直接投资不包括金融类投资。

关于调整部分境外投资外汇管理政策的通知

国家外汇管理局

（2006年6月9日）

国家外汇管理局各省、自治区、直辖市分局、外汇管理部，深圳、大连、青岛、厦门、宁波市分局：

为适应对外经济发展的需要，完善鼓励境外投资的配套政策，便利境内投资者开展跨国经营，国家外汇管理局决定调整部分境外投资外汇管理政策。现就有关事项通知如下：

一、本通知所称境外投资是指我国境内各类法人（以下简称“境内投资者”）通过新设（独资、合资、合作等）、收购、兼并、参股、注资、股权置换等方式在境外设立企业或取得既有企业所有权或管理权等权益的行为。

二、境外投资应当符合国家境外投资产业政策，有利于促进生产要素跨境流动和优化配置。境内投资者到境外投资的项目须经有关主管部门核准。

三、境内投资者到境外投资所需外汇，可使用自有外汇、人民币购汇及国内外汇贷款。自2006年7月1日起，国家外汇管理局不再对各分局（外汇管理部）核定境外投资购汇额度。境内投资者的境外投资项目经有关主管部门核准后，按照现行外汇管理有关规定办理外汇资金购付汇核准手续。

四、境内投资者向有关主管部门提交境外投资项目核准申请或投资意向后，在获得正式批准前，经所在地国家外汇管理局分支局、外汇管理部（以下简称“外汇局”）核准，可以自有外汇、人民币购汇或国内外汇贷款向境外支付与境外投资项目相关的前期费用。

五、境内投资者汇出用于境外投资项目的前期费用，应符合以下规定用途：

（一）收购境外企业股权或境外资产权益，按项目所在地法律规定或出让方要求需缴纳的保证金；

（二）在境外项目招投标过程中，需支付的投标保证金；

（三）进行境外投资前，需进行市场调查、租用办公场地和设备、聘用人员，以及聘请境外中介机构提供服务所需的费用；

（四）其他与境外投资有关的前期费用。

六、境内投资者应持以下材料到所在地外汇局申请办理前期费用汇出的核准手续：

（一）书面申请（包括境外投资项目总投资额、各方出资额、出资方式、用汇金额，以及所需前期费用金额、用途和资金来源说明等）；

（二）境内投资者的营业执照或注册登记证明；

（三）境内投资者参与投标、并购或合资合作项目的相关文件（如中外方签署的意向书、备忘录或框架协议等）；

（四）境内投资者向所在地外汇局出具的书面承诺函（承诺所汇出的前期费用只用于经批准的境外投资项目，如有违反，由境内投资者承担相关法律责任）；

（五）前期费用汇往境外账户的国别（地区）、境外账户开户行、开户人名称、账号的说明；

（六）外汇局要求的其他相关材料。

所在地外汇局审核材料无误后，签发资本项目外汇业务核准件。境内投资者凭核准件到所在地外汇指定银行办理购付汇手续。

七、境内投资者向所在地外汇局申请汇出的前期费用，一般不超过其向境内有关主管部门申请境外投资总额的15%；确因业务需要超过15%，由所在地外汇分局

（外汇管理部）核准。境内投资者经核准汇出境外的前期费用，列入境内投资者到境外投资项目的总额。外汇局在核准其项目全部投资资金汇出时，应核减其前期已汇出的费用金额。

八、境内投资者如需为境外投资项目开立境外账户，应按照境外外汇账户管理有关规定向所在地外汇局申请办理。

九、境内投资者自汇出前期费用之日起6个月内仍未完成境外投资项目核准程序的，应将境外账户剩余资金调回境内原汇出的外汇账户。所汇回的外汇资金如属人民币购汇的，持原购汇核准文件，到外汇指定银行办理结汇。

十、外汇局应加强对境外投资资金购付汇的审核、统计和监测工作，逐月将辖区内前期费用净发生额填入资本项目及附属项目流动及汇兑月报表1.2.1.3栏，并按规定向国家外汇管理局报告。

十一、境内投资者违反本通知规定，外汇局将依照《中华人民共和国外汇管理条例》等相关法规进行处罚。

十二、本通知自2006年7月1日起施行。以前规定与本通知相抵触的，按照本通知规定执行。

国家发展改革委　国家开发银行关于进一步加强对境外投资重点项目融资支持有关问题的通知

发改外资〔2005〕1838号

各省、自治区、直辖市及计划单列市、副省级省会城市人民政府、新疆生产建设兵团发展改革委、经委（经贸委），国务院各部门、各直属机构，各中央管理的企业：

为贯彻党的十六大关于加快实施“走出去”战略的精神，落实中央有关“加大对境外投资的金融支持”的指示，鼓励和支持国内企业进一步提高融资能力，发挥各自优势，积极参与境外重点项目的投资活动，现就有关事项通知如下：

一、根据国家境外投资发展规划，国家发展改革委和国家开发银行拟定年度境外投资重点项目融资支持计划，并由国家开发银行在每年的股本贷款规模中，专门安排一定的贷款资金（以下称“境外投资股本贷款”）用于支持国家鼓励的境外投资重点项目扩大资本金，提高融资能力。

二、境外投资股本贷款主要用于支持下列境外投资重点项目：

（一）能弥补国内资源相对不足的境外资源开发类项目；

（二）能带动国内技术、产品、设备等出口和劳务输出的境外生产型项目和基础设施项目；

（三）能利用国际先进技术、管理经验和专业人才的境外研发中心项目；

（四）能提高企业国际竞争力、加快开拓国际市场的境外企业收购和兼并项目。

三、在中华人民共和国境内注册的企业法人（以下称“境内投资主体”）均可申请境外投资股本贷款，具体程序如下：

（一）境内投资主体向国家开发银行提出股本贷款申请，由国家开发银行根据其与国家发展改革委共同拟定的年度境外投资重点项目融资支持计划，经独立审核，出具股本贷款承诺函；

（二）境内投资主体按规定向国家发展改革委或省级发展改革部门上报项目申请报告或项目备案申请，并附国家开发银行股本贷款承诺函；

（三）国家发展改革委或省级发展改革部门对项目进行审核，并将项目核准文件或备案证明文件抄送国家开发银行，国家开发银行据此就项目股本贷款条件进行最终确定。

四、国家发展改革委对获得境外投资股本贷款支持的重点项目将加强政策指导，强化必要协调，推动项目成功实施，并取得良好的经济和社会效益。

五、国家开发银行将依照有关规定，对境外投资重点项目加快贷款审查速度，并在遵循风险定价原则，使贷款利率尽可能覆盖信用风险、市场风险及国家风险等的基础上，视具体项目情况给予一定的利率优惠。

六、国家开发银行对境外投资重点项目还提供如下支持和服务：

（一）为境外投资重点项目提供大额、稳定的中长期非股本贷款支持；

（二）加强与国际金融组织或跨国公司合作，组织国际银团贷款、境外贷款等，协助落实融资方案；

（三）提供基础设施、基础产业、支柱产业领域的行业分析、风险评估等服务；

（四）提供与项目相关的信用证及国际结算等方面的配套金融服务；

（五）提供汇率、利率风险管理等金融衍生工具服务。

国家发展改革委 国家开发银行

2005年9月25日

国家发展改革委 中国进出口银行关于对国家鼓励的境外投资重点项目给予信贷支持政策的通知

发改外资〔2004〕2345号

各省、自治区、直辖市及计划单列市、副省级省会城市人民政府，新疆生产建设兵团，国务院各部门、各直属机构，各中央管理的企业：

自国家发展改革委、中国进出口银行下发《关于对国家鼓励的境外投资重点项目给予信贷支持有关问题的通知》（发改外资[2003]226号）以来，为国内企业对外投资提供了信贷支持，有效地鼓励和促进了企业"走出去"，取得了良好成果。根据《国务院关于投资体制改革的决定》（国发[2004]20号）和《境外投资项目核准暂行管理办法》（发展改革委令第21号），对发改外资[2003]226号文件有关内容需进行适当调整，现就有关事项通知如下：

一、国家发展改革委和中国进出口银行共同建立境外投资信贷支持机制。根据国家境外投资发展规划，中国进出口银行在每年的出口信贷计划中，专门安排一定规模的信贷资金（以下称"境外投资专项贷款"）用于支持国家鼓励的境外投资重点项目。境外投资专项贷款享受中国进出口银行出口信贷优惠利率。

二、境外投资专项贷款主要用于支持下列境外投资重点项目：

（一）能弥补国内资源相对不足的境外资源开发类项目；

（二）能带动国内技术、产品、设备等出口和劳务输出的境外生产型项目和基础设施项目；

（三）能利用国际先进技术、管理经验和专业人才的境外研发中心项目；

（四）能提高企业国际竞争力、加快开拓国际市场的境外企业收购和兼并项目。

三、拟申请使用境外投资专项贷款的项目，须按《国务院关于投资体制改革的决定》和《境外投资项目核准暂行管理办法》的规定获得核准，并由中国进出口银行遵循独立审贷的原则对项目的贷款条件进行审查。

四、申请使用境外投资专项贷款的程序如下：

（一）在中华人民共和国境内注册的企业法人（以下称"境内投资主体"）按规定向国家发展改革委或省级发展改革部门上报项目申请报告，并抄送中国进出口银行总行及相应的营业性分支机构。同时，境内投资主体向中国进出口银行提出贷款申请；

（二）中国进出口银行就项目使用境外投资专项贷款问题出具意见函，作为国家发展改革委或省级发展改革部门审核项目申请报告的参考依据；

（三）国家发展改革委或省级发展改革部门对项目进行审核，并将审核意见抄送中国进出口银行。项目获得核准后，由中国进出口银行对项目的贷款条件进行最终确定。

对国别风险较大的项目，要求境内投资主体充分利用现有的境外投资保险机制，办理有关投保手续，积极规避境外投资风险。

五、国家发展改革委对符合使用境外投资专项贷款条件的项目，加强政策指导，强化必要协调，加快核准进度。同时，促成有关单位完善境外投资风险保障机制，进一步做好境外投资保险工作。

六、中国进出口银行对境外投资专项贷款依照有关规定加快贷款审查速度，并视具体情况提供以下便利：

（一）根据贷款企业信用等级和境外投资项目的经济效益情况授予一定的信用放款额度；

（二）对风险小、投资收益稳定且效益较好的项目，可考虑直接对境外项目公司提供贷款，由项目的境内投资主体提供担保和/或以项目形成的资产或其他权益作为抵押；

（三）对一些投资期较长的战略性项目，可视情况适当延长贷款期限。

七、中国进出口银行还将对拟使用境外投资专项贷款的项目，提供与项目相关的投标保函、履约保函、预付款保函、质量保函以及国际结算等方面的金融服务，并根据境内投资主体和项目情况在反担保和保证金方面给予一定优惠。

八、本通知由国家发展改革委和中国进出口银行负责解释，自发布之日起执行。国家发展改革委的发改外资[2003]226号文件自本通知发布之日起失效。

国家发展改革委　　中国进出口银行

2004年10月27日

国家发展改革委　中国出口信用保险公司关于建立境外投资重点项目风险保障机制有关问题的通知

发改外资〔2005〕113号

各省、自治区、直辖市及计划单列市、副省级省会城市人民政府，新疆生产建设兵团，国务院各部门、各直属机构，各中央管理的企业：

为贯彻党的十六大关于加快实施“走出去”战略的精神，落实中央有关“加大对境外投资的金融支持”的指示，鼓励和支持有比较优势的各种所有制企业开展对外投资，规避投资涉及的相关风险，现就有关事项通知如下：

一、国家发展改革委和中国出口信用保险公司共同建立境外投资重点项目风险保障机制。根据国家境外投资发展规划，依照国家出口信用保险风险基金安排，中国出口信用保险公司向国家鼓励的境外投资重点项目提供投资咨询、风险评估、风险控制及投资保险等境外投资风险保障服务。

二、境外投资风险保障机制主要用于支持下列境外投资项目：

（一）能弥补国内资源相对不足的境外资源开发类项目；

（二）能带动国内技术、产品、设备等出口和劳务输出的境外生产型项目和基础设施项目；

（三）能利用国际先进技术、管理经验和专业人才的境外研发中心项目；

（四）能提高企业国际竞争力、加快开拓国际市场的境外企业收购和兼并项目。

三、在中华人民共和国境内注册的企业法人（以下称“境内投资主体”）均可申请为其提供境外投资项目风险保障服务。中国出口信用保险公司在国家发展改革委的宏观指导下，根据境内投资主体的不同需求和投资项目的具体特点提供如下几项服务：

（一）利用风险管理专业机构的资源优势，向境内投资主体提供境外经营环境、政策环境、项目合作机会、合作伙伴资质等信息咨询服务；

（二）研究分析境外投资具体项目的政治、经济、法律、资源、市场等综合因素，提供项目国别风险评估意见；

（三）根据境外投资项目的具体风险特点，研究制定专业、稳健、有针对性的项目风险控制方案；

（四）提供境外投资保险服务，承保境内投资主体因征收、战争、汇兑限制和政府违约等政治风险遭受的损失。

四、拟申请投保中国出口信用保险公司境外投资保险的项目，须按《国务院关于投资体制改革的决定》和《境外投资项目核准暂行管理办法》的规定获得核准或履行备案手续。

国家发展改革委或省级发展改革部门将项目核准文

件或备案证明文件抄送中国出口信用保险公司。

中国出口信用保险公司根据上述核准或备案文件对项目的投保条件进行独立审核。

五、对国别风险较大的项目，鼓励境内投资主体充分利用风险保障机制，积极投保境外投资保险，有效规避境外投资风险。

六、国家发展改革委对境外投资风险保障机制的实施加强政策指导，增加信息沟通，强化必要协调，促使该机制得以贯彻落实，并逐步完善。

七、对国家鼓励的境外投资重点项目，中国出口信用保险公司将依照国家政策规定，并视项目具体情况给予一定的费率优惠，并适当规定简化承保手续，加快承保速度。

八、中国进出口信用保险公司对为境外投资重点项目提供融资的境内（外）金融机构也可提供风险保障服务。

九、中国出口信用保险公司还可视具体情况对国家鼓励的境外投资重点项目提供与项目相关的出口信用保险及担保服务。

十、本通知由国家发展改革委和中国出口信用保险公司负责解释，自发布之日起执行。

国家发展改革委　　中国出口信用保险公司

2005 年 1 月 25 日

国家开发银行　中国出口信用保险公司关于进一步加大对境外重点项目金融保险支持力度有关问题的通知

开行发〔2006〕11 号

国家开发银行总行营业部、各分行、代表处，总行各部门、中国出口信用保险公司总公司营业部、各分公司、各营业管理部：

为鼓励和支持我国企业开展对外投资，满足我国企业融资和海外投资风险保障的需要，现将有关事项通知如下：

一、国家开发银行和中国出口信用保险公司共同建立境外油气、工程承包和矿产资源等项目金融保险支持保障机制，为国家鼓励的重点境外投资项目提供多方位的金融保险服务。

二、所有依法成立的企业，均可申请金融保险支持服务。国家开发银行和中国出口信用保险公司根据企业的不同需求和投资项目的具体特点提供如下服务：

（一）为项目提供股本和债务融资支持，以及与项目相关的汇率、利率风险管理等金融衍生工具服务；

（二）为项目提供海外投资保险风险保障机制及其他风险规避措施；

（三）向企业提供境外经营环境、政策环境、项目合作机会、合作伙伴资质等信息咨询服务；

（四）负责项目融资安排和提出风险控制方案，包括组织国际银团贷款、项目融资和结构安排等方式，提供稳定、高效的金融保险支持；

（五）为项目提供投资所在国国别风险评估意见。

三、国家开发银行和中国出口信用保险公司重点支持以下领域的项目和企业：

（一）油气、重要矿产资源、原材料、林业等能弥补国内短缺资源的资源开发项目；

（二）以资源做还款担保的基础设施项目和境外生产性项目；

（三）能加快开拓和有效利用国际市场、增强国际竞争力的境外资源收购、兼并和工程承包项目；

（四）关系到政府间双边或多边经济合作的项目；

（五）国资委监管的中央直属企业集团、地方大型企业集团和其在境外设立的项目公司等具有资金、技术、管理、品牌优势的实力企业。

四、申请使用国家开发银行和中国出口信用保险公司共同支持的境外贷款基本程序如下：

（一）在中华人民共和国境内注册的企业法人向国家开发银行提出贷款申请，并向中国出口信用保险公司提交投保申请书；

（二）国家开发银行和中国出口信用保险公司进行项目审核后，将审核意见反馈企业，对于出口信用保险公司出具承保意向书或兴趣函的项目，国家开发银行优先考虑向企业出具贷款意向函；

（三）项目获得国家有关部门核准后，由国家开发银行确定项目贷款条件，企业根据中国出口信用保险公司的要求正式履行投保手续。

五、对于符合以上要求的项目，国家开发银行将优先考虑提供贷款支持，中国出口信用保险公司将根据项目所在国的具体情况提供年保险费相对优惠的海外投资保险支持。

六、本通知由国家开发银行和中国出口信用保险公司负责解释，自发布之日起执行。

2006年1月18日

附：对外投资国别产业导向目录（一）

国别
- 农、林、牧、渔业
- 采矿业
- 制造业
- 服务业
- 其他

泰国
- 薯类种植
- 钾盐矿、钨矿、锑矿
- 纺织业
- 贸易、分销
- 森林开发
- 电动机、空调器、冰箱等电气机械及器材制造
- 建筑
- 农业机械制造
- 旅游
- 化学原料及化学制品
- 造纸及纸制品
- 橡胶制品制造

新加坡
- 生物制药
- 贸易、分销
- 电子和精密工程
- 仓储
- 石油加工炼制
- 交通运输
- 金融
- 建筑
- 研发

老挝
- 森林开发
- 钾盐矿
- 发电机等电气机械制造
- 电力的生产和供应
- 谷物种植
- 电动工具制造
- 摩托车等交通运输设备及零部件制造
- 造纸及纸制品制造
- 农副食品加工

缅甸
- 森林开发
- 石油、天然气
- 农业机械制造
- 建筑
- 谷物种植
- 钨矿、镍矿、铜矿
- 电气机械及器材制造
- 渔业捕捞
- 宝石
- 汽车、摩托车等交通运输设备及零部件制造
- 造纸及纸制品业
- 化学原料及化学制品
- 木材加工、竹藤制品

越南
- 茶叶种植
- 铝土矿、煤炭、铁矿、铬矿
- 发电机、空调器、冰箱等电气机械及器材制造
- 贸易、分销
- 电力的生产和供应，铁路通讯网络和信号改造
- 水产养殖
- 汽车、摩托车等交通运输设备及零部件制造
- 建筑
- 水泥等建筑材料的制造
- 旅游
- 农业和农副产品加工机械制造
- 造纸及纸制品

饲料加工
食品加工

柬埔寨

森林开发
纺织服装、鞋帽制造
建筑
谷物种植
拖拉机、柴油机的制造
旅游
烟草制品业
摩托车、自行车等交通运输设备及零部件制造

菲律宾

渔业捕捞
铜矿、镍矿
制冷设备与空调等电力机械制造
建筑
电力的生产和供应
水稻种植
电视机等电子设备制造
交通运输
电动工具制造
汽车、摩托车等交通运输设备及零部件制造
农业机械制造

马来西亚

森林开发
金矿、煤矿
农业机械、园林设备制造
分销
造纸及纸制品制造
建筑
钢铁压延加工
旅游
电气机械及器材制造
基础设施
橡胶制品制造
棕油生产
化学原料及化学制品
金属冶炼

印度尼西亚

渔业捕捞
石油、天然气
电气机械及器材制造
交通运输
电力的生产和供应
森林开发
电视机、显示器等电子设备制造
建筑
摩托车等交通运输设备及零部件制造
旅游
化学原料及化学制品制造
竹制品

文莱

水稻种植
石油、天然气
渔业捕捞

印度

农作物种植
煤炭、铁矿
各类仪器仪表及文化办公设备制造
贸易
电力的生产和供应
高低压开关设备、发电机等电力机械制造
软件开发
制冷设备与空调等机械制造
建筑
电视机等电子设备制造
交通运输
塑料制品制造
旅游
医药制造
基础设施

巴基斯坦

渔业捕捞
煤炭、铜矿
制冷设备与空调等机械制造
分销
电力的生产和供应
汽车、摩托车等交通运输设备及其零部件的制造
建筑
医药制造
农业机械
电子通讯设备制造
纺织服装、鞋帽制造

孟加拉国

黄麻种植
煤炭、天然气
纺织服装、鞋帽制造

电气机械及器材制造
农业机械
摩托车、自行车等交通运输设备及零部件制造

阿富汗

铜矿

东帝汶

渔业捕捞
石油、天然气

朝鲜

纺织服装制造
食品制造

蒙古

煤炭、铅锌矿、铜矿、金矿、铁矿
纺织服装制造
地质勘查
皮革及其制品
建筑
建筑材料

日本

电气机械及器材制造
贸易、分销
印刷机械制造
研发
仪器仪表及文化、办公用机械制造
软件开发
交通运输

韩国

汽车等交通运输设备的制造
贸易、分销
化工原料制造
研发、建筑
通信设备、计算机及其他电子设备制造
交通运输

伊朗

石油、天然气
电气机械及器材制造
建筑
铜矿等有色金属
汽车、摩托车等交通运输设备及零部件制造
电信服务
仪器仪表及办公用机械制造
塑料制品制造

阿联酋

石油、天然气
石油化工及化工机械制造
贸易、分销
制冷设备与空调等机械制造
仓储
电动工具制造
交通运输
纺织服装制造
建筑

沙特阿拉伯

石油、天然气
制冷设备与空调等机械制造
电动机、发电机、电动工具制造
化学原料及化学制品制造
塑料制品制造

土耳其

注塑机械制造
贸易
皮革、毛皮加工
建筑
纺织服装制造
电视机等电子设备制造

埃及

棉花种植
石油、天然气
冰箱、空调等电气机械及器材制造
贸易、分销
汽车、摩托车等交通运输设备及其零部件制造
建筑
纺织业
旅游
塑料制品制造
医药制造
金属制品制造
化学原料及化学制品制造

苏丹

石油、天然气
拖拉机、柴油机、农业机械制造
地质勘查
石油炼制
建筑
医药制造

阿尔及利亚

石油、天然气
制冷设备与空调等电气机械制造

建筑
食品制造
医药制造

毛里塔尼亚

渔业捕捞
农副产品加工
皮革、毛皮、羽毛（绒）及其制品

马里

金矿
农副食品加工
电信服务
纺织服装
化学原料及化学制品制造
建筑材料

尼日利亚

水果、坚果种植
石油、天然气
冰箱、空调等电气机械及器材制造
贸易、分销
拖拉机、柴油机制造
建筑
摩托车、自行车等交通设备及零部件制造
钢铁冶炼
塑料制品制造
各类金属制品制造
医药制造

肯尼亚

交通运输设备及其零部件制造
贸易、分销
农业机械制造
建筑
医药制造

坦桑尼亚

剑麻种植
拖拉机、柴油机、农业机械制造
日用搪瓷、陶瓷制品
塑料制品
医药制造

赞比亚

农作物种植
铜矿、金矿
农副产品加工机械制造
摩托车、自行车及三轮车等交通运输设备及其零部件制造
医药制造
日用搪瓷、陶瓷制品

莫桑比克

水产养殖
摩托车、自行车等交通运输设备及零部件制造
医药制造
日用搪瓷、陶瓷制品

纳米比亚

渔业捕捞
铅锌矿
农副食品加工
纺织服装制造
仪器仪表制造
塑料制品制造

马达加斯加

水产养殖
纺织服装制造
渔业捕捞
农副产品加工
医药制造

南非

铬矿、铁矿
冰箱、空调等电气机械及器材制造
贸易、分销
各类仪器仪表制造
交通运输
激光影碟机、收音机等电子设备制造
旅游
金属制品制造
金融
塑料制品制造
纺织服装制造
食品制造
建筑材料

瑞典

计算机等电子设备制造
研发
建筑材料
旅游
精密仪器制造

法国

工艺品制造
贸易、分销
计算机制造

研发
空调、微波炉、吸尘器等家用电器制造

英国
生物制药
贸易、分销
计算机制造
仓储
交通运输
研发
金融
法律咨询

爱尔兰
生物制药
软件开发
金属制品制造
基础设施

德国
电气机械及器材制造
贸易、分销
医药制造
交通运输
化学原料及化学制品制造
金融
电子设备制造
研发

荷兰
各类仪器仪表及文化办公用品制造
贸易、分销
计算机制造
交通运输
仓储

波兰
铜矿
电气机械及器材制造
计算机服务
计算机、电视机等电子设备制造
基础设施
纺织服装制造
医疗用品和器械制造

捷克
森林开发
纺织服装制造
计算机服务
船舶、摩托车等交通运输设备及零部件制造
工艺品制造
注模和浇铸设备制造
电力设备制造

匈牙利
家用电器等电子设备制造
贸易、分销
电动工具制造
旅游
金属制品制造
箱包制造

罗马尼亚
家用电器等电子设备制造
贸易、分销
纺织服装制造
电信服务
自行车及零部件制造
基础设施
木材加工
塑料制品制造
计算机制造

俄罗斯
森林开发
石油、天然气
印刷等电气机械及器材制造
贸易、分销
果蔬种植
煤矿、铁矿、铜矿、铝土矿、镍矿、铅锌矿等矿产资源
计算机、电视机等电子设备及通讯设备制造
电信服务
木材加工和家具制造
交通运输
纺织服装制造
餐饮、建筑
造纸及纸制品制造
旅游、教育
烟草制品
医疗、金融
金属制品制造
计算机服务
塑料制品制造
船舶等交通运输工具制造

吉尔吉斯斯坦

金矿、煤炭
造纸及纸制品制造
电信服务
农副食品加工
计算机服务
饮料制造
塑料制品

哈萨克斯坦

石油、天然气
电气机械及器材制造
贸易、分销
铜矿、铝土矿、铁矿
汽车、摩托车、自行车等交通运输设备及零部件制造
交通运输
塑料制品制造
电信服务
烟草制品制造
建筑
食品制造

乌兹别克斯坦

石油、天然气
电气机械及器材制造
基础设施
纺织业
化学原料及化学制品制造

阿塞拜疆

石油、天然气
纺织业

澳大利亚

果蔬种植
铁矿、天然气
乳制品等农副产品加工
贸易、分销
水产养殖
煤矿、铝土矿等
饲料加工
交通运输
牲畜饲养
油页岩
医药制造
研发
炼铝
金融
电信服务
旅游

新西兰

森林开发
木材加工
研发
牲畜饲养
乳制品等农副产品加工
旅游
皮革、毛皮制品制造

巴布亚新几内亚

森林开发
石油、天然气
食盐加工
渔业捕捞
铜矿
木材加工

斐济

渔业捕捞
纺织服装、鞋帽制造
仓储、旅游
电信服务

瓦努阿图

渔业捕捞
木材加工
旅游
农副食品加工

加拿大

森林开发
石油、天然气
纺织业
贸易、分销
造纸和纸制品业
工艺品制造
乳制品等农副产品加工
化学原料及化学制品制造

美国

汽车零部件等交通运输设备制造
贸易、分销
家用电器制造
仓储、研发
纺织服装制造
软件开发

园艺设备
电信服务
电动工具
交通运输
金融

墨西哥

农作物种植
纺织服装制造
石油技术服务
电子设备制造

古巴

水稻种植
石油
食品制造
电信服务
镍矿
电子设备制造
旅游
纺织服装、鞋帽制造

特立尼达和

石油、天然气
化学原料及化学制品制造
交通运输
电力的生产和供应

多巴哥

电子设备制造
电信服务
食品制造

巴西

森林开发
石油
冰箱、空调等电气机械及器材制造
贸易、分销
电力的生产和供应
铁矿、铝土矿
电视机、激光影碟机、收音机等电子设备制造
交通运输
铜矿
金属制品制造
建筑
塑料制品制造

委内瑞拉

农作物种植
石油、天然气
冰箱、空调等电气机械及器材制造
基础设施
电视机、激光影碟机、收音机等电子设备制造
食品制造
纺织服装制造
农业机械制造

阿根廷

牲畜饲养
园林设备制造
谷物种植
电动工具等电气机械及器材制造
摩托车等交通设备及零部件制造
农副食品加工业
农业机械制造

智利

渔业捕捞
铜矿
农副产品加工机械
贸易、分销
电动工具等电气机械及器材制造
玩具制造
食品制造业

牙买加

铝土矿
电信服务
旅游业

苏里南

森林开发
石油、铝土矿

商务部
2004年8月3日

第七部分 非公经济与风险投资

非公经济发展指引

国务院关于鼓励支持和引导个体私营等非公有制经济发展的若干意见

各省、自治区、直辖市人民政府，国务院各部委、各直属机构：

公有制为主体、多种所有制经济共同发展是我国社会主义初级阶段的基本经济制度。毫不动摇地巩固和发展公有制经济，毫不动摇地鼓励、支持和引导非公有制经济发展，使两者在社会主义现代化进程中相互促进，共同发展，是必须长期坚持的基本方针，是完善社会主义市场经济体制、建设中国特色社会主义的必然要求。改革开放以来，我国个体、私营等非公有制经济不断发展壮大，已经成为社会主义市场经济的重要组成部分和促进社会生产力发展的重要力量。积极发展个体、私营等非公有制经济，有利于繁荣城乡经济、增加财政收入，有利于扩大社会就业、改善人民生活，有利于优化经济结构、促进经济发展，对全面建设小康社会和加快社会主义现代化进程具有重大的战略意义。

鼓励、支持和引导非公有制经济发展，要以邓小平理论和“三个代表”重要思想为指导，全面落实科学发展观，认真贯彻中央确定的方针政策，进一步解放思想，深化改革，消除影响非公有制经济发展的体制性障碍，确立平等的市场主体地位，实现公平竞争；进一步完善国家法律法规和政策，依法保护非公有制企业和职工的合法权益；进一步加强和改进政府监督管理和服务，为非公有制经济发展创造良好环境；进一步引导非公有制企业依法经营、诚实守信、健全管理，不断提高自身素质，促进非公有制经济持续健康发展。为此，现提出以下意见：

一、放宽非公有制经济市场准入

（一）贯彻平等准入、公平待遇原则。允许非公有资本进入法律法规未禁入的行业和领域。允许外资进入的行业和领域，也允许国内非公有资本进入，并放宽股权比例限制等方面的条件。在投资核准、融资服务、财税政策、土地使用、对外贸易和经济技术合作等方面，对非公有制企业与其他所有制企业一视同仁，实行同等待遇。对需要审批、核准和备案的事项，政府部门必须公开相应的制度、条件和程序。国家有关部门与地方人民政府要尽快完成清理和修订限制非公有制经济市场准入的法规、规章和政策性规定工作。外商投资企业依照有关法律法规的规定执行。

（二）允许非公有资本进入垄断行业和领域。加快垄断行业改革，在电力、电信、铁路、民航、石油等行业和领域，进一步引入市场竞争机制。对其中的自然垄断业务，积极推进投资主体多元化，非公有资本可以参股等方式进入；对其他业务，非公有资本可以独资、合资、合作、项目融资等方式进入。在国家统一规划的前提下，除国家法律法规等另有规定的外，允许具备资质的非公有制企业依法平等取得矿产资源的探矿权、采矿权，鼓励非公有资本进行商业性矿产资源的勘查开发。

（三）允许非公有资本进入公用事业和基础设施领域。加快完善政府特许经营制度，规范招投标行为，支持非公有资本积极参与城镇供水、供气、供热、公共交通、污水垃圾处理等市政公用事业和基础设施的投资、建设与运营。在规范转让行为的前提下，具备条件的公用事业和基础设施项目，可向非公有制企业转让产权或经营权。鼓励非公有制企业参与市政公用企业、事业单位的产权制度和经营方式改革。

（四）允许非公有资本进入社会事业领域。支持、引导和规范非公有资本投资教育、科研、卫生、文化、体育等社会事业的非营利性和营利性领域。在放开市场准入的同时，加强政府和社会监管，维护公众利益。支持非公有制经济参与公有制社会事业单位的改组改制。通过税收等相关政策，鼓励非公有制经济捐资捐赠社会事业。

（五）允许非公有资本进入金融服务业。在加强立法、规范准入、严格监管、有效防范金融风险的前提下，允许非公有资本进入区域性股份制银行和合作性金融机构。符合条件的非公有制企业可以发起设立金融中介服务机构。允许符合条件的非公有制企业参与银行、证券、保险等金融机构的改组改制。

（六）允许非公有资本进入国防科技工业建设领域。坚持军民结合、寓军于民的方针，发挥市场机制的作用，允许非公有制企业按有关规定参与军工科研生产任务的竞争以及军工企业的改组改制。鼓励非公有制企业参与军民两用高技术开发及其产业化。

（七）鼓励非公有制经济参与国有经济结构调整和国有企业重组。大力发展国有资本、集体资本和非公有资本等参股的混合所有制经济。鼓励非公有制企业通过并购和控股、参股等多种形式，参与国有企业和集体企业的改组改制改造。非公有制企业并购国有企业，参与其分离办社会职能和辅业改制，在资产处置、债务处理、职工安置和社会保障等方面，参照执行国有企业改革的相应政策。鼓励非公有制企业并购集体企业，有关部门要抓紧研究制定相应政策。

（八）鼓励、支持非公有制经济参与西部大开发、东北地区等老工业基地振兴和中部地区崛起。西部地区、东北地区等老工业基地和中部地区要采取切实有效的政策措施，大力发展非公有制经济，积极吸引非公有制企业投资建设和参与国有企业重组。东部沿海地区也要继续鼓励、支持非公有制经济发展壮大。

二、加大对非公有制经济的财税金融支持

（九）加大财税支持力度。逐步扩大国家有关促进中小企业发展专项资金规模，省级人民政府及有条件的市、县应在本级财政预算中设立相应的专项资金。加快设立国家中小企业发展基金。研究完善有关税收扶持政策。

（十）加大信贷支持力度。有效发挥贷款利率浮动政策的作用，引导和鼓励各金融机构从非公有制经济特点出发，开展金融产品创新，完善金融服务，切实发挥银行内设中小企业信贷部门的作用，改进信贷考核和奖惩管理方式，提高对非公有制企业的贷款比重。城市商业银行和城市信用社要积极吸引非公有资本入股；农村信用社要积极吸引农民、个体工商户和中小企业入股，增强资本实力。政策性银行要研究改进服务方式，扩大为非公有制企业服务的范围，提供有效的金融产品和服务。鼓励政策性银行依托地方商业银行等中小金融机构和担保机构，开展以非公有制中小企业为主要服务对象的转贷款、担保贷款等业务。

（十一）拓宽直接融资渠道。非公有制企业在资本市场发行上市与国有企业一视同仁。在加快完善中小企业板块和推进制度创新的基础上，分步推进创业板市场，健全证券公司代办股份转让系统的功能，为非公有制企业利用资本市场创造条件。鼓励符合条件的非公有制企业到境外上市。规范和发展产权交易市场，推动各类资本的流动和重组。鼓励非公有制经济以股权融资、项目融资等方式筹集资金。建立健全创业投资机制，支持中小投资公司的发展。允许符合条件的非公有制企业依照国家有关规定发行企业债券。

（十二）鼓励金融服务创新。改进对非公有制企业的资信评估制度，对符合条件的企业发放信用贷款。对符合有关规定的企业，经批准可开展工业产权和非专利技术等无形资产的质押贷款试点。鼓励金融机构开办融资租赁、公司理财和账户托管等业务。改进保险机构服务方式和手段，开展面向非公有制企业的产品和服务创新。支持非公有制企业依照有关规定吸引国际金融组织投资。

（十三）建立健全信用担保体系。支持非公有制经济设立商业性或互助性信用担保机构。鼓励有条件的地区建立中小企业信用担保基金和区域性信用再担保机构。建立和完善信用担保的行业准入、风险控制和补偿机制，加强对信用担保机构的监管。建立健全担保业自律性组织。

三、完善对非公有制经济的社会服务

（十四）大力发展社会中介服务。各级政府要加大对中介服务机构的支持力度，坚持社会化、专业化、市场化原则，不断完善社会服务体系。支持发展创业辅导、筹资融资、市场开拓、技术支持、认证认可、信息服务、管理咨询、人才培训等各类社会中介服务机构。按照市场化原则，规范和发展各类行业协会、商会等自律性组织。整顿中介服务市场秩序，规范中介服务行为，为非公有制经济营造良好的服务环境。

（十五）积极开展创业服务。进一步落实国家就业和再就业政策，加大对自主创业的政策扶持，鼓励下岗失业人员、退役士兵、大学毕业生和归国留学生等各类人

员创办小企业，开发新岗位，以创业促就业。各级政府要支持建立创业服务机构，鼓励为初创小企业提供各类创业服务和政策支持。对初创小企业，可按照行业特点降低公司注册资本限额，允许注册资金分期到位，减免登记注册费用。

（十六）支持开展企业经营者和员工培训。根据非公有制经济的不同需求，开展多种形式的培训。整合社会资源，创新培训方式，形成政府引导、社会支持和企业自主相结合的培训机制。依托大专院校、各类培训机构和企业，重点开展法律法规、产业政策、经营管理、职业技能和技术应用等方面的培训，各级政府应给予适当补贴和资助。企业应定期对职工进行专业技能培训和安全知识培训。

（十七）加强科技创新服务。要加大对非公有制企业科技创新活动的支持，加快建立适合非公有制中小企业特点的信息和共性技术服务平台，推进非公有制企业的信息化建设。大力培育技术市场，促进科技成果转化和技术转让。科技中介服务机构要积极为非公有制企业提供科技咨询、技术推广等专业化服务。引导和支持科研院所、高等院校与非公有制企业开展多种形式的产学研联合。鼓励国有科研机构向非公有制企业开放试验室，充分利用现有科技资源。支持非公有资本创办科技型中小企业和科研开发机构。鼓励有专长的离退休人员为非公有制企业提供技术服务。切实保护单位和个人知识产权。

（十八）支持企业开拓国内外市场。改进政府采购办法，在政府采购中非公有制企业与其他企业享受同等待遇。推动信息网络建设，积极为非公有制企业提供国内外市场信息。鼓励和支持非公有制企业扩大出口和"走出去"，到境外投资兴业，在对外投资、进出口信贷、出口信用保险等方面与其他企业享受同等待遇。鼓励非公有制企业在境外申报知识产权。发挥行业协会、商会等中介组织作用，利用好国家中小企业国际市场开拓资金，支持非公有制企业开拓国际市场。

（十九）推进企业信用制度建设。加快建立适合非公有制中小企业特点的信用征集体系、评级发布制度以及失信惩戒机制，推进建立企业信用档案试点工作，建立和完善非公有制企业信用档案数据库。对资信等级较高的企业，有关登记审核机构应简化年检、备案等手续。要强化企业信用意识，健全企业信用制度，建立企业信用自律机制。

四、维护非公有制企业和职工的合法权益

（二十）完善私有财产保护制度。要严格执行保护合法私有财产的法律法规和行政规章，任何单位和个人不得侵犯非公有制企业的合法财产，不得非法改变非公有制企业财产的权属关系。按照宪法修正案规定，加快清理、修订和完善与保护合法私有财产有关的法律法规和行政规章。

（二十一）维护企业合法权益。非公有制企业依法进行的生产经营活动，任何单位和个人不得干预。依法保护企业主的名誉、人身和财产等各项合法权益。非公有制企业合法权益受到侵害时提出的行政复议等，政府部门必须及时受理，公平对待，限时答复。

（二十二）保障职工合法权益。非公有制企业要尊重和维护职工的各项合法权益，要依照《中华人民共和国劳动法》等法律法规，在平等协商的基础上与职工签订规范的劳动合同，并健全集体合同制度，保证双方权利与义务对等；必须依法按时足额支付职工工资，工资标准不得低于或变相低于当地政府规定的最低工资标准，逐步建立职工工资正常增长机制；必须尊重和保障职工依照国家规定享有的休息休假权利，不得强制或变相强制职工超时工作，加班或延长工时必须依法支付加班工资或给予补休；必须加强劳动保护和职业病防治，按照《中华人民共和国安全生产法》等法律法规要求，切实做好安全生产与作业场所职业危害防治工作，改善劳动条件，加强劳动保护。要保障女职工合法权益和特殊利益，禁止使用童工。

（二十三）推进社会保障制度建设。非公有制企业及其职工要按照国家有关规定，参加养老、失业、医疗、工伤、生育等社会保险，缴纳社会保险费。按照国家规定建立住房公积金制度。有关部门要根据非公有制企业量大面广、用工灵活、员工流动性大等特点，积极探索建立健全职工社会保障制度。

（二十四）建立健全企业工会组织。非公有制企业要保障职工依法参加和组建工会的权利。企业工会组织实行民主管理，依法代表和维护职工合法权益。企业必须为工会正常开展工作创造必要条件，依法拨付工会经费，不得干预工会事务。

五、引导非公有制企业提高自身素质

（二十五）贯彻执行国家法律法规和政策规定。非公有制企业要贯彻执行国家法律法规，依法经营，照章纳税。服从国家的宏观调控，严格执行有关技术法规，自觉遵守环境保护和安全生产等有关规定，主动调整和优化产业、产品结构，加快技术进步，提高产品质量，降低资源消耗，减少环境污染。国家支持非公有制经济投资高新技术产业、现代服务业和现代农业，鼓励发展就

业容量大的加工贸易、社区服务、农产品加工等劳动密集型产业。

（二十六）规范企业经营管理行为。非公有制企业从事生产经营活动，必须依法获得安全生产、环保、卫生、质量、土地使用、资源开采等方面的相应资格和许可。企业要强化生产、营销、质量等管理，完善各项规章制度。建立安全、环保、卫生、劳动保护等责任制度，并保证必要的投入。建立健全会计核算制度，如实编制财务报表。企业必须依法报送统计信息。加快研究改进和完善个体工商户、小企业的会计、税收、统计等管理制度。

（二十七）完善企业组织制度。企业要按照法律法规的规定，建立规范的个人独资企业、合伙企业和公司制企业。公司制企业要按照《中华人民共和国公司法》要求，完善法人治理结构。探索建立有利于个体工商户、小企业发展的组织制度。

（二十八）提高企业经营管理者素质。非公有制企业出资人和经营管理人员要自觉学习国家法律法规和方针政策，学习现代科学技术和经营管理知识，增强法制观念、诚信意识和社会公德，努力提高自身素质。引导非公有制企业积极开展扶贫开发、社会救济和“光彩事业”等社会公益性活动，增强社会责任感。各级政府要重视非公有制经济的人才队伍建设，在人事管理、教育培训、职称评定和政府奖励等方面，与公有制企业实行同等政策。建立职业经理人测评与推荐制度，加快企业经营管理人才职业化、市场化进程。

（二十九）鼓励有条件的企业做强做大。国家支持有条件的非公有制企业通过兼并、收购、联合等方式，进一步壮大实力，发展成为主业突出、市场竞争力强的大公司大集团，有条件的可向跨国公司发展。鼓励非公有制企业实施品牌发展战略，争创名牌产品。支持发展非公有制高新技术企业，鼓励其加大科技创新和新产品开发力度，努力提高自主创新能力，形成自主知识产权。国家关于企业技术改造、科技进步、对外贸易以及其他方面的扶持政策，对非公有制企业同样适用。

（三十）推进专业化协作和产业集群发展。引导和支持企业从事专业化生产和特色经营，向“专、精、特、新”方向发展。鼓励中小企业与大企业开展多种形式的经济技术合作，建立稳定的供应、生产、销售、技术开发等协作关系。通过提高专业化协作水平，培育骨干企业和知名品牌，发展专业化市场，创新市场组织形式，推进公共资源共享，促进以中小企业集聚为特征的产业集群健康发展。

六、改进政府对非公有制企业的监管

（三十一）改进监管方式。各级人民政府要根据非公有制企业生产经营特点，完善相关制度，依法履行监督和管理职能。各有关监管部门要改进监管办法，公开监管制度，规范监管行为，提高监管水平。加强监管队伍建设，提高监管人员素质。及时向社会公布有关监管信息，发挥社会监督作用。

（三十二）加强劳动监察和劳动关系协调。各级劳动保障等部门要高度重视非公有制企业劳动关系问题，加强对非公有制企业执行劳动合同、工资报酬、劳动保护和社会保险等法规、政策的监督检查。建立和完善非公有制企业劳动关系协调机制，健全劳动争议处理制度，及时化解劳动争议，促进劳动关系和谐，维护社会稳定。

（三十三）规范国家行政机关和事业单位收费行为。进一步清理现有行政机关和事业单位收费，除国家法律法规和国务院财政、价格主管部门规定的收费项目外，任何部门和单位无权向非公有制企业强制收取任何费用，无权以任何理由强行要求企业提供各种赞助费或接受有偿服务。要严格执行收费公示制度和收支两条线的管理规定，企业有权拒绝和举报无证收费和不合法收费行为。各级人民政府要加强对各类收费的监督检查，严肃查处乱收费、乱罚款及各种摊派行为。

七、加强对发展非公有制经济的指导和政策协调

（三十四）加强对非公有制经济发展的指导。各级人民政府要根据非公有制经济发展的需要，强化服务意识，改进服务方式，创新服务手段。要将非公有制经济发展纳入国民经济和社会发展规划，加强对非公有制经济发展动态的监测和分析，及时向社会公布有关产业政策、发展规划、投资重点和市场需求等方面的信息。建立促进非公有制经济发展的工作协调机制和部门联席会议制度，加强部门之间配合，形成促进非公有制经济健康发展的合力。要充分发挥各级工商联在政府管理非公有制企业方面的助手作用。统计部门要改进和完善现行统计制度，及时准确反映非公有制经济发展状况。

（三十五）营造良好的舆论氛围。大力宣传党和国家鼓励、支持和引导非公有制经济发展的方针政策与法律法规，宣传非公有制经济在社会主义现代化建设中的重要地位和作用，宣传和表彰非公有制经济中涌现出的先

进典型，形成有利于非公有制经济发展的良好社会舆论环境。

（三十六）认真做好贯彻落实工作。各地区、各部门要加强调查研究，抓紧制订和完善促进非公有制经济发展的具体措施及配套办法，认真解决非公有制经济发展中遇到的新问题，确保党和国家的方针政策落到实处，促进非公有制经济健康发展。

中华人民共和国国务院

2005 年 2 月 29 日

积极吸引非公有资本投资交通基础设施建设

社会资金进入公路建设行业比较早，有较好的基础。为促进公路交通事业的发展，交通部门采取有效措施，通过合资、合作、转让经营权等方式，积极吸引社会资金进入公路建设领域，其中相当一部分属非公有资本。非公有资本投资公路建设比较活跃，已经成为公路建设重要的资金来源，为我国公路建设注入了活力。

党的十六届三中全会提出“要放宽市场准入，允许非公有资本进入法律法规未禁止的基础设施公用事业及其他行业和领域”。为使这一要求在交通行业贯彻落实，2004 年全国交通工作会议对吸引非公有资本进入交通基础设施领域进行了总体部署。《国务院关于鼓励支持和引导个体私营等非公有制经济发展的若干意见》（国发[2005]3 号）（以下简称《若干意见》）的发布，为交通行业引入非公有资本提供了新的契机。2006 年全国交通工作会议提出进一步健全已经形成的多元化投融资机制，不断推进高速公路发展；切实研究解决高速公路管理、特许经营、滚动发展等问题；进一步拓宽筹资渠道，鼓励和引导社会资本进入基础设施建设领域。为掌握民营等非公资金进入公路建设的实际情况，全面总结经验和存在的问题，为制定有关引导政策提供支撑，交通部组织开展了非公有资本进入公路建设领域情况的调研工作，正在着手制订相关政策法规。

目前，以浙江、上海为代表的东部多数省份和部分中西部的省份共计 15 个积极开展了引进非公有资本投资公路建设的工作。如：河南省已建成民营企业投资项目 6 个，总投资 121.3 亿元，目前在建的 50 个项目中，民营企业投资的有 17 个，总投资 275.72 亿元，占在建项目总投资的 27%。杭州湾跨海大桥是世界上最长的特大型桥梁，该项目是以民营资本为主投资建设的一项国家级重大交通基础设施，民营资本约占项目资本金的 50%，投资模式在国家重点工程建设中有新的重大突破，对鼓励和引导非公有制资金参与国家基础设施建设起到了有益的示范作用。为保证投资人的合法权益，四川、广东、河南等多地交通部门还开展了投资人招标工作，以公开招标的竞争手段公平和规范的引入社会资金，形成公平、公正、合理竞争的选择机制；签订特许经营合同，建立政府与投资人权责分明的合同关系，营造有利于经营性公路建设项目投资主体公平、有序竞争的市场环境，达到以法律和经济手段规范投资行为的目的。

（交通部提供）

鼓励扶持非公有资本投资铁路建设

第一，完善非公有资本投资铁路建设的政策

铁路部门从以下七个方面提出了有关支持政策，为确保非公有制经济参与铁路建设经营创造了良好环境。

一是研究探索合资铁路经营机制和经营政策，积极扩大合资建路规模。充分利用铁路客运专线、煤运通道、集装箱站场等重点建设项目投资风险低、经营前景好、收益比较稳定的优势，积极吸引各类非公有资本投资参与建设经营，扩大合资建路规模。研究借鉴特许经营、委托经营以及 BT（建设—移交）、BOT（建设—经营—移交）、PPP（公共部门与私人企业合作）等多种公共基础设施投资建设经营模式，探索适合我国铁路特点的合资铁路经营机制，并在有关投资补偿、融资渠道、财税政策、运价机制等方面，积极争取国家政策支持，鼓励和引导非公有资本投入铁路基础设施建设，保障投资者的合法权益。

二是建立市场化融资机制，为非公有资本进入铁路构建有效的融资平台。充分发挥中国铁路建设投资公司的投资杠杆作用，吸引个体、民营等非公有资本对铁路建设项目参股；积极争取国家对西部铁路等公益性铁路建设项目给予低息或贴息贷款政策，降低融资成本；有条件的合资铁路建设项目，也可以探索发行企业债券、可转换债券、设备融资租赁等多样化融资方式。

三是鼓励非公有制经济参与国有铁路企业重组改制，大力发展混合所有制经济。对于有一定规模、盈利能力较强的既有国有铁路运输企业优良资产进行重组，吸引各类非公有制企业投资参股，组建混合所有制的股份公司；鼓励非公有制企业通过并购和控股、参股等多种形式，参与铁路辅业改制。

四是贯彻平等准入、公平待遇原则，为非公有制经济参与铁路运输经营创造平等的政策环境。在维护路网完整、保持运输集中统一指挥、提高运输效率的前提下，对各类所有制形式的运输企业实行无歧视的运输政策，在运输资源配置、付费标准、财务结算、公益性运输负担以及运输安全监管等方面建立健全监督管理制度，做到公开、公平、公正。

五是全面开放铁路建设市场，引入市场化的建设管理机制。鼓励具备相应资质条件的非公有制企业积极参与铁路建设工程招投标。所有铁路建设项目，都要积极引入市场机制，推进项目法人责任制、资本金制、招标投标制、工程监理制和合同管理制，并引进国内外先进、科学的项目管理模式，严格控制投资概算，规范项目管理行为，确保工程质量和建设工期。

六是改进政府投资调控方式，促进非公有制经济持续健康发展。认真贯彻落实《国务院关于投资体制改革的决定》，改革铁路投资项目审批制度，规范政府投资行为，依法保障投资者的合法权益；政府通过对项目注入资本金等多种方式，鼓励、支持和引导非公有资本投资铁路；建立铁路建设投资信息平台，定期开展项目推介、招商洽谈会等，通过为投资者提供全方位咨询和中介服务，实现资金与项目的对接、政府与投资者之间的沟通；完善铁道部相关行政许可工作机制和管理制度，规范铁路市场准入许可，做到依法行政。

七是建立健全相关法律法规体系。结合铁路投融资体制改革进程，不断细化完善相关政策，研究制定《铁路旅客运输管理条例》、《铁路货物运输管理条例》和《铁路建设管理条例》，尽快明确非公有资本进入铁路行业的准入条件和办理程序，通过行政立法，把国家关于支持铁路发展、放宽市场准入、促进铁路投资主体多元化以及鼓励、支持和引导非公有制经济发展的方针政策制度化、法制化，使之成为各方面必须遵循的行为准则，为实现铁路跨越式发展提供有力的法制保障。

第二，放宽非公有制经济参与铁路建设的投资领域

按照平等准入、公平待遇原则，凡是允许外资进入的铁路建设、运输经营及运输装备制造领域，也允许国内非公有资本进入，并适当放宽条件。具体包括铁路建设、客货运输、装备制造和多元经营四个领域：

一是允许非公有资本以投资参股、项目融资以及合作、联营等方式，参与铁路干线、铁路支线、地方铁路及其桥梁、隧道、轮渡设施的建设和既有线改造。

二是允许非公有资本以合资、合作、联营及投资参股等方式，参与铁路客货运输经营。在参与程度上规定，合资组建铁路客运公司，需由国有资本控股；如条件具备，允许设立非公有资本控股或独资的铁路货运企业。

三是在铁路机车车辆及主要部件设计与制造，铁路线路、桥梁设备设计与制造，高速铁路有关技术与设备制造，通信信号和运输安全监测设备制造，电气化铁路设备和器材制造领域，允许采取合资、独资、合作、联营等多种形式，没有股权比例限制。

四是在铁路多元经营领域，鼓励和支持个体私营等非公有资本进入，没有股权比例限制。

另外，还明确全面开放铁路建设市场，鼓励具备相应资质的非公有制企业参与铁路建设工程招投标。

第三，广泛吸引社会资金参与铁路建设

按照“政府主导、多元化融资、市场化运作”的改革思路，铁道部门加快推进铁路投融资体制改革，广泛吸引社会资金参与铁路建设。

一是加强路地合作。铁道部先后与31个省（市、区）政府签订了战略合作协议，地方政府以直接出资或以征地拆迁补偿费用入股等形式参与铁路建设，并提供各项优惠政策。

二是广泛开展招商引资。铁道部举办了投融资改革高层论坛，召开了铁路建设项目推介会，部分客运专线和煤运通道项目成功引进了多元投资主体，引导战略投资者参与铁路建设。石太客运专线、迁曹铁路等一批建设项目成功融资，集装箱中心站项目境内外战略投资者初步达成投资意向。目前，协议吸引社会投资机构、路外国有、民营企业等各类权益性资金达400多亿元。

三是规范运作。组建了中国铁路建设投资公司，行使铁道部出资人代表职能。组建了集装箱、行包、特货三个专业运输公司，为专业运输发展创造了条件。加快推进股份制改革，大秦股份、广深股份、铁龙股份、中铁快运与行包公司合并重组等项目取得重要进展。适应合资建路的需要，近两年共组建了20个客运专线及其他合资铁路公司，实行项目法人负责制，通过建立法人治理结构、规范经营管理、创新管理模式，促进了合资铁路公司健康发展。到2005年底，已运营的既有合资铁路公司26个，总资产达到1138亿元，运营里程达到8777公里。2005年共完成旅客运输1.62亿人次、货运量4亿吨，分别占国家铁路旅客运量的13.4%、货运量的14.3%；完成收入182亿元、上缴税收16.6亿元、实现利润19.8亿元。

（铁道部提供）

鼓励非公有资本投资民航事业

改革开放27年来，我国民航总产值以年均18%的速度持续增长，是同期GDP增速的1.9倍。2005年末，民航系统完成航空运输总周转量261亿吨公里，旅客运输量1.38亿人；拥有各类运输飞机863架，通航机场137个；国内通航135个城市，国际通航33个国家的75个城市。我国民航已成为世界上仅次于美国的第二大航空运输系统，民航在国民经济和综合交通体系中的地位不断提升。这些成绩的取得，主要得益于国民经济持续快速发展，得益于国家和民航实行改革开放，包括对国内外资本的开放。早在1993年，经国务院批准，民航总局就颁布了《关于国内投资经营民用航空企业有关政策的通知》，鼓励国内资本投资民航，实现投资主体和所有制的多元化，其中包括允许民营资本进入通用航空领域等。这期间，出现了省市政府积极兴办航空事业的局面，也有少数私营企业开始投资小型机场，开办了一些私人投资的通用航空公司。

“十五”期间，随着中国加入WTO，特别是2002年实施新一轮民航管理体制改革，政企分开、转变政府职能、航空公司联合重组、机场属地化管理、运价改革等，进一步促发了市场需求，民航进入新一轮快速增长期。2005年2月14日，国务院下发了《关于鼓励支持和引导个体私营等非公有制经济发展的若干意见》，对于处于发展和开放新阶段的民航来讲，为打破垄断，实现对内资特别是非公有制经济进一步开放具有现实指导意义。

《国务院关于鼓励支持和引导个体私营等非公有制经济发展的若干意见》（国发[2005]3号）发布后，民航总局于2005年4月1日制定发布了《国内投资民用航空业规定》（以下简称《规定》）。《规定》，放宽了民航非公有制经济的市场准入，鼓励、支持国有、非国有投资主体包括集体企业、私营企业、其他非国有经济组织和个人投资民用航空业；鼓励、支持各种投资主体以独资或参股形式投资经营航空运输、通用航空、航空维修、航空燃油供应、航空地面服务及其他民航相关项目；鼓励、支持各种投资主体以参股形式投资建设和经营机场。为了保持国有经济主导地位，《规定》明确国航、东航、南航应当国有控股，主要机场应当国有控股。

《规定》发布后，在社会上引起了积极的反响，出现民营资本投资民航的热潮。目前已有5家民营航空公司获得了经营许可，其中奥凯、春秋和鹰联3家已开始运营；有7家民营航空公司获得了筹建许可，还有几家正在申请筹建。此外，还有一些民营企业开办了或正在筹建飞机零部件维修企业、飞行员学校、乘务员学校等。去年，投入运营的3家民营航空公司已有7架飞机，经营16条国内航线，运送旅客近50万人。

对于新成立的民营航空公司，民航总局在航线经营许可、航班安排、时刻管理等方面，不仅与国有航空公司一视同仁，而且在政策上适当倾斜，加以扶持，尽可能为国有、民营企业创造公平竞争的环境，帮助、支持所有民航企业健康发展。同时，注重从专业和行业管理角度，指导、帮助其发展，注意加强安全监管、确保安全运营。

当前，民营资本积极投资民航，说明经过改革开放20多年的发展，民营资本实力不断发展壮大，已具备投资门槛较高的航空业的能力，民营资本也普遍看好中国民航巨大的市场潜力和发展前景。民营资本进入民航，有利于民航企业所有制和投资主体多元化，拓展资本渠道，促进市场竞争，增强行业活力，促进航空运输发展，更好地满足国民经济和社会发展需要。

（民航总局提供）

吸引非公有资本进入电信领域

电信法制环境不断完善，为非公有制经济发展营造了良好环境。近年来，电信法制建设步伐不断加快，国务院颁布了《中华人民共和国电信条例》、《互联网信息服务管理办法》等法规文件。围绕这些法规文件的贯彻实施，信息产业部发布了《电信业务经营许可证管理办法》、《电信服务规范》等30多个部门规章，进一步推动依法行政，做到政策公开、透明，依法保护公有制企业和非公有制企业的合法权益。目前，《电信法》立法工作正在加快推进。

电信业务许可审批流程更加简便，方便了非公有资本进入。为了推动增值电信业务市场的繁荣发展，信息产业部不断完善增值电信业务市场准入机制，2005年10月出台了更加便民的增值电信业务经营许可审批措施，改进了“跨地区增值电信业务经营许可证”申请材料的报送方式，大大简化、减轻了企业申请的工作量，加快了审批周期，提高了审批效率，受到社会广泛欢迎。

电信领域对非公有资本开放力度较大，非公有资本进入基本没有政策障碍。根据《中华人民共和国电信条例》的有关规定，允许非公有资本投资经营或参与经营所有电信业务。截至2005年底，全国共有1.87万家增值电信业务经营者，其中1.76万家是非公有制企业或含有非公有资本，占94%。基础电信领域，已有300多家含非公有资本的企业。6家国有基础电信运营商中，中国电信、中国网通、中国移动和中国联通已在海外上市，上市公司的外资比例占20%左右。中国联通已在国内A股上市，国内公众股东持有上市公司30.7%股份。电信服务领域已初步形成了不同规模、不同业务、不同所有制企业相互竞争、优势互补、共同发展的市场格局。

（信息产业部提供）

鼓励非公有制企业进行商业性矿产资源勘查开发

为加强矿产资源勘查开发的管理，2005年以来国土资源部出台了一系列政策措施，先后制定并下发了《关于规范勘查许可证采矿许可证权限有关问题的通知》（国土资发［2005］200号）、《关于进一步规范矿业权出让管理的通知》（国土资发［2006］12号）、《关于进一步加强煤炭资源勘查开采管理的通知》（国土资发［2006］13号）、《关于印发〈煤炭国家规划矿区矿业权设置方案编制要求〉的通知》（国土资厅发［2006］26号）等，这些文件制定过程中始终坚持平等对待不同所有制开发主体的原则。在具体的管理中，符合资质条件的前提下，不同所有制主体取得矿业权的资格是平等的；不论所有制形式，从事风险勘探的主体，按照被授予的探矿权，对勘查作业区内发现的具有开采经济价值的矿产资源，保障其享有法定的采矿权；不同所有制的矿山企业可以依法转让其采矿权；要求各级政府部门不得对外商、私营等非公有制矿山企业强行提出不合理的经济要求，不得乱检查、乱摊派，不得在法律法规之外增加收费项目。

非公有制企业取得矿产资源探矿权、采矿权后即成为探矿权人和采矿权人，享有《矿产资源区块登记管理办法》和《矿产资源开采登记管理办法》规定的权利和义务，并受法律保护。

近年来，非公有制企业进入非油气矿产的商业性勘查开发得到了长足的发展。国土资源部等有关单位曾对6个省及有关地质勘查单位进行调研，投入商业性地质勘查开发的非公有资本的投入已占到80%左右。2006年1月，国务院关于加强地质工作的决定，进一步明确了相关的政策，即“鼓励各类社会资本参与矿产资源勘查，培养壮大商业性勘查市场主体，确立企业在商业性矿产资源勘查中的主体地位”。“鼓励国有地质勘查单位与社会资本合资、合作组建商业性公司或地质技术服务公司。鼓励发展多种所有制的商业性矿产资源勘查公司和机制灵活的找矿企业”。

（国土资源部提供）

扶持民营资本投资科技产业

为确保《国家中长期科学和技术发展规划纲要》得到落实，营造激励企业自主创新的环境，推动企业成为技术创新的主体，2006 年 2 月，国务院发布了规划纲要的《配套政策》。《配套政策》从财税、金融、政府采购、引进消化吸收再创新等 10 个方面提出了 60 条政策措施，其中一半以上的政策措施是有关支持企业技术创新的内容。这些政策措施适用于包括民营企业在内的各种所有制的企业，特别是《配套政策》中的很多政策措施是为支持中小企业技术创新而提出的，而民营企业多数为中小企业，这些政策措施的制定出台将为民营资本投资科技产业提供重要的政策支持。主要包括：

第一，在财政投入方面，提出加强面向企业技术创新的服务体系建设，加大对科技型中小企业技术创新基金等的投入力度，鼓励中小企业自主创新。

第二，在税收政策方面，提出“允许企业按实际发生的技术开发费用的 150%抵扣当年应纳税所得额”，取消了现有政策中“企业技术开发费用增长幅度在 10%以上”的限制，且使政策受益范围从工业企业扩展到各类企业；提出对为中小企业提供创业孵化服务的科技企业孵化器、大学科技园实行税收优惠，通过税收政策降低孵化器和大学科技园的经营成本和风险，从而支持了中小企业的发展；对投资于中小高科技企业的风险投资机构实行税收优惠，从而引导包括民营资本在内的更多的社会资金进入风险投资领域，投资于中小企业的创新创业。

第三，在金融政策方面，提出政府引导包括民营资本在内的社会资金建立中小企业信用担保机构，建立担保机构的资本金补充和多层次风险分担机制，这就降低了担保机构的经营风险，提高了担保机构在银行的信用度，从而降低了中小企业贷款的门槛，使更多的中小企业能得到资金支持；提出探索创立多种担保方式，弥补中小企业担保抵押物的不足；提出鼓励部门和地方设立风险投资引导基金，引导风险投资机构投资种子期和起步期企业，拓宽中小企业发展急需的风险投资资金来源。

第四，在政府采购方面，提出了建立财政性资金采购自主创新产品制度，建立政府首购和订购自主创新产品制度等方面的政策。包括民营企业在内的中小企业作为我国政府采购产品和服务的重要提供者之一，将通过政府采购政策的贯彻落实得到有效的支持。此外，《配套政策》在引进消化吸收再创新、创造和保护知识产权、加强人才队伍建设、教育与科普、科技创新基地与平台、加强统筹协调等方面，也提出了一些有突破性的政策措施，这些政策措施的贯彻落实，将为包括民营企业在内的广大企业的发展营造更为有利的政策环境。

（科技部提供）

引导非公有制经济参与国防科技工业建设

《国务院关于鼓励支持和引导个体私营等非公有制经济发展的若干意见》（以下简称《若干意见》）下发后，国防科工委认真开展了《若干意见》的贯彻落实工作。

第一，清理禁止和限制非公有制经济参与国防科技工业建设的相关政策和法规。

为深入贯彻胡锦涛总书记提出的“四个坚持”指示精神，落实党的十六届三中全会精神，2004 年 12 月，国防科工委对禁止和限制非公有制经济进入国防科技工业建设领域的有关政策法规，开展了全面清理工作。清理出的有关政策法规主要有：一是 1988 年《中华人民共和国私营企业暂行条例》；二是 2004 年国家发展改革委、商务部修订的《外商投资产业指导目录》；三是《财政部、国家税务总局关于对中国兵器总公司所属军工企业免征土地使用税的若干规定的通知》；四是《军品价格管理办法》。这些相关政策和法规，都不同程度地影响和制约了非公有制经济参与国防科技工业建设的积极性。

为贯彻落实《若干意见》，根据国务院的统一部署要求，2006 年 3 月，国防科工委向各省、自治区、直辖市国防科工委（办）转发了《国务院法制办公室、国家发展和改革委员会关于开展清理限制非公有制经济发展规定工作的通知》，同时要求各地方国防科工委（办），要加强领导，精心组织，按照《若干意见》要求，加快清理和修订工作。目前，按照国务院的统一部署，国防科技工业相关政策法规清理工作正在有序展开。

第二，制定鼓励支持和引导非公有制经济参与国防科技工业建设的相关政策。

一是下发《国防科技工业产业政策纲要》（以下简称《纲要》）。2004 年 5 月，国防科工委与发展改革委共同研究制定，并发布了《纲要》。《纲要》明确提出，国防科技工业要实施寓军于民发展战略。充分发挥市场配置资源的基础性作用，国家鼓励相关行业发挥技术、资金和生产优势参与武器装备研制生产；要深化国防科技工业投融资体制改革。推进国防科技工业投资主体多元化，发挥国家投入的导向性作用，引导和带动社会资金参与国防科技工业建设等。《纲要》的发布为非公有制经济参与国防科技工业建设提供了政策保障。

二是颁布《武器装备科研生产许可实施办法》（以下简称《许可办法》）。国家对武器装备科研生产实行许可制度，2005 年 5 月，国防科工委颁布了《许可办法》。《许可办法》综合考虑了武器装备及其组成部分的重要程度、技术难度、安全保密和经济性等因素，对许可专业（产品）实施分类管理，划分为一类许可和二类许可。同时，考虑到武器装备的重要性、保密性等因素，依据国家有关规定对一类许可实行数量限制，二类许可则面向社会开展资质审查和资格认证。按照《许可办法》的规定，具备相应技术力量、设备设施和经济实力，具有武器装备科研生产保密资格认证和完善的质量管理体系等条件的非公有制经济单位，都可以提出申请。《许可办法》的颁布为非公有制经济规范有序地进入军品市场创造了的条件。

三是研究制定关于推进军工企业股份制改造的指导意见（以下简称《指导意见》）。为深入贯彻党的十六大、十六届三中全会精神和中央关于国防科技工业建设的方针，推动军工企业深化改革，2003 年 10 月，国防科工委开始研究制定《指导意见》，在《指导意见》中提出：除从事战略武器装备等关系国家战略安全和涉及国家核心机密的核心重点保军企业外，鼓励和支持以民为主，从事军民两用产品、武器装备的一般配套产品生产的军工企业引入各类非公有资本实施改组改制。《指导意见》待国务院批准后将发布实施。

四是开展鼓励和引导非公有制经济参与国防科技工业建设的实施意见（以下简称《非公意见》）的研究制定工作。2004 年 6 月，为贯彻党的十六大和十六届三中全会精神，国防科工委开始研究制定《非公意见》。2005 年 2 月，《国务院关于鼓励支持和引导个体私营等非公有制经济发展的若干意见》下发后，国防科工委加快了《非公意见》的研究制定工作，2005 年 5 月底完成了《非公意见》初稿，同年 6 月组织召开了“关于非公有制经济参与国防科技工业建设若干问题”研讨会，邀请国务院和军队有关部门（单位）参加了研讨。在广泛听取意见的基础上，对《非公意见》进行了再次修改。目前已形成了《非公意见》征求意见稿。《非公意见》阐述了鼓励支持非公有制经济参与国防科技工业建设的基本方针，明确了今后一个时期鼓励和引导非公有制经济参与国防科技工业建设的总体思路，并从非公有制经济进入的领域和范围、渠道和方式、政策环境、监督管理等方面提出了具体政策措施。

（国防科工委提供）

促进非公有制企业吸收外资

商务部采取积极措施鼓励非公有制企业引进外资。一是组织非公有制企业与跨国公司的交流活动。2005 年底，商务部投资促进事务局与温州市政府共同举办了“民营企业对话世界 500 强”活动，邀请 40 家大型跨国公司与温州市非公有制企业进行研讨和交流，促成了一批合资合作项目，受到地方政府和非公有制企业的欢迎。今年，类似活动将继续举办，并适当扩大范围。二是研究完善促进非公有制企业吸收外资的法律法规。针对目前我国尚不允许自然人作为新设中外合资企业、合作经营企业中方投资者的情况，商务部会同法制办积极配合全国人大对相关法律法规进行完善。三是解决上市公司股权分置改革中涉及外商投资的问题，出台《外国投资者对上市公司战略投资管理办法》。这两项措施，规范了外国投资者对上市公司投资的操作程序，对含有非公有制经济成分的上市公司吸收外资具有积极意义。

银监会积极鼓励和支持国际金融组织参资入股中资商业银行（包括非公有制商业银行），以促进中资商业银行的股权多样化，提高其公司治理和风险管理水平，改善业务模式。截至 2005 年 10 月底，已有 22 家境外投资者入股 17 家境内中资银行。包括国有商业银行、股份制商业银行和城市商业银行。其中，国际金融公司（IFC）共在6家中资商业银行参资入股，包括民生银行、兴业银行、北京银行、西安商业银行、南京商业银行、上海银行，累计入股金额超过2亿美元。亚洲开发银行也已在中国银行、光大银行参资入股。银监会按照国际先进标杆加强对银行业的监管和改革指导，也增强了国际金融组织和境外合格的机构投资人投资中国银行业金融机构的信心。

（商务部、银监会提供）

积极开展创业辅导和代理服务

自2003年以来，在中央财政支持下，发展改革委重点支持了上海市、重庆市、沈阳市、鞍山市、唐山市、柳州市，北京市（石景山区）、吉林市、通化市、伊春市、武汉市、漯河市、西安市开展创业辅导服务。累计补助资金3332万元，共有210个服务机构，为42287个处于创办初期的小企业和24525个创业者提供了创业服务，成功创办小企业5000多家，创造就业岗位6万个以上。部分省市财政对创业给予了资金支持。如陕西省财政拨付1000万元，并要求地市给予相应配套，主要用于创办小企业补贴和社会化服务体系建设。吉林省政府安排了3000万元的中小企业发展资金，为创业者提供创业培训、创业咨询、代理服务等创业者需求量大的各种服务。武汉市筹集3000万元，设立了市级都市工业园发展专项资金，利用闲置厂房创建都市工业园，为创业者提供了孵化场地。

初步形成了创业服务体系。以中小企业服务中心为核心，社会各类中介服务机构积极参与的创业服务体系初步形成。截至2005年底，各类中小企业综合服务机构已达250多家。上海市为创办小企业构建了政策、服务、金融、信息、人力资源等“六大支持体系”，从市到区（县）到街道（乡镇）三级联动，覆盖各类所有制、各种行业，提供多层次、全方位的服务。重庆市通过认定市级中小企业服务机构的方式，并以这些服务机构为核心，在25个区县建立了创业服务网络。浙江省、河北省、河南省、吉林省组建了由成功创业者、企业家、大学教师和专业人士组成的创业指导师队伍，开展“一人一策、一企一策”的帮扶指导。辽宁省、河北省、河南省、山西省、浙江省、重庆市相继出台了《关于小企业创业基地建设的指导意见》、《小企业创业基地认定管理办法》。为规范推动创业培训，发展改革委组织起草了创业培训大纲，提出了培训要求，制订了创业培训跟踪调查表，组织专家编写了《创办一个企业》、《经营一个企业》、《收获一个企业》的创业者丛书一套，推动创业培训工作的开展。发展改革委与教育部连续举办了三届中小企业网上百日招聘高校毕业生活动，全国共有几万户中小企业上网发布了招聘信息，提供就业岗位近12万个。

（发展改革委提供）

扶持民营科技企业发展

1999年经国务院批准，中央财政设立科技型中小企业技术创新基金，重点支持处于初创期的科技型中小企业的创新创业活动。截至2005年底，累计预算安排资金44亿元，立项支持了7962个项目。

通过加强管理创新，充分发挥创新基金的引导作用，支持中小科技企业发展。创新基金注重调动地方政府积极性，大力推动地方创新基金的建立。截至2005年底，地方创新基金资金总额达到14亿元。科技部充分发挥创新基金的政策引导作用，以实施路线图计划为切入点，2005年组织了一系列相关活动，包括联合深圳证券交易所对我国高新技术企业进行了大规模调研，筛选出了2000多家高成长科技型中小企业；配合科技中长期规划配套政策工作，会同监管部门建立科技型中小企业快捷便利上市机制等。

创新基金有效地提高了科技型中小企业的创新创业能力。截至2005年底，创新基金共完成创新基金项目验收3295项，验收合格率达75.5%。这些受资助项目在执行期间，已实现产品累计销售收入1188.6亿元，上缴税金137.7亿元，出口创汇16.6亿美元，分别比立项时增长了8.6倍、9.6倍、5.4倍。通过创新基金的支持与引导，项目承担企业的资产、年收入和项目产品平均销售收入有了大幅度增长，企业的经济实力得到显著增强，体现出创新基金对提高初创期科技型小企业的生存、发展能力的重要作用。从基金的引导和带动作用看，七年中，创新基金调动了30个省市地方政府资金33.5亿元，吸引商业银行和金融机构的资金近152亿元。通过对已验收项目的统计表明：中央财政每投入1元钱，可引导社会各类资金投入12元。

除此之外，为让更多的民营科技企业了解和参与国家科技计划，科技部加强对国家的各类科技发展计划的信息沟通，及时在网站上发布相关项目申报指南，鼓励更多的民营企业承担国家计划任务和科技型中小企业创新基金的项目，并积极引导民营科技企业参与863计划、国家攻关计划产业化工作，引导863计划、国家攻关计划的成果在高科技企业包括民营科技企业实现产业化。

（科技部提供）

推动非公有制企业“走出去”

为贯彻落实《国务院关于鼓励支持和引导个体私营等非公有制经济发展的若干意见》，商务部和工商联于2005年4月建立了促进民营企业“走出去”常设工作机制，并在大量调研的基础上，联合起草了《关于鼓励和支持非公有制企业“走出去”的若干意见(征求意见稿)》，已广泛征求了各有关部门和企业的意见和建议。2006年5月，商务部和全国工商联联合举办了“全国民营企业‘走出去’促进与交流会议”，对鼓励、支持和引导非公有制企业“走出去”发挥了重要作用。

在各级商务主管部门的大力推动和支持下，非公有制企业“走出去”已取得积极成效。一批能抓住改革先机、具有敏感市场意识和世界眼光、经营灵活的民营企业，在完成原始积累、产品上档次和装备上水平之后，已率先成为“走出去”的开拓者，从商品出口逐步发展到投资办厂、资源开发、设立研究中心、跨国并购等多种方式，并在某些行业和领域取得了一定的市场份额和品牌知名度，出现了大企业带动中小企业的集群式、规模化发展的态势，甚至逐步向跨国公司的方向发展。在非公有制经济比较活跃的地区，非公有制企业已成为当地“走出去”的生力军，如浙江、福建、江苏、山东非公有制企业对外投资额各占本省对外投资总额的比重已分别达到97%、70%、65%和53%。

据海关统计，2006年前4个月，我国私营企业进出口655亿美元，同比增长45.6%，占全国进出口总额的比重达到12.7%。其中出口438亿美元，增长48.6%，进口217亿美元，增长39.7%。

（商务部提供）

完善保护非公有制企业私有产权的法律法规体系

第一，修订后的公司法允许非公有制有限责任公司发行公司债券。

原公司法第159条规定“股份有限公司、国有独资公司和两个以上的国有企业或者其他两个以上的国有投资主体投资设立的有限责任公司，为筹集生产经营资金，可以依照本法发行公司债券”。该规定不允许非公有制有限责任公司通过发行公司债券筹集资金。修订后的公司法删去了原公司法第159条的规定。修订后的公司法允许非公有制有限责任公司通过发行公司债券筹集资金，拓宽了非公有制有限责任公司筹集资金的渠道，有助于促进非公有制经济的发展。

另外，法制办还加紧《企业债券管理条例》修订的审查工作。根据正在修订的《企业债券管理条例》，对于符合公司法、证券法及条例规定的发行条件的企业，无论其所有制性质，都可以依法发行企业债券。

第二，合伙企业法修订草案增加了有限合伙制度和有限责任合伙制度。

法制办积极参与了合伙企业法修订工作。合伙企业法修订草案增加了有限合伙制度和有限责任合伙制度。有限合伙制度和有限责任合伙制度对于引导和促进非公有制经济的发展具有重要意义。

有限合伙是由普通合伙人和有限合伙人共同组成的合伙，普通合伙人对合伙债务承担无限连带责任，有限合伙人对合伙企业的债务以其出资额为限承担有限责任。有限合伙具有两个功能：一是，能够使具有一技之长或者掌握高新科技的人员通过承担无限责任而享有企业的经营管理权，不因资金的短缺而无用武之地；同时，又能够让那些拥有资金但不愿承担无限责任的人员找到投资渠道。二是，它能在保持合伙企业原有内部关系稳定的前提下吸收新的投资，扩大经营规模。引入有限合伙对于引导和促进非公有制经济在风险投资领域的发展、拓宽非公有制经济的投资渠道具有重要意义。

有限责任合伙的合伙人只为本人的执业行为和负责事项引起的合伙债务承担无限连带责任，对其他合伙人的行为和负责事项引起的合伙债务仅以其在合伙中的财产份额为限承担有限责任。有限责任合伙，能够使专业服务机构的合伙人只为本人的执业行为和负责事项引起的合伙债务承担无限连带责任，对其他合伙人的行为和负责事项引起的合伙债务仅承担有限责任，避免合伙人承担过大风险，为现代专业服务机构的发展和壮大提供了制度支持。该制度有助于引导和促进非公有制经济在专业服务领域的发展。

（国务院法制办提供）

加大对非公有制经济财税金融支持力度

为贯彻落实《国务院关于鼓励支持和引导个体私营等非公有制经济发展的若干意见》（国发〔2005〕3号），银监会发布了《银行开展小企业贷款业务指导意见》，从政策、机制、程序和方法等方面，针对银行开展小企业贷款业务制定了具体措施；证监会在逐步完善中小企业板块，积极推进创业板市场建设，鼓励到境外资本市场融资等方面出台了具体措施；商务部和中国出口信用保险公司就开发适应中小企业的保险产品和承保模式等提出了新的措施，支持非公有制企业实施“走出去”战略；外汇局为扶持非公有制高新技术产业和创业投资企业发展，简化了境内居民通过境外特殊目的公司融资及返程投资外汇管理的相关程序；开发银行探索了“两台一组”（贷款平台、担保平台和社团组织）的中小企业贷款模式，2005年累计向担保公司发放软贷款27亿元，发放中小企业贷款132亿元，为缓解融资难开辟了新的渠道；浙江万向集团和横店集团获准发行6亿元和10亿元的短期融资券，江苏红豆集团获准发行7亿元的长期企业债券，这是非公有制企业首次通过公开发行债券筹集资金。截至2005年12月底，在境外发行股票上市的境内企业119家，其中包括35家非公有制企业。目前，已有38家非公有制企业在中小企业板块发行和上市，合计融资96亿元，占中小企业板家数和总融资额的比例分别为76%和80%。2005年发展改革委还利用中央财政预算安排的专项资金，支持了300多户企业的技术进步和结构调整项目，带动了约60亿元的社会投资。发展改革委下发了《境外投资项目核准暂行管理办法》（发展改革委令第21号），进一步完善境外投资管理体制，支持符合条件的非公有制企业境外上市，拓宽非公有制企业融资渠道。

（发展改革委提供）

积极利用财政政策促进中小企业发展

建立与社会主义市场经济相适应的公共财政体制是我国财政改革的方向，运用财政政策对宏观经济进行调控，促进经济社会健康、协调发展是财政的重要职能。近年来，财政企业工作已由过去只注重国有企业、大企业转向平等面对各种类型、不同所有制企业，致力于创造公平、公正的市场环境。与大企业相比中小企业在资金、信息、人才、技术、管理等诸多方面处于弱势。扶持中小企业是公共财政建设的一项重要内容，为此，中央财政陆续推出了一系列政策措施，主要有：

一是不断加大对科技型中小企业的扶持力度，促进企业科技创新和成果转化。科技型中小企业技术创新基金是经国务院批准，于1999年6月设立的支持科技型中小企业技术创新、促进科技成果转化的专项资金，扶持对象主要是创业初期的科技型中小企业，旨是引导、带动企业、金融机构和风险投资对技术创新活动的关注及资金投入。基金来源于中央财政预算拨款。1999~2004年，中央财政共计安排创新基金38亿元；2005年，创新基金预算安排6亿元。截至目前，获得资助企业的项目8000多个。据统计，资助后企业的销售收入比资助前增长了5.2倍，上缴税金增长了6倍。

二是设立中小企业发展专项资金，推动社会化协作生产。中小企业发展专项资金是根据《中华人民共和国中小企业促进法》，由中央财政预算于2004年开始安排，主要用于支持中小企业专业化发展、与大企业协作配套、技术创新、新产品开发、新技术推广等方面的专项资金。2004年预算安排专项资金1亿元，资助项目170个；2005年预算安排2亿元，资助项目311个。

"十一五"期间，财政部门将进一步建立健全对中小企业的政策体系：一是加大对中小企业服务体系的支持；二是为中小企业融资创造更加有利的条件，包括支持中小企业信用体系的建设，推动创业投资发展等；三是提高中小企业创新能力。

（财政部提供）

加大对非公有制经济的信贷支持力度

银监会出台了开展小企业贷款业务的指导意见，积极引导金融机构进行产品创新和服务创新，提高对中小企业贷款比重。开发银行充分发挥政策性银行作用，会同发展改革委在全国212个地区建立了中小企业贷款合作机制和183个贷款平台，截至2005年12月底，开发银行累计发放中小企业贷款172.2亿元，支持中小企业3294个，创造就业岗位33.9万个，取得了明显的经济和社会效益。国有商业银行积极转变观念，创新机制，把开展中小企业业务作为优化贷款结构的重要举措，设立了中小企业信贷部门，改进了信贷考核办法和奖惩机制，开发适应中小企业特点的金融品种，提高了对中小企业服务水平。同时，国有保险机构也改进服务方式，开发适合中小企业的保险产品和承保模式。

（发展改革委提供）

拓宽中小企业直接融资渠道

国家在鼓励中小企业到境外上市融资的同时，在深圳交易所开通了中小企业板块，一批符合条件的成长性中小企业获得了上市融资机会。目前已有50家中小企业上市发行，融资总额120亿元，每家平均融资2.5亿元。同时，积极发挥典当、融资租赁业务在中小企业融资中的作用。截至2005年底，在境外发行股票上市的境内企业119家，其中包括35家非公有制企业，境外首发、增发股票累计筹资18.9亿美元。2005年，万向集团和横店集团获准发行短期融资券，红豆集团获准发行长期企业债券。

（发展改革委提供）

附：2005年1000家中国民营企业调查报告

（2005年10月12日）

改革开放以来的27年，中国经济保持了令世界瞩目的高增长。推动这一高增长的动力，由最初的国有、集体企业混合引擎逐步过渡到国有、民营和外资三大引擎，且民营经济份额不断增加。近5年来，作为民营企业代表的私营企业和股份制企业的工业增加值年度增长率分别达到22.8%和16.5%，明显高于国有及国有控股企业14.2%的水平。与此同时，民营企业规模扩大的速度迅猛，2001年民营企业500强的最低门槛为营业收入2.97亿元，2002年提升至4亿元，2003年更增至6.08亿元，年均增长52%。民营经济在国民经济中已具有举足轻重的地位。

2004年，民营企业对国民经济的贡献率超过60%；吸纳就业人口超过1亿；民营工业企业完成规模以上的工业增加值以及规模以上工业企业利润的一半以上；各类民营企业已经实现了我国70%以上的对外出口；在全社会城镇固定资产投资方面，各类民营企业的投资比重也超过了40%。

民营经济的快速发展对近两年我国经济连续保持9.5%的高速增长发挥了十分重要的作用。与此同时，由于经济增长方式的粗放，以及经济增长对投资、出口的过分依赖，经济运行中资源、环境的制约日渐突出，中外贸易磨擦不断加剧。为此，今年以来中央在继续加强宏观调控的基础上进一步强调了要切实转变经济增长方式，努力构建和谐社会的目标。

在新的形势和政策影响下，民营企业的发展情况如何，民营企业经营者对当前宏观经济走势的信心如何，对国家宏观政策和改革发展战略有何意见和建议，受到社会各界包括政府决策部门的广泛关注。为全面了解上述情况，为政府决策提供参考依据，促进民营企业健康发展，2005年8月至10月，中国民主建国会中央委员会企业委员会与中国企业家调查系统共同组织实施了“2005中国民营企业经营者问卷跟踪调查”。

本次调查以民营企业法人代表为调查对象，按行业进行分层随机抽样。调查采用邮寄问卷的方式进行，于8月10日发放问卷5000份，截止到9月20日共回收问卷1256份，其中有效问卷1207份，有效回收率为24.1%。通过部分未填写问卷与填写问卷企业的对比分析，未发现存在系统偏差。

本次调查主要涉及工业、建筑业、交通运输仓储及邮政业、批发零售业、房地产业、住宿和餐饮业、租赁和商务服务业等行业，上述行业的企业所占比重分别为：70.5%、3.2%、1.7%、12.9%、3.1%、1.1%、2.2%。从企业的地区分布看，东部地区占65.6%，中部和西部地区分别占20.2%和14.1%。从企业规模看，大、中、小型企业分别占6.8%、47.2%和46%。

本次调查的民营企业经营者96.3%为男性；平均年龄为48岁，其中45~54岁比重占四成，44岁及以下占三分之一，55岁及以上占四分之一；文化程度为大专及以上的超过四分之三，其中具有本科及以上学历的占三分之一；所学专业为管理类的接近一半，为经济类的接近三分之一；职务为企业董事长或总经理、厂长、党委书记的占94.5%，其他职务的占5.5%。

一、经营现状及发展趋势

1. 总体经营状况趋于好转，未来走势谨慎乐观。

关于企业目前经营状况，调查结果显示，44.7%的经营者认为企业经营状况“良好”，43%认为“一般”，12.3%认为“不佳”，认为“良好”的比认为“不佳”的多32.4个百分点，这一结果比2004年的水平高3个百分点，表明民营企业经营状况总体趋好。

与去年类似，不同类型的企业景气状况呈现明显的差异，且今年的差异更为明显，主要表现为东部地区好于中西部地区；大中型企业好于小型企业。

从不同地区看，调查结果显示，东部地区经营者认为企业经营状况“良好”的比认为“不佳”的多37个百分点，而中、西部地区分别为22和26个百分点左右，前者比后者多11～15个百分点。与去年相比，中西部地区与东部地区企业在发展上的差距仍呈扩大趋势。

从不同规模看，规模越大，经营状况越好。调查结果显示，大型企业经营者认为企业经营状况“良好”的比认为“不佳”的多49个百分点，中型企业多38个百分点，小型企业多25个百分点。

从不同行业看，今年企业经营状况的差异明显，与2004年相比也有一些新的变化。近年来的能源紧张造成的油、煤涨价使采掘业一直保持良好的经营状况；居民收入水平的提高、消费结构的升级促进了住宿、餐饮、租赁、商务服务等服务业的发展。出口的增长给服装、电子等行业的企业带来了更多机会。

调查结果显示，采掘业、批发和零售业、住宿和餐饮业、租赁和商务服务业以及制造业中服装、化工、有色、金属制品、电气机械、电子及通信设备等行业经营状况良好，认为企业经营状况“良好”的比认为“不佳”的多40个百分点以上。

与此相反，受宏观调控影响较大的房地产企业当前经营状况差于2004年，认为经营状况“良好”的企业经营者比认为“不佳”的只多8.1个百分点，比2004年的结果少24个百分点；钢铁行业也由2004年的44个百分点降为目前的28个百分点。

2. 产销形势较好，但产品价格下跌，成本上升，盈利略受影响。

关于企业目前的产销形势，调查结果显示，半数左右的经营者认为企业的生产（服务）量增加，比认为减少的多近 30 个百分点，与去年同期的调查结果大体相同，呈现稳定增长的态势。

从产品销售价格情况看，超过四成的经营者认为价格下跌，比价格上升的比重高 20 个百分点，明显高于去年 5 个百分点的水平，一方面反映市场竞争的激烈，另一方面也说明目前市场的需求并不太乐观。

分行业看，反映今年产品销售价格上升的主要是电力、煤气及水的生产和供应业，而房地产业、住宿和餐饮业等服务行业、制造业销售价格则普遍下滑。

与此同时，由于受能源涨价等因素影响，超过 3/4 的企业经营者认为企业成本上升，比认为成本下降的多 71 个百分点。

在成本上升、价格下跌的挤压下，民营企业今年的盈利情况受到一定的影响。调查结果显示，52.2%的企业经营者认为企业盈利情况“好”（包括“非常好”、“比较好”、“有些好”），比认为“差”（包括“非常差”、“比较差”、“有些差”）的多 4.4 个百分点，比去年减少 3.4 个百分点；其中认为“非常好”、“比较好”的比去年减少 7.8 个百分点。

3. 预期比较乐观，未来投资信心依然较强。

尽管面临成本上升、价格下跌的不利因素，民营企业经营者仍对未来表现出乐观的预期。调查结果显示，35.4%的民营企业经营者认为四季度企业经营状况将“好转”，57.0%认为“不变”，7.6%认为会“恶化”，认为“好转”的比认为“恶化”的多 27.8 个百分点，与去年大体相当，比国有企业高 13 个百分点。

从从业人数的安排情况看，调查结果显示，41.5%的民营企业经营者计划在近期“增加”企业的从业人员，46.3%计划“不变”，19.6%计划“减少”，计划“增加”的比计划“减少”的多近 30 个百分点。而从国有及国有控股企业情况看，计划“增加”的与计划“减少”的均为 22%左右，也就是说不能净吸纳社会就业人员。调查表明，民营企业已成为解决社会就业问题的主要渠道。

从投资计划情况看，调查结果显示，61%的民营企业经营者表示未来计划投资额将“增长”，13%表示会“减少”，表示“增长”的比表示“减少”的多 48 个百分点，这一结果比国有及国有控股企业高 11 个百分点。值得注意的是，中、西部地区的民营企业的投资热情显得比东部地区高，表示未来投资额会“增长”的比表示会“减少”的分别多 54、50 和 45 个百分点。

关于民营企业经营者有投资意向的地区，调查结果显示，“长三角”地区为首选的地区，选择比重为 38.8%；其次为西部地区，选择比重为 29.1%；其他地区按投资意向的选择比重大小排序依次是：中部地区（19.8%）、“环渤海”地区（17.2%）、“珠三角”地区（16.3%）和东北老工业基地（13.2%）。其中，近半数（47.2%）的东部地区民营企业经营者选择“长三角”为首选的投资地区，选择其他地区的比重差异不大；中部地区民营企业经营者主要选择中部地区（32.8%）、西部地区（27%）和“长三角”地区为计划投资的地区；西部地区民营企业经营者则非常集中地选择西部地区为计划投资的地区，选择比重接近七成，选择其他地区比重较大的是“长三角”地区（21.2%）。

二、产品出口情况

1. 民营企业出口比重上升。

自 2001 年中国正式加入 WTO 之后，我国的对外贸易呈现快速发展的态势，尤其是近两年（2003 年、2004 年）进出口总额年增长率分别高达 37.1%和 35.7%，今年 1～8 月为 23.5%，其中出口仍达到 32.2%的高增长。对外贸易的迅速发展有力地促进了民营企业的发展。

调查结果显示，47%的民营企业有产品出口；有产品出口的企业中出口额占销售收入一半以上的民营企业超过三成；与去年同期相比，37%的民营企业产品出口量“增加”，比“减少”的多 14 个百分点。

民营企业出口状况有明显的地区差异，其中东部地区 55%的民营企业有产品出口，中、西部地区有产品出口的民营企业比重分别为 30%和 33%；与去年同期相比，东部地区民营企业中的 42%出口量“增加”，比“减少”的多 21 个百分点，而西部地区出口“增加”的仅占 27%，与出口“减少”的比重相同，中部地区出口“增加”的仅 24%，反而比出口“减少”的少 4 个百分点。

2. 中外贸易摩擦对部分行业的民营企业有较大影响。

随着我国对外贸易持续快速发展以及贸易总量的迅速扩大，与主要贸易伙伴的贸易摩擦也越来越多。

中外贸易摩擦对民营企业的出口也产生了一定的影响。调查结果显示，超过半数的民营企业经营者认为今年以来欧美与中国的贸易摩擦对企业产品出口有影响，其中认为影响“很大”和“影响较大”的分别为 3.5%和 11.9%，认为“略有影响”的为 35.4%。

分行业看，认为影响“很大”或“影响较大”的企业的比重较高的主要包括化纤（50%）、纺织（42.5%）、服装（26.7%）、橡胶（25%）、钢铁（20%）等行业。贸易摩擦对技术含量相对较高的电子及通讯产品的出口厂家影响不太明显，7 成经营者认为“没有影响”。

三、发展中的问题与障碍

中国经济的快速增长和转型从两方面促进了民营企业的迅速发展。同时，由于目前经济体制尚处于转型期，传统体制的束缚尚未得到彻底清除，民营企业发展基础的薄弱也决定了其发展过程中会遭遇各种困难、问题和障碍。此次调查显示，目前民营企业发展过程中存在以下几个问题：

1. 融资困难、人才短缺、科技创新能力不强、管理水平落后是民营企业发展遇到的主要障碍

关于什么是民营企业发展中遇到的主要障碍，调查结果显示，3/4 的民营企业经营者选择了“融资困难”，是所有选项中选择比重最高的，中西部地区选择“融资困难”的比重更是高达八成。

除了融资难外，民营企业当前遇到的主要问题是如何提高发展水平问题。调查结果显示，关于当前民营企业发展中遇到的主要障碍，66.8%的民营企业经营者选择了“人才短缺”，55.6%选择了“科技创新能力不强”，52.2%选择了“管理水平落后”，47.5%选择了“民营企业经营者素质有待提高”。

2. 民营企业外部信用环境、经营者人身安全保障、公平国民待遇方面亟待进一步改善

尽管近年来民营企业发展的外部环境有了比较大的改善，但与民营企业经营者的期望还存在一定距离，尤其在外部信用环境、经营者人身安全保障、公平国民待遇方面需加强改善的力度。

关于外部信用环境，调查结果显示，29.2%的经营者认为比去年“好转”，53.4%认为“未变”，17.4%认为“恶化”，认为“好转”的比认为“恶化”的多 11.7 个百分点，比去年的调查结果减少 8 个百分点。

关于民营企业经营者人身安全状况，调查结果显示，27.2%的经营者认为比去年“好转”，50.6%认为“未变”，22.2%认为“恶化”，认为“好转”的比认为“恶化”的仅多 5 个百分点。调查表明，在目前社会收入差距不断扩大，社会、经济发展不平衡情况下，如何保护好民营企业经营者的积极性，避免其在人身安全方面受到侵害，应引起有关方面的高度重视。

近年来，民营企业对打破垄断，放宽市场准入限制，真正实现公平国民待遇的期望越来越高。关于公平国民待遇，调查结果显示，21.7%的企业经营者认为比去年“好转”，63.7%认为“未变”，14.6%认为“恶化”，认为“好转”的比认为“恶化”的多 7.1 个百分点，比去年的调查结果减少 15 个百分点。

关于市场准入限制，调查结果显示，34.5%的企业经营者认为比去年“好转”，57.5%认为“未变”，8%认为“恶化”，认为“好转”的比认为“恶化”的多 26.5 个百分点，比去年的调查结果减少 10 个百分点。调查表明，在放宽市场准入限制，实现公平国民待遇方面，民营企业经营者还抱有更大的期望。

3. 资源瓶颈制约尤其是能源紧张状况依然比较严重，民营企业发展方式亟待向集约型转变

中国是一个人均资源十分贫乏的国家。近年来在经济快速增长的同时，资源瓶颈约束也越来越显著。始于 2004 年的宏观调控旨在控制经济呈现的过热的趋势，并力图通过转变增长方式来缓解资源压力。从一年多以前钢材市场及“煤、电、油、运”普遍紧张的情况看，目前形势发生了一些变化。

调查结果显示，有一半（49.8%）的民营企业经营者认为目前钢材市场的紧张状况“趋于缓和”，36%认为“变化不大”，仅 5.6%认为“更加严重”；29.1%认为目前电力紧张状况“趋于缓和”，44.1%认为“变化不大”，25.4%认为“更加严重”；12.2%认为目前煤炭紧张状况“趋于缓和”，35.6%认为“变化不大”，39.5%认为“更加严重”；4.1%认为目前成品油紧张状况“趋于缓和”，22.4%认为“变化不大”，69%认为“更加严重”；12.5%认为目前铁路运输紧张状况“趋于缓和”，53.5%认为“变化不大”，17.4%认为“更加严重”。

调查表明，民营企业经营者认为经过宏观调控，钢材市场紧张状况明显趋于缓和，电力有趋于缓和的迹象，铁路运输与去年情况相比变化不大，而能源紧张尤其是成品油紧张状况有增无减。

民营企业在对经济的快速增长做出重要贡献的同时，也加大了资源的压力。调查结果显示，与 2004 年相比，34.5%的民营企业经营者认为单位产出的能源投入“增加”，比认为“减少”的多近 10 个百分点；36.7%的民营企业经营者认为单位产出的原材料投入“增加”，比认为“减少”的多近 20 个百分点；19.7%的民营企业经营者认为单位产出的用水投入“增加”，与认为“减少”的大体相等。以上结果表明，民营企业发展方式亟待实现由粗放型向集约型转变。

四、对宏观经济政策和改革的意见建议

1. 多数民营企业经营者认为国家宏观调控政策的松紧度比较合适或略显偏紧

经过一年多的宏观调控，部分行业投资过热的现象明显得到缓解，经济呈现出高增长、低通胀的良好形势。

与此同时，由于消费品价格涨幅的持续下滑，企业利润增长速度的连续放慢，宏观经济政策是否应做适当调整以防出现可能的通货紧缩引起了社会各界的广泛关注。

本次调查从民营企业经营者自身的角度对当前的宏观调控政策的松紧程度进行了评价。调查结果显示，36.9%的民营企业经营者认为目前的宏观调控政策“偏紧”，39%认为“合适”，24.1%认为“偏松”，认为“偏紧”的比认为“偏松”的多12.8个百分点。

调查表明，总体来看，民营企业经营者认为目前的宏观经济政策比较合适，略显偏紧，希望在继续保持目前稳定的财政政策和货币政策的基础上，适时适度放松政策操作的力度。

2. 房地产调控初见成效，预期房地产价格稳中趋升

今年以来，宏观调控的一项重要内容就是采取多项措施控制因部分地区不断飙升的房地产价格引发的房地产热。民营企业经营者对房地产调控的成效给予了积极的评价。

调查结果显示，民营企业经营者认为成效最明显的措施包括“限制房地产开发贷款”（45.6%认为“非常有效”，43.5%认为“比较有效”）和“限制新房转手交易”（42.9%认为“非常有效”，41.9%认为“比较有效”）；其次是 开征房地产税 （24.1%、55.4%）和“增加信息透明度”（24.1%、53.1%）；再次是“提高房贷利率”（12.3%、57.6%）和“增加土地供应”（21.9%、44.7%）。

尽管房地产调控已取得明显成效，民营企业经营者仍预期房地产价格呈上升趋势。调查结果显示，49.2%预期2006年所在地区房地产价格将“上升”，37.5%预期“持平”，13.4%预期“下降”，预期“上升”的比预期“下降”的多36个百分点。分地区看，中西部地区经营者预期所在地区房地产价格将上升的比重分别为57.4%和54.2%，明显高于东部地区的45.7%。

为了进一步了解目前房地产市场的现实需求，本次调查还了解了民营企业经营者“所熟悉的人当中最近一年内购买住房的情况”，调查结果显示，八成民营企业经营者反映其熟悉的人当中最近一年内购买了住房，其中76.8%的被购房屋目前用于“自住”，13.5%用于“出租”，9.6%处于“闲置”状态。调查表明，总体来看，目前我国的房地产市场有着比较旺盛的现实需求，买房投资或投机的比重并不高。房地产业仍将是拉动内需、促进经济增长的推动力量。

3. 经济体制改革成效明显，对政府转变职能期望较高，希望金融、财税体制改革取得突破

近年来，在我国经济快速增长的同时改革也在不断深入，围绕着市场化、法治化的各项改革逐步进入关键时期。本次调查请民营企业经营者对目前进行的一系列经济改革进行评价。

调查结果显示，认为这些改革取得成效的比重大多明显高于认为“尚未见效”的，表明民营企业经营者对改革成效给予了积极的评价。对于各项改革，按民营企业经营者评价高低（“效果很好”＋“效果较好”的比重大小）排序依次是：产权制度改革（34.6%）、促进民营企业发展（34.1%）、政府职能转变（31.1%）、健全社会保障体系（31%）、土地制度改革（23.3%）、投资体制改革（21.3%）、财税体制改革（16.9%）、金融体制改革（15.9%）和垄断性行业改革（10.1%）。

当问及当前最紧迫的改革是什么时，排在第一位的是政府职能转变，选择比重为65.3%，表明企业经营者对政府职能转变在当前改革中的关键作用寄予很大期望。另外，企业经营者认为其他几项紧迫的改革依次是金融体制改革、财税体制改革、健全社会保障体系、促进民营企业发展和垄断性行业改革，以上选择比重均超过三成，分别为39.9%、37.6%、34.1%、33.3%和31.5%。与去年调查结果相比，民营企业经营者认为，垄断性行业改革和金融体制改革的紧迫性明显上升，应引起政府及社会各方面的关注。

（本文引自中国民主建国会中央委员会企业委员会、中国企业家调查系统——《2005·千户民营企业经营者问卷跟踪调查报告》）

自主创新与风险投资

整合力量、加强合作、共同推进中国风险投资发展（摘要）

成思危

应该看到这几年创业投资发展的总体情况还是不错的。从高层来说，风险投资第一次写进了“十六大”报告，这是很不容易的。十六届三中全会更是把它写得很明确了：发展创业投资，稳步推进创业投资建设。从中央来看，能够这么明确，比我们在下面呼吁要强多了，这也是大家共同努力的结果。同时，我们的工作确实取得了一定的进展。如果没有进展，也不会有这个结果。从这一点来说，我们还是有信心的。这两年正是国际上风险投资分的低潮时期，我们还得要坚持做下去，但是坦率地说，我们面临的困难很大。大家都谈了，清科的数据很值得我们注意。外资在风险投资中的比例是越来越高的，所以我们要注意，要做好我们的工作。我谈四点意见，其中两点属于政府要做的，两点是对大家的希望。

一、要改善风险投资发展环境

大家谈了很多风险投资发展环境的问题，我完全同意。现在来看，这几年虽然政策建议写了不少，但还是口惠而实不至，风险投资公司没有真正拿到政策的实惠，这是很大的问题。

我认为，改善风险投资发展环境，可以从四个方面做起：

第一是消除影响风险投资发展的障碍。目前来看，最大的障碍是公司法，现行的公司法确实对风险投资的发展有很多的限制。目前修改公司法的工作正在做，修改草案已经出来了。新的草案对公司法做了很大的修改，一共二百多条。应该说，公司法的修改需要一个过程。但是虽然不能确定最后能否出台，最起码在推进。另外一些问题也正在考虑之中，如有限合伙制的问题。本来，在投资基金法最初起草的时候，包括三个内容：证券投资基金、产业投资基金和风险投资基金，但是绕来绕去，最后就剩了证券投资基金，那两个基金都没有了。最近又呼吁产业投资基金。所以，现在看来我们能够通过法律的手段促进风险投资基金发展。

第二是鼓励投资。现在的问题在于鼓励的对象不明确，实际上鼓励投资，就是鼓励风险投资公司，因为风险投资公司是代表投资人的利益进行投资的。传统上搞资本市场，往往从企业融资的角度考虑得多，主要是为企业融资服务，搞风险投资也是为了高新技术创业企业能获得融资的支持。现在来看，对企业的鼓励政策，应该说大体上是一致的，而对风险投资公司和以风险投资公司为代表的投资人，我认为要出台一些具体的鼓励政策。国外有许多鼓励形式，比如税负减免、提供担保，甚至补贴等等，包括政府直接投资。不这么做，银行里这么多存款就没法往这儿投。原因很简单，一个是对投资人没有相应的政策优惠，风险这么大，别人不愿投。再一个，没有太突出的业绩，只要业绩好，还是有人愿投的，没有业绩就不好做。我认为，现在关键的问题是支持风险投资公司，要给它一些实实在在的政策实惠。

第三是保护投资者的权益。这个问题也是跟上面问题相关联的。要他投资的时候说得天花乱坠，出了问题的时候不保护他，也不行。最近证监会重点强调要保护投资者的利益，只有保护了投资者的利益，投资者才能有投资的意向。

第四是要为风险投资提供出路。这个问题我在深圳也讲了。中小企业板块的设立，是我们创业板千里之行的第一步，有了这一步我们就可以循序渐进。当然各种评论都有，没关系，按照小平同志的精神，大胆试是允许的，不争论，埋头干下去，我想总是能够不断地推进。这一条路我们一定要坚持不懈地走下去。整个进程应该分为三步走，第一步就是推出板块，第二步是考虑适当降低门槛，第三步是成立独立的板块。这个过程需要相当的时间，但是方向是明确的。当然中小企业板是一个新事物，在发展过程中需要不断探索。但我认为名誉最重要，中小企业板块的名誉不能败坏。推出中小企业板块社会各界都费了好大的劲，我跟家宝同志提意见就谈了三次。我们想叫科技板块，最后叫中小企业板块。不管怎么说，多数风险投资公司觉得它提供了希望，尽管是云层背后的曙光，但毕竟是曙光。

关于全流通的问题，也谈了，现在不便透露。可以告知大家的是，这个方面的工作也在不断推进，但是这个问题相当复杂，不是一下子能解决的。当时中小企业板设计的时候，曾经考虑把全流通加进去，但坦率地跟大家说，如果把全流通加进去，中小企业板可能出不来。我们的初衷主要是尽量减少阻力，因此没有把全流通的条件硬加上去，但是我们不是不考虑全流通的问题。

二、政府要加强服务，推进创业投资事业发展

政法的服务本身的性质是非盈利性的，但是对整个行业有非常重要的作用。通过服务促进风险投资的发展，我想起码在四个方面可以有所作为。

一是信息，包括期刊、年鉴、网站、专著等等。这方面我们现在有两本杂志，一本是在国内出的《创业投资与高科技》，另一本就是香港出的《中国风险投资》，这两本杂志应该说还是有一定学术水平的，我希望它们能越办越好。年鉴有《中国创业投资发展报告》、《中国风险投资年鉴》，都还需要改进，但是毕竟我们还有这样两个传播信息的媒介。此外，我们要建立风险投资信息方面的网站，不但要建立中文的，还要建立英文的，这样才能吸引国外的公司。最后还要出版一批专著。我认为理论没什么专利，要通过出版专著，加强宣传。

二是加强交流，每年举办一些论坛。中国风险投资论坛，今年已经是第六届了，每年还要办下去。清科也在办一些论坛。我们要办出几个有品牌效应的论坛来，这样的话，既能给业界提供一个交流的平台，也可以促进风险投资的交易。三是要做好培训。我觉得培训工作还是要抓的。培训工作的一个作用是普及，让大家了解风险投资是什么东西，现在对风险投资的理解还是有不同的。另外可以通过培训介绍国外同行是怎么做的，我们自己有好的案例，也应该总结之后介绍给大家。

三是要开展一些研究。我很高兴看到、听到复旦、清科的一些研究工作。清科主要做信息服务研究工作和案例研究，很有意义。我们向中央提出的建议是建立在科学研究的基础上的，有数据，有论点，有论据，才有说服力。送个材料上去，没有说服力是不行的。所以我们要在研究支持的基础上，提出有价值的建议。研究工作还是要加强，科技部有软科学研究经费，自然科学基金委也有支持这方面研究的经费，还有香港理工大学，也对这方面的研究工作有经费支持，总之研究工作还是要做下去。

三、积极探索中国风险投资道路

国外发展风险投资的经验要充分学习，但更重要的还是要根据中国国情探索中国自己的风险投资发展道路。我认为，中国风险投资发展道路主要可以考虑四个方面：

第一，组织形式。按照国外的经验，公司制和有限合作制不一样，但是总体来看，基金还是主要的形式。我们现在没有基金，采取变通的办法来做，我觉得也是可以的。我们还得积极推进基金法的立法。那么在现有公司法的框架下，我们要独立地探索适合风险投资的组织方式。我也赞成这个意见，不要一刀切，不要一个固定的模式，百花齐放，大家去摸索，“不论黑猫白猫，抓到耗子就是好猫”。谁的办法好，大家自觉去学，而不是一开始就固定一种模式，大家都按照这个去做，组织形式的设计应当开放。

第二，管理模式。风险投资公司内部的管理确实有它的特色，它的管理模式确实有值得研究的地方。比如说公司法规定的组织形式，资金到位，管理者受到很大的资金压力，钱拿在手里烫手，要业绩，必然去做其他的事情，这么一来风险投资就做不好，中创创业就是这么回事。所以 1998 年我提出一个说法叫软承诺，经营者拿了注册资金可以不投，有项目了提交股东讨论，谁愿意投谁投去，没项目的时候资金先不要进来，这样自己的压力就少了。有的风险投资基金一上来就几个亿的资金压在手里，成了烫手的山芋。有的风险投资公司完全按照传统的公司办法管理，这就很难了，它约束投资经理的积极性。约束投资经理的积极性，实际上不容易培养出中国的风险投资家。应该加大对投资经理的授权。要不加大授权，还是按照生产企业的办法，逐级汇报，领导班子研究同意，说实话，有的时候投资机会就失去了。要建立合适的约束和激励机制，这些都需要我们探讨。

第三，风险投资公司与被投资企业的联系和管理方

式。风险投资本身是一个专业投资，不是像一般的投资方式，只给点钱就行。风险投资家确实要用自身的知识、经验、关系等等帮助被投企业和创业者共同创业。风险投资家对被投公司既不能管得太死，又不能撒手不管。联想对增值服务就很重视，投完资以后，对企业还要继续关心，提供后续服务，促使被投企业能够增值。这个问题确实是值得我们研究的。

第四，所有者和经营者目标的统一问题。如果这个问题不解决的话，往往也会影响风险投资公司的发展。

四、要促进风险投资界的广泛合作

中国的风险投资事业本来就比较弱小，如果我们大家还是不能更好合作的话，在外资强大的实力面前，我们就很被动。不是说我不欢迎外资，毕竟如果都是外资的话，中国风险投资事业、团队和中国本土投资家就很难成长。我们要促进合作，应该做好如下几个方面的事情：

一是寻求共识。在风险投资怎么发展的问题上，大家会有不同的看法，这是正常的。凯恩斯说过，三个经济学家关在一块会出不同的东西。但是我们要寻求一些共同的东西。风险投资重点放在哪儿？我认为中国的风险投资重点就是要支持科技企业。当然从国外来看不全是这样的，只要高成长都可以支持。但是中国的风险投资在这一点上有所不同，我们的关键问题是要培养独立的有自主知识产权的、有国际竞争力的企业。

二是风险投资可以支持各个阶段，但政府需要下力量支持的是初始阶段。因为第二轮、第三轮融资，说实话人家都看到曙光，看到希望了，不用紧张。关键是要雪中送炭，雪中送炭就必须要支持前期。而前期如果没有政府的支持，光靠风险投资公司的工作，确实觉得风险很大，成三败七就是这个阶段，甚至成一败九，大家都不搞了。没有人孵小鸡，后面的小鸡怎么能长大呢？前期播种的工作总得有人做，而这个工作需要有人支持。我倒是赞成能够组成基金，而且基金主要在这方面运作。按照美国 SBIC 的模式，它提供的贴息贷款，SBIC 转贷出去了，就赚这个利差，这是不行的，得需要有监管的办法。作为权益投资，信息产业部不是做了吗？我们为什么不可以做？要支持前期。后期我赞成可以逐步让所谓金融机构介入，比如保险基金、养老金。这在美国限制也是很严格的，就是1%，因为基数很大，所以1%也很多了。至于银行直接介入，它的做法都是单独成立一个基金，不跟银行贷款联系。风险投资要靠贷款是不大可能的，而是要靠权益支持，到后期这些都有可能介入。社保基金也遇到这个问题，最近说实话给它开了一个口子，允许它到境外上市，它倒不敢去了。拿1%做风险投资不是不可能，有一些不同的看法，没关系，求同存异，“抓到耗子就是好猫”，做出成绩了就说明它对，它对才向他它学。

三是要整合力量。我很赞成成立全国性的风险投资行业协会，我也坦率地说，成立协会主要还在于科技部和发改委之间协调好。我推动了好几年了，到民政部，民政部说你们两家还需要协商。成立协会非常必要，我建议横向的合作可以先多开展一点。像调查工作，问卷调查清科在做，风险投资研究院也在做，大家能不能商量一下，资源共享，省得发好几次问卷，企业也烦。另外问卷的设计，他有他的设计，你有你的设计，能不能统一一下。我是非常希望中国风险投资协会能早日成立，这要靠邓楠了，我是呼吁好多次了。

四是要内外结合。不可否认，中国风险投资需要国外的支持和经验，也需要国外的资金，所以我们要加强国际合作。我最近刚到美国去了一趟，出席联合国中美西欧联合高峰会。我到硅谷开了三个会。一个是律师的，专门谈创业投资法律问题。第二个请了硅谷的创业投资家，跟他们座谈。第三个搞了一次演讲会，国外很关心我们的情况，这次演讲会有 130 人参加。大家很看好中国，所以我们要有信心。中国风险投资也要走出去，要走向世界。我现在说这个话，好像太早了，实际上并不是不可能的，美国有些好的技术，我们为什么不能够到那儿去投呢？只要你有实力，到它那儿投资以后，再把它的产品、技术引回来嘛。另外用国外的资金支持国内的技术也是完全可能的。所以，我想我们还是要有经济全球化的观念，不能关起门做事，否则怎么能更好地融入经济全球化的大潮里面，寻求我们的机遇？最近的宏观调控，对风险投资来说未尝不是一个机遇，就看我们能不能抓得住。

促进创业投资发展　落实自主创新战略

科学技术部副部长　刘燕华在《2005 年中国风险投资论坛》上的发言（摘要）

今天，来自国内外众多的创业投资家、政府官员、学者等再次聚集在中国风险投资论坛，就创业投资发展这一非常有意义的主题，进行开放式的、建设性的、卓有成效的讨论，必将形成很多有价值的观点和建议，对我国创业投资机制的进一步完善也将产生长远的影响。

本次大会主题中明确提出了发展创业投资促进我国创新经济发展，这非常及时和重要。党中央和国务院提出了走新型工业化道路，归根结底是因为要改变传统工业高能耗、高污染、低效益的经济增长方式，新科技发展孕育的新技术体系却显示出了缓解或克服传统工业化弊端的美好前景。而真正使这些新科技能够缓解资源、能源、环境方面的压力，增强我国产业核心竞争能力，促进国民经济长期、持续的发展，就必须坚定不移地进行自主创新。胡锦涛总书记最近在一系列重要讲话中反复强调：科技创新能力是一个国家科技事业发展的决定性因素，是国家竞争力的核心，是强国富民的重要基础，是国家安全的重要保障，要坚定不移地把推进自主创新摆在全部科技工作的突出地位，坚持把高科技自主创新能力建设作为推进结构调整和提高国家竞争力的中心环节，加快建设中国特色的国家创新体系。落实自主创新战略很重要的一个环节，就是大力促进我国创业投资的发展。

一、我国创业投资的初步发展，已经彰显出其对高新技术产业培育的重要作用

世界各国普遍经验证明：创业投资是一种行之有效的、新型的、支持创新及其产业化的融资机制，是科技与金融紧密结合的产物。创业投资既具有对科技成果的筛选、预测和把握能力，又有灵活的孵化机制和高超的金融服务技巧，因而在激励创新和鼓励技术创业方面发挥着不可替代的作用。

美国国家经济研究局1998年发布的一项研究，利用了三十年的数据分析了创业投资在美国 20 个产业领域对创新的潜在影响，其结果是令人震惊的：每单位创业资本促进创新的效力比以传统方式每单位 R&D 投入高 10 倍；美国创业投资尽管长期以来低于 R&D 总量的3%，但仍然创造了大约占15%的工业创新。人们还可以从美国创业投资培育出的英特尔、微软等很多影响世界技术、产业、商业模式的著名大型跨国公司发展中感受到创业投资的巨大作用。世界各国和有关地区纷纷效仿并采取了许多办法鼓励本国创业投资的发展，普遍取得了较好的效果。以色列政府设立的两支母基金不仅有效地培育了本国民间创业投资，还明显地刺激了在以色列的外国公司增加 R&D 投入。再如韩国和我国台湾创业投资发展也对其经济结构的高级化、增加产业竞争能力起到了非常重要的推动作用。

同样，创业投资对我国经济尤其是对高新技术产业发展产生的影响也已经显露出来。根据科技部最新统计，到2004 年底，我国从事创业投资活动的机构有 217 家，注册资本240亿元，管理创业资本500亿元，累计投资项目为3172个，其中高新技术投资项目数达到了1628个，占到51%以上，投资额133.5亿元，占到60%左右。

我国创业投资支持的项目广泛分布在软件业、计算机硬件业、网络产业、通讯、IT服务业、半导体、环保工程、生物科技、新材料、资源开发、光电子与光机电一体化、科技服务、新能源高效节能技术、核应用技术、医药保健、媒体和娱乐业等新兴产业领域。

创业投资极大地提升了企业的市场竞争力，许多新兴行业的著名企业都曾得到创业投资的支持。

二、科技部作为推动我国创业投资发展的主要部门，为创业投资的发展做了大量工作

科技部和全国各级科技主管部门比较早地认识到建立创业投资机制的重要意义，并付出了大量的努力。从上世纪 80 年代中期，科技部门就开始大力倡导和鼓励创业投资，近些年来更是不遗余力地推动我国创业投资的发展。

第一，在 1999 年科技部牵头推出了《关于建立风险投资机制的若干意见》之后，为发挥各部门的积极性，2003年科技部会同国家发改委等部门成立了《创业投资企业管理办法》起草小组，并会同财政部、国家税务总局牵头研究创业投资的有关财政、税收支持政策。

第二，科技政策和科技计划对创业投资进行了直接或间接的资助。在2004年统计出的300多个投资项目中，57%的项目属于国家认定的高技术项目，27%以上的项目得到了诸如863计划、火炬计划、科技型中小企业技术创新基金等科技计划的大力支持。

第三，我们连续4年组织力量对我国创业投资发展情况调查分析，并在此基础上出版了《中国创业投资发展报告》，较为详尽地反映了我国创业投资的发展状况，为决策提供了依据。

第四，和国家开发银行一起开展为创业投资机构提供融资的高新技术创业贷款，正在和国家开发银行联合制定《关于推动科技型中小企业融资工作的指导意见》，并明确提出鼓励创业投资机构作为融资平台，促进金融创新和科技创新的有机结合，进一步支持科技型中小企业的发展。

第五，积极推动创业投资国际合作，已经与以色列、英国洽谈开展政府间的创业投资合作。

三、为落实自主创新、建设创新型国家战略，进一步推进我国创业投资的发展

在新时期，我认为必须从实施自主创新战略的大视角、大背景出发来看待我国创业投资业的发展问题，把促进创业投资当作一项落实自主创新战略的重要措施来抓。

实践证明，在一定条件下技术可以引进，然而关键技术、核心技术以及技术创新能力是很难通过引进获得的。

我国企业自主创新能力不足，自主知识产权严重匮乏的现实已不容忽视。据统计自 1985 年专利法实施以来，外资企业在华申请专利达 14 万件，是国内企业专利申请量的 6.4 倍。在光学、无线传输、信息存储、移动通讯等高科技领域，外资申请专利比例高达 90%以上。随着我国知识产权保护意识的提高，使我国企业必须更加重视自主开发。这些产业领域的种种迹象提示我们：在新世纪新技术发展历程上，必须采取正确的技术发展战略，大幅度提高科技竞争力，这对于我国未来经济社会的持续发展使至关重要的。要达到全面提升我国自主创新能力的目的，发展创业投资是一个重要的手段。

为加快我国创业投资的发展，使其真正成为落实自主创新、建设创新型国家战略的重要支撑条件，科技部正在利用自己的组织优势，整合资源，力争在以下几个方面继续发挥作用：

第一，在全国创业投资企业管理办法颁布后，科技部将积极推动其他配套优惠政策的尽快出台，鼓励创业投资机构参与自主创新战略的实施。

第二，为了尽快解决撤出机制这一影响创业投资发展的瓶颈瓶颈，一方面科技部将继续会同有关部门积极推动创业板市场的建设；另一方面，科技部也在配合证监会等部门研究利用其他渠道实现高新技术企业股权流通的问题，为推动多层次资本市场建设和创业资本撤出塔建平台。

第三，整合科技资源，加大科技计划和科技政策对创业投资的衔接。针对目前科技计划支持创业投资项目比重还比较低的情况，科技部正在加快推进“中小企业成长路线图计划”和全国创新基金体系建设进度，将创业投资作为重要的环节和平台。

第四，为放大政府资源的作用，引导更多创业资本进入创业投资领域，科技部正会同有关部门，研究推动创业投资引导基金的建立。按照“政府引导、市场参与、专家管理、规范运作”的原则，引导非政府资金加大对科技成果转化和转制院所产业化的投资，切实加快自主创新的步伐。

第五，联合有关部门和各地科技部门，以及各地创业投资协会，推动全国创业投资协会的建立。

第六，继续加强与国家开发银行等部门的合作，一方面加大对创业投资机构的信贷支持力度；另一方面，要通过金融手段创新，着力解决科技型中小企业融资难问题。

本世纪前五十年是我国重大战略机遇期，全国人民对科技战线寄予厚望，即将颁布的《2006—2020 年国家中长期科学技术发展规划纲要》将为我国未来 20 年科技发展厘清思路，树立目标。为此，科技部正在开展“加强宏观管理、营造创新环境、落实规划纲要，促进自主创新”的主题实践活动。而要使这一主题实践活动落到实处，建立稳定的、长效的、多元化的科技投入增长机制将是至关重要的。胡锦涛总书记明确指出：“国家要继续增加科技投入，同时要吸引社会资金参与科技开发，逐步形成多元化的科技投资体制”。其中，创业投资是形成多元化科技投资体制的重要组成部分，希望各有关方面要一如既往关心和支持创业投资事业的发展。

加强自主创新　提高企业核心竞争力

科技部党组成员、科技日报社社长张景安在《2005 年中国风险投资论坛》上的发言（摘要）

企业核心竞争力是企业资源有效整合而形成的独具的、支撑企业持续竞争优势的能力，集中体现在自主创新能力上。去年我到韩国三星考察，给我留下深刻印象。三星紧跟 21 世纪科技竞争时代的步伐，一心一意发展科技竞争力，即使企业亏损也要坚持。他们连续亏损七年，第八年终于开发出等离子电视等高科技产品，这几年把钱都赚回来了。这说明创新是企业竞争力的源泉和灵魂。

企业的竞争力就是国家的竞争力，而且越来越成为国家最重要的竞争力。纵观世界，世界强国都是技术领

先者。上世纪80年代美国竞争力下降，那时美国国内充满被日本人购买的恐慌情绪。后来美国实施创新战略，迅速在电子信息、生物工程、新材料等领域掌握了一批关键技术，提升了生产力并获得巨大财富。美国高科技和信息化拉动经济发展，这足以引发我们思考。

当前，我国经济社会发展的成就十分显著，但技术总体水平仍处于低端，绝大多数领域的技术制高点为发达国家所控制。据统计，我国发明专利授权中3/4为外国人所有。在通信、半导体、生物医药和计算机行业，外国公司获得授权的专利数量占60%～90%。由于缺乏拥有自主知识产权的核心技术，我国不少行业处于产业技术“空心化”的边沿。我国DVD机生产能力世界第一，但每出口一台产品都要向外国交纳专利使用费。我国汽车生产进口技术占90%，100%的光纤制造设备、80%的集成电路芯片制造设备和石化设备、70%的数控机床及纺织机械都依赖进口。对此，有外国评论家认为，中国作为技术竞争者还面临一系列挑战，包括软件业薄弱、缺乏技术型企业家以及必须为起步企业提供资金保障。

上世纪80年代和90年代连续发生的东南亚金融风暴和拉美经济危机，其根本原因就是缺乏自主科技创新能力支撑的国家竞争力。例如，拉美的阿根廷早在1913年，人均GDP就达到了3000美元，90年代末期甚至达到了9000多美元，被认为有可能是第一个跨入发达国家行列的发展中国家。但由于缺乏自主创新能力，产业结构单一，经济、技术过度依附发达国家，最终导致国家经济主权的丧失，在很短的时间内就陷入了经济危机之中，至今没能走出低谷。

推进企业自主创新，提升企业核心竞争力，企业苦练内功当然是至关重要，但营造必要的政策环境与氛围依然是不可或缺的。我认为，当前及今后相当长时间内，应着力采取以下措施，以加强企业创新能力和核心竞争力。

首先，要进一步加强高新技术开发区的建设。美国硅谷、印度班加罗尔、台湾新竹等高新区发挥了集群效应、提升企业竞争优势。我国53个国家高新区规模以上高科技企业占全国一半，企业R&D投入占全国工业企业一半以上，人均R&D比全国工业平均水平高6倍。2004年，国家高新区区内企业近4万家，其中经认定的高科技企业占67%。我们要认真贯彻温家宝总理对中关村科技园区的批示精神，努力使我国高新区成为抢占世界高新技术产业制高点的前沿阵地。

第二，要推动以企业为主体的产学研合作。国外像微软这样的大公司研发经费高达几十亿美元，还要与著名的大学联合，企业之间还要建立战略联盟，实现资源互享，提高企业竞争力。反观我国企业，只有几十万人民币或者上百万人民币的研究投入，企业之间却还不能互联互通，难以担当创新主体的重任。要促进企业研发中心的建设和发展，鼓励企业牵头联合大学和研究院所，形成以企业为主体的产学研结合。

第三，要促进企业知识产权保护体系的建立和完善。知识产权是创新表达的基本方式，是高科技企业里面最有价值的成分。要大力推动企业建立知识产权工作制度，增强自主知识产权尤其是原创性发明专利的创造、保护和运用能力。有条件的地区可以建立专项基金，支持企业研发机构对科技创新成果申请专利，引导和扶持企业提高知识产权保护工作能力和水平。

第四，要支持民营科技企业的发展。民营科技是科技发展的重要力量。科技部多年来一直支持民营科技的发展，并且成立了中国民营科技企业协会。我们要为民营科技企业创造一个更好的政策环境，使民营科技企业能够在中国得到更好的发展，进行多种形式创新，提高企业自主创新能力。

第五，要营造开放的、创新的文化氛围。硅谷成功的要素主要有三个：一个大学——斯坦福大学，创新的文化和风险投资。硅谷的创新文化是“鼓励创新、容忍失败、顺其自然”。我国高科技企业也要建立这样一种开放的文化氛围，宽容失败，尊重失败。

最后，也是最重要的一点，要建立有利于企业自主创新的资本市场体系。高科技企业存在一个共同特点——不确定性和信息不对称，比如创新活动的回报常常是非线性和不确定的；潜在的投资者不了解创新产品的性质和特点；创新活动常常是无形的，在产品获得商业成功以前，难以评估其货币价值。这些特点决定了高科技企业难以获得银行的资金支持，单靠创业者个人和政府又无能为力，只能求助于资本市场。而在目前高科技企业资金供应链中，资本市场恰恰又是最为薄弱亟须要强化的环节。

今年以来，科技部与深圳证券交易所合作，对全国5万家科技企业的财务数据进行分析，有2000多家企业基本符合现有的发行上市条件，其中700多家重点高科技企业可以直接作为上市培育的对象。建议有关部门考虑在中小企业板为科技型中小企业发行上市设立“绿色通道”，尽快推动优质科技型中小企业进入资本市场做优做强。在发展中小企业板的同时，要尽快推出创业板，满足不同类型、不同成长阶段中小企业的规模化融资需要。

在党中央和国务院高度重视自主创新的背景下，资本市场的发展，必将大大提升企业的核心竞争力，带动高新技术产业迈向新的境界与新的时代！

贯彻实施十部委办法促进创业投资企业健康规范发展

——在全国创业投资企业备案管理研修班上的报告

国家发展改革委财政金融司副司长　郭向军

（2006年2月23日）

我们举办这次研修班的主要议题是：认真学习领会国务院领导的重要批示精神，贯彻实施十部委《办法》，促进创业投资企业健康规范发展。下面我就如何贯彻实施好十部委《办法》讲几点意见，供大家参考。

一、充分认识十部委《办法》的意义和贯彻实施好《办法》的必要性与紧迫性

创业投资作为一种“支持创业的投资制度”，对于提高直接融资比重，拓宽未上市创业企业的融资渠道，支持中小企业发展，增强自主创新能力，增加社会就业，促进产业升级和经济结构调整，具有重要意义。这一点已人所共知。需要强调的是，党的十六届五中全会通过的《建议》和胡锦涛总书记在全国科学技术大会的讲话明确提出“把增强自主创新能力作为调整产业结构、转变增长方式的中心环节”。在社会主义市场经济条件下，企业是市场竞争和自主创新的主体。要培育一大批具有自主创新能力、拥有自主知识产权的企业，加快发展创业投资是一条重要的途径。有关研究表明，创业投资对技术创新的贡献，是常规经济政策如技术创新促进政策作用的3倍。

近些年来，我国创业投资发展缓慢，与建设创新型国家的战略目标极不适应。我们认为主要有以下几个方面的原因：一是法律保障体系欠缺。创业投资企业的投资运作有不同于一般生产经营企业的特点，现行《公司法》、《合伙企业法》等企业组织法难以考虑到创业投资企业运作的特殊性。二是政策扶持不落实。在创业投资业发达国家和地区，都对创业投资企业从财政金融政策上给予扶持。而我国由于种种原因，特别是由于对“创业投资企业”缺乏准确的法律界定，使得制定扶持创业投资企业发展的政策缺乏法律基础。三是资本形成机制不完善。从国外经验看，创业资本的形成主要依靠保险公司等机构投资者。我国目前的创业投资之所以主要依赖国有资本，除了法律保障体系不健全导致企业和个人不敢涉足创业投资外，一个很重要的原因是保险资金尚无法进入创业投资领域。四是退出机制不通畅。过去由于法人股不能流通，导致创业投资所支持的企业即使上市，创业投资也无法退出。由于多层次资本市场体系没有发展起来，导致并购市场极不活跃，创业投资也很难通过并购方式实现退出。五是行业管理与自律机制不健全。以往国家没有明确创业投资的行业主管部门，也缺乏全国性创业投资行业的自律组织，不少创业投资企业任意涉足证券市场和从事房地产业务，甚至将其当作了主业，而造成了无谓的经营管理风险。

去年一年，经过国务院十部委的共同努力，《创业投资企业管理暂行办法》经国务院批准于2005年11月15日终于出台。《办法》较好地解决前面所提到的影响我国创业投资事业发展的主要问题，为规范和加快创业投资发展奠定了基础。一是适应创业投资的特点，为创业投资企业提供了特别法律保护；二是为制定扶持创业投资企业发展的相关政策提供了法律基础；三是提出了创业投资企业设立、投资与运作的基本法律规范。《办法》的出台也在社会各界产生了积极的反响。经查雅虎网，在自《办法》发布以来的短短3个多月里，媒体对我委发布《办法》的有关评论已超过4万条。这些评论大都对十部委出台的《办法》持肯定态度。

贯彻实施好《办法》，将为创业投资的健康规范发展创造一个良好的环境，促进我国创业投资事业进入一个新的发展阶段。同时，我们也应清醒地认识到：虽然《办

法》为规范和加快创业投资发展奠定了基础，但要贯彻实施好这部规章，还要抓紧制定配套政策，并做好备案管理工作。

二、做好配套政策的制定工作

去年，我们根据国务院领导的批示精神，利用配合有关部门制定《国家中长期科学和技术发展规划纲要》若干配套政策的有利契机，积极推动制定《办法》的相关配套政策。在国务院日前下发的《关于实施〈国家中长期科学和技术发展规划纲要（2006—2020年）〉若干配套政策的通知》中，明确了加快发展创业投资的有关政策。具体包括：

1. 对主要投资于中小高新技术企业的创业风险投资企业，实行投资收益税收减免或投资额按比例抵扣应纳税所得额等税收优惠政策。目前，我们正配合财政部、税务总局，就制定创业投资企业税收扶持政策进行深入研究。目前已经形成初步方案，近日先后赴上海、江苏和深圳调研，听取创业投资界的意见，力争尽快出台。

2. 鼓励有关部门和地方政府设立创业风险投资引导基金，引导社会资金流向创业投资风险企业，引导创业风险投资企业投资于种子期和起步期的创业企业。目前我们正收集整理国外运用财政资金设立“创业投资引导基金”的相关资料，并结合我国国情，着手研究制定《国家创业投资引导基金管理规定》。

3. 在法律法规和有关监管规定许可的前提下，支持保险公司投资创业风险投资企业。允许证券公司在符合法律法规和有关监管规定的前提下开展创业风险投资业务。允许创业风险投资企业在法律法规规定范围内通过债券融资方式增强投资能力。我们今后将分别与保监会、证监会、银监会沟通，共同研究起草相关法规规章。

4. 适时推出创业板，扶持发展区域性产权交易市场，扩宽创业风险投资退出渠道。我们将积极配合有关部门，推进多层次资本市场建设，完善创业投资企业的投资退出机制。

5. 依法对创业风险投资企业进行备案管理，促进创业风险投资企业规范健康发展。我们起草了与创业投资企业备案管理相关的有关工作程序、标准文本和各种表格，并提交本次研修班讨论完善。

三、贯彻实施好十部委办法的几点考虑

在《办法》发布不久，我们按照《办法》规定的创业投资企业“省级（含副省级城市）管理部门由同级人民政府确定，报国务院管理部门备案后履行相应的备案管理职责，并在创业投资企业备案管理业务上接受国务院管理部门的指导”的条款，即向47个省级和副省级人民政府（包括新疆建设兵团）发出了《关于请确定创业投资企业备案管理部门的函》。各省级人民政府经过充分研究，目前除广西省外，都已上报了本级政府的创业投资企业备案管理部门。从46个已经上报国家发展和改革委的省级备案管理部门名单看，除福建省是经贸委、深圳市为科技与信息局外，其余45个省市区都是发展改革委具体承担创业投资企业备案管理工作。

为切实地贯彻实施好十部委《办法》，做好创业投资备案管理工作，地方备案管理部门应注意以下几点：

（一）加强理论学习和研究。创业投资是一种新型投融资制度，即使在美国也才有半个多一点世纪的历史，对我们来说更是一个新领域。因此，需要加强理论学习和研究，不仅要学习国外关于创业投资的一些先进理论和做法，更要学习弄懂我国加快创业投资发展的有关政策措施，力争我们的监管人员尽快成为这方面的专家。

（二）加快研究制定地方配套政策。创业投资是一种区域性比较强的投融资制度。在国外一些地区，为了扶持本地创业投资事业发展，出台了不少区域性创业投资扶持政策。国内像北京、深圳、江苏等地，近年来在扶持创业投资事业发展方面也进行了有益探索，值得总结和提高。希望各省市根据国务院有关文件的精神，结合本地区的实际，研究制定一些具有地方特色的扶持政策，以促进区域性创业投资体制的建立。

（三）切实履行好备案管理职责。为了加强对创业投资企业的监管，各省级备案管理部门要形成“分管主任挂帅、处长直接责任、有专人管理”的备案管理班子。与备案管理相关的工作程序、标准文本和各种表格在本次研修班充分讨论后，我们将尽快下发各省级备案管理部门。在受理创业投资企业备案申请的过程中，各管理部门一定要认真把好关，并将有关情况及时汇总报国家发展和改革委。创业投资企业税收政策和其他扶持政策出台后，我们还将制定如何对创业投资企业进行监督检查的工作程序。请大家按照《办法》的有关规定，认真履行好备案管理职责。

（四）加强与有关部门的协调配合。加快创业投资的发展，不仅涉及到发展改革部门，而且还涉及到科技、财政税收、金融等多个部门。地方监管配合部门要加强与有关部门的协调配合，充分听取有关部门的意见，形成合力，加快创业投资的发展。目前一些地

方主管部门已建立了相关部门组成的联席会议制度，值得大家借鉴。

（五）协助有关方面做好对创业投资专业人才的培训工作。创业投资能否成功的关键是拥有一批高素质的复合性资本运作专业人才。为培育专门的创业投资专业人才，并加强行业自律，我们还将与科技部等部门研究成立中国创业投资协会的有关事宜。在全国性创业投资协会未成立以前，各备案管理部门可考虑与当地地方性创业投资协会合作的方式，做好对创业投资专业人才的培训工作。

同志们，创业投资备案管理是一种开拓性强而且又十分细致的管理工作。我相信，只要我们本着“开拓创新、认真负责”的精神，就一定能够贯彻实施好十部委办法，并为推进我国创业投资企业健康规范发展做出积极的贡献。

（注：十部委《办法》请见本书“中国投资政策法规”部分）

大力推动自主创新和科技创业

中共江苏省委书记　李源潮

（2006年8月18日）

增强自主创新能力，建设创新型国家，是以胡锦涛同志为总书记的党中央审时度势作出的战略决策，也是实现“十一五”规划乃至长远发展目标的战略支点。作为科教大省，江苏有基础、有条件也有责任在科技创新上走在全国前列。我们要认真贯彻“自主创新、重点跨越、支撑发展、引领未来”的科技发展方针，力争经过10年左右的努力，在全国率先建成创新型省份，使江苏成为创新活动广泛，创新体制灵活，创业环境优越，成果转化便捷，服务体系完备，对科技人才和科技成果具有明显吸引力的创新热土和创业沃土。

人均GDP突破3000美元，使江苏的发展站在了新的历史起点上。面对日益紧逼的区域竞赛和日趋激烈的国际竞争的挑战，江苏迫切需要寻找新的增长动力，创造新的竞争优势。多年来，江苏经济社会发展取得大的跨越，主要是靠创业推动。最初得益于农民企业家创业，近几年得益于民营企业家创业，现在要靠科技企业家创业。江苏新时期的发展模式，要实现创业形态的提升和增长方式的转换，努力形成以自主创新为动力的增长结构，以科技创新型产业为主导的产业结构，以自主创新型企业为核心的企业结构。

江苏虽有较多的科技成果，也有无锡尚德、南京中圣这样的创业亮点，但总体上科技创业未成气候，尤其是科技人才创办的企业太少。科技创业是江苏省科技创新的一个薄弱环节，也是一个大有可为的广阔空间。要把推动科技创业作为科技创新的关键环节和紧迫任务，使之成为加快发展的现实推动力，引领发展的先进生产力。

根据江苏的实践，科技创业的途径主要有三条：一是依托科研成果创业，二是依托科技人才创业，三是依托科研院所创业。无论是哪条途径，都必须把科技创业纳入科技创新活动的全过程，放到市场经济运行的大格局中来谋划和推动。为此，我们要做好以下几项工作：

第一，从创新源头上实现科技成果与市场需求的对接。开发产品是否合乎市场需求，是科技成果能否转化为现实生产力的前提。一是要确立先进的市场理念。坚持以市场为导向，增强研发选题立项的应用性的针对性，并有效组合科技资源，加紧开发适用技术和产品，引领社会投资和消费。二是要建立适应市场的研发机制。改变研发与生产脱节的状况，应着力于从机制上解决企业重生产轻研发，高校、科研院所重学术价值轻应用开发的问题。在科技创新创业的链条中，促进企业的关口向研发前移，科研机构的重心向应用下移，依靠市场机制促进产学研紧密结合，力求多出技术成果，多出创新人才，多出适销对路的产品，放大科技成果的市场效应。

第二，从体制机制上促进科技成果与各类资本的融合。一是大力发展风险投资。加快建立比较完善的创业投资风险机制，形成国家资金为引导、社会资本参与的多元化风险投资体系，集中更多的企业资本和海内外创投基金投向科技创业。鼓励发展民间风险投资公司，探索建立多种形式、多种所有制的风险投资机构。科技企业也要善于多渠道融资，由单一的产品经营升华到产品经营、资本运营“两条腿”走路。二是建立科技人才与企业家经常性的沟通渠道，促进科学家与企业家结合。三是加强信息发布。要建立面向全社会的科技成果发布和技术交易平台，建立各种资本投资意向的公共信息库，为智方资方双向选择、各取所需提供便捷高效的直通车。

第三，从政府服务上加大对科技创业的支持力度。要有敏锐的眼光和招引项目的诚意，在营造最佳的创业环境上多下功夫，使创业的技术和资本要素进得来、留得住、扎下根。一是要提供良好的创业平台。重点是加强科技创业服务中心、大学科技园、软件园、留学生创业园等孵化器建设，进一步完善创业流程服务、创业辅导培训、技术转移与产权交易、创业投资等科技创业服务功能，推进孵化器向专业化、多元化、网络化和国际化方向发展，力争使科技人员只要带着有市场需求的成果来，就能圆创业梦，使孵化器成为催生科技企业的“温室”和培育科技企业家的摇篮。二是要扶持民营科技企业发展。要以培育和发展民营科技企业为重点，大力支持创办民营科技企业，积极引导转制改企的科研单位引进企业经营者，把科技优势和管理优势组合起来，推动民营科技机构尽快实现转型，由单纯研发转变为集研发、生产与销售为一体，放大科技成果的产出效应。特别是要有针对性地帮助解决民营科技企业“融资难”的问题，促进金融资本支持民营科技企业做大做强，使之成为江苏科技企业的主力军。

第四，用好科技创新企业人才。人才是科技生产力最核心、最活跃的要素，也是科技创新创业决定性的因素。自主的知识产权和核心技术要靠具有科学头脑和创新本领的人才创造和应用，谁拥有一流的创新人才，谁就能拥有一流的创新成果，形成先进的生产力，拥有未来的竞争力。一是解除束缚把科技人才放出来。解放科技生产力，首先就是要解放人才。要通过政策调整和激励措施，让有本事的高校师生向往创业，带着科技成果独立创业，与企业家合作创业。要给予出来创业的人才在实际收益上高于在校做学问的待遇，以技术入股和管理入股拴心留人，用高薪和重奖使有创业本事的人走出学术研究的象牙塔，投身创新创业的主战场。二是不惜重金引进领军人才。治国治政，得人心者得天下；创新创业，得人才者得财富。要舍得开出优惠的条件，不惜投入相当的成本，把领军人才、拔尖人才吸引到江苏来创业，把先进技术、专利成果招引到江苏来转化。对于成果突出和企业急需的人才，要给予特殊的政策，使他们得到的报酬与创造的价值相称，实际待遇不低于在国外、境外的水平。三是多种渠道培育适用人才。我们要按照教育率先基本实现现代化的目标，加紧建立配套完善的教育体系，按照创新创业的需要确立教育理念，创新教育模式，调整高等教育、职业教育的学科和课程设置，把培养学生的重点放在塑造创新精神、提高创新能力、增强创业本领上，把大学生培养成善于创新、勇于创业的科技企业家和技术人才。

总之，我们要下最大的决心、最大的气力，着手解决科技创新企业中思想观念、体制机制、环境氛围等方面存在的突出问题，努力营造良好的政策环境、法制环境、社会环境，推动科技创新创业。

发展风险投资和资本市场促创新

摘自《第八届中国风险投资论坛》徐冠华的发言

（2006年5月17日）

本届论坛以“落实自主创新战略，开创中国特色风险投资新局面”为主题，对发展具有中国特色的风险投资和资本市场，对促进自主创新战略的实施产生重要而深远的影响。

下面，我就这个问题谈几点意见和想法：

第一，风险投资和资本市场是促进企业自主创新的基本要素

今年1月，党中央和国务院召开了全国科学技术大会，提出了提高自主创新能力，建设创新型国家的战略目标。我们认为，健全的风险投资体系和完善的资本市场是企业自主创新的基本要素。

1. 企业是自主创新的主体，而创新型小企业是其中极为活跃的力量。

目前，许多国家都十分重视小企业特别是创新型小企业的发展，将它们视为技术创新的主要载体。在美国，70%以上的专利，是由小企业创造的，小企业平均的创新能力是大企业的2倍以上。在我国，小企业提供了全国约 66%的发明专利、74%以上的技术创新、82%以上的新产品开发，已经成为技术创新的重要力量和源泉。

创新型小企业具有两个特点：不确定性和信息不对称，这与商业银行的集中资金管理模式和审慎经营原则不相符合，使得它们难以获得商业银行的贷款支持。科技开发周期较长、风险较大，也使政府难以承受。而风险投资与新型资本市场独特的资本性融资，既可以满足这些小企业直接融资需求，又可以达到风险共担、收益共享的目标。这一点，已经被世界各国风险投资的实践和新型资本市场的发展所证实。美国纳斯达克市场、英国 AIM 市场、韩国科斯达克市场以及日本几个新市场已经成为全球支持创新型小企业融资的重要平台。

2. 实施自主创新战略，需要更大程度地发挥风险投资和资本市场对创新型小企业支撑作用的功能和作用。主要包括：

发挥风险投资和资本市场对创新型小企业发展所具有的引导、示范和带动作用。通过资本市场功能的发挥，带动、牵引整个科技投融资体制改革和科技创新激励机制的实现，并取得实质性突破。

发挥资本市场推动风险投资发展的决定性作用。风险投资整个行业的兴起必须首先解决退出机制问题，而只有借助资本市场才能建立起市场化的退出渠道，并促进风险投资不断循环增值。

发挥资本市场促进创新型小企业做优做强的作用。资本市场可以向创新型小企业提供充足的资本支持，推动创新型小企业强化规范运作和基础管理，促进创新型小企业通过购并等方式迅速成长壮大，加快科技成果的转化与产业化。

第二，当前风险投资和资本市场的制度性缺陷制约了其对企业自主创新支持作用的发挥

改革开放以来，我国风险投资和资本市场从无到有，取得了巨大的成绩。同时也应看到，我国风险投资和资本市场还不够强大，发展速度落后于国民经济增长的步伐，甚至出现了边缘化趋势，不能满足高新技术企业高速发展所面临的旺盛的融资需求。

首先，我国风险投资还存在制度性缺陷。

1. 我国风险投资明显出现外强于内的局面。目前，境外风险投资机构在国内非常活跃，内资风险投资却呈现低迷态势。造成以上现状的主要原因，除管理机制方面的原因外，很重要的一点是外资的运作方式大多采取投资于成长期或成熟期的企业，而后快速在境外上市，达到股本退出获利的目的。而内资风险投资机构由于我国资本市场的缺陷，没有建立起适合不同企业融资的多层次的资本市场，不能为风险投资的退出提供多渠道、高效率的股权交易平台，造成其投入的资金无法及时变现退出，使境内风险投资机构的资金流动性严重下降，而产生行业萎缩。

2. 风险投资机构的组织形态单一，影响风险投资的发展。由于没有有限合伙制的法律制度安排，我国的风险投资机构的组织形态只能以公司的方式出现，单一的组织形态对风险投资的资金进入以及决策效率和激励约束机制等都产生了较大的影响。

3. 风险投资资金来源不足。由于我国风险投资的发展环境和制度存在缺陷，大量民间资本不愿进入风险投资行业，致使国内风险投资的资金来源严重不足，过多依靠政府的资金投入。

4. 缺乏有力的引导政策，尚未形成对风险投资的政策支持环境。2005 年 10 部委出台的《创业投资企业管理暂行办法》，对促进和规范风险投资机构的发展具有积极意义。但有关支持风险投资发展的税收政策、引导基金政策以及证券、保险资金参与风险投资的政策等，仍还在研究制定之中。

其次，我国资本市场正处于变革之中。

虽然有了很多改善，但也存在一些问题，主要有以下几个方面：

1. 国内直接融资比例持续下降，海外上市蔚然成风。从海外成熟市场的数据来看，发达国家的社会总融资额中，直接融资比例通常在60%左右，中国资本市场直接融资额比例最高的是在1998年，一度达到社会总融资额的15%。2002年，直接融资占社会总融资额的比例跌到4%；2003年和2004年进一步下跌至3%；2005年直接融资不超过500亿元，比例更跌到1.5%左右。同期大量优质企业赴海外上市，到2004年底，深沪两市上市公司共1376家，净资产总额共19259亿元，净利润总额1734亿元，而境外上市公司中仅前10家公司，净资产总额就达到11433亿元，净利润总额却达到2354亿元，比深沪两市公司的利润多36%。香港、美国、新加坡3个主要海外上市地共有296家中国企业上市挂牌，总市值达 3492.04 亿美元。相比国内深沪上市公司，流通市值11688.64亿元（折合1413.38亿美元），海外上市规模已经大大超过了国内市场。从可流通市值比较，海外市场已经是国内市场的2.47倍。

2. 国内发行与上市的暂停，影响了国内资本市场的正常发展与国内拟上市企业的上市需求。股权分置改革以来，中国证券市场暂停了国内市场的发行与上市工作，这种暂停主要是为了保障股权分置改革的顺利进行，是正确的。但由于暂停时间较长，且无明确的启动时间表，已经影响很多拟上市企业正常的发展需求与合理预期，促使部分优秀企业更多地谋划海外上市，如2005年在海外上市的百度、无锡尚德、奥瑞金种业、神华煤业、中星微等。近期，一些省市政府部门也在组织部分优秀的高新技术企业赴海外上市融资。

3. 资本市场现有的制度安排还不适应科技型中小企业的发展需要，主要表现在：

（1）现行发审制度不便于科技型中小企业进入资本市场。企业上市周期长、成本高、程序复杂。IPO一般需要2～3年的时间，期间还充满了许多不确定因素。而且，企业上市后再融资必须间隔1年，再融资的发行审核基本等同于IPO，同样无法适应高技术产品生命周期短、技术更新快的特点，不能满足科技型中小企业实施技术更新、产品升级换代对资金的急切需求。

(2)现行发审标准不利于创新型企业进入资本市场。现行发审标准强调企业过去的经营业绩和盈利能力等硬性指标，较少注重企业的研究开发能力、科技含量和成长潜力等软性指标，较适用于成熟型企业，不适用于创新型企业。按照现行发审标准，当年的新浪和现在的百度都无法达到我国的发行标准。

（3）中小企业板规模有限，资本市场层次单一。中小企业板设立已有一年多时间，上市公司仅有50家，融资额仅120亿元，仅相当于宝钢一次增发的融资额，与我国13万多家科技型中小企业总规模极不相称，也与近年来赴海外上市的科技型中小企业数量不相称。中小企业板发展速度和市场规模非常有限，根本无法满足中小企业的融资需求。

我国资本市场存在的制度性缺陷，影响了企业自主创新能力的提高，影响了我国创新型小企业的生存与发展，成为我国科技与资本结合的最大瓶颈：

一方面，众多具有自主创新能力的科技型中小企业无法进入资本市场。在国内资本市场无法满足需要的情况下，大量企业只能选择境外上市。2004年共有84家内地企业到香港、新加坡和纳斯达克等交易所上市，海外IPO融资额是内地市场IPO融资额的3倍。海外上市在一定程度上满足了我国科技型中小企业的融资需求，比如三大门户网站新浪、搜狐和网易以及百度，如果不能在纳斯达克上市，就不可能持续经营下去。我国大量优秀企业被迫到海外上市，反映了国内资本市场的制度缺陷，影响了我国企业特别是高新技术企业的进一步发展壮大。日本有2700家上市公司，但只有13家公司在纽约证券交易所上市，17家公司在纳斯达克上市，占本国上市公司总数的1.1%。就是作为发展中国家的印度也正在采取各种措施，鼓励本国企业在国内上市。

另一方面，资本市场缺少风险投资退出的制度安排，导致我国本土创投总体上处于相对萎缩状态，风险投资的规模、项目与目标均不能满足科技创业企业发展的需要。自2002年以来，我国风险投资的发展开始减缓，2003年、2004年连续两年呈现投资总额绝对量下降趋势。而且风险投资出现主要投向处于相对成熟阶段企业的趋势，对处于种子期的科技企业的投资不足。

第三，加大风险投资和资本市场对创新型中小企业支持与服务力度的几点思考

不久前公布的国务院关于《实施〈国家中长期科学和技术发展规划纲要〉的若干配套政策》中，对发展促进自主创新的风险投资和资本市场提出了明确的政策要求。中国人民银行、证监会、银监会、国家发改委、财政部、科技部等部门正在国务院的领导和统筹协调下，加快研究提出发展我国风险投资和资本市场的具体政策措施。从科技工作考虑，对风险投资和资本市场的需求重点有以下几个方面：

1. 大力推进多层次资本市场体系建设

（1）积极推动创业板。当前的中小企业板仍是主板市场的组成部分，离真正意义上的创业板市场还有很大距离，中小企业板不能代替创业板。当前，设立创业板的环境已有了明显的改善：随着《公司法》《证券法》的修改完善以及股权分置改革的深入，我国证券市场的监管能力、措施和专业人才队伍的逐步加强，都为创业板的推出创造了极为有利的条件；去年科技部火炬中心与深圳证券交易所开展了科技型中小企业和高新技术企业上市资源的调查工作，根据对全国高新园区5万多家重点企业近3年的数据进行统计，有2197家科技型中小企业主要财务指标基本符合上市条件，其中有700多家已被深交所列为重点培育对象。积极推动创业板，培育更多的有活力、有发展前途的创新型小企业上市，将有助于投资者树立对我国证券市场的信心。我们应根据不同类型、不同成长阶段的创新型企业的不同特点和风险特性，结合新《公司法》和《证券法》制定相应的发行上市条件，早日进行创业板试点，满足不同类型、不同成长阶段的创新型企业多样化的融资需求。

（2）深化“三板”试点，完善代办股份转让系统。科技部和证监会、北京市政府一起继续推进中关村科技园区未上市高新技术企业进入代办股份转让系统的试点工作，积极动员更多的高新技术企业和合格投资者进入代办系统，进一步活跃市场交易，提高交易效率，完善各项制度建设。在此基础上，将其逐步覆盖到具备条件的其他国家高新技术产业开发区内的未上市高新技术企业。代办股份转让系统将会成为未来“三板”建设的核心，对于大量暂时达不到上市门槛的高新技术企业，可以先进入代办系统进行股份转让交易，待条件成熟后通过转板机制进入中小企业板或未来的创业板，代办股份转让系统应该成为创业板的“孵化器”。同时应研究将产权交易中心纳入多层次资本市场体系。

（3）大力推进中小企业板创新。目前中小企业融资需求旺盛，应尽快重启中小企业板的新股发行。考虑到中小企业板股权分置改革已经完成，主板市场的改革也在顺利推进，建议在中小企业板率先进行“新老划断”，既可以为股权分置改革营造良好的市场环境，探索全流通条件下的新股发行机制，也可以对科技型中小企业群体和创业投资机构形成积极的影响。

加快中小企业板制度创新的步伐。根据新《公司法》和《证券法》，在总结创新型小企业发展规律和特点的基础上，制定不同于传统企业的发行审核标准，重点关注创新型小企业的研究开发能力、自主知识产权情况和成长潜力。充分发挥保荐机构和证券交易所的作用，逐步提高发行审核的市场化程度。抓紧建立适应中小企业板上市公司“优胜劣汰”的退市机制、股权激励机制和小额融资机制，推进全流通机制下的交易与监管制度创新，构筑中小企业板的强大生命力。

改革发审制度，提高发审效率，设立面向具有自主创新能力的科技型中小企业发行上市的“绿色通道”。在现有法律法规框架下，对具有较强自主创新能力和自主知识产权，较好的盈利能力和高成长性，并符合发行上市条件的科技型中小企业，建立高效快捷的融资机制，尽可能简化审核程序，提高发审效率，提供更快捷的融资便利。建议取消首次公开发行前为期一年的辅导期；适当放宽保荐机构推荐企业家数的限制；快速审核，证监会自受理企业发行申请之日起在2个月内作出核准决定；过发审会后由企业、保荐机构和交易所协商发行时间等。

2. 尽快制定出台有限合伙制的法律

目前《合伙企业法》正在修订中，其中特别提出了有限合伙方面的条款。有限合伙制是国外风险投资机构普遍采用的组织方式，能够有效吸引社会资金流入风险投资行业，有限合伙制在我国制度安排将会使我国风险投资的资金规模得以迅速扩大，运行效率更为提高，为做大做强我国风险投资起到积极的推动作用。

3. 加强对风险投资发展的引导力度，设立国家风险投资引导资金，即“母基金”

科技部对设立国家风险投资引导资金进行了深入研究，并一直在推动这方面的工作。其意义主要有2个方面，一是可以在风险投资的资金供给方面，以政府示范性引导资金拉动全社会各类资金投资设立风险投资机构，扩大风险投资的资金来源，增强国内风险投资机构的资金实力；二是可以通过引导资金的影响，引导风险投资机构加大对种子期和初创期科技型中小企业（尤其是自主创新能力强的企业）的投资，以此提升我国企业的自主创新的能力。

4. 制定对风险投资的税收优惠政策

对风险投资从高新技术企业所获得的股权转让中的增值部分给予必要的税收优惠，鼓励个人参与风险投资。

5. 积极引导风险投资参与自主创新战略的实施

我们一直非常重视推动全国风险投资事业的发展和促进自主创新的多层次资本市场的形成，将进一步集成资源，按照“加强引导、密切合作、完善基础、积极服务”的指导思想，出台相关措施，引导风险投资参与自主创新战略的实施，鼓励和支持风险投资机构参与国家科技计划项目的产业化，帮助和推动具有较强自主创新能力的高新技术企业上市融资。

风险投资和资本市场在当今经济、科技发展中，正发挥着越来越重要的作用。随着我国自主创新能力的提高，科技对经济社会发展的贡献将会日益增加，使我们每一个人都可以更加直接地感受到科技进步带来的变化。同时，大量创新型企业的发展壮大也为风险投资和资本市场提供了投资资源，使投资者可以分享中国科技发展的成果。《规划纲要》的颁布实施，使我们迎来了又一个科学的春天，我们相信这股春风也能给我国风险投资和资本市场的发展带来更多春天的气息。科技部愿与海内外金融界的各位朋友携起手来，共同推动中国科技事业的发展！

第八部分

投资政策法规

国家发展政策

国务院关于投资体制改革的决定

国发［2004］20号

改革开放以来，国家对原有的投资体制进行了一系列改革，打破了传统计划经济体制下高度集中的投资管理模式，初步形成了投资主体多元化、资金来源多渠道、投资方式多样化、项目建设市场化的新格局。但是，现行的投资体制还存在不少问题，特别是企业的投资决策权没有完全落实，市场配置资源的基础性作用尚未得到充分发挥，政府投资决策的科学化、民主化水平需要进一步提高，投资宏观调控和监管的有效性需要增强。为此，国务院决定进一步深化投资体制改革。

一、深化投资体制改革的指导思想和目标

（一）深化投资体制改革的指导思想是：按照完善社会主义市场经济体制的要求，在国家宏观调控下充分发挥市场配置资源的基础性作用，确立企业在投资活动中的主体地位，规范政府投资行为，保护投资者的合法权益，营造有利于各类投资主体公平、有序竞争的市场环境，促进生产要素的合理流动和有效配置，优化投资结构，提高投资效益，推动经济协调发展和社会全面进步。

（二）深化投资体制改革的目标是：改革政府对企业投资的管理制度，按照“谁投资、谁决策、谁收益、谁承担风险”的原则，落实企业投资自主权；合理界定政府投资职能，提高投资决策的科学化、民主化水平，建立投资决策责任追究制度；进一步拓宽项目融资渠道，发展多种融资方式；培育规范的投资中介服务组织，加强行业自律，促进公平竞争；健全投资宏观调控体系，改进调控方式，完善调控手段；加快投资领域的立法进程；加强投资监管，维护规范的投资和建设市场秩序。通过深化改革和扩大开放，最终建立起市场引导投资、企业自主决策、银行独立审贷、融资方式多样、中介服务规范、宏观调控有效的新型投资体制。

二、转变政府管理职能，确立企业的投资主体地位

（一）改革项目审批制度，落实企业投资自主权。彻底改革现行不分投资主体、不分资金来源、不分项目性质，一律按投资规模大小分别由各级政府及有关部门审批的企业投资管理办法。对于企业不使用政府投资建设的项目，一律不再实行审批制，区别不同情况实行核准制和备案制。其中，政府仅对重大项目和限制类项目从维护社会公共利益角度进行核准，其他项目无论规模大小，均改为备案制，项目的市场前景、经济效益、资金来源和产品技术方案等均由企业自主决策、自担风险，并依法办理环境保护、土地使用、资源利用、安全生产、城市规划等许可手续和减免税确认手续。对于企业使用政府补助、转贷、贴息投资建设的项目，政府只审批资金申请报告。各地区、各部门要相应改进管理办法，规范管理行为，不得以任何名义截留下放给企业的投资决策权力。

（二）规范政府核准制。要严格限定实行政府核准制的范围，并根据变化的情况适时调整。《政府核准的投资项目目录》（以下简称《目录》）由国务院投资主管部门会同有关部门研究提出，报国务院批准后实施。未经国务院批准，各地区、各部门不得擅自增减《目录》规定的范围。

企业投资建设实行核准制的项目，仅需向政府提交项目申请报告，不再经过批准项目建议书、可行性研究报告和开工报告的程序。政府对企业提交的项目申请报告，主要从维护经济安全、合理开发利用资源、保护生态环境、优化重大布局、保障公共利益、防止出现垄断

等方面进行核准。对于外商投资项目，政府还要从市场准入、资本项目管理等方面进行核准。政府有关部门要制定严格规范的核准制度，明确核准的范围、内容、申报程序和办理时限，并向社会公布，提高办事效率，增强透明度。

（三）健全备案制。对于《目录》以外的企业投资项目，实行备案制，除国家另有规定外，由企业按照属地原则向地方政府投资主管部门备案。备案制的具体实施办法由省级人民政府自行制定。国务院投资主管部门要对备案工作加强指导和监督，防止以备案的名义变相审批。

（四）扩大大型企业集团的投资决策权。基本建立现代企业制度的特大型企业集团，投资建设《目录》内的项目，可以按项目单独申报核准，也可编制中长期发展建设规划，规划经国务院或国务院投资主管部门批准后，规划中属于《目录》内的项目不再另行申报核准，只需办理备案手续。企业集团要及时向国务院有关部门报告规划执行和项目建设情况。

（五）鼓励社会投资。放宽社会资本的投资领域，允许社会资本进入法律法规未禁入的基础设施、公用事业及其他行业和领域。逐步理顺公共产品价格，通过注入资本金、贷款贴息、税收优惠等措施，鼓励和引导社会资本以独资、合资、合作、联营、项目融资等方式，参与经营性的公益事业、基础设施项目建设。对于涉及国家垄断资源开发利用、需要统一规划布局的项目，政府在确定建设规划后，可向社会公开招标选定项目业主。鼓励和支持有条件的各种所有制企业进行境外投资。

（六）进一步拓宽企业投资项目的融资渠道。允许各类企业以股权融资方式筹集投资资金，逐步建立起多种募集方式相互补充的多层次资本市场。经国务院投资主管部门和证券监管机构批准，选择一些收益稳定的基础设施项目进行试点，通过公开发行股票、可转换债券等方式筹集建设资金。在严格防范风险的前提下，改革企业债券发行管理制度，扩大企业债券发行规模，增加企业债券品种。按照市场化原则改进和完善银行的固定资产贷款审批和相应的风险管理制度，运用银团贷款、融资租赁、项目融资、财务顾问等多种业务方式，支持项目建设。允许各种所有制企业按照有关规定申请使用国外贷款。制定相关法规，组织建立中小企业融资和信用担保体系，鼓励银行和各类合格担保机构对项目融资的担保方式进行研究创新，采取多种形式增强担保机构资本实力，推动设立中小企业投资公司，建立和完善创业投资机制。规范发展各类投资基金。鼓励和促进保险资金间接投资基础设施和重点建设工程项目。

（七）规范企业投资行为。各类企业都应严格遵守国土资源、环境保护、安全生产、城市规划等法律法规，严格执行产业政策和行业准入标准，不得投资建设国家禁止发展的项目；应诚信守法，维护公共利益，确保工程质量，提高投资效益。国有和国有控股企业应按照国有资产管理体制改革和现代企业制度的要求，建立和完善国有资产出资人制度、投资风险约束机制、科学民主的投资决策制度和重大投资责任追究制度。严格执行投资项目的法人责任制、资本金制、招标投标制、工程监理制和合同管理制。

三、完善政府投资体制，规范政府投资行为

（一）合理界定政府投资范围。政府投资主要用于关系国家安全和市场不能有效配置资源的经济和社会领域，包括加强公益性和公共基础设施建设，保护和改善生态环境，促进欠发达地区的经济和社会发展，推进科技进步和高新技术产业化。能够由社会投资建设的项目，尽可能利用社会资金建设。合理划分中央政府与地方政府的投资事权。中央政府投资除本级政权等建设外，主要安排跨地区、跨流域以及对经济和社会发展全局有重大影响的项目。

（二）健全政府投资项目决策机制。进一步完善和坚持科学的决策规则和程序，提高政府投资项目决策的科学化、民主化水平；政府投资项目一般都要经过符合资质要求的咨询中介机构的评估论证，咨询评估要引入竞争机制，并制定合理的竞争规则；特别重大的项目还应实行专家评议制度；逐步实行政府投资项目公示制度，广泛听取各方面的意见和建议。

（三）规范政府投资资金管理。编制政府投资的中长期规划和年度计划，统筹安排、合理使用各类政府投资资金，包括预算内投资、各类专项建设基金、统借国外贷款等。政府投资资金按项目安排，根据资金来源、项目性质和调控需要，可分别采取直接投资、资本金注入、投资补助、转贷和贷款贴息等方式。以资本金注入方式投入的，要确定出资人代表。要针对不同的资金类型和资金运用方式，确定相应的管理办法，逐步实现政府投资的决策程序和资金管理的科学化、制度化和规范化。

（四）简化和规范政府投资项目审批程序，合理划分审批权限。按照项目性质、资金来源和事权划分，合理确定中央政府与地方政府之间、国务院投资主管部门与有关部门之间的项目审批权限。对于政府投资项目，采用直接投资和资本金注入方式的，从投资决策角度只审批项目建议书和可行性研究报告，除特殊情况外不再审批开工报告，同时应严格政府投资项目的初步设计、概算审批工作；采用投资补助、转贷和贷款贴息方式的，只审批资金申请报告。具体的权限划分和审批程序由国

务院投资主管部门会同有关方面研究制定，报国务院批准后颁布实施。

（五）加强政府投资项目管理，改进建设实施方式。规范政府投资项目的建设标准，并根据情况变化及时修订完善。按项目建设进度下达投资资金计划。加强政府投资项目的中介服务管理，对咨询评估、招标代理等中介机构实行资质管理，提高中介服务质量。对非经营性政府投资项目加快推行“代建制”，即通过招标等方式，选择专业化的项目管理单位负责建设实施，严格控制项目投资、质量和工期，竣工验收后移交给使用单位。增强投资风险意识，建立和完善政府投资项目的风险管理机制。

（六）引入市场机制，充分发挥政府投资的效益。各级政府要创造条件，利用特许经营、投资补助等多种方式，吸引社会资本参与有合理回报和一定投资回收能力的公益事业和公共基础设施项目建设。对于具有垄断性的项目，试行特许经营，通过业主招标制度，开展公平竞争，保护公众利益。已经建成的政府投资项目，具备条件的经过批准可以依法转让产权或经营权，以回收的资金滚动投资于社会公益等各类基础设施建设。

四、加强和改善投资的宏观调控

（一）完善投资宏观调控体系。国家发展和改革委员会要在国务院领导下会同有关部门，按照职责分工，密切配合、相互协作、有效运转、依法监督，调控全社会的投资活动，保持合理投资规模，优化投资结构，提高投资效益，促进国民经济持续快速协调健康发展和社会全面进步。

（二）改进投资宏观调控方式。综合运用经济的、法律的和必要的行政手段，对全社会投资进行以间接调控方式为主的有效调控。国务院有关部门要依据国民经济和社会发展中长期规划，编制教育、科技、卫生、交通、能源、农业、林业、水利、生态建设、环境保护、战略资源开发等重要领域的发展建设规划，包括必要的专项发展建设规划，明确发展的指导思想、战略目标、总体布局和主要建设项目等。按照规定程序批准的发展建设规划是投资决策的重要依据。各级政府及其有关部门要努力提高政府投资效益，引导社会投资。制定并适时调整国家固定资产投资指导目录、外商投资产业指导目录，明确国家鼓励、限制和禁止投资的项目。建立投资信息发布制度，及时发布政府对投资的调控目标、主要调控政策、重点行业投资状况和发展趋势等信息，引导全社会投资活动。建立科学的行业准入制度，规范重点行业的环保标准、安全标准、能耗水耗标准和产品技术、质量标准，防止低水平重复建设。

（三）协调投资宏观调控手段。根据国民经济和社会发展要求以及宏观调控需要，合理确定政府投资规模，保持国家对全社会投资的积极引导和有效调控。灵活运用投资补助、贴息、价格、利率、税收等多种手段，引导社会投资，优化投资的产业结构和地区结构。适时制定和调整信贷政策，引导中长期贷款的总量和投向。严格和规范土地使用制度，充分发挥土地供应对社会投资的调控和引导作用。

（四）加强和改进投资信息、统计工作。加强投资统计工作，改革和完善投资统计制度，进一步及时、准确、全面地反映全社会固定资产存量和投资的运行态势，并建立各类信息共享机制，为投资宏观调控提供科学依据。建立投资风险预警和防范体系，加强对宏观经济和投资运行的监测分析。

五、加强和改进投资的监督管理

（一）建立和完善政府投资监管体系。建立政府投资责任追究制度，工程咨询、投资项目决策、设计、施工、监理等部门和单位，都应有相应的责任约束，对不遵守法律法规给国家造成重大损失的，要依法追究有关责任人的行政和法律责任。完善政府投资制衡机制，投资主管部门、财政主管部门以及有关部门，要依据职能分工，对政府投资的管理进行相互监督。审计机关要依法全面履行职责，进一步加强对政府投资项目的审计监督，提高政府投资管理水平和投资效益。完善重大项目稽察制度，建立政府投资项目后评价制度，对政府投资项目进行全过程监管。建立政府投资项目的社会监督机制，鼓励公众和新闻媒体对政府投资项目进行监督。

（二）建立健全协同配合的企业投资监管体系。国土资源、环境保护、城市规划、质量监督、银行监管、证券监管、外汇管理、工商管理、安全生产监管等部门，要依法加强对企业投资活动的监管，凡不符合法律法规和国家政策规定的，不得办理相关许可手续。在建设过程中不遵守有关法律法规的，有关部门要责令其及时改正，并依法严肃处理。各级政府投资主管部门要加强对企业投资项目的事中和事后监督检查，对于不符合产业政策和行业准入标准的项目，以及不按规定履行相应核准或许可手续而擅自开工建设的项目，要责令其停止建设，并依法追究有关企业和人员的责任。审计机关依法对国有企业的投资进行审计监督，促进国有资产保值增值。建立企业投资诚信制度，对于在项目申报和建设过程中提供虚假信息、违反法律法规的，要予以惩处，并公开披露，在一定时间内限制其投资建设活动。

（三）加强对投资中介服务机构的监管。各类投资中介服务机构均须与政府部门脱钩，坚持诚信原则，加强自我约束，为投资者提供高质量、多样化的中介服务。鼓励各种投资中介服务机构采取合伙制、股份制等多种形式改组改造。健全和完善投资中介服务机构的行业协会，确立法律规范、政府监督、行业自律的行业管理体制。打破地区封锁和行业垄断，建立公开、公平、公正的投资中介服务市场，强化投资中介服务机构的法律责任。

（四）完善法律法规，依法监督管理。建立健全与投资有关的法律法规，依法保护投资者的合法权益，维护投资主体公平、有序竞争，投资要素合理流动、市场发挥配置资源的基础性作用的市场环境，规范各类投资主体的投资行为和政府的投资管理活动。认真贯彻实施有关法律法规，严格财经纪律，堵塞管理漏洞，降低建设成本，提高投资效益。加强执法检查，培育和维护规范的建设市场秩序。

附：政府核准的投资项目目录（2004年本）

简要说明：

（一）本目录所列项目，是指企业不使用政府性资金投资建设的重大和限制类固定资产投资项目。

（二）企业不使用政府性资金投资建设本目录以外的项目，除国家法律法规和国务院专门规定禁止投资的项目以外，实行备案管理。

（三）国家法律法规和国务院有专门规定的项目的审批或核准，按有关规定执行。

（四）本目录对政府核准权限作出了规定。其中：

1. 目录规定“由国务院投资主管部门核准”的项目，由国务院投资主管部门会同行业主管部门核准，其中重要项目报国务院核准。

2. 目录规定“由地方政府投资主管部门核准”的项目，由地方政府投资主管部门会同同级行业主管部门核准。省级政府可根据当地情况和项目性质，具体划分各级地方政府投资主管部门的核准权限，但目录明确规定“由省级政府投资主管部门核准”的，其核准权限不得下放。

3. 根据促进经济发展的需要和不同行业的实际情况，可对特大型企业的投资决策权限特别授权。

（五）本目录为2004年本。根据情况变化，将适时调整。

一、农林水利

农业：涉及开荒的项目由省级政府投资主管部门核准。

水库：国际河流和跨省（区、市）河流上的水库项目由国务院投资主管部门核准，其余项目由地方政府投资主管部门核准。

其他水事工程：需中央政府协调的国际河流、涉及跨省（区、市）水资源配置调整的项目由国务院投资主管部门核准，其余项目由地方政府投资主管部门核准。

二、能　源

（一）电力

水电站：在主要河流上建设的项目和总装机容量25万千瓦及以上项目由国务院投资主管部门核准，其余项目由地方政府投资主管部门核准。

抽水蓄能电站：由国务院投资主管部门核准。

火电站：由国务院投资主管部门核准。

热电站：燃煤项目由国务院投资主管部门核准，其余项目由地方政府投资主管部门核准。

风电站：总装机容量5万千瓦及以上项目由国务院投资主管部门核准，其余项目由地方政府投资主管部门核准。

核电站：由国务院核准。

电网工程：330千伏及以上电压等级的电网工程由国务院投资主管部门核准，其余项目由地方政府投资主管部门核准。

（二）煤炭

煤矿：国家规划矿区内的煤炭开发项目由国务院投资主管部门核准，其余一般煤炭开发项目由地方政府投资主管部门核准。

煤炭液化：年产50万吨及以上项目由国务院投资主管部门核准，其他项目由地方政府投资主管部门核准。

（三）石油、天然气

原油：年产100万吨及以上的新油田开发项目由国务院投资主管部门核准，其他项目由具有石油开采权的企业自行决定，报国务院投资主管部门备案。

天然气：年产20亿立方米及以上新气田开发项目由国务院投资主管部门核准，其他项目由具有天然气开采权的企业自行决定，报国务院投资主管部门备案。

液化石油气接收、存储设施（不含油气田、炼油厂的配套项目）：由省级政府投资主管部门核准。

进口液化天然气接收、储运设施：由国务院投资主管部门核准。

国家原油存储设施：由国务院投资主管部门核准。

输油管网（不含油田集输管网）：跨省（区、市）干线管网项目由国务院投资主管部门核准。

输气管网（不含油气田集输管网）：跨省（区、市）或年输气能力5亿立方米及以上项目由国务院投资主管部门核准，其余项目由省级政府投资主管部门核准。

三、交通运输

（一）铁道

新建（含增建）铁路：跨省（区、市）或100公里及以上项目由国务院投资主管部门核准，其余项目按隶属关系分别由国务院行业主管部门或省级政府投资主管部门核准。

（二）公路

公路：国道主干线、西部开发公路干线、国家高速公路网、跨省（区、市）的项目由国务院投资主管部门核准，其余项目由地方政府投资主管部门核准。

独立公路桥梁、隧道：跨境、跨海湾、跨大江大河（通航段）的项目由国务院投资主管部门核准，其余项目由地方政府投资主管部门核准。

（三）水运

煤炭、矿石、油气专用泊位：新建港区和年吞吐能力200万吨及以上项目由国务院投资主管部门核准，其余项目由省级政府投资主管部门核准。

集装箱专用码头：由国务院投资主管部门核准。

内河航运：千吨级以上通航建筑物项目由国务院投资主管部门核准，其余项目由地方政府投资主管部门核准。

（四）民航

新建机场：由国务院核准。

扩建机场：总投资10亿元及以上项目由国务院投资主管部门核准，其余项目按隶属关系由国务院行业主管部门或地方政府投资主管部门核准。

扩建军民合用机场：由国务院投资主管部门会同军队有关部门核准。

四、信息产业

电信：国内干线传输网（含广播电视网）、国际电信传输电路、国际关口站、专用电信网的国际通信设施及其他涉及信息安全的电信基础设施项目由国务院投资主管部门核准。

邮政：国际关口站及其他涉及信息安全的邮政基础设施项目由国务院投资主管部门核准。

电子信息产品制造：卫星电视接收机及关键件、国家特殊规定的移动通信系统及终端等生产项目由国务院投资主管部门核准。

五、原材料

钢铁：已探明工业储量5000万吨及以上规模的铁矿开发项目和新增生产能力的炼铁、炼钢、轧钢项目由国务院投资主管部门核准，其他铁矿开发项目由省级政府投资主管部门核准。

有色：新增生产能力的电解铝项目、新建氧化铝项目和总投资5亿元及以上的矿山开发项目由国务院投资主管部门核准，其他矿山开发项目由省级政府投资主管部门核准。

石化：新建炼油及扩建一次炼油项目、新建乙烯及改扩建新增能力超过年产20万吨乙烯项目，由国务院投资主管部门核准。

化工原料：新建PTA、PX、MDI、TDI项目，以及PTA、PX改造能力超过年产10万吨的项目，由国务院投资主管部门核准。

化肥：年产50万吨及以上钾矿肥项目由国务院投资主管部门核准，其他磷、钾矿肥项目由地方政府投资主管部门核准。

水泥：除禁止类项目外，由省级政府投资主管部门核准。

稀土：矿山开发、冶炼分离和总投资1亿元及以上稀土深加工项目由国务院投资主管部门核准，其余稀土深加工项目由省级政府投资主管部门核准。

黄金：日采选矿石500吨及以上项目由国务院投资主管部门核准，其他采选矿项目由省级政府投资主管部门核准。

六、机械制造

汽车：按照国务院批准的专项规定执行。

船舶：新建10万吨级以上造船设施（船台、船坞）和民用船舶中、低速柴油机生产项目由国务院投资主管部门核准。

城市轨道交通：城市轨道交通车辆、信号系统和牵引传动控制系统制造项目由国务院投资主管部门核准。

七、轻工烟草

纸浆：年产10万吨及以上纸浆项目由国务院投资主管部门核准，年产3.4（含）万吨～10（不含）万吨纸浆项目由省级政府投资主管部门核准，其他纸浆项目禁止建设。

变性燃料乙醇：由国务院投资主管部门核准。

聚酯：日产300吨及以上项目由国务院投资主管部门核准。

制盐：由国务院投资主管部门核准。

糖：日处理糖料1500吨及以上项目由省级政府投资主管部门核准，其他糖料项目禁止建设。

烟草：卷烟、烟用二醋酸纤维素及丝束项目由国务院投资主管部门核准。

八、高新技术

民用航空航天：民用飞机（含直升机）制造、民用卫星制造、民用遥感卫星地面站建设项目由国务院投资主管部门核准。

九、城　建

城市快速轨道交通：由国务院核准。

城市供水：跨省（区、市）日调水50万吨及以上项目由国务院投资主管部门核准，其他城市供水项目由地方政府投资主管部门核准。

城市道路桥梁：跨越大江大河（通航段）、重要海湾的桥梁、隧道项目由国务院投资主管部门核准。

其他城建项目：由地方政府投资主管部门核准。

十、社会事业

教育、卫生、文化、广播电影电视：大学城、医学城及其他园区性建设项目由国务院投资主管部门核准。

旅游：国家重点风景名胜区、国家自然保护区、国家重点文物保护单位区域内总投资5000万元及以上旅游开发和资源保护设施，世界自然、文化遗产保护区内总投资3000万元及以上项目由国务院投资主管部门核准。

体育：F1赛车场由国务院投资主管部门核准。

娱乐：大型主题公园由国务院核准。

其他社会事业项目：按隶属关系由国务院行业主管部门或地方政府投资主管部门核准。

十一、金　融

印钞、造币、钞票纸项目由国务院投资主管部门核准。

十二、外商投资

《外商投资产业指导目录》中总投资（包括增资）1亿美元及以上鼓励类、允许类项目由国家发展和改革委员会核准。

《外商投资产业指导目录》中总投资（包括增资）5000万美元及以上限制类项目由国家发展和改革委员会核准。

国家规定的限额以上、限制投资和涉及配额、许可证管理的外商投资企业的设立及其变更事项；大型外商投资项目的合同、章程及法律特别规定的重大变更（增资减资、转股、合并）事项，由商务部核准。

上述项目之外的外商投资项目由地方政府按照有关法规办理核准。

十三、境外投资

中方投资3000万美元及以上资源开发类境外投资项目由国家发展和改革委员会核准。

中方投资用汇额1000万美元及以上的非资源类境外投资项目由国家发展和改革委员会核准。

上述项目之外的境外投资项目，中央管理企业投资的项目报国家发展和改革委员会、商务部备案；其他企业投资的项目由地方政府按照有关法规办理核准。

国内企业对外投资开办企业（金融企业除外）由商务部核准。

国务院关于2005年深化经济体制改革的意见

国发〔2005〕第9号

各省、自治区、直辖市人民政府，国务院各部委、各直属机构：

近两年来，党中央、国务院审时度势，果断决策，科学实施宏观调控，经济和社会发展取得了突出成就。但是，宏观调控的实践也表明，生产力发展的体制障碍仍未消除，推进改革十分重要和紧迫。解决经济运行中的突出矛盾和问题，巩固和发展宏观调控成果，调整经济结构，实现经济增长方式转变，全面落实科学发展观，构建社会主义和谐社会，都需要加快推进改革。2005年是改革攻坚的关键一年，要抓住当前有利时机，把改革放到突出位置上，用更大的力量推进经济体制改革。

2005年推进经济体制改革的总体要求是：认真贯彻党的十六大、十六届三中四中全会和中央经济工作会议精神，紧扣影响经济社会发展的突出矛盾和问题推进体制创新，把深化改革同贯彻落实科学发展观、加强和改善宏观调控、促进经济平稳较快发展、构建社会主义和谐社会紧密结合起来，在一些重点领域和关键环节取得实质性突破。

2005年进一步深化经济体制改革要突出重点、全面推进，立足当前、兼顾长远，创新制度、转换机制，把握大局、处理好改革发展稳定的关系，抓好以下重点工作。

一、深化农村经济体制改革

继续深化农村税费改革。研究解决农村税费改革中出现的新矛盾和新问题，把工作重点放在搞好乡镇机构、农村义务教育体制和县乡财政管理体制等各项改革上。积极探索建立防止农民负担反弹的长效机制，巩固改革成果（国务院农村税费改革工作小组牵头）。

完善农村土地制度。切实保障农村集体经济组织的土地所有权和农民的土地承包经营权，继续推动土地承包纠纷仲裁试点工作。继续探索农户间转包、转让、互换等土地流转方式。加强对承包土地流转的监督管理，加大对强迫流转案件的督查力度（农业部牵头）。进一步研究探索农村集体建设用地使用权进入市场。加快农村集体土地所有权的确认，进一步推进集体土地所有权、宅基地登记发证工作（国土资源部牵头）。

深化粮食、棉花流通体制改革。全面贯彻《国务院关于进一步深化粮食流通体制改革的意见》（国发〔2004〕17号）和《粮食流通管理条例》。加快推进国有粮食购销企业改革。完善粮食市场准入制度，支持多种所有制粮食购销企业发展。加强和改善粮食宏观调控，确保国家粮食安全（发展改革委牵头）。进一步完善粮食风险基金政策，建立健全粮食主产区与主销区之间的利益协调机制（财政部牵头）。进一步深化棉花流通体制改革，按照国务院确定的《棉花质量检验体制改革方案》，搞好改革试点，完善改革方案（发展改革委牵头）。

深化农村金融改革。抓紧研究制订农村金融总体改革方案，加快构建功能完善、分工合理、产权明晰、监管有力的农村金融体系。探索发展新的农村合作金融组织（人民银行牵头）。继续深化农村信用社改革，力争在完善治理结构、强化约束机制、增强支农服务能力等方面取得成效。继续扩大农户小额信用贷款和农户联保贷款（银监会牵头）。推进政策性农业保险试点，扩大试点范围（保监会牵头）。

深化林业、农垦、供销社体制改革。深入贯彻落实《中共中央国务院关于加快林业发展的决定》（中发〔2003〕9号），深化林业分类管理体制和森林资源管理体制改革（林业局牵头）。全面推进垦区集团化改革，加快垦区集团现代企业制度建设。继续扩大农民专业合作经济组织试点范围（农业部牵头）。继续推进供销社体制改革（供销总社牵头）。

二、深化国有企业和国有资产管理体制改革

加快国有经济布局和结构战略性调整步伐。研究提出国有经济布局和结构战略性调整的总体思路，研究制订国有资本调整和国有企业重组的指导意见，完善国有资本有进有退、合理流动的机制（国资委、发展改革委牵头）。

完善国有资产监督管理体系。加快组建市（地）级国有资产监督管理机构。完善国有资产管理体制和监管方式，进一步完善出资人制度，建立国有资本经营预算制度，规范国有企业改制和国有产权转让，促进国有资本合理流动，防止国有资产流失，维护职工合法权益。积极推进企业法律顾问制度建设，建立健全国有企业法律风险防范机制。完善国有资本收益和国有资产授权经营管理制度。完善国有企业负责人经营业绩考核体系，建立健全国有企业经营者激励约束机制。中央企业要全面实行年度经营业绩和任期经营业绩考核责任制。修订、完善国有企业产权界定、资产评估管理、境外企业国有产权监管、上市公司国有股权转让管理办法等法规、规章和规范性文件（国资委、财政部牵头）。

大力推进国有企业股份制改革。加快推进国有大型企业股份制改革，支持具备条件的企业逐步实现主营业务整体上市。以建立健全国有大型公司董事会为重点，抓紧健全法人治理结构、独立董事和派出监事会制度。继续改革和完善国有企业经营管理人才选拔和任用方式，公开招聘国有和国有控股企业高级经营管理者。建立健全重大决策失误和重大资产损失责任追究制度，规范责任追究程序和办法。推进国有企业分离办社会和主辅分离、辅业改制。继续做好国有企业政策性关闭破产工作，建立依法破产机制（国资委牵头）。

深化垄断行业和公用事业改革。深化电信体制改革，加快建立电信普遍服务基金。适时出台邮政体制改革方案。抓紧研究提出铁路体制改革方案。完善烟草行业管理体制。研究制订盐业体制改革方案（发展改革委牵头）。

实施电网企业主辅分离，理顺区域电网资产关系，建设区域电力市场，开展大用户直购电试点（发展改革委、电监会牵头）。继续深化民航体制改革（民航总局牵头）。积极推进实施农村公路养护管理体制改革方案（交通部牵头）。推进供水、供气等市政公用事业市场化进程（建设部牵头）。推进水资源管理体制改革，加快水利工程管理体制改革步伐（水利部牵头）。

三、进一步改善非公有制经济发展的体制环境

贯彻落实《国务院关于鼓励支持和引导个体私营等非公有制经济发展的若干意见》（国发〔2005〕3号）。抓紧提出落实相关重要举措的部门分工方案，研究制订和完善放宽非公有制经济市场准入等相关具体措施和配套办法，形成促进非公有制经济发展的政策体系（发展改革委牵头）。

加快清理和修订相关法律法规。清理和修订限制非公有制经济发展的法律法规、部门规章和政策文件，加快完善保护非公有制经济合法权益、保护合法私有财产等各类产权的有关法律法规，为非公有制经济发展创造平等竞争的环境（法制办牵头）。

完善对非公有制经济的社会服务体系。积极为非公有制中小企业创业提供公共服务（发展改革委牵头）。改进信贷考核和奖惩管理方式，提高对非公有制企业的贷款比重（人民银行、银监会牵头）。加快面向非公有制经济的金融产品和服务创新。鼓励政策性银行依托地方商业银行等中小金融机构和担保机构，开展以非公有制中小企业为主要服务对象的转贷款、担保贷款业务（银监会牵头）。拓宽非公有制经济的直接融资渠道，建立健全创业投资机制（证监会、发展改革委牵头）。规范发展中小企业信用担保体系（发展改革委牵头）。

四、深化金融体制改革

加快推进金融企业改革。按照建立现代金融企业制度的要求，进一步深化中国银行、建设银行股份制改革，着力完善公司法人治理结构，健全内控制度，转换经营机制，并建立相关监测与考评机制。加快制订和实施其他国有商业银行股份制改革方案。研究促进金融资产管理公司改革发展、提高不良资产回收率的政策措施。抓紧实施邮政储蓄体制改革。研究政策性银行的职能和定位（人民银行牵头）。择机出台政策性银行条例。继续深化非银行金融机构改革。整合并规范发展地方中小金融机构，鼓励社会资金参与城市信用社和城市商业银行等金融机构的重组改造（银监会牵头）。深化保险业改革，继续推进国有保险公司股份制改造。健全管理制度，规范保险市场秩序（保监会牵头）。

健全金融调控体系。稳步推进利率市场化和人民币汇率形成机制改革，保持人民币汇率在合理、均衡水平上基本稳定。继续加强对资本流入的引导和管理，建立有序可控的资本流出机制。研究建立调节国际收支的市场机制和管理体制。建立健全货币市场、资本市场、保险市场有机结合和协调发展的机制，防范跨市场、跨系统风险。建立健全金融机构市场退出机制。加大对商业银行资产负债匹配的监管力度，推进信贷资产证券化试点。加快建立金融风险预警体系和化解系统性风险的长效机制。进一步完善反洗钱工作机制（人民银行牵头）。

完善金融监管体制和协调机制。改善监管方式和手段，加强市场准入、治理结构、内部控制、资本充足率、重点业务和高级管理人员监管。全面推行贷款质量五级分类制度，落实贷款损失准备金拨备制度。进一步增强监管信息透明度，形成对监管机构和工作人员的监督制约和问责机制（银监会牵头）。加强金融监管的合作与协调，逐步形成专业金融监管机构和宏观调控部门共同组成的金融稳定协调机制（人民银行牵头）。

五、深化财政税收投资价格体制改革

深化财政体制改革。进一步扩大预算管理制度改革的范围和规模，抓紧研究科学的政府收支分类体系。完善中央财政对地方的转移支付制度，调整和优化转移支付结构，规范转移支付办法。改革和完善省级以下财政体制，加大省级财政对县乡的转移支付力度。加快研究缓解县乡财政困难的有效措施，规范地方政府债务行为。全面推进中央和地方国库集中收付制度改革，深化政府采购制度改革，建立健全财政国库管理法律法规体系。改革和完善非税收收入收缴管理制度，逐步实行全口径预算管理。逐步建立健全财政预算绩效评价体系（财政部牵头）。

深化税收体制改革。进一步完善出口退税机制。做好内外资企业所得税制合并方案的研究和准备工作。搞好增值税转型试点，研究制订全面实施方案。调整消费税，研究改革资源税，研究完善环境保护有关税收政策（财政部、税务总局牵头）。

推进投资体制改革。全面落实《国务院关于投资体制改革的决定》（国发〔2004〕20号），尽快制定和完善各项配套政策措施。完善和规范企业投资项目的核准制和备案制，真正落实企业投资自主权；规范政府投资范围和行为，提高政府投资决策的科学化、民主化水平，实行政府投资项目公示制度，尽快建立政府投资责任追

究制度；完善适应新形势要求的投资宏观调控体系，建立健全投资监管体系（发展改革委牵头）。

着力推进资源价格改革。实施煤电价格联动，完善峰谷、丰枯电价办法。扩大水资源费征收范围，加大水价管理办法实施力度，加强污水处理费征收管理，促进水资源节约。进一步完善石油、天然气价格形成机制（发展改革委牵头）。

六、加快现代市场体系建设

大力发展资本市场。继续抓紧落实《国务院关于推进资本市场改革开放和稳定发展的若干意见》（国发〔2004〕3号），尽快出台配套政策措施，加强资本市场基础建设，建立健全促进资本市场发展的各项制度。进一步完善证券发行上市核准机制。研究建立股东代表诉讼制度、证券投资者保护基金和其他对投资者提供直接保护的机制。稳步推进期货市场规范发展和产品创新。继续推进资本市场对内对外开放（证监会牵头）。修订出台《企业债券管理条例》（发展改革委牵头）。规范发展产权交易市场（国资委、发展改革委牵头）。

进一步推进土地等资源市场建设。规范发展土地使用权市场。加快建立健全土地权利体系，推动土地确权立法，完善土地调查和登记制度，规范土地交易行为，建立土地权属争议调处机制。全面落实征地的统一年产值标准或区片综合地价补偿办法，拓宽安置途径，完善征地程序，规范征地行为，探索建立征地补偿安置争议的协调和裁决机制，稳步推进土地征收征用制度改革。经营性用地要全面推行招标、拍卖、挂牌出让制度，非经营性用地要建立公开供地机制。进一步加强土地市场调控，健全土地收购储备制度。认真贯彻落实《国务院关于深化改革严格土地管理的决定》（国发〔2004〕28号）及配套实施办法。进一步推进矿业权市场建设，完善矿产资源有偿使用和探矿权、采矿权有偿取得机制（国土资源部牵头）。研究建立国家水权制度，建立总量控制与定额管理相结合的用水管理制度，完善取水许可证制度。探索建立水权市场。在有条件的地区，实行用水权有偿转让，逐步利用市场机制优化配置水资源（水利部牵头）。

加快建设城乡统一的劳动力市场。进一步改革劳动就业管理制度，清理对农民进城务工的不合理限制政策和乱收费，取消各种对农村劳动力就业的歧视性规定（劳动保障部牵头）。进一步改革户籍管理制度，促进农村富余劳动力合理有序转移（公安部牵头）。选择部分具备条件的城市开展城乡一体化劳动力市场的试点工作（劳动保障部牵头）。

深化流通体制改革。打破内外贸分割局面，推进内外贸一体化发展。深化国有流通企业改革，推进流通方式创新，大力发展现代流通业。探索构建内外贸一体化的流通管理体制（商务部牵头）。

加快推进社会信用体系建设。从构建金融信用体系入手，加快建设统一、高效、规范的企业、个人和其他组织的信用体系。加快信用体系标准化建设。出台并组织实施《社会信用体系建设总体方案》，探索建立政府监管信息共享机制。加快信用征集和信息披露立法进程，建立信用监督和失信惩戒制度（国办牵头）。

推进行业协会、商会管理体制改革。尽快研究出台行业协会、商会改革指导意见。选择部分行业和城市进行改革试点（发展改革委牵头）。

继续整顿和规范市场经济秩序。进一步打破行业垄断和地区封锁，促进形成统一、开放、竞争、有序的市场体系。加强市场规则和法规建设，加快推进制定和出台《反垄断法》工作。完善行政执法、行业自律、舆论监督、群众参与相结合的市场监管体系。按照决策、执行、监督职能分开的要求，进一步理顺市场监管体制（全国整顿和规范市场经济秩序领导小组办公室牵头）。

七、推进科技教育文化卫生体制改革

深化科技体制改革。以建立现代科研院所制度为重点，全面推进社会公益类科研机构分类改革。加快转企改制科研院所的现代企业制度建设，完善法人治理结构。完善鼓励创新的体制、机制和政策体系，确立企业在技术创新中的主体地位。发布国家中长期科学和技术发展规划纲要（科技部牵头）。

深化教育体制改革。继续贯彻《国务院关于进一步加强农村教育工作的决定》（国发〔2003〕19号），完善农村义务教育以县为主的管理体制和以政府投入为主的经费保障机制。进一步深化高等教育管理体制改革，调整结构，提高水平。贯彻《民办教育促进法》，继续促进民办教育健康发展。严格规范各类学校招生和收费制度，加强学校财务管理和监督（教育部牵头）。

深化文化体制改革。大力发展文化产业，积极培育文化市场主体，规范文化市场秩序，健全文化市场体系。加快公共文化服务体系建设（文化部、广电总局、新闻出版总署牵头）。

深化卫生体制改革。开展城市医疗服务体制改革试点工作，大力发展社区卫生服务。推进新型农村合作医疗试点工作，探索建立农村合作医疗筹资、管理、运行和监督体制。全面建成疾病预防控制体系，基本完成突发公共卫生事件医疗救治体系建设。深入整顿和规范医疗收费服务和药品购销秩序（卫生部牵头）。

八、推进收入分配和社会保障制度改革

推进收入分配制度改革。组织研究收入分配制度改革的基本思路（发展改革委牵头）。抓紧出台完善个人所得税制度方案，加大收入分配调节力度（财政部、税务总局牵头）。加强对垄断行业分配行为的监管（国资委、财政部牵头）。改革和规范公务员工资制度，推进事业单位收入分配制度改革（人事部、财政部牵头）。完善和严格执行最低工资制度（劳动保障部牵头）。

进一步完善社会保障制度。继续抓好吉林、黑龙江城镇社会保障制度改革试点工作，研究制订推广方案。完善企业职工基本养老保险制度，坚持社会统筹与个人账户相结合，扩大做实个人账户试点。推进国有企业下岗职工基本生活保障向失业保险并轨，基本解决国有企业下岗职工历史遗留问题。依法扩大养老、失业、医疗、工伤等社会保险覆盖面，提高个体、私营和外资企业的参保率，完善灵活就业人员的参保办法。加大社会保险费的征缴力度，逐步提高统筹层次。研究制订机关事业单位养老保障制度改革方案（劳动保障部牵头）。进一步完善城市“低保”制度，有条件的地区可探索建立农村居民最低生活保障制度（民政部牵头）。

九、深化涉外经济体制改革

继续深化外贸管理体制改革。改革口岸管理体制，加快“大通关”建设（海关总署牵头）。加快管理方式创新，制定和完善外贸经营权放开后的配套办法。进一步减少和规范外贸行政审批，加强政府政策引导、统计监测、对外谈判和公共信息服务职能，完善和发挥行业组织的自律和协调职能。完善外贸法律法规。继续推进外贸促进体系和信用体系建设（商务部牵头）。

完善外商投资管理体制。进一步完善《外商投资产业指导目录》和《中西部地区外商投资优势产业目录》。制定和完善鼓励外商投资中西部和参与东北地区等老工业基地振兴的政策措施（发展改革委、商务部牵头）。制定和完善鼓励外商投资参与国企改组改造的政策措施（商务部、国资委牵头）。进一步完善外商投资企业监督管理办法（商务部牵头）。

完善“走出去”管理体制。出台《境外投资管理条例》（法制办牵头）。制定加快实施“走出去”战略的指导意见（发展改革委、商务部牵头）。建立健全境外国有资产监管制度，加强对境外企业的监管（商务部、国资委牵头）。

抓紧建立加入世界贸易组织后过渡期的应对机制。加快研究制订后过渡期关键领域和行业的应对方案，建立健全应对贸易摩擦预警机制和跨部门综合应对机制。有效运用反倾销、反补贴、保障措施等手段，健全符合世界贸易组织规则的产业救济和安全保障体系（商务部牵头）。

十、加快推进行政管理体制改革

继续深化政府机构改革。完善机构设置，理顺职能分工，着力解决矛盾比较突出的职责交叉问题，严格控制机构编制。积极推进政府职责、机构和编制的科学化、规范化、法定化。继续巩固政府机构改革成果，及时解决出现的新问题。合理界定乡镇机构职能，精简机构和减少财政供养人员。继续完善事业单位改革总体方案和配套政策措施，推动事业单位改革试点工作，加强对地方事业单位改革的指导。依法规范行政机关对事业单位的授权行为（中央编办牵头）。

加快政府职能转变。进一步推进政企分开、政资分开、政事分开，推动各级政府强化社会管理和公共服务职能，在财力物力等公共资源上给予更多的支持（中央编办、监察部、发展改革委、国资委牵头）。继续深化行政审批制度改革，清理、减少和规范行政审批事项，探索建立审批和许可事项的监督管理机制（国务院审改办牵头）。

全面推行依法行政。认真贯彻执行《行政许可法》和《全面推进依法行政实施纲要》，加快建立法治政府（法制办牵头）。强化行政问责制度，逐步建立行政过错责任追究制度。健全社会公示、听证制度。大力推进政务公开，增强政府工作透明度，提高政府公信力（监察部牵头）。

各部门要按照国务院的部署，切实加强领导，明确重点，分解任务，落实责任，并根据不同情况确定落实时限。已经出台的改革方案，要精心组织实施，力求取得实效；着手启动的，要在年内完成或基本完成相关改革方案与思路的拟订，并切实做好基础性工作；跨年度的改革，要明确新的阶段目标，并力争实现。

要充分尊重人民群众的首创精神，鼓励人民群众积极探索、大胆创新；要坚持先行试点，积累有益经验，防范改革风险；要妥善处理好改革发展稳定的关系，把握好改革措施出台的时机、力度和节奏。

要建立健全统筹协调推进改革的工作机制，进一步加强改革的总体指导和综合配套。各部门要加强协作和沟通，积极配合，形成改革合力。发展改革委要认真履

行职责，紧密跟踪各项改革进展情况，督促检查各项改革措施的落实，做好相关协调工作，及时把改革中出现的新情况、新问题汇总上报国务院。

地方各级人民政府要根据本意见，从实际出发，把握重点，明确责任，精心组织，扎实推进各项改革。

国务院

2005 年 4 月 4 日

国务院关于发布实施《促进产业结构调整暂行规定》的决定

各省、自治区、直辖市人民政府，国务院各部委、各直属机构：

《促进产业结构调整暂行规定》（以下简称《暂行规定》）已经于 2005 年 11 月 9 日国务院第 112 次常务会议审议通过，现予发布。

制定和实施《暂行规定》，是贯彻落实党的十六届五中全会精神，实现"十一五"规划目标的一项重要举措，对于全面落实科学发展观，加强和改善宏观调控，进一步转变经济增长方式，推进产业结构调整和优化升级，保持国民经济平稳较快发展具有重要意义。各省、自治区、直辖市人民政府要将推进产业结构调整作为当前和今后一段时期改革发展的重要任务，建立责任制，狠抓落实，按照《暂行规定》的要求，结合本地区产业发展实际，制订具体措施，合理引导投资方向，鼓励和支持发展先进生产能力，限制和淘汰落后生产能力，防止盲目投资和低水平重复建设，切实推进产业结构优化升级。各有关部门要加快制定和修订财税、信贷、土地、进出口等相关政策，切实加强与产业政策的协调配合，进一步完善促进产业结构调整的政策体系。各省、自治区、直辖市人民政府和国家发展改革、财政、税务、国土资源、环保、工商、质检、银监、电监、安全监管以及行业主管等有关部门，要建立健全产业结构调整工作的组织协调和监督检查机制，各司其职，密切配合，形成合力，切实增强产业政策的执行效力。在贯彻实施《暂行规定》时，要正确处理政府引导与市场调节之间的关系，充分发挥市场配置资源的基础性作用，正确处理发展与稳定、局部利益与整体利益、眼前利益与长远利益的关系，保持经济平稳较快发展。

国务院

2005 年 12 月 2 日

促进产业结构调整暂行规定

第一章　总　　则

第一条　为全面落实科学发展观，加强和改善宏观调控，引导社会投资，促进产业结构优化升级，根据国家有关法律、行政法规，制定本规定。

第二条　产业结构调整的目标：

推进产业结构优化升级，促进一、二、三产业健康协调发展，逐步形成农业为基础、高新技术产业为先导、基础产业和制造业为支撑、服务业全面发展的产业格局，坚持节约发展、清洁发展、安全发展，实现可持续发展。

第三条　产业结构调整的原则：

坚持市场调节和政府引导相结合。充分发挥市场配置资源的基础性作用，加强国家产业政策的合理引导，实现资源优化配置。

以自主创新提升产业技术水平。把增强自主创新能力作为调整产业结构的中心环节，建立以企业为主体、市场为导向、产学研相结合的技术创新体系，大力提高原始创新能力、集成创新能力和引进消化吸收再创新能力，提升产业整体技术水平。

坚持走新型工业化道路。以信息化带动工业化，以工业化促进信息化，走科技含量高、经济效益好、资源消耗低、环境污染少、安全有保障、人力资源优势得到充分发挥的发展道路，努力推进经济增长方式的根本转变。

促进产业协调健康发展。发展先进制造业，提高服务业比重和水平，加强基础设施建设，优化城乡区域产业结构和布局，优化对外贸易和利用外资结构，维护群众合法权益，努力扩大就业，推进经济社会协调发展。

第二章 产业结构调整的方向和重点

第四条 巩固和加强农业基础地位，加快传统农业向现代农业转变。加快农业科技进步，加强农业设施建设，调整农业生产结构，转变农业增长方式，提高农业综合生产能力。稳定发展粮食生产，加快实施优质粮食产业工程，建设大型商品粮生产基地，确保粮食安全。优化农业生产布局，推进农业产业化经营，加快农业标准化，促进农产品加工转化增值，发展高产、优质、高效、生态、安全农业。大力发展畜牧业，提高规模化、集约化、标准化水平，保护天然草场，建设饲料草场基地。积极发展水产业，保护和合理利用渔业资源，推广绿色渔业养殖方式，发展高效生态养殖业。因地制宜发展原料林、用材林基地，提高木材综合利用率。加强农田水利建设，改造中低产田，搞好土地整理。提高农业机械化水平，健全农业技术推广、农产品市场、农产品质量安全和动植物病虫害防控体系。积极推行节水灌溉，科学使用肥料、农药，促进农业可持续发展。

第五条 加强能源、交通、水利和信息等基础设施建设，增强对经济社会发展的保障能力。

坚持节约优先、立足国内、煤为基础、多元发展，优化能源结构，构筑稳定、经济、清洁的能源供应体系。以大型高效机组为重点优化发展煤电，在生态保护基础上有序开发水电，积极发展核电，加强电网建设，优化电网结构，扩大西电东送规模。建设大型煤炭基地，调整改造中小煤矿，坚决淘汰不具备安全生产条件和浪费破坏资源的小煤矿，加快实施煤矸石、煤层气、矿井水等资源综合利用，鼓励煤电联营。实行油气并举，加大石油、天然气资源勘探和开发利用力度，扩大境外合作开发，加快油气领域基础设施建设。积极扶持和发展新能源和可再生能源产业，鼓励石油替代资源和清洁能源的开发利用，积极推进洁净煤技术产业化，加快发展风能、太阳能、生物质能等。

以扩大网络为重点，形成便捷、通畅、高效、安全的综合交通运输体系。坚持统筹规划、合理布局，实现铁路、公路、水运、民航、管道等运输方式优势互补，相互衔接，发挥组合效率和整体优势。加快发展铁路、城市轨道交通，重点建设客运专线、运煤通道、区域通道和西部地区铁路。完善国道主干线、西部地区公路干线，建设国家高速公路网，大力推进农村公路建设。优先发展城市公共交通。加强集装箱、能源物资、矿石深水码头建设，发展内河航运。扩充大型机场，完善中型机场，增加小型机场，构建布局合理、规模适当、功能完备、协调发展的机场体系。加强管道运输建设。

加强水利建设，优化水资源配置。统筹上下游、地表地下水资源调配、控制地下水开采，积极开展海水淡化。加强防洪抗旱工程建设，以堤防加固和控制性水利枢纽等防洪体系为重点，强化防洪减灾薄弱环节建设，继续加强大江大河干流堤防、行蓄洪区、病险水库除险加固和城市防洪骨干工程建设，建设南水北调工程。加大人畜饮水工程和灌区配套工程建设改造力度。

加强宽带通信网、数字电视网和下一代互联网等信息基础设施建设，推进“三网融合”，健全信息安全保障体系。

第六条 以振兴装备制造业为重点发展先进制造业，发挥其对经济发展的重要支撑作用。

装备制造业要依托重点建设工程，通过自主创新、引进技术、合作开发、联合制造等方式，提高重大技术装备国产化水平，特别是在高效清洁发电和输变电、大型石油化工、先进适用运输装备、高档数控机床、自动化控制、集成电路设备、先进动力装备、节能降耗装备等领域实现突破，提高研发设计、核心元器件配套、加工制造和系统集成的整体水平。

坚持以信息化带动工业化，鼓励运用高技术和先进适用技术改造提升制造业，提高自主知识产权、自主品牌和高端产品比重。根据能源、资源条件和环境容量，着力调整原材料工业的产品结构、企业组织结构和产业布局，提高产品质量和技术含量。支持发展冷轧薄板、冷轧硅钢片、高浓度磷肥、高效低毒低残留农药、乙烯、精细化工、高性能差别化纤维。促进炼油、乙烯、钢铁、水泥、造纸向基地化和大型化发展。加强铁、铜、铝等重要资源的地质勘查，增加资源地质储量，实行合理开采和综合利用。

第七条 加快发展高技术产业，进一步增强高技术产业对经济增长的带动作用。

增强自主创新能力，努力掌握核心技术和关键技术，大力开发对经济社会发展具有重大带动作用的高新技术，支持开发重大产业技术，制定重要技术标准，构建自主创新的技术基础，加快高技术产业从加工装配为主向自主研发制造延伸。按照产业聚集、规模化发展和扩大国际合作的要求，大力发展信息、生物、新材料、新能源、航空航天等产业，培育更多新的经济增长点。优先发展信息产业，大力发展集成电路、软件等核心产业，重点培育数字化音视频、新一代移动通信、高性能计算机及网络设备等信息产业群，加强信息资源开发和共享，推进信息技术的普及和应用。充分发挥我国特有的资源优势和技术优势，重点发展生物农业、生物医药、生物能源和生物化工等生物产业。加快发展民用航空、航天产业，推进民用飞机、航空发动机及机载系统的开发和产业化，进一步发展民用航天技术和卫星技术。积极发展新材料产业，支持开发具有技术特色以及可发挥我国比较优势的光电子材料、高性能结构和新型特种功能材料等产品。

第八条 提高服务业比重，优化服务业结构，促进服务业全面快速发展。坚持市场化、产业化、社会化的方向，加强分类指导和有效监管，进一步创新、完善服务业发展的体制和机制，建立公开、平等、规范的行业准入制度。发展竞争力较强的大型服务企业集团，大城市要把发展服务业放在优先地位，有条件的要逐步形成服务经济为主的产业结构。增加服务品种，提高服务水平，增强就业能力，提升产业素质。大力发展金融、保险、物流、信息和法律服务、会计、知识产权、技术、设计、咨询服务等现代服务业，积极发展文化、旅游、社区服务等需求潜力大的产业，加快教育培训、养老服务、医疗保健等领域的改革和发展。规范和提升商贸、餐饮、住宿等传统服务业，推进连锁经营、特许经营、代理制、多式联运、电子商务等组织形式和服务方式。

第九条 大力发展循环经济，建设资源节约和环境友好型社会，实现经济增长与人口资源环境相协调。坚持开发与节约并重、节约优先的方针，按照减量化、再利用、资源化原则，大力推进节能节水节地节材，加强资源综合利用，全面推行清洁生产，完善再生资源回收利用体系，形成低投入、低消耗、低排放和高效率的节约型增长方式。积极开发推广资源节约、替代和循环利用技术和产品，重点推进钢铁、有色、电力、石化、建筑、煤炭、建材、造纸等行业节能降耗技术改造，发展节能省地型建筑，对消耗高、污染重、危及安全生产、技术落后的工艺和产品实施强制淘汰制度，依法关闭破坏环境和不具备安全生产条件的企业。调整高耗能、高污染产业规模，降低高耗能、高污染产业比重。鼓励生产和使用节约性能好的各类消费品，形成节约资源的消费模式。大力发展环保产业，以控制不合理的资源开发为重点，强化对水资源、土地、森林、草原、海洋等的生态保护。

第十条 优化产业组织结构，调整区域产业布局。提高企业规模经济水平和产业集中度，加快大型企业发展，形成一批拥有自主知识产权、主业突出、核心竞争力强的大公司和企业集团。充分发挥中小企业的作用，推动中小企业与大企业形成分工协作关系，提高生产专业化水平，促进中小企业技术进步和产业升级。充分发挥比较优势，积极推动生产要素合理流动和配置，引导产业集群化发展。西部地区要加强基础设施建设和生态环境保护，健全公共服务，结合本地资源优势发展特色产业，增强自我发展能力。东北地区要加快产业结构调整和国有企业改革改组改造，发展现代农业，着力振兴装备制造业，促进资源枯竭型城市转型。中部地区要抓好粮食主产区建设，发展有比较优势的能源和制造业，加强基础设施建设，加快建立现代市场体系。东部地区要努力提高自主创新能力，加快实现结构优化升级和增长方式转变，提高外向型经济水平，增强国际竞争力和可持续发展能力。从区域发展的总体战略布局出发，根据资源环境承载能力和发展潜力，实行优化开发、重点开发、限制开发和禁止开发等有区别的区域产业布局。

第十一条 实施互利共赢的开放战略，提高对外开放水平，促进国内产业结构升级。加快转变对外贸易增长方式，扩大具有自主知识产权、自主品牌的商品出口，控制高能耗高污染产品的出口，鼓励进口先进技术设备和国内短缺资源。支持有条件的企业“走出去”，在国际市场竞争中发展壮大，带动国内产业发展。提高加工贸易的产业层次，增强国内配套能力。大力发展服务贸易，继续开放服务市场，有序承接国际现代服务业转移。提高利用外资的质量和水平，着重引进先进技术、管理经验和高素质人才，注重引进技术的消化吸收和创新提高。吸引外资能力较强的地区和开发区，要着重提高生产制造层次，并积极向研究开发、现代物流等领域拓展。

第三章 产业结构调整指导目录

第十二条 《产业结构调整指导目录》是引导投资方向，政府管理投资项目，制定和实施财税、信贷、土地、进出口等政策的重要依据。

《产业结构调整指导目录》由发展改革委会同国务院有关部门依据国家有关法律法规制订，经国务院批准后公布。根据实际情况，需要对《产业结构调整指导目录》进行部分调整时，由发展改革委会同国务院有关部门适时修订并公布。

《产业结构调整指导目录》原则上适用于我国境内的各类企业。其中外商投资按照《外商投资产业指导目录》执行。《产业结构调整指导目录》是修订《外商投资产业指导目录》的主要依据之一。《产业结构调整指导目录》淘汰类适用于外商投资企业。《产业结构调整指导目录》和《外商投资产业指导目录》执行中的政策衔接问题由发展改革委会同商务部研究协商。

第十三条　《产业结构调整指导目录》由鼓励、限制和淘汰三类目录组成。不属于鼓励类、限制类和淘汰类，且符合国家有关法律、法规和政策规定的，为允许类。允许类不列入《产业结构调整指导目录》。

第十四条　鼓励类主要是对经济社会发展有重要促进作用，有利于节约资源、保护环境、产业结构优化升级，需要采取政策措施予以鼓励和支持的关键技术、装备及产品。按照以下原则确定鼓励类产业指导目录：

（一）国内具备研究开发、产业化的技术基础，有利于技术创新，形成新的经济增长点；

（二）当前和今后一个时期有较大的市场需求，发展前景广阔，有利于提高短缺商品的供给能力，有利于开拓国内外市场；

（三）有较高技术含量，有利于促进产业技术进步，提高产业竞争力；

（四）符合可持续发展战略要求，有利于安全生产，有利于资源节约和综合利用，有利于新能源和可再生能源开发利用、提高能源效率，有利于保护和改善生态环境；

（五）有利于发挥我国比较优势，特别是中西部地区和东北地区等老工业基地的能源、矿产资源与劳动力资源等优势；

（六）有利于扩大就业，增加就业岗位；

（七）法律、行政法规规定的其他情形。

第十五条　限制类主要是工艺技术落后，不符合行业准入条件和有关规定，不利于产业结构优化升级，需要督促改造和禁止新建的生产能力、工艺技术、装备及产品。按照以下原则确定限制类产业指导目录：

（一）不符合行业准入条件，工艺技术落后，对产业结构没有改善；

（二）不利于安全生产；

（三）不利于资源和能源节约；

（四）不利于环境保护和生态系统的恢复；

（五）低水平重复建设比较严重，生产能力明显过剩；

（六）法律、行政法规规定的其他情形。

第十六条　淘汰类主要是不符合有关法律法规规定，严重浪费资源、污染环境、不具备安全生产条件，需要淘汰的落后工艺技术、装备及产品。按照以下原则确定淘汰类产业指导目录：

（一）危及生产和人身安全，不具备安全生产条件；

（二）严重污染环境或严重破坏生态环境；

（三）产品质量低于国家规定或行业规定的最低标准；

（四）严重浪费资源、能源；

（五）法律、行政法规规定的其他情形。

第十七条　对鼓励类投资项目，按照国家有关投资管理规定进行审批、核准或备案；各金融机构应按照信贷原则提供信贷支持；在投资总额内进口的自用设备，除财政部发布的《国内投资项目不予免税的进口商品目录（2000年修订）》所列商品外，继续免征关税和进口环节增值税，在国家出台不予免税的投资项目目录等新规定后，按新规定执行。对鼓励类产业项目的其他优惠政策，按照国家有关规定执行。

第十八条　对属于限制类的新建项目，禁止投资。投资管理部门不予审批、核准或备案，各金融机构不得发放贷款，土地管理、城市规划和建设、环境保护、质检、消防、海关、工商等部门不得办理有关手续。凡违反规定进行投融资建设的，要追究有关单位和人员的责任。

对属于限制类的现有生产能力，允许企业在一定期限内采取措施改造升级，金融机构按信贷原则继续给予支持。国家有关部门要根据产业结构优化升级的要求，遵循优胜劣汰的原则，实行分类指导。

第十九条　对淘汰类项目，禁止投资。各金融机构应停止各种形式的授信支持，并采取措施收回已发放的贷款；各地区、各部门和有关企业要采取有力措施，按规定限期淘汰。在淘汰期限内国家价格主管部门可提高供电价格。对国家明令淘汰的生产工艺技术、装备和产品，一律不得进口、转移、生产、销售、使用和采用。

对不按期淘汰生产工艺技术、装备和产品的企业，地方各级人民政府及有关部门要依据国家有关法律法规责令其停产或予以关闭，并采取妥善措施安置企业人员、保全金融机构信贷资产安全等；其产品属实行生产许可证管理的，有关部门要依法吊销生产许可证；工商行政管理部门要督促其依法办理变更登记或注销登记；环境保护管理部门要吊销其排污许可证；电力供应企业要依法停止供电。对违反规定者，要依法追究直接责任人和有关领导的责任。

第四章　附　　则

第二十条　本规定自发布之日起施行。原国家计委、国家经贸委发布的《当前国家重点鼓励发展的产业、产品和技术目录（2000年修订）》、原国家经贸委发布的《淘汰落后生产能力、工艺和产品的目录（第一批、第二批、第三批）》和《工商投资领域制止重复建设目录（第一批）》同时废止。

第二十一条　对依据《当前国家重点鼓励发展的产

业、产品和技术目录（2000年修订）》执行的有关优惠政策，调整为依据《产业结构调整指导目录》鼓励类目录执行。外商投资企业的设立及税收政策等执行国家有关外商投资的法律、行政法规规定。

附：产业结构调整指导目录（2005年本）

第一类 鼓励类

一、农林业

1. 粮食中低产田综合治理与稳产高产基本农田建设
2. 国家级农产品基地建设
3. 蔬菜、花卉无土栽培
4. 优质、高产、高效标准化栽培和养殖技术开发及应用
5. 重大病虫害及动物疾病防治
6. 农作物、家畜、家禽及水生动植物、野生动植物遗传工程及基因库建设
7. 动植物优良品种选育、繁育、保种和开发
8. 种（苗）脱毒技术开发及应用
9. 旱作节水农业、保护性耕作、生态农业建设、耕地质量建设以及新开耕地快速培肥技术开发
10. 生态种（养）技术开发与应用
11. 农用薄膜无污染降解技术及农田土壤重金属降解技术开发及应用
12. 绿色无公害饲料及添加剂研究开发
13. 内陆流域性大湖资源增殖保护工程
14. 远洋渔业
15. 奶牛养殖
16. 牛羊胚胎（体内）及精液工厂化生产
17. 农业克隆技术研发
18. 耕地保养管理与土、肥、水速测技术开发
19. 农、林作物种质资源保护地、保护区建设以及种质资源收集、保存、鉴定、开发和应用
20. 农作物秸秆还田与综合利用（包括青贮饲料、秸秆氨化养牛、还田、气化、培育食用菌等）
21. 农村可再生资源综合利用开发工程（沼气工程、生态家园等）
22. 平垸行洪退田还湖恢复工程
23. 食（药）用菌菌种培育
24. 草原、森林灾害综合治理工程
25. 利用非耕地的退耕（牧）还林（草）及天然草原植被恢复工程
26. 动物疫病的新型诊断试剂、疫苗及低毒低残留新药开发
27. 高产牧草人工种植
28. 天然橡胶种植生产
29. 无公害农产品及其产地环境的有害元素监测技术开发及应用
30. 有机废弃物无害化处理及有机肥料产业化技术开发及应用
31. 农牧渔产品的无公害、绿色生产技术开发及应用
32. 农林牧渔产品储运、保鲜、加工及综合利用
33. 天然林等自然资源保护工程
34. 植树种草工程及林木种苗工程
35. 水土保持综合技术开发及应用
36. 生态系统恢复与重建工程
37. 森林、野生动植物、湿地、荒漠、草原等类型自然保护区建设及生态示范工程
38. 防护林工程
39. 石漠化防治及防沙治沙工程
40. 固沙、保水、改土新材料生产
41. 抗盐与耐旱植物的培植
42. 速生丰产林工程、工业原料林工程及名特优新经济林建设
43. 竹藤基地建设及竹藤新产品生产技术开发
44. 中幼林抚育工程
45. 野生经济林树种保护、改良及开发利用
46. 珍稀濒危野生动植物保护工程
47. 林业基因资源保护工程
48. 次小薪材、沙生灌木和三剩物的深度加工及系列产品开发
49. 野生动植物种源繁育、培植基地及疫源疫病监测预警体系建设
50. 地道中药材和优质、丰产、濒危或紧缺动植物药材的种（养）殖
51. 香料、野生花卉等林下资源的人工培育及开发
52. 木基复合材料的技术开发
53. 竹质工程材料、植物纤维工程材料生产及综合利用
54. 林产化学品深加工

55. 人工增雨防雹等人工影响天气技术开发和应用

二、水利

1. 大江、大河、大湖治理及干支流控制性工程
2. 跨流域调水工程
3. 水资源短缺地区水源工程
4. 农村人畜饮水及改水工程
5. 蓄滞洪区安全建设
6. 海堤防维护及建设
7. 江河湖库清淤疏浚工程
8. 病险水库和堤防除险加固工程
9. 堤坝隐患监测与修复技术开发应用
10. 城市积涝预警和防洪工程
11. 出海口门整治工程
12. 综合利用水利枢纽工程
13. 牧区水利工程
14. 淤地坝工程
15. 水利工程用土工合成材料及新型材料开发制造
16. 大中型灌区改造及配套设施建设
17. 防洪抗旱应急设施建设
18. 高效输配水、节水灌溉技术及设备制造
19. 水情水质自动监测及防洪调度自动化系统开发
20. 水文数据采集仪器及设备制造

三、煤炭

1. 煤田地质及地球物理勘探
2. 120万吨/年及以上的高产高效煤矿（含矿井、露天）、高效选煤厂建设
3. 矿井灾害（瓦斯、煤尘、矿井水、火、围岩等）防治
4. 工业及生活用环保型煤开发及生产
5. 水煤浆技术开发及应用
6. 煤炭气化、液化技术开发及应用
7. 煤层气勘探、开发和矿井瓦斯利用
8. 低热值燃料（含煤矸石）及煤矿伴生资源开发利用及设备制造
9. 管道输煤
10. 煤炭高效洗选脱硫技术开发及应用
11. 节水型选煤工程技术开发及应用
12. 地面沉陷区治理、矿井水资源保护及利用
13. 煤电、煤焦化（焦炉煤气、煤焦油深加工）一体化建设
14. 提高资源回收率的采煤方法、工艺开发应用及装备制造

四、电力

1. 水力发电
2. 单机60万千瓦及以上超临界、超超临界机组电站建设
3. 采用30万千瓦及以上集中供热机组的热电联产，以及热、电、冷多联产
4. 缺水地区单机60万千瓦及以上大型空冷机组电站建设
5. 风力发电及太阳能、地热能、海洋能、生物质能等可再生能源开发利用
6. 燃气蒸汽联合循环发电
7. 30万千瓦及以上循环流化床、增压流化床、整体煤气化联合循环发电等洁净煤发电
8. 单机20万千瓦及以上采用流化床锅炉并利用煤矸石或劣质煤发电
9. 500千伏及以上交、直流输变电
10. 投运发电机组脱硫改造
11. 城乡电网改造及建设
12. 继电保护技术、电网运行安全监控信息技术开发
13. 大型电站及大电网变电站集约化设计和自动化技术开发
14. 跨区电网互联工程技术开发
15. 输变电新技术推广应用
16. 降低输、变、配电损耗技术开发及应用
17. 分散供电技术开发及应用

五、核能

1. 铀矿地质勘查和铀矿采冶
2. 低温核供热堆、快中子增殖堆、聚变堆、先进研究堆、高温气冷堆
3. 核电站建设
4. 高性能核燃料元件制造
5. 乏燃料后处理
6. 核分析、核探测仪器仪表制造
7. 同位素、加速器及辐照应用技术开发
8. 先进的铀同位素分离技术开发
9. 辐射防护技术开发与监测设备制造
10. 核设施实体保护仪器仪表开发

六、石油、天然气

1. 石油、天然气勘探及开采
2. 天然气水合物勘探开发
3. 原油、天然气、成品油的储运和管道输送设施及网络建设
4. 油气伴生资源综合利用
5. 提高油气田采收率、生产安全保障技术和设施、生态环境恢复与污染防治工程技术开发和应用
6. 放空天然气回收利用

七、钢铁

1. 黑色金属矿山接替资源勘探及关键勘探技术开发

2. 炭化室高度6米以上、宽500毫米以上配干熄焦、装煤、推焦除尘装置的新一代大容积机械化焦炉建设

3. 煤捣固炼焦、配型煤炼焦工艺技术应用

4. 干法熄焦、导热油换热技术应用

5. 120 万吨/年以上大型链篦机回转窑和带式球团焙烧机等氧化球团生产

6. 15万吨/年及以上直接还原法炼铁

7. 先进适用的熔融还原技术开发及应用

8. 废钢加工处理（分类、剪切和打包，不含炼钢）

9. 合金钢大方坯、大型板坯、圆坯、异型坯及近终型连铸技术开发及应用

10. 现代化热轧宽带钢轧机关键技术开发应用及关键部件制造

11. 薄板坯连铸连轧关键技术开发应用及关键部件制造

12. 高强度钢生产

13. 高速重载铁路用钢生产

14. 石油开采用油井管、电站用高压锅炉管及油、气等长距离输送用钢管生产

15. H型钢、400MPa及以上螺纹钢筋生产

16. 冷连轧宽带钢关键技术开发应用及关键部件制造

17. 冷轧硅钢片生产

18. 控制轧制、控制冷却工艺技术应用

19. 直径550毫米以上超高功率石墨电极生产

20. 大型高炉用微孔、超微孔炭砖生产

21. 优质合成、不定形耐火材料生产

22. 铁合金新工艺、新技术开发应用

23. 全燃煤气热电联产

24. 蓄热式燃烧技术应用

25. 冶金综合自动化技术应用

八、有色金属

1. 有色金属矿山接替资源勘探及关键勘探技术开发

2. 铜、铝、铅、锌、镍大中型矿山建设

3. 紧缺资源的深部及难采矿床开采

4. 硫化矿物无污染强化熔炼工艺开发及应用

5. 高效萃取设备和工艺技术开发

6. 高精铜板、带、箔、管材生产及技术开发

7. 高精铝板、带、箔及高速薄带铸轧生产技术开发与设备制造

8. 轨道交通用高性能金属材料制造

9. 有色金属复合材料技术开发及应用

10. 高性能、高精度硬质合金及深加工产品和陶瓷材料生产

11. 稀有、稀土金属深加工及其应用

12. 锡化合物、锑化合物（不含氧化锑）生产

13. 高性能磁性材料制造

14. 超细粉体材料、电子浆料及其制品生产

15. 非晶合金薄带制造

16. 新型刹车材料制造

17. 高品质镁合金铸造及板、管、型材加工技术开发

18. 有色金属生产过程检测和控制技术开发

19. 焙烧、热压预氧化和细菌氧化提金工艺技术开发及应用

九、化工

1. 化工原料矿产资源勘探及大中型化工原料矿山建设

2. 资源节约和环保型氮肥装置建设以及原料本地化、经济化改造

3. 优质磷复肥、钾肥及各种专用复合肥生产

4. 高效、低毒、安全新品种农药及中间体开发生产

5. 用清洁生产技术建设和改造无机化工生产装置

6. 环保型涂料生产

7. 新型生物化工产品、专用精细化学品和膜材料生产

8. 新型高效、无污染催化剂开发及生产

9. 有机硅、有机氟及高性能无机氟化工产品生产

10. 无机纳米及功能性材料生产

11. 新型染料及其中间体开发及生产

12. 大型芳烃生产装置建设

13. 提高油品质量的炼油及节能降耗装置改造

14. 大型乙烯建设（东部及沿海80万吨/年及以上、西部60万吨/年及以上）及现有乙烯改扩建

15. 大型合成树脂及合成树脂新工艺、新产品开发

16. 大型己内酰胺、乙二醇、丙烯腈的生产技术开发和成套设备制造

17. 大型合成橡胶、合成胶乳和热塑性弹性体先进工艺开发、新产品制造

18. 新型环保型油剂、助剂等纺织专用化学品生产

19. 复合材料、功能性高分子材料、工程塑料及低成本化、新型塑料合金生产

20. 采用先进工艺技术的大型基本有机化工原料生产

21. 高等级道路沥青、聚合物改性沥青和特种沥青生产

22. 低硫含酸重质原油综合利用

23. 合成树脂加工用新型助剂、新型吸附剂、高性能添加剂和复配技术开发

24. 20万吨/年及以上氧氯化法制聚氯乙烯

25. 氯化法钛白粉生产

26. 高等级子午线轮胎及配套专用材料、设备生产

27. 醇醚燃料生产

十、建材

1. 日产4000吨及以上（西部地区日产2000吨及以上）熟料新型干法水泥生产及装备和配套材料开发

2. 新型节能环保墙体材料、绝热隔音材料、防水材料和建筑密封材料、建筑涂料开发生产

3. 优质环保型摩擦与密封材料生产

4. 3万吨/年及以上无碱玻璃纤维池窑拉丝技术和高性能玻璃纤维及制品技术开发与生产

5. 优质节能复合门窗及五金配件生产

6. 新型管材（含管件）技术开发制造

7. 优质浮法玻璃生产技术、装备和节能、安全平板玻璃深加工技术开发

8. 一次冲洗用水量6升及以下的坐便器、节水型小便、蹲便器及节水控制设备开发生产

9. 高新技术和环保产业需求的高纯、超细、改性等精细加工矿物材料生产及其技术装备开发制造

10. 新型干法水泥和新型墙体材料等建材产品生产中消纳工业废弃物、城市垃圾和污泥的无害化与资源化关键技术及装备开发

11. 玻璃纤维增强塑料制品（玻璃钢）机械化成型技术开发

12. 散装水泥装备技术开发

13. 高性能混凝土用外加剂技术开发与生产

14. 50万吨/年及以上人工砂生产线及其技术装备开发生产

15. 100万吨/年及以上大型水泥粉磨站建设

16. 20万立方米/年以上大型石材荒料、30万平方米/年以上超薄复合石材生产

17. 高品质人工晶体材料生产技术开发

十一、医药

1. 具有自主知识产权的新药开发与生产

2. 重大传染病防治疫苗和药物开发与生产

3. 新型诊断试剂及生物芯片技术开发与生产

4. 新型计划生育药物及器具开发与生产（含第三代孕激素的避孕药，第三代宫内节育器等）

5. 天然药物、海洋药物开发与生产

6. 制剂新辅料开发与生产

7. 关键医药中间体开发与生产

8. 医药生物工程新技术、新产品开发

9. 新型药物制剂技术开发与应用

10. 大规模药用多肽和核酸合成、发酵生产、纯化技术开发和应用

11. 药物生产中的膜技术、超临界萃取技术、手性技术及自控技术等开发和应用

12. 原料药清洁生产工艺开发与应用

13. 新型药用包装材料及其技术开发

14. 中药现代化（濒危稀缺药用动植物人工繁育技术开发；先进农业技术在中药材规范化种植、养殖中的应用；中药有效成分的提取、纯化、质量控制新技术开发和应用；中药现代剂型的工艺技术、生产过程控制技术和装备的开发与应用；中药饮片创新技术开发和产业化）

15. 少数民族医药开发生产

16. 数字化医学影像产品及医疗信息技术开发与制造

17. 早期诊断医疗仪器设备开发制造

18. 微创外科和介入治疗装备及器械开发制造

19. 医疗急救及康复工程技术装置开发生产

20. 实验动物养殖

21. 微生物开发利用

十二、机械

1. 数控机床关键零部件及刀具制造

2. 三轴以上联动的高速、精密数控机床，数控系统及交流伺服装置、直线电机制造

3. 新型传感器开发及制造

4. 轿车轴承、铁路轴承、精密轴承、低噪音轴承制造

5. 转轮直径8.5米及以上混流、轴流式水电设备及其关键配套辅机制造

6. 大型贯流及抽水蓄能水电机组及其关键配套辅机制造

7. 60万千瓦及以上超临界及超超临界火电机组成套设备技术开发、设备制造及其关键配套辅机制造

8. 30万千瓦及以上循环流化床锅炉制造

9. 40万千瓦级以上燃气、蒸汽联合循环设备制造

10. 大型、精密、专用铸锻件技术开发及设备制造

11. 500千伏及以上超高压交、直流输变电成套设备制造

12. 清洁能源发电设备制造（核电、风力发电、太阳能、潮汐等）

13. 30万吨/年及以上合成氨成套设备制造

14. 60万吨/年及以上乙烯成套设备制造技术开发及应用

15. 集散型（DCS）控制系统及智能化现场仪表开发及制造

16. 精密仪器开发及制造

17. 新型液压、气动、密封元器件及装置制造

18. 自动化焊接设备技术开发及设备制造
19. 大型、精密模具及汽车模具设计与制造
20. 可控气氛及大型真空热处理技术开发及设备制造
21. 安全生产及环保检测仪器设计制造
22. 城市垃圾处理设备制造
23. 粉煤灰储运、利用成套设备制造
24. 废旧电器、塑料、废旧橡胶回收利用设备制造
25. 海水淡化和海水直接利用设备制造
26. 工业机器人及其成套系统开发制造
27. 500 万吨/年及以上矿井综合采掘、装运成套设备及大型煤矿洗选机械设备制造
28. 2000 万吨级/年及以上大型露天矿成套设备制造
29. 大型油气集输设备制造
30. 自动化高速多色成套印刷设备制造
31. 种、肥、水、药高效施用和保护性耕作等农机具制造
32. 5 吨/时以上种子加工成套设备开发制造
33. 禽、畜类自动化养殖成套设备制造
34. 设施农业设备制造
35. 农、林、渔、畜产品深加工及资源综合利用设备制造
36. 秸秆综合利用关键设备制造
37. 农业（棉花、水稻、小麦、玉米、豆类、薯类、草饲料等）收获机械制造
38. 营林及人工植被工业化生产设备制造技术开发
39. 大型工程施工机械及关键零部件开发及制造
40. 电控内燃机及关键零部件技术开发与制造
41. 蓄冷（热）技术开发及设备制造
42. 大型能量回收装置成套设备设计制造
43. 7000 米及以上深井钻机成套设备设计制造
44. 高性能清淤设备制造
45. 医疗废物集中处理设备制造
46. 自动气象站系统技术开发及设备制造
47. 特种气象观测及分析设备制造
48. 地震台站、台网和流动地震观测技术系统开发及仪器设备制造
49. 地质灾害监测治理新技术及设备研发
50. 有害气体净化设备制造
51. 食品质量安全检验检测相关技术及设备
52. 报废汽车拆解、破碎处理设备制造

十三、汽车

1. 汽车、摩托车整车及发动机、关键零部件系统设计开发
2. 自动变速箱、重型汽车变速箱等汽车关键零部件及具有自主产权（品牌）的先进、适用汽车、发动机制造
3. 汽车轻量化及环保型新材料制造
4. 汽车重要部件的精密锻压、多工位压力成型及铸造
5. 汽车、摩托车型式试验及维修用检测系统开发制造
6. 压缩天然气、氢燃料、合成燃料、液化石油气、醇醚类燃料汽车和混合动力汽车、电动汽车、燃料电池汽车等新能源汽车整车及关键零部件开发及制造
7. 先进的小排量经济型乘用车、集装箱运输车、多轴大型专用车辆
8. 先进的轿车用柴油发动机开发制造
9. 城市用低底盘公共汽车开发制造

十四、船舶

1. 高技术、高性能、特种船舶和 10 万吨级及以上大型船舶设计及制造
2. 万吨级及以上客船、客滚船、滚装船、客箱船、火车渡船制造
3. 5000 立方米及以上液化石油气（LPG）、液化天然气（LNG）船制造
4. 3000 标准箱（TEU）及以上集装箱船制造
5. 船用动力系统、电站、特辅机制造
6. 大型远洋渔船及海上钻井船、钻采平台、海上浮式生产储油轮等海洋工程装备设计制造
7. 船舶控制与自动化、通信导航、仪器仪表等船用设备制造

十五、航空航天

1. 飞机及零部件开发制造
2. 航空发动机开发制造
3. 机载设备系统开发制造
4. 直升机总体、旋翼系统、传动系统开发制造
5. 航空航天用新型材料开发及生产
6. 航空航天用燃气轮机制造
7. 卫星、运载火箭及零部件制造
8. 航空、航天技术应用及系统软硬件产品、终端产品开发生产
9. 航空器地面模拟训练系统开发制造
10. 航空器地面维修、维护、检测设备开发制造
11. 卫星地面系统建设及设备制造

十六、轻工

1. 符合经济规模的林纸一体化木浆、纸和纸板生产
2. 高新技术制浆造纸机械成套设备开发制造
3. 非金属制品模具设计、加工、制造
4. 生物可降解塑料及其系列产品开发
5. 农用塑料节水器材和农用多层薄膜开发、生产
6. 高技术陶瓷（含工业陶瓷）产品及装备技术开发

7. 陶瓷清洁生产技术开发及应用

8. 光、机、电子一体缝制机械及特种工业缝纫机开发制造

9. 天然香料、合成香料新技术开发和产品制造

10. 新型、生态型（易降解、易回收、可复用）包装材料研发、生产

11. 新型塑料保温板、大口径塑料管材（直径 0.5 米以上）、超低噪音排水塑料管、防渗土工膜、医用塑料等新型塑料产品开发、制造

12. 高新、数字印刷技术及高清晰度制版系统开发及应用

13. 高技术绿色电池产品制造（无汞碱锰电池、氢镍电池、锂离子电池、高容量密封型免维护铅酸蓄电池、燃料电池、锌空气电池、太阳能电池）

14. 少数民族特需用品制造

15. 天然食品添加剂原料及生产技术开发应用

16. 无元素氯（ECF）和全无氯（TCF）化学纸浆漂白工艺开发及应用

十七、纺织

1. 高档纺织品生产、印染和后整理加工

2. 采用化纤高仿真加工技术生产高档化纤面料

3. 各种差别化、功能化化学纤维、高技术纤维生产

4. 纤维及非纤维用新型聚脂（聚对苯二甲酸丙二醇酯、聚葵二酸乙二醇酯、聚对苯二甲酸丁二醇酯等）生产

5. 符合生态、资源综合利用与环保要求的特种天然纤维（包括除羊毛以外的其他动物纤维、麻纤维、竹纤维、桑蚕丝、彩色棉花等）产品加工

6. 采用高新技术的产业用特种纺织品生产

7. 新型高技术纺织机械及关键零部件制造

8. 高档地毯、抽纱、刺绣产品生产

9. 采用计算机集成制造系统的高档服装生产

10. 利用可再生资源的新型纤维（聚乳酸纤维、溶剂法纤维素纤维、动植物蛋白纤维等）生产

11. 纺织、纺机企业生产所需检测、试验仪器开发制造

十八、建筑

1. 节能省地型建筑暨绿色建筑的开发

2. 高层建筑与空间结构技术开发

3. 低噪声建筑施工机具开发与制造

4. 住宅高性能外围护结构材料与部件制造

5. 新型建筑结构系统开发

6. 建筑隔震减震结构体系及产品研发与推广

7. 建筑节水、节能、节地及节材关键技术开发

8. 智能建筑产品与设备的生产制造与集成技术研究

9. 居住及公共建筑集中采暖按热量计量技术应用

10. 商品混凝土、商品砂浆及其施工技术开发

十九、城市基础设施及房地产

1. 城市基础空间信息数据生产及关键技术开发

2. 城市公共交通建设

3. 城市道路及智能交通体系建设

4. 城市交通管制系统技术开发及设备制造

5. 城镇地下管道共同沟建设

6. 城镇供排水管网工程、供水水源及净水厂工程

7. 城镇燃气工程

8. 城镇集中供热建设和改造工程

9. 城市雨水收集利用工程

10. 节能、低污染取暖设备制造

11. 城镇园林绿化及生态小区建设

12. 城市立体停车场建设

13. 先进适用的建筑成套技术、产品和住宅部品研发和推广

14. 燃气汽车加气站工程

15. 城市建设管理信息化技术开发

16. 城市生态系统关键技术开发

17. 城际快速、城市轨道交通（经国家批准）系统开发、建设及车辆制造

18. 城市节水技术开发与应用

19. 城市照明智能化、绿色照明产品及系统技术开发

20. 国家住宅示范工程建设

二十、铁路

1. 铁路新线建设

2. 既有线路提速及扩能

3. 客运专线、高速铁路系统技术开发及建设

4. 机车同步操纵、列车电空制动（ECP）、25 吨及以上轴重货运重载技术开发

5. 铁路行车及客运、货运安全保障系统技术与装备开发

6. 编组站自动化、装卸作业机械化设备制造

7. 铁路运输信息系统开发

8. 铁路集装箱运输系统开发与建设

9. 交流传动机车、动车组、高原机车、机车车辆救援设备制造及技术开发

10. 交流传动核心元器件制造（含 IGCT、IGBT 元器件）

11. 时速 200 公里及以上铁路接触网、道岔、牵引供电技术开发与设备制造

12. 电气化铁路牵引供电功率因数补偿技术开发

13. 铁路线路检测、机车车辆监测技术开发与设备制造

14. 大型养路机械、多用途养路机械、轨道检测设备、工务专用设备开发制造

15. 行车调度指挥自动化技术开发

16. 混凝土结构物修补和提高耐久性技术、材料开发

17. 高速磁悬浮交通系统技术及材料开发与应用

18. 铁路旅客列车集便器及污物地面接收、处理工程

二十一、公路

1. 国道主干线、西部开发公路干线、国家高速公路网项目建设

2. 公路智能运输系统开发与建设

3. 公路快速客货运输系统开发与建设

4. 公路管理信息系统开发与建设

5. 公路工程新材料开发及生产

6. 公路工程及养护新型机械设备设计制造

7. 公路集装箱和厢式运输

8. 特大跨径桥梁修筑和养护技术开发

9. 长大隧道修筑和维护技术开发

10. 农村客货运输网络开发与建设

11. 农村公路建设

二十二、水运

1. 深水泊位（沿海万吨级、内河千吨级）建设

2. 出海深水航道及内河干线航道建设、通航建筑物建设

3. 大型港口装卸自动化工程

4. 海运电子数据交换系统开发

5. 水上安全保障系统和救助打捞装备建设与开发

6. 内河航运及船型标准化

7. 港口、深水航道及航电枢纽建设所需特种工程机械设备设计制造

8. 集装箱多式联运及水上集装箱运输

9. 水上高速客运

10. 原油、成品油、天然气船舶运输

11. 船舶溢油监测及应急消除系统建设开发

12. 水上滚装多式联运及水路大宗散货运输

13. 水运行业信息系统建设

14. 国际邮轮运输

二十三、航空运输

1. 机场建设

2. 公共航空运输

3. 通用航空

4. 空中交通管制和通信导航系统建设

5. 航空器维修

6. 航空计算机管理及其网络系统开发与建设

7. 航空油料设施建设

8. 航空特种车辆、货场设备、仓储设备、货物集装器、高性能机场安检设备、高性能机场消防设备开发与制造

9. 海上空中监督巡逻和搜救设施建设

二十四、信息产业

1. 2.5GB/S 及以上光同步传输系统建设

2. 155MB/S 及以上数字微波同步传输设备制造及系统建设

3. 卫星通信系统、地球站设备制造及建设

4. 网管监控、七号信令、时钟同步、计费等通信支撑网建设

5. 数据通信网设备制造及建设

6. 智能网等新业务网设备制造及建设

7. 宽带网络设备制造及建设

8. 数字蜂窝移动通信网建设

9. IP 业务网络建设

10. 邮政储蓄网络建设

11. 邮政综合业务网建设

12. 邮件处理自动化工程

13. 卫星数字电视广播系统建设

14. 增值电信业务平台建设

15. 32 波及以上光纤波分复用传输系统设备制造

16. 10GB/S 及以上数字同步系列光纤通信系统设备制造

17. 支撑通讯网的新技术设备制造

18. 同温层通信系统设备制造

19. 数字移动通信（含 GSM-R）、接入网系统、数字集群通信系统及路由器、网关等网络设备制造

20. 大中型电子计算机及高性能微机、工作站、服务器设备制造

21. 线宽 1.2 微米以下大规模集成电路设计、制造

22. 大规模集成电路装备制造

23. 新型电子元器件（片式元器件、频率元器件、混合集成电路、电力电子器件、光电子器件、敏感元器件及传感器、新型机电元件、高密度印刷电路板和柔性电路板等）制造

24. 电子专用材料制造

25. 软件开发生产

26. 计算机辅助设计（CAD）、辅助测试（CAT）、辅助制造（CAM）、辅助工程（CAE）系统开发生产

27. 电子专用设备、仪器、工模具制造

28. 大容量光、磁盘驱动器及其部件和数字产品用

存储卡制造

29. 新型显示器件、中高分辨率彩色显像管/显示管及玻壳制造及技术开发

30. 新型（非色散）单模光纤及光纤预制棒制造

31. 数字音视频广播系统设备制造

32. 高密度数字激光视盘播放机盘片制造

33. 只读光盘和可记录光盘复制生产

34. 数字摄录机、数字录放机、数字电视产品制造

35. 普通纸传真机制造

36. 信息安全产品、网络监察专用设备开发制造

37. 数字多功能电话机制造

38. 6英寸及以上单晶硅、多晶硅及晶片制造

39. 多普勒雷达技术及设备制造

40. 汽车电子产品制造

41. 医疗电子产品制造

42. 金融电子设备制造及系统建设

43. 无线局域网（Wi-Fi短距离无线通信技术等）技术开发、设备制造

44. 电子商务和电子政务系统开发

45. 卫星导航系统技术开发及设备制造

二十五、其他服务业

1. 电子商务、现代物流服务体系建设及以连锁经营形式发展的中小超市、便利店、专业店等新型零售业态

2. 粮食、棉花、食糖、食用油、化肥、石油等重要商品的现代化仓储等物流设施建设

3. 现代化的农产品市场流通设施及农产品贸工农一体化设施建设

4. 闲置设备、旧货、旧机动车调剂交易市场建设

5. 中小企业社会化服务体系建设

6. 农、林业社会化服务体系建设

7. 租赁服务

8. 后勤社会化服务

9. 城市社区服务网点建设

10. 房地产中介服务、物业管理服务

11. 社会化养老服务

12. 残疾人服务设施建设

13. 基本医疗、计划生育、预防保健服务设施建设

14. 血站建设

15. 远程医疗服务

16. 文化艺术、新闻出版、广播影视、大众文化、科普、体育设施建设及产业化运营

17. 文物保护及设施建设

18. 幼儿教育、义务教育、高中教育、高等教育、职业技术教育及特殊教育

19. 远程教育系统建设

20. 未成年人活动场所及儿童社会福利设施建设

21. 旅游基础设施建设及旅游信息服务系统开发

22. 工业旅游、农业旅游、森林旅游、生态旅游及其它旅游资源综合开发项目建设

23. 信用卡及其网络服务

24. 旅游商品、纪念品开发

25. 就业创业咨询、辅导、中介及培训服务

26. 国家级工程（技术）研究中心、国家认定的企业技术中心、重点实验室、高新技术创业服务中心、新产品开发设计中心、科研中试基地、实验基地建设

27. 科学普及、技术推广、科技交流、技术咨询、知识产权及气象、环保、测绘、地震、海洋、技术监督等科技服务

28. 经济、规划、工程、管理、会计、审计、法律、环保等咨询服务

29. 科学仪器、实验动物、化学试剂、文献信息等科研支撑条件共建共享服务

30. 商品质量认证和质量检测

31. 防伪技术开发和运用

32. 资信调查与评级服务体系建设

33. 动漫制作

二十六、环境保护与资源节约综合利用

1. 矿山生态环境恢复工程

2. 海洋开发及海洋环境保护

3. 生物多样性保护工程

4. 微咸水、劣质水、海水的开发利用及海水淡化工程

5. 消耗臭氧层物质替代品开发与利用

6. 医疗废物处置中心建设

7. 危险废弃物处理中心建设

8. 区域性废旧汽车处理中心建设

9. 流出物辐射环境监测技术工程

10. 环境监测体系工程和新型环保技术开发应用

11. 放射性废物及其它危险废物安全处置技术及设备开发、制造

12. 流动污染源（火车、船舶、汽车等）防治技术开发及应用

13. 城市交通噪声与振动控制及材料生产

14. 电网、信息系统电磁辐射控制技术开发

15. 削减和控制二恶英排放的技术开发与应用

16. 持久性有机污染物类产品的替代品开发与应用

17. 废弃持久性有机污染物类产品处置技术开发与应用

18. “三废”综合利用及治理工程

19. “三废”处理用生物菌种和添加剂开发及生产

20. 含汞废物的汞回收处理技术开发应用及成套设备制造

21. 重复用水技术开发及设备制造与使用

22. 高效、低能耗污水处理与再生技术开发及设备制造

23. 城镇垃圾及其他固体废弃物减量化、资源化、无害化处理和综合利用工程

24. 废物填埋防渗膜生产

25. 新型水处理药剂开发及生产

26. 煤气、烟气除尘、脱硫、脱硝技术及装置开发、成套设备制造

27. 墙体吸收噪声技术与材料开发

28. 交流变频调速节能技术开发及应用

29. 机动车、内燃机车节油技术开发及应用

30. 新型节能环保家用电器和关键零部件生产及技术开发

31. 节水、节能产品生产

32. 用水监测仪器开发、生产

33. 新型节能照明产品、生产技术开发和配套的材料、设备技术开发

34. 节能、节水、环保及资源综合利用等技术开发、应用及设备制造

35. 日产2000吨及以上熟料新型干法水泥生产余热发电

36. 高炉、转炉、焦炉煤气回收及综合利用

37. 高能耗、污染重的石油、石化、化工行业节能、环保改造

38. 高效、节能采矿、选矿技术（药剂）及设备开发、成套设备制造

39. 多元素共生矿资源综合利用

40. 低品位、复杂、难处理矿开发及综合利用

41. 尾矿、废渣等资源综合利用

42. 再生资源回收利用产业化

第二类　限 制 类

一、农林业

1. 天然草场超载放牧

2. 单线5万立方米/年以下的高中密度纤维板项目

3. 单线3万立方米/年以下的木质刨花板项目

4. 1000吨/年以下的松香生产项目

二、煤炭

1. 单井井型低于以下规模的煤矿项目：山西、陕西、内蒙古30万吨/年；新疆、甘肃、宁夏、青海、北京、河北、东北及华东地区15万吨/年；西南和中南地区9万吨/年；开采极薄煤层3万吨/年

2. 采用非机械化开采工艺的煤矿项目

3. 设计的煤炭资源回收率达不到国家规定要求的煤矿项目

4. 未经国家或省（区、市）煤炭行业管理部门批准矿区总体规划的煤矿项目

三、电力

1. 除西藏、新疆、海南等小电网外，单机容量在30万千瓦及以下的常规燃煤火电机组

2. 除西藏、新疆、海南等小电网外，发电煤耗高于300克标准煤/千瓦时的发电机组，空冷机组发电煤耗高于305克标准煤/千瓦时的发电机组

四、石油、天然气和化工

1. 10万吨/年以下及DMT法聚酯装置

2. 7万吨/年以下聚丙烯装置（连续法及间歇法）

3. 10万吨/年以下丙烯腈装置

4. 10万吨/年以下ABS树脂装置（本体连续法除外）

5. 60万吨/年以下乙烯装置

6. 800万吨/年以下常减压炼油装置

7. 50万吨/年以下催化裂化装置、40万吨/年以下连续重整装置、80万吨/年以下加氢裂化装置、80万吨/年以下延迟焦化装置

8. 20万吨/年以下聚乙烯装置

9. 20万吨/年以下乙烯氧氯化法聚氯乙烯装置、12万吨/年以下电石法聚氯乙烯装置

10. 20万吨/年以下苯乙烯装置（干气制乙苯工艺除外）

11. 10万吨/年以下聚苯乙烯装置

12. 22.5万吨/年以下精对苯二甲酸装置

13. 20万吨/年以下环氧乙烷/乙二醇装置

14. 10万吨/年以下己内酰胺装置

15. 20万吨/年以下乙烯法醋酸装置、10万吨/年以下羰基合成法醋酸装置

16. 100万吨/年以下氨碱装置

17. 30万吨/年以下联碱装置

18. 20万吨/年以下硫黄制酸装置、10万吨/年以下硫铁矿制酸装置

19. 常压法及综合法硝酸装置

20. 以石油（高硫石油焦除外）为原料的化肥生产项目

21. 硫酸法钛白粉生产线（产品质量达到国际标准，废酸、亚铁能够综合利用，并实现达标排放的除外）

22. 1000吨/年以下铅铬黄生产线

23. 5000吨/年及以下氧化铁红颜料装置

24. 2.5万千伏安以下（能力小于4.5万吨）及2.5万千伏安以上环保、能耗等达不到准入要求的电石矿热炉项目

25. 5000吨/年以下的电解二氧化锰生产线

26. 15万吨/年以下烧碱装置

27. 2万吨/年以下氢氧化钾装置

28. 单线2万吨/年以下或有钙焙烧铬化合物生产装置

29. 氯化汞触媒项目

30. 单套1万吨/年以下无水氟化氢（HF）生产装置（配套自用和电子高纯氟化氢除外）

31. 单套反应釜6000吨/年以下、后处理3万吨/年以下的F22生产装置（作为原料进行深加工除外）

32. 2万吨/年以下的（甲基）有机硅单体生产装置

33. 8万吨/年以下的甲烷氯化物生产项目（不包括为有机硅配套的一氯甲烷生产项目）

34. 8万吨/年及以上、对副产的全部四氯化碳没有配套处置设施的甲烷氯化物生产项目

35. 斜交轮胎项目

36. 力车胎项目（手推车胎）

37. 高毒农药原药（甲胺磷、对硫磷、甲基对硫磷、久效磷、氧化乐果、水胺硫磷、甲基异柳磷、甲拌磷、甲基硫环磷、乙基硫环磷、特丁磷、杀扑磷、溴甲烷、灭多威、涕灭威、克百威、磷化锌、敌鼠钠、敌鼠酮、杀鼠灵、杀鼠醚、溴敌隆、溴鼠灵）生产项目

38. 以滴滴涕为原料的生产三氯杀螨醇项目

39. 以六氯苯为原料的生产五氯酚钠项目

40. 林丹生产项目

41. 300吨/年以下皂素（含水解物）生产装置（综合利用除外）

五、信息产业

1. 激光视盘机生产线（VCD系列整机产品）

2. 模拟CRT黑白及彩色电视机项目

六、钢铁

1. 钢铁企业和缺水地区，未同步配套建设干熄焦、装煤、推焦除尘装置的焦炉项目

2. 180平方米以下烧结机项目

3. 有效容积1000立方米以下或1000立方米及以上、未同步配套煤粉喷吹装置、除尘装置、余压发电装置，能源消耗、新水耗量等达不到标准的炼铁高炉项目

4. 公称容量120吨以下或公称容量120吨及以上、未同步配套煤气回收、除尘装置，能源消耗、新水耗量等达不到标准的炼钢转炉项目

5. 公称容量70吨以下或公称容量70吨及以上、未同步配套烟尘回收装置，能源消耗、新水耗量等达不到标准的电炉项目

6. 800毫米以下热轧带钢（不含特殊钢）项目

7. 25万吨/年及以下热镀锌板卷项目

8. 10万吨/年及以下彩色涂层板卷项目

9. 2.5万千伏安以下、2.5万千伏安及以上环保、能耗等达不到准入要求的铁合金矿热电炉项目（中西部具有独立运行的小水电及矿产资源优势的国家确定的重点贫困地区，单台矿热电炉容量≥1.25万千伏安）

10. 含铬质耐火材料生产线

11. 普通功率和高功率石墨电极生产线

12. 直径550毫米以下及2万吨/年以下的超高功率石墨电极生产线

13. 5万吨/年以下炭块、4万吨/年以下炭电极生产线

14. 一段式固定煤气发生炉项目（不含粉煤气气化炉）

七、有色金属

1. 钨、钼、锡、锑及稀土矿开采、冶炼项目以及氧化锑、铅锡焊料生产项目（改造项目除外）

2. 单系列10万吨/年规模以下粗铜冶炼项目

3. 电解铝项目（淘汰自焙槽生产能力置换项目及环保改造项目除外）

4. 单系列5万吨/年规模及以下铅冶炼项目

5. 单系列10万吨/年规模以下锌冶炼项目

6. 镁冶炼项目（综合利用项目除外）

7. 4吨以下的再生铝反射炉项目

8. 再生有色金属生产中采用直接燃煤的反射炉项目

9. 铝用湿法氟化盐项目

10. 10万吨/年以下的独立铝用炭素项目

11. 离子型稀土矿原矿池浸工艺项目

12. 1万吨/年以下的再生铅项目

八、黄金

1. 日处理金精矿50吨以下的独立氰化项目

2. 日处理矿石100吨以下，无配套采矿系统的独立黄金选矿厂项目

3. 日处理金精矿50吨以下的火法冶炼项目

4. 处理矿石5万吨/年以下的独立堆浸场项目（青藏高原除外）

5. 日处理岩金矿石50吨以下的采选项目

6. 处理砂金矿砂20万立方米/年以下的砂金开采项目

7. 在林区、农田、河道中开采黄金项目

九、建材

1. 非浮法及日熔化量500吨以下普通浮法平板玻璃生产线

2. 100万平方米/年及以下的建筑陶瓷砖生产线

3. 50万件/年以下的隧道窑卫生陶瓷生产线

4. 水泥机立窑、干法中空窑、立波尔窑、湿法窑；新建日产1500吨及以下熟料新型干法水泥生产线

5. 2000万平方米/年以下的纸面石膏板生产线

6. 沥青纸胎油毡生产线，500万平方米/年以下的改性沥青防水卷材生产线，沥青复合胎柔性防水卷材生产线，聚乙烯膜层厚度在0.5毫米以下的聚乙烯丙纶复合防水卷材生产线

7. 中碱玻璃球生产线、铂金坩埚球法拉丝玻璃纤维生产线

8. 实心黏土砖生产项目

9. 15万平方米/年以下的石膏（空心）砌块生产线、单班年生产能力小于2.5万立方米混凝土小型空心砌块以及单班年生产能力小于15万平方米混凝土铺地砖固定式生产线、5万立方米/年以下人造轻集料（陶粒）生产线

10. 10万立方米/年以下的加气混凝土生产线

11. 3000万标砖/年以下的煤矸石、页岩烧结实心砖生产线

12. 5000吨/年以下岩（矿）棉生产线

十、医药

1. 维生素C原料项目

2. 青霉素原料药项目

3. 一次性注射器、输血器、输液器项目

4. 药用丁基橡胶塞项目

5. 无新药、新技术应用的各种剂型扩大加工能力的项目（填充液体的硬胶囊除外）

6. 原料为濒危、紧缺动植物药材，且尚未规模化种植或养殖的产品生产能力扩大项目

7. 使用氯氟烃（CFCs）作为气雾剂推进剂的医药用品生产项目

8. 充汞式玻璃体温计项目

9. 充汞式血压计项目

10. 银汞齐齿科材料项目

十一、机械

1. 2臂及以下凿岩台车制造项目

2. 装岩机（立爪装岩机除外）制造项目

3. 3立方米及以下小矿车制造项目

4. 直径2.5米及以下绞车制造项目

5. 直径3.5米及以下矿井提升机制造项目

6. 40平方米及以下筛分机制造项目

7. 直径700毫米及以下旋流器制造项目

8. 800千瓦及以下采煤机制造项目

9. 斗容3.5立方米及以下矿用挖掘机制造项目

10. 矿用搅拌、浓缩、过滤设备（加压式除外）制造项目

11. 农用运输车项目（三轮汽车、低速载货车）

12. 单缸柴油机制造项目（先进的第二代单缸机除外）

13. 50马力及以下拖拉机制造项目

14. 30万千瓦及以下常规燃煤火力发电设备制造项目（综合利用机组除外）

15. 电线、电缆制造项目（特种电缆及500千伏及以上超高压电缆除外）

16. 普通金属切削机床制造项目（数控机床除外）

17. 普通电火花加工机床和线切割加工机床制造项目（数控机床除外）

18. 6300千牛及以下普通机械压力机制造项目（数控压力机除外）

19. 普通剪板机、折弯机、弯管机制造项目

20. 普通高速钢钻头、铣刀、锯片、丝锥、板牙项目

21. 棕刚玉、绿碳化硅、黑碳化硅等烧结块及磨料制造项目

22. 直径400毫米及以下各种结合剂砂轮制造项目

23. 直径400毫米及以下人造金刚石切割锯片制造项目

24. 普通微小型球轴承制造项目

25. 10～35千伏树脂绝缘干式变压器制造项目

26. 220千伏及以下高、中、低压开关柜制造项目

27. 普通电焊条制造项目

28. 民用普通电度表制造项目

29. 8.8级以下普通低档标准紧固件制造项目

30. 100立方米及以下活塞式动力压缩机制造项目

31. 普通运输集装干箱项目

32. 20立方米以下螺杆压缩机制造项目

33. 56英寸及以下单级中开泵制造项目

34. 通用类10兆帕及以下中低压碳钢阀门制造项目

十二、船舶

1. 未列入国家船舶工业中长期规划的民用大型造船设施项目（指船坞、船台宽度大于或等于42米，能够建造单船10万载重吨级及以上的船坞、船台及配套造船设施）

2. 未列入国家船舶工业中长期规划的船用柴油机制造项目

十三、轻工

1. 达不到国家《家用电冰箱耗电量限定值及能源效率等级》标准的冷藏箱、冷冻箱、冷藏冷冻箱（电冰箱、

冷柜）项目

2. 达不到国家《电动洗衣机耗电量限定值及能源效率等级》标准的洗衣机项目

3. 达不到国家《房间空气调节器能效限定值及能效等级》标准的空调器项目

4. 低档纸及纸板生产项目

5. 聚氯乙烯普通人造革生产线

6. 超薄型（厚度低于0.015毫米）塑料袋生产线

7. 年加工皮革10万张（折牛皮标张）以下的制革项目

8. 生产速度低于1500只/时的单螺旋灯丝白炽灯生产线

9. 普通中速工业平缝机系列生产线

10. 普通中速工业包缝机系列生产线

11. 电子计价秤项目（准确度低于最大称量的1/3000，称量≤15千克）

12. 电子汽车衡项目（准确度低于最大称量的1/3000，称量≤300吨）

13. 电子静态轨道衡项目（准确度低于最大称量的1/3000，称量≤150吨）

14. 电子动态轨道衡项目（准确度低于最大称量的1/500，称量≤150吨）

15. 电子皮带秤项目（准确度低于最大称量的5/1000）

16. 电子吊秤项目（准确度低于最大称量的1/1000，称量≤50吨）

17. 弹簧度盘秤项目（准确度低于最大称量的1/400，称量≤8千克）

18. 二片铝质易拉罐项目

19. 普通真空保温瓶玻璃瓶胆生产线

20. 2万吨/年以下的玻璃瓶罐生产线

21. 合成脂肪醇项目（含羰基合成醇、齐格勒醇，不含油脂加氢醇）

22. 3万吨/年以下三聚磷酸钠生产线

23. 糊式锌锰电池项目

24. 镉镍电池项目

25. 开口式普通铅酸蓄电池项目

26. 2000吨/年以下牙膏项目

27. 原糖生产项目

28. 北方海盐100万吨/年以下项目；南方海盐新建盐场项目；矿（井）盐60万吨/年以下的项目；湖盐20万吨/年以下的项目

29. 白酒生产线

30. 酒精生产线（燃料乙醇项目除外）

31. 使用传统工艺、技术的味精生产线

32. 糖精等化学合成甜味剂生产线

十四、纺织

1. 74型染整生产线

十五、烟草

1. 卷烟加工项目（改造项目除外）

十六、消防

1. 火灾自动报警设备项目

2. 灭火器项目

3. 碳酸氢钠干粉（BC）灭火剂项目

4. 防火门项目

5. 消防水带项目

6. 消防栓（室内、外）项目

7. 普通消防车（罐类、专项类）项目

十七、其他

1. 用地红线宽度（包括绿化带）超过下列标准的城市主干道路项目：小城市和重点镇40米，中等城市55米，大城市70米（200万人口以上特大城市主干道路确需超过70米的，城市总体规划中应有专项说明）

2. 用地面积超过下列标准的城市游憩集会广场项目：小城市和重点镇1公顷，中等城市2公顷，大城市3公顷，200万人口以上特大城市5公顷

3. 别墅类房地产开发项目

4. 高尔夫球场项目

5. 赛马场项目

第三类 淘汰类

注：条目后括号内年份为淘汰期限，淘汰期限为2006年是指应于2006年底前淘汰，其余类推；有淘汰计划的条目，根据计划进行淘汰；未标淘汰期限或淘汰计划的条目为国家产业政策已明令淘汰或立即淘汰。

一、落后生产工艺装备

（一）农林业

1. 湿法纤维板生产工艺（2006年）

2. 滴水法松香生产工艺（2006年）

（二）煤炭

1. 未按批准的矿区规划确定的井田范围和井型而建设的煤矿

2. 没有采矿许可证、安全生产许可证、营业执照、矿长资格证、煤炭生产许可证的煤矿

3. 国有煤矿矿区范围（国有煤矿采矿登记确认的范围）内的各类小煤矿

4. 单井井型低于3万吨/年规模的矿井（极薄煤层除外）（2007年）

5. 既无降硫措施，又无达标排放用户的高硫煤炭（含硫高于3%）生产矿井

6. 不能就地使用的高灰煤炭（灰分高于40%）生产矿井

7. 6AM、φM-2.5、PA-3型煤用浮选机

8. PB2、PB3、PB4型矿用隔爆高压开关

9. PG-27型真空过滤机

10. X-1型箱式压滤机

11. ZYZ、ZY3型液压支架

12. 木支架

（三）电力

1. 大电网覆盖范围内，服役期满的单机容量在10万千瓦以下的常规燃煤凝汽火电机组

2. 单机容量5万千瓦及以下的常规小火电机组

3. 以发电为主的燃油锅炉及发电机组（5万千瓦及以下）

（四）石油、天然气和化工

1. 没有取得采矿许可证的油气田，不符合国家油气资源整体开发规划的油气田

2. 安全环保达不到国家标准的成品油生产装置

3. 100万吨/年及以下生产汽煤柴油的小炼油生产装置（2005年）

4. 4万吨/年以下的硫铁矿制酸生产装置（2005年）

5. 50万条/年及以下的斜交轮胎，或以天然棉帘子布为骨架的轮胎生产线

6. 1万吨/年及以下的干法造粒炭黑生产装置

7. 1000吨/年以下黄磷生产线

8. 单线1万吨/年以下有钙焙烧铬化合物生产线（2006年）

9. 土法炼油

10. 汞法烧碱

11. 5000千伏安以下（1万吨/年以下）电石炉及开放式电石炉

12. 排放不达标的电石炉

13. 铁粉还原法工艺

14. 生产氰化钠的氨钠法及氰熔体工艺

15. 高中温钠法百草枯生产工艺

16. 农药产品手工包（灌）装设备

17. 石墨阳极隔膜法烧碱

18. KDON-6000/6600型蓄冷器流程空分设备

19. 直接火加热涂料用树脂生产工艺

20. 氯氟烃（CFCs）生产装置（根据国家履行国际公约总体计划要求进行淘汰）

21. 主产四氯化碳（CTC）生产工艺（根据国家履行国际公约总体计划要求进行淘汰）

22. 四氯化碳（CTC）为加工助剂的所有产品的生产工艺（根据国家履行国际公约总体计划要求进行淘汰）

23. CFC－113为加工助剂的含氟聚合物生产工艺（根据国家履行国际公约总体计划要求进行淘汰）

24. 用于清洗的1，1，1－三氯乙烷（甲基氯仿）生产装置（根据国家履行国际公约总体计划要求进行淘汰）

25. 甲基溴生产装置（根据国家履行国际公约总体计划要求进行淘汰）

26. 100吨/年以下皂素（含水解物）生产装置（2007年）

27. 盐酸酸解法皂素生产工艺及污染物排放不能达标的皂素生产装置（2006年）

28. 含滴滴涕的油漆生产工艺（根据国家履行国际公约总体计划要求进行淘汰）

29. 采用滴滴涕为原料非封闭生产三氯杀螨醇工艺（根据国家履行国际公约总体计划要求进行淘汰）

（五）钢铁

1. 土法炼焦（含改良焦炉）

2. 炭化室高度小于4.3米焦炉（3.2米及以上捣固焦炉除外）（2007年，西部地区2009年）

3. 土烧结矿

4. 热烧结矿

5. 30平方米以下烧结机（2005年）

6. 100立方米及以下高炉

7. 100～200立方米（含200立方米）高炉（不含铁合金高炉）（2005年）

8. 200～300立方米（含300立方米）高炉（不含专业铸铁管厂高炉）（2007年）

9. 生产地条钢、钢锭或连铸坯的工频和中频感应炉

10. 15吨及以下转炉（不含铁合金转炉）

11. 10吨及以下电炉（不含机械铸造电炉）

12. 化铁炼钢

13. 15～20吨转炉（不含铁合金转炉）（2005年）

14. 20吨转炉（不含铁合金转炉）（2006年）

15. 10～20吨电炉（不含高合金钢和机械铸造电炉）（2005年）

16. 20吨电炉（不含高合金钢和机械铸造电炉）（2006年）

17. 复二重线材轧机

18. 横列式线材轧机

19. 横列式小型轧机

20. 叠轧薄板轧机

21. 普钢初轧机及开坯用中型轧机

22. 热轧窄带钢轧机

23. 三辊劳特式中板轧机

24. 直径76毫米以下热轧无缝管机组

25. 三辊式型线材轧机（不含特殊钢生产）（2005年）

26. 环保不达标的冶金炉窑（2005年）

27. 手工操作的土沥青焦油浸渍装置，矿石原料与固体原料混烧、自然通风、手工操作的土竖窑，以煤为燃料、烟尘净化不能达标的倒焰窑（2005年）

28. 3200千伏安及以下矿热电炉、3000千伏安以下半封闭直流还原电炉、3000千伏安以下精炼电炉（硅钙合金、电炉金属锰、硅铝合金、硅钙钡铝、钨铁、钒铁等特殊品种的电炉除外）

29. 5000千伏安以下的铁合金矿热电炉（2005年）

30. 蒸汽加热混捏、倒焰式焙烧炉、交流石墨化炉、3340千伏安以下石墨化炉及其并联机组、最大输出电流5万安以下的石墨化炉（2005年）

（六）有色金属

1. 未经国务院主管部门批准，无采矿许可证的钨、锡、锑、离子型稀土等国家规定实行保护性开采的特定矿种的矿山采选项目

2. 未经国务院主管部门批准建设的钨、锡、锑、离子型稀土冶炼项目及钨加工（含硬质合金）项目

3. 采用马弗炉、马槽炉、横罐、小竖罐等进行焙烧、简易冷凝设施进行收尘等落后方式炼锌或生产氧化锌制品

4. 采用铁锅和土灶、蒸馏罐、坩埚炉及简易冷凝收尘设施等落后方式炼汞

5. 采用土坑炉或坩埚炉焙烧、简易冷凝设施收尘等落后方式炼制氧化砷或金属砷制品

6. 铝自焙电解槽

7. 炉床面积1.5平方米及以下密闭鼓风炉炼铜工艺及设备

8. 炉床面积1.5～10平方米密闭鼓风炉炼铜工艺及设备（2006年）

9. 10平方米及以上密闭鼓风炉炼铜工艺及设备（2007年）

10. 电炉、反射炉炼铜工艺及设备（2006年）

11. 烟气制酸干法净化和热浓酸洗涤技术

12.“二人转”式有色金属轧机（2006年）

13. 采用地坑炉、坩埚炉、赫氏炉等落后方式炼锑

14. 采用烧结锅、烧结盘、简易高炉等落后方式炼铅工艺及设备

15. 利用坩埚炉熔炼再生铝合金、再生铅的工艺（2005年）

（七）黄金

1. 混汞提金工艺

2. 小池浸、小堆浸、小冶炼工艺

3. 未经国务院主管部门批准，无开采黄金矿产批准书、采矿许可证的采选项目

（八）建材

1. 六机及以下垂直引上平板玻璃生产线

2. 平板玻璃普通平拉工艺生产线及日熔化量100吨以下的“格法”平拉生产线

3. 窑径2.2米及以下水泥机械化立窑生产线

4. 无覆膜塑编水泥包装袋生产线

5. 70万平方米/年以下的中低档建筑陶瓷砖、20万件/年以下低档卫生陶瓷生产线

6. 400万平方米/年及以下的纸面石膏板生产线

7. 200万平方米/年以下的改性沥青防水卷材生产线（2006年）

8. 窑径2.5米及以下水泥干法中空窑（生产特种水泥除外）

9. 直径1.83米以下水泥粉磨设备

10. 水泥土（蛋）窑、普通立窑

11. 建筑卫生陶瓷土窑、倒焰窑、多孔窑、煤烧明焰隧道窑、隔焰隧道窑、匣钵装卫生陶瓷隧道窑

12. 建筑陶瓷砖成型用的摩擦压砖机

13. 石灰土立窑

14. 陶土坩埚玻璃纤维拉丝生产工艺与装备

15. 砖瓦18门以下轮窑以及立窑、无顶轮窑、马蹄窑等土窑

16. 400型及以下普通挤砖机

17. 450型普通挤砖机（2006年）

18. SJ1580-3000双轴、单轴搅拌机

19. SQP400500-700500双辊破碎机

20. 1000型普通切条机

21. 100吨以下盘转式压砖机

22. 手工制作墙板生产线

23. 简易移动式砼砌块成型机、附着式振动成型台（2005年）

24. 单班1万立方米/年以下的混凝土砌块固定式成型机、单班10万平方米/年以下的混凝土铺地砖固定式成型机

25. 人工浇筑、非机械成型的石膏（空心）砌块生产工艺

26. 100万卷/年以下沥青纸胎油毡生产线

27. 真空加压法和气炼一步法石英玻璃生产工艺装备

28. 6×600吨六面顶小型压机生产人造金刚石

29. 手工切割、非蒸压养护加气混凝土生产线

30. 无采矿许可证或不符合环保、安全生产要求的非机械化非金属矿开采

（九）医药

1. 手工胶囊填充工艺

2. 软木塞烫蜡包装药品工艺

3. 不符合GMP要求的安瓿拉丝灌封机

4. 塔式重蒸馏水器

5. 无净化设施的热风干燥箱

6. 劳动保护、三废治理不能达到国家标准的原料药生产装置（2006年）

（十）机械

1. 热处理铅浴炉

2. 热处理氯化钡盐浴炉（高温氯化钡盐浴炉，暂缓淘汰）

3. TQ60、TQ80塔式起重机

4. QT16、QT20、QT25井架简易塔式起重机

5. KJ1600/1220单筒提升绞机

6. 3000千伏安以下普通棕刚玉冶炼炉

7. 3000千伏安以下碳化硅冶炼炉

8. 强制驱动式简易电梯

9. 以氯氟烃（CFCs）作为膨胀剂的烟丝膨胀设备生产线（根据国家履行国际公约总体计划要求进行淘汰）

（十一）轻工

1. 5万吨/年及以下的真空制盐、湖盐和北方海盐生产装置

2. 利用矿盐卤水、油气田水且采用平锅、滩晒制盐生产装置

3. 1万吨/年及以下的南方海盐生产装置

4. 年加工皮革3万张（折牛皮标张）以下的制革生产装置

5. 300吨/年以下的油墨生产装置（利用高新技术、无污染的除外）

6. 每分钟生产能力小于100瓶（瓶容在250毫升及以下）的碳酸饮料生产线

7. 1.7万吨/年以下的化学制浆生产线

8. 3.4万吨/年以下的草浆生产装置（2007年）

9. 以氯氟烃（CFCs）为发泡剂的聚氨酯泡沫塑料产品、聚乙烯、聚苯乙烯挤出泡沫塑料生产工艺（根据国家履行国际公约总体计划要求进行淘汰）

10. 以氯氟烃（CFCs）为发泡剂或制冷剂的冰箱、冰柜、汽车空调器、工业商业用冷藏、制冷设备生产线（根据国家履行国际公约总体计划要求进行淘汰）

11. 四氯化碳（CTC）为清洗剂的生产工艺（根据国家履行国际公约总体计划要求进行淘汰）

12. CFC－113为清洗剂的生产工艺（根据国家履行国际公约总体计划要求进行淘汰）

13. 甲基氯仿（TCA）为清洗剂的生产工艺（根据国家履行国际公约总体计划要求进行淘汰）

14. 自行车盐浴焊接炉

15. 印铁制罐行业中的锡焊工艺

16. 火柴排梗、卸梗生产工艺

17. 火柴理梗机、排梗机、卸梗机

18. 冲击式制钉机

19. 打击式金属丝网织机

（十二）纺织

1. 建国前生产的细纱机

2. 所有“1”字头细纱机

3. 1979年及以前生产的A512、A513系列细纱机

4. B581、B582型精纺细纱机

5. BC581、BC582型粗纺细纱机

6. B591绒线细纱机

7. 使用期限超过20年的各类国产毛纺细纱机

8. B601、B601A型毛捻线机

9. 辊长1000毫米以下的皮辊轧花机（长绒棉种子加工除外）

10. 锯片在80以下的锯齿轧花机

11. 压力吨位在200吨以下的皮棉打包机（不含160吨短绒棉花打包机）

12. 1332SD络筒机

13. BC272、BC272B型分条梳毛机

14. B701A型绒线摇绞机

15. B311C、B311C（CZ）、B311C（DJ）型精梳机

16. 1511M-105织机

17. K251、K251A型丝织机

18. Z114型小提花机

19. GE186型提花毛圈机

20. Z261型人造毛皮机

21. LMH551型平网印花机

22. LMH571型圆网印花机

23. LMH303、303B、304、304B-160型热熔染色机

24. LMH731-160型热风布铗拉幅机

25. LMH722M-180、LMH722D-180型短环烘燥定型机

26. ZD647、ZD721型自动缫丝机

27. D101A型自动缫丝机

28. ZD681型立缫机

29. DJ561 型绢精纺机

（十三）印刷

1. 全部铅排工艺

2. 全部铅印工艺

3. ZD201、ZD301 型系列单字铸字机

4. TH1 型自动铸条机

5. ZT102 型系列铸条机

6. ZDK101 型字模雕刻机

7. KMD101 型字模刻刀磨床

8. AZP502 型半自动汉文手选铸排机

9. ZSY101 型半自动汉文铸排机

10. TZP101 型外文条字铸排机

11. ZZP101 型汉文自动铸排机

12. QY401、2QY404 型系列电动铅印打样机

13. QYSH401、2QY401、DY401 型手动式铅印打样机

14. YX01、YX02、YX03 型系列压纸型机

15. HX01、HX02、HX03、HX04 型系列烘纸型机

16. PZB401 型平铅版铸版机

17. JB01 型平铅版浇版机

18. YZB02、YZB03、YZB04、YZB05、YZB06、YZB07 型系列铅版铸版机

19. RQ02、RQ03、RQ04 型系列铅泵熔铅炉

20. BB01 型刨版机

21. YGB02、YGB03、YGB04、YGB05 型圆铅版刮版机

22. YTB01 型圆铅版镗版机

23. YJB02 型圆铅版锯版机

24. YXB04、YXB05、YXB302 型系列圆铅版修版机

25. P401、P402 型系列四开平压印刷机

26. P801、P802、P803、P804 型系列八开平压印刷机

27. PE802 型双合页印刷机

28. TE102、TE105、TE108 型系列全张自动二回转平台印刷机

29. TY201 型对开单色一回转平台印刷机

30. TY401 型四开单色一回转平台印刷机

31. TY4201 型四开一回转双色印刷机

32. TT201、TZ201、DT201 型对开手动续纸停回转平台印刷机

33. TT202 型对开自动停回转平台印刷机

34. TZ202 型对开半自动停回转平台印刷机

35. TZ401、TZS401、DT401 型四开半自动停回转平台印刷机

36. TT402、TT403、TT405、DT402 型四开自动停回转平台印刷机

37. TR801 型系列立式平台印刷机

38. LP1101、LP1103 型系列平板纸全张单面轮转印刷机

39. LP1201 型平板纸全张双面轮转印刷机

40. LP4201 型平板纸四开双色轮转印刷机

41. LSB201（880 毫米×1230 毫米）及 LS201、LS204（787 毫米×1092 毫米）型系列卷筒纸书刊转轮印刷机

42. LB203、LB205、LB403 型卷筒纸报版轮转印刷机

43. LB2405、LB4405 型卷筒纸双层二组报版轮转印刷机

44. LBS201 型卷筒纸书、报二用轮转印刷机

45. K.M.T 型自动铸字排版机

46. PH-5 型汉字排字机

47. 球震打样制版机（DIA PRESS 清刷机）

48. 1985 年前生产的国产制版照相机

49. 1985 年前生产的手动照排机

50. 离心涂布机

51. J1101 系列全张单色胶印机（印刷速度每小时 4000 张及以下）

52. J2101、PZ1920 系列对开单色胶印机（印刷速度每小时 4000 张及以下）

53. PZ1615 系列四开单色胶印机（印刷速度每小时 4000 张及以下）

54. YPS1920 系列双面单色胶印机（印刷速度每小时 4000 张及以下）

55. W1101 型全张自动凹版印刷机

56. AJ401 型卷筒纸单面四色凹版印刷机

57. DJ01 型平装胶订联动机

58. PRD-01、PRD-02 型平装胶订联动机

59. DBT-01 型平装有线订、包、烫联动机

60. 溶剂型即涂覆膜机

61. QZ101、QZ201、QZ301、QZ401 型切纸机

62. MD103A 型磨刀机

（十四）消防

1. 火灾探测器手工插焊电子元器件生产工艺

（十五）其他

1. 含氰电镀工艺（电镀金、银、铜基合金及予镀铜打底工艺，暂缓淘汰）

2. 含氰沉锌工艺

二、落后产品

（一）石油、天然气和化工

1. 多氯联苯（农药）

2. 除草醚（农药）

3. 杀虫脒（农药）

4. 氯丹（农药）

5. 七氯（农药）

6. 毒鼠强（农药）

7. 氟乙酰胺（农药）

8. 氟乙酸钠（农药）

9. 二溴氯丙烷（农药）

10. 治螟磷（苏化 203）（农药）

11. 磷胺（农药）

12. 甘氟、毒鼠硅（农药）

13. 107 涂料

14. 改性淀粉涂料

15. 改性纤维涂料

16. 挥发性有机物含量超过 200 克/升或游离甲醛含量超过 0.1 克/千克的室内装修装饰用的水性涂料（含建筑物、木器家具用）

17. 可溶性金属铅含量超过 90 毫克/千克、或镉含量超过 75 毫克/千克、或铬含量超过 60 毫克/千克、或汞含量超过 60 毫克/千克的室内装修装饰用涂料（含建筑物、木器家具用）

18. 挥发性有机物含量超过 700 克/ 升或游离异氰酸酯含量超过 0.7%的室内装修装饰用的溶剂型木器家具涂料

19. 聚乙烯醇水玻璃内墙涂料（106 内墙涂料）

20. 多彩内墙涂料（树脂以硝化纤维素为主，溶剂以二甲苯为主的 O/W 型涂料）

21. 氯乙烯-偏氯乙烯共聚乳液外墙涂料

22. 焦油型聚氨酯防水涂料

23. 水性聚氯乙烯焦油防水涂料

24. 聚乙烯醇及其缩醛类内外墙涂料

25. 聚醋酸乙烯乳液类（含 EVA 乳液）外墙涂料

26. 聚氯乙烯建筑防水接缝材料（焦油型）

27. 联苯胺和联苯胺型偶氮染料

28. 软边结构自行车胎

29. 滴滴涕（根据国家履行国际公约总体计划要求进行淘汰）

30. 六氯苯（根据国家履行国际公约总体计划要求进行淘汰）

31. 灭蚁灵（根据国家履行国际公约总体计划要求进行淘汰）

（二）铁路

1. C50 型敞车

2. P50 型棚车

3. N60 型平车

4. G50 型轻油罐车

5. 东风 1、2、3 型内燃机车

（三）钢铁

1. 工频炉和中频炉等生产的地条钢，工频炉和中频炉生产的钢锭或连铸坯，及以其为原料生产的钢材产品

2. 热轧硅钢片

3. 25A 空腹钢窗料

4. I 级螺纹钢筋产品（2005 年）

（四）有色金属

1. 铜线杆（黑杆）

（五）建材

1. 使用非耐碱玻纤或非低碱水泥生产的玻纤增强水泥（GRC）空心条板

2. 陶土坩埚拉丝玻璃纤维增强塑料（玻璃钢）制品

3. 25A 空腹钢窗

4. S-2 型混凝土轨枕

5. 一次冲洗用水量 9 升以上的便器

6. 角闪石石棉（即蓝石棉）

7. 普通双层玻璃塑料门窗及单腔结构型的塑料门窗

8. 采用二次加热复合成型工艺生产的聚乙烯丙纶类复合防水卷材、棉涤玻纤网格（高碱）复合胎、聚氯乙烯防水卷材（S 型）

（六）医药

1. 铅锡软膏管

2. 粉针剂包装用安瓿

3. 药用天然胶塞（其中注射剂：注射用青霉素（钠盐、钾盐）、基础输液立即淘汰，其余大容量注射剂淘汰期限为：2005 年年底）

4. 直颈安瓿

（七）机械

1. T100、T100A 推土机

2. ZP-II、ZP-III 干式喷浆机

3. WP-3 挖掘机

4. 0.35 立方米以下的气动抓岩机

5. 矿用钢丝绳冲击式钻机

6. БY-40 石油钻机

7. 直径 1.98 米水煤气发生炉

8. CER 膜盒系列

9. 热电偶（分度号 LL-2、LB-3、EU-2、EA-2、CK）

10. 热电阻（分度号 BA、BA2、G）

11. DDZ-I 型电动单元组合仪表

12. GGP-01A 型皮带秤

13. BLR-31 型称重传感器

14. WFT-081 辐射感温器

15. WDH-1E、WDH-2E 光电温度计

16. BC 系列单波纹管差压计

17. LCH-511、YCH-211、LCH-311、YCH-311、LCH-211、YCH-511 型环称式差压计

18. EWC-01A 型长图电子电位差计

19. PY5 型数字温度计

20. XQWA 型条形自动平衡指示仪

21. ZL3 型 X-Y 记录仪

22. DBU-521，DBU-521C 型液位变送器

23. JO2、JO3 系列小型异步电动机

24. JDO2、JDO3 系列变极、多速三相异步电动机

25. YB 系列隔爆型三相异步电动机（机座号 63－355mm，电压 660 伏及以下）

26. DZ10 系列塑壳断路器

27. DW10 系列框架断路器

28. CJ8 系列交流接触器

29. QC10、QC12、QC8 系列起动器

30. JR0、JR9、JR14、JR15、JR16-A、B、C、D 系列热继电器

31. 电动机驱动旋转直流弧焊机全系列

32. GGW 系列中频无心感应熔炼炉

33. B 型、BA 型单级单吸悬臂式离心泵系列

34. F 型单级单吸耐腐蚀泵系列

35. GC 型低压锅炉给水泵

36. JD 型长轴深井泵

37. KDON-3200/3200 型蓄冷器全低压流程空分设备

38. KDON-1500/1500 型蓄冷器（管式）全低压流程空分设备

39. KDON-1500/1500 型管板式全低压流程空分设备

40. 3W-0.9/7（环状阀）空气压缩机

41. C620、CA630 普通车床

42. X920 键槽铣床

43. B665、B665A、B665-1 牛头刨床

44. D6165 电火花成型机床

45. D6185 电火花成型机床

46. D5540 电脉冲机床

47. J53-400 双盘摩擦压力机

48. J53-630 双盘摩擦压力机

49. J53-1000 双盘摩擦压力机

50. Q11-1.6×1600 剪板机

51. Q51 汽车起重机

52. TD62 型固定带式输送机

53. 3 吨直流架线式井下矿用电机车

54. A571 单梁起重机

55. 4146 柴油机

56. 快速断路器：DS3-10、DS3-30、DS3-50（1000、3000、5000A）、DS10-10、DS10-20、DS10-30（1000、2000、3000A）

57. BX1-135、BX2-500 交流弧焊机

58. AX1-500、AP-1000 直流弧焊电动发电机

59. SX 系列箱式电阻炉

60. 单相电度表：DD1、DD5、DD5-2、DD5-6、DD9、DD10、DD12、DD14、DD15、DD17、DD20、DD28

61. SL7-30/10～SL7-1600/10、S7-30/10～S7-1600/10 配电变压器

62. 刀开关：HD6、HD3-100、HD3-200、HD3-400、HD3-600、HD3-1000、HD3-1500

63. 锅炉给水泵：DG270-140、DG500-140、DG375-185

64. 热动力式疏水阀：S15H-16、S19-16、S19-16C、S49H-16、S49-16C、S19H-40、S49H-40、S19H-64、S49H-64

65. 0.4～0.7 吨/时立式水管固定炉排锅炉（双层固定炉排锅炉除外）

66. 动力用往复式空气压缩机：1-10/8、1-10/7 型

67. 高压离心通风机：8-18 系列、9-27 系列

68. X52、X62W 320×150 升降台铣床

69. J31-250 机械压力机

70. TD60、TD72 型固定带式输送机

71. 以未安装燃油量限制器（简称限油器）的单缸柴油机为动力装置的农用运输车（指生产与销售）

72. E135 二冲程中速柴油机（包括 2、4、6 缸三种机型）

73. TY1100 型单缸立式水冷直喷式柴油机

74. 165 单缸卧式蒸发水冷、预燃室柴油机

75. 非法改装车辆和已到报废期限的车辆

（八）轻工

1. 汞电池（氧化汞原电池及电池组、锌汞电池）

2. 一次性发泡塑料餐具

3. 直排式燃气热水器

4. 含重铬酸钾火柴

5. 螺旋升降式（铸铁）水嘴

6. 用于凹版印刷的苯胺油墨

7. 进水口低于溢流口水面、上导向直落式便器水箱配件

8. 铸铁截止阀

（九）纺织

1. H112、H112A型毛分条整经机

2. B751型绒线成球机

3. 1332系列络筒机

（十）消防

1. 二氟一氯一溴甲烷灭火剂（简称1211灭火剂）（2005年）

2. 三氟一溴甲烷灭火剂（简称1301灭火剂）（2010年）

3. 简易式1211灭火器

4. 手提式1211灭火器 （2005年）

5. 推车式1211灭火器 （2005年）

6. 手提式化学泡沫灭火器

7. 手提式酸碱灭火器

（十一）其他

1. 59、69、72、TF-3型防毒面具

国务院关于加快发展循环经济的若干意见

国发〔2005〕22号

各省、自治区、直辖市人民政府，国务院各部委、各直属机构：

改革开放以来，我国在推动资源节约和综合利用，推行清洁生产方面，取得了积极成效。但是，传统的高消耗、高排放、低效率的粗放型增长方式仍未根本转变，资源利用率低，环境污染严重。同时，存在法规、政策不完善，体制、机制不健全，相关技术开发滞后等问题。本世纪头20年，我国将处于工业化和城镇化加速发展阶段，面临的资源和环境形势十分严峻。为抓住重要战略机遇期，实现全面建设小康社会的战略目标，必须大力发展循环经济，按照“减量化、再利用、资源化”原则，采取各种有效措施，以尽可能少的资源消耗和尽可能小的环境代价，取得最大的经济产出和最少的废物排放，实现经济、环境和社会效益相统一，建设资源节约型和环境友好型社会。为此，提出如下意见。

一、发展循环经济的指导思想、基本原则和主要目标

（一）指导思想。以邓小平理论和“三个代表”重要思想为指导，树立和落实科学发展观，以提高资源生产率和减少废物排放为目标，以技术创新和制度创新为动力，强化节约资源和保护环境意识，加强法制建设，完善政策措施，发挥市场机制作用，促进循环经济发展。

（二）基本原则。坚持走新型工业化道路，形成有利于节约资源、保护环境的生产方式和消费方式；坚持推进经济结构调整，加快技术进步，加强监督管理，提高资源利用效率，减少废物的产生和排放；坚持以企业为主体，政府调控、市场引导、公众参与相结合，形成有利于促进循环经济发展的政策体系和社会氛围。

（三）发展目标。力争到2010年建立比较完善的发展循环经济法律法规体系、政策支持体系、体制与技术创新体系和激励约束机制。资源利用效率大幅度提高，废物最终处置量明显减少，建成大批符合循环经济发展要求的典型企业。推进绿色消费，完善再生资源回收利用体系。建设一批符合循环经济发展要求的工业（农业）园区和资源节约型、环境友好型城市。

（四）主要指标。力争到2010年，我国消耗每吨能源、铁矿石、有色金属、非金属矿等十五种重要资源产出的GDP比2003年提高25%左右；每万元GDP能耗下降18%以上。农业灌溉水平均有效利用系数提高到0.5，每万元工业增加值取水量下降到120立方米。矿产资源总回收率和共伴生矿综合利用率分别提高5个百分点。工业固体废物综合利用率提高到60%以上；再生铜、铝、铅占产量的比重分别达到35%、25%、30%，主要再生资源回收利用量提高65%以上。工业固体废物堆存和处置量控制在4.5亿吨左右；城市生活垃圾增长率控制在5%左右（注：上述有关指标将根据“十一五”规划作相应调整）。

二、发展循环经济的重点工作和重点环节

（五）重点工作。一是大力推进节约降耗，在生产、建设、流通和消费各领域节约资源，减少自然资源的消耗。二是全面推行清洁生产，从源头减少废物的产生，实现由末端治理向污染预防和生产全过程控制转变。三是大力开展资源综合利用，最大程度实现废物资源化和再生资源回收利用。四是大力发展环保产业，注重开发减量化、再利用和资源化技术与装备，为资源高效利用、循环利用和减少废物排放提供技术保障。

（六）重点环节。一是资源开采环节要统筹规划矿产

资源开发，推广先进适用的开采技术、工艺和设备，提高采矿回采率、选矿和冶炼回收率，大力推进尾矿、废石综合利用，大力提高资源综合回收利用率。二是资源消耗环节要加强对冶金、有色、电力、煤炭、石化、化工、建材（筑）、轻工、纺织、农业等重点行业能源、原材料、水等资源消耗管理，努力降低消耗，提高资源利用率。三是废物产生环节要强化污染预防和全过程控制，推动不同行业合理延长产业链，加强对各类废物的循环利用，推进企业废物“零排放”；加快再生水利用设施建设以及城市垃圾、污泥减量化和资源化利用，降低废物最终处置量。四是再生资源产生环节要大力回收和循环利用各种废旧资源，支持废旧机电产品再制造；建立垃圾分类收集和分选系统，不断完善再生资源回收利用体系。五是消费环节要大力倡导有利于节约资源和保护环境的消费方式，鼓励使用能效标识产品、节能节水认证产品和环境标志产品、绿色标志食品和有机标志食品，减少过度包装和一次性用品的使用。政府机构要实行绿色采购。

三、加强对循环经济发展的宏观指导

（七）把发展循环经济作为编制有关规划的重要指导原则。各级政府及有关部门要用循环经济理念指导编制“十一五”规划和各类区域规划、城市总体规划，以及矿产资源可持续利用、节能、节水、资源综合利用等专项规划，对资源消耗、节约、循环利用、废物排放和环境状况作出分析，明确目标、重点和政策措施。

（八）建立循环经济评价指标体系和统计核算制度。发展改革委要会同统计局、环保总局等有关部门加快研究建立循环经济评价指标体系，逐步纳入国民经济和社会发展计划，并建立循环经济的统计核算制度。地方各级人民政府有关部门要积极开展循环经济的统计核算，加强对循环经济主要指标的分析。

（九）制定和实施循环经济推进计划。地方各级人民政府要组织发展改革（经贸）、环境保护等有关部门，根据本地区实际，制定和实施循环经济发展的推进计划。国务院有关部门要研究制定矿产资源集约利用、能源和水资源节约利用、清洁生产，以及重点行业、重点领域发展循环经济的推进计划。

（十）加快经济结构调整和优化区域布局。加强宏观调控，遏制盲目投资、低水平重复建设，限制高耗能、高耗水、高污染产业的发展。大力发展高技术产业，加快用高新技术和先进适用技术改造传统产业，淘汰落后工艺、技术和设备，实现传统产业升级；推进企业重组，提高产业集中度和规模效益；大力发展集约化农业。发展改革委要抓紧制定《产业结构调整暂行规定》、《产业结构调整指导目录》以及加快服务业发展的指导意见，推进产业结构优化升级。同时，要根据资源环境条件和区域特点，用循环经济的发展理念指导区域发展、产业转型和老工业基地改造。开发区和重化工业集中地区，要按照循环经济要求进行规划、建设和改造，对进入的企业要提出土地、能源、水资源利用及废物排放综合控制要求，围绕核心资源发展相关产业，发挥产业集聚和工业生态效应，形成资源高效循环利用的产业链，提高资源产出效率。

四、加快循环经济技术开发和标准体系建设

（十一）加快循环经济技术开发。国务院有关部门和地方各级人民政府有关部门要加大科技投入，支持循环经济共性和关键技术的研究开发。积极引进和消化、吸收国外先进的循环经济技术，组织开发共伴生矿产资源和尾矿综合利用技术、能源节约和替代技术、能量梯级利用技术、废物综合利用技术、循环经济发展中延长产业链和相关产业链接技术、“零排放”技术、有毒有害原材料替代技术、可回收利用材料和回收处理技术、绿色再制造技术以及新能源和可再生能源开发利用技术等，提高循环经济技术支撑能力和创新能力。

（十二）抓紧制定循环经济技术政策。发展改革委要会同科技、环保等有关部门研究制定发展循环经济的技术政策、技术导向目录，以及国家鼓励发展的节能、节水、环保装备目录。支持引进国外发展循环经济的核心技术，加快新技术、新工艺、新设备的推广应用。

（十三）建立循环经济技术咨询服务体系。各地区、各部门要积极支持建立循环经济信息系统和技术咨询服务体系，及时向社会发布有关循环经济技术、管理和政策等方面的信息，开展信息咨询、技术推广、宣传培训等。充分发挥行业协会、节能技术服务中心、清洁生产中心等中介机构和科研单位、大专院校的作用。

（十四）制定和完善促进循环经济的标准体系。要加快制定高耗能、高耗水及高污染行业市场准入标准和合格评定制度，制定重点行业清洁生产评价指标体系和涉及循环经济的有关污染控制标准。加强节能、节水等资源节约标准化工作，完善主要用能设备及建筑能效标准、重点用水行业取水定额标准和主要耗能（水）行业节能（水）设计规范。建立和完善强制性产品能效标识、再利用品标识、节能建筑标识和环境标志制度，开展节能、节水、环保产品认证以及环境管理体系认证。

五、建立和完善促进循环经济发展的政策机制

（十五）加大对循环经济投资的支持力度。各级投资主管部门在制定和实施投资计划时，要加大对发展循环经

济的支持。对发展循环经济的重大项目和技术开发、产业化示范项目，政府要给予直接投资或资金补助、贷款贴息等支持，并发挥政府投资对社会投资的引导作用。各类金融机构应对促进循环经济发展的重点项目给予金融支持。

（十六）利用价格杠杆促进循环经济发展。调整资源性产品与最终产品的比价关系，理顺自然资源价格，逐步建立能够反映资源性产品供求关系的价格机制。发展改革委要积极调整水、热、电、天然气等价格政策，促进资源的合理开发、节约使用、高效利用和有效保护。逐步提高水利工程供水价格；完善农业水费计收办法；调整城市供水价格，合理确定再生水价格，大力推进阶梯式水价、超计划、超定额用水加价制度。扩大峰谷电价和丰枯电价执行范围，拉大差价，在有条件的地区加快实行尖峰电价和季节电价；对高耗能行业中淘汰类、限制类项目，严格执行按国家产业政策制定的差别电价政策。加大供热体制和供热价格改革力度，逐步建立基本热价和计量热价共同构成的热价形成机制，实行差别热价和煤热联动政策。逐步理顺天然气与其他产品的比价关系，建立天然气价格与可替代能源价格挂钩的机制。地方各级人民政府价格主管部门要研究制定并落实各项促进循环经济发展的价格政策。

（十七）制定支持循环经济发展的财税和收费政策。财政部门要积极安排资金，支持发展循环经济的政策研究、技术推广、示范试点、宣传培训等，并会同有关部门积极落实清洁生产专项资金。各级财政和环保部门要安排排污资金，加大对企业符合循环经济要求的污染防治项目的投入力度。有关部门要加快研究建立促进节能、节水产品和节能环保型汽车、节能省地型建筑推广的鼓励政策。继续完善资源综合利用的税收优惠政策，调整和完善有利于促进再生资源回收利用的税收政策，加快建立大宗废旧资源回收处理收费制度。适时出台燃油税，完善消费税制。积极研究以资源量为基础的矿产资源补偿费征收办法，进一步扩大水资源费征收范围并适当提高征收标准，优先提高城市污水处理费征收标准，全面开征城市生活垃圾处理费。研究完善限制国内紧缺资源及高耗能产品出口的政策。在理顺现有收费和资金来源渠道的基础上，积极探索建立和完善企业生态环境恢复补偿机制。政府采购目录要优先考虑节能、节水和环保认证产品。

六、坚持依法推进循环经济发展

（十八）加强法规体系建设。要结合我国国情，加快研究建立和健全循环经济的法律法规体系。当前要抓紧制定节能、节水、资源综合利用等促进资源有效利用以及废旧家电、电子产品、废旧轮胎、建筑废物、包装废物、农业废物等资源化利用的法规和规章。研究建立生产者责任延伸制度，明确生产商、销售商、回收和使用单位以及消费者对废物回收、处理和再利用的法律义务。

（十九）加大依法监督管理的力度。各地区、各部门要认真贯彻落实《中华人民共和国节约能源法》、《中华人民共和国可再生能源法》、《中华人民共和国清洁生产促进法》、《中华人民共和国固体废物污染环境防治法》和《中华人民共和国环境影响评价法》等有关法律法规。依法加强对矿产资源集约利用、节能、节水、资源综合利用、再生资源回收利用的监督管理工作，引导企业树立经济与资源、环境协调发展的意识，建立健全资源节约管理制度。各级环境保护部门要将发展循环经济与环境保护工作紧密结合，严格执行环境影响评价和“三同时”制度，逐步实行排污许可证制度；严格控制污染物排放总量，加强对企业废物排放和处置的监督管理，降低排放强度；鼓励有条件的企业在自愿的基础上，开展环境管理体系认证。

（二十）依法推行清洁生产。认真实施《中华人民共和国清洁生产促进法》，加快企业清洁生产审核，积极实施清洁生产审核方案。对污染物排放超过国家和地方规定的标准或者总量控制指标的企业，以及使用有毒、有害原料进行生产或者在生产中排放有毒、有害物质的企业，要依法强制实施清洁生产审核，监督实施清洁生产方案。发展改革委、环保总局要在全国范围内组织开展创建清洁生产先进企业、环境友好企业活动，引导企业加快实施清洁生产。

七、加强对发展循环经济工作的组织和领导

（二十一）加强组织领导。各地区、各部门要从战略和全局的高度，充分认识发展循环经济的重大意义，增强紧迫性和责任感，结合本地区、本部门实际，抓紧制定具体的实施方案，采取切实有效措施，加快推进循环经济发展。发展改革委牵头，会同环保总局等有关部门建立健全推进循环经济发展的协调工作机制，做好组织协调和指导推动工作，及时解决推进循环经济发展中遇到的重大问题。有关部门要在各自的职责范围内积极落实各项政策措施，加快推动循环经济发展。地方各级人民政府要确定一位领导同志负责循环经济发展工作，明确有关部门的职责分工，做到层层有责任、逐级抓落实。

（二十二）开展循环经济示范试点。发展改革委要会同环保总局等有关部门和省级人民政府，在重点行业、重点领域、产业园区和城市组织开展循环经济试点工作，探索发展循环经济的有效模式。通过试点，提出发展循

环经济的重大技术和项目领域，进一步完善促进再生资源循环利用、降低污染排放强度的政策措施，提出按循环经济模式规划、建设、改造工业园区以及建设资源节约型、环境友好型城市的思路，树立一批先进典型，为加快发展循环经济提供示范。

（二十三）**加强宣传教育和培训**。各地区、各部门要动员社会各方面力量，大力开展形式多样的节约资源和保护环境的宣传活动，提高全社会对发展循环经济重大意义的认识，把节约资源、保护环境变成全体公民的自觉行为。要将树立资源节约和环境保护意识的相关内容编入教材，在中小学中开展国情教育、节约资源和保护环境的教育。要组织开展相关管理和技术人员的知识培训，增强意识，掌握相关知识和技能。编写消费行为导则和资源节约公约，引导合理消费，规范消费行为，开展多种形式的实践活动，逐步形成节约资源、保护环境的消费方式。

发展改革委要会同环保总局等有关部门，对各地推进循环经济发展的情况进行监督检查，重要情况要及时向国务院报告。

国务院

2005 年 7 月 2 日

国务院关于加快电子商务发展的若干意见

国办发〔2005〕2 号

各省、自治区、直辖市人民政府，国务院各部委、各直属机构：

电子商务是国民经济和社会信息化的重要组成部分。发展电子商务是以信息化带动工业化，转变经济增长方式，提高国民经济运行质量和效率，走新型工业化道路的重大举措，对实现全面建设小康社会的宏伟目标具有十分重要的意义。近年来，随着信息技术的发展和普及，我国电子商务快速发展，应用初见成效，促进了国民经济信息化的发展。但是，与发达国家相比，我国电子商务仍处在起步阶段，还存在着应用范围不广、水平不高等问题，促进电子商务发展的政策环境急需完善。为贯彻落实党的十六大提出的信息化发展战略和十六届三中全会关于加快发展电子商务的要求，经国务院同意，现就加快我国电子商务发展有关问题提出以下意见：

一、充分认识电子商务对国民经济和社会发展的重要作用

（一）推进电子商务是贯彻科学发展观的客观要求，有利于促进我国产业结构调整，推动经济增长方式由粗放型向集约型转变，提高国民经济运行质量和效率，形成国民经济发展的新动力，实现经济社会的全面协调可持续发展。

（二）加快电子商务发展是应对经济全球化挑战、把握发展主动权、提高国际竞争力的必然选择，有利于提高我国在全球范围内配置资源的能力，提升我国经济的国际地位。

（三）推广电子商务应用是完善我国社会主义市场经济体制的有效措施，将有力地促进商品和各种要素的流动，消除妨碍公平竞争的制约因素，降低交易成本，推动全国统一市场的形成与完善，更好地实现市场对资源的基础性配置作用。

二、加快电子商务发展的指导思想和基本原则

（四）加快电子商务发展的指导思想。按照科学发展观的要求，紧紧围绕转变经济增长方式、提高综合竞争力的中心任务，实行体制创新，着力营造电子商务发展的良好环境，积极推进企业信息化建设，推广电子商务应用，加速国民经济和社会信息化进程，实施跨越式发展战略，走中国特色的电子商务发展道路。

（五）加快电子商务发展的基本原则。政府推动与企业主导相结合。完善管理体制，优化政策环境，加强基础设施建设，提高服务质量，充分发挥企业在开展电子商务应用中的主体作用，建立政府与企业的良性互动机制，促进电子商务与电子政务协调发展。

营造环境与推广应用相结合。加强政策法规、信用服务、安全认证、标准规范、在线支付、现代物流等支撑体系建设，营造电子商务发展的良好环境，推广电子商务在国民经济各个领域的应用，以环境建设促进应用发展，以应用带动环境建设。

网络经济与实体经济相结合。把电子商务作为网络经济与实体经济相结合的实现形式，以技术创新推动管

理创新和体制创新，改造传统业务流程，促进生产经营方式由粗放型向集约型转变。

重点推进与协调发展相结合。围绕电子商务发展的关键问题和关键环节，积极开展电子商务试点，推进国民经济重点领域的电子商务应用，探索多层次、多模式的中国特色电子商务发展道路，促进各类电子商务应用的协调发展。

加快发展与加强管理相结合。抓住电子商务发展的战略机遇，在大力推进电子商务应用的同时，建立有利于电子商务健康发展的管理体制，加强网络环境下的市场监管，规范在线交易行为，保障信息安全，维护电子商务活动的正常秩序。

三、完善政策法规环境，规范电子商务发展

（六）加强统筹规划和协调配合。加紧编制电子商务发展规划，明确电子商务发展的目标、任务和工作重点。建立健全相互协调、紧密配合的组织保障体系和工作机制。

（七）推动电子商务法律法规建设。认真贯彻实施《中华人民共和国电子签名法》，抓紧研究电子交易、信用管理、安全认证、在线支付、税收、市场准入、隐私权保护、信息资源管理等方面的法律法规问题，尽快提出制订相关法律法规的意见；根据电子商务健康有序发展的要求，抓紧研究并及时修订相关法律法规；加快制订在网上开展相关业务的管理办法；推动网络仲裁、网络公证等法律服务与保障体系建设；打击电子商务领域的非法经营以及危害国家安全、损害人民群众切身利益的违法犯罪活动，保障电子商务的正常秩序。

（八）研究制定鼓励电子商务发展的财税政策。有关部门应本着积极稳妥推进的原则，加快研究制定电子商务税费优惠政策，加强电子商务税费管理；加大对电子商务基础性和关键性领域研究开发的支持力度；采取积极措施，支持企业面向国际市场在线销售和采购，鼓励企业参与国际市场竞争。政府采购要积极应用电子商务。

（九）完善电子商务投融资机制。建立健全适应电子商务发展的多元化、多渠道投融资机制，研究制定促进金融业与电子商务相关企业互相支持、协同发展的相关政策。加强政府投入对企业和社会投入的带动作用，进一步强化企业在电子商务投资中的主体地位。

四、加快信用、认证、标准、支付和现代物流建设，形成有利于电子商务发展的支撑体系

（十）加快信用体系建设。加强政府监管、行业自律及部门间的协调与联合，鼓励企业积极参与，按照完善法规、特许经营、商业运作、专业服务的方向，建立科学、合理、权威、公正的信用服务机构；建立健全相关部门间信用信息资源的共享机制，建设在线信用信息服务平台，实现信用数据的动态采集、处理、交换；严格信用监督和失信惩戒机制，逐步形成既符合我国国情又与国际接轨的信用服务体系。

（十一）建立健全安全认证体系。按照有关法律规定，制订电子商务安全认证管理办法，进一步规范密钥、证书、认证机构的管理，注重责任体系建设，发展和采用具有自主知识产权的加密和认证技术；整合现有资源，完善安全认证基础设施，建立布局合理的安全认证体系，实现行业、地方等安全认证机构的交叉认证，为社会提供可靠的电子商务安全认证服务。

（十二）建立并完善电子商务国家标准体系。提高标准化意识，充分调动各方面积极性，抓紧完善电子商务的国家标准体系；鼓励以企业为主体，联合高校和科研机构研究制订电子商务关键技术标准和规范，参与国际标准的制订和修正，积极推进电子商务标准化进程。

（十三）推进在线支付体系建设。加紧制订在线支付业务规范和技术标准，研究风险防范措施，加强业务监督和风险控制；积极研究第三方支付服务的相关法规，引导商业银行、中国银联等机构建设安全、快捷、方便的在线支付平台，大力推广使用银行卡、网上银行等在线支付工具；进一步完善在线资金清算体系，推动在线支付业务规范化、标准化并与国际接轨。

（十四）发展现代物流体系。充分利用铁道、交通、民航、邮政、仓储、商业网点等现有物流资源，完善物流基础设施建设；广泛采用先进的物流技术与装备，优化业务流程，提升物流业信息化水平，提高现代物流基础设施与装备的使用效率和经济效益；发挥电子商务与现代物流的整合优势，大力发展第三方物流，有效支撑电子商务的广泛应用。

五、发挥企业的主体作用，大力推进电子商务应用

（十五）继续推进企业信息化建设。企业信息化是电子商务的基础，要不断提升企业信息化水平，促进业务流程和组织结构的重组与优化，实现资源的优化配置和高效应用，增强产、供、销协同运作能力，提高企业的市场反应能力、科学决策水平和经济效益。

（十六）重点推进骨干企业电子商务应用。要充分发挥骨干企业在采购、销售等方面的带动作用，以产业链为基础，以供应链管理为重点，整合上下游关联企业相

关资源，实现企业间业务流程的融合和信息系统的互联互通，推进企业间的电子商务，提高企业群体的市场反应能力和综合竞争力。

（十七）推动行业电子商务应用。紧密结合行业特点，研究制订行业电子商务规范，切实做好重点行业电子商务试点示范，推广具有行业特点的电子商务经验，探索行业电子商务发展模式；建立行业信息资源共享和交换机制，促进行业内有序竞争与合作，提高行业的信息化及电子商务应用水平。

（十八）支持中小企业电子商务应用。提高中小企业对电子商务重要性的认识，扶持服务中小企业的第三方电子商务服务平台建设，解决中小企业在投资、人才等方面存在的问题，促进中小企业应用电子商务提高商务效率，降低交易成本，推进中小企业信息化。

（十九）促进面向消费者的电子商务应用。发展面向消费者的新型电子商务模式，创新服务内容，建立并完善企业、消费者在线交易的信用机制，扩大企业与消费者、消费者与消费者之间电子商务的应用规模。高度重视并积极推进移动电子商务的应用与发展。

六、提升电子商务技术和服务水平，推动相关产业发展

（二十）发展电子商务相关技术装备和软件。积极引进、消化、吸收国外先进适用的电子商务应用技术，鼓励技术创新，加快具有自主知识产权的电子商务硬件和软件产业化进程，提高电子商务平台软件、应用软件、终端设备等关键产品的自主开发能力和装备能力。

（二十一）推动电子商务服务体系建设。充分利用现有资源，发挥中介机构的作用，加强网络化、系统化、社会化的服务体系建设，开展电子商务工程技术研究、成果转化、咨询服务、工程监理等服务工作，逐步建立和完善电子商务统计和评价体系，推动电子商务服务业健康发展。

七、加强宣传教育工作，提高企业和公民的电子商务应用意识

（二十二）加大电子商务宣传力度。充分利用各种媒体，采用多种形式，加强电子商务的宣传、知识普及和安全教育工作，强化守法、诚信、自律观念的引导和宣传教育，提高社会各界对发展电子商务重要性的认识，增强企业和公民对电子商务的应用意识、信息安全意识。

（二十三）加强电子商务的教育培训和理论研究。高等院校要进一步完善电子商务相关学科建设，培养适应电子商务发展需要的各类专业技术人才和复合型人才，加强电子商务理论研究；改造和完善现有教育培训机构，多渠道强化电子商务继续教育和在职培训，提高各行业不同层次人员的电子商务应用能力。

八、加强交流合作，参与国际竞争

（二十四）加强国际交流与合作。积极参加有关电子商务的国际组织，参与国际电子商务重要规则、条约与示范法的研究和制定工作。密切跟踪研究国际电子商务发展的动态和趋势，加强技术合作，推动市场融合，不断提高我国电子商务的整体水平。

（二十五）积极参与国际竞争。企业要强化国际竞争意识，积极应用电子商务开拓国际市场，提高国际竞争能力。有关部门要提高服务意识和服务水平，发挥信息资源优势，为企业走向国际市场提供及时准确的信息和优质的服务。

发展电子商务是党中央、国务院作出的完善社会主义市场经济体制、加速国民经济和社会信息化进程、提高国民经济运行质量和效率的战略决策，各地区、各部门要充分认识发展电子商务的重要性和紧迫性，积极发挥职能作用，密切协同配合，制定并不断完善加快电子商务发展的具体政策措施，推进我国电子商务健康发展。

国务院办公厅
2005年1月8日

国务院关于非公有资本进入文化产业的若干决定

国发〔2005〕10号

各省、自治区、直辖市人民政府，国务院各部委、各直属机构：

为大力发展社会主义先进文化，充分调动全社会参与文化建设的积极性，进一步引导和规范非公有资本进

入文化产业，逐步形成以公有制为主体、多种所有制经济共同发展的文化产业格局，提高我国文化产业的整体实力和竞争力，现就有关问题作出如下决定：

一、鼓励和支持非公有资本进入以下领域：文艺表演团体、演出场所、博物馆和展览馆、互联网上网服务营业场所、艺术教育与培训、文化艺术中介、旅游文化服务、文化娱乐、艺术品经营、动漫和网络游戏、广告、电影电视剧制作发行、广播影视技术开发运用、电影院和电影院线、农村电影放映、书报刊分销、音像制品分销、包装装潢印刷品印刷等。

二、鼓励和支持非公有资本从事文化产品和文化服务出口业务。

三、鼓励和支持非公有资本参与文艺表演团体、演出场所等国有文化单位的公司制改建，非公有资本可以控股。

四、允许非公有资本进入出版物印刷、可录类光盘生产、只读类光盘复制等文化行业和领域。

五、非公有资本可以投资参股下列领域国有文化企业：出版物印刷、发行，新闻出版单位的广告、发行，广播电台和电视台的音乐、科技、体育、娱乐方面的节目制作，电影制作发行放映。上述文化企业国有资本必须控股51%以上。

六、非公有资本可以建设和经营有线电视接入网，参与有线电视接收端数字化改造，从事上述业务的文化企业国有资本必须控股51%以上。非公有资本可以控股从事有线电视接入网社区部分业务的企业。

七、非公有资本可以开办户外、楼宇内、交通工具内、店堂等显示屏广告业务，可以在符合条件的宾馆饭店内提供广播电视视频节目点播服务。有关部门要严格资质认定，明确经营范围，加强日常监管。

八、非公有资本进入文化产业按现行有关规定管理，其中第五条、第六条、第七条规定的事项还须经有关行政主管部门批准。有关投资项目的审批或核准，按照《国务院关于投资体制改革的决定》（国发[2004]20号）的规定办理。要严格审批程序，完善审批办法，规范文化产业发展，保护企业合法权益，取缔违法违规经营。非公有制文化企业在项目审批、资质认定、融资等方面与国有文化企业享受同等待遇。

九、非公有资本不得投资设立和经营通讯社、报刊社、出版社、广播电台（站）、电视台（站）、广播电视发射台（站）、转播台（站）、广播电视卫星、卫星上行站和收转站、微波站、监测台（站）、有线电视传输骨干网等；不得利用信息网络开展视听节目服务以及新闻网站等业务；不得经营报刊版面、广播电视频率频道和时段栏目；不得从事书报刊、影视片、音像制品成品等文化产品进口业务；不得进入国有文物博物馆。

十、文化部、广电总局、新闻出版总署根据本决定，制定具体实施办法，明确国家鼓励、允许、限制和禁止投资的产业目录，引导非公有制文化企业持续快速健康发展。

各地区、各部门要依法清理和修订与本决定相抵触的规定。外资进入文化产业依照有关法律法规的规定执行。

国务院

2005年4月13日

国务院关于促进煤炭工业健康发展的若干意见

国发〔2005〕第18号

煤炭是我国重要的基础能源和原料，在国民经济中具有重要的战略地位。在我国一次能源结构中，煤炭将长期是我国的主要能源。改革开放以来，煤炭工业取得了长足发展，煤炭产量持续增长，生产技术水平逐步提高，煤矿安全生产条件有所改善，对国民经济和社会发展发挥了重要的作用。但煤炭工业发展过程中还存在结构不合理、增长方式粗放、科技水平低、安全事故多发、资源浪费严重、环境治理滞后、历史遗留问题较多等突出问题。随着国民经济的发展，煤炭需求总量不断增加，资源、环境和安全压力进一步加大。为促进煤炭工业持续稳定健康发展，保障国民经济发展需要，提出以下意见。

一、指导思想、发展目标和基本原则

（一）指导思想。以邓小平理论和“三个代表”重要思想为指导，全面落实科学发展观，坚持依靠科技进步，走资源利用率高、安全有保障、经济效益好、环境污染少和可持续的煤炭工业发展道路。把煤矿安全生产始终放在各项工作的首位，以建设大型煤炭基地、培育大型煤炭企业和企业集团为主线，按照统筹煤炭工业与相关产业协调发展，统筹煤炭开发与生态环境协调发展，统筹矿山经济与区域经济协调发展的要求，构建与社会主义市场经济体制相适应的新型煤炭工业体系，实现煤炭工业持续稳定健康发展，加快建设资源节约型社会，为全面建设小康社会提供可靠的能源保障。

（二）发展目标。从2005年起，用3～5年时间，建立规范的煤炭资源开发秩序，大型煤炭基地建设初见成效，形成若干个亿吨级生产能力的大型煤炭企业和企业集团，煤矿安全基础条件有较大改善，煤矿瓦斯得到有效治理，重特大事故多发的势头得到有效遏制，煤矿安全生产形势明显好转，矿区生态环境恶化的趋势初步得到控制，煤炭法规政策体系逐步完善。再用5年左右时间，形成以合理保护、强化节约为重点的资源开发监管体系，以大型煤炭基地和大型煤炭企业集团为主体的煤炭供给体系，以强化管理和投入为重点、先进技术为支撑的安全生产保障体系，以煤炭加工转化、资源综合利用和矿山环境治理为核心的循环经济体系，以《中华人民共和国煤炭法》和《中华人民共和国矿产资源法》为基础的法规政策调控体系。

（三）基本原则。坚持发展先进生产能力和淘汰落后生产能力相结合的原则，一方面加快现代化大型煤炭基地建设，培育大型煤炭企业和企业集团，促进中小型煤矿重组联合改造，另一方面继续依法关闭布局不合理、不具备安全生产条件、浪费资源、破坏生态环境的小煤矿。坚持治标与治本相结合的原则，着力解决影响煤炭工业健康发展的突出问题，同时抓紧完善法规政策调控体系，提高煤炭资源勘查、开发准入条件。坚持“安全第一、预防为主”的方针和综合治理的原则，促使煤矿安全文化、安全法制、安全责任、安全科技、安全投入等各项要素到位。坚持国家引导、扶持和企业自主发展相结合的原则，既要帮助企业解决历史遗留问题，为企业发展创造公平竞争的市场环境，又要尊重企业的自主发展权。坚持体制改革与机制创新相结合的原则，推进煤炭企业建立规范的现代企业制度，建立保障安全生产和促进健康发展的激励约束机制，提高企业的活力和竞争力。坚持煤炭开发与地方经济和社会发展相结合的原则，合理开发利用煤炭资源，促进煤炭、电力、冶金、化工等相关产业的联合和煤炭就地转化，带动地方经济和社会协调发展。

二、强化规划和管理，完善煤炭资源开发监管体系

（四）加强对煤炭资源的规划管理。煤炭资源是重要的战略资源，要改进管理方式，实现由粗放开发型管理向科学合理开发、保护节约型管理的转变。依法科学合理划定煤炭资源国家规划矿区和对国民经济具有重要价值的矿区，严格按国家规划有序开发。国家规划矿区、对国民经济具有重要价值矿区的划定，由国土资源部研究提出，会同发展改革委共同审定并公布。建立煤炭资源战略储备制度，对特殊和稀缺煤种实行保护性开发。

（五）完善煤炭资源管理与生产开发的管理制度。各级发展改革（煤炭行业）主管部门要综合运用煤炭发展规划、产业政策、法律法规等手段，加强对煤矿开发建设和煤炭生产的监督管理。各级国土资源主管部门要按照《中华人民共和国矿产资源法》和国务院行政法规，规范煤炭资源勘查、开采登记管理工作，纠正、制止一切越权审批和以招商引资为由越权配置煤炭资源的行为。煤炭开发规划和资源管理工作要相互衔接，紧密配合。发展改革（煤炭行业）主管部门编制煤炭生产开发规划、矿区总体规划时，必须征求同级国土资源主管部门的意见，并作为批准规划的重要依据。国土资源主管部门在编制煤炭资源勘查规划、矿业权设置方案时，必须征求同级发展改革（煤炭行业）主管部门的意见，并作为批准煤炭资源勘查规划和矿业权设置方案的重要依据。产煤地区地方各级人民政府要落实煤炭行业管理职能部门，并充实和加强煤炭管理力量，健全和完善管理制度，强化煤炭资源和生产开发管理。

（六）加大煤炭资源勘探力度。加大煤炭资源勘探资金支持力度，研究建立煤炭地质勘探周转资金，增强煤炭资源保障能力。由国家投资完成煤炭资源的找煤、普查和必要的详查，统一管理煤炭资源一级探矿权市场，在此基础上编制矿区总体开发规划和矿业权设置方案；依据矿区总体开发规划和矿业权设置方案，实行煤炭资源二级探矿权和采矿权市场化转让，转让收入要按规定实行“收支两条线”管理，并用于煤炭资源勘探投入，实现滚动发展。健全煤炭地质勘查市场准入制度，培育精干高效、装备精良的煤田地质勘探队伍。严格执行勘查技术规程，进一步完善储量评估制度，依靠科技进步，提高地质勘探精度，保障地质勘查质量，为合理规划和开发煤炭资源奠定基础。

（七）合理有序开发煤炭资源。进一步完善矿业权有偿取得制度，规范煤炭矿业权价款评估办法，逐步形成矿业权价款市场发现机制，实现矿业权资产化管理。煤

炭矿业权资产化要与科学的生产规划相结合，按照“统一规划、集中开发、一次置权、分期付款”的原则有序进行。严格矿业权审批，对国家规划矿区内的煤炭资源，凡未经国家批准开发规划和矿业权设置方案的，一律不得办理矿业权的设置。保障矿区井田的科学划分和合理开发，形成有利于保护和节约资源的煤炭开发秩序。加快修订煤矿设计规范，严格开采顺序、开采方法和开发强度管理，禁止越层越界和私挖乱采。鼓励采用先进技术，开采难采煤层和极薄煤层。煤矿新建和改扩建项目必须按照隶属关系，依法取得同级安全生产监管部门的审查批准，并认真执行安全生产设施“三同时”制度（同时设计、施工和投入使用）。

（八）保护节约和合理利用煤炭资源。修订煤炭生产矿井资源回采率标准和管理办法，凡设计回采率达不到国家规定标准的煤炭开发建设项目，一律不予核准，不予颁发采矿许可证。建立严格的煤炭资源利用监管制度，对煤炭资源回采率实行年度核查、动态监管，达不到回采率标准的煤矿，要责令限期整改；逾期仍达不到回采率标准的，依法予以处罚，直至吊销采矿许可证和煤炭生产许可证。加快完善煤炭资源税费计征办法，研究将煤炭资源税费以产量和销售收入为基数计征，改为以资源储量为基数计征的方案，并在条件成熟时实施；同时，要积极探索多种激励约束机制，促使煤炭生产企业节约煤炭资源。健全煤炭生产企业资源储量管理机构，落实储量管理责任，完善煤炭储量管理档案和制度，严格执行生产技术和管理规程。

三、加快结构调整，加强煤炭供应体系

（九）加快大型煤炭基地建设。按照煤炭发展规划和开发布局，选择资源条件好、具有发展潜力的矿区，以国有大型煤炭企业为依托，加快神东、陕北、晋中等13个大型煤炭基地建设，形成稳定可靠的商品煤供应基地、煤炭深加工基地和出口煤基地。国家继续从中央预算内基建投资（或国债资金）中安排资金，以资本金注入等方式，重点支持大型煤炭基地建设。政策性银行、国有商业银行和股份制商业银行应积极改进金融服务，加大金融产品创新力度，切实支持符合国家产业政策和市场准入条件的煤炭开发建设。支持有条件的煤炭企业上市融资，按照国家规定发行企业债券，筹集建设资金，加快建设和发展。

（十）促进煤炭与相关产业协调发展。大型煤炭基地建设要与煤炭外运和水资源等条件相衔接，与相关产业和地方经济发展相协调。要加大投资力度，改革铁路和港口投资体制，鼓励企业法人、非公有资本参股建设和管理，抓紧建设和改造山西、陕西、内蒙古西部出煤通道和北方煤炭下水港口，提高煤炭运输能力，从根本上缓解交通运输对煤炭供给的制约。按照政府引导和企业自愿的原则，鼓励煤电一体化发展，加快大型坑口电站建设，缓解煤炭运输压力。鼓励大型煤炭企业与冶金、化工、建材、交通运输企业联营。火力发电、煤焦化工、建材等产业发展布局，要优先安排依托煤炭矿区的项目，促进能源及相关产业布局的优化和煤炭产业与下游产业协调发展。

（十一）培育大型煤炭企业集团。打破地域、行业和所有制界限，加快培育和发展若干个亿吨级大型煤炭骨干企业和企业集团，使之成为优化煤炭工业结构、建设大型煤炭基地、平衡国内煤炭市场供需关系和“走出去”开发国外煤炭、参与国际市场竞争的主体。煤炭企业要进一步完善法人治理结构，按照现代企业制度要求积极推进股份制改造，转换经营机制，提高管理水平。国家规划矿区、对国民经济具有重要价值矿区的资源开发由国有资本控股。鼓励发展煤炭、电力、铁路、港口等一体化经营的具有国际竞争力的大型企业集团。鼓励大型煤炭企业到境外投资办矿，带动煤炭机械产品出口和技术、劳务输出，提高我国煤炭工业的国际竞争力。

（十二）进一步改造整顿和规范小煤矿。各产煤地区要充分发挥市场机制的作用，加快中小型煤矿的整顿、改造和提高，整合煤炭资源，实行集约化开发经营。鼓励大型煤炭企业兼并改造中小型煤矿，鼓励资源储量可靠的中小型煤矿，通过资产重组实行联合改造。积极推进中小型煤矿采煤工艺改革和技术改造，规模以上煤矿必须尽快做到壁式正规化开采。继续淘汰布局不合理、不符合安全标准、不符合环保要求和浪费资源的小煤矿，坚决取缔违法经营的小煤矿。

（十三）加快提升煤炭生产和设备制造技术水平。采用高新技术和先进适用技术，加快高产高效矿井建设，提高煤矿装备现代化、系统自动化、管理信息化水平，淘汰落后的技术装备与工艺，推动煤炭工业科技进步。大力推进中小型煤矿机械化，加快培育和发展面向小型煤矿的综合服务机构，形成完善的技术服务体系。通过关键技术引进、技贸结合、合作制造、市场换技术等多种方式，提高煤炭重大技术装备研发和制造能力，促进重大装备制造国产化。加强企业、科研机构和各类院校的联合，推进技术创新体系建设。

（十四）规范煤炭市场秩序。深化煤炭流通体制改革，改革电煤价格形成机制，运用经济手段和必要的行政法规，合理调整煤炭企业与发电企业的利益关系。继续推进煤炭订货方式改革，鼓励供需双方自主衔接、签订长

期供货合同。加快建立以全国煤炭交易中心为主体，以区域市场为补充，以网络技术为平台，有利于政府宏观调控、市场主体自由交易的现代化煤炭交易体系。严格煤炭经营企业资格审查，取缔无证非法经营活动，清理煤炭运销环节乱收费、乱罚款，依法打击掺杂使假和偷骗税款等不法行为。

四、坚持综合治理，强化煤矿安全生产保障体系

（十五）进一步落实安全生产责任。加强“国家监察、地方监管、企业负责”的煤矿安全工作体系建设，进一步落实安全生产责任制。完善煤矿安全监察体制，提高监察的权威性和有效性，强化煤矿安全执法检查。落实地方人民政府煤矿安全监督管理职责，建立地方人民政府领导分工联系本地区煤矿安全生产工作制度。认真实行煤矿安全生产许可证制度，强化煤炭企业安全生产责任主体，落实企业法定代表人作为安全生产第一责任人的责任；精简企业管理机构，加强一线管理力量；坚持煤炭企业内部安全生产机构派驻制度，严格执行煤矿领导干部下井带班作业制度。严格外包工程队伍资质管理和现场管理。建立煤矿安全生产风险抵押金制度。

（十六）加大煤矿安全投入。按照企业负责、政府支持的原则，完善中央、地方和企业共同增加煤矿安全投入的机制。各类煤矿要按有关规定提取生产安全费用。国家继续从预算内基建投资（国债资金）中安排资金支持煤矿安全技术改造。对国家支持的煤矿安全改造项目，地方财政要积极安排配套资金，专项列支，并与中央资金同时到位。各级财政、审计和煤炭行业管理、煤矿安全监察部门要加强监督，确保煤矿安全资金专款专用，安全改造项目顺利实施并发挥效用。

（十七）提高瓦斯防治技术水平。成立煤矿瓦斯防治部际协调领导小组，加强煤矿瓦斯防治工作的领导和协调。设立国家瓦斯治理和利用（煤层气）工程研究中心，加强瓦斯防治科技攻关，立足于推动煤矿安全生产科技进步，从根本上扭转瓦斯事故多发的现状，加快瓦斯灾害监测预警、应急救援、瓦斯煤尘防爆、瓦斯抽采利用技术的研究。抓紧制订和实施全国煤矿瓦斯治理总体方案，尽快使煤矿瓦斯治理取得明显成效。财政、税务部门要尽快制订实施办法，对瓦斯（煤层气）抽采和利用实行税收优惠。煤炭企业要严格高瓦斯和瓦斯突出矿井的管理，建立健全危险源辨识技术体系、瓦斯抽采和监测监控体系、灾害预警救援体系，切实防范重特大瓦斯事故的发生。

（十八）提高煤矿职工队伍素质。建立和完善企业职工培训制度，组织和引导企业开展多层次、全方位的职工安全、技术培训和继续教育，全面提高煤矿职工队伍特别是采掘工人的素质和安全生产技能。对煤矿负责人和主要工种依法实行强制性安全培训，杜绝违章指挥、违章作业、违反纪律等现象。实行国家职业资格证书制度，对煤矿采煤等专业技术岗位人员和特殊工种人员实行职业准入，持证上岗，严格技术岗位人员配备标准。教育部门要加强与煤炭行业的合作，将煤炭行业有关专业纳入技能型紧缺人才培养、培训计划；要与大型煤炭企业合作，尽快恢复或设立一批煤炭职业技术学校。要引导有关大专院校和中等职业学校按照煤炭行业市场需求培养懂安全、有技术、会管理的煤炭专业人才。要通过设立煤炭专业奖学金、减免学费等措施，鼓励学生报考煤炭专业。

五、加强综合利用与环境治理，构建煤炭循环经济体系

（十九）推进洁净煤技术产业化发展。发展改革委要制定规划，完善政策，组织建设示范工程，并给予一定资金支持，推动洁净煤技术和产业化发展。大力发展洗煤、配煤和型煤技术，提高煤炭洗选加工程度。积极开展液化、气化等用煤的资源评价，稳步实施煤炭液化、气化工程。加快低品位、难采矿的地下气化等示范工程建设，带动以煤炭为基础的新型能源化工产业发展。采用先进的燃煤和环保技术，提高煤炭利用效率，减少污染物排放。

（二十）推进资源综合利用。按照高效、清洁、充分利用的原则，开展煤矸石、煤泥、煤层气、矿井排放水以及与煤共伴生资源的综合开发与利用。鼓励瓦斯抽采利用，变害为利，促进煤层气产业化发展。按照就近利用的原则，发展与资源总量相匹配的低热值煤发电、建材等产品的生产。修改制定配套法规、标准和管理办法，落实和完善财税优惠政策，鼓励对废弃物进行资源化利用，无害化处理。在煤炭生产开发规划和建设项目申报中，必须提出资源综合利用方案，并将其作为核准项目的条件之一。

（二十一）保护和治理矿区环境。煤炭资源的开发利用必须依法开展环境影响评价，环保设施与主体工程要严格实行建设项目“三同时”制度。按照“谁开发、谁保护，谁污染、谁治理，谁破坏、谁恢复”的原则，加强矿区生态环境和水资源保护、废弃物和采煤沉陷区治理。研究建立矿区生态环境恢复补偿机制，明确企业和政府的治理责任，加大生态环境治理投入，逐步使矿区环境治理步入良性循环。对原中央国有重点煤矿历史形成的采煤沉陷等环境治理欠账，要制订专项规划，继续实施综合治理，中央政府给予必要的资金和政策支持，地方各级人民政府和煤炭企业按规定安排配套资金。

（二十二）大力开展煤炭节约和有效利用。积极引导合

理用煤、节约用煤和有效用煤，努力缓解当前煤炭供求紧张状况，解决煤炭产需长期矛盾。大力调整经济结构，切实转变增长方式，抓紧完善产业政策和产品能耗标准，限制高耗能工业的发展。优化能源生产和消费结构，鼓励发展新能源，努力减少和替代煤炭使用。依靠科技进步和创新，推广先进的节煤设备、工艺和技术。强化科学管理，减少煤炭生产、流通、消费等环节的损失和浪费。制定有利于节约用煤的经济政策、技术标准和法规，利用经济、法律和必要的行政手段，实行全面、严格的节煤措施，在全社会形成节约用煤和合理用煤的良好环境。

六、制订和完善有关法律规章制度，健全煤炭工业法规政策调控体系

（二十三）加强煤炭法制建设。抓紧修订《中华人民共和国煤炭法》和《中华人民共和国矿产资源法》，完善配套法规，建立健全与社会主义市场经济体制相适应的煤炭法规体系。尽快修订煤炭产业政策，完善办矿审核制度，严格准入标准。制订严格的煤炭资源消耗、污染物排放等标准，促进新技术、新工艺、新材料的应用，推动煤炭产业升级。加强煤炭执法队伍建设，依法规范煤炭市场秩序，为各类煤炭企业发展创造良好的市场环境。煤炭企业要认真贯彻执行国家关于资源、环境、安全生产等方面的技术政策和行业标准、规范，建立健全企业内部技术管理规章制度，规范矿井设计、施工、技术改造、生产和加工利用等方面的行为，深入开展安全质量标准化活动。

（二十四）切实减轻煤炭企业负担。各地要根据国家关于分离企业办社会职能的有关政策，加快分离煤炭企业办社会职能。严格按照1998年国务院关于改革国有重点煤矿管理体制的规定，切实落实原中央财政对国有重点煤矿增值税定额返还和所得税返还政策。加快增值税改革步伐，落实对已公布取消的各类基金和收费项目的清理、整顿措施，减轻煤炭企业负担。

（二十五）促进煤炭企业接续发展。落实《中华人民共和国煤炭法》有关规定，研究建立煤炭产业积累煤矿衰老期转产资金制度，筹集资金专项用于发展接续产业和替代产业。完善煤炭成本核算制度，保障煤炭企业增加接续资源，开展资源勘查，保护和治理环境，发展接续产业。重视煤炭合理开发与矿区经济社会的协调发展，在基础设施建设、财政转移支付等方面制定相关扶持政策，促进矿业城镇产业结构调整和经济发展，支持资源枯竭矿区经济转型。

（二十六）提高矿工劳动保障水平。加强煤矿质量标准化基础工作，提高机械化、自动化水平，改善作业环境，减轻矿工劳动强度。改革煤矿工作制度，将矿工入井时间缩短到八小时以内，并尽快实行四班六小时工作制。加强煤矿劳动保护用品的研发，煤炭企业必须为井下工人发放必需的劳动保护用品，不断提高劳动保护水平。加强对煤矿作业场所职业危害的监督检查，做好煤矿尘肺病等职业病的防治工作，保护矿工身心健康。全面贯彻落实《工伤保险条例》，各地劳动和社会保障部门要根据本地区煤炭企业的实际情况，制订煤炭企业参加工伤保险的具体办法。各类煤炭企业都应为矿工办理工伤保险，切实维护矿工的合法权益。

（二十七）提高矿工生活质量。劳动和社会保障部门要根据井下矿工的劳动强度和风险、生产环境等情况，制订或提高煤矿工人艰苦岗位津贴标准。各类煤炭企业应根据效益情况，逐步提高矿工收入水平。继续采取国家、地方政府、企业和个人共同出资的办法，解决历史形成的矿区危房、棚户改造问题。

（二十八）发挥中介组织作用。进一步培育和规范中介市场，充分发挥行业协会等中介组织在行业统计、技术服务、安全评价、市场开发、信息咨询、行业自律等方面的作用，为企业提供优质服务，为政府宏观调控提供决策咨询，规范企业市场行为，维护市场公平竞争秩序。

煤炭工业健康发展事关国民经济发展和能源安全大局。各地区、各部门要加强调查研究，结合本地区、本部门实际，认真做好贯彻落实工作，抓紧制订和落实各项具体措施。发展改革委要会同有关部门加强监督检查和指导协调，认真研究解决煤炭工业发展中遇到的困难和问题，促进煤炭工业持续健康发展。

国务院关于促进流通业发展的若干意见

国发〔2005〕19号

各省、自治区、直辖市人民政府，国务院各部委、各直属机构：

随着改革开放不断深入和社会主义市场经济体制的完善，我国流通业在促进生产、引导消费、推动经济

结构调整和经济增长方式转变等方面的作用日益突出。当前，我国商品市场供求总格局已发生根本性变化，面临的国际化竞争更趋激烈，但流通领域仍存在流通企业规模偏小，组织化程度低，现代化水平不高，市场体系不够完善等问题，迫切需要我们在流通领域树立和落实科学发展观，建设大市场，发展大贸易，搞活大流通，加快推进内外贸一体化和贸工农一体化，促进经济结构调整和经济增长方式转变，为促进城乡协调发展和国民经济持续快速健康发展做出新贡献。为此，特提出以下意见：

一、加大改革力度，提高流通企业竞争能力

（一）大力推进国有流通企业改组改制。积极推进国有流通企业改革，建立现代企业制度。各级人民政府要因地制宜，采取多种方式支持国有流通企业改组改制，增强国有流通企业活力，提高盈利能力；对资不抵债、长期亏损、扭亏无望的国有流通企业，依法实施租赁、出售、债务重组和关闭破产；支持企业进行跨行业、跨地区、跨所有制的资产重组，鼓励各种资本参与流通企业改组改造；在深化流通企业改革过程中，注意保全银行信贷资产，防止逃废银行债务。

（二）妥善处理国有流通企业历史包袱。允许国有流通企业通过将其使用的、已划拨的土地在补办出让手续、补交土地出让金后纳入企业总资产冲抵企业债务；经财政、国有资产管理部门同意，按照国家有关规定，国有流通企业可以通过出售所持国有产权抵偿历史债务。

（三）妥善安置职工，降低国有流通企业改革成本。国有流通企业享受原国家经贸委等八部门《关于国有大中型企业主辅分离辅业改制分流安置富余人员的实施办法》（国经贸企改[2002]859 号）的政策措施；对流通企业依法出售自有产权的营业或办公用房收入以及处置企业使用划拨土地的收入，可优先留给企业用于缴纳社会保险费和安置职工；对向企业经营者或职工定向出售的国有中小流通企业资产，应规范“招拍挂”程序，在履行决策、资产清查、财务审计和资产评估审核程序后，要维护企业职工权益，在同等价格条件下，优先卖给本企业职工，卖给其他单位和个人的，要切实妥善安排好原企业的职工；纳税确有困难的流通企业，可按现行规定申请减免生产性用房的房产税和城镇土地使用税。

（四）加快培育大型流通企业集团。要按照市场经济规律和世贸组织规则，积极培育一批有著名品牌和自主知识产权、主业突出、核心竞争力强、具有国际竞争力的大型流通企业；鼓励具有竞争优势的流通企业通过参股、控股、承包、兼并、收购、托管和特许经营等方式，实现规模扩张，引导支持流通企业做强做大。

国务院各有关部门和有关金融机构要扶持流通企业做强做大，在安排中央外贸发展基金和国债资金、设立财务公司、发行股票和债券、提供金融服务等方面予以支持。重点培育的大型流通企业可直接向商务部申请进出口配额、许可证、国营贸易经营权和相关资质等。

地方各级人民政府要结合实际，采取具体措施，支持国家和地方重点培育大型流通企业的发展。

（五）进一步放开搞活中小流通企业。商务部、发展改革委、财政部、科技部等有关部门要按照资金使用方向和程序，在安排中央外贸发展基金、中小企业发展专项资金、中小企业科技创新资金等方面支持中小流通企业发展。鼓励有条件的流通企业到境外开展流通业务。

地方各级人民政府要采取切实有效的措施支持中小流通企业发展，在市场准入、信用担保、金融服务、物流服务、人才培训、信息服务等方面进行扶持。

（六）努力创造流通企业公平竞争的环境。加快电价改革步伐，积极推动工商企业同网同价；引导和规范零售企业的促销和进货交易等行为，依法打击商业欺诈，整顿规范流通秩序；有序推进流通业对外开放，鼓励流通企业实行内外贸一体化经营，为内外资流通企业公平竞争创造良好的环境。

二、加快创新步伐，提高流通现代化水平

（七）切实推进连锁经营快速发展。国务院各部门和地方各级人民政府要进一步研究制订并完善实施办法，切实把《国务院办公厅转发国务院体改办国家经贸委关于促进连锁经营发展若干意见的通知》（国办发[2002]49 号）的各项政策措施落到实处。

（八）推动流通企业进行流通方式和技术创新。充分运用财政和金融手段支持流通企业进行结构调整，重点支持现代流通方式的推广和运用。地方各级人民政府要在财政补贴、土地使用等方面，鼓励连锁经营企业发展，尤其是到城市社区、农村建立营销网络；鼓励发展循环经济，从财政等方面支持优势再生资源回收企业通过连锁经营等方式拓展回收网络；加大利用信息技术改造流通业传统作业方式的力度，采用现代物流的管理模式，提高管理效率，降低成本，鼓励各类流通企业发展电子商务。

（九）鼓励发展物流配送中心。企业利用原使用的国有划拨土地使用权引进资金和设备建设物流配送中心，可在依法办理经营性用地出让手续、按市场价格补缴土地使用权出让金后，将土地使用权作为法人资产出资。根据城市规划需要对旧仓库等设施进行拆迁易地改造且

新建物流配送中心的，城市政府在拆迁或收回企业土地使用权和建筑物时，应依法进行合理补偿，并在城市物流规划用地上给予相应安排。对农产品仓储设施建设用地按仓储用地对待。

三、加强流通基础设施建设，建立健全流通领域公共信息服务体系

（十）加大流通基础设施建设投入力度。积极运用财政贴息等政策措施，加大对农产品批发市场、物流配送中心等流通基础设施建设的投入力度；加强食品安全，支持“三绿工程”发展，建立、完善流通环节食品检疫检测体系，实行无害化处理制度，所发生费用由财政负担的相应列入各级财政预算。

（十一）建立健全流通领域公共信息服务体系。中央财政从 2005 年起每年拿出一定资金支持全国流通领域公共信息服务系统建设，从中央外贸发展基金中安排一定资金支持全国市场信息服务体系建设。地方各级财政要加大资金投入，支持当地商品信息服务系统的建设和运行维护。商务主管部门要制订流通领域公共信息服务体系建设规划，加强管理。

四、建立调控和应急机制，确保国内市场稳定有序

（十二）建立和完善重要商品储备制度。要进一步完善糖、肉、边销茶等生活必需品和茧丝绸等重要商品的中央储备制度，妥善处理储备商品历史遗留问题。中央储备商品储备费用按有关规定执行。地方各级人民政府也要结合实际建立地方生活必需品储备制度，所需储备费用由地方政府确定。

（十三）建立应急调控快速反应机制。中央应急调控发生的费用由商务部商财政部根据国家有关突发事件应急保障的规定，保障组织应急物资供应所需的合理费用；地方应急调控发生的费用，由地方商务主管部门商地方财政部门根据当地人民政府有关规定处理。

五、支持商业服务业发展，方便人民群众生活

（十四）支持生活保障性服务业发展。支持发展社区商业网点，逐步形成门类齐全、便民利民的城市社区服务网络。重点支持与人民群众生活息息相关的便利店和便民早餐网点、清真餐饮网点、废旧物资回收网点建设。在城市开发建设的新居住区内，规划确定的商业网点用房、用地，以及作为小区公益性资产的便民网点，不得挪作他用。各地也要从改善农民生产生活条件、方便农民消费需求出发，发展综合性的农村社区商业服务网点。

地方各级人民政府要采取各种措施解决低收入群体的洗浴问题，优先保证便民浴池用水，并实行优惠政策；对吸纳下岗失业人员的服务型企业和自谋职业从事服务业的下岗失业人员，要按规定切实落实好有关再就业优惠政策；鼓励经济型连锁饭店进行卫生、安全设施改造；鼓励和支持新兴服务业发展。

六、积极培育统一大市场，扩大国内消费需求

（十五）打破地区封锁，加快建设全国统一大市场。切实清除制约全国统一市场形成、实行地区封锁的有关规定，取消各种不合法收费，推进全国高效率鲜活农产品流通“绿色通道”建设，并加大执法和舆论宣传力度。

（十六）加大知识产权保护力度，实施品牌战略。鼓励流通企业创立和维护商标信誉，培育企业品牌。加大对侵权行为的打击力度，重视和加强对知名流通企业、全国性和地方性商业老字号的“著名商标”和“驰名商标”的认定和保护工作。

（十七）建立和完善农村流通体系。加大农村市场建设的力度，完善农村流通基础设施，促进农村市场的形成，有条件的地区要在财政预算中安排一定数量的资金给予支持。鼓励优势流通企业用连锁经营方式完善农村流通网络，采取多种方式开拓农村市场，引导农村消费。开展农产品连锁经营试点，对增值税一般纳税人购进免税农产品按 13%的扣除率计算进项税抵扣；对试点企业从农业生产单位购进农产品的，鼓励其取得农业生产单位开具的普通发票，作为进项税额抵扣凭证；对试点企业建设冷藏、低温仓储、运输为主的农产品冷链系统的，可以实行加速折旧。

（十八）规范和发展消费信贷。努力扩大消费需求，优化消费结构，完善消费手段，扩大消费信贷品种、范围和规模。打破垄断，鼓励竞争，支持商业银行与流通企业在充分协商的基础上推广银行卡。大力推进商业信用体系建设。

七、完善政策法规，为流通业发展提供有力保障

（十九）加快制订我国流通领域的法律法规。要从建立和完善统一开放、竞争有序的现代市场体系出发，按照依法行政和实现对全社会流通统一管理的要求，借鉴发达国家流通立法经验，结合我国丰富的流通实践，加快修订和研究制订规范商品流通活动、流通主体、市场

行为、市场调控和管理等方面的法律法规和行政国务院办公厅关于加强车辆超限超载治理工作的通知规章。

（二十）**加强队伍建设，理顺和强化流通行业管理**。各级人民政府要按照中央提出的“加强内贸”的要求，切实加强领导，充分发挥国内流通行业主管部门的职能作用；加强队伍建设，吸引优秀人才参与国内流通业的管理；加强人员培训，建立多层次人才培训体系，鼓励大专院校、研究院所设置专业课程培训高级流通业管理人才，鼓励中介组织开展职业培训，提高流通从业人员素质。

（二十一）**充分调动各方面的积极性，促进流通业发展**。国务院有关部门、地方各级人民政府要积极研究制定促进流通业发展的政策措施，地方政府可根据当地财力和流通业发展实际，建立促进流通业发展的相应机制；加强流通理论研究，做好大型流通设施建设规划，加快流通业标准化建设步伐。充分发挥流通行业中介组织作用，规范行业协会行为，创造良好的流通业发展环境。

国务院

2005 年 6 月 9 日

国务院关于保险业改革发展的若干意见

国发〔2006〕23 号

各省、自治区、直辖市人民政府，国务院各部委、各直属机构：

改革开放特别是党的十六大以来，我国保险业改革发展取得了举世瞩目的成就。保险业务快速增长，服务领域不断拓宽，市场体系日益完善，法律法规逐步健全，监管水平不断提高，风险得到有效防范，整体实力明显增强，在促进改革、保障经济、稳定社会、造福人民等方面发挥了重要作用。但是，由于保险业起步晚、基础薄弱、覆盖面不宽，功能和作用发挥不充分，与全面建设小康社会和构建社会主义和谐社会的要求不相适应，与建立完善的社会主义市场经济体制不相适应，与经济全球化、金融一体化和全面对外开放的新形势不相适应。面向未来，保险业发展站在一个新的历史起点上，发展的潜力和空间巨大。为全面贯彻落实科学发展观，明确今后一个时期保险业改革发展的指导思想、目标任务和政策措施，加快保险业改革发展，促进社会主义和谐社会建设，现提出如下意见：

一、充分认识加快保险业改革发展的重要意义

保险具有经济补偿、资金融通和社会管理功能，是市场经济条件下风险管理的基本手段，是金融体系和社会保障体系的重要组成部分，在社会主义和谐社会建设中具有重要作用。

加快保险业改革发展有利于应对灾害事故风险，保障人民生命财产安全和经济稳定运行。我国每年因自然灾害和交通、生产等各类事故造成的人民生命财产损失巨大。由于受体制机制等因素制约，企业和家庭参加保险的比例过低，仅有少部分灾害事故损失能够通过保险获得补偿，既不利于及时恢复生产生活秩序，又增加了政府财政和事务负担。加快保险业改革发展，建立市场化的灾害、事故补偿机制，对完善灾害防范和救助体系，增强全社会抵御风险的能力，促进经济又快又好发展，具有不可替代的重要作用。

加快保险业改革发展有利于完善社会保障体系，满足人民群众多层次的保障需求。我国正处在完善社会主义市场经济体制的关键时期，人口老龄化进程加快，人民生活水平提高，保障需求不断增强。加快保险业改革发展，鼓励和引导人民群众参加商业养老、健康等保险，对完善社会保障体系，提高全社会保障水平，扩大居民消费需求，实现社会稳定与和谐，具有重要的现实意义。

加快保险业改革发展有利于优化金融资源配置，完善社会主义市场经济体制。我国金融体系发展不平衡，间接融资比例过高，影响了金融资源配置效率，不利于金融风险的分散和化解。本世纪头 20 年是我国加快发展的重要战略机遇期，金融在现代经济中的核心作用更为突出。加快保险业改革发展，发挥保险在金融资源配置中的重要作用，促进货币市场、资本市场和保险市场协调发展，对健全金融体系，完善社会主义市场经济体制，具有重要意义。

加快保险业改革发展有利于社会管理和公共服务创新，提高政府行政效能。随着行政管理体制改革的深入，政府必须整合各种社会资源，充分运用市场机制和手段，不断改进社会管理和公共服务。加快保险业改革发展，

积极引入保险机制参与社会管理，协调各种利益关系，有效化解社会矛盾和纠纷，推进公共服务创新，对完善社会化经济补偿机制，进一步转变政府职能，提高政府行政效能，具有重要的促进作用。

二、加快保险业改革发展的指导思想、总体目标和主要任务

随着我国经济社会发展水平的提高和社会主义市场经济体制的不断完善，人民群众对保险的认识进一步加深，保险需求日益增强，保险的作用更加突出，发展的基础和条件日趋成熟，加快保险业改革发展成为促进社会主义和谐社会建设的必然要求。

加快保险业改革发展的指导思想是：以邓小平理论和“三个代表”重要思想为指导，坚持以人为本、全面协调可持续的科学发展观，立足改革发展稳定大局，着力解决保险业与经济社会发展和人民生活需求不相适应的矛盾，深化改革，加快发展，做大做强，发展中国特色的保险业，充分发挥保险的经济“助推器”和社会“稳定器”作用，为全面建设小康社会和构建社会主义和谐社会服务。

总体目标是：建设一个市场体系完善、服务领域广泛、经营诚信规范、偿付能力充足、综合竞争力较强，发展速度、质量和效益相统一的现代保险业。围绕这一目标，主要任务是：拓宽保险服务领域，积极发展财产保险、人身保险、再保险和保险中介市场，健全保险市场体系；继续深化体制机制改革，完善公司治理结构，提升对外开放的质量和水平，增强国际竞争力和可持续发展能力；推进自主创新，调整优化结构，转变增长方式，不断提高服务水平；加强保险资金运用管理，提高资金运用水平，为国民经济建设提供资金支持；加强和改善监管，防范化解风险，切实保护被保险人合法权益；完善法规政策，宣传普及保险知识，加快建立保险信用体系，推动诚信建设，营造良好发展环境。

三、积极稳妥推进试点，发展多形式、多渠道的农业保险

认真总结试点经验，研究制定支持政策，探索建立适合我国国情的农业保险发展模式，将农业保险作为支农方式的创新，纳入农业支持保护体系。发挥中央、地方、保险公司、龙头企业、农户等各方面的积极性，发挥农业部门在推动农业保险立法、引导农民投保、协调各方关系、促进农业保险发展等方面的作用，扩大农业保险覆盖面，有步骤地建立多形式经营、多渠道支持的农业保险体系。

明确政策性农业保险的业务范围，并给予政策支持，促进我国农业保险的发展。改变单一、事后财政补助的农业灾害救助模式，逐步建立政策性农业保险与财政补助相结合的农业风险防范与救助机制。探索中央和地方财政对农户投保给予补贴的方式、品种和比例，对保险公司经营的政策性农业保险适当给予经营管理费补贴，逐步建立农业保险发展的长效机制。完善多层次的农业巨灾风险转移分担机制，探索建立中央、地方财政支持的农业再保险体系。

探索发展相互制、合作制等多种形式的农业保险组织。鼓励龙头企业资助农户参加农业保险。支持保险公司开发保障适度、保费低廉、保单通俗的农业保险产品，建立适合农业保险的服务网络和销售渠道。支持农业保险公司开办特色农业和其他涉农保险业务，提高农业保险服务水平。

四、统筹发展城乡商业养老保险和健康保险，完善多层次社会保障体系

适应完善社会主义市场经济体制和建设社会主义新农村的新形势，大力发展商业养老保险和健康保险等人身保险业务，满足城乡人民群众的保险保障需求。

积极发展个人、团体养老等保险业务。鼓励和支持有条件的企业通过商业保险建立多层次的养老保障计划，提高员工保障水平。充分发挥保险机构在精算、投资、账户管理、养老金支付等方面的专业优势，积极参与企业年金业务，拓展补充养老保险服务领域。大力推动健康保险发展，支持相关保险机构投资医疗机构。努力发展适合农民的商业养老保险、健康保险和意外伤害保险。建立节育手术保险和农村计划生育家庭养老保险制度。积极探索保险机构参与新型农村合作医疗管理的有效方式，推动新型农村合作医疗的健康发展。

五、大力发展责任保险，健全安全生产保障和突发事件应急机制

充分发挥保险在防损减灾和灾害事故处置中的重要作用，将保险纳入灾害事故防范救助体系。不断提高保险机构风险管理能力，利用保险事前防范与事后补偿相统一的机制，充分发挥保险费率杠杆的激励约束作用，强化事前风险防范，减少灾害事故发生，促进安全生产和突发事件应急管理。

采取市场运作、政策引导、政府推动、立法强制等方式，发展安全生产责任、建筑工程责任、产品责任、公众责任、执业责任、董事责任、环境污染责任等保险业务。在煤炭开采等行业推行强制责任保险试点，取得

经验后逐步在高危行业、公众聚集场所、境内外旅游等方面推广。完善高危行业安全生产风险抵押金制度，探索通过专业保险公司进行规范管理和运作。进一步完善机动车交通事故责任强制保险制度。通过试点，建立统一的医疗责任保险。推动保险业参与"平安建设"。

六、推进自主创新，提升服务水平

健全以保险企业为主体、以市场需求为导向、引进与自主创新相结合的保险创新机制。发展航空航天、生物医药等高科技保险，为自主创新提供风险保障。稳步发展住房、汽车等消费信贷保证保险，促进消费增长。积极推进建筑工程、项目融资等领域的保险业务。支持发展出口信用保险，促进对外贸易和投资。努力开发满足不同层次、不同职业、不同地区人民群众需求的各类财产、人身保险产品，优化产品结构，拓宽服务领域。

运用现代信息技术，提高保险产品科技含量，发展网上保险等新的服务方式，全面提升服务水平。提高保险精算水平，科学厘定保险费率。大力推进条款通俗化和服务标准化。加强保险营销员教育培训，提升营销服务水平。发挥保险中介机构在承保理赔、风险管理和产品开发方面的积极作用，提供更加专业和便捷的保险服务。加快发展再保险，促进再保险市场和直接保险市场协调发展。统筹保险业区域发展，提高少数民族地区和欠发达地区保险服务水平。

鼓励发展商业养老保险、健康保险、责任保险等专业保险公司。支持具备条件的保险公司通过重组、并购等方式，发展成为具有国际竞争力的保险控股（集团）公司。稳步推进保险公司综合经营试点，探索保险业与银行业、证券业更广领域和更深层次的合作，提供多元化和综合性的金融保险服务。

七、提高保险资金运用水平，支持国民经济建设

深化保险资金运用体制改革，推进保险资金专业化、规范化、市场化运作，提高保险资金运用水平。建立有效的风险控制和预警机制，实行全面风险管理，确保资产安全。

保险资产管理公司要树立长期投资理念，按照安全性、流动性和收益性相统一的要求，切实管好保险资产。允许符合条件的保险资产管理公司逐步扩大资产管理范围。探索保险资金独立托管机制。

在风险可控的前提下，鼓励保险资金直接或间接投资资本市场，逐步提高投资比例，稳步扩大保险资金投资资产证券化产品的规模和品种，开展保险资金投资不动产和创业投资企业试点。支持保险资金参股商业银行。支持保险资金境外投资。根据国民经济发展的需求，不断拓宽保险资金运用的渠道和范围，充分发挥保险资金长期性和稳定性的优势，为国民经济建设提供资金支持。

八、深化体制改革、提高开放水平，增强可持续发展能力

进一步完善保险公司治理结构，规范股东会、董事会、监事会和经营管理者的权责，形成权力机构、决策机构、监督机构和经营管理者之间的制衡机制。加强内控制度建设和风险管理，强化法人机构管控责任，完善和落实保险经营责任追究制。转换经营机制，建立科学的考评体系，探索规范的股权、期权等激励机制。实施人才兴业战略，深化人才体制改革，优化人才结构，建立一支高素质人才队伍。

统筹国内发展与对外开放，充分利用两个市场、两种资源，增强保险业在全面对外开放条件下的竞争能力和发展能力。认真履行加入世贸组织承诺，促进中外资保险公司优势互补、合作共赢、共同发展。支持具备条件的境内保险公司在境外设立营业机构，为"走出去"战略提供保险服务。广泛开展国际保险交流，积极参与制定国际保险规则。强化与境外特别是周边国家和地区保险监管机构的合作，加强跨境保险业务监管。

九、加强和改善监管，防范化解风险

坚持把防范风险作为保险业健康发展的生命线，不断完善以偿付能力、公司治理结构和市场行为监管为支柱的现代保险监管制度。加强偿付能力监管，建立动态偿付能力监管指标体系，健全精算制度，统一财务统计口径和绩效评估标准。参照国际惯例，研究制定符合保险业特点的财务会计制度，保证财务数据真实、及时、透明，提高偿付能力监管的科学性和约束力。深入推进保险公司治理结构监管，规范关联交易，加强信息披露，提高透明度。强化市场行为监管，改进现场、非现场检查，严厉查处保险经营中的违法违规行为，提高市场行为监管的针对性和有效性。

按照高标准、规范化的要求，严格保险市场准入，建立市场化退出机制。实施分类监管，扶优限劣。健全保险业资本补充机制。完善保险保障基金制度，逐步实现市场化、专业化运作。建立和完善保险监管信息系统，提高监管效率。

规范行业自保、互助合作保险等保险组织形式，整顿规范行业或企业自办保险行为，并统一纳入保险监管。研究并逐步实施对保险控股（集团）公司并表监管。健

全保险业与其他金融行业之间的监管协调机制，防范金融风险跨行业传递，维护国家经济金融安全。

加快保险信用体系建设，培育保险诚信文化。加强从业人员诚信教育，强化失信惩戒机制，切实解决误导和理赔难等问题。加强保险行业自律组织建设。建立保险纠纷快速处理机制，切实保护被保险人合法权益。

十、进一步完善法规政策，营造良好发展环境

加快保险业改革发展，既要坚持发挥市场在资源配置中的基础性作用，又要加强政府宏观调控和政策引导，加大政策支持力度。根据不同险种的性质，按照区别对待的原则，探索对涉及国计民生的政策性保险业务给予适当的税收优惠，鼓励人民群众和企业积极参加保险。立足我国国情，结合税制改革，完善促进保险业发展的税收政策。不断完善保险营销员从业和权益保障的政策措施。建立国家财政支持的巨灾风险保险体系。修改完善保险法，加快推进农业保险法律法规建设，研究推动商业养老、健康保险和责任保险以及保险资产管理等方面的立法工作，健全保险法规规章体系。将保险教育纳入中小学课程，发挥新闻媒体的正面宣传和引导作用，普及保险知识，提高全民风险和保险意识。

各地区、各部门要充分认识加快保险业改革发展的重要意义，加强沟通协调和配合，努力做到学保险、懂保险、用保险，提高运用保险机制促进社会主义和谐社会建设的能力和水平。要将保险业纳入地方或行业的发展规划统筹考虑，认真落实各项法规政策，为保险业改革发展创造良好环境。要坚持依法行政，切实维护保险企业的经营自主权及其他合法权益。保监会要不断提高引领保险业发展和防范风险的能力和水平，认真履行职责，加强分类指导，推动政策落实。通过全社会的共同努力，实现保险业又快又好发展，促进社会主义和谐社会建设。

国务院

2006年6月15日

国务院推进天津滨海新区开发开放的若干意见

国发〔2006〕20号

各省、自治区、直辖市人民政府，国务院各部委、各直属机构：

推进天津滨海新区开发开放，是在新世纪新阶段，党中央、国务院从我国经济社会发展全局出发作出的重要战略部署。为了更好地推进天津滨海新区开发开放，现就有关问题提出以下意见。

一、推进天津滨海新区开发开放的重大意义

天津滨海新区包括塘沽区、汉沽区、大港区三个行政区和天津经济技术开发区、天津港保税区、天津港区以及东丽区、津南区的部分区域，规划面积2270平方公里。经过十多年的开发建设，天津滨海新区已经具备了进一步加快发展的条件和基础。

推进天津滨海新区开发开放，有利于提升京津冀及环渤海地区的国际竞争力。天津滨海新区位于环渤海地区的中心位置，内陆腹地广阔，区位优势明显，产业基础雄厚，增长潜力巨大，是我国参与经济全球化和区域经济一体化的重要窗口。推进天津滨海新区的开发开放，促进这一地区加快发展，可以有效地提升京津冀和环渤海地区的对外开放水平，使这一地区更好地融入国际经济，释放潜能，增强竞争力。

推进天津滨海新区开发开放，有利于实施全国区域协调发展总体战略。经过十多年的发展，天津滨海新区的综合实力不断增强，服务功能进一步完善，是继深圳经济特区、浦东新区之后，又一带动区域发展的新的经济增长极。天津滨海新区的开发开放，有利于促进我国东部地区率先实现现代化，从而带动中西部地区，特别是“三北”地区发展，形成东中西互动、优势互补、相互促进、共同发展的区域协调发展格局。

推进天津滨海新区开发开放，有利于探索新时期区域发展的新模式。在经济全球化和区域经济一体化进程加快，我国全面建设小康社会和构建社会主义和谐社会的新形势下，把握国际国内形势的变化特点，用新的思路和发展模式推进天津滨海新区的开发开放，有利于全

面落实科学发展观，实现人与自然和谐相处，走出一条区域创新发展的路子。

二、推进天津滨海新区开发开放的指导思想和主要任务

推进天津滨海新区开发开放的指导思想是：以邓小平理论和“三个代表”重要思想为指导，全面落实科学发展观，进一步解放思想，进一步改革开放，进一步发挥优势，坚持高起点、宽视野，注重科技创新和自主创新，突出发展特色，改善发展环境，用新思路、新体制、新机制推动新区不断提高综合实力、创新能力、服务能力和国际竞争力，在带动天津发展、推进京津冀和环渤海区域经济振兴、促进东中西互动和全国经济协调发展中发挥更大的作用。

推进天津滨海新区开发开放要把握好以下原则：坚持以科学发展观统领经济社会发展全局，走科学发展之路；坚持突出发展特色，充分发挥比较优势；坚持推进改革开放，用改革开放促开发建设；坚持科技创新和自主创新，加强创新能力建设；坚持增强服务功能，带动和促进区域经济发展；坚持节约集约用地，切实发挥土地对经济建设的引导和调控作用；坚持可持续发展，建设资源节约型和环境友好型新区；坚持以人为本，推进和谐社会建设与全面发展。

天津滨海新区的功能定位是：依托京津冀、服务环渤海、辐射“三北”、面向东北亚，努力建设成为我国北方对外开放的门户、高水平的现代制造业和研发转化基地、北方国际航运中心和国际物流中心，逐步成为经济繁荣、社会和谐、环境优美的宜居生态型新城区。

推进天津滨海新区开发开放的主要任务是：以建立综合配套改革试验区为契机，探索新的区域发展模式，为全国发展改革提供经验和示范。走新型工业化道路，把增强自主创新能力作为中心环节，进一步完善研发转化体系，提升整体技术水平和综合竞争力。充分发挥区位、资源、产业等综合优势，加快基础设施建设，积极发展高新技术产业和现代服务业，努力提高综合竞争力和区域服务能力，提高对区域经济的带动作用。统一规划，综合协调，建设若干特色鲜明的功能区，构建合理的空间布局，采取有力措施，节约用水、集约用地、降低能耗，努力提高单位面积的投资强度和产出效率。搞好环境综合整治，维护生态平衡，大力发展循环经济，实现人与自然、经济社会与生态环境相和谐。推进管理创新，建立统一、协调、精简、高效、廉洁的管理体制。

三、切实发挥综合配套改革试验区的示范和带动作用

批准天津滨海新区为全国综合配套改革试验区。要按照党中央、国务院的部署并从天津滨海新区的实际出发，先行试验一些重大的改革开放措施。要坚持重点突破与整体创新相结合、经济体制改革与其他方面改革相结合、解决当地实际问题与攻克面上共性难题相结合，不断拓展改革的领域，通过综合配套改革推进天津滨海新区的开发开放。近期工作重点是：

——鼓励天津滨海新区进行金融改革和创新。在金融企业、金融业务、金融市场和金融开放等方面的重大改革，原则上可安排在天津滨海新区先行先试。本着科学、审慎、风险可控的原则，可在产业投资基金、创业风险投资、金融业综合经营、多种所有制金融企业、外汇管理政策、离岸金融业务等方面进行改革试验。

——支持天津滨海新区进行土地管理改革。在有利于土地节约利用和提高土地利用效率的前提下，优化土地利用结构，创新土地管理方式，加大土地管理改革力度。开展农村集体建设用地流转及土地收益分配、增强政府对土地供应调控能力等方面的改革试验。

——推动天津滨海新区进一步扩大开放，设立天津东疆保税港区。为适应天津建设北方国际航运中心和国际物流中心的需要，按照统筹规划、合理布局、创新体制、分步实施的原则，借鉴国际通行做法，在天津港东疆港区设立保税港区，重点发展国际中转、国际配送、国际采购、国际转口贸易和出口加工等业务，积极探索海关特殊监管区域管理制度的创新，以点带面，推进区域整合。

——给予天津滨海新区一定的财政税收政策扶持。对天津滨海新区所辖规定范围内、符合条件的高新技术企业，减按15%的税率征收企业所得税；比照东北等老工业基地的所得税优惠政策，对天津滨海新区的内资企业予以提高计税工资标准的优惠，对企业固定资产和无形资产予以加速折旧的优惠；中央财政在维持现行财政体制的基础上，在一定时期内对天津滨海新区的开发建设予以专项补助。

四、认真做好推进天津滨海新区开发开放的各项工作

推进天津滨海新区开发开放，主要靠天津自身的力量和加强区域合作，国务院有关部门也要采取有力措施给予支持和帮助。有关方面要加强对推进天津滨海新区开发开放工作的宏观指导和协调，研究建立必要的协调

和协作机制。天津市人民政府要充分认识推进天津滨海新区开发开放工作的长期性和艰巨性，全面分析有利条件和面临的挑战，精心筹划，周密部署，通力协作，使天津滨海新区的开发开放顺利有序推进，并为促进区域协调发展提供更加有效的服务。要进一步研究，细化完善综合配套改革试点总体方案和金融、土地改革等专项方案，并按照有关工作程序报批后实施。国务院有关部门要根据本《意见》的精神，认真做好贯彻落实工作，结合天津滨海新区的实际情况，抓紧研究出台具体的政策措施。要认真研究解决天津滨海新区开发开放过程中出现的新问题，提出相应的对策。

推进天津滨海新区开发开放，是贯彻落实党的十六届五中全会精神和国民经济和社会发展第十一个五年规划纲要的重大举措，是实施国家区域协调发展战略的重要步骤，是一项涉及诸多方面的系统工程，各有关方面要牢固树立全国一盘棋的思想，统一认识，同心协力，勇于创新，扎实工作，努力开创天津滨海新区开发开放的新局面。

国务院

2006 年 5 月 26 日

关于促进国家级经济技术开发区进一步提高发展水平的若干意见

国办发〔2005〕15 号

商务部　国土资源部　建设部

建立国家级经济技术开发区，是党中央、国务院作出的重要决策，是改革开放和社会主义现代化建设的一大创举，是中国特色社会主义建设的成功实践和重要组成部分。经过 20 多年的艰苦创业，国家级经济技术开发区已发展成为我国土地集约程度较高、现代制造业集中、产业集聚效应突出的外向型工业区，充分发挥了窗口、示范、辐射和带动作用。同时，也存在着总体发展不平衡、片面追求园区规模和引资数量等问题。为促进国家级经济技术开发区进一步提高发展水平，提出如下意见：

一、国家级经济技术开发区进一步发展的指导思想和目标

（一）国家级经济技术开发区进一步发展的指导思想：以邓小平理论和“三个代表”重要思想为指导，全面落实科学发展观，坚持“以提高吸收外资质量为主，以发展现代制造业为主，以优化出口结构为主，致力于发展高新技术产业，致力于发展高附加值服务业，促进国家级经济技术开发区向多功能综合性产业区转变”的发展方针，以外资带动内资，增强自主创新能力，充分发挥辐射带动作用，推动形成若干新的经济增长点，为全面建设小康社会做出新的贡献。

（二）今后一个时期国家级经济技术开发区的发展目标：努力建设成为促进国内发展和扩大对外开放的结合体；成为跨国公司转移高科技高附加值加工制造环节、研发中心及其服务外包业务的重要承接基地；成为高新技术产业、现代服务业和高素质人才的聚集区；成为促进经济结构调整和区域经济协调发展的重要支撑点；成为推进所在地区城市化和新型工业化进程的重要力量；成为体制改革、科技创新、发展循环经济的排头兵。

（三）当前国家级经济技术开发区要着力把握好以下几点：一要牢固树立和落实科学发展观，努力实现体制、机制和经济增长方式的转变，不断提高发展水平。加快实现从单纯发展制造业为主向发展现代制造业和承接国际服务外包转变，从注重规模效益向注重质量效益转变，从偏重技术引进向注重消化吸收创新转变，从依靠政策优势向依靠体制优势和综合投资环境优势转变。二要自觉服从国家经济大局和宏观调控，更加注重结构调整和优化升级，更加注重引进高新技术和开发创新，更加注重开发项目的质量和效益，更加珍惜和合理开发利用土地。三要始终坚持体制创新，增强自主发展

能力。要区别于城市的行政区，不断完善集中精简、灵活高效、亲商务实的管理体制和运行机制，优化综合投资环境，努力为区内各类市场主体提供公平竞争环境和良好服务。

二、促进国家级经济技术开发区提高发展水平的工作重点

（四）抓紧研究制定《国家级经济技术开发区管理条例》，为其持续发展提供法律保障。各省、自治区、直辖市可依法制定适用于本行政区域内国家级经济技术开发区的地方性法规和地方政府规章。

（五）坚持和完善精简高效的管理体制。国家级经济技术开发区的管理机构一般是所在地市级以上人民政府的派出机构，除其中具有企业性质的外，根据授权行使同级人民政府行政审批、经济协调与管理等职能。国家级经济技术开发区原则上不与所在行政区合并管理或取消管委会建制。

（六）严格依据土地利用总体规划和城市总体规划进行开发建设。国家级经济技术开发区的发展要纳入土地利用总体规划和城市总体规划并实行统一管理。符合条件、确有必要扩大规划面积或调整区位的，应当按照《国家级经济技术开发区扩建审批原则和审批程序》的规定报批；建设用地必须以现代制造业、高新技术产业和承接服务外包业为主，不得擅自改变土地用途，不得用于大规模的商业零售，不得用于房地产开发；严格执行占用耕地补偿制度，切实做好被征地农民的安置工作。

（七）坚持十分珍惜和合理利用土地、切实保护耕地的基本国策，集约、高效开发利用土地。要加强对国家级经济技术开发区经济增长、土地利用等方面的考核，建立土地利用和规划实施的考核制度。严格执行土地利用年度计划，按照法律规定的程序审批和供应土地；涉及农用地转用和土地征收，依法需报国务院批准的，国家级经济技术开发区可按城市分批次用地形式单独组织报批，经所在地县级以上地方人民政府逐级审核同意后，报国务院审批；在土地利用总体规划范围内，不改变土地使用用途且符合国家产业政策的建设项目用地，有关部门应依法、及时办理相关手续。

（八）继续对国家级经济技术开发区给予金融政策支持。鼓励国家政策性银行、商业银行对符合条件的国家级经济技术开发区区内基础设施项目及公用事业项目给予信贷支持，支持符合条件的区内企业通过资本市场扩大直接融资等。

（九）大力支持中西部地区国家级经济技术开发区发展。继续实行对中西部地区国家级经济技术开发区基础设施建设项目的贷款贴息政策，适当增加贷款贴息规模，对东北地区等老工业基地国家级经济技术开发区给予同等的贴息政策；中西部外贸发展专项基金、政府间、国际组织的援助资金，可用于支持中西部和东北地区等老工业基地国家级经济技术开发区发展。

（十）推动国家级经济技术开发区在新一轮国际产业转移中大力吸引跨国公司投资。鼓励跨国公司在国家级经济技术开发区设立研发中心、财务中心、技术服务中心、培训中心、采购中心、物流中心、运营中心和配套基地。鼓励通过设立创业服务机构、留学生创业园等，吸引高素质人才进区投资创业。抓紧研究鼓励国家级经济技术开发区承接高附加值服务业和服务外包业务等方面的政策措施，完善鼓励创新保障体系。

（十一）促进现代物流业发展和加工贸易优化升级。鼓励符合条件的国家级经济技术开发区申请设立出口加工区、保税物流中心、出口监管仓库和保税仓库；支持条件成熟的国家级经济技术开发区开展与出口加工区、保税区和保税物流园区联动试点，实现优势互补。

（十二）完善国家级经济技术开发区投资环境综合评价体系。要增加高新技术产业集聚程度、环境保护等指标的考核内容，推动开展区域环境管理标准化的认证工作，有效控制高消耗、有污染、低水平的项目。

三、加强对国家级经济技术开发区的组织领导

（十三）各省、自治区、直辖市人民政府和国务院有关部门要充分认识继续办好国家级经济技术开发区的重要性，切实采取有效措施，进一步支持国家级经济技术开发区在新形势下创新体制和机制，为其健康发展创造良好的制度环境和政策环境。

（十四）商务部会同国土资源部、建设部等部门加强对国家级经济技术开发区工作的宏观指导，帮助解决国家级经济技术开发区发展中面临的实际困难和问题，积极支持国家级经济技术开发区走新型工业化道路，加快向多功能综合性产业区发展。

（十五）国家级经济技术开发区要根据本意见制订和实施具体落实方案，通过自身努力，加快实现发展目标，更好地发挥在改革开放中的窗口、示范、辐射和带动作用，努力在世界同类产业区中保持竞争优势。

钢铁产业发展政策

国家发展和改革委员会　2005 年第 35 号令

钢铁产业是国民经济的重要基础产业，是实现工业化的支撑产业，是技术、资金、资源、能源密集型产业，钢铁产业的发展需要综合平衡各种外部条件。我国是一个发展中大国，在经济发展的相当长时期内钢铁需求较大，产量已多年居世界第一，但钢铁产业的技术水平和物耗与国际先进水平相比还有差距，今后发展重点是技术升级和结构调整。为提高钢铁工业整体技术水平，推进结构调整，改善产业布局，发展循环经济，降低物耗能耗，重视环境保护，提高企业综合竞争力，实现产业升级，把钢铁产业发展成在数量、质量、品种上基本满足国民经济和社会发展需求，具有国际竞争力的产业，依据有关法律法规和钢铁行业面临的国内外形势，制定钢铁产业发展政策，以指导钢铁产业的健康发展。

第一章　政 策 目 标

第一条　根据我国经济社会发展需要和资源、能源及环保状况，钢铁生产能力保持合理规模，具体规模可在规划中解决。钢铁综合竞争能力达到国际先进水平，使我国成为世界钢铁生产的大国和具有竞争力的强国。

第二条　通过产品结构调整，到 2010 年，我国钢铁产品优良品率有大幅度提高，多数产品基本满足建筑、机械、化工、汽车、家电、船舶、交通、铁路、军工以及新兴产业等国民经济大部分行业发展需要。

第三条　通过钢铁产业组织结构调整，实施兼并、重组，扩大具有比较优势的骨干企业集团规模，提高产业集中度。到 2010 年，钢铁冶炼企业数量较大幅度减少，国内排名前十位的钢铁企业集团钢产量占全国产量的比例达到 50%以上；2020 年达到 70%以上。

第四条　通过钢铁产业布局调整，到 2010 年，布局不合理的局面得到改善；到 2020 年，形成与资源和能源供应、交通运输配置、市场供需、环境容量相适应的比较合理的产业布局。

第五条　按照可持续发展和循环经济理念，提高环境保护和资源综合利用水平，节能降耗。最大限度地提高废气、废水、废物的综合利用水平，力争实现“零排放”，建立循环型钢铁工厂。钢铁企业必须发展余热、余能回收发电，500 万吨以上规模的钢铁联合企业，要努力做到电力自供有余，实现外供。2005 年，全行业吨钢综合能耗降到 0.76 吨标煤、吨钢可比能耗 0.70 吨标煤、吨钢耗新水 12 吨以下；2010 年分别降到 0.73 吨标煤、0.685 吨标煤、8 吨以下；2020 年分别降到 0.7 吨标煤、0.64 吨标煤、6 吨以下。即今后十年，钢铁工业在水资源消耗总量减少和能源消耗总量增加不多的前提下实现总量适度发展。

第六条　在 2005 年底以前，所有钢铁企业排放的污染物符合国家和地方规定的标准，主要污染物排放总量应符合地方环保部门核定的控制指标。

第二章　产业发展规划

第七条　国家通过钢铁产业发展政策和中长期发展规划指导行业健康、持续、协调发展。钢铁产业中长期发展规划由国家发展和改革委员会会同有关部门制定。

第八条　2003 年钢产量超过 500 万吨的企业集团可以根据国家钢铁产业中长期发展规划和所在城市的总体规划，制定本集团规划，经国务院或国家发展和改革委员会进行必要衔接平衡后批准执行。规划内的具体建设项目国家发展和改革委员会不再审批或核准，由企业办理土地、环保、安全、信贷等审批手续后自行组织实施，并按规定报国家发展和改革委员会备案。

第九条　其它钢铁企业的发展也必须符合钢铁产业发展政策和钢铁工业中长期发展规划的要求。

第三章　产业布局调整

第十条　钢铁产业布局调整要综合考虑矿产资源、能源、水资源、交通运输、环境容量、市场分布和利用国外资源等条件。钢铁产业布局调整，原则上不再单独建设新的钢铁联合企业、独立炼铁厂、炼钢厂，不提倡建设独立轧钢厂，必须依托有条件的现有企业，结合兼并、搬迁，在水资源、原料、运输、市场消费等具有比较优势的地区进行改造和扩建。新增生产能力要和淘汰落后生产能力相结合，原则上不再大幅度扩大钢铁生产能力。

重要环境保护区、严重缺水地区、大城市市区，不再扩建钢铁冶炼生产能力，区域内现有企业要结合组织结构、装备结构、产品结构调整，实施压产、搬迁，满足环境保护和资源节约的要求。

第十一条　从矿石、能源、资源、水资源、运输条件和国内外市场考虑，大型钢铁企业应主要分布在沿海地区。内陆地区钢铁企业应结合本地市场和矿石资源状况，以矿定产，不谋求生产规模的扩大，以可持续生产为主要考虑因素。

东北的鞍山-本溪地区有比较丰富的铁矿资源，临近煤炭产地，有一定水资源条件，根据振兴东北老工业基地发展战略，该区域内现有钢铁企业要按照联合重组和建设精品基地的要求，淘汰落后生产能力，建设具有国际竞争力的大型企业集团。

华北地区水资源短缺，产能低水平过剩，应根据环保生态要求，重点搞好结构调整，兼并重组，严格控制生产厂点继续增多和生产能力扩张。对首钢实施搬迁，与河北省钢铁工业进行重组。

华东地区钢材市场潜力大，但钢铁企业布局过于密集，区域内具有比较优势的大型骨干企业可结合组织结构和产品结构调整，提高生产集中度和国际竞争能力。

中南地区水资源丰富，水运便利，东南沿海地区应充分利用深水良港条件，结合产业重组和城市钢厂的搬迁，建设大型钢铁联合企业。

西南地区水资源丰富，攀枝花-西昌地区铁矿和煤炭资源储量大，但交通不便，现有重点骨干企业要提高装备水平，调整品种结构，发展高附加值产品，以矿石可持续供应能力确定产量，不追求数量的增加。

西北地区铁矿石和水资源短缺，现有骨干企业应以满足本地区经济发展需求为主，不追求生产规模扩大，积极利用周边国家矿产资源。

第四章　产业技术政策

第十二条　为确保钢铁工业产业升级和实现可持续发展，防止低水平重复建设，对钢铁工业装备水平和技术经济指标准入条件规定如下，现有企业要通过技术改造努力达标：

建设烧结机使用面积180平方米及以上；焦炉炭化室高度6米及以上；高炉有效容积1000立方米及以上；转炉公称容量120吨及以上；电炉公称容量70吨及以上。

沿海深水港地区建设钢铁项目，高炉有效容积要大于3000立方米；转炉公称容量大于200吨，钢生产规模800万吨及以上。钢铁联合企业技术经济指标达到：吨钢综合能耗高炉流程低于0.7吨标煤，电炉流程低于0.4吨标煤，吨钢耗新水高炉流程低于6吨，电炉流程低于3吨，水循环利用率95%以上。其它钢铁企业工序能耗指标要达到重点大中型钢铁企业平均水平。

钢铁建设项目要节约用地，严格土地管理，有关部门要抓紧完成钢铁厂用地指标和建筑系数标准修订工作。

第十三条　所有生产企业必须达到国家和地方污染物排放标准，建设项目主要污染物排放总量控制指标要严格执行经批准的环境影响评价报告书（表）的规定，对超过核定的污染物排放指标和总量的，不准生产运行。

新上项目高炉必须同步配套高炉余压发电装置和煤粉喷吹装置；焦炉必须同步配套干熄焦装置并匹配收尘装置和焦炉煤气脱硫装置；焦炉、高炉、转炉必须同步配套煤气回收装置；电炉必须配套烟尘回收装置。

企业应根据发展循环经济的要求，建设污水和废渣综合处理系统，采用干熄焦，焦炉、高炉、转炉煤气回收和利用，煤气－蒸汽联合循环发电，高炉余压发电、汽化冷却，烟气、粉尘、废渣等能源、资源回收再利用技术，提高能源利用效率、资源回收利用率和改善环境。

第十四条　加快培育钢铁工业自主创新能力，支持企业建立产品、技术开发和科研机构，提高开发创新能力，发展具有自主知识产权的工艺、装备技术和产品。支持企业跟踪、研究、开发和采用连铸薄带、熔融还原等钢铁生产流程前沿技术。

第十五条　企业应积极采用精料入炉、富氧喷煤、铁水预处理、大型高炉、转炉和超高功率电炉、炉外精炼、连铸、连轧、控轧、控冷等先进工艺技术和装备。

第十六条　支持和组织实施钢铁工业装备本地化，提高我国钢铁工业的重大技术装备研发、设计、制造水平。对于以国产新开发装备为依托建设的钢铁重大项目，国家给予税收、贴息、科研经费等政策支持。

第十七条　加快淘汰并禁止新建土烧结、土焦（含改良焦）、化铁炼钢、热烧结矿、容积300立方米及以下高炉（专业铸铁管厂除外）、公称容量20吨及以下转炉、公称容量20吨及以下电炉（机械铸造和生产高合金钢产品除外）、叠轧薄板轧机、普钢初轧机及开坯用中型轧机、三辊劳特式中板轧机、复二重式线材轧机、横列式小型轧机、热轧窄带钢轧机、直径76毫米以下热轧无缝管机组、中频感应炉等落后工艺技术装备。

钢铁产业必须严格遵守国家适时修订的《工商领域制止重复建设目录》、《淘汰落后生产能力、工艺和产品的目录》，或依照环保法规要求，淘汰落后工艺、产品和技术。

第十八条　进口技术和装备政策：鼓励企业采用国

产设备和技术，减少进口。对国内不能生产或不能满足需求而必须引进的装备和技术，要先进实用。对今后量大面广的装备要组织实施本地化生产。

禁止企业采用国内外淘汰的落后二手钢铁生产设备。

第十九条 特钢企业要向集团化、专业化方向发展，鼓励采用以废钢为原料的短流程工艺，不支持特钢企业采用电炉配消耗高、污染重的小高炉工艺流程。鼓励特钢企业研发生产国内需求的军工、轴承、齿轮、工模具、耐热、耐冷、耐腐蚀等特种钢材，提高产品质量和技术水平。

第五章 企业组织结构调整

第二十条 支持钢铁企业向集团化方向发展，通过强强联合、兼并重组、互相持股等方式进行战略重组，减少钢铁生产企业数量，实现钢铁工业组织结构调整、优化和产业升级。

支持和鼓励有条件的大型企业集团，进行跨地区的联合重组，到2010年，形成两个3000万吨级，若干个千万吨级的具有国际竞争力的特大型企业集团。

大型钢铁企业均要进行股份制改造并支持其公开上市，鼓励包括民营资本在内的各类社会资本通过参股、兼并等方式重组现有钢铁企业，推进资本结构调整和机制创新。

第二十一条 国家支持具备条件的联合重组的大型钢铁联合企业通过结构调整和产业升级适当扩大生产规模，提高集约化生产度，并在主辅分离、人员分流、社会保障等方面给予政策支持。

第六章 投资管理

第二十二条 国家对各类经济类型的投资主体投资国内钢铁行业和国内企业投资境外钢铁领域的经济活动实行必要的管理，投资钢铁项目需按规定报国家发展和改革委员会审批或核准。

第二十三条 建设炼铁、炼钢、轧钢等项目，企业自有资本金比例必须达到40%及以上。

建设钢铁项目除满足环保生态、安全生产等国家法律法规要求外，企业还必须具备较强的资金实力、先进的技术和管理能力，以及健全的市场营销网络，水资源、矿石原料、煤炭和电力能源、运输等外部条件要稳定可靠和基本落实。

钢铁企业跨地区投资建设钢铁联合企业项目，普钢企业上年钢产量必须达到500万吨及以上，特钢企业产量达到50万吨及以上。非钢铁企业投资钢铁联合企业项目的，必须具有资金实力和较高的公信度，必须对企业注册资本进行验资，银行提供资信证明，会计事务所提供业绩报告，有条件的通过招标方式选择项目业主。

境外钢铁企业投资中国钢铁工业，须具有钢铁自主知识产权技术，其上年普通钢产量必须达到1000万吨以上或高合金特殊钢产量达到100万吨。投资中国钢铁工业的境外非钢铁企业，必须具有强大的资金实力和较高的公信度，提供银行、会计事务所出具的验资和企业业绩证明。境外企业投资国内钢铁行业，必须结合国内现有钢铁企业的改造和搬迁实施，不布新点。外商投资我国钢铁行业，原则上不允许外商控股。

第二十四条 对不符合本产业发展政策和未经审批或违规审批的项目，国土资源部门不予办理土地使用手续，工商管理部门不予登记，商务管理部门不批准合同和章程，金融机构不提供贷款和其它形式的授信支持，海关不予办理免税进口设备手续，质检部门不予颁发生产许可证，环保部门不予审批项目环境影响评价文件和不予发放排污许可证。

第二十五条 各金融机构向炼铁、炼钢、轧钢项目发放中长期固定资产投资贷款，要符合钢铁产业发展政策，加强风险管理，向新增能力的炼铁、炼钢、轧钢项目发放固定资产投资贷款需要项目单位提供国家发展和改革委员会出具的相应的项目批复、核准或备案文件。

第二十六条 企业申请首次公开发行股票或在证券市场融资，募集资金投向于钢铁行业，必须符合钢铁产业发展政策，并需向证券监管部门提供由国家发展和改革委员会出具的募集资金投向的文件。

第二十七条 国家鼓励钢铁生产和设备制造企业采用工贸或技贸结合的方式出口国内有优势的技术和冶金成套设备，并在出口信贷等方面给予支持。

第七章 原材料政策

第二十八条 矿产资源属国家所有。国家鼓励大型钢铁企业进行铁矿等资源勘探开发，矿山开采必须依法取得采矿许可证。储量5000万吨及以上铁矿资源的开采建设项目必须经国家发展和改革委员会核准或审批，同时做好矿山规划、安全生产以及土地复垦、水土保持、地下矿井回填等环境保护工作，禁止乱采滥挖行为。未经合法审批手续乱采滥挖的，国土资源部门要收回采矿权，停止非法开采行为。

第二十九条 根据我国富矿少、贫矿多的资源现状，国家鼓励企业发展低品位矿采选技术，充分利用国内贫矿资源。国土资源部门要加大矿产资源勘探力度，保护矿产资源，对滥采乱挖行为，要给予必要处罚和进行整顿。

第三十条 按照优势互补、互利双赢的原则，加强与境外矿产资源国际合作。支持有条件的大型骨干企业集团到境外采用独资、合资、合作、购买矿产资源等方式建立铁矿、铬矿、锰矿、镍矿、废钢及炼焦煤等生产供应基地。沿海地区企业所需的矿石、焦炭等重要原辅材料，国家鼓励依靠海外市场解决。

钢铁协会要搞好行业自律和协调，稳定国内外原料市场。国内多家企业对境外资源造成恶性竞争时，国家可采取行政协调方式，进行联合或确定一家企业进行投资，避免恶性竞争。企业应服从国家行政协调。

限制出口能耗高、污染大的焦炭、铁合金、生铁、废钢、钢坯（锭）等初级加工产品，降低或取消对这些产品的出口退税。

第八章　钢材节约使用

第三十一条　全社会要树立节约使用钢材意识，科学使用，鼓励用可再生材料替代和废钢材回收，减少钢材使用数量。

第三十二条　建设部门要适时组织修订和完善建筑钢材使用设计规范和标准，在确保安全的情况下，降低钢材使用系数。

设计部门要严格按照设计规范和标准进行设计，把研发的经济、节约型产品及时纳入标准设计。

第三十三条　鼓励研究、开发和使用高性能、低成本、低消耗的新型材料，替代钢材。

第三十四条　鼓励钢铁企业生产高强度钢材和耐腐蚀钢材，提高钢材强度和使用寿命，降低钢材使用数量。

通过推广Ⅲ级（400MPa）及以上级别热轧带肋钢筋、各类用途的高强度钢板、H型钢等钢材品种，降低钢材消耗。

开发应用抗硫化氢、抗二氧化碳腐蚀的油井管和管线钢板、耐大气腐蚀钢板和型钢、耐火钢等产品，提高钢材的耐腐蚀性和钢材使用寿命。

第三十五条　随着市场保有钢铁产品数量增加和废钢回收量增加，逐渐减少铁矿石比例和增加废钢比重。

第九章　其　　它

第三十六条　咨询、设计、施工单位从事钢铁业活动，必须遵守本产业政策。相关行业协会要建立自律机制，互相监督。违反本产业政策规定的，由国家发展和改革委员会、建设部、工商管理总局等有关部门根据规定对责任人、责任单位进行处罚。

本产业发展政策是对钢铁行业的基本要求，各有关部门和行业协会可根据本产业政策制定和修订有关技术规范和相关标准。

第三十七条　规范市场秩序，维护市场稳定。鼓励钢铁企业与用户建立长期战略联盟，稳定供需关系，提高钢材加工配送能力，延伸钢铁企业服务。

第三十八条　发挥行业协会的作用，行业协会要建立和完善钢铁市场供求、生产能力、技术经济指标等方面信息定期发布制度和行业预警制度，向政府行政部门及时反映行业动向和提出政策建议，协调行业发展的重大事项，加强行业自律，引导企业的发展。

第三十九条　本产业政策由国务院授权发布，各政府行政管理部门都应遵守。对违反本产业发展政策的建设单位和行政单位，各级监察、投资、土地、工商、税务、质检、环保、商务、金融、证券监管等部门要追究其责任。

第四十条　钢铁产业发展政策，由国家发展和改革委员会组织有关部门制定、修订报国务院批准，并监督执行。

注：1. 本产业发展政策所称钢铁产业的范围包括铁矿、锰矿、铬矿采选，烧结、焦化、铁合金、炭素制品、耐火材料、炼铁、炼钢、轧钢、金属制品等各工艺及相关配套工艺。

2. 跨地区投资指跨国、跨省、自治区、直辖市。

3. 境外企业包括国外和在香港、澳门、台湾地区注册的企业。

关于制止铜冶炼行业盲目投资的若干意见

发展改革委　财政部　国土资源部　人民银行　环保总局

国办发〔2005〕54号

铜冶炼是重要的基础原材料产业。近几年来，在铜需求阶段性快速增长、铜价暴涨的影响下，一些地方和企业受利益驱动，不顾市场、资源等外部条件，盲目投资铜冶炼行业，带来了一系列问题。一是冶炼能力快速增长，2004年全国粗铜冶炼能力达163万吨，进口铜精矿288万吨，目前在建、拟建铜冶炼项目总能力205万吨，预计2007年底将形成370万吨铜冶炼能力，远远超过全国铜精矿预计保障能力和国际市场可能提供的铜精矿量；二是市场无序、过度竞争，相互争夺原料，铜冶炼利润将大幅下降甚至会出现全行业亏损，造成投资浪费和金融风险隐患；三是新上企业普遍规模小，工艺落后，能耗高，环境污染严重，不利于产业结构调整和升级。为尽快制止铜冶炼行业盲目投资的势头，促进铜工业持续健康发展，现提出以下意见：

一、认真做好项目的清理整顿工作

各地要抓紧对已建、在建、拟建铜冶炼项目进行一次认真的清理整顿。凡违反产业政策和投资管理、环境影响评价、土地管理等规定的铜冶炼项目，一律不准建设。对已经备案的铜冶炼项目，如单系统在10万吨/年以下，或未采用闪速熔炼、艾萨炉熔炼、诺兰达熔炼等技术先进、能耗低、环保达标、资源综合利用率高的冶炼工艺，或者未落实铜精矿供应、交通运输等外部生产条件，自有矿山原料比例未达到1/4以上的，均停止建设，重新研究项目的合理性和可行性。未按规定向环境保护行政主管部门报批环境影响报告书擅自开工建设的，在建的一律停建，投产的一律停产，并按照有关法律法规进行处理。项目建设用地未经依法批准的，一律停止建设。经清理整顿后，达到铜冶炼行业准入条件的，列为具备合格资质的企业。

二、强化产业政策导向和市场准入管理

国务院有关部门要全面落实科学发展观，以走新型工业化道路为目标，加快制定和完善铜工业产业政策、发展规划以及铜冶炼行业的准入标准，明确铜工业的发展方向和区域布局，引导行业有序发展。要加强对国内外铜工业发展形势的研究和分析，及时发布重要原料的市场供需状况、生产能力及价格变化等方面的信息，引导地方和企业的投资行为。要依照法律法规和有关产业政策对铜冶炼项目实行严格的市场准入管理，凡违反产业政策和投资体制改革后有关规定的铜冶炼项目，一律不准建设。国家发布新的产业政策后，按新规定执行。

三、调整相关经济政策

为有效控制投资规模，提高投资效益，将铜冶炼项目资本金比例由20%及以上提高到35%及以上。严格掌握进口铜冶炼设备适用的有关免税政策，对不符合规定、未经有效备案和环境保护行政主管部门批复的违规建设项目，有关部门不得出具《国家鼓励发展的内外资项目确认书》。在拟定“十一五”期间进口税收政策时，统筹研究铜原料进口环节增值税政策问题。

四、加强信贷管理

金融机构要根据国家宏观调控和产业政策的要求，合理配置信贷资金，不断优化信贷投向，规避信贷风险。对符合国家产业政策和市场准入条件的铜冶炼项目，继续给予支持。对不符合国家产业政策和市场准入条件，以及未按规定程序备案的铜冶炼项目，一律不予授信；已实施的项目授信，要采取妥善措施予以收回。

五、加强环境保护监督管理

环保总局要根据《中华人民共和国环境保护法》等有关法律法规，对现有铜冶炼企业执行环保标准情况进行监督检查，定期公布环保不达标生产企业名单，对达不到排放标准或超过排污总量的，由地方人民政府限期治理，治理不合格的予以停产或关闭。要加快淘汰落后生产能力，根据相关产业政策和环保标准，立即淘汰15平方米及以下密闭鼓风炉，2006年底前淘汰反射炉、电炉和1.5～10平方米（不含10平方米）密闭鼓风炉，2007年底前淘汰所有密闭鼓风炉。

六、加大铜冶炼产业结构调整力度

要鼓励骨干铜冶炼企业和中小矿山企业合作，增强原料保障能力，避免不具备条件的矿山企业建设冶炼项目；支持达标骨干铜冶炼企业同地质勘查企业合作，增加后备资源；支持达标骨干企业继续实施改革、改组和改造，组建企业集团，实现优势互补，提高产业集中度，提高国际竞争力。铜冶炼企业要认真研究国内外市场变化规律，利用好国内国外两种资源。要支持国内骨干铜冶炼企业联合谈判采购铜精矿。充分发挥行业协会等中介组织的作用。

各地区和有关部门要根据本意见精神，尽快组织力量对各地铜冶炼投资建设项目进行认真清理，并将清理结果及处理意见于2005年底前报国务院，同时抄送发展改革委。

国家投资法规

中华人民共和国可再生能源法

2005年2月28日第十届全国人民代表大会
常务委员会第十四次会议上通过

第一章　总　　则

第一条　为了促进可再生能源的开发利用，增加能源供应，改善能源结构，保障能源安全，保护环境，实现经济社会的可持续发展，制定本法。

第二条　本法所称可再生能源，是指风能、太阳能、水能、生物质能、地热能、海洋能等非化石能源。

水力发电对本法的适用，由国务院能源主管部门规定，报国务院批准。

通过低效率炉灶直接燃烧方式利用秸秆、薪柴、粪便等，不适用本法。

第三条　本法适用于中华人民共和国领域和管辖的其他海域。

第四条　国家将可再生能源的开发利用列为能源发展的优先领域，通过制定可再生能源开发利用总量目标和采取相应措施，推动可再生能源市场的建立和发展。

国家鼓励各种所有制经济主体参与可再生能源的开发利用，依法保护可再生能源开发利用者的合法权益。

第五条　国务院能源主管部门对全国可再生能源的开发利用实施统一管理。国务院有关部门在各自的职责范围内负责有关的可再生能源开发利用管理工作。

县级以上地方人民政府管理能源工作的部门负责本行政区域内可再生能源开发利用的管理工作。县级以上地方人民政府有关部门在各自的职责范围内负责有关的可再生能源开发利用管理工作。

第二章　资源调查与发展规划

第六条　国务院能源主管部门负责组织和协调全国可再生能源资源的调查，并会同国务院有关部门组织制定资源调查的技术规范。

国务院有关部门在各自的职责范围内负责相关可再生能源资源的调查，调查结果报国务院能源主管部门汇总。

可再生能源资源的调查结果应当公布；但是，国家规定需要保密的内容除外。

第七条　国务院能源主管部门根据全国能源需求与可再生能源资源实际状况，制定全国可再生能源开发利用中长期总量目标，报国务院批准后执行，并予公布。

国务院能源主管部门根据前款规定的总量目标和省、自治区、直辖市经济发展与可再生能源资源实际状况，会同省、自治区、直辖市人民政府确定各行政区域可再生能源开发利用中长期目标，并予公布。

第八条　国务院能源主管部门根据全国可再生能源开发利用中长期总量目标，会同国务院有关部门，编制全国可再生能源开发利用规划，报国务院批准后实施。

省、自治区、直辖市人民政府管理能源工作的部门根据本行政区域可再生能源开发利用中长期目标，会同本级人民政府有关部门编制本行政区域可再生能源开发利用规划，报本级人民政府批准后实施。

经批准的规划应当公布；但是，国家规定需要保密的内容除外。

经批准的规划需要修改的，须经原批准机关批准。

第九条　编制可再生能源开发利用规划，应当征求有关单位、专家和公众的意见，进行科学论证。

第三章　产业指导与技术支持

第十条　国务院能源主管部门根据全国可再生能

源开发利用规划，制定、公布可再生能源产业发展指导目录。

第十一条 国务院标准化行政主管部门应当制定、公布国家可再生能源电力的并网技术标准和其他需要在全国范围内统一技术要求的有关可再生能源技术和产品的国家标准。

对前款规定的国家标准中未作规定的技术要求，国务院有关部门可以制定相关的行业标准，并报国务院标准化行政主管部门备案。

第十二条 国家将可再生能源开发利用的科学技术研究和产业化发展列为科技发展与高技术产业发展的优先领域，纳入国家科技发展规划和高技术产业发展规划，并安排资金支持可再生能源开发利用的科学技术研究、应用示范和产业化发展，促进可再生能源开发利用的技术进步，降低可再生能源产品的生产成本，提高产品质量。

国务院教育行政部门应当将可再生能源知识和技术纳入普通教育、职业教育课程。

第四章　推广与应用

第十三条 国家鼓励和支持可再生能源并网发电。

建设可再生能源并网发电项目，应当依照法律和国务院的规定取得行政许可或者报送备案。

建设应当取得行政许可的可再生能源并网发电项目，有多人申请同一项目许可的，应当依法通过招标确定被许可人。

第十四条 电网企业应当与依法取得行政许可或者报送备案的可再生能源发电企业签订并网协议，全额收购其电网覆盖范围内可再生能源并网发电项目的上网电量，并为可再生能源发电提供上网服务。

第十五条 国家扶持在电网未覆盖的地区建设可再生能源独立电力系统，为当地生产和生活提供电力服务。

第十六条 国家鼓励清洁、高效地开发利用生物质燃料，鼓励发展能源作物。

利用生物质资源生产的燃气和热力，符合城市燃气管网、热力管网的入网技术标准的，经营燃气管网、热力管网的企业应当接收其入网。

国家鼓励生产和利用生物液体燃料。石油销售企业应当按照国务院能源主管部门或者省级人民政府的规定，将符合国家标准的生物液体燃料纳入其燃料销售体系。

第十七条 国家鼓励单位和个人安装和使用太阳能热水系统、太阳能供热采暖和制冷系统、太阳能光伏发电系统等太阳能利用系统。

国务院建设行政主管部门会同国务院有关部门制定太阳能利用系统与建筑结合的技术经济政策和技术规范。

房地产开发企业应当根据前款规定的技术规范，在建筑物的设计和施工中，为太阳能利用提供必备条件。

对已建成的建筑物，住户可以在不影响其质量与安全的前提下安装符合技术规范和产品标准的太阳能利用系统；但是，当事人另有约定的除外。

第十八条 国家鼓励和支持农村地区的可再生能源开发利用。

县级以上地方人民政府管理能源工作的部门会同有关部门，根据当地经济社会发展、生态保护和卫生综合治理需要等实际情况，制定农村地区可再生能源发展规划，因地制宜地推广应用沼气等生物质资源转化、户用太阳能、小型风能、小型水能等技术。

县级以上人民政府应当对农村地区的可再生能源利用项目提供财政支持。

第五章　价格管理与费用分摊

第十九条 可再生能源发电项目的上网电价，由国务院价格主管部门根据不同类型可再生能源发电的特点和不同地区的情况，按照有利于促进可再生能源开发利用和经济合理的原则确定，并根据可再生能源开发利用技术的发展适时调整。上网电价应当公布。

依照本法第十三条　第三款规定实行招标的可再生能源发电项目的上网电价，按照中标确定的价格执行；但是，不得高于依照前款规定确定的同类可再生能源发电项目的上网电价水平。

第二十条 电网企业依照本法第十九条 规定确定的上网电价收购可再生能源电量所发生的费用，高于按照常规能源发电平均上网电价计算所发生费用之间的差额，附加在销售电价中分摊。具体办法由国务院价格主管部门制定。

第二十一条 电网企业为收购可再生能源电量而支付的合理的接网费用以及其他合理的相关费用，可以计入电网企业输电成本，并从销售电价中回收。

第二十二条 国家投资或者补贴建设的公共可再生能源独立电力系统的销售电价，执行同一地区分类销售电价，其合理的运行和管理费用超出销售电价的部分，依照本法第二十条 规定的办法分摊。

第二十三条 进入城市管网的可再生能源热力和燃气的价格，按照有利于促进可再生能源开发利用和经济合理的原则，根据价格管理权限确定。

第六章　经济激励与监督措施

第二十四条　国家财政设立可再生能源发展专项资金，用于支持以下活动：

（一）可再生能源开发利用的科学技术研究、标准制定和示范工程；

（二）农村、牧区生活用能的可再生能源利用项目；

（三）偏远地区和海岛可再生能源独立电力系统建设；

（四）可再生能源的资源勘查、评价和相关信息系统建设；

（五）促进可再生能源开发利用设备的本地化生产。

第二十五条　对列入国家可再生能源产业发展指导目录、符合信贷条件的可再生能源开发利用项目，金融机构可以提供有财政贴息的优惠贷款。

第二十六条　国家对列入可再生能源产业发展指导目录的项目给予税收优惠。具体办法由国务院规定。

第二十七条　电力企业应当真实、完整地记载和保存可再生能源发电的有关资料，并接受电力监管机构的检查和监督。

电力监管机构进行检查时，应当依照规定的程序进行，并为被检查单位保守商业秘密和其他秘密。

第七章　法律责任

第二十八条　国务院能源主管部门和县级以上地方人民政府管理能源工作的部门和其他有关部门在可再生能源开发利用监督管理工作中，违反本法规定，有下列行为之一的，由本级人民政府或者上级人民政府有关部门责令改正，对负有责任的主管人员和其他直接责任人员依法给予行政处分；构成犯罪的，依法追究刑事责任：

（一）不依法作出行政许可决定的；

（二）发现违法行为不予查处的；

（三）有不依法履行监督管理职责的其他行为的。

第二十九条　违反本法第十四条规定，电网企业未全额收购可再生能源电量，造成可再生能源发电企业经济损失的，应当承担赔偿责任，并由国家电力监管机构责令限期改正；拒不改正的，处以可再生能源发电企业经济损失额一倍以下的罚款。

第三十条　违反本法第十六条第二款规定，经营燃气管网、热力管网的企业不准许符合入网技术标准的燃气、热力入网，造成燃气、热力生产企业经济损失的，应当承担赔偿责任，并由省级人民政府管理能源工作的部门责令限期改正；拒不改正的，处以燃气、热力生产企业经济损失额一倍以下的罚款。

第三十一条　违反本法第十六条第三款规定，石油销售企业未按照规定将符合国家标准的生物液体燃料纳入其燃料销售体系，造成生物液体燃料生产企业经济损失的，应当承担赔偿责任，并由国务院能源主管部门或者省级人民政府管理能源工作的部门责令限期改正；拒不改正的，处以生物液体燃料生产企业经济损失额一倍以下的罚款。

第八章　附　　则

第三十二条　本法中下列用语的含义：

（一）生物质能，是指利用自然界的植物、粪便以及城乡有机废物转化成的能源。

（二）可再生能源独立电力系统，是指不与电网连接的单独运行的可再生能源电力系统。

（三）能源作物，是指经专门种植，用以提供能源原料的草本和木本植物。

（四）生物液体燃料，是指利用生物质资源生产的甲醇、乙醇和生物柴油等液体燃料。

第三十三条　本法自2006年1月1日起施行。

中华人民共和国公司法

中华人民共和国主席令　2005年第42号

（1993年12月29日第八届全国人民代表大会常务委员会第五次会议通过　根据1999年12月25日第九届全国人民代表大会常务委员会第十三次会议《关于修改〈中华人民共和国公司法〉的决定》第一次修正　根据2004年8月28日第十届全国人民代表大会常务委员会第十一次会议《关于修改〈中华人民共和国公司法〉的决定》第二次修正　2005年10月27日第十届全国人民代表大会常务委员会第十八次会议修订）

第一章　总　　则

第一条　为了规范公司的组织和行为，保护公司、股东和债权人的合法权益，维护社会经济秩序，促进社会主义市场经济的发展，制定本法。

第二条 本法所称公司是指依照本法在中国境内设立的有限责任公司和股份有限公司。

第三条 公司是企业法人，有独立的法人财产，享有法人财产权。公司以其全部财产对公司的债务承担责任。

有限责任公司的股东以其认缴的出资额为限对公司承担责任；股份有限公司的股东以其认购的股份为限对公司承担责任。

第四条 公司股东依法享有资产收益、参与重大决策和选择管理者等权利。

第五条 公司从事经营活动，必须遵守法律、行政法规，遵守社会公德、商业道德，诚实守信，接受政府和社会公众的监督，承担社会责任。

公司的合法权益受法律保护，不受侵犯。

第六条 设立公司，应当依法向公司登记机关申请设立登记。符合本法规定的设立条件的，由公司登记机关分别登记为有限责任公司或者股份有限公司；不符合本法规定的设立条件的，不得登记为有限责任公司或者股份有限公司。

法律、行政法规规定设立公司必须报经批准的，应当在公司登记前依法办理批准手续。

公众可以向公司登记机关申请查询公司登记事项，公司登记机关应当提供查询服务。

第七条 依法设立的公司，由公司登记机关发给公司营业执照。公司营业执照签发日期为公司成立日期。

公司营业执照应当载明公司的名称、住所、注册资本、实收资本、经营范围、法定代表人姓名等事项。

公司营业执照记载的事项发生变更的，公司应当依法办理变更登记，由公司登记机关换发营业执照。

第八条 依照本法设立的有限责任公司，必须在公司名称中标明有限责任公司或者有限公司字样。

依照本法设立的股份有限公司，必须在公司名称中标明股份有限公司或者股份公司字样。

第九条 有限责任公司变更为股份有限公司，应当符合本法规定的股份有限公司的条件。股份有限公司变更为有限责任公司，应当符合本法规定的有限责任公司的条件。

有限责任公司变更为股份有限公司的，或者股份有限公司变更为有限责任公司的，公司变更前的债权、债务由变更后的公司承继。

第十条 公司以其主要办事机构所在地为住所。

第十一条 设立公司必须依法制定公司章程。公司章程对公司、股东、董事、监事、高级管理人员具有约束力。

第十二条 公司的经营范围由公司章程规定，并依法登记。公司可以修改公司章程，改变经营范围，但是应当办理变更登记。

公司的经营范围中属于法律、行政法规规定须经批准的项目，应当依法经过批准。

第十三条 公司法定代表人依照公司章程的规定，由董事长、执行董事或者经理担任，并依法登记。公司法定代表人变更，应当办理变更登记。

第十四条 公司可以设立分公司。设立分公司，应当向公司登记机关申请登记，领取营业执照。分公司不具有法人资格，其民事责任由公司承担。

公司可以设立子公司，子公司具有法人资格，依法独立承担民事责任。

第十五条 公司可以向其他企业投资；但是，除法律另有规定外，不得成为对所投资企业的债务承担连带责任的出资人。

第十六条 公司向其他企业投资或者为他人提供担保，依照公司章程的规定，由董事会或者股东会、股东大会决议；公司章程对投资或者担保的总额及单项投资或者担保的数额有限额规定的，不得超过规定的限额。

公司为公司股东或者实际控制人提供担保的，必须经股东会或者股东大会决议。

前款规定的股东或者受前款规定的实际控制人支配的股东，不得参加前款规定事项的表决。该项表决由出席会议的其他股东所持表决权的过半数通过。

第十七条 公司必须保护职工的合法权益，依法与职工签订劳动合同，参加社会保险，加强劳动保护，实现安全生产。

公司应当采用多种形式，加强公司职工的职业教育和岗位培训，提高职工素质。

第十八条 公司职工依照《中华人民共和国工会法》组织工会，开展工会活动，维护职工合法权益。公司应当为本公司工会提供必要的活动条件。公司工会代表职工就职工的劳动报酬、工作时间、福利、保险和劳动安全卫生等事项依法与公司签订集体合同。

公司依照宪法和有关法律的规定，通过职工代表大会或者其他形式，实行民主管理。

公司研究决定改制以及经营方面的重大问题、制定重要的规章制度时，应当听取公司工会的意见，并通过职工代表大会或者其他形式听取职工的意见和建议。

第十九条 在公司中，根据中国共产党章程的规定，设立中国共产党的组织，开展党的活动。公司应当为党组织的活动提供必要条件。

第二十条　公司股东应当遵守法律、行政法规和公司章程，依法行使股东权利，不得滥用股东权利损害公司或者其他股东的利益；不得滥用公司法人独立地位和股东有限责任损害公司债权人的利益。

公司股东滥用股东权利给公司或者其他股东造成损失的，应当依法承担赔偿责任。

公司股东滥用公司法人独立地位和股东有限责任，逃避债务，严重损害公司债权人利益的，应当对公司债务承担连带责任。

第二十一条　公司的控股股东、实际控制人、董事、监事、高级管理人员不得利用其关联关系损害公司利益。

违反前款规定，给公司造成损失的，应当承担赔偿责任。

第二十二条　公司股东会或者股东大会、董事会的决议内容违反法律、行政法规的无效。

股东会或者股东大会、董事会的会议召集程序、表决方式违反法律、行政法规或者公司章程，或者决议内容违反公司章程的，股东可以自决议作出之日起六十日内，请求人民法院撤销。

股东依照前款规定提起诉讼的，人民法院可以应公司的请求，要求股东提供相应担保。

公司根据股东会或者股东大会、董事会决议已办理变更登记的，人民法院宣告该决议无效或者撤销该决议后，公司应当向公司登记机关申请撤销变更登记。

第二章　有限责任公司的设立和组织机构

第一节　设　立

第二十三条　设立有限责任公司，应当具备下列条件：

（一）股东符合法定人数；

（二）股东出资达到法定资本最低限额；

（三）股东共同制定公司章程；

（四）有公司名称，建立符合有限责任公司要求的组织机构；

（五）有公司住所。

第二十四条　有限责任公司由五十个以下股东出资设立。

第二十五条　有限责任公司章程应当载明下列事项：

（一）公司名称和住所；

（二）公司经营范围；

（三）公司注册资本；

（四）股东的姓名或者名称；

（五）股东的出资方式、出资额和出资时间；

（六）公司的机构及其产生办法、职权、议事规则；

（七）公司法定代表人；

（八）股东会会议认为需要规定的其他事项。

股东应当在公司章程上签名、盖章。

第二十六条　有限责任公司的注册资本为在公司登记机关登记的全体股东认缴的出资额。公司全体股东的首次出资额不得低于注册资本的百分之二十，也不得低于法定的注册资本最低限额，其余部分由股东自公司成立之日起两年内缴足；其中，投资公司可以在五年内缴足。

有限责任公司注册资本的最低限额为人民币三万元。法律、行政法规对有限责任公司注册资本的最低限额有较高规定的，从其规定。

第二十七条　股东可以用货币出资，也可以用实物、知识产权、土地使用权等可以用货币估价并可以依法转让的非货币财产作价出资；但是，法律、行政法规规定不得作为出资的财产除外。

对作为出资的非货币财产应当评估作价，核实财产，不得高估或者低估作价。法律、行政法规对评估作价有规定的，从其规定。

全体股东的货币出资金额不得低于有限责任公司注册资本的百分之三十。

第二十八条　股东应当按期足额缴纳公司章程中规定的各自所认缴的出资额。股东以货币出资的，应当将货币出资足额存入有限责任公司在银行开设的账户；以非货币财产出资的，应当依法办理其财产权的转移手续。

股东不按照前款规定缴纳出资的，除应当向公司足额缴纳外，还应当向已按期足额缴纳出资的股东承担违约责任。

第二十九条　股东缴纳出资后，必须经依法设立的验资机构验资并出具证明。

第三十条　股东的首次出资经依法设立的验资机构验资后，由全体股东指定的代表或者共同委托的代理人向公司登记机关报送公司登记申请书、公司章程、验资证明等文件，申请设立登记。

第三十一条　有限责任公司成立后，发现作为设立公司出资的非货币财产的实际价额显著低于公司章程所定价额的，应当由交付该出资的股东补足其差额；公司设立时的其他股东承担连带责任。

第三十二条　有限责任公司成立后，应当向股东签发出资证明书。

出资证明书应当载明下列事项：

（一）公司名称；

（二）公司成立日期；

（三）公司注册资本；

（四）股东的姓名或者名称、缴纳的出资额和出资日期；

（五）出资证明书的编号和核发日期。

出资证明书由公司盖章。

第三十三条 有限责任公司应当置备股东名册，记载下列事项：

（一）股东的姓名或者名称及住所；

（二）股东的出资额；

（三）出资证明书编号。

记载于股东名册的股东，可以依股东名册主张行使股东权利。

公司应当将股东的姓名或者名称及其出资额向公司登记机关登记；登记事项发生变更的，应当办理变更登记。未经登记或者变更登记的，不得对抗第三人。

第三十四条 股东有权查阅、复制公司章程、股东会会议记录、董事会会议决议、监事会会议决议和财务会计报告。

股东可以要求查阅公司会计账簿。股东要求查阅公司会计账簿的，应当向公司提出书面请求，说明目的。公司有合理根据认为股东查阅会计账簿有不正当目的，可能损害公司合法利益的，可以拒绝提供查阅，并应当自股东提出书面请求之日起十五日内书面答复股东并说明理由。公司拒绝提供查阅的，股东可以请求人民法院要求公司提供查阅。

第三十五条 股东按照实缴的出资比例分取红利；公司新增资本时，股东有权优先按照实缴的出资比例认缴出资。但是，全体股东约定不按照出资比例分取红利或者不按照出资比例优先认缴出资的除外。

第三十六条 公司成立后，股东不得抽逃出资。

第二节 组织机构

第三十七条 有限责任公司股东会由全体股东组成。股东会是公司的权力机构，依照本法行使职权。

第三十八条 股东会行使下列职权：

（一）决定公司的经营方针和投资计划；

（二）选举和更换非由职工代表担任的董事、监事，决定有关董事、监事的报酬事项；

（三）审议批准董事会的报告；

（四）审议批准监事会或者监事的报告；

（五）审议批准公司的年度财务预算方案、决算方案；

（六）审议批准公司的利润分配方案和弥补亏损方案；

（七）对公司增加或者减少注册资本作出决议；

（八）对发行公司债券作出决议；

（九）对公司合并、分立、解散、清算或者变更公司形式作出决议；

（十）修改公司章程；

（十一）公司章程规定的其他职权。

对前款所列事项股东以书面形式一致表示同意的，可以不召开股东会会议，直接作出决定，并由全体股东在决定文件上签名、盖章。

第三十九条 首次股东会会议由出资最多的股东召集和主持，依照本法规定行使职权。

第四十条 股东会会议分为定期会议和临时会议。

定期会议应当依照公司章程的规定按时召开。代表十分之一以上表决权的股东，三分之一以上的董事，监事会或者不设监事会的公司的监事提议召开临时会议的，应当召开临时会议。

第四十一条 有限责任公司设立董事会的，股东会会议由董事会召集，董事长主持；董事长不能履行职务或者不履行职务的，由副董事长主持；副董事长不能履行职务或者不履行职务的，由半数以上董事共同推举一名董事主持。

有限责任公司不设董事会的，股东会会议由执行董事召集和主持。

董事会或者执行董事不能履行或者不履行召集股东会会议职责的，由监事会或者不设监事会的公司的监事召集和主持；监事会或者监事不召集和主持的，代表十分之一以上表决权的股东可以自行召集和主持。

第四十二条 召开股东会会议，应当于会议召开十五日前通知全体股东；但是，公司章程另有规定或者全体股东另有约定的除外。

股东会应当对所议事项的决定作成会议记录，出席会议的股东应当在会议记录上签名。

第四十三条 股东会会议由股东按照出资比例行使表决权；但是，公司章程另有规定的除外。

第四十四条 股东会的议事方式和表决程序，除本法有规定的外，由公司章程规定。

股东会会议作出修改公司章程、增加或者减少注册资本的决议，以及公司合并、分立、解散或者变更公司形式的决议，必须经代表三分之二以上表决权的股东通过。

第四十五条 有限责任公司设董事会，其成员为三人至十三人；但是，本法第五十一条另有规定的除外。

两个以上的国有企业或者两个以上的其他国有投资主体投资设立的有限责任公司，其董事会成员中应当有公司职工代表；其他有限责任公司董事会成员中可以有公司职工代表。董事会中的职工代表由公司职工通过职工代表大会、职工大会或者其他形式民主选举产生。

董事会设董事长一人，可以设副董事长。董事长、副董事长的产生办法由公司章程规定。

第四十六条 董事任期由公司章程规定，但每届任期不得超过三年。董事任期届满，连选可以连任。

董事任期届满未及时改选，或者董事在任期内辞职导致董事会成员低于法定人数的，在改选出的董事就任前，原董事仍应当依照法律、行政法规和公司章程的规定，履行董事职务。

第四十七条 董事会对股东会负责，行使下列职权：

（一）召集股东会会议，并向股东会报告工作；

（二）执行股东会的决议；

（三）决定公司的经营计划和投资方案；

（四）制订公司的年度财务预算方案、决算方案；

（五）制订公司的利润分配方案和弥补亏损方案；

（六）制订公司增加或者减少注册资本以及发行公司债券的方案；

（七）制订公司合并、分立、解散或者变更公司形式的方案；

（八）决定公司内部管理机构的设置；

（九）决定聘任或者解聘公司经理及其报酬事项，并根据经理的提名决定聘任或者解聘公司副经理、财务负责人及其报酬事项；

（十）制定公司的基本管理制度；

（十一）公司章程规定的其他职权。

第四十八条 董事会会议由董事长召集和主持；董事长不能履行职务或者不履行职务的，由副董事长召集和主持；副董事长不能履行职务或者不履行职务的，由半数以上董事共同推举一名董事召集和主持。

第四十九条 董事会的议事方式和表决程序，除本法有规定的外，由公司章程规定。

董事会应当对所议事项的决定作成会议记录，出席会议的董事应当在会议记录上签名。

董事会决议的表决，实行一人一票。

第五十条 有限责任公司可以设经理，由董事会决定聘任或者解聘。经理对董事会负责，行使下列职权：

（一）主持公司的生产经营管理工作，组织实施董事会决议；

（二）组织实施公司年度经营计划和投资方案；

（三）拟订公司内部管理机构设置方案；

（四）拟订公司的基本管理制度；

（五）制定公司的具体规章；

（六）提请聘任或者解聘公司副经理、财务负责人；

（七）决定聘任或者解聘除应由董事会决定聘任或者解聘以外的负责管理人员；

（八）董事会授予的其他职权。

公司章程对经理职权另有规定的，从其规定。

经理列席董事会会议。

第五十一条 股东人数较少或者规模较小的有限责任公司，可以设一名执行董事，不设董事会。执行董事可以兼任公司经理。

执行董事的职权由公司章程规定。

第五十二条 有限责任公司设监事会，其成员不得少于三人。股东人数较少或者规模较小的有限责任公司，可以设一至二名监事，不设监事会。

监事会应当包括股东代表和适当比例的公司职工代表，其中职工代表的比例不得低于三分之一，具体比例由公司章程规定。监事会中的职工代表由公司职工通过职工代表大会、职工大会或者其他形式民主选举产生。

监事会设主席一人，由全体监事过半数选举产生。监事会主席召集和主持监事会会议；监事会主席不能履行职务或者不履行职务的，由半数以上监事共同推举一名监事召集和主持监事会会议。

董事、高级管理人员不得兼任监事。

第五十三条 监事的任期每届为三年。监事任期届满，连选可以连任。

监事任期届满未及时改选，或者监事在任期内辞职导致监事会成员低于法定人数的，在改选出的监事就任前，原监事仍应当依照法律、行政法规和公司章程的规定，履行监事职务。

第五十四条 监事会、不设监事会的公司的监事行使下列职权：

（一）检查公司财务；

（二）对董事、高级管理人员执行公司职务的行为进行监督，对违反法律、行政法规、公司章程或者股东会决议的董事、高级管理人员提出罢免的建议；

（三）当董事、高级管理人员的行为损害公司的利益时，要求董事、高级管理人员予以纠正；

（四）提议召开临时股东会会议，在董事会不履行本法规定的召集和主持股东会会议职责时召集和主持股东会会议；

（五）向股东会会议提出提案；

（六）依照本法第一百五十二条的规定，对董事、高级管理人员提起诉讼；

（七）公司章程规定的其他职权。

第五十五条 监事可以列席董事会会议，并对董事会决议事项提出质询或者建议。

监事会、不设监事会的公司的监事发现公司经营情况异常，可以进行调查；必要时，可以聘请会计师事务所等协助其工作，费用由公司承担。

第五十六条 监事会每年度至少召开一次会议，监事可以提议召开临时监事会会议。

监事会的议事方式和表决程序，除本法有规定的外，由公司章程规定。

监事会决议应当经半数以上监事通过。

监事会应当对所议事项的决定作成会议记录，出席会议的监事应当在会议记录上签名。

第五十七条 监事会、不设监事会的公司的监事行使职权所必需的费用，由公司承担。

第三节 一人有限责任公司的特别规定

第五十八条 一人有限责任公司的设立和组织机构，适用本节规定；本节没有规定的，适用本章第一节、第二节的规定。

本法所称一人有限责任公司，是指只有一个自然人股东或者一个法人股东的有限责任公司。

第五十九条 一人有限责任公司的注册资本最低限额为人民币十万元。股东应当一次足额缴纳公司章程规定的出资额。

一个自然人只能投资设立一个一人有限责任公司。该一人有限责任公司不能投资设立新的一人有限责任公司。

第六十条 一人有限责任公司应当在公司登记中注明自然人独资或者法人独资，并在公司营业执照中载明。

第六十一条 一人有限责任公司章程由股东制定。

第六十二条 一人有限责任公司不设股东会。股东作出本法第三十八条第一款所列决定时，应当采用书面形式，并由股东签名后置备于公司。

第六十三条 一人有限责任公司应当在每一会计年度终了时编制财务会计报告，并经会计师事务所审计。

第六十四条 一人有限责任公司的股东不能证明公司财产独立于股东自己的财产的，应当对公司债务承担连带责任。

第四节 国有独资公司的特别规定

第六十五条 国有独资公司的设立和组织机构，适用本节规定；本节没有规定的，适用本章第一节、第二节的规定。

本法所称国有独资公司，是指国家单独出资、由国务院或者地方人民政府授权本级人民政府国有资产监督管理机构履行出资人职责的有限责任公司。

第六十六条 国有独资公司章程由国有资产监督管理机构制定，或者由董事会制订报国有资产监督管理机构批准。

第六十七条 国有独资公司不设股东会，由国有资产监督管理机构行使股东会职权。国有资产监督管理机构可以授权公司董事会行使股东会的部分职权，决定公司的重大事项，但公司的合并、分立、解散、增加或者减少注册资本和发行公司债券，必须由国有资产监督管理机构决定；其中，重要的国有独资公司合并、分立、解散、申请破产的，应当由国有资产监督管理机构审核后，报本级人民政府批准。

前款所称重要的国有独资公司，按照国务院的规定确定。

第六十八条 国有独资公司设董事会，依照本法第四十七条、第六十七条的规定行使职权。董事每届任期不得超过三年。董事会成员中应当有公司职工代表。

董事会成员由国有资产监督管理机构委派；但是，董事会成员中的职工代表由公司职工代表大会选举产生。

董事会设董事长一人，可以设副董事长。董事长、副董事长由国有资产监督管理机构从董事会成员中指定。

第六十九条 国有独资公司设经理，由董事会聘任或者解聘。经理依照本法第五十条规定行使职权。

经国有资产监督管理机构同意，董事会成员可以兼任经理。

第七十条 国有独资公司的董事长、副董事长、董事、高级管理人员，未经国有资产监督管理机构同意，不得在其他有限责任公司、股份有限公司或者其他经济组织兼职。

第七十一条 国有独资公司监事会成员不得少于五人，其中职工代表的比例不得低于三分之一，具体比例由公司章程规定。

监事会成员由国有资产监督管理机构委派；但是，监事会成员中的职工代表由公司职工代表大会选举产生。监事会主席由国有资产监督管理机构从监事会成员中指定。

监事会行使本法第五十四条第（一）项至第（三）项规定的职权和国务院规定的其他职权。

第三章 有限责任公司的股权转让

第七十二条 有限责任公司的股东之间可以相互转让其全部或者部分股权。

股东向股东以外的人转让股权，应当经其他股东过半数同意。股东应就其股权转让事项书面通知其他股东征求同意，其他股东自接到书面通知之日起满三十日未答复的，视为同意转让。其他股东半数以上不同意转让的，不同意的股东应当购买该转让的股权；不购买的，视为同意转让。

经股东同意转让的股权，在同等条件下，其他股东有优先购买权。两个以上股东主张行使优先购买权的，协商确定各自的购买比例；协商不成的，按照转让时各自的出资比例行使优先购买权。

公司章程对股权转让另有规定的，从其规定。

第七十三条　人民法院依照法律规定的强制执行程序转让股东的股权时，应当通知公司及全体股东，其他股东在同等条件下有优先购买权。其他股东自人民法院通知之日起满二十日不行使优先购买权的，视为放弃优先购买权。

第七十四条　依照本法第七十二条、第七十三条转让股权后，公司应当注销原股东的出资证明书，向新股东签发出资证明书，并相应修改公司章程和股东名册中有关股东及其出资额的记载。对公司章程的该项修改不需再由股东会表决。

第七十五条　有下列情形之一的，对股东会该项决议投反对票的股东可以请求公司按照合理的价格收购其股权：

（一）公司连续五年不向股东分配利润，而公司该五年连续盈利，并且符合本法规定的分配利润条件的；

（二）公司合并、分立、转让主要财产的；

（三）公司章程规定的营业期限届满或者章程规定的其他解散事由出现，股东会会议通过决议修改章程使公司存续的。

自股东会会议决议通过之日起六十日内，股东与公司不能达成股权收购协议的，股东可以自股东会会议决议通过之日起九十日内向人民法院提起诉讼。

第七十六条　自然人股东死亡后，其合法继承人可以继承股东资格；但是，公司章程另有规定的除外。

第四章　股份有限公司的设立和组织机构

第一节　设　　立

第七十七条　设立股份有限公司，应当具备下列条件：

（一）发起人符合法定人数；

（二）发起人认购和募集的股本达到法定资本最低限额；

（三）股份发行、筹办事项符合法律规定；

（四）发起人制订公司章程，采用募集方式设立的经创立大会通过；

（五）有公司名称，建立符合股份有限公司要求的组织机构；

（六）有公司住所。

第七十八条　股份有限公司的设立，可以采取发起设立或者募集设立的方式。

发起设立，是指由发起人认购公司应发行的全部股份而设立公司。

募集设立，是指由发起人认购公司应发行股份的一部分，其余股份向社会公开募集或者向特定对象募集而设立公司。

第七十九条　设立股份有限公司，应当有二人以上二百人以下为发起人，其中须有半数以上的发起人在中国境内有住所。

第八十条　股份有限公司发起人承担公司筹办事务。

发起人应当签订发起人协议，明确各自在公司设立过程中的权利和义务。

第八十一条　股份有限公司采取发起设立方式设立的，注册资本为在公司登记机关登记的全体发起人认购的股本总额。公司全体发起人的首次出资额不得低于注册资本的百分之二十，其余部分由发起人自公司成立之日起两年内缴足；其中，投资公司可以在五年内缴足。在缴足前，不得向他人募集股份。

股份有限公司采取募集方式设立的，注册资本为在公司登记机关登记的实收股本总额。

股份有限公司注册资本的最低限额为人民币五百万元。法律、行政法规对股份有限公司注册资本的最低限额有较高规定的，从其规定。

第八十二条　股份有限公司章程应当载明下列事项：

（一）公司名称和住所；

（二）公司经营范围；

（三）公司设立方式；

（四）公司股份总数、每股金额和注册资本；

（五）发起人的姓名或者名称、认购的股份数、出资方式和出资时间；

（六）董事会的组成、职权和议事规则；

（七）公司法定代表人；

（八）监事会的组成、职权和议事规则；

（九）公司利润分配办法；

（十）公司的解散事由与清算办法；

（十一）公司的通知和公告办法；

（十二）股东大会会议认为需要规定的其他事项。

第八十三条　发起人的出资方式，适用本法第二十七条的规定。

第八十四条 以发起设立方式设立股份有限公司的，发起人应当书面认足公司章程规定其认购的股份；一次缴纳的，应即缴纳全部出资；分期缴纳的，应即缴纳首期出资。以非货币财产出资的，应当依法办理其财产权的转移手续。

发起人不依照前款规定缴纳出资的，应当按照发起人协议承担违约责任。

发起人首次缴纳出资后，应当选举董事会和监事会，由董事会向公司登记机关报送公司章程、由依法设定的验资机构出具的验资证明以及法律、行政法规规定的其他文件，申请设立登记。

第八十五条 以募集设立方式设立股份有限公司的，发起人认购的股份不得少于公司股份总数的百分之三十五；但是，法律、行政法规另有规定的，从其规定。

第八十六条 发起人向社会公开募集股份，必须公告招股说明书，并制作认股书。认股书应当载明本法第八十七条所列事项，由认股人填写认购股数、金额、住所，并签名、盖章。认股人按照所认购股数缴纳股款。

第八十七条 招股说明书应当附有发起人制订的公司章程，并载明下列事项：

（一）发起人认购的股份数；

（二）每股的票面金额和发行价格；

（三）无记名股票的发行总数；

（四）募集资金的用途；

（五）认股人的权利、义务；

（六）本次募股的起止期限及逾期未募足时认股人可以撤回所认股份的说明。

第八十八条 发起人向社会公开募集股份，应当由依法设立的证券公司承销，签订承销协议。

第八十九条 发起人向社会公开募集股份，应当同银行签订代收股款协议。

代收股款的银行应当按照协议代收和保存股款，向缴纳股款的认股人出具收款单据，并负有向有关部门出具收款证明的义务。

第九十条 发行股份的股款缴足后，必须经依法设立的验资机构验资并出具证明。发起人应当自股款缴足之日起三十日内主持召开公司创立大会。创立大会由发起人、认股人组成。

发行的股份超过招股说明书规定的截止期限尚未募足的，或者发行股份的股款缴足后，发起人在三十日内未召开创立大会的，认股人可以按照所缴股款并加算银行同期存款利息，要求发起人返还。

第九十一条 发起人应当在创立大会召开十五日前将会议日期通知各认股人或者予以公告。创立大会应有代表股份总数过半数的发起人、认股人出席，方可举行。

创立大会行使下列职权：

（一）审议发起人关于公司筹办情况的报告；

（二）通过公司章程；

（三）选举董事会成员；

（四）选举监事会成员；

（五）对公司的设立费用进行审核；

（六）对发起人用于抵作股款的财产的作价进行审核；

（七）发生不可抗力或者经营条件发生重大变化直接影响公司设立的，可以作出不设立公司的决议。

创立大会对前款所列事项作出决议，必须经出席会议的认股人所持表决权过半数通过。

第九十二条 发起人、认股人缴纳股款或者交付抵作股款的出资后，除未按期募足股份、发起人未按期召开创立大会或者创立大会决议不设立公司的情形外，不得抽回其股本。

第九十三条 董事会应于创立大会结束后三十日内，向公司登记机关报送下列文件，申请设立登记：

（一）公司登记申请书；

（二）创立大会的会议记录；

（三）公司章程；

（四）验资证明；

（五）法定代表人、董事、监事的任职文件及其身份证明；

（六）发起人的法人资格证明或者自然人身份证明；

（七）公司住所证明。

以募集方式设立股份有限公司公开发行股票的，还应当向公司登记机关报送国务院证券监督管理机构的核准文件。

第九十四条 股份有限公司成立后，发起人未按照公司章程的规定缴足出资的，应当补缴；其他发起人承担连带责任。

股份有限公司成立后，发现作为设立公司出资的非货币财产的实际价额显著低于公司章程所定价额的，应当由交付该出资的发起人补足其差额；其他发起人承担连带责任。

第九十五条 股份有限公司的发起人应当承担下列责任：

（一）公司不能成立时，对设立行为所产生的债务和费用负连带责任；

（二）公司不能成立时，对认股人已缴纳的股款，负返还股款并加算银行同期存款利息的连带责任；

（三）在公司设立过程中，由于发起人的过失致使公司利益受到损害的，应当对公司承担赔偿责任。

第九十六条　有限责任公司变更为股份有限公司时，折合的实收股本总额不得高于公司净资产额。有限责任公司变更为股份有限公司，为增加资本公开发行股份时，应当依法办理。

第九十七条　股份有限公司应当将公司章程、股东名册、公司债券存根、股东大会会议记录、董事会会议记录、监事会会议记录、财务会计报告置备于本公司。

第九十八条　股东有权查阅公司章程、股东名册、公司债券存根、股东大会会议记录、董事会会议决议、监事会会议决议、财务会计报告，对公司的经营提出建议或者质询。

第二节　股东大会

第九十九条　股份有限公司股东大会由全体股东组成。股东大会是公司的权力机构，依照本法行使职权。

第一百条　本法第三十八条第一款关于有限责任公司股东会职权的规定，适用于股份有限公司股东大会。

第一百零一条　股东大会应当每年召开一次年会。有下列情形之一的，应当在两个月内召开临时股东大会：

（一）董事人数不足本法规定人数或者公司章程所定人数的三分之二时；

（二）公司未弥补的亏损达实收股本总额三分之一时；

（三）单独或者合计持有公司百分之十以上股份的股东请求时；

（四）董事会认为必要时；

（五）监事会提议召开时；

（六）公司章程规定的其他情形。

第一百零二条　股东大会会议由董事会召集，董事长主持；董事长不能履行职务或者不履行职务的，由副董事长主持；副董事长不能履行职务或者不履行职务的，由半数以上董事共同推举一名董事主持。

董事会不能履行或者不履行召集股东大会会议职责的，监事会应当及时召集和主持；监事会不召集和主持的，连续九十日以上单独或者合计持有公司百分之十以上股份的股东可以自行召集和主持。

第一百零三条　召开股东大会会议，应当将会议召开的时间、地点和审议的事项于会议召开二十日前通知各股东；临时股东大会应当于会议召开十五日前通知各股东；发行无记名股票的，应当于会议召开三十日前公告会议召开的时间、地点和审议事项。

单独或者合计持有公司百分之三以上股份的股东，可以在股东大会召开十日前提出临时提案并书面提交董事会；董事会应当在收到提案后二日内通知其他股东，并将该临时提案提交股东大会审议。临时提案的内容应当属于股东大会职权范围，并有明确议题和具体决议事项。

股东大会不得对前两款通知中未列明的事项作出决议。

无记名股票持有人出席股东大会会议的，应当于会议召开五日前至股东大会闭会时将股票交存于公司。

第一百零四条　股东出席股东大会会议，所持每一股份有一表决权。但是，公司持有的本公司股份没有表决权。

股东大会作出决议，必须经出席会议的股东所持表决权过半数通过。但是，股东大会作出修改公司章程、增加或者减少注册资本的决议，以及公司合并、分立、解散或者变更公司形式的决议，必须经出席会议的股东所持表决权的三分之二以上通过。

第一百零五条　本法和公司章程规定公司转让、受让重大资产或者对外提供担保等事项必须经股东大会作出决议的，董事会应当及时召集股东大会会议，由股东大会就上述事项进行表决。

第一百零六条　股东大会选举董事、监事，可以依照公司章程的规定或者股东大会的决议，实行累积投票制。

本法所称累积投票制，是指股东大会选举董事或者监事时，每一股份拥有与应选董事或者监事人数相同的表决权，股东拥有的表决权可以集中使用。

第一百零七条　股东可以委托代理人出席股东大会会议，代理人应当向公司提交股东授权委托书，并在授权范围内行使表决权。

第一百零八条　股东大会应当对所议事项的决定作成会议记录，主持人、出席会议的董事应当在会议记录上签名。会议记录应当与出席股东的签名册及代理出席的委托书一并保存。

第三节　董事会、经理

第一百零九条　股份有限公司设董事会，其成员为五人至十九人。

董事会成员中可以有公司职工代表。董事会中的职工代表由公司职工通过职工代表大会、职工大会或者其他形式民主选举产生。

本法第四十六条关于有限责任公司董事任期的规定，适用于股份有限公司董事。

本法第四十七条关于有限责任公司董事会职权的规

定，适用于股份有限公司董事会。

第一百一十条 董事会设董事长一人，可以设副董事长。董事长和副董事长由董事会以全体董事的过半数选举产生。

董事长召集和主持董事会会议，检查董事会决议的实施情况。副董事长协助董事长工作，董事长不能履行职务或者不履行职务的，由副董事长履行职务；副董事长不能履行职务或者不履行职务的，由半数以上董事共同推举一名董事履行职务。

第一百一十一条 董事会每年度至少召开两次会议，每次会议应当于会议召开十日前通知全体董事和监事。

代表十分之一以上表决权的股东、三分之一以上董事或者监事会，可以提议召开董事会临时会议。董事长应当自接到提议后十日内，召集和主持董事会会议。

董事会召开临时会议，可以另定召集董事会的通知方式和通知时限。

第一百一十二条 董事会会议应有过半数的董事出席方可举行。董事会作出决议，必须经全体董事的过半数通过。

董事会决议的表决，实行一人一票。

第一百一十三条 董事会会议，应由董事本人出席；董事因故不能出席，可以书面委托其他董事代为出席，委托书中应载明授权范围。

董事会应当对会议所议事项的决定作成会议记录，出席会议的董事应当在会议记录上签名。

董事应当对董事会的决议承担责任。董事会的决议违反法律、行政法规或者公司章程、股东大会决议，致使公司遭受严重损失的，参与决议的董事对公司负赔偿责任。但经证明在表决时曾表明异议并记载于会议记录的，该董事可以免除责任。

第一百一十四条 股份有限公司设经理，由董事会决定聘任或者解聘。

本法第五十条关于有限责任公司经理职权的规定，适用于股份有限公司经理。

第一百一十五条 公司董事会可以决定由董事会成员兼任经理。

第一百一十六条 公司不得直接或者通过子公司向董事、监事、高级管理人员提供借款。

第一百一十七条 公司应当定期向股东披露董事、监事、高级管理人员从公司获得报酬的情况。

第四节 监 事 会

第一百一十八条 股份有限公司设监事会，其成员不得少于三人。

监事会应当包括股东代表和适当比例的公司职工代表，其中职工代表的比例不得低于三分之一，具体比例由公司章程规定。监事会中的职工代表由公司职工通过职工代表大会、职工大会或者其他形式民主选举产生。

监事会设主席一人，可以设副主席。监事会主席和副主席由全体监事过半数选举产生。监事会主席召集和主持监事会会议；监事会主席不能履行职务或者不履行职务的，由监事会副主席召集和主持监事会会议；监事会副主席不能履行职务或者不履行职务的，由半数以上监事共同推举一名监事召集和主持监事会会议。

董事、高级管理人员不得兼任监事。

本法第五十三条关于有限责任公司监事任期的规定，适用于股份有限公司监事。

第一百一十九条 本法第五十四条、第五十五条关于有限责任公司监事会职权的规定，适用于股份有限公司监事会。

监事会行使职权所必需的费用，由公司承担。

第一百二十条 监事会每六个月至少召开一次会议。监事可以提议召开临时监事会会议。

监事会的议事方式和表决程序，除本法有规定的外，由公司章程规定。

监事会决议应当经半数以上监事通过。

监事会应当对所议事项的决定作成会议记录，出席会议的监事应当在会议记录上签名。

第五节 上市公司组织机构的特别规定

第一百二十一条 本法所称上市公司，是指其股票在证券交易所上市交易的股份有限公司。

第一百二十二条 上市公司在一年内购买、出售重大资产或者担保金额超过公司资产总额百分之三十的，应当由股东大会作出决议，并经出席会议的股东所持表决权的三分之二以上通过。

第一百二十三条 上市公司设立独立董事，具体办法由国务院规定。

第一百二十四条 上市公司设董事会秘书，负责公司股东大会和董事会会议的筹备、文件保管以及公司股东资料的管理，办理信息披露事务等事宜。

第一百二十五条 上市公司董事与董事会会议决议事项所涉及的企业有关联关系的，不得对该项决议行使表决权，也不得代理其他董事行使表决权。该董事会会议由过半数的无关联关系董事出席即可举行，董事会会议所作决议须经无关联关系董事过半数通过。出席董事会的无关联关系董事人数不足三人的，应将该事项提交上市公司股东大会审议。

第五章　股份有限公司的股份发行和转让

第一节　股份发行

第一百二十六条　股份有限公司的资本划分为股份，每一股的金额相等。

公司的股份采取股票的形式。股票是公司签发的证明股东所持股份的凭证。

第一百二十七条　股份的发行，实行公平、公正的原则，同种类的每一股份应当具有同等权利。

同次发行的同种类股票，每股的发行条件和价格应当相同；任何单位或者个人所认购的股份，每股应当支付相同价额。

第一百二十八条　股票发行价格可以按票面金额，也可以超过票面金额，但不得低于票面金额。

第一百二十九条　股票采用纸面形式或者国务院证券监督管理机构规定的其他形式。

股票应当载明下列主要事项：

（一）公司名称；

（二）公司成立日期；

（三）股票种类、票面金额及代表的股份数；

（四）股票的编号。

股票由法定代表人签名，公司盖章。

发起人的股票，应当标明发起人股票字样。

第一百三十条　公司发行的股票，可以为记名股票，也可以为无记名股票。

公司向发起人、法人发行的股票，应当为记名股票，并应当记载该发起人、法人的名称或者姓名，不得另立户名或者以代表人姓名记名。

第一百三十一条　公司发行记名股票的，应当置备股东名册，记载下列事项：

（一）股东的姓名或者名称及住所；

（二）各股东所持股份数；

（三）各股东所持股票的编号；

（四）各股东取得股份的日期。

发行无记名股票的，公司应当记载其股票数量、编号及发行日期。

第一百三十二条　国务院可以对公司发行本法规定以外的其他种类的股份，另行作出规定。

第一百三十三条　股份有限公司成立后，即向股东正式交付股票。公司成立前不得向股东交付股票。

第一百三十四条　公司发行新股，股东大会应当对下列事项作出决议：

（一）新股种类及数额；

（二）新股发行价格；

（三）新股发行的起止日期；

（四）向原有股东发行新股的种类及数额。

第一百三十五条　公司经国务院证券监督管理机构核准公开发行新股时，必须公告新股招股说明书和财务会计报告，并制作认股书。

本法第八十八条、第八十九条的规定适用于公司公开发行新股。

第一百三十六条　公司发行新股，可以根据公司经营情况和财务状况，确定其作价方案。

第一百三十七条　公司发行新股募足股款后，必须向公司登记机关办理变更登记，并公告。

第二节　股份转让

第一百三十八条　股东持有的股份可以依法转让。

第一百三十九条　股东转让其股份，应当在依法设立的证券交易场所进行或者按照国务院规定的其他方式进行。

第一百四十条　记名股票，由股东以背书方式或者法律、行政法规规定的其他方式转让；转让后由公司将受让人的姓名或者名称及住所记载于股东名册。

股东大会召开前二十日内或者公司决定分配股利的基准日前五日内，不得进行前款规定的股东名册的变更登记。但是，法律对上市公司股东名册变更登记另有规定的，从其规定。

第一百四十一条　无记名股票的转让，由股东将该股票交付给受让人后即发生转让的效力。

第一百四十二条　发起人持有的本公司股份，自公司成立之日起一年内不得转让。公司公开发行股份前已发行的股份，自公司股票在证券交易所上市交易之日起一年内不得转让。

公司董事、监事、高级管理人员应当向公司申报所持有的本公司的股份及其变动情况，在任职期间每年转让的股份不得超过其所持有本公司股份总数的百分之二十五；所持本公司股份自公司股票上市交易之日起一年内不得转让。上述人员离职后半年内，不得转让其所持有的本公司股份。公司章程可以对公司董事、监事、高级管理人员转让其所持有的本公司股份作出其他限制性规定。

第一百四十三条　公司不得收购本公司股份。但是，有下列情形之一的除外：

（一）减少公司注册资本；

（二）与持有本公司股份的其他公司合并；

（三）将股份奖励给本公司职工；

（四）股东因对股东大会作出的公司合并、分立决议持异议，要求公司收购其股份的。

公司因前款第（一）项至第（三）项的原因收购本公司股份的，应当经股东大会决议。公司依照前款规定收购本公司股份后，属于第（一）项情形的，应当自收购之日起十日内注销；属于第（二）项、第（四）项情形的，应当在六个月内转让或者注销。

公司依照第一款第（三）项规定收购的本公司股份，不得超过本公司已发行股份总额的百分之五；用于收购的资金应当从公司的税后利润中支出；所收购的股份应当在一年内转让给职工。

公司不得接受本公司的股票作为质押权的标的。

第一百四十四条 记名股票被盗、遗失或者灭失，股东可以依照《中华人民共和国民事诉讼法》规定的公示催告程序，请求人民法院宣告该股票失效。人民法院宣告该股票失效后，股东可以向公司申请补发股票。

第一百四十五条 上市公司的股票，依照有关法律、行政法规及证券交易所交易规则上市交易。

第一百四十六条 上市公司必须依照法律、行政法规的规定，公开其财务状况、经营情况及重大诉讼，在每会计年度内半年公布一次财务会计报告。

第六章 公司董事、监事、高级管理人员的资格和义务

第一百四十七条 有下列情形之一的，不得担任公司的董事、监事、高级管理人员：

（一）无民事行为能力或者限制民事行为能力；

（二）因贪污、贿赂、侵占财产、挪用财产或者破坏社会主义市场经济秩序，被判处刑罚，执行期满未逾五年，或者因犯罪被剥夺政治权利，执行期满未逾五年；

（三）担任破产清算的公司、企业的董事或者厂长、经理，对该公司、企业的破产负有个人责任的，自该公司、企业破产清算完结之日起未逾三年；

（四）担任因违法被吊销营业执照、责令关闭的公司、企业的法定代表人，并负有个人责任的，自该公司、企业被吊销营业执照之日起未逾三年；

（五）个人所负数额较大的债务到期未清偿。

公司违反前款规定选举、委派董事、监事或者聘任高级管理人员的，该选举、委派或者聘任无效。

董事、监事、高级管理人员在任职期间出现本条第一款所列情形的，公司应当解除其职务。

第一百四十八条 董事、监事、高级管理人员应当遵守法律、行政法规和公司章程，对公司负有忠实义务和勤勉义务。

董事、监事、高级管理人员不得利用职权收受贿赂或者其他非法收入，不得侵占公司的财产。

第一百四十九条 董事、高级管理人员不得有下列行为：

（一）挪用公司资金；

（二）将公司资金以其个人名义或者以其他个人名义开立账户存储；

（三）违反公司章程的规定，未经股东会、股东大会或者董事会同意，将公司资金借贷给他人或者以公司财产为他人提供担保；

（四）违反公司章程的规定或者未经股东会、股东大会同意，与本公司订立合同或者进行交易；

（五）未经股东会或者股东大会同意，利用职务便利为自己或者他人谋取属于公司的商业机会，自营或者为他人经营与所任职公司同类的业务；

（六）接受他人与公司交易的佣金归为己有；

（七）擅自披露公司秘密；

（八）违反对公司忠实义务的其他行为。

董事、高级管理人员违反前款规定所得的收入应当归公司所有。

第一百五十条 董事、监事、高级管理人员执行公司职务时违反法律、行政法规或者公司章程的规定，给公司造成损失的，应当承担赔偿责任。

第一百五十一条 股东会或者股东大会要求董事、监事、高级管理人员列席会议的，董事、监事、高级管理人员应当列席并接受股东的质询。

董事、高级管理人员应当如实向监事会或者不设监事会的有限责任公司的监事提供有关情况和资料，不得妨碍监事会或者监事行使职权。

第一百五十二条 董事、高级管理人员有本法第一百五十条规定的情形的，有限责任公司的股东、股份有限公司连续一百八十日以上单独或者合计持有公司百分之一以上股份的股东，可以书面请求监事会或者不设监事会的有限责任公司的监事向人民法院提起诉讼；监事有本法第一百五十条规定的情形的，前述股东可以书面请求董事会或者不设董事会的有限责任公司的执行董事向人民法院提起诉讼。

监事会、不设监事会的有限责任公司的监事，或者董事会、执行董事收到前款规定的股东书面请求后拒绝提起诉讼，或者自收到请求之日起三十日内未提起诉讼，或者情况紧急、不立即提起诉讼将会使公司利益受到难以弥补的损害的，前款规定的股东有权为了公司的利益以自己的名义直接向人民法院提起诉讼。

他人侵犯公司合法权益，给公司造成损失的，本条

第一款规定的股东可以依照前两款的规定向人民法院提起诉讼。

第一百五十三条　董事、高级管理人员违反法律、行政法规或者公司章程的规定，损害股东利益的，股东可以向人民法院提起诉讼。

第七章　公司债券

第一百五十四条　本法所称公司债券，是指公司依照法定程序发行、约定在一定期限还本付息的有价证券。

公司发行公司债券应当符合《中华人民共和国证券法》规定的发行条件。

第一百五十五条　发行公司债券的申请经国务院授权的部门核准后，应当公告公司债券募集办法。

公司债券募集办法中应当载明下列主要事项：

（一）公司名称；

（二）债券募集资金的用途；

（三）债券总额和债券的票面金额；

（四）债券利率的确定方式；

（五）还本付息的期限和方式；

（六）债券担保情况；

（七）债券的发行价格、发行的起止日期；

（八）公司净资产额；

（九）已发行的尚未到期的公司债券总额；

（十）公司债券的承销机构。

第一百五十六条　公司以实物券方式发行公司债券的，必须在债券上载明公司名称、债券票面金额、利率、偿还期限等事项，并由法定代表人签名，公司盖章。

第一百五十七条　公司债券，可以为记名债券，也可以为无记名债券。

第一百五十八条　公司发行公司债券应当置备公司债券存根簿。

发行记名公司债券的，应当在公司债券存根簿上载明下列事项：

（一）债券持有人的姓名或者名称及住所；

（二）债券持有人取得债券的日期及债券的编号；

（三）债券总额，债券的票面金额、利率、还本付息的期限和方式；

（四）债券的发行日期。

发行无记名公司债券的，应当在公司债券存根簿上载明债券总额、利率、偿还期限和方式、发行日期及债券的编号。

第一百五十九条　记名公司债券的登记结算机构应当建立债券登记、存管、付息、兑付等相关制度。

第一百六十条　公司债券可以转让，转让价格由转让人与受让人约定。

公司债券在证券交易所上市交易的，按照证券交易所的交易规则转让。

第一百六十一条　记名公司债券，由债券持有人以背书方式或者法律、行政法规规定的其他方式转让；转让后由公司将受让人的姓名或者名称及住所记载于公司债券存根簿。

无记名公司债券的转让，由债券持有人将该债券交付给受让人后即发生转让的效力。

第一百六十二条　上市公司经股东大会决议可以发行可转换为股票的公司债券，并在公司债券募集办法中规定具体的转换办法。上市公司发行可转换为股票的公司债券，应当报国务院证券监督管理机构核准。

发行可转换为股票的公司债券，应当在债券上标明可转换公司债券字样，并在公司债券存根簿上载明可转换公司债券的数额。

第一百六十三条　发行可转换为股票的公司债券的，公司应当按照其转换办法向债券持有人换发股票，但债券持有人对转换股票或者不转换股票有选择权。

第八章　公司财务、会计

第一百六十四条　公司应当依照法律、行政法规和国务院财政部门的规定建立本公司的财务、会计制度。

第一百六十五条　公司应当在每一会计年度终了时编制财务会计报告，并依法经会计师事务所审计。

财务会计报告应当依照法律、行政法规和国务院财政部门的规定制作。

第一百六十六条　有限责任公司应当依照公司章程规定的期限将财务会计报告送交各股东。

股份有限公司的财务会计报告应当在召开股东大会年会的二十日前置备于本公司，供股东查阅；公开发行股票的股份有限公司必须公告其财务会计报告。

第一百六十七条　公司分配当年税后利润时，应当提取利润的百分之十列入公司法定公积金。公司法定公积金累计额为公司注册资本的百分之五十以上的，可以不再提取。

公司的法定公积金不足以弥补以前年度亏损的，在依照前款规定提取法定公积金之前，应当先用当年利润弥补亏损。

公司从税后利润中提取法定公积金后，经股东会或者股东大会决议，还可以从税后利润中提取任意公积金。

公司弥补亏损和提取公积金后所余税后利润，有限责任公司依照本法第三十五条的规定分配；股份有限公司按照股东持有的股份比例分配，但股份有限公司章程规定不按持股比例分配的除外。

股东会、股东大会或者董事会违反前款规定，在公司弥补亏损和提取法定公积金之前向股东分配利润的，股东必须将违反规定分配的利润退还公司。

公司持有的本公司股份不得分配利润。

第一百六十八条 股份有限公司以超过股票票面金额的发行价格发行股份所得的溢价款以及国务院财政部门规定列入资本公积金的其他收入，应当列为公司资本公积金。

第一百六十九条 公司的公积金用于弥补公司的亏损、扩大公司生产经营或者转为增加公司资本。但是，资本公积金不得用于弥补公司的亏损。

法定公积金转为资本时，所留存的该项公积金不得少于转增前公司注册资本的百分之二十五。

第一百七十条 公司聘用、解聘承办公司审计业务的会计师事务所，依照公司章程的规定，由股东会、股东大会或者董事会决定。

公司股东会、股东大会或者董事会就解聘会计师事务所进行表决时，应当允许会计师事务所陈述意见。

第一百七十一条 公司应当向聘用的会计师事务所提供真实、完整的会计凭证、会计账簿、财务会计报告及其他会计资料，不得拒绝、隐匿、谎报。

第一百七十二条 公司除法定的会计账簿外，不得另立会计账簿。

对公司资产，不得以任何个人名义开立账户存储。

第九章　公司合并、分立、增资、减资

第一百七十三条 公司合并可以采取吸收合并或者新设合并。

一个公司吸收其他公司为吸收合并，被吸收的公司解散。两个以上公司合并设立一个新的公司为新设合并，合并各方解散。

第一百七十四条 公司合并，应当由合并各方签订合并协议，并编制资产负债表及财产清单。公司应当自作出合并决议之日起十日内通知债权人，并于三十日内在报纸上公告。债权人自接到通知书之日起三十日内，未接到通知书的自公告之日起四十五日内，可以要求公司清偿债务或者提供相应的担保。

第一百七十五条 公司合并时，合并各方的债权、债务，应当由合并后存续的公司或者新设的公司承继。

第一百七十六条 公司分立，其财产作相应的分割。

公司分立，应当编制资产负债表及财产清单。公司应当自作出分立决议之日起十日内通知债权人，并于三十日内在报纸上公告。

第一百七十七条 公司分立前的债务由分立后的公司承担连带责任。但是，公司在分立前与债权人就债务清偿达成的书面协议另有约定的除外。

第一百七十八条 公司需要减少注册资本时，必须编制资产负债表及财产清单。

公司应当自作出减少注册资本决议之日起十日内通知债权人，并于三十日内在报纸上公告。债权人自接到通知书之日起三十日内，未接到通知书的自公告之日起四十五日内，有权要求公司清偿债务或者提供相应的担保。

公司减资后的注册资本不得低于法定的最低限额。

第一百七十九条 有限责任公司增加注册资本时，股东认缴新增资本的出资，依照本法设立有限责任公司缴纳出资的有关规定执行。

股份有限公司为增加注册资本发行新股时，股东认购新股，依照本法设立股份有限公司缴纳股款的有关规定执行。

第一百八十条 公司合并或者分立，登记事项发生变更的，应当依法向公司登记机关办理变更登记；公司解散的，应当依法办理公司注销登记；设立新公司的，应当依法办理公司设立登记。

公司增加或者减少注册资本，应当依法向公司登记机关办理变更登记。

第十章　公司解散和清算

第一百八十一条 公司因下列原因解散：

(一)公司章程规定的营业期限届满或者公司章程规定的其他解散事由出现；

(二) 股东会或者股东大会决议解散；

(三) 因公司合并或者分立需要解散；

(四) 依法被吊销营业执照、责令关闭或者被撤销；

(五)人民法院依照本法第一百八十三条的规定予以解散。

第一百八十二条 公司有本法第一百八十一条第(一) 项情形的，可以通过修改公司章程而存续。

依照前款规定修改公司章程，有限责任公司须经持有三分之二以上表决权的股东通过，股份有限公司须经出席股东大会会议的股东所持表决权的三分之二以上通过。

第一百八十三条 公司经营管理发生严重困难，继续存续会使股东利益受到重大损失，通过其他途径不能解决的，持有公司全部股东表决权百分之十以上的股东，可以请求人民法院解散公司。

第一百八十四条 公司因本法第一百八十一条第

（一）项、第（二）项、第（四）项、第（五）项规定而解散的，应当在解散事由出现之日起十五日内成立清算组，开始清算。有限责任公司的清算组由股东组成，股份有限公司的清算组由董事或者股东大会确定的人员组成。逾期不成立清算组进行清算的，债权人可以申请人民法院指定有关人员组成清算组进行清算。人民法院应当受理该申请，并及时组织清算组进行清算。

第一百八十五条　清算组在清算期间行使下列职权：

（一）清理公司财产，分别编制资产负债表和财产清单；

（二）通知、公告债权人；

（三）处理与清算有关的公司未了结的业务；

（四）清缴所欠税款以及清算过程中产生的税款；

（五）清理债权、债务；

（六）处理公司清偿债务后的剩余财产；

（七）代表公司参与民事诉讼活动。

第一百八十六条　清算组应当自成立之日起十日内通知债权人，并于六十日内在报纸上公告。债权人应当自接到通知书之日起三十日内，未接到通知书的自公告之日起四十五日内，向清算组申报其债权。

债权人申报债权，应当说明债权的有关事项，并提供证明材料。清算组应当对债权进行登记。

在申报债权期间，清算组不得对债权人进行清偿。

第一百八十七条　清算组在清理公司财产、编制资产负债表和财产清单后，应当制定清算方案，并报股东会、股东大会或者人民法院确认。

公司财产在分别支付清算费用、职工的工资、社会保险费用和法定补偿金，缴纳所欠税款，清偿公司债务后的剩余财产，有限责任公司按照股东的出资比例分配，股份有限公司按照股东持有的股份比例分配。

清算期间，公司存续，但不得开展与清算无关的经营活动。公司财产在未依照前款规定清偿前，不得分配给股东。

第一百八十八条　清算组在清理公司财产、编制资产负债表和财产清单后，发现公司财产不足清偿债务的，应当依法向人民法院申请宣告破产。

公司经人民法院裁定宣告破产后，清算组应当将清算事务移交给人民法院。

第一百八十九条　公司清算结束后，清算组应当制作清算报告，报股东会、股东大会或者人民法院确认，并报送公司登记机关，申请注销公司登记，公告公司终止。

第一百九十条　清算组成员应当忠于职守，依法履行清算义务。

清算组成员不得利用职权收受贿赂或者其他非法收入，不得侵占公司财产。

清算组成员因故意或者重大过失给公司或者债权人造成损失的，应当承担赔偿责任。

第一百九十一条　公司被依法宣告破产的，依照有关企业破产的法律实施破产清算。

第十一章　外国公司的分支机构

第一百九十二条　本法所称外国公司是指依照外国法律在中国境外设立的公司。

第一百九十三条　外国公司在中国境内设立分支机构，必须向中国主管机关提出申请，并提交其公司章程、所属国的公司登记证书等有关文件，经批准后，向公司登记机关依法办理登记，领取营业执照。

外国公司分支机构的审批办法由国务院另行规定。

第一百九十四条　外国公司在中国境内设立分支机构，必须在中国境内指定负责该分支机构的代表人或者代理人，并向该分支机构拨付与其所从事的经营活动相适应的资金。

对外国公司分支机构的经营资金需要规定最低限额的，由国务院另行规定。

第一百九十五条　外国公司的分支机构应当在其名称中标明该外国公司的国籍及责任形式。

外国公司的分支机构应当在本机构中置备该外国公司章程。

第一百九十六条　外国公司在中国境内设立的分支机构不具有中国法人资格。

外国公司对其分支机构在中国境内进行经营活动承担民事责任。

第一百九十七条　经批准设立的外国公司分支机构，在中国境内从事业务活动，必须遵守中国的法律，不得损害中国的社会公共利益，其合法权益受中国法律保护。

第一百九十八条　外国公司撤销其在中国境内的分支机构时，必须依法清偿债务，依照本法有关公司清算程序的规定进行清算。未清偿债务之前，不得将其分支机构的财产移至中国境外。

第十二章　法 律 责 任

第一百九十九条　违反本法规定，虚报注册资本、提交虚假材料或者采取其他欺诈手段隐瞒重要事实取得公司登记的，由公司登记机关责令改正，对虚报注册资本的公司，处以虚报注册资本金额百分之五以上百分之十五以下的罚款；对提交虚假材料或者采取其他欺诈手段隐瞒重要事实的公司，处以五万元以上五十万元以下的罚款；情节严重的，撤销公司登记或者吊销营业执照。

第二百条 公司的发起人、股东虚假出资，未交付或者未按期交付作为出资的货币或者非货币财产的，由公司登记机关责令改正，处以虚假出资金额百分之五以上百分之十五以下的罚款。

第二百零一条 公司的发起人、股东在公司成立后，抽逃其出资的，由公司登记机关责令改正，处以所抽逃出资金额百分之五以上百分之十五以下的罚款。

第二百零二条 公司违反本法规定，在法定的会计账簿以外另立会计账簿的，由县级以上人民政府财政部门责令改正，处以五万元以上五十万元以下的罚款。

第二百零三条 公司在依法向有关主管部门提供的财务会计报告等材料上作虚假记载或者隐瞒重要事实的，由有关主管部门对直接负责的主管人员和其他直接责任人员处以三万元以上三十万元以下的罚款。

第二百零四条 公司不依照本法规定提取法定公积金的，由县级以上人民政府财政部门责令如数补足应当提取的金额，可以对公司处以二十万元以下的罚款。

第二百零五条 公司在合并、分立、减少注册资本或者进行清算时，不依照本法规定通知或者公告债权人的，由公司登记机关责令改正，对公司处以一万元以上十万元以下的罚款。

公司在进行清算时，隐匿财产，对资产负债表或者财产清单作虚假记载或者在未清偿债务前分配公司财产的，由公司登记机关责令改正，对公司处以隐匿财产或者未清偿债务前分配公司财产金额百分之五以上百分之十以下的罚款；对直接负责的主管人员和其他直接责任人员处以一万元以上十万元以下的罚款。

第二百零六条 公司在清算期间开展与清算无关的经营活动的，由公司登记机关予以警告，没收违法所得。

第二百零七条 清算组不依照本法规定向公司登记机关报送清算报告，或者报送清算报告隐瞒重要事实或者有重大遗漏的，由公司登记机关责令改正。

清算组成员利用职权徇私舞弊、谋取非法收入或者侵占公司财产的，由公司登记机关责令退还公司财产，没收违法所得，并可以处以违法所得一倍以上五倍以下的罚款。

第二百零八条 承担资产评估、验资或者验证的机构提供虚假材料的，由公司登记机关没收违法所得，处以违法所得一倍以上五倍以下的罚款，并可以由有关主管部门依法责令该机构停业、吊销直接责任人员的资格证书，吊销营业执照。

承担资产评估、验资或者验证的机构因过失提供有重大遗漏的报告的，由公司登记机关责令改正，情节较重的，处以所得收入一倍以上五倍以下的罚款，并可以由有关主管部门依法责令该机构停业、吊销直接责任人员的资格证书，吊销营业执照。

承担资产评估、验资或者验证的机构因其出具的评估结果、验资或者验证证明不实，给公司债权人造成损失的，除能够证明自己没有过错的外，在其评估或者证明不实的金额范围内承担赔偿责任。

第二百零九条 公司登记机关对不符合本法规定条件的登记申请予以登记，或者对符合本法规定条件的登记申请不予登记的，对直接负责的主管人员和其他直接责任人员，依法给予行政处分。

第二百一十条 公司登记机关的上级部门强令公司登记机关对不符合本法规定条件的登记申请予以登记，或者对符合本法规定条件的登记申请不予登记的，或者对违法登记进行包庇的，对直接负责的主管人员和其他直接责任人员依法给予行政处分。

第二百一十一条 未依法登记为有限责任公司或者股份有限公司，而冒用有限责任公司或者股份有限公司名义的，或者未依法登记为有限责任公司或者股份有限公司的分公司，而冒用有限责任公司或者股份有限公司的分公司名义的，由公司登记机关责令改正或者予以取缔，可以并处十万元以下的罚款。

第二百一十二条 公司成立后无正当理由超过六个月未开业的，或者开业后自行停业连续六个月以上的，可以由公司登记机关吊销营业执照。

公司登记事项发生变更时，未依照本法规定办理有关变更登记的，由公司登记机关责令限期登记；逾期不登记的，处以一万元以上十万元以下的罚款。

第二百一十三条 外国公司违反本法规定，擅自在中国境内设立分支机构的，由公司登记机关责令改正或者关闭，可以并处五万元以上二十万元以下的罚款。

第二百一十四条 利用公司名义从事危害国家安全、社会公共利益的严重违法行为的，吊销营业执照。

第二百一十五条 公司违反本法规定，应当承担民事赔偿责任和缴纳罚款、罚金的，其财产不足以支付时，先承担民事赔偿责任。

第二百一十六条 违反本法规定，构成犯罪的，依法追究刑事责任。

第十三章　附　　则

第二百一十七条 本法下列用语的含义：

（一）高级管理人员，是指公司的经理、副经理、财务负责人，上市公司董事会秘书和公司章程规定的其他人员。

（二）控股股东，是指其出资额占有限责任公司资本总额百分之五十以上或者其持有的股份占股份有限公司股本总额百分之五十以上的股东；出资额或者持有股份的比例虽然不足百分之五十，但依其出资额或者持有的股份所享有的表决权已足以对股东会、股东大会的决议产生重大影响的股东。

（三）实际控制人，是指虽不是公司的股东，但通过投资关系、协议或者其他安排，能够实际支配公司行为的人。

（四）关联关系，是指公司控股股东、实际控制人、董事、监事、高级管理人员与其直接或者间接控制的企业之间的关系，以及可能导致公司利益转移的其他关系。但是，国家控股的企业之间不仅因为同受国家控股而具有关联关系。

第二百一十八条　外商投资的有限责任公司和股份有限公司适用本法；有关外商投资的法律另有规定的，适用其规定。

第二百一十九条　本法自2006年1月1日起施行。

中华人民共和国证券法

中华人民共和国主席令　2005年第43号

（1998年12月29日第九届全国人民代表大会常务委员会第六次会议通过　根据2004年8月28日第十届全国人民代表大会常务委员会第十一次会议《关于修改〈中华人民共和国证券法〉的决定》修正　2005年10月27日第十届全国人民代表大会常务委员会第十八次会议修订）

第一章　总　　则

第一条　为了规范证券发行和交易行为，保护投资者的合法权益，维护社会经济秩序和社会公共利益，促进社会主义市场经济的发展，制定本法。

第二条　在中华人民共和国境内，股票、公司债券和国务院依法认定的其他证券的发行和交易，适用本法；本法未规定的，适用《中华人民共和国公司法》和其他法律、行政法规的规定。

政府债券、证券投资基金份额的上市交易，适用本法；其他法律、行政法规另有规定的，适用其规定。

证券衍生品种发行、交易的管理办法，由国务院依照本法的原则规定。

第三条　证券的发行、交易活动，必须实行公开、公平、公正的原则。

第四条　证券发行、交易活动的当事人具有平等的法律地位，应当遵守自愿、有偿、诚实信用的原则。

第五条　证券的发行、交易活动，必须遵守法律、行政法规；禁止欺诈、内幕交易和操纵证券市场的行为。

第六条　证券业和银行业、信托业、保险业实行分业经营、分业管理，证券公司与银行、信托、保险业务机构分别设立。国家另有规定的除外。

第七条　国务院证券监督管理机构依法对全国证券市场实行集中统一监督管理。

国务院证券监督管理机构根据需要可以设立派出机构，按照授权履行监督管理职责。

第八条　在国家对证券发行、交易活动实行集中统一监督管理的前提下，依法设立证券业协会，实行自律性管理。

第九条　国家审计机关依法对证券交易所、证券公司、证券登记结算机构、证券监督管理机构进行审计监督。

第二章　证券发行

第十条　公开发行证券，必须符合法律、行政法规规定的条件，并依法报经国务院证券监督管理机构或者国务院授权的部门核准；未经依法核准，任何单位和个人不得公开发行证券。

有下列情形之一的，为公开发行：

（一）向不特定对象发行证券的；

（二）向特定对象发行证券累计超过二百人的；

（三）法律、行政法规规定的其他发行行为。

非公开发行证券，不得采用广告、公开劝诱和变相公开方式。

第十一条　发行人申请公开发行股票、可转换为股票的公司债券，依法采取承销方式的，或者公开发行法律、行政法规规定实行保荐制度的其他证券的，应当聘请具有保荐资格的机构担任保荐人。

保荐人应当遵守业务规则和行业规范，诚实守信，勤勉尽责，对发行人的申请文件和信息披露资料进行审慎核查，督导发行人规范运作。

保荐人的资格及其管理办法由国务院证券监督管理机构规定。

第十二条 设立股份有限公司公开发行股票，应当符合《中华人民共和国公司法》规定的条件和经国务院批准的国务院证券监督管理机构规定的其他条件，向国务院证券监督管理机构报送募股申请和下列文件：

（一）公司章程；

（二）发起人协议；

（三）发起人姓名或者名称，发起人认购的股份数、出资种类及验资证明；

（四）招股说明书；

（五）代收股款银行的名称及地址；

（六）承销机构名称及有关的协议。

依照本法规定聘请保荐人的，还应当报送保荐人出具的发行保荐书。

法律、行政法规规定设立公司必须报经批准的，还应当提交相应的批准文件。

第十三条 公司公开发行新股，应当符合下列条件：

（一）具备健全且运行良好的组织机构；

（二）具有持续盈利能力，财务状况良好；

（三）最近三年财务会计文件无虚假记载，无其他重大违法行为；

（四）经国务院批准的国务院证券监督管理机构规定的其他条件。

上市公司非公开发行新股，应当符合经国务院批准的国务院证券监督管理机构规定的条件，并报国务院证券监督管理机构核准。

第十四条 公司公开发行新股，应当向国务院证券监督管理机构报送募股申请和下列文件：

（一）公司营业执照；

（二）公司章程；

（三）股东大会决议；

（四）招股说明书；

（五）财务会计报告；

（六）代收股款银行的名称及地址；

（七）承销机构名称及有关的协议。

依照本法规定聘请保荐人的，还应当报送保荐人出具的发行保荐书。

第十五条 公司对公开发行股票所募集资金，必须按照招股说明书所列资金用途使用。改变招股说明书所列资金用途，必须经股东大会作出决议。擅自改变用途而未作纠正的，或者未经股东大会认可的，不得公开发行新股。

第十六条 公开发行公司债券，应当符合下列条件：

（一）股份有限公司的净资产不低于人民币三千万元，有限责任公司的净资产不低于人民币六千万元；

（二）累计债券余额不超过公司净资产的百分之四十；

（三）最近三年平均可分配利润足以支付公司债券一年的利息；

（四）筹集的资金投向符合国家产业政策；

（五）债券的利率不超过国务院限定的利率水平；

（六）国务院规定的其他条件。

公开发行公司债券筹集的资金，必须用于核准的用途，不得用于弥补亏损和非生产性支出。

上市公司发行可转换为股票的公司债券，除应当符合第一款规定的条件外，还应当符合本法关于公开发行股票的条件，并报国务院证券监督管理机构核准。

第十七条 申请公开发行公司债券，应当向国务院授权的部门或者国务院证券监督管理机构报送下列文件：

（一）公司营业执照；

（二）公司章程；

（三）公司债券募集办法；

（四）资产评估报告和验资报告；

（五）国务院授权的部门或者国务院证券监督管理机构规定的其他文件。

依照本法规定聘请保荐人的，还应当报送保荐人出具的发行保荐书。

第十八条 有下列情形之一的，不得再次公开发行公司债券：

（一）前一次公开发行的公司债券尚未募足；

（二）对已公开发行的公司债券或者其他债务有违约或者延迟支付本息的事实，仍处于继续状态；

（三）违反本法规定，改变公开发行公司债券所募资金的用途。

第十九条 发行人依法申请核准发行证券所报送的申请文件的格式、报送方式，由依法负责核准的机构或者部门规定。

第二十条 发行人向国务院证券监督管理机构或者国务院授权的部门报送的证券发行申请文件，必须真实、准确、完整。

为证券发行出具有关文件的证券服务机构和人员，必须严格履行法定职责，保证其所出具文件的真实性、准确性和完整性。

第二十一条　发行人申请首次公开发行股票的，在提交申请文件后，应当按照国务院证券监督管理机构的规定预先披露有关申请文件。

第二十二条　国务院证券监督管理机构设发行审核委员会，依法审核股票发行申请。

发行审核委员会由国务院证券监督管理机构的专业人员和所聘请的该机构外的有关专家组成，以投票方式对股票发行申请进行表决，提出审核意见。

发行审核委员会的具体组成办法、组成人员任期、工作程序，由国务院证券监督管理机构规定。

第二十三条　国务院证券监督管理机构依照法定条件负责核准股票发行申请。核准程序应当公开，依法接受监督。

参与审核和核准股票发行申请的人员，不得与发行申请人有利害关系，不得直接或者间接接受发行申请人的馈赠，不得持有所核准的发行申请的股票，不得私下与发行申请人进行接触。

国务院授权的部门对公司债券发行申请的核准，参照前两款的规定执行。

第二十四条　国务院证券监督管理机构或者国务院授权的部门应当自受理证券发行申请文件之日起三个月内，依照法定条件和法定程序作出予以核准或者不予核准的决定，发行人根据要求补充、修改发行申请文件的时间不计算在内；不予核准的，应当说明理由。

第二十五条　证券发行申请经核准，发行人应当依照法律、行政法规的规定，在证券公开发行前，公告公开发行募集文件，并将该文件置备于指定场所供公众查阅。

发行证券的信息依法公开前，任何知情人不得公开或者泄露该信息。

发行人不得在公告公开发行募集文件前发行证券。

第二十六条　国务院证券监督管理机构或者国务院授权的部门对已作出的核准证券发行的决定，发现不符合法定条件或者法定程序，尚未发行证券的，应当予以撤销，停止发行。已经发行尚未上市的，撤销发行核准决定，发行人应当按照发行价并加算银行同期存款利息返还证券持有人；保荐人应当与发行人承担连带责任，但是能够证明自己没有过错的除外；发行人的控股股东、实际控制人有过错的，应当与发行人承担连带责任。

第二十七条　股票依法发行后，发行人经营与收益的变化，由发行人自行负责；由此变化引致的投资风险，由投资者自行负责。

第二十八条　发行人向不特定对象发行的证券，法律、行政法规规定应当由证券公司承销的，发行人应当同证券公司签订承销协议。证券承销业务采取代销或者包销方式。

证券代销是指证券公司代发行人发售证券，在承销期结束时，将未售出的证券全部退还给发行人的承销方式。

证券包销是指证券公司将发行人的证券按照协议全部购入或者在承销期结束时将售后剩余证券全部自行购入的承销方式。

第二十九条　公开发行证券的发行人有权依法自主选择承销的证券公司。证券公司不得以不正当竞争手段招揽证券承销业务。

第三十条　证券公司承销证券，应当同发行人签订代销或者包销协议，载明下列事项：

（一）当事人的名称、住所及法定代表人姓名；

（二）代销、包销证券的种类、数量、金额及发行价格；

（三）代销、包销的期限及起止日期；

（四）代销、包销的付款方式及日期；

（五）代销、包销的费用和结算办法；

（六）违约责任；

（七）国务院证券监督管理机构规定的其他事项。

第三十一条　证券公司承销证券，应当对公开发行募集文件的真实性、准确性、完整性进行核查；发现有虚假记载、误导性陈述或者重大遗漏的，不得进行销售活动；已经销售的，必须立即停止销售活动，并采取纠正措施。

第三十二条　向不特定对象发行的证券票面总值超过人民币五千万元的，应当由承销团承销。承销团应当由主承销和参与承销的证券公司组成。

第三十三条　证券的代销、包销期限最长不得超过九十日。

证券公司在代销、包销期内，对所代销、包销的证券应当保证先行出售给认购人，证券公司不得为本公司预留所代销的证券和预先购入并留存所包销的证券。

第三十四条　股票发行采取溢价发行的，其发行价格由发行人与承销的证券公司协商确定。

第三十五条　股票发行采用代销方式，代销期限届满，向投资者出售的股票数量未达到拟公开发行股票数量百分之七十的，为发行失败。发行人应当按照发行价并加算银行同期存款利息返还股票认购人。

第三十六条　公开发行股票，代销、包销期限届满，发行人应当在规定的期限内将股票发行情况报国务院证券监督管理机构备案。

第三章 证 券 交 易

第一节 一 般 规 定

第三十七条 证券交易当事人依法买卖的证券，必须是依法发行并交付的证券。

非依法发行的证券，不得买卖。

第三十八条 依法发行的股票、公司债券及其他证券，法律对其转让期限有限制性规定的，在限定的期限内不得买卖。

第三十九条 依法公开发行的股票、公司债券及其他证券，应当在依法设立的证券交易所上市交易或者在国务院批准的其他证券交易场所转让。

第四十条 证券在证券交易所上市交易，应当采用公开的集中交易方式或者国务院证券监督管理机构批准的其他方式。

第四十一条 证券交易当事人买卖的证券可以采用纸面形式或者国务院证券监督管理机构规定的其他形式。

第四十二条 证券交易以现货和国务院规定的其他方式进行交易。

第四十三条 证券交易所、证券公司和证券登记结算机构的从业人员、证券监督管理机构的工作人员以及法律、行政法规禁止参与股票交易的其他人员，在任期或者法定限期内，不得直接或者以化名、借他人名义持有、买卖股票，也不得收受他人赠送的股票。

任何人在成为前款所列人员时，其原已持有的股票，必须依法转让。

第四十四条 证券交易所、证券公司、证券登记结算机构必须依法为客户开立的账户保密。

第四十五条 为股票发行出具审计报告、资产评估报告或者法律意见书等文件的证券服务机构和人员，在该股票承销期内和期满后六个月内，不得买卖该种股票。

除前款规定外，为上市公司出具审计报告、资产评估报告或者法律意见书等文件的证券服务机构和人员，自接受上市公司委托之日起至上述文件公开后五日内，不得买卖该种股票。

第四十六条 证券交易的收费必须合理，并公开收费项目、收费标准和收费办法。

证券交易的收费项目、收费标准和管理办法由国务院有关主管部门统一规定。

第四十七条 上市公司董事、监事、高级管理人员、持有上市公司股份百分之五以上的股东，将其持有的该公司的股票在买入后六个月内卖出，或者在卖出后六个月内又买入，由此所得收益归该公司所有，公司董事会应当收回其所得收益。但是，证券公司因包销购入售后剩余股票而持有百分之五以上股份的，卖出该股票不受六个月时间限制。

公司董事会不按照前款规定执行的，股东有权要求董事会在三十日内执行。公司董事会未在上述期限内执行的，股东有权为了公司的利益以自己的名义直接向人民法院提起诉讼。

公司董事会不按照第一款的规定执行的，负有责任的董事依法承担连带责任。

第二节 证 券 上 市

第四十八条 申请证券上市交易，应当向证券交易所提出申请，由证券交易所依法审核同意，并由双方签订上市协议。

证券交易所根据国务院授权的部门的决定安排政府债券上市交易。

第四十九条 申请股票、可转换为股票的公司债券或者法律、行政法规规定实行保荐制度的其他证券上市交易，应当聘请具有保荐资格的机构担任保荐人。

本法第十一条第二款、第三款的规定适用于上市保荐人。

第五十条 股份有限公司申请股票上市，应当符合下列条件：

（一）股票经国务院证券监督管理机构核准已公开发行；

（二）公司股本总额不少于人民币三千万元；

（三）公开发行的股份达到公司股份总数的百分之二十五以上；公司股本总额超过人民币四亿元的，公开发行股份的比例为百分之十以上；

（四）公司最近三年无重大违法行为，财务会计报告无虚假记载。

证券交易所可以规定高于前款规定的上市条件，并报国务院证券监督管理机构批准。

第五十一条 国家鼓励符合产业政策并符合上市条件的公司股票上市交易。

第五十二条 申请股票上市交易，应当向证券交易所报送下列文件：

（一）上市报告书；

（二）申请股票上市的股东大会决议；

（三）公司章程；

（四）公司营业执照；

（五）依法经会计师事务所审计的公司最近三年的财务会计报告；

（六）法律意见书和上市保荐书；

（七）最近一次的招股说明书；

（八）证券交易所上市规则规定的其他文件。

第五十三条　股票上市交易申请经证券交易所审核同意后，签订上市协议的公司应当在规定的期限内公告股票上市的有关文件，并将该文件置备于指定场所供公众查阅。

第五十四条　签订上市协议的公司除公告前条规定的文件外，还应当公告下列事项：

（一）股票获准在证券交易所交易的日期；

（二）持有公司股份最多的前十名股东的名单和持股数额；

（三）公司的实际控制人；

（四）董事、监事、高级管理人员的姓名及其持有本公司股票和债券的情况。

第五十五条　上市公司有下列情形之一的，由证券交易所决定暂停其股票上市交易：

（一）公司股本总额、股权分布等发生变化不再具备上市条件；

（二）公司不按照规定公开其财务状况，或者对财务会计报告作虚假记载，可能误导投资者；

（三）公司有重大违法行为；

（四）公司最近三年连续亏损；

（五）证券交易所上市规则规定的其他情形。

第五十六条　上市公司有下列情形之一的，由证券交易所决定终止其股票上市交易：

（一）公司股本总额、股权分布等发生变化不再具备上市条件，在证券交易所规定的期限内仍不能达到上市条件；

（二）公司不按照规定公开其财务状况，或者对财务会计报告作虚假记载，且拒绝纠正；

（三）公司最近三年连续亏损，在其后一个年度内未能恢复盈利；

（四）公司解散或者被宣告破产；

（五）证券交易所上市规则规定的其他情形。

第五十七条　公司申请公司债券上市交易，应当符合下列条件：

（一）公司债券的期限为一年以上；

（二）公司债券实际发行额不少于人民币五千万元；

（三）公司申请债券上市时仍符合法定的公司债券发行条件。

第五十八条　申请公司债券上市交易，应当向证券交易所报送下列文件：

（一）上市报告书；

（二）申请公司债券上市的董事会决议；

（三）公司章程；

（四）公司营业执照；

（五）公司债券募集办法；

（六）公司债券的实际发行数额；

（七）证券交易所上市规则规定的其他文件。

申请可转换为股票的公司债券上市交易，还应当报送保荐人出具的上市保荐书。

第五十九条　公司债券上市交易申请经证券交易所审核同意后，签订上市协议的公司应当在规定的期限内公告公司债券上市文件及有关文件，并将其申请文件置备于指定场所供公众查阅。

第六十条　公司债券上市交易后，公司有下列情形之一的，由证券交易所决定暂停其公司债券上市交易：

（一）公司有重大违法行为；

（二）公司情况发生重大变化不符合公司债券上市条件；

（三）发行公司债券所募集的资金不按照核准的用途使用；

（四）未按照公司债券募集办法履行义务；

（五）公司最近二年连续亏损。

第六十一条　公司有前条第（一）项、第（四）项所列情形之一经查实后果严重的，或者有前条第（二）项、第（三）项、第（五）项所列情形之一，在限期内未能消除的，由证券交易所决定终止其公司债券上市交易。

公司解散或者被宣告破产的，由证券交易所终止其公司债券上市交易。

第六十二条　对证券交易所作出的不予上市、暂停上市、终止上市决定不服的，可以向证券交易所设立的复核机构申请复核。

第三节　持续信息公开

第六十三条　发行人、上市公司依法披露的信息，必须真实、准确、完整，不得有虚假记载、误导性陈述或者重大遗漏。

第六十四条　经国务院证券监督管理机构核准依法公开发行股票，或者经国务院授权的部门核准依法公开发行公司债券，应当公告招股说明书、公司债券募集办法。依法公开发行新股或者公司债券的，还应当公告财务会计报告。

第六十五条　上市公司和公司债券上市交易的公司，应当在每一会计年度的上半年结束之日起二个月内，向国务院证券监督管理机构和证券交易所报送记载以下内容的中期报告，并予公告：

（一）公司财务会计报告和经营情况；

（二）涉及公司的重大诉讼事项；

（三）已发行的股票、公司债券变动情况；

（四）提交股东大会审议的重要事项；

（五）国务院证券监督管理机构规定的其他事项。

第六十六条 上市公司和公司债券上市交易的公司，应当在每一会计年度结束之日起四个月内，向国务院证券监督管理机构和证券交易所报送记载以下内容的年度报告，并予公告：

（一）公司概况；

（二）公司财务会计报告和经营情况；

（三）董事、监事、高级管理人员简介及其持股情况；

（四）已发行的股票、公司债券情况，包括持有公司股份最多的前十名股东的名单和持股数额；

（五）公司的实际控制人；

（六）国务院证券监督管理机构规定的其他事项。

第六十七条 发生可能对上市公司股票交易价格产生较大影响的重大事件，投资者尚未得知时，上市公司应当立即将有关该重大事件的情况向国务院证券监督管理机构和证券交易所报送临时报告，并予公告，说明事件的起因、目前的状态和可能产生的法律后果。

下列情况为前款所称重大事件：

（一）公司的经营方针和经营范围的重大变化；

（二）公司的重大投资行为和重大的购置财产的决定；

（三）公司订立重要合同，可能对公司的资产、负债、权益和经营成果产生重要影响；

（四）公司发生重大债务和未能清偿到期重大债务的违约情况；

（五）公司发生重大亏损或者重大损失；

（六）公司生产经营的外部条件发生的重大变化；

（七）公司的董事、三分之一以上监事或者经理发生变动；

（八）持有公司百分之五以上股份的股东或者实际控制人，其持有股份或者控制公司的情况发生较大变化；

（九）公司减资、合并、分立、解散及申请破产的决定；

（十）涉及公司的重大诉讼，股东大会、董事会决议被依法撤销或者宣告无效；

（十一）公司涉嫌犯罪被司法机关立案调查，公司董事、监事、高级管理人员涉嫌犯罪被司法机关采取强制措施；

（十二）国务院证券监督管理机构规定的其他事项。

第六十八条 上市公司董事、高级管理人员应当对公司定期报告签署书面确认意见。

上市公司监事会应当对董事会编制的公司定期报告进行审核并提出书面审核意见。

上市公司董事、监事、高级管理人员应当保证上市公司所披露的信息真实、准确、完整。

第六十九条 发行人、上市公司公告的招股说明书、公司债券募集办法、财务会计报告、上市报告文件、年度报告、中期报告、临时报告以及其他信息披露资料，有虚假记载、误导性陈述或者重大遗漏，致使投资者在证券交易中遭受损失的，发行人、上市公司应当承担赔偿责任；发行人、上市公司的董事、监事、高级管理人员和其他直接责任人员以及保荐人、承销的证券公司，应当与发行人、上市公司承担连带赔偿责任，但是能够证明自己没有过错的除外；发行人、上市公司的控股股东、实际控制人有过错的，应当与发行人、上市公司承担连带赔偿责任。

第七十条 依法必须披露的信息，应当在国务院证券监督管理机构指定的媒体发布，同时将其置备于公司住所、证券交易所，供社会公众查阅。

第七十一条 国务院证券监督管理机构对上市公司年度报告、中期报告、临时报告以及公告的情况进行监督，对上市公司分派或者配售新股的情况进行监督，对上市公司控股股东和信息披露义务人的行为进行监督。

证券监督管理机构、证券交易所、保荐人、承销的证券公司及有关人员，对公司依照法律、行政法规规定必须作出的公告，在公告前不得泄露其内容。

第七十二条 证券交易所决定暂停或者终止证券上市交易的，应当及时公告，并报国务院证券监督管理机构备案。

第四节 禁止的交易行为

第七十三条 禁止证券交易内幕信息的知情人和非法获取内幕信息的人利用内幕信息从事证券交易活动。

第七十四条 证券交易内幕信息的知情人包括：

（一）发行人的董事、监事、高级管理人员；

（二）持有公司百分之五以上股份的股东及其董事、监事、高级管理人员，公司的实际控制人及其董事、监事、高级管理人员；

（三）发行人控股的公司及其董事、监事、高级管理人员；

（四）由于所任公司职务可以获取公司有关内幕信息的人员；

（五）证券监督管理机构工作人员以及由于法定职责对证券的发行、交易进行管理的其他人员；

（六）保荐人、承销的证券公司、证券交易所、证券登记结算机构、证券服务机构的有关人员；

（七）国务院证券监督管理机构规定的其他人。

第七十五条　证券交易活动中，涉及公司的经营、财务或者对该公司证券的市场价格有重大影响的尚未公开的信息，为内幕信息。

下列信息皆属内幕信息：

（一）本法第六十七条第二款所列重大事件；

（二）公司分配股利或者增资的计划；

（三）公司股权结构的重大变化；

（四）公司债务担保的重大变更；

（五）公司营业用主要资产的抵押、出售或者报废一次超过该资产的百分之三十；

（六）公司的董事、监事、高级管理人员的行为可能依法承担重大损害赔偿责任；

（七）上市公司收购的有关方案；

（八）国务院证券监督管理机构认定的对证券交易价格有显著影响的其他重要信息。

第七十六条　证券交易内幕信息的知情人和非法获取内幕信息的人，在内幕信息公开前，不得买卖该公司的证券，或者泄露该信息，或者建议他人买卖该证券。

持有或者通过协议、其他安排与他人共同持有公司百分之五以上股份的自然人、法人、其他组织收购上市公司的股份，本法另有规定的，适用其规定。

内幕交易行为给投资者造成损失的，行为人应当依法承担赔偿责任。

第七十七条　禁止任何人以下列手段操纵证券市场：

（一）单独或者通过合谋，集中资金优势、持股优势或者利用信息优势联合或者连续买卖，操纵证券交易价格或者证券交易量；

（二）与他人串通，以事先约定的时间、价格和方式相互进行证券交易，影响证券交易价格或者证券交易量；

（三）在自己实际控制的账户之间进行证券交易，影响证券交易价格或者证券交易量；

（四）以其他手段操纵证券市场。

操纵证券市场行为给投资者造成损失的，行为人应当依法承担赔偿责任。

第七十八条　禁止国家工作人员、传播媒介从业人员和有关人员编造、传播虚假信息，扰乱证券市场。

禁止证券交易所、证券公司、证券登记结算机构、证券服务机构及其从业人员，证券业协会、证券监督管理机构及其工作人员，在证券交易活动中作出虚假陈述或者信息误导。

各种传播媒介传播证券市场信息必须真实、客观，禁止误导。

第七十九条　禁止证券公司及其从业人员从事下列损害客户利益的欺诈行为：

（一）违背客户的委托为其买卖证券；

（二）不在规定时间内向客户提供交易的书面确认文件；

（三）挪用客户所委托买卖的证券或者客户账户上的资金；

（四）未经客户的委托，擅自为客户买卖证券，或者假借客户的名义买卖证券；

（五）为牟取佣金收入，诱使客户进行不必要的证券买卖；

（六）利用传播媒介或者通过其他方式提供、传播虚假或者误导投资者的信息；

（七）其他违背客户真实意思表示，损害客户利益的行为。

欺诈客户行为给客户造成损失的，行为人应当依法承担赔偿责任。

第八十条　禁止法人非法利用他人账户从事证券交易；禁止法人出借自己或者他人的证券账户。

第八十一条　依法拓宽资金入市渠道，禁止资金违规流入股市。

第八十二条　禁止任何人挪用公款买卖证券。

第八十三条　国有企业和国有资产控股的企业买卖上市交易的股票，必须遵守国家有关规定。

第八十四条　证券交易所、证券公司、证券登记结算机构、证券服务机构及其从业人员对证券交易中发现的禁止的交易行为，应当及时向证券监督管理机构报告。

第四章　上市公司的收购

第八十五条　投资者可以采取要约收购、协议收购及其他合法方式收购上市公司。

第八十六条　通过证券交易所的证券交易，投资者持有或者通过协议、其他安排与他人共同持有一个上市公司已发行的股份达到百分之五时，应当在该事实发生之日起三日内，向国务院证券监督管理机构、证券交易所作出书面报告，通知该上市公司，并予公告；在上述期限内，不得再行买卖该上市公司的股票。

投资者持有或者通过协议、其他安排与他人共同持有一个上市公司已发行的股份达到百分之五后，其所持该上市公司已发行的股份比例每增加或者减少百分之五，应当依照前款规定进行报告和公告。在报告期限内和作出报告、公告后二日内，不得再行买卖该上市公司的股票。

第八十七条 依照前条规定所作的书面报告和公告，应当包括下列内容：

（一）持股人的名称、住所；

（二）持有的股票的名称、数额；

（三）持股达到法定比例或者持股增减变化达到法定比例的日期。

第八十八条 通过证券交易所的证券交易，投资者持有或者通过协议、其他安排与他人共同持有一个上市公司已发行的股份达到百分之三十时，继续进行收购的，应当依法向该上市公司所有股东发出收购上市公司全部或者部分股份的要约。

收购上市公司部分股份的收购要约应当约定，被收购公司股东承诺出售的股份数额超过预定收购的股份数额的，收购人按比例进行收购。

第八十九条 依照前条规定发出收购要约，收购人必须事先向国务院证券监督管理机构报送上市公司收购报告书，并载明下列事项：

（一）收购人的名称、住所；

（二）收购人关于收购的决定；

（三）被收购的上市公司名称；

（四）收购目的；

（五）收购股份的详细名称和预定收购的股份数额；

（六）收购期限、收购价格；

（七）收购所需资金额及资金保证；

（八）报送上市公司收购报告书时持有被收购公司股份数占该公司已发行的股份总数的比例。

收购人还应当将上市公司收购报告书同时提交证券交易所。

第九十条 收购人在依照前条规定报送上市公司收购报告书之日起十五日后，公告其收购要约。在上述期限内，国务院证券监督管理机构发现上市公司收购报告书不符合法律、行政法规规定的，应当及时告知收购人，收购人不得公告其收购要约。

收购要约约定的收购期限不得少于三十日，并不得超过六十日。

第九十一条 在收购要约确定的承诺期限内，收购人不得撤销其收购要约。收购人需要变更收购要约的，必须事先向国务院证券监督管理机构及证券交易所提出报告，经批准后，予以公告。

第九十二条 收购要约提出的各项收购条件，适用于被收购公司的所有股东。

第九十三条 采取要约收购方式的，收购人在收购期限内，不得卖出被收购公司的股票，也不得采取要约规定以外的形式和超出要约的条件买入被收购公司的股票。

第九十四条 采取协议收购方式的，收购人可以依照法律、行政法规的规定同被收购公司的股东以协议方式进行股份转让。

以协议方式收购上市公司时，达成协议后，收购人必须在三日内将该收购协议向国务院证券监督管理机构及证券交易所作出书面报告，并予公告。

在公告前不得履行收购协议。

第九十五条 采取协议收购方式的，协议双方可以临时委托证券登记结算机构保管协议转让的股票，并将资金存放于指定的银行。

第九十六条 采取协议收购方式的，收购人收购或者通过协议、其他安排与他人共同收购一个上市公司已发行的股份达到百分之三十时，继续进行收购的，应当向该上市公司所有股东发出收购上市公司全部或者部分股份的要约。但是，经国务院证券监督管理机构免除发出要约的除外。

收购人依照前款规定以要约方式收购上市公司股份，应当遵守本法第八十九条至第九十三条的规定。

第九十七条 收购期限届满，被收购公司股权分布不符合上市条件的，该上市公司的股票应当由证券交易所依法终止上市交易；其余仍持有被收购公司股票的股东，有权向收购人以收购要约的同等条件出售其股票，收购人应当收购。

收购行为完成后，被收购公司不再具备股份有限公司条件的，应当依法变更企业形式。

第九十八条 在上市公司收购中，收购人持有的被收购的上市公司的股票，在收购行为完成后的十二个月内不得转让。

第九十九条 收购行为完成后，收购人与被收购公司合并，并将该公司解散的，被解散公司的原有股票由收购人依法更换。

第一百条 收购行为完成后，收购人应当在十五日内将收购情况报告国务院证券监督管理机构和证券交易所，并予公告。

第一百零一条 收购上市公司中由国家授权投资的机构持有的股份，应当按照国务院的规定，经有关主管部门批准。

国务院证券监督管理机构应当依照本法的原则制定上市公司收购的具体办法。

第五章　证券交易所

第一百零二条 证券交易所是为证券集中交易提供场所和设施，组织和监督证券交易，实行自律管理的法人。

证券交易所的设立和解散，由国务院决定。

第一百零三条　设立证券交易所必须制定章程。

证券交易所章程的制定和修改，必须经国务院证券监督管理机构批准。

第一百零四条　证券交易所必须在其名称中标明证券交易所字样。其他任何单位或者个人不得使用证券交易所或者近似的名称。

第一百零五条　证券交易所可以自行支配的各项费用收入，应当首先用于保证其证券交易场所和设施的正常运行并逐步改善。

实行会员制的证券交易所的财产积累归会员所有，其权益由会员共同享有，在其存续期间，不得将其财产积累分配给会员。

第一百零六条　证券交易所设理事会。

第一百零七条　证券交易所设总经理一人，由国务院证券监督管理机构任免。

第一百零八条　有《中华人民共和国公司法》第一百四十七条规定的情形或者下列情形之一的，不得担任证券交易所的负责人：

（一）因违法行为或者违纪行为被解除职务的证券交易所、证券登记结算机构的负责人或者证券公司的董事、监事、高级管理人员，自被解除职务之日起未逾五年；

（二）因违法行为或者违纪行为被撤销资格的律师、注册会计师或者投资咨询机构、财务顾问机构、资信评级机构、资产评估机构、验证机构的专业人员，自被撤销资格之日起未逾五年。

第一百零九条　因违法行为或者违纪行为被开除的证券交易所、证券登记结算机构、证券服务机构、证券公司的从业人员和被开除的国家机关工作人员，不得招聘为证券交易所的从业人员。

第一百一十条　进入证券交易所参与集中交易的，必须是证券交易所的会员。

第一百一十一条　投资者应当与证券公司签订证券交易委托协议，并在证券公司开立证券交易账户，以书面、电话以及其他方式，委托该证券公司代其买卖证券。

第一百一十二条　证券公司根据投资者的委托，按照证券交易规则提出交易申报，参与证券交易所场内的集中交易，并根据成交结果承担相应的清算交收责任；证券登记结算机构根据成交结果，按照清算交收规则，与证券公司进行证券和资金的清算交收，并为证券公司客户办理证券的登记过户手续。

第一百一十三条　证券交易所应当为组织公平的集中交易提供保障，公布证券交易即时行情，并按交易日制作证券市场行情表，予以公布。

未经证券交易所许可，任何单位和个人不得发布证券交易即时行情。

第一百一十四条　因突发性事件而影响证券交易的正常进行时，证券交易所可以采取技术性停牌的措施；因不可抗力的突发性事件或者为维护证券交易的正常秩序，证券交易所可以决定临时停市。

证券交易所采取技术性停牌或者决定临时停市，必须及时报告国务院证券监督管理机构。

第一百一十五条　证券交易所对证券交易实行实时监控，并按照国务院证券监督管理机构的要求，对异常的交易情况提出报告。

证券交易所应当对上市公司及相关信息披露义务人披露信息进行监督，督促其依法及时、准确地披露信息。

证券交易所根据需要，可以对出现重大异常交易情况的证券账户限制交易，并报国务院证券监督管理机构备案。

第一百一十六条　证券交易所应当从其收取的交易费用和会员费、席位费中提取一定比例的金额设立风险基金。风险基金由证券交易所理事会管理。

风险基金提取的具体比例和使用办法，由国务院证券监督管理机构会同国务院财政部门规定。

第一百一十七条　证券交易所应当将收存的风险基金存入开户银行专门账户，不得擅自使用。

第一百一十八条　证券交易所依照证券法律、行政法规制定上市规则、交易规则、会员管理规则和其他有关规则，并报国务院证券监督管理机构批准。

第一百一十九条　证券交易所的负责人和其他从业人员在执行与证券交易有关的职务时，与其本人或者其亲属有利害关系的，应当回避。

第一百二十条　按照依法制定的交易规则进行的交易，不得改变其交易结果。对交易中违规交易者应负的民事责任不得免除；在违规交易中所获利益，依照有关规定处理。

第一百二十一条　在证券交易所内从事证券交易的人员，违反证券交易所有关交易规则的，由证券交易所给予纪律处分；对情节严重的，撤销其资格，禁止其入场进行证券交易。

第六章　证 券 公 司

第一百二十二条　设立证券公司，必须经国务院证券监督管理机构审查批准。未经国务院证券监督管理机构批准，任何单位和个人不得经营证券业务。

第一百二十三条 本法所称证券公司是指依照《中华人民共和国公司法》和本法规定设立的经营证券业务的有限责任公司或者股份有限公司。

第一百二十四条 设立证券公司，应当具备下列条件：

（一）有符合法律、行政法规规定的公司章程；

（二）主要股东具有持续盈利能力，信誉良好，最近三年无重大违法违规记录，净资产不低于人民币二亿元；

（三）有符合本法规定的注册资本；

（四）董事、监事、高级管理人员具备任职资格，从业人员具有证券从业资格；

（五）有完善的风险管理与内部控制制度；

（六）有合格的经营场所和业务设施；

（七）法律、行政法规规定的和经国务院批准的国务院证券监督管理机构规定的其他条件。

第一百二十五条 经国务院证券监督管理机构批准，证券公司可以经营下列部分或者全部业务：

（一）证券经纪；

（二）证券投资咨询；

（三）与证券交易、证券投资活动有关的财务顾问；

（四）证券承销与保荐；

（五）证券自营；

（六）证券资产管理；

（七）其他证券业务。

第一百二十六条 证券公司必须在其名称中标明证券有限责任公司或者证券股份有限公司字样。

第一百二十七条 证券公司经营本法第一百二十五条第（一）项至第（三）项业务的，注册资本最低限额为人民币五千万元；经营第（四）项至第（七）项业务之一的，注册资本最低限额为人民币一亿元；经营第（四）项至第（七）项业务中两项以上的，注册资本最低限额为人民币五亿元。证券公司的注册资本应当是实缴资本。

国务院证券监督管理机构根据审慎监管原则和各项业务的风险程度，可以调整注册资本最低限额，但不得少于前款规定的限额。

第一百二十八条 国务院证券监督管理机构应当自受理证券公司设立申请之日起六个月内，依照法定条件和法定程序并根据审慎监管原则进行审查，作出批准或者不予批准的决定，并通知申请人；不予批准的，应当说明理由。

证券公司设立申请获得批准的，申请人应当在规定的期限内向公司登记机关申请设立登记，领取营业执照。

证券公司应当自领取营业执照之日起十五日内，向国务院证券监督管理机构申请经营证券业务许可证。未取得经营证券业务许可证，证券公司不得经营证券业务。

第一百二十九条 证券公司设立、收购或者撤销分支机构，变更业务范围或者注册资本，变更持有百分之五以上股权的股东、实际控制人，变更公司章程中的重要条款，合并、分立、变更公司形式、停业、解散、破产，必须经国务院证券监督管理机构批准。

证券公司在境外设立、收购或者参股证券经营机构，必须经国务院证券监督管理机构批准。

第一百三十条 国务院证券监督管理机构应当对证券公司的净资本，净资本与负债的比例，净资本与净资产的比例，净资本与自营、承销、资产管理等业务规模的比例，负债与净资产的比例，以及流动资产与流动负债的比例等风险控制指标作出规定。

证券公司不得为其股东或者股东的关联人提供融资或者担保。

第一百三十一条 证券公司的董事、监事、高级管理人员，应当正直诚实，品行良好，熟悉证券法律、行政法规，具有履行职责所需的经营管理能力，并在任职前取得国务院证券监督管理机构核准的任职资格。

有《中华人民共和国公司法》第一百四十七条规定的情形或者下列情形之一的，不得担任证券公司的董事、监事、高级管理人员：

（一）因违法行为或者违纪行为被解除职务的证券交易所、证券登记结算机构的负责人或者证券公司的董事、监事、高级管理人员，自被解除职务之日起未逾五年；

（二）因违法行为或者违纪行为被撤销资格的律师、注册会计师或者投资咨询机构、财务顾问机构、资信评级机构、资产评估机构、验证机构的专业人员，自被撤销资格之日起未逾五年。

第一百三十二条 因违法行为或者违纪行为被开除的证券交易所、证券登记结算机构、证券服务机构、证券公司的从业人员和被开除的国家机关工作人员，不得招聘为证券公司的从业人员。

第一百三十三条 国家机关工作人员和法律、行政法规规定的禁止在公司中兼职的其他人员，不得在证券公司中兼任职务。

第一百三十四条 国家设立证券投资者保护基金。证券投资者保护基金由证券公司缴纳的资金及其他依法筹集的资金组成，其筹集、管理和使用的具体办法由国务院规定。

第一百三十五条 证券公司从每年的税后利润中提取交易风险准备金，用于弥补证券交易的损失，其提取的具体比例由国务院证券监督管理机构规定。

第一百三十六条　证券公司应当建立健全内部控制制度，采取有效隔离措施，防范公司与客户之间、不同客户之间的利益冲突。

证券公司必须将其证券经纪业务、证券承销业务、证券自营业务和证券资产管理业务分开办理，不得混合操作。

第一百三十七条　证券公司的自营业务必须以自己的名义进行，不得假借他人名义或者以个人名义进行。

证券公司的自营业务必须使用自有资金和依法筹集的资金。

证券公司不得将其自营账户借给他人使用。

第一百三十八条　证券公司依法享有自主经营的权利，其合法经营不受干涉。

第一百三十九条　证券公司客户的交易结算资金应当存放在商业银行，以每个客户的名义单独立户管理。具体办法和实施步骤由国务院规定。

证券公司不得将客户的交易结算资金和证券归入其自有财产。禁止任何单位或者个人以任何形式挪用客户的交易结算资金和证券。证券公司破产或者清算时，客户的交易结算资金和证券不属于其破产财产或者清算财产。非因客户本身的债务或者法律规定的其他情形，不得查封、冻结、扣划或者强制执行客户的交易结算资金和证券。

第一百四十条　证券公司办理经纪业务，应当置备统一制定的证券买卖委托书，供委托人使用。采取其他委托方式的，必须作出委托记录。

客户的证券买卖委托，不论是否成交，其委托记录应当按照规定的期限，保存于证券公司。

第一百四十一条　证券公司接受证券买卖的委托，应当根据委托书载明的证券名称、买卖数量、出价方式、价格幅度等，按照交易规则代理买卖证券，如实进行交易记录；买卖成交后，应当按照规定制作买卖成交报告单交付客户。

证券交易中确认交易行为及其交易结果的对账单必须真实，并由交易经办人员以外的审核人员逐笔审核，保证账面证券余额与实际持有的证券相一致。

第一百四十二条　证券公司为客户买卖证券提供融资融券服务，应当按照国务院的规定并经国务院证券监督管理机构批准。

第一百四十三条　证券公司办理经纪业务，不得接受客户的全权委托而决定证券买卖、选择证券种类、决定买卖数量或者买卖价格。

第一百四十四条　证券公司不得以任何方式对客户证券买卖的收益或者赔偿证券买卖的损失作出承诺。

第一百四十五条　证券公司及其从业人员不得未经过其依法设立的营业场所私下接受客户委托买卖证券。

第一百四十六条　证券公司的从业人员在证券交易活动中，执行所属的证券公司的指令或者利用职务违反交易规则的，由所属的证券公司承担全部责任。

第一百四十七条　证券公司应当妥善保存客户开户资料、委托记录、交易记录和与内部管理、业务经营有关的各项资料，任何人不得隐匿、伪造、篡改或者毁损。上述资料的保存期限不得少于二十年。

第一百四十八条　证券公司应当按照规定向国务院证券监督管理机构报送业务、财务等经营管理信息和资料。国务院证券监督管理机构有权要求证券公司及其股东、实际控制人在指定的期限内提供有关信息、资料。

证券公司及其股东、实际控制人向国务院证券监督管理机构报送或者提供的信息、资料，必须真实、准确、完整。

第一百四十九条　国务院证券监督管理机构认为有必要时，可以委托会计师事务所、资产评估机构对证券公司的财务状况、内部控制状况、资产价值进行审计或者评估。具体办法由国务院证券监督管理机构会同有关主管部门制定。

第一百五十条　证券公司的净资本或者其他风险控制指标不符合规定的，国务院证券监督管理机构应当责令其限期改正；逾期未改正，或者其行为严重危及该证券公司的稳健运行、损害客户合法权益的，国务院证券监督管理机构可以区别情形，对其采取下列措施：

（一）限制业务活动，责令暂停部分业务，停止批准新业务；

（二）停止批准增设、收购营业性分支机构；

（三）限制分配红利，限制向董事、监事、高级管理人员支付报酬、提供福利；

（四）限制转让财产或者在财产上设定其他权利；

（五）责令更换董事、监事、高级管理人员或者限制其权利；

（六）责令控股股东转让股权或者限制有关股东行使股东权利；

（七）撤销有关业务许可。

证券公司整改后，应当向国务院证券监督管理机构提交报告。国务院证券监督管理机构经验收，符合有关风险控制指标的，应当自验收完毕之日起三日内解除对其采取的前款规定的有关措施。

第一百五十一条　证券公司的股东有虚假出资、抽逃出资行为的，国务院证券监督管理机构应当责令其限期改正，并可责令其转让所持证券公司的股权。

在前款规定的股东按照要求改正违法行为、转让所持证券公司的股权前，国务院证券监督管理机构可以限制其股东权利。

第一百五十二条 证券公司的董事、监事、高级管理人员未能勤勉尽责，致使证券公司存在重大违法违规行为或者重大风险的，国务院证券监督管理机构可以撤销其任职资格，并责令公司予以更换。

第一百五十三条 证券公司违法经营或者出现重大风险，严重危害证券市场秩序、损害投资者利益的，国务院证券监督管理机构可以对该证券公司采取责令停业整顿、指定其他机构托管、接管或者撤销等监管措施。

第一百五十四条 在证券公司被责令停业整顿、被依法指定托管、接管或者清算期间，或者出现重大风险时，经国务院证券监督管理机构批准，可以对该证券公司直接负责的董事、监事、高级管理人员和其他直接责任人员采取以下措施：

（一）通知出境管理机关依法阻止其出境；

（二）申请司法机关禁止其转移、转让或者以其他方式处分财产，或者在财产上设定其他权利。

第七章 证券登记结算机构

第一百五十五条 证券登记结算机构是为证券交易提供集中登记、存管与结算服务，不以营利为目的的法人。

设立证券登记结算机构必须经国务院证券监督管理机构批准。

第一百五十六条 设立证券登记结算机构，应当具备下列条件：

（一）自有资金不少于人民币二亿元；

（二）具有证券登记、存管和结算服务所必须的场所和设施；

（三）主要管理人员和从业人员必须具有证券从业资格；

（四）国务院证券监督管理机构规定的其他条件。

证券登记结算机构的名称中应当标明证券登记结算字样。

第一百五十七条 证券登记结算机构履行下列职能：

（一）证券账户、结算账户的设立；

（二）证券的存管和过户；

（三）证券持有人名册登记；

（四）证券交易所上市证券交易的清算和交收；

（五）受发行人的委托派发证券权益；

（六）办理与上述业务有关的查询；

（七）国务院证券监督管理机构批准的其他业务。

第一百五十八条 证券登记结算采取全国集中统一的运营方式。

证券登记结算机构章程、业务规则应当依法制定，并经国务院证券监督管理机构批准。

第一百五十九条 证券持有人持有的证券，在上市交易时，应当全部存管在证券登记结算机构。

证券登记结算机构不得挪用客户的证券。

第一百六十条 证券登记结算机构应当向证券发行人提供证券持有人名册及其有关资料。

证券登记结算机构应当根据证券登记结算的结果，确认证券持有人持有证券的事实，提供证券持有人登记资料。

证券登记结算机构应当保证证券持有人名册和登记过户记录真实、准确、完整，不得隐匿、伪造、篡改或者毁损。

第一百六十一条 证券登记结算机构应当采取下列措施保证业务的正常进行：

（一）具有必备的服务设备和完善的数据安全保护措施；

（二）建立完善的业务、财务和安全防范等管理制度；

（三）建立完善的风险管理系统。

第一百六十二条 证券登记结算机构应当妥善保存登记、存管和结算的原始凭证及有关文件和资料。其保存期限不得少于二十年。

第一百六十三条 证券登记结算机构应当设立证券结算风险基金，用于垫付或者弥补因违约交收、技术故障、操作失误、不可抗力造成的证券登记结算机构的损失。

证券结算风险基金从证券登记结算机构的业务收入和收益中提取，并可以由结算参与人按照证券交易业务量的一定比例缴纳。

证券结算风险基金的筹集、管理办法，由国务院证券监督管理机构会同国务院财政部门规定。

第一百六十四条 证券结算风险基金应当存入指定银行的专门账户，实行专项管理。

证券登记结算机构以证券结算风险基金赔偿后，应当向有关责任人追偿。

第一百六十五条 证券登记结算机构申请解散，应当经国务院证券监督管理机构批准。

第一百六十六条 投资者委托证券公司进行证券交易，应当申请开立证券账户。证券登记结算机构应当按照规定以投资者本人的名义为投资者开立证券账户。

投资者申请开立账户，必须持有证明中国公民身份或者中国法人资格的合法证件。国家另有规定的除外。

第一百六十七条　证券登记结算机构为证券交易提供净额结算服务时，应当要求结算参与人按照货银对付的原则，足额交付证券和资金，并提供交收担保。

在交收完成之前，任何人不得动用用于交收的证券、资金和担保物。

结算参与人未按时履行交收义务的，证券登记结算机构有权按照业务规则处理前款所述财产。

第一百六十八条　证券登记结算机构按照业务规则收取的各类结算资金和证券，必须存放于专门的清算交收账户，只能按业务规则用于已成交的证券交易的清算交收，不得被强制执行。

第八章　证券服务机构

第一百六十九条　投资咨询机构、财务顾问机构、资信评级机构、资产评估机构、会计师事务所从事证券服务业务，必须经国务院证券监督管理机构和有关主管部门批准。

投资咨询机构、财务顾问机构、资信评级机构、资产评估机构、会计师事务所从事证券服务业务的审批管理办法，由国务院证券监督管理机构和有关主管部门制定。

第一百七十条　投资咨询机构、财务顾问机构、资信评级机构从事证券服务业务的人员，必须具备证券专业知识和从事证券业务或者证券服务业务二年以上经验。认定其证券从业资格的标准和管理办法，由国务院证券监督管理机构制定。

第一百七十一条　投资咨询机构及其从业人员从事证券服务业务不得有下列行为：

（一）代理委托人从事证券投资；

（二）与委托人约定分享证券投资收益或者分担证券投资损失；

（三）买卖本咨询机构提供服务的上市公司股票；

（四）利用传播媒介或者通过其他方式提供、传播虚假或者误导投资者的信息；

（五）法律、行政法规禁止的其他行为。

有前款所列行为之一，给投资者造成损失的，依法承担赔偿责任。

第一百七十二条　从事证券服务业务的投资咨询机构和资信评级机构，应当按照国务院有关主管部门规定的标准或者收费办法收取服务费用。

第一百七十三条　证券服务机构为证券的发行、上市、交易等证券业务活动制作、出具审计报告、资产评估报告、财务顾问报告、资信评级报告或者法律意见书等文件，应当勤勉尽责，对所依据的文件资料内容的真实性、准确性、完整性进行核查和验证。其制作、出具的文件有虚假记载、误导性陈述或者重大遗漏，给他人造成损失的，应当与发行人、上市公司承担连带赔偿责任，但是能够证明自己没有过错的除外。

第九章　证券业协会

第一百七十四条　证券业协会是证券业的自律性组织，是社会团体法人。

证券公司应当加入证券业协会。

证券业协会的权力机构为全体会员组成的会员大会。

第一百七十五条　证券业协会章程由会员大会制定，并报国务院证券监督管理机构备案。

第一百七十六条　证券业协会履行下列职责：

（一）教育和组织会员遵守证券法律、行政法规；

（二）依法维护会员的合法权益，向证券监督管理机构反映会员的建议和要求；

（三）收集整理证券信息，为会员提供服务；

（四）制定会员应遵守的规则，组织会员单位的从业人员的业务培训，开展会员间的业务交流；

（五）对会员之间、会员与客户之间发生的证券业务纠纷进行调解；

（六）组织会员就证券业的发展、运作及有关内容进行研究；

（七）监督、检查会员行为，对违反法律、行政法规或者协会章程的，按照规定给予纪律处分；

（八）证券业协会章程规定的其他职责。

第一百七十七条　证券业协会设理事会。理事会成员依章程的规定由选举产生。

第十章　证券监督管理机构

第一百七十八条　国务院证券监督管理机构依法对证券市场实行监督管理，维护证券市场秩序，保障其合法运行。

第一百七十九条　国务院证券监督管理机构在对证券市场实施监督管理中履行下列职责：

（一）依法制定有关证券市场监督管理的规章、规则，并依法行使审批或者核准权；

（二）依法对证券的发行、上市、交易、登记、存管、结算，进行监督管理；

（三）依法对证券发行人、上市公司、证券公司、证券投资基金管理公司、证券服务机构、证券交易所、证券登记结算机构的证券业务活动，进行监督管理；

（四）依法制定从事证券业务人员的资格标准和行

为准则，并监督实施；

（五）依法监督检查证券发行、上市和交易的信息公开情况；

（六）依法对证券业协会的活动进行指导和监督；

（七）依法对违反证券市场监督管理法律、行政法规的行为进行查处；

（八）法律、行政法规规定的其他职责。

国务院证券监督管理机构可以和其他国家或者地区的证券监督管理机构建立监督管理合作机制，实施跨境监督管理。

第一百八十条 国务院证券监督管理机构依法履行职责，有权采取下列措施：

（一）对证券发行人、上市公司、证券公司、证券投资基金管理公司、证券服务机构、证券交易所、证券登记结算机构进行现场检查；

（二）进入涉嫌违法行为发生场所调查取证；

（三）询问当事人和与被调查事件有关的单位和个人，要求其对与被调查事件有关的事项作出说明；

（四）查阅、复制与被调查事件有关的财产权登记、通讯记录等资料；

（五）查阅、复制当事人和与被调查事件有关的单位和个人的证券交易记录、登记过户记录、财务会计资料及其他相关文件和资料；对可能被转移、隐匿或者毁损的文件和资料，可以予以封存；

（六）查询当事人和与被调查事件有关的单位和个人的资金账户、证券账户和银行账户；对有证据证明已经或者可能转移或者隐匿违法资金、证券等涉案财产或者隐匿、伪造、毁损重要证据的，经国务院证券监督管理机构主要负责人批准，可以冻结或者查封；

（七）在调查操纵证券市场、内幕交易等重大证券违法行为时，经国务院证券监督管理机构主要负责人批准，可以限制被调查事件当事人的证券买卖，但限制的期限不得超过十五个交易日；案情复杂的，可以延长十五个交易日。

第一百八十一条 国务院证券监督管理机构依法履行职责，进行监督检查或者调查，其监督检查、调查的人员不得少于二人，并应当出示合法证件和监督检查、调查通知书。监督检查、调查的人员少于二人或者未出示合法证件和监督检查、调查通知书的，被检查、调查的单位有权拒绝。

第一百八十二条 国务院证券监督管理机构工作人员必须忠于职守，依法办事，公正廉洁，不得利用职务便利牟取不正当利益，不得泄露所知悉的有关单位和个人的商业秘密。

第一百八十三条 国务院证券监督管理机构依法履行职责，被检查、调查的单位和个人应当配合，如实提供有关文件和资料，不得拒绝、阻碍和隐瞒。

第一百八十四条 国务院证券监督管理机构依法制定的规章、规则和监督管理工作制度应当公开。

国务院证券监督管理机构依据调查结果，对证券违法行为作出的处罚决定，应当公开。

第一百八十五条 国务院证券监督管理机构应当与国务院其他金融监督管理机构建立监督管理信息共享机制。

国务院证券监督管理机构依法履行职责，进行监督检查或者调查时，有关部门应当予以配合。

第一百八十六条 国务院证券监督管理机构依法履行职责，发现证券违法行为涉嫌犯罪的，应当将案件移送司法机关处理。

第一百八十七条 国务院证券监督管理机构的人员不得在被监管的机构中任职。

第十一章 法律责任

第一百八十八条 未经法定机关核准，擅自公开或者变相公开发行证券的，责令停止发行，退还所募资金并加算银行同期存款利息，处以非法所募资金金额百分之一以上百分之五以下的罚款；对擅自公开或者变相公开发行证券设立的公司，由依法履行监督管理职责的机构或者部门会同县级以上地方人民政府予以取缔。对直接负责的主管人员和其他直接责任人员给予警告，并处以三万元以上三十万元以下的罚款。

第一百八十九条 发行人不符合发行条件，以欺骗手段骗取发行核准，尚未发行证券的，处以三十万元以上六十万元以下的罚款；已经发行证券的，处以非法所募资金金额百分之一以上百分之五以下的罚款。对直接负责的主管人员和其他直接责任人员处以三万元以上三十万元以下的罚款。

发行人的控股股东、实际控制人指使从事前款违法行为的，依照前款的规定处罚。

第一百九十条 证券公司承销或者代理买卖未经核准擅自公开发行的证券的，责令停止承销或者代理买卖，没收违法所得，并处以违法所得一倍以上五倍以下的罚款；没有违法所得或者违法所得不足三十万元的，处以三十万元以上六十万元以下的罚款。给投资者造成损失的，应当与发行人承担连带赔偿责任。对直接负责的主管人员和其他直接责任人员给予警告，撤销任职资格或者证券从业资格，并处以三万元以上三十万元以下的罚款。

第一百九十一条　证券公司承销证券，有下列行为之一的，责令改正，给予警告，没收违法所得，可以并处三十万元以上六十万元以下的罚款；情节严重的，暂停或者撤销相关业务许可。给其他证券承销机构或者投资者造成损失的，依法承担赔偿责任。对直接负责的主管人员和其他直接责任人员给予警告，可以并处三万元以上三十万元以下的罚款；情节严重的，撤销任职资格或者证券从业资格：

（一）进行虚假的或者误导投资者的广告或者其他宣传推介活动；

（二）以不正当竞争手段招揽承销业务；

（三）其他违反证券承销业务规定的行为。

第一百九十二条　保荐人出具有虚假记载、误导性陈述或者重大遗漏的保荐书，或者不履行其他法定职责的，责令改正，给予警告，没收业务收入，并处以业务收入一倍以上五倍以下的罚款；情节严重的，暂停或者撤销相关业务许可。对直接负责的主管人员和其他直接责任人员给予警告，并处以三万元以上三十万元以下的罚款；情节严重的，撤销任职资格或者证券从业资格。

第一百九十三条　发行人、上市公司或者其他信息披露义务人未按照规定披露信息，或者所披露的信息有虚假记载、误导性陈述或者重大遗漏的，责令改正，给予警告，并处以三十万元以上六十万元以下的罚款。对直接负责的主管人员和其他直接责任人员给予警告，并处以三万元以上三十万元以下的罚款。

发行人、上市公司或者其他信息披露义务人未按照规定报送有关报告，或者报送的报告有虚假记载、误导性陈述或者重大遗漏的，责令改正，给予警告，并处以三十万元以上六十万元以下的罚款。对直接负责的主管人员和其他直接责任人员给予警告，并处以三万元以上三十万元以下的罚款。

发行人、上市公司或者其他信息披露义务人的控股股东、实际控制人指使从事前两款违法行为的，依照前两款的规定处罚。

第一百九十四条　发行人、上市公司擅自改变公开发行证券所募集资金的用途的，责令改正，对直接负责的主管人员和其他直接责任人员给予警告，并处以三万元以上三十万元以下的罚款。

发行人、上市公司的控股股东、实际控制人指使从事前款违法行为的，给予警告，并处以三十万元以上六十万元以下的罚款。对直接负责的主管人员和其他直接责任人员依照前款的规定处罚。

第一百九十五条　上市公司的董事、监事、高级管理人员、持有上市公司股份百分之五以上的股东，违反本法第四十七条的规定买卖本公司股票的，给予警告，可以并处三万元以上十万元以下的罚款。

第一百九十六条　非法开设证券交易场所的，由县级以上人民政府予以取缔，没收违法所得，并处以违法所得一倍以上五倍以下的罚款；没有违法所得或者违法所得不足十万元的，处以十万元以上五十万元以下的罚款。对直接负责的主管人员和其他直接责任人员给予警告，并处以三万元以上三十万元以下的罚款。

第一百九十七条　未经批准，擅自设立证券公司或者非法经营证券业务的，由证券监督管理机构予以取缔，没收违法所得，并处以违法所得一倍以上五倍以下的罚款；没有违法所得或者违法所得不足三十万元的，处以三十万元以上六十万元以下的罚款。对直接负责的主管人员和其他直接责任人员给予警告，并处以三万元以上三十万元以下的罚款。

第一百九十八条　违反本法规定，聘任不具有任职资格、证券从业资格的人员的，由证券监督管理机构责令改正，给予警告，可以并处十万元以上三十万元以下的罚款；对直接负责的主管人员给予警告，可以并处三万元以上十万元以下的罚款。

第一百九十九条　法律、行政法规规定禁止参与股票交易的人员，直接或者以化名、借他人名义持有、买卖股票的，责令依法处理非法持有的股票，没收违法所得，并处以买卖股票等值以下的罚款；属于国家工作人员的，还应当依法给予行政处分。

第二百条　证券交易所、证券公司、证券登记结算机构、证券服务机构的从业人员或者证券业协会的工作人员，故意提供虚假资料，隐匿、伪造、篡改或者毁损交易记录，诱骗投资者买卖证券的，撤销证券从业资格，并处以三万元以上十万元以下的罚款；属于国家工作人员的，还应当依法给予行政处分。

第二百零一条　为股票的发行、上市、交易出具审计报告、资产评估报告或者法律意见书等文件的证券服务机构和人员，违反本法第四十五条的规定买卖股票的，责令依法处理非法持有的股票，没收违法所得，并处以买卖股票等值以下的罚款。

第二百零二条　证券交易内幕信息的知情人或者非法获取内幕信息的人，在涉及证券的发行、交易或者其他对证券的价格有重大影响的信息公开前，买卖该证券，或者泄露该信息，或者建议他人买卖该证券的，责令依法处理非法持有的证券，没收违法所得，并处以违法所得一倍以上五倍以下的罚款；没有违法所得或者违法所得不足三万元的，处以三万元以上六十万元以下的罚款。单位从事内幕交易的，还应当对直接负责的主管人员和其他直接责任人员给予警告，并处以三万元以上三十万元以下的罚款。证券监督管理机构工作人员进行内幕交易的，从重处罚。

第二百零三条 违反本法规定，操纵证券市场的，责令依法处理非法持有的证券，没收违法所得，并处以违法所得一倍以上五倍以下的罚款；没有违法所得或者违法所得不足三十万元的，处以三十万元以上三百万元以下的罚款。单位操纵证券市场的，还应当对直接负责的主管人员和其他直接责任人员给予警告，并处以十万元以上六十万元以下的罚款。

第二百零四条 违反法律规定，在限制转让期限内买卖证券的，责令改正，给予警告，并处以买卖证券等值以下的罚款。对直接负责的主管人员和其他直接责任人员给予警告，并处以三万元以上三十万元以下的罚款。

第二百零五条 证券公司违反本法规定，为客户买卖证券提供融资融券的，没收违法所得，暂停或者撤销相关业务许可，并处以非法融资融券等值以下的罚款。对直接负责的主管人员和其他直接责任人员给予警告，撤销任职资格或者证券从业资格，并处以三万元以上三十万元以下的罚款。

第二百零六条 违反本法第七十八条第一款、第三款的规定，扰乱证券市场的，由证券监督管理机构责令改正，没收违法所得，并处以违法所得一倍以上五倍以下的罚款；没有违法所得或者违法所得不足三万元的，处以三万元以上二十万元以下的罚款。

第二百零七条 违反本法第七十八条第二款的规定，在证券交易活动中作出虚假陈述或者信息误导的，责令改正，处以三万元以上二十万元以下的罚款；属于国家工作人员的，还应当依法给予行政处分。

第二百零八条 违反本法规定，法人以他人名义设立账户或者利用他人账户买卖证券的，责令改正，没收违法所得，并处以违法所得一倍以上五倍以下的罚款；没有违法所得或者违法所得不足三万元的，处以三万元以上三十万元以下的罚款。对直接负责的主管人员和其他直接责任人员给予警告，并处以三万元以上十万元以下的罚款。

证券公司为前款规定的违法行为提供自己或者他人的证券交易账户的，除依照前款的规定处罚外，还应当撤销直接负责的主管人员和其他直接责任人员的任职资格或者证券从业资格。

第二百零九条 证券公司违反本法规定，假借他人名义或者以个人名义从事证券自营业务的，责令改正，没收违法所得，并处以违法所得一倍以上五倍以下的罚款；没有违法所得或者违法所得不足三十万元的，处以三十万元以上六十万元以下的罚款；情节严重的，暂停或者撤销证券自营业务许可。对直接负责的主管人员和其他直接责任人员给予警告，撤销任职资格或者证券从业资格，并处以三万元以上十万元以下的罚款。

第二百一十条 证券公司违背客户的委托买卖证券、办理交易事项，或者违背客户真实意思表示，办理交易以外的其他事项的，责令改正，处以一万元以上十万元以下的罚款。给客户造成损失的，依法承担赔偿责任。

第二百一十一条 证券公司、证券登记结算机构挪用客户的资金或者证券，或者未经客户的委托，擅自为客户买卖证券的，责令改正，没收违法所得，并处以违法所得一倍以上五倍以下的罚款；没有违法所得或者违法所得不足十万元的，处以十万元以上六十万元以下的罚款；情节严重的，责令关闭或者撤销相关业务许可。对直接负责的主管人员和其他直接责任人员给予警告，撤销任职资格或者证券从业资格，并处以三万元以上三十万元以下的罚款。

第二百一十二条 证券公司办理经纪业务，接受客户的全权委托买卖证券的，或者证券公司对客户买卖证券的收益或者赔偿证券买卖的损失作出承诺的，责令改正，没收违法所得，并处以五万元以上二十万元以下的罚款，可以暂停或者撤销相关业务许可。对直接负责的主管人员和其他直接责任人员给予警告，并处以三万元以上十万元以下的罚款，可以撤销任职资格或者证券从业资格。

第二百一十三条 收购人未按照本法规定履行上市公司收购的公告、发出收购要约、报送上市公司收购报告书等义务或者擅自变更收购要约的，责令改正，给予警告，并处以十万元以上三十万元以下的罚款；在改正前，收购人对其收购或者通过协议、其他安排与他人共同收购的股份不得行使表决权。对直接负责的主管人员和其他直接责任人员给予警告，并处以三万元以上三十万元以下的罚款。

第二百一十四条 收购人或者收购人的控股股东，利用上市公司收购，损害被收购公司及其股东的合法权益的，责令改正，给予警告；情节严重的，并处以十万元以上六十万元以下的罚款。给被收购公司及其股东造成损失的，依法承担赔偿责任。对直接负责的主管人员和其他直接责任人员给予警告，并处以三万元以上三十万元以下的罚款。

第二百一十五条 证券公司及其从业人员违反本法规定，私下接受客户委托买卖证券的，责令改正，给予警告，没收违法所得，并处以违法所得一倍以上五倍以下的罚款；没有违法所得或者违法所得不足十万元的，处以十万元以上三十万元以下的罚款。

第二百一十六条 证券公司违反规定，未经批准经营非上市证券的交易的，责令改正，没收违法所得，并处以违法所得一倍以上五倍以下的罚款。

第二百一十七条 证券公司成立后，无正当理由超过三个月未开始营业的，或者开业后自行停业连续三个月以上的，由公司登记机关吊销其公司营业执照。

第二百一十八条 证券公司违反本法第一百二十九条的规定，擅自设立、收购、撤销分支机构，或者合并、分立、停业、解散、破产，或者在境外设立、收购、参股证券经营机构的，责令改正，没收违法所得，并处以违法所得一倍以上五倍以下的罚款；没有违法所得或者违法所得不足十万元的，处以十万元以上六十万元以下的罚款。对直接负责的主管人员给予警告，并处以三万元以上十万元以下的罚款。

证券公司违反本法第一百二十九条的规定，擅自变更有关事项的，责令改正，并处以十万元以上三十万元以下的罚款。对直接负责的主管人员给予警告，并处以五万元以下的罚款。

第二百一十九条 证券公司违反本法规定，超出业务许可范围经营证券业务的，责令改正，没收违法所得，并处以违法所得一倍以上五倍以下的罚款；没有违法所得或者违法所得不足三十万元的，处以三十万元以上六十万元以下罚款；情节严重的，责令关闭。对直接负责的主管人员和其他直接责任人员给予警告，撤销任职资格或者证券从业资格，并处以三万元以上十万元以下的罚款。

第二百二十条 证券公司对其证券经纪业务、证券承销业务、证券自营业务、证券资产管理业务，不依法分开办理，混合操作的，责令改正，没收违法所得，并处以三十万元以上六十万元以下的罚款；情节严重的，撤销相关业务许可。对直接负责的主管人员和其他直接责任人员给予警告，并处以三万元以上十万元以下的罚款；情节严重的，撤销任职资格或者证券从业资格。

第二百二十一条 提交虚假证明文件或者采取其他欺诈手段隐瞒重要事实骗取证券业务许可的，或者证券公司在证券交易中有严重违法行为，不再具备经营资格的，由证券监督管理机构撤销证券业务许可。

第二百二十二条 证券公司或者其股东、实际控制人违反规定，拒不向证券监督管理机构报送或者提供经营管理信息和资料，或者报送、提供的经营管理信息和资料有虚假记载、误导性陈述或者重大遗漏的，责令改正，给予警告，并处以三万元以上三十万元以下的罚款，可以暂停或者撤销证券公司相关业务许可。对直接负责的主管人员和其他直接责任人员，给予警告，并处以三万元以下的罚款，可以撤销任职资格或者证券从业资格。

证券公司为其股东或者股东的关联人提供融资或者担保的，责令改正，给予警告，并处以十万元以上三十万元以下的罚款。对直接负责的主管人员和其他直接责任人员，处以三万元以上十万元以下的罚款。股东有过错的，在按照要求改正前，国务院证券监督管理机构可以限制其股东权利；拒不改正的，可以责令其转让所持证券公司股权。

第二百二十三条 证券服务机构未勤勉尽责，所制作、出具的文件有虚假记载、误导性陈述或者重大遗漏的，责令改正，没收业务收入，暂停或者撤销证券服务业务许可，并处以业务收入一倍以上五倍以下的罚款。对直接负责的主管人员和其他直接责任人员给予警告，撤销证券从业资格，并处以三万元以上十万元以下的罚款。

第二百二十四条 违反本法规定，发行、承销公司债券的，由国务院授权的部门依照本法有关规定予以处罚。

第二百二十五条 上市公司、证券公司、证券交易所、证券登记结算机构、证券服务机构，未按照有关规定保存有关文件和资料的，责令改正，给予警告，并处以三万元以上三十万元以下的罚款；隐匿、伪造、篡改或者毁损有关文件和资料的，给予警告，并处以三十万元以上六十万元以下的罚款。

第二百二十六条 未经国务院证券监督管理机构批准，擅自设立证券登记结算机构的，由证券监督管理机构予以取缔，没收违法所得，并处以违法所得一倍以上五倍以下的罚款。

投资咨询机构、财务顾问机构、资信评级机构、资产评估机构、会计师事务所未经批准，擅自从事证券服务业务的，责令改正，没收违法所得，并处以违法所得一倍以上五倍以下的罚款。

证券登记结算机构、证券服务机构违反本法规定或者依法制定的业务规则的，由证券监督管理机构责令改正，没收违法所得，并处以违法所得一倍以上五倍以下的罚款；没有违法所得或者违法所得不足十万元的，处以十万元以上三十万元以下的罚款；情节严重的，责令关闭或者撤销证券服务业务许可。

第二百二十七条 国务院证券监督管理机构或者国务院授权的部门有下列情形之一的，对直接负责的主管人员和其他直接责任人员，依法给予行政处分：

（一）对不符合本法规定的发行证券、设立证券公司等申请予以核准、批准的；

（二）违反规定采取本法第一百八十条规定的现场检查、调查取证、查询、冻结或者查封等措施的；

（三）违反规定对有关机构和人员实施行政处罚的；

（四）其他不依法履行职责的行为。

第二百二十八条 证券监督管理机构的工作人员和发行审核委员会的组成人员，不履行本法规定的职责，滥用职权、玩忽职守，利用职务便利牟取不正当利益，或者泄露所知悉的有关单位和个人的商业秘密的，依法追究法律责任。

第二百二十九条 证券交易所对不符合本法规定条件的证券上市申请予以审核同意的，给予警告，没收业务收入，并处以业务收入一倍以上五倍以下的罚款。对直接负责的主管人员和其他直接责任人员给予警告，并处以三万元以上三十万元以下的罚款。

第二百三十条 拒绝、阻碍证券监督管理机构及其工作人员依法行使监督检查、调查职权未使用暴力、威胁方法的，依法给予治安管理处罚。

第二百三十一条 违反本法规定，构成犯罪的，依法追究刑事责任。

第二百三十二条 违反本法规定，应当承担民事赔偿责任和缴纳罚款、罚金，其财产不足以同时支付时，先承担民事赔偿责任。

第二百三十三条 违反法律、行政法规或者国务院证券监督管理机构的有关规定，情节严重的，国务院证券监督管理机构可以对有关责任人员采取证券市场禁入的措施。

前款所称证券市场禁入，是指在一定期限内直至终身不得从事证券业务或者不得担任上市公司董事、监事、高级管理人员的制度。

第二百三十四条 依照本法收缴的罚款和没收的违法所得，全部上缴国库。

第二百三十五条 当事人对证券监督管理机构或者国务院授权的部门的处罚决定不服的，可以依法申请行政复议，或者依法直接向人民法院提起诉讼。

第十二章 附 则

第二百三十六条 本法施行前依照行政法规已批准在证券交易所上市交易的证券继续依法进行交易。

本法施行前依照行政法规和国务院金融行政管理部门的规定经批准设立的证券经营机构，不完全符合本法规定的，应当在规定的限期内达到本法规定的要求。具体实施办法，由国务院另行规定。

第二百三十七条 发行人申请核准公开发行股票、公司债券，应当按照规定缴纳审核费用。

第二百三十八条 境内企业直接或者间接到境外发行证券或者将其证券在境外上市交易，必须经国务院证券监督管理机构依照国务院的规定批准。

第二百三十九条 境内公司股票以外币认购和交易的，具体办法由国务院另行规定。

第二百四十条 本法自2006年1月1日起施行。

中华人民共和国证券投资基金法

中华人民共和国第十届人大常委会第五次会议通过

中华人民共和国主席令 第9号

第一章 总 则

第一条 为了规范证券投资基金活动，保护投资人及相关当事人的合法权益，促进证券投资基金和证券市场的健康发展，制定本法。

第二条 在中华人民共和国境内，通过公开发售基金份额募集证券投资基金（以下简称基金），由基金管理人管理，基金托管人托管，为基金份额持有人的利益，以资产组合方式进行证券投资活动，适用本法；本法未规定的，适用《中华人民共和国信托法》、《中华人民共和国证券法》和其他有关法律、行政法规的规定。

第三条 基金管理人、基金托管人和基金份额持有人的权利、义务，依照本法在基金合同中约定。

基金管理人、基金托管人依照本法和基金合同的约定，履行受托职责。基金份额持有人按其所持基金份额享受收益和承担风险。

第四条 从事证券投资基金活动，应当遵循自愿、公平、诚实信用的原则，不得损害国家利益和社会公共利益。

第五条　基金合同应当约定基金运作方式。基金运作方式可以采用封闭式、开放式或者其他方式。

采用封闭式运作方式的基金（以下简称封闭式基金），是指经核准的基金份额总额在基金合同期限内固定不变，基金份额可以在依法设立的证券交易场所交易，但基金份额持有人不得申请赎回的基金。

采用开放式运作方式的基金（以下简称开放式基金），是指基金份额总额不固定，基金份额可以在基金合同约定的时间和场所申购或者赎回的基金。

采用其他运作方式的基金的基金份额发售、交易、申购、赎回的办法，由国务院另行规定。

第六条　基金财产独立于基金管理人、基金托管人的固有财产。基金管理人、基金托管人不得将基金财产归入其固有财产。

基金管理人、基金托管人因基金财产的管理、运用或者其他情形而取得的财产和收益，归入基金财产。

基金管理人、基金托管人因依法解散、被依法撤销或者被依法宣告破产等原因进行清算的，基金财产不属于其清算财产。

第七条　基金财产的债权，不得与基金管理人、基金托管人固有财产的债务相抵销；不同基金财产的债权债务，不得相互抵销。

第八条　非因基金财产本身承担的债务，不得对基金财产强制执行。

第九条　基金管理人、基金托管人管理、运用基金财产，应当恪尽职守，履行诚实信用、谨慎勤勉的义务。

基金从业人员应当依法取得基金从业资格，遵守法律、行政法规，恪守职业道德和行为规范。

第十条　基金管理人、基金托管人和基金份额发售机构，可以成立同业协会，加强行业自律，协调行业关系，提供行业服务，促进行业发展。

第十一条　国务院证券监督管理机构依法对证券投资基金活动实施监督管理。

第二章　基金管理人

第十二条　基金管理人由依法设立的基金管理公司担任。

担任基金管理人，应当经国务院证券监督管理机构核准。

第十三条　设立基金管理公司，应当具备下列条件，并经国务院证券监督管理机构批准：

（一）有符合本法和《中华人民共和国公司法》规定的章程；

（二）注册资本不低于一亿元人民币，且必须为实缴货币资本；

（三）主要股东具有从事证券经营、证券投资咨询、信托资产管理或者其他金融资产管理的较好的经营业绩和良好的社会信誉，最近三年没有违法记录，注册资本不低于三亿元人民币；

（四）取得基金从业资格的人员达到法定人数；

（五）有符合要求的营业场所、安全防范设施和与基金管理业务有关的其他设施；

（六）有完善的内部稽核监控制度和风险控制制度；

（七）法律、行政法规规定的和经国务院批准的国务院证券监督管理机构规定的其他条件。

第十四条　国务院证券监督管理机构应当自受理基金管理公司设立申请之日起六个月内依照本法第十三条规定的条件和审慎监管原则进行审查，作出批准或者不予批准的决定，并通知申请人；不予批准的，应当说明理由。

基金管理公司设立分支机构、修改章程或者变更其他重大事项，应当报经国务院证券监督管理机构批准。国务院证券监督管理机构应当自受理申请之日起六十日内作出批准或者不予批准的决定，并通知申请人；不予批准的，应当说明理由。

第十五条　下列人员不得担任基金管理人的基金从业人员：

（一）因犯有贪污贿赂、渎职、侵犯财产罪或者破坏社会主义市场经济秩序罪，被判处刑罚的；

（二）对所任职的公司、企业因经营不善破产清算或者因违法被吊销营业执照负有个人责任的董事、监事、厂长、经理及其他高级管理人员，自该公司、企业破产清算终结或者被吊销营业执照之日起未逾五年的；

（三）个人所负债务数额较大，到期未清偿的；

（四）因违法行为被开除的基金管理人、基金托管人、证券交易所、证券公司、证券登记结算机构、期货交易所、期货经纪公司及其他机构的从业人员和国家机关工作人员；

（五）因违法行为被吊销执业证书或者被取消资格的律师、注册会计师和资产评估机构、验证机构的从业人员、投资咨询从业人员；

（六）法律、行政法规规定不得从事基金业务的其他人员。

第十六条　基金管理人的经理和其他高级管理人员，应当熟悉证券投资方面的法律、行政法规，具有基金从业资格和三年以上与其所任职务相关的工作经历。

第十七条 基金管理人的经理和其他高级管理人员的选任或者改任，应当报经国务院证券监督管理机构依照本法和其他有关法律、行政法规规定的任职条件进行审核。

第十八条 基金管理人的董事、监事、经理和其他从业人员，不得担任基金托管人或者其他基金管理人的任何职务，不得从事损害基金财产和基金份额持有人利益的证券交易及其他活动。

第十九条 基金管理人应当履行下列职责：

（一）依法募集基金，办理或者委托经国务院证券监督管理机构认定的其他机构代为办理基金份额的发售、申购、赎回和登记事宜；

（二）办理基金备案手续；

（三）对所管理的不同基金财产分别管理、分别记账，进行证券投资；

（四）按照基金合同的约定确定基金收益分配方案，及时向基金份额持有人分配收益；

（五）进行基金会计核算并编制基金财务会计报告；

（六）编制中期和年度基金报告；

（七）计算并公告基金资产净值，确定基金份额申购、赎回价格；

（八）办理与基金财产管理业务活动有关的信息披露事项；

（九）召集基金份额持有人大会；

（十）保存基金财产管理业务活动的记录、账册、报表和其他相关资料；

（十一）以基金管理人名义，代表基金份额持有人利益行使诉讼权利或者实施其他法律行为；

（十二）国务院证券监督管理机构规定的其他职责。

第二十条 基金管理人不得有下列行为：

（一）将其固有财产或者他人财产混同于基金财产从事证券投资；

（二）不公平地对待其管理的不同基金财产；

（三）利用基金财产为基金份额持有人以外的第三人牟取利益；

（四）向基金份额持有人违规承诺收益或者承担损失；

（五）依照法律、行政法规有关规定，由国务院证券监督管理机构规定禁止的其他行为。

第二十一条 国务院证券监督管理机构对有下列情形之一的基金管理人，依据职权责令整顿，或者取消基金管理资格：

（一）有重大违法违规行为；

（二）不再具备本法第十三条规定的条件；

（三）法律、行政法规规定的其他情形。

第二十二条 有下列情形之一的，基金管理人职责终止：

（一）被依法取消基金管理资格；

（二）被基金份额持有人大会解任；

（三）依法解散、被依法撤销或者被依法宣告破产；

（四）基金合同约定的其他情形。

第二十三条 基金管理人职责终止的，基金份额持有人大会应当在六个月内选任新基金管理人；新基金管理人产生前，由国务院证券监督管理机构指定临时基金管理人。

基金管理人职责终止的，应当妥善保管基金管理业务资料，及时办理基金管理业务的移交手续，新基金管理人或者临时基金管理人应当及时接收。

第二十四条 基金管理人职责终止的，应当按照规定聘请会计师事务所对基金财产进行审计，并将审计结果予以公告，同时报国务院证券监督管理机构备案。

第三章 基金托管人

第二十五条 基金托管人由依法设立并取得基金托管资格的商业银行担任。

第二十六条 申请取得基金托管资格，应当具备下列条件，并经国务院证券监督管理机构和国务院银行业监督管理机构核准：

（一）净资产和资本充足率符合有关规定；

（二）设有专门的基金托管部门；

（三）取得基金从业资格的专职人员达到法定人数；

（四）有安全保管基金财产的条件；

（五）有安全高效的清算、交割系统；

（六）有符合要求的营业场所、安全防范设施和与基金托管业务有关的其他设施；

（七）有完善的内部稽核监控制度和风险控制制度；

（八）法律、行政法规规定的和经国务院批准的国务院证券监督管理机构、国务院银行业监督管理机构规定的其他条件。

第二十七条 本法第十五条、第十八条的规定，适用于基金托管人的专门基金托管部门的从业人员。

本法第十六条、第十七条的规定，适用于基金托管人的专门基金托管部门的经理和其他高级管理人员。

第二十八条 基金托管人与基金管理人不得为同一人，不得相互出资或者持有股份。

第二十九条 基金托管人应当履行下列职责：

（一）安全保管基金财产；

（二）按照规定开设基金财产的资金账户和证券账

户；

（三）对所托管的不同基金财产分别设置账户，确保基金财产的完整与独立；

（四）保存基金托管业务活动的记录、账册、报表和其他相关资料；

（五）按照基金合同的约定，根据基金管理人的投资指令，及时办理清算、交割事宜；

（六）办理与基金托管业务活动有关的信息披露事项；

（七）对基金财务会计报告、中期和年度基金报告出具意见；

（八）复核、审查基金管理人计算的基金资产净值和基金份额申购、赎回价格；

（九）按照规定召集基金份额持有人大会；

（十）按照规定监督基金管理人的投资运作；

（十一）国务院证券监督管理机构规定的其他职责。

第三十条　基金托管人发现基金管理人的投资指令违反法律、行政法规和其他有关规定，或者违反基金合同约定的，应当拒绝执行，立即通知基金管理人，并及时向国务院证券监督管理机构报告。

基金托管人发现基金管理人依据交易程序已经生效的投资指令违反法律、行政法规和其他有关规定，或者违反基金合同约定的，应当立即通知基金管理人，并及时向国务院证券监督管理机构报告。

第三十一条　本法第二十条的规定，适用于基金托管人。

第三十二条　国务院证券监督管理机构和国务院银行业监督管理机构对有下列情形之一的基金托管人，依据职权责令整顿，或者取消基金托管资格：

（一）有重大违法违规行为；

（二）不再具备本法第二十六条规定的条件；

（三）法律、行政法规规定的其他情形。

第三十三条　有下列情形之一的，基金托管人职责终止：

（一）被依法取消基金托管资格；

（二）被基金份额持有人大会解任；

（三）依法解散、被依法撤销或者被依法宣告破产；

（四）基金合同约定的其他情形。

第三十四条　基金托管人职责终止的，基金份额持有人大会应当在六个月内选任新基金托管人；新基金托管人产生前，由国务院证券监督管理机构指定临时基金托管人。

基金托管人职责终止的，应当妥善保管基金财产和基金托管业务资料，及时办理基金财产和基金托管业务的移交手续，新基金托管人或者临时基金托管人应当及时接收。

第三十五条　基金托管人职责终止的，应当按照规定聘请会计师事务所对基金财产进行审计，并将审计结果予以公告，同时报国务院证券监督管理机构备案。

第四章　基金的募集

第三十六条　基金管理人依照本法发售基金份额，募集基金，应当向国务院证券监督管理机构提交下列文件，并经国务院证券监督管理机构核准：

（一）申请报告；

（二）基金合同草案；

（三）基金托管协议草案；

（四）招募说明书草案；

（五）基金管理人和基金托管人的资格证明文件；

（六）经会计师事务所审计的基金管理人和基金托管人最近三年或者成立以来的财务会计报告；

（七）律师事务所出具的法律意见书；

（八）国务院证券监督管理机构规定提交的其他文件。

第三十七条　基金合同应当包括下列内容：

（一）募集基金的目的和基金名称；

（二）基金管理人、基金托管人的名称和住所；

（三）基金运作方式；

（四）封闭式基金的基金份额总额和基金合同期限，或者开放式基金的最低募集份额总额；

（五）确定基金份额发售日期、价格和费用的原则；

（六）基金份额持有人、基金管理人和基金托管人的权利、义务；

（七）基金份额持有人大会召集、议事及表决的程序和规则；

（八）基金份额发售、交易、申购、赎回的程序、时间、地点、费用计算方式，以及给付赎回款项的时间和方式；

（九）基金收益分配原则、执行方式；

（十）作为基金管理人、基金托管人报酬的管理费、托管费的提取、支付方式与比例；

（十一）与基金财产管理、运用有关的其他费用的提取、支付方式；

（十二）基金财产的投资方向和投资限制；

（十三）基金资产净值的计算方法和公告方式；

（十四）基金募集未达到法定要求的处理方式；

（十五）基金合同解除和终止的事由、程序以及基金财产清算方式；

（十六）争议解决方式；

（十七）当事人约定的其他事项。

第三十八条 基金招募说明书应当包括下列内容：

（一）基金募集申请的核准文件名称和核准日期；

（二）基金管理人、基金托管人的基本情况；

（三）基金合同和基金托管协议的内容摘要；

（四）基金份额的发售日期、价格、费用和期限；

（五）基金份额的发售方式、发售机构及登记机构名称；

（六）出具法律意见书的律师事务所和审计基金财产的会计师事务所的名称和住所；

（七）基金管理人、基金托管人报酬及其他有关费用的提取、支付方式与比例；

（八）风险警示内容；

（九）国务院证券监督管理机构规定的其他内容。

第三十九条 国务院证券监督管理机构应当自受理基金募集申请之日起六个月内依照法律、行政法规及国务院证券监督管理机构的规定和审慎监管原则进行审查，作出核准或者不予核准的决定，并通知申请人；不予核准的，应当说明理由。

第四十条 基金募集申请经核准后，方可发售基金份额。

第四十一条 基金份额的发售，由基金管理人负责办理；基金管理人可以委托经国务院证券监督管理机构认定的其他机构代为办理。

第四十二条 基金管理人应当在基金份额发售的三日前公布招募说明书、基金合同及其他有关文件。

前款规定的文件应当真实、准确、完整。

对基金募集所进行的宣传推介活动，应当符合有关法律、行政法规的规定，不得有本法第六十四条所列行为。

第四十三条 基金管理人应当自收到核准文件之日起六个月内进行基金募集。超过六个月开始募集，原核准的事项未发生实质性变化的，应当报国务院证券监督管理机构备案；发生实质性变化的，应当向国务院证券监督管理机构重新提交申请。

基金募集不得超过国务院证券监督管理机构核准的基金募集期限。基金募集期限自基金份额发售之日起计算。

第四十四条 基金募集期限届满，封闭式基金募集的基金份额总额达到核准规模的百分之八十以上，开放式基金募集的基金份额总额超过核准的最低募集份额总额，并且基金份额持有人人数符合国务院证券监督管理机构规定的，基金管理人应当自募集期限届满之日起十日内聘请法定验资机构验资，自收到验资报告之日起十日内，向国务院证券监督管理机构提交验资报告，办理基金备案手续，并予以公告。

第四十五条 基金募集期间募集的资金应当存入专门账户，在基金募集行为结束前，任何人不得动用。

第四十六条 投资人缴纳认购的基金份额的款项时，基金合同成立；基金管理人依照本法第四十四条的规定向国务院证券监督管理机构办理基金备案手续，基金合同生效。

基金募集期限届满，不能满足本法第四十四条规定的条件的，基金管理人应当承担下列责任：

（一）以其固有财产承担因募集行为而产生的债务和费用；

（二）在基金募集期限届满后三十日内返还投资人已缴纳的款项，并加计银行同期存款利息。

第五章 基金份额的交易

第四十七条 封闭式基金的基金份额，经基金管理人申请，国务院证券监督管理机构核准，可以在证券交易所上市交易。

国务院证券监督管理机构可以授权证券交易所依照法定条件和程序核准基金份额上市交易。

第四十八条 基金份额上市交易，应当符合下列条件：

（一）基金的募集符合本法规定；

（二）基金合同期限为五年以上；

（三）基金募集金额不低于二亿元人民币；

（四）基金份额持有人不少于一千人；

（五）基金份额上市交易规则规定的其他条件。

第四十九条 基金份额上市交易规则由证券交易所制定，报国务院证券监督管理机构核准。

第五十条 基金份额上市交易后，有下列情形之一的，由证券交易所终止其上市交易，并报国务院证券监督管理机构备案：

（一）不再具备本法第四十八条规定的上市交易条件；

（二）基金合同期限届满；

（三）基金份额持有人大会决定提前终止上市交易；

（四）基金合同约定的或者基金份额上市交易规则规定的终止上市交易的其他情形。

第六章 基金份额的申购与赎回

第五十一条 开放式基金的基金份额的申购、赎回和登记，由基金管理人负责办理；基金管理人可以委托经国务院证券监督管理机构认定的其他机构代为办理。

第五十二条　基金管理人应当在每个工作日办理基金份额的申购、赎回业务；基金合同另有约定的，按照其约定。

第五十三条　基金管理人应当按时支付赎回款项，但是下列情形除外：

（一）因不可抗力导致基金管理人不能支付赎回款项；

（二）证券交易场所依法决定临时停市，导致基金管理人无法计算当日基金资产净值；

（三）基金合同约定的其他特殊情形。

发生上述情形之一的，基金管理人应当在当日报国务院证券监督管理机构备案。

本条第一款规定的情形消失后，基金管理人应当及时支付赎回款项。

第五十四条　开放式基金应当保持足够的现金或者政府债券，以备支付基金份额持有人的赎回款项。基金财产中应当保持的现金或者政府债券的具体比例，由国务院证券监督管理机构规定。

第五十五条　基金份额的申购、赎回价格，依据申购、赎回日基金份额净值加、减有关费用计算。

第五十六条　基金份额净值计价出现错误时，基金管理人应当立即纠正，并采取合理的措施防止损失进一步扩大。计价错误达到基金份额净值百分之零点五时，基金管理人应当公告，并报国务院证券监督管理机构备案。

因基金份额净值计价错误造成基金份额持有人损失的，基金份额持有人有权要求基金管理人、基金托管人予以赔偿。

第七章　基金的运作与信息披露

第五十七条　基金管理人运用基金财产进行证券投资，应当采用资产组合的方式。

资产组合的具体方式和投资比例，依照本法和国务院证券监督管理机构的规定在基金合同中约定。

第五十八条　基金财产应当用于下列投资：

（一）上市交易的股票、债券；

（二）国务院证券监督管理机构规定的其他证券品种。

第五十九条　基金财产不得用于下列投资或者活动：

（一）承销证券；

（二）向他人贷款或者提供担保；

（三）从事承担无限责任的投资；

（四）买卖其他基金份额，但是国务院另有规定的除外；

（五）向其基金管理人、基金托管人出资或者买卖其基金管理人、基金托管人发行的股票或者债券；

（六）买卖与其基金管理人、基金托管人有控股关系的股东或者与其基金管理人、基金托管人有其他重大利害关系的公司发行的证券或者承销期内承销的证券；

（七）从事内幕交易、操纵证券交易价格及其他不正当的证券交易活动；

（八）依照法律、行政法规有关规定，由国务院证券监督管理机构规定禁止的其他活动。

第六十条　基金管理人、基金托管人和其他基金信息披露义务人应当依法披露基金信息，并保证所披露信息的真实性、准确性和完整性。

第六十一条　基金信息披露义务人应当确保应予披露的基金信息在国务院证券监督管理机构规定时间内披露，并保证投资人能够按照基金合同约定的时间和方式查阅或者复制公开披露的信息资料。

第六十二条　公开披露的基金信息包括：

（一）基金招募说明书、基金合同、基金托管协议；

（二）基金募集情况；

（三）基金份额上市交易公告书；

（四）基金资产净值、基金份额净值；

（五）基金份额申购、赎回价格；

（六）基金财产的资产组合季度报告、财务会计报告及中期和年度基金报告；

（七）临时报告；

（八）基金份额持有人大会决议；

（九）基金管理人、基金托管人的专门基金托管部门的重大人事变动；

（十）涉及基金管理人、基金财产、基金托管业务的诉讼；

（十一）依照法律、行政法规有关规定，由国务院证券监督管理机构规定应予披露的其他信息。

第六十三条　对公开披露的基金信息出具审计报告或者法律意见书的会计师事务所、律师事务所，应当保证其所出具文件内容的真实性、准确性和完整性。

第六十四条　公开披露基金信息，不得有下列行为：

（一）虚假记载、误导性陈述或者重大遗漏；

（二）对证券投资业绩进行预测；

（三）违规承诺收益或者承担损失；

（四）诋毁其他基金管理人、基金托管人或者基金份额发售机构；

（五）依照法律、行政法规有关规定，由国务院证券监督管理机构规定禁止的其他行为。

第八章　基金合同的变更、终止与基金财产清算

第六十五条　按照基金合同的约定或者基金份额持有人大会的决议，并经国务院证券监督管理机构核准，可以转换基金运作方式。

第六十六条　封闭式基金扩募或者延长基金合同期限，应当符合下列条件，并经国务院证券监督管理机构核准：

（一）基金运营业绩良好；

（二）基金管理人最近二年内没有因违法违规行为受到行政处罚或者刑事处罚；

（三）基金份额持有人大会决议通过；

（四）本法规定的其他条件。

第六十七条　有下列情形之一的，基金合同终止：

（一）基金合同期限届满而未延期的；

（二）基金份额持有人大会决定终止的；

（三）基金管理人、基金托管人职责终止，在六个月内没有新基金管理人、新基金托管人承接的；

（四）基金合同约定的其他情形。

第六十八条　基金合同终止时，基金管理人应当组织清算组对基金财产进行清算。

清算组由基金管理人、基金托管人以及相关的中介服务机构组成。

清算组作出的清算报告经会计师事务所审计，律师事务所出具法律意见书后，报国务院证券监督管理机构备案并公告。

第六十九条　清算后的剩余基金财产，应当按照基金份额持有人所持份额比例进行分配。

第九章　基金份额持有人权利及其行使

第七十条　基金份额持有人享有下列权利：

（一）分享基金财产收益；

（二）参与分配清算后的剩余基金财产；

（三）依法转让或者申请赎回其持有的基金份额；

（四）按照规定要求召开基金份额持有人大会；

（五）对基金份额持有人大会审议事项行使表决权；

（六）查阅或者复制公开披露的基金信息资料；

（七）对基金管理人、基金托管人、基金份额发售机构损害其合法权益的行为依法提起诉讼；

（八）基金合同约定的其他权利。

第七十一条　下列事项应当通过召开基金份额持有人大会审议决定：

（一）提前终止基金合同；

（二）基金扩募或者延长基金合同期限；

（三）转换基金运作方式；

（四）提高基金管理人、基金托管人的报酬标准；

（五）更换基金管理人、基金托管人；

（六）基金合同约定的其他事项。

第七十二条　基金份额持有人大会由基金管理人召集；基金管理人未按规定召集或者不能召集时，由基金托管人召集。

代表基金份额百分之十以上的基金份额持有人就同一事项要求召开基金份额持有人大会，而基金管理人、基金托管人都不召集的，代表基金份额百分之十以上的基金份额持有人有权自行召集，并报国务院证券监督管理机构备案。

第七十三条　召开基金份额持有人大会，召集人应当至少提前三十日公告基金份额持有人大会的召开时间、会议形式、审议事项、议事程序和表决方式等事项。

基金份额持有人大会不得就未经公告的事项进行表决。

第七十四条　基金份额持有人大会可以采取现场方式召开，也可以采取通讯等方式召开。

每一基金份额具有一票表决权，基金份额持有人可以委托代理人出席基金份额持有人大会并行使表决权。

第七十五条　基金份额持有人大会应当有代表百分之五十以上基金份额的持有人参加，方可召开；大会就审议事项作出决定，应当经参加大会的基金份额持有人所持表决权的百分之五十以上通过；但是，转换基金运作方式、更换基金管理人或者基金托管人、提前终止基金合同，应当经参加大会的基金份额持有人所持表决权的三分之二以上通过。

基金份额持有人大会决定的事项，应当依法报国务院证券监督管理机构核准或者备案，并予以公告。

第十章　监 督 管 理

第七十六条　国务院证券监督管理机构依法履行下列职责：

（一）依法制定有关证券投资基金活动监督管理的规章、规则，并依法行使审批或者核准权；

（二）办理基金备案；

（三）对基金管理人、基金托管人及其他机构从事证券投资基金活动进行监督管理，对违法行为进行查处，并予以公告；

（四）制定基金从业人员的资格标准和行为准则，并监督实施；

（五）监督检查基金信息的披露情况；

（六）指导和监督基金同业协会的活动；

（七）法律、行政法规规定的其他职责。

第七十七条　国务院证券监督管理机构依法履行职责，有权采取下列措施：

（一）进入违法行为发生场所调查取证；

（二）询问当事人和与被调查事件有关的单位和个人，要求其对与被调查事件有关的事项作出说明；

（三）查阅、复制当事人和与被调查事件有关的单位和个人的证券交易记录、登记过户记录、财务会计资料及其他相关文件和资料，对可能被转移或者隐匿的文件和资料予以封存；

（四）查询当事人和与被调查事件有关的单位和个人的资金账户、证券账户或者基金账户，对有证据证明有转移或者隐匿违法资金、证券迹象的，可以申请司法机关予以冻结；

（五）法律、行政法规规定的其他措施。

第七十八条　国务院证券监督管理机构工作人员依法履行职责，进行调查或者检查时，不得少于二人，并应当出示合法证件；对调查或者检查中知悉的商业秘密负有保密的义务。

第七十九条　国务院证券监督管理机构工作人员应当忠于职守，依法办事，公正廉洁，接受监督，不得利用职务牟取私利。

第八十条　国务院证券监督管理机构依法履行职责时，被调查、检查的单位和个人应当配合，如实提供有关文件和资料，不得拒绝、阻碍和隐瞒。

第八十一条　国务院证券监督管理机构依法履行职责，发现违法行为涉嫌犯罪的，应当将案件移送司法机关处理。

第八十二条　国务院证券监督管理机构工作人员不得在被监管的机构中兼任职务。

第十一章　法律责任

第八十三条　基金管理人、基金托管人在履行各自职责的过程中，违反本法规定或者基金合同约定，给基金财产或者基金份额持有人造成损害的，应当分别对各自的行为依法承担赔偿责任；因共同行为给基金财产或者基金份额持有人造成损害的，应当承担连带赔偿责任。

第八十四条　违反本法第四十五条规定，动用募集的资金的，责令返还，没收违法所得；违法所得五十万元以上的，并处违法所得一倍以上五倍以下罚款；没有违法所得或者违法所得不足五十万元的，并处五万元以上五十万元以下罚款；对直接负责的主管人员和其他直接责任人员给予警告，并处三万元以上三十万元以下罚款；给投资人造成损害的，依法承担赔偿责任；构成犯罪的，依法追究刑事责任。

第八十五条　未经国务院证券监督管理机构核准，擅自募集基金的，责令停止，返还所募资金和加计的银行同期存款利息，没收违法所得，并处所募资金金额百分之一以上百分之五以下罚款；构成犯罪的，依法追究刑事责任。

第八十六条　违反本法规定，未经批准，擅自设立基金管理公司的，由证券监督管理机构予以取缔，并处五万元以上五十万元以下罚款；构成犯罪的，依法追究刑事责任。

第八十七条　未经国务院证券监督管理机构核准，擅自从事基金管理业务或者基金托管业务的，责令停止，没收违法所得；违法所得一百万元以上的，并处违法所得一倍以上五倍以下罚款；没有违法所得或者违法所得不足一百万元的，并处十万元以上一百万元以下罚款；给基金财产或者基金份额持有人造成损害的，依法承担赔偿责任；对直接负责的主管人员和其他直接责任人员给予警告，并处三万元以上三十万元以下罚款；构成犯罪的，依法追究刑事责任。

第八十八条　基金管理人、基金托管人违反本法规定，未对基金财产实行分别管理或者分账保管，或者将基金财产挪作他用的，责令改正，处五万元以上五十万元以下罚款；给基金财产或者基金份额持有人造成损害的，依法承担赔偿责任；对直接负责的主管人员和其他直接责任人员给予警告，暂停或者取消基金从业资格，并处三万元以上三十万元以下罚款；构成犯罪的，依法追究刑事责任。

基金管理人、基金托管人将基金财产挪作他用而取得的财产和收益，归入基金财产。但是，法律、行政法规另有规定的，依照其规定。

第八十九条　基金管理人、基金托管人有本法第二十条所列行为之一的，责令改正，没收违法所得；违法所得一百万元以上的，并处违法所得一倍以上五倍以下罚款；没有违法所得或者违法所得不足一百万元的，并处十万元以上一百万元以下罚款；给基金财产或者基金份额持有人造成损害的，依法承担赔偿责任；对直接负责的主管人员和其他直接责任人员给予警告，暂停或者取消基金从业资格，并处三万元以上三十万元以下罚款；构成犯罪的，依法追究刑事责任。

第九十条　基金管理人、基金托管人有本法第五十九条第一项至第六项和第八项所列行为之一的，责令改正，处十万元以上一百万元以下罚款；给基金财产或者基金份额持有人造成损害的，依法承担赔偿责任；对直接负责的主管人员和其他直接责任人员给予警告，暂停或者取消基金从业资格，并处三万元以上三十万元以下罚款；构成犯罪的，依法追究刑事责任。

基金管理人、基金托管人有前款行为，运用基金财产而取得的财产和收益，归入基金财产。但是，法律、行政法规另有规定的，依照其规定。

第九十一条 基金管理人、基金托管人有本法第五十九条第七项规定行为的，除依照《中华人民共和国证券法》的有关规定处罚外，对直接负责的主管人员和其他直接责任人员给予警告，暂停或者取消基金从业资格，并处三万元以上三十万元以下罚款；给基金财产或者基金份额持有人造成损害的，依法承担赔偿责任。

第九十二条 基金管理人、基金托管人违反本法规定，相互出资或者持有股份的，责令改正，可以处十万元以下罚款。

第九十三条 基金信息披露义务人不依法披露基金信息或者披露的信息有虚假记载、误导性陈述或者重大遗漏的，责令改正，没收违法所得，并处十万元以上一百万元以下罚款；给基金份额持有人造成损害的，依法承担赔偿责任；对直接负责的主管人员和其他直接责任人员给予警告，暂停或者取消基金从业资格，并处三万元以上三十万元以下罚款；构成犯罪的，依法追究刑事责任。

第九十四条 为基金信息披露义务人公开披露的基金信息出具审计报告、法律意见书等文件的专业机构就其所应负责的内容弄虚作假的，责令改正，没收违法所得，并处违法所得一倍以上五倍以下罚款；情节严重的，责令停业，暂停或者取消直接责任人员的相关资格；给基金份额持有人造成损害的，依法承担赔偿责任；构成犯罪的，依法追究刑事责任。

第九十五条 基金管理人或者基金托管人不按照规定召集基金份额持有人大会的，责令改正，可以处五万元以下罚款；对直接负责的主管人员和其他直接责任人员给予警告，暂停或者取消基金从业资格。

第九十六条 基金管理人、基金托管人违反本法规定，情节严重的，依法取消基金管理资格或者基金托管资格。

第九十七条 基金管理人、基金托管人的专门基金托管部门的从业人员违反本法第十八条规定，给基金财产或者基金份额持有人造成损害的，依法承担赔偿责任；情节严重的，取消基金从业资格；构成犯罪的，依法追究刑事责任。

第九十八条 证券监督管理机构工作人员玩忽职守、滥用职权、徇私舞弊或者利用职务上的便利索取或者收受他人财物的，依法给予行政处分；构成犯罪的，依法追究刑事责任。

第九十九条 违反本法规定，应当承担民事赔偿责任和缴纳罚款、罚金，其财产不足以同时支付时，先承担民事赔偿责任。

第一百条 依照本法规定，基金管理人、基金托管人应当承担的民事赔偿责任和缴纳的罚款、罚金，由基金管理人、基金托管人以其固有财产承担。

依法收缴的罚款、罚金和没收的违法所得，应当全部上缴国库。

第十二章　附　　则

第一百零一条 基金管理公司或者国务院批准的其他机构，向特定对象募集资金或者接受特定对象财产委托从事证券投资活动的具体管理办法，由国务院根据本法的原则另行规定。

第一百零二条 通过公开发行股份募集资金，设立证券投资公司，从事证券投资等活动的管理办法，由国务院另行规定。

第一百零三条 本法自2004年6月1日起施行。

中华人民共和国反洗钱法

2006年10月31日中华人民共和国第十届全国人民代表大会常务委员会第24次会议通过

中华人民共和国主席令　第56号

第一章　总　　则

第一条 为了预防洗钱活动，维护金融秩序，遏制洗钱犯罪及相关犯罪，制定本法。

第二条 本法所称反洗钱，是指为了预防通过各种方式掩饰、隐瞒毒品犯罪、黑社会性质的组织犯罪、恐怖活动犯罪、走私犯罪、贪污贿赂犯罪、破坏金融管理秩序犯罪、金融诈骗犯罪等犯罪所得及其收益的来源和性质的洗钱活动，依照本法规定采取相关措施的行为。

第三条　在中华人民共和国境内设立的金融机构和按照规定应当履行反洗钱义务的特定非金融机构，应当依法采取预防、监控措施，建立健全客户身份识别制度、客户身份资料和交易记录保存制度、大额交易和可疑交易报告制度，履行反洗钱义务。

第四条　国务院反洗钱行政主管部门负责全国的反洗钱监督管理工作。国务院有关部门、机构在各自的职责范围内履行反洗钱监督管理职责。

国务院反洗钱行政主管部门、国务院有关部门、机构和司法机关在反洗钱工作中应当相互配合。

第五条　对依法履行反洗钱职责或者义务获得的客户身份资料和交易信息，应当予以保密；非依法律规定，不得向任何单位和个人提供。

反洗钱行政主管部门和其他依法负有反洗钱监督管理职责的部门、机构履行反洗钱职责获得的客户身份资料和交易信息，只能用于反洗钱行政调查。

司法机关依照本法获得的客户身份资料和交易信息，只能用于反洗钱刑事诉讼。

第六条　履行反洗钱义务的机构及其工作人员依法提交大额交易和可疑交易报告，受法律保护。

第七条　任何单位和个人发现洗钱活动，有权向反洗钱行政主管部门或者公安机关举报。接受举报的机关应当对举报人和举报内容保密。

第二章　反洗钱监督管理

第八条　国务院反洗钱行政主管部门组织、协调全国的反洗钱工作，负责反洗钱的资金监测，制定或者会同国务院有关金融监督管理机构制定金融机构反洗钱规章，监督、检查金融机构履行反洗钱义务的情况，在职责范围内调查可疑交易活动，履行法律和国务院规定的有关反洗钱的其他职责。

国务院反洗钱行政主管部门的派出机构在国务院反洗钱行政主管部门的授权范围内，对金融机构履行反洗钱义务的情况进行监督、检查。

第九条　国务院有关金融监督管理机构参与制定所监督管理的金融机构反洗钱规章，对所监督管理的金融机构提出按照规定建立健全反洗钱内部控制制度的要求，履行法律和国务院规定的有关反洗钱的其他职责。

第十条　国务院反洗钱行政主管部门设立反洗钱信息中心，负责大额交易和可疑交易报告的接收、分析，并按照规定向国务院反洗钱行政主管部门报告分析结果，履行国务院反洗钱行政主管部门规定的其他职责。

第十一条　国务院反洗钱行政主管部门为履行反洗钱资金监测职责，可以从国务院有关部门、机构获取所必需的信息，国务院有关部门、机构应当提供。

国务院反洗钱行政主管部门应当向国务院有关部门、机构定期通报反洗钱工作情况。

第十二条　海关发现个人出入境携带的现金、无记名有价证券超过规定金额的，应当及时向反洗钱行政主管部门通报。

前款应当通报的金额标准由国务院反洗钱行政主管部门会同海关总署规定。

第十三条　反洗钱行政主管部门和其他依法负有反洗钱监督管理职责的部门、机构发现涉嫌洗钱犯罪的交易活动，应当及时向侦查机关报告。

第十四条　国务院有关金融监督管理机构审批新设金融机构或者金融机构增设分支机构时，应当审查新机构反洗钱内部控制制度的方案；对于不符合本法规定的设立申请，不予批准。

第三章　金融机构反洗钱义务

第十五条　金融机构应当依照本法规定建立健全反洗钱内部控制制度，金融机构的负责人应当对反洗钱内部控制制度的有效实施负责。

金融机构应当设立反洗钱专门机构或者指定内设机构负责反洗钱工作。

第十六条　金融机构应当按照规定建立客户身份识别制度。

金融机构在与客户建立业务关系或者为客户提供规定金额以上的现金汇款、现钞兑换、票据兑付等一次性金融服务时，应当要求客户出示真实有效的身份证件或者其他身份证明文件，进行核对并登记。

客户由他人代理办理业务的，金融机构应当同时对代理人和被代理人的身份证件或者其他身份证明文件进行核对并登记。

与客户建立人身保险、信托等业务关系，合同的受益人不是客户本人的，金融机构还应当对受益人的身份证件或者其他身份证明文件进行核对并登记。

金融机构不得为身份不明的客户提供服务或者与其进行交易，不得为客户开立匿名账户或者假名账户。

金融机构对先前获得的客户身份资料的真实性、有效性或者完整性有疑问的，应当重新识别客户身份。

任何单位和个人在与金融机构建立业务关系或者要求金融机构为其提供一次性金融服务时，都应当提供真实有效的身份证件或者其他身份证明文件。

第十七条 金融机构通过第三方识别客户身份的，应当确保第三方已经采取符合本法要求的客户身份识别措施；第三方未采取符合本法要求的客户身份识别措施的，由该金融机构承担未履行客户身份识别义务的责任。

第十八条 金融机构进行客户身份识别，认为必要时，可以向公安、工商行政管理等部门核实客户的有关身份信息。

第十九条 金融机构应当按照规定建立客户身份资料和交易记录保存制度。

在业务关系存续期间，客户身份资料发生变更的，应当及时更新客户身份资料。

客户身份资料在业务关系结束后、客户交易信息在交易结束后，应当至少保存五年。

金融机构破产和解散时，应当将客户身份资料和客户交易信息移交国务院有关部门指定的机构。

第二十条 金融机构应当按照规定执行大额交易和可疑交易报告制度。

金融机构办理的单笔交易或者在规定期限内的累计交易超过规定金额或者发现可疑交易的，应当及时向反洗钱信息中心报告。

第二十一条 金融机构建立客户身份识别制度、客户身份资料和交易记录保存制度的具体办法，由国务院反洗钱行政主管部门会同国务院有关金融监督管理机构制定。金融机构大额交易和可疑交易报告的具体办法，由国务院反洗钱行政主管部门制定。

第二十二条 金融机构应当按照反洗钱预防、监控制度的要求，开展反洗钱培训和宣传工作。

第四章 反洗钱调查

第二十三条 国务院反洗钱行政主管部门或者其省一级派出机构发现可疑交易活动，需要调查核实的，可以向金融机构进行调查，金融机构应当予以配合，如实提供有关文件和资料。

调查可疑交易活动时，调查人员不得少于二人，并出示合法证件和国务院反洗钱行政主管部门或者其省一级派出机构出具的调查通知书。调查人员少于二人或者未出示合法证件和调查通知书的，金融机构有权拒绝调查。

第二十四条 调查可疑交易活动，可以询问金融机构有关人员，要求其说明情况。

询问应当制作询问笔录。询问笔录应当交被询问人核对。记载有遗漏或者差错的，被询问人可以要求补充或者更正。被询问人确认笔录无误后，应当签名或者盖章；调查人员也应当在笔录上签名。

第二十五条 调查中需要进一步核查的，经国务院反洗钱行政主管部门或者其省一级派出机构的负责人批准，可以查阅、复制被调查对象的账户信息、交易记录和其他有关资料；对可能被转移、隐藏、篡改或者毁损的文件、资料，可以予以封存。

调查人员封存文件、资料，应当会同在场的金融机构工作人员查点清楚，当场开列清单一式二份，由调查人员和在场的金融机构工作人员签名或者盖章，一份交金融机构，一份附卷备查。

第二十六条 经调查仍不能排除洗钱嫌疑的，应当立即向有管辖权的侦查机关报案。客户要求将调查所涉及的账户资金转往境外的，经国务院反洗钱行政主管部门负责人批准，可以采取临时冻结措施。

侦查机关接到报案后，对已依照前款规定临时冻结的资金，应当及时决定是否继续冻结。侦查机关认为需要继续冻结的，依照刑事诉讼法的规定采取冻结措施；认为不需要继续冻结的，应当立即通知国务院反洗钱行政主管部门，国务院反洗钱行政主管部门应当立即通知金融机构解除冻结。

临时冻结不得超过四十八小时。金融机构在按照国务院反洗钱行政主管部门的要求采取临时冻结措施后四十八小时内，未接到侦查机关继续冻结通知的，应当立即解除冻结。

第五章 反洗钱国际合作

第二十七条 中华人民共和国根据缔结或者参加的国际条约，或者按照平等互惠原则，开展反洗钱国际合作。

第二十八条 国务院反洗钱行政主管部门根据国务院授权，代表中国政府与外国政府和有关国际组织开展反洗钱合作，依法与境外反洗钱机构交换与反洗钱有关的信息和资料。

第二十九条 涉及追究洗钱犯罪的司法协助，由司法机关依照有关法律的规定办理。

第六章 法 律 责 任

第三十条 反洗钱行政主管部门和其他依法负有反洗钱监督管理职责的部门、机构从事反洗钱工作的人员有下列行为之一的，依法给予行政处分：

（一）违反规定进行检查、调查或者采取临时冻结措施的；

（二）泄露因反洗钱知悉的国家秘密、商业秘密或者个人隐私的；

（三）违反规定对有关机构和人员实施行政处罚的；

（四）其他不依法履行职责的行为。

第三十一条　金融机构有下列行为之一的，由国务院反洗钱行政主管部门或者其授权的设区的市一级以上派出机构责令限期改正；情节严重的，建议有关金融监督管理机构依法责令金融机构对直接负责的董事、高级管理人员和其他直接责任人员给予纪律处分：

（一）未按照规定建立反洗钱内部控制制度的；

（二）未按照规定设立反洗钱专门机构或者指定内设机构负责反洗钱工作的；

（三）未按照规定对职工进行反洗钱培训的。

第三十二条　金融机构有下列行为之一的，由国务院反洗钱行政主管部门或者其授权的设区的市一级以上派出机构责令限期改正；情节严重的，处二十万元以上五十万元以下罚款，并对直接负责的董事、高级管理人员和其他直接责任人员，处一万元以上五万元以下罚款：

（一）未按照规定履行客户身份识别义务的；

（二）未按照规定保存客户身份资料和交易记录的；

（三）未按照规定报送大额交易报告或者可疑交易报告的；

（四）与身份不明的客户进行交易或者为客户开立匿名账户、假名账户的；

（五）违反保密规定，泄露有关信息的；

（六）拒绝、阻碍反洗钱检查、调查的；

（七）拒绝提供调查材料或者故意提供虚假材料的。

金融机构有前款行为，致使洗钱后果发生的，处五十万元以上五百万元以下罚款，并对直接负责的董事、高级管理人员和其他直接责任人员处五万元以上五十万元以下罚款；情节特别严重的，反洗钱行政主管部门可以建议有关金融监督管理机构责令停业整顿或者吊销其经营许可证。

对有前两款规定情形的金融机构直接负责的董事、高级管理人员和其他直接责任人员，反洗钱行政主管部门可以建议有关金融监督管理机构依法责令金融机构给予纪律处分，或者建议依法取消其任职资格、禁止其从事有关金融行业工作。

第三十三条　违反本法规定，构成犯罪的，依法追究刑事责任。

第七章　附　　则

第三十四条　本法所称金融机构，是指依法设立的从事金融业务的政策性银行、商业银行、信用合作社、邮政储汇机构、信托投资公司、证券公司、期货经纪公司、保险公司以及国务院反洗钱行政主管部门确定并公布的从事金融业务的其他机构。

第三十五条　应当履行反洗钱义务的特定非金融机构的范围、其履行反洗钱义务和对其监督管理的具体办法，由国务院反洗钱行政主管部门会同国务院有关部门制定。

第三十六条　对涉嫌恐怖活动资金的监控适用本法；其他法律另有规定的，适用其规定。

第三十七条　本法自 2007 年 1 月 1 日起施行。

项目管理法规

关于进一步加强中央党政机关等建设项目管理和投资概算控制的通知

发改投资〔2005〕907号

中央和国家机关各部门、各有关单位：

当前，中央党政机关建设项目因部门擅自增加建设内容、扩大规模、提高标准，导致概算超支的现象较为突出。为贯彻落实《国务院关于投资体制改革的决定》（国发[2004]20号）精神，改进和加强中央预算内投资和项目管理，解决中央党政机关建设项目概算超支等问题，我委决定进一步加强对中央党政机关等建设项目的全过程管理和投资概算控制。现将有关事项通知如下：

一、进一步提高对加强项目概算管理工作重要性的认识

中央党政机关建设项目是中央预算内投资的重要方面。管好、用好中央党政机关建设投资，有效控制项目概算和工程质量，是党政机关各部门的共同责任。当前，全党正在开展以学习实践“三个代表”重要思想为主要内容的保持共产党员先进性教育活动，加强中央党政机关建设项目管理和投资概算控制是坚持“两个务必”，保持艰苦奋斗精神的具体体现。中央党政机关在建设项目管理和概算控制上应成为所有建设项目的榜样和典范。

针对当前中央政府投资建设项目，特别是中央党政机关建设项目存在的未经批准擅自增加建设内容、扩大规模、提高标准并导致建设项目概算超支等问题，各有关部门要提高认识，改进工作，严格按照《国务院关于投资体制改革的决定》的有关规定，加强中央党政机关建设项目管理和概算控制。

二、加强对工程设计的管理

国家发展改革委对政府投资项目项目建议书、可行性研究报告和初步设计概算的批复文件是建设项目开展工作的主要依据。批复中核定的建设内容、规模、标准、总投资概算和其他控制指标必须严格遵守。项目建议书批复的建设规模，原则上在可行性研究报告、初步设计等后续工作中不能突破。今后，对于不按批复要求编报的可研报告或初步设计方案，我委不予受理；对承担编制可行性研究报告或初步设计方案的相关咨询、设计单位，我委将视情况给予劝戒或限制其承担政府投资项目的设计任务，并建议有关资质管理部门给予相应处罚。

三、加强对工程监理的管理

工程监理单位的主要责任是依照法律法规、有关技术标准、设计文件和建筑工程承包合同，对承担施工的单位在施工质量、建设工期和建设资金使用等方面，代表项目业主方实施监督。中央党政机关建设项目在实施过程中，对项目使用单位未经国家发展改革委批准，擅自提高建设标准、扩大建设规模、改变建设方案的行为，监理单位有责任和义务向项目使用单位的上级主管部门和国家发展改革委报告。对未及时制止和报告上述行为的监理单位，视情况给予劝戒或限制其承担政府投资项目的监理任务，并建议有关资质管理部门给予相应处罚。

四、建立项目建设全过程监察机制

为解决中央党政机关建设项目重前期审批、轻建设

期管理的问题，要建立项目建设全过程监察机制。

（一）建立项目责任人制度。中央党政机关建设项目从立项开始要由项目使用单位确定一名项目责任人（在立项批复文件中明确）。项目责任人的主要职责是，定期向我委报告建设项目在可行性研究报告、初步设计方案和投资概算的编报过程中，以及项目建设过程中的设计变更、建设进度、概算控制等情况。

（二）建立项目进展情况报告制度。中央党政机关建设项目开工后，由项目责任人按季度定期向我委报告项目建设进度和概算执行情况，主要是反映建设项目是否按国家批准的规模和标准进行建设、有无超概算等问题。党中央机关、国务院机关各部门的建设项目要同时将项目建设进展情况抄报中直管理局或国管局（项目进展报告的具体格式附后）。

（三）对投资和建设规模较大的项目，我委可在当地建设主管部门对工程施工图设计完成结构安全审查后，委托有关单位对施工图设计是否符合批准的初步设计方案进行复核。对不依据我委批准的初步设计方案进行施工图设计的项目，我委将要求修改或重新进行施工图设计，并暂停开工建设。

（四）项目实施过程中，如有重大设计变更和超概算因素（建设规模、内外装修标准、设备、材料选型等发生变化），必须事先向我委提交报告，履行报批手续。对未经批准擅自进行重大设计变更而导致超概算的，我委不再受理事后调概申请。

（五）我委将派人不定期对在建项目进行巡查，实地了解项目建设情况，并对项目进展报告内容进行核实。

五、加快推进“代建制”

根据《国务院关于投资体制改革的决定》精神，对政府投资的中央党政机关建设项目将逐步推行“代建制”。即通过招标等方式，选择专业化的项目管理单位负责建设实施，严格控制项目投资、质量和工期，竣工验收后移交给使用单位。近期我委将在中央党政机关建设项目中进行“代建制”试点，取得经验后全面推广。

六、对违规项目进行处罚

（一）对于投资规模较大、建设期较长的项目，我委视情况委托咨询机构在建设过程中和完工后进行中期和后期评价。对超概严重的项目先进行整改，在未达到整改目标之前一律不予验收，并暂停批准概算调整，也暂不批准该部门其他项目。

（二）对管理混乱，超规模、超标准、超概算严重的项目使用单位，我委将给予通报批评；情节严重的，还要在媒体上曝光。

（三）违反法律、法规的，转有关部门处理。

本通知中的“中央党政机关建设项目”，是指由我委批复立项并安排投资，党中央、国务院各部门、全国人大、全国政协、最高人民法院、最高人民检察院机关以及直属事业单位等为项目使用单位的建设项目（含京外项目）。

我委批复立项并安排投资的中央本级文化、教育、卫生、广播、体育等社会事业建设项目（含京外项目）参照本通知执行。

上述规定由国家发展改革委负责解释。并自发出之日起执行。

附表：中央党政机关建设项目进展情况报告表（略）

2005年5月25日

国内投资民用航空业规定（试行）

中国民用航空总局令　2005年第148号

第一章　总　　则

第一条　为规范国内投资主体投资民用航空业，根据公司法、民用航空法及国家其他法律，制定本规定。

第二条　鼓励、支持国内投资主体投资民用航空业，促进民用航空业快速健康发展。

国内投资主体投资民用航空业，应当有利于巩固和发展公有制经济，有利于鼓励、支持和引导非公有制经济发展，有利于坚持和完善公有制经济为主体、多种所有制经济共同发展的基本经济制度。

国内投资主体投资民用航空业，应当有利于促进公平、有序竞争，防止垄断和不正当竞争。

第三条 国内投资主体投资民用航空业适用本规定。

本规定所称国内投资主体包括国有投资主体和非国有投资主体。

国有投资主体是指各级政府及其授权国有资产投资机构、国有或者国有控股企业、其他国有经济组织。

非国有投资主体是指集体企业、私营企业、其他非国有经济组织和个人。

本规定所称民用航空业包括以下领域：

（一）公共航空运输；

（二）通用航空；

（三）民用机场，包括民用运输机场和通用航空机场；

（四）空中交通管理系统；

（五）民用航空活动相关项目，包括航空燃油销售储运加注、飞机维修、货运仓储、地面服务、航空食品生产销售、停车场、客货销售代理、计算机定座系统服务、航空结算及其他相关项目。

第四条 中国民用航空总局（以下简称民航总局）及地区管理局依照民用航空法、有关行政法规、规章和本规定，对国内投资主体投资民用航空业事项实施许可和监督管理。

民用航空业在放宽投资准入的同时，对各类民用航空企业的管理政策实行同等待遇。

第二章 投 资 准 入

第五条 国有投资主体和非国有投资主体可以单独或者联合投资民用航空业。但本规定有明确限制的，应当符合其要求。

第六条 本规定附件一所列的公共航空运输企业应当保持国有或者国有控股。

第七条 民用运输机场是自然垄断部门，鼓励各国内投资主体多元投资，非国有投资主体可以参股。但是本规定附件二所列的民用运输机场应当保持国有或者国有控股。

第八条 民用机场、航空燃油销售储运加注企业、计算机定座系统服务企业，及其关联企业，不得投资公共航空运输企业。但是投资全货运航空公司的除外。

前款所述企业及其关联企业投资全货运航空公司，投资比例不得超过25%，并且不得相对控股。

前两款所述关联企业不包括公共航空运输企业。

第九条 一家公共航空运输企业及其关联企业投资本规定附件三所列的民用运输机场或其共用航站楼，投资比例不得超过25%，并且不得相对控股。

公共航空运输企业在有共用航站楼和停机坪的机场可以在符合机场总体规划的前提下投资建设或租用专用航站楼和停机坪。

第十条 本规定附件三所列的民用运输机场投资本机场范围内的航空燃油销售、储运、加注企业及其设施，投资比例不得超过25%，并且不得相对控股。

在本规定附件三所列机场中，一个机场只有一家航空燃油销售、储运、加注企业时，一家公共航空运输企业及其关联企业投资该航空燃油销售、储运、加注企业及其设施，投资比例不得超过25%，并且不得相对控股。一个机场已有一家航油销售、储运、加注企业时，公共航空运输企业及其关联企业投资建立或参股另外的航油企业不受投资比例限制。

前二款所述机场航油储运、加注设施，是指航油专用卸油站、场外场内航油专用储油库、场外航油专用输油管线、机坪航油管线、航油运输车、加注车、机坪加油系统及航空加油站等。

第十一条 空中交通管理系统主要由中央政府投资。空中交通管理部门不得投资空中交通管理系统之外的其他领域。

第三章 管 理 人 员

第十二条 有下列情形之一的，不得担任民用航空企业和民用机场的董事、监事、高级经营管理人员：

（一）因犯有贪污、贿赂、侵占财产、挪用财产罪或者破坏社会经济秩序罪，被判处刑罚，执行期满未逾5年，或者因犯罪被剥夺政治权利，执行期满未逾5年；

（二）担任因经营不善而破产清算的企业的董事、监事或者经理，并对企业的破产负有个人责任的，自该企业破产清算完结之日起未逾3年；

（三）担任因违法被吊销营业执照的企业的法定代表人，并负有个人责任的，自该企业被吊销营业执照之日起未逾3年；

（四）个人所负数额较大的债务到期未清偿。

违反前款规定选举、委派董事、监事或者聘任高级经营管理人员，该选举、委派或者聘任无效。

第十三条 公共航空运输企业的董事、高级经营管理人员不得在民用运输机场兼任高级经营管理人员，民用运输机场的董事、高级经营管理人员不得在公共航空运输企业兼任高级经营管理人员。

违反前款规定聘任高级经营管理人员，该聘任无效。

第四章 许可与监管

第十四条 国内投资主体投资设立公共航空运输企业、民用运输机场及其他需要许可的民航企业，应当按照有关法律、行政法规和民用航空规章，向民航总局或者地区管理局申请取得相应的许可。

第十五条　公共航空运输企业、民用运输机场和其他需要许可的民航企业联合、兼并、改制、增资扩股、变更股权等事项应当按照有关法律、行政法规和民用航空规章，向民航总局或者地区管理局申请取得相应的许可，并办理相关变更手续。

第十六条　国内投资主体申请投资公共航空运输企业、民用运输机场和其他需要许可的民航企业，公共航空运输企业、民用机场和民航其他企业申请联合、兼并、改制、增资扩股、变更股权，除向民航总局或地区管理局提交国家法律、行政法规、民用航空规章规定的各项文件外，应当向民航总局或地区管理局提交下列文件：

（一）投资主体的所有制性质和投资比例的证明文件；

（二）符合本规定第十二条和第十三条人员要求的证明文件。

非国有投资主体作为主要投资方申请投资民用运输机场，还应当提交机场所在地方人民政府与其签订的合同。除非法律、法规另有规定，合同应当包括以下内容：

（一）经营期限；

（二）经营期限内投资方持续投资从事设施设备更新改造的义务；

（三）经营期满后合同终止或者延期的相关条件和规定。

申请人提交的文件应当真实有效。

第十七条　公共航空运输企业、民用运输机场和其他需要许可的民航企业应当在每年1月份向民航总局或地区管理局提交记载以下内容的文件：

（一）股权清单；

（二）持有股权不少于5%的股东的名单及其持股比例；

（三）董事、监事、高级经营管理人员变动情况，新任董事、监事、高级经营管理人员的姓名和履历。

在民航总局或地区管理局认为需要的其他时候，公共航空运输企业、民用运输机场和其他需要许可的民航企业应当提交前款所述的文件。

第十八条　公共航空运输企业、民用运输机场和其他需要许可的民航企业作出下列决定，应当按照行政许可法第六十七条规定，报请民航总局或者地区管理局批准：

（一）停业或者歇业；

（二）解散或者关闭；

（三）其他涉及国家安全和重大公共利益的事项。

民用运输机场报请批准时应当同时提交所在地方人民政府的书面意见。

空中交通管理设施建设必须符合国家的统一规划、标准。投入使用后，发生转让、抵押、拆除、转移和其他停止使用情形前，应当按照有关规定报请民航总局或地区管理局批准。

前述3种情形对国家安全和公共利益造成不利影响的，民航总局或地区管理局不予批准。

第十九条　民用运输机场应当向使用机场的公共航空运输企业提供公平、公正的服务。

投资民用运输机场的公共航空运输企业不得利用其出资人权利操纵控制机场损害其他使用该机场的公共航空运输企业的权利。

公共航空运输企业在民用运输机场的平等权利受到损害时，可以向民航总局或地区管理局提出申诉。

第二十条　民用航空燃油企业应当向所有用油单位提供公平、公正的服务。

投资航空燃油销售、储运、加注企业的机场不得利用其出资人地位操纵控制航空燃油销售、储运、加注企业损害公共航空运输企业的权利。

投资航空燃油销售、储运、加注企业的公共航空运输企业不得利用其出资人地位操纵控制航空燃油销售、储运、加注企业损害其他公共航空运输企业的权利。

第二十一条　民航总局、民航地区管理局及其派出机构对可能违反本规定的行为实施调查，被调查人、利害关系人和证明人应当接受调查并如实提供证据、说明情况。

第五章　法律责任

第二十二条　民用机场、航空燃油企业、计算机订座系统服务企业违反本规定第八条，违法投资公共航空运输企业，公共航空运输企业违反本规定第九条，违法投资民用运输机场，民用运输机场、公共航空运输企业违反本规定第十条，违法投资民用航空燃油企业，民航总局或地区管理局责令其限期改正，逾期不予改正的，没收其违法所得，并可处以其违法所得1倍至3倍的罚款。

第二十三条　空中交通管理部门违反本规定第十一条，违法投资空中交通管理系统之外的其他民用航空业领域，由民航总局或地区管理局责令其限期改正；逾期不予改正的，对责任人给予行政处分。

第二十四条 国内投资主体违反本规定第十四条，未经许可设立公共航空运输企业、民用运输机场或其他需要许可的民航企业，民航总局或地区管理局责令其停止经营活动，情节严重的，没收其违法所得，并可处以非法所得1倍以上3倍以下的罚款。

公共航空运输企业、民用运输机场和其他需要许可的民航企业违反本规定第十五条，未经批准擅自联合、兼并、改制、增资扩股、变更股权，民航总局或地区管理局责令其限期改正；对逾期不予改正的，中止该项目取得的相应许可，直至撤销该许可。

第二十五条 申请人违反本规定第十六条第三款，隐瞒有关情况或者提供虚假材料申请许可的，民航总局或地区管理局不予受理并给予警告，申请人1年内不得再次申请许可。

申请人以欺骗、贿赂等不正当手段取得批准或者许可的，由民航总局或地区管理局撤销批准或者许可，申请人在3年内不得再次申请许可。

第二十六条 公共航空运输企业、民用运输机场或其他需要许可的民航企业违反本规定第十七条，未按期提交相应文件，或者提供虚假文件，由民航总局或地区管理局责令改正，给予警告，逾期不改正的，处以1万元以上3万元以下的罚款。

第二十七条 公共航空运输企业、民用运输机场或其他需要许可的民航企业违反本规定第十八条，擅自停止运营和服务，由民航总局或地区管理局责令其立即改正。

空中交通管理设施投入使用后，违反本规定第十八条，擅自转让、抵押、拆除、转移和发生其他停止使用情形，由民航总局或地区管理局责令相关单位立即改正。

第二十八条 民用运输机场违反本规定第十九条第一款规定，未向使用机场的公共航空运输企业提供公平、公正的服务，民航总局或地区管理局责令其限期改正，并可给予警告或者3万元以下罚款的处罚。情节较重或者逾期不予改正的，中止其相关业务的经营活动。

投资民用运输机场的公共航空运输企业违反本规定第十九条第二款规定，损害其他公共航空运输企业的权利，民航总局或地区管理局责令其限期改正，并可给予警告或者3万元以下罚款的处罚。情节较重且逾期不予改正的，民航总局或地区管理局不再受理其从该机场始发的航线、航班申请。

投资航空燃油销售、储运、加注企业的民用运输机场和公共航空运输企业违反本规定第二十条第二款、第三款规定，损害相关公共航空运输企业的权利，民航总局或地区管理局责令其限期改正，并可给予警告或者3万元以下罚款的处罚。

第二十九条 被调查人违反第二十一条规定，拒绝接受调查或者提供虚假情况，由民航总局或地区管理局给予警告或者处以1万元以下的罚款。

第三十条 民航总局和地区管理局工作人员违反本规定给以许可和滥用职权、玩忽职守的，由其所属机关给予行政处分。情节严重，构成犯罪的，依法追究刑事责任。

第六章　附　　则

第三十一条 国内投资主体投资民用航空业，另有法律、行政法规和规章要求取得其他许可的，应当按照规定向相关主管部门申请取得相应的许可。

第三十二条 本规定所称控股是指在企业的全部资本中所占比例大于50%。

本规定所称相对控股是指在企业的全部资本中所占的比例不大于50%，但相对大于企业其他投资主体在企业全部资本中所占比例。

第三十三条 本规定所称关联企业是指企业与另一公司、企业和其他经济组织（以下简称另一企业）有下列之一的关系：

（一）相互间直接及间接相对控股，或者持有其中一方的股份总和达到25%以上（含25%）的；

（二）直接或间接同为第三者相对控股，或者持有股份达到25%以上（含25%）的；

（三）企业与另一企业之间借贷资金占企业自有资金50%或者以上；

（四）企业的董事或者高级管理人员一半以上或有1名常务董事是由另一企业所委派的；

（五）企业的生产经营活动必须由另一企业提供特许权利，包括工业产权、专有技术等才能正常进行的；

（六）企业生产经营购进生产资料，包括价格及交易条件等是由另一企业所控制的；

（七）企业生产的产品或者提供的服务的销售，包括价格及交易条件等是由另一企业所控制的；

（八）对企业生产经营、交易具有实际控制的其他利益上相关联的关系，包括家族、亲属关系等。

第三十四条 投资军民合用机场民用部分，比照适用本规定。

第三十五条 本规定附件由民航总局根据实际情况修订并公布。

第三十六条 本规定施行前国内投资主体投资民用

航空业，不符合本规定要求的，应当在本规定施行1年内达到本规定要求。逾期达不到本规定要求的，按照本规定第五章相关条款处理。

第三十七条 本规定自2005年8月15日起施行。民航总局1993年6月24日发布的《关于转发国内投资经营民用航空企业有关政策的函》(民航局函〔1993〕1023号)，民航总局1998年5月22日发布的《国内航空运输企业投资民用机场暂行管理办法》(民航体发〔1998〕101号）同时废止。

关于《国内投资民用航空业规定(试行)》的说明(略)

中央政府投资项目公示试点办法

中华人民共和国国家发展和改革委员会

（2005年10月17日）

第一条 为健全中央政府投资决策机制，提高决策的科学化、民主化水平，进一步加强中央政府投资项目管理，依据《国务院关于投资体制改革的决定》，制定本办法。

第二条 国家发展改革委选择有关中央政府投资项目进行公示试点。试点项目应当符合以下要求：

（一）对经济和社会发展全局有重大影响；

（二）对生态、环境保护、资源开发利用有重大影响；

（三）与社会公众利益密切相关，社会关注程度较高。

符合上述条款规定但涉及国家安全、国家秘密、商业秘密以及法律、法规规定的其他不应当公开的项目不进行公示。

第三条 公示内容主要包括：

（一）项目名称；

（二）项目申报单位名称和项目建设单位名称；

（三）建设地点；

（四）建设规模及内容；

（五）建设目标及项目功能；

（六）总投资及资金来源；

（七）负责审批项目的主办司局名称、邮政地址和电子信箱；

（八）其他需要公示的内容。

第四条 公示方式包括专栏公示和公告公示。

专栏公示是指在国家发展改革委政府网站（www.ndrc.gov.cn）和《中国经济导报》开辟专栏登载公示内容。

公告公示是指对于特别重大的项目发布公示公告。除在上述媒体专栏公示外，还可以在中央主要新闻媒体发布公示公告。

第五条 对于公示试点项目，国家发展改革委在批复项目建议书后10个工作日内进行公示。

第六条 公示期限为20个工作日。

第七条 国家发展改革委在公示结束之日起20个工作日内，对征集到的意见和建议进行汇总、归纳，形成主要意见和建议，在国家发展改革委政府网站进行公布。

第八条 国家发展改革委将主要意见和建议送交项目申报单位，以及其他有关单位。涉及环保、土地、城市规划等方面的主要意见和建议，同时送交有关部门，供有关部门在进行相关管理工作时参考。

第九条 对于主要意见和建议，项目建设单位在进行可行性研究时应当认真研究，项目申报单位在项目可行性研究报告中应当说明采纳情况和未予采纳的理由。

第十条 国家发展改革委在委托工程咨询单位评估项目可行性研究报告时，应当要求工程咨询单位对主要意见和建议作出评议。

第十一条 国家发展改革委在审批可行性研究报告时，应当充分研究分析主要意见和建议，以及项目申报单位的说明和工程咨询单位的评议意见。

第十二条 国家发展改革委在批复项目可行性研究报告以后，应当将主要意见和建议的采纳情况和未予采纳的理由在国家发展改革委政府网站进行公布。

第十三条 各省、自治区、直辖市发展改革部门可以参照本办法制定地方政府投资项目公示试点办法。

对于不使用中央政府投资但需要国家发展改革委审批项目建议书的地方政府投资项目，需要进行公示的，由地方政府发展改革部门按照规定进行公示。

第十四条 本办法由国家发展改革委负责解释。

第十五条 本办法自发布之日起施行。

关于调整住房供应结构稳定住房价格意见的通知

国办发〔2006〕37号

各省、自治区、直辖市人民政府，国务院各部委、各直属机构：

建设部、发展改革委、监察部、财政部、国土资源部、人民银行、税务总局、统计局、银监会《关于调整住房供应结构稳定住房价格的意见》已经国务院同意，现转发给你们，请认真贯彻执行。

房地产业是我国新的发展阶段的一个重要支柱产业。引导和促进房地产业持续稳定健康发展，有利于保持国民经济的平稳较快增长，有利于满足广大群众的基本住房消费需求，有利于实现全面建设小康社会的目标。当前，要针对房地产业发展中存在的问题，进一步加强市场引导和调控。要按照科学发展观的要求，坚持落实和完善政策，调整住房结构，引导合理消费；坚持深化改革，标本兼治，加强法治，规范秩序；坚持突出重点，分类指导，区别对待。各地区、特别是城市人民政府要切实负起责任，把调整住房供应结构、控制住房价格过快上涨纳入经济社会发展工作的目标责任制，促进房地产业健康发展。国务院有关部门要组成联合检查组，对各地2005年以来落实中央关于房地产市场调控政策的情况进行一次集中检查。对宏观调控政策落实不到位、房价涨幅没有得到有效控制、结构性矛盾突出、拆迁问题较多的城市，要予以通报批评，并限期整改。

国务院办公厅

2006年5月24日

关于调整住房供应结构稳定住房价格的意见

建设部　发展改革委　监察部　财政部　国土资源部
人民银行　税务总局　统计局　银监会

去年以来，各地区、各部门贯彻中央关于加强房地产市场调控的决策和部署，房地产投资增长和房价上涨过快的势头初步得到抑制。但是，房地产领域的一些问题尚没有得到根本解决，少数城市房价上涨过快，住房供应结构不合理矛盾突出，房地产市场秩序比较混乱。为切实解决当前房地产市场存在的问题，要继续认真落实《国务院办公厅关于切实稳定住房价格的通知》（国办发明电〔2005〕8号）和《国务院办公厅转发建设部等部门关于做好稳定住房价格工作意见的通知》（国办发〔2005〕26号）提出的各项政策措施，并根据房地产市场的新情况对部分政策措施作适当调整。现就调整住房供应结构、稳定住房价格提出以下意见：

一、切实调整住房供应结构

（一）制定和实施住房建设规划。要重点发展满足当地居民自住需求的中低价位、中小套型普通商品住房。各级城市（包括县城，下同）人民政府要编制住房建设规划，明确“十一五”期间，特别是今明两年普通商品住房、经济适用住房和廉租住房的建设目标，并纳入当地“十一五”发展规划和近期建设规划。各级城市住房建设规划要在2006年9月底前向社会公布。直辖市、计划单列市、省会城市人民政府要将住房建设规划报建设部备案；其他城市住房建设规划报省级建设主管部门备案。各级建设（规划）主管部门要会同监察机关加强规划效能监察，督促各地予以落实。

（二）明确新建住房结构比例。“十一五”时期，要重点发展普通商品住房。自2006年6月1日起，凡新审批、新开工的商品住房建设，套型建筑面积90平方米以下住房（含经济适用住房）面积所占比重，必须达到开发建设总面积的70%以上。直辖市、计划单列市、省会城市因特殊情况需要调整上述比例的，必须报建设部批准。过去已审批但未取得施工许可证的项目凡不符合上述要求的，应根据要求进行套型调整。

二、进一步发挥税收、信贷、土地政策的调节作用

（三）调整住房转让环节营业税。为进一步抑制投机和投资性购房需求，从2006年6月1日起，对购买住房不足5年转手交易的，销售时按其取得的售房收入全额征收营业税；个人购买普通住房超过5年（含5年）转手交易的，销售时免征营业税；个人购买非普通住房超过5年（含5年）转手交易的，销售时按其售房收入减去购买房屋的价款后的差额征收营业税。税务部门要严格税收征管，防止漏征和随意减免。

（四）严格房地产开发信贷条件。为抑制房地产开发企业利用银行贷款囤积土地和房源，对项目资本金比例达不到35%等贷款条件的房地产企业，商业银行不得发放贷款。对闲置土地和空置商品房较多的开发企业，商业银行要按照审慎经营原则，从严控制展期贷款或任何形式的滚动授信。对空置3年以上的商品房，商业银行不得接受其作为贷款的抵押物。

（五）有区别地适度调整住房消费信贷政策。为抑制房价过快上涨，从2006年6月1日起，个人住房按揭贷款首付款比例不得低于30%。考虑到中低收入群众的住房需求，对购买自住住房且套型建筑面积90平方米以下的仍执行首付款比例20%的规定。

（六）保证中低价位、中小套型普通商品住房土地供应。各级城市人民政府要编制年度用地计划，科学确定房地产开发土地供应规模。要优先保证中低价位、中小套型普通商品住房（含经济适用住房）和廉租住房的土地供应，其年度供应量不得低于居住用地供应总量的70%；土地的供应应在限套型、限房价的基础上，采取竞地价、竞房价的办法，以招标方式确定开发建设单位。继续停止别墅类房地产开发项目土地供应，严格限制低密度、大套型住房土地供应。

（七）加大对闲置土地的处置力度。土地、规划等有关部门要加强对房地产开发用地的监管。对超出合同约定动工开发日期满1年未动工开发的，依法从高征收土地闲置费，并责令限期开工、竣工；满2年未动工开发的，无偿收回土地使用权。对虽按照合同约定日期动工建设，但开发建设面积不足1/3或已投资额不足1/4，且未经批准中止开发建设连续满1年的，按闲置土地处置。

三、合理控制城市房屋拆迁规模和进度

（八）严格控制被动性住房需求。各地要按照《国务院办公厅关于控制城镇房屋拆迁规模严格拆迁管理的通知》（国办发〔2004〕46号）的要求，加强拆迁计划管理，合理控制城市房屋拆迁规模和进度，减缓被动性住房需求的过快增长。2006年各地房屋拆迁规模原则上控制在2005年的水平以内。要量力而行，严禁大拆大建，在没有落实拆迁安置房源和补偿政策不到位的情况下，不得实施拆迁，不得损害群众合法利益。

四、进一步整顿和规范房地产市场秩序

（九）加强房地产开发建设全过程监管。对已经规划许可仍未开工的项目，要重新进行规划审查。对不符合规划控制性要求，尤其是套型结构超过规定的项目，不得核发规划许可证、施工许可证和商品房预售许可证。对擅自改变设计、变更项目、超出规定建设的住房要依法予以处理直至没收。

（十）切实整治房地产交易环节违法违规行为。房地产、工商行政主管部门要依法查处合同欺诈等违法违规交易行为，对不符合条件擅自预售商品房的，责令停止并依法予以处罚；对捂盘惜售、囤积房源，恶意炒作、哄抬房价的房地产企业，要加大整治查处力度，情节恶劣、性质严重的，依法依规给予经济处罚，直至吊销营业执照，并追究有关负责人的责任。

五、有步骤地解决低收入家庭的住房困难

（十一）加快城镇廉租住房制度建设。廉租住房是解决低收入家庭住房困难的主要渠道，要稳步扩大廉租住房制度覆盖面。尚未建立廉租住房制度的城市，必须在2006年年底前建立，并合理确定和公布今明两年廉租住房建设规模。要落实廉租住房资金筹措渠道，城市人民政府要将土地出让净收益的一定比例用于廉租住房建设，各级财政也要加大支持力度。2006年年底前，各地都要安排一定规模的廉租住房开工建设。

（十二）规范发展经济适用住房。各地要继续抓好经济适用住房建设，进一步完善经济适用住房制度，解决建设和销售中存在的问题，真正解决低收入家庭的住房需要。严格执行经济适用住房管理的各项政策，加大监管力度，制止违规购买、谋取不正当利益的行为。严格

规范集资合作建房，制止部分单位利用职权以集资合作建房名义，变相进行住房实物福利分配的违规行为。

（十三）积极发展住房二级市场和房屋租赁市场。引导居民通过换购、租赁等方式，合理改善居住条件，多渠道增加中低价位、中小套型住房供应。

六、完善房地产统计和信息披露制度

（十四）建立健全房地产市场信息系统和信息发布制度。城市人民政府要抓紧开展住房状况调查，全面掌握当地住房总量、结构、居住条件、消费特征等信息，建立健全房地产市场信息系统和信息发布制度，增强房地产市场信息透明度。要完善市场监测分析工作机制，统计和房地产主管部门要定期公布市场供求和房价情况，全面、及时、准确地发布市场供求信息。

（十五）坚持正确的舆论导向。要加强对房地产市场调控政策的宣传，客观、公正报道房地产市场情况，引导广大群众树立正确的住房消费观念。对提供虚假信息、恶意炒作、误导消费预期的行为，要严肃处理。

企业投资项目核准暂行办法

中华人民共和国国家发展和改革委员会令　2004年第19号

第一章　总　　则

第一条　为适应完善社会主义市场经济体制的需要，进一步推动我国企业投资项目管理制度的改革，根据《中华人民共和国行政许可法》和《国务院关于投资体制改革的决定》，制定本办法。

第二条　国家制订和颁布《政府核准的投资项目目录》（以下简称《目录》），明确实行核准制的投资项目范围，划分各项目核准机关的核准权限，并根据经济运行情况和宏观调控需要适时调整。

前款所称项目核准机关，是指《目录》中规定具有企业投资项目核准权限的行政机关。其中，国务院投资主管部门是指国家发展和改革委员会；地方政府投资主管部门，是指地方政府发展改革委（计委）和地方政府规定具有投资管理职能的经贸委（经委）。

第三条　企业投资建设实行核准制的项目，应按国家有关要求编制项目申请报告，报送项目核准机关。项目核准机关应依法进行核准，并加强监督管理。

第四条　外商投资项目和境外投资项目的核准办法另行制定，其他各类企业在中国境内投资建设的项目按本办法执行。

第二章　项目申请报告的内容及编制

第五条　项目申报单位应向项目核准机关提交项目申请报告一式5份。项目申请报告应由具备相应工程咨询资格的机构编制，其中由国务院投资主管部门核准的项目，其项目申请报告应由具备甲级工程咨询资格的机构编制。

第六条　项目申请报告应主要包括以下内容：

（一）项目申报单位情况。

（二）拟建项目情况。

（三）建设用地与相关规划。

（四）资源利用和能源耗用分析。

（五）生态环境影响分析。

（六）经济和社会效果分析。

第七条　国家发展改革委将根据实际需要，编制并颁发主要行业的项目申请报告示范文本，指导企业的项目申报工作。

第八条　项目申报单位在向项目核准机关报送申请报告时，需根据国家法律法规的规定附送以下文件：

（一）城市规划行政主管部门出具的城市规划意见；

（二）国土资源行政主管部门出具的项目用地预审意见；

（三）环境保护行政主管部门出具的环境影响评价文件的审批意见；

（四）根据有关法律法规应提交的其他文件。

第九条　项目申报单位应对所有申报材料内容的真实性负责。

第三章　核 准 程 序

第十条　企业投资建设应由地方政府投资主管部门核准的项目，须按照地方政府的有关规定，向相应的项目核准机关提交项目申请报告。

国务院有关行业主管部门隶属单位投资建设应由国务院有关行业主管部门核准的项目，可直接向国务院有

关行业主管部门提交项目申请报告，并附上项目所在地省级政府投资主管部门的意见。

计划单列企业集团和中央管理企业投资建设应由国务院投资主管部门核准的项目，可直接向国务院投资主管部门提交项目申请报告，并附上项目所在地省级政府投资主管部门的意见；其它企业投资建设应由国务院投资主管部门核准的项目，应经项目所在地省级政府投资主管部门初审并提出意见，向国务院投资主管部门报送项目申请报告（省级政府规定具有投资管理职能的经贸委、经委应与发展改革委联合报送）。

企业投资建设应由国务院核准的项目，应经国务院投资主管部门提出审核意见，向国务院报送项目申请报告。

第十一条 项目核准机关如认为申报材料不齐全或者不符合有关要求，应在收到项目申请报告后5个工作日内一次告知项目申报单位，要求项目申报单位澄清、补充相关情况和文件，或对相关内容进行调整。

项目申报单位按要求上报材料齐全后，项目核准机关应正式受理，并向项目申报单位出具受理通知书。

第十二条 项目核准机关在受理核准申请后，如有必要，应在4个工作日内委托有资格的咨询机构进行评估。

接受委托的咨询机构应在项目核准机关规定的时间内提出评估报告，并对评估结论承担责任。咨询机构在进行评估时，可要求项目申报单位就有关问题进行说明。

第十三条 项目核准机关在进行核准审查时，如涉及其它行业主管部门的职能，应征求相关部门的意见。相关部门应在收到征求意见函（附项目申请报告）后7个工作日内，向项目核准机关提出书面审核意见；逾期没有反馈书面审核意见的，视为同意。

第十四条 对于可能会对公众利益造成重大影响的项目，项目核准机关在进行核准审查时应采取适当方式征求公众意见。对于特别重大的项目，可以实行专家评议制度。

第十五条 项目核准机关应在受理项目申请报告后20个工作日内，做出对项目申请报告是否核准的决定并向社会公布，或向上级项目核准机关提出审核意见。由于特殊原因确实难以在20个工作日内做出核准决定的，经本机关负责人批准，可以延长10个工作日，并应及时书面通知项目申报单位，说明延期理由。

项目核准机关委托咨询评估、征求公众意见和进行专家评议的，所需时间不计算在前款规定的期限内。

第十六条 对同意核准的项目，项目核准机关应向项目申报单位出具项目核准文件，同时抄送相关部门和下级项目核准机关；对不同意核准的项目，应向项目申报单位出具不予核准决定书，说明不予核准的理由，并抄送相关部门和下级项目核准机关。经国务院核准同意的项目，由国务院投资主管部门出具项目核准文件。

第十七条 项目申报单位对项目核准机关的核准决定有异议的，可依法提出行政复议或行政诉讼。

第四章 核准内容及效力

第十八条 项目核准机关主要根据以下条件对项目进行审查：

（一）符合国家法律法规；

（二）符合国民经济和社会发展规划、行业规划、产业政策、行业准入标准和土地利用总体规划；

（三）符合国家宏观调控政策；

（四）地区布局合理；

（五）主要产品未对国内市场形成垄断；

（六）未影响我国经济安全；

（七）合理开发并有效利用了资源；

（八）生态环境和自然文化遗产得到有效保护；

（九）未对公众利益，特别是项目建设地的公众利益产生重大不利影响。

第十九条 项目申报单位依据项目核准文件，依法办理土地使用、资源利用、城市规划、安全生产、设备进口和减免税确认等手续。

第二十条 项目核准文件有效期2年，自发布之日起计算。项目在核准文件有效期内未开工建设的，项目单位应在核准文件有效期届满30日前向原项目核准机关申请延期，原项目核准机关应在核准文件有效期届满前作出是否准予延期的决定。项目在核准文件有效期内未开工建设也未向原项目核准机关申请延期的，原项目核准文件自动失效。

第二十一条 已经核准的项目，如需对项目核准文件所规定的内容进行调整，项目单位应及时以书面形式向原项目核准机关报告。原项目核准机关应根据项目调整的具体情况，出具书面确认意见或要求其重新办理核准手续。

第二十二条 对应报项目核准机关核准而未申报的项目，或者虽然申报但未经核准的项目，国土资源、环境保护、城市规划、质量监督、证券监管、外汇管理、安全生产监管、水资源管理、海关等部门不得办理相关手续，金融机构不得发放贷款。

第五章 法律责任

第二十三条 项目核准机关及其工作人员，应严格执行国家法律法规和本办法的有关规定，不得变相增减核准事项，不得拖延核准时限。

第二十四条 项目核准机关的工作人员，在项目核准过程中滥用职权、玩忽职守、徇私舞弊、索贿受贿的，依法给予行政处分；构成犯罪的，依法追究刑事责任。

第二十五条 咨询评估机构及其人员，在评估过程中违反职业道德、造成重大损失和恶劣影响的，应依法追究相应责任。

第二十六条 项目申请单位以拆分项目、提供虚假材料等不正当手段取得项目核准文件的，项目核准机关应依法撤销对该项目的核准。

第二十七条 项目核准机关要会同城市规划、国土资源、环境保护、银行监管、安全生产等部门，加强对企业投资项目的监管。对于应报政府核准而未申报的项目、虽然申报但未经核准擅自开工建设的项目，以及未按项目核准文件的要求进行建设的项目，一经发现，相应的项目核准机关应立即责令其停止建设，并依法追究有关责任人的法律和行政责任。

第六章 附 则

第二十八条 省级政府投资主管部门和具有核准权限的国务院有关行业主管部门，可按照《中华人民共和国行政许可法》、《国务院关于投资体制改革的决定》以及本办法的精神和要求，制订具体实施办法。

第二十九条 事业单位、社会团体等非企业单位投资建设《政府核准的投资项目目录》内的项目，按照本办法进行核准。

第三十条 本办法由国家发展和改革委员会负责解释。

第三十一条 本办法自发布之日起施行。此前发布的有关企业投资项目审批管理的规定，凡与本办法有抵触的，均按本办法执行。

建设项目用地预审管理办法

中华人民共和国国土资源部令 第27号

第一条 为保证土地利用总体规划的实施，充分发挥土地供应的宏观调控作用，控制建设用地总量，根据《中华人民共和国土地管理法》、《中华人民共和国土地管理法实施条例》和《国务院关于深化改革严格土地管理的决定》，制定本办法。

第二条 本办法所称建设项目用地预审，是指国土资源管理部门在建设项目审批、核准、备案阶段，依法对建设项目涉及的土地利用事项进行的审查。

第三条 预审应当遵循下列原则：

（一）符合土地利用总体规划；

（二）保护耕地，特别是基本农田；

（三）合理和集约利用土地；

（四）符合国家供地政策。

第四条 建设项目用地实行分级预审。

需人民政府或有批准权的人民政府发展和改革等部门审批的建设项目，由该人民政府的国土资源管理部门预审。

需核准和备案的建设项目，由与核准、备案机关同级的国土资源管理部门预审。

第五条 需审批的建设项目在可行性研究阶段，由建设用地单位提出预审申请。

需核准、备案的建设项目在申请核准、备案前，由建设用地单位提出预审申请。

第六条 依照本办法第四条规定应当由国土资源部预审的建设项目，国土资源部委托项目所在地的省级国土资源管理部门受理，但建设项目占用规划确定的城市建设用地范围内土地的，委托市级国土资源管理部门受理。受理后，提出初审意见，转报国土资源部。

涉密军事项目和国务院批准的特殊建设项目用地，建设用地单位可直接向国土资源部提出预审申请。

应当由国土资源部负责预审的输电线塔基、钻探井位、通讯基站等小面积零星分散建设项目用地，由省级国土资源管理部门预审，并报国土资源部备案。

第七条 建设用地单位申请预审，应当提交下列材料：

（一）建设项目用地预审申请表；

（二）预审的申请报告，内容包括拟建设项目基本情况、拟选址情况、拟用地总规模和拟用地类型、补充耕地初步方案；

（三）需审批的建设项目还应提供项目建议书批复文件和项目可行性研究报告。项目建议书批复与项目可行性研究报告合一的，只提供项目可行性研究报告。

本条第一款规定的预审申请表，由国土资源部统一规定。

第八条　受国土资源部委托负责初审的国土资源管理部门在转报用地预审申请时，应当提供下列材料：

（一）初审意见，内容包括拟建设项目用地是否符合土地利用总体规划、是否符合国家供地政策、用地标准和总规模是否符合有关规定、补充耕地初步方案是否可行等；

（二）标注项目用地范围的县级以上土地利用总体规划图及相关图件；

（三）属于《土地管理法》第二十六条规定情形，建设项目用地需修改土地利用总体规划的，应当出具经相关部门和专家论证的规划修改方案、建设项目对规划实施影响评估报告和修改规划听证会纪要。

第九条　符合本办法第七条规定的预审申请和第八条规定的初审转报件，国土资源管理部门应当受理和接收。不符合的，应当场或在五日内书面通知申请人和转报人，逾期不通知的，视为受理和接收。

受国土资源部委托负责初审的国土资源管理部门应当自受理之日起二十日内完成初审工作，并转报国土资源部。

第十条　预审的主要内容：

（一）建设项目用地选址是否符合土地利用总体规划，是否符合土地管理法律、法规规定的条件；

（二）建设项目是否符合国家供地政策；

（三）建设项目用地标准和总规模是否符合有关规定；

（四）占用耕地的，补充耕地初步方案是否可行，资金是否有保障；

（五）属《土地管理法》第二十六条规定情形，建设项目用地需修改土地利用总体规划的，规划的修改方案、建设项目对规划实施影响评估报告等是否符合法律、法规的规定。

第十一条　国土资源管理部门应当自受理预审申请或者收到转报材料之日起二十日内，完成审查工作，并出具预审意见。二十日内不能出具预审意见的，经负责预审的国土资源管理部门负责人批准，可以延长十日。

第十二条　预审意见应当包括对本办法第十条规定内容的结论性意见和对建设用地单位的具体要求。

第十三条　预审意见是建设项目批准、核准的必备文件，预审意见提出的用地标准和总规模等方面的要求，建设项目初步设计阶段应当充分考虑。

建设用地单位应当认真落实预审意见，并在依法申请使用土地时出具落实预审意见的书面材料。

第十四条　建设项目用地预审文件有效期为两年，自批准之日起计算。已经预审的项目，如需对土地用途、建设项目选址等进行重大调整的，应当重新申请预审。

第十五条　核准或者批准建设项目前，应当依照本办法规定完成预审，未经预审或者预审未通过的，不得批准农用地转用、土地征收，不得办理供地手续。

第十六条　本办法自2004年12月1日起施行。

创业投资企业管理暂行办法

2005年9月7日国务院批准，2005年11月15日国家发展改革委、科技部、财政部、商务部、中国人民银行、国家税务总局、国家工商行政管理总局、中国银监会、中国证监会、国家外汇管理局联合发布，自2006年3月1日起施行

第一章　总　　则

第一条　为促进创业投资企业发展，规范其投资运作，鼓励其投资中小企业特别是中小高新技术企业，依据《中华人民共和国公司法》、《中华人民共和国中小企业促进法》等法律法规，制定本办法。

第二条　本办法所称创业投资企业，系指在中华人民共和国境内注册设立的主要从事创业投资的企业组织。

前款所称创业投资，系指向创业企业进行股权投资，以期所投资创业企业发育成熟或相对成熟后主要通过股权转让获得资本增值收益的投资方式。

前款所称创业企业，系指在中华人民共和国境内注册设立的处于创建或重建过程中的成长性企业，但不含已经在公开市场上市的企业。

第三条　国家对创业投资企业实行备案管理。凡遵照本办法规定完成备案程序的创业投资企业，应当接受创业投资企业管理部门的监管，投资运作符合有关规定的可享受政策扶持。未遵照本办法规定完成备案程序的创业投资企业，不受创业投资企业管理部门的监管，不享受政策扶持。

第四条 创业投资企业的备案管理部门分国务院管理部门和省级（含副省级城市）管理部门两级。国务院管理部门为国家发展和改革委员会；省级（含副省级城市）管理部门由同级人民政府确定，报国务院管理部门备案后履行相应的备案管理职责，并在创业投资企业备案管理业务上接受国务院管理部门的指导。

第五条 外商投资创业投资企业适用《外商投资创业投资企业管理规定》。依法设立的外商投资创业投资企业，投资运作符合相关条件，可以享受本办法给予创业投资企业的相关政策扶持。

第二章 创业投资企业的设立与备案

第六条 创业投资企业可以以有限责任公司、股份有限公司或法律规定的其他企业组织形式设立。

以公司形式设立的创业投资企业，可以委托其他创业投资企业、创业投资管理顾问企业作为管理顾问机构，负责其投资管理业务。委托人和代理人的法律关系适用《中华人民共和国民法通则》、《中华人民共和国合同法》等有关法律法规。

第七条 申请设立创业投资企业和创业投资管理顾问企业，依法直接到工商行政管理部门注册登记。

第八条 在国家工商行政管理部门注册登记的创业投资企业，向国务院管理部门申请备案。

在省级及省级以下工商行政管理部门注册登记的创业投资企业，向所在地省级（含副省级城市）管理部门申请备案。

第九条 创业投资企业向管理部门备案应当具备下列条件：

（一）已在工商行政管理部门办理注册登记。

（二）经营范围符合本办法第十二条规定。

（三）实收资本不低于3000万元人民币，或者首期实收资本不低于1000万元人民币且全体投资者承诺在注册后的5年内补足不低于3000万元人民币实收资本。

（四）投资者不得超过200人。其中，以有限责任公司形式设立创业投资企业的，投资者人数不得超过50人。单个投资者对创业投资企业的投资不得低于100万元人民币。所有投资者应当以货币形式出资。

（五）有至少3名具备2年以上创业投资或相关业务经验的高级管理人员承担投资管理责任。委托其他创业投资企业、创业投资管理顾问企业作为管理顾问机构负责其投资管理业务的，管理顾问机构必须有至少3名具备2年以上创业投资或相关业务经验的高级管理人员对其承担投资管理责任。

前款所称“高级管理人员”，系指担任副经理及以上职务或相当职务的管理人员。

第十条 创业投资企业向管理部门备案时，应当提交下列文件：

（一）公司章程等规范创业投资企业组织程序和行为的法律文件。

（二）工商登记文件与营业执照的复印件。

（三）投资者名单、承诺出资额和已缴出资额的证明。

（四）高级管理人员名单、简历。

由管理顾问机构受托其投资管理业务的，还应提交下列文件：

（一）管理顾问机构的公司章程等规范其组织程序和行为的法律文件。

（二）管理顾问机构的工商登记文件与营业执照的复印件。

（三）管理顾问机构的高级管理人员名单、简历。

（四）委托管理协议。

第十一条 管理部门在收到创业投资企业的备案申请后，应当在5个工作日内，审查备案申请文件是否齐全，并决定是否受理其备案申请。在受理创业投资企业的备案申请后，应当在20个工作日内，审查申请人是否符合备案条件，并向其发出“已予备案”或“不予备案”的书面通知。对“不予备案”的，应当在书面通知中说明理由。

第三章 创业投资企业的投资运作

第十二条 创业投资企业的经营范围限于：

（一）创业投资业务。

（二）代理其他创业投资企业等机构或个人的创业投资业务。

（三）创业投资咨询业务。

（四）为创业企业提供创业管理服务业务。

（五）参与设立创业投资企业与创业投资管理顾问机构。

第十三条 创业投资企业不得从事担保业务和房地产业务，但是购买自用房地产除外。

第十四条 创业投资企业可以以全额资产对外投资。其中，对企业的投资，仅限于未上市企业。但是所投资的未上市企业上市后，创业投资企业所持股份的未转让部分及其配售部分不在此限。其他资金只能存放银行、购买国债或其他固定收益类的证券。

第十五条 经与被投资企业签订投资协议，创业投资企业可以以股权和优先股、可转换优先股等准股权方式对未上市企业进行投资。

第十六条 创业投资企业对单个企业的投资不得超过创业投资企业总资产的20%。

第十七条　创业投资企业应当在章程、委托管理协议等法律文件中，明确管理运营费用或管理顾问机构的管理顾问费用的计提方式，建立管理成本约束机制。

第十八条　创业投资企业可以从已实现投资收益中提取一定比例作为对管理人员或管理顾问机构的业绩报酬，建立业绩激励机制。

第十九条　创业投资企业可以事先确定有限的存续期限，但是最短不得短于7年。

第二十条　创业投资企业可以在法律规定的范围内通过债权融资方式增强投资能力。

第二十一条　创业投资企业应当按照国家有关企业财务会计制度的规定，建立健全内部财务管理制度和会计核算办法。

第四章　对创业投资企业的政策扶持

第二十二条　国家与地方政府可以设立创业投资引导基金，通过参股和提供融资担保等方式扶持创业投资企业的设立与发展。具体管理办法另行制定。

第二十三条　国家运用税收优惠政策扶持创业投资企业发展并引导其增加对中小企业特别是中小高新技术企业的投资。具体办法由国务院财税部门会同有关部门另行制定。

第二十四条　创业投资企业可以通过股权上市转让、股权协议转让、被投资企业回购等途径，实现投资退出。国家有关部门应当积极推进多层次资本市场体系建设，完善创业投资企业的投资退出机制。

第五章　对创业投资企业的监管

第二十五条　管理部门已予备案的创业投资企业及其管理顾问机构，应当遵循本办法第二、第三章各条款的规定进行投资运作，并接受管理部门的监管。

第二十六条　管理部门已予备案的创业投资企业及其管理顾问机构，应当在每个会计年度结束后的4个月内向管理部门提交经注册会计师审计的年度财务报告与业务报告，并及时报告投资运作过程中的重大事件。

前款所称重大事件，系指：

（一）修改公司章程等重要法律文件。

（二）增减资本。

（三）分立与合并。

（四）高级管理人员或管理顾问机构变更。

（五）清算与结业。

第二十七条　管理部门应当在每个会计年度结束后的5个月内，对创业投资企业及其管理顾问机构是否遵守第二、第三章各条款规定，进行年度检查。在必要时，可在第二、第三章相关条款规定的范围内，对其投资运作进行不定期检查。

对未遵守第二、三章各条款规定进行投资运作的，管理部门应当责令其在30个工作日内改正；未改正的，应当取消备案，并在自取消备案之日起的3年内不予受理其重新备案申请。

第二十八条　省级（含副省级城市）管理部门应当及时向国务院管理部门报告所辖地区创业投资企业的备案情况，并于每个会计年度结束后的6个月内报告已纳入备案管理范围的创业投资企业的投资运作情况。

第二十九条　国务院管理部门应当加强对省级（含副省级城市）管理部门的指导。对未履行管理职责或管理不善的，应当建议其改正；造成不良后果的，应当建议其追究相关管理人员的失职责任。

第三十条　创业投资行业协会依据本办法和相关法律、法规及规章，对创业投资企业进行自律管理，并维护本行业的自身权益。

第六章　附　　则

第三十一条　本办法由国家发展和改革委员会会同有关部门解释。

第三十二条　本办法自2006年3月1日起施行。

关于印发《科技型中小企业贷款平台建设指引》的通知

国科办财字〔2006〕21号

各省、自治区、直辖市、计划单列市科技厅（委、局）、各国家高新技术产业开发区管委会，国家开发银行总行营业部、各分行、代表处：

根据《国家开发银行、科学技术部关于推动科技型中小企业融资工作有关问题的通知》(开行发〔2005〕117号)的精神，为进一步推动科技型中小企业贷款平台的建设，逐步建立在政府引导下的，有利于科技型中小企业自主创新的金融环境，在总结前一段开展中小企业贷款试点经验的基础上，科技部、国家开发银行联合制定了《科技型中小企业贷款平台建设指引》，现印发给你们，请遵照执行。

请各地方科技主管部门、国家高新区进一步加强与国家开发银行分行的合作，按照《科技型中小企业贷款平台建设指引》的要求，共同推动本地区科技型中小企业贷款工作。

附件：科技型中小企业贷款平台建设指引

科学技术部办公厅

国家开发银行办公厅

2006年3月27日

科技型中小企业贷款平台建设指引

为落实科学技术部（以下简称科技部）与国家开发银行（以下简称开发银行）共同发布的《关于推动科技型中小企业融资工作有关问题的通知》（开行发[2005]117号）的要求，发挥科技主管部门的组织协调优势和国家开发性金融机构的融资优势，全面推动科技型中小企业贷款平台的建设，逐步建立在政府引导下的，有利于科技型中小企业自主创新的科技投融资体系，特制订本《指引》。

一、贷款平台职能与任务

科技型中小企业贷款平台是在科技部、开发银行培育和指导下，按开发银行的要求承担或协助客户开发、评审和贷后管理的职能。主要为本地区科技型中小企业申请开发银行中小企业贷款提供服务，并促进本地区企业信用体系建设。

二、贷款平台的种类

贷款平台在开展科技型中小企业贷款工作中可根据自身条件采取以下具体方式：

（一）管理平台

贷款平台负责客户开发、项目管理、初评等工作。开发银行直接与中小企业签订借款合同，中小企业直接对开发银行承担还款责任。

（二）统贷平台

有借款资格和承贷能力的企事业法人（统借统还借款人，以下简称“指定借款人”），愿意承担贷款责任，有防范风险、偿还贷款的能力，可申请开发银行贷款，以委托贷款等合法有效的资产运作方式，向中小企业提供资金支持。采取统贷方式的，管理平台的职能由指定借款人承担。

（三）其他模式平台

平台依托单位可在政府指导下，与本地区开发银行分行共同探讨建立符合国家政策、有利于本地区科技型中小企业自主创新的多种运作模式。

三、贷款平台支撑条件

科技型中小企业贷款平台的建设必须是符合国家高新技术产业发展方向和开发银行业务要求的，依托地方科技主管部门、高新区管委会所属的高新技术创业服务中心（科技企业孵化器）、生产力促进中心、特色产业基地、软件园、中小企业担保公司、科技风险投资公司等科技中介机构建立，为科技型中小企业提供贷款服务的专业中介服务机构。

（一）平台设立条件

1. 基础条件

独立法人；

科技型中小企业贷款平台应具有固定的办公场所、必要的办公条件和信息网络设施；

有与所从事的科技型中小企业贷款工作相适应的专业人员；

有开展科技型中小企业贷款服务的资金实力；采取统贷方式的贷款平台，同时应具备相应的偿还贷款能力。

2. 专业能力

对中小企业贷款有效需求信息的掌握能力；

与政府及其他职能部门的协调能力；

有组织贷款项目评审的能力；

开发评审阶段对贷款风险的识别和控制能力；

具有较为先进的信用征集和信用评价能力；

具有一定的跟踪管理和服务能力。

3. 制度建设

贷款平台制订并严格遵守从项目开发、受理、信用评价、初审、尽职调查、担保、项目评议、项目报批、贷款手续办理及贷后管理等环节的工作流程；

贷款平台应分别制订贷款项目开发、受理、信用评价、初审、尽职调查、担保、项目评议、项目报批、贷款手续办理、贷后管理及专管机构人员管理、评议机构人员管理的规章制度和工作细则，并保证严格遵照执行。

（二）平台地方政策条件和管理

地方科技主管部门、高新区管委会应按照《国家中长期科学和技术发展规划纲要》及相关配套政策的要求，加强对科技型中小企业贷款平台的支持，同时要积极争取地方政府在财税、金融和政府采购等方面的配套政策支持，不断优化创新环境。贷款平台也应积极开拓、整合科技和社会资源，使平台的外部环境具备以下条件：

1. 地方科技主管部门、高新区管委会主要领导牵头成立科技金融领导协调机构，要将贷款平台建设纳入地方科技投融资体系中统筹考虑和规划。

2. 地方科技主管部门、高新区管委会要对贷款平台建设给予财政投入，并对平台贷款项目给予一定的贴息支持。

3. 地方科技主管部门、高新区管委会应倡导依托贷款平台建立科技型中小企业信用促进机构，凡申请开发银行贷款的企业应加入信用促进机构，贷款平台要建立科技型中小企业信用征集系统和信用评价系统。

4. 地方科技主管部门、高新区管委会要把科技型中小企业贷款平台建设和管理工作纳入目标责任管理和业绩考核管理。

5. 贷款平台应积极引入社会担保公司参与贷款平台工作，引导担保公司参与科技型中小企业贷款担保业务，分散信贷风险。

6. 地方科技主管部门、高新区管委会为贷款平台提供一定量的贷款风险准备金，并将该款项存入贷款平台在开发银行当地分行开立的风险准备金专用账户。

7. 不管采取何种平台方式，原则上地方科技主管部门、高新区管委会应与开发银行建立贷款风险分担机制，对贷款平台内的贷款总体风险承担一定经济责任，风险分担的比例与方式，由开发银行与地方科技主管部门、高新区管委会具体商定。

8. 对于统贷统还平台，地方科技主管部门、高新区管委会应会同开发银行与当地商业银行签订代理金融合作协议，委托地方商业银行办理转贷业务。

（三）贷款平台部门政策和管理

1. 在科技部与开发银行业务合作委员会下，设立科技型中小企业贷款专项工作组，由双方有关司、局、中心组成。

2. 科技部积极支持和鼓励地方科技主管部门、高新区管委会结合本地实际情况，建立多种形式的科技型中小企业贷款平台，并通过国家科技计划支持平台建设。

3. 开发银行将面向科技型中小企业和创业投资公司的政策性贷款业务作为支持国家自主创新战略实施的重要金融措施，继续扩大贷款总量，完善信贷管理模式，鼓励地方分行加强与地方科技主管部门、高新区管委会的合作，支持平台工作。

4. “十一五”期间科技部、开发银行将重点培育100个科技型中小企业贷款示范服务机构。科技部会同开发银行建立平台统计考核机制和奖惩激励机制，对科技型中小企业和创业投资公司的贷款情况建立年度统计制度，并定期公布；共同支持和指导地方科技部门、高新区管委会对贷款平台进行考核，对通过考核合格的平台将认定为“科技部、国家开发银行科技型中小企业贷款示范服务机构”。同时科技部将通过国家科技计划在人员培训、信用体系建设、信息化建设等方面给予重点资助，创新基金管理中心将对符合创新基金年度支持方向的贷款平台项目优先给予贷款贴息等支持；开发银行对于服务机构将在平台能力建设和工作委托等方面优先给予支持。

四、贷款平台备案

贷款平台依托单位具备本《指引》第三部分所明确的条件，经地方科技主管部门、高新区管委会与开发银行分行协商一致后，可填报科技型中小企业贷款平台备案表（见附表）和建设方案，各两份报科技部火炬中心和开发银行评审三局备案。

本《指引》由科技部火炬中心、开发银行评审三局解释。

公路工程施工监理招标投标管理办法

中华人民共和国交通部令　2006年第5号

第一章　总　　则

第一条　为规范公路工程施工监理招标投标活动，保证公路工程质量，维护招标投标活动各方当事人合法权益，依据《公路法》和《招标投标法》，制定本办法。

第二条 依法必须进行招标的公路工程施工监理项目，其招标投标活动应当遵守本办法。

本办法所称公路工程施工监理，包括路基路面（含交通安全设施）工程、桥梁工程、隧道工程、机电工程、环境保护配套工程的施工监理以及对施工过程中环境保护和施工安全的监理。

第三条 公路工程施工监理招标投标应当遵循公开、公平、公正和诚实信用的原则。

第四条 交通部负责全国公路工程施工监理招标投标活动的监督管理。

县级以上地方人民政府交通主管部门负责本行政区域内公路工程施工监理招标投标活动的监督管理工作。

交通主管部门可以委托其所属的质量监督机构具体负责施工监理招标投标活动的监督管理工作。

第五条 交通主管部门应当加强对公路工程施工监理招标投标活动全过程的监督管理。

第六条 交通主管部门应当按照《工程建设项目招标投标活动投诉处理办法》和国家有关规定，建立公正、高效的招标投标投诉处理机制。

任何单位和个人认为公路工程施工监理招标投标活动违反法律、法规、规章规定，都有权向招标人提出异议或者依法向交通主管部门投诉。

第七条 交通主管部门应当逐步建立公路工程施工监理企业和人员信用档案体系。

信用档案中应当包括公路工程施工监理企业和人员的基本情况、业绩以及行政处罚记录。

第二章　招　　标

第八条 依照本办法进行施工监理招标的公路工程项目，应当具备下列条件：

（一）初步设计文件应当履行审批手续的，已经批准；

（二）建设资金已经落实；

（三）项目法人或者承担项目管理的机构已经依法成立。

第九条 公路工程施工监理招标人，应当是依照本办法规定提出公路工程施工监理招标项目、进行招标的公路工程项目法人或者其他组织。

第十条 招标人可以将整个公路工程项目的施工监理作为一个标一次招标，也可以按不同专业、不同阶段分标段进行招标。

招标人分标段进行施工监理招标的，标段划分应当充分考虑有利于对招标项目实施有效管理和监理企业合理投入等因素。

第十一条 公路工程施工监理招标分为公开招标和邀请招标。

第十二条 公路工程施工监理应当公开招标。

符合下列条件之一的项目，经有审批权的部门批准后，可以进行邀请招标：

（一）技术复杂或者有特殊要求的；

（二）符合条件的潜在投标人数量有限的；

（三）受自然地域环境限制的；

（四）公开招标的费用与工程监理费用相比，所占比例过大的；

（五）法律、法规规定不宜公开招标的。

第十三条 采用公开招标方式的，招标人应当依法在国家指定媒介上发布招标公告，并可以在交通主管部门提供的媒介上同步发布。

第十四条 公路工程施工监理招标的招标人应当对潜在投标人进行资格审查。资格审查方式分为资格预审和资格后审。

资格预审是招标人在发布招标公告后，发出投标邀请书前对潜在投标人的资质、信誉和能力进行的审查。招标人只向通过资格预审的潜在投标人发出投标邀请书和发售招标文件。

资格后审是招标人在收到投标人的投标文件后，对投标人的资质、信誉和能力进行的审查。

第十五条 资格审查方法分为强制性条件审查法和综合评分审查法。

强制性条件审查法是指招标人只对投标人或者潜在投标人的资格条件是否满足招标文件规定的投标资格、信誉要求等强制性条件进行审查，并得出“通过”或者“不通过”的审查结论，不对投标人或潜在投标人的资格条件进行具体量化评分的资格审查方法。

综合评分审查法是指在投标人或者潜在投标人的资格条件满足招标文件规定的最低资格、信誉要求的基础上，招标人对投标人或者潜在投标人的施工监理能力、管理能力、履约情况和施工监理经验等进行量化评分并按照分值进行筛选的资格审查方法。

第十六条 公路工程施工监理招标，应当按照下列程序进行：

（一）招标人确定招标方式。采用邀请招标的，应当履行审批手续。

（二）招标人编制招标文件，并按照项目管理权限报县级以上地方交通主管部门备案；采用资格预审方式的，同时编制投标资格预审文件，预审文件中应当载明提交资格预审申请文件的时间和地点。

（三）发布招标公告。采用资格预审方式的，同时发售投标资格预审文件；采用邀请招标的，招标人直接发出投标邀请，发售招标文件。

（四）采用资格预审方式的，对潜在投标人进行资格审查，并将资格预审结果通知所有参加资格预审的潜在投标人，向通过资格预审的潜在投标人发出投标邀请书和发售招标文件。

（五）必要时组织投标人考察招标项目工程现场，召开标前会议。

（六）接受投标人的投标文件。

（七）公开开标。

（八）采用资格后审方式的，招标人对投标人进行资格审查。

（九）组建评标委员会评标，推荐中标候选人。

（十）确定中标人，将评标报告和评标结果按照项目管理权限报县级以上地方交通主管部门备案并公示。

（十一）招标人发出中标通知书。

（十二）招标人与中标人签订公路工程施工监理合同。

二级以下公路、独立中、小桥及独立中、短隧道的新建、改建以及养护大修工程项目，可根据具体条件和实际需要对上述程序适当简化，但应当符合《招标投标法》的规定。

第十七条　招标人应当根据施工监理招标项目的特点和需要编制招标文件，招标文件应当符合交通部部颁标准《公路工程施工监理规范》中要求强制性执行的规定。

二级及二级以上公路、独立大桥及特大桥、独立长隧道及特长隧道的新建、改建以及养护大修工程项目，其主体工程的施工监理招标文件，应当使用交通部颁布的《公路工程施工监理招标文件范本》，附属设施工程及其他等级的公路工程项目的施工监理招标文件，可以参照交通部颁布的《公路工程施工监理招标文件范本》进行编制，并可适当简化。

第十八条　招标文件应当包括以下主要内容：

（一）投标邀请书；

（二）投标须知（包括工程概况和必要的工程设计图纸，提交投标文件的起止时间、地点和方式，开标的时间和地点等）；

（三）资格审查要求及资格审查文件格式（适用于采用资格后审方式的）；

（四）公路工程施工监理合同条款；

（五）招标项目适用的标准、规范、规程；

（六）对投标监理企业的业务能力、资质等级及交通和办公设施的要求；

（七）根据招标对象是总监理机构还是驻地监理机构，提出对投标人投入现场的监理人员、监理设备的最低要求；

（八）是否接受联合体投标；

（九）各级监理机构的职责分工；

（十）投标文件格式，包括商务文件格式、技术建议书格式、财务建议书格式等；

（十一）评标标准和办法。评标标准应当考虑投标人的业绩或者处罚记录等诚信因素，评标办法应当注重人员素质和技术方案。

第十九条　招标人对重要监理岗位人员的数量、资格条件和备选人员的要求，应当符合《公路工程施工监理规范》的规定。

第二十条　招标人要求投标人提交投标担保的，投标人应当按照要求的金额和形式提交。投标保证金金额一般不得超过五万元人民币。

第二十一条　招标人不得在招标文件中制定限制性条件阻碍或者排斥投标人，不得规定以获得本地区奖项等要求作为评标加分条件或者中标条件。

第二十二条　招标公告、投标邀请书应当载明下列内容：

（一）招标人的名称和地址；

（二）招标项目的名称、技术标准、规模、投资情况、工期、实施地点和时间；

（三）获取招标文件或者资格预审文件的办法、时间和地点；

（四）招标人对投标人或者潜在投标人的资质要求；

（五）招标人认为应当公告或者告知的其他事项。

第二十三条　资格预审文件和招标文件的发售时间不得少于5个工作日。

第二十四条　招标人应当合理确定投标人编制资格预审申请文件和投标文件的时间。

采用资格预审的招标项目，潜在投标人编制资格预审申请文件的时间，自开始发售资格预审文件之日起至提交资格预审申请文件截止之日止，不得少于14日。

投标人编制投标文件的时间，自发售招标文件之日起至提交投标文件截止之日止不得少于20日。

第二十五条　招标人发出的招标文件补遗书至少应当在投标截止日期15日前以书面形式通知所有投标人或者潜在投标人。补遗书应当向招标文件的备案部门补充备案。

公路工程施工招标投标管理办法

中华人民共和国交通部令　2006年第7号

第一章　总　　则

第一条　为规范公路工程施工招标投标活动，保证公路工程施工质量，维护招标投标活动各方当事人合法权益，依据《公路法》、《招标投标法》，制定本办法。

第二条　在中华人民共和国境内进行公路工程施工招标投标活动，适用本办法。

本办法所称公路工程，包括公路、公路桥梁、公路隧道及与之相关的安全设施、防护设施、监控设施、通信设施、收费设施、绿化设施、服务设施、管理设施等公路附属设施的新建、改建与安装工程。

第三条　下列公路工程施工项目必须进行招标，但涉及国家安全、国家秘密、抢险救灾或者利用扶贫资金实行以工代赈等不适宜进行招标的项目除外：

（一）投资总额在3000万元人民币以上的公路工程施工项目；

（二）施工单项合同估算价在200万元人民币以上的公路工程施工项目；

（三）法律、行政法规规定应当招标的其他公路工程施工项目。

第四条　公路工程施工招标投标活动应当遵循公开、公平、公正和诚信的原则。

第五条　依法必须进行招标的公路工程施工项目，其招标投标活动不受地区或者部门的限制，任何具备从事公路建设规定条件的企业法人都可以参加投标。

任何组织和个人不得以任何方式非法干预公路工程施工招标投标活动。

第六条　交通部依法负责全国公路工程施工招标投标活动的监督管理。

县级以上地方人民政府交通主管部门按照各自职责依法负责本行政区域内公路工程施工招标投标活动的监督管理。

第二章　招　　标

第七条　公路工程施工招标的项目应当具备下列条件：

（一）初步设计文件已被批准；

（二）建设资金已经落实；

（三）项目法人已经确定，并符合项目法人资格标准要求。

第八条　公路工程施工招标的招标人，应当是依照本办法规定提出公路工程施工招标项目、进行公路工程施工招标的项目法人。

第九条　具备下列条件的招标人，可以自行办理招标事宜：

（一）具有与招标项目相适应的工程管理、造价管理、财务管理能力；

（二）具有组织编制公路工程施工招标文件的能力；

（三）具有对投标人进行资格审查和组织评标的能力。

招标人不具备本条前款规定条件的，应当委托具有相应资格的招标代理机构办理公路工程施工招标事宜。

任何组织和个人不得为招标人指定招标代理机构。

第十条　公路工程施工招标分为公开招标和邀请招标。

采用公开招标的，招标人应当通过国家指定的报刊、信息网络或者其他媒体发布招标公告，邀请具备相应资格的不特定的法人投标。

采用邀请招标的，招标人应当以发送投标邀请书的方式，邀请三家以上具备相应资格的特定的法人投标。

第十一条　公路工程施工招标应当实行公开招标，法律、行政法规和本办法另有规定的除外。

符合下列条件之一，不适宜公开招标的，依法履行审批手续后，可以进行邀请招标：

（一）项目技术复杂或有特殊技术要求，且符合条件的潜在投标人数量有限的；

（二）受自然地域环境限制的；

（三）公开招标的费用与工程费用相比，所占比例过大的。

第十二条　公路工程施工招标，可以对整个建设项目分标段一次招标，也可以根据不同专业、不同实施阶段分别进行招标，但不得将招标工程化整为零或者以其他任何方式规避招标。

第十三条　公路工程施工招标标段，应当按照有利于对项目实施管理和规模化施工的原则，合理划分。

施工工期应当按照批复的初步设计建设工期，结合项目实际情况，合理确定。

第十四条　公路工程施工招标，应当按下列程序进行：

（一）确定招标方式。采用邀请招标的，应当按照国家规定报有关主管部门审批；

（二）编制投标资格预审文件和招标文件。招标文件按照本办法规定备案；

（三）发布招标公告，发售投标资格预审文件；采用邀请招标的，可直接发出投标邀请书，发售招标文件；

（四）对潜在投标人进行资格审查；

（五）向资格预审合格的潜在投标人发出投标邀请书和发售招标文件；

（六）组织潜在投标人考察招标项目工程现场，召开标前会；

（七）接受投标人的投标文件，公开开标；

（八）组建评标委员会评标，推荐中标候选人；

（九）确定中标人。评标报告和评标结果按照本办法规定备案并公示；

（十）发出中标通知书；

（十一）与中标人订立公路工程施工合同。

第十五条　公路工程施工招标投标应当对潜在投标人进行资格审查。

公路工程施工采用公开招标的，招标公告发布后，招标人应当根据潜在投标人提交的资格预审申请文件，对潜在投标人的资格进行审查。招标人只向资格预审合格的潜在投标人发售招标文件。

公路工程施工采用邀请招标的，投标邀请书发出后，招标人应当根据投标人提交的投标文件，对投标人的资格进行审查。

公路工程施工招标资格预审办法由交通部另行制定。

第十六条　招标人审查潜在投标人的资格，应当严格按照资格预审的规定进行，不得采用抽签、摇号等博彩性方式进行资格审查。

第十七条　招标人应当根据招标项目的特点和需要，编制招标文件。

二级及以上公路和大型桥梁、隧道工程的主体工程施工招标文件，应当按照交通部颁布的《公路工程国内招标文件范本》的格式和要求编制。

本条前款规定以外的其他公路工程和公路附属设施工程的施工招标文件，可参照《公路工程国内招标文件范本》的格式和内容编制，并可根据实际需要适当简化。

第十八条　招标文件中关于投标人的资质要求，应当符合法律、行政法规的规定。

招标人不得在招标文件中制定限制性条件阻碍或者排斥投标人，不得规定以获得本地区奖项等要求作为评标加分条件或者中标条件。

第十九条　招标文件应当载明以下主要内容：

（一）投标邀请书；

（二）投标人须知；

（三）公路工程施工合同条款；

（四）招标项目适用的技术规范；

（五）施工图设计文件；

（六）投标文件格式，包括投标书格式及投标书附录格式、投标书附表格式、工程量清单格式、投标担保文件格式、合同格式等。

投标人须知应当载明以下主要内容：

（一）评标标准和方法；

（二）工期要求；

（三）提交投标文件的起止时间、地点和方式；

（四）开标的时间和地点。

招标公告、投标邀请书应当载明下列内容：

（一）招标人的名称和地址；

（二）招标项目的名称、技术标准、规模、投资情况、工期、实施地点和时间；

（三）获取资格预审文件或者招标文件的办法、时间和地点；

（四）对潜在投标人的资质要求；

（五）招标人认为应当公告或者告知的其他事项。

第二十条　招标人应当按照招标公告或者投标邀请书规定的时间、地点出售资格预审文件和招标文件。资格预审文件和招标文件的发售时间不得少于5个工作日。

第二十一条　招标人应当合理确定资格预审申请文件和投标文件的编制时间。

编制资格预审申请文件的时间，自开始发售资格预审文件之日起至潜在投标人提交资格预审申请文件截止时间止，不得少于14日。

编制投标文件的时间，自招标文件开始发售之日起至投标人提交投标文件截止时间止，高速公路、一级公路、技术复杂的特大桥梁、特长隧道不得少于28日，其他公路工程不得少于20日。

第二十二条　国道主干线和国家高速公路网建设项目的工程施工招标文件应当报交通部备案，其他公路建设项目的工程施工招标文件应当按照项目管理权限报县级以上地方人民政府交通主管部门备案。

交通主管部门发现招标文件存在不符合法律、法规及规章规定内容的，应当在收到备案文件后的7日内，提出处理意见，及时行使监督检查职责。

第二十三条 招标人如需对已出售的招标文件进行必要的澄清或修改，应当在投标截止日期15日前以书面形式通知所有招标文件收受人，并应当按照第二十二条的规定备案。

对招标文件澄清或者修改的内容为招标文件的组成部分。

第二十四条 招标人设定标底的，可自行编制标底或者委托具备相应资格的单位编制标底。

标底编制应当符合国家有关工程造价管理的规定，并应当控制在批准的概算以内。

招标人应当采取措施，在开标前做好标底的保密工作。

第二十五条 国道主干线和国家高速公路网建设项目的资格预审结果报交通部备案，其他公路建设项目的资格预审结果按照项目管理权限报县级以上地方人民政府交通主管部门备案。

第三章 投　标

第二十六条 公路工程施工招标的投标人是响应招标、参加投标竞争的公路工程施工单位。

投标人应当具备招标文件规定的资格条件，具有承担所投标项目的相应能力。

第二十七条 两个以上施工单位可以组成联合体参加公路工程施工投标。联合体各成员单位都应当具备招标文件规定的相应资质条件。由同一专业施工单位组成的联合体，按照资质等级较低的单位确定资质等级。

以联合体形式参加公路工程施工投标的单位，应当在资格预审申请文件中注明，并提交联合体各成员单位共同签订的联合体协议。

联合体协议应当明确主办人及成员单位各自的权利和义务。

第二十八条 投标人应当按照招标文件的要求，按时参加招标人主持召开的标前会并勘察现场。

第二十九条 投标人应当按照招标文件的要求编制投标文件，并对招标文件提出的实质性要求和条件作出响应。

第三十条 投标人根据招标文件载明的项目实际情况，拟在中标后将中标项目的部分非关键性工作进行分包的，应当向招标人提交分包计划，并在投标文件中载明。分包单位的资质应当与其承担的工程规模标准相适应。

第三十一条 投标文件中投标书及投标书附录、投标报价部分应当由投标人的法定代表人或其授权的代理人签字，并加盖投标人印章，其他部分应当按照招标文件的要求签署。

投标文件应当由投标人密封，并按照招标文件规定的时间、地点和方式送达招标人。

第三十二条 投标文件按照要求送达后，在招标文件规定的投标截止时间前，投标人如需撤回或者修改投标文件，应当以正式函件提出并作出说明。

修改投标文件的函件是投标文件的组成部分，其形式要求、密封方式、送达时间，适用对投标文件的规定。

第三十三条 招标人对投标人按时送达并符合密封要求的投标文件，应当签收，并妥善保存。

招标人不得接受未按照要求密封的投标文件及投标截止时间后送达的投标文件。

第三十四条 投标人参加投标，不得弄虚作假，不得与其他投标人互相串通投标，不得采取贿赂以及其他不正当手段谋取中标，不得妨碍其他投标人投标。

第四章 开标、评标和中标

第三十五条 开标时间应当与招标文件中确定的提交投标文件截止时间一致。

开标地点应当是招标文件中预先确定的地点，不得随意变更。

第三十六条 开标应当公开进行。

开标由招标人主持，邀请交通主管部门和所有投标人的法定代表人或其授权的代理人参加。

第三十七条 开标时，由投标人或者其推选的代表检查投标文件的密封情况，也可以由招标人委托的公证机构检查并予以公证。

投标文件的密封情况经确认无误后，招标人应当当众拆封，并宣读投标人名称、投标价格和投标文件的其他主要内容。

招标人设有标底的，应当同时公布标底。

第三十八条 招标人应当记录开标过程，并存档备查。

第三十九条 评标由招标人依法组建的评标委员会负责。

评标委员会由招标人的代表和技术、经济专家组成。评标委员会委员人数为五人以上单数，其中专家人数不得少于成员总数的三分之二。

第四十条 国道主干线和国家高速公路网建设项目，评标委员会专家从交通部设立的评标专家库中随机抽取，其他公路建设项目的评标委员会专家从省级人民政府交通主管部门设立的评标专家库中随机抽取。

与投标人有利害关系的人员不得进入相关招标项目

的评标委员会。

第四十一条 评标委员会成员名单在中标结果确定前应当保密。

第四十二条 评标委员会成员应当客观、公正地履行职责，遵守职业道德，对所提出的评审意见承担责任。

评标委员会成员不得私下接触投标人，不得收受贿赂或者投标人的其他好处，不得透露对投标文件的评审、中标候选人的推荐情况以及与评标有关的其他情况。评标委员会成员存在违规行为的，一经查实，取消其评标委员会成员资格，并不得再参加任何依法必须进行招标的项目的评标。

任何单位和个人不得非法干预、影响评标过程和结果。

第四十三条 评标委员会可以要求投标人对投标文件中含义不明确的内容作出必要的澄清或者说明，但是澄清或者说明不得超出或者改变投标文件的实质性内容。

第四十四条 公路工程施工招标的评标方法可以使用合理低价法、最低评标价法、综合评估法和双信封评标法以及法律、法规允许的其他评标方法。

合理低价法，是指对通过初步评审和详细评审的投标人，不对其施工组织设计、财务能力、技术能力、业绩及信誉进行评分，而是按招标文件规定的方法对评标价进行评分，并按照得分由高到低的顺序排列，推荐前3名投标人为中标候选人的评标方法。

最低评标价法，是指按由低到高顺序对评标价不低于成本价的投标文件进行初步评审和详细评审，推荐通过初步评审和详细评审且评标价最低的前3名投标人为中标候选人的评标方法。

综合评估法，是指对所有通过初步评审和详细评审的投标人的评标价、财务能力、技术能力、管理水平以及业绩与信誉进行综合评分，按综合评分由高到低排序，并推荐前3名投标人为中标候选人的评标方法。

双信封评标法，是指投标人将投标报价和工程量清单单独密封在一个报价信封中，其他商务和技术文件密封在另外一个信封中，分两次开标的评标方法。第一次开商务和技术文件信封，对商务和技术文件进行初步评审和详细评审，确定通过商务和技术评审的投标人名单。第二次再开通过商务和技术评审投标人的投标报价和工程量清单信封，当场宣读其报价，再按照招标文件规定的评标办法进行评标，推荐中标候选人。对未通过商务和技术评审的投标人，其报价信封将不予开封，当场退还给投标人。

公路工程施工招标评标，一般应当使用合理低价法。使用世界银行、亚洲开发银行等国际金融组织贷款的项目和工程规模较小、技术含量较低的工程，可使用最低评标价法。

第四十五条 评标委员会应当按照招标文件确定的评标标准和方法，对投标文件进行评审和比较。

招标文件中没有规定的标准和方法，不得作为评标的依据。

第四十六条 评标委员会完成评标工作后，应当向招标人提出书面评标报告。评标报告应当由所有评标委员会委员签字。

评标报告应当载明以下内容：

（一）评标委员会的成员名单；

（二）开标记录情况；

（三）评标采用的标准和方法；

（四）对投标人的评价；

（五）符合要求的投标人情况；

（六）推荐的中标候选人；

（七）需要说明的其他事项。

第四十七条 评标委员会推荐的中标候选人应当限定在一至三人，并标明排列顺序。

招标人应当根据评标委员会提出的书面评标报告确定排名第一的中标候选人为中标人。排名第一的中标候选人放弃中标、因不可抗力不能履行合同，或者在招标文件规定的期限内未能提交履约担保的，招标人可以确定排名第二的中标候选人为中标人。

排名第二的中标候选人因前款规定的原因也不能签定合同的，招标人可以确定排名第三的中标候选人为中标人。

招标人可以授权评标委员会直接确定中标人。

第四十八条 招标人应当将评标结果在招标项目所在地省级交通主管部门政府网站上公示，接受社会监督。公示时间不少于7日。

第四十九条 属于下列情况之一的，应当作为废标处理：

（一）投标文件未经法定代表人或者其授权代理人签字，或者未加盖投标人公章；

（二）投标文件字迹潦草、模糊，无法辨认；

（三）投标人对同一标段提交两份以上内容不同的投标文件，未书面声明其中哪一份有效；

（四）投标人在招标文件未要求选择性报价时，对同一个标段，有两个或两个以上的报价；

（五）投标人承诺的施工工期超过招标文件规定的期限或者对合同的重要条款有保留；

（六）投标人未按招标文件要求提交投标保证金；

（七）投标文件不符合招标文件实质性要求的其他情形。

第五十条 有下列情形之一的，招标人应当依照本办法重新招标：

（一）少于3个投标人的；

（二）经评标委员会评审，所有投标均不符合招标文件要求的；

（三）由于招标人、招标代理人或投标人的违法行为，导致中标无效的；

（四）中标人均未与招标人签订公路工程施工合同的。

重新招标的，招标文件、资格预审结果和评标报告应当按照本办法的规定重新报交通主管部门备案，招标文件未作修改的可以不再备案。

第五十一条 招标人确定中标人后，应当向中标人发出中标通知书，并同时将中标结果通知所有未中标的投标人。

第五十二条 招标人应当自确定中标人之日起15日内，将评标报告向第二十二条规定的备案机关进行备案。

第五十三条 招标人和中标人应当自中标通知书发出之日起30日内订立书面公路工程施工合同。

公路工程施工合同应当按照招标文件、中标人的投标文件、中标通知书订立。

招标人和中标人不得再行订立背离合同实质性内容的其他协议。

第五十四条 招标人应当自订立公路工程施工合同之日起5个工作日内，向中标人和未中标的投标人退还投标保证金。由于中标人自身原因放弃中标，招标文件约定放弃中标不予返还投标保证金的，中标人无权要求返还投标保证金。

第五章 附 则

第五十五条 违反本办法及《招标投标法》的行为，依法承担相应的法律责任。

第五十六条 使用国际金融组织或者外国政府贷款的公路工程施工招标，贷款方或者资金提供方对施工招标投标的具体条件和程序有特殊规定的，可以适用其规定，但不得违背中华人民共和国的社会公共利益。交通部对其有另行规定的，适用其规定。

第五十七条 本办法自2006年8月1日起施行，交通部2002年6月6日发布的《公路工程施工招标投标管理办法》同时废止。

中央企业投资监督管理暂行办法

国务院国有资产监督管理委员会令 2006年第16号

第一条 为依法履行出资人职责，规范中央企业投资活动，提高中央企业投资决策的科学性和民主性，有效防范投资风险，根据《中华人民共和国公司法》、《企业国有资产监督管理暂行条例》等法律法规，制定本办法。

第二条 本办法所称中央企业，是指国务院国有资产监督管理委员会（以下简称国资委）履行出资人职责的企业（以下简称企业）。

第三条 本办法所称的投资主要包括企业在境内的下列投资活动：

（一）固定资产投资；

（二）产权收购；

（三）长期股权投资。

第四条 国资委依法对企业投资活动进行监督管理，指导企业建立健全投资决策程序和管理制度。

第五条 企业是投资活动的主体，企业必须制定并执行投资决策程序和管理制度，建立健全相应的管理机构，并报国资委备案。

第六条 企业投资活动和国资委对企业投资活动的监督管理应当遵循以下原则：

（一）符合国家发展规划和产业政策；

（二）符合企业布局和结构调整方向；

（三）符合企业发展战略与规划；

（四）突出主业，有利于提高企业核心竞争能力；

（五）非主业投资应当符合企业调整、改革方向，不影响主业的发展；

（六）符合企业投资决策程序和管理制度；

（七）投资规模应当与企业资产经营规模、资产负债水平和实际筹资能力相适应；

（八）充分进行科学论证，预期投资收益应不低于国内同行业同期平均水平。

主业是指由企业发展战略和规划确定的并经国资委确认公布的主要经营业务；非主业是指主业以外的其他经营业务。

第七条　企业应当依据其发展战略和规划编制年度投资计划，企业的主要投资活动应当纳入年度投资计划。

企业年度投资计划应当主要包括下列内容：

（一）总投资规模、资金来源与构成；

（二）主业与非主业投资规模；

（三）投资项目基本情况（包括项目内容、投资额、资金构成、投资预期收益、实施年限等）。

企业年度投资计划中的投资项目是指按照企业投资管理制度规定由董事会或总经理办公会议研究决定的投资项目（包括子企业投资项目）。

第八条　企业应当按国资委要求，在规定时间内报送年度投资计划。

企业年度投资计划的统一报送格式、报送时限等要求，由国资委另行规定。

第九条　国资委对企业投资活动实行分类监督管理：

（一）按照国资委有关规定建立规范董事会的国有独资公司，国资委依据企业年度投资计划对投资项目实行备案管理。

（二）未建立规范董事会的国有独资企业、国有独资公司，国资委依据企业年度投资计划对主业投资项目实行备案管理；对非主业投资项目实行审核，在20个工作日内作出审核决定。

（三）国有控股公司，应按照本办法的规定向国资委报送企业年度投资计划。

（四）其他类型的企业，参照国有控股公司执行。

第十条　企业在年度投资计划外追加项目，应当及时将有关情况报告国资委，国资委按本办法第九条规定管理。

第十一条　企业对以下重大投资事项应当及时向国资委报告：

（一）按国家现行投资管理规定，需由国务院批准的投资项目，或者需由国务院有关部门批（核）准的投资项目，企业应当在上报国务院或国务院有关部门的同时，将其有关文件抄送国资委。

（二）企业投资项目实施过程中出现下列情形的，应当重新履行投资决策程序，并将决策意见及时书面报告国资委：

1. 对投资额、资金来源及构成进行重大调整，致使企业负债过高，超出企业承受能力或影响企业正常发展的；

2. 股权结构发生重大变化，导致企业控制权转移的；

3. 投资合作方严重违约，损害出资人权益的。

（三）需报告国资委的其他重大投资事项。

第十二条　国资委建立企业投资统计分析制度，企业应当按照国资委要求报送年度投资完成情况和分析材料，其中部分重点企业应当报送季度投资完成情况。

第十三条　企业应当对投资项目实施后评价管理，具体工作内容与要求，参照《中央企业固定资产投资项目后评价工作指南》执行。国资委根据需要，对企业已完成的投资项目，有选择地开展项目后评价。

第十四条　国资委对企业依据本办法报送的资料负有保密义务。

第十五条　企业违反本办法和其投资决策程序规定的，国资委应当责令其改正；情节严重、致使企业遭受重大损失的，依照有关规定追究企业有关人员的责任。

国资委相关责任人员违反本办法规定的，国资委应当责令其改正；情节严重的，依法给予行政处分。

第十六条　企业境外投资监督管理的具体规定，由国资委另行制定。

第十七条　本办法由国资委负责解释。

第十八条　本办法自2006年7月1日起施行。

中央企业投资监督管理暂行办法实施细则

国务院国有资产监督管理委员会

国资发〔2006〕第133号

第一条　为规范中央企业投资监督管理工作，根据《中央企业投资监督管理暂行办法》（国资委令第16号，以下简称《办法》），制定本实施细则。

第二条　中央企业（以下简称企业）在境内的固定

资产投资、产权收购、长期股权投资活动，应当遵守《办法》和本实施细则。

第三条 企业应当按照《办法》第五条、第六条的规定，制定投资决策程序和管理制度，明确相应的管理机构，并报国资委备案。

企业投资管理制度主要包括下列内容：

（一）企业负责投资管理机构的名称、职责，管理构架及相应的权限；

（二）投资活动所遵循的原则、决策程序和相应的定量管理指标；

（三）项目可行性研究和论证工作的管理；

（四）项目组织实施中的招投标管理、工程建设监督管理体系与实施过程的管理；

（五）产权收购和股权投资项目实施与过程的管理；

（六）项目后评价工作体系建设与实施的管理；

（七）投资风险管理，重点是法律、财务方面的风险防范与重大投资活动可能出现问题的处理预案；

（八）责任追究制度。

第四条 国资委对企业投资决策程序与管理制度中存在的问题，应当及时与企业进行沟通并给予指导完善。

第五条 企业投资活动应遵循《办法》第六条规定，并结合企业实际情况研究提出相应的定量管理指标，纳入企业投资管理制度。

定量管理指标应当主要包括下列内容：

（一）企业发展规划期内非主业资产规模占企业总资产合理比重和年度投资中非主业投资占总投资的合理比重的内控指标；

（二）企业发展规划期内资产负债率的控制指标；

（三）企业内部投资收益率的控制指标。未建立指标体系的企业可参考国家有关部门发布的《建设项目经济评价方法与参数》，结合企业实际情况提出。已建立指标体系的企业也可参考相关参数进行修正；

（四）发展规划期内各类投资活动中自有资金的合理比重；

（五）发展规划期内各年度新开工项目投资额占总投资的合理比例。

上述（一）、（二）两项指标由企业在发展规划中提出，经国资委审核确认后作为国资委对企业投资活动监督管理的基础指标。其余三项指标作为国资委监管企业投资活动的参考指标。企业可根据本企业实际情况，增加相应的定量管理指标。

第六条 企业应按照《办法》第七条、第八条的规定编制并报送年度投资计划。报送的年度投资计划应附有详细的文字说明材料，按照本实施细则附件1的要求填写年度投资计划表，并于当年1月31日前报送国资委。

第七条 国资委按照《办法》第四条、第六条的规定，对企业年度投资计划的编制进行以下指导：

（一）指导企业在年度投资计划编制中贯彻国家有关方针政策，并依据宏观经济形势和市场变化提出具体要求；

（二）指导企业做好年度投资计划与发展规划的衔接工作；

（三）指导企业做好年度投资计划与企业财务预算有关指标的衔接工作；

（四）其他事项。

第八条 国资委按照《办法》第六条、第八条、第九条、第十条、第十一条的规定，受理企业年度投资计划的报送、重大投资事项的报告，并依据年度投资计划对投资项目实行备案和审核管理：

（一）备案管理。对实行备案管理的企业投资项目，除对存在问题的进行提示外，一般不再回复。国资委自收到备案的投资项目材料 20 个工作日内未予回复的视为备案通过。

（二）审核管理。对实行审核管理的企业非主业投资项目，国资委在20个工作日内作出审核决定，并给予书面回复。回复一般分为下列三种方式：

1．通过。

2．提示。对存在问题的项目，要求企业予以纠正或制定相应的风险防范措施。

3．否决。对存在严重问题的项目予以否决。

第九条 国资委对企业投资活动进行监督管理时，主要依据下列内容对投资项目中存在的问题进行提示：

（一）是否符合《办法》第六条有关规定；

（二）是否符合本实施细则第五条定量指标的要求：

1．投资方向。在企业投资中，非主业投资占总投资的比重是否超出合理范围，影响主业的发展（一般控制在10%以下）；

2．投资资金构成。企业投资中，自有资金占总投资的比重是否处于合理范围内（一般为30%以上）；

3．投资规模。企业总投资规模是否超出企业财务承受能力，主要是企业资产负债率是否处于合理水平；

4．企业新开工项目占年度投资额的比重是否处于合理范围内。

对上述第（二）项中各项指标连续两年超出合理范围的企业，国资委应当进行跟踪并分析原因，提出具体建议措施。对出现下列情况的，视为存在严重问题，国资委将予以否决：

（一）不符合国家发展规划和产业政策的；

（二）违反企业投资决策程序和管理制度的；

（三）非主业投资不符合企业调整、改革方向，影响主业发展的；

（四）资产负债水平超出企业财务承受能力的。

第十条 国资委对企业年度投资计划外追加项目，按照《办法》第十条和本实施细则第八条、第九条办理。

第十一条 企业在投资活动中发生重大事项，应当按照《办法》第十一条规定及时向国资委报告，如发生《办法》第十一条（二）、（三）项情况，国资委依据《办法》第九条规定和本实施细则第八条、第九条进行管理，并对需要回复的及时回复企业。

第十二条 企业应当按照《办法》第十二条的规定和国资委有关通知，按时报送年度投资计划完成情况和分析材料。年度投资计划完成情况和分析材料主要包括下列内容：

（一）投资完成情况，按照本实施细则附件2的要求填报；

（二）对存在的问题、经验与教训的综合分析；

（三）部分重点企业按季度报送完成情况并附简要分析材料。

第十三条 国资委对企业投资完成情况进行统计分析，并根据工作需要将有关分析材料反馈企业。

第十四条 企业应当按照《办法》第十三条的规定，开展投资项目后评价工作，并根据后评价结果，对企业投资活动和投资活动的管理提出改进和完善的意见建议。具体工作按照国资委《中央企业固定资产投资项目后评价工作指南》（国资发规划〔2005〕92号）的通知组织实施，及时总结经验教训并将好的经验报国资委。

第十五条 国资委负责指导、管理企业投资项目后评价工作。督促检查企业后评价制度的建立和后评价工作的开展，根据行业发展状况和企业投资活动情况，选择典型企业和项目组织开展后评价工作，对典型经验及时在中央企业内组织交流。

附件：

1、企业年度投资计划表（略）

2、企业年度投资计划完成情况表（略）

涉外投资法规

关于境外投资开办企业核准事项的规定

中华人民共和国商务部令　2004年第16号

第一条　为促进境外投资发展，根据《中华人民共和国行政许可法》、《国务院对确需保留的行政审批项目设定行政许可的决定》及有关规定，制定本规定。

第二条　国家支持和鼓励有比较优势的各种所有制企业赴境外投资开办企业。

第三条　境外投资开办企业，是指我国企业通过新设（独资、合资、合作等）、收购、兼并、参股、注资、股权置换等方式在境外设立企业或取得既有企业所有权或管理权等权益的行为。

第四条　商务部核准国内企业在境外投资开办企业（金融类企业除外）。商务部委托各省、自治区、直辖市及计划单列市人民政府商务行政主管部门（以下简称“省级商务主管部门”），核准中央企业之外的其他企业在附件所列国家投资开办企业。

商务部将根据情况对附件所列国别适时调整并公布。

第五条　对于国内企业在境外投资开办企业，商务部和省级商务主管部门从以下方面进行审查、核准：

（一）国别（地区）投资环境；

（二）国别（地区）安全状况；

（三）投资所在国（地区）与我国的政治经济关系；

（四）境外投资导向政策；

（五）国别（地区）合理布局；

（六）履行有关国际协定的义务；

（七）保障企业合法权益。

国内企业境外投资开办企业在经济、技术上是否可行，由企业自行负责。

第六条　国内企业境外投资涉及下列情形的，不予核准：

危害国家主权、安全和社会公共利益的；违反国家法律法规和政策的；可能导致中国政府违反所缔结的国际协定的；涉及我国禁止出口的技术和货物的；东道国政局动荡和存在重大安全问题的；与东道国或地区的法律法规或风俗相悖的；从事跨国犯罪活动的。

第七条　核准程序

（一）中央企业径向商务部提出申请；其他企业向省级商务主管部门提出申请。

（二）商务部和省级商务主管部门收到申请材料后，对于申请材料不齐全或者不符合法定形式的，应当在5个工作日内1次告知申请人需要补正的全部内容，逾期不告知的，自收到申请材料之日起即为受理。对于申请材料齐全、符合法定形式，或者申请人按照要求补正申请材料的，应当予以受理。

（三）省级商务主管部门应征求我驻外使（领）馆经济商务参赞处（室）的意见。中央企业径向我驻外经济商务参赞处（室）征求意见。我驻外经济商务参赞处（室）自收到征求意见函之日起5个工作日内予以回复。

（四）省级商务主管部门按照委托核准的权限，自受理之日起15个工作日内做出是否予以核准的决定；需报商务部核准的，自受理之日起5个工作日内进行初审，同意后上报商务部。

（五）商务部自受理之日起15个工作日内做出是否予以核准的决定。

（六）商务部和省级商务主管部门对予以核准的，应出具书面核准决定；不予核准的，出具不予核准决定书。

第八条　申请材料

（一）企业提交的申请材料包括：

1. 申请书（主要内容包括开办企业的名称、注册资本、投资金额、经营范围、经营期限、组织形式、股权结构等）；

2. 境外企业章程及相关协议或合同；

3. 外汇主管部门出具的境外投资外汇资金来源审查意见（需购汇或从境内汇出外汇的）；我驻外经济商务参赞处（室）的意见（仅对中央企业）；

4. 国内企业营业执照以及法律法规要求具备的相关资格或资质证明；

5. 法律法规及国务院决定要求的其他文件。

（二）省级商务主管部门向商务部提交的材料包括：

1. 本部门初步审查意见；

2. 我驻外经济商务参赞处（室）意见；

3. 企业提交的全部申请材料。

第九条　中央企业的申请获得核准后，由商务部颁发《中华人民共和国境外投资批准证书》（以下简称《批准证书》）。其他企业，由省级商务主管部门代发《批准证书》。

国内企业凭《批准证书》办理外汇、银行、海关、外事等相关事宜。

第十条　获得批准的国内企业，应按国家有关规定报送统计资料、参加境外投资联合年检和境外投资综合绩效评价；经批准开办的境外企业，在当地注册后，应将注册文件报商务部备案，并向我驻外经济商务参赞处（室）报到登记。

第十一条　本规定第八条第（一）款申请书中所列事项发生变更，须报原核准机关核准。

第十二条　外商投资企业境外投资开办企业须遵守有关法律法规。外商投资企业赴境外投资开办企业须经省级以上商务主管部门核准，其中经商务部批准的外商投资企业赴境外投资开办企业由商务部核准，其他外商投资企业赴境外投资开办企业由省级商务主管部门核准。有关具体要求，商务部另文下发。

第十三条　商务部运用电子政务手段实行网上申报和批准证书发放的有关办法，将另行制定下发。

第十四条　省级商务主管部门不得向下级地方商务主管部门委托境外投资开办企业的核准事宜及增加核准环节、申报材料和核准内容。

第十五条　内地企业赴香港、澳门特别行政区投资开办企业，按有关规定办理核准。

第十六条　此前管理办法与本规定不符的，以本规定为准。

第十七条　本规定由商务部负责解释。

第十八条　本规定自发布之日起施行。

附件：商务部委托地方省级商务主管部门核准境外投资开办企业的国家名单（略）

境外投资项目核准暂行管理办法

中华人民共和国国家发展和改革委员会令　2004年第21号

第一章　总　　则

第一条　根据《中华人民共和国行政许可法》和《国务院关于投资体制改革的决定》，为规范对境外投资项目的核准管理，特制定本办法。

第二条　本办法适用于中华人民共和国境内各类法人（以下称“投资主体”），及其通过在境外控股的企业或机构，在境外进行的投资（含新建、购并、参股、增资、再投资）项目的核准。

投资主体在香港特别行政区、澳门特别行政区和台湾地区进行的投资项目的核准，适用本办法。

第三条　本办法所称境外投资项目指投资主体通过投入货币、有价证券、实物、知识产权或技术、股权、债权等资产和权益或提供担保，获得境外所有权、经营管理权及其他相关权益的活动。

第二章　核准机关及权限

第四条　国家对境外投资资源开发类和大额用汇项目实行核准管理。

资源开发类项目指在境外投资勘探开发原油、矿山等资源的项目。此类项目中方投资额3000万美元及以上的，由国家发展改革委核准，其中中方投资额2亿美元及以上的，由国家发展改革委审核后报国务院核准。

大额用汇类项目指在前款所列领域之外中方投资用汇额1000万美元及以上的境外投资项目，此类项目由国家发展改革委核准，其中中方投资用汇额5000万美元及以上的，由国家发展改革委审核后报国务院核准。

第五条 中方投资额 3000 万美元以下的资源开发类和中方投资用汇额 1000 万美元以下的其他项目，由各省、自治区、直辖市及计划单列市和新疆生产建设兵团等省级发展改革部门核准，项目核准权不得下放。为及时掌握核准项目信息，省级发展改革部门在核准之日起 20 个工作日内，将项目核准文件抄报国家发展改革委。

地方政府按照有关法规对上款所列项目的核准另有规定的，从其规定。

第六条 中央管理企业投资的中方投资额 3000 万美元以下的资源开发类境外投资项目和中方投资用汇额 1000 万美元以下的其他境外投资项目，由其自主决策并在决策后将相关文件报国家发展改革委备案。国家发展改革委在收到上述备案材料之日起 7 个工作日内出具备案证明。

第七条 前往台湾地区投资的项目和前往未建交国家投资的项目，不分限额，由国家发展改革委核准或经国家发展改革委审核后报国务院核准。

第三章 核 准 程 序

第八条 按核准权限属于国家发展改革委或国务院核准的项目，由投资主体向注册所在地的省级发展改革部门提出项目申请报告，经省级发展改革部门审核后报国家发展改革委。计划单列企业集团和中央管理企业可直接向国家发展改革委提交项目申请报告。

第九条 国家发展改革委核准前往香港特别行政区、澳门特别行政区、台湾地区投资的项目，以及核准前往未建交国家、敏感地区投资的项目前，应征求有关部门的意见。有关部门在接到上述材料之日起 7 个工作日内，向国家发展改革委提出书面意见。

第十条 国家发展改革委在受理项目申请报告之日起 5 个工作日内，对需要进行评估论证的重点问题委托有资质的咨询机构进行评估。接受委托的咨询机构应在规定的时间内向国家发展改革委提出评估报告。

第十一条 国家发展改革委在受理项目申请报告之日起 20 个工作日内，完成对项目申请报告的核准，或向国务院提出审核意见。如 20 个工作日不能作出核准决定或提出审核意见，由国家发展改革委负责人批准延长 10 个工作日，并将延长期限的理由告知项目申请人。

前款规定的核准期限，不包括委托咨询机构进行评估的时间。

第十二条 国家发展改革委对核准的项目向项目申请人出具书面核准文件；对不予核准的项目，应以书面决定通知项目申请人，说明理由并告知项目申请人享有依法申请行政复议或者提起行政诉讼的权利。

第十三条 境外竞标或收购项目，应在投标或对外正式开展商务活动前，向国家发展改革委报送书面信息报告。国家发展改革委在收到书面信息报告之日起 7 个工作日内出具有关确认函件。信息报告的主要内容包括：

（一）投资主体基本情况；

（二）项目投资背景情况；

（三）投资地点、方向、预计投资规模和建设规模；

（四）工作时间计划表。

第十四条 投资主体如需投入必要的项目前期费用涉及用汇数额的（含履约保证金、保函等），应向国家发展改革委申请核准。经核准的该项前期费用计入项目投资总额。

第十五条 已经核准的项目如出现下列情况之一的，需向国家发展改革委申请变更：

（一）建设规模、主要建设内容及主要产品发生变化；

（二）建设地点发生变化；

（三）投资方或股权发生变化；

（四）中方投资超过原核准的中方投资额 20%及以上。

变更核准的程序比照本章的相关规定执行。

第四章 项目申请报告

第十六条 报送国家发展改革委项目申请报告应包括以下内容：

（一）项目名称、投资方基本情况；

（二）项目背景情况及投资环境情况；

（三）项目建设规模、主要建设内容、产品、目标市场，以及项目效益、风险情况；

（四）项目总投资、各方出资额、出资方式、融资方案及用汇金额；

（五）购并或参股项目，应说明拟购并或参股公司的具体情况。

第十七条 报送国家发展改革委项目申请报告应附以下文件：

（一）公司董事会决议或相关的出资决议。

（二）证明中方及合作外方资产、经营和资信情况的文件。

（三）银行出具的融资意向书。

（四）以有价证券、实物、知识产权或技术、股权、债权等资产权益出资的，按资产权益的评估价值或公允价值核定出资额。应提交具备相应资质的会计师、资产评估机构等中介机构出具的资产评估报告，或其他可证明有关资产权益价值的第三方文件。

（五）投标、购并或合资合作项目，中外方签署的意向书或框架协议等文件。

（六）境外竞标或收购项目，应按本办法第十三条规定报送信息报告，并附国家发展改革委出具的有关确认函件。

第五章　核准条件及效力

第十八条　国家发展改革委核准项目的条件为：

（一）符合国家法律法规和产业政策，不危害国家主权、安全和公共利益，不违反国际法准则。

（二）符合经济和社会可持续发展要求，有利于开发国民经济发展所需战略性资源；符合国家关于产业结构调整的要求，促进国内具有比较优势的技术、产品、设备出口和劳务输出，吸收国外先进技术。

（三）符合国家资本项目管理和外债管理规定。

（四）投资主体具备相应的投资实力。

第十九条　投资主体凭国家发展改革委的核准文件，依法办理外汇、海关、出入境管理和税收等相关手续。本办法第六条规定的中央管理企业凭国家发展改革委出具的备案证明，办理上述有关手续。

第二十条　投资主体就境外投资项目签署任何具有最终法律约束力的相关文件前，须取得国家发展改革委出具的项目核准文件或备案证明。

第二十一条　国家发展改革委出具的核准文件应规定核准文件的有效期。在有效期内，核准文件是投资主体办理本办法第十九条所列相关手续的依据；有效期满后，投资主体办理上述相关手续时，应同时出示国家发展改革委出具的准予延续文件。

第二十二条　对未经有权机构核准或备案的境外投资项目，外汇管理、海关、税务等部门不得办理相关手续。

第二十三条　投资主体以提供虚假材料等不正当手段，取得项目核准文件或备案证明的，国家发展改革委可以撤销对该项目的核准文件或备案证明。

第二十四条　国家发展改革委可以对投资主体执行项目情况和省级发展改革部门核准境外投资项目情况进行监督检查，并对查实问题依法进行处理。

第六章　附　　则

第二十五条　各省级发展改革部门依据本办法的规定，制定相应的核准管理办法。

第二十六条　自然人和其他组织在境外进行的投资项目的核准，参照本办法执行。

第二十七条　本办法由国家发展改革委负责解释。

第二十八条　本办法自2004年10月9日起施行。此前有关境外投资项目审批的规定，凡与本办法有抵触的，均按本办法执行。

外商投资项目核准暂行管理办法

中华人民共和国国家发展和改革委员会令　2004年第22号

第一章　总　　则

第一条　根据《中华人民共和国行政许可法》和《国务院关于投资体制改革的决定》，为规范对外商投资项目的核准管理，特制定本办法。

第二条　本办法适用于中外合资、中外合作、外商独资、外商购并境内企业、外商投资企业增资等各类外商投资项目的核准。

第二章　核准机关及权限

第三条　按照《外商投资产业指导目录》分类，总投资（包括增资额，下同）1亿美元及以上的鼓励类、允许类项目和总投资5000万美元及以上的限制类项目，由国家发展改革委核准项目申请报告，其中总投资5亿美元及以上的鼓励类、允许类项目和总投资1亿美元及以上的限制类项目由国家发展改革委对项目申请报告审核后报国务院核准。

第四条　总投资1亿美元以下的鼓励类、允许类项目和总投资5000万美元以下的限制类项目由地方发展改革部门核准，其中限制类项目由省级发展改革部门核准，此类项目的核准权不得下放。

地方政府按照有关法规对上款所列项目的核准另有规定的，从其规定。

第三章　项目申请报告

第五条　报送国家发展改革委的项目申请报告应包

括以下内容：

（一）项目名称、经营期限、投资方基本情况；

（二）项目建设规模、主要建设内容及产品，采用的主要技术和工艺，产品目标市场，计划用工人数；

（三）项目建设地点，对土地、水、能源等资源的需求，以及主要原材料的消耗量；

（四）环境影响评价；

（五）涉及公共产品或服务的价格；

（六）项目总投资、注册资本及各方出资额、出资方式及融资方案，需要进口设备及金额。

第六条 报送国家发展改革委的项目申请报告应附以下文件：

（一）中外投资各方的企业注册证（营业执照）、商务登记证及经审计的最新企业财务报表（包括资产负债表、损益表和现金流量表）、开户银行出具的资金信用证明；

（二）投资意向书，增资、购并项目的公司董事会决议；

（三）银行出具的融资意向书；

（四）省级或国家环境保护行政主管部门出具的环境影响评价意见书；

（五）省级规划部门出具的规划选址意见书；

（六）省级或国家国土资源管理部门出具的项目用地预审意见书；

（七）以国有资产或土地使用权出资的，需由有关主管部门出具的确认文件。

第四章 核 准 程 序

第七条 按核准权限属于国家发展改革委和国务院核准的项目，由项目申请人向项目所在地的省级发展改革部门提出项目申请报告，经省级发展改革部门审核后报国家发展改革委。计划单列企业集团和中央管理企业可直接向国家发展改革委提交项目申请报告。

第八条 国家发展改革委核准项目申请报告时，需要征求国务院行业主管部门意见的，应向国务院行业主管部门出具征求意见函并附相关材料。国务院行业主管部门应在接到上述材料之日起7个工作日内，向国家发展改革委提出书面意见。

第九条 国家发展改革委在受理项目申请报告之日起5个工作日内，对需要进行评估论证的重点问题委托有资质的咨询机构进行评估论证。接受委托的咨询机构应在规定的时间内向国家发展改革委提出评估报告。

第十条 国家发展改革委自受理项目申请报告之日起20个工作日内，完成对项目申请报告的核准，或向国务院报送审核意见。如20个工作日内不能做出核准决定或报送审核意见的，由国家发展改革委负责人批准延长10个工作日，并将延长期限的理由告知项目申请人。

前款规定的核准期限，不包括委托咨询机构进行评估的时间。

第十一条 国家发展改革委对核准的项目向项目申请人出具书面核准文件；对不予核准的项目，应以书面决定通知项目申请人，说明理由并告知项目申请人享有依法申请行政复议或者提起行政诉讼的权利。

第五章 核准条件及效力

第十二条 国家发展改革委对项目申请报告的核准条件是：

（一）符合国家有关法律法规和《外商投资产业指导目录》、《中西部地区外商投资优势产业目录》的规定；

（二）符合国民经济和社会发展中长期规划、行业规划和产业结构调整政策的要求；

（三）符合公共利益和国家反垄断的有关规定；

（四）符合土地利用规划、城市总体规划和环境保护政策的要求；

（五）符合国家规定的技术、工艺标准的要求；

（六）符合国家资本项目管理、外债管理的有关规定。

第十三条 项目申请人凭国家发展改革委的核准文件，依法办理土地使用、城市规划、质量监管、安全生产、资源利用、企业设立（变更）、资本项目管理、设备进口及适用税收政策等方面手续。

第十四条 国家发展改革委出具的核准文件应规定核准文件的有效期。在有效期内，核准文件是项目申请人办理本办法第十三条所列相关手续的依据；有效期满后，项目申请人办理上述相关手续时，应同时出示国家发展改革委出具的准予延续文件。

第十五条 未经核准的外商投资项目，土地、城市规划、质量监管、安全生产监管、工商、海关、税务、外汇管理等部门不得办理相关手续。

第十六条 项目申请人以拆分项目或提供虚假材料等不正当手段取得项目核准文件的，国家发展改革委可以撤销对该项目的核准文件。

第十七条 国家发展改革委可以对项目申请人执行项目情况和地方发展改革部门核准外商投资项目情况进行监督检查，并对查实问题依法进行处理。

第六章 变更及其核准

第十八条 经国家发展改革委核准的项目如出现下列情况之一的，需向国家发展改革委申请变更：

（一）建设地点发生变化；

（二）投资方或股权发生变化；

（三）主要建设内容及主要产品发生变化；

（四）总投资超过原核准投资额20%及以上；

（五）有关法律法规和产业政策规定需要变更的其他情况。

第十九条　变更核准的程序比照本办法第四章的规定执行。

第七章　附　　则

第二十条　为及时掌握核准项目信息，地方核准的总投资3000万美元以上的外商投资项目，由省级发展改革部门在项目核准之日起20个工作日内，将项目核准文件抄报国家发展改革委。

第二十一条　各省级发展改革部门应依据《指导外商投资方向规定》（国务院令第346号）和本办法的规定，制定相应的管理办法。

第二十二条　香港特别行政区、澳门特别行政区和台湾地区的投资者在祖国大陆举办的投资项目，参照本办法执行。

第二十三条　本办法由国家发展改革委负责解释。

第二十四条　本办法自2004年10月9日起施行。此前有关外商投资项目审批的规定，凡与本办法有抵触的，均按本办法执行。

关于外商投资举办投资性公司的规定

中华人民共和国商务部令　2004年第22号

第一条　为了促进外国投资者来华投资，引进国外先进技术和管理经验，允许外国投资者根据中国有关外国投资的法律、法规及本规定，在中国设立投资性公司。

第二条　本规定中投资性公司系指外国投资者在中国以独资或与中国投资者合资的形式设立的从事直接投资的公司。公司形式为有限责任公司。

第三条　申请设立投资性公司应符合下列条件：

（一）1. 外国投资者资信良好，拥有举办投资性公司所必需的经济实力，申请前1年该投资者的资产总额不低于4亿美元，且该投资者在中国境内已设立了外商投资企业，其实际缴付的注册资本的出资额超过1千万美元，或者；2. 外国投资者资信良好，拥有举办投资性公司所必需的经济实力，该投资者在中国境内已设立了10个以上外商投资企业，其实际缴付的注册资本的出资额超过3千万美元。

（二）以合资方式设立投资性公司的，中国投资者应为资信良好，拥有举办投资性公司所必需的经济实力，申请前1年该投资者的资产总额不低于1亿元人民币。

（三）投资性公司的注册资本不低于3千万美元。

申请设立投资性公司的外国投资者应为一家外国的公司、企业或经济组织，若外国投资者为2个以上的，其中应至少有1名占大股权的外国投资者符合本条第一款第（一）项的规定。

第四条　符合本规定第三条第一款第（一）项规定的条件的外国投资者可以其全资拥有的子公司的名义投资设立投资性公司。

第五条　申请设立投资性公司的外国投资者符合本规定第三条第一款第（一）项规定的条件的，该外国投资者须向审批机关出具保证函，保证其所设立的投资性公司在中国境内投资时注册资本的缴付和属于该外国投资者或关联公司的技术转让。

以全资拥有的子公司的名义投资设立投资性公司的，其母公司须向审批机关出具保证函，保证其子公司按照审批机关批准的条件完成对所设立的投资性公司的注册资本的缴付，并保证该投资性公司在中国境内投资时的注册资本的缴付和属于该母公司及其所属公司的技术转让。

第六条　申请设立投资性公司，投资者应将下列文件经拟设立投资性公司所在地的省、自治区、直辖市、计划单列市商务主管部门审核同意后，报商务部审查批准。

（一）设立合资的投资性公司投资各方签署的申请报告、合同、章程；

设立独资的投资性公司外国投资者签署的外资企业申请表、可行性研究报告、章程；

（二）投资各方的资信证明文件、注册登记证明文件（复印件）和法定代表人证明文件（复印件）；

（三）外国投资者已投资企业的批准证书（复印件）、

营业执照（复印件）和中国注册会计师出具的验资报告（复印件）；

（四）依法审计的投资各方近3年的资产负债表；

（五）依据本规定第五条应提交的保证函；

（六）商务部要求的其他文件。

上述文件除已注明为复印件的，一律应为正式文件。

非法定代表人签署文件的，应出具法定代表人的委托授权书。

委托依法设立的中介机构代为办理申请手续的，应出具由投资者法定代表人签署的委托授权书。

第七条 外国投资者须以可自由兑换的货币或其在中国境内获得的人民币利润或因转股、清算等活动获得的人民币合法收益作为其向投资性公司注册资本的出资。中国投资者可以人民币出资。外国投资者以其人民币合法收益作为其向投资性公司注册资本出资的，应当提交相关证明文件及税务凭证。出资应在营业执照签发之日起2年内全部缴清。

第八条 投资性公司的注册资本中至少应有3千万美元作为向其投资新设立的外商投资企业的出资，或作为向其母公司或关联公司已投资设立外商投资企业（已依法办理完毕股权转让手续）未缴付完毕的出资额的出资，或增资部分的出资，或用于设立研发中心等机构的投资，或用于购买中国境内公司股东的股权（不包括投资性公司母公司或其关联公司已缴付完毕的出资额形成的股权）。

第九条 投资性公司的注册资本不低于3千万美元，其贷款额不得超过已缴付注册资本额的4倍。投资性公司的注册资本不低于1亿美元，其贷款额不得超过已缴付注册资本额的6倍。投资性公司因经营需要，贷款额拟超过上述规定，应当报商务部批准。

第十条 投资性公司经商务部批准设立后，可以依其在中国从事经营活动的实际需要，经营下列业务：

（一）在国家允许外商投资的领域依法进行投资；

（二）受其所投资企业的书面委托（经董事会一致通过），向其所投资企业提供下列服务：

1. 协助或代理其所投资的企业从国内外采购该企业自用的机器设备、办公设备和生产所需的原材料、元器件、零部件和在国内外销售其所投资企业生产的产品，并提供售后服务；

2. 在外汇管理部门的同意和监督下，在其所投资企业之间平衡外汇；

3. 为其所投资企业提供产品生产、销售和市场开发过程中的技术支持、员工培训、企业内部人事管理等服务；

4. 协助其所投资企业寻求贷款及提供担保。

（三）在中国境内设立科研开发中心或部门，从事新产品及高新技术的研究开发，转让其研究开发成果，并提供相应的技术服务；

（四）为其投资者提供咨询服务，为其关联公司提供与其投资有关的市场信息、投资政策等咨询服务；

（五）承接其母公司和关联公司的服务外包业务。

第十一条 投资性公司从事货物进出口或者技术进出口的，应符合商务部《对外贸易经营者备案登记办法》的规定；

投资性公司从事佣金代理、批发、零售和特许经营活动的，应符合商务部《外商投资商业领域管理办法》的相关规定，并依法变更相应的经营范围。

第十二条 本规定所称投资性公司所投资企业系指符合下列条件的企业：

（一）投资性公司直接投资或与其他外国投资者和/或中国投资者共同投资，投资性公司中折算出的外国投资者的投资单独或与其他外国投资者一起投资的比例占其所投资设立企业注册资本的25%以上的企业；

（二）投资性公司将其投资者或其关联公司、其他外国投资者以及中国境内投资者在中国境内已投资设立的企业的股权部分或全部收购，投资性公司中折算出的外国投资者的投资单独或与其他外国投资者的投资额共同占该已设立企业的注册资本25%以上的企业；

（三）投资性公司的投资额不低于其所投资设立企业的注册资本的10%。

第十三条 经中国银行业监督管理委员会批准，投资性公司可向其所投资设立的企业提供财务支持。

第十四条 投资性公司可以作为发起人发起设立外商投资股份有限公司或持有外商投资股份有限公司未上市流通的法人股。投资性公司也可以根据国家有关规定持有境内其他股份有限公司未上市流通的法人股。投资性公司应视为股份有限公司境外发起人或股东。

第十五条 投资性公司设立后，依法经营，无违法纪录，注册资本按照章程的规定按期缴付，投资者实际缴付的注册资本额不低于3千万美元且已用于本规定第八条所规定的用途，投资性公司经所在地的省、自治区、直辖市或计划单列市商务主管部门审核同意，向商务部提出申请，并获批准的，还可依其在中国从事经营活动的实际需要，依照国家有关规定，经营下列业务：

（一）受所投资企业的书面委托（经董事会一致通过），开展下列业务：

1. 在国内外市场以经销的方式销售其所投资企业生产的产品；

2. 为其所投资企业提供运输、仓储等综合服务。

（二）以代理、经销或设立出口采购机构（包括内部机构）的方式出口境内商品，并可按有关规定办理出口退税；

（三）购买所投资企业生产的产品进行系统集成后在国内外销售，如所投资企业生产的产品不能完全满足系统集成需要，允许其在国内外采购系统集成配套产品，但所购买的系统集成配套产品的价值不应超过系统集成所需全部产品价值的15%；

（四）为其所投资企业的产品的国内经销商、代理商以及与投资性公司、其母公司或其关联公司签有技术转让协议的国内公司、企业提供相关的技术培训；

（五）在其所投资企业投产前或其所投资企业新产品投产前，为进行产品市场开发，允许投资性公司从其母公司进口与其所投资企业生产产品相关的母公司产品在国内试销；

（六）为其所投资企业提供机器和办公设备的经营性租赁服务，或依法设立经营性租赁公司；

（七）为其进口的产品提供售后服务；

（八）参与有对外承包工程经营权的中国企业的境外工程承包；

（九）在国内销售（不含零售）投资性公司进口的母公司产品。

第十六条　投资性公司根据第十五条第三款和第五款规定进口产品应依照国家有关规定办理手续。上述进口金额每年累计不超过公司已缴付的注册资本额。

第十七条　投资性公司申请经营本规定第十五条规定业务的，应当向商务部报送下列文件：

（一）投资性公司法定代表人签署的申请书；

（二）投资性公司董事会决议；

（三）修改后的投资性公司章程；

（四）投资性公司的批准证书（复印件）、营业执照（复印件）和中国注册会计师出具的验资报告；

（五）中国注册会计师出具的所投资企业的验资报告；

（六）商务部要求的其他文件。

第十八条　根据投资性公司拟设立的项目性质，按照国家有关外商投资企业经营期限的规定核定投资性公司的期限。

第十九条　投资性公司投资设立企业，按外商投资企业的审批权限及审批程序另行报批。

第二十条　投资性公司投资设立企业，投资性公司中折算出的外国投资者的投资单独或与其他外国投资者一起投资的比例一般不低于其所投资设立企业的注册资本的25%，其投资设立的企业享受外商投资企业待遇，发给外商投资企业批准证书和外商投资企业营业执照；出资比例低于25%的，除法律、行政法规另有规定外，均应按照现行设立外商投资企业的审批登记程序进行审批和登记。

第二十一条　投资性公司设立分支机构应报商务部审批。投资性公司申请设立分公司，必须符合以下条件：

（一）投资性公司的注册资本已按照合同、章程的规定按期缴付并且已缴付的出资额不低于3千万美元；或投资性公司已投资设立或拥有10个以上外商投资企业；

（二）拟设立分公司的地区应为投资性公司投资集中地区或产品销售集中的地区。

第二十二条　符合条件的投资性公司可申请被认定为跨国公司地区总部（以下简称地区总部），并依法办理变更手续。

（一）投资性公司申请被认定为地区总部应符合下列条件：

1. 已缴付注册资本不低于1亿美元，或者；已缴付注册资本不低于5千万美元，申请前1年其所投资企业资产总额不低于30亿人民币，且利润总额不低于1亿元人民币（按合并报表相关规定计）；

2. 符合本规定第八条的规定；

3. 根据有关规定，已设立研发机构。

（二）被认定为地区总部的投资性公司，可依其在中国从事经营活动的实际需要，经营下列业务：

1. 本规定第十条、第十五条所规定的业务；

2. 进口并在国内销售（不含零售）跨国公司及其控股的关联公司的产品；

3. 进口为所投资企业、跨国公司的产品提供维修服务所需的原辅材料及零、配件；

4. 承接境内外企业的服务外包业务；

5. 根据有关规定，从事物流配送服务；

6. 经中国银行业监督管理委员会批准，设立财务公司，向投资性公司及其所投资企业提供相关财务服务；

7. 经商务部批准，从事境外工程承包业务和境外投资，设立融资租赁公司并提供相关服务；

8. 委托境内其他企业生产/加工其产品或其母公司产品并在国内外销售；

9. 经批准的其他业务。

（三）申请程序：

1. 投资性公司向所在地的省、自治区、直辖市和计划单列市商务主管部门提出申请，经初核后报商务部；

2. 商务部自收到全部申请文件之日起30日内批复，对被认定为地区总部的，换发外商投资企业批准证书（加注“地区总部”）；

3. 投资性公司凭批准证书在 30 日内，向工商行政管理部门申请办理变更登记手续。

（四）申请文件：

1. 投资性公司法定代表人签署的申请书；

2. 投资性公司及其跨国公司董事会或股东会决议；

3. 修改后的投资性公司章程/合同；

4. 投资性公司的批准证书（复印件）、营业执照（复印件）和中国注册会计师出具的验资报告；

5. 所投资企业的批准证书（复印件）和营业执照（复印件）；

6. 中国注册会计师出具的所投资企业的验资报告；

7. 经中国注册会计师审计的投资性公司的主要财务报表；

8. 商务部要求的其他文件。

上述文件除已注明为复印件的，一律应为正式文件。

本条中跨国公司系指设立投资性公司的外国投资者所属公司集团的母公司。

第二十三条 投资性公司在中国境内的投资活动不受公司注册地点的限制。

第二十四条 投资性公司的税收按中国有关法律、法规办理。

第二十五条 投资性公司应切实履行项目投资计划，并将第 1 年度的投资、经营情况于下 1 年度的前 3 个月内，按照规定的内容和格式报商务部备案。上述材料将作为投资性公司参加联合年检申报的必备材料之一。

第二十六条 投资性公司与其所投资设立的企业是彼此独立的法人或实体，其业务往来应按独立企业之间业务往来关系处理。

第二十七条 投资性公司与其投资设立的企业应遵守中国的法律、法规和规章，不得采用任何手段逃避管理和纳税。

第二十八条 投资性公司不得直接从事生产活动。

第二十九条 台湾、香港和澳门地区的投资者在大陆投资举办投资性公司的，准用本规定。

第三十条 本规定由商务部负责解释。

第三十一条 本规定自公布之日起 30 日后施行。

附：商务部关于外商投资举办投资性公司的补充规定

为进一步鼓励跨国公司来华投资，完善投资性公司功能，现就商务部 2004 年 11 月 17 日发布的《关于举办外商投资性公司的规定》（商务部令[2004]第 22 号，以下简称“22 号令”）作出如下补充规定：

一、将 22 号令第七条修改为：“外国投资者须以可自由兑换的华币或其在中国境内获得的人民币利润或因转股、清算等活动获得的人民币合法收益作为其向投资性公司注册资本的出资。中国投资者可以人民币出资。外国投资者以其人民币合法收益作为其向投资性公司注册资本出资的，应当提交外汇管理部门出具的境内人民币利润或其他人民币合法收益再投资的资本项目外汇业务核准件等相关证明文件及税务凭证。自营业执照签发之日起两年内出资应不低于三千万美元，注册资本中剩余部分出资应在营业执照签发之日起五年内缴清。”

二、允许投资性公司承接境外公司的服务外包业务。

三、将 22 号令第十一条修改为：

投资性公司从事货物进出口或者技术进出口的，应符合商务部《对外贸易经营者备案登记办法》；投资性公司出口产品可按有关规定办理出口退税；

投资性公司可通过佣金代理（拍卖除外）、批发方式在国内销售其进口及在国内采购的商品；特殊商品及以零售和特许经营方式销售的，应符合相关规定。”

四、允许投资性公司根据国家有关规定对上市公司进行战略投资，投资性公司应视为股份有限公司境外股东。

五、符合 22 号令第十五条有关条件的投资性公司，在其所投资企业投产前或其所投资企业新产品投产前，为进行产品市场开发，可进口相关产品在国内试销；并可委托境内其他企业生产/加工其产品或其母公司产品并在国内外销售。

六、删除 22 号令第十六条。

七、外国投资者以其在中国境内获得的人民币利润或因转股、清算等活动获得的人民币合法收益向投资性公司注册资本出资（或增资），投资性公司可将该部分注册资本的全部或部分用于境内投资设立企业。投资性公司以上述注册资本所设企业凭外商投资企业审批机关的批准文件、外汇管理部门核准外国投资者以人民币利润或其他人民币合法收益向投资性公司出资（或增资）的资本项目外汇业务核准件、投资性公司出具的对所投资企业人民币出资来源于上述注册资本的书面说明等文件，即可向所在地外汇管理部门申请办理外商投资企业外汇登记及验资询证相关手续，无需再次办理投资性公司以人民币境内投资的资本项目外汇业务核准件。

中外合资的投资性公司以来源于其中方投资者人民币出资的注册资本在境内设立企业，无需办理外商投资企业外汇登记、转股收汇外资外汇登记、验资询证及外资外汇登记等外汇管理相关手续，可按普通境内企业的有关规定正常办理验资手续。

八、将22号令第二十二条（二）第1小项修改为："本规定第十条、第十一条和第十五条所规定的业务"。

九、经商务部批准，允许被认定为地区总部的投资性公司从事经营性租赁和融资租赁业务。

十、允许被认定为地区总部的投资性公司委托境内其他企业生产/加工产品并在国内外销售，从事产品全部外销的委托加工贸易业务。

十一、行使财务中心或者资金管理中心职能且被认定为地区总部的投资性公司，经外汇管理机关批准，可以对境内关联公司的外汇资金进行集中管理，也可以在境内银行开立离岸账户集中管理境外关联公司外汇资金和境内关联公司经外汇管理机关批准用于境外放款的外汇资金。离岸账户与境内其他账户之间的资金往来，按照跨境资金往来管理。

十二、投资性公司应于每年6月1日前将上一年度投资、经营等情况，按照规定的内容、格式和方式报商务部备案，并应根据商务部要求及时报送相关信息。商务部对投资性公司上报的信息承担保密义务。

十三、投资性公司未按第十二条要求报送相关信息的，商务部将按照有关规定处理。

十四、本规定自2006年7月1日起施行。22号令与本规定不一致的，以本规定为准。

商务部

2006年5月26日 颁布

外商投资租赁业管理办法

中华人民共和国商务部令　2005年第5号

第一条　为促进外商投资租赁业的健康发展，规范外商投资租赁业的经营行为，防范经营风险，根据《中华人民共和国合同法》、《中华人民共和国公司法》、《中华人民共和国外资企业法》、《中华人民共和国中外合资经营企业法》、《中华人民共和国中外合作经营企业法》等有关法律、法规，制定本办法。

第二条　外国公司、企业和其他经济组织（以下简称外国投资者）在中华人民共和国境内以中外合资、中外合作以及外商独资的形式设立从事租赁业务、融资租赁业务的外商投资企业，开展经营活动，适用本办法。

第三条　外商投资租赁业可以采取有限责任公司或股份有限公司的形式。

从事租赁业务的外商投资企业为外商投资租赁公司；从事融资租赁业务的外商投资企业为外商投资融资租赁公司。

第四条　外商投资租赁公司及外商投资融资租赁公司应遵守中华人民共和国有关法律、法规及规章的规定，其正当经营活动及合法权益受中国法律保护。

商务部是外商投资租赁业的行业主管部门和审批管理部门。

第五条　本办法所称租赁业务系指出租人将租赁财产交付承租人使用、收益，并向承租人收取租金的业务。

本办法所称融资租赁业务系指出租人根据承租人对出卖人、租赁物的选择，向出卖人购买租赁财产，提供给承租人使用，并向承租人收取租金的业务。

外商投资融资租赁公司可以采取直接租赁、转租赁、回租赁、杠杆租赁、委托租赁、联合租赁等不同形式开展融资租赁业务。

第六条　本办法所称租赁财产包括：

（一）生产设备、通信设备、医疗设备、科研设备、检验检测设备、工程机械设备、办公设备等各类动产；

（二）飞机、汽车、船舶等各类交通工具；

（三）本条（一）、（二）项所述动产和交通工具附带的软件、技术等无形资产，但附带的无形资产价值不得超过租赁财产价值的1/2。

第七条　外商投资租赁公司和外商投资融资租赁公

司的外国投资者的总资产不得低于500万美元。

第八条 外商投资租赁公司应当符合下列条件：

（一）注册资本符合《公司法》的有关规定；

（二）符合外商投资企业注册资本和投资总额的有关规定；

（三）有限责任公司形式的外商投资租赁公司的经营期限一般不超过30年。

第九条 外商投资融资租赁公司应当符合下列条件：

（一）注册资本不低于1000万美元；

（二）有限责任公司形式的外商投资融资租赁公司的经营期限一般不超过30年；

（三）拥有相应的专业人员，高级管理人员应具有相应专业资质和不少于3年的从业经验。

第十条 设立外商投资租赁公司和外商投资融资租赁公司应向审批部门报送下列材料：

（一）申请书；

（二）投资各方签署的可行性研究报告；

（三）合同、章程（外资企业只报送章程）；

（四）投资各方的银行资信证明、注册登记证明（复印件）、法定代表人身份证明（复印件）；

（五）投资各方经会计师事务所审计的最近1年的审计报告；

（六）董事会成员名单及投资各方董事委派书；

（七）高级管理人员的资历证明；

（八）工商行政管理部门出具的企业名称预先核准通知书；

申请成立股份有限公司的，还应提交有关规定要求提交的其他材料。

第十一条 设立外商投资租赁公司和外商投资融资租赁公司，应按照以下程序办理：

（一）设立有限责任公司形式的外商投资租赁公司，应由投资者向拟设立企业所在地的省级商务主管部门报送本办法第十条规定的全部材料，省级商务主管部门应自收到全部申请材料之日起 45 个工作日内做出是否批准的决定，批准设立的，颁发《外商投资企业批准证书》，不予批准的，应书面说明原因。省级商务主管部门应当在批准外商投资租赁公司设立后7个工作日内将批准文件报送商务部备案。股份有限公司形式的外商投资租赁公司的设立按照有关规定办理。

（二）设立外商投资融资租赁公司，应由投资者向拟设立企业所在地的省级商务主管部门报送本办法第十条规定的全部材料，省级商务主管部门对报送的申请文件进行初审后，自收到全部申请文件之日起15个工作日内将申请文件和初审意见上报商务部。商务部应自收到全部申请文件之日起45个工作日内做出是否批准的决定，批准设立的，颁发《外商投资企业批准证书》，不予批准的，应书面说明原因。

（三）已设立的外商投资企业申请从事租赁业务的，应当符合本办法规定的条件，并按照本条第（一）项规定的程序，依法变更相应的经营范围。

第十二条 外商投资租赁公司和外商投资融资租赁公司应当在收到《外商投资企业批准证书》之日起 30 个工作日内到工商行政管理部门办理登记注册手续。

第十三条 外商投资租赁公司可以经营下列业务：

（一）租赁业务；

（二）向国内外购买租赁财产；

（三）租赁财产的残值处理及维修；

（四）经审批部门批准的其他业务。

第十四条 外商投资融资租赁公司可以经营下列业务：

（一）融资租赁业务；

（二）租赁业务；

（三）向国内外购买租赁财产；

（四）租赁财产的残值处理及维修；

（五）租赁交易咨询和担保；

（六）经审批部门批准的其他业务。

第十五条 外商投资融资租赁公司根据承租人的选择，进口租赁财产涉及配额、许可证等专项政策管理的，应由承租人或融资租赁公司按有关规定办理申领手续。

外商投资租赁公司进口租赁财产，应按现行外商投资企业进口设备的有关规定办理。

第十六条 为防范风险，保障经营安全，外商投资融资租赁公司的风险资产一般不得超过净资产总额的10倍。风险资产按企业的总资产减去现金、银行存款、国债和委托租赁资产后的剩余资产总额确定。

第十七条 外商投资融资租赁公司应在每年3月31日之前向商务部报送上1年业务经营情况报告和上1年经会计师事务所审计的财务报告。

第十八条 中国外商投资企业协会租赁业委员会是对外商投资租赁业实行同业自律管理的行业性组织。鼓励外商投资租赁公司和外商投资融资租赁公司加入该委员会。

第十九条 外商投资租赁公司及外商投资融资租赁公司如有违反中国法律、法规和规章的行为，按照有关规定处理。

第二十条 香港特别行政区、澳门特别行政区、台湾地区的公司、企业和其他经济组织在内地设立外商投资租赁公司和外商投资融资租赁公司，参照本办法执行。

第二十一条　本办法中所称省级商务主管部门是指各省、自治区、直辖市、计划单列市及新疆生产建设兵团商务主管部门。

第二十二条　本办法由商务部负责解释。

第二十三条　本办法自2005年3月5日起施行。原外经贸部2001年第3号令《外商投资租赁公司审批管理暂行办法》同时废止。

中外合作经营企业外国合作者先行回收投资审批办法

中华人民共和国财政部令　2005年第28号

第一条　为规范中外合作经营企业外国合作者先行回收投资（以下简称“先行回收投资”）的审批工作，根据《中华人民共和国中外合作经营企业法》、《中华人民共和国行政许可法》以及《中华人民共和国中外合作经营企业法实施细则》的有关规定，制定本办法。

第二条　在中华人民共和国境内设立的中外合作经营企业外国合作者先行回收投资的相关事项适用本办法。

第三条　本办法所称的先行回收投资，是指中外合作经营企业（以下简称“合作企业”）中的外国合作者按照法律规定以及合同的约定，以分取固定资产折旧、无形资产摊销等形成的资金以及其他方式，在合作期限内先行回收其投资的行为。

第四条　合作企业申请先行回收投资应当符合下列条件：

（一）中外合作者在合作企业合同中约定合作期满时，企业清算后的全部固定资产无偿归中国合作者所有；

（二）合作企业出具承诺函承诺债务的偿付优先于投资的先行回收；

（三）先行回收投资的外国合作者出具承诺函承诺在先行回收投资的范围内对合作企业的债务承担连带责任；

（四）合作企业依据法律及合同约定出资到位；

（五）合作企业经营和财务状况良好，没有未弥补亏损。

第五条　先行回收投资的审批机构为企业所在地的省、自治区、直辖市及计划单列市的财政机关（以下简称“财政机关”）。

第六条　合作企业申请先行回收投资的，应当向财政机关报送以下材料：

（一）合作企业申请函，具体说明先行回收投资的总额、期限和方式；

（二）外商投资企业批准证书、工商营业执照（原件、副本）及复印件；

（三）合作企业合同和章程的复印件；

（四）中国注册会计师出具的合作企业验资报告；

（五）合作企业董事会或者联合管理机构关于本期先行回收投资方案的决议、合作企业拟进行回收投资当期经依法审计的财务会计报告、合作企业到期债务说明、合作企业及外国合作者债务承诺函等。

第七条　财政机关应当对申请的合作企业报送的材料进行审查，对材料不齐全或者不符合法定形式的，应当当场或者在5日内1次告知申请人需要补正的全部材料和内容，逾期不告知的，自收到材料之日起即为受理。

第八条　对报送材料齐全、符合法定形式，或者申请的合作企业按照要求提交全部补正材料的应当受理。

财政机关受理申请或者不予受理申请，应当向申请的合作企业出具加盖本财政机关专用印章和注明日期的书面凭证。

第九条　财政机关应当在受理合作企业申请之日起20日内作出审批决定。20日内不能作出决定的，经财政机关负责人批准，可以适当延长，但最长不得超过10日，并将延长期限的理由告知申请的合作企业。

财政机关批准后，应将其批复及合作企业和外国投资者报送的承诺函抄送同级商务及外汇主管部门。

第十条　合作企业的申请符合法定条件、标准的，财政机关应当依法作出准予先行回收投资的书面决定。

财政机关依法作出不予行政许可的书面决定的，应当说明理由，并告知申请的合作企业享有依法申请行政复议或者提起行政诉讼的权利。

第十一条 财政机关及其工作人员不依法履行职责的，按《中华人民共和国行政许可法》第七十二条、第七十三条和第七十四条及有关法律法规的规定，承担法律责任。

第十二条 合作企业隐瞒有关情况或者提供虚假材料申请先行回收投资的，财政机关不予受理或者不予批准，并给予警告。

第十三条 合作企业以欺骗、贿赂等不正当手段取得先行回收投资许可的，财政机关应当依法撤销其审批决定并给予行政处罚。

第十四条 申请的合作企业对于财政机关不予受理、不予行政许可或行政处罚的决定有异议的，可以依法申请行政复议或者提起行政诉讼。

第十五条 中国香港特别行政区、澳门特别行政区、台湾地区的公司、企业和其他经济组织或者个人以及在国外居住的中国公民举办合作企业先行回收投资的，参照本办法办理。

第十六条 本办法自2005年9月1日起施行。

境外投资开办企业核准工作细则

商务部　商合发〔2005〕527号

第一条 根据《中华人民共和国行政许可法》、《国务院对确需保留的行政审批项目设定行政许可的决定》及相关法律法规，为更好地执行《关于境外投资开办企业核准事项的规定》（商务部令2004年第16号，以下简称《规定》），促进境外投资核准工作规范、科学、透明、高效，特制定本细则。

第二条 各省级商务主管部门受商务部委托，应按照《规定》和本细则，开展对国内企业境外投资的核准工作。

第三条 关于投资东道国（地区）的投资环境，在核准中应重点把握以下方面：

（一）政局与社会稳定，不处于战争或社会动乱状态；

（二）经济运行正常，未出现经济危机，汇率和税制稳定；

（三）法律法规健全，有明确的鼓励和保护外商投资的法规及政策；

（四）具备水电气及交通、通讯等基础设施及能源供应条件；

（五）有相应的劳动力资源。

第四条 关于东道国（地区）的安全状况，在核准中应重点把握以下方面：

（一）未发生过大规模的针对外商投资的国有化和征收行动，不是恐怖主义活动猖獗的地区，外商投资企业与人员的财产和生命安全能够得到保障；

（二）金融与外汇政策稳定，外商投资企业的利润汇出有法律保障；

（三）没有频繁的政党、激进组织或团体干扰企业的经营活动，社会治安状况较好；

（四）投资所在地不存在国家主权争议。

第五条 关于东道国（地区）与我国的政治经济关系，在核准中应重点把握以下方面：

（一）是否与我国建立外交关系；

（二）是否是我国的贸易伙伴，对我国有无贸易歧视；

（三）对我国公民出入境是否有不公平的特殊限制。

第六条 关于符合我国境外投资导向政策与否，在核准中应重点把握以下几个方面：

（一）符合我国境外投资国别产业导向目录确定的方向；

（二）能够带动国内具有比较优势的产品、设备、技术和服务等出口和劳务输出；

（三）能够利用国外先进技术和先进管理经验，提高企业的技术研发能力和国际竞争力；

（四）有助于企业实施品牌战略，创立国际名牌。

第七条 关于在东道国（地区）的合理布局，在核准中应重点把握以下方面：

（一）我国企业在东道国同一行业的投资是否过度集中；

（二）境外企业的生产能力是否与东道国的市场容量相匹配，其产品是否属于投资目标国过度竞争的领域。

第八条 关于境外投资涉及履行有关国际协定义务，在核准中应重点把握以下方面：

（一）与核不扩散有关的国际协定；

（二）与禁止研制与销售毒品有关的国际协定；

（三）与环境保护和濒危动植物保护有关的国际协定；

（四）与食品安全有关的国际协定；

（五）与知识产权保护有关的国际协定。

第九条　关于东道国保障外国投资者合法权益，在核准中应重点把握以下方面：

（一）是否与我国签订了双边投资保护协定；

（二）是否与我国签订了避免双重征税协定；

（三）是否有随意查抄、无端罚没当地中资企业的情况。

第十条　对以并购方式进行境外投资的，还应重点把握：

（一）是否涉及东道国敏感产业领域或其法规限制投资的行业；

（二）是否考虑了相关的法律问题；

（三）是否考虑了东道国的政治与安全风险及企业的财务风险问题；

（四）是否考虑了东道国工会组织、企业社会责任和文化融合问题。

第十一条　下列领域为我国禁止的境外投资：

（一）危害国家主权、安全和社会公共利益的；

（二）运用我国禁止出口的特有工艺或者技术的；

（三）我国法律所禁止经营的领域；

（四）外国法律以及我国缔结或参加的国际条约禁止投资的领域；

（五）从事跨国犯罪的。

第十二条　对符合导向的境外投资，国家予以鼓励并在外交、税收、外汇、海关、信贷、保险等方面予以政策支持；对禁止类的境外投资，国家不予核准，并将采取措施予以制止。

第十三条　本细则由商务部负责解释。

第十四条　本细则自发布之日起施行。

外国投资者对上市公司战略投资管理办法

商务部　中国证监会　国家税务总局　国家工商总局

国家外汇管理局令2005年第28号

第一条　为了规范股权分置改革后外国投资者对A股上市公司（以下简称上市公司）进行战略投资，维护证券市场秩序，引进境外先进管理经验、技术和资金，改善上市公司治理结构，保护上市公司和股东的合法权益，按照《关于上市公司股权分置改革的指导意见》的要求，根据国家有关外商投资、上市公司监管的法律法规以及《外国投资者并购境内企业暂行规定》，制定本办法。

第二条　本办法适用于外国投资者（以下简称投资者）对已完成股权分置改革的上市公司和股权分置改革后新上市公司通过具有一定规模的中长期战略性并购投资（以下简称战略投资），取得该公司A股股份的行为。

第三条　经商务部批准，投资者可以根据本办法对上市公司进行战略投资。

第四条　战略投资应遵循以下原则：

（一）遵守国家法律、法规及相关产业政策，不得危害国家经济安全和社会公共利益；

（二）坚持公开、公正、公平的原则，维护上市公司及其股东的合法权益，接受政府、社会公众的监督及中国的司法和仲裁管辖；

（三）鼓励中长期投资，维护证券市场的正常秩序，不得炒作；

（四）不得妨碍公平竞争，不得造成中国境内相关产品市场过度集中、排除或限制竞争。

第五条　投资者进行战略投资应符合以下要求：

（一）以协议转让、上市公司定向发行新股方式以及国家法律法规规定的其他方式取得上市公司A股股份；

（二）投资可分期进行，首次投资完成后取得的股份比例不低于该公司已发行股份的百分之十，但特殊行业有特别规定或经相关主管部门批准的除外；

（三）取得的上市公司A股股份三年内不得转让；

（四）法律法规对外商投资持股比例有明确规定的行业，投资者持有上述行业股份比例应符合相关规定；属法律法规禁止外商投资的领域，投资者不得对上述领域的上市公司进行投资；

（五）涉及上市公司国有股股东的，应符合国有资产管理的相关规定。

第六条 投资者应符合以下要求：

（一）依法设立、经营的外国法人或其他组织，财务稳健、资信良好且具有成熟的管理经验；

（二）境外实有资产总额不低于1亿美元或管理的境外实有资产总额不低于5亿美元；或其母公司境外实有资产总额不低于1亿美元或管理的境外实有资产总额不低于5亿美元；

（三）有健全的治理结构和良好的内控制度，经营行为规范；

（四）近三年内未受到境内外监管机构的重大处罚（包括其母公司）。

第七条 通过上市公司定向发行方式进行战略投资的，按以下程序办理：

（一）上市公司董事会通过向投资者定向发行新股及公司章程修改草案的决议；

（二）上市公司股东大会通过向投资者定向发行新股及修改公司章程的决议；

（三）上市公司与投资者签订定向发行的合同；

（四）上市公司根据本办法第十二条向商务部报送相关申请文件，有特殊规定的从其规定；

（五）在取得商务部就投资者对上市公司进行战略投资的原则批复函后，上市公司向中国证监会报送定向发行申请文件，中国证监会依法予以核准；

（六）定向发行完成后，上市公司到商务部领取外商投资企业批准证书，并凭该批准证书到工商行政管理部门办理变更登记。

第八条 通过协议转让方式进行战略投资的，按以下程序办理：

（一）上市公司董事会通过投资者以协议转让方式进行战略投资的决议；

（二）上市公司股东大会通过投资者以协议转让方式进行战略投资的决议；

（三）转让方与投资者签订股份转让协议；

（四）投资者根据本办法第十二条向商务部报送相关申请文件，有特殊规定的从其规定；

（五）投资者参股上市公司的，获得前述批准后向证券交易所办理股份转让确认手续、向证券登记结算机构申请办理登记过户手续，并报中国证监会备案；

（六）协议转让完成后，上市公司到商务部领取外商投资企业批准证书，并凭该批准证书到工商行政管理部门办理变更登记。

第九条 投资者拟通过协议转让方式构成对上市公司的实际控制，按照第八条第（一）、（二）、（三）、（四）项的程序获得批准后，向中国证监会报送上市公司收购报告书及相关文件，经中国证监会审核无异议后向证券交易所办理股份转让确认手续、向证券登记结算机构申请办理登记过户手续。完成上述手续后，按照第八条第（六）项办理。

第十条 投资者对上市公司进行战略投资，应按《证券法》和中国证监会的相关规定履行报告、公告及其他法定义务。

第十一条 投资者对其已持有股份的上市公司继续进行战略投资的，需按本办法规定的方式和程序办理。

第十二条 上市公司或投资者应向商务部报送以下文件：

（一）战略投资申请书（格式见附件1）；

（二）战略投资方案（格式见附件2）；

（三）定向发行合同或股份转让协议；

（四）保荐机构意见书（涉及定向发行）或法律意见书；

（五）投资者持续持股的承诺函；

（六）投资者三年内未受到境内外监管机构重大处罚的声明，以及是否受到其他非重大处罚的说明；

（七）经依法公证、认证的投资者的注册登记证明、法定代表人（或授权代表）身份证明；

（八）经注册会计师审计的该投资者近三年来的资产负债表；

（九）上述（一）、（二）、（三）、（五）、（六）项中规定提交的文件均需经投资者法定代表人或其授权代表签署，由授权代表签署的还应提交经法定代表人签署的授权书及相应的公证、认证文件；

（十）商务部规定的其他文件。

前款所列文件，除第七项、第八项所列文件外，必须报送中文本原件，第七项、第八项所列文件应报送原件及中文译件。

商务部收到上述全部文件后应在30日内作出原则批复，原则批复有效期180日。

第十三条 符合本办法第六条规定的外国公司（“母公司”）可以通过其全资拥有的境外子公司（“投资者”）进行战略投资，投资者除提交本办法第十二条所列文件外，还应向商务部提交其母公司对投资者投资行为承担连带责任的不可撤销的承诺函。

第十四条 投资者应在商务部原则批复之日起15日内根据外商投资并购的相关规定开立外汇账户。投资者从境外汇入的用于战略投资的外汇资金，应当根据外汇管理的有关规定，到上市公司注册所在地外汇局申请开立外国投资者专用外汇账户（收购类），账户内资金的结汇及账户注销手续参照相关外汇管理规定办理。

第十五条　投资者可以持商务部对该投资者对上市公司进行战略投资的批准文件和有效身份证明，向证券登记结算机构办理相关手续。

对于投资者在上市公司股权分置改革前持有的非流通股份或在上市公司首次公开发行前持有的股份，证券登记结算机构可以根据投资者申请为其开立证券账户。

证券登记结算机构应根据本管理办法制定相应规定。

第十六条　投资者应在资金结汇之日起 15 日内启动战略投资行为，并在原则批复之日起 180 日内完成战略投资。

投资者未能在规定时间内按战略投资方案完成战略投资的，审批机关的原则批复自动失效。投资者应在原则批复失效之日起 45 日内，经外汇局核准后将结汇所得人民币资金购汇并汇出境外。

第十七条　战略投资完成后，上市公司应于 10 日内凭以下文件到商务部领取外商投资企业批准证书：

（一）申请书；

（二）商务部原则批复函；

（三）证券登记结算机构出具的股份持有证明；

（四）上市公司营业执照和法定代表人身份证明；

（五）上市公司章程。

商务部在收到上述全部文件之日起 5 日内颁发外商投资企业批准证书，加注“外商投资股份公司（A 股并购）”。

如投资者取得单一上市公司 25%或以上股份并承诺在 10 年内持续持股不低于 25%，商务部在颁发的外商投资企业批准证书上加注“外商投资股份公司（A 股并购 25%或以上）”。

第十八条　上市公司应自外商投资企业批准证书签发之日起 30 日内，向工商行政管理机关申请办理公司类型变更登记，并提交下列文件：

（一）公司法定代表人签署的申请变更申请书；

（二）外商投资企业批准证书；

（三）证券登记结算机构出具的股份持有证明；

（四）经公证、认证的投资者的合法开业证明；

（五）国家工商行政管理总局规定应提交的其他文件。

经核准变更的，工商行政管理机关在营业执照企业类型栏目中加注“外商投资股份公司（A 股并购）”字样，其中，投资者进行战略投资取得单一上市公司 25%或以上股份并承诺在 10 年内持续持股不低于 25%的，加注“外商投资股份公司（A 股并购 25%或以上）”。

第十九条　上市公司应自外商投资企业营业执照签发之日起 30 日内，到税务、海关、外汇管理等有关部门办理相关手续。外汇管理部门在所颁发的外汇登记证上加注“外商投资股份公司（A 股并购）”。如投资者进行战略投资取得单一上市公司 25%或以上股份并承诺在 10 年内持续持股不低于 25%的，外汇管理部门在外汇登记证上加注“外商投资股份公司（A 股并购 25%或以上）”。

第二十条　除以下情形外，投资者不得进行证券买卖（B 股除外）：

（一）投资者进行战略投资所持上市公司 A 股股份，在其承诺的持股期限届满后可以出售；

（二）投资者根据《证券法》相关规定须以要约方式进行收购的，在要约期间可以收购上市公司 A 股股东出售的股份；

（三）投资者在上市公司股权分置改革前持有的非流通股份，在股权分置改革完成且限售期满后可以出售；

（四）投资者在上市公司首次公开发行前持有的股份，在限售期满后可以出售；

（五）投资者承诺的持股期限届满前，因其破产、清算、抵押等特殊原因需转让其股份的，经商务部批准可以转让。

第二十一条　投资者减持股份使上市公司外资股比低于 25%，上市公司应在 10 日内向商务部备案并办理变更外商投资企业批准证书的相关手续。

投资者减持股份使上市公司外资股比低于 10%，且该投资者非为单一最大股东，上市公司应在 10 日内向审批机关备案并办理注销外商投资企业批准证书的相关手续。

第二十二条　投资者减持股份使上市公司外资股比低于 25%，上市公司应自外商投资企业批准证书变更之日起 30 日内到工商行政管理机关办理变更登记，工商行政管理机关在营业执照上企业类型调整为“外商投资股份公司（A 股并购）”。上市公司应自营业执照变更之日起 30 日内到外汇管理部门办理变更外汇登记，外汇管理部门在外汇登记证上加注“外商投资股份公司（A 股并购）”。

投资者减持股份使上市公司外资股比低于 10%，且投资者非为单一最大股东，上市公司自外商投资企业批准证书注销之日起 30 日内到工商行政管理机关办理变更登记，企业类型变更为股份有限公司。上市公司应自营业执照变更之日起 30 日内到外汇管理部门办理外汇登记注销手续。

第二十三条 母公司通过其全资拥有的境外子公司进行战略投资并已按期完成的，母公司转让上述境外子公司前应向商务部报告，并根据本办法所列程序提出申请。新的受让方仍应符合本办法所规定的条件，承担母公司及其子公司在上市公司中的全部权利和义务，并依法履行向中国证监会报告、公告及其他法定义务。

第二十四条 投资者通过A股市场将所持上市公司股份出让的，可凭以下文件向上市公司注册所在地外汇局申请购汇汇出：

（一）书面申请；

（二）为战略投资目的所开立的外国投资者专用外汇账户（收购类）内资金经外汇局核准结汇的核准件；

（三）证券经纪机构出具的有关证券交易证明文件。

第二十五条 投资者持股比例低于25%的上市公司，其举借外债按照境内中资企业举借外债的有关规定办理。

第二十六条 相关政府机构工作人员必须忠于职守、依法履行职责，不得利用职务便利牟取不正当利益，并对知悉的商业秘密负有保密义务。

第二十七条 香港特别行政区、澳门特别行政区、台湾地区的投资者进行战略投资，参照本办法办理。

第二十八条 本办法自发布之日起30日后施行。

《外商投资商业领域管理办法》的补充规定

中华人民共和国商务部令 2006年第30号

为促进香港、澳门与内地建立更紧密经贸关系，鼓励香港、澳门服务提供者在内地设立商业企业，根据国务院批准的《〈内地与香港关于建立更紧密经贸关系的安排〉补充协议二》及《〈内地与澳门关于建立更紧密经贸关系的安排〉补充协议二》，现就《外商投资商业领域管理办法》（商务部令第8号）中的有关香港和澳门服务提供者投资商业领域作出如下补充规定：

一、允许香港、澳门服务提供者设立独资、合资或合作企业经营化肥、成品油、原油的佣金代理业务，以及化肥的批发和零售业务。

二、对于同一香港、澳门服务提供者在内地累计开设店铺超过30家的，如经营商品包括图书、报纸、杂志、汽车（2006年12月11日起取消本限制）、药品、农药、农膜、化肥、粮食、植物油、食糖、棉花等商品，且上述商品属于不同品牌，来自不同供应商的，允许香港、澳门服务提供者控股，出资比例不得超过51%。

三、本规定中的香港、澳门服务提供者应分别符合《内地与香港关于建立更紧密经贸关系的安排》及《内地与澳门关于建立更紧密经贸关系的安排》中关于“服务提供者”定义及相关规定的要求。

四、香港、澳门服务提供者在内地投资商业领域的其他事项，仍按照《外商投资商业领域管理办法》执行。

五、本规定自发布之日起施行。

关于办理外商投资项目《国家鼓励发展的内外资项目确认书》有关问题的通知

中华人民共和国国家发展和改革委员会

各省、自治区、直辖市及计划单列市、副省级省会地市、新疆生产建设兵团发展改革委、经委（经贸委）：

自《国务院关于投资体制改革的决定》（国发[2004]20号）实施以来，我国投资体制发生了很大变化，外商投资项目管理相应进行了改革。为适应投资体制改革的变化，进一步明确鼓励类外商投资项目《国家鼓励发展的内外资项目确认书》(以下简称项目确认书)办理的具体要求，根据《国务院关于调整进口设备税收政策的通知》(国发[1997]37号)、《国务院关于投资体制改革的决定》、《外商投资项目核准暂行管理办法》(国家发展改革委令第22号)等文件精神，现就有关问题通知如下：

一、总的原则

(一)根据《国务院关于调整进口设备税收政策的通知》(国发[1997]37号)精神，对符合《外商投资产业指导目录》中鼓励类和《中西部地区外商投资优势产业目录》并转让技术的外商投资项目，在投资总额内进口的自用设备及按照合同随设备进口的技术、配套件、备件，除《外商投资项目不予免税的进口商品目录》所列商品外，免征关税和进口环节增值税。

(二)投资总额3000万美元及以上的鼓励类外商投资项目由国家发展改革委出具项目确认书；投资总额3000万美元以下的鼓励类外商投资项目，由省级(即各省、自治区、直辖市、计划单列市及新疆生产建设兵团)发展改革委(经委)出具项目确认书。具体范围包括：

1. 中外合资、中外合作、外商独资等外商投资的项目；

2. 中外合资企业、中外合作企业和外商独资企业通过增加外方注册资本扩大项目投资总额的增资项目。

(三)按照《国务院关于投资体制改革的决定》精神，国家试点企业集团、国家计划单列企业集团不再承担外资项目的核准职能，也不再办理国家鼓励发展的外资项目进口设备免税确认事项，其免税确认书按前项规定改由国家或省级发展改革委(经委)办理。

(四)项目单位凭我委或省级发展改革委(经委)出具的项目确认书及其他相关文件，到项目所在地直属海关办理进口免税手续。海关根据上述文件并对照《外商投资项目不予免税的进口商品目录》，在用汇额度内对项目进口设备进行审核，并按规定办理免税手续。

二、关于限额以上项目确认书的办理

(一)投资总额3000万美元及以上的鼓励类外商投资项目，由省级发展改革委向我委提出书面申请(国家试点企业集团、国家计划单列企业集团可直接向我委提出申请)，并附以下材料：

1. 项目核准文件的复印件；

2. 加盖省级发展改革委和项目单位印章的项目进口设备清单一式五份；

3. 包括进口设备清单的项目申请报告一份；

4. 其他需要说明或提供的材料。

(二)省级发展改革委向国家发展改革委提出书面申请之前，应对项目单位、项目投资总额、项目用汇额、项目执行年限、项目进口设备清单、项目适用产业政策条目等进行初审，并在书面申请中明确初审意见。

(三)国家发展改革委对于省级发展改革委提出的书面申请进行审核。对于符合以下条件的项目，由国家发展改革委在10个工作日内出具项目确认书一式四份，并附加盖印章的进口设备清单：

1. 项目属于外商投资产业政策鼓励类；

2. 项目核准符合投资体制改革相关配套文件规定；

3. 申请内容符合项目核准文件要求；

4. 项目符合其它外商投资相关法律法规的要求。

(四)项目进口设备清单原则上应与项目确认书同时出具。对于项目建设时间长、进口设备规模大、在办理项目确认书时无法确定全部进口设备清单的部分项目，可以采用一次确认项目、分批确认进口设备清单的方式，由省级发展改革委提出书面申请，国家发展改革委在项目每批进口设备清单上盖章予以确认，但是每年一般不得超过两批。

三、关于限额以上项目确认书的变更

(一)我委已经出具的项目确认书，在项目执行中确需变更项目单位、投资总额、用汇额、执行年限、设备清单等主要事项的，需由省级发展改革委对变更内容及原因初审后，向我委提出变更申请，并附以下材料：

1. 已出具的项目确认书复印件；

2. 调整事项的前后对比表及有关说明材料。

(二)我委审核同意后，出具书面项目确认书变更证明。

四、关于限额以下项目确认书的办理

(一)投资总额3000万美元以下的鼓励类外商投资项目，由省级发展改革委参照本通知制定项目确认书办理的具体办法。省级发展改革委(经委)出具的项目确认书，应于1个月内向我委备案。

(二)各省级发展改革委(经委)要严格执行有关规定，不得下放和违规出具项目确认书，不得有意拆分项目，不得通过增资形式变相拆分项目，也不得随意扩大鼓励类条目的适用范围。

(三)我委将加强对限额以下项目确认书办理工作的监督和指导，对于未经备案或者不符合政策规定、违规出具的项目确认书，将责令出具单位纠正或撤销；对于情节严重的，将暂停其出具项目确认书资格，并会同海关总署通知有关海关暂停办理相关进口免税手续。

五、其　他

（一）本通知中的“项目投资总额”是指项目核准文件所核准的项目投资总额或增资额；

“项目用汇额”为项目核准文件所核准的项目自身建设进口设备、技术和零部件而使用的外汇总额度；

“项目执行年限”为项目建设的起止年限，而不是外商投资企业的经营期限；

“项目进口设备清单”为经核准的项目申请报告所列明的全部进口设备，包括设备名称、规格型号、台套数、单价和总价等。

（二）项目确认书的出具采用统一格式，具体填写方法见《海关总署关于执行进口免税优惠政策的国家鼓励发展的内外资项目确认书填写规范的通知》（署税[1998]197号），但项目执行年限按本通知要求填写。

（三）项目确认书应于项目申请报告核准之后、项目进口设备之前办理和出具。项目单位在进口设备之前，凭项目确认书和其他相关文件到项目所在地直属海关办理减免税备案、审批手续。

（四）对于既涉及鼓励类，也涉及允许类或限制类建设内容的同一个项目，其项目确认书所附进口设备清单应只包括用于鼓励类建设内容的设备，用于允许类和限制类建设内容的进口设备不得列入。

（五）对于现有外商投资企业未增加外方注册资本而进行的固定资产投资项目，有关进口设备免税确认工作暂按现行有关规定执行。

（六）本通知自2006年3月1日起执行，具体免税事宜由我委外资司负责。对于执行中出现的问题，请及时与我委外资司联系。

关于实施《关于外商投资的公司审批登记管理法律适用若干问题的执行意见》的通知

工商外企字〔2006〕第102号

各省、自治区、直辖市及计划单列市工商行政管理局：

为了准确适用《公司法》、《公司登记管理条例》和有关外商投资的法律，保持我国利用外资法律和政策的连续性，进一步提高外商直接投资准入管理工作的质量和水平，国家工商行政管理总局、商务部、海关总署、国家外汇管理局于2006年4月24日联合印发了《关于外商投资的公司审批登记管理法律适用若干问题的执行意见》（工商外企字〔2006〕81号，以下简称《执行意见》）。为了更好地贯彻落实《执行意见》，现就有关事项通知如下。

一、提高认识，加强学习。《执行意见》适应新形势的要求，在明确外商投资的公司审批登记管理法律适用原则的基础上，对外商投资的公司的组织机构、设立形式、登记申请期限、审批和登记时需要提交的文件、出资方式、出资监管、境内投资、办事机构的地位、涉及出资的海关和外汇管理等问题提出了明确而具体的意见。《执行意见》是国家有关部门在贯彻实施新修订的《公司法》、《公司登记管理条例》和有关外商投资法律方面的有力举措，是国家有关执法部门转变职能、依法行政、协调配合、优化服务的具体体现，也是外资登记管理系统努力进取、开拓创新的积极成果。各地要把《执行意见》的学习贯彻与《公司法》、《公司登记管理条例》的学习结合起来，与外资法律、法规的学习结合起来，切实做到融会贯通，认真履行职责，把外资登记管理工作规范到新的法律要求上来，确保外资登记管理工作适应新形势的需要。

二、严格执法，统一规范。各地要结合当地外商投资的实际情况，加强与有关职能部门的协调配合，注意把握好执法尺度，尤其要处理好以下几个方面工作：

（一）关于外商投资的公司的组织机构，《执行意见》根据《公司法》和有关外商投资的法律，对不同类型的外商投资的公司做了更为明确的区分：中外合资、中外合作的有限责任公司需按照有关规定设立董事会作为权力机构，公司的其他组织机构按照公司自治原则由公司章程依法规定；外商合资、外商独资的有限责任公司和外商投资的股份有限公司的组织机构应当符合《公司法》

的规定，建立健全公司的组织机构。对于2006年1月1日以前已经设立的外商投资的公司是否对章程进行修改，公司登记机关不做强制要求，由公司自行决定，如果修改则报审批机关批准和登记机关备案。

(二)关于外国投资者的主体资格或身份证明的公证认证文件，《执行意见》做了原则规定，具体的公证认证渠道则通过修订后的《外商投资企业登记书式及规范要求》进行了细化。申请人可以根据申请事项按照相应的规范要求提交证明文件。

（三）关于外商投资的公司境内投资资格，《执行意见》根据《行政许可法》和《公司法》明确公司登记机关不再审查相应的投资资格证明。《关于外商投资企业境内投资的暂行规定》第五条和第六条不再执行。

（四）关于办事机构的登记问题，《执行意见》明确了处理办法，即，原已登记的办事机构，不再办理延期手续；期限届满以后，应当办理注销登记或根据需要申请设立分公司。

需要说明的是，法律并未禁止公司办事机构的存在，外商投资企业可根据业务需要直接设立从事业务联络的办事机构，无须办理工商登记。

外商投资的公司的办事机构不再纳入工商登记后，外资登记管理机关应当继续对其监管，禁止其从事经营活动。各被授权局以及从事属地监管的基层工商所在监管执法过程中，对于办事机构从事经营活动的查处应当突出重点，注意把握执法尺度。对于以办事机构名义直接从事商品生产经营或者直接从事服务提供的，依法严格查处；对于情节轻微，危害不大的，应以疏导、规范为主。

三、加强宣传，服务社会。《执行意见》根据新修订的《公司法》和外资法律法规，在完善外商投资的公司登记管理方面明确了一些适用意见。其中，既有降低外资市场准入门槛、简化审批登记手续、优化投资环境方面的内容，也有规范外资企业治理结构、规范登记文件和程序、加强监督管理方面的内容。各地要结合本地实际，采取有效方式，加强针对《公司法》和《执行意见》的培训和宣传。培训对象要涵盖到基层监管人员。要充分发挥各行业协会、台商协会、工商联络员等中介组织和人员的作用，主动向他们通报情况，加强沟通，及时听取他们的意见和建议，不断改进自身工作，切实提高执行效果。

四、修改软件，适应要求。《执行意见》对外商投资的公司进行了更加详细的分类，审批登记程序也进行了调整。各地要结合贯彻国家工商总局《关于实行数据联网建立全国外资登记管理数据监测分析系统的通知》(工商外企字〔2005〕第146号）和相关规范要求，对相应的登记软件和数据指标进行必要的调整、补录。同时，根据国家工商总局《关于修改部分外商投资企业登记书式的通知》(工商外企字〔2005〕213号）印发的登记书式及规范要求，结合当地实际，对登记文书表格进行适当的调整完善。

各被授权局在贯彻落实过程中，要加强对基层外资监管工作的指导，认真总结经验，注意听取各方面意见和建议，收集执行中出现的新情况、新问题，加强研究，及时反馈。

国家工商行政管理总局

2006年5月26日

关于外国投资者并购境内企业的规定

中华人民共和国商务部　国务院国有资产监督管理委员会 国家税务总局　国家工商行政管理总局 中国证券监督管理委员会 国家外汇管理局令　2006年第10号

第一章　总　　则

第一条　为了促进和规范外国投资者来华投资，引进国外的先进技术和管理经验，提高利用外资的水平，实现资源的合理配置，保证就业、维护公平竞争和国家经济安全，依据外商投资企业的法律、行政法规及《公司法》和其他相关法律、行政法规，制定本规定。

第二条　本规定所称外国投资者并购境内企业，系指外国投资者购买境内非外商投资企业（以下称“境内公司”）股东的股权或认购境内公司增资，使该境内公司变更设立为外商投资企业（以下称“股权并购”）；或者，外国投资者设立外商投资企业，并通过该企业协议购买境内企业资产且运营该资产，或，外国投资者协议购买境内企业资产，并以该资产投资设立外商投资企业运营该资产（以下称“资产并购”）。

第三条 外国投资者并购境内企业应遵守中国的法律、行政法规和规章，遵循公平合理、等价有偿、诚实信用的原则，不得造成过度集中、排除或限制竞争，不得扰乱社会经济秩序和损害社会公共利益，不得导致国有资产流失。

第四条 外国投资者并购境内企业，应符合中国法律、行政法规和规章对投资者资格的要求及产业、土地、环保等政策。

依照《外商投资产业指导目录》不允许外国投资者独资经营的产业，并购不得导致外国投资者持有企业的全部股权；需由中方控股或相对控股的产业，该产业的企业被并购后，仍应由中方在企业中占控股或相对控股地位；禁止外国投资者经营的产业，外国投资者不得并购从事该产业的企业。

被并购境内企业原有所投资企业的经营范围应符合有关外商投资产业政策的要求；不符合要求的，应进行调整。

第五条 外国投资者并购境内企业涉及企业国有产权转让和上市公司国有股权管理事宜的，应当遵守国有资产管理的相关规定。

第六条 外国投资者并购境内企业设立外商投资企业，应依照本规定经审批机关批准，向登记管理机关办理变更登记或设立登记。

如果被并购企业为境内上市公司，还应根据《外国投资者对上市公司战略投资管理办法》，向国务院证券监督管理机构办理相关手续。

第七条 外国投资者并购境内企业所涉及的各方当事人应当按照中国税法规定纳税，接受税务机关的监督。

第八条 外国投资者并购境内企业所涉及的各方当事人应遵守中国有关外汇管理的法律和行政法规，及时向外汇管理机关办理各项外汇核准、登记、备案及变更手续。

第二章 基本制度

第九条 外国投资者在并购后所设外商投资企业注册资本中的出资比例高于25%的，该企业享受外商投资企业待遇。

外国投资者在并购后所设外商投资企业注册资本中的出资比例低于25%的，除法律和行政法规另有规定外，该企业不享受外商投资企业待遇，其举借外债按照境内非外商投资企业举借外债的有关规定办理。审批机关向其颁发加注“外资比例低于25%”字样的外商投资企业批准证书（以下称“批准证书”）。登记管理机关、外汇管理机关分别向其颁发加注“外资比例低于25%”字样的外商投资企业营业执照和外汇登记证。

境内公司、企业或自然人以其在境外合法设立或控制的公司名义并购与其有关联关系的境内公司，所设立的外商投资企业不享受外商投资企业待遇，但该境外公司认购境内公司增资，或者该境外公司向并购后所设企业增资，增资额占所设企业注册资本比例达到25%以上的除外。根据该款所述方式设立的外商投资企业，其实际控制人以外的外国投资者在企业注册资本中的出资比例高于25%的，享受外商投资企业待遇。

外国投资者并购境内上市公司后所设外商投资企业的待遇，按照国家有关规定办理。

第十条 本规定所称的审批机关为中华人民共和国商务部或省级商务主管部门（以下称“省级审批机关”），登记管理机关为中华人民共和国国家工商行政管理总局或其授权的地方工商行政管理局，外汇管理机关为中华人民共和国国家外汇管理局或其分支机构。

并购后所设外商投资企业，根据法律、行政法规和规章的规定，属于应由商务部审批的特定类型或行业的外商投资企业的，省级审批机关应将申请文件转报商务部审批，商务部依法决定批准或不批准。

第十一条 境内公司、企业或自然人以其在境外合法设立或控制的公司名义并购与其有关联关系的境内的公司，应报商务部审批。

当事人不得以外商投资企业境内投资或其他方式规避前述要求。

第十二条 外国投资者并购境内企业并取得实际控制权，涉及重点行业、存在影响或可能影响国家经济安全因素或者导致拥有驰名商标或中华老字号的境内企业实际控制权转移的，当事人应就此向商务部进行申报。

当事人未予申报，但其并购行为对国家经济安全造成或可能造成重大影响的，商务部可以会同相关部门要求当事人终止交易或采取转让相关股权、资产或其他有效措施，以消除并购行为对国家经济安全的影响。

第十三条 外国投资者股权并购的，并购后所设外商投资企业承继被并购境内公司的债权和债务。

外国投资者资产并购的，出售资产的境内企业承担其原有的债权和债务。

外国投资者、被并购境内企业、债权人及其他当事人可以对被并购境内企业的债权债务的处置另行达成协议，但是该协议不得损害第三人利益和社会公共利益。债权债务的处置协议应报送审批机关。

出售资产的境内企业应当在投资者向审批机关报送申请文件之前至少15日，向债权人发出通知书，并在全国发行的省级以上报纸上发布公告。

第十四条　并购当事人应以资产评估机构对拟转让的股权价值或拟出售资产的评估结果作为确定交易价格的依据。并购当事人可以约定在中国境内依法设立的资产评估机构。资产评估应采用国际通行的评估方法。禁止以明显低于评估结果的价格转让股权或出售资产，变相向境外转移资本。

外国投资者并购境内企业，导致以国有资产投资形成的股权变更或国有资产产权转移时，应当符合国有资产管理的有关规定。

第十五条　并购当事人应对并购各方是否存在关联关系进行说明，如果有两方属于同一个实际控制人，则当事人应向审批机关披露其实际控制人，并就并购目的和评估结果是否符合市场公允价值进行解释。当事人不得以信托、代持或其他方式规避前述要求。

第十六条　外国投资者并购境内企业设立外商投资企业，外国投资者应自外商投资企业营业执照颁发之日起3个月内向转让股权的股东，或出售资产的境内企业支付全部对价。对特殊情况需要延长者，经审批机关批准后，应自外商投资企业营业执照颁发之日起6个月内支付全部对价的60%以上，1年内付清全部对价，并按实际缴付的出资比例分配收益。

外国投资者认购境内公司增资，有限责任公司和以发起方式设立的境内股份有限公司的股东应当在公司申请外商投资企业营业执照时缴付不低于20%的新增注册资本，其余部分的出资时间应符合《公司法》、有关外商投资的法律和《公司登记管理条例》的规定。其他法律和行政法规另有规定的，从其规定。股份有限公司为增加注册资本发行新股时，股东认购新股，依照设立股份有限公司缴纳股款的有关规定执行。

外国投资者资产并购的，投资者应在拟设立的外商投资企业合同、章程中规定出资期限。设立外商投资企业，并通过该企业协议购买境内企业资产且运营该资产的，对与资产对价等额部分的出资，投资者应在本条第一款规定的对价支付期限内缴付；其余部分的出资应符合设立外商投资企业出资的相关规定。

外国投资者并购境内企业设立外商投资企业，如果外国投资者出资比例低于企业注册资本25%的，投资者以现金出资的，应自外商投资企业营业执照颁发之日起3个月内缴清；投资者以实物、工业产权等出资的，应自外商投资企业营业执照颁发之日起6个月内缴清。

第十七条　作为并购对价的支付手段，应符合国家有关法律和行政法规的规定。外国投资者以其合法拥有的人民币资产作为支付手段的，应经外汇管理机关核准。外国投资者以其拥有处置权的股权作为支付手段的，按照本规定第四章办理。

第十八条　外国投资者协议购买境内公司股东的股权，境内公司变更设立为外商投资企业后，该外商投资企业的注册资本为原境内公司注册资本，外国投资者的出资比例为其所购买股权在原注册资本中所占比例。

外国投资者认购境内有限责任公司增资的，并购后所设外商投资企业的注册资本为原境内公司注册资本与增资额之和。外国投资者与被并购境内公司原其他股东，在境内公司资产评估的基础上，确定各自在外商投资企业注册资本中的出资比例。

外国投资者认购境内股份有限公司增资的，按照《公司法》有关规定确定注册资本。

第十九条　外国投资者股权并购的，除国家另有规定外，对并购后所设外商投资企业应按照以下比例确定投资总额的上限：

（一）注册资本在210万美元以下的，投资总额不得超过注册资本的10/7；

（二）注册资本在210万美元以上至500万美元的，投资总额不得超过注册资本的2倍；

（三）注册资本在500万美元以上至1200万美元的，投资总额不得超过注册资本的2.5倍；

（四）注册资本在1200万美元以上的，投资总额不得超过注册资本的3倍。

第二十条　外国投资者资产并购的，应根据购买资产的交易价格和实际生产经营规模确定拟设立的外商投资企业的投资总额。拟设立的外商投资企业的注册资本与投资总额的比例应符合有关规定。

第三章　审批与登记

第二十一条　外国投资者股权并购的，投资者应根据并购后所设外商投资企业的投资总额、企业类型及所从事的行业，依照设立外商投资企业的法律、行政法规和规章的规定，向具有相应审批权限的审批机关报送下列文件：

（一）被并购境内有限责任公司股东一致同意外国投资者股权并购的决议，或被并购境内股份有限公司同意外国投资者股权并购的股东大会决议；

（二）被并购境内公司依法变更设立为外商投资企业的申请书；

（三）并购后所设外商投资企业的合同、章程；

（四）外国投资者购买境内公司股东股权或认购境内公司增资的协议；

（五）被并购境内公司上一财务年度的财务审计

报告；

（六）经公证和依法认证的投资者的身份证明文件或注册登记证明及资信证明文件；

（七）被并购境内公司所投资企业的情况说明；

（八）被并购境内公司及其所投资企业的营业执照（副本）；

（九）被并购境内公司职工安置计划；

（十）本规定第十三条、第十四条、第十五条要求报送的文件。

并购后所设外商投资企业的经营范围、规模、土地使用权的取得等，涉及其他相关政府部门许可的，有关的许可文件应一并报送。

第二十二条 股权购买协议、境内公司增资协议应适用中国法律，并包括以下主要内容：

（一）协议各方的状况，包括名称（姓名），住所，法定代表人姓名、职务、国籍等；

（二）购买股权或认购增资的份额和价款；

（三）协议的履行期限、履行方式；

（四）协议各方的权利、义务；

（五）违约责任、争议解决；

（六）协议签署的时间、地点。

第二十三条 外国投资者资产并购的，投资者应根据拟设立的外商投资企业的投资总额、企业类型及所从事的行业，依照设立外商投资企业的法律、行政法规和规章的规定，向具有相应审批权限的审批机关报送下列文件：

（一）境内企业产权持有人或权力机构同意出售资产的决议；

（二）外商投资企业设立申请书；

（三）拟设立的外商投资企业的合同、章程；

（四）拟设立的外商投资企业与境内企业签署的资产购买协议，或外国投资者与境内企业签署的资产购买协议；

（五）被并购境内企业的章程、营业执照（副本）；

（六）被并购境内企业通知、公告债权人的证明以及债权人是否提出异议的说明；

（七）经公证和依法认证的投资者的身份证明文件或开业证明、有关资信证明文件；

（八）被并购境内企业职工安置计划；

（九）本规定第十三条、第十四条、第十五条要求报送的文件。

依照前款的规定购买并运营境内企业的资产，涉及其他相关政府部门许可的，有关的许可文件应一并报送。

外国投资者协议购买境内企业资产并以该资产投资设立外商投资企业的，在外商投资企业成立之前，不得以该资产开展经营活动。

第二十四条 资产购买协议应适用中国法律，并包括以下主要内容：

（一）协议各方的状况，包括名称（姓名），住所，法定代表人姓名、职务、国籍等；

（二）拟购买资产的清单、价格；

（三）协议的履行期限、履行方式；

（四）协议各方的权利、义务；

（五）违约责任、争议解决；

（六）协议签署的时间、地点。

第二十五条 外国投资者并购境内企业设立外商投资企业，除本规定另有规定外，审批机关应自收到规定报送的全部文件之日起 30 日内，依法决定批准或不批准。决定批准的，由审批机关颁发批准证书。

外国投资者协议购买境内公司股东股权，审批机关决定批准的，应同时将有关批准文件分别抄送股权转让方、境内公司所在地外汇管理机关。股权转让方所在地外汇管理机关为其办理转股收汇外资外汇登记并出具相关证明，转股收汇外资外汇登记证明是证明外方已缴付的股权收购对价已到位的有效文件。

第二十六条 外国投资者资产并购的，投资者应自收到批准证书之日起30日内，向登记管理机关申请办理设立登记，领取外商投资企业营业执照。

外国投资者股权并购的，被并购境内公司应依照本规定向原登记管理机关申请变更登记，领取外商投资企业营业执照。原登记管理机关没有登记管辖权的，应自收到申请文件之日起 10 日内转送有管辖权的登记管理机关办理，同时附送该境内公司的登记档案。被并购境内公司在申请变更登记时，应提交以下文件，并对其真实性和有效性负责：

（一）变更登记申请书；

（二）外国投资者购买境内公司股东股权或认购境内公司增资的协议；

（三）修改后的公司章程或原章程的修正案和依法需要提交的外商投资企业合同；

（四）外商投资企业批准证书；

（五）外国投资者的主体资格证明或者自然人身份证明；

（六）修改后的董事会名单，记载新增董事姓名、住所的文件和新增董事的任职文件；

（七）国家工商行政管理总局规定的其他有关文件和证件。

投资者自收到外商投资企业营业执照之日起 30 日

内，到税务、海关、土地管理和外汇管理等有关部门办理登记手续。

第四章　外国投资者以股权作为支付手段并购境内公司

第一节　以股权并购的条件

第二十七条　本章所称外国投资者以股权作为支付手段并购境内公司，系指境外公司的股东以其持有的境外公司股权，或者境外公司以其增发的股份，作为支付手段，购买境内公司股东的股权或者境内公司增发股份的行为。

第二十八条　本章所称的境外公司应合法设立并且其注册地具有完善的公司法律制度，且公司及其管理层最近3年未受到监管机构的处罚；除本章第三节所规定的特殊目的公司外，境外公司应为上市公司，其上市所在地应具有完善的证券交易制度。

第二十九条　外国投资者以股权并购境内公司所涉及的境内外公司的股权，应符合以下条件：

（一）股东合法持有并依法可以转让；

（二）无所有权争议且没有设定质押及任何其他权利限制；

（三）境外公司的股权应在境外公开合法证券交易市场（柜台交易市场除外）挂牌交易；

（四）境外公司的股权最近1年交易价格稳定。

前款第（三）、（四）项不适用于本章第三节所规定的特殊目的公司。

第三十条　外国投资者以股权并购境内公司，境内公司或其股东应当聘请在中国注册登记的中介机构担任顾问（以下称“并购顾问”）。并购顾问应就并购申请文件的真实性、境外公司的财务状况以及并购是否符合本规定第十四条、第二十八条和第二十九条的要求作尽职调查，并出具并购顾问报告，就前述内容逐项发表明确的专业意见。

第三十一条　并购顾问应符合以下条件：

（一）信誉良好且有相关从业经验；

（二）无重大违法违规记录；

（三）应有调查并分析境外公司注册地和上市所在地法律制度与境外公司财务状况的能力。

第二节　申报文件与程序

第三十二条　外国投资者以股权并购境内公司应报送商务部审批，境内公司除报送本规定第三章所要求的文件外，另须报送以下文件：

（一）境内公司最近1年股权变动和重大资产变动情况的说明；

（二）并购顾问报告；

（三）所涉及的境内外公司及其股东的开业证明或身份证明文件；

（四）境外公司的股东持股情况说明和持有境外公司5%以上股权的股东名录；

（五）境外公司的章程和对外担保的情况说明；

（六）境外公司最近年度经审计的财务报告和最近半年的股票交易情况报告。

第三十三条　商务部自收到规定报送的全部文件之日起30日内对并购申请进行审核，符合条件的，颁发批准证书，并在批准证书上加注“外国投资者以股权并购境内公司，自营业执照颁发之日起6个月内有效”。

第三十四条　境内公司应自收到加注的批准证书之日起30日内，向登记管理机关、外汇管理机关办理变更登记，由登记管理机关、外汇管理机关分别向其颁发加注“自颁发之日起8个月内有效”字样的外商投资企业营业执照和外汇登记证。

境内公司向登记管理机关办理变更登记时，应当预先提交旨在恢复股权结构的境内公司法定代表人签署的股权变更申请书、公司章程修正案、股权转让协议等文件。

第三十五条　自营业执照颁发之日起6个月内，境内公司或其股东应就其持有境外公司股权事项，向商务部、外汇管理机关申请办理境外投资开办企业核准、登记手续。

当事人除向商务部报送《关于境外投资开办企业核准事项的规定》所要求的文件外，另须报送加注的外商投资企业批准证书和加注的外商投资企业营业执照。商务部在核准境内公司或其股东持有境外公司的股权后，颁发中国企业境外投资批准证书，并换发无加注的外商投资企业批准证书。

境内公司取得无加注的外商投资企业批准证书后，应在30日内向登记管理机关、外汇管理机关申请换发无加注的外商投资企业营业执照、外汇登记证。

第三十六条　自营业执照颁发之日起6个月内，如果境内外公司没有完成其股权变更手续，则加注的批准证书和中国企业境外投资批准证书自动失效，登记管理机关根据境内公司预先提交的股权变更登记申请文件核准变更登记，使境内公司股权结构恢复到股权并购之前的状态。

并购境内公司增发股份而未实现的，在登记管理机关根据前款予以核准变更登记之前，境内公司还应当按照《公司法》的规定，减少相应的注册资本并在报纸上公告。

境内公司未按照前款规定办理相应的登记手续的，由登记管理机关按照《公司登记管理条例》的有关规定处理。

第三十七条 境内公司取得无加注的外商投资企业批准证书、外汇登记证之前，不得向股东分配利润或向有关联关系的公司提供担保，不得对外支付转股、减资、清算等资本项目款项。

第三十八条 境内公司或其股东凭商务部和登记管理机关颁发的无加注批准证书和营业执照，到税务机关办理税务变更登记。

第三节 对于特殊目的公司的特别规定

第三十九条 特殊目的公司系指中国境内公司或自然人为实现以其实际拥有的境内公司权益在境外上市而直接或间接控制的境外公司。

特殊目的公司为实现在境外上市，其股东以其所持公司股权，或者特殊目的公司以其增发的股份，作为支付手段，购买境内公司股东的股权或者境内公司增发的股份的，适用本节规定。

当事人以持有特殊目的公司权益的境外公司作为境外上市主体的，该境外公司应符合本节对于特殊目的公司的相关要求。

第四十条 特殊目的公司境外上市交易，应经国务院证券监督管理机构批准。

特殊目的公司境外上市所在国家或者地区应有完善的法律和监管制度，其证券监管机构已与国务院证券监督管理机构签订监管合作谅解备忘录，并保持着有效的监管合作关系。

第四十一条 本节所述的权益在境外上市的境内公司应符合下列条件：

（一）产权明晰，不存在产权争议或潜在产权争议；

（二）有完整的业务体系和良好的持续经营能力；

（三）有健全的公司治理结构和内部管理制度；

（四）公司及其主要股东近 3 年无重大违法违规记录。

第四十二条 境内公司在境外设立特殊目的公司，应向商务部申请办理核准手续。办理核准手续时，境内公司除向商务部报送《关于境外投资开办企业核准事项的规定》要求的文件外，另须报送以下文件：

（一）特殊目的公司最终控制人的身份证明文件；

（二）特殊目的公司境外上市商业计划书；

（三）并购顾问就特殊目的公司未来境外上市的股票发行价格所作的评估报告。

获得中国企业境外投资批准证书后，设立人或控制人应向所在地外汇管理机关申请办理相应的境外投资外汇登记手续。

第四十三条 特殊目的公司境外上市的股票发行价总值，不得低于其所对应的经中国有关资产评估机构评估的被并购境内公司股权的价值。

第四十四条 特殊目的公司以股权并购境内公司的，境内公司除向商务部报送本规定第三十二条所要求的文件外，另须报送以下文件：

（一）设立特殊目的公司时的境外投资开办企业批准文件和证书；

（二）特殊目的公司境外投资外汇登记表；

（三）特殊目的公司最终控制人的身份证明文件或开业证明、章程；

（四）特殊目的公司境外上市商业计划书；

（五）并购顾问就特殊目的公司未来境外上市的股票发行价格所作的评估报告。

如果以持有特殊目的公司权益的境外公司作为境外上市主体，境内公司还须报送以下文件：

（一）该境外公司的开业证明和章程；

（二）特殊目的公司与该境外公司之间就被并购的境内公司股权所作的交易安排和折价方法的详细说明。

第四十五条 商务部对本规定第四十四条所规定的文件初审同意的，出具原则批复函，境内公司凭该批复函向国务院证券监督管理机构报送申请上市的文件。国务院证券监督管理机构于 20 个工作日内决定是否核准。

境内公司获得核准后，向商务部申领批准证书。商务部向其颁发加注“境外特殊目的公司持股，自营业执照颁发之日起 1 年内有效”字样的批准证书。

并购导致特殊目的公司股权等事项变更的，持有特殊目的公司股权的境内公司或自然人，凭加注的外商投资企业批准证书，向商务部就特殊目的公司相关事项办理境外投资开办企业变更核准手续，并向所在地外汇管理机关申请办理境外投资外汇登记变更。

第四十六条 境内公司应自收到加注的批准证书之日起 30 日内，向登记管理机关、外汇管理机关办理变更登记，由登记管理机关、外汇管理机关分别向其颁发加注“自颁发之日起 14 个月内有效”字样的外商投资企业营业执照和外汇登记证。

境内公司向登记管理机关办理变更登记时，应当预先提交旨在恢复股权结构的境内公司法定代表人签署的股权变更申请书、公司章程修正案、股权转让协议等文件。

第四十七条　境内公司应自特殊目的公司或与特殊目的公司有关联关系的境外公司完成境外上市之日起30日内，向商务部报告境外上市情况和融资收入调回计划，并申请换发无加注的外商投资企业批准证书。同时，境内公司应自完成境外上市之日起30日内，向国务院证券监督管理机构报告境外上市情况并提供相关的备案文件。境内公司还应向外汇管理机关报送融资收入调回计划，由外汇管理机关监督实施。境内公司取得无加注的批准证书后，应在30日内向登记管理机关、外汇管理机关申请换发无加注的外商投资企业营业执照、外汇登记证。

如果境内公司在前述期限内未向商务部报告，境内公司加注的批准证书自动失效，境内公司股权结构恢复到股权并购之前的状态，并应按本规定第三十六条办理变更登记手续。

第四十八条　特殊目的公司的境外上市融资收入，应按照报送外汇管理机关备案的调回计划，根据现行外汇管理规定调回境内使用。融资收入可采取以下方式调回境内：

（一）向境内公司提供商业贷款；

（二）在境内新设外商投资企业；

（三）并购境内企业。

在上述情形下调回特殊目的公司境外融资收入，应遵守中国有关外商投资及外债管理的法律和行政法规。如果调回特殊目的公司境外融资收入，导致境内公司和自然人增持特殊目的公司权益或特殊目的公司净资产增加，当事人应如实披露并报批，在完成审批手续后办理相应的外资外汇登记和境外投资登记变更。

境内公司及自然人从特殊目的公司获得的利润、红利及资本变动所得外汇收入，应自获得之日起6个月内调回境内。利润或红利可以进入经常项目外汇账户或者结汇。资本变动外汇收入经外汇管理机关核准，可以开立资本项目专用账户保留，也可经外汇管理机关核准后结汇。

第四十九条　自营业执照颁发之日起1年内，如果境内公司不能取得无加注批准证书，则加注的批准证书自动失效，并应按本规定第三十六条办理变更登记手续。

第五十条　特殊目的公司完成境外上市且境内公司取得无加注的批准证书和营业执照后，当事人继续以该公司股份作为支付手段并购境内公司的，适用本章第一节和第二节的规定。

第五章　反垄断审查

第五十一条　外国投资者并购境内企业有下列情形之一的，投资者应就所涉情形向商务部和国家工商行政管理总局报告：

（一）并购一方当事人当年在中国市场营业额超过15亿元人民币；

（二）1年内并购国内关联行业的企业累计超过10个；

（三）并购一方当事人在中国的市场占有率已经达到20%；

（四）并购导致并购一方当事人在中国的市场占有率达到25%。

虽未达到前款所述条件，但是应有竞争关系的境内企业、有关职能部门或者行业协会的请求，商务部或国家工商行政管理总局认为外国投资者并购涉及市场份额巨大，或者存在其他严重影响市场竞争等重要因素的，也可以要求外国投资者作出报告。

上述并购一方当事人包括与外国投资者有关联关系的企业。

第五十二条　外国投资者并购境内企业涉及本规定第五十一条所述情形之一，商务部和国家工商行政管理总局认为可能造成过度集中，妨害正当竞争、损害消费者利益的，应自收到规定报送的全部文件之日起90日内，共同或经协商单独召集有关部门、机构、企业以及其他利害关系方举行听证会，并依法决定批准或不批准。

第五十三条　境外并购有下列情形之一的，并购方应在对外公布并购方案之前或者报所在国主管机构的同时，向商务部和国家工商行政管理总局报送并购方案。商务部和国家工商行政管理总局应审查是否存在造成境内市场过度集中，妨害境内正当竞争、损害境内消费者利益的情形，并做出是否同意的决定：

（一）境外并购一方当事人在我国境内拥有资产30亿元人民币以上；

（二）境外并购一方当事人当年在中国市场上的营业额15亿元人民币以上；

（三）境外并购一方当事人及与其有关联关系的企业在中国市场占有率已经达到20%；

（四）由于境外并购，境外并购一方当事人及与其有关联关系的企业在中国的市场占有率达到25%；

（五）由于境外并购，境外并购一方当事人直接或间接参股境内相关行业的外商投资企业将超过15家。

第五十四条　有下列情况之一的并购，并购一方当事人可以向商务部和国家工商行政管理总局申请审查豁免：

（1）可以改善市场公平竞争条件的；

（2）重组亏损企业并保障就业的；

（3）引进先进技术和管理人才并能提高企业国际竞争力的；

（4）可以改善环境的。

第六章　附　　则

第五十五条　外国投资者在中国境内依法设立的投资性公司并购境内企业，适用本规定。

外国投资者购买境内外商投资企业股东的股权或认购境内外商投资企业增资的，适用现行外商投资企业法律、行政法规和外商投资企业投资者股权变更的相关规定，其中没有规定的，参照本规定办理。

外国投资者通过其在中国设立的外商投资企业合并或收购境内企业的，适用关于外商投资企业合并与分立的相关规定和关于外商投资企业境内投资的相关规定，其中没有规定的，参照本规定办理。

外国投资者并购境内有限责任公司并将其改制为股份有限公司的，或者境内公司为股份有限公司的，适用关于设立外商投资股份有限公司的相关规定，其中没有规定的，适用本规定。

第五十六条　申请人或申报人报送文件，应依照本规定对文件进行分类，并附文件目录。规定报送的全部文件应用中文表述。

第五十七条　被股权并购境内公司的中国自然人股东，经批准，可继续作为变更后所设外商投资企业的中方投资者。

第五十八条　境内公司的自然人股东变更国籍的，不改变该公司的企业性质。

第五十九条　相关政府机构工作人员必须忠于职守、依法履行职责，不得利用职务之便牟取不正当利益，并对知悉的商业秘密负有保密义务。

第六十条　香港特别行政区、澳门特别行政区和台湾地区的投资者并购境内其他地区的企业，参照本规定办理。

第六十一条　本规定自2006年9月8日起施行。

商务部关于进一步做好物流领域吸引外资工作的通知

商务部〔2006〕38号

各省、自治区、直辖市、计划单列市及新疆生产建设兵团商务主管部门：

2002年以来，我部根据《关于开展试点设立外商投资物流企业工作有关问题的通知》（以下简称《通知》）的精神，在各试点地区批准设立一批外商投资物流企业。试点工作的开展，对我国国际贸易和现代物流业的健康发展起到了积极的作用。现就在试点基础上扩大物流领域对外开放，促进外商投资物流类企业的进一步发展通知如下：

一、外商投资物流类企业是指以为其他企业提供物流及其他相关服务为主要经营活动的外商投资企业，包括外商投资道路运输企业、外商投资水路运输企业、外商投资航空运输企业、外商投资货运代理企业、外商投资商业企业、外商投资第三方物流企业及从事其他物流或物流相关业务的外商投资企业。

二、外国投资者可以根据《外商投资道路运输业管理规定》、《外商投资国际海运业管理规定》、《外商投资民用航空业规定》、《外商投资铁路货物运输审批与管理暂行办法》、《外商投资国际货物运输代理企业管理办法》、《外商投资商业领域管理办法》及其他外商投资法律法规，申请设立外商投资物流类企业，从事一项或多项物流业务。其中申请从事多项物流业务的，应符合分别从事所申请的各项物流业务的资格条件要求中的最高条件。

三、鉴于开展设立外商投资物流企业的试点工作取得良好成果，现允许外国投资者在全国范围内以合资、合作和独资形式设立外商投资物流企业。外商投资物流企业可以经批准从事《通知》第五条的部分或全部经营业务，并不再对外商投资物流企业规定注册资本最低限额，但外商投资物流企业应根据其经营业务相应符合《外商投资商业领域管理办法》、《外商投资国际货物运输代理企业管理办法》、《外商投资道路运输业管理规定》及其他外商投资相关法律法规规定的最低注册资本要求及其他要求。除根据上述部门规章或其他外商投资法律法规须经商务部审批的企业外，其他外商投资物流企业由省级商务主管部门审批。

四、各地商务主管部门应按照上述各项规定及外商投资相关法律法规，认真做好物流领域吸收外资工作。超过地方审批权限的，应对申请材料初审后在规定时限内上报商务部。

五、各地具有审批权限的商务主管部门不得滥用行政权力，对于来自其他地区物流企业在本地区设立分支机构等申请，符合法定条件的，应及时作出准予行政许可的决定。

六、原对外贸易经济合作部《关于开展试点设立外商投资物流企业工作有关问题的通知》（外经贸资一函字〔2002〕第615号）与本通知不一致之处以本通知为准。

七、本通知自2006年3月31日起施行。

商务部

2006年4月20日

金融、外汇法规

境内外资银行外债管理办法

中华人民共和国国家发展和改革委员会　中国人民银行
中国银行监督管理委员会令　2004年第9号

第一条　为促进境内中、外资银行公平竞争，有效控制外债规模，防范外债风险，根据《中华人民共和国外资金融机构管理条例》、《中华人民共和国外汇管理条例》和有关外债管理规定，制定本办法。

第二条　本办法所称外资银行是指按照《中华人民共和国外资金融机构管理条例》及相关法律法规在中国境内设立的外资独资银行、中外合资银行和外国银行分行。

第三条　国家对境内外资银行的外债实行总量控制。境内外资银行的外债包括境外借款、境外同业拆入、境外同业存款、境外联行和附属机构往来（负债方）、非居民存款和其他形式的对外负债。

第四条　国家发展和改革委员会（下称“国家发展改革委”）会同中国银行业监督管理委员会（下称“银监会”）、国家外汇管理局（下称“外汇局”），根据国民经济和社会发展需要、国际收支状况和外债承受能力，以及境内外资银行的资产负债状况和运营资金需求等，合理确定境内外资银行外债总量以及中长期和短期外债结构调控目标。

第五条　境内外资银行借用外债，签约期限在1年期以上（不含1年期）的中长期外债，由国家发展改革委按年度核定发生额；签约期限在1年期以下的短期外债，由外汇局核定余额。

第六条　每年2月底之前，境内外资银行须分别向国家发展改革委或外汇局提出关于本年度中长期外债发生额或短期外债余额的申请。其中，外资独资银行、中外合资银行分别通过商业注册所在地的发展改革委或外汇局的分支机构逐级向国家发展改革委或外汇局提出申请；外国银行分行由在中国境内的主报告行直接向国家发展改革委或外汇局提出申请。没有主报告行的，应通过商业注册所在地的发展改革委或外汇局的分支机构逐级向国家发展改革委或外汇局提出申请。

第七条　境内外资银行申请年度外债总额，需分别向国家发展改革委或外汇局提供下列材料：

（一）借用中长期或短期外债的申请报告，内容包括上年度的业务经营状况、资金来源和运用情况、所申请外债额度的依据和资金用途等。

（二）境外总行或地区管理部批准的对中国境内债务人的年度授信限额文件。

（三）外资独资银行、中外合资银行应提供报送银监会的上年度境内合并资产负债表和损益表。外国银行分行应提供报送银监会的分行上年度资产负债表和损益表，以及境内营业性分支机构上年度合并资产负债表和损益表。

（四）与申请人流动性需要或资金用途有关的证明材料。

第八条　国家发展改革委、外汇局根据境内外资银行的上年度外债借用情况、其境外总行或地区管理部批准的本年度对中国境内债务人的年度授信限额、境内贷款项目需求（中长期外债）及流动性需要（短期外债），分别核定境内外资银行本年度中长期外债发生额和短期外债余额。境内外资银行在本年度新借入的中长期外债不得超过国家发展改革委核定的额度；本年度内任一时点的短期外债余额不得超过外汇局核定的余额。

第九条　外债总额确定后，境内外资银行可以根据业务需要在年度内向国家发展改革委或外汇局申请进行一次调整。国家发展改革委或外汇局根据情况决定是否批准。

第十条　境内外资银行向境内机构发放外汇贷款按照国内外汇贷款方式管理。除出口押汇外，境内外资银行向境内机构发放的外汇贷款不得结汇。

第十一条　境内外资银行对外提供担保，按对外担保进行管理；境内机构为境内债务人向境内外资银行提供担保按国内担保进行管理。

第十二条　境内外资银行借用的外债资金不得结汇，还本付息不得购汇。境内外资银行办理其外债项下还本付息不需要外汇局核准。

经外汇局批准，境内机构可以选择境内外资银行开立外债项下专用账户。

第十三条　外汇局负责对境内外资银行外债和国内外汇贷款的统计、监测工作。境内外资银行应于每月初5个工作日内向注册地外汇局分支机构报送外债统计数据，并按照国内外汇贷款的有关规定向当地外汇局报送国内外汇贷款相关信息。

第十四条　外汇局对境内外资银行借用外债情况和发放外汇贷款情况进行定期和不定期现场或非现场检查。凡违反本办法规定的，外汇局可根据《中华人民共和国外汇管理条例》及相关法律法规进行处罚。

第十五条　本办法由国家发展改革委、人民银行负责解释。此前其他规定与本办法有抵触的，以本办法为准。

第十六条　本办法自颁布之日起30日后施行。

国际金融组织和外国政府贷款投资项目管理暂行办法

国家发展和改革委员会令　2005年第28号

第一章　总　　则

第一条　为加强国际金融组织和外国政府贷款（以下简称国外贷款）投资项目管理，提高国外贷款使用效益，根据《国务院关于投资体制改革的决定》和国家有关外债管理规定，制定本办法。

第二条　借用世界银行、亚洲开发银行、国际农业发展基金会等国际金融组织贷款和外国政府贷款及与贷款混合使用的赠款、联合融资等投资项目的管理，适用本办法。

第三条　境内企业、机构、团体均可申请借用国外贷款。

第四条　国外贷款属于国家主权外债，按照政府投资资金进行管理。国外贷款主要用于公益性和公共基础设施建设，保护和改善生态环境，促进欠发达地区经济和社会发展。

第二章　国外贷款备选项目规划

第五条　国外贷款备选项目规划是项目对外开展工作的依据。借用国外贷款的项目必须纳入国外贷款备选项目规划。

未纳入国外贷款备选项目规划的项目，国务院各有关部门、地方各级政府和项目用款单位不得向国际金融组织或外国政府等国外贷款机构正式提出贷款申请。

第六条　国务院发展改革部门按照国民经济和社会发展规划、产业政策、外债管理及国外贷款使用原则和要求，编制国外贷款备选项目规划，并据此制定、下达年度项目签约计划。

世界银行、亚洲开发银行贷款和日本政府日元贷款备选项目规划由国务院发展改革部门提出，商国务院财政部门后报国务院批准。

第七条　国务院行业主管部门、省级发展改革部门、计划单列企业集团和中央管理企业向国务院发展改革部门申报纳入国外贷款规划的备选项目。

国务院行业主管部门申报的项目，由地方政府安排配套资金、承担贷款偿还责任或提供贷款担保的，应当同时出具省级发展改革部门及有关部门意见。

第八条　申报纳入国外贷款规划的备选项目材料包括以下内容：

（一）项目简要情况；

（二）项目建设必要性；

（三）拟申请借用国外贷款的类别或国别；

（四）贷款金额及用途；

（五）贷款偿还责任。

第九条 已纳入国际金融组织贷款、日本政府日元贷款备选项目规划的项目，如需调整贷款来源或撤销贷款的，应当将调整内容按照本办法第七条规定的程序报国务院发展改革部门。

纳入其他外国政府贷款备选项目规划的项目，如需调整贷款来源的，应当将调整内容在项目资金申请报告审批阶段一并报批。

第十条 原批准使用其他资金的项目，拟申请转用国外贷款；或已批准使用国外贷款的项目，拟申请转用其他资金的，应当按照本办法第七条规定的程序报国务院发展改革部门。

第十一条 国务院发展改革部门、省级发展改革部门参与项目的有关对外工作，指导和督促国外贷款规划及年度项目签约计划的落实。

第十二条 纳入国外贷款备选项目规划的项目，应当区别不同情况履行审批、核准或备案手续：

（一）由中央统借统还的项目，按照中央政府直接投资项目进行管理，其项目建议书、可行性研究报告由国务院发展改革部门审批或审核后报国务院审批。

（二）由省级政府负责偿还或提供还款担保的项目，按照省级政府直接投资项目进行管理，其项目审批权限，按国务院及国务院发展改革部门的有关规定执行。除应当报国务院及国务院发展改革部门审批的项目外，其他项目的可行性研究报告均由省级发展改革部门审批，审批权限不得下放。

（三）由项目用款单位自行偿还且不需政府担保的项目，参照《政府核准的投资项目目录》规定办理：凡《政府核准的投资项目目录》所列的项目，其项目申请报告分别由省级发展改革部门、国务院发展改革部门核准，或由国务院发展改革部门审核后报国务院核准；《政府核准的投资项目目录》之外的项目，报项目所在地省级发展改革部门备案。

第三章 项目资金申请报告

第十三条 项目纳入国外贷款备选项目规划并完成审批、核准或备案手续后，项目用款单位须向所在地省级发展改革部门提出项目资金申请报告。

项目资金申请报告由省级发展改革部门初审后，报国务院发展改革部门审批。

国务院行业主管部门、计划单列企业集团和中央管理企业的项目资金申请报告，直接报国务院发展改革部门审批。

第十四条 由国务院及国务院发展改革部门审批的项目可行性研究报告，可行性研究报告中应当包括项目资金申请报告内容，不再单独审批项目资金申请报告。

第十五条 项目资金申请报告应当具备以下内容：

（一）项目概况，包括项目建设规模及内容、总投资、资本金、国外贷款及其他资金、项目业主、项目执行机构、项目建设期；

（二）国外贷款来源及条件，包括国外贷款机构或贷款国别、还款期、宽限期、利率、承诺费等；

（三）项目对外工作进展情况；

（四）贷款使用范围，包括贷款用于土建、设备、材料、咨询和培训等的资金安排；

（五）设备和材料采购清单及采购方式，包括主要设备和材料规格、数量、单价；

（六）经济分析和财务评价结论；

（七）贷款偿还及担保责任、还款资金来源及还款计划。

第十六条 项目资金申请报告应当附以下文件：

（一）项目批准文件（项目可行性研究报告批准文件、项目申请报告核准文件或项目备案文件）。

（二）国际金融组织和日本国际协力银行贷款项目，提供国外贷款机构对项目的评估报告。

（三）国务院行业主管部门提出项目资金申请报告时，如项目需地方政府安排配套资金、承担贷款偿还责任或提供贷款担保的，出具省级发展改革部门及有关部门意见。

（四）申请使用限制性采购的国外贷款项目，出具对国外贷款条件、国内外采购比例、设备价格等比选结果报告。

第十七条 国务院发展改革部门审批项目资金申请报告的条件是：

（一）符合国家利用国外贷款的政策及使用规定；

（二）符合国外贷款备选项目规划；

（三）项目已按规定履行审批、核准或备案手续；

（四）国外贷款偿还和担保责任明确，还款资金来源及还款计划落实；

（五）国外贷款机构对项目贷款已初步承诺。

第十八条 项目资金申请报告批准后，项目建设内容、贷款金额及用途等发生变化的，须按本办法第十三条规定的程序将调整方案报国务院发展改革部门批准。

第十九条 国务院及国务院发展改革部门对项目可行性研究报告或资金申请报告的批准文件，是对外谈判、签约和对内办理转贷生效、外债登记、招标采购和免税手续的依据。

第二十条　未经国务院及国务院发展改革部门审批可行性研究报告或资金申请报告的项目，有关部门和单位不得对外签署贷款协定、协议和合同，外汇管理、税务、海关等部门及银行不予办理相关手续。

第二十一条　项目资金申请报告自批准之日起两年内，项目未签订国外贷款转贷协议的，该批准文件自动失效。

第四章　项目实施管理

第二十二条　国务院发展改革部门、省级发展改革部门指导和协调项目实施工作，监督有关招投标活动。

第二十三条　国外贷款项目出现余款时，项目用款单位应当及时办理有关余款取消手续，并按本办法第十三条规定的程序抄报国务院发展改革部门。

如将余款继续用于完善原项目建设的，应当参照项目资金申请报告的要求，编制余款使用方案，并按本办法第十三条规定的程序报国务院发展改革部门批准。

第二十四条　负责将国外贷款进行转贷的转贷机构，应当根据国务院及国务院发展改革部门对项目可行性研究报告或资金申请报告的批准文件，对项目的国外贷款进行转贷，并于每年六月底和十二月底向国务院发展改革部门报送国外贷款支付和偿还情况。

由各级政府负责偿还国外贷款或提供还款担保的项目，转贷机构原则上应当按贷款方提供的贷款条件进行转贷。如以规避外债风险为目的需对上述项目转贷条件进行调整的，转贷机构应当事先征得国务院发展改革部门同意。

第二十五条　项目用款单位要依法履行国外贷款偿还责任，及时进行外债登记，加强国外贷款债务风险管理。

项目用款单位要建立项目信息反馈制度，并于每年六月底和十二月底向批准项目的发展改革部门提交项目进度报告。

第二十六条　国务院发展改革部门应当对项目实施情况和省级发展改革部门批准及管理项目情况进行监督检查，并对查实的问题提出处理意见。

第二十七条　为确保对外还款，防止逃废债务，尚未偿还全部国外贷款的项目用款单位，在进行资产重组、产权变更或破产申请前，应当事先征得转贷机构对剩余债务偿还安排的书面认可，落实还贷责任，并将有关结果抄报国务院发展改革部门。

第五章　附　　则

第二十八条　省级发展改革部门依据本办法的规定，制定相应的管理办法。

第二十九条　本办法由国家发展改革委负责解释。

第三十条　本办法自 2005 年 3 月 1 日起施行。此前有关国外贷款投资项目管理的规章和其他规范性文件，与本办法不一致的，按本办法规定执行。

附：关于办理国际金融组织和外国政府贷款项目确认书有关事项的通知

各省、自治区、直辖市、新疆生产建设兵团及计划单列市发展改革委：

为适应投资体制改革的要求，根据《国务院关于调整进口设备税收政策的通知》(国发[1997]37 号)、《国务院关于投资体制改革的决定》(国发[2004]20 号)、《国际金融组织和外国政府贷款投资项目管理暂行办法》(国家发展改革委令第 28 号)等文件精神，现就办理国际金融组织和外国政府贷款项目（以下简称国外贷款项目）《国家鼓励发展的内外资项目确认书》(以下简称项目确认书）有关事项通知如下：

一、属国务院和国家发展改革委审批、核准的国外贷款项目，由国家发展改革委负责出具项目确认书。地方审批、核准或备案的国外贷款项目，由省级（即各省、自治区、直辖市、计划单列市及新疆生产建设兵团）发展改革委负责出具项目确认书。

二、项目单位办理项目确认书，应在项目资金申请报告批复之后、项目进口设备之前，按规定程序向省级发展改革委提出书面申请，并附以下材料：

（一）项目审批、核准或者备案文件；

（二）项目资金申请报告批复文件；

（三）进口设备中标通知书；

（四）进口设备清单；

（五）项目单位与国内银行签订的外国政府贷款转贷协议；

（六）其他需要说明和提供的材料（外国政府贷款项目须附项目商务合同）。

应由国家发展改革委出具项目确认书的国外贷款项目，由省级发展改革委向国家发展改革委提出书面申请。

计划单列企业集团、中央管理企业办理项目确认书直接向国家发展改革委提出书面申请。

三、国家发展改革委外资司依据国家发展改革委批复的项目可行性研究报告或项目申请报告的核准文件及项目资金申请报告出具项目确认书。

省级发展改革委依据国家发展改革委批复的项目资金申请报告出具项目确认书，并同时抄报国家发展改革委外资司。

四、项目确认书的出具采用统一格式，具体填写方法见《海关总署关于执行进口免税优惠政策的国家鼓励发展的内外资项目确认书填写规范的通知》（署税[1998]197号）。

五、已由国家发展改革委出具的项目确认书，在项目执行中确需变更项目单位名称、用汇额、执行年限等主要事项的，须由项目单位提出变更申请，经省级发展改革部门提出初审意见后，报国家发展改革委出具同意变更的函。

计划单列企业集团、中央管理企业直接向国家发展改革委提出变更申请。

已由省级发展改革委出具的项目确认书，在项目执行中确需变更项目单位名称、用汇额、执行年限等主要事项的，须由项目单位提出变更申请，由省级发展改革部门出具同意变更的证明，并同时抄报国家发展改革委外资司。

六、国家发展改革委将加强对项目确认书出具工作的监督和指导，对于不符合政策规定、违规出具的项目确认书，将责令出具机关纠正或撤销；对于严重违规的，将会同有关部门暂停该项目进口免税的办理。

七、上述规定自2006年4月2日起执行。

国家发展和改革委员会办公厅

2006年3月2日

中央预算内投资补助和贴息项目管理暂行办法

中华人民共和国国家发展和改革委员会令　2005年第31号

第一章　总　　则

第一条　为规范中央预算内投资补助和贴息项目的管理，提高中央预算内投资补助和贴息资金的使用效益，根据《国务院关于投资体制改革的决定》精神，制定本办法。

第二条　以投资补助和贴息方式使用中央预算内投资（包括长期建设国债投资）的项目管理，适用本办法。

使用灾后重建补助等应急性投资资金的项目，按照有关专项规定进行管理。

第三条　本办法所称投资补助，是指国家发展改革委对符合条件的企业投资项目和地方政府投资项目给予的投资资金补助。

本办法所称贴息，是指国家发展改革委对符合条件、使用了中长期银行贷款的投资项目给予的贷款利息补贴。

投资补助和贴息资金均为无偿投入。

第四条　投资补助和贴息资金重点用于市场不能有效配置资源、需要政府支持的经济和社会领域。主要包括：

（一）公益性和公共基础设施投资项目；

（二）保护和改善生态环境的投资项目；

（三）促进欠发达地区的经济和社会发展的投资项目；

（四）推进科技进步和高新技术产业化的投资项目；

（五）符合国家有关规定的其他项目。

第五条　国家发展改革委应按照宏观调控的要求，根据国务院确定的工作重点，严格遵守科学、民主、公开、公正、高效的原则，认真安排好投资补助和贴息项目。对欠发达地区和民族区域自治地区的投资项目应适当倾斜。

第六条　投资补助和贴息资金应按照项目安排，并明确资金用途。投资补助和贴息资金可按项目单独申请和安排，也可根据政策规定统一申请、集中安排。

第七条　国家发展改革委安排给单个投资项目的投资补助或贴息资金的最高限额原则上不超过2亿元。超过2亿元的，按直接投资或资本金注入方式管理，由国家发展改革委审批可行性研究报告。

安排给单个投资项目的中央预算内投资资金不超过2亿元，但超过3000万元且占项目总投资的比例超过50%的，也按直接投资或资本金注入方式管理，由国家发展改革委审批可行性研究报告。

安排给单个地方政府投资项目的中央预算内投资资金在3000万元及以下的，一律按投资补助或贴息方式管理，只审批资金申请报告。

第八条　国家发展改革委安排投资补助和贴息项目时，原则上应首先制定工作方案，明确投资补助和贴息的目的、预定目标、实施时间、支持范围、资金安排方式等主要内容，并针对不同行业、不同地区、不同性质的投资项目的具体情况，确定相应的投资补助和贴息标准。

制定工作方案时，要符合有关行业规划、专项规划的要求。凡不涉及保密内容的，工作方案均应公开，以便于企业和地方政府遵照执行。

第二章　项目资金申请报告的申报

第九条　申请中央预算内投资补助或贴息资金的投资项目，应按照有关工作方案、投资政策的要求，向国家发展改革委报送资金申请报告。

第十条　按有关规定应报国务院或国家发展改革委审批、核准的项目，可在报送可行性研究报告或项目申请报告时一并提出资金申请，不再单独报送资金申请报告；也可在项目经审批或核准同意后，根据国家有关投资补助、贴息的政策要求，另行报送资金申请报告。

按有关规定应由地方政府审批的地方政府投资项目，应在可行性研究报告经有权审批单位批准后提出资金申请报告。

按有关规定应由地方政府核准或备案的企业投资项目，应在核准或备案后提出资金申请报告。

第十一条　资金申请报告应包括以下主要内容：

（一）项目单位的基本情况和财务状况；

（二）项目的基本情况，包括建设背景、建设内容、总投资及资金来源、技术工艺、各项建设条件落实情况等；

（三）申请投资补助或贴息资金的主要原因和政策依据；

（四）项目招标内容（适用于申请投资补助或贴息资金500万元及以上的投资项目）；

（五）国家发展改革委要求提供的其他内容。

已经国家发展改革委审批或核准的投资项目，其资金申请报告的内容可适当简化，重点论述申请投资补助或贴息资金的主要原因和政策依据。

第十二条　资金申请报告应附以下文件：

（一）政府投资项目的可行性研究报告批准文件；

（二）企业投资项目的核准或备案的批准文件；

（三）城市规划部门出具的城市规划选址意见（适用于城市规划区域内的投资项目）；

（四）国土资源部门出具的项目用地预审意见；

（五）环保部门出具的环境影响评价文件的审批意见；

（六）申请贴息的项目须出具项目单位与有关金融机构签订的贷款协议；

（七）项目单位对资金申请报告内容和附属文件真实性负责的声明；

（八）国家发展改革委要求提供的其他文件。

第十三条　凡已经由国务院、国家发展改革委审批或核准的投资项目，单独报送资金申请报告时，可不再附送第十二条所规定的第一、二、三、四、五项材料；

凡已经省级和计划单列市发展改革委审批或核准的投资项目，报送资金申请报告时可不再附送第十二条所规定的第三、四、五项材料；

申请使用的投资补助或贴息资金总额在200万元以下的投资项目，或根据有关规定集中申请的投资项目，报送的附件材料可适当简化。

第十四条　计划单列企业集团和中央管理企业可直接向国家发展改革委报送资金申请报告，并对申报材料的真实性负责。

地方政府投资项目和地方企业投资项目的资金申请报告，须报省级和计划单列市发展改革委初审；审查通过后，由省级和计划单列市发展改革委报送国家发展改革委。省级和计划单列市发展改革委要对审查结果和申报材料的真实性负责。

计划单列企业集团、中央管理企业、省级和计划单列市发展改革委统称为申报单位。

第十五条　在资金申请报告的上报过程中，如果需要经过有关行业管理部门的审核，应在工作方案中予以明确。

工作方案对资金申请报告的审核部门、上报程序有特定要求的，按其规定办理。

第三章　项目资金申请报告的审核和批复

第十六条　国家发展改革委主要从以下方面对资金申请报告进行审查：

（一）符合中央预算内投资资金的使用方向；

（二）符合有关工作方案的要求；

（三）符合投资补助和贴息资金的安排原则；

（四）提交的相关文件齐备、有效；

（五）项目的主要建设条件基本落实；

（六）符合国家发展改革委要求的其他条件。

第十七条 对申报材料不齐备的资金申请报告，国家发展改革委应通知申报单位在要求的时限内补充相关材料。

第十八条 国家发展改革委在审查资金申请报告时，可以根据需要委托有关机构或组织专家进行评估，必要时还应征求相关部门的意见。

第十九条 对于单个项目拟安排的投资补助或贴息资金数额超过3000万元的，可要求项目单位报送初步设计概算，并委托有关机构进行评审，根据评审结果决定投资补助或贴息资金的具体数额。

第二十条 国家发展改革委根据审查结果，对同意安排投资补助或贴息资金的资金申请报告做出批复，并将批复意见下达给申报单位。

资金申请报告的批复文件是下达中央预算内投资补助、贴息计划的依据。批复文件可单独办理，也可集中办理。

国家发展改革委根据资金申请报告的批复文件、项目建设进度和项目建设资金到位等情况，可一次或分次下达投资资金计划。

第二十一条 单个项目的投资补助或贴息资金原则上均为一次性安排。对于已经安排投资补助或贴息资金的投资项目，国家发展改革委不重复受理其资金申请报告。

第二十二条 投资补助主要采用货币补助方式，也可根据国家有关政策和项目具体情况，采用设备、材料等实物补助方式，由有关部门采用招标方式统一购置后配备给接受补助的项目单位。

第二十三条 对于投资补助资金超过项目总投资80%的非经营性地方政府投资项目，可以根据需要和有关规定采用“代建制”方式进行建设，将建成后的项目移交使用单位。

第二十四条 贴息率不得超过当期银行中长期贷款利率。贴息资金总额根据投资项目符合贴息条件的银行贷款总额、当年贴息率和贴息年限计算确定。原则上按项目的建设实施进度和贷款的实际发生额分期安排贴息资金。

第四章 项目实施管理

第二十五条 凡使用投资补助和贴息资金的项目，要严格执行国家有关政策要求，不得擅自改变主要建设内容和建设标准，不得转移、侵占或者挪用投资补助和贴息资金。

第二十六条 使用投资补助和贴息资金500万元及以上的项目，要严格按照经国家发展改革委核准的项目招标内容和有关招标投标的法律法规开展招标工作。

其他使用投资补助和贴息资金的项目，也要按照国家有关招标投标的法律法规依法开展招标工作。

第二十七条 国家发展改革委要求报告投资补助和贴息项目建设情况的，项目单位应按要求定期向国家发展改革委或其委托机构报告项目建设实施情况和重大事项。

第二十八条 投资项目不能按计划完成确定的建设目标的，项目单位应及时报告情况，说明原因，提出调整建议。国家发展改革委可视具体情况进行相应调整。

第二十九条 投资补助和贴息项目竣工后，国家发展改革委应及时对重点项目进行检查总结，必要时可委托中介机构进行后评价。

第三十条 国家发展改革委、有关行业主管部门和各级地方政府投资主管部门，要依据职责分工，对使用投资补助和贴息资金的项目加强监管，保证政府投资资金的合理使用。

计划单列企业集团、中央管理企业也要对本企业内使用投资补助和贴息资金的项目加强监管，保证项目能够按照国家的要求顺利建设实施，防止项目单位转移、侵占或者挪用投资补助和贴息资金。

第五章 监督检查和法律责任

第三十一条 国家发展改革委按照有关规定对投资补助和贴息项目进行稽察。财政、审计、监察等部门依据职能分工进行监督检查。

第三十二条 凡不涉及保密要求的投资补助和贴息项目，均应采取适当方式向社会公开。国家发展改革委接受单位、个人对投资补助和贴息项目在审批、建设过程中违法违规行为的举报，并按照有关规定予以查处。

第三十三条 项目单位有下列行为之一的，国家发展改革委可以责令其限期整改，核减、收回或停止拨付投资补助和贴息资金，并可视情节轻重提请或移交有关机关依法追究有关责任人的行政或法律责任：

（一）提供虚假情况，骗取投资补助和贴息资金的；

（二）违反程序未按要求完成项目前期工作的；

（三）转移、侵占或者挪用投资补助和贴息资金的；

（四）擅自改变主要建设内容和建设标准的；

（五）无正当理由未及时建设实施或竣工完成的；

（六）其他违反国家法律法规和本办法规定的行为。

第三十四条　申报单位指令或授意项目单位提供虚假情况、骗取投资补助和贴息资金的，一经查实，国家发展改革委五年之内不再受理其报送的资金申请报告；申报单位对项目单位的资金申请报告审查不严、造成投资补助和贴息资金损失的，视情节轻重，在一定时期内不再受理其报送的资金申请报告。

第三十五条　有关中介机构在评估过程中弄虚作假或提出的评估意见水平低下、严重失实的，国家发展改革委可以视情节轻重，给予通报批评、取消承担国家发展改革委咨询评估任务的资格、降低咨询资质等级等处罚，并采取适当方式向社会公布。

第三十六条　国家发展改革委工作人员有下列行为之一的，责令其限期整改，并依法追究有关责任人的行政责任；构成犯罪的，由司法机关依法追究刑事责任。

（一）滥用职权、玩忽职守、徇私舞弊、索贿受贿的；

（二）违反规定的程序和原则批准资金申请报告的；

（三）其他违反本办法规定的行为。

第六章　附　　则

第三十七条　本办法由国家发展改革委负责解释。

第三十八条　本办法自2005年8月1日起施行。

台资企业国家开发银行贷款暂行办法

（2005年12月27日）

第一章　总　　则

第一条　根据国务院台湾事务办公室（以下简称“国台办”）与国家开发银行（以下简称“开发银行”）签订的《开发性金融合作协议》，制定本办法。

第二条　开发银行台资企业贷款，适用国家颁布的法律、法规；执行开发银行有关贷款管理的规章制度。

第三条　台资企业申请开发银行贷款必须符合现行的国家产业政策和区域发展政策；必须符合开发银行项目资本金比例和信用建设要求。

第二章　贷款对象、贷款领域、贷款品种和利率

第四条　贷款对象

（一）台商在大陆注册的合作经营企业、合资经营企业、独资经营企业。包括大型企业和中小企业。

（二）经国务院批准的台商投资区以及经国务院有关部委批准的海峡两岸农业合作试验区、海峡两岸科技工业园区的基础设施建设项目。

第五条　贷款领域

（一）能源、交通、电子、原材料、农业等产业项目和园区建设项目；

（二）高新技术产业化项目，特别是具有自主知识产权的项目；

（三）适应国际市场需要的出口基地建设项目；

（四）资源开发与再生资源综合利用项目；

（五）有利于促进西部大开发、东北等老工业基地振兴、中部崛起等区域经济建设与社会发展项目；

（六）国台办及开发银行认为需要支持的项目。

第六条　贷款品种和利率

开发银行台资企业贷款分为中长期贷款和短期贷款；币种分为人民币贷款和外币贷款。贷款利率按照人民银行公布的利率政策执行。

第三章　贷 款 申 请

第七条　台资企业提供申请贷款的相关材料一式三份报所在地省级台办，省级台办审核后报国台办；大型台资企业集团可将申请材料直接报送国台办。有关文件和材料同时抄报台资企业所在地开发银行分行（含开发银行总行营业部，下同）。

第八条　申请材料

（一）贷款申请函；

（二）贷款项目的可行性研究报告（或项目建议书）；

（三）有权部门关于项目、土地、环保以及规划的审批文件（核准或备案），特殊项目除外；

（四）企业生产经营情况说明及财务报表；

（五）其他相关资料。

第四章　贷 款 初 评

第九条　国台办对所报贷款申请项目进行初步审核，将核准的项目以国台办经济局公函形式推荐到开发银行业务发展局。

第十条 开发银行业务发展局负责将国台办推荐的贷款项目通知总行相关部门和开发银行分行，对台资企业和贷款项目进行信用和债项评审。

第五章 贷款评审与决策

第十一条 开发银行贷款评审采用“信用评审与债项评审分离，信用评审先行”的二元评审方式。开发银行分别对台资企业的企业法人和建设项目进行评审，符合条件的可以承诺贷款。

第十二条 按照开发银行现行评审管理办法，申贷额3000万元人民币以上的项目，由总行决策；申贷额3000万元人民币以下的项目，由开发银行分行评审决策。

第六章 信贷合同签订及贷款管理

第十三条 贷款承诺后，由台资企业注册所在地开发银行分行与台资企业以及担保人签订信贷合同。合同签订后5个工作日内，台资企业负责将合同副本报省级台办或国台办备案。

第十四条 借款合同签订后，台资企业需在开发银行分行开立贷款账户、存款账户。

第十五条 开发银行按照合同约定向台资企业发放贷款，并按期收回贷款本息。

第十六条 开发银行贷款应专款专用。在出现台资企业挤占挪用贷款、资本金不到位、企业经营出现重大风险等情况时，开发银行有权停止贷款，并提前收回已发放贷款本息。

第十七条 台资企业应按合同要求定期将项目建设情况和生产经营情况上报开发银行所在地分行，开发银行有权对贷款进行专项检查。

第十八条 开发银行分行要加强贷款管理，并按照开发银行总行规定，将贷款承诺、合同签订、贷款发放、本息回收、资产质量、贷后管理等情况按季上报开发银行总行。开发银行综合计划局负责对台资项目的贷款情况进行单独统计。开发银行业务发展局负责将汇总情况及时通报国台办经济局。

第十九条 国台办经济局负责将反馈情况及时通报有关省级台办，便于各省级台办做好相关后续服务及跟踪工作。

第二十条 各省级台办负责跟踪已报国台办项目。省级台办和开发银行分行发现重大问题要及时上报国台办和开发银行总行，国台办与开发银行共同商定解决办法。

第七章 其　他

第二十一条 本办法由国台办和开发银行负责解释和修改。

第二十二条 本办法从印发之日起施行。

国家外汇管理局关于调整部分保险业务外汇管理政策有关问题的通知

汇发〔2006〕23号

国家外汇管理局各省、自治区、直辖市分局、外汇管理部，深圳、大连、青岛、厦门、宁波市分局；各中资外汇指定银行，各保险公司：

为进一步方便保险公司经营，促进保险业发展，国家外汇管理局决定调整部分保险业务外汇管理规定，现就有关问题通知如下：

一、经核准经营外汇保险业务的境内保险公司（包括中资保险公司、中外合资保险公司、外资独资保险公司和外国保险公司分公司）及其分支机构（以下简称“保险经营机构”），对符合《保险业务外汇管理暂行规定》（汇发〔2002〕95号）第三十三条、第三十四条规定条件，并以外汇进行计价、赔偿的保险合同，其外汇管理政策做如下调整：

（一）将保险经营机构以外汇收取保费的规定，调整为保险经营机构可以选择以人民币或外汇收取保费，但保险经营机构不得收取外币现钞。

（二）将保险经营机构以自有外汇支付赔偿或给付保险金的规定，调整为保险经营机构可凭有关保险合同、赔款计算书到外汇指定银行从其外汇账户中支付或购汇支付。

二、境内保险经营机构或保险资产管理公司根据经营需要，可以在外汇指定银行进行外币与外币间的兑换，调整其外汇资金币种。

三、取消境内保险公司办理境外再保险分出业务的购汇限制。经国家外汇管理局及其分局核准从事外汇再保险业务的境内保险经营机构，按照中国保险监督管理委员会的有关规定办理境内保险的境外再保险分出业务时，可根据实际经营需要，持分保合同、分保账单或分保支付清单等有效凭证，到外汇指定银行办理从其外汇账户中支付或购汇支付手续。

四、境内保险经营机构应按《国家外汇管理局关于报送保险外汇监管报表有关问题的通知》（汇发〔2003〕27号）填写“保险公司外汇保险业务统计表”，并在“备注”栏说明上一季度的境外再保险业务付汇情况；购汇支付的，应当列明有关购汇金额、购汇时间等内容。

五、本通知从2006年6月1日起开始施行。以前规定与本通知冲突的，以本通知为准。《国家外汇管理局、中国保险监督管理委员会关于境外再保险分出业务售付汇管理有关问题的通知》（汇发〔2003〕75号）同时废止。

收到本通知后，各分局应尽快转发至辖内保险公司、外资银行；各中资外汇指定银行应尽快转发至所属分支行。执行中如遇问题，请及时向国家外汇管理局反馈。

关于调整部分境外投资外汇管理政策的通知

国家外汇管理局　汇发[2006]27号

国家外汇管理局各省、自治区、直辖市分局、外汇管理部，深圳、大连、青岛、厦门、宁波市分局：

为适应对外经济发展的需要，完善鼓励境外投资的配套政策，便利境内投资者开展跨国经营，国家外汇管理局决定调整部分境外投资外汇管理政策。现就有关事项通知如下：

一、本通知所称境外投资是指我国境内各类法人（以下简称“境内投资者”）通过新设（独资、合资、合作等）、收购、兼并、参股、注资、股权置换等方式在境外设立企业或取得既有企业所有权或管理权等权益的行为。

二、境外投资应当符合国家境外投资产业政策，有利于促进生产要素跨境流动和优化配置。境内投资者到境外投资的项目须经有关主管部门核准。

三、境内投资者到境外投资所需外汇，可使用自有外汇、人民币购汇及国内外汇贷款。自2006年7月1日起，国家外汇管理局不再对各分局（外汇管理部）核定境外投资购汇额度。境内投资者的境外投资项目经有关主管部门核准后，按照现行外汇管理有关规定办理外汇资金购付汇核准手续。

四、境内投资者向有关主管部门提交境外投资项目核准申请或投资意向后，在获得正式批准前，经所在地国家外汇管理局分支局、外汇管理部（以下简称“外汇局”）核准，可以自有外汇、人民币购汇或国内外汇贷款向境外支付与境外投资项目相关的前期费用。

五、境内投资者汇出用于境外投资项目的前期费用，应符合以下规定用途：

（一）收购境外企业股权或境外资产权益，按项目所在地法律规定或出让方要求需缴纳的保证金；

（二）在境外项目招投标过程中，需支付的投标保证金；

（三）进行境外投资前，需进行市场调查、租用办公场地和设备、聘用人员，以及聘请境外中介机构提供服务所需的费用；

（四）其他与境外投资有关的前期费用。

六、境内投资者应持以下材料到所在地外汇局申请办理前期费用汇出的核准手续：

（一）书面申请（包括境外投资项目总投资额、各方出资额、出资方式、用汇金额，以及所需前期费用金额、用途和资金来源说明等）；

（二）境内投资者的营业执照或注册登记证明；

（三）境内投资者参与投标、并购或合资合作项目的相关文件（如中外方签署的意向书、备忘录或框架协议等）；

（四）境内投资者向所在地外汇局出具的书面承诺函（承诺所汇出的前期费用只用于经批准的境外投资

项目，如有违反，由境内投资者承担相关法律责任）；

（五）前期费用汇往境外账户的国别（地区）、境外账户开户行、开户人名称、账号的说明；

（六）外汇局要求的其他相关材料。

所在地外汇局审核材料无误后，签发资本项目外汇业务核准件。境内投资者凭核准件到所在地外汇指定银行办理购付汇手续。

七、境内投资者向所在地外汇局申请汇出的前期费用，一般不超过其向境内有关主管部门申请境外投资总额的15%；确因业务需要超过15%，由所在地外汇分局（外汇管理部）核准。

境内投资者经核准汇出境外的前期费用，列入境内投资者到境外投资项目的总额。外汇局在核准其项目全部投资资金汇出时，应核减其前期已汇出的费用金额。

八、境内投资者如需为境外投资项目开立境外账户，应按照境外外汇账户管理有关规定向所在地外汇局申请办理。

九、境内投资者自汇出前期费用之日起6个月内仍未完成境外投资项目核准程序的，应将境外账户剩余资金调回境内原汇出的外汇账户。所汇回的外汇资金如属人民币购汇的，持原购汇核准文件，到外汇指定银行办理结汇。

十、外汇局应加强对境外投资资金购付汇的审核、统计和监测工作，逐月将辖区内前期费用净发生额填入资本项目及附属项目流动及汇兑月报表1.2.1.3栏，并按规定向国家外汇管理局报告。

十一、境内投资者违反本通知规定，外汇局将依照《中华人民共和国外汇管理条例》等相关法规进行处罚。

十二、本通知自2006年7月1日起施行。以前规定与本通知相抵触的，按照本通知规定执行。

中小企业发展专项资金管理办法

中华人民共和国财政部　中华人民共和国国家发展和改革委员会

财企〔2006〕226号

第一章　总　　则

第一条　为了促进中小企业发展，规范中小企业发展专项资金的管理，根据《中华人民共和国预算法》和财政预算管理的有关规定，制定本办法。

第二条　中小企业发展专项资金（以下简称专项资金）是根据《中华人民共和国中小企业促进法》，由中央财政预算安排主要用于支持中小企业专业化发展、与大企业协作配套、技术进步和改善中小企业发展环境等方面的专项资金（不含科技型中小企业技术创新基金）。

第三条　中小企业的划分标准，按照原国家经贸委、原国家发展计划委员会、财政部、国家统计局联合下发的《中小企业标准暂行规定》（国经贸中小企[2003]143号）执行。

第四条　专项资金的管理和使用应当符合国家宏观经济政策、产业政策和区域发展政策，坚持公开、公正、公平的原则，确保专项资金的规范、安全和高效使用。

第五条　财政部负责专项资金的预算管理、项目资金分配和资金拨付，并对资金的使用情况进行监督检查。

国家发展和改革委员会负责确定专项资金的年度支持方向和支持重点，会同财政部对申报的项目进行审核，并对项目实施情况进行监督检查。

第二章　支持方式及额度

第六条　专项资金的支持方式采用无偿资助或贷款贴息方式。以自有资金为主投资的固定资产建设项目和改善中小企业发展环境的项目，一般采取无偿资助方式；以金融机构贷款为主投资的固定资产建设项目，一般采取贷款贴息方式。

申请专项资金的项目可选择其中一种支持方式，不得同时以两种方式申请专项资金。

第七条　专项资金无偿资助的额度，每个项目一般控制在200万元以内。

专项资金贷款贴息的额度，根据项目贷款额度及人民银行公布的同期贷款利率确定。每个项目的贴息期限一般不超过2年，贴息额度最多不超过200万元。

第八条　已通过其他渠道获取财政资金支持的项目，专项资金不再予以支持。

第三章　项目资金的申请

第九条　申请专项资金的企业或单位必须同时具备下列资格条件：

（一）具有独立的法人资格；

（二）财务管理制度健全；

（三）经济效益良好；

（四）会计信用和纳税信用良好。

第十条　申请专项资金的企业或单位应同时提供下列资料：

（一）法人执照副本及章程（复印件）；

（二）生产经营情况或业务开展情况；

（三）经会计师事务所审计的上一年度会计报表和审计报告（复印件）；

（四）其他需提供的资料。

第四章　项目资金的申报、审核及审批

第十一条　各省、自治区、直辖市及计划单列市财政部门和同级中小企业管理部门（简称省级财政部门和省级中小企业管理部门，下同）负责本地区项目资金的申请审核工作。

第十二条　省级中小企业管理部门应会同同级财政部门在本地区范围内公开组织项目资金的申请工作，并对申请企业的资格条件及相关资料进行审核。

第十三条　省级中小企业管理部门应会同同级财政部门建立专家评审制度，组织相关技术、财务、市场等方面的专家，依据本办法第三章的规定和当年度专项资金的支持方向和支持重点，对申请项目进行评审。

第十四条　省级财政部门应会同同级中小企业管理部门依据专家评审意见确定申报的项目，并在规定的时间内，将《中小企业发展专项资金申请书》、专家评审意见底稿和项目资金申请报告报送财政部、国家发展和改革委员会。

申报专项资金的项目应按照项目的重要性排列顺序。

第十五条　国家发展和改革委员会会同财政部对各地上报的申请报告及项目情况进行审核，并提出项目计划。

第十六条　财政部根据审核后的项目计划，确定项目资金支持方式，审定资金使用计划，将项目支出预算指标下达到省级财政部门，并根据预算规定及时拨付专项资金。

第十七条　承担固定资产投资项目的企业，收到的无偿资助项目专项资金，计入资本公积，由全体股东共享；收到的金融机构贷款财政贴息资金，冲减财务费用。

承担改善中小企业发展环境项目的企业或单位，收到的专项资金，按照财政部有关财务规定处理。

第五章　监督检查

第十八条　省级财政部门负责对专项资金的使用情况进行管理和监督；省级中小企业管理部门负责对项目实施情况进行管理和监督。财政部驻各地财政监察专员办事处，对专项资金的拨付使用情况及项目实施情况进行不定期的监督检查。

第十九条　承担固定资产投资项目的企业，应在项目建成后1个月内向省级财政部门和同级中小企业管理部门报送项目建设情况及专项资金的使用情况，不能按期完成的项目，需在原定项目建成期前书面说明不能按期完成的理由和预计完成日期；承担改善中小企业发展环境项目的企业或单位，应于年底前向省级财政部门和同级中小企业管理部门报送专项资金的使用情况。

第二十条　省级财政部门应会同同级中小企业管理部门每年对本地区中小企业使用专项资金的总体情况和项目建设情况进行总结，并于年度终了1个月内上报财政部、国家发展和改革委员会。

第二十一条　对弄虚作假骗取专项资金、不按规定用途使用专项资金的项目，财政部将收回全部资金。项目因故中止（不可抗力因素除外），财政部将收回全部专项资金。

第六章　附　则

第二十二条　省级财政部门和中小企业管理部门可根据本地实际情况，比照本办法制定具体的实施办法。

第二十三条　本办法由财政部会同国家发展和改革委员会负责解释。

第二十四条　本办法自发布之日起施行。《财政部、国家发展改革委关于印发〈中小企业发展专项资金管理暂行办法〉的通知》（财企[2004]185号）同时停止执行。

关于改进和加强中央财政科技经费管理的若干意见

财政部　科技部　国办发〔2006〕56号

在“十一五”开局之年，党中央、国务院召开了全国科技大会，做出了增强自主创新能力、建设创新型国家的重大战略决策，对实施《国家中长期科学和技术发展规划纲要（2006—2020年）》（以下简称《规划纲要》）进行了全面部署，我国的科技事业步入了新的历史时期。为全面贯彻落实《规划纲要》及其配套政策，在确保财政科技投入稳定增长的同时，必须进一步规范财政科技经费管理，提高经费使用效益。现就改进和加强中央（民口）财政科技经费管理提出以下意见：

一、完善科技资源配置的统筹协调和决策机制

1. 完善国家科技计划（基金等）及重大科技事项的决策机制。新设立（或在每个五年规划期后需延续设立）的国家科技计划（基金等）以及涉及国民经济、社会发展和国家安全的重大科技事项，要在科学论证的基础上，报请国家科教领导小组或国务院决策。

2. 建立部（局）际联席会议制度。定期交流部门年度重点科技工作，加强部门之间科技资源配置的协调沟通，推动科技资源共建共享，减少重复、分散和浪费。

3. 加强对地方科技资源配置和科技经费管理工作的指导和协调。构建中央、地方信息沟通平台，加强中央与地方之间科技资源配置的协调，发挥地方资源优势，联合推动重大科技项目的实施，推动区域创新体系的建设。

二、优化中央财政科技投入结构

4. 财政科技投入主要用于支持市场机制不能有效配置资源的基础研究、前沿技术研究、社会公益研究、重大共性关键技术研究开发等公共科技活动。

5. 根据科研活动规律、科技工作特点和财政预算管理要求，优化中央财政科技投入结构。中央财政科技投入主要分为以下五类：

——国家科技计划（基金等）经费。主要支持对经济社会发展、国家安全和科技发展具有重大作用的科学技术研究与开发。国家自然科学基金主要支持自由探索的基础研究。

——科研机构运行经费。主要用于从事基础研究和社会公益研究的科研机构的运行保障，结合科研机构管理体制和运行机制改革，逐步提高保障水平。

——基本科研业务费。主要用于支持公益性科研机构等的优秀人才或团队开展自主选题研究。

——公益性行业科研经费。主要用于支持公益性科研任务较重的行业部门，组织开展本行业应急性、培育性、基础性科研工作。

——科研条件建设经费。主要用于支持科研基础设施建设、科研机构基础设施维修和科研仪器设备购置、科技基础条件平台建设等。

《规划纲要》确定的重大专项经国务院批准后，统筹落实专项经费，以专项计划的形式逐项启动实施。

6. 合理配置各类财政科技经费，明确各类经费的功能定位，实行分类管理，避免重复交叉。

三、创新财政经费支持方式，推动产学研结合

7. 加大财政支持力度，改进国家科技计划（基金等）支持方式。国家有关科技计划项目要更多地反映企业重大科技需求，在具有明确市场应用前景的领域，应当由企业、高等院校、科研院所共同参与实施。建立健全产学研多种形式结合的新机制，促进科研院所与高等院校围绕企业技术创新需求服务，推动企业提高自主创新能力。

8. 财政对企业自主创新的支持要符合WTO和公共财政的原则，主要用于对共性技术和关键性技术研发的支持。要综合运用无偿资助、贷款贴息、风险投资等多种投入方式，加大对企业、高等院校、科研院所开展产学研合作的支持，积极推动产学研有机结合。

四、健全科研项目立项及预算评审评估制度

9. 根据不同科研项目的特点，建立健全专家咨询、

政府决策的立项机制，以及科研项目预算的编制与评审制度，积极引入第三方评估，提高科研项目立项及预算的科学性和规范性。

10. 完善专家参与科研项目管理的机制，建立评审专家库，完善评审专家的遴选、回避、信用和问责制度。

11. 提高科研项目管理的透明度。在符合国家保密规定的前提下，全面实行网上申报，逐步推行网上评审，积极实施公告、公示制度。

12. 建立全国统一的科研项目数据库。在符合国家保密规定的条件下，财政支持的科研项目，从申报、评审、立项、执行到验收等信息必须全部纳入数据库，避免或减少重复申报、重复立项等现象，同时，方便科研人员和科研管理人员了解全国科研项目的信息。

五、强化科研项目经费使用的监督管理

13. 建立和完善国家科技计划（基金等）经费管理制度。严格规定科研项目经费的开支范围与开支标准，重点规范人员费、会议费、差旅费、国际合作与交流费、协作研究费等支出的管理。

14. 加强科研项目经费支出的管理。科研项目经费支出要严格按照批准的预算执行，严禁违反规定自行调整预算和挤占挪用科研项目经费，严禁各项支出超出规定的开支范围和开支标准，严禁层层转拨科研项目经费和违反规定将科研任务外包。健全科研项目经费报账制度。

15. 健全科研项目经费的内部管理制度。各科研项目承担单位应当按照国家有关财务规章制度的规定，健全科研项目经费内部管理制度。科研项目承担单位要明确科研、财务等部门及项目负责人在科研项目经费使用与管理中的职责与权限。科研项目经费必须纳入单位财务统一管理，单独设账，专款专用。科研项目结余经费应严格按照国家有关财务规章制度和财政部结余资金管理的有关规定执行，不得归项目组成员所有、长期挂账，严禁用于发放奖金和福利支出。

16. 加强科研项目经费的监督检查。建立包括审计、财政、科技等部门和社会中介机构在内的财政科技经费监督体系，建立对科研项目的财务审计与财务验收制度。

17. 严格追究违法违纪单位和个人的责任。对违反国家财政法律制度和财经纪律的单位和个人，要给予追回财政拨款等处罚，取消其以后若干年度申请国家科研项目的资格，并向社会公告。同时建议有关部门给予单位和个人纪律处分。构成犯罪的，要依法移送司法机关追究刑事责任。

18. 逐步建立科研项目经费的绩效评价制度。对应用型科研项目，应明确项目的绩效目标，并对其执行过程与执行结果进行绩效评价。绩效评价的结果将成为单位和个人今后申请立项的重要依据。逐步建立国家科技计划（基金等）经费的绩效评价制度。

国防科技工业科技经费管理办法另行研究制订。

外国政府贷款项目前期管理工作规程（试行）

国家发展改革委办公厅　财政部办公厅

第一条　为进一步规范外国政府贷款项目管理，提高外国政府贷款使用效益，根据国家发展改革委和财政部关于外国政府贷款管理相关规章和制度，并结合外国政府对华提供发展援助的有关政策，制定本规程。

第二条　本规程适用于借用外国政府贷款项目的有关前期管理工作（日本政府贷款项目除外）。

第三条　财政部负责及时发布外国政府贷款信息公告，公布外国政府对华提供官方发展援助贷款规模、领域、贷款条件、采购条件等信息。外方有特定要求的，财政部将及时通报有关部门。

第四条　拟借用外国政府贷款的项目单位应通过项目所在地发展改革部门向省级发展改革部门提出列入外国政府贷款备选项目规划的申请，并抄送所在地财政部门。国务院有关部门、中央管理企业和计划单列企业集团（以下简称“中央项目单位”）直接向国家发展改革委提出列入外国政府贷款备选项目规划的申请，并抄送财政部。

第五条　省级发展改革部门收到项目单位提出的申请后，应征求省级财政部门意见。双方根据各自职能对项目申请进行初步审核同意后，由省级发展改革部门向

国家发展改革委提出列入外国政府贷款备选项目规划的申请，并抄送省级财政部门。

第六条 国家发展改革委对省级发展改革部门及中央项目单位上报的外国政府贷款备选项目进行审核，按季度向省级发展改革部门和中央项目单位下达外国政府贷款备选项目规划（以下简称“备选项目规划”），安排外债规模，并抄送财政部。省级发展改革部门将备选项目规划通知项目单位和省级财政部门。列入备选项目规划的项目自规划下达之日起有效期1年，如1年内未列入财政部拟对外提出的外国政府贷款备选项目清单（以下简称“备选项目清单”），该项目从备选项目规划中自动撤销。

第七条 已列入备选项目规划的项目，地方项目单位应通过所在地财政部门向省级财政部门提出拟利用外国政府贷款申请，并抄送所在地发展改革部门。省级财政部门对项目申请进行评审，对经评审符合要求的项目，省级财政部门向财政部上报利用外国政府贷款申请，并抄送省级发展改革部门；中央项目单位直接向财政部提出利用外国政府贷款申请，并抄送国家发展改革委。

第八条 财政部收到省级财政部门和中央项目单位的申请后，根据贷款国对项目领域的要求及贷款可用额度对项目进行审核，对符合各项要求的项目，纳入备选项目清单。财政部按季度向省级财政部门、中央项目单位和转贷银行下达备选项目清单，并抄送国家发展改革委。省级财政部门将备选项目清单抄送省级发展改革部门。列入备选项目清单的项目自清单下达之日起有效期1年，1年内未完成项目审批、核准或备案手续的项目从备选项目清单中自动撤销。

第九条 收到财政部下达的备选项目清单后，省级财政部门和中央项目单位应按照财政部关于外国政府贷款项目采购代理公司招标的有关规定，组织或指导、监督借款人选定采购代理公司，转贷银行开展转贷前期工作。

第十条 已列入备选项目清单的项目，由项目单位按程序向国家或省级发展改革部门办理项目审批、核准或备案手续。省级发展改革部门将项目批准文件抄送财政部金融司、省级财政部门，国家发展改革委将项目批准文件抄送财政部。

第十一条 对列入备选项目清单且经发展改革部门办理审批、核准、备案手续的项目，财政部适时提交外国政府和贷款机构，并及时将外国政府对有关项目审查或评估反馈的意见通知省级财政部门和中央项目单位，抄送国家发展改革委。省级财政部门将有关意见抄送省级发展改革部门。

第十二条 对财政部已对外提出且外方未提出异议的项目，地方项目单位经省级发展改革部门向国家发展改革委提交项目资金申请报告；中央项目单位向国家发展改革委提交项目资金申请报告。

由国务院和国家发展改革委审批项目可行性研究报告的，不再单独审批项目资金申请报告。

第十三条 国家发展改革委对项目资金申请报告审核后批复，并抄送财政部，省级发展改革部门通报省级财政部门。项目资金申请报告自批准之日起有效期2年，如2年内该项目未签署转贷协议，该批准文件自动失效。

第十四条 项目资金申请报告或由国务院及国家发展改革委审批的可行性研究报告经批准后，项目单位及采购代理公司根据批准的内容和外国政府在评估项目时所提具体要求，并按照外国政府贷款有关规章、制度和工作程序进行招标采购工作；转贷银行按照有关规定对外签署贷款协议，并与借款人签署转贷协议，其中由省级财政偿还或担保的项目，在省级财政部门确认债务或担保责任后办理签署转贷协议的相关手续。

第十五条 转贷协议生效前，项目发生变更事项的，应按以下情况分别办理相关手续：

（一）项目单位发生分立、合并、被兼并或项目改由其他单位实施的，原列入备选项目规划的项目相关批复文件自动作废，变更后的项目单位应按新项目照本规程规定的程序重新办理有关手续。

（二）列入备选项目规划的项目，增加外债规模及调整资金用途的，应将调整方案报国家发展改革委批准。列入备选项目清单的项目，如调整项目类别、贷款国别、转贷银行或增加贷款金额，由省级财政部门核准后，向财政部申请批准调整方案。

（三）项目资金申请报告批准后，调整贷款国别、增加外债规模及改变资金用途的，应按照本规程规定的程序将调整方案报国家发展改革委批准，并通过省级财政部门上报财政部审核同意后办理有关手续。

中央项目单位申请的项目发生上述变更事项的，向国家发展改革委和财政部申请办理有关手续。

第十六条 本规程自2006年11月9日起施行。

证券与保险法规

证券投资基金信息披露管理办法

第一章　总　　则

第一条　为规范证券投资基金（以下简称“基金”）信息披露活动，保护投资人及相关当事人的合法权益，根据《证券投资基金法》（以下简称《基金法》），制定本办法。

第二条　基金信息披露义务人应当按照法律、行政法规和中国证券监督管理委员会（以下简称“中国证监会”）的规定披露基金信息，并保证所披露信息的真实性、准确性和完整性。

基金信息披露义务人包括基金管理人、基金托管人、召集基金份额持有人大会的基金份额持有人等法律、行政法规和中国证监会规定的自然人、法人和其他组织。

第三条　基金信息披露义务人应当在中国证监会规定时间内，将应予披露的基金信息通过中国证监会指定的全国性报刊（以下简称“指定报刊”）和基金管理人、基金托管人的互联网网站（以下简称“网站”）等媒介披露，并保证投资人能够按照基金合同约定的时间和方式查阅或者复制公开披露的信息资料。

第四条　中国证监会及其派出机构依法对基金信息披露活动进行监督管理。

中国证监会根据基金信息披露活动情况，及时制定相关的内容与格式准则、编报规则；根据基金信息披露活动中存在的技术问题，及时做出规范解答。

证券交易所依法对基金信息披露活动进行自律管理。

第二章　基金信息披露一般规定

第五条　公开披露的基金信息包括：

（一）基金招募说明书；

（二）基金合同；

（三）基金托管协议；

（四）基金份额发售公告；

（五）基金募集情况；

（六）基金合同生效公告；

（七）基金份额上市交易公告书；

（八）基金资产净值、基金份额净值；

（九）基金份额申购、赎回价格；

（十）基金定期报告，包括基金年度报告、基金半年度报告和基金季度报告；

（十一）临时报告；

（十二）基金份额持有人大会决议；

（十三）基金管理人、基金托管人的基金托管部门的重大人事变动；

（十四）涉及基金管理人、基金财产、基金托管业务的诉讼；

（十五）澄清公告；

（十六）中国证监会规定的其他信息。

第六条　公开披露基金信息，不得有下列行为：

（一）虚假记载、误导性陈述或者重大遗漏；

（二）对证券投资业绩进行预测；

（三）违规承诺收益或者承担损失；

（四）诋毁其他基金管理人、基金托管人或者基金份额发售机构；

（五）登载任何自然人、法人或者其他组织的祝贺性、恭维性或推荐性的文字；

（六）中国证监会禁止的其他行为。

第七条　公开披露的基金信息应当采用中文文本。同时采用外文文本的，基金信息披露义务人应当保证 2 种文本的内容一致。2 种文本发生歧义的，以中文文本为准。

第八条　公开披露的基金信息应当采用阿拉伯数字；除特别说明外，货币单位应当为人民币元。

第三章　基金募集信息披露

第九条　基金募集申请经中国证监会核准后，基金管理人应当在基金份额发售的3日前，将基金招募说明书、基金合同摘要登载在指定报刊和网站上；基金管理人、基金托管人应当同时将基金合同、基金托管协议登载在网站上。

第十条　基金管理人应当就基金份额发售的具体事宜编制基金份额发售公告，并在披露招募说明书的当日登载于指定报刊和网站上。

第十一条　基金管理人应当在基金合同生效的次日在指定报刊和网站上登载基金合同生效公告。

第十二条　开放式基金的基金合同生效后，基金管理人应当在每6个月结束之日起45日内，更新招募说明书并登载在网站上，将更新后的招募说明书摘要登载在指定报刊上。

基金管理人应当在公告的15日前向中国证监会报送更新的招募说明书，并就有关更新内容提供书面说明。

第四章　基金运作信息披露

第十三条　基金份额获准在证券交易所上市交易的，基金管理人应当在基金份额上市交易的3个工作日前，将基金份额上市交易公告书登载在指定报刊和网站上。

第十四条　基金管理人应当至少每周公告1次封闭式基金的资产净值和份额净值。

第十五条　开放式基金的基金合同生效后，在开始办理基金份额申购或者赎回前，基金管理人应当至少每周公告1次基金资产净值和基金份额净值。

基金管理人应当在每个开放日的次日，通过网站、基金份额发售网点以及其他媒介，披露开放日的基金份额净值和基金份额累计净值。

第十六条　基金管理人应当公告半年度和年度最后1个市场交易日基金资产净值和基金份额净值。

基金管理人应当在前款规定的市场交易日的次日，将基金资产净值、基金份额净值和基金份额累计净值登载在指定报刊和网站上。

第十七条　基金管理人应当在开放式基金的基金合同、招募说明书等信息披露文件上载明基金份额申购、赎回价格的计算方式及有关申购、赎回费率，并保证投资人能够在基金份额发售网点查阅或者复制前述信息资料。

第十八条　基金管理人应当在每年结束之日起90日内，编制完成基金年度报告，并将年度报告正文登载于网站上，将年度报告摘要登载在指定报刊上。

基金年度报告的财务会计报告应当经过审计。

第十九条　基金管理人应当在上半年结束之日起60日内，编制完成基金半年度报告，并将半年度报告正文登载在网站上，将半年度报告摘要登载在指定报刊上。

第二十条　基金管理人应当在每个季度结束之日起15个工作日内，编制完成基金季度报告，并将季度报告登载在指定报刊和网站上。

第二十一条　基金合同生效不足2个月的，基金管理人可以不编制当期季度报告、半年度报告或者年度报告。

第二十二条　基金定期报告应当在公开披露的第2个工作日，分别报中国证监会和基金管理人主要办公场所所在地中国证监会派出机构备案。

报备应当采用电子文本和书面报告2种方式。

第五章　基金临时信息披露

第二十三条　基金发生重大事件，有关信息披露义务人应当在2日内编制临时报告书，予以公告，并在公开披露日分别报中国证监会和基金管理人主要办公场所所在地中国证监会派出机构备案。

前款所称重大事件，是指可能对基金份额持有人权益或者基金份额的价格产生重大影响的下列事件：

（一）基金份额持有人大会的召开；

（二）提前终止基金合同；

（三）基金扩募；

（四）延长基金合同期限；

（五）转换基金运作方式；

（六）更换基金管理人、基金托管人；

（七）基金管理人、基金托管人的法定名称、住所发生变更；

（八）基金管理人股东及其出资比例发生变更；

（九）基金募集期延长；

（十）基金管理人的董事长、总经理及其他高级管理人员、基金经理和基金托管人基金托管部门负责人发生变动；

（十一）基金管理人的董事在1年内变更超过50%；

（十二）基金管理人、基金托管人基金托管部门的主要业务人员在1年内变动超过30%；

（十三）涉及基金管理人、基金财产、基金托管业务的诉讼；

（十四）基金管理人、基金托管人受到监管部门的调查；

（十五）基金管理人及其董事、总经理及其他高级管理人员、基金经理受到严重行政处罚，基金托管人及其基金托管部门负责人受到严重行政处罚；

（十六）重大关联交易事项；

（十七）基金收益分配事项；

（十八）管理费、托管费等费用计提标准、计提方式和费率发生变更；

（十九）基金份额净值计价错误达基金份额净值0.5%；

（二十）基金改聘会计师事务所；

（二十一）变更基金份额发售机构；

（二十二）基金更换注册登记机构；

（二十三）开放式基金开始办理申购、赎回；

（二十四）开放式基金申购、赎回费率及其收费方式发生变更；

（二十五）开放式基金发生巨额赎回并延期支付；

（二十六）开放式基金连续发生巨额赎回并暂停接受赎回申请；

（二十七）开放式基金暂停接受申购、赎回申请后重新接受申购、赎回；

（二十八）中国证监会规定的其他事项。

第二十四条　召开基金份额持有人大会的，召集人应当至少提前30日公告基金份额持有人大会的召开时间、会议形式、审议事项、议事程序和表决方式等事项。

基金份额持有人依法自行召集持有人大会，基金管理人、基金托管人对基金份额持有人大会决定的事项不依法履行信息披露义务的，召集人应当履行相关信息披露义务。

第二十五条　在基金合同期限内，任何公共媒体中出现的或者在市场上流传的消息可能对基金份额价格产生误导性影响或者引起较大波动的，相关信息披露义务人知悉后应当立即对该消息进行公开澄清，并将有关情况立即报告中国证监会、基金上市交易的证券交易所。

第六章　信息披露事务管理

第二十六条　基金管理人、基金托管人应当建立健全信息披露管理制度，指定专人负责管理信息披露事务。

第二十七条　基金信息披露义务人公开披露基金信息，应当符合中国证监会相关基金信息披露内容与格式准则的规定；特定基金信息披露事项和特殊基金品种的信息披露，应当符合中国证监会相关编报规则的规定。

第二十八条　基金托管人应当按照相关法律、行政法规、中国证监会的规定和基金合同的约定，对基金管理人编制的基金资产净值、基金份额净值、基金份额申购赎回价格、基金定期报告和定期更新的招募说明书等公开披露的相关基金信息进行复核、审查，并向基金管理人出具书面文件或者盖章确认。

第二十九条　基金管理人、基金托管人应当在指定报刊中选择披露信息的报刊。

基金管理人、基金托管人除依法在指定报刊和网站上披露信息外，还可以根据需要在其他公共媒体披露信息，但是其他公共媒体不得早于指定报刊和网站披露信息，并且在不同媒介上披露同一信息的内容应当一致。

第三十条　为基金信息披露义务人公开披露的基金信息出具审计报告、法律意见书的专业机构，应当制作工作底稿，并将相关档案至少保存到基金合同终止后10年。

第三十一条　招募说明书公布后，应当分别置备于基金管理人、基金托管人和基金份额发售机构的住所，供公众查阅、复制。

上市交易公告书公布后，应当分别置备于基金管理人的住所和基金上市交易的证券交易所，供公众查阅、复制。

基金定期报告公布后，应当分别置备于基金管理人和基金托管人的住所，以及基金上市交易的证券交易所，供公众查阅、复制。

第七章　法律责任

第三十二条　基金信息披露义务人和为基金信息披露义务人公开披露的基金信息出具审计报告、法律意见书等文件的专业机构应当遵守《基金法》的有关规定。违反规定的，中国证监会依法给予行政处罚；涉嫌犯罪的，依法移送司法机关，追究刑事责任。

第三十三条　基金信息披露义务人的信息披露活动存在违反本办法的下列情形的，责令改正，处以警告，并处罚款；对直接负责的主管人员和其他直接责任人员给予警告，并处罚款，情节严重的，暂停或者取消基金从业资格：

（一）信息披露文件不符合中国证监会相关基金信息披露内容与格式准则的规定；

（二）信息披露文件不符合中国证监会相关编报规则的规定；

（三）未按规定履行信息披露文件备案、置备义务；

（四）年度报告的财务会计报告未经审计即予披露。

第三十四条　基金信息披露义务人的信息披露活动存在下列不依法披露基金信息情形的，按照《基金法》第九十三条的规定处罚：

（一）违反本办法第六条规定；

（二）未公开披露本办法第五条、第二十三条第二款规定的基金信息；

（三）未在中国证监会规定的时间内披露基金信息；

（四）未在指定报刊、网站等媒介披露基金信息；

（五）未能保证投资人按照基金合同约定的时间和方式查阅或者复制公开披露的信息资料；

（六）基金管理人在其他公共媒体上披露的信息早于规定媒介；

（七）基金管理人在不同媒介公开披露同一信息的内容不一致。

第三十五条 基金信息披露义务人的信息披露事务管理活动存在下列情形的，责令改正，处以警告，并处罚款；对直接负责的主管人员和其他直接责任人员给予警告，并处罚款，情节严重的，暂停或者取消基金从业资格：

（一）基金管理人、基金托管人的信息披露管理制度不健全；

（二）基金管理人、基金托管人未指定专人负责管理信息披露事务；

（三）基金托管人未按规定对公开披露的基金信息进行复核、审查或者确认；

（四）基金管理人、基金托管人未按照规定选择中国证监会指定的信息披露报刊。

第三十六条 为基金信息披露义务人公开披露的基金信息出具审计报告、法律意见书等文件的专业机构未勤勉尽责，致使所出具的文件含有虚假记载、误导性陈述或者有重大遗漏的，责令改正，给予警告，并处罚款。

第三十七条 对违反本办法规定的机构及其直接责任人员，依法作诚信档案记载。

第八章 附 则

第三十八条 本办法自2004年7月1日起施行。中国证监会发布的《证券投资基金信息披露指引》（证监发〔1999〕11号）同时废止。

证券投资基金管理公司管理办法

中国证券监督管理委员会令 2004年第22号

第一章 总 则

第一条 为了加强对证券投资基金管理公司的监督管理，规范证券投资基金管理公司的行为，保护基金份额持有人及相关当事人的合法权益，根据《证券投资基金法》、《公司法》和其他有关法律、行政法规，制定本办法。

第二条 本办法所称证券投资基金管理公司（以下简称基金管理公司），是指经中国证券监督管理委员会（以下简称中国证监会）批准，在中华人民共和国境内设立，从事证券投资基金管理业务的企业法人。

第三条 基金管理公司应当遵守法律、行政法规和中国证监会的规定，恪守诚信，审慎勤勉，忠实尽责，为基金份额持有人的利益管理和运用基金财产。

第四条 中国证监会及其派出机构依照《证券投资基金法》、《公司法》等法律、行政法规、中国证监会的规定和审慎监管原则，对基金管理公司及其业务活动实施监督管理。

第五条 基金行业的协会依据法律、行政法规、中国证监会的规定和自律规则，对基金管理公司及其业务活动进行自律管理。

第二章 基金管理公司的设立

第六条 设立基金管理公司，应当具备下列条件：

（一）股东符合《证券投资基金法》和本办法的规定；

（二）有符合《证券投资基金法》、《公司法》以及中国证监会规定的章程；

（三）注册资本不低于1亿元人民币，且股东必须以货币资金实缴，境外股东应当以可自由兑换货币出资；

（四）有符合法律、行政法规和中国证监会规定的拟任高级管理人员以及从事研究、投资、估值、营销等业务的人员，拟任高级管理人员、业务人员不少于15人，并应当取得基金从业资格；

（五）有符合要求的营业场所、安全防范设施和与业务有关的其他设施；

（六）设置了分工合理、职责清晰的组织机构和工作岗位；

（七）有符合中国证监会规定的监察稽核、风险控制等内部监控制度；

（八）经国务院批准的中国证监会规定的其他条件。

第七条　基金管理公司的主要股东是指出资额占基金管理公司注册资本的比例（以下简称出资比例）最高，且不低于25%的股东。

主要股东应当具备下列条件：

（一）从事证券经营、证券投资咨询、信托资产管理或者其他金融资产管理；

（二）注册资本不低于3亿元人民币；

（三）具有较好的经营业绩，资产质量良好；

（四）持续经营3个以上完整的会计年度，公司治理健全，内部监控制度完善；

（五）最近3年没有因违法违规行为受到行政处罚或者刑事处罚；

（六）没有挪用客户资产等损害客户利益的行为；

（七）没有因违法违规行为正在被监管机构调查，或者正处于整改期间；

（八）具有良好的社会信誉，最近3年在税务、工商等行政机关，以及金融监管、自律管理、商业银行等机构无不良记录。

第八条　基金管理公司除主要股东外的其他股东，注册资本、净资产应当不低于1亿元人民币，资产质量良好，且具备本办法第七条第二款第（四）项至第（八）项规定的条件。

第九条　中外合资基金管理公司中，出资比例最高的境内股东应当具备本办法第七条第二款规定的主要股东的条件；其他境内股东应当具备本办法第八条规定的条件。

中外合资基金管理公司的境外股东应当具备下列条件：

（一）为依其所在国家或者地区法律设立，合法存续并具有金融资产管理经验的金融机构，财务稳健，资信良好，最近3年没有受到监管机构或者司法机关的处罚；

（二）所在国家或者地区具有完善的证券法律和监管制度，其证券监管机构已与中国证监会或者中国证监会认可的其他机构签订证券监管合作谅解备忘录，并保持着有效的监管合作关系；

（三）实缴资本不少于3亿元人民币的等值可自由兑换货币；

（四）经国务院批准的中国证监会规定的其他条件。

香港特别行政区、澳门特别行政区和台湾地区的投资机构比照适用前款规定。

第十条　基金管理公司股东的出资比例应当符合中国证监会的规定。

基金管理公司的股东不得持有其他股东的股份或者拥有其他股东的权益；不得与其他股东同属1个实际控制人或者有其他关联关系。

中外合资基金管理公司外资出资比例或者拥有的权益比例，累计（包括直接持有和间接持有）不得超过国家证券业对外开放所做的承诺。

第十一条　1家机构或者受同一实际控制人控制的多家机构参股基金管理公司的数量不得超过两家，其中控股基金管理公司的数量不得超过1家。

第十二条　申请设立基金管理公司，申请人应当按照中国证监会的规定报送设立申请材料。

主要股东应当组织、协调设立基金管理公司的相关事宜，对申请材料的真实性、完整性负主要责任。

第十三条　申请期间申请材料涉及的事项发生重大变化的，申请人应当自变化发生之日起5个工作日内向中国证监会提交更新材料；股东发生变动的，应当重新报送申请材料。

第十四条　中国证监会依照《行政许可法》和《证券投资基金法》第十四条第一款的规定，受理基金管理公司设立申请，并进行审查，做出决定。

第十五条　中国证监会审查基金管理公司设立申请，可以采取下列方式：

（一）征求相关机构和部门关于股东条件等方面的意见；

（二）采取专家评审、核查等方式对申请材料的内容进行审查；

（三）自受理之日起5个月内现场检查基金管理公司设立准备情况。

第十六条　中国证监会批准设立基金管理公司的，申请人应当自收到批准文件之日起30日内向工商行政管理机关办理注册登记手续；凭工商行政管理机关核发的《企业法人营业执照》向中国证监会领取《基金管理资格证书》。

中外合资基金管理公司还应当按照法律、行政法规的规定，申领《外商投资企业批准证书》，并开设外汇资本金账户。

基金管理公司应当自工商注册登记手续办理完毕之日起10日内，在中国证监会指定的报刊上将公司成立事项予以公告。

第三章　基金管理公司的变更、解散

第十七条　基金管理公司变更下列重大事项，应当报中国证监会批准：

（一）变更股东、注册资本或者股东出资比例；

（二）变更名称、住所；

（三）修改章程；

（四）中国证监会规定的其他重大事项。

第十八条 基金管理公司变更股东、注册资本、股东出资比例后，股东的条件、股东的出资比例、股东参股基金管理公司的数量、注册资本等应当符合本办法第二章的规定。

第十九条 基金管理公司的股东处分其出资，应当遵守下列规定：

（一）股东转让出资应当诚实守信，遵守在认购、受让出资时所做的承诺，不得损害基金份额持有人的合法权益；

（二）股东转让出资应当遵守《公司法》关于其他股东享有优先购买权的规定，不得采取虚报转让价格等不正当手段损害其他股东的合法权益；

（三）股东与受让方应当就转让期间的有关事宜明确约定，确保不损害基金管理公司和基金份额持有人的合法权益，股东不得通过股权托管、信托合同、秘密协议等形式处分其出资；

（四）变更股东的事项未经中国证监会批准并履行相关法律程序，转让方应当继续履行股东义务，承担相应责任，受让方不得以任何形式行使股东权利；

（五）法律、行政法规和公司章程的其他规定。

第二十条 基金管理公司增加的注册资本，股东必须以货币资金实缴。

第二十一条 基金管理公司变更重大事项，应当自董事会或者股东会做出决议之日起 15 日内按照中国证监会的规定提出变更申请；涉及股东出资转让的，基金管理公司未按规定提出申请时，相关股东可以直接提出申请。

第二十二条 中国证监会依照《行政许可法》和《证券投资基金法》第十四条第二款的规定，受理基金管理公司变更重大事项的申请，并进行审查，做出决定。

第二十三条 中国证监会可以采取约请相关人员谈话、专家评审、核查等方式，审查基金管理公司变更重大事项的申请。

涉及变更基金管理公司主要股东、合计出资比例超过 50%以上的股东，或者提名董事人数最多的股东的，中国证监会比照本办法关于基金管理公司设立的规定进行审查。

第二十四条 基金管理公司的重大变更事项涉及变更工商登记的，基金管理公司应当自收到批准文件之日起 30 日内向工商行政管理机关办理变更登记手续。

变更为中外合资基金管理公司的，还应当按照有关规定申领《外商投资企业批准证书》，并开设外汇资本金账户。

第二十五条 基金管理公司高级管理人员的选任或者改任，应当按照法律、行政法规和中国证监会的规定办理。

第二十六条 基金管理公司的重大变更事项涉及《基金管理资格证书》内容变更的，基金管理公司应当向中国证监会换领《基金管理资格证书》。

第二十七条 基金管理公司应当按照法律、行政法规和中国证监会的规定将重大变更事项予以公告。

第二十八条 基金管理公司的解散，应当在中国证监会取消其基金管理资格后方可进行。

基金管理公司的解散应当按照《公司法》等法律、行政法规的规定办理。

第四章 基金管理公司分支机构的设立、变更、撤销

第二十九条 基金管理公司可以设立分公司或者中国证监会规定的其他形式的分支机构。

基金管理公司分支机构可以从事基金品种开发、基金销售及公司授权的其他业务活动。

第三十条 基金管理公司设立分支机构，应当具备下列条件：

（一）公司治理健全，内部监控完善，经营稳定，有较强的持续经营能力；

（二）公司最近 1 年内没有因违法违规行为受到行政处罚或者刑事处罚；

（三）公司没有因违法违规行为正在被监管机构调查，或者正处于整改期间；

（四）拟设立的分支机构有符合规定的名称、办公场所、业务人员、安全防范设施和与业务有关的其他设施；

（五）拟设立的分支机构有明确的职责和完善的管理制度；

（六）中国证监会规定的其他条件。

第三十一条 基金管理公司设立分支机构，应当自董事会或者股东会做出决议之日起 15 日内，按照中国证监会的规定报送申请材料。

第三十二条 中国证监会依照《行政许可法》和《证券投资基金法》第十四条第二款的规定，受理基金管理公司设立分支机构的申请，并进行审查，做出决定。

中国证监会可以对拟设立的分支机构进行现场检查。

第三十三条 基金管理公司变更、撤销分支机构，

应当自变更、撤销之日起 15 日内向中国证监会和分支机构所在地的中国证监会派出机构报告。

第三十四条　基金管理公司设立分支机构，应当自收到批准文件之日起 30 日内向工商行政管理机关办理登记注册手续。

基金管理公司变更、撤销分支机构，应当按照有关规定向工商行政管理机关办理有关手续。

第三十五条　基金管理公司应当按照法律、行政法规和中国证监会的规定将设立、变更或撤销分支机构的事项予以公告。

第五章　基金管理公司的治理和经营

第三十六条　基金管理公司应当按照《公司法》等法律、行政法规和中国证监会的规定，建立组织机构健全、职责划分清晰、制衡监督有效、激励约束合理的治理结构，保持公司规范运作，维护基金份额持有人的利益。

第三十七条　基金管理公司的股东应当履行法定义务，不得虚假出资、抽逃或者变相抽逃出资。

第三十八条　基金管理公司应当明确股东会的职权范围和议事规则。

基金管理公司应当建立和股东之间的业务隔离制度；股东应当通过股东会依法行使权利，不得越过股东会、董事会直接干预基金管理公司的经营管理或者基金财产的投资运作，不得在证券承销、证券投资等业务活动中要求基金管理公司为其提供配合，损害基金份额持有人和其他当事人的合法权益。

第三十九条　基金管理公司主要股东在公司不能正常经营时，应当召集其他股东及有关当事人，按照有利于保护基金份额持有人利益的原则妥善处理有关事宜。

第四十条　基金管理公司应当明确董事会的职权范围和议事规则，董事会应当按照法律、行政法规和公司章程的规定，制定公司基本制度，决策有关重大事项，监督、奖惩经营管理人员。

董事会和董事长不得越权干预经营管理人员的具体经营活动。

第四十一条　基金管理公司应当建立健全独立董事制度，独立董事人数不得少于 3 人，且不得少于董事会人数的 1/3。

董事会审议下列事项应当经过 2/3 以上的独立董事通过：

（一）公司及基金投资运作中的重大关联交易；

（二）公司和基金审计事务，聘请或者更换会计师事务所；

（三）公司管理的基金的半年度报告和年度报告；

（四）法律、行政法规和公司章程规定的其他事项。

第四十二条　基金管理公司应当建立健全督察长制度，督察长由董事会聘任，对董事会负责，对公司经营运作的合法合规性进行监察和稽核。

督察长发现公司存在重大风险或者有违法违规行为，应当告知总经理和其他有关高级管理人员，并向董事会、中国证监会和公司所在地中国证监会派出机构报告。

第四十三条　基金管理公司应当加强监事会或者执行监事对公司财务、董事会履行职责的监督作用，维护股东合法利益。

第四十四条　基金管理公司的总经理负责公司的经营管理。基金管理公司的高级管理人员及其他工作人员应当忠实、勤勉地履行职责，不得为股东、本人或者他人谋取不正当利益。

第四十五条　基金管理公司应当按照中国证监会的规定，建立科学合理、控制严密、运行高效的内部监控体系，制定科学完善的内部监控制度，保持经营运作合法、合规，保持公司内部监控健全、有效。

第四十六条　基金管理公司应当建立健全由授权、研究、决策、执行和评估等环节构成的投资管理系统，公平对待其管理的不同基金财产和客户资产。

第四十七条　基金管理公司应当建立完善的基金财务核算与基金资产估值系统，严格遵守国家有关规定，及时、准确和完整地反映基金财产的状况。

第四十八条　基金管理公司应当建立和维护信息管理系统，严格信息管理，保证客户资料等信息安全、真实和完整。

第四十九条　基金管理公司应当建立和完善客户服务标准，加强销售管理，规范基金宣传推介，不得有不正当销售行为和不正当竞争行为。

第五十条　基金管理公司按照审慎经营原则和业务发展需要，可以相应增加注册资本。

基金管理公司应当按照规定提取风险准备金。

第五十一条　基金管理公司应当按照中国证监会的规定，管理和运用固有资金。

基金管理公司管理、运用固有资金，应当保持公司的正常运营，不得损害基金份额持有人的合法权益。

第五十二条　基金管理公司应当建立有效的管理制度，加强对分支机构的管理，分支机构不得以承包、租赁、托管、合作等方式经营。

基金管理公司可以设立办事处，办事处不得从事经营性活动。

第五十三条 基金管理公司应当建立突发事件处理预案制度，对发生严重影响基金份额持有人利益、可能引起系统性风险、严重影响社会稳定的突发事件，按照预案妥善处理。

第六章 监督管理

第五十四条 基金管理公司、基金管理公司的股东申请批准有关事项，隐瞒有关情况或者提供虚假材料的，中国证监会不予受理；已经受理的，不予批准。

第五十五条 中国证监会依照法律、行政法规、中国证监会规定和审慎监管原则对基金管理公司的公司治理、内部监控、经营运作、风险状况，以及相关业务活动进行非现场检查和现场检查。

第五十六条 非现场检查主要以审阅基金管理公司报送材料的方式进行。

基金管理公司应当向中国证监会和所在地中国证监会派出机构报送下列材料：

（一）经具有从事证券相关业务资格的会计师事务所审计的基金管理公司年度报告；

（二）由具有从事证券相关业务资格的会计师事务所出具的基金管理公司内部监控情况的年度评价报告；

（三）监察稽核季度报告和年度报告；

（四）中国证监会根据审慎监管原则要求报送的其他材料。

第五十七条 基金管理公司应当自年度结束之日起3个月内报送基金管理公司年度报告和年度评价报告；自季度结束之日起15日内报送监察稽核季度报告，自年度结束之日起30日内报送监察稽核年度报告。

第五十八条 基金管理公司发生下列情形之一的，应当自发生之日起5日内向中国证监会和所在地中国证监会派出机构报告：

（一）公司股东的出资被司法机关采取诉讼保全等措施；

（二）公司股东处分其出资；

（三）公司股东发生合并、分立或者进行重大资产、债务重组；

（四）公司股东被监管机构或者司法机关立案调查；

（五）公司股东进入清算程序或者被接管；

（六）公司及其董事、高级管理人员、基金经理受到刑事、行政处罚；

（七）公司及其董事、高级管理人员、基金经理被监管机构或者司法机关调查；

（八）公司财务状况发生重大变化；

（九）对公司经营产生重大影响的其他事项。

基金管理公司发生本办法第五十三条规定的突发事件，应当立即向中国证监会和所在地中国证监会派出机构报告。

基金管理公司设立、变更或者撤销办事处，应当自设立、变更或者撤销之日起15日内向中国证监会和所在地中国证监会派出机构报告。

第五十九条 中外合资基金管理公司的境外股东，其注册地或主要经营活动所在地的主管当局对境外投资有备案要求的，该境外股东在依法取得中国证监会的批准文件后，如向其注册地或主要经营活动所在地的主管当局提交有关备案材料，应当同时将副本报送中国证监会。

第六十条 中国证监会可以采取下列措施对基金管理公司进行现场检查，并根据日常监管情况确定现场检查的对象、内容和频率：

（一）进入基金管理公司及其分支机构进行检查；

（二）要求基金管理公司提供与检查事项有关的文件、会议记录、报表、凭证和其他资料；

（三）询问基金管理公司的工作人员，要求其对有关检查事项做出说明；

（四）查阅、复制基金管理公司与检查事项有关的文件、资料，对可能被转移、隐匿或者毁损的文件、资料予以封存；

（五）检查基金管理公司运用电子计算机管理业务数据的系统；

（六）中国证监会规定的其他措施。

第六十一条 中国证监会对基金管理公司进行现场检查，检查人员不得少于2人，并应当出示合法证件；检查人员少于2人或者未出示合法证件的，基金管理公司有权拒绝检查。

中国证监会可以聘请注册会计师、律师等专业人员为检查工作提供专业服务。

第六十二条 基金管理公司及有关人员应当配合中国证监会进行检查，不得以任何理由拒绝、拖延提供有关资料，或者提供不真实、不准确、不完整的资料。

第六十三条 中国证监会对基金管理公司进行现场检查后，应当向被检查的基金管理公司出具检查结论。

第六十四条 基金管理公司违反法律、行政法规、中国证监会的规定或者存在较大经营风险的，中国证监会可以责令其整改，暂停办理相关业务；对直接负责的主管人员和其他直接责任人员，可以采取监管谈话、出具警示函、记入诚信档案、暂停履行职务、认定为不适宜担任相关职务者等行政监管措施。

基金管理公司整改结束，应当向中国证监会提交整改报告，中国证监会对其进行检查验收。

第六十五条 基金管理公司股东违反本办法第十九条的规定认购、转让出资，或者违反本办法第三十七条的规定不履行法定义务的，中国证监会可以责令其整改；对其有关董事、监事、高级管理人员，可以采取监管谈话、记入诚信档案、认定为不适宜担任相关职务者等行政监管措施。

第六十六条 基金管理公司、基金管理公司的股东及其直接负责的主管人员和其他直接责任人员违反法律、行政法规和中国证监会的规定，依法应予行政处罚的，依照有关规定进行行政处罚；涉嫌犯罪的，依法移送司法机关，追究其刑事责任。

第七章 附 则

第六十七条 本办法所称中外合资基金管理公司，包括境外股东与境内股东共同出资设立的基金管理公司和境外股东受让、认购境内基金管理公司股权而变更的基金管理公司。

第六十八条 自然人参股基金管理公司、基金管理公司采用股份有限公司形式和在境外设立分支机构的具体管理办法，由中国证监会另行规定。

第六十九条 本办法自2004年10月1日起施行。中国证券监督管理委员会令第9号《外资参股基金管理公司设立规则》同时废止。

证券投资基金销售管理办法

中国证券监督管理委员会令 2004年第20号

第一章 总 则

第一条 为了规范证券投资基金的销售活动，促进证券投资基金市场健康发展，根据《证券投资基金法》及其他有关法律、行政法规，制定本办法。

第二条 本办法所称证券投资基金（以下简称基金）销售，包括基金管理人或者基金管理人委托的其他机构（以下简称代销机构）宣传推介基金，发售基金份额，办理基金份额申购、赎回等活动。

第三条 基金管理人、代销机构从事基金销售活动，应当遵守法律、行政法规和中国证券监督管理委员会（以下简称中国证监会）的规定，不得损害国家利益、社会公共利益和投资人的合法权益。

第四条 基金管理人、代销机构从事基金销售活动，应当遵守基金合同、基金代销协议的约定，遵循公开、公平、公正的原则，诚实守信，勤勉尽责，恪守职业道德和行为规范。

第五条 中国证监会及其派出机构依照法律、行政法规和本办法的规定，对基金销售活动实施监督管理。

第六条 基金行业的协会依据法律、行政法规、中国证监会的规定和自律规则，对基金销售活动进行自律管理。

第二章 基金代销机构

第七条 基金销售由基金管理人负责办理；基金管理人可以委托取得基金代销业务资格的其他机构代为办理，未取得基金代销业务资格的机构，不得接受基金管理人委托，代为办理基金的销售。

第八条 商业银行、证券公司、证券投资咨询机构、专业基金销售机构，以及中国证监会规定的其他机构可以向中国证监会申请基金代销业务资格。

第九条 商业银行申请基金代销业务资格，应当具备下列条件：

（一）资本充足率符合国务院银行业监督管理机构的有关规定；

（二）有专门负责基金代销业务的部门；

（三）财务状况良好，运作规范稳定，最近3年内没有因违法违规行为受到行政处罚或者刑事处罚；

（四）具有健全的法人治理结构、完善的内部控制和风险管理制度，并得到有效执行；

（五）有与基金代销业务相适应的营业场所、安全防范设施和其他设施；

（六）有安全、高效的办理基金发售、申购和赎回业务的技术设施，基金代销业务的技术系统已与基金管理人、基金托管人、基金登记机构相应的技术系统进行了联机、联网测试，测试结果符合国家规定的标准；

（七）制定了完善的业务流程、销售人员执业操守、应急处理措施等基金代销业务管理制度；

（八）公司及其主要分支机构负责基金代销业务的部门取得基金从业资格的人员不低于该部门员工人数的1/2，部门的管理人员已取得基金从业资格，熟悉基金代销业务，并具备从事2年以上基金业务或者5年以上证券、金融业务的工作经历；

（九）中国证监会规定的其他条件。

第十条　证券公司申请基金代销业务资格，除具备本办法第九条第（二）项至第（九）项规定的条件外，还应当具备下列条件：

（一）净资本等财务风险监控指标符合中国证监会的有关规定；

（二）最近2年没有挪用客户资产等损害客户利益的行为；

（三）没有因违法违规行为正在被监管机构调查，或者正处于整改期间；

（四）没有发生已经影响或可能影响公司正常运作的重大变更事项，或者诉讼、仲裁等其他重大事项。

第十一条　证券投资咨询机构申请基金代销业务资格，除具备本办法第九条第（二）项至第（九）项和第十条第（三）项、第（四）项规定的条件外，还应当具备下列条件：

（一）注册资本不低于2千万元人民币，且必须为实缴货币资本；

（二）高级管理人员已取得基金从业资格，熟悉基金代销业务，并具备从事2年以上基金业务或者5年以上证券、金融业务的工作经历；

（三）持续从事证券投资咨询业务3个以上完整会计年度；

（四）最近3年没有代理投资人从事证券买卖的行为。

第十二条　专业基金销售机构申请基金代销业务资格，除具备本办法第九条第（三）项至第（七）项、第十条第（三）项和第（四）项，以及第十一条第（一）项和第（二）项规定的条件外，还应当具备下列条件：

（一）有符合规定的组织名称、组织机构和经营范围；

（二）主要出资人是依法设立的持续经营3个以上完整会计年度的法人，注册资本不低于3千万元人民币，财务状况良好，运作规范稳定，最近3年没有因违法违规行为受到行政处罚或者刑事处罚；

（三）取得基金从业资格的人员不少于30人，且不低于员工人数的1/2；

（四）中国证监会规定的其他条件。

第十三条　申请基金代销业务资格的机构，应当按照中国证监会的规定提交申请材料。

申请期间申请材料涉及的事项发生重大变化的，申请人应当自变化发生之日起5个工作日内向中国证监会提交更新材料。

第十四条　中国证监会依照《行政许可法》的规定，受理基金代销业务资格的申请，并进行审查，做出决定。

第十五条　中国证监会根据审慎监管原则，可以组织专家评审会对基金代销业务资格的申请进行评审。

第十六条　依法须办理工商变更登记的，申请人应当在收到批准文件后按照有关规定向工商行政管理机关办理变更登记手续。

第三章　基金宣传推介材料

第十七条　本办法所称基金宣传推介材料，是指为推介基金向公众分发或者公布，使公众可以普遍获得的书面、电子或其他介质的信息，包括：

（一）公开出版资料；

（二）宣传单、手册、信函等面向公众的宣传资料；

（三）海报、户外广告；

（四）电视、电影、广播、互联网资料及其他音像、通讯资料；

（五）中国证监会规定的其他材料。

第十八条　基金管理人和基金代销机构的基金宣传推介材料，应当事先经基金管理人的督察长检查，出具合规意见书，并报中国证监会备案。

中国证监会自收到备案材料之日起20个工作日内，依法进行审查，出具是否有异议的书面意见。

第十九条　基金宣传推介材料必须真实、准确，与基金合同、基金招募说明书相符，不得有下列情形：

（一）虚假记载、误导性陈述或者重大遗漏；

（二）预测该基金的证券投资业绩；

（三）违规承诺收益或者承担损失；

（四）诋毁其他基金管理人、基金托管人或基金代销机构，或者其他基金管理人募集或管理的基金；

（五）夸大或者片面宣传基金，违规使用安全、保证、承诺、保险、避险、有保障、高收益、无风险等可能使投资人认为没有风险的词语；

（六）登载单位或者个人的推荐性文字；

（七）中国证监会规定禁止的其他情形。

第二十条　基金宣传推介材料可以登载该基金、基金管理人管理的其他基金的过往业绩，但基金合同生效不足6个月的除外。

基金宣传推介材料登载过往业绩，基金合同生效6个月以上但不满1年的，应当登载从合同生效之日起计算的业绩；基金合同生效1年以上但不满10年的，应当登载自合同生效当年开始所有完整会计年度的业绩，宣传推介材料公布日在下半年的，还应登载当年上半年度的业绩；基金合同生效10年以上的，应当登载最近10个完整会计年度的业绩。

第二十一条　基金宣传推介材料登载该基金、基金管理人管理的其他基金的过往业绩，应当遵守下列规定：

（一）按照有关法律、行政法规的规定或者行业公认的准则计算基金的业绩表现数据；

（二）引用的统计数据和资料应当真实、准确，并注明出处，不得引用未经核实、尚未发生或者模拟的数据；

（三）真实、准确、合理地表述基金业绩和基金管理人的管理水平；

基金业绩表现数据应当经基金托管人复核。

第二十二条　基金宣传推介材料登载该基金、基金管理人管理的其他基金的过往业绩，基金管理人应当特别声明，基金的过往业绩并不预示其未来表现，基金管理人管理的其他基金的业绩并不构成新基金业绩表现的保证。

第二十三条　基金宣传推介材料对不同基金的业绩进行比较，应当使用可比的数据来源、统计方法和比较期间，并且有关数据来源、统计方法应当公平、准确，具有关联性。

第二十四条　基金宣传推介材料附有统计图表的，应当清晰、准确；提及第三方专业机构评价结果的，应当列明第三方专业机构的名称及评价日期。

第二十五条　基金宣传推介材料应当含有明确、醒目的风险提示和警示性文字，并使投资人在阅读过程中不易忽略，以提醒投资人注意投资风险，仔细阅读基金合同和基金招募说明书，了解基金的具体情况。

第二十六条　基金宣传推介材料含有基金获中国证监会核准内容的，应当特别声明中国证监会的核准并不代表中国证监会对该基金的风险和收益做出实质性判断、推荐或者保证。

第四章　基金销售费用

第二十七条　基金管理人应当在基金合同、招募说明书中载明收取销售费用的项目、条件和方式，在招募说明书中载明费率标准。

第二十八条　基金管理人发售基金份额、募集基金，可以收取认购费，但费率不得超过认购金额的5%。

基金管理人办理开放式基金份额的申购，可以收取申购费，但费率不得超过申购金额的5%。

认购费和申购费可以在基金份额发售或者申购时收取，也可以在赎回时从赎回金额中扣除。

第二十九条　基金管理人办理开放式基金份额的赎回，应当收取赎回费，但中国证监会另有规定的除外。

赎回费率不得超过基金份额赎回金额的5%，赎回费在扣除手续费后，余额不得低于赎回费总额的25%，并应当归入基金财产。

第三十条　基金管理人可以根据投资人的认购金额、申购金额的数量适用不同的认购、申购费率标准。

第三十一条　基金管理人可以对选择在赎回时缴纳认购费或者申购费的基金份额持有人，根据其持有基金份额的期限适用不同的认购、申购费率标准。

第三十二条　基金管理人可以根据基金份额持有人持有基金份额的期限适用不同的赎回费率标准。

第三十三条　基金管理人可以从开放式基金财产中计提销售服务费，用于基金的持续销售和服务基金份额持有人，具体管理办法由中国证监会另行规定。

第三十四条　基金行业的协会可以在自律规则中规定基金销售费用的最低标准。

第五章　销售业务规范

第三十五条　基金管理人、代销机构应当建立健全并有效执行基金销售业务制度和销售人员的持续培训制度，加强对基金销售业务合规运作和销售人员行为规范的检查和监督。

第三十六条　基金管理人、代销机构应当建立完善的基金份额持有人账户和资金账户管理制度，以及基金份额持有人资金的存取程序和授权审批制度。

第三十七条　基金管理人、代销机构应当建立健全档案管理制度，妥善保管基金份额持有人的开户资料和与销售业务有关的其他资料，保存期不少于15年。

第三十八条　专业基金销售机构应当专营基金代销业务，但中国证监会另有规定的除外。

第三十九条　基金管理人委托其他机构办理基金销售业务的，被委托的机构应当取得基金代销业务资格。

未经基金管理人或者代销机构聘任，任何人员不得从事基金销售活动；从事宣传推介基金活动的人员还应当取得基金从业资格。

第四十条　基金管理人委托代销机构办理基金的销售，应当与其签订书面代销协议，约定支付报酬的比例和方式，明确双方的权利和义务；未经签订书面代销协议，代销机构不得办理基金的销售。

代销机构应当将基金代销业务资格的证明文件置备于基金销售网点的显著位置，不得委托其他机构代为办理基金的销售。

基金管理人对代销机构从事基金销售活动负有监督检查义务，发现代销机构违规销售基金的，应当予以制止；情节严重的，应当按约定解除代销协议。

第四十一条 基金募集申请获得中国证监会核准前，基金管理人、代销机构不得办理基金销售业务，不得向公众分发、公布基金宣传推介材料或者发售基金份额。

第四十二条 基金管理人应当对基金宣传推介材料的内容负责，确保向公众分发、公布的材料与备案的材料一致。

代销机构使用的基金宣传推介材料，应当与备案的材料一致，基金管理人应当审查、检查代销机构使用的材料。

第四十三条 基金管理人、代销机构应当在有证券投资基金托管业务资格的商业银行开立与基金销售有关的账户，并由该银行对账户内的资金进行监督。

基金管理人应当将基金募集期间募集的资金存入专门账户，在基金募集行为结束前，任何人不得动用。

第四十四条 开放式基金合同生效后，基金管理人、代销机构应当按照法律、行政法规、中国证监会的规定和基金合同、代销协议的约定，办理基金份额的申购、赎回，不得擅自停止办理基金份额的发售或者拒绝投资人的申购、赎回。

第四十五条 基金管理人、代销机构应当按照基金合同的约定和招募说明书的规定向投资人收取销售费用，并如实核算、记账；基金管理人、代销机构未经基金合同约定，不得向投资人收取额外费用；未经招募说明书载明并公告，不得对不同投资人适用不同费率。

基金管理人应当按照代销协议的约定向代销机构支付报酬，并如实核算、记账。

第四十六条 基金管理人、代销机构应当依法为投资人保守秘密，不得泄漏投资人买卖、持有基金份额的信息或者其他信息。

第四十七条 基金管理人、代销机构从事基金销售活动，不得有下列情形：

（一）以排挤竞争对手为目的，压低基金的收费水平；

（二）采取抽奖、回扣或者送实物、保险、基金份额等方式销售基金；

（三）以低于成本的销售费率销售基金；

（四）募集期间对认购费打折；

（五）承诺利用基金资产进行利益输送；

（六）挪用基金份额持有人的认购、申购、赎回资金；

（七）本办法第十九条规定的情形；

（八）中国证监会规定禁止的其他情形。

第六章 监督管理和法律责任

第四十八条 基金管理人应当自签订代销协议之日起7日内，将代销协议报送中国证监会。

第四十九条 基金管理人的督察长应当检查基金募集期间基金销售活动的合法合规情况，并自基金募集行为结束之日起10日内编制专项报告，予以存档备查。

第五十条 基金管理人的督察长应当定期检查基金销售活动的合法合规情况，在监察稽核季度报告中做专项说明，并报送中国证监会。

第五十一条 中国证监会及其派出机构对基金管理人、基金代销机构从事基金销售活动的情况进行定期或者不定期检查，基金管理人、基金代销机构应当予以配合。

第五十二条 基金管理人、代销机构违反本办法规定的，中国证监会及其派出机构可以责令整改，暂停办理相关业务；对直接负责的主管人员和其他直接责任人员，可以采取监管谈话、出具警示函、记入诚信档案、暂停履行职务、认定为不适宜担任相关职务者等行政监管措施。

第五十三条 基金管理人、代销机构及其直接负责的主管人员和其他直接责任人员违反本办法规定从事基金销售活动，中国证监会依照法律、行政法规的有关规定进行行政处罚；法律、行政法规未做规定的，依照本办法的规定进行行政处罚；涉嫌犯罪的，依法移送司法机关，追究其刑事责任。

第五十四条 商业银行、证券公司、证券投资咨询机构、专业基金销售机构，以及中国证监会规定的其他机构申请基金代销业务资格，隐瞒有关情况或者提供虚假材料的，中国证监会不予受理；已经受理的，不予批准，并处以警告。

第五十五条 未取得基金代销业务资格，擅自开办基金销售业务的，责令改正，并处以警告、罚款；对直接负责的主管人员和其他直接责任人员，处以警告、罚款。

第五十六条 专业基金销售机构未按照本办法第三十八条的规定专营基金代销业务，或者代销机构未按照本办法第四十条第二款的规定置备资格证明文件或违反规定，委托其他机构代为办理基金销售的，责令改正，并处以警告、罚款；情节严重的，责令暂停或者终止基金代销业务；对直接负责的主管人员和其他直接责任人员，处以警告、罚款。

第五十七条 基金管理人违反本办法第三十九条第一款的规定，委托未取得基金代销业务资格的机构代为办理基金销售的，责令改正，并处以警告、罚款；对直接负责的主管人员和其他直接责任人员，处以警告、罚款。

第五十八条 基金管理人、代销机构从事基金销售活动，有下列情形之一的，责令改正，单处或者并处警告、罚款；对直接负责的主管人员和其他直接责任人员，单处或者并处警告、罚款：

（一）违反本办法第三十九条第二款的规定，允许未经聘任的人员销售基金或者未取得基金从业资格的人员宣传推介基金；

（二）未按照本办法第四十条第一款的规定签订书面代销协议；

（三）违反本办法第四十一条的规定，擅自向公众分发、公布基金宣传推介材料；

（四）未按照本办法第四十二条的规定使用基金宣传推介材料；

（五）未按照本办法第四十三条的规定开立与基金销售有关的账户；

（六）违反本办法第四十四条的规定，擅自停止办理基金份额发售或者拒绝投资人的申购、赎回；

（七）未按照本办法第四十五条第一款的规定收取销售费用并核算、记账；

（八）未按照本办法第四十六条的规定为投资人保守秘密；

（九）从事本办法第四十七条规定禁止的行为；

（十）未按照本办法第五十一条的规定配合中国证监会及其派出机构进行监督检查。

代销机构违反前款规定，情节严重的，责令暂停或者终止基金代销业务。

第五十九条 基金管理人从事基金销售活动，有下列情形之一的，责令改正，单处或者并处警告、罚款；对直接负责的主管人员和其他直接责任人员，单处或者并处警告、罚款：

（一）未按照本办法第四十条第三款的规定履行监督检查义务；

（二）未按照本办法第四十五条第二款的规定向代销机构支付报酬并核算、记账；

（三）未按照本办法第四十八条的规定报送代销协议；

（四）未按照本办法第四十九条的规定进行自查，并编制专项监察稽核报告；

（五）未按照本办法第五十条的规定检查基金销售活动的合法合规情况，并做专项说明。

第六十条 代销机构被责令暂停基金代销业务的，暂停期间不得从事下列活动：

（一）签订新的代销协议；

（二）宣传推介基金；

（三）发售基金份额；

（四）办理基金份额申购。

代销机构被责令终止基金代销业务的，应当停止基金销售活动。

代销机构被责令暂停或者终止基金代销业务的，基金管理人应当妥善处理有关投资人的基金份额的申购、赎回，并可按照代销协议的约定，依法要求代销机构赔偿有关损失。

第七章 附 则

第六十一条 本办法自2004年7月1日起施行。中国证监会《关于代理证券投资基金销售业务的商业银行完善内部合规控制制度和员工行为规范的指导意见》（证监发〔2001〕150号）、《关于证券公司办理开放式基金代销业务有关问题的通知》（证监基金字〔2002〕33号）、《证券投资基金销售管理暂行规定》（证监基金字〔2002〕66号）同时废止。

证券投资基金运作管理办法

中国证券监督管理委员会令 2004年第21号

第一章 总 则

第一条 为了规范证券投资基金运作活动，保护投资人的合法权益，促进证券投资基金市场健康发展，根据《证券投资基金法》及其他有关法律、行政法规，制定本办法。

第二条 本办法适用于证券投资基金（以下简称基金）的募集、基金份额的申购和赎回、基金财产的投资、基金收益的分配、基金份额持有人大会的召开，以及其他基金运作活动。

第三条 从事基金运作活动，应当遵守法律、行政法规和中国证券监督管理委员会（以下简称中国证监会）的规定，遵循自愿、公平、诚实信用原则，不得损害国家利益和社会公共利益。

第四条 中国证监会及其派出机构依照法律、行政法规、本办法的规定和审慎监管原则，对基金运作活动实施监督管理。

第五条 基金行业的协会依据法律、行政法规、中国证监会的规定和自律规则，对基金运作活动进行自律管理。

第二章 基金的募集

第六条 申请募集基金，拟任基金管理人、基金托管人应当具备下列条件：

（一）拟任基金管理人为依法设立的基金管理公司，拟任基金托管人为具有基金托管资格的商业银行；

（二）有符合中国证监会规定的、与管理和托管拟募集基金相适应的基金经理等业务人员；

（三）基金的投资管理、销售、登记和估值等业务环节制度健全，行为规范，不存在影响基金正常运作、损害或者可能损害基金份额持有人合法权益的情形；

（四）最近1年内没有因违法违规行为受到行政处罚或者刑事处罚；

（五）没有因违法违规行为正在被监管机构调查，或者正处于整改期间；

（六）不存在对基金运作已经造成或可能造成不良影响的重大变更事项，或者诉讼、仲裁等其他重大事项；

（七）不存在公司治理不健全、经营管理混乱、内部控制和风险管理制度无法得到有效执行、财务状况恶化等重大经营风险；

（八）拟任基金管理人前只获准募集的基金，基金合同已经生效，或者募集期限届满，不能满足本办法第十二条规定的条件，自返还全部投资人已缴纳的款项及其利息之日起已满6个月；

（九）中国证监会根据审慎监管原则规定的其他条件。

第七条 申请募集基金，拟募集的基金应当具备下列条件：

（一）有明确、合法的投资方向；

（二）有明确的基金运作方式；

（三）符合中国证监会关于基金品种的规定；

（四）不与拟任基金管理人已管理的基金雷同；

（五）基金合同、招募说明书等法律文件草案符合法律、行政法规和中国证监会的规定；

（六）基金名称表明基金的类别和投资特征，不存在损害国家利益、社会公共利益，欺诈、误导投资人，或者其他侵犯他人合法权益的内容；

（七）中国证监会根据审慎监管原则规定的其他条件。

第八条 基金管理人申请募集基金，应当按照《证券投资基金法》和中国证监会的规定提交申请材料。

申请期间申请材料涉及的事项发生重大变化的，基金管理人应当自变化发生之日起5个工作日内向中国证监会提交更新材料。

第九条 中国证监会依照《行政许可法》和《证券投资基金法》第三十九条的规定，受理基金募集申请，并进行审查，做出决定。

第十条 中国证监会根据审慎监管原则，可以组织专家评审会对基金募集申请进行评审。

第十一条 基金募集期限自基金份额发售之日起不得超过3个月。

第十二条 基金募集期限届满，募集的基金份额总额符合《证券投资基金法》第四十四条的规定，并具备下列条件的，基金管理人应当按照规定办理验资和基金备案手续：

（一）基金募集份额总额不少于2亿份，基金募集金额不少于2亿元人民币；

（二）基金份额持有人的人数不少于2百人。

第十三条 中国证监会自收到基金管理人验资报告和基金备案材料之日起3个工作日内予以书面确认；自中国证监会书面确认之日起，基金备案手续办理完毕，基金合同生效。

基金管理人应当在收到中国证监会确认文件的次日予以公告。

第十四条 基金募集期间的信息披露费、会计师费、律师费以及其他费用，不得从基金财产中列支；基金收取认购费的，可以从认购费中列支。

第三章 基金份额的申购和赎回

第十五条 开放式基金的基金合同应当约定，并在招募说明书中载明基金管理人办理基金份额申购、赎回业务的日期（以下简称开放日）和时间。

第十六条 开放式基金的基金合同可以约定基金管理人自基金合同生效之日起一定期限内不办理赎回；但约定的期限不得超过3个月，并应当在招募说明书中载明。

第十七条　开放式基金份额的申购、赎回价格，依据申购、赎回日基金份额净值加、减有关费用计算。开放式基金份额的申购、赎回价格具体计算方法应当在基金合同和招募说明书中载明。

开放式基金份额净值，应当按照每个开放日闭市后，基金资产净值除以当日基金份额的余额数量计算。具体计算方法应当在基金合同和招募说明书中载明。

第十八条　基金管理人不得在基金合同约定之外的日期或者时间办理基金份额的申购、赎回或者转换。

投资人在基金合同约定之外的日期和时间提出申购、赎回或者转换申请的，其基金份额申购、赎回价格为下次办理基金份额申购、赎回时间所在开放日的价格。

第十九条　投资人申购基金份额时，必须全额交付申购款项，但中国证监会规定的特殊基金品种除外；投资人交付款项，申购申请即为有效。

第二十条　基金管理人应当自收到投资人申购、赎回申请之日起3个工作日内，对该申购、赎回的有效性进行确认。

基金管理人应当自接受投资人有效赎回申请之日起7个工作日内支付赎回款项，但中国证监会规定的特殊基金品种除外。

第二十一条　开放式基金的基金合同可以约定基金达到一定的规模后，基金管理人不再接受认购、申购申请，但应当在招募说明书中载明。

基金管理人在基金募集期间不得调整基金合同约定的基金规模。基金合同生效后，基金管理人可以按照基金合同的约定，根据实际情况调整基金规模，但应当提前3日公告，并更新招募说明书。

第二十二条　开放式基金的基金合同可以对单个基金份额持有人持有基金份额的比例或者数量设置限制，但应当在招募说明书中载明。

第二十三条　开放式基金单个开放日净赎回申请超过基金总份额的10%的，为巨额赎回。

开放式基金发生巨额赎回的，基金管理人当日办理的赎回份额不得低于基金总份额的10%，对其余赎回申请可以延期办理。

第二十四条　开放式基金发生巨额赎回的，基金管理人对单个基金份额持有人的赎回申请，应当按照其申请赎回份额占当日申请赎回总份额的比例，确定该单个基金份额持有人当日办理的赎回份额。

基金份额持有人可以在申请赎回时选择将当日未获办理部分予以撤销。基金份额持有人未选择撤销的，基金管理人对未办理的赎回份额，可延迟至下一个开放日办理，赎回价格为下一个开放日的价格。

第二十五条　开放式基金发生巨额赎回并延期办理的，基金管理人应当通过邮寄、传真或者招募说明书规定的其他方式，在3个交易日内通知基金份额持有人，说明有关处理方法，同时在指定报刊及其他相关媒体上予以公告。

第二十六条　开放式基金连续发生巨额赎回，基金管理人可按基金合同的约定和招募说明书的规定，暂停接受赎回申请；已经接受的赎回申请可以延缓支付赎回款项，但延缓期限不得超过20个工作日，并应当在指定报刊及其他相关媒体上予以公告。

第二十七条　开放式基金的基金合同可以约定，单个基金份额持有人在单个开放日申请赎回基金份额超过基金总份额一定比例的，基金管理人可以按照本办法第二十六条的规定暂停接受赎回申请或者延缓支付。

第二十八条　开放式基金应当保持不低于基金资产净值5%的现金或者到期日在1年以内的政府债券，以备支付基金份额持有人的赎回款项，但中国证监会规定的特殊基金品种除外。

第四章　基金的投资和收益分配

第二十九条　基金合同和基金招募说明书应当按照下列规定载明基金的类别：

（一）60%以上的基金资产投资于股票的，为股票基金；

（二）80%以上的基金资产投资于债券的，为债券基金；

（三）仅投资于货币市场工具的，为货币市场基金；

（四）投资于股票、债券和货币市场工具，并且股票投资和债券投资的比例不符合第（一）项、第（二）项规定的，为混合基金；

（五）中国证监会规定的其他基金类别。

第三十条　基金名称显示投资方向的，应当有80%以上的非现金基金资产属于投资方向确定的内容。

第三十一条　基金管理人运用基金财产进行证券投资，不得有下列情形：

（一）1只基金持有1家上市公司的股票，其市值超过基金资产净值的10%；

（二）同一基金管理人管理的全部基金持有1家公司发行的证券，超过该证券的10%；

（三）基金财产参与股票发行申购，单只基金所申报的金额超过该基金的总资产，单只基金所申报的股票数量超过拟发行股票公司本次发行股票的总量；

（四）违反基金合同关于投资范围、投资策略和投资比例等约定；

（五）中国证监会规定禁止的其他情形。

完全按照有关指数的构成比例进行证券投资的基金品种可以不受前款第（一）项、第（二）项规定的比例限制。

第三十二条 基金管理人应当自基金合同生效之日起6个月内使基金的投资组合比例符合基金合同的有关约定。

第三十三条 因证券市场波动、上市公司合并、基金规模变动等基金管理人之外的因素致使基金投资不符合本办法第三十一条第一款第（一）项、第（二）项规定的比例或者基金合同约定的投资比例的，基金管理人应当在10个交易日内进行调整。

第三十四条 下列与基金有关的费用可以从基金财产中列支：

（一）基金管理人的管理费；

（二）基金托管人的托管费；

（三）基金合同生效后的信息披露费用；

（四）基金合同生效后的会计师费和律师费；

（五）基金份额持有人大会费用；

（六）基金的证券交易费用；

（七）按照国家有关规定和基金合同约定，可以在基金财产中列支的其他费用。

第三十五条 封闭式基金的收益分配，每年不得少于1次，封闭式基金年度收益分配比例不得低于基金年度已实现收益的90%。

开放式基金的基金合同应当约定每年基金收益分配的最多次数和基金收益分配的最低比例。

第三十六条 基金收益分配应当采用现金方式。

开放式基金的基金份额持有人可以事先选择将所获分配的现金收益，按照基金合同有关基金份额申购的约定转为基金份额；基金份额持有人事先未做出选择的，基金管理人应当支付现金。

第五章 基金份额持有人大会

第三十七条 除《证券投资基金法》第七十一条第（一）项至第（五）项规定的事项外，基金合同还应当按照中国证监会的规定，约定对基金合同当事人权利、义务产生重大影响，须召开基金份额持有人大会的变更合同等其他事项。

第三十八条 基金托管人认为有必要召开基金份额持有人大会的，应当向基金管理人提出书面提议。基金管理人应当自收到书面提议之日起10日内决定是否召集，并书面告知基金托管人。

基金管理人决定召集的，应当自出具书面决定之日起60日内召开；基金管理人决定不召集，基金托管人仍认为有必要召开的，应当自行召集。

第三十九条 代表基金份额10%以上的基金份额持有人认为有必要召开基金份额持有人大会的，应当向基金管理人提出书面提议。基金管理人应当自收到书面提议之日起10日内决定是否召集，并书面告知提出提议的基金份额持有人代表和基金托管人。

基金管理人决定召集的，应当自出具书面决定之日起60日内召开；基金管理人决定不召集，代表基金份额10%以上的基金份额持有人仍认为有必要召开的，应当向基金托管人提出书面提议。

基金托管人应当自收到书面提议之日起10日内决定是否召集，并书面告知提出提议的基金份额持有人代表和基金管理人；基金托管人决定召集的，应当自出具书面决定之日起60日内召开。

第四十条 基金管理人和基金托管人都不召集基金份额持有人大会的，基金份额持有人可以按照《证券投资基金法》第七十二条第二款的规定自行召集基金份额持有人大会。

基金份额持有人自行召集基金份额持有人大会的，应当至少提前30日向中国证监会备案。

第四十一条 基金份额持有人依法自行召集基金份额持有人大会的，基金管理人、基金托管人应当配合，不得阻碍、干扰。

第四十二条 基金份额持有人大会按照《证券投资基金法》第七十五条的规定表决通过的事项，召集人应当自通过之日起5日内报中国证监会核准或者备案。

基金份额持有人大会决定的事项自中国证监会依法核准或者出具无异议意见之日起生效。

第四十三条 基金管理人、基金托管人和基金份额持有人应当执行生效的基金份额持有人大会的决定。

第六章 监督管理和法律责任

第四十四条 开放式基金的基金合同生效后，基金份额持有人数量不满200人或者基金资产净值低于5000万元的，基金管理人应当及时报告中国证监会；连续20个工作日出现前述情形的，基金管理人应当向中国证监会说明原因和报送解决方案。

第四十五条 中国证监会及其派出机构对基金管理人、基金托管人从事基金运作活动的情况进行定期或者不定期检查，基金管理人、基金托管人应当予以配合。

第四十六条 基金管理人、基金托管人违反法律、行政法规和本办法规定的，中国证监会及其派出机构可以责令整改，暂停办理相关业务；对直接负责的主管人员和其他直接责任人员，可以采取监管谈话、出具警示函、记入诚信档案、暂停履行职务、认定为不适宜担任相关职务者等行政监管措施。

第四十七条　基金管理人、基金托管人及其直接负责的主管人员和其他直接责任人员违反本办法规定从事基金运作活动，中国证监会依照法律、行政法规的有关规定进行行政处罚；法律、行政法规未做规定的，依照本办法的规定进行行政处罚；涉嫌犯罪的，依法移送司法机关，追究其刑事责任。

第四十八条　基金管理人违反本办法第十八条的规定，在基金合同约定之外的日期或时间办理基金份额的申购、赎回或者转换的，依照《证券投资基金法》第八十九条的规定处罚。

第四十九条　基金管理人违反本办法第三十一条的规定，运用基金财产进行证券投资的，依照《证券投资基金法》第九十条的规定处罚。

第五十条　基金管理人、基金托管人不按照本办法第三十八条、第三十九条的规定召集基金份额持有人大会的，依照《证券投资基金法》第九十五条的规定处罚。

第五十一条　基金管理人申请募集基金，隐瞒有关情况或者提供虚假材料的，中国证监会不予受理；已经受理的，不予批准，并处以警告。

第五十二条　基金管理人从事基金运作活动，有下列情形之一的，责令改正，单处或者并处警告、罚款；对直接负责的主管人员和其他直接责任人员，单处或者并处警告、罚款：

(一)未按照本办法第十七条的规定计算基金份额申购、赎回价格；

（二）未按照本办法第二十条的规定确认申购、赎回的有效性，并支付赎回款项；

（三）未按照本办法第二十三条第二款的规定办理赎回申请；

（四）未按照本办法第二十八条的规定保持现金或者政府债券；

（五）未按照本办法第三十三条的规定调整投资比例；

（六）未按照本办法第三十五条、第三十六条的规定进行收益分配；

（七）未按照本办法第四十四条的规定报告、说明有关情况，或者报送解决方案。

第五十三条　基金管理人、基金托管人有下列情形之一的，责令改正，单处或者并处警告、罚款；对直接负责的主管人员和其他直接责任人员，单处或者并处警告、罚款：

(一)未按照本办法第四十一条规定配合基金份额持有人召集基金份额持有人大会；

(二)未按照本办法第四十二条的规定申请核准或者备案基金份额持有人大会决定的事项；

(三)未按照本办法第四十三条的规定执行基金份额持有人大会的生效决定；

(四)未按照本办法第四十五条的规定配合中国证监会及其派出机构进行检查。

第七章　附　　则

第五十四条　本办法自2004年7月1日起施行。

证券公司短期融资券管理办法

中国人民银行公告〔2004〕第12号

第一章　总　　则

第一条　为进一步发展货币市场，拓宽证券公司融资渠道，规范证券公司短期融资券的发行和交易，保护短期融资券投资人的合法权益，根据《中华人民共和国中国人民银行法》制定本办法。

第二条　本办法所称证券公司短期融资券（以下简称“短期融资券”）是指证券公司以短期融资为目的，在银行间债券市场发行的，约定在一定期限内还本付息的金融债券。

第三条　证券公司短期融资券的发行和交易接受中国人民银行的监管。

第四条　中国人民银行授权全国银行间同业拆借中心（以下简称“同业拆借中心”）通过同业拆借中心的电子信息系统每半年向银行间债券市场公示中国证券监督管理委员会（以下简称“证监会”）有关短期融资券

发行人是否符合发行短期融资券基本条件的监管意见。

第五条 证券公司短期融资券只在银行间债券市场发行和交易。

第六条 证券公司短期融资券的发行和交易应遵循公平、诚信、自律的原则。

短期融资券的投资人应满足各自监管部门的审慎监管要求，并具备识别、判断、承担风险的能力。短期融资券的风险由投资人自行承担。

第七条 发行短期融资券的证券公司应当按期还本付息。

第八条 发行短期融资券的证券公司应按本办法的规定真实、准确、完整、及时地进行信息披露。

第二章 发 行

第九条 申请发行短期融资券的证券公司，应当符合以下基本条件，并经证监会审查认可：

（一）取得全国银行间同业拆借市场成员资格 1 年以上；

（二）发行人至少已在全国银行间同业拆借市场上按统一的规范要求披露详细财务信息达 1 年，且近 1 年无信息披露违规记录；

（三）客户交易结算资金存管符合证监会的规定，最近 1 年未挪用客户交易结算资金；

（四）内控制度健全，受托业务和自营业务严格分离管理，有中台对业务的前后台进行监督和操作风险控制，近两年内未发生重大违法违规经营；

（五）采用市值法对资产负债进行估值，能用合理的方法对股票风险进行估价；

（六）中国人民银行和证监会规定的其他条件。

第十条 经证监会认可具有发行短期融资券资格的证券公司，拟在银行间债券市场发行短期融资券应向中国人民银行提交以下备案材料：

（一）取得全国银行间同业拆借市场成员资格的批准文件复印件；

（二）同业拆借中心发布的相关信息披露情况公告的复印件；

（三）证监会有关短期融资券发行资格的认可文件复印件；

（四）中国人民银行要求提交的其他材料。

中国人民银行自收到符合要求的备案材料之日起 10 个工作日内，以备案通知书的形式确认收到备案材料并核定证券公司发行短期融资券的最高余额。

第十一条 拟发行短期融资券的证券公司应当聘请资信评级机构进行信用评级。

第十二条 发行短期融资券的证券公司应当按照有关规定，制定相关的业务规则，建立、健全相应的风险管理和内部控制制度。

第十三条 证券公司发行短期融资券实行余额管理，待偿还短期融资券余额不超过净资本的 60%。在此范围内，证券公司自主确定每期短期融资券的发行规模。

中国人民银行根据证监会提供的证券公司净资本情况，每半年调整 1 次发行人的待偿还短期融资券余额上限，并将该余额上限情况向全国银行间债券市场公示。

中国人民银行有权根据市场情况和发行人的情况，对证券公司待偿还短期融资券余额与该证券公司净资本的比例上限进行调整。

第十四条 短期融资券的期限最长不得超过 91 天。发行短期融资券的证券公司可在上述最长期限内自主确定短期融资券的期限。

中国人民银行有权根据市场发展情况对短期融资券的期限上限进行调整。

第十五条 短期融资券的发行期最长不超过 3 个工作日，即从短期融资券发行招标日到确立债权债务关系日，不超过 3 个工作日。

第十六条 短期融资券的发行应采取拍卖方式，发行利率或发行价格由供求双方自行确定。

第十七条 中国人民银行授权中央国债登记结算有限责任公司（以下简称“中央结算公司”）负责安排短期融资券的发行时间。证券公司发行每期短期融资券前应向中央结算公司申请安排发行时间，由中央结算公司根据各发行人申请的先后顺序排期发行。申请安排发行时间的材料至少应包括如下内容：

（一）中国人民银行的备案通知书；

（二）拟发行短期融资券的规模；

（三）拟发行短期融资券的期限；

（四）拟发行短期融资券的利率确定方式；

（五）待偿还短期融资券的余额和明细情况；

（六）中国人民银行规定的其他内容。

中央结算公司应在收到符合本条规定的申请材料后 2 个工作日内确定发行日期并通知发行人。

第十八条 发行人应在中央结算公司确定的发行日前 3 个工作日，通过中国债券信息网公布当期短期融资券的募集说明书。募集说明书必须由律师事务所出具法律意见书。募集说明书的内容应当具体明确，详细约定短期融资券当事人的权利和义务。募集说明书至少应包括以下内容：

（一）发行人的基本情况；

（二）拟发行短期融资券的规模、期限和利率确定方式；

（三）拟发行短期融资券的担保情况；

（四）发行期；

（五）本息偿还的时间、方式；

（六）发行人的违约责任；

（七）发行对象；

（八）投资风险提示；

（九）中国人民银行要求公布的其他事项。

第十九条　短期融资券发行完毕后，发行人应在完成债权债务登记日的次一工作日，通过中国债券信息网向市场公告当期短期融资券的实际发行规模、实际发行利率、期限等发行情况。中央结算公司应定期汇总发行公告，并向中国人民银行报告短期融资券的发行情况。

第二十条　证券公司不得将发行短期融资券募集资金用于以下用途：

（一）固定资产投资和营业网点建设；

（二）股票二级市场投资；

（三）为客户证券交易提供融资；

（四）长期股权投资；

（五）中国人民银行禁止的其他用途。

第三章　交易、托管、结算与兑付

第二十一条　短期融资券可以按照《全国银行间债券市场债券交易管理办法》的规定，在全国银行间债券市场进行交易。短期融资券于债权债务登记日的次一工作日即可流通转让。短期融资券的交易必须通过同业拆借中心的电子交易系统进行。

第二十二条　短期融资券采用簿记方式在中央结算公司进行登记、托管和结算。

第二十三条　发行人应依照发行公告的约定，按期兑付短期融资券本息，不得擅自变更兑付日期。

第二十四条　短期融资券到期日前3个工作日为截止过户日。发行人应于短期融资券到期日（遇节假日顺延）将待兑付短期融资券本息1次性全额划入中央结算公司指定的资金账户，由中央结算公司向短期融资券投资人支付本息。

第二十五条　如果发行人未能按期向中央结算公司指定账户全额划付短期融资券本息，中央结算公司应在短期融资券到期日日终，通过中国货币网和中国债券信息网及时向投资人公告发行人的违约事实。

第四章　信息披露

第二十六条　发行短期融资券的证券公司，有向银行间债券市场披露信息的义务。

第二十七条　发行短期融资券的证券公司的董事会或主要负责人应当保证所披露的信息真实、准确、完整，并承担相应的法律责任。

第二十八条　发行短期融资券的证券公司，必须通过同业拆借中心的电子信息系统定期披露以下信息：

（一）每年1月20日以前，披露上年末的资产负债表、净资本计算表、上年度的利润表及利润分配表；

（二）每年7月20日以前，披露当年6月30日的资产负债表、净资本计算表、当年1–6月的利润表和利润分配表；

（三）每年4月30日前，披露经具有从事证券期货相关业务资格的会计师事务所及其会计师审计的年度财务报表和审计报告，包括审计意见全文、经审计的资产负债表、净资本计算表、利润表及利润分配表和会计报表附注。

第二十九条　发行人出现下列情形之一时，应当及时予以公告：

（一）预计到期难以偿付利息或本金；

（二）减资、合并、分立、解散及申请破产；

（三）股权变更；

（四）中国人民银行规定应该公告的其他情形。

第三十条　已经成为上市公司的证券公司可以豁免定期披露本办法第二十八条第（一）、（二）项内容。

第五章　监督管理

第三十一条　中国人民银行有权随时对证券公司短期融资券的发行、交易和募集资金的使用等情况进行动态检查。

第三十二条　发行人有下列行为之一的，中国人民银行可按照低于发行人原待偿还短期融资券余额上限50%的比例，重新核定该发行人的待偿还短期融资券余额上限：

（一）未按期全额兑付短期融资券本息的；

（二）3年内累计2次未按要求披露信息的。

第三十三条　发行人有下列行为之一的，中国人民银行可暂停该发行人在全国银行间债券市场发行短期融资券6个月：

（一）待偿还短期融资券余额超过中国人民银行核定的上限的；

（二）将短期融资券募集资金用于禁止性用途的；

（三）6个月内累计发生2次未按期全额兑付短期融资券本息的；

（四）3年内累计3次未按要求披露信息的。

第三十四条　发行人有下列行为之一的，中国人民银行可禁止该发行人在全国银行间债券市场发行短期融资券：

（一）被取消同业拆借市场成员资格的；

（二）披露虚假信息的；

（三）证监会认定该公司不符合本办法第九条第（三）、（四）、（五）、（六）项规定中任意一项的；

（四）因违法违规经营受到证监会及其他主管部门罚款以上（含罚款）行政处罚的；

（五）主要财务指标中有2项以上（含2项）未达到证监会监管要求的；

（六）1年内累计3次未按期全额兑付短期融资券本息的；

（七）3年内累计3次以上（不含3次）未按要求披露信息的。

第三十五条 中央结算公司应于每个交易日，及时向市场披露上一交易日日终持有短期融资券的数量超过该期短期融资券总托管量20%的投资人名单和持有比例。

第三十六条 同业拆借中心负责短期融资券交易的日常监测，中央结算公司负责短期融资券结算的日常监测。同业拆借中心和中央结算公司发现异常交易和结算情况应及时向中国人民银行报告。

第三十七条 同业拆借中心和中央结算公司应依据本办法制定相应的短期融资券交易、结算和信息披露规则。

第三十八条 短期融资券交易中的其他违反本办法规定的行为，按照《全国银行间债券市场债券交易管理办法》的有关规定处罚。

第三十九条 对发行人披露虚假信息负有直接责任的董事、高级管理人员和其他直接责任人员，按照《中国人民银行法》第四十六条处罚。

第六章 附 则

第四十条 本办法由中国人民银行负责解释。

第四十一条 本办法自2004年11月1日起实施。

证券投资基金托管资格管理办法

中国证券监督管理委员会　中国银行业监督管理委员会令　2005年第26号

第一条 为了规范证券投资基金托管资格管理，维护证券投资基金托管业务竞争秩序，保护投资人及相关当事人合法权益，促进证券投资基金健康发展，根据《证券投资基金法》、《银行业监督管理法》及其他相关法律、行政法规，制定本办法。

第二条 商业银行从事证券投资基金（以下简称基金）托管业务，应当经中国证券监督管理委员会（以下简称中国证监会）和中国银行业监督管理委员会（以下简称中国银监会）核准，依法取得基金托管资格。

未取得基金托管资格的商业银行，不得从事基金托管业务。

第三条 申请基金托管资格的商业银行（以下简称申请人），应当具备下列条件：

（一）最近3个会计年度的年末净资产均不低于20亿元人民币，资本充足率符合监管部门的有关规定；

（二）设有专门的基金托管部门，并与其他业务部门保持独立；

（三）基金托管部门拟任高级管理人员符合法定条件，拟从事基金清算、核算、投资监督、信息披露、内部稽核监控等业务的执业人员不少于5人，并具有基金从业资格；

（四）有安全保管基金财产的条件；

（六）基金托管部门有满足营业需要的固定场所、配备独立的安全监控系统；

（七）基金托管部门配备独立的托管业务技术系统，包括网络系统、应用系统、安全防护系统、数据备份系统；

（八）有完善的内部稽核监控制度和风险控制制度；

（九）最近3年无重大违法违规记录；

（十）法律、行政法规规定的和经国务院批准的中国证监会、中国银监会规定的其他条件。

第四条 申请人应当具备安全保管基金财产的下列条件和能力：

（一）有从事基金托管业务的设备与设施；

（二）为每只基金单独建账，保持基金资产的完整与独立；

（三）将所托管的基金资产与自有资产严格分开保管；

（四）依法监督基金管理人的投资运作；

（五）依法执行基金管理人的指令，处分、分配基金资产；

（六）依法复核、审查基金管理人计算的基金资产净值、基金份额净值和申购、赎回价格；

（七）妥善保管基金托管业务活动的记录、账册、报表等相关资料；

（八）有健全的托管业务制度。

第五条 申请人应当具有健全的清算、交割业务制度，清算、交割系统应当符合下列规定：

（一）系统内证券交易结算资金在 2 小时内汇划到账；

（二）从交易所安全接受交易数据；

（三）与基金管理人、基金注册登记机构、证券登记结算机构等相关业务机构的系统安全对接；

（四）依法执行基金管理人的投资指令，及时办理清算、交割事宜。

第六条 申请人的基金托管营业场所、安全防范设施、与基金托管业务有关的其他设施和相关制度，应当符合下列规定：

（一）基金托管部门的营业场所相对独立，配备门禁系统；

（二）接触到基金交易数据的业务岗位有单独的办公房间，无关人员不能随意进入；

（三）有完善的基金交易数据保密制度；

（四）有安全的基金托管业务数据备份系统；

（五）有基金托管业务的应急处理方案，具备应急处理能力。

第七条 申请人应当向中国证监会报送下列申请材料，同时抄报中国银监会：

（一）申请书；

（二）具有证券业务资格的会计师事务所出具的净资产和资本充足率专项验资报告；

（三）设立专门基金托管部门的证明文件；

（四）内部机构设置和岗位职责规定；

（五）基金托管部门拟任高级管理人员和执业人员基本情况，包括拟任高级管理人员任职资格申请材料，拟任执业人员名单、履历、基金从业资格证明复印件、专业培训及岗位配备情况；

（六）关于安全保管基金财产有关条件的报告；

（七）关于基金清算、交割系统的运行测试报告；

（八）办公场所平面图、安全监控系统设计方案和安装调试情况报告；

（九）基金托管业务备份系统设计方案和应急处理方案、应急处理能力测试报告；

（十）相关业务规章制度，包括业务管理、操作规程、基金会计核算、基金清算管理、信息披露、内部稽核监控、内控与风险管理、信息系统管理、保密与档案管理、重大可疑情况报告、应急处理及其他履行基金托管人职责所需的规章制度；

（十一）开办基金托管业务的商业计划书；

（十二）中国证监会、中国银监会规定的其他材料。

第八条 中国证监会应当自收到申请材料之日起 5 个工作日内作出是否受理的决定。申请材料齐全、符合法定形式的，向申请人出具书面受理凭证；申请材料不齐全或者不符合法定形式的，应当 1 次告知申请人需要补正的全部内容。

第九条 中国证监会应当自受理申请材料之日起 20 个工作日内作出行政许可决定。中国证监会作出予以核准决定的，应当会签中国银监会；作出不予核准决定的，应当说明理由并告知申请人，行政许可程序终止。

中国银监会应当自收到会签件之日起 20 个工作日内，作出行政许可决定。中国银监会作出予以核准决定的，中国证监会和中国银监会共同签发批准文件，并由中国证监会颁发基金托管业务许可证；中国银监会作出不予核准决定的，应当说明理由并告知申请人，行政许可程序终止。

第十条 中国证监会、中国银监会在作出核准决定前，应当联合对商业银行拟设立基金托管部门的筹建情况进行现场核查。

现场核查应当由 2 名以上的工作人员进行。

现场核查的时间不计算在前条规定的期限内。

第十一条 取得基金托管业务资格的商业银行为基金托管人。

基金托管人应当及时申请基金托管部门高级管理人员任职资格和执业人员的执业资格，并办理相应的任职手续。

第十二条 基金托管人应当守法经营，诚实信用，恪尽职守，勤勉尽责，切实履行法定和约定的职责。

第十三条 基金托管人应当依法采取措施，确保基金托管和代销业务相互独立，切实保障基金财产的完整与独立。

第十四条 基金托管人应当加强与其他基金托管人之间的沟通和交流，不得进行不正当竞争，不得垄断市场。

第十五条 申请人隐瞒有关情况或者提供虚假申请材料的，中国证监会、中国银监会不予受理或者不予行政许可，并给予警告，申请人在 1 年内不得再次申请基金托管资格。

申请人以欺骗、贿赂等不正当手段取得基金托管资格的，中国证监会商中国银监会撤销基金托管资格，处以警告、罚款，由中国证监会注销基金托管业务许可证；中国银监会可以区别不同情形，责令申请人对直接负责的主管人员和其他直接责任人员给予纪律处分，或者对其给予警告、罚款，或者禁止其一定期限直至终身从事银行业工作；申请人在 3 年内不得再次申请基金托管资格；涉嫌犯罪的，依法移送司法机关，追究刑事责任。

第十六条 中国证监会、中国银监会依法对商业银行基金托管业务活动进行监督管理。

第十七条 基金托管人出现不符合本办法**第三条**至**第六条**规定条件的情形的，应当立即向中国证监会和中国银监会报告，并在规定期限内改正。

未及时报告的，中国证监会、中国银监会责令改正，对直接负责的主管人员和其他直接责任人员给予警告，并处罚款；中国银监会可以依法责令基金托管人对直接负责的主管人员和其他直接责任人员给予纪律处分；情节严重的，中国证监会可以并处暂停或者吊销基金业高级管理人员任职资格或者基金从业资格，中国银监会可以并处禁止一定期限直至终身从事银行业工作。

第十八条 基金托管人出现不符合本办法**第三条**至**第六条**规定条件的情形，未在规定期限内改正的，中国证监会商中国银监会暂停或者吊销基金托管资格，由中国证监会注销基金托管业务许可证；对直接负责的主管人员和其他直接责任人员，中国证监会商中国银监会给予罚款，中国证监会可以并处暂停或者吊销基金业高级管理人员任职资格或者基金从业资格，中国银监会可以并处禁止一定期限直至终身从事银行业工作；涉嫌犯罪的，依法移送司法机关，追究刑事责任。

第十九条 本办法适用于境内中资商业银行，不适用于外资商业银行。

第二十条 本办法自 2005 年 1 月 1 日起施行。

国际开发机构人民币债券发行管理暂行办法

中国人民银行　财政部　国家发展和改革委员会
中国证券监督管理委员会公告〔2005〕第 5 号

第一条 为规范国际开发机构人民币债券的发行，保护债券持有人的合法权益，根据《中华人民共和国中国人民银行法》和《中华人民共和国证券法》等法律、法规，制定本办法。

第二条 本办法所指国际开发机构是指进行开发性贷款和投资的国际开发性金融机构。

第三条 本办法所称国际开发机构人民币债券（以下简称人民币债券）是指国际开发机构依法在中国境内发行的、约定在一定期限内还本付息的、以人民币计价的债券。

第四条 在中国境内申请发行人民币债券的国际开发机构应向财政部等窗口单位递交债券发行申请，由窗口单位会同中国人民银行、国家发展和改革委员会、中国证券监督管理委员会等部门审核后，报国务院同意。

第五条 国家发展和改革委员会会同财政部根据国家产业政策、外资外债情况、宏观经济和国际收支状况，对人民币债券的发行规模及所筹资金用途进行审核。

第六条 中国人民银行对人民币债券发行利率进行管理。

第七条 国家外汇管理局根据有关外汇管理规定负责对发债资金非居民人民币专用账户及其结、售汇进行管理。

第八条 财政部及国家有关外债、外资管理部门对发债所筹资金发放的贷款和投资进行管理。

第九条 国际开发机构申请在中国境内发行人民币债券应具备以下条件：

（一）财务稳健，资信良好，经在中国境内注册且具备人民币债券评级能力的评级公司评级，人民币债券信用级别为 AA 级以上；

（二）已为中国境内项目或企业提供的贷款和股本资金在 10 亿美元以上；

（三）所募集资金用于向中国境内的建设项目提供中

长期固定资产贷款或提供股本资金，投资项目符合中国国家产业政策、利用外资政策和固定资产投资管理规定。主权外债项目应列入相关国外贷款规划。

第十条　国际开发机构申请在中国境内发行人民币债券应提交以下材料：

（一）人民币债券发行申请报告；

（二）募集说明书；

（三）近3年经审计的财务报表及附注；

（四）人民币债券信用评级报告及跟踪评级安排的说明；

（五）为中国境内项目或企业提供贷款和投资情况；

（六）拟提供贷款和股本资金的项目清单及相关证明文件和法律文件；

（七）按照《中华人民共和国律师法》执业的律师出具的法律意见书；

（八）与本期债券相关的其他重要事项。

第十一条　国际开发机构发行人民币债券，其财务资料须由按照《中华人民共和国注册会计师法》注册的会计师依据中国会计标准进行审计，并对外公开披露。

第十二条　国际开发机构发行人民币债券须由按照《中华人民共和国律师法》执业的律师进行法律认证，并出具法律意见书。

第十三条　国际开发机构在中国境内公开发行人民币债券应组成承销团，承销商应为在中国境内设立的证券经营机构。

第十四条　人民币债券发行结束后，经相关市场监督管理部门批准，可以交易流通。

第十五条　获准发行人民币债券的国际开发机构（以下简称发行人）应当遵循中国有关信息披露的法律规定，切实履行信息披露义务。

第十六条　人民币债券发行利率由发行人参照同期国债收益率水平确定，并由中国人民银行核定。

第十七条　发行人发行人民币债券所筹集的资金，应用于中国境内项目，不得换成外汇转移至境外。发行人应按中国有关法律规定对发债闲置资金进行使用和管理。

第十八条　发行人应在人民币债券发行日前1个月内，为发债募集的资金开立非居民人民币专用账户，该账户的开立、注销及有关资金的结、售汇应经国家外汇管理局批准。

第十九条　人民币债券发行后，收回贷款和退出投资获得人民币收入用于偿付原境外调入资金需购汇汇出的，以及发行人汇出投资收益的，须到国家外汇管理局办理购汇汇出核准手续。

第二十条　发行人因贷款无法及时收回或其他原因导致其无法按期偿还人民币债券本息时，可从中国境外调入外汇资金，并按有关规定开立外汇专用账户，外汇资金结汇须经国家外汇管理局核准。

第二十一条　发行人须在每季度末向国家外汇管理局报送运用人民币债券资金发放及回收人民币贷款、投资的情况。

第二十二条　国际开发机构发行人民币债券工作文本语言应为中文。

第二十三条　国际开发机构在中国境内发行人民币债券，发生违约或其他纠纷时，适用中国法律。

第二十四条　本办法由中国人民银行会同财政部、国家发展和改革委员会、中国证券监督管理委员会解释。

第二十五条　本办法自发布之日起施行。

信贷资产证券化试点管理办法

中国人民银行　中国银行业监督管理委员会

公告〔2005〕第7号

第一章　总　　则

第一条　为了规范信贷资产证券化试点工作，保护投资人及相关当事人的合法权益，提高信贷资产流动性，丰富证券品种，根据《中华人民共和国中国人民银行法》、《中华人民共和国银行业监督管理法》、《中华人民共和国信托法》等法律及相关法规，制定本办法。

第二条　在中国境内，银行业金融机构作为发起机构，将信贷资产信托给受托机构，由受托机构以资产支持证券的形式向投资机构发行受益证券，以该财产所产生的现金支付资产支持证券收益的结构性融资活动，适用本办法。

受托机构应当依照本办法和信托合同约定，分别委托贷款服务机构、资金保管机构、证券登记托管机构及其他为证券化交易提供服务的机构履行相应职责。

受托机构以信托财产为限向投资机构承担支付资产支持证券收益的义务。

第三条 资产支持证券由特定目的信托受托机构发行，代表特定目的信托的信托受益权份额。

资产支持证券在全国银行间债券市场上发行和交易。

第四条 信贷资产证券化发起机构、受托机构、贷款服务机构、资金保管机构、证券登记托管机构、其他为证券化交易提供服务的机构和资产支持证券投资机构的权利和义务，依照有关法律法规、本办法的规定和信托合同等合同（以下简称相关法律文件）的约定。

受托机构依照有关法律法规、本办法的规定和相关法律文件约定，履行受托职责。发起机构、贷款服务机构、资金保管机构、证券登记托管机构及其他为证券化交易提供服务的机构依照有关法律法规、本办法的规定和相关法律文件约定，履行相应职责。

资产支持证券投资机构（也称资产支持证券持有人）按照相关法律文件约定享有信托财产利益并承担风险，通过资产支持证券持有人大会对影响其利益的重大事项进行决策。

第五条 从事信贷资产证券化活动，应当遵循自愿、公平、诚实信用的原则，不得损害国家利益和社会公共利益。

第六条 受托机构因承诺信托而取得的信贷资产是信托财产，独立于发起机构、受托机构、贷款服务机构、资金保管机构、证券登记托管机构及其他为证券化交易提供服务的机构的固有财产。

受托机构、贷款服务机构、资金保管机构及其他为证券化交易提供服务的机构因特定目的信托财产的管理、运用或其他情形而取得的财产和收益，归入信托财产。

发起机构、受托机构、贷款服务机构、资金保管机构、证券登记托管机构及其他为证券化交易提供服务的机构因依法解散、被依法撤销或者被依法宣告破产等原因进行清算的，信托财产不属于其清算财产。

第七条 受托机构管理运用、处分信托财产所产生的债权，不得与发起机构、受托机构、贷款服务机构、资金保管机构、证券登记托管机构及其他为证券化交易提供服务机构的固有财产产生的债务相抵销；受托机构管理运用、处分不同信托财产所产生的债权债务，不得相互抵销。

第八条 受托机构、贷款服务机构、资金保管机构、证券登记托管机构及其他为证券化交易提供服务的机构，应当恪尽职守，履行诚实信用、谨慎勤勉的义务。

第九条 中国银行业监督管理委员会（以下简称中国银监会）依法监督管理有关机构的信贷资产证券化业务活动。有关监管规定由中国银监会另行制定。

第十条 中国人民银行依法监督管理资产支持证券在全国银行间债券市场上的发行与交易活动。

第二章 信贷资产证券化发起机构与特定目的信托

第十一条 信贷资产证券化发起机构是指通过设立特定目的信托转让信贷资产的金融机构。

第十二条 发起机构应在全国性媒体上发布公告，将通过设立特定目的信托转让信贷资产的事项，告知相关权利人。

第十三条 发起机构应与受托机构签订信托合同，载明下列事项：

（一）信托目的；

（二）发起机构、受托机构的名称、住所；

（三）受益人范围和确定办法；

（四）信托财产的范围、种类、标准和状况；

（五）本办法第十四条规定的赎回或置换条款；

（六）受益人取得信托利益的形式、方法；

（七）信托期限；

（八）信托财产的管理方法；

（九）发起机构、受托机构的权利与义务；

（十）接受受托机构委托代理信托事务的机构的职责；

（十一）受托机构的报酬；

（十二）资产支持证券持有人大会的组织形式与权力；

（十三）新受托机构的选任方式；

（十四）信托终止事由。

第十四条 在信托合同有效期内，受托机构若发现作为信托财产的信贷资产在入库起算日不符合信托合同约定的范围、种类、标准和状况，应当要求发起机构赎回或置换。

第三章 特定目的信托受托机构

第十五条 特定目的信托受托机构（以下简称受托机构）是因承诺信托而负责管理特定目的信托财产并发行资产支持证券的机构。

第十六条 受托机构由依法设立的信托投资公司或中国银监会批准的其他机构担任。

第十七条 受托机构依照信托合同约定履行下列职责：

（一）发行资产支持证券；

（二）管理信托财产；

（三）持续披露信托财产和资产支持证券信息；

（四）依照信托合同约定分配信托利益；

（五）信托合同约定的其他职责。

第十八条　受托机构必须委托商业银行或其他专业机构担任信托财产资金保管机构，依照信托合同约定分别委托其他有业务资格的机构履行贷款服务、交易管理等其他受托职责。

第十九条　有下列情形之一的，受托机构职责终止：

（一）被依法取消受托机构资格；

（二）被资产支持证券持有人大会解任；

（三）依法解散、被依法撤销或者被依法宣告破产；

（四）受托机构辞任；

（五）法律、行政法规规定的或信托合同约定的其他情形。

第二十条　受托机构被依法取消受托机构资格、依法解散、被依法撤销或者被依法宣告破产的，在新受托机构产生前，由中国银监会指定临时受托机构。

受托机构职责终止的，应当妥善保管资料，及时办理移交手续；新受托机构或者临时受托机构应及时接收。

第四章　贷款服务机构

第二十一条　贷款服务机构是接受受托机构委托，负责管理贷款的机构。

贷款服务机构可以是信贷资产证券化发起机构。

第二十二条　受托机构应与贷款服务机构签订服务合同，载明下列事项：

（一）受托机构、贷款服务机构的名称、住所；

（二）贷款服务机构职责；

（三）贷款管理方法与标准；

（四）受托机构、贷款服务机构的权利与义务；

（五）贷款服务机构的报酬；

（六）违约责任；

（七）其他事项。

第二十三条　贷款服务机构依照服务合同约定管理作为信托财产的信贷资产，履行下列职责：

（一）收取贷款本金和利息；

（二）管理贷款；

（三）保管信托财产法律文件，并使其独立于自身财产的法律文件；

（四）定期向受托机构提供服务报告，报告作为信托财产的信贷资产信息；

（五）服务合同约定的其他职责。

第二十四条　贷款服务机构应有专门的业务部门，对作为信托财产的信贷资产单独设账，单独管理。

第二十五条　贷款服务机构应按照服务合同要求，将作为信托财产的信贷资产回收资金转入资金保管机构，并通知受托机构。

第二十六条　受托机构若发现贷款服务机构不能按照服务合同约定的方式、标准履行职责，经资产支持证券持有人大会决定，可以更换贷款服务机构。

受托机构更换贷款服务机构应及时通知借款人。

第五章　资金保管机构

第二十七条　资金保管机构是接受受托机构委托，负责保管信托财产账户资金的机构。

信贷资产证券化发起机构和贷款服务机构不得担任同一交易的资金保管机构。

第二十八条　受托机构应与资金保管机构签订资金保管合同，载明下列事项：

（一）受托机构、资金保管机构的名称、住所；

（二）资金保管机构职责；

（三）资金管理方法与标准；

（四）受托机构、资金保管机构的权利与义务；

（五）资金保管机构的报酬；

（六）违约责任；

（七）其他事项。

第二十九条　资金保管机构依照资金保管合同管理资金，履行下列职责：

（一）安全保管信托财产资金；

（二）以信贷资产证券化特定目的信托名义开设信托财产的资金账户；

（三）依照资金保管合同约定方式，向资产支持证券持有人支付投资收益；

（四）依照资金保管合同约定方式和受托机构指令，管理特定目的信托账户资金；

（五）按照资金保管合同约定，定期向受托机构提供资金保管报告，报告资金管理情况和资产支持证券收益支付情况；

（六）资金保管合同约定的其他职责。

依照信托合同约定，受托机构也可委托其他服务机构履行上述（三）、（四）、（五）项职责。

第三十条　在向投资机构支付信托财产收益的间隔期内，资金保管机构只能按照合同约定的方式和受托机构指令，将信托财产收益投资于流动性好、变现能力强的国债、政策性金融债及中国人民银行允许投资的其他金融产品。

第三十一条 受托机构若发现资金保管机构不能按照合同约定方式、标准保管资金，经资产支持证券持有人大会决定，可以更换资金保管机构。

第六章 资产支持证券发行与交易

第三十二条 受托机构在全国银行间债券市场发行资产支持证券应当向中国人民银行提交下列文件：

（一）申请报告；

（二）发起机构章程或章程性文件规定的权力机构的书面同意文件；

（三）信托合同、贷款服务合同和资金保管合同及其他相关法律文件草案；

（四）发行说明书草案（格式要求见附）；

（五）承销协议；

（六）中国银监会的有关批准文件；

（七）执业律师出具的法律意见书；

（八）注册会计师出具的会计意见书；

（九）资信评级机构出具的信用评级报告草案及有关持续跟踪评级安排的说明；

（十）中国人民银行规定提交的其他文件。

第三十三条 中国人民银行应当自收到资产支持证券发行全部文件之日起 5 个工作日内决定是否受理申请。中国人民银行决定不受理的，应书面通知申请人不受理原因；决定受理的，应当自受理申请之日起 20 个工作日内作出核准或不核准的书面决定。

第三十四条 资产支持证券可通过内部或外部信用增级方式提升信用等级。

第三十五条 资产支持证券在全国银行间债券市场发行与交易应聘请具有评级资质的资信评级机构，对资产支持证券进行持续信用评级。

资信评级机构应保证其信用评级客观公正。

第三十六条 发行资产支持证券时，发行人应组建承销团，承销人可在发行期内向其他投资者分销其所承销的资产支持证券。

第三十七条 资产支持证券名称应与发起机构、受托机构、贷款服务机构和资金保管机构名称有显著区别。

第三十八条 资产支持证券的发行可采取一次性足额发行或限额内分期发行的方式。分期发行资产支持证券的，在每期资产支持证券发行前 5 个工作日，受托机构应将最终的发行说明书、评级报告及所有最终的相关法律文件报中国人民银行备案，并按中国人民银行的要求披露有关信息。

第三十九条 资产支持证券的承销可采用协议承销和招标承销等方式。承销机构应为金融机构，并须具备下列条件：

（一）注册资本不低于 2 亿元人民币；

（二）具有较强的债券分销能力；

（三）具有合格的从事债券市场业务的专业人员和债券分销渠道；

（四）最近两年内没有重大违法、违规行为；

（五）中国人民银行要求的其他条件。

第四十条 资产支持证券在全国银行间债券市场发行结束后 10 个工作日内，受托机构应当向中国人民银行和中国银监会报告资产支持证券发行情况。

第四十一条 资产支持证券可以向投资者定向发行。定向发行资产支持证券可免于信用评级。定向发行的资产支持证券只能在认购人之间转让。

第四十二条 资产支持证券在全国银行间债券市场发行结束之后 2 个月内，受托机构可根据《全国银行间债券市场债券交易流通审核规则》的规定申请在全国银行间债券市场交易资产支持证券。

第四十三条 资产支持证券在全国银行间债券市场登记、托管、交易、结算应按照《全国银行间债券市场债券交易管理办法》等有关规定执行。

第七章 信息披露

第四十四条 受托机构应当在资产支持证券发行前和存续期间依法披露信托财产和资产支持证券信息。信息披露应通过中国人民银行指定媒体进行。

受托机构及相关知情人在信息披露前不得泄露其内容。

第四十五条 受托机构应保证信息披露真实、准确、完整、及时，不得有虚假记载、误导性陈述和重大遗漏。

接受受托机构委托为证券化交易提供服务的机构应按照相关法律文件约定，向受托机构提供有关信息报告，并保证所提供信息真实、准确、完整、及时。

第四十六条 受托机构应当在发行资产支持证券 5 个工作日前发布最终的发行说明书。

第四十七条 受托机构应在发行说明书的显著位置提示投资机构：资产支持证券仅代表特定目的信托受益权的相应份额，不是信贷资产证券化发起机构、特定目的信托受托机构或任何其他机构的负债，投资机构的追索权仅限于信托财产。

第四十八条 在资产支持证券存续期内，受托机构应核对由贷款服务机构和资金保管机构定期提供的贷款服务报告和资金保管报告，定期披露受托机构报告，报告信托财产信息、贷款本息支付情况、证券收益情况和中国人民银行、中国银监会规定的其他信息。

第四十九条　受托机构应及时披露一切对资产支持证券投资价值有实质性影响的信息。

第五十条　受托机构年度报告应经注册会计师审计，并由受托机构披露审计报告。

第五十一条　受托机构应于信息披露前将相关信息披露文件分别报送全国银行间同业拆借中心和中央国债登记结算有限责任公司。

全国银行间同业拆借中心和中央国债登记结算有限责任公司应为资产支持证券信息披露提供服务，及时将违反信息披露规定的行为向中国人民银行报告并公告。

第八章　资产支持证券持有人权利及其行使

第五十二条　资产支持证券持有人依照相关法律文件约定，享有下列权利：

（一）分享信托利益；

（二）参与分配清算后的剩余信托财产；

（三）依法转让其持有的资产支持证券；

（四）按照规定要求召开资产支持证券持有人大会；

（五）对资产支持证券持有人大会审议事项行使表决权；

（六)查阅或者复制公开披露的信托财产和资产支持证券信息资料；

（七）信托合同和发行说明书约定的其他权利。

第五十三条　下列事项应当通过召开资产支持证券持有人大会审议决定，信托合同如已有明确约定，从其约定。

（一）更换特定目的信托受托机构；

（二）信托合同约定的其他事项。

第五十四条　资产支持证券持有人大会由受托机构召集。受托机构不召集的，资产支持证券持有人有权依照信托合同约定自行召集，并报中国人民银行备案。

第五十五条　召开资产支持证券持有人大会，召集人应当至少提前三十日公告资产支持证券持有人大会的召开时间、地点、会议形式、审议事项、议事程序和表决方式等事项。

资产支持证券持有人大会不得就未经公告的事项进行表决。

第五十六条　资产支持证券持有人大会可以采取现场方式召开，也可以采取通讯等方式召开。

资产支持证券持有人依照信托合同约定享有表决权，资产支持证券持有人可以委托代理人出席资产支持证券持有人大会并行使表决权。

第五十七条　资产支持证券持有人大会决定的事项，应当报中国人民银行备案，并予以公告。

第九章　附　　则

第五十八条　与信贷资产证券化相关的会计、税收处理规定和房地产抵押登记变更规定，由国务院有关部门另行规定。

第五十九条　购买和持有资产支持证券的投资管理政策由有关监管机构另行规定。

第六十条　本办法自发布之日起实施。

第六十一条　本办法由中国人民银行和中国银行业监督管理委员会负责解释。

附：资产支持证券发行说明书的编制要求（略）

证券投资者保护基金管理办法

证监会　财政部　人民银行令　2005 年第 27 号

第一章　总　　则

第一条　为建立防范和处置证券公司风险的长效机制，维护社会经济秩序和社会公共利益，保护证券投资者的合法权益，促进证券市场有序、健康发展，制定本办法。

第二条　证券投资者保护基金（以下简称“基金”）是指按照本办法筹集形成的、在防范和处置证券公司风险中用于保护证券投资者利益的资金。

设立国有独资的中国证券投资者保护基金有限责任公司（以下简称“基金公司”），负责基金的筹集、管理和使用。

第三条　基金主要用于按照国家有关政策规定对债权人予以偿付。

第四条　证券交易活动实行公开、公平、公正和投资者投资决策自主、投资风险自担的原则。

投资者在证券投资活动中因证券市场波动或投资产品价值本身发生变化所导致的损失，由投资者自行负担。

第五条 基金按照取之于市场、用之于市场的原则筹集。基金的筹集方式、标准，由中国证券监督管理委员会（以下简称“证监会”）商财政部、中国人民银行决定。

第六条 基金公司依据国家有关法律、法规及本办法独立运作，基金公司董事会对基金的合规使用及安全负责。

第二章　基金公司的职责和组织机构

第七条 基金公司的职责为：

（一）筹集、管理和运作基金；

（二）监测证券公司风险，参与证券公司风险处置工作；

（三）证券公司被撤销、关闭和破产或被证监会采取行政接管、托管经营等强制性监管措施时，按照国家有关政策规定对债权人予以偿付；

（四）组织、参与被撤销、关闭或破产证券公司的清算工作；

（五）管理和处分受偿资产，维护基金权益；

（六）发现证券公司经营管理中出现可能危及投资者利益和证券市场安全的重大风险时，向证监会提出监管、处置建议；对证券公司运营中存在的风险隐患会同有关部门建立纠正机制；

（七）国务院批准的其他职责。

第八条 基金公司应当与证监会建立证券公司信息共享机制，证监会定期向基金公司通报关于证券公司财务、业务等经营管理信息的统计资料。

证监会认定存在风险隐患的证券公司，应按照规定直接向基金公司报送财务、业务等经营管理信息和资料。

第九条 基金公司设立董事会。董事会由 9 名董事组成。董事长由证监会推荐，报国务院批准。

第十条 董事会为基金公司的决策机构，负责制定基本管理制度，决定内部管理机构设置，任免高级管理人员，对基金的筹集、管理和使用等重大事项做出决定，并行使基金公司章程规定的其他职权。

第十一条 基金公司董事会按季召开例会。董事长或 1/3 以上的董事联名提议时，可以召开临时董事会会议。

董事会会议由全体董事 2/3 以上出席方可举行。董事会会议决议，由全体董事 1/2 以上表决通过方为有效。

第三章　基金的筹集

第十二条 基金的来源：

（一）上海、深圳证券交易所在风险基金分别达到规定的上限后，交易经手费的 20% 纳入基金。

（二）所有在中国境内注册的证券公司，按其营业收入的 0.5%～5% 缴纳基金。

经营管理、运作水平较差、风险较高的证券公司，应当按较高比例缴纳基金。各证券公司的具体缴纳比例由基金公司根据证券公司风险状况确定后，报证监会批准，并按年进行调整。证券公司缴纳的基金在其营业成本中列支。

（三）发行股票、可转债等证券时，申购冻结资金的利息收入。

（四）依法向有关责任方追偿所得和从证券公司破产清算中受偿收入。

（五）国内外机构、组织及个人的捐赠。

（六）其他合法收入。

第十三条 基金公司设立时，财政部专户储存的历年认购新股冻结资金利差余额，一次性划入，作为基金公司的注册资本；中国人民银行安排发放专项再贷款，垫付基金的初始资金。专项再贷款余额的上限以国务院批准额度为准。

第十四条 根据防范和处置证券公司风险的需要，基金公司可以多种形式进行融资。必要时，经国务院批准，基金公司可以通过发行债券等方式获得特别融资。

第十五条 证券公司应当缴纳的基金，按照证券公司佣金收入的一定比例预先提取，并由中国证券登记结算有限责任公司（以下简称结算公司）代扣代收。证券公司应在年度审计结束后，根据其审计后的收入和事先核定的比例确定需要缴纳的基金金额，并及时向基金公司申报清缴。

不从事证券经纪业务的证券公司，应在每季后 10 个工作日内按该季营业收入和事先核定的比例预缴。每年度审计结束后，确定年度需要缴纳的基金金额并及时向基金公司申报清缴。

第十六条 结算公司、证券交易所应于每季后 10 个工作日内，将证券发行申购冻结资金利息收入及交易经手费中应纳入基金的部分划入基金公司指定的账户。

第四章　基金的使用

第十七条 基金的用途为：

（一）证券公司被撤销、关闭和破产或被证监会实施行政接管、托管经营等强制性监管措施时，按照国家有关政策规定对债权人予以偿付；

（二）国务院批准的其他用途。

第十八条 为处置证券公司风险需要动用基金的，证监会根据证券公司的风险状况制定风险处置方案，基金公司制定基金使用方案，报经国务院批准后，由基金公司办理发放基金的具体事宜。

第十九条　基金公司使用基金偿付证券公司债权人后，取得相应的受偿权，依法参与证券公司的清算。

第五章　管理和监督

第二十条　基金公司应依法合规运作，按照安全、稳健的原则履行对基金的管理职责，保证基金的安全。

基金的资金运用限于银行存款、购买国债、中央银行债券（包括中央银行票据）和中央级金融机构发行的金融债券以及国务院批准的其他资金运用形式。

第二十一条　基金公司日常运营费用按照国家有关规定列支，具体支取范围、标准及预决算等由基金公司董事会制定，报财政部审批。

第二十二条　证监会负责基金公司的业务监管，监督基金的筹集、管理与使用。

财政部负责基金公司的国有资产管理和财务监督。

中国人民银行负责对基金公司向其借用再贷款资金的合规使用情况进行检查监督。

第二十三条　基金公司应建立科学的业绩考评制度，并将考核结果定期报送证监会、财政部、中国人民银行。

第二十四条　基金公司应建立信息报告制度，编制基金筹集、管理、使用的月报、季报信息，报送证监会、财政部、中国人民银行。

基金公司每年应向财政部专题报告财务收支及预、决算执行情况，接受财政部的监督检查。

基金公司每年应向中国人民银行专题报告再贷款资金的使用情况，接受中国人民银行的监督检查。

第二十五条　证监会应按年度向国务院报告基金公司运作和证券公司风险处置情况，同时抄送财政部、中国人民银行。

第二十六条　证券公司、托管清算机构应按规定用途使用基金，不得将基金挪作他用。

基金公司对使用基金的情况进行检查，并可委托中介机构进行专项审计。接受检查的证券公司或托管清算机构及有关单位、个人应予以配合。

第二十七条　基金公司、证券公司及托管清算机构应妥善保管基金的收划款凭证、兑付清单及原始凭证，确保原始档案的完整性，并建立基金核算台账。

第二十八条　证监会负责监督证券公司按期足额缴纳基金及向基金公司报送财务、业务等经营管理信息和资料，对拒绝或故意拖延缴纳基金以及不按规定报送有关信息和资料的证券公司，证监会应按有关规定进行处理。

第二十九条　对挪用、侵占或骗取基金的违法行为，依法严厉打击；对有关人员的失职行为，依法追究其责任；涉嫌犯罪的，移送司法机关依法追究其刑事责任。

第六章　附　　则

第三十条　本办法所称托管清算机构，是指证券公司被行政接管、托管经营、关闭、撤销或破产时，对证券公司实施行政接管的接管组、实施托管经营的托管组或依法成立的清算组。

第三十一条　本办法自2005年7月1日起施行。

第三十二条　本办法由证监会会同财政部、中国人民银行负责解释。

证券公司证券自营业务指引

证监会　证监机构字〔2005〕126号

第一章　总　　则

第一条　为规范证券公司自营业务，有效控制风险，依据有关法律法规的规定和自律规范的要求，制定本指引。

第二条　证券公司应当按照本指引的要求，根据公司经营管理特点和业务运作状况，建立完备的自营业务管理制度、投资决策机制、操作流程和风险监控体系，在风险可测、可控、可承受的前提下从事自营业务。

第三条　证券公司应当建立健全自营业务责任追究制度。自营业务出现违法违规行为时，要严肃追究有关人员的责任。

第二章　决策与授权

第四条　建立健全相对集中、权责统一的投资决策与授权机制。自营业务决策机构原则上应当按照董事会－投资决策机构－自营业务部门的三级体制设立。

第五条　董事会是自营业务的最高决策机构，在严格遵守监管法规中关于自营业务规模等风险控制指标规定基础上，根据公司资产、负债、损益和资本充足等情况确定自营业务规模、可承受的风险限额等，并以董事会决议的形式进行落实，自营业务具体投资运作管理由董事会授权公司投资决策机构决定。

投资决策机构是自营业务投资运作的最高管理机构，负责确定具体的资产配置策略、投资事项和投资品种等。

自营业务部门为自营业务的执行机构，应在投资决策机构做出的决策范围内，根据授权负责具体投资项目的决策和执行工作。

第六条 建立健全自营业务授权制度，明确授权权限、时效和责任，对授权过程作书面记录，保证授权制度的有效执行。

建立层次分明、职责明确的业务管理体系，制定标准的业务操作流程，明确自营业务相关部门、相关岗位的职责。

第七条 自营业务的管理和操作由证券公司自营业务部门专职负责，非自营业务部门和分支机构不得以任何形式开展自营业务。

第八条 自营业务中涉及自营规模、风险限额、资产配置、业务授权等方面的重大决策应当经过集体决策并采取书面形式，由相关人员签字确认后存档。

第三章　自营业务的操作

第九条 自营业务必须以证券公司自身名义、通过专用自营席位进行，并由非自营业务部门负责自营账户的管理，包括开户、销户、使用登记等。

建立健全自营账户的审核和稽核制度，严禁出借自营账户、使用非自营席位变相自营、账外自营。

第十条 加强自营业务资金的调度管理和自营业务的会计核算，由非自营业务部门负责自营业务所需资金的调度。

自营业务资金的出入必须以公司名义进行，禁止以个人名义从自营账户中调入调出资金，禁止从自营账户中提取现金。

第十一条 完善可投资证券品种的投资论证机制，建立证券池制度，自营业务部门只能在确定的自营规模和可承受风险限额内，从证券池内选择证券进行投资。

第十二条 建立健全自营业务运作止盈止损机制，止盈止损的决策、执行与实效评估应当符合规定的程序并进行书面记录。

第十三条 建立严密的自营业务操作流程，投资品种的研究、投资组合的制订和决策以及交易指令的执行应当相互分离并由不同人员负责；交易指令执行前应当经过审核，并强制留痕。同时，应建立健全自营业务数据资料备份制度，并由专人负责管理。

第十四条 自营业务的清算、统计应由专门人员执行，并与财务部门资金清算人员及时对账，对账情况要有相应记录及相关人员签字。

对自营资金执行独立清算制度，自营清算岗位应当与经纪业务、资产管理业务及其他业务的清算岗位分离。

第四章　风险监控

第十五条 建立防火墙制度，确保自营业务与经纪、资产管理、投资银行等业务在人员、信息、账户、资金、会计核算上严格分离。

第十六条 自营业务的投资决策、投资操作、风险监控的机构和职能应当相互独立；自营业务的账户管理、资金清算、会计核算等后台职能应当由独立的部门或岗位负责，以形成有效的自营业务前、中、后相互制衡的监督机制。

第十七条 风险监控部门应能够正常履行职责，并能从前、中、后台获取自营业务运作信息与数据，通过建立实时监控系统全方位监控自营业务的风险，建立有效的风险监控报告机制，定期向董事会和投资决策机构提供风险监控报告，并将有关情况通报自营业务部门、合规部门等相关部门，发现业务运作或风险监控指标值存在风险隐患或不合规时，要立即向董事会和投资决策机构报告并提出处理建议。董事会和投资决策机构及自营业务相关部门应对风险监控部门的监控报告和处理建议及时予以反馈，报告与反馈过程要进行书面记录。

第十八条 根据自身实际情况，积极借鉴国际先进的风险管理经验，引进和开发有效的风险管理工具，逐步建立完善的风险识别、测量和监控程序，使风险监控走向科学化。

第十九条 建立自营业务的逐日盯市制度，健全自营业务风险敞口和公司整体损益情况的联动分析与监控机制，完善风险监控量化指标体系，并定期对自营业务投资组合的市值变化及其对公司以净资本为核心的风险监控指标的潜在影响进行敏感性分析和压力测试。

第二十条 建立健全自营业务风险监控系统的功能，根据法律法规和监管要求，在监控系统中设置相应的风险监控阀值，通过系统的预警触发装置自动显示自营业务风险的动态变化，提高动态监控效率。

第二十一条 提高自营业务运作的透明度。证券自营交易系统、监控系统应当设置必要的开放功能或数据接口，以便监管部门能够及时了解和检查证券公司自营业务情况。

第二十二条 建立健全自营业务风险监控缺陷的纠正与处理机制，由风险监控部门根据自营业务风险监控的检查情况和评估结果，提出整改意见和纠正措施，并对落实情况进行跟踪检查。

第二十三条 建立完善的投资决策和投资操作档案管理制度，确保投资过程事后可查证。

第二十四条 建立完备的业绩考核和激励制度，完善风险调整基础上的绩效考核机制，遵循客观、公正、可量化原则，对自营业务人员的投资能力、业绩水平等情况进行评价。

第二十五条 稽核部门定期对自营业务的合规运作、盈亏、风险监控等情况进行全面稽核，出具稽核报告。

第二十六条 加强自营业务人员的职业道德和诚信教育，强化自营业务人员的保密意识、合规操作意识和风险控制意识。自营业务关键岗位人员离任前，应当由稽核部门进行审计。

第五章 信息报告

第二十七条 建立健全自营业务内部报告制度，报告内容包括但不限于：投资决策执行情况、自营资产质量、自营盈亏情况、风险监控情况和其他重大事项等。

董事和有关高级管理人员应当对自营业务内部报告进行阅签和反馈。

第二十八条 建立健全自营业务信息报告制度，自觉接受外部监督。证券公司应当按照监管部门和证券交易所的要求报送自营业务信息。

报告的内容包括：

（一）自营业务账户、席位情况；

（二）涉及自营业务规模、风险限额、资产配置、业务授权等方面的重大决策；

（三）自营风险监控报告；

（四）其他需要报告的事项。

第二十九条 明确自营业务信息报告的负责部门、报告流程和责任人，对报告信息存在虚假记载、误导性陈述或重大遗漏负有直接责任和领导责任的人员要给予相应的处理，并及时向监管部门报告。

第六章 附 则

第三十条 本指引由中国证券业协会负责解释。

第三十一条 本指引有关用语定义如下：

（一）风险敞口：是指在某一时段内，证券公司持有某一证券品种的多头头寸与空头头寸不一致时，所产生的差额形成的证券敞口（净头寸）。

（二）风险监控阀值：是设置在风险监控系统中用于控制某种风险的指标。风险监控阀值通常包括交易限额、风险限额及止盈止损限额等。

（三）敏感性分析：是指在保持其他条件不变的前提下，研究单个或多个市场风险因素（利率、汇率和股票价格等）的变化对金融产品及其组合的市场价值可能产生的影响。

（四）压力测试：度量公司在非正常的市场状态下承受的市场风险的大小，是对极端市场情景下，如利率、汇率、股票价格等市场风险因素发生剧烈变动或发生意外的政治和经济事件等，对金融产品及其组合损失的评估。

第三十二条 本指引自发布之日起实施。

合格境外机构投资者境内证券投资管理办法

中国证券监督管理委员会 中国人民银行 国家外汇管理局令 2006年第36号

第一章 总 则

第一条 为了规范合格境外机构投资者在中国境内证券市场的投资行为，促进中国证券市场的发展，根据有关法律、行政法规，制定本办法。

第二条 本办法所称合格境外机构投资者（以下简称合格投资者），是指符合本办法的规定，经中国证券监督管理委员会（以下简称中国证监会）批准投资于中国证券市场，并取得国家外汇管理局（以下简称国家外汇局）额度批准的中国境外基金管理机构、保险公司、证券公司以及其他资产管理机构。

第三条 合格投资者应当委托境内商业银行作为托管人托管资产，委托境内证券公司办理在境内的证券交易活动。

第四条 合格投资者必须遵守中国的法律法规和其他有关规定。

第五条 中国证监会依法对合格投资者的境内证券投资实施监督管理，国家外汇局依法对合格投资者境内证券投资有关的投资额度、资金汇出入等实施外汇管理。

第二章 资格条件和审批程序

第六条 申请合格投资者资格，应当具备下列条件：

（一）申请人的财务稳健，资信良好，达到中国证监会规定的资产规模等条件；

（二）申请人的从业人员符合所在国家或者地区的有关从业资格的要求；

（三）申请人有健全的治理结构和完善的内控制度，经营行为规范，近3年未受到监管机构的重大处罚；

（四）申请人所在国家或者地区有完善的法律和监管制度，其证券监管机构已与中国证监会签订监管合作谅解备忘录，并保持着有效的监管合作关系；

（五）中国证监会根据审慎监管原则规定的其他条件。

第七条 申请合格投资者资格和投资额度，申请人可以通过托管人分别向中国证监会和国家外汇局报送文件。

第八条 中国证监会自收到完整的申请文件之日起20个工作日内，对申请材料进行审核，并征求国家外汇局意见，作出批准或者不批准的决定。决定批准的，颁发证券投资业务许可证；决定不批准的，书面通知申请人。

第九条 申请人应当在取得证券投资业务许可证之日起1年内，通过托管人向国家外汇局提出投资额度申请。

国家外汇局自收到完整的申请文件之日起20个工作日内，对申请材料进行审核，并征求中国证监会意见，作出批准或者不批准的决定。决定批准的，作出书面批复并颁发外汇登记证；决定不批准的，书面通知申请人。

第十条 为鼓励中长期投资，对于符合本办法规定的养老基金、保险基金、共同基金、慈善基金等长期资金管理机构，予以优先考虑。

第三章 托管、登记和结算

第十一条 托管人应当具备下列条件：

（一）设有专门的资产托管部；

（二）实收资本不少于80亿元人民币；

（三）有足够的熟悉托管业务的专职人员；

（四）具备安全保管合格投资者资产的条件；

（五）具备安全、高效的清算、交割能力；

（六）具备外汇指定银行资格和经营人民币业务资格；

（七）最近3年没有重大违反外汇管理规定的纪录。

外资商业银行境内分行在境内持续经营3年以上的，可申请成为托管人，其实收资本数额条件按其境外总行的计算。

第十二条 取得托管人资格，必须经中国证监会和国家外汇局审批。中国证监会收到完整的申请文件后，于30个工作日内会签国家外汇局作出托管资格许可。

第十三条 托管人应当履行下列职责：

（一）保管合格投资者托管的全部资产；

（二）办理合格投资者的有关结汇、售汇、收汇、付汇和人民币资金结算业务；

（三）监督合格投资者的投资运作，发现其投资指令违法、违规的，及时向中国证监会和国家外汇局报告；

（四）在合格投资者汇入本金、汇出本金或者收益2个工作日内，向国家外汇局报告合格投资者的资金汇入、汇出及结售汇情况；

（五）每月结束后8个工作日内，向国家外汇局报告合格投资者的外汇账户和人民币特殊账户的收支和资产配置情况，向中国证监会报告证券账户的投资和交易情况；

（六）每个会计年度结束后3个月内，编制关于合格投资者上一年度境内证券投资情况的年度财务报告，并报送中国证监会和国家外汇局；

（七）保存合格投资者的资金汇入、汇出、兑换、收汇、付汇和资金往来记录等相关资料，其保存的时间应当不少于20年；

（八）根据国家外汇管理规定进行国际收支统计申报；

（九）中国证监会、国家外汇局根据审慎监管原则规定的其他职责。

第十四条 托管人必须将其自有资产和受托管理的资产严格分开，对受托管理的资产实行分账托管。

第十五条 每个合格投资者只能委托1个托管人，并可以更换托管人。

第十六条 合格投资者可以在证券登记结算机构申请开立证券账户。该证券账户可以是实名账户，也可以是名义持有人账户。

名义持有人应当将其代理的实际投资者或基金的名称、注册地、资产配置、证券投资情况于每个季度结束后的8个工作日内，报告中国证监会和证券交易所。

第十七条 合格投资者应当委托获得证券登记结算机构结算参与人资格的机构进行资金结算。该机构应在开立人民币结算资金账户5个工作日内将开户情况向国家外汇局备案。

第四章　投资运作

第十八条　合格投资者在经批准的投资额度内，可以投资于中国证监会批准的人民币金融工具。

第十九条　合格投资者可以委托在境内设立的证券公司等投资管理机构，进行境内证券投资管理。

第二十条　合格投资者的境内股票投资，应当遵守中国证监会规定的持股比例限制和国家其他有关规定。

第二十一条　境外投资者履行信息披露义务时，应当合并计算其持有的同一上市公司的境内上市股和境外上市股，并遵守信息披露的有关的法律法规。

第二十二条　证券公司等机构保存合格投资者的委托记录、交易记录等资料的时间应当不少于20年。

第二十三条　合格投资者的境内证券投资活动，应当遵守证券交易所、证券登记结算机构的有关规定。

第五章　资金管理

第二十四条　合格投资者经国家外汇局批准，应当在托管人处开立外汇账户和人民币特殊账户。

第二十五条　合格投资者外汇账户和人民币特殊账户的收支范围应当符合国家外汇局的有关规定。

第二十六条　合格投资者应当在国家外汇局规定的时间内汇入本金，汇入的本金应当是国家外汇局批准的可兑换货币，金额以批准额度为限。

合格投资者未在国家外汇局规定的时间内汇满本金的，应当向中国证监会和国家外汇局作出书面解释，并以实际汇入金额为批准额度；已批准额度和已实际汇入金额的差额，在未经国家外汇局批准之前不得汇入。

第二十七条　合格投资者可以在国家外汇局规定的期限届满之日起向国家外汇局申请汇出资金，国家外汇局另有规定的除外。

第二十八条　国家外汇局可以根据我国经济金融形势、外汇市场供求关系和国际收支状况，按照中国人民银行的安排，对合格投资者本金的汇入汇出时间、金额以及汇出资金的期限予以调整。

第六章　监督管理

第二十九条　中国证监会、国家外汇局依法可以要求合格投资者、托管人、证券公司等机构提供合格投资者的有关资料，并进行必要的询问、检查。

第三十条　合格投资者有下列情形之一的，应当在其发生后5个工作日内报中国证监会、国家外汇局备案：

（一）变更托管人；

（二）变更法定代表人；

（三）其控股股东变更；

（四）调整注册资本；

（五）涉及重大诉讼及其他重大事件；

（六）在境外受到重大处罚；

（七）中国证监会和国家外汇局规定的其他情形。

第三十一条　合格投资者有下列情形之一的，应当重新申领证券投资业务许可证：

（一）变更机构名称；

（二）被其他机构吸收合并；

（三）中国证监会和国家外汇局规定的其他情形。

重新申领证券投资业务许可证期间，合格投资者可以继续进行证券交易。但中国证监会根据审慎监管原则认为需要暂停的除外。

第三十二条　合格投资者有下列情形之一的，应当将证券投资业务许可证和外汇登记证分别交还中国证监会和国家外汇局：

（一）申请人取得证券投资业务许可证后1年内未向国家外汇局提出投资额度申请的；

（二）机构解散、进入破产程序或者由接管人接管的；

（三）合格投资者重新申领许可证的；

（四）合格投资者有重大违法行为及中国证监会和国家外汇局认定的其他情形。

第三十三条　合格投资者所管理的证券账户发生重大违法、违规行为的，中国证监会可以依法采取限制相关证券账户的交易行为等措施，国家外汇局可以依法采取限制其资金汇出入等措施。

第三十四条　托管人违法、违规行为严重的，中国证监会、国家外汇局将依法联合做出取消其托管人资格的决定。

第三十五条　合格投资者、托管人、证券公司等违反本办法的，由中国证监会、国家外汇局依法进行相应的行政处罚。

第七章　附　　则

第三十六条　香港特别行政区、澳门特别行政区、台湾地区设立的机构投资者到内地从事证券投资的，适用本办法的规定。

第三十七条　本办法自2006年9月1日起施行，2002年11月5日中国证监会、中国人民银行联合发布的《合格境外机构投资者境内证券投资管理暂行办法》同时废止。

再保险业务管理规定

中国保监会令〔2005〕第2号

第一章　总　　则

第一条　为了培育和发展再保险市场，加强对再保险业务的管理，分散保险经营风险，实现保险业健康协调可持续发展，依据《中华人民共和国保险法》（以下简称《保险法》）、《中华人民共和国外资保险公司管理条例》以及有关法律、行政法规，制定本规定。

第二条　本规定所称再保险，是指保险公司将其承担的保险业务，部分转移给其他保险公司的经营行为。

本规定所称合约分保，是指保险公司与其他保险公司预先订立合同，约定将一定时期内其承担的保险业务，向其他保险公司办理再保险的经营行为。

本规定所称临时分保，是指保险公司临时与其他保险公司约定，将其承担的保险业务向其他保险公司办理再保险的经营行为。

第三条　本规定所称保险公司，是指经中国保险监督管理机构批准设立，并依法登记注册的商业保险公司，包括直接保险公司和再保险公司。

本规定所称直接保险公司，是指向投保人签发保单、直接承担保险责任的保险公司；本规定所称再保险公司，是指专门从事再保险业务、不直接向投保人签发保单的保险公司。

本规定所称再保险分出公司，是指将其承担的保险业务，部分转移给其他保险公司的保险公司；本规定所称再保险分入公司，是指接受其他保险公司转移的保险业务的保险公司。

本规定所称分出业务，是指再保险分出公司转移出的保险业务；本规定所称分入业务，是指再保险分入公司接受分入的保险业务。

本规定所称保险联合体，是指为了处理单个保险人无法承担的特殊风险或者巨额保险业务，或者按照国际惯例，由两个以上保险公司联合组成、按照其章程约定共同经营保险业务的组织。

本规定所称外资保险公司，是指经中国保险监督管理机构批准设立的中外合资保险公司、外商独资保险公司、外国保险公司分公司。

本规定所称保险经纪人，是指接受再保险分出公司委托，为再保险分出公司与再保险分入公司办理再保险业务提供中介服务，并按约定收取佣金的保险经纪机构。

第四条　在中华人民共和国境内的保险公司、保险联合体以及保险经纪人等其他保险机构办理再保险业务，应当遵守本规定。

第五条　保险公司、保险联合体和保险经纪人办理再保险业务，应当遵循审慎和最大诚信原则。

第六条　再保险分出公司、再保险分入公司和保险经纪人，对在办理再保险业务中知悉的上述主体的业务和财务情况，负有保密义务。

第七条　中国保险监督管理委员会（以下简称中国保监会）鼓励保险公司和保险经纪人积极为农业保险和地震、洪水等巨灾保险提供再保险服务。

第八条　中国保监会依法对再保险业务实施监督和管理。

第二章　业务经营

第九条　再保险业务分为寿险再保险和非寿险再保险。保险公司对寿险再保险和非寿险再保险应当单独列帐、分别核算。

第十条　保险公司应当依照《保险法》规定，确定自留保险费和每一危险单位自留风险；超过的部分，应当办理再保险。

第十一条　直接保险公司办理合约分保和临时分保的，应当优先向中国境内的保险公司发出要约，并符合下列规定：

（一）应当向中国境内至少两家专业再保险公司发出要约；

（二）要约分出的份额之和不得低于分出业务的50%。

第十二条　除航空航天保险、核保险、石油保险、信用保险外，直接保险公司办理合约分保或者临时分保的，应当符合下列规定：

（一）每一危险单位分给同一家再保险分入公司的业务，不得超过直接保险业务保险金额或者责任限额的 80%；

（二）每一临时分保合同分给投保人关联企业的保险金额或者责任限额，不得超过直接保险业务保险金额或者责任限额的 20%。

第十三条　在法定再保险存续期内，直接保险公司应当依照中国保监会有关规定，将其承保的业务及时、足额办理法定再保险。法定再保险分入公司应当按照规定及时、足额支付赔款。

第十四条　应再保险分入公司要求，再保险分出公司应当将其自负责任以及直接保险的有关情况告知再保险分入公司。

第十五条　保险公司和保险经纪人可以利用金融工具开发设计新型风险转移产品，并应当按照有关规定报中国保监会审批或者备案。

第十六条　中国境内的再保险分入公司，应当配备在中国境内居住的专职再保险核保人和再保险核赔人。

第三章　再保险经纪业务

第十七条　保险经纪人从事再保险经纪业务，不得损害保险公司的信誉和合法权益。

第十八条　保险经纪人可以根据业务需要引进或者设计再保险合同。

第十九条　保险经纪人应当按照与再保险分出公司的约定，及时寄送账单、结算再保险款项以及履行其他义务，不得挪用或者截留再保险费、摊回赔款、摊回手续费以及摊回费用。

第二十条　应再保险分入公司的要求，保险经纪人应当按照与再保险分出公司的约定，将其知道的再保险分出公司的自留责任以及直接保险的有关情况及时告知再保险分入公司。

第二十一条　应再保险分出公司或者再保险分入公司的要求，保险经纪人可以配合进行赔案的理赔工作。

第四章　监 督 管 理

第二十二条　除中国保监会批准外，外资保险公司不得与其关联企业从事再保险业务。

第二十三条　保险公司办理再保险业务，应当按照精算的原理、方法，评估各项准备金，并按照中国保监会有关规定准确、足额提取和结转各项准备金。

第二十四条　保险公司偿付能力报告中涉及再保险业务的内容，应当符合保险公司偿付能力报告编报规则的要求。

第二十五条　外国再保险公司分公司的偿付能力状况，按照其总公司的偿付能力状况认定。

外国再保险公司分公司自留保费以其总公司直接授权的额度为限。

第二十六条　直接保险公司应当在每年3月31日以前，向中国保监会提交下列材料：

（一）除航空航天保险、核保险、石油保险、信用保险外，上一年度办理合约分保和临时分保的，每一危险单位分给同一家再保险分入公司的业务，超过直接保险业务保险金额或者责任限额50%的交易情况；

（二）上一年度合约分保中，分给各再保险分入公司的份额；

（三）上一年度保险经纪人和境外再保险分入公司名单；

（四）财产保险公司本年度再保险安排计划，包括分保政策、合约分保情况、危险单位划分标准以及每一危险单位的自留限额；

（五）人身保险公司本年度再保险安排计划的变动情况；

（六）本年度选择境外再保险分入公司的条件和标准。

第二十七条　保险公司应当在每年 4 月 30 日以前，向中国保监会提交下列报告：

（一）上一年度再保险业务经营情况；

（二）精算责任人签署的、有关再保险业务的各类准备金提取办法和金额。

第二十八条　直接保险公司应当将重大保险赔案及其再保险安排情况、再保险政策的重大调整等情况，及时向中国保监会报告。

前款所称重大保险赔案是指在一次保险事故中，财产损失赔偿在5000万元以上，或者人身伤亡赔付在3000万元以上的理赔案件。

第二十九条　外国再保险公司分公司应当按照下列要求向中国保监会提交有关报告：

（一）在每年 7 月 30 日以前，提交其总公司注册地保险监管机构根据当地法律出具的、有关其总公司偿付能力状况的意见书或者经营状况意见书；

（二）在每年 12 月 31 日前，提交其总公司下一年度授权的承保权限和自留保费额度；

（三）在每年 1 月 31 日和 7 月 30 日以前，提交有关转分保业务情况的报告，包括转分保分入公司名称、业务种类、合同形式、分出保费、摊回赔款以及摊回手续费等。

第三十条　保险公司办理再保险业务，应当按照中国保监会的规定，及时、准确地报送再保险统计信息以及其他再保险业务资料。

第三十一条　保险联合体应当在每年3月31日前，向中国保监会报告上一年度的财务报告、业务分析报告以及向中国境外分保的情况。

第五章　法 律 责 任

第三十二条　保险公司违反本规定办理再保险分出业务的，由中国保监会责令改正，并处以5万元以上30万元以下罚款；情节严重的，可以限制业务范围、责令停止接受新业务或者吊销经营保险业务许可证。

对违反本规定办理再保险分出业务的行为负有直接责任的保险公司高级管理人员和其他直接责任人员，中国保监会可以区别不同情况予以警告，责令予以撤换，处以2万元以上10万元以下的罚款。

第六章　附　　则

第三十三条　政策性保险公司办理再保险业务参照适用本规定。不能适用本规定的，政策性保险公司应当于本规定发布之日起3个月内向中国保监会报告有关情况。

第三十四条　本规定由中国保监会负责解释。

第三十五条　本规定自2005年12月1日起施行。

保险资金间接投资基础设施项目试点管理办法

（2006年3月14日）

第一章　总　　则

第一条　为了加强对保险资金间接投资基础设施项目的管理，防范和控制管理运营风险，确保保险资金安全，维护保险人、被保险人和各方当事人的合法权益，促进保险业稳定健康发展，根据《中华人民共和国保险法》、《中华人民共和国信托法》、《中华人民共和国合同法》等法律、行政法规，制定本办法。

第二条　本办法所称保险资金间接投资基础设施项目，是指委托人将其保险资金委托给受托人，由受托人按委托人意愿以自己的名义设立投资计划，投资基础设施项目，为受益人利益或者特定目的，进行管理或者处分的行为。

第三条　委托人投资受托人设立的投资计划，应当聘请托管人托管投资计划的财产。受益人应当聘请独立监督人监督投资计划管理运营的情况。

第四条　委托人、受托人、受益人、托管人、独立监督人以及参与投资计划的其他当事人应当依法从事相关业务活动，并按照本办法规定，签订书面合同，载明各方的权利、义务。

第五条　投资计划财产独立于受托人、托管人、独立监督人及其他为投资计划管理提供服务的自然人、法人或者组织的固有财产及其管理的其他财产。受托人因投资计划财产的管理、运用、处分或者其他情形取得的财产和收益，应当归入投资计划财产。

第六条　受托人、托管人、独立监督人及其他为投资计划管理提供服务的自然人、法人或者组织，因依法解散、被依法撤销或者被依法宣告破产等原因进行终止清算的，投资计划财产不属于其清算财产。

投资计划财产的债权，不得与受托人、托管人、独立监督人及其他为投资计划管理提供服务的自然人、法人或者组织的固有财产产生的债务相抵销。不同投资计划财产的债权债务，不得相互抵销。

非因执行投资计划产生债务，不得对投资计划财产强制执行。

第七条　保险资金间接投资基础设施项目，应当遵循安全性、收益性、流动性和资产负债匹配原则。委托人应当审慎投资，防范风险。受托人、托管人、独立监督人及其他为投资计划管理提供服务的自然人、法人或者组织，应当恪尽职守，履行诚实、信用、谨慎、勤勉的义务。

第八条　中国保险监督管理委员会（以下简称中国保监会）负责制定保险资金间接投资基础设施项目的有关政策。

中国保监会与有关监管部门依法对保险资金间接投资基础设施项目的各方当事人和相关业务活动进行监督管理。

第二章　投 资 计 划

第九条　本办法所称投资计划，是指各方当事人以合同形式约定各自权利义务关系，确定投资份额、金额、币种、期限、资金用途、收益支付和受益权转让等内容的金融工具。

第十条　投资计划的投资范围，主要包括交通、通讯、能源、市政、环境保护等国家级重点基础设施项目。

投资计划可以采取债权、股权、物权及其他可行方式投资基础设施项目。

第十一条　投资计划投资的基础设施项目应当符合下列条件：

（一）符合国家产业政策和有关政策；

（二）具有国家有关部门认定最高级别资质的专业机构出具的可行性分析报告和评估报告；

（三）具有或者预期具有稳定的现金流回报；

（四）具备按期偿付本金和收益的能力，或者能够提供合法有效的担保；

（五）已经投保相关保险；

（六）项目管理人（以下简称项目方）控股股东或者主要控制人，为大型企业或者企业集团，且无不良信用记录；

（七）项目方取得有关部门颁发的业务许可证；

（八）中国保监会规定的其他条件。

第十二条　投资计划以债权、股权及其他可行方式投资的基础设施项目，除符合第十一条规定条件外，还应当符合下列条件：

（一）自筹资金不得低于项目总预算的 60%，且资金已经实际到位；

（二）项目方资本金不得低于项目总预算的 30%，且资金已经实际到位；

（三）中国保监会规定的其他条件。

已经建成的项目不受前款规定的限制。

投资计划投资的基础设施项目，经国务院或者有关部门批准后，各方当事人方可组织实施。

第十三条　投资计划不得投资有下列情形之一的基础设施项目：

（一）国家明令禁止或者限制投资的；

（二）国家规定应当取得但尚未取得合法有效许可的；

（三）主体不确定或者权属不明确等存在法律风险的；

（四）项目方不具备法人资格的；

（五）中国保监会规定的其他情形。

第十四条　投资计划至少应当包括下列法律文件：

（一）投资计划说明书；

（二）委托人与受托人签订的受托合同，合同至少应当包括投资计划项目名称、管理方式、受益人及其权利义务、经营期限和金额、投资计划财产的收益分配和支付、管理费用和报酬、投资计划财产损失后的承担主体和承担方式、违约赔偿责任和纠纷解决方式等内容；

（三）委托人与托管人签订的托管合同，合同至少应当包括托管财产范围、投资计划财产的收益划拨、资金清算、会计核算及估值、费用计提、违约赔偿责任等内容；

（四）受托人与项目方签订的投资合同，合同至少应当包括投资金额及期限、资金用途及划拨方式、项目管理方式、期限及质量保证、运营管理、违约赔偿责任等内容；

（五）受益人与独立监督人签订的监督合同，合同至少应当包括独立监督人的监督范围，超过限额的资金划拨确认以及资金划拨方式、项目管理运营、建设质量监督、违约赔偿责任等内容；

（六）受益人大会章程；

（七）中国保监会规定的其他法律文件。

前款第（二）、（三）、（四）、（五）、（六）项规定的合同应当载明其他当事人参与的有关受托、托管、项目投资、监督等事项。

第十五条　投资计划说明书至少应当载明下列事项：

（一）投资和管理风险；

（二）投资计划目的和基础设施项目基本情况，包括项目资金用途、金额、期限及还款方式、保证条款及违约责任、信息披露等；

（三）各方当事人基本情况，包括名称、住所、联系方式及其关联关系；

（四）投资基础设施项目的市场分析、成本分析及收益测算；

（五）投资计划业务流程，包括登记及托管事项、风险及控制措施、流动性安排、收益分配及账户管理；

（六）投资计划的设立和终止；

（七）投资计划的纳税情况，包括各种税费支付来源、支付环节及支付优先顺序；

（八）投资计划约定或者法律、行政法规以及中国保监会规定的其他内容。

投资和管理风险应当在投资计划说明书的显著位置加以提示。

第十六条　投资计划各方当事人应当在投资计划中书面约定受托管理费、托管费、监督费和其他报酬的计提标准、计算方法、支付方式、保证条款以及违约责任等内容。

有关当事人经协商同意，可以增减约定报酬的数额，修改有关报酬的约定。

第十七条　投资计划的受益权应当分为金额相等的份额。

受益人可以转让全部或者部分受益权。受益权的受让方应当是机构法人。投资计划受益权转让后，各方当事人的权利义务不因转让发生变化。

投资计划受益权的份额划分和转让规则，由中国保监会商有关部门另行制定。

第十八条 有下列情形之一的，投资计划终止：

（一）发生投资计划约定的终止事由；

（二）投资计划的存续违反投资计划目的；

（三）投资计划目的已经实现或者不能实现；

（四）投资计划被撤销或者解除；

（五）投资计划当事人协商同意；

（六）投资计划约定或者法律、行政法规以及中国保监会规定的其他情形。

第十九条 投资计划终止后，受托人应当在终止之日起90日内，完成投资计划清算工作，并向有关当事人和监管部门出具经审计的清算报告。

受益人、投资计划财产的其他权利归属人以及投资计划的相关当事人应当在收到清算报告之日起30日内提出意见。未提书面异议的，视为其认可清算报告，受托人就清算报告所列事项解除责任，但受托人有不当行为的除外。

第二十条 投资计划的各方当事人应当严格按照投资计划约定的时间和程序，分配投资计划收益和有关财产。

第二十一条 受托人、托管人、独立监督人违反本办法规定，造成投资计划财产损失的，应当依法向受益人或者委托人承担相应赔偿责任。

第三章 委托人

第二十二条 本办法所称委托人，是指在中华人民共和国境内，经中国保监会批准设立的保险公司、保险集团公司和保险控股公司。

一个或者多个委托人可以投资一个投资计划，一个委托人可以投资多个投资计划。

第二十三条 委托人应当符合下列条件：

（一）内部管理和风险控制制度符合《保险资金运用风险控制指引（试行）》规定，且执行规范；

（二）建立了项目评估和风险监测制度；

（三）引入了投资计划财产托管机制；

（四）拥有一定数量的相关专业投资人员；

（五）最近3年无重大投资违法违规记录；

（六）偿付能力符合中国保监会有关规定；

（七）风险管理符合本办法第九章的有关规定；

（八）中国保监会规定的其他条件。

委托人可以授权保险资产管理公司，代其履行相关权利义务。保险资产管理公司作为委托代理人，应当符合前款除第（六）项外的规定。

第二十四条 保险公司、保险集团公司和保险控股公司申请担任委托人，应当向中国保监会提交下列申请材料：

（一）投资申请书；

（二）投资于投资计划的可行性报告；

（三）公司董事会通过投资于投资计划的决议；

（四）受托人、托管人有关材料及合同文本；

（五）内部管理、风险控制、项目评估及风险监测制度；

（六）相关业务部门设置及主要业务人员情况；

（七）经会计师事务所审计的最近3年公司财务报表；

（八）会计师事务所出具的最近3年公司内控管理建议书；

（九）中国保监会规定的其他文件及材料。

中国保监会在收到申请材料之日起20日内，做出批准或者不予批准的决定。不予批准的应当书面通知申请人，并说明理由。

第二十五条 除中国保监会另有规定外，委托人投资于投资计划应当符合下列有关投资比例的规定：

（一）人寿保险公司投资的余额，按成本价格计算不得超过该公司上季度末总资产的5%；财产保险公司投资的余额，按成本价格计算不得超过该公司上季度末总资产的2%；

（二）人寿保险公司投资单一基础设施项目的余额，按成本价格计算不得超过该项目总预算的20%；财产保险公司投资单一基础设施项目的余额，按成本价格计算不得超过该项目总预算的5%；

（三）保险公司独立核算的产品账户投资的余额，按成本价格计算不得超过保险条款具体约定的比例。

第二十六条 委托人应当履行下列职责：

（一）研究项目投资可行性，评估投资计划，确认投资项目；

（二）测试投资计划风险及承受能力，制定风险防范措施和预案；

（三）选择受托人和托管人，约定受益人权利和独立监督人职责；

（四）与受托人签订受托合同，确定投资计划管理方式，约定受托人管理、运用及处分权限，监督受托人履行职责的情况；

（五）与托管人签订投资计划财产托管合同，监督托管人履行职责的情况；

（六）协助受益人与独立监督人签订监督合同；

（七）约定有关当事人报酬的计提方法和支付方式；

（八）定期向有关当事人了解投资计划财产的管理、运用、收支和处分情况及项目建设和管理运营信息，并要求其作出具体说明；

（九）根据有关法律、行政法规规定以及投资计划的约定或者因未能预见的特别事由致使投资计划不符合受益人利益的，要求受托人调整投资计划财产的管理方法；

（十）受托人违反有关法律规定和投资计划约定，造成投资计划财产损失的，要求受托人恢复投资计划财产原状、给予赔偿；

（十一）受托人、托管人违反投资计划目的处分投资计划财产或者管理、运用、处分投资计划财产有重大过失的，根据投资计划的约定和本办法的规定解任受托人、托管人；

（十二）保存投资计划投资会计账册、报表等；

（十三）接受中国保监会的监督管理，及时报送相关文件及材料；

（十四）投资计划约定或者法律、行政法规以及中国保监会规定的其他职责。

第二十七条　委托人不得有下列行为：

（一）直接投资基础设施项目；

（二）投资未经中国保监会审核的投资计划；

（三）利用投资计划违法转移保险资金；

（四）妨碍相关当事人履行投资计划约定的职责；

（五）投资计划约定或者法律、行政法规以及中国保监会规定的其他禁止行为。

第四章　受托人

第二十八条　本办法所称受托人，是指根据投资计划约定，按照委托人意愿，为受益人利益，以自己的名义投资基础设施项目的信托投资公司、保险资产管理公司、产业投资基金管理公司或者其他专业管理机构。

受托人与托管人、独立监督人不得为同一人，且不得具有关联关系。

第二十九条　受托人应当符合下列条件：

（一）具有国家有关监管部门认定的最高级别资质；

（二）具有完善的公司治理结构，信誉良好，管理科学；

（三）具有完善的内部管理、风险控制、操作流程及内部稽核监控制度，且执行规范；

（四）具有完善的基础设施项目评估、甄选及管理体系；

（五）具有独立的外部审计制度及定期审计安排；

（六）具有足够数量的基础设施项目投资管理人员，重要岗位人员专业经验丰富；

（七）具有投资计划风险管理责任人，建立了风险责任认定及责任追究制度；

（八）董事会和高级管理人员具备对业务人员和投资计划执行的有效监控制度；

（九）最近2年连续盈利；

（十）最近3年无到期未偿还债务、未发生到期不履约现象、无挪用受托财产等违法违规行为；

（十一）中国保监会规定的其他条件。

第三十条　信托投资公司担任受托人，除符合本办法第二十九条规定条件外，还应当满足下列条件：

（一）注册资本金不低于12亿元人民币，且任何时候都维持不少于12亿元人民币的净资产；

（二）具有从事基础设施项目投资的丰富经验；

（三）原有存款性负债业务已经全部清理完毕，未发生新的存款性负债或者未办理以信托等方式变相负债的业务；

（四）自营业务资产状况和流动性良好，符合有关监管要求；

（五）完成重新登记3年以上；

（六）中国保监会规定的其他审慎性条件。

第三十一条　产业投资基金管理公司担任受托人，应当符合本办法第二十九条以及第三十条第（一）、（二）、（六）项规定条件。

第三十二条　受托人应当向中国保监会提出设立投资计划申请，并报送下列文件及材料：

（一）设立投资计划申请书；

（二）营业执照（副本）或者营业执照有效复印件；

（三）公司治理的说明；

（四）内部管理、风险控制、操作流程及内部稽核监控、基础设施项目评估、甄选及管理制度，包括董事会和高级经营管理层的有效监控手段、独立的外部审计安排等；

（五）经会计师事务所审计的最近3年公司财务报表；

（六）会计师事务所出具的最近3年公司内控管理建议书；

（七）公司全体董事履行受托职责的承诺书；

（八）主要业务人员的名单和履历；

（九）投资计划包括的所有法律文件及投资计划受益权的划分方法；

（十）投资计划可行性报告及项目评估报告；

（十一）基础设施项目立项报告及有关部门批复；

（十二）执业5年以上具有专业经验律师出具的有关投资计划的法律意见书；

（十三）尽职调查报告；

（十四）中国保监会规定的其他文件及材料。

信托投资公司担任受托人，除提交前款规定的文件及材料外，还应当提交其符合第三十条规定条件的有关证明材料。

第三十三条 中国保监会从管理资产规模、公司治理、资信状况、信用等级、管理能力、内控制度和投资计划的项目选择、风险控制、托管安排、监督机制等方面，对受托人提交各项申请材料内容的完整性进行形式审核，并出具审核意见书。

第三十四条 受托人与投资计划的其他当事人正式签订的有关合同，经中国保监会审核同意后方始生效。

第三十五条 受托人应当履行下列职责：

（一）调查投资项目情况，出具尽职调查报告；

（二）选择基础设施项目，评估项目投资价值及管理运营风险；

（三）设立投资计划，与委托人签订受托合同；

（四）与项目方签订基础设施项目投资合同，约定项目方书面承诺接受独立监督人的监督并为独立监督人实施监督提供便利；

（五）为每个投资计划开立一个独立的投资计划财产银行账户；

（六）为受益人最大利益，谨慎处理投资计划事务，确保投资计划财产安全；

（七）在投资计划授权额度内，及时向托管人下达项目资金划拨指令。超过投资计划授权额度的指令，必须征得独立监督人的书面认可；

（八）及时向受益人分配并支付投资计划收益，将到期投资计划财产归还受益人或者委托人；

（九）协助受益人办理受益权转让事宜，完成财产转移手续，并书面通知有关当事人；

（十）及时披露投资计划信息，接受有关当事人查询，如实提供相关材料，报告项目管理运营情况；

（十一）持续管理和跟踪监测基础设施项目建设或者运营情况，要求项目方履行相关信息披露义务；

（十二）编制投资计划管理及财务会计报告；

（十三）聘请会计师事务所等中介机构审计投资计划管理和投资项目运营情况；

（十四）保存处理投资计划事务的完整记录及投资项目的会计账册、报表等；

（十五）依法保守投资计划的商业机密；

（十六）受益人大会实质性变更投资计划的，及时将有关投资计划变更的文件资料报送中国保监会审核；

（十七）遇有突发紧急事件，及时向有关当事人、中国保监会和有关监管部门报告；

（十八）主动接受有关当事人、中国保监会和有关监管部门的监督，报送相关文件及资料；

（十九）投资计划约定或者法律、行政法规以及中国保监会规定的其他职责。

第三十六条 受托人按照投资计划约定取得报酬。

受托人违反投资计划约定处分投资计划财产，或者因违背管理职责、处理投资计划不当致使投资计划财产损失的，在未恢复投资计划财产原状或者未予赔偿前，不得请求给付报酬。

第三十七条 受托人违反投资计划约定，致使对第三方所负债务或者自己受到的损失，以其固有财产承担。

受托人违背受托合同约定，管理、运用、处分投资计划财产取得的不正当利益，应当归入投资计划财产；导致投资计划财产受到损失的，应当向受益人或者委托人承担赔偿责任。

受托人提供虚假或者模糊信息，误导独立监督人，造成投资计划财产损失的，应当向受益人或者委托人承担赔偿责任。

第三十八条 有下列情形之一的，委托人或者受益人大会应当按照投资计划约定解任受托人：

（一）受托人违反受托合同约定或者未能履行受托合同约定及其承诺的职责；

（二）受托人利用投资计划财产谋取约定报酬以外利益，或者为他人谋取不正当利益；

（三）受托人因管理不善或者督促项目方不力，不能按期分配并支付投资计划应付收益和投资计划财产；

（四）受托人向投资计划有关当事人提供虚假文件资料，或者有其他欺骗行为；

（五）受托人依法解散、被依法撤销、被依法宣告破产或者被依法接管；

（六）委托人有证据认为更换受托人符合受益人利益；

（七）投资计划约定或者法律、行政法规以及中国保监会规定的其他情形。

受托人有上款所述情形的，中国保监会和有关监管部门可以建议委托人或者受益人大会解任受托人。

第三十九条 受托人被解任的，委托人或者受益人大会应当在30日内委任新的受托人。

受托人被解任的，新受托人继任前，原受托人应当继续履行有关职责，妥善保管有关资料，及时办理受托管理业务移交手续。新受托人应当承继原受托人处理投资计划事务的职责。

受托人出现第三十八条第（五）项情形时，委托人或者受益人大会应当指定临时受托人负责投资计划的相关事宜。

投资计划终止时，受托人应当继续履行有关职责，直至清算结束。

第四十条　受托人职责终止的，应当聘请会计师事务所对其受托管理投资计划的行为进行审计，将审计结果书面通报投资计划的其他当事人，并报送中国保监会和有关监管部门备案。

第四十一条　受托人不得有下列行为：

（一）挪用投资计划财产；

（二）将投资计划财产用于信用交易；

（三）以投资计划财产为他人提供担保或者向项目方之外的人提供贷款；

（四）将投资计划财产与其固有财产、他人财产混合管理；

（五）将不同投资计划财产混合管理；

（六）将投资计划财产再委托其他人管理；

（七）不公平管理不同投资计划财产；

（八）将受托人固有财产与投资计划财产进行交易或者将不同投资计划财产进行相互交易；

（九）从事导致投资计划财产承担无限责任的投资；

（十）受托人董事、监事、经理及其他从业人员，在托管人、独立监督人或者其他受托人的机构中任职；

（十一）投资计划约定或者法律、行政法规以及中国保监会禁止的行为。

第五章　受益人

第四十二条　本办法所称受益人，是指委托人在投资计划中指定，享有受益权的人。

投资计划受益人可以为委托人。受益人可以兼任独立监督人。

委托人是唯一受益人的，委托人可以要求解除投资计划。投资计划另有约定的，从其约定。

第四十三条　保险公司、保险集团公司或者保险控股公司受让投资计划的受益权，应当符合本办法第二十三条规定的条件，并按照本办法第二十四条第一款的规定提交申请材料。

中国保监会在收到申请材料之日起20日内，做出批准或者不予批准的决定。不予批准的应当书面通知申请人，并说明理由。

第四十四条　受益人为保险公司、保险集团公司或者保险控股公司的，应当遵守本办法第二十五条有关保险公司投资比例的规定。

第四十五条　非保险机构受让投资计划的受益权，应当遵守投资计划的约定以及法律、行政法规和有关监管部门的规定。

第四十六条　投资计划受益人为两人以上的，应当设立受益人大会。受益人大会应当按照下列程序召开：

（一）受益人大会由持有投资计划1/3以上受益权份额的受益人提议召开。提议的受益人可以担任召集人。召集人至少应当提前30日将受益人大会的召开时间、会议形式、审议事项、议事程序和表决方式等通知其他受益人；

（二）每一投资计划受益权份额具有一票表决权。受益人可以授权代理人出席受益人大会并行使表决权；

（三）受益人大会应当有持有1/2以上表决权的受益人出席方可举行。大会作出决议，必须经出席会议的受益人或者其授权代理人所持表决权的半数以上通过。但是，大会作出转换投资计划管理方式、更换受托人、托管人及独立监督人、提前终止或者延期投资计划的决议，必须经出席会议的受益人或者其授权代理人所持表决权的2/3以上通过。受益人大会的决议和有关情况，应当及时向受益人披露，并报中国保监会备案；

（四）发生严重影响投资计划执行的重大突发事件的，任一受益人或者其授权代理人都可以提议召开并负责召集临时受益人大会。

第四十七条　投资计划生效后，受益人依法享有下列权利：

（一）享有或者转让投资计划受益权；

（二）参加受益人大会，按其持有投资计划受益权份额或者投资计划约定行使表决权；

（三）查阅受益人大会决议及相关情况；

（四）推举一名受益人代表，披露受益人大会召开、议题审议和表决情况；

（五）要求受托人分配并支付投资计划收益和到期投资计划财产；

（六）受托人、托管人违反投资计划目的处分投资计划财产或者管理运用、处分投资计划财产有重大过失的，根据投资计划的约定和本办法的规定解任受托人、托管人；

（七）选择、更换独立监督人，与独立监督人签订监督合同，督促其履行监督职责；

（八）监督受托人及项目方，及时获取投资计划管理、项目运营、投资收益等有关信息；

（九）投资计划约定或者法律、行政法规以及中国保监会规定的其他权利。

第四十八条 受益人应当履行下列职责：

（一）保存投资计划财产收益分配的会计账册、报表等；

（二）按照投资计划约定办理投资计划受益权转让手续，告知投资计划其他受益人，并报送中国保监会备案；

（三）接受其他当事人、中国保监会和有关监管部门的监督，及时报送相关文件及资料；

（四）投资计划约定或者法律、行政法规以及中国保监会规定的其他职责。

第四十九条 投资计划终止或者受益人将其投资计划受益权全部转让后，其受益人权利义务自行终止。

第五十条 受益人不得有下列行为：

（一）授意受托人违法违规投资；

（二）损害其他受益人利益；

（三）妨碍其他当事人依法履行职责；

（四）投资计划约定或者法律、行政法规以及中国保监会禁止的行为。

第六章 托 管 人

第五十一条 本办法所称托管人，是指根据投资计划约定，由委托人聘请，负责投资计划财产托管的商业银行或者其他专业金融机构。

一个投资计划选择一个托管人。托管人不得与受托人、项目方和受益人为同一人，且不得与其具有关联关系。

第五十二条 托管人应当符合中国保监会规定的有关条件，并已取得相关托管业务资格。

第五十三条 托管人应当履行下列职责：

（一）与委托人签订托管合同，忠实履行托管职责；

（二）根据不同投资计划，分别设置专门账户，保证投资计划财产独立和安全完整；

（三）根据委托人指令，及时托管投资计划财产，办理委托人的资金划拨；

（四）根据受托人指令，及时办理投资计划的资金划拨，将投资收益及到期投资计划财产划入受益人指定账户；

（五）及时将受托人超过授权额度的资金划拨指令，通知相关当事人，取得独立监督人认可后执行；

（六）确保项目方支付投资收益和清算财产分配进入投资计划专门账户；

（七）负责委托人投资的会计核算，复核、审查受托人计算的投资计划财产价值；

（八）了解并获取投资计划管理运营的有关信息，要求受托人、项目方作出说明；

（九）监督投资计划资金使用及回收、项目进展、投资计划收益计算及分配情况，发现受托人违规操作的，应当及时向其他当事人及中国保监会和有关监管部门报告；

（十）定期编制托管报告；

（十一）聘请会计师事务所审计投资计划托管财产；

（十二）及时披露投资计划信息，如实提供相关材料，报告投资计划执行情况，接受委托人、受益人及独立监督人的查询；

（十三）保存投资计划资金划拨指令、收益计算、支付及分配的会计账册、报表等；

（十四）主动接受委托人、受益人以及中国保监会和有关监管部门的监督，向其报送相关文件及资料；

（十五）投资计划约定或者法律、行政法规以及中国保监会规定的其他职责。

第五十四条 托管人按照投资计划约定取得报酬。

托管人因未履行托管义务造成投资计划财产损失的，应当向受益人或者委托人承担赔偿责任。

第五十五条 有下列情形之一的，委托人或者受益人大会按照投资计划的约定解任托管人：

（一）托管人违反托管合同约定或者未能履行托管合同规定及其承诺的职责；

（二）托管人利用投资计划财产谋取约定报酬以外利益，或者为他人谋取不正当利益；

（三）托管人向投资计划有关当事人提供虚假文件资料，或者有其他欺骗行为；

（四）托管人管理不善或者未履行监督受托人职责；

（五）托管人依法解散、被依法撤销、被依法宣告破产或者被依法接管；

（六）委托人有证据认为更换托管人符合受益人利益；

（七）投资计划约定或者法律、行政法规以及中国保监会规定的其他情形。

托管人有上款所述情形的，中国保监会和有关监管部门可以建议委托人或者受益人大会解任托管人。

第五十六条 托管人被解任的，委托人或者受益人大会应当在30日内委任新托管人。

托管人被解任的，新托管人继任前，原托管人应当继续履行有关职责，妥善保管托管管理资料，及时办理托管业务移交手续。新托管人应当承继原托管人处理投资计划事务的职责。

投资计划终止时，托管人应当继续履行有关职责，直至清算结束。

第五十七条 托管人职责终止的，应当聘请会计师事务所对其托管投资计划财产进行审计，将审计结果通报其他投资计划当事人，并报送中国保监会和有关监管部门备案。

第五十八条　托管人不得有下列行为：

（一）挪用其托管的投资计划财产；

（二）将其托管的投资计划财产与其固有财产混合管理；

（三）将其托管的不同投资计划财产混合管理；

（四）将其托管的投资计划财产转交他人托管；

（五）与受托人、项目方、独立监督人合谋，损害受益人利益；

（六）未经独立监督人认可，按照受托人指令划拨超过受托合同约定的授权额度的资金；

（七）投资计划约定或者法律、行政法规以及中国保监会禁止的行为。

第七章　独立监督人

第五十九条　本办法所称独立监督人，是指根据投资计划约定，由受益人聘请，为维护受益人利益，对受托人管理投资计划和项目方具体运营情况进行监督的专业管理机构。

一个投资计划选择一个独立监督人，项目建设期和运营期可以分别聘请独立监督人，投资计划另有约定的除外。独立监督人与受托人、项目方不得为同一人，不得具有关联关系。

第六十条　独立监督人可由下列机构担任：

（一）投资计划受益人；

（二）最近一年国内评级在AA级以上的金融机构；

（三）国家有关部门已经颁发相关业务许可证的专业机构；

（四）中国保监会认可的其他机构。

第六十一条　独立监督人应当符合下列条件：

（一）具有相关领域内国家有关部门认定的最高级别资质；

（二）具有良好的诚信和市场形象；

（三）具有完善的内部管理、项目监控和操作制度，并且执行规范；

（四）具备承担独立监督职责的专业知识及技能；

（五）从事相关业务3年以上并有相关经验；

（六）近3年未被主管部门或者监管部门处罚；

（七）中国保监会规定的其他条件。

第六十二条　独立监督人应当向中国保监会报送下列文件材料：

（一）相关业务经营许可证和相应资质证明文件的有效复印件；

（二）公司基本材料，至少应当包括公司名称、组织架构、注册资本、经营范围，以及会计师事务所审计的最近一年公司财务报表；

（三）内部管理制度，至少应当包括实施监督的动态监控制度、信息披露制度、监控操作流程、监督报告制度等；

（四）基础设施项目监督经历及监督主要项目说明；

（五）监督基础设施项目建设及运营的专业人员简历；

（六）监督基础设施项目建设和运营的基本方法及措施；

（七）依法履行监督职责的承诺书；

（八）中国保监会规定的其他材料。

除提交前款规定材料外，独立监督人还应当提交符合本办法第六十一条规定条件的证明材料。

中国保监会从监督基础设施项目经验、公司治理、资信状况、信用等级、管理能力、内控制度、监督机制等方面，对独立监督人提交各项申请材料内容的完整性进行形式审核，并出具审核意见书。

第六十三条　独立监督人与受益人正式签订有关合同前，应当提供中国保监会出具的审核意见书。

第六十四条　独立监督人应当履行下列职责：

（一）与受益人签订监督合同，遵守职业准则，忠实履行监督职责；

（二）必要时聘请法人、自然人及其他组织，协助完成独立监督职责；

（三）监督受托人管理投资计划以及履行法定、投资计划约定职责的情况；

（四）跟踪监测项目方管理的基础设施项目情况，包括但不限于投资计划资金投向，项目期限、质量、成本、运营以及履行合同情况。发现项目方财务状况严重恶化、担保方不能继续提供有效担保等重大情况，应当及时向有关当事人以及中国保监会和有关监管部门报告；

（五）分析项目建设及运营风险，及时提出防范和化解建议；

（六）审核受托人超过受托合同授权额度的资金划拨指令，出具书面意见，并及时报告受益人；

（七）了解、获取投资计划管理及项目运营的有关信息，并要求受托人、项目方作出说明；

（八）列席受益人大会；

（九）向委托人、受益人和中国保监会提交监督报告，主动接受委托人、受益人以及中国保监会和有关监管部门的监督检查，报送相关文件及资料；

（十）投资计划约定或者法律、行政法规以及中国保监会规定的其他职责。

第六十五条 独立监督人按照投资计划约定取得报酬。

独立监督人因监督不力造成投资计划财产损失的，应当向受益人或者委托人承担赔偿责任。

第六十六条 有下列情形之一的，受益人大会按照投资计划约定解任独立监督人：

（一）独立监督人违反与受益人合同约定或者未能履行合同规定及其承诺的职责；

（二）独立监督人利用投资计划财产谋取约定报酬以外利益，或者为他人谋取不正当利益；

（三）独立监督人监督受托人、项目方不力，不能有效监督投资计划财产管理和项目运营情况；

（四）独立监督人向投资计划有关当事人提供虚假文件资料，或者有其他欺骗行为；

（五）独立监督人依法解散、被依法撤销、被依法宣告破产或者被依法接管；

（六）受益人大会有证据认为更换独立监督人符合受益人利益；

（七）投资计划约定或者法律、行政法规和中国保监会规定的其他情形。

独立监督人有上款所述情形的，中国保监会和有关监管部门可以建议受益人大会解任独立监督人。

第六十七条 独立监督人被解任的，受益人大会应当在30日内委任新独立监督人。

独立监督人被解任的，新独立监督人继任前，原独立监督人应当继续履行有关职责，妥善保管监督资料，及时办理监督业务移交手续。新独立监督人应当承继原独立监督人处理投资计划事务的职责。

投资计划终止时，独立监督人应当继续履行有关职责，直至清算结束。

第六十八条 独立监督人职责终止的，应当通报其他当事人，并报告中国保监会。

第六十九条 独立监督人不得有下列行为：

（一）与受托人、托管人和项目方合谋，损害受益人利益；

（二）投资计划约定或者法律、行政法规以及中国保监会禁止的行为。

第八章 信息披露

第七十条 各方当事人应当根据投资计划约定或者法律、行政法规、中国保监会以及有关部门的规定，完整保存投资计划相关资料，履行信息披露义务，保证有关当事人可以查阅或者复制。

各方当事人应当按照投资计划约定的时间和方式，准确、及时、规范报送有关投资计划管理运营、监督情况的文件资料，并对其真实性和完整性负责。

第七十一条 受托人应当按照投资计划约定向委托人和受益人披露下列信息：

（一）公司治理情况；

（二）经会计师事务所审计的最近3年公司财务报表和会计师事务所出具的最近3年公司内控管理建议书；

（三）投资计划设立情况，包括项目方和项目基本情况、委托人和受益人范围和数量、资金总额等；

（四）尽职调查报告；

（五）投资计划财产评估程序和方法；

（六）投资计划管理最新情况，包括项目风险，收益变化因素，后续管理情况等；

（七）投资计划潜在风险和可能造成的损失，包括项目方出现财务状况严重恶化，项目出现重大事故导致损失发生，担保方不能继续提供有效担保，各方当事人对合同约定的责任产生重大争议等，以及拟采取的策略、实施方案及选择理由；

（八）管理投资计划财产和其他不同类型财产的风险隔离措施；

（九）投资项目担保方财务状况及其提供担保的理由；

（十）投资计划终止以及财产的归属和分配情况；

（十一）投资计划季度、半年、年度管理报告，其中财务会计报告应当经会计师事务所审计；

（十二）涉及投资计划和各方当事人的重大诉讼；

（十三）投资计划重大事项的专项报告；

（十四）各方当事人的关联关系；

（十五）突发紧急事件情况和拟采取的措施和预案；

（十六）重大股权变更情况；

（十七）高级管理人员和相关部门重要变动情况；

（十八）投资计划约定或者法律、行政法规以及中国保监会和有关监管部门规定披露的信息。

受托人应当向托管人、独立监督人披露前款第（三）项、第（五）项至第（十一）项信息。

受托人应当向中国保监会和有关监管部门报告第一款第（十）项至第（十八）项的有关情况。

受托人向委托人、受益人披露信息，向中国保监会和有关监管部门提交报告，应当提供托管人、独立监督人出具的复核意见书。

第七十二条 委托人、受益人应当向中国保监会报告第七十一条规定的有关内容。

受益人召开受益人大会的，应当及时向受益人披露受益人大会的决议和有关情况。

受益人转让投资计划受益权，应当在转让协议签订后10日内，及时将转让协议报送中国保监会和有关监管部门备案，同时还应当向有关当事人披露受益权转让的价格、份额和交易对手等信息。

第七十三条　托管人、独立监督人应当向其他当事人以及中国保监会和有关监管部门披露、报告本办法第七十一条第（十六）项至第（十八）项规定的有关信息，还应当向委托人、受益人以及中国保监会和有关监管部门披露、报告下列信息和事项：

（一）受托人履行职责情况；

（二）受托人执行受托合同状况；

（三）投资计划收益及财产现状；

（四）托管报告及监督报告；

（五）其他需要披露及报告的事项。

第七十四条　受托人、独立监督人应当采取必要措施，促使项目方详尽充分披露有关信息。

第七十五条　各方当事人提供报告和披露信息时，应当保证所提供报告和信息真实、有效、完整，不得虚假陈述、诋毁其他当事人，不得做出违反法律、行政法规和本办法规定的承诺。

第七十六条　除本办法规定的内容外，凡有可能对委托人、受益人决策或者利益产生实质性影响的信息，各方当事人均有义务履行披露职责。

第九章　风险管理

第七十七条　委托人应当根据《保险资金运用风险控制指引（试行）》，建立投资计划风险控制制度，至少包括下列内容：

（一）产业、行业发展研究制度；

（二）项目评估、甄选和储备制度；

（三）投资决策制度；

（四）资金划拨授权制度；

（五）风险监测制度；

（六）投资计划当事人信用评估制度；

（七）管理人才培养制度；

（八）突发事项紧急处理制度。

第七十八条　委托人应当采取有效措施，防范投资计划投资过程中的决策风险、操作风险、信用风险、道德风险和法律风险。

（一）规范投资决策流程，建立集体决策制度，投资决策过程每一环节应当有风险责任人签字，防范投资决策风险；

（二）引入专业评估机构，建立信用评估制度，全面持续跟踪有关当事人的信用状况，防范信用风险；

（三）设置相关业务部门，建立岗位分离制度，梳理揭示投资计划投资的主要风险点，制定控制措施，防范投资操作风险；

（四）加强职业道德教育，建立投资监督制度，对重要岗位、主要人员和关键环节进行监督和制约，防范道德风险；

（五）审定合同要素条款，建立合规审查制度。起草、修改或者签订有关合同，应当经执业律师独立审查，防范法律风险。

第七十九条　委托人的高级管理人员，应当严格按照投资决策流程和风险控制制度做出决策，主要业务人员应当熟悉有关投资运作规则和风险控制方法。

第八十条　委托人、受托人应当组织有关专家和专业机构，从经济、社会、技术、财务等角度，论证投资计划的可行性。可行性报告至少应当包括下列内容：

（一）项目综合评估，主要对项目的社会必要性、经济合理性、技术先进性、财务可行性和市场前瞻性等进行评估；

（二）项目预算评估，主要对项目投资预算、项目资金来源与筹措方式的合规性、可靠性等进行评估；

（三）项目运营评估，主要对项目建设期和管理期的政策环境、管理方式、运营状况、配套设施，以及运营风险进行评估；

（四）项目效益评估，主要对项目财务收入、现金流量、资产负债、投资成本、投资收益、项目方偿付能力等进行评估；

（五）各方当事人评估，主要对相关当事人的法人资格、治理结构、资产负债能力、资信状况等进行评估；

（六）投资信用评估，主要对投资计划担保人资格、担保能力、抵（质）押物价值、信用增级措施等进行评估；

（七）投资风险评估，主要对投资计划面临风险及不确定性进行评估。

第八十一条　委托人、受益人应当及时与受托人、托管人、独立监督人通报相关信息，跟踪监测投资计划执行和具体管理情况。委托人、受益人跟踪监测，至少应当包括下列内容：

（一）各方当事人情况；

（二）相关法律法规和政策调整情况；

（三）投资计划运作和项目运营情况；

（四）项目有关担保情况。

第八十二条　委托人、受益人应当每年对受托人、托管人和独立监督人进行尽职评估，必要时按照投资计划约定予以更换。

第八十三条 各方当事人遇到突发事件时，应当采取积极措施，尽可能降低投资计划财产损失。

第八十四条 受益人大会修改投资计划，受益人为保险机构的，应当及时报告中国保监会，并采取必要措施防范投资风险。

受益人大会修改投资计划导致其不符合本办法有关规定的，中国保监会可以要求前款所称受益人转让所持有的投资计划受益权。

第八十五条 各方当事人不得违反投资计划约定或者法律、行政法规以及中国保监会规定，泄漏与投资计划相关的商业秘密。

第八十六条 投资计划以债权方式投资基础设施项目应当取得担保。担保方式可以为保证、抵押、质押、留置和定金等。

（一）提供保证担保的担保人，应当是国内信用评级机构最近一年评级在 AA 级或者相当于 AA 级以上的金融机构，也可是上年末净资产达到 200 亿元人民币以上的非金融机构。担保人必须提供保证担保的有关证明文件；

（二）提供抵押、质押担保的担保人，应当按照有关法律、行政法规规定，提供相应的资产抵押、质押物清单和有处分权人同意提供抵押、质押的有效证明文件。提供抵押担保的，抵押担保的债权不能超过抵押物价值的 50%；

（三）提供留置、定金担保的担保人，应当按照有关法律法规规定，提供相应的资产留置清单、定金合同和有处分权人同意提供留置、定金的有效证明文件。

第八十七条 投资计划以股权方式投资基础设施项目，受托人至少采取以下风险控制措施：

（一）必须取得对所投资的项目的决策权；

（二）必须取得项目方的至少一个董事席位；

（三）确保具有可执行的股权退出机制。

第八十八条 投资计划以转让收益权、经营权及其他可行方式投资基础设施项目，受托人至少采取以下风险控制措施：

（一）确保与受让权利相关的基础设施财产权属完整，且没有他项权利请求；

（二）确保与受让权利相关的基础设施财产的所有权人承诺，对因该基础设施财产引发的债务承担无限连带赔偿责任；

（三）取得最近一年国内信用评级在 AA 级或者相当于 AA 级以上的金融机构或者上年度末净资产在 200 亿元人民币以上的非金融企业提供的担保。

第八十九条 投资计划以物权和其他可行方式投资基础设施项目，应当制定健全的风险控制措施，应用科学的风险管理手段，建立有效的风险管理机制。

第十章 监督管理

第九十条 中国保监会依法对投资计划当事人的经营活动进行监督，必要时可以责令各方当事人聘请具有相应资格的会计师事务所审计投资计划业务和财务状况。各方当事人应当积极配合，不得发生以下行为：

（一）拒绝、阻挠监管人员的监督检查；

（二）拒绝、拖延提供与检查事项有关的资料；

（三）隐匿、伪造、变造、毁弃会计凭证、会计账簿、会计报表以及其他有关资料；

（四）中国保监会规定的其他禁止行为。

有关监管部门按照各自职责，依法对受托人、托管人和独立监督人等有关当事人的业务情况进行监督检查。

第九十一条 中国保监会建立责任追究制度，负责对委托人、受益人及其高级管理人员和主要业务人员进行检查和问责。对违反有关法律、行政法规和本办法规定的行为进行质询和监管谈话，并依法给予行政处罚。

委托人、受益人的高级管理人员和主要业务人员离任后，发现其在该机构工作期间违反有关法律、行政法规和本办法规定的，应当依法追究责任。

第九十二条 受托人、托管人、独立监督人违反有关法律、行政法规和本办法规定的，中国保监会将记录其不良行为。情节严重的，中国保监会可以暂停其从事保险资金间接投资基础设施项目的业务，并商有关监管部门依法给予行政处罚。

中国保监会可以限制、禁止委托人、受益人投资有不良记录的受托人、托管人和独立监督人参与的投资计划。受益人已经投资该类投资计划的，中国保监会可以要求其转让受益权。

第九十三条 中国保监会可以根据市场变化和投资运作情况，适时调整本办法规定有关当事人的资格条件、投资基础设施项目的投资范围和投资比例。

第十一章 附 则

第九十四条 本办法所称关联关系是指有关当事人在股份、出资方面存在控制关系或者在股份、出资方面同为第三人所控制。

第九十五条 保险资金以委托等方式投资基础设施项目的，具体办法由中国保监会另行制定。

第九十六条　保险资金通过产业投资基金方式间接投资基础设施项目的，具体办法由中国保监会另行制定。

第九十七条　本办法由中国保监会负责解释、修订。

第九十八条　本办法自发布之日起施行。

外国保险机构驻华代表机构管理办法

中国保险监督管理委员会令[2006]第5号

第一章　总　　则

第一条　为了加强对外国保险机构驻华代表机构（以下简称“代表机构”）的管理，适应中国保险市场对外开放的需要，根据《中华人民共和国保险法》，制定本办法。

第二条　本办法所称外国保险机构，是指在中国境外注册的保险公司、再保险公司、保险中介机构、保险协会及其他保险组织。

本办法所称代表机构，是指外国保险机构在中国境内获准设立并从事联络、市场调查等非经营性活动的代表处、总代表处。

本办法所称首席代表，是指代表处的主要负责人；本办法所称总代表，是指总代表处的主要负责人。

第三条　代表机构必须遵守中国法律、法规和中国保险监督管理委员会（以下简称“中国保监会”）的有关规定。

代表机构的合法权益受中国法律保护。

第四条　中国保监会根据法律和国务院授权，对代表机构履行监管职责。

中国保监会派出机构，在中国保监会授权范围内，代表中国保监会对本辖区的代表机构实施日常监管。

第二章　申请与设立

第五条　申请设立代表处的外国保险机构（以下简称“申请者”）应当具备下列条件：

（一）经营状况良好；

（二）外国保险机构经营有保险业务的，应当经营保险业务20年以上，没有经营保险业务的，应当成立20年以上；

（三）申请之日前3年内无重大违法违规记录；

（四）中国保监会规定的其他审慎性条件。

本条所称经营保险业务20年以上，是指外国保险机构持续经营保险业务20年以上，外国保险机构吸收合并其他机构或者与其他机构合并设立新保险机构的，不影响其经营保险业务年限的计算。

外国保险机构子公司经营保险业务的年限，自该子公司设立时开始计算。

外国保险集团公司经营保险业务的年限，以下列两项时间中较早的一项时间开始计算：

（一）该集团开始经营保险业务的时间；

（二）该集团中经营保险业务的子公司开始经营保险业务的时间。

第六条　申请者应当提交下列材料：

（一）正式申请表；

（二）由董事长或者总经理签署的致中国保监会主席的申请书；

（三）所在国家或者地区有关主管当局核发的营业执照或者合法开业证明或者注册登记证明的复印件；

（四）机构章程，董事会成员名单、管理层人员名单或者主要合伙人名单；

（五）申请之日前3年的年报；

（六）所在国家或者地区有关主管当局出具的对申请者在中国境内设立代表处的意见书，或者由所在行业协会出具的推荐信，意见书或者推荐信应当陈述申请者在出具意见书或者推荐信之日前3年受处罚的记录；

（七）代表机构设立的可行性和必要性研究报告；

（八）由董事长或者总经理签署的首席代表授权书；

（九）申请者就拟任首席代表在申请日前3年没有因重大违法违规行为受到所在国家或者地区处罚的声明；

（十）拟任首席代表的简历；

（十一）中国保监会规定提交的其他资料。

“营业执照”、“合法开业证明”和“注册登记证明”的复印件必须经其所在国家或者地区依法设立的公证机构公证或者经中国驻该国使、领馆认证。

第七条　申请者应当向中国保监会提交申请材料。对拟设代表处的申请，中国保监会应当根据下列情况分别处理：

（一）申请材料存在可以当场更正的错误的，应当允许申请人当场更正；

（二）申请材料不齐全或者不符合法定形式的，应当当场或者在 5 日内一次告知申请人需要补正的全部内容，逾期不告知的，自收到申请材料之日起即为受理；

（三）申请材料齐全、符合法定形式，或者申请人按照要求提交全部补正申请材料的，应当受理申请。

中国保监会受理或者不予受理申请，应当出具加盖专用印章和注明日期的书面凭证。

第八条 中国保监会根据审慎性原则对设立代表处的申请进行审查，并应当自受理申请之日起 20 日内，作出批准或者不予批准的决定。20 日内不能作出决定的，经中国保监会主席批准，可以延长 10 日，并应当将延长期限的理由告知申请人。

决定批准的，颁发批准书；决定不予批准的，应当书面说明理由。

第九条 代表处领取批准书后，应当按有关规定办理工商登记。

代表处应当自领取批准书之日起 3 个月内迁入固定的办公场所，并向中国保监会书面报告下列事项：

（一）工商登记注册证明；

（二）办公场所的合法使用权证明；

（三）办公场所电话、传真、邮政通信地址；

（四）首席代表移动电话、电子邮箱。

代表处自领取批准书之日起 3 个月内未向中国保监会提交书面报告的，视为未迁入固定办公场所，原批准书自动失效。

第三章 监督管理

第十条 代表处的名称应当依次由下列内容组成："外国保险机构所属国家或者地区名称"、"外国保险机构名称"、"所在城市名称"和"代表处"；总代表处的名称应当依次由下列内容组成："外国保险机构所属国家或者地区名称"、"外国保险机构名称"和"驻中国总代表处"。

第十一条 代表机构除主要负责人外，其他主要工作人员应当称"代表"、"副代表"。

第十二条 代表机构工作人员应当遵守中国的法律法规，品行良好，无重大违法违规记录。

第十三条 总代表和首席代表应当具备履行职责所需的学历、从业经历和工作能力。

总代表应当具备 8 年以上工作经历、大学专科以上学历；首席代表应当具备 5 年以上工作经历、大学专科以上学历。

总代表和首席代表不具备大学专科以上学历的，应当具备 10 年以上保险从业经历。

第十四条 每个代表机构的外籍工作人员最多不得超过 3 人。

第十五条 代表机构及其工作人员不得以任何方式从事或者参与经营性活动。

第十六条 代表机构应当有独立、固定的办公场所和专职的工作人员。

第十七条 总代表或首席代表不得在 2 个以上代表机构中任职；也不得在中国境内任何经营性机构中任职。

第十八条 总代表或首席代表应当常驻代表机构主持日常工作，并且常驻时间每年累计不得少于 240 日。

总代表或者首席代表离开代表机构的时间每次不得连续超过 30 日；离开代表机构连续超过 14 日的，应当指定专人代行其职，并向当地中国保监会派出机构书面报告。

第十九条 代表机构应当在每年 2 月底前向当地中国保监会派出机构报送上一年度的工作报告一式两份，由中国保监会派出机构转报中国保监会。

工作报告应当按中国保监会规定的格式填写。

第二十条 代表机构每年在其代表的外国保险机构会计年度结束后的 6 个月内，应当分别向中国保监会和当地中国保监会派出机构报送其所代表的外国保险机构上一年度的年报。

第二十一条 代表机构代表的外国保险机构有下列情形之一的，代表机构应当自事件发生之日起 10 日内，向中国保监会提交书面报告，同时抄报当地中国保监会派出机构：

（一）公司章程、注册资本或者注册地址变更；

（二）分立、合并或者主要负责人变动；

（三）经营严重亏损；

（四）因违法、违规行为受到处罚；

（五）外国保险机构所在国家或者地区的有关主管当局对其实施重大监管措施；

（六）对经营有重大影响的其他事项。

第二十二条 代表机构更换总代表或者首席代表的，应当向中国保监会申请，并提交下列材料：

（一）由其代表的外国保险机构董事长或者总经理签署的致中国保监会主席的申请书；

（二）由其代表的外国保险机构董事长或者总经理签署的拟任总代表或者首席代表的授权书；

（三）拟任总代表或者首席代表的身份证明、学历证明和简历；

（四）中国保监会规定的其他材料。

第二十三条 代表机构变更名称，应当向中国保监会申请，并提交下列材料：

（一）名称变更申请表；

（二）由其所代表的外国保险机构董事长或者总经理签署的致中国保监会主席的申请书；

（三）中国保监会规定的其他材料。

第二十四条　在中国境内已设立2个以上代表处的外国保险机构，可以指定其中一个代表处为总代表处，但应当按照本办法第二十三条的规定，向中国保监会申请将代表处名称变更为总代表处。

代表处经批准变更为总代表处的，总代表处应当自中国保监会批准变更之日起1个月内依法办理代表处的工商变更登记。

第二十五条　代表机构变更总代表、首席代表或者变更名称，按照本办法规定向中国保监会提出申请的，中国保监会应当自受理申请之日起20日内，作出批准或者不予批准的决定。

决定批准的，颁发批准书；决定不予批准的，应当作出书面决定并说明理由。

第二十六条　代表机构只能在所在城市的行政辖区内变更办公场所，并应当自变更之日起5日内向中国保监会和当地中国保监会派出机构书面报告下列事项：

（一）新办公场所合法使用权证明；

（二）新办公场所电话、传真、邮政通信地址。

本条所称变更办公场所包括原有办公场所的搬迁、扩大、缩小或者新增办公场所等情形。

第二十七条　代表机构撤销的，应当自撤销之日起20日内，向中国保监会书面报告下列事项：

（一）撤销代表机构的情况说明；

（二）外国保险机构撤销代表机构文件的复印件。

第二十八条　代表机构更换或者增减代表、副代表、外籍工作人员，应当自更换或者增减人员之日起5日内向当地中国保监会派出机构报告，并提交被任命人员的身份证明、学历证明和简历。

第二十九条　外国保险机构的代表处撤销后，总代表处是其惟一驻华代表机构的，总代表处应当按照本办法第二十三条的规定，向中国保监会申请将总代表处名称变更为代表处。

总代表处经批准变更为代表处的，代表处应当自中国保监会批准变更之日起 1 个月内依法办理工商变更登记。

第三十条　代表处撤销后，其代表的外国保险机构设有总代表处的，由总代表处负责未了事宜；没有设立总代表处的，由其代表的外国保险机构的其他代表处负责未了事宜；其代表的外国保险机构的所有代表机构均已撤销的，由其代表的外国保险机构负责未了事宜。

第三十一条　中国保监会或者当地中国保监会派出机构根据监管需要，可以对代表机构的总代表或者首席代表进行监管谈话，提示风险，并要求其就有关问题作出说明。

第三十二条　中国保监会及其派出机构依法对代表机构进行日常和年度检查。

日常和年度检查的内容包括：

（一）代表机构变更事项的手续是否完备；

（二）各项申报材料的内容与实际情况是否相符；

（三）代表机构工作人员的任用或者变更手续是否完备；

（四）代表机构是否从事经营性活动；

（五）中国保监会及其派出机构认为需要检查的其他事项。

第四章　法律责任

第三十三条　违反本办法，未经批准擅自设立代表机构的，中国保监会依法予以取缔。

第三十四条　违反本办法规定从事保险经营活动的，由中国保监会按照有关法律、法规的规定予以处罚。

第三十五条　未按照本办法规定提交有关报告或者材料的，由中国保监会或者当地中国保监会派出机构责令限期改正，予以警告，情节严重的，处以1000元罚款。

第三十六条　对代表机构违反本办法从事保险经营活动的行为负有直接责任的代表机构工作人员，由中国保监会予以警告，情节严重的，处以5000元以下罚款；对违反本办法的其他非经营行为负有直接责任的代表机构工作人员，由中国保监会予以警告，情节严重的，处以1000元以下罚款。

第三十七条　代表机构提供虚假信息或者隐瞒重要事实的，予以警告。

第三十八条　违反本办法其他规定的，责令改正；逾期未改正的，予以警告。

第三十九条　当地中国保监会派出机构应当及时将对代表机构处罚的情况向中国保监会报告。

代表机构受到中国保监会或者当地中国保监会派出机构3次以上行政处罚，或者从事、参与经营性活动违法所得数额巨大，危害严重的，中国保监会可以将其受处罚的情况作为其所代表的外国保险机构申请在中国设立外资保险公司的审慎性条件予以考虑。

第五章　附　则

第四十条　香港、澳门和台湾地区的保险机构在内地设立的代表机构，比照适用本办法。

第四十一条 经中国保监会批准设立的外国保险机构驻华办事处，比照适用本办法。

第四十二条 外国保险机构设立代表处的正式申请表和代表机构名称变更申请表由中国保监会提供。

第四十三条 本办法所称“以上”、“以下”、“以内”，包括本数。

第四十四条 本办法规定提交的材料应当使用中文。外国保险机构所在国家或者地区提供的材料为外文的，应当附中文译本；中文译本与外文有歧义的，以中文译本为准。

第四十五条 本办法有关批准、报告期间的规定是指工作日，不含节假日。

第四十六条 本办法由中国保监会负责解释。

第四十七条 本办法自2006年9月1日起施行。中国保监会2004年1月15日发布的《外国保险机构驻华代表机构管理办法》同时废止。

保险公司设立境外保险类机构管理办法

中国保监会〔2006〕第7号令

第一章 总 则

第一条 为了加强管理保险公司设立境外保险类机构的活动，防范风险，保障被保险人的利益，根据《中华人民共和国保险法》（以下简称《保险法》）等法律、行政法规，制定本办法。

第二条 本办法所称保险公司，是指经中国保险监督管理委员会（以下简称中国保监会）批准设立，并依法登记注册的商业保险公司。

第三条 本办法所称境外保险类机构，是指保险公司的境外分支机构、境外保险公司和保险中介机构。

本办法所称保险中介机构，是指保险代理机构、保险经纪机构和保险公估机构。

第四条 本办法所称设立境外保险类机构，是指保险公司的下列行为：

（一）设立境外分支机构、境外保险公司和保险中介机构；

（二）收购境外保险公司和保险中介机构。

第五条 本办法所称收购，是指保险公司受让境外保险公司、保险中介机构的股权、且其持有的股权达到该机构表决权资本总额20%及以上或者虽不足20%但对该机构拥有实际控制权、共同控制权或者重大影响的行为。

保险公司收购上市的境外保险公司、保险中介机构的，适用本办法。中国保监会另有规定的从其规定。

第六条 保险公司设立境外保险类机构应当遵守中国有关保险和外汇管理的法律、行政法规以及中国保监会相关规定，遵守境外的相关法律及规定。

保险公司收购境外保险公司和保险中介机构，应当执行现行保险外汇资金的有关规定。

第七条 中国保监会依法对保险公司设立境外保险类机构的活动实施监督管理。

第八条 保险公司在境外设立代表机构、联络机构或者办事处等非营业性机构的，适用本办法。

第二章 设立审批

第九条 保险公司设立境外保险类机构的，应当具备下列条件：

（一）开业2年以上；

（二）上年末总资产不低于50亿元人民币；

（三）上年末外汇资金不低于1500万美元或者其等值的自由兑换货币；

（四）偿付能力额度符合中国保监会有关规定；

（五）内部控制制度和风险管理制度符合中国保监会有关规定；

（六）最近2年内无受重大处罚的记录；

（七）拟设立境外保险类机构所在的国家或者地区金融监管制度完善，并与中国保险监管机构保持有效的监管合作关系；

（八）中国保监会规定的其他条件。

第十条 保险公司申请设立境外分支机构、境外保险公司和保险中介机构的，应当向中国保监会提交下列材料：

（一）申请书；

（二）国家外汇管理局外汇资金来源核准决定的复印件；

（三）上一年度经会计师事务所审计的公司财务报表及外币资产负债表；

（四）上一年度经会计师事务所审计的偿付能力状况报告；

（五）内部控制制度和风险管理制度；

（六）拟设境外保险类机构的基本情况说明，包括名称、住所、章程、注册资本或者营运资金、股权结构及出资额、业务范围、筹建负责人简历及身份证明材料复印件；

（七）拟设境外保险类机构的可行性研究报告、市场分析报告和筹建方案；

（八）拟设境外保险类机构所在地法律要求保险公司为其设立的境外保险类机构承担连带责任的，提交相关说明材料；

（九）中国保监会规定的其他材料。

保险公司在境外设立的保险公司、保险中介机构有其他发起人的，还应当提交其他发起人的名称、股份认购协议书复印件、营业执照以及上一年度经会计师事务所审计的资产负债表。

第十一条 保险公司申请收购境外保险公司和保险中介机构的，应当向中国保监会提交下列材料：

（一）申请书；

（二）国家外汇管理局外汇资金来源核准决定的复印件；

（三）上一年度经会计师事务所审计的公司财务报表及外币资产负债表；

（四）上一年度和最近季度经会计师事务所审计的偿付能力状况报告及其说明；

（五）内部管理制度和风险控制制度；

（六）拟被收购的境外保险类机构的基本情况说明，包括名称、住所、章程、注册资本或者营运资金、业务范围、负责人情况说明；

（七）拟被收购的境外保险类机构上一年度经会计师事务所审计的公司财务报表；

（八）收购境外保险类机构的可行性研究报告、市场分析报告、收购方案；

（九）中国保监会规定的其他材料。

拟被收购境外保险类机构为保险公司的，还应当提交其上一年度和最近季度经会计师事务所审计的偿付能力状况报告及说明。

第十二条 保险公司在境外设立代表机构、联络机构或者办事处等非营业性机构的，应当具备下列条件：

（一）具有合法的外汇资金来源；

（二）内部控制制度和风险管理制度符合中国保监会有关规定；

（三）最近2年内无受重大处罚的记录；

（四）中国保监会规定的其他条件。

第十三条 保险公司申请在境外设立代表机构、联络机构或者办事处等非营业性机构的，应当向中国保监会提交下列文件：

（一）申请书；

（二）拟设境外代表机构、联络机构或者办事处等非营业性机构的基本情况说明，包括名称、住所、营运经费预算、负责人简历及身份证明材料复印件；

（三）中国保监会规定的其他材料。

第十四条 中国保监会应当依法对设立境外保险类机构或者境外代表机构、联络机构、办事处等非营业性机构的申请进行审查，并自受理申请之日起20日内作出批准或者不予批准的决定。决定不予批准的，应当书面通知申请人并说明理由。

第十五条 保险公司应当在境外保险类机构获得许可证或者收购交易完成后20日内，将境外保险类机构的下列情况书面报告中国保监会：

（一）许可证复印件；

（二）机构名称和住所；

（三）机构章程；

（四）机构的组织形式、业务范围、注册资本或者营运资金、其他股东或者合伙人的出资金额及出资比例；

（五）机构负责人姓名及联系方式；

（六）中国保监会规定的其他材料。

第十六条 保险公司应当在境外代表机构、联络机构或者办事处等非营业性机构设立后20日内，将境外代表机构、联络机构或者办事处等非营业性机构的下列情况书面报告中国保监会：

（一）登记证明的复印件；

（二）名称和住所；

（三）负责人姓名及联系方式；

（四）中国保监会规定的其他材料。

第三章 境外保险类机构管理

第十七条 保险公司应当对其设立的境外保险类机构进行有效的风险管理，并督促该类机构按照所在国法律和监管部门的相关规定，建立健全风险管理制度。

第十八条 保险公司应当严格控制其设立的境外保险类机构对外提供担保。

保险公司在境外设立的分支机构确需对外提供担保的，应当取得被担保人的资信证明，并签署具有法律效力的反担保协议书。以财产抵押、质押等方式提供反担保协议的，提供担保的金额不得超过抵押、质押财产重估价值的60%。

第十九条 保险公司在境外设立的分支机构，除保单质押贷款外，不得对外贷款。

第二十条 保险公司应当对派往其设立的境外保险类机构的董事长和高级管理人员建立绩效考核制度、期中审计制度和离任审计制度。

第二十一条 保险公司设立的境外保险类机构清算完毕后，应当将清算机构出具的经当地注册会计师验证的清算报告，报送中国保监会。

第四章 监督检查

第二十二条 保险公司应当按照中国会计制度及中国保监会的规定，在财务报告和偿付能力报告中单独披露其设立的境外保险类机构的经营成果、财务状况和偿付能力状况。

第二十三条 保险公司设立的境外保险类机构按照所在地保险监管机构要求编制偿付能力报告的，保险公司应当抄送中国保监会。

第二十四条 保险公司应当在其设立的境外保险类机构每一会计年度结束后5个月内，将该境外保险类机构上一年度的财务报表报送中国保监会。

第二十五条 保险公司应当在每年1月底之前，将其境外代表机构、联络机构或者办事处等非营业性机构的年度工作报告，报送中国保监会。

境外代表机构、联络机构或者办事处等非营业性机构的年度工作报告应当包括该机构的主要工作和机构变更情况。

第二十六条 保险公司设立的境外保险类机构发生下列事项的，保险公司应当在事项发生之日起20日内书面报告中国保监会：

（一）投资、设立公司的；

（二）分立、合并、解散、撤销或者破产的；

（三）机构名称或者注册地变更的；

（四）董事长和高级管理人员变动的；

（五）注册资本和股东结构发生重大变化的；

（六）调整业务范围的；

（七）出现重大经营或者财务问题的；

（八）涉及重大诉讼、受到重大处罚的；

（九）所在地保险监管部门出具监管报告或者检查报告的；

（十）中国保监会认为有必要报告的其他事项。

第二十七条 保险公司转让其境外保险类机构股权的，应当报经中国保监会批准。

第二十八条 保险公司对其境外保险类机构实施下列行为之一的，应当报经中国保监会批准，并按照本办法第十一条的规定提交材料：

（一）增持境外保险类机构股份的；

（二）增加境外保险类机构的资本金或者营运资金的。

第二十九条 保险公司应当建立控制和管理关联交易的相关制度。保险公司与其境外设立的保险公司和保险中介机构之间发生重大关联交易的，应当在交易完成后15日内向中国保监会报告。

前款规定的重大关联交易是指保险公司与其境外设立的保险公司和保险中介机构之间的下列交易活动：

（一）再保险分出或者分入业务；

（二）资产管理、担保和代理业务；

（三）固定资产买卖或者债权债务转移；

（四）大额借款；

（五）其他重大交易活动。

第三十条 保险公司向中国保监会报送的境外保险类机构的各项材料，应当完整、真实、准确。

第五章 法律责任

第三十一条 未经中国保监会批准，擅自设立境外保险类机构的，由中国保监会责令改正，并处5万元以上30万元以下的罚款；情节严重的，可以限制业务范围、责令停止接受新业务或者吊销经营保险业务许可证。

未经中国保监会批准，擅自设立境外代表机构、联络机构、办事处等非营业性机构的，由中国保监会责令改正，并处3万元以下的罚款。

第三十二条 未按照本办法规定报送有关报告、报表、文件和资料的，由中国保监会责令改正，逾期不改正的，处以1万元以上10万元以下的罚款。

第三十三条 提供虚假的报告、报表、文件和资料的，由中国保监会责令改正，处以10万元以上50万元以下的罚款；情节严重的，可以限制业务范围、责令停止接受新业务或者吊销经营保险业务许可证。

第六章 附 则

第三十四条 保险集团公司、保险控股公司设立境外保险类机构和境外代表机构、联络机构、办事处等非营业性机构的，适用本办法。中国保监会另有规定的，从其规定。

第三十五条 保险公司在香港、澳门和台湾地区设立保险类机构和境外代表机构、联络机构、办事处等非营业性机构的，适用本办法。

第三十六条 保险公司按照本办法向中国保监会报送的各项报告、报表、文件和材料，应当使用中文。原件为外文的，应当附中文译本。中文与外文表述不一致的，以中文表述为准。

第三十七条　本办法所称的“日”是指工作日，不含节假日。

第三十八条　本办法由中国保监会负责解释。

第三十九条　本办法自2006年9月1日起施行。

非保险机构投资境外保险类企业管理办法

中国保监会〔2006〕第6号令

第一条　为了促进保险业健康发展，加强对非保险机构在境外投资保险类企业的监管，根据《国务院对确需保留的行政审批项目设定行政许可的决定》和《国务院办公厅关于印发中国保险监督管理委员会主要职责内设机构和人员编制规定的通知》，制定本办法。

第二条　本办法所称非保险机构，是指在中国依法登记注册、除保险公司和保险资产管理公司以外的企业。

本办法所称境外保险类企业是指在境外设立的保险公司、保险代理机构、保险经纪机构和保险公估机构。

本办法所称境外投资，是指非保险机构在境外设立境外保险类企业或者收购境外保险类企业20%以上股权的活动。

第三条　中国保险监督管理委员会（以下简称中国保监会）根据国务院授权，对非保险机构投资境外保险类企业的活动，实施监督管理。

第四条　非保险机构投资境外保险类企业应当具备下列条件：

（一）具有合法的外汇资金来源；

（二）经营稳定，财务状况良好。

第五条　非保险机构申请投资境外保险类企业的，应当向中国保监会提交下列申请材料：

（一）公司法人代表签署的设立境外保险类企业申请书；

（二）企业的章程及基本情况介绍；

（三）上一年度经会计师事务所审计的公司财务报表及外币资产负债表；

（四）上级主管部门同意其在境外投资保险类企业的意见书；

（五）拟设保险类企业的可行性研究报告、市场分析报告和筹建方案；

（六）拟设保险类企业的基本情况说明，包括名称、住所、章程、注册资本或者营运资金、股权结构及出资额、业务范围、负责人简历及身份证明材料复印件；

（七）中国保监会规定的其他材料。

非保险机构拟收购境外保险类企业的，应当提供境外保险类企业的工商登记注册证明、营业执照复印件、公司章程、公司股权结构、公司情况介绍、公司近3年的年报，以及拟派出的负责人简历及身份证明复印件。

第六条　中国保监会应当对非保险企业投资境外保险类企业的申请进行审查，并自受理申请之日起20日内作出批准或者不批准的决定。决定不批准的，应当书面通知申请人并说明理由。

第七条　非保险机构应当在境外保险类企业获得许可证或者收购交易完成后20日内，将境外保险类企业的下列情况书面报告中国保监会：

（一）许可证复印件；

（二）机构名称和住所；

（三）机构章程；

（四）机构的组织形式、业务范围、注册资本或者营运资金、其他股东投资金额及投资比例；

（五）机构负责人姓名及联系方式；

（六）中国保监会规定的其他材料。

第八条　非保险机构应当在其设立、收购的境外保险类企业所在地每个会计年度结束之日起3个月内，向中国保监会报送上一年度经会计师事务所审计的境外保险类企业的财务报表。

第九条　非保险机构转让其境外保险类企业股权的，应当报经中国保监会批准。

第十条　非保险机构投资的境外保险类企业发生下列事项的，非保险机构应当在事项发生之日起20日内书面报告中国保监会：

（一）投资、设立机构的；

（二）解散、撤销或者破产的；

（三）机构名称或者注册地变更的；

（四）机构负责人变动的；

（五）注册资本和股东结构发生重大变化的；

（六）调整业务范围的；

（七）出现重大经营或者财务问题的；

（八）涉及重大诉讼、受到重大处罚的；

（九）中国保监会认为有必要报告的其他事项。

第十一条 未经中国保监会批准，非保险机构擅自投资境外保险类企业的，由中国保监会给予警告，并依法责成其限期补办有关审批手续。

第十二条 非保险机构按照本办法向中国保监会报送的各项报告、报表、文件和材料，应当使用中文。原件为外文的，应当附中文译本；中文与外文表述有歧义的，以中文表述为准。

第十三条 非保险机构在本办法施行前已投资境外保险类企业的，应当在本办法施行后3个月内按照本办法第七条的规定书面报告中国保监会。

第十四条 本办法有关批准、报告期间的规定是指工作日，不含节假日。

第十五条 本办法由中国保监会负责解释。

第十六条 本办法自2006年9月1日起施行。

第九部分

投资统计

综　　合

1-1　　国民经济和社会发展总量与速度指标

指　　标	总量指标					速度指标（%）						
						指数（2005 为以下各年）				平均增长速度		
	1978	1989	1997	2004	2005	1978	1989	1997	2004	1979-2005	1990-2005	1998-2005
人口与就业												
人口　（万人）												
年底总人口	96259	112704	123626	129988	130756	135.8	116.0	105.8	100.6	1.1	0.9	0.7
城镇人口	17245	29540	39449	54283	56212	326.0	190.3	142.5	103.6	4.5	4.1	4.5
乡村人口	79014	83164	84177	75705	74544	94.3	89.6	88.6	98.5	−0.2	−0.7	−1.5
男性人口	49567	58099	63131	66976	67375	135.9	116.0	106.7	100.6	1.1	0.9	0.8
女性人口	46692	54605	60495	63012	63381	135.7	116.1	104.8	100.6	1.1	0.9	0.6
就业　（万人）												
就业人员数	40152	55329	69820	75200	75825	188.8	137.0	108.6	100.8	2.4	2.0	1.0
#职工人数	9499	13742	14668	10576	10850	114.2	79.0	74.0	102.6	0.5	−1.5	-3.7
城镇登记失业人数	530	378	577	827	839	158.3	222.0	145.5	101.5	1.7	5.1	4.8
宏观经济												
国民经济核算　（亿元）												
国民总收入	3645.2	17000.9	77653.1	159586.7	183956.1	1204.4	443.8	202.8	111.0	9.7	9.8	9.2
国内生产总值	3645.2	16992.3	78973.0	159878.3	183084.8	1198.7	441.8	198.5	110.2	9.6	9.7	8.9
第一产业	1018.4	4228.0	14264.6	20955.8	23070.4	336.0	189.2	132.2	105.2	4.6	4.1	3.5
第二产业	1745.2	7278.0	37543.0	73904.3	87046.7	1801.6	611.1	214.6	111.7	11.3	12.0	10.0
第三产业	881.6	5486.3	27165.4	65018.2	72967.7	1540.0	434.0	209.5	110.0	10.7	9.6	9.7
支出法国内生产总值	3605.6	17311.3	81658.5	160280.4	186700.9							
最终消费支出	2239.1	11164.2	48140.6	87032.9	96918.1							
居民消费	1759.1	8812.6	36921.5	63833.5	70906.0							
政府消费	480.0	2351.6	11219.1	23199.4	26012.1							
资本形成总额	1377.9	6332.7	29968	69168.4	79559.8							
固定资本形成总额	1073.9	4419.4	25965.0	65117.7	77464.4							
存货增加	304.0	1913.3	4003.0	4050.7	2095.4							
货物和服务净出口	-11.4	-185.6	3549.9	4079.1	10223.0							

续表

指标	总量指标					速度指标（%）						
						指数（2005为以下各年）				平均增长速度		
	1978	1989	1997	2004	2005	1978	1989	1997	2004	1979-2005	1990-2005	1998-2005
固定资产投资（亿元）												
全社会固定资产投资总额		4410.4	24941.1	70477.4	88773.6		2012.8	355.9	126.0		20.8	14.6
#国有经济		2808.1	13091.7	25027.6	29666.9		1056.5	226.6	118.5		17.3	9.5
集体经济		570.0	3850.9	9965.7	11969.6		2099.9	310.8	120.1		22.0	12.6
私营个体经济		1032.3	3429.4	9880.6	13890.6		1345.6	405.0	140.6		15.9	15.8
全社会施工房屋面积（亿平方米）			23.0	37.6	43.1			187.4	114.6			8.2
全社会竣工房屋建筑面积（亿平方米）			16.6	20.7	22.8			137.1	110.0			4.0
财政（亿元）												
国家财政收入	1132.3	2664.9	8651.1	26396.5	31649.3	2795.1	1187.6	365.8	119.9	13.1	16.7	17.6
中　央	175.8	822.5	4226.9	14503.1	16548.5	9413.3	2012.0	391.5	114.1	18.3	20.6	18.6
地　方	956.5	1842.4	4424.2	11893.4	15100.8	1578.8	819.6	341.3	127.0	10.8	14.1	16.6
国家财政支出	1122.1	2823.8	9233.6	28486.9	33930.3	3023.8	1201.6	367.5	119.1	13.5	16.8	17.7
中　央	532.1	888.8	2532.5	7894.1	8776.0	1649.3	987.4	346.5	111.2	10.9	15.4	16.8
地　方	590.0	1935.0	6701.1	20592.8	25154.3	4263.4	1300.0	375.4	122.2	14.9	17.4	18.0
物价总指数（上年=100）												
居民消费价格指数	100.7	118.0	102.8	103.9	101.8							
商品零售价格指数	100.7	117.8	100.8	102.8	100.8							
农业生产资料价格指数	99.9	118.9	99.5	110.6	108.3							
工业品出厂价格指数	100.1	118.6	99.7	106.1	104.9							
原材料、燃料、动力购进价格指数		126.4	101.3	111.4	108.3							
固定资产投资价格指数			101.7	105.6	101.6							
能源生产与消费（万吨标准煤）												
能源生产总量	62770	101639	132410	187341	206068	328.3	202.7	155.6	110.0	4.5	4.5	5.7
能源消费总量	57144	96934	137798	203227	223319	390.8	230.4	162.1	109.9	5.2	5.4	6.2
产　业												
农业												
农林牧渔业从业人员（万人）	28455.6	32440.5	32677.9	30596.0	29975.5	105.3	92.4	91.7	98.0	0.2	-0.5	-1.1
农林牧渔业总产值（亿元）	1397.0	6534.7	23788.4	36239.0	39450.9	505.5	266.9	148.3	105.7	6.2	6.3	5.1
主要农产品产量（万吨）												
粮　食	30476.5	40754.9	49417.1	46946.9	48402.2	158.8	118.8	97.9	103.1	1.7	1.1	-0.3
棉　花	216.7	378.8	460.3	632.4	571.4	263.7	150.8	124.1	90.4	3.7	2.6	2.7
油　料	521.8	1295.2	2157.4	3065.9	3077.1	589.7	237.6	142.6	100.4	6.8	5.6	4.5
甘　蔗	2111.6	4879.5	7889.7	8984.9	8663.8	410.3	177.6	109.8	96.4	5.4	3.7	1.2
甜　菜	270.2	924.3	1496.8	585.7	788.1	291.7	85.3	52.7	134.6	4.0	-1.0	-7.7
茶　叶	26.8	53.5	61.3	83.5	93.5	348.9	174.8	152.4	112.0	4.7	3.6	5.4
水　果	657.0	1831.9	5089.3	15340.9	16120.1	2453.7	880.0	316.7	105.1	12.6	14.6	15.5
肉　类			5268.8	7244.8	7743.1			147.0	106.9			4.9

续表

指标	总量指标					速度指标（%）						
						指数（2005为以下各年）				平均增长速度		
	1978	1989	1997	2004	2005	1978	1989	1997	2004	1979-2005	1990-2005	1998-2005
水产品	465.4	1151.7	3601.8	4901.8	5107.6	1097.6	443.5	141.8	104.2	9.3	9.8	4.5
工业												
主要工业产品产量												
布（亿米）	110	189	249	482	484	439.2	256.0	194.7	100.5	5.6	6.1	8.7
机制纸及纸板（万吨）	439	1333	2733	5413	6205	1413.5	465.5	227.0	114.6	10.3	10.1	10.8
成品糖（万吨）	227	501	703	1034	912	401.9	182.1	129.9	88.3	5.3	3.8	3.3
家用电冰箱（万台）	2.80	671	1044	3008	2987	106680.7	445.3	286.0	99.3	29.5	9.8	14.0
房间空气调节器（万台）	0.02	37	974	6390	6765	33822850.0	18053.3	694.5	105.9	60.2	38.4	27.4
家用洗衣机（万台）	0.04	825	1254	2533	3036	7588800.0	367.8	242.0	119.8	51.6	8.5	11.7
彩色电视机（万台）	0.38	940	2711	7432	8283	2179794.7	881.2	305.5	111.5	44.8	14.6	15.0
原煤（亿吨）	6.18	10.54	13.73	19.92	22.05	356.8	209.2	160.6	110.7	4.8	4.7	6.1
原油（万吨）	10405	13764	16074	17587	18135	174.3	131.8	112.8	103.1	2.1	1.7	1.5
天然气（亿立方米）	137.3	150.5	227.0	414.6	509.4	371.0	338.5	224.4	122.9	5.0	7.9	10.6
发电量（亿千瓦小时）	2566	5848	11356	22033	25003	974.4	427.5	220.2	113.5	8.8	9.5	10.4
粗钢（万吨）	3178	6159	10894	28291	35324	1111.5	573.5	324.2	124.9	9.3	11.5	15.8
钢材（万吨）	2208	4859	9979	31976	37771	1710.6	777.3	378.5	118.1	11.1	13.7	18.1
水泥（万吨）	6524	21029	51174	96682	106885	1638.3	508.3	208.9	110.6	10.9	10.7	9.6
国有及限额以上非国有工业企业												
主要指标												
工业增加值（亿元）				54805	72187							
资产总计（亿元）				215358	244784				113.7			
固定资产净值年平均余额（亿元）				79749	89460				112.2			
利润总额（亿元）				11929	14803				124.1			
建筑业												
建筑业企业从业人员（万人）		1005	2102	2500	2700		268.7	128.5	108.0		6.4	3.2
建筑业总产值（亿元）		1283	9126	29021	34552		2693.1	378.6	119.1		22.9	18.1
交通运输业												
客运量（万人）	253993	791376	1326094	1767453	1847018	727.2	233.4	139.3	104.5	7.6	5.4	4.2
铁路	81491	113807	93308	111764	115583	141.8	101.6	123.9	103.4	1.3		2.7
公路	149229	644508	1204583	1624526	1697381	1137.4	263.4	140.9	104.5	9.4	6.2	4.4
水运	23042	31778	22573	19040	20227	87.8	63.7	89.6	106.2	-0.5	-2.8	-1.4
民航	231	1283	5630	12123	13827	5985.7	1077.7	245.6	114.1	16.4	16.0	11.9
货运量（万吨）	248946	988435	1278218	1706412	1862066	748.0	188.4	145.7	109.1	7.7	4.0	4.8
铁路	110119	151489	172149	249017	269296	244.5	177.8	156.4	108.1	3.4	3.7	5.8
公路	85182	733781	976536	1244990	1341778	1575.2	182.9	137.4	107.8	10.8	3.8	4.1
水运	43292	87493	113406	187394	219648	507.4	251.0	193.7	117.2	6.2	5.9	8.6
民航	6	31	125	277	307	4792.2	989.4	246.0	110.8	15.4	15.4	11.9
管道	10347	15641	16002	24734	31037	300.0	198.4	194.0	125.5	4.2	4.4	8.6
沿海主要港口货物吞吐量（万吨）	19834	49025	90822	246074	292777	1476.1	597.2	322.4	119.0	10.5	11.8	15.8

续表

指标	总量指标					速度指标（%）						
						指数（2005 为以下各年）				平均增长速度		
	1978	1989	1997	2004	2005	1978	1989	1997	2004	1979–2005	1990–2005	1998–2005
邮电通信业												
邮电业务总量（亿元）	34.1	123.5	1773.3	9712.3	12028.5	47362.6	13077.8	910.5	123.8	25.6	35.6	31.8
函 件（亿件）	28.4	57.3	68.6	82.8	73.5	258.8	128.3	107.2	88.8	3.6	1.6	0.9
报刊期发数（万份）	11250	17704	21875	14789	14601	129.8	82.5	66.7	98.7	1.0	−1.2	−4.9
局用电话交换机容量（万门）	406	1035	11269	42347	47196	11627.5	4561.4	418.8	111.5	19.3	27.0	19.6
本地电话年末用户（万户）	193	568	7031	31176	35045	18204.9	6169.4	498.4	112.4	21.3	29.4	22.2
城市	119	440	5244	21025	23975	20113.5	5453.6	457.2	114.0	21.7	28.4	20.9
农村	73	128	1787	10151	11069	15080.7	8619.5	619.6	109.0	20.4	32.1	25.6
公用电话（万户）	1.2	4.0	193.9	2215.0	2681.2	223433.3	67198.0	1382.8	121.0	33.1	50.2	38.9
移动电话用户（万户）		1.0	1323.3	33482.4	39340.6		4014346.9	2972.9	117.5		94.0	52.8
国内商业												
社会消费品零售总额（亿元）	1559	8101	31253	59501	67177	4310.1	829.2	214.9	112.9	15.0	14.1	10.0
对外贸易												
货物进出口总额（亿美元）	206.4	1116.8	3251.6	11545.5	14219.1	6889.1	1273.2	437.3	123.2	17.0	17.2	20.3
出口额	97.5	525.4	1827.9	5933.2	7619.5	7814.9	1450.2	416.8	128.4	17.5	18.2	19.5
进口额	108.9	591.4	1423.7	5612.3	6599.5	6060.1	1115.9	463.5	117.6	16.4	16.3	21.1
实际利用外资额												
外商直接投资（亿美元）		33.9	452.6	606.3	603.3		1778.4	133.3	99.5		19.7	3.7
外商其他投资（亿美元）		3.8	71.3	34.4	34.8		913.4	48.8	101.2		14.8	−8.6
国际旅游												
入境旅游过夜者人数（万人次）	72	936	2377	4176	4681	6537.6	500.0	196.9	112.1	16.7	10.6	8.8
国际旅游外汇收入（亿美元）	2.6	18.6	120.7	257.4	293.0	11139.2	1575.1	242.6	113.8	19.1	18.8	11.7
金融业												
金融机构人民币各项存款余额（亿元）	1135	10786	82390	241424	287170	25312.4	2662.4	348.5	118.9	22.7	22.8	16.9
金融机构人民币各项贷款余额（亿元）	1850	14360	74914	178198	194690	10523.8	1355.8	259.9	109.3	18.8	17.7	12.7
股票筹资额（亿元）			1294	1511	1883			145.5	124.6			4.8
保险公司保费金额（亿元）		139	773	4318	4932		3554.3	638.3	114.2		25.0	26.1
保险公司赔款及给付金额（亿元）		55	247	1004	1137		2081.7	460.0	113.2		20.9	21.0
教育、科技、文化												
教育												
专任教师数（万人）												
#普通高等学校	20.6	39.7	40.5	85.8	96.6	468.9	243.3	238.5	112.6	5.9	5.7	11.5
普通中学	318.2	298.0	358.7	466.8	477.1	149.9	160.1	133.0	102.2	1.5	3.0	3.6
普通小学	522.6	554.4	579.4	562.9	559.2	107.0	100.9	96.5	99.3	0.3		−0.4
在校学生数（万人）												
#普通高等学校	85.6	208.2	317.4	1333.5	1561.8	1824.5	750.1	492.1	117.1	11.4	13.4	22.0
普通中学	6548.3	4554.0	6017.9	8695.4	8580.9	131.0	188.4	142.6	98.7	1.0	4.0	4.5

续表

指标	总量指标					速度指标（%）						
						指数（2005 为以下各年）				平均增长速度		
	1978	1989	1997	2004	2005	1978	1989	1997	2004	1979-2005	1990-2005	1998-2005
普通小学	14624.0	12373.1	13995.4	11246.2	10864.1	74.3	87.8	77.6	96.6	-1.1	-0.8	-3.1
教育经费支出（亿元）			2531.7	7242.6								
科技												
科学家、工程师数（万人）			166.8	225.2	256.1			153.5	113.7			5.5
研究与试验发展经费支出（亿元）			509.2	1966.3	2450.0			481.1	124.6			21.7
技术市场成交额（亿元）		82.0	351.4	1334.4	1551.4		1891.9	441.5	116.3		20.2	20.4
文化												
图书出版数量（亿册）	37.7	58.6	73.1	64.1	64.0	169.8	109.2	87.6	99.8	2.0	0.6	-1.6
故事影片产量（部）	46	136	88	212	260	565.2	191.2	295.5	122.6	6.6	4.1	14.5
电视节目制作时间（万小时）			61.6	211.7	255.4			414.3	120.6			19.4
家庭、生活、环境												
家庭												
家庭总户数（万户）	20641	27078	32890	36628	39558	191.6	146.1	120.3	108.0	2.4	2.4	2.3
城镇居民平均每户家庭人口（人）		3.55	3.19	2.98	2.96		83.4	92.8	99.3		-1.1	-0.9
农村居民平均每户常住人口（人）		4.86	4.35	4.08	4.08		84.0	93.8	100.0		-1.1	-0.8
婚姻												
结婚登记总数（万对）	597.8	937.2	914.1	867.1	823.1	137.7	87.8	90.0	94.9	1.2	-0.8	-1.3
离婚数（万对）	28.5	75.3	119.8	166.5	178.5	626.3	237.1	149.0	107.2	7.0	5.5	5.1
居住												
城市人均住宅建筑面积（平方米）	6.7	13.5	17.8	25.0	26.1	389.7	193.4	146.7	104.4	5.2	4.2	4.9
农村居民人均住房面积（平方米）	8.1	17.2	22.5	27.9	29.7	366.7	172.7	132.0	106.5	4.9	3.5	3.5
生活												
城镇居民人均可支配收入（元）	343	1374	5160	9422	10493	607.4	332.8	194.7	109.6	6.9	7.8	8.7
农村居民人均纯收入（元）	134	602	2090	2936	3255	624.5	204.3	142.8	106.2	7.0	4.6	4.6
城乡人民币储蓄存款余额（亿元）	211	5196	46280	119555	141051	66975.8	2714.4	304.8	118.0	27.3	22.9	14.9
工资												
工资总额（亿元）	569	2619	9405	16900	19790	3478.6	755.8	210.4	117.1	14.0	13.5	9.7
职工平均工资（元）	615	1935	6470	16024	18364	546.9	381.1	250.5	112.8	6.5	8.7	12.2
离休和退休费（亿元）	17	319	1791	4511	5253	30365.3	1644.7	293.3	116.5	23.6	19.1	14.4
卫生												
医院、卫生院（个）	64311	61613	67479	60864	60397	93.9	98.0	89.5	99.2	-0.2	-0.1	-1.4
医生（万人）	103.3	171.8	198.5	190.6	193.8	187.6	112.8	97.6	101.7	2.4	0.8	-0.3
医院、卫生院床位数（万张）	184.7	253.8	286.9	304.7	313.5	169.7	123.5	109.3	102.9	2.0	1.3	1.1
城市市政建设												
全年供水总量（亿吨）	78.8	393.7	476.8	490.3	502.1	637.2	127.5	105.3	102.4	7.1	1.5	0.6
城市煤气和天然气供气量（亿立方米）	19.5	143.2	193.2	383.0	466.3	2391.3	325.6	241.4	121.7	12.5	7.7	11.6
排水管道长度（万公里）	2.0	5.5	12.0	21.9	24.1	1232.4	442.1	201.3	110.0	9.7	9.7	9.1
实有道路长度（万公里）	2.7	9.6	13.9	22.3	24.7	916.0	257.1	178.2	110.8	8.5	6.1	7.5

续表

指标	总量指标					速度指标（%）						
						指数（2005为以下各年）				平均增长速度		
	1978	1989	1997	2004	2005	1978	1989	1997	2004	1979–2005	1990–2005	1998–2005
公共交通运营数（辆）	25839	59671	169121	281516	313296	1212.5	525.0	185.2	111.3	9.7	10.9	8.0
园林绿地面积（万公顷）	8	38	68	132	147	1796.0	385.2	215.2	111.2	11.3	8.8	10.1
环境、灾害												
环境污染治理投资总额（亿元）			502.4	1909.8	2388.0			475.3	125.0			21.5
环境污染与破坏事故次数（起）		3332	1992	1441	1406		42.2	70.6	97.6		−5.2	−4.3
环境污染直接经济损失（万元）			8366	36366	10515			125.7	28.9			2.9
环境污染事故赔罚款金额（万元）			3050	3964	3082			101.0	77.8			0.1
火灾发生数（起）			140280	252704	235941			168.2	93.4			6.7
火灾损失（万元）			154141	167197	136288			88.4	81.5			-1.5
交通事故发生数（起）			304217	517889	450254			148.0	86.9			5.0
交通事故损失（万元）			184616	239141	188401			102.1	78.8			0.3

注：1. 本表价值指标除邮电业务总量按不变价格计算外，其余均按当年价格计算。邮电业务总量2000年及以前按1990年不变价格计算，以后按2000年不变价格计算。

2. 本表速度指标中，国民总收入、国内生产总值及三次产业增加值、物价指数、农林牧渔业总产值、邮电业务总量、城乡居民收入和平均工资指标均按可比价格计算。固定资产投资平均增长速度按累计法计算。

3. 职工人数1997年及以前为全部职工人数，以后为在岗职工人数，两者不可比。

4. 2000年及以后保险业务包括外资公司。

5. 本表国民核算指标，社会消费品零售总额1997年、2004年数据，能源生产总量、能源消费总量和原煤产量2004年数据为经济普查后的调整数。

1-2　国民经济和社会发展结构指标

单位：%

指　　标	1978	1989	1997	2005
人口与就业				
人口				
城乡结构				
城镇	17.9	26.2	31.9	43.0
乡村	82.1	73.8	68.1	57.0
性别结构				
男	51.5	51.6	51.1	51.5
女	48.5	48.4	48.9	48.5
就业				
产业结构				
第一产业	70.5	60.1	49.9	44.8
第二产业	17.3	21.6	23.7	23.8
第三产业	12.2	18.3	26.4	31.4
宏观经济				
国民经济核算				
国内生产总值产业结构				
第一产业	27.9	24.9	18.1	12.6
第二产业	47.9	42.9	47.5	47.5
第三产业	24.2	32.2	34.4	39.9
固定资产投资				
全社会固定资产投资结构				
城镇			77.0	84.6
农村			23.0	15.4
资金来源结构				
国家预算内资金		8.3	2.8	4.4
国内贷款		17.3	18.9	17.3
利用外资		6.6	10.6	4.2
自筹和其他投资		67.8	67.7	74.1
财政				
财政收入结构				
中央	15.5	30.9	48.9	52.3
地方	84.5	69.1	51.1	47.7
财政支出结构				
中央	47.4	31.5	27.4	25.9
地方	52.6	68.5	72.6	74.1
利用外资				

续表

指　　标	1978	1989	1997	2005
实际利用外资结构				
对外借款		62.5	18.7	
外商直接投资		33.7	70.3	94.5
外商其他投资		3.8	11.1	5.5
能源				
能源生产总量结构				
原煤	70.3	74.1	74.1	76.4
原油	23.7	19.3	17.3	12.6
天然气	2.9	2.0	2.1	3.3
水电、核电、风电	3.1	4.6	6.5	7.7
能源消费总量结构				
煤炭	70.7	76.1	71.7	68.9
石油	22.7	17.1	20.4	21.0
天然气	3.2	2.1	1.7	2.9
水电、核电、风电	3.4	4.7	6.2	7.2
产　　业				
农业				
农林牧渔业产值结构				
#农业	80.0	62.8	58.2	49.7
林业	3.4	4.4	3.4	3.6
牧业	15.0	27.6	28.8	33.7
渔业	1.6	5.3	9.6	10.2
工业				
工业企业资产结构				
大型企业			54.6	38.8
中型企业			15.3	34.2
小型企业			30.1	27.0
建筑业				
建筑业总产值结构				
国有企业		68.5	49.6	24.4
集体企业		31.5	43.0	8.1
港澳台商投资企业			0.7	0.5
外商投资企业			0.8	0.7
其他			5.9	66.2
交通运输业				
货运量结构				
铁　路	44.2	15.3	13.5	14.5
公　路	34.2	74.2	76.4	72.1
水　运	17.4	8.9	8.9	11.8
民　航				
管道输油（气）	4.2	1.6	1.3	1.7
国内商业				
社会消费品零售总额构成				
市	32.4	45.3	59.2	67.1
县	24.4	16.4	12.8	11.2
县以下	43.2	38.3	28.0	21.7
货物进出口				

续表

指　　标	1978	1989	1997	2005
出口货物结构				
初级产品	53.5	28.7	13.1	6.4
工业制成品	46.5	71.3	86.9	93.6
进口货物结构				
初级产品		19.9	20.1	22.4
工业制成品		80.1	79.9	77.6
国际旅游				
来华旅游人数结构				
外国人	12.7	6.0	12.9	16.9
港澳同胞	}86.3	}93.8	83.3	79.7
台湾同胞			3.7	3.4
金融业				
金融机构资金来源结构				
各项存款			86.7	95.1
金融债券				1.9
对国际金融机构负债			0.2	0.2
流通中现金			10.7	8.0
其他			2.3	−5.1
金融机构资金运用结构				
各项贷款			78.9	64.5
有价证券及投资			3.9	11.6
在国际金融机构资产			0.6	0.3
金银占款			14.2	0.1
外汇占款			1.7	23.6
财政借款				
教育、科技、文化				
教育				
普通学校在校学生结构				
大学生	0.4	1.2	1.5	7.4
中学生	31.1	28.7	32.8	40.9
小学生	68.5	70.1	65.7	51.7
普通学校专任教师结构				
大学	2.4	4.2	3.9	8.5
中学	37.6	36.6	40.3	42.1
小学	60.0	59.2	55.8	49.4
科技				
科技经费筹集额结构				
#政府资金			26.2	23.1
企业资金			44.6	65.5
金融机构贷款			13.1	5.3
科技经费内部支出结构				
#劳务费			19.9	21.4
固定资产购建			27.5	29.5
#研究与发展经费支出			45.2	50.7

续表

指 标	1978	1989	1997	2005
生活、环境				
生活				
城镇居民消费结构				
食品类	57.5	54.5	46.6	36.7
衣着类	13.6	12.3	12.5	10.1
居住	}28.9	}33.2	9.4	10.2
用品及其他			31.5	43.0
农村居民消费结构				
食品类	67.7	54.8	55.1	45.5
衣着类	12.7	8.3	6.8	5.8
居住	10.3	19.7	14.4	14.5
用品及其他	9.3	17.2	23.7	34.2
福利				
离休退休人员结构				
离休人员		7.9	5.5	2.5
退休人员		92.1	94.5	97.5
离休退休人员保险福利费结构				
离休金			8.0	5.4
退休金			70.8	84.7
医疗卫生费			13.6	5.7
其他			7.6	4.1
卫生				
卫生技术人员结构				
#医生	41.9	45.1	45.1	43.5
护师、护士	16.5	24.2	27.2	30.3
卫生机构床位结构				
市医院	38.6	52.0	63.5	69.5
县医院	61.4	48.0	36.5	30.5
环境、灾害				
工业污染治理投资结构				
治理废水			62.5	29.2
治理废气			24.7	46.5
治理固体废物			5.4	6.0
治理噪声			0.7	0.7
其他			6.7	17.6
火灾事故损失额结构				
特大			23.7	5.7
重大			14.5	8.0
一般			61.8	86.3

注：1. 工业企业资产结构 1997 年为 1998 年数据。

2. 卫生机构床位结构数 1997 年及以前为医院、卫生院床位结构数。

1-3 国民经济和社会发展比例和效益指标

指　　标	1978	1989	1997	2005
人口与就业				
人口				
出生率 （‰）	18.25	21.58	16.57	12.40
死亡率 （‰）	6.25	6.54	6.51	6.51
自然增长率 （‰）	12.00	15.04	10.06	5.89
就业				
就业者负担人口	1.40	1.04	0.77	0.72
城镇登记失业率 （%）	5.3	2.6	3.1	4.2
宏观经济				
国民经济核算				
全社会劳动生产率 （元/人）	917	3099	11382	24246
第一产业	353	1292	4095	6664
第二产业	2732	6033	22927	49735
第三产业	1938	5469	14943	31195
人均国内生产总值 （元）	381	1519	6420	14040
固定资产投资				
全社会固定资产投资相当于国内生产总值比例 （%）		26.0	31.6	48.5
全社会房屋建筑面积竣工率 （%）		77.9	72.0	52.8
财政				
国家财政收入相当于国内生产总值比例（%）	31.1	15.7	11.0	17.3
国家财政支出相当于国内生产总值比例（%）	30.8	16.6	11.7	18.5
预算外资金收入相当于国家财政收入比例 （%）	30.7	99.8	32.7	17.8
外债				
偿债率 （%）		8.3	7.3	3.1
负债率 （%）		9.2	14.5	12.6
债务率 （%）		86.4	63.2	33.6
利用外资				
实际利用外商直接投资额相当于合同利用外商直接投资额比例 （%）		60.6	88.7	31.9

续表

指　　标	1978	1989	1997	2005
能源				
能源生产弹性系数		1.49		0.98
能源消费弹性系数		1.02		0.97
每万元国内生产总值消耗的能源（吨标准煤）	15.7	5.7	1.7	1.2
产　　业				
农业				
每一农林牧渔业从业人员生产量（公斤）				
粮食		1276	1528	1598
棉花		11.9	14.2	18.9
油料		40.5	66.7	101.6
猪牛羊肉			131.4	203.3
水产品		36.0	111.3	168.6
每公顷播种面积农产品产量（公斤）				
粮食	2527	3632	4377	4642
棉花	445	728	1025	1129
油料	839	1233	1743	2149
工业				
总资产贡献率（%）			7.12	11.82
资产负债率（%）			63.74	57.81
成本费用利润率（%）			2.35	6.42
流动资产周转次数（次/年）			1.41	2.35
建筑业				
技术装备率（元/人）		2341	4729	9273
产值利税率（%）		5.8	4.2	6.0
全员劳动生产率（元/人）（按增加值计算）			12089	23427
交通运输业				
客运量弹性系数	1.10		0.70	0.44
货运量弹性系数	0.96	0.15		0.89
铁路网密度（公里/万平方公里）	54	59	69	79
公路网密度（公里/万平方公里）	927	1057	1278	2011
铁路货运密度（万吨公里/公里）	1034	1827	2011	2747
公路货运密度（万吨公里/公里）	3.08	33.27	42.98	45.03
平均每一沿海港口泊位货物吞吐量				

续表

指　　标	1978	1989	1997	2005
（万吨）		55	68	94
邮电通信业				
邮电业务总量弹性系数	0.39	4.88	3.46	2.34
电话普及率（含移动电话）　（部/百人）			8.1	57.2
移动电话普及率　（部/百人）			1.1	30.3
国内商业				
人均社会消费品零售额　（元）	163	724	2541	5153
对外贸易				
进出口总额相当于国内生产总值比例（%）	9.7	24.5	34.1	63.9
国际旅游				
每一来华游客花费　（美元）		76	210	244
金融业				
金融机构存款相当于国内生产总值比例（%）	31.1	63.5	104.3	156.9
金融机构贷款相当于国内生产总值比例（%）	50.8	84.5	94.9	106.3
金融机构现金支出相当于收入比例（%）	101.2	101.4	101.0	100.4
教育、科技、文化				
教育				
学龄儿童净入学率　（%）	95.5	97.4	98.9	99.2
小学升初中　（%）	87.7	71.5	93.7	98.4
初中升高中　（%）			51.5	69.7
高中升高等教育　（%）	40.9	38.3	48.6	76.3
普通学校生师比　（%）				
普通高等学校			10.87	16.85
普通高中			14.05	18.54
初中			17.33	17.80
小学			24.16	19.43

续表

指　　标	1978	1989	1997	2005
科技				
研究与试验发展经费支出相当于国内生产总值比例（%）			0.64	1.34
文化				
每百万人有艺术表演团体（个）	3.27	2.53	2.15	2.15
每百万人有公共图书馆（个）	1.27	2.23	2.13	2.11
每百万人有博物馆（个）	0.36	0.86	1.04	1.21
家庭、生活、环境				
家庭				
少儿抚养比（%）	54.63	41.53	39.58	28.19
老年抚养比（%）	7.97	8.40	9.23	10.69
婚姻				
粗离婚率（‰）		0.68	0.97	1.37
生活				
城镇与农村居民收入增长率比例（以农村居民收入指数为 1）（1978=100）		0.40	0.63	0.97
福利				
离退休费相当于工资总额比例（%）		12.2	19.0	26.5
离退休人员相当于在职人员比例（%）		16.0	22.8	46.9
卫生				
每万人医生数（人）	10.8	15.6	16.5	15.2
每万人医院、卫生院床位数（张）	19.3	22.8	23.5	24.5
医疗机构病床使用率（%）		81.7	61.7	62.9
城市市政建设				
用水普及率（%）		47.4	61.2	91.1
用气普及率（%）		17.8	40.0	82.1
人均公共绿地面积（平方米）		1.7	2.9	7.9
环境、灾害				
平均每起火灾损失（元）			10988	5776
平均每起交通事故损失（元）			6069	4184
平均每起环境污染事故直接经济损失（元）			41998	74787

注：1. 预算外资金收入相当于国家财政收入比例 2005 年为 2004 年数据。
2. 工业企业效益 1997 年为 1998 年数据。
3. 少儿抚养比和老年抚养比 1978 年、1989 年和 1997 年分别为 1982 年、1990 年和 1995 年数据。

1-4　按区域分的国民经济和社会发展主要指标（2005年）

指　　标	全国总计	东部地区		中部地区		西部地区		东北地区	
		绝对数	占全国比重（%）	绝对数	占全国比重（%）	绝对数	占全国比重（%）	绝对数	占全国比重（%）
自然资源									
土地面积　（万平方公里）	960.0	91.6	9.5	102.8	10.7	686.7	71.5	78.79	8.2
人口									
年底总人口　（万人）	130756	46388	36	35202.0	27.4	35976	28.0	10757	8.4
劳动就业									
年底就业人员　（万人）	75825	24810	36	19065	28.0	19448	28.6	4704	6.9
#城镇	27331	7996	45	3791	21.5	3896	22.1	1956	11.1
年末城镇登记失业率　（%）	4.2	3.0		3.8		4.1		4.7	
国民经济核算									
国内（地区）生产总值（亿元）	183084.8	109924.6	55.6	37230.3	18.8	33493.3	16.9	17140.8	8.7
第一产业	23070.4	8681.8	37.7	6204.6	27.0	5924.6	25.8	2192.6	9.5
第二产业	87046.7	56673.2	58.5	17412.7	18.0	14331.6	14.8	8505.8	8.8
#工业	76912.9	51120.0	59.8	14914.1	17.5	11839.7	13.9	7549.8	8.8
第三产业	72967.7	44569.7	57.2	13613.1	17.5	13237.1	17.0	6442.4	8.3
人均国内（地区）生产总值（元）	14040	23768		10608		9338		15982	
固定资产投资									
全社会固定资产投资总额（亿元）	88773.6	45626.3	52.4	16145.6	18.5	17645.0	20.3	7678.8	8.8
#房地产开发	15909.2	9673.4	60.8	2232.0	14.0	2666.2	16.8	1337.6	8.4
财政									
地方财政收入　（亿元）	14884.2	8955.0	60.2	2263.7	15.2	2464.8	16.6	1200.6	8.1
地方财政支出　（亿元）	25154.3	11564.4	46.0	4713.9	18.7	6252.7	24.9	2623.3	10.4
对外贸易									
货物进出口总额　（亿美元）	14219.1	12781.6	89.9	415.1	2.9	451.3	3.2	571.1	4.0
出口额	7619.5	6798.0	89.2	244.2	3.2	257.6	3.4	319.7	4.2
进口额	6599.5	5983.5	90.7	170.9	2.6	193.8	2.9	251.3	3.8
物价									
居民消费价格总指数（上年=100）	101.8	101.7		102.1		101.4		101.3	
农业									
主要农产品产量　（万吨）									
粮食	48402.2	12766.2	26.4	14778.3	30.5	13438.7	27.8	7419.0	15.3

续表

指　　标	全国总计	东部地区		中部地区		西部地区		东北地区	
		绝对数	占全国比重（%）	绝对数	占全国比重（%）	绝对数	占全国比重（%）	绝对数	占全国比重（%）
棉花	571.4	185.5	32.5	176.4	30.9	209.1	36.6	0.4	
油料	3077.1	906.4	29.5	1252.5	40.7	766.3	24.9	151.9	4.9
工业									
主要工业产品产量									
原煤（亿吨）	22.1	2.9	12.9	9.2	41.8	8.1	36.9	1.9	8.4
原油（万吨）	18135.3	6720.1	37.1	585.3	3.2	4502.4	24.8	6327.5	34.9
发电量（亿千瓦小时）	25002.6	11281.9	45.1	5682.8	22.7	6104.3	24.4	1933.7	7.7
粗钢（万吨）	35324.0	19497.2	55.2	7502.5	21.2	4555.4	12.9	3768.8	10.7
水泥（万吨）	106884.8	55137.0	51.6	24078.9	22.5	22055.1	20.6	5613.8	5.3
交通运输业									
铁路营业里程（公里）	75437.6	16998	23	17457	23.1	27594	36.6	13388	17.7
公路里程（公里）	1930543	515791	27	463507	24.0	780339	40.4	170906	8.9
#高速公路	41005	16724	41	10476	25.5	10530.0	25.7	3273.0	8.0
旅客周转量（亿人公里）	17466.7	6177.5	40.1	4337.0	28.1	3630.3	23.5	1276.8	8.3
货物周转量（亿吨公里）	80258.1	48214.6	67.4	9539.0	13.3	8666.2	12.1	5123.7	7.2
邮电通信业									
邮电业务总量（亿元）	12028.5	6503.2	54.2	2098.9	17.5	2351.4	19.6	1041.9	8.7
国内商业									
社会消费品零售总额（亿元）	67176.6	36973.8	54.4	13184.5	19.4	11580.5	17.0	6219.9	9.2
教育									
普通高等学校									
学校数（个）	1792	714	39.8	468	26.1	428	23.9	182	10.2
招生数（万人）	504.5	208.3	41.3	138	27.3	109.0	21.6	49.4	9.8
在校学生数（万人）	1561.8	643.1	41.2	426.2	27.3	331.8	21.2	160.7	10.3
毕业生数（万人）	306.8	129.4	42.2	80.7	26.3	63.7	20.8	33.0	10.7
卫生									
卫生机构数（个）	298997	98780	33.0	68317	22.8	99894	33.4	32006	10.7
#医院、卫生院	60397	16770	27.8	15546	25.7	22890	37.9	5191	8.6
卫生技术人员（万人）	446.0	172.2	38.6	113.9	25.5	111.4	25.0	49	10.9
#医生	193.8	73.7	38.0	47.5	24.5	51.3	26.5	21	11.0
医疗机构床位数（万张）	335.1	126.7	37.8	82.2	24.5	87.7	26.2	38	11.5
#医院、卫生院	313.5	117.8	37.6	77.4	24.7	82.7	26.4	36	11.4
人民生活									
城镇居民可支配收入（元）	10493	13375		8809		8783		8730	
农村居民人均纯收入（元）	3255	4720		2957		2379		3379	

注：本表中涉及分地区数据相加不等于全国总计的指标，在计算东、中、西和东北地区占全国的比重时，分母为31个省（自治区、直辖市）相加的合计数。

1-5 国内生产总值

本表按当年价格计算。

单位：亿元

年份	国民总收入	国内生产								人均国内生产总值（元/人）
		总值	第一产业	第二产业	工业	建筑业	第三产业	#交通运输仓储和邮政业	#批发与零售业	
1978	3645.2	3645.2	1018.4	1745.2	1607.0	138.2	881.6	172.8	265.5	381
1979	4062.6	4062.6	1258.9	1913.5	1769.7	143.8	890.2	184.2	220.2	419
1980	4545.6	4545.6	1359.4	2192.0	1996.5	195.5	994.2	205.0	213.6	463
1981	4889.5	4891.6	1545.6	2255.5	2048.4	207.1	1090.5	211.1	255.7	492
1982	5330.5	5323.4	1761.6	2383.0	2162.3	220.7	1178.8	236.7	198.6	528
1983	5985.6	5962.7	1960.8	2646.2	2375.6	270.6	1355.7	264.9	231.4	583
1984	7243.8	7208.1	2295.5	3105.7	2789.0	316.7	1806.9	327.1	412.4	695
1985	9040.7	9016.0	2541.6	3866.6	3448.7	417.9	2607.8	406.9	878.4	858
1986	10274.4	10275.2	2763.9	4492.7	3967.0	525.7	3018.6	475.6	943.2	963
1987	12050.6	12058.6	3204.3	5251.6	4585.8	665.8	3602.7	544.9	1159.3	1112
1988	15036.8	15042.8	3831.0	6587.2	5777.2	810.0	4624.6	661.0	1618.0	1366
1989	17000.9	16992.3	4228.0	7278.0	6484.0	794.0	5486.3	786.0	1687.0	1519
1990	18718.3	18667.8	5017.0	7717.4	6858.0	859.4	5933.4	1147.5	1419.7	1644
1991	21826.2	21781.5	5288.6	9102.2	8087.1	1015.1	7390.7	1409.7	2087.0	1893
1992	26937.3	26923.5	5800.0	11699.5	10284.5	1415.0	9424.0	1681.8	2735.0	2311
1993	35260.0	35333.9	6887.3	16454.4	14188.0	2266.5	11992.2	2205.6	3198.7	2998
1994	48108.5	48197.9	9471.4	22445.4	19480.7	2964.7	16281.1	2898.3	4338.4	4044
1995	59810.5	60793.7	12020.0	28679.5	24950.6	3728.8	20094.3	3424.1	5467.7	5046
1996	70142.5	71176.6	13885.8	33835.0	29447.6	4387.4	23455.8	4068.5	6379.2	5846
1997	77653.1	78973.0	14264.6	37543.0	32921.4	4621.6	27165.4	4593.0	7314.1	6420
1998	83024.3	84402.3	14618.0	39004.2	34018.4	4985.8	30780.1	5178.4	8084.8	6796
1999	88189.0	89677.1	14548.1	41033.6	35861.5	5172.1	34095.3	5821.8	8788.6	7159
2000	98000.5	99214.6	14716.2	45555.9	40033.6	5522.3	38942.5	7333.4	9629.7	7858
2001	108068.2	109655.2	15516.2	49512.3	43580.6	5931.7	44626.7	8406.1	10787.4	8622
2002	119095.7	120332.7	16238.6	53896.8	47431.3	6465.5	50197.3	9393.4	11950.9	9398
2003	135174.0	135822.8	17068.3	62436.3	54945.5	7490.8	56318.1	10098.4	13480.0	10542
2004	159586.7	159878.3	20955.8	73904.3	65210.0	8694.3	65018.2	12147.6	15249.8	12336
2005	183956.1	183084.8	23070.4	87046.7	76912.9	10133.8	72967.7	10526.1	13534.5	14040

注：1. 1980 年以后国民总收入（原称国民生产总值）与国内生产总值的差额为国外净要素收入。

2. 2004 年及以前年份第一产业不包括农林牧渔服务业，交通运输仓储和邮政业包括电信业，但不包括城市公共交通业，批发与零售业包括餐饮业（下表同）。

1-6　国内生产总值构成

本表按当年价格计算。

单位：%

年　份	国内生产							
	总　值	第一产业	第二产业	工　业	建筑业	第三产业	#交通运输仓储和邮政业	#批发与零售业
1978	100.0	27.9	47.9	44.1	3.8	24.2	4.7	7.3
1979	100.0	31.0	47.1	43.6	3.5	21.9	4.5	5.4
1980	100.0	29.9	48.2	43.9	4.3	21.9	4.5	4.7
1981	100.0	31.6	46.1	41.9	4.2	22.3	4.3	5.2
1982	100.0	33.1	44.8	40.6	4.2	22.1	4.4	3.7
1983	100.0	32.9	44.4	39.9	4.5	22.7	4.4	3.9
1984	100.0	31.8	43.1	38.7	4.4	25.1	4.6	5.7
1985	100.0	28.2	42.9	38.3	4.6	28.9	4.5	9.7
1986	100.0	26.9	43.7	38.6	5.1	29.4	4.6	9.2
1987	100.0	26.6	43.5	38.0	5.5	29.9	4.5	9.6
1988	100.0	25.5	43.8	38.4	5.4	30.7	4.4	10.8
1989	100.0	24.9	42.9	38.2	4.7	32.2	4.6	9.9
1990	100.0	26.9	41.3	36.7	4.6	31.8	6.2	7.6
1991	100.0	24.3	41.8	37.1	4.7	33.9	6.5	9.6
1992	100.0	21.5	43.5	38.2	5.3	35.0	6.2	10.2
1993	100.0	19.5	46.6	40.2	6.4	33.9	6.2	9.1
1994	100.0	19.6	46.6	40.4	6.2	33.8	6.0	9.0
1995	100.0	19.8	47.2	41.1	6.1	33.0	5.6	9.0
1996	100.0	19.5	47.5	41.4	6.1	33.0	5.7	9.0
1997	100.0	18.1	47.5	41.7	5.8	34.4	5.8	9.3
1998	100.0	17.3	46.2	40.3	5.9	36.5	6.1	9.6
1999	100.0	16.2	45.8	40.0	5.8	38.0	6.5	9.8
2000	100.0	14.8	45.9	40.3	5.6	39.3	7.4	9.7
2001	100.0	14.1	45.2	39.8	5.4	40.7	7.7	9.8
2002	100.0	13.5	44.8	39.4	5.4	41.7	7.8	9.9
2003	100.0	12.6	46.0	40.5	5.5	41.4	7.4	9.9
2004	100.0	13.1	46.2	40.8	5.4	40.7	7.6	9.5
2005	100.0	12.6	47.5	42.0	5.5	39.9	5.7	7.4

1-7 国内生产总值指数

本表按可比价格计算。
（上年=100）

年份	国民总收入	国内生产总值	第一产业	第二产业			第三产业			人均国内生产总值
					工业	建筑业		#交通运输仓储和邮政业	#批发与零售业	
1978	111.7	111.7	104.1	115.0	116.4	99.4	113.7	108.9	123.1	110.2
1979	107.6	107.6	106.1	108.2	108.7	102.0	107.8	107.7	108.8	106.1
1980	107.8	107.8	98.5	113.6	112.7	126.7	105.9	105.7	98.7	106.5
1981	105.2	105.2	107.0	101.9	101.7	103.2	110.4	101.9	130.0	103.9
1982	109.2	109.1	111.5	105.6	105.8	103.4	113.0	111.7	103.9	107.5
1983	111.1	110.9	108.3	110.4	109.7	117.1	115.2	110.0	121.9	109.3
1984	115.3	115.2	112.9	114.5	114.9	110.9	119.4	115.0	121.5	113.7
1985	113.2	113.5	101.8	118.6	118.2	122.2	118.3	113.5	128.9	111.9
1986	108.5	108.8	103.3	110.2	109.6	115.9	112.1	112.8	110.6	107.2
1987	111.5	111.6	104.7	113.7	113.2	117.9	114.4	110.0	113.5	109.8
1988	111.3	111.3	102.5	114.5	115.3	108.0	113.2	113.3	114.3	109.5
1989	104.2	104.1	103.1	103.8	105.1	91.6	105.4	104.7	91.7	102.5
1990	104.1	103.8	107.3	103.2	103.4	101.2	102.3	108.6	95.2	102.3
1991	109.1	109.2	102.4	113.9	114.4	109.6	108.8	111.2	104.5	107.7
1992	114.1	114.2	104.7	121.2	121.2	121.0	112.4	110.5	113.1	112.8
1993	113.7	114.0	104.7	119.9	120.1	118.0	112.1	114.5	108.4	112.7
1994	113.1	113.1	104.0	118.4	118.9	113.7	111.0	111.6	109.5	111.8
1995	109.3	110.9	105.0	113.9	114.0	112.4	109.8	114.1	107.7	109.7
1996	110.2	110.0	105.1	112.1	112.5	108.5	109.4	113.6	107.2	108.9
1997	109.1	109.3	103.5	110.5	111.3	102.6	110.7	112.9	110.4	108.2
1998	107.9	107.8	103.5	108.9	108.9	109.0	108.3	110.6	107.8	106.8
1999	107.6	107.6	102.8	108.1	108.5	104.3	109.3	113.4	109.1	106.7
2000	108.9	108.4	102.4	109.4	109.8	105.7	109.7	113.6	110.1	107.6
2001	108.1	108.3	102.8	108.4	108.7	106.8	110.2	111.6	109.3	107.5
2002	109.5	109.1	102.9	109.8	110.0	108.8	110.4	109.9	110.0	108.4
2003	110.6	110.0	102.5	112.7	112.8	112.1	109.5	108.3	111.0	109.3
2004	110.4	110.1	106.3	111.1	111.5	108.1	110.0	117.1	108.1	109.4
2005	111.0	110.2	105.2	111.7	111.6	112.6	110.0	111.7	107.8	109.6

续表

本表按可比价格计算。
（上年=100）

年 份	国 民 总收入	国内生产 总 值								人均国内 生产总值
			第一产业	第二产业	工 业	建筑业	第三产业	#交通运输仓储和邮政业	#批发与零售业	
1978	100.0	100.0	100.0	100.0	100.0	100.0	100.0	100.0	100.0	100.0
1979	107.6	107.6	106.1	108.2	108.7	102.0	107.8	107.7	108.8	106.1
1980	116.0	116.0	104.6	122.9	122.4	129.2	114.2	113.8	107.4	113.0
1981	122.0	122.1	111.9	125.2	124.5	133.3	126.2	116.0	139.6	117.5
1982	133.3	133.1	124.8	132.1	131.7	137.9	142.6	129.5	145.1	126.2
1983	148.2	147.6	135.1	145.8	144.5	161.4	164.3	142.5	176.8	137.9
1984	170.8	170.0	152.6	166.9	166.0	179.0	196.1	163.8	214.8	156.8
1985	193.4	192.9	155.4	197.9	196.2	218.7	231.9	185.9	276.8	175.5
1986	209.9	210.0	160.5	218.2	215.2	253.4	260.0	209.7	306.1	188.2
1987	234.1	234.3	168.1	248.1	243.6	298.7	297.4	230.7	347.3	206.6
1988	260.6	260.7	172.3	284.1	280.8	322.5	336.7	261.5	396.9	226.3
1989	271.4	271.3	177.6	294.8	295.0	295.3	354.8	273.8	363.8	231.9
1990	282.5	281.7	190.7	304.1	304.9	298.8	363.0	297.2	346.5	237.3
1991	308.2	307.6	195.2	346.3	348.8	327.4	395.0	330.5	362.1	255.6
1992	351.5	351.4	204.4	419.5	422.6	396.2	444.0	365.2	409.4	288.4
1993	399.6	400.4	214.0	502.8	507.5	467.5	497.9	418.3	443.9	324.9
1994	452.0	452.8	222.6	595.2	603.5	531.5	552.8	466.8	486.2	363.3
1995	494.2	502.3	233.7	677.7	688.2	597.4	607.1	532.7	523.7	398.6
1996	544.5	552.6	245.6	759.8	774.3	648.2	664.2	605.0	561.2	433.9
1997	593.8	603.9	254.2	839.4	861.9	665.2	735.1	682.8	619.4	469.4
1998	640.6	651.2	263.1	914.2	938.6	725.2	796.4	755.1	667.4	501.4
1999	689.2	700.9	270.5	988.6	1018.6	756.2	870.5	856.2	727.9	534.9
2000	750.6	759.9	277.0	1081.8	1118.3	799.1	955.1	973.0	801.3	575.5
2001	811.1	823.0	284.8	1173.1	1215.2	853.3	1052.6	1085.8	876.0	618.7
2002	888.5	897.8	293.0	1288.4	1336.4	928.3	1162.1	1193.3	963.5	670.4
2003	983.1	987.8	300.3	1451.7	1506.8	1040.4	1272.1	1292.3	1069.2	733.1
2004	1085.4	1087.4	319.3	1613.0	1680.2	1125.0	1399.8	1513.1	1156.1	802.2
2005	1204.4	1198.7	336.0	1801.6	1874.7	1266.9	1540.0	1690.4	1246.4	878.9

1-8　　地区生产总值项目结构（2005年）

本表按当年价格计算。

单位：亿元

地　区	地区生产总值	劳动者报酬	固定资产折旧	生产税净额	营业盈余
北　京	6886.31	3114.15	1095.51	1017.05	1659.60
天　津	3697.62	1164.82	515.77	727.37	1289.66
河　北	10096.11	4160.01	1254.97	1316.07	3365.06
山　西	4179.52	1496.72	634.89	644.88	1403.03
内蒙古	3895.55	1599.46	544.87	433.21	1318.01
辽　宁	8009.01	3524.91	1288.09	1267.61	1928.40
吉　林	3620.27	1618.66	617.51	521.94	862.16
黑龙江	5511.50	1950.04	733.35	781.01	2047.10
上　海	9154.18	3269.38	1501.79	1418.96	2964.05
江　苏	18305.66	7493.67	2960.06	2581.57	5270.36
浙　江	13437.85	5337.16	1905.37	1909.16	4286.16
安　徽	5375.12	2435.13	738.25	747.62	1454.12
福　建	6568.93	2890.90	919.33	866.05	1892.65
江　西	4056.76	1845.67	488.88	502.26	1219.95
山　东	18516.87	6529.10	2940.02	2637.77	6409.98
河　南	10587.42	4691.11	1220.15	1270.84	3405.32
湖　北	6520.14	2923.57	1098.99	970.00	1527.58
湖　南	6511.34	2939.66	847.17	836.65	1887.86
广　东	22366.54	8832.24	3585.19	3040.37	6908.74
广　西	4075.75	2018.82	496.15	418.47	1142.31
海　南	894.57	441.07	142.46	104.56	206.48
重　庆	3070.49	1504.53	376.54	375.70	813.72
四　川	7385.11	3429.66	1246.35	1023.94	1685.16
贵　州	1979.06	914.99	290.33	290.62	483.12
云　南	3472.89	1611.50	512.76	697.73	650.90
西　藏	251.21	130.71	57.56	18.19	44.75
陕　西	3675.66	1510.30	610.93	571.50	982.93
甘　肃	1933.98	694.02	300.29	482.87	456.80
青　海	543.32	258.53	102.17	64.53	118.09
宁　夏	606.10	291.91	122.71	78.89	112.59
新　疆	2604.19	1265.62	373.58	301.82	663.17

1-9 各地区资本形成总额及构成（2005 年）

本表按当年价格计算。

地 区	资本形成总额（亿元）	固定资本形成总额	存货增加	构成（资本形成总额=100）	
				固定资本形成总额	存货增加
北 京	3580.89	3204.65	376.24	89.5	10.5
天 津	1968.45	1753.92	214.53	89.1	10.9
河 北	4628.48	4239.12	389.36	91.6	8.4
山 西	2178.45	1897.39	281.06	87.1	12.9
内蒙古	2845.06	2685.22	159.84	94.4	5.6
辽 宁	4006.64	3705.99	300.65	92.5	7.5
吉 林	1813.37	1743.66	69.71	96.2	3.8
黑龙江	1958.70	1788.67	170.03	91.3	8.7
上 海	4186.86	3743.42	443.44	89.4	10.6
江 苏	9313.16	8739.71	573.45	93.8	6.2
浙 江	6448.72	6269.16	179.56	97.2	2.8
安 徽	2365.01	2224.31	140.70	94.1	5.9
福 建	2943.65	2654.95	288.70	90.2	9.8
江 西	1981.98	1922.10	59.88	97.0	3.0
山 东	9283.69	8798.79	484.90	94.8	5.2
河 南	5019.81	4506.75	513.06	89.8	10.2
湖 北	2943.58	2804.01	139.57	95.3	4.7
湖 南	2575.03	2569.24	5.79	99.8	0.2
广 东	8383.17	7407.54	975.63	88.4	11.6
广 西	1747.42	1699.04	48.38	97.2	2.8
海 南	424.33	363.37	60.96	85.6	14.4
重 庆	1939.77	1862.65	77.12	96.0	4.0
四 川	3326.22	3179.92	146.30	95.6	4.4
贵 州	1024.94	996.24	28.70	97.2	2.8
云 南	1989.93	1755.30	234.63	88.2	11.8
西 藏	184.14	196.19	-12.05	106.5	-6.5
陕 西	2112.14	2035.20	76.94	96.4	3.6
甘 肃	916.96	874.52	42.44	95.4	4.6
青 海	369.28	364.08	5.20	98.6	1.4
宁 夏	475.96	444.82	31.14	93.5	6.5
新 疆	1606.80	1485.17	121.63	92.4	7.6

固定资产投资

2-1 全社会固定资产投资

指　　标	2004	2005	2005年比上年增长（%）
投资总额　（亿元）	70477.4	88773.6	26.0
按经济类型分			
国有经济	25027.6	29666.9	18.5
集体经济	9965.7	11969.6	20.1
#农　村	8086.6	9737.9	20.4
私营个体经济	9880.6	13890.6	40.6
#农　村	3362.7	3940.6	17.2
联营经济	217.5	229.6	5.5
股份制经济	17697.9	23536.0	33.0
外商投资经济	3854.0	4657.1	20.8
港澳台商投资经济	3113.5	3767.3	21.0
其他经济	720.6	1056.5	46.6
按城乡分			
城镇	59028.2	75095.1	27.2
#房地产开发	13158.3	15909.2	20.9
农村	11449.3	13678.5	19.5
#农村个人	3362.7	3940.6	17.2
按资金来源分			
国家预算内资金	3254.9	4154.3	27.6
国内贷款	13788.0	16319.0	18.4
利用外资	3285.7	3978.8	21.1
自筹资金	41272.6	55105.8	33.5
其他资金	12963.7	15033.0	16.0
按构成分			
建筑安装工程	42803.6	53382.6	24.7
设备工具器具购置	16527.0	21422.9	29.6
其他费用	11146.8	13968.1	25.3
房屋建筑面积　（万平方米）			
施工面积	376495.1	431123.0	14.5
#住宅	217580.5	239769.6	10.2
竣工面积	207019.1	227588.7	9.9
#住宅	124881.1	132835.9	6.4

注：1. 按资金来源分组为财务拨款数，各项相加不等于投资总额。

2. 增长速度未扣除价格因素（以下各表同）。

2-2 按城乡分全社会固定资产投资

单位：亿元

年份 地区	全社会投资	城镇	#房地产开发	农村	农户	非农户
1995	20019.3	15643.7	3149.0	4375.6	2007.9	2367.7
1996	（22974.0）	（17627.7）	（3216.4）	（5346.3）	（2544.0）	（2802.3）
	22913.5	17567.2	3216.4	5346.3	2544.0	2802.3
1997	24941.1	19194.2	3178.4	5746.9	2691.2	3055.6
1998	28406.2	22491.4	3614.2	5914.8	2681.5	3233.3
1999	29854.7	23732.0	4103.2	6122.7	2779.6	3343.1
2000	32917.7	26221.8	4984.1	6695.9	2904.3	3791.6
2001	37213.5	30001.2	6344.1	7212.3	2976.6	4235.7
2002	43499.9	35488.8	7790.9	8011.1	3123.2	4887.9
2003	55566.6	45811.7	10153.8	9754.9	3201.0	6554.0
2004	70477.4	59028.2	13158.3	11449.3	3362.7	8086.6
2005	88773.6	75095.1	15909.2	13678.5	3940.6	9737.9
北京	2827.2	2595.4	1525.0	231.8	17.2	214.6
天津	1495.1	1364.0	327.5	131.1	29.3	101.8
河北	4139.7	3307.8	391.5	831.9	237.4	594.5
山西	1826.6	1666.5	178.0	160.1	75.7	84.4
内蒙古	2643.6	2555.3	162.1	88.3	62.1	26.3
辽宁	4200.4	3666.5	874.3	533.9	132.9	401.0
吉林	1741.1	1581.3	195.7	159.8	103.1	56.8
黑龙江	1737.3	1581.2	267.6	156.1	140.8	15.3
上海	3509.7	3198.6	1246.9	311.1	7.1	304.0
江苏	8165.4	6218.9	1545.2	1946.5	218.9	1727.6
浙江	6520.1	4784.7	1456.5	1735.4	254.2	1481.2
安徽	2525.1	2126.7	459.4	398.4	210.1	188.3
福建	2316.7	1958.3	540.4	358.4	103.0	255.4
江西	2176.6	1902.7	301.1	273.9	122.1	151.8
山东	9307.3	7275.1	977.7	2032.2	347.8	1684.5
河南	4311.6	3461.2	388.5	850.4	450.2	400.2
湖北	2676.6	2387.4	448.0	289.2	121.0	168.2
湖南	2629.1	2204.0	457.0	425.1	194.7	230.4
广东	6977.9	5890.1	1591.9	1087.8	196.0	891.9
广西	1661.2	1480.9	286.8	180.3	147.0	33.3
海南	367.2	339.2	70.8	27.9	17.7	10.2
重庆	1933.2	1777.1	517.7	156.1	58.3	97.8
四川	3585.2	2991.8	701.4	593.4	216.1	377.3
贵州	998.3	899.3	154.1	98.9	68.2	30.7
云南	1777.6	1592.3	246.9	185.3	138.5	46.8
西藏	181.4	181.4	6.0			
陕西	1882.2	1740.9	299.0	141.3	110.0	31.3
甘肃	870.4	786.0	86.6	84.3	51.5	32.8
青海	329.8	310.8	29.1	19.0	10.1	8.9
宁夏	443.3	382.0	74.8	61.3	28.1	33.2
新疆	1339.1	1210.0	101.7	129.1	71.7	57.4
不分地区	1677.9	1677.9				

2-3　各地区全社会固定资产投资资金来源

单位：亿元

年份 地区	本年资金 来源小计	国家预算 内资金	国内贷款	利用外资	自筹资金	其他资金
1995	20524.9	621.1	4198.7	2295.9	10647.9	2761.3
1996	（23419.0）	（629.7）	（4576.5）	（2747.4）	（11197.4）	（4388.4）
	23358.6	625.9	4573.7	2746.6	11151.0	4261.4
1997	25259.7	696.7	4782.6	2683.9	12556.1	4540.4
1998	28716.9	1197.4	5542.9	2617.0	14015.6	5344.2
1999	29754.6	1852.1	5725.9	2006.8	14638.1	5531.6
2000	33110.3	2109.5	6727.3	1696.3	16317.3	6260.1
2001	37987.0	2546.4	7239.8	1730.7	18914.0	7556.1
2002	45046.9	3161.0	8859.1	2085.0	22816.7	8125.2
2003	58616.3	2687.8	12044.4	2599.4	31449.8	9834.9
2004	74564.9	3254.9	13788.0	3285.7	41272.6	12963.7
2005	94590.8	4154.3	16319.0	3978.8	55105.8	15033.0
北　京	4561.3	142.3	1059.7	70.9	1446.6	1841.8
天　津	1828.6	28.5	435.9	122.5	921.1	320.7
河　北	4160.2	102.7	569.4	84.7	3024.1	379.3
山　西	1879.6	63.7	414.2	25.7	1151.9	224.2
内蒙古	2576.5	143.3	514.2	15.4	1696.9	206.8
辽　宁	4318.0	173.8	540.2	128.0	2932.7	543.2
吉　林	1865.2	100.9	229.6	35.9	1182.4	316.3
黑龙江	1715.7	99.4	164.5	19.8	1207.5	224.5
上　海	4196.1	46.4	952.3	235.6	1928.3	1033.6
江　苏	8578.9	80.1	1258.7	793.3	5271.7	1175.1
浙　江	6997.9	148.1	1450.4	318.9	3717.7	1362.8
安　徽	2639.8	135.3	488.1	128.5	1552.3	335.7
福　建	2608.8	163.7	531.4	132.6	1283.4	497.7
江　西	2244.9	155.9	298.6	96.2	1383.8	310.4
山　东	9490.0	179.3	991.2	423.6	6900.4	995.4
河　南	4446.0	141.4	681.5	64.4	3039.1	519.6
湖　北	2729.2	221.9	474.9	72.7	1618.4	341.3
湖　南	2681.7	106.9	358.0	66.0	1787.4	363.4
广　东	7741.3	78.0	1365.2	843.0	4095.4	1359.7
广　西	1743.3	115.5	307.1	66.4	919.2	335.1
海　南	388.7	28.3	122.2	25.1	142.9	70.2
重　庆	2081.6	116.0	492.5	42.9	943.1	487.0
四　川	3671.2	136.1	532.6	59.6	2382.9	560.0
贵　州	1037.8	43.9	304.3	8.5	558.8	122.3
云　南	1774.7	123.4	483.4	18.0	851.6	298.2
西　藏	188.9	113.1	5.5	0.3	34.5	35.4
陕　西	1841.2	186.9	329.2	18.0	1029.2	277.8
甘　肃	871.2	82.4	170.9	14.1	475.5	128.3
青　海	323.7	52.4	49.1	2.0	164.5	55.7
宁　夏	417.3	42.1	83.9	6.6	223.3	61.5
新　疆	1340.9	209.3	167.5	11.0	754.0	199.1
不分地区	1650.7	593.2	493.1	28.5	484.9	50.9

2-4 各地区全社会住宅投资

单位：亿元

年 份 地 区	合 计	城 镇	#房 地 产	农 村	#农 户
1995	4736.7	3278.2	1753.1	1458.5	1349.9
1996	5198.5	3326.2	1699.2	1872.3	1766.4
1997	5370.7	3319.7	1539.4	2051.0	1890.7
1998	6393.8	4310.8	2081.6	2083.0	1907.2
1999	7058.8	5050.9	2638.5	2007.9	1799.1
2000	7594.1	5435.3	3312.0	2158.9	1946.5
2001	8339.1	6261.5	4216.7	2077.6	1879.5
2002	9407.1	7248.9	5227.8	2158.2	1917.7
2003	10792.3	8624.8	6776.7	2167.5	1875.1
2004	13464.1	11010.1	8837.0	2453.9	2002.2
2005	15427.2	12825.8	10860.9	2601.5	2211.6
北 京	877.9	843.5	779.5	34.4	13.6
天 津	273.0	241.3	234.9	31.7	15.4
河 北	607.6	458.4	292.1	149.2	128.6
山 西	211.7	164.9	116.9	46.8	46.0
内蒙古	198.2	180.7	114.7	17.5	17.3
辽 宁	753.6	679.5	614.5	74.1	57.4
吉 林	211.3	183.5	145.3	27.7	21.2
黑龙江	262.4	230.0	174.8	32.5	32.4
上 海	940.8	929.7	920.8	11.1	5.6
江 苏	1386.5	1210.6	1133.1	175.9	113.1
浙 江	1377.3	1169.0	1089.5	208.2	158.2
安 徽	554.6	379.0	323.4	175.6	146.2
福 建	437.9	381.3	363.7	56.7	50.7
江 西	297.1	228.7	208.2	68.4	65.1
山 东	1276.1	1028.9	698.3	247.2	179.4
河 南	713.6	404.2	271.6	309.4	306.6
湖 北	441.6	350.9	317.6	90.7	86.5
湖 南	504.8	362.1	306.1	142.7	133.8
广 东	1283.5	1121.0	1065.7	162.6	144.9
广 西	341.6	231.0	190.8	110.6	106.9
海 南	78.6	67.9	56.6	10.8	9.9
重 庆	408.5	357.8	300.4	50.7	38.1
四 川	697.6	583.1	473.3	114.5	92.3
贵 州	142.4	101.9	85.9	40.5	39.9
云 南	322.6	235.0	173.4	87.5	83.5
西 藏	19.5	19.5	4.3		
陕 西	369.6	315.6	212.3	54.0	53.6
甘 肃	140.0	114.5	61.1	25.5	23.6
青 海	27.8	22.7	16.6	5.1	5.0
宁 夏	63.6	54.2	47.5	9.4	9.4
新 疆	166.3	135.8	68.0	30.5	27.4
不分地区	39.6	39.6			

2-5 各地区全社会建设总规模

单位：亿元

年份 地区	建设总规模	在建总规模	在建净规模
1995	62978.5	52026.7	26239.6
1996	75188.0	61930.7	31876.7
1997	81764.4	67126.6	33289.8
1998	90449.9	74138.2	36186.6
1999	96183.1	77120.2	36704.3
2000	102129.2	79951.1	37288.4
2001	118302.6	95244.0	49400.7
2002	135312.8	108684.1	57505.9
2003	163347.6	131733.0	69740.9
2004	212275.1	175652.6	92728.5
2005	270926.7	215349.7	116320.9
北　京	11841.0	10118.8	4986.7
天　津	6482.7	5677.2	3591.7
河　北	8658.5	6259.9	3383.3
山　西	5070.9	4114.5	2116.1
内蒙古	6925.1	5186.1	3183.0
辽　宁	9925.1	7012.0	3970.3
吉　林	3801.0	2510.4	1340.0
黑龙江	4035.9	2784.7	1585.9
上　海	16437.2	15068.7	6381.3
江　苏	21863.1	15225.3	8021.7

续表

年　份 地　区	建设总规模	在建总规模	在建净规模
浙　江	20916.7	16397.2	8685.2
安　徽	8101.1	6414.1	3835.9
福　建	8572.6	7822.6	4376.5
江　西	5429.1	4270.9	2166.5
山　东	20738.8	14914.7	8493.6
河　南	9837.8	6738.6	3774.0
湖　北	9453.8	7652.7	4170.8
湖　南	7340.4	6319.1	2972.0
广　东	25890.8	21411.6	10179.5
广　西	5656.9	4651.4	2620.5
海　南	1199.7	990.3	394.3
重　庆	8355.2	6992.9	4307.8
四　川	11247.7	9068.6	5740.8
贵　州	3781.0	3185.8	1813.0
云　南	6450.6	5816.8	3362.3
西　藏	365.1	227.2	89.3
陕　西	5187.1	4224.6	2137.5
甘　肃	2707.5	2119.9	1018.1
青　海	1158.4	952.4	511.5
宁　夏	1343.4	1012.1	618.1
新　疆	3190.7	2109.6	1021.3
不分地区	8961.9	8099.2	5472.4

2-6 城镇固定资产投资建设总规模

单位：亿元

年份 地区	建设总规模	在建总规模	在建净规模
1995	56212.4	47651.1	23871.9
1996	67105.8	56584.4	29074.5
1997	72961.9	61379.8	30234.2
1998	81301.8	68223.3	32953.3
1999	86717.2	70997.5	33361.1
2000	91641.7	73255.2	33496.8
2001	106854.6	88031.7	45164.9
2002	122413.7	100673.0	52618.0
2003	147038.7	121978.1	63187.0
2004	192739.3	167566.0	84641.9
2005	247510.3	205611.8	106583.0
北　京	11394.5	9904.2	4772.0
天　津	6249.8	5575.3	3489.9
河　北	7232.1	5665.4	2788.8
山　西	4826.4	4030.1	2031.7
内蒙古	6810.4	5159.8	3156.7
辽　宁	8990.1	6611.0	3569.3
吉　林	3584.4	2453.6	1283.2
黑龙江	3864.5	2769.4	1570.6
上　海	15822.1	14764.7	6077.3
江　苏	18189.0	13497.8	6294.1
浙　江	17700.1	14916.0	7204.0
安　徽	7514.4	6225.8	3647.6

续表

年份 地区	建设总规模	在建总规模	在建净规模
福　建	7958.8	7567.2	4121.1
江　西	5003.3	4119.0	2014.7
山　东	17022.1	13230.2	6809.1
河　南	8587.2	6338.4	3373.8
湖　北	8996.4	7484.4	4002.6
湖　南	6684.8	6088.6	2741.6
广　东	23911.1	20519.8	9287.6
广　西	5443.4	4618.2	2587.2
海　南	1161.6	980.0	384.0
重　庆	8101.3	6895.1	4210.0
四　川	10277.0	8691.4	5363.5
贵　州	3651.4	3155.1	1782.3
云　南	6218.4	5769.9	3315.4
西　藏	365.1	227.2	89.3
陕　西	5014.4	4193.2	2106.1
甘　肃	2590.4	2087.1	985.2
青　海	1130.5	943.6	502.7
宁　夏	1249.0	978.9	584.9
新　疆	3004.3	2052.2	963.9
不分地区	8961.9	8099.2	5472.4

2-7　各地区城镇能源工业投资

单位：亿元

年份 地区	合计	煤炭开采及洗选业	石油及天然气开采业	石油及炼焦加工业	电力、热力及燃气的生产和供应业
2003	5508.4	436.4	946.0	322.0	3803.9
2004	7504.8	690.4	1112.3	637.9	5064.2
2005	10205.6	1162.9	1463.6	801.3	6777.8
北京	116.9	0.4	0.0	12.4	104.0
天津	178.4		123.4	8.3	46.7
河北	417.3	43.4	24.9	55.3	293.7
山西	602.7	258.8		94.0	249.9
内蒙古	789.7	109.5	22.2	51.1	606.9
辽宁	320.7	25.0	94.9	78.3	122.4
吉林	159.9	9.0	66.4	3.2	81.2
黑龙江	335.3	40.7	166.4	24.6	103.6
上海	139.0		1.7	5.5	131.8
江苏	559.9	13.4	12.6	11.1	522.9
浙江	478.1	0.3		8.9	468.8
安徽	294.5	106.8	0.0	13.7	173.9
福建	246.8	4.5		11.8	230.4
江西	133.3	9.4		11.9	112.0
山东	764.4	148.6	117.7	104.5	393.6
河南	497.8	102.9	55.4	18.8	320.8
湖北	286.7	3.9	12.9	9.7	260.2
湖南	248.7	18.4		15.0	215.3
广东	673.9	0.0	10.2	71.6	592.0
广西	187.1	5.2	0.2	2.6	179.1
海南	82.5			62.7	19.9
重庆	163.5	23.7	0.7	3.1	136.1
四川	430.7	28.7	15.9	7.2	378.9
贵州	269.2	32.7	0.5	3.2	232.8
云南	371.3	37.1	0.0	9.6	324.6
西藏	15.1		0.0		15.1
陕西	300.7	36.7	95.7	26.3	142.0
甘肃	142.0	13.0	6.1	36.6	86.2
青海	86.0	2.6	30.7		52.7
宁夏	104.5	33.0		2.4	69.1
新疆	375.1	16.0	262.1	37.7	59.3
不分地区	434.0	39.1	343.0		51.9

2-8 各地区城镇施工、竣工房屋建筑面积和价值

年份 地区	施工房屋建筑面积（万平方米）	#住宅	竣工房屋建筑面积（万平方米）	#住宅	竣工房屋价值（亿元）	#住宅
1995	120453.6	68557.9	58631.1	37489.1	4233.4	2171.8
1996	123011.1	68834.7	61443.4	39450.5	4968.3	2634.2
1997	120739.3	68568.0	62490.2	40550.2	5280.1	2833.6
1998	136669.3	83872.8	70166.1	47616.9	6012.6	3358.8
1999	144319.3	91835.4	79646.1	55868.9	6791.0	4012.2
2000	151691.3	94441.6	80507.9	54859.9	7014.6	4122.1
2001	166837.6	103643.6	85278.9	57476.5	7463.5	4463.7
2002	189973.4	113848.5	93018.3	59793.6	8435.3	4920.0
2003	221258.1	124386.5	93114.7	54971.5	10126.4	5883.7
2004	259252.2	142936.6	101033.8	56897.3	11119.0	6144.1
2005	304904.3	166143.4	118125.8	66141.9	13952.4	7682.8
北　京	13281.0	7937.5	4344.7	2987.5	957.0	597.1
天　津	5210.4	2897.0	2022.9	1305.2	316.9	177.1
河　北	11164.8	5901.1	5028.8	2562.3	502.1	251.6
山　西	4349.6	2540.2	1755.5	1015.4	209.3	110.8
内蒙古	5623.0	2717.4	2669.1	1366.7	268.1	120.0
辽　宁	12368.0	6316.0	5018.5	2525.1	601.3	283.6
吉　林	4580.1	2088.6	2011.3	765.3	246.6	75.8
黑龙江	6075.4	3072.6	3266.1	1935.7	349.3	194.5
上　海	12801.8	8205.0	3911.3	2759.6	1129.5	816.3
江　苏	24951.8	13547.5	9904.0	5015.8	1221.0	639.0
浙　江	26069.0	13652.6	7869.5	4021.3	1035.3	581.0
安　徽	8782.3	5240.9	3592.3	2065.3	347.5	197.4
福　建	10962.8	5522.8	3244.8	1814.2	340.2	197.6
江　西	9273.3	4859.0	4080.1	2251.6	278.3	146.1
山　东	24379.6	11664.1	9420.6	4455.5	1070.4	525.8
河　南	14063.5	7309.9	6591.8	3574.1	529.2	252.5
湖　北	8823.7	5318.0	4217.9	2556.1	442.8	268.3
湖　南	8490.3	4562.6	3175.6	1789.3	324.0	171.2
广　东	28943.7	13168.2	9646.5	4825.0	1393.0	736.9
广　西	8275.2	5485.6	3867.4	2867.4	277.6	182.0
海　南	1562.4	1008.7	476.6	336.6	66.7	49.4
重　庆	10799.7	6805.3	4020.2	2442.5	413.7	234.8
四　川	14225.1	8609.0	4861.2	2787.9	382.4	202.6
贵　州	4475.5	2889.4	1683.6	1141.4	118.3	70.4
云　南	5777.3	3626.2	2663.6	1633.4	263.2	148.3
西　藏	733.4	275.1	428.2	172.2	52.8	17.5
陕　西	7505.0	4313.2	2871.6	1594.4	344.7	184.5
甘　肃	3988.3	2298.4	1309.2	779.9	128.2	71.2
青　海	833.1	449.6	286.5	137.5	33.2	14.0
宁　夏	1552.1	827.7	815.4	487.0	87.0	45.4
新　疆	4858.9	3028.2	2981.7	2168.0	217.9	119.9
不分地区	124.1	6.0	89.3	2.7	4.9	0.1

2-9 城镇新增固定资产及交付使用率

年份 地区	固定资产投资额 （亿元）	新增固定资产 （亿元）	固定资产交付使用率 （%）
1995	15643.7	10146.2	64.9
1996	（17627.7）	（13138.7）	（74.5）
	17567.2	13080.6	74.5
1997	19194.2	14959.9	77.9
1998	22491.4	17081.3	75.9
1999	23732.0	18682.7	78.7
2000	26221.8	20715.2	79.0
2001	30001.2	21666.3	72.2
2002	35488.8	24791.9	69.9
2003	45811.7	28663.9	62.6
2004	59028.2	34731.4	58.8
2005	75095.1	45206.6	60.2
北　京	2595.4	1703.6	65.6
天　津	1364.0	719.2	52.7
河　北	3307.8	1982.4	59.9
山　西	1666.5	888.7	53.3
内蒙古	2555.3	1622.6	63.5
辽　宁	3666.5	2367.0	64.6
吉　林	1581.3	985.7	62.3
黑龙江	1581.2	1098.1	69.4
上　海	3198.6	2195.1	68.6
江　苏	6218.9	4956.7	79.7
浙　江	4784.7	2715.6	56.8
安　徽	2126.7	1081.3	50.8
福　建	1958.3	867.5	44.3

续表

年　份 地　区	固定资产投资额 （亿元）	新增固定资产 （亿元）	固定资产交付使用率 （%）
江　西	1902.7	977.8	51.4
山　东	7275.1	3791.1	52.1
河　南	3461.2	2362.6	68.3
湖　北	2387.4	1561.7	65.4
湖　南	2204.0	1197.3	54.3
广　东	5890.1	3668.8	62.3
广　西	1480.9	792.0	53.5
海　南	339.2	135.9	40.1
重　庆	1777.1	1146.6	64.5
四　川	2991.8	1325.9	44.3
贵　州	899.3	445.6	49.6
云　南	1592.3	767.5	48.2
西　藏	181.4	167.6	92.4
陕　西	1740.9	1026.9	59.0
甘　肃	786.0	412.3	52.5
青　海	310.8	163.5	52.6
宁　夏	382.0	229.4	60.1
新　疆	1210.0	823.8	68.1
不分地区	1677.9	1026.9	61.2

2-10 商品房屋销售情况

年份 地区	房屋销售面积 （万平方米）	#住宅	商品房销售额 （万元）	#住宅
1991	3025.46	2745.17	2378597	2075979
1992	4288.86	3812.21	4265938	3798493
1993	6687.91	6035.19	8637141	7291913
1994	7230.35	6118.03	10184950	7305208
1995	7905.94	6787.03	12577269	10240705
1996	7900.41	6898.46	14271292	11069006
1997	9010.17	7864.30	17994763	14075553
1998	12185.30	10827.10	25133027	20068676
1999	14556.53	12997.87	29878734	24137347
2000	18637.13	16570.28	39354423	32286046
2001	22411.90	19938.75	48627517	40211543
2002	26808.29	23702.31	60323413	49578501
2003	33717.63	29778.85	79556627	65434492
2004	38231.64	33819.89	103757069	86193667
2005	55486.22	49587.83	175761325	145637616
北京	3123.42	2823.65	21202099	17399710
天津	1408.37	1264.38	5710574	5041379
河北	1408.74	1322.32	2623116	2350398
山西	688.75	619.86	1522069	1163065
内蒙古	1078.80	918.43	1783491	1287226
辽宁	2564.48	2340.36	7174340	6205959
吉林	830.91	745.92	1568915	1309503
黑龙江	1242.81	1048.26	2608815	1963185
上海	3158.87	2845.70	21613022	19060478
江苏	5135.55	4523.14	17249062	14227924
浙江	3305.84	2824.65	14148885	11222435
安徽	1907.21	1686.03	4234369	3481041
福建	1913.84	1720.56	6050925	4819032
江西	1650.12	1454.51	2522496	1942900
山东	3754.92	3417.75	9106518	7842466
河南	1724.82	1539.60	3220147	2553706
湖北	1708.02	1549.19	3865693	3351897
湖南	1842.16	1611.60	2993154	2263639
广东	5038.91	4546.32	22386643	18863862
广西	1438.40	1314.37	2896410	2398083
海南	249.43	233.08	729458	665496
重庆	2017.66	1792.41	4307679	3406768
四川	3402.49	3028.55	6619495	5111802
贵州	862.56	774.71	1385781	1012982
云南	1431.90	1294.95	3100083	2590989
西藏	25.90	24.18	44032	36421
陕西	892.01	849.43	1837192	1639682
甘肃	493.21	439.83	954958	764891
青海	121.04	108.46	221768	182320
宁夏	377.89	319.16	844726	563186
新疆	687.20	606.48	1235410	915191

2-11　在建大型项目基本情况（2005 年）

单位：万元

单位名称	项目名称	开工时间	计划总投资	累计完成投资	累计新增固定资产
中国长江三峡工程开发总公司	水利枢纽工程	1994.12	18715440	12246209	1368021
澜沧江水电开发公司	糯扎渡水电站		3495142	204261	
阳西海滨电力发展有限公司	火力发电建设项目		2800000	15000	
澜沧江水电开发公司	小湾水电站	2002.01	2773200	901205	
岭东核电有限公司（深圳）	岭澳核电站二期工程	2005.01	2674597	249052	692
江苏核电有限公司	田湾核电站	1999.10	2652668	2574325	12000
龙滩水电开发公司	龙滩水电站	2001.07	2429106	1083553	
二滩水电开发公司	锦屏水电站一级	2005.12	2380229	294408	
华阳电业有限公司后石电厂	后石电厂	1997.01	2290000	1904373	
中国三峡总公司	溪洛渡水电站	2005.12	2228626	301857	
国务院南水北调办公室	南水北调东、中线一期工程	2002.01	12400000	379600	
水利部	淮河干流整治	1983.02	8489000	431053	77666
水利部	黄河下游治理	1996.01	1395510	598738	76055
铁道部	武广客运专线	2005.09	6900000	299227	
铁道部	郑西客运专线	2005.07	3531000	72000	
铁道部	青藏线格尔木至拉萨段	2001.06	3309000	2612936	
铁道部	机车车辆购置		2640600	2687933	2657933
铁道部	宁西线西安至合肥段	2000.05	2189205	2177550	
铁道部	渝怀线	2000.12	1979085	1871000	1871000
铁道部	株六复线	1998.03	1967587	1929579	2571
交通部	船舶购置		2619590	2361240	864751
湖北沪蓉西高速公路建设指挥部	宜昌—恩施高速公路	2004.08	2045163	533250	110158
江门市公路局	九江大桥（G325）市区公路	2003.10	1441000	52090	
广东省交通厅	广深沿海高速公路	2004.11	1398961	57455	

续表

单位名称	项目名称	开工时间	计划总投资	累计完成投资	累计新增固定资产
陕西省高速公路建设集团	户县—洋县—勉县高速公路	2002.09	1387831	891151	146500
杭州湾大桥工程指挥部	交通局杭州湾跨海大桥	2003.03	1176000	648000	
上海轨道交通十号线发展有限公司	上海轨道交通10号线工程		2200000	43318	
武汉市轨道交通有限公司	轻轨交通二号线		1821300	1398	
北京市轨道交通建设管理有限公司	地铁十号线	2003.12	1599400	235177	
广州市地下铁道总公司	轨道交通三号线工程	2001.12	1529500	591168	112514
天津港（集团）有限公司	天津港扩建	2001.01	1524523	615196	158594
上海同盛投资（集团）有限公司	洋山深水港区一期工程	2002.06	1431000	1911840	
盐田三期国际集装箱码头有限公司	盐田港三期扩建工程	2005.01	1120000	120488	
嵊泗县洋山同盛有限公司	洋山深水港集装箱项目一期工程	2002.07	1000000	946304	5500
浦东国际机场二期工程建设指挥部	浦东国际机场扩建工程	2005.05	1988300	378986	
首都机场集团公司	北京首都国际机场东扩工程	2004.03	1904000	1015254	
广州白云国际机场有限公司	白云国际机场迁建工程	2000.04	1486200	1486200	1486200
中国石油天然气股份公司	西气东输管道基建项目	2005.01	4631400	644513	644513
中国神华煤制油有限公司	煤直接液化项目	2002.10	1690000	326002	
惠州中海壳牌石油化工有限公司	中海壳牌石化项目	2002.06	3330000	3309000	
宝钢股份公司宝钢分公司	扩建汽车板及硅钢生产线工程	2005.04	2399464	216422	
东方希望包头稀土铝业有限责任公司	东方希望包头铝电项目	2002.11	980000	405100	
奇瑞汽车有限公司	汽车及部件	1997.03	1613487	900303	68971
中国第一汽车集团公司	PQ35项目	2003.07	1230000	734439	
上海通用汽车有限公司	上海通用汽车浦东轿车项目	1997.01	1134370	1194968	159445
中芯国际集成电路制造公司	SMIC厂房1和2	2000.08	1230000	2564840	188857
广东省移动通信有限公司	移动电话GSM扩容	2001.06	1390751	1820752	
广州大学城指挥部	广州大学城建设	2003.03	3000000	1469805	602100
福州地区大学城建设领导小组办公室	大学城建设	2003.03	553000	212139	66226
深圳赛博韦尔软件产业园有限公司	深圳赛博韦尔软件产业园	2000.05	210000	204500	16500

财　政、金　融

3-1　国家财政收支总额及增长速度

年　份	财政收入（亿元）	财政支出（亿元）	收支差额（亿元）	增长速度（%）		财政收入占国内生产总值的比重（%）
				财政收入	财政支出	
1978	1132.26	1122.09	10.17	29.5	33.0	31.1
1980	1159.93	1228.83	-68.90	1.2	-4.1	25.5
1985	2004.82	2004.25	0.57	22.0	17.8	22.2
1989	2664.90	2823.78	-158.88	13.1	13.3	15.7
1990	2937.10	3083.59	-146.49	10.2	9.2	15.7
1991	3149.48	3386.62	-237.14	7.2	9.8	14.5
1992	3483.37	3742.20	-258.83	10.6	10.5	12.9
1993	4348.95	4642.30	-293.35	24.8	24.1	12.3
1994	5218.10	5792.62	-574.52	20.0	24.8	10.8
1995	6242.20	6823.72	-581.52	19.6	17.8	10.3
1996	7407.99	7937.55	-529.56	18.7	16.3	10.4
1997	8651.14	9233.56	-582.42	16.8	16.3	11.0
1998	9875.95	10798.18	-922.23	14.2	16.9	11.7
1999	11444.08	13187.67	-1743.59	15.9	22.1	12.8
2000	13395.23	15886.50	-2491.27	17.0	20.5	13.5
2001	16386.04	18902.58	-2516.54	22.3	19.0	14.9
2002	18903.64	22053.15	-3149.51	15.4	16.7	15.7
2003	21715.25	24649.95	-2934.70	14.9	11.8	16.0
2004	26396.47	28486.89	-2090.42	21.6	15.6	16.5
2005	31649.29	33930.28	-2280.99	19.9	19.1	17.3

注：1. 在国家财政收支中，价格补贴1985年以前冲减财政收入，1986年以后列为财政支出。为了可比，本表将1985年以前冲减财政收入的价格补贴改列在财政支出中。
2. 财政收入中不包括国内外债务收入。
3. 从2000年起，财政支出中包括国内外债务付息支出。

3-2 国家财政分项目收入

单位：亿元

年份	收入合计	各项税收	企业收入	企业亏损补贴	能源交通重点建设基金收入	预算调节基金收入	教育费附加收入	其他收入
1978	1132.26	519.28	571.99					40.99
1980	1159.93	571.70	435.24					152.99
1985	2004.82	2040.79	43.75	−507.02	146.79			280.51
1989	2664.90	2727.40	63.60	−598.88	202.18	91.19		179.41
1990	2937.10	2821.86	78.30	−578.88	185.08	131.21		299.53
1991	3149.48	2990.17	74.69	−510.24	188.22	138.53	28.01	240.10
1992	3483.37	3296.91	59.97	−444.96	157.11	117.47	31.72	265.15
1993	4348.95	4255.30	49.49	−411.29	117.72	102.46	44.23	191.04
1994	5218.10	5126.88		−366.22	53.96	59.10	64.20	280.18
1995	6242.20	6038.04		−327.77	17.42	34.92	83.40	396.19
1996	7407.99	6909.82		−337.40	3.78	11.09	96.04	724.66
1997	8651.14	8234.04		−368.49			103.29	682.30
1998	9875.95	9262.80		−333.49			113.34	833.30
1999	11444.08	10682.58		−290.03			126.10	925.43
2000	13395.23	12581.51		−278.78			147.52	944.98
2001	16386.04	15301.38		−300.04			166.60	1218.10
2002	18903.64	17636.45		−259.60			198.05	1328.74
2003	21715.25	20017.31		−226.38			232.39	1691.93
2004	26396.47	24165.68		−217.93			300.40	2148.32
2005	31649.29	28778.54		−193.26			356.18	2707.83

注：国家财政收入中不包括国内外债务收入。

3-3 各 项 税 收

单位：亿元

年份	合计	#增值税	#营业税	#消费税	#关税	#农业各税	#企业所得税
1978	519.28				28.76	28.40	
1980	571.70				33.53	27.67	
1985	2040.79	147.70	211.07		205.21	42.05	696.06
1989	2727.40	430.83	487.30		181.54	84.94	700.43
1990	2821.86	400.00	515.75		159.01	87.86	716.00
1991	2990.17	406.36	564.00		187.28	90.65	731.13
1992	3296.91	705.93	658.67		212.75	119.17	720.78
1993	4255.30	1081.48	966.09		256.47	125.74	678.60
1994	5126.88	2308.34	670.02	487.40	272.68	231.49	708.49
1995	6038.04	2602.33	865.56	541.48	291.83	278.09	878.44
1996	6909.82	2962.81	1052.57	620.23	301.84	369.46	968.48
1997	8234.04	3283.92	1324.27	678.70	319.49	397.48	963.18
1998	9262.80	3628.46	1575.08	814.93	313.04	398.80	925.54
1999	10682.58	3881.87	1668.56	820.66	562.23	423.50	811.41
2000	12581.51	4553.17	1868.78	858.29	750.48	465.31	999.63
2001	15301.38	5357.13	2064.09	929.99	840.52	481.70	2630.87
2002	17636.45	6178.39	2450.33	1046.32	704.27	717.85	3082.79
2003	20017.31	7236.54	2844.45	1182.26	923.13	871.77	2919.51
2004	24165.68	9017.94	3581.97	1501.90	1043.77	902.19	3957.33
2005	28778.54	10792.11	4232.46	1633.81	1066.17	936.40	5343.92

注：1. 农业各税包括农业税、牧业税、耕地占用税、农业特产税和契税。

2. 企业所得税 2001 年以前只包括国有及集体企业所得税，从 2001 年起，企业所得税还包括除国有企业和集体企业外的其他所有制企业所得税，与以前各年不可比。

3. 增值税不包括进口产品增值税；消费税不包括进口产品消费税。

3-4 国家财政主要支出项目

单位：亿元

年 份	基本建设支出	增拨企业流动资金	挖潜改造资金和科技三项费用	地质勘探费	工、交、流通部门事业费	支农支出	文教、科学、卫生支出	抚恤和社会福利救济费	国防支出	行政管理费	政策性补贴支出
1978	451.92		63.24	20.15	17.79	76.95	112.66	18.91	167.84	49.09	11.14
1980	346.36		80.45	22.57	22.85	82.12	156.26	20.31	193.84	66.79	117.71
1985	554.56	14.30	103.42	29.58	35.16	101.04	316.70	31.15	191.53	130.58	261.79
1989	481.70	12.09	146.30	33.16	45.01	197.12	553.33	49.60	251.47	261.86	373.35
1990	547.39	10.90	153.91	36.19	46.93	221.76	617.29	55.04	290.31	303.10	380.80
1991	559.62	13.08	180.81	38.34	52.41	243.55	708.00	67.32	330.31	343.60	373.77
1992	555.90	10.63	223.62	44.07	64.58	269.04	792.96	66.45	377.86	424.58	321.64
1993	591.93	18.48	421.38	49.06	76.22	323.42	957.77	75.27	425.80	535.77	299.30
1994	639.72	17.33	415.13	64.13	100.77	399.70	1278.18	95.14	550.71	729.43	314.47
1995	789.22	34.80	494.45	66.32	102.76	430.22	1467.06	115.46	636.72	872.68	364.89
1996	907.44	42.93	523.02	68.56	120.41	510.07	1704.25	128.03	720.06	1040.80	453.91
1997	1019.50	52.20	643.20	73.37	136.41	560.77	1903.59	142.14	812.57	1137.16	551.96
1998	1387.74	42.36	641.18	83.13	121.56	626.02	2154.38	171.26	934.70	1326.77	712.12
1999	2116.57	56.41	766.05	83.69	128.07	677.46	2408.06	179.88	1076.40	1525.68	697.64
2000	2094.89	71.06	865.24	88.12	150.07	766.89	2736.88	213.03	1207.54	1787.58	1042.28
2001	2510.64	22.71	991.56	99.01	200.12	917.96	3361.02	266.68	1442.04	2197.52	741.51
2002	3142.98	18.97	968.38	102.89	232.38	1102.70	3979.08	372.97	1707.78	2979.42	645.07
2003	3429.30	11.95	1092.99	106.94	285.23	1134.86	4505.51	498.82	1907.87	3437.68	617.28
2004	3437.50	12.44	1243.94	115.45	368.21	1693.79	5143.65	563.46	2200.01	4059.91	795.80
2005	4041.34	18.17	1494.59	132.70	444.15	1792.40	6104.18	716.39	2474.96	4835.43	998.47

注：行政管理费中包括公检法司支出和外交外事支出。

3-5 国家财政用于农业的支出

单位：亿元

年份	合计	支农支出	农业基本建设支出	农业科技三项费用	农村救济费	其他	用于农业支出占财政支出的比重（%）
1978	150.66	76.95	51.14	1.06	6.88	14.63	13.43
1980	149.95	82.12	48.59	1.31	7.26	10.67	12.20
1985	153.62	101.04	37.73	1.95	12.90		7.66
1989	265.94	197.12	50.64	2.48	15.70		9.42
1990	307.84	221.76	66.71	3.11	16.26		9.98
1991	347.57	243.55	75.49	2.93	25.60		10.26
1992	376.02	269.04	85.00	3.00	18.98		10.05
1993	440.45	323.42	95.00	3.00	19.03		9.49
1994	532.98	399.70	107.00	3.00	23.28		9.20
1995	574.93	430.22	110.00	3.00	31.71		8.43
1996	700.43	510.07	141.51	4.94	43.91		8.82
1997	766.39	560.77	159.78	5.48	40.36		8.30
1998	1154.76	626.02	460.70	9.14	58.90		10.69
1999	1085.76	677.46	357.00	9.13	42.17		8.23
2000	1231.54	766.89	414.46	9.78	40.41		7.75
2001	1456.73	917.96	480.81	10.28	47.68		7.71
2002	1580.76	1102.70	423.80	9.88	44.38		7.17
2003	1754.45	1134.86	527.36	12.43	79.80		7.12
2004	2337.63	1693.79	542.36	15.61	85.87		9.67
2005	2450.31	1792.40	512.63	19.90	125.38		7.22

注：从 1998 年开始，“农业基本建设支出”包括增发国债安排的支出。

3-6 国家财政用于科学研究的支出

单位：亿元

年份	合计	科技三项费用	科学支出	科研基建费	其他科研事业费
1978	52.89	25.47	15.46	6.66	5.30
1980	64.59	27.57	19.63	11.27	6.12
1985	102.59	44.35	32.00	18.83	7.41
1989	127.87	59.13	38.45	17.91	12.38
1990	139.12	63.48	44.44	17.47	13.73
1991	160.69	73.32	54.15	18.40	14.82
1992	189.26	89.41	57.16	24.55	18.14
1993	225.61	106.56	65.59	33.95	19.51
1994	268.25	114.22	87.90	36.06	30.07
1995	302.36	136.02	96.86	38.00	31.48
1996	348.63	155.01	109.66	48.55	35.41
1997	408.86	189.97	127.12	42.74	49.03
1998	438.60	189.90	151.92	47.28	49.50
1999	543.85	272.80	168.06	52.89	50.10
2000	575.62	277.22	189.03	61.52	47.85
2001	703.26	359.64	223.08	63.37	57.17
2002	816.22	398.60	269.85	69.99	77.78
2003	975.54	416.64	300.79	111.06	147.05
2004	1095.34	483.98	335.93	95.90	179.53
2005	1334.91	609.69	389.14	112.50	223.58

注：表中科研基建费由国家统计局测算，2005 年数据为初步数。

3-7　国家财政用于抚恤和社会福利的支出

单位：亿元

年　份	合　计	抚恤支出	离退休费	社会救济福利费	救灾支出	其　他
1978	18.91	2.93	2.34	4.62	9.02	
1980	20.31	4.51	3.41	5.36	7.03	
1985	31.15	7.13	4.88	7.71	10.25	1.18
1989	49.60	14.43	8.56	10.80	12.88	2.93
1990	55.04	16.61	9.60	12.07	13.33	3.43
1991	67.32	17.21	10.32	13.18	22.51	4.10
1992	66.45	18.45	12.40	14.36	15.89	5.35
1993	75.27	20.78	14.09	17.01	15.40	7.99
1994	95.14	24.78	20.12	20.55	19.42	10.27
1995	115.46	29.11	22.78	24.19	27.27	12.11
1996	128.03	32.78	10.67	28.98	39.06	16.54
1997	142.14	37.62	13.51	36.57	34.51	19.93
1998	171.26	40.38	16.24	35.29	52.32	27.03
1999	179.88	54.57	19.68	48.52	34.05	23.06
2000	213.03	59.72	23.72	59.71	28.73	41.15
2001	266.68	69.86	30.26	89.99	35.17	41.40
2002	372.97	60.03	41.28	141.63	32.93	97.10
2003	498.82	99.15	42.19	217.69	55.71	84.08
2004	563.46	107.92	49.57	266.58	49.04	89.54
2005	716.39	148.28	55.57	324.22	62.97	125.35

注：1. 从 1996 年起离退休费不包括已划入行政事业单位离退休经费支出类中的由民政部门管理的地方离退休费。

2. 从 1976 年起救灾支出中包括抗震救灾费。

3-8 政策性补贴支出

单位：亿元

年　份	合　计	粮棉油价格补贴	平抑物价等补贴	肉食品价格补贴	其他价格补贴
1978	11.14	11.14			
1980	117.71	102.80			14.91
1985	261.79	198.66		33.52	29.61
1989	373.55	262.52		41.29	69.74
1990	380.80	267.61		41.78	71.41
1991	373.77	267.03		42.46	64.28
1992	321.64	224.35		38.54	58.75
1993	299.30	224.75		29.86	44.69
1994	314.47	202.03	41.25	25.41	45.78
1995	364.89	228.91	50.17	24.17	61.64
1996	453.91	311.39	53.38	27.46	61.68
1997	551.96	413.67	43.20	28.25	66.84
1998	712.12	565.04	28.10	26.09	92.89
1999	697.64	492.29	14.25	20.55	170.55
2000	1042.28	758.74	17.71	19.39	246.44
2001	741.51	605.44	16.74	4.55	114.78
2002	645.07	535.24	5.32	1.60	102.91
2003	617.28	550.15	5.15	1.28	60.70
2004	795.80	660.41	5.22	1.28	128.89
2005	998.47	577.91	4.69	0.93	414.94

注：政策性补贴支出，1985 年以前冲减财政收入，1986 年起作为支出项目列在财政支出中。

3-9 中央和地方财政主要收入项目（2005 年）

单位：亿元

项目	国家财政收入	中央	地方
各项税收	28778.54	16051.81	12726.73
消费税	1633.81	1633.81	
增值税	10792.11	7931.35	2860.76
营业税	4232.46	129.64	4102.82
进口产品消费税、增值税	4211.78	4211.78	
资源税	142.20		142.20
城市维护建设税	795.68	4.66	791.02
企业所得税	5343.92	3204.03	2139.89
个人所得税	2094.91	1256.94	837.97
城镇土地使用税	137.34		137.34
其他各税	776.33		776.33
关税	1066.17	1066.17	
船舶吨税	13.81	13.81	
农业税	59.41		59.41
契税	735.14		735.14
耕地占用税	141.85		141.85
外贸企业出口退税	-4048.94	-4048.94	
证券交易印花税	67.30	65.30	2.00
车辆购置税	583.26	583.26	
企业亏损补贴	-193.26	-26.69	-166.57
工业企业	-39.08	-17.34	-21.74
商业企业	-2.69		-2.69
粮食企业	-38.83		-38.83
外贸企业	-6.99	-6.83	-0.16
农林、水产、气象企业	-2.51	-2.24	-0.27
其他企业	-103.16	-0.28	-102.88
征收排污费和城市水资源费收入	163.84	11.93	151.91
其他收入	2543.99	508.88	2035.11
教育费附加收入	356.18	2.60	353.58

3-10 中央和地方财政主要支出项目（2005年）

单位：亿元

项目	国家财政支出	中央	地方
基本建设支出	4041.34	1365.56	2675.78
挖潜改造和科技三项费用	1494.59	337.89	1156.70
企业挖潜改造资金	884.90	15.57	869.33
科技三项费用	609.69	322.32	287.37
增拨企业流动资金	18.17	17.10	1.07
地质勘探费	132.70	39.95	92.75
工业、交通、流通部门事业费	444.15	91.38	352.77
支农支出	1792.40	147.53	1644.87
农、林、水利和气象支出	1607.47	121.82	1485.65
农业综合开发支出	184.93	25.71	159.22
城市维护建设支出	1393.61		1393.61
城市维护建设费	1260.64		1260.64
环境保护和城市水资源建设支出	132.97		132.97
文教、科学、卫生事业费	6104.18	587.67	5516.51
教育事业费	3974.83	244.85	3729.98
科学事业费	389.14	249.03	140.11
卫生事业费	1036.81	21.26	1015.55
文体广播事业费	703.40	72.53	630.87
抚恤和社会福利救济费	716.39	5.34	711.05
社会保障补助支出	1817.64	236.71	1580.93
国防支出	2474.96	2447.03	27.93

续表

项 目	国 家 财政支出	中央	地方
行政管理费	2883.49	464.26	2419.23
公检法司支出	1852.89	88.83	1764.06
武装警察部队支出	326.87	285.80	41.07
外交外事支出	99.05	86.70	12.35
对外援助支出	74.70	74.70	
支援经济不发达地区支出	195.42	6.66	188.76
政策性补贴支出	998.47	591.44	407.03
粮、棉、油价格补贴	577.91	233.77	344.14
平抑物价和储备糖等补贴	4.69	3.08	1.61
肉食价格补贴	0.93		0.93
其他价格补贴	414.94	354.59	60.35
其他部门的事业费	1275.34	109.09	1166.25
其他支出	2942.55	474.55	2468.00
中央预备费			
地方预备费			
教育费附加支出	315.15		315.15
行政事业单位离退休经费	1164.83	98.85	1065.98
用车购税收入安排的支出	556.38	403.92	152.46
预算外资金改革支出			
国内外债务付息支出	815.01	815.01	
国内债务付息支出	779.65	779.65	
归还向人民银行借款利息			
国外借款付息支出	35.36	35.36	

3-11 国家财政债务发行情况

单位：亿元

年　份	合　计	国内债务	国外借款	国内其他债务
1985	89.85	60.61	29.24	
1986	138.25	62.51	75.74	
1987	223.55	63.07	106.48	54.00
1988	270.78	92.17	138.61	40.00
1989	407.97	56.07	144.06	207.84
1990	375.45	93.46	178.21	103.78
1991	461.40	199.30	180.13	81.97
1992	669.68	395.64	208.91	65.13
1993	739.22	314.78	357.90	66.54
1994	1175.25	1028.57	146.68	
1995	1549.76	1510.86	38.90	
1996	1967.28	1847.77	119.51	
1997	2476.82	2412.03	64.79	
1998	3310.93	3228.77	82.16	
1999	3715.03	3702.13		12.90
2000	4180.10	4153.59	23.10	3.41
2001	4604.00	4483.53	120.47	
2002	5679.00	5660.00		19.00
2003	6153.53	6029.24	120.68	3.61
2004	6879.34	6726.28	145.07	7.99
2005	6922.87	6922.87		

注：从 1999 年开始，国内其他债务项目为债务收入大于支出部分增列的偿债基金。

3-12　外债余额

债务类型	1999	2000	2001	2002	2003	2004	2005
总计　（亿美元）	1518.30	1457.30	1701.10	1713.60	1936.34	2285.96	2810.45
按债务类型分							
外国政府贷款	265.60	246.10	237.00	244.23	254.20	322.08	271.95
国际金融组织贷款	251.39	263.50	275.70	277.02	264.67	251.01	267.88
国际商业贷款	653.80	947.70	972.30	929.10	1051.73	1247.83	1362.62
贸易信贷			216.10	263.23	365.74	465.04	908.00
按偿还期限分							
长期债务余额	1366.50	1326.50	1195.30	1155.60	1165.90	1242.87	1249.02
短期债务余额	151.80	130.80	505.80	558.00	770.44	1043.09	1561.43
构成　（%）	100.0	100.0	100.0	100.0	100.0	100.0	100.0
按债务类型分							
外国政府贷款	17.5	16.9	13.9	14.5	13.1	14.1	9.7
国际金融组织贷款	16.5	18.1	16.2	16.4	13.7	11.0	9.5
国际商业贷款	43.1	65.0	57.2	53.5	54.3	54.6	48.5
贸易信贷			12.7	15.6	18.9	20.3	32.3
按偿还期限分							
长期债务余额	90.0	91.0	70.3	67.4	60.2	54.4	44.4
短期债务余额	10.0	9.0	29.7	32.6	39.8	45.6	55.6

注：2001 年及以后外债余额按新口径统计，比 2000 年及以前的登记债务余额增加了 3 个月以内贸易项下的对外融资余额。

3-13 金融机构现金收入

单位：亿元

项　　目	2004	2005
收入总计	567879.2	626978.5
商品销售收入	57943.9	61763.4
服务业收入	22865.0	24091.1
税款收入	2880.3	3157.1
城乡个体经营收入	19109.5	20229.6
储蓄存款收入	404743.9	454954.3
其他金融机构收入	2565.2	2347.2
居民归还贷款收入	10290.1	11874.9
汇兑收入	5444.3	5326.1
有价证券收入	1148.0	927.8
其他收入	40889.2	42307.0
#兑换外币收入	185.5	206.7

3-14 金融机构现金支出

单位：亿元

项　　目	2004	2005
支出总计	569601.5	629541.8
工资性支出	34307.0	36963.0
农副产品采购支出	13058.6	14898.0
行政企事业管理费支出	27241.3	28585.0
城乡个体经营支出	24773.9	26449.8
储蓄存款支出	401910.1	451555.7
其他金融机构支出	2353.5	2122.6
居民提取贷款支出	9466.6	10322.0
汇兑支出	3280.0	2981.0
工矿及其他产品采购支出	11124.9	12697.3
有价证券支出	923.0	762.0
其他支出	41163.0	42205.3

3-15　黄金和外汇储备

年　份	黄金储备（万盎司）	外汇储备（亿美元）	年　份	黄金储备（万盎司）	外汇储备（亿美元）
1978	1280	1.67	1992	1267	194.43
1979	1280	8.40	1993	1267	211.99
1980	1280	−12.96	1994	1267	516.20
1981	1267	27.08	1995	1267	735.97
1982	1267	69.86	1996	1267	1050.29
1983	1267	89.01	1997	1267	1398.90
1984	1267	82.20	1998	1267	1449.59
1985	1267	26.44	1999	1267	1546.75
1986	1267	20.72	2000	1267	1655.74
1987	1267	29.23	2001	1608	2121.65
1988	1267	33.72	2002	1929	2864.07
1989	1267	55.50	2003	1929	4032.51
1990	1267	110.93	2004	1929	6099.32
1991	1267	217.12	2005	1929	8188.72

3-16 证券市场基本情况

项　　目	2004	2005
境内上市公司数（A、B股）（家）	1377	1381
境内上市外资股（B股）（家）	110	109
境外上市公司数（H股）（家）	111	122
股票总发行股本（亿股）	7149.43	7629.51
#流通股本（亿股）	2577.18	2914.77
股票市价总值（亿元）	37055.57	32430.28
#股票流通市值（亿元）	11688.64	10630.51
股票成交量（百万股）	582773.29	662373.20
股票成交金额（亿元）	42333.95	31664.78
上证综合指数（收盘）	1266.50	1161.06
深证综合指数（收盘）	315.81	278.75
投资者开户数（万户）	7211.43	7336.07
平均市盈率		
上海	24.23	16.33
深圳	24.63	16.36
平均换手率（%）		
上海	288.71	274.37
深圳	288.29	316.43
国债发行额（亿元）	6923.90	7042.00
企业债发行额（亿元）	327.00	2046.50
债券成交量（万手）	504218.50	283714.36
债券成交额（亿元）	50323.50	28367.85
国债现货成交金额（亿元）	2966.46	2780.63
国债回购成交金额（亿元）	44086.61	23621.17
证券投资基金只数（只）	161	218
证券投资基金规模（亿元）	3308.79	4714.18
证券投资基金成交金额（亿元）	728.58	773.15
期货总成交量（万手）	30569.76	32287.41
期货总成交额（亿元）	146935.32	134463.38

注：换手率=全年成交金额/[（本年末流通市值+上年末流通市值）/2]*100%。

3-17 保险公司业务经济技术指标（2005年）

项　　目	保　费 （亿元）	赔款及给付 （亿元）
合　　计	4932	1137
财产保险公司	1283	691
企业财产保险	149	92
家庭财产保险	12	3
机动车辆保险	858	483
工程保险	23	13
责任保险	45	18
信用保险	23	10
保证保险	18	15
船舶保险	25	10
货物运输保险	51	20
特殊风险保险	19	1
农业保险	7	6
健康险	5	3
意外伤害保险	46	16
其他险	2	1
人寿保险公司	3649	446
寿险	3247	311
健康险	307	107
人身意外伤害险	95	28

工业、农业、能源、环保

4-1 全部国有及规模以上非国有工业企业主要经济效益指标（2005年）

地　区	工　业增加值率（%）	总资产贡献率（%）	资产负债率（%）	流动资产周转次数（次/年）	工业成本费用利润率（%）	全员劳动生产率[元/（人·年）]	产品销售率（%）
全国总计	28.69	11.82	57.81	2.35	6.42	104680	98.14
北　京	24.15	5.69	36.69	1.97	5.89	143403	97.89
天　津	27.11	13.64	58.49	2.33	8.45	150301	100.63
河　北	28.78	13.52	61.14	2.81	6.97	108415	97.95
山　西	36.21	10.57	67.58	1.80	6.00	82396	96.87
内蒙古	41.41	10.85	62.23	2.26	8.68	148199	97.62
辽　宁	28.74	7.84	58.22	2.13	3.46	112402	98.47
吉　林	30.84	8.75	59.49	2.13	4.07	114834	98.57
黑龙江	45.70	29.45	56.06	2.31	29.63	157436	97.33
上　海	26.14	10.29	50.53	2.09	6.08	158751	98.89
江　苏	24.82	10.50	61.66	2.55	4.51	115287	98.20
浙　江	20.91	11.03	59.62	2.24	5.04	73294	97.81
安　徽	32.49	10.72	61.63	2.25	5.14	95599	98.24
福　建	28.16	11.19	52.71	2.41	5.52	78898	97.33
江　西	29.62	10.43	63.18	2.36	4.14	78698	98.48
山　东	30.72	16.96	58.37	3.18	7.91	126997	98.23
河　南	32.22	14.47	61.58	2.70	6.91	93148	98.41
湖　北	33.08	9.44	56.12	1.95	6.88	106598	97.86
湖　南	34.28	13.61	61.89	2.60	4.65	96297	99.30
广　东	26.20	11.29	57.84	2.41	5.16	86735	97.50
广　西	31.19	11.09	61.58	2.19	5.88	87119	98.08
海　南	32.24	9.91	55.28	1.69	8.63	126024	98.97
重　庆	26.11	9.40	59.72	1.85	4.85	71348	98.79
四　川	34.97	9.59	62.40	1.91	5.86	98645	98.72
贵　州	34.66	9.74	65.26	1.66	4.92	86057	96.69
云　南	38.47	17.42	52.18	1.62	10.63	145111	99.28
西　藏	56.10	6.81	24.37	0.99	19.33	76979	93.83
陕　西	38.90	14.39	62.15	1.72	14.46	111094	97.74
甘　肃	28.15	8.83	58.80	2.16	3.48	81555	98.08
青　海	38.84	11.07	67.54	1.40	19.14	134656	97.38
宁　夏	31.82	6.07	61.98	1.60	3.36	83530	98.33
新　疆	42.24	20.46	52.31	2.61	22.55	190176	99.23

4-2　国有及国有控股工业企业主要经济效益指标（2005年）

地　区	工　业 增加值率 （%）	总资产贡献率 （%）	资产负债率 （%）	流动资产 周转次数 （次/年）	工业成本 费用利润率 （%）	全员劳动 生产率 [元/（人·年）]	产品销售率 （%）
全国总计	32.45	11.87	56.66	2.10	8.44	144954	99.25
北　京	26.91	4.50	31.14	1.88	6.39	179568	98.99
天　津	32.90	13.91	60.19	2.20	10.77	212730	101.98
河　北	30.38	10.44	64.01	2.31	5.96	112780	98.67
山　西	37.48	9.38	67.82	1.71	6.82	79263	97.85
内蒙古	43.44	9.82	64.32	2.08	7.94	163442	98.23
辽　宁	28.76	7.45	59.33	2.15	2.78	141864	99.86
吉　林	29.48	8.49	60.57	2.11	3.45	122886	99.45
黑龙江	50.10	35.35	54.50	2.42	39.49	198106	97.71
上　海	28.00	11.72	43.60	1.99	8.57	275717	99.20
江　苏	24.34	11.26	59.67	2.29	4.89	159660	99.41
浙　江	24.85	13.37	57.41	2.92	5.28	246193	99.72
安　徽	34.54	11.20	62.83	2.18	6.15	117694	98.89
福　建	28.87	11.89	56.16	2.38	5.74	153834	99.49
江　西	27.21	9.74	69.38	2.01	4.00	88551	99.49
山　东	36.59	15.84	60.18	2.55	10.83	181709	99.06
河　南	31.90	10.22	65.62	2.06	5.34	88343	98.61
湖　北	33.27	9.18	57.34	1.69	9.05	136778	99.63
湖　南	37.13	12.74	67.23	2.07	4.24	127132	99.52
广　东	26.51	13.03	53.21	2.39	6.70	243444	98.71
广　西	31.64	10.82	62.91	2.09	5.88	104249	99.69
海　南	35.44	11.72	54.23	1.97	10.95	142559	101.30
重　庆	25.95	8.15	58.92	1.58	3.71	83372	99.38
四　川	36.29	9.08	64.34	1.56	7.31	112574	101.24
贵　州	36.45	9.70	66.39	1.52	5.77	95160	99.06
云　南	44.76	20.08	47.44	1.50	13.41	225408	100.13
西　藏	55.73	4.68	25.48	0.97	11.80	63093	93.68
陕　西	41.01	15.87	61.88	1.70	18.95	122802	98.76
甘　肃	25.76	9.54	59.32	2.30	3.55	90153	98.96
青　海	38.77	12.16	68.56	1.38	22.44	169998	97.90
宁　夏	33.62	5.62	60.94	1.46	3.37	89951	99.38
新　疆	45.21	23.85	50.58	3.15	27.10	248324	99.93

4-3 “三资”工业企业主要经济效益指标（2005 年）

地　区	工业增加值率（%）	总资产贡献率（%）	资产负债率（%）	流动资产周转次数（次/年）	成本费用利润率（%）	全员劳动生产率（元/人·年）	产品销售率（%）
全国总计	25.63	10.55	56.69	2.35	5.58	107748	98.12
北　京	20.46	11.81	56.50	2.37	5.80	203279	96.77
天　津	23.30	14.33	53.32	2.46	7.48	180669	101.52
河　北	29.79	16.15	56.96	2.62	10.73	165802	98.25
山　西	34.62	9.46	61.67	1.72	5.90	122893	97.54
内蒙古	36.28	9.31	61.37	2.05	10.22	214310	99.60
辽　宁	27.81	8.19	52.92	2.02	4.27	122337	100.06
吉　林	28.97	14.64	51.59	2.66	3.80	316617	98.79
黑龙江	33.73	12.52	64.32	2.06	5.78	117549	94.40
上　海	23.75	8.82	54.96	2.18	4.63	169217	98.89
江　苏	24.55	8.79	59.48	2.54	4.71	132809	98.20
浙　江	19.99	9.41	57.53	2.09	5.25	69407	97.85
安　徽	31.41	11.44	55.12	2.15	5.97	147752	98.63
福　建	26.57	10.40	52.70	2.26	5.79	73954	97.33
江　西	28.88	9.90	51.96	2.41	5.48	73513	97.16
山　东	30.09	14.74	54.84	3.08	7.22	109369	98.18
河　南	27.18	8.94	63.93	1.85	4.09	111551	97.69
湖　北	32.93	10.63	54.12	2.04	5.23	193105	96.83
湖　南	34.29	10.79	55.16	2.20	7.07	110089	98.66
广　东	25.98	10.92	57.45	2.42	5.48	83460	97.52
广　西	26.47	12.57	58.29	2.20	6.62	109730	97.78
海　南	30.44	5.85	61.79	1.27	5.81	139127	97.66
重　庆	25.37	13.32	58.47	2.23	7.49	168944	99.83
四　川	31.50	9.51	59.76	1.67	6.50	131939	97.21
贵　州	24.86	−2.03	66.46	1.02	−9.75	53470	96.38
云　南	29.64	12.10	53.41	1.90	9.25	136856	97.96
西　藏	58.21	16.68	1.25	1.62	51.00	224775	88.15
陕　西	39.01	14.46	52.51	1.67	10.32	181017	96.23
甘　肃	19.06	5.69	58.55	1.59	0.30	85312	104.58
青　海	32.57	9.52	63.27	1.80	12.90	110004	99.34
宁　夏	25.16	8.72	63.76	1.54	7.14	118625	102.68
新　疆	34.12	13.41	49.21	1.50	11.68	141166	93.20

4-4 能源生产总量及构成

年 份	能源生产总量（万吨标准煤）	占能源生产总量的比重（%）			
		原 煤	原 油	天然气	水电、核电、风电
1978	62770	70.3	23.7	2.9	3.1
1980	63735	69.4	23.8	3.0	3.8
1985	85546	72.8	20.9	2.0	4.3
1989	101639	74.1	19.3	2.0	4.6
1990	103922	74.2	19.0	2.0	4.8
1991	104844	74.1	19.2	2.0	4.7
1992	107256	74.3	18.9	2.0	4.8
1993	111059	74.0	18.7	2.0	5.3
1994	118729	74.6	17.6	1.9	5.9
1995	129034	75.3	16.6	1.9	6.2
1996	132616	75.2	17.0	2.0	5.8
1997	132410	74.1	17.3	2.1	6.5
1998	124250	71.9	18.5	2.5	7.1
1999	125935	72.6	18.2	2.7	6.6
2000	128978	72.0	18.1	2.8	7.2
2001	137445	71.8	17.0	2.9	8.2
2002	143810	72.3	16.6	3.0	8.1
2003	163842	75.1	14.8	2.8	7.3
2004	187341	76.0	13.4	2.9	7.7
2005	206068	76.4	12.6	3.3	7.7

注：1. 电力折算标准煤的系数根据当年平均发电煤耗计算（下表同）。

4-5　石油平衡表

单位：万吨

项　目	1990	1995	2000	2003	2004	2005
可供量	11435.0	16072.7	22631.8	27540.5	32116.2	32539.1
生产量	13830.6	15005.0	16300.0	16960.0	17587.3	18135.3
进口量	755.6	3673.2	9748.5	13189.6	17291.3	17163.2
出口量（-）	3110.4	2454.5	2172.1	2540.8	2240.6	2888.1
年初年末库存差额	−40.8	−151.0	−1244.6	−68.2	−521.9	128.8
消费量	11485.6	16064.9	22439.3	27126.1	31699.9	32535.4
在消费量中：						
1. 农、林、牧、渔、水利业	1033.6	1203.2	1496.9	1681.4	2001.3	2072.9
2. 工　业	7321.6	9349.3	10918.5	12886.5	14857.3	14462.6
3. 建筑业	327.3	242.8	830.6	1230.6	1422.3	1502.2
4. 交通运输、仓储和邮政业	1683.2	2863.6	5509.4	7093.2	8620.6	9708.5
5. 批发、零售业和住宿、餐饮业	77.6	333.9	545.0	682.3	818.7	915.6
6. 其他	757.8	1390.3	1882.7	1916.4	2201.7	2079.2
7. 生活消费	284.5	682.0	1256.5	1635.8	1778.0	1794.4
在消费量中：						
（一）终端消费	9304.7	13676.3	19893.5	24062.8	28062.0	29189.3
#工　业	5180.4	7095.5	8530.0	9958.7	11344.1	11245.0
（二）中间消费（用于加工转换）	1630.4	2230.0	2352.9	2901.4	3488.2	3190.7
发　电	1234.4	1358.5	1178.2	1491.6	1864.1	1602.0
供　热	356.3	399.9	427.0	418.0	418.5	407.6
制　气	39.7	51.6	25.9	20.9	10.5	14.4
（三）炼油损失量	295.8	420.1	721.9	970.9	1195.1	1166.7
（四）损失量	254.7	158.6	192.9	161.9	149.7	155.4
平衡差额	-50.6	7.8	192.5	414.4	416.3	3.7

注：1. 生产量为原油产量。

2. 进口量包括我国飞机、轮船在国外加油量；出口量包括外国飞机、轮船在我国加油量。

4-6 煤炭平衡表

单位：万吨

项　　目	1990	1995	2000	2003	2004	2005
可供量	102221.0	133461.7	128297.1	163402.0	192265.5	214462.1
生产量	107988.3	136073.1	129921.0	172200.0	199232.4	220472.9
进口量	200.3	163.5	217.9	1109.8	1861.4	2617.1
出口量（-）	1729.0	2861.7	5506.5	9402.9	8666.4	7172.4
年初年末库存差额	-4238.5	86.8	3664.7	-504.9	-162.0	-1455.4
消费量	105523.0	137676.5	132000.0	169232.0	193596.0	216557.5
在消费量中：						
1. 农、林、牧、渔、水利业	2095.2	1856.7	1647.7	1683.3	2251.2	2315.2
2. 工　业	81090.9	117570.7	119300.7	156168.5	180135.2	202444.1
3. 建筑业	437.6	439.8	536.8	577.2	601.5	603.6
4. 交通运输、仓储和邮政业	2160.9	1315.1	1132.2	1067.3	832.1	815.3
5. 批发、零售业和住宿、餐饮业	1058.3	977.4	814.6	860.4	871.8	874.4
6. 其他	1980.4	1986.7	661.0	700.6	731.0	765.9
7. 生活消费	16699.7	13530.1	7907.2	8174.7	8173.2	8739.0
在消费量中：						
（一）终端消费	60205.9	66156.1	46821.4	49044.8	59543.7	62154.1
#工　业	35773.8	46050.3	34122.0	35981.2	46083.0	48040.7
（二）中间消费						
（用于加工转换）	41257.8	69487.6	85178.6	120187.3	134052.3	154403.4
发　电	27204.3	44440.2	55811.2	81976.5	91961.6	103098.5
供　热	2995.5	5887.3	8794.1	10895.5	11546.6	13542.0
炼　焦	10697.6	18396.4	16496.4	23639.9	25349.6	31667.1
制　气	360.4	763.7	960.0	1054.8	1316.4	1277.0
（三）洗选损耗	4059.3	2032.8	3191.2	2699.3	3633.9	4582.1
平衡差额	-3302.0	-4214.8	-3702.9	-5830.1	-1330.5	-2095.4

注：生产量为原煤产量。

4-7 电力平衡表

单位：亿千瓦小时

项　　目	1990	1995	2000	2003	2004	2005
可供量	6230.4	10023.4	13472.7	19032.2	21972.3	24940.8
生产量	6212.0	10077.3	13556.0	19105.8	22033.1	25002.6
水　电	1267.2	1905.8	2224.1	2836.8	3535.4	3970.2
火　电	4944.8	8043.2	11141.9	15803.6	17955.9	20473.4
核　电		128.3	167.4	433.4	504.7	530.9
进口量	19.3	6.4	15.5	29.8	34.0	50.1
出口量（-）	0.9	60.3	98.8	103.4	94.8	111.9
消费量	6230.4	10023.4	13471.4	19031.6	21971.4	24940.4
在消费量中：						
1. 农、林、牧、渔、水利业	426.8	582.4	673.0	773.2	808.9	876.4
2. 工　业	4873.3	7659.8	9653.6	13899.7	16254.3	18481.7
3. 建筑业	65.0	159.6	154.8	189.8	222.1	233.9
4. 交通运输、仓储和邮政业	105.9	182.3	281.2	396.9	449.6	430.3
5. 批发、零售业和住宿、餐饮业	76.2	199.5	393.6	623.0	735.4	752.3
6. 其他	202.4	234.2	643.2	911.0	1036.6	1340.9
7. 生活消费	480.8	1005.6	1672.0	2238.0	2464.5	2824.8
在消费量中：						
（一）终端消费	5795.8	9278.9	12534.7	17770.9	20550.8	23233.9
#工　业	4438.7	6915.3	8716.9	12639.0	14833.7	16775.2
（二）输配电损失量	434.6	744.5	936.7	1260.7	1420.6	1706.5

4-8　工业污染治理投资来源

年份 地区	污染治理项目当年投资来源总额（亿元）	国家预算内资金	环保专项资金	其他资金			
					#企业自筹	#国内贷款	#利用外资
2000	234.73	33.12	6.71	194.91	16.52	12.55	9.17
2001	174.48	36.35	8.32	129.81	7.49	67.11	7.23
2002	188.37	41.96	6.79	139.62	8.00	43.55	7.25
2003	221.79	18.75	12.38	190.66	141.94	25.10	6.78
2004	308.11	13.71	11.13	283.26	227.43	29.02	4.59
2005	458.19	7.78	20.60	429.81	361.64	38.99	7.09
北　京	10.89	0.30	1.10	9.48	8.67	0.81	
天　津	18.63	0.04	0.32	18.26	12.75	3.38	0.29
河　北	25.15	0.11	3.08	21.95	21.24	0.46	0.08
山　西	19.79	0.49	2.22	17.08	16.24	0.44	0.28
内蒙古	2.57		0.21	2.36	2.19	0.11	
辽　宁	36.95	0.90	0.90	35.15	33.35	0.49	
吉　林	5.15	0.17	0.32	4.66	3.48	1.00	0.18
黑龙江	4.56	1.06	0.49	3.01	2.39	0.09	
上　海	8.75	0.09	0.15	8.52	1.30	1.32	2.68
江　苏	38.95		1.50	37.44	33.37	2.92	0.78
浙　江	19.95	1.75	0.45	17.75	14.25	1.64	0.05
安　徽	4.54	0.28	0.56	3.70	3.41	0.11	0.01
福　建	34.54	0.01	0.29	34.24	29.23	2.08	1.07
江　西	7.23	0.05	0.05	7.13	7.01	0.06	
山　东	60.51	0.24	0.94	59.32	50.72	6.68	1.11
河　南	20.68	0.50	0.79	19.39	18.23	0.94	
湖　北	14.81	0.76	0.74	13.31	12.84	0.47	
湖　南	14.12	0.26	1.47	12.40	9.03	3.19	0.17
广　东	37.04	0.01	0.79	36.24	31.49	3.76	0.14
广　西	10.37	0.03	0.95	9.39	6.08	3.27	0.04
海　南	0.38		0.06	0.32	0.32		
重　庆	3.91	0.15	0.79	2.97	2.25	0.69	
四　川	20.04	0.10	0.70	19.25	15.16	3.97	
贵　州	5.93	0.06	0.20	5.67	5.04	0.14	
云　南	6.75	0.02	0.25	6.48	5.34	0.62	0.21
西　藏							
陕　西	12.69	0.08	0.29	12.32	7.62	0.15	
甘　肃	6.66	0.28	0.70	5.69	4.34	0.17	
青　海	0.47			0.47	0.32		
宁　夏	1.77		0.01	1.76	1.75	0.01	
新　疆	4.40	0.03	0.27	4.09	2.22	0.02	

4-9　林业系统营林固定资产投资完成情况

单位：万元

年份 地区	本年完成投资	#国家投资	#国债资金	本年新增固定资产
2000	1510541	1103624	365907	425135
2001	1919835	1516932	509195	409064
2002	2976388	2479492	778882	797275
2003	3892793	3098907	945705	1283847
2004	3989023	3202142	632739	1199775
2005	4593443	3528122	585865	1590725
北　京	109188	99857	5859	8020
天　津	5139	3628	2130	
河　北	225131	196985	39488	48612
山　西	174345	168140	28140	587
内蒙古	417279	378856	61157	180860
辽　宁	121087	115563	13922	35389
吉　林	188849	115268	10991	82365
黑龙江	197979	170123	20004	24296
上　海	81293	36080	125	166
江　苏	235276	14248	2075	50939
浙　江	13148	9435	5068	1953
安　徽	69897	47864	7501	41721
福　建	79789	13047	2775	17322
江　西	39642	28160	7892	11408
山　东	162168	12136	2682	32186
河　南	106248	95571	20658	65420
湖　北	142392	91337	29561	64466
湖　南	124664	113362	24883	86052
广　东	39888	18979	2329	3856
广　西	173203	101526	21140	93546
海　南	37864	25058	3417	37864
重　庆	211195	192244	15668	95404
四　川	469701	455548	49449	34570
贵　州	198246	192124	20507	166193
云　南	201479	170543	38707	35093
西　藏	5832			766
陕　西	144717	137573	40813	105093
甘　肃	253385	239400	34332	106029
青　海	72868	72615	13004	62943
宁　夏	38196	33263	18152	
新　疆	138149	81528	35184	64678

注：全国合计数包含国家林业局直属单位的固定资产投资数据。

城建、旅游、外贸

5-1　各地区城市建设情况（2005年）

地区	建成区面积（平方公里）	征用土地面积（平方公里）	城市人口密度（人/平方公里）	年末实有房屋建筑面积（万平方米）	年末实有住宅建筑面积（万平方米）
全　国	32520.7	1263.5	870.2	1645064.1	1076899.6
北　京	1200.0		937.2	50507.0	28922.0
天　津	530.0		863.5	22578.1	14043.2
河　北	1316.4	49.0	2131.9	73900.8	52231.5
山　西	709.3	11.8	1587.8	40811.0	28663.6
内蒙古	824.4	13.3	538.4	34812.8	21798.9
辽　宁	1779.9	71.9	1242.7	74152.6	44977.5
吉　林	942.9	23.1	785.4	38612.6	25412.4
黑龙江	1496.0	21.0	342.4	64005.3	44504.3
上　海	819.9	97.2	2718.2	64197.8	37996.5
江　苏	2378.6	117.4	1321.4	124416.8	75836.7
浙　江	1679.7	155.3	1269.8	103567.4	74662.7
安　徽	1260.4	98.3	1448.8	46232.3	30980.2
福　建	672.6	31.8	1000.2	44907.5	32307.3
江　西	663.6	41.7	2739.7	40396.3	28004.4
山　东	2675.5	157.1	921.4	119180.4	69942.9
河　南	1572.0	37.0	5404.8	84213.6	56629.4
湖　北	1417.3	20.3	628.1	67018.3	43780.1
湖　南	1032.9	30.3	1134.6	70927.2	45303.3
广　东	3619.1	105.1	1362.5	151808.0	100395.0
广　西	772.2	28.7	711.4	53195.7	39106.5
海　南	194.2		2930.9	8812.4	5430.8
重　庆	582.5	34.9	1093.1	34998.4	23112.0
四　川	1442.9	30.2	254.5	83484.2	55713.6
贵　州	371.9	7.7	906.5	16386.7	12817.5
云　南	472.4	16.2	497.2	33553.6	22622.3
西　藏	74.8	0.7	1256.9	1285.8	1145.2
陕　西	561.7	13.3	2531.1	32805.9	21804.1
甘　肃	507.4	18.1	6030.9	25833.1	15171.7
青　海	105.9	1.3	2001.3	4500.0	3300.0
宁　夏	248.9	19.6	188.5	8550.8	4986.3
新　疆	595.5	11.5	230.2	25411.9	15297.7

5-2　建筑业企业概况

年　份	总　计	国有企业	集体企业	港澳台商投资企业	外商投资企业	其　他
企业单位数（个）						
1980	6604	1996	4608			
1985	11150	3385	7765			
1989	13106	3927	9179			
1990	13327	4275	9052			
1995	24133	7531	15348	329	312	613
1996	41364	9109	29044	417	388	2406
1997	44017	9650	29872	491	454	3550
1998	45634	9458	28410	629	337	6800
1999	47234	9394	27197	664	341	9638
2000	47518	9030	24756	635	319	12778
2001	45893	8264	19096	622	274	17637
2002	47820	7536	13177	632	279	26196
2003	48688	6638	10425	535	287	30803
2004	59018	6513	8959	511	386	42649
2005	58750	6007	8090	516	388	43749
从业人员（万人）						
1980	648.0	481.8	166.2			
1985	911.5	576.7	334.8			
1989	1004.8	614.7	390.1			
1990	1010.7	621.0	389.7			
1995	1497.9	824.3	631.9	5.0	5.4	31.3
1996	2121.9	855.9	1171.4	8.7	8.6	77.3
1997	2101.5	828.6	1148.2	8.2	9.6	106.9
1998	2030.0	738.4	1057.3	9.3	5.1	219.9

续表

年　份	总　计	国有企业	集体企业	港澳台商	外商投资企业	其　他
1999	2020.1	690.6	993.1	11.5	6.1	318.9
2000	1994.3	635.6	887.5	8.2	4.4	458.6
2001	2110.7	590.7	739.9	7.7	4.3	768.1
2002	2245.2	543.8	579.2	7.4	4.5	1110.4
2003	2414.3	524.3	505.6	7.0	6.0	1371.3
2004	2500.3	467.4	386.4	6.8	8.1	1631.6
2005	2699.9	480.0	361.6	8.6	10.8	1838.9
建筑业总产值（亿元）						
1980	286.93	220.90	66.03			
1985	675.10	474.51	200.59			
1989	1282.98	878.57	404.41			
1990	1345.01	935.19	409.82			
1995	5793.75	3670.25	1899.47	33.60	33.19	157.24
1996	8282.25	4160.21	3695.68	46.85	50.51	329.00
1997	9126.48	4526.52	3925.81	63.72	70.49	539.94
1998	10061.99	4571.44	4012.01	91.94	62.52	1324.08
1999	11152.86	4861.38	4081.79	91.97	64.43	2053.29
2000	12497.60	5053.79	4035.84	99.18	67.49	3241.30
2001	15361.56	5362.81	3775.89	102.55	73.06	6047.25
2002	18527.18	5582.86	3338.50	113.87	91.38	9400.57
2003	23083.87	6060.23	3270.73	123.71	129.39	13499.81
2004	29021.45	7325.61	2756.12	137.03	202.46	18600.23
2005	34552.10	8432.03	2815.20	172.54	249.03	22883.30

注：1. 本表 1980 年至 1992 年数据为全民和集体所有制建筑业企业数据；1993 年至 1995 年数据为各种经济成分的建制镇以上建筑业企业数据。

1996 年至 2001 年数据为资质等级（旧资质）四级及四级以上建筑业企业数据；2002 年及以后数据为所有具有资质等级的施工总承包、专业承包建筑业企业（不含劳务分包建筑业企业）数据，与以前各年不可比（以下各表同）。

2. 从业人员数 1993 年至 1997 年为年平均人数。

5-5 各地区国际旅游外汇收入

单位：百万美元

地　区	1995	1997	1998	1999	2000	2001	2002	2003	2004	2005
北　京	2182	2248	2384	2496	2768	2946	3115	1904	3173	3619
天　津	133	180	202	209	232	280	342	329	413	509
河　北	42	97	100	124	142	157	167	85	190	209
山　西	21	37	38	43	50	59	75	36	81	116
内蒙古	91	107	126	120	126	137	149	138	253	352
辽　宁	189	260	262	304	383	463	550	454	613	738
吉　林	41	59	38	45	58	76	86	66	96	120
黑龙江	61	105	121	148	189	250	297	244	302	340
上　海	939	1317	1218	1364	1613	1808	2275	2053	3041	3556
江　苏	260	408	529	620	724	822	1050	1132	1763	2260
浙　江	236	345	361	410	514	699	928	873	1300	1716
安　徽	31	64	51	67	86	106	124	83	141	186
福　建	484	614	651	725	894	942	1100	915	1065	1305
江　西	25	45	43	50	62	70	72	47	80	104
山　东	154	204	220	265	315	382	472	370	567	780
河　南	60	95	101	114	124	133	145	63	160	216
湖　北	73	170	88	105	146	201	284	136	192	276
湖　南	65	140	156	185	221	271	311	46	313	390
广　东	2393	2801	2942	3272	4112	4484	5091	4267	5378	6457
广　西	121	178	156	202	307	301	321	164	288	359
海　南	81	102	96	105	109	106	92	80	82	128
重　庆		105	88	97	138	163	218	113	203	264
四　川	125	79	84	97	122	166	200	150	289	316
贵　州	29	44	48	55	61	69	80	29	80	101
云　南	165	264	261	350	339	367	419	340	422	528
西　藏	11	32	33	36	52	46	52	19	37	44
陕　西	139	225	247	272	280	309	351	198	361	446
甘　肃	21	28	30	37	55	45	54	21	44	59
青　海	2	3	3	4	7	9	10	5	9	11
宁　夏	1	1	1	2	3	3	2	1	2	2
新　疆	74	71	82	86	95	99	99	49	91	100

5-6　对外经济贸易基本情况

指　　标	2001	2002	2003	2004	2005
货物进出口总额（人民币亿元）	42183.6	51378.2	70483.5	95539.1	116921.8
出口总额	22024.4	26947.9	36287.9	49103.3	62648.1
进口总额	20159.2	24430.3	34195.6	46435.8	54273.7
进出口差额	1865.2	2517.6	2092.3	2667.5	8374.4
货物进出口总额　（亿美元）	5096.5	6207.7	8509.9	11545.5	14219.1
出口总额	2661.0	3256.0	4382.3	5933.2	7619.5
初级产品	263.4	285.4	348.1	405.5	490.4
工业制成品	2397.6	2970.6	4034.2	5527.7	7129.2
进口总额	2435.5	2951.7	4127.6	5612.3	6599.5
初级产品	457.4	492.7	727.6	1172.7	1477.1
工业制成品	1978.1	2459.0	3400.0	4439.6	5122.4
进出口差额	225.5	304.3	254.7	320.9	1020.0
外商直接投资合同项目（个）	26140	34171	41081	43664	44001
外商投资合同金额（亿美元）	719.76	847.51	1169.01	1565.88	1925.93
外商直接投资	691.95	827.68	1150.69	1534.79	1890.65
外商其他投资	27.81	19.82	18.32	31.09	35.28
实际利用外资额　（亿美元）	496.72	550.11	561.40	640.72	638.05
外商直接投资	468.78	527.43	535.05	606.30	603.25
外商其他投资	27.94	22.68	26.35	34.42	34.80
外商投资企业基本情况					
年底登记户数　（户）	202306	208056	226373	242284	260000
投资总额　（亿美元）	8750	9819	11174	13112	14640
注册资本　（亿美元）	5058	5521	6226	7285	8120
#外方	3597	4020	4658	5580	6319
对外经济合作　（亿美元）					
合同金额	164.55	178.91	209.30	276.98	342.16
#对外承包工程	130.39	150.55	176.67	238.44	296.14
对外劳务合作	33.28	27.52	30.87	35.03	42.45
完成营业额	121.39	143.52	172.34	213.69	267.76
#对外承包工程	88.99	111.94	138.37	174.68	217.63
对外劳务合作	31.77	30.71	33.09	37.53	47.86

注：从2001年起，外商投资合同金额和实际利用外资额均不包括对外借款。

香港、澳门、台湾

6-1 香港生产总值

年份	本地生产总值（按当年价格计算）		本地生产总值与上年比较的实际增长（%）	人均本地生产总值（按当年价格计算）	
	亿港元	亿美元		港元	美元
1990	5990	769	4.0	104996	13480
1991	6903	888	5.7	120015	15444
1992	8051	1040	6.5	138795	17930
1993	9280	1200	6.3	157261	20328
1994	10475	1355	5.6	173554	22458
1995	11157	1442	3.9	181241	23428
1996	12295	1590	4.2	191047	24702
1997	13650	1763	5.1	210350	27170
1998	12928	1669	-5.5	197559	25508
1999	12667	1633	4.0	191736	24715
2000	13148	1688	10.0	197268	25320
2001	12988	1665	0.6	193135	24764
2002	12768	1637	1.8	188118	24121
2003	12340	1585	3.2	181385	23293
2004	12916@	1658@	8.6@	187657@	24096@
2005	13821@	1777@	7.3@	199261@	25622@

“@”数字将于日后修订。

6-2　　香港国际收支平衡表

单位：亿港元

标准组成部分①	2001	2002	2003	2004	2005
经常账②	763.15	968.00	1282.40	1224.91@	1576.92@
货物	-649.70	-394.06	-449.70	-725.14@	-593.47@
服务③	1266.20	1453.41	1590.20	1870.56@	2316.23@
收益③	285.43	56.52	284.91	234.1@	24.63@
经常转移	-138.78	-147.87	-143.01	-154.61@	-170.46@
资本及金融账②	-973.59	-1511.79	-1790.86	-1846.40@	-1608.82@
资本转移	-91.55	-156.86	-82.92	-25.61@	-52.37@
直接投资	969.48	-606.85	633.72	-910.38@	258.45@
有价证券投资	-3220.45	-3024.84	-2646.19	-3063.68@	-1681.00@
金融衍生工具	396.40	515.63	782.88	443.19@	137.54@
其他投资	1337.83	1575.73	-402.47	1964.92@	-164.64@
储备资产（变动净值）④	-365.3	185.41	-75.89	-254.86@	-106.79@
净误差及遗漏⑤	210.44	543.79	508.46	621.49@	31.9@
整体的国际收支	365.30	-185.41	75.89	254.86@	106.79@
	（盈余）	（赤字）	（盈余）	（盈余）	（盈余）

注：①根据国际收支平衡表的核算常规，某标准组成部分的净贷方数字以正数显示，而净借方则以负数显示。

②经常账差额的正数显示盈余而负数则显示赤字。在资本及金融账方面，正数显示净资金流入而负数则显示净资金流出。由于对外资产的增加是属于借方账目而减少则属贷方账目，因此负数的储备资产变动净值显示储备资产的增加，而正数则显示减少。

③政府统计处在 2005 年 8 月中完成一项工作，就是在估计香港国民经济核算统计数字时，采用最新国际指引处理由银行所提供的金融中介服务。由于这项统计发展，载于本表内的数字已作出修订。

④在国际收支平衡架构下储备资产变动净值的估计是指交易数字。因计价方式改变（包括价格变动及汇率变动）及分类重组所导致的影响并不包括在内。

⑤原则上，贷方和借方各项账目的净总和应相等于零。但实际上，贷方和借方账目的资料是通过不同的来源搜集，基于各种原因会有差异。为了令贷方和借方账目的总和相等，便须加进一个余额项目，以反映平衡表的“净误差及遗漏”。

“@”数字将于日后修订。

6-6 澳门财政支出

单位：万澳门元

项　　目	2001	2002	2003	2004	2005
经常支出					
人员	271964	278525	286983	295920	325074
物品及劳务	53932	54361	57259	66366	77837
利息	—	—	—	—	—
经常转移	496145	439137	525171	559490	712599
其他经常支出	5456	6834	4808	4970	5687
资本支出					
投资	99305	135055	236169	339416	433827
资本转移	3832	2206	2651	12133	6304
财务活动	8761	18314	33217	40140	13886
其他资本支出	—	—	—	—	—
指定帐目	582685	414264	425040	24734	23277
总数①	1522079	1348695		1343169	1598490

注：①2005 年数字在日后得到更多资料时会作出修订。

6-7 澳门货币供应

单位：亿澳门元（年底数字）

项　　目	2001	2002	2003	2004	2005
狭义货币供应量 M_1	59.2	63.5	87.9		127.9
分类一：澳门元	35.2	39.3	48.7	62.9	68.5
港元	23.3	23.6	35.3	67.5	54.0
其他货币	0.6	0.6	3.8	4.1	5.4
分类二：流通货币（澳门元）	19.0	20.5	23.6		29.7
活期存款	40.2	43.0	64.3	106.7	98.1
广义货币供应量 $M_2$①	915.5	989.6	1110.9	1209.5	1356.6
分类一：澳门元	261.1	275.4	296.7		366.9
港元	469.1	512.2	594.4	662.1	701.5
其他货币	185.4	201.9	219.8	233.6	288.3
分类二：狭义货币供应量 $M_1$②	59.2	63.5	87.9		127.9
准货币负债③	856.3	926.1	1023.0	1075.1	1228.7
储蓄存款	193.6	230.7	349.2	427.1	364.3
通知存款	8.4	9.3	12.3	12.6	11.6
定期存款	654.3	686.0	661.5	635.4	852.8

6-8 台湾生产总值支出构成

单位：%

年份	本地生产总值（新台币亿元）	居民消费	政府消费	固定资本形成总额	存货增加	货物及服务出口	减：货物及服务进口
1992	53376.9	56.0	17.0	23.2	1.7	43.4	41.3
1993	59183.8	56.6	15.6	25.2	1.0	44.1	42.5
1994	64636.0	58.3	14.6	24.6	0.8	43.7	42.0
1995	70179.3	58.8	14.2	25.0	0.4	48.0	46.3
1996	76781.3	59.1	14.3	22.5	0.7	47.4	44.0
1997	83287.8	59.7	14.4	22.8	1.5	48.3	46.2
1998	89389.7	59.7	14.3	23.5	1.4	47.8	46.7
1999	92899.3	60.7	13.2	22.9	0.5	48.3	45.5
2000	96633.9	61.9	12.9	23.5	−0.6	54.4	52.1
2001	95066.2	63.6	13.1	18.7	−1.1	50.9	45.2
2002	97488.1	63.1	12.6	17.7	−0.9	53.8	46.4
2003	98475.6	62.8	12.8	17.5	−0.4	58.1	50.9
2004	102058.9	63.0	12.5	20.1	0.6	65.8	62.0
2005	111316.0	62.3	13.4	20.4	−0.2	62.8	58.8

6-9 台湾商品进出口贸易总额

年份	按新台币计算（亿元）			按美元计算（亿美元）		
	进出口总额	出口额	进口额	进出口总额	出口额	进口额
1988	31550	17320	14230	1100	610	500
1989	31340	17480	13860	1190	660	520
1990	32750	18030	14720	1220	670	550
1991	37320	20410	16910	1390	760	630
1992	38650	20480	18170	1530	810	720
1993	42740	22390	20350	1620	850	770
1994	47180	24560	22620	1780	930	850
1995	56920	29500	27430	2150	1120	1040
1996	59920	31770	28150	2180	1160	1020
1997	67580	34820	32760	2370	1220	1140
1998	71970	36930	35040	2160	1110	1050
1999	74930	39170	35760	2330	1220	1110
2000	89850	46160	43690	2880	1480	1400
2001	77570	41380	36190	2300	1230	1070
2002	84012	45075	38937	2431	1306	1125
2003	93361	49524	43837	2714	1442	1272
2004	114454	58178	56276	3419	1740	1679
2005	122518	63746	58772	3810	1984	1826

附　　录

中国投资大事记

（2005年1月～2006年10月）

一月

第一次全国经济普查登记工作开始

1月1日　2004年12月31日是第一次全国经济普查标准时点。经过396天的精心准备，经济普查的各项准备工作已经就绪，上千万普查人员全部到位。登记填报工作从2005年1月1日开始。

中国福利彩票去年销售226亿

1月2日　2004年中国福利彩票销售突破226亿元，筹集社会公益金79.1亿元，超额完成国务院下达的220亿元的销售任务，连续四年创历史新高。

中国福利彩票2004年销量比2003年增长13%，其中，电脑彩票销售超过218亿元。在筹集的79.1亿元公益金中，民政系统留成38.22亿元，将主要用于社会福利事业；上缴中央财政40.88亿元，主要用于城市最低生活保障、补充社会保障基金及其他社会公益事业。

中国第一条四线铁路开工

1月3日　备受关注的广（州）深（圳）铁路四线工程日前在广州破土动工，这是中国第一条四线铁路，也是深港澳经济迅速发展的结果，它建成后将使广深之间的列车数由每15分钟一班增加到每8～10分钟一班，列车公交化特征更为明显。

广深铁路全长147公里，是内地与香港间铁路客货运输的必经之路。广深铁路1997年改造成双线电气化铁路，其中两条是准高速，一条是普速。广深四线工程是广东省重点工程，施工总工期两年。预计到2015年，广深线的旅客发送量将由目前的2700万人增加到3850万人，广深线开行的客车对数将由目前的100对，增加到137对，另外广州至新塘间还将开行市郊旅客列车；货物列车将由目前的22对增加到30对。

第二批43个开发区通过审核

1月6日　国土资源部今天发布公告，向社会公布第二批通过规划审核的43个国家级经济技术开发区名单。

国土资源部会同国家发展和改革委员会、建设部、商务部和海关总署，按照土地利用总体规划和城市总体规划，对各省（自治区、直辖市）经过清理整顿后上报保留的开发区的资料和图件进行审核。天津出口加工区等43个国家级开发区符合清理整顿的要求，已通过审核，恢复正常的建设用地供应。

广东海关去年税收入库过千亿

1月7日　在2004年进口关税综合税率下调的情况下，广东海关税收与广东海关进口应税货值的增长速度基本保持一致。据海关总署广东分署统计，2004年广东海关税收稳步增长，累计入库1089.38亿元，比2003年增长21.10%，占全国海关入库总额的22.96%，再创历史新高。

2004年纺织品进出口额逾千亿美元

1月10日　2004年中国纺织品进出口总额预计达到1030亿美元，其中出口950亿美元，同比增长22%。2003年，中国纺织品进出口总额为804亿美元，占世界纺织品贸易的20%，2004年这个比例可能略有上升。

2004年中国对外贸易增长35.7%

1月11日讯　海关总署今天发布了2004年全年中国外贸进出口情况。据海关统计，2004年全年中国对外贸易高达11547.4亿美元，比上年增长35.7%，净增3037亿美元，相当于加入世贸组织之前的2001年全年贸易规模的2.3倍。2004年当年进出口贸易规模分别突破5000亿美元，其中出口5933.6亿美元，增长35.4%；进口5613.8亿美元，增长36%，全年实现贸易顺差319.8亿美元。

2005年铁路建设投资超千亿元

1月12日　2005年铁路基本建设投资规模超过1000亿元，大规模铁路建设将全面展开。全国铁路拟新开工项目58个，续建项目48个，收尾销号项目15个；计划新线铺轨714公里，投产805公里；复线铺轨523公里，投产396公里；建成电气化铁路875公里。客运专线将成为今年铁路建设投资重点。铁路部门还将加快推进铁路投融资体制改革，实现投资主体多元化，融资方式多样化。

淮安162亿打造区域中心城市

1月19日　淮安近年市建成区面积由2001年的65平方公里扩大到目前的80平方公里，城市化水平从33%上升到37%，中心城市路宽、水清、地绿，综合服务功能和辐射带动作用明显增强，区域性中心城市格局初步显现。今后两年内将投资162亿元，重点实施6大工程，到2006年底，全市建成区面积将达86平方公里，城市人口达87万人以上，城市化水平将超过40%。

民营企业出口首超千亿美元

1月20日　中国民营企业出口额2004年首次突破千亿美元大关，达到1011.6亿美元，同比增长68.6%，增幅分别超过国有企业和外资企业57.2个百分点和27.7个百分点，民企出口占中国总出口的比重已从不足1%上升到17%。

民营企业出口持续增长得益于多方面因素：中国外贸经营权放开，使得更多民企有机会进入外贸领域，释放了长期以来积蓄在民企中的能量；一些原有的国有外贸企业经过改制转变为民营企业，这在一定程度上增加了民企出口额；政策扶持对民企出口起到了推动作用。

兵器装备集团销售收入645亿元

1月21日　2004年，中国兵器装备集团公司主要经济指标均创造了历史最好水平，发展跃上了新平台：累计实现销售收入645亿元，同比增长32%，其中工业企业实现销售收入454亿元，同比增长41%；实现利润2.6亿元；缴纳税金30.6亿元，同比增长20%。主业多项指标居国内和世界同行前列：汽车产销跃居全国第三，摩托车产销、出口量全国第一，光学材料产销量世界第一。

贵州粮食产量达1150万吨

1月23日　2004年，贵州省全年粮食产量达到1150万吨，同比增长4.1%，为历史上第二个高产年，其中优质稻增产明显。2004年贵州省粮食播种面积达4556万亩，比上年增加24万亩。

唐山将建20万吨以上大港

1月25日　河北省唐山市境内的“钻石级港址”曹妃甸港区将建设20万～30万吨级专业化进口铁矿石中转码头。

曹妃甸岛位于唐山市区以南80公里的海域，距海岸20公里，甸头向前延伸500米，水深即达25米，甸前深槽水深36米，是渤海最深点；天然海沟直通渤海海峡，建设30万吨级大型深水码头无需开挖航道，建港条件得天独厚。

国家开发银行500亿元软贷款投向辽宁

1月26日　国家开发银行与辽宁省人民政府正式签署《加快辽宁老工业基地振兴开发性金融软贷款合作协议》。根据协议，开行给予辽宁省500亿元软贷款和10亿元技术援助贷款，其中将有超过50%的份额用于支持沈阳机床等现代装备制造企业的跨越式发展，以实现辽宁省老工业基地的振兴。这是中央实施振兴东北战略以来，金融界与当地政府进行的一次力度最大、范围最广的银政合作。

粤港进出口贸易额突破700亿美元

1月26日　2004年广东对香港进出口贸易额达745.2亿美元，增长25.8%，占内地对港贸易额的66.1%。2004年广东对香港出口快速增长，共出口686.4亿美元，增长27.4%，而自香港进口58.8亿美元，增长9.1%，广东与香港贸易顺差达627.6亿美元，香港为广东外贸最大的贸易顺差地区。

国家扶贫县农村义务教育贫困生书杂费全免

1月31日　从今天召开的全国国家扶贫开发工作重点县“两免一补”工作会议上获悉：从2005年春季学期开始，592个国家扶贫开发工作重点县（简称国贫县）农村义务教育阶段家庭贫困学生将全部享受免费教科书、免杂费政策。

二月

中央企业2004年盈利4780多亿元

2月1日　2004年，中央企业经济运行呈现出生产经营快速增长、实现利润大幅提高、企业规模实力和市场竞争能力明显增强的良好态势，创造了一系列历史最好水平。

——主要产品产量和经营量创历史新高。全年生产原油19712.4万吨，比上年增长4.4%；生产乙烯608.5万吨，增长2.2%；生产原煤18784.4万吨，增长17.3%；

发电量完成 9831.1 亿千瓦时，增长 14.9%；生产钢材 4539.7 万吨，增长 13.5%；汽车产量达到 241.9 万辆，增长 16.1%。

——盈利水平创历史新纪录。全年实现销售收入 55497.7 亿元，比上年增长 25.8%；销售收入超过 5000 亿元的企业有 3 家。实现利润 4784.6 亿元，比上年增长 57.6%。

——企业规模实力迈上新台阶。2004 年末，中央企业总资产达到 91948.1 亿元，比上年末增长 12.3%；总负债 52485.3 亿元，比上年末增长 12.6%；净资产 39462.8 亿元，比上年末增长 11.8%。

——产业结构调整取得显著成效。煤电油运企业紧紧围绕主业，调整和优化投资结构。钢铁、汽车和电子信息企业扩大高附加值、高技术含量的产品产量和市场份额。

——国家重点项目建设成果丰硕。据统计，全年完成固定资产投资 8098.1 亿元，比上年增长 7.8%。

——对外贸易和技术合作开辟了新局面。全年实现出口交货值 1280.6 亿元，比上年增长 28.2%。

山东向西部地区投入 700 亿元

2 月 1 日　从山东省发展和改革委员会获悉：国家实施西部大开发战略以来，山东省向西部地区的投资已达 700 多亿元。

至 2004 年底，山东省已有 1200 多家企业先后进军西部，占至西部投资企业总数的 1:9 强。山东企业抓住西部大开发的机遇，通过收购、兼并、参股、控股等方式，实现了产业由东部向中、西部地区的梯次转移，除了山东电力、山东黄金、兖矿集团外，胜利油田、海尔、海信、青啤、张裕等一大批企业已不同程度地实现了在西部的扩张发展，其中近 50%的投资集中在加工制造业。

黔电送粤去年超过 91 亿千瓦时

2 月 2 日　2004 年，贵州省在自身电力供应比较紧张的情况下，通过采取为电煤运输车辆建立“绿色通道”和增强电网调度等办法，确保“黔电送粤”，累计完成 91.4 亿千瓦时，同比增长达 58.5%。

贵州是中国“西电东送”工程南线的主要电源省，仅上年贵州省共完成电煤供应 3057 万吨，向广东省送电最大负荷达到了 280 万千瓦，对保证广东省顺利“迎峰度夏”起到了积极作用。2005 年，贵州省向广东省送电的负荷最高将达到 400 万千瓦。

中国与东盟年贸易额破千亿美元

2 月 3 日　据海关统计，2004 年中国与东盟贸易额突破 1000 亿美元，东盟成为中国第五大贸易伙伴。在中国与东盟的贸易额中，广东是数量最大的省份，占三成。

广东与东盟贸易发展势头良好，贸易额已达 322.9 亿美元，同比增长 21.9%。

中国私营企业注册资本达 42146 亿元

2 月 3 日　今天从第六次全国私营企业抽样调查信息获悉：中央统战部、全国工商联、中国民（私）营企业研究会联合发布的问卷调查显示，截至 2004 年上半年，私营企业注册资本已达 42146 亿元，从业人员已达 4714 万人。

2004 年约 6 亿农民享受粮食直补

2 月 10 日　从财政部获悉，2004 年，中国共有 29 个省份实施了粮食直接补贴，安排粮食直补资金 116 亿元，约 6 亿农民直接得到了国家补贴的实惠。

保险资金直接投资股市取得实质性突破

2 月 15 日　中国保监会、中国证监会今天联合发布通知，对保险机构投资者投资股票的证券账户、交易席位、资金结算及新股申购等有关问题作出详细规定。截至 2004 年底，中国可直接投资股市的合规保险资金已将近 600 亿元。保险资金具有长期性、稳定性、规模性等特点，可为股市源源不断地提供优质资金。

全国社会消费品零售总额达 1600 亿元

2 月 15 日　从商务部获悉：2005 年春节黄金周，全国实现社会消费品零售总额约 1600 亿元，比去年春节增长 16%左右，其中餐饮业增长 20%以上。肉类、蔬菜价格比节前上涨 5%~8%，米、面、油、蛋、奶价格基本稳定。

中海油今年投产九个新油田

2 月 15 日　从中国海洋石油总公司获悉，2005 年将有 9 个海上新油田投产，近海原油产量有望增长 19%。从 2005～2006 年，中国海油将有 16 个开发项目陆续投产，在 2005 年全年，将有 9 个新油田投产，是历史上单年计划投产项目数量最多的年份。另外，中国海油 2005 年的勘探投资仍将保持在 2.6 亿美元的水平上，在近海的勘探部署将主要着眼于新领域和深水区块的储量前景，本年度储量替代率将有望达到 150%。

西电东送已形成 2060 万千瓦输电能力

2 月 15 日　至 2004 年底，西电东送已形成输电能力 2060 万千瓦，完成“十五”期间总体目标的 90%。

2004 年西电东送新开工项目总投资 300 多亿元，总装机规模 800 多万千瓦，500 千伏输电线路 3500 多公里。到 2004 年底向广东的输电通道送电能力达到

1150 万千瓦以上，提前一年完成“十五”确定的向广东送电 1000 万千瓦的能力。

河南新疆加大农村公路建设力度

2 月 20 日　河南省政府 2005 年拿出 60 亿元资金用于农村公路建设，对 5100 个行政村的已通油路进行改善，还要新建道路 11622 公里。新疆 2005 年投资 15 亿元，在 161 个行政村改建公路近万公里，为 50 万农牧民生产生活提供方便。

三峡工程今年计划投资 105 亿元

2 月 24 日　从今日召开的中国三峡总公司工作会议上获悉，2005 年，国家将投资 105 亿元进行三峡工程建设，其中 55 亿元用于库区移民。

在三峡工程施工期间，考虑到物价上涨和施工期贷款利息等因素，估算三峡工程总投资为 2039 亿元。根据目前投资情况预测，到 2009 年工程竣工时，三峡枢纽工程和移民总投资可以控制在 1800 亿元。

2005 年将稳步推进资本项目可兑换

2 月 27 日　全国外汇管理工作会议今日在深圳召开。国家外汇管理局党组书记、局长郭树清在会上透露，2005 年将稳步推进资本项目可兑换，促进资金双向合理流动。支持保险机构、社保基金进行境外证券投资；允许国内企业境外上市募集资金经批准后存放境外或进行保值运作；对境外投资实行分类分级管理制度，加大对境外投资企业后续融资支持力度；进一步简化境外合格机构投资者外汇管理手续；引进国际开发机构在境内发行人民币债券。

三月

出口加工区进出口翻番

3 月 8 日　海关总署最新统计显示，2004 年全国已封关运作的 33 个出口加工区进出口总值 354.4 亿美元，比上年同期增长 96.4%，出口加工区发展势头强劲。

截至目前，全国出口加工区共引进企业 823 家，投资总额达到 101 亿美元。

国家级开发区去年 GDP 增三成多

3 月 10 日　据商务部最新信息发布，2004 年，全国 49 个国家级经济技术开发区和享受国家级开发区政策的 5 个工业园区共实现国内生产总值 6601.44 亿元，同比增长 32.43%。

全国累计实际使用外资逾 5700 亿美元

3 月 14 日　据商务部最新统计，2005 年 1～2 月全国合同外资金额 200.52 亿美元，实际使用外资金额 79.69 亿美元，同比分别增长 6.15%和 8.21%。截至今年 2 月底，全国累计批准设立外商投资企业 514385 个，合同外资金额 11166.6 亿美元，实际使用外资金额 5700.69 亿美元。

软件业 2004 年实现产值 2200 亿元

3 月 14 日　全国软件行业协会工作会议 3 月 13 日在深圳召开，国家信息产业部官员会上透露，2004 年全国软件产值达到了 2200 亿元人民币，同比增长 34.7%。到 2004 年全国软件行业从业人员总数已超过 70 万。

辽宁注资 720 亿打造沿海经济带

3 月 15 日　辽宁省政府日前发布了《关于加快沿海港口发展的意见》，今后 5 年将注资 720 亿元建设沿海港口，以带动临港产业和沿海经济发展，形成特色鲜明、极富活力的“辽宁沿海经济带”，成为全国新的外资密集、内外结合、带动力强的经济增长区域。

辽宁省港口建设的目标是形成以大连港和营口港为主枢纽港，锦州港和丹东港为地区性重要港口，其他中小港口为补充的分层次港口布局。到 2010 年，辽宁省港口达到 5.79 亿吨的吞吐量规模，其中集装箱吞吐量达到 1606 万标准箱，分别约相当于目前的 4 倍和 9 倍。

全国连锁百强 2004 年销售额 4968 亿

3 月 18 日　中国连锁经营协会昨天发布的调查统计显示：2004 年，全国百家连锁企业总计实现销售额 4968 亿元，门店总数达 30416 个，营业总面积 2580 万平方米，员工人数 81 万人，分别比上年增长了 39%、49%、35%和 27%。

信贷资产证券化试点启动

3 月 21 日　为贯彻落实《国务院关于推进资本市场改革开放和稳定发展的若干意见》，扩大直接融资比重，改善商业银行资产负债结构，促进金融创新，经国务院批准，信贷资产证券化试点工作正式启动。国家开发银行和中国建设银行作为试点单位，将分别进行信贷资产证券化和住房抵押贷款证券化的试点。

190 个出口品牌将获重点培育

3 月 21 日　日前，商务部公布了 2005～2006 年度重点培育和发展的出口名牌名单。海尔、格力、格兰仕、嘉陵、华为、中兴等 190 个名牌榜上有名。在两年有效期内，列入名单的品牌和企业可享受各项扶持政策。商务部将根据培育效果，在有效期满后对列入名单的品牌和企业进行动态调整。

在这 190 个品牌中，机电产品 71 个、纺织服装 55 个、轻工工艺 40 个、食品土畜产 10 个、五矿化工 7 个、医药保健品 7 个。

中海油在南海西部又获油气发现

3月22日 中国海洋石油有限公司今天宣布，该公司通过自营勘探，在南海西部获得了一个新的油气发现——涠6—10—1。

该勘探井位置距涠洲岛西南方向约35公里。经两次钻杆测试，可日产原油近1900桶，天然气约15000立方米。中海油计划针对上述发现进一步钻探评价井，以落实储量规模。

增加基本农田1890万亩

3月22日 从今天召开的全国水土保持工作会议上获悉：近7年来，水土保持重点工程建设取得明显成效，累计完成水土流失综合治理面积11.8万平方公里，增加基本农田1890万亩。通过工程的建设，年减少土壤侵蚀量3.8亿吨，改善了项目区生态环境和农业生产条件，使工程区1200多万人口脱贫。

2004年绝对贫困人口减少290万

3月25日 2004年，国家592个扶贫开发工作重点县，农民人均纯收入1582元，比上年增长7.3%，高出全国平均水平0.5个百分点。全国农村人均收入668元以下没有解决温饱问题的贫困人口减少290万，下降10%。2004年中央财政扶贫资金达到了122亿元，比上年增加了8亿元，各地安排的配套扶贫资金超过了30亿元。同时，各部委和相关部门发挥自身优势，在安排行业资金中向贫困地区重点倾斜，增加了对贫困地区的投入。

社保基金资产规模达2010亿元

3月28日 到2005年底，中国社保基金资产规模达到2010.2亿元，全年已实现收益52.85亿元。2006年的投资目标是高于当年一年期国债收益率加20个基点，努力争取更高收益。全国社保基金理事会理事长项怀诚表示，今年社保基金确定可用于再投资的境内资金约410亿元。

中国教育发展基金会举行成立大会

3月30日 中国教育发展基金会成立大会今天在京举行。中国教育发展基金会是经国务院批准，由财政部、教育部支持发起的全国性公募基金会，是非营利性的社会团体。目前，中国教育发展基金会已收到第一批捐赠单位和个人捐赠款逾2亿元人民币。

四月

中央财政暂定每年安排城市医疗救助金3亿元

4月1日 为了支持和推动地方开展城市医疗救助工作，经国务院批准，中央财政暂定试点期间每年安排城市医疗救助专项公益金3亿元，用于支持困难地方建立城市医疗救助制度。

中央部门将全部进行财政国库管理体制改革

4月1日 财政部副部长肖捷近日在财政国库管理制度改革新增部门座谈会上透露，2005年将全面推进中央部门财政国库管理制度改革，尚未纳入国库集中支付和非税收入收缴管理制度改革范围的中央部门，将自7月1日陆续实施改革。

目前，中央160多个一级预算单位中已有140个纳入国库集中支付改革范围；70多个有非税收入的中央一级预算单位中，已有47个纳入非税收入收缴管理制度改革范围；地方绝大部分省份也实施了改革。

亚洲最大铁矿生态恢复工程动工

4月3日 亚洲最大的铁矿—鞍山市齐大山铁矿的生态恢复和矿山复垦工程正式开工。该项目总投资3600万元，土地复垦总面积近万亩。

齐大山铁矿于1969年开工建设，次年投产，建矿30多年来累计开采矿石2.2亿多吨，是目前亚洲开采规模最大的铁矿。齐大山铁矿的土地复垦工程项目是鞍山市规划的27个矿山复垦项目之一。鞍山市规划到2010年全市矿山土地复垦植被恢复率要达到21%。到目前为止，全市矿山植被恢复面积已达9.7平方公里。

中国2004年社会物流总额逾38万亿元

4月4日 2004年中国社会物流总额达38.4万亿元，同比增长近30%。2004年中国社会物流需求持续快速增升，增幅比上年提高2.9个百分点，全国GDP总量与物流总额之比的物流需求系数达到2.8，说明国民经济发展对物流的依赖程度越来越高，每单位GDP产出需要2.8个单位的物流总额来支持。但中国物流业距离发达国家仍有一定差距，物流成本占GDP比重偏高，去年中国社会物流总成本达到2.9万亿元，占GDP的比重为21%，远远高于发达国家水平。

渝怀铁路全线铺通

4月6日 上午9时，渝怀铁路建设者在重庆黔江车站悄然落下最后一节轨排。至此，西部大开发重点工程渝怀铁路全线铺通，渝黔湘人民的百年梦想终于变成现实。

渝怀铁路是国家实施西部大开发战略的标志性工程之一，全长624.523公里，总投资198亿元，西起重庆，止于湖南怀化，为一级单线、预留复线条件，一次建成电气化铁路。

2005年推广超级稻6000万亩

4月7日 从2005年起，中国在安徽、湖南、重庆、吉林等12个省市率先启动实施超级稻示范推广工程，力争推广面积达到6000万亩。农业部副部长张宝文表示，从2005年到2010年底，用6年的时间，培育并形成20个超级稻主导品种，推广面积达全国水稻总面积的30%（1.2亿亩），每亩平均增产60公斤，预计可以增加65亿公斤左右；按此速度，到2010年相当于节约耕地2292万亩，约占耕地总面积的1.4%。截至2004年底，超级稻新品种在水稻主产区已累计推广1.6亿亩，增产92亿公斤，增效130亿元。

塔里木首批气田全面投产

4月10日　西部大开发标志性工程-西气东输气田建设项目，继牙哈、克拉2之后，塔里木气区参与供气的又一个气田—吉拉克凝析气田9日建成投产。至此，西气东输塔里木气源地首批参与供气的气田已全面投产。

吉拉克凝析气田天然气探明储量为136.8亿立方米、凝析油约286.4万吨；方案设计最大日供气能力为210万立方米，稳产7年。此前，中国石油塔里木油田公司已将牙哈和克拉2的优质天然气输送进西气东输管道，并在克拉地区建成一座目前亚洲最大的天然气处理厂。

贵州投资百亿加快铁路建设

4月14日　贵州铁路建设2005年全面提速，新开工项目建设总投资达到100亿元左右，主要铁路建设项目有黔桂铁路贵州段扩能改造工程、黄织铁路和贵阳铁路枢纽工程。其中黔桂铁路是连接贵州与广西两省区的重要交通纽带，其扩能改造工程是中国“八纵八横”铁路运输主通道中的“八纵”之一。

浙江重点建设项目投资千亿

4月14日　2005年，浙江省将安排重点建设项目160项，年度投资1000亿元。其中，“五大百亿”工程计划投资786亿元，包括“百亿基础设施建设工程”511亿元，“百亿信息化建设工程”106亿元，“百亿科教文卫建设工程”46亿元，“百亿生态环境建设工程”73亿元，“百亿帮扶致富建设工程”50亿元。

金融机构在广州设总部将获补贴

4月17日　广州拟投入1.5亿元设立金融业发展专项资金，支持金融机构来穗设总部或区域总部，金融机构在珠江新城中央商务区新购置自用办公房一次性给予每平方米1000元的补贴，吸引外资金融机构参股市属金融机构，研究设立期货交易所的可行性。

中国4年专利申请总量超过百万

4月21日　自2000年1月11日中国受理的专利申请总量达到100万件以来，到2004年的3月17日，专利申请总量突破两百万大关；与第一个100万件用了15年时间相比，第二个100万件仅用4年多时间。

国务院决定工商银行实施股份制改革

4月21日　国务院批准了中国工商银行实施股份制改革的方案和中国银行、中国建设银行股份制改革下一步工作计划。这是贯彻落实党的十六大和十六届三中全会精神，加快金融改革，促进金融业健康发展的又一重大决策。

工商银行是我国资产规模最大的商业银行，为支持国民经济发展和经济体制改革做出了巨大贡献；同时，由于历史原因，也积累了较大风险。为适应金融对外开放和经济发展的需要，在总结中国银行和中国建设银行股份制改革试点经验的基础上，国务院决定对工商银行实施股份制改革。

中国将购买30架空客系列飞机

4月21日　中国与空中客车公司今日签署多项合作协议。中国南方航空股份有限公司、中国东方航空股份有限公司、深圳航空公司与中国航空器材进出口集团公司共将购买30架空客系列飞机，其目录价格为30多亿美元。其中，有5架世界上最大的客机空客A380。

股权分置改革试点工作启动

4月29日　经国务院批准，中国证监会今天发布了《关于上市公司股权分置改革试点有关问题的通知》，今天宣布股权分置改革试点工作开始启动。股权分置改革试点，是解决股权分置问题的重要环节，试点成功有利于加快股权分置问题的解决进程。为了保证改革试点工作的“公开、公平、公正”，中国证监会将定期发布改革进展情况的相关信息，并与新闻媒体保持密切配合，共同搞好改革试点工作的新闻宣传。

五月

我国首条海底隧道开工

5月8日　我国第一条大段面海底隧道—厦门翔安隧道工程在厦门开工。这一工程起自厦门岛环岛公路，止于厦门市翔安区西滨，以海底钻爆法暗挖隧道方式穿越厦门东侧海域，全长8.695公里，其中隧道长5.95公里。翔安隧道将成为厦门市继厦门大桥和海沧大桥之后第三条对外出岛通道。工程总投资约为32亿元人民币。

近百亿元投向农业综合开发

5月8日　今年中央财政共安排98.55亿元资金用于农业综合开发，比上年增加了8亿元。今年农业综合开发将突出重点，加大对粮食主产区的扶持力度，安排用于粮食主产区的资金达59.76亿元，投入规模创历史新高。

5000万元国债投向煤矿安全改造

5月10日　国家发展改革委日前下达了2005年度

煤矿安全改造国债资金5020万元，用于14个省（自治区、直辖市）和新疆生产建设兵团等104个煤矿建设瓦斯监测监控系统。除中央财政国债资金补助外，地方政府还将配套1264万元，企业自有资金投资10444万元。

央行规范金融债券发行

5月11日　中国人民银行日前公布了《全国银行间债券市场金融债券发行管理办法》，自2005年6月1日起施行。《管理办法》对金融机构发债条件提出了基本要求，重点对商业银行和企业集团财务公司的发债条件作了明确规定。

2005年北京《财富》全球论坛开幕

5月16日　2005年北京《财富》全球论坛16日开幕，国家主席胡锦涛出席开幕式并发表重要演讲。他强调，在经济全球化趋势深入发展的条件下，中国及亚洲的发展正在成为世界经济发展新的推动力量，世界经济发展也将给中国及亚洲的发展带来新的重要机遇。世界各国经济互利合作、相互依存的加深，必将给全球经济增长创造更加美好的前景。

外币买卖业务今起正式推出

5月17日　中国人民银行今天宣布，经批准，5月18日，中国银行间外汇市场将正式推出外币买卖业务。据悉，外币买卖业务实行做市商报价驱动的竞价交易模式，由做市商报出各货币对的买/卖报价，交易系统从中选取最优的买/卖报价，在系统实时发布，同时将最优的做市商报价与会员银行的交易请求按照“价格优先、时间优先”的原则进行匹配，并将成交信息实时反馈给交易双方。

深圳拥有自有品牌3万多

5月18日　截至2004年底，深圳已拥有自有品牌3万多个。3000多家品牌企业通过了ISO9000质量体系的认证，形成年销售额逾100亿元的自有品牌4个，年销售额50亿元以上的自有品牌6个。超10亿元的自有品牌20个。

北京通州350多亿元建新城区

5月19日　今天，北京市通州区政府推出十大类38个项目，未来5年投资额将达到350多亿元，其中政府投资50亿元，吸引社会投资300多亿元。

在众多的项目当中，被列为首项的运河城市段综合开发项目成为人们关注的焦点。运河综合开发一期项目总投资额达到65亿元。不久，沉睡百年的大运河将成为市民休闲的新去处。

海南百亿元打造快速铁路

5月22日　海南省政府5月21日宣布，已与铁道部初步达成协议，投资100多亿元打造海南东环城际快速铁路项目。该项目争取在2008年建成，届时人们搭乘快速火车从海口前往三亚，所需时间将由现在的约3个半小时缩短至70分钟。

南京长江三桥合龙

5月22日　今天上午，南京长江第三大桥顺利合龙。南京长江三桥将于今年9月实现主体完工，10月9日正式通车。该桥全长约15.6公里。其中跨江大桥长4.744公里，主跨648米，是国内第一座钢塔斜拉桥，也是世界上第一座弧线型钢塔斜拉桥。

北京投入3200亿元建860项基础设施

5月25日　从2005～2008年，北京市将投入3200多亿元资金，进行860余项各类基础设施建设。

北京市发展和改革委员会主任丁向阳介绍，未来几年，将是北京城市发展的重要时期。从2005～2008年，北京交通设施建设将投入1840亿元左右，占全部投资的一半以上，将新增轨道交通运营里程132公里，改扩建国道、高速公路及一般公路1230公里，城市道路900公里。能源设施项目将投入500亿元，新建燃气管线2100公里，新增储气能力6万吨，新增供热能力2300兆瓦。水资源建设项目投入180亿元，主要将建设南水北调工程和再生水管线400公里，新建5座市区再生水厂和一批郊区再生水厂。

城市环境整治将投入160亿元。“城中村”改造投入155亿元，重点整治三环路以内及奥运场馆周边69个“城中村”。另外，邮政通信和新城基础设施等项目建设将投资430亿元。

黑河启动中俄边贸商务港建设工程

5月25日　黑龙江省黑河市人民政府今天在京宣布，正式启动黑河中俄边贸商务港的建设工程。

黑河市与俄罗斯阿穆尔州隔黑龙江相望，是中国与俄罗斯4300公里边界线上规模最大、规格最高、距离最近的对应城市。黑河中俄边贸商务港总占地面积266.5公顷，总投资约为70亿元人民币。

中国进出口五百强排定新座次

5月26日　今天，商务部公布了2004年中国进出口额最大的500家企业及出口额最大的200家企业名单，中国石化国际事业有限公司和鸿富锦精密工业（深圳）有限公司分别位居进出口500强和出口200强的榜首。

农业科技跨越计划直接效益近20亿元

5月26日　农业科技跨越计划实施6年来，形成和提升品牌17个，累计推广1.5亿亩，项目区获得直接经济效益达19.7亿元，辐射带动总效益99亿元。

跨越计划以优良小麦品种试验示范为先导，集聚了研发领域的优秀人才和先进成果，形成了较为成熟的高产栽培模式化生产技术体系。目前中国优质专用小麦播种面积去年已占小麦播种面积的43.9%，项目投入产出比达1∶16，平均每亩增产50～80公斤，每亩增收100元，实现了优质优价。同时种子、化肥、灌溉等环节的成本降低约30%。

中国最大风力发电场工程启动

5月30日　一项目前中国最大的100万千瓦风力发电工程，日前在被称为“世界风库”的甘肃省安西县正式启动。该项目总投资80亿元，将对中国开发新型清洁能源和缓解东西部地区电力紧张起到巨大作用。

十大重点节能工程启动

5月30日　国家发展改革委启动了规划提出的十大重点节能工程，并对实施工作进行具体部署。通过实施十大重点节能工程，“十一五”期间将实现节约2.4亿吨标准煤的节能目标。

十大重点节能工程包括：节约和替代石油、燃煤工业锅炉（窑炉）改造、区域热电联产、余热余压利用、电机系统节能、能量系统优化、建筑节能、绿色照明、政府机构节能以及节能监测和技术服务体系建设工程等。同时，根据各重点节能工程的进展情况，今年国家将重点推进节约和替代石油、余热余压利用、热电联产、建筑节能、绿色照明、节能监测和技术服务体系建设工程等六项重点节能工程，并将重大项目列入国债投资（预算内资金）的支持重点，通过扎实工作，为在“十一五”期间具体落实《节能中长期专项规划》奠定坚实的基础。

中国保有储量最大铜矿启动开发

5月31日　西藏玉龙铜业股份有限公司在藏东重镇昌都创立，中国保有储量最大的铜矿—玉龙铜矿进入全面实质性开发阶段。

玉龙铜矿位于西藏昌都地区江达县青泥铜乡境内，初步勘探铜资源储量626万吨，远景储量达1000万吨，填补了中国巨型铜矿少、品位低的空白。目前，玉龙铜矿矿区水、电、路、通信等各项基础设施建设进展顺利。

玉龙铜矿将分三期建设，一期建设规模为年产3万～5万吨电积铜，总投资15亿元左右，计划今年9月开工建设，2008年投产；二期建设规模为年产10万吨电积铜；三期建设规模为年产15万～20万吨电积铜。

六月

中国与波音签订6亿美元合作协议

6月2日　中国航空工业有关企业今天与美国波音公司签订了价值约为6亿美元的协议。根据协议，中国将参与到波音新型飞机787的制造中来，为其提供有关零部件。此次中国将参与制造的零部件主要有：787飞机复合材料方向舵、737飞机前登机门及翼上自动紧急出口门、787飞机的翼身整流罩。目前，全球有3500架现役波音飞机的重要零件和组件是在中国制造的，占波音全球机队的1/3。

青岛多层面加快推进循环经济建设

6月5日　山东省委副书记、青岛市委书记杜世成说，青岛是资源匮乏的城市，要实现经济社会的可持续发展，必须加快发展循环经济。目前，青岛已从企业、园区和区、市多层面推进循环经济建设。今年一季度，全市每万元生产总值能耗0.92吨标准煤，比去年平均水平降低2.1%。目前市区污水处理水质达标率32.3%，同比提高9.6个百分点，15家省级控制废水污染源监测全部达标。

东江源生态保护和建设工程启动

6月10日　为保障香港和珠三角公众饮用水安全，探索东江源区生态环保效益经济型全新发展模式，投资总额达14.2亿元的东江源区域生态保护和建设工程在江西赣州启动。

中俄投资合作取得突破性进展

6月10日　中国和俄罗斯投资合作取得了实质性成果。10日在俄圣彼得堡市闭幕的中俄第二届投资促进会议传来消息说，本届会议期间，中俄双方签署了7个投资协议，总金额达到15亿美元，比上一届增长1倍多。

会议期间，中俄双方签署了圣彼得堡“波罗的海明珠”综合社区开发项目，总投资超过13亿美元，是双方投资合作深入发展的重要标志。

滇粤签订9项合作与发展框架协议

6月10日　由中共中央政治局委员、广东省委书记张德江率领的广东省党政代表团与云南省委、省政府在昆明举行座谈会，按照优势互补、合作双赢原则，两省签订了9项合作与发展框架协议，以进一步贯彻实施西部大开发政策，共同利用好泛珠三角区域合作平台，充分发掘云南独特的区位优势，拓展中国—东盟自由贸易区市场。通过政府推动和市场运作，滇粤经济合作成效显著。从2001～2004年，广东省在云南实施合作项目316项，协议到位资金203亿元，广东方实际到位资金33.6亿元。“十五”期间，“云电送粤”216亿千瓦时。

三峡库区首座长江铁路大桥合龙

6月12日　三峡库区第一座长江铁路桥——万州

长江铁路大桥12日正式合龙。

万州长江铁路大桥全长1106米，总投资达2亿元。该桥位于万州城区长江上游7公里处，是宜万铁路连接达万铁路的重要跨江控制节点工程。

据了解，万州长江铁路大桥所属的万州至宜昌铁路也是第一条穿越长江三峡的沿江铁路，是国家“八横八纵”路网通道之一的沿江铁路通道的重要组成部分。

中国超大型市场发展迅速

6月15日 国家统计局和中国商业联合会日前在京举行的第四届中国商品交易市场统计信息发布会上公布，2004年我国共有亿元商品交易市场3365个，比上年增加100个。

中国造船产量连续10年列世界第三位

6月16日 中国船舶工业从2000～2004年的5年间，造船产量年均增长26%，2004年达到880万吨，占世界造船份额的14%，连续10年列世界第三位。预计今年造船产量将超过1000万载重吨，约占世界的18%。到2010年，中国造船产量将占世界市场的25%以上，形成中、日、韩“三足鼎立”的世界造船格局；到2020年，造船技术水平达到或接近世界先进水平，成为世界造船强国。

美洲银行出资30亿美元参股建行

6月17日 中国建设银行和美洲银行在北京共同宣布，美洲银行将分阶段对建行进行投资，最终持有股权可达到19.9%。

根据双方签署的关于战略投资与合作的最终协议，美洲银行首期投资25亿美元购买中央汇金投资有限公司持有的建行股份，第二阶段将在建行计划的海外首次公开发行时认购5亿美元的股份，未来数年内美洲银行还可增持建行股份至19.9%。美洲银行将在众多领域向建行提供战略性协助。

“上海光源”开工建设

6月20日 中国迄今为止最大的大科学装置和大科学平台—“上海光源”同步辐射装置的主体建筑一期工程已经开工，总投资为12亿元人民币，可望于2009年上半年建成并投入使用。建成之后，其能量居世界第四，科学寿命大于30年。

我国最长铁路客运专线开工

6月23日 武（汉）广（州）铁路客运专线在湖南省长沙县浏阳河特大桥桥址处开工。专线全长995公里，工程投资930亿元人民币，规划在2010年底全面建成通车，能够满足开行时速200公里以上旅客列车的需要，建成后从武汉乘高速列车直达广州只需4个多小时。

据了解，这是《中长期铁路网规划》中第一批经国务院审批立项的铁路客运专线，也是目前开工建设的线路里程最长、技术标准最高、投资最多的客运专线。

华能集团装机容量突破4000万千瓦

6月23日 内蒙古电力市场可控装机容量最大的电力集团——北方联合电力有限责任公司22日进行内部股权重组，华能集团公司取得51%的股权，控股北方电力。重组后，华能的可控发电装机容量将达到4098万千瓦，成为国内首家装机容量突破4000万千瓦的发电集团。

上海赛科90万吨乙烯工程投入商业运行

6月29日 由中国石化集团公司与英国石油公司（BP）合资的上海赛科年产90万吨乙烯工程29日正式投入商业运行。这是目前国内投产的最大乙烯工程。占地约204公顷的上海赛科90万吨乙烯工程，是上海化学工业区的支柱项目，该工程于2002年3月28日开工建设，今年3月乙烯装置一次投料开车成功，并进入生产试运行阶段。上海赛科90万吨乙烯工程每年可产出乙烯、聚乙烯、苯乙烯、聚苯乙烯等各类高规格石化产品228万吨。

七月

化工行业科技创新基金成立

7月3日 中国化工基金今日正式设立，国内企事业单位、高等院校和科研院所，凡从事化工及相关领域技术创新的项目，均可申请该基金的支持。据介绍，中国化工集团公司将每年向基金出资1000万元，暂定5年。该项基金面向全国化工行业。

国内最长输变电工程投入运行

7月11日 国内最长的220千伏输变电工程-内蒙古阿拉善左旗金诺至额济纳旗全长423公里的输变电工程近日正式投入运行。该工程将为中国重要的航天基地东风航天城提供主要备用电源。额济纳旗位于巴丹吉林沙漠腹地，其用电多年靠甘肃跨省供电，无法满足需求。此次输变电工程总投资3.7亿元，建成后不仅可以满足当地用电需要，而且能够降低当地电价。

中国最大采煤机在西安问世

7月17日 中国目前最大的采煤机-1910千瓦重型交流电牵引采煤机今日在西安煤矿机械厂问世，即将投入山西大同矿务局四老沟煤矿使用。

该机由西安煤矿机械厂设计制造，是目前国内装机功率最大的采煤机产品，采高最大可达5.5米，年生产能力可达1000万吨，填补了我国大采高、超大功率重型综采机械领域的空白。

东盟成为中国第四大贸易伙伴

7 月 20 日 今年上半年中国—东盟双边贸易额达597.6 亿美元，同比增长 25%。中国—东盟间贸易额已从1990年的66.91亿美元增至2004年的1058.8亿美元，年均增长率约 20%。目前，东盟已成为中国的第四大贸易伙伴。

自 7 月 20 日起，中国对文莱、印度尼西亚、马来西亚、缅甸、新加坡、泰国等 6 个国家实施中国—东盟自由贸易区协定税率。为确保“协定税率”商品快速通关，海关推出了针对性措施。

高新产品进出口可望达到 4000 亿美元

7 月 24 日 从商务部新闻办获悉：中国高新技术产品贸易额迅速扩大，今年该类产品进出口可望达到4000 亿美元。

据商务部科技司预计，高新技术产品出口在中国外贸出口中所占的比例，将由 6 年前的 11%提高到今年的近 30%。上半年全国共登记技术引进合同 4696 份，增长 15.5%，合同金额 81.4 亿美元，增长 26.4%，其中技术费 56 亿美元，占合同金额的 68.8%。据悉，商务部等有关部门正在制定若干促进高新技术产品出口的新政策，将采取有效措施积极推进扩大高科技自主品牌产品出口。

中国邮政储蓄银行将组建

7 月 28 日 中国银监会有关负责人今天披露，国务院第 99 次常务会议已原则通过《邮政体制改革方案》。备受各界关注的邮政储蓄体制改革迈出了历史性的步伐，组建中国邮政储蓄银行工作即将进入实施阶段。

邮政储蓄改革的主要内容是，在继续依托邮政网络经营的基础上，邮政储蓄业务与邮政业务实行分账核算，独立经营，并按照金融机构改革的方向，加快成立由中国邮政集团控股的中国邮政储蓄银行，所有邮政金融业务划归邮政储蓄银行管理，实现金融业务规范化管理。

八月

山东省续建京杭大运河

8 月 1 日 山东省计划投资 14 亿元续建京杭大运河济宁至东平段。这段运河是国家规划的“一纵三横”内河航运通道中“一纵”的重要组成部分，工程建成后将产生巨大的经济效益。

济宁至东平运河全长 78.4 公里，重点建设港口 4 个，计划总投资 14 亿元。通航规划近期以 1000 吨级的船队为主，远期以 2000 吨级船队为主。根据运量预测，到 2010 年和 2020 年将分别有 1010 万吨和 1791 万吨运量通过济宁到东平段运河运输。

500 亿元企业年金将进入资本市场

8 月 2 日 首批 37 家企业年金基金管理机构名单今天由劳动和社会保障部公布。这意味着企业年金基金即将进入资本市场以实现保值增值。目前企业年金总规模达 500 多亿元。目前中国有企业年金的职工只占有基本养老保险职工人数的 5%，而在大多数市场经济国家，这一比例通常在 30%以上。从这个角度讲，企业年金发展的空间还很大。劳动和社会保障部新闻发言人胡晓义表示，企业年金市场化运营是一项新的工作，管理机构要充分认识企业年金是退休人员“养命钱”的特点，时刻把基金安全放在第一位，切实为他们理好财。

中央政府每年出资 10 亿设立“国家助学奖学金”

8 月 5 日 教育部有关负责人今天宣布：为进一步加大资助高校贫困家庭学生的力度，帮助他们顺利完成学业，经国务院批准，从今年开始，中央政府每年出资10 亿元设立“国家助学奖学金”。

大庆 30 万吨聚丙烯工程投产

8 月 10 日 国家振兴东北老工业基地重点项目—大庆炼化公司 30 万吨/年聚丙烯工程生产出合格产品，这标志着该工程经过 17 个月的紧张建设，顺利实现开工投产。

30 万吨/年聚丙烯工程是目前国内单线生产能力最大的聚丙烯装置。这一工程的建成，使大庆炼化公司成为国内生产聚丙烯品种最多的企业，也标志着大庆炼化一跃成为国内最大的聚丙烯生产基地，将有利于缓解国内聚丙烯产品 40%以上依赖进口的局面。

新华人寿总资产突破 500 亿元

8 月 10 日 新华人寿保险公司日前宣布，该公司总资产首次突破 500 亿元，企业的资本实力进一步提高，为下一步成立金融保险集团打下坚实基础。

该公司 1996 年成立时总资产 7.7 亿元，9 年来增长了 60 多倍。资产的壮大既有赖于连续 9 年来业务的快速增长，也得益于对外资增资扩股和发行次级债的决策。

胜利油田开采新千万吨级油田

8 月 21 日 胜利油田的第 72 座千万吨级以上的大油田近日投入开采，101 号、102 号油井抽出理想的工业油流。

这座油田地处山东省阳信县境内，位于胜利油田探区的外围，地质构造属于惠民凹陷东北部的阳信凹陷，石油、天然气、二氧化碳等藏量比较丰富。油田控制含油面积 8.4 平方公里，控制石油地质储量 1005 万吨，将陆续新打油井 20 口。

首条全封闭高速铁路建成

8 月 29 日　总投资达 34.6 亿元的武（汉）九（江）铁路扩能改造工程日前完工，这意味着华中地区首条全封闭的高速铁路诞生。今后，北方旅客前往上海、杭州、福州、九江等地将更快捷。

武九铁路西起京广线的湖北武昌站，东至京九线的江西九江站，与正在建设中的铜九铁路贯通，线路全长 258 公里，是国家路网中“沿江通道”——沪、汉、蓉大能力货运通道的重要组成部分。

改造后的武九铁路，旅客列车通过速度最高可达到 200 公里 / 小时。整条线路全部采用无缝钢轨，10 多公里才会有一个接头。列车日通过能力由现在的 46 对提高到 176 对。今年内，一批高速列车将陆续上线营运，届时，旅客从武昌坐火车到九江仅需 1.5 小时。

青海三江源生态保护和建设工程启动

8 月 31 日　青海三江源自然保护区生态保护和建设工程在青海西宁正式启动。三江源地区位于青藏高原腹地，平均海拔 4000 多米，是长江、黄河的发源地，也是重要的国际河流澜沧江—湄公河的源头。今年 1 月，国务院批准了《青海三江源自然保护区生态保护和建设总体规划》，明确提出了三江源生态保护和建设工程的总体目标、指导原则和重点项目，总投资达 75 亿元。

九月

河北投资 4000 多亿元建设生态省

9 月 1 日　河北省计划投资 4188 亿元，到 2030 年基本建成经济繁荣、生活富裕、环境优美、社会和谐的生态省，构筑京津两大都市的生态屏障。

今天，由李文华院士领衔的专家组在北京论证通过了《河北生态省建设规划纲要》。这标志着河北生态建设正式启动。《纲要》规划了 1015 项生态省建设重点工程，总投资 4188 亿元。

秦山核电二期主设备在沪下单

9 月 7 日　今天，秦山核电站二期工程主设备供货合同在沪签订，上海电气集团取得包括常规岛的发电机、核岛的蒸汽发生器等在内的供货合同，涉及金额近 9 亿元，成为最主要的供应商。此次向秦山二期工程提供的发电设备国产化程度超过 70%。

湖北获 500 亿元政策性贷款

9 月 7 日　9 月 6 日上午，国家开发银行行长陈元与湖北省省长罗清泉在武汉签订《促进中部崛起开发性金融合作协议》。根据协议，国家开发银行从今年起，将向湖北省提供 500 亿元的政策性贷款。这笔贷款主要用于湖北“十一五”规划建设的对经济社会发展有重大影响的项目。

大陆 300 亿元开发性贷款支持台资企业发展

9 月 7 日　国务院台湾事务办公室和国家开发银行，今天上午在人民大会堂举行《关于支持台湾同胞投资企业发展开发性金融合作协议》签字仪式。此次协议合作期限 5 年，开发性贷款额度共 300 亿元人民币。国台办主任陈云林、国家开发银行行长陈元在合作协议上签字。

中化工程公司获开行一百亿元贷款

9 月 8 日　中国化学工程集团公司 7 日与国家开发银行签订 100 亿元人民币开发性金融合作协议。据开行行长陈元介绍，这笔政策性贷款将主要用于帮助中化工程公司实施经济结构调整，培育专有技术和核心技术，进一步走出去，形成较强国际竞争力。

中国成为世界最大花卉生产基地

9 月 12 日　中国花卉业近年取得了巨大的成就，已成花卉大国。到 2004 年，全国花卉种植面积达到 63.6 万公顷，花卉业产值达 430.6 亿元，出口创汇 1.4 亿美元，已经成为世界最大的花卉生产基地。全国花卉标准化技术委员会和花卉认证工作指导委员会的成立，将加快我国花卉产业从数量扩张型向质量效率型转变，并规范市场交易行为，促进花卉的出口创汇。

460 亿元打造吉林铁路网

9 月 18 日　铁道部和吉林省采取部、省全面合资、合作的方式，共同投资 460 亿元，加快吉林铁路发展。9 月 18 日上午，双方在长春举行了签字仪式。

吉林境内铁路建设历史久远，设施、设备陈旧落后，长期以来，改造、建设相对弱化。吉林省有关部门与铁道部共同规划了“十一五”期间全省加快铁路发展的改造项目，包括新建哈大客运专线、新建东北东部铁路通道（东边道）等共计 16 个项目，从“十一五”开始采取部、省全面合资合作方式逐步实施。吉林省在建设项目中主要负责征地拆迁并承担费用，铁道部主要负责工程建设。

全国农业产业化经营组织达 11.4 万个

9 月 19 日　中国农业产业化经营取得历史性突破，“十五”以来，逐步由初级加工为主向精深加工延伸，由劳动密集型为主向劳动、技术和资金密集型发展。截至目前，全国产业化经营组织发展到 11.4 万个，固定资产总额 8099 亿元，分别比 2000 年增长 70.9%、91.7%。全国各类产业化组织带动农户 8454 万户，从业人数

3333.2 万人。

三峡库区累计获 209 亿元对口支援资金

9 月 22 日 从国务院三峡办获悉：截至今年 6 月底，全国对口支援已累计为三峡库区注入资金 209.29 亿元，其中社会公益项目资金 23.2 亿元，经济合作类项目资金 186.09 亿元，极大地促进了三峡库区移民搬迁安置和经济社会发展。

中国软件产业基地 10 年创收 1638 亿元

9 月 22 日 从科技部获悉：国家火炬计划软件产业基地已成为我国软件产业自主创新的主力军、软件产业国际化的先锋和软件企业成长的摇篮。10 年来，全国已形成 29 个国家火炬计划软件产业基地，基地软件企业超过 1.2 万家，软件从业人员 37 万多人，总销售收入达 1638 亿元，占我国软件产业总收入的 60%以上。

全国沼气建设惠及 1540 万农户

9 月 23 日 2003 年以来，中央每年投入 10 亿元国债资金，建设 100 多万个农村沼气户。目前，全国沼气建设呈加速发展态势，年新建户用沼气超过 150 万户，目前，全国共有 1540 多万农户用上了沼气。沼气建设为农民增收节支带来的直接效益达 75 亿元。

南水北调工程进入建设高峰

9 月 26 日 丹江口水利枢纽大坝加高工程今天开工建设，这标志着南水北调工程进入建设高峰。

丹江口大坝加高工程是南水北调控制工期、施工技术最为复杂的工程之一，工程总投资为 24.25 亿元。大坝加高后，正常蓄水位从 157 米提高至 170 米，可相应增加库容 116 亿立方米，通过优化调度，可提高中下游防洪能力、扩大防洪效益，2010 年调水量 95 亿立方米，到 2030 年调水量达到 120 亿～130 亿立方米，可基本缓解华北用水的紧张局面。

十月

央行首次批准外资机构发行人民币债券

10 月 9 日 中国人民银行批准国际金融公司和亚洲开发银行在全国银行间债券市场分别发行人民币债券 11.3 亿元和 10 亿元。这是中国债券市场首次引入外资机构发行主体，是中国债券市场对外开放的重要举措和有益尝试。

十六家中资银行接受境外金融机构入股

10 月 9 日 今天，中国银监会副主席唐双宁在 2005 中日经济高级论坛上透露，到目前为止，共有 19 家境外金融机构入股了 16 家中资银行，投资总额近 165 亿美元。在被参股投资的中资银行中，既有国家大型银行、股份制银行，也有城市商业银行，既有沿海和东部地区的机构，也有内地和西部地区的机构，呈现出多元化特征。

神舟六号载人飞船发射成功

10 月 12 日 9 时 9 分 52 秒，中国自主研制的神舟六号载人飞船，在酒泉卫星发射中心发射升空后，准确进入预定轨道。中国首次载人航天飞行是在 2003 年 10 月 15 日进行的，同这次载人航天飞行相距近 2 年。这次发射的神舟六号载人飞船，包括推进舱、返回舱、轨道舱三个部分，由中国航天科技集团公司所属的中国空间技术研究院和上海航天技术研究院为主研制。发射飞船的“长征”二号 F 型运载火箭，由中国航天科技集团公司所属的中国运载火箭技术研究院为主研制。飞船上进行空间科学和技术实验的载人航天应用系统，由中国科学院、信息产业部等部门所属的有关单位研制。此次发射是“长征”系列运载火箭第 88 次升空，也是继 1996 年 10 月以来我国航天发射连续第 46 次获得成功。

上海、天津两大产权市场联姻

10 月 12 日 天津产权交易中心与上海联合产权交易所签署战略合作协议，这是国内大型区域产权市场之间的首次“牵手”。天津产权交易中心是北方产权交易共同市场理事长单位，上海联合产权交易所是长江流域产权交易共同市场理事长单位。根据协议，双方今后将重点进行信息和项目合作。

目前，北方产权交易共同市场拥有 61 家成员，长江流域产权交易共同市场拥有 40 多家成员。实现南北市场对接，将促进南北最有活力的产权交易机构的团结合作。

255 个大型灌区实施节水改造

10 月 13 日 从全国农田水利基本建设工作会议上获悉，“十五”期间农田水利基本建设取得喜人成绩，全国有六成多大型灌区实施节水改造，新增粮食生产能力 58 亿公斤，节水 70 亿立方米，“卡脖子”问题基本解决；6000 多万农村人口告别了饮水难；农村水利工程管理体制改革循序推进，农村水价改革完成由福利型向商品型的历史性转变。

大型灌区节水改造项目的实施，提高了农业综合生产能力，降低了灌溉用水量。截至 2004 年底，国家累计投入 136 亿元专项资金，对全国 402 个大型灌区中的 255 个进行配套与改造。

增加煤炭运输能力的重要工程迁曹铁路开工

10 月 21 日 迁曹铁路开工动员会在河北省迁安北站举行，中共中央政治局委员、国务院副总理曾培炎出席并表示祝贺。迁曹铁路是投资体制改革后，第一条按照投资主体多元化、资金来源多渠道兴建的铁路。迁曹铁路位于河北省境内，工程总投资48亿元，设计能力1.3亿吨以上，计划于2007年底开通使用。这一工程将为实现大秦线4亿吨运量目标提供重要保证。

中国建设银行在香港成功上市

10月27日 今天，中国建设银行股份有限公司股票正式在香港联交所挂牌交易，标志着该行在中国四大国有商业银行中率先实现海外成功上市。此次建设银行在全球共发行264.86亿股H股，其中在香港公开发售19.86亿股，其余为国际配售部分。“建设银行”每股面值人民币1元，每股发行价2.35港元，发行总金额为622亿港元，创下香港历来上市集资金额的最高纪录。

国内最大海水淡化项目开工

10月28日 迄今为止国内最大海水淡化项目——天津大港新泉海水淡化有限公司海水淡化项目昨天开工奠基。

由新加坡凯发集团投资7.5亿元人民币建设的该项目位于天津大港区海洋石化科技园，一期日产淡化水10万立方米，计划2007年建成。2008年，二期建设规模将达到日产淡化水15万立方米。该项目是新加坡凯发集团在境外最大的投资项目，处理的海水为大港电厂冷却发电机组所用的海水冷却水，淡化水主要提供给大型石化企业。

北京农村商业银行成立

10月30日 北京农村商业银行股份有限公司日前成立，同时宣告已有54年历史的北京农村信用合作社从此退出历史舞台。

北京农村商业银行注册资本达50.75亿元，是迄今为止我国资本规模最大的一家农村商业银行和区域性地方商业银行。截至2005年9月底，该行资产总额达1235亿元，其中涉农贷款余额388.36亿元，占全部贷款余额的69.70%，占全市金融机构农业贷款总额的比重达70%左右。

十一月

国家循环经济试点工作启动

11月1日 经国务院同意，国家发展改革委、国家环保总局、科技部、财政部、商务部、国家统计局六部门联合下发了《关于组织开展循环经济试点（第一批）工作的通知》，正式启动国家循环经济试点工作。

国家发展改革委按照国务院的部署，会同国家环保总局、科技部等有关部门研究提出了国家循环经济试点工作方案，选择确定了钢铁、有色、化工等7个重点行业的42家企业，再生资源回收利用等4个重点领域的17家单位，国家和省级开发区、重化工业集中地区和农业示范区等13个产业园区，北京市、辽宁省、上海市、江苏省、山东省、重庆（三峡库区）、宁波市、铜陵市、贵阳市、鹤壁市等10个省市，成为第一批国家循环经济试点单位。通过试点，要在钢铁、有色、化工、建材等重点行业探索循环经济发展模式；在重点领域完善再生资源回收利用体系，建立资源循环利用机制；在开发区和产业园区试点，提出按循环经济模式规划、建设、改造产业园区的思路；探索城市发展循环经济的思路。

中国与委内瑞拉签署通信卫星项目合同

11月2日 从中国长城工业总公司获悉：委内瑞拉当地时间11月1日，中国长城工业总公司与委内瑞拉科技部在其首都加拉加斯签署了委内瑞拉卫星1号（简称“委星1号”）通信卫星项目合同。委内瑞拉总统查韦斯出席了签字仪式。

“委星1号”将主要用于委内瑞拉国内通信和广播服务。根据合同规定，中方2008年将向委内瑞拉交付一颗在轨正常运行的卫星以及与之配套的地面测控和应用设施。

中国最大的农业科博园开园

11月2日 融科学性、知识性、趣味性、观赏性于一体的国内目前最大的农业科技博览园，11月1日在陕西杨凌西北农林科技大学开园。该博览园建设占地130亩，总建筑面积1.5万多平方米，包括动物、昆虫、土壤、植物、中国农业历史等5个博物馆和植物分类园、蝴蝶园。

天保工程实施七年森林增一亿多亩

11月2日 今天从国家林业局获悉：天然林保护工程实施7年来，工程区森林面积净增12235.5万亩，森林蓄积净增4.6亿立方米，相当于中等省份贵州省两个省的森林面积。累计减少森林蓄积消耗量4.26亿立方米，相当于少砍森林7542万亩。

据介绍，天保工程实施以来，中央累计投入659.8亿元。共有74万名采伐工人重新分流安置。

今年央企销售收入将突破6.5万亿元

11月7日 国务院国有资产监督管理委员会主任李荣融今天透露，预计2005年中央企业实现销售收入将突破6.5万亿元，比上年增长17%，比国资委成立前的2002年增长80%；实现利润将达到5900亿元，比上年增长21%，比国资委成立前增加1.5倍。

社保基金六成投资资本市场

11月10日 全国社会保障基金理事会理事长项怀

诚日前表示，截至2005年9月底，全国社保基金已有1150亿元投资资本市场，占基金总规模的60%，成为资本市场举足轻重的机构投资者，推动了中国资本市场的不断深化与发展。

雅砻江全流域水电开发启动

11月13日 经国务院批准，四川雅砻江锦屏一级水电站于12日开工建设，雅砻江流域水电开发进入全面实施阶段。该电站设计装机6台，总容量360万千瓦，总投资246亿元，建设总工期9年零3个月。

雅砻江是金沙江的最大支流，水能资源极为丰富，是我国规划开发的十二大水电基地之一，干流两河口至金沙江口河段规划按11个梯级开发，总装机容量2285万千瓦。目前已建成了二滩水电站，装机330万千瓦。

中国和哈萨克斯坦输油管道实现对接

11月14日 连接中国与哈萨克斯坦的石油管道在中哈边境口岸阿拉山口实现跨国对接，这标志着中哈管道第一期工程近1000公里的大口径输油管道主体工程顺利完成。中哈管道建设项目是中国和哈萨克斯坦两国第一条跨国输油管道，一期工程管道总造价7亿美元，设计年输油能力2000万吨。

退耕还林七年　中央投资千亿

11月16日 自1999年开始试点的国家重大生态工程——退耕还林工程实施7年来，中央已累计投入资金1030亿元。“十一五”期间，中国将投资1377亿元继续实施退耕还林工程，从根本上扭转水土流失和土地沙化严重的局面。

四川广安开发特大天然气田

11月18日 西南油气田分公司川中油气矿运用国际先进技术，在四川广安境内发现特大整装气田，目前已进入产业性开发。此天然气田已初步探明储量为1000亿立方米，居全国前列。它包括广安区、岳池县、武胜县部分地区，位于三叠系须家河组地层，属易开采的整装浅层气田，纯净度高，不含硫化氢，不需建脱硫、净化等设施，可直接从气井采气供天然气化工及居民生活、CNG汽车、发电等使用，开采成本低廉。

中国购买七十架波音飞机

11月20日 中国航空器材进出口集团公司20日在北京与美国波音公司签订了购买70架B737—700和B737—800飞机的框架协议，这是中国民航史上购买飞机架数最多的一单协议。这批波音飞机的目录价格为40亿美元，将于2006～2008年期间交付中国国际航空公司、东方航空等8家航空公司使用。

此外，中航材还将在近期与波音公司签订购买另80架B737飞机的框架协议，使得最终购买架数达到150架。

中国技术市场年交易额逾1300亿元

11月23日 中国技术市场继续快速发展，2004年技术市场合同交易额突破1334亿元；企业成为技术市场上最大的卖家和买主，技术输出量和购买量分别占市场总量的56%和75%；技术合同实施效益不断提高，最新抽样统计显示：每花1元钱购得的技术用于生产后，可新增产值6.2元，新增利润0.86元，上交税金0.36元。

据科技部介绍，近年来，中国技术市场合同成交额以每年15%以上的速度增长，从1984年的7亿元增长到2004年的1334亿元。目前，全国共有各类技术交易服务机构和技术贸易机构6万多个，从业人员达110多万。2005年对全国13个省市595个项目的跟踪调查显示，其中有自主知识产权的占78%，合同总金额为22亿元，合同实施后新增产值136亿元，新增利润19亿元，上交税金8亿元，出口创汇12亿元。

中国出口加工区累计外贸总值超千亿美元

11月24日 从海关总署获悉：截至目前，全国已通过验收并封关运作的出口加工区已有37个。全国出口加工区累计外贸总值1057亿美元，其中进口451亿美元，出口606亿美元，预计今年进出口将突破500亿美元。出口加工区已经成为我国承接国际IT产业、高新技术产业转移的重要载体。全国出口加工区近90%的出口产品为机电产品和高新技术产品。江苏昆山、上海松江、江苏苏州工业园区等出口加工区内的IT企业，分别占进区企业的72%、77%、45%。5年来，出口加工区共引进外资项目827个，外商投资总额136亿美元，成为投资最密集、出口加工企业最集中、单位产出最高的特殊经济区域。

我国银行首次持股企业

11月28日 经国务院批准，日前，中国工商银行与中国长航集团正式签署债务重组暨全面合作协议。此次债务重组协议涉及资金近50亿元人民币，开创了我国由银行直接持股的银企全面合作的先河，标志着银企双方通力化解中国长航集团巨额不良资产并进行全面合作取得了突破性进展。据悉，中国工商银行将与中国长航集团共同组建的债转股公司出资总额42亿元，其中长航集团出资23.1亿元，占55%；中国工商银行出资18.9亿元，占45%。中国工商银行减免长航集团15.79亿元的利息。

中央财政专项经费今年增加到8亿元

11月30日 卫生部部长高强在今天举行的国务院新闻发布会上指出，中国不断加大艾滋病防治经费投入。中央财政专项防治经费由2002年的1亿元，增加到2005年的8亿元，主要用于艾滋病筛查、宣传教育活动、艾滋病患者医疗救治、高危人群行为干预等方面。地方财政用于艾滋病防治经费也大幅度增加。

十二月

西气东输气源地开始二期气田建设

12月4日 中国石油塔里木油田英买力气田群建设工程于12月2日开工，标志着塔里木油田全面进入第二期气田建设。

英买力气田群是目前中国最大的凝析油气田群，位于新疆南疆的阿克苏地区新和县和温宿县，已探明天然气地质储量656.28亿立方米，凝析油加原油储量2600万吨，建成后年产天然气25亿立方米、凝析油加原油50万吨、液化气4万吨。该气田计划在2006年12月1日建成投产。塔里木油田首批三个气田区，于2004年9月1日起陆续向西气东输管道供气，已累计供气40亿立方米。

渤海湾新发现2亿立方米石油储量

12月4日 中国海洋石油总公司日前宣布发现高产含油构造-金县1—1，连同其他发现，中海油年内在渤海辽东湾海域共找到2亿立方米石油地质储量。

金县1—1高含油构造位于渤海辽东湾海域，该井可日产原油1000余桶。连同该构造在内，中海油2005年在渤海湾共获得8个新发现，这8个新发现预计石油地质储量约2亿立方米，天然气约15亿立方米。预计2005年渤海湾油气产量将达到1400万立方米，成为中国第三大油田。

开放人民币业务城市增至25个

12月5日 中国银行业监督管理委员会主席刘明康今天宣布，为履行中国加入世界贸易组织承诺，提高对外开放水平，银监会将实施进一步对外开放银行业的政策措施。自2005年12月5日起，将外资金融机构经营人民币业务的地域扩大到汕头、宁波。同时为鼓励外资金融机构参与实施我国西部大开发和振兴东北老工业基地战略，经国务院批准，将提前向外资金融机构开放哈尔滨、长春、兰州、银川和南宁五个城市的人民币业务，使开放人民币业务的城市从18个增加到25个。

全球最大的乳品商进军中国内地乳品市场

12月5日 石家庄三鹿集团与全球最大的乳品商新西兰恒天然集团日前签订协议，恒天然集团将注资8.64亿元人民币（1.07亿美元）认购石家庄三鹿集团43%的股份，这是海外企业在中国乳品行业最大的资本投资。

第一次全国经济普查圆满结束

12月6日 历时两年的第一次全国经济普查圆满结束。国务院第一次全国经济普查领导小组办公室和国家统计局今日发布《第一次全国经济普查主要数据公报（第一号）》，并将陆续向社会公布普查的其他主要结果。

中国最大造船企业在大连组建

12月9日 中国目前最大的造船企业大连船舶重工集团有限公司今天成立。该集团由大连造船重工有限责任公司（大船重工）和大连新船重工有限责任公司（新船重工）整合重组而成。两个企业强强联合，志在携手打造中国造船业的新型“航空母舰”。

大船重工有着百余年历史，前身是大连造船厂，是中国大型船舶出口基地和海军装备重点企业。新船重工15年前从大连造船厂分立出来，是目前中国最大规模的现代化船舶总装企业和大型船舶出口基地企业。今年两厂造船产量将达到230万吨，产值过百亿。

社保基金今年将突破2000亿元

12月9日 全国社会保障基金规模正稳步扩大，预计到今年底将突破2000亿元。国有资产和上市公司股权向社保基金的划拨工作也将全面展开，届时将进一步扩充社保基金的规模。

全国社会保障基金可以进行多种投资，以实现保值增值。项怀诚介绍说，过去社保基金的投资领域限于国内银行存款、股票、国债等几个品种，也取得一些成绩。最近，中央政府再次鼓励和批准社保基金扩大投资范围，包括：可投资国资委管辖的中央企业；可投资财政部管理的金融资产；企业债的投资比例适当放宽。此外，在去年获准参股交通银行后，全国社保基金投资中国工商银行和中国银行的申请也已获得批准，相关洽商正在进行中。全国社保基金已成为国内资本市场上重要的机构投资者，基本涵盖了国内资本市场符合养老金投资特点的所有投资品种。

“十五”期间巨资投入信息技术研发

12月11日 “十五”期间，国家投入21亿元发展基金用于信息产业重大技术发明，带动了1000多亿元社会资金投入信息技术研发创新领域。5年间，共有28项技术当选信息产业重大技术发明。

新疆发现亿吨级大油气田

12月12日 从塔里木勘探开发研究院获悉：经过3年的勘探开发，塔里木勘探取得战略性突破，在塔克拉玛干大沙漠的塔中Ⅰ号褶皱带发现了我国第一个奥陶系生物礁型亿吨级大油气田。

该油气田的发现，对新疆油气工业的发展及我国石油战略的实施具有重要意义。

上海洋山港二期工程全面启动

12月19日　国家战略工程—上海国际航运中心洋山深水港二期工程，今天在上海正式签订了项目合资合同。这标志着洋山深水港二期工程已全面启动。

洋山港二期是继洋山深水港一期项目之后的又一项经国家发改委批准的重点项目工程。洋山港二期码头岸线总长1400米，陆域面积0.64平方公里，建设4个7万吨级集装箱泊位（兼靠泊10万吨级以上超大型集装箱船）。洋山港二期总投资60亿元，将于2006年年底建成交付使用。

广东三大铁路项目开工

12月20日从广州乘坐时速200公里以上的铁路客运专线，不到一个小时就能抵达香港，这一梦想已不再遥远。18日上午，广深港铁路客运专线广深段在深圳正式开工，广珠城际轨道交通、洛湛铁路通道岑溪至茂名段铁路也同时拉开了建设大幕。

据铁道部部长刘志军介绍，铁道部与广东省政府将合作建设武广客运专线、新广州火车站、广深港铁路客运专线、广珠城际轨道交通、岑溪至茂名铁路等9个铁路项目，建设总里程约2164公里，总投资约1390亿元，其中新广州站及相关工程、武广客运专线、广深四线已开工建设。

最大秸秆发电项目开工

12月20日　设备全部为自主创新、装机容量国内最大的秸秆直燃发电项目，分别于今天和18日在江苏句容和宿迁两地开工建设，拉开了我国大规模开发生物质能的序幕。

这两个示范项目均由中国节能投资公司投资建设，完全采用我国自主研发设计和制造的秸秆直燃锅炉技术，每个项目的装机容量为2.4万千瓦，预计明年12月建成运营，每年可消耗20万吨秸秆，一年可使每亩农田增收40～50元，受益农民人均增收近140元。

浙江金丽温高速公路全线贯通

12月23日，金华—丽水—温州高速公路全线贯通。该高速公路全长234公里、总投资127亿元，起自金华二仙桥，终于温州南白象，横贯金华、丽水、温州三地，是我国同江至三亚、上海至瑞丽两条国道主干线在浙江中部的重要连接线。

全国第二大水电站溪洛渡开工

12月26日　举世瞩目的金沙江溪洛渡水电工程今天开工。作为实施“西电东送”战略的骨干电源，溪洛渡电站设计装机容量1260万千瓦，装机规模在国内仅次于三峡水电站，也是金沙江下游梯级电站中第一个开工建设的项目。

溪洛渡水电站位于四川雷波县和云南永善县境内金沙江干流上，电站枢纽由拦河坝、泄洪、引水、发电等建筑物组成。拦河坝为混凝土双曲拱坝，坝顶高程610米，最大坝高278米，坝顶中心线弧长698.09米；左右两岸布置地下厂房，各安装9台单机容量70万千瓦的水轮发电机组，年发电量为571亿～640亿千瓦时。工程2003年开始筹建，2005年底主体工程开工，预计2007年11月工程截流，2015年竣工投产，整个工程静态投资503.4亿元人民币。

中国电气化铁路突破两万公里

12月27日　随着625公里的渝（重庆）怀（化）线电气化铁路建成，国内电气化铁路总里程突破2万公里。中国成为继俄罗斯、德国之后的世界第三大电气化铁路国家。

中国光彩事业促进会台商委员会成立

12月27日　中国光彩事业促进会台商委员会今天在北京成立。这个委员会旨在为参与光彩事业项目投资的台商提供渠道和平台，通过互惠互利的投资，达到既帮助中西部地区经济发展，台商自身也获得经济效益的双赢结果。

中海壳牌南海石化联合工厂建设完工

12月30日　国内最大的中外合资石化项目中海壳牌南海石化联合工厂，目前已建设完工。该厂位于广东省大亚湾，年产80万吨乙烯裂解。

由中海油、荷兰皇家壳牌和广东省合资兴建的中海壳牌南海石化联合项目总投资43亿美元，是迄今为止国内最大的中外合资项目之一。

2006年（1～10月）

一月

海关税收首次突破5000亿元

1月8日　2005年全国海关征收关税和进口环节税净入库5278亿元，比2004年多收534亿元，增长11%；圆满完成全年5207亿元的税收计划，并超收71亿元。目前，中国海关依法征管、科学征管、综合治税，海关税收质量显著提高。

中国五大原创农业科技成果世界领先

1月8日 中国农科院在“十五”期间不断加强自主创新，获得一大批具有自主知识产权的重大科技成果，其中获奖成果近500项，每年创造经济效益200多亿元。禽流感疫苗、抗虫棉、矮败小麦、超级稻、双低油菜等五大原创性农业科技成果居世界领先地位，走出了一条依靠自主创新推动农村经济发展的道路。

农业综合开发5年投入1300多亿元

1月11日 从此间召开的全国农业综合开发工作会议上获悉，“十五”期间，农业综合开发共投入资金1335.15亿元，改造中低产田1.29亿亩，新增粮食生产能力407.28亿斤。农业综合开发大大改善了农业生产基本条件，提高了农业综合生产能力，对促进农业增效、农民增收起到了重要的支撑作用。

上年末中国外汇储备达8189亿美元

1月15日 中国人民银行今天公布的金融统计显示，截至2005年12月末，国家外汇储备余额为8189亿美元，同比增长34.3%。全年外汇储备增加2089亿美元，同比多增加22亿美元。这一外汇储备余额再度创出了历史新高。

福彩5年筹集公益金400亿

1月17日 今天从中国福利彩票发行管理中心获悉，中国福利彩票在“十五”期间共销售1145亿元，为国家筹集社会公益金400.75亿元。

“十五”期间，福利彩票所筹集的400亿元公益金近一半上交国家财政主要用于社会保障事业，其余主要用于“扶老、助残、救孤、济困”等社会福利事业。民政部留用公益金主要用于“星光计划”和“明天计划”的实施，其中“星光计划”共资助兴建32000多个社区老年福利服务中心，“明天计划”已资助为13000名残疾孤儿实施了康复手术。

2005年社保基金总收入近7000亿元

1月19日 从劳动和社会保障部获悉：“十五”期间，中国初步形成了以养老、失业、医疗、工伤、生育保险为主要内容的社会保障体系框架，覆盖范围不断扩大，资金规模成倍增加，2005年5项社会保险基金的总收入接近7000亿元，总支出5400多亿元，在经济体制改革和经济结构调整的重大变革中，有效地保障了广大劳动者的合法权益。

中央企业2005年实现利润6276亿元

1月23日 国务院国资委今天宣布，2005年国有经济保持了快速增长的良好态势，中央企业实现销售收入67312.9亿元，同比增长19.8%；实现利润6276.5亿元，同比增长27.9%。

央企之外的其他国企效益也不断提高。全国31个省（区、市）以及新疆生产建设兵团国资委履行出资人职责的1008户企业，上年前11个月实现销售收入27953.8亿元，同比增长20.3%；实现利润1318.7亿元，同比增长10.6%。

二月

中国湿地保护工程正式启动

2月1日 今天从国家林业局获悉，全国湿地保护工程日前正式启动实施。国务院近期批准的《全国湿地保护工程实施规划（2005～2010年）》提出，5年内计划投资90亿元，优先启动四大重点建设工程，通过加大湿地自然保护区建设和管理，使中国50%的自然湿地、70%的重要湿地得到有效保护，基本形成自然湿地保护网络体系。

中医药类产品去年出口138亿美元

2月5日 2005年中国医药类产品进出口总额达到256.4亿美元，其中进口118.4亿美元，同比增长18.5%；出口达到138亿美元，同比增长28.1%。

据统计，在医药类出口产品中，西药类出口去年共计129.7亿美元，包括西药原料药、西成药、生化药、医疗器械及医用敷料，约占医药类产品出口总额的94%。其中，西药原料药仍为医药类最大的出口产品，出口额达到79亿美元，约占医药类产品出口总额的57.3%。

中药类出口去年共计8.3亿美元，包括中药材、中成药及提取物，约占医药类产品出口总额的6%。

2006年起财政每年安排1030亿元资金

2月22日 从2006年起，财政每年将安排1030亿元资金用于支持农村税费改革的巩固完善，其中中央财政每年将通过转移支付补助地方财政780亿元，地方财政将安排财政支出250亿元左右。

三月

京沪高速铁路批准立项

3月8日 今天从铁道部获悉：作为中国《中长期铁路网规划》的一个重要项目，京沪高速铁路经过充分论证，日前已经正式批准立项。

在铁路技术装备方面，京沪高速铁路在引进消化吸收再创新的基础上，采用国产化的技术装备，打造中国品牌。京沪高速铁路建设资金将采取市场化融资方式，吸纳民间资本、法人资本及国外投资，构建多元投资主体，拓展多种投资渠道。

政府收支分类改革明年全面实施

3月12日 经国务院批准，政府收支分类改革将于 2007 年全面实施。通过对政府收入、支出功能、支出经济进行分类，可以清晰显示政府每一笔钱具体是怎么花的。这对完善政府预算管理制度，建立和完善公共财政体制，从源头上治理腐败和加强社会主义民主政治建设具有重要意义。

新的政府收支分类体系主要包括以下三方面内容：一是收入分类。将原一般预算收入、基金预算收入、社会保障基金收入和预算外收入等都统一纳入政府收入分类体系，使政府的各项收入来源都能得到清晰的反映。二是支出功能分类。就是按照政府的职能和活动设置支出科目。通过支出功能分类可以清楚地了解政府的各项支出都具体做了些什么事。三是支出经济分类。主要是反映各项支出的具体经济构成，反映政府的每一笔钱具体是怎么花的。

中共中央研究促进中部地区崛起工作

3 月 27 日　中共中央政治局 27 日召开会议，研究促进中部地区崛起工作。会议指出，促进中部地区崛起，是党中央、国务院继作出鼓励东部地区率先发展、实施西部大开发、振兴东北地区等老工业基地战略后，从我国现代化建设全局出发作出的又一重大决策，是落实促进区域协调发展总体战略的重大任务。

四月

中国化工收购澳最大乙烯生产商

4 月 3 日　从中国化工集团公司获悉：该公司 4 月 3 日成功收购了澳大利亚最大的乙烯生产商凯诺斯控股有限公司 100%股权。这是中国化工继所属蓝星公司成功收购全球第二大蛋氨酸制造商法国安迪苏集团后，又一起成功的海外并购。

山西投入 1500 亿元开发洁净能源

4 月 9 日　继煤制油生产线在山西潞安集团开工后，目前，山西正形成 15 个清洁能源工业园区。“十一五”期间，山西将在煤炭“零”增长的同时，投入 1500 亿元发展煤层气、煤制油和醇醚燃料，变输出原煤为输出清洁能源，成就新的支柱产业。

据估算，全省煤层气开发约需 1200 亿元，建设甲醇、煤制油和二甲醚等生产线需 300 多亿元。为支持洁净能源项目的科技攻关，攻关经费 50%以上由省政府投入；省政府还正在筹措规模为 100 亿元的投资基金，准备采用投资入股、奖金补助和贷款贴息的办法，给予扶持。此外，山西还出台优惠政策，对从事能源深加工的骨干企业，研发费用可再上提 4 至 7 个百分点，设备引进全部免税。

125 亿元新增资金直补粮农

4 月 11 日　为切实保护种粮农民利益，结合国务院石油综合配套调价方案精神，统筹考虑柴油、化肥等农业生产资料价格变动对农民种粮收益的影响，经国务院批准，财政部决定今年新增 125 亿元补贴资金，对种粮农民柴油、化肥、农药等农业生产资料增支实行综合直补。这样，中央财政今年对种粮农民的直接补贴总额达 267 亿元，比上年增长 102%。

宁西铁路将开通客运运营

4 月 13 日　从郑州铁路局获悉，全长 1075.69 公里的宁西铁路将于 4 月 18 日正式开通客运运营。这将结束河南省没有直达杭州、东莞铁路的历史，并缩短中部省份与长三角经济圈的距离。

西安至南京铁路简称西南铁路，又称宁西铁路，是我国“十五”重点建设项目、西部大开发十大重点工程之一，也属于国家铁路网建设中“八纵八横”重点骨架。宁西铁路 2000 年 5 月动工，2003 年竣工，2004 年开通了货运业务。该铁路开通后，将填补陇海线与襄渝线、汉丹线之间四五百公里内无东西向铁路的空白。

国投公司领航国有投资旗舰

4 月 19 日　截至目前，国投公司在电力、煤炭、港口、化肥等基础性、资源性产业和高新技术产业拥有控股投资企业 50 多个；资产总额 960 亿元，所有者权益 191 亿元，2005 年实现利税 59 亿元。在我国投资行业中，国家开发投资公司是规模大、效益好、管理先进的国有投资控股公司和中央重点骨干企业。

五月

西藏今年建设六十六项重点工程

5 月 8 日　从西藏自治区重点工程办公室获悉：今年西藏计划安排 66 项重点工程建设项目，计划总投资 395 亿元，年度计划投资 108 亿元。

西藏今年重点工程项目主要包括：改善农牧区生产生活条件，推进社会主义新农村建设；加快交通、能源、水利、通信等重大基础设施建设，缓解“瓶颈”制约；促进社会事业发展，提高公共服务水平；加强环境保护，建设高原生态安全屏障；大力发展优势、特色产业，增强自我发展能力等，这些建设项目将为西藏经济社会发展打好基础。

北京将在国内率先建成创新型城市

5 月 9 日　北京市委、市政府在 9 日举行的北京市科学技术大会上提出，实施以增强自主创新能力为核心的首都创新战略，并在国内率先建成创新型城市。根据北京市的发展规划，在未来一段时间内，北京将举全市之力提高首都科技自主创新能力、科技辐射能力和科技支撑发展能力，全面推进理论创新、制度创新、管理创新和文化创新，力争到2010年初步建成创新型城市，到2020年进入世界创新型城市的先进行列。

中国累计派出劳务人员近355万

5月9日 据商务部最新统计，截至今年3月底，中国对外承包工程累计完成营业额1418亿美元，签订合同额1942亿美元；对外劳务合作累计完成营业额366亿美元；签订合同额416亿美元；累计派出各类劳务人员354.6万人。

世界最大的30万吨级浮船坞在大连投产

5月10日，由中国自主设计建造、世界最大的30万吨级浮船坞在大连投产。该浮船坞可承担30万吨级油船、散货船、超巴拿马大型全集装箱船和其他大型海上工程建筑物的坞修工程。

中国内地全球竞争力排名上升到第19位

5月11日 瑞士洛桑国际管理学院11日公布了《国际竞争力年度报告》。在2006年国际竞争力排名中，中国内地的竞争力水平由去年的第31位上升到第19位，竞争力指数为71.5，提高速度最快。

排名榜同时显示，中国香港依然保持了去年排名第二的位置。美国依然占据排名榜首位，接下来的排名依次为中国香港、新加坡、冰岛、丹麦、澳大利亚、加拿大、瑞士、卢森堡和芬兰。此外，印度的排名上升也比较快，从2005年的第39位上升到第29位。

深圳首推政府投资工程预选制

5月11日 深圳市政府今天公布首批政府投资工程预选承包商名录，上海、江苏、福建、深圳等地的340家企业入围。今后一年内，所有深圳市政府投资工程的承包商将在这340家企业中产生。

上年7月，深圳市在国内率先推出政府投资工程预选承包商制度。预选承包商制度特别规定，凡发现有拖欠农民工工资逾期未整改，因行贿、串通投标等而受处罚，拒绝参加政府主管部门组织的抢险救灾等情形之一的，直接清出名录。对被清出名录的承包商，两年内不接受其申请。

国家电网公司投资500亿元做强湖北电网

5月16日 国家电网公司与湖北省政府正式签约，“十一五”期间，国家电网公司将投资500亿元做强湖北电网，建成“晋东南、南阳、荆门”特高压工程等，届时，湖北的供电可靠性将得到极大提高。

赣粤签约92个合作项目

5月17日 江西广东经济技术合作项目签约仪式今天在广州举行。赣粤两省共签订合作项目92个，总投资额123亿元，其中亿元以上项目31个，投资额88亿元。这标志着赣粤合作迈出了新的步伐，也是江西实施“对接长珠闽、联结港澳台、融入全球化”战略的丰硕成果。

新疆发现储量466亿吨煤田

5月24日 日前，新疆地矿局在新疆阿勒泰地区富蕴县探明一储量466亿吨的大煤田，这是该地区首次发现储量在百亿吨级的大煤田。

新疆生产建设兵团农十师和富蕴县联合组建的屯富矿业公司与重庆宝田（地产）集团、重庆海峡公司已经签署协议，初步开发投资总额达1.5亿元。

中国建设亚洲最大生物产业孵化器

5月29日 “中国生物技术学术中心”今天在北京奠基开工，标志着中国开始建设亚洲最大的生物产业孵化器。“中国生物技术学术中心”坐落在西长安街五棵松奥运广场北侧，是一个大型的生物产业孵化器，总建筑面积25万平方米，由北京国际信托投资有限公司和科技部中国生物技术发展中心联合承建。

六月

河北发展沼气600万农民受益

6月1日 河北省已建成“生态家园富民工程”示范村1500多个，建成沼气池的农户达151.9万户，600多万农民受益。过去3年，河北新建沼气池是过去十几年总和的近4倍。

河北积极探索以农户投入为主体、社会投入为补充、政府投入为引导的多元化沼气投资体制，省财政连年以500万元的增幅，不断加大沼气建设投入。3年来，省、市、县、乡各级政府投入3.5亿元，并协调贷款6400万元，带动农民投入20.31亿元，使全省的沼气建设连年攀上30万户、40万户、50万户的发展台阶。

央行调剂支农再贷款50亿元

6月6日 为贯彻落实支持社会主义新农村建设的政策措施，近日，中国人民银行调剂支农再贷款额度50亿元，重点用于支持西部地区和粮食主产区农村信用社加大农户贷款投放力度。截至目前，今年调剂支农再贷款额度的总量达80亿元，是历年来调剂力度最大的一年。

175亿元改造农村公路

6月7日 国家发展和改革委员会7日对外宣布，2006年农村公路改造工程投资计划已经下达，安排中央补助投资175亿元。

从发展改革委交通司了解到，今年在东、中部地区安排建设总里程9.6万公里，投资总规模274亿元，其中中央补助投资96亿元；在西部地区安排建设总里程

2.32万公里，投资总规模176亿元，其中中央补助投资79亿元。

中国累计实际使用外资逾2700亿美元

6月8日 商务部副部长马秀红在商务部今日举行的新闻发布会上说，截至2005年底，中国累计批准设立外商投资企业50多万家，实际使用外资存量超过2700亿美元。

目前，来华投资的国家和地区超过190个，《财富》500强企业中已有约450家在华投资，外商投资在华设立的研发中心达700多家，跨国公司设立地区总部40多家。目前，全国现存运营外商投资企业（约28万家）总体经营情况良好，部分重要经济指标在全国总量中的比重进一步提升。

中央投入100亿元用于治淮骨干工程

6月12日 从水利部淮河水利委员会了解到，2006年和2007年中央财政对治淮骨干工程的投资约在100亿元，河南、安徽、江苏、山东四省的地方配套资金也将达到34亿元。

新疆750千伏电网建设工程启动

6月18日 国家电网公司与新疆维吾尔自治区人民政府签署协议——"十一五"期间国家电网公司将投资182亿元推进新疆750千伏电网建设力争实现新疆与西北电网750千伏联网，建成全国"西电东送"北通道，这标志着新疆"西电东送"工程正式启动。

中石化天津百万吨乙烯及配套项目开工

6月26日 今天上午，经国务院核准的中国石化股份公司天津分公司100万吨/年乙烯及配套项目在天津滨海新区大港石化基地开工，该项目是我国目前在建最大乙烯工程之一。

该项目2009年建成后，中石化天津分公司的乙烯总规模将达到120万吨/年，炼油综合加工能力将达到1250万吨/年，成为我国千万吨级炼油和百万吨级乙烯一体化生产基地之一，每年可生产高质量、高规格、宽覆盖面的石油、石化和化纤产品1200万吨。项目开工表明，我国具备自主建设大型乙烯工程的能力。

七月

西部12项重点工程年内开工

7月2日 从2000～2005年底，西部开发累计开工重点工程70项，投资总规模近1万亿元。这些重点工程的实施，对于改变西部地区基础设施薄弱，加快西部地区特色优势产业发展，促进区域经济协调发展起到了重要作用。2006年，国家将继续在西部地区新开工12项重点工程，投资总规模1654亿元。

这12项重点工程是：太原至中卫（银川）铁路工程；西部公路建设（含贵州都匀至新寨、宁夏中宁至盐池、新疆赛里木湖至果子沟）；西部支线机场建设（榆林、赤峰机场迁建，河池、腾冲、康定机场新建）；西部地区重点煤矿工程（含内蒙古胜利一号露天煤矿和宁夏梅花井煤矿）；西部水电站建设（含向家坝，糯扎渡，景洪水电站建设）；云南青山嘴水库工程；退耕还林配套基本口粮田建设；四川80万吨乙烯工程；新疆罗布泊120万吨钾肥工程；内蒙古40万吨氧化铝工程；西部地区高技术产业项目（含陕西快速制造国家工程研究中心和重庆超声医疗国家工程研究中心建设）；西部教育、卫生等社会事业项目。

世界华人财富论坛永久会址落户遂宁

7月3日 今天上午10时30分，世界华人财富论坛永久会址在四川省遂宁市奠基。该论坛首届年会将于2007年7月29日至8月2日举行。

由世界华人协会、美洲中华总商会、欧洲华人协会、美国安良工商总会、北美洲华人协会、中南美洲华人协会、大洋洲华人协会、新加坡华商协会及程万琦、马万祺、曾宪梓、霍震寰、杨受成等15位著名华商共同发起的"世界华人财富论坛"，是一个非官方、非营利性的定期、定址的国际组织，论坛每年举办一届年会。论坛旨在促进海外华人力量与中国国内力量的联合，并通过海外华人关系吸引外国优势资源投向中国，共同发展中国经济。

25家中资银行跻身全球1000强

7月20日 今天，中国银监会披露了英国《银行家》杂志最近发布的2006年度全球1000家大银行排名情况。据悉，花旗集团仍然是全球最大的银行。进入全球1000家大银行的中资银行从2005年的19家上升到25家。

按一级资本（包括银行的股本金、公开储备和保留盈余）排序，2006年度进入全球1000家大银行前20名的中资银行有3家，分别是中国建设银行（356亿美元），排第11位；中国工商银行（317亿美元），排第16位；中国银行（304亿美元），排第17位。其中，建行2005年10月在香港成功上市后，筹得92亿美元，使其成为亚洲（日本除外）最大的银行。而按总资产排序，中国工商银行成为亚洲（日本除外）最大的银行。

103家企业成为首批创新型企业试点

7月23日 科技部、国资委和中华全国总工会联合启动创新型企业试点工作，日前已经确定103家试点企业。我国创新型企业试点工作第一批选择的103家试点企业，包括国有大型骨干企业15家，民营科技企业 77 家，实行了企业化转制的应用开发类科研机构 11 家。

我首条跨国原油管道正式运营

7 月 30 日　7 月 29 日 17 时，通过中哈管道进口的原油已经顺利通过中国境内阿拉山口—独山子原油管道（简称“阿独原油管道”），抵达中石油独山子石化分公司原油罐区，这标志着中国首条跨国原油管道全线贯通，正式进入商业运营阶段。

中哈原油管道和阿独原油管道长 1200 多公里，国内段长 246 公里，设计年输油能力 1000 万吨。

八月

天津提升为北方经济中心

8 月 10 日，国务院批复同意修编后的《天津市城市总体规划（2005～2020 年）》，进一步明确了天津城市性质、定位和发展重点：天津是环渤海地区的经济中心，要逐步建设成为经济繁荣、社会文明、科教发达、设施完善、环境优美的国际港口城市、北方经济中心和生态城市。

非主业投资不得过一成

8 月 15 日　在 14 日出台的《中央企业投资监督管理暂行办法实施细则》中，为了“突出主业”，国资委要求中央企业在投资时，非主业投资占总投资的比重必须控制在合理范围，一般要求不能超过 10%。而在投资资金构成方面，国资委要求央企自有资金占总投资的比重一般在 30%以上。

国投公司总资产逾千亿元

8 月 20 日　截至 7 月 31 日，国家开发投资公司总资产达到 1007 亿元，进入资产过千亿元大型中央企业行列。从资产规模到资产盈利能力，在 168 家中央企业中均列“第一方阵”。国投公司 2005 年经营业绩经国资委考核为 A 类，名列 28 家 A 类央企行列。这是国投公司连续两年获此佳绩。

建行近百亿港元收购美国银行（亚洲）

8 月 24 日　中国建设银行股份有限公司 24 日与美国银行签署协议，由建设银行收购美国银行在香港的全资子公司美国银行（亚洲）股份有限公司 100%的股权。本次收购总价为 97.1 亿港元，预计正式交割于今年年底前完成。

首台风力发电机组成功安装

8 月 27 日　江苏省首台风力发电机组在如东县环港海边成功安装。此次吊装的风电机组塔筒高 80 米，扫风直径达 77 米，均为全国之最。机组安装、调试完成后，将于 9 月并网发电。

九月

国家开发银行 2500 亿资金助铁路发展

9 月 10 日　铁道部与国家开发银行日前就双方开展开发性金融合作举行会谈，并签署了《关于“十一五”期间开发性金融合作会谈纪要》。国家开发银行承诺，“十一五”期间将向铁路建设等项目提供 2500 亿元政策性贷款，为铁路跨越式发展提供资金支持。双方合作的主要领域包括，为铁路网新线建设、既有线技术改造和铁路技术装备升级项目提供大额、长期的融资支持等。

2450 亿托起自主创新翅膀

9 月 14 日　从国家统计局获悉：2005 年我国全社会研究与试验发展（R&D）经费投入强度达到历史最高水平，据国家统计局、科学技术部、财政部今天发布的公报，去年全社会 R&D 经费总支出为 2450 亿元，比上年增加 483.7 亿元，增长 24.6%；与当年 GDP 之比为 1.34%，比上年提高了 0.11 个百分点。

中央财政今年 30 亿元支持中小企业

9 月 18 日　财政部副部长朱志刚日前在全国中小企业工作座谈会上透露，“十一五”期间，财政部门将进一步加大对中小企业的支持力度，在“十五”期间中央财政累计安排各类支持中小企业专项资金 85 亿元的基础上，今年这一专项资金将达 30 亿元。

据朱志刚介绍，“十五”期间，财政对中小企业的支持实现了“跨越式”增长，截至 2005 年底，中央财政支持了 7000 多个中小企业技术创新项目，85000 多个中小企业开拓国际市场项目，2500 多个农业成果转化项目和近 1000 个中小企业服务体系建设项目。

政府投资项目节省约 6000 亿元

9 月 25 日　《招标投标法》实施 6 年多来，招标比例大幅度提高，节约了大量投资。目前，依法必须招标的政府投资项目和重大建设项目，绝大部分都执行了招投标制，通过公开招标签订合同份数和合同金额逐年提升。其中，施工招标和设备、材料招标情况相对较好，实行公开招标的合同金额比例达到 90%以上；通过招投标节约的工程建设投资，一般在 10%～15%，有的地方和行业的平均节资率达到 20%左右。据匡算，仅实行政府投资项目招投标，就节省概算投资约 6000 亿元左右。

我国电气化铁路里程跃居世界第二

9 月 27 日　浙赣线电气化技改工程日前顺利竣工，标志着我国电气化铁路总里程已突破 2.4 万公里，成为继俄罗斯之后世界第二大电气化铁路国家。

太钢成为全球最大不锈钢企业

9 月 28 日　一条年产能力达 200 万吨的不锈钢新

生产线近日在太原钢铁集团建成投产，加上原有 100 万吨的年生产能力，太钢年不锈钢生产能力达 300 万吨。据业内资料显示，太钢的不锈钢年产能力已达全球之最，成为全球最大的不锈钢生产企业。

十月

"十一五"首批 973 计划项目正式实施

10 月 10 日 经过三轮专家评审，国家重点基础研究发展计划（973 计划）"十一五"首批 65 个项目获科技部批准立项，正式开始实施。973 计划面向国家重大战略需求，以《国家中长期科学和技术发展规划纲要》为指南，按照"有所为，有所不为"的方针，通过凝练国家经济、社会发展中需要基础研究解决的重大问题，进一步明确国家需求对基础研究工作提出的艰巨任务和挑战，围绕农业、能源、信息、资源环境、人口与健康、材料、综合交叉和重要科学前沿等领域进行重点部署。

山西投资 90 亿元开发煤层气

10 月 10 日 "十一五"期间，山西省将投资 90 亿元开发煤层气，变矿井"第一杀手"瓦斯为宝贵的洁净能源。煤炭大省山西也是煤层气资源大省，全省煤层气已探明储量超过 10 万亿立方米，约占全国已探明总储量的 1/3。根据规划，山西将在沁水、河东煤田两个煤层气富集区实施集中开发。到 2010 年，沁水煤田南部开发区产气规模将达到每年 30 亿立方米，河东煤田开发区达到每年 3 亿立方米。

中国将调整利用外资战略

10 月 11 日 "十一五"期间，中国利用外资战略将进行重大调整：1.转变观念。从行政引资、追求外资规模，向遵循市场经济规律引资转变，建立符合科学发展观要求的吸收外资考核评价体系。2.调整方向。从过去注重以外资投入拉动经济总量增长，向着重引进技术、管理、人才促进自主产业升级转变，注重对引进技术的吸收、消化、融合和创新，提高利用外资促进自主创新的能力。3.优化结构。鼓励引入技术辐射能力强、吸收就业能力强、资源节约型的外资企业，鼓励外资投向农业、高技术产业、基础设施、环保和服务业等产业，引导外资投向中西部地区，优先鼓励外资与国内企业特别是民营企业开展合资合作。4.完善政策。逐步形成内外资企业政策一致、公平竞争的市场经济环境，进一步优化投资软环境。5.加强监管。规范引资秩序，建立以国家产业安全为基础的外商投资监测系统，规范外资并购行为，强化外资企业的社会责任和职业道德，保障外资企业员工的权益。

西部成品油管道建成投产

10 月 24 日 我国目前设计输量最大、输送距离最长、压力等级最高的输油管线，国家重点工程——西部成品油管道工程已经建成投产。西部管道工程总投资 150 亿元，工程西起新疆乌鲁木齐，终点为兰州，由原油和成品油两条管道组成，其中成品油管道干线总长度为 1842 公里，原油管道干线总长 1562 公里。该工程的建设是国家能源战略和西部开发战略的重要举措。

国际投资大事记

（2005 年 1～2 月）

一月

上年中俄双边贸易首次突破 200 亿美元

1 月 6 日 从商务部获悉，中俄经贸合作继续保持快速发展的良好态势，全年贸易额将突破 200 亿美元的历史新高，提前实现两国元首 2003 年 5 月确定的发展目标。

西门子将在华增资百亿

1 月 6 日 德国西门子公司在北京宣布了在华增加 100 亿元人民币的投资，其中包括，2005 年将在北京动工建设的投资达 10 亿元人民币的西门子（中国）有限公司总部大楼。

西门子股份公司总裁兼首席执行官冯必乐介绍，截至 2004 财年末，西门子在华的长期投资总额已达 85 亿元人民币。在 2004 财年，西门子（中国）有限公司取得的订单金额为 418 亿元人民币，同比增 34%；而销售额由上财年的 301 亿元人民币增至 384 亿元人民币，同比增 28%。

平保 17.5 亿美元境外投资额度获批

1 月 10 日 中国国家外汇管理局批准中国平安保

险（集团）股份有限公司（2318.HK）外汇资金境外运用额度17.5亿美元。这是自去年8月中旬《保险外汇资金境外运用管理暂行办法》颁布后，外管局批准的第一笔保险外汇资金境外运用额度。此举中国将在今年进一步放宽外汇资金流出的政策反映。

渣打33亿美元收购韩一银行

1月10日 渣打银行中国区新闻发言人向记者证实，美国新桥资本在韩国与渣打银行正式签署最终协议，渣打银行将以33亿美元收购韩一银行，整项收购预计在2005年4月底前完成。据记者了解，渣打银行预计将为此次收购支付大约3万亿～3.5万亿韩元，而收购对象也包括了韩国政府所持的全部股份。

和黄11.7亿再投北仑港

1月12日 和记黄埔（0013.HK）将再次与宁波港集团合作，投资约1.5亿美元（约11.7亿港元），参与宁波北仑港二期侧煤炭散货码头改建为集装箱码头的项目。据宁波市政府官员透露，宁波港集团将在下周与和记黄埔等公司签署北仑港区和穿山港区的3个改建或建设集装箱码头项目，3个项目涉及的总投资额达10.5亿美元。

中国风力发电机海外采购4000万欧元大单

1月26日 西班牙风力发电公司Gamesa将向中国出售总价值近4000万欧元的风力发电机组，这是中国迄今为止一次性购买风力发电机数量最大的一次采购活动。

Gamesa1月24日称，已经达成向中国供应总计94部风力发电机组的两份合约，总装机容量达8万千瓦，这两份合约价值近4000万欧元。94部机组中36部将安装在位于福建省的大唐漳浦六鳌风电场，另外58部将安装在吉林省境内的华能洮北风场内。所有机组将在今年第二季度完成装配。到目前为止，Gamesa已在中国完成了21.7万千瓦的风力发电机组的安装工作，预计到今年年底前，其按照装机容量计算的市场占有率将达到30%。

法国7000万欧元救助葡萄酒业

1月31日 法国政府宣布，给予本国葡萄酒业7000万欧元的援助，以度过生产过剩、国内葡萄酒消费下滑以及来自澳大利亚及其他国家对法国葡萄酒业构成的严峻危机。法国农业部长比瑟罗表示，他将批准销毁部分葡萄藤，并将过剩的葡萄酒蒸馏制成工业酒精。

二月

美林3000万美元首涉中国地产

2月2日 国际著名投资机构美林集团在北京宣布，向北京银泰中心项目投资3000万美元，首次涉足中国房地产开发。

北京银泰中心是由中国银泰投资有限公司旗下的全资子公司北京银泰置业有限公司开发的高端项目。中国银泰投资有限公司是总部设在北京的大型国际化投资集团，主要从事资本经营、股权投资、房地产投资、金融证券业投资与经营、大型商业企业投资与经营、基础设施开发建设、投资咨询等业务。

科威特建成中东地区最现代化的输油码头

2月23日 科威特国家石油公司在科威特南部的艾哈迈迪港新建成的一座现代化原油码头正式投入使用。科威特国家石油公司董事长萨米·拉希德说，新建的艾哈迈迪石油码头是由韩国现代集团按照世界上最先进的技术标准建造的，总造价1亿科威特第纳尔（约合3.3亿美元）。

印度彻底放开外商投资地产限制

2月23日 印度政府决定，放宽外商对房地产与建筑领域的投资限制，允许国外投资者在无须政府特别批准的情况下，拥有一些房地产项目至多100%的所有权。

据悉，印度现有法律条文规定，国外投资商只允许进行规模在100英亩、2000栋楼房以上的开发项目。而新出台的政策则允许海外投资商进行小规模的投资建设。此外，外商若想拥有其房地产项目的100%所有权，则至少需要1000万美元，但若是与印度企业合资，则至少得支付500万美元。不过，新条文还规定，外商在投资3年内，未经印度外商投资促进局许可，不得将所得利润撤回国内。

澳华黄金融资3500万澳元掘金

2月24日 澳大利亚澳华黄金有限公司表示，公司将发行3500万澳元（折合2777万美元）可转换债，为开发其位于中国贵州的锦丰金矿融资。

澳华黄金上个月获得了中国监管机构签发的采矿执照，准许其在贵州西南部开发储量达210万盎司的锦丰金矿。这使得澳华黄金成为第一家在中国开采重要金矿的外企，并有可能掀起外国投资者进军中国采矿业的热潮。锦丰金矿将于3月8日举行开工仪式。预计项目第一阶段需投入7000万美元，并将于2006年下半年投产。

三月

国际开发机构将试发人民币债券

3月1日 中国人民银行称，《国际开发机构人民币债券发行管理暂行办法》已于2月18日联合财政部、发改委、证监会发布实施。《管理办法》发布后，将选择一两家国际开发机构进行发行人民币债券的试点。

《管理办法》称，国际开发机构申请在中国境内发行人民币债券应具备三个条件。一是财务稳健，资信良好，经在中国境内注册且具备人民币债券评级能力的评级公司评级，人民币债券信用级别为AA级以上；二是已为中国境内项目或企业提供的贷款和股本资金在10亿美元以上；三是所募集资金用于向中国境内的建设项目提供中长期固定资产贷款或提供股本资金，投资项目符合中国国家产业政策、利用外资政策和固定资产投资管理规定。

印度石油天然气公司获得埃及油气开发权

3月3日 印度石油天然气公司与其合作伙伴美国IPR石油公司3月1日取得了埃及一油气区的油气开发权。印度石油天然气公司将在该区域投资2000万美元。北拉马丹6号油气区位于苏伊士湾中部，面积290平方公里，石油储量为6亿多桶。

美林、三菱金融拟建证券合资公司

3月4日，美国美林公司与东京三菱金融集团宣布，双方拟于2006年3月组建一家经纪人合资公司，针对最富有的人群提供对冲基金和私人股权投资等投资产品。

原油告别“平价”时代（国际能源）

3月7日 国际市场原油价格近期大幅反弹，石油输出国组织（欧佩克）七种市场监督原油一揽子平均价3月3日达到每桶48.36美元，比去年10月21日创下的前历史最高纪录高出1.75美元；纽约市场原油期货价格同一天也一度达到每桶55.20美元的新高。

香港外汇储备资产达1239亿美元

3月7日 香港金融管理局公布香港的最新外汇储备资产数字。至2005年2月底，连同未交收远期合约在内，香港的官方外汇储备资产为1239亿美元。香港的外汇储备额在全球排名第七，仅次于日本、中国内地、中国台湾、韩国、印度和俄罗斯。1239亿美元的外汇储备资产总额，大约相当于香港流通货币的6倍，占港元货币供应M3的44%。

内地企业去年在港集资逾千亿港元

3月9日 香港交易所发表年度报告说，2004年内地企业通过首次公开招股和上市后再融资活动共筹集资金1140亿港元，占香港证券市场全年集资总金额的41%。

汇丰投资公司加大A股投资

3月14日 汇丰投资管理公司宣布，将再次推出中国动力基金，并将提升A股在其投资组合中的比例。

汇丰投资管理公司负责内地投资业务的董事黄子骅表示，汇丰中国动力基金的特色是投资A股市场，市值高达4630亿美元的A股市场拥有1300只股票，为投资者提供更多投资良机。据介绍，总资产超过6400万美元的汇丰中国动力基金，主要投资香港H股、红筹股，内地A股和B股，自2003年10月首次推出以来，已经增长了32%。

再投资6亿欧元麦德龙在华迅速扩张

3月17日，锦江麦德龙现购自运有限公司总裁杜哲思表示，麦德龙计划在未来3～5年内，在中国追加投资6亿欧元新开40家商场，差不多平均每年开10家商场。麦德龙在中国已经拥有分布于中国20个城市的24家商场，在2004年，新开了5家商场，杜哲思指出今年的目标是8家商场，将分布到中国各地大江南北，还将开发西北和东北老工业基地市场。

惠普收购Snapfish.com

3月21日 惠普宣布计划收购网上数码照片服务提供商Snapfish。惠普希望通过此次收购促进已经取得良好市场反应的数码照片打印机的销售。

Snapfish.com拥有1300万的会员使用者，它的网站含有近3500万张图片，用户可以用来编辑自己的相册与其他用户共享，也可以制作成日历或鼠标垫，并且每打印一张照片只需支付15美分。Snapfish是District Photo Inc.旗下的一家独立子公司。District Photo Inc.始于1949年华盛顿的一家黑白照相馆，现已成为世界上最大的胶片处理商，在美国、英国和加拿大均设有试验室。

花旗集团助力中国金融科技项目

3月29日，花旗集团在沪宣布，今后3年内将捐款63万美元用于资助中国的金融科技教育项目，20多所中国重点大学的约10万名学生将直接或间接地从该项目中获益。该金融科技教育项目旨在培养高素质金融科技人才，推动中国金融业的飞速发展。

联想获美三大财团3.5亿美元注资

3月31日 联想集团有限公司宣布与全球三大私人股权投资公司德克萨斯太平洋集团、General Atlantic及美国新桥投资集团达成协议，三大私人股权投资公司向联想集团提供3.5亿美元的战略投资，以供联想收购IBM全球PC业务之用。

其中德克萨斯太平洋集团投资2亿美元、General Atlantic投资1亿美元，美国新桥投资集团投资5000万美元。根据投资协议，联想集团将向德克萨斯太平洋集团、General Atlantic、美国新桥投资集团发行共273万股非上市A类累积可换股优先股，每股发行价为1000港元，以及可用作认购237417474股联想股份的非上市认股权证。该交易总现金代价达 3.5 亿美元。

四月

国际原油期价突破 58 美元

4 月 4 日，国际市场原油期货价格再创新高。截至记者发稿时，纽约商交所 5 月交货的轻质原油价格每桶价格达 58.28 美元，涨幅为 1.8%，创出近 20 多年来的历史新高。纽约商交所 9 月交货的原油期货价格更涨至每桶 60 美元大关。

中印启动财金对话机制

4 月 11 日　温家宝总理访问印度期间，中印两国政府正式签署了《中华人民共和国政府和印度共和国政府关于启动中印财金对话机制的谅解备忘录》。中国和印度这两个发展中大国启动财金对话机制，将有利于两国就重大国际财金问题协调立场，为共同促进全球经济平衡有序发展作出贡献。此次中印财金对话机制的正式启动，标志着中国在加强与发展中国家的财金交流与合作方面取得了新进展。

李嘉诚 3.9 亿港元“投石问路”长沙楼市

4 月 16 日　香港著名实业家李嘉诚旗下的和记黄埔有限公司在湖南长沙投资 5000 万美元（约 3.9 亿港元）开发商品房的计划，已于 4 月 15 日获批。这是长沙市商务局局长杨懿文 4 月 16 日透露的。

加航 150 亿美元订单落波音

4 月 25 日　加拿大航空公司宣布，它和波音公司就订购 96 架波音 777 和波音 787 飞机一事已达成协议。此协议规定，加拿大航空公司将订购 18 架波音 777 和 14 架波音 787 梦幻客机。除此之外，加航还有选购另外 18 架波音 777 客机和 46 架波音 787 的权利，预计合同总金额约为 150 亿美元，这是波音在重新争夺商用飞机市场领先地位中所获得的巨大胜利。

百安居闪电吞下欧倍德在华业务

4 月 28 日　百安居（B&Q）高层在上海高调宣布，母公司英国翠丰集团已收购德国欧倍德在中国投资的所有零售业务，交易涉及金额约 8500 万英镑。

英国翠丰是欧洲最大、世界第三的家居建材零售集团，旗下百安居公司自 6 年前进入中国市场以来迅速扩张。百安居与老对手欧倍德一起，在本地市场的外资家居建材零售商竞争队列中居最前位置，而此次并购无疑形成外资巨头一家独大的局面。

五月

南美三国联合组建石油公司

5 月 10 日　巴西、阿根廷及委内瑞拉 3 国的能源和矿业部长签署了一份能源合作协议，该协议决定 3 国将联合成立南方石油公司，共同开展石油勘探、加工、运输和油轮建造项目。

巴西能源和矿业部长迪尔马·罗塞夫说，联合成立南方石油公司的目的不仅限于石油领域的合作，还包括协调 3 国间在燃料、电力、节能和技术合作等方面的能源政策。

微软携手上海联和

5 月 11 日　微软互联网事业部——MSN 正式宣布和上海联和投资有限公司共同成立合资公司，把 MSN 正式带入中国。新成立的合资公司上海美斯恩网络通信技术有限公司已经获得了政府相关部门的批准，将为中国用户提供 MSN®产品和服务。与此同时，微软透露，与深圳市清华深讯科技发展有限公司达成战略性的独家合作协议，并计划收购其部分资产。

盖茨承诺将医疗研究赞助费加倍

5 月 19 日　微软联合创始人比尔·盖茨承诺，将把他对发展中国家在新疫苗、药物和卫生工具研究上的赞助资金增加一倍，达到 4.5 亿美元。

美财政部新设中国特使

5 月 23 日　据外电报道，美国财政部长斯诺近日任命奥林·韦辛顿为美国新设立的中国特使。现年 56 岁的韦辛顿自 2004 年 8 月以来一直担任斯诺的顾问。美国财政部表示，此举是美国与中国就采取更灵活外汇体制展开的谈判进入“新阶段”内容的一部分。

中国与芬兰签署新双边经济合作协定

5 月 26 日　商务部张志刚副部长在访问芬兰期间，会见了芬兰贸工部部长佩卡里宁，双方分别代表各自政府签署了新的《中芬经济、工业和技术合作协定》。目前中国已成为芬兰在亚洲第一大贸易伙伴，芬兰也是中国在北欧地区最大的贸易伙伴。此次签署的新协定增加了关于中小企业合作、贸易政策对话和知识产权保护等内容，为未来两国经贸关系的不断深入发展奠定了更加坚实的基础。

花旗抓紧布局北京第三家网点开进 CBD 区

5 月 27 日　花旗银行正式在北京的中央商业区（CBD 地区）地带的嘉里中心开设其零售银行新营业网点。北京 CBD 地区是北京外籍人士的集中地带。

新网点的设计依照花旗全球全新的设计理念，在保护客户隐私的同时，提供亲切开放的服务环境。目前，花旗集团在中国大陆的零售银行业务网络包括位于上海、北京、广州、深圳、天津与成都的 12 家网点。

中石化 1.5 亿加元投资油砂

5 月 30 日　下午（加拿大卡尔加里当地时间），中国石化集团国际石油勘探开发公司（SIPC）的全资子公司——中加石油公司与加拿大西年科能源公司共同宣布，双方已达成一系列合作协议，并组成合伙企业，共同开发位于阿尔伯达省东北部的北极之光油砂项目。

根据双方达成的协议，中加石油公司出资约1.5亿加元，获得北极之光合伙企业40%的股份；西年科公司以项目资产出资，获得合伙企业60%的股份，并担任执行合伙人即该项目的作业者。

中国与10个国家和地区签署银行监管合作备忘录

5月31日　银监会提供的一份报告说，中国已与10个国家和地区签署银行监管合作谅解备忘录，银行监管的国际合作与交流取得新进展。截至目前，已与美国、英国、加拿大、德国、韩国、新加坡、吉尔吉斯、巴基斯坦、香港、澳门等10个国家和地区金融监管当局签订了监管合作谅解备忘录，为双边信息交流和跨境检查等建立了正式渠道。

六月

中美新市场经济论坛将在沪举行

6月2日　主题为“和谐·可持续·高增长”的“中美新市场经济（上海）暨经济学人上海圆桌会议国际论坛”将于6月8日在沪举行。本次论坛由北京大学、上海交通大学、美国亚利桑那州立大学和解放日报联合主办。

亚行在华投资已达120亿美元

6月6日　正在银川市召开的“APEC循环经济与西部大开发”会议上，亚洲开发银行驻中国代表处的官员介绍说，目前亚行在中国的投资项目90多个，投资总额为120亿美元。中国的投资分布情况为：交通方面49%；能源17%；环境和水利14%；金融和工业12%；农业和自然资源8%。除了公共部门的贷款外，亚行还提供给中国1.8亿美元的无偿技术援助、超过1.85亿美元的民营企业贷款和股本投资。其中，80%的贷款项目都分布在中国的中西部地区。

印度钢铁巨头投资伊朗

6月13日　印度最大私营钢铁公司塔塔钢铁公司表示，塔塔将在今后5年中向伊朗投资11亿～12亿美元来发展其在该国的钢铁项目。

我国与尼日利亚签署证券期货监管备忘录

6月14日　中国证监会主席尚福林与尼日利亚证券交易委员会总干事穆萨·艾尔法基在北京签署了《证券期货监管合作谅解备忘录》。至此，中国证监会已与25个国家（或地区）的监管机构签署了28个监管合作备忘录。

摩根士丹利8.46亿港元购上海广场

6月16日　中国海外发展有限公司对外宣布，“MSR亚洲收购公司”以84644.3396万港元的代价，获得其控股的商业办公大楼“上海广场”。据有关方面消息，中国海外发展有限公司方面已经承认，就是摩根士丹利和他们签署了收购上海广场的协议。

中海油185亿美元全现金欲并购优尼科

6月24日　中国海洋石油有限公司（简称中海油）6月23日宣布，公司已向美国优尼科石油公司发出要约，以每股67美元的价格全现金方式并购优尼科。此要约价相当于优尼科公司股本总价值约185亿美元，以6月21日美国雪佛龙公司收市价计算，此要约价比雪佛龙此前提出的收购价格高出约15亿美元。而这可能是中国公司所出的最高收购价。

中国与东盟7月启动双边降税计划

6月27日　记者从中国商务部新闻办公室获悉，在6月22日至23日于北京召开的中国–东盟贸易谈判委员会第十九次会议上，双方确认，中国–东盟自由贸易区降税计划将于7月如期启动。从7月20日起，我国与东盟将正式开始对原产对方的约7000个税目的产品相互给予优惠关税待遇，以自由贸易区的税率实现彼此货物的通关。

微软、东芝联手开发高清晰DVD播放机

6月30日　微软和东芝表示，它们将联手研究高清晰DVD播放机的开发。东芝正进行一场下一代DVD格式的争夺，与微软的合作加强了这家日本消费电子集团在争夺中的地位。

七月

淡马锡14亿美元购建行5.1%股权

7月2日　建行正式与新加坡淡马锡控股有限公司签署了投资入股协议。淡马锡成为建行的第二个战略投资者。根据协议，淡马锡将投资14亿美元从汇金公司购入建行5.1%股权，淡马锡同时承诺，在建行IPO（首次公开募股）时将投资不少于10亿美元购入建行股权。

美能源部在京设办事处

7月3日　美国能源部长博德曼宣布，美国能源部在北京设立办事处，以支持美中在能源和核安全问题上的合作。通过能源部北京办事处以及两国在能源政策方面的对话，美中将加强合作，以提高能源效率，实现能源供应多样化，扩大清洁能源供应以及继续共同努力来增强两国的核安全。美国能源部办事处设在北京的美国驻华使馆内。

BMO成加拿大首家开展人民币业务银行

7月6日 加拿大蒙特利尔银行金融集团（BMO）日前宣布，该行广州分行已获得中国银监会批准其在华开展人民币业务的许可，允许其向中资和外资企业提供人民币存款、贷款、贸易融资和其他资本市场产品。成为首家获准在华开展人民币业务的加拿大银行。

UPS直接掌控中国快递物流

7月7日 物流巨头美国UPS公司与上海机场集团签署谅解备忘录：UPS将于2007年在上海浦东国际机场建立国际航空转运中心。据悉，UPS是首家将国际航空转运中心设立在中国内地的跨国物流公司。上海机场方面称，这将是浦东国际机场建成国际货运枢纽的一个重要里程碑。

苏格兰银行拟购金信信托19.9%股权

7月13日 英国苏格兰银行拟斥资4.975亿元人民币，收购中国金信信托19.9%股权。此次股权出售完成之后，金信信托董事会将增加2～4名董事。

中国进出口银行成功发行10亿美元全球债

7月15日 中国进出口银行有关人士表示，本期债券发行，得到了来自全球机构投资者极为热烈的响应。共有230多家投资者提交了订单，认购总额达到发行额的5.6倍，投资者分布均衡，发行取得了巨大成功，获得了国际权威金融评论机构和市场专业人士的高度评价。

低调南汽成功收购罗孚

7月23日 罗孚集团的破产管理人普华永道通过了南京汽车集团的竞标方案，南京汽车集团获得了英国罗孚汽车公司及其动力系统公司。南汽的此次收购成就了中国江苏企业历史上最大的一桩海外并购。据悉，南汽为此次交易付出了5000多万英镑（约合8700万美元）。南京汽车集团表示，他们将把罗孚的研发中心设在英国，并在英国进行运动型轿车的开发和生产。

全球6大邮政联手打造速递网络

7月25日 中国国家邮政局联合五家全球邮政——澳大利亚邮政、香港邮政、日本邮政、韩国邮政和美国邮政，在香港宣布：将在亚洲及太平洋地区市场正式启动邮政特快专递（EMS）承诺服务。

中国印尼签署近45亿美元合作协议

7月29日 在由中国贸促会和印尼工商会共同主办的“中国-印尼商务午餐会”上，中国和印尼双方企业签署数项合作协议，总额近45亿美元。

签署的协议包括金额为20亿美元的《关于印尼南苏门答腊4×600MW坑口电站投资备忘录的修正和重申协议》、金额为11亿美元的《关于印尼中爪哇坦中加蒂A2×660MW燃煤电站项目总协议》、金额为8亿美元的《铁路建设以及港口扩建协议》、金额为4.9亿美元的《印尼南苏门答腊煤炭综合运输系统项目合作框架协议》等。此外，印尼国家工商会和中国贸促会、中国石化和印尼国家石油公司还分别签署了合作谅解备忘录。

八月

青岛港铁矿石进口居世界第一

8月2日 据交通部最新统计，今年上半年全国进口铁矿石13271万吨，其中，青岛港铁矿石进口为2401万吨，占全国总量的18%，居世界各大港口之首。

中国飞机大单抛向美国

8月8日 中国国际航空、东方航空、上海航空、厦门航空4家公司与美国波音公司签署了42架波音787梦想飞机最终购买协议，目录价格为50.4亿美元。首架飞机将于2008年交付使用。

三外资机构31亿美元入股中行10%

8月18日 苏格兰皇家银行宣布，将与另外两家合作伙伴一起，出资31亿美元收购中国银行10%股权。这一出价比早前预计的25亿美元高出整整6亿美元。

据知，苏格兰皇家银行将支付16亿美元认购中行5.16%的股份，而投资银行美林和香港富豪李嘉诚将共同投资15亿美元认购该行4.84%的股份。

中石油41.8亿美元收购哈萨克斯坦石油公司

8月22日 中国石油天然气集团公司宣布，已通过其全资公司中油国际出价41.8亿美元收购哈萨克斯坦石油公司。哈萨克斯坦石油公司是在加拿大注册的国际石油公司，在加拿大、美国、英国、德国和哈萨克斯坦证券交易所上市，其油气田、炼厂等资产全部在哈萨克斯坦境内，年原油生产能力超过700万吨。

中行敲定IPO主承销商

8月30日 中国银行新闻发言人王兆文透露，中银国际、高盛公司与瑞士银行将担任中行境外IPO项目的财务顾问、主承销商。这些财务顾问的参与将会帮助中行加快改革的步伐，尽快完成境外IPO项目的准备工作。

九月

30亿元外资入股工行备忘录签署

9月1日 中国工商银行有关人士透露，该行已经与包括高盛集团、安联保险公司和美国运通公司在内的财团签署谅解备忘录，该财团将斥资30亿美元收购工商银行10%的股份。

北京产权交易所黄金交易报价中心建立

9月2日 北京产权交易所在北京金融博览会上宣

布，北京产权交易所黄金交易报价中心正式发布，该中心由北京产交所、高赛尔金银公司以及颐合财经共同组建，此次建立的平台实现了与国际黄金市场同步报价，以及保证金交易的方式。

瑞银出售资产获31亿流动资金

9月5日　瑞银与Julius Baer达成协议，出售该行下属3家私人银行和1家资产管理公司，涉及金额46亿美元，达成七年以来瑞士最大的银行间交易。

瑞银通过此次交易，获得31亿美元流动资金，同时得到Julius Baer价值15亿美元的股份，成为该行大股东。业内人士分析指出，考虑到瑞银目前的投资动向，瑞银很可能使用交易所得流动资金运作该行在中国地区的扩张。

中欧基金设立首募1亿欧元

9月6日　由第一东方投资集团领衔的中欧基金正式创立。这项直接投资基金将主要用于协助中国引进资本和专门技术，并为中国新兴企业拓展欧洲市场。该基金最低募资额为1亿欧元，计划于今年年底截止。

据中欧基金常务合伙人第一东方投资集团董事长诸立力向记者表示，中欧之间经贸关系迅速增长，为双方企业实现优势互补、互利合作提供了历史性机遇，新基金的设立定将为中欧投资和经贸往来发挥历史性作用。除第一东方投资集团外，创立该基金的股东方还包括西门子、巴斯夫、苏黎世保险、Mannheim公司等著名公司。

300亿开发性贷款支持台企投资大陆

9月7日　国家开发银行和国务院台湾事务办公室在北京人民大会堂签署《关于支持台湾同胞投资企业发展开发性金融合作协议》。此次协议合作期限5年，开发性贷款额度共300亿元人民币。

建行授信300亿元支持雅砻江水电开发

9月14日　中国建设银行与二滩水电开发有限责任公司在成都举行了《雅砻江流域水电开发项目金融合作协议》签署仪式，建行将为雅砻江流域开发建设提供总额为300亿元的综合金融支持。此举标志着中国建设银行与二滩公司业务合作步入一个崭新阶段，双方将在项目融资、资金结算、国际金融、咨询顾问以及个性化金融产品组合等方面开展全方位的合作。

瑞银5亿美元投资中行

9月27日　瑞银集团与中国银行将缔结互惠互利的战略性合作关系，范围包括在中国发展投资银行及证券产品和服务，更好服务国内客户。瑞银将投资5亿美元于中行，从而成为投资中行的第3家境外战略投资者，该项投资3年内不可转让。

麦格理6亿美元投资中国地产

9月30日　基金管理集团麦格理全球房产顾问将大手笔投资50亿美元，其中多达6亿美元将投向中国，这在西方投资者对中国房地产投资的投资中凤毛麟角。

十月

亚洲25大商人中国占9席

10月10日　美国《财富》杂志评出亚洲商界领袖25强最新排行榜，其中大陆、香港和台湾共有9强入围。韩国三星电子公司首席执行官尹钟龙位居榜首，李嘉诚名列第二。

巴黎银行8500万美元入股南京商行

10月12日　法国巴黎银行将斥资8500万美元收购南京市商业银行近20%股权，正式协议定于今日在南京签订。

中印签署双边货币互换协议

10月17日　中国人民银行和印度尼西亚银行根据《清迈倡议》框架签署货币互换协议。根据此协议，印尼在需要短期流动性支持时，可以印尼盾对美元互换的形式从中国取得不超过20亿美元的融资支持。

爱立信购得马可尼

10月25日　世界最大移动通信网络供应商爱立信公司宣布，将以12亿英镑（约合21亿美元）收购英国老牌电信运营商马可尼公司的大部分资产。根据协议，马可尼股东将在2006年第一季度收到每股2.5～3英镑的现金。马可尼股价10月24日收于3.51英镑，依此计算，公司市值约为7.305亿英镑。

十一月

中美达成3年期纺织品协议

11月8日　中国商务部部长薄熙来和美国贸易代表波特曼在伦敦签署了《中华人民共和国政府与美利坚合众国政府关于纺织品和服装贸易的谅解备忘录》。至此，中美双方经过七轮磋商最终就纺织品问题达成协议。中美纺织品协议将于2006年1月1日正式生效，于2008年12月31日终止。

首家货币经纪公司年内开业

11月9日　国内首家货币经纪公司有望在年内正式成立，合资双方英国德利万邦（Tullett Prebon）有限公司和上海国际信托投资有限公司日前正式达成合资协议。此举也被认为是上海的国际金融建设、特别是浦东金融创新的一个最新亮点。

德利万邦有限公司大中华区董事总经理包立忠昨日在上海透露，新成立的合资公司命名为“上海国利货币经纪有限公司”，计划于今年底之前正式开业，届时将开创中国货币经纪行业的先河。

东南亚最大银行加速布局长三角

11月14日 东南亚地区规模最大的银行集团，来自新加坡的星展银行在上海宣布，以长江三角洲为核心区域之一，加速布局中国市场。

星展银行有限公司副主席兼星展银行（香港）有限公司主席黄钢城透露，作为实施长三角战略的重要步骤，星展银行将在未来几个月内在苏州和杭州分别设立分行和代表处，在上海开设一家新的支行。这将使其在中国内地的分支机构增加到10个。

韩国承认中国完全市场经济地位

11月16日 韩国总统卢武铉宣布，韩国承认中国的完全市场经济地位。韩国的这一决定将有力地推动中韩两国的经贸合作，推动双边关系的发展。两国双边贸易额今年能提前实现1000亿美元的目标，双方将采取措施使2012年的双边贸易额达到2000亿美元。

上海合作组织银行联合体正式成立

11月17日 在欧亚十国领导人的见证下，一个新型的国际金融区域合作组织-上海合作组织（简称上合组织）银行联合体近日在上合组织成员国总理会议期间于莫斯科正式成立。中国国家开发银行行长陈元当选为上合组织银联体首任主席。

据了解，作为上合组织银联体的倡议发起方，开行行长陈元早在3年前就提出要在上合组织框架下成立银联体，在合作方式上以金融合作取代过去的财政和捐赠的方式，共同实现各国政府的发展目标。

李嘉诚45.6亿豪夺陆家嘴地块

11月21日 李嘉诚旗下和记黄埔地产有限公司成功中标陆家嘴竹园商贸区2—3、2—4地块，出价约为45.6亿元，并与上海陆家嘴金融贸易区联合发展有限公司共同合作开发该地块。

BP拟4510万美元入股中航油

11月22日 英国石油公司（BP）已经初步同意，将投资4510万美元，入股中国航油（新加坡）股份有限公司（简称中航油）最多22.78%的股份。BP的董事会已经同意了这一投资计划。但该投资仍然需要中航油母公司中国航空油料集团公司在中国的主管机构国务院国资委的批准。

民生银行首只短期融资券发行

11月24日 民生银行主承销的首只短期融资券在银行间债券市场成功发行，此次发行的淮南矿业（集团）有限责任公司短期融资券总额24亿元。

淮南矿业短期券发行采取滚动的方式，第一期发行规模12亿元，期限1年，发行利率2.92%，信用评级A-1。自此，首批获得短期融资券主承销商资格的11家商业银行已全部开展企业短期融资券的主承销业务。

花旗“贱买”中国364亿元不良资产

11月28日 全球最大的金融公司花旗集团表示，该集团旗下一家公司已经与中国华融资产管理公司签署了一项协议，同意收购中国364亿元人民币的不良贷款资产。此次收购规模创下外资收购中国银行业不良资产之最。

据悉，参与此项收购的是花旗集团在中国香港的合资公司——银建国际实业有限公司。该公司在与中国华融资产管理公司正式签订收购协议后，随即以3370万美元把其中50%的不良资产出售给花旗集团金融产品公司。这次收购是该公司在中国银行业坏账处理市场上规模最大的一次，同时也是外资在收购中国银行业不良资产史上规模最大的一次。

北京银行与公交集团签下40亿元大单

11月29日 存款规模刚刚突破2000亿元的北京银行与北京市交通委员会签署全面合作协议，并在此框架下，与北京公交集团签署40亿贷款及授信协议，主要用于更新公交集团7277辆中低标准排放的柴油车、老旧车辆、黄标车辆。其中为公交集团及八方达公司提供总额为30亿元，期限10年的长期车辆更新专项贷款；同时，为了解决集团在更新车辆的过程中因配套设施增加而造成的流动资金不足问题，以及在集团未来的发展中因不可预见因素、突发性事件而出现的公共交通不能正常运转的紧急状况，分别提供可循环、总额为5亿元的流动资金贷款与5亿元的应急贷款。公交集团可以根据业务进度与实际情况分次提取贷款资金。

花旗环球QFII额度增加1.5亿美元

11月30日 国家外汇管理局发布公告称，已于11月24日批准花旗环球金融有限公司将QFII（合格境外机构投资者）投资额增加1.5亿美元。此次获批之后，花旗环球的QFII总额度将提高到5.5亿美元。

近期QFII资格审批速度和额度批准速度明显提速。根据外汇局的数据，目前共有32家境外机构拥有QFII资格，其中29家QFII机构已获批总额54.95亿美元的投资额度。

十二月

中国天然气对外资开放

12月1日 国家发改委能源局副局长吴贵辉近日在“2005中国国际天然气峰会”上表示，中国天然气行业将全面对外开放。天然气上游开采、中游管道建设和下游市场整个产业链都将对外开放，鼓励外资来华投资。中国将在“立足国内、适度引进国外资源”的原则下，适度进口海外天然气资源。

中国购150架空客A320

12月5日　藉中国国务院总理温家宝正式访问法国，空中客车公司与中国航空器材进出口集团公司在巴黎签署了订购150架A320系列飞机的框架协议，创造中国民航史飞机订单最高纪录。

空中客车公司总裁兼首席执行官洪博达和中国航空器材进出口公司总经理李海签署了框架协议。中国国务院总理温家宝和法国总理德维尔潘出席了签字仪式。

微软17亿美元投资印度

12月7日　微软掌门人比尔·盖茨对媒体表示，微软计划在印度投资17亿美元并把其在印度的员工数量提高2倍。

长期以来，微软公司一直关注着印度这个有10亿人口的、经济高速增长的人口大国。印度有规模达172亿美元的软件服务产业及许多平均工资低于西方的技能熟练的员工，微软公司对此十分看好。微软印度公司的董事会主席拉维·维卡特山表示：“印度市场有着强大的潜力，印度也是微软公司优先发展和开拓的领地之一。盖茨此次的印度之行也进一步证明了这一点，这已经是盖茨第四次访问印度。

美石油巨头运筹300亿美元大并购

12月13日　美国第三大石油公司康菲石油公司目前已就收购油气生产商柏灵顿资源公司一事，与该公司展开进一步谈判。有消息称，康菲石油公司的收购出价超过300亿美元。如果谈判成功，这将成为自2001年雪佛龙以390亿美元收购美国德士古公司以来最大一笔油田收购交易。

花旗重磅标书投向广发行

12月14日，参与交易的花旗银行内部人士透露，花旗集团拟花费15亿美元，换取广发行50%的股权。花旗方面承认正在积极与国务院、央行沟通，并等待合适的时间。

巴克莱银行抢滩上海

12月21日　巴克莱银行宣布获得了上海分行的营业执照，可以通过在浦东开设的分行提供更多的金融产品和服务，上海分行是其在中国大陆设立的首家分行，也是这家英国金融机构业务扩展计划的一部分。

“在亚洲，中国对我们来说是一个主要的市场，分行执照的获得是我们在中国业务拓展的一个重要部分。”巴克莱银行亚太区主席莫礼仕（Robert Morrice）说，“在过去的12个月里，我们在中国的业务增长很快，超过了原来预期的20%。我们期望在将来能一直保持两位数的增长速度”。

首座汽车风洞中心开工

12月28日　上海地面交通工具风洞中心在上海嘉定区黄渡镇开工建设，该风洞中心是中国首座整车汽车和轨道交通风洞，也是上海市“科教兴市”首批重大产业科技攻关项目，于2004年底正式立项，将于2007年底竣工，建成后可为国内汽车和轨道交通企业产品设计提供完备的空气动力学研究、应用中必要的风洞实验，而此前的类似实验只能在境外少数地方进行。风洞中心的建立标志着我国形成一套完备的汽车研发平台，为我国汽车工业自主创新提供了必要的条件。

渤海银行明日挂牌

12月31日　渤海银行股份有限公司成立大会暨揭牌仪式今日上午举行。在开业初期，渤海银行将把业务活动的重点放在环渤海地区，开业一年以后，将陆续在长三角和珠三角等主要经济区域开设分支机构。

渤海银行采取发起方式设立，注册资本金50亿元人民币，由发起人认购全部股份，并全部以货币资金注入。已经签署的发起人协议确定，天津泰达投资控股有限公司拥有25%的股权，是第一大股东；渣打银行（香港）有限公司拥有19.99%的股权，是第二大股东；中国远洋运输（集团）总公司拥有13.67%的股权，是第三大股东；上海宝钢集团公司和国家开发投资公司分别拥有11.67%的股权，并列第四大股东；天津信托投资有限责任公司通过集合资金信托方式吸收自然人资金参股10%；天津商汇投资控股有限公司以吸收民营企业入股方式参股8%。

（2006年1~10月）

一月

“亚元”3月诞生

1月16日　据日本读卖新闻报道，亚洲开发银行将从今年3月起推出概念型的亚洲货币单位（ACU）。ACU被业内人士认为是未来亚洲统一货币–“亚元”的雏形。

中信泰富卖家产百亿投资陆家嘴

1月23日　香港中信泰富有限公司（0267.HK）上

周末卖掉了每年可为其带来 3 亿港元租金收入的一项优质资产，促使中信泰富如此“忍痛割爱”的原因，却是该公司在上海陆家嘴即将启动的大型地产项目。

由中信泰富与中国船舶工业集团公司（简称：中船集团）合作开发的上海船厂土地发展项目，预计总投资将高达 27.1 亿美元，而中信泰富将投资其中的约 13.3 亿美元。

渣打在华首发境外消费卡

1 月 24 日 渣打银行与 VISA 国际组织及通济隆（Travelex）公司合作推出了一种电子卡，中国公民持有该卡可以取代现金在境外消费。这种电子卡被称为电子旅行支票“Easigo 易世金”，这是外资银行首次在中国发行该类型卡。目前中国还不允许外资银行向开户人发行借记卡、信用卡，甚至现金卡。

迪斯尼 74 亿美元收购皮克斯

1 月 26 日 美国沃尔特·迪斯尼公司宣布，公司将斥资 74 亿美元买下长期合作伙伴皮克斯动画公司，皮克斯公司首席执行官苹果公司创始人斯蒂夫·乔布斯将成为迪斯尼公司的最大个人股东，并顺理成章地进入迪斯尼董事会。

二月

组建中国黄金投资基金时机成熟

2 月 5 日 中国黄金协会副会长侯惠民向本报记者透露，狗年组建中国第一只市场化运作的黄金投资基金时机已成熟。在国际市场上，基金买盘 2 月 2 日激励国际金价创出了 25 年高点每盎司 574.60 美元。

中国黄金投资基金发起人为中国黄金协会、银行、大型黄金企业等。组建独立的中国黄金投资基金管理公司，形式是私募、封闭式或半开放式，逐步向公募、开放式发展或形成系列基金。规模在 5 亿～10 亿元人民币。投资方向为上海黄金交易所 Au99.99 金、Au99.95 金和 T+D 延期交收品种，并将未来国内黄金期货和外盘黄金期货作为潜在投资目标。

沪银监局新政挑战外资行监管

2 月 8 日 上海银监局将继续优化监管流程，做好外资银行监管工作：一是进一步加强并表监管，完善并表监管制度，建立以主报告行为中心的全方位风险监管体系，加强与属地局横向沟通，加强与外资银行母行或地区总部的交流与联系，健全并表监管制度和方法。二是大力推进外资银行法人机构公司治理建设，继续规范外资法人机构董事会议事规则和程序，健全董事会下的各专业委员会。三是继续推进非现场监管方式的创新，完成外资银行风险预警体系的试运行方案，启动主要机构的监管概览、全面风险评估及 SOSA 评级试点工作。四是加强外资银行现场检查的针对性和有效性，以外资银行内部管理水平和风险控制能力作为检查重点，注重对外资银行内审、合规机制有效性的专项检查，同时加强与银行内审部门的沟通，提高其效用的发挥。五是根据入世后过渡期形势变化，跟踪市场动态，围绕监管重点和市场热点开展分析调研，及时反映情况，提出完善政策法规的各项建议。

委瑞拉计划每天对华出口 30 万桶石油

2 月 8 日 委内瑞拉能源和石油部长拉米雷斯向媒体发表讲话说，委内瑞拉希望很快把向中国的石油出口量提高到每天 30 万桶。目前委内瑞拉对华石油日出口量为 16 万桶。去年 11 月委内瑞拉石油公司同中国石油天然气集团公司签署了有关供油合同。根据合同，在 2007 年前，委内瑞拉平均每天向中石油提供 10 万桶原油和 6 万桶燃油。

中国金融业将现三大剧烈变局

2 月 16 日 国务院发展研究中心金融研究所副所长巴曙松认为，2006 年中国金融改革可能出现的变化及其剧烈程度，将会明显得多、剧烈得多。变革的加剧将体现在以下三个方面：

首先是国内对外资银行的监管政策会在遵循世贸条款的基础上进一步作出调整。

其次是在 2006 年 12 月 31 日（金融业入世保护期的终止日）之前，中国的银行业资本充足率必须达到 8%。这项政策的严格实施必将导致一连串的金融行为和现象。

最后，是直接融资的发展。中国的金融结构长期以来缺乏有效的分散性、选择性和灵活性，这直接导致国有银行资产质量控制所面临的巨大压力，使得银行体系在分享经济快速增长所带来的信贷需求的同时，也承担着经济波动最终的成本。

三月

QFII 获批投资额逼近 60 亿美元

3 月 1 日 国家外汇管理局宣布，批准日本第一生命保险公司 QFII（合格境外机构投资者）投资额度 1 亿美元，同时批准雷曼兄弟国际（欧洲）公司新增 QFII 投资额度 1.25 亿美元。迄今为止，QFII 已获批投资总额近 60 亿美元。

雷曼兄弟公司此前已经获得 0.75 亿美元 QFII 投资额度。此次新增后，该公司投资总额度达到 2 亿美元。而日本第一生命保险公司是 2005 年年底获得中国证监会授予 QFII 资格的。

目前中国已批准了 35 家海外机构的 QFII 资格，而包括此次新批准的两家投资额度，32家QFII机构已获批总额59.7亿美元的投资额度。

荣智健今年投资内地房产50亿港元

3月16日　中信泰富（0267.HK）主席荣智健昨日表示，预期今年资本开支约100亿港元，其中，投放内地房地产市场资本开支约50亿港元。今年其余投资项目包括30亿～40亿港元投资兴建新钢厂，以及购回河北特种钢厂股权，另约有20亿港元作其他项目投资。荣智健称，中信泰富目前手头现金约70亿元，在银行备用信贷额约300亿元，资金非常充裕，足以应付未来发展，并认为现时负债比率处于20%很正常，属满意水平。

中国-东盟贸易门户全面启动

3月23日　中国-东盟贸易门户-南博网全面上线启动。当日，南博网和中国纺织品进出口商会等6家国内商会签订了合作备忘录支持南博网的建成。

由中国和东盟10国领导人共同倡导建设的中国-东盟自由贸易区（China ASEAN Free Trade Area，CAFTA）将于2010年全面建成。CAFTA是世界上人口最多的自由贸易区，是世界第三大自由贸易区，中国和东盟双边贸易额增长超过30%。

全球油气行业去年并购额达1600亿美元

3月29日　英国《金融时报》网络版援引的一份研究报告称，去年全球石油和天然气行业的并购交易额达1600亿美元，是前年的3倍。

印度与中国续签铁矿石出口合约

3月30日　印度联邦内阁批准国有的金属资源贸易公司（MMTC）与中国、日本和韩国钢铁制造商续签铁矿石长期出口合约。这对中国钢铁厂商与世界铁矿石巨头正在进行的第四轮谈判来说，无疑是个利好消息。上述合约有效期为5年，从3月31日起生效，有关价格和供应量具体内容尚不得而知。但无论如何，这对挣扎中的中国钢铁厂商来说，无疑是个好消息。

四月

中国将向太平洋岛国提供30亿元优惠贷款

4月5日　中国国务院总理温家宝在斐济楠迪宣布，为加强中国企业和太平洋岛国企业间的合资合作，中方将在今后3年内提供30亿元人民币（约合3.75亿美元）优惠贷款，推动双方企业在资源开发、农林渔业、旅游、轻纺制造业、电信和航空交通等领域的合作。中国政府还将设立专项资金，鼓励中国企业在太平洋岛国投资。

6亿中东基金拉高上海房价

4月7日　上海楼市的均价重新站上了万元大关，今年3月，来自中东的基金Gateway Capital斥资6亿元，买下了瑞安集团最新住宅项目翠湖天地御苑二期的所有102套住房，这笔均价每平方米4万元的大单成为拉动上海楼价上涨的重要原因。

中美力促美企扩大对华出口

4月11日　中国贸促会副会长于平将在年度会上与美国商务部签署一份《关于推动美国企业对华出口联合声明》，全力促进美国企业增加对华出口。双方将就知识产权问题签署一项框架协议，其中包括如何在中国更有效地保护数字音乐和影视版权，以及软件正版化等问题。在洛杉矶，吴仪率领的中国商务代表团与美国企业签署了27份合同，价值高达150亿美元。

中国160亿美元采购“美国制造”

4月13日　国务院副总理吴仪率领的中国经贸代表团与美方总共达成162.1亿美元的采购协议，包括52亿美元购买80架波音737飞机、17亿美元购买美国正版电脑软件等，这是中国有史以来最大的一次单笔采购。吴仪表示，中国政府将努力解决某些对中美贸易关系影响最严重的问题，并同意恢复进口美国牛肉、严厉打击盗版，并进一步开放电信服务和医疗器材市场。

磁浮效应引爆沪杭商机，杭州沪上签得百亿大单

4月17日　杭州上海经济合作项目签约仪式在浦东国际新闻中心举行。本次大型推介会上，沪杭两地共有48个项目集中签署了合作协议。15个外资项目总投资3.72亿美元，合同外资1.86亿美元，33个沪杭内资合作项目总投资达97.77亿元。

磁浮引发同城效应，在此次推介会上，江干区作为沪杭磁浮的杭州起始站，引起与会代表和客商的高度关注。德国创新经济商会、上海东昌企业（集团）有限公司、上海港胜实业发展有限公司3家企业与该区签约，总投资额达8亿元，其中外资项目投资额近3000万美元。

日本对华出口连续7年增长

4月20日　2005年度贸易统计快报显示，日本的对华出口连续7年保持增长。日本2005年对亚洲各国贸易顺差为6730亿日元，较上年增加3.7%。对中国贸易顺差不变，仍然维持在2823亿日元的高位。

五月

内地六企业入选世界品牌500强

5月19日　中国的海尔、联想、央视、长虹、中国移动和中铁工程6个商业品牌入选了2006年《世界品牌500强》排行榜。内地今年以6个品牌成为入选品牌数前十名的国家。去年海尔、联想、央视、长虹等4

家企业入选，今年增加了中国移动和中铁工程两家，同去年相比，4家企业的排名都有了一定程度的提升，其中长虹上升最快。

全世界最大水利工程宣告建成

5月20日 中国长江三峡工程设计高程185米、世界最大规模的混凝土大坝今日建成。与初步设计方案相比，大坝建成时间提前了10个月。有数据显示，由于大坝蓄水作用造成长江上游水道加深后，2005年长江货运总量就达到了4400多万吨，远远高于以前的1000多万吨。

沙特王子20亿美元购中行股份

5月26日 中行IPO吸引了众多国际重量级投资者认购，除了此前热炒的香港富豪，又新增了沙特王子阿勒瓦利德旗下的投资公司、索罗斯旗下的基金、三菱东京UFJ银行等，这些机构的认购总额超过40亿美元。沙特王子阿勒瓦利德旗下的投资公司ACIC日前宣布，已同由其他沙特投资者组成的一个集团签订一份协议，认购价值20亿美元的中国银行2.7%的股份。

全球钢铁新领袖诞生

5月29日 为抵御钢铁业巨头米塔尔的收购攻势，全球第二大钢铁企业阿赛洛与俄罗斯北方钢铁公司5月27日发表联合声明，宣称已经合并，并将打造全球钢铁行业的新领袖和最赚钱的钢铁企业。北方钢铁公司的控股股东莫尔达绍夫将把其拥有的北方钢铁公司和其在意大利卢基尼钢铁公司价值12.5亿欧元的股份全部转入阿赛洛公司名下，作为交换，莫尔达绍夫将获得2.95亿股阿赛洛股份。新成立集团的市值将比目前的阿赛洛公司的市值高出130亿欧元，而莫尔达绍夫也将因持有新集团约32%的股份而成为第一大股东。

六月

山西实现国内最大规模跨行业金融机构合作

6月6日 兴业银行与山西省7家金融机构在太原共同签署了“同业同兴、和谐金融”大规模同业合作协议。参与合作的金融机构囊括了山西省近一半的金融机构，如此大规模的跨行业金融机构合作在山西乃至国内金融业尚属首例。此举不仅对山西金融业的竞争形态产生重大影响，更为重要的是引入现代金融服务业分工合作和多元合作体系，开拓了金融机构多元化、全方位合作的新局面。

迪拜世界港口公司在天津兴建集装箱码头

6月16日 全球第三大港口运营商迪拜世界港口公司当地时间6月13日宣布将在天津投资5亿美元兴建集装箱码头，从而加深了该公司在中国的投资活动。迪拜世界目前已经在中国拥有6个港口，总吞吐量达1100万个集装箱（以长20英尺的集装箱即TEU为标准）。该公司将与中国天津港口集团合资建立迪拜天津控股有限公司，负责新港口的修建。迪拜世界将在新公司占50%的股份。天津市副市长黄兴国当天在迪拜签署了建立合资公司的意向书。

中国将与沙特合作发展战略石油储备

6月21日 中国外交部发言人姜瑜周二表示，中国将与沙特阿拉伯展开合作，发展中国的战略石油储备。中国和沙特阿拉伯将在石油领域进一步展开合作，其中包括石油储备设施。

央行鼓励中资金融机构“走出去”

6月26日 央行首次发布《2005年国际金融市场报告》。该报告指出，当前中国已由资金短缺者变成资金盈余者，金融对外开放应拓宽思路，由以前主要以引进国外机构、资金、技术、管理和服务为主，转向引进和输出并举，增强中国金融市场对外提供服务的能力和吸引力，争取将部分大型中资金融机构培育成国内国际金融市场的主要联结者。

2005年全国财政收入突破3万亿元

6月27日 财政部部长金人庆在第十届全国人大常务委员会第22次会议上提出2005年中央决算报告和中央决算草案。2005年，全国财政收入突破3万亿元，达到31649.29亿元，比上年增长19.9%。

中东资金移出美国　逐渐流向中国印度

6月30日 花旗集团新兴市场银行高管日前表示，美国的政治压力已经迫使阿拉伯国家的投资者们纷纷将出口石油积累的资金，从美国转移到中国、印度及欧洲市场。

七月

银行间市场经纪业务正式启动

7月12日 央行发布了《中国人民银行关于货币经纪公司进入银行间市场有关事项的通知》，标志着中国银行间债券市场和银行间同业拆借市场经纪业务正式启动。货币经纪公司是在金融市场开展经纪业务，为金融产品交易提供信息、促成交易达成的专业化机构。通过专业化的信息集中方式和规范的操作流程，货币经纪公司可以有效整合市场需求信息，提高市场流动性，也可以降低交易成本，提高市场效率，对促进市场的快速健康发展具有重要意义。

外资金融机构首次投资农村合作银行

7月13日 荷兰合作银行、国际金融公司（IFC）

以及杭州联合农村合作银行（简称“杭州联合银行”）在杭州签署了一项协议。基于此项协议，荷兰合作银行和国际金融公司将分别拥有杭州联合银行 10%和 5%的股份。这是外资金融机构首次投资中国的农村合作银行。

57 个国家承认中国完全市场经济地位

7 月 20 日 在福州召开的全国进出口公平贸易工作会议上商务部副部长高虎城说，目前已有 57 个国家承认我国的完全市场经济地位。这 57 个国家包括澳大利亚、巴西、阿根廷、南非、韩国、俄罗斯、东盟 10 国等。其中，韩国是我国年贸易额逾千亿美元贸易伙伴中第一个承认我国完全市场经济地位的国家。

三家银行获批 48 亿美元 QDII 额度

7 月 21 日，国家外汇管理局核定了中国银行、中国工商银行、东亚银行境内分行代客境外理财购汇额度，允许上述银行在核定的额度内募集境内个人和机构的人民币资金，购汇后从事代客境外理财业务。此举有助于缓解人民币升值压力。这是首批商业银行获得的代客境外理财购汇额度。其中，中国银行为 25 亿美元，中国工商银行为 20 亿美元，东亚银行为 3 亿美元。除上述三家银行外，国家外汇管理局还受理了中国建设银行、交通银行等银行的相关购汇额度申请。在已办理和受理的银行申请中，各银行对代客境外理财购汇规模提出了较大需求，表明该项业务在境内拥有较为广阔的市场前景。

八月

光明食品集团正式组建成立

8 月 9 日 上海食品业航母——光明食品（集团）有限公司组建事宜水落石出，该公司昨日正式组建成立，资产规模 458 亿元，主要销售收入 406 亿元。原百联集团总裁、联华超市（0980.HK）董事长王宗南出任该集团党委书记、董事长。王宗南表示，要通过资源整合做大光明食品，打造中国食品第一品牌。

美最大房产商联手大摩进军深圳房地产

8 月 10 日 美国最大的商业地产投资、开发及管理公司——西蒙房地产集团公司，与世界 500 强企业摩根士丹利房地产基金日前正式在深圳成立合资公司，联手进军深圳房地产市场。据介绍，新成立的深圳格瑞企业管理咨询有限公司投资总额为 500 万元人民币，将从事企业管理咨询、项目投资咨询、商业信息咨询及国际经济信息咨询，主要是为商业物业地产的经营管理提供咨询、顾问服务。

上海石油交易所今日正式成立

8 月 18 日 经过周密的筹备，位于上海浦东商城路良友大厦的上海石油交易所终于撩开面纱，宣布进入正式运营阶段。今天上午，上海石油交易所将在上海国际会议中心举行开业典礼，上海石油交易所的成立，是中国要素市场建设中的重要举措。随着这一交易所的正式运行，中国的石油现货市场基础将进一步扎实，石油流通领域的改革将得到进一步深化；石油资源配置更能进一步优化，有利于降低交易成本，规避经营风险，提高企业国际竞争力，促进石油石化行业发展。同时，石油交易所落户上海，也将有利于上海石油现代服务业发展，有利于上海国际贸易中心建设和浦东综合配套服务业改革。

建行 97 亿港元收购美银亚洲

8 月 24 日 中国建设银行股份有限公司（0939.HK）在香港与美国银行签署协议，由建设银行收购美国银行在香港的全资子公司美国银行（亚洲）股份有限公司 100%的股权。通过收购美银亚洲，建行在香港的业务规模迅速扩大为原来的两倍，客户贷款从原来的第十六位飙升至第九位。

“美国银行（亚洲）是香港市场上一家典型的中小型零售银行，主要经营个人和中小企业业务，管理团队富有经验，财务表现良好，与建设银行现有香港业务重合度低，对我们来说是一个非常合适的选择。”建行新任行长张建国说，“相信在不久的将来，建行在港业务能够形成以零售银行、批发银行、投资银行和保险等业务为支柱的综合金融服务体系，努力为境内外客户提供更加全面、优质、高效的金融服务。”本次收购总价为 97.1 亿港元，相当于美国银行（亚洲）2005 年底账面净资产 73.8 亿港元的约 1.32 倍，支付方式为现金。收购协议的最终生效尚待境内外监管机构以及建行股东大会的批准，预计正式交割于今年年底前完成。

九月

第一东方投资银行入驻迪拜国际金融中心

9 月 4 日 中国最大的直接投资公司，第一东方投资集团下属的第一东方投资银行日前已获得迪拜金融服务局批准，将在迪拜国际金融中心（DIFC）开始营业。第一东方在迪拜开业将有助于其扩展和发展该地区与中国公司之间已经建立的长期战略顾问关系。同时，作为中国直接投资服务的先驱，第一东方为海湾地区带来了其在中国取得的经验、知识和已被证实的业绩，也有助于中国与海湾地区之间建立快速增长的贸易、投资和战略关系。

中美启动战略经济对话机制

9月20日 国务院副总理吴仪和来访的美国财政部长保尔森共同宣布，正式启动中美战略经济对话机制。对话机制将重点关注两国贸易、投资、农业及对外政策和全球战略性经济问题，对话一年两次，轮流在两国首都举行。

亚行30亿美元贷款支持中国新农村建设

9月21日 亚行最近更新的《中国国别战略与规划》显示，亚行计划未来两年每年为中国提供15亿美元贷款，资金将更加均衡地分配至不同行业。《中国国别战略与规划》显示，亚行将继续重点支持相对贫困的中西部地区项目。给予农业和自然资源部门项目的贷款比例将增加一倍以上，从2004～2006年间的10%提高到25%；同时市政基础设施类贷款比例也将从10%提高到23%。

新农村国债计划正加紧论证

9月23日 中国新农村建设资金需要量是15万亿～20万亿元。中国财政收入到今年年底可能也只有4万多亿元，这20万亿元的庞大资金需求从哪里筹集？ 中央财经领导小组办公室副主任唐仁健在北京“第六届中国金融论坛”上表示，从大的方面讲，新农村建设资金的筹集应该有四个渠道，一是财政资金；二是信贷资金；三是农业保险；四是社会筹集。其中，来源于财政的新农村建设资金也有四个渠道，一是专门征收一笔税收，专项用于想做的事情。其次是征收专门基金。再次，是对银行发行专门国债，然后将所筹资金通过农村金融机构转贷，用于新农村建设。

十月

七大金融业协会建跨行业“联盟”

10月9日 七家全国性金融行业协会在北京共同签署合作备忘录，宣布建立全国金融行业协会联席会议制度。七家全国性金融行业协会分别是中国银行业协会、中国证券业协会、中国保险行业协会、中国国债协会、中国期货业协会、中国信托业协会和中国财务公司协会。

目前，混业经营已成为全球金融业发展的潮流。传统的金融业分工和金融业界限日益模糊，金融机构业务交叉越来越普遍，各金融业之间的合作已是大势所趋。金融行业协会联席制度旨在促进各金融业协会的相互作用和信息交流，充分发挥各自的职能，形成优势互补、凝聚合力的工作体系，以维护金融行业市场秩序。

全国社保基金海外投资正式起航

10月9日 全国社会保障基金理事会与美国北美信托银行和花旗银行签署了全国社会保障基金境外投资全球托管协议，此举标志着全国社保基金向开展境外投资业务迈出重要一步。

今年**3月** 经国务院批准，财政部、劳动和社会保障部等部门联合发布了《全国社会保障基金境外投资管理暂行规定》，开启了全国社保基金海外投资战略的序幕。全国社会保障基金理事会理事长项怀诚在签约仪式上说，理事会于今年4月底启动全国社保基金境外投资全球托管人、管理人评选工作。经国际著名咨询机构的初步筛选，理事会确认6家全球托管银行参与此次遴选。按照公平、公开的评选程序，北美信托和花旗两家银行通过了专家评审委员会的评审。

全国社会保障基金是中央政府集中的社会保障资金，是国家重要的战略储备，主要用于弥补我国今后人口老龄化高峰时期的社会保障需要。其资金来源主要包括中央财政预算拨款、国有股减持划入资金、经国务院批准的以其他方式筹集的资金、投资收益、股权资产等。截至2005年底，全国社保基金资产规模为2010.2亿元。

发改委等部门七大政策鼓励创业投资

10月15日 中国政府多个部门正加紧研究制定七大配套政策措施，以更充分发挥创业投资对促进创新型经济发展的积极作用。这些部门有国家发改委、财政部、科技部、保监会、证监会、人民银行等。

据介绍，七大配套政策措施主要有：财政部和税务总局正在研究制定涉及创业投资企业的税收扶持政策方案；保监会正在研究推进保险公司投资创业投资企业试点的具体思路；证监会正在研究推进证券公司开展创业投资业务的具体思路和相关管理规定；证监会和深交所正在抓紧研究促进“中小企业板”制度创新的有关问题，拓宽创业投资的退出渠道；人民银行正在研究“允许创业投资企业通过债券融资增强投资能力”的思路；同时促进创业投资引导基金规范设立与运作的指导意见也在加紧研究制定，并积极探讨扶持地方政府设立创业投资引导基金的有效模式，探讨设立国家创业投资引导基金的可行性。

中国印尼签署双边货币互换协议

10月17日 中国人民银行和印度尼西亚银行在《清迈倡议》的框架下签署原中印尼双边货币互换协议的修订稿。根据此修订稿，在需要短期流动性支持时，印尼央行可以印尼盾对美元的形式从中国人民银行取得不超过40亿美元的融资支持。

据了解，中国和印尼曾于2003年12月签署了总规模为10亿美元的货币互换协议，并于2005年10月签署协议，将货币互换规模增加至20亿美元。

央行表示，2005年签署的协议及昨天（10月17日）签署的修订稿体现了东盟加中、日、韩（10+3）就加强《清迈倡议》有效性措施达成的共识，其中包括：将对经济进行监督纳入《清迈倡议》框架、将实际出资规模与国际货币基金组织贷款规划脱钩部分比例由10%提高到20%等。

工行IPO创全球资本市场新纪录

10月20日　中国工商银行首次公开发行（IPO）取得圆满成功。此次发行是全球最大的IPO，工行的超额配售选择权行使前A+H发行规模合计达191亿美元，高于此前历史最高水平日本NTT移动通讯公司184亿美元的最终融资水平。

工行今在沪港上市

10月27日　中国工商银行股份有限公司A股今日在上海证券交易所上市及交易，该行在境外发售的H股也于今日在香港联合交易所上市及交易，股票代码分别是601398和1398。其中，网上资金申购发行配售的68.3亿A股股份无流通限制及锁定安排，自今日起首先在上证所上市交易。

此前，中国工商银行H股及A股发售价格确定为：H股是每股3.07港元，A股是每股3.12元人民币，A股的发售价格经港元与人民币汇率差异做出调整后，与H股的发售价格一致。该价格创下了中国国有商业银行最高的发行估值倍数。

中信将购加拿大公司在哈油田

10月27日　中国国有企业中信集团公司对外宣称，将斥资19亿美元收购加拿大能源公司在哈萨克斯坦的石油资产，以应对国内快速增长的能源需求。加拿大能源公司在声明中透露，其在哈萨克斯坦拥有的Karazhanbas油田的已探明储量超过3.4亿桶，目前日产量逾5万桶。中信公司的一位高管表示，如果交易进行顺利，该公司将在该油田建造一座中等规模的炼油厂。

中马签署进口液化气合同

10月30日　从申能集团有关人士处获悉，上海液化天然气有限责任公司与马来西亚液化天然气第三公司签署了《液化天然气购销合同》，合同期25年，这是迄今为止中马之间最大的经贸合同。这一合同的签署，标志着上海液化天然气项目进入实质性启动阶段，显示出中马经贸关系的进一步加强，也是两国在能源领域合作的开端。

根据合同约定，马来西亚将从2009年开始向上海供应液化天然气，数量从110万吨起逐年增加，2012年后保证每年供应300万吨液化天然气（约40亿立方米）。上海液化天然气项目接收站位于上海国际航运中心洋山深水港区的中西门堂岛，一期建设规模为年接收能力300万吨，预计2009年建成投产。上海液化天然气有限责任公司由申能集团和中海石油气电公司（中国海洋石油的全资子公司）合资组建，其中申能集团占有55%的股份，中海气电占45%的股份。

国家四大重点工程建设情况

一、青藏铁路

1. 胡锦涛在青藏铁路通车庆祝大会上的讲话（摘要）

青藏铁路建成通车，是我国社会主义现代化建设取得的又一个伟大成就。在这里，我代表党中央、国务院，向青藏铁路建成通车，表示热烈的祝贺！向为青藏铁路建设作出突出贡献的全体建设者，表示崇高的敬意！向关心和支持青藏铁路建设的沿线各级党委、政府和各族干部群众、各有关方面人士、国际友人，表示衷心的感谢！

建设青藏铁路是几代中国人梦寐以求的愿望，党和政府始终高度重视。1958年，党中央决定建设青藏铁路西宁至格尔木段，1984年5月这段铁路建成通车。进入新世纪，党中央从推进西部大开发、实现各民族共同发展繁荣的大局出发，作出了修建青藏铁路格尔木至拉萨段的重大决策，提出了建设世界一流高原铁路的目标。现在，经过全体建设者和各方面的顽强拼搏、艰苦奋斗，几代中国人特别是沿线各族干部群众的心愿终于实现了。

青藏铁路是世界上海拔最高、线路最长的高原铁路，沿线高寒缺氧，地质复杂，冻土广布，工程十分艰巨。修建这样一条铁路，不仅是对我国综合实力和科技实力的检验，也是对人类自身极限的挑战。铁道部和各参建单位坚持以邓小平理论和“三个代表”重要思想为指导，全面贯彻落实科学发展观，周密部署，严格管理，确保了青藏铁路建设高起点、高标准、高质量地向前推进。在5年的建设过程中，全体参建人员始终牢记党和人民的重托，以国家需要为最高需要，以人民利益为最高利益，奋战在条件异常艰苦的雪域高原上，以惊人的毅力和勇气战胜了各种难以想象的困难，用自己的心血和汗水谱写了人类铁路建设史上的辉煌篇章。这不仅是中国铁路建设史上的伟大壮举，也是世界铁路建设史上的一大奇迹。这一成功实践再次向世人昭示，勤劳智慧的中国人民有志气、有信心、有能力不断创造非凡的业绩，有志气、有信心、有能力屹立于世界先进民族之林。建成青藏铁路这一壮举将永载共和国的史册。

（2006年7月1日）

2. 落实科学发展观 建好管好用好青藏线

——铁道部部长刘志军谈青藏铁路通车运营摘编

青藏铁路建设中全面落实科学发展观的要求，主要体现在以下四个方面。

第一，青藏铁路建设充分体现了加快发展的要求。科学发展观的第一要义是发展。交通运输是联结社会、分配、交换、消费的桥梁和纽带，是一个国家工业化和现代化的基础。交通设施落后，严重制约了青藏两省区经济社会发展。建设青藏铁路，改善了青藏高原的交通条件，优化了青藏两省区的投资环境，将有力促进当地优势资源的合理开发利用，推动经济社会更快更好发展。

第二，青藏铁路建设充分体现了区域协调发展、城乡协调发展的要求。青藏铁路显著扩大了铁路对西部地区的覆盖，强化了西部大开发的基础设施，给青藏两省区人流、物流、资金流、信息流的快捷流动提供了大能力、全天候的运输通道，对西部特别是青、藏两省区发展将产生直接而巨大的拉动效应，对缩小地区发展差距、建设社会主义新农村具有重要意义。调查资料显示，拉萨100元人民币的实际购买力相当于内地的54元；拉萨市煤炭、汽油、水泥等重点物资的价格大大高于内地。其中一个原因是运输成本高。青藏铁路开通运营，将大大降低进出藏物资运输成本，加快西藏自治区现代化进程。

第三，青藏铁路建设充分体现了可持续发展的要求。青藏高原生态系统独特，珍稀特有物种丰富，自然景观多种多样，生态环境脆弱，特别需要环保型的运输通道。铁路具有运力大、能耗低、污染小、占地少等比较优势。建成青藏铁路有利青、藏两省区综合交通运输体系走上科学发展轨道。我们在青藏铁路建设中，按照党中央、国务院的要求，高度重视保护沿线生态环境，在中国重大建设项目中首次实行环保监理制度，用于环保的专项资金15.4亿元。经青、藏两省区环保部门监测显示，青藏铁路建设对江河湖泊水质无明显影响，植被、冻土、湿地环境得到了有效保护，沿线野生动物迁徙条件和铁路两侧自然景观未受破坏，是一条“绿色天路”。青藏铁路通车运营，有利于开发青藏独特的旅游资源，提升青、藏两省区可持续发展能力。

第四，青藏铁路建设充分体现了以人为本的价值追求。这表现在许多方面。首先表现在实现了青藏两省区人民的百年夙愿，将造福沿线各族人民。其次表现在工程建设中卫生保障先行，采取切实有效的防治救护措施，保障了建设者的身体健康，实现了“高原病零死亡、非典疫情零传播、鼠疫疫情零发生”的“三无”目标。这还突出表现在建设目标上。胡锦涛总书记明确提出要把青藏铁路建成为世界一流高原铁路. 充分体现了以人为本的理念。自然条件越是恶劣，越是需要高标准、高质量的铁路，满足人们的旅行需求。为了落实这个要求，铁道部明确提出了“三项具体目标”：一是把旅客列车运行时间压缩到最短，尽快通过高原缺氧区；二是运营设备高可靠、少维修；三是沿线基本实现“无人化”管理，把沿线运营管理人员压缩到最低限度。经过努力，旅客列车在冻土地段时速可达100公里，非冻土地带时速可达120公里。青藏铁路格拉段设45个车站，其中38个为无人值守站。运营管理人员平均每公里人数全路最低，达到世界铁路先进水平。

3. 青藏铁路简介

修建青藏铁路是党中央、国务院在进入新世纪之际作出的重大战略决策，是国家“十五”四大标志性工程之一，是西部大开发的重点工程之首。

青藏铁路北起青海省西宁市，南至西藏自治区拉萨市，全长约1956公里，其中西宁至格尔木约846公里已于1984年建成。将要动工修建的青藏铁路格尔木至拉萨段，从青海省西部重镇格尔木市火车站引出，过南山口后，上青藏高原腹地，途经纳赤台、五道梁、沱沱河、雁石坪，翻越唐古拉山进入西藏自治区，再经安多、那曲、当雄、羊八井，至西藏自治区首府拉萨市。线路走向与青藏公路基本并行。

青藏铁路是当今世界海拔最高、最长的高原铁路。线路经过地区海拔4000米以上的地段有960公里，翻越唐古拉山线路最高处达5072米；经过多年连续冻土地段550公里，经过九度地震烈度区216公里。沿线高寒缺氧，生态环境脆弱，地壳运动活跃。在这样的区域修建铁路，具有很强的探索性和科研性，建设任务艰巨。

青藏铁路的修建，将结束西藏自治区不通铁路的历史，进一步改善青藏高原的交通条件和投资环境，促进西藏资源开发和经济快速发展。对加强内地与西藏的联系，促进藏族与各民族的文化交流，增进民族团结，造福沿线人民，将发挥重要作用。

（1）青藏铁路工程概况

建设青藏铁路是党中央、国务院在新世纪之初做出的战略决策，是西部大开发的标志性工程，对加快青藏两省区的经济、社会发展，增进民族团结，造福各族人民，具有重要意义。

青藏铁路由青海省西宁市至西藏自治区拉萨市，全长1956公里。其中，西宁至格尔木段长814公里，1979年建成铺通，1984年投入运营。正在修建的格尔木至拉萨段，自青海省格尔木市起，沿青藏公路南行至西藏自治区首府拉萨市，全长1142公里，其中新建1110公里，格尔木至南山口既有线改造32公里。青藏铁路建设面临着多年冻土、高寒缺氧、生态脆弱“三大难题”的严峻挑战，工程艰巨，要求很高，难度很大。

青藏铁路于2001年6月29日开工，当年完成投资11.8亿元，格尔木至南山口段既有线改造完成，南山口至望昆段路基基本成型，冻土试验段开工，实现了首战告捷。2002年完成投资53.2亿元；格尔木至望昆段线下主体工程建成，望昆至楚玛尔河段线下主体工程基本完成，楚玛尔河至布强格段线下主体工程完成80%以上；6月29日开始铺轨，年底顺利到达昆仑山。今年是青藏铁路建设的全面攻坚年，年度计划完成投资56亿元，截止7月底年度累计完成投资23.9亿元，开工累计88.9亿元。目前唐古拉山以北冻土工程正在采取强化措施，铺轨架梁向高原腹地挺进，唐古拉山越岭地段和唐南段重点工程开工，全面攻坚战已形成高潮。

青藏高原素有“世界屋脊”、“地球第三极”之称，是我国的“江河源”。在青藏高原这种原始、独特、脆弱、敏感的地理生态环境中修建的青藏铁路是世界上海拔最高、线路最长的高原铁路，翻越唐古拉山的铁路最高点海拔5072米，经过海拔4000米以上地段960公里，连续多年冻土区550公里以上。在青藏铁路建设和施工中有效地保护生态环境，是青藏铁路建设的重要任务，也是国内外关注的焦点。党中央、国务院对青藏铁路建设的生态环境保护问题极为重视；江泽民同志曾作了“自然保护区的问题还是要力求解决好”的重要批示。朱镕基同志要求一定要认真贯彻国务院有关加强保护青藏高原生态环境的精神，十分爱护青海、西藏的生态环境，十分爱护青海、西藏的一草一木，精心保护我们祖国的每一寸绿地。为搞好青藏铁路建设的生态环境保护工作指明了方向。（国家环保总局提供）

（2）青藏铁路沿线的生态环境特点

青藏铁路格尔木至拉萨段位于青藏高原腹地，跨越青海、西藏两省区。线路北起青海省西部重镇格尔木市，基本沿青藏公路南行，途经纳赤台、五道梁、沱沱河沿、雁石坪，翻越唐古拉山进入西藏自治区境内后，经安多、那曲、当雄至西藏自治区首府拉萨市。青藏高原具有独特的高原、高寒生态系统，有极具保护价值的特有的珍稀濒危野生动植物物种资源。有独特的气候条件，连片的冻土、湖盆、湿地及缓丘构成原始的高原面貌。长江、黄河、怒江、澜沧江、雅鲁藏布江等许多大江、大河都源自青藏高原，随着高原内部水热条件的差异，形成了由高寒灌丛、高寒草甸、高寒草原、高寒荒漠组成的高寒生态系统，具有独特的高寒生物区系。其中，尤以高寒草原分布最广。青藏地区的高寒草原在亚洲和世界高寒地区中均具有代表性，至今还基本保持着原始的自然演变过程。

具有丰富的珍稀特有物种，青藏高原上动物物种虽少，但珍稀特有种多，种群数量大，哺乳动物共有16种，其中特有种11种，占本区总种数的68.7%。鸟类科特有种7种，占总种数的23%。植物种类有199种，其中高原特有种80种以上。

具有多样的自然景观，青藏高原自然景观自东南向西北呈现高寒灌丛—高寒草甸—高寒草原—高寒荒漠更替。既有由这些生态系统组成的水平地带系列，又有高寒草原、高寒草甸、冰雪带等垂直带系列。同时，在水平地带系列中还间布有一定面积的沼泽植被、垫状植被，更增加了自然景观的多样性。

青藏高原生态环境脆弱。由于青藏高原海拔高，空气稀薄，气候寒冷、干旱，生态系统中物质循环和能量的转换过程缓慢，致使本区生态环境十分脆弱。长期低温和短促的生长季节使寒冷地区的植被一旦破坏，恢复十分缓慢，而且加速冻土融化，引起土壤沙化和水土流失。铁路沿线的一部分地区仍为无人区，自然环境还保持着较原始的自然状态。（国家环保总局提供）

（3）青藏铁路破解高原建设三大科技难题

青藏铁路是世界铁路建设史上具有标志性的高原铁路，也是一条科技含量较高的铁路。在青藏铁路建设中，多年冻土、生态脆弱、高寒缺氧被认为是世界高原铁路建设的“三大科技难题”。如何在确保环境、生态、施工人员安全的前提下，加速青藏铁路建设是一个重要问题。为此，铁道部加大投入，动员路内外科研、设计等单位参加联合攻关。

在冻土科技攻关方面，采取以桥代路措施，片石通风路基、通风管路基、保温板、热棒等工程措施，取得了明显效果。推广了十多项先进的施工工艺。铺架设备在技术改造后可适应海拔4500米以上作业。

在生态环保方面，建设单位树立环保新理念，坚持预防为主、保护优先的原则，把生态功能保护、冻土保护、植被保护、水土保持、野生动物保护等各项环保措施细化到各参建单位和工点，认真组织实施。

在高寒缺氧方面，各单位坚持以人为本、保障先行。对新上场人员全部进行体检和“阶梯式”适应，严格控制作业时间和劳动强度。配置了高原制氧站、高压氧舱，保证了职工生产生活用氧。主副食品供应充足，营养丰富。全线建立工地卫生所、工地医院和救治中心等三级医疗机构137个，上场医务人员481人，配备医疗设备2880台（套），未发生非典输入、高原病死亡等情况。

（铁道部提供）

二、三 峡 工 程

1.三峡工程的历史回顾

长江是中国第一大河、世界第三大河，发源于西藏高原唐古拉山脉的主峰格拉丹冬雪山。长江干流横跨中国西南、华中、华东三大经济区，流经青、藏、川、滇、渝、鄂、湘、赣、皖、苏、沪等11个省（自治区、直辖市），汇入东海。全长6300余公里，年平均水量在入海口处为10000万立方米（在湖北省宜昌市三峡工程坝址处为4500万立方米）。长江流域面积180万平方公里，约占全国总面积的18%，人口约占33%，工农业总产值约占全国40%（2002年统计数字），在我国经济社会发展中具有十分重要的地位。

长江三峡由瞿塘峡、巫峡和西陵峡组成，上游起自重庆市奉节县白帝城，下流迄至湖北省宜昌市南津关，全长约200公里。三峡工程因位于该河段的西陵峡中而得名，坝址在宜昌市三斗坪镇的中堡岛。

长江三峡河段，是世界上最大的水力资源宝库之一。最早提出三峡工程，首推中国民主革命的先驱孙中山先生。早在1919年，他就曾提出过在三峡建坝的设想，以改善川江航运，开发利用长江水力资源。自那以后，无数的专家、学者对三峡工程倾注了极大的心血。值得提出的是，美国经济学家潘绥先生1944年建议在三峡建一总装机容量为1050万千瓦的发电厂。同年9月，美国垦务局设计总工程师、世界著名坝工专家萨凡奇先生考察了三峡，编写了《扬子江三峡计划初步报告》，建议在宜昌上游建200米高坝，装机1056万千瓦，同时有防洪、灌溉、航运之利。

1949年新中国成立后，三峡工程受到了中央的高度重视。从五十年代起，毛泽东、周恩来、邓小平等老一辈无产阶级革命家都亲自关怀和过问过长江流域规划和三峡工程建设问题。进入社会主义现代化建设新时代，江泽民、胡锦涛等党和国家领导人也多次强调要搞好三峡工程建设，功在当代，利及千秋。

三峡工程从1954年开始论证，至1992年批准兴建，历时38年之久。对该工程的研究，不仅国内的科学界、工程技术界几代人付出了大量的精力和心血，前苏联、美国、加拿大等国不少专家也曾参与了工程规划、设计研究与咨询工作。所投入力量之雄厚、工作量之浩瀚，在世界工程史上堪称罕见。经过缜密研究、充分讨论、反复论证，1989年5月重新编制了《长江三峡水利枢纽可行性研究报告》。报告的主要结论是：三峡工程对中国现代化建设是必要的，工程在技术上是可行的，经济上是合理的，建比不建好、早建比晚建有利。此后，国务院成立了三峡工程审查委员会，聘请了163位各方面的专家对可行性研究报告进行审查，并获国务院常务会议通过。1992年4月3日，第七届全国人民代表大会第五次会议通过了《关于兴建长江三峡工程的决议》。

（三峡办提供）

2.长江三峡枢纽工程简介

长江三峡水利枢纽，位于长江三峡西陵峡中段湖北省宜昌市境内的三斗坪，距下游的葛洲坝水利枢纽38公里，其规模巨大，是当今世界最大的水利水电工程。

（1）主体水工建筑物（混凝土重力大坝）：坝顶总长3035米；坝顶高程185米；正常蓄水位175米；总库容量393亿立方米；其中防洪库容量221.5亿立方米；每秒排沙流量2460立方米；排沙孔分散布置于混凝土坝段和电站底部。泄洪坝段每秒泄洪能力为11万立方米。水电厂房位于泄洪坝段左右两侧。

（2）主体工程量、工期及投资：土石方开挖约10260万立方米；土石方填筑约2930万立方米；混凝土浇筑约2715万立方米；金属结构安装约28.1万吨。主体工程总工期为17年，第9年开始起用永久通航建筑物和第一批机组发电。水库将最终淹没耕地43.13万亩；最终将动迁113.18万人。工程静态总投资900.9亿元（按1993年物价水平计算，其中枢纽工程500.9亿元；移民安置400亿元）

（3）工程布置（从左岸到右岸）：1. 双线五级船闸：可通过万吨级船队；2. 单线一级垂直升船机：施工通航用临时船闸，可快速通过3000吨级的客货轮，年单向通过能力5000万吨；3. 左岸发电厂（装机14台）；4. 溢流泄洪坝段；5. 右岸发电厂（装机12台）。水电站共装机26台，单机容量70万千瓦。总容量1820万千瓦，年均发电量847亿度（亿千瓦时），建成后将成为世界最大的水电站。双线五级船闸年单向通过能力为 5000 万吨。单线一级垂直升船机的承船厢总重为 11800 吨，可快速通过 3000 吨级的客轮。（三峡办提供）

三、南水北调工程

1. 南水北调工程总体布局

南水北调工程是缓解中国北方水资源严重短缺、优化配置水资源的重大战略性基础设施，关系到经济社会可持续发展和子孙后代的长远利益。经过 50 年的勘测、规划和研究，在分析比较 50 多种规划方案的基础上，分别在长江下游、中游、上游规划了三个调水区，形成了南水北调工程东线、中线、西线三条调水线路。通过三条调水线路，与长江、淮河、黄河、海河相互联接，构成我国水资源“四横三纵、南北调配、东西互济”的总体格局，形成中国的大水网。

东线工程：利用江苏省已有的江水北调工程，逐步扩大调水规模并延长输水线路。东线工程从长江下游扬州江都抽引长江水，利用京杭大运河及与其平行的河道逐级提水北送，并连接起调蓄作用的洪泽湖、骆马湖、南四湖、东平湖。出东平湖后分两路输水：一路向北，在位山附近经隧洞穿过黄河，输水主干线全长 1156 公里；另一路向东，通过胶东地区输水干线经济南输水到烟台、威海，全长 701 公里。规划分三期实施。

中线工程：从加坝扩容后的丹江口水库陶岔渠首闸引水，沿线开挖渠道，经唐白河流域西部过长江流域与淮河流域的分水岭方城垭口，沿黄淮海平原西部边缘，在郑州以西李村附近穿过黄河，沿京广铁路西侧北上，可基本自流到北京、天津。输水干线全长 1427 公里（其中天津输水干线 154 公里）。规划分两期实施。

西线工程：在长江上游通天河、支流雅砻江和大渡河上游筑坝建库，开凿穿过长江与黄河分水岭巴颜喀拉山的输水隧洞，调长江水入黄河上游。西线工程的供水目标，主要是解决涉及青海、甘肃、宁夏、内蒙古、陕西、山西等 6 省（自治区）黄河上中游地区和渭河关中平原的缺水问题。结合兴建黄河干流上的大柳树水利枢纽等工程，还可以向临近黄河流域的甘肃河西走廊地区供水，必要时也可向黄河下游补水。规划分三期实施。南水北调三条调水线路互为补充，不可替代。到 2050 年三条线路调水总规模为 448 亿立方米，其中东线 148 亿立方米，中线 130 亿立方米，西线 170 亿立方米。整个工程将根据实际情况分期实施。（南水北调办提供）

2. 中线京石段应急供水工程

中线京石段应急供水工程南起河北省石家庄，北至北京团城湖，是结合向北京应急供水优先安排的工程，工程建成后，可联合调度河北省岗南、黄壁庄、王快、西大洋 4 座水库向北京供水，2007 年具备每年向北京应急供水 4 亿立方米的能力。工程包括滹沱河倒虹吸工程、漕河段工程、釜山隧洞工程、唐河倒虹吸工程、古运河倒虹吸工程、永定河倒虹吸工程、北京段西四环暗涵工程、北京市惠南庄泵站工程、河北省境内其他工程（含 40 个单位工程）、北京市境内其他工程（含 7 个单位工程）等 10 个设计单元工程。

滹沱河倒虹吸工程位于河北省正定县西柏棠乡新村村北。工程总长 2993.64 米。工程设计输水量 170 立方米每秒，加大流量 200 立方米每秒。工程总投资 5.47 亿元，工期 34 个月。

漕河段工程位于河北省保定市满城县城西北，起点为吴庄隧洞进口，终点为岗头隧洞出口，全长 9319.7 米。主要建筑物包括吴庄隧洞、漕河渡槽、岗头隧洞、大楼西沟和大楼西南沟左岸排水等。设计流量为 125 立方米每秒，加大流量为 150 立方米每秒。工程总投资 8.84 亿元，工期 3 年。

釜山隧洞工程位于河北省徐水县与易县的交界处。设计流量为 100 立方米每秒，由进口段、洞身段、出口段三部分组成，总长 2664 米。洞室采用锚喷支护和钢筋混凝土全断面衬砌、减糙混凝土衬砌。工程总投资 2.02 亿元，工期 35 个月。

唐河倒虹吸工程位于河北省曲阳县支曹村北。设计流量为 135 立方米每秒，总长 1542.4 米。倒虹吸管身采用三孔一联钢筋混凝土箱型结构。工程总投资 2.21 亿元，工期 2 年。

古运河枢纽工程位于河北省石家庄市郊区，枢纽工程的起点即为京石段应急供水工程的起点。设计流量为 220 立方米每秒，加大流量为 240 立方米每秒。工程总投资 1.85 亿元，工期 23 个月。

永定河倒虹吸位于永定河卢沟桥拦河闸下游 3.9 公里处。工程总长 2518.79 米。管身段为四孔方涵，每孔尺寸 3.8 米×3.8 米。总干渠输水设计流量为 50 立方米每秒，加大流量为 60 立方米每秒。工程总投资 2.92 亿元，工期 25 个月。

北京西四环暗涵工程为南水北调中线总干渠末端的控制性工程，全长 12.64 公里。采用双管输水方案。工程总投资约为 11 亿元，工期 32 个月。

北京市惠南庄泵站工程是中线京石段应急供水工程北京段加压输水的重要组成部分。位于北京市房山区大石窝镇惠南庄村东，上游与北拒马河暗渠相接，下游出水管后接惠南庄至大宁调压池 PCCP 输水管线，泵站段工程全长477.79米。工程总投资为7.75亿元，工期46个月。

3. 东线山东韩庄运河段工程

东线山东韩庄运河段工程位于骆马湖至南四湖之间，与江苏境内不牢河输水线路共同组成了骆马湖至南四湖的两条输水线路，工程包括新建台儿庄、万年闸、韩庄 3 座泵站和韩庄运河水资源控制工程。工程建成后，将实现通过韩庄运河线从骆马湖向南四湖调水125立方米每秒的目标。

台儿庄、万年闸、韩庄泵站分别是南水北调东线工程的第七级、第八级、第九级抽水泵站。工程均为一等工程，主要建筑物为1级工程，设计流量均为125立方米每秒，总工期均为2.5年。万年闸、韩庄泵站工程总投资分别为 2.52 亿元、2.28 亿元，台儿庄初设总投资2.38亿元。

韩庄运河水资源控制工程是东线工程的附属建筑物，主要作用是防止韩庄运河输水时水流倒漾于各支流。包括新建魏家沟橡胶坝、三支沟橡胶坝和峄城大沙河橡胶坝。工程初设总投资1916万元，总工期2年。

万年闸泵站工程于 2004 年 11 月 18 日开工建设。截至2005年11月底，完成土石方总量86.82万立方米，土石方完成比例为49.8%；完成混凝土总量1.29万立方米；完成投资0.35亿元，投资完成比例为13.9%。

（南水北调办提供）

4. 南水北调近期工程的主要效益

南水北调工程是一个科学的工程，是一个可持续发展工程，是一个具有综合效益的工程，其具有显著的社会效益、经济效益和生态效益。

社会效益：首先是解决北方地区的水资源短缺问题，促进这一地区经济、社会的发展和城市化进程，还可以解决700万人长期饮用高氟水和苦咸水的问题。南水北调实现以后，将构筑成“南北调配，东西互济”的大水网格局，可以促进北方地区经济的发展，增强了当地的水资源承载能力。

经济效益：除了间接促进我国的经济发展和社会进步外，由于对南水北调工程投入了大量资金，据总体规划阶段初步估算，仅此项每年可以拉动中国经济 0.12 个百分点。调水工程通水后，我国北方增加了水资源的供给，每年将增加工农业产值500亿元。另外，由于调水工程的实施，每年可安排15万人就业。

生态效益：东、中线一期调水工程实施以后，受水区的地下水超采局面可以得到遏制，同时还可以增加生态和农业供水 60 亿立方米左右，使北方地区生态环境恶化的趋势得到遏制，并逐步恢复和改善生态环境。

（南水北调办提供）

四、西气东输工程

1. 西气东输工程概况

西气东输工程是我国天然气发展战略的重要组成部分，是西部大开发的标志性工程。它以新疆塔里木气田为主气源，以我国中东部的长江三角洲地区为目标消费市场，以干线管道、重要支线和储气库为主体，连接沿线用户，形成横贯我国西东的天然气供气系统。

西气东输工程从1998年开始酝酿。2000年2月14日，朱镕基同志亲自主持召开总理办公会，听取国家计委和中国石油天然气股份有限公司关于西气东输工程资源、市场及技术、经济可行性等论证汇报。会议明确，启动西气东输工程是把新疆天然气资源变成造福新疆各族人民经济优势的大好事，也是促进沿线 10 省（自治区、直辖市）产业结构和能源结构调整、经济效益提高的重要举措。同年 3 月 25 日，国家计委在北京召开西气东输工程工作会议。会议宣布，经国务院批准成立西气东输工程建设领导小组，国家计委副主任张国宝任领导小组组长。同年 8 月 23 日，国务院召开第 76 次总理办公会，批准西气东输工程项目立项。西气东输工程成为拉开西部大开发的标志性项目。2002年7月4日，西气东输工程试验段正式开工建设。2003年10月1日，靖边至上海段试运投产成功，2004 年 1 月 1 日正式向上海供气，2004 年 10 月 1 日全线建成投产，2004 年 12月30日实现全线商业运营。西气东输管道工程起于新疆轮南，途经新疆、甘肃、宁夏、陕西、山西、河南、安徽、江苏、上海以及浙江 10 省（自治区、直辖市）66个县，全长约4000公里。穿越戈壁、荒漠、高原、山区、平原、水网等各种地形地貌和多种气候环境，施工难度世界少有。

塔里木盆地是西气东输的主供气源地，按全国第二次资源评价的结果，在中国总量为 38 万亿立方米的天然气资源中，塔里木盆地拥有 8.39 万亿立方米，是全国天然气资源量最为丰富的盆地。而且自20世纪90年代开始，石油勘探工作者在盆地西部的新月型天然气聚集带上，相继探明了克拉2、和田河、牙哈、羊塔克、英买7、玉东2、吉拉克、吐孜洛克、雅克拉、塔中6、柯克亚等21个大中小气田，发现依南2、大北1、迪那1 等含油气构造，截至 2005 年底，探明天然气地质储量6800.45亿立方米，可采储量4729.79亿立方米。

长庆气区是西气东输气源接替区，天然气资源量10.7万亿立方米。在西气东输工程中起到先锋作用，确保2003年到2004年先期向下游市场供气。（中石油提供）

2. 西气东输工程的重大意义

西气东输对于调整我国能源结构、促进环境状况改善具有重大意义。120亿立方米天然气相当于900万吨标准煤，每年可以减少大气污物排放量二氧化硫13.5万吨、氮氧化物15.3万吨、粉尘27万吨。因此，东部人民欢迎西气东输工程，东部地区的发展也需要西气东输工程。

西气东输有利于扩大内需，增加就业，促进冶金、机械、电力、化工、建材等相关行业的发展，有利于带动与天然气相关行业和系统工程的建设；有利于我国西部地区的发展，促进民族团结和边疆建设，有力地促进和加快新疆等西部地区的经济发展，尽快把资源优势转化为经济优势。（中石油提供）

3. 西气东输工程全线正式投产

2004年12月30日，西气东输工程正式投入商业运营。国家发展和改革委员会、国家西气东输工程建设领导小组和中国石油天然气集团公司在人民大会堂举行隆重的投产庆典暨表彰大会。中共中央总书记、国家主席胡锦涛发来贺信，对西气东输工程顺利建成并成功运营表示热烈祝贺，对广大工程建设者付出的辛勤劳动表示诚挚的问候和衷心的感谢。

中共中央政治局委员、国务院副总理曾培炎，全国人大常委会副委员长盛华仁，国务院常务副秘书长汪洋，国家发展和改革委员会主任马凯，中国石油天然气集团公司总经理、中国石油天然气股份有限公司董事长陈耕等出席了大会。曾培炎在接到投产准备工作全部就绪的报告后，郑重宣布：西气东输工程全线建成正式投产，清洁的天然气顺着约4000公里长的西气东输管道走进千家万户。

曾培炎在庆典暨表彰大会上发表重要讲话。他说，西气东输工程正式投产，这是我国经济发展和能源结构调整中的一件大事，是深入贯彻“三个代表”重要思想的具体体现，是全面落实科学发展观的重要实践。标志着我国能源建设水平迈上一个新的台阶，对缓解能源供应紧张矛盾，调整和优化能源结构，改善环境，提高人民生活质量，促进经济社会全面协调可持续发展，都具有十分重要的战略意义。（中石油提供）

4. 新技术创造多项国内第一

西气东输管线输送规模为年输气量120亿立方米、管径1016毫米，输送压力10兆帕，这些基本工艺参数在国内都是第一次采用。

西气东输管线采用了以减阻为目的的内涂敷技术，这在国内长输管道上还是首次，该项技术使管道的内壁粗糙度大大降低，在同样输量下，不仅减少了压缩机站的数量，降低了投资，而且还提高了管道输量，减少了运营成本。

西气东输管线采用X70级的钢管，它具有强度高、韧性和焊接性能良好的特征，广泛使用可以节省钢材，降低投资。

西气东输管线采用了优化的压缩机增压系统，为确保管线平稳供气提供了有力的保障。

西气东输管线采用自动化控制系统，实现全线集中数据采集、监控与调度管理。

西气东输工程还将建立亚洲标定能力最大的计量标定中心，它将有效地解决高压、大流量输气管线计量仪表的标定问题。（中石油提供）

投资信息与投资动态

“十一五”时期中国政府将重点投资六大领域

国家发改委投资司司长杨庆蔚透露，“十一五”期间中央政府将重点加大对农村建设、中西部发展、社会事业、科技发展、生态环境保护、基础设施建设等六大领域的投资。

杨庆蔚在举行的2006年中国行业发展报告会上说，“十一五”期间，对整个农口的投入将是中央政府投资的重中之重。

中央明确提出“十一五”期间要加快社会主义新农村的建设目标，这需要加快建设一大批改善农村生产、生活条件项目，农村饮水安全、应急工程等等。此外，建设标准化的优质产业粮田，修建农村公路，建设大型灌区和农业节水配套项目，建立动物疫病监控系统，继续加快小水电、小工业发展等也是“十一五”重点扶持的农口项目。

促进地区经济协调发展是‘十一五’的重要任务，未来五年中央政府投资支持西部地区的比重要不断提高，同时，国家在这一时期还将支持包括东北在内的整个中西部的开发。

“十一五”期间还要继续支持农村、包括中小学校的建设，支持发展农村中小学现代远程教育。农村医疗服务体系也应给予重点支持。

中央明确提出“十一五”时期要着力提高中国的自

主创新能力。按照国家中长期科技发展规划纲要，除了企业作为自主创新的主体需要增加投入外，也需要政府加大这方面的投资力度。要支持高速铁路、铁路现代化等成套设备和重大技术的国产化，开发先进的制造关键技术，节能的新能源技术，资源综合利用技术等。

“十一五”期间国家要着力缓解资源瓶颈，遏制生态环境进一步恶化。要加快一些项目的建设，包括淮河治理，城市污水垃圾处理，京津风沙源治理，天然草原的退牧还草，三江源自然保护区建设等生态环保项目。

在基础设施方面，“十一五”重大基础设施项目还在编制中，目前为止已明确要继续支持的项目有南水北调，广西、新疆等在建的重大水利工程以及西部支线机场建设等。

“十一五”期间中国将安排160亿资助中等职业教育贫困生

从2006年开始的五年中，中央财政将每年专项投入8亿元用于资助中职教育中的家庭贫困学生，五年将有超过400万人次的中职学生从中受益。中等职业国家助学金将从2006年开始设立，民办中职学校中的家庭贫困学生将和公办学校的学生平等地享受助学金的资助。不仅如此，“十一五”期间各地财政还将安排近120亿元用于资助中职贫困生。

北京市新签5项支援三峡库区建设项目，资金总额5.4亿元

2006年7月17～18日，国务院三峡办、湖北省政府在武汉市召开了16省市对口支援湖北省三峡库区移民工作座谈会暨合作项目签约仪式。签约仪式上，北京市共有5个项目签约，资金总额5.4亿元。其中，无偿援助项目协议1个，北京市财政提供援助资金1000万元，支持巴东县人民医院整体避险搬迁；投资合作项目协议1个，北京地雅集团投资2亿元开发建设宜昌市高级商务会馆项目；意向性投资协议3个，投资总额3.3亿元。

自1992年国务院部署对口支援三峡库区移民工作以来，北京市通过无偿援助和引导企业开展合作，累计支持三峡库区资金和物资折款总额达11.7亿元，其中:北京市财政支援三峡库区资金和物资折款累计达1.2亿元，北京市有关企业在三峡库区累计投入资金超过10亿元。

国家发展改革委下达2006年重点流域水污染治理项目中央预算内专项资金投资计划

根据国务院批复的“三河三湖”（淮河、海河、辽河、太湖、巢湖、滇池）、渤海水污染防治“十五”规划，国家将这些流域内的城镇污水处理设施建设列入到国债支持的重点领域。“十五”期间，重点流域的水污染防治工作虽取得了一定的成就，但也有一部分水污染治理项目还没有开工建设，治污任务仍然很重，考虑到“十一五”规划的编制和审批工作仍需要一段时间，因此，今年国家继续实施“十五”规划内未能开工建设的城镇污水处理项目。截止到目前，发展改革委已下达116个续建项目和64个新开工项目的投资计划，项目总投资141.7亿元，其中2006年度安排中央补助资金约10.4亿元。这些项目的建设运行将对改善流域水环境质量和我国“十一五”规划提出的主要污染物排放总量减少指标的完成起到积极的作用。

国家使用国债资金支持循环经济和资源节约项目

2006年，国家发展改革委把循环经济和资源节约作为国债资金安排重点给予支持。主要是节能、循环经济试点企业、资源节约等方面的重大示范项目，以及重点流域工业污水治理项目。目前正按项目进度要求下达国债资金投资计划。

国务院批准2006年铁路建设债券发行规模

近日，国务院批准2006年铁路建设债券发行规模400亿元。铁路部门通过发行债券募集的资金，主要用于国家干线铁路等项目建设以及机车车辆购置。铁路建设债券将按照项目建设进度和资金需要，掌握发行节奏，分次发行。

今年企业债券市场形势较好，上半年发行企业债券508亿元。新一批铁路建设债券的发行，有利于支持急需建设的重点项目，进一步扩大企业债券市场规模，提高直接融资比重。

国家将投入60亿元支持中等职业教育基础能力建设

中等职业教育基础能力建设规划，由中央和地方政府共同投入和组织实施。中央专项资金投入60亿元，除2005年已安排10亿元外，2006年至2010年每年各安排10亿元，重点支持建设1000所左右县级职教中心（或县级职业学校）和1000所左右示范性中等职业学校。这是国家发展改革委、教育部、劳动和社会保障部在日前发出的《关于编制中等职业教育基础能力建设规划的通知》中强调的。

《通知》要求各地按照《国民经济和社会发展第十

一个五年规划纲要》要求，以服务社会主义现代化建设为宗旨，促进中等职业教育与繁荣经济、促进就业、消除贫困、维护稳定和建设先进文化紧密结合，加强职业教育基础能力建设，培养大批高素质劳动者和高技能专门人才，为实现“十一五”经济社会发展目标提供人才保障。进一步推动中等职业学校深化改革，改善办学条件，扩大培养规模，提高教育质量，力争实现“到2010年中等职业学校年招生达到800万人、与普通高中招生规模大体相当”的发展目标。

浙江省“十一五”重大项目建设计划投资7400亿元

“十一五”期间，浙江省全社会固定资产投资预期年均增长11%，重大建设项目计划投资约7400亿元。通过重大建设项目的实施，着力优化结构、转变增长方式，进一步促进基础设施完善、区域协调发展、生态环境改善、社会事业繁荣，力争到2010年全省基本实现全面小康社会，为提前基本实现现代化打下扎实基础。

“十一五”期间重大建设项目246项，“十一五”计划投资约7400亿元。重大建设项目推进层次分为“实施项目”、“争取实施项目”和“预备探讨项目”三大类，其中实施类项目205项，争取实施类项目20项，预备探讨类项目21项。

“十一五”期间，浙江省重大建设项目主要包括农林水利、能源、交通、信息化、生态环保、社会发展、城市基础设施、产业发展等八大类。其中农林水利项目重点推进以水资源保障百亿工程为重点的安全饮水、治污净水、节约用水、科学调水等一批“四水工程”，建设浙东引水、楠溪江引供水、金华九峰水库、湖州老虎潭水库、万里清水河道，千万农民饮用水、千库保安等工程。能源项目重视水火核气并举，积极发展清洁能源，2010年新增装机容量2200万千瓦，全省人均装机达到1个千瓦，建设华能玉环电厂、国华宁海电厂、滩坑电站、三门核电一期、萧山燃气电厂等项目。综合交通重点推进“两纵三横”综合运输网络，形成铁路“三线一枢纽”。信息化重点推进固话交换容量新增500万门、光缆新建500万纤芯公里、宽带IP网络满足新增500万家庭需求，推进“三网融合”。生态环保重点实施《浙江生态省建设规划纲要》，至2010年30%的县（市、区）和40%的设区市基本达到生态市建设要求，推进农村环境整治，抓好“千村示范、万村整治”工程。社会发展重点推进文化大省建设，到2010年建成一批达到国内、国际先进水平的科教文卫体标志性设施。城市基础设施重点推进杭甬温市内“一小时交通圈”，城市污水处理率达到75%，城市垃圾无害化处理率90%，废放射源收贮率100%。产业发展积极推进临港重化工业和装备制造业，加快发展高新技术产业和现代化服务业，全面提升自主创新能力和国际竞争力。（浙江省发改委供稿）

2010年我国旅游业投资总量累计达到19000亿元

据国家旅游局测算，按目前的增长速度，中国旅游业投资总量2010年将累计达到19000亿元。国家旅游局财务与规划司长吴文学在此间举行的2006年中国旅游投资洽谈会组委会上说，旺盛的旅游需求为中国旅游投资带来了广阔空间，大量资金快速进入或正在准备进入，资金已经不再是制约旅游业发展的瓶颈。

根据国家旅游局的测算，近五年来，中国旅游投资总量的年均增幅为12.2%，若保持这一速度，到2010年，中国旅游业投资总量将累计达到19000亿元，未来五年将是一轮新的投资高潮。

中国未来15年内将建32座核电厂

中国在未来15年内将兴建32座核电厂，到2020年之前，将建成4000万千瓦的核电装机容量，在全国总装机容量的比例将升至4%。

这是中国核工业集团公司科技委副主任沈文权日前在“中国–欧盟能源合作大会”上透露的。目前中国已有9座核电机组投入运行，装机容量占全国电力总装机容量的1.59%，占总发电量的2.3%。

沈文权说，国务院已批准四个新核电项目，共八台机组，分别为秦山二期扩建、岭东、三门和阳江核电站。他说，虽然中国目前核电站多数选址沿海地区，但技术上来讲在内地建核电站也是可行的，四川省等内地区域都已提出建核电厂的要求，并已有厂址储备。

他表示，中国未来还要在内陆建立核电站，预计未来15年内将兴建32座核电厂，等于“每年建造一个规模如大亚湾的核电厂”。

“十一五”中国将投入150亿元建设长江水运

2006年2月17日在福州举行的交通部直属海事系统工作会议上获悉，“十一五”期间，国家将投入150亿元人民币用于长江水运建设。国家交通部将与有关部委及沿江各省市通力合作，开启长江“黄金水道”全面建设新阶段。

“十一五”期间，国家将对长江干线以下四个航段进行重点治理。对长江南京以下段工程，将进行长江口深水航道综合治理三期工程。计划从今年开始，利用三年时间，全面建成长江口十二点五米深水航道，实现第三、四代集装箱船全天候双向通航和十万吨级散货船满载乘潮进出长江口。同时，将十二点五米深水航道延伸至江苏太仓港区，交通部将启动福姜沙、通洲沙、白茆沙航道治理工程前期工作，适时实施“三沙”航道治理工程。

此外，“十一五”期间，对南京至武汉段，加快部分浅水及碍航航道的整治工程，到2010年安徽安庆以下航道水深达到六米，可通航五千至一万吨级海船；武汉以下航道水深达到四点五米，较大幅度地延长五千吨级海船的通航期。

中国“十一五”将斥资1400亿元打造国内机场设施

民航总局副局长高宏峰在昨日（2006年3月1日）召开的“香港国际机场2025国际论坛”上称，“十一五”期间，内地机场建设将共投资1400亿元人民币。

高宏峰称，预计到2010年，国内全行业机队规模将达到1580架，可享受航空服务的人口数量达总人口的71.6%.机场建设方面，到2010年全国将共有机场186个，其中大型复合枢纽机场3个，大型枢纽机场7个，中型枢纽机场24个，中型机场28个和小型机场124个。

高宏峰还表示，“十一五”期间，除对北京、上海、广州三个复合枢纽进行扩建外，还将新增42个机场。

并计划迁建昆明机场；扩建上海虹桥、深圳、成都、海口、西安、杭州机场；对大连、厦门、重庆、青岛等24个中型枢纽机场根据发展需要进行扩建或改造。

2006年国家继续安排30亿元专项资金实施农村寄宿制学校建设工程

今年是“农村寄宿制学校建设工程”（以下简称“工程”）实施的第三年。6月初，国家发展改革委下达了本年度“工程”建设国债投资计划15亿元，建设项目1129个，建设规模233.5万平方米，可新增寄宿生37万人。同时，财政部也下达了由该部承担的15亿元资金预算。至此，按“工程”总体规划预分给22个中西部省区和新疆兵团的90亿元中央专项投资，已在三年内全部下达。“工程”已覆盖953个县，扩建或新建的中小学校7662所，新增校舍面积超过1380万平方米，新增寄宿生超过200万人。

截止到4月底，2004年、2005两年已下达投资的4852所项目学校，绝大部分已经开工，多半已竣工，按建设面积统计的竣工率超过65%，按资金统计的设备购置完成率为62%。总的来看，“工程”进展顺利，一半以上省区的项目竣工率在70%以上，但一些省区受地理、气候因素制约，有效施工期短，建设进度不理想，项目竣工率低于50%。今年的建设计划和中央投资下达到省后，教育部、国家发展改革委、财政部业以敦促国家“两基”攻坚办，力促地方政府特别是进度迟缓的几个省区加快建设进度，要求相关部门密切配合、靠前指挥、现场办公、倒排工期、分片包干、责任到人，力争建成全部项目，至少保证完成主体部分。

国家发展改革委下达2006年农村公路改造工程国债投资计划

为了加快农村地区经济与社会发展，改善广大农民出行条件，国家发展改革委近日下达了2006年农村公路改造工程国债投资计划32.5亿元，专项用于全国农村公路改造工程建设。

国家发展改革委下达2006年农村公路改造工程投资计划

2006年是“十一五”计划实施的第一年，也是新一轮农村公路建设的关键性一年，根据国务院已批复的《农村公路建设规划》和中央一号文件的要求，为加快农村地区经济社会发展，提高农民生产生活水平，建设社会主义新农村创造良好条件，今年国家开始实施“十一五”农村公路改造工程。

2006年5月，国家发展改革委下达了2006年农村公路改造工程投资计划，安排中央补助投资175亿元，其中：中央预算内专项资金35亿元，中央专项基金140亿元。主要内容为：

东、中部地区。安排通村、通乡公路项目27012个，建设总里程9.6万公里，投资总规模约274亿元，其中国家安排资金96亿元。

西部地区。安排通乡公路项目996个，建设总里程2.32万公里，投资总规模176亿元，其中国家安排资金79亿元。

解决行路难和饮水难　河南又获资金1.98亿

今年国家安排的财政预算内资金1.98亿元近日下达河南省。这笔被称为“群众出力，国家出钱”的以工代赈项目资金，又将使河南省部分地区群众吃水、行路等难题解决有望。

据悉，主管项目的省发改委将以“戴帽”的形式对准项目，将1.98亿元的资金近期分解下达到有关市县。按照项目建设计划，将新建或改建乡村公路1316公里，桥涵695座，拦河坝62座，小型水库12座，铺设水管23公里，打机井160眼等。项目建成后，将改善土地灌溉面积54.45万亩，可解决项目区48万人的行路难和11.68万人、3.5万头牲畜的饮水难问题。

（地区司扶贫处）

上海加大区域合作力度，67个大项目进驻东北

积极参与振兴东北老工业基地建设，是上海进一步加强区域合作的新举措，已经成为上海做好“加强自身发展，主动服务全国”两篇大文章的重要内容。自2003年中央提出“振兴东北地区等老工业基地”战略以来，上海在东北地区的重大经济合作项目已达67个，包括上海爱建投资72亿元在哈尔滨建设占地一平方公里的爱建滨江国际社区；上海世茂在哈尔滨松江北区投资100亿元建设世茂滨江新城；在黑龙江省牡丹江市投资3亿元建设绥芬河大学；上海百联出资9.6亿元收购大连国际60%的股权，在哈尔滨建设10多万平方米的购物中心；上海绿地投资40亿元在长春建设长春上海城；上海通用重组沈阳金杯汽车，成立上海通用（沈阳）北盛汽车有限公司等。上海浦东发展银行从2001年5月成立大连分行到2006年6月长春分行开业，已经实现了在东北大连、沈阳、长春、哈尔滨四个副省级城市的全覆盖。

另外，上海企业还通过各种形式与东北有关县合作发展农业生产。主要做法有：合作建立联社，帮助农民卖出好粮价；合作开展畜牧加工业，促进县域畜牧业发展；建立蔬菜基地，带动农业产业化。

2005年国家高新区成绩显著　收入达33812.82亿元

2005年是国家“十五”计划实施的最后一年，也是国家高新技术产业开发区（以下简称国家高新区）成立十五周年。国家高新区在党的十五届六中全会精神指导下，通过开展保持共产党员先进性教育活动，取得了令世人瞩目的成绩，国家高新区为当地经济发展的贡献越来越显著，已经成为高新技术产业发展的重要组成部分。

2005年，国家高新区列入统计的企业有45000家，其中经认定的高新技术企业有30000家，营业收入超亿元企业达3000家，外商投资企业（含港澳台企业）达8000家，年末从业人员达到480万人。根据快报数据显示各项主要经济指标如下：营业总收入33812.82亿元，同比增长23.11%；工业总产值28397.92亿元，同比增长25.44%；工业增加值7092.68亿元，同比增长27.98%；净利润1568.79亿元，同比增长10.25%；上缴税额1467.32亿元，同比增长18.37%；出口创汇1040.02亿美元，同比增长26.24%；2005年，全国53个国家高新区主要经济指标取得大幅度的增长，营业总收入达到33812.82亿元，比上年高出6346.55亿元，同比增长23.11%；工业总产值达到了28397.92亿元，同比增长25.44%；工业增加值7000亿元，达到7092.68亿元，同比增长27.98%；税收收入1467.32亿元，同比增长18.37%。

近几年来，国家高新区注重发展技术服务型企业，技术服务型企业比重越来越大，已占到40%以上。国家高新区企业的发展是多种类型并重的发展模式，呈现出经济效益同步增长的态势。

昆山民企出资千万在清华设立研究所

江苏昆山华恒焊接设备技术有限责任公司近日与清华大学机械系签订协议，出资1000万元在清华设立华恒智能化自动焊接技术装备研究所。

据了解，华恒设在清华的研究所，将以项目合作方式运作，由企业出项目出资金，清华成立研究课题组，华恒派技术人员参与。研究所将主要从事管焊接机器人关键零部件的研究和开发。

山东省城建环保二期项目22.45亿元已获批准

山东省城建环保二期项目是世行贷款2007财年项目。近日，国家发展改革委批准了该项目资金申请报告，并计划2006年10月进行贷款协议谈判。

该项目总投资约22.45亿元，其中借用世行贷款1.47亿美元。此外，安排全球环境基金赠款500万美元。

该项目区包括烟台、威海、潍坊、日照、菏泽、枣庄、栖霞、高密、桓台等9个市县。项目主要建设内容为城市污水治理和供水工程、河道治理工程和垃圾处理工程三类，主要建设污水处理厂，污水提升泵站，净水厂，敷设供排水配套管网，整治河道，建设主河槽防渗工程，跨河交通桥，绿化河道两侧，建设垃圾处理场和垃圾中转站等。全球环境基金赠款用于建设烟台市化粪池项目。

中央财政今年30亿元支持中小企业

财政部副部长朱志刚日前在全国中小企业工作座谈会上透露，“十一五”期间，财政部门将进一步加大

对中小企业的支持力度，在“十五”期间中央财政累计安排各类支持中小企业专项资金85亿元的基础上，今年这一专项资金将达30亿元。

据朱志刚介绍，“十五”期间，财政对中小企业的支持实现了“跨越式”增长，截至2005年底，中央财政支持了7000多个中小企业技术创新项目，85000多个中小企业开拓国际市场项目，2500多个农业成果转化项目和近1000个中小企业服务体系建设项目。

“十一五”期间，财政支持中小企业将把握两个原则：一是财政政策必须与市场机制相结合；二是财政政策必须将公共性贯彻始终，着力营造中小企业发展的外部环境，建立激励中小企业发展的体制、机制，不断提高公共服务水平。支持的具体措施包括五个方面：一是对中小企业发展给予更为优惠的税收扶持；二是加大对中小企业服务体系建设的支持；三是为中小企业融资创造更加有利的条件；四是提高中小企业创新能力；五是支持中小企业开拓市场。

我国调整部分外汇管理政策

- 允许符合条件的基金管理公司等证券经营机构在一定额度内集合境内机构和个人自有外汇，用于在境外进行的包含股票在内的组合证券投资
- 允许符合条件的银行集合境内机构和个人的人民币资金，在一定额度内购汇投资于境外固定收益类产品
- 允许符合条件的保险机构购汇投资于境外固定收益类产品及货币市场工具

为深化外汇管理体制改革，支持贸易投资便利化，进一步培育外汇市场，促进国际收支基本平衡，经国务院批准，中国人民银行今天就调整部分外汇管理政策事宜发布公告（〔2006〕第5号）：

一、企业开立、变更和关闭经常项目外汇账户，由事前审批调整为由银行按外汇管理要求和商业惯例直接办理，并向外汇局备案。提高企业经常项目外汇账户限额。允许有真实交易背景需对外支付的企业提前购汇。

二、简化服务贸易售付汇凭证并放宽审核权限。

三、进一步简化境内居民个人购汇手续，提高购汇限额，实行年度总额管理。在额度之内，个人凭真实身份证明在银行办理购汇并申报用途；银行对超过额度部分的个人购汇在审核相关凭证后按实际需求供汇。

四、拓展境内银行代客外汇境外理财业务，允许符合条件的银行集合境内机构和个人的人民币资金，在一定额度内购汇投资于境外固定收益类产品。

五、允许符合条件的基金管理公司等证券经营机构在一定额度内集合境内机构和个人自有外汇，用于在境外进行的包含股票在内的组合证券投资。

六、拓展保险机构境外证券投资业务，允许符合条件的保险机构购汇投资于境外固定收益类产品及货币市场工具，购汇额按保险机构总资产的一定比例控制。

上述政策措施，中国人民银行将会同有关部门适时分项组织实施。同时，密切跟踪分析国际收支形势，及时调整相关政策，切实防范风险，维护国家经济和金融安全。

800亿元保险资金将投向京沪铁路改造

9月4日，中国保监会主席吴定富在“第三届中国保险业创新与发展论坛——和谐社会构建与保险业发展新跨越”论坛上表示，保险资金投资京沪铁路改造项目的意向明确，为800亿元，占该项目全部投资额的50%。据称这800亿元属于逐年投入，因此，今年真正的投资数量是多少，还需要到年底结算。

保险三巨头838亿元投向股票基金

随着中国人寿的半年报推出，包括中国平安和人保财险在内地三大保险巨头，上半年投资权益类的资产分别是526.99亿元、270.79亿元、40.25亿元，共计838亿元的保险资产投资股票和基金。

中国保监会新闻发言人袁力曾经在上半年的新闻通气会上表示，今年上半年，保险资金股票投资434.73亿元，较年初增长173.62%，占比2.75%，较年初上升1.62个百分点。

而去年的年报显示，三家公司股票基金投资为130多亿元，平均仅占其投资资产的1.2%。

今年半年报显示，中国平安权益投资资产达到270.79亿元人民币，其中，证券投资基金资产为118.68亿元，权益证券资产为152.11亿元；中国人寿上半年已经实现的资本利得（买卖股票差价）收入为4.97亿元，而现在仍然持有的浮赢为57.58亿元，而债券利息收入和股票分红、股息收入为113.41亿元。上半年股权投资资产为526.99亿元，总投资资产为594879亿元，占比为8.86%。

权益类投资大获全胜，对公司业绩的提升发挥积极作用。这三家公司都增加了权益类投资力度，加上2006年上半年股票基金市场高达40%的涨幅，大大提高了权益投资对公司收益的贡献度。

中信银行“十一五”千亿元信贷投放小企业

中信银行将在“十一五”期间增加1000亿元信贷资金支持小企业发展，其中300亿元将投向民营经济发

达、小企业活跃的浙江市场。

中信银行行长陈小宪表示，中信银行“十一五”战略规划把小企业信贷业务提升到战略发展的高度。按照中国银监会建立和完善支持中小企业发展“六项机制”的要求，中信银行将加强风险控制，建立小企业金融专业团队，完善小企业金融内部管理规定，实现小企业金融业务持续健康发展。

随着金融改革的不断深化，小企业金融服务日益成为金融业未来发展的重要市场。在金融市场全面开放、融资渠道多元化的背景下，大型企业对银行融资的依赖度逐步降低，小企业融资需求日益旺盛。

从去年开始，中信银行结合小企业特点，改造小企业风险控制和授信流程，降低小企业授信准入门槛，简化审批程序，扩大基层行审批权限，全力支持小企业发展。

截至今年 6 月末，中信银行小企业客户超过 6000 家，信贷余额达到 400 亿元。在浙江、江苏、福建等省份，中信银行分支机构小企业授信业务发展迅速，部分县域经济发达地区的小企业业务占比超过 80%。

据了解，针对小企业融资的特殊需求，中信银行目前开发设计了物流融资、不动产融资、应收账款融资等颇具特色的 9 大类 31 种金融产品，并把全部产品和服务整合成统一的小企业金融品牌——“中信·小企业成长伴侣”，为小企业提供全方位、标准化、高品质的金融服务。

武汉新区建设今年将投资 52 亿

武汉市已编制完成《武汉新区“十一五”规划》，武汉新区建设正式纳入《湖北省“十一五”规划》。经过新区建设者两年多的不懈努力，一个现代化新区的雏形开始显现。

开发建设武汉新区，是武汉市委、市政府为抢抓“中部崛起”战略机遇，实现三镇均衡发展而作出的战略部署。今年，新区 27 个重点工程，计划总投资 52.59 亿元，迄今完成建设投资 24.02 亿元，一批重点建设项目年内即可建成。

新区基础设施建设取得重大突破：梅子路、墨水湖大桥、南太子湖大桥等一批重要城市干道即将贯通，初步形成新区道路骨架和排水体系。新区建设里程碑——武汉国际博览中心即将动工。长江汉阳江滩综合整治、莲花湖公园、龟山公园、琴断口小河公园初步建成迎宾。琴台大剧院结构封顶，巍然耸立在汉江旁。别具一格的“锦绣长江”会所及一期三栋超高层建筑矗立在长江之滨。月湖周边成片拆迁已显山透绿。

国家将从七个方面推动循环经济发展

国家发展改革委副主任姜伟新在今天（2006 年 5 月 10 日）举行的“全国化工行业循环经济现场交流会”上表示，国家发展改革委将会同有关部门从研究起草《循环经济法》、组织编制循环经济发展规划、推进结构调整等七个方面推动循环经济发展。这七个方面包括：一是加快立法进程，研究起草《循环经济法》，抓紧制订相关专项法规。二是加强规划指导，组织编制循环经济发展规划，建立循环经济评价指标体系及相关统计制度。三是推进结构调整，根据资源环境条件和区域特点，合理调整产业布局，按照循环经济要求对开发区和重化工业集中地区进行规划、建设和改造。四是加快技术创新，以企业为主体，产学研结合，不断增强自主创新能力，组织开发和示范有重大带动和推广意义的循环经济支撑技术，加强先进适用技术的推广应用。五是完善政策机制，通过财政、税收、价格、金融等方面的政策，形成有效的激励机制，促进循环经济发展。六是抓好示范试点，通过试点，探索循环经济发展的有效模式，形成一批循环经济的先进典型。七是加大宣传力度，形成发展循环经济的良好社会氛围。

2005 年中国研发投入达到 2450 亿

从国家统计局获悉：2005 年中国全社会研究与试验发展（R&D）经费投入强度达到历史最高水平，据国家统计局、科学技术部、财政部今天发布的公报，去年全社会 R&D 经费总支出为 2450 亿元，比上年增加 483.7 亿元，增长 24.6%；与当年 GDP 之比为 1.34%，比上年提高了 0.11 个百分点。

这个公报自 1999 年起由三部门每年联合发布一次，已成为社会各界了解我国科技经费投入有关情况的重要信息来源。与以往相比，今年的公报取消了科技活动经费投入情况的内容，只保留研究与试验发展（R&D）经费投入情况和财政科技拨款情况。据国家统计局介绍，这主要是为了使代表自主研发能力的研究与试验发展（R&D）指标的地位更加突出。今后科技统计工作将逐步淡化大口径的科技活动概念，逐渐调整和精简一些过时的指标，同时丰富和完善研究与试验发展（R&D）及其结构指标。

据国家统计局的分析，在 2005 年 R&D 的总支出中，各类企业的支出为 1673.8 亿元，所占比重为 68.3%，比上年提高 1.5 个百分点；政府部门属研究机构和高等学校分别支出 513.1 亿元和 242.3 亿元，所占比重分别为 20.9%和 9.9%。国家财政科技拨款额达 1334.9 亿元，比上年增加239.6亿元，增长21.9%，占国家财政支出的比重为3.9%。总体来看，我国全社会研究与试验发展（R&D）经费投入继续保持快速增长的态势，国家财政拨款稳定增加，企业自主创新投入的主体地位进一步巩固。

分产业部门看，六大行业的R&D经费投入强度超过1%。专用设备制造业达到1.6%，医药制造业达到1.5%，电气机械及器材制造业和交通运输设备制造业达到1.4%，通用设备制造业达到1.3%，通信设备、计算机及其他电子设备制造业达到1.2%。

分地区看，研究与试验发展（R&D）经费支出超过100亿元的有北京、江苏、广东、上海、山东、浙江、辽宁，7个省市共支出1587.2亿元，占全国经费总支出的64.8%。

诺基亚拿下中国208亿元“天价”订单

在成为中国手机市场老大后，中国已经成为全球手机霸主诺基亚最为重要的市场。昨天，诺基亚中国投资有限公司宣布，诺基亚已经和中国移动集团公司及中邮普泰在芬兰赫尔辛基签署合作协议，两个合作协议总金额高达208亿元人民币，而诺基亚已经从今年年初开始，分别向中国移动和中邮普泰进行供货。

据诺基亚中国公司透露，这项“天价”采购，被认为是诺基亚在中国业务的“里程碑”。诺基亚中国公司昨天表示，根据诺基亚和相关各方的协议，中移动在2006年将总计向诺基亚采购约为58亿元人民币的GSM/GPRS网络设备，与此对应，中国最大的手机经销商中邮普泰将在2006年向诺基亚采购总价值超过150亿元人民币的手机产品。

引人关注的是，在此前的2005年年底，中国已经超越美国，成为诺基亚全球最大的单一市场国家，而诺基亚全球CEO康培凯也表示，诺基亚将履行其对中国市场的一贯承诺，并继续增加对中国市场的投入。

与此对应，诺基亚中国公司昨天也宣布，诺基亚将和中邮普泰合作，在手机渠道建设和销售资源投入等方面进行全方位的合作，同时双方在运营商订制的超低端手机等产品销售上达成战略合作伙伴关系，以进一步巩固其在中国手机市场的“霸主”地位。

中国电气化铁路总里程突破24000公里居世界第二

近日，浙赣钱电气化改造工程的开通，标志着中国电气化铁路总里程已突破24000公里，成为继俄罗斯之后世界第二大电气化铁路国家（俄罗斯现有电气化铁路44526公里，位居世界第一位，德国现有电气化铁路21102公里，位居中国之后）。被称为“国家队”的中铁工程电气化局集团建成电气化铁路19000余正线公里，占全国电气化铁路总里程的80%以上。

目前，中国铁路电气化率已经达到27%，承担着全路43%的货运量，初步形成了布局合理、标准统一的电气化铁路运营网络，特别是胶济、大秦、京沪等线的电气化，是加快我国铁路现代化的重点工程项目，也是我国实施铁路跨越式发展的重点工程。胶济、大秦、京沪电气化改造工程都是实行施工总承包模式完成的，是我国铁路发展史上具有重要意义的大事，从而提高了我国电气化铁路的技术水平和管理水平，缓解了运输瓶颈制约。

“九五”期间，中国电气化铁路运营里程突破1万公里，“十五”期间，电气化铁路运营里程突破两万公里。2006年先后建成京沪、武嘉、郑徐、胶济、沪杭、浙赣等电气化铁路。截至9月底，我国共建成开通49条电气化铁路。

西部大开发6年多累计新开工70项重大工程

国家发展和改革委员会副主任、国务院西部开发办公室副主任王金祥27日透露，西部大开发战略实施6年多以来，累计新开工70项重大工程，投资总规模约1万亿元。其中，青藏铁路、西气东输、交通干线等西部大开发标志性重大项目已建成投入使用。

王金祥在北京举行的“2006中国交通发展论坛”上说，西部大开发以来的几年，是西部地区经济增长最快、城乡面貌变化最大、发展效益最好的时期。其中，成效最明显、百姓得到实惠最多的，是西部地区的交通建设。主要表现：一是交通建设规模不断扩大。到2005年底，西部地区新增公路里程22万多公里，建成铁路新线3300多公里，铁路营业里程近3万公里，内河航道、港口条件进一步改善，新建、改扩建干线和支线机场40个；西气东输等一批输油气管道建成投产。二是技术装备水平快速提升。国道主干线、西部开发8条省际公路干线建设的全面推进，使西部地区高速公路里程突破1万公里，二级以上公路的比重进一步提高。内河航道渠化和港口建设，促进了内河航运作用的发挥。铁路复线和电气化建设，提高了西部地区铁路的复线率、电气化率，铁路运行速度明显提高。三是农村交通条件得到改善。2000年至2005年间解决了710个乡镇和25000多个建制村的公路通达问题。到2005年底，西部地区实现99.7%的乡镇和89.5%的建制村通公路，分别比1999年提高了4.1

个百分点和10.9个百分点。西部地区乡镇、建制村客运班车通达率分别达93.8%和73.5%。四是综合运输能力明显增强。丝绸之路通道、西南出海通道、进藏运输通道等重要运输通道和煤炭运输、油气运输、旅客运输等重要运输系统的运输能力和运输质量明显提高。

2006全球竞争力排名：中国位列第54

世界经济论坛公布2006年全球竞争力排名，瑞士、芬兰和瑞典分列前三位，中国排名54位，较去年下降了6个名次。俄罗斯则下跌了9位，排在第62位。印度排在43位。

中国大企业集团达2800多家
总资产首超20万亿元

国家统计局20日在北京称，2005年，中国大企业集团数目增加81家，达到2845家；其资产总计首次超过20万亿元人民币，比上年增长百分之18.5；营业收入比上年增长二成三；实现利润总额比上年增逾四分之一。所有这些，显示中国大企业集团已经形成并不断壮大。

在此间举行的“第六届中国大企业集团暨首届企业集团五百强发布会”上，国家统计局发布了由该局调查中心发布的最新数据。据知，这2800多家企业年营收和资产总计均在5亿元及以上，全部企业集团资产总计达到230763亿元，增幅比上年提高了4.1个百分点。营业收入过千亿元的有19家，比上年多了4家，中石化以8572亿元位居榜首。

位居中国企业集团资产三甲的为制造业、电力燃气及水的生产和供应业、采矿业。其资产总计分别为8.24万亿元、3.24万亿元和2.3万亿元。特别值得指出的是，在前十大中，金融业的资产总计达1.86万亿元，首次超过信息传输、计算机服务和软件业；住宿和餐饮业资产增速高达百分之63.8，金融业增长百分之41.7，交通运输、仓储和邮政业增长百分之27.1，成为资产增速最快的三个行业，且均为第三产业。

2005年，十大中国大企业集团资产总规模为63385.67亿元，比上年增加近7700亿元；国家电网高达11697亿元，独占鳌头；中石油和中国中信分列二、三位。

国家统计局副局长张为民称，中国大企业的营业收入水平持续增长，经济实力普遍增强，其中一个指标是进入世界五百强企业增多，排名提升。如美国《财富》公布2006年度全球五百强企业榜单，中国内地有19家榜上有名，增加4家。

但他同时指出，中国大企业集团竞争力、发展力尚待提高补强。以营收最多的中石化同美国美孚相比，其资产、利润均不及后者，而人员则比人家多了不少。因此，要在自主创新、管理制度上多下功夫。

怀化“中博会”签约42个项目达100亿

首届中国中部投资贸易博览会在长沙召开，27日下午，怀化市投资说明会签约项目42个，总投资100.12亿元，其中外资项目7个，引资3.9亿美元。

中博会上，怀化市共发布招商引资项目750个，总投资137.26亿元。在怀化展区内的48家参会企业共备有外贸进出口货单2600万美元，内贸供、购货单2.8亿元。在签约项目中，涉及能源和材料工业、基础设施、医药等产业领域，其中60%属于“绿色产业”。如投资9.8亿元的聚乙烯醇泡粉型完全生物降解塑料生产线项目，其生产的日用塑料可以在2至3年内完全降解为二氧化碳和水等无害物质，可以解决困扰人们的“白色污染”这一公害。

长沙开福区引资135亿　居湖南第一

开福区在本届中部博览会上斩获颇丰，引进内资外资额目前在全省各区县（市）中居首位。

26日下午，在国际会展中心举行的湖南省情暨投资环境推介会上，开福区成功签约五大项目，签约金额达82.73亿元，其中引入外资9.4亿美元。签约项目包括金霞经济开发区滨江商贸开发项目，总投资2亿美元；青竹湖天景明园商贸开发项目，总投资2.8亿美元；中岭立交商业项目，总投资2亿美元；长沙市八中商贸开发项目，总投资2.6亿美元；远大能源站项目，总投资8亿元人民币。

此外，开福区充分依托中部博览会搭建的这一平台，多渠道对接客商，精心举办特色推介活动，积极参会参展，与各地客商签下了湖南亦城投资有限公司物流配套设施项目、伍家岭生活广场项目、湘一外国语学校配套房产开发项目等9个大项目。据了解，中部博览会期间共签约14个项目，签约总金额135亿元人民币。

广东规划投资2700亿元促进粤东经济社会发展

为推动区域协调发展、加快广东率先基本实现现代化步伐，广东省规划投资2700亿元扶持粤东地区的经济社会发展。

在由广东省发展改革委牵头编制的《加快粤东地区发展产业与重大项目规划》中，“十一五”时期粤东地区初步规划建设工业、交通、能源、水利、农业等重点项目 390 项，规划总投资 2700 亿元，其中“十一五”期间投资 1700 亿元。

广东还将建立粤东重点工业项目跟踪落实制度，切实发挥重点项目的龙头带动效应。省财政还将一次性安排每市各 500 万元，作为农业现代化示范区建设启动资金。

专家指出，这些项目的落实将极大改变粤东地区发展基础薄弱的局面，增强发展后劲，推动粤东地区经济社会实现跨越式发展。

农业银行将投放 4670 亿元信贷资金支持新农村建设

中国农业银行已制定“十一五”期间支持新农村建设信贷投放规划，累计将投放 4670 亿元支持“三农”和县域经济发展。

农业银行有关负责人说，在新农村建设中，商业银行面临巨大的市场机遇。据初步测算，到 2020 年，新农村建设需要新增资金 15 万亿元至 20 万亿元。按过去农村投入资金中财政资金、信贷资金和社会资金的经验比例，即使考虑到公共财政加大投入的情况，新农村建设资金需求中的很大部分仍将由银行业金融机构提供。

这位负责人表示，农业银行源自农村、连接城乡，农业银行的经营结构与新农村建设需求有着很高的匹配程度，完全可以发挥熟悉农村、熟悉农民、熟悉农业、熟悉现代金融的综合优势，为新农村建设提供金融支持。

目前，中国县域内大中企业多数已集中到县城和中心集镇，小企业也表现出向集镇集中的趋势。而农业银行目前在县城拥有 6389 个网点，在中心集镇和部分小集镇拥有 8672 个网点，县域经济主体的需求与农业银行在县域范围内的分布结构十分吻合。

据了解，2006 年，有关部门加大了对农业的扶持力度，农业部从 2006 年开始启动“九大行动”，包括新农村建设示范行动、粮食综合生产能力增强行动、优势农产品产业带促进行动等，进一步提升农业现代化水平，并计划选择 100 个重点县市建设一批生产（养殖）基地、20 个县市建成养殖水域滩涂规划示范县。新农村建设对金融有效需求越来越大。

发展改革委安排 5.4 亿国债资金支持重点节能项目

2006 年上半年，国家发展和改革委员会安排国债资金 5.4 亿元，作为项目补助，支持了 98 个重点节能项目。这些项目建成后，每年可节能 720 万吨标准煤。这些重点节能项目属于十大重点节能工程。今年以来，国家加大了工程实施力度，所需资金主要靠企业自筹、金融机构贷款和社会资金投入解决。同时，为尽快形成稳定的节能能力，国家每年安排一定的资金，用于支持十大重点节能工程中的重点项目和示范项目。

这十大重点节能工程包括：燃煤工业锅炉（窑炉）改造工程；区域热电联产工程；余热余压利用工程；节约和替代石油工程；电机系统节能工程；能量系统优化工程；建筑节能工程；绿色照明工程；政府机构节能工程；节能监测和技术服务体系建设工程。

十大重点节能工程“十一五”期间可实现节能 2.4 亿吨标准煤，对单位 GDP 能耗降低目标的贡献率近 40%。

河北承德新上投资千万元以上的农业项目 91 个

来自美国、日本、香港、北京等地的 32 家大型企业，通过承德农业产业化项目招商洽谈会，共签约项目 22 个，总投资 13.675 亿元。至此，承德市在 2006 年新上投资千万元以上的农业产业化项目 91 个，总投资 45.2 亿元，为扎实推进新农村建设夯实了根基。近年来，承德市全面落实“一线两厢”发展战略，立足生态优势、农业资源优势和区位优势，打绿色牌，走特色路，不断加大对外开放招商步伐。以企业为主体，开展资源考察、基地建设、项目对接等多种形式的活动，吸引 2000 余人次的客商来承考察、衔接。北京三元等一大批企业纷纷把新建项目落户承德，仅今年就有 15 个北京农业企业、大专院校、科研单位前来投资，总投资额达 8.8 亿元。

在广泛吸引域外资本的同时，承德市积极引导本地的工业资本“反哺”农业。近年来，承德市矿业经济发展迅速，许多企业已经拥有一定的资本积累。该市制定优惠政策，引导资本转向，加快农业产业化项目建设步伐。到目前，全市已有 5 亿元资金投入农业产业化，仅宽城就有 10 多家铁矿企业向农业产业化投资 1.5 亿多元，建起 10 个年出栏万头以上规模的养猪场，有效推动了当地畜牧业的发展。

到目前，该市已形成蔬菜、马铃薯、食用菌、山杏、果品、玉米制种、中药材、肉奶牛、生猪等 10 大主导产业，市级以上农业产业化龙头企业达到 146 家，其中国家级 2 家，省级 16 家。

山西省“十一五”期间将投资 90 亿元开发煤层气

从山西省煤炭工业局获悉，“十一五”期间，山西省将投资 90 亿元开发煤层气（又称煤矿瓦斯），变矿井“第一杀手”为宝贵的洁净能源。

煤炭大省山西也是煤层气资源大省，全省煤层气已探明储量超过 10 万亿立方米，约占全国已探明总储量的三分之一。根据规划，山西省将在沁水、河东煤田两个煤层气富集区进行集中开发。到 2010 年，沁水煤田南部开发区产气规模将达到每年 30 亿立方米，河东煤田开发区达到每年 3 亿立方米，寿阳——古交开发区达到每年 2 亿立方米。同时，为保证煤矿安全生产和能源综合利用，晋城、阳泉、潞安和山西焦煤等四大煤炭集团的井下瓦斯抽采规模要达到每年 15 亿立方米，抽采率和利用率分别达到 60%和 100%。

煤层气利用项目主要以发电为主。晋城煤业集团利用亚行贷款，正在建设 12 万千瓦煤层气发电厂，建成后将成为世界上规模最大的煤层气电厂。根据规划，山西省在未来 5 年内，还将投资 12.7 亿元建设 8 个煤层气电厂，总装机容量为 18.9 万千瓦。同时，山西省还将搞好配套管网建设，以沁水煤田南部煤层气重点开发区为起点，建设阳城－翼城－临汾等省内外多条煤层气输气管道。

江苏 3 年投资 30 亿开发农业

近 3 年来，江苏省共投入 30 亿元进行农业综合开发，完成土地整理 431 万亩，新增粮食生产能力 6 亿多公斤，增加农林牧渔业总产值 25 亿元。

据介绍，从 2003 年至 2005 年，江苏省农业综合开发坚持以“治水、改田、筑路”为基本内容，大力兴修泵站、塘坝，衬砌沟渠，完善田间配套，平整土地，改良土壤，修筑桥梁、机耕道路，植树造林。

3 年来，项目区共新增灌溉面积 102 万亩，改善灌溉面积 207 万亩，新增节水灌溉面积 137 万亩，大大改善了农业生产基本条件，提高了农业综合生产能力，有力地推动了农业增效、农民增收。

北京“十一五”基础设施投资将达 4700 亿元

北京市发改委今日公布的《北京市“十一五”时期基础设施发展规划》中提出，到 2010 年，北京市重点建设的基础设施项目共有 2400 项，初步计算投资将达 4700 亿元。据北京市发改委副主任柴晓钟介绍，2008 年前北京将建设完成城市交通、能源供应、水资源供应、城市环境等一系列重大基础设施项目，建设规模和建设强度均超过以往任何时期。

规划中指出，到 2008 年，将完成首都国际机场扩建工程，基本建成国际现代化航空枢纽港、旅客吞吐量达到每年 6000 万人次，满足奥运会高强度的对外交通需求。同时，完成首都第二机场建设选址、立项等前期工作并开工建设。据介绍，2008 年前北京市还将建设完成地铁奥运支线、轨道交通机场线、地铁 5 号线、地铁 10 号线一期等 4 项轨道交通工程。完成奥运场馆周边 62 条城市道路，供给能力满足奥运会城市交通需求。

规划中还提出，到 2008 年，完成太阳宫燃气热电厂、奥运场馆及周边热力管线建设，改造奥运场馆周边燃煤锅炉，建设完成奥运场馆周边输变电工程。加快建设南水北调中线工程北京段，完成北京市内配套工程，到 2007 年底具备供水条件。

中央财政设立专项资金支持中小企业发展

2006 年 10 月 5 日从财政部获悉，为促进中小企业的发展，我国已设立专项资金用来支持中小企业专业化发展、与大企业协作配套、技术进步和改善中小企业发展环境等。

财政部、国家发展改革委日前联合发布了《中小企业发展专项资金管理办法》，其中规定，中小企业发展专项资金由中央财政预算安排。

《办法》规定，中小企业发展专项资金的支持方式采用无偿资助或贷款贴息方式。以自有资金为主投资的固定资产建设项目和改善中小企业发展环境的项目，一般采取无偿资助方式；以金融机构贷款为主投资的固定资产建设项目，一般采取贷款贴息方式。

据悉，中小企业申请专项资金的项目可选择其中一种支持方式，不得同时以两种方式申请。专项资金无偿资助的额度，每个项目一般控制在 200 万元以内，而专项资金贷款贴息的额度，则根据项目贷款额度及人民银行公布的同期贷款利率确定。每个项目的贴息期限一般不超过 2 年，贴息额度最多不超过 200 万元。

根据《办法》，申请专项资金的企业或单位必须同时具备独立的法人资格、健全的财务管理制度、良好的经济效益以及良好的会计信用和纳税信用等条件。

据悉，国家将进一步支持中小企业加快发展，目标是“十一五”时期把中小企业创造的价值占国内生产总值的比重从“十五”末期的 60%左右提高到 65%左右，每年提高一个百分点。

部分投资理财产品

1. 华夏红利混合型证券投资基金

基金投资范围：限于具有良好流动性的金融工具，包括国内依法公开发行上市的股票、债券及中国证监会允许基金投资的其他金融工具。股票投资比例范围为20%～95%；债券投资比例范围为 0～80%；同时，为满足投资者的赎回要求，基金持有的现金以及到期日在1年以内的国债、政策性金融债等短期金融工具的资产比例不低于5%。

基金分配原则：在符合上述基金分红条件的前提下，本基金方可进行收益分配。本基金收益每年最多分配4次，若自基金合同生效日起不满3个月可不进行收益分配。基金收益分配比例每次不低于符合上述基金分红条件的可分配收益的60%。基金份额持有人可以选择取得现金或将所获红利再投资于本基金，选择采取红利再投资形式的，分红资金按分红实施日的基金份额净值转成相应的基金份额；如果基金份额持有人未选择收益分配方式，则默认为现金方式。

历史沿革：经中国证监会 2005 年 4 月 25 日证监基金字[2005]68 号文核准募集。

上市日期：2005 年 5 月 9 日

上市地点：证券交易所场外：华夏基金管理有限公司、中国建设银行、招商银行、国泰君安证券、中国银河证券、中信建投、申银万国证券、国信证券、兴业证券、海通证券、北京证券、光大证券、南京证券、招商证券、广发证券、东北证券、国都证券、联合证券、华泰证券、长城证券、广东证券、东吴证券、金元证券、湘财证券、华西证券、齐鲁证券、万联证券、金通证券、世纪证券、平安证券、中银国际证券、国海证券、信泰证券、中信万通证券。

2.华夏回报二号证券投资基金

基金投资范围：限于具有良好流动性的金融工具，包括国内依法公开发行上市的股票、债券、权证、资产支持证券及中国证监会允许基金投资的其他金融工具。其中债券包括国债、金融债、企业（公司）债（包括可转债）等。

基金分配原则：①每份基金份额享有同等分配权。②基金当年收益先弥补以前年度亏损后，方可进行当年收益分配。③如果基金投资当期出现净亏损，则不进行收益分配。④基金收益分配后基金份额净值不能低于面值。⑤在符合有关基金分红条件的前提下，本基金收益每年至少分配一次，但若成立不满 3 个月可不进行收益分配，年度分配在基金会计年度结束后的 4 个月内完成。在已实现收益水平超过业绩比较基准时，本基金可以进行收益分配。⑥基金份额持有人可以选择取得现金或将所获红利再投资于本基金。选择采取红利再投资形式的，分红资金将按红利发放日的基金份额净值转成相应的基金份额；如果基金份额持有人未选择收益分配方式，则默认为现金方式。同一投资者持有的同一基金的同一费用类别（前收费或后收费）只能选择一种分红方式，如投资者在不同销售机构选择的分红方式不同，则注册登记机构将以投资者最后一次选择的分红方式为准。⑦法律法规或监管机构另有规定的，从其规定。

历史沿革：华夏回报 2 号是华夏回报基金的复制品，募集已获中国证监会 2006 年 7 月 5 日证监基金字[2006]130 号文核准。

上市日期：2006 年 7 月 14 日

上市地点：证券交易所场外：华夏基金管理有限公司北京、上海、深圳和广州的投资理财中心。中国银行、中国建设银行、交通银行、招商银行、中国银河证券、国泰君安证券、申银万国证券、国信证券、广发证券、中信证券、中信建投证券、招商证券、联合证券、光大证券、海通证券、兴业证券、长江证券、华泰证券、南京证券、华西证券、中信万通证券、国都证券、平安证券、信泰证券、东莞证券、东北证券、万联证券、金通证券、金元证券、齐鲁证券、国海证券、世纪证券、湘财证券、中银国际证券、东吴证券、山西证券、国联证券。

3. 国泰货币市场证券投资基金

基金投资范围：本基金投资于具有良好流动性货币市场工具，主要包括以下：现金；一年以内（含一年）的银行定期存款、大额存单；剩余期限在三百九十七天以内（含三百九十七天）的债券； 期限在一年以内（含一年）的债券回购；期限在一年以内（含一年）的中央银行票据； 中国证监会、中国人民银行认可的其他具有良好流动性的货币市场工具。在有关法律法规允许交易所短期债券可以采用摊余成本法估值前，本基金暂不投资于交易所短期债券。

基金分配原则：每日分配收益，按月结转份额，本基金每日收益计算并分配时，以人民币元方式簿记，每月累计收益只采用红利再投资（即红利转基金份额）方式，本基金收益每月集中结转一次。

历史沿革：募集已于2005年4月25日获中国证监会证监基金字[2005]66号文批准。

上市日期：2005年5月23日

上市地点：证券交易所场外：国泰基金管理有限公司、中国农业银行、交通银行、国泰君安证券、华夏证券、海通证券、银河证券、金通证券、申银万国证券、招商证券、东方证券、东吴证券、兴业证券、广发证券、上海证券、国盛证券、宏源证券、世纪证券、民生证券、光大证券、万联证券、中信证券、华泰证券、长江证券、招商银行。

4. 国泰金鹿保本增值混合证券投资基金

基金投资范围：本基金为保本增值混合基金，投资范围包括国内依法公开发行的各类债券、股票以及中国证监会允许投资的其他金融工具。本基金投资于债券的比例不低于基金资产的60%，投资于股票、权证等其他资产不高于基金资产的30%，现金或到期日在一年以内的政府债券的比例不低于基金资产净值的5%。如果法律法规允许本基金投资银行存款，则基金管理人将根据法律法规的要求确定符合条件的存款银行名单，并及时提供给基金托管人。

基金分配原则：基金收益分配采用现金方式；每一基金份额享有同等分配权；基金当期收益先弥补上期亏损后，方可进行当期收益分配；基金收益分配后每份基金份额的净值不能低于面值；如果基金当期出现亏损，则不进行收益分配；在符合有关基金分红条件的前提下，基金收益分配每年至少1次，至多4次；全年基金收益分配比例不得低于年度基金已实现净收益的80%，基金合同生效不满3个月，收益可不分配。

历史沿革：根据2006年3月16日中国证券监督管理委员会《关于同意国泰金鹿保本增值混合证券投资基金设立的批复》（证监基金字[2006]43号）核准募集。

上市日期：2006年3月24日

上市地点：证券交易所场外：国泰基金管理有限公司、中国银行股份有限公司、中国建设银行股份有限公司、北京银行、国泰君安证券、中信建投证券、海通证券、中国银河证券、金通证券、申银万国证券、招商证券、东方证券、东吴证券、兴业证券、广发证券、上海证券、宏源证券、民生证券、世纪证券、国盛证券、中信证券、光大证券、渤海证券、万联证券、华泰证券、长江证券、招商银行。

5. 国泰金鹏蓝筹价值混合型证券投资基金

基金投资范围：本基金的投资范围为具有良好流动性的金融工具，包括国内依法发行上市的股票、债券、现金、短期金融工具、权证、资产支持证券及法律法规或中国证监会允许基金投资的其他金融工具。其中债券投资的主要品种包括交易所和银行间两个市场的国债、金融债、企业债与可转换债。如果法律法规或监管机构以后允许基金投资其它品种，基金管理人在履行适当程序后，可以将其纳入投资范围。金股票资产的投资比例占基金资产的35%～95%，债券以及包括权证和资产支持证券在内的其他证券资产占基金资产的0～60%，现金或到期日在一年以内的政府债券不低于基金资产净值的5%。

基金分配原则：①基金收益分配采用现金方式，投资者可选择将获取的现金红利自动转为基金份额进行再投资；基金份额持有人事先未做出选择的，默认的分红方式为现金红利；②每一基金份额享有同等分配权；③基金当期收益先弥补上期亏损后，方可进行当期收益分配；④基金收益分配后每份基金份额的净值不能低于面值；⑤如果基金当期出现亏损，则不进行收益分配；⑥在符合有关基金分红条件的前提下，基金收益分配每年至少1次，至多6次；⑦全年基金收益分配比例不得低于年度基金已实现净收益的50%，基金合同生效不满3个月，收益可不分配。

历史沿革：募集已获中国证监会证监基金字[2006]159号文批准。

上市日期：2006年8月28日

上市地点：证券交易所场外：国泰基金管理有限公司、中国银行、中国建设银行、国泰君安证券、中信建投证券、海通证券、中国银河证券、金通证券、申银万国证券、招商证券、东方证券、东吴证券、兴业证券、广发证券、上海证券、宏源证券、民生证券、国盛证券、中信证券、光大证券、渤海证券、万联证券、国信证券、华泰证券、长江证券、中信万通证券。

6. 华安宏利股票型证券投资基金

基金投资范围：本基金为股票型基金，股票投资的目标比例为基金净资产的90%；基金管理人将根据市场的实际情况调整股票资产的投资比例，最高比例为基金净资产的95%，最低比例不得小于基金净资产的60%；同时基金管理人也可以根据市场的实际情况适当投资于国债、金融债、企业债、回购、央行票据、可转换债券、权证以及经中国证监会批准允许基金投资的其它金融工具。如法律法规或监管机构以后允许基金投资的其他品种，基金管理人在履行适当程序后，可以将其纳入投资范围。

基金分配原则：①本基金的每份基金份额享有同等分配权；②基金收益分配后每一基金份额净值不能低于面值；③收益分配时所发生的银行转账或其他手续费用由投资人自行承担。当投资人的现金红利小于一定金额，不足以支付银行转账或其他手续费用时，基金注册登记机构可将投资人的现金红利按红利发放日的基金份额净值自动转为基金份额。④本基金收益每年最多分配四次，每次基金收益分配比例不低于可分配收益的50%；⑤本基金收益以现金形式分配，但基金份额持有人可以事先选择将所获分配的现金收益自动转为基金份额进行再投资；基金份额持有人事先未做出选择的，基金管理人应当支付现金，基金份额计算结果四舍五入，保留至 0.01 份；⑥基金投资当期出现净亏损，则不进行收益分配；⑦基金当年收益应先弥补上一年度亏损后，方可进行当年收益分配；⑧法律法规或监管机构另有规定的从其规定。

历史沿革：经中国证监会 2006 年 7 月 21 日证监基金字[2006]143 号文批准募集。

上市日期：2006 年 8 月 4 日

上市地点：证券交易所场外：华安基金管理有限公司、建设银行、交通银行、国泰君安、湘财证券、海通证券、申银万国、中信建投、国信证券、中信万通、银河证券、广发证券、兴业证券、光大证券、招商证券 世纪证券。

7. 博时稳定价值债券投资基金

基金投资范围：本基金投资范围为固定收益类金融工具，具体包括国债、金融债、信用等级为投资级的企业。

基金分配原则：本基金默认分红方式为现金分红，投资者可以选择现金分红或红利再投资分红方式；如果基金份额持有人所获现金红利不足以支付银行转账等手续费用，注册登记机构自动将该基金份额持有人的现金红利转为基金份额；在符合有关基金分红条件的前提下，基金收益每季至少分配一次，每年最多 12 次，基金每次收益分配比例最低不低于已实现收益的 90%，但若基金合同生效不满 3 个月则可不进行收益分配。

历史沿革：本基金经 2005 年 7 月 5 日中国证券监督管理委员会证监基金字[2005]116 号文核准募集。

上市日期：2005 年 7 月 18 日

上市地点：证券交易所场外：博时基金管理有限公司、建设银行、中国工商银行、交通银行、长江证券、东吴证券、光大证券、广发证券、国泰君安证券、国信证券、海通证券、华西证券、华夏证券、金信证券、联合证券、平安证券、天和证券、湘财证券、兴业证券、银河证券、招商证券、世纪证券，天相投顾、申银万国、华泰证券、深圳发展银行、中信银行、浦发银行、招商银行。

8. 博时平衡配置混合型证券投资基金

基金投资范围：投资范围界定为国内依法公开发行上市的股票、权证和国债、政策性金融债、企业债、次级债、短期融资券、可转换债券、债券回购、中央银行票据、银行存款，以及法律、法规或中国证监会允许基金投资的其他金融工具。本基金组合投资比例是：股票资产 30%~60%；债券资产 0~65%；现金和到期日不超过 1 年的政府债券不低于 5%。

基金分配原则：①每一基金份额享有同等分配权；②在符合有关基金分红条件的前提下，本基金收益每年至少分配一次最多为四次，年度收益分配比例不低于基金可分配收益的 60%，《基金合同》当年生效不满 3 个月，收益可不分配；③本基金收益分配方式分两种：现金分红与红利再投资，投资人可选择现金红利或将现金红利按除息日基金的份额净值自动转为基金份额进行再投资；若投资人不选择，本基金默认的收益分配方式是现金分红；④基金投资当期出现净亏损，则不进行收益分配；⑤基金当年收益应先弥补上一年度亏损后，才可进行当年收益分配；⑥在不损害基金份额持有人实际利益的情况下，基金管理人在符合法律法规的前提下可酌情调整基金收益分配方式，此项调整不需要基金份额持有人大会决议通过；⑦法律法规或监管机关另有规定的，从其规定。

历史沿革：发行已获中国证监会证监基金字[2006]68 号文批准。

上市日期：2006 年 4 月 18 日

上市地点：证券交易所场外：博时基金管理有限公司、中国工商银行、中国建设银行、交通银行、深圳发展银行、长江证券、东吴证券、东方证券、光大证券、广发证券、国泰君安证券、国信证券、海通证券、华西证券、联合证券、平安证券、申银万国证券、世纪证券、天相投顾、兴业证券、银河证券、中信建投证券、招商证券、浦发银行。

9. 博时价值增长贰号证券投资基金

基金投资范围：本基金的投资范围仅限于具有良好流动性的金融工具，包括国内依法公开发行上市的股票、债券及中国证监会允许基金投资的其他金融工具，但本基金不会使用财务杠杆放大金融衍生产品的作用。

基金分配原则：①本基金的每份基金份额享有同等分配权；②基金收益分配后每一基金份额净值不能低于面值；③收益分配时所发生的银行转账或其他手续费用由投资人自行承担。当投资人的现金红利小于一定金额，不足以支付银行转账或其他手续费用时，基金注册登记机构可将投资人的现金红利按除息日的基金份额净值自动转为基金份额。④本基金收益分配方式分为两种：现金分红与红利再投资，投资人可选择现金红利或将现金红利按除息日的基金份额净值自动转为基金份额进行再投资；若投资人不选择，本基金默认的收益分配方式是现金分红；分红方式最终以注册登记机构确认的分红方式为准；⑤基金投资当期出现净亏损，则不进行收益分配；⑥基金当年收益应先弥补上一年度亏损后，方可进行当年收益分配；⑦在符合有关基金分红条件的前提下，本基金收益每年至少分配一次，最多分配 4 次，每次基金收益分配比例不低于可分配收益的 60%；但若基金合同生效不满 3 个月则可不进行收益分配。

历史沿革：博时价值增长贰号基金是博时价值增长基金的复制品，发售已获中国证监会证监基金字[2006]174 号文批准。

上市日期：2006 年 9 月 4 日

上市地点：证券交易所场外：博时基金管理有限公司、中国建设银行、交通银行、中信银行、深圳发展银行、长江证券、东吴证券、国泰君安证券、广发证券、光大证券、国信证券、海通证券、华西证券、联合证券、平安证券、申银万国证券、世纪证券、兴业证券、湘财证券、中信建投证券、中国银河证券、招商证券、华泰证券。

10.嘉实货币市场基金

基金投资范围：本基金投资于如下的金融工具：现金；一年以内（含一年）的银行定期存款、大额存单；剩余期限在 397 天以内（含 397 天）的债券；期限在一年以内（含一年）的债券回购；期限在一年以内（含一年）的中央银行票据以及中国证监会、中国人民银行认可的其他具有良好流动性的货币市场工具。

基金分配原则：本基金每日收益计算并分配时，以人民币元方式簿记，每月累计收益支付方式只采用红利再投资（即红利转基金份额）方式，基金份额持有人可通过赎回基金份额获得现金收益。

历史沿革：根据 2005 年 3 月 3 日中国证券监督管理委员会《关于同意嘉实货币市场基金募集的批复》（证监基金字[2005]29 号）和《关于嘉实货币市场基金募集时间安排的确认函》（基金部函[2005]50 号）的批准，进行募集。

上市日期：2005 年 3 月 7 日

上市地点：证券交易所场外：嘉实基金管理有限公司、中国银行、交通银行、北京证券、渤海证券、财富证券、长城证券、长江证券、东北证券、东方证券、东吴证券、光大证券、广东证券、广发证券、国都证券、国海证券、国盛证券、国泰君安证券、国信证券、海通证券、恒泰证券、华夏证券、金信证券、民生证券、平安证券、山西证券、西北证券、兴业证券、中国银河证券、招商证券、中信证券、中信万通证券、华泰证券、华西证券、江南证券、德邦证券、东海证券、深圳发展银行、宏源证券、湘财证券、世纪证券、西部证券、金元证券、浦发银行、中银国际、金通证券、申银万国证券、国盛证券。

11.嘉实超短债证券投资基金

基金投资范围：固定收益类金融工具，具体包括国债、金融债、信用等级为投资级及以上的企业债和次级债券等；债券回购；央行票据、银行存款以及法律、法规或中国证监会允许基金投资的其它金融工具。本基金不投资于可转换债券。

基金分配原则：①基金收益分配采用现金方式。投资人可选择获取现金红利或者将现金红利按红利发放日前一工作日的基金份额净值自动转为基金份额进行再投资（下称“再投资方式”）；基金份额持有人事先未做出选择的，默认的分红方式为现金红利；②每一基金份额享有同等分配权；③基金当期收益先弥补上期亏损后，方可进行当期收益分配；④ 基金收益分配后每份基金份额的净值不能低于面值；⑤如果基金当期出现亏损，则不进行收益分配；⑥在符合有关基金分红条件且每份基金份额可分配收益超过 0.001 元的前提下，本基金每个月应将至少 90%的可分配收益进行分红。每年分红次数不超过 20 次；⑦基金合同生效不满三个月，收益可不分配。

历史沿革:募集已获中国证监会证监基金字[2006]48 号文批准。

上市日期:2006 年 3 月 30 日

上市地点：证券交易所场外：嘉实基金管理公司、中国银行、中国民生银行、中国银河证券、国泰君安证券、申银万国证券、国都证券、中信证券、广发证券、海通证券、中信建投证券、兴业证券、湘财证券、招商证券、渤海证券、平安证券、东方证券、江南证券、华泰证券、东北证券、财富证券、宏源证券、中信万通证券、中银国际证券、中银国际证券、德邦证券、光大证券、国信证券、东吴证券、东海证券、国联证券、国盛证券、金元证券、广东证券、兴业银行、长江证券、国盛证券、浦东发展银行、深圳发展银行。

12. 嘉实主题精选混合型证券投资基金

基金投资范围：本基金投资范围限于具有良好流动性的金融工具，包括国内依法发行上市的股票、债券及法律、法规或中国证监会允许基金投资的其他金融工具。本基金投资组合的资产配置范围为：股票资产30%～95%，债券 0～70%，权证 0～3%，现金或者到期日在一年以内的政府债券不低于基金资产净值的5%。如法律法规或监管机构以后允许基金投资其他品种，基金管理人在履行适当程序后，可以将其纳入投资范围。

基金分配原则：1. 基金收益分配采用现金方式，投资者可选择将获取的现金红利自动转为基金份额进行再投资；基金份额持有人事先未做出选择的，默认的分红方式为现金红利；2. 每一基金份额享有同等分配权；3. 基金当期收益先弥补上期亏损后，方可进行当期收益分配；4. 基金收益分配后每份基金份额的净值不能低于面值；5. 如果基金当期出现亏损，则不进行收益分配；6. 在符合有关基金分红条件的情况下，基金可以进行收益分配；本基金收益每季度至少分配一次，每季度不超过三次，每年不超过十二次。在每基金份额可分配收益占基金份额面值的比例超过中国人民银行执行的三年期居民定期储蓄存款利率（税后）水平的120%时，基金应当分配收益。基金合同生效不满三个月，收益可不分配；若中国人民银行存款利率发生重大变化而影响上述标准时，基金管理人将相应调整，并在 10 个交易日内公告。

历史沿革：募集已获中国证监会证监基金字[2006]117 号文批准。

上市日期：2006 年 6 月 19 日

上市地点：证券交易所场外：嘉实基金管理公司、中国银行、中国银河证券、中信证券、广发证券、中信建投证券、国都证券、国泰君安证券、申银万国证券、海通证券、联合证券、兴业证券、招商证券、湘财证券、中银国际证券、中信万通证券、长城证券、渤海证券、华泰证券、东方证券、东北证券、平安证券、江南证券、财富证券、宏源证券、金通证券、东海证券、广东证券、国元证券、长江证券、国信证券、金元证券、国海证券、国盛证券、光大证券、德邦证券、民生证券、山西证券、浦东发展银行、深圳发展银行。

13. 长盛货币市场基金

基金投资范围：本基金将投资于以下金融工具：①现金；②一年以内（含一年）的银行定期存款、大额存单；③剩余期限在三百九十七天以内（含三百九十七天）的债券；④期限在一年以内（含一年）的债券回购；⑤期限在一年以内（含一年）的中央银行票据；⑥中国证监会、中国人民银行认可的其他具有良好流动性的货币市场工具。

基金分配原则：本基金的基金份额采用人民币1.00 元的固定份额净值交易方式，自基金合同生效日起每日将基金份额实现的基金净收益分配给份额持有人，并按月结转到投资人基金账户，使基金账面份额净值始终保持 1.00 元；基金投资当期亏损时，相应调减持有人持有份额，基金份额净值始终为1.00 元。本基金根据每日基金收益公告，以每万份基金份额收益为基准，为投资者每日计算当日收益并分配到投资者收益账户。每月累计收益采用红利再投资（即红利转基金份额）方式结转为基金份额，投资者可通过赎回基金份额获得现金收益；若投资者在每月累计收益支付时，其累计收益为负值，则将缩减投资者基金份额。若投资者赎回时，收益为负值，则将从投资者赎回基金款中扣除。基金收益分配采用复利分配的方式，即投资者当日分配的收益，在下一工作日享受收益分配。当日申购的基金份额自下一个工作日起享有基金的分配权益；当日赎回的基金份额自下一个工作日起不享有基金的分配权益。

历史沿革：募集申请于 2005 年 10 月 25 日已获中国证监会证监基金字[2005]176 号文批准。

上市日期：2005 年 11 月 16 日

上市地点：证券交易所场外：长盛基金管理有限公司、兴业银行、中国农业银行、国元证券、中信证券、广发证券、中国银河证券、国泰君安证券、广发华福证券、招商证券、兴业证券、恒泰证券、德邦证券、海通证券、华夏证券、光大证券、长江证券申银万国证券、联合证券。

14. 大成价值增长证券投资基金

基金投资范围：本基金的投资范围限于国内依法公开发行、上市的股票、债券及中国证监会批准的允许基金投资的其他金融工具，主要投资对象为深、沪两市 A 股票中 P/B 值低、具有良好增长潜力的上市公司。

基金分配原则：①基金收益分配比例不低于基金净收益的90%；②本基金收益分配方式分为两种：现金分

红与红利再投资，投资人可选择现金红利或将现金红利按红利发放日的单位基金资产净值自动转为基金单位进行再投资；若投资人不选择，本基金默认的收益分配方式是红利再投资；③基金收益分配每年至少一次，基金成立不满 3 个月，收益不分配；④基金当年收益须先弥补上一年度亏损后，方可进行当年收益分配；⑤基金收益分配后每份基金单位净值不能低于面值；⑥如果基金投资当期出现净亏损，则不进行收益分配；⑦每一基金单位享有同等收益分配权；⑧红利分配时所发生的银行转账或其他手续费用由投资人自行承担。当投资人的现金红利小于一定金额，不足于支付银行转账或其他手续费用时，基金注册登记人可将投资人的现金红利按红利发放日的单位基金资产净值自动转为基金单位。自动再投资的计算方法，依照《大成基金管理有限公司开放式基金业务规则》及相关制度的有关规定执行。

历史沿革：经中国证监会证监基金字[2002]58 号文批准发起设立。

上市日期：2003 年 8 月 1 日

上市地点：证券交易所场外：大成基金管理有限公司、深圳发展银行、福建兴业银行、中国银河证券、国泰君安证券、华夏证券、招商证券、中信证券、广发证券、联合证券、广东证券、民生银行、招商银行。

15. 大成货币市场证券投资基金

基金投资范围：可投资于剩余期限在 1 年以内（含 1 年）的回购、央行票据、银行定期存款、大额存单，剩余期限在 397 天（含 397 天）以内的债券以及中国证监会、中国人民银行允许基金投资的其他具有良好流动性的货币市场工具。

基金分配原则：根据每日基金收益公告，以每万份基金单位收益为基准，为投资人每日计算收益并分配，每月集中支付收益。若当日收益大于零，则为投资者记正收益；若当日收益小于零，则为投资者记负收益；若当日收益为零时，当日投资人不计收益。

历史沿革：已获中国证券监督管理委员会证监基金字[2005]78 号文核准。

上市日期：2005 年 5 月 16 日

上市地点：证券交易所场外：大成基金管理有限公司、中国光大银行、中国农业银行、交通银行、招商银行、中信实业银行、联合证券、光大证券、中国银河证券、广东证券、申银万国证券、海通证券、招商证券、国泰君安证券、华夏证券、中银国际证券、国信证券、平安证券、广发证券、世纪证券、山西证券、兴业证券、长江证券、上海浦东发展银行。

16. 大成财富管理 2020 年生命周期证券投资基

基金投资范围：本基金投资于具有良好流动性的金融工具，包括国内依法发行上市的股票、债券及中本基金根据时间的变化逐步调整权益类证券和固定收益类（及货币市场工具）证券的本基金各个时间段的资产配置比例如下表所示：

时间段 权益类证券 固定收益类证券及货币市场工具比例范围：

基金合同生效日至 2010 年 12 月 31 日 0~95%，5%~100%

2011 年 1 月 1 日至 2015 年 12 月 31 日 0~75%，25%~100%

2016 年 1 月 1 日至 2020 年 12 月 31 日 0~50%，50%~100%

2021 年 1 月 1 日以及该日以后 0~20% ，80%~100%

在特殊市况下或有足够而合理的理由时，基于投资者利益最大化的原则，在不损害投资者利益且不违背法律法规的前提下，本基金在履行相应程序后，可适当偏离上述比例范围，并予以公告。

基金分配原则：①基金收益分配采用现金方式，投资者可选择将获取的现金红利自动转为基金份额进行再投资，红利再投资部分以除息日的基金份额净值为计算基准，确定再投资份额；基金份额持有人事先未做出选择的，默认的分红方式为现金红利；②每一基金份额享有同等分配权；③基金当期收益先弥补上期亏损后，方可进行当期收益分配；④基金收益分配后每份基金份额的净值不能低于面值；⑤如果基金当期出现亏损，则不进行收益分配；⑥在符合有关基金分红条件的前提下，基金收益分配每年最多不超过 10 次；⑦全年基金收益分配比例不得低于年度基金已实现净收益的 80%。基金合同生效不满 3 个月，可不进行收益分配。

历史沿革：经中国证监会证监基金字[2006]142 号文核准募集。

上市日期：2006 年 8 月 7 日

上市地点：证券交易所场外：大成基金管理有限公司、中国银行、国家邮政局邮政储汇局、交通银行、中国银河证券、国泰君安证券、申银万国证券、国信证券、广发证券、中信证券、中信建投证券、招商证券、联合证券、光大证券、海通证券、兴业证券、平安证券、东北证券、齐鲁证券、世纪证券、中银国际证券、金通证券。

17. 富国动态平衡证券投资基金

基金投资范围：将基金资产按比例投资于股票和债券，在股票投资中主要投资于成长型股票和价值型股票，并对基金的投资组合进行主动的管理，从而使投资者在承受相对较小风险的情况下，尽可能获得稳定的投资收益投资范围：限于具有良好流动性的金融工具，包括国内依法公开发行上市的股票、债券及中国证监会允许基金投资的其他金融工具。投资目标：本基金的投资目标是尽可能减少和分散投资风险，力保基金资产的安全并谋求基金资产长期稳定的增长。本基金为平衡型证券投资基金，将基金资产按比例投资于股票和债券，在股票投资中主要投资于成长型股票和价值型股票，并对基金的投资组合进行主动的管理，从而使投资者在承受相对较小风险的情况下，尽可能获得稳定的投资收益。

基金分配原则：①每份基金单位享有同等分配权；②如果基金投资当期出现净亏损，则不进行收益分配；③基金当年收益先弥补上一年度亏损后，方可进行当年收益分配；④在符合有关基金分红条件的前提下，本基金收益每年至少分配一次，但若成立不满3个月可不进行收益分配，年度分配在基金会计年度结束后的4个月内完成；⑤本基金收益分配采用现金形式。基金管理人为持有人提供红利再投资服务。投资者选择红利再投资服务的，其分红资金按除息日的基金单位净值转成相应的基金单位；⑥法律法规或监管机关另有规定的，从其规定。

历史沿革：获中国证监会证监基金字[2002]36号文批准发行。

上市日期：2003年8月1日

上市地点：证券交易所场外：富国基金管理有限公司、中国农业银行、浦东发展银行、申银万国证券、华夏证券、国泰君安证券、国信证券、招商证券、招商银行、长城证券、财富证券、齐鲁证券、天相投顾、华泰证券。

18. 富国天瑞强势地区精选混合型证券投资基金

基金投资范围：具有良好流动性的金融工具，包括国内依法公开发行、上市的股票、债券以及中国证监会允许基金投资的其它金融工具。其中债券包括国债、金融债、企业（公司）债（包括可转债）等。

基金分配原则：在符合有关基金分红条件的前提下，本基金每年至少分红一次；本基金每年收益分配次数最多为6次，其年度收益分配比例不得低于基金年度已实现收益的50%；投资者可以选择现金分红或红利再投资，分红默认方式为现金分红。

历史沿革：已获中国证监会证监基金字[2005]20号文批准。

上市日期：2005年2月21日

上市地点：证券交易所场外：富国基金管理有限公司、中国农业银行、交通银行、海通证券、申银万国证券、国泰君安证券、华夏证券、联合证券、东方证券、广发证券、中国银河证券、长城证券、财富证券、齐鲁证券、平安证券、民生证券、兴业证券、湘财证券、天相投顾、华泰证券。

19. 富国天时货币市场基金

基金投资范围：本基金主要投资于流动性高、信用风险低、价格波动小的短期金融工具，包括：①现金；②通知存款；③1年以内（含1年）的银行定期存款、大额存单；④剩余期限在397天以内（含397天）的债券；⑤期限在1年以内（含1年）的债券回购；⑥期限在1年以内（含1年）的中央银行票据；⑦中国证监会、中国人民银行认可的其他具有良好流动性的货币市场工具。

基金分配原则：本基金收益分配方式为红利再投资；本基金“每日分配、按月支付”，即：本基金收益根据每日基金收益公告，以每万份基金净收益为基准，为投资者每日计算并分配当日收益，每月集中支付收益，使基金账面份额净值始终保持1.00元。

历史沿革：发售已获中国证监会证监基金字[2006]59号文《关于同意富国天时货币市场基金募集的批复》核准。

上市日期：2006年5月10日

上市地点：证券交易所场外：富国基金管理有限公司、中国农业银行、交通银行、海通证券、申银万国证券、国泰君安证券、联合证券、东方证券、广发证券、中国银河证券、长城证券、财富证券、齐鲁证券、平安证券、国信证券、招商证券、兴业证券、湘财证券、中银国际证券、东海证券、华西证券、金元证券、上海证券、华泰证券。

20. 易方达货币市场基金

基金投资范围：本基金主要投资于具有良好流动性的金融工具，包括现金、一年以内（含一年）的银行定期存款和大额存单、剩余期限在397天以内（含397天）的债券（不包括可转换债券）、期限在一年以内（含一年）的债券回购、剩余期限在一年以内（含一年）的中央银行票据以及经中国证监会、中国人民银行认可的其他具有良好流动性的货币市场工具。

基金分配原则：分红方式限于红利再投资。如当月累计分配的基金收益为正，则为持有人增加相应的基金份额；如当月累计分配的基金收益为负，则为持有人缩减相应的基金份额。投资者可通过赎回基金份额获取现金收益。

历史沿革：募集已获中国证监会证监基金字[2004]217号文批准。

上市日期：2005年1月4日

上市地点：证券交易所场外：易方达基金管理有限公司、华夏证券、东方证券、东吴证券、银河证券、长城证券、平安证券、华泰证券、海通证券、长江证券、招商证券、西北证券、国联证券、湘财证券、天和证券、华安证券、金通证券、东北证券、东莞证券、申银万国、世纪证券、西部证券、交通银行、联合证券、山西证券、中银国际证券、上海浦东发展银行、国都证券、光大证券。

21. 易方达月月收益中短期债券投资基金

基金投资范围：①现金； ②三年以内（含三年）的银行定期存款、大额存单；③剩余期限在三年以内（含三年）的债券；④期限在三年以内（含三年）的央行票据；⑤期限在一年以内（含一年）的债券回购；⑥中国证监会、中国人民银行认可的其他剩余期限在三年以内（含三年）的固定收益类品种。

基金分配原则：基金收益分配采用现金方式，投资者可选择获取现金红利或者将现金红利按红利发放日前一日的基金份额净值自动转为基金份额进行再投资（下称“再投资方式”）；如果投资者没有明示选择，则视为现金方式；基金当期收益先弥补上期亏损后，方可进行当期收益分配；本基金在符合基金分红条件且每份基金份额可分配收益超过0.001元的前提下，本基金每个月应将至少90%的可分配收益进行分红。同一级基金份额每年分红次数不超过20次。当基金合同生效不满3个月，收益可不分配。基金当年累计分配的收益不得低于该年度可分配收益的90%，不足部分于次年一个月内补足。

历史沿革：本基金根据2005年7月29日中国证券监督管理委员会《关于同意易方达月月收益中短期债券投资基金募集的批复》（证监基金字[2005]130号）和2005年8月4日《关于同意易方达月月收益中短期债券投资基金募集时间安排的函》（基金部函[2005]206号）的核准，进行募集。

上市日期：2005年8月8日

上市地点：证券交易所场外：易方达基金管理有限公司、中国银行、北京银行、华夏证券、东方证券、东吴证券、中国银河证券、长城证券、平安证券、华泰证券、海通证券、东北证券、国泰君安证券、联合证券、西部证券、湘财证券、广发证券、招商证券、世纪证券、国联证券、华安证券、财富证券、国元证券、上海浦东发展银行、国都证券 山西证券。

22. 易方达价值精选股票型证券投资基金

基金投资范围：本基金的投资范围为具有良好流动性的金融工具，包括投资于国内依法公开发行、上市的股票和债券以及法律、法规或中国证监会允许基金投资的其它金融工具。股票投资上精选能保持中长期持续增长或阶段性高速增长、且价值被低估的优势企业作为投资对象。

基金分配原则：①在符合有关基金分红条件的前提下，本基金每年收益分配次数最少一次，最多为六次，全年分配比例不得低于年度可供分配收益的50%，若基金合同生效不满3个月可不进行收益分配；②本基金收益分配方式分两种：现金分红与红利再投资，投资人可选择现金红利或将现金红利按红利发放日前一工作日的基金份额净值自动转为基金份额进行再投资；若投资者不选择，本基金默认的收益分配方式是现金分红；③基金投资当期出现净亏损，则不进行收益分配；④基金当年收益应先弥补上一年度亏损后，才可进行当年收益分配；⑤基金收益分配后基金份额净值不能低于面值；⑥每一基金份额享有同等分配权；⑦法律法规或监管机关另有规定的，从其规定。

历史沿革：募集已获中国证监会证监基金字[2006]97号文批准。

上市日期：2006年6月5日

上市地点：证券交易所场外：易方达基金管理有限公司直销中心和中国工商银行、广发证券、国泰君安证券、中国银河证券、国信证券、申银万国证券、招商证券、中信证券、中信建投证券、海通证券、华泰证券、联合证券、光大证券、长江证券、中银国际证券、东方证券、国联证券、平安证券、湘财证券、东莞证券、财富证券、国都证券、世纪证券、西部证券、华安证券、山西证券、东吴证券、金通证券、天和证券、广东证券、万联证券、上海银行、兴业证券、长城证券、中原证券、国元证券、东北证券、南京证券、交通银行、国海证券。

23. 易方达策略成长二号混合型证券投资基金

基金投资范围：本基金投资范围为具有良好流动性的金融工具，包括国内依法发行上市的股票、债券及法律、法规或中国证监会允许基金投资的其他金融工具。如法律法规或监管机构以后允许基金投资其他品种，基金管理人在履行适当程序后，可以将其纳入投资范围。本基金的股票资产中，不低于80%的资产将投资于具有较高内在价值及良好成长性的上市公司股票。

基金分配原则：①基金收益分配采用现金方式，

投资者可选择获取现金红利或者将获取的现金红利按红利发放日前一工作日的基金份额净值自动转为基金份额进行再投资（下称“再投资方式”）；若投资者不选择，本基金默认的收益分配方式是现金分红；②每一基金份额享有同等分配权；③基金当期收益先弥补上期亏损后，方可进行当期收益分配；④基金收益分配后每份基金份额的净值不能低于面值；⑤ 如果基金当期出现亏损，则不进行收益分配；⑥在符合基金分红条件、且每基金份额可分配收益达到0.02 元的前提下，本基金每季度至少分红一次。每年收益分配次数最多为十二次，全年分配比例不得低于年度可供分配收益的50%。当年基金合同生效不满3个月，收益可不分配。

历史沿革：易方达策略成长二号基金是易方达策略成长基金的复制品，募集已获中国证监会证监基金字[2006]150号文批准。

上市日期：2006年8月10日

上市地点：证券交易所场外：易方达基金管理有限公司直销中心和中国银行、上海银行、上海浦东发展银行、广发证券、银河证券、国泰君安证券、国信证券、申银万国证券、招商证券、中信建投证券、华泰证券、联合证券、光大证券、长江证券、中银国际证券、兴业证券、国联证券、平安证券、湘财证券、国元证券、国都证券、世纪证券、西部证券、华安证券、山西证券、东吴证券、中原证券、东北证券、天和证券、广东证券、万联证券、交通银行、海通证券、东方证券、长城证券、金通证券、国海证券、东莞证券、广州证券、财富证券。

24. 国投瑞银核心企业股票型证券投资基金

基金投资范围：投资范围包括股票、国债、金融债、公司债（含可转换公司债）、短期融资券、中央银行票据和其它货币市场工具，以及国家证券监管机构允许基金投资的权证及其它金融工具。其中，在股票投资方面，国投瑞银核心企业基金采取选取核心企业股票的选股思路。

基金分配原则：在符合有关基金分红条件的前提下，本基金每年收益分配次数最多为四次，全年分配比例不得低于年度可供分配收益的80%，若基金合同生效不满3个月可不进行收益分配；本基金收益分配方式分两种：现金分红与红利再投资，投资人可选择现金红利或将现金红利按除权日的基金份额净值自动转为基金份额进行再投资；若投资者不选择，本基金默认的收益分配方式是现金分红；基金当年收益应先弥补上一年度亏损后，才可进行当年收益分配；基金收益分配后基金份额净值不能低于面值。

历史沿革:经中国证监会2006年3月6日证监基金字[2006]38号文核准募集。

上市日期:2006年4月19日

上市地点：证券交易所场外：国投瑞银基金管理有限公司、中国工商银行、中国光大银行、国泰君安证券、国信证券、中信证券、国盛证券、申银万国、招商证券、广发证券、平安证券、中银国际证券、中信建投证券。

25. 易方达深证100交易型开放式指数证券投资基金

基金投资范围：主要为目标指数成分股及备选成分股。此外，为更好地实现投资目标，本基金可少量投资于部分非成分股、参与新股市值配售以及中国证监会允许基金投资的其他金融工具。本基金将把全部或接近全部的基金资产用于跟踪标的指数的表现，正常情况下指数化投资比例不低于基金资产净值的95%。

基金分配原则：每份基金份额享有同等分配权。基金管理人每季度定期对基金相对标的指数的超额收益率进行一次评估，如基金收益评价日核定的基金超过同期标的指数的超额收益率达到 1%以上，基金管理人可将净收益进行分配。基金收益分配比例的确定原则：使收益分配后基金份额净值尽可能贴近标的指数的千分之一。基于本基金的性质和特点，本基金收益分配不须以弥补浮动亏损为前提，收益分配后有可能使还原后基金份额净值低于面值。自基金合同生效日起不满3个月可不进行收益分配。本基金收益分配采取现金方式。

历史沿革：募集已获中国证监会证监基金字[2006]20号文批准。

上市日期：2006年2月21日

上市地点：深交所；证券交易所场外：易方达基金管理有限公司、广发证券、国泰君安证券、申银万国、银河证券、国信证券、招商证券、海通证券、中信建投、中信证券、联合证券、平安证券、东方证券、光大证券、上海证券、中银国际、中金公司、华泰证券、南京证券、西部证券、长江证券、兴业证券、湘财证券、国联证券、东北证券、山西证券、中原证券、世纪证券、国元证券、国都证券、东莞证券、第一创业、万联证券、天同证券、广东证券、恒泰证券、德邦证券、西南证券、财富证券、广发华福证券、中信万通证券、华安证券、泰阳证券、江南证券、民生证券、华林证券、渤海证券、信泰证券、天和证券、西北证券、宏源证券、齐鲁证券、金元证券、国海证券。

投资概念解读与财政预算报告中的名词解释

一、投资概念解读

建设项目环境影响评价：建设项目可能对生态和环境产生深远影响。例如，建工厂可能会排放污染物，矿山开采需要剥离植被等。为了在项目建设的同时保护生态和环境，《中华人民共和国环境影响评价法》规定，必须对建设项目进行环境影响评价。国家各级环境保护行政主管部门是具有审批权的执法监管部门。建设单位应依法按国家规定，对建设项目进行环境影响评价，编制环境影响评价文件并报请环境保护行政主管部门审批。

对建设项目开展环境影响评价是项目前期工作的重要组成部分，主要工作包括：①委托具有环境影响评价资质的机构承担评价工作；②受委托评价机构开展环境评价工作、提交评价结果；③建设单位向环境保护行政主管部门提交建设项目的环境影响评价文件，并申请审核；④获得环境保护行政主管部门的批准文件。

根据建设项目对环境的影响程度，国家对建设项目的环境影响评价实行分类管理。建设单位应根据国家环保总局发布的“建设项目环境保护分类管理目录”，组织编制环境影响评价文件：对可能造成重大环境影响的建设项目需编制环境影响报告书，对可能造成轻度环境影响的项目需编制环境影响报告表，对环境影响很小的项目需填报环境影响登记表。上述“一书两表”统称为环境影响评价文件。

环境影响评价工作的总体进度要求：实行审批制的建设项目，建设单位应当在报送可行性研究报告前完成环境影响评价文件报批手续；实行核准制的建设项目，建设单位应当在提交项目申请报告前完成环境影响评价文件报批手续；实行备案制的建设项目，建设单位应当在办理备案手续后和项目开工前完成环境影响评价文件报批手续。

境外投资项目：国家发展改革委2004年第21号令《境外投资项目核准暂行办法》规定，“境外投资项目指投资主体通过投入货币、有价证券、实物、知识产权或技术、股权、债权等资产和权益或提供担保，获得境外所有权、经营管理权及其他相关权益的活动”。具体可以从以下五个方面来理解：

（1）投资主体。进行境外投资的投资主体，包括两大类。

一是中国境内的各类法人，包括各类工商企业、国家授权投资的机构和部门、事业单位等，这些机构属于中国境内的法人机构，受中国内地法律的管辖约束。另一类是由国内投资主体控股的境外企业或机构，境内机构通过这些境外企业或机构对境外进行投资。这些境外企业或机构不属于中国内地的法人机构，不受内地相关法律的制约，但境内机构通过这些境外机构向境外进行投资时，仍然需要按照国内有关企业投资项目核准的政策规定，履行相应的核准手续。与国际惯例相同，在国内具有投资资格的自然人也可在境外投资。

（2）投资地区。适用于境外投资项目核准的投资地区，不仅包括外国，也包括中华人民共和国所属的香港特别行政区、澳门特别行政区和台湾地区。凡在中国大陆地区之外的任何地区进行的投资，均为境外投资。

（3）出资形式。境外投资所投入资产的形式十分广泛，包括货币资金的投入，股票、债券、信托凭证等金融资产的投入，各类实物资产的投入，知识产权、专有技术等无形资产的投入。由此可见，只要是向境外的资产输出行为，无论是以什么方式出现，都应按照境外投资项目核准的有关规定履行相应行政许可手续。

（4）投资方式。包括各类新建项目及改扩建项目的初始投资、再投资，也包括收购、合并、参股、增资扩股等权益投资活动，同时也包括对境外投资提供担保的行为。

（5）投资目的。境外投资的直接体现，是获得了对境外资产或经营活动的所有权、经营管理权及其他相关权益，如收益分配权、资产支配权、资源勘探或开发权等。境外投资的目的，可以是为了在境外进行生产、销售、经营或研发，也可以是为了在境外进行融资。

（6）投资领域。境外投资的行业领域，可涉及我国国内法律允许投资的国民经济各领域。

企业投资项目核准程序：《企业投资项目核准暂行办法》规定的核准程序主要包括：

（1）编制项目申请报告。项目申报单位应向项目核准机关提交项目申请报告一式五份。项目申请报告由具相应工程咨询资格的机构编制。其中，由国务院投资主管部门核准的项目，其《项目申请报告》应由具备甲级工程咨询资质的机构编制。

（2）申报。企业投资建设应由地方政府投资主管部门核准的项目，须按照地方政府的有关规定，向相应的项目核准机关提交项目申请报告。

国务院有关行业主管部门隶属单位投资建设应由国务院有关行业主管部门核准的项目，可直接向国务院有关行业主管部门提交项目申请报告，并附上项目所在地省级政府投资主管部门的意见。

计划单列企业集团和中央管理企业投资建设应由国务院投资主管部门核准的项目，可直接向国务院投资主管部门提交项目申请报告，并附上项目所在地省级政府投资主管部门的意见；其他企业投资建设应由国务院投资主管部门核准的项目，应经项目所在地省级政府投资主管部门初审并提出意见，向国务院投资主管部门提交项目申请报告。

企业投资建设应由国务院核准的项目，应经国务院投资主管部门提出审核意见，向国务院报送项目申请报告。

项目申报单位在向项目核准机关报送项目申请报告时，需根据国家法律法规的规定附送以下文件：①城市规划行政主管部门出具的城市规划意见；②国土资源行政主管部门出具的项目用地预审意见；③环境保护行政主管部门出具的环境影响评价文件的审批意见；④根据有关法律法规应提交的其他文件。

（3）受理。项目核准机关如果认为申报材料不齐全或者不符合有关要求，应在收到项目申请报告后5个工作日内一次告知项目申报单位，要求项目申报单位澄清、补充相关情况和文件，或对相关内容进行调整。

项目申报单位按要求上报材料齐全后，项目核准机关应正式受理，并向项目申报单位出具受理通知书。

（4）委托评估。项目核准机关在受理核准申请后，如有必要，应在4个工作日内委托有资格的咨询机构进行评估。

接受委托的咨询机构应在项目核准机关规定的时间内提出评估报告，并对评估结论承担责任。咨询机构在进行评估时，可要求项目申报单位就有关问题进行说明。

（5）行业主管部门审核。项目核准机关在进行核准审查时，如涉及其他行业主管部门的职能，应征求相关部门的意见。相关部门应在收到征求意见函（附项目申请报告）后7个工作日内，向项目核准机关提出书面审核意见；逾期没有反馈书面审核意见的，视为同意。

（6）征求公众意见和专家评议。对于可能会对公众利益造成重大影响的项目，项目核准机关在进行核准审查时应采取适当方式征求公众意见。对于特别重大的项目，可以实行专家评议制度。

（7）核准期限。项目核准机关应在受理项目申请报告后20个工作日内，做出对项目申请报告是否核准的决定并向社会公布，或向上级项目核准机关提出审核意见。由于特殊原因确实难以在20个工作日内做出核准决定的，经本机关负责人批准，可以延长10个工作日，并应及时书面通知项目申报单位，说明延期理由。

项目核准机关委托咨询评估、征求公众意见和进行专家评议的，所需时间不计算在前款规定的期限内。

（8）核准决定。对同意核准的项目，项目核准机关应向项目申报单位出具项目核准文件，同时抄送相关部门和下级项目核准机关；对不同意核准的项目，应向项目申报单位出具不予核准决定书，说明不予核准的理由，并抄送相关部门和下级项目核准机关。经国务院核准同意的项目，由国务院投资主管部门出具项目核准文件。

（9）对核准决定异议的处理。项目申报单位对项目核准机关的核准决定有异议的，可依法提出行政复议或行政诉讼。

项目申请报告的主要内容：为指导企业编写项目申请报告，国家发展改革委正在研究起草“企业投资项目申请报告示范文本”。从目前研究的情况看，项目申请报告应包括以下主要内容：①申报单位及项目概况。②战略规划、产业政策及行业准入。重点论述拟建项目与相关的战略规划、产业政策和行业准入标准之间的关系。③项目选址及土地利用。包括项目选址及用地方案、土地利用合理性分析、地质灾害影响和其他不利影响分析等内容。④资源开发及综合利用。主要包括项目的资源开发方案、资源利用方案、节能及节水措施等内容。⑤征地拆迁及移民安置。包括城市居民搬迁方案、农村移民安置方案是否合理和可行等内容。⑥环境和生态影响分析。主要包括项目所在地的环境和生态现状、项目对生态环境的影响、生态环境保护对策等内容，此外还要论述项目对历史文化遗产、自然遗产、风景名胜和自然景观等的影响及对策。⑦经济影响分析。包括对项目的国民经济评价、区域经济影响分析和经济安全分析等内容。⑧社会影响分析。要分析项目对当地社会的影响和当地社会条件对项目的适应性和可接受程度，评价项目的社会可行性。

上述内容只是目前的研究意见，待“企业投资项目申请报告示范文本”正式颁发后，各类企业可参照执行。

项目核准申请报告与可行性研究报告的主要区别：项目核准申请报告与可行性研究报告在分析论证的角

度、包含的内容和发挥的作用等方面，都有着很多区别。

可行性研究报告主要是从微观角度对项目本身的可行性进行分析论证，侧重于项目的内部条件和技术分析，包括市场前景是否看好、投资回报是否理想、技术方案是否合理和先进、资金来源是否落实、项目建设和运行的外部配套条件是否有保障等主要内容，主要作用是帮助投资者进行正确的投资决策、选择科学合理的建设实施方案。

项目核准申请报告主要是从宏观角度对项目的外部性影响进行论述，侧重于经济和社会分析，主要包括拟建项目的基本情况和该项目的外部影响，如该项目对国家经济安全、地区重大布局、资源开发利用、生态环境保护、防止行业垄断和保护公共利益等方面会造成哪些有利或不利的影响。项目申请报告是政府对项目进行审查以决定是否允许其投资建设的重要依据。

企业投资自主权：企业投资自主权是指企业自主决定投资活动相关事项的权利，主要包括投资与否的决策自主权、投资项目的经营管理权和投资所形成资产或权益的自主处置权等。从实践看，随着投资体制及相关体制改革的深化，特别是项目法人责任制、招标投标制等的推行以及《公司法》、《合同法》等的实施，近年来企业投资自主权逐步得到落实。

但是，长期以来，政府对企业投资项目“不分资金来源、不分项目性质”一律实行审批管理。各级政府根据投资项目的建设规模和投资规模划分审批权限，而且审批的内容更多地是站在企业的角度，审查资金来源及其落实情况、市场前景、工艺路线、设备选型、投资收益等，管了许多政府不该管、也管不好的事，实际上是代替企业进行投资决策。这不仅在很大程度上侵占了企业的投资决策自主权，而且抑制了市场对资源配置基础性作用的有效发挥。为此，《决定》明确指出，要彻底改革政府对企业投资的管理制度，落实企业投资自主权。

按照《决定》精神，落实企业投资自主权的主要思路和相关措施是：改革现行不分投资主体、不分资金来源、不分项目性质，一律按投资规模大小分别由各级政府及有关部门审批的企业投资管理办法。对于企业不使用政府投资建设的项目，一律不再实行审批制，区别不同情况实行核准制和备案制。其中，政府仅对重大项目和限制类项目从维护社会公共利益角度进行核准；其他项目无论规模大小，均改为备案制。

改革以后，投资项目的市场前景、产品方案、建设规模、建设内容、厂（场）址选择、技术选用、设备选型、经济效益、资金来源方案等有关市场、技术和经济方面的内容，均由企业自主决策、自担风险，且不必事先就这些事项取得政府的批准。

项目用地预审意见包括内容：《企业投资项目核准办法》的第八条规定，项目申报单位在报送项目申请报告时，应附送“国土资源行政主管部门出具的项目用地预审意见”。根据2004年10月29日国土资源部第9次部务会议修订的《建设项目用地预审管理办法》，国土资源部门对建设项目用地预审的主要内容是：①建设项目用地选址是否符合土地利用总体规划，是否符合土地管理法律、法规规定的条件；②建设项目是否符合国家供地政策；③建设项目用地标准和总体规模是否符合有关规定；④占用耕地的，补充耕地初步方案是否可行，资金是否有保障；⑤属《土地管理法》第二十六条规定情形，建设项目用地需修改土地利用总体规划的，规划的修改方案、项目对规划实施影响评估报告等是否符合法律、法规的规定。预审意见应当包括对上述内容的结论性意见和对建设用地单位的具体要求。预审意见是建设项目批准、核准的必备文件，它所提出的用地标准和总规模等方面的要求，建设项目初步设计阶段应当充分考虑。建设用地单位应当认真落实预审意见，并在依法申请使用土地时出具落实预审意见的书面材料。

政府投资项目“代建制”：长期以来，我国政府投资项目建设实施中发生过部分“超投资、超规模、超标准”的“三超”现象。其原因，表面上看是由于部分项目单位专业管理经验不足，实际上深层次原因在于缺乏政府投资约束机制。

《决定》明确规定，对非经营性政府投资项目，要加快推行“代建制”。所谓“代建制”，是指政府通过招标等方式，选择专业化的项目管理单位（代建单位），负责项目的投资管理和建设实施的组织工作，严格控制项目投资、质量和工期，项目建成后交付使用单位的制度。代建期间，代建单位按照合同约定代行项目建设的投资主体职责。实行“代建制”的关键在于通过公开竞争机制选择具有专业素质的代建单位、用经济合同以及法律手段来约束代建单位执行代建合同约定的代建任务。

实施“代建制”，有利于政府进一步转变职能。对“代建制”项目，政府主要把握产业政策和宏观决策，项目的具体建设实施交给专业化的项目管理单位进行管理，能较好地理顺政府投资项目中各方的责权利，从而使政府从微观管理、具体项目管理上解脱出来，重点进行宏观管理和规范市场秩序等方面的工作。

同时，“代建制”可以改变过去“自建制”存在的如下一些弊端，一是使用单位缺乏全面专业化的建设管理经验，在规划设计审查、工程质量控制、工期控制以及成本控制等方面难以达到专业化标准；二是使用单位在建设过程中自行改变项目功能，扩大规模，提高标准，导致突破投资概算现象时有发生；三是因缺乏有效的运作及监管机制，容易导致工程腐败现象的产生。

政府对企业投资项目核准分几种类型：根据《国务院关于投资体制改革的决定》和国家发展改革委颁布的改革配套文件，改革以后政府对企业投资项目的核准可分为三类，即对内资企业在我国境内投资项目的核准，对内资企业在我国境外投资项目的核准，以及对外资企业在我国境内投资项目的核准。

2004年9月15日，国家发展改革委发布了第19号令《企业投资项目核准暂行办法》，规范了对内资企业境内投资项目进行核准的程序、原则、内容、效力等事项。

2004年10月9日，国家发展改革委发布了第21号令《境外投资项目核准暂行管理办法》，规范了对内资企业境外投资项目核准的机关、权限、程序、条件及效力等事项。

2004年10月9日，国家发展改革委发布了第22号令《外商投资项目核准暂行管理办法》，规范了对外资企业在我国境内投资项目核准的机关、权限、程序、条件及效力等事项。

目前，各省级地方政府正根据《国务院关于投资体制改革的决定》和上述配套文件，抓紧制定具体实施办法。

什么样的投资项目适用《政府核准的投资项目目录》：《政府核准的投资项目目录》作为《决定》的重要内容，规定了需政府核准的企业投资项目的范围，以及核准机关的核准权限。《目录》规定，以下几类项目需经政府核准：（1）内资企业不使用政府性资金投资建设的重大项目和限制类项目，需经政府核准。重大项目和限制类项目的范围，由国务院投资主管部门会同有关部门研究提出，报国务院批准，由《目录》做出规定，并根据变化的情况适时调整。未经国务院批准，各地区、各部门不得擅自增减《目录》规定的范围。对《目录》规定的重大项目和限制类项目，政府主要从维护经济安全、合理开发利用资源、保护生态环境、优化重大布局、保障公共利益、防止出现垄断等方面进行核准。（2）外商投资项目和境外投资项目（除中央管理企业限额以下投资项目实行备案管理以外），均需政府核准。政府审查的内容，除了维护经济安全、合理开发利用资源、保护生态环境、优化重大布局、保障公共利益、防止出现垄断等方面外，还包括市场准入、资本项目管理等方面。（3）国家法律法规和国务院有专门规定的项目，按照有关规定由政府核准或审批。

政府管理投资项目有哪几种方式：投资体制改革以后，政府对于投资项目的管理分为审批、核准和备案三种方式。

第一，对于政府投资项目，继续实行审批制。其中采用直接投资和资本金注入方式的，审批程序上与传统的投资项目审批制度基本一致，继续审批项目建议书、可行性研究报告等。采用投资补助、转贷和贷款贴息方式的，不再审批项目建议书和可行性研究报告，只审批资金申请报告。

第二，对于企业不使用政府性资金投资建设的项目，一律不再实行审批制，区别不同情况实行核准制和备案制。其中，政府仅对重大项目和限制类项目从维护社会公共利益角度进行核准，其他项目无论规模大小，均改为备案制。《政府核准的投资项目目录》对于实行核准制的范围进行了明确界定。

第三，对于以投资补助、转贷或贷款贴息方式使用政府投资资金的企业投资项目，应在项目核准或备案后向政府有关部门提交资金申请报告；政府有关部门只对是否给予资金支持进行批复，不再对是否允许项目投资建设提出意见。以资本金注入方式使用政府投资资金的，实际上是政府、企业共同出资建设，项目单位应向政府有关部门报送项目建议书、可行性研究报告等。

（以上信息来源：发展改革委固定资产投资司）

二、2006年财政预算报告中的名词解释

结余或结转：结余是指财政收入大于财政支出的部分。结转是指结余中有专项用途、需在下年继续安排使用的支出部分。地方财政有结余或结转的主要原因：一是中央财政超收中大部分用于补助地方，因超收数额到年底才能较为准确预计，且其使用要严格按程序审批，因此有一部分要在年底和结算时才能下达，地方财政当年拨不出去，形成结余或结转。二是地方财政超收中有一部分资金当年拨不出去，形成结余或结转。

稳健财政政策：理论上说就是经济学意义上的中性财政政策，指财政政策对总需求既不扩张也不收缩的情形，是介于扩张性和紧缩性财政政策之间的一种中间状态，是在经济总量基本平衡、物价比较稳定、结构性问题相对突出情况下实行的一种财政政策。从我国的实践看，稳健财政政策是相对于我国过去实行的适度从紧财政政策和积极财政政策而言的，其核心内容是“控制赤字、调整结构、推进改革、增收节支”，反映了财政政策“松紧适度”的增量平衡取向，“有保有控”

的结构优化取向，“制度创新”的完善市场机制取向，“增收节支”的效率取向。

国债项目资金：1998 年以来，中央政府为了实现经济稳定健康增长，促进社会全面发展，实施了以扩大内需、拉动经济增长，推动结构调整，加强经济社会薄弱环节和“五个统筹”为主要内容的经济宏观调控，增加国家预算用于基础设施建设等方面的专项资金。预算安排的这些专项资金，如果是通过发行国债筹措的，统称为国债项目资金。

中央预算内经常性建设投资：是指国家预算安排的用于固定资产投资的资金。具体包括用于扩大生产能力或新增工程效益为主要目的的新建、续建、改扩建工程及相关工作的建设资金。中央预算内经常性建设投资分两部分：一部分用于中央本级项目投资支出，另一部分用于专项补助地方项目投资支出。

“三补贴”政策：是指粮食直补、良种补贴和农机具购置补贴。粮食直补是指把流通环节的间接补贴改为对种粮农民的直接补贴；良种补贴是指国家通过建立良种推广示范区，对农民选用良种并配套使用良法技术进行的资金补贴；农机具购置补贴是指国家对农民个人、农场职工、农机专业户和直接从事农业生产的农机作业服务组织购置和更新大型农机具给予的部分补贴。

农村劳动力转移培训：是指对需要转移到非农产业就业的农村富余劳动力开展培训，以提高农民的素质和技能，加快农村劳动力转移就业。培训包括职业技能培训和引导性培训，以职业技能培训为主。培训以尊重农民意愿和农民直接受益为前提，以市场运作为基础，以转移到非农产业就业为目标。

做实基本养老保险个人账户：是指在企业职工基本养老保险实行社会统筹与个人账户相结合的模式下，按照个人账户的一定规模建立养老保险储备金，以应对人口老龄化带来的基本养老保险基金收支失衡问题。该项工作从 2001 年至 2003 年在辽宁省进行试点，2004 年至 2005 年在吉林、黑龙江两省进行扩大试点，2006 年选择 8 个省份进行扩大试点。

“两免一补”政策：是指近年来我国政府对农村义务教育阶段贫困家庭学生就学实施的一项资助政策。主要内容是对农村义务教育阶段贫困家庭学生“免杂费、免课本费、逐步补助寄宿生生活费”。这项政策从 2001 年开始实施，其中中央财政负责提供免费教科书，地方财政负责免杂费和补助寄宿生生活费。

全国中小学危房改造工程：是指 2001 年开始实施的对全国中小学危房改造的工程。该工程共实施两期，2001～2002 年为第一期，中央财政安排专项资金 30 亿元；2003–2005 年为第二期，中央财政安排专项资金 60 亿元。2001–2005 年，全国纳入农村中小学危房改造规划的项目学校共 60833 所，累计改造危房 7800 万平方米，3400 多万师生从危险校舍中搬进新校舍。从 2006 年起，全国农村义务教育阶段中小学校校舍维修改造将纳入农村义务教育经费保障机制中统一考虑。

农村中小学布局调整：是指从各地区的自然条件和经济社会发展需要出发，将比较分散的农村中小学校和教学点适当集中起来，重新进行区域内中小学网点布局和规划，以提高农村中小学办学质量和规模效益的一项工作。从 2000 年开始，中央财政每年投入资金 10 亿元，重点支持农村地区、办学条件差及布局调整效益明显的校舍改造和设备购置。

国家科技基础条件平台建设：是指政府在科技资源配置活动中，利用信息化技术，对大型科技设施、自然科技资源、科技文献、科技基础数据等基础条件资源进行战略重组与优化，共建共享，构建布局合理、功能齐全、开放高效、体系完备的物质和信息保障系统。国家科技基础条件平台建设工作于 2003 年正式启动。

中国科学院“知识创新工程试点”：1998 年，国家科技教育领导小组第一次会议决定由中科院作为国家创新体系建设的试点单位，启动“知识创新工程试点”项目。总体目标是：到 2010 年前后，把中国科学院建设成为瞄准国家战略目标和国际科技前沿、具有强大和持续创新能力的国家自然科学和高技术的知识创新中心；成为具有国际先进水平的科学研究基地、培养造就高级科技人才的基地和促进我国高技术产业发展的基地；成为有国际影响的国家科技知识库、科学思想库和科技人才库。试点工作分 3 个阶段，1998 年至 2000 年为启动阶段；2001 年至 2005 年为全面推进阶段；2006 年至 2010 年为优化完善阶段。

全国文化信息资源共享工程：是指 2001 年开始实施的，将优秀文化信息资源进行数字化加工整合，通过互联网和卫星等信息通道传送到基层文化单位的工程。

大遗址等重大文物保护：是指对包括反映中国古代历史各个发展阶段涉及政治、宗教、军事、科技、工业、农业、建筑、交通、水利等方面历史文化信息，具有规模宏大、价值重大、影响深远等特点的大型聚落、城址、宫室、陵寝墓葬等遗址、遗址群及文化景观的保护工作。

新型农村合作医疗制度：是指由政府组织、引导、支持，农民自愿参加，通过个人缴费、集体扶持和政府资助多方筹资，以大病统筹为主的农民医疗互助共济制度。新型农村合作医疗制度从 2003 年起在全国部分县（市）试点，到 2010 年逐步实现基本覆盖全国农

村居民。

城乡医疗救助制度：是指通过政府拨款和社会捐助等多渠道筹资建立基金，对患大病的农村五保户和贫困农民家庭、城市居民最低生活保障对象中未参加城镇职工基本医疗保险人员、已参加城镇职工基本医疗保险但个人负担仍然较重的人员以及其他特殊困难群众给予医疗费用补助（农村医疗救助也可以资助救助对象参加当地新型农村合作医疗）的救助制度。

“大通关”：是指提高口岸工作效率工程的简称，即通过运用现代管理、信息化和高科技手段，对单证流、信息流、货物流和旅客流进行整合和优化，使之更加合理、规范、畅通，以最短的时间、最低的成本为企业、旅客提供服务，提高进出口货物、交通工具及人员的通关速度。

“三奖一补”政策：是指对财政困难县政府增加本级税收收入和省市级政府增加对财政困难县财力性转移支付给予奖励，对县乡政府精简机构和人员给予奖励，对产粮大县按照粮食商品量、粮食产量、粮食播种面积等因素和各自权重计算给予奖励，对以前缓解县乡财政困难工作做得好的地区给予补助的政策。

增值税转型：按照“进项税额”的扣除方式，增值税可分为两种类型：一是只允许扣除购入的原材料等所含的税金，不允许扣除外购固定资产所含的税金；二是所有外购项目包括原材料、固定资产在内，所含税金都允许扣除。通常前者称为“生产型增值税”，后者称为“消费型增值税”。我国现在实行的是“生产型增值税”。增值税转型就是将生产型增值税转为消费型增值税。

政策性关闭破产：是指在适用破产相关法律法规的前提下，国家对列入全国企业兼并破产计划项目的国有企业，在破产财产认定、财产处置优先权、破产债权处置等方面给予特别政策支持的一种破产形式。

中央企业分离办社会职能：是指将中央企业在计划经济特定历史条件下举办的与企业生产经营没有直接关系的社会公益及生活后勤服务单位移交地方管理的行为。目前，中央企业分离办社会职能的实施范围包括普通中小学和公检法，所需补助经费主要由中央财政采取转移支付方式解决。

农村信用社改革：主要是两方面：一是改革农信社管理体制，将农信社的管理交由地方省级政府负责；二是以法人为单位改革农信社产权制度，明晰产权关系，扩大入股范围，提高入股额度，产权形式可采取股份制、股份合作制和合作制三种形式，组织形式可采取农村股份制商业银行、农村合作银行、以县（市、区）为单位统一法人和两级法人等模式。

实物费用定额：是指对中央部门公用经费的核定同实物消耗挂钩的一种费用核定方法，目的是降低能耗、促进中央部门实物资产有效管理、实现部门资源占用和预算安排有机结合。自 2004 年开始，先后选择了审计署等 18 家中央部门进行试点，并下达了行政机关办公用房和机动车辆的实物费用定额标准。目前，这种定额标准在预算管理上采取“虚转”，不同预算安排挂钩。

非税收入：是指除税收以外，由各级政府、国家机关、事业单位、代行政府职能的社会团体及其他组织依法利用政府权力、政府信誉、国家资源、国有资产或提供特定公共服务、准公共服务取得的财政资金，是政府财政收入的重要组成部分。政府非税收入管理范围主要包括：行政事业性收费、政府性基金、彩票公益金、国有资源有偿使用收入、国有资产有偿使用收入、国有资本经营收益、罚没收入、以政府名义接受的捐赠收入、主管部门集中收入、政府财政资金产生的利息收入等。

国债余额管理：是指立法机关不具体限定中央政府当年国债发行额度，而是通过限定一个年末不得突破的国债余额上限以达到科学管理国债规模的方式。国债余额包括中央政府历年预算赤字和赢余相互冲抵后的赤字累计额、向国际金融组织和外国政府借款统借统还部分以及经立法机关批准发行的特别国债累计额，是中央政府以后年度必须偿还的国债价值总额，能够客观反映国债负担情况。

政府收支分类改革：即在我国现行《政府预算收支科目》的基础上，合理借鉴国际通行做法，构建适合社会主义市场经济条件下公共财政管理要求的新政府收支分类体系。新体系具体包括收入分类、支出功能分类和支出经济分类三部分。收入分类反映政府收入的来源和性质，支出功能分类反映政府各项职能活动，支出经济分类反映各项支出的经济性质和具体用途。新的政府收支分类体系可较好地克服原政府预算收支分类“体系不合理、内容不完整、分类不科学、反映不明细”等弊端，并对进一步深化其他各项财政改革、提高预算透明度和财政管理水平起到十分重要的推动作用。《政府收支分类改革方案》已于 2005 年 12 月报经国务院批准，将于编制 2007 年预算时正式实施。

金财工程：是国家 2002 年确定建设的十二个重点电子政务工程之一，它是以覆盖财政系统的纵横向三级网络为支撑，以安全体系为保障，以细化的部门预算为基础，以所有财政收支进入国库单一账户为基本模式，以预算指标、用款计划和采购订单为预算执行的主要控制机制，以出纳环节高度集中并实现国库资金的有效调

度为特征，以实现财政收支全过程监管、提高财政资金使用效益为目标的政府财政综合管理信息系统。

代地方政府发行国债：按照《中华人民共和国预算法》规定，地方政府不得发行地方政府债券。为支持地方经济建设，1998 年以来，中央财政将部分新增国债项目资金转贷给地方，用于国家确定的国债资金建设项目，由地方政府还本付息，不列入中央预算，也不作财政赤字处理。2006 年起取消代地方政府发行。

公务员职级工资制改革：根据《公务员法》第七十三条规定，公务员实行国家统一的职务与级别相结合的工资制度。这一规定奠定了公务员工资制度的基本框架，为今后改革和完善公务员工资制度提供了法律依据。公务员工资制度的改革方向是，归并简化现行基本工资结构，将基本工资确定为职务工资和级别工资两部分，适当拉开不同职务的工资差距；强化工资级别与待遇挂钩；在清理整顿各地区、各部门、各单位自行建立的津贴、补贴的基础上，实施地区附加津贴；实行分类管理的工资制度，以适应公务员分类管理的需要；完善艰苦边远地区津贴制度和特殊岗位津贴制度。

事业单位收入分配制度改革：根据党的十六大和十六届三中全会关于“推进事业单位收入分配制度改革”的要求，结合事业单位改革和人事制度改革，事业单位收入分配制度改革的基本考虑是：从落实科学发展观和实施人才强国战略出发，坚持分类管理、内部搞活、有效激励、政府调控的原则，逐步建立符合各类事业单位特点、体现岗位绩效和分级分类管理的事业单位收入分配制度，形成完善的收入水平决定机制、动态调整机制和有效激励机制，健全体现事业单位特点的工资管理体制及调控机制，使职工的劳动报酬与其岗位职责、工作业绩相联系，实现事业单位收入分配制度的科学化、规范化和法制化。改革内容主要包括：一是建立岗位绩效工资制度；二是实行新的工资分类管理办法；三是完善特殊人才收入分配激励机制；四是健全收入分配宏观调控机制；五是形成纪律严明、管理严格的工资分配秩序。

艰苦边远地区津贴：是指对在艰苦边远地区工作的公务员额外劳动消耗和特殊生活费支出的适当补偿，主要体现出不同地区自然环境的差异，并根据不同地域的气候、海拔高度及当地物价因素确定。建立艰苦边远地区津贴制度，有利于发挥工资的补偿和导向作用，鼓励优秀人才到艰苦边远地区工作，并保持艰苦边远地区公务员队伍的稳定。

外贸代理制：是指由外贸公司充当国内客户和供货部门的代理人，代理委托方签订进出口合同，收取一定的佣金或手续费的做法。外贸代理制作为社会分工的产物，经过多年的发展和完善，已经成为现代国际贸易中一种重要的贸易方式。

国有农场税费改革：是指为了减轻国有农场农业职工（以下简称农工）的负担，使国有农场与农村税费改革政策相协调，与农村地区同步取消农业税，并在清理和规范农场对农工各种收费的基础上，免除国有农场农工承担的类似农村“乡镇五项统筹”收费的税费改革。国有农场因此减少的收入，按照管理体制的不同，由中央和地方财政予以适当补助。同时积极推进分离国有农场办社会职能、农场内部管理体制改革等综合配套改革，控制管理费用，防止农工负担反弹。国有农场包括新疆生产建设兵团、国有农垦企业、华侨农场、监狱农场、国有林场，以及地方农牧渔场等。

农村综合改革：是农村税费改革进入取消农业税的新阶段，中央为巩固农村税费改革成果和建设社会主义新农村提供体制机制保障和动力源泉所作出的一项重大决策。主要内容是推进乡镇机构、农村义务教育和县乡财政管理体制改革，进一步巩固农村税费改革成果；同时统筹推进粮食流通体制、征地制度和农村金融等方面的改革。农村综合改革涉及调整农村生产关系和上层建筑不适应生产力发展的某些环节和方面，目标是逐步建立精干高效的农村行政管理体制和运行机制、覆盖城乡的公共财政制度，以及农民增收减负的长效机制，促进农村经济社会全面协调发展。

农民种粮收益综合补贴制度：是指在综合对农民种粮各种补贴因素的基础上，政府对种粮农民实行的一种直接补贴制度。该制度以目前的粮食直补制度为基础，综合考虑影响农民种粮成本（包括化肥、柴油、种子、农机等成本因素）、收益（主要是种粮收入）等变化因素，归并已有的对农民种粮的各种补贴，通过粮食直补渠道，直接补贴农民，以保证农民种粮收益的相对稳定，促进国家粮食安全。

循环经济：是指以资源的高效利用和循环利用为目标，以“减量化、再利用、资源化”为原则，以物质闭路循环和能量梯次使用为特征，按照自然生态系统物质循环和能量流动方式运行的经济模式。它要求运用生态学规律来指导人类社会的经济活动，其目的是通过资源高效和循环利用，实现污染的低排放甚至零排放，保护环境，实现社会、经济与环境的可持续发展。

财力性转移支付：1994 年分税制改革以后，我国逐步建立了以财力性转移支付和专项转移支付为主的转移支付制度。现行财力性转移支付主要包括：一般性转移支付、民族地区转移支付、县乡财政奖补资金、调整工资转移支付、农村税费改革转移支付、年终结算财力补助等。地方可以按照相关规定统筹安排和使用上述资金。

一般性转移支付：一般性转移支付是政府间财政关系的重要组成部分，目的是缩小地区间财力差距，实现地区间基本公共服务能力均等化。此类转移支付不规定具体用途，由接受拨款的政府自主安排使用。我国一般性转移支付从 1995 年起实施，原称之为过渡期转移支付。一般性转移支付资金按照公平、公正，循序渐进和适当照顾老少边穷地区的原则，主要参照各地标准财政收入和标准财政支出的差额及可用于转移支付的资金数量等客观因素，按统一公式计算确定。

民族地区转移支付：是指中央政府对民族地区安排的财力性转移支付。国务院决定，从 2000 年起实施民族地区转移支付。民族地区转移支付的资金来源：一是中央财政安排的资金；二是民族地区增值税环比增量的 80%。具体分配办法是：各民族地区增值税环比增量 80%的一半按来源地直接返还给民族地区，另外一半连同中央财政安排的资金，按照因素法分配。民族地区转移支付的对象为民族省区和非民族省区的民族自治州。

东北地区厂办大集体改革试点：是指为妥善解决厂办大集体问题，国务院确定在东北地区部分城市和中央企业进行的改革试点工作。其目标是通过改革，使厂办大集体与主办国有企业彻底分离，成为产权清晰、自负盈亏的法人实体和市场主体，切实减轻主办国有企业负担。厂办大集体是指由国有企业批准或资助兴办的，以安置回城知青和职工子女就业为目的，主要向主办企业提供配套产品或劳务服务，由主办企业委派人员或领导参与生产经营并在工商行政机关登记注册为集体所有制的企业。厂办大集体曾为经济发展和社会就业发挥了重要作用，但目前已成为制约国有企业改革发展和影响社会稳定的重要因素。

企业所得税“两法”合并：改革开放以来，我国按内外资企业性质建立了两套所得税制度，其中外商投资企业和外国企业适用《中华人民共和国外商投资企业和外国企业所得税法》，内资企业适用《中华人民共和国企业所得税暂行条例》。内外资企业所得税制度在税率、税前扣除、税收优惠等方面存在较大差异，这种情况已不适应当前我国完善社会主义市场经济体制和加入世界贸易组织后经济发展的需要。“两法”合并就是改革现行内外资企业分设的所得税制度，将现行内外资企业的税法和条例的有关内容进行合并，制订一部统一适用于内外资企业的所得税法。新税法将执行统一的税率、税前扣除和税收优惠政策等。

特许经营收入：是指国家依法特许企业、组织或个人垄断经营某种产品或服务而获得的收入，属于政府非税收入的组成部分，主要包括烟草专卖收入、酒类产品专卖收入、免税商品专营收入、货币发行收入、印钞造币收入、纪念邮票（纪念币）发行收入、食盐批发专营收入等。

财政发展第十一个五年规划：也称“财政‘十一五’规划”。是我国财政部门为适应社会主义市场经济发展需要，配合国民经济和社会发展第十一个五年规划而编制的有关财政发展的综合性中长期规划，是财政规划体系中的一个重要组成部分和指导“十一五”时期各项财政工作的重要文件。规划的主要内容包括对“十五”时期财政发展的回顾，“十一五”时期财政发展的环境分析、指导思想、主要任务、主要指标等。

绩效考评：是指运用一定的评价方法、量化指标及评价标准，对政府部门为实现其职能所确定的绩效目标的实现程度以及为实现这一目标所安排预算的执行结果进行的综合性评价。

国有资本经营预算制度：国有资本经营预算（早期称为国有资产经营预算）是政府复式预算的重要组成部分，是政府以资产所有者身份，围绕国有资本经营收支编制的预算。国有资本经营预算制度是规范国有资本经营预算编制行为的一系列法律、行政法规和规章的总称。